# BROCKHAUS ENZYKLOPÄDIE

# BROCKHAUS ENZYKLOPÄDIE

in vierundzwanzig Bänden

Neunzehnte,
völlig neu bearbeitete Auflage

Achtzehnter Band
Rad – Rüs
und dritter Nachtrag

F. A. Brockhaus Mannheim

Namen und Kennzeichen, die als Warenzeichen bekannt sind und entsprechenden Schutz genießen, sind beim fettgedruckten Stichwort durch das Zeichen ® gekennzeichnet. Handelsnamen ohne Warenzeichencharakter sind nicht gekennzeichnet. Aus dem Fehlen des Zeichens ® darf im Einzelfall nicht geschlossen werden, daß ein Name oder Zeichen frei ist. Eine Haftung für ein etwaiges Fehlen des Zeichens ® wird ausgeschlossen.
Das Wort BROCKHAUS ist für Bücher aller Art für den Verlag F. A. Brockhaus GmbH als Warenzeichen geschützt.

Dieser Band enthält die Schlüsselbegriffe

Rassismus · Rationalisierung
Raumfahrt · Raumordnung · Rechtsstaat
Regionalismus · Risikogesellschaft
Rohstoffe · Rüstung

---

CIP-Kurztitelaufnahme der Deutschen Bibliothek

**Brockhaus-Enzyklopädie:** in 24 Bd. – 19., völlig neubearb. Aufl. – Mannheim: Brockhaus
18. Aufl. u.d.T.: Der große Brockhaus
ISBN 3-7653-1100-6 Hldr.
ISBN 3-7653-1200-2 Hldr. (mit Vorauslexikon)

Bd. 18. Rad – Rüs. – 1992
ISBN 3-7653-1118-9 Hldr.
ISBN 3-7653-1218-5 Hldr. (mit Vorauslexikon)

---

Das Werk einschließlich aller seiner Teile ist urheberrechtlich geschützt. Jede Verwertung außerhalb der engen Grenzen des Urheberrechtsgesetzes ist ohne Zustimmung des Verlages unzulässig und strafbar. Das gilt insbesondere für Vervielfältigungen, Übersetzungen, Mikroverfilmungen und die Einspeicherung und Verarbeitung in elektronischen Systemen.

© F.A. Brockhaus GmbH, Mannheim 1992. ISBN für das Gesamtwerk: 3-7653-1100-6, mit Vorauslexikon 3-7653-1200-2; für Band 18: 3-7653-1118-9 mit Vorauslexikon 3-7653-1218-5
Schutzumschlag und Einband nach Entwurf von Peter Plasberg, Hamburg
Typographische Beratung: H.P. Willberg, Eppstein
Satz: Bibliographisches Institut & F.A. Brockhaus AG (DIACOS Siemens) und Mannheimer Morgen Großdruckerei und Verlag GmbH
Druck: Klambt-Druck GmbH, Speyer
Papier: 120 g Offsetpapier holzfrei mattgestrichen der Papeteries de Condat, Paris
Einband: Großbuchbindereien
Lachenmaier, Reutlingen und Sigloch, Künzelsau
Printed in Germany

# Rad

**rad,** Einheitenzeichen für →Radiant 2).

**Rad** [Abk. für engl. **r**adiation **a**bsorbed **d**ose ›absorbierte Strahlungsdosis‹] *das, -(s)/-, Dosimetrie:* Einheitenzeichen **rd,** nichtgesetzl. Einheit der Energiedosis (→Dosis 2); 1 rd = 0,01 Gray.

**Rad,** Rollkörper, i. e. S. Maschinenelement, dessen äußere runde Begrenzung (R.-Kranz, →Felge) über Speichen (Speichen-R.) oder eine Scheibe (Scheiben-R.) mit der Nabe verbunden ist; durch diese ist das R. fest oder drehbar an der Achse befestigt. Pkw-Räder sind meistens Scheibenräder, deren schüsselförmige Scheibe aus Stahlblech gepreßt und mit der Felge verschweißt wird (früher auch Nietverbindung). Zur Massereduzierung und besseren Bremsenkühlung befinden sich Löcher oder Schlitze in der Scheibe. Für Sportwagen werden auch Leichtmetall-Gußräder verwendet; für schwere Nutzfahrzeuge werden Stahlguß-Speichenräder eingesetzt, deren Speichenarme an die Felge geschraubt werden. Zweiradfahrzeuge werden meistens mit Drahtspeichenrädern mit vielen dünnen Stahldrahtspeichen ausgerüstet. Bei den Rädern von Schienenfahrzeugen wird auf die kon. oder gewellte R.-Scheibe der R.-Reifen (Laufkreis) mit der Lauffläche und dem Spurkranz aufgeschrumpft und durch einen Sprengring gesichert.

*Geschichte:* Älteste R. aus zusammengesetzten Holzscheiben für Wagen sind in Mesopotamien und im Schwarzmeergebiet im 4. Jahrtsd. v. Chr. belegt, die Darstellung eines Scheiben-R. findet sich auf einem Relief aus dem sumer. Ur (etwa 2600 v. Chr.); ein Tonmodell eines Büffelkarrens stammt aus der Harappakultur. In Europa stammen die ältesten Komposit-Scheiben-R. aus einer schnurkeram. Siedlung (etwa 2000 v. Chr.) in Zürich. Aus Mooren N- und W-Europas sind aus jungsteinzeitl. Fundzusammenhängen Reste von Scheiben-R. von 50 bis 90 cm Durchmesser erhalten. Wagen-R. mit Speichen finden sich um 2000 v. Chr. in N-Mesopotamien und um 1600 v. Chr. bei den ägypt. Streitwagen. Im Laufe der Bronzezeit verbreitete sich das aus Bronze gegossene vier- bis achtspeichige R. in ganz Europa. Seit der späten Hallstattzeit wurde das R. mit Felge und Speichen aus Holz und eisernen Radreifen hergestellt. In China kannte man bereits im 4. Jh. v. Chr. R. mit schräg eingesetzten Speichen; in Europa tauchte diese Bauweise erst im 15./16. Jh. n. Chr. auf. – Im vorkolumb. Amerika war das R. als Gebrauchsgerät unbekannt.

*Religionswissenschaft* und *Volkskunde:* Das R. ist ein Symbol der Bewegung, des Sonnenweges durch Raum und Zeit, des menschl. Lebenslaufs und der Welt. Es versinnbildlicht einerseits eine zykl. Weltauffassung, derzufolge alle Dinge periodisch wiederkehren, andererseits das Auf und Ab des Werdens und die Vergänglichkeit. Das R. taucht als Sonnensymbol wie der →Kreis bereits in der Jungsteinzeit auf (R.-Kreuz, Scheibe); es spielt in zahlreichen Religionen, u. a. im Hinduismus (Wagenfahrt des Sonnengottes Surya), im Buddhismus (›R. der Lehre‹, ›R. des Lebens‹, ›R. der Wiedergeburten‹) und im Christentum (mittlere Fensterrose in Kathedralen als Symbol des Kosmos, Kreuz im R. als Hinweis auf JESUS CHRISTUS als Kosmokrator oder Weltenherrscher) eine Rolle. In der Antike galt das R. als Glückszeichen (Attribut der griech. Göttin Tyche und der röm. Fortuna), im MA. als Allegorie der Unbeständigkeit des Glücks. Im Volksbrauch spielt das R. seit dem MA. bei den Feuerbräuchen am Funkensonntag (Schei-

**Rad:** Darstellung von Onager-Viergespannen auf der sogenannten Standarte von Ur, gefunden in einem Fürstengrab in Ur; Mitte des 3. Jahrtsd. v. Chr. (London, Britisches Museum)

benschlagen) und zu Ostern bes. in mittel- und westdt. Gebieten eine Rolle. Beim ›Radrollen‹ werden mit Stroh umflochtene Wagenräder angezündet und vom Berg herabgerollt (noch heute beim Osterfeuer in Lügde und im südbad. Raum).

Achse, R. u. Wagen. 5000 Jahre Kultur- u. Techikgesch., hg. v. W. TREUE (1986).

**Rad:** Modell einer Barke auf einem Wagen; gefunden im Grab der Königin Ahhotep in Theben; Gold, Silber, Räder aus Bronze; 18. Dynastie, um 1550 v. Chr. (Kairo, Ägyptisches Museum)

**Rad,** Gerhard von, ev. Theologe, *Nürnberg 21. 10. 1901, †Heidelberg 31. 10. 1971; seit 1934 Prof. für A. T. in Jena, 1945 in Göttingen, 1950 in Heidelberg. Ausgehend von der formgeschichtl. Methode versuchte er, im A. T. bezeugte Traditionen und Texte auf kult. Handlungen (Feste, Gottesdienst) zurückzuführen und gewann so überlieferungs- und traditionsgeschichtl. Einsichten (z. B. über das Wachstum des Pentateuchstoffes). Theologisch akzentuierte R. die Einheit von Glaube, Vernunft und Erfahrung im alten Israel.
  *Werke:* Das erste Buch Mose, Genesis, 3 Bde. (1949–53); Theologie des A. T., 2 Bde. (1957–60); Ges. Studien zum A. T., 2 Bde. (1958–73).
  Probleme bibl. Theologie. G. v. R. zum 70. Geburtstag, hg. v. H. W. WOLFF (1971); J. L. CRENSHAW: G. v. R. Grundlinien seines theolog. Werks (a. d. Amerikan., 1979); R. SMEND: Dt. Alttestamentler in drei Jh. (1989).

**Radagais, Radagaisus,** got. (wohl ostgot.) Heerkönig, †bei Fiesole 23. 8. 406; drang 405 aus dem Donau-Karpaten-Raum mit einem starken ostgerman. Heer in Oberitalien ein und richtete dort große Verwüstungen an. Mit Hilfe von Alanen und Hunnen wurde er bei Fiesole von STILICHO geschlagen und hingerichtet.

**Radama I.,** König von Madagaskar (1810–28), *1791, †Antananarivo 28. 7. 1828; faßte fast ganz Madagaskar zu einem Staat zusammen. Er modernisierte seine Streitkräfte und versuchte mit europ. Hilfe (Missionare, Handwerker), sein Reich wirtschaftlich und kulturell zu entwickeln; förderte die Entwicklung einer Schriftsprache.

**Radar** [ra'da:r, 'ra:dar; engl. Kw. aus **ra**dio **d**etect**i**ng **a**nd **r**anging, eigtl. ›Funkermittlung und Entfernungsmessung‹] *der* oder *das, -s/-e,* mit Funkwellen kleiner Wellenlängen (Dezimeter- bis Millimeterwellen) arbeitendes Ortungsverfahren bzw. -system, für das charakteristisch ist, daß die Abstrahlung gerichtet erfolgt und die empfangene Strahlung die Antwort (direktes oder indirektes Echo) auf die ausgesandte Strahlung ist. Die Bedeutung der R.-Technik besteht darin, daß sie hinsichtlich Wetterunabhängigkeit, Genauigkeit und Zuverlässigkeit besser als jede andere Ortungstechnik für die Erfassung, Vermessung und Verfolgung von Schiffen, Luft- und Raumfahrzeugen geeignet ist. – Beim **Primär-R.** wird die von dem oder den Zielen u. a. Gegenständen der Umgebung reflektierte Strahlung (direktes Echo, passive Rückstrahlung) mit der ausgesandten Strahlung verglichen. So wird z. B. eine Messung der Zeitspanne zw. dem Aussenden eines Impulses und dem Empfang seines Echos zur Entfernungsermittlung genutzt oder die Messung der Frequenzdifferenz zw. ausgesandter und reflektierter Strahlung zur Geschwindigkeitsbestimmung. Beim **Sekundär-R.** müssen die antwortenden Ziele mit einer Empfangs-/Sende-Einrichtung (→Transponder, →Abfragefunkfeuer) ausgerüstet sein, die immer dann ein Antwortsignal (indirektes Echo) abstrahlt, wenn sie vorher ein dafür vorgesehenes Abfragesignal empfangen hat. Nachteilig ist bei solchen Systemen der größere gerätetechn. Aufwand. Unerwünschte Antwortsignale können dabei jedoch vermieden werden, und es kann mit kleineren Sendeleistungen gearbeitet werden, so daß bei gleicher Leistung größere Entfernungen überbrückt werden können. Die Elementaraufgaben von R.-Anlagen sind die Ermittlung von Entfernung, Richtung und Radialgeschwindigkeit von Gegenständen in der (näheren

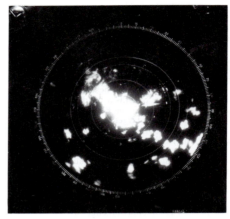

**Radar:** Radarwetterkarte mit einzelnen Gewitterzellen auf dem Schirm eines Rundsichtgeräts

oder weiteren) Umgebung der Anlage. Eine einzelne R.-Anlage kann zur teilweisen oder vollständigen Lösung einer oder mehrerer Elementaraufgaben eingerichtet sein: Bei der Bahnvermessung eines einzelnen Flugkörpers kommt es auf die möglichst genaue Lösung aller Elementaraufgaben an, eine R.-Anlage der →Flugsicherung soll v. a. Entfernung und Azimut von mehreren Flugzeugen innerhalb eines größeren Gebietes ermitteln, ein R.-Höhenmesser in einem Flugzeug nur die Flughöhe über Grund. Beim **Puls-R.** wird die Laufzeit zw. Senden eines Impulses und Empfangen des Echos gemessen. **Dauerstrich-R.** (CW-R., engl. continuous wave) sendet kontinuierlich frequenz- oder amplitudenmoduliert. Die Messung der Phase zw. Sende- und Echowelle ermöglicht dann einen Rückschluß auf die Entfernung. Die Richtungsbestimmung folgt aus der mechanisch und/oder elek-

| Kennwerte charakteristischer Radaranlagen | | | | | |
|---|---|---|---|---|---|
| Anwendung | Luftstraßen-Überwachungsradar | Flughafen-Rundsichtradar | Flughafen-Rollfeld-Überwachungsradar | Landradar für Schiffssicherung | Schiffsradar für Navigation und Antikollision |
| Bereich in km ............ | 280 | 110 | 5 | 10 | 0,25–48 sm[3]) |
| Höhenbereich in m ....... | 22 000 | 12 000 | | | |
| Frequenz in GHz ........ | 1,3 | 2,8 | 18–26 | 8,2–9,2 | 9,4 |
| Impulsleistung in kW..... | 2 × 5 000[1]) | 500 | 50 | 25 | 7 |
| Pulsfrequenz in Hz ....... | 400 | 1 000 | 14 000 | 2 300 | 3 400/850 |
| Pulsdauer in µs .......... | 4,5 | 1 | 0,02 | 0,08 | 0,05/0,75 |
| Antenne    U/min ........ | 2–7,5 | 16/24 | 60 | 20 | 28 |
|          Breite in m ..... | 14,5 | 3,7 | 4,0 | 4,4/6,3 | 1,2/1,8 |
|          Höhe in m ..... | 9 | 4,7 | 1,3 | . | . |
| Bündelung horizontal ..... | 1,2° | 1,9° | 0,25° | 0,28° | 1,9°/1,2° |
|          vertikal........ | 2,3°[2]) | 2,0° | 1,0° | +6°/–10° | 20° |
| [1]) Zwei Parabolreflektoren Rücken an Rücken. – [2]) Keulendiagramm. – [3]) Neun Bereiche. | | | | | |

tronisch beeinflußbaren Strahlrichtung der Antenne für gleichzeitiges Senden und Empfangen. Wenn Sende- und Empfangsantenne in die gleiche Richtung weisen, reflektieren nur die Objekte, die in Strahlrichtung liegen. Für die Bahnvermessung eines Flugkörpers ist i. d. R. eine bleistiftförmige Strahlungskeule mit kreisförmigem Querschnitt typisch, mit der das Ziel (auf versch. Weisen) ›abgetastet‹ wird und deren Richtung durch zwei Winkel (meist Azimut und Höhe) gegeben ist. Bei der Luftraumüberwachung (R.-Ortung), dem Küsten- und Schiffs-R. rotiert die Richtstrahlantenne um ihre Lotachse. Der Ausstrahlungswinkel beträgt 1 bis 2° und hat in der Höhe einen Winkel von etwa 15 bis 20°. Von den innerhalb der Strahlungskeule (Fächerkeule) getroffenen Objekten, z. B. Fahrzeugen, Küstenverläufen, Geländeerhebungen, Wolken, Regengebieten, wird ein Echo erzeugt. Zur Richtungsbestimmung genügt dabei ein einziger (in der Horizontalebene gemessener) Winkel. Die Bestimmung der Radialgeschwindigkeit basiert auf dem →Doppler-Effekt, der infolge der Relativbewegung zw. R.-Antenne und Ziel auftritt. Die Geschwindigkeit eines Flugkörpers ist damit bestimmbar. Auf diesem Grundgedanken beruht u. a. das →Doppler-Navigationsverfahren. Bei der **Festzielunterdrückung** bzw. beim **MTI** (moving target indication) nutzt man die Kenntnis vom Doppler-Effekt, um bewegte Ziele von den Bodenreflexionen zu trennen. Dabei werden zwei zeitlich (um die Pulswiederholdauer) versetzte Impulse ausgesandt und ihre Echos subtrahiert. Da sich diese Echos nur dann unterscheiden, wenn sie von bewegten Zielen stammen, ist eine Unterdrückung der Echos unbewegter Objekte gut möglich. Beim Puls-R. werden die einzelnen Pulse von einem Impulsgenerator (Zeitgeber) erzeugt, sie modulieren einen Sender und speisen über eine Sende-Empfangs-Weiche, über Hohlleiter und Hornstrahler eine Parabolantenne. Die von der gleichen Antenne aufgenommenen Echos werden über die Weiche dem Empfänger zugeführt, der während der Sendezeit (Pulsdauer) gesperrt ist, und lösen im einfachsten Falle (Entfernungsmessung) einen vertikalen Zacken auf einer horizontalen Zeile aus, der auf dem Bildschirm einer Kathodenstrahlröhre durch einen Elektronenstrahl von links nach rechts entfernungsproportional geschrieben wird. Bei den Schirmbildern der Rundsichtgeräte (Rundsicht-R.) wird der Elektronenstrahl von der Schirmmitte als Entfernungslinie zum Schirmrand ausgelenkt, springt vom Rand zur Mitte zurück und schreibt synchron mit der Antennendrehung die nächste Linie. Hier wird das Echo nicht als Zacken, sondern durch Helligkeitssteuerung als Leuchtpunkt auf dem dunklen Schirm entsprechend seiner Entfernung und Richtung dargestellt. Die Winkelstellung der Antenne zum Anzeigegerät wird durch einen Winkelgeber übertragen. Für viele Anwendungen sind auch Sichtgeräte im Einsatz, deren Bild von einem Rechner erzeugt wird, der neben R.-Daten (die von mehreren R.-Anlagen stammen können) auch andere Informationen (z. B. über Verkehrswege, Funkhilfen, Maßstab, Uhrzeit, Kennungen) zu einer gewünschten (auch farbigen) Darstellung verarbeiten kann. Große Bedeutung hat R. auch für die Erkennung von Gewitterfronten, Regen-, Hagel-, Schneegebieten und Sturmzentren (**R.-Meteorologie**). Spezielle Anlagen für Wetter-R. werden auch an Bord von Flugzeugen (Wetterbord-R.) betrieben.

E. BAUR: Einf. in die R. Technik (1985); J. DETLEFSEN: R.-Technik (1989); E. VOGES: Hochfrequenztechnik, Bd. 2: Leitungsröhren, Antennen u. Funkübertragung, Funk- u. R.-Technik (²1991).

**Radar|antwortanlage** [ra'da:r-, 'ra:dar-], Kurz-Bez. **Racon** [Abk. für **Ra**dar bea**con**], Schiffahrtszeichen (Radiobake) als ortsgebundene Funkempfangs- und -sendeanlage, die, durch empfangene Radarwellen angeregt, eigene Radarwellen mit Kennung aussendet und damit auf dem Radarbildschirm eines Schiffes den Standort der Anlage markiert.

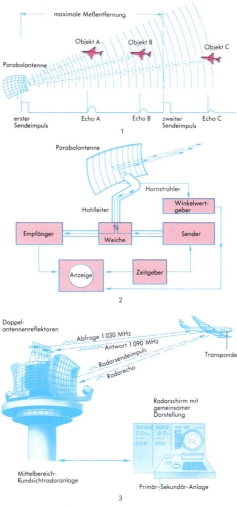

**Radar:** 1 Rundsichtradar (Primärimpulsradar) in der Flugsicherung; ein Teil der Sendeimpulse (Primärimpulse) wird vom Flugzeug passiv zurückgestrahlt; die Entfernung wird durch Laufzeitmessungen von Sende- und Echoimpuls ermittelt; 2 Primärradaranlage (Blockdiagramm); 3 Primär- und Sekundärradaranlage kombiniert

**Radar|astronomie** [ra'da:r-, 'ra:dar-], Forschungsdisziplin zur Untersuchung kosm. Objekte mit Hilfe von Radartechniken. Die Wellenlängen der hierzu verwendeten Funkwellen liegen i. d. R. zw. etwa 1 cm und 3 m. Zur gebündelten Ausstrahlung dient üblicherweise eine paraboloidförmige Antenne, mit der die Radarsignale nach der Reflexion an dem zu untersuchenden Objekt meist auch wieder aufgefangen werden. Die Entfernung des Objekts läßt sich aus der Laufzeit für Hin- und Rückweg des sich mit Lichtgeschwindigkeit ausbreitenden Radarsignals ermitteln, seine Radialgeschwindigkeit mit Hilfe des →Doppler-Effekts. Dieser Effekt dient auch zur Er-

Radball: Fahrrad

Radbaum (Zweig mit unreifen Früchten)

Gustav Radbruch

mittlung der Rotationsgeschwindigkeit eines Planeten, da dessen durch die Rotation sich in Richtung Erde bewegende Randgebiete eine Blauverschiebung ergeben, die gegenüberliegenden, sich von der Erde wegbewegenden Randgebiete dagegen eine Rotverschiebung. Wegen der durch Sendeleistung (einige Megawatt), Antennengröße und Empfängerempfindlichkeit und darüber hinaus durch die Endlichkeit der Lichtgeschwindigkeit gesetzten Grenzen sind Untersuchungen mit Hilfe der R. auf Körper des Sonnensystems beschränkt.

Die ersten Objekte der R. waren Meteore, deren Untersuchung mit radartechn. Methoden bereits vor dem Zweiten Weltkrieg durch Ionosphärenforscher begonnen wurde. Die R. ermöglicht die Beobachtung von Meteoren ohne Behinderung durch Wolken oder Tageslicht. Eine bedeutende Entdeckung waren dabei große Meteorschauer, die im Sommer tagsüber zu erkennen sind. Durch Bestimmung der Eintrittsgeschwindigkeit der Meteoroide in die Erdatmosphäre konnte nachgewiesen werden, daß auch sporad. Meteore auf Meteoroide zurückgehen, die sich in geschlossenen (ellipt.) und nicht in offenen (hyperbol.) Bahnen um die Sonne bewegen. Mit Hilfe der R. gelang auch erstmals eine genaue Absoluteichung der Entfernungsskala im Sonnensystem, vorzugsweise durch Messungen an der Venus; an diese Messungen knüpft die Definition der Astronomischen Einheit an: 1 AE = 149 597 870 km. Von großem wiss. Interesse war die Entwicklung von Verfahren zur Radarkartierung von Planetenoberflächen, v. a. bei der ständig von Wolken verhüllten Venus, und die Messung der Zeitverzögerung von Radarsignalen im Gravitationsfeld der Sonne, wenn die Radarimpulse und deren Echos (von Mars, Venus und Merkur) die Sonne nahe passieren; die gewonnenen Resultate stimmen völlig mit den Voraussagen der allgemeinen Relativitätstheorie überein.

**Radarbug** [ra'da:r-, 'ra:dar-], **Radarnase,** → Radom.

**Radarfalle** [ra'da:r-, 'ra:dar-], umgangssprachl. Bez. für ein Meßgerät, mit dem Fahrzeuggeschwindigkeiten auf Straßen gemessen werden (Verkehrsradar). Für die Messung wird der → Doppler-Effekt ausgenutzt. Die vom Fahrzeug reflektierte Welle ist gegenüber der Sendefrequenz in Abhängigkeit von der Relativgeschwindigkeit zw. Radarantenne und Fahrzeug verändert. Im Sender werden Empfangs- und Sendefrequenz gemischt, wobei die erhaltene Differenzfrequenz ein Maß für die Fahrzeuggeschwindigkeit ist, die digital am Gerät angezeigt wird.

**Radarmeteorologie** [ra'da:r-, 'ra:dar-], → Radar.

**Rad|aufhängung,** *Kraftfahrzeugtechnik:* die Art der → Achsanordnung 2) zur Führung der Räder und Aufnahme der Bauelemente zur Federung und Dämpfung.

**Radauskas,** Henrikas, litauischer Lyriker, * Krakau 23. 4. 1910, † Washington (D. C.) 27. 8. 1970; emigrierte 1944, lebte seit 1949 in den USA; schrieb klangvolle, modernistisch orientierte Gedichte, in denen er eine Gedanken- und Gefühlswelt darstellte, in der das Schöne und Groteske, Schöpfung und Zerstörung, Leben und Tod als ein dynam. Prozeß dargestellt werden.

**Rădăuți** [rəde'utsj], dt. **Radautz,** Stadt im Kr. Suceava, NO-Rumänien, 370 m ü. M., im Vorland der Ostkarpaten, (1985) 28 000 Ew.; Holz- und Metallverarbeitung, chem., Textil- und Nahrungsmittelindustrie. – 1415 erstmals erwähnt.

**Radball, Hallenradball,** Ballspiel mit Torwertung, gespielt von Zweiermannschaften auf Fahrrädern in der Halle. Das Spielfeld mißt 9 × 12 m bis 11 × 14 m und wird von einer 30 cm hohen Bande begrenzt. Der Radball, 500–600 g schwer und 16–18 cm im Durchmesser, darf nur mit dem Rad und dem Körper mit Ausnahme der Hände und Füße gespielt werden. Regelverstöße werden mit Freistoß (im Strafraum mit Vier-Meter-Ball) geahndet. Sieger ist die Mannschaft, die während der zweimal sieben Minuten Spielzeit die meisten Tore erzielte. R.-Fahrräder haben keine Bremse.

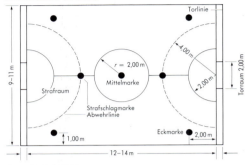

Radball: Spielfeld

**Radbaum, Trochodendron aralioides,** einzige rezente Art der R.-Gewächse (Trochodendraceae) in Korea, Japan und Taiwan; immergrüner, bis 20 m hoher Baum mit aromatisch duftender Rinde, lederartigen Blättern und leuchtend grünen Zwitterblüten in endständigen Trauben; im mitteleurop. Weinbauklima als Zierbaum angepflanzt.

**Radbert, R. von Corbie** [-kɔr'bi:], **Pas|chasius Radbertus,** Benediktiner, * Soissons um 790, † Corbie um 865; Mitgründer der Abtei Corvey, wurde 844 Abt des Klosters Corbie, zog sich aber bald in das Kloster Saint Riquier zurück. Neben mariolog. und dogmat. Arbeiten verfaßte R. zahlreiche Kommentare zum A. T. und N. T., darunter sein umfangreichstes Werk, einen Matthäuskommentar in 12 Bänden. Bekannt wurde er bes. durch seine Schrift ›De corpore et sanguine Domini‹ ›Über Leib und Blut des Herrn‹, in der er Leib und Blut der Eucharistie mit dem histor. und verklärten Leib JESU identifizierte, dessen Menschwerdung und Opferung sich in der Konsekration täglich aufs neue vollziehe. Diese Auffassung forderte den Widerspruch zahlreicher bedeutender Zeitgenossen wie HINKMAR VON REIMS, HRABANUS MAURUS, GOTTSCHALK VON ORBAIS und seines eigenen Schülers RATHRAMNUS heraus und löste so den großen Abendmahlsstreit des 9. Jh. aus. Noch größere Wirkung erzielte sein Traktat im 11. Jh. und im Zeitalter der Reformation. – Heiliger (Tag: 26. 4.).

**Radbod, Redbad,** König der Friesen, † 719; Herrscher (wohl v. a. Heerkönig) eines großfries. Reiches, dessen Machtschwerpunkt in SW-Friesland mit den Zentren Utrecht und Dorestad lag. 690 wurde R. bei Dorestad von PIPPIN II., DEM MITTLEREN, besiegt und verlor W-Friesland, das unter den Franken der angelsächs. Mission geöffnet wurde. Nach dem Tod PIPPINS (714) eroberte er das verlorene Gebiet zurück und drang in einem Feldzug bis Köln vor.

**Radbruch,** Gustav Lambert, Rechtsphilosoph, Strafrechtslehrer und Politiker, * Lübeck 21. 11. 1878, † Heidelberg 23. 11. 1949; ab 1903 Dozent in Heidelberg, ab 1914 in Königsberg (Pr), ab 1919 in Kiel; 1920–24 MdR (SPD); Mitgl. der verfassunggebenden Nationalversammlung; legte als Reichsjustiz-Min. (1921–22, 1923) einen Reformentwurf für das StGB vor; ab 1926 Prof. in Heidelberg (1933–45 vom nat.-soz. Regime amtsenthoben). – R.s Rechtsphilosophie (›Grundzüge der Rechtsphilosophie‹, 1914) stellt den letzten Entwurf einer klassischen rechtsphilosoph. Gesamtkonzeption dar. Sie hat ihr Fundament in der

Wertphilosophie des südwestdt. Neukantianismus (H. RICKERT, E. LASK, M. WEBER). Das Recht ist danach weder lediglich ein positivierter Imperativ, wie der Rechtspositivismus annahm, noch Derivat eines überpositiven Naturrechts, sondern wertbezogene Kulturtatsache. Der unüberbrückbare Dualismus von Sein und Sollen mache allerdings eine Erkenntnis apriorischer Werte unmöglich und lasse nur einen systemat. Relativismus zu: Für das Recht ließen sich Gerechtigkeit, Rechtssicherheit und Zweckmäßigkeit als Höchstwerte konstatieren, die zueinander in einem antinom. Spannungsverhältnis stünden, das nicht durch vernünftige Einsicht, sondern nur durch subjektives Bekenntnis gelöst werden könne. Unter dem Eindruck der Verbrechen des Nationalsozialismus modifizierte R. seine Position dahingehend, daß die Rechtssicherheit der Gerechtigkeit dort zu weichen habe, wo das Gesetz in unerträgl. Maße zur Gerechtigkeit in Widerspruch steht. Dann trete an die Stelle des gesetzl. Unrechts das übergesetzl. Recht. – R. war einer der wenigen dt. Professoren, die dem nat.-soz. Regime entgegentraten.

Weitere Werke: Einf. in die Rechtswiss. (1910); Kulturlehre des Sozialismus (1922); Paul Johann Anselm Feuerbach (1934); Gestalten u. Gedanken (1944); Der Geist des engl. Rechts (1946); Gesch. des Verbrechens (hg. 1951; mit H. GWINNER); Der innere Weg. Aufriß meines Lebens (1951).
Ausgabe: Gesamtausgabe, hg. v. A. KAUFMANN, auf 20 Bde. ber. (1987 ff.).
P. BONSMANN: Die Rechts- u. Staatsphilosophie G. R.s (²1970); H. OTTE: G. R.s Kieler Jahre 1919–1926 (1982); B. SCHUMACHER: Rezeption u. Kritik der R.'schen Formel (Diss. Göttingen 1985); A. KAUFMANN: G. R. Rechtsdenker, Philosoph, Sozialdemokrat (1987).

**Radcliffe** ['rædklif], Ann, geb. **Ward** [wɔːd], engl. Schriftstellerin, * London 9. 7. 1764, † ebd. 7. 2. 1823; Vertreterin der engl. Schauerromans (→ Gothic novel). In ihren Romanen verband sie effektvoll eingesetzte, atmosphärisch dichte Naturschilderung mit Einflüssen der Empfindsamkeit und führte übernatürlich scheinende Ereignisse zu einem rational analysierenden Schluß.
Werke: The mysteries of Udolpho, 4 Bde. (1794; dt. Udolphos Geheimnisse), 3 Bde. (1797; The Italian, or the confessional of the Black Penitents, 3 Bde. (1797; dt. Die Italienerin, oder der Beichtstuhl der schwarzen Büßenden, auch u. d. T. Der Italiäner der Beichtstuhl der schwarzen Büßermönche).
A. GRANT: A. R., a biography (Denver, Colo., 1951); P. ARNAUD: A. R. et le fantastique (Paris 1976).

**Radcliffe-Brown** ['rædklif'braʊn], Alfred Reginald, brit. Ethnologe, * Birmingham 17. 1. 1881, † London 24. 10. 1955; einer der Hauptvertreter der brit. Ethnologie; neben B. MALINOWSKI Mitbegründer des sozialwissenschaftl. Funktionalismus; gilt auch als Wegbereiter des Strukturalismus in der Ethnologie. Nach Feldforschung auf den Andamanen (1906–08) und in Westaustralien (1910–12) umfassende Lehrtätigkeit u. a. in Cambridge, London, Kapstadt, Sidney, Chicago (Ill.), Oxford und Alexandria.
Werke: The Andaman islanders (1922); The social organization of Australian tribes (1931); The nature of a theoretical natural science of society (1948); Structure and function in primitive society (1952); Method in social anthropology (hg. 1958).

**Rad|dampfer**, ein →Dampfschiff mit Schaufelradantrieb.

**Raddatz, 1)** Carl, Schauspieler, * Mannheim 13. 3. 1912; erster Bühnenauftritt 1931 in Mannheim; 1933–38 in Aachen, Darmstadt und Bremen; ab 1937 bei der Ufa; 1951–55 am Dt. Theater Göttingen; ab 1958 an den Staatl. Schauspielbühnen Berlin (seit 1972 deren Ehren-Mitgl.); bekannter Charakterdarsteller; auch Fernsehrollen.
Filme: Unter den Brücken (1945); In jenen Tagen (1947); Epilog (1950); Jons u. Erdme (1959); Jeder stirbt für sich allein (1975); Rosinenbomber (1988; Fernsehfilm).

**2)** Fritz Joachim, Literaturwissenschaftler und Publizist, * Berlin 3. 9. 1931; war u. a. 1977–85 Leiter des Feuilletons der Wochenzeitung ›Die Zeit‹, seit 1986 deren Kulturkorrespondent; ab 1968 Lehrtätigkeit an der Univ. Hannover, 1986–88 Gast-Prof. in Paris. Verfasser von Literaturkritiken, Essays (›Revolte und Melancholie‹, 1979; ›Geist und Macht‹, 1989), Biographien (›Kurt Tucholsky‹, 1961; ›Heine. Ein dt. Märchen‹, 1977) und Reiseberichten (›Pyrenäenreise im Herbst‹, 1985); auch Erzählungen und Romane (›Kuhauge‹, 1984; ›Der Wolkentrinker‹, 1987; ›Die Abtreibung‹, 1991).

**Rade, Agrostemma**, Gattung der Nelkengewächse mit zwei urspr. im Mittelmeerraum beheimateten Arten; mit purpurroten, einzeln stehenden Blüten und Kapselfrüchten. Als Getreideunkraut ist die bis 1 m hohe **Korn-R.** (Agrostemma githago) durch den Einsatz von Herbiziden selten geworden; die Samen der Korn-R. sind giftig.

**Rade**, Martin, ev. Theologe, * Rennersdorf (bei Löbau) 4. 4. 1857, † Frankfurt am Main 9. 4. 1940; war seit 1892 Pfarrer an der Paulskirche in Frankfurt am Main, 1904–24 Prof. für systemat. Theologie in Marburg, 1933 von den Nationalsozialisten entlassen. Bereits vor dem Ersten Weltkrieg setzte R. sich für Frieden und internat. Verständigung ein. 1919–21 war er Mitgl. der preuß. Verfassunggebenden Versammlung (Dt. Demokrat. Partei) und kämpfte für die Durchsetzung demokrat. Geistes in Kirche und Gesellschaft. R. war Mitbegründer und 1887–1931 Herausgeber der Zeitschrift ›Christl. Welt‹, die er zu einem Forum des theolog. Liberalismus in Dtl. ausbaute.
Werke: Religion u. Moral (1898); Glaubenslehre, 3 Bde. (1924–27).
Ausgabe: Ausgew. Schr., hg. v. C. SCHWÖBEL, 3 Bde. (1983–88).
J. RATHJE: Die Welt des freien Protestantismus (1952); C. SCHWÖBEL: M. R., in: Gestalten der Kirchengesch., hg. v. M. GRESCHAT, Bd. 10, Tl. 1 (1985).

**Radeberg**, Stadt im Kr. Dresden, Sachsen, 244 m ü. M., an der Röder, am NO-Rand der Dresdner Heide, (1989) 14 900 Ew.; Bierbrauerei, elektron. Industrie, Herstellung von Küchenmöbeln, Leuchten und zahntechn. Geräten, Gießerei, Teppichweberei. – R. entstand im 13. Jh. bei einem 1289 erstmals erwähnten Burg. Die Stadt wurde 1344 erstmals erwähnt. – Renaissanceschloß Klippenstein mit Vorburg (16. Jh.; heute Heimatmuseum).

**Radebeul** ['raːdəbɔɪl, radə'bɔɪl], Stadt im Kr. Dresden, Sachsen, 110–249 m ü. M., erstreckt sich über 8 km zw. Dresden und Coswig auf dem rechten Ufer des Elbtales und auf den anschließenden Lößnitzhängen, (1989) 32 000 Ew.; Justizschule Sachsens, Karl-May-Museum (im Wohnhaus K. MAYS) mit völkerkundl. Sammlung über die nordamerikan. Indianer, Volkssternwarte, Theater; Herstellung von Druckmaschinen, Hochspannungsarmaturen, Spezialwaagen, Arzneimitteln und Miederwaren, Kunststoffverarbeitung, Schuhfabrik, Wein- und Sektkellereien. In der Umgebung Wein-, Obst- und Gemüsebau. – R. wurde 1349 erstmals erwähnt. Der seit dem MA. betriebenen Wein- und Gartenbau gab R. und dem benachbarten Kötzschenbroda das Gepräge. 1923 wurde R. Stadt und 1924 mit dem im gleichen Jahr zur Stadt erhobenen Kötzschenbroda sowie unter Eingliederung weiterer Gemeinden zur Stadt R. zusammengefaßt. – Im Stil der Renaissance wurden das Bennoschlößchen (um 1600) und in Oberlößnitz Schloß Hoflößnitz (1650, Dekoration des Festsaales u. a. von A. VAN DEN EECKHOUT; heute u. a. Heimatmuseum) erbaut.

**Radeburg**, Stadt im Kr. Dresden, Sachsen, 150 m ü. M., nordöstlich der Moritzburger Teiche, (1989) 5 100 Ew.; Heimatmuseum (u. a. für H. ZILLE, der in R. geboren wurde); Flachglaswerk, Elektronikbetrieb,

Carl Raddatz

Fritz Joachim Raddatz

Rade: Kornrade (Höhe bis 1 m)

Radebeul Stadtwappen

**Rade**   Radecki – Rädertiere

Sigismund von Radecki

Karl Bernhardowitsch Radek

Bilderrahmenherstellung. – Aus einem um 1150 angelegten Straßendorf entwickelte sich die im frühen 13. Jh. erstmals bezeugte Stadt.

**Radecki** [ra'dɛtski], Sigismund von, Pseudonym **Homunculus**, Schriftsteller, * Riga 19. 11. 1891, † Gladbeck 13. 3. 1970; Bergbaustudium; war Ingenieur, Schauspieler, Zeichner, ab 1946 freier Schriftsteller in Zürich. Unter dem Einfluß seines Freundes K. KRAUS wurde R. zum Meister der literar. Kleinform. Seine Essays und Feuilletons sind oft zeit- und kulturkritisch.

*Werke: Erzählungen:* Der eiserne Schraubendampfer Hurricane (1929); Nebenbei bemerkt (1936). – *Essays:* Die Welt in der Tasche (1939); Wort u. Wunder (1940); Das Schwarze sind die Buchstaben (1957); Ein Zimmer mit Aussicht (1961); Gesichtspunkte (1964); Im Gegenteil (1966).

**Radegund, Radegundis,** frz. **Radegonde** [radə'gõd], fränk. Königin, * 518, † Poitiers 13. 8. 587; thüring. Prinzessin, wurde nach der Vernichtung des Thüringerreiches 531 vom Merowingerkönig CHLOTHAR I. als Geisel ins Frankenreich gebracht und 536 gezwungen, ihn zu heiraten. Um 555 floh sie nach Noyon, wurde Nonne und zog sich 561 in das von ihr gegründete Kloster Poitiers zurück. – Heilige (Tag: 13. 8.).

**Radek,** Karl Bernhardowitsch, eigtl. **K. B. Sobelsohn,** sowjet. Politiker, * Lemberg 1885, † (ermordet) in einem sowjet. Straflager 1939; Journalist; schloß sich zunächst der Sozialdemokratie in Polen an. Als Mitarbeiter sozialdemokratischer Zeitungen in Dtl., der ›Leipziger Volkszeitung‹ und der ›Bremer Volkszeitung‹, war er jedoch v. a. für die SPD tätig. Zu Beginn des Ersten Weltkriegs ging er in die Schweiz, arbeitete dort mit LENIN zusammen und nahm an den Konferenzen von Zimmerwald (1915) und Kiental (1916) teil. 1917 begleitete er LENIN auf der Fahrt im plombierten Eisenbahnwagen nach Rußland und trat dort den Bolschewiki bei. 1918 beteiligte er sich in Dtl. am Aufbau der KPD. Von Febr. bis Dez. 1919 in Dtl. inhaftiert, wurde R. – in Abwesenheit – in das ZK der russ. KP gewählt. Im Auftrag des Exekutivkomitees der Komintern, dessen Mitgl. er seit 1920 war, suchte er in Dtl. 1923 einen kommunist. Aufstand zu organisieren. Als entschiedener Anhänger L. D. TROTZKIJS in dessen Auseinandersetzung mit STALIN wurde R. 1924 aus allen seinen Parteiämtern, 1927 aus der Partei selbst ausgeschlossen. Nach Unterwerfung unter die Linie STALINS wurde er 1931 wieder in die Partei aufgenommen, fiel aber im Zuge der Großen Säuberung (1935–39) endgültig in Ungnade und wurde in einem Schauprozeß, im ›Prozeß der Siebzehn‹ (1937), zu zehn Jahren Gefängnis verurteilt. – 1988 wurde R. rehabilitiert.

**Radekrankheit, Gicht,** durch das Weizenälchen (ein Fadenwurm) hervorgerufene Krankheit von Weizen und Roggen; im Jugendstadium Wellung, Kräuselung und Verdrehung der Blätter; die Internodien sind verkürzt; später werden die Blütenanlagen in kleine, harte Gallen umgewandelt, die dem Samen der Kornrade ähneln (**Radekörner**).

**Rädelerz,** ein Mineral, →Bournonit.

**Rädelsführer** [von älter Rädlein(s)führer, zu mhd. redelīn ›Rädchen‹, der Bez. für die kreisförmige Formation einer Schar von Landsknechten], Anführer einer Verschwörung, eines Aufruhrs oder Unfugs. R. bei Weiterführung von für verfassungswidrig erklärten Organisationen (§§ 84, 85 StGB), bei verfassungsfeindl. Sabotage (§§ 88 StGB), bei der Gründung von oder der Beteiligung an kriminellen oder terrorist. Vereinigungen (§§ 129, 129a StGB) und bei Meuterei von Soldaten (§ 27 Wehrstraf-Ges.) werden strenger bestraft als die übrigen Beteiligten. – Das österr. Strafrecht sieht bei ›führenden Beteiligung‹, ›führenden Betätigung‹ und ›führenden Teilnahme‹ (§§ 33

Nr. 4, 246, 274 Abs. 2, 279 StGB) einen ausdrückl. Strafschärfungsgrund. Die *Schweiz* kennt den Begriff des R. nicht.

**Rademacher, 1)** Arnold, kath. Theologe, * Bocket (heute zu Waldfeucht, Kr. Heinsberg) 10. 10. 1873, † Bonn 2. 5. 1939; Priesterweihe 1898, war seit 1912 Prof. für Fundamentaltheologie in Bonn; setzte sich mit modernen philosoph. und soziolog. Anschauungen auseinander und war mit seinen Arbeiten über die Lehre von der Kirche ein Wegbereiter der Ökumene im Sinne einer Einheit in der Vielfalt.

*Werke:* Gnade u. Natur (1908); Die Kirche als Gemeinschaft u. Gesellschaft (1931); Die Wiedervereinigung der christl. Kirche (1937); Der religiöse Sinn unserer Zeit u. der ökumen. Gedanke (1939).

**2)** Hans Adolph, amerikan. Mathematiker dt. Herkunft, * Wandsbek (heute zu Hamburg) 3. 4. 1892, † Haverford (Pa.) 7. 2. 1969; Prof. in Hamburg (1922), Breslau (1925) und Philadelphia (Pa.). Sein wichtigstes Arbeitsgebiet war die analyt. Zahlentheorie; schrieb mit O. TOEPLITZ ›Von Zahlen und Figuren‹ (1930).

**3)** Johann Gottfried, Arzt, * Hamm 4. 8. 1772, † Goch 9. 2. 1850; praktizierte, von PARACELSUS ausgehend, eine ›Erfahrungsheillehre‹; gewann die Diagnose durch die ›sichtbare‹ Reaktion der ›unsichtbaren‹ Krankheit auf das ausgewählte Heilmittel und teilte die Krankheiten entsprechend ein.

**Radenthein,** Markt-Gem. im Bez. Spittal an der Drau, Kärnten, Österreich, als Groß-Gem., die sich vom Millstätter See (Badeort Döbriach) bis in die Nockberge erstreckt, 89 km$^2$ und (1991) 7100 Ew.; Abbau und Verarbeitung u. a. Sintermagnesit) von Magnesit, Herstellung feuerfester Steine (Radexziegel); Trachtenkleiderfabrik; Fremdenverkehr. – R. wurde 1177 erstmals urkundlich erwähnt.

**Rädergetriebe,** Getriebebauart (→Getriebe) mit zwei Rädern und feststehendem Steg (Ausnahme: Umlauf-R.) vorwiegend zur Drehmomentenwandlung. Das wird durch unterschiedl. Durchmesser der Räder erreicht. Die Drehmomente der Radwellen werden vom Verhältnis der Raddurchmesser bestimmt. Hat das kleinere Rad den Durchmesser 1 und das größere den Durchmesser 2, so kann an der Welle des größeren Rades das doppelte Drehmoment abgegriffen werden; das kleinere Rad hat die doppelte Drehzahl des größeren (Übersetzungsverhältnis 1:2). Die Getrieberäder können kraftschlüssigen (Reibradgetriebe) oder formschlüssigen Kontakt haben (Zahnradgetriebe). Stirn-R. haben parallele, Kegel-R. sich schneidende, Schrauben-R. sich kreuzende Drehachsen. Umlauf-R. haben einen umlaufenden Steg und mindestens drei Zahnräder, bekannteste Ausführungsform sind die →Planetengetriebe.

**Rädern, Strafe des Rades,** bei den Römern, im Spät-MA. und in der frühen Neuzeit gebräuchl. Art der Todesstrafe v. a. für Mörder (in Preußen 1811 abgeschafft), bei der dem Verurteilten die Glieder mit dem Rad gebrochen wurden; danach wurde er auf das Rad geflochten und zur Schau gestellt.

R. VAN DÜLMEN: Theater des Schreckens (³1988).

**Räderscheidt,** Anton, Maler, * Köln 11. 10. 1892, † ebd. 8. 3. 1970; studierte in Düsseldorf, war in den 1920er Jahren einer der führenden Maler der Neuen Sachlichkeit in Köln, wohin er nach seiner Emigration (1934–49) zurückkehrte. Unter dem Einfluß von ›Valori Plastici‹ gelangte er zu einem kühl verfremdenden Realismus, der um das schweigende Nebeneinander von Mann und Frau als Ausdruck der Großstadteinsamkeit kreist. Nach dem Zweiten Weltkrieg näherte sich R. zeitweise der abstrakten Malerei.

H. RICHTER: A. R. (1972).

**Rädertiere, Rotatoria,** etwa 1500 Arten der →Schlauchwürmer von meist weniger als 0,5 mm

Stirntrieb

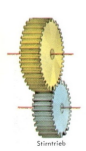

Kegeltrieb

Schneckentrieb

Rädergetriebe

Körpergröße (max. 3 mm; die kleinsten Zwergmännchen gehören mit 0,04 mm zu den kleinsten mehrzelligen Tieren). Die R. leben überwiegend im Süßwasser (seltener im Meer oder im Lückensystem des Bodens). Der Körper gliedert sich in Kopfregion, Rumpf und Fuß, der mit Hilfe von Klebdrüsen der Anheftung am Untergrund dient. Vorderkörper und Fuß können in den von einer teilweise starren Kutikula umgebenen Rumpf eingezogen werden. Am Vorderende dienen vielgestaltige Wimperkränze der schwimmenden Fortbewegung und zum Herbeistrudeln der Nahrung. Sie werden als **Räderorgan** bezeichnet, da durch den Wimpernschlag der Eindruck eines sich drehenden Rades entsteht. Die Nahrung wird dem mit einem komplizierten Gerüst aus Spangen und Platten versehenen Schlundsack (Kaumagen, Mastax) zum Zerkleinern zugeführt, um im eigentl. Magen verdaut zu werden. Atmungs- und Kreislauforgane fehlen. Der Exkretion dienen Protonephridien. Durch Wasserabgabe können extrem kälteresistente (bis −270 °C) Dauerstadien (**Tönnchen**) gebildet werden.

R. sind getrenntgeschlechtig. Die Gonaden münden mit den Protonephridien und dem Darm in einer Kloake. Es kommen drei Fortpflanzungsweisen vor: ausschließlich zweigeschlechtig (mit gleich großen Geschlechtern), rein parthenogenetisch (ohne Männchen) sowie als Generationswechsel mit mehreren Generationen parthenogenet. Fortpflanzung, auf die im Herbst eine zweigeschlechtige Generation (mit Zwergmännchen) folgt, deren befruchtete Dauereier äußerst widerstandsfähig sind und durch den Wind verbreitet werden können. Die Entwicklung verläuft ohne Larvenstadium.

**Radetzky,** Joseph Wenzel Graf, eigtl. **J. W. Graf R. von Radetz,** österr. Feldmarschall (seit 1836), * Trebnitz (bei Leitmeritz) 2. 11. 1766, † Mailand 5. 1. 1858; wurde zu Beginn der Befreiungskriege Generalstabschef bei Fürst K. V. SCHWARZENBERG und hatte maßgebl. Anteil an Planung und Durchführung der Feldzüge 1813/14. Ab 1831 war R. Kommandeur der österr. Truppen in Lombardo-Venetien. 1848 mußte er nach Ausbruch des italien. Aufstandes in Mailand seine Streitkräfte zunächst zurücknehmen, stellte dann aber durch die Siege bei Custoza (25. 7. 1848) und Novara (23. 3. 1849) die österr. Herrschaft in Oberitalien wieder her. R. war der volkstümlichste Heerführer Österreichs im 19. Jh., nach ihm wurde der **R.-Marsch** (1848) von J. STRAUSS (Vater) benannt.

F. HERRE: R. (1981).

**Radevormwald,** Stadt im Oberberg. Kreis, NRW, 400 m ü. M., auf der nordöstl. Hochfläche des Bergischen Landes, (1990) 25 000 Ew.; Ev. Jugendakademie, Landessportschule, Heimatmuseum; Kleineisen- und andere metallverarbeitende Betriebe, Textil-, Kunststoff- und elektrotechn. Industrie. – R., zw. 850 und 1000 als Rodungsort angelegt, erhielt im 13. Jh. Stadtrecht. Urkundlich als Stadt bezeugt ist R. seit 1363. Nach einem Stadtbrand (1802) wurde der Ort neu aufgebaut. – Zu den bedeutendsten Bauten der Industriearchitektur in NRW gehören die um 1830 im klassizist. Formensprache errichteten Textilfabriken Dahlerau, Vogelsmühle und Dahlhausen (Turbinenhalle aus den 1920er Jahren).

**Radewski,** Christo Wassilew, bulgar. Schriftsteller, * Belisch (Gebiet Lowetsch) 10. 10. 1903; seit 1944 Mitgl. der KP, 1945–48 im diplomat. Dienst (Moskau), 1949–58 Sekr. des bulgar. Schriftstellerverbandes; schrieb Gedichte mit klassenbewußter Thematik, Feuilletons, kulturpolit. Aufsätze sowie v. a. Fabeln und Satiren, in denen er gegen die bürgerl. Literatur kämpfte; auch Kinderbücher.

Ausgabe: Izbrani tvorbi, 4 Bde. (1983).

**Radfenster,** bes. in der Baukunst der Spätromanik und Frühgotik auftretendes Rundfenster, in das

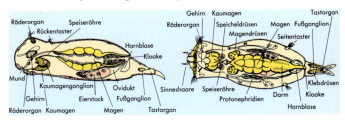

**Rädertiere:** Bauplan; LINKS Sagittalschnitt; RECHTS Dorsalansicht

speichenförmig z. T. ornamentierte Stäbe eingestellt sind. Es bildet eine Vorstufe zur → Fensterrose.

**Radha,** in der ind. Mythologie die Geliebte des Krishna. R.s und Krishnas Trennung und Vereinigung wurden oft literarisch bearbeitet; von tiefem religiösen Symbolwert im Vishnuismus.

**Rad|hacke,** Landmaschine zum Ausdünnen von Pflanzenbeständen in Reihenkulturen mit Werkzeugantrieb über die Zapfwelle des Traktors. Für jede Reihe arbeitet ein quer dazu angeordneter Rotor mit Hackmessern, deren Zahl und Form die Art der Ausdünnung bestimmen.

**Radhakrishnan** [-ʃ-], Sarvapalli, ind. Philosoph und Politiker, * Tiruttani (Tamil-Nadu) 5. 9. 1888, † Madras 17. 4. 1975; lehrte Philosophie u. a. an den Univ. Mysore (1918–21) und Kalkutta (1921–31, 1937–41). 1936–52 war Prof. für östl. Religionen in Oxford. 1946–50 leitete er die ind. Delegation bei der UNESCO. 1949–52 war R. Botschafter in Moskau, 1952–62 Vize-Präs., 1962–67 Präs. der Ind. Union. In seinen Schriften vertrat er den Standpunkt des Neohinduismus (moderner → Vedanta), der die ind. Kultur mit einem vom Westen beeinflußten Begriffsapparat zu verstehen suchte und damit zu einer Neuinterpretation der ind. Tradition führte. R. erhielt 1961 den Friedenspreis des Dt. Buchhandels.

Werke: Indian philosophy, 2 Bde. (1923–27); The Hindu view of life (1927; dt. Die Lebensanschauung des Hindu); Eastern religions and western thought (1939); Religion in a changing world (1967).

**Radhasoami, R. Satsang, Sant Mat,** hinduist. Reformbewegung mit unterschiedl. Gruppierungen (Zentren sind u. a. Agra und Beas/Pandschab); beruft sich auf den ind. Mystiker SHIV DAYAL SING (* 1818, † 1878), der Radhasoami (Sanskrit ›Gott Radhas‹, aufgefaßt als ›Herr der Seele‹) als höchsten Gott verkündete und 1861 die nach ihm benannte Vereinigung schuf. Eine große Rolle spielen die Verehrung des Meisters (Guru) und der Meditationspfad (›Yoga des Klangs und des Lichtes‹), auf dem das allen Religionen gemeinsame religiöse Urwissen der Menschheit wiederentdeckt werden soll.

R. HUMMEL: Ind. Mission u. neue Frömmigkeit im Westen (1980).

**radial,** den Radius betreffend; in der Richtung eines Radius verlaufend; von einem Mittelpunkt (strahlenförmig) ausgehend oder auf ihn hinziehend; Ggs.: axial.

**Radial|ader, Radius,** die i. d. R. stärkste Längsader des Insektenflügels.

**Radialbeschleunigung,** *Physik:* → Beschleunigung 3).

**Radialgeschwindigkeit,** 1) *Astronomie:* die Geschwindigkeitskomponente eines Himmelskörpers in Richtung seiner Verbindungslinie mit der Erde (Gesichtslinie) nach Kompensation von Erdrotation und Erdbahnbewegung; bei positiver R. entfernt sich das Objekt, bei negativer R. nähert es sich (Sterne in Sonnennähe etwa ± 20 km/s). Mit Hilfe der Verschiebung der Spektrallinien durch den → Doppler-Effekt

**Joseph Graf Radetzky** (Ausschnitt aus einer Lithographie; 1852)

**Sarvapalli Radhakrishnan**

**Radi** Radialislähmung – Radić

Radiant 2)

kann die R. $v_R$ bestimmt werden: $v_R = c \cdot \Delta\lambda/\lambda$; $c$ Vakuumlichtgeschwindigkeit, $\lambda$ Wellenlänge, $\Delta\lambda$ Spektrallinienverschiebung. Zus. mit der →Eigenbewegung beschreibt diese Radialbewegung den Bewegungszustand des betreffenden Himmelskörpers. Die (positive) R. von Galaxien nimmt mit steigender Entfernung von der Sonne zu (Fluchtbewegung, →Hubble-Effekt).
2) *Physik:* →Geschwindigkeit.

**Radialislähmung,** Lähmung der Speichennerven (**Nervus radialis**) des Armes durch Verletzung oder Druckschädigung. Bei R. kann die Hand nicht mehr gestreckt oder gehoben werden (**Fallhand**); Empfindungslosigkeit der Streckseite des Unterarms und der radialen Hälfte des Handrückens und Daumens. Die R. bildet sich spontan zurück oder muß operativ behandelt werden.

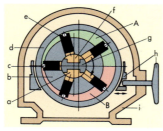

**Radialkolbenpumpe:** Schematische Darstellung einer Radialkolbenpumpe mit äußerer Kolbenabstützung; a Ölabfuhrkanal, b rotierender Zylinderblock, c Kolbenstützrollen, d mitrotierendes Umlaufgehäuse (Außenexzenter), e Kolben, f Ölzufuhrkanal, g feststehende Zentralachse mit eingefrästen Ölkanälen, h Stellrad und Führungselemente zum Verschieben von d (Regulierung der Fördermenge), i Gehäuse; Bereich A: Kolben beim Saughub, Bereich B: Kolben beim Druckhub

**Radialkolbenpumpe,** Bauart von Kolbenpumpen (→Verdrängerpumpe), bei denen mehrere (mindestens fünf) Kolben sternförmig in einem Zylinderblock angeordnet sind, der exzentrisch in ein Umlaufgehäuse eingebaut ist. Weil dieses in einer Führung verschiebbar ist, können der Exzenterspalt und damit die Fördermenge kontinuierlich verändert werden.

**Radialkraft,** die Komponente der auf ein Teilchen (oder einen Körper) wirkenden Kraft, die bei Darstellung ebener, krummliniger Bewegungen mit Hilfe von Polarkoordinaten parallel zum Radiusvektor $r$ wirkt; die R. $F_r$ ist proportional zur Radialbeschleunigung $a_r$ (→Beschleunigung 3): $F_r = ma_r$ ($m$ Teilchenmasse).

**Radialturbine,** Turbinenbauart, bei der das Laufrad radial mit dem Arbeitsmittel (Dampf oder Wasser) beaufschlagt wird. Als R. arbeiten v.a. die Francis-Turbinen. (→Dampfturbine)

**Radialverdichter,** Turboverdichterbauart, bei der die Laufschaufeln so auf die Laufscheibe aufgesetzt sind, daß sie eine radiale Strömungsrichtung des Arbeitsmediums hervorrufen.

**Radiant** [zu lat. radiare ›strahlen‹] *der, -en/-en,* 1) *Astronomie:* **Radiationspunkt,** scheinbarer Ausstrahlungspunkt eines →Meteorstroms; gelegentlich auch Bez. für den →Apex 1) sowie für den Vertex eines →Bewegungssternhaufens.
2) *Einheit:* Einheitenzeichen rad, ergänzende SI-Einheit des ebenen Winkels; definiert als jener Winkel, bei dem die Bogenlänge eines zugehörigen Kreisbogens gleich dem Radius des entsprechenden Kreises ist; 1 rad = 180°/π = 57,29578°. (→Bogenmaß)

**radiär** [zu Radius], strahlenförmig angeordnet, verlaufend; strahlig.

**radiärsymmetrisch,** *Biologie:* bezeichnet die Körpergrundform von Lebewesen, die eine längsverlaufende Symmetrieachse besitzen und dazu senkrecht verlaufende, strahlig angeordnete Symmetrieelemente, die durch Rotation um die Längsachse zur Deckung gebracht werden können; r. sind u.a. die meisten Nesseltiere, die Stachelhäuter und zahlreiche Blüten.

**Radiästhesie** [frz., zu lat. radius ›Strahl‹ und griech. aísthēsis ›Wahrnehmung‹] *die, -,* die Lehre von angebl. Strahlenwirkungen, die von belebten und unbelebten Objekten ausgehen und von bes. ›empfindl.‹ Menschen (›Sensitiven‹, ›Radiästheten‹) mittels Wünschelrute und Pendel feststellbar sein sollen. Wasser- und Metallvorkommen sollen auf diese Weise aufgespürt, krank machende →Erdstrahlen 1) und pathogene ›Reizzonen‹ festgestellt, Krankheiten und geeignete Medikamente anhand von Photographien des Betroffenen ›ausgependelt‹ werden können. Gängige Erklärungsversuche fallen in zwei Gruppen: 1) psycho-motor. Automatismen, die unbemerkt gebliebene Wahrnehmungen oder Phantasieprodukte, in seltenen Fällen auch auf außersinnl. Wahrnehmung beruhende Leistungen zum Ausdruck bringen können; 2) ›ortsspezif. Reaktionen‹ mancher Menschen, die im Rahmen eines wesentlichen konventionellen biophysikal. Reiz-Reaktionsmodells erforschbar sind. Der abergläub. und kommerzielle Mißbrauch der R. spielt im Rahmen der ›Okkultkriminalität‹ eine große Rolle.

O. PROKOP u. W. WIMMER: Wünschelrute, Erdstrahlen, R. ($^3$1985); H.-D. BETZ: Geheimnis Wünschelrute. Aberglaube u. Wahrheit über Rutengänger u. Erdstrahlen (1990).

**Radiation** [lat. radiatio ›das Strahlen‹] *die, -/-en,* **adaptive R.,** die Entwicklung neuer ökolog. Lebensformen aus einer Stammform durch die Herausbildung spezif. Anpassungen an versch. Umweltbedingungen. Ein bekanntes Beispiel für R. sind die Darwinfinken der Galapagosinseln.

**Radiationspunkt,** *Astronomie:* →Radiant 1).

**Radiator** [zu lat. radiare ›strahlen‹] *der, -s/...'toren,* →Heizkörper.

**Radić** ['ra:ditɕ], Stjepan, kroat. Politiker, * Trebarjevo Desno (bei Rijeka) 11. 7. 1871, † Zagreb 8. 8. 1928; Gründer (1904) der kroat. Bauernpartei, die für eine stärkere Föderalisierung der Habsburgermonarchie eintrat. Nach der Gründung des Königreichs der Serben, Kroaten und Slowenen (→Jugoslawien, Geschichte) kämpfte er für den Abbau des großserb. Zentralismus und die Autonomie Kroatiens und war

**Radierung:** Rembrandt, ›Die große Löwenjagd‹; 1641

deshalb 1919–20 und 1924–25 in Haft. Nachdem er der Verf. von 1921 zugestimmt hatte, war er 1925–26 Unterrichts-Min., ging jedoch danach wieder in die Opposition. Er starb an den Folgen eines Attentats.
   P. PRERADOVIĆ: Die Kroaten u. ihre Bauernbewegung (Wien 1940).

**Radicchio** [ra'dıkjo; italien., zu lat. radicula, Verkleinerung von radix ›Wurzel‹] der, -s, Varietät des → Chicorée.

**Radičević** [ra'diːtʃɛvitɕ], Branko, serb. Dichter, * Slavonski Brod 27. 3. 1824, † Wien 30. 6. 1853; unterstützte die Sprachreform V. KARADŽIĆS, schrieb – als erster in reiner Volkssprache – von H. HEINE und Lord BYRON angeregte lyr. und epische Gedichte im Geist der Romantik sowie schlichte Dichtungen in Anlehnung an die Volksdichtung.

**Radicula** [lat. ›kleine Wurzel‹] die, -/...lae, die Keimwurzel (→ Keimung).

**Radi|enquoti|entenregel,** *Kristallographie:* Regel, nach der sich die zu erwartenden Gittertypen von Ionenkristallen der Verbindungsarten AB (z. B. CsCl, NaCl, ZnS) und $AB_2$ (z. B. $CaF_2$, $SrF_2$) abschätzen lassen. Der Wert des Quotienten $r_A/r_B$ aus dem Radius des kleineren (Kat-)Ions und dem Radius des größeren (An-)Ions gibt einen Anhaltspunkt für die energetisch günstigste Anordnung der Ionen im Kristall. Die Abgrenzung zw. versch. Gittertypen erfolgt anhand bestimmter krit. Werte von $r_A/r_B$.

**Radierung** [zu lat. radere ›kratzen‹, ›schaben‹], Tiefdruckverfahren, bei dem als Druckform eine geätzte Kupfer- oder Zinkplatte dient. Die Platte wird zunächst mit einem säurefesten Ätzgrund (eine Mischung aus Asphalt, Harz und Wachs) beschichtet und anschließend mit Ruß geschwärzt. Mit der Radiernadel gräbt der Künstler die Zeichnung in den Ätzgrund. Im darauffolgenden Säurebad (Eisenchlorid oder mit Salpetersäure angesetztes Scheidewasser) greift die Ätzlösung den freigelegten Metallgrund an und vertieft so die Zeichnung, wobei die Dauer der Ätzung die Tiefe bestimmt. Durch partielles Abdecken mit Asphaltlack während des Ätzvorgangs können hellere Stellen (›Lichter‹) der Darstellung erhalten bleiben. Nach dem Entfernen des Ätzgrundes wird die Druckfarbe mit einem Tampon in die vertieften Linien gerieben. Beim Druck mit der Handpresse preßt sich die Druckplatte tief in das angefeuchtete Papier. Der Vorteil der R. im Vergleich zum Kupferstich liegt in der leichten Handhabung der Radiernadel. Mit der ›kalten Nadel‹ können geätzte Platten weiterbehandelt werden (**Kaltnadel-R.**). Im Ggs. zur R., deren bildkünstler. Gestaltungsmittel die Linie ist, werden bei der → Aquatinta durch den abgestuften Ätzvorgang Flächentöne erzeugt. Experimentierfreudige Künstler entwickelten noch weitere Varianten der R. (→ Crayonmanier, → Vernis mou, → Glaslischee).
*Geschichte:* Die Erfindung der R. Anfang des 16. Jh. wird dem Plattner D. HOPFER aus Augsburg zugeschrieben. Bald machten Künstler wie A. DÜRER und A. ALTDORFER sich den größeren Spielraum, den die R. gegenüber dem Kupferstich bietet, für spontanes Arbeiten zunutze. Mit der Verwendung von Kupferplatten anstelle der ursprüngl. Eisenplatten war eine weitere Voraussetzung für die Vervollkommnung der Technik gegeben. Niederländer (LUCAS VAN LEYDEN) wie Italiener (PARMIGIANINO) arbeiteten von Anfang an auf Kupferplatten. In Frankreich entstanden inhaltlich aufeinander bezogene Folgen (J. CALLOT). In den Niederlanden erreichte die R. mit Einzelblättern von H. SEGHERS und REMBRANDT einen künstler. Höhepunkt. In der Folgezeit beherrschten viele bedeutende Künstler die linearen Differenzierungsmöglichkeiten und die maler. Helldunkelwirkungen der R., in Frankreich u. a. F. BOUCHER, G. DE SAINT-AUBIN

**Radierung:** Francisco de Goya y Lucientes, ›Mit und ohne Verstand‹; Blatt aus der Folge ›Los desastres de la guerra‹, um 1808–14

und M. MOREAU, in Italien CANALETTO, G. PIRANESI und G. B. TIEPOLO, in England W. HOGARTH, J. GILLRAY und T. ROWLANDSON, in Dtl. J. E. RIDINGER und D. CHODOWIECKI, in Spanien F. DE GOYA Y LUCIENTES. Als virtuos gehandhabte Reproduktionstechnik fand die R. im 18. Jh. Verwendung; zahlreiche Werkzeuge wurden erfunden und Varianten der R. entwickelt. Seit etwa Mitte des 19. Jh. verhalfen bedeutende Künstler der R. zu einem neuen künstler. Aufschwung. Zu ihnen gehören die Vertreter der Schule von Barbizon, C. MERYON, C. PISSARRO, E. DEGAS, F. ROPS und A. RENOIR in Frankreich, W. LEIBL, M. LIEBERMANN, L. CORINTH und M. SLEVOGT in Dtl., K. STAUFFER-BERN in der Schweiz, J. ENSOR in Belgien, in England J. WHISTLER, J. PENNELL und F. S. HADEN, der als erster um 1880 begann, seine Abzüge zu signieren. Auch im 20. Jh. bildet die R. Schwerpunkte im graphischen Œuvre namhafter Künstler, darunter E. MUNCH, KÄTHE KOLLWITZ, H. MATISSE, P. PICASSO, G. BRAQUE, M. BECKMANN, M. CHAGALL, G. ROUAULT, E. NAY, J. FRIEDLAENDER, H. JANSSEN, A. HRDLICKA, B. LUGINBÜHL, A. BRUNOVSKÝ, J. ANDERLE, D. HOCK-

**Radierung:** Horst Janssen, ›Klee und Ensor um einen Bückling streitend‹; 1961

# Radi  Radieschen – Radikalsozialisten

NEY, F. AUERBACH und die Vertreter der Schule des phantast. Realismus.
W. KOSCHATZKY u. K. SOTRIFFER: Mit Nadel u. Säure. 500 Jahre Kunst der R., Ausst.-Kat. (Wien 1982); M. KRICK: Die Kunst der R. Werkzeuge, Techniken, Arbeitsprozesse (1985); R. im 20. Jh., bearb. v. R. HAUFF u. a., Ausst.-Kat. (1987).

**Radies|chen** [letztlich von lat. radix, radicis ›Wurzel‹], mit dem →Rettich verwandter Kreuzblütler.

**Radiguet** [radi'gε], Raymond, frz. Schriftsteller, *Saint-Maur-des-Fossés 18. 6. 1903, †Paris 12. 12. 1923; wurde durch Romane bekannt, in denen er sich mit Problemen und Erscheinungsformen der Liebe in differenzierter psycholog. Analyse auseinandersetzte.
*Werke: Romane:* Le diable au corps (1923; dt. Den Teufel im Leib); Le bal du Comte d'Orgel (hg. 1924; dt. Der Ball des Comte d'Orgel, auch u. d. T. Das Fest).

**Raymond Radiguet** (Kohlezeichnung von Pablo Picasso; 1920)

**radikal** [frz., von spätlat. radicalis ›mit Wurzeln versehen‹, zu lat. radix ›Wurzel‹], 1) von Grund aus, vollständig (erfolgend); 2) rücksichtslos, mit Härte vorgehend; 3) eine extreme (polit., ideolog.) Position einnehmend.

**Radikal** das, -s/-e, **1) Chemie:** Atom oder Molekül mit einem ungepaarten Elektron (in Formeln gekennzeichnet durch einen Punkt) und dadurch mit paramagnet. Eigenschaften. R. können unter Einwirkung von UV-Licht oder Wärme gebildet werden. Sie sind meist sehr reaktiv und reagieren miteinander unter Kupplung (R.-Rekombination), z. B.

$$CH_3\cdot + \cdot CH_3 \rightarrow CH_3-CH_3,$$

mit ungesättigten Verbindungen unter Addition, z. B.

$$CH_3\cdot + CH_2=CH_2 \rightarrow CH_3-CH_2-CH_2\cdot,$$

oder mit anderen Molekülen unter Abspaltung eines Atoms, z. B.

$$Cl\cdot + CH_3-CH_3 \rightarrow HCl + CH_3-CH_2\cdot.$$

Bei den Reaktionen entstehen häufig neue R., die in einer Kettenreaktion weiterreagieren. Relativ stabil sind R. mit konjugierten Doppelbindungen und aromat. Ringsystemen (z. B. das Triphenylmethyl-R.). Wichtige chem. Reaktionen wie radikal. →Polymerisation, →Autoxidation, therm. Cracken und Chlorierung laufen über R. ab. R. wie das Hydroxyl-R., ·OH, spielen außerdem bei der Verbrennung und bei photochem. Reaktionen in der Atmosphäre (z. B. Ozonbildung und -abbau, Entstehung von Salpeter- und Schwefelsäure als Bestandteile des sauren Regens) eine große Rolle. – **Biradikale** enthalten zwei ungepaarte Elektronen.

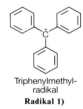
Triphenylmethylradikal
**Radikal 1)**

**2) Mathematik:** die Wurzel einer reinen Gleichung $x^n - a = 0$ über einem Körper. Lassen sich alle Wurzeln einer algebraischen Gleichung durch endlichfache Anwendung der vier Grundrechenarten und des Wurzelziehens gewinnen, so heißt die entsprechende Gleichung **durch R. auflösbar.** Ihr Zerfällungskörper, der durch schrittweise Adjunktion von R. im Sinne der Galois-Theorie zustande kommt, heißt auch **Radikalerweiterung.**

**Radikalen|erlaß**, *Recht:* →Extremistenbeschluß.

**radikaler Konstruktivismus,** *Philosophie* und *Wissenschaftstheorie:* →Konstruktivismus 4).

**Radikalfänger,** *Chemie:* →Antioxidantien.

**Radikalismus** der, -, politisch-sozialer Begriff, der – häufig nur undeutlich gegen den des →Extremismus abgegrenzt und mitunter synonym verwendet – bestimmte polit. Theorien, Weltanschauungen und die dazugehörigen politisch-sozialen Bewegungen bezeichnet, die auf eine grundlegende Veränderung oder Kritik eines bestehenden Zustandes zielen. Darüber hinaus wird der Begriff, insbesondere seit der 2. Hälfte des 19. Jh., auch zur Diffamierung polit. Gegner herangezogen. Eine präzise Begriffsbestimmung des R. muß so die jeweilige histor., soziale und polit. ›Feld-Gebundenheit‹ (M. FUNKE) im Auge behalten.

Polit. Verbreitung, zunächst in einem durchaus positiven Sinne, erfuhr der Begriff erstmals im Zuge der nach der Frz. Revolution und v. a. im Vormärz in Europa einsetzenden demokrat., liberalen und republikan. Bestrebungen, wobei R. als ›Spielart des Liberalismus‹ das prinzipienfeste, unter Umständen auch organisierte Eintreten für Bürgerrechte, soziale Gleichheit, Freiheit und demokrat. Selbstbestimmung bezeichnete. Erst nach dem Scheitern der Revolution von 1848/49 und in der abwehrenden Einstellung gegenüber der aufkommenden Arbeiterbewegung erhielt der Begriff die negative Bedeutung einer kompromißlosen Umsturzgesinnung und wurde zum Instrument tages- oder parteipolit. Auseinandersetzungen. Während die aus bürgerl. Sicht selbst mit dem R.-Vorwurf belegte Arbeiterbewegung den Begriff negativ akzentuiert verwendete, fand er in der polit. und sozialen Umbruchssituation der Zwischenkriegszeit nun auch Anwendung auf politisch ›rechts‹ stehende Bewegungen, wobei in dieser Auffassung von R. v. a. der Umsturz der bestehenden Verhältnisse als Zielvorstellung in Erscheinung trat und die vordem zentrale demokrat. Komponente zugunsten eines rassist. und autoritären Unbedingtheitsanspruchs verdrängt wurde.

Für die Bundesrep. Dtl. wurde der Begriff in der Folge v. a. in der Auseinandersetzung mit der seit der Mitte der 1960er Jahre in Erscheinung tretenden student. Protestbewegung und zur Kennzeichnung polit. Positionen verwendet, die dem vorherrschenden Verfassungsverständnis nach als außerhalb desselben angesiedelt betrachtet wurden oder dieses in Frage zu stellen versuchten. Der heftig umstrittene ›Radikalenerlaß‹ vom 28. 1. 1972 (→Extremistenbeschluß) zielte darauf ab, Mitgl. von als verfassungsfeindlich eingestuften Organisationen vom öffentl. Dienst fern zu halten, wobei gerade die Verwendung des Begriffs R. nicht zur Klärung des Sachverhaltes beitrug. Demgegenüber wurde im Zuge einer Wiederentdeckung der demokrat. Traditionen des Vormärz, v. a. aber durch die Entwicklung grundsätzl. Kritik an der Industriegesellschaft (neue soziale Bewegungen) der Begriff des R. erneut positiv besetzt und auch begrifflich gegenüber dem Extremismus abgegrenzt. Demnach beschränkt sich R. auf die Entfaltung einer grundsätzlichen krit. Perspektive, die ›die Integrität des anders Denkenden‹ gewährleistet und damit im Rahmen einer pluralist. Gesellschaftskonzeption auf die Ausübung unmittelbarer Gewalt verzichtet.

H. GREBING: Linksradikalismus gleich Rechtsradikalismus. Eine falsche Gleichung (²1973); H. M. BOCK: Gesch. des ›linken R.‹ in Dtl. Ein Versuch (1976); Kampf um Wörter. Polit. Begriffe im Meinungsstreit, hg. v. M. GREIFFENHAGEN (1980).

**Radikal|operation,** vollständige chirurg. Entfernung eines erkrankten Organs oder Gewebes unter Mitnahme von umgebendem gesundem Gewebe.

**Radikalsozialisten,** **Radikalsozialistische Partei,** frz. Partei, 1901 als **Parti Républicain Radical et Radical-Socialiste** [par'ti repybli'kε radi'kal ε radikalsɔsja'list] gegründet. Hervorgegangen aus der Auseinandersetzung mit den gemäßigten Republikanern, bildeten die R. den weniger kompromißbereiten, stärker auf soziale Öffnung hin orientierten Flügel des bürgerl. Republikanismus in der III. Rep. Ideologisch lehnten sie sich an die jakobin. Tradition der Frz. Revolution an, betonten dabei aber die Notwendigkeit pragmat. Offenheit. Politisch boten sie damit eine Mitte-Links-Variation des Liberalismus, die ihnen häufig eine Schlüsselstellung zw. rechter und linker Mehrheitsbildung einbrachte.

Ihre Wähler fanden die R. vorwiegend unter Kleinbauern, Gewerbetreibenden und Angehörigen des öffentl. Dienstes; daneben spielten Freiberufler und Unternehmer eine wichtige Rolle. Als Partei waren sie kaum organisiert; der Schwerpunkt der Entscheidungen lag bei den lokalen Parteikomitees einerseits und den Parlaments-Abg. andererseits.

Nach der Mobilisierung der Anhänger durch die →Dreyfusaffäre stiegen sie 1902 zur stärksten Fraktion der Abgeordnetenkammer auf. Mit É. COMBES, G. CLEMENCEAU und J. CAILLAUX stellten sie wiederholt den MinPräs. Sie setzten die vollständige Trennung von Kirche und Staat durch (1905), zerstritten sich aber in der Frage des Entgegenkommens gegenüber den Streikbewegungen der Arbeiter.

Nach dem Ersten Weltkrieg sank ihr Mandatsanteil unter 25%, doch blieb ihre parlamentar. Schlüsselstellung erhalten. Wahlsiege mit Unterstützung der Sozialisten ermöglichten es É. HERRIOT 1924–26 und 1932, Regierungen der linken Mitte zu bilden. 1936 traten die R. in die Volksfront-Reg. unter L. BLUM ein; 1937 übernahmen sie mit C. CHAUTEMPS selbst deren Leitung. 1938 rückten sie mit É. DALADIER wieder nach rechts.

Nach dem Zweiten Weltkrieg erfolgte ein weiterer Einbruch in den Wählerstamm der R. Mit 7–8% der Wählerstimmen blieben sie aber für die Mehrheitsbildung in der IV. Rep. unentbehrlich. Sie waren in allen Reg. vertreten und stellten fast die Hälfte der Min.-Präs. (u. a. H. QUEUILLE, P. MENDÈS-FRANCE, E. FAURE, FÉLIX GAILLARD, * 1919, † 1970). Mitte der 50er Jahre wurde die parteiinterne Auseinandersetzung zunehmend heftiger; es kam zu Parteiausschlüssen und Neugründungen (u. a. 1956 Sammlungsbewegung der republikan. Linken unter E. FAURE).

In der V. Rep. spielte die Partei unter dem Namen **Parti Radical** nur noch eine untergeordnete Rolle. Geführt von M. FAURE (1961–65, 1969–71) und J.-J. SERVAN-SCHREIBER (1971–75, 1977–79), gingen sie in die Opposition. Eine Minderheit schloß sich 1972 als →Mouvement des Radicaux de Gauche (MRG) dem Linksbündnis Union de la Gauche an. Die Mehrheit gehört seit 1978 dem Parteienbündnis Union pour la Démocratie Française (UDF) um V. GISCARD D'ESTAING an.

R. BLOCH: Histoire du parti radical-socialiste des radicaux-socialistes c'hier aux démocrates-socialistes de demain (Paris 1968); J.-T. NORDMANN: Histoire des radicaux 1820–1973 (ebd. 1974); S. BERSTEIN: Histoire du parti radical, 2 Bde. (ebd. 1980–82).

**Radikand** [zu lat. radicare ›Wurzel schlagen‹] *der, -en/-en,* die Zahl, aus der eine →Wurzel gezogen werden soll.

**Radikation** [zu lat. radicare ›Wurzel schlagen‹] *die, -/-en,* **Bewurzelung,** die Entwicklung und Ausbildung der Pflanzenwurzel (→Wurzel).

**Radin** ['reɪdɪn], Paul, amerikan. Völkerkundler poln. Herkunft, * Lodz 2. 4. 1883, † New York 21. 2. 1959; Prof. in Fiske (Tenn.), Berkeley (Calif.), Chicago (Ill.), Cambridge (Großbritannien), Waltham (Mass.). In seinen Untersuchungen zur Religion und Kultur schriftloser Gesellschaften betonte R. die Rolle schöpfer. Individuen; er leistete wichtige Beiträge zur Ethnographie der nordamerikan. Indianer.

Werke: Crashing Thunder, the autobiography of an American Indian (1926); Primitive man as philosopher (1927); The story of the American Indian (1927); Social anthropology (1932); Primitive religion (1937).

**Radinger,** Johann Edler (seit 1892) von, österr. Ingenieur, * Wien 31. 7. 1842, † ebd. 20. 11. 1901; ab 1875 Prof. an der TH Wien, schuf 1870 die theoret. Grundlagen für den Bau schnellaufender Dampfmaschinen. Er ging dabei über die rein kinemat. Betrachtungen hinaus und wies auf die Ergründung der dynam. Verhältnisse hin.

**Radio..., radio...** [zu lat. radius ›Strahl‹], bezeichnet in Zusammensetzungen allg. den Bezug auf oder die Zugehörigkeit zu Strahlungen oder Strahlen irgendwelcher Art; im besonderen 1) den Bezug auf elektromagnet. Strahlung und Licht, mit jeweils spezif. Bedeutung, z. B. Radioastronomie, Radiofrequenz und Radiometrie; 2) den Bezug auf Radioaktivität und die zugehörige Strahlung, z. B. Radionuklide; 3) den Bezug auf Rundfunkanstalten, -sender oder -empfänger.

**Radio** [Kurzform von engl. radiotelegraphy ›Übermittlung von Nachrichten durch Ausstrahlung elektromagnet. Wellen‹] *das, -s/-s,* gebräuchl. Bez. für Hörfunk und Hörfunkempfänger.

**Radio|actinium,** ältere Bez. für das radioaktive Thoriumisotop $^{227}$Th (Symbol RaAc), ein Zwischenglied in der Uran-Actinium-Reihe (→Radioaktivität).

**radio|aktiv,** Radioaktivität aufweisend oder mit ihr zusammenhängend, z. B. radioaktiver Abfall, Niederschlag, Zerfall; zum Hinweis auf Gefährdung durch radioaktive Stoffe dient ein besonderes Gefahrensymbol.

**radio|aktive Höfe, pleochroitische Höfe,** die in manchen Mineralen (z. B. Glimmer, Flußspat, Hornblende) auftretenden farbigen Ringe oder Höfe; sie entstehen durch die Einwirkung von →Alphastrahlung aus dem radioaktiven Zerfall eingelagerter Körnchen von Uran, Thorium oder Samarium, die die Ionen des Gastminerals zu Atomen entionisiert und so innerhalb ihrer Reichweite (bis zu 0,02 mm) eine Färbung hervorruft. R. H. können zur →Altersbestimmung der betreffenden Substanz herangezogen werden.

**radio|aktiver Abfall,** alle in der Kerntechnik, bes. bei der Gewinnung von Kernenergie, anfallenden, aus techn. oder wirtschaftl. Gründen nicht weiter verwertbaren radioaktiven Stoffe (→Atommüll); ebenso gelten ausgediente radioaktive Bauteile aus kerntechn. Anlagen u. ä. als r. A. Die wichtigsten rechtl. Grundlagen zur Behandlung von r. A., zu dessen Entsorgung und Endlagerung finden sich im →Kernenergierecht, v. a. im →Atomgesetz und in der Strahlenschutzverordnung (→Strahlenschutz).

**radio|aktiver Niederschlag,** Niederschlag, der radioaktive Partikel natürl. oder künstl. Ursprungs (→Fallout) enthält. (→Radioaktivität)

**Radio|aktivität,** die Eigenschaft einer Reihe von Atomkernen (→Kern 7) oder allgemeiner Nukliden (Radionuklide), sich spontan, d. h. ohne äußere Einwirkung, in andere Kerne umzuwandeln (**radioaktiver Zerfall**), wobei Energie in Form von kinet. Energie ausgesandter Teilchen und/oder elektromagnet. Strahlung frei wird. Die R. beruht stets auf einer Instabilität der Kerne infolge eines Überschusses an Protonen oder Neutronen, der durch Aussendung der für die versch. Zerfallsarten charakterist. Teilchen oder durch Elektroneneinfang beseitigt wird: Beim α-Zerfall (→Alphazerfall) wird ein α-Teilchen (Heliumkern $^4_2$He mit der Massenzahl 4 und mit der Kernladungszahl 2) ausgesandt, beim β-Zerfall (→Betazerfall) ein Elektron (β⁻- oder Beta-minus-Zerfall) und ein Antineutrino oder ein Positron (β⁺- oder Beta-plus-Zerfall) und ein Neutrino; beim Elektroneneinfang wird, ebenso wie beim β⁺-Zerfall, die Kernladungszahl des Mutterkerns um Eins erniedrigt. Häufig befinden sich die entstehenden Tochter- und Folgekerne in einem angeregten Zustand, aus dem sie – bis auf wenige Ausnahmen (→Kernisomerie) – wegen seiner sehr kurzen Lebensdauer praktisch sofort unter Emission eines oder mehrerer hochenerget., als Gammaquanten (Symbol γ) bezeichneter Photonen in den energetisch tiefsten Zustand (Grundzustand) des jeweiligen Folgekerns übergehen (→Gammastrahlung). Das Tochternuklid nimmt stets einen anderen Platz im Periodensystem der chem. Elemente ein, gehört also einem anderen chem. Element an (→Fajans-Sod-

radioaktiv: Gefahrensymbol

## Radi   Radioaktivität

dysche Verschiebungssätze). Die Strahlen der bei den versch. Zerfallsarten emittierten Teilchen werden als α-, β- und γ-Strahlen bezeichnet, die Muttersubstanzen entsprechend als α-, β- oder γ-Strahler; die Bez. Strahlung wird in diesem Zusammenhang nahezu synonym mit ›Strahlen‹ verwendet. Unter R. i. w. S. versteht man auch Kernumwandlungen durch Neutronenemission (→Kernspaltung), durch Protonenemission (Protonenabstrahlung) und durch spontane Kernspaltung sowie den Zerfall instabiler Elementarteilchen. Der radioaktive Zerfall durch Protonenabstrahlung wurde 1981 bei der Gesellschaft für Schwerionenforschung in Darmstadt am $^{147}_{69}$Tm und am $^{151}_{71}$Lu entdeckt (Halbwertszeiten 0,42 s bzw. 0,085 s, Energien 1,04 MeV bzw. 1,22 MeV). Diese Isotope, mit im Vergleich zu den stabilen Isotopen kleinen Neutronenzahlen (die Atommassen der Elemente Thulium und Lutetium liegen bei 169 bzw. 175), wurden durch Beschuß von $^{92}_{42}$Mo bzw. $^{96}_{44}$Ru mit 160-MeV-$^{58}_{28}$Ni-Ionen erzeugt. Je nachdem, ob die radioaktiven Nuklide bzw. Isotope in der Natur vorkommen oder künstlich durch Kernreaktionen erzeugt werden, unterscheidet man zw. **natürlicher** und **künstlicher Radioaktivität**.

*Zerfallsgesetz* und *Aktivität*: In einer einheitl. radioaktiven Substanz laufen die Kernzerfälle in statistisch unabhängiger Folge ab. Man kann nicht sagen, welches der Atome sich in der nächsten Sekunde umwandeln wird, sondern nur eine für jedes Radionuklid charakterist. Übergangswahrscheinlichkeit (Zerfallskonstante) $\lambda$ angeben, mit der im Mittel ein Atom pro Zeitintervall zerfällt. Enthält eine radioaktive Substanz zur Zeit $t$ gerade $N(t)$ radioaktive Atome, so ändert sich diese Zahl im Zeitintervall $[t, t+dt]$ im Mittel um $-dN = \lambda \cdot N(t) dt$ Atome. Für die augenblickl. Zerfallsrate (Aktivität) gilt daher die Beziehung $A = -dN/dt = \lambda \cdot N(t)$. Die Zahl der nach einer gewissen Zeit $t$, die seit einem Zeitpunkt $t_0$ verstrichen ist, noch vorhandenen radioaktiven Atome wird demnach durch $N(t) = N(t_0) \cdot \exp(-\lambda \cdot t)$ gegeben;

entsprechend klingt auch die Aktivität exponentiell ab. Nach der Zeit $\tau = 1/\lambda$, der mittleren →Lebensdauer 2), sind $N(t)$ und auch die Aktivität $A$ auf den e-ten Teil (d. h. den ≈ 0,37fachen Betrag) des Anfangswertes abgefallen. Aus prakt. Gründen gibt man anstelle von $\tau$ meist die →Halbwertszeit $T_{1/2} = \tau \cdot \ln 2 \approx 0,693\,\tau$ an, nach deren Ablauf die Aktivität auf die Hälfte abgeklungen ist.

Die Halbwertszeiten der Radionuklide variieren zw. weniger als $10^{-9}$ Sekunden und $10^{14}$ Jahren und mehr. Die Aktivität einer radioaktiven Substanz wird in der gesetzl. Einheit Becquerel angegeben (Anzahl der Zerfälle pro Sekunde; Einheitenzeichen Bq), z. T. auch noch in Curie (1 Ci = $3,7 \cdot 10^{10}$ Bq) oder dessen Bruchteilen. Da in den meisten Fällen radioaktive Proben in Verdünnungen mit inaktiven Stoffen vorliegen, ist es oft zweckmäßiger, die spezif. Aktivität, die Aktivität pro Gramm oder Mol, anzugeben.

*Energie* und *Reichweite*: Die Energie der Teilchen einer radioaktiven Strahlung liegt je nach Zerfall zw. einigen Kiloelektronvolt (keV) und einigen Megaelektronvolt (MeV). Da es beim α- und beim γ-Zerfall nur jeweils zwei Zerfallsprodukte gibt, beim β-Zerfall dagegen drei, haben aus kinemat. Gründen die α-Teilchen und die γ-Quanten eine jeweils feste Energie, während die β-Teilchen (Elektronen oder Positronen) jeweils zw. Null und einem Maximalwert liegt. Insgesamt strahlt 1 g Radium eine Energie von etwa $13 \cdot 10^6$ kJ ab, während 1 g Kohle beim Verbrennen im Mittel eine Wärmemenge von nur 32 kJ liefert.

Beim Durchdringen von Materie werden die radioaktiven Strahlen durch Wechselwirkung mit Atomen abgeschwächt bzw. absorbiert. Hierbei verlieren die energiereichen Alpha- und Betateilchen ihre Energie durch zahlreiche inelast. Stöße mit den Hüllenelektronen, die zur Ionisation oder Anregung der betroffenen Absorberatome führen (mittlerer Energieverlust pro ionisierendem Stoß etwa 35 eV). Entlang der Teilchenbahn entsteht so eine Spur von Ionenpaaren, die in der Nebelkammer sichtbar gemacht werden kann. Auf dieser Ionisierung beruht auch der Nachweis radioaktiver Strahlung mit Kernspurplatte, Ionisationskammer, Zählrohr, Funkenkammer, Blasenkammer u. a. Bei Szintillationsdetektoren wird die Strahlung anhand der von angeregten Atomen emittierten Lichtstrahlung nachgewiesen.

Die spezif. Ionisierung der schweren Alphateilchen ist etwa 100mal größer als die für Betateilchen gleicher Energie; die von Gammastrahlung ist noch einmal um einen Faktor 100 geringer. Monoenerget. Alphateilchen haben eine geradlinige Bahn und dieselbe Reichweite (bis zu 8 cm in Luft oder etwa 0,1 mm in Aluminium). Monoenerget. Betateilchen haben keine einheitl. Reichweiten; ihre mittlere Reichweite) beträgt bei Energien von etwa 1 MeV in Luft 3 bis 4 m, in Aluminium 0,2 mm. Ihre Bahnen sind infolge elast. Streuungen an den Atomkernen völlig unregelmäßig. Gammastrahlen sind aufgrund ihrer geringeren Ionisierungsfähigkeit wesentlich durchdringender als Alpha- und Betastrahlen vergleichbarer Energie; ihre Intensität nimmt exponentiell mit der Absorberdicke ab. Ihre Durchdringungsfähigkeit nimmt jedoch mit ihrer Energie zu; sie beträgt z. B. in Aluminium 2,2 cm für 50-keV-Quanten, 13 cm für 500 keV und 19 cm für 5 MeV. Die Verwendung von Blei als Abschirmmaterial gegen Gamma- und Röntgenstrahlen beruht auf der mit wachsender Ordnungszahl zunehmenden Absorption.

*Natürliche R.*: Sie tritt nur bei einigen Elementen mit Ordnungszahlen $Z \leq 80$ auf, hingegen bei allen Elementen mit Ordnungszahlen $Z > 80$. Die insgesamt etwa 50 natürl. Radionuklide (Radioisotope) haben größtenteils kurze Halbwertszeiten. Sie wären heute – etwa 6 Mrd. Jahre nach ihrer Entstehung –

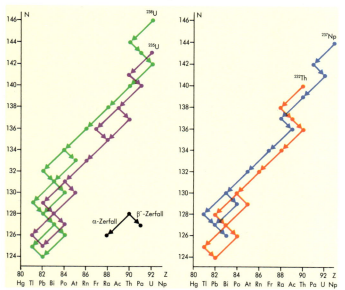

**Radioaktivität:** Radioaktive Zerfallsreihen; grün Uran-Radium-Reihe, violett Uran-Actinium-Reihe, blau Neptuniumreihe, rot Thoriumreihe; Z Ordnungszahl (Kernladungs-, Protonenzahl), N Neutronenzahl; die Summe aus Ordnungs- und Neutronenzahl ergibt die Massenzahl

nicht mehr nachweisbar, wenn sie nicht immer wieder neu aus dem Zerfall der langlebigen Uranisotope $^{238}$U und $^{235}$U sowie des Thoriumisotops $^{232}$Th und dem Zerfall ihrer Tochterkerne hervorgingen.

Es gibt insgesamt drei natürl. **Zerfallsreihen**, denen sich die meisten der natürlich vorkommenden Radionuklide zuordnen lassen. Es handelt sich dabei um die **Uran-Radium-**, die **Thorium-** und die **Uran-Actinium-Reihe**, innerhalb deren die Radionuklide jeweils in einem genet. Zusammenhang miteinander stehen. Eine weitere mögl. Zerfallsreihe, die Neptuniumreihe, kann nur künstlich dargestellt werden, da alle ihre Glieder Halbwertszeiten von höchstens einigen Mio. Jahren haben und somit im Lauf des Erdalters praktisch vollständig zerfallen sind.

Auch der Zerfall der durch Wechselwirkung der Höhenstrahlung mit der Atmosphäre und mit Meteoriten erzeugten kurzlebigen Nuklide sowie die spontane Spaltung kann zur natürl. R. gerechnet werden.

*Künstliche R.:* Durch Kernreaktionen mit Neutronen in Kernreaktoren und mit energiereichen Teilchen in Teilchenbeschleunigern entstehen aus stabilen Nukliden insgesamt weit über 1 000 künstl. radioaktive Nuklide. Die meisten künstl. Radionuklide sind β-Strahler; α-Emission wurde bisher an künstl. radioaktiven Nukliden mit $Z < 51$ nicht beobachtet. Relativ selten sind Neutronen- und Protonenstrahler. – Von jedem chem. Element gibt es ein oder mehrere (z. T. über 30) Radioisotope.

*Umwelt-R.:* Entsprechend ihrer Häufigkeit und Halbwertszeit sind die Radionuklide $^{238}$U, $^{232}$Th und $^{40}$K die Hauptträger der ird. R. Diese ist in den äußeren Gesteinsschichten der Erde (Lithosphäre) von etwa 10 km Dicke konzentriert. Zwar finden sich $^{238}$U und $^{232}$Th bevorzugt in uran- und thoriumhaltigen Mineralen und Gesteinen wie Graniten und Gneisen, in kleinen Konzentrationen sind sie jedoch in jedem Gesteins- und Bodenmaterial enthalten, so daß ein mittlerer Gehalt der Lithosphäre von $3 \cdot 10^{-6}$ g Uran je Gramm Gestein bzw. $12 \cdot 10^{-6}$ g Thorium je Gramm Gestein vorliegt. Die vom Radium herrührende Aktivität einer 1 km$^2$ großen und 1 m dicken Erdschicht beträgt etwa $7{,}5 \cdot 10^{10}$ Bq. Dem durchschnittl. $^{40}$K-Gehalt von ebenfalls $3 \cdot 10^{-6}$ g je Gramm Gestein entspricht eine $^{40}$K-Betaaktivität von etwa $4 \cdot 10^{12}$ Bq. Die durch Absorption radioaktiver Strahlung verursachte Erwärmung der Lithosphäre führt zu einem ständigen Wärmestrom nach außen, der im Durchschnitt etwa $10^{-4}$ J/(cm$^2$ · min) beträgt. Die R. des Meerwassers ist etwa 2 bis 3 Größenordnungen geringer als die der festen Erdkruste. Die vom Radium herrührende Aktivität pro km$^3$ beträgt im Mittel nur etwa $4 \cdot 10^9$ Bq, die vom $^{40}$K herrührende Betaaktivität wegen des relativ hohen Kaliumgehalts von 0,035 % jedoch etwa $11 \cdot 10^{12}$ Bq.

Hauptträger der R. der Atmosphäre ist das der Uran-Radium-Zerfallsreihe angehörende Isotop $^{222}_{86}$Rn des Edelgases Radon, das in beträchtl. Mengen aus der oberen Erdschicht herausdiffundiert. Wesentlich geringer ist der Beitrag des der Thoriumzerfallsreihe entstammenden Isotops $^{220}_{86}$Rn und der durch die Höhenstrahlung in der Atmosphäre gebildeten Radionuklide (z. B. des Tritiums).

In den letzten Jahrzehnten ist die R. der Atmosphäre zeitweilig als Folge der Kernwaffentests, durch die große Mengen radioaktiver Spalt- und Fusionsprodukte in die Stratosphäre geschleudert wurden, sowie durch Reaktorunfälle (z. B. → Tschernobyl) erheblich angestiegen. Der Transport dieser künstlich injizierten R. über die Hemisphären und das Niedersinken der entstandenen radioaktiven Teilchen in Form radioaktiver Niederschläge (Fallout) hängt wesentlich stärker von Wetterlagen und -entwicklungen ab als im Falle der natürl. R. der Atmosphäre. – Zur R. in Anlagen zur Nutzung der Kernenergie → Kernkraftwerk (Sicherheit).

| Radioaktivität ||||
|---|---|---|---|
| Uran-Radium-Reihe | Thorium-reihe | Uran-Actinium-Reihe | Neptunium-reihe |
| $^{238}$U *(UI)* | $^{232}$Th *(Th)* | $^{235}$U | $^{241}$Pu |
| α ↓ | α ↓ | α ↓ | β ↓ |
| $^{234}$Th *(UX₁)* | $^{228}$Ra *(MsThI)* | $^{231}$Th *(UY)* | $^{241}$Am |
| β ↓ | β ↓ | β ↓ | α ↓ |
| $^{234}$Pa *(UX₂)* | $^{228}$Ac *(MsThII)* | $^{231}$Pa *(Pa)* | $^{237}$Np |
| β ↓ | β ↓ | α ↓ | α ↓ |
| $^{234}$U *(UII)* | $^{228}$Th *(RdTh)* | $^{227}$Ac *(Ac)* | $^{233}$Pa |
| α ↓ | α ↓ | β ↙ ↘ α | β ↓ |
| $^{230}$Th *(Io)* | $^{224}$Ra *(RhX)* | $^{227}$Th   $^{223}$Fr | $^{233}$U |
| α ↓ | α ↓ | *(RdAc)* *(AcK)* | α ↓ |
| $^{226}$Ra *(Ra)* | $^{220}$Rn *(Tn)* | α ↘ ↙ β | $^{229}$Th |
| α ↓ | α ↓ | $^{223}$Ra *(AcX)* | α ↓ |
| $^{222}$Rn *(Rn)* | $^{216}$Po *(ThA)* | α ↓ | $^{225}$Ra |
| α ↓ | α ↙ ↘ β | $^{219}$Rn *(An)* | β ↓ |
| $^{218}$Po *(RaA)* | $^{212}$Pb   $^{216}$At | α ↓ | $^{225}$Ac |
| α ↙ ↘ β | *(ThB)* | $^{215}$Po *(AcA)* | α ↓ |
| $^{214}$Pb   $^{218}$At | β ↘ ↙ α | α ↙ ↘ β | $^{221}$Fr |
| *(RaB)* | $^{212}$Bi *(ThC)* | $^{211}$Pb   $^{215}$At | α ↓ |
| β ↘ ↙ α | β ↙ ↘ α | *(AcB)* | $^{217}$At |
| $^{214}$Bi *(RaC)* | $^{212}$Po   $^{208}$Tl | β ↘ ↙ α | α ↓ |
| β ↙ ↘ α | *(ThC')* *(ThC'')* | $^{211}$Bi *(AcC)* | $^{213}$Bi |
| $^{214}$Po   $^{210}$Tl | α ↘ ↙ β | β ↙ ↘ α | β ↙ ↘ α |
| *(RAC')* *(RaC'')* | $^{208}$Pb *(ThD)* | $^{211}$Po   $^{207}$Tl | $^{213}$Po   $^{209}$Tl |
| α ↘ ↙ β | | *(AcC')* *(AcC'')* | α ↘ ↙ β |
| $^{210}$Pb *(RaD)* | | α ↘ ↙ β | $^{209}$Pb |
| β ↓ | | $^{207}$Pb *(AcD)* | β ↓ |
| $^{210}$Bi *(RaE)* | | | $^{209}$Bi |
| β ↙ ↘ α | | | |
| $^{210}$Po   $^{206}$Tl | Gewöhnliche Schrift: |||
| *(RaF)* | Chem. Zeichen der radioaktiven Isotope; |||
| α ↘ ↙ β | *kursive Schrift:* |||
| $^{206}$Pb *(RaG)* | Zugehörige historische Namen. |||

*Biologische* und *physiologische Wirkung:* Die Wirkung radioaktiver Strahlung auf lebende Organismen, die stark von der Intensität und Reichweite abhängt, zeigt sich z. B. in einer Herabsetzung der Keimungsfähigkeit von Samen und in Entwicklungshemmungen und Mißbildungen bei Mensch und Tier. Durch geringe Dosen kann das Wachstum jedoch auch angeregt werden. Gewebe sind um so empfindlicher, je jünger ihre Zellen und je größer deren Teilungsgeschwindigkeit ist. Daher werden v. a. Keimdrüsen und blutbildende Organe bei zu hoher Strahlungsdosis geschädigt, aber auch schnellwachsende Geschwulstbildungen (Krebse, Sarkome). Darauf beruht die Strahlentherapie zur Krebsbehandlung. Alphastrahlen sind wegen ihrer kurzen Reichweite weitgehend unschädlich, solange nicht alphastrahlende Substanzen in den tier. oder menschl. Körper gelangen. Strahlungsschäden werden daher v. a. von durchdringenden Gammastrahlen und energiereichen Betastrahlen verursacht. (→ Strahlenschutz)

*Geschichte:* Die R. wurde zuerst 1896 von A. H. BECQUEREL an Uranmineralen beobachtet, bald darauf auch an Thorium (GERHARD C. SCHMIDT, MARIE CURIE) und einigen neu entdeckten, aus Uranmineralen isolierten Elementen wie Polonium und Radium (P. und MARIE CURIE) sowie am Actinium (ANDRÉ LOUIS DEBIERNE, * 1874, † 1949). E. RUTHERFORD und P. VILLARD wiesen 1899 die Alpha-, Beta- und Gammastrahlen nach. Das Zerfallsgesetz fanden J. ELSTER und H. GEITEL. RUTHERFORD und F. SODDY erkannten 1902, daß es sich bei der R. um eine Umwandlung von

**Radi** Radioastronomie – Radiochemie

Atomen mit Energiefreisetzung handelt. Die Entdeckung zahlreicher weiterer radioaktiver Elemente bzw. Radioisotope (O. HAHN u. a.) führte zur Erkenntnis der Zerfallsreihen, zum Begriff der Isotopie und der Aufstellung der Verschiebungssätze (SODDY und K. FAJANS 1912/13). Die künstl. R. entdeckten 1934 F. und IRÈNE JOLIOT-CURIE beim Beschuß von Aluminium mit Alphateilchen, wobei das Phosphorisotop $^{30}P$, ein Positronenstrahler, entstand. Die Protonen-R. wurde 1981 entdeckt.

W. MINDER: Gesch. der R. (1981); C. KELLER: Die Gesch. der R. (1982); L. HERFORTH u. a.: Praktikum der R. u. der Radiochemie (Berlin-Ost $^2$1986); P. WEISH u. E. GRUBER: R. u. Umwelt ($^3$1986); Pschyrembel-Wb. R., Strahlenwirkung, Strahlenschutz, hg. v. C. ZINK ($^2$1987); H. VON BUTTLAR u. M. ROTH: R. Fakten, Ursachen, Wirkungen (1990). – Weitere Lit. → Kernphysik.

**Radio|astronomie,** Teilgebiet der Astronomie, das sich mit der von kosm. →Radioquellen herrührenden Radiofrequenzstrahlung (Radiostrahlung) befaßt, die ebenso wie sichtbare Licht die Erdatmosphäre zu durchdringen vermag. Das Radiofenster (→astronomische Fenster) wird durch atmosphär. Absorption (v. a. durch Sauerstoff und $H_2O$-Dampf) bei Wellenlängen von etwa 1 bis 5 mm und durch Reflexion an der Ionosphäre bei Wellenlängen um 10 bis 30 m begrenzt. Die Radiostrahlung wird mit →Radioteleskopen aufgefangen.

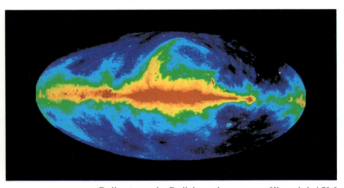

**Radioastronomie:** Radiokarte des gesamten Himmels bei 73,5 cm Wellenlänge (408 MHz) mit dem galaktischen Zentrum in der Bildmitte; in der Falschfarbendarstellung erscheinen die Gebiete schwächster Emission dunkelblau, diejenigen stärkster Emission rot

Entsprechend der Vielfalt der kosm. Radioquellen und der Entstehungsmechanismen kann die Radiostrahlung Kontinuum- oder Linienstrahlung sein. Es wird therm. und nichttherm. (v. a. Synchrotron-)Strahlung ausgesendet. Unter den diskreten Radiostrahlungen gewann die im Mikrowellenbereich liegende (**Mikrowellenastronomie**), 1944 von H. C. VAN DE HULST vorhergesagte 21-cm-Strahlung des interstellaren neutralen atomaren Wasserstoffs die 1951 nachgewiesen wurde, für die Klärung der Spiralstruktur des Milchstraßensystems besondere Bedeutung (→Einundzwanzig-Zentimeter-Linie). Mit Hilfe der R. wurden in der →interstellaren Materie inzwischen mehr als 60 verschiedene interstellare Molekülarten entdeckt. – Es zeigte sich, daß die R. weitere Bereiche des Weltalls erfassen kann als die opt. Astronomie und daß ihr objekte zugänglich sind, die im Radiofrequenzbereich eine höhere Energieabstrahlung haben als im opt. (→Radiogalaxien, →Quasare, →Pulsare). Die radioastronomisch nachgewiesene →kosmische Hintergrundstrahlung erwies sich für das Verständnis der Entwicklung des Weltalls und für kosmolog. Modelle als bedeutsam.

Radio Bremen

Mit dem Nachweis einer Radiostrahlung aus der Milchstraße 1931 durch K. G. JANSKY nahm die R. ihren Anfang; die Bez. stammt aus den späten 40er Jahren. Es entstanden radioastronom. Forschungszentren in vielen Ländern, z. B. in Großbritannien (Jodrell Bank), den Niederlanden (Westerbork, bei Assen), USA (Goldstone, Calif.), der UdSSR (Selentschuk: RATAN-600), der Bundesrep. Dtl. (Effelsberg), in Puerto Rico (Arecibo), Australien (Parkes, New South Wales). Das erste Radioteleskop für die **Millimeterwellenastronomie** wurde 1963 in Los Angeles (Calif.) errichtet (Spiegeldurchmesser 4,6 m). 1982 wurde in Nobeyama (Präfektur Nagano, Japan) ein 45-m-Teleskop für Wellenlängen bis 2,5 mm in Betrieb genommen. Ein Parabolspiegel mit 30 m Durchmesser auf dem Pico de Veleta bei Granada (Spanien) für die Beobachtung bei etwa 1 mm wurde 1987 vom dt.-frz. ›Institut für R. im Millimeterbereich‹ (IRAM) in Betrieb genommen. In Zusammenarbeit des IRAM mit dem span. ›Instituto Geográfico Nacional‹ (IGN) wird, ebenfalls für Beobachtungen im Millimeterbereich, auf dem Plateau de Bure (90 km südlich von Grenoble, Frankreich) ein 1989 eingeweihtes Radiointerferometer betrieben, das aus drei auf Schienen verschiebbaren Spiegeln besteht. Ein dt.-amerikan. 10-m-Teleskop für die **Submillimeterastronomie** wird seit 1988 in Arizona (USA) gebaut; mit ihm soll die Strahlung im Bereich von einigen Zehntel Millimetern untersucht werden. Ein weiteres Teleskop für solche Beobachtungen arbeitet seit 1987 in der Europ. →Südsternwarte. Die Beobachtung in diesen Wellenlängenbereichen wird möglich, wenn man die atmosphär. Absorption durch die Wahl hochgelegener Beobachtungsstationen in Gebieten geringer Luftfeuchtigkeit weitgehend ausschaltet. Die wichtigsten Aufgaben der Millimeterwellen- und Submillimeterwellenastronomie sind die Untersuchungen der Frühstadien von Galaxien und Sternen sowie die Erforschung der Molekülwolken.

Die mit der Entwicklung der Radioteleskope verbundenen Fortschritte im Empfänger- und Verstärkerbau (z. B. →Maser und parametrischer Verstärker) führten zur Verbesserung der Empfindlichkeit von mehreren →Jansky (Jy) in der Nachkriegszeit auf etwa 10 bis 20 Mikrojansky in den 80er Jahren.

K. ROHLFS: R. Instrumente, Meßmethoden u. Ergebnisse (1980); O. HACHENBERG u. B. VOWINKEL: Techn. Grundl. der R. (1982); Galactic and extragalactic radio astronomy, hg. v. G. L. VERSCHUUR u. a. (Berlin $^2$1988); G. L. VERSCHUUR: Die phantast. Welt der R. (a. d. Engl. Basel 1988).

**Radiobake,** ein →Funkfeuer zur Standlinien- oder Standortpeilung (Kreuzrahmenpeiler; →Funkpeiler) durch Eigenpeilung, zu Zielfahrt oder -flug in See- und Luftfahrt. (→Radarantwortanlage, →Ramark)

**Radiobiologie,** die →Strahlenbiologie.

**Radioblasen,** →Radiogalaxien.

**Radioblei,** Zeichen RaD, Bez. für das radioaktive Bleiisotop $^{210}Pb$, Zwischenglied der Uran-Radium-Reihe (→Radioaktivität).

**Radio Bremen,** Abk. **RB,** eine der ARD-Rundfunkanstalten; Anstalt des öffentl. Rechts, errichtet durch Gesetz vom 22. 11. 1948, Sitz: Bremen. Vorgänger von RB war die 1924 gegründete Sendestelle Bremen der Nord. Rundfunk-AG (Norag).

**Radiochemie,** Teilgebiet der Kernchemie, das sich mit Eigenschaften, Herstellung und Anwendung von →Radionukliden beschäftigt. Gearbeitet wird v. a. im Submikromaßstab. Die quantitative Bestimmung sehr kleiner Stoffmengen gelingt mit Hilfe der Hevesy-Paneth-Analyse mittels Indikatoren (Indikatormethode). Zur R. gehören nach DIN auch die Aufbereitung von Brennelementen, die Herstellung von Strahlungsquellen (z. B. Röntgenröhren) und von

→markierten Verbindungen. – Radiochem. Methoden werden heute in nahezu allen Bereichen der Naturwissenschaften und Medizin eingesetzt, z. B. in der Archäologie zur Altersbestimmung metall. Gegenstände durch die Aktivierungsanalyse. Mittels Isotopenindikatoren (Tracer) werden Reaktionsmechanismen in Chemie und Biochemie sowie Stoffwechselprozesse in der klin. Chemie aufgeklärt.

**Radio|elemente,** Bez. für chem. Elemente, die keine stabilen, sondern nur radioaktive Isotope haben. R. sind neben Technetium und Promethium alle Elemente mit Ordnungszahlen von 84 an aufwärts.

**Radiofenster,** 1) *Astronomie:* →astronomische Fenster.
2) *Nachrichtentechnik:* Bez. für den Frequenzbereich zw. 1 und 10 GHz, in dem die Rauscheinflüsse durch →Funkstörungen minimal sind; das R. eignet sich für den großreichweitigen Funkverkehr (Satelliten, Raumsonden).

**Radio Free Europe/Radio Liberty** ['reɪdɪəʊ friː ˈjʊərəp, 'reɪdɪəʊ 'lɪbəti], Abk. **RFE/RL,** eine staatl. amerikan. Rundfunkgesellschaft, die als unabhängiges Nachrichten- und Informationsmedium einem konstruktiven Dialog mit den Völkern O-Europas und der Sowjetunion bzw. deren Nachfolgestaaten dienen soll. RFE/RL wird von einem privaten amerikan. Management geleitet und ist eine nach amerikan. Gesetzen gegründete gemeinnützige Körperschaft, 1972 entstanden aus der Fusion von Radio Free Europe (gegr. 1949) und Radio Liberty (gegr. 1972); Sitz: München. RFE/RL wird unmittelbar über Zuwendungen des amerikan. Kongresses finanziert und betreibt ein tägl. Hörfunkprogramm in zahlreichen Sprachen. Von den ehemaligen kommunist. Regierungen in den osteurop. Staaten wurde der Empfang der Programme durch Störsender beeinträchtigt.

**Radiofrequenzbereich,** im elektromagnetischen Spektrum der Frequenzbereich von etwa 10 kHz bis 300 GHz; der Rundfunkbereich (Tonfunk) liegt zw. 148,5 kHz und 108 MHz, unter Ausklammerung einiger Bereiche für den kommerziellen Funkbetrieb und das Fernsehen.

**Radiofrequenzquadrupol,** Abk. **RFQ,** ein auf I. M. KAPCHINSKY (UdSSR) zurückgehender Linearbeschleuniger für Ionenstrahlen hoher Stromstärke im Bereich sehr niedriger Energien (etwa 40 keV bis 2 MeV), d. h. mit Teilchengeschwindigkeiten von etwa 1 bis 6% der Lichtgeschwindigkeit. Bei solchen Geschwindigkeiten ist die elektrostat. Abstoßung der gleichsinnig geladenen Teilchen noch viel stärker als die gegenseitige Anziehung durch das vom Teilchenstrahl erzeugte Magnetfeld. Der Strahl muß daher kräftig fokussiert werden. Ein RFQ ist so aufgebaut, daß er den aus einer Gleichspannungsionenquelle injizierten Teilchenstrahl gleichzeitig fokussiert, in Flugrichtung zu Teilchenpaketen bündelt und beschleunigt. Er besteht aus einem zylindr. →Hohlraumresonator, in dem in Längsrichtung vier Elektroden um 90° gegeneinander versetzt eingebaut sind und der in einer solchen Feldkonfiguration schwingt ($TE_{210}$-Mode), daß gegenüberliegende Elektroden jeweils gleiche Polarität haben, die im Takt der Hochfrequenz wechselt (50 bis 400 MHz). Der Strahl wird dadurch einer elektr. Quadrupolfokussierung mit alternierenden Gradienten unterworfen. Das zur Beschleunigung benötigte elektr. Längsfeld wird durch ein period. Verkippen des reinen Quadrupolquerfeldes erreicht, indem die Elektroden in Längsrichtung nicht glatt, sondern gewellt sind und diese Modulation beim vertikalen Paar um eine halbe Wellenlänge gegen die des horizontalen Paars verschoben ist. RFQ erzeugen Ionenstrahlen vorher unerreichter Qualität und Stromstärke (einige 100 mA). Sie haben durch ihre Kompaktheit (Länge 1 bis 2 m, Durchmesser 0,3 m) die großen Kaskadengeneratoren stark verdrängt, sowohl als Injektoren für Großbeschleuniger als auch als Industriebeschleuniger für die Ionenimplantation (Halbleitertechnik, Oberflächenvergütung).

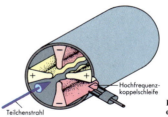

**Radiofrequenzquadrupol**

**Radiofrequenzspektroskopie,** Teilbereich der →Hochfrequenzspektroskopie.

**Radiofrequenzstrahlung,** die →Radiostrahlung.

**Radiogalaxi|en,** Galaxien, deren Radiostrahlung millionenfach stärker ist als die gewöhnlicher Galaxien wie des Milchstraßensystems. Während bei diesem die Radiostrahlung hauptsächlich von Supernova-Überresten und aus Sternentstehungsgebieten stammt, ihr Emissionsgebiet also überwiegend in der opt. Scheibe liegt, ist die Emission der Radiostrahlung bei R. typischerweise in zwei riesigen **Radio-Lobes** oder **Radioblasen** konzentriert. Deren Ausdehnung beträgt bis zu 5 Megaparsec (5 Mpc, über 16 Mio. Lichtjahre) und ist daher mit den Dimensionen typ. Galaxienhaufen vergleichbar. Solche **Riesengalaxien** sind die größten bekannten Objekte im Weltall. Viele R. konnten mit opt. (fast ausschließlich ellipt.) Galaxien identifiziert werden. Genaue Untersuchungen der Struktur von R. wurden mit Hilfe der radiointerferometr. Technik der →Apertursynthese möglich. Dabei zeigte sich, daß die Radio-Lobes deutlich außerhalb der zentralen Galaxie liegen, häufig durch →Jets 1) verbunden, die vom Kern der Galaxie auszugehen scheinen. Durch Beobachtungen mit Radiointerferometern mit sehr großen Basisstrecken (VLBI) konnten immer wieder helle, punktförmige Radioquellen (›hot spots‹) in den Kernen vieler Objekte nachgewiesen werden. Man weiß, daß R. im Radiofrequenzbereich über einen Synchrotronmechanismus strahlen (→Synchrotronstrahlung). Darüber hinaus sind die Vorgänge in ihnen noch weitgehend ungeklärt, insbesondere auch der energiereiche Prozeß der Erzeugung der Radio-Lobes. Eine vorsichtige Schätzung für große R. ergibt eine Gesamtenergie der Lobes von etwa $10^{53}$ Joule, was der vollständigen Umwandlung von Masse in Energie von Hunderttausenden von Sternen mit der Masse unserer Sonne entspricht.

Die Untersuchung von R. begann in den 1950er Jahren mit der genauen Messung der Position der Radioquelle Cygnus A und ihrer Identifizierung mit einer Galaxie 16. Größenklasse. Bald darauf wurde auf der Südhalbkugel die starke Radioquelle Centaurus A mit der hellen, staubreichen ellipt. Galaxie NGC 5128 identifiziert, die mit nur 2,5 Mpc viel näher bei uns liegt als Cygnus A mit etwa 200 Mpc.

**radiogen,** durch radioaktiven Zerfall entstanden, z. B. radiogenes Blei in Uranerzen.

**Radiographie** *die,* -/...'phi|en, das Sichtbarmachen ionisierender Strahlung mittels photograph. Materials. In der **angewandten R.,** einem Teilgebiet der Radiologie, werden Organismen, Organe, Körperteile oder Werkstoffstücke (z. B. zur Prüfung von Schweißnähten) mit Hilfe von Röntgen- (**Röntgenographie**),

Gamma- (**Gammagraphie**) oder Protonenstrahlen (**Protonen-R.**) durchstrahlt und photographiert. Bei der **Auto-R.** werden mit Hilfe radioaktiver Indikatoren v. a. biolog. Transportvorgänge sichtbar gemacht. Die erhaltenen photograph. Aufnahmen heißen **Radiogramme**, bei der Röntgenographie **Röntgenogramme**.

**Radioheliogramm,** Bild der inneren Sonnenkorona (→ Korona 1), das durch Abtasten der Sonnenscheibe im Dezimeterwellenbereich mit Radiointerferometern erhalten wird.

**Radiohelligkeit,** *Astronomie:* Kurzzeichen $m_R$, ein Maß für die Intensität einer Radioquelle: $m_R = -53{,}4 - 2{,}5 \log S$. Dabei ist $S$ die Energieflußdichte der Strahlung bei einer Frequenz von 158 MHz und einer Bandbreite von 1 Hz; Einheit Watt/m².

**Radio|immunoassay** [-ɔseɪ; engl. assay ›Versuch‹, ›Prüfung‹] *der,* auch *das, -s/-s,* **Radio|immunanalyse,** Abk. **RIA,** in der medizin. Routine- und Präventivdiagnostik und in der Forschung angewendetes laboranalyt. Verfahren, das die Methoden der Histochemie und der Nuklearmedizin (Isotopendiagnostik) verbindet; es ermöglicht den Nachweis antigener u. a. Substanzen (Proteine, Hormone, Enzyme, Erreger- und Tumorantigene, Antikörper, Pharmaka) in geringsten Konzentrationen (bis etwa $10^{-14}$ g). Das Prinzip besteht darin, daß eine bestimmte Menge eines radioaktiv markierten Antigens (Tracer) mit dem spezif. Antikörper und dem gesuchten Antigen zur Reaktion gebracht wird. Bei der sich einstellenden Antigen-Antikörper-Reaktion wird von dem markierten Antigen um so weniger gebunden, je mehr nicht markiertes (gesuchtes) Antigen vorhanden ist. Durch Messung der Radioaktivität des abgetrennten Komplexes läßt sich die Konzentration des gesuchten Stoffes ermitteln.

Spezielle Formen sind der **Radio-Immuno-Sorbent-Test** (Abk. **RIST**) und der **Radio-Allergo-Sorbent-Test** (Abk. **RAST**), die v. a. dem Nachweis von Immunglobulin der Klasse E (IgE) bei allerg. Erkrankungen dienen.

**Radio|indikator,** Bez. für ein künstlich hergestelltes → Radionuklid, das bei der → Indikatormethode zur Markierung verwendet wird. (→ markierte Verbindungen)

**Radio|interferometer,** eine radioastronomische Meßanordnung, bei der das → Radioteleskop aus mindestens zwei Einzelantennen (i. d. R. mittelgroße Paraboloidantennen) in mehr oder weniger großem Abstand (Basisstrecke) besteht, die in geeigneter Weise gekoppelt werden. Durch Interferenz der von zwei Antennen empfangenen Signale in einem gemeinsamen Empfänger (Korrelator) wird eine mehrere Interferenzstreifen aufweisende Interferenzfigur erzeugt, deren Gesamtbreite etwa der Größe einer Einzelantenne und deren Streifenbreite der Länge der Basisstrecke entspricht. Hierdurch wird das gleiche Auflösungsvermögen wie mit einer Antenne erzielt, deren Durchmesser gleich der Basisstrecke ist. Durch Zusammenschalten von mehr als zwei Antennen mit unterschiedl., aufeinander abgestimmten Abständen und Zusammenführen ihrer Signale mit bekannten Phasenbeziehungen kann eine Information über die jeweilige Radioquelle gewonnen werden, die insgesamt mit derjenigen vergleichbar ist, die eine einzelne Antenne liefern würde, deren Reflektor so groß wäre wie die Fläche, auf die die Einzelantennen verteilt sind (→ Apertursynthese). Allerdings wäre die effektive Antennenfläche und damit die Empfindlichkeit einer solch großen Antenne viel größer als die der Interferometeranordnung. Während sich bei der Interferometrie mit mäßig langen Basisstrecken die einzelnen Antennen über Leitungen direkt zusammenschalten lassen, ist das bei sehr langen Basisstrecken, über

kontinentale Entfernungen bis hin zu 95% des Erddurchmessers (Very long baseline interferometry, VLBI), nicht möglich, weil sowohl Kabelverbindungen als auch Funkstrecken den hohen Anforderungen an Phasenstabilität und Störfreiheit nicht genügen. In diesen Fällen werden große Einreflektor-Radioteleskope einzeln betrieben, die empfangenen Signale

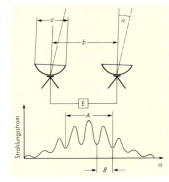

**Radiointerferometer:** Skizze eines Radiointerferometers mit Interferenzkurve; $a$ Spiegeldurchmesser, $b$ Basislänge, E Empfänger, $A = \lambda/a$ Gesamtbreite der Interferenzkurve, $B = \lambda/b$ Breite der Interferenzstreifen, $\lambda$ Wellenlänge, $\alpha$ Einfallswinkel

zus. mit sehr genauen Zeitmarken (Atomuhren) aufgezeichnet und später off-line auf einer leistungsfähigen Rechenanlage miteinander korreliert.

**Radio|isotope,** natürl. oder künstl. radioaktive → Isotope eines bestimmten chem. Elements. R. sind → Radionuklide gleicher Kernladungszahl, aber unterschiedl. Massenzahl; z. B. Deuterium ($^2$H) und Tritium ($^3$H).

**Radiojod|test,** nuklearmedizin. Verfahren zur Prüfung der Schilddrüsenfunktion; nach Einnahme geringer Mengen (20–200 µCi) eines kurzlebigen radioaktiven Jodisotops (meist $^{123}$J) wird der anfängl. Anstieg und nachfolgende Abfall der Radioaktivität zeitbezogen über der Schilddrüse gemessen. Die Werte geben Hinweise auf die Jodaufnahme der Schilddrüse wie auf den Jodeinbau in die Schilddrüsenhormone und damit auf eine Hyper- oder Hypothyreose. Durch eine gleichzeitige Szintigraphie können Formveränderungen (Knoten) festgestellt werden.

**Radiojod|therapie,** Strahlenbehandlung (Isotopentherapie) der Schilddrüse durch Einnahme eines radioaktiven Jodisotops ($^{131}$J), das durch selektive Einlagerung gezielt oder dosisabhängig durch die Betastrahlung Teile des Schilddrüsengewebes zerstört; v. a. bei Hyperthyreose (bes. Basedowsche Krankheit, diffuser Kropf) und Schilddrüsenadenomen angewendet, wenn eine Operation nicht angezeigt ist. Bei bösartigen Geschwülsten der Schilddrüse und zur Behandlung von Metastasen wird die R. als Ergänzung der Operation und/oder der äußeren Strahlenbehandlung eingesetzt.

**Radiokarbonmethode, Radiokohlenstoffdatierung, C-14-Methode,** von W. F. LIBBY und Mitarbeitern seit der 2. Hälfte der 1940er Jahre entwickeltes Verfahren zur → Altersbestimmung geolog. und historischer organ. Gegenstände. Die R. beruht darauf, daß in der Atmosphäre durch die kosm. Strahlung Neutronen erzeugt werden, die durch eine Kernreaktion mit dem Stickstoffisotop $^{14}$N der Luft das Kohlenstoffisotop $^{14}$C bilden. Dieses ist radioaktiv und zerfällt mit einer Halbwertszeit von 5730 ± 40 Jahren (13,56 Zerfälle je Minute und Gramm Kohlenstoff) in $^{14}$N. Da Erzeugung und Zerfall im Gleichgewicht stehen, ist der $^{14}$C-Anteil im Kohlenstoffgehalt der Atmosphäre konstant (Isotopenverhältnis $^{14}$C/$^{12}$C = $10^{-12}$). Wird bei einem organ. Aufbauprozeß Kohlenstoff eingebaut, so befindet sich darunter ständig ein bestimmter, wenn auch kleiner Prozentsatz $^{14}$C, der entsprechend seiner Halbwertszeit zerfällt. Da nach dem Absterben des Organismus kein Kohlenstoff mehr eingebaut wird, kann aus dem heute noch vorhandenen Anteil an $^{14}$C in einem solchen Objekt auf dessen Alter geschlossen werden. Die Methode ist bes. bei der Altersbestimmung von Holz u. ä. organ. Stoffen nützlich. Sie ist bis zu 100 000 Jahre alten Proben angewendet worden. Änderungen in der Intensität der Höhenstrahlung sowie Kohleteilchen aus Verbrennungsvorgängen beeinträchtigen die Genauigkeit der R. Der durch solche Einflüsse verursachte Fehler kann je nach Alter der Probe bis zu einigen 100 Jahren betragen. Wenn Schwankungen des $^{14}$C-Gehalts der Atmosphäre berücksichtigt werden, die für die letzten nahezu 8 000 Jahre durch $^{14}$C-Analyse der Jahrringe von Bäumen ermittelt werden können, deren Alter bekannt ist (→Dendrochronologie), kann dieser Fehler erheblich verringert werden. Noch weiter zurückliegende $^{14}$C-Schwankungen können durch Analyse von Sedimenten und durch Vergleich mit anderen Datierungsmethoden ermittelt werden.

**Radiokardiographie,** Verfahren der Isotopendiagnostik, szintigraph. Darstellung der Herzfunktion nach Einspritzung von $^{99m}$Tc (**metastabil**), $^{113}$In oder eines anderen Radioisotops und Auswertung mittels Gammakamera. Die serielle Abbildung (**Radiokardiogramm**) der Durchflußphasen (photographisch oder durch Computerauswertung) ermöglicht u. a. die Bestimmung des Herzminuten- und Kammervolumens zur Diagnose von Herzkrankheiten.

**Radiokobalt,** Bez. für die radioaktiven Isotope des Kobalts, bes. für $^{60}$Co sowie $^{57}$Co und $^{58}$Co. $^{60}$Co ist β$^-$-instabil und emittiert energiereiche γ-Strahlung (1,17 und 1,33 MeV); es findet Anwendung in der Strahlentherapie in Telegammageräten sowie z. B. in Form von Perlen, Draht oder knetbarer Masse für intrakavitäre Bestrahlung. $^{57}$Co und $^{58}$Co zerfallen durch Elektroneneinfang oder β$^+$-Zerfall; sie werden in der Nuklearmedizin bei Stoffwechseluntersuchungen angewendet (Markierung der →Cobalamins).

**Radiokohlenstoff,** Bez. für radioaktive Kohlenstoffisotope, speziell für das Isotop $^{14}$C, das als Betastrahler mit einer Halbwertszeit von 5 730±40 Jahren die Grundlage der Altersbestimmung nach der →Radiokarbonmethode bildet.

**Radiokompaß,** Form des →Funkpeilers.

**Radiolaria** [zu spätlat. radiolus, Verkleinerung von lat. radius ›Strahl‹], **Radiolari|en,** die →Strahlentierchen.

**Radiolari|enschlamm,** biogene →Meeresablagerung im Tiefseebereich, reich an Kieselskeletten der Radiolarien (→Strahlentierchen). Das rote, tonige Tiefseesediment bedeckt etwa 2 % des Meeresbodens, in Bereichen von unter 4 000 m Wassertiefe.

**Radiolarit** der, -s/-e, fast ausschließlich aus den Skeletten der Radiolarien (→Strahlentierchen) entstandenes, rötl. bis grünlichgraues, sehr hartes Kieselgestein (krypto- bis mikrokristalliner Quarz, z. T. mit Toneinlagen), mit muscheligem Bruch; vom Kambrium bis zum Tertiär verbreitet, u. a. im Oberen Jura der Nördl. Kalkalpen (Tethys). R. entstanden – im Ggs. zum rezenten Radiolarienschlamm – vielfach in schmalen Trögen der Orogene.

**Radio Liberty** [ˈreɪdɪəʊ ˈlɪbətɪ], →Radio Free Europe/Radio Liberty.

**Radio-Lobes** [-ləʊbz; engl. lobe ›Lappen‹, ›Ausbuchtung‹], →Radiogalaxien.

**Radiologie** die, -, Wissenschaft von den ionisierenden Strahlen (v. a. radioaktive und Röntgenstrahlen) und ihrer Anwendung in Medizin, Biologie, Landwirtschaft und Technik.

Die **medizinische R.** befaßt sich mit dem Einsatz zur Diagnose und Behandlung von Krankheiten und gliedert sich in die Gebiete Röntgendiagnostik, Strahlentherapie, Nuklearmedizin, experimentelle R. und Strahlenbiologie. Die Anerkennung als **Arzt für R. (Radiologe)** setzt eine 5–7jährige Weiterbildung an radiolog. und/oder nuklearmedizin. Instituten und Kliniken voraus.

**Radiolumineszenz,** durch radioaktive Strahlung hervorgerufene →Lumineszenz.

**Radio Luxembourg** [raˈdi̯o lyksãˈbuːr], Hörfunkprogramm der privaten, durch Funkwerbung finanzierten Rundfunkgesellschaft Compagnie Luxembourgeoise de Télédiffusion-CLT, Sitz: Luxemburg, gegr. 1930, sendet wechselweise in frz., niederländ., dt. und engl. Sprache.

**Radiolyse** [zu griech. lýsis ›(Auf)lösung‹] die, -/-n, zusammenfassende Bez. für alle Vorgänge, die in einem chem. System Veränderungen durch ionisierende Strahlung hervorrufen, z. B. Bildung von Radikalen, Ionen und angeregten Molekülen.

**Radiometeorologie,** Teilgebiet der Meteorologie, das sich elektromagnet. Wellen (Radiowellen) bedient oder die meteorolog. Einflüsse auf deren Ausbreitung in der Erdatmosphäre studiert.

**Radiometer** das, -s/-, 1) Physik: sehr empfindl. Strahlungsmeßgerät, das aus einem evakuierten Glasgefäß besteht, in dem an einem Quarzfaden ein leichter Balken hängt, der eine einseitig berußte Metall- oder Glimmerplatte und ein Gegengewicht trägt (**Quarzfaden-R.**). Bei Bestrahlung erwärmt sich die berußte Seite des Plättchens stärker als die blanke, d. h., ein Temperaturgradient mit Richtung zur geschwärzten Seite wird aufgebaut. Dabei ist es unwichtig, von welcher Seite die Bestrahlung erfolgt. Da die auf der heißeren (schwarzen) Seite auffallenden Gasmoleküle mit einem größeren Impuls als diejenigen der Gegenseite reflektiert werden, erfährt das Plättchen einen Rückstoß entgegengesetzt zur Richtung des Temperaturgradienten, so daß sich der Balken dreht, bis sich ein Gleichgewicht zw. den R.-Kräften und der rücktreibenden Torsionskraft des Quarzfadens einstellt. Entscheidend für die Drehrichtung ist nur der Temperaturverlauf im Plättchen. Der Drehwinkel, der mit einem am Quarzfaden angebrachten kleinen Drehspiegel über einen Lichtzeiger bestimmt werden kann, ist ein Maß für den einfallenden Strahlungsfluß. – Der 1825 von A. J. FRESNEL entdeckte R.-Effekt ist druckabhängig. Bei niederer Gasdichte wächst er proportional mit dem Druck, bei großer Gasdichte nimmt er umgekehrt proportional zum Druck ab. – Als R. werden auch das →Pyranometer und das →Pyrheliometer bezeichnet.

Die **Crookessche Lichtmühle** ist heute ein physikal. Spielzeug auf der Grundlage dieses R.-Effektes, bei der sich ein leicht drehbares Flügelrädchen um eine vertikale Achse dreht.

**2)** *Radioastronomie:* in einer radioastronom. Empfangsanlage die elektron. Baugruppe zur Verstärkung und Verarbeitung der mit der Antenne aufgefangenen Signale. Im einfachsten Fall besteht ein R. aus Verstärker, Bandfilter, Gleichrichter-Detektor, Integrator und Anzeigegerät.

**Radiometrie** die, -, Verfahren der angewandten Geophysik, das sich mit der radioaktiven Strahlung von Gesteinen, Mineralen oder aus der Tiefe aufsteigenden Gasen befaßt. Anzeigegeräte für die im Gelände, Bohrloch, Labor oder vom Flugzeug aus durchgeführten Untersuchungen sind Geigerzähler, Szintillometer oder Ionisationskammern. R. dient der Prospektion von Erz-, Erdöl- u. a. Lagerstätten, der Erkundung von Grundwasserbewegungen (mittels radioaktiver Ionen als Markierungsmittel) oder der →Altersbestimmung.

**Radiomimetika** [zu griech. mímēsis ›Nachahmung‹, Sg. **Radiomimetikum** das, -s, Substanzen, die

**Radiometer 1):** Quarzfadenradiometer; Q Quarzfaden, Gl Glimmerplatte, Ge Gegengewicht

sich in ihrer Wirkung auf die lebende Zelle wie ionisierende Strahlen verhalten, z. B. bestimmte Zytostatika.

**Radionuklidbatterie,** die →Isotopenbatterie.

**Radioteleskop:** Very Large Array (VLA), Antennenanlage bei Socorro (N. Mex., USA) mit 27 Y-förmig angeordneten Radioteleskopen (Durchmesser jeweils 25 m)

**Radionuklide,** radioaktive →Nuklide, die sich durch radioaktiven Zerfall (→Radioaktivität), v. a. unter Aussendung von α-, β- oder γ-Strahlung, in andere Nuklide umwandeln. R. eines bestimmten chem. Elements mit unterschiedl. Massenzahlen heißen Radioisotope. R. können natürl. Ursprungs sein (z. B. $^{40}K$ oder die Glieder der radioaktiven Zerfallsreihen) oder künstlich erzeugt werden (z. B. die Transurane). R. lassen sich von allen Elementen künstlich herstellen, z. B. durch Bestrahlung mit energiereichen geladenen Teilchen oder Neutronen (meist im Kernreaktor). Von den über 1500 bekannten R. sind etwa 50 natürl. Ursprungs. – Die Bedeutung der R. liegt in ihrer Anwendung als Radioindikatoren (Isotopenindikatoren; →Indikatormethode) als Strahlenquelle, z. B. in der zerstörungsfreien Werkstoffprüfung (→Radiographie), oder bei der →Altersbestimmung. In der Nuklearmedizin werden R. für diagnost. und therapeut. Zwecke verwendet.

**Radio|ökologie,** Teilgebiet der Ökologie, das die Wirkungen natürl. und künstl. Strahlenbelastung auf Mensch, Tier und Pflanze sowie radioaktive Verunreinigungen in Ökosystemen (z. B. die Anreicherung von Radionukliden über die Nahrungskette) untersucht.

**Radioquellen,** größere oder eng begrenzte Gebiete relativ starker Radio(frequenz)strahlung am Himmel wie Emissionsnebel, Reste von Supernovae, →Pulsare. Radiostrahlung wurde im Sonnensystem von der Chromosphäre und der Korona der Sonne, von den Planeten und vom Mond nachgewiesen, im extragalakt. Raum von Sternsystemen, →Radiogalaxien und →Quasaren (**quasistellare R.**). Eine isotrope Radiostrahlung ist die →kosmische Hintergrundstrahlung. (→Radioastronomie)

**Radio|resektion,** Verfahren der Nuklearmedizin, Ausschaltung krankhaft veränderter Gewebsbereiche durch Zufuhr des Radionuklids eines Stoffes, der im Rahmen der Stoffwechselprozesse im betreffenden Organ angereichert wurde, z. B. in Form der →Radiojodtherapie.

**Radiosonde, Aerosonde,** Standardmeßgerät der Aerologie zur Ermittlung meteorolog. Zustandsgrößen in der freien Atmosphäre. Die R. besteht aus Luftdruck- (Vidie-Dosen), Temperatur- (Bimetallthermograph) und Feuchtemeßfühler (meist Lithiumchloridhygrometer, →Hygrometer). Ein Kurzwellensender übermittelt die Meßergebnisse zur aerolog. Station (**R.-Station**). Die im Meteorographen gespeicherten Meßwerte können dagegen erst nach der Rückkehr auf den Erdboden ausgewertet werden. Instrumententräger ist ein gasgefüllter freifliegender Ballon (Ballonsonde, Freiballon; Startdurchmesser etwa 2 m). Durch Anpeilen der R. mit einem Windradar oder einem Radiotheodoliten wird aus der Ballondrift der Höhenwind bestimmt (Pilotballon). R. steigen bis in große Höhen auf, i. d. R. bis 30 km, unter günstigen meteorologischen Bedingungen bis 50 km. Nachdem der Ballon geplatzt ist, fällt die R. an einem Fallschirm zu Boden. Ein **R.-Aufstieg** dauert i. a. etwa 1½ Stunden. Weltweit, auch in entlegenen Gebieten (z. B. in Polarregionen und Wüsten oder über Ozeanen), werden zweimal täglich (um 00 und 12 Uhr UTC) von über 700 R.-Stationen Aufstiege durchgeführt.

**Radiosterne,** veraltete und irreführende Bez. für →Radioquellen.

**Radiostrahlung, Radiofrequenzstrahlung,** elektromagnet. Strahlung kosm. →Radioquellen im Kurz-, Ultrakurz- und Mikrowellenbereich; von der aus dem Weltraum einfallenden R. ist auf der Erde nur der durch das Radiofenster (→astronomische Fenster) eindringende Anteil beobachtbar. R. entsteht thermisch in Himmelskörpern, nichtthermisch als →Bremsstrahlung oder →Synchrotronstrahlung von Elektronen und als Linienstrahlung im Spektrum einiger Gase (z. B. die 21-cm-Strahlung des interstellaren Wasserstoffs).

**Radio|szintillation,** Bez. für schnelle und unregelmäßige Intensitätsschwankungen, die bei →Radioquellen beobachtet werden, die unter einem kleineren Winkel als etwa 1″ erscheinen. Sie beruhen auf Schwankungen der Elektronendichte auf dem Weg zw. Radioquelle und Beobachter (in der interstellaren und interplanetaren Materie sowie in der Ionosphäre, hier v. a. in der $F_2$-Schicht).

**Radioteleskop,** Instrument der →Radioastronomie zum Empfang der von kosm. Objekten (Radioquellen) oder aus dem Weltraum (kosm. Hintergrundstrahlung) kommenden Radiostrahlung. Um diese oft intensitätsschwache Strahlung empfangen und ihren Ursprung lokalisieren zu können, müssen R. eine

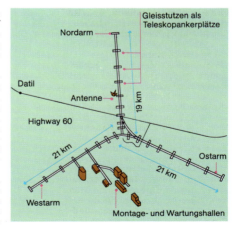

**Radioteleskop:** Schemazeichnung des Very Large Array bei Socorro (N. Mex., USA)

hohe Empfindlichkeit (große Auffangfläche) und ein großes Auflösungsvermögen (Richtwirkung) haben. Dazu wurden drei Gerätetypen entwickelt: Einzelteleskope, Arrays oder Syntheseteleskope sowie Langstrecken-Interferometer. – **Einzelteleskope** empfangen mit einem metall. Parabolspiegel die Radiostrahlung, die auf einen Dipol oder ein Antennensystem im Brennpunkt fokussiert und anschließend verstärkt und aufgezeichnet wird. Geräte diese Typs eignen sich v. a. zu Intensitäts- und Polarisationsmessungen. Sie können frei schwenkbar montiert, unbeweglich (wie das R. bei Arecibo in Puerto Rico) oder im Meridian schwenkbar (ähnlich einem Durchgangsinstrument) sein. Das größte frei schwenkbare R. (Durchmesser 100 m) steht bei → Effelsberg; weitere große frei schwenkbare R. stehen in England (→ Jodrell Bank, Durchmesser 76 m), Kalifornien (Goldstone, Durchmesser 64 m) und Australien (Parkes, New South Wales, Durchmesser 64 m). Das Auflösungsvermögen eines Einzelteleskops ist vom Reflektordurchmesser $D$ und der benutzten Wellenlänge $\lambda$ abhängig (etwa $\lambda/D$) und beträgt beim 100-m-Spiegel von Effelsberg maximal rd. 4 Bogenminuten. Eine wesentl. Verbesserung der Auflösung ist mit Interferometeranordnungen möglich (→ Radiointerferometer). Dabei werden die von mindestens zwei getrennten Antennen empfangenen Signale elektronisch überlagert. Bei **Arrays** oder **Syntheseteleskopen** werden mehrere mittelgroße Radioteleskope auf Schienen, die kreuz-, Y- oder T-förmig angeordnet sind, so verschoben, daß ein möglichst großes Auflösungsvermögen erzielt wird (→ Apertursynthese). Das bei Socorro in New Mexico (USA) errichtete **Very Large Array** besteht aus 27 bewegl. Parabolantennen (Durchmesser je 25 m), die in Form eines Y angeordnet sind, wobei die Einzelteleskope längs der 21 km langen Arme des Y verschoben werden können. Es erreicht das Auflösungsvermögen einer Parabolantenne von rd. 35 km Durchmesser. – Bei **Langstrecken-Interferometern** haben die Antennen einen sehr großen Basisabstand (z. T. über Kontinente hinweg). Die Radiosignale werden auf Magnetband gespeichert und dann mit einer Rechenanlage ausgewertet. Voraussetzung ist eine genaue Synchronisation der Signale, die mit Zeitmarken höchster Genauigkeit versehen sind. Die größte bisher verwirklichte Basisstrecke betrug etwa 12 000 km. Bei dieser **Großbasis-Interferometrie** (auch **VLB-Interferometrie**, Abk. **VLBI** von engl. Very long baseline interferometry) lassen sich Auflösungsvermögen von etwa 0,001 Bogensekunden erzielen.

**Radiotelevisione Italiana,** Abk. **RAI,** die staatl. italien. Rundfunkgesellschaft, → Italien.

**Radiothorium,** Zeichen RdTh, Bez. für das radioaktive Thoriumisotop $^{228}$Th; Zwischenglied der Thoriumreihe (→ Radioaktivität).

**Radiotoxizität,** Maß für die Schädlichkeit eines in den menschl. Organismus gelangten Radionuklids aufgrund seiner Strahlenwirkung. Die R. ist abhängig von der Art und der Energie der radioaktiven Strahlen, von der Halbwertszeit des Radionuklids sowie seiner Verteilung im Organismus und seinem chem. Verhalten. Am gefährlichsten sind die Alphateilchen emittierenden Radionuklide mit großer Halbwertszeit, wie $^{239}$Pu, $^{226}$Ra, $^{227}$Ac und $^{210}$Po, sowie der Betastrahler $^{90}$Sr als langlebige Muttersubstanz des $^{90}$Y mit seiner energiereichen Betastrahlung.

**Radio- und Fernsehtechniker,** Ausbildungsberuf des Handwerks für Frauen und Männer mit dreieinhalbjähriger Ausbildungszeit. R.- u. F. reparieren Radio- und Fernsehgeräte, Video- und Kassettenrecorder und andere Hifi-Geräte sowie elektron. Musikinstrumente, installieren Antennenanlagen, planen und bauen Übertragungs-, Verstärker- und Alarmanlagen und sind mit dem Anschließen und Instandhalten von kommunikations- und informationstechn. Geräten (Sichtgeräte, Tastaturen, Drucker) betraut.

**Radiowellen,** Bez. für elektromagnet. Wellen im → Radiofrequenzbereich.

**Radioteleskop:** Größtes zusammenhängendes Radioteleskop (Durchmesser 305 m) in einem Talkessel bei Arecibo, Puerto Rico; die ortsfeste Kugelschale erfaßt während der Erdrotation einen etwa 15° breiten Himmelsstreifen

**Radischtschew, Radiščev** [-ʃtʃ-], Aleksandr Nikolajewitsch, russ. Schriftsteller, * Moskau 31. 8. 1749, † (Selbstmord) Petersburg 24. 9. 1802; studierte in Leipzig (1767–71). Von der dt. und v. a. der frz. Aufklärung ausgehend, seit 1773 Freimaurer, beschäftigten ihn philosoph. und moral. Probleme. Sein Hauptwerk, ›Putešestvie iz Peterburga v Moskvu‹ (1790; dt. ›Reise von Petersburg nach Moskau‹), das an L. STERNES ›A sentimental journey through France and Italy‹ (1768) anknüpft und im Stil Elemente des Klassizismus und Sentimentalismus verbindet, ist eine krasse Darstellung gesellschaftlicher Mißstände wie Leibeigenschaft oder Rekrutenaushebung. Der subversive polit. Ton des Werks und sein Erscheinen kurz nach der Frz. Revolution hatte R.s Verurteilung zum Tod zur Folge, die dann aber zu lebenslängl. Verbannung nach Sibirien umgewandelt wurde. 1796 begnadigt und 1801 von ALEXANDER I. in die Kommission zur Vorbereitung neuer Gesetze berufen, beging er Selbstmord, als ihm wegen seiner Reformvorschläge eine erneute Verbannung drohte.
Ausgaben: Polnoe sobranie sočinenij, 3 Bde. (1938–52, Nachdr. Bd. 1 u. 2, 1969). – Ausgew. Schr., hg. v. I. J. ŠČIPANOV (1959).
A. MCCONNELL: A Russian philosophe, Alexander Radishchev. 1749–1802 (Den Haag 1964, Nachdr. Westport, Conn., 1981).

**Raditschkow, Radičkov** [-tʃ-], Jordan, bulgar. Schriftsteller, * Kalimaniza (bei Berkowiza, Gebiet Michajlowgrad) 24. 10. 1929; entstammt einer Bauernfamilie, Journalist; schildert in seinen Erzählungen (›Nie, vrabčetata‹, 1968; dt. ›Wir Spatzen‹) den Dorfalltag und v. a. die Veränderung der dörfl. Lebensweise durch Industrialisierung und Urbanisierung; auch Romane (›Vsički nikoj‹, 1975) und Schauspiele (›Januari‹, 1974; dt. ›Januar‹).
Ausgaben: Die Abenteuer einer Melone u. andere Erz. (1970); Die fliegende Kreissäge u. andere merkwürdige Geschichten (1977).

**Radium** [zu Radius] *das, -s,* chem. Symbol **Ra,** radioaktives → chemisches Element aus der zweiten Hauptgruppe des Periodensystems der chem. Elemente (Erdalkalimetalle). Von den zahlreichen, meist künstlich hergestellten Isotopen des R. kommen einige auch in der Natur in den Zerfallsreihen vor (→ Radioaktivität). Das wichtigste und langlebigste Isotop ist $^{226}$Ra, das in der Uran-Radium-Zerfallsreihe auftritt und letztlich zu Blei ($^{206}$Pb) zerfällt (›Uranblei‹). R. findet sich deshalb in allen Uranmineralen. Zur techn. Gewinnung dient überwiegend die Pechblende, die etwa 0,14 g R./t enthält. – R. wurde 1898 durch MARIE und P. CURIE in der Pech-

**Radi**  Radiumbestrahlung – Radmelde

blende entdeckt und 1910 von MARIE CURIE und dem frz. Chemiker ANDRÉ LOUIS DEBIERNE (* 1874, † 1949) durch Elektrolyse von R.-Salzen erstmals rein dargestellt.

| Radium | |
|---|---|
| chem. Symbol: **Ra** | Ordnungszahl ..................... 88 <br> beständigstes Isotop ............... $^{226}$Ra <br> relative Atommasse ($^{226}$Ra) ........ 226,0254 <br> Häufigkeit in der Erdrinde (in %) .. $9,5 \cdot 10^{-11}$ <br> Anzahl der bekannten Isotope ........... 28 <br> davon radioaktiv ................ alle <br> längste Halbwertszeit ($^{226}$Ra) ..... 1599 Jahre <br> Dichte (berechnet) .......... etwa 5 g/cm³ <br> Schmelzpunkt ................... 700 °C <br> Siedepunkt ................... < 1140 °C |

R. ist in seinen Eigenschaften dem Barium sehr ähnlich, so ist **R.-Sulfat**, RaSO$_4$, in Wasser schwer löslich, die Halogenide wie **R.-Chlorid**, RaCl$_2$, oder **R.-Bromid**, RaBr$_2$, lassen sich durch Umkristallisieren reinigen. Das elementare R. ist ein weiß glänzendes Schwermetall, das durch Schmelzelektrolyse von R.-Chlorid oder durch Reduktion von R.-Oxid mit Aluminium im Hochvakuum gewonnen werden kann. Wegen der Radioaktivität zeigen die Verbindungen des R. ein schon bei Tageslicht sichtbares Leuchten. R. und seine Verbindungen geben eine intensiv rote Flammenfärbung. – Wie bei allen radioaktiven Stoffen sind beim Arbeiten mit R. und seinen Verbindungen besondere Sicherheitsvorkehrungen nötig; in den Körper gelangtes R. lagert sich ähnlich wie Strontium bevorzugt in den Knochen ab.

In der 1. Hälfte des 20. Jh. hatte R. große Bedeutung für die Erforschung der Radioaktivität und der Radiochemie. Daneben wurde es in der Medizin in größerem Umfang für Bestrahlungen in der Krebstherapie verwendet (→Radiumbestrahlung); die Bedeutung auf diesem Gebiet ist jedoch mit der Herstellung künstl. Radionuklide stark zurückgegangen. Außerdem diente r. früher zur Herstellung von Leuchtstoffen für Leuchtzifferblätter an Uhren und Kompassen.

*Wirtschaft:* Die gewerbl. Gewinnung von R. begann 1907 aus der Pechblende in Sankt Joachimsthal, wo sie bis 1914 rd. 10 g erreichte. Von da an stand die Gewinnung aus Carnotit in den USA (1914 rd. 22 g, 1936 rd. 36 g) im Vordergrund. Nach Entdeckung reicher Vorkommen von Pechblende im damaligen Belgisch-Kongo verschob sich seit Ende 1922 der Schwerpunkt nach Belgien, wo 1923 12,5 g hergestellt wurden. 1937 wurde Pechblende in Kanada entdeckt und vorübergehend ausgebeutet. Für 1938 wurde die Weltgewinnung auf 175 g, für 1952 auf 250 g geschätzt. Seitdem ging sie unter dem Einfluß des Wettbewerbs künstl. radioaktiver Stoffe, die leichter zu gewinnen sind, zurück.

**Radiumbestrahlung,** Anwendung von Radium (v. a. $^{226}$Ra als Sulfat) zur Strahlentherapie von bösartigen Geschwülsten (**Radiumtherapie**), wobei bes. die Gammastrahlen genutzt werden. Das Radium wird hierbei als luftdicht von einer röhrchen- oder nadelförmigen Metallhülle aus Gold, Platin oder Stahllegierungen, der zugleich als Filter für Alpha- und Betastrahlen wirkenden **Radiumzelle**, umschlossenes Präparat verwendet und entweder in Organhöhlen eingebracht, unmittelbar in das erkrankte Gewebe eingestochen (Spickmethode) oder an die Oberfläche aufgelegt (Moulage). – Die heute weitgehend durch die →After-Loading-Technik ersetzte R. wurde v. a. bei Haut-, Kehlkopf- und Gebärmutterkrebs eingesetzt. I. w. S. wird auch die →Emanationstherapie zur Radiumtherapie gerechnet.

**Radium|emanation,** →Radon.

**Radius** [lat. ›Stab‹; ›Strahl‹] *der, -/...di|en,* **1)** *allg.:* Reichweite.

**2)** *Anatomie:* die Speiche (→Arm).

**3)** *Mathematik:* der →Halbmesser eines Kreises oder einer Kugel.

**Radius,** Anna, italien. Schriftstellerin, →Neera.

**Radius|fraktur,** Bruch der Speiche (Radius), des daumenseitigen Unterarmknochens; häufigste Form (›typ. R.‹) ist der Bruch in der Nähe des Handgelenks (**distale R.**), erkennbar an der charakterist. Bajonettstellung der Hand durch Verschiebung in Richtung der Speiche.

**Radiusvektor,** *Mathematik:* Wird ein Punkt der Ebene oder des Raums durch Polarkoordinaten ($r, \varphi$) bzw. ($r, \varphi, \vartheta$) festgelegt, so heißt der $r$ entsprechende Ortsvektor auch Radiusvektor.

**Radix** [lat. ›Wurzel‹] *die, -/...'dizes,* **1)** *Anatomie:* Ursprungsstelle eines Körperteils, Organs oder Nervs, z. B. **R. dentis,** Zahnwurzel, **R. pili,** Haarwurzel.

**2)** *Botanik* und *Pharmazie:* die →Wurzel der Pflanzen.

**radizieren** [zu Radix], *Mathematik:* die Wurzel aus einer Zahl oder aus einem Term berechnen.

**Radkarten, T-O-Karten,** mittelalterl. Weltkarten, auf denen die Erde als runde oder ovale Scheibe dargestellt ist, vom Weltmeer umgeben und in Form eines T-förmigen Kreuzes in drei Erdteile (Asien als oberer Halbkreis, Europa und Afrika als die beiden unteren Viertelkreise) gegliedert ist. Das Kreuzschema ist babylon. Ursprungs, wurde im MA. als christl. Symbol aufgefaßt, mit Jerusalem im Zentrum der Darstellung. Bekanntestes Beispiel der R. ist die →Ebstorfer Weltkarte.

**Radkersburg,** Name von geograph. Objekten:

**1) Radkersburg,** Bezirk in der Steiermark, Österreich, 337 km², (1989) 24 900 Ew., umfaßt den äußersten SO der Steiermark.

**2) Bad Radkersburg,** Bezirkshauptstadt in der SO-Steiermark, am linken Ufer der Mur, 208 m ü. M., (1989) 1900 Ew.; Kuranstalt, Mineralwasserversand; Grenzübergang nach Slowenien. – R. entstand im 12. Jh. als Siedlung zu einer auf den östl. Ausläufern der Wind. Bühel gelegenen Burg; später Oberradkersburg gen.; sie und das am besten Ufer der Mur gelegenen Ortsteile gehören heute als **Gornja Radgona** zu Slowenien. Die Stadt entwickelte sich von einem Weinhandelszentrum zu einem wichtigen Stützpunkt gegen die Osmanen (1546–86 zur Festung ausgebaut). 1918–20 war R. von Jugoslawien besetzt. Seit 1976 trägt R. den Titel Bad. – Das Stadtbild bestimmen vorbildlich restaurierte Palais und Häuser des 16. bis 18. Jh. sowie die Stadtpfarrkirche (15. Jh.) und die Filialkirche Mariahilf (1643).

**Radków** ['ratkuf], Stadt in Polen, →Wünschelburg.

**Radlastmesser, Achslastmesser,** ortsbewegl. Wiegegeräte, die von der Verkehrspolizei benutzt werden, um die Einhaltung der Bestimmungen des § 34 Straßenverkehrs-Zulassungs-Ordnung über Achslasten für Kfz und Anhänger zu kontrollieren.

**Radleier,** die →Drehleier.

**Radloff,** Friedrich Wilhelm, Turkologe, * Berlin 17. 1. 1837, † Petrograd 12. 5. 1918; sammelte grundlegende Materialien über türk. Sprachen und Dialekte in Zentralasien und veröffentlichte erstmals die →Orchoninschriften.

**Werke:** Proben der Volkslitteratur der türk. Stämme Süd-Sibiriens, 10 Bde. (1866–1907, dt. u. russ.); Versuch eines Wb. der Türk-Dialecte, 4 Bde. (1893–1911).

**Radmelde, Kochia,** Gattung der Gänsefußgewächse mit rd. 80 Arten in Australien, Eurasien, Afrika und im westl. Nordamerika; kleine Sträucher oder Kräuter mit kleinen, schmalen, seidig behaarten

Blättern und unscheinbaren Blüten. Eine bekannte Art ist das in Mitteleuropa als Zierstrauch kultivierte **Besenkraut** (Besen-R., Kochia scoparia), das in SO-Europa und Asien getrocknet zu Besen verarbeitet wird. Aus dem Besenkraut wurde als Gartenform die bis 2 m hohe **Sommerzypresse** (Kochia scoparia var. trichophylla) gezüchtet, deren Blätter sich im Herbst rot färben.

**Radnetzspinnen,** Araneidae, weltweit verbreitete Spinnen mit 4000 bislang in eine Familie gestellten kleinen bis mittelgroßen Arten, die radförmige Netze aus radialen Fäden mit aufgewebter Spirale von klebstoffhaltigen Fangfäden weben; z.B. die →Gartenkreuzspinne und die →Zebraspinne.

**Radnorshire** ['rædnəʃɪə], ehem. County in Wales, seit 1974 Teil der Cty. Powys.

**Radok,** Alfréd, tschech. Regisseur und Dramatiker, * Týn nad Vltavou (Südböhm. Kr.) 17. 12. 1914, † Wien 23. 4. 1976; wirkte am Prager Nationaltheater; auch Filmregisseur (›Großvater Automobil‹, 1956); mit J. SVOBODA Schöpfer der →Laterna magica 2) und bis 1965 ihr künstler. Leiter; arbeitete ab 1965 im westl. Ausland, zuletzt Regisseur in Schweden.

**Radolfzell am Bodensee,** Große Kreisstadt im Kr. Konstanz, Bad.-Württ., 404 m ü. M., am Bodensee, am NW-Ende des Zeller Sees, (1991) 27 800 Ew.; Fachschulen (Betriebswirtschaft, Sozialpädagogik); Vogelwarte im Schloß Möggingen; Textilindustrie, ferner Pumpenfabrik und elektrotechn. Industrie; Zentrum eines Obstbaugebiets; Kneippkurort (Anlagen auf der z. T. unter Naturschutz stehenden Halbinsel **Mettnau**). – R., aus einer Fischersiedlung und einer Mönchszelle des 9. Jh. hervorgegangen, wurde gegen 1100 Markt und 1267 Stadt. 1298–1806 gehörte R., ein bedeutender Handelsplatz, zu Habsburg, danach fiel es an Baden. – Spätgot. kath. Stadtpfarrkirche Mariä Himmelfahrt (sogenanntes Münster; 1436 begonnen, 1466 und 1475 geweiht, 1713 barockisiert); ehem. Ritterschaftshaus (17. Jh., heute Amtsgericht); Österreich. Schlößchen, 1626 für Erzherzog WILHELM LEOPOLD erbaut; Reste mittelalterl. Stadtbefestigung. – In Möggingen ehem. Wasserburg, um 1650 über Vorgängerbauten errichtet, mit hoher Ringmauer und Torturm.

R. u. seine Stadtteile. Geographie, Gegenwart, Gesch., mit Beitr. v. F. GÖTZ u. a. (1988).

**Radolfzell am Bodensee:** Ehemaliges Ritterschaftshaus; 17. Jh. (heute Amtsgericht)

**Radom** [Abk. für engl **Ra**dar d**om**e ›Radarkuppel‹] das, -s/-s, für elektromagnet. Strahlung durchlässige, aerodynam. Kunststoffverkleidung der Radarantennenanlagen am Bug von Flugzeugen (**Radarbug, Radarnase**); auch Bez. für den kuppelförmigen Wetterschutz von Boden- oder Schiffsantennenanlagen.

**Radom,** 1) Hauptstadt der gleichnamigen Wwschaft in Polen, südlich von Warschau, (1989) 226 300 Ew.; TH, Regionalmuseum, botan. Garten; Herstellung von Schreib- und Nähmaschinen sowie Fernsprecheinrichtungen, Textil-, Schuh- und Zigarettenindustrie, Gießerei, Eisenbahnreparaturwerkstätten. – R., 1155 als Ort im Besitz der Bischöfe von Warschau erstmals erwähnt, erhielt im 14. Jh. Magdeburger Stadtrecht, blieb aber trotz seiner günstigen Lage am Handelsweg von Warschau nach Schlesien bis Ende des 18. Jh. nur Handwerkersiedlung. – Frühmittelalterl. Wehrsiedlung mit spätgot. Zisterzienserkloster (15.–16. Jh.) und Kirche (1911–12 ausgebaut); Pfarrkirche St. Johannes der Täufer (um 1360) mit spätgot. Glockenturm und Rosenkranzkapelle aus dem 15./16. Jh. (1908–09 neugotisch verändert); spätbarockes Piaristenkloster (1737–56, von A. SOLARI); Rathaus mit Hauptwache (1847–48).

2) Wwschaft in Polen, 7 294 km², (1989) 748 300 Einwohner.

**Radomsko,** Stadt in der Wwschaft Piotrków Trybunalski (Petrikau), Polen, (1989) 50 300 Ew.; Maschinenbau, Möbelherstellung, Glashütte.

| Radon | |
|---|---|
| chem. Symbol: **Rn** | Ordnungszahl .................... 86 |
| | beständigstes Isotop .............. $^{222}$Rn |
| | relative Atommasse ($^{222}$Rn) ..... 222,01757 |
| | Häufigkeit in der Erdrinde .......... $6{,}2 \cdot 10^{-16}$ Gew.-% |
| | bekannte Isotope (alle radioaktiv) ............. $^{198}$Rn bis $^{228}$Rn |
| | längste Halbwertszeit ($^{222}$Rn) ..... 3,823 Tage |
| | Dichte (bei 0 °C) .................. 9,73 kg/m³ |
| | Schmelzpunkt ..................... −71 °C |
| | Siedepunkt ....................... −61,8 °C |
| | kritische Temperatur .............. 104 °C |
| | kritischer Druck .................. 62,8 bar |
| | Wärmeleitfähigkeit (bei 27 °C) ........... 0,00364 W/(m · K) |

**Radon** ['ra:dɔn, ra'do:n; zu Radium gebildet, analog zu Argon, Krypton, Neon u. ä.] das, -s, chem. Symbol **Rn,** radioaktives →chemisches Element aus der achten Hauptgruppe des Periodensystems der chem. Elemente (Edelgase). Von den zahlreichen Isotopen des R. sind die Isotope $^{219}$Rn (**Actiniumemanation, Actinon**), $^{220}$Rn (**Thoriumemanation, Thoron**) und $^{222}$Rn (**Radiumemanation**) Produkte des radioaktiven Zerfalls von Actinium, Thorium und Uran (→Radioaktivität). R. ist wie alle Edelgase ein sehr reaktionsträges Gas, jedoch konnten Fluor- und Sauerstoffverbindungen des R. hergestellt werden. Die Gewinnung von R. erfolgt durch Abpumpen aus radioaktiven, R. bildenden Elementen. Verwendung finden R. enthaltende Gase (die u. a. in Höhlen mit radioaktivem Gestein oder in Quellwässern in der Nähe radioaktiver Lagerstätten vorkommen) als Heilmittel bei der Therapie u. a. von Rheuma, Gicht, Asthma (→Emanationstherapie). Eine Dauerbelastung durch R. enthaltende Gase (z. B. beim Arbeiten in Bergwerken, Laboratorien) muß vermieden werden, da die R.-Isotope in den Zerfallsreihen zu stark strahlenden, nicht flüchtigen Zerfallsprodukten (Polonium-, Blei-, Wismutisotope) umgewandelt werden.

R. wurde 1900 von E. RUTHERFORD und F. SODDY entdeckt und Radiumemanation genannt. W. RAMSAY ermittelte 1910 Dichte und relative Atommasse des Elements und schlug den Namen **Niton** vor. 1931 wurde der Name R. eingeführt.

**Radoslawow,** Wassil Christow, bulgar. Politiker, * Lowetsch 15. 7. 1854, † Berlin 21. 10. 1929; gründete die Liberale Partei Bulgariens, war 1899–1900 Innen-Min., 1886–87 und 1913–18 MinPräs.; er be-

**Radolfzell am Bodensee** Stadtwappen

# Rado  Radowitz – Radula

Joseph Maria von Radowitz (Bleistiftzeichnung von Alfred Rethel; um 1850)

trieb eine rußlandfeindl. Politik und führte während des Ersten Weltkriegs 1915 den Anschluß Bulgariens an die Mittelmächte herbei.

**Radowitz,** Joseph Maria von, preuß. General (seit 1845) und Politiker, * Blankenburg/Harz 6. 2. 1797, † Berlin 25. 3. 1853; trat 1823 in preuß. Staatsdienste, wurde als Vertrauter König FRIEDRICH WILHELMS IV. 1836 Militärbevollmächtigter beim Dt. Bund in Frankfurt am Main, dessen Reform er im Einvernehmen mit Österreich anstrebte. In der Frankfurter Nationalversammlung zählte R. zur äußersten Rechten. Nach dem Scheitern der Frankfurter Reichsverfassung strebte er als preuß. Außen-Min. (seit 26. 9. 1850) einen kleindt. Bundesstaat unter preuß. Führung an. Die von ihm verfolgte Politik der Union scheiterte v. a. am Widerstand Österreichs; noch vor dem Abschluß der Olmützer Punktation trat R., der sich zunehmend isoliert sah, zurück.

E. RITTER: R. Ein kath. Staatsmann in Preußen (1948).

**Radphänomen,** *Psychophysik:* → stroboskopisches Sehen.

**Radrennbahn, Velodrom,** als Oval für den Bahnradsport angelegte Piste mit überhöhten Kurven und nach innen leicht geneigten Geraden. Freiluftbahnen sind meist aus Zement (oder Holz), Hallenbahnen i. d. R. aus Holz.

**Radsatz,** Bauelement an Schienenfahrzeugen aus zwei mit hohem Druck auf eine Achswelle aufgepreßten Rädern, die aus Radkörper (Radnabe, Radscheibe und Felgenkranz), Radreifen und Sprengring aufgebaut sind. Der Radreifen ist auf die Felge aufgeschrumpft (kann bei Verschleiß ausgewechselt werden). **Vollräder (Monoblocräder)** haben keine Trennung zw. Radscheibe und Radreifen. Sie werden aus verschleißfestem Stahl geschmiedet oder gewalzt. Bei Dampflokomotiven wird zw. Treib-, Kuppel- und Laufradsätzen, bei Brennkraft- und elektr. Lokomotiven zw. Treib- und Laufradsätzen (letztere veraltet) unterschieden.

**Radschputen,** → Rajputen.

**Radsinskij, Radzinskij** [-z-], Edward Stanislawowitsch, russ. Dramatiker, * Moskau 23. 9. 1936; spricht in seinen Stücken Probleme des einzelnen in der Gesellschaft an.

*Werke: Stücke:* 104 stranicy pro ljubov' (1965); Besedy s Sokratom (Urauff. 1975); Alte Schauspielerin für die Rolle der Frau Dostojewskijs (dt. Erstaufführung 1986).

**Radsport,** sportl. Wettkämpfe auf Fahrrädern. Man unterscheidet → Straßenrennsport (z. B. Rundstrecken- und Etappenrennen), Gelände-R. oder Querfeldeinrennen (z. B. Mountainbikewettbewerbe), Bahnrennsport und Hallen- oder Saal-R. (Kunstfahren, Radball, Radpolo).

Straßen-R. und Bahn-R. werden zumeist von Amateuren und Berufsfahrern getrennt als Einzel- oder Mannschaftsrennen ausgeübt; offene Rennen (d. h. für Profis und Amateure gemeinsam) sind im Cross Country (außer Weltmeisterschaften) und bei Straßenrennen (bisher selten) üblich. Die *Rennräder* (Rennmaschinen) sind für die einzelnen Disziplinen unterschiedlich, aber in allen Teilen aerodynamisch gestaltet, bes. leicht und den Maßen des Fahrers möglichst optimal angepaßt. Dabei werden modernste Werkstoffe wie Titan, hochwertige Aluminiumlegierungen und Carbonfasermischungen genutzt.

Straßenräder wiegen etwa 8–10 kg, haben unabhängig voneinander funktionierende Felgenbremsen für Vorder- und Hinterrad, eine Gangschaltung mit 10–16 Übersetzungen, zwei Kettenblätter vorn und am Hinterrad fünf bis acht Zahnkränze; ein Reifen wiegt 175–340 g. Bahnrennräder wiegen 5–6 kg, haben einen kürzeren Rahmen als Straßenmaschinen und sind ohne Schaltung und Bremsen gebaut. Ein Reifen (Seide) wiegt 90–175 g. Für das Zeitfahren auf

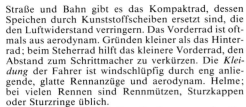

Straße und Bahn gibt es das Kompaktrad, dessen Speichen durch Kunststoffscheiben ersetzt sind, die den Luftwiderstand verringern. Das Vorderrad ist oftmals aus aerodynam. Gründen kleiner als das Hinterrad; beim Steherrad hilft das kleinere Vorderrad, den Abstand zum Schrittmacher zu verkürzen. Die *Kleidung* der Fahrer ist windschlüpfig durch eng anliegende, glatte Rennanzüge und aerodynam. Helme; bei vielen Rennen sind Rennmützen, Sturzkappen oder Sturzringe üblich.

*Wettbewerbe:* Die großen Straßenrennen der Berufsfahrer, die auf Teilstrecken auch von Amateuren und Frauen gefahren werden, sind neben den Weltmeisterschaften und Olympischen Spielen die Tour de France (seit 1903), der Giro d'Italia (seit 1909), die Tour de Suisse (seit 1933) und die Spanien-Rundfahrt ›Vuelta‹ (seit 1935). Dazu kommen regelmäßige Eintagesrennen und Mehretappenrennen auch für Amateure, z. B. Friedensfahrt und Rheinland-Pfalz-Rundfahrt.

*Olymp. Disziplinen* sind (1992) Straßenrennen (Herren und Damen), 100-km-Mannschaftszeitfahren (Herren), auf der Bahn 1000-m-Fliegerrennen (Herren und Damen), 1000-m-Zeitfahren (Herren), Einzel- und Mannschaftsverfolgung über 4000 m (Herren) und Punktefahren (Herren).

Bei *Weltmeisterschaften* werden folgende Disziplinen ausgetragen: Profis: Straßenfahren, auf der Bahn: Sprint, Keirin (kombiniertes Sprint- und Punkterennen), Steherrennen, 5000-m-Verfolgung und Punktefahren; Amateure: Herren: Straßeneinzelrennen und Mannschaftsfahren über 100 km, Bahn: Sprint, Verfolgungsfahren über 4000 m (Einzel und Mannschaft), 1000-m-Zeitfahren, Tandem, Punktefahren und Steherrennen; Damen: Straßeneinzelrennen und Mannschaftsfahren über 50 km; auf der Bahn 3000-m-Verfolgung, Punktefahren und Sprint.

**Radstadt,** Stadt im Pongau des Bundeslandes Salzburg, Österreich, an der oberen Enns, 862 m ü. M.; (1989) 4 200 Ew.; Bez.-Gericht, Heimatmuseum; Herstellung forstwirtschaftl. Maschinen und Geräte; bedeutender Fremdenverkehr (v. a. Wintersport); Straßenknotenpunkt. – Das zw. 1270 und 1286 angelegte R. erhielt 1289 Stadtrecht. – Stadtpfarrkirche (v. a. 14. und 15. Jh.); Kapuzinerkirche (1629; 1748 vergrößert); Stadtmauer mit Türmen (16. Jh.).

**Radstädter Tauern, 1)** *Pl.,* westlichste Gruppe der Niederen Tauern, westlich von 2), Salzburg, Österreich, im Hochfeind 2 687 m ü. M.; wird von der Tauernautobahn, N dem Tal der obersten Enns (Flachautal) folgend, mit dem Tauerntunnel (6,4 km lang) gequert. Um Wagrain und Flachau eines der größten Skigebiete Österreichs (Sportwelt Amadé) mit rund 120 Liftanlagen für 320 km Pisten. **2)** anderer Name der **Tauernpaßhöhe,** Paß in den Niederen Tauern, Österreich 1 739 m ü. M., trennt 1) von den Schladminger Tauern; Wintersportgebiet (Obertauern); die Straße über den R. T. verbindet das Ennstal bei Radstadt mit dem oberen Murtal (Lungau).

**Radstand,** *Kraftfahrzeugtechnik:* Abstand zw. den Radmitten der Vorder- und Hinterräder. Bei Schienenfahrzeugen → Achsstand.

**Radsturz, Sturz,** *Kraftfahrzeugtechnik:* Neigung des Rades gegen die Fahrzeuglängsebene, gemessen in der Fahrzeugquerebene. Bei Neigung oben nach außen ist der R. positiv (i. a. 0,5–1,5°); bewirkt bei gewölbter Fahrbahn gleichmäßige Reifenabnutzung. Leicht negativer Sturz (die Räder einer Achse sind oben nach innen geneigt) erhöht die Seitenführungskraft.

**Radula** [spätlat. ›Schabeisen‹] *die,* -/...lae, mit (bis rd. 75 000) Zähnchen in Längs- und Querreihen besetzte Chitinmembran in der Mundhöhle vieler

Radula der Wellhornschnecke

Weichtiere (bes. bei Schnecken), die zum Zerkleinern der Nahrung dient. Die R. wächst ständig aus einem engen Blindsack des Schlundes nach.

**Radulfus, R. Niger**, engl. Chronist und Theologe, * um 1140, † Lincoln (?) um 1199; studierte die Rechte und Theologie in Paris u. a. bei JOHANNES VON SALISBURY, trat trotz Sympathien für THOMAS BECKET 1166 als Magister in den Dienst König HEINRICHS II. und mußte nach dem Aufstand von dessen Söhnen 1173 zu Prinz HEINRICH (2. Sohn HEINRICHS II., * 1155, † 1183) ins frz. Exil fliehen; erst unter RICHARD LÖWENHERZ ist er wieder in England, u. a. als Mitgl. des Domkapitels in Lincoln, bezeugt. In seinen Bibelkommentaren verband R. moral. Exegese mit rechtl. Argumenten und scharfer Kritik an Kirche und Gesellschaft, kühner noch 1187–88 in einer den frz. König PHILIPP II. AUGUSTUS vor dem 3. Kreuzzug warnenden Schrift, worin er die Kreuzzugsidee pointiert in Frage stellte.
Ausgaben: De re militari et triplici via peregrinationis Ierosolimitanae, hg. v. L. SCHMUGGE (1977); Chronica, hg. v. H. KRAUSE (1985).

**Radulfus, R. Tortarius, Rodulfus Tortarius**, mittellatein. Schriftsteller, * Gien um 1063, † Fleury (Gem. Saint-Benoît-sur-Loire) um 1114 (?); sein meist in eleg. Distichen verfaßtes poet. Werk enthält u. a. eine neun Bücher umfassende Versifizierung der Exempelsammlung des VALERIUS MAXIMUS ›De memorabilibus‹, ferner die ›Miracula sancti Benedicti‹, die poet. Gestaltung von Wundern des hl. BENEDIKT, die versch. Autoren in R.' Kloster Fleury in Prosa verfaßt hatten (darunter ein Buch von R. selbst), sowie elf kulturgeschichtlich bedeutsame Briefe.
Ausgabe: Carmina, hg. v. M. B. OGLE u. a. (1933).

**Radványi** [ˈrɔdvaːnji], Netty, Schriftstellerin, → Seghers, Anna.

**Radweg**, farblich markierter oder baulich abgetrennter Sonderweg für Radfahrerverkehr. Man unterscheidet 1) den gemeinsamen Geh- und R., 2) den Bordstein-R., 3) die der Autostraße zugeordnete Fahrspur, 4) den separaten ›grünen‹ R. sowie 5) die Radfahrstraße mit Vorfahrt für Radfahrende.
In der letzten Zeit haben Verkehrsverbände wie v. a. der ADFC (Allgemeiner Dt. Fahrrad-Club, Bremen) und der VCD (Verkehrsclub der Bundesrep. Dtl.) auf die wachsende Bedeutung des Fahrrads als Verkehrsmittel zur Lösung (inner)städt. Verkehrsprobleme (›Verkehrsinfarkt‹) hingewiesen und die forcierte Anlage von R. sowie deren (auch überregionale) Verknüpfung zu einem R.-Netz gefordert. Neben weiteren Maßnahmen wurde auch vorgeschlagen, die Benutzung von R. in Gegenrichtung und das Radfahren entgegen der Einbahnstraße zu erlauben. → Verkehr.
D. GERSEMANN: Fahrradrecht heute u. morgen (1984); Pro Fahrrad. Eine Bilddokumentation ..., hg. v. K. SCHÄFER-BREEDE u. a. (1986).

**Radziwiłł**, Johann Franz Wilhelm Eduard, Maler und Graphiker, * Rodenkirchen (heute zu Stadland, Kr. Wesermarsch) 6. 2. 1895, † Wilhelmshaven 12. 8. 1983: orientierte sich nach seinem expressionist. Frühwerk (1919–22) ab 1923/24 an den Tendenzen der Neuen Sachlichkeit und bezog auch surrealist. und symbolist. Elemente in seine landschaftlichkosm. Visionen ein.
F. R., Ausst.-Kat. (1981).

**Radziwiłł** [raˈdʑiviu], eingedeutscht **Radziwill**, litauisch **Radvila**, poln. Magnatengeschlecht urspr. litauischer Herkunft, das seit dem 15. Jh. in Politik, Verwaltung und Armee einflußreich war. – Der Stammvater, MIKOŁAJ R. (* 1366, † 1446), ließ sich 1386 mit JAGIEŁŁO taufen und wurde Woiwode von Wilna. 1515 wurde die Linie, 1547 das ganze Geschlecht in den Reichsfürstenstand erhoben. Im 17. und 19. Jh. verschwägerte es sich mehrfach mit den Hohenzollern. Die mit BOGUSŁAW R. 1669 im Mannesstamm ausgestorbene Linie auf Birże und Dubinski war die wichtigste Stütze des Protestantismus im Großfürstentum Litauen. Der in Posen ansässige Zweig spielte im 19. Jh. in der preuß. Politik eine bedeutende Rolle. Die Linie auf Nieśwież und Ołyka, 1939 und 1945 enteignet, besteht weiter.
T. NOWAKOWSKI: Die Radziwills. Die Gesch. einer großen europ. Familie (a. d. Poln., 1966).

Bedeutende Vertreter:
1) **Antoni Henryk** (Anton Heinrich) Fürst, preuß. Statthalter, * Wilna 13. 6. 1775, † Berlin 7. 4. 1833; seit 1796 ⚭ mit LUISE, der Schwester des Prinzen LOUIS FERDINAND von Preußen, 1815–31 Statthalter im Großherzogtum Posen; Förderer F. CHOPINS und selbst Komponist.
2) **Bogusław** Fürst, preuß. Statthalter, * Danzig 3. 5. 1620, † Königsberg (Pr) 31. 12. 1669; Protestantenführer, ging 1655 im polnisch-schwedischen Krieg auf die Seite des schwed. Königs KARL X. GUSTAV über; seit 1657 Statthalter des Großen Kurfürsten in Preußen.
3) **Janusz** Fürst, Woiwode von Wilna und Großhetman (seit 1654) von Litauen, * 1612, † Tykocin (bei Białystok) 12. 12. 1655; Protestant, bekämpfte erfolgreich die Kosaken, ging 1655 mit seinem Vetter BOGUSŁAW auf die Seite des schwed. Königs KARL X. GUSTAV über.
4) **Karol Stanisław** Fürst, Woiwode von Wilna (seit 1762), * Nieśwież (bei Baranowitschi) 1734, † ebd. 22. 11. 1790; war als entschiedener Gegner König STANISLAUS' II. AUGUST PONIATOWSKI Marschall der Konföderation von Radom (1767) und führend an der Konföderation von Bar (1768) beteiligt.
5) **Mikołaj** (Nikolaus) Fürst, gen. ›der Rote‹, Großhetman von Litauen (seit 1553), Woiwode von Wilna und Großkanzler von Litauen (seit 1566), * 1512, † Wilna 27. 4. 1584; Stammvater der prot. Linie auf Birże und Dubinski; trat für die Aufrechterhaltung der Sonderstellung Litauens ein.

**Radweg:** Verkehrszeichen für Radweg (oben), getrennten Rad- und Fußgängerweg (Mitte) und gemeinsamen Rad- und Fußgängerweg (unten)

Franz Radziwill: Die Inselbrücke bei Wilhelmshaven mit der ›Deutschland‹; 1934 (Privatbesitz)

6) **Mikołaj** (Nikolaus) **Krzysztof** Fürst, gen. ›der Schwarze‹, Großmarschall (seit 1544) und Großkanzler (seit 1550) von Litauen, Woiwode von Wilna (seit 1551), * Nieśwież (bei Baranowitschi) 4. 1. 1515, † Wilna 29. 5. 1565; Vertrauter König SIGISMUNDS II. AUGUST; führte 1561 erfolgreich die Verhandlungen über den Anschluß Livlands an Polen-Litauen. Als

Förderer des Protestantismus in Litauen ließ er 1563 in Brest-Litowsk die ins Polnische übersetzte Bibel, die ›Biblia brzeska‹ (Brester Bibel), auch ›Biblia Radziwiłłowska‹ (R.-Bibel) gen., drucken.

**Radziwiłłowa** [radziviu'uova], Franciszka Urszula Fürstin, poln. Schriftstellerin, \* Czartorysk (Tschartorisk, Ukraine) 13. 2. 1705, † Pucewicze (Litauen) 23. 5. 1753; Frau des Fürsten Michał Kazimierz Radziwiłł (\* 1702, † 1762), seit 1744 Woiwode von Wilna und Großhetman von Litauen; trug durch eigene Dramen und Molière-Bearbeitungen, die sie auf der von ihr gegründeten Magnatenbühne in Nieśwież (bei Baranowitschi) aufführen ließ, wesentlich zur Entwicklung des poln. Theaters bei.
Ausgabe: Teatr, hg. v. K. Wierzbicka (1961).

**Raeber** ['rɛː-], Kuno, schweizer. Schriftsteller, \* Klingnau (Kt. Aargau) 20. 5. 1922, † Basel 28. 1. 1992. In R.s Werk verbinden sich Mythos, Legende und Aktualität, Historisches und Erfundenes, antike und christl. Traditionen. In seinen Gedichten fand er von einer zunächst anspielungsreichen mytholog. Maskerade zu konzentriertem lyr. Ausdruck (›Reduktionen‹, 1981). Auch Theaterstücke, Reiseberichte (›Calabria‹, 1961) und Hörspiele.
Weitere Werke: *Lyrik:* Gesicht im Mittag (1950); Die verwandelten Schiffe (1957); Gedichte (1960); Flußgebiet (1963); Abgewandt, zugewandt (1985). – *Romane:* Die Lügner sind ehrlich (1960); Alexius unter der Treppe oder Geständnisse von einer Katze (1973); Das Ei (1981); Sacco di Roma (1989).

**Raeburn** ['reɪbən], Sir (seit 1822) Henry, schott. Maler, \* Stockbridge (heute zu Edinburgh) 4. 3. 1756, † Edinburgh 8. 7. 1823; hielt sich 1785–87 in Italien auf und wurde 1815 Mitgl. der Royal Academy in London. R. malte v. a. Porträts von Vertretern der schott. Gesellschaft (›Colonel Alastair Macdonell of Glengarry‹, 1812; Edinburgh, National Gallery of Scotland).

**Henry Raeburn:** Kleines Mädchen mit Blumen; um 1798 (Paris, Louvre)

**Raeder** ['rɛː-], Erich, Großadmiral (seit 1939), \* Wandsbek (heute zu Hamburg) 24. 4. 1876, † Kiel 6. 11. 1960; im Ersten Weltkrieg Kommandant eines Kreuzers, 1928–35 Chef der Marineleitung, 1935–43 Oberbefehlshaber der Kriegsmarine. Im Ggs. zu Hitler sah R. in Großbritannien und den USA die Hauptfeinde des Dt. Reiches und befürwortete einen Ausgleich mit der Sowjetunion oder zumindest den Verzicht auf einen Angriff vor der Niederringung Englands. Wegen weiterer Gegensätze zu Hitler im Jan. 1943 entlassen (Nachfolger K. Dönitz). 1946 im Nürnberger Hauptkriegsverbrecherprozeß zu lebenslängl. Haft verurteilt, 1955 entlassen.

**Raederscheidt** ['rɛː-], Georg, Pädagoge, \* Köln 21. 8. 1883, † Brühl (bei Köln) 8. 1. 1974; 1926–34 Direktor der Pädagog. Akademie Bonn; wirkte maßgeblich am Aufbau der akadem. Volksschullehrerbildung mit, wurde auch sein Wirken als Leiter (ab 1949) der Bauernhochschule Fredeburg, heute Dt. Landjugend-Akademie, Bonn, und einer Arbeitsgemeinschaft, heute Verband der ländl. Heimvolksschulen e. V.

**Raetia** ['rɛːtsia], röm. Provinz, → Rätien.

**Markus Raetz:** See-Stück; 1980–83 (Bern, Kunstmuseum)

**Raetz** [rɛː-], Markus, schweizer. Maler, Graphiker und Bildhauer, \* Büren an der Aare 6. 6. 1941; experimentiert bei seinen sehr unterschiedlich strukturierten Arbeiten (Gemälde, Zeichnungen, Graphiken, Plastiken, Objekte, Installationen) mit der menschl. Wahrnehmungsfähigkeit.
M. R. Arbeiten 1962 bis 1986, hg. v. B. Bürgi u. a., Ausst.-Kat. (Zürich 1986).

**RAF,** Abk. für: **1)** → **R**ote-**A**rmee-**F**raktion;
**2)** → **R**oyal **A**ir **F**orce.

**Rafah** [-fax], Ort im Gazastreifen, 30 km südwestlich von Gaza, Oase am südlichsten Punkt der O-Küste des Mittelmeers, (1988) 85 000 Ew., davon 39 000 in Flüchtlingslagern (verlassene Armeelager). R. ist histor. Grenzort zw. Sinai und Palästina, Raststätte für Karawanen und Marktstadt; Bewässerungskulturen (Zitrusfrüchte). – Bei der antiken Stadt **Raphia** schlug 720 v. Chr. Sargon II. von Assyrien die Ägypter und 217 v. Chr. Ptolemaios IV. den Seleukiden Antiochos III.

**Rafaiter, Raphaiter,** im *A. T.* 1) Bez. für Teile der Urbevölkerung Kanaans (z. B. 1. Mos. 15). Die R. galten als ›zahlreich und hochgewachsen‹ (5. Mos. 2) und wurden wohl als Riesen angesehen. 2) Name eines Tals (z. B. Josua 15, 8), vielleicht mit dem heute El-baqa genannten Wüste südwestlich von Jerusalem zu identifizieren. 3) Z. B. in Ps. 88 und Jes. 26 Bez. für die Totengeister. – Ein Zusammenhang mit dem in Ugarit bezeugten ›rpum‹ (verwandt mit akkad. ›rabu‹, die Großen, oder Götterwesen?) ist nicht auszuschließen.

**Raff,** Joseph Joachim, Komponist, \* Lachen (Kt. Schwyz) 27. 5. 1822, † Frankfurt am Main 24. oder 25. 6. 1882; schrieb zunächst zahlreiche Klavierwerke, wurde von F. Liszt nach Köln, später nach Hamburg empfohlen, war 1850–56 in Weimar Liszts Assistent bis hin zur Mitarbeit als geschickter Instrumentator, ging 1856 nach Wiesbaden und war seit 1877 Direktor des Hoch'schen Konservatoriums in Frankfurt am Main. In seinen zahlreichen Werken, darunter sechs Opern (›König Alfred‹, 1851; ›Dame Kobold‹, 1870), elf Sinfonien, Kammer-, Klavier- und Vokalmusik, versuchte er, traditionelle Stilelemente mit den Errungerischaften der →neudeutschen Schule zu verbinden, deren Ziele er auch als Publizist vertrat (›Die Wagnerfrage‹, 1854).

J. KÄLIN u. A. MARTY: Leben u. Werk des vor 150 Jahren geborenen Komponisten Joachim R. (Lachen 1972).

**Raffa** [italien.] *das, -,* Form des Bocciaspiels, die v. a. in Italien ausgeübt wird und sich in Frankreich unter dem Namen **Jeu provençal** eingebürgert hat; gespielt wird mit Holzkugeln.

**Raffael, Raphael,** eigtl. **Raffaello Santi (Sanzio),** italien. Maler und Baumeister, * Urbino vermutlich 6. 4. 1483, † Rom 6. 4. 1520; war zunächst Gehilfe seines Vaters GIOVANNI SANTI († 1494), dann Schüler PERUGINOS in Perugia; um 1499 wieder in Urbino, war 1504 und erneut 1506 in Florenz, seit Ende 1508 in Rom, seit 1514 Bauleiter der Peterskirche (sein Langhausentwurf wurde nicht ausgeführt) und Konservator der antiken Denkmäler Roms. Er ist im Pantheon beigesetzt. R. zählt neben LEONARDO DA VINCI und MICHELANGELO zu den bedeutendsten Künstlern der Hochrenaissance. Seine ausgewogenen Kompositionen gelten in ihren subtilen Beziehungsgefügen als Inbegriff klass. Vollkommenheit; sein künstler. Ideal von Anmut und Schönheit ist bis ins 20. Jh. hinein als vorbildlich rezipiert worden.

Sein frühes Hauptwerk, ›Die Vermählung Mariä‹ (1504; Mailand, Brera), zeigt in der feierl. Symmetrie und den empfindsam bewegten Figuren bei aller Eigenständigkeit noch den prägenden Einfluß von PERUGINO. Dessen zarte, abgeklärte Stimmung erfuhr in den Florentiner Jahren – die R., obwohl er bereits selbständig tätig war, als Lehrzeit auffaßte – entscheidende Vertiefung und Bereicherung. Geschult v. a. an der Kunst LEONARDOS und in Rom MICHELANGELOS, entwickeln seine Figuren freie Körperentfaltung und Beweglichkeit und fügen sich durch vielfältige Wechselbeziehungen organisch in ein meist pyramidales Ordnungsgefüge ein. Außer für Bildnisse erhielt er in Florenz v. a. Aufträge für Madonnendarstellungen, die er, halb- oder ganzfigurig, auch, z. B. in der ›Hl. Familie Canigiani‹ (um 1506; München, Alte Pinakothek), zur kunstvoll organisierten Gruppe erweitert, in idyll. Landschaften einbettete.

Die monumentalen Aufgaben in Rom führten zum Höhepunkt seiner künstler. Gestaltung. In den päpstl. Prachträumen, den Stanzen des Vatikans, entfaltete er in seinen Fresken in weiten, perspektiv. Schauplätzen eine souveräne Regie vielfiguriger Kompositionen. In der als Bibliothek gedachten Stanza della Segnatura (1509–11) sind die weltanschaul. Vorstellungen seiner Zeit in der Verbindung von christl. und antikem Gedankengut v. a. mit der ›Schule von Athen‹ und der ›Disputa‹ umfassend formuliert. Während sie und auch die Fresken der Stanza d'Eliodoro (1512–14) weitgehend eigenhändig ausgeführt sind, waren an der Stanza dell'Incendio (1514–17) Gehilfen, u. a. GIULIO ROMANO und GIANFRANCESCO PENNI (* um 1488, † um 1528), wesentlich beteiligt; in der Darstellung des Borgobrands ist die harmonisch rhythmisierte Gestaltung bereits empfindlich gestört und im Sinne des Manierismus dynamisiert. Gleichzeitig war R. mit einem weiteren päpstl. Großauftrag, den Kartons für Wandteppiche der Sixtin. Kapelle, beschäftigt (1515–16); die den Raum füllenden Gestalten (in Szenen aus der Geschichte der Apostel PETRUS und PAULUS) setzen MICHELANGELOS plastisch angelegte Figuren in R.s Sprache um (sieben der zehn großen Entwurfskartons befinden sich in London im Victoria and Albert Museum, die Teppiche in den Vatikan. Sammlungen). Neben dem Vatikan war ein weiterer wichtiger Auftraggeber in Rom A. CHIGI: Um 1511/12 schuf R. in der Villa Farnesina das mytholog. Wandbild ›Triumph der Galatea‹ (BILD →Galatea), und 1517 entwarf er die Dekoration für die Loggia der Villa mit den Deckenbildern ›Hochzeit von Amor und Psyche‹ und ›Rat der Götter‹. Infolge seiner Überlastung mit Aufträgen überließ R. die Ausführung wie bei den Loggien des Vatikans weitgehend seiner Werkstatt. Auch die Tafelbilder der röm. Zeit sind von dem an den Fresken entwickelten Monumentalstil geprägt. R.s Mariendarstellungen wie die ›Sixtin. Madonna‹ (um 1513/14, 1516 fertiggestellt; Dresden, Gemäldegalerie; BILD →Marienbild) haben in der Verbindung inniger Mütterlichkeit mit entrückter Idealität klassisch-vorbildhafte Bedeutung erlangt. Auch seine späteren Porträts sind durch das Streben nach einer geschlossenen Großform bestimmt (›Baldassare Castiglione‹, um 1515, Paris, Louvre; ›Donna Velata‹, um 1516, Florenz, Palazzo Pitti); und trotz der humanistisch geprägten Distanz des Künstlers zum Bildgegenstand gelingt es R., vom Individuellen zum Typischen, Gültigen vorstoßend, dem Porträt gleichzeitig durch feine psycholog. Beobachtung und stoffl. Charakterisierung unmittelbare Präsenz zu geben. Für das Gruppenbild wurde ›Leo X. mit den Kardinälen Giulio de' Medici und Luigi de' Rossi‹ (um 1518; Florenz, Uffizien) wegweisend. Sein letztes großes Altarbild, die ›Verklärung Christi‹ (1517 begonnen; Vatikan. Sammlungen), von Dramatik erfüllt, wurde von GIULIO ROMANO vollendet.

**Joachim Raff**

**Raffael:** Disputa; Ausschnitt aus dem Fresko in der Stanza della Segnatura im Vatikan; 1509–11

Als Baumeister folgte R. dem Stil BRAMANTES und arbeitete eng mit A. DA SANGALLO, D. J., und dessen Bruder BATTISTA (* 1496, † 1552) zusammen; die Villa Madama (begonnen um 1516/17) ist vom Palastbau der antiken röm. Baukunst abgeleitet, die Gewölbehallen greifen auf die hohe röm. Apsis zurück, die Stuckdekorationen (von GIULIO ROMANO und GIOVANNI DA UDINE, * 1487, † 1564) auf die antike Ornamentik (Grotesken). Am reichen Bestand von Handzeichnungen läßt sich die Entstehung seiner Werke – auch der Architektur – verfolgen. Verlorene Originale sind in Stichen von M. RAIMONDI u. a. überliefert.

Während für J. J. WINCKELMANN und die Klassik v. a. der Künstler R. interessant war, entdeckten die Romantiker auch den Menschen R. (W. H. WACKENRODER, ›Herzensergießungen eines kunstliebenden

**Raff** Raffaelli – Rafsandjani

Raffael: Madonna Terranuova; um 1505 (Berlin-Dahlem, Gemäldegalerie)

Rafflesiengewächse: Riesenrafflesie

Hodjatoleslam Ali Akbar Rafsandjani

Klosterbruder‹, 1797; L. TIECK, ›Franz Sternbalds Wanderungen‹, 4 Tle., 1798). Die von G. VASARI überlieferten Liebesabenteuer R.s fanden Eingang in zahlreiche Dichtungen, u. a. in Novellen wie A. VON ARNIMS ›Raphael und seine Nachbarinnen‹ (1824), in P. HEYSES Versnovelle (›Rafael‹, 1863) und R. VOSS' Drama (›Rafael‹, 1883).
**Weitere Werke:** *Tafelbilder* (Datierungen umstritten): 1500/01: Madonna Solly (Berlin-Dahlem, Gemäldegalerie). Um 1502: Madonna Diotalevi (ebd.). 1502–03: Die drei Grazien (Chantilly, Musée Condé; BILD →Chariten); Madonna Conestabile (Petersburg, Eremitage). 1504: Sposalizio (Mailand, Brera). Um 1505: Madonna Terranuova (Berlin-Dahlem, Gemäldegalerie); Madonna del Granduca (Florenz, Palazzo Pitti); Madonna im Grünen (Wien, Kunsthistor. Museum); Angelo und Maddalena Doni (Florenz, Palazzo Pitti). Um 1506: Madonna del Cardellino (mit dem Stieglitz; Florenz, Uffizien). 1507: Madonna mit Kind und Johannes (›La belle Jardinière‹, Louvre); Grablegung Christi (Rom, Galleria Borghese); Madonna Colonna (Berlin-Dahlem, Gemäldegalerie); Madonna Tempi (München, Alte Pinakothek); Madonna del Baldacchino (Florenz, Palazzo Pitti). 1510–11: Kardinal (Madrid, Prado); Madonna Alba (Washington, D. C., National Gallery of Art); Papst Julius II. (Florenz, Uffizien, vermutlich Kopie); Madonna di Foligno (Vatikan. Sammlungen). Um 1513: Madonna mit dem Fisch (Madrid, Prado). Um 1514: Madonna della Tenda (München, Alte Pinakothek); Madonna della Seggiola (Florenz, Palazzo Pitti); Jüngling (Krakau, Nationalmuseum; Verbleib nicht bekannt); Hl. Cäcilie (Bologna, Pinakothek). – *Bauwerke:* Rom: Sant'Eligio degli Orefici (begonnen um 1509); Palazzo Vidoni (verändert); Palazzo Branconio dell'Aquila und Palast Raffaels (zerstört); Chigi-Kapelle in Santa Maria del Popolo (begonnen 1519). Florenz: Palazzo Pandolfini (begonnen um 1516).
L. DUSSLER: R., Krit. Verz. der Gemälde, Wandbilder u. Bildteppiche (1966); J. POPE-HENNESSY: R. (New York 1970); R. QUEDNAU: Die Sala di Costantino im Vatikan. Palast (1979); K. OBERHUBER: Raphaels ›Transfiguration‹. Stil u. Bedeutung (1982); J.-P. CUZIN: Raphaël. Vie et œuvre (Paris 1983); H. FALCK-YTTER: Raphaels Christologie (1983); R. JONES u. N. PENNY: Raphael (New Haven, Conn., 1983); Raphael – die Zeichnungen, bearb. v. E. KNAB u. a. (1983); C. L. FROMMEL u. a.: R. Das architekton. Werk (a. d. Italien., 1987); R. in seiner Zeit, hg. v. V. HOFFMANN (1987).

**Raffaelli,** Jean-François, frz. Maler und Graphiker, *Paris 20. 4. 1850, †ebd. 29. 2. 1924; Schüler von J. L. GÉRÔME, beeinflußt von den Impressionisten, mit denen er 1880 und 1881 ausstellte. Er malte v. a. die Umgebung von Paris; auch Radierungen (Karikaturen und Illustrationen).

**Raffet** [ra'fɛ], **D**enis **A**uguste **M**arie, frz. Maler und Graphiker, *Paris 2. 3. 1804, †Genua 16. 2. 1860; Schüler von N. T. CHARLET und A.-J. GROS, bedeutend bes. als Lithograph und Illustrator. Er gestaltete v. a. zeitgeschichtl. Themen (u. a. Feldzüge NAPOLEONS I.) sowie Reiseimpressionen.

**Raffi,** eigtl. **H**akop **M**elik**-H**akopjan, armen. Schriftsteller, *Pajadjok (Iran) 1835, †Tiflis 6. 5. 1888; stellte die nationale Unterdrückung in der Vergangenheit seines Volkes dar, wobei er an histor. Gestalten anknüpfte oder idealisierte Persönlichkeiten schilderte.

**Raffinade** *die, -/-n,* Bez. für ein bes. sorgfältig gereinigtes Produkt, i. e. S. für fein gemahlenen, gereinigten Zucker.

**Raffination** [frz., zu raffiner ›verfeinern‹] *die, -/-en,* **Raffinieren,** allg. das Veredeln von Rohstoffen, i. e. S. das Entfernen von Verunreinigungen oder störenden Begleitstoffen aus techn. Produkten. Große Bedeutung hat die R. von Metallen, bei der die Metalle durch elektrolyt. oder pyrometallurg. Verfahren von unerwünschten Bestandteilen befreit werden. In der Lebensmitteltechnik spielt v. a. das Reinigen von Fetten und von Zucker eine Rolle. Auch die Verarbeitung von Erdöl wird R. genannt.

**Raffinerie** *die, -/...'ri|en,* Bez. für meist größere techn. Einrichtungen, in denen aus Naturprodukten (z. B. Erdöl, Zuckerrüben) Verkaufsprodukte ganz bestimmter Qualität hergestellt werden; i. e. S. Industriebetrieb zur Verarbeitung von →Erdöl.

**Raffineriegase,** unterschiedlich zusammengesetzte gasförmige Nebenprodukte der Erdölverarbeitung, die im Ggs. zu →Flüssiggasen bei einer Druckdestillation nicht verflüssigt werden (›Trockengase‹). R. bestehen aus Methan, Äthan und geringen Anteilen höherer gesättigter Kohlenwasserstoffe (Rohöldestillation), sie können aber auch Wasserstoff (katalyt. Reformieren, Hydrotreating) und Alkene (katalyt. Cracken) enthalten. R. werden meist in der Raffinerie als →Brenngas verwendet.

**Raffinose** *die, -,* **Melitose, Melitriose,** aus je einem Molekül Glucose, Fructose und Galaktose aufgebautes, nicht süß schmeckendes Trisaccharid; kommt in Zuckerrüben (nicht im Zuckerrohr) vor und wird als Zusatz für Bakteriennährböden verwendet. Durch Säuren und Hefeenzyme wird R. in Fructose und das Disaccharid Melibiose, durch Emulsin in Galaktose und das Disaccharid Saccharose gespalten.

**Rafflesia,** Gattung der →Rafflesiengewächse.

**Rafflesi|engewächse** [nach dem brit. Kolonialbeamten Sir THOMAS STAMFORD RAFFLES, *1781, †1826], **Rafflesiaceae,** zum weiteren Verwandtschaftskreis um die Rosengewächse gehörende Familie chlorophylloser Parasiten mit etwa 50 Arten in acht Gattungen, überwiegend in den Tropen verbreitet. Der wurzellose Vegetationskörper zeigt extreme Anpassungen an die parasit. Lebensweise: seine im Wirt (ausschließlich Holzpflanzen) befindl. Teile gleichen einem Pilzgeflecht. Als einziger Teil ist dann die Blüte bzw. der Blütenstand zu sehen, der aus dem Wirtsgewebe hervorbricht und kurz gestielt und schuppig beblättert sein kann. Eine bekannte Gattung ist **Rafflesia** (Rafflesie) mit rd. zehn Arten in SO-Asien, darunter die auf Sumatra heim. **Riesenrafflesie** (Rafflesia arnoldii), deren tellerförmige, fünfteilige, ziegelrot und weiß gescheckte Blüte fast 1 m Durchmesser erreicht und 6 kg schwer wird (größte Einzelblüte aller Pflanzen); Bestand bedroht.

**Rafi,** Kw. für **Reschimat Poalei Israel** [›Arbeiterliste‹], israel. Partei, von der Mapai abgespalten, gegr. 1965 von D. BEN GURION, S. PERES (1965–68: GenSekr.) u. a., ging 1968 in der →Israelischen Arbeitspartei auf.

**Rafsandjani** [rafsanˈdʒaːni], Hodjatoleslam Ali Akbar, iran. Politiker, *Rafsandjan (Prov. Kerman) 25. 8. 1934; geistl. Schüler und polit. Gefolgsmann

Ayatollah KHOMEINIS, 1978–79 maßgeblich am Sturz des Schahs MOHAMMED RESA beteiligt, 1980–89 Parlaments-Präs., war nach der Ermordung von Ayatollah M. H. BEHESCHTI (oberster Revolutionsrichter) und M. A. RADJAIS (Staatspräs.) seit 1981 nach KHOMEINI der einflußreichste Politiker. Als Oberbefehlshaber der iran. Streitkräfte (1988–89) konnte er 1988 dem Krieg mit Irak im Sinne der fundamentalistisch-islam. Kriegsziele keine Wende geben und gab mit Billigung von KHOMEINI den Weg für Waffenstillstandsverhandlungen (abgeschlossen im Aug. 1988) frei. Nach dem Tod KHOMEINIS (3. 6. 1989) und der Wahl A. KHAMENEIS zum obersten geistl. und polit. Führer Irans wurde R. im Aug. 1989 zum Staatspräs. gewählt, dessen Amtsbefugnisse durch Referendum (Juli 1989) stark erweitert worden waren. R. verfolgt eine streng an den Ideen der fundamentalistisch-islam. Revolution ausgerichtete Politik, sucht aber die starke außenpolit. Isolierung seines Landes zu mildern.

**Raga** [Sanskrit] *der, -s/-s*, Melodiemodell in der indischen Musik; ausgebildet zw. dem 9. und 13. Jh., urspr. in bestimmten Melodietypen die Bez. für die Stimmungsqualität einzelner Haupttöne, die bei der Rezitation poet. Texte im Theater festgelegte Gefühle ausdrückten. Die Erscheinungsform (shakal) eines R. wird durch die Auswahl bestimmter Töne (svara) aus Materialleitern (18 Jati in der Hindustanimusik N-Indiens, 72 Melakarta in der karnat. Musik S-Indiens) und ihre hierarch. Ordnung geprägt. Das im 13. bis 17. Jh. voll ausgebildete System unterscheidet männl. R. und weibl. Ragini; den einzelnen R. sind Gefühlsinhalte (rasa) zugeordnet, z. B. Trauer, Freude, Zorn, Tages- und Jahreszeiten sowie Göttergestalten des Hinduismus.

W. KAUFMANN: The rāgas of North India (Bloomington, Ind., 1968, Nachdr. New York 1984); ders.: The rāgas of South India (Bloomington, Ind., 1976); R. R. MENON: Abenteuer R. Vom Zauber der ind. Musik (a. d. Engl., 1988); M. R. GAUTAM: Evolution of r. and tala in Indian music (Neu Delhi 1989).

**Raga-Rock** [-rɔk], Richtung innerhalb der Rockmusik (v. a. 1965–70), in der versucht wurde, rhythm. (Tala) und melod. (Raga) Elemente sowie traditionelle Instrumente (Sitar) der ind. Musik zu adaptieren. Versuche dieser Art unternahmen – nach Studien bei R. SHANKAR – G. HARRISON von den Beatles (›Norwegian wood‹, 1965; ›Within you, without you‹, 1967) sowie die Gruppen Birds, Yardbirds und Jefferson Airplane.

**Ragaz, Bad R.**, Kurort im Kt. St. Gallen, Schweiz, im Rheintal nördlich von Chur, an der Mündung der Tamina (oberhalb die steile Taminaschlucht), 510 m ü. M., (1991) 4 800 Ew.; großzügiges Thermalbad (das Wasser von 37 °C wird seit 1840 über eine 4 km lange Leitung aus der Schlucht hierher geleitet). In der Schlucht nahe der Quelle (Schüttung 7 000 *l*/min) das **Alte Bad Pfäfers**, seit dem MA. viel besucht (erste Bäderkonzession 1382); heute als Freilichtmuseum mit Paracelsus-Gedenkstätte restauriert. Bergbahn und anschließender Sessellift auf den Mugger Chamm (Pizolbahn, bis 2 226 m ü. M.). – R. ist seit 1937 als Badeort anerkannt. – Kath. Kirche, Barockbau von 1703–05 (über karoling. und roman. Fundamenten) mit mittelalterl. Turm (1892 erhöht); ehem. Statthalterei (1774) des Klosters Pfäfers, 1841 zum Badehotel umgebaut; Bad- und Trinkhalle von 1866–68.

**Ragaz,** Leonhard, schweizer. ev. Theologe, * Tamins (Kt. Graubünden) 28. 7. 1868, † Zürich 6. 12. 1945; wurde 1902 Pfarrer in Basel, 1908 Prof. für systemat. und prakt. Theologie in Zürich. R. war Mitbegründer und Führer der religiös-sozialen Bewegung in der Schweiz (seit 1906), trat unter dem Eindruck des Ersten Weltkrieges für das Prinzip der Gewaltlosigkeit und die Bekämpfung des Krieges ein und legte 1921 sein Lehramt nieder, um frei von Staat, Kirche und Gesellschaft bes. unter der Arbeiterschaft für die ›Sache Christi‹ zu wirken.

*Werke:* Du sollst (1904); Das Evangelium u. der soziale Kampf der Gegenwart (1906); Weltreich, Religion u. Gottesherrschaft, 2 Bde. (1922); Von Christus zu Marx, von Marx zu Christus (1929); Gedanken aus 40 Jahren geistigen Kampfes (1938); Die Botschaft vom Reiche Gottes (1942).

*Ausgabe:* L. R. in seinen Briefen, hg. v. C. RAGAZ u. a., 2 Bde. (1966–82).

M. MATTMÜLLER: L. R., in: Gestalten der Kirchengesch., hg. v. M. GRESCHAT, Bd. 10, Tl. 1 (1985).

**Ragdoll** ['rægdɔl; engl.; eigtl. ›Stoffpuppe‹] *die, -/-s*, amerikan. Langhaarkatze mit halblangem, dichtem Fell und buschigem Schwanz.

**Ragionenbuch** [von älter italien. ragione ›Firma‹, eigtl. ›Recht(sanspruch)‹], in der Schweiz eine Publikation, die den wesentl. Inhalt des Handelsregistereintrags aller registrierten Unternehmen zusammenfaßt.

**Raglai, Roglai,** den Cham nahe verwandtes Volk mit austrones. Sprache in den Bergen östlich und südöstlich von Dalat im südl. Vietnam. Die (1970) etwa 50 000 R. betreiben Feldbau (Brandrodungen; Reis); sie haben eine matrilineare Gesellschaftsordnung.

**Raglan** ['raglan, engl. 'rɛglən; nach dem brit. Feldmarschall FITZROY JAMES HENRY SOMERSET, 1. Baron RAGLAN, * 1788, † 1855] *der, -s/-s*, in der 2. Hälfte des 19. Jh. aufgekommener Mantel mit Ärmeln und Schulterteil aus einem Stück; auch Bez. für die Schnittform.

**Ragnar Lodbrok,** dän. Wikingerkönig des 9. Jh., mit seinen Söhnen vermutlich Begründer des dän. Wikingerreiches in Northumbrien (England). Seine mit der ›Völsunga saga‹ verknüpften fiktiven Taten (Drachenkampf, Befreiung und Gewinnung der Königstochter Thora, zweite Heirat mit →Aslaug, Heerfahrt nach England, Tod in der Schlangengrube; Rachetaten seiner Söhne) sind Gegenstand eines isländ. Heldenromans aus der 2. Hälfte des 13. Jh. (›Ragnars saga lodbrókar‹), werden aber bereits (mit Abweichungen) in den ›Gesta Danorum‹ (IX. Buch) des dän. Geschichtsschreibers SAXO GRAMMATICUS (um 1200) sowie in dem altnord. Gedicht ›Krákumál‹ (Lied der Kráka, wohl 12. Jh.) erwähnt. R. L. gehört zu den berühmtesten nord. Heldengestalten der Wikingerzeit.

*Ausgabe:* Thule, hg. v. F. NIEDNER u. a., Bd. 21: Isländ. Heldenromane, übers. v. P. HERRMANN (Neuausg. 1966).

**Ragnarök** [altnord. ›Götterverhängnis‹] *die, -,* altnord. *Mythologie:* der Kampf der Götter mit den feindl. Mächten, ihr Untergang und die Vernichtung der Erde. Vorboten der Endzeit, die nach der Ermordung des guten Gottes Baldr einsetzt, sind langanhaltende Kälte (›Fimbulwinter‹) und Kriege; Wölfe verschlingen Sonne und Mond, die Sterne fallen vom Himmel, die Erde bebt. Dann erheben sich die Göttergegner (Riesen und Dämonen) und sammeln sich auf der Ebene Vigrid; →Fenrir und →Loki, von den Göttern gefesselt, reißen sich los, die →Midgardschlange kommt an Land, das Endzeitschiff Naglfar führt den Riesen Hrymr und die Reifriesen heran, der Feuerriese Surt erscheint mit den Muspellsleuten (→Muspell). Nun weckt →Heimdall die Götter, Odin berät sich mit dem Haupt des weisen Mimir, und die Weltesche →Yggdrasil erbebt. Die Götter ziehen in den Kampf und gehen unter, da sie moralisch versagt haben (Eidbruch; so die Deutung des Eddaliedes ›Völuspá‹) und z. T. nicht hinreichend gerüstet waren: Odin wird vom Fenriswolf verschlungen, aber von seinem Sohn Vidar gerächt, Thor erschlägt die Midgardschlange, stirbt jedoch an ihrem Gifthauch, Surt tötet →Freyr, der Wolf Garm und Gott Týr sowie Loki und Heimdall töten sich gegenseitig. Schließlich entfacht Surt den Weltbrand. Danach erhebt sich eine neue, paradies. Welt aus dem Meer; die Söhne Thors und Odins und die ehemals verfeindeten Götter Hödr und Baldr finden sich wieder ein und leben in Frieden; es entsteht ein neues Menschengeschlecht.

Ein einheitl. R.-Mythos existiert nicht. Die systematisierte, detaillierte, aber kaum ursprüngl. Darstellung der R. in der ›Gylfaginning‹ (→ Edda) des Isländers SNORRI STURLUSON (13. Jh.) stützt sich auf einige Eddalieder, bes. die Völuspá. Zwar weisen die Vorstellungen vom ›Weltbrand‹ und den ›gefesselten Unholden‹ auf indogerman. Traditionen, die eigentl. eschatolog. Perspektive scheint sich jedoch erst gegen Ende des nordgerman. Heidentums, wohl unter christl. Einfluß, herausgebildet zu haben, ebenso die Vision einer neuen, friedvollen Welt.

Der von R. WAGNER für den letzten Teil des ›Rings des Nibelungen‹ gewählte Titel ›Götterdämmerung‹ bezieht sich auf den von SNORRI STURLUSON verwendeten Begriff ›ragna rökkr‹ (Neutrum Singular; ›Finsternis der Götter‹) anstelle des ursprüngl. ›ragnarök‹.

G. NECKEL: Studien zu den german. Dichtungen vom Weltuntergang (1918); A. OLRIK: R. Die Sagen vom Weltuntergang (a. d. Dän., 1922); J. DE VRIES: Altgerman. Religionsgesch., 2 Bde. (³1970); J. S. MARTIN: Ragnarøk (Assen 1972); S. NORDAL: Völuspá (a. d. Isländ., 1980, Text u. Komm.)

**Ragnit,** russ. Name seit 1946 **Nęman,** Stadt im Gebiet Kaliningrad (Königsberg), RSFSR, am linken Ufer der Memel, (1970) 10 000 Ew. (1939: 10 100 Ew.); Zellstoff-, Papierfabrik. R. entstand im Schutz einer Burg des Dt. Ordens Anfang des 15. Jh.; 1722 wurde R. Stadt. 1945 kam die Stadt unter sowjet. Verwaltung, völkerrechtlich verbindlich gehört R. seit 1991 zu Rußland. – Die Deutschordensburg (14.–15. Jh.) wurde nach mehreren Bränden stark verändert.

**Ragossnig,** Konrad, österr. Gitarrist und Lautenist, * Klagenfurt 6. 5. 1932; wurde 1964 Dozent an der Musikakademie der Stadt Basel, 1982 Prof. an der Wiener Musikhochschule. Zahlreiche Gitarrenwerke wurden für ihn geschrieben.

**Ragout** [ra'gu: ] frz., zu ragoûter ›den Gaumen reizen‹ *das,* -*s*/-*s,* warmes Gericht aus gewürfeltem und geschmortem Fleisch (auch Fisch). **Ragoût fin** besteht aus kleinen Kalb- oder Geflügelfleischwürfeln mit pikanter Soße (meist Füllung für Pasteten).

**Ragtime** ['rægtaɪm; engl., eigtl. ›zerrissener Takt‹] *der,* -, ein im letzten Drittel des 19. Jh. im Mittelwesten der USA von schwarzen Pianisten entwickelter Klaviermusikstil, der seinen Namen der in der Oberstimme bes. stark synkopierten Phrasierungsweise

Ragtime: Scott Joplin, ›The entertainer‹; 1902

verdankt. Der am Marschrhythmus angelehnte R. umfaßte 16- oder 32taktige Themen, wobei beim Spiel meist mehrere R.-Themen, durch Zwischenspiele verbunden, aneinandergereiht wurden. Zur populärsten Spielweise des R., der als unmittelbarer Vorläufer des Jazz gilt, wurde der von JELLY ROLL MORTON um 1900 in New Orleans entwickelte R.-Stil mit charakterist. → Walking Bass in der linken Hand. Bedeutende R.-Komponisten waren u. a. S. JOPLIN, JAMES SCOTT (* 1886, † 1938) und TOM TURPIN (* 1873, † 1922).

**Raguhn,** Stadt im Kr. Bitterfeld, Sachsen-Anhalt, in breiter Talaue westlich der Mulde, 70 m ü. M., (1989) 4 200 Ew.; Preß- und Stanzwerk, Essenzenfabrik; Wohnort für die Arbeiter der Chemiegroßbetriebe in Bitterfeld und Wolfen. – Das 1285 erstmals erwähnte R. entstand an einem Straßenübergang über die Mulde; 1395 erstmals als Stadt bezeugt.

**Ragusa, 1)** Hauptstadt der Prov. R., Italien, in SO-Sizilien, auf der Hochfläche der Monti Iblei beiderseits des Torrente (Trockental) Irminio, 502 m ü. M., (1989) 68 900 Ew.; Bischofssitz; Archäolog. Museum; Erdölraffinerie (südlich von R. Asphalt- und Erdölgewinnung), Kunststoff-, Zement-, Nahrungsmittelindustrie. – Ältester Teil R.s ist **Ibla** auf einem Hügel unterhalb der Hochfläche, eine urspr. byzantin. Siedlung des 7. Jh. (an der Stelle, an der die Sikuler im 5. Jh. v. Chr. Hibla Heraea errichtet hatten). Nach dem Erdbeben von 1693 wurde auf der Hochfläche (nördlich des Torrente) **R. Superiore** als barocke Stadt mit Schachbrettgrundriß erbaut. Ab dem 19. Jh., verstärkt dann seit den 1950er Jahren (Erdölfunde) entstand auf der jenseitigen Hochfläche die Neustadt. – Dom San Giovanni (1706–60); in Ibla die Barockkirche San Giorgio Nuovo (1744–75, Kuppel von 1820).

**2)** Provinz auf Sizilien, Italien, 1 614 km², (1989) 293 000 Einwohner.

**3)** italien. Name für → Dubrovnik.

**Ragwurz** [zu ragen (in Anspielung auf die Wirkung der früher als Aphrodisiakum verwendeten Pflanze)], **Ophrys,** Orchideengattung mit 50–60 Arten in Mitteleuropa und in Vorderasien; bes. auf Kalkböden wachsende Erdorchideen, deren Stengel und Blütentraube aufrecht wachsen. Bei einigen einheim. Arten ähnelt die Lippe der bunten Blüten bestimmten Insekten. Bekannte Arten sind **Fliegen-R. (Fliegenorchis,** Ophrys insectifera), bis 30 cm hoch, Lippen der Blüten rotbraun, mit bläulich glänzendem Fleck am Grund, und **Hummel-R.** (Ophrys holosericea), bis 50 cm hoch, Blüten hummelähnlich, Lippe braun, samtig behaart, mit bläul. oder grüngelber Zeichnung, äußere Blütenhüllblätter weiß bis rosafarben; beide Arten sind geschützt.

**Rah** *die,* -/-en, **Rahe, Raa,** am Mast von Segelschiffen horizontal schwenkbar angebrachtes Rundholz zum Befestigen und Handhaben der viereckigen R.-Segel; auch Rundholz am Mast zur Aufnahme von Antennen und Leinen für Flaggensignale (**Funk-R., Flaggen-R.**).

**Rahab,** *A. T.:* 1) Name eines Chaosungeheuers aus altorient. Schöpfungsmythen (ähnlich Leviathan), von Gott am Schöpfungstag besiegt (z. B. Hiob 9, 13; 26, 12; Ps. 89, 11); auch symbol. Bez. für Ägypten (z. B. Jes. 30, 7; Ps. 87, 4). 2) Dirne in Jericho, die JOSUAS Kundschafter aufnahm und dafür mit ihrer Familie von seinem Heer verschont wurde (Josua 2 und 6). Im *N. T.* steht sie in der Ahnenreihe JESU (Mt. 1, 5) und gilt als Vorbild des Glaubens (Hebr. 11, 31) und rechter Gastfreundschaft (Jak. 2, 25).

**Rahad** *der,* rechter Nebenfluß des Blauen Nil, etwa 490 km lang, entspringt westlich des Tanasees im Äthiop. Hochland, mündet unterhalb von Wad Medani, Rep. Sudan; bei Hochwasser (im Spätsommer) schiffbar. Das **R.-Bewässerungsgebiet,** das östlich an die → Gesira anschließt, erhält Wasser vom Staudamm bei Er-Roseires; angebaut werden v. a. Baumwolle, Erdnüsse, Südfrüchte und Gemüse.

**Rahbek,** Knud Lyne, dän. Schriftsteller, * Kopenhagen 18. 12. 1760, † ebd. 22. 4. 1830; Prof. der Ästhetik, seit 1809 Mitdirektor des Kopenhagener Theaters; bedeutender Vertreter der späten Aufklärung und Empfindsamkeit. Er wirkte bes. durch die moral. Wochenschrift ›Ny danske Tilskuer‹ (1791–1808) und war Mitherausgeber dän. Folkeviser. Sein Haus war um die Wende des 18. Jh. ein Zentrum des literar. Lebens Dänemarks. Kultur- und literarhistorisch aufschlußreich ist seine Autobiographie ›Erindringer av mit liv‹ (1824–29, 5 Tle.).

Ragwurz: Hummelragwurz (Höhe bis 50 cm)

**Rahden,** Stadt im Kr. Minden-Lübbecke, NRW, 45 m ü. M., (1990) 13 600 Ew.; Museumshof (zehn bäuerl). Fachwerkhäuser); Bau von Buchbindemaschinen und Fahrzeugen, Draht- und Kunststoffverarbeitung.

**Rahel** [hebr. ›Mutterschaf‹], in der Vulgata **Rachel,** weiblicher Vorname; in der Bibel neben ihrer Schwester LEA eine der Frauen JAKOBS, Mutter von JOSEPH und BENJAMIN (1. Mos. 29–35).

**Rahewin, R. von Freising,** mittellat. Autor, † Freising vor 1177 als Propst des Stifts St. Veit; war ab 1147 Kaplan und enger Vertrauter Bischof OTTOS VON FREISING, dessen Weltchronik R. nach Diktat niederschrieb und 1157 persönlich Kaiser FRIEDRICH I. BARBAROSSA überreichte. Nach OTTOS Tod (1158) setzte er dessen ›Gesta Frederici I. imperatoris‹ eigenständig fort und beschrieb in Buch 3 und 4, z. T. als Augenzeuge, z. T. mit offiziellen Dokumenten, die Reichspolitik von 1157 bis 1160 und ihre verantwortl. Träger in Reden und Porträts. Neben den Epitaphien auf seinen Förderer OTTO verfaßte R. in kunstvoll gereimten Versen den ›Flosculus‹, eine christl. Dogmatik nach dem Sentenzenbuch des PETRUS LOMBARDUS, und die Theophiluslegende.

**Ausgabe:** Die Taten Friedrichs oder richtiger Cronica, hg. v. F.-J. SCHMALE (²1974).
R., in: Die dt. Lit. des MA. Verfasserlex., begr. v. W. STAMMLER, hg. v. K. RUH u. a., Bd. 7 (²1989).

**Rahm, Sahne,** der sich beim Stehenlassen von Milch an deren Oberfläche sammelnde fettreiche Anteil der Milch, der durch Abschöpfen oder (heute meist) durch Zentrifugieren gewonnen wird. R. besteht aus 28–35% Milchfett, 3,5% Eiweiß, 4,5% Milchzucker und 0,5% Mineralsalzen; der Rest ist Wasser. R. wird v. a. zur Gewinnung von →Butter sowie auch von Schlagsahne, Kaffeesahne und Käse verwendet. Durch Milchsäuregärung entsteht **Sauer-R. (saure Sahne).**

**Rähm,** bei Sparren- und Kehlbalkendächern die waagerechten Rahmenhölzer, die zus. mit Stielen und Kopfbändern die Längsaussteifung des Dachtragwerks gewährleisten. BILD → Dach

**Rahman** [raxˈmaːn], Scheich Mujibur, Politiker in Bangladesh, → Mujibur Rahman, Scheich.

**Rahman Putra** [raxˈmaːn], Tunku (›Prinz‹) **Abd ar-R. P.,** malaiischer Politiker, * Alor Setar 8. 2. 1903, † Kuala Lumpur 6. 12. 1990; zunächst Rechtsanwalt in Großbritannien, wurde 1951 als Vors. der UMNO (Abk. für ›United Malayan National Orginazation‹) der führende Politiker der malaiischen Unabhängigkeitsbewegung in der 1948 von der brit. Kolonialmacht gebildeten Malaiischen Föderation. R. P. setzte die Zusammenarbeit seiner Partei mit den polit. Organisationen der Chinesen und Inder in Malaya durch und übernahm die Führung der von den drei Gruppen getragenen AP (Abk. für ›Alliance Party‹). 1957–63 war er Premier-Min. des Malaiischen Bundes, 1963–70 des 1963 gegründeten Malaysia; 1970 bis 1972 GenSekr. der Islam. Konferenz.

**Rahmel,** poln. **Rumia** [ˈrumja], Stadt in der Wwschaft Gdańsk (Danzig), Polen, am Küstenfluß Sagorsch nördlich von Gdingen, (1989) 37 100 Ew.; Zulieferbetriebe für den Schiffbau, Gerbereien.

**Rahmen,** 1) *allgemeinsprachlich:* die äußere Grenze, innerhalb der etwas entwickelt wird (oder werden soll); das Umfeld, in dem etwas stattfindet.
2) *Bautechnik:* tragende Konstruktion (**R.-Tragwerk**) aus in den Knotenpunkten biegefest miteinander verbundenen waagerechten, senkrechten und schrägen Stäben, ausgeführt als Einfach- und Mehrfach-R. Stockwerk-R. für mehrgeschossige Gebäude bestehen aus durchlaufenden Stielen und in den Geschossen angeordneten Riegeln. R.-Tragwerke bilden v. a. im Stahlskelettbau das Rohbauskelett.
3) *Datenverarbeitung:* → Seite.
4) *Maschinenbau:* Gestell, das die bewegl. Teile einer Maschine oder eines Fahrzeugs trägt und die entwickelten Kräfte aufnimmt. In der Kraftfahrzeugtechnik auch als → Chassis 2) bezeichnet.
5) *Möbel-* und *Holzbau:* Konstruktionselement, meist viereckig und oft mit Zapfen durch Gehrung verbunden, z. B. bei Fenstern und Türen, als Einfassung von Bildern (→ Bilderrahmen) und Spiegeln; auch als tragendes Element von flächigen Möbelteilen sowie von Decken- und Wandverkleidungen.
6) *Schuhherstellung:* ein 2–4 mm dicker und 12–18 mm breiter Sohlleder- oder Kunststoffstreifen am Schuhrand, an dem Sohle und Zwischensohle angenäht oder -geklebt werden.
7) *Tierzucht:* Bez. für die obere Begrenzung der erblich erreichbaren Größe (Wachstumskapazität) eines Tieres, unabhängig von der benötigten Wachstumszeit. Die verschiedenen Rassen der gleichen Tierart sind entweder groß-, mittel- oder kleinrahmig. – In der *Pferdezucht* versteht man unter R. auch die Proportionen des Körpers, z. B. das Verhältnis zw. Vorderhand und Hinterhand.

**Rahmen|erzählung,** Erzählform, bei der eine umschließende ep. Einheit eine fiktive Erzählsituation darstellt, die zum Anlaß einer oder mehrerer in diesen Rahmen eingebetteter Binnenerzählungen wird. Man unterscheidet die **gerahmte Einzelerzählung,** deren Rahmen oft als fingierte Quelle (Chronik, Tagebuch, Brief u. a.) Authentizität vortäuschen soll, und die **zyklische R.,** in der mehrere thematisch mehr oder weniger zusammengehörende Einzelerzählungen zu einer geschlossenen Einheit zusammengefaßt sind. Bekanntestes oriental. Beispiel für die zykl. R. ist ›Tausendundeine Nacht‹. Wichtige zykl. R. der europ. Literatur u. a. G. BOCCACCIOS ›Decamerone‹ (entstanden 1348–53, gedruckt 1470), G. CHAUCERS ›Canterbury tales‹ (entstanden 1387 ff., Erstdruck um 1478), MARGARETE VON NAVARRAS ›Heptaméron‹ (hg. 1559) und G. BASILES ›Pentamerone‹ (entstanden 1634–36, ursprünglich als ›Lo cunto de li cunti‹). In der dt. Literatur sind u. a. GOETHES ›Unterhaltungen dt. Ausgewanderten‹ (1795) zu nennen, ferner A. VON ARNIMS ›Der Wintergarten‹ (1809), L. TIECKS ›Phantasus‹ (3 Bde., 1812–16), E. T. A. HOFFMANNS ›Die Serapionsbrüder‹ (4 Bde., 1819–21), C. BRENTANOS ›Geschichte vom braven Kasperl und dem schönen Annerl‹ (1817), G. KELLERS ›Züricher Novellen‹ (2 Bde., 1878) und ›Das Sinngedicht‹ (1882) sowie C. F. MEYERS ›Der Heilige‹ (1880) und ›Die Hochzeit des Mönchs‹ (1884).

**Rahmenfaltung,** *Geologie:* Faltungsvorgänge in einem von altgefalteten, daher verfestigten Gebirgsschollen umgebenen Senkungsgebiet (Becken), wobei Richtung und Formungsintensität von diesem ›Rahmen‹ beeinflußt werden; z. B. Thüringer Becken zw. Thüringer Wald und Harz.

**Rahmengesetz,** gemäß GG ein Gesetz des Bundes, das ein bestimmtes Sachgebiet nicht vollständig, sondern nur durch Rahmenvorschriften regeln darf, die auf ausfüllende Detailregelungen durch Landesgesetze angelegt sind. Für bestimmte Materien, wie das Hochschulwesen, das Recht des öffentl. Dienstes, den Wasserhaushalt und den Naturschutz, hat Art. 75 GG dem Bund nur eine solche Rahmengesetzgebungskompetenz zugewiesen. R. müssen aber dem Land noch substantielle Regelungsmöglichkeiten auf dem jeweiligen Gebiet belassen.

**Rahmenkarten,** Karten, deren Darstellung bis zum Rand (Rahmen) des meist rechteckigen Kartenfeldes reicht; die heute meist übl. Kartenform. – Ggs.: Inselkarten.

**Rahmenmontierung,** eine Form der engl. Montierung bei astronom. Fernrohren (→ Fernrohrmontie-

**Rahm** Rahmenplan – Raiffeisen

rung), bei der der Teleskoptubus symmetrisch an den Deklinationszapfen in einem Rahmen hängt, der seinerseits um die Stundenachse drehbar ist.

**Rahmenplan, R. zur Umgestaltung und Vereinheitlichung des allgemeinbildenden öffentlichen Schulwesens,** vom → Deutschen Ausschuß für das Erziehungs- und Bildungswesen 1959 vorgelegter Reformplan, der das Schulwesen in Grundschule (Schulzeit vier Jahre), Förderstufe (zwei Jahre) und versch. Oberschulen – Hauptschule (drei bis vier Jahre), Realschule (vier bis fünf Jahre), Gymnasium (sieben Jahre) und Studienschule (neun Jahre) – gliederte. Die Vorschläge dieses Plans wurden durch den Strukturplan für das Bildungswesen von 1970 abgelöst, der in den → Bildungsgesamtplan einging.

**Rahmenrichtlini|en, Rahmenpläne,** Vorgaben für den Unterricht an Schulen. R. werden von den Kultusbehörden der Länder als Verwaltungsvorschriften, in Hessen als Rechtsverordnung erlassen. Sie beinhalten, je nach Bundesland, Schulart und Fach unterschiedlich detailliert ausgeführt, allgemeine Prinzipien, Ziele und Inhalte des Unterrichts, Unterrichtsorganisation, Methoden und Medien sowie Hinweise auf Erfolgskontrollen und Verfahrensgrundsätze. Die inhaltl. Erfüllung und die Auswahl der im Katalog vorgegebenen Unterrichtsgegenstände liegt im Ermessen des Schulrektors oder -direktors und des einzelnen Lehrers (→ Lehrplan).

**Rahmenspanten,** *Schiffbau:* verstärkte Querspanten mit großen Spanthöhen und dementsprechend großen Widerstandsmomenten, die wie Rahmen mit den Decksverbänden verbunden werden. R. sind in Bereichen erhöhter Belastung im Schiffskörper vorgesehen, z. B. im Maschinenraum oder im Vorschiff zur Eisverstärkung.

**Rahmentarif,** *Arbeitsrecht:* der → Manteltarif.

**Rahmentragwerk,** → Rahmen 2).

**Rahne,** die, → Rote Rübe.

Karl Rahner

**Rahner,** Karl, kath. Theologe, * Freiburg im Breisgau 5. 3. 1904, † Innsbruck 30. 3. 1984; Jesuit (seit 1922); 1949–64 Prof. für Dogmatik und Dogmengeschichte in Innsbruck, ab 1964 für Christl. Weltanschauung und Religionsphilosophie in München und ab 1967 für Dogmatik und Dogmengeschichte in Münster.

R. wirkte bahnbrechend für eine Überwindung der Neuscholastik und die Öffnung der kath. Theologie für das Denken des 20. Jh., die durch das 2. Vatikan. Konzil, an dessen Vorbereitung (seit 1961) und Durchführung R. als Sachverständiger mitarbeitete, ihre Bestätigung fanden. Als Schüler M. HEIDEGGERS versuchte er, die theolog. Tradition mit den Mitteln des modernen (v. a. philosoph.) Denkens zu erörtern, und erarbeitete so eine Synthese zw. Theologie und (heutiger) Anthropologie, zw. Katholizismus und Moderne, wodurch er dem modernen Denken einen Freiraum in der Kirche verschaffte. R. stellte sich kritisierte zunehmend Mißstände innerhalb der Kirche. – Die bedeutendsten Leistungen R.s liegen auf dem Gebiet der systemat. Reflexion der Dogmengeschichte. Darüber hinaus gab er wichtige Impulse zur kirchl. Praxis und zur Pastoraltheologie, beeinflußte als Mitherausgeber des ›Lexikons für Theologie und Kirche‹ (10 Bde., 3 Erg.-Bde. und 1 Reg.-Bd., ²1957–68) die gesamte dt.-sprachige Theologie, trieb den Dialog mit den Naturwissenschaften und mit dem Marxismus voran und förderte die internationale theolog. Kommunikation, u. a. als Mitbegründer der Zeitschrift ›Concilium‹ (1965 ff.) und als Herausgeber der Reihe ›Quaestiones disputatae‹ (1959 ff.).

Werke: Worte des Schweigens (1938); Geist in Welt (1939); Hörer des Wortes. Zur Grundlegung einer Religionsphilosophie (1941); Schr. zur Theologie, 16 Bde. (1954–84); Sendung u. Gnade (1959); Grundkurs des Glaubens (1976). –

Wilhelm Raiffeisen

Mit-Hg.: Hb. der Pastoraltheologie, 5 Bde. (1964–72); Sacramentum mundi, 4 Bde. (1967–69).

H. VORGRIMLER: K. R. verstehen. Eine Einf. in sein Leben u. Denken (Neuausg. 1988); K. R., Sehnsucht nach dem geheimnisvollen Gott, hg. v. H. VORGRIMLER (1990).

**Rahsegel,** ein rechteckiges Segel, das an der Rah befestigt und durch diese seitlich schwenkbar ist; auch der Höhe nach verstellbar.

**Rahu,** in der ind. Mythologie ein Dämon, der durch Verschlingen von Sonne und Mond Finsternisse verursacht. Er rächt sich so an der Sonne, die ihn an Vishnu verriet. Da dieser ihm seinen unsterbl. Kopf abschlug, der nun stehen weiterlebt, wird R. in der Reihe der Planeten als Kopf dargestellt.

**Rai,** altnepales., auffallend mongolides Bergbauernvolk aus der Gruppe der → Kiranti. Die Rai wohnen v. a. in O-Nepal (1980: 330 000) sowie als Zugewanderte in Bhutan (20 000) und Indien (mehr als 100 000, v. a. in Sikkim und West Bengal). In ihrer Religion mischen sich buddhistisch-lamaist. mit hinduist. und animist. Elementen.

**Rai,** Stadt in Iran, → Raj.

**RAI,** Abk. für **Radio Televisione Italiana,** die staatl. italien. Rundfunkgesellschaft, → Italien (Landesnatur und Bevölkerung).

**Raï** das, -, von alger. Emigranten in den 1950er Jahren in Paris entwickelte Form der Popmusik, die in den 1980er Jahren als Diskomusik mit amerikan. Funk-Sound und charakterist. arabischem Gesangskolorit international populär wurde.

**Raiatéa,** die zweitgrößte der → Gesellschaftsinseln, Frz.-Polynesien, 194 km², (1976) 6 400 Ew.; vulkan. Ursprungs, bis 1 032 m ü. M., Hauptort ist Uturoa.

**Raibler Schichten** [nach dem Ort Raibl, heute Cave del Predil, zu Tarvisio], bis über 500 m mächtige Schichtenfolge der oberen alpinen Trias (Karn) in den Nördl. und Südl. Kalkalpen: v. a. Tonschiefer, Sandsteine, Kalke, Dolomite.

**Raife, After|raife, Cerci,** paarige, meist mehrgliedrige, schlanke Anhänge am 11. Hinterleibssegment von Insekten, z. B. bei Eintagsfliegen, Grillen, Schaben; manchmal zu zangenartigen Gebilden umgebildet wie bei Ohrwürmern.

**Raiff|eisen,** Friedrich Wilhelm, Begründer des dt. landwirtschaftl. Genossenschaftswesens, * Hamm (Sieg), Kr. Altenkirchen (Westerwald) 30. 3. 1818, † Neuwied 11. 3. 1888. Die Not der Landwirtschaft um die Mitte des 19. Jh. (Überschuldung, Wucherzinsen, Zwangsversteigerungen) ließ in R. die Idee einer Genossenschaft reifen, die er zunächst als rein karitative Einrichtung ansah (Flammersfelder Hilfsverein von 1849). Bei späteren Gründungen (Heddesdorfer Spar- und Darlehenskassenverein von 1864) jedoch betonte er den Selbsthilfegedanken stärker, ohne ihm, wie H. SCHULZE-DELITZSCH, eine ausschließlich wirtschaftl. Zielsetzung zu geben. R.s Genossenschaftsgrundsätze waren: örtl. Beschränkung auf das Nachbarschaftsgebiet, ehrenamtl. Leitung durch Ortsansässige, unbeschränkte Haftung und Trennung des Geld- und Warengeschäfts. Für den überregionalen Ausgleich der örtl. Genossenschaften wurden Zentralkassen auf Provinzebene gegründet (1872 im Rheinland, 1874 in Westfalen und im Großherzogtum Hessen), die ihrerseits als Mitgl. einer ›Landwirtschaftl. Generalbank‹ (gegr. 1874 in Neuwied) miteinander verbunden waren. Ihre Funktion übernahm 1876 die in der Rechtsform einer AG in Neuwied gegründete ›Landwirtschaftl. Zentral-Darlehenskasse für Dtl.‹. 1877 gründete R. zur Revision und Betreuung der Genossenschaften den ›Anwaltsverband ländl. Genossenschaften‹. Bei seinem Tode 1888 bestanden 423 R.-Vereine; das Organisationsschema mit örtl. Kreditgenossenschaften, Zentralkassen und

Revisionsverband war in seinen Grundzügen angelegt. Daraus entwickelte sich ein landwirtschaftl. Genossenschaftswesen, das heute für viele Länder, v. a. Entwicklungsländer, beispielhaft wurde.

**Schriften:** Die Darlehnskassen-Vereine als Mittel zur Abhilfe der Noth der ländl. Bev. sowie auch der städt. Handwerker u. Arbeiter (1866); Instruction zur Geschäfts- u. Buchführung der Darlehenskassen-Vereine (1869).

I. BAUERT-KEETMANN: F. W. R. Ein Leben für die Zukunft (1987); W. KOCH: F. W. R. Herkunft, Leben, Wirken u. seine Bedeutung für den Westerwald dargestellt anhand von Briefen u. Dokumenten (1988).

**Raiff|eisenbanken,** früher **Raiff|eisenkassen,** Kw. für die im →Deutschen Raiffeisenverband e. V. zusammengefaßten ländl. Kreditgenossenschaften.

**Raigras,** die Süßgrasgattung →Lolch.

**Raimar,** männl. Vorname, Nebenform von Reimar.

**Raimondi, 1)** Marcantonio, italien. Kupferstecher, * bei Bologna um 1480, † ebd. gegen 1530/34; bildete sich u. a. nach den graph. Werken A. DÜRERS, von denen er in Bologna viele in Kupferstichen kopierte. Zw. 1510 und 1527 arbeitete er in Rom v. a. nach Werken RAFFAELS. R. gilt als der eigentl. Begründer des Reproduktionsstichs, durch den bes. die Kompositionen RAFFAELS weite Verbreitung fanden.

**2)** Ruggero, italien. Sänger (Baß), * Bologna 3. 10. 1941; debütierte 1964 in Spoleto und sang 1968 erstmals an der Mailänder Scala, 1970 an der Metropolitan Opera in New York. Er machte sich bes. als Don Giovanni (W. A. MOZART), Mephisto (in ›Faust‹ von C. GOUNOD), Boris Godunow (M. MUSSORGSKIJ) und in Partien italien. Opern einen Namen.

**Raimu** [rɛ'my], eigtl. **Jules Muraire** [my'rɛːr], frz. Schauspieler, * Toulon 18. 12. 1883, † Neuilly-sur-Seine 20. 9. 1946; Charakterdarsteller u. a. an der Comédie-Française und beim Film (ab 1912); bes. erfolgreich war R. in Stücken von MOLIÈRE und M. PAGNOL sowie in den Filmen ›Marius‹ (1931), ›Fanny‹ (1932), ›César‹ (1936) und ›Des andern Weib‹ (1938).

R. RÉGENT: R. (Neuausg. Paris 1951).

**Raimund** [aus ahd. Raginmund, von german. (erschlossen) ragina- ›Rat‹, ›Beschluß‹ und ahd. munt ›(Rechts)schutz‹], **Reimund,** männl. Vorname.

**Raimund, R. von Pennafort,** Kanonist, * Schloß Pennafort (bei Vilafranca del Penedès, Prov. Barcelona) um 1175/80, † Barcelona 6. 1. 1275; studierte und lehrte kanon. Recht in Bologna (1210–21) und schrieb dort eine ›Summa Iuris‹ (1877 wiederentdeckt); war 1218 Mitbegründer der ›Mercedarier‹, wurde 1222 Dominikaner. 1230 an die röm. Kurie berufen. 1238–40 war er dritter Ordensgeneral der Dominikaner. Seit 1240 lebte er in Spanien, u. a. als Beichtvater und Berater König JAKOBS I. von Aragonien. Mit R. LULLUS organisierte er die Mission unter Mauren und Juden. THOMAS VON AQUINO regte er zur ›Summa contra gentiles‹ an. Einflußreich wurde v. a. sein Werk ›Summa de casibus poenitentiae‹ (um 1238 vollendet), ein rechtl. Handbuch für Beichtväter. – Heiliger (Tag: 7. 1.).

**Raimund, R. von Sabunde,** katalan. **Ramón Sibiuda** [-ðə], span. Philosoph, Theologe und Mediziner, * Barcelona, † Toulouse um 1436; verfaßte als Prof. in Toulouse 1434–36 den ›Liber creaturarum sive Liber de homine‹ (auch ›Theologia naturalis‹ gen.), eine an R. LULLUS orientierte rationalist. Glaubensapologie, in der Naturbeobachtungen zur Stütze von Glaubenswahrheiten werden. 1569 wurde das Werk von M. DE MONTAIGNE ins Französische und Lateinische übersetzt.

**Ausgabe:** Theologia naturalis seu liber creaturarum, hg. v. F. STEGMÜLLER (1852, Nachdr. 1966).

**Raimund, R. von Toulouse** [-tu'luːz], urspr. Graf **von Saint-Gilles,** seit 1093 Graf **von Toulouse,** * 1041/ 1042, † 28. 2. 1105; brachte nach 1065 zahlreiche Grafschaften des Languedoc in seinen Besitz und war einer der Führer des 1. Kreuzzuges. Als Graf von Tripolis blieb er im Heiligen Land.

**Raimund,** Ferdinand Jakob, eigentlich **F. J. Raimann,** österr. Schriftsteller und Schauspieler, * Wien 1. 6. 1790, † Pottenstein (Niederösterreich) 5. 9. 1836; Sohn eines eingewanderten böhm. Drechslermeisters; nach Abbruch seiner Lehre als Zuckerbäkker ab 1808 Schauspieler bei Wandertruppen in Steinamanger, Ödenburg und Raab, dann in Wien unter J. A. GLEICH am Theater in der Josefstadt und ab 1817 am Theater in der Leopoldstadt (1828–30 als Direktor). Sein eigentl. Ziel war das trag. Rollenfach, jedoch hatte er durchschlagenden Erfolg nur in kom. Charakterrollen. Trotz seiner glänzenden Karriere neigte er zu Schwermut und Hypochondrie. 1820–22 unglückl. verheiratet mit ALOISIA (LOUISE) GLEICH, danach Lebensgemeinschaft mit ANTONIE (TONI) WAGNER; 1834 zog er auf seinen Landsitz Gutenstein zurück; beging aus Furcht vor den Folgen eines Hundebisses Selbstmord. – Ab 1823 verfaßte R. selbst Bühnenwerke und wurde zum Vorläufer und zeitweiligen Rivalen J. NESTROYS. In seinen Bühnenwerken verbindet R. Volkstheater, Wiener Zauberstück, Lokalposse, Stegreifspiel, Gesangsstück, Tragödienparodie, bürgerl. Schauspiel u. a. In der romant. Realistik seiner Stücke verbindet sich Humor mit Melancholie, tiefe menschl. Einsicht mit ethisch-erzieher. Absicht auf der Grundlage der bürgerlich-biedermeierl. Tugenden Treue, Redlichkeit und Maßhalten. Die charakterist. ›Mischung aus Höherem und Niederem‹ (H. VON HOFMANNSTHAL), in der sich Volkstümlich-Bürgerliches mit hohem Künstlertum verband, sicherte seinen Dichtungen eine breite Publikumswirkung. Die große Bedeutung von Bühnenbild, Kostüm und Mimik sowie die Einbeziehung musikal. Elemente nähern R.s Dramen konzeptionell dem Gesamtkunstwerk. Einige seiner Theaterlieder (›Hobellied‹, ›Brüderlein fein‹) wurden zu Volksliedern.

Ferdinand Raimund

**Werke** (Urauff.): Der Barometermacher auf der Zauberinsel (1823); Der Diamant des Geisterkönigs (1824); Das Mädchen aus der Feenwelt, oder: Der Bauer als Millionär (1826); Der Alpenkönig u. der Menschenfeind (1828); Die gefesselte Phantasie (1828); Moisasur's Zauberfluch (1828); Die unheilbringende Zauberkrone (1829); Der Verschwender (1834).

**Ausgabe:** Sämtl. Werke. Histor.-krit. Säkularausg., hg. v. F. BRUKNER u. a., 6 Bde. (1924–34, Nachdr. 1974).

H. KINDERMANN: F. R. (Wien ²1943); O. F. ROMMEL: F. R. u. die Vollendung des Alt-Wiener Zauberstückes (ebd. 1947); J. HEIN: F. R. (1970); G. WILTSCHKO: R.s Dramaturgie (1973); N. GLAS: F. R., sein Leben u. Schicksal (1974); K. KAHL: F. R. (Neuausg. 1977); R. WIMMER: F. R.s Zauberspiele (1984); R. WAGNER: F. R. Eine Biogr. (Wien 1985).

**Rain,** Stadt im Kr. Donau-Ries, Bayern, 410 m ü. M., nahe der Lechmündung, (1991) 7 200 Ew.; Gebrüder-Lachner-Museum (im Geburtshaus der Komponistenbrüder FRANZ, IGNAZ und VINZENZ LACHNER); Gartenbedarfshandel (über 900 Beschäftigte), Zuckerindustrie, Metall- und Kunststoffverarbeitung. – R. wurde um 1250 gegründet und 1257 erstmals urkundlich erwähnt. – Bei R. erzwang König GUSTAV II. ADOLF von Schweden 1632 den Übergang über den Lech, wobei der kaiserl. General J. TILLY tödlich verwundet wurde. – Kath. Stadtpfarrkirche St. Johannes der Täufer (15. Jh.) mit Wandmalereien von 1470.

**Rainald,** männl. Vorname, Nebenform von Reinold.

**Rainald, R. von Dassel,** Erzbischof von Köln (seit 1159), * um 1120, † vor Rom 14. 8. 1167; wurde 1147/48 Dompropst von Hildesheim sowie 1153/54 von weiteren drei Stiften. 1156–59 führte er als Reichskanzler Kaiser FRIEDRICHS I. Barbarossa die Amtsgeschäfte, danach war er dessen engster Berater. Als leidenschaftl. Verfechter des Kaisertums trat er

# Rain  Rainaldi – Rainer

**Carlo Rainaldi:** Santa Maria in Campitelli in Rom, Blick in die Kuppel; um 1656–67

auch nach seiner Ernennung zum Erzbischof von Köln (und damit verbunden zum Erzkanzler für Italien) für die Unterwerfung Reichsitaliens und später des Papsttums unter die kaiserl. Gewalt ein. Seine gegen Papst ALEXANDER III. gerichtete Politik, gegen den er die Wahl PASCHALIS III. durchsetzte, sollte ebenso wie die Unterwerfung der Lombardei (1158) und die Zerstörung Mailands (1162) die Reichsgewalt stärken. Seine Auffassung von einem gottunmittelbaren Kaisertum (Sacrum Imperium) dokumentierte R. mit der Initiierung der Heiligsprechung KARLS D. GR. (29. 12. 1165 in Aachen).

R. M. HERKENRATH: R. v. D. (Diss. Graz 1962).

**Rainaldi,** Carlo, italien. Baumeister, * Rom 4. 5. 1611, † ebd. 8. 2. 1691; Sohn und Schüler von GIROLAMO R. (* 1570, † 1656); bereicherte den röm. Hochbarock durch die auf Oberitalien zurückgehende Anwendung der Freisäule in reicher, maler. Staffelung. Das Innere seines Hauptwerkes, Santa Maria in Campitelli (um 1656–67) in Rom, ist auf Kontrastwirkungen berechnet. Wirkungsvolle städtebaul. Blickpunkte bilden das Kirchenpaar Santa Maria in Monte Santo und Santa Maria dei Miracoli (beide 1661 ff., vollendet von G. L. BERNINI und C. FONTANA) auf der Piazza del Popolo, die als Schauseite ausgebildete Chorfassade mit Freitreppe von Santa Maria Maggiore (um 1670 ff.) und die (von C. MADERNO begonnene) Fassade von Sant'Andrea della Valle (1656 bis 1665); schuf auch Grabmäler (u. a. für Papst KLEMENS IX.; 1671, Santa Maria Maggiore) sowie Altäre, Bühnen- und Festdekorationen.

**Rainalter,** Erwin Herbert, österr. Schriftsteller, * Konstantinopel (heute Istanbul) 6. 6. 1892, † Wien 29. 10. 1960; schrieb Romane, die in der Tiroler Bergwelt spielen oder Gestalten der österr. Vergangenheit behandeln (›Der Sandwirt‹, 1935). Geprägt von einer völkisch-nat. Weltanschauung, war er in den 1930er Jahren in Berlin Theaterkritiker für den ›Völkischen Beobachter‹ und nach seiner Rückkehr nach Wien Herausgeber der Anthologie ›Die Ostmark erzählt‹ (1940).

**Rainbow Bridge National Monument** [ˈreɪnbəʊ ˈbrɪdʒ ˈnæʃnl ˈmɒnjʊmənt], Naturbrücke aus Sandstein (94 m hoch, 84 m lang) in Utah, USA, im Navajoreservat, südlich vom Glen Canyon des Colorado River; 1910 unter Naturschutz gestellt.

**Raine** [reɪn], Kathleen Jessie, engl. Lyrikerin und Kritikerin, * Ilford (Cty. Essex) 14. 6. 1908. In ihren oft durch die schott. Landschaft inspirierten kontemplativen Gedichten offenbart sich eine von W. BLAKE, W. B. YEATS und dem Neuplatonismus beeinflußte myst. Vision der Natur; weiteres Thema ist der Mensch in der säkularen Gesellschaft.

**Werke:** *Autobiographisches:* Farewell happy fields (1973); The land unknown (1975); The lion's mouth (1977). – *Lyrik:* Collected poems 1935–1980 (1981); Selected poems (1988).

**Ausgabe:** The inner journey of the poet, and other papers, hg. v. U. B. KEEBLE (1982).

R. J. MILLS JR.: K. R. (Grand Rapids, Mich., 1967).

**Rainer** [aus ahd. Raginhari, von german. (erschlossen) ragina- ›Rat‹, ›Beschluß‹ und ahd. heri ›Heer‹], **Reiner,** männl. Vorname.

**Rainer, 1)** Arnulf, österr. Maler und Zeichner, * Baden (bei Wien) 8. 12. 1929. Ausgehend von Mikrostrukturen und Formzerstörungen, ›Dezentralisation‹, ›Blindmalerei‹ und ›Zentralgestaltungen‹, gelangte R. zu Übermalungen (1953–65) von eigenen Werken und denen anderer Künstler mittels monochromer Farbschichten. 1964 begann er, mit halluzinogenen Drogen zu experimentieren. Ab 1969 zeigt sich ein wachsendes Interesse an versch. Aspekten der Körpersprache (Photos und Übermalungen, ›Face Farces‹). Seit 1977 tritt in Überzeichnungen und Übermalungen die Todesthematik in den Vordergrund: Totenmaskenbilder, Kreuze (›Kruzifikationen‹), Totenzeichnungen u. a. R. wurde 1981 Prof. an der Akademie der Bildenden Künste in Wien.

**Schrift:** Hirndrang (1980).

O. BREICHA: A. R. Überdeckungen. Mit einem Werk-Kat. sämtl. Radierungen, Lithographien u. Siebdrucke 1950–1971 (Wien 1972); A. R., bearb. v. R. H. FUCHS u. a., Ausst.-Kat. (ebd. 1989); A. R. Übermalte Bücher, bearb. v. B. CATOIR u. a. (1989); Raineriana, hg. v. R. RYCHLIK (Wien 1989); A. R. Enzyklopädie u. Revolution, hg. v. O. SANDNER (ebd. 1990).

**Arnulf Rainer:** Blind und stumm; 1969 (Humlebæk, Louisiana-Museum)

**2)** Roland, österr. Architekt, und Stadtplaner, * Klagenfurt 1. 5. 1910; lehrte u. a. in Berlin, Braunschweig, Hannover, Graz und ab 1956 in Wien, wo er 1958–63 zugleich leitender Stadtplaner war. Internat. Anerkennung erwarb er sich mit Wohnsiedlungen (Gartenstadt Puchenau bei Linz, 1969 und 1978), dem ORF-Zentrum auf dem Küniglberg bei Wien (1973 und 1983–84) und Stadthallen in Wien (1958), Bremen (1961–64, mit MAX SÄUME und GÜNTER HAFEMANN) und Ludwigshafen am Rhein (Friedrich-Ebert-Halle, 1962–65); entwarf auch Innenausstattungen und Möbel.

**Schriften:** Die gegliederte u. aufgelockerte Stadt (1957, mit J. GÖDERITZ u. H. HOFFMANN); Kriterien der wohnl. Stadt (1978); Dekorationen ersetzen Konzepte nicht (1990).
R. R. Bauten, Schr. u. Projekte, hg. v. P. KAMM (1965); R. R. Arbeiten aus 65 Jahren (Salzburg 1990).

**Rainey** ['reɪnɪ], Ma, eigtl. **Gertrude Melissa Nix Pridgett** ['prɪdʒɪt], amerikan. Bluessängerin, * Columbus (Ga.) 26. 4. 1886, † Rome (Ga.) 22. 12. 1939; trat um 1900 in den Südstaaten der USA in Minstrel Shows hervor und hatte nach einer Reihe von Schallplattenerfolgen ihre große Zeit v. a. in den 1920er Jahren. Mit ihrer schwermütigen, dem ländl. Südstaatenblues verhafteten Kontra-Altstimme gilt sie neben BESSIE SMITH, der Lehrerin sie war, als bedeutendste Bluesinterpretin (›Mother of Blues‹).

**Rainfarn,** Art der →Chrysanthemen.

**Rainier, Mount R.** ['maʊnt rə'nɪə, -reɪ'nɪə], **Mount Tacoma** [-tə'kəʊmə], höchster Berg der Cascade Range (Kordilleren), im Staat Washington, USA, 4392 m ü. M.; erloschener Vulkan mit Gletschern im **M. R. National Park** (953 km²; eingerichtet 1899).

**Rainier** [rɛ'nje], frz. Form des männl. Vornamens Rainer.

**Rainier III.** [rɛ'nje], Fürst von Monaco (seit 1949), * Monaco 31. 5. 1923; aus dem Haus Grimaldi, seit 18. 4. 1956 ⚭ mit der amerikan. Filmschauspielerin GRACE KELLY (seitdem Fürstin GRACIA PATRICIA).

**Rainis,** Jānis, eigtl. J. Pliekšāns ['plɪẹkʃaːns], lett. Dichter, * Tadenava (bei Dünaburg) 11. 9. 1865, † Majori (bei Riga) 12. 9. 1929; seit 1897 ⚭ mit ASPAZIJA; lebte, als Vorkämpfer für die lett. Freiheit und Teilnehmer an der Revolution von 1905 von den Russen verfolgt, 1905–20 im Exil in der Schweiz, bekleidete danach versch. Staatsämter (u. a. 1926–28 Bildungs-Min.). R., der als Klassiker der lett. Literatur gilt, schrieb modernist., philosophisch orientierte Lyrik und symbolist. Dramen nach Stoffen aus der Bibel, der lett. Geschichte und Sage, in denen er sozial- und staatspolit. Ideen zum Ausdruck brachte; daneben Stücke für Kinder; übersetzte GOETHES ›Faust‹.
**Werke:** *Lyrik:* Tālas noskaņas zilā vakarā (1903); Vētras sēja (1905); Klusa grāmata (1909; dt. Das stille Buch). – *Dramen:* Uguns un nakts (1905; dt. Feuer u. Nacht); Zelta zirgs (1910; dt. Das goldene Roß); Jāzeps un viņa brāļi (1919; dt. Joseph u. seine Brüder); Mīla stiprāka par nāvi (1927).

**Rainkohl, Lapsana,** Gattung der Korbblütler mit neun Arten in den temperierten Gebieten der Nordhalbkugel. Heimisch in Wäldern und auf Äckern ist der **Gemeine R.** (Lapsana communis), eine Milchsaft führende, bis 1 m hohe Pflanze mit eckig gezähnten Blättern und kleinen blaßgelben Blütenköpfchen.

**Rainwater** ['reɪnwɔtə], Leo James, amerikan. Physiker, * Council (Id.) 9.12. 1917, † New York 30. 5. 1986; Prof. an der Columbia University, New York, bis 1961 Direktor des Nevis Cyclotron Laboratory; erhielt für Arbeiten über die Struktur deformierter Atomkerne 1975 mit A. N. BOHR und B. R. MOTTELSON den Nobelpreis für Physik.

**Rainweide,** die Pflanzengattung →Liguster.

**Raipur** ['raɪpʊə], Stadt im Gliedstaat Madhya Pradesh, Indien, auf dem nordöstl. Dekhan, (1981) 338 200 Ew.; kath. Bischofssitz; Univ. (gegr. 1963); Nahrungsmittel-, Holzindustrie, Metallverarbeitung.

**Raïs** [arab. ›Oberhaupt‹], in den arab. Ländern urspr. Titel für leitende Persönlichkeiten (z. B. Bürgermeister), in neuester Zeit oft Ehren-Bez. für persönlichkeiten mit charismat. Ausstrahlung (z. B. G. ABD EL-NASSER).

**Rais,** 1) [rɛ], Gilles **de Laval,** Baron **von R.** (Retz), Marschall von Frankreich, * Schloß Champtocé (bei Angers) 1404, † (hingerichtet) Nantes 26. 10. 1440; kämpfte bei Orléans an der Seite der JEANNE D'ARC. Später widmete er sich der schwarzen Magie und marterte und tötete in Verbindung damit viele von seinen Leuten geraubte Kinder (v. a. Knaben); seine Person wird gelegentlich mit dem Stoff des Märchens ›Blaubart‹ in Verbindung gebracht.

2) [rajs], Karel Václav, tschech. Schriftsteller, * Lázně Bělohrad (Ostböhm. Kr.) 4. 1. 1859, † Prag 8. 7. 1926; Lehrer; begann mit Gedichten und histor. Erzählungen und schilderte dann in Erzählungen und Romanen realistisch, bisweilen sentimental das Leben in den Dörfern am Fuß des Riesengebirges und der Böhmisch-Mähr. Höhe. In dem Roman ›O ztraceném ševci‹ (2 Bde., 1918/19–20) führte er das Nationalitätenproblem (Kampf gegen die Germanisierung) ins Dorfsujet ein.
**Weitere Werke:** *Erzählungen:* Výminkáři (1891); Rodiče a děti (1893). – *Romane:* Zapadlí vlastenci (1894); Kalibův zločin (1895; dt. Kaliba's Verbrechen); Západ (1896).
**Ausgabe:** Vybrané spisy, 10 Bde. (1959–65).

**Raiser,** Ludwig, Jurist, * Stuttgart 27. 10. 1904, † Tübingen 13. 6. 1980; profilierter Zivilrechtslehrer, Prof. in Straßburg (1942), Göttingen (1945) und ab 1955 in Tübingen; seit 1950 Mitgl. der Synode der EKD, 1970–73 deren Präses; 1961–65 Vors. des Wissenschaftsrates.
**Werke:** Das Recht der allg. Geschäftsbedingungen (1935); Dingl. Anwartschaften (1961); Vom rechten Gebrauch der Freiheit (1965).

**Raisting,** Gem. im Kr. Weilheim-Schongau, Oberbayern, 554 m ü. M., nahe dem S-Ufer des Ammersees, (1991) 1 700 Ew.; Erdfunkstelle der Dt. Bundespost Telekom.

**Raj, Rai, Ray, Rey,** schiit. Wallfahrtsort im südl. Vorortbereich von Teheran, Iran; Heiligtum von Schah ABDOL-ASIM, eine vermutlich im 19. Jh. errichtete Moschee. Die stark schüttende Karstquelle, die Grundlage der Stadtgründung war, dient heute der Teppichwäscherei. Textilindustrie, Zement-, Transformatorenfabrik, Ziegeleien. – R. steht an der Stelle der antiken Stadt **Rhagai (Rhaga, Rhage,** altpers. **Raga),** die schon in der Bibel (Tob. 1, 14) als Wohnort von Juden genannt wird. Sie war Frühlingsresidenz der parth. Könige und wurde in sassanid. Zeit Bischofssitz. Unter den Seldschuken (ab 1040) erlebte die Stadt Blütezeiten; 1220 wurde sie von den Mongolen zerstört.

**Raja** [-dʒa; Sanskrit ›König‹, ›Fürst‹], bis zur Unabhängigkeit Indiens Titel ind. Hindufürsten, in erhöhter Form **Maharaja** (›Großfürst‹, →Maharadscha); ferner Titel von Fürsten des Malaiischen Archipels. Der Titel R. wurde auch als Ehrentitel an herausragende Persönlichkeiten verliehen, so an Sir J. BROOKE als Statthalter von Sarawak.

**Rajah** [arab.-türk.] *der, -/-,* 1) Bez. für die Untertanen, seit dem 18. Jh. nur noch für die nichtmuslim. Untertanen im Osman. Reich.
2) kleinere Verwaltungseinheit im Osman. Reich, die von einer Stadt und ihrem Umland gebildet wurde.

**Rajahmundry** ['raːdʒəmʌndrɪ], Stadt im Gliedstaat Andhra Pradesh, Indien, an der Wurzel des Godavarideltas, (1981) 203 400 Ew.; Tabakforschungsinstitut, Bibliothek (mit Palmblattbüchern und alter Teluguliteratur), Kunstgalerie; Zucker-, Papier-, Tabak-, Jutefabriken; Eisenbahnbrücke über die Godavari.

**Rajasthan** ['raːdʒəstaːn, altind. ›Land der Prinzen‹], Gliedstaat in NW-Indien, grenzt an Pakistan, mit 342 239 km² zweitgrößter Gliedstaat Indiens; (1988) 41,65 Mio. Ew. (1968: 24,87 Mio. Ew.); Hauptstadt ist Jaipur, nächstgrößte Städte sind Jodhpur, Ajmer, Kota und Bikaner. Große Teile von R. werden von der Trockensteppe →Thar eingenommen. Dagegen ist im Gebiet des Arawalligebirges der Monsun wirksamer, Niederschläge bis zu 1 200 mm jährlich ermöglichen Regenfeldbau (Getreide, Hülsenfrüchte,

Rainier III., Fürst von Monaco

Rainkohl: Gemeiner Rainkohl (Höhe bis 1 m)

Leo J. Rainwater

Ludwig Raiser

**Raja**  Rajatarangini – Rajputen

Boris Rajewsky

Candra Mohan Rajneesh

Baumwolle). Ein Großteil des Landes wird von Tanks (Bewässerungsteiche, die das Regenwasser der Monsunzeit sammeln), Seen und von Kanälen aus dem Gliedstaat Punjab künstlich bewässert, v. a. vom Indira-Gandhi-Kanal (früher R.-Kanal; seit 1958 im Bau, Länge 1984: 189 km), der in Punjab vom Sutlej abzweigt und mit einem Netz von 2 950 km Verteilerkanälen insgesamt (1984) 450 000 ha Ackerland in Nord-R. versorgt. Insgesamt werden in R. rd. 4 Mio. ha Land künstlich bewässert (etwa 15 % der landwirtschaftl. Nutzfläche). In den Trockengebieten wird Viehzucht (bes. Kamele, Schafe und Ziegen) betrieben. Für die Entwicklung der Landnutzung in dem durch Dürre und Anwachsen der Wüstenzonen gefährdeten Gliedstaat ist das Central Arid Zone Research Institute in Jodhpur verantwortlich. Bodenschätze sind Gips, Phosphat, Salz, Silber, Asbest, Kalkstein, Kupfer- und Blei-Zink-Erze. Die Industrie steht mit größeren Unternehmen, wie Nahrungsmittelherstellung, Düngemittel- und Textilfabriken, erst am Anfang. – Das Gebiet R.s war das Kernland der →Rajputen (›Rajputana‹), die in zahlreichen Fürstenstaaten lebten. Nachdem Indien 1947 unabhängig geworden war, wurde am 18. 4. 1948 aus zehn Fürstenstaaten der ind. Gliedstaat R. gebildet, zu dem am 30. 3. und am 15. 5. 1949 weitere vier Fürstenstaaten hinzukamen.
Lit. → Rajputen.

**Rajataraṅgini** [-dʒa-], altind. Geschichtsepos, → Kalhana.

**Rajecké Teplice** [ˈrajɛtskɛ ˈtɛplitsɛ], Kurort im Mittelslowak. Kreis, Tschechoslowakei, 420 m ü. M., an der Rajčanka, in den Westkarpaten, südlich von Sillein, (1980) 2 100 Ew.; bis 39 °C warme, Erdalkalimetalle enthaltende Thermalquellen werden für Trink- und Bäderkuren genutzt; Holzverarbeitung.

**Rajewsky** [-ki], Boris, Biophysiker ukrain. Herkunft, * Tschigirin (Gebiet Tscherkassy, Ukraine) 19. 7. 1893, † Frankfurt am Main 22. 11. 1974; 1937–66 Direktor des Kaiser-Wilhelm-Instituts (seit 1948 Max-Planck-Instituts) für Biophysik und Prof. in Frankfurt am Main. R. erforschte die Grundlagen der biolog. Strahlenwirkung und ihre Anwendung in der Medizin und hatte bedeutenden Anteil am Aufbau der biophysikal. Forschung in Deutschland.

**Rajgir** [ˈradʒ-], früher **Rajagriha** [radʒ-], Ort im Gliedstaat Bihar, Indien, 13 km südlich von Nalanda, (1981) 18 000 Ew. – R. war zur Zeit BUDDHAS Hauptstadt des Königreichs Magadha und Sitz des ersten buddhist. Konzils. – Erhalten sind Reste des 40 km langen kyklop. Steinwalls sowie von Kloster- und Stupabauten seit der Mauryazeit.

**Raj Gọnd** [radʒ-], Untergruppe der →Gond in Zentralindien. Durch ihren Landbesitz entwickelten sie sich zu örtl. Fürstenfamilien, die durch ein ausgeprägtes Feudalsystem Dorfgruppen beherrschten. Der Zenit der Entwicklung wurde mit der Gründung mehrerer Herrschaften durch mächtige Gond-Rajas erreicht, die vom 15. bis 18. Jh. bestanden.

**Rajifọrmes** [lat.], die → Rochen.

**Rajk** [rɔjk], László, ung. Politiker, * Székelyudvarhely (Siebenbürgen) 8. 3. 1909, † (hingerichtet) Budapest 15. 10. 1949; Lehrer; seit 1930 Mitgl. der illegalen kommunist. Partei; kämpfte 1937–39 als polit. Kommissar des ungar. Bataillons der Internat. Brigaden im Span. Bürgerkrieg. Im Zweiten Weltkrieg war er als Führer der KP am Untergrundkampf gegen das Horthy-Regime beteiligt und wurde nach dessen Zusammenbruch 1945 Mitgl. des ZK und des Politbüros. Als Innen-Min. (1946–48) sicherte er den Kommunisten die Kontrolle über Polizei und Verwaltung. Danach Außen-Min., wurde er im Mai 1949 verhaftet und als ›imperialist. Agent‹ und ›Titoist‹ zum Tode verurteilt; 1956 rehabilitiert.

**Rajkot** [ˈrɑːdʒkəʊt], Stadt im Gliedstaat Gujarat, W-Indien, auf der Halbinsel Kathiawar, (1981) 445 000 Ew.; kath. Bischofssitz; Univ. (gegr. 1967), Museum; wirtschaftl. Zentrum mit bedeutender Industrie (bes. Textilfabriken); Flugplatz.

**Rajneesh** [raɪˈniːʃ], Candra Mohan, ind. Begründer und Leiter der →Bhagvan-Bewegung, * Kuchwada (Distr. Raisen, Madhya Pradesh) 11. 12. 1931, † Pune (Maharashtra) 19. 1. 1990; stammte aus einer jainist. Kaufmannsfamilie; 1957–66 Dozent für Philosophie am Rajpur Sanskrit College; 1969 Gründung eines Ashrama in Bombay, 1974 Verlegung nach Pune und Ausbau zu einem Therapiezentrum, in dem R. Techniken der humanist. Psychologie in den Dienst einer tantr. Gesamtschau stellte; seitdem von seinen Anhängern als → Bhagvan oder ›Bhagvan Sri (Shri) R.‹ verehrt, der schon seit seiner ›Erleuchtung‹ am 21. 3. 1953 sein Ego völlig abgelegt habe und mit dem Göttlichen eins geworden sei; 1981 Übersiedlung nach Antelope (Oreg., USA); Gründung des religiösen Stadtstaates ›Rajneeshpuram‹ und der Religion des ›Rajneeshismus‹ (1985 von ihm selbst wieder abgeschafft); 1985 Inhaftierung und Verurteilung wegen Verstoßes gegen die amerikan. Einwanderungsgesetze; nach seiner Abschiebung Rückkehr nach Pune Anfang 1987. 1988 legte R. den ›Bhagvan‹-Titel ab und ließ sich zuletzt als → Osho titulieren.
R. HUMMEL: Ind. Mission u. neue Frömmigkeit im Westen (1980); J. A. ELTEN: Ganz entspannt im Hier u. Jetzt (28.–33. Tsd. 1984); ders.: Alles ganz easy in Santa Barbara. Wie ich das Ende der R.-Kommune in Oregon erlebte ... (1990).

**Rajnow,** Nikolaj Iwanow, bulgar. Schriftsteller und Kunsthistoriker, * Kessarewo (bei Weliko Tarnowo) 1. 1. 1889, † Sofia 2. 5. 1954; Maler und Graphiker, lehrte seit 1927 an der Kunstakademie in Sofia, Verfasser bedeutender kunsthistor. Werke. In seinem erzähler. Werk behandelte R., zunächst von Symbolismus und Mystizismus beeinflußt, später dem Realismus angenähert, v. a. Stoffe aus der bulgar. Geschichte, aber auch allgemeine Themen (›Prikazki ot cjal svjat‹, 30 Bde., 1931–34).
Weitere Werke: *Erzählungen:* Bogomilski legendi (1912); Kniga za carete (1918); Videnija iz drevna Bălgarija (1918).
Ausgabe: Izbrani proizvedenija, 4 Bde. (1969–71).

**Rajputen** [-dʒ-; zu altind. rajaputra ›Königssohn‹], **Rajput, Radschputen,** Name einer in NW-Indien entstandenen Kaste (urspr. Adels- und Kriegerkaste), deren Angehörige (1980: über 120 Mio.) sich über ganz N-Indien und Nepal ausgebreitet haben und sich sogar in Andhra Pradesh finden; auch einige Gruppen in Bengalen und Assam mit deutlich mongolidem Hintergrund beanspruchen den Status von R. Viele R. sind noch Grundbesitzer und Ackerbauern oder dienen in Armee und Polizei, jedoch gewinnen andere Berufe zunehmend an Bedeutung. Von der Kaste zu unterscheiden ist die Rajasthani sprechende Bev. Rajasthans und benachbarter Gebiete (1983: 36,2 Mio.). – Die Herkunft der R. ist unter den Historikern umstritten; einige nehmen einen vedisch-arischen Ursprung an, andere eine volle Ausbildung der Kaste erst im 16. Jh. (Beginn der Mogulherrschaft). Wahrscheinlich ist, daß sich unter dem erst später aufkommenden Begriff R. zahlreiche Stämme fassen lassen, die um 500 n. Chr. im Gefolge der Hunnen nach Indien kamen, sich im W (v. a. in Rajasthan) niederließen und mit dort ansässigen Stämmen vermischten. Die R.-Krieger sahen sich in der Tradition der altind. Kriegerkaste der Kshatriya (→ Kaste 3). Im 10. Jh. gründeten R.-Fürsten eine Anzahl von Königreichen, die in den nächsten beiden Jahrhunderten die Geschichte und Kultur N-Indiens bestimmten (bedeutende Beiträge zur Tempelarchitektur und Plastik sowie Miniaturmalerei). Ende des 12. Jh. fielen sie großenteils unter die Oberherrschaft des Sultanats von Delhi. Im Mogulreich stiegen Angehörige herausragender R.-Familien in höchste Hofämter auf und dienten als Generäle und Prov.-Gouverneure. Unter brit. Oberherrschaft behielten die R.-Fürsten Rajasthans weitgehende Selbständigkeit.

J. TOD: Annals and antiquities of Rajasthan, 2 Bde. (Neuausg. London 1950); G. MORRIS CARSTAIRS: The twice-born. A study of a community of high-caste Hindus (ebd. 1957).

**Rajputmalerei** [radʒ-], nord- und zentralind. Malerei an den Fürstenhöfen der Rajputen, die seit dem 16./17. Jh. bis ins 19. Jh. blühte. Die kunstfeindl. Haltung des ind. Großmoguls AURANGSEB trieb viele ind. Maler an die von Hindus regierten Prov.-Höfe, wo sie z. T. in der Begegnung mit einheim. Traditionen

Rajputmalerei: Frau unter Bäumen; Miniatur der Malwaschule; um 1680

(Mewar, Malwa) ihre Arbeit fortsetzen konnten und die →Mogulmalerei verbreiteten; sie und spätere Künstler schufen Wandmalereien, Porträts und Miniaturen zu religiösen, oft lyr. Dichtungen, v. a. über die Geschichte von Krishna und Radha oder den Helden Rama. Da die Namen der Maler an den hinduist. Höfen nur selten bekannt sind, werden die Stile nach drei Regionen unterschieden. 1) Der rajastahn. Stil (Rajasthani) setzte im 16. Jh. in Bundi und Mewar ein, Mewar erlebte seine Blütezeit 1628–52 neben anderen rajasthan. Malschulen: Bikaner (1600–1800), Ajmer (1630–1800), Jaipur (1640–1850), Kishangarh (2. Drittel des 18. Jh., mit detailreichen Landschaftsdarstellungen), →Kota sowie Marwar mit der Hauptstadt Jodhpur (v. a. Porträts). 2) Bei der Paharimalerei im westl. Himalaya, etwa dem heutigen Himachal Pradesh, sind die Malschulen von Bilaspur (ab 1660) und im Pandschab Bahsoli (1675–95), der die Schulen von Kulu (1690–1800) und Mankot folgten, zu nennen, im 18. Jh. die von Guler, Jammu sowie Kangra (v. a. 1775–1820), die von der meist leuchtenden Farbgebung der R. zu zarten Pastelltönen übergingen und heim. Landschaften wiedergaben. Nurpur und Chamba folgten dieser Richtung, auch Garhwal im SO des Pandschab. 3) Die R. von Malwa im 17. Jh. knüpfte stark an Traditionen der Malerei des im 15. und 16. Jh. selbständigen Sultanats von Malwa mit seiner Hauptstadt Mandu an; große Formen und starke Farben sind kennzeichnend (weiteres BILD →indische Kunst). Bevorzugt illustrierten die Rajputmaler Handschriften des ›Bhagavata Purana‹, ›Ramayana‹ oder ›Gitagovinda‹ und malten Miniaturen zu Melodien.

J.-J. LÉVÊQUE u. N. MÉNANT: Islam. u. ind. Malerei (a. d. Frz., Lausanne 1968); A. L. DAHMEN-DALLAPICCOLA: Ind. Miniaturen. Malerei der Rajput-Staaten (1976); J. BAUTZEN: Lotosmond u. Löwenritt. Ind. Miniaturmalerei, Ausst.-Kat. (1991).

**Rajshahi** ['rɑːdʒɑːhiː], Hauptstadt des Verw.-Bez. Rajshahi in W-Bangladesh, am Ganges, (1986) 380 000 Ew.; Univ. (gegr. 1953), Varendra-Forschungsmuseum; Textilindustrie, Verarbeitung landwirtschaftl. Erzeugnisse, Holz-, Zündholzfabrik.

**Rajtschew, Rajčev** [-tʃ-], Georgi Michajlow, bulgar. Schriftsteller, * Toprakchissar (heute Semlen, bei Stara Sagora) 7. 12. 1882, † Sofia 18. 2. 1947; schrieb neben Lyrik und Dramen (›Elenovo carstvo‹, 1929) v. a. Kurzgeschichten, Erzählungen (›Pesen na gorata‹, 1928) und Romane (›Zlatnijat ključ‹, 1942), in denen er in psychologisch vertieftem Realismus Probleme des Stadtlebens darstellte; auch Kinderbücher; Übersetzer von Werken I. A. KRYLOWS.

**Rakel** [von frz. racle ›Schabeisen‹] die, -/-n, ein breites, dünnes Stahlband, das beim R.-Tiefdruck die überschüssige Druckfarbe von der eingefärbten Oberfläche des Druckzylinders abstreift (abrakelt). Im →Flexodruck dient die R. zum Abstreifen der überschüssigen Druckfarbe von der der Farbübertragung dienenden Walze.

**Rakeltiefdruck,** ein Druckverfahren, bei dem die druckenden Elemente vertieft liegen und durch teilweises Eintauchen des Druckzylinders in Farbbehälter mit Tiefdruckfarbe gefüllt werden. Vor dem Druck wird die überschüssige Druckfarbe von der Oberfläche der Druckform durch eine Rakel entfernt, sie bleibt nur in den Vertiefungen (Näpfchen) erhalten, aus denen sie beim Druck auf das Papier übertragen wird. (→Tiefdruck)

**Raken,** die →Racken.

**rake's progress, The** [ðə 'reɪks 'prəʊgres], dt. ›Der Wüstling‹, Oper von I. STRAWINSKY, Text von W. H. AUDEN und CHESTER KALLMAN (* 1921, † 1975) nach einer Kupferstichserie von W. HOGARTH; Urauff. 11. 9. 1951 in Venedig.

**Rakete** [von italien. rocchetta, eigtl. ›kleiner Spinnrocken‹ (nach der Form)] die, -/-n, Flugkörper mit einem Strahlantrieb, der den Vortrieb (Rückstoß oder Schub) durch Abstoßung von Masse (Arbeitsmedium, Impulsträger oder Stützmasse) erzeugt. Der Antrieb ergibt sich aus dem Newtonschen Bewegungsaxiom, nach dem jede Änderung der Bewegung durch eine entsprechende entgegengesetzt gerichtete Kraft (Schubkraft des R.-Triebwerks) hervorgerufen werden muß. Die R. ist im Ggs. zum Luftstrahlantrieb unabhängig von Umgebung oder Atmosphäre und für Raumflugaufgaben bes. (und bis heute allein) geeignet. Der autonome Antrieb der R. ermöglicht sehr hohe Geschwindigkeiten.

Hauptelement einer R. ist das →Raketentriebwerk, so daß häufig keine Unterscheidung zw. beiden erfolgt. R. werden wie ihre Triebwerke klassifiziert.

*Aufbau:* Eine R. besteht aus dem R.-Triebwerk, Tanks für die Treibstoffe, die meist auch die tragende Struktur und Außenhaut der R. darstellen (›Zelle‹), den Lenk- und Steuersystemen (im einfachsten Fall ein Stab oder Stabilisierungsflächen, bei höheren Anforderungen Schubvektoreinrichtungen) und der Nutzlast, die meist als selbständige Einheit unabhängig von der R. ausgelegt und gestaltet wird. Um die Leermasse niedrig zu halten, verwendet man hochfeste Aluminium- oder Stahlkonstruktionen; die Notwendigkeit zur Massenreduzierung besteht für alle Komponenten. Den größten Massen- und Volumenanteil einer R. stellt der Treibstoff dar.

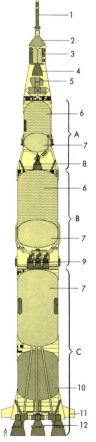

**Rakete:** Schematische Darstellung der Saturn V, der Trägerrakete des Apollo-Programms; 1 Rettungsrakete für die Startphase, 2 Raumkapsel, 3 Versorgungs- und Geräteteil (SM), 4 SM-Haupttriebwerk, 5 Mondlandeeinheit, 6 Flüssigwasserstofftank, 7 Flüssigsauerstofftank, 8 Triebwerk der 3. Raketenstufe, 9 Triebwerk der 2. Raketenstufe, 10 Kerosintank, 11 Stabilisierungsflossen, 12 Triebwerk der 1. Raketenstufe, A 3. Stufe, B 2. Stufe, C 1. Stufe

**Rake** Raketenabwehr – Raketenastronomie

Die *Leistung* einer R. wird durch die R.-Grundgleichung (Ziolkowskij-Gleichung) beschrieben. Die theoret. Maximalgeschwindigkeit $v_{id}$ – häufig auch ideale Geschwindigkeit oder Geschwindigkeitsvermögen gen. – hängt von der effektiven Strahl- oder Ausströmgeschwindigkeit des R.-Triebwerks $c_{eff}$ und dem natürl. Logarithmus des Massenverhältnisses (Verhältnis der Anfangsmasse $m_0$ zur Endmasse $m_e$ der R.) ab:

$$v_{id} = c_{eff} \ln(m_0/m_e).$$

Die tatsächl. Geschwindigkeit wird durch den Ablauf der Raumflugbahn, die Anfangsbedingungen beim Start (z. B. Rotation der Erde) sowie Luftwiderstand und Gravitation beeinflußt, so daß die ideale Geschwindigkeit und die Endgeschwindigkeit der R. nicht übereinstimmen. Um große Geschwindigkeiten zu erzielen, müssen Ausströmgeschwindigkeit und Massenverhältnis große Werte annehmen. Mit Strahlgeschwindigkeiten bis zu etwa 4,5 km/s und Massenverhältnissen bis zu etwa 10 liegt $v_{id}$ für eine R., je nach Art des Triebwerks und der Bauweise, meist zw. 1 km/s (kleine Waffen-R.) und 7 km/s (Kernstufe von Träger-R. der Raumfahrt von hoher Leistung).

Für höhere Geschwindigkeiten wendet man das Prinzip der Stufen-R. an. Dabei werden mehrere R. – meist nehmen die oberen Stufen in der Größe ab – übereinandergesetzt, so daß die jeweilige nächste Stufe die Endgeschwindigkeit der vorangehenden Stufe als Ausgangswert verwenden kann. Neben der Tandemanordnung hintereinandergeschalteter R.-Stufen wird auch die Parallelstufung angewendet, die aus der Verwendung von großen Starthilfs-R. hervorgegangen ist. Zusätzlich gibt es die Triebwerksstufung, bei der statt einer ganzen Stufe lediglich die Starttriebwerke abgeworfen werden. – Mit derartigen R. lassen sich nahezu beliebig hohe Geschwindigkeiten erreichen; beim amerikan. Apollo-Programm, das auf der bisher leistungsstärksten Träger-R. Saturn V basierte, wurden mehr als 15 km/s verwirklicht.

*Anwendung:* Neben der Verwendung für Feuerwerk, Signalgebung, Seenotrettung, Schleudersitzbetätigung und Starthilfe für Flugzeuge sowie andere Sonderaufgaben besteht der Haupteinsatz der R. in der Militärtechnik (→Raketenwaffen) und der Raumfahrt (→Trägerrakete). Die heute hierfür eingesetzten R. benutzen ausschließlich chem. R.-Triebwerke mit flüssigen und festen Treibstoffen.

*Geschichte:* Die frühe Geschichte der R. ist eng mit der des Schießpulvers (Schwarzpulver) und des R.-Triebwerks verbunden. Die R. wurde zw. 1000 und 1200 in China erfunden. Aus zunächst mit einem Bogen verschossenen Brandsätzen entwickelte sich die R. als Waffe. Der erste historisch verbürgte Einsatz war die Schlacht bei Kaifeng von 1232; bereits 1241 wurde sie bei Liegnitz verwendet. Über Mongolen und Araber gelangte die R. nach Europa, wurde jedoch dann durch die aufkommenden Feuerwaffen verdrängt; als Feuerwerkskörper wurde sie auch weiterhin verwendet. In kriegstechn. Handbüchern des späten MA. und der frühen Neuzeit wird die R. für militär. und feuerwerkstechn. Anwendungen beschrieben.

Die Erfahrungen der brit. Armee in Indien veranlaßten den brit. General W. CONGREVE 1808 zur Entwicklung von R.-Waffen und zur Aufstellung eigener R.-Verbände, denen andere Länder Europas folgten. Nach Einsätzen während des Napoleon. Kriege und im brit.-amerikan. Krieg (1812–14) verlor die R. mit der Verbesserung der Kanonen einige Jahrzehnte später als Waffe ihren Wert, so daß man sie nach 1860 aussonderte.

Mit dem Interesse an der Raumfahrt wurde die Bedeutung der R. wieder erkannt. Wichtigste Pioniere waren der Russe K. E. ZIOLKOWSKIJ, der sich nur theoretisch mit R. beschäftigte, der Amerikaner R. H. GODDARD, der am 16. 3. 1926 mit Erfolg die erste Flüssigkeits-R. startete, sowie der Deutsche H. OBERTH. Nach Vorarbeiten versch. Einzelpersonen und des Vereins für Raumschiffahrt bei Berlin entwickelte W. VON BRAUN mit ehem. Mitgliedern des Vereins beim dt. Heereswaffenamt in Peenemünde die erste Groß-R. mit flüssigen Treibstoffen (A4, Aggregat Nr. 4, Propaganda-Bez. V2), deren erster erfolgreicher Testflug am 3. 10. 1942 stattfand.

Nach dem Zweiten Weltkrieg wurde die R. v. a. in den USA und der Sowjetunion als takt. Waffe, als Träger für Nuklearsprengköpfe und für Raumfahrtaufgaben weiterentwickelt, so daß 1957 mit dem Start des ersten künstl. Erdsatelliten durch die Sowjetunion (Sputnik 1) das Raumfahrtzeitalter begann. Die bisher größten R. sind die amerikan. Saturn V (Startmasse rd. 3000 t; Erstflug 1967) und die sowjet. Energia (über 2000 t; 1987). Weiteres BILD →Ariane

R. H. GODDARD: A method of reaching extreme altitudes (Washington, D. C., 1919); H. OBERTH: Die R. zu den Planetenräumen ($^2$1925); R. NEBEL: Die Narren von Tegel (1972); W. VON BRAUN u. F. ORDWAY: R. (a. d. Engl., 1979); The Cambridge encyclopedia of space, hg. v. M. RYCROFT (Cambridge 1990). – *Zeitschriften:* Die R., Jg. 1–3 (1926–29); Aviation week and space technology, Jg. 72 ff. (New York 1960 ff., früher u. a. T.); Journal of spacecraft and rockets (ebd. 1964 ff.). – Weitere Lit. →Raketentriebwerk, →Raumfahrt.

**Raketen|abwehr,** Sammel-Bez. für alle Maßnahmen zur Abwehr im Flug befindl. gegner. Raketenwaffen, bes. gelenkter Boden-Boden- sowie Schiff-Schiff-Raketen. R.-Waffen sind v. a. spezielle Boden-Luft-Raketen (Abfang- oder Antiraketenraketen), auf Schiffen auch Rohrwaffensysteme mit extrem hoher Feuergeschwindigkeit. Kampfflugzeuge sind in der Lage, sich durch ›passive‹ R. zu schützen, indem sie anfliegende Boden-Luft-Raketen durch elektron. Gegen- bzw. Täuschmaßnahmen ablenken.

Zur Abwehr strateg. Interkontinentalraketen wurden von den USA und der Sowjetunion in den 1960er und 70er Jahren bodengestützte →ABM-Systeme entwickelt. Mit der Erkenntnis, daß mit diesen aufwendigen Systemen kein lückenloser, flächendeckender Schutz zu erreichen war, konzentrierten sich beide Seiten auf die Verteidigung ausgewählter Gebiete. In den 70er Jahren begannen beide Seiten, an der Entwicklung von R.-Systemen zu arbeiten, die neben bodengestützten auch aus luft- und v. a. weltraumgestützten R.-Elementen bestehen (→SDI). Große Bedeutung haben seit den 80er Jahren die Forschungsarbeiten zur Entwicklung von R.-Systemen, die Schutz gegen ballist. Kurz- und Mittelstreckenraketen bieten. Hauptprobleme sind v. a. die kurzen Reaktionszeiten, die Bewältigung der anfallenden Datenmengen und die Bekämpfung einer Vielzahl von Objekten.

**Raketen|astronomie,** zusammenfassende Bez. für astronom. und astrophysikal. Messungen und Aufzeichnungen, die an Bord unbemannter Raketen vorgenommen werden. Es handelt sich dabei v. a. um solche Messungen, die wegen der Behinderung durch die Atmosphäre nicht erdgebunden durchgeführt werden können, bes. also um Messungen in denjenigen Bereichen des elektromagnet. Spektrums, die außerhalb der →astronomischen Fenster liegen. Sowohl die Raketen als auch ihre wiss. Nutzlasten fallen nach kurzer Zeit wieder auf die Erde zurück. Entsprechend den Wellenlängen- bzw. Frequenzbereichen, in denen dabei beobachtet wird, gehören die Messungen zu den Gebieten der →Gammaastronomie, der →Infrarotastronomie, der →Röntgenastronomie und der →Ultraviolettastronomie.

*Geschichte:* Der erste Einsatz von Raketen zu wiss. Forschungszwecken erfolgte 1946 in den USA mit erbeuteten dt. V2-Raketen, die entsprechend umgerü-

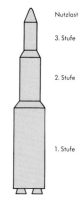
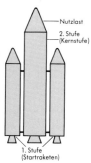

**Rakete:** Schematische Darstellung einer Tandemstufung (oben) und einer Parallelstufung (unten)

stet wurden. Weil dabei die obere Atmosphäre der Erde erstmals der direkten Beobachtung zugänglich wurde, war sie der erste Gegenstand der neuen Forschungsrichtung. Von 1962 an wurden wegen der längeren verfügbaren Beobachtungszeit zunehmend Satelliten in Erdumlaufbahnen für astronom. Forschungszwecke verwendet, und die Bedeutung der R. ging im gleichen Maß zurück.

**Raketenstart|anlagen,** mit Gebäuden, Montagestellen, Transportfahrzeugen, Aufrichthilfen und Starteinrichtungen (Abschußrampen u. a.), Betankungsanlagen, Startkontroll- und Flugleitzentralen ausgestattete Gelände zum Start von Raketen; aus Sicherheitsgründen meist in dünnbesiedelten Gebieten, auf Inseln oder an Meeresküsten gelegen. Äquatornähe ist zum Ausnützen der Erddrehung vorteilhaft. Die bekanntesten R. sind: Baikonur, Kapustin Jar und Plessezk (alle UdSSR), Tanega Shima (Japan), Kourou (Französisch-Guayana), Wallops Island (Va.), Cape Canaveral, Vandenberg (alle USA).

**Raketentreibstoffe,** Stoffe, die bei einer gezielt eingeleiteten chem. Reaktion gasförmige Oxidations- oder Zerfallsprodukte freisetzen, die beim Austritt aus einer Düse einen Schub erzeugen, der zum Antrieb von Raketen verwendet wird. Bei den **festen R.** unterscheidet man homogene und heterogene Mischungen. Homogene R.-Mischungen bestehen aus einem Gel von Nitrocellulose und Nitroglycerin (doppelbasige R.) mit Zusätzen zur chem. Stabilisierung und zur Abbrandbeeinflussung. Heterogene R.-Mischungen (**Composite-R.**) enthalten einen kristallinen Oxidator (z. B. Ammoniumperchlorat, Ammoniumnitrat), einen polymeren Binder, der gleichzeitig als Brennstoff fungiert (z. B. Polyurethane, vernetzte Polybutadiene), sowie Zusätze zur Verarbeitung, Leistungssteigerung (v. a. Aluminium) und Abbrandbeeinflussung. **Flüssige R.** bestehen i. d. R. aus zwei getrennten Treibstoffkomponenten (**Diergole, Biergole**): einem Brennstoff – z. B. Benzin oder Kerosin (JP, Abk. für Jet propellant; RP, Abk. für Rocket propellant), Hydrazin und dessen Derivaten, z. B. Aerozin-50 gleichen Anteilen von Hydrazin und UDMH (Abk. für unsymmetr. Dimethylhydrazin), flüssigem Wasserstoff – und einem Oxidator – z. B. flüssigem Sauerstoff (Lox, Abk. für Liquid oxygen), Distickstofftetroxid oder Salpetersäure. R.-Kombinationen mit verflüssigten Gasen (**kryogene R.**) werden für Raumfahrtaufgaben eingesetzt; sie verfügen über die höchsten Leistungswerte. **Monergole** bestehen aus einer einzigen Flüssigkeit (z. B. Hydrazin oder Wasserstoffperoxid, die thermisch oder katalytisch (**Katergole**) zersetzt wird. Als **Lithergole (Hybrid-R.)** bezeichnet man R., die aus einer flüssigen Komponente (i. d. R. der Oxidator, z. B. Wasserstoffperoxid) und einer festen Komponente (i. d. R. der Brennstoff, z. B. Polyäthylen oder Polystyrol) mit Zusätzen (Beryllium, Aluminium u. a.) bestehen. – Die ›Anzündung‹ der R. erfolgt spontan beim Zusammentreffen der Komponenten (**Hypergole**), oder sie wird elektrisch oder durch eine Zündflamme eingeleitet.

S. F. SARNER: Propellant chemistry (London 1966); A. DADIEU u. a.: R. (Wien 1968).

**Raketentriebwerk,** wichtigste Komponente einer Rakete, die zus. mit anderen Elementen (Treibstoff-Fördersystem, Ventile mit Reglern und Leitungen) als Antriebsorgan zur Erzeugung des Vortriebs (Schub) dient.

*Funktionsprinzip:* Die Schuberzeugung erfolgt durch Abstoßung von Masse (Arbeitsmedium) mit hoher Geschwindigkeit. Hierbei gilt: $F = \dot{m}\, c_{\text{eff}}$, wobei $F$ den Schub, $\dot{m}$ den zeitl. Massendurchsatz und $c_{\text{eff}}$ die effektive Ausström- oder Strahlgeschwindigkeit darstellt. Statt der Ausströmgeschwindigkeit (in m/s) wird häufig der spezif. Impuls $I_{sp}$ verwendet, der

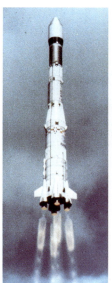

**Raketen** in der Startphase; von LINKS Ariane 1 (Europa), Titan 4 (USA), Sojus-Wostok A-2 (UdSSR)

als Quotient der Ausströmgeschwindigkeit und der Erdschwerebeschleunigung ($g_0 = 9{,}81$ m/s$^2$) definiert ist; er hat die Einheit Sekunden. Die Beschleunigung des Arbeitsmediums auf die Strahlgeschwindigkeit erfolgt gasdynamisch in einer konvergent-divergenten Laval-Düse oder durch elektromagnet. Felder. Der Schub kann Werte zw. einigen mN (Kaltgas- und elektr. Triebwerke) und vielen MN (große Feststoff- und Flüssigkeits-R.) erreichen. Die Strahlgeschwindigkeit liegt zw. 2 und 5 km/s bei chem. Triebwerken, bei knapp 10 km/s für Nuklearantriebe, einigen 10 km/s bei elektr. Antrieben und hat Lichtgeschwindigkeit bei den derzeit noch hypothet. Photonenantrieben. Die Strahlleistung kann beträchtl. Werte annehmen; sie beträgt beim US-Raumtransporter (Spaceshuttle) etwa 40 GW.

*Typen:* 1) Wichtigster R.-Typ ist das **chemische R.** Bei diesem wird die Energie für den Antriebsstrahl durch chem. Reaktionen – i. d. R. Verbrennung von Brennstoff und Sauerstoff oder Sauerstoffträger – der Treibstoffe in der Brennkammer freigesetzt. Die Umsetzung der therm. Energie in kinet. Energie des Strahls erfolgt in der Düse. Die Druckkräfte auf die Brennkammer- und Düsenwand ergeben den Schub. Die Unterscheidung der Triebwerkstypen erfolgt nach dem Aggregatzustand und der Zahl der Treibstoffe. **Feststoff-R.** enthalten den Treibstoff (eine Mischung von Brennstoff und Sauerstoffträger) als festen Block in der Brennkammer, der als Stange eingeschoben oder in die Brennkammer eingegossen, ausgehärtet und mit der Wand verklebt wird. Nach der ›Anzündung‹ erfolgt der →Abbrand 4), der dann kaum noch beeinflußt werden kann. Die Wände müssen gegen die 2 500 bis 3 500 K heißen Verbrennungsgase und -produkte durch temperaturbeständiges Material geschützt werden. Der Druck liegt i. d. R. zw. 3 und 20 MPa, die Schubkräfte reichen von wenigen 100 N bis zu mehr als 10 MN, und die Brennzeiten betragen wenige 10 ms bis einige Minuten. Bei **Flüssigkeits-R.** werden die Treibstoffe (flüssiger Wasserstoff, Benzin oder Hydrazinverbindungen als Brennstoff, flüssiger Sauerstoff oder Stickstofftetroxid als Oxidator) aus den Tanks durch Pumpen – i. d. R. Turbo-

**Rake** Raketenwaffen

pumpen, die über ein kleines R. angetrieben werden – oder mittels Druckgas in die Brennkammer eingebracht, zerstäubt und verbrannt. Der Wärmeschutz der Triebwerkswand erfolgt wie bei Feststoff-R. oder durch Zwangsumlauf einer Flüssigkeitskomponente. Brennkammertemperaturen und -drücke entsprechen denen der Feststoffraketen, die anderen Werte liegen in ähnl. Größenordnung. Feststoff- und Flüssigkeits-R. verwendet man als Hauptantrieb für Raketenwaffen und in der Raumfahrt; zusätzlich werden sie zur Steuerung oder Feinkorrektur der Flugbahn eingesetzt. **Hybrid-** oder **Lithergol-R.** können, mit einem festen und einem flüssigen Treibstoff, als die Kombination eines Feststoff- und eines Flüssigkeits-R. angesehen werden. **Dreistoff-R.** enthalten noch eine dritte Treibstoffkomponente (flüssigen Wasserstoff) oder verwenden nur drei Flüssigtreibstoffe. Hybrid- und Dreistofftriebwerke sind über das Experimentalstadium noch nicht hinausgekommen. **Einstoff-R.** nutzen die Energie, die durch therm. oder katalyt. Zersetzung des Treibstoffes (hauptsächlich Hydrazin oder Wasserstoffperoxid) gewonnen wird. Diese R. finden für Aufgaben der Lage- und Bahnregelung Anwendung.
2) Das **Kaltgastriebwerk** besteht aus einer mit Stickstoff oder Helium gefüllten Druckgasflasche, einem Ventil sowie einer konventionellen Düse und wird für Lageregelungsaufgaben angewendet; Schubniveau und Leistung sind sehr niedrig. 3) Beim **Heißwasserantrieb** bilden Treibstofftank und Brennkammer eine Einheit, die mit Wasser aufgefüllt wird und nach Aufheizung den Schub durch abströmenden Wasserdampf erzeugt. Wegen der Einfachheit wird dieser Typ v. a. als Hilfsantrieb eingesetzt. 4) **Elektrische R.** benötigen eine leistungsstarke Energieversorgungsanlage (Kernreaktor) oder benutzen externe Energiequellen (solarelektr. Triebwerke). Diese Triebwerke können hohe Ausströmgeschwindigkeiten, wegen des enormen Energiebedarfs jedoch nur ein geringes Schubniveau erreichen. Man unterscheidet **elektrothermische R.**, bei denen der Treibstoff (Ammoniak, Stickstoff, Wasserstoff) durch ein Widerstandselement (Resistojet) oder einen Lichtbogen (Arcjet) aufgeheizt und durch eine Düse entspannt wird. In einem **elektrostatischen Antrieb** werden elektrisch geladene Teilchen, meist Ionen (**Ionenantrieb**), in einem elektr. Feld beschleunigt, so daß Strahlgeschwindigkeiten von vielen 10 km/s entstehen. Treibstoffe sind Caesium und Quecksilber. Dieser Typ ist in der Entwicklung am weitesten fortgeschritten. Bei **elektromagnetischen Antrieben** wird ein Plasma durch elektromagnet. Felder beschleunigt. 5) Versuche, die Kernenergie zum Antrieb von Raketen nutzbar zu machen (**nukleare R.**), wurden wieder eingestellt (→ Kernenergieantrieb). 6) Der **Photonenantrieb** soll den Schub durch einen gebündelten Strahl elektromagnet. Wellen erzeugen, die mit Lichtgeschwindigkeit abgestoßen werden. Dieser Vorschlag von E. SÄNGER ist derzeit noch rein hypothetisch.
*Geschichte:* Die Geschichte der R. ist im wesentlichen mit der der Rakete gleichzusetzen. Die wiss. Entwicklung begann um die Wende zum 20. Jh. und ist mit den Namen der Raketenpioniere K. E. ZIOLKOWSKIJ, R. H. GODDARD und H. OBERTH verknüpft. Das erste Flüssigkeits-R. wurde 1926 von GODDARD verwirklicht, die ersten Brennversuche mit einem solchen Triebwerk in Dtl. nahm OBERTH 1930 mit der ›Kegeldüse‹ vor. 1933 erfolgte in der Sowjetunion der erste Flug einer Rakete mit Hybridantrieb. 1958 begann in den USA die Entwicklung des ersten Wasserstoff-Sauerstoff-Flugtriebwerkes RL 10, 1962 die Er-

probung des bisher schubstärksten Flüssigkeitsraketentriebwerks F 1 mit etwa 6 800 kN Schub für das Apollo-Programm. 1964 und 1970 wurden elektr. Triebwerke im Weltraum erprobt. 1964 konnte der erste erfolgreiche Triebwerksversuch mit einem Nukleartriebwerk durchgeführt werden.

E. SÄNGER: Zur Mechanik der Photonen-Strahlantriebe (1956); M. BARRÈRE u. a.: Raketenantrieb (a. d. Frz., Amsterdam 1961); E. STUHLINGER: Ion propulsion for space flight (New York 1964); Solid rocket technology, hg. v. M. SHORR u. a. (ebd. 1967); D. K. HUZEL u. D. H. HUANG: Design of liquid propellant rocket engines (Washington, D. C., ²1971); H. W. KÖHLER: Feststoffraketenantriebe, 2 Bde. (1972); R. H. SCHMUCKER: Hybridraketenantriebe (1972); W. WOLFF: Raketen u. Raketenballistik (Berlin-Ost ⁴1976); G. P. SUTTON: Rocket propulsion elements. An introduction to the engineering of rockets (New York ⁵1986). – Weitere Lit. → Rakete, → Raumfahrt.

**Raketenwaffen,** mit konventionellen oder nuklearen Gefechtsköpfen ausgestattete ungelenkte oder gelenkte Flugkörper (›Lenkflugkörper‹) mit Raketenantrieb. Zu den R. werden (fälschlich) oft auch solche Waffensysteme gezählt (bes. die → Cruise-Missile), deren Antriebssystem nur z. T. auf dem Raketenprinzip beruht. R. können größere Weiten als aus Rohrwaffen verschossene Geschosse (Wurfkörper) erreichen und benötigen keine rückstoßaufnehmenden Abschußvorrichtungen, wodurch schwerere Gefechtsköpfe auch von einzelnen Schützen (Einmannwaffen) oder leichten Trägerfahrzeugen verschossen werden können. Als Abschußvorrichtungen dienen Startschienen oder leichte Führungsrohre sowie bei vertikaler Startrichtung auch Starttische oder Startschächte (verbunkerte Startanlagen für interkontinentale Fernwaffen). Als Antriebe werden bislang nur chem. Raketentriebwerke verwendet, wobei wegen guter Lagerfähigkeit und kurzer Startvorbereitungszeit die Feststofftriebwerke bevorzugt werden. Triebwerke mit flüssigen Treibstoffen erlauben eine bessere Schubregulierung, werden jedoch kaum noch eingesetzt. Die Steuerung von R. erfolgt mit Hilfe unterschiedl. Verfahren der → Fernlenkung und der → Eigenlenkung. Heute werden oft Fern- und Eigenlenkverfahren miteinander kombiniert. In diesen Fällen erfolgt die Steuerung des Zielanflugs in der letzten Phase mittels Radar- oder Infrarotsuchkopf durch die Rakete selbst.

**Ungelenkte R.** sind nach dem Abfeuern nicht mehr steuerbar, sondern folgen dem Trägheitsprinzip; aufgrund der sich hieraus ergebenden geringen Treffgenauigkeit setzt man sie meist gegen Flächenziele ein. Hierbei werden von leichten Mehrfachraketenwerfern der Artillerie sowie von Erdkampfflugzeugen und Jagdbombern relativ große Munitionsmengen pro Zeiteinheit verschossen.

**Gelenkte Raketen** besitzen auch auf große Einsatzweiten hohe Treffgenauigkeit. Einsatzzweck, Lenkverfahren sowie die Art des Gefechtskopfes können dabei sehr unterschiedlich sein. **Boden-Boden-Raketen zur Panzerabwehr** besitzen Hohlladungsgefechtsköpfe, gelenkt werden sie bislang fast ausschließlich nach dem Zieldeckungsverfahren halbautomatisch über Draht (→ Panzerabwehrraketensystem). Der Einsatz erfolgt von leichten, mobilen Abschußgestellen, Panzerfahrzeugen oder Hubschraubern aus. **Schwere Boden-Boden-Raketen** haben Reichweiten von 70 bis 13 000 km. Überwiegend mit Atomgefechtsköpfen ausgestattet, gehören sie als Kurzstreckenraketen (z. B. Lance, SS-21) und Mittelstrecken-R. (z. B. Scud, SS-20, Pershing; → INF) sowie als Interkontinentalraketen (engl. Intercontinental ballistic missile, Abk. ICBM) den jeweiligen Kategorien der → Kernwaffen an; gleiches gilt für U-Boot-gestützte Langstrecken-R. (engl. Sea-launched ballistic missile, Abk. SLBM). **Schiff-Schiff-Raketen** sind den Beson-

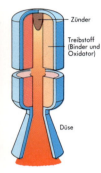
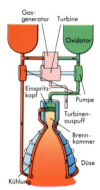
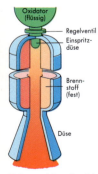

**Raketentriebwerk:** Schematische Darstellung eines Feststoff- (oben), Flüssigkeits- (Mitte) und eines Hybridraketentriebwerks (unten)

derheiten der Seekriegführung speziell angepaßte Waffensysteme. Moderne Typen fliegen als ›Sea Skimmer‹ ihr Ziel mit hoher Geschwindigkeit streckenweise unter dem Radarhorizont an (3 bis 5 m über der Wasseroberfläche), so daß die Abwehrmöglichkeit verhältnismäßig gering ist. Als Hauptwaffensysteme der Überwassereinheiten haben die Schiff-Schiff-R. seit langem die schweren Rohrwaffen abgelöst, weitreichende Modelle werden aufgrund ihrer Antriebstechnik nicht den R., sondern den Marschflugkörpern (Cruise-Missile) zugeordnet. **Boden-Luft-Raketen** und **Schiff-Luft-Raketen** (auch Flugabwehrraketensysteme gen.) dienen zur Bekämpfung von Luftzielen in allen Höhen. ›Fliegerfäuste‹ sind Einmannwaffen mit einfachen Raketenabschußgestellen; aufwendiger sind komplexe, radargesteuerte Flugabwehrraketensysteme auf stationären oder landbewegl. Startanlagen (u.a. Fla-Rak-Panzer mit Ketten- oder Räderfahrgestell). Eine Sonderform der Boden-Luft-R. bilden die v.a. zur Abwehr der anfliegenden Gefechtsköpfe von ICBM in Entwicklung befindl. Antiraketenraketen (auch als Abfangraketen bezeichnet); entsprechende Waffen zur Bekämpfung von Kurz- und Mittelstreckenraketen sind in der längerfristigen Planung. **Luft-Luft-Raketen** werden von Jagdflugzeugen aus gegen Luftziele aller Art eingesetzt. Vor dem Abfeuern ermittelt ein Bordrechner die günstigste Schußposition und -entfernung. Nachdem die Rakete mit ungefährer Richtung auf das Ziel gestartet worden ist, steuert sie sich mit Hilfe eines Eigenlenksystems (Infrarot- oder Radarsuchzielkopf) ins Ziel. **Luft-Boden-Raketen** (›Stand-off missiles‹) werden von Flugzeugen zur Bekämpfung stehender oder fahrender Erd- oder Seeziele (daher auch ›Luft-Schiff-R.‹) eingesetzt; sie bilden den wichtigsten Teil der Bewaffnung moderner Luftangriffsverbände. Die in Gebrauch stehenden Systeme besitzen überwiegend sehr große Reichweiten und ermöglichen es hierdurch dem Flugzeug, außerhalb des Abwehrbereichs um das Ziel bleiben zu können; man bezeichnet sie deshalb auch als ›Abstandswaffen‹. Neben konventionell bestückten Luft-Boden-R. (meist getragen von Jagdbombern) gibt es mit nuklearem Sprengkopf ausgestattete, aufgrund ihrer Antriebstechnik und Flugeigenschaften den Cruise-Missiles zugerechnete Flugkörper. ›Short-range attack missile‹ (SRAM; mit Atomsprengkopf) ist speziell zur Ausschaltung der gegner. Flugabwehreinrichtungen konstruiert. Waffenplattformen hierfür sind mittlere und schwere Bomber.

K.-H. OTTO: Fla-Raketen (Berin-Ost 1985); Flugkörper u. Lenkraketen, hg. v. T. BENECKE u.a. (1987).

**Raketenwerfer,** Abschußgestell für militär. Raketen (Kaliber bis etwa 300 mm), meist als Mehrfachwerfer für bis zu 40 (ungelenkte) Raketen je Salve ausgeführt; aufgebaut auf geeigneten Fahrzeugen, z.B. Selbstfahrlafetten mit Rad- oder Kettenfahrwerk, oder als Zweiradlafette (Feld-R.) konstruiert. – R. kamen erstmals im Zweiten Weltkrieg zum Einsatz, auf dt. Seite die Nebelwerfer, auf sowjet. Seite die Stalinorgeln. Wichtigster R. der NATO ist derzeit das →Mittlere Artillerie-Raketen-System.

**Rakette,** Egon Helmuth, Schriftsteller, * Ratibor 10. 5. 1909; Verfasser v.a. schles. Heimatromane; Herausgeber bedeutender literar. Anthologien.

**Raki** [türk. rakı, von arab. 'araq ›Arrak‹] der, -(s)/-s, aus vergorener Rosinen- oder Feigenmaische (dann alkoholärmer) unter Zusatz von eingeweichten Aniskörnern (5–10 kg/100 l) destillierter Branntwein mit 43–50 Vol.-% Alkohol; wird meist mit Wasser verdünnt getrunken.

**Rakić** ['ra:kitɕ], Milan, serb. Lyriker, * Belgrad 18. 9. 1876, † Zagreb 30. 6. 1938; seit 1904 im diplomat. Dienst (u.a. Kopenhagen, Oslo, Rom); bedeutender Vertreter der serb. Moderne. Seine an den frz. Parnassiens und Symbolisten geschulten, sprachlich und formal vollendeten intellektuellen Gedichte sind von Melancholie und Pessimismus geprägt.

Ausgabe: Pesme (⁶1978).

**Rakka, Raqqa, Ar-R.,** Stadt in N-Syrien, Verw.-Sitz der Prov. R., 250 m ü. M., am Euphrat, (1981) 87 000 Ew.; Handelszentrum der Agrargebiete des syr. Jungsiedellands sowie für die Nomaden der Umgebung. Seit der Errichtung des Euphratstaudamms bei Tabqa (Bewässerungsfeldbau) hat die Stadt einen raschen Aufschwung genommen. – R. ist das griech. Nikephorion, das röm. Callinicos. Im 8. Jh. legten der abbasid. Kalif. MANSUR die Neustadt Ar-Rafika an (im 13. Jh. durch Mongolen zerstört); aus dieser Zeit stammen die Ruinen mehrerer Paläste, einer Moschee u.a. Bauten innerhalb der hufeisenförmigen Ziegelummauerung mit halbrunden Türmen und mit Toren; im 12. Jh. Produktionszentrum von Keramik in Lüster- und Unterglasurtechnik.

**Rákóczi** ['ra:ko:tsi], **R. von Felsövadász** ['fɛlʃøvɔda:s], ungar. Adelsgeschlecht, das 1756 im Mannesstamm ausstarb. – Bedeutende Vertreter:

**1) Franz I. (Ferenc I.),** designierter Fürst von Siebenbürgen (seit 1652), * Karlsburg 24. 2. 1645, † Makovicza 8. 7. 1676, Sohn von 4), Vater von 2); konnte wegen des Einspruchs der Pforte die Reg. nicht antreten; konvertierte zum Katholizismus, nahm 1670/71 mit seinem Schwiegervater P. ZRÍNYI an der Wesselényischen Verschwörung gegen LEOPOLD I. teil.

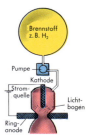

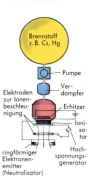

**Raketentriebwerk:** Elektrische Raketentriebwerke (schematische Darstellung); OBEN Elektrothermisches Raketentriebwerk, UNTEN Elektrostatisches Raketentriebwerk

**2) Franz II. (Ferenc II.),** Fürst von Siebenbürgen (1704–11), * Borsi 27. 3. 1676, † Rodosto (heute Tekirdağ) 8. 4. 1735, Sohn von 1); bereitete mit frz. Unterstützung von Polen aus einen Aufstand gegen die zentralist. Politik LEOPOLDS I. vor und suchte nach 1703 die Unabhängigkeit Siebenbürgens, die Ständeselbstverwaltung Ungarns und die Garantie der Glaubensfreiheit zu erkämpfen. Die 1707 vom Landtag in Ónod proklamierte Absetzung des Hauses Habsburg konnte militärisch nach der Niederlage bei Trentschin (Trenčín, 1708) nicht durchgesetzt werden, da die zugesagte frz., russ. und preuß. Waffenhilfe ausblieb. Während R. mit PETER D. GR. verhandelte, schloß sein Statthalter SÁNDOR Graf KÁROLYI (* 1668, † 1743) am 29. 4. 1711 den Frieden von Sathmar, den R. nicht anerkannte. R. setzte in der frz. (seit 1713) und türk. (nach 1717) Emigration erfolglos den Kampf gegen die habsburg. Herrschaft in Ungarn fort.

Werk: Mémoires sur la guerre de Hongrie depuis l'année 1703 jusqu'à sa fin (hg. 1739).

Ausgaben: Polit. Briefwechsel, in: Archivum Rákócziánum, hg. v. K. THALY u.a., Abt. 1, 12 Bde. (1873–1935); Confessiones et aspirationis principis christiani ... (1876).

B. KÖPECZI u. A. VÁRKONYI: II. R. Ferenc (Budapest ²1976).

**3) Georg I. (György I.),** Fürst von Siebenbürgen (seit 1630), * Szerencs 8. 6. 1593, † Karlsburg 11. 10. 1648, Vater von 4); kämpfte wie sein Vorgänger G. BETHLEN VON IKTÁR gegen Habsburg. Im Bündnis mit Schweden (seit 1643) und Frankreich (seit 1645) griff er in den Dreißigjährigen Krieg ein, sicherte sich von FERDINAND III. im Frieden von Linz (16. 12. 1645) sieben Komitate im östl. Oberungarn (heute Slowakei) und erreichte die Bestätigung der Religionsfreiheit in ganz Ungarn.

**4) Georg II. (György II.),** Fürst von Siebenbürgen (seit 1648), * Sárospatak 30. 1. 1621, † Großwardein 7. 6. 1660, Sohn von 3), Vater von 1); erzwang 1653 von der Pforte die Anerkennung seiner Oberherrschaft über die Fürstentümer Moldau und Walachei.

**Ráko** Rákosi – Rallen

In der Erwartung, zum poln. König gewählt zu werden, griff er trotz eines türk. Vetos im Bund mit den Kosaken und KARL X. GUSTAV von Schweden 1657 in den 1. Nord. Krieg ein, wurde nach einer Niederlage abgewählt (3. 11. 1657) und starb an den Folgen einer Verwundung, die er bei der Abwehr einer türk. Strafexpedition am 1. 6. 1660 in der Schlacht von Gyula (bei Floreşti) erhalten hatte.

**Rákosi** ['raːkoʃi], Mátyás, ungar. Politiker, * Ada 9. 3. 1892, † Gorkij (UdSSR) 5. 2. 1971; Mitgl. der KP, in der ungar. Räterepublik (1919) Volkskommissar, 1921–24 Sekr. der Komintern, zw. 1925 und 1940 in Ungarn meist inhaftiert, 1940 in die UdSSR entlassen. 1944 zurückgekehrt, baute er die ungar. KP neu auf (GenSekr. seit 1945). Gestützt auf die sowjet. Armee, zwang er die ungar. Sozialdemokratie, sich mit den Kommunisten unter seiner Führung 1948 zur ›Partei der ungar. Werktätigen‹ zusammenzuschließen. R. hatte entscheidenden Anteil an der Umwandlung Ungarns in einen kommunist. Staat nach volksdemokrat. Muster. Er hielt dabei durch Säuberungen und Schauprozesse die Partei- und Staatsführung auf einer streng an der sowjet. (STALIN) angelehnten Linie. 1952–53 war er auch MinPräs. 1956 seiner Ämter enthoben, ging er in die UdSSR. 1962 wurde er aus seiner Partei ausgeschlossen.

Mieczysław Rakowski

**Rakọwski, 1)** Georgi Stojkow, bulgar. Freiheitskämpfer, Publizist und Schriftsteller, * Kotel (Gebiet Burgas) April 1821, † Bukarest 21. 10. 1867; eine der führenden Persönlichkeiten der bulgar. Befreiungsbewegung gegen die Türken; Lehrer in Bräila, wirkte auch in der Organisation der makedon. Aufstandsbewegung. 1845 zum Tode verurteilt, floh er nach Marseille und lebte nach 1848 zunächst in Athen. 1857 gründete er in Novi Sad eine bulgar. Druckerei, stellte 1861 in Belgrad die erste bulgar. Legion auf und versuchte 1862, die Haiduken zum Kampf gegen die Türken zu veranlassen. R.s literar. Hauptwerk, ›Gorski pătnik‹ (1857; dt. ›Der Bergwanderer‹), ist ein patriotischpathet. Poem im Sinne der revolutionären Romantik; daneben veröffentlichte er histor., folklorist. und philolog. Werke und sammelte Volkslieder.
V. TRAJKOV: G. S. Rakovski (Sofia 1974).

**2)** Mieczysław, poln. Politiker, * Kowalewko (Wwschaft Bydgoszcz) 1. 12. 1926; Journalist, trat nach dem Zweiten Weltkrieg der kommunist. Poln. Vereinigten Arbeiterpartei (poln. Abk. PZPR) bei. 1958–82 Chefredakteur der Wochenzeitung ›Polityka‹. Als Inhaber von Staatsämtern (u. a. stellv. MinPräs., 1981–85, und Vize-Präs. des Sejm, 1985–88) und Parteifunktionen (Mitgl. des ZK seit 1975, Mitgl. des Politbüros seit 1987, Sekr. des ZK der PZPR seit 1988) unterstützte R. die Politik von W. JARUZELSKI. Von Sept. 1988 bis Juli 1989 war R. MinPräs.; im April 1989 willigte er in die Wiederzulassung der 1981 verbotenen Gewerkschaftsorganisation ›Solidarność‹ ein. Unter seiner Führung (seit Juli 1989) wandelte sich die PZPR im Jan. 1990 in die ›Sozialdemokratie der Republik Polen‹ (SDRP) um.

Sir Walter Raleigh
(Kupferstich nach einem zeitgenössischen Ölgemälde)

**Raku-yaki** das, -(s), japan. Keramik, benannt nach dem Ehrennamen Raku des vermutlich korean. Töpfers CHŌJIRŌ (†1592). R.-y. wird ohne Töpferscheibe aus schamottiertem Ton von Hand geformt. Die dickwandigen Gefäße werden unregelmäßig mit meist mehrfarbigen (Hauptfarben Rot und Schwarz) Bleiglasuren überzogen und sind aufgrund ihres ›archaischen‹ Aussehens v. a. für die Teezeremonie beliebt. Die spezielle R.-y.-Technik mit einem Reduktionsbrand wird heute auch in Europa angewendet.

**RAL,** Abk. für **R**eichs**a**usschuß für **L**ieferbedingungen (→ Gütezeichen).

**Raleigh** ['rɔːlɪ], Hauptstadt des Staates North Carolina, USA, auf dem Piedmontplateau, (1988) 186 700 Ew.; die Metrop. Area R.-Durham hat 683 500 Ew.; kath. und methodist. Bischofssitz; Shaw University (gegr. 1865), Zweig der University of North Carolina, Museen. Die Gründung (1960) des ›Research Triangle Park‹ (fast 4 000 km² Fläche mit High-Tech-Forschungseinrichtungen, bes. für Halbleiter- und Biotechnologie) führte zur Ansiedlung zahlreicher neuer industrieller Produktionsstätten außerhalb des Forschungsgeländes. – R. wurde 1792 als Hauptstadt von North Carolina gegründet. – Das State Capitol wurde 1833–40 nach einem Brand (1831) in neuklassizist. Stil wiederaufgebaut.

**Raleigh** ['rɔːlɪ, 'rɑːlɪ, 'rælɪ], **Ralegh,** Sir (seit 1585) Walter, engl. Seefahrer, Entdecker und Schriftsteller, * Hayes Barton (Cty. Devon) 1554 (?), † (hingerichtet) London 29. 10. 1618; war als Günstling ELISABETHS I. von England durch seine zahlreichen Raub- und Entdeckungsfahrten nach Übersee ein Vorkämpfer der engl. Seeherrschaft gegen Spanien. 1600 wurde er Gouv. der Kanalinsel Jersey. Unter JAKOB I. wegen Hochverrats ab 1603 im Tower inhaftiert, verfaßte er eine bis ins 1. Jh. v. Chr. reichende Weltgeschichte (›The history of the world‹, 1614). 1616 freigelassen, jedoch nicht begnadigt, unternahm er eine Fahrt nach Guayana, wo es zu Kämpfen mit den Spaniern kam. Daraufhin wurde er nach Intervention des span. Gesandten, Graf GONDOMAR, im Interesse der spanienfreundl. Politik JAKOBS I. hingerichtet. – R. schrieb auch Essays und z. T. panegyr. Versdichtungen (berühmt ist sein Einführungssonett zu E. SPENSERS ›The Faerie queene‹, 2 Tle., 1590–96).
**Ausgabe:** The history of the world, hg. v. C. A. PATRIDES (1971).
R. LACEY: Sir W. Ralegh (London 1973).

**Rạlf** [aus altisländ. Raðulfr oder ahd. Radolf, zu ahd. rat ›Ratgeber‹ und wolf ›Wolf‹], **Rạlph,** aus dem Englischen übernommener männl. Vorname.

**Rạlikgruppe,** Gruppe der → Marshallinseln.

Raku-yaki:
Teeschale; 18. Jh.
(Privatbesitz)

**Rallen** [von frz. râles, wohl eigtl. ›die Schnarrenden‹ (nach dem Ruf)], **Rạllidae,** Familie der Kranichvögel, die mit etwa 140 star- bis reichlich huhngroßen Arten weltweit verbreitet ist. Das Gefieder der R. hält sich in dunklen oder gedeckten Farben, manchmal, z. B. bei den Purpurhühnern, herrschen intensive Blau-, Violett- und Grüntöne vor. Oft sind Beine und Schnabel samt einer Stirnplatte auffällig gefärbt. R. leben v. a. in dichter Vegetation sowohl an Gewässern wie auf dem Trockenen. Schmaler Körper und langzehige, sehr bewegl. Füße erlauben hier eine geschickte Fortbewegung. Ihr Flug wirkt ungeschickt, kann aber recht ausdauernd sein. Viele auf Inseln lebende Arten sind flugunfähig geworden. Alle R. können schwimmen. Die etwas rundlicheren **Bläßhühner,** deren Zehen Schwimmlappen tragen, sind bes. eng ans Wasser gebunden, man stellt sie als eigene Unterfamilie (Fulicinae) mit rd. zehn Arten den übrigen R. (Rallinae) gegenüber. Manche Arten ernähren sich

Rallen:
Bläßhuhn (Fulica atra; Größe 38 cm)

rein vegetarisch, doch ist das Nahrungsspektrum i. a. sehr breit und kann selbst Vögel und Säuger umfassen; die flugunfähige **Weka-R.** (Gallirallus australis) auf Neuseeland überwältigt sogar Ratten.

Die Nester stehen gut versteckt in dichten Pflanzenbeständen, gelegentlich aber auch auf Bäumen, diejenigen der Bläßhühner verhältnismäßig offen an Gewässern. Das an Seen der Anden lebende **Rüsselbläßhuhn** (Fulica cornuta) baut im Wasser einen Sokkel aus Steinen, der als Nestfundament dient. Die meisten scheinen durchen Jungen sind zwar Nestflüchter, doch halten sie sich, v. a. in den ersten Tagen, sehr viel im Nest auf.

In Dtl. brüten Wasser-R. (Rallus aquaticus), Tüpfelsumpfhuhn (Porzana porzana), das Kleine Sumpfhuhn (Porzana parva), Zwergsumpfhuhn (Porzana pusilla), Wachtelkönig (Crex crex), Teichhuhn (Gallinula chloropus) und Bläßhuhn (Fulica atra); häufig sind nur die beiden letztgenannten.

**Rallenkraniche, Aramidae,** Familie der Kranichvögel, die nur aus einer in den Tropen und Subtropen Amerikas lebenden Art, dem **Rallenkranich** (Aramus scolopaceus), besteht. Er lebt an Gewässern und ernährt sich hauptsächlich von Schnecken.

**rallentando** [italien. ›nachlassend‹, Abk. **rall.** oder **rallent.,** auch **allentando,** musikal. Vortragsbez.: langsamer werdend.

**Rallidae,** die → Rallen.

**Ralliement** [rali'mã; frz. ›Wiederversammlung‹] *das, -s,* die von Papst Leo XIII. seit 1887 propagierte und von seinem Staatssekretär M. Rampolla vorbereitete Politik der Annäherung des frz. Katholizismus an die Republik unter Verzicht auf die Forderung der Wiederherstellung der Monarchie. Ziel der R.-Politik war die Schaffung eines breiten konservativen Bündnisses zur ›Rechristianisierung der Gesetzgebung‹, verbunden mit der Hoffnung auf eine R. Unterstützung bei der Wiederherstellung des Kirchenstaates (Römische Frage). Trotz einer vorübergehenden Entspannung des Verhältnisses zw. Staat und Kirche scheiterte die R.-Politik Leos XIII. an der mangelnden Geschlossenheit der frz. Katholiken.

J. Piou: Le r., son histoire (Paris 1928); A. Sedgwick: The R. in French politics 1890–1898 (Cambridge, Mass., 1965).

**Rallis,** Georgios, griech. Politiker, * Athen 26. 12. 1918; Rechtsanwalt, war zunächst Mitgl. der Sammlungsbewegung des Marschalls A. Papagos, schloß sich 1956 der Nationalradikalen Union an, 1961–63 Innen-Min. In der Zeit der Militärdiktatur (1967–74) mehrfach in Haft; nach deren Sturz Innen-Min. (1974). Er wurde Mitgl. der neugegründeten ›Neuen Demokratie‹. 1974–77 Min. im Amt des MinPräs., 1978–80 Außen-Min., 1980–81 Ministerpräsident.

**Rally** ['ræli; engl.] *die, -/-s,* Bez. für einen meist kurzen, aber starken Kursanstieg an der Börse (›Kurserholung‹).

**Rallye** ['rali; frz., zu rallier ›wieder (ver)sammeln‹] *die, -/-s,* schweizer. *das, -s/-s,* auch **Rally** ['ræli; engl.], früher **Sternfahrt,** Automobilwettbewerb in einer oder mehreren Etappen mit versch. Sonderprüfungen, oft von mehreren Startorten über unterschiedl. Strecken zum Zielort geführt. Neuerdings werden R. vielfach aus Umweltschutz- und aus Sicherheitsgründen auf Renn- oder sonstigen geschlossenen Strecken gefahren. Neben nat. Meisterschaften wird eine Weltmeisterschaft mit Fahrer- und Markenwertung ausgefahren. Die älteste R. ist die R. Monte Carlo.

**RALU** [Abk. von engl. Registers and arithmetic and logic unit], *Datenverarbeitung:* ein mikroelektron. Baustein, der die Operationseinheit und die Register zur schnellen Zwischenspeicherung bei einem Mikrocomputer enthält.

**Ram,** Shi Jagjivan, ind. Politiker, * Arrah (Bihar) 5. 4. 1908, † Delhi 6. 7. 1986; aus der Kaste der Unberührbaren; Gründer und langjähriger Führer der ›Allind. Liga der unterdrückten Klassen‹, seit der Unabhängigkeit Indiens (1947) an fast allen Reg. der Ind. Union beteiligt (u. a. 1970–74, 1977–79 Verteidigungs-Min.), 1969–74 Vors. des Ind. Nationalkongresses, führte 1979–80 die Janata-Partei.

**RAM** [Abk. von engl. **R**andom-**a**ccess **m**emory ›Speicher mit wahlfreiem Zugriff‹], *Datenverarbeitung:* Bez. für gewisse Arten von →Speichern, die auf zwei prinzipiell voneinander unabhängige Eigenschaften abheben: 1) **Direktzugriffsspeicher,** Speicher mit wahlfreiem, d. h. beliebigem Zugriff auf die einzelnen Speicherzellen bzw. gespeicherten Informationseinheiten (z. B. Wort, Block, Record). Dabei hängt die Zugriffszeit nicht von der Reihenfolge des Zugriffs ab. In diesem Sinn wird die Bez. meist auf Externspeicher angewendet, z. B. den Magnetplattenspeicher. Da bei diesem die Zugriffszeit aber nicht ganz unabhängig von der jeweiligen Position des Schreib-Lese-Kopfes ist, wird ein solcher Speicher auch als Quasi-RAM bezeichnet. 2) **Schreib-Lese-Speicher,** Speicher, die nicht nur gelesen, sondern auch beschrieben werden können. I. d. R. wird auch hierbei wahlfreier Zugriff unterstellt, und so verstanden wird die Bez. meist im Zusammenhang mit Halbleiterspeichern verwendet, insbesondere dann, wenn es sich dabei um den Haupt- oder Arbeitsspeicher handelt; mit der Bez. RAM ist daher häufig der Arbeitsspeicher gemeint. Das Halbleiter-RAM ist, im Ggs. zum →ROM, ein flüchtiger Speicher, d. h., beim Abschalten der Betriebsspannung geht die gespeicherte Information verloren, sofern dagegen keine besonderen Maßnahmen getroffen wurden. Unabhängig hiervon unterscheidet man zw. dem dynam. und dem stat. RAM. Das **dynamische RAM** verliert auch unter Betriebsspannung seine Information, wenn nicht regelmäßig ein **Refresh-Zyklus** durchgeführt wird; bei diesem wird die vorhandene Information ausgelesen und erneut eingeschrieben. Dynam. RAM sind immer in MOS-Technik ausgeführt, da sie haben gegenüber den stat. den Vorzug größerer Speicherkapazität je Chip (größere Speicherdichte). Das **statische RAM** behält bei anliegender Spannung seine Information ohne Taktung. Seine Zellen zur Speicherung je eines Bit sind Flipflops, so daß es insgesamt sowohl in Bipolartechnik als auch in MOS-Technik aufgebaut sein kann. Zur Verwendung in Mehrprozessorsystemen wurde das **Zweitor-RAM** (engl. Dualport RAM) entwickelt, ein RAM mit zwei Zugängen, auf das zwei Prozessoren zum Lesen gleichzeitig zugreifen können.

**Rama,** offizieller Titel der thailänd. Könige aus der noch heute regierenden Chakridynastie, z. B. Rama IX. (→Bhumibol Adbuljadeh).

**Rama** [hebr. ›die Höhe‹], im A. T. häufiger Ortsname, z. B.: 1) des Heimatortes von Samuel (1. Sam. 1, 1), griech. Arimathia, wahrscheinlich das heutige Rantis, nordöstlich von Lod; 2) eines judäisch-israelit. Grenzortes im Gebiet des Stammes Benjamin (1. Kön. 15, 17 ff.), 8 km nördlich von Jerusalem, heute Ram.

**Rama** *die,* rechter Nebenfluß der Neretva in der Herzegowina. Nach der R. nannten sich die bosn. Herrscher seit 1138 zeitweilig ›rex Ramae‹ und bezeichneten nach 1180 ihr Gebiet als ›terra Ramae‹; seit 1405 wurde das ›regnum nostrum Ramae seu Bozne‹ ausdrücklich mit Bosnien gleichgesetzt.

**Rama, Ramanchandra** [-tʃandra; Sanskrit], Held des altind. Kunstepos →Ramayana, später vergöttlicht und heute eine der Hauptgottheiten der Hindus. R. gilt als die siebte Inkarnation (Avatara) Vishnus und repräsentiert wegen seiner moral. und eth. Vollkommenheit den idealen Herrscher. – Als **Balarama** ist er der ältere Halbbruder Krishnas.

Rallenkraniche: Aramus scolopaceus (Größe etwa 59 cm)

Paul Ramadier

Sir Chandrasekhara Venkata Raman

**Ramadan** [arab. ›der heiße Monat‹] *der, -(s),* der neunte Monat des islam. Mondjahres, der Fastenmonat, in dem den Muslimen vom Morgengrauen bis zum Sonnenuntergang jeder leibl. Genuß wie Essen, Trinken, Rauchen untersagt ist. Zur Nachtzeit finden vielfach Festlichkeiten und religiöse Andachten statt, die ihren Höhepunkt am 27. R. in der ›Nacht der göttl. Macht‹ (Lailat al-Kadr), in der der Koran zur Erde herabkam, finden. Die Fastenzeit wird mit dem Fest des Fastenbrechens (Bairam, →Festtage) am 1. und 2. Schauwal beendet.
K. LECH: Das Ramaḍān-Fasten (1979).

**Ramadi,** Stadt in Irak, Verw.-Sitz der Prov. Anbar, am rechten Ufer des Euphrat, (1985) 137 400 Ew.; Zentrum einer landwirtschaftl. Umgebung mit Bewässerungsfeldbau und Dattelpalmenhainen (Stauwehr im Euphrat); wichtige Etappenstation der Straßen durch die Syr. Wüste. Südöstlich von R. der Habbaniya-See.

**Ramadier** [rama'dje], Paul, frz. Politiker, * La Rochelle 17. 5. 1888, † Rodez 14. 10. 1961; Jurist; ab 1928 sozialist. Abg., ab 1933 für die Union Socialiste Républicaine; 1938 Arbeits-Min. 1940 stimmte er gegen die Übertragung der Vollmachten an Marschall P. PÉTAIN; schloß sich der Résistance an. 1944–58 erneut Abg., mehrfach Min. (1944–45 Ernährung, 1946–47 Justiz, 1948 Staat, 1948–49 Verteidigung, 1956–57 Finanzen). Als MinPräs. (Jan.–Nov. 1947) schloß R. im Mai 1947 unter dem Eindruck wachsender Ost-West-Spannungen und wegen des Abweichens des PCF von der Kabinettspolitik die Kommunisten aus der Reg. aus und löste damit die ›tripartist.‹ Koalition (Sozialisten, Kommunisten, Christdemokraten) durch eine Reg.-Mehrheit der ›dritten Kraft‹ (gegen Kommunisten und Gaullisten) ab. Er setzte die Beteiligung Frankreichs am Marshallplan durch; als Staats-Min. hatte R. im Juli/Aug. 1948 Anteil an der frz. Initiative für eine europ. Föderation, die 1949 zur Gründung des Europarats führte.

**Ramage** [ˈræmɪdʒ; engl., eigtl. ›Geäst‹, zu lat. ramus ›Zweig‹] *die* oder *das, -/-s, Ethnosoziologie:* eine der →Lineage ähnl. Abstammungsgruppe, bei der die väterl. wie die mütterl. Abstammungslinie für die Zugehörigkeit maßgebend sein kann.

**Ramakrishna** [-ʃna], eigtl. **Gadadhar Chatterji** [ˈtʃætədʒi] oder **Gadadhar Chattopadhyaya** [tʃatopaˈdjaːja], hinduist. Reformer, * Kamarpukur (Bengalen) 18. 2. 1834, † Kalkutta 16. 8. 1886; kam zwanzigjährig als Sohn eines verarmten Brahmanen nach Kalkutta und wurde Priester der Kali. Visionen der Göttin führten zu einer frühen Anerkennung seiner Heiligkeit. R. suchte seinen Weg zu Gott durch intensive Liebe und Hingabe (Bhakti). Nachdem er zu der Erkenntnis gelangt war, die Einheit mit dem ewigen Brahman erreicht zu haben, verbreitete er mündlich eine der Philosophie des Vedanta nahestehende Lehre, die sich an die Ethik der ›Bhagavadgita‹ anlehnt und davon ausgeht, daß alle Religionen den Menschen zur letzten Gotteswirklichkeit führen können. Die für die Neubelebung des Hinduismus wichtige Botschaft R.s wurde von der R.-Mission auch außerhalb Indiens verbreitet.
C. ISHERWOOD: R. and his disciples (London 1965); S. LEMAÎTRE: Ramakrischna in Selbstzeugnissen u. Bilddokumenten (a. d. Frz., 16.–18. Tsd. 1976); D. G. MUKERJI: Das Antlitz des Schweigens (a. d. Engl., Neuausg. 1988).

**Ramakrishna-Mission** [-ʃna-], von VIVEKANANDA 1897 begründete Ordensgemeinschaft des Hinduismus, die auf dem Wirken des RAMAKRISHNA aufbaut. Während in Indien neben einer Erneuerung des Hinduismus der soziale Dienst am Mitmenschen im Vordergrund steht, bemüht sich die R.-M. in den USA und in Europa um die Verbreitung einer dem Westen angepaßten Form der Vedanta-Philosophie. Neben dem Hauptsitz Belur (bei Haora) führt die R.-M. in Indien etwa 200 weitere Klöster.
HANS-P. MÜLLER: Die Rāmakrishna-Bewegung (1986).

**Ramalho Ortigão** [raˈmaʎu ɔrtiˈɣɐ̃u], José Duarte, portug. Schriftsteller, →Ortigão, José Duarte Ramalho.

**Ramalina** [zu lat. ramus ›Ast‹], **Astflechte,** rd. 200 Arten umfassende Gattung der Bartflechten mit meist abgeflachtem, mehr oder weniger bandartigem Thallus. In Dtl. kommen die Arten **R. fraxinea** (mit beiderseits glänzendem, netzig-grubigem Thallus und hellgelben Apothezien; an der Rinde von Laubbäumen) und die strauchige **R. farinacea** (mit spitz ausgezogenen Thalluslappen; an der Rinde von Laub- und Nadelbäumen sowie an Sträuchern) vor.

**Ram Allah,** Stadt im Westjordanland, 870 m ü. M., im Bergland von Judäa, etwa 12 000 Ew. (zur Hälfte Christen), zus. mit der Nachbarstadt **Al-Bira** 25 000 Ew.; Lehrerseminar; bis 1967 Sommerfrische für Touristen aus arab. Ländern.

**Raman,** Sir (seit 1929) Chandrasekhara Venkata, ind. Physiker, * Trichinopoli (heute Tiruchirapalli) 7. 11. 1888, † Bangalore 21. 11. 1970; zunächst Beamter, ab 1911 Prof. in Kalkutta und Bangalore (seit 1948 Sitz des **R. Research Institute**), Präs. der Ind. Akademie der Wissenschaften; Beiträge zur Schwingungstheorie von Saiten und Saiteninstrumenten; für seine Arbeiten zur Streuung von Licht und Röntgenstrahlen (→Raman-Effekt) erhielt er 1930 den Nobelpreis für Physik. Befaßte sich auch mit der Physiologie des Sehens, v. a. der Farbwahrnehmung.

**Ramanantsoa,** Gabriel, madegass. General und Politiker, * Antananarivo 13. 4. 1906, † Paris 9. 5. 1979; seit 1961 General, war 1960–72 Generalstabschef der Armee. 1972 wurde er – nach militanten Demonstrationen gegen die Regierung – Premier-Min. und verkündete ein Reformprogramm. Er löste Madagaskar aus seinen Bindungen v. a. zu Frankreich. Im Okt. 1972 übernahm er auch das Amt des Staatspräs.; 1975 zwangen ihn radikale jüngere Offiziere zum Rücktritt.

**Raman-Effekt, Smekal-Raman-Effekt,** die von A. G. S. SMEKAL 1923 vorausgesagte und 1928 von C. V. RAMAN nachgewiesene unelast. Streuung von →Photonen an Materie; das Streuspektrum von mit monochromat. Licht bestrahlten chem. Verbindungen, Flüssigkeiten und Festkörpern weist neben der Linie aus der elast. Streuung bei der Frequenz $\omega_0$ des einfallenden Lichts (Rayleigh-Streuung) noch die sogenannten **Raman-Linien** bei den Frequenzen $\omega_0 \pm \omega$ auf. $\omega$ ist eine Schwingungs- oder Rotationsfrequenz des streuenden Moleküls, in der Festkörperphysik eine Eigenfrequenz der Gitterschwingungen des Kristalls bzw. des entsprechenden →Phonons. Dabei spricht man von **Raman-Streuung,** wenn opt. Phononen, von →Brillouin-Streuung, wenn akust. Phononen am Streuprozeß beteiligt sind.

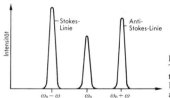

**Raman-Effekt:** Typisches Spektrum bei der Raman-Streuung an Kristallen

Im Ggs. zur Rayleigh-Streuung werden beim R.-E. Energie und Impuls zw. dem einfallenden Photon und dem streuenden Medium ausgetauscht. Gestreutes Licht der Frequenz $\omega_0 - \omega$ (**Stokes-Linie**) erhält man, wenn das Photon Energie auf den Streupartner überträgt, d. h. das Molekül anregt oder ein Phonon im Kristall erzeugt. Ist das Streumedium bereits angeregt (z. B. thermisch), kann es Energie abgeben, wobei die Anregung des Moleküls zerfällt oder ein Phonon vernichtet wird; das gestreute Photon hat dann die Frequenz $\omega_0 + \omega$ (**Anti-Stokes-Linie**). Neben diesem R.-E. erster Ordnung können auch (nebenrangige) R.-E. höherer Ordnung auftreten, bei denen mehrere Anregungszustände an der Wechselwirkung beteiligt sind, z. B. durch jeweilige Erzeugung und Vernichtung mehrerer Phononen (nichtlineare R.-E.). Die den R.-E. nutzende **Raman-Spektroskopie** dient zur Untersuchung komplizierter, v. a. organ. Moleküle und liefert Informationen über die Struktur und die Gitterschwingungen (z. B. die Dispersionsrelationen der Phononen) von Kristallen.

**Ramann,** Emil, Agrikulturchemiker und Bodenkundler, * Dorotheenthal (bei Arnstadt) 30. 4. 1851, † München 19. 1. 1926; ab 1890 Prof. an der Forstakademie Eberswalde und in München; Mitbegründer der modernen Bodenkunde.
Hauptwerk: Forstl. Bodenkunde u. Standortslehre (1893).

**Raman-Nath-Effekt,** die Mehrfachstreuung eines Photons (z. B. des Lichts) an den Phononen des Schallfelds (Ultraschall) eines Festkörpers; tritt dann auf, wenn die Wellenlänge $\lambda$ des Schallfelds genügend groß gegen die Wellenlänge $\Lambda$ des Lichts und die Dicke $d$ der vom Licht zu durchquerenden Ultraschallsäule genügend klein ist (**Raman-Nath-Gebiet**). Ist dagegen $\lambda^2/d < \Lambda$, so spricht man vom **Bragg-Gebiet** der Photon-Phonon-Wechselwirkung.

**Ramanuja** [-dʒa], ind. Philosoph und in S-Indien verehrter Vishnu-Heiliger, * Shriperumbudur um 1050, † Shrirangam 1137. Nach ausgedehnter Pilgerschaft wirkte er in Shrirangam. In seinem Hauptwerk ›Shribhasya‹, einem Kommentar zu den Brahmasutras (→ Vedanta), stellt er dem absoluten Monismus des SHANKARA seine Philosophie einer theist., ›eigenschaftsbehafteten Nichtzweiheit‹ entgegen. Höchstes Lebensideal ist die hingebungsvolle Liebe zu Vishnu (Bhakti). → indische Philosophie.
Ausgabe: La doctrine morale et métaphysique de Rāmānuja, übers. v. O. LACOMBE (1938).
A. HOHENBERGER: Rāmānuja. Ein Philosoph ind. Gottesmystik (1960).

**Ramanujan** [-dʒan], Srinivasa, ind. Mathematiker, * Erode 22. 12. 1887, † Chetput (bei Madras) 26. 4. 1920; Autodidakt, der in Madras und Cambridge (1914–19) wirkte, wohin er auf Einladung von G. H. HARDY gelangte; Fellow of the Royal Society (1918) und des Trinity College der Cambridge University. R. leistete wichtige Beiträge zur analyt. Zahlentheorie, u. a. zur Frage der Verteilung der Primzahlen und zur Summendarstellung natürl. Zahlen sowie zur Approximation der Kreiszahl $\pi$.
Ausgabe: Notebooks, 2 Bde. (1957).
S. R. RANGANATHAN: R. The man and the mathematician (London 1967).

**Ramapithecinen** [zu Rama, der Inkarnation Vishnus, und griech. píthekos ›Affe‹], **Ramapithecinae,** Unterfamilie fossiler Frühhominiden. V. a. die Art *Ramapithecus punjabicus* ist durch zahlreiche Zahn- und Kieferfragmente aus miozänen Schichten der indisch-pakistan. Siwaliks belegt; diese Fragmente zeigen bereits menschenähnl. Merkmalsbildungen, bes. hinsichtlich des kurzen, parabol. Zahnbogens. (→ Hominiden)

**Ramark** *der, -s/-s* [Abk. für engl. **Radar marker**], *Schiffahrt:* ein Funkfeuer (Radiobake), das ununterbrochen im Frequenzband zw. 9 320 und 9 500 MHz sendet. Auf dem Radarschirm eines Schiffes in der Reichweite des betreffenden R. erscheint eine vom Mittelpunkt zum Rand laufende Leuchtlinie. Dadurch kann die Radiobake angepeilt werden.

**Råmark** ['ro:-, schwed.] *der, -(s),* Bodentyp, → Rohboden.

**Rama's Bridge** ['rɑːməz brɪdʒ], Inselkette in S-Asien, → Adamsbrücke.

**Ramat Gan,** Stadt im östl. Vorortbereich von Tel Aviv-Jaffa, Israel, (1990) 115 000 Ew.; Bar-Ilan-Univ. (gegr. 1955); Diamantenbörse; Rosengarten, zoolog. Garten, Amphitheater; Textil- und Bekleidungsindustrie, Obst- und Gemüsekonservierung, Schokolade- und Tabakwarenfabrik. – R. G. wurde 1922 als Gartenvorstadt von Tel Aviv gegründet.

**Ramayana** [Sanskrit ›Ramas Lebenslauf‹], ind. Epos. Neben dem ›Mahabharata‹ ist das in sieben Büchern (Kandas) und 24 000 Doppelversen verfaßte R. das zweite große Epos der Inder. Als Autor gilt der myth. Weise Valmiki, der mit dem R. das erste Kunstgedicht (Karya) schuf. Den Inhalt des R. bildet das Leben des Rama. Seine Jugend wird im 1. Buch erzählt. Das 2. Buch berichtet von der Verbannung des rechtmäßigen Thronfolgers Rama aus seiner Hauptstadt Ayodhya. Er zieht mit seiner Frau Sita in den Wald, wo diese vom Dämonenfürsten Ravana entführt wird (3. Buch). Im 4. Buch verbündet sich Rama mit dem Affenkönig Hanuman, um Sita wiederzugewinnen. Den Inhalt des 5. Buches bildet die Schilderung Lankas, des Wohnortes des Ravana. Mit Hilfe der Affen besiegt Rama endlich in einem Kampf Ravana (6. Buch) und kehrt nach Ayodhya zurück. Der ›letzte Abschnitt‹ (7. Buch) erzählt die Geburt der Zwillinge Kusha und Lava, der Söhne Ramas und Sitas, und Sitas Tod.
Das heute vorliegende R. entwickelte sich über mehrere Jahrhunderte, wobei sich voneinander abweichende Rezensionen herausbildeten. Die ältesten Teile der Bücher 2–6 stammen aus dem 4./3. Jh. v. Chr. Die Bücher 1 und 7 wurden später hinzugefügt. Abgeschlossen wurde das R. vor dem ›Mahabharata‹ wohl im 2. Jh. n. Chr. Wie weit sein Inhalt histor. Ereignisse spiegelt, ist umstritten.
Der Stoff des R. wurde vielfach literarisch bearbeitet. Er findet sich bei den Jainas, in den buddhist. → Jatakas und in den Werken des BHAVABHUTI. Von den zahlreichen Fassungen in neuind. Sprachen sind v. a. das R. des KAMPAN in Tamil (12. Jh.) und das in Hindi (›Ramcaritmanas‹) von TULSIDAS hervorzuheben. Die Rama-Sage ist nicht nur in ganz Indien verbreitet, sondern – allerdings mit z.T. wesentl. Änderungen – im gesamten südostasiat. Raum.
Ausgabe: The R., übers. u. hg. v. M. N. DUTT, 7 Bde. (1891–94).
H. JACOBI: Das Râmâyana. Gesch. u. Inhalt nebst Concordanz der gedruckten Recensionen (1893, Nachdr. 1976); W. STUTTERHEIM: Rāma-Legenden u. Rāma-Reliefs in Indonesien, 2 Bde. (1925); W. RUBEN: Studien zur Textgesch. des R. (1936); S. SHANKAR RAJU NAIDU: A comparative study of Kamba Ramayanam and Tulasi Ramayanam (Madras 1971); S. A. SRIVINASAN: Studies in the Rāma story, 2 Bde. (Wiesbaden 1984); WILLIAM L. SMITH: Rāmāyaṇa traditions in eastern India: Assam, Bengal, Orissa (Stockholm 1988); Rāmāyaṇa and Rāmāyaṇas, hg. v. M. THIEL-HORSTMANN (Wiesbaden 1991).

**Ramazzini,** Bernardino, italienischer Mediziner, * Carpi 5. 11. 1633, † Padua 5. 11. 1714; ab 1682 Prof. in Modena, ab 1700 in Padua; gilt mit seiner Schrift ›De morbis artificum diatriba‹ (1700; dt. ›Abhandlung von den Krankheiten der Künstler und Handwerker‹, 2 Bde.), dem ersten Lehrbuch um Gewerbekrankheiten, als Begründer der Arbeitsmedizin.

**Ramberg, 1)** Arthur Georg, Freiherr von, Maler, Lithograph und Zeichner, * Wien 4. 9. 1819, † München 5. 2. 1875, Großneffe von 2); war 1860–66 Prof. der Kunstschule in Weimar, ab 1866 der Akademie in München. Unter dem Einfluß der niederländ. Malerei des 17. Jh. schuf R. Genre- und Historienbilder, ferner Illustrationen.
**2)** Johann Heinrich, Maler und Zeichner, * Hannover 22. 7. 1763, † ebd. 6. 7. 1840, Großonkel von 1);

Srinivasa Ramanujan

Bernardino Ramazzini

**Ramb** Rambert – Rameau

**Johann Heinrich Ramberg:** Abschied der Marie; 1794 (Hannover, Niedersächsisches Landesmuseum)

**Rambutan:** Früchte

war nach Studien in London (J. REYNOLDS, F. BARTOLOZZI) ab 1792 Hofmaler in Hannover. Er malte Allegorien, Porträts und Genrebilder und zeichnete nach engl. Vorbild satirisch-zeitkrit. Blätter und Karikaturen; v. a. aber schuf er Illustrationen (u. a. zu Werken von BOCCACCIO, J. DE LA FONTAINE, C. M. WIELAND).
F. FORSTER-HAHN: J. H. R. als Karikaturist u. Satiriker (1963).

**Rambert** ['ræmbət], Dame (seit 1962) Marie, eigtl. **Myriam Ramberg**, brit. Tänzerin poln. Herkunft, * Warschau 20. 2. 1888, † London 12. 6. 1982; arbeitete 1912/13 zus. mit VACLAV NIJINSKIJ an der Urauff. von I. STRAWINSKYS ›Sacre du printemps‹ für die Ballets Russes, gründete 1920 eine Ballettschule in London, aus der 1926 ein Ensemble hervorging (1935–87 ›Ballet R.‹), die heutige R. Dance Company.

**Rambla** [arab.-span.] die, -/-s, 1) *Bodenkunde:* Bodentyp, Rohboden auf jungen, dürftig bewachsenen Flußauen.
2) *Geomorphologie:* trockenes Flußbett, das nur nach starken Regenfällen Wasser führt. In den Städten NO-Spaniens (z. B. Barcelona) sind über oder entlang solcher R. häufig breite Straßen und Promenaden – ebenfalls R. genannt – angelegt worden, wobei der Fluß selbst kanalisiert, abgeleitet oder ganz ausgetrocknet ist.

**Rambouillet** [rãbu'jɛ], Stadt im Dép. Yvelines, Frankreich, südwestlich von Paris, (1990) 25 400 Ew.

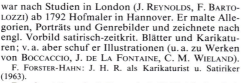

**Rambouillet:** Großer Saal mit künstlicher Grotte in der ›Laiterie de la Reine‹; 1758

Der über 13 000 ha große Staatswald **Forêt de R.** ist Ausflugs- und Erholungsgebiet der Region Paris. – Das Schloß (14. Jh.) wurde 1783 von LUDWIG XVI. gekauft und ausgebaut (heute z. T. Museum mit Mobiliar, Wandteppichen und Wandvertäfelungen des 18. Jh.); weitläufiger Park (18. Jh.) mit Kanälen und der Meierei der Königin MARIE-ANTOINETTE (›Laiterie de la Reine‹; 1758 erbaut); heute ist das Schloß Sommerresidenz des frz. Staatspräsidenten.

**Rambouillet** [rãbu'jɛ], Catherine **de Vivonne** [də vi'vɔn], Marquise de, * Rom um 1588, † Paris 2. 12. 1665. In ihrem Pariser Salon im Hôtel de R. (1610–65, Glanzzeit 1630–45), dem mondänen Treffpunkt von Dichtern, Gelehrten und Aristokraten (Madame DE SÉVIGNÉ, Madame DE LA FAYETTE, Mademoiselle DE SCUDÉRY), dem Modell für alle späteren Salons, wurde die Mode der Preziosität (→ preziöse Literatur) als Lebens- und Literaturstil lanciert und eine feminine, raffiniert-exklusive Salonkultur begründet, deren galant-ritueller Charakter sich in der aus ihr hervorgehenden Poesie (V. VOITURE, I. DE BENSERADE) spiegelt.

**Rambouilletschaf** [rãbu'jɛ-], nach der frz. Stadt Rambouillet benannte Rasse feinwolliger Hausschafe (z. T. hornlos), die vermutlich aus einer Kreuzung zwischen span. Merinoschafen und einer örtl. Landrasse hervorgegangen ist. R. werden wegen ihrer Widerstandsfähigkeit gegen Trockenheit und Hitze heute bevorzugt in den Trockengebieten der USA (v. a. als Fleischschafe) gehalten.

**Ramboux** [rã'bu], Johann Anton, Maler, Lithograph und Bildrestaurator, * Trier 5. 10. 1790, † Köln 2. 10. 1866; schloß sich nach Studien in Paris (1808–12 bei J.-L. DAVID) in Rom (ab 1816) den Nazarenern an. Er schuf Porträts, heim. und italien. Landschaften (bes. aquarellierte Zeichnungen), religiöse Darstellungen und italien. Volksszenen sowie Aquarellkopien nach Fresken des 13.–16. Jh. (als graph. Folge erschienen 1853–58). Ab 1844 war R. Konservator der Wallrafschen Sammlung in Köln.
E. ZAHN: J. A. R. (1980).

**Rambutan** [malaiisch] der, -(s), **Nephelium lappaceum,** indomales. Seifenbaumgewächs; großer Baum mit Fiederblättern, in Rispen stehenden Blüten und pflaumengroßen, dicht mit langen, weichen Stacheln besetzten eßbaren Früchten.

**Ramdas, Ramadasa,** religiöser Führer der Marathen, * bei Hyderabad 1608, † 1681. Nach zehnjähriger Askese und Wanderungen durch ganz Indien gründete R. (›Diener des Rama‹) 1648 einen Ramakult. Er stiftete zahlreiche hinduist. Klöster und übte großen geistigen Einfluß aus (Freund des Nationalhelden der Marathen, SHIVAJI). R. lehrte eine auf Persönlichkeitsentwicklung in Verbindung mit der Erfüllung sozialer und polit. Pflichten gerichtete Religion. Von der im 17. Jh. weit über Indien verbreiteten Sekte der Ramdasis bestehen heute nur noch unbedeutende Reste. Das wichtigste literar. Werk des R. ist sein ›Dasabodha‹ (›Erweckung der Gottesdiener‹).

**Ramdohr,** Paul Georg Karl, Mineraloge und Petrograph, * Überlingen 1. 1. 1890, † Weinheim 8. 3. 1985; ab 1926 Prof. in Aachen, ab 1934 in Berlin, ab 1951 in Heidelberg. R. veröffentlichte grundlegende Arbeiten über die Bildung und Eigenschaften der Erzminerale und Erzlagerstätten. Er schuf die Grundlagen der Erzmikroskopie, mit deren Hilfe er ab 1969 auch Mondmaterie untersuchte.
**Werke:** Lb. der Erzmikroskopie, 2 Tle. (1931–34, mit H. SCHNEIDERHÖHN); Die Erzmineralien u. ihre Verwachsungen (1950).
Festbd. P. R., hg. v. H. STRUNZ, 2 Tle. (1960).

**Rameau** [ra'mo:], Jean-Philippe, frz. Komponist und Musiktheoretiker, getauft Dijon 25. 9. 1683, † Paris 12. 9. 1764; war Organist in Avignon, Clermont,

Dijon, Lyon und Paris, wurde 1733 Musikmeister im Privattheater des Generalpächters der Steuern, ALEXANDRE JOSEPH LE RICHE DE LA POUPELINIÈRE (* 1693, † 1762), und begann mit dessen Unterstützung im gleichen Jahr seine erfolgreiche Karriere als Opernkomponist. 1745 ernannte ihn LUDWIG XV. zum Compositeur du cabinet du roy. Im → Buffonistenstreit gehörte R. zu den Gegnern der Opera buffa und aller italien. Strömungen in der frz. Musik.

In seinen Opern knüpfte R. bewußt an die ›Tragédie lyrique‹ J.-B. LULLYS an, differenzierte und modernisierte jedoch deren Ausdrucksmittel. Der Gesang bleibt wesentlich an der Sprache orientiert und wechselt oft frei zw. rezitativ. und ariosen Formen. Das Orchester erhält starken Anteil am dramat. Geschehen. Auch der Chor bildet oft ein tragendes musikdramat. Element. Balletteinlagen unterbrechen vielfach die Handlung.

Eine Reihe von Werken weisen schon im Titel auf die Dominanz des höf. Tanzes (›Opéra ballet‹) oder gehören teils heiteren (›Comédie ballet‹), teils pastoralen Mischgattungen an. Bereits 1706 veröffentlichte R. erste Cembalowerke, denen weitere Sammlungen folgten. Es sind Tänze und Charakterstücke, häufig mit Überschriften versehen, galante, affektvolle, virtuose Beispiele frz. Rokokomusik. Kantaten und Motetten ergänzen sein vokal-instrumentales Schaffen.

In seinen musiktheoret. Schriften wurde R. zum Begründer der neueren → Harmonielehre. Die Bestimmung von Akkorden nach ihrem Grundton, die Akkordbeschreibung als Terzenaufbau, die Unterscheidung von Grundstellung und Umkehrungen und die tonale Ordnung nach Hauptfunktionen (Tonika, Dominante, Subdominante) gehen auf ihn zurück.

**Weitere Werke:** *Bühnenwerke:* Hippolyte et Aricie (1733); Les Indes galantes (1735); Castor et Pollux (1737); Les fêtes d'Hébé (1739); Dardanus (1739, revidiert 1744); Les surprises de l'amour (1748, revidiert 1759); Daphnis et Églé (1753). – *Klavierwerke:* Pièces de clavecin (1706; 1724, ²1731; um 1728; 1747); Pièces de clavecin en concerts (1741, ²1752). – *Schriften:* Traité de l'harmonie réduite à ses principes naturels (1722); Nouveau système de musique théorique (1726).

**Ausgaben:** Œuvres complètes, hg. v. C. SAINT-SAËNS u. a., 18 Bde. (1895–1924, Nachdr. 1968); Pièces de clavecin en concerts, hg. v. E. R. JACOBI (Neuausg. 1976). – Complete theoretical writings, hg. v. ders., 6 Bde. (1967–72).

J. A. J. ÉCORCHEVILLE: De Lulli à R., 1690–1730 (Paris 1906, Nachdr. Genf 1970); P. MASSON: L'opéra de R. (Paris 1930, Nachdr. New York 1972); M. M. KEANE: The theoretical writings of J.-P. R. (Washington, D.C., 1961); H. PISCHNER: Die Harmonielehre J.-P. R.s. Ein Beitr. zur Gesch. des musikal. Denkens (Leipzig ²1967); C. M. GIRDLESTONE: J.-P. R. (Neuausg. New York 1969); C. KINTZLER: J.-P. R. (Paris ²1988); D. H. FOSTER: J.-P. R. A guide to research (New York 1989).

**Ramek,** Rudolf, österr. Politiker, * Teschen 12. 4. 1881, † Wien 24. 7. 1941; Rechtsanwalt; 1919–34 für die Christlichsoziale Partei im Nationalrat; 1921 Innen-Min., 1924–26 Bundeskanzler und zugleich Innen-, 1926 auch Außenminister. 1930–33 Vize-Präs. des Nationalrats; als Präs. des Rumpfparlaments 1933–34 sanktionierte R. mit der Verkündung einer neuen autoritär-ständestaatl. Verfassung am 30. 4. 1934 formell das Ende von Demokratie und Parlamentarismus der ersten österr. Republik.

**Ramelsloher,** aus Ramelsloh (Gem. Seevetal, Landkr. Harburg) stammende Rasse großer, kräftiger Haushühner (Hähne bis 3 kg, Hühner bis 2,5 kg schwer) mit blauem Schnabel und blauen Beinen.

**Ramenskoje,** Stadt im Gebiet Moskau, Rußland, 45 km südöstlich von Moskau, (1987) 86 000 Ew.; Heimatmuseum; Textilindustrie, bes. Weberei (Anfänge Mitte des 18. Jh.); Stahlbau, Elektrogeräteherstellung. – R. ist als Dorf **Ramenje** seit 1328 bekannt.

**Ramesse,** Name ägypt. Könige, → Ramses.

**Ramesseum** *das,* -s, Totentempel von RAMSES II. am W-Ufer des Nils in der Totenstadt von Theben.

Der Tempel war zugleich dem Gott Amun geweiht und mit einem Königspalast verbunden. Reliefs zeigen neben religiösen auch histor. Szenen (u. a. Hethiterkämpfe). Im ersten Hof liegt (gestürzt) eine der größten Kolossalstatuen des RAMSES (17,5 m hoch).

**Ramesseum:** Osirispfeiler an der Ostwand des zweiten Tempelhofes; nach 1290 v. Chr.

**Ramessiden,** die ägypt. Könige mit Namen → Ramses. Die Zeit der 19. und 20. Dynastie (1306 bis 1070 v. Chr.) wird meist als **R.-Zeit** bezeichnet.

**Rameswaram** [ˈrɑːmeɪswərəm], hinduist. Wallfahrtsort im Gliedstaat Tamil Nadu, S-Indien, auf der Insel Pamban der Adamsbrücke, (1981) 27 900 Ew. – Die Wallfahrtsstätte mit ausgedehnten Tempelanlagen und Säulengängen der spätdravid. Zeit ist ein Höhepunkt südind. Architektur des 17. Jahrhunderts.

**Ramey** [ˈreɪmɪ], Samuel, amerikan. Sänger (Baß), * Colby (Kans.) 28. 3. 1942; debütierte 1973 an der New York City Opera, trat 1984 erstmals an der Metropolitan Opera in New York, 1985 an der Mailänder Scala auf und wirkte auch bei Festspielen (Glyndebourne, Pesaro, Salzburg) mit. Bes. als Rossini- und Mozart-Interpret bekannt.

**Ramie** [malaiisch-engl.] *die,* -/...ˈmiːen, **Ramiefaser,** aus Arten der Gattung Boehmeria gewonnene Bastfaser mit bes. guter Beständigkeit gegenüber Fäulnisbakterien. Aus R. werden v. a. Nähzwirne, Spitzen und Schlauchgewebe, z. T. auch Haushaltsstoffe hergestellt. Früher hatte R. große Bedeutung für die Herstellung von Glühstrümpfen.

**Ramifikation** [lat., zu ramus ›Ast‹, ›Zweig‹] *die,* -/-en, *Botanik:* → Verzweigung.

**Ramin,** Günther Werner Hans, Organist und Chordirigent, * Karlsruhe 15. 10. 1898, † Leipzig 27. 2. 1956; studierte u. a. bei K. STRAUBE und R. TEICHMÜLLER, ab 1918 Organist der Thomaskirche, 1920 der Gewandhauskonzerte und 1940 Leiter des Thomanerchors in Leipzig. Er war gleichermaßen bedeutend als Interpret der Orgelmusik J. S. BACHS und M. REGERS wie als Improvisator. Er schrieb ›Gedanken zur Klärung des Orgelproblems‹ (1929) und trug maßgeblich zu einer neuartigen, dramatisch-bewegten Interpretation der Werke BACHS bei. Zu seinen Schülern zählen H. WALCHA und K. RICHTER.

**Ramírez-Vázquez** [raˈmires ˈβaskes], Pedro, mexikan. Architekt, * Mexiko 16. 4. 1919; lehrte ab 1942 in

Jean-Philippe Rameau

Günther Ramin

# Rami  Ramismus – Ramón Lull

Karl Wilhelm Ramler

Mexiko. Er baute Schulen, Wohnhäuser, Ausstellungsgebäude (Mexikan. Pavillons auf den Weltausstellungen in Brüssel 1958, Seattle, Wash., 1962 und New York 1964) und Museumsbauten (Anthropolog. Nationalmuseum in Mexiko, 1963–64); 1966–68 leitete er die Gesamtplanung aller Bauvorhaben für die Olympischen Spiele in Mexiko.

P. R. V. Un architecte mexicain (Stuttgart 1979).

**Ramismus** der, -, von P. RAMUS ausgehende, antiaristotel., durch einen wiss. Pragmatismus gekennzeichnete Strömungen des 16. und 17. Jh. in Frankreich und Dtl., v. a. aber im angelsächs. Bereich, die auf die empir. Wissenschaften Einfluß gewannen und dem Kalvinismus neue Impulse vermittelten.

**Ramla,** Stadt in der zentralen Küstenebene von Israel, 20 km südöstlich von Tel Aviv-Jaffa, unmittelbar südwestlich an Lod anschließend, (1990) 46 000 Ew.; Verw.-Sitz des Zentraldistrikts; Herstellung von Sperrholz und Kühlschränken, Stahlröhrenwerke, Zementfabrik, Metallverarbeitung. – Gegr. 711. – Wahrzeichen der Stadt ist der 30 m hohe Turm, urspr. ein Minarett (1318); sogenannte Große Moschee, ehem. Kreuzfahrerkirche (12. Jh.). – Das auf drei Pfeilerreihen ruhende Gewölbe (789) der Unaizijazisterne (Grundriß 24 × 20,5 m) in der Nähe von R. gilt als erstes Beispiel dieses Typs in der islam. Architektur.

**Ramler,** Karl Wilhelm, Dichter, * Kolberg 25. 2. 1725, † Berlin 11. 4. 1798; ab 1748 Prof. der Logik an der Kadettenanstalt in Berlin, ab 1790 Leiter des Nationaltheaters ebd. Lyriker der Aufklärung, strenger Metriker, dessen antikisierende Oden für viele Zeitgenossen verbindl. formales Vorbild waren. Übersetzte lat. (v. a. HORAZ) und griech. Klassiker.

Ausgabe: Poet. Werke, 2 Bde. (Neuausg. 1801, Nachdr. 1979).

**Ramme** [ahd. ram(mo) ›Widder‹], 1) *Militärwesen:* kräftiger, am Bug eines Kriegsschiffs unter der Wasserlinie vorspringender Sporn oder Steven, der dazu diente, die Außenhaut eines feindl. Schiffes zu durchstoßen. Die **Rammtaktik** wurde auf Riemenschiffen des Altertums angewendet, sie lebte in der Neuzeit (Seeschlacht bei Lissa, 1866) vorübergehend auf.

2) *Technik:* Maschine zum Eintreiben von Pfählen und Profilen von Spundwänden in den Boden. Schlagwerkzeug ist der **Bär (Rammbär),** der entweder von Hand (Hand-R.), durch Dampfdruck (Dampf-R.)

**Ramme 2):** LINKS Dampframme mit Dreigurt-Rohrgerüst; RECHTS Raupenbagger mit hydraulischer Rammeinrichtung

Ramonda:
Ramonda myconi
(Höhe 6–12 cm)

oder Druckluft (Druckluft-R.) vom **Mäkler** geführt am Rammgerüst emporgehoben wird. **Explosions-** oder **Diesel-R.** mit Schlagzahlen bis etwa 200/min arbeiten mit einem Einkolbendieselmotor, wobei der Verbrennungsdruck des Kraftstoffs einen Stempel nach unten drückt. Bei **Dampf-R.** ist der Bär als Dampfzylinder ausgebildet, vor dem Fallen des Bären entweicht der Dampf über Austrittsöffnungen. **Vibrations-R.** arbeiten mit Schlagzahlen bis 6 000/min, aber geringen Hubhöhen (bis 2 cm). Angetrieben wird der Vibrationsbär durch einen Elektro- oder Verbrennungsmotor. Durch die Vibrationen wird die Reibung zw. Rammgut und Erdreich stark herabgesetzt. **Schnellschlaghämmer** (Schlagzahlen bis 350/min) arbeiten mit Dampf (Druck bis 1 MPa) oder Druckluft (Druck bis 0,6 MPa) als Treibmittel bei den Bären. Das Treibmittel wird am oberen Totpunkt auf die Oberseite des Kolbens umgelenkt, so daß dieser Druck die Rammwirkung des fallenden Bären noch erhöht. Die Richtung des Rammens kann durch eine Neigung des Gerüsts auch abweichend von der Lotrechten eingestellt werden.

**Rammelsberg,** Berg im Oberharz, Ndsachs., südlich von Goslar, 636 m ü. M.; 968–1988 Erzbergbau, die Vorräte der reichen Lagerstätte (verwertbarer Gesamtmetallgehalt des Erzhaufwerkes etwa 30%) sind erschöpft. Abgebaut wurden insgesamt 27 Mio. t silber- und goldhaltige Blei-Zink-Kupfer-Erze, davon 15 Mio. t zw. 1924 und 1988. Zus. mit viel Pyrit ($FeS_2$) wurden feinkristalliner Bleiglanz (PbS), Zinkblende (ZnS) und Kupferezre (CuFeS$_2$) sowie pro Tonne Erz bis zu 120 g Silber und 0,4–1 g Gold gewonnen, außerdem Wismut, Antimon, Cadmium, Thallium, Indium, Quecksilber u. a. Metalle. Die ›ausgeerzten‹ Erzlinsen (bis zu 500 m lang, bis 40 m mächtig) liegen in Wissenbacher Schiefern des unteren Mitteldevon. Der 1798–1805 angelegte Roederstollen ist als Besucherstollen ausgebaut.

Der R. Erzbergbau im Harz, bearb. v. E. RIECH u. a. (1987); H. SPIER: Historischer R. (1988).

**Rammelsberg,** Karl Friedrich, Chemiker und Mineraloge, * Berlin 1. 4. 1813, † Groß-Lichterfelde (heute zu Berlin) 29. 12. 1899; war ab 1845 Prof. der Mineralogie und Chemie in Berlin; bekannt durch zahlreiche chem. Untersuchungen an Mineralen sowie Forschungen zur Isomorphie.

Werke: Hwb. des chem. Theils der Mineralogie, 6 Tle. (1841–53); Hb. der Mineralchemie (1860); Hb. der krystallographisch-physikal. Chemie, 2 Bde. (1881–82).

**Rammelsbergit** [nach K. F. RAMMELSBERG], zinnweißes, metallisch glänzendes, rhomb. Mineral der chem. Zusammensetzung $NiAs_2$; Härte nach MOHS 5,5, Dichte 7,0–7,2 g/cm$^3$; derbe, radialstrahlige oder körnige Aggregate. Nickelerz.

**Ramming,** Martin, Japanologe, * Petersburg 21. 11. 1889, † Berlin 29. 3. 1988; wurde 1944 Prof. in Berlin und verfaßte zahlreiche Arbeiten zur Geschichte, Kultur, Literatur und Sprache Japans.

**Rammler,** Bez. für das Männchen bei Hasen und Kaninchen.

**Ramón** [rraˈmɔn], span. Form des männl. Vornamens Raimund.

**Ramona,** weibl. Vorname, weibl. Form von Ramón.

**Ramonda** [nach dem frz. Naturforscher LOUIS Baron RAMOND DE CARBONNIÈRES, * 1755, † 1827], Gattung der Gesneriengewächse mit nur drei Arten in den Pyrenäen und auf dem Balkan; niedrige Stauden mit weich-runzligen Blattrosetten und violetten, hell purpurfarbenen oder weißen Blüten auf blattlosem Schaft; Kleinstauden v. a. für Steingärten.

**Ramón Lull, Raimundus Lullus,** katalan. Schriftsteller, Philosoph und Missionar, →Lullus, Raimundus.

**Ramón y Cajal** [- i ka'xal], Santiago, span. Histologe, * Petilla de Aragón (Prov. Navarra) 1. 5. 1852, † Madrid 17. 10. 1934; Prof. in Saragossa (1877–83), Valencia, Barcelona (1887–92) und Madrid; übernahm und verbesserte die histolog. Färbemethoden von C. GOLGI und wandte sie erfolgreich bei der Erforschung der Feinstruktur des Nervensystems an. Dabei gelang ihm 1889 die erste präzise Darstellung der nervalen Bahnen in der grauen Substanz des Gehirns und Rückenmarks. Auf gleiche Weise konnte er den funktionellen Aufbau der Netzhaut im Auge klären. Als Ergebnis seiner morpholog. Arbeiten entwickelte R. y C. die **Neuronenlehre,** die besagt, daß das gesamte Nervensystem aus Nervenzellen (Neuronen) als funktionellen Grundeinheiten aufgebaut ist, die die alleinigen Träger nervaler Erregungen sind und sich über Synapsen in gegenseitigem Kontakt befinden. 1906 erhielt er (mit GOLGI) den Nobelpreis für Physiologie oder Medizin.
   D. F. CANNON: Explorer of the human brain. The life of S. R. y C. ... (New York 1949).

**Ramos, 1)** ['rramus], Graciliano, brasilian. Schriftsteller, * Quebrângulo (Alagoas) 27. 10. 1892, † Rio de Janeiro 20. 3. 1953; Politiker und Journalist; gilt als einer der großen Romanciers seines Landes; stellte in realistisch-psycholog. Weise den Nordosten Brasiliens dar.
   *Werke: Romane:* Cahetés (1933); Angústia (1936; dt. Angst); Vidas sêcas (1938; dt. Nach Eden ist es weit, auch u. d. T. Karges Leben). – *Autobiographie:* Memórias do cárcere, 4 Bde. (1953).
   H. FELDMANN: G. R. (Genf 1965); R. A. MAZZARA: G. R. (New York 1974); L. H. CARVALHO: A ponta do novelo. Uma interpretação de ›Angústia‹ de G. R. (São Paulo 1983).
**2)** ['rramuʃ], João de Deus [-'deuʃ], portug. Lyriker, → Deus Ramos, João de.
**3)** ['reɪməs], Mel, eigtl. **Melvin John R.,** amerikan. Maler, * Sacramento (Calif.) 24. 7. 1935; gestaltete Comichelden und Pin-up-girls, oft in iron. Konfrontation mit Reklameartikeln (›Tobacco Rose‹, 1965, Serigraphie) oder mit exot. Tieren. In seiner ›Hommage‹-Serie der 1970er Jahre nahm er auf bekannte Werke der modernen Malerei Bezug. Es folgten Landschaftsbilder und ab 1987 die Serie ›The Artist's Studio‹.
   M. R., Text v. E. CLARIDGE (London 1975).

**Ramovš** [-'mouʃ], Fran, slowen. Slawist, * Ljubljana 14. 9. 1890, † ebd. 16. 9. 1952; grundlegende Werke zu Dialektologie und Geschichte der slowen. Sprache; 1942 GenSekr., ab 1950 Präs. der slowen. Akademie der Wissenschaften in Ljubljana.
   *Werke:* Dialektološka karta slovenskega jezika (1931); Kratka zgodovina slovenskega jezika (1936).
   Posvećeno stoletnici vojstva akademika prof. dr. F. R. (Ljubljana 1990).

**Rampal** [rã'pal], Jean-Pierre Louis, frz. Flötist, * Marseille 7. 1. 1922; seit 1968 Prof. am Pariser Conservatoire. Sein Repertoire umfaßt neben der klass. Flötenliteratur v. a. weniger bekannte Werke für Flöte. Mehrere Flötenkompositionen (u. a. von J. FRANÇAIX, A. JOLIVET und F. POULENC) wurden für ihn geschrieben.

**Rampe** [frz., zu ramper ›klettern‹, ›kriechen‹], **1)** *allg.:* eine schiefe Ebene zur stufenlosen Überbrückung von Höhenunterschieden, z. B. bei Verkehrsanlagen.
**2)** *Bergbau:* geneigter Grubenbau zur Verbindung von zwei Sohlen.
**3)** *Straßenbau:* der Übergang von der beidseitigen Querneigung der Geradstrecke einer Straße in die einseitige Querneigung in einer Kurve.
**4)** *Theater:* der vorderste Rand des Bühnenbodens. Das R.-Licht, früher eine der wichtigsten Lichtquellen der Bühne, wurde verdeckt an die R. angebracht.

**Rampen|antwort,** →Testfunktion.

**Rampenfunktion,** →Testfunktion.

**Rampenlader,** eine verfahrbare Ladebühne mit Tragegerüst, Plattform und hydraul. Hubvorrichtung.

**Rampolla,** Mariano, Marchese **del Tindaro,** italien. kath. Theologe, * Polizzi (Prov. Palermo) 17. 8. 1843, † Rom 16. 12. 1913; wurde 1887 Kardinalstaatssekretär. R. war maßgeblich an der Außenpolitik LEOS XIII., insbesondere an seiner Hinwendung zu Italien und Frankreich (→Ralliement) beteiligt. Er war zunächst Favorit für die Nachfolge LEOS XIII.; seine distanzierte Haltung gegenüber den Dreibundmächten führte jedoch 1903 zum österr. Veto gegen ihn und zur Wahl PIUS' X.
   P. SINOPOLI DI GIUNTA: Kardinal M. R. del Tindaro (a. d. Italien., 1929); C. WEBER: Quellen u. Studien zur Kurie u. zur vatikan. Politik unter Leo XIII. (1973).

**Rampur** [-pʊə], Stadt im Gliedstaat Uttar Pradesh, N-Indien, in der oberen Gangesebene, (1981) 189 000 Ew.; Bibliothek; Zucker- und Baumwollindustrie. – Bis 1949 Hauptstadt eines gleichnamigen Fürstenstaates.

**Rams,** Dieter, Designer, * Wiesbaden 20. 5. 1932; wirkte mit seinen purist. Produktgestaltungen für die Braun AG richtungweisend auf die Entwicklung des funktionalen Industriedesigns in Dtl.; auch Entwürfe für Möbel. BILD →Industriedesign
   D. R., Designer. Die leise Ordnung der Dinge, Redaktion U. BRANDES (1990).

**Ramsar** [ram'sær], Kur- und Erholungsort am Kasp. Meer, Iran, von üppiger Vegetation umgeben, (1986) 10 000 Ew.; Thermalquellen; große Schloßanlage der Pahlewidynastie.

**Ramsar-Konvention** [ram'sær-; nach dem iran. Ort Ramsar], internat. Übereinkommen zum Schutz von Feuchtgebieten von internat. Bedeutung, insbesondere als Lebensraum für Wat- und Wasservögel. Das bis heute von mehr als 30 Staaten paraphierte Abkommen trat im Dez. 1975 in Kraft. Die Bundesrep. Dtl. unterzeichnete am 25. 1. 1976, und bisher sind 20 Gebiete in den alten Bundesländern in die Liste der Gewässer und Feuchtgebiete aufgenommen worden (u. a. Steinhuder Meer, Dümmer, Starnberger See, Ammersee, Chiemsee, Donauauen und Donaumoos).

**Ramsau** ['ramzaʊ, rams'aʊ] *die,* **1)** Talweitung der Ramsauer Ache im Berchtesgadener Land, Bayern, zw. dem Hochkalter und dem Lattengebirge. In der R. liegt die Gem. **R. b. Berchtesgaden,** (1990) 1 700 Ew.; Fremdenverkehr.
**2)** Hochfläche auf der S-Seite des Dachstein, im äußersten W der Steiermark, Österreich, oberhalb von Schladming im Ennstal, 1 000–1 200 m ü. M.; u. a. mit dem Fremdenverkehrsort **R. am Dachstein** (75 km²) mit (1989) 2 200 Einwohnern. BILD →Dachstein

**Ramsaudolomit** ['ramzaʊ-, rams'aʊ-; nach der Ramsau 2)], bis 1 000 m mächtige Schichtenfolge der mittleren alpinen Trias (Anis, Ladin) in den Nördl. Kalkalpen; aus Algen- und Korallenriffen entstanden.

**Ramsauer,** Carl Wilhelm, Physiker, * Osternburg (heute zu Oldenburg/Oldenburg) 6. 2. 1879, † Berlin 24. 12. 1955; Prof. in Heidelberg (1915), Danzig (1921) und Berlin, 1927–45 Direktor des AEG-Forschungsinstituts. R. arbeitete über Stoßprozesse und Elektronenmikroskopie, führte 1915 den Begriff →Wirkungsquerschnitt ein und fand 1920 die erste Andeutung für die Wellennatur des Elektrons (R.-Effekt). R. gründete die ›Physikal. Blätter‹ (1944 ff.).

**Ramsauer-Effekt,** von der klass. Theorie abweichendes Verhalten des Streuquerschnitts langsamer Elektronen an Atomen bei Durchgang durch ein Gas, das 1920 von C. W. RAMSAUER zuerst an Argon entdeckt wurde; der mit sinkender Elektronengeschwindigkeit zunächst ansteigende Wirkungsquerschnitt

Santiago Rámon y Cajal

Jean-Pierre Rampal

Carl Wilhelm Ramsauer

Sir William Ramsay

Ramses II., ägyptischer König (Sitzfigur aus schwarzem Granit; Höhe 1,94 m, 19. Dynastie; Turin, Museo d'Arte Antica)

Michael Ramsey

nimmt bei Elektronenenergien um 1 eV stark ab, um dann erneut anzusteigen. Der R.-E. läßt sich quantenmechanisch als Beugung der Elektronenwellen (→ Materiewellen) an den Atomen erklären, wobei die Wellenlänge der Elektronen im Minimum des Wirkungsquerschnitts gerade in der Größenordnung des Atomdurchmessers liegt.

**Ramsay** ['ræmzɪ], **1)** Allan, schott. Schriftsteller, * Leadhills (Cty. Lanarkshire) 15. 10. 1686, † Edinburgh 7. 1. 1758, Vater von 2); Buchhändler in Edinburgh, gründete 1712 den literar. Zirkel ›Easy Club‹, 1726 die erste brit. Leihbücherei. Seine Sammlungen alter schott. Balladen (›Christ's-kirk on the green‹, 1718; ›The tea-table miscellany‹, 4 Bde., 1724–32) und mittelalterlicher existr. Dichtung (›The ever green‹, 2 Bde., 1724) leiteten die Renaissance volkssprachl. Dichtung in Schottland ein. Seine pastorale Komödie ›The gentle shepherd‹ (1725) gilt als Vorläufer der von J. Gay mit ›The beggar's opera‹ (1728) begründeten Gattung der Balladenoper.
Ausgabe: Works, hg. v. B. Martin u. a., 6 Bde. (1951–74).
P. Zenzinger: My muse is British. A. R. u. die Neubelebung der schott. Dichtkunst im 18. Jh. (1977); A. H. MacLaine: A. R. (Boston, Mass., 1985).

**2)** Allan, schott. Maler, * Edinburgh 13. 10. 1713, † Dover 10. 8. 1784, Sohn von 1); studierte 1736–38 in Rom und Neapel (bei F. Solimena). 1761 wurde er Hofmaler Georgs III. Er schuf zuerst barock gehaltene, seit den 1750er Jahren unter dem Einfluß der frz. Pastellmalerei zartfarbige, sorgfältig gezeichnete Porträts (›Margaret Lindsay, die zweite Frau des Malers‹, 1754–55; Edinburgh, National Gallery of Scotland).

**3)** Sir (seit 1902) William, brit. Chemiker, * Glasgow 2. 10. 1852, † High Wycombe 23. 7. 1916; Prof. in Glasgow, Bristol und London. R. entdeckte 1894 (mit Lord Rayleigh) das Edelgas Argon und 1898 (mit seinem Mitarbeiter Morris William Travers, * 1872, † 1961) die Edelgase Neon, Krypton und Xenon. 1895 isolierte er das Helium aus Uranpecherz. 1904 erhielt R. den Nobelpreis für Chemie.

**Ramsch** [von frz. ramas ›angesammelter Haufen wertloser Dinge‹, zu ramasser ›sammeln‹], **1)** *allg.:* minderwertige Ware, Ausschuß, wertloses Zeug. – **verramschen,** sehr billig, unter seinem Wert verkaufen. **2)** *Skat:* Spiel, bei dem verloren hat, wer die meisten Punkte erhält; wird gespielt, wenn zuvor alle Teilnehmer gepaßt haben; auch Bez. für Kartenspiele zw. zwei und sechs Personen mit 32 od. 52 Karten.

**Ramschzüchtung, Ramschverfahren, Kreuzungsramsch,** Verfahren in der Pflanzenzüchtung zur Herausbildung genetisch reiner Linien aus einer im Zuchtgarten künstlich erzeugten Kreuzungspopulation v. a. von Selbstbefruchtern. Die nachfolgenden Generationen werden feldmäßig angebaut. Hierbei nimmt die Zahl reinerbiger Individuen gemäß den Spaltungsgesetzen (→ Mendelsche Regeln) mit der Generationszahl zu, und die nicht angepaßten Individuen werden auf natürl. Weise ausgemerzt. Selbst bei Kreuzung von zehn Genpaaren ist z. B. die $F_{10}$-Generation zu 98,06 % reinerbig. Aus dieser Vielzahl reinerbiger Individuen werden diejenigen mit der gewünschten Neukombination ausgelesen. Das Verfahren wurde zuerst von Herman Nilsson-Ehle (* 1873, † 1949) angewandt und von E. Baur als R. benannt.

**Ramses,** ägypt. **Ramesse** [›Re hat ihn geboren‹], Name von elf ägypt. Königen der 19. und 20. Dynastie (1306–1070 v. Chr.); bedeutend v. a.:
**1) Ramses II.,** König (1290–1224, nach anderer Chronologie 1279–1213 v. Chr.) der 19. Dynastie; Sohn des Pharaos Sethos I.; versuchte, die Hethiter aus N-Syrien zu verdrängen, mußte sich aber nach der verlorenen Schlacht bei Kadesch (im 5. Jahr seiner Reg.) zurückziehen. In seinem 21. Reg.-Jahr beendete er die Kriege mit den Hethitern durch einen (in Hieroglyphen und Keilschrift erhaltenen) Bündnisvertrag, der das nördl. Syrien dem hethit. Einfluß überließ. Seine Hauptgemahlin war → Nofretiri; neben ihr stand Isisnofret, die Mutter seines Sohnes und Nachfolgers → Merenptah. R. war einer der größten Bauherren Altägyptens (u. a. Abu Simbel, Abydos, Luxor, Ramesseum und den Kalabscha wiedererrichtete Felsentempel Beit el-Wali); seine Residenz war die ›Ramsesstadt‹ (→ Auaris). Seine Mumie befindet sich im Ägypt. Museum in Kairo. Weitere Bilder → ägyptische Kultur, → Mumie
K. A. Kitchen: Pharaoh triumphant. The life and times of Ramesses II, king of Egypt (Warminster 1982).

**2) Ramses III.,** König (1184–1153 v. Chr.); besiegte die Libyer und die Seevölker in Land- und Seeschlachten, die er auf den Wänden seines Totentempels (→ Medinet Habu) verewigen ließ. Die Verschlechterung der wirtschaftl. und sozialen Lage führte unter ihm zum ersten nachgewiesenen ›Streik‹ der Geschichte (1156 v. Chr.). R. kam bei einer Haremsverschwörung um.

**Ramses|stadt, Pi-Ramesse,** hebr. **Ramses,** Ramessidenresidenz seit Ramses II., → Auaris.

**Ramsey** ['ræmzɪ], **1)** Arthur Michael, engl. anglikan. Theologe, * Canterbury 14. 11. 1904, † Oxford 24. 4. 1988; war 1940–50 Prof. der Theologie und Domherr in Durham, 1950–52 Prof. in Cambridge, 1952–56 Bischof von Durham, 1956–61 Erzbischof von York, 1961–74 von Canterbury und damit Primas der Kirche von England. Sowohl durch persönl. Gespräche (u. a. 1962 mit dem russisch-orth. Patriarchen Aleksij, * 1877, † 1970) als auch durch die Förderung von Dialogkommissionen mit der kath., der orth., den luther. und der ref. Kirchen setzte er sich bes. für eine ökumen. Verständigung ein.
O. Chadwick: M. R., a life (Oxford 1990).

**2)** Frank Plumpton, brit. Logiker, * Cambridge 22. 2. 1903, † ebd. 19. 1. 1930. Im Anschluß an B. Russells und A. N. Whiteheads ›Principia mathematica‹ (3 Bde., 1910–13) und beeinflußt von L. Wittgensteins Analyse der log. Tautologien, versuchte R. eine logizist. Grundlegung der Mathematik durchzuführen, wobei er u. a. zwischen syntakt. und semant. Antinomien unterschied. R. leistete einen wichtigen Beitrag zum Entscheidungsproblem (→ Entscheidungsverfahren). Daneben beschäftigte er sich auch mit Fragen der Nationalökonomie.

**3)** Norman Foster, amerikan. Physiker, * Washington (D.C.) 27. 8. 1915; Prof. an der Columbia und Harvard University, arbeitete maßgeblich an der Entwicklung von Radarsystemen im Mikrowellenbereich sowie an der amerikan. Atombombe. Später befaßte er sich mit den elektr. und magnet. Eigenschaften der Atomkerne. R. erhielt 1989 mit W. Paul und H.-G. → Dehmelt (Nachtrag Bd. 12) den Nobelpreis für Physik für die Vervollkommnung der Atomstrahlresonanzmethode.

**Ramsgate** ['ræmzgɪt], Stadt an der O-Küste der Cty. Kent, SO-England, (1981) 39 600 Ew.; bekanntes Seebad; Hovercraft-Fährverkehr (seit 1969) nach Calais, Jachthafen; Leichtindustrie. – R. kam Ende des 15. Jh. als Teil von Sandwich zu den Cinque Ports und entwickelte sich zum Seehafen. – Kath. neugot. Saint Augustine's Church (1846–51; von A. W. N. Pugin, Bild → Pugin, Augustus Welby Northmore).

**Ramstein-Miesenbach,** Stadt im Kr. Kaiserslautern, Rheinl.-Pf., (1991) 7 500 Ew.; bedeutender Stützpunkt der amerikan. Luftwaffe. – Stadt seit 1991.

**Ramtill** [Hindi], **Guizotia abyssinica,** bis 2 m hohe, gelbblühende Korbblütlerart im trop. Afrika und in Indien; angebaut wegen der Samen, die ein Speiseöl liefern.

**Ramu** *der,* Fluß in Papua-Neuguinea, rd. 650 km lang, entspringt im östl. Hochland (Kratkegebirge), entwässert einen Teil der nördlich vorgelagerten Senke in einem 4–6 km breiten, von trop. Regenwald bedeckten Tiefland (bisher nur gering besiedelt), mündet in die Bismarcksee. Der Unterlauf ist versumpft.

**Ramus** [lat. ›Zweig‹] der, -/...mi, *Anatomie:* Nerven-, Blutgefäß- oder Bronchialast; auch die Seitenverzweigung der Vogelfeder.

**Ramus,** Petrus, eigtl. **Pierre de la Ramée** [ra'me], frz. Humanist und Philosoph, * Cuts (Dép. Oise) 1515, † (ermordet) Paris 26. 8. 1572; war zunächst (wie BUDAEUS, J. FABER u. a.) Vertreter der ›Réforme française‹, eines christlich orientierten Humanismus, wandte sich dann immer stärker zum Kalvinismus hin. R. mußte wegen seiner antiaristotel. Position, v. a. aber wegen seiner kalvinist. Überzeugungen mehrfach Paris und Frankreich verlassen; lehrte während seines Exils 1568–70 in Dtl. (u. a. in Heidelberg) und der Schweiz; in der Bartholomäusnacht ermordet. – Ausgehend von der sokratisch-platon. Dialektik, lehnte er die aristotel. Logik, bes. deren scholast. Form in der Beschränkung auf die Untersuchung syllogist. Schlußfiguren ab, da sie das ›natürl. Denken‹ nur behindere. Beeinflußt von CICERO und QUINTILIAN, orientierte er (gegen ARISTOTELES und die Aristoteliker) die Logik an der Rhetorik, da beider Ausgangspunkt und ihr Zusammenhang die Frage und das Suchen nach Gründen sei. – Die zentralen theolog. Themen waren für R. die Unsterblichkeit der Einzelseele, die Vorsehung Gottes und eine pragmat. Ethik. Sein pädagog. und reformer. Einfluß ist v. a. seiner auf Anwendung zielenden Methodologie zuzuschreiben (→ Ramismus). Daneben trat er als Verfasser von Mathematiklehrbüchern hervor, in denen er sich bemühte, Theorie und Anwendungen miteinander zu verbinden (›Arithmetica libri tres‹, 1555; ›Algebra‹, 1560), sowie als Übersetzer und Herausgeber von Werken des EUKLID (›Euclidis elementa Mathematica‹, 1545). Die ›Scholarum mathematicarum libri unus et triginta‹ (1569) enthalten in Buch I eine ausführliche, an PROKLOS anknüpfende Mathematikgeschichte; die anderen Bücher bieten methodolog. und philosoph. Überlegungen zur Mathematik.

M. CANTOR: R. in Heidelberg, in: Ztschr. für Mathematik u. Physik, Jg. 3 (1858); W. J. ONG: R. Method, and the decay of dialogue (Neuausg. Cambridge, Mass., 1983).

**Ramuz** [ra'my], Charles Ferdinand, schweizer. Schriftsteller frz. Sprache, * Lausanne 24. 9. 1878, † Pully 23. 5. 1947. In seinen Erzählwerken stehen zunächst jeweils Lebensschicksale einzelner Menschen im Vordergrund (z. B. in den Romanen ›Jean-Luc persécuté‹, 1909, dt. ›Hans-Lukas der Verfolgte‹, und ›Vie de Samuel Belet‹, 1913, dt. ›Samuel Belet‹). Von 1913 an stellt R. meist eine anonyme dörfl. Gemeinschaft in den Mittelpunkt und entwirft eine völlig neue, z. T. an Strukturmerkmale des Films erinnernde und Elemente des Nouveau roman vorwegnehmende Erzählsprache. In R.' Romanwelt steht der Mensch in einer – im antiken Sinn – trag. Auseinandersetzung mit den kosm. Gewalten (›La grande peur dans la montagne‹, 1925, dt. ›Das große Grauen in den Bergen‹; ›Derborence‹, 1934, dt. ›Der Bergsturz‹). R. verfaßte u. a. auch zahlreiche Novellen sowie autobiograph. und Fragen der Ästhetik und (v. a. in den 1930er Jahren) Politik gewidmete Essays.

*Weitere Werke: Romane:* Le règne de l'esprit malin (1917; dt. Das Regiment des Bösen); L'amour du monde (1925); Farinet. Ou, La fausse monnaie (1932; dt. Farinet oder das falsche Geld). – *Lyrik:* Histoire du soldat (1918; dt. Die Gesch. vom Soldaten, vertont von I. STRAWINSKY).

*Ausgaben:* C.-F. R., ses amis et son temps, hg. v. G. GUISAN, 6 Bde. (1967–70); Œuvres complètes, hg. v. R. ROUD u. a., 20 Bde. (1967–68). – Werke in 6 Bden., hg. v. W. GÜNTHER u. a. (1972–78).

W. GÜNTHER: C. F. R. Wesen, Werk, Kunst (Bern 1948); G. GUISAN: C. F. R. (Paris 1966); G. FROIDEVAUX: L'art et la vie.

L'esthétique de C. F. R. entre les avant-gardes (Lausanne 1982); Ich bin R. – nichts weiter. Materialien zu Leben u. Werk, hg. v. G. FROIDEVAUX (a. d. Frz., Zürich 1987).

**Ran** [wohl zu altnord. rán ›Raub‹, ›Plünderung‹], *nord. Mythologie:* Göttin des Meeres, Gemahlin des Ägir; sie versucht, mit ihrem Netz alle zu fangen, die sich aufs Meer wagen, und herrscht über das Totenreich der Ertrunkenen.

**Ranafjord** [norweg. -fju:r], Fjord in N-Norwegen, rd. 70 km lang, am inneren Ende liegt der Industrieort → Mo i Rana.

**Rañas** ['raɲas, span.-arab.], **Las R.,** rot-gelbe Ablagerungen (z. T. über 100 m mächtig) aus kantengerundeten Geröllen mit sandig-tonigem Bindemittel im Bereich der span. S-Meseta, v. a. am N-Fuß der Montes de Toledo, im S-Fuß des Kastilischen Scheidegebirges, in S-Portugal; durch Schichtfluten im ariden Klima des Jungpliozäns entstanden; sie tragen Stein- und Korkeichen, Rosmarin, Zistrosengewächse und werden mit Trockenfeldbau (Getreide) genutzt.

**Rancagua,** Stadt in Mittelchile, 500 m ü. M., im Chilen. Längstal, südlich von Santiago, (1986) 172 500 Ew.; Verw.-Sitz der Region Libertador General Bernardo O'Higgins und der Kupfermine El Teniente; kath. Bischofssitz; Obst- und Gemüsekonservenfabriken, Mühlen; am Panamerican Highway. – Gegr. 1743 von Spaniern.

**Rance** [rãs] *die,* Fluß in der Bretagne, NW-Frankreich, 110 km lang, entspringt in den Landes du Menez, mündet mit einer Ria in den Golf von Saint-Malo (Ärmelkanal). Im Mündungstrichter arbeitet unter Ausnutzung des hohen Tidenhubs (8,5 m; bei Springflut 13,6 m) ein Gezeitenkraftwerk.

**Rancé** [rã'se], Armand Jean **Le Bouthillier de** [lə buti'jeda], Gründer des Ordens der → Trappisten, * Paris 9. 1. 1626, † La Trappe (Dép. Dordogne) 27. 10. 1700; wurde 1664 Zisterzienser und Abt von La Trappe. Dort führte er eine strenge Reform ein (Stillschweigen, Geißelungen, vegetar. Kost), die 1678 und 1705 vom Papst bestätigt wurde. Die Trappistinnen wurden 1689 ebenfalls von R. gestiftet.

P. DE GROX: Das Mönchtum als Willenssache. Das Mönchsideal des Reformators von La Trappe, Abt A.-J. le B. de R., in: Cistercienserchronik, Jg. 83 (1976).

**Ranch** [rɛntʃ; amerikan., von mexikan.-span. rancho ›einzeln liegende Hütte‹] *die,* -/-(e)s, in Kanada und den USA Bez. für einen größeren landwirtschaftl. Betrieb mit Viehzucht. – **Rancher** ['rɛntʃ-] *der,* -s/-, Besitzer, Betreiber einer Ranch.

**Ranchi** ['rɑːntʃi], Stadt im Gliedstaat Bihar, Indien, auf dem Chota-Nagpur-Plateau, (1981) 489 600 Ew. (1971: 174 500 Ew.); kath. Erzbischofssitz; Univ. (gegr. 1960), Landwirtschafts-Univ. (gegr. 1981). Die staatl. Schwermaschinenfabrik ist ein Zentrum der Schwerindustrie von Bihar; Herstellung von Hochspannungsisolatoren, holzverarbeitende, Zementindustrie; Verkehrsknotenpunkt.

**Rancillac** [rãsi'jak], Bernard, frz. Maler, * Paris 29. 8. 1931; war 1958–60 Mitgl. im ›Atelier 17‹ (S. W. → Hayter). Er begann mit informellen Bildern auf der Linie der lyr. Abstraktion. In den 60er Jahren prägte er mit trickfilmartigen Bilderbogen von Comichelden eine bemerkenswerte frz. Variante der Pop-art aus. Seit den späten 60er Jahren malt R., bestärkt durch eine Reise nach Kuba (1967), marxistisch engagierte Agitationsbilder, die Photovorlagen zu plakativen Helldunkelkompositionen stilisieren.

**Rand,** *Mathematik:* → Randpunkte.

**Rand** [engl., eigtl. ›Medaille‹, ›Schild‹] *der,* -s/-(s), nach Zahlen -, Abk. **R,** Währungseinheit der Rep. Südafrika, 1 R. = 100 Cents. (→ Krügerrand)

**Rand** [rænd], Ayn, amerikan. Schriftstellerin russ. Herkunft, * Petersburg 2. 2. 1905, † New York 6. 3. 1982; in den sozialphilosophischen Romanen (›The

**Charles Ferdinand Ramuz**

**Rand** Randbedingungen – Randsfjord

fountainhead‹, 1943, dt. ›Der ewige Quell‹; ›Atlas shrugged‹, 1957, dt. ›Atlas wirft die Welt ab‹) vertrat sie eine objektivist. Weltsicht, die einen auf rationaler Einsicht gegründeten extremen Individualismus propagiert und im Eigennutz den Motor menschl. Strebens, im Altruismus eine zu kollektivist. Unterdrükkung führende Gefahr sieht.

**Randbedingungen,** *Mathematik:* eine Anzahl von Bedingungsgleichungen, die die Lösung einer partiellen Differentialgleichung (und/oder deren Ableitungen) auf dem Rand ihres Definitionsbereiches erfüllen sollen. Die durch die R. festgelegten Werte der Lösungsfunktion heißen **Randwerte.** (→ Randwertproblem)

**Randblüten,** am Rand des Blütenkörbchens der Korbblütler stehende Einzelblüten mit häufig von den übrigen Blüten abweichender Gestalt und Färbung; z. B. als stark vergrößerte, aber wie die inneren Blüten radiär gebaute Röhrenblüten (bei der Flockenblume) oder vielfach als vergrößerte, dorsiventrale, lang ausgezogene Zungenblüten die anders gefärbten, radiärröhrenförmigen Scheibenblüten umgebend, wobei das Köpfchen eine einzelne Blüte vortäuschen kann (z. B. Gänseblümchen, Aster, Sonnenblume). R. sind häufig steril oder nur weiblich.

**Rand Corporation** ['rænd kɔːpəˈreɪʃn], seit 1948 eine der großen unabhängigen amerikan. Forschungsgesellschaften auf gemeinnütziger Basis; Sitz: Santa Monica (Calif.), Zweigniederlassungen in Washington (D. C.); v. a. gesellschaftswissenschaftl.- und naturwissenschaftlich-techn. Forschungsprojekte; beschäftigt rd. 500 wiss. Mitarbeiter.

**Randecker Maar,** Krater in der mittleren Schwäb. Alb, südsüdöstlich von Kirchheim unter Teck, Bad.-Württ., 1,2 km Durchmesser, Rand 750 m, tiefste Stelle 656 m ü. M. Das R. M. ist im Tertiär durch eine Explosion vulkan. Gase entstanden.

**Rand|effekt, Grenzlini|en|effekt,** *Ökologie:* die Erscheinung, daß im Grenz- oder Übergangsgebiet zweier Lebensräume (z. B. vom Wald zu einer Wiese) mehr Tierarten in größerer Abundanz finden als in einem gleichförmigen Biotop.

**Rändeln,** 1) *Metallbearbeitung:* das Eindrücken von Rillen mit Hilfe von Stahlrädchen (**Rändel**) auf dem Umfang von Stellschrauben, bei sich kreuzenden Rillen spricht man von **Kordieren.**

2) *Münztechnik:* das Prägen von Schrift oder Ornamenten auf die Kante von Münzen; diente urspr. der Erschwerung des Befeilens und Beschneidens, heute der Unterscheidung versch. Nominale.

**Randen** *der,* nördlichster Teil des Tafeljuras nordwestlich von Schaffhausen, beiderseits der dt.-schweizer. Grenze, im Hohen R. 924 m ü. M.; bildet den Übergang vom Tafeljura zum Schwäb. Jura; stark verkarstete Hochflächen, waldreich; Erholungsgebiet (der schweizer. Teil ist nat. Landschaftsschutzgebiet). Am S-Rand in prähistor. Zeit bewohnte Höhlen (Schweizersbild, Kesslerloch).

**Randers** ['ranərs], Hafen- und Handelsstadt in O-Jütland, an der Gudenå vor ihrer Mündung in den **R.-Fjord** (20 km lange Förde), Dänemark, (1988) 61 200 Ew.; Nahrungsmittel-, Metallindustrie, Maschinenbau, Waggonfabrik, Handschuhherstellung; Garnison; Hafen. – Das 1086 erstmals erwähnte R. wurde 1302 Stadt. – Mortenskirche (vermutlich 15. Jh.) mit Rokokoorgel; das Helligåndshus (ehem. Kloster, Mitte des 15. Jh.) wurde im 19. Jh. restauriert; Rathaus (1778).

**Randfontein** ['rantfɔntəɪn], Stadt am westl. Witwatersrand, in Transvaal, Rep. Südafrika, 1 774 m ü. M., (1983) 66 100 Ew.; Phosphat- und Goldbergbau; chem. Industrie.

**Randgruppe,** Sammel-Bez. für Menschen, die in eine Gesellschaft nur unvollständig integriert sind.

Dies kann zum einen darin begründet sein, daß Normen und Wertvorstellungen der Kerngesellschaft so dominant sind, daß Menschen mit abweichenden Merkmalen (z. B. Sprache, Kultur, Sexualverhalten) von dieser ausgeschlossen werden. Zum anderen kann auch die Ablehnung herrschender gesellschaftl. Normen bei einzelnen zur bewußten Abkehr von sozialen Zentralbereichen führen. Darüber hinaus werden durch Ausdifferenzierung unterschiedl. Lebensformen (z. B. steigende soziale Mobilität) und sozialer Handlungsfelder immer mehr Menschen in wechselnde Lebenszusammenhänge eingebunden, mit der Folge, daß zunehmend mehr Menschen in soziale Distanz zu (vermeintlich) noch bestehenden gesellschaftl. Vorgaben und Gruppenbildungen geraten. Für die Existenz einzelner R. können alle drei Bedingungsgefüge ineinandergreifen.

In der älteren Sozialwissenschaft und Sozialfürsorge wurden R. in erster Linie als Problem abweichenden Verhaltens gegenüber gesellschaftl. Integrationsangeboten betrachtet. Im Zuge der gesellschaftl. Reformbestrebungen der 1960er Jahre hat sich die Sichtweise verbreitet, R. zeigten v. a. Probleme der Kerngesellschaft auf. Während einzelne R. der frühen Industriegesellschaft, z. B. Behinderte, ein deutliches Selbstbewußtsein und Wirkungen auf die Kerngesellschaft entfaltet haben, bleiben andere, ebenfalls bedeutende R. (z. B. Obdachlose) eher außerhalb des Blickwinkels öffentl. Anteilnahme.

Stigmatisierung. Zur Produktion gesellschaftl. R., hg. v. M. BRUSTEN u. a., 2 Bde. (1975); A. KÖGLER: Die Entwicklung von R. in der BRD (1976); S. MOSCOVICI: Sozialer Wandel durch Minoritäten (a. d. Engl., 1979).

**Randkluft,** *Geomorphologie:* Abschmelzfuge zw. Gletscher und Fels, die durch die Wärmestrahlung (Sonnenenergie) des Gesteins entsteht; meist mit Schmelzwasserabfluß.

**Randkontrast,** *Wahrnehmungspsychologie:* → Kontrast 4).

**Randleistenbeil,** bronzezeitl. Beil, dessen Ränder stegartig verdickt sind, um seine sichere Schäftung zu ermöglichen.

**Randmal,** *das* → Flügelmal.

**Randmeer,** ein Nebenmeer am Rande eines Kontinents (→ Meer).

**Randmoräne,** → Moräne.

**Random** [engl.] *das,* -s/-s, zweirädriger Wagen, dem drei Pferde hintereinander vorgespannt sind, → Dreigespann.

**Randomisierung** [zu engl. random ›zufällig‹], *empir. Sozialforschung:* die zufällige Auswahl, Zusammenstellung oder Anordnung von Untersuchungselementen in Testanordnungen. Basierend auf wahrscheinlichkeitstheoret. Gesetzen, gewährleistet die R. innerhalb statist. Zufallsschwankungen sich bewegende, von systemat. Fehlern freie Merkmalsverteilungen von Experimental- und Kontrollgruppen.

**Randpersönlichkeit,** *Soziologie:* → Außenseiter 2).

**Randpunkte,** *Mathematik:* Bez. für die Elemente der Menge

$$\overline{M} \cap (\overline{T \setminus M}) = \overline{M} \setminus \dot{M}$$

($\overline{M}$ abgeschlossene Hülle von $M$, $\dot{M}$ offener Kern von $M$), wobei $M$ eine Teilmenge des topolog. Raumes $(T, \tau)$ ist. Die Menge aller R. von $M$ bildet den **Rand** von $M$ (Bez. $\partial M$ oder Rd$M$).

**Randschrift, Gurt|inschrift,** durch → Rändeln aufgebrachte Beschriftung auf der Münzkante (Gurt) zur Unterscheidung der Nominale und Erschwerung des Münzfälschens.

**Randsenke,** die → Randtiefe.

**Randsfjord** ['ransfjuːr], langgestreckter (77 km) See in der Prov. (Fylke) Oppland, S-Norwegen, 134 m ü. M., 135 km².

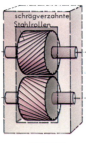

bearbeitetes Werkstück
**Rändeln 1):** Kordieren

**Randstad Holland** [niederländ. rand ›Ring‹], städtische →Ballung in den Niederlanden, umfaßt mit (1990) über 4,5 Mio. Ew. etwa ein Drittel der Bev. der Niederlande. Die R. H. hat eine ringförmige Ausdehnung: vom Rhein-Maas-Delta im S (mit Rotterdam und Dordrecht) erstreckt sie sich entlang der Küste über Den Haag, Leiden und Haarlem nach N bis Heemskerk und zur Zaanstreek (histor. Industriegebiet um Zaanstad), dann aus dem Raum Amsterdam umbiegend über Hilversum und Amersfoort bis Utrecht. Im Inneren dieses nach SO offenen Ringes werden noch intensiver Gartenbau und Rindviehhaltung betrieben, auch nahe dem Großflughafen Schiphol. Ein zusätzl. Siedlungsgebiet liegt am O-Ufer des IJsselmeeres in der Prov. Flevoland (zw. Lelystad und dem 1974 gegründeten Almere), das seit 1987/88 Eisenbahnverbindung mit Amsterdam hat. Mit ihren Industrieansiedlungen, Häfen, Handels- und Verwaltungsfunktionen sowie den Einrichtungen von Bildung, Wiss. und Kultur bildet die R. H. den wirtschaftl. Schwerpunkt der Niederlande.

**randständig**, *Botanik:* →marginal 2).

**Randstrahlen**, *Optik:* →Strahlenbündel.

**Randstufe**, die Abdachung des Binnenhochlands im südl. Afrika, →Große Randstufe.

**Randtiefe, Randsenke**, *Geologie:* Vortiefe eines Orogens (→Orogenese). Eine R. entsteht auch durch Nachsinken des Deckgebirges bei der Salzabwanderung zum Salzstock.

**Randverteilung**, *Statistik:* die Zeilen- bzw. die Spaltensumme einer zweidimensionalen Häufigkeitsverteilung.

**Randwanzen**, die →Lederwanzen.

**Randwasser, Ölfeldwasser**, in Erdöllagerstätten auftretendes Salzwasser, das sich wegen seiner größeren Schwere unter das Erdöl schichtet.

**Randwertproblem, Randwertaufgabe**, *Mathematik:* in der Theorie der Differentialgleichungen die Aufgabe, Lösungen einer gegebenen Differentialgleichung zu finden, die am Rand eines Gebietes (Grundgebiet) vorgeschriebene Werte, die Randwerte, annehmen. Im allg. sind R. schwer lösbar, es gibt jedoch einige einfachere Standardaufgaben.
Eine große Bedeutung haben R. für viele Gebiete der *Physik*, u. a. in der Potentialtheorie, bei Wärmeleitungs- und Diffusionsprozessen, bei Schwingungsvorgängen (schwingende Saite, Membranen, Resonatoren) und in der Quantenmechanik (z. B. Schrödinger-Gleichung). In der *Geodäsie* treten R. bei der Bestimmung von Figur und äußerem Schwerefeld der Erde aus Messungen an der Erdoberfläche auf. Geometr. und Schwerefeldparameter ergeben sich dabei aus den gemessenen Randwerten unter Berücksichtigung der Laplace-Gleichung für das Schwerefeld.

**Raney-Katalysatoren** [ˈreɪni-], von dem amerikan. Ingenieur MURRAY RANEY (* 1885, † 1966) 1925–27 entwickelte, bes. fein verteilte Hydrierungs- und Dehydrierungskatalysatoren (v. a. Nickel und Kobalt), die durch Legieren der Metalle z. B. mit Aluminium, Magnesium oder Zink und anschließendes Herauslösen der Legierungsmetalle mit Alkalien hergestellt werden. Wegen ihrer bes. feinen Verteilung sind die R.-K. pyrophor.

**Ranftbecher**, sich nach oben weitender Glasbecher mit einer dicken, facettierten oder kannelierten Fußplatte (Ranft); bes. im Biedermeier beliebt.

**Rang** [frz. ›Reihe‹, ›Ordnung‹, von altfrz. renc ›Kreis (von Zuschauern)‹], **1)** *Mathematik:* **R. einer Matrix**, →Matrix 3).
**2)** *Militärwesen:* frühere Bez. für →Dienstgrad 2).
**3)** *Sozialwissenschaften:* die Position einer Person oder Gruppe in der Hierarchie eines sozialen Systems, aus der sich bestimmte Rechte (z. B. Weisungsbefugnis), Pflichten (z. B. in bezug auf die Lebensführung) und eine entsprechende Achtung ergibt. Der R. wurde und wird in vielen Gesellschaften durch Symbole signalisiert. In der modernen Industriegesellschaft bestimmen v. a. Einkommen, Vermögen, Entscheidungsgewalt, Bildungs- und Berufsqualifikation den sozialen R., während er in vormodernen Gesellschaften z. B. vom Alter, vom Geschlecht, von der sozialen Schicht (Adel, Bürger, Bauern) und – noch weiter zurückreichend – von der phys. Stärke, dem Jagderfolg oder der Abstammung abhing. (→Prestige, →Status)
**4)** *Theater:* von den oberen Stockwerken aus erreichbare Sitzplatzgruppen, die sich an den Seitenwänden und an der Rückwand des Zuschauerraums befinden; im 17. und 18. Jh. entwickelt.
**5)** *Zivilrecht:* Position in einer Reihenfolge von Rechten, bes. von Grundstücksrechten (z. B. Hypothek, Grundschuld). Das R.-Verhältnis ist wichtig für die Reihenfolge der Befriedigung der Rechtsinhaber bei der Zwangsversteigerung des Grundstücks; mit abnehmendem R. steigt für den Gläubiger das Risiko, ganz oder teilweise leer auszugehen. Die R.-Ordnung beruht auf dem Grundsatz der (zeitl.) Priorität, d. h., das frühere Recht geht dem späteren vor. Bei Eintragungen innerhalb derselben Grundbuchabteilung entscheidet die räuml. Reihenfolge der Eintragungen (§ 879 BGB). Rechte, die unter Angabe desselben Tages eingetragen sind, haben den gleichen R., soweit nicht gemäß § 45 Grundbuchordnung eine abweichende R.-Folge vermerkt ist. Das Grundbuchamt ist verpflichtet, Eintragungsanträge in der Reihenfolge ihres Eingangs zu bearbeiten. Verstöße gegen diese Pflicht bewirken zwar keine von der Eintragungsreihenfolge abweichende R.-Folge, können aber Amtshaftungsansprüche auslösen. Der R. kann auch nachträglich geändert werden (**R.-Änderung**), wobei Zwischenrechte, die hierdurch einen Nachteil erleiden würden, nicht beeinträchtigt werden dürfen. Der Eigentümer kann sich bei Belastung des Grundstücks eine R.-Stelle freihalten (**R.-Vorbehalt**).
Ähnlich geregelt ist das R.-Verhältnis von Rechten in *Österreich* (§§ 438, 440 ABGB; §§ 29 Abs. 1, 53 ff. Grundbuch-Ges.) und in der *Schweiz*; entfällt ein im R. vorangehendes Pfandrecht, so besteht kein Nachrückungsrecht nachfolgender Gläubiger, sofern ein solches nicht vereinbart wurde (System der festen Pfandstelle, Art. 813 ZGB).
Zur R.-Folge von Konkursforderungen →Konkurs.

**Ranganathan**, Shiyali Ramamrita, ind. Bibliothekar, * Shiyali (Tamil Nadu) 9. 8. 1892, † Bangalore 27. 9. 1972; 1924–44 Bibliothekar der Univ. Madras, 1947–54 Lehrtätigkeit an der Univ. Delhi; längere Aufenthalte in England (1924–25) und der Schweiz (1954–57). R. begründete 1962 das ›Documentation Research and Training Centre‹ in Bangalore. R.s Arbeiten auf dem Gebiet der Klassifikationstheorie waren von weitreichendem Einfluß.
**Werke:** The five laws of library science (1931); Colon classification (1933); Prolegomena to library classification (1937); Ramanujan. The man and the mathematician (1967).
Library science today. R. Festschrift, hg. v. P. N. KAULA, 2 Bde. (London 1965–67).

**Ranger** [ˈreɪndʒə; engl., zu to range ›(durch)streifen‹, ›wandern‹] *der, -s/-s*, **1)** *Raumfahrt:* Name unbemannter Raumsonden aus den Jahren 1961–65 zur Erforschung des Mondes, der ersten Raumsonden der USA zur Erkundung eines anderen Himmelskörpers des Sonnensystems. Von den insgesamt neun gestarteten Sonden waren nur die letzten drei (R. 7 bis 9, 1964–65) voll erfolgreich. Sie übertrugen während der letzten Minuten vor dem Aufprall auf den Mond über 17 000 Bilder hoher Auflösung von dessen Oberfläche, mit Einzelheiten bis herab zur Größe von 1 m. Darüber hinaus konnten Radius und Masse des Mon-

**Rang**  Rangfolgeverfahren – Rangun

des mit großer Genauigkeit bestimmt werden. Das R.-Programm diente zur Vorbereitung des unbemannten Mondlandeprogramms Surveyor und des Apollo-Programms.

**2)** in den *USA* Bez. sowohl für speziell ausgebildete Soldaten für Sondereinsätze im gegner. Hinterland als auch für die Angehörigen der Polizei in einigen Bundesstaaten (z. B. ›Texas-R.‹) und des Forstüberwachungsdienstes.

**Rangfolgeverfahren, Ranking system** ['ræŋkɪŋ 'sɪstɪm, engl.], summar. Methode der Arbeitsbewertung, bei der die Arbeitsplätze ganzheitlich miteinander verglichen und nach ihrem Schwierigkeitsgrad in eine Rangfolge gebracht werden. Diese wiederum bildet die Grundlage für die Lohn- und Gehaltsdifferenzierung, wobei unterschiedl. Abstände der Anforderungshöhe zw. den einzelnen Rängen nicht berücksichtigt werden.

**Rangieren** [rãˈʒiːrən; von frz. ranger ›ordnungsgemäß aufstellen‹, ›ordnen‹], **Verschieben, Verschub,** Vorgang zum Umstellen von Schienenfahrzeugen oder Ordnen von Zugverbänden in Bahnhöfen. Zum R. gehören das Überführen, Abstoßen und Abdrücken (am → Ablaufberg) von Fahrzeugen durch Lokomotiven oder Rangiergeräte. Die Führer von Rangierlokomotiven sind über Sprechfunk (**Rangierfunk**) mit den Betriebsstellen (Stellwerken) verbunden. Über besondere Einrichtungen können Rangierlokomotiven funkferngesteuert werden.

**Rangiroa** [raŋgirɔˈa], größtes Atoll (Lagune von 1 000 km$^2$) der Tuamotuinseln, Frz.-Polynesien; früher bedeutende Perlenfischerei; Flugplatz.

**Rangkrone,** *Heraldik:* über dem Wappenschild ruhende (gezeichnete) Krone, die den Adelsrang des Wappenführenden kennzeichnet. Nachdem im 14. Jh. die Kirchenfürsten damit begonnen hatten, ihre jeweiligen Kopfbedeckungen über dem Wappen zu führen, gingen schon bald auch die weltl. Herrscher dazu über, ihre Kronen als herald. Zeichen zu nutzen. Die ›alte Königskrone‹ (auch Blatt- oder Blätterkrone; mit drei sichtbaren Blattornamenten) wurde im 14. Jh. durch Hinzufügen des als Zeichen der Souveränität geltenden Bügels zur Kaiserkrone. Hieran anknüpfend entstand Ende des 15. Jh. in England, Schottland und Frankreich, Anfang des 16. Jh. in Spanien die Königskrone mit fünf zeichnerisch dargestellten Bügeln (von real acht), zusammen mit der fünfblättrigen Krone der Granden von Spanien wurde sie zur Grundlage der nach und nach geschaffenen nationalen Königskronen. Während die R. der Kaiser und Könige i. d. R. (zeichnerisch) den tatsächlich getragenen Kronen entsprachen, ist das seit dem 16. Jh. entwickelte R.-System des Adels eine Erfindung der Heroldskunst; diese erschien nur auf herald. Darstellungen. Meist handelt es sich um stilisierte, mit Perlen und/oder Blattornamenten besetzte sowie verzierte Reife. Herzöge benutzten eine der Königskrone neuerer Art nachempfundene R., Grafen legten auf den Reifoberrand eine größere, Freiherrn eine geringere Anzahl von Perlen. Anfang des 19. Jh. bildete sich die →Grafenkrone als neunperlige, die Freiherrenkrone als siebenperlige R. mit Perlen auf in die Höhe gezogenen Spitzen heraus. Seit der 2. Hälfte des 16. Jh. konnte jeder Adlige die alte Königskrone über seinem Wappen führen, sie wird daher auch als ›Adelskrone‹ bezeichnet. Im Unterschied zu ihr besteht die seit dem 19. Jh. vom untitulierten Adel verwendete ›moderne Adelskrone‹ aus einem Reif mit fünf Perlen auf Spitzen. Eine neuere Zwischenstufe ist die → Fürstenkrone.

**Rangoon** [ræŋˈguːn], engl. Name für → Rangun.

**Rang|ordnung, 1)** *allg.:* die Einstufung von Personen oder Sachen in einer auf- oder absteigenden Reihenfolge hinsichtlich eines Merkmals. In sozialen Hierarchien bestimmt die R. Verhaltensrechte und -pflichten über- und untergeordneten Ranginhabern gegenüber. (→Skalierung)

**2)** *Verhaltensforschung:* soziale Hierarchie in einer Tiergesellschaft, in der jedes Tier auf seinem Rangplatz eine bestimmte Funktion erfüllt. In ihrer stärksten Ausprägung (bei Säugetieren und Vögeln) ist sie dadurch gekennzeichnet, daß sich die Gruppenmitglieder untereinander individuell kennen. Die Tiere an der Spitze der Gruppe genießen Vorrechte (z. B. beim Paarungsverhalten und bei der Nahrungsaufnahme), haben aber auch Pflichten (z. B. als Anführer oder Wächter). Das ranghöchste Tier wird als **Alphatier,** das rangniedrigste als **Omegatier** bezeichnet. Eine R. bildet sich durch R.-Kämpfe aus, die meist ritualisiert sind (Kommentkämpfe); die hierbei entstehende R. wird dabei sowohl von den übergeordneten als auch von den untergeordneten Gruppenmitgliedern durch angriffshemmende Signale (Demuts- und Beschwichtigungsgebärden) aufrechterhalten, so daß offene Auseinandersetzungen selten vorkommen. Gleichwohl kann ein rangniedrigeres Tier durch die Provokation von R.-Kämpfen (die es gewinnen muß) oder auch durch Verbündung mit Ranghöheren in der R. aufsteigen. Es gibt 1) R. mit häufigem Rangwechsel (z. B. bei Rindern), 2) weitgehend starre R. (z. B. Hackordnung der Hühner) und 3) R., in denen ein Despot absolut dominiert (z. B. bei Affen). Eine R. kann linear sein, d. h. A dominiert über B und B über C, sie kann aber auch komplizierte Dreiecksverhältnisse aufweisen, wenn z. B. C wiederum über A dominiert, und sie kann sich ändern, wenn der Funktionskreis des Verhaltens wechselt.

**Rangreihenverfahren,** engl. **Factor ranking method** ['fæktə 'ræŋkɪŋ 'meθəd], analyt. Methode der Arbeitsbewertung, bei der die Arbeitsplätze nach mehreren charakterist., häufig dem Genfer Schema entsprechenden geistigen und körperl. Anforderungsarten beurteilt, verglichen und in Rangreihen gebracht werden. Dabei ergibt sich der Gesamtarbeitswert eines Arbeitsplatzes aus der Summe der gewichteten Rangplätze, auf dessen Grundlage die Lohn- oder Gehaltszuordnung basiert.

**Rangstreben,** die Bereitschaft zur Unterordnung (→Gehorsam) entgegengesetzter psych. Antrieb, der darauf gerichtet ist, (unter Ausnutzung geistiger oder körperlicher Überlegenheit) innerhalb der Rangfolge einer Gruppe (→Hierarchie) eine möglichst hohe Stellung zu erlangen.

**Rangström** [-strœm], Anders Johan T u r e, schwed. Komponist, * Stockholm 30. 11. 1884, † ebd. 11. 5. 1947; studierte bei J. LINDGREN und H. PFITZNER. Seine Werke knüpfen an die Spätromantik an. Bekannt wurde er v. a. als Liederkomponist (›Drei Gedichte‹, 1904; ›Lyrik‹, 1904–09), daneben schrieb er Opern (u. a. ›Kronbruden‹, 1919, nach A. STRINDBERG), vier Sinfonien (1914–36), sinfon. Dichtungen, Kammer- und Klaviermusik sowie Chorwerke.

**Rangun** [birman. ›Kriegsende‹], engl. **Rangoon** [ræŋˈguːn], birman. **Yangon,** Hauptstadt von Birma, im Irawadidelta, am Zusammenfluß von Pegu und Hlaing zum Rangun, rd. 30 km vom Golf von Martaban entfernt, (1983) 2,459 Mio. Ew.; Sitz eines anglikan. Bischofs und eines kath. Erzbischofs; Univ. (gegr. 1920), International Institute of Advanced Buddhistic Studies u. a. wiss. Institute; Nationalbibliothek, Museen; zoolog. und botan. Garten; Elektrostahlwerk, Erdölraffinerie, Nahrungsmittel- (Zukker, Speiseöl, Fischkonserven u. a.), Textilindustrie, Schiffbau, Kfz-Montage, chem., pharmazeut. Holz-, Reifenindustrie. Der Hafen bewältigt über 80% des birman. Außenhandels; internat. Flughafen Mingalodon. – R. geht auf eine Siedlung (**Dagon**) bei der

---

**Rangun**

Hauptstadt von Birma

im Irawadidelta

2,459 Mio. Ew.

wichtigster Hafen Birmas

internationaler Flughafen

Universität (1920 gegründet)

Shwe-Dagon-Pagode (1564)

Shwe-Dagon-Pagode zurück. Dagon wurde nach der Zerstörung der Hafenstadt Syriam (gegenüber von R. am Pegu gelegen) und der Einigung Birmas durch ALAUNGPAYA (1752) Verwaltungssitz von Niederbirma. Unter der brit. Kolonialherrschaft wurde R. mit rechtwinkligem Grundriß neu angelegt. 1948 wurde es Hauptstadt des unabhängigen Birma. – Wallfahrtsziel (höchstes buddhist. Heiligtum Birmas) ist die von der Basis bis zur Spitze mit Gold überzogene 112 m hohe Shwe-Dagon-Pagode (Goldpagode, urspr. 588 v. Chr. errichtet; jetziger Bau von 1564; nach dem Erdbeben 1930 wiederhergestellt; BILD →birmanische Kunst).

**Ranidae** [lat. rana ›Frosch‹], die →Frösche.

**Ranis,** Stadt im Kr. Pößneck, Thüringen, 400 m ü. M., am Rand der Orlasenke, (1989) 2000 Ew.; Heimatmuseum in der Burg (13./14. Jh., 16. Jh.); Erholungsort. Nördlich von R. aus Kalk aufgebaute Zechsteinriffberge (409 m ü. M.; Landschaftsschutzgebiet), südöstlich bei Moxa seismolog. Station.

**Ranjit Singh** [-dʒit -], Herrscher der Sikh im Pandschab, * 13. 11. 1780, † Lahore 27. 6. 1839; übernahm als Zwölfjähriger die Herrschaft über einen der Bezirke der Sikh. 1799 besetzte er Lahore und wurde vom afghan. König zum Gouverneur der Stadt ernannt. Am 12. 4. 1801 rief er sich selbst zum Maharadscha des Pandschab aus. Durch militär. Eroberungen und Verträge mit Afghanen und Briten dehnte er seine Macht über das gesamte Pandschab und über Kaschmir (1819) aus. Mit Hilfe frz. und italien. Militärberater schuf er eine starke Armee.
K. SINGH: R. S., Maharajah of the Punjab (London 1962).

**Rank, 1)** Joseph, Pseudonym **J. K. Willibald,** österr. Schriftsteller, * Friedrichsthal (Böhmen) 10. 6. 1816, † Wien 27. 3. 1896; war 1848 Mitgl. des Frankfurter Parlaments; ab 1861 in Wien u. a. als Sekr. an der Hofoper und am Stadttheater tätig; schrieb volkstüml. Erzählungen (›Aus dem Böhmerwalde‹, 1842, 1851 erweitert auf 2 Bde.) und Romane.
Weitere Werke: Waldmeister, 3 Bde. (1846); Florian, 2 Bde. (1853); Im Klosterhof, 2 Bde. (1875); Erinnerungen aus meinem Leben (1896).

**2)** [ræŋk], Joseph Arthur, Baron **R. of Sutton Scotney** [əv ˈsʌtn ˈskɔtnɪ] (seit 1957), brit. Industrieller, * Kingston upon Hull 22. oder 23. 12. 1888, † Winchester 29. 3. 1972; gründete 1933 die Religious Films Society und 1934 mit anderen die British National Film sowie 1936 die General Cinema Finance Corporation. 1946 machte R. The Rank Organisation PLC zur Dachorganisation seiner Unternehmen.
A. WOOD: Mr. R. (London 1952).

**3)** Otto, Psychoanalytiker, * Wien 22. 4. 1884, † New York 31. 3. 1939; einer der engsten Vertrauten S. FREUDS und einflußreiches Mitglied der psychoanalyt. Bewegung. U. a. beschäftigte er sich mit Mythologie unter psycholog. Aspekten. Nach Unstimmigkeiten mit S. FREUD wegen seiner Veröffentlichung ›Trauma der Geburt und seine Bedeutung für die Psychoanalyse‹ (1924) arbeitete R. als Therapeut in Paris, seit 1935 in den USA. R. sah im Geburtsakt das Urtrauma des menschl. Lebens. Angst und neurot. Verhalten, aber auch alle kulturellen Erscheinungen deutete R. entweder als direkten Ausdruck oder als Bewältigungsversuch des Geburtstraumas. Mit seiner Betonung des Ich als selbständiger Instanz kann er als Vorläufer der neopsychoanalyt. Theorien und der humanist. Psychologie gelten.
Weitere Werke: Der Künstler (1907); Das Inzest-Motiv in Dichtung u. Sage (1912); Die Bedeutung der Psychoanalyse für die Geisteswiss.en (1913, mit H. SACHS); Psychoanalyt. Beitr. zur Mythenforschung (1919); Die Technik der Psychoanalyse, 3 Bde. (1926–31).

**Ranke, 1)** Friedrich, Germanist, * Lübeck 21. 9. 1882, † Basel 11. 10. 1950; wurde 1917 Prof. in Göttingen, 1921 in Königsberg (Pr), 1930 in Breslau und 1938 in Basel. Im Mittelpunkt seiner Arbeiten stand Gottfrieds von Straßburg ›Tristan‹ und die Volkssagenforschung.
Werke: Altnord. Elementarbuch (1937). – Hg.: Gottfried von Straßburg: Tristan u. Isold (1930).

**2)** Kurt, Germanist und Volkskundler, * Blankenburg/Harz 14. 4. 1908, † Stadensen (Kr. Uelzen) 6. 6. 1985; wurde 1960 Prof. in Göttingen; Begründer der internat. Zeitschrift für Erzählforschung ›Fabula‹ (1958 ff.); Gründer und Leiter der internat. Arbeitsstelle ›Enzyklopädie des Märchens‹ (seit 1957); Mitherausgeber der ›Folklore Fellows Communications‹ (1963 ff.) und der Neuaufl. des ›Reallexikons der german. Altertumskunde‹ (²1968 ff.), Begründer und Mitherausgeber der ›Enzyklopädie des Märchens‹ (1977 ff.).
Weitere Werke: Die zwei Brüder. Studie zur vergleichenden Märchenforschung (1934); Indogerman. Totenverehrung (1951); Die Welt der einfachen Formen. Studien zur Motiv-, Wort- u. Quellenkunde (1978). – Hg.: Schleswig-holstein. Volksmärchen, 3 Bde. (1955–62).
Volksüberlieferung. Festschr. für K. R. ..., hg. v. F. HARKORT u. a. (1968).

**3)** Leopold von (seit 1865), Historiker, * Wiehe (bei Artern/Unstrut) 21. 12. 1795, † Berlin 23. 5. 1886; wurde nach dem Studium der Theologie und Philosophie in Leipzig (1814–18) Gymnasiallehrer in Frankfurt/Oder (bis 1825). Hier entstand sein erstes großes Werk, die ›Geschichten der roman. und german. Völker von 1494–1535‹ (1824, nur Bd. 1 erschienen). Ab 1825 Prof. für Geschichte in Berlin, gab R. 1832–36 die konservative ›Historisch-polit. Zeitschrift‹ heraus. 1841 wurde er Historiograph des preuß. Staates, 1858 der erste Vors. der Histor. Kommission bei der Bayer. Akademie der Wissenschaften zu München. R. beendete seine akadem. Laufbahn 1871, arbeitete aber bis zu seinem Tod an seiner ›Weltgeschichte‹ (16 Bde., 1881–88, ab 1887 fortgeführt und hg. v. A. DOVE u. a.) und an der Herausgabe seiner ›Sämtl. Werke‹ (54 Bde., 1867–90).

Leopold von Ranke

Bereits in seinem Erstlingswerk sprach R. den Grundsatz aus, daß der Historiker nicht richten und lehren, sondern nur zeigen solle, ›wie es eigentlich gewesen‹. Damit trennte er sich von der Geschichtsschreibung der Aufklärung. Er suchte sein Ziel durch das Zurückgehen auf die ursprüngl. Quellen und durch deren Kritik zu erreichen. Da jede Epoche seiner Überzeugung nach ›unmittelbar zu Gott‹ stand, suchte er die Vergangenheit aus sich heraus zu verstehen, nicht von der Gegenwart her zu werten. Staaten und Völker waren ihm Individualitäten, ›Gedanken Gottes‹ (Einfluß der Romantik). Demgegenüber trat das freie Handeln der Persönlichkeit zurück. Im Luthertum wurzelnd, suchte R. letztlich Gott in der Geschichte. R. hatte entscheidenden Anteil am Entstehen der modernen Geschichtswissenschaft. Durch ihn wurden die method. Grundsätze der Quellenforschung und -kritik im akadem. Lehrbetrieb zur allgemeiner Geltung gebracht. Über Dtl. hinaus prägte R.s krit. Methode zur Erschließung der Quellen und zur Feststellung des geschichtl. Tatbestands (→historische Methode) auch die Anfänge der Geschichtswiss. in den USA und wirkte nach Großbritannien hinüber. Die dt. Geschichtswiss. blieb bis in die Mitte des 20. Jh. dem Historismus R.s stark verpflichtet, obwohl Kritik an dessen Geschichtstheoret. Prämissen R.s, konservativen Grundzug und der Konzentration auf das außenpolit. Geschehen vorgetragen wurde.
Weitere Werke: Die röm. Päpste, ihre Kirche u. ihr Staat im 16. u. 17. Jh., 3 Bde. (1834–36); Dt. Gesch. im Zeitalter der Reformation, 6 Bde. (1839–47); Neun Bücher preuß. Gesch., 3 Bde. (1847–48, Neuaufl. u. d. T. Zwölf Bücher preuß. Gesch., 5 Bde. , 1874); Engl. Gesch., vornehmlich im 16. u. 17. Jh., 7 Bde. (1859–68).

**Rank** Ranke Graves – Ranković

**Ausgaben:** Werke, hg. v. P. JOACHIMSEN u. a., Reihe 1, Werk 7, Bd. 1–6, Werk 9, Bd. 1–3 (1925–30); Das Briefwerk, hg. v. W. P. FUCHS (1949); Aus Werk u. Nachlaß, hg. v. dems. u. a., auf 5 Bde. ber. (1964ff.).
H. BERDING: L. v. R., in: Dt. Historiker, hg. v. H.-U. WEHLER, Bd. 1 (1971); K. H. METZ: Grundformen historiograph. Denkens. Wissenschaftsgesch. als Methodologie, dargestellt an R., Treitschke u. Lamprecht (1979); L. v. R. u. die moderne Geschichtswiss., hg. v. W. J. MOMMSEN (1988).

**Ranke Graves** ['ræŋk 'greɪvz], Robert von, eigentl. Name des engl. Schriftstellers Robert →Graves.

**Ranke-Heinemann**, Uta, kath. Theologin, * Essen 2. 10. 1927; Tochter von G. HEINEMANN; konvertierte 1953 zum Katholizismus; 1970–80 Prof. für kath. Theologie an der Pädagog. Hochschule Neuss, 1980–87 an der Univ. Duisburg, 1985–87 Prof. für N. T. und Alte Kirchengeschichte an der Univ. Essen. Wegen ihrer Kritik an der traditionellen kath. Lehre von der Jungfrauengeburt JESU wurde ihr 1987 die kirchl. Lehrbefugnis entzogen. Seit Ende 1987 ist sie Prof. für Religionsgeschichte (neu geschaffener kirchenunabhängiger Lehrstuhl) an der Univ. Essen. Bekannt wurde sie durch ihr Engagement in der Friedensbewegung sowie durch ihre Kritik an sexual- und frauenfeindl. Tendenzen innerhalb der kath. Kirche.
**Werke:** Der Protestantismus (1962); Das frühe Mönchtum (1964); Von christl. Existenz (1964); Antwort auf aktuelle Glaubensfragen (1965); Christentum für Gläubige u. Ungläubige (1968); Die sogenannte Mischehe (1968); Widerworte. Friedensreden u. Streitschr. (1985); Eunuchen für das Himmelreich. Kath. Kirche u. Sexualität (1988).

Uta Ranke-Heinemann

**Ranken**, fadenförmige, meist lange, z. T. verzweigte Klammerorgane verschiedener höherer Pflanzen; dienen, sich durch →Haptotropismus orientierend, der Befestigung der Sproßsysteme an fremden Stützen. Je nach ihrer Herkunft aus den Organen unterscheidet man: 1) **Sproß-R.**, bei denen Hauptsproß (so bei der Weinrebe) oder Seitensprosse (bei der Passionsblume) die R. bilden können; 2) **Blatt-R.**, bei denen ganze Blätter zu R. reduziert sind (Rhachis-R. beim Kürbis) oder Teile von ihnen (Fieder-R. bei Hülsenfrüchtlern, Blattstiel-R. bei der Kapuzinerkresse); 3) **Wurzel-R.** bei trop. Kletterpflanzen (z. B. Vanille). – Bes. zart ausgebildete Formen der R. bezeichnet man als Faden-R. (z. B. bei einigen Schmetterlingsblütlern). (→Windepflanzen)

**Rankenfüßer**, *Cirripedia*, meist als Unterklasse angesehene Gruppe der →Krebse mit 820 im Meer lebenden Arten, deren Brustbeine im erwachsenen Zustand (Ausnahme: Wurzelkrebse) zu rankenartigen Fangarmen umgestaltet sind. Aus den Eiern der zwittrigen Tiere schlüpfen Naupliuslarven, die sich nach einigen Häutungen mit dem Vorderkopf festsetzen und eine Metamorphose durchmachen, in deren Verlauf sie jede Ähnlichkeit mit Krebsen verlieren. Zu den R. gehören die **Thoracica** mit an den Küstenfelsen festsitzenden →Seepocken mit kegelförmiger Schale und die **Entenmuscheln** (*Lepadidae*) mit muschelförmiger Schale auf weichem, muskulösem Stiel, mit dem sie an treibenden Gegenständen festsitzen (z. B. die Gemeine Entenmuschel; *Lepas anatifera*). Die **Wurzelkrebse** (*Rhizocephala*) sind Endoparasiten mit stark abgewandeltem Körperbau. Der **Sackkrebs** (*Sacculina carcini*) z. B. besteht lediglich aus einem sackförmigen Rumpf mit einem Stilett, mit dem er sich in eine Krabbe einbohrt und in ihrem Körper ein ausgedehntes Wurzelgeflecht bildet.

**Rankenpflanzen**, Gruppe der Kletterpflanzen, die ohne Ausbildung eines eigenen tragenden Stammes ihr Sproßsystem durch →Ranken an (art)fremden Unterlagen befestigen. R. kommen verbreitet bes. in trop. Wäldern (Kürbisgewächse), in Auwäldern

**Ranken:** 1 Sproßranken der Weinrebe; 2 Sproßranken des Wilden Weins; 3a, 3b, 3c Blattranken des Kürbisses; 4 Blattfiederranke der Erbse

(Weinrebengewächse, Waldrebe) und in Gebüschen (versch. Schmetterlingsblütler) vor.

**Ranker** [zu Rank, in Tiroler Mundart ›Berghang‹] *der, -s,* flachgründiger Bodentyp mit A-C-Profil (→Bodenhorizont) auf kalkarmen oder -freien, silikat. Gesteinen. Der Humushorizont (A) liegt dem Muttergestein (C) unmittelbar auf; der R. stellt eine geringe Weiterentwicklung des Rohbodens dar; im gemäßigten Klima in Steilhanglage sowie in sehr trokkenen Gebieten ist er das Endstadium der Bodenbildung, sonst wird er rasch zu Braunerde oder Podsolen weiterentwickelt.

**Rankett** [Herkunft unsicher] *das, -s/-e,* **Rackett,** ein Holzblasinstrument des 16. bis 18. Jh. mit doppeltem Rohrblatt, bestehend aus einem büchsenartigen Holz- oder Elfenbeinzylinder, der längs mit sechs bis zehn miteinander verbundenen Kanälen sowie außen mit vielen Tonlöchern (davon elf Grifflöcher) durchbohrt ist. Das tiefklingende, leise und näselnde R. wurde über eine Pirouette oder direkt angeblasen, seit Ende des 17. Jh. auch über ein mehrfach gewundenes Anblasrohr. Es wurde in vier Stimmlagen gebaut und meist mit anderen Blasinstrumenten zusammen gespielt. – In der Orgel ist R. Bez. für ein Zungenregister mit kurzen Bechern aus einem dünnen Rohr mit einem Aufsatz von weitem Durchmesser.

**Rankine** ['ræŋkɪn], William John Macquorn, brit. Ingenieur und Physiker, * Edinburgh 5. 7. 1820, † Glasgow 24. 12. 1872; war nach Tätigkeit im Eisenbahnbau ab 1855 Prof. in Glasgow. R. ist einer der Begründer der Thermodynamik und der Theorie der Wärmekraftmaschinen (1859). Aus seiner ab etwa 1849 entwickelten Wärmetheorie leitete R. ab, daß der Carnotsche Wirkungsgrad nur von den Arbeitstemperaturen der Maschine abhängt (1851), und diskutierte unabhängig von R. CLAUSIUS den nach beiden benannten Kreisprozeß (→Clausius-Rankine-Prozeß). 1854 führte R. die später mit der →Entropie identifizierte thermodynamische Funktion ein und begründete 1855 die ›Energetik‹ als Lehre von den Gesetzmäßigkeiten der Energie und deren Umwandlungen.

**Rankine-Skala** ['ræŋkɪn-; nach W. J. M. RANKINE], **Rankine-Temperatur,** →Grad Rankine.

**Rankmade,** die Raupe der Großen Wachsmotte (→Wachsmotten).

**Rank Organisation PLC, The** [ðə 'ræŋk ɔːgənaɪ'zeɪʃn piː el 'siː, engl.], Konzern der Unterhaltungs-, Radio-, Fernseh- und Präzisionsinstrumentenindustrie sowie des Hotelgewerbes, gegr. 1937 von J. A. RANK; Sitz: London; Umsatz 1989: 3,37 Mrd. DM, Beschäftigte: 22 800. Zu den Beteiligungen gehört u. a. die →Rank Xerox Limited.

**Ranković** ['ra:ŋkovitɛ], **1)** *Aleksandar,* jugoslaw. Politiker, * Draževac (bei Belgrad) 28. 11. 1909, † Dubrovnik 19. 8. 1983; seit 1928 Mitgl. der KP, mehrfach in Haft, 1940 in das ZK und das Politbüro der KP gewählt, neben E. KARDELJ und M. DJILAS einer der engsten Mitarbeiter TITOS im Zweiten Weltkrieg, hatte als Mitgl. des ›Obersten Stabes der Volksbefreiungsarmee‹ und des ›Antifaschist. Volksbefreiungsrates‹ wesentl. Anteil an der Organisation des Partisanenkrieges gegen die dt. Besatzungsmacht. 1945–53 war er Innen-Min., 1953–63 Vize-Präs. des Bundesexekutivrates, 1960–63 auch GenSekr. des Bundes der Kommunisten Jugoslawiens, 1963–66 Vize-Präs. der Republik. Mit Hilfe des von ihm aufgebauten Geheimdienstes gewann R. im Apparat von Partei und Staat großen Einfluß; 1966 wurde er all seiner Ämter enthoben.

**2)** *Svetolik,* serb. Schriftsteller, * Moštanica (bei Belgrad) 7. 12. 1863, † Belgrad 18. 3. 1899; behandelte in pessimist. Novellen gesellschaftl. und moral. Probleme seiner Zeit. In seinen Romanen schilderte er

v. a. den Zerfall der patriarchal. Lebensordnung und die Rückständigkeit in seiner Heimat.
**Ausgabe:** Sabrana dela, 2 Bde. (1952).

**Rankovićevo** [-vitsjεvɔ], 1949–53 Name der serb. Stadt →Kraljevo.

**Rankune** [frz., über mlat. rancura von lat. rancor ›ranziger Geschmack‹] *die, -,* bildungssprachlich veraltend für: heiml. Feindschaft, Groll.

**Rankweil,** Markt-Gem. im Bez. Feldkirch, Vorarlberg, Österreich; am Rande des Rheintals, in das hier das Laternser Tal mündet, 450 m ü. M., (1991) 10 500 Ew.; Höhere Techn. Bundeslehr- und Versuchsanstalt (Hoch- und Tiefbau; Elektrotechnik); bedeutende Metall-, Elektro-, Textil- und Nahrungsmittelindustrie. – R. wird überragt (um 50 m) von der Liebfrauenkirche (Wallfahrtskirche, seit 1986 Basilika minor), zu der die Burg der Grafen von Montfort in der 2. Hälfte des 14. Jh. umgebaut wurde, so daß sie den Charakter einer Wehrkirche (mit Wehrgang) erhielt, der auch nach Erweiterungen (u. a. Gnadenkapelle, von M. BEER, 1657/58) erhalten blieb; sie besitzt ein roman. Vortragekreuz (12. Jh.) und eine spätgot. Madonna (1470). Die Kirche St. Peter, eine ehem. Klosterkirche, wurde 1150 errichtet.

**Paul Elie Ranson:** Nabi-Landschaft; 1890 (Privatbesitz)

**Rank Xerox Limited** [ˈræŋk ˈzɪərɔks ˈlɪmɪtɪd], brit. Unternehmen der Vervielfältigungstechnik (u. a. Kopier- und Reprographiegeräte), gegr. 1956 Sitz: London. Aktionäre sind The Rank Organisation PLC (49%), und die Xerox Corporation (51%), Stamford (Conn.). Umsatz (1990): 2,74 Mrd. £; Beschäftigte: 27 000.

**Rann von Kutch** [-kʌtʃ], Salzsumpfgebiet in Vorderindien, nördlich des Golfs von →Kutch.

**Ranque-Effekt** [ˈrãk, frz.], →Wirbelrohr.

**Ransbach-Baumbach,** Stadt im Westerwaldkreis, Rheinl.-Pf., im Kannenbäckerland, (1991) 6 100 Ew.; Keramik-, chem. und metallverarbeitende Industrie. – Seit 1975 Stadt.

**Ranschburgsche Hemmung,** von PAUL RANSCHBURG (\*1870, †1945) nachgewiesene →Gedächtnishemmung, bei der die Merkfähigkeit durch die Aufeinanderfolge von ähnl. Lerninhalten beeinträchtigt wird.

**Ransmayr,** Christoph, österr. Schriftsteller, \*Wels 20. 3. 1954; hatte nach seinem Debüt mit dem Fakten und Fiktion verbindenden Roman ›Die Schrecken des Eises und der Finsternis‹ (1984) großen Erfolg mit dem Ovid-Roman ›Die letzte Welt‹ (1988).

**Ransom** [ˈrænsəm], John Crowe, amerikan. Schriftsteller und Kritiker, \* Pulaski (Tenn.) 30. 4. 1888, †Gambier (Oh.) 3.7. 1974; studierte und lehrte (bis 1937) an der Vanderbilt University (Nashville, Tenn.), wo er zu den wichtigsten Mitgliedern der konservativen Gruppe der →Fugitives gehörte, deren Weltsicht er 1930 in dem von ihm herausgegebenen Band ›I'll take my stand. The South and the agrarian tradition‹ publizierte. 1937–58 war R. Prof. für engl. Literatur am Kenyon College (Gambier, Oh.). Mit der Zeitschrift ›Kenyon Review‹, die er 1939 gründete, und dem Buch ›The new criticism‹ (1941) vertrat R. das ästhet. Programm des →New criticism. Er schrieb auch ironisch-desillusionierte Gedichte.
**Weitere Werke:** *Kritik:* God without thunder, an unorthodox defense of orthodoxy (1930); The world's body (1938); The Kenyon critics (1951); Beating the bushes (1972). – *Lyrik:* Selected poems (1945).
M. WILLIAMS: The poetry of J. C. R. (New Brunswick, N. J., 1972); T. D. YOUNG: Gentleman in a dustcoat. A biography of J. C. R. (Baton Rouge, La., 1976); K. QUINLAN: J. C. R.'s secular faith (ebd. 1989).

**Ranson** [rãˈsõ], Paul Elie, frz. Maler, Graphiker und Kunsthandwerker, \* Limoges 29. 3. 1861, † Paris 20. 2. 1909; gehörte zur Gruppe der Nabis, gründete 1908 eine Kunstschule (Académie R.). Er schuf Lithographien, malte phantast. Landschaften und gestaltete Entwürfe für Bildteppiche, die dem Jugendstil nahestehen.

**Rantum (Sylt),** Gem. im S der Insel Sylt, Kr. Nordfriesland, (1990) 480 Ew.; Nordseebad. Das 1938 für den damaligen Seeflughafen eingedeichte R.-Becken (5,7 km², mit 300 ha Salzwasserfläche) ist Vogelschutzgebiet (über 220 Vogelarten), Naturschutzgebiet seit 1962, Europareservat seit 1968. Die Dünen stehen unter Landschaftsschutz.

**Rantzau,** 1226 erstmals urkundlich erscheinendes holstein. Adelsgeschlecht mit Stammhaus in Plön, war 1649–1726 im Besitz des Amtes Barmstedt als reichsunmittelbare Grafschaft. Bekannt wurde v. a. JOHANN VON R. (\* 1492, † 1565), der als dän. Statthalter die Reformation in Schleswig-Holstein förderte. Er hielt in der Grafenfehde den Oberbefehl über das Heer König CHRISTIANS III. Sein Sohn HEINRICH (\* 1526, † 1598) verstand es, als dän. Statthalter die Interessen der schleswig-holstein. Ritterschaft zu wahren und zu vertreten. Er trat zudem als Vertreter der Renaissance in Dänemark hervor; mit vielen Schriftstellern und Gelehrten befreundet, veröffentlichte er unter dem Decknamen CICILIUS CIMBER eine Geschichte des Dithmarscher Krieges von 1559. Sein Vetter DANIEL (\* 1529, † 1569) war dän. Oberbefehlshaber im Dreikronenkrieg. – ULRICH ZU R. wurde durch Adoption Graf von →Brockdorff-Rantzau.

**Ranula** [lat., Verkleinerung von rana ›Frosch‹] *die, -/...lae,* die →Froschgeschwulst.

**Ranulf Higden** [-ˈhɪgdən], engl. Geschichtsschreiber, →Higden, Ranulf.

**Ranunculaceae** [zu Ranunculus], die →Hahnenfußgewächse.

**Ranunculus** [lat., Verkleinerung von rana ›Frosch‹], die Pflanzengattung →Hahnenfuß.

**Ranunkel** [zu Ranunculus] *die, -/-n,* Art der Pflanzengattung →Hahnenfuß.

**Ranunkelstrauch,** die →Kerrie.

**Ranvier-Schnür|ringe** [rãˈvje-; nach dem frz. Histologen L. A. RANVIER, \* 1835, † 1922], an den markhaltigen Nervenfasern der Wirbeltiere zw. den einzelnen Schwann-Zellen verbleibende Lücken (Abstand 1–3 mm), an denen die erregbare Zellmembran des Axons in Kontakt mit dem Extrazellularraum steht. Entsteht an einem R.-S. ein Aktionspotential, so wird dieses nur über die folgenden Schnürringe weitergeleitet; durch Überspringen der durch die Markscheide isolierten Zwischenstücke des Axons ist die Geschwindigkeit der Erregungsleitung stark erhöht (über 100 m/s; **saltatorische Erregungsleitung**).

**Ranzenkrebse, Brutsackkrebse,** Peracarida, zu den Höheren →Krebsen gehörende Gruppe (Un-

**Rankenfüßer:** Gemeine Entenmuschel (Länge des Stiels bis 80 cm)

**Rankett**

**Christoph Ransmayr**

terordnung), deren Eier sich in einem von plattenförmigen Anhängen der Brustbeine der Weibchen gebildeten Brutsack (**Marsupium**) entwickeln. Zu den R. gehören u. a. die →Asseln und die →Flohkrebse.

**Ranzigwerden** [zu lat. rancidus ›stinkend‹], Bez. für die chem. und biochem. Reaktionen, die bei Speisefetten und -ölen zu **Ranzigkeit**, d. h. zur Verschlechterung des Geschmacks und Verminderung der ernährungsphysiolog. Qualität führen. Sie beruhen v. a. auf einer Autoxidation der Fette durch den Luftsauerstoff zu Fettperoxiden, die dann zu unangenehm riechenden Aldehyden gespalten und zu Mono- und Dicarbonsäuren weiteroxidiert werden. Mikroorganismen können darüber hinaus enzymatisch die Bildung von parfümartig riechenden Ketonen bewirken (**Parfümranzigkeit**). Beschleunigt wird das R. durch oxidationsfördernde Substanzen, z. B. Schwermetallspuren; hemmen läßt es sich durch kühle Lagerung der Fette und durch Zugabe von Antioxidantien.

**Rao, 1)** Pamulaparti Venkata Narasimha, ind. Politiker, * im Kr. Karimnagar (Andhra Pradesh) 18. 6. 1921; Rechtsanwalt; schloß sich dem Ind. Nationalkongreß an. 1971–73 war er Chef-Min. seines Heimatstaates. Als GenSekr. des ›Allind. Komitees‹ des Ind. Nationalkongresses arbeitete er eng mit INDIRA GANDHI zusammen und schloß sich nach der Spaltung der Partei dem von ihr geführten Flügel (›Congress-Indira‹) an. Seit 1977 gehört er dem Lok Sabha an. 1980 war er Außen-Min. Nach der Ermordung von R. GANDHI im Mai 1991 wurde R. Vors. des Congress-Indira, im Juni 1991 MinPräs. an der Spitze einer Minderheitsregierung.

**2)** Raja, ind. Schriftsteller engl. Sprache, * Hassan (Mysore) 21. 11. 1909; studierte in Hyderabad, Montpellier und Paris; seit 1965 Prof. für Philosophie in Austin (Tex.). In seinem ersten Roman ›Kanthapura‹ (1938) schildert er, von M. GANDHIS Ideen und einem Idealist. Menschenbild geleitet, das Schicksal eines südind. Dorfes unter der Kolonialherrschaft. Seine Romane ›The serpent and the rope‹ (1960), der die Entwicklung eines ind. Intellektuellen zeichnet, und ›The cat and Shakespeare‹ (1965) wenden sich der Darstellung hinduist. Weltauffassung zu und verschmelzen westl. und östl. Erzähltraditionen.

Weitere Werke: *Roman*: Comrade Kirillov (1976). – *Kurzgeschichten*: The cow of the barricades (1947); The policeman and the rose (1978).

M. K. NAIK: R. R. (New York 1972); C. D. NARASIMHAIAH: R. R. (Delhi 1973).

**Raoul, R. de Houdenc** [rauldəu'dɛk], altfrz. Dichter, * zw. 1170 und 1180, † um 1230; verfaßte um 1200 nach der Vorbild von CHRÉTIEN DE TROYES den höf. Artusroman ›Méraugis de Portlesguez‹ sowie zwei allegor. Gedichte (›Le songe d'enfer‹ und ›Le roman des ailes de courtoisie‹).

**Raoul de Cambrai** [rauldəkã'brɛ], altfrz. Heldenepos, erhalten in einem (auf eine ältere Vorlage zurückgehenden) Manuskript des 12. Jh.; es schildert Raouls Kämpfe gegen den frz. König um das Lehen seines Vaters (und seinen Tod) und gehört damit zu den Empörergesten (Chanson de geste, →Geste).

**Raoult** [ra'ul], François Marie, frz. Chemiker, * Fournes-en-Weppes (Dép. Nord) 10. 5. 1830, † Grenoble 1. 4. 1901; Prof. in Grenoble (ab 1870), arbeitete bes. über das Verhalten verdünnter Lösungen; entwickelte das auch nach ihm benannte Gesetz der →Dampfdruckerniedrigung sowie die Methoden der Molekülmassenbestimmung durch Kryoskopie (→Gefrierpunktserniedrigung) und Ebullioskopie (→Siedepunktserhöhung).

**Raoultsches Gesetz** [ra'ul-; nach F. M. RAOULT], *Thermodynamik*: →Dampfdruckerniedrigung.

**Rap** [ræp; von dem amerikan. Slangausdruck to rap ›quatschen‹] *der, -(s)/-s*, eine Ende der 1970er Jahre von New Yorker Discjockeys entwickelte Ansagetechnik, die v. a. zum Tanzen animieren soll. Dabei wird in Kombination mit schnell gesprochenen Wort- und Satzfetzen eine auf einem Plattenteller mit zwischengelegter Filzscheibe beweglich gehaltene Schallplatte mit den Fingern rhythmisch hin und her gerückt (scratching), so daß im Wechsel mit Musik rhythmisch prägnante, perkussive Geräusche entstehen. Der hieraus entwickelte soulartige Rock-Tanzmusikstil basiert auf einem rhythm. Sprechgesang, begleitet von Schlagzeug, einem nervösen Funky-Baß und riffartigen Bläserphrasen. Die **Rapmusic** wird u. a. zur Begleitung des amerikan. Breakdance verwendet.

**Rapacki** [ra'patski], Adam, poln. Politiker, * Lemberg 24. 12. 1909, † Warschau 10. 10. 1970; Nationalökonom, Mitgl. der Poln. Sozialist. Partei, 1947 in den Sejm gewählt; hatte 1948 maßgebl. Anteil an der Gründung der Poln. Vereinigten Arbeiterpartei, 1948–68 war er Mitgl. ihres ZK, 1948–54 sowie 1956–68 ihres Politbüros. Der Reg. gehörte er u. a. als Min. für Hochschulwesen (1950–56) und Außen-Min. (1956–68) an. 1957 legte er der Generalversammlung der UNO den →Rapacki-Plan vor.

**Rapacki-Plan** [ra'patski-], der vom poln. Außen-Min. A. RAPACKI am 2. 10. 1957 vorgelegte Plan zur Schaffung einer kernwaffenfreien Zone in Mitteleuropa, umfaßte in seiner ursprüngl. Fassung die Territorien Polens und der beiden dt. Staaten. Der Einsatz von Kernwaffen gegen das Gebiet dieser Staaten sollte verboten sein. Die Verpflichtung sollte diese Staaten selbst sowie die Atommächte Frankreich, Großbritannien, UdSSR und USA binden.

Der zweite, revidierte R.-P. vom 14. 2. 1958 umfaßte neben den in ersten Plan genannten Ländern auch die Tschechoslowakei und legte fest, daß in den genannten Ländern Kernwaffen weder hergestellt noch gelagert noch für Geräte und Vorrichtungen stationiert werden dürfen, die zu ihrer Bedienung bestimmt sind. Dieser sah darüber hinaus ein umfassendes Kontroll- und Inspektionssystem vor. Der R.-P. und seine revidierte Fassung bezweckte die Aufstellung atomarer Waffen (in Form amerikan. Mittelstreckenraketen) in der Bundesrep. Dtl. zu verhindern. Er wurde von der NATO, der WEU und bes. der Bundesrep. Dtl. abgelehnt, auch, weil letztere fürchtete, eine Zustimmung könne die Anerkennung der Dt. Dem. Rep. und der dt.-poln. Grenze nach sich ziehen. RAPACKI variierte seine Pläne am 4. 11. 1958 und am 28. 3. 1962 erfolglos.

BERTHOLD MEYER: Atomwaffenfreie Zonen u. Vertrauensbildung in Europa (1985).

**Rapakiwi** [finn. ›fauler Stein‹ (wegen der leicht verwitternden Einsprenglinge)] *der, -s,* porphyr. Hornblende-Biotit-Granit (große rote Orthoklas-Einsprenglinge) S-Finnlands; Leitgeschiebe der pleistozänen Vereisung Norddeutschlands.

**Rapallo,** Stadt in Ligurien, an der Riviera di Levante, Prov. Genua, Italien, (1982) 29 500 Ew.; Seebad und Winterkurort. – Das bereits in vorröm. Zeit besiedelte R. wurde 641 durch die Langobarden zerstört. Seit dem 13. Jh. unter genues. Oberherrschaft, teilte es in der Folge dessen wechselvolle Geschichte. – Inmitten des Hafens liegt auf einer künstl. Aufschüttung das wehrhafte Kastell (1550–51), das im 17. Jh. ausgebaut wurde.

**Rapallovertrag, 1)** das am 16. 4. 1922 zw. dem Dt. Reich (Reichskanzler J. WIRTH; Reichsaußen-Min. W. RATHENAU) und der Sowjetunion (Volkskommissar für auswärtige Angelegenheiten G. W. TSCHITSCHERIN) während der Weltwirtschaftskonferenz von Genua geschlossene Abkommen. Beide Staaten verzichteten auf die Erstattung der militär. und zivilen Kriegsschäden, Dtl. darüber hinaus auch auf das von sowjet.

Adam Rapacki

Verstaatlichung betroffene dt. Eigentum; der R. regelte auch die beiderseitigen Wirtschaftsbeziehungen auf der Grundlage der Meistbegünstigung.

Angesichts der unnachgiebigen Haltung der Westmächte in der Reparationsfrage (→ Londoner Konferenzen und Vereinbarungen 7) und der dt. Befürchtung, Frankreich könne gemäß Art. 116 des Versailler Vertrags die russ. Vorkriegsschulden von Dtl. erstatten lassen, befürwortete auch der anfänglich widerstrebende RATHENAU den R. Er war der erste Schritt einer eigenständigen dt. Außenpolitik nach 1918 sowie handelspolitisch eine Bestärkung der kurzzeitigen, aber nicht einseitigen Ostorientierung. Für die noch junge Sowjetunion bedeutete die im wesentlichen wirtschaftlich motivierte, bilaterale Übereinkunft eine internat. Aufwertung und die Verhinderung des von der frz. Regierung unter R. POINCARÉ favorisierten Projekts eines internat. Finanzkonsortiums, das eine Wirtschaftskontrolle über die von westl. Wiederaufbaumitteln abhängige Sowjetunion ausüben sollte. Großbritannien und Frankreich fühlten sich durch den R. brüskiert. Der R. war lange Zeit Gegenstand heftiger Kontroversen (H. GRAML, T. SCHIEDER), wird jedoch heute allg. als defensives Gleichgewichtsmodell im Rahmen der Pariser Friedensordnung interpretiert.

T. SCHIEDER: Die Entstehungsgesch. des R., in: Histor. Ztschr., Bd. 204 (1967); H. GRAML: Die Rapallo-Politik im Urteil der westdt. Forschung, in: Vjh. für Zeitgesch., Bd. 18 (1970); R. BOURNAZEL: Rapallo, ein frz. Trauma (a. d. Frz., 1976); R. HIMMLER: Rathenau, Russia, and Rapallo, in: Central European history, Jg. 9 (Atlanta, Ga., 1976); K. HILDEBRAND: Das Dt. Reich u. die Sowjetunion im internat. System, 1918–1932 (1977); W. BEITEL u. J. NÖTZOLD: Dt.-Sowjet. Wirtschaftsbeziehungen in der Zeit der Weimarer Rep. (1979); E. SCHULIN: Zur Entstehung des R., in: Was die Wirklichkeit lehrt. Golo Mann zum 70. Geburtstag, hg. v. H. VON HENTIG u. a. (1979); P. KRÜGER: Die Außenpolitik der Rep. von Weimar (1985).

**2)** italienisch-jugoslaw. Vertrag vom 12. 11. 1920, der die territoriale Abgrenzung zw. beiden Staaten in Dalmatien regelte: Italien erhielt Zara (→ Zadar) mit einigen vorgelagerten Inseln; Fiume (→ Rijeka) wurde Freistaat; das übrige Dalmatien fiel an Jugoslawien.

**Rapa Nui,** polynes. Name der →Osterinsel.

**Rapé** [ra'pe:, frz., zu râpe ›Raspel‹] der, -(s), durch Zerreiben hergestellter Schnupftabak; um 1800 auch als ›Saint Omer‹ oder ›Straßburger‹ bekannt.

**Rapfen, Schied, Aspius aspius,** bis 60 cm (vereinzelt bis 1 m) langer, räuberisch lebender Karpfenfisch in Gewässern östlich der Elbe; beliebter Angelfisch.

Rapfen (Länge bis 60 cm)

**Raphael** [hebr. ›Gott hat geheilt‹], einer der Erzengel (äthiop. Henochbuch); als heilkundiger Reisebegleiter des TOBIAS (Tob. 5 und 6) Schutzherr der Pilger, Reisenden und Apotheker; mit Stab und Kürbisflasche dargestellt (Tag: 29. 9.).

**Raphael,** italien. Maler, → Raffael.

**Raphael, 1)** Günter, Komponist, * Berlin 30. 4. 1903, † Herford 19. 10. 1960; Schüler von A. MENDELSSOHN, früh gefördert durch K. STRAUBE, war Kompositionslehrer in Leipzig (Berufsverbot 1934–45), Duisburg und (ab 1957) an der Kölner Musikhochschule. Im Zentrum seines vielseitigen Schaffens steht ausdrucksvolle Chormusik mit und ohne Orchester. Er komponierte auch Orchesterwerke (u. a. fünf Sinfonien), Konzerte, Kammer-, Klavier- und Orgelmusik.

**2)** Max, Philosoph, Kunsthistoriker und -soziologe, * Schönlanke 27. 8. 1889, † (Selbstmord) New York 14. 7. 1952; studierte Nationalökonomie, Wirtschaftsgeschichte und Kunstgeschichte in München, Berlin und Paris. 1920–32 unterrichtete er an der Volkshochschule in Berlin, befaßte sich bes. mit philosoph. Fragen und studierte zugleich Mathematik und Physik. 1932 aus rass. und polit. Gründen entlassen, emigrierte er 1933 nach Frankreich, nach Verhaftung, Internierung und Flucht 1941 nach New York. R.s Bedeutung liegt v. a. in seinen auf der marxist. Kunsttheorie basierenden Schriften, die einen wesentl. Beitrag zur Diskussion um eine materialistisch fundierte Ästhetik darstellen.

Schriften: Von Monet zu Picasso (1913); Idee u. Gestalt (1921); Proudhon, Marx, Picasso (1933); Zur Erkenntnistheorie der konkreten Dialektik (1934); Arbeiter, Kunst u. Künstler (1975).

Ausgabe: Werkausg., 11 Bde. (Neuausg. 1989).

›Wir lassen uns die Welt nicht zerbrechen‹. M. R.s Werk in der Diskussion, hg. v. H.-J. HEINRICHS (1989).

Max Raphael

**Raphaiter,** → Rafaiter.

**Raphanus** [lat.], die Pflanzengattung → Rettich.

**Raphe** [griech. ›Naht‹] die, -/-n, **1)** Anatomie: nahtförmige Verwachsungsstelle zw. symmetrisch angeordneten Hälften von Körperteilen, z. B. am Hodensack (R. scroti). **2)** Botanik: 1) die → Samennaht; 2) Längsspalt in der Mitte jeder Schalenhälfte bei schiffchenförmigen → Kieselalgen.

Raphia: Kissen mit doppelköpfiger Schlange, Raphiabastweberei (Foumban, Musée des Arts et Traditions Bamoun)

**Raphia** [frz.-madegass.], **Raphiapalme,** Palmengattung mit rd. 30 Arten v. a. im trop. Afrika (je eine Art in Madagaskar und in Südamerika); vielgestaltige, oftmals baumförmige Palmen mit fiederartigen Blättern; R. regalis hat mit Blattlängen bis zu 25 m die längsten Blätter im Pflanzenreich. Viele Arten sind v. a. als Lieferanten von Fasern (R.-Bast, Piassave) von großer Bedeutung; die Blattstiele dienen als Bambusersatz; auch zur Gewinnung von Palmwein und Stärke werden versch. Arten der R. genutzt.

Gewebe aus **R.-Bast** werden seit Jahrhunderten in weiten Teilen Afrikas hergestellt, bes. in dem Gebiet, das von der Westküste (von Ghana bis Angola) bis zu den Seen des Zentralafrikan. Grabens im O reicht, in Sierra Leone im W und in Madagaskar im SO. Im Reich der Kuba entstand daraus eine hochentwickelte Textilkunst. Heute ist nur noch R.-Bastweberei nur noch selten anzutreffen. Die feinsten und künstlerisch bedeutendsten R.-Gewebe sind aus Zaire, bes. von den Kuba, bekannt geworden; sehr feine, meist gestreifte Gewebe kommen auch aus Madagaskar, bes. von den Betsimisaraka, Merina, Tanala und Betsileo.

**Raphia,** antike Stadt, heute → Rafah.

**Raphidae,** die → Dronten.

**Raphiden** [zu griech. raphís, raphídos ›Nadel‹] *Pl.*, nadelförmige Kristalle in den Vakuolen pflanzl. Zellen; schwer löslich, aus Calciumoxalat bestehend, meist in Bündeln zusammenliegend; Stoffwechselendprodukte (z. B. beim Springkraut).

**rapid** [frz., von lat. rapidus ›schnell‹, ›ungestüm‹], **rapide,** sehr schnell vor sich gehend (Entwicklungen, Veränderungen).

**Rapid City** ['ræpɪd 'sɪtɪ], Stadt in South Dakota, USA, am O-Fuß der Black Hills, (1986) 52 500 Ew.; kath. Bischofssitz; Bergbauhochschule (gegr. 1885), Siouxindianermuseum; Getreide- und Holzhandel, Nahrungsmittel-, Holz- und Zementindustrie, Erzbergbau; Fremdenverkehr, in der Nähe →Mount Rushmore National Memorial. – R. C. wurde 1876 nach der Entdeckung von Gold in der Umgebung gegründet.

**Rapier** [frz. rapière, zu râpe ›Reibeisen‹] *das, -s/-e*, v. a. als Fecht- und Duellwaffe verwendeter, oft etwas leichterer Typ des Degens; im Ggs. zum Kriegsdegen i. d. R. mit kunstvoll verziertem Gefäß.

**Rapilli,** *Geologie:* →Lapilli.

**Rapisardi,** Mario, italien. Lyriker, * Catania 25. 2. 1844, † ebd. 4. 1. 1912; war Prof. für italien. Literatur an der Univ. Catania; mit seiner metaphernreichen Lyrik Vertreter positivist., atheist., später auch sozialist. Ideen; schrieb die epischen Dichtungen ›La palingenesi‹ (1868), ›Lucifero‹ (1877) und ›Giobbe‹ (1884), ferner u. a. ›Giustizia‹ (1883), ›Poesie religiose‹ (1887); polemisierte in ›Lucifero‹ gegen G. CARDUCCI; übersetzte LUKREZ und P. B. SHELLEY und verfaßte auch Gedichte in sizilian. Mundart.

*Ausgaben:* Poemetti: 1885–1907 (³1917); Prose, poesie e lettere postume, hg. v. L. VIGO-FAZIO (1930); Scherzi. Versi siciliani, hg. v. A. TOMASELLI (1933).

L. VIGO-FAZIO: M. R. (Catania 1962).

**Rapistrum** [lat.], die Pflanzengattung →Rapsdotter.

**Rapontikawurzel** [spätlat.], die Gemeine (Zweijährige) →Nachtkerze.

**Rapoport, 1)** David, Psychologe und Psychoanalytiker, * Budapest 30. 9. 1911, † Stockbridge (Mass.) 14. 12. 1960; emigrierte 1938 in die USA und arbeitete an privaten psychiatr. Kliniken. Sein Hauptinteresse galt der Psychologie des Denkens. R. bemühte sich um Systematisierung psychoanalyt. Theorien und die Integration von Psychoanalyse und Psychologie.

*Werke:* Emotions and memory (1942; dt. Gefühl u. Erinnerung); Manual of diagnostic psychological testing, 2 Bde. (1944–46, mit R. SCHAFER u. M. GILL).

**2)** Salomo Jehuda Löw, auch **S. J. L. Rappaport,** jüd. Gelehrter, * Lemberg 1. 6. 1790, † Prag 16. 10. 1867; Rabbiner in Ternopol (1837) und Prag (1840); konservativer Mitbegründer der Wissenschaft vom Judentum.

I. EISENSTEIN-BARZILAY: Shlomo Yehudah R. (Shir), 1790–1867, and his contemporaries (Ramat Gan 1969).

**Rappbodetalsperre,** Talsperre in der →Bode, deren 8 km langer Stausee (3,9 km²) sich v. a. im Tal ihres rechten Nebenflusses Rappbode erstreckt, in Sachsen-Anhalt.

**Rappe** [mhd. ›Rabe‹], Pferd mit schwarzem Haarkleid (auch mit weißen Abzeichen).

**Rappe,** Hermann, Gewerkschaftsfunktionär und Politiker (SPD), * Hannoversch Münden 20. 9. 1929; seit 1972 MdB, seit 1978 stellvertretender und seit 1982 Vors. der IG Chemie-Papier-Keramik sowie seit 1988 Präs. der Internat. Föderation von Chemie- und Facharbeitergewerkschaften (ICEF).

**Rappen** [zu mhd. rappe ›Rabe‹, wohl in spött. Anspielung auf den urspr. auf die Münze geprägten Vogelkopf] *der, -s/-,* urspr. Pfennigmünze des Oberrheingebiets seit dem 14. Jh. Im Jahre 1403 wurde der R. zu 2 Stebler (Stäbler) Vereinsmünze des →Rappenmünzbundes. In der Schweiz wurde 1850 die bis heute gültige Relation geschaffen, 100 R. (Abk. Rp.) = 1 Franken.

**Rappen|antilope,** Art der →Pferdeantilopen.

**Rappenau, Bad R.,** Stadt und Heilbad im Kr. Heilbronn, Bad.-Württ., 250 m ü. M., im Kraichgau, (1991) 16 400 Ew.; Salzbergbau- und Heimatmuseum; Maschinenbau. Die Sole aus dem Salzlager des mittleren Muschelkalk wird v. a. gegen rheumat. Erkrankungen, Asthma und Hautkrankheiten angewendet. – Das 1190 erstmals urkundlich erwähnte R. reicht vermutlich auf eine fränk. Gründung zurück. Nach Errichtung einer Saline (1823) wurde 1834 der Badbetrieb aufgenommen. 1964–66 wurden das neue Sole-Hallenbad und das Kurmittelhaus errichtet. Stadtrecht seit 1973.

**Rappenmünzbund,** ein spätmittelalterl. →Münzverein oberrhein. Münzstände, benannt nach der anfängl. Hauptmünze des Bundes. Der erste Vertrag wurde 1403 zw. Herzog LEOPOLD IV. von Österreich (* 1371, † 1411) und den Städten Basel, Breisach, Freiburg im Breisgau und Colmar geschlossen. In diesem und weiteren Verträgen wurde Schrot und Korn der Bundesmünzen (z. B. Stebler, Plappart, Dicken), die Tarifierung oder Verrufung fremder Münzen geregelt und die Prägequoten für die Mitgl. festgelegt. Der R. wurde 1584 aufgelöst.

**Rapperswil,** Stadt im Kt. St. Gallen, Schweiz, 408 m ü. M., am N-Ufer des oberen Zürichsees (durch den von hier der 930 m lange Seedamm zum S-Ufer führt), (1989) 7 400 Ew.; Technikum, Heimatmuseum (im Brenyhaus, 15. Jh.), Polenmuseum, Kinderzoo; am Schloßberg städt. Rosengarten sowie Weinbau; Textil-, Nahrungsmittel-, elektrotechn. Industrie, Apparatebau; Schiffsanlegestelle. – Um die gegen 1200 von den Grafen von R. errichtete Burg entstand die Stadt, die im 13. Jh. befestigt wurde. Sie kam 1350 an die Habsburger. Die seit 1358 R. mit dem jenseitigen Seeufer verbindende Holzbrücke stärkte die Stellung der Stadt v. a. im Pilgerverkehr nach Einsiedeln. 1415 wurde R. Reichsstadt; 1458 schloß die Stadt ein Schutzbündnis mit Uri, Schwyz, Unterwalden und Glarus (1464 verbrieft). 1803 wurde sie dem Kt. St. Gallen eingegliedert. – Schloß (v. a. 14. Jh.); Pfarrkirche (1491–96; mehrfach umgestaltet); Kapuzinerkloster (1603–05) mit Kirche (1606–07); Rathaus (15. und 19. Jh.).

**Rappoltsweiler,** frz. **Ribeauvillé** [ribovi'le], Stadt im Oberelsaß, Dép. Haut-Rhin, Frankreich, 240 m ü. M., am Vogesenrand, (1990) 4 900 Ew.; Tex-

**Rapperswil:** Uferpromenade; im Hintergrund Schloß und Pfarrkirche

Rapport – Rapsweißling **Raps**

**Rappoltsweiler:** Ulrichsburg

tilindustrie, Weinbau; Fremdenverkehr. – Bei dem seit 1290 als Stadt bezeugten R. liegen die Burgruinen Rappoltstein, Ginsberg und Ulrichsburg, diese Stammsitz der Herren von Rappoltstein, die als ›Pfeiferkönige‹ im MA. Schutzherren der fahrenden Spielleute im Elsaß waren. Die Herrschaft kam 1673 an Pfalz-Birkenfeld, 1734 an Pfalz-Zweibrücken; 1789/1801 mit dem übrigen Elsaß vereinigt. – In der Pfarrkirche Notre-Dame (13.–15. Jh.; 1876 erweitert) eine Mondsichelmadonna (um 1470); spätgot. Kirche des ehem. Augustinerklosters (14. Jh., mit z. T. barocker Ausstattung); ehem. Katharinenkapelle des Spitals (15. Jh., heute Städt. Museum); Rathaus (1733); zahlreiche Häuser aus dem 16. und 17. Jh.

**Rapport** [frz., eigtl. ›das Wiederbringen‹] der, -s/-e, **1)** *allg.:* Bericht, (dienstl.) Meldung.

**2)** *Psychologie:* ein intensiver seel. Kontakt zw. Menschen in einer bes. definierten sozialen Situation; meistens handelt es sich dabei um eine Zweierbeziehung, wie in der Hypnose zw. Hypnotiseur und Versuchsperson oder in der psychotherapeut. Behandlung zw. Analytiker und Klient mit den Übertragungs- und Gegenübertragungsmechanismen.

**3)** *Textiltechnik:* → Bindung 5).

**Rappresentazione sacra** [italien. ›geistl. Darstellung‹] die, - -, **Sacra rappresentazione,** das geistliche nichtliturg. Spiel in italien. Sprache des 15. und 16. Jh. Die prunkvolle Schaustellung mit Stoffen aus der Bibel oder aus Heiligenlegenden, auch mit weltl. Einschüben, wurde v. a. in Florenz gepflegt; der musikal. Beitrag waren Kanzonen, Lauden, Frottole und Madrigale. Die R. s. ist Vorläufer sowohl der Oper als auch des Oratoriums. E. DE' CAVALIERIS Oper ›Rappresentazione di anima e di corpo‹ (1600) war als Erneuerung der R. s. gedacht.

**Raps** [gekürzt aus niederdt. rapsad, eigtl. ›Rübsamen‹], **Colza, Reps, Kohlsaat, Kohlraps, Brassica napus var. napus,** 60–120 cm hoher Kreuzblütler mit gelben Blüten und blaugrünen Blättern; in Kultur einjährig als **Sommer-R.** (f. annua) oder als **Winter-R.** (f. biennis), in Dtl. wegen des höheren Samenertrags bevorzugt) ausgesät. Der R. ist neben dem Rübsen die wichtigste einheim. Ölpflanze. Die Hauptanbaugebiete der Erde liegen in China, Kanada und Indien. – Die Samen des R. enthalten etwa 40% Öl (R.-Öl, → Rüböl), das durch Pressen oder Extraktion gewonnen und als Speiseöl sowie zu techn. Zwecken verwendet wird. Der als Rückstand anfallende R.-Kuchen ist ein geschätztes Futtermittel.

Um die Verwendung des R.-Öles für Speisezwecke zu erhöhen, wurden Sorten gezüchtet, die keine oder wenig (ernährungsphysiologisch bedenkl.) Erucasäure enthalten. In Dtl. ist seit 1976 der Anbau von erucasäurearmen Sorten vorgeschrieben. Dieser ›Null-Null-R.‹ (›00-R.‹) kann jedoch schwere Schäden bei landwirtschaftl. Nutztieren und bei Wildtieren (Rehe, Hasen) bewirken (u. a. Zerstörung der roten Blutkörperchen, Störung des Sehvermögens, des Gehörs und des Gleichgewichtssinns). In der Schweiz wurde deshalb die Feldgröße für R. auf einen Hektar beschränkt und die Mindestentfernung zum Wald auf 500 m festgelegt. Aus den R.-Samen wird seit einigen Jahren ein Biokraftstoff (›Biodiesel‹) hergestellt, der im Elsbett-Motor (→ Verbrennungsmotor) verwendet werden kann. Seit Nov. 1991 fährt die Inselbahn auf Borkum umweltfreundlich mit Biodiesel aus R.-Öl.

*Krankheiten* und *Schädlinge:* Wichtige Mykosen sind Falscher Mehltau, Kohlhernie, R.-Krebs, Stengelfäule sowie die R.-Schwärze, bei der die Schoten vorzeitig aufplatzen und die Samen ausfallen. Der R.-Erdfloh verursacht Fraßschäden an Jungpflanzen, die Larven von Kohltrieb- und Rapsrüßler zerfressen Stengel und Schoten. Große Schäden kann der R.-Glanzkäfer anrichten, der die Blütenknospen zerstört. – Bei Fehlstellen in Winterrapsbeständen handelt es sich um Frostschäden (Auswintern).

*Kulturgeschichte:* R. wurde wahrscheinlich zuerst im nördl. Mitteleuropa auf kleineren Flächen angebaut; schon zur Bronzezeit wurde dort R.-Öl gewonnen. Ein feldmäßiger Anbau in den Niederlanden, Nord- und Süd-Dtl. setzte erst im 17. Jh. ein. Bis zum Aufkommen des Petroleums war R.-Öl das bevorzugte Leuchtöl.

**Raps**
(Höhe 60–120 cm)

| Raps. Anbaufläche (in 1 000 ha) und Erntemenge (in 1 000 t) | | | | |
|---|---|---|---|---|
| Land | Fläche | | Ernte | |
| | 1979–81[1]) | 1988 | 1979–81[1]) | 1988 |
| China | 3 134 | 4 930 | 2 952 | 4 830 |
| Kanada | 2 296 | 3 672 | 2 581 | 4 311 |
| Indien | 3 709 | 4 508 | 1 864 | 3 370 |
| Frankreich | 366 | 830 | 871 | 2 469 |
| Bundesrep. Dtl. | 140 | 385 | 354[2]) | 1 216[2]) |
| Polen | 259 | 470 | 434 | 1 199 |
| Großbritannien | 97 | 347 | 274 | 1 039 |
| ⋮ | ⋮ | ⋮ | ⋮ | ⋮ |
| Dt. Dem. Rep. | 121 | 147 | 264 | 424 |
| Österreich | 3 | 32 | 7 | 87 |
| Schweiz | 13 | 17 | 33 | 50 |
| Welt | 11 488 | 17 363 | 11 164 | 21 642 |

[1]) Jahresdurchschnitt. – [2]) Einschließlich Rübsen.
Quelle: Vierteljahreshefte zur Auslandsstatistik, Juni 1990, S. 91.

**Raps** [ræps; engl. ›Schläge‹], *Parapsychologie:* Klopflaute oder -töne, die seit Mitte des 19. Jh. zum akust. Repertoire des Spiritismus und seiner Séancen gerechnet werden. Sie zählen ferner zu den Initialphänomenen beim Spuk.

**Rapsdotter, Rapistrum,** Gattung der Kreuzblütler mit drei Arten in Mitteleuropa, W-Asien und im Mittelmeergebiet; ein- oder mehrjährige Kräuter mit unterseits behaarten Blättern und kleinen, gelben Blüten; die Früchte sind Gliederschoten.

**Raps|erdfloh, Psylliodes chrysocephala,** 3–4,5 mm große, metallisch blaugrüne, springfähige Art der Erdflöhe; die Larve miniert in Blattstielen und Blattrippen von Kreuzblütlern, v. a. an Raps.

**Rapsrüßler, Kohlschotenrüßler, Ceuthorhynchus assimilis,** 2–3 mm großer, schwarzglänzender, langrüsseliger Rüsselkäfer; die Larve entwickelt sich in Schoten von Kohl und Raps und frißt die Samen; der R. wird im ozeanisch beeinflußten Klima küstennaher Gebiete oft schädlich an Rapskulturen. BILD S. 64

**Rapsweißling, Heckenweißling, Pieris napi,** Art der Weißlinge mit 4–4,5 cm Flügelspannweite;

**Rapserdfloh**
(Länge 3–4,5 mm)

**Rapt**  Raptus – Raschi

die weißen Vorderflügel haben bei den männl. Faltern einen schwarzen rundl. Fleck, bei den Weibchen deren zwei. Die bis 3 cm lange Raupe ist mattgrün mit

**Rapsweißling**
(Spannweite 4–4,5 cm)

hellen Wärzchen, schwarzen Punkten und gelben Seitenlängsstreifen. Der R. kommt von W-Europa bis Zentralasien in zwei bis drei Generationen pro Jahr vor; er lebt an versch. Kreuzblütlern wie Kohl, Meerrettich und Raps.
**Raptus** [lat. ›das Fortreißen‹, ›Zuckung‹] der, -/- und -se, plötzlich auftretende heftige Erregung mit gewaltsamen Handlungen.
**Rapunzel** [mlat. rapuncium, zu lat. radix ›Wurzel‹] die, -/-n, 1) der Gemeine → Feldsalat.
2) die Pflanzengattung → Teufelskralle.
**Rapunzel,** Märchenfigur, v. a. der roman. Länder. In der Grimmschen Version stiehlt ein Mann für seine schwangere Frau Rapunzeln aus dem Garten einer Hexe und muß dieser deshalb das neugeborene Kind überlassen, das in einen Turm gesperrt wird. Das R. genannte Mädchen läßt einen Prinzen an ihrem langen Haar zu sich heraufklettern; nach Trennung und Not finden die beiden schließlich zueinander.
**Rapunzelglockenblume, Rapunzel, Campanula rapunculus,** 0,5–1 m hohe Art der Gattung Glockenblume in Eurasien und N-Afrika; mit blauvioletten Blüten und fleischiger, eßbarer Wurzel; wird nur noch selten angebaut.
**Raqqa** [-ka], Stadt in Syrien, → Rakka.
**Raron, 1)** frz. **Rarogne** [ra'rɔɲə], Bezirkshauptort im Kt. Wallis, Schweiz, im mittleren Rhônetal westlich von Visp, (1991) 1 500 Ew.; Weinbau. – Zahlreiche Häuser des 16. und 17. Jh.; über der Stadt der Wohnturm (z. T. 12. Jh.) einer reichen Familie, deren Palas 1508–17 in eine spätgot. Kirche umgebaut wurde. Auf dem Friedhof das Grab von R. M. RILKE.
**2)** zwei Bez. im Kt. Wallis, Schweiz, die sich östlich bzw. im N-Teil des Bez. Brig anschließen: **Östlich R.,** 127 km², (1989) 9 800 Ew., Hauptort ist Mörel, und **Westlich R.,** 272 km², (1989) 7 000 Ew., Hauptort ist Raron.
**Rarotonga,** die bedeutendste der → Cookinseln im SW-Pazifik, 67 km², (1986) 9 700 Ew.; vulkan. Ursprungs, bis 653 m ü. M., von Korallenriff umgeben, mit dem Verw.-Sitz der Cookinseln, **Avarua;** Obst- und Gemüsebau (auch für den Export), Kopragewinnung; seit Eröffnung des internat. Flughafens (1973) Tourismus. – Tempelplattformen (Marae) zeugen von alter polynes. Besiedlung.
**Ras** [arab. ›Kopf‹] der, -/-, 1) *Geographie:* arabisch für Gipfel, Kap.
**2)** *Geschichte:* in Äthiopien früher ein Fürstenrang.
**Rasa** [altind. ›Saft‹, ›Geschmack‹ als Hauptengenschaft des Flüssigen, ›Stimmung‹] der, in der altind. Poetik der ›Geschmack‹, den der Kenner (rasika) beim Genuß eines Kunstwerkes in sich aufnimmt, speziell der Charakter, die Grundstimmung einer Dichtung. Wenn der Dichter die Träger, Veranlassungen und Äußerungsformen von Gemütszuständen (bhawa) schildert, ruft er im Gemüt des Zuhörers eine der acht Grundstimmungen, die erot., kom., traurige, schreckl., heroische, ängstl., ekelhafte, märchenhafte oder quietistische hervor.
**Raša** [ˈraʃa], italien. **Arsia,** Bergbauort nahe der O-Küste Istriens, Rep. Kroatien, etwa 3 000 Ew.; Steinkohlenbergbau, nahebei Brikettfabrik und Kohleverladehafen (Bršica).

**Ras al-Ain,** zentraler Ort im Neusiedelland von NO-Syrien, etwa 6 000 Ew. Am Rand der Stadt die Quelle des Khabour (13 Quelltöpfe, eine der ergiebigsten Karstquellen der Erde) sowie die Ausgrabungsstätte → Tell Halaf.
**Ras Algethi** [arab. ›Kopf des Knienden‹], der Stern α im Sternbild Herkules (α Herculis), ein Roter Riese vom Spektraltyp M 5 und der Leuchtkraftklasse II, dessen Helligkeit mit einer halbregelmäßigen Periode (→ Veränderliche) von 90 Tagen zw. $3^m_{.}0$ und $4^m_{.}0$ schwankt. Er gehört zu den wenigen Sternen, deren scheinbarer Durchmesser mit Hilfe des Michelson-Interferometers (Mount-Wilson-Observatorium) bestimmt werden konnte; mit 0,030″ erscheint er so groß wie die Pfennigmünze in 70 km Abstand. Seine Entfernung ist nicht genau bekannt, bei 490 Lichtjahren Distanz hätte er etwa den 500fachen Sonnendurchmesser. Er hat in 4,7″ Distanz einen $5^m_{.}4$ hellen Begleiter, der seinerseits ein Doppelstern ist.
**Ras Alhague** [- alˈhaːguə; arab. ›Kopf des Schlangenträgers‹], der Stern α im Sternbild Schlangenträger (α Ophiuchi). Er liegt in der Nähe des Ras Algethi, seine Helligkeit beträgt $2^m_{.}08$, seine Entfernung 62 Lichtjahre.
**Ras al-Khafdji** [-ˈxafdʒi], **Ras al-Chafdschi,** Erdölexporthafen im NO von Saudi-Arabien, mit Erdölraffinerie.
**Ras al-Khaima** [-ˈxaima], **Ras al-Chaymah,** Scheichtum der → Vereinigten Arabischen Emirate, am Pers. Golf, 1 625 km², (1985) 116 500 Ew.; Hauptstadt ist Ras al-Khaima (42 000 Ew.). – Staatsoberhaupt: Scheich SAKR IBN MOHAMMED AL-KASIMI (* 1920).
**Rasamala** [malaiisch], **Altingia excelsa,** Art der Zaubernußgewächse in SO-Asien bis Indomalesien; auf Java und Sumatra in 550–1 700 m ü. M. bestandbildender, bis 60 m hoher Baum; liefert gutes Bauholz; auch zur Duftstoffgewinnung kultiviert.
**rasant** [frz. ›den Boden streifend‹], **1)** *allg. umgangssprachlich:* 1) schnell; stürmisch (verlaufend); 2) schnittig; 3) großartig, faszinierend.
**2)** *Ballistik:* flach, geradlinig verlaufend (Geschoßbahn).
**Ras Asir,** das Kap → Guardafui.
**Rasbora-Bärblinge** [rasˈboːra-, ˈrasbora], kleine Karpfenfische der Gattung Rasbora in Südasien, Warmwasser-Schwarmfische, häufig in Aquarien, z. B. Keilfleckbärbling, Zwergbärbling.
**Raschdorff,** Julius Carl, Architekt, * Pleß 2. 7. 1823, † Waldsieversdorf (Kr. Strausberg) 13. 8. 1914; war 1854–72 Stadtbaumeister in Köln, 1878–84 Prof. der TH in (Berlin-)Charlottenburg, seit 1892 Dombaumeister in Berlin. Unter Mitarbeit seiner beiden Söhne baute R. in Stilformen der Neurenaissance.
*Hauptwerke:* Wallraf-Richartz-Museum, Köln (1857–61, mit J. FELTEN; zerstört); Vollendung der TH Charlottenburg (1881–84); Neubau des Berliner Doms (1894–1905).
**Raschelmaschine,** Kettenwirkmaschine mit sehr vielseitiger Mustermöglichkeit zur Herstellung von **Raschelware** (Trikotagen, Jersey, Tücher, Bänder, Spitzenstoffe, Gardinen, Netze, Plüsch u. a.). Die Zungennadeln, die als Wirkwerkzeuge dienen, sind in ganzer Breite in Nadelbarren zusammengefaßt; eine Maschenreihe wird gleichzeitig gewirkt.
**Raschi,** Akronym aus Rabbi **Schlomo Jishaqi** [-ˈki], **Salomo ben Isa|ak,** jüd. Bibel- und Talmudausleger, * Troyes 1040, † ebd. 30. 7. 1105; studierte zeitweilig in Worms. Seine traditionell mit den Texten gedruckten und gelernten Kommentare repräsentieren die italienisch-aschkenas. Auslegungstradition und enthalten sprachgeschichtlich wichtige altfrz. Worterklärungen. Seine Bibelkommentare, selbst wieder oft kommentiert, beeinflußten auch christl. Exegeten. Nach ihm ist die v. a. für Bibel- und Talmudkommen-

**Rapsrüßler:**
1 Käfer; 2 Larve;
3 Larve, die in ein Rapssamenkorn eindringt;
4 Geöffnete Rapsschote mit zerfressenem Samen

**Ras al-Khaima**
Flagge

tare verwendete **R.-Schrift** benannt, eine gerundete, der Kursive angenäherte Form der hebr. Quadratschrift.

Pentateuchkomm., hg. v. S. BAMBERGER (Basel ³1962, Nachdr. ebd. 1975); H. HAILPERIN: R. and the Christian scholars (Pittsburgh, Pa., 1963); E. SHERESHEVSKY: R., the man and his world (New York 1982); M. BANITT: R., interpreter of the biblical letter (Tel Aviv 1985); Rechtsentscheide R.s aus Troyes, hg. v. H.-G. VON MUTIUS, 2 Tle. (1986–87); C. PEARL: R. (London 1988).

**Raschid,** engl. **Rashid** [raˈʃiːd], Stadt in Ägypten, →Rosette.

**Raschig,** Friedrich August, Chemiker und Industrieller, * Brandenburg/Havel 8. 7. 1863, † Duisburg 4. 2. 1928; arbeitete u. a. über Schwefel-Stickstoff-Verbindungen, den Bleikammerprozeß und Füllkörper für Absorptionstürme und Destillationskolonnen. Gründete 1891 die heutige Dr. F. Raschig GmbH, Ludwigshafen am Rhein; entwickelte die →Raschig-Verfahren.

**Raschig-Ringe** [nach F. A. RASCHIG], Füllkörper aus Metall, Glas oder Keramik in der chem. Industrie (Verfahrenstechnik). R.-R. sind meistens kleine Rohrstücke (Durchmesser = Höhe), oft mit Innenstegen, die durch ihre großen Oberflächen die Reaktionen bzw. Flüssigkeiten oder durchströmenden Gasen bzw. Dämpfen verbessern.

**Raschig-Verfahren,** Bez. für mehrere chemischtechn. Verfahren, die von F. A. RASCHIG bzw. in der Firma Dr. F. Raschig GmbH entwickelt wurden, z. B. ein Verfahren zur Herstellung von →Hydroxylamin und ein Verfahren zur Herstellung von →Hydrazin aus Ammoniak.

**Rascht,** Stadt in Iran, →Rescht.

**Rasdan, Razdan** [-z-] *der,* **Sanga** *die,* linker Nebenfluß des Araks, in Armenien, entströmt dem Sewansee; 146 km lang; zur Elektrizitätsgewinnung (sechs Wasserkraftwerke, zus. 554 MW) und Bewässerung genutzt. Am R. liegt Jerewan.

**Ras Daschan** [- daˈʃen], **Ras Dashen,** Bergstock im Amharenhochland, mit 4 620 m ü. M. die höchste Erhebung Äthiopiens.

**Raselmsee,** rumän. **Lacul Razelm** [-z-], fischreiche Lagune des Schwarzen Meeres südlich der Donaumündung, Rumänien, 415 km², 0,5 bis 3 m tief, im N-Teil ausgesüßt.

**Rasen,** 1) *Biologie:* Bez. für einen gleichförmigen, dichten, niedrigen, flächendeckenden Bewuchs, z. B. von Bakterien, Algen, Pilzen u. a. Kleinlebewesen.
2) *Landschaftsgärtnerei:* Bez. für künstlich zusammengestellte Grasdecken für Zier- und Nutzzwecke in Parks, Anlagen, Gärten, auf Sport- und Spielplätzen; häufig verwendet bereits in frz. Barockgärten (R.-Rabatten) und bes. in engl. Gärten. – Zier-R. erfordert gute Böden und reichliche Pflege (Düngung, Bewässerung, häufiger Schnitt zur Erzielung dichter Bestockung, Unkrautvertilgung). Die häufigsten R.-Gräser sind in je nach Verwendung ausgewählten Mischungen: Weidelgras, Wiesenschwingel, Wiesenrispengras und Straußgras.
3) *Pflanzensoziologie:* Bez. für v. a. aus Gräsern gebildete Pflanzengesellschaften; z. B. Trocken- und Mager-R. auf flachgründigen, trockenen, meist künstlich entwaldeten Felshängen (Trespen-R. auf der Schwäb. und Fränk. Alb), alpine R.-Gesellschaften unterhalb der Baumgrenze (Krummseggen-R.).

**rasende Roland, Der,** italien. ›Orlando furioso‹, Epos von L. ARIOSTO; italien. 1516–21 in 40 Gesängen, 1532 um sechs Gesänge erweitert.

**Rasen|eisen|erz, Sumpf|erz, Wiesen|erz, See-Erz,** dunkelbraunes bis schwarzes, amorphes Eisenerz (→Limonit), oft manganhaltig, das sich bei der Mischung von eisenhaltigem Grundwasser mit sauerstoffreichem Wasser in Seen, in Bächen, Mooren oder sumpfigen Wiesen gebildet hat. R. wurde früher vielfach zur Eisengewinnung abgebaut.

**Rasen|erde,** durch Kompostieren von Rasensoden gewonnene (sehr unterschiedlich zusammengesetzte) Erde zur Verwendung im Gartenbau. R. hat krümelige Struktur mit Anteilen faseriger organ. Substanz; ist i. d. R. nährstoffärmer als Kompost.

**Rasengalle, Rasenquelle,** *Geowissenschaften:* →Quelle 1).

**Rasenkoralle** (Durchmesser der einzelnen Polypen etwa 1 cm)

**Rasenkoralle, Cladocora caespitosa,** eine Steinkoralle, deren bräunl., 1 cm große Polypen im Mittelmeer flache, polsterartige oder über 50 cm hohe, kuppenförmige Kolonien bilden.

**Rasenkraftsport,** sportl. Wettbewerb für Herren, bestehend aus →Hammerwerfen, →Gewichtwerfen und →Steinstoßen. Gewertet wird nach Punkten, die Teilnehmer sind in Gewichtsklassen eingeteilt.

**Rasenmäher,** hand- oder motorgetriebene Maschinen zum Mähen von Rasenflächen. Der **Spindelmäher** besteht aus einer um eine horizontale Achse umlaufenden Spindel mit schraubenartig gewundenen Messern und einer geraden Gegenschneide in Bodennähe. Bei Handmähern wird die Spindel über das Fahrwerk angetrieben (Bodenantrieb), bei Motormähern treibt ein Verbrennungs- oder Elektromotor Spindel und Fahrwerk an. Für sehr große Flächen gibt es gezogene Sonderbauarten (oft mehrere R. kombiniert). Bei den **Sichelmähern** rotiert ein propellerähnl. Messer mit hoher Umfangsgeschwindigkeit; es arbeitet ohne Gegenschneide in ›freien Schnitt‹ (→Kreiselmäher) und wirft gleichzeitig das Gras aus. Manche R. können zum Vertikutieren umgerüstet werden.

**Rasenschmiele, Goldschmiele, Deschampsia caespitosa,** Art der Süßgrasgattung →Schmiele auf Wiesen, Flachmooren und quellwasserfeuchten Stellen; dichte Horste bildend; bis 1 m hoch; mit gerillten, rauhen Blättern und violett gefärbten, am Rand gelbl. Ährenrispen.

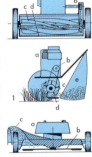

**Rasenmäher:** 1 Motorgetriebener Spindelmäher, von vorn und von der Seite gesehen; a Motor, b Kraftübertragung, c Schneidzylinder, d Untermesser, e Grasfang; 2 Sichelmäher, von vorn und von oben gesehen; a Motor, b Propellermesser, c Grasauswurf

**Rasensoden, Rasenplaggen,** die →Grassoden.

**Rasgrad, Razgrad** [ˈraz-], Stadt in NO-Bulgarien, in der Donauebene, (1988) 75 500 Ew.; Verw.-Sitz des 1988 gebildeten Gebietes R. (10 813 km², 850 000 Ew.); Theater, Kunstgalerie; Nahrungsmittel-, Leder-, Glas- und Porzellanindustrie, Baustoff- und pharmazeut. Industrie. – 2 km östlich von R. wurden die Überreste einer thrak. Siedlung, einer röm. Stadt aus dem 2. Jh. (**Abritus**) sowie einer im 1. Jh. angelegten Festung, die im 6. Jh. von den Awaren zerstört wurde, freigelegt.

**Rash** [ræʃ, engl.] *der, -s/-s,* flüchtige Hautrötung, teils in Frühsymptom einer mit nachfolgenden Exanthemen verbundenen Infektionskrankheit (z. B. Windpocken, Pocken, Masern, Scharlach).

# Rash  Rasht – Rasp

**Rasht** [-ʃt], Stadt in Iran, → Rescht.

**Rasi,** pers. Arzt, → Rhazes.

**Rasier|apparat, Trockenrasierer,** elektr. Gerät zum Abscheren von Körperbehaarung, v. a. der Barthaare. Bei den Apparaten mit offenem Schersystem wird eine bewegl. verzahnte Klinge an einem Kamm hin- und hergeführt. Die Zähne des Kammes und die der Klinge bilden das Schersystem. R. mit geschlossenem Schersystem haben unter einem Scherblatt (Dicke zw. 0,05 und 0,2 mm) schwingende (vibrierende) oder rotierende Messerköpfe. Das Scherblatt verhindert die direkte Berührung der Haut mit den Messern, ermöglicht aber durch die vorhandenen Scherschlitze oder -löcher (Durchmesser zw. 0,5 und 0,7 mm) eine von Scherblattdicke und -durchmesser abhängige Rasur.

**Rasieren** [von niederländ. raseren, über frz. raser zu lat. radere, rasum ›kratzen‹, ›(ab)schaben‹], das Entfernen der Körperhaare, bes. des → Bartes, mit Rasiermesser oder -klinge (Naßrasur) oder einem Rasierapparat (Trockenrasur). Rasierseifen und -cremes sollen vor einer Naßrasur den Fettfilm der Haare lösen und das harte Keratin zum Quellen bringen. Außerdem sollen sie das Gleiten von Messer oder Klinge auf der Haut erleichtern. Rasierseifen haben einen hohen Gehalt an Kaliumseife. Sie werden z. B. durch Reaktion von Kali- und Natronlauge mit einem Gemisch aus Stearin und Kokosöl hergestellt. Schäumende Rasiercremes bestehen vorzugsweise aus Kaliumseifen und Triäthanolaminseifen (→ Alkanolamine). Nichtschäumende Rasiercremes sind überfettete Stearatcremes mit Emulgatoren u. a. Zusätzen. Sie erleichtern das Gleiten, haben aber nur geringe Entfettungs- und Quellwirkung. – Pre-Shave-Puder erleichtern bei feuchter und fettiger Haut die Elektrorasur. Pre-Shave-Lotionen sind meist alkohol. Lösungen, mit einem zusammenziehenden sowie hautstraffenden Wirkung. After-Shave-Präparate sollen die Haut pflegen, desinfizieren, rückfetten, den angegriffenen Säuremantel wiederherstellen und erfrischen. Rasierwasser enthält meist 40–60 % Äthanol, schwache Säuren (z. B. Milchsäure, Zitronensäure) und Adstringenzien (Aluminiumsalze).

**Rasin, Razin** [-z-], Stepan Timofejewitsch, gen. Stenka R., Kosakenführer, * Staniza Simowejskaja-na-Donu um 1630, † (hingerichtet) Moskau 16. 6. 1671; stammte aus einer begüterten Donkosakenfamilie und trat schon 1662–63 als Anführer bei Streifzügen gegen Krimtataren und Türken hervor. Mit einem Kosakenheer zog er 1667–69 an die Südküste des Kasp. Meeres und eroberte 1670 die russ. Festungen Zarizyn (heute Wolgograd) und Astrachan an der unteren Wolga. Im mittleren Wolgagebiet kam es unter R.s Führung zu einem allgemeinen Bauernaufstand. Vor Simbirsk (heute Uljanowsk) wurde R. geschlagen (Okt. 1670) und im April 1671 von Kosakenführern ausgeliefert.

I. V. STEPANOV: Krest'janskaja vojna v Rossii v 1670–1671 gg. Vosstanie Stepana Razina (Leningrad 1966).

**Rask** [rasg], RASMUS Kristian, dän. Sprachwissenschaftler, * Brændekilde (Fünen) 22. 11. 1787, † Kopenhagen 14. 11. 1832. R. wurde durch seinen Nachweis der Verwandtschaft des Germanischen mit anderen (europ.) Sprachen (›Undersøgelse om det gamle Nordiske eller Islandiske sprogs oprindelse‹, 1818) neben F. BOPP und J. GRIMM zu einem der Begründer der Indogermanistik. 1825 wurde R. Prof. für Literaturgeschichte, 1831 Prof. für oriental. Sprachen in Kopenhagen. Neben sprachwissenschaftl. Werken (›Om Zendsprogets og Zendavestas Ælde og Ægthed‹, 1826; dt. ›Über das Alter und die Echtheit der Zend-Sprache und des Zend-Avesta‹) und zahlreichen Grammatiken gab R. 1818 die Snorra- und Lieder-Edda (zus. mit A. A. AFZELIUS) heraus.

**Raskol** [russ. ›Spaltung‹, ›Schisma‹] der, -s, pejorative russ. Bez. für (v. a. kirchl.) Trennung, i. e. S. angewandt auf die Gesamtheit der nach den Kirchenreformen des Patriarchen NIKON im 17. Jh. entstandenen versch. Gruppen der Altgläubigen (Raskolniki).

**Raskolniki** [russ. ›Schismatiker‹], Sg. **Raskolnik** der, -(s), pejorativer Sammelbegriff für alle von der orth. Kirche abgespaltenen Gruppen, bes. für die Anhänger des Raskol im 17. Jh., also die versch. Gruppen von **Altgläubigen** (russ. Starowerzy; auch **Altritualisten,** russ. Staroobrjadzy) unter Führung des Protopopen P. AWWAKUM, die die Reformen des Patriarchen NIKON ablehnten. Unter ihnen bestehen erhebl. Unterschiede, da nach der Spaltung die ordentl. Weihefolge nicht weitergeführt werden konnte. Die strengere Hauptrichtung der R. verzichtete daraufhin generell auf das Weihepriestertum und die damit verbundenen Sakramente und Segnungen. Diese R. werden daher als Bespopowzy (›Priesterlose‹) bezeichnet. Andere, die → Popowzy, behalfen sich lange Zeit mit Konvertiten aus der Staatskirche, die beim Übertritt besonderen Riten unterworfen wurden, bis sie im 19. und 20. Jh. eigene Hierarchien errichten konnten. Innerhalb beider Gruppen kam es zu weiteren Spaltungen, die im Hinblick auf das Verhältnis zur Staatsmacht, aber auch zu theolog. Fragen unterschiedl. Positionen entwickelten (so z. B. die Fedossejewzy oder die Filipponen). – Aufschlußreich für die Frühgeschichte der R. ist die Autobiographie des Mönchs EPIFANIJ.

V. PLEYER: Das russ. Altgläubigentum (1961); P. HAUPTMANN: Altruss. Glaube (1963); G. STRICKER: Die Altgläubigen auf dem Boden des Russ. Reiches, in: Religionen in der UdSSR. Unbekannte Vielfalt in Gesch. u. Gegenwart, hg. v. O. BASSE u. a. (Zollikon 1989).

**Ras Lanuf, Ras al-Unuf,** Hafenort in Libyen, östlich von Es-Sidr an der Großen Syrte; Erdölraffinerie, Erdölexport; Pipelines aus dem Syrtebecken.

**Rasmussen,** 1) **Halfdan,** dän. Lyriker, * Kopenhagen 29. 1. 1915; war 1940–45 aktiv in der Widerstandsbewegung; der Krieg war Thema seiner Lyrik bis etwa 1950. Danach wandte er sich humorvoller Nonsensdichtung zu (›Tosserier‹, 8 Bde., 1951–60); schrieb auch Kinderbücher sowie mehrere Reisebücher.

Jørgen Skafte Rasmussen

2) **Jørgen Skafte,** dän. Maschinenbauer und Unternehmer, * Nakskov 30. 7. 1878, † Kopenhagen 14. 8. 1964; Ausbildung in Dtl.; verdient um die Entwicklung und Verwirklichung des Prinzips des Zweitaktmotors. R. gründete 1906 die Zschopauer Motoren-Werke J. S. Rasmussen, die Zweitaktmotoren zunächst für Fahr- bzw. Motorräder, ab 1928 auch für Kraftwagen mit Frontantrieb (DKW) bauten. Durch Fusion mit anderen Werken wurde 1932 die → Auto Union GmbH gebildet.

Knud Rasmussen

3) **Knud Johan Victor,** dän. Polarforscher und Ethnologe, * Jakobshavn (heute Ilulissat) 7. 6. 1879, † Kopenhagen 21. 12. 1933; nahm 1902–04 an der Grönlandexpedition von L. MYLIUS-ERICHSEN teil, gründete 1910 die Station Thule an der Küste NW-Grönlands, unternahm von hier aus mehrere Expeditionen, u. a. zur Erforschung der Eskimo, ihrer Mythen und Sagen, durchquerte dabei 1921–24 die amerikan. Arktis bis zur Beringstraße.

Werke: Grønland langs Polhavet (1919; dt. In der Heimat des Polarmenschen); Myter og sagn fra Grønland, 3 Bde. (1921–25); Fra Grønland til Stillehavet (1925; dt. R.s Thulefahrt); Across Arctic America (1927); Den store slaederejse (1932; dt. Die große Schlittenreise).

**Räson** [rɛ'zõ]; frz. raison, von lat. ratio ›Vernunft‹,
**Raison** [rɛ'zõ], Vernunft, Einsicht (nur in Wendungen wie: zur R. kommen; jemanden zur R. bringen).

**Rasorit** [nach dem amerikan. Ingenieur M. RASOR, 20. Jh.] der, -s/-e, Mineral, → Kernit.

**Rasp,** Fritz Heinrich, Schauspieler, * Bayreuth 13. 5. 1891, † Gräfelfing 30. 11. 1976; ab 1914 an

versch. Berliner Bühnen, u. a. von M. REINHARDT an das Dt. Theater engagiert; 1951–60 Mitgl. des Bayer. Staatsschauspiels in München. R. mit seinem vielfältigen Bühnenrollenrepertoire übernahm beim Film (ab 1916) häufig die Rolle des Schurken; bedeutende darsteller. Leistungen in Filmen von F. LANG und G. W. PABST; ab 1955 auch Fernseharbeit.
 **Filme:** Metropolis (1926); Die Liebe der Jeanne Ney (1927); Die Dreigroschenoper (1931); Emil u. die Detektive (1931); Paracelsus (1943); Lina Braake (1975).

**Raspe,** Heinrich, Landgraf von Thüringen, →Heinrich (Herrscher, Thüringen).

**Raspe,** Rudolf Erich, Schriftsteller, * Hannover 1737, † Muckross (Irland) Ende 1794; floh 1775 wegen einer Unterschlagung nach Großbritannien; veröffentlichte 1786 eine engl. Übersetzung und Bearbeitung der Lügengeschichten um K. F. H. Freiherr VON MÜNCHHAUSEN, auf deren dritte Auflage G. A. BÜRGER bei seinen Bearbeitungen des Stoffes zurückgriff.
 **Ausgaben:** Singular travels, campaigns and adventures of Baron Munchhausen, hg. v. J. CARSWELL (1948); An introduction to the natural history of the terrestrial sphere, hg. v. A. N. IVERSEN u. a. (1970).
 R. HALLO: R. E. R. (1934); J. CARSWELL: The prospector. Being the life and times of R. E. R. (London 1950).

**Raspel,** eine grobe Feilenform (→Feile); auch Küchengerät zum Zerkleinern z. B. von Mandeln.

**Rasputin, 1)** Grigorij Jefimowitsch, eigtl. **G. J. Nowych,** russ. Abenteurer, * Pokrowskoje (bei Tjumen) 1864 oder 1865, † (ermordet) Petrograd (Petersburg) 30. 12. 1916; Bauer, Mönch, Wanderprophet. Seit 1907 am Kaiserhof, gewann er durch seine angebl. Fähigkeit, dem an der Bluterkrankheit leidenden Thronfolger durch magnet. und hypnot. Kräfte zu helfen, steigenden Einfluß auf das Kaiserpaar, NIKOLAUS II. und ALEXANDRA FJODOROWNA. Als seine Anmaßungen und Ausschweifungen sich zu einer Belastung für die Monarchie auswuchsen, wurde er von Angehörigen der Hofgesellschaft ermordet.
 A. A. AMALRIK: Raspoutine (a. d. Russ., Paris 1982); V. N. PURIŠKEVIČ: The murder of R. (a. d. Russ., Ann Arbor, Mich., 1985); H. LIEPMANN: R. (Neuausg. ²1986).

**2) Walentin** Grigorjewitsch, russ. Schriftsteller, * Ust-Uda (Gebiet Irkutsk) 15. 3. 1937; begann mit Skizzen über das sibir. Dorf; bekannt wurde die Erzählung ›Den'gi dlja Marii‹ (1968; dt. ›Geld für Maria‹). Hier wie in anderen Kurzromanen sind einfache Dorfbewohner die Handlungsträger (›Poslednij srok‹, 1970, dt. ›Die letzte Frist‹; ›Živi i pomni‹, 1975, dt. ›In den Wäldern die Zuflucht‹). R. ist einer der bemerkenswerten ›Dorfprosaisten‹ (→Dorfprosa), der sich zunehmend als Vertreter russisch-nat. Kräfte sieht. Er macht die Bedrohung von Mensch und Natur angesichts einer rücksichtslosen Industrialisierung einsichtig (›Proščanie s Materoj‹, 1976, dt. ›Abschied von Matjora‹; ›Požar‹, 1985, dt. ›Der Brand‹).
 **Ausgaben:** Izbrannye proizvedenija, 2 Bde. (1984). – Leb u. vergiß nicht (²1979); Natascha (1986).
 R. SCHÄPER: Die Prosa V. G. R.s (1985).

**Räß,** Andreas, kath. Theologe, Bischof von Straßburg, * Sigolsheim (bei Colmar) 6. 4. 1794, † Straßburg 17. 11. 1887; ab 1830 Leiter des Straßburger Priesterseminars, wurde 1840 Koadjutor und 1842 als erster Elsässer seit dem 14. Jh. Bischof von Straßburg; Vertreter des Ultramontanismus. R. verfaßte bzw. übersetzte etwa 160 Schriften zur Kirchenpolitik und -geschichte sowie der Katechetik. Vor dem Hintergrund des Kulturkampfes wurde R. trotz seiner Bejahung der dt. Annexion Elsaß-Lothringens in den Reichstag gewählt (1874–77).
 R. EPP: Mgr. Raess, évêque de Strasbourg: 1842–1887 (Griesheim-sur-Souffel 1979); H.-J. HIERY: Reichstagswahlen im Reichsland (1986).

**Ras Sarafand,** Ort südlich von Saida, Libanon, im Altertum →Sarepta.

**Ras Schamra, Ras et-Tamra,** Kap an der Küste Syriens, an der Bucht Minet el-Beida, etwa 1 km nördlich von Latakia. An ihm lag die alte Stadt →Ugarit.

**Ras-Schamra-Alphabet,** in Ugarit verwendete alphabet. Keilschrift.

**Rasse** [aus frz. race ›Geschlecht‹, ›Stamm‹, ›Rasse‹, von gleichbedeutend italien. razza], Gruppe von Lebewesen, die sich durch ihre gemeinsamen Erbanlagen von anderen Artangehörigen unterscheiden. In der zoolog. Systematik wird der Begriff R. synonym mit Unterart (Subspezies) gebraucht. Die Angehörigen versch. R. sind untereinander fruchtbar. – Als **geographische** R. bezeichnet man lokale Populationen, die versch., voneinander getrennte Areale besiedeln. Hierdurch wird der Genfluß unter Umständen stark eingeschränkt, wodurch Merkmalsunterschiede auftreten. Diese können (müssen aber nicht, wie z. B. unterschiedl. Färbungen) eine Folge der Anpassung an lokale Bedingungen sein. Geograph. R. können eine Vorstufe zur Artbildung sein. Populationen, die im gleichen geograph. Gebiet, aber unter versch. Standortbedingungen leben, werden als **ökologische** R. (Ökotypen) bezeichnet. Auch hier liegen genet. Unterschiede als Anpassung an die unterschiedl. Bedingungen vor, jedoch sind ökolog. R. als Vorstufen der Artbildung von geringer Bedeutung. Die Grenze zw. geograph. und ökolog. R. ist unscharf, da bei ökolog. R. zumindest eine mikrogeograph. Trennung vorliegt. In der *Tier-* und *Pflanzenzucht* sind R. (Zucht-R.) aufgrund künstl. und sexueller Isolation gezüchtete Formengruppen mit (erwünschten) gleichen charakterist. Merkmalen. In der Tierzucht wird die Einteilung der R. vorgenommen nach Entwicklungsgrad (Natur-R., Land-R., Kultur-R.), nach morpholog. Merkmalen (z. B. beim Rind behornt und unbehornt), nach Nutzungsrichtung (z. B. Woll- und Fleisch-R. beim Schaf), nach der Anpassung an natürl. Standortverhältnisse (z. B. Niederungs- und Höhen-R.) und nach geograph. Verbreitung. In der Pflanzenzucht wird der Begriff R. nicht einheitlich gebraucht, gebräuchlicher sind die Begriffe Form und Sorte. (→Anthropologie, →Menschenrassen)

**Rassel** [zu mhd. razzen ›toben‹, ›lärmen‹], Bez. für mittelbar geschlagene Idiophone in Gefäß- (z. B. Maracas, Schelle), Reihen- (Sistrum) oder Rahmenform (Angklung), bei denen die Tonerzeugung durch Schütteln erfolgt. R. sind als kult. Geräte seit frühester Zeit bekannt und spielen als solche noch in außereurop. Musik, in Europa heute u. a. als Geräuschinstrumente v. a. der Tanzmusik, als Kinderspielzeug und als Schellenbehang der Narrentrachten.

**Rasselblume, Cupidopfeil, Catananche** [-'naŋkə], Gattung der Korbblütler mit nur wenigen Arten im Mittelmeergebiet; Kräuter mit lineal. Blättern und meist blauen, seltener weißen oder gelbl. Blüten. Bekannt ist die Blaue R. (Catananche coerulea), eine staudige, 40–60 cm hohe Pflanze für Steingärten und Trockenmauern.

**Rasselgeräusche,** Abk. **RG,** bei Abhorchen (Auskultation) der Lunge feststellbare Atemgeräusche, die als Symptom von Lungen- und Bronchialerkrankungen durch Mitschwingen von Sekreten (Schleim, Eiter, seröse Flüssigkeiten) hervorgerufen werden; **trockene R.** werden durch zähen Schleim (spast. Bronchitis, Asthma bronchiale), **feuchte R.** durch dünnflüssiges Sekret (z. B. bei Lungenödem) hervorgerufen.

**Rasselstendel, Catasetum,** Orchideengattung mit etwa 70 Arten in den trop. Gebieten der Neuen Welt; überwiegend Epiphyten mit Pseudobulben und in der Knospe gefalteten Blättern; Blüten eingeschlechtlich oder zwittrig; oftmals so verschieden, daß sie unterschiedl. Gattungen zugeordnet wurden.

Fritz Rasp

Grigorij Jefimowitsch Rasputin

Walentin Grigorjewitsch Rasputin

Rasselblume: Blaue Rasselblume (Höhe 40–60 cm)

Die Blüten werden wegen ihres Duftes (›Parfümblumen‹) von männl. Prachtbienen besucht, denen nach Auslösung eines Katapultmechanismus die Pollenpakete entgegengeschleudert werden.

**Rassemblement Démocratique Africain** [rasɑ̃blə'mɑ̃ demɔkra'tik afri'kɛ̃], Abk. **RDA**, dt. ›Afrikanische Demokrat. Sammlungsbewegung‹, überregionale polit. Organisation in Frz.-West- und -Äquatorialafrika, gegr. 1946 in Bamako, löste sich unter ihrem Präs. F. Houphouët-Boigny 1950 von ihren anfängl. Bindungen an die frz. KP. Der RDA vertrat ein Programm der föderativen Verbindung der von ihm repräsentierten Gebiete mit Frankreich. Bei der Bildung der ersten halbautonomen Staaten in den Einzelterritorien übernahmen RDA-Politiker in mehreren Regierungen die Führung. Nach 1958 zerfiel der RDA in seine Landesverbände.

**Rassemblement des Gauches Républicaines** [rasɑ̃blə'mɑ̃ dɛ'goʃ repybli'kɛn], dt. ›Linksrepublikan. Sammlungsbewegung‹, urspr. Dachorganisation frz. Parteien der linken Mitte, ab 1956 Bez. für den von E. Faure geführten rechten Flügel der Radikalsozialisten, der bis 1958 als selbständige Partei bestand.

**Rassemblement du Peuple Français** [rasɑ̃blə'mɑ̃ dy'pœplə frɑ̃'sɛ], Abk. **RPF**, dt. ›Sammlungsbewegung des frz. Volkes‹, frz. Partei, die in der IV. Rep. die Ideen C. de Gaulles vertrat; entstand im April 1947 als autoritär organisierte Bewegung gegen das von de Gaulle für illegitim erachtete ›Regime‹ der IV. Rep. Bei den Parlamentswahlen im Juni 1951 hatte die Bewegung bereits ihren Höhepunkt überschritten; dennoch stellte sie in der Nationalversammlung die stärkste Fraktion (121 Abg.). Diese war nicht geschlossen auf Fundamentalopposition aus und geriet damit in Ggs. zu de Gaulle. Über die Frage der Unterstützung der Reg. Pinay kam es im Juli 1952 zur Spaltung: Eine Minderheit der Abg. trat als Action Républicaine et Sociale (ARS) in die Koalition ein. Nachdem die Fraktion für die Reg. Mayer gestimmt hatte, löste de Gaulle den RPF im Mai 1953 auf. Die Abg. bildeten die Union Républicaine d'Action Sociale (URAS), später Républicains Sociaux) und schlossen sich mehrheitlich der Reg.-Koalition an.

J. Charlot: Le Gaullisme d'opposition: 1946–1958 (Paris 1983).

**Rassemblement pour la République** [rasɑ̃blə'mɑ̃ pur la repy'blik], Abk. **RPR,** frz. Partei, seit 1976 die Parteiorganisation des Gaullismus, hervorgegangen aus der Union des Démocrates pour la République (UDR), geführt von J. Chirac, unter dem sich ein Wandel vom Präsidential- zum Parteigaullismus vollzog. Der RPR unterstützte zus. mit der UDF Staatspräs. V. Giscard d'Estaing, lehnte aber eine Kooperation mit Linksparteien ab. Nach dem Wechsel in die Opposition 1981 erfolgten eine programmat. Liberalisierung und radikale Verjüngung des Mitgliederbestandes. Wie bereits 1974–76 wurde Chirac im März 1986 nach dem Sieg der Rechtskoalition bei den Parlamentswahlen von Staatspräs. F. Mitterrand erneut zum Premier-Min. (bis Mai 1988) ernannt. Im Juni 1990 vereinbarte Chirac mit Giscard d'Estaing die Bildung einer Konföderation des RPR mit der UDF für die nächste Präsidentschaftswahl.

**Rassenfrage,** ungenaue und umstrittene Sammel-Bez. für gesellschaftl. Probleme, die damit erklärt werden, daß Menschen, die als zu versch. Rassen zugehörig eingestuft werden, in einer Gesellschaft zusammenleben. Da dieses Zusammenleben häufig mit wirtschaftl., sozialen oder polit. Spannungen verbunden ist, entwickeln sich aus der Zuordnung dieser Probleme zu angenommenen Rassenmerkmalen oftmals unterschiedl. Formen des → Rassismus.

**Rassengesetze,** allg. Bez. für Gesetze, die der Diskriminierung sozialer Gruppen dienen, denen bestimmte ethn. oder rass. Merkmale zugeschrieben werden; i. e. S. die Gesetze der nat.-soz. Reichs-Reg. zur Verwirklichung ihrer Rassenideologie. Sie betrafen die sogenannten Nichtarier, d. h. v. a. jüd. Staatsbürger, aber auch andere Gruppen, die als ›rassisch minderwertig‹ (z. B. Sinti und Roma), bzw. Personen, die als ›erbkrank‹ galten (→ Euthanasie). Die gesetzl. Durchsetzung der Rassenideologie vollzog sich stufenweise in einer von Nationalsozialisten angeheizten Atmosphäre der isolierenden Anfeindung. Nach den reichsweiten Boykottaktionen gegen jüd. Geschäfte vom 1. bis 3. 4. 1933 wurden mit dem ›Ges. zur Wiederherstellung des Berufsbeamtentums‹ (›Arierparagraph‹, 7. 4. 1933) und versch. Durchführungsverordnungen Juden aus dem öffentl. Dienst entlassen (ausgenommen: Weltkriegsteilnehmer, Beamte vor dem 1. 8. 1914). Weitere Gesetze schlossen sie auch aus freien Berufen (z. B. Rechtsanwälte, Kassenärzte, Steuerberater) und Ehrenämtern (z. B. Schöffen) aus, beschränkten die Zulassung von jüd. Schülern und Studenten (Ende 1938 völlig verboten). Zahllose Verbände, Vereine und öffentlich-rechtl. Organisationen übernahmen den Arierparagraphen. Die → Nürnberger Gesetze (15. 9. 1935) bewirkten eine umfassende Entrechtung und Isolierung der ›Nichtarier‹. Die Ausnahmeregelungen des Berufsbeamten-Ges. wurden endgültig aufgehoben und weitere Berufsverbote erlassen, bis 1938 auch eine Existenzsicherung durch Hausieren nicht mehr möglich war. Ab Ende 1936 zielte die Gesetzgebung auf die Enteignung der Juden: Nach der Registrierung aller jüd. Unternehmen im Juni 1938 wurden im Dez. die letzten noch bestehenden Betriebe geschlossen oder ›arisiert‹, Grundeigentum ebenfalls ›arisiert‹, Kapitalvermögen (seit April 1938 anmeldepflichtig) mußten auf Sperrkonten festgelegt, ab Febr. 1939 Schmuck, Kunstgegenständen u. ä. abgeliefert werden. Hinzu kam eine große Zahl von persönl. Rechtsbeschränkungen für Juden wie z. B. Verbot von Besuchen öffentl. Veranstaltungen oder Sportstätten, Verbot des Haltens und Führens von Kraftfahrzeugen, Einführung von Sperrbezirken (›Judenbann‹, Nov. 1939). Eine besondere Kennzeichnung erhielten die Juden in Reisepässen und Kennkarten, durch zusätzlich verordnete Vornamen (Israel, Sara), seit Sept. 1941 durch das Tragen eines Judensterns. Die R. stellten eine erste Phase in der nat.-soz. Rassenpolitik dar, der im Zweiten Weltkrieg die Deportation und schließlich die Vernichtung der europ. Juden und Angehörigen anderer verfolgter Gruppen folgte.

H.-J. Döring: Die Zigeuner im nat.-soz. Staat (1964); H. Genschel: Die Verdrängung der Juden aus der Wirtschaft im Dritten Reich (1966); D. Kenrick u. G. Puxon: Sinti u. Roma – die Vernichtung eines Volkes im NS-Staat (a. d. Engl., 1981); H. Krausnick: Judenverfolgung, in: Anatomie des SS-Staates, Bd. 2 (⁴1984); O. D. Kulka: Die Nürnberger R. u. die dt. Bev. im Lichte geheimer NS-Lage- u. Stimmungsberichte, in: Vjh. für Zeitgesch., Jg. 32 (1984); R. Rürup: Das Ende der Emanzipation. Die antijüd. Politik in Dtl. von der ›Machtergreifung‹ bis zum Zweiten Weltkrieg, in: Die Juden im nat.-soz. Dtl., hg. v. A. Paucker u. a. (1986); M. Zimmermann: Die nat.-soz. Vernichtungspolitik gegen Sinti und Roma, in: Aus Politik u. Zeitgesch. (1987), H. 16/17.

**Rassenkreis,** *Biologie:* Bez. für die Gesamtheit der zu einer polytyp. Art gehörenden Rassen. Nach der **R.-Hypothese** (B. Rensch) erreichen die geographisch am weitesten voneinander getrennten Populationen, wenn sie in einem gemeinsamen Areal aufeinandertreffen, gegenseitig den Status zweier Arten (z. B. bei Kohlmeisen).

**Rassenkunde,** Forschungsbereich der Anthropologie, der sich v. a. mit der Entstehung, (geograph.) Verbreitung und Variabilität, Charakterisierung bzw. Typisierung und Klassifizierung der → Menschenrassen befaßt. Dabei schwanken die Angaben über die

Anzahl der bei Menschen vorkommenden Rassen je nach Bestimmung der Merkmale zw. sechs und 40; über die Gültigkeit einzelner Merkmale wurde bis heute keine Übereinstimmung erzielt.

Die R. hat in den Auseinandersetzungen um die Sklaverei, um die Apartheid und insbesondere in der Zeit des Nationalsozialismus eine spezielle Deutung erfahren: Es wurde behauptet, die Menschenformen seien stammesgeschichtlich weit voneinander getrennt, ja als polyphyletisch von versch. Urformen abgeleitet. Die Vorstellung weit zurückreichender und, weil erblicher, unveränderlich bestehender rass. Charakteristika, die nicht nur die körperl., sondern auch die psych. und kognitiven Merkmale festlegen, stand jedoch schon immer im Ggs. zu den Befunden der Forschung und ist aufgrund der heutigen Kenntnisse als widerlegt anzusehen.

**Rassenstandard,** international anerkannte verbindl. Rassenbeschreibung einer bestimmten Rasse, v. a. nichtlandwirtschaftl. Haustiere (Liebhaberrasse), z. B. von Haushunden, Hauskaninchen, Haustauben.

**Rassentheori|en,** v. a. im Rahmen der Kulturanthropologie entwickelte Vorstellungen, die einen ursächl. Zusammenhang herstellen zw. körperl. Merkmalen und angebl. Charaktereigenschaften ganzer Menschengruppen einerseits und den von ihnen geschaffenen Kulturen andererseits. In versch. Formen leisten diese Theorien dem →Rassismus Vorschub oder liegen ihm zugrunde. Die Diskussion begann in der Zeit der Aufklärung und kulminierte gegen Ende des 19. Jh. in einer spezif. Rassenideologie, die sich mit dem Überlegenheitsbewußtsein der Europäer bei ihrer kolonialen Ausbreitung über die Welt verband. Einen ersten Höhepunkt in der Entwicklung von R. sind die Thesen J. A. Comte DE GOBINEAUS, der den Begriff der ›Rasse‹ zum zentralen Begriff der Geschichte macht; seine Ansicht von der kulturschöpfer. Kraft der ›Arier‹ und ihre Berufung zur Herrschaft beeinflußte v. a. H. S. CHAMBERLAIN und die nat.-soz. R. (H. F. K. GÜNTHER). Mit diesen rassenideol. Vorstellungen verbanden sich sozialdarwinist. Thesen (→Sozialdarwinismus). Vor dem Hintergrund solcher – äußerst problemat. – Theorien wurde der Staat zum Produkt von ›Rassenkämpfen‹. Im kontinentalen Europa verknüpfte sich die immer schon vorhandene Judenfeindschaft mit diesen R. zum modernen Antisemitismus. Im Nationalsozialismus verbanden sich ultranationalist. und antikapitalist. Ziele mit antisemit. und antislaw. Vorstellungen zu einer menschenfeindl. synkretist. Ideologie.

**Rassismo** [nach dem äthiop. Fürstentitel Ras], Bez. für Lokalherrschaften faschist. Führer v. a. in der frühen Phase des italien. Faschismus (I. BALBO in Ferrara, R. FARINACCI in Cremona, D. GRANDI in Bologna).

**Rassismus** der, -, Begriff aus der polit. und sozialen Sprache des 20. Jh., der aber auch – nicht unumstritten – zur Bez. bestimmter Erscheinungen in der Vergangenheit herangezogen wird. I. e. S. kennzeichnet R. die im 19. Jh. ausformulierten Ideologien der Rassenunterschiede, die bis in die Gegenwart in jeweils unterschiedl. Bezügen (u. a. ›Rassenkunde‹, Kolonialismus, Nationalsozialismus, Antisemitismus, Apartheid, neue Rechte) die Grundlage der dort gerechtfertigten oder praktizierten Diskriminierung von Menschen bildet.

R. bezeichnet sowohl Einstellungen (Vorstellungen, Gefühle, Vorurteile) als auch Handlungen, die die Verachtung, Benachteiligung, Ausgrenzung und Unterdrückung bis hin zur phys. Vernichtung von Menschen dadurch legitimieren bzw. in die Tat umsetzen, daß sie eine Auswahl vorhandener körperl. Merkmale zu ›Rassenmerkmalen‹ zusammenstellen und diese meist negativ bewerten. Durch ihre Verabsolutierung können schließlich unterschiedliche Macht- und Lebenschancen einzelner Menschen oder ganzer Menschengruppen begründet werden. Dem angestrebten Ziel, kulturelle, soziale, ökonom. oder polit. Über- bzw. Unterordnungsverhältnisse zu schaffen, dienen insbesondere institutionelle und gesetzl. Diskriminierungsformen wie die Verteilung des Wahlrechts nach der Hautfarbe und die Beschneidung von Grund- und Menschenrechten wie des Rechts auf freie Wahl des Berufs, des Ehepartners oder des Wohngebiets.

R. setzt einerseits die mit der europ. Neuzeit einsetzenden und im 19. Jh. zu einem wiss. Anspruch verdichteten ›Rassenforschungen‹ voraus. Andererseits gibt es in vielen Gesellschaften einen R. im Alltag ohne ›wiss.‹ Bezug, der zunächst darin besteht, Menschen, die anders aussehen oder denen von einer ›Norm‹ abweichende Eigenschaften zugeschrieben werden, als Angehörige einer anderen ›Rasse‹ aufzufassen und diese dann geringer zu schätzen als die jeweils eigene Bezugsgruppe. Insbesondere die Hautfarbe wird als unterscheidendes Kriterium herangezogen, obwohl dadurch keine Rückschlüsse auf die ›Natur‹ oder den ›Charakter‹ eines Menschen gezogen werden können. Während das Phänomen, Menschen einer anderen Rasse zuzuordnen und abzuwerten, rassist. Vorstellungen zufolge ›natürliches‹ menschliches Verhalten ausdrückt, ist die Wahrnehmung der als fremd aufgefaßten Eigenschaften und Verhaltensweisen selbst kulturell bestimmt und wird in der Sozialisation vermittelt. Emotional verstärkend bei der Ausbildung rassist. Einstellungen wirken sexuelle Vorstellungen und Phantasien in ihrer Widersprüchlichkeit von Begehren und Angst.

### Verwendung des Begriffs

Die Bezeichnung R. trat zunächst in der Auseinandersetzung mit dem Nationalsozialismus in den 1930er Jahren auf (M. HIRSCHFELD). Sie ersetzte den zuvor gebrauchten Begriff ›Rassenhaß‹ und diente in der Folgezeit v. a. der Mobilisierung von Kritik und Gegenwehr gegenüber der u. a. mit rass. Argumenten begründeten Diskriminierungs- und Vernichtungspolitik der Nationalsozialisten. In dieser Funktion warnender Kritik wird der Begriff R. auch heute noch, häufig in unscharfer Form, gebraucht. Ausgehend von der Beurteilung des nat.-soz. Herrschaftssystems als ›totale Herrschaft‹ (HANNAH ARENDT) wurde R. auch als Baustein der seit dem 19. Jh. entstehenden totalitären Ideologien aufgefaßt. Nach dem Zweiten Weltkrieg fand der Begriff weltweite Verbreitung, insbesondere durch die UNESCO, die den R. ächtete. Die umfassende krit. Aufarbeitung des nat.-soz. Terrors und das Aufkommen antikolonialer Freiheitsbestrebungen (v. a. in Afrika und Asien) sowie die Bürgerrechtsbewegung in den USA, die v. a. unter den Präs. J. F. KENNEDY und L. B. JOHNSON Öffentlichkeit, Bildungssystem und Behörden im Kampf gegen den R. mobilisieren konnte, verstärkten seit dem Ende der 1950er Jahre die Aufmerksamkeit gegenüber dem R. als einer besonderen Form zwischenmenschl. Gewaltausübung. Gegenwärtig wird der Begriff im Zusammenhang einer an den Menschenrechten orientierten Kritik der Apartheidpolitik in der Rep. Südafrika und der Rassendiskriminierung in anderen Ländern (z. B. in Brasilien), aber auch in der Diskussion um die Ausgrenzung und Benachteiligung von Einwanderern, Arbeitsmigranten und anderen Minoritäten in den westl. Industrieländern (insbesondere in den USA, Kanada, Großbritan-

Schlüsselbegriff

**Rass**   Rassismus

nien, Frankreich und in der Bundesrep. Dtl.) sowie im Hinblick auf einen nach dem Zerfall des Sowjetimperiums in Mittel- und Osteuropa erneut in Erscheinung tretenden Antisemitismus verwendet.

Angesichts der vielfältigen Bezugsmöglichkeiten und der damit gegebenen Gefahr einer ›Überdehnung‹ des Begriffs (R. MILES), der dann zur Bez. jegl. Art von Diskriminierung oder zur Kennzeichnung aller Arten ›weißen‹, eurozentr. Handelns benutzt werden kann, scheint es sinnvoll, wenn auch nicht unumstritten, den Inhalt des Begriffs R. historisch und sachlich an den Begriff der ›Rasse‹ zu binden (der allerdings selbst histor. Wandlungen unterliegt und unterschiedlich interpretiert wird). Durch den Bezug auf ›Rasse‹ als – pseudowissenschaftlich legitimiertes – Ordnungsmuster für die Vielfalt menschl. Erscheinungen läßt sich der R. auch als Ideologie von anderen Formen der Aus- und Abgrenzung unterscheiden. Während sich der Fremdenhaß auf Menschen von ›anderswo‹ bezieht und Ausländerhaß im genauen Sinn an die Existenz von Nationalstaaten gebunden ist, ist R. an die Entwicklung, die Begrenztheit und die zerstörer. Folgen der Rassenvorstellungen der europ. Gesellschafts- und Wissenschaftsgeschichte gebunden.

### Die soziale Funktion des Rassismus

Eine Ursache für die starke Verbreitung von R. liegt darin, daß er die komplizierten und nur teilweise durchschaubaren Prozesse menschl. Wahrnehmung und der Einschätzung anderer Menschen unter den Bedingungen gesellschaftl. Interessenkonkurrenz auf die vereinfachende Gleichsetzung einiger gut sichtbarer äußerl. Merkmale mit komplexen moral. und psycholog. sowie mit polit., sozialen, kulturellen und geschichtsphilosoph. Vorstellungen und Werturteilen reduziert. Insbesondere wenn früher erlernte oder tradierte Orientierungsmuster fragwürdig oder unbrauchbar geworden sind, ermöglicht R. eine eindeutige, wenn auch falsche Orientierung und entbindet den einzelnen so von der Notwendigkeit, sich weiter um Information und Aufklärung zu bemühen. Daher tritt R. verstärkt in sozialen Krisen auf, v. a. bei von sozialem Abstieg bedrohten oder in ihrem Aufstiegsstreben ›fremder‹ Konkurrenz ausgesetzten Gruppen; auch unvorhergesehene neue gesellschaftl. Erfahrungen oder Aufgabenstellungen begünstigen R. Da gerade Einwanderer und polit. Flüchtlinge häufig hoch motiviert und leistungsfähig sind, greifen die durch diese Konkurrenz von der Gefahr eines Statusentzugs betroffenen sozialen Gruppen (E. E. HAGEN) auf gleichsam vorkulturelle, also ›natürl.‹ Unterscheidungen zurück. In dieser Hinsicht stellt die Ausbildung des modernen Antisemitismus in der 2. Hälfte des 19. Jh. den Modellfall für die Funktion des R. in modernen Gesellschaften dar. Nach T. W. ADORNO u. a. ist die Neigung zum R. bei Menschen ausgeprägter, die autoritär erzogen wurden und/oder die keine ausgeprägte und zugleich lernfähige Persönlichkeitsstruktur besitzen (›Ich-Schwäche‹). Gerade in Krisenlagen ist es daher von Bedeutung, ob und in welcher Weise rassist. Lösungsmuster von den in einer Gesellschaft tonangebenden Eliten (Bildungseliten, Politiker, Meinungsführer) vertreten werden (T. A. VAN DIJK).

### Rassenbegriff und Ideologie des Rassismus

Bis in die Neuzeit bezeichnet der Begriff ›Rasse‹ zumeist eher eine soziale als eine ethn. Differenzierung; so bedeutet im 16. Jh. Rasse zumeist ›edle Abstammung‹. Die Verwendung des Begriffs spiegelt also v. a. den Versuch, sich im Sinne einer aristokrat. Selbstdefinition gegenüber anderen, als schlechter bewerteten Gruppen durch die Berufung auf ›naturgegebene‹ Unterschiede abzugrenzen. Der im Rahmen der Naturwissenschaften im 17. und 18. Jh. entwickelte Rassenbegriff stellt, ebenso wie noch die gegenwärtigen ›neutralisierenden‹ Rettungsversuche des Begriffs im Bereich der Humanwissenschaften, immer auch ein Ausblenden der mit der Wortgeschichte schon verbundenen sozial abwertenden Bedeutung dar, so daß dem Begriff selbst bereits eine ideolog. Komponente eignet. Eine auf die spätere Rassendiskussion vorausweisende Ausnahme für jene Zeit stellt die im Spanien der Reconquista und der Gegenreformation v. a. gegenüber konvertierten Juden vertretene Forderung nach der ›Reinheit des Blutes‹ dar, die zu innergesellschaftl. Feindbestimmungen herangezogen wurde.

Vier Entwicklungslinien sind für die Entstehung des Rassenbegriffs in Europa und die sich in diesem Zusammenhang ausprägende spezif. Ideologie des R. heranzuziehen:

1) Die Entdeckungsfahrten zu Beginn der Neuzeit haben eine bis heute wirksame Struktur der ökonom., polit. und sozialen Ungleichheit hervorgebracht, in deren Rahmen sich R. als eine Struktur der kulturellen und individuellen Mißachtung darstellt. Neben Fragestellungen, wie die neuen Informationen über die ›entdeckten‹ Kontinente und ihre Einwohner in die bisherigen Wissenssysteme und -ordnungen einzufügen seien, bestimmten auch ökonom. und polit. Interessen das Verhältnis der Europäer zu anderen Menschen, wie die Verbreitung der Sklaverei zeigt (A. WIRZ). In diesem Zusammenhang tauchte die Frage auf, ob es sich bei den Bewohnern der ›entdeckten‹ Kontinente um Menschen in einem europäisch-christl. Sinn handele. Ein erster Versuch (1666), die Menschenarten zu klassifizieren – noch ohne den Begriff der Rasse zu benutzen –, teilte die Menschheit in Anlehnung an das A. T. in Japhetiten (Weiße), Semiten (Gelbe) und Hamiten (Schwarze) ein (GEORGIUS HORNIUS). Erstmals wendete 1684 der Arzt und Reisende FRANÇOIS BERNIER (* 1620, † 1688) den Begriff der Rasse auf die Menschen an und sagte sich damit ausdrücklich von der bibl. Tradition und Autorität los. Weitere Klassifikationen, so die von G. W. LEIBNIZ und C. VON LINNÉS ›Systema naturae‹ (1735), ordnen den Menschen auch in die Natur ein und versuchen mit dem Begriff der Rasse entsprechende Untergruppen zu bestimmen. Charakteristisch für diese Diskussion ist die noch selbstverständl. Annahme, daß alle vorhandenen Menschengruppen Anteil an einer gemeinsamen Gattung Mensch haben. Damit wurden die antiken und mittelalterl. Vorstellungen (z. B. Menschen ohne Kopf, Menschen mit Hundezähnen) aus der wiss. Erörterung ausgeschieden. Bis zum Ende des 18. Jh. hatte sich so trotz der bereits in vollem Gange befindl. Versklavung, Ausrottung und Ausbeutung ganzer Völker noch keine deutlich wertende umfassende Hierarchisierung der versch. Menschengruppen durchgesetzt. U. a. war dafür die Leitvorstellung der bibl. Schöpfungsgeschichte verantwortlich, nach der alle Menschen Kinder des Urelternpaars Adam und Eva sein mußten.

2) Innerhalb der sich seit dem 18. Jh. wissenschaftlich ausbildenden Anthropologie beschrieb LINNÉ die Erscheinungsformen der Menschen, die er in den späteren Auflagen der ›Systema naturae‹ um Hinweise zum Sozialverhalten, zur Arbeitsgesinnung und zur moral. Qualität der versch. Menschengruppen ergänzte. Vor dem Hintergrund einer

säkularisierten Weltauffassung, in der sowohl der Bezug auf die Bibel als auch die damit herausgehobene Stellung des Menschen in der Schöpfung an Geltung verloren, ging es nun in zunehmend ›naturalist.‹ Orientierung (ARENDT) darum, eine innerweltl., ›naturgemäße‹ Typologie der Menschen aufzustellen. Damit begann i. e. S. die Formierungsphase des R. Vor dem Hintergrund der globalen Macht- und Ausbeutungsverhältnisse wurde nun im Rückgriff auf die Fortschrittsvorstellungen der Aufklärung, die geschichtl. und evolutionäre Sichtweise eines J.-B. DE LAMARCK und auf die romant. Geschichts- und Kulturphilosophie der europäisch-›weiße‹ Maßstab zur Meßlatte weltgeschichtl. und völkerkundl. Betrachtungen. CHRISTOPH MEINERS (* 1747, † 1810) ordnete als erster die Weltgeschichte nach rass. Kriterien, indem er die Überlegenheit der ›tatar. oder kaukas.‹ Stämme zu begründen suchte (1785). Dagegen spielte der Begriff ›Rasse‹ bei den Weimarer Klassikern, namentlich bei dem an fremden Kulturen interessierten J. G. HERDER, keine Rolle. Führte von der Aufklärung bezüglich der Gleichheit der Menschen auch ein Weg zur Sklavenbefreiung und zum Antikolonialismus (z. B. in der Négritude) und zu den im 20. Jh. nachhaltig wirksam gewordenen Forschungsrichtungen des Kulturrelativismus (F. BOAS) und der Kulturökologie (M. HARRIS), so wurde MEINERS' Konzeption – in der erstmals sprachwissenschaftl. Bezeichnungen für die Kennzeichnung von Rassen herangezogen und die Begriffe ›Kelten‹ und ›Slawen‹ gebraucht wurden – grundlegend für das Selbstverständnis der Europäer des 19. Jh., die Führungselite der Menschheit zu sein.

3) Eigentl. Voraussetzung für die Formierung des R. als Ideologie bildet der Wissenschaftsglaube im 19. Jh. Hier setzte zunächst der Fortschritt der Naturwissenschaften, v. a. der Physik und Biologie, den Rahmen, innerhalb dessen auch die Geistes- und Kulturwissenschaften ihre Form ausprägten. Ziel war es, einen nach ›Gesetzen‹ verlaufenden Zusammenhang von Welt-, Natur- und Menschheitsgeschichte aufzuzeigen. Dabei spielten C. DARWINS Untersuchungen ›On the origin of species by means of natural selection ...‹ (1859; dt. ›Die Entstehung der Arten durch natürl. Zuchtwahl‹) und ›The descent of man ...‹ (2 Bde., 1871; dt. ›Die Abstammung des Menschen‹) eine entscheidende Rolle, da sie den Anreiz boten, das Modell der Evolution und des Kampfes ums Überleben auf die Gesellschaft zu übertragen. Dieser Ansatz wurde von H. SPENCER, H. TAINE und den Sozialdarwinisten weiterverfolgt, indem sie den mit ausdrückl. Verweis auf die Naturwissenschaften beglaubigten Begriff der ›Rasse‹ zur Deutung von Geschichte, Kultur und Gesellschaft im Sinne des R. fortentwickelten. Begleitet wurde dieser Prozeß von dem Aufschwung nat. Bestrebungen. Hier besteht in der Forschung keine Einigkeit, ob der R. als Konkurrent und Feind des Nationalstaatsdenkens (ARENDT) oder als eine bereits darin angelegte Weiterentwicklung (J. MICKSCH u. a.) aufzufassen ist. Von nachhaltiger Bedeutung war in diesem Zusammenhang die Übertragung sprachwissenschaftlicher Begriffe wie ›arisch‹ und ›semitisch‹ auf angenommene, aber nicht nachgewiesene soziale Gruppen.

4) Die gesellschaftl. Entwicklungen der Modernisierung – Urbanisierung, Industrialisierung, Mobilisierung, Entfremdung und Traditionsverlust, aber auch Demokratisierung –, die in der Ideologie der Zeit u. a. als ›Vermassung‹ wahrgenommen wurden, sollten mit dem Rückgriff auf aristokrat. Sichtweisen kultureller Differenzierung abgewehrt werden; diese konnten nun, ›wissenschaftlich‹ angereichert, selbst als Produkte fortgeschrittener Erkenntnis angeboten werden. Vor dem Hintergrund eines die 19. Jh. noch durchziehenden Kampfes zw. bürgerl. und aristokrat. Orientierung (A. J. MAYER) besaß der R. mit seiner nunmehr auf scheinbar biolog. Gesichtspunkten beruhenden Wertschätzung des Blutes und der erbl. Ausstattung für weite Kreise besondere Attraktivität. Gegen Ende des 19. Jh. verbanden sich popularisierte Elemente aus der Kulturkritik F. NIETZSCHES, v. a. die Vorstellung eines ›Willens zur Macht‹ und seine Forderung nach ›Züchtung einer Herrenrasse‹, mit der kulturpessimist. Zeitdiagnose J. A. DE GOBINEAUS, dessen ›Essai sur l'inégalité des races humaines‹ (4 Bde., 1853–55; dt. ›Versuch über die Ungleichheit der Menschenrassen‹) als die eigentl. Programmschrift des modernen R. gelten kann. Von einer Bürgerrasse und einer Rasse der Aristokratie ausgehend, sah GOBINEAU den Niedergang der Kulturgeschichte in der Mischung der Rassen begründet. Sein Geschichtsbild bot die für das anbrechende Zeitalter des Imperialismus passende Ideologie zur Rechtfertigung weltweiter Aggressionen. Für den R. der 1. Hälfte des 20. Jh. wurde schließlich die Adaption der Ideen GOBINEAUS im antisemit. Ariermythos durch den in Dtl. lebenden engl. Publizisten H. S. CHAMBERLAIN ausschlaggebend, der direkt auf die antisemit. Vorstellungen HITLERS wirkte. Auch der in England begründeten ›Rassenkunde‹, den Vorstellungen von ›Rassenhygiene‹ und den ›eugen.‹ Forschungen lagen rassist. Vorstellungen zugrunde, die zur Grundlage individuellen, sozialen und polit. Handelns bzw. Verbrechens wurden. Seine aggressivste Übersteigerung erreichte dieser R. im Nationalsozialismus, der u. a. in der rassist. Propaganda ein Erklärungsmodell für die dt. Niederlage fand und zugleich an Vorstellungen einer Kolonisierung des ›slawischen‹ Ostens unter Gesichtspunkten des R. anknüpfte, die dem als ›arisch‹ begriffenen ›Herrenvolk‹ Raum und Ernährungsgrundlage sichern sollte. Dennoch wurden auch die als ›Arier‹ eingestuften Sinti und Roma Opfer nat.-soz. Vernichtungspolitik. Die sichtbaren Resultate einer Politik, in der mit äußerster Konsequenz Forderungen des R. in die Tat umgesetzt wurden – für die weltweit die Begriffe Holocaust und Auschwitz bekannt geworden sind –, haben den R. nach 1945 v. a. auch in außereurop., kolonialen, dann postkolonialen Zusammenhängen diskreditiert (Anti-R.). Dies hat allerdings weder rassist. Einstellungen und rassist. Übergriffe verschwinden lassen, noch sind dadurch die Auseinandersetzungen um die Bedeutung des R. bei bestimmten Maßnahmen und Forschungen (z. B. Eugenik und Soziobiologie) beendet worden.

Neben der histor. Kritik an Sklaverei, Völkermord, Vertreibung und den vielfältigen Formen von Diskriminierung sowie der politisch-moral. Ächtung des R. in der UNO-Erklärung der Menschenrechte vom 10. 12. 1948 – als die Grundlage der antirassist. Aktivitäten der UNESCO bilden – steht auch die Verwendung des Begriffs ›Rasse‹ in der Wissenschaft selbst zur Diskussion. Denn trotz vielfältiger Versuche ist es nicht gelungen, den Begriff ›auf einen wissenschaftlich exakten, auf objektive Kriterien gestützten Inhalt festzulegen‹ (J. DELBRÜCK).

Seit den 1970er Jahren hat sich im wiss. und publizist. Bereich die Form eines ›neuen R.‹ ausgebildet, der nun nicht mehr erbbiol., sondern verhaltensbiol. Argumente ins Feld führt, um auf einer Trennung von ›Rassen‹ und ›Kulturen‹ zu bestehen und eine ›Mischung‹ zu verurteilen. Hierzu gehören Annahmen der Art, Menschen reagierten ›von Natur aus‹ fremdenfeindlich, oder jede Kultur habe ein ›natürl.‹ Bedürfnis, ihre eigenen Vorstellungen zu realisieren und ›fremde‹ Verhaltensweisen zurückzuweisen. Unter Verwendung demographischer Argumente wie Warnungen vor einer ›Überfremdung‹ und dem Hinweis auf begrenzte Lebensräume wird eine scheinbar naturwissenschaftl. Begrifflichkeit in den Dienst einer neorassist. Argumentation gestellt. Für diesen ›differentialistisch-kulturalist. R.‹ (P.-A. TAGUIEFF) gilt der prinzipiell gegen jeden R. zutreffende Einwand so unterschiedl. Autoren wie A. GEHLEN, M. HARRIS und E. CASSIRER, daß es einen Menschen ›von Natur aus‹ gar nicht gibt, daß vielmehr seine besondere Stellung darin liegt, daß er seine ›Natur‹ – durch Kultur und Gesellschaft vermittelt – selbst hervorbringt. Die Zurückführung der Vielfalt menschl. Sozialverhaltens auf festliegende Eigenschaften, die bestimmten ›Rassen‹ oder Kulturen zugeschrieben werden, kann die komplexe ›Natur‹ des Menschen als Kulturwesen nicht erfassen.

⇨ *Antisemitismus · Apartheid · Arier · Bürgerrechtsbewegung · Eugenik · Imperialismus · Nationalismus · neue Rechte · Nürnberger Gesetze · Rassentheorien · Sexismus · Sklaverei*

M. HARRIS: Race, in: International encyclopedia of the social sciences, hg. v. D. L. STILLS, Bd. 13 (New York 1968, Nachdr. ebd. 1972); C. GUILLAUMIN: L'idéologie raciste. Genèse et langage actuel (Den Haag 1972); Sociological theories. Race and colonialism (Paris 1980); UNESCO: Declaration on Race and Racial Prejudice, in: UNESCO's Standard Setting Instruments, Suppl. 1 (ebd. 1982); J. H. FRANKLIN: Negro. Die Gesch. der Schwarzen in den USA (a. d. Amerikan., 1983); W. CONZE u. A. SOMMER: Rasse, in: Geschichtl. Grundbegriffe, Bd. 5 (1984); A. WIRZ: Sklaverei u. kapitalist. Westsystem (1984); L. POLIAKOV u. a.: Über den R. 16 Kapitel zur Anatomie, Gesch. u. Deutung des Rassenwahns (a. d. Frz., Neuausg. 1985); H. ARENDT: Elemente u. Ursprünge totaler Herrschaft (a. d. Engl., Neuausg. 1986); W. E. MÜHLMANN: Gesch. der Anthropologie (²1968, Nachdr. 1986); J. DELBRÜCK: Rasse, in: Ev. Staatslex., Bd. 2 (1987); A. MEMMI: R. (a. d. Frz., 1987); P.-A. TAGUIEFF: La force du préjugé. Essai sur le racisme et ses doubles (Paris 1988); É. BALIBAR: Gibt es einen neuen R., in: Das Argument, Jg. 31 (1989); J. MICKSCH: Kulturelle Vielfalt statt nat. Einfalt. Eine Strategie gegen Nationalismus u. R. (1989); Theorien über R. Eine Tübinger Veranstaltungsreihe, hg. v. O. AUTRATA u. a. (2. Tsd. 1989); É. BALIBAR u. I. WALLERSTEIN: Rasse, Klasse, Nation (a. d. Frz., 1990); G. L. MOSSE: Die Gesch. des R. in Europa (a. d. Amerikan., 1990); I. GEISS: Gesch. des R. (Neuausg. 1991); R. MILES: R. Einf. in die Gesch. u. Theorie eines Begriffs (a. d. Engl., 1991).

**Rast,** Teil des Hochofens (→ Eisen).

**RAST,** Abk. für **R**adio-**A**llergo-**S**orbent-**T**est (→ Radioimmunoassay).

**Rastafari** *der, -s/-s,* Kurz-Bez. **Rasta,** Anhänger einer seit den 1930er Jahren in Jamaika entstandenen afroamerikan. Religion sowie Bez. für die Religion selbst; benannt nach Ras (›Fürst‹) TAFARI, dessen Krönung als HAILE SELASSIE I. zum Kaiser von Äthiopien von den R. in Anknüpfung an Ideen des afroamerikan. Politikers M. M. GARVEY als Zeichen der Hoffnung auf die Befreiung der Schwarzen aus ihrer ›babylon. Gefangenschaft‹ in Amerika und ihrer Heimführung nach Afrika gedeutet wird. HAILE SELASSIE wird als unsterbl. ›Jah (Gott) R.‹ verehrt. Verbunden mit sozialpolit. Forderungen und dem Kampf gegen Ausbeutung und Unterdrückung breitete sich die R.-Bewegung trotz Verfolgung durch die brit. Verwaltung v. a. in den unterprivilegierten Schichten der Städte schnell aus. Nach der Unabhängigkeit Jamaikas (1962) wurde sie mehr und mehr zu einer Alternativkultur, die auch auf anderen Karib. Inseln sowie unter den in Großbritannien und den USA lebenden westind. Schwarzen zahlreiche Anhänger gefunden hat (weltweit mindestens 5 Mio.).

Die R. berufen sich v. a. auf die Bibel, bes. das A. T. und die Apokalypse des Johannes. Theologisch grundlegend ist die Vorstellung, Gott sei in jedem Menschen gegenwärtig, was mit einer besonderen Betonung des ›Ich‹ (engl. ›I‹) verbunden ist (z. B. Selbst-Bez. ›Rastafar-I‹). (Religiöse) Ausdrucksformen sind v. a. die eigene Sprache (›Iygarisch‹, aus ›I‹ und ›Amharisch‹), die am A. T. orientierte Lebensführung (z. B. Ablehnung der als Fortsetzung der Sklaverei gedeuteten Lohnarbeit; besondere Eßkultur), Haartracht (enggeflochtene Zöpfe oder verfilzte Haarsträhnen). Diese ›Dreadlock‹-Frisur steht in Beziehung zum Bild des Löwen (›Löwe von Juda‹ war ein Titel HAILE SELASSIES, das ebenso wie die Farben Rot, Gelb, Grün (gemäß der äthiop. Flagge) und Schwarz (als Zeichen der Hautfarbe der Gläubigen) zu einem Kennzeichen der R.-Kultur geworden ist. Außerhalb Jamaikas wurde die R.-Bewegung bes. durch den → Reggae (v. a. B. MARLEY) bekannt.

P. M. MICHELS: R. (³1981); A. WILMS: R. (1982); H.-J. LOTH: R. Bibel u. afrikan. Spiritualität (1991).

**Ras Tanura,** Hafenstadt in Saudi-Arabien, auf einer Halbinsel im Pers. Golf nördlich von Dharan; größte Erdölverladestation am Pers. Golf; vier künstl. Verladeinseln; Erdölraffinerie.

**Rastatt, 1)** Kreisstadt in Bad.-Württ., 122 m ü. M., im Oberrhein. Tiefland, an der Murg, (1991) 41 800 Ew.; Connecticut Institut für Europäisch-Amerikan. Studien, Bad. Sparkassenakademie, Museen; elektro- und kühltechn. Industrie, Automaten- und Fahrzeugbau, Metall-, Papier-, Bekleidungs- und chem. Industrie. Herstellung von Krankenhausmöbeln; Druckereien und Verlage. – R., 1084 erstmals urkundlich erwähnt, wurde 1404 Marktflecken. Seit dem 13. Jh. zur Markgrafschaft Baden (später Baden-Baden) gehörend, erhielt R. 1700 Stadtrechte. 1705–71 war R. markgräfl. Residenz, 1841–90 Bundesfestung. 1848–49 war es Mittelpunkt der Revolution in Baden. – Im **Frieden von R.** endete am 6. 3. 1714 unter Bestätigung des Utrechter Friedens von 1713 der → Spanische Erbfolgekrieg zw. Österreich und Frankreich, das Reich schloß sich dem Friedensschluß am 7. 9. 1714 im Frieden von Baden an. 1797–99 tagte der Rastatter Kongreß. – Neuanlage der Barockstadt ab 1700 nach einheitl. Plan. Das Barockschloß (1697–1707; Wehrgeschichtl. Museum, Erinnerungsstätte für die Freiheitsbewegungen der dt. Geschichte) ist eine Dreiflügelanlage nach Versailler Vorbild, im Inneren Rokokostukkaturen (um 1750); Schloßkirche Heiligkreuz (1719–21); Einsiedelnkapelle (1715), Pagodenburg (1722); ehem. Piaristenkolleg (1739–45). Als Prachtstraße angelegt wurde die Kaiserstraße mit drei Barockbrunnen, der Stadtkirche St. Alexander (1756–64) und dem Rathaus (1715). Im Stadtteil Niederbühl liegt das Lustschloß Favorite (1710–12; heute Museum) mit Stuckmarmorfußböden, textilen Wandbespannungen und kostbarer Porzellan-, Fayence- und Glassammlung.

**2)** Landkreis im Reg.-Bez. Karlsruhe, Bad.-Württ., 739 km², (1991) 204 700 Ew. Das Kreisgebiet umfaßt einen Teil der mittelbadischen Oberrheinebene südlich von Karlsruhe und reicht entlang der Murg bis auf die Höhen des nördl. Schwarzwalds (Ochsenkopf 1054 m ü. M.). In der Flußaue sind vereinzelt ursprüngl. Auwälder erhalten. In der übrigen Rheinebene, mit Ausnahme einiger Sand- und Kiesgebiete, herrscht Getreide-Hackfruchtbau mit Tabak als Spezialkultur. In der mit Löß bedeckten Vorbergzone bedeutender Obst- und Weinbau (Kirschen, Bühler Zwetschgen). Im Schwarzwald auf Buntsandstein Waldwirtschaft (Nadelhölzer), auf den Grundge-

**Rastatt 1)** Stadtwappen

birgsterrassen des Murgtals Futterbau; Holz-, Papier- und Pappeindustrie. Ein Drittel der Industriebeschäftigten arbeitet in Rastatt und Gaggenau (Geräte- und Fahrzeugbau).

**Rastatter Kongreß,** aufgrund des Friedens von →Campoformio einberufener Kongreß, der vom 9. 12. 1797 bis 23. 4. 1799 in Rastatt stattfand und bei dem die Abtretung des linken Rheinufers an Frankreich durch das Heilige Röm. Reich bewilligt wurde. Die dt. Fürsten sollten durch Säkularisation der geistl. Fürstentümer entschädigt werden. Der 2. Koalitionskrieg gegen Frankreich (→Französische Revolutionskriege) unterbrach den R. K. – Ungeklärt blieb die Ursache der Ermordung zweier frz. Gesandter (Rastatter Gesandtenmord) am 28. 4. 1799 bei der Abreise durch österr. Szekler-Husaren.

**Rastede** ['raːsteːdə], Gem. im Kr. Ammerland, Ndsachs., (1990) 18 400 Ew.; Luftkurort; Metall- und Kunststoffverarbeitung, Herstellung von Industrierobotern; Baumschulen, Gartenbau. – Unter der 1059 gegründeten Ulrichskirche befindet sich eine roman. Krypta (um 1100). In einem engl. Park liegt das frühklassizist. Schloß, ab 1756 an der Stelle eines Benediktinerklosters errichtet.

**Rastelli,** Enrico, italien. Jongleur, * Samara 1896, † Bergamo 12.12. 1931; gilt als berühmtester Jongleur aller Zeiten.

**Rastenberg,** Stadt im Kr. Sömmerda, Thüringen, 210 m ü. M., am SW-Fuß der Finne, (1989) 1 800 Ew.; Erholungsort; Zulieferbetrieb für den Büromaschinenbau, Trikotagenwerk.

**Rastenburg,** poln. **Kętrzyn** ['kɛntʃin], Stadt im ehem. Ostpreußen, in der Wwschaft Olsztyn (Allenstein), Polen, (1989) 30 000 Ew.; Regionalmuseum; Bekleidungs-, Nahrungsmittel- und Holzindustrie. – Um die 1330 vom Dt. Orden angelegte Burg entwickelte sich eine Siedlung, die 1357 Stadtrecht erhielt. Bei R. befand sich HITLERS Hauptquartier Wolfsschanze, wo am 20. 7. 1944 das Attentat des C. SCHENK Graf VON STAUFFENBERG stattfand. – 1945 kam R. unter poln. Verwaltung, seit 1991 gehört es völkerrechtlich zu Polen. – Die Wehrmauern (Ende des 14. Jh.) sind z. T. erhalten; got. Pfarrkirche St. Georg (14. Jh.), im 15./16. Jh. verändert. Die Ordensburg (14. Jh.) wurde im 17. Jh. umgebaut und nach Kriegszerstörungen 1967 wiederhergestellt.

**Raster** [mlat. raster ›Rechen‹, von lat. raster, auch rastrum ›Hacke‹ (nach dem gitter- oder rechenartigen Linienwerk)], **1)** *der, -s/-, Bauwesen:* ein Liniennetz aus sich rechtwinklig kreuzenden Linien, deren Abstände einem Grundmaß der Baumaßordnung entsprechen (z. B. die Knotenpunkte einer Skelettkonstruktion). Der R. erleichtert elementiertes Bauen. Zum perspektiv. Skizzieren legt man unter das Transparentpapier einen **Perspektiv-R.** (vorgezeichnetes Fluchtbild-Liniennetz). →Modul 1).

**2)** *das, -s/-, Datenverarbeitung* und *Elektronik:* ein Punktmuster, das durch sich kreuzende Linienscharen, die in einer Fläche verlaufen, erzeugt wird. Bei prakt. Anwendungen kreuzen sich die Linien (meist Geraden) unter 90° und sind die Flächen (nahezu) eben, wie z. B. bei Bildschirmen von Sichtgeräten oder Fernsehempfängern und bei Matrix- oder Graphikdruckern.

Ein R. dient zur digitalen Zerlegung oder Darstellung eines Bildes im weitesten Sinn. Dabei ist jeder R.-Punkt ein →Pixel. Zw. der Anzahl mögl. Grauwerte bzw. Farben und der für die Darstellung eines Pixels zur Verfügung stehenden Anzahl an Bits besteht ein direkter Zusammenhang: Bei 8 Bits je Pixel z. B. sind $2^8 = 256$ versch. Graustufen bzw. Farben möglich. Für Bilder hoher Qualität werden hochauflösende R. von $1\,024 \times 1\,024$ Punkten verwendet.

**Rastatt 1):** Lustschloß Favorite im Stadtteil Niederbühl; 1710–12

**Raster 3):** Von LINKS Kreuzraster (Rastertonwert 10%); Kreuzraster (Rastertonwert 50%, sogenannte Kreuzlage); verlaufender Linienraster

**3)** *der -s/-, graph. Technik:* in der Reproduktionsphotographie verwendete Glasplatten oder Folien mit regelmäßigen Linien, Punkten oder unregelmäßigem Korn, mit denen sich die Flächen von Halbtonvorlagen in druckfähige Bildelemente zerlegen lassen (→Autotypie). **Glasgravur-R.** befinden sich als **Distanz-R.** im Strahlengang der Reproduktionskamera, wenige Millimeter vor dem Filmmaterial. Sie bestehen aus zwei planparallelen Glasplatten, in die parallele Linien graviert oder geätzt sind. Die Linien sind geschwärzt und damit lichtundurchlässig. Die beiden Glasplatten werden so miteinander verbunden, daß sich die Linien im rechten Winkel kreuzen. Die Stege bilden dann die quadrat. lichtdurchlässigen R.-Öffnungen. Die **R.-Weite** kennzeichnet die Anzahl der Linien pro Zentimeter (zw. 20 und 120) und ist ein Maß für die R.-Feinheit. **Kontakt-R.** (R.-Folie) werden unmittelbar auf die lichtempfindl. Schicht gelegt. Sie weisen Punkte mit vom Zentrum nach außen abnehmender opt. Dichte oder sich kreuzende Linien auf. Um eine störende Musterbildung (→Moiré 1) zu vermeiden, wird im Mehrfarbendruck jeder Farbauszug unter unterschiedl. Winkel gerastert. Die gebräuchlichsten R. für den Illustrationsdruck sind

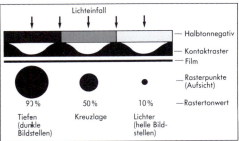

**Raster 3):** Entstehung der Rasterpunkte

**Rast**  Rasterelektronenmikroskop – Rat

**Raster 3):**
Gerastertes Porträt (oben) mit Ausschnittvergrößerung (unten)

48er, 54er und 60er R. Im Zeitungsdruck werden gröbere R. verwendet. Elektron. Reproduktionssysteme zur Druckvorlagenherstellung (Scanner) tasten die Bildinformation von Halbtonvorlagen zeilenweise ab, dabei werden die Rasterpunkte elektronisch aufgebaut und rechnergesteuert mit Hilfe von Laserstrahlen auf das lichtempfindl. Material übertragen.

**Raster|elektronenmikroskop**, das Elektronenrastermikroskop (→Elektronenmikroskop 1).

**Rasterfahndung, systematische Fahndung,** unter Verwendung elektron. Datenverarbeitung durchgeführte besondere Form der polizeil. Fahndung, bei der Datenbestände systematisch nach bestimmten Kriterien (›Rastern‹) verglichen werden, um so Erkenntnisse zur Gefahrenabwehr und Strafverfolgung zu gewinnen. Es gibt zwei Varianten: Einmal werden gewisse Grunddaten von verdächtigen Personen (polizeipflichtige Personen, Tatverdächtige) mit großen Dateien (z. B. Melderegister) verglichen, z. B. um eine Anschrift zu ermitteln. Im anderen Fall werden zur Auffindung noch unbekannter Personen, bes. solcher, die als Täter in Frage kommen könnten, Daten aus polizeifremden Dateien abgefragt und abgeglichen; dies setzt die datenmäßige Behandlung zahlreicher nichtbeteiligter Personen voraus. So wurden im Zuge der Terroristenfahndung z. B. die Kunden von Energieunternehmen, die ihre Rechnungen bar bezahlten, durch Abgleichen mit dem Melderegister und der Kfz-Datei überprüft. Für diese (rechtlich umstrittene) Variante sind nur vereinzelt spezialgesetzl. Ermächtigungen geschaffen worden, ansonsten muß sie auf allgemeine polizeirechtl. und strafprozessuale Regeln (Generalermächtigungen) gestützt werden.

**Rasterscan** [-skæn, engl.], *Datenverarbeitung und Elektronik:* bei Bildröhren (Elektronenstrahlröhren) eine Methode der Bild- oder Zeichendarstellung, bei der im Ggs. zum →Vektorscan für die Darstellung der ganze Bildschirm zeilenweise mit dem Elektronenstrahl abgetastet und an jedem Bildpunkt (Pixel) eines Rasters entsprechend der Bildinformation hellgesteuert wird.

**Rastjapino,** bis 1929 Name der russ. Stadt →Dserschinsk.

**Rastpol|kegel,** *Physik:* →Kreisel.

**Rastral** [zu lat. rastrum ›Hacke‹] *das, -s/-e,* Gerät mit fünf Zinken, das beim Notenstich zum Gravieren der Linien verwendet wurde; auch Bez. für eine fünfspurige Feder zum Ziehen von Notenlinien auf Papier.

**Rastrelli,** 1) Bartolomeo Carlo Graf (seit 1704), russ. Bildhauer und Baumeister italien. Herkunft, * Florenz um 1675, † Petersburg 29. 11. 1744, Vater von 2); war ab 1700 in Paris, ab 1716 in Petersburg tätig. Seine Skulpturen (u. a. Reiterdenkmal PETERS I., 1743–44, Bronzeguß 1746, vor dem Petersburger ›Ingenieurschloß‹) stehen in der Nachfolge von G. L. BERNINI und A. COYSEVOX.

2) Bartolomeo Francesco Graf, russ. Baumeister italien. Herkunft, * Paris 1700, † Petersburg 1771, Sohn von 1); kam 1716 mit seinem Vater nach Rußland. Seit 1736 Hofarchitekt der Kaiserin ANNA IWANOWNA, baute er zunächst v. a. in Kurland für Herzog ERNST JOHANN VON BIRON. Unter Kaiserin ELISABETH bestimmte er das Stadtbild von Petersburg wesentlich mit. Vom röm. Barock ausgehend, entwickelte R. eine russ. Sonderform des Spätbarock, wobei er auch österr. und süddt. Elemente verarbeitete. Er steigerte die noch verhaltenen Formen der Zeit PETERS I. zu höchster Monumentalität und Prachtentfaltung. Bei meist rechteckig bestimmten Grundrißformen verstand er es, riesige Palastfronten rhythmisch zu gliedern und plastisch zu beleben. In seinen Kirchenbauten paßte er die traditionelle russ. Fünfkuppelkirche den neuen Architekturvorstellungen an.

**Hauptwerke:** Schloß Ruhenthal (Rundal) bei Mitau (1736–40); Schloß in Mitau (1738–40); Umbau und Erweiterung von Schloß Peterhof, Petrodworez (1747–52); Andreaskathedrale in Kiew (1747–52); Smolnyjkloster in Petersburg (1748–54); Palais Woronzow, ebd. (1749–57); Palais Stroganow, ebd. (1752–64); Großes Palais in Puschkin (1752–57); Winterpalais in Petersburg (1754–63; BILD →Eremitage 2).

**Bartolomeo Francesco Graf Rastrelli:** Andreaskathedrale in Kiew; 1747–52

**Rasumowsky-Quartette,** Name der Streichquartette F-Dur, e-Moll und C-Dur op. 59 (1805–06) von L. VAN BEETHOVEN, benannt nach ihrem Widmungsträger, dem russ. Diplomaten ANDREJ KIRILLOWITSCH Graf (seit 1815 Fürst) RASUMOWSKIJ (* 1752, † 1836).

**Raszi|en,** serbokroat. **Raška** [-ʃ-], Bergland im südl. Serbien und östl. Montenegro, Jugoslawien, an der Raška, einem Nebenfluß des Ibar; Hauptort ist Novi Pazar. – Im MA. war R. (lat. **Rascia, Raxia**) das Kerngebiet des serb. Reiches der Nemanjiden mit dem Hauptort Ras (bei Novi Pazar).

**Rat** [ahd. rāt, zu rātan, urspr. ›(aus)sinnen‹, ›Vorsorge treffen‹], **1)** *allg. und Psychologie:* wohlmeinend-helfende Empfehlung. Der R. kann sich auf techn. oder (die Rangordnung von Handlungsschritten zur Erreichung eines Zieles oder Verhaltensmaßstäbe betreffend) auf lebensprakt. Zusammenhänge beziehen. Er setzt das Vertrauen des Ratsuchenden und das Ansehen des Ratgebers voraus. I. e. S. in Ethik und Moraltheologie bezeichnet R. die Empfehlung einer sittlich guten Handlung als freiwillige Überschreitung der Pflicht (→Evangelische Räte, →Vollkommenheit). – Die psycholog. Praxis zieht dem Beraten von dem Menschen durch aufdeckendes Fragen Selbst-finden-Lassen zur Stärkung einer grundsätzl. Handlungsbefähigung vor.

**2)** *ev. Kirchenrecht:* Bez. für das Leitungsgremium einiger Landeskirchen der Ev. Kirche in Dtl. Der **Rat der EKD** ist neben Synode und Kirchenkonferenz eines der drei leitenden Organe der →Evangelischen Kirche in Deutschland.

**3)** *kath. Kirchenrecht:* ein kollegiales Organ zur Beratung eines Amtsträgers. Als R. gibt es nach dem CIC (1983) für den Papst das Kardinalskollegium, für den Bischof den →Priesterrat, das →Konsultorenkollegium oder das →Domkapitel (der ›Geistliche Rat‹ als Zusammenkunft der Mitarbeiter des Bischofs in der Diözesanleitung ist Entscheidungsgremium), →Pastoralrat sowie Diözesanrat (→Laienrat), auf Pfarrebene den →Pfarrgemeinderat und den →Kirchenvorstand für die Vermögensverwaltung. Der Amtsträger ist i. a. nicht an die Zustimmung seines R. gebunden.

**4)** *Politik:* →Rätesystem.

**5)** *Staats-* und *Verwaltungsrecht:* kollegiale Behörde oder parlamentar. Versammlung sowie deren (gewählte oder ernannte) Mitgl.; meist in Zusammensetzungen: Ministerrat, Geheimer R., Staatsrat, Hofrat, Stadtrat, Gemeinderat, Bundesrat, Reichsrat, Nationalrat, Rat der Europ. Gemeinschaft. Im MA. seit Ende des 12. Jh. war der R. das Organ der städt. Selbstverwaltung, seine Mitglieder hießen Ratsmannen oder Ratsherren.

**6)** *Zivilrecht:* →Raterteilung.

**rat.,** *Börsenwesen:* Abk. für **rat**ioniert (→Repartierung).

**Rät** [nach den Rätischen Alpen] *das, -s,* **Rhät,** *Geologie:* Stufe des →Keupers.

**Ratakgruppe,** Gruppe der →Marshallinseln.

**RATAN 600** [Abk. von russ. **R**adioastronomitscheski **T**eleskop **a**kademii **n**auk SSSR ›Radioastronom. Teleskop der Akademie der Wiss. der UdSSR‹], ein sowjet. →Radioteleskop im nördl. Kaukasus, in der Nähe des Selentschukskaja Astrophysikal. Observatoriums. Es besteht aus etwa 900 auf einem Kreis und einem seiner Durchmesser (etwa 600 m) angeordneten, 7,4 m hohen und 2 m breiten Aluminiumreflektoren, von denen ein Teil um eine horizontale Achse schwenkbar ist. Es kann, entweder insgesamt oder in vier Sektionen, im Wellenlängenbereich von 0,4 bis 21 cm eingesetzt werden.

**Ratanhiawurzel** [ra'tania-; malaiisch-engl.], die braunrote Wurzel des strauchigen Hülsenfrüchtlers Krameria triandra der peruan. Anden; enthält Ratanhiagerbsäure; wird als Zusatz zu Zahnpasten, als Gerbmittel und als Adstringens verwendet.

**Ratatoskr** [altnord. ›Nagezahn‹, *nord. Mythologie:* Name des Eichhörnchens, das an der Weltesche →Yggdrasil auf und ab klettert und die feindl. Worte zw. dem Adler im Wipfel und dem an der Wurzel nagenden Drachen →Nidhögg übermittelt.

**Ratatouille** [-'tuj; frz., verstärkende Bildung zu touiller ›(um)rühren‹] *die, -/-s* und *das, -s/-s, Kochkunst:* Gemüsegericht aus Auberginen, Zucchini, Paprika, Tomaten u. a.

**Ratchaburi, Rat Buri** [ra:d -], Provinzhauptstadt in Thailand, am Mae Klong, westlich von Bangkok, (1988) 46 400 Ew.; kath. Bischofssitz; Marktort eines Reisanbaugebietes.

**Rat der Fünfhundert, 1)** *antikes Griechenland:* Bez. für die →Bule in Athen seit KLEISTHENES.

**2)** *frz. Geschichte:* **Conseil des Cinq-Cent** [kɔ̃'sɛj dɛsɛ̃k'sɑ̃], neben dem Rat der Alten, frz. Conseil des Anciens, eine der beiden Kammern der Direktorialverfassung von 1795, zw. denen die gesetzgebende Gewalt geteilt wurde. Er schlug die Gesetze vor, der Rat der Alten beschloß oder verwarf sie. Beide wirkten bei der Besetzung des →Direktoriums 2) mit.

**Rat der Republik,** frz. **Conseil de la République** [kɔ̃'sɛj də la repy'blik], in der IV. Rep. 1947 bis 1958 die zweite Kammer des frz. Parlaments, bestehend aus Vertretern der Kommunen und der Départements. Ihre Zustimmung war zur Verabschiedung von Gesetzen notwendig; die erste Kammer (Nationalversammlung) konnte jedoch ihre Voten mit absoluter Mehrheit außer Kraft setzen. In der V. Rep. erhielt sie wieder die Bez. Senat.

**Rat der Volksbeauftragten,** die vorläufige Regierung in Dtl. während der →Novemberrevolution, gebildet am 9. 11. 1918; ihr gehörten die SPD-Politiker F. EBERT, P. SCHEIDEMANN und OTTO LANDSBERG

**Rat der Volksbeauftragten:** Photopostkarte von 1919; in der Mitte die Ausrufung der Republik durch Philipp Scheidemann am 9. Nov. 1918 von einem Fenster des Reichstagsgebäudes aus; an den Seiten die Mitglieder des Rates der Volksbeauftragten (links: Hugo Haase, Otto Landsberg, Wilhelm Dittmann; rechts: Friedrich Ebert, Philipp Scheidemann, Emil Barth)

(*1869, †1957) sowie die USPD-Mitgl. H. HAASE, W. DITTMANN und EMIL BARTH (* 1875, † 1941) an. Am 10. 11. 1918 bestätigte der Berliner Arbeiter-und-Soldatenrat den R. d. V. Am 29. 12. 1918 schieden die USPD-Vertreter aus und wurden durch zwei weitere Mitgl. der SPD, G. NOSKE und R. WISSELL, ersetzt. Nach Konstituierung der Weimarer Nationalversammlung trat der R. d. V. am 10. 2. 1919 zurück.

Die Reg. der Volksbeauftragten 1918/19, bearb. v. S. MILLER u. a., 2 Tle. (1969). – Weitere Lit. → Weimarer Republik.

**Rat der Volkskommissare,** russ. **Sowjet Narodnych Komissarow,** Abk. **Sownarkom,** 1917–46 Bez. für das höchste vollziehende Regierungsorgan in Sowjetrußland, 1946 in Ministerrat umbenannt. (→Sowjetunion, Staat und Recht)

**Rat der Zehn,** italien. **Consiglio dei Dieci** [kɔn'siʎʎo dɛi 'diɛːtʃi], geheime Gerichtsbehörde der Rep. Venedig, 1310 erstmals eingesetzt, 1335–1797 ständige Einrichtung, zuständig für Geheimnisverrat, Staatssicherheit und Sittenaufsicht; auch im polit. Bereich Kontrollinstanz und Machtfaktor.

**Ratdolt,** Erhard, Buchdrucker und Verleger, * Augsburg 1447, † ebd. 1527 oder 1528; druckte 1476–86 in Venedig, anschließend in Augsburg vorwiegend liturg., astronom. und mathemat. Werke. Mit seiner Typographie (von ihm stammt das älteste erhaltene Typenprobenblatt), Illustration und Buchornamentik führte er die renaissancezeitliche venezian. Buchkunst im dt. Raum ein. R. wendete als erster den Mehrfarbenholzschnitt und den Golddruck an.

F. GELDNER: Die dt. Inkunabeldrucker, 2 Bde. (1968–70).

**Rate** [italien. rata, von mlat. rata (pars) ›berechnet(er Anteil)‹], **1)** *allg.* und *Wirtschaft:* ein verhältnismäßiger Anteil oder Beitrag; die regelmäßige Teilzahlung zur Tilgung einer Schuld aus einem Abzahlungsgeschäft oder Teilzahlungsgeschäft (**R.-Geschäft,** →Ratenkredit), auch die nachträglich vereinbarte Abzahlung einer Schuld in Teilbeträgen (**R.-Zahlung**); die regelmäßige Teilzahlung im Rahmen eines Sparvertrags (**R.-Sparen**).

**2)** *Physik:* Bez. für eine durch Bezug auf die Zeit gebildete Kenngröße für zeitlich stochast. Vorgänge (mittlere Zahl der Ereignisse pro Zeiteinheit), z. B. Zerfalls-R. (Radioaktivität), Dosis-R. (auch Dosisleistung), Zähl-R. (Meßvorgänge), Reaktions-R. (chem. Reaktionen), Übergangs-R. (Quantenmechanik, Atomphysik).

**Erhard Ratdolt:** Druckerzeichen

**Rateau** [ra'to], Auguste, frz. Maschineningenieur, * Royan 13. 10. 1863, † Neuilly-sur-Seine 13. 1. 1930; war Prof. der Elektrotechnik, machte Erfindungen auf dem Gebiet der Verdichter, Pumpen, Turbinen (nach ihm benannte vielstufige Gleichdruck-Dampfturbine, 1901), Turboverdichter, Abgasturbolader für Flugmotoren. 1904 gründete er die S. A. Rateau, die sich mit Turbinenbau beschäftigte.

**Ratekau,** Gemeinde im Kr. Ostholstein, Schlesw.-Holst., 20 m ü. M., an der Schwartau, (1990) 14 200 Ew.; Baustoffindustrie; Pendlerverkehr nach Lübeck; Fremdenverkehr. – Ev. Kirche, ein Feldsteinbau (um 1200) mit rundem W-Turm und Kruzifix mit lebensgroßem Korpus (16. Jh.).

**Ratel** [afrikaans] *der, -s/-,* der →Honigdachs.

**Ratemeter** ['reɪtmiːtə, englisch] *das, -s/-,* elektron. Zählgerät zur Ermittlung und Anzeige der mittleren Zählrate (Impulse pro Sekunde) von →Zählrohren oder anderen Teilchenzählern.

**Ratenkauf,** →Abzahlungsgeschäft, →Verbraucherschutz.

**Ratenkredit,** *Teilzahlungskredit,* i. w. S. ein Kredit, der in Teilbeträgen (Raten) zurückgezahlt wird. Der R. ist entweder ein offener Buchkredit eines Verkäufers, der den Kaufpreis stundet, oder als Form des Konsumentenkredits ein standardisierter Bankkredit für Konsumzwecke (R. i. e. S.). Die Standardisierung bezieht sich v. a. auf runde Auszahlungsbeträge und die Tilgung in gleichen monatl. Raten entsprechend einem mit dem Kunden vorab vereinbarten Tilgungsplan.

**Räter,** lat. **Raeti,** die Bewohner von →Rätien.

**Rat|erteilung,** die Erteilung eines Rates, einer Auskunft oder einer Empfehlung. I. d. R. handelt es sich um eine bloße Gefälligkeit, die den Ratgeber nicht zur Haftung für aus der Befolgung des Rates entstehende Schäden verpflichtet (§ 676 BGB). Eine Schadensersatzpflicht besteht aber, wenn der Tatbestand einer unerlaubten Handlung verwirklicht ist (z. B. bei einer vorsätzlich falsch erteilten Auskunft) oder wenn die R. ein (ausdrücklich oder konkludent geschlossener) Vertrag zugrunde liegt (z. B. Geschäftsbesorgungsvertrag eines Anwalts oder einer Bank), dessen Haupt- oder Nebenpflicht sie ist.

**Rätesystem,** eine politische Herrschaftsform, die auf Verwirklichung der direkten Demokratie (Herrschaftsausübung ›von unten nach oben‹) mit Hilfe von gewählten Räten zielt. Vollversammlungen der Urwähler auf der Ebene von Wohn- und Betriebseinheiten wählen örtl. Räte, die in einem System indirekter Delegierung über Bezirks- und Regionalräte einen Zentralrat auf staatl. Ebene wählen. Die Räte, die auf jeder Ebene die uneingeschränkte gesetzgebende, ausführende und richterl. Gewalt haben, tagen im Hinblick auf eine ständige Kontrolle durch die Wählerschaft öffentlich und bedienen sich zwecks Durchführung ihrer Beschlüsse auf jeder Entscheidungsebene jederzeit abrufbarer Vollzugsräte (Exekutivräte, Volkskommissariate). Die Räte sind ihrerseits an die Aufträge ihrer Wähler gebunden (**imperatives Mandat**); jedes Mitgl. kann jederzeit durch den entsendenden Wahlkörper seines Mandates entbunden (→Recall) und ersetzt (→Rotationsprinzip) werden.

Unter Verzicht auf Gewaltenteilung möchte das R. das Entstehen von Oligarchien und die Verselbständigung staatl. Bürokratien verhindern. Die Existenz von Parteien und Interessenverbänden als zwischengeschaltete Mittler im polit. Willensbildungsprozeß ist unvereinbar mit der Räteidee. Den Räten im staatl. Bereich entsprechen solche in Betrieben, Schulen oder Armee.

*Ideengeschichte:* Vorläufer des Rätegedankens waren die Räte im Heer O. CROMWELLS. Im 19. Jh. entwickelten die Frühsozialisten (P. J. PROUDHON) und die Anarchisten (M. A. BAKUNIN) die Räteidee im heutigen Sinne. Entscheidend prägten jedoch K. MARX (›Der Bürgerkrieg in Frankreich‹, 1871) und LENIN (›Staat und Revolution‹, 1917) mit ihrer Deutung der Pariser →Kommune von 1871 die modernen Erscheinungsformen des Rätegedankens. Seit 1890 spielte dieser im frz., später auch im span. →Syndikalismus eine bedeutende Rolle. In Dtl. verfocht v. a. ROSA LUXEMBURG den Gedanken, den revolutionären sozialist. Staat auf der Basis des R. aufzubauen. In der russ. Revolution von 1905 formierten sich revolutionäre Selbstverwaltungsorgane in Gestalt spontan gebildeter ›Sowjets‹ (›Räte‹). Mit seiner Forderung ›Alle Macht den Sowjets!‹ suchte LENIN nach der Februarrevolution 1917 das R. als revolutionäre Herrschaftsform in Rußland durchzusetzen. Nach der Oktoberrevolution 1917 wurden die Räteideen zur Grundlage des bolschewist. Verf.-Systems, aber in ihrem Grundanliegen durch die Alleinherrschaft der kommunist. Partei in Frage gestellt. Während der Novemberrevolution 1918 bildeten sich in Dtl. und Ungarn Räterepubliken, die sich jedoch auf Dauer nicht durchsetzen konnten. Eine bedeutsame Rolle spielte der Rätegedanke auch im Span. Bürgerkrieg. Neu belebt wurde die Räteidee in der 2. Hälfte des 20. Jh. durch die neue Linke.

W. GOTTSCHALCH: Parlamentarismus u. Rätedemokratie (1968); G. A. RITTER: ›Direkte Demokratie‹ und Rätewesen in Gesch. u. Theorie, in: Die Wiedertäufer der Wohlstandsgesellschaft, hg. v. E. K. SCHEUCH (²1968); Theorie u. Praxis der direkten Demokratie. Texte u. Materialien zur Räte-Diskussion, hg. v. U. BERMBACH (1973); P. KEVENHÖRSTER: Das R. als Instrument zur Kontrolle polit. u. wirtschaftl. Macht (1974); H. DÄHN: Rätedemokrat. Modelle. Studien zur Rätediskussion in Dtl. 1918–1919 (1975); E. KOLB: Die Arbeiterräte in der dt. Innenpolitik: 1918–1919 (Neuausg. 1978).

**Rat für die Zusammenarbeit auf dem Gebiet des Zollwesens,** Abk. **RZZ,** engl. **Customs Cooperation Council** [ˈkʌstəms kəʊəpəˈreɪʃn ˈkaʊnsl], Abk. **CCC, Zoll|ko|operationsrat,** die früher auch als **Brüsseler Zollrat** bezeichnete Organisation zur Vereinfachung und Vereinheitlichung von Zollformalitäten mit (1990) 104 Mitgl.-Staaten; gegr. 1950; Sitz: Brüssel. Der Rat verwaltet internat. Zollkonventionen und entwickelte u. a. eine international gebräuchl. Zolltarifnomenklatur (→Warenverzeichnis).

**Rat für Formgebung,** Abk. **RfF,** Stiftung zur Förderung der Formgestaltung, gegr. 1951; Sitz (seit 1987): Frankfurt am Main. Ziel des RFF ist es, den Standard des dt. →Industriedesigns zu heben.

**Rat für gegenseitige Wirtschaftshilfe,** Abk. **RGW, RgW,** russ. **Sowjet Ekonomi̇tscheskoj Wsaimopomoschtschi,** Abk. **SEW,** engl. **Council for Mutual Economic Assistance** [ˈkaʊnsl fɔː ˈmjuːtjʊəl iːkəˈnɒmɪk əˈsɪstəns], Abk. **CMEA,** inoffiziell auch **COMECON,** internat. Wirtschaftsorganisation kommunist. Staaten zur wirtschaftl. Integration der Mitgliedsländer auf der Basis der Koordination der nat. Volkswirtschaftspläne und der Spezialisierung und Kooperation der Produktion im Rahmen einer internat. Arbeitsteilung der beteiligten Volkswirtschaften.

Der RGW wurde am 25. 1. 1949 von Vertretern der UdSSR, Bulgariens, Ungarns, Polens, Rumäniens und der Tschechoslowakei gegründet; Sitz: Moskau. Weitere Mitgl. sind (seit 23. 2. 1949, nahm seit 1961 an der Arbeit des RGW nicht mehr teil), die Dt. Dem. Rep. (1950–90), die Mongol. VR (seit 1962), Kuba (seit 1972) und Vietnam (seit 1978). Jugoslawien nahm seit 1964 auf der Grundlage eines Assoziierungsvertrages auf bestimmten Gebieten an der Arbeit des RGW teil. Rahmenabkommen über wirtschaftl. Zusammenarbeit bestanden mit Finnland (1973), Irak, Mexiko (1975), Nicaragua (1984), Moçambique (1985), Angola, Äthiopien, der Demokrat.

VR Jemen (1986) und Afghanistan (1987). In der UNO wurde dem RGW 1974 der Beobachterstatus eingeräumt; 1988 kam es zur Aufnahme offizieller Beziehungen zw. RGW und EG.

*Organisation:* Höchstes Organ war formell die Ratstagung. Jedoch fungierte bis 1989 – obwohl nicht offizielles Organ – als eine Art oberster Richtlinieninstanz ein Gremium der kommunist. Parteiführer der RGW-Staaten. Die Ratstagung setzte sich aus Regierungsvertretern der Mitgl.-Länder zusammen und behandelte die Hauptprobleme der wirtschaftl. Zusammenarbeit, legte die Hauptrichtung der Tätigkeit des Rates fest und prüfte den Bericht des Exekutivkomitees (mit Planungsausschuß). Dieses war als Hauptvollzugsorgan des RGW ständig für Plankoordinierung und Kooperation der Produktion sowie für die Prüfung der Vorlagen anderer RGW-Organe über die wirtschaftl. Zusammenarbeit. Die ihm unterstellten Ständigen Kommissionen (zuletzt 22) waren in erster Linie techn. Arbeitsgremien (Expertengremien) zur Vorbereitung und Abwicklung wirtschaftlicher Beschlüsse. Es gab Kommissionen mit allgemeinen Aufgaben (z. B. für Außenhandel) und nach Branchen gebildete Fachkommissionen. Das Sekretariat, ebenfalls dem Exekutivkomitee unterstellt, arbeitete Wirtschaftsanalysen über die Entwicklung der einzelnen Produktionszweige aus. Ihm oblag ferner die Kontrolle über die Erfüllung der in den Ratsorganen angenommenen Empfehlungen. Ergänzt wurde die Organisation durch die →Internationale Bank für wirtschaftliche Zusammenarbeit und die →Internationale Investitionsbank.

Der RGW war nach seinem Statut keine supranat. Organisation. Beschlüsse der Ratstagungen wurden erst durch souveräne Handlungen der Mitgl.-Staaten realisiert. 1967 wurde das für die Annahme von Ratsempfehlungen erforderl. Einstimmigkeitsprinzip durch das Prinzip der Interessiertheit ergänzt. Die Einstimmigkeit für die Annahme von Ratsentscheidungen bezog sich seitdem nur auf den Kreis der an einer konkreten Entscheidung interessierten Mitgliedsländer.

*Ziele, Entwicklung:* Der RGW entstand, nachdem die UdSSR und die von ihr abhängigen Ostblockstaaten die angebotene Marshallplanhilfe 1948 abgelehnt hatten, und betrachtete sich als Gegenstück zur OEEC und zu den Integrationsprozessen in Westeuropa (EWG, EFTA). Urspr. war der RGW ausgerichtet auf die Verwirklichung einer engen wirtschaftl. Zusammenarbeit seiner Mitgl.-Länder, verbunden mit dem Austausch wirtschaftl. Erfahrungen und der Gewährung gegenseitiger techn. Unterstützung. Nach Gründung der EWG wurde er immer stärker als östl. Gegenmodell konzipiert: Ein ›Komplexprogramm‹ für die weitere Vertiefung und Vervollkommnung der Zusammenarbeit der RGW-Staaten (1971 angenommen) sah die völlige ökonom. Integration innerhalb eines Zeitraumes von 20 Jahren vor. Zugleich sollte der Lebensstandard der Bev. gesteigert, eine Angleichung des unterschiedl. ökonomischen Entwicklungsniveaus verwirklicht, eine führende Position in der Weltwirtschaft erreicht und eine starke ökonom. Basis für den Warschauer Pakt geschaffen werden.

Trotz aller Bemühungen blieben die Ergebnisse der RGW-Integration bescheiden. Die beträchtl. Unterschiede in Wirtschaftsstruktur und Entwicklungsstand der nat. Volkswirtschaften, aber auch das Beharren der einzelnen Mitgl.-Staaten auf ihrer nat. Souveränität (nicht zuletzt als Folge der von einigen RGW-Staaten als bedrohlich empfundenen ökonom. und polit. Vormachtstellung der UdSSR) führten dazu, daß eine überstaatl. Planung im RGW von den Mitgl.-Ländern strikt abgelehnt wurde. Auch eine Koordinierung der Volkswirtschaftspläne blieb unvollkommen. Die Beschlüsse des RGW wurden meist nur zögernd verwirklicht. Der Außenhandel wurde weitgehend auf bilateraler Basis koordiniert. Die Verrechnungswährung des Transferrubels (→Rubel) konnte die Nachteile einer fehlenden konvertiblen Währung nicht ausgleichen (seit 1. 1. 1991 wurde der RGW-Handel auf der Basis konvertibler Währungen abgewickelt). Der Nutzen der RGW-Zusammenarbeit zeigte sich auf begrenzten Gebieten, z. B. beim Austausch von techn. Informationen, bei der Forschungskoordinierung, beim Aufbau gemeinsamer Verbundnetze (Erdölleitungen, Verkehrswege, Elektrizitätsnetze) sowie bei gemeinsamen Großinvestitionen zur Rohstoffgewinnung.

Der Warenaustausch zw. den RGW-Staaten erreichte nur etwa 6% des Welthandels, obwohl der Anteil der RGW-Länder am Weltsozialprodukt bei etwa 30% lag. Auch mit neu angenommenen Programmen (›Komplexprogramm‹ des wissenschaftlich-techn. Fortschrittes bis zum Jahr 2000‹ von 1985) konnten die angestrebten Ziele nicht erreicht werden.

Im Zusammenhang mit den tiefgehenden polit. und ökonom. Umgestaltungen in Osteuropa seit Ende der 1980er Jahre und der damit verbundenen Wirtschaftskrise (Produktionsrückgang, Inflation, hohe Auslandsschulden) wurde eine grundlegende Reform des RGW zwingend notwendig, wobei jedoch (1990) eine wachsende Zahl von Mitgl.-Ländern die weitere Existenz des RGW überhaupt in Frage stellte. Am 28. 6. 1991 wurde der RGW offiziell aufgelöst. Die 1990 erwogene Bildung einer Nachfolgeorganisation unter der Bez. Organisation für internat. wirtschaftliche Zusammenarbeit (OIWZ) kam nicht zustande. Vielmehr streben einige europ. Länder (v. a. Polen, die Tschechoslowakei und Ungarn) die baldige Assoziierung mit der EG bzw. eine spätere EG-Mitgliedschaft an.

R. STEFFENS: Integrationsprobleme im R. f. g. W., RGW (1974); P. KNIRSCH: Comecon, in: Hwb. der Wirtschaftswiss., hg. v. W. ALBERS u. a., Bd. 2 (1980); Lex. RGW, hg. v. M. ENGERT u. a. (Leipzig 1981); A. ZWASS: Der R. f. g. W. 1949 bis 1987 (Wien 1988).

**Jörg Ratgeb:** Geißelung Christi; Flügel des Herrenberger Altars, 1518–20 (Stuttgart, Staatsgalerie)

**Rat für kulturelle Zusammenarbeit des Europarats,** gegr. 1962, Sitz: Straßburg; Einrichtung für zwischenstaatl. europ. Zusammenarbeit auf den Gebieten Bildung, Erziehung, Kultur und Wissenschaft;

Mitgl. sind die Mitgliedsstaaten des Europarats und der Vatikanstaat. Er arbeitet in vier Hauptkomitees (allgemeine und berufl. Erziehung und Bildung; Lehre und Forschung; außerschul. Erziehung; kulturelle Entwicklung).

**Ratgeb,** Jörg, auch **Jerg R.**, gen. **Schürtzjürgen,** Maler, * Schwäbisch Gmünd um 1480/85, † (hingerichtet) Pforzheim 1526; hielt sich um 1500 in Italien auf, 1508 in Stuttgart, 1509–12 in Heilbronn, bereiste 1512–13 vermutlich die Niederlande, war 1514–17 in Frankfurt am Main, 1518–20 in Herrenberg tätig, danach wieder in Stuttgart. R. schlug sich im Bauernkrieg auf die Seite der aufständ. Bauern und wurde 1526 gefangengenommen und zum Tod verurteilt. In seinen Bildern steigert R. die realist. Malerei der Spätgotik zu einem expressiven Frühmanierismus. Seine Werke lassen auf Einflüsse von H. HOLBEIN D. Ä., M. GRÜNEWALD und der oberitalien. Malerei (A. MANTEGNA, V. CARPACCIO) schließen. Seine Hauptwerke sind die fragmentarisch erhaltenen Wandmalereien in Kreuzgang und Refektorium des ehem. Karmeliterklosters in Frankfurt am Main (1514–17) und der ›Herrenberger Altar‹ (1518–20) aus der ehem. Kollegiatsstiftskirche in Herrenberg (heute Stuttgart, Staatsgalerie; ›Verkündigung‹ von anderer Hand). BILD S. 77

J. R. Ein Maler u. Märtyrer aus dem Bauernkrieg, hg. v. G. FRÄNGER u. a. (²1981); K. LANG: Die Farbe bei J. R. (1982).

**Rathaus, Gemeindehaus, Behördenhaus,** Gebäude zur Unterbringung der Gemeindeverwaltung und der städt. Ämter, i. e. S. des Bürgermeisteramtes und des Magistrats. Bei baul. Zusammenfassung bestimmter Ämter mit Publikumsverkehr und Außentätigkeit (Bauämter, Straßenverkehr u. a.) wird oft die Bez. ›Techn. R.‹ verwendet.

*Geschichte:* Im alten Griechenland entstanden bereits Gebäude für Ratsversammlungen (Buleuterion), in der Anlage oft Theatern ähnlich (Priene, Milet). Im Röm. Reich war das R. (Curia) häufig ein längl. rechteckiger Raum mit ansteigenden Rängen. Im MA. wurde das R. meist als repräsentatives Gebäude am Marktplatz errichtet. In Italien entstand im 12. Jh. der zweigeschossige R.-Bau mit offener Erdgeschoßhalle (Markt- oder Gerichtshalle) und Saal im Obergeschoß (mit Balkon oder Erker für Ansprachen), häufig mit Turm oder Uhrturm. V. a. im 13. Jh. wurden dann mehrere solcher ›Saalgeschoßbauten‹ um einen Innenhof gruppiert und/oder die Anzahl der Geschosse erhöht. Zu den bedeutenden R. Italiens zählen: Palazzo della Ragione in Verona (um 1200), Palazzo del Popolo in Orvieto (1280–84), Palazzo Comunale in Piacenza (1281 ff.), Palazzo Comunale in Perugia (1293 ff.), Palazzo Pubblico in Siena (1297 ff.), Palazzo Vecchio in Florenz (1298–1314). Auch in Dtl. entstanden anspruchsvolle R. (Münster, 14. Jh., nach Zerstörung im Zweiten Weltkrieg wiederaufgebaut; Köln, 14.–16. Jh., im Zweiten Weltkrieg z. T. zerstört; Bremen, 1406–10; Tangermünde, um 1430, Anbau um 1480; Stralsund, 14./15. Jh.; Braunschweig, 14./15. Jh.; bes. repräsentativ, oft dreigeschossig und mit Türmen (Beffroi) in den Niederlanden (zahlreiche spätgot. Bauten: Brügge, Brüssel, Löwen). Gelegentlich wurden mehrere Einzelhäuser zu einem R.-Bau zusammengefügt, z. B. in Lübeck (13.–15. Jh.), Regensburg (14.–17. Jh.), Frankfurt am Main (Römer) 14. Jh. ff.). In Süd- und Ost-Dtl. sowie im östl. Mitteleuropa wurde das R. in die Mitte des Marktplatzes gestellt (z. B. in Breslau). Das Fachwerk-R. fand v. a. in kleinen südlt. Städten im 15. und 16. Jh. Verbreitung (BILD → Michelstadt). Neue Formen des R.-Baus wurden in der Renaissance- und Barockzeit entwickelt: Umgestaltung des Kapitolplatzes mit Senatorenpalast in Rom durch MICHELANGELO (ab 1539); R. in Augsburg von E. HOLL (1615–20), in Amsterdam von J. VAN CAMPEN 1648–55), in Schwäbisch Hall (1730–35). Im 19. Jh. wurden die R. meist in historisierenden Stilformen erbaut: Berlin (Rotes R.; 1861–69), München (1867–1908), Wien (1868–83). Seit Beginn des 20. Jh. werden neue architekton. Lösungen gesucht, die den vermehrten und differenzierten Aufgaben entsprechen sollen: Stockholm (R. ÖSTBERG, 1909–23), Hilversum (W. M. DUDOK, 1928–31). Zahlreiche neue R. entstanden nach dem Zweiten Weltkrieg, die oft überaus anspruchsvoll, aber nur in einigen Beispielen geglückte Versuche eines neuen Typs von städt. Repräsentationsbau, funktional überlegt und bürgernah sind (R. von A. AALTO in Säynätsalo in Finnland, 1949–52; in Boston (1962–68); G. BÖHM in Bensberg, 1962–67; TANGE KENZŌ in Tokio, 1952–57, u. a. japan. Städten; A. JACOBSEN in Mainz, 1970–73; Stoopera in Amsterdam von W. HOLZBAUER, ein Gebäudekomplex von R. und Oper, 1982–87).

F.-D. JACOB: Rathäuser (Leipzig 1983); W. MEYER-BOHE: Rathäuser (1984); Polit. Architektur in Europa vom MA. bis heute, hg. v. M. WARNKE (1984); J. PAUL: Das R., in: Kunst. Gesch. ihrer Funktionen, hg. v. W. BUSCH u. a. (1987); M. DAMUS: Das R. Architektur- u. Sozialgesch. von der Gründerzeit zur Postmoderne, Schwerpunkt R.-Bau 1945–1986 in der Bundesrep. Dtl. (1988).

**Rathenau,** 1) **Emil,** Unternehmer, * Berlin 11. 12. 1838, † ebd. 20. 6. 1915, Vater von 2); erkannte früh die Bedeutung der Elektrotechnik, erwarb die Patente T. A. EDISONS und gründete 1883 die Dt. Edison-Gesellschaft für angewandte Elektricität, aus der 1887 die Allgemeine Elektricitäts-Gesellschaft (AEG) hervorging, die er mit O. VON MILLER leitete. 1884 errichtete R. die Berliner Elektrizitätswerke, 1903 zus. mit W. VON SIEMENS die Telefunken Gesellschaft für drahtlose Telegraphie m. b. H.

2) **Walther,** Industrieller und Politiker, * Berlin 29. 9. 1867, † (ermordet) ebd. 24. 6. 1922, Sohn von 1); war 1892–99 Direktor der Elektrochem. Werke Bitterfeld, ab 1899 Vorstands-Mitgl. der AEG und ab 1915 Aufsichtsratsvors. sowie 1902–07 Geschäftsinhaber der ›Berliner Handelsgesellschaft‹. 1914 regte er die Gründung einer Kriegsrohstoffabteilung im preuß. Kriegsministerium an, deren Aufbau er bis 1915 leitete. Obwohl er die allgemeine Kriegsbegeisterung in Europa nicht teilte und noch 1917 ein Befürworter eines Verständigungsfriedens war, forderte er kurz vor der Novemberrevolution 1918 einen ›Volkskrieg‹ zur Abwendung der drohenden militär. Niederlage. R. bemühte sich nach dem Sturz der Monarchie vergeblich um die Schaffung einer bürgerl. Sammlungspartei; er trat dann der DDP bei. Nachdem R. 1919 im vorläufigen Reichswirtschaftsrat und bei den Vorbereitungen zur Versailler Friedenskonferenz tätig geworden war, wurde er 1920 Mitgl. der zweiten Sozialisierungskommission. 1920 nahm er als wirtschaftspolit. Sachverständiger an der Konferenz in Spa und 1921 an der Vorbereitung der Londoner Konferenz teil. Als Wiederaufbau-Min. im ersten Kabinett Wirth schloß er am 7. 10. 1921 mit Frankreich das Wiesbadener Abkommen über dt. Sachlieferungen im Zusammenhang mit den Reparationsverpflichtungen ab. Im Rahmen seines von nationalist. und antisemit. Propaganda als ›Erfüllungspolitik‹ heftig bekämpften polit. Konzepts vertrat R. Dtl. im Jan. 1922 auf der Konferenz von Cannes, wo er ein Teilmoratorium für dt. Reparationen erreichte. Ab 1. 2. 1922 Reichsaußen-Min., wurde R. v. a. durch den Abschluß des → Rapallovertrags bekannt. Am 24. 6. 1922 fiel er dem Attentat zweier Offiziere der rechtsextremen Organisation Consul zum Opfer.

In seiner schriftsteller. Arbeit, vor 1912 v. a. in M. HARDENS Zeitschrift ›Die Zukunft‹, wies er auf die Gefahren der Mechanisierung und des materialist. Denkens der Menschen hin. Bemüht, liberal-indivi-

Walther Rathenau

duelle und sozialist. Elemente miteinander zu verbinden, entwarf er die Utopie einer Gesellschaft jenseits von Kapitalismus und Sozialismus, um die Arbeiter aus ihrer längst unzeitgemäßen ›Erbknechtschaft‹ zu befreien.

**Ausgaben:** Ges. Reden (1924); Ges. Schr., 6 Bde. (Neuausg. 1929); Polit. Briefe (1929); Briefe, 3 Bde. (Neuausg. 1930); Schr. u. Reden, hg. v. H. W. RICHTER (1964); Tageb. 1907–1922, hg. v. H. POGGE-VON STRANDMANN (1967); Gesamtausg., hg. v. H. D. HELLIGE u. a., auf 6 Bde. ber. (1977 ff.).

E. SCHULIN: W. R. Repräsentant, Kritiker u. Opfer seiner Zeit (1979); P. BERGLAR: W. R. Ein Leben zw. Philosophie u. Politik (1987); H. GRAF KESSLER: Ges. Schr., hg. v. C. BLASBERG u. a., Bd. 3: W. R. Sein Leben u. sein Werk (Neuausg. 1988); ›Ein Mann vieler Eigenschaften‹ – W. R. u. die Kultur der Moderne, Beitr. v. T. P. HUGHES u. a. (1990).

**Rathenow** [-no], **1)** Kreisstadt in Brandenburg, an der unteren Havel, 40 m ü. M., am W-Rand des Havellandes, (1989) 30 900 Ew.; Herstellung von Brillen, Mikroskopen u. a. opt. Geräten, von Heizgeräten und Behältern sowie von Metallwaren; Möbelfabrik, Baustoff- und Nahrungsmittelindustrie; Flußhafen. – Neben einer markgräflich brandenburg. Burg entstand die 1288 erstmals als Stadt bezeugte Siedlung R. Die Stadt wurde 1733 um die Neustadt erweitert. Anfang des 19. Jh. wurde die opt. Industrie in R. heimisch, die rasch Weltgeltung errang. – Spätroman. Pfarrkirche (um 1200, im 15. und 17. Jh. erneuert) mit spätgot. Flügelaltar (Mitte 15. Jh.). In der Neustadt barocke Bürgerhäuser (frühes 18. Jh.).

**2)** Landkreis in Brandenburg, im westl. Havelland, 818 km², (1989) 62 400 Ew.; durch Land- und Forstwirtschaft geprägt; v. a. Grünlandwirtschaft (Milchviehhaltung), auf den trockenen Grundmoränenplatten, die das Havelland bis 110 m ü. M. überragen (u. a. Ländchen Rhinow), Ackerbau (Roggen, Hafer, Kartoffeln). Die Industrie ist in Rathenow und Premnitz konzentriert. – Der Kr. gehörte vom 23. 7. 1952 bis 3. 10. 1990 zum Bez. Potsdam.

**Rathenow** [-no], Lutz, Schriftsteller, * Jena 22. 9. 1952. Neben krit. Prosa (›Mit dem Schlimmsten wurde schon gerechnet‹, 1980; ›Jeder verschwindet so gut er kann‹, 1984), für die er in der Dt. Dem. Rep. Verbot und Verhaftung erfuhr, zeichnet sich R.s Werk durch Gedichte von komplexer Bildhaftigkeit und sprachl. Dichte aus (›Zangengeburt‹, 1982, 2. Fassung 1987; ›Zärtlich kreist die Faust‹, 1989).

**Rather, R. von Verona,** mittellat. Schriftsteller, * bei Lüttich um 887, † Namur 25. 4. 974; ging nach frühem Eintritt ins Benediktinerkloster Lobbes um 926 nach Italien an den Hof König HUGOS. Zwei Amtsperioden als Bischof von Verona (931–934 und 945/947–947/949) wechselten mit Haft, Exil und Aufenthalten in Pavia, Como, der Provence und Lobbes. Auch R.s Amtszeiten als Bischof von Lüttich (953–955) und abermals Verona (961/962–968) endeten jeweils mit der Vertreibung. Im Gefängnis zu Pavia entstand 934/936 sein Hauptwerk, die sechs Bücher umfassenden ›Praeloquia‹, Vorreden zu einer geplanten christl. Morallehre für alle weltl. und geistl. Stände. Seine Absetzung als Bischof von Lüttich thematisiert die Apologie ›Phrenesis‹ (955). Mit seinen weltl. und theolog. Gegnern setzt R. sich auch in den Schriften ›Dialogus confessionalis‹ und ›Qualitatis coniectura‹ auseinander. Erhalten sind ferner Predigten, hagiograph. und kleine theolog. Schriften.

**Ausgaben:** Sermones, hg. v. B. R. REECE (1969); Ratherii Veronensis Opera minora, hg. v. P. L. D. REID (1976); Ratherii Veronensis Praeloquiorum libri VI, Phrenesis, Dialogus confessionalis, Exhortatio et preces, Pauca de vita Sancti Donatiani, Fragmenta nuper reperta, Glossae, hg. v. dems. u. a. (1984). – Die Briefe ..., hg. v. F. WEIGLE (1949, Nachdr. 1977).

P. L. D. REID: Tenth-century Latinity: R. of V. (Malibu, Calif., 1981).

**Rathgeber,** Johann Valentin, Komponist, * Oberelsbach (bei Bad Neustadt a. d. Saale) 3. 4. 1682, † Kloster Banz 2. 6. 1750; Benediktinermönch; komponierte geistl. Vokalwerke und Instrumentalmusik. Wichtig für die Geschichte des dt. Liedes ist seine weitverbreitete Sammlung ein- bis vierstimmiger Gesellschaftslieder ›Ohren-vergnügendes und gemütergötzendes Tafel-Confect‹ (3 Tle., 1733–37; 4. Tl. von J. C. SEYFERT, 1746).

**Rathramnus, Ratramnus,** Benediktiner, † Corbie nach 868; schrieb v. a. über die Prädestination im Sinne GOTTSCHALKS VON ORBAIS und betonte gegen RADBERTUS den symbolisch-geistl. Charakter des Abendmahls.

**Ratibor,** poln. **Racibórz** [ra'tɕibuʃ], **1)** Stadt in Oberschlesien, Wwschaft Katowice (Kattowitz), Polen, an der Oder, (1989) 62 800 Ew.; (1939: 50 000 Ew.); Museum; Bau von Hochdruckkesseln und Eisenbahneinrichtungen, Maschinenbau, Brauerei (gegr. 1567), Zucker- und Bekleidungsindustrie. – Bei einer 1108 erwähnten Burg bestand 1217 eine dt. Marktsiedlung (vor 1235 planmäßig zur Stadt ausgebaut). 1281–1521 war R. Hauptstadt des gleichnamigen Fürstentums. 1945 fiel R. unter poln. Verwaltung, seit 1991 gehört es völkerrechtlich zu Polen. – Teilweise erhaltene Stadtmauer (um 1300) mit Turm (1574–90); Burg (13. Jh., mehrfach ausgebaut) mit got. Kapelle (1281–87); Dominikanerkirche St. Jacobi mit Spukerei. Halle aus dem 14. Jh. (1637–55 umgebaut, Fassade von 1874).

**2)** ehem. Fürstentum in Oberschlesien, entstanden 1281 bei der Teilung des Herzogtums Oppeln, wurde 1532 habsburgisch, 1742 preußisch. 1821 entstand das Mediatfürstentum R. unter Landgraf VIKTOR AMADEUS von Hessen-Rotenburg (* 1779, † 1834); dieses fiel 1834 durch Erbschaft an die Fürsten von Hohenlohe-Schillingsfürst (seit 1840 Herzöge von R.) und kam 1945 unter poln. Verwaltung; seit 1991 völkerrechtlich zu Polen.

**Ratichius,** Schulreformer, → Ratke, Wolfgang.

**Rätien,** lat. **Raetia,** im Altertum das von den **Rätern** (lat. **Raeti**), einer Volksgruppe unsicherer Herkunft (mit wohl vorindogerman. Sprache), bewohnte Gebiet, das vom Alpenvorland zw. Bodensee und Inn bis zu den westl. oberitalien. Seen und etwa vom Sankt Gotthard im W bis zum Brenner im O reichte. R. wurde unter AUGUSTUS 15 v. Chr. römisch und unter Einbeziehung der kelt. Vindeliker bis zur Donau ausgedehnt. Urspr. röm. Militärbezirk, wurde es unter TIBERIUS (oder CLAUDIUS) die prokonsular. Prov. **Raetia et Vindelicia** mit der Hauptstadt Augusta Vindelicum (heute Augsburg). Von VESPASIAN bis HADRIAN wurde die Nordgrenze R.s über die Donau vorgeschoben und befestigt (Rätischer → Limes). Als Folge der Markomannenkriege erhielt R. 179 die 3. Legion (stationiert in Castra Regina, heute Regensburg), deren Legat Statthalter wurde. DIOKLETIAN teilte R. in die beiden Provinzen **Raetia prima** mit dem Hauptsitz Chur (Curia Raetorum) und **Raetia secunda** mit dem Hauptsitz Augsburg. Im 5. Jh. besetzten die Alemannen den westl., die Baiern den östl. Teil; die christianisierte rätoroman. Bev. erhielt sich in gebirgigen Rückzugsgebieten (→ Rätoromanen). Der alpine Raum der Raetia prima ist großenteils identisch mit dem heutigen Kanton Graubünden (Chur-R., → Graubünden, Geschichte).

G. SCHNEIDER-SCHNEKENBURGER: Churrätien im Früh-MA. (1980); F. SCHÖN: Der Beginn der röm. Herrschaft in R. (1986); Beitr. zur Raetia Romana. Voraussetzungen u. Folgen der Eingliederung R.s ins Röm. Reich, hg. v. der Historischantiquar. Gesellschaft von Graubünden (Chur 1987).

**Ratifikation** [mlat. ratificatio ›Bestätigung‹] die, -/-en, **Ratifizierung, 1)** Staatsrecht: die Bestätigung von Staatsverträgen durch das zur Vertretung befugte Organ, bei den meisten Bundesländern der Ministerpräsident.

Rathenow 1) Stadtwappen

Ratibor 1) Stadtwappen

**Räti** Rätikon – rationale Architektur

**2)** *Völkerrecht:* die an den oder die Partner eines völkerrechtl. Vertrages gerichtete Mitteilung eines Staates, daß der Vertrag innerstaatlich in Kraft gesetzt worden ist. Enthält ein bilateraler Vertrag die R.-Klausel, so tritt er erst mit dem Austausch der R.-Urkunden der beiden vertragschließenden Staaten in Kraft; bei multilateralen Verträgen erfordert die R.-Klausel die Hinterlegung einer bestimmten Mindestzahl von R.-Urkunden an einem im Vertrag bezeichneten Ort. Zum Zeitpunkt der Hinterlegung der R.-Urkunde wird der Vertrag für den jeweiligen Staat völkerrechtlich verbindlich.

Seit Jahrzehnten ist die R.-Klausel beim Abschluß völkerrechtl. Verträge die Regel. Zuständig für die R. ist dasjenige Staatsorgan, dem die völkerrechtl. Vertretung des Staates obliegt, i. d. R. das Staatsoberhaupt (in Dtl. der Bundes-Präs., Art. 59 GG).

Zahlreiche Verf. sehen vor, daß die R. erst nach der Zustimmung durch die gesetzgebenden Körperschaften verfassungsrechtlich zulässig ist. In Dtl. gilt dies gemäß Art. 59 Abs. 2 GG für alle ›Verträge, welche die polit. Beziehungen des Bundes regeln oder sich auf Gegenstände der Bundesgesetzgebung beziehen‹. (→Staatsvertrag)

**Rätikon** *der,* früher **Rhätikon,** südwestlichster Teil der Nördl. Kalkalpen (südlich der Ill), über dessen Hauptkamm die Grenze zw. Österreich (Vorarlberg) und der Schweiz (Graubünden) verläuft, der W-Abfall gehört zu Liechtenstein, geht im SO in die Silvretta über; in der Schesaplana 2965 m ü. M., an ihrem W-Hang der Brandner Gletscher; Fremdenverkehr, v. a. im zentralen Brandner Tal mit dem →Lünersee.

**Rating** [ˈreɪtɪŋ; engl., zu to rate ›(ein)schätzen‹] *das, -s/-s,* **1)** *Bankwesen:* i. e. S. die in standardisierter Kurzform veröffentlichte Beurteilung der Wahrscheinlichkeit eines termingerechten und vollständigen Schuldendienstes (Zins- und Tilgungszahlungen) bei festverzinsl. Wertpapieren (**Emissions-R.**) durch eine R.-Agentur. Gebräuchlich ist die R. v. a. in den USA und an den internat. Finanzmärkten. Die beiden größten R.-Agenturen sind Moody's Investors Service (kurz: Moody's) und Standard & Poor's Corporation (kurz: S&P). Im Vordergrund steht die Bewertung langfristiger Schuldverschreibungen (Bond rating); doch werden auch kurzfristige Papiere bewertet (Commercial paper rating, CP-rating). Die Klassifikationen bei Moody's und bei S&P sehr ähnlich. Die Skala reicht bei festverzinsl. Papieren von A bis D, wobei A–C jeweils drei Stufen aufweisen (AAA, AA, A usw.). Gewöhnlich sieht man im Emissions-R. auch eine Bewertung der Bonität des gesamten Unternehmens (z. B. ›Triple-A-Adresse‹). Die Einstufung hat für das bewertete Unternehmen große Bedeutung, da sie den maximalen Betrag der Kapitalaufnahme wie auch den dafür erforderl. Zinssatz beeinflußt. I. w. S. zählt zum R. auch die Beurteilung der Bonität international tätiger Banken (**Banken-R.**) und einzelner Länder (**Länder-R.**), um das Länderrisiko einer Kapitalanlage besser abschätzen zu können.

**2)** *Sozialwissenschaft:* **Schätzverfahren,** ein Verfahren, bei dem Beurteiler (**Rater**) bei Personen, Situationen usw. die Ausprägung bestimmter Merkmale meist anhand vorgegebener Kategorien (**R.-Skalen**) einschätzen. Innerhalb der Kategorien wird häufig eine Rangordnung angestrebt (z. B. Einschätzung der Ängstlichkeit einer Person: stark – mittel – gering).

**Ratingen,** Stadt im Kr. Mettmann, NRW, 50 m ü. M., nordöstlich an Düsseldorf anschließend, am Angerbach, (1990) 91 200 Ew.; geolog. Naturdenkmal ›Blauer See‹ mit Naturbühne, Dampfkesselbau, keram. Werke, elektron. und elektrotechn. Industrie, umfangreicher Gewerbepark mit modernen internat. Servicebetrieben in Nachbarschaft zum Flughafen Düsseldorf. Am Autobahnkreuz die Miniaturstadt Minidomm. – Das seit dem 9. Jh. belegte R. wurde 1276 Stadt. – Kath. Pfarrkirche St. Peter und Paul (urspr. romanisch; bis um 1300 ausgebaut, 1892 neugotisch erweitert); ehem. Rathaus (14. Jh.); ehem. Wasserburg ›Haus zum Haus‹ (14. und 16. Jh.); ›Haus Cromford‹ (1784 als erste dt. mechan. Baumwollspinnerei gegr.), heute Teil des Rhein. Industriemuseums.

**Ratingen:** Turm (1230–40) der Pfarrkirche Sankt Peter und Paul und ehemaliges Rathaus (14. Jh., 1751 erneuert)

**Ratinieren** [frz. ratiner ›kräuseln‹], das örtlich begrenzte Zusammenschieben der Rauhdecke von gewalkten und vorgerauhten Wollstoffen zur Mustererzeugung.

**Ratio** [lat. ›Vernunft‹; ›(Be)rechnung‹, ›Rechenschaft‹] *die, -,* Vernunft, Verstand; Erkenntnis- oder Seinsgrund; der sinnvolle Zweck einer Handlung; die Rücksicht, unter der etwas betrachtet oder verursacht wird; i. e. S. die begrifflich-diskursive Betätigung des menschl. Erkenntnisvermögens, die aus den Sinnesgegebenheiten schöpft und auf den überdiskursiven Einsichten aufbaut, die dem →Intellekt zugeschrieben werden. (→Vernunft, →Verstand)

**Ratio legis** [lat.] *die, - -, Rechtssprache:* Sinn des Gesetzes; häufig durch Entstehungsgeschichte des Gesetzes und Auslegung zu ermitteln.

**Ration** [frz., von mlat. ratio ›berechneter Anteil‹, vgl. Ratio] *die, -/-en,* zugeteilte Menge, v. a. an Lebensmitteln.

**rational** [lat. ›vernünftig‹, ›zur Vernunft gehörend‹], vernünftig, nach Vernunftgründen, auf einer logisch-schlüssigen Ableitung basierend; Ggs.: irrational. – **Rationalität, 1)** im Sinne rationalen Denkens und Handelns das i. d. R. nur dem Menschen zugeschriebene Vermögen; **2)** die rationale Beschaffenheit von Abläufen und Zusammenhängen.

**Rationale** [lat.] *das, -,* ein bischöfl. Schulterschmuck, der aus zwei bei Brust und Rücken aufliegenden Stoffblättern besteht. Vorbild für das R., das im 6. Jh. aufkam und im MA. bes. in Dtl. verbreitet war, war wohl das alttestamentl. Ephod; heute noch von den Erzbischöfen von Paderborn und Krakau, den Bischöfen von Eichstätt und Nancy getragen.

**rationale Architektur,** zu Beginn der 1960er Jahre von A. Rossi begründete Richtung der Architektur, die die Beziehung zw. Stadtform und Gebäudetypologie zur Grundlage der Planung erhebt. ROSSI führt alle architekton. Formen auf elementare Typen zurück, die sich aus der Stadtentwicklung ableiten lassen. Das Gebäude als Typus reproduziert die Stadt als histor. Ort, als Schauplatz früherer Ereignisse. Durch die rationale Auseinandersetzung mit den Grundelementen und Gesetzmäßigkeiten urbanen Bauens wird eine Kontinuität in der Baugeschichte angestrebt, durch die die Entfremdung zw. Mensch und Architektur überwunden werden soll. Der Einfluß der r. A. – in Italien neben ROSSI u. a. von C. AYMONINO, L. FIGINI, I. GARDELLA und G. GRASSI vertreten – zeigt sich in der Bundesrep. Dtl. bei J. P. KLEIHUES und O. M. UNGERS, in der Schweiz bei der Tessiner Schule mit M. BOTTA, B. REICHLIN und F. REINHART sowie bei den luxemburg. Architekten R. und L. KRIER.

Architettura razionale, Beitr. v. E. BONFANTI u. a. (Mailand 1973); A. ROSSI: Die Architektur der Stadt (a. d. Italien., 1973); Rational architecture. The reconstruction of the European city (Brüssel 1978); The rationalists. Theory and design in the modern movement, hg. v. D. SHARP (Neuausg. New York 1979); W. LESNIKOWSKI: Rationalism and romanticism in architecture (ebd. 1982).

**rationale Funktion,** eine Funktion, die als Quotient zweier Polynome darstellbar ist. Ist das Nennerpolynom gleich 1, so spricht man von einer **ganzrationalen Funktion,** sonst von einer **gebrochenrationalen Funktion.** Ganzrationale Funktionen entsprechen gewöhnl. Polynomen. Eine r. F. ist in der ganzen komplexen Ebene bis auf endlich viele Polstellen holomorph. Integriert werden r. F. mit Hilfe der → Partialbruchzerlegung.

**rational-emotive Therapie,** Abk. **RET,** von dem amerikan. Psychologen ALBERT ELLIS (* 1913) begründetes Verfahren der kognitiven Verhaltenstherapie. Sie basiert auf der Annahme eines kausalen Zusammenhangs zw. den Kognitionen und psych. Störungen in dem Sinne, daß eine Veränderung kognitiver Wahrnehmungs- und Verarbeitungsmuster eines Menschen zugleich eine Veränderung seiner emotionalen Erlebnismuster zur Folge hat. Die Therapie (i. d. R. Einzeltherapie) setzt daher an einer Beseitigung irrationaler Einstellungen u. a. durch deren Aufdeckung, Formulierung alternativer Kognitionen und Verhaltenseinübung an, um emotionale Störungen zu heilen.

**rationale Zahlen,** Zeichen ℚ, die Menge aller Äquivalenzklassen von (positiven und negativen) Brüchen $m/n$ (mit ganzen Zahlen $m$ und $n$ sowie $n \neq 0$), wobei zwei Brüche äquivalent heißen, wenn sie durch Kürzen (oder Erweitern) ineinander übergeführt werden können. Beispiel: $1/2$ und $5/10$ stellen dieselbe r. Z. dar. Jede r. Z. kann als endliche oder unendl. period. Dezimalzahl geschrieben werden; so gilt z. B. $3/4 = 0{,}75$ und $-5/6 = 0{,}833\ldots$. Umgekehrt kann auch jede endliche oder unendl. period. Dezimalzahl als Bruch geschrieben werden und ist daher auch eine r. Z. Die r. Z. bilden einen Körper, der den Ring der ganzen Zahlen enthält.

**rationalisieren** [frz. rationaliser ›vernünftig denken‹, zu lat. ratio ›Vernunft‹], vernünftig, zweckmäßig gestalten (z. B. einen Arbeitsablauf).

**Rationalisierung,** ein in den Wirtschafts- und Sozialwissenschaften mit verschiedenartigen Bedeutungen verwendeter Sammelbegriff, der allg. die Ersetzung herkömml., traditioneller und zufälliger Verfahren und Handlungsweisen durch geplante, klarer strukturierte und wiederholbare Methoden nach Kriterien der Zweckmäßigkeit, Effektivität, Berechenbarkeit und Beherrschbarkeit bezeichnet. R. ist ein Prozeß ohne Abschluß im Sinne einer Steigerung des Wirkungsgrades der genannten Kriterien sowie ihrer Anwendung auf völlig neue Sachverhalte. R.-Prozesse beschränken sich nicht auf den Kernbereich techn. und wirtschaftl. Vorgänge. Sie durchdringen alle gesellschaftl. Teilsysteme und Lebenswelten.

### Begriff und Formen der Rationalisierung

Es ist zu unterscheiden zw. dem technisch-wirtschaftl. und dem gesellschaftl. Sinnzusammenhang des R.-Begriffs. Mit dem technisch-wirtschaftl. Kontext befassen sich Industrie- und Organisationssoziologie, Arbeitswissenschaft und Betriebswirtschaftslehre. Während früher das kapitalist. Unternehmen im Zentrum des wiss. Interesses an R. stand, ist es heute allgemeiner die betriebl. Leistungserstellung in privaten wie öffentl. Unternehmen und Behörden. In diesem Bereich umfaßt R. alle Bemühungen um eine planvolle, auf techn. Effektivität und wirtschaftl. Rentabilität zielende Koordination des Einsatzes von Arbeits- und Sachmitteln (Produktionsfaktoren) in allen Funktionsbereichen betrieblich organisierter Arbeitsprozesse (von Industriearbeit bis Management). Analytisch sind zwei Teilprozesse zu unterscheiden: 1) R. mit techn. Mitteln (techn. R.); 2) R. mit administrativen und sozialtechn. Mitteln (organisator. R., z. T. auch betriebswirtschaftl. R.). In der Realität sind beide Teilprozesse eng miteinander verknüpft, so daß von technisch-organisator. R. gesprochen wird. Die **technische R.** erstrebt u. a. Steigerung der quantitativen Ergiebigkeit und der Erzeugnisqualität, Verringerung des Aufwandes an Hilfsstoffen, Zeit, techn. Energie und Kosten allgemein. Sie führt vielfach zur Mechanisierung und Automatisierung. Neben der R. des Produktionsprozesses sind Mittel der techn. R. die Normung und Typung (Standardisierung) industrieller Erzeugnisse sowie Einsparung an Werkstoffen und Fertigungsaufwand. Die **organisatorische R.** zielt auf die Umgestaltung von Arbeits- und Verwaltungsprozessen in allen betriebl. Funktionsbereichen (neben der Produktion u. a. Beschaffung und Materialwirtschaft, Marketing, Rechnungswesen, Forschung und Entwicklung, Management und Personalwesen). Die Ergebnisse führen v. a. zu Veränderungen in der Ablauforganisation. Die technisch-organisator. R. ist verbunden mit Prozessen der Arbeitsteilung und Spezialisierung, der Bürokratisierung und Hierarchisierung.

Als betriebl. Auswirkungen der R. werden v. a. genannt: 1) höherer techn. Wirkungsgrad (Technizität, Effektivität), z. B. durch besser ausgebildete Arbeitskräfte, universell verwendbares Material oder reibungsloseres Arbeitsorganisation, 2) höherer ökonom. Wirkungsgrad (Wirtschaftlichkeit, Effizienz), der zu geringeren Kosten und/oder höheren Umsätzen oder Gewinnen führen kann. Vielfach werden durch R. Arbeitsbedingungen verändert. Unter volkswirtschaftl. Gesichtspunkten fördert die technisch-organisator. R. den techn. Fortschritt, die gesamtwirtschaftl. Produktivität und damit das wirtschaftl. Wachstum. R. ist ein wichtiges Motiv für Investitionen, häufig allerdings verknüpft mit Arbeitsplatzverlusten. Ob R. gesamtwirtschaftlich zu erhöhter Arbeitslosigkeit führt, ist umstritten (→ Freisetzungstheorie, → Kompensationstheorie). Kontrovers sind auch die Annahmen über die Entwicklung der Qualifikationsanforderungen (Erhöhung, Verringerung oder Polarisierung der Qualifikationen).

Mit dem gesellschaftl. Kontext der R. befassen sich die Sozialwissenschaften (vorwiegend Soziologie, aber auch Volkswirtschaftslehre, Politologie und Psychologie). Anknüpfend an grundlegende Arbeiten MAX WEBERS über R. als gesellschaftl. Triebkraft der Herausbildung von Kapitalismus und abendländ. Zivilisation gelten die Durchsetzung von Rationalität als (berechenbare) Zweck-Mittel-Optimierung in allen gesellschaftl. Teilsystemen (wie Wirtschaft, Politik, Recht, Verwaltung, Wissenschaft und Bildung) sowie die Ausbreitung methodisch-rationaler Lebensführung als konstitutive Merkmale der Modernisierung kapitalist. Industriegesellschaften. Auf Ambivalenzen der R. hat schon WEBER hingewiesen. Neben der positiven Bewertung der Leistungssteigerung und Niveauerhöhung im Hinblick auf materielle Versorgung (Wohlstand), wirtschaftl. Rentabilität, polit. Steuerungskapazität und techn. Verfügbarkeit finden heute auch die negativen sozialen und humanen Konsequenzen stärkere Beachtung unter Stichworten wie ›Dysfunktionalität der Bürokratie‹, ›Grenzen des Wachstums‹ und ›Kolonialisierung der Lebenswelt‹.

### Entwicklung der technisch-organisatorischen Rationalisierung

Das kapitalist. Unternehmen bildet für WEBER und W. SOMBART den rationalen, organisator. Kern der kapitalist. Wirtschaft. Sie ist nach SOMBART eine ›Veranstaltung zum Zweck der Gewinnerzielung‹; in ihr ›haust der ökonom. Rationalismus ganz losgelöst von der Person des Inhabers und des Personals‹. Nur der okzidentale Kapitalismus hat nach WEBER den kontinuierl. ›Erwerbsbetrieb‹ mit ›rationaler Buchführung‹, ›rationaler Arbeitsorganisation‹ und ›rationaler Technik‹ hervorgebracht.

R. als Inbegriff für techn. und organisator. R.-Prozesse mit wirtschaftl. Zielsetzung taucht zwar erst in den 1920er Jahren bei FRIEDRICH VON GOTTL-OTTLILIENFELD (* 1868, † 1958) auf, der Sachverhalt ist jedoch wesentlich älter. Ein früher Ausdruck ist die Erkenntnis von ADAM SMITH, daß bewußte Arbeitsteilung ein Mittel zur Steigerung der Arbeitsproduktivität ist. SMITH demonstriert dies am Beispiel einer spezif. Form der Arbeitsteilung, der Arbeitszerlegung. Diese bezeichnete KARL MARX als manufakturmäßige im Ggs. zur gesellschaftl. Arbeitsteilung. MARX sah in der Arbeitszerlegung ›eine ganz spezif. Schöpfung der kapitalist. Produktionsweise‹. Durch sie würden die individuellen Arbeiter zu ›bloßen Gliedern eines Gesamtmechanismus‹, der zwar die Produktivität des ›Gesamtarbeiters‹ steigere, aber die Fähigkeit der ›Teilarbeiter‹ verkrüppele (→ Entfremdung 2). Während SMITH die fortschreitende Arbeitsteilung auf die menschl. ›Neigung zum Tausch‹ zurückführt, identifiziert MARX darin das Bestreben des Kapitals nach Steigerung des relativen Mehrwerts.

Daß die Arbeitszerlegung günstige Voraussetzungen für die Erfindung und Anwendung von Maschinen schafft, hatte schon SMITH erkannt, bevor die Mechanisierung der Handarbeit in größerem Ausmaß in der industriellen Revolution einsetzte. Während dieser Epoche konzentrierten sich die R.-Bemühungen auf die Arbeitsmittel. Die techn. Innovationen umfaßten: 1) Maschinen, die an die Stelle menschl. Geschicklichkeit und Kraft traten; 2) mechan. Energieerzeugung (Dampfmaschine); 3) neue, anorgan. Rohstoffe, die an die Stelle pflanzl. und tier. Substanzen traten. Die R. fand im organisator. Rahmen des entstehenden Fabriksystems statt und hatte neben der sprunghaften Steigerung der Arbeitsproduktivität auch gravierende soziale Konsequenzen (→ soziale Frage).

Ein neuer industrieller R.-Schub setzte um die Jahrhundertwende ein. Hervorgerufen durch die Veröffentlichungen und prakt. Versuche F. W. TAYLORS, kam es in den USA zu einer großen R.-Bewegung, die auch die europ. Länder erfaßte. Das von TAYLOR entwickelte und propagierte Scientific management zielte – u. a. mit Zeitstudien, später ergänzt durch Bewegungsstudien seines Schülers F. B. GILBRETH – auf die konsequente ›Budgetierung der menschl. Arbeitskraft‹. Unökonom. Arbeitsvollzüge und individuelle oder kollektive Leistungszurückhaltung (›systemat. Bummelei‹) sollten ausgeschlossen werden.

Das von H. FORD in den Jahren 1908–14 eingeführte und weiterentwickelte Fließband (→ Fließfertigung) bildete die konsequente Fortsetzung der taylorist. R.-Methode. FORDS Leitprinzipien waren: Energie, Genauigkeit, Wirtschaftlichkeit, Systematik, Kontinuität und Geschwindigkeit. Schuf der Taylorismus die personalwirtschaftl., so der Fordismus die konsequente techn.-organisator. Grundlage der modernen, auf Massenproduktion beruhenden Industriearbeit. Weit über die Massenfertigung (im strengen Sinn) hinaus war das taylorist. R.-Paradigma bis in die 1970er Jahre in den Industriegesellschaften vorherrschend. Nach seinem Muster wurden auch Büro- und Verwaltungsarbeiten sukzessive rationalisiert.

### Der Faktor Mensch in der technisch-organisatorischen Rationalisierung

Ergänzt um die industrielle Psychotechnik fand der Taylorismus auch in Dtl. Verbreitung, vornehmlich nach dem Ersten Weltkrieg. Diese frühe Form der Arbeitswissenschaft trug durch Berücksichtigung von Ermüdungserscheinungen, Anpassungsproblemen und Monotonieanfälligkeit dem ›Faktor Mensch‹ in der Produktion stärker Rechnung. Höhepunkt der R. war in Dtl. die 2. Hälfte der 1920er Jahre. Nach der Reintegration der dt. Wirtschaft in den Weltmarkt wurde v. a. in den jüngeren Branchen der Automobil-, Chemie- und Elektroindustrie rationalisiert, oft im Zusammenhang mit der Einführung neuer produktionstechn. Verfahren (z. B. Mechanisierung des Materialtransports, Fließbandfertigung). Der eigentl. Durchbruch des Taylorismus zeigte sich in der wachsenden Verbreitung eines arbeitswissenschaftlich begründeten Lohnfindungsverfahrens, des REFA-Verfahrens (→ REFA).

Psychotechnik und REFA-Verfahren erleichterten den dt. Gewerkschaften die Zustimmung zur R. nach (modifizierten) taylorist. und fordist. Prinzipien; ihre ambivalente Haltung zur R. blieb indessen bestehen. Einerseits sahen sie darin das ökonom. Potential für die Erhöhung des Lebensstandards und Verkürzung der Arbeitszeit, andererseits die Gefahr der Dequalifizierung, Arbeitslosigkeit, Intensivierung und Sinnentleerung der Arbeit. Auch in anderen Ländern rief das Taylorsystem den Widerstand der Arbeitnehmer und ihrer Gewerkschaften hervor. Als Reaktion auf excessive Arbeitszerlegung und ausschließlich finanzielle Leistungsanreize entstand in den USA während der 1930er Jahre die Human-relations-Bewegung, nach der die Berücksichtigung der (nichtmonetären) Bedürfnisse der Arbeiter in der Produktion auch im Interesse der wirtschaftl. Ziele (zufriedene Arbeiter erbringen höhere Leistungen als unzufriedene) erforderlich ist. Als Reaktion auf negative Folgen (Fluktuation, Fehlzeiten) der taylorist. Arbeitsstrukturierung erprobten Unternehmen in Großbritannien und Skandinavien während der 1950er und 1960er Jahre neue Arbeitsformen (u. a. Jobrotation, teilautonome Arbeitsgruppen), die aus einem komplexeren Verständnis der Produktionsprozesse resultierten und als Formen sozialer R. zu verstehen sind.

Unter dem Einfluß der Globalisierung des Wettbewerbs (›neue weltwirtschaftliche Arbeitsteilung‹, ›japan. Herausforderung‹) und der mikroelektron. Revolution gewinnt die technisch-organisator. R. seit Ende der 1970er Jahre eine neue Qualität. Veränderte Nachfragestrukturen stellen die standardisierte Massenproduktion, der verstärkte Einsatz von Informations- und Kommunikationstechnologien und der kulturelle Wertewandel das tayloristisch-fordist. Produktionskonzept in Frage. Verlangen Dynamik und Turbulenzen der Märkte größere Flexibilität in der Produktion und Variabilität im Angebot, so erfordert der steigende Kapital- und Technikeinsatz die effektivere Ausnutzung der Produktionsanlagen. Bewältigt werden diese Herausforderungen durch zwei R.-Strategien:

Aus der Perspektive der arbeitszentrierten R. kommt den Leistungspotentialen der Arbeitnehmer (Human resources) eine strateg. Bedeutung für Produktionsflexibilität und optimale Techniknutzung zu. Da die Leistungsbereitschaft der Arbeitnehmer offenbar nicht mehr mit den herkömml. Kontroll- und Anreizsystemen gesichert werden kann (Gefahr der ›inneren Kündigung‹), dienen neue Formen der Arbeitsorganisation (Mischarbeitsplätze, Job-enlargement, Job-enrichment, teilautonome Arbeitsgruppen), Mitarbeiterbeteiligung (Qualitätszirkel, Vorgesetztenbewertung) sowie erweiterte Angebote betriebl. Qualifizierung und Weiterbildung als Motivationsanreize für die erweiterte Nutzung der Arbeitskraft. Gewollter Nebeneffekt dieser R.-Strategie ist der Abbau der unter dem taylorist. R.-Paradigma aufgeblähten indirekten Bereiche wie Arbeitsvorbereitung, Qualitätskontrolle, Arbeitsüberwachung.

Eine zweite, kapital- und technikzentrierte, auch als systemische R. bezeichnete Strategie zielt auf die Reorganisation des gesamten betriebl. Ablaufs sowie der zwischenbetriebl. Beziehungen. Die organisationstechn. Potentiale der Informations- und Kommunikationstechnik werden genutzt für die Integration der betriebl. Teilprozesse (vom Auftragseingang bis zur Auslieferung an die Kunden) und für den Aufbau zwischenbetriebl. Netzwerke zw. Abnehmer und Zulieferer, Produzenten und Händler. R.-Ziel ist die Ökonomisierung des Kapitaleinsatzes durch schnelleren Materialfluß und Produktdurchlauf, lagerlose Fertigung und bestandslosen Vertrieb.

Wenn der Faktor Arbeit für die technikzentrierte R. auch an Bedeutung zu verlieren scheint, so ist doch die ›menschenleere Fabrik‹ als Nahziel ebensowenig zu erwarten wie das ›papierlose Büro‹. Erfahrungswissen, Kreativitäts- und Innovationspotentiale der ›lebendigen Arbeit‹ sind durch techn. Mittel nicht zu ersetzen.

Auch wenn die allgemeine Notwendigkeit von R. zur Sicherung der wirtschaftl. Leistungsfähigkeit und der internat. Wettbewerbsfähigkeit im wesentlichen unbestritten ist, sind Folgen und Begleiterscheinungen von R.-Maßnahmen für die Arbeitnehmer immer wieder Gegenstand polit. Kontroversen. Im Mittelpunkt steht dabei die Kompensation der mit R.-Maßnahmen häufig verbundenen einzelwirtschaftl. Arbeitsplatzverluste, die bes. in wirtschaftl. Krisenzeiten nicht durch neue Arbeitsplatzangebote ausgeglichen werden, sowie das Veralten berufl. Qualifikationen und Fertigkeiten. Mit Abkommen zum →Rationalisierungsschutz, neuerdings auch zur Technikgestaltung und Arbeitsstrukturierung, versuchen die Tarifvertragsparteien, die R. sozialverträglich zu gestalten.

### Gesellschaftliche Rationalisierung

R. ist der theoret. Schlüsselbegriff in MAX WEBERS universalhistor. Erklärung der Modernisierung alteurop. Gesellschaften. Deren Übergang in kapitalist. Gesellschaften ist durch einen interdependenten R.-Prozeß mit folgender Kernstruktur gekennzeichnet: kontinuierl., rationaler Erwerbsbetrieb mit freien Arbeitskräften und Kapitalrechnung; rationale Staatsanstalt mit bürokrat. Verwaltung; formales Recht als rationales Organisationsmittel; rationale Wissenschaft und Technik; eine nach ethischen Maximen geleitete, method. Lebensführung. Allen Elementen dieses gesellschaftl. R.-Prozesses ist als regulatives Prinzip die Zweckrationalität gemeinsam, d. h. die Angemessenheit der Mittel für die jeweils gewählten Zwecke.

Der gesellschaftl. R. ging eine religiöse R. voraus. In der christlich-jüd. Religion identifizierte WEBER Rationalitätspotentiale, die der Herausbildung rationaler Weltbilder und moderner Bewußtseinsstrukturen förderlich waren. Zu Ende geführt, bewirkte die R. der religiös-metaphys. Weltbilder eine ›Entzauberung der Welt‹ und schuf die Grundlagen für eine prot. Ethik, die, als innerweltl., um den Beruf zentrierte Askese, für WEBER die Schlüsselvariable der R. ist. Gleichsam im Schoße der traditionalen Gesellschaft entstand somit ein Verhaltenspotential, das im gesellschaftl. Modernisierungsprozeß, mit der Ausdifferenzierung von Subsystemen zweckrationalen Handelns, entbunden wurde. Die gesellschaftl. R. umfaßt dabei auch den Anspruch des einzelnen, seine Rationalität zur Geltung zu bringen und gleichberechtigt in der Gesellschaft mitzuwirken.

WEBER ist auch in der kulturellen Sphäre der R. nachgegangen. Insbesondere in der Musik, der Architektur und der autonomen Kunst deckte er die rationalen Strukturen der Materialbeherrschung und der Verwirklichung ästhet. Eigenwerte auf. Andererseits sah er die autonome Kunst in einem komplementären Verhältnis zur R. des Alltags. Als Kontrapunkt zum versachlichten Kosmos der Berufswelt bietet die künstler. (wie die erot.) Hingabe ›innerweltl. Erlösung vom Rationalen‹.

R., wie WEBER sie begriff, war für MARX gleichbedeutend mit Entfremdung. Aus der Sicht der Frankfurter Schule (T. W. ADORNO, M. HORKHEIMER, H. MARCUSE) war sie identisch mit der unheilvollen, fortschreitenden Herrschaft der instrumentellen Vernunft. Auch WEBER erkannte Widersprüche und Fehlentwicklungen der gesellschaftl. R. wie den Widerstreit zw. formaler und materialer Rationalität oder die Verkehrung von Mitteln zu Zwecken, hielt sie aber letztlich für unausweichlich.

In einer Neuinterpretation der gesellschaftl. R. wendet sich J. HABERMAS einerseits gegen die auf das Paradigma der Zweckrationalität verengte Sicht WEBERS, andererseits gegen die an der Urgeschichte menschl. Selbsterhaltung ansetzende, totalisierende Kritik der instrumentellen Vernunft ADORNOS und HORKHEIMERS. Ohne der instrumentellen und strateg. Handlungsrationalität ihren vernünftigen Sinn zu bestreiten, arbeitete er die Bedeutung der kommunikativen Rationalität heraus, die auf sprachlich-konsensuelle Verständigung der Menschen über Zwecke und Handlungsweisen zielt. Die Paradoxie der gesellschaftl. R.-Prozesses liegt für HABERMAS darin, daß durch die Ausdifferenzierung von Teilsystemen (Wirtschaft und Staat) mit eigenen, handlungskoordinierenden Medien (Geld, Macht) die soziale Lebenswelt zwar entlastet, daß aber durch den Übergriff der ›entsprachlichten‹ Kommunikationsmedien auf die Lebenswelt diese mit monetären und bürokrat. Mitteln ›systemisch kolonialisiert‹ wird.

### Rationalisierung des Alltags und der Freizeit

Das Phänomen der R. reicht heute weit über die klass. Bereiche zweckrationalen Handelns (Wirtschaft, Gesellschaft und Politik) hinaus. Ein Beispiel ist die R. der Familienplanung, die bis zur künstl. Befruchtung und Leihmutterschaft vorangeschritten ist. Mit der Verbreitung der Technik in Haushalt und Freizeit und mit der Popularisierung der Erkenntnisse aus Psychologie und Physiologie ist die außerbetriebl. Lebenswelt ebenfalls in den Sog der Zweckrationalität geraten. Effizienz und Zeitökonomie bestimmen auch die ›Konsumarbeit‹. Freizeitverhalten, sportl. Aktivitäten, Körperpflege, Ernährungsgewohnheiten u. a. geraten mehr und mehr unter Mechanismen externer Verhaltensbeeinflussung (u. a. durch Werbung) und interner Verhaltenskontrolle und -konditionierung (Diätpläne, Sportcomputer, Bodybuilding). Dem entspricht die Beobachtung, daß die Zeit auch in der außerberufl. Lebenswelt – trotz fortschreitender Arbeitszeitverkürzung – zu einem knappen Gut geworden ist und planvoll mit Freizeitaktivitäten gefüllt wird.

⇨ *Arbeit · Arbeitsteilung · Arbeitszeit · Automatisierung · Fortschritt · Freizeit · Humanisierung der Arbeit · Innovation · Investition · Lebensqualität · Leistungsgesellschaft · technischer Fortschritt · Wachstum · Wertanalyse · Wettbewerbsfähigkeit*

F. W. Taylor: Die Grundzüge wiss. Betriebsführung (a. d. Engl., ²1919, Nachdr. 1983); M. Weber: Ges. Aufs. zur Religionssoziologie, Bd. 1 (1920, Nachdr. 1988); ders.: Wirtschaftsgesch. (⁴1981); ders.: Wirtschaft u. Gesellschaft (⁵1985); F. von Gottl-Ottlilienfeld: Wirtschaft u. Technik (²1923); W. Sombart: Der moderne Kapitalismus, 3 Bde. (6.–7. Tsd. 1928); G. B. Ihde: Grundl. der R. (1970); D. S. Landes: Der entfesselte Prometheus (a. d. Engl., 1973); H. Wiesner: R. (1979); H. D. Mahes: R., in: Hwb. der Wirtschaftswiss., hg. v. W. Albers u. a., Bd. 6 (1981); R., hg. v. W. Kilger u. a. (1982); M. Horkheimer: Zur Kritik der instrumentellen Vernunft (Neuausg. 5.–7. Tsd. 1986); J. Habermas: Theorie des kommunikativen Handelns, 2 Bde. (Neuausg. 1988–91); Technikentwicklung u. Arbeitsteilung im internat. Vergleich, hg. v. K. Düll u. a. (1989); H. Kern u. M. Schumann: Das Ende der Arbeitsteilung? (⁴1990); Systemische R. als sozialer Prozeß, hg. v. J. Bergstermann u. a. (1990).

**Rationalisierungs|investition,** Investition, mit der eine wirtschaftlichere betriebl. Leistung durch eine bessere Ausnutzung der Produktionsfaktoren erreicht werden soll. In der Realität ist mit der Rationalisierung meist ein Ersatz und/oder eine Erweiterung der betriebl. Anlagen verbunden.

**Rationalisierungs-Kuratorium der Deutschen Wirtschaft e. V.,** Kurz-Bez. **RKW,** gemeinnütziger, vom Staat geförderter Verein, in dem Wirtschaft, Gewerkschaften, Bund und Länder sowie wiss. Institutionen der Betriebswirtschaftslehre und Technik zusammenarbeiten mit der Aufgabe, die techn., wirtschaftl. und soziale Leistungsfähigkeit v. a. der kleinen und mittleren Unternehmen durch Informationen, Weiterbildung und Training von Führungskräften und Beschäftigten sowie durch Beratung zu steigern. Sitz: Eschborn. 1921 als **Reichskuratorium für Wirtschaftlichkeit (RKW)** vom Reichswirtschaftsministerium und vom Dt. Verband technisch-wiss. Vereine in Berlin gegr., verlor es 1934 seine Selbstverwaltung durch Einsatz eines Reichskommissars; 1947 als **Rationalisierungs-Ausschuß der Deutschen Wirtschaft (RAW)** neugegr.; seit 1950 jetzige Bez. Schwerpunkte der Veröffentlichungen sind: Methoden zur Produktivitätssteigerung, Folgewirkungen von wirtschaftl. (z. B. Unternehmensplanung), techn. (z. B. Technikfolgenabschätzung) und sozialen Entwicklungen (z. B. Auswirkung der Automatisierung auf den Menschen).

**Rationalisierungsschutz,** Vereinbarungen in Form eines Tarifvertrags (R.-Abkommen) oder einer Betriebsvereinbarung zum Schutz der Arbeitnehmer vor den Folgen einer unternehmer. Rationalisierungs- oder Umstrukturierungsentscheidung. Für zukünftige Benachteiligungen können Ausgleichszahlungen oder Abfindungen vorgesehen werden. – Rationalisierungsvorhaben berühren das Mitwirkungsrecht des Betriebsrates; sie können durch Sozialpläne aufgefangen werden.

**Rationalismus** [zu lat. ratio ›Vernunft‹] *der, -,* **1)** *Philosophie:* Grundrichtung des philosoph. Denkens, die von der Überzeugung ausgeht, daß die Welt dem Verstand und der Vernunft gemäß, d. h. von log., gesetzmäßig berechenbarer Beschaffenheit sei (**metaphysischer R.**), nicht allein aus der sinnl. Erfahrung in ihrem Wesen erkannt werden könne (**erkenntnistheoretischer R.**) und daß das sittl. Handeln von Vernunftwahrheiten geleitet werde (**ethischer R.**). Der erkenntnistheoret. R. geht im Ggs. zu →Empirismus und →Sensualismus davon aus, daß es Vernunftwahrheiten gibt, die von aller Erfahrung unabhängig (a priori) und von höherem Rang sind als die aus der Erfahrung geschöpften Erkenntnisse, und daß auf ihnen das Gebäude der Philosophie zu errichten ist. – Als Vorbild reiner Vernunfterkenntnis gelten die Mathematik und die Naturwissenschaften. Der R. behauptet den Primat der Vernunft gegen lebensweltl. Zusammenhänge, soweit diese nicht rational bestimmbar sind (Traditionen, Vorurteile, Aberglauben, Mystizismus, autoritäre Setzungen). Nach rationalist. Auffassung sind alle geschichtl. Erscheinungen, bes. die Kulturgebilde, aus vernunftgeleiteten Erwägungen und Entschlüssen der handelnden Menschen entstanden – z. B. der Staat aus bewußter Vereinbarung, Sprache und Kunst als absichtsvoller Erfindung, Religion ohne Offenbarung – oder sie lassen sich als solche rational rekonstruieren.

Die geistesgeschichtl. Entwicklung der Systeme des R. setzte im 17./18. Jh. ein. Ausschlaggebend dafür war R. Descartes mit seinem erkenntniskrit. Rückgang auf das Subjekt (›Cogito, ergo sum‹, d. h. Autonomie der subjektiven Vernunft), seiner Lehre von den angeborenen Ideen (im Unterschied zum Empirismus etwa bei J. Locke, wonach wir nur durch Erfahrung zu Bewußtseinsinhalten gelangen). Weitere Hauptvertreter waren B. de Spinoza, etwa mit seinem Entwurf einer Ethik ›more geometrico‹ (›nach Art der Geometrie‹), G. W. Leibniz mit seiner ›mathesis universalis‹, d. h. dem Programm einer (alle formalen und a priori begründbaren Wissenschaften einschließenden und ihrerseits) an der Mathematik orientierten Universalwissenschaft sowie C. Wolff. In I. Kants Lehre vom synthet. Urteil a priori findet der R. dann sein Grundprinzip, d. h. die ›Bedingung der Möglichkeit‹ einer sich selbst begreifenden Vernunft. Die rationalist. Bewegung fand ihren Höhepunkt in der Aufklärung, die sich sowohl auf den kartesian. (erkenntnistheoret.) R. i. e. S. als auch auf das klass. Empirismus organisierende Programm einer rational geplanten Erfahrungs- und Lebenswelt bezog. R. und Empirismus im klass. Sinne erweisen sich von daher als erkenntnistheoret. Varianten der aufklärer. Einsicht in den Zusammenhang von Vernunft und Erfahrung sowie des Primats der wiss. Vernunft (›l'esprit géométrique‹) gegenüber traditionellen, auch theolog. Orientierungen.

Die Auswirkungen des R. zw. dem 17. und 19. Jh. waren groß, bes. in der Religionswissenschaft und prot. Theologie (Überprüfung der Glaubenslehre an den Maßstäben der Vernunft, Umdeutung der Dogmen in Vernunftwahrheiten, der Wunder in natürl. Vorgänge). Bis heute haben die Entwicklungen auf naturwissenschaftlich-techn. Gebiet Universalisierungstendenzen des R. bestärkt, wonach dieser u. a. auch für die Erkenntnisse von Geschichtsverläufen wie für psycholog. und lebensweltl. Zusammenhänge (rationale Analyse und Planung) allein maßgeblich sei. Andererseits wurden mit der Aufklärung zugleich die Grenzen des R. deutlich: u. a. Verkennung der Macht des Unbewußten und der nichtrationalen Seelenkräfte, die Unterschätzung überrationaler Wertsetzungen. So finden sich im 18. bis 20. Jh. auch zahlreiche Ansätze einer R.-Kritik, u. a. im Sturm und Drang und der Romantik (→ irrational 2), bei F. NIETZSCHE, H. BERGSON, M. HEIDEGGER, in der neueren frz. Philosophie (Kritik am die abendländ. Philosophiegeschichte bestimmenden Totalitarismus der Vernunft, Einsicht in die faktische Pluralität von Diskursen und Lebenswelten), in differenzierter Form in der Wissenschaftstheorie des →kritischen Rationalismus (K. POPPER u. a.) und der Gesellschaftstheorie der →kritischen Theorie (M. HORKHEIMER, T. W. ADORNO).

War Erkenntnis im traditionellen Sinne an der Übereinstimmung des Denkens mit der Wirklichkeit orientiert, so haben die Differenzierungen der Wiss. und Wissenschaftsbereiche zunehmend zu einem konstruktiven Arbeiten mit versch. Systemmodellen geführt, die, von einer immanenten Logik bestimmt, nicht ineinander übersetzbar oder miteinander verknüpfbar sind; in diesem Sinne hat die Wissenschaftsentwicklung zu einer Pluralität von Rationalitäten geführt, was dem ursprüngl. Anspruch des R. als einem universalen Prinzip nicht mehr entspricht. Zum anderen haben u. a. die Entwicklungen der Wissenschaften selbst das Ungenügen eines ausschließlich wissenschaftlich-technolog. Denkens und des rationalistisch-aufklärer. Fortschrittsoptimismus zur Lösung der Probleme von Mensch und (Um-)Welt erwiesen; sie haben zu der Erkenntnis beigetragen, daß naturwissenschaftlich-techn. Rationalität in lebensweltl. Zusammenhänge eingebettet ist, die von (politisch-prakt., eth., ästhet., ökolog.) Normen und Werten bestimmt sind und nicht auf jene reduziert werden können.

E. CASSIRER: Das Erkenntnisproblem in der Philosophie u. Wiss. der neueren Zeit, 4 Bde. (¹⁻³1922−57, Nachdr. 1971−73); J. MITTELSTRASS: Neuzeit u. Aufklärung. Studien zur Entstehung der neuzeitl. Wiss. u. Philosophie (1970); G. BACHELARD: Le rationalisme appliqué (Paris ⁵1975); ders.: Die Bildung des wiss. Geistes (a. d. Frz., Neuausg. 1987); Sinnlichkeit u. Verstand in der dt. u. frz. Philosophie von Descartes bis Hegel, hg. v. H. WAGNER (1976); Gesch. der Philosophie in Text u. Darst., hg. v. R. BÜBNER, Bd. 5: R., hg. v. R. SPECHT (1979); Truth, knowledge and reality, hg. v. G. H. R. PARKINSON (Wiesbaden 1981); J. ZELENÝ: Dialektik der Rationalität (Neuausg. 1986); G. BÖHME: Wirkungsgesch. des Humanismus im Zeitalter des R. (1988).

2) *Sprachwissenschaft:* am philosoph. R. orientierte Sprachkonzeption, →cartesianische Linguistik, →Mentalismus.

**Rationalitätsbereich,** *Mathematik:* veraltete Bez. für → Körper 1).

**Rationalitätsgesetz, Gesetz der rationalen Indizes,** →kristallographische Grundgesetze.

**Rationalprinzip,** Bez. für ein bestimmtes, rationales Entscheidungsverhalten. Danach entscheidet rational, wer auf der Grundlage der ihm zur Verfügung stehenden Informationen die ihm am günstigsten erscheinende Alternative wählt. Die Rationalität von Entscheidungen wird oft auf eine bestimmte Zweckrationalität eingeengt. Ein Beispiel ist der Homo oeconomicus, der allein nach wirtschaftl. Kriterien wie Kosten, Nutzen, Gewinn handelt (→ Wirtschaftlichkeitsprinzip).

**Rationaltheater,** bis 1975 **Münchner R.,** 1965 von RAINER UTHOFF (* 1937) u. a. gegründetes politischsatir. Kabarett, dessen Programme unter Verwendung von Ton- und Bilddokumenten teilweise den Charakter von Agitprop annahmen.

**rationell** [frz., zu lat. ratio ›Vernunft‹], auf Wirtschaftlichkeit bedacht, zweckmäßig.

**Rationierung,** 1) *Börsenwesen:* →Repartierung.

2) *Wirtschaftspolitik:* **Bewirtschaftung,** behördl. Verteilung von Gütern und Vorräten, bes. Lebensmitteln, die nicht ausreichend vorhanden sind oder erzeugt werden können. Dadurch sollen eine gleichmäßige Versorgung der Verbraucher unter Sicherung des vordringl. Bedarfs erreicht und Preissteigerungen vermieden werden. Die R. ist meist mit staatlich verordneten Höchstpreisen verbunden. Sie wird in Notzeiten oder im Rahmen einer Kriegswirtschaft mit Hilfe von Bezugsscheinen durchgeführt. Im Bereich der Produktion erstreckt sich die R. u. a. auf die Belieferung mit Rohstoffen und Investitionsgütern. Eine R. führt meist zur Entstehung schwarzer Märkte.

3) *Wirtschaftstheorie:* →Ungleichgewichtstheorie.

**Ratio studiorum** [lat.] *die, - -,* eigtl. **Ratio atque Institutio studiorum Societatis Jesu,** [lat. ›Grundsätze und Ordnung der Studien innerhalb der Gesellschaft Jesu‹], die am 8. 1. 1599 verabschiedete, für alle Jesuitenkollegien verbindl. Studienordnung. Sie verband bewährte Methoden wie jene aus Paris (Modus Parisiensis) mit der italien. humanist. Pädagogik. Inhaltl. Schwerpunkte lagen in den klass. Sprachen, der aristotel. Philosophie und der thomist. Theologie. Moderne Prinzipien waren u. a. die Einführung des Klassensystems, des volkssprachl. Unterrichts (in Ergänzung zum Latein) und die Beachtung von Chancengleichheit und Leistungsprinzip. Die R. s. wurde mehrfach überarbeitet, grundlegend 1832.
R. s. et institutiones ..., hg. v. G. M. PACHTLER, 4 Bde. (1887−94, Nachdr. 1968); M. LUNDBERG: Jesuitische Anthropologie u. Erziehungslehre in der Frühzeit des Ordens: ca. 1540−ca. 1650 (Uppsala 1966).

**Ratisbonne** [ratis'bɔn], Marie-Théodore, kath. Theologe, * Straßburg 28. 12. 1802, † Paris 10. 1. 1884; konvertierte 1827 vom jüd. zum kath. Glauben und wurde 1830 Priester. 1843 gründete er mit seinem Bruder MARIE-ALPHONSE (* 1812, † 1884) die Kongregation der Sionsschwestern (Religieuses de Notre-Dame de Sion), 1855 die der Missionsväter Unserer Lieben Frau von Sion (Société des prêtres-missionaires de Notre-Dame de Sion). Ziel war v. a. die Mission unter Juden in Palästina.

**Rätische Alpen,** Sammel-Bez. für den zentralen W-Teil der Ostalpen zw. Splügen und Hinterrhein im W und Reschenpaß und Arlberg (über Inn- und Rosannatal) im NW, im S bis zur Adda (Veltlin), im N bis zur Ill und Alfenz (Klostertal) reichend; i. e. S. nur die Teile nordwestlich von Bergell und Engadin/Inntal; im engsten Sinne von diesem nur der Bereich vom Splügen bis zum Flüela.

**Ratke, Ratich,** Wolfgang, latinisiert **Ratichius,** Schulreformer, * Wilster 18. 10. 1571, † Erfurt 27. 4. 1635; setzte sich für eine ›natürl. Methode‹ ein, die den Unterricht auf Anschauung und Muttersprache gründet, und forderte die Verantwortung des Staates für die Schulen (1612 legte er dem Reichstag in Frankfurt am Main ein entsprechendes ›Memorial‹ vor). Bei eigenen prakt. Versuchen ohne Erfolg, war R. doch zugleich Sprachrohr und Anreger seiner Zeit, beeinflußte u. a. J. A. COMENIUS.
Ausgaben: Kleine pädagog. Schr., hg. v. K. SEILER (1967); Allunterweisung, hg. v. G. HOHENDORF, 2 Bde. (1970−71).

**Ratnapura** [ˈrætnəpuərə], Stadt in Sri Lanka, südöstlich von Colombo, (1985) 51 000 Ew.; Schmucksteingewinnung und -bearbeitung, Handelsplatz für landwirtschaftl. Erzeugnisse.

**Rätoromanen,** zusammenfassende Bez. für die Rätoromanisch sprechenden Bevölkerungsgruppen im Alpenraum; als R. i. e. S. gelten die Bündnerromanisch sprechenden R. (Bündnerromanen) im schweizer. Kt. Graubünden, i. w. S. auch die Ladiner in den Dolomiten und die Friulaner (Furlani) in Friaul.

**rätoromanische Sprache.** Im Anschluß an den lat. Provinznamen Raetia wurde Graubünden auch als Alt Fry Raetien bezeichnet; dementsprechend war ›Rätisch‹ der gelehrte Name für das →Bündnerromanische, das volkstümlich ›Churer Welsch‹ (daher ›Kauderwelsch‹ für ›unverständl. Sprache‹) genannt wurde. Als im 19. Jh. die wiss. Feststellung von Ähnlichkeiten zw. dem Bündnerromanischen, dem Dolomitenladinischen (→Ladinisch) und dem →Friaulischen dazu führte, daß man diese drei Gebiete als Reste einer älteren Sprachgemeinschaft ansah, wurde der alte Terminus ›Rätoromanisch‹ als übergreifender Name für diese Sprachen gewählt. Dieser Bez. verhalf der österr. Romanist T. GARTNER zum Durchbruch, dem die erste systemat. Grammatik (›Rätoroman. Grammatik‹, 1883) und wiss. Beschreibung (›Handbuch der r. S. und Literatur‹, 1910) zu verdanken sind. GARTNER versuchte, den Namen ›Rätoromanisch‹ durch den Hinweis auf ein gemeinsames vorlat. Substrat der drei Gruppen, eben das antike Rätische, zu rechtfertigen. Mit dieser Auffassung trat er in teilweisen Ggs. zu dem italien. Sprachwissenschaftler G. I. ASCOLI, der schon ein Jahrzehnt zuvor die Zusammenfassung der drei Gruppen zu einer Sprache vorgeschlagen und nach einer lokal vorhandenen Selbst-Bez. der Sprecher den Namen ›Ladino‹, der noch heute in Italien üblich ist, geprägt hatte (›Saggi ladini‹, 2 Bde., 1873–83). ASCOLI hob jedoch hervor, daß weder Friaul noch die Dolomiten zur Provinz Raetia gehört hatten und daß es dort also auch kein rät. Substrat geben könne. Im Grundsatz waren ASCOLI und GARTNER jedoch derselben Ansicht: Für sie war das Rätoromanische eine eigenständige roman. Sprache, die vom Italienischen klar zu trennen ist.

Das Postulat einer r. S. war bis kurz vor dem Ersten Weltkrieg unumstritten; 1910 äußerte CARLO BATTISTI (* 1882, † 1977) erste Zweifel, und CARLO SALVIONI (* 1858, † 1920) formulierte 1917 die Theorie, daß es keine signifikanten Ost-West-Zusammengehörigkeiten gäbe, sondern daß man Nord-Süd-Verbindungen zw. dem Bündnerromanischen und dem Lombardischen, zw. dem Dolomitenladinischen und dem Alpinvenezianischen sowie zw. dem Friaulischen und dem Venezianischen habe. Der entscheidende Punkt dieser Auffassung ist darin zu sehen, daß sie nicht nur die Eigensprachlichkeit des Rätoromanischen in Frage stellt, sondern dazu tendiert, seine Konstituenten zu italien. Dialekten zu machen. Die Auseinandersetzung um die Frage, ob die Ascoli-Gartner-These oder die Battisti-Salvioni-Auffassung zutreffend sei (›questione ladina‹), bekam einen zunehmend politisch-nat. Charakter, wobei die ältere Ansicht eher in den deutschsprachigen Ländern und die jüngere Ansicht vorwiegend in Italien den Ton angab. Die Verquickung mit der Südtirolfrage und mit Ansprüchen des faschist. Italien auf die Südschweiz machten eine rein wiss. Diskussion lange Zeit unmöglich. Erst in den 1970er Jahren näherte man sich einer Klärung, ohne daß diese jedoch bereits erreicht wäre.

Nicht wenige Romanisten neigen heute dazu, den Terminus ›Rätoromanisch‹ zu vermeiden bzw. ihn im landläufigen Schweizer Sinne, also als Synonym für Bündnerromanisch, zu verwenden. Dabei ist unumstritten, daß das Bündnerromanische eine eigene roman. Sprache ist, die auch im MA. bereits klar vom Lombardischen zu unterscheiden war. Auch das Friaulische wird weitgehend als eigenständiges Idiom anerkannt; es ist jedenfalls kein archaischer Dialekt des Veneto. Das Dolomitenladinische wird oft in engerem Zusammenhang mit den südlich anschließenden oberitalien. Mundarten gesehen. Dabei wird davon ausgegangen, daß die Sprache der Poebene bis weit ins MA. hinein Charakteristika aufwies, die sich heute nur noch in den archaisch gebliebenen nördl. Randzonen zeigen. In der heutigen Romanistik ergeben sich somit im wesentlichen drei Positionen: 1) Beibehaltung von ›Rätoromanisch‹ als Terminus für eine gemeinsame, historisch gewachsene roman. Sprache; 2) Verzicht auf den Gebrauch des Ausdrucks ›Rätoromanisch‹ zugunsten der drei Varietäten Bündnerromanisch, Dolomitenladinisch und Friaulisch, wobei diese jedoch in mehr oder weniger engem Kontakt und in sprachl. Affinität mit den angrenzenden Sprachräumen bes. Oberitaliens gesehen werden; 3) Anerkennung von Bündnerromanisch, Dolomitenladinisch und Friaulisch als autonome sprachliche Einheiten, die zwar historisch und wissenschaftsgeschichtlich miteinander verwandt sind, aus primär soziolinguistischer Perspektive aber als eigenständige roman. Sprachen zu interpretieren sind.

Raetia antiqua et moderna. W. Theodor Elwert zum 80. Geburtstag, hg. v. G. HOLTUS u. a. (1986); ›Rätoromanisch‹ heute, hg. v. dems. u. a. (1987); Lex. der Romanist. Linguistik, hg. v. dems. u. a., Bd. 3 (1989); G. B. PELLEGRINI: La genesi del retoromanzo (o ladino) (Tübingen 1991).

**räto-tyrrhenische Sprachgruppe,** hypothet. vorgeschichtliche Spracheinheit, die in histor. Zeit nur durch die Stele von Lemnos, die etrusk. Inschriften in Mittelitalien und die rätischen Inschriften im Alpenraum bezeugt ist. Die r.-t. S. gilt als der indogerman. Sprachgruppe verwandt.

**Ratpert,** alemann. Schriftsteller, * um 840/850, † St. Gallen 25. 10. vor 912 (900 ?); Benediktiner, Lehrer und Vorsteher an der Klosterschule St. Gallen; verfaßte lat. Hymnen, den ersten Teil des zeitgeschichtlich bedeutenden ›Casus sancti Galli‹, einer Chronik des Klosters St. Gallen bis 884 (u. a. auch von EKKEHART IV. fortgeführt), und in althochdt. Sprache einen ›Lobgesang auf den hl. Gallus‹, der nur in drei voneinander abweichenden lat. Bearbeitungen EKKEHARTS IV. erhalten ist.

**Ratsche, Knarre, 1)** *Musik:* **Schnarre,** zu den Schrapidiophonen zählendes Geräuschinstrument, bei dem an einer Achse, die zugleich als Handgriff dient, ein bewegl. Rahmen mit einer elast. Holzzunge und ein feststehendes Zahnrad angebracht sind. Beim Schwenken schlägt die Zunge gegen die Radzähne. Bei größeren Instrumenten mit mehreren Zungen steht der Rahmen fest, und das Zahnrad wird mit einer Kurbel bewegt. Wohl ein altes Kultinstrument, wird die R. heute u. a. zur Vogelabwehr, bei Silvester-, Fastnachts- und Karwochenbräuchen (Ersatz für das Glockengeläut), als Kinderinstrument und gelegentlich im Sinfonieorchester verwendet.

**2)** *Technik:* Zahnkranz mit ein- oder ausschaltbarer Sperrklinke zum Feststellen eines Getriebeteils, z. B. der Handbremse beim Kraftwagen, oder mit aufsteckbaren Werkzeugen, z. B. zum Anziehen und Lösen von Schrauben und Muttern; zur Bohr-R. →Bohren.

**Rätsel** [spätmhd. rætsel, rätsel, u. ahd. rātan, urspr. ›(aus)sinnen‹, ›Vorsorge treffen‹], Denkaufgabe, meist bildhaft-konkrete Umschreibung eines Gegenstands, eines Vorgangs, einer Person u. a., die es zu erraten gilt. Die Art der Verschlüsselung steht in bestimmter Beziehung zur Lösung, die oft durch bewußte Irreführung erschwert wird. Es ist zu unterscheiden zw. nichtlösbaren R. (Wissens- oder Weisheitsfragen religiösen oder philosoph. Inhalts, Deutungen, Prophezeiungen und Scheinfragen, deren Beantwortung nur dem Eingeweihten möglich ist) und lösbaren R., der eher spielerisch-unterhaltsamen Form der ›Verrätselung‹, die mit Verstand und Witz gelöst werden können. Die Formen des R. reichen von der einfachen Frage zur mehrzeiligen (gereimten) Strophe; oft sind R. auch in größere Gattungsformen (z. B. Sage, Märchen, Erzählung) eingebettet. Zu unterscheiden sind Buchstaben-R. (Logogriph), Zahlen-R. (Arithmogriph), Silben-R. (Scharade), Palindrom, Homonym (›Teekessel‹), Anagramm sowie das → Bilderrätsel.

Das R. gehört als ›einfache Form‹ zu den ältesten Volksdichtungen; sein Ursprung liegt im Orient, ein Beispiel sind die Sanskrit-R. des Rigveda (um 1000 v. Chr.), die die abendländ. R.-Überlieferung stark beeinflußten. Von einem R.-Wettkampf der Königin von Saba mit SALOMON berichtet die Bibel. Beispiele griech. R.-Dichtung liefern HOMER, HESIOD, PINDAR, HERAKLIT, PLATON, HERODOT und die Dramatiker. Die erste lat. R.-Sammlung verfaßte SYMPHOSIUS (4./5. Jh.); sie beeinflußte nachhaltig die mittelalterl. Tradition, v. a. die anglolat. R.-Dichtung im 7. und 8. Jh. Eine bedeutende altnord. Tradition läßt sich nachweisen. Frühe Zeugnisse gibt es auch in R.-Spielen und R.-Dichtungen bei Arabern und Juden.

Die dt.-sprachige Tradition setzte mit den R. mittelhochdt. Spruchdichter wie REINMAR VON ZWETER ein und wurde von den Meistersingern weitergeführt; ein wichtiges Textzeugnis ist auch das ›R.-Spiel‹ im ›Wartburgkrieg‹ (13. Jh.). An SYMPHOSIUS knüpften wiederum die Humanisten an, z. B. J. CAMERARIUS und G. PONTANO. Schon in der Frühzeit des Buchdrucks erschienen billige R.-Hefte, so 1500 das mehrfach nachgedruckte ›Straßburger R.-Buch‹. Im Zusammenhang mit der barocken Neigung zur Emblematik gewann in dieser Zeit insbesondere das Bilder-R. an Beliebtheit. Das R. als literar. Kunstform erlangte eine Blütezeit im 18. und frühen 19. Jh.; es hebt sich vom Volks-R., das von J. G. HERDER und J. J. GÖRRES postuliert wurde, bes. durch die stilist. Ausformung ab. Bedeutung hat das R. u. a. bei SCHILLER, C. BRENTANO, J. P. HEBEL, W. HAUFF, F. D. E. SCHLEIERMACHER und A. SCHOPENHAUER.

In der Folge wurden in aller Welt R. aus mündl. Überlieferung aufgezeichnet, die sich im Ggs. zum Kunst-R. meist mit konkreten Objekten aus Umwelt und Alltagsleben beschäftigen: Sie sind knapper in der Form und einfacher, zugleich sehr überzeugend in ihren Vergleichsbildern. Heute finden sich R. v. a. in Kinderbüchern und Unterhaltungszeitschriften (z. B. Kreuzwort-R.) sowie v. a. auch in den von den Medien organisierten öffentl. Fragespielen.

A. TAYLOR: English riddles from oral tradition (Berkeley, Calif., 1951); L. SADNIK: Südosteurop. R.-Studien (Graz 1953); L. BØDKER u. a.: The nordic riddle. Terminology and bibliography (Kopenhagen 1964); M. HAIN: R. (1966); H. BAUSINGER: Formen der ›Volkspoesie‹ (²1980); H. GÖBEL: Studien zu den altengl. Schriftwesen-R. (1980).

**Rätselkanon,** *Musik:* → Kanon 6).

**Ratsiraka,** Didier, madegass. Admiral und Politiker. * Vatomandry (O-Madagaskar) 4. 11. 1936; wurde in Frankreich zum Seeoffizier ausgebildet, war nach dem Sturz des Präs. P. TSIRANANA (1972) 1972–75 Außenmin. in der Reg. Ramanantsoa. Im Verlauf der Staatskrise von 1975 wurde er als Vors. des ›Obersten Revolutionsrates‹ Staatschef. Nach dem Inkrafttreten einer neuen Verf. wurde er im Jan. 1976 zum Staatspräs. gewählt (1982 und 1989 wiedergewählt).

**Ratskammer,** in *österr.* Strafprozeß eine Besetzungsform des Gerichtshofes I. Instanz (funktionelle Zuständigkeit). Die R. besteht aus drei Berufsrichtern, ihr obliegt vornehmlich die Aufsicht über die Vorerhebungen und Voruntersuchungen ihres Sprengels (§ 12 StPO). Zuständig für Beschwerden gegen Beschlüsse der R. ist das jeweilige OLG.

**Ratskeller,** Gaststätte im Untergeschoß des Rathauses (in Dtl. ältester R. in Lübeck, 1. Hälfte des 13. Jh.).

**Rats|pensionär** [-pāzi-, -panzi-, -pɛnzi-], niederländ. **Raadpensionaris** ['ra:tpɛnʃonarəs], in der niederländ. Prov. Holland urspr. der Landesanwalt, seit 1572, bes. seit 1584 der Führer der holländ. Vertretung bei den Generalstaaten, der leitende Beamte der holländ. Landstände und damit praktisch eine Art Ministerpräsident, im 17. Jh. oft im Ggs. zu den Oraniern. Bedeutende R. waren z. B. J. VAN OLDENBARNEVELT und J. DE WITT.

**Ratsschulen,** im späteren MA. (13. Jh.) die von den Städten errichteten und unterhaltenen Schulen, im Unterschied zu den kirchl. → Domschulen und Stiftsschulen. R. hatten bes. in den bürgerl. Handelsstädten (Nürnberg, Hamburg, Lübeck) Bedeutung. Sie vermittelten neben Lesen, Schreiben und Rechnen zunehmend auch Grundkenntnisse in Latein, der damaligen Gebrauchssprache der Behörden, Ämter und des kaufmänn. Sektors. Für die R. von Zwickau ist bereits 1291 die Bez. → Lateinschule belegt.

**Rattan** [malaiisch-engl.], **Ratan** *das, -s/-e,* das → Peddigrohr.

**Rattanpalme,** 1) Bez. für versch. kletternde Palmen mit biegsamen Achsen und fiederartigen Blättern (→ Rotangpalme).

2) **Daemonorops,** Palmengattung mit rd. 80 Arten im trop. Asien; schlanke, aufrechte oder kletternde Palmen mit fiederartigen Blättern. Die dünnen, langen Stämme der kletternden Arten werden ähnlich wie die Stämme der Rotangpalme genutzt. Eine bekannte Art ist die **Drachenblutpalme** (Daemonorops draco) auf den Inseln des Malaiischen Archipels; aus den Früchten wird ein dunkelrotbraunes Harz gewonnen, das früher v. a. für Geigenlacke verwendet wurde und heute als Farbharz dient.

**Rattazzi,** Urbano, italien. Politiker, * Alessandria 20. 6. 1808, † Frosinone 5. 6. 1873; wurde 1848 Abg. im Parlament von Sardinien-Piemont und war seit 1850 Führer der gemäßigten Linken, die 1852 mit der gemäßigt-liberalen ›Destra storica‹ Graf CAVOURS ein parlamentar. ›Mitte-Links-Bündnis‹ (›connubio‹) einging. 1862 und 1867 italien. Min-Präs., scheiterte R. jeweils am gewaltsamen Vorgehen G. GARIBALDIS in der Röm. Frage.

**Ratten,** 1) allg. Bez. für viele Säugetiere aus den unterschiedlichsten systemat. Gruppen (v. a. Nagetiere), z. B. Beutel-R., Mähnen-R., Maulwurfsratten.

2) **Echte R., Rattus,** Gattung der → Mäuse mit etwa 55 urspr. v. a. ost- und südostasiat. Arten mit zahlreichen Unterarten. Sie sind etwa 10–30 cm körperlang, der Schwanz ist meist länger. In Körperbau, Nahrungsbedarf (meist ausgesprochene Allesfresser) und Verhalten wenig spezialisiert und daher äußerst anpassungsfähig; darüber hinaus besitzen sie eine sehr hohe Fortpflanzungsrate; einige Arten, die sich dem Menschen angeschlossen haben, konnten sich weltweit ausbreiten und Lebensräume jegl. Art besiedeln (v. a. → Hausratte und → Wanderratte).

Für den Menschen spielen R. eine große Rolle als Schädlinge, sei es durch Schäden, die sie an Feldfrüchten, Vorräten und Behausungen verursachen, sei es als Überträger gefährl. Krankheiten (z. B. Pest). Die Bekämpfung erfolgt durch chem. Mittel (Rodentizide), mechanisch mit Hilfe von Fallen (Ködergifte) und im Freiland auch durch den Einsatz von Räucherpatronen. Die ›Laborratte‹, eine Zuchtform der Wanderratte, ist in der biolog., medizin. und pharmazeut. Forschung eines der wichtigsten Versuchstiere.

**Ratten, Die,** Tragikomödie von G. HAUPTMANN, Erstausgabe Berlin 1911, Urauff. Berlin 3. 1. 1911.

**Rattenbandwurm, Hymenolepis diminuta,** bis 60 cm langer, weltweit verbreiteter Bandwurm bei

Didier Ratsiraka

Kleinnagern (bes. Ratten und Mäusen), der gelegentlich auch den Menschen befällt. Zwischenwirte sind Insekten, v. a. Flöhe und Haarlinge.

**Rattenberg,** Stadt im Bez. Kufstein, Tirol, mit 0,11 km² und (1989) 600 Ew. kleinste Stadt Österreichs; Bez.-Gericht; mehrere Glasveredelungsbetriebe, Fremdenverkehr. – Das im Schutz einer Burg im 12. Jh. angelegte R. erhielt 1393 das Stadtrecht der oberbayer. Städte. Im 15./16. Jh. war die Stadt ein Zentrum des Tiroler Erzbergbaus. – Maler. Straßenbild mit typ. Innstadthäusern (traufständige Häuser, bei denen aber gerade Stirnmauern die Grabendächer

**Rattenberg:** Häuser mit geraden Stirnmauern, die die Grabendächer verdecken

verdecken; 15./16. Jh.). Die Pfarrkirche St. Virgil, eine spätgot. zweischiffige Halle (1507 geweiht), wurde um 1730 barockisiert: Wessobrunner Stukkaturen, Fresken von S. FAISTENBERGER und M. GÜNTHER; ehem. Servitenklosterkirche (1707–09); Spitalkirche (geweiht 1506); Burgruine (13. und 16. Jh.).

**Rattenbißfieber, Sodoku,** durch Biß von Nagetieren, im Einzelfall auch von anderen Kleintieren wie Katzen oder Eichhörnchen übertragene Infektionskrankheit; urspr. in Japan verbreitet, seit 1915 weltweit (Erreger: Spirillum minus).

Nach einer Inkubationszeit von 1–3 Wochen kommt es zu schmerzhafter Geschwürbildung an der Bißstelle mit Anschwellung der regionalen Lymphknoten, in Abständen von 3–10 Tagen wiederkehrendem, meist 1–2 Tage anhaltendem hohem Fieber, Hautausschlägen, Muskel- und Gelenkschmerzen und Anämie. Die Krankheitsdauer beträgt 1–3 Monate; Behandlung mit Antibiotika.

**Sir Terence Rattigan**

**Rattenfänger von Hameln,** Sage aus der Mitte des 16. Jh. (ältester gedruckter Bericht 1555/56), nach der 1284 ein Pfeifer 130 Kinder aus der Stadt Hameln entführt haben soll. Frühere Quellen berichten einzig vom Geschehen des Kinderauszugs. Seit der Mitte des 17. Jh. wurde die Historizität der Geschichte überwiegend angezweifelt. Über die denkbaren Hintergründe des Geschehens und des Verschwindens der Kinder herrschen bis heute unterschiedl. Auffassungen. Der Sagenstoff findet sich als Ballade, Lied, Komödie, dramat. Legende, Novelle, Liebesgeschichte, Kinderfilm, Papiertheater, Bilderbuch u. a. Behandelt ist die Sage in G. ROLLENHAGENS ›Froschmeuseler‹ (1595), in ›Des Knaben Wunderhorn‹ (1806), in einem Gedicht von R. BROWNING (›The Pied Piper of Hamelin‹, 1855), in der Versérzählung ›Der R. v. H.‹ von J. WOLFF (1875), im Zeichentrickfilm ›The Pied Piper‹ (1934) von W. DISNEY sowie in ›Der Rattenfänger‹ von C. ZUCKMAYER (Urauff. 1975).

W. WANN: Die Lösung der Hamelner Rattenfängersage (Diss. Würzburg 1949); W. KROGMANN: Der R. v. H., in: Rheinisch-Westfäl. Ztschr. für Volkskunde, Jg. 14 (1967); H. DOBBERTIN: Quellensamml. zur Hamelner Rattenfängersage (1970); Der R. v. H. Ein Lese-, Lieder-, Bilder-Buch, hg. v. N. HUMBURG (1984); Geschichten u. Gesch. Erzählforschertagung in Hameln, Okt. 1984, hg. v. dems. (1985); H. SPANUTH: Der R. v. H. (⁴1985); E. LIEBS: Kindheit u. Tod. Der Rattenfänger-Mythos als Beitr. zu einer Kulturgesch. der Kindheit (1986).

**Rattenkönig,** Ratten, die mit den Schwänzen (auch den Hinterbeinen) aneinanderhängen; der R. entsteht durch längeres, enges Beieinanderliegen der Rattenjungen im Nest, wobei die Schwanzhaare durch Schmutz und Exkremente unter Umständen so fest miteinander verkleben, daß sie sich nicht mehr lösen lassen und die Tiere nicht überleben können.

**Rattenlungenwurm, Angiostrongylus cantonensis,** in SO-Asien und Australien vorkommender, bis 25 mm langer Fadenwurm, der in den Lungenarterien von Ratten lebt. Gelangen die sich in versch. Landschnecken entwickelnden Jugendstadien in einen unspezif. Wirt (Rinder, Schweine, Krebse), können sie durch deren rohen Verzehr gelegentlich auch vom Menschen aufgenommen werden und nach Wanderung ins Gehirn die **Angiostrongylose,** eine Meningoenzephalitis, verursachen. Symptome sind Fieber, Koma, Lähmungen und Eosinophilie.

**Rattennattern, Zaocys,** Gattung der Nattern mit sechs Arten in Hinterindien, China und dem Indoaustral. Archipel, deren größte die **Gekielte R.** (Zaocys carinatus) mit bis 3,7 m Länge ist.

**Rattenschlangen, Ptyas,** Gattung bis 3,6 m langer Nattern mit drei Arten in Mittel-, Ost- und Südostasien. Die ungiftigen, schlanken und sehr gewandten R. ernähren sich von versch. Wirbeltieren.

**Rattenschwanzlarve,** die Larve der →Mistbienen.

**Rattigan** [ˈrætɪgən], Sir (seit 1971) Terence Mervyn, engl. Dramatiker, * London 10. 6. 1911, † Hamilton (Bermudainseln) 30. 11. 1977; schrieb bühnenwirksame, unterhaltende Stücke, die sich am Geschmack des breiten Publikums orientieren, aber zugleich kritisch allgemeinmenschl. Probleme wie Gerechtigkeit (›The Winslow boy‹, 1946; dt. ›Der Fall Winslow‹) oder Einsamkeit und die Folgen gesellschaftl. Vorurteile gestalten (›The deep blue sea‹, 1952, dt. ›Tiefe blaue See‹, auch u. d. T. ›Die lockende Tiefe‹; ›Separate tables‹, 1955, dt. ›An Einzeltischen‹, verfilmt).

Ausgaben: The collected plays, 4 Bde. (¹⁻⁶1964–78); Plays, 2 Bde. (1981–85, Bd. 1 Nachdr. 1984).

M. DARLOW u. G. HODSON: T. R. (London 1979); S. RUSINKO: T. R. (Boston, Mass., 1983).

**Rat von Sachverständigen für Umweltfragen,** Abk. **SRU,** unabhängiges, interdisziplinär zusammengesetztes Gremium von sieben Wissenschaftlern zur period. Begutachtung der Umweltsituation und Umweltbedingungen in Dtl. und zur Erleichterung der Urteilsbildung bei allen umweltpolitisch verantwortl. Instanzen sowie in der Öffentlichkeit. Er soll die jeweilige Situation der Umwelt und deren Entwicklungstendenzen darstellen sowie Fehlentwicklungen und Möglichkeiten zu deren Vermeidung oder zu deren Beseitigung aufzeigen. Der SRU erstellt alle zwei Jahre ein Gutachten (Umweltgutachten) und leitet es der Bundesregierung zu. Weiter kann er zu Einzelfragen zusätzliche Gutachten erstatten (u. a.

›Umweltprobleme des Rheins‹, 1976; ›Energie und Umwelt‹, 1981; ›Waldschäden und Luftverunreinigungen‹, 1983; ›Umweltprobleme der Landwirtschaft‹, 1985; ›Abfallwirtschaft‹, 1991) oder Stellungnahmen abgeben.

**Ratzeburg,** 1) Kreisstadt des Kr. Herzogtum Lauenburg, Schlesw.-Holst., z. T. auf einer Insel im Ratzeburger See, (1990) 12 000 Ew.; Luftkurort; Ruderakademie des Dt. Ruderverbandes, Segelzentrum, Sportfischerhafen, Standort des Bundesgrenzschutzes; Barlach-, Kreis-, A.-Paul-Weber-Museum; Fremdenverkehr. – Im Schutz der gleichnamigen Burg entstand um 1060 die Siedlung R. und wurde gleichzeitig Bischofssitz. Für 1285 sind ein Magistrat, für 1582 eine Polizeiordnung urkundlich erwähnt. Stadtrecht erhielt R. 1261. Mit dem Aussterben der Herzöge von Sachsen-Lauenburg, deren Residenz die Stadt seit 1616 war, fiel R. an Braunschweig-Lüneburg-Celle. Nach kriegsbedingter Zerstörung wurde R. nach 1693 in sechs quadrat. Baugruppen nach Mannheimer Vorbild wiederaufgebaut. – Der roman. Backsteinbau des ev. Doms wurde 1170–1220 als gewölbte Pfeilerbasilika errichtet; südl. Vorhalle um 1215; spätgot. Triumphkreuz (um 1260); Klausurgebäude (13. und 14. Jh.). Auf dem Domhof ferner das ehem. herzogl. Herrenhaus (Propstei, 1764–66) mit stuckierten Rokokoräumen. Roman. Kirche auf dem St. Georgsberg (13. Jh.). Die Stadtkirche St. Petri (1787–91) ist ein typ. prot. Predigtsaal mit umlaufenden Emporen.
2) ehem. Bistum, um 1060 gegr., 1066 aufgegeben, durch HEINRICH DEN LÖWEN 1154 neu geschaffen; 1554 säkularisiert, kam 1648 als Fürstentum an Mecklenburg-Schwerin, 1701 an Mecklenburg-Strelitz.

**Ratzeburger See,** See im südöstl. Schlesw.-Holst., 14 km², 4 m ü. M., bis 24 m tief; eiszeitl. Entstehung (von jüngeren Gletschern überformte Schmelzwasserrinne), mit steilen, meist bewaldeten Hängen; Abfluß durch die Wakenitz zur Trave.

**Ratzel,** Friedrich, Geograph, * Karlsruhe 30. 8. 1844, † Ammerland (heute zu Münsing, Kr. Bad Tölz-Wolfratshausen) 9. 8. 1904; zunächst Apotheker, studierte später Naturwissenschaften; nach mehrjähriger journalist. Tätigkeit (Reiseberichte) ab 1880 Prof. an der TH München, ab 1886 in Leipzig. In seinen Werken ›Anthropogeographie‹ (2 Bde., 1882–91) und ›Völkerkunde‹ (3 Bde., 1885–88) betonte er die Bedeutung der natürl. Umwelt für den Menschen. Unter dem Einfluß der Migrationstheorie des Zoologen MORITZ WAGNER (* 1813, † 1887) untersuchte er Verbreitung und Wanderung des materiellen Kulturbesitzes und gab damit wichtige Anregungen für die von seinem Schüler L. FROBENIUS entwickelte → Kulturkreislehre. Zum Begründer der → politischen Geographie wurde er v. a. durch sein Werk ›Polit. Geographie‹ (1897).
J. STEINMETZLER: Die Anthropogeographie F. R.s u. ihre ideengeschichtl. Wurzeln (1956); G. BUTTMANN: F. R. Leben u. Werk eines dt. Geographen (1977).

**Ratzinger,** Joseph, kath. Theologe und Kurienkardinal, * Marktl (Kr. Altötting) 16. 4. 1927; Prof. für Dogmatik in Freising (1958), Bonn (1959–63), Münster (1963–66), Tübingen (1966–69) und Regensburg (ab 1969); als Konzilstheologe (›Peritus‹) Teilnehmer am 2. Vatikan. Konzil; 1977–82 Erzbischof von München und Freising, seit 1977 Kardinal. 1981 wurde R. zum Präfekten der Kongregation für die Glaubenslehre ernannt. Seit 1981 ist R. auch Vors. der päpstl. Bibelkommission und der Internat. Theologenkommission. Theologisch eher konservativ, erregte R. Aufsehen mit seinem inner- und außerkirchlich umstrittenen Vorgehen gegen kirchenkrit. Ansätze innerhalb der Universitätstheologie wie auch gegen Vertreter der Befreiungstheologie (u. a. Sanktionen gegen L. BOFF 1985 und 1991).

Ratzeburg 1): Blick auf die auf einer Insel im Ratzeburger See gelegene Altstadt

**Hauptwerke:** Der Gott des Glaubens u. der Gott der Philosophen (1960); Einf. in das Christentum (1968); Demokratisierung in der Kirche – Möglichkeiten, Grenzen, Gefahren (1970, mit HANS MAIER); Das neue Volk Gottes. Entwürfe zur Ekklesiologie (1972); Dogma u. Verkündigung (1973); Zur Lage des Glaubens. Ein Gespräch mit Vittorio Messori (1985); Kirche, Ökumene u. Politik (1987); Wendezeit für Europa? Diagnosen u. Prognosen zur Lage von Kirche u. Welt (1991); Zur Gemeinschaft gerufen. Kirche heute verstehen (1991).

**Rau,** Johannes, Politiker (SPD), * Wuppertal 16. 1. 1931; Buchhändler, schloß sich zunächst der von G. HEINEMANN gegründeten Gesamtdt. Volkspartei (GVP) an, trat jedoch 1957 mit diesem zur SPD über. Seit 1958 ist er MdL von NRW. 1969–70 war er Oberbürgermeister von Wuppertal, 1970–78 nordrheinwestfäl. Wissenschafts-Min. 1977 wurde er Vors. der SPD in NRW. Als MinPräs. von NRW (seit 1978) sucht er angesichts von Strukturkrisen (bes. in der Kohle- und Stahlindustrie) die Industriestruktur seines Landes zu verbessern (›Landesinitiative Zukunftstechnologien‹, 1983). Seit 1982 ist er stellv. Bundes-Vors. der SPD. Bei der Bundestagswahl von 1987 unterlag er als Kanzlerkandidat der SPD dem amtierenden Bundeskanzler H. KOHL (CDU).

**Raub** [ahd. roub, urspr. ›(dem getöteten Feind) Entrissenes‹], *Strafrecht:* der durch Gewalt gegen eine Person oder mittels Drohungen mit gegenwärtiger Gefahr für Leib oder Leben begangene Diebstahl; ist nach § 249 StGB mit Freiheitsstrafe nicht unter einem Jahr bedroht. Gleich dem R. werden bestraft die räuber. Erpressung (§ 255 StGB) und der **räuberische Diebstahl** (§ 252), bei dem der Dieb, auf frischer Tat betroffen, Gewalt gegen eine Person verübt oder gefährl. Drohungen anwendet, um sich im Besitz des gestohlenen Gutes zu erhalten. **Schwerer R.** (§ 250 StGB, R. mit Waffen, Banden-R., R. mit der Gefahr des Todes oder einer schweren Körperverletzung) wird i. d. R. mit Freiheitsstrafe nicht unter 5 Jahren, R. mit leichtfertig verursachter Todesfolge mit lebenslanger oder Freiheitsstrafe nicht unter 10 Jahren geahndet (§ 251). Besondere Strafdrohungen richten sich gegen die Androhung von R. oder räuber. Erpressung (§ 126 Abs. 1 Nr. 5 StGB), die Mitwirkung in einer räuber. Bande (§ 244 Abs. 1 Nr. 3 StGB), die Brandstiftung zur Begehung eines R. (§ 307 Abs. 1 Nr. 2 StGB) und den **räuberischen Angriff auf Kraftfahrer** (§ 316 a StGB). Strafbar ist auch, wer das Vorhaben eines R. oder einer räuber. Erpressung, von dem er glaubhaft erfahren hat, nicht rechtzeitig anzeigt (§ 138 Abs. 1 Nr. 8 StGB). – Die StGB *Österreichs* (§§ 142 f., 277 f.) und der *Schweiz* (Art. 139) enthalten ähnl. Bestimmungen.

Ratzeburg 1) Stadtwappen

Friedrich Ratzel

Joseph Ratzinger

Johannes Rau

**Raub**    Raubbau – Raubmöwen

Über die gewaltsame Entführung eines Kindes (Kinderraub) →Kindesentziehung; über erpresser. Menschenraub →Erpressung.

**Raub|bau, Raubwirtschaft,** eine Wirtschaftsführung, die ohne Rücksicht auf die Erhaltung der Erzeugungsgrundlagen einen möglichst hohen Ertrag anstrebt.

**Raub|beutler, Dasyuridae,** Familie der Beuteltiere der austral. Region mit maus- bis schäferhundgroßen Arten (insgesamt 46 Arten in drei Unterfamilien). Die meisten R. sind Bodenbewohner, einige leben auf Bäumen; als Dämmerungs- oder Nachttiere ruhen sie tagsüber in selbstgegrabenen Verstecken. Die innerhalb der R. sehr unterschiedl. Ernährungsformen zeigen sich in entsprechenden Anpassungen des Gebisses: Es gibt alle Übergänge vom typ. Insektenfressergebiß unter den Beutelmäusen über das Allesfressergebiß der Beutelmarder bis zum Raubtiergebiß der fleischfressenden Beutelwölfe. Den unterschiedl. Ernährungsformen entspricht die Anpassung an unterschiedl. Lebensräume und die Ausprägung unterschiedl. Verhaltensweisen.

**Raubbeutler:** LINKS Beutelteufel (Kopf-Rumpf-Länge etwa 50 cm, Schwanzlänge etwa 25 cm); RECHTS Beutelwolf (Kopf-Rumpf-Länge 100–110 cm, Schwanzlänge etwa 50 cm)

Zur Unterfamilie **Beutelmäuse** (Phascogalinae) gehören z. B. folgende Gattungen: die mausgroßen **Schmalfußbeutelmäuse** (Sminthopsis), die bis rattengroßen, kletternden **Pinselschwanzbeutler** (Phascogale), die zweifüßig hüpfenden **Springbeutelmäuse** oder **Beutelspringmäuse** (Antechinomys) und die **Kammschwanz-Beutelmäuse** (Dasycercus) mit fettspeichernder Schwanzwurzel. Die Unterfamilie der ratten- bis waschbärgroßen **Marderbeutler** (Dasyurinae) umfaßt u. a. den iltisgroßen **Tüpfelbeutelmarder** (Dasyurus quoll) und den plumpen **Beutelteufel** (Sarcophilus harrisi) von Tasmanien. Die Unterfamilie der hundeähnl. **Beutelwölfe** (Thylacininae) hat nur eine Art, den inzwischen ausgerotteten **Beutelwolf** (Thylacinus cynocephalus) mit schwarzen Querstreifen auf dem Rücken.

**Raubdruck,** ein unerlaubter →Nachdruck.

**rauben,** *Bergbau:* das Ausbaumaterial beim Auflassen eines Grubenbaus herausnehmen.

**Räuber, Episiten, Prädatoren,** Bez. für Tiere, die andere gleichgroße oder kleinere Tiere töten, um sie (oder Teile von ihnen) zu verzehren.

**Räuber, Die,** Schauspiel von F. SCHILLER, Erstausgabe 1781, Urauff. am 13. 1. 1782 in Mannheim.

**Räuber-Beute-Verhältnis, Episitie,** die Beziehung zw. Räuber und Beutetier in einem bestimmten Biotop, wobei es, v. a. wenn es sich beim Räuber um einen Nahrungsspezialisten handelt, in bezug auf die Populationsdichte der beiden Kontrahenten zu einer Schwankung um einen bestimmten Mittelwert, d. h. zu einer Art Gleichgewichtszustand, kommt (mehr Räuber – weniger Beutetiere; weniger Beutetiere – weniger Räuber; mehr Beutetiere – mehr Räuber).

**Räuber|roman,** Romantypus, dessen Zentralfigur der ›edle Räuber‹ ist, der außerhalb der Gesetze steht, einerseits Verbrechen begeht und oft als Räuberhauptmann endet, andererseits jedoch als Befreier und Beschützer der Armen und Rechtlosen auftritt. Der R. ist damit eine durch Stoff- und Motivwahl eindeutig geprägte Spielart des Abenteuerromans. In Europa am frühesten greifbar sind die Überlieferungen um →Robin Hood. Zur Volksüberlieferung gesellten sich im 17. und 18. Jh. Züge aus dem verwandten →Schelmenroman. Neue Antriebe ergaben sich aus der bürgerl. Auflehnung gegen das Ancien régime und die sich anbahnende Verfestigung bürgerl. Normen. Hier verbanden sich Protesthaltung und Freiheitspathos (v. a. im Sturm und Drang) mit der Konzeption des edlen Wilden (J.-J. ROUSSEAU) und ihrer Übertragung auf den edlen Räuber. SCHILLERS Drama ›Die Räuber‹ (1781) faßt diese Tendenzen zusammen und wurde damit zum Vorbild auch für den neueren R., dem in ihrem Konzept der edlen Räuber auch die Erzählungen ›Der Verbrecher aus verlorener Ehre‹ (1786) von SCHILLER und H. VON KLEISTS ›Michael Kohlhaas‹ (1810) nahestehen. Gleichzeitig entstand eine reine Unterhaltungsliteratur (H. ZSCHOKKE, ›Aballino, der große Bandit‹, 1793; C. A. VULPIUS, ›Rinaldo Rinaldini, der Räuberhauptmann‹, 1797; K. G. CRAMER, ›Der Domschütz und seine Gesellen‹, 1803). Der Rückgriff auf die Geschichte ergibt Überschneidungen mit dem Ritterroman, wie bei W. SCOTT, ZSCHOKKE oder CRAMER. Später berührt sich der R. häufig mit dem Kriminalroman.

J. W. APPELL: Die Ritter-, Räuber- u. Schauerromantik (1859, Nachdr. 1968); C. MÜLLER-FRAUREUTH: Die Ritter- u. Räuberromane (1894, Nachdr. 1965); G. ANRICH: Räuber, Bürger, Edelmann, jeder raubt so gut er kann (1975).

**Räubersynode,** von Papst LEO I. geprägte abwertende Bez. für die von Kaiser THEODOSIOS II. einberufene Synode von Ephesos 449, die die nach dem Konzil von Ephesos (431) weiterbestehenden Differenzen klären sollte. In z. T. tumultartigen Sitzungen wurde erzwungen, daß EUTYCHES von der Synode für rechtgläubig erklärt wurde und die bedeutendsten Theologen der antiochen. Schule abgesetzt wurden. Erst das Konzil von Chalkedon 451 beendete den Streit.

**Räuber vom Liang-Schan-Moor, Die,** chin. Roman, →Shui-hu zhuan.

**Raubfische,** Fische, die sich von anderen Fischen und ggf. von kleinen Vögeln und Säugetieren ernähren, z. B. Hecht, Zander, Hai.

**Raubfliegen, Jagdfliegen, Asilidae,** Familie der Fliegen mit etwa 5 000 (in Mitteleuropa 200) 5–30 mm großen, räuberisch lebenden Arten. Die wärmeliebenden R. ergreifen oft von einem Ansitz aus im Stoßflug vorbeikommende Insekten, die sie aussaugen. Der Stech-Saug-Rüssel mancher Arten (z. B. aus der Gattung **Mordfliegen,** Laphria) ist so hart, daß selbst feste Panzer bestimmter Käfer durchbohrt werden. Arten der Gattung **Wolfsfliegen** (Dasypogon) erjagen häufig Honigbienen, die der Gattung **Habichtsfliegen** (Dioctria) gerne Schlupfwespen. Die Larven ernähren sich nur selten räuberisch, sondern meist von faulenden pflanzl. Stoffen.

**Raubheirat,** →Frauenraub.

**Raubkäfer,** die →Kurzflügler.

**Raubmarder,** andere Bez. für die zu den →Mardern gehörende Unterfamilie Mustelinae (Wieselartige).

**Raubmilben,** Bez. für räuberisch lebende Milbenarten mit kräftigen Cheliceren. R. ernähren sich v. a. von anderen Milben, darunter auch schädl. Arten, sowie Springschwänzen und Fadenwürmern. Vertreter der Gattung Phytoseiulus werden in Gewächshäusern im Rahmen der biolog. Schädlingsbekämpfung gegen Spinnmilben eingesetzt.

**Raubmord,** Raub und Mord in Tateinheit; umgangssprachlich auch der Raub mit Todesfolge.

**Raubmöwen, Stercorariidae,** Familie der Regenpfeifervögel, die an Küsten in hohen Breiten der Nord- und Südhalbkugel verbreitet ist. Die bis 60 cm

**Raubfliegen:** OBEN Laphria flava (Länge 16–25 mm); UNTEN Dasypogon diadema (Länge 13–16 mm)

langen R. sind überwiegend bräunlich gefärbt, oft mit hellerer Unterseite, manche haben die mittleren Schwanzfedern verlängert. Sie leben als äußerst gewandte Flieger räuberisch von Fischen, Vögeln und Säugern, daneben fressen sie auch Wirbellose, Aas und Beeren. Anderen Meeresvögeln jagen sie die Beute ab. Je nach den Umständen brüten sie einzeln oder in kleinen Kolonien. Außerhalb der Brutzeit streifen sie weit umher und erscheinen dann auch an dt. Küsten. – Man unterscheidet **Falken-R.** (Stercorarius longicaudus; Größe 51–56 cm), **Spatel-R.** (Stercorarius pomarinus; Größe 51 cm), **Schmarotzer-R.** (Stercorarius parasiticus; Größe 46 cm) und **Skua** (Stercorarius skua; Größe 58 cm); letzterer wird oft in zwei oder sogar drei Arten aufgespalten.

**Raubritter,** Angehörige des Ritterstandes, die in dem sozialen und wirtschaftl. Umbruch des 14. und 15. Jh. (wachsende Bedeutungslosigkeit der Ritterheere durch Aufkommen von Söldnerheeren, Zurückdrängung der Natural- durch die städt. Geldwirtschaft, steigendes Gewicht bürgerl. Kaufmanns- und Gelehrtenschichten) entwurzelt waren und ihre Notlage durch Straßenraub mit Erpressung von Lösegeld zu wenden suchten. Ihre ungesetzl. Fehden einzudämmen war ein wesentl. Ziel der Landfrieden.

**Raubspinnen, Pisauridae,** rd. 600 Arten großer Jagdspinnen, die keine Fangnetze weben und ihren Eikokon zw. den Kieferklauen umhertragen; z. B. die **Listspinne** (Dolomedes fimbriatus), die auf der Oberfläche pflanzenreicher Gewässer Jagd auf Insekten und sogar kleine Fische macht, mit 20 mm Körperlänge eine der größten in Dtl. vorkommenden Spinnen. Das Männchen der bis 13 mm großen **Raubspinne** (Pisaura mirabilis) überreicht dem Weibchen vor der Paarung ein eingesponnenes Beutetier als ›Brautgeschenk‹.

Christian Daniel Rauch: Sarkophag der Königin Luise; 1811–15 (Berlin, Mausoleum im Park von Schloß Charlottenburg)

**Raubtiere, Karnivoren, Carnivora,** seit dem Alttertiär, seit etwa 65 Mio. Jahren belegte, heute mit etwa 270 Arten fast weltweit verbreitete Ordnung 0,2–6,5 m langer Säugetiere; in allen Biotopen lebende, tag- und nachtaktive Tiere, deren Gebiß durch stark entwickelte Eckzähne und meist scharfe Reißzähne gekennzeichnet ist und bei der Mehrzahl der R. (vorwiegend Fleischfresser) dem Töten und Aufreißen größerer Säugetiere dient. Daneben gibt es Allesfresser (z. B. Braunbär), überwiegende bis fakultative Aasfresser (z. B. Schakale, Hyänen) und Pflanzenfresser (z. B. Pandas, Wickelbär). – Die Sinnesorgane der R. sind hoch entwickelt, bes. der Geruchs- und Gehörsinn. – Zur sexuellen Anregung und zur Revierbegrenzung werden v. a. von Mardern und Schleichkatzen unangenehm riechende Sekrete der Afterdrüsen abgesondert. – R. halten keinen echten Winterschlaf, einige aber eine Winterruhe (z. B. Bären).

Man unterscheidet zwei Unterordnungen, wobei die weitere Eingliederung in Familien und Gattungen nicht einheitlich erfolgt; **Land-R.** (Fissipedia), zu denen die →Hundeartigen, →Bären, →Kleinbären, →Pandas, →Marder, →Schleichkatzen, →Hyänen und →Katzen zählen, und **Wasser-R.** (Pinnipedia), denen nur die →Robben angehören. (→Hyaenodonta)

**Raubvögel,** veraltete Bez. für →Greifvögel.

**Raubwanzen, Schreitwanzen, Reduviidae,** Familie der Landwanzen mit über 3 000 v. a. trop. Arten (in Mitteleuropa 10), 6–35 mm lang, meist von robuster Gestalt, manche auch zierlich und schlank, mückenartig, nicht selten mit schwarz-roter oder schwarz-gelber Zeichnung. Die Lebensweise ist räuberisch, sie saugen andere Insekten aus; die Vorderbeine mancher Arten sind zu spezialisierten Fangbeinen umgewandelt. Einige neuweltl. R. sind Blutsauger (→Kegelnasenwanzen). In Häusern kommt die dunkle, bis 18 mm lange **Große R.** (Kotwanze, Staubwanze, Reduvius personatus) vor, deren Larven sich mit Staubteilchen bedecken.

**Raubwild,** jagdbare Raubtiere und Greifvögel.

**Raubwürger, Grauwürger, Lanius excubitor,** bis knapp 25 cm langer, mit Ausnahme des schwarzen Augenstreifs, der schwarzen Flügel und des ebenso gefärbten Schwanzes oberseits grauer, unterseits weißl. Singvogel der Familie Würger, mit Verbreitung in Nordafrika, großen Teilen Eurasiens und Nordamerikas; R. machen von einem höheren Ansitz aus Jagd auf Mäuse, Kleinvögel, kleine Reptilien u. a.; die napfförmigen Nester werden bes. in Dornbüschen angelegt; vorwiegend Standvogel.

**Raubzeug,** *Jägersprache:* nichtjagdbare Tiere, die Nutzwild schädigen, z. B. wildernde Hunde und Katzen.

**Rauch** [ahd. rouh, zu riohhan ›riechen‹, urspr. ›rauchen‹, ›dunsten‹], Mehrphasensystem aus feinstverteilten festen oder flüssigen Partikeln (Schwebstoffen, z. B. Ruß, Teertröpfchen, Flugasche, Flugkoks) in Gasen (Aerosol), das sich bei Verbrennungsprozessen oder Verglimmungen bildet. R. ist ein kolloides System, bei dem das Dispersionsmittel die →Rauchgase sind. Die feinstverteilten Partikel sind zw. 0,2 µm und 1 mm groß und geben dem R. eine überwiegend graue bis schwarze Farbe. Der Anteil der R.-Partikel läßt sich nach z. T. genormten Verfahren bestimmen (bei Ölfeuerungen gibt z. B. die ›Rußzahl‹ den Schwärzungsgrad eines Filters an, den ein definiertes Abgasvolumen passiert hat). – R. aus Verglimmungen fester organ. Stoffe (z. B. Holz) enthält neben Verbrennungsprodukten auch Pyrolyseprodukte wie aromat. Kohlenwasserstoffe, Phenole und Aldehyde, die u. a. für die Konservierung und das Aroma von Räucherwaren von Bedeutung sind.

**Rauch** [zu mhd. ruch ›rauh‹, auch ›haarig‹, ›behaart‹], Bez. für das dichte und lange Haar bei Pelzen.

**Rauch, 1)** Christian Daniel, Bildhauer, * Arolsen 2. 1. 1777, † Dresden 3. 12. 1857; arbeitete im Atelier von G. SCHADOW in Berlin. In Rom (1805–18 mit Unterbrechung) schloß er sich B. THORVALDSEN an (auch Einfluß von A. CANOVA). 1811–15 entstand sein bedeutender Sarkophag der Königin LUISE (Berlin, Mausoleum im Park von Schloß Charlottenburg). Seit 1819 hielt sich R. ständig in Berlin auf (gemeinsame Werkstatt mit C. F. TIECK). GOETHE widmete er u. a. eine Marmorbüste (1820; Leipzig, Museum der bildenden Künste). Nach den Standbildern für G. VON SCHARNHORST und F. W. Graf BÜLOW VON DENNEWITZ (1819–22; Berlin, vor der Neuen Wache) und G. L. Fürst BLÜCHER (1826; ebd., alle 1950 entfernt, 1964 fanden die Standbilder von SCHARNHORST und BLÜCHER nahebei in einer Anlage neben der Oper Aufstel-

**Raubmöwen:** Schmarotzerraubmöwe (Größe 46 cm)

**Raubspinnen:** Listspinne (Körperlänge 20 mm)

**Raubwürger** (Größe bis 25 cm)

lung) entstanden weitere Denkmäler in ganz Dtl. (u. a. das ›Max-Joseph-Denkmal‹, 1825–35; München). Die letzte Schaffenszeit (1840–57) begann mit dem Denkmal für FRIEDRICH D. GR. (1840–51; Berlin, Unter den Linden, nach dem Zweiten Weltkrieg im Park von Schloß Sanssouci, Potsdam, seit 1981 wieder am alten Ort); ihm folgten die Grabfiguren für FRIEDRICH WILHELM III. (1846; Berlin, Mausoleum im Park von Schloß Charlottenburg), Königin FRIEDERIKE (* 1778, † 1841) und König ERNST AUGUST von Hannover (1842 bzw. 1855, beide Hannover-Herrenhausen, Mausoleum) und Standbilder für J. D. L. Graf YORCK VON WARTENBURG und A. W. A. Graf NEIDHARDT VON GNEISENAU (1855; Berlin, vor der Neuen Wache; ebenfalls bei der Oper wiederaufgestellt).

In Berlin begründete R. eine richtungweisende Bildhauerschule (Schüler: E. RIETSCHEL, A. WOLFF, J. F. DRAKE, A. KISS, R. BEGAS u. a.). Seine Kunst verband den Wirklichkeitssinn SCHADOWS mit dem Klassizismus THORVALDSENS. Sein idealistisch überhöhter Realismus bestimmte das Menschenbild im Denkmal des 19. Jh. Weiteres BILD →deutsche Kunst

P. BLOCH u. W. GRZIMEK: Das klass. Berlin. Die Berliner Bildhauerschule im 19. Jh. (1978); C. D. R., Beitr. zum Werk u. Wirken, hg. v. M. KUNZE (Stendal 1980); C. D. R. 1777–1857, hg. v. den Staatl. Museen zu Berlin (Berlin-Ost 1981).

2) **Georg von,** Historiker, * Pleskau 13. 8. 1904, † Kiel 17. 10. 1991; wurde 1953 Prof. in Marburg, 1958 in Kiel (bis 1969); trat mit Arbeiten zur baltischen, skandinav., poln. und russ. Geschichte sowie mit Interpretationen der Grundlagen des Sowjetsystems hervor.

**Werke:** Rußland: Staatl. Einheit u. nat. Vielfalt (1953); Gesch. des bolschewist. Rußland (1955, ab ⁵1969 u. d. T.: Gesch. der Sowjetunion); Gesch. der balt. Staaten (1970).

3) **Hans-Georg,** Zeichner, * Berlin 21. 6. 1939; beliefert Zeitschriften (u. a. ›Die Zeit‹, ›Der Spiegel‹) mit satir. Beiträgen. Seine Handzeichnungen und Radierungen erwachsen ganz aus der Linie und sind bis ins

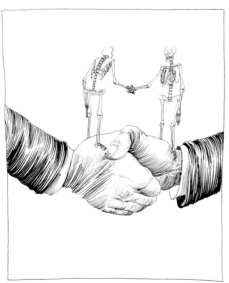

**Hans-Georg Rauch:** Beendigung der Abrüstungsgespräche in Genf, oder: Abschied von der Vernunft; 1983

Detail ausgefeilt. Er veröffentlichte u. a. ›Rauchzeichen‹ (1969), ›Die schweigende Mehrheit‹ (1974), ›Schlachtlinien‹ (1977), ›Zeitzeichen‹ (1983), ›Physiognomia arborum‹ (1989), ›Neue Zeitzeichen‹ (1990).

**Rauchbier,** aus geräuchertem Malz gebrautes obergäriges Bier (Bamberger R., Lichtenhainer R., Grätzer R.).

**Rauchbusch, Dalea spinosa,** Schmetterlingsblütler in den kaliforn. Wüsten; breit ausladender, Rauchwolken ähnelnder bedornter Strauch mit blauen Blüten und silbergrau behaarten Blättern.

**Rauch|eisen,** Michael, Pianist, * Rain (bei Donauwörth) 10. 2. 1889, † Thun (Schweiz) 29. 5. 1984; war bes. als Konzertbegleiter (u. a. von SIGRID ONEGIN und MARIA IVOGÜN) und als Kammermusikspieler (u. a. Duopartner von F. KREISLER und Triopartner von V. PŘÍHODA und P. GRÜMMER) bekannt.

**Rauchen,** das Einsaugen des Rauchs glimmender Pflanzenteile in die Mundhöhle und durch zusätzl. Einatmen über die Atemwege in die Lunge (Inhalation). Am verbreitetsten ist das R. von Tabak in Form von Zigaretten und Zigarillos, in geringerem Umfang als Zigarren oder in Pfeifen; auch manche Rauschmittel (z. B. Haschisch) werden in Form des R. aufgenommen.

### Ursachen und Verbreitung

Eine wesentl. Rolle bei der Grundlegung des Gewohnheits-R. bei den Heranwachsenden wird der Nachahmung des elterl. Verhaltens, der mittelbaren sozialen Umwelt sowie dem Einfluß der Medien und der Werbung beigemessen. Erste, meist vorübergehende Kontakte mit dem Zigaretten-R., bei denen Neugierde und Mutproben in der Gruppe eine Rolle spielen, treten meist im Alter zw. 10 und 12 Jahren auf; die Herausbildung der Einstellung zum R. findet häufig in der Pubertät statt, wo es als Hilfsmittel zur Überwindung von Selbstunsicherheit und bei der Absicht, dem anderen Geschlecht zu imponieren, später auch zur Meisterung von Prüfungs- und Streßsituationen dienen soll. Eine verstärkte Disposition zum R. besteht auch bei Suchtgefährdeten, die hierin ebenfalls häufig ein Mittel zur Konfliktbewältigung suchen. Die für die Motive des Rauchers entscheidenden psychotropen Wirkungen des Nikotins bestehen darin, daß es zunächst einen anregenden, in höheren Dosen einen beruhigenden und muskelentspannenden Einfluß hat und Hunger- und Angstgefühle sowie Aggressionen mindert. Während zu Beginn psych. Motive für das R. entscheidend sind, werden diese zunehmend von einer pharmakolog. Abhängigkeit vom Nikotin abgelöst, wobei typ. Auslösesituationen (z. B. Fahrt zur Arbeit, Telefonieren) eine wichtige Rolle spielen.

Der Verbrauch stieg in Dtl. seit dem ersten Jahrzehnt des 20. Jh. bis zur Gegenwart um etwa das Zehnfache an und lag 1991 bei täglich etwa 400 Mio. Fabrikzigaretten. Diese Zunahme fand ungeachtet der Tatsache statt, daß die ursächl. Verknüpfung zw. Lungenkrebs und R. bereits 1935 in der medizin. Forschung entdeckt und ebenso wie die gefäßschädigende Wirkung des R. zunehmend öffentlich bekannt wurde. Die Gründe hierfür werden außer in den gesellschaftl. Konventionen und der Schwierigkeit der Raucherentwöhnung auch im Einfluß der nach Schätzungen jährlich in der Bundesrep. Dtl. mit einem Aufwand von 500 Mio. DM betriebenen direkten Werbung der Tabakindustrie gesehen, die das R. mit positiven Assoziationen wie Freiheit, Abenteuer, Prestige, Selbstsicherheit, Erfolg, Geselligkeit und allgemeinem Lustgewinn verknüpft. Die Einnahmen des Bundes aus der Tabaksteuer lagen 1991 bei etwa 19 Mrd. DM; Kritiker sind der Auffassung, daß der volkswirtschaftl. Schaden, der durch Krankheit und vorzeitigen Tod infolge des R. verursacht wird, auf jährlich mindestens 100 Mrd. DM geschätzt werden muß.

Erst seit Ende der 80er Jahre zeichnet sich eine Stagnation im Zigarettenverbrauch und, teils in Verbindung mit einem gestiegenen Umweltbewußtsein, auch bei Jugendlichen eine Einstellungsänderung gegenüber dem R. und ein Rückgang der Zahl der Raucher ab. Allerdings ist der Verbrauch im Tagesdurchschnitt bei Rauchern gestiegen; 1985 rauchten 65% der männl. und 43% der weibl. Raucher mehr als 20 Zigaretten pro Tag. Etwa ein Drittel der erwachsenen Bev. der Bundesrep. Dtl. gehört zu den Rauchern; in der Altersgruppe zw. dem 20. und dem 40. Lebensjahr raucht etwa die Hälfte der Männer und ein Drittel der Frauen.

### Inhaltsstoffe und chemische Prozesse

Tabakrauch ist ein Gemisch aus Gasen und feinstverteilten Partikeln (Aerosol), in dem bisher mehrere tausend Substanzen aufgefunden und mehrere hundert identifiziert wurden. Neben dem Hauptwirkstoff Nikotin finden sich als Reizbestandteile Phenole, Säuren, Aldehyde und Ketone und als krebserregend bekannte oder verdächtigte polyzykl. aromat. Kohlenwasserstoffe, v. a. Benzopyren, des weiteren Spuren von Nitrosaminen, Hydrazin, Vinylchlorid, Formaldehyd und von Schwermetallen wie Arsen, Cadmium, Chromaten, Vanadium, auch radioaktives Polonium 210 sowie Kohlenoxid, Stickoxide, Methanol, Blausäure und Rückstände aus Insektiziden.

Beim Abbrennen des Tabaks in der Zigarette (entsprechend auch bei anderen Rauchformen) entstehen in der Glutzone durch den am Mundstück hervorgerufenen Sog Temperaturen um 900°C Hierbei wird unter reduktiven Bedingungen (Sauerstoffmangel) organ. und anorgan. Material zersetzt und gerät gasförmig in die dahinterliegende Destillationszone, wo es sich mit den aus dem frei werdenden Wasserdampf abdestillierten Stoffen vermischt. Hinter diesem Bereich bildet sich durch Abkühlung das Aerosol, in dem auch der Hauptwirkstoff, das wasserlösl. Nikotin, enthalten ist. Ein Teil des Aerosols schlägt sich mit abnehmender Temperatur im Restteil der Zigarette nieder (Kondensationszone). Mit fortschreitendem Abbrand wird das Destillat z. T. verbrannt, überwiegend jedoch erneut freigesetzt und mit dem Hauptstromrauch eingeatmet, der sich großenteils als Teer in den Atemwegen niederschlägt. Zum Mundstück hin vollzieht sich eine zunehmende Destillatanreicherung (im letzten Drittel etwa 80% der Gesamtnikotinmenge), die toxikologisch von Bedeutung ist. In den Zugpausen geht von der glimmenden Zigarettenspitze Rauch in die Umgebung ab (Nebenstromrauch), bei den wesentlich geringeren Temperaturen wird hierbei weniger Material verbrannt und mehr abdestilliert. Die Konzentration von krebserregenden Substanzen ist im Nebenstromrauch bis zu 130fach höher als im Hauptstromrauch, auch der Nikotingehalt ist größer. Da der Hauptstromrauch nur rd. ein Viertel des Zigarettenrauchs ausmacht und ein Teil der darin enthaltenen Stoffe wieder ausgeatmet wird, ergibt sich, zumal unter Berücksichtigung der Zusammensetzung des Nebenstromrauchs, für die in der Umgebung des Rauchers befindl. Personen das Problem des unfreiwilligen Passivrauchens, dessen Schädlichkeit ebenfalls zunehmend erkannt wurde.

Beim R. von Zigaretten über die Mundhöhle wird nur ein Teil der Stoffe über die Mund- und Nasenschleimhäute resorbiert, beim Inhalieren nahezu die gesamte Nikotinmenge über die Alveolarwände. Hierbei werden unter Umgehung der Leber Herz und Gehirn direkt erreicht; die Wirkung des Nikotins setzt deshalb unmittelbar ein. Aufgrund der kurzen biolog. Halbwertszeit von 90 Minuten im venösen Blut und von 15 Minuten im Gehirn hält sie jedoch nur kurz an, was das Phänomen des Ketten-R. bei Abhängigen erklärt. Aufgrund der hohen Resorptionsquote des (alkal.) Pfeifenrauchs wird bei diesem über die Mundhöhle der gleiche Nikotinspiegel wie beim Inhalieren von Zigaretten erreicht.

### Gesundheitliche Auswirkungen

Das R. stellt v. a. in den westl. Industrienationen die wichtigste vermeidbare Einzelursache für das Eintreten von Krankheiten, Invalidität und vorzeitigem Tod dar und übertrifft dabei den Alkoholmißbrauch; nach Schätzungen der Weltgesundheitsorganisation sterben jährlich weltweit 2,7 Mio. Menschen an den Folgen des R. (etwa alle 13 Sekunden ein Todesfall), in den EG-Ländern etwa 440 000. Die Häufigkeit der Erkrankungen ist direkt abhängig von der Menge der täglich gerauchten Zigaretten, dem Zeitraum, über den hinweg geraucht wird, vom Lebensalter, in dem mit dem R. begonnen wird, von der Inhalationstiefe und vom Nikotin- und Teergehalt im Rauch.

Von den gesundheitsschädigenden Wirkungen einzelner Inhaltsstoffe sind am besten die des Nikotins, des Kohlenoxids und der Teerbestandteile bekannt; sie sind für einen großen Teil der Herzinfarkte und anderer Gefäßkrankheiten sowie für etwa 30–40% aller Krebserkrankungen in den westl. Industrienationen verantwortlich. Insgesamt vermindert jahrelanges R. von mehr als 20 Zigaretten pro Tag die Lebenserwartung um bis zu 12 Jahre.

*Herz- und Gefäßschädigungen:* Das zu etwa 3–4% im Tabakrauch enthaltene Kohlenoxid führt zu Sauerstoffmangel mit Leistungsabfall und Gefährdung von bereits durchblutungsgestörten Organen; aufgrund von Tierversuchen wird es auch für die frühzeitige Verkalkung der Herzkranzgefäße verantwortlich gemacht. Nikotin hat eine überwiegend gefäßverengende Wirkung, die über eine Vasopressinausschüttung der Hypophyse ausgelöst wird, und führt zu einer Steigerung der Herzfrequenz, Blutdruckerhöhung und Herzrhythmusstörungen. Daraus resultiert eine unwirtschaftl. Mehrarbeit des Herzens mit erhöhtem Sauerstoffbedarf bei gleichzeitiger Verminderung des Sauerstoffangebots als Folge der Kohlenoxidwirkung. Nikotin erhöht ferner über die Ausschüttung von Adrenalin aus den Nebennieren den Gehalt an freien Fettsäuren und Cholesterin im Blut. Diese beiden Mechanismen in Verbindung mit einer gesteigerten Thrombozytenaggregation bedingen ein stark erhöhtes Risiko zur Ausbildung einer Arteriosklerose, v. a. in Form der Koronarsklerose (Angina pectoris, Herzinfarkt) und von Gefäßverengungen oder -verschlüssen der unteren Extremitäten (Winiwarter-Buergersche Krankheit, ›Raucherbein‹), die im Endstadium zum Gewebstod (Gangrän) führt und die Amputation der betroffenen Gliedmaßen erfordert. Das Risiko eines Schlaganfalls wird durch das R. beträchtlich erhöht. Nahezu alle Fälle von Herzinfarkten, die vor dem 40. Lebensjahr auftreten, werden auf eine chron. Schädigung durch R. zurückgeführt. Eine bes. große Gefährdung besteht, wenn andere Risikofaktoren hinzukommen (Bluthochdruck, Diabetes mellitus, Übergewicht, Streß); geht man normalerweise bei einem Konsum von mehr als 20 Zigaretten pro Tag von einer sechsfach erhöhten Wahrscheinlichkeit eines Herzinfarkts aus, steigt die Gefährdung bei Mehrfachrisiken (Bluthochdruck, erhöhter Cholesterinspiegel) um das Zehnfache. Unter den Herzinfarktpatienten in der Altersgruppe bis zum 50. Lebensjahr finden sich kaum Nichtraucher; Raucher erleiden im Durchschnitt mit 53 Jahren, Nichtraucher mit 63 Jahren ihren ersten Herzinfarkt; er stellt die häufigste Todesursache bei Rauchern dar. Die Zahl der Todesfälle als Folge von Herzkranzgefäßkrankheiten wuchs seit Ende des Zweiten Weltkriegs parallel zum Zigarettenkonsum von rd. 2 600 (1945) auf gegenwärtig etwa 135 000 pro Jahr.

**Rauc** Rauchen

*Atemwegsschädigungen:* Beim R. von täglich 10 Zigaretten gelangt in 10 Jahren etwa $^1\!/_2$ kg Teerstoffe in die Lunge. Sie sind Ursache des zweiten Komplexes von Gesundheitsschäden: Er besteht zum einen in Schleimhautentzündungen, die durch die reizenden Bestandteile hervorgerufen werden und zu einer Einbuße des Geruchs- und Geschmacksvermögens, chron. Entzündung der Mund- und Rachenschleimhaut, des Kehlkopfs und v. a. der Bronchien (Raucherbronchitis) führen. Durch Zerstörung des Flimmerepithels vermindert sich die Wirksamkeit der Selbstreinigung der Atemwege und führt bei gleichzeitig erhöhter Schleimbildung zu Sekretstau mit Begünstigung von örtl. Infektionen, chron. Reizhusten (Raucherhusten) und Auswurf. Durch ständige Überdehnung der Lungenbläschen in Verbindung mit einer Zerstörung der elast. Elemente der Lunge infolge einer Aktivierung körpereigener Enzyme und gegengerichteter Schutzenzyme entwickelt sich ein Lungenemphysem mit Einschränkung des Atemgasaustauschs, reduzierter Atemleistung (Kurzatmigkeit bei Belastungen) und Rückwirkungen auf Herz und Kreislauf (Rechtsherzinsuffizienz).

Eine eindeutige, statistisch und toxikologisch gesicherte Beziehung besteht zw. langfristiger Inhalation von Zigarettenrauch und Lungenkrebs; mit den krebserzeugenden Tabakinhaltsstoffen lassen sich im Tierexperiment dosisabhängig und wiederholbar bösartige Tumoren erzeugen. 97% der Lungenkrebspatienten sind Raucher. Auf der Grundlage einer ständigen Gewebsreizung kommt es unter Einwirkung der kanzerogenen Inhaltsstoffe des Tabakteers nach einer Latenzzeit von etwa 20 Jahren zur Ausbildung von Karzinomen der Bronchialschleimhaut (in 45% der Fälle Plattenepithelkarzinome), die bei starken Rauchern mit einer gegenüber Nichtrauchern um das 15- bis 25fache erhöhten Wahrscheinlichkeit auftreten. Auch andere Krebserkrankungen im Bereich der Atemwege wie der Lippen- und Mundhöhlenkrebs (v. a. bei Pfeifenrauchern), der Kehlkopf- und Speiseröhrenkrebs und, durch Ausscheidung noch aktiver Kanzerogene über die Harnwege, auch der Nieren und der Harnblase treten überdurchschnittlich oft auf. Bes. der Mundhöhlenkrebs hat eine starke Zunahme erfahren (seit 1970 Vervierfachung der Sterbefälle in der Altersklasse der Fünfzigjährigen), was auf ein Zusammenwirken von R. und Alkoholgenuß zurückgeführt wird. Nach Einstellen des R. vermindert sich das Krebsrisiko in Abhängigkeit von der Dauer und nähert sich nach 10 Jahren wieder dem Durchschnitt bei Nichtrauchern.

Auch die Zunahme der Todesfälle aufgrund von bösartigen Neubildungen der Luftröhre, Bronchien und Lunge verläuft parallel zum Zigarettenverbrauch und stieg seit 1952 von etwa 8 000 auf 1991 rd. 34 000 pro Jahr; der Lungenkrebs stellt die häufigste Krebsart bei Männern dar.

*Weitere Organ- und Stoffwechselschädigungen:* Neben der gefäßbezogenen Wirkung steigert Nikotin die Magensaftsekretion und die Magen-Darm-Motorik (›Verdauungszigarette‹). Durch Hemmung des Magenpförtnerverschlusses kommt es zum Rückfluß von Verdauungssäften aus dem Zwölffingerdarm und zu einer erhöhten Wahrscheinlichkeit von Magenschleimhautentzündungen, Magen- und Zwölffingerdarmgeschwüren mit häufiger Rückfallneigung bei fortgesetztem R.; chron. Tabakgenuß (auch in unverbrannter Form) kann außerdem zu einer Degeneration der Netzhaut und im Endstadium zu Erblindung (Tabakamblyopie) führen, wobei neben der Nikotinwirkung Methanol und Blausäure als ursächl. Komponenten vermutet werden. Als weitere Beeinträchtigungen von Organsystemen sind folgende bekannt: Unfruchtbarkeit des Mannes (unzureichende Bildung befruchtungsfähiger Samenzellen) und der Frau, erhöhter Zahnverlust durch verstärkte Parodontose, verminderte immunolog. Abwehrbereitschaft gegenüber Infekten, Beeinträchtigung mentaler Leistungen (Erkennung opt. und akust. Signale, Kurzzeitgedächtnis, Reaktionszeit), kürzere Wirkungsdauer von Medikamenten (beschleunigter Abbau), erniedrigter Vitamin-C-Spiegel im Blut. Eine zusätzl. Gefährdung ergibt sich durch Unfälle und Verbrennungen, die durch das R. hervorgerufen werden.

Die Stoffwechselwirkungen des Nikotins bestehen in einem durch die dauernde Stimulation des sympathoadrenalen Systems mit ständiger Mobilisation von Kohlenhydraten und Fetten hervorgerufenen erhöhten Grundumsatz; er bewirkt bei Exzessivrauchern in Verbindung mit einer gleichzeitigen Appetitdämpfung eine Abmagerung (›Raucherkachexie‹) und bei Absetzen des R. (ohne zusätzl. Kalorienzufuhr) eine Gewichtszunahme.

Mit dem Anwachsen des Anteils der Frauen an den Rauchern treten alle diese Gesundheitsschädigungen entsprechend häufiger auch bei dieser Bevölkerungsgruppe auf. Zusätzl. Gesundheitsgefahren bestehen bei der Frau in Form eines erhöhten Thromboserisikos bei Einnahme hormoneller Schwangerschaftsverhütungsmittel sowie in einem fördernden Einfluß auf die Entstehung des Gebärmutterhalskrebses und der Osteoporose. Außer der erhöhten Unfruchtbarkeitsrate kommt es durch vorzeitiges Erlöschen der Eierstocktätigkeit zu einem früheren Eintritt der Wechseljahre, was einem vorgezogenen biolog. Alternsprozeß entspricht; durch Beeinträchtigung der Hautdurchblutung wird eine verstärkte Faltenbildung der Gesichtshaut (›Krähenfüße‹) hervorgerufen. R. in der Schwangerschaft bewirkt durch Übertritt von Kohlenoxid und Nikotin in den kindl. Kreislauf Sauerstoffmangel mit der Folge einer mangelhaften Entwicklung, so daß Kinder von Raucherinnen ein durchschnittlich um 300 Gramm verringertes Geburtsgewicht aufweisen; zugleich ist das Risiko von Fehl- und Frühgeburten und angeborenen Mißbildungen erhöht.

*Passivrauchen:* Das unfreiwillige Einatmen des mit kanzerogenen Substanzen stark angereicherten Nebenstromrauchs des vom Raucher ausgeatmeten Hauptstromrauchs erhöht die Gefahr von koronaren Herzschädigungen und von Lungenkrebs. Nach epidemiolog. Studien ergibt sich für Partner von starken Rauchern ein etwa 30% erhöhtes Risiko; besonderer Gefährdung sind Herz- und Kreislaufgeschädigte, Asthmakranke und Allergiker ausgesetzt. Dies trifft auch auf Säuglinge und Kleinkinder zu, bei denen der Nikotinabbau aufgrund der noch nicht voll entwickelten Leber stark verzögert ist. Sie weisen eine erhöhte Anfälligkeit gegenüber Entzündungen und Infektionen der Atemwege auf; die Wirkung der mit der Muttermilch von Raucherinnen in hoher Konzentration aufgenommenen Nikotinabbauprodukte auf das Kind ist noch nicht geklärt.

Eine Minderung der gesundheitl. Risiken des R. wurde durch die Entwicklung der Filterzigarette, in neuerer Zeit durch ›leichte Zigaretten‹ mit vermindertem Nikotin-, Teer- und Kohlenoxidgehalt im Rauch angestrebt. Eine Ausfilterung aller Schadstoffe ist allerdings nicht möglich; für Gase wie Kohlenoxid ist der Filter unwirksam. Durch den erhöhten Zugwiderstand und die verminderte Sauerstoffzufuhr ist der Kohlenoxidgehalt höher als bei filterlosen Zigaretten. Ein geringerer Nikotingehalt führt bei anhaltenden Rauchern zu einer Kompensation oder Überkompensation durch vertieftes Inhalieren, erhöhte Zugzahl und/oder vermehrtes R., so daß epidemiolog. Untersuchungen zu dem Ergebnis einer unveränderten hohen oder sogar höheren Schädlichkeit gelangten.

Die wachsende Erkenntnis der Gesundheitsgefährdung durch das R. hat auch zu öffentl. Maßnahmen zur gesundheitl. Aufklärung geführt; nach der Tabak-VO muß auf Werbeanzeigen und Verpackungen ein Hinweis auf die gesundheitl. Gefährdung und auf den Nikotin- und Kondensatgehalt angebracht werden. Hierüber kam es 1989 auch zu einer Vereinbarung für die EG-Länder. Für die folgenden Jahre ist eine Senkung der Kondensate im Rauch vorgesehen; ein Verbot jegl. Werbung wurde empfohlen. Zum anderen wurden gesetzl. Verordnungen zum Schutz von Nichtrauchern und v. a. von Jugendlichen getroffen. In öffentl. Bereichen wird das R. durch Verbote oder Schaffung von Zonen mit Rauchverbot eingeschränkt; einige Fluggesellschaften erproben ein generelles Verbot insbesondere auf Inlandsstrecken. Kritiker halten diese Maßnahmen zum Nichtraucherschutz z. B. im Vergleich zu den USA, wo u. a. ein generelles Rauchverbot auf Inlandsflügen besteht, noch für unzureichend. Viele Raucher sehen in derartigen Regelungen eine Einschränkung ihrer freien Persönlichkeitsentfaltung, was auch als Rechtsproblematik erkannt wird. Gegenstand wiederholter Diskussionen ist auch eine Erhöhung der Beiträge v. a. der Krankenversicherung für Raucher im Sinne einer Beteiligung an den durch das R. hervorgerufenen Krankheitskosten.

Die *Raucherentwöhnung* ist mit ähnl. Schwierigkeiten verbunden wie bei anderen Formen von Drogenabhängigkeit und führt in der Übergangszeit zu Entzugserscheinungen wie Nervosität, Reizbarkeit, Unlust oder Müdigkeit. Zur Unterstützung der Entwöhnung gibt es Medikamente wie Geschmacksverfälschungs- und Nikotinsubstitutionsmittel; einen wesentl. Beitrag leisten auch Selbsthilfegruppen, die von Volkshochschulen und Krankenkassen durchgeführten Trainingsprogramme, die Bundeszentrale für gesundheitl. Aufklärung, Köln, die Landesarbeitsgemeinschaften, -zentralen oder -vereinigungen für Gesundheitserziehung, die örtl. Gesundheitsämter sowie spezielle Vereinigungen wie der Ärztl. Arbeitskreis R. und Gesundheit e. V., Bad Wimpfen.

⇨ *Gesundheit · Herzinfarkt · Herz-Kreislauf-Erkrankungen · Jugendschutz · Lungenkrebs · Nikotin · Nichtraucherschutz · Sucht · Tabak*

R. BERGLER: Zigarettenwerbung u. Zigarettenkonsum (Bern 1979); Passiv-R. am Arbeitsplatz, hg. v. D. HENSCHLER (1985); J. RAHMEDE: Passiv-R., gesundheitl. u. rechtl. Konsequenzen (²1986); H. HESS: R. Gesch., Geschäfte, Gefahren (1987); J. M. NIEDERBERGER: R. als sozial erlerntes Verhalten (1987); Raucherentwöhnung. Psycholog. u. pharmakolog. Methoden, hg. v. G. BUCHKREMER (1989); R. TÖLLE u. G. BUCHKREMER: Zigaretten-R. Epidemiologie, Psychologie, Pharmakologie u. Therapie (²1989).

**Räuchern,** 1) *Lebensmitteltechnologie:* →Konservierung 1).

2) *Pflanzenschutz:* das Verbrennen stark rauchender und qualmender Stoffe (angefeuchtetes Stroh, Torf u. a.) im Freiland, um durch Rauchentwicklung die Pflanzen vor Nachtfrost zu schützen. Im Gewächshaus werden Schädlinge mit natürl. (Nikotin) oder meist synthet. **Räuchermitteln** (Atem- oder Nervengifte) abgetötet. Außerdem werden durch R. Feld- und Wühlmäuse in ihren Bauen vernichtet.

**Räucherung,** *Religionsgeschichte:* die Verbrennung von stark riechenden Rauch entwickelnden Stoffen (z. B. Wacholder, Weihrauch), um Dämonen, Geister, Gottheiten zu vertreiben oder (durch Wohlgeruch) herbeizurufen und gnädig zu stimmen oder zur Reinigung oder Rausch zu erreichen. R. sind verbreitet im Shintoismus, Buddhismus und Jainismus. Schon im Altertum war R. auch eine Form der Verehrung der Götter. Im israelit. Tempelkult waren Rauchopfer üblich (2. Mos. 30, 34; 2. Kön. 17, 11). Auch in feierl. christl. Gottesdiensten (ausgenommen die reformator. Kirchen) werden R. vorgenommen. (→ Inzens)

**Rauchfaß, Rauchpfanne, Räuchergefäß,** Behälter für kult. Räucherungen; in den christl. Liturgien nach KONSTANTIN D. GR. als stehende oder tragbare Schalen aus Bronze oder Messing ausgebildet, in denen ein kleines Kohlenbecken Platz hat, mit einem Deckel, durch den der Weihrauch aufsteigt. Das tragbare R. (lat. turibulum) wird an drei Ketten geschwenkt.

**Rauchfaß** aus vergoldeter Bronze; Höhe 19,5 cm, 15. Jh. (München, Bayerisches Nationalmuseum)

**Rauchgas|analyse,** →Gasspürgeräte.

**Rauchgase,** die Abgase aus Verbrennungsvorgängen in Feuerungen, die mit festen, flüssigen oder gasförmigen Brennstoffen betrieben werden. R. bestehen im wesentlichen aus Kohlendioxid, Stickstoff, Wasserdampf und unverbrauchter Luft; sie können je nach Art des Brennstoffs und der Verbrennungsbedingungen auch Sauerstoff, Stickstoffoxide, Schwefeldioxid (bei schwefelhaltigen Brennstoffen), Kohlenmonoxid, Methan, Wasserstoff (bei unvollständiger Verbrennung), Chlorwasserstoff (bei Abfallverbrennungsanlagen) u. a. Bestandteile enthalten.

Der Wärmeinhalt von R. ist vom Heizwert der Brennstoffe, vom Wassergehalt und vom Luftüberschuß (gegenüber der stöchiometrisch notwendigen Verbrennungsluftmenge) abhängig. Es ist daher energetisch günstig, die heißen R. zu Heizzwecken einzusetzen, z. B. zum Vorwärmen von Kesselspeisewasser, zur Überhitzung des Dampfes von Dampfkesseln u. a. Die R.-Temperatur darf jedoch in der Anlage nicht unter 180 °C absinken, weil sonst der natürl. Auftrieb in R.-Schornsteinen beeinträchtigt ist. Bei Unterschreitung des Taupunktes von R. tritt in den Leitungen infolge von Wasserdampfniederschlag Korrosion auf. Zu hohe R.-Temperaturen nach Austritt aus den Feuerungen vermindern den energet. Wirkungsgrad. Die optimale Temperatur wird durch die R.-Überwachung geregelt. Bevor R. den Schornstein verlassen, müssen sie bei Großfeuerungsanlagen (v. a. Wärmekraftwerken) gereinigt werden. (→Luftverschmutzung, →Rauchschäden)

**Rauchgas|entschwefelung,** techn. Verfahren zur Reduktion des Gehaltes an Schwefeldioxid (auch Schwefeltrioxid) in Rauchgasen. Der Schwefelgehalt eines Rauchgases hängt vom Schwefelgehalt des Brennstoffs (Steinkohle im Mittel 1,5%) und vom Schwefelbindungsgrad der Asche (bei Steinkohle 5%, bei Braunkohle 10–40%) ab. Bei Kohlekraftwerken haben Waschverfahren (→Absorption 3) mit Suspensionen von Kalkhydrat (Löschkalk) oder Kalkstein weltweit die größte Bedeutung. Bei diesen **Naßverfahren** werden die Rauchgase nach Kühlung in Sprühtürmen mit der verdüsten Waschsuspension behandelt.

**Rauc**   Rauchgasentstickung

Dabei laufen folgende Reaktionen ab:

$$Ca(OH)_2 + SO_2 \rightarrow CaSO_3 \cdot {}^1\!/_2 H_2O + {}^1\!/_2 H_2O,$$

$$CaCO_3 + SO_2 + {}^1\!/_2 H_2O \rightarrow CaSO_3 \cdot {}^1\!/_2 H_2O + CO_2.$$

Durch Zugabe von Luft wird das gebildete Calciumsulfit zu Calciumsulfat (→Gips) oxidiert:

$$CaSO_3 \cdot {}^1\!/_2 H_2O + {}^1\!/_2 O_2 + {}^3\!/_2 H_2O \rightarrow CaSO_4 \cdot 2 H_2O.$$

Durch moderne Naßverfahren kann ein Entschwefelungsgrad von über 95% ($SO_2$-Restemission 100 mg/m³) erreicht werden. Verfahren mit Magnesiumoxidsuspension oder Natriumsulfitlösung (Wellman-Lord-Verfahren) führen zu Magnesiumsulfit bzw. Natriumhydrogensulfit, die durch Erhitzen unter Rückbildung des Magnesiumoxids bzw. Natriumsulfits ein Schwefeldioxid-Reichgas abgeben, das zu Schwefelsäure weiterverarbeitet werden kann. Das Walther-Verfahren arbeitet mit Ammoniaklösung unter Bildung von Ammoniumsulfat. Bei kleinen bis mittleren Kesselleistungen können durch Einblasen von Kalksteinmehl oder Kalkhydrat in den Feuerraum des Kessels Entschwefelungsgrade bis zu 80% erreicht werden. In Abfallverbrennungsanlagen wird durch Einblasen von Kalkhydrat in einen speziellen Reaktor neben der R. die Entfernung von Chlorwasserstoff und Fluorwasserstoff erreicht. Die staubförmigen Reaktionsprodukte lassen sich zus. mit dem Flugstaub in einem Filter abscheiden.

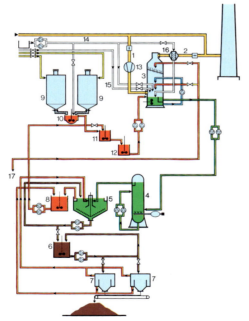

**Rauchgasentschwefelung:** Schematische Darstellung eines Entschwefelungsverfahrens, beruhend auf einem Absorptionsprozeß, der gasförmige Schwefelkomponenten mittels einer Waschsuspension auf Kalk-Magnesium-Basis bindet (mit Gips als Endprodukt); 1 Rohgas, 2 Reingas, 3 Absorber, 4 Oxidationsanlage, 5 Absetzbehälter, 6 Gipsvorlage, 7 Zentrifugen, 8 Mutterlaugenbehälter, 9 Chemikalienvorratsbehälter, 10 Ansetzstation, 11 Regenerationsbehälter, 12 Alkalisuspensionsvorlage, 13 Rauchgasventilator, 14 Prozeßwasser, 15 Notwasser, 16 Tropfenabscheider, 17 Abwasser

Beim **Trockenverfahren** verwendet man meist als Adsorptionsmittel wirkende Substanzen (u. a. Aktivkohle, Kieselgel, Aluminiumoxid, Zeolithe), an die das Schwefeldioxid vorübergehend gebunden und anschließend durch Erwärmen oder Auswaschen wieder freigesetzt wird. Bei einem z. B. mit Aktivkoks arbeitenden Verfahren gelingt es, das Schwefeldioxid ($SO_2$) aus den ungekühlten Rauchgasen (bei etwa 120 bis 150 °C) nahezu vollständig zu entfernen; das aus dem Aktivkoks ausgetriebene $SO_2$ wird anschließend zu reinem Schwefel (durch Umsetzen mit Schwefelwasserstoff gemäß $SO_2 + 2 H_2S \rightarrow 3 S + 2 H_2O$) oder zu Schwefelsäure verarbeitet. Das **Trocken-Additiv-Verfahren** verwendet als Additive Calciumverbindungen, die fein vermahlen in den Feuerungsraum (Wirbelschichtfeuerungen) eingeblasen werden. Das Schwefeldioxid wird dabei um so vollständiger gebunden, je größer die reagierende Oberfläche des Additivs ist, d. h., je kleiner die Korngröße des Additivs ist. Das **DESONOX-Verfahren** als Simultanverfahren zur gleichzeitigen Rauchgasentschwefelung und -entstickung wird in einem Katalysatorturm durchgeführt (1990/91 erfolgreich großtechnisch in Münster erprobt). Dabei werden die Rauchgase in einem Heißgas-Elektrofilter bei 350–450 °C entstaubt. An einem Titandioxidkatalysator erfolgt unter Zugabe von Ammoniak die Reduktion der Stickoxide ($NO_x$) zu Stickstoff und Wasser. Anschließend wird das Schwefeldioxid ($SO_2$) der Rauchgase an einem Vanadiumpentoxidkatalysator zu Schwefeltrioxid ($SO_3$) oxidiert. Bei der Abkühlung reagiert dann das bei der Entstickung entstandene Wasser mit dem Schwefeltrioxid zu Schwefelsäure, die auf über 70% konzentriert und dann der chemischen Industrie zugeführt wird.

**Rauchgas|entstickung,** techn. Verfahren zur Entfernung von Stickstoffoxiden (Stickoxiden), $NO_x$, aus Rauchgasen. Als Primärmaßnahme der R. gilt eine Verringerung der Entstehung von Stickoxiden direkt im Feuerungsraum durch Verminderung der Temperatur und Sauerstoffzufuhr sowie durch Verkürzung der Verweilzeit der Brennstoffe im Bereich hoher Temperaturen ($NO_x$-arme Feuerungen). Eine eigentl. Entstickung kann in Kombination mit dem Trockenverfahren zur Rauchgasentschwefelung mit Aktivkohle erfolgen. Durch katalyt. Wirkung des Aktivkokses können bei diesem Verfahren bei Zugabe einer geringen Menge Ammoniak auch die Stickoxide zu (unschädl.) Stickstoff und Wasser(dampf) umgesetzt werden.

$$NO + NO_2 + 2 NH_3 \rightarrow 2 N_2 + 3 H_2O.$$

Großtechnisch wird die Rauchgasentstickung mit der **selektiven katalytischen Reduktion (SCR-Verfahren)** durchgeführt. Der $NO_x$-Gehalt der Rauchgase wird dabei durch katalyt. Umsetzung mit Ammoniak reduziert, das in den Rauchgasstrom eingedüst wird. Stickstoff und Wasserdampf sind dabei die Reduktionsprodukte. Die Umwandlung verläuft nach folgenden Gleichungen:

$$4 NO + 4 NH_3 + O_2 \xrightarrow{\text{Katalysator}} 4 N_2 + 6 H_2O,$$

$$6 NO_2 + 8 NH_3 \xrightarrow{\text{Katalysator}} 7 N_2 + 12 H_2O.$$

Der Katalysator wird bei über 320 °C betrieben, damit keine Ammoniumsalze entstehen, die die Katalysatorporen verstopfen würden. Bei kleinen Anlagen kann statt reinen Ammoniaks Gülle aus Großtierhaltungen verwendet werden (seit 1990 in Zweckel bei Gladbeck), wobei gleichzeitig eine Gülleentsorgung erreicht wird. Die **selektive nichtkatalytische Reduktion (SNCR-Verfahren)** arbeitet ohne Katalysator bei Temperaturen um 900 °C; das Reduktionsmittel wird direkt in den Feuerraum gesprüht.
Eine gleichzeitige Entstickung und Entschwefelung der Rauchgase wird durch das DESONOX-Verfahren erreicht (→Rauchgasentschwefelung).

**Rauchgasreinigung,** alle Maßnahmen zur Verringerung von für die Umwelt und den Menschen schädl. Bestandteilen in Rauchgasen. Feste Bestandteile werden durch →Elektrofilter und in geringem Maße auch schon bei Großfeuerungsanlagen durch die in der Wartung weit aufwendigeren Gewebefilter entfernt. Spezielle Verfahren zur Entfernung gasförmiger Substanzen aus Rauchgasen sind die →Rauchgasentschwefelung und die →Rauchgasentstickung.

**Rauchgas|überwachung,** kontinuierliche oder stichprobenartige Ermittlung der Temperatur und Zusammensetzung von Verbrennungsgasen. Verglichen wird v. a. der der Verbrennung tatsächlich zugeführte Luftstrom mit der zur vollkommenen Verbrennung erforderl. Mindestluftmenge. Entsprechen sich beide Werte, dann ist der Luftfaktor $\lambda = 1$; ist Luftüberschuß vorhanden, wird $\lambda > 1$, bei Luftmangel wird $\lambda < 1$. Luftüberschuß und -mangel sind zu vermeiden, da sich der Wirkungsgrad der Feuerungsanlage dadurch verschlechtert. (→Gasspürgeräte)

**Rauchgrenze, Rußgrenze,** Betriebszustand von Dieselmotoren, bis zu dem der Motor gefahren werden darf. Der bei der ungenügenden Durchmischung von Kraftstoff und Luft entstehende Ruß bildet an den Innenwänden der Zylinder einen schädl. Niederschlag.

**Rauchmantel,** liturg. Gewand, →Pluviale.

**Rauchmelder,** →Feuermeldeanlagen.

**Rauchmiller, Rauchmüller,** Matthias, Bildhauer, Maler und Baumeister, * Radolfzell 11. 1. 1645, † Wien 15. 2. 1686; war in seiner Wanderzeit wohl in den Niederlanden (Anregungen von P. P. RUBENS und seinem Kreis), um 1670 in Mainz nachgewiesen (Holzkruzifix im Dom), seit spätestens 1675 in Wien und von hier aus auch für Liegnitz (Mausoleum der Piasten in der Johanneskirche, 1677–78), Breslau (zwei Grabmäler in der Pfarrkirche St. Maria Magdalena, 1678) und Passau tätig. Sein Terrakottabozzetto (1681; Prag, Národní Galerie) für den hl. JOHANNES VON NEPOMUK auf der Karlsbrücke in Prag ist das Urbild der in ganz Europa verbreiteten Darstellungen des Brückenheiligen. R. schuf auch Elfenbeinschnitzereien (Humpen, 1676; Vaduz, Sammlung Liechtenstein) und hochbarocke Deckenmalereien (Dom in Passau, Dominikanerkirche in Wien).

**Rauchnächte,** die →Rauhnächte.

**Rauchquarz,** hell- bis dunkelbrauner →Quarz.

**Rauchschäden,** gebräuchl. Bez. für die durch Luftverunreinigungen (v. a. auftretenden Schäden an Organismen und Sachgütern. Bes. auffällig sind an Pflanzen auftretende Verfärbungen und Verätzungen der Blätter und jungen Triebe, hauptsächlich bei Gemüsen und anderen schnellwüchsigen Pflanzen. Da einige Pflanzen (z. B. Flechten) bes. empfindlich auf Luftverunreinigungen reagieren, ist das Vorkommen oder Fehlen solcher Bioindikatoren ein Hinweis für den Grad der Luftverschmutzung.

**Rauchschwalbe, Hirundo rustica,** Singvogel (Familie Schwalben) in Nordafrika und in großen Teilen Eurasiens und Nordamerikas; Größe 19 cm. Sie unterscheidet sich von der ähnl. Mehlschwalbe durch die braunrote Kehle, ein dunkelblaues Kropfband, die rahmweiße übrige Unterseite und den tief gegabelten Schwanz. Die R. brütet in einem napfförmigen, aus Lehmklümpchen und Speichel zusammengeklebten Nest, das bevorzugt auf Simsen und Sparren von Ställen und Scheunen errichtet wird; Zugvogel, der im südl. Afrika und im nordwestl. Südamerika überwintert.

**Rauchtopas,** Handels-Bez. für Rauchquarz.

**Rauchvergiftung,** Vergiftung durch Einatmen von Rauchgasen; die Wirkung besteht je nach Zusammensetzung und Dosis der →Atemgifte in Schleimhautreizungen (v. a. durch Schwefeldioxid, Formaldehyd, nitrose Gase), spezif. Giftwirkung in Form von Erstickungsanfällen, Bewußtseinstrübung und Folgekrankheiten durch Resorption (z. B. bei Schwefelwasserstoff, Cyanverbindungen, Pyridin), bei Schwelbränden v. a. in einer →Kohlenoxidvergiftung.

**Rauchwacke,** Gestein, →Dolomit 2).

Matthias Rauchmiller: Liegefigur Karl von Metternichs auf seinem Grabmal; vor 1674 (Trier, Liebfrauenkirche)

**Rauchwarenveredlung,** das Zurichten, Färben und Veredeln von Pelzfellen (Rauchwaren; →Pelz). Wegen der doppelten Struktur (Haar und Leder) werden Erfahrungen der Lederindustrie und der Textilveredlung berücksichtigt. Für jede Fellart sind besondere Zurichte- und Färbemethoden erforderlich.

Unter Zurichtung versteht man die spezielle Gerbung roher Pelzfelle: Das Pelzfell wird geweicht (wäßrige Flotte), gewaschen und die Lederseite von anhaftendem Fett und Bindegewebe befreit (entfleischt). Nach dem Weichen kann durch Dünnschneiden oder Falzen die Lederdicke verringert werden. Die Gerbung (Beizen) erfolgt in Bädern, in denen als Gerbstoffe überwiegend Kalialaun, Aluminiumsulfat, Chromsalz, Formaldehyd, aber auch synthet. Produkte in Verbindung mit Kochsalz und organ. Säuren verwendet werden. Die Fettung des Leders wird durch Bürstauftrag durchgeführt. Wildfelle werden in der Kurbelwalke gefettet und gewalkt. Nach dem Trocknen werden Haar und Leder in rotierenden Trommeln mit harzfreien Sägespänen (Buche, Birke, Ahorn) aufgelockert (geläutert). Die mechan. Bearbeitung verleiht dem Pelzleder Weichheit und Zügigkeit. Die zugerichteten Felle werden ›naturell‹ verarbeitet oder gefärbt.

Dem Färben vorgeschaltet sind ggf. Bleichen mit Wasserstoffperoxid, alkalischer Aufschluß der Haare (›Töten‹) und Beizen mit Schwermetallsalzen. Werden zum Färben Textilfarbstoffe verwendet, muß eine Chromgerbung vorgenommen werden.

Auch pflanzl. Farbstoffe wie Blau-, Druck- oder Gelbholz sind mit Metallsalzen und pflanzl. Gerbstoffen infolge der sehr schonenden Anwendungsmöglichkeit und hohen Lichtechtheit, bes. bei Schwarz auf Edellammfellen (Persianern), gebräuchlich. Mod. Effekte werden durch Anbleichen des Naturpigments mit Oxidations- oder Reduktionsmitteln und nachfolgende Färbung erzielt. Gefärbt wird im Bad-, Streich- oder Spritzverfahren (Blenden). Das Anfärben der Haarspitzen wird als Decken bezeichnet, als Reinforcing das Verstärken der natürl. Pigmente mit Metallsalzen. Kanin, Zickel, Kalb und Lammfell werden auch mit Wildfellzeichnungen von Leopard, Ozelot und Tiger bedruckt.

**Rauchschwalbe** (Größe 19 cm)

Die Veredlung umfaßt auch das Entfernen der Grannenhaare (Rupfen, Maschinieren) bei Biber, Otter, Seal und Nutria sowie das Bügeln und Scheren.

**Räude,** durch Milben (v. a. Krätzmilben und Schorfmilben) hervorgerufene, mit heftigem Juckreiz verbundene Hauterkrankung bes. der Haustiere; mit Knötchen- und Bläschenbildung, Schorfkrusten und stellenweisem Haarausfall. Die R. der Schafe (**Dermatocoptes-R.**) und die R. der Pferde (**Sarcoptes-R.** und **Psoroptes-R.**) sind meldepflichtig. Wichtigste Bekämpfungsmittel gegen R. sind Kontaktinsektizide. – Die oft eitrig verlaufende **Ohr-R.** wird v. a. durch die Schorfmilben Otodectes cynotis (v. a. bei Hund und Katze) und Psoroptes cuniculi (v. a. bei Kaninchen, Schaf, Ziege und Pferd) hervorgerufen; sie kann sich über den ganzen Tierkörper ausbreiten. Die bes. bei Hunden auftretende **rote R.** wird durch Haarbalgmilben verursacht (→ Demodikose).

**Räudemilben,** die → Krätzmilben.

**Raudnitz an der Elbe,** tschech. **Roudnice nad Labem** ['roudnjitsɛ 'nadlabɛm], Stadt im Nordböhm. Kreis, Tschechoslowakei, 175 m ü. M., am linken Ufer der Elbe, (1990) 14 900 Ew.; Galerie für moderne tschech. Kunst; Maschinenbau, chem., Glas-, Nahrungs- und Genußmittelindustrie. – Das neben einer Burg der Bischöfe von Prag entstandene Raudnitz wurde 1273 zur Stadt erhoben. – An der Stelle der Burg entstand 1652–84 Schloß Lobkowitz (heute Museum). Die Propsteikirche Maria Geburt (14. Jh.) wurde 1725–50 barockisiert; im Kreuzgang Wandmalereien (14. Jh.).

**Rauenberg,** Stadt im Rhein-Neckar-Kreis, Bad.-Württ., 131 m ü. M., (1991) 6 500 Ew.; Winzermuseum im ehem. Fürstbischöfl. Schloß; Weinbau; Ziegelei. – R., eine spätmittelalterl. Gründung, wurde nach Eingemeindung (1971) von Rotenberg (Stadt seit 1338) 1975 Stadt.

**Rauensche Berge,** Endmoränenzug südlich von Fürstenwalde/Spree, 150 m ü. M., mit dem Kleinen Markgrafenstein (5,8 m lang, 5,6 m breit und 5,7 m hoch), der zu den größten Findlingen Nord-Dtl.s gehört.

**Raufhandel,** Schlägerei oder von mehreren verübter Angriff, durch den der Tod eines Menschen oder eine schwere Körperverletzung verursacht wird. Nach § 227 StGB wird jeder am R. Beteiligte, wenn er nicht ohne sein Verschulden hineingezogen wurde, schon wegen dieser Beteiligung mit Freiheitsstrafe bis zu drei Jahren oder mit Geldstrafe belegt. Ähnl. Strafen kennen das *österr.* (§ 91) und das *schweizer.* StGB (Art. 133 f.).

**Rau|grafen** [mhd. ru(h)grâve, eigtl. ›Graf über nicht bebautes Land‹], mehrere dt. Geschlechter, bes. ein im Alsenztal (Nordpfalz) ansässiger Zweig der aus der Familie der Emichonen hervorgegangenen Grafen des Nahegaus (Stammsitz: Altenbaumburg). Ihre Besitzungen kamen bis 1457 großenteils an Kurpfalz. 1667 erhob Kurfürst KARL I. LUDWIG seine morganat. Gemahlin LOUISE MARIA SUSANNA VON DEGENFELD zur Raugräfin. R. waren dann die Nachkommen aus dieser Ehe.

**Rauhbank,** ein langer Hobel, → Hobeln.

**Rauhbaum,** der vorläufigen Sicherung eines Uferanbruchs dienender, verankerter, gut beasteter Nadel- oder Laubbaum, dessen Wipfel in Fließrichtung gerichtet ist.

**Rauhblattgewächse, Borretschgewächse, Boraginaceae,** weltweit verbreitete Familie der Verwachsenkronblättrigen mit etwa 2 500 Arten in 156 Gattungen; Bäume, Sträucher oder häufig Kräuter mit schraubig angeordneten, ungeteilten, stark borstig behaarten Blättern und in wickeligen Blütenständen angeordneten Blüten. Bekannte Gattungen: → Beinwell, → Lungenkraut, → Natternkopf.

**Rauhboa, Trachyboa,** Gattung bis 40 cm langer, rauhschuppiger Boaschlangen mit zwei Arten in Bergregenwäldern im nordwestl. Südamerika.

**Rauhe Alb,** veraltende (volkstüml.) Bez. für die Schwäb. Alb.

**Rauh|eis,** Form der Nebelfrostablagerung; körnige, grauweiße und ziemlich fest anhaftende Eisablagerung; entsteht v. a. bei Nebel und Lufttemperaturwerten zw. −2 und −10 °C durch sehr schnelles Anfrieren von Nebeltröpfchen an Gegenständen unter Einschluß von Luftbläschen und durch Sublimation. R. zeigt typ. Wachstum gegen die Windrichtung; stärkerer Wind begünstigt seine Entstehung.

**Rauheit, 1)** *Technik:* regel- oder unregelmäßige, geringfügige geometr. Abweichung von einer glatten Oberflächenform fester Körper. Bei technisch hergestellten Gegenständen beeinflußt R. Aussehen (z. B. Sichtflächen) und Funktion (z. B. Reibungswiderstand) und ist eine Folge der Fertigungsverfahren, die eine rillige, muldige, porige, kuppige oder schuppige Struktur der Oberfläche ergeben. Geringe R. erfordert besonderen Bearbeitungsaufwand. Zur Prüfung der R. dienen **R.-Meßgeräte.** Eine wichtige Kenngröße ist

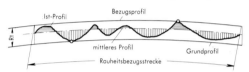

**Rauheit 1):** Lage des Ist-Profils zwischen Bezugs- und Grundprofil; aus dem arithmetischen Mittelwert aller Abstände (absolute Beträge) des Ist-Profils zum mittleren Profil ergibt sich der Mittenrauhwert $R_a$; Rt Rauhtiefe

die **Rauhtiefe** Rt, der größte Abstand des Bezugsprofils vom Grundprofil, also der Abstand zw. der höchsten Spitze und dem tiefsten Tal der Oberfläche (Ist-Profil) innerhalb einer Bezugsstrecke.

**2)** *Wasserbau:* mit einer Längeneinheit (meistens in mm) angegebenes Maß für die Rauhigkeit einer Rohr- oder Gerinnewand, das dem Fließwiderstand einer gleich großen Sand-R. entspricht (**absolute R.**).

Die **betriebliche R.** ist ein Erfahrungswert für Rohrleitungen, in dem alle übrigen Fließwiderstandseinflüsse (z. B. Krümmungen, Rohrstöße, Schächte) enthalten sind. Die **relative R.** ist das Verhältnis von absoluter R. und Rohrdurchmesser. Bei Gerinnen wird der Rohrdurchmesser durch den hydraul. Durchmesser ersetzt, der gleich dem vierfachen → hydraulischen Radius ist.

**rauhen,** die Faserenden aus dem Verband der Gewebe oder Gewirke an die Oberfläche bringen, um eine flaumige Decke zu erzeugen; wird auf **Rauhmaschinen** mit Karden oder Kratzen durchgeführt.

**Rauhes Haus** [umgebildet aus ›Ruges Haus‹], **Das Rauhe Haus,** 1833 von J. H. WICHERN in Hamburg-Horn gegründete Anstalt der Inneren Mission (Gründungsstätte der Diakonie) zur Betreuung gefährdeter Jugendlicher (Jungen) mit angeschlossener Ausbildungsanstalt für die Erzieher (Brüderhaus); wurde mit der Hinführung zu selbständiger Mitarbeit und Selbstverantwortung und der Erziehung in ›Familienhäusern‹ richtungweisend für die Fürsorgeerziehung; es ist seit 1844 auch Sitz des Verlags ›Agentur des R. H.‹. Zum R. H. gehörten (1881) 29 Gebäude (darunter Werkstätten, Druckerei, Schulhaus) sowie landwirtschaftl. Betriebe. 1939 wurde der Erziehungs- und Schulbereich verstaatlicht; 1943 zerstört. Ab 1947 erfolgte der Wiederaufbau. Das R. H. gliedert sich heute in die Abteilungen Jugend-, Behinderten-, Altenhilfe und Sozialpsychiatrie (mit Fachschule für Altenpflege), Diakonenanstalt mit Ev. Fachhochschule, ev. ›Wichern-Schule‹ (allgemeinbildende Privatschule), Brüder- und Schwesternschaft, Landwirtschaft, wiss. ›Institut für Soziale Praxis‹.

**Rauhfußhühner,** je nach Auffassung als Unterfamilie (Tetraoninae) oder Familie (Tetraonidae) eingestufte Gruppe der → Hühnervögel, die in den gemäßigten und kalten Breiten der N-Halbkugel verbreitet ist. Die in 18 Arten aufgeteilten, bis 90 cm langen Vögel sind u. a. durch die dicht befiederten Läufe (z. T. auch Zehen) gekennzeichnet; Sporen fehlen. Das Gefieder ist meist tarnfarben, bei manchen Arten, z. B. Auer- und Birkhuhn, sind die Hähne auffälliger gefärbt. Die meisten Schneehühner (Lagopus) sind im Winter weiß.

R. sind überwiegend Pflanzenfresser, die aufgrund ihrer ungewöhnlich großen Blinddärme auch schwer verdaul. Kost, z. B. Fichtennadeln, aufschließen können. Als Küken benötigen sie aber viele Insekten und andere Wirbellose. Im Winter schonen sie ihren Wärmehaushalt, indem sie ihre Ruhezeiten in Schneehöhlen verbringen. R. gehören zu den kälteresistentesten Landvögeln. Die meisten Arten haben keine feste Paarbindung. Ihre Hähne zeigen ein aufwendiges Balzverhalten. Bestimmte Haut- und Gefiederpartien werden durch Spreizen der Federn oder Aufblähen des Halses zur Schau gestellt und mit ritualisierten Bewegungen zur Geltung gebracht. Manche Arten haben leuchtend gefärbte, schwellbare Hautwülste, die ›Rosen‹, über den Augen. – R. sind Bodenvögel; die im Wald lebenden Arten können sich aber auch auf Bäumen geschickt bewegen. Ihr Flug ist kraftvoll und schnell, aber nicht sehr ausdauernd. Das Nest steht auf dem Boden. Ein Gelege enthält durchschnittlich 6–11 Eier, die nur von der Henne bebrütet werden.

In Dtl. brüten **Auerhuhn** (Tetrao urogallus; Größe 62–86 cm), **Birkhuhn** (Lyrurus tetrix; Größe 41–53 cm), **Haselhuhn** (Tetrastes bonasia; Größe 35 cm) und **Alpenschneehuhn** (Lagopus mutus; Größe 35 cm). Alle vier sind so selten geworden, daß ihr Bestand bedroht erscheint. – In den Prärien Nordamerikas lebt das **Präriehuhn** (Tympanuchus cupido; Größe knapp 50 cm); es ernährt sich v. a. von Sämereien und kann in Getreideanbaugebieten schädlich werden.

Rauhfußhühner: Auerhuhn (Hahn in Balzstellung; Größe 62–86 cm)

**Rauhfußkauz, Aegolius funereus,** in Wäldern der nördl. und gemäßigten Regionen Eurasiens und Nordamerikas lebende Art der Eulen (Größe 25 cm). Der R. unterscheidet sich vom ähnl., aber etwas kleineren Steinkauz durch dicht weißbefiederte Beine und Füße. Das Nest wird in Baumhöhlen angelegt; vorwiegend Standvogel.

**Rauhfutter,** *Landwirtschaft:* zusammenfassende Bez. für i. a. ›sperrige‹, rohfaser- und trockenmassereiche Wirtschaftsfuttermittel mit unterschiedl., meist geringem Gehalt an verdaul. Nährstoffen; z. B. Heu, Stroh und Spreu; v. a. für Wiederkäuer und Pferde.

**Rauhgewicht,** das Bruttogewicht (Schrot) einer Edelmetallmünze, im Ggs. zum Feingewicht.

**Rauhgras, Achnatherum calamagrostis,** auf steinigen Hängen und auf Geröll der Alpen und Voralpen wachsende Grasart mit bis zu 30 cm langer, überhängender Rispe; kalkliebend.

**Rauhhaie,** die → Walhaie.

**Rauhlilie,** die Pflanzengattung → Rauhschopf.

**Rauhnächte** [wohl zu rauh in der alten Bedeutung ›haarig‹, ›behaart‹ (in Anspielung auf die mit Fellen bekleideten Dämonengestalten)], **Rauchnächte,** in Süd-Dtl. und Österreich drei der nach dem Volksglauben von Spuk erfüllten winterl. Zwölfnächte, und zwar die erste (vom 25. 12.), die mittlere (Neujahrsnacht) und die letzte (zum 6. 1.); meist um eine vierte, die Thomasnacht (zum 21. 12.), z. T. auch schon die Andreasnacht (zum 30. 11.) erweitert. In diesen Nächten wurden Haus, Hof und v. a. Amtsgebäude mit Weihrauch eingeräuchert, um Dämonen zu vertreiben; urspr. gingen in den R. auch die Perchten um, mancherorts auch die Pelzer (mit Pelzen u. ä. Vermummte). Perchtenläufe finden an einigen Orten in der einen oder anderen R. auch heute noch statt.

R. VOSSEN: Weihnachtsbräuche in aller Welt (²1986).

**Rauhreif,** Form der Nebelfrostablagerung; meist dünne, an Gegenständen nur locker haftende und zerbrechliche, fast ausschließlich durch Sublimation entstehende Eisnadeln oder -schuppen, an Bäumen, Sträuchern u. a.; Voraussetzungen sind hohe Luftfeuchte (um 90 % oder mehr), schwacher Wind und Temperaturwerte von i. a. unter −8 °C.

**Rauhschopf, Rauhlilie, Dasylirion,** Gattung der Liliengewächse mit 18 Arten in Arizona, Texas und Mexiko; zweihäusige Pflanzen, stammlos oder mit dicken, aufrechten Stämmen und einem kugeligen Schopf aus etwa 1,80 m langen, am Rand gesägten Laubblättern; Blüten in hohen, aufrechten, zylindr. Rispen; im Mittelmeergebiet in Gärten angepflanzt.

**Rauhtiere,** *Technik:* → Rauheit 1).

**Rauhwacke** *die, -/-n,* Gestein, → Dolomit 2).

**Rauhweizen, Englischer Weizen, Glockenweizen, Triticum turgidum,** tetraploide Art des Weizens aus der Emmerreihe; mit 1,20 bis 1,80 m hohen Halmen, meist kahlen Blättern und dichten, dicken, langen Ähren mit meist begrannten Deckspelzen; Körner dick und rundlich. R. wird heute nur noch in geringem Umfang im Mittelmeerraum, in SO-Europa und in Mittelasien (in Dtl. kaum noch) angebaut.

**Rauhwolliges Landschaf, Pommersches Landschaf,** aus Pommern stammende Hausschafrasse; Kopf und Beine mit schwarzem Deckhaar; Lämmer (ähnlich denen des Karakulschafs) mit gekräuselter schwarzer Wolle, später rötlichgrau, nach der ersten Schur grau; Jahreswollertrag 3,5 kg von einem weibl. Tier, bis 5 kg von einem männlichen.

**Rauke** [durch roman. Vermittlung von lat. eruca ›Senfkohl‹], Name von zwei Gattungen der Kreuzblütler: 1) **Eruca** mit fünf Arten im Mittelmeergebiet. Als Gemüse-, Salat- und Ölpflanze wird die **Öl-R.** (**Senf-R.,** Eruca vesicaria ssp. sativa) angebaut; in Dtl. verwildert; 2) **Sisymbrium** mit etwa 80 Arten auf der Nordhalbkugel und in Südamerika. Bekannte Arten: **Besen-R.** (**Sophienkraut,** Sisymbrium sophia), in Eurasien und Nordafrika; einjähriges, bis 70 cm hohes Kraut mit mehrfach fein gefiederten, dicht behaarten Blättern, kleinen, gelben Blüten in rutenbesenförmigem Blütenstand und aufrechten, 10–20 mm langen, sichelförmigen Schotenfrüchten; an trockenen Wegrändern; **Wege-R.** (Sisymbrium officinale), 30–60 cm hoch; mit fiederspaltigen Blättern und gelben, in Trauben stehenden Blüten; Ruderalpflanze.

**Raule,** Benjamin, brandenburg. Marinedirektor, * 1634 (?), † Hamburg 1707; war zunächst Reeder in Middelburg (Niederlande), führte danach brandenburg. Kaperschiffe gegen Schweden, kam 1676 nach

Rauhfußhühner: Haselhuhn (Größe 35 cm)

Rauhfußkauz (Größe 25 cm)

Rauke: Wegerauke (Höhe 30–60 cm)

**Raul**  Rauli – Raum

Berlin und wurde 1681 an die Spitze des brandenburg. Kommerz- und Admiralitätskollegiums mit Sitz in Pillau berufen; 1682–97 Leiter der Brandenburgisch-Afrikan. Handelskompanie. Nach dem Tod des GROSSEN KURFÜRSTEN schwand R.s Einfluß.

**Rauli** [indian.] *das, -(s)*, ein Holz (→Scheinbuche).

**raum,** *seemännisch* für: weit; **raumer Wind,** aus achterl. Richtung kommender Wind, der einem Segelschiff das direkte Ansteuern des Zieles erlaubt; **Raumen,** günstiges Drehen des Windes nach achtern.

**Raum** [ahd. rūm, zu rūmi ›weit‹, ›geräumig‹], **1)** *allg.:* 1) i. d. R. dreidimensional (mit Länge, Breite und Höhe) gedachte, nicht fest eingegrenzte Ausdehnung; 2) in diesen Dimensionen fest eingegrenzte Ausdehnung (z. B. umbauter R., Zimmer); 3) Kurz-Bez. für Weltraum.

**2)** *Mathematik:* i. e. S. ein ohne feste Grenzen sich nach Länge, Breite und Höhe ausdehnendes Gebiet (**Anschauungs-R.**); i. w. S. Bez. für jede mit einer bestimmten Struktur versehene Menge $X$ von Elementen, die eine Abstraktion bzw. Verallgemeinerung des gewöhnl. Anschauungs-R. darstellt. Dem Anschauungs-R. nahe kommt der dreidimensionale **euklidische R.** $\mathbb{R}^3$: Er ist definiert als die Menge der Tripel $(x, y, z)$ reeller Zahlen (→Koordinaten 3), die den ›Punkten‹ des Anschauungs-R. zugeordnet sind, zus. mit einer Definition des →Abstandes 1) jeweils zweier Punkte. Ausgehend vom $\mathbb{R}^3$ gelangt man zum $n$-dimensionalen euklid. R. $\mathbb{R}^n$, wenn man als Menge $X$ die Menge aller $n$-tupel $(x_1, x_2, ..., x_n)$ reeller Zahlen zugrunde legt und jedes $n$-tupel mit einem Punkt $P$ des R. identifiziert; auch hier bezeichnet man die $x_1, x_2, ..., x_n$ als Koordinaten des Punktes $P$. Analog zur Abstandsmessung im $\mathbb{R}^3$ definiert man den Abstand zweier Punkte $P$ und $P'$ (Koordinaten $x_1, x_2, ..., x_n$ und $x'_1, x'_2, ..., x'_n$) im $\mathbb{R}^n$ durch

$$d(P, P') = \sqrt{\sum_{k=1}^{n} (x_k - x'_k)^2}.$$

Der $\mathbb{R}^n$ läßt sich darüber hinaus mit der Struktur eines →Vektorraumes versehen. Eine Verallgemeinerung führt vom $\mathbb{R}^n$ zum Begriff des abstrakten Vektor-R. Die Dimension eines solchen R. muß nicht mehr endlich sein. Dies ist z. B. der Fall in einem Vektor-R., dessen Elemente geeignete Funktionen sind (ein solcher wird i. a. als **Funktionen-R.** bezeichnet).

Aus der Grundmenge $X$ aller $n$-tupel gelangt man zum $n$-dimensionalen (reellen) **affinen R.** $A^n(\mathbb{R})$, indem man die Produktmenge $X \times X$ folgendermaßen auf einen $n$-dimensionalen Vektor-R. $V^n$ abbildet: a) Jedem Punktepaar $(P, Q)$ wird eindeutig ein Vektor $\overrightarrow{PQ} \in V^n$ zugeordnet, wobei zu jedem Punkt $P$ und jedem Vektor $\mathbf{a} \in V^n$ genau ein Punkt $Q$ mit $\overrightarrow{PQ} = \mathbf{a}$ existiert. b) Für jedes Punktetripel $(P, Q, R)$ gilt:
$$\overrightarrow{PQ} + \overrightarrow{QR} = \overrightarrow{PR}.$$

Mit Hilfe einer →Basis 8) von Einheitsvektoren des $V^n$ lassen sich dann für jeden Punkt des $A^n$ eindeutig $n$-tupel $(x_1, ..., x_n)$ von reellen Zahlen als die auf einen festen Punkt bezogenen Koordinaten bezüglich dieser Basis einführen. Durch Hinzunahme einer Hyperebene kann jeder affine R. zu einem ($n$-dimensionalen) projektiven Raum $P^n(\mathbb{R})$, auch mit $\Pi^n$ bezeichnet, erweitert werden.

Ist in einem Vektor-R. $V$ ein inneres Produkt (Skalarprodukt) definiert, das jedem geordneten Paar $(x, y)$ von Vektoren $x, y \in V$ einen Wert größer/gleich Null aus dem Körper der reellen Zahlen zuordnet, so wird $V$ als euklid. Vektor-R. bezeichnet. Ist das Skalarprodukt so definiert, daß es jedem geordneten Paar von Vektoren einen Wert aus dem Körper der komplexen Zahlen zuordnet, so nennt man $V$ einen unitären (Vektor-)R. Ist in $V$ eine Norm definiert, so wird $V$ als normierter (Vektor-)R. bezeichnet.

Von den bisher betrachteten Typen von R. z. T. völlig verschieden sind die topolog. R. als Mengen $T$ mit einer Struktur (nämlich einem Teilsystem $\tau$ der Potenzmenge von $T$, →offene Menge), die Konvergenz- und damit Stetigkeitsbetrachtungen gestattet. Insbesondere sind die vollständigen R. wichtig, in denen jede Cauchy-Folge konvergiert. Zu speziellen topolog. R. (T-R.) gelangt man, wenn man die →Trennungsaxiome zugrunde legt. Insbesondere hat man einen Hausdorff-R., wenn es zu zwei versch. Punkten des R. immer zwei disjunkte Umgebungen gibt. – Einen weiteren Typ topolog. R. bilden die →metrischen Räume, in denen durch Erklärung einer Metrik eine Topologie auf $X$ eingeführt wird. Sie kommen im Falle der Dreidimensionalität unserem Anschauungs-R. nahe. Insbesondere gehört hierzu der dreidimensionale euklid. R. $\mathbb{R}^3$, da die den Abstand zweier Punkte angebende Funktion gerade den an eine Metrik gestellten Forderungen genügt.

Eine Verbindung zw. linearen und topolog. R. schafft der Begriff des topolog. Vektor-R., einerseits ein Vektor-R., andererseits aber auch ein topolog. R., wofür zw. beiden Arten von Strukturen als Verträglichkeitsbedingung die Stetigkeit von Vektoraddition und skalarer Multiplikation gefordert wird. Speziell die normierten topolog. Vektor-R. und die →Hilbert-Räume sowie die →Banach-Räume sind hier wichtig.

*Geschichte:* Der R.-Begriff der Mathematik blieb von der Antike bis ins 19. Jh. hinein an die Dreidimensionalität gebunden. Auch die in vielerlei Hinsicht wichtige Unterscheidung zw. unendl. R. und unbegrenzten R. blieb weitgehend ungeklärt (erstmals 1854 bei B. RIEMANN klar getrennt). Ansätze zur Überwindung der Dreidimensionalität enthielt die von J. PLÜCKER entwickelte Liniengeometrie (1829), die allerdings in dieser Hinsicht wenig Wirkung entfaltete. Wesentlich einflußreicher wurde die von RIEMANN 1854 gegebene Definition der allgemeinen $n$-dimensionalen Mannigfaltigkeit sowie die aus versch. Ansätzen zur linearen Algebra und analyt. Geometrie sich herausbildende Begriff des $n$-dimensionalen Vektor-R. (H. GRASSMANN, 1844). In der 2. Hälfte des 19. Jh. wurde die Frage der Überwindung der Dreidimensionalität oft in Zusammenhang mit den erkenntnistheoret. Problemen der →nichteuklidischen Geometrie gebracht. Lange Zeit galten $n$-dimensionale R. ($n > 3$) bloß als bequeme Sprechweise, bei der die geometr. Begriffe im eigentl. Sinne zweckentfremdet werden (z. B. bei A. CAYLEY). Grundlegende Veränderungen ergaben sich hier erst an der Wende zum 20. Jh. mit der Verwendung des vierdimensionalen R. in der Relativitätstheorie einerseits und mit einem neuen, nicht mehr an Anschaulichkeit gebundenen Grundlagenverständnis der Mathematik andererseits.

**3)** *Philosophie:* In der Antike wurde der R. zunächst endlich gedacht; er ist von myth. R., dem ›Apeiron‹, umgrenzt, über den man keine Aussagen machen kann. Für ARISTOTELES beginnt über der Welt des Wechselnden und Vergänglichen die Welt des Unvergänglichen, die Sphäre der Himmelskörper. Erst seit der Renaissance wurde, im Zusammenhang mit der Lehre des N. KOPERNIKUS, durch G. BRUNO allmählich die Vorstellung des unendlichen astronom. R. vorherrschend, nachdem der Begriff des Unendlichen im Zuge der Entstehung einer christl. Philosophie eine Aufwertung erfahren hatte. Die griech. Atomisten (DEMOKRIT) nahmen eine Leere an, in der sich die Atome bewegen, ebenso die der Pythagoreer. Später vertraten z. B. P. GASSENDI und J. LOCKE die Vorstellung des leeren R. Dagegen ist für PARMENIDES Sein soviel wie Raumerfüllen, während der leere R. dem Nichtsein gleichkommt. Auch nach Vorstellung der christl. MA., das an ARISTOTELES' Anschauung vom R. als dem Begrenzenden der Körper anknüpfte, kann es keinen leeren R. geben (→ Horror vacui). R. DESCARTES unterschied als Attribute der Wirklichkeit Denken und Ausdehnung; für ihn fallen Räumlichkeit und Körperlichkeit zusammen.

Die Vorstellung eines ruhenden, homogenen, unendl. R., der auch leer sein kann (I. NEWTON), war lange Zeit die Grundlage der naturwissenschaftl. R.-Auffassung.

Der R. als bloße Erscheinung taucht auf in der Lehre der engl. Empiristen (D. HUME, G. BERKELEY). Auch für G. W. LEIBNIZ ist der R. nur Phänomen, dem die Monaden als immaterielle Kräfte zugrunde liegen; er ist die Ordnung des Koexistierenden, Inbegriff von Beziehungen (Begriff des ›relativen R.‹). Für I. KANT sind R. und Zeit ›apriorische Anschauungsformen‹; der R. ist ›nichts, sobald wir die Bedingungen der Möglichkeit aller Erfahrung weglassen und ihn als etwas, was den Dingen an sich zugrunde liegt, annehmen‹. Nach KANT sind der R. und seine in den Axiomen der euklid. Geometrie formulierte Struktur im menschl. Erkenntnisvermögen verankert; ähnl. Ansichten finden sich in der Phänomenologie des 20. Jh., v. a. bei O. BECKER, wieder.

Für die Philosophie des Idealismus und der Romantik gehört der R. zum ›Außersichsein‹ des Geistes (G. W. F. HEGEL), er ist das ›Äußere‹ oder Extensive gegenüber dem ›Inneren‹ oder Intensiven; für NOVALIS ist R. äußere Zeit, für F. W. J. SCHELLING angehaltene Zeit, während Zeit fließender R. ist. Die Lebensphilosophie ordnet den R. dem Verstand zu; er zeige die Welt räumlich, teilbar, meßbar, während ihr eigentl. Wesen das Bewußtsein, die unteilbare schöpferische Zeit sei (H. BERGSON). Indem die Existenzphilosophie den Menschen als In-der-Welt-Sein und Mit-Sein nimmt, gehören für sie Örtlichkeit und Räumlichkeit in die Grundstruktur des Daseins, während die Zeitlichkeit ›der ursprüngl. ontolog. Grund der Existenzialität des Daseins ist‹ (M. HEIDEGGER).

Der R.-Begriff des log. Empirismus (R. CARNAP, H. REICHENBACH) ist nachhaltig durch die Erkenntnisse der modernen Mathematik und Physik geprägt. Charakteristisch für ihn ist die Verwerfung des Kantischen Apriorismus sowie die enge Verknüpfung von R. und Geometrie.

R. CARNAP: Der R. Ein Beitr. zur Wissenschaftslehre (1922, Nachdr. Vaduz 1978); O. BECKER: Beitr. zur phänomenolog. Begründung der Geometrie u. ihrer physikal. Anwendung ($^2$1973); A. GRÜNBAUM: Philosophical problems of space and time (Dordrecht $^2$1973); H. REICHENBACH: Ges. Werke, Bd. 2: Philosophie der R.-Zeit-Lehre (1977); M. JAMMER: Das Problem des R. Die Entwicklung der R.-Theorien (a.d. Amerikan., $^2$1980); M. FRIEDMANN: Foundations of space-time theories (Princeton, N.J., 1983); J. L. RICHARDS: Mathematical visions. The pursuit of geometry in Victorian England (Boston, Mass., 1988); J. GRAY: Ideas of space. Euclidean, non-Euclidean, and relativistic (Oxford $^2$1989).

4) *Physik:* aus der Geometrie entwickelter, grundlegender Begriff der Physik, der sich, als dreidimensionaler **physikalischer R.,** in der Ausdehnung, der gegenseitigen Lage und den Abständen der ›in ihn eingebetteten‹ materiellen Dinge manifestiert und durch Messungen mit Hilfe geeigneter Maßstäbe konkretisiert wird. Die Aufeinanderfolge und Dauer von Bewegungsabläufen und physikal. Prozessen im R. drückt sich in der →Zeit als ordnendem Parameter aus. Homogenität und Isotropie des R. implizieren die Erhaltung des Impulses bzw. Drehimpulses (→ Noethersches Theorem).

Die Vorstellung eines **absoluten R.** in der klass. Physik geht auf I. NEWTON zurück (→ Newtonsche Axiome), nach dem der R. ›vermöge seiner Natur und ohne Beziehung auf einen äußeren Gegenstand stets gleich und unbeweglich bleibt‹. Danach ist der R. ein unendl., euklid. Kontinuum, das unabhängig von den in ihm befindl. Dingen und Vorgängen besteht. Im Zuge der klass. Feldtheorie wurde im 19. Jh. die später nicht mehr haltbare (→ Michelson-Versuch) Hypothese eines den ganzen R. erfüllenden → Äthers 3) als Medium der elektromagnet. Wellen, insbesondere des Lichts, aufgegriffen. Das bevorzugte Inertialsystem (→ Bezugssystem 1), in dem der Äther ruht, wird dabei mit dem absoluten R. gleichgesetzt.

Eine tiefgreifende Wandlung des R.-Begriffs erfolgte zu Beginn des 20. Jh. durch die Erkenntniskritik A. EINSTEINS in der → Relativitätstheorie. Die spezielle Relativitätstheorie sagt aus, daß die Ergebnisse von Längen- und Zeitmessungen vom relativen Bewegungszustand des Beobachters bezüglich des Meßobjekts abhängen; ein absolutes und daher bevorzugtes Bezugssystem existiert nach ihr nicht, ebensowenig wie eine absolute Zeit. R. und Zeit werden unter dem Begriff der → Raum-Zeit vereinigt. In der allgemeinen Relativitätstheorie entfällt die Unabhängigkeit des Wesens des R. und der Zeit von ihrer materiellen Erfüllung; den Massen und ihrer → Gravitation entspricht eine von der jeweiligen Materieverteilung abhängige Krümmung der nun nichteuklid. R.-Zeit. Der R. kann dabei endlich oder unendlich sein und selbst dynam. Verhalten wie Expansion oder Kontraktion zeigen (→ Kosmologie). – Die Quantenphysik schreibt dem leeren R. (Vakuum) Fluktuationen in Form ›virtueller Teilchen‹ zu, die z. B. zur Polarisation des Vakuums führen.

Für die theoret. Physik von großer Bedeutung sind **abstrakte R.** wie die physikal. Zustands-R. höherer Dimensionen (z. B. der Phasenraum in der statist. Mechanik), mathemat. Vektor-R. (z. B. der Hilbert-Raum der quantenmechan. Zustandsfunktionen) oder die speziellen Darstellungs-R. von Symmetriegruppen (z. B. der Isospin-R.).

A. GOSZTONYI: Der R. Gesch. seiner Probleme in Philosophie u. Wiss.en, 2 Bde. (1976); B. KANITSCHEIDER: Vom absoluten R. zur dynam. Geometrie (1976); F. HUND: Grundbegriffe der Physik, Tl. 1 ($^2$1979); R. U. SEXL u. HERBERT K. SCHMIDT: R., Zeit, Relativität ($^2$1979); E. SCHRÖDINGER: Die Struktur der R.-Zeit (a.d. Engl., 1987); Philosophie u. Physik der R.-Zeit, hg. v. J. AUDRETSCH u. a. (1988).

5) *Psychologie:* → Wahrnehmung.

6) *Sozialwissenschaften:* **sozialer R.,** eine für die Betrachtung und Interpretation sozialen Handelns grundlegende Kategorie, ein Rahmen, innerhalb dessen sich die sozialen Organisationen menschl. Handelns und Zusammenlebens bestimmen lassen. P. BOURDIEU hat den Begriff in spezif. Weise als ›R. von Beziehungen‹ bestimmt, als ein Feld, auf dem sich für den Betrachter und für die Handelnden Gesellschaft durch die Interaktion von Menschen und Gruppen mit ungleichen Bildungschancen, unterschiedlicher ökonom. und polit. Macht und sozialer Bedeutung sowie unterschiedl. Teilhabe an sozialen Codes, kulturellen Kompetenzen und Symbolsystemen konstituiert. (→ Milieu 3)

P. BOURDIEU: Sozialer R. u. ›Klassen‹. Leçon sur la leçon (a. d. Frz., 1985).

**Rauma** [finn.], 1) schwed. **Raumo,** Hafen- und Industriestadt in der Prov. Turku-Pori, Finnland, am Bottn. Meerbusen, (1987) 30 800 Ew.; Kunst-, Stadtmuseum; Werft, ferner Holz- und chem. Industrie. – Gut erhaltenes altes Stadtbild mit zahlreichen Holzhäusern. Die Heiligkreuzkirche (15. Jh.) war die Kirche des 1538 aufgehobenen Franziskanerklosters; im Alten Rathaus (1775–77) befindet sich heute das Stadtmuseum.

2) *die,* Fluß in Norwegen, im → Romsdal.

**Raum|akustik,** die Lehre von der Schallausbreitung in geschlossenen Räumen. Sie dient der Erzielung guter Hörverhältnisse in Räumen (Hörsamkeit) oder der Unterdrückung der Schallausbreitung. Die **Hörsamkeit** wird von der Raumform, von der Raumgröße und v. a. vom → Nachhall beeinflußt. Bei einer

# Raum   Raumangst – Raumfahrt

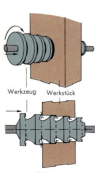

Räumen:
Innenziehräumen

Räumen:
Außenräumen

Friedrich von Raumer

**Schlüsselbegriff**

optimalen raumakust. Gestaltung kann man für Raumvolumina bis 20 000 m$^3$ ohne Mikrophone auskommen. Der Nachhall kann durch schallabsorbierende Materialien (Schallschluckstoffe) oder Formgebung der Raumbegrenzungen beeinflußt werden. Die Raumbegrenzungen reflektieren die auftreffenden Schallwellen nach Form und Oberflächenbeschaffenheit unterschiedlich stark. Deshalb treten an jedem Ort des Raumes Überlagerungen der aus versch. Richtungen mit unterschiedl. Stärke einfallenden Schallanteile auf. Das resultierende Schallfeld ist rechnerisch nur durch Näherungen zu erfassen. Bei Planung und Entwurf von Konzert- und Theatersälen, Lesesälen von Bibliotheken und Großraumbüros muß die R. gleichwertig mit den bautechn. Gesichtspunkten berücksichtigt werden. Schallschluckende Materialien werden z. B. an Saalrückwänden und den hinteren Deckenbereichen angebracht, weil der dort reflektierte Schall die Hörsamkeit herabsetzt. Da z. B. in Konzertsälen die Besucher etwa 50% der mittleren und hohen Frequenzen absorbieren, kann der Schall in diesen Frequenzbereichen durch eine aktive Zusatzbeschallung ergänzt oder der tieferfrequente Schall durch Tiefen- und Mittenabsorber (schwingungsfähige Lochplatten) passiv verringert werden.

**Raum|angst,** andere Bez. für →Klaustrophobie.

**Raum|anzug,** hermetisch abgeschlossener Astronautenanzug mit Schutz gegen das Weltraummilieu. R. müssen weitgehend gegen Strahlung schützen und temperaturisoliert, gegen mechan. Beschädigungen relativ unempfindlich sein und mit einem Lebenserhaltungssystem ausgerüstet sein, mit dessen Hilfe im Anzug ein ird. Bedingungen entsprechendes Klima bei 0,25 bis 0,4 bar Innendruck aufrechterhalten wird. Innendruck, Atemluft- und Energieversorgung werden durch die Klimaanlage des Raumfahrzeugs oder einen ›Versorgungstornister‹ sichergestellt.

**raum|artig,** Begriff aus der Relativitätstheorie für die raum-zeitliche Lage zweier Weltpunkte (→Minkowski-Raum), die in allen Inertialsystemen durch einen räuml. Abstand getrennt sind (›absolut entfernt‹); raumartig zueinander gelegene Ereignisse können nicht kausal miteinander verknüpft sein, ihre zeitl. Abfolge hängt von der Wahl des Bezugssystems ab. Bei der üblicherweise verwendeten Metrik ist das raum-zeitl. Abstandsquadrat raumartiger Ereignisse negativ. Dementsprechend bezeichnet man auch →Vierervektoren mit negativem Betragsquadrat als r., z. B. die Viererbeschleunigung eines Teilchens mit Ruhemasse; Ggs.: zeitartig.

**Raum|auflösung,** *physikalische Meßtechnik:* das räuml. →Auflösungsvermögen 3).

**Raum|ausstatter,** Ausbildungsberuf des Handwerks für Frauen und Männer mit dreijähriger Ausbildungsdauer. R. verlegen Teppich- und Kunststoffböden, bringen Wandverkleidungen und -bespannungen, Sonnenschutzvorrichtungen, Gardinen und Vorhänge an und fertigen Polstermöbel an.

**Raumbewegung,** die wahre, auf die Sonne bezogene Bewegung eines kosmischen Objekts im Raum; die entsprechende Geschwindigkeit ist die **Raumgeschwindigkeit.**

**Raumbildverfahren,** →Stereoskopie.

**Räumde, Geräumde, Geräumte,** dauernd oder vorübergehend als Folge von Windbruch, Schneebruch, Käferbefall u. a. Ursachen für längere Zeit nicht oder unvollkommen bestockte Waldflächen in mittleren oder älteren Waldbeständen, deren Wiederaufforstung z. Z. nicht vorgesehen ist. (→Blöße)

**Raumdiagonale,** die Verbindungsstrecke zweier Ecken eines Polyeders, die nicht beide in einer Seitenfläche liegen.

**Räumen,** spanendes Bearbeitungsverfahren, bei dem durch meist geradlinige Relativbewegung zw. Werkstück und Werkzeug beliebige Flächen herstellbar sind. In die **Räummaschine** (bis einige Meter lang) eingespannte **Räumwerkzeuge** haben hintereinanderliegende Schneiden, die einen Vorschub erhalten. Die Höhe der Schneiden ist dabei von Schneide zu Schneide um einen Span gestuft ($^1/_{100} - ^1/_{10}$ mm). Das Endmaß wird deshalb erst von der letzten Schneide des Räumwerkzeugs hergestellt. Durch R. können hohe Oberflächengüte, enge Toleranzen bei geringem Ausschuß und gleichzeitig hohe Zerspanungsleistung erzielt werden. Man unterscheidet **Außen-R.** zur Bearbeitung von Flächen oder Profilen an der Außenseite von Werkstücken und **Innen-R.,** bei dem Durchgangsbohrungen bearbeitet und profiliert werden, z. B. mit der verzahnten **Räumnadel,** die durchgezogen wird (**Zieh-R.**) oder dem **Räumdorn,** der durchgedrückt wird (**Stoß-R.**). Wird in Sonderfällen der geradlinigen Bewegung eine Drehbewegung überlagert, erzielt man Drall- oder Spiralprofile.

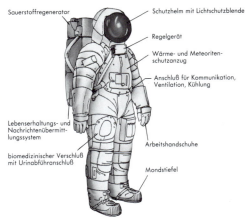

**Raumanzug:** Flexibler Raumanzug des Apollo-Programms

**Raumer,** 1) Friedrich von, Historiker, * Wörlitz 14. 5. 1781, † Berlin 14. 6. 1873, Bruder von 2); wurde 1811 Prof. in Breslau und war 1819–59 Prof. der Staatswissenschaften und der Geschichte in Berlin. In der Frankfurter Nationalversammlung gehörte er dem rechten Zentrum an. R., ein vielseitiger Gelehrter, hat durch seine romantisch verklärte Darstellung der Stauferzeit (›Geschichte der Hohenstaufen und ihrer Zeit‹, 6 Bde., 1823–25) nicht so sehr auf die Geschichtsschreibung als auf die dramat. Literatur eingewirkt. R. gründete 1830 das ›Histor. Taschenbuch‹ (1830–69, fortgef. 1871–80 von W. H. RIEHL, 1882–92 von W. MAURENBRECHER).

2) K a r l Georg von, Mineraloge und Pädagoge, * Wörlitz 9. 4. 1783, † Erlangen 2. 6. 1865, Bruder von 1); als Naturwissenschaftler ab 1811 Prof. in Breslau, 1819–23 in Halle, ab 1827 in Erlangen. Befreundet mit C. W. HARNISCH, gründete er 1824 im Sinne J. H. PESTALOZZIS eine Armenschule in Nürnberg; wurde bes. als Historiker der Pädagogik bekannt.

Hauptwerk: Gesch. der Pädagogik, 4 Bde. (1843–54, fortgef. mit Bd. 5 durch G. LOTHOLZ, 1897).

**Raumfähre,** der →Raumtransporter.

**Raumfahrt, Weltraumfahrt, Astronautik, Kosmonautik,** die Erforschung und Erschließung des erdnahen Weltraums sowie des Sonnensystems mit Hilfe unbemannter Geräte und durch den Menschen im Raum selbst. Die Beschränkung der R. auf diese Bereiche hat ihre Ursache in den großen

Entfernungen der nächsten Sterne (4,07 · 10$^{13}$ km = 4,3 Lichtjahre für den erdnächsten Fixstern Proxima Centauri) und der damit verbundenen Flugzeit, die bei der heute verfügbaren Höchstgeschwindigkeit rd. 100 000 Jahre für nahe Fixsterne betragen würde. Neben der Erweiterung des Kenntnisstandes durch wiss. Untersuchungen gewinnen die Anwendung und unmittelbare Nutzung für die Erde und die kommerzielle Verwendung der im Rahmen der R. entwickelten Techniken auf der Erde immer größere Bedeutung.

### Grundlagen und Aufgabenstellung

R. ist durch zwei unterschiedl. Aufgabenstellungen gekennzeichnet: 1) Flug in und durch den Weltraum sowie die Möglichkeit einer Rückkehr zur Erde und 2) Durchführung von Unternehmungen und Aktivitäten im Weltraum.

*R. als Transportaufgabe:* Raumtransport, der Zugang zum Weltraum, ist die Schlüsselaufgabe und die Basis aller R.-Unternehmungen. Die Durchführung ist aus physikal. Gründen äußerst schwierig. Um einen Körper so in den Weltraum zu transportieren, daß er nicht wieder auf die Erdoberfläche zurückfällt, d. h. eine Erdumlaufbahn erreicht, muß er eine Geschwindigkeit von mindestens 7,9 km/s (Kreisbahngeschwindigkeit) aufweisen. Das Verlassen des erdnahen Bereichs erfordert 11,2 km/s (Fluchtgeschwindigkeit); um bis zum Rand des Sonnensystems vorzustoßen, benötigt man etwa 16,7 km/s.

Als *Transportmittel* dienen Raketen, da nur das Raketen- oder Rückstoßprinzip im Vakuum des Weltraums zum Antrieb in Frage kommt und derzeit und in absehbarer Zukunft nur Raketen Geschwindigkeiten der erforderl. Größenordnung erreichen können. Die einzige z. Z. verfügbare techn. Lösung sind Raketen mit chem. Treibstoffen, die nach dem Einsatz i. a. verlorengehen. Erst die Verfügbarkeit von Trägerraketen, abgeleitet aus den militär. Programmen für Raketenwaffen, ermöglichte 1957 den Beginn von R.-Aktivitäten. Als neue Aspekte kamen die Wiederverwendung einzelner Elemente der Transportsysteme bei verringerter Nutzlast (beim Raumtransporter der USA, 1981) sowie der Flugzeugstart (Pegasus, mit B-52-Flugzeugen, 1990) hinzu.

Bei erdnahen Missionen erreicht die Nutzlast nur wenige Prozent der Startmasse, zunehmende Erdentfernung sowie eine Rückkehr bedeuten weitere Verringerungen, so daß die Nutzlast bei Startmassen zw. 20 t und 2 000 t in der Regel zw. einigen 100 kg und mehreren Tonnen liegt; diese Massenbegrenzung ist einer der Gründe für die in der R. notwendige Miniaturbauweise. Die Zuverlässigkeit der Trägersysteme beträgt etwa 95–98 %.

Seit Beginn der R. wurden (bis 1991) über 3 200 Raumflüge – die Mehrzahl von der UdSSR – durchgeführt; der Anteil unbemannter Flüge betrug etwa 95 %.

### Unternehmungen im Weltraum

R.-Unternehmungen erfordern weitgehende Autonomie und extreme Zuverlässigkeit der eingesetzten Systeme und Geräte; darüber hinaus bedingen Schwerelosigkeit, Vakuum, Strahlung, Temperatureinflüsse und Mikrometeoriten im Weltraum ebenso wie die Umgebungsbedingungen auf anderen Himmelskörpern eine ›Härtung‹ gegenüber diesen Effekten. Die zu befördernde Nutzlast spielt als dimensionierender Faktor für die Trägersysteme eine wesentl. Rolle, wobei wegen der erforderl. Zusatzeinrichtungen nur ein kleiner Anteil für die eigentl. Aufgabe verwendet werden kann.

---

**Meilensteine der unbemannten Raumfahrt*)**

|  |  |
|---|---|
| 4. 10. 1957 | Erdsatellit, Sputnik 1 (UdSSR) |
| 31. 1. 1958 | Entdeckung des Van-Allen-Strahlengürtels durch Explorer 1 (USA) |
| 12. 9. 1959 | Mondflug, Luna 2 (UdSSR) |
| 10. 8. 1960 | Bergung eines Satelliten, Discoverer 13 (USA) |
| 27. 8. 1962 | Venuserkundung, Mariner 2 (USA) |
| 28. 11. 1964 | Marserkundung, Mariner 4 (USA) |
| 6. 4. 1965 | kommerzieller Nachrichtensatellit, Early Bird (USA) |
| 31. 1. 1966 | Mondlandung, Luna 9 (UdSSR) |
| 17. 8. 1970 | Venuslandung, Venera 7 (UdSSR) |
| 3. 3. 1972 | Raumfluggerät, das das Sonnensystem verließ, Pioneer 10 (USA) |
| 10. 12. 1974 | Naherkundung der Sonne, Helios 1 (Bundesrep. Dtl.) |
| 20. 8. 1975 | Marslandung, Viking 1 (USA) |
| 20. 8. 1977 | Voyager 2, Vorbeiflug an den großen Planeten des Sonnensystems (USA) |
| 2. 7. 1985 | Untersuchung des Halleyschen Kometen durch die Kometensonde Giotto (ESA) |
| 18. 10. 1989 | Raumsonde Galileo zur Untersuchung des Planeten Jupiter (USA, Deutschland) |
| 1. 6. 1990 | Astronomiesatellit ROSAT (Europa, USA) |

*) Die angegebenen Daten sind die Starttermine der Raumfahrtunternehmungen.

---

Die Fortschritte in der R. haben sich v. a. auf dem Sektor der Satelliten- und Raumsondentechnik niedergeschlagen. Seit dem Start der ersten Satelliten, die nur einzelne Messungen vornahmen, wurden immer komplexere Systeme mit einer Vielzahl von Einrichtungen bei verringerter Masse realisiert. Die Komplexität bedeutet u. a., daß die R. des Zusammenspiels von Mensch und ferngesteuertem, automatisiertem System bedarf.

Die *unbemannte R.* betrifft Aufgaben wie Messungen, Signalübertragung oder ähnl. Tätigkeiten, die meist der R. und dem Bereich der Dienstleistungen (Wettersatelliten, Nachrichtensatelliten) zuzurechnen sind.

Der kleinste aktive Satellit war Vanguard 1 (USA) mit 1,48 kg Masse und 0,16 m Durchmesser, die größten unbemannten Raumflugkörper sind Aufklärungssatelliten, LDEF (Long Duration Exposure Facility; Untersuchungsgerät für die Langzeiteinwirkung des Weltraums; USA) mit der Größe eines Omnibusses und GRO (Gamma Ray Observatory, USA) mit etwa 17 t Masse.

Die *bemannte R.* verlagert einen Teil des Personaleinsatzes, den eine R.-Mission erfordert, in den Weltraum, um durch die spezif. Fähigkeiten des Menschen Programme vor Ort effektiver durchführen zu können.

In den ersten 30 Jahren bemannter R. wurden über 140 Raumflüge durchgeführt (jeweils etwa die Hälfte von den USA und der UdSSR), an denen mehr als 440 Astronauten teilnahmen. Die Zuverlässigkeitsanforderungen für bemannte R.-Missionen sind wesentlich höher als bei unbemannten, so daß bei ihnen die Rate schwerer Fehlschläge deutlich niedriger liegt. Bis 1991 forderten Unfälle bei drei Missionen insgesamt neun Menschenleben.

---

**Meilensteine der bemannten Raumfahrt*)**

|  |  |
|---|---|
| 12. 4. 1961 | bemannter Erdsatellit, Wostok 1, mit J. GAGARIN (UdSSR) |
| 18. 3. 1965 | Kosmonaut außerhalb eines Raumfahrzeugs im Weltraum (UdSSR) |
| 21. 12. 1968 | bemannte Mondumkreisung, Apollo 8 (USA) |
| 16. 7. 1969 | bemannte Mondlandung, Apollo 11 (USA) |
| 19. 4. 1971 | bemannte Raumstation Saljut 1 (UdSSR) |
| 14. 5. 1973 | bemannte Raumstation Skylab (USA) |
| 15. 7. 1975 | internat. Rendezvousmanöver Apollo-Sojus (USA, UdSSR) |
| 12. 4. 1981 | Erstflug des teilweise wiederverwendbaren Raumtransporters (Space-shuttle Columbia, USA) |
| 28. 11. 1983 | Spacelab (Deutschland) in einer Space-shuttle-Mission |
| 8. 11. 1984 | Bergung defekter Satelliten (USA) |
| 20. 2. 1986 | permanent bemannte Raumstation Mir (UdSSR) |

*) Die angegebenen Daten sind die Starttermine der Raumfahrtunternehmungen.

**Raum** Raumfahrt

Bemannte Raumfahrzeuge sind wegen der Größe des Menschen und der Notwendigkeit von Lebenserhaltungs-, Rückkehr- und Bergungseinrichtungen wesentlich schwerer als vergleichbare unbemannte Geräte. Die Mindestmasse liegt bei etwa 1,5 t (Raumkapsel Mercury für einen Astronauten), das größte derzeit eingesetzte Raumfahrzeug ist der Orbiter der US-Raumfähre mit sieben Astronauten, etwa 70 t Leermasse und der Größe eines mittelgroßen Flugzeugs.

Die erste bemannte Raumstation, Skylab (USA), wog 103 t und war 36 m lang. Nach drei Missionen zw. 1973 und 1974 mit jeweils drei Astronauten wurde sie aufgegeben und verglühte 1979 in der Erdatmosphäre. Seit 1986 betreibt die UdSSR eine permanent bemannte Raumstation (Mir), die bis zu sechs Astronauten Platz bietet, aus mehreren Modulen besteht und bei einer Größe von rd. 30 m eine Masse von mehr als 70 t hat. Der bisher längste Weltraumaufenthalt einzelner Kosmonauten betrug etwa ein Jahr.

Der *Nutzen der bemannten R.* wird häufig wegen der erforderl. Finanzmittel, der Ausrichtung der Programme, der Fortschritte bei der Automatisierung und Robotik kritisch hinterfragt. Ein Vergleich der Programmergebnisse bemannter und unbemannter Missionen bei der Monderforschung zeigt jedoch die Überlegenheit des Menschen bei komplexen Aufgaben. Seine Fähigkeit, im Raum Reparaturen an Raumfahrzeugen und Satelliten durchzuführen, Korrekturen während der Mission vorzunehmen, den Ausbau von Raumstationen zu bewerkstelligen u. a., wurde durch viele Beispiele belegt.

### Raumfahrtprogramme

Wiss. Untersuchungen im Weltraum betreffen Astronomie und Astrophysik sowie Beobachtungen der Erde und des erdnahen Raumes. Die R. ermöglicht außerhalb der Erdatmosphäre astronom. Beobachtungen in Wellenlängenbereichen, die sich einer erdgebundenen Beobachtung entziehen oder durch die Atmosphäre gestört werden, in manchen Fällen sind Geräte vor Ort (Sonden) die einzige Möglichkeit für derartige Untersuchungen. Die Beobachtung der Erde aus dem Weltraum stellt das einzige Mittel dar, globale Tendenzen und Zusammenhänge zu erfassen.

Die *Erforschung des Sonnensystems* erstreckte sich bis 1991 auf sämtl. Planeten außer Pluto sowie auf eine Vielzahl von Monden und lieferte neben Messungen physikal. Parameter der Umwelt auch detaillierte Bilder, die der erdgebundenen Astronomie unmöglich sind. Satelliten wurden in Umlaufbahnen um Mars und Venus gebracht, weiche Landungen wurden auf diesen Planeten vorgenommen, und eine Sonde mit einem ›Eintauchmodul‹ zur Erforschung der Atmosphäre wurde zum Planeten Jupiter gesandt (Galileo). Der →Mond war v. a. in der Anfangsphase der R. ein wichtiges Forschungsobjekt.

Der Nahbereich der Sonne wurde v. a. durch die Sonnensonden Helios A und B erforscht, der durch die Sonne beeinflußte Weltraum sowohl durch interplanetare Sonden (Ulysses) als auch mit Hilfe von Erdsatelliten. – Der Halleysche Komet war 1986 das Ziel von fünf Missionen, die erste Nahaufnahmen (Raumsonde Giotto) und Detailinformationen über einen Kometen brachten.

*Astronom. und astrophysikal. Untersuchungen* werden in praktisch allen Bereichen des elektromagnet. Spektrums durchgeführt, im sichtbaren Bereich z. B. mit Hilfe des Hubble-Weltraumteleskops und des Astrometriesatelliten Hipparcos, im Röntgen- und Gammastrahlenbereich durch den Röntgensatelliten ROSAT und das Gammastrahlenobservatorium GRO, im Infrarotbereich durch den Infrarotastronomiesatelliten IRAS.

*Weltraumgestützte Untersuchungen der Erde und des erdnahen Weltraums* betreffen die Massenverteilung und Form der Erde, ihr Magnetfeld, die Struktur der äußeren Atmosphäre über 80 km Höhe und die Strahlungsgürtel sowie atmosphär. Erscheinungen in den Polargebieten. Die Klimaforschung, die Meßdaten über die Struktur, Zusammensetzung, Verschmutzung und Temperaturverteilung der Atmosphäre sowie über die Ozeane benötigt, kann ohne Meßergebnisse der R. keine zuverlässigen Aussagen machen.

Die *Mikrogravitations- und Schwerelosigkeitsforschung* ist ein neuerer Zweig der Wissenschaft, die das Verhalten von Materialien sowie die Veränderung physikal. Prozesse unter den Bedingungen geringster oder völlig ausgeschalteter Gravitationswirkung untersucht; Versuche werden sowohl im Weltraum als auch mit Hilfe von Höhenraketen durchgeführt. Ziel ist die Verbesserung von Werkstoffen, die Herstellung spezieller Substanzen, die Durchführung biolog. Untersuchungen an Pflanzen und Tieren sowie medizin. Untersuchungen am Menschen.

*Anwendungs- und Nutzungssatelliten:* Die Idee des *Nachrichtensatelliten* geht auf A. C. CLARKE (1945) zurück. Nachrichtensatelliten dienen als Relaisstationen für Telekommunikationsaufgaben wie Fernsprechen, Fernkopieren und Fernschreiben sowie für Hörfunk und Fernsehen und werden von öffentl. und privaten Betreibern sowohl für die Kabeleinspeisung als auch für die Direktübertragung eingesetzt. Bedeutendster Einsatzort ist die geostationäre Umlaufbahn in etwa 35 800 km Höhe über dem Äquator. Von den derzeit mehr als 500 bereits positionierten oder geplanten geostationären Satelliten werden mehr als 75 als kommerzielle Nachrichtensatelliten betrieben.

Mit *Meteorologiesatelliten* (Wettersatelliten) werden v. a. Wetterlagen und Wolkenfelder untersucht sowie Temperatur, Feuchtigkeit und Windgeschwindigkeit gemessen. Bis 1991 wurden etwa 80 Wettersatelliten in polare und etwa 20 in geostationäre Umlaufbahnen (u. a. Meteosat) gebracht.

*Erdbeobachtungssatelliten* dienen zur Erkundung der Erde, um durch multispektrale Fernmessungen Informationen über Oberflächenstrukturen, Pflanzen, Wasser, Rohstofflager sowie deren Veränderungen und Umweltbeeinflussung zu erhalten. Wichtige Programme sind Landsat, Spot und ERS. – Neben der zivilen großflächigen Erdbeobachtung mit geringerer Auflösung (typisch sind einige 10 m) werden opt. Systeme zur Aufklärung und Überwachung im militär. Bereich (Auflösung bis zu 0,1 m) eingesetzt.

*Navigationssatelliten*, v. a. für die Luft- und Seefahrt verwendet, erlauben eine genaue Positionsbestimmung.

*Militär. R.:* Die R. wurde v. a. durch militärtechn. Entwicklungen – leistungsfähige Raketen großer Reichweite für den Transport von Nuklearwaffen, die auch für R.-Aufgaben eingesetzt werden können – wesentlich gefördert. Aufbauend auf die in Dtl. beim Bau der A 4 (V 2) gewonnenen Erfahrungen und Erkenntnisse entwickelten die USA und die UdSSR schubstarke Raketen, so daß die UdSSR mit einer Interkontinentalrakete 1957 den ersten Satelliten ›Sputnik‹ starten konnte. Der Sputnik-Schock löste in den USA umfangreiche Aktivitäten aus und war dort auch Anlaß für die Intensivierung ziviler und militär. R.-Programme.

## Raumfahrt

Die Stationierung von Massenvernichtungswaffen im Weltraum oder auf nahen Himmelskörpern ist durch internat. Verträge verboten. Weltraumverteidigung (SDI) beinhaltet das Konzept einer Abwehr von Raketen (über die gesamte Flugbahn) mit Hilfe von Waffen, die sowohl im Weltraum als auch auf der Erde stationiert werden sollen. – Gegenwärtig umfaßt die militär. R. im wesentlichen den Einsatz von Satelliten zur Beobachtung und Aufklärung, Überwachung, Kommunikation und Navigation.

Die Bedeutung der militär. R. ergibt sich aus deren finanziellem Anteil an der R. Für die Sowjetunion bzw. deren Nachfolgestaaten liegen keine Zahlen vor; die USA geben jährlich etwa zwei Drittel der R.-Aufwendungen dafür aus. Die übrigen Nationen betreiben militär. R. nur in geringem Umfang.

### Wirtschaftliche Aspekte

Die R. ist durch vernetztes Denken und Handeln, techn. Höchstleistungen und neuartige Problemlösungen, hochzuverlässige Großsysteme, Nutzung geringster Ressourcen und Effektivitätsmaximierung charakterisiert. Die damit verbundenen Entwicklungen können auch in vielen Bereichen außerhalb der R. genutzt werden (Technologietransfer, ›Spin-off‹).

Ein direkter wirtschaftl. Nutzen liegt – wenn man von Anwendungen wie Nachrichten-, Erderkundungs-, Wettersatelliten u. a. absieht – nur vereinzelt vor, da für auf der Erde einzusetzende Geräte eine mit der R. ident. Verwendung aus Kostengründen i. d. R. nicht sinnvoll ist. Ein indirekter wirtschaftl. Nutzen läßt sich dagegen auf Gebieten wie Luftfahrt, Verteidigung, Datenverarbeitung, Elektronik, medizin. Einrichtungen, Telekommunikation, Transport und Verkehr, Energie- und Kraftwerkstechnik, Chemie und Verfahrenstechnik, Werkstofftechnik sowie Robotik und Automatisierung belegen.

Die Finanzierung der R. erfolgt überwiegend durch staatl. Mittel. Die bisherigen weltweiten Ausgaben dürften sich bis 1991 auf etwa 1 500 Mrd. DM (ohne die Entwicklung der militär. Raketen) belaufen. Die jährl. Aufwendungen liegen bei über 90 Mrd. DM, was etwa 0,3 % des globalen Bruttosozialprodukts entspricht und ungefähr $1/20$ der Militärausgaben darstellt. Die Werte für die Bundesrep. Dtl. liegen bei unter 2 Mrd. DM jährlich, mit 90 % staatl. Finanzierung, gleichbedeutend mit 0,1 % des Bruttosozialprodukts oder 20 DM je Bürger und etwa 2 % der Forschungsausgaben. Bis 1990 wurden in Dtl. etwa 20 Mrd. DM für die R. ausgegeben, über das Jahr 2000 hinweg sollen weitere 25 Mrd. DM zur Verfügung gestellt werden. Erheblicher Kritik ist gegenwärtig v. a. die deutsche Beteiligung an den kostenintensiven europäischen Projekten der bemannten R. ausgesetzt (Raumlabor Columbus, Raumgleiter Hermes).

Die typischen Kosten für den Start einer großen Trägerrakete betragen etwa 200 Mio. DM, das entspricht spezif. Transportkosten (Verhältnis Startkosten zu Nutzlast) von 20 000 DM/kg für die niedere Erdumlaufbahn. Große Satelliten kosten viele 100 Mio. DM, mehr als 100 000 DM/kg; daraus ist ersichtlich, daß die Transportkosten gegenüber den Nutzlastkosten nur ein relativ kleiner Faktor sind.

Die Programmkosten hängen vom Umfang und der techn. Aufgabenstellung ab: Das Apollo-Programm erforderte etwa 50 Mrd. $ (1970), die Entwicklung des US-Raumtransporters (bis 1981) etwa 12 Mrd. $.

### Perspektiven der Raumfahrt

Die R. Europas wird durch die Europäische Raumfahrtorganisation ESA (European Space Agency), die mit der amerikan. Raumfahrtbehörde NASA (National Aeronautics and Space Administration) vergleichbar ist, koordiniert. Ihr stehen jährlich etwa 5 Mrd. DM zur Verfügung, die von den Mitgliedsländern aufgebracht werden und bei der Auftragsvergabe den nationalen Institutionen zufließen. Für den dt. Anteil ist seit 1990 die Dt. Agentur für Raumfahrtangelegenheiten (DARA), Bonn, zuständig, die auch die nationalen Arbeiten koordiniert.

Kernpunkt der künftigen europ. R. sind die drei Projekte Ariane 5, Columbus und der kleine Raumtransporter Hermes, die durch die gegenseitige Verknüpfung als kohärentes Programm bezeichnet werden. Die Führung und Hauptbeteiligung an den einzelnen Elementen liegen bei Frankreich, Dtl. und Italien. Mit Hermes soll der Einstieg in eine autonome bemannte europ. R. erfolgen.

*R. nach dem Jahr 2000:* Unbemannte Missionen werden sich weiter auf das Sonnensystem beschränken, während der bemannte Zweig weiterhin nur den erdnahen Bereich umfassen wird. Forschung und Nutzung mit Hilfe unterschiedlichster Satelliten dominieren die Unternehmungen, während die Kommerzialisierung, z. B. durch Weltraumprodukte, nur langsam voranschreiten wird. Zu erwarten ist der Aufbau einer größeren bemannten Raumstation, das amerikan. Konzept Freedom mit Beiträgen aus Europa (Columbus) sowie Japan und Kanada. Eine Wiederaufnahme der Monderforschung durch eine dauernd bemannte Mondbasis oder die bemannte Marserforschung sind frühestens im nächsten Jahrhundert zu erwarten.

Sowohl für bemannte als auch für unbemannte R.-Unternehmungen wird sich das Problem des ›Weltraumschrotts‹ im erdnahen Bereich verstärken. Millionen von Trümmerteilchen (v. a. Reste alter Satelliten und ausgebrannter Raketenoberstufen) stellen bei den hohen Geschwindigkeiten in Erdumlaufbahnen eine erhebliche Gefährdung künftiger R.-Unternehmungen dar, so daß die Entwicklung wirkungsvollerer Schutzschilde zunehmend Bedeutung gewinnen wird.

### Geschichte

R. ist die Realisierung des uralten Traums des Menschen, selbst zu den Sternen zu fliegen und den Himmel zu erreichen. Schon in den Mythen früher Völker taucht der Gedanke einer solchen ›bemannten R.‹ auf. Der griech. Schriftsteller LUKIAN verfaßte um 160 v. Chr. die ersten bekannten Schriften zu diesem Thema: zwei Reisen zum Mond, die er als ›wahre Geschichten‹ bezeichnete. J. KEPLERS ›Somnium seu astronomia lunaris‹ (›Traum oder Astronomie des Mondes‹) mit der Beschreibung des Lebens der Mondbewohner erschien 1634. Mit der techn. Durchführung einer Expedition zum Mond befaßte sich erstmals J. VERNE (›De la terre à la lune‹, 1865; dt. ›Von der Erde zum Mond‹).

Gegen Ende des 19. Jh. begannen v. a. der Russe NIKOLAJ IWANOWITSCH KIBALTSCHITSCH (* 1854, † 1881) und der Deutsche H. GANSWINDT mit Überlegungen, wie man Rückstoßapparate für die R. einsetzen könnte. Ernsthafte und technisch-wissenschaftlich begründete Arbeiten und Berechnungen folgten um die Wende zum 20. Jh. durch den Russen K. E. ZIOLKOWSKIJ, den Amerikaner R. H. GODDARD (der sich v. a. auf die Raketentechnik konzentrierte) und den Deutschen H. OBERTH. Grundsätzl. Überlegungen, Untersuchungen zu Raumflugbahnen und die Erkenntnis, daß nur Raketen für die R. in Frage kommen, brachten eine Konzentration auf dieses Gebiet. Die Arbeiten hierüber sind mit den Namen ROBERT ESNAULT-PELTÉRIE (* 1881, † 1957), FRANZ HOEFFT (* 1882, † 1954), W. HOHMANN, E. SÄNGER, S. P. KOROLJOW, W. VON BRAUN sowie M. VALIER, JOHANNES WINKLER (* 1897, † 1947), R. NEBEL und F. A. ZANDER verbunden.

Die Entwicklung der Raketenwaffe A 4 (Propaganda-Bez.: Vergeltungswaffe V 2) in Dtl. während des Zweiten Weltkriegs durch W. VON BRAUN und seine Mitarbeiter war ein entscheidender Schritt zur Verwirklichung der R. Die Weiterführung dieser Arbeiten nach dem Zweiten Weltkrieg in der Sowjetunion unter S. P. KOROLJOW und in den USA durch W. VON BRAUN ergab zunächst Raketenwaffen großer Reichweiten und Nutzlast. Daneben wurden erste technisch fundierte Überlegungen zu R.-Unternehmen angestellt und veröffentlicht.

Mit dem Start des ersten Erdsatelliten Sputnik 1 am 4. 10. 1957 durch die Sowjetunion begann das ›R.-Zeitalter‹. Der erste amerikan. Satellit Explorer 1 folgte am 31. 1. 1958. Am 12. 4. 1961 wurde der erste bemannte Raumflug mit J. GAGARIN (Raumkapsel Wostok 1) durch die Sowjetunion durchgeführt, dem die Programme Woschod und Sojus folgten. Auf amerikan. Seite begannen diese Aktivitäten mit dem Mercury-Programm (erste Erdumkreisung durch J. GLENN am 20. 2. 1962) und gingen über das Gemini-Programm bis zum Apollo-Programm, das – nach Vorbereitung durch unbemannte Geräte wie Ranger, Surveyor und Lunar Orbiter – in der Mondlandung der Astronauten N. ARMSTRONG und E. ALDRIN bei der Apollo-11-Mission am 20. 7. 1969 mündete. Mit Apollo 17 endeten nach sechs Mondlandungen 1973 vorerst bemannte Raumflüge jenseits der übl. Erdumlaufbahnen. Neben der Intensivierung unbemannter R.-Programme für wiss. und kommerzielle Zwecke wurde in den 70er und 80er Jahren auch die bemannte R. fortgeführt. Die USA setzen hierfür seit 1981 den Raumtransporter Space-shuttle ein. Die Sowjetunion startete 1986 die permanent bemannte Raumstation Mir.

⇨ *Apollo-Programm · militärische Satelliten · Nachrichtensatelliten · Rakete · Raketentriebwerk · Raketenwaffen · Satellit · Wettersatelliten*

*Allgemeines:* Progress in astronautics and aeronautics, Bd. 9ff. (New York 1963 ff., früher unter anderem Titel); E. SÄNGER: R. heute, morgen, übermorgen (1963); Theorie u. Technik der Raumfahrzeuge, hg. v. H. KOELLE (a.d. Engl., 1964); W. VON BRAUN: Bemannte R. (a.d. Amerikan., 1968); H. O. RUPPE: Die grenzenlose Dimension. R., 2 Bde. (1980–82); Material sciences in space, hg. v. B. FEUERBACHER u. a. (Berlin 1986); R. MIELKE: Lex. der R. u. Weltraumforsch. (Berlin-Ost 1986); Hb. der R.-Technik, hg. v. W. HALLMANN u. a. (1988); U. RENNER u. a.: Satellitentechnik (1988); J. VON PUTTKAMER: Rückkehr zur Zukunft. Bilanz der R. nach Challenger (1989); J. RÜTTGERS: Europas Weg in den Weltraum (1989); The Cambridge encyclopedia of space, hg. v. M. RYCROFT (a.d. Frz., Cambridge 1990); R.-Aktivitäten in der Bundesrep. Dtl. Tagungsbericht (1991). – *Geschichte:* W. HOHMANN: Die Erreichbarkeit der Himmelskörper (1925, Nachdr. 1973); H. OBERTH: Wege zur Raumschiffahrt ($^3$1929, Nachdr. 1986); Männer der Rakete, hg. v. W. BRÜGEL (1933); E. SÄNGER: Raketen-Flugtechnik (1933); W. LEY u. W. VON BRAUN: Die Erforschung des Mars (a.d. Amerikan., 1957); H. GARTMANN: Träumer, Forscher, Konstrukteure (Neuausg. 1958); W. LEY: Rockets, missiles, and men in space (Neuausg. New York 1968); W. BÜDELER: Gesch. der R. ($^2$1982). – *Zeitschriften* u. *Jahrbücher:* Journal of the British Interplanetary Society (London 1934ff.); Journal of spacecraft and rockets (New York 1964ff.); Acta Astronautica (Oxford 1974ff.); Ztschr. für Flugwiss. u. Weltraumforschung (1977ff.); Aerospace America, Jg. 22ff. (New York 1984ff.; früher unter anderem Titel); Jane's spaceflight directory (London 1984ff.).

**Raumfahrtmedizin,** Teilgebiet der Medizin, das sich mit den körperl. Anforderungen und Auswirkungen des Raumfluges befaßt und zus. mit der Luftfahrtmedizin auch als **Aerospace medicine** bezeichnet wird. Weitere Aufgaben sind die medizin. Grundlagenforschung mit Einbeziehung von Experimenten unter den Bedingungen der Schwerelosigkeit.

Wichtige Aspekte sind die Auswirkungen der Beschleunigung und Schwerelosigkeit auf die Organsysteme, die Strahlenbelastung, die Erhaltung der Lebens- und Leistungsfähigkeit der Astronauten unter Weltraumbedingungen und die Gestaltung der hierfür notwendigen Geräte, einschließlich der Ausrüstung für die Erste Hilfe.

Zu den Hauptauswirkungen der Raumfahrt auf den Organismus gehört die ›Raumkrankheit‹, ein Symptomkomplex, der bei den meisten Astronauten nach einer Anpassungsphase von 3–5 Tagen auftritt und in Schwindel, Übelkeit und Appetitlosigkeit, auch Erbrechen besteht und an dem das Gleichgewichtsorgan beteiligt ist; die Ursachen sind erst teilweise erforscht. Längerer Aufenthalt in Schwerelosigkeit kann zu einer rückbildungsfähigen Verminderung des Blutvolumens und der Zahl der roten Blutkörperchen führen, Störungen im Calciumhaushalt werden als Ursache einer in Ansätzen feststellbaren Osteoporose vermutet. Die Muskelentlastung führt zu Muskelschwund, dem z. T. durch aktives Training entgegengewirkt werden kann. Zur Verminderung der Strahlenbelastung werden Flüge bei erhöhter Sonnenfleckentätigkeit vermieden. Nach der Rückkehr zur Erde ist eine von der Dauer des Raumaufenthalts abhängige Wiederanpassung von einigen Tagen bis Wochen erforderlich.

**Raumflug, Weltraumflug,** die Bewegung jedes künstl. Körpers im Weltraum, wobei die Bahn dauernd oder vorübergehend über die untere Erdatmosphäre (bis 180 km Höhe) hinausreicht und die Geschwindigkeit die Orbitalgeschwindigkeit (erste →kosmische Geschwindigkeit) erreicht oder überschreitet. Bleibt der Körper im Bereich des Kräftegleichgewichts zw. irdischer Schwerkraft und Zentrifugalkraft, so wird er als künstl. Erdsatellit bezeichnet. Wird die wirksam werdende Schwerkraft bei Erreichung der Entweichgeschwindigkeit (zweite kosm. Geschwindigkeit) überwunden, so daß ein interplanetarer Flug ermöglicht wird, werden die unbemannten R.-Systeme allg. als →Raumsonden bezeichnet. Die übergeordnete Bez. **R.-Körper** umfaßt alle Geräte, die zur R. eingesetzt werden. Speziell für die Durchführung bemannter R. konzipierte R.-Körper werden meist unter der Bez. **Raumfahrzeuge** zusammengefaßt.

**Raumflugbahnen,** für das Erreichen von Erdumlaufbahnen bzw. für interplanetare Raumflugunternehmen geeignete Flugbahnen von Raumflugkörpern im Gravitationsfeld der Erde u. a. Himmelskörper. Für die wegen des hohen Energiebedarfs zur Überwindung der Schwerkraft (mindestens 17,4 kWh/kg zur völligen Überwindung) nur mit mehrstufigen Trägerraketen ausführbare Startphase wird die (von H. OBERTH 1923 erstmals berechnete) **Synergiekurve** gewählt, die optimalen Geschwindigkeitszuwachs bei minimalen Antriebsverlusten bietet: ein vertikal verlaufender Anfangsteil, ein i. a. aus Ellipsenteilen zusammengesetzter Übergangsteil und ein horizontaler Endteil in der vorgesehenen Höhe; die Endgeschwindigkeit muß genau der durch die angestrebte Bahnhöhe des Raumflugsystems gegebenen himmelsmechan. Bahngeschwindigkeit entsprechen. Wird im Brennschlußpunkt einer Trägerrakete ein Raumflugsystem mit der Geschwindigkeit $v$ rechtwinklig zur Verbindungslinie zum Erdmittelpunkt gestartet, so werden bei relativ kleinen $v$-Werten Ellipsenstücke beschrieben, die zur Erdoberfläche zurückführen (**ballistische Flugbahnen**; z. B. von Interkontinentalraketen). Wenn $v$ so groß wird, daß zw. der durch $v$ bewirkten Zentrifugalkraft und der Erdanziehung Gleichgewicht eintritt (erste kosm. Geschwindigkeit, Orbitalgeschwindigkeit), fällt der Körper gewissermaßen ständig um die Erde herum; die Ellipse hat sich zu einer kreisförmigen **Erdumlaufbahn (Orbit)** geweitet. Bei noch größeren Werten von $v$ ergeben sich ellipt. Erdumlaufbahnen, deren Streckung mit $v$ zunimmt und die als Satellitenbahnen genutzt werden. Entspricht $v$ der Entweichgeschwindigkeit (zweite kosm. oder parabol. Geschwindigkeit) $v_P$, so verläßt das Raumflugsystem auf einer Parabelbahn das Schwerefeld der Erde.

Den Übergang von einer (kreisförmigen) inneren Erdumlaufbahn in eine konzentr. äußere Umlaufbahn (z. B. die Bahn einer Raumstation bei einem Rendezvousmanöver) bzw. von der Erdbahn in die Umlaufbahn eines anderen Planeten um die Sonne erreicht man auf einem →Hohmann-Übergang. Andere Übergangsbahnen mit kürzeren Flugzeiten sind zwar möglich, erfordern jedoch einen erheblich höheren Treibstoffaufwand. – Einen Sondertyp der R. erhält man durch die Fly-by-Technik (→Fly-by).

**Raumforschung**, *Wirtschaft:* →Raumordnung.

**Raumgehalt**, der in Registertonnen (nur noch bis 1994) ausgedrückte Rauminhalt eines Schiffes. (→Raumzahl)

**Raumgitter**, *Kristallographie:* sich periodisch wiederholende dreidimensionale Punktanordnung (**Punktgitter**); die einfachsten R. sind die →Translationsgitter, die sich grundsätzlich aus primitiven **Elementar-** oder **Einheitszellen** zusammensetzen lassen, d. h. aus Parallelepipeden, die von den drei Basisvektoren aufgespannt werden. Allg. entspricht den 230 Raumgruppen jeweils ein bestimmtes R. Damit läßt sich jedes R. durch Angabe der drei Basisvektoren, deren Längen als Gitterkonstanten bezeichnet werden, und der erzeugenden Symmetrieelemente der Einheitszelle beschreiben; Linearkombinationen der Basisvektoren heißen Gittervektoren und verbinden die Punkte des R. Durch Einbau einer Basis von Atomen, Ionen oder Molekülen in die Einheitszelle entsteht eine period. Kristallstruktur, die zu einem der sieben →Kristallsysteme gehört. (→Kristall)

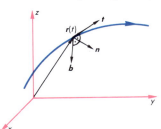

**Raumkurve** mit orthonormalem, begleitendem Dreibein aus Tangentenvektor $t$, Hauptnormalenvektor $n$ und Binormalenvektor $b$ im Punkt $r(t)$

**Raumgleiter**, Raumflugkörper, der aufgrund aerodynam. Konstruktion zugleich in der Erdatmosphäre flugfähig und daher als wiederverwendbares Rückkehrgerät für Raumflugunternehmen, insbesondere als →Raumtransporter, geeignet ist.

**Raumgruppen**, die →Gruppen 3) von →Symmetrieoperationen, durch die ein →Raumgitter mit sich selbst zur Deckung gebracht wird. Zu den Symmetrieoperationen der →Punktgruppen treten hier noch die Translationen, die, gleichzeitig mit Spiegelungen oder Drehungen ausgeführt, zu Gleitspiegelungen bzw. Schraubungen führen. Es gibt 230 R., die 1891 von J. S. FJODOROW und A. SCHOENFLIES unabhängig voneinander abgeleitet wurden. Ersetzt man alle Schraubungsachsen und Gleitspiegelebenen durch Drehachsen und Spiegelebenen, geht jede R. wieder in eine der 32 kristallograph. Punktgruppen (Kristallklassen) über, d. h., auf eine Kristallklasse entfallen i. a. mehrere (bis zu 28) R. Die Zuordnung des Raumgitters eines Kristalls zu einer bestimmten R. ist ein wichtiges Merkmal bei der Strukturbestimmung und Beschreibung von Mineralen.

**Raum|inhalt**, das →Volumen.

**Raumkapsel**, *Raumfahrttechnik:* 1) instrumentiertes, unbemanntes Kleinraumflugsystem, das gegenüber dem Weltraum hermetisch verschlossen ist; 2) aus einem größeren Raumflugkörper ausstoßbare, rückkehrfähige Transportkapsel für die Instrumenten- oder Filmkassettenbergung; 3) **Raumkabine**, autonomes oder teilautonomes, bemanntes Raumflugsystem, das die Astronauten vor schädl. Einflüssen des Weltraums (Strahlung, Temperatur) schützt und Anlagen zur Energie- und Klimaversorgung, Hygiene sowie Bordverpflegung umfaßt. (→Raumstation)

**Raumklang, Raumton**, räuml. Wirkung von Sprach- und Musikdarbietungen, wird bei Lautsprecherwiedergabe durch →Stereophonie, →Quadrophonie und **R.-Strahler** (Kombination eines Kugellautsprechers für hohe Frequenzen und eines Konuslautsprechers für tiefe Frequenzen) erzielt.

**Raumklima**, Zustand eines gegen äußere Witterungseinflüsse geschützten, geschlossenen Raumes, im wesentlichen bestimmt durch Lufttemperatur, Temperatur der Raumumgrenzungsflächen, Luftgeschwindigkeit und Feuchtigkeit der Raumluft, daneben beeinflußt durch die Zusammensetzung der Raumluft. Die von der Bauweise eines Raumes abhängigen Größen stellen sich witterungsbedingt von selbst ein oder werden durch Anlagen der Heiztechnik (→Heizung) und →Klimatechnik beeinflußt.

**Raumkurve**, *Mathematik* und *Physik:* eine räumliche →Kurve, die in Parameterdarstellung durch $r(t) = (x(t), y(t), z(t))$ angegeben wird ($t$ Kurvenparameter, $r(t)$ Ortsvektor); in der Punktmechanik die Bahnkurve eines Teilchens bei der Beschreibung seiner Bewegung in Abhängigkeit von der Zeit $t$. Mit Hilfe des →Bogenelements d$s$ lassen sich der Tangentenvektor $t = dr/ds$, der Hauptnormalenvektor $n = (dt/ds)/|dt/ds|$ und der Binormalenvektor $b = t \times n$ als paarweise orthogonale Einheitsvektoren definieren. Diese legen ein Rechtssystem fest und heißen **begleitendes Dreibein** der R. Ihr lokales Verhalten wird in der Differentialgeometrie durch die →Frénet-Formeln beschrieben.

**Raumladung**, räumlich verteilte freie elektr. Ladung des gleichen Vorzeichens. Sie beruht auf einer entsprechenden Verteilung (einer großen Zahl) von Ladungsträgern, z. B. der Elektronen in der ›Elektronenwolke‹, die eine Glühkathode umgibt. Die **R.-Dichte** $\varrho$ ist definiert als der Quotient aus der in einem Volumen $V$ vorhandenen elektrischen Ladung $Q$ und diesem Volumen, $\varrho = Q/V$, bzw., bei ortsabhängiger R.-Dichte, als der Differentialquotient $\varrho = dQ/dV$. Die SI-Einheit der R.-Dichte ist C/m³. Als **R.-Gebiet** wird der zw. dem Anlaufstrom und dem Sättigungsgebiet liegende Teil der Strom-Spannungs-Kennlinie der Diode (Elektronenröhre) bezeichnet. In ihm fließt der durch das R.-Gesetz (Langmuir-Gesetz) $I_a = kU_a^{3/2}$ bestimmte R.-Strom $I_a$; dabei ist $U_a$ die Anodenspannung und $k$ eine von der Art der Röhre abhängige Konstante.

**Raumladungszone**, *Halbleitertechnik:* →p-n-Übergang.

**räumliche Dispersion**, *Festkörperphysik:* die Abhängigkeit der dielektr. Funktion $\varepsilon$ eines Materials (›Dielektrizitätskonstante‹) vom Wellenvektor $k$ der elektromagnet. Wellen, insbesondere des Lichts, bei gegebener Frequenz $\omega$, also $\varepsilon = \varepsilon(\omega, k)$. Die r. D.

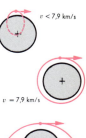

$v < 7{,}9$ km/s

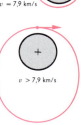

$v = 7{,}9$ km/s

$v > 7{,}9$ km/s

$v > 11{,}2$ km/s

**Raumflugbahnen:** Unterschiedliche Raumflugbahnen bei verschiedenen Anfangsgeschwindigkeiten

Wostok

Mercury

Gemini

Apollo

**Raumkapsel:** Verschiedene Raumkabinen

**Raum** Raummeter – Raumordnung

ist die Folge einer nichtlokalen (d. h. nicht nur vom jeweiligen Aufpunkt abhängigen) Wechselwirkung zw. dem elektr. Feld der Welle und der induzierten Polarisation und führt zu opt. Aktivität sowie zur →Doppelbrechung in Kristallen. Sie tritt u. a. bei vielen Halbleitern im Bereich der Exzitonabsorption auf.

**Raum|meter, Ster,** Einheitenzeichen **Rm** bzw. **st,** nichtgesetzl. Name für Kubikmeter (m³) bei Volumenangaben für geschichtetes Holz einschließlich der Luftzwischenräume. (→Festmeter)

**Raum|multiplex,** →Multiplexer.

**Raumo,** finn. Stadt, →Rauma 1).

*Schlüsselbegriff*

**Raum|ordnung, Raum|ordnungspolitik,** fachübergreifendes staatl. Handeln unter der Zielsetzung der Entwicklung eines Staatsgebiets in seiner räuml. Struktur (z. B. räuml. Verteilung von Wohnungen, Arbeitsstätten, Infrastruktur). Leitvorstellungen und Grundsätze der R. in Dtl., die auch für die Landesplanung in den Bundesländern gelten, werden durch den Bund vorgegeben (Bundesraumordnungs-Ges. vom 8. 4. 1965, Abk. ROG).

Die Begriffe R. und Landesplanung einerseits und Raumplanung andererseits werden häufig synonym verwendet. Der Doppelbegriff R. und Landesplanung ist in der Gesetzgebung gebräuchlich, die Bez. →Raumplanung steht häufig als Oberbegriff für die räuml. Planung der öffentl. Hand auf allen Ebenen und Sachgebieten. Im Sprachgebrauch der Volkswirtschaftslehre wird anstatt von R. bzw. Landesplanung zumeist von Regionalplanung gesprochen. Im Rechtssinne ist die letztere aber nur eine Unterform der Landesplanung.

Geschichte

R. ist zwar ein Begriff des modernen Verwaltungsrechts, übergeordnete räuml. Planung wurde jedoch bereits in den vorchristl. Kulturen Vorderasiens und Ägyptens betrieben, dort v. a. zur Regelung der Bodennutzung und der Bewässerung. In Griechenland und im Röm. Reich standen u. a. planmäßige Siedlungsmaßnahmen sowie die Erschließung der von Rom eroberten Territorien durch Verkehrswege im Vordergrund. Auch die Hochkulturen der Inka und Chinesen haben raumplaner. Maßnahmen ergriffen. Vom frühen MA. bis zum Merkantilismus ist die Siedlungstätigkeit ebenfalls z. T. Ausprägung einer geplanten räuml. Ordnung. Mit der Industrialisierung und zunehmenden Verstädterung entstanden Probleme der R. in neuen Dimensionen. Diese gaben Anlaß zu überörtl. Zusammenarbeit in den belasteten Siedlungsräumen und führten in Dtl. u. a. zur Gründung des Zweckverbandes Groß-Berlin (1911), des Siedlungsverbandes Ruhrkohlenbezirk (1920) und des Landesplanungsverbandes für den engeren mitteldt. Industriebezirk (1925). Für die gesamte Reichs- und Landesplanung wurde 1935 die ›Reichsstelle für R.‹ gebildet. Die in der Zeit des Nationalsozialismus aufgewertete und zentralisierte R. wurde nach 1945 mit einem erhebl. Planungsskeptizismus konfrontiert, der ihren Neubeginn, v. a. ihre inhaltl. Ausrichtung, wesentlich erschwerte. Die durch den Alliierten Kontrollrat wieder eingesetzte ›Akademie für Raumforschung und Landesplanung‹ (ARL) arbeitete zwar seit 1947 an einer wiss. Grundlegung der R., die eigentl. Zieldiskussion begann aber erst nach Abschluß der Wiederaufbauphase der Wirtschaft in der Bundesrep. Dtl. Zunächst waren Aufbau und Neuordnung des Bundesgebietes auf der Grundlage von Landesplanungsgesetzen (zuerst 1950 in NRW) vorrangige Aufgaben der Raumordnung.

Theoretische Grundlagen

Fundiert wird die R. durch Raumwirtschaftstheorie und Raumforschung. Die **Raumwirtschaftstheorie** erforscht und erklärt die räuml. Verteilung der Produktionsstandorte und des Verbrauchs der Güter sowie die räuml. Verteilung der Wohnstandorte und Beschäftigungsorte, soweit diese auf ökonom. Faktoren basiert. Sie stellt dabei eine Weiterentwicklung bisheriger Partialmodelle (regionale Mikroökonomik) der Standorttheorie (landwirtschaftl. Standorttheorie, Industriestandortlehre, Theorie räuml. Konkurrenz) sowie der Theorie der Zentralen Orte dar, indem sie die gegenseitigen Abhängigkeiten von Produktions-, Konsum- und Standortentscheidungen der einzelnen Wirtschaftssubjekte in versch. Branchen und die daraus resultierenden ökonom. Gesamtaktivitäten unter Berücksichtigung von Transportkosten im Raum darlegt (regionale Makroökonomik). Ein besonderes Problem sind Agglomerationsvor- und -nachteile, die als externe Effekte bisher noch nicht zufriedenstellend in der Theorie integriert werden konnten.

Ausgehend von der Raumwirtschaftstheorie versucht die **Raumforschung,** eine umfassende Raumnutzungstheorie zu erarbeiten. Forschungsgegenstand ist der vom Menschen wirtschaftlich und technisch zu gestaltende Planungsraum. Analysiert werden dabei für einen ausgewählten Teil eines geograph. Gebietes bei gegebenem Entwicklungsstand sowohl die natürl. Daten (z. B. Boden, Klima, Wasserhaushalt) als auch die veränderl. Rahmenbedingungen (z. B. volks- und betriebswirtschaftl., verkehrswirtschaftl., soziolog. und politisch-administrative Faktoren).

Ziele und Grundsätze

Die im ROG festgelegten Leitvorstellungen der R. orientieren sich an den allgemeinen gesellschaftspolit. Zielen in ihrer speziellen räuml. Ausprägung, insbesondere unter Rückgriff auf jene Grundrechte, welche die raumbezogenen Wahlfreiheiten der Bürger betreffen: freie Entfaltung der Persönlichkeit, Freizügigkeit, freie Standortwahl, freie Berufswahl (Prinzip der Freiheit). Weiterhin wird die verfassungsmäßige Forderung nach Gleichwertigkeit der Lebensbedingungen im Bundesgebiet für alle Teilräume als Leitziel vorangestellt (Prinzip des sozialen Ausgleichs). Gleichrangig hierzu soll die Struktur des Gesamtraumes in der Weise entwickelt werden, daß Schutz, Pflege und Entwicklung der natürl. Lebensgrundlagen gesichert sind. Diesen allgemeinen Orientierungen nachgeordnet sind die Grundsätze der R., die einerseits die sparsame und schonende Inanspruchnahme der Naturgüter, insbesondere von Wasser, Grund und Boden, sowie die Sicherung von Freiräumen für die Naherholung und für den ökolog. Ausgleich und andererseits eine ausgewogene Raumstruktur mit Verdichtungsräumen und ländl. Räumen fordern. Angestrebt werden in allen Gebieten gesunde Lebensbedingungen mit ebenfalls ausgewogenen wirtschaftl., sozialen, kulturellen und ökolog. Verhältnissen. Als neuer Grundsatz ist in das ROG mit Geltung ab dem 28. 6. 1991 Stärkung der fünf neuen Bundesländer, insbesondere der Grenzregionen der ehem. Dt. Dem. Rep., aufgenommen worden.

Die R. mit ihren Leitvorstellungen beeinflußt die →Regionalpolitik. Auch besteht eine enge wechselseitige Abhängigkeit zw. den Erfordernissen und Möglichkeiten der R. und der Umweltpolitik. Bereits im ROG von 1965 wird gefordert, daß ungesunden Lebens- und Arbeitsbedingungen entgegengewirkt werden soll. Die R. übernahm hiermit die Aufgabe einer präventiven Umweltschutzpolitik bereits weit vor der Formulierung des Umweltprogramms der Bundes-Reg. (1971). In der im Juli 1989 in Kraft getretenen Novelle des ROG wird der engen Verzahnung von R. und Umweltpolitik in besonderem Maße Rechnung getragen. In den Grundsätzen der R. (§ 2 Abs. 1 ROG), in denen bisher v. a. die infrastrukturellen und wirtschaftl. Entwicklungs- bzw. Erschließungsbelange herausgestellt wurden, haben die ökolog. Belange gleiches Gewicht erhalten. Besondere Bedeutung kommt dabei dem rahmenrechtlich verankerten Gebot an die Länder zu, Rechtsgrundlagen für ein **R.-Verfahren** zu schaffen (§ 6 a ROG, gilt nicht für Berlin, Bremen und Hamburg). Damit ist der gemeinsame Rahmen für ein Instrument gegeben, das in allen Flächenländern außer NRW bereits seit Jahren angewandt wird. Das R.-Verfahren soll in sehr frühem Planungsstadium für ein konkretes Vorhaben die Verträglichkeit mit allen konkurrierenden Ansprüchen überprüfen und ggf. Alternativen eröffnen. Im Ggs. zu den anschließenden Genehmigungsverfahren ist das R.-Verfahren nicht darauf begrenzt zu prüfen, ob ein Vorhaben rechtlich zulässig ist, sondern es wird die Eignung eines Standortes unter Abwägung der Ziele, Grundsätze und Erfordernisse der R. untersucht. Damit entsteht ein höheres Maß an Planungssicherheit für die anschließenden Verfahren, und es können auch erhebl. Fehlinvestitionen sowie entsprechende Folgekosten vermieden werden. Mit dem R.-Verfahren und der darin ausdrücklich enthaltenen Umweltverträglichkeitsprüfung (UVP) auf der Grundlage der eigenständigen Ermittlung, Beschreibung und Bewertung der Umweltauswirkungen wird die EG-Richtlinie zur UVP von 1985 für den Bereich R. in nat. Recht umgesetzt. Solange in den neuen Bundesländern die Rechtsgrundlagen für ein R.-Verfahren noch im Entstehen sind, bleiben die Vorschriften des § 6 a ROG unmittelbar anzuwenden.

Planungen

Seit 1975 gibt es ein R.-Programm für die großräumige Entwicklung des Bundesgebietes (Bundesraumordnungsprogramm, Abk. BROP), das vom Bund und von den Ländern gemeinsam erarbeitet worden, rechtlich aber nicht verbindlich ist. Hierin werden die qualitativen Zielsetzungen des ROG, der versch. Fachplanungen der Bundesressorts sowie die Zielsetzungen der Landesentwicklung berücksichtigt und v. a. die Schaffung ›gleichwertiger Lebensbedingungen‹ in allen Teilräumen‹ gefordert. Stärker als im ROG tritt damit das Leitziel eines Abbaus großräumiger Disparitäten in den Vordergrund, das u. a. durch Verbesserung der Infrastruktur, der Umweltqualität und der Wirtschaftsstruktur im Sinne einer möglichst vielseitigen Branchen- und Beschäftigungsstruktur zur langfristigen Unterstützung der wirtschaftspolit. Ziele Vollbeschäftigung, Geldwertstabilität und wirtschaftl. Wachstum erreicht werden soll.

Das Instrumentarium der R. und Landesplanung besteht aus einem System von Gebietskategorien (Verdichtungsgebiete, ländl. Räume, Vorranggebiete u. ä.) sowie Zustands- und Zielindikatoren (z. B. Infrastrukturversorgung, Umweltsituation). Der Analyse der räuml. Strukturen und Entwicklungen dienen im R.-Bericht der Bundesregierung R.-Regionen, die als Einzugsbereiche bzw. großräumige Verflechtungsbereiche von Wirtschafts- und Arbeitsmarktzentren definiert werden. Sie entsprechen i. d. R. den Planungsregionen bei der Landesplanungen. Eine raumordner. Funktionszuweisung ist mit der Abgrenzung der R.-Regionen nicht verbunden.

Das Schwergewicht der R.-Politik liegt bei der Landesplanung in den Bundesländern. Diese muß bei der Fassung des Landesplanungsgesetzes bzw. bei der Aufstellung der Landesentwicklungspläne oder -programme jedoch die Grundsätze des ROG beachten. Der Landesplanung nachgeordnet ist in den meisten Bundesländern die Regionalplanung, die die R. auf der Ebene zusammenhängender Planungsräume bzw. -regionen mit Hilfe von Ordnungs- und Entwicklungskonzepten regelt. Die Regionalplanung als Bindeglied zw. großräumiger Landesplanung und kleinräumiger kommunaler Planung hat in den letzten Jahren nicht nur in der Ländergesetzgebung, sondern auch in der Praxis eine wachsende Bedeutung erlangt. Die kommunale Bauleitplanung ist die unterste Planungsstufe (hier erreicht die R. ihren höchsten Konkretisierungsgrad). Sie wird von den Gemeinden in Ausübung ihres Rechts auf kommunale Selbstverwaltung durch Aufstellung von Flächennutzungsplänen vollzogen, aus denen wiederum die Bebauungspläne zu entwickeln sind. Die Bauleitplanung muß nach § 1 Abs. 4 Baugesetzbuch den Zielen der R. und Landesplanung angepaßt werden (Anpassungsklausel).

Als genereller Planungsgrundsatz für alle Stufen der R. gilt das Gegenstromprinzip, wonach die Ordnung der Teilräume sich in die Ordnung des Gesamtraums einfügen soll. Umgekehrt soll die Ordnung des Gesamtraums die Gegebenheiten und Erfordernisse seiner Teilräume berücksichtigen. Dies bedeutet, daß R., Landesplanung und Regionalplanung ein mehrstufiges System von Zielen und Maßnahmen bilden mit steigender Detaillierung von oben nach unten sowie geregelten gegenseitigen Mitsprache- und Beteiligungsrechten der Planungsebenen. Problematisch ist die Abstimmung zw. den genannten fachübergreifenden Gesamtplanungen und den räuml. Fachplanungen, mit denen die jeweils zuständigen staatl. oder kommunalen Stellen (Fachplanungsträger) raumwirksame Maßnahmen vorbereiten und durchführen (z. B. Planungen für Fernstraßen). Grundsätzlich haben die Fachplanungsträger die Ziele der R. und Landesplanung zu beachten (§ 5 Abs. 4 ROG). Darüber hinaus enthalten viele Fachplanungsgesetze (z. B. Bundesfernstraßengesetz, Luftverkehrsgesetz, Abfallgesetz) R.-Klauseln, nach denen die Belange der R. und Landesplanung bei der Fachplanung zu berücksichtigen sind.

Organisation

Nach den verfassungsrechtl. Grundsätzen eines föderalist. Staatsaufbaus fallen den versch. Staats- und Verwaltungsebenen unterschiedl. Aufgaben der R. zu. Aus der Gegenüberstellung der Rahmenkompetenz des Bundes für die R. in Art. 75 Nr. 4 GG und der konkurrierenden Bundeskompetenz für das Bodenrecht in Art. 74 Nr. 18 GG ergibt sich eine Begrenzung der R. auf die überörtl. Planung. Da der Bund von seiner Rahmenkompetenz bisher nur sehr zurückhaltend Gebrauch gemacht hat, sind die Landesgesetze z. T. durch eine verwirrende sachl. oder terminolog. Vielfalt gekennzeichnet.

In der Bundes-Reg. ist der Bundesminister für R., Bauwesen und Städtebau für die R. zuständig. Koordinierungsgremium des Bundes ist der ›Interministerielle Ausschuß für R.‹ (IMARO). Auf Länderebene bildet das jeweilige für die Landesplanung zuständige Ressortministerium die oberste Landesplanungsbehörde. Darunter agieren nicht ländereinheitlich obere bzw. höhere Landespla-

# Raum   Raumordnung

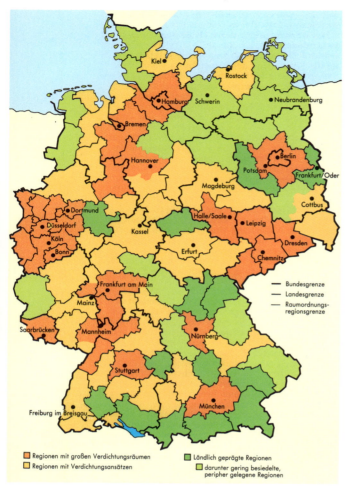

**Raumordnung:** Darstellung der Raumordnungsregionen in der Bundesrepublik Deutschland als großräumige, funktional abgegrenzte Analyseeinheiten für die Raumordnungsberichterstattung

nungsbehörden auf der Ebene der Regierungsbezirke. Bedeutsame Unterschiede existieren bei der Organisation der Regionalplanung.

Die gegenwärtige Organisation der R. weist hinsichtlich ihrer Durchsetzung und Effizienz Schwachstellen auf. Diese resultieren u. a. aus dem Auseinanderfallen von Zuständigkeiten im Planungs- und Durchsetzungsbereich sowie aus dem Querschnittscharakter der R.: Raumordnungspolit. Entscheidungen beschränken sich oft auf die Zielbestimmung und die Erstellung von R.-Plänen. Entscheidungen über die Realisierung der Pläne werden außerhalb der institutionalisierten Trägerschaft der R. insbesondere von den Fachministerien wie Verkehr, Wirtschaft, Land- und Forstwirtschaft, Umwelt sowie auf anderen Planungsebenen und v. a. von privaten Investoren im Rahmen ihrer Standortentscheidungen getroffen. Obwohl es schwierig ist, Fachplanungen zu koordinieren (z. B. Verkehrsausbauplanungen mit raumordner. und ökolog. Gesichtspunkten optimal abzustimmen), kann die R.-Politik ihre Ziele nur indirekt durch eine solche Koordination der raumwirksamen Maßnahmen der Fachplanungsträger realisieren. Eine wirkungsvollere R.-Politik würde daher z. B. eine Verbesserung ihrer Koordinierungskompetenz auf interministerieller Ebene erforderlich machen. Ansätze zu einem Bundesentwicklungsplan oder Versuche einzelner Bundesländer, die Landesplanung mit der Aufgaben-, Investitions- und Finanzplanung zu verknüpfen, haben sich wie auch andere Maßnahmen staatl. Planung nicht durchgesetzt.

Vor dem Zweiten Weltkrieg wurde die R. in *Österreich* im wesentlichen unter dem Aspekt der örtl. Raumplanung gesehen. Nach Gründung der Zweiten Republik (1945) bedurfte es zunächst einer Klärung der verfassungsmäßigen Situation durch den Verfassungsgerichtshof. Als erstes Bundesland beschloß Salzburg 1956 ein R.-Gesetz als Grundlage für die örtl. und überörtl. Raumplanung. Bis 1973 folgten auch alle übrigen Bundesländer mit Raumordnungs- bzw. Raumplanungsgesetzen, ausgenommen das Bundesland Wien. Gemäß der Bundes-Verf. fällt die örtl. Raumplanung im Rahmen der R.-Gesetze der einzelnen Bundesländer in den Wirkungsbereich der Gemeinde. Einfluß auf die Raumplanung der Gemeinden haben die Länder nur dann, wenn überörtl. Interessen in besonderem Maße berührt werden. Dem Bund steht weder eine Rahmengesetzgebungskompetenz noch eine Koordinierungsfunktion für die Raumplanung der Bundesländer zu. Eine unverbindl. Koordinierung raumrelevanter Planungen und Maßnahmen zw. den Gebietskörperschaften wird seit 1971 von der Österr. R.-Konferenz (ÖROK) durchgeführt. Sie beschloß 1975 einen Zielkatalog, an dem Bund, Länder und Gemeinden ihre raumordnenden Tätigkeiten ausrichten sollen. Als unverbindl. Rahmenplanung auf gesamtösterr. Ebene wurde 1981 ein Österr. R.-Konzept verabschiedet.

Zu Beginn der 1930er Jahre kam es in der *Schweiz* zu einer ersten Diskussion über die Landesplanung. Erst 1979 wurde das Bundesgesetz über die Raumplanung verabschiedet, das die Verantwortung für die Raumplanung den Kantonen überträgt und die Bedeutung der Kantonalplanung hervorhebt. Mit diesem Bundesgesetz verfügt die Schweiz auf allen drei Staatsebenen (Bund, Kantone und Gemeinden) über ein umfassendes Raumplanungsrecht. Die Raumplanung des Bundes besteht v. a. in der Erarbeitung nat. Konzepte und Sachpläne, wie das R.-Konzept, die Gesamtverkehrskonzeption, die Gesamtenergiekonzeption, das Tourismuskonzept, die zugleich als Grundlage für die raumordnungspolit. Anordnungen des Bundes dienen. Auf kantonaler Ebene werden die erforderl. Kantonalpläne als behördenverbindl. Richtpläne erarbeitet. Die Gemeinden erstellen eigene Nutzungspläne.

⇨ *Bauleitplanung · Landesplanung · Planung · Regionalplanung · Regionalpolitik · Standort · Umweltverträglichkeitsprüfung*

Hwb. der Raumforschung u. R., hg. v. der Akademie für Raumforschung u. Landesplanung, 3 Bde. (²1970); E. VON BÖVENTER u. a.: Raumwirtschaft I–III, in: Hwb. der Wirtschaftswiss., hg. v. W. ALBERS u. a., Bd. 6 (1981); W. ERNST u. W. HOPPE: Das öffentl. Bau- u. Bodenrecht, Raumplanungsrecht (²1981); K.-A. BOESLER: R. (1982); U. BRÖSSE: R.-Politik (²1982); Grundr. der R., hg. v. W. HUNKE (1982); R.-Politik, hg. v. H.-G. WEHLING (1982); W. ERBGUTH: R.- u. Landesplanungsrecht (1983); K. SCHLIEBE: R.- u. Raumplanung in Stichworten (1985); B. DIETRICHS: Konzeptionen u. Instrumente der Raumplanung (1986); B. u. H.-E. DIETRICHS: Die Berücksichtigung von Umweltbelangen in R., Landes- u. Regionalplanung (1989); Aspekte der Raumplanung in Europa, hg. v. E. HEER u. a. (Zürich 1990); R.-Bericht 1991, hg. vom Bundesministerium für R., Bauwesen u. Städtebau (1991).

**Raumplanung,** die vorausschauende und planmäßige Gesamtgestaltung eines bestimmten Gebietes. R. wird häufig als Oberbegriff benutzt für die räuml. Planung der öffentl. Hand auf allen Ebenen und Sachgebieten, also sowohl für die →Raumordnung und Landes- und Regionalplanung als auch für die gemeindl. Bauleitplanung, überwiegend auch für die raumbedeutsamen fachl. Planungen. Der Begriff R. kommt in den dt. Gesetzen nicht vor, wird aber häufig im Schrifttum verwendet, i. d. R. als Synonym von Raumordnung.

**Raumschiff,** auf ältere Vorstellungen zurückgehende Bez. für ein größeres Raumfahrzeug mit autonomem Hauptantrieb sowie Steuer- und Lageregelungstriebwerken.

**Raumschwelle,** →Wahrnehmung.

**Raumsicherungsanlagen,** techn. Geräte und Systeme der →Alarmeinrichtungen.

**Raumsonden,** mit Hilfe von Mehrstufenraketen auf Entweichgeschwindigkeit, d. h. auf eine die Erde verlassende Bahn, gebrachte unbemannte Raumflugkörper für wiss. Messungen im Weltraum. Zu den R. rechnet man die zur Erforschung des Mondes gestarteten **Mondsonden** (u. a. Luna, Lunar Orbiter, Lunik, Ranger, Surveyor) sowie die R. (i. e. S.) zur Erforschung des interplanetaren Raums (**interplanetare Sonden**) und der Planeten (z. B. Pioneer, Voyager, die **Marssonden** Mars, Mariner und Viking, die **Venussonden** Mariner und Venus), der Sonne (**Sonnensonden** Helios A und B) und der Kometen (z. B. Giotto).

**Raumspiegelung,** *Physik:* die Paritätstransformation (→Parität 3).

**Raumstation, Weltraumstation, Orbitalstation,** mit mehreren Astronauten bemanntes Raumflugsystem, das als komplette Einheit oder in einzelnen Baugruppen in eine Umlaufbahn um die Erde transportiert (und dort montiert) wird. R. bieten den Besatzungen langfristige Raumaufenthaltsmöglichkeiten für die Durchführung wiss., kommerzieller und militär. Aufgaben; sie können als **Raumbasen** der Einsatzvorbereitung weiterer Raumfahrtunternehmen dienen. Größere R., z. B. in Hantel- oder Kreuzform,

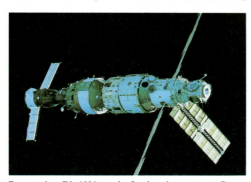

**Raumstation:** Die 1986 von der Sowjetunion gestartete Raumstation ›Mir‹; Gesamtmasse rund 90 t

in Form eines Ringes oder Rades, ermöglichen auch die Simulation der Schwerkraft (durch Fliehkraftandruck an den Enden der Verbindungsachsen oder im ›Reifen‹), so daß auch längere Aufenthalte in R. ohne die Problematik der Schwerelosigkeit möglich werden. Voraussetzung für die langfristige Benutzung der R. ist ein zuverlässiger Strahlungsschutz; eine Gefährdung durch Mikrometeoriten läßt sich durch doppelwandige Schalenkonstruktionen weitgehend beheben.

R. wurden unter der Bez. **Außenstationen** schon von den Pionieren der Weltraumfahrt konzipiert, u. a. von K. E. Ziolkowskij und H. Oberth, später u. a. von W. von Braun. Erste Realisierungen waren die noch relativ kleinen R. (**Raumlabors, Orbitallabors**) Saljut (in Verbindung mit Sojus, ab 1971), Skylab (1973) und Spacelab (1983); die 1986 gestartete R. Mir hat heute bereits eine Gesamtmasse von rd. 90 t.

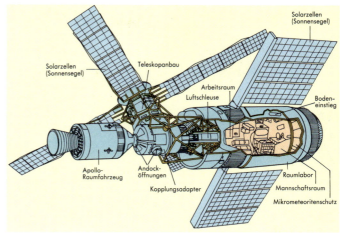

**Raumstation:** Die amerikanische Raumstation Skylab mit angedocktem Apollo-Raumfahrzeug (Teilschnittdarstellung)

**Raumstrahler,** →Raumklang.

**Räumte,** das Verhältnis des zur Verfügung stehenden Laderauminhalts eines Schiffes in Kubikmetern zur Tragfähigkeit in Tonnen. Die R. gibt an, wieviel Kubikmeter Laderaum je Tonne Tragfähigkeit zur Verfügung stehen.

**Raumtransporter, Raumfähre,** Trägersystem für den Transport einer Nutzlast von der Erdoberfläche auf eine Satellitenbahn (und umgekehrt), das – im Ggs. zu Trägerraketen – wiederverwendbar zur Erde zurückgeführt werden kann. Der erste von der NASA entwickelte R. (**Space-shuttle**) besteht aus der einem Flugzeug ähnelnden, rückkehrfähigen Umlaufeinheit (Orbiter, Raumgleiter, R. i. e. S.; umfaßt den 71,5 m³ großen Kabinenkomplex, den 330 m³ großen, zu öffnenden Nutzlastraum und die Haupttriebwerke; Spannweite der Tragflächen 23,8 m, Gesamtlänge 37,3 m), einem großen Außentank für Flüssigwasserstoff und -sauerstoff (über 700 t; für die Haupttriebwerke) sowie zwei zusätzl. Feststoffraketen; Gesamtmasse beim Start in Umlaufbahnen zw. 100 und 300 km Höhe: rund 2020 t, maximale Nutzlast rund 29,5 t. – Die ausgebrannten Feststoffraketen werden in etwa 50 km Höhe abgetrennt, schweben (ab 5 800 m Höhe) an Fallschirmen nieder und können zur Wiederverwendung geborgen werden; der leere Außentank wird in etwa 120 km Höhe vom Orbiter abgetrennt und geht verloren. Der Orbiter selbst wird mit Hilfe seiner Manövriertriebwerke in eine ellipt. Umlaufbahn gebracht. – Beim Wiedereintritt in die Erdatmosphäre wird der Orbiter extrem starken therm. Belastungen ausgesetzt; am Rumpfbug und an den Vorderkanten der Tragflächen treten Temperaturen von 1 600 °C auf, die eine Verkleidung mit speziellen Hochtemperatur-Isolationsmaterialien erforderlich machen. Etwa 1,5 Stunden nach Beginn des Rückkehrmanövers landet der im Gleitflug niedergehende Orbiter mit einer Landegeschwindigkeit von rund 370 km/h.

Der erste Start eines Space-shuttle (Columbia) erfolgte am 12. 4. 1981. Nach insgesamt 24 erfolgreichen

**Raumtransporter:** Start des Raumtransporters ›Challenger‹ auf Kap Canaveral 1983

**Räum** Räumung – Raum-Zeit

**Raumtransporter:** Landung des amerikanischen Space-shuttle ›Columbia‹ auf dem Luftwaffenstützpunkt Edwards, Calif., am 14. April 1981, nach dem Erstflug

Missionen der amerikan. R. Columbia, Challenger, Discovery und Atlantis kam es am 28. 1. 1986 zu einem trag. Unfall (→Challenger 2); die Space-shuttle-Flüge wurden daraufhin gestoppt und erst im Sept. 1988 wieder aufgenommen. – Die UdSSR startete ihren ersten R. (Buran) am 15. 11. 1988; er ähnelt stark dem Space-shuttle, besitzt jedoch keine Haupttriebwerke im Heck, da er von einer Trägerrakete in eine Umlaufbahn gebracht wird. – Die europ. Weltraumorganisation ESA plant den Bau eines kleinen R. (→Hermes 2).

**Raumtransporter:** Zeichnung des amerikanischen Space-shuttle bei geöffneten Ladeluken mit dem europäischen Raumlabor Spacelab als Nutzlast

**Räumung,** *Recht:* Herausgabe eines gemieteten Raumes, zu der der Mieter nach Beendigung des Mietverhältnisses verpflichtet ist (§ 556 BGB). Für die R. von Wohnraum (nicht Geschäftsraum) kann das Gericht auf Antrag oder nach **R.-Klage** eine **R.-Frist** oder **R.-Aufschub** bewilligen (§§ 721, 794a ZPO). Im Wege der einstweiligen Verfügung darf die R. von Wohnraum nur angeordnet werden, wenn im Fall verbotener Eigenmacht vorliegt (§ 940a ZPO).

Auch nach *österr.* Recht ist bei Vorliegen berücksichtigungswürdiger Gründe (z. B. drohende Obdachlosigkeit) ein R.-Aufschub oder eine Verlängerung der R.-Frist zu gewähren (§§ 34 f. Mietrechts-Ges.). – Im *schweizer.* Recht erfolgt die Vollstreckung der R. eines gemieteten Raumes nach kantonalem Prozeßrecht.

**Räumungsverkauf,** zeitlich befristeter, anmeldepflichtiger Verkauf des vorhandenen Warenbestands zu herabgesetzten Preisen; seine Zulässigkeit richtet sich nach dem Ges. gegen den unlauteren Wettbewerb (§ 8) und setzt (außer bei Geschäftsaufgabe) eine ›Räumungszwangslage‹ durch einen Schaden

(Feuer-, Wasser-, Sturmschaden), den der Inhaber nicht zu vertreten hat, oder durch erforderl. Umbaumaßnahmen voraus.

**Raumwelle, 1)** *Funktechnik:* der Anteil der von einem Sender unter einem solchen Winkel abgestrahlten elektromagnet. Wellen, daß sie von der Erdoberfläche nicht beeinflußt werden (Ggs.: →Bodenwelle). Die direkte R. kann nur in einem Bereich empfangen werden, der etwa dem Sichtbereich entspricht (durch Beugung zw. 20 und 30% vergrößert). Die Bedeutung der R. liegt darin, daß sie von den Ionosphärenschichten reflektiert werden und daß durch Mehrfachreflexionen zw. Ionosphäre und Erdoberfläche Funkfernverbindungen möglich sind. Außerhalb des Empfangsbereichs der Bodenwelle bis zum Reflexionsbereich der R. erstreckt sich jedoch eine empfangslose **tote Zone.** Die Ionosphäre reflektiert nur Lang-, Mittel- und Kurzwellen (bis etwa 60 MHz), wobei die Veränderungen innerhalb der R. durch die Sonnenaktivitäten und der Wechsel zw. Tag und Nacht erhebl. Einfluß auf die Ausbreitung der R. haben.

**2)** *Seismologie:* durch das gesamte Erdinnere laufende Erdbebenwelle (P- und S-Wellen, →Erdbeben).

**Raumwinkel, räumlicher Winkel,** Formelzeichen $\Omega$, $\omega$, das Verhältnis der Oberfläche der Kugelhaube, die ein (beliebig geformter) Kegelmantel aus einer um den Scheitel gelegten Kugel ausschneidet, zum Quadrat des Radius dieser Kugel. SI-Einheit des R. ist der →Steradiant, Einheitenzeichen sr; $4\pi$ sr ist der ›volle‹ R.

**Raumwirtschaftstheorie,** →Raumordnung.

**Raumzahl,** Abk. **RZ,** das in der Schiffsvermessung die noch bis 1994 gültige →Registertonne ersetzende Maß. Die **Brutto-R.,** Abk. **BRZ** (engl. **Gross tonnage,** Abk. **GT**), ersetzt die Bruttoregistertonne und gibt für Seeschiffe (außer Kriegsschiffen und Schiffen unter 24 m Länge) die Gesamtgröße an. Entsprechend ersetzt die **Netto-R.,** Abk. **NRZ** (engl. **Net tonnage,** Abk. **NT**), die bisherige Nettoregistertonne. BRZ und NRZ sind dimensionslose Vergleichszahlen.

Die BRZ ergibt sich aus dem gesamten umbauten Raum, multipliziert je nach Schiffsgröße mit einem Faktor zw. 0,22 und 0,32, wobei gilt: BRZ = $K_1 \cdot V$; $V$ = Zahlenwert des in m³ gemessenen Inhalts aller geschlossenen Räume, $K_1 = 0,2 + 0,02 \lg V$ (entsprechend einem Tabellenwert). Der Faktor $K_1$ soll die BRZ bestimmter Schiffstypen in die Nähe den nach den bisherigen Vermessungsverfahren ermittelten BRT rücken. Die NRZ ergibt sich aus dem Gesamtinhalt (m³) aller Laderäume; sie soll die Nutzbarkeit eines Schiffes ausdrücken. NRZ darf niemals kleiner als $0{,}30 \cdot$ BRZ sein.

**Raum-Zeit,** *Relativitätstheorie:* die Zusammenfassung der drei Raumdimensionen mit der Zeit als vierter Koordinate zu einem vierdimensionalen metr. Raum (R.-Z.-Kontinuum). Der Begriff der R.-Z. ist Ausdruck der engen Verknüpfung von →Raum 4) und →Zeit in der →Relativitätstheorie und ermöglicht dort deren einheitl. Beschreibung. Die geometr. Struktur der R.-Z. ist durch eine →Metrik 4) und deren metr. Tensor festgelegt. Dabei liegt der speziellen Relativitätstheorie eine pseudoeuklid. Metrik zugrunde, die die Erweiterung des euklid. Raumes der klass. Physik um die zeitl. Dimension zum →Minkowski-Raum beschreibt (**ebene R.-Z.**). In der allgemeinen Relativitätstheorie hingegen ist die Metrik prinzipiell nichteuklidisch, und der metr. Tensor hängt von den Koordinaten ab. Dies führt zu einer **gekrümmten R.-Z.,** die durch eine vierdimensionale →Riemann-Geometrie beschrieben wird und deren Krümmung sich als Ausdruck des Gravitationspotentials einer Massenverteilung deuten läßt. Ein nur der

Kugelhaube mit Fläche $A$
Kegelmantel
Kugel

**Raumwinkel:**
$r$ Radius, $S$ Scheitel, Raumwinkel
$\omega = A/r^2$

Gravitation unterliegendes Teilchen bewegt sich danach entlang geodät. Linien, auf denen der von der Metrik bestimmte raum-zeitl. Abstand zweier ›Weltpunkte‹ (Punkte in der R.-Z.) minimal wird. Geodät. Linien sind i. a. gekrümmt, im Minkowski-Raum aber, wie im euklid. Raum, Geraden; Lichtstrahlen breiten sich immer auf Nullgeodäten aus, die im Minkowski-Raum durch den Lichtkegel dargestellt werden.

**Raum-Zeit-Umkehr,** *Elementarteilchen- und Quantenfeldtheorie:* eine Symmetrieoperation im Hilbert-Raum der Zustandsvektoren eines quantenmechan. Teilchensystems, die aus gleichzeitiger Raumspiegelung $P$ (Paritätstransformation, →Parität 3) und →Zeitumkehr $T$ mit dem unitären Operator $PT$ hervorgeht; aufgrund der CPT-Invarianz (→CPT-Theorem) ist die R.-Z.-U. formal mit der →Ladungskonjugation $C$ identisch, die jedem Teilchen sein Antiteilchen zuordnet. Die Invarianz eines Systems unter R.-Z.-U. entspricht daher der →C-Invarianz.

**Raumzelle,** vorgefertigter Bauwerksteil, geschlossen aus Decken und Wänden oder als selbsttragende R. mit Leichtwänden, die in ein Skelett eingehängt wird. R. werden oft schon im Werk vollständig oder z. T. mit Fenstern, Türen, Einbauschränken, Installationen ausgestattet, mit Tiefladern zur Baustelle transportiert, mit einem Kran montiert und mit bereits eingebauten R. verbunden. Anwendung im Wohnungs-, Schul-, Ausstellungs-, Gefängnisbau.

**raumzentriert, innenzentriert,** *Kristallographie:* gesagt von Elementarzellen von →Bravais-Gittern, deren Zentrum durch ein Atom besetzt ist.

**Raunheim,** Stadt im Kr. Groß-Gerau, Hessen, 92 m ü. M., links des unteren Mains, (1991) 11 500 Ew.; Erdölraffinerie mit Hafen, chem. und Textilindustrie, Metallverarbeitung (Apparatebau u. a.), Baustoffindustrie, Membranenwerk. – Die 910 erstmals urkundlich belegte Siedlung R. wurde im Dreißigjährigen Krieg fast vollständig zerstört; erst seit Beginn des 20. Jh. nahm R. durch die Nachbarschaft zu Rüsselsheim einen Aufschwung. 1966 wurde R. Stadt.

**Raupach,** E r n s t Benjamin Salomo, Pseudonym **Emil Leutner,** Schriftsteller, * Straupitz (bei Liegnitz) 21. 5. 1784, † Berlin 18. 3. 1852; schrieb 117 Dramen, darunter die Dramenreihe ›Die Hohenstaufen‹ (8 Bde., 1837) und das Rührstück ›Der Müller und sein Kind‹ (1835). 1825–40 gehörte R. zu den meistgespielten Dramatikern in Deutschland.
*Ausgaben:* Dramat. Werke kom. Gattung, 4 Bde. (1829–35); Dramat. Werke ernster Gattung, 16 Bde. (1830–43).

**Raupe,** Schmetterlingslarve, die unter mehrfacher Häutung heranwächst und sich zuletzt in eine Puppe verwandelt, aus der der Schmetterling hervorgeht. R. sind fast stets langgestreckt und walzenförmig. Ihre Körperoberfläche kann glatt oder mit Haaren, Höckern oder Warzen versehen sein. Färbung und Farbmuster sind sehr verschieden, oft recht bunt, aber auch unauffällig in der Tarntracht. Die Mundwerkzeuge sind kauend, in der Unterlippe münden die zu Spinndrüsen umgewandelten Speicheldrüsen auf einem unpaaren Zapfen, aus dem das zu Seide erhärtende Sekret austritt; manche R. besitzen kein Spinnvermögen. Außer drei Paaren kurzer, gegliederter Brustbeine haben R. meist vier Paare ungegliederter Bauchfüße (›Afterfüße‹) an 3.–6. Hinterleibsring, ein weiteres Paar (den ›Nachschieber‹) am letzten Ring. Die Bauchfüße tragen am Ende kranzförmig angeordnete Häkchen (Kranzfüße) oder eine halbmondförmige, häkchenbesetzte Erweiterung (Klammerfüße). R. ernähren sich meist pflanzlich, manche von tier. Substanzen wie Federn, Haaren, Horn, auch Wachs (→Wachsmotten), einige R. einer Eulenschmetterlingsgattung fressen Schildläuse. – Die raupenähnlichen Larven vieler Blattwespen heißen Afterraupen (→Pflanzenwespen). Weiteres B ILD →Larve 2)

**Raupenfahrzeuge,** die →Gleiskettenfahrzeuge.

**Raupenfliegen, Schmarotzerfliegen, Tachinidae,** weltweit verbreitete Familie der Fliegen mit weit über 5 000 (in Europa rd. 500) oft stark beborsteten, meist mittelgroßen Arten, die sich gerne von Nektar ernähren. Die Larven entwickeln sich im Körper anderer Insekten, meist in Schmetterlingsraupen, aber auch in Käfern und deren Larven, Hautflüglern, Ohrwürmern, Geradflüglern und Wanzen. Viele R. sind Forstnützlinge.

**Raupengarn,** die Raupenchenille, →Chenille.

**Raupenhelm,** in der ersten Hälfte des 19. Jh. in vielen europ. Armeen v. a. von berittenen Truppen getragener Metall- oder Lederhelm mit Kamm und schwarzem Haarbusch (Raupe). Bes. kennzeichnend war der R. für die bayer. Armee, in der er mit Ausnahme der Ulanen von allen Truppenteilen getragen und erst 1886 durch die Pickelhaube ersetzt wurde.

**Raupen|nest,** aus Blättern angefertigte Gespinste, in denen Raupen leben und auch überwintern. Das große R. des Goldafters enthält bis zu 100, das kleine R. des Baumweißlings maximal 15 Raupen.

**Raupenseiden,** Fasern, die aus den Kokons seidenspinnender Raupen gewonnen werden (echte Seide). Man zählt zu den R. sowohl die Kokonfasern der Raupe des Maulbeerseidenspinners (Maulbeerseide) als auch die wilde Seide (Tussah-, Eria-, Fagara- und Nesterseide) von anderen Spinnerarten.

**Raupenzwirn,** ein Effektzwirn, bei dem ein Garn des Zwirns auf dem anderen Garn zusammengeschoben ist. Dadurch entstehen längl. raupenförmige Knoten oder Noppen.

**Rauriker, Rauraker,** lat. **Raurici, Rauraci,** kelt. Volksstamm um das heutige Basel. Die R., urspr. wohl nur rechtsrheinisch ansässig, wurden zus. mit den Helvetiern von C AESAR 58 v. Chr. geschlagen und in der Gegend von Basel und im Oberelsaß angesiedelt. Im O ihres Gebiets legten die Römer 44 v. Chr. die Kolonie Raurica (Augusta Raurica, heute →Augst) an.

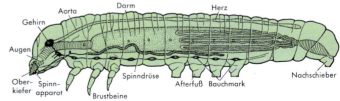

**Raupe:** Typischer Bau einer Raupe (Seitenansicht)

**Rausch,** leichte Trunkenheit; Zustand glückhafter Erregung, der durch emotionalisierende Erlebnisse oder Rauschmittel (Drogen, Alkohol) ausgelöst wird; in abgestufter und individuell unterschiedl. Weise kann der R. von Wahrnehmungsstörungen, Bewußtseinsveränderungen, Verminderung der Selbstkontrolle und Orientierungsverlust begleitet sein. Als **pathologischer R.** werden Dämmerzustände mit psychot. Erscheinungen, motor. Erregung (Gewaltsamkeit) und Erinnerungslücken bezeichnet, die unter Drogen und v. a. bei chron. Alkoholismus auftreten. (→Alkoholismus, →Rauschgifte, →Sucht)

**Rausch, 1)** Albert Heinrich, Schriftsteller, →Benrath, Henry.

**2)** Edwin, Psychologe, * Baumholder 1. 2. 1906; Schüler von M. W ERTHEIMER und W. M ETZGER, 1947–71 Prof. in Frankfurt am Main; Vertreter der Gestaltpsychologie. Schwerpunkte seiner Arbeit bilden die Kategorialanalyse der Gestalt (z. B. Summativität, Prägnanz, Identität), die Wahrnehmungsforschung (v. a. geometrisch-opt. Täuschungen, Schein-

bewegung) und die Denkpsychologie sowie in jüngerer Zeit auch Fragen der Ästhetik.
Werke: Über Summativität u. Nichtsummativität (1937); Struktur u. Metrik figural-opt. Wahrnehmung (1952); Bild u. Wahrnehmung (1982).

**Rausch|abstand,** das in Dezibel (dB) angegebene → Maß 4) für das Verhältnis der Nutzspannung eines Signals zur Rauschspannung, gemessen z. B. am Ausgang eines Verstärkers oder an einer Stelle eines Übertragungssystems. (→ Störsignal)

**Rauschbeere, Moorbeere, Trunkelbeere, Vaccinium uliginosum,** Heidekrautgewächs im nördl. Europa, in Asien und Nordamerika; auf Hochmooren, im Gebirge auch auf trockenen Böden; sommergrüner, bis fast 1 m hoher sparriger Strauch mit derben, unterseits stark netzadrigen und nahezu ungestielten, 1–3 cm langen, eiförmigen Blättern und schwarzblauen, säuerlich schmeckenden Beeren, die, in größeren Mengen gegessen, Schwindelgefühl, Sehstörungen und Lähmungserscheinungen hervorrufen. Die diese Symptome auslösenden Inhaltsstoffe sind nicht bekannt.

**Rauschbeere**
(blühender Zweig; Früchte)

**Rauschbrand,** durch den dem Gasbranderreger ähnl. Bazillus **Clostridium chauvoei** verursachte akute, fieberhafte, anzeigepflichtige Infektionskrankheit der Wiederkäuer, die mit ödematösen Schwellungen verläuft. Übertragung durch sporenhaltiges Futter und Wasser. Vorbeugung: Impfungen.

**Rauschen,** 1) *Elektronik:* aus der Akustik übernommene Bez. für einen ständigen, aber nicht period. Schwingungsvorgang, bei dem über hinreichend große, ansonsten aber beliebige Beobachtungszeiträume immer nahezu die gleiche spektrale Amplitudenverteilung bei statistisch schwankenden Nullphasenwinkeln der Teilschwingungen vorliegt (Schwankungs- oder Rauschvorgang). Rauschvorgänge sind stationäre, ergodische stochast. Vorgänge und als solche mit der Brownschen Bewegung verwandt; ihre statist. Eigenschaften ändern sich nicht mit der Zeit. Da das jeweils vorhandene R. die untere Grenze für die Größe verwertbarer Signale (und allg. für Meßfehler) bestimmt, ist es von großer Bedeutung für die Signalverarbeitung und -übertragung, also z. B. bei Empfangsanlagen, Übertragungskanälen und Verstärkern.

In der Elektronik läßt sich das R. nach den unterschiedl. Ursachen oder Rauschquellen unterscheiden und dabei v. a. danach, ob es bereits am Eingang einer Schaltung vorliegt bzw. empfangen wird (Antennen, Sensoren) oder in der Schaltung oder Anlage selbst erst erzeugt wird. Da jedes R. prinzipiell durch nachfolgende Verstärkerstufen mitverstärkt wird, ist es wichtig, die Eingangsstufen von Signalverarbeitungen rauscharm zu gestalten. Zu dem R., das durch Empfangsantennen (insbesondere auch in der Radio- und Radarastronomie) aufgefangen wird, gehören das atmosphär. R., das durch Entladungen in der Atmosphäre erzeugt wird (z. B. in Gewittern), das durch die Technik erzeugte R. (z. B. durch die Zündung von Verbrennungsmotoren, durch elektr. Maschinen und Geräte, Koronaentladungen in Hochspannungsnetzen) und das R. der → Radiostrahlung (kosm. R.). Bei Strahlungsdetektoren (Photodetektoren) führt neben eingestreuter Störstrahlung bereits die Quantennatur der von einer Signalquelle ausgehenden Strahlung, d. h. deren Nachweis durch die Absorption der mit statist. Schwankungen einlaufenden Photonen, zum R. (Quanten-R.).

Zu den wichtigsten Ursachen des in elektron. Anlagen, Geräten oder Bauteilen selbst erst entstehenden R. zählen das therm. R. (auch als Johnson-, Nyquist-, Strom- oder Widerstands-R. bezeichnet) und das → Schrotrauschen (engl. shot noise). Das therm. R. ist eine Folge der unregelmäßigen therm. Elektronenbewegung in Leitern und Wirkwiderständen, durch die, auch wenn die Bauteile ansonsten stromlos sind, statist. Spannungsschwankungen entstehen. Für die hierauf beruhende effektive Rauschspannung $U_{eff}$ gilt die Nyquist-Formel $U^2_{eff} = 4kTR\Delta f$. Dabei ist $k$ die Boltzmann-Konstante, $T$ die absolute Temperatur des Bauteils, $R$ sein Widerstand und $\Delta f$ die Frequenzbandbreite. Für die effektive Rauschleistung $P_{eff} = U^2_{eff}/R$ folgt hieraus, daß sie nicht vom Widerstand abhängt. Ferner zeigt die Formel, daß die spektrale Leistung $P_{eff}/\Delta f$ des therm. R. nicht von der Frequenz abhängt. Solches R. wird als weißes R. bezeichnet; dagegen spricht man von rosa R., wenn die Leistung bzw. Intensität mit zunehmender Frequenz abnimmt, und bei allgemeiner Frequenzabhängigkeit von farbigem Rauschen.

2) *Jägersprache:* Brunstverhalten des Schwarzwildes; die Rauschzeit dauert von Ende Nov. bis Januar.

**Rauschen,** russ. Name seit 1946 **Swetlogorsk, Svetlogorsk,** Stadt an der Steilküste Samlands, Gebiet Kaliningrad (Königsberg/Pr), Rußland, (1987) 8 000 Ew.; heilklimat. Kurort und Ostseebad. – 1945 kam R. unter sowjet. Verwaltung, 1991 völkerrechtlich verbindlich an die UdSSR (Rußland).

**Rauschenberg,** Stadt im Kr. Marburg-Biedenkopf, Hessen, 261 m ü. M., im Burgwald, (1991) 4 500 Ew.; Heimatmuseum; Luftkurort. – R., 1219 erstmals urkundlich erwähnt, wurde 1266 Stadt. 1450 fiel R. an Hessen-Kassel, 1807–13 gehörte es zum Königreich Westfalen, 1866 kam R. an Preußen. – Ev. Pfarrkirche (13.–16. Jh.) mit Flügelaltar (um 1420/30); Fachwerkhäuser des 16.–19. Jh. und ein Tor (14. Jh.) des ehem. Mauerrings; Reste der Burg (13. Jh.).

**Rauschenberg** [-bəːg], Robert, amerikan. Maler und Graphiker, * Port Arthur (Tex.) 22. 10. 1925; schuf in seinen Combine-paintings Grundlagen einer über die Malerei hinausgehenden neuen Bildgattung, die auch freistehende Objekte einschließen kann (›Monogram‹, 1955–59; Stockholm, Modernes Museum). Durch die Einbeziehung realer Gegenstände, meist Abfallprodukte, versachlichte er schon Mitte der 1950er Jahre die expressive Gestik des Actionpainting und wurde formal wie ikonographisch bahnbrechend für die Pop-art. Mit dem Komponisten J. CAGE und dem Choreographen M. CUNNINGHAM gestaltete er in den 50er und 60er Jahren Multimediashows. R. schuf auch Collagen, Assemblagen und Objekte. 1985–91 führte er das Goodwill-Projekt ROCI (Rauschenberg Overseas Culture Interchange) durch, eine Ausstellungstournee durch zehn Länder, auf der zahlreiche neue Werke entstanden (z. T. unter Mitwirkung einheim. Künstler und Handwerker). Weiteres BILD → amerikanische Kunst
R. R. Zeichnungen, Gouachen, Collagen 1949–1979, hg. v. G. ADRIANI, Ausst.-Kat. (1979); C. TOMKINS: Off the wall. R. R. and the art world of our time (Garden City, N. Y., 1980); Kunst heute, Bd. 3: R. R. im Gespräch mit Barbara Rose (1989).

**Rauscher,** *Getränk:* noch gärender Most, bes. Apfelmost.

**Rauscher,** Joseph Othmar von, österr. kath. Theologe, * Wien 6. 10. 1797, † ebd. 24. 11. 1875; 1849 Fürstbischof von Seckau, 1853 Fürsterzbischof von Wien und 1855 Kardinal. U. a. als Lehrer des späteren Kaisers FRANZ JOSEPH I. eng mit dem Hause Habsburg verbunden, war er mit seinem Schüler F. Fürst ZU SCHWARZENBERG der einflußreichste Kirchenpolitiker der Monarchie. Er bereitete maßgeblich den Abbau der staatl. Kirchenhoheit (Josephinismus) und das Konkordat von 1855 vor. Hielt die Definition der päpstl. Unfehlbarkeit für inopportun, widersetzte sich jedoch nicht deren Anerkennung.

**Rauschfaktor,** *Elektronik:* die → Rauschzahl.
**Rauschgelb,** das Mineral → Auripigment.

**Rauschgenerator,** Meßgenerator zur Untersuchung nachrichtentechn. oder elektroakust. Geräte auf deren Verhalten unter dem Einfluß stochast. Störungen, insbesondere zur Bestimmung der →Rauschzahl von Verstärkern oder anderen Vierpolen. Der R. liefert weißes →Rauschen oder ein anderes, dem jeweiligen Verwendungszweck angepaßtes Rauschspektrum einstellbarer Rauschleistung. – In elektron. Musikinstrumenten (→Synthesizer) dient er in Verbindung mit anderen Baugruppen zur künstl. Erzeugung von Geräuschen.

Robert **Rauschenberg:** Black Market; 1961 (Köln, Museum Ludwig)

**Rauschgifte,** neben dem Begriff **Betäubungsmittel** (BTM) in Dtl. rein jurist. Sammelbegriff für Substanzen (Stoffe) unterschiedl. Herkunft, Zusammensetzung und Wirkung, die im Gesetz über den Verkehr mit Betäubungsmitteln (BtMG; vom 28. 7. 1981) aufgeführt sind und deren Anbau, Herstellung, Ein- und Ausfuhr, Vertrieb, Erwerb, Besitz und Handel unter Strafe gestellt sind, wenn keine Erlaubnis des Bundesgesundheitsamtes (BGA) vorliegt. Landläufig werden diese Stoffe, deren Konsum nicht in jedem Fall einen Rausch erzeugt und deren Wirkung nicht in jedem Fall giftig (toxisch) ist, als ›illegale Drogen‹ bezeichnet. Der Begriff **Droge** ist vom Strafrecht unabhängig. Er bezeichnet i. e. S. pflanzl. Stoffe, z. B. Blätter, Samen, Blüten, Stengel, Rinden, Wurzeln, i. w. S. Arzneistoffe pflanzl. oder tier. Ursprungs (sogenannte Naturdrogen), aber auch halb- und vollsynthet. Drogen, die im lebenden Organismus eine oder mehrere Funktionen zu ändern vermögen. Insbesondere sind solche Substanzen als Drogen zu bezeichnen, die eine Wirkung auf das Zentralnervensystem (ZNS) haben. Dazu zählen als ›legale Drogen‹ auch die Großgruppen der Genußmittel (Koffein, Tabak, Betel, Alkohol), Arzneimittel (Schlaf-, Beruhigungs-, Aufputsch- und Schmerzmittel) und Lösemittel (sogenannte Schnüffelstoffe), aber auch pflanzl. Inhaltsstoffe mit zentralnervöser Wirkung (z. B. in Nachtschattengewächsen), die weder diesen Großgruppen angehören, noch R. im Sinne des BtMG sind. Alle Arten von legalen und illegalen Drogen können mißbraucht werden. Unter **Drogenabusus** versteht die Weltgesundheitsorganisation (WHO) die Verwendung jeder Art von Drogen ohne medizin. Indikation bzw. in übermäßiger Dosierung. Der Drogenmißbrauch kann zur **Drogenabhängigkeit** führen, der von der WHO 1964 als Zustand psych. oder psych. und phys. Abhängigkeit von einer Substanz mit zentralnervöser Wirkung definiert wurde, die zeitweise oder fortgesetzt eingenommen wird. Da nach Art des verwendeten Mittels ganz versch. Wirkungen auftreten, beschrieb die WHO in einer offenen Aufstellung acht versch. Drogenabhängigkeitstypen: Morphintyp, Barbiturat- und Alkoholtyp, Kokaintyp, Cannabistyp, Kathtyp, Halluzinogentyp und Opiat-Antagonist-Typ.

### Rauschgifte in der Kulturgeschichte

Der Konsum unterschiedlichster Drogen ist untrennbar mit der Kulturgeschichte des Menschen verbunden. In früher vorgeschichtl. Zeit haben bei den Sammlern und Jägern wahrscheinlich zufällige Heilungen und Vergiftungen nach Anwendungen von Pflanzen den ersten Anlaß zu zielgerichteter Suche gegeben. Nach der letzten Eiszeit fing ab 10 000 v. Chr. der Mensch an, seßhaft zu werden; zeitlich damit verbunden sind die Anfänge der Wildpflanzendomestikation zu Kulturpflanzen (Gerste und Emmer). Feuchtes Brot führte über die Vergärung zu den ersten Ur-Bieren. Um 8000 bis 7000 v. Chr. begann man mit dem Weinbau im heutigen Nahen Osten und der Südtürkei. Zur gleichen Zeit war im Mittleren Osten die betäubende Wirkung des Mohnsaftes wahrscheinlich schon bekannt. Die urspr. Heimat der Wildform des Faserhanfs (Cannabis) ist wohl Zentralasien, den Hanf- und Mohngebrauch verbreiteten vermutlich asiat. Nomadenhändler. In der Jungsteinzeit entstanden an den großen Flüssen (Nil, Euphrat und Tigris, Indus, Hwangho) mit ihrem fruchtbaren Kernland die ersten Hochkulturen, deren Erfahrungsmedizin, weitgehend von Ritual und Magie bestimmt, eine ganze Reihe von pflanzl., tier. und mineral. Drogen und Heilerden bekannt war. Beispiele sind das Pharmakologiewerk des sagenhaften chin. Kaisers Sheng-nung (2828–2698 v. Chr.) oder im alten Ägypten der sogenannte Papyrus Ebers (1700–1600 v. Chr.), in dem die Kenntnisse über rd. 700 Pflanzendrogen gesammelt waren. Im Altertum wurden bereits 2000–1500 v. Chr. auf den Umschlagplätzen der frühen ägypt. und vorderasiat. Kulturgüter auch Rauschgetränke (Wein), Arzneidrogen, aber auch z. T. verbotene schwere Gifte angeboten, z. B. der hochgiftige Eisenhut.

Die Einteilung der Drogen ergab sich aus deren Wirkungen und Anwendungsbereichen: 1) Giftdrogen in der Jagd- und Kriegskunst (z. B. Eisenhut, Alraunauszüge und das Gift der Eibe) oder als Mord- und Selbstmordgifte (z. B. Herbstzeitlose, Tollkirsche und Schierling), 2) Medizinalpflanzen in der Heilkunde; so zählten zu den schmerzlindernden Narkotika der Schlafmohn, das Bilsenkraut, die Alraunwurzel und der Hanf. Mit ihnen stellte man Wundertränke ›gegen alle Krankheit‹ her, mit Alraunauszügen den ›Lethe-Trank‹ im antiken Griechenland, und mit Mohnwirkstoffen den ›Theriak‹ in Rom. 3) Zauberpflanzen, die als Sakraldrogen eine Mittlerrolle zw. den Menschen und ihren Göttern spielten. Als Pflanzen der Götter wurden in der westl.

**Raus**  Rauschgifte

Hemisphäre, in der heute etwa 150 halluzinogene Pflanzen bekannt sind, ab 3000 v. Chr. die Blätter des Kokastrauchs, ab 2000 v. Chr. psilocybinhaltige Pilze, ab 1000 v. Chr. der mescalinhaltige Peyotekaktus von versch. Indiokulturen Mittel- und Südamerikas verehrt. Die 1918 gegründete Native American Church benutzt bis heute Peyote legal als sakrales Andachtsmittel. In der östl. Hemisphäre, die kaum 20 halluzinogene Pflanzen kennt, war ab 1500 v. Chr. der Fliegenpilz, wahrscheinlich das ›Soma‹ der indogerman. Indoiranier (Arier), wichtige Sakraldroge. Für den östl. Mittelmeerraum der Antike stand die Wiege der Giftmischer in Kaukasien (Giftgarten des Königs von Kolchis). In Griechenland wurde z. B. der Mohn den Göttern des Schlafes (Morpheus), der Nacht (Nyx) und des Todes (Thanatos) zugesprochen, die Göttin Atropos wurde zur Namensgeberin der Tollkirsche (Atropa belladonna). Der Stechapfel (Datura) spielte als Götterdroge von Mexiko bis nach Indien eine sakrale Rolle. Der Gebrauch dieser magischen Drogen war i. d. R. nur Eingeweihten und Privilegierten vorbehalten. Berauschende, noch nicht hochprozentige Getränke hingegen, aus Weintrauben, Getreide, Reis, Hirse, Kartoffeln, Palmsaft, Kuh- und Stutenmilch hergestellt, waren eher Volksdrogen. Höherprozentige Alkoholika entstanden, nachdem die Araber im MA. die Destillation entdeckt hatten. Im Hoch-MA. brachte der Handel mit Gewürz-, Riechstoff- und Räucherdrogen (›orientalische‹ Drogen) als Luxusgüter den italien. Handelsrepubliken (z. B. Venedig) große Vermögen. Der Klerus richtete mit Hilfe seiner kräuterkundigen Mönche ein Arzneidrogenmonopol auf, das durch kaiserl. Privilegien abgesichert wurde. Medizinalverordnungen wie die des Kaisers FRIEDRICH II. (1240) schufen den Berufsstand der Apotheker. Die von Apothekern geschaffenen universellen Heilmittel hielten sich oft über Jahrhunderte, so vom 13. bis 15. Jh. der Branntwein, der als ›glückhafte Medizin‹ innerlich (Trinkbranntwein) und äußerlich angewendet wurde, und vom 16. bis 19. Jh. die Opiumtinktur, die als ›lobenswerte, rühmliche Arznei Laudanum‹ von PARACELSUS als neues universelles Heilmittel in den Arzneimittelschatz eingeführt wurde. Die Heilkunst gehörte als ›weiße Magie‹ wie die ›schwarze Magie‹, der Zauber und Gegenzauber, zum mag. Weltbild des mittelalterl. Menschen, ebenso der festverwurzelte Glaube an den uralten Schaden- und Krankheitszauber (Hexerei). Die Inquisition machte als unentbehrl. Attribute der Zeremonien Hexentränke und Zaubersalben aus, die oft Bilsenkraut-, Stechapfel-, Alraun- und Tollkirschextrakte, aber auch Mohn-, Schierlings-, Wolfsmilch- und Taumellolchauszüge enthielten. Die halluzinogen wirkenden Nachtschattenalkaloide konnten zu Flugträumen (›Hexenritt‹) und Persönlichkeitsänderungen (›Tierverwandlungen‹) führen. Mit der Entdeckung der Seewege nach Amerika (1492) und Indien (1498) kamen bisher unbekannte, kulturfremde Drogen in die Alte Welt. Aus Amerika brachten die Spanier den Tabak und die unbekannte Konsumform des Rauchens mit. In vielen Ländern Europas und Asiens bis Ende des 17. Jh. reglementiert bzw. oft verboten (Todesstrafe in Lüneburg noch 1691), verbreitete sich der Tabakkonsum dann aber schnell. Den Kaffee brachten italien. Kaufleute im 17. Jh. nach Europa, wo er sich über die Kaffeehauskultur in den Großstädten verbreitete. Das Kauen der anregenden Blätter des Kathstrauches, der im Jemen erstmals um 1300 erwähnt wurde, ist bis heute in Südarabien und Teilen Ostafrikas verbreitet. Wesentlich älter und von Ostafrika über Indien und Indonesien bis nach Polynesien verbreitet war der Brauch des Kauens der Betelnüsse. Die heute von über 200 Mio. Menschen dieser Region praktizierte Sitte fand nie Eingang in Europa. Wohl aber die Droge Tee, die als Genußmittel in China ab dem 6. Jh. und in Japan ab dem 15. Jh. in größerem Umfang angebaut wurde. Über Venedig kam er 1550 nach Europa. In England hatte sich bis Anfang des 17. Jh. der Bier- und Weinmißbrauch stark verbreitet (1606 Gesetz gegen die Trunkenheit), im 18. Jh. der Mißbrauch des holländ. Alkoholdestillats Gin (Gin-Gesetze 1729 und 1751), der von England aus auch Amerika erfaßte. Zu Beginn des 19. Jh. kam es in Finnland und Schweden zu unkontrolliertem Alkoholmißbrauch. In der Folge formierten sich in Skandinavien und den USA zunehmend größer und einflußreicher werdende Mäßigkeits- und Abstinenzverbände, die den Mißbrauch ächteten und Alkoholverbote anstrebten, und Anfang des 20. Jh. in Schweden (1917) und in Finnland (1932) Alkoholmonopole des Staates und Abgaberegementierungen, in den USA von 1919 bis 1933 ein völliges Verbot (Alkoholprohibition) erreichten.

Im China der Qingdynastie hatten die Mandschukaiser 1729 Opium verboten und erneuerten diese Prohibition 1780 und 1796. Durch die neue Droge Tabak und die Konsumform des Rauchens (Rauchopium = Chandu) verbreitete sich der Mißbrauch auch des Opium. Seit Anfang des 18. Jh. hatte die East India Company (EIC) den Opiumschmuggel von Indien nach China übernommen. Die Vernichtung von 20 291 Opiumkisten (1 360 t) der EIC durch die chin. Regierung (1839) war Anlaß für den ersten Opiumkrieg zw. England und China, in dessen Folge Hongkong brit. Kronkolonie wurde (1843). Von 1857 bis 1860 führten England und Frankreich einen zweiten Opiumkrieg (Lorchakrieg). Das erneut geschlagene China mußte nun u. a. die Missionierung durch christl. Geistliche aus Europa, später auch den USA und die völlige Legalisierung des Opiumhandels (von Chinesen zu ›Jesus-Opium‹ zusammengefaßt) zulassen. Die nächsten zwei Jahrzehnte waren vom umfangreichsten Opiumhandel gekennzeichnet, den es in der bisherigen Menschheitsgeschichte gegeben hat. Als Königin VICTORIA 1877 den Titel Kaiserin von Indien annahm, wurden in ihrem Namen jährlich über 5 000 t Opium nach China exportiert. Aber auch der ab dem 18. Jh. zunehmende Bedarf des eigenen Königreiches wurde gedeckt. Die starke Verbreitung in der 1. Hälfte des 19. Jh. beschrieb THOMAS DE QUINCEY in seinen ›Bekenntnissen eines engl. Opiumessers‹ (1821/22). Neben den Briten setzten auch andere Kolonialmächte auf die gewinnträchtige Droge. Frankreich errichtete in Indochina, die Niederlande in Indonesien Opiummonopole. Mitte des 19. Jh. wurde die Anzahl der Opiumkonsumenten weltweit auf 400 Mio. geschätzt. In den Häfen Frankreichs, Englands, Dtl.s, der Niederlande und der USA entstanden in der 2. Hälfte des 19. Jh. Tausende von ›Rauchlokalen‹, vom vornehmen Salon bis zu berüchtigten ›Opiumhöhlen‹. In China gab es 1900 weit über 20 Mio. Opiumkonsumenten. Polit. Druck der Anti-Opium-Bewegungen in England und den USA führte 1909 zur ersten ›Opiumkonferenz‹ in Schanghai. In der Folge wurde Opium im 20. Jh., mit Ausnahme medizin. Verwendung, international geächtet und durch nationalstaatl. ›Opiumgesetze‹ verboten. Zu den kolonialen Drogenressourcen gehörte im 19. Jh. auch Cannabis. Die Medizinalwirkungen des Indischen Hanfs (Ganja) ließ die EIC untersuchen und die vermarktbaren Ergebnisse unter Apothekern und Pharmazeuten in Europa und Amerika verbreiten. Aus Indien brachte England 1865 schon über 3 000 t Ganja nach Europa. Frankreichs Apotheken zogen Hanf (›Khif‹) aus dem 1830–47 eroberten Algerien. Die ›orientalische‹ Droge spielte sowohl in Frankreich als auch in den USA in der 2. Hälfte des 19. Jh. nur in kleinen Künstlerkreisen eine Rolle. Zu einer Massenverbreitung kam es in dieser Zeit jedoch weder in den USA noch in Europa.

### Veränderungen von Konsum und Handel seit dem 19. Jahrhundert

Ein enormes Wachstum hingegen verzeichnete die pharmazeutische Industrie, v. a. ab der 2. Hälfte des 19. Jh., das begünstigt wurde durch 1) den Bevölkerungszuwachs in Europa und den USA; 2) die unerschöpflichen Drogenrohstoffreserven (Opium, Hanf, Koka) der europ. Kolonialmächte; 3) die Wissenschaft; Forscher isolierten aus bekannten und neuen Naturstoffen diverse Wirkstoffe, z. B. Morphin (1805), Strychnin (1817), Koffein (1820), Nikotin (1828), Atropin (1833), Kokain (1859), Ephedrin (1887) und Mescalin (1896). 4) Mehrere große Kriege, so der Krimkrieg (1853–56), der amerikan. Bürgerkrieg (1861–65) und der Deutsch-Französische Krieg (1870–71), machten den massenhaften Einsatz potenter Schmerz- und Betäubungsmittel (Morphinismus als ›Soldatenkrankheit‹) erforderlich. Um Umsatz und Gewinn zu steigern, propagierten die Pharmafirmen den Drogenkonsum als Alltagshilfe. So verfolgte diese Industrie zw. 1870 und 1890 die Strategie der Massenvermarktung, die zu multinat. Verbrauchskampagnen führte. Geworben wurde für drogenhaltige Toniken, Pastillen, Elixiere, Sirups, Pillen, Puder- und Salbensorten. Versetzt waren diese u. a. mit Alkohol, Hanf, Opium, Morphium. Beliebt waren kokainhaltige Refreshments. So schrieben z. B. in Europa der Kokawein ›Mariani‹ (Frankreich ab 1863) und in Amerika ›Coca Cola‹ (USA ab 1886; Entkokainisierung 1903) Getränkegeschichte. Der boomende Drogenmarkt bot Kokakaugummis und Kokazigaretten, im Kaiserreich in Dtl. auch Hanfzigaretten an. Die Forscher der Pharmaunternehmen entdeckten flüchtige Substanzen, wie Stickstoffoxydul (Lachgas) und Äther, die, für die medizin. und industrielle Praxis gedacht, von vielen mittels Inhalation (Beginn des ›Schnüffelns‹) mißbraucht wurden. Sie stellten anregende Mittel (Amphetamin/Benzedrin 1887) künstlich her und suchten die Potenz bekannter Betäubungsmittel zu erhöhen. So führte HEINRICH DRESER, Pharmakologe der Firma Friedrich Bayer & Co. (Barmen 1863) Diacetylmorphin 1898 als ›Hypnotikum‹ anstelle Morphin‹ in die Therapie ein. Unter dem Handelsnamen ›Heroin‹ wurde die Droge in neuer Konsumform, der Tablette, über zwei Jahrzehnte weltweit vertrieben.

Die im letzten Quartal des 19. Jh. begonnene unkontrollierte Drogenverbreitung in Europa und den USA (erste Drogenwelle) dauerte bis Kriegsbeginn (1914). Die Politik setzte auf repressive Maßnahmen, d. h. Strafandrohung durch Drogengesetze, Strafverfolgung durch Polizei und Strafvollstreckung durch Gerichte. Aber auch der Erste Weltkrieg (1914 bis 1918) wurde zum Drogenmultiplikator, v. a. für Aufputschmittel (Heereskokain als ›Fliegerdroge‹). In den 1920er Jahren fand das (als Konsumform neue) Schnupfen von Kokain mehr und mehr Verbreitung und eine zweite Drogenwelle rollte über Europas Metropolen, von Paris und London bis nach Budapest und Prag. In Frankreich zählte man 1924 fast 100 000 ›Kokser‹, in Berlin, seinerzeit die Hochburg des Amüsements in Europa, gab es damals 10 000 bis 20 000 Kokainkonsumenten. Die Vergnügungsindustrie einschließlich des Drogenhandels war von kriminellen Gruppen, den ›Ringvereinen‹ organisiert. Mit der Machtübernahme der Nationalsozialisten 1933 wurden 62 Ringvereine aufgelöst. Die chem. und pharmazeut. Industrie suchte in den 1920er Jahren kriegsbedingte Einbußen durch Unternehmenskonzentration und internat. Betätigung auszugleichen. 1926 war die Weimarer Republik der Welt größter Narkotikaproduzent. Als hochprofitabel erwies sich auch der organisierte Handel mit geächteten bzw. verbotenen Drogen, z. B. in den USA seinerzeit Alkohol. 1929 gründete der Mafioso ALPHONSE CAPONE in den USA das ›National Crime Syndicate‹. Bis zum Ende der Prohibition 1933 hatte ›das Syndikat‹ das Alkoholmonopol. In der Folge wandte es sich dem verbotenen Heroin zu und baute zur Versorgung von rd. 250 000 Heroinsüchtigen in den USA eine erste sogenannte ›French Connection‹ auf, die mit dem Zweiten Weltkrieg ihr vorläufiges Ende fand. Aber nicht nur in der westl., auch in der östl. Hemisphäre (China, Hongkong, Japan) organisierten sich Kriminelle zw. den Weltkriegen. Um die organisierte Kriminalität besser bekämpfen zu können, gründeten die int. Polizeibehörden 1923 die International Police Commission (Interpol) und 1930 ein erstes Internationales Drogenbüro. Zeitlich parallel zur Entwicklung der Suchtmittelbekämpfung organisierte sich auch die Suchtkrankenhilfe. In der Weimarer Republik z. B. schlossen sich große Abstinenzverbände zur Reichshauptstelle gegen den Alkoholismus zusammen. Der Zweite Weltkrieg, der zum Multiplikator v. a. von Aufputschmitteln (Amphetamin) wurde, unterbrach diese Entwicklung lediglich.

### Entwicklung seit 1945 – neue Dimensionen der Drogenproblematik

In der Nachkriegszeit ist sowohl das Geschäft mit illegalen als auch mit legalen Drogen durch Konzentration und Internationalisierung gekennzeichnet. Wenige Anbieter (Oligopolisten) beherrschen zum Ende des 20. Jh. die Märkte der verbotenen und der erlaubten Drogen, z. B. liegt fast die Hälfte der Weltproduktion an Zigaretten bei wenigen multinationalen Konzernen. Der Zigarettenumsatz der Welt lag schon 1985 bei rd. 100 Mrd. US-$. Noch höher war der Umsatz der Alkoholindustrie, allein der Einzelhandel kam weltweit schon 1981 auf 170 Mrd. US-$. Mitte der 1960er Jahre konzentrierte sich im Bier- und Spirituosenbereich die Marktherrschaft auf wenige Oligopolisten, bereits in den 1980er Jahren zählten vier der 27 globalen Alkoholkonzerne zu den führenden 20 Nahrungsmittelkonzernen der Erde. Der Arzneimittelmarkt entwickelte sich ebenfalls in der 2. Hälfte des 20. Jh. weltweit zu einem der ertragreichsten Absatzgebiete. Allein die zwölf führenden Chemiekonzerne (und wichtigen Pharmaproduzenten) der Erde

| Sicherstellungen von Rauschgiften (in kg) und Drogentodesfälle in der Bundesrepublik Deutschland ||||| 
|---|---|---|---|---|
| Jahr | Heroin | Kokain | Amphetamin | Anzahl der Drogentoten |
| 1970 | unter 3 | – | – | 29 |
| 1971 | unter 3 | 9 | – | 67 |
| 1972 | 3,7 | unter 4 | – | 104 |
| 1973 | 15 | 4 | – | 106 |
| 1974 | 33 | 5 | – | 139 |
| 1975 | 31 | unter 5 | – | 145 |
| 1976 | 167 | 2 | – | 344 |
| 1977 | 61 | 8 | 16 | 392 |
| 1978 | 187 | 4 | 3 | 430 |
| 1979 | 207 | 19 | 0 | 623 |
| 1980 | 267 | 22 | 4 | 494 |
| 1981 | 93 | 24 | 6 | 360 |
| 1982 | 202 | 33 | 16 | 383 |
| 1983 | 250 | 106 | 24 | 472 |
| 1984 | 264 | 171 | 14 | 361 |
| 1985 | 208 | 165 | 28 | 324 |
| 1986 | 157 | 186 | 85 | 348 |
| 1987 | 320 | 296 | 62 | 442 |
| 1988 | 537 | 496 | 91 | 670 |
| 1989 | 708 | 1 308 | 76 | 991 |
| 1990 | 847 | über 2 400 | 85 | 1 491 |

setzten 1987 über 320 Mrd. DM um. In den letzten Dekaden des 20. Jh.s haben asiat. Heroinsyndikate, lateinamerikan. Kokainkartelle u. a. Gruppierungen der organisierten Kriminalität das Geschäft mit illegalen Drogen zu einem professionell arbeitenden Unternehmen, von der Anbauplanung bis zum Endverkauf, ausgebaut. Der Jahresweltumsatz dieser ›Drogenindustrie‹ wurde Mitte 1991 auf 900 Mrd. bis 1 450 Mrd. DM jährlich geschätzt.

Den illegalen Drogenanbietern erwuchs in der zweiten Jahrhunderthälfte eine sehr große Drogennachfrage (dritte Drogenwelle) über mehrere Zeitphasen: 1) 1950er Jahre: In den USA steigt die Heroinnachfrage. 2) 1960er Jahre: In der ersten Hälfte entwickelt sich in den USA, in der zweiten in Westeuropa ein vom Halluzinogenkonsum (LSD u. a.) dominierter Drogenuntergrund, der durch Einfluß von Jugendsubkulturen (z. B. Hippies und Yippies) und einschlägigen Drogenideologien (Psychedelismus, TIMOTHY LEARY) größer wurde. Für diese Szene wurde Cannabis zur ›Einstiegsdroge‹. In den USA nahm der Heroinmißbrauch weiter zu. In der Folge wurde hier 1963 Methadon als neue Behandlungsform (Substitutionsbehandlung) für Heroinabhängige eingeführt. 3) 1970er Jahre: Der Vietnamkrieg war für die USA bis 1973 ein Heroinmultiplikator. Mit Kriegsende stieg die Kokainnachfrage und wuchs das Angebot (›Columbian Connection‹). In Westeuropa, v. a. in Dtl. eskalierte die Heroinnachfrage und damit verbunden Beschaffungskriminalität und Prostitution sowie die Anzahl der Drogentoten. 4) 1980er Jahre: In den USA kommen zum Kokain die Billigvariante ›Crack‹, später synthet. Drogen (Designer Drugs) hinzu. In Westeuropa wächst die Heroinproblematik an (in der EG 1986 bis 1,5 Mio. Konsumenten), aber auch die Nachfrage nach Kokain und synthet. Drogen. Die spritzende BTM-Szene wird zunehmend von HIV-Infektion und Aids-Erkrankung, gesellschaftl. Ausgrenzung und Verelendung bedroht. Viele Länder Osteuropas und ab 1986 auch die Sowjetunion melden eine Zunahme der Drogenprobleme. In den Entwicklungsländern nimmt der Heroinmißbrauch in Asien und der Gebrauch von Kokainbilligvarianten in Lateinamerika dramatisch zu. 5) 1990er Jahre: Der Anteil der Drogenkonsumenten in den Reformstaaten Osteuropas und der früheren Sowjetunion steigt rasch an (1991 bis 1,5 Mio. Drogenkonsumenten). Gleichzeitig verzeichnen die Entwicklungsländer Lateinamerikas, Afrikas und Asiens eine Zunahme des Elendskonsums. Kokain und synthet. Drogen verbreiten sich in der östl. Hemisphäre.

Diese über ein halbes Jh. gewachsene Drogenverbreitung hoffte die Völkergemeinschaft ab den 1920er Jahren durch eine strikte Politik der Drogenprohibition verhindern zu können. Um effektiv kontrollieren zu können, setzte sie auf repressive Maßnahmen, d. h. Strafandrohung durch Drogengesetze, Strafverfolgung durch die Polizei und Strafvollstreckung durch Gerichte. Der völkerrechtl. Rahmen dieser Art der R.-Bekämpfung wurde in der 1. Hälfte des 20. Jh. durch die Übereinkommen (Conventions) dreier ›Opiumkonferenzen‹ (Schanghai 1909, Den Haag 1912, Genf 1925) und in der 2. Hälfte des 20. Jh. durch die Übereinkommen ›über Suchtstoffe‹ (1961), ›über psychotrope Stoffe‹ (1971) und ›gegen den unerlaubten Verkehr mit Suchtstoffen und psychotropen Stoffen‹ (1988) festgelegt. Insbes. in der 2. Hälfte des 20. Jh. deckte sich der Anspruch der Völkergemeinschaft, durch Ausschöpfung repressiver Mittel (›War on drugs‹) des Drogenproblems Herr zu werden, nicht mehr mit der Bilanz der Realität: Weite Verbreitung auch illegaler Drogen und Kriminalisierung der Konsumenten; Verelendung der Schwerstabhängigen in den Industrieländern und Elendskonsum in den

Entwicklungsländern; Belastung der Gesellschaften durch Beschaffungskriminalität; Bedrohung ganzer Staaten durch die durch Drogenhandel reich und mächtig gewordene organisierte Kriminalität. Diese nicht gewollte Bilanz der Prohibitionspolitik führte ab Mitte der 1980er Jahre v. a. in den USA und Westeuropa zur Diskussion um die Drogenpolitik der Antiprohibition (z. B. staatlich kontrollierte Drogenabgabe). Eine Lösung des Drogenproblems im Sinne einer Nullösung (drogenfreie Gesellschaft) ist unwahrscheinlich.

⇨ *Alkoholismus · Betäubungsmittel · Drogen · Halluzinogene · Haschisch · Heroin · Kokain · Lösungsmittel · Lysergsäure · Mescalin · Morphin · Opium · Psychopharmaka · Rauchen · Sucht · Suchtkrankenhilfe · Suchtmittelbekämpfung*

E. VON BIBRA: Die narkot. Genußmittel u. der Mensch (1855); J. F. JOHNSTON: Chemie des tägl. Lebens (a. d. Engl., Neuausg. ²1887); C. F. ANDREWS: Indien u. das Opium. Englands Verantwortung (a. d. Engl., 1927); L. LEWIN: Phantastica. Die betäubenden u. erregenden Genußmittel (²1927, Nachdr. 1973); M. BERGMARK: Lust u. Leid durch Drogen (a. d. Schwed., 1958); J.-L. BRAU: Vom Haschisch zum LSD (a. d. Frz., 1969); H. WAGNER: R.-Drogen (²1970); R. ASHLEY: Cocaine. Its history, uses and effects (New York 1975); The Hashish club. An anthology of drug literature, hg. v. P. HAINING, 2 Bde. (London 1975); G. A. AUSTIN: Perspectives on the history of psychoactive substance use (Rockville, Md., 1978); H. KOTSCHENREUTHER: Das Reich der Drogen u. Gifte (Neuausg. 1979); Rausch u. Realität. Drogen im Kulturvergleich, hg. v. G. VÖLGER u. a., Ausst.-Kat., 3 Bde. (Neuausg. 1982); H.-G. BEHR: Von Hanf ist die Rede. Kultur u. Politik einer Droge (Neuausg. 1985); R. E. SCHULTES u. A. HOFMANN: Pflanzen der Götter (a. d. Engl., Bern ²1987); M. SEEFELDER: Opium. Eine Kulturgesch. (1987); W. SCHMIDBAUER u. J. VOM SCHEIDT: Hb. der Rauschdrogen (Neuausg. 1989); B. G. THAMM: Drogenfreigabe – Kapitulation oder Ausweg? (1989); G. AMENDT: Sucht, Profit, Sucht (Neuausg. 1990); B. G. THAMM: Drogen – legal – illegal. Von Kaffee bis Koks, von Alkohol bis Amphetamin (1991).

**Rauschgold, Flittergold, Knittergold,** Bez. für dünne Folien (Dicke 10–15 μm), die durch Hämmern aus gewalztem Messingblech hergestellt und für Dekorationszwecke verwendet werden.

**Rauschmaß,** die logarithmierte Rauschzahl $F$, angegeben in Dezibel (dB) oder in Neper (Np), definiert als $a_F = 10 \, (\lg F)$ dB $= 0,5 \, (\ln F)$ Np.

**Rauschning,** Hermann, Politiker und Publizist, * Thorn 7. 8. 1887, † Portland (Oreg.) 8. 2. 1982; leitete ab 1918 die Kulturarbeit der dt. Volksgruppe in Posen, trat 1926 der NSDAP bei, 1932 Vors. des Danziger Landbundes, wurde 1933 Senats-Präs. Wegen anderer polit. Vorstellungen im Konflikt mit Gauleiter ALBERT FORSTER (* 1902, † 1948) trat R. im Nov. 1934 zurück. R. emigrierte 1936 über Polen zunächst in die Schweiz, lebte ab 1948 als Farmer in den USA. R. schrieb, aus konservativ-nationaldt. Sicht, einer der ersten aus dem Kreis ehem. Anhänger HITLERS krit. Bücher gegen die nat.-soz. Herrschaft. Seine Darstellung HITLERS als prinzipien- und doktrinlosen Opportunisten und Machiavellisten (›Die Revolution des Nihilismus‹, 1938) vermittelte ein unzutreffendes Bild, das jedoch Zeitgenossen und wiss. Forschung lange Zeit beeinflußte. R.s ›Gespräche mit Hitler‹ (1940) sind meist irrtümliche (Re-)Konstruktionen Rauschnings.

**Weitere Werke:** Die konservative Revolution. Versuch u. Bruch mit Hitler (1941); Dtl. zw. West u. Ost (1950); Die dt. Einheit u. der Weltfriede (1954).

T. SCHIEDER: H. R.s ›Gespräche mit Hitler‹ als Geschichtsquelle (1972); W. HÄNEL: H. R.s ›Gespräche mit Hitler‹. Eine Geschichtsfälschung (1984).

**Rauschpfeffer,** der → Kawapfeffer.

**Rauschpfeife** [von mhd. rusche ›Rohr‹, im 16./17. Jh. gelegentlich Bez. für die Windkapselschalmei (oder den Pommer?) mit zylindr. oder schwach kon. Röhre, in mehreren Größen gebaut. – In der Orgel

Hermann Rauschning

heißt R. oder **Rauschquinte** eine gemischte Stimme aus Quinte und Oktave und von mittelweiter Mensur.
**Rauschrot,** das Mineral → Realgar.
**Rauschtat,** die im Zustand rauschbedingter Schuldunfähigkeit begangene Straftat: Wer sich vorsätzlich oder fahrlässig durch alkohol. Getränke oder andere berauschende Mittel in einen Rausch versetzt, wird mit Freiheitsentzug bis zu fünf Jahren bestraft oder erhält Geldstrafe, wenn er in diesem Zustand eine rechtswidrige Tat begeht und ihretwegen nicht bestraft werden kann, weil er infolge des Rausches schuldunfähig war oder weil dies nicht auszuschließen ist (§ 323 a StGB). → actio libera in causa.
Ähnl. Bestimmungen gelten in *Österreich* (§§ 81, 287 StGB) und in der *Schweiz* (§ 263 StGB).
**Rausch|unterdrückung,** elektron. Unterdrückung von Störspannungen (Rauschen) bei der Aufnahme und Wiedergabe von Toninformationen, bes. bei Kassettenrecordern und Tonbandgeräten verwendet. Eingesetzt werden Rauschfilter und Kompander. **Rauschfilter** sind Tiefpaßfilter, mit denen hohe Frequenzen und damit störendes Rauschen bei der Wiedergabe unterdrückt werden. Ausführungsformen der R.-Systeme mit Rauschfiltern sind die DNL-Schaltung (→ DNL) und die DNR-Schaltung (**D**ynamic **n**oise **r**eduction). DNR-Systeme arbeiten ähnlich wie DNL-Schaltungen, jedoch setzt die Filterwirkung bereits bei sehr niedrigen Nutzpegeln (1 kHz) ein. Mit steigendem Nutzpegel wird die untere Grenzfrequenz der Filterwirkung in Richtung höherer Frequenzen verschoben. **Kompander** sind komplementäre R.-Systeme, die die Tonsignale vor der Aufnahme beeinflussen. Dabei wird die → Dynamik 2) der Tonsignale reduziert (die Nutzpegel bei hohen Frequenzen angehoben). Zw. dem Rauschpegel der Übertragungsleitungen und dem niedrigsten Nutzpegel wird der Abstand vergrößert. Der Ausgang des Komapanders, der Expander, wirkt gegenläufig zum Eingang (Kompressor). Er schwächt die Leistung bei hohen Frequenzen wieder ab und stellt damit die ursprüngl. Dynamik wieder her. Das Rauschen wird dabei als effektiv unterdrückt. Nach dem Kompanderprinzip arbeiten die Dolby-Systeme®, das ANRS und das → High-Com-System. Beim **Dolby-A-System** wird im Dolby-Stretcher das gesamte Tonfrequenzspektrum in vier Teilbereiche aufgespalten und einzeln weiterverarbeitet. Die Signale der Teilbereiche gelangen direkt zum jeweiligen Additionsverstärker und über den Filter zum nachgeschalteten Regelverstärker. Die dort gewonnene Regelspannung wirkt so auf die Filterausgabe, daß der Regelverstärker die Steuerspannung für die Frequenzanhebung erhält. Direktes und angehobenes Signal werden im Additionsverstärker gleichphasig zusammengeführt, und mit den Ausgangssignalen der vier Additionsverstärker wird das Aufnahmegerät gesteuert. Für die Wiedergabe werden die Signale der Teilbereiche direkt einem Subtraktionsverstärker zugeführt. Dessen Ausgangsspannung gelangt mit einer Phasendrehung von 180° zum Filter und wird wie bei der Aufnahme angehoben. Infolge der Phasendrehung wird das Ausgangssignal des Regelverstärkers im Subtraktionsverstärker vom direkten Signal abgezogen und damit die ursprüngl. Dynamik wiederhergestellt. Das Rauschen ist jedoch um den Betrag der Frequenzanhebung reduziert. Das vereinfachte **Dolby-B-System** arbeitet anstelle der Aufspaltung in vier Teilbereiche mit nur einem Nebenzweig mit Hochpaßfilter. Das **Dolby-C-System** ist im Prinzip aus zwei hintereinandergeschalteten Dolby-B-Systemen aufgebaut und wirkt auf Frequenzen oberhalb 200 Hz ein. Eine Stufe spricht bei niedrigen, die andere bei den hohen Pegeln an. Das **Dolby-HX-System** kann nur aufnahmeseitig eingesetzt werden. Bei ihm wird der Vormagnetisierungsstrom in Abhängigkeit von der aufzunehmenden Frequenz geregelt. Die bessere Aussteuerung bei hohen Tönen bringt eine Absenkung des Bandrauschens bis zu 20 dB. Das **ANRS** (**A**utomatic **n**oise **r**eduction system) ist ein Kompandersystem, das in der Wirkungsweise dem Dolby-B-System ähnelt und mit dem Frequenzen oberhalb 500 Hz beeinflußt werden können. Die höherfrequenten Tonsignale werden um so stärker angehoben, je niedriger ihr Pegel ist. Da die untere Grenzfrequenz in Abhängigkeit vom Pegel gleitend verändert wird, spricht man von einem **Sliding-Band-Kompander**. Mit dem ANRS kann eine Rauschminderung bis zu 10 dB erreicht werden, mit der Variante **Super-ANRS** sogar bis 16 dB. Das **CX-System** (**C**ompatible e**x**pansion) ist ein nur für Schallplattenaufnahmen einsetzbares Kompandersystem, mit dem der Störabstand bis zu 20 dB verbessert werden kann.

**Rauschzahl, Rauschfaktor,** *Elektronik:* Größe zur Charakterisierung des Rauschverhaltens eines Verstärkers oder anderen Vierpols. Die R. $F$ ist definiert als der Quotient aus dem Verhältnis Signalleistung zu Rauschleistung am Eingang, $P_{se}/P_{re}$, und dem entsprechenden Verhältnis am Ausgang, $P_{sa}/P_{ra}$, also $F = (P_{se}/P_{re})/(P_{sa}/P_{ra})$. Wegen der Beziehungen $P_{sa} = V_P P_{se}$ und $P_{ra} = V_P P_{re} + P_Z$, wobei $V_P$ die Leistungsverstärkung ist und $P_Z$ die von dem Verstärker selbst erzeugte Zusatzrauschleistung, gilt auch $F = (V_P P_{re} + P_Z)/(V_P P_{re})$. Bei einem idealen, rauschfreien Verstärker ist $P_Z = 0$ und damit $F = 1$.

**Rautaruukki** ['rau̯taruːkːi], staatl. Eisen- und Stahlwerk in Finnland, bei Raahe.

**Rautavaara** ['rau̯tavaːra], Einojuhani, finn. Komponist, * Helsinki 9. 10. 1928; studierte bei A. MERIKANTO, A. COPLAND, R. SESSIONS und W. VOGEL. 1976 wurde er Prof. für Komposition an der Sibelius-Akademie in Helsinki. Sein gemäßigt moderner Klangstil bezieht auch die Zwölftontechnik ein. R. komponierte vier Opern, zwei Choropern, Orchesterwerke (fünf Sinfonien; Konzerte für Violoncello, Klavier, Violine, Orgel, Kontrabaß), Kammermusik (vier Streichquartette), Klavierwerke und Vokalmusik.

**Raute** [mhd. rute, Herkunft unbekannt], 1) *allg.* und *Heraldik:* geometr. Figur (auf der Spitze stehender Rhombus).
2) *Mathematik:* der → Rhombus.

**Raute** [ahd. ruta, von lat. ruta ›Raute‹], 1) **Ruta**, Gattung der R.-Gewächse mit nur wenigen Arten von Makronesien über den Mittelmeerraum bis nach SW-Asien; Kräuter und Halbsträucher mit meist zusammengesetzten, Öldrüsen enthaltenden Blättern und gelben oder grünl. Blüten. Die bekannteste Art ist die → Weinraute. 2) Bez. für versch. nicht mit den R.-Gewächsen verwandte Pflanzen, z. B. Goldraute. 3) **Syrische Raute,** die → Steppenraute.

**Rautek-Griff** [nach dem österr. Sportlehrer FRANZ RAUTEK, * 1902, † 1989], Rettungsgriff zur Bergung von Bewußtlosen (→ Erste Hilfe).

**Rautenfries,** aus aneinandergereihten Rauten gebildetes Fries der roman. Baukunst.

**Rautengewächse, Weinrautengewächse, Rutaceae,** Familie der zweikeimblättrigen Pflanzen mit rd. 1 650 Arten in 161 Gattungen in allen wärmeren Gebieten der Erde, v. a. jedoch im südl. Afrika und in Australien; Bäume oder Sträucher, selten Kräuter, mit schraubig angeordneten, durch Öldrüsen durchscheinend punktiert erscheinenden Blättern und unterschiedlich gestalteten, meist regelmäßigen Blüten. Bekannte Gattungen sind Raute und Citrus.

**Rautenkranz,** *Heraldik:* oben mit Blättern der Mauerraute besetzter grüner, meist als Beizeichen über ein Heroldsbild gezogener Schrägbalken, z. B. im Wappen von Sachsen; urspr. einfacher Laubkranz, wie er als Kopfschmuck (Schapel) im MA. getragen wurde.

**Raut** Rautenkrokodil – Ravel

**Rautenkrokodil, Kuba|krokodil, Crocodylus rhombifer,** bis 4 m langes Krokodil auf Kuba und der Isla de la Juventud. Eine dreieckige Erhöhung auf der Schnauze bildet mit den Augenwinkeln eine Raute.

**Rautenpython,** Art der → Pythonschlangen.

**Rautenstrauch,** Franz Stephan, kath. Theologe, * Blottendorf (bei Böhmisch-Leipa) 29. 7. 1734, † Erlau (Ungarn) 30. 9. 1785; wurde 1750 in Braunau (Tschechoslowakei) Benediktiner, 1762 Prof. für Philosophie, Theologie und Kirchenrecht, 1773 Abt in Braunau. Als Direktor der theolog. Fakultät in Prag und Wien reorganisierte R. im Zuge der theresianisch-josephin. Studienreform ab 1774 das theolog. Studium in den kaiserl. Erblanden; ab 1782 gründete er im Auftrag JOSEPHS II. die Generalseminarien. Sein bis 1857 gültiger ›Entwurf zur Einrichtung der theolog. Schulen ...‹ (1782) ist von der Aufklärungspädagogik geprägt. Er stellte statt scholast. Bildung die prakt. Seelsorge (Pastoraltheologie) in den Vordergrund und sah die Einbeziehung von Erkenntnissen der Natur- und Geschichtswissenschaften sowie das Quellenstudium vor.
*Weitere Werke:* Anleitung u. Grundr. der systematisch-dogmat. Theologie (1774); Synopsis juris ecclesiastici publici et privati ... (1776).
JOSEF MÜLLER: Der pastoraltheologisch-didakt. Ansatz in F. S. R.s Entwurf zur Einrichtung der theolog. Schulen (Wien 1969).

Franz Stephan Rautenstrauch

**Rautenstrauch-Joest-Museum für Völkerkunde** [-'jo:st-], eine der bedeutendsten Sammlungen dieser Art in der Bundesrep. Dtl., 1901 in Köln gegr.; geht auf das Mäzenatentum Kölner Bürger zurück. 1898 kam der Nachlaß des Ethnographen WILHELM JOEST (* 1852, † 1897) durch seine Schwester ADELE (* 1850, † 1903) an die Stadt Köln. Diese veranlaßte mit ihrem Ehemann EUGEN RAUTENSTRAUCH (* 1842, † 1900) den 1904–06 erfolgten Bau eines Museumsgebäudes. Die Sammlung gibt einen umfassenden Überblick über außereurop. Kulturen in der Vergangenheit und Gegenwart. Am Heumarkt soll bis 1995 ein Neubau nach Plänen von G. BÖHM entstehen.

**Rautenverband,** *Bautechnik:* eine Verbandsform des Stahlbaus, bei der in jedem Feld Diagonalen von den Gurt- zu den Vertikalmitten verlaufen. Die Diagonalen schneiden sich auf den Vertikalen und bilden zw. den Gurten innerhalb der Verbandsfelder Rauten.

**Rauwolfia** [nach dem Botaniker LEONHARD RAUWOLF, * um 1540, † 1596], **Rauwolfia,** in allen Tropengebieten verbreitete, nur in Australien fehlende Gattung der Hundsgiftgewächse mit etwa 110 Arten. Die bekannteste Art ist die in Indien heim. R. serpentina, ein kleiner, rötlich blühender Strauch, dessen Wurzeln →Rauwolfiaalkaloide enthalten. Heute wird diese Art zunehmend durch R. vomitaria, einen Baum mit höherem Alkaloidgehalt, verdrängt. In den amerikan. Tropen wird die Art R. tetraphylla genutzt. – R.-Arten werden in O-Asien seit alters her als Volksheilmittel verwendet, in Europa wurden sie im 16. Jh. bekannt. Eine Heilwirkung beschrieb 1563 der portug. Arzt GARCIA DE ORTA (* 1499 ?, † 1568). Als Arzneimittel genutzt wurde R. erst 1952 nach der Entdeckung des R.-Alkaloids Reserpin.

Rauwolfia: Rauwolfia serpentina

**Rauwolfia|alkalo|ide,** in den Wurzeln von Rauwolfiaarten vorkommende, strukturell nah verwandte Alkaloide (Indolabkömmlinge), die als Gesamtextrakte oder Einzelalkaloide therapeutisch v. a. als blutdrucksenkende und sedierende Mittel verwendet werden. Bes. wichtig zur Behandlung der Hypertonie ist das Reserpin; weitere R. sind u. a. Serpentin, Deserpidin, Ajmalicin (Rauwolfin) und Ajmalin, das auch bei Herzarrhythmien verwendet wird.

**Rauzzini,** Venanzio, italien. Sänger (Kastrat) und Komponist, * Camerino 18. 12. 1746, † Bath 8. 4. 1810; debütierte als Sopranist 1765 in Rom, wurde 1766 an den Münchner Hof engagiert, von wo aus er Konzertreisen unternahm; ging 1774 nach London und 1781 u. a. als Konzertagent nach Bath. R. komponierte Opern, eine Sinfonie, Kammermusik und Vokalwerke.

**Ravaillac** [rava'jak], François, Mörder des frz. Königs HEINRICH IV., * Touvre (Dép. Charente) 1578, † (hingerichtet) Paris 27. 5. 1610; Lehrer, dann Laienbruder der Feuillanten (ref. Zisterzienser), erdolchte aus religiösem Fanatismus am 14. 5. 1610 in Paris König HEINRICH IV. von Frankreich; zum Tod verurteilt und von Pferden zerrissen.

**Ravaisson-Mollien** [ravɛ'sɔmɔl'jɛ̃], Jean Gaspard Félix, frz. Philosoph, * Namur 23. 10. 1813, † Paris 18. 5. 1900; trat auch als Maler unter dem Namen **La-ché** [la'ʃe] an die Öffentlichkeit. In seiner Schrift über die Gewohnheit (›De l'habitude‹, 1838) begreift R.-M., wohl unter dem Einfluß von F. W. J. SCHELLING, Gewohnheit als Rückkehr der Freiheit zur Natur. Entsprechend erscheint, wie später bei H. BERGSON, der Mechanismus als eine verdunkelte oder erstarrte Freiheit, so wie die Materie überhaupt in ›La philosophie en France du XIX$^e$ siècle‹ (1868) als unterster Grad entleerten Lebens beschrieben wurde.

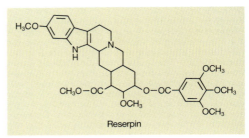

Rauwolfiaalkaloide

**Ravel** [ra'vɛl], Joseph Maurice, frz. Komponist, * Ciboure (Dép. Pyrénées-Atlantiques) 7. 3. 1875, † Paris 28. 12. 1937; studierte am Pariser Conservatoire (u. a. bei G. FAURÉ), trat bald mit Kompositionen an die Öffentlichkeit und bewarb sich mehrmals vergeblich um den Rompreis. Er hatte lebhafte Kontakte zu Pariser Künstlerkreisen, war 1916 Kriegsteilnehmer, konzertierte als Pianist und Dirigent eigener Werke auch im Ausland, bes. erfolgreich 1928 in Nordamerika. R. lebte bis 1921 hauptsächlich in Paris, später zurückgezogen in einer Landvilla in Montfort l'Amaury (Dép. Yvelines). Seit 1933 litt an Lähmungserscheinungen infolge eines Gehirnleidens.

In R.s Musik vereinen sich Raffinement und Klangsinnlichkeit mit satztechn. Präzision und formaler Strenge. Die Melodik (bes. der späteren Werke) betont die klare Linie, die Tonalität bleibt weitgehend erhalten, wird aber gelegentlich (angeregt durch I. STRAWINSKY und A. SCHÖNBERG) zur Polytonalität erweitert. Beeinflußt wurde R.s Stil von der span. und bask. Folklore, von experimentellen Klangformen E. SATIES, von Werken der russ. Novatoren, vom exot. Reiz ostasiat. Musik und v. a. von der Begegnung mit dem Impressionismus C. DEBUSSYS. Auch die Auseinandersetzung mit Formen und Stilmitteln der frz. Barockmusik (J.-P. RAMEAU, F. COUPERIN) sowie mit den neuen Idiomen der Jazz- und Unterhaltungsmusik spielt eine bedeutsame Rolle. Nahezu unerreicht ist R.s Kunst der Instrumentation, die seinen originalen Orchesterkompositionen und den Bearbeitungen eigener und fremder Klavierwerke (z. B. ›Bilder einer Ausstellung‹ von M. P. MUSSORGSKIJ) ein unverwechselbares Kolorit verleiht.

Maurice Ravel

**Werke:** *Opern:* L'heure espagnole (1907–09); L'enfant et les sortilèges (1920–25). – *Ballette:* Daphnis et Chloé (1909–12); Boléro (1928). – *Orchesterwerke:* Shéhérazade (1898); Rhapsodie espagnole (1907); La valse (1920); Klavierkonzert (1931); Konzert für die linke Hand u. Orchester (1931). – *Kammermusik:* Streichquartett (1902/03); Klaviertrio (1914); Sonate für Violine u. Violoncello (1920–22); Tzigane (1924, für Violine u. Klavier); Sonate für Violine u. Klavier (1923–27). – *Klaviermusik:* Pavane pour une infante défunte (1899; für Orchester 1910); Jeux d'eau (1901); Miroirs (1905); Gaspard de la nuit (1908); Ma mère l'oye (1908, vierhändig); Valses nobles et sentimentales (1911); Le tombeau de Couperin (1914–17). – *Vokalwerke:* Chants populaires (1910); Deux mélodies hébraïques (1914–19); Chansons madécasses (1925/26); Don Quichotte à Dulcinée (1932/33).
**Ausgabe:** Lettres, écrits, entretiens, hg. v. A. ORENSTEIN (1989).
W. TAPPOLET: M. R. Leben u. Werk (Olten 1950); R. MANUEL: R. (a.d. Frz., Potsdam 1951); H. H. STUCKENSCHMIDT: M. R. Variationen über Person u. Werk (Neuausg. 1976); A. ORENSTEIN: M. R. Leben u. Werk (a.d. Engl., 1978); M. MARNAT: M. R. (Paris 1986); R. NICHOLS: R. remembered (Neuausg. New York 1988); C. CASINI: M. R. (Pordenone 1989); T. HIRSBRUNNER: M. R. Sein Leben – sein Werk (1989); G. LECHLEITNER: Klangfarbenétude. Studien zum Bolero von M. R. (1989).

**Ravelin** [ra'vlɛ̃; frz.] *der, -s/-s, Militärwesen:* in den Bastionärfestungen des 16. bis 18. Jh. der Kurtine (Verbindungswall zw. zwei Bastionen) vorgelagertes Werk mit dreieckigem Grundriß; Spitze feindwärts gerichtet, rückwärtige Seite offen.

**Ravenala** [Malagasy], Gattung der Bananengewächse mit der einzigen Art → Baum der Reisenden.

**Ravenna, 1)** Hauptstadt der Prov. R., Italien, (1990) 136 200 Ew. Die urspr. an der Adria gelegene Stadt mit ihrem Hafen ist heute, durch Anlandungen im Podelta, 7 km von der Küste entfernt und durch den Canale Candiano mit dem Hafen (Porto Corsini) und dem Seebad Marina di R. verbunden; Erzbischofssitz; Museen, Kunstakademie, Bibliothek. Die Wirtschaft, ehem. von der Landwirtschaft der Umgebung bestimmt, entwickelte sich nach dem Zweiten Weltkrieg lebhaft. R. erhielt einen modernen Hafen (v. a. Rohölimporte); Wärmekraftwerk, Erdölraffinerie, Herstellung von synthet. Gummi, Stickstoffdüngemitteln, Kunststoffprodukten, ferner Zement-, Schuh-, Bekleidungs- und Nahrungsmittelindustrie; bedeutender Fremdenverkehr. – R. ist noch stärker als Venedig durch ansteigendes brackiges Grundwasser und Überflutung von Landflächen durch Meerwasser gefährdet; Landsenkung in 100 Jahren um etwa 80 cm. Als Ursachen gelten Sackung der Sedimente, hohe Grundwasserentnahme für die Industrie, Belastung des Untergrundes durch die zur Landgewinnung aufgeschwemmten Sedimente und durch Gebäudemassen. Dazu kommt der allgemeine (eustat.) Meeresspiegelanstieg.

*Geschichte:* R., wohl eine etruskisch-umbr. Gründung, war seit dem späten 3. Jh. v. Chr. mit Rom verbündet und seit 46 v. Chr. Municipium. Bedeutung gewann es durch seinen von AUGUSTUS zum Hauptkriegshafen Roms ausgebauten Hafen Classis, der auch große Werften besaß. R.s Blütezeit begann, als es Kaiser HONORIUS 402 zur Residenz machte. 476 wurde R. Hauptstadt des Reichs ODOAKERS, 493 Sitz des Ostgotenkönigs THEODERICH D. GR. und seiner Nachfolger; 540 durch BELISAR besetzt, blieb das Exarchat (→ Exarch 1) R. zwei Jahrhunderte lang byzantin. Vorposten in Italien und Umschlagplatz im Ost-West-Handel; 751 von den Langobarden erobert. Als R. 754 von PIPPIN III. dem Papst zugesprochen wurde, beanspruchten die Erzbischöfe die weltl. Herrschaft im Exarchat, die sie bis ins 12. Jh. ausübten. R.s Abstieg wurde bewirkt durch die Versandung des Hafens, die Unterwerfung der Erzbischöfe unter das Papsttum 1118 und die Kontrolle Venedigs über den Salzhandel seit dem 13. Jh. Nach der Zurückdrängung der Erzbischöfe durch die Kommune stand R. unter der Herrschaft der Familien Traversari und Polentani; diese gewährten 1318 DANTE Zuflucht, der 1321 hier starb. 1441–1509 gehörte R. zu Venedig, dann bis 1860 zum Kirchenstaat.

*Stadtbild:* Aus seiner Blütezeit im 5. und 6. Jh. ist R. reich an Bauten und Mosaiken der frühchristlich-byzantin. Kunst. Im 2. Viertel des 5. Jh. wurde das sogenannte Mausoleum der GALLA PLACIDIA errichtet (ehem. ein Anbau an die Vorhalle der nicht erhaltenen kreuzförmigen Kirche Santa Croce), ein kleiner schlichter Backsteinbau über griech. Kreuz, im Innern mit farbig leuchtenden Mosaiken auf allen Gewölbezonen. Etwas später entstand das Kuppelmosaik des Dombaptisteriums (Baptisterium der Orthodoxen; Ende 5. Jh.; BILD →frühchristliche Kunst) sowie das Kuppelmosaik des Baptisteriums der Arianer (493–526). Anfang des 6. Jh. ließ THEODERICH D. GR. die Kirche Sant'Apollinare Nuovo erbauen, einen dreischiffigen Backsteinbau mit rundem Campanile (11. Jh.); die Mosaiken an den Langschiffen, in drei Zonen gegliedert, stellen eine Prozession von Märtyrern und Jungfrauen, darüber Propheten und Heilige und im obersten Streifen das Leben CHRISTI dar. Am N-Rand der Stadt das Grabmal THEODERICHS, ein Bau aus Muschelkalkquadern (größter Durchmesser und Höhe 14,10 m) mit zehneckigem Sockel, Obergeschoß und monolith. Kuppel (BILD →Grabmal).

Die Kirche San Vitale, 527 begonnen, 547 geweiht, ist ein komplizierter Umgangszentralbau aus Backsteinen mit glanzvollem Inneren: acht innere Pfeiler tragen Bogen, die sich zu doppelgeschossigen Umgängen öffnen; Marmorsäulen tragen z. T. durchbrochen gearbeitete Kapitelle; der reiche Mosaikschmuck gibt u. a. Szenen aus dem A. T. sowie Kaiser JUSTINIAN und Kaiserin THEODORA mit Gefolge wieder (BILDER →byzantinische Kultur, Lamm Gottes). 5 km südlich der Stadt liegt die Kirche Sant'Apollinare in Classe (549 geweiht), eine dreischiffige Basilika mit rundem Campanile (Ende 10. Jh.); im Innern gut erhaltene Mosaiken der Apsis und des Triumphbogens und frühchristl. Sarkophage (v. a. Zwölf-Apostel- und Theodorus-Sarkophag). Im Erzbischöfl. Museum die erzbischöfl. Kapelle (Oratorio Sant'Andrea) mit der Cathedra (mit Elfenbeinreliefs des 6. Jh.) des Erzbischofs MAXIMIAN. Der urspr. Bau des Doms, eine fünfschiffige Basilika, geht auf das Ende des 5. Jh. zurück (1733 abgerissen, danach neu gebaut; im Innern Marmorkanzel des AGNELLUS, urspr. 6. Jh.). An der Kirche San Francesco Erinnerungskapelle (1780) mit Grabmal DANTES. Im Nationalmuseum reiche Sammlung v. a. frühchristl. und mittelalterl. Kunst (Elfenbeinarbeiten, Ikonen, Fragmente der originalen Farb-

**Ravenna 1):** Kirche Sant'Apollinare in Classe (geweiht 549) mit Campanile (Ende 10. Jh.)

**Ravenna 1)** Stadtwappen

Stadt in Italien

im Podelta

136 200 Ew.

Erzbischofssitz

im 5. Jh. Residenz der weströmischen Kaiser

Hauptstadt des Ostgotenreiches in Italien

byzantinisches Exarchat

Mausoleum der Galla Placidia

bedeutende frühchristliche Kirchen

Dombaptisterium

Baptisterium der Arianer

Sant'Apollinare Nuovo

San Vitale

Sant'Apollinare in Classe

Grabmal Theoderichs des Großen

**Rave** Ravennaschlucht – Rawling

verglasung von San Vitale und Sant'Apollinare Nuovo).

F. W. DEICHMANN: R., Hauptstadt des spätantiken Abendlandes, 5 Tle. (1969–76).

**2)** Provinz in der Region Emilia Romagna, Italien, 1 859 km², (1990) 351 500 Einwohner.

**Ravenna|schlucht,** tiefes Nebental des Höllentals im südl. Schwarzwald, Bad.-Württ., vom Viadukt der Höllentalbahn (40 m hoch, 224 m lang) überquert.

**Ravensbrück,** Ortsteil von Fürstenberg/Havel; ab 1939 Ort eines nat.-soz. Konzentrationslagers für Frauen, ab 1941 auch ein Lager für Männer. Bis 1945 wurden etwa 135 000 Frauen und Kinder versch. Nationalitäten eingeliefert. Schätzungsweise 92 000 der Häftlinge, die meist schwere Fabrikarbeit leisten mußten, fanden den Tod.

I. ARNDT: Das Frauenkonzentrationslager R., in: Studien zur Gesch. der Konzentrationslager (1970).

**Ravensburg, 1)** Kreisstadt und Große Kreisstadt in Bad.-Württ., 431 m ü. M., am O-Rand des weiten, eiszeitlich geformten Talbeckens der mittleren Schussen, (1990) 45 100 Ew.; Fachhochschule R.-Weingarten, landwirtschaftl. Versuchsstation der Univ. Hohenheim, Außenstelle des Astronom. Instituts der Univ. Tübingen, mehrere Fachschulen; psychiatr. Landeskrankenhaus (in Weißenau), Sitz des Regionalverbandes Bodensee-Oberschwaben. In R., urspr. Handelsstadt mit großem landwirtschaftl. Einzugsgebiet, siedelte sich seit Mitte des 19. Jh. Industrie an: Maschinenbau, Textilfabriken, Verlag, elektrotechn., feinmechan. u. a. Industrie; Fremdenverkehr. – R. entstand am Fuß der gleichnamigen, um 1080 errichteten Burg der bayer. Herzöge. Um 1180 fiel R. an die Staufer, vor 1276 wurde es Reichsstadt, deren größte Blüte (zw. 1380 und 1530) mit dem Florieren der ›Großen Ravensburger Handelsgesellschaft‹, einer v. a. im Leinwandhandel tätigen Gesellschaft, zusammenfiel. Seit Einführung der Reformation waren die öffentl. Ämter konfessionell paritätisch besetzt. 1802 kam R. zunächst an Bayern, 1810 an Württemberg. –

**Ravensburg 1)** Stadtwappen

**Ravensburg 1):** Waaghaus (1498) mit Staffelgiebeln und Blaserturm (1553–56); rechts das Rathaus (frühes 15. Jh., 1876 umgestaltet)

Gut erhaltenes Ortsbild mit zahlreichen Toren und Türmen des 14. Jh., got. Rathaus, Kornhaus und Waaghaus (alle 15. Jh.), Brotlaube (1625); vier got. Sakralbauten: Liebfrauen- oder ›Obere Kirche‹ (14. Jh.) mit Glasgemälden von 1515; kath. Pfarrkirche St. Jodokus oder ›Untere Kirche‹ (1385 geweiht), Pfeilerbasilika; ehem. Karmeliten-, jetzt ev. Stadtkirche (1349 ff., 1435–37) mit Grabmälern (15.–18. Jh.); Spitalkapelle (1498 geweiht), ein Zentralbau mit Mittelstütze und Netzgewölben. Städt. Museum (bürgerl. Wohnkultur) im ›Vogthaus‹ (um 1480). Stadtsparkasse von H. MOHL (1984–87).

**2)** Landkreis im Reg.-Bez. Tübingen, Bad.-Württ., 1 632 km², (1990) 241 100 Ew. Das Kreisgebiet liegt im südl. Oberschwaben und umfaßt das voralpine Hügelland im Bereich des mittleren Schussentals; es steigt von NW nach SO zum Allgäu um Isny an. Die eiszeitl. Überformung hat tief eingekerbte Täler (Tobel) sowie Moore hinterlassen, von denen viele (z. B. Pfrunger Ried) Naturschutzgebiete sind. Die intensive Landwirtschaft geht im Allgäu in Grünlandwirtschaft über. Hauptindustriestandorte sind die Kreisstadt Ravensburg und Wangen.

Der Kreis R., hg. v. O. SAILER (1976).

**Ravenstein,** Stadt im äußersten O des Neckar-Odenwald-Kreises, Bad.-Württ., 274 m ü. M., (1991) 2 700 Ew. – R. wurde 1971 als Großgemeinde aus sechs Ortschaften gebildet und ist seit 1974 Stadt.

**Ravenstein,** Friedrich August, Kartograph, * Frankfurt am Main 4. 12. 1809, † ebd. 30. 7. 1881; gründete 1830 in Frankfurt am Main die ›R. Geograph. Verlagsanstalt und Druckerei‹, in der Umgebungs- und Stadtkarten sowie Kartenreliefs erschienen. Die Verlagsarbeiten wurden 1866–1915 durch seinen zweiten Sohn LUDWIG (* 1838, † 1915), ab 1899 auch durch seinen Enkel HANS (* 1866, † 1934) und ab 1922 u. a. durch dessen Schwiegersohn ERNST R. fortgesetzt. Das heute als **R. Verlag GmbH** bestehende Unternehmen veröffentlicht v. a. Straßen-, Wander- und Organisationskarten sowie Stadtpläne und Reiseführer.

R.-Verlag. Die Chronik des Verlagshauses R. (1980).

**Ravi** der, einer der fünf Flüsse der Pandschab, in Indien und Pakistan, etwa 750 km lang, entspringt im Himalaya im indischen Gliedstaat Himachal Pradesh, mündet nördlich von Multan in den Chenab. In Indien (Gliedstaat Punjab) und in Pakistan erstrecken sich am R. ausgedehnte Bewässerungsareale, deren Hauptkanäle ab etwa 1859 während der brit. Kolonialherrschaft angelegt wurden. Im Indus-Wasservertrag (1960) erhielt Indien das Nutzungsrecht für das R.-Wasser zugesprochen. Deshalb muß auf pakistan. Staatsgebiet heute Wasser aus den westl. Pandschabflüssen (Chenab, Jhelum) in das Bewässerungskanalsystem des R. geleitet werden.

**Ravioli** [italien., eigtl. ›kleine Rüben‹] Pl., kleine, mit Farce aus Fleisch oder Gemüse oder einer Gemüse-Käse-Mischung gefüllte Taschen aus Nudelteig; häufig in Tomatensauce serviert.

**Rawak,** buddhist. Klosterstadt im NO von Hotan in der autonomen chin. Region Sinkiang. Zu dem zentralen Stupa (3.–7. Jh.; Basisdurchmesser 9,50 m), auf einem dreistufigen, quadrat. Terrassensockel errichtet, führen auf allen vier Seiten Treppen hinauf. Funde von Stuckplastik und Malerei sind Beispiele für die iranisch-buddhist. Mischkultur.

**Rawalpindi** [raːwəlˈpɪndi], Stadt in der Prov. Punjab, Pakistan, auf dem Potwarplateau, (1981) 794 800 Ew.; bildet heute mit der Hauptstadt Islamabad eine Doppelstadt. R. ist kath. Bischofssitz, hat eine techn. Fachhochschule; Standort von Lokomotivwerken, metallverarbeitender, Textil-, Nahrungsmittel-, chem. Industrie und einer Erdölraffinerie. – 1959–69 war R. Hauptstadt von Pakistan. – Etwa 30 km entfernt liegen die Ruinenfelder von →Taxila.

**Rawil,** der, **Rawilpaß,** Paß in den Berner Alpen, Schweiz, zw. Wildhorn und Wildstrubel, 2 429 m ü. M.; der Weg über den R. verbindet das Simmental mit dem Wallis oberhalb von Sitten.

**Rawlings** [ˈrɔːlɪŋz], **1)** John Jerry, Offizier und Politiker in Ghana, * Accra 22. 6. 1947; führte nach einem Militärputsch (1979) als Staatschef und Vors. eines Revolutionsrates eine Säuberung des Staatsapparates durch. Nach der Abhaltung von Wahlen (Juni/Juli 1979) zog er sich jedoch wieder aus dem polit. Leben zurück. Um die Jahreswende 1981/82 setzte er im Zuge eines erneuten Militärputsches die gewählte Zivil-Reg. ab und übernahm als Vors. des ›Provisor. Nationalen Verteidigungsrates‹ wieder die Macht. 1982, 1983 und 1984 scheiterten Putschversuche gegen ihn.

2) **Marjorie** Kinnan, amerikanische Schriftstellerin, * Washington (D. C.) 8. 8. 1896, † Saint Augustine (Fla.) 14. 12. 1953; Journalistin; lebte ab 1928 in Florida. In den meisten ihrer erfolgreichen Romane greift sie die Lokalgeschichte des Staates auf, bes. das Leben der ländl. Siedler im 19. Jahrhundert.

**Werke:** *Romane:* Golden apples (1935; dt. Die goldenen Äpfel); The yearling (1938; dt. Frühling des Lebens); The sojourner (1953; dt. Der ewige Gast); Secret river (1955; dt. Der verborgene Fluß). – *Autobiographisches:* Cross Creek (1942; dt. Meine Pflanzererlebnisse in Florida).

**Rawlinson** ['rɔːlɪnsn], Sir (seit 1855) Henry Creswicke, brit. Assyriologe, Offizier und Diplomat, * Chadlington (Cty. Oxfordshire) 11. 4. 1810, † London 5. 3. 1895; wurde 1851 Generalkonsul in Bagdad, schrieb 1837 und 1844 die pers. und elam. Partien der Inschriften von →Bisutun ab und entzifferte die altpers. Schrift völlig, später die babylon. Keilschrift zum großen Teil (mit EDWARD HINCKS, * 1792, † 1866).

**Rawls** [rɔːlz], **John**, amerikan. Philosoph, * Baltimore (Md.) 21. 2. 1921; war Prof. an der Harvard University, entwickelte in seinem Hauptwerk ›A theory of justice‹ (1971; dt. ›Eine Theorie der Gerechtigkeit‹) im Anschluß an die prakt. Philosophie des ARISTOTELES, J.-J. ROUSSEAUS und I. KANTS und in krit. Auseinandersetzung mit dem Utilitarismus ein vertragstheoretisch begründetes Modell von Gerechtigkeit als Fairneß.

**Rawson** ['rrausɔn], Hauptstadt der Prov. Chubut, Argentinien, Hafen am Chubut, 8 km oberhalb seiner Mündung in den Atlantik, (1980) 13 000 Ew.; Fischverarbeitung. – 1865 von Walisern gegründet.

**Rax** *die,* **Rax|alpe,** plateauartiger Gebirgsstock der Nördl. Kalkalpen, über den die Grenze zw. der Steiermark und Niederösterreich verläuft, im NO durch das tief eingeschnittene Tal der Schwarza (Höllental) vom Schneeberg getrennt, in der Heukuppe 2 007 m ü. M.; von Hirschwang (im Schwarzatal) Seilbahn (bis 1 547 m ü. M.).

**Rax|landschaft** [nach der Rax], *Geomorphologie:* Bez. für flachwellige Hochflächenreste in den Alpen; sie bezeugen für weite Teile der Alpen ein jungtertiäres Relief, das mehr den Charakter eines Hügellandes und Mittelgebirges besaß. Durch tekton. Vorgänge (Brüche und Flexuren) am Ende des Tertiärs zerstückelt, kamen die einzelnen Teile durch eine noch im Quartär anhaltende Heraushebung in ihre heutige, voneinander abweichende Höhenlage. Diese Hochplateaus mit ihren oft allseitigen Steilabstürzen gehören zu den auffallendsten Landschaftsbildern bes. der Nördl. Kalkalpen.

C. RATHJENS: Die R. als Problem der alpinen Geomorphologie, in: Forsch. u. Fortschritte, Jg. 21/23 (1947).

**Ray,** Stadt bei Teheran, →Raj.

**Ray** [reɪ], 1) **Dvijendralal,** indischer Schriftsteller, * Krishnagar (West Bengal) 19. 7. 1863, † Kalkutta 17. 3. 1913. R., der bengalisch schrieb, begründete seinen Ruhm 1895 mit einer Burleske. In die heiteren histor. Dramen seiner frühen Zeit sind zahlreiche, noch heute beliebte Lieder eingestreut. In einer zweiten Periode (ab 1903) schuf er ernste historisch-soziale Dramen voller Patriotismus, darunter ›Shahjahan‹ (1910).

D. ZBAVITEL: Bengali Literature (Wiesbaden 1976).

2) **Man,** amerikan. Maler, Photograph und Filmemacher, * Philadelphia (Pa.) 27. 8. 1890, † Paris 18. 11. 1976; Gründungs-Mitgl. der New Yorker Dadaistengruppe, lebte 1921–40 in Paris, wo er sich 1925 den Surrealisten anschloß, dann in Kalifornien und ab 1951 wieder in Paris. Mit seinen ab 1951 entstandenen

**Man Ray:** Geschenk; 1921–23 (Privatbesitz)

Photomontagen und Photogrammen (›Rayographien‹) erschloß er der modernen Kunst neue Ausdrucksmittel. Seine surreal (durch Verpackung, Vernagelung usw.) verfremdeten Objekte nehmen die Entwicklung der 1960er Jahre vorweg. Dadaismus und Surrealismus prägen auch seine Gemälde und Collagen sowie seine experimentellen Filme; schrieb ›Self portrait‹ (1963; dt. ›M. R.-Selbstporträt‹). Weitere BILDER → Objektkunst, → Photographik.

**Filme:** Retour à la raison (1923); Emak-Bakia (1927); Le mystère du Château de Dès (1929); L'étoile de mer (1929); Träume zu verkaufen (1946, mit H. RICHTER u. a.).

M. R. 1890–1976, sein Gesamtwerk, hg. v. M. FORESTA u. a., Ausst.-Kat. (a. d. Engl., 1989).

3) **Nicholas,** eigtl. **Raymond N. Kienzle,** amerikan. Filmregisseur, * La Crosse (Wis.) 7. 8. 1911, † New York 16. 6. 1979; ab 1948 meisterhafter Erzähler gefühlvoller Geschichten.

**Filme:** The Lusty Men (1952); Wenn Frauen hassen (Johnny Guitar, 1954); ... denn sie wissen nicht, was sie tun (Rebel without a cause, 1955); Party Girl (1958); 55 Tage in Peking (1962); Nick's Film – Lightning over Water (1980, mit W. WENDERS).

A. BLAINE: N. R. A guide to references and resources (Boston, Mass., 1984); J. WAGNER: N. R. (Paris 1987).

**Sir Henry Rawlinson**

4) **Satyajit,** indisch-bengal. Filmregisseur, * Kalkutta 2. 5. 1922; seit 1955 erfolgreich mit epischen Filmen, die bes. durch die Darstellung individuellen Verhaltens beeindrucken.

**Filme:** Apus Weg ins Leben, 3 Tle. (1955–59); Mahanagar – Die große Stadt (1963); Charulata (1964); Die Schachspieler (1977); Das Heim u. die Welt (1984); Ganashatru (1989); Shakha proshakha (1990).

M. SETON: Portrait of a director. S. R. (London 1971); H. MICCIOLLO: S. R. (Lausanne 1991).

**Raygraben,** Abzugsgraben zur Vorentwässerung bei der Moorerschließung.

**Raygras,** die Süßgrasgattung → Lolch.

**Rayl** [reɪl; nach J. W. RAYLEIGH] *das,* -/-, nicht gesetzl. Einheit für die spezif. Schallimpedanz; 1 Rayl = 10 Pa · s/m = 1 g/(cm² · s).

**Satyajit Ray**

**John William Strutt, 3. Baron Rayleigh**

**Fred Raymond**

**Rayleigh** ['reɪlɪ], John William **Strutt** [strʌt], 3. Baron (seit 1873), brit. Physiker, * Langford Grove (bei Maldon, Cty. Essex) 12. 11. 1842, † Witham (Cty. Essex) 30. 6. 1919; 1879–84 Prof. in Cambridge, ab 1887 an der Royal Institution in London. Bedeutende experimentelle und theoret. Arbeiten auf fast allen Gebieten der klass. Physik, insbesondere zur Schwingungs- und Wellenlehre sowie zur Akustik (›The theory of sound‹, 2 Bde., 1877–78; dt. ›Die Theorie des Schalles‹), speziell zur Schallmessung mit der nach ihm benannten R.-Scheibe. Weitere Arbeiten betrafen die Wärmestrahlung (R.-Jeanssches Strahlungsgesetz) und die Lichtstreuung (R.-Streuung) sowie Eigenwertprobleme der mathemat. Physik. 1894 entdeckte R. mit W. RAMSAY das Argon und erhielt hierfür 1904 den Nobelpreis für Physik.

**Rayleigh-Jeanssches Strahlungsgesetz** ['reɪlɪ 'dʒiːnz-; nach J. W. RAYLEIGH und J. H. JEANS], der Grenzfall des →Planckschen Strahlungsgesetzes für große Wellenlängen $\lambda$ bzw. kleine Frequenzen $\nu$ und hohe Temperaturen $T$. Es beruht auf den Gesetzen der klass. Physik (nach ihm entfällt im therm. Gleichgewicht auf jede Normalschwingung des elektromagnet. Strahlungsfeldes im Mittel die Energie $kT$) und wurde bereits vor dem Planckschen Strahlungsgesetz aufgestellt. Für die spektrale →spezifische Ausstrahlung lautet es

$$M_{e\lambda,S}(\lambda, T) = (c_1/c_2)(T/\lambda^4);$$

dabei sind $c_1$ und $c_2$ die erste bzw. die zweite Plancksche Strahlungskonstante, und der Index S steht für ›Schwarzer Strahler‹.

**Rayleigh-Kriterium** ['reɪlɪ-; nach J. W. RAYLEIGH], ein Kriterium für den Mindestabstand zweier Spektrallinien, wenn diese als zwei Linien aufgelöst, d. h. als solche erkannt werden sollen. Es besagt, daß die Linien mindestens so weit auseinanderliegen müssen, daß das nullte Maximum des Spaltbeugungsbildes der einen Wellenlänge mit dem ersten Minimum des Beugungsbildes der anderen Wellenlänge zusammenfällt.

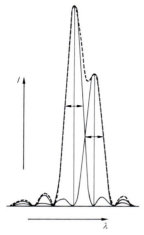

**Rayleigh-Kriterium:** Verlauf der Intensität $I$ der mit Licht zweier verschiedener Wellenlängen $\lambda$ erzeugten Spaltbilder (durchgezogene Linien) und deren Summe (gestrichelt); das Hauptmaximum des einen Bildes liegt jeweils am Ort des ersten Minimums des anderen; die Doppelpfeile deuten die Halbwertsbreite an

**Rayleigh-Scheibe** ['reɪlɪ-; nach J. W. RAYLEIGH], Gerät zur Absolutmessung der Schallschnelle und über diese zur Bestimmung der Schallintensität im Bereich der Tonfrequenzen und niedriger Ultraschallfrequenzen. Es besteht aus einem kleinen, leichten Scheibchen (Radius $r$ etwa 1 mm), das an einem Torsionsfaden aufgehängt ist. Bei einer im schallfreien Raum unter 45° zur späteren Schallrichtung aufgehängten R.-S. und kleinen Ausschlägen $\alpha$ gilt für die

**Patrick Raynaud:** Installation mit Kunst-Transportkisten und verschiedenen Objekten; 1988

Schallschnelle $v = (3D\alpha/4\varrho r^3)^{1/2}$. Dabei ist $\varrho$ die Dichte des Ausbreitungsmediums. Das Direktionsmoment $D$ des Fadens wird aus dem Trägheitsmoment $\theta$ der Scheibe und der Torsionsschwingungsdauer $T$ gemäß $D = 4\pi^2 \theta/T^2$ bestimmt. Die R.-S. wird u. a. zur Absoluteichung von Mikrophonen verwendet.

**Rayleigh-Streuung** ['reɪlɪ-; nach J. W. RAYLEIGH], Bez. für die inkohärente →Lichtstreuung an regellos verteilten kugelförmigen Teilchen, deren Radius kleiner als etwa $1/10$ der Wellenlänge $\lambda$ des gestreuten Lichts und deren mittlere Abstände gegen diese groß sind. Teilchen in diesem Sinn sind Fremdkörper wie Staubteilchen und kleine Flüssigkeitstropfen, aber auch Dichteschwankungen (Inhomogenitäten). Die Lichtstreuung unter diesen Bedingungen wurde erstmals 1871 von J. W. RAYLEIGH mit Hilfe der Maxwellschen Gleichungen berechnet. Danach ist die Intensität des gestreuten Lichts umgekehrt proportional zur vierten Potenz von $\lambda$, weshalb blaues Licht etwa fünfmal stärker gestreut wird als rotes; daher die Blaufärbung des Himmels. Bei der R.-S. ist die Intensität von gestreutem Licht, das mit dem Vektor der elektr. Feldstärke parallel zur Streuebene polarisiert ist, proportional zum Quadrat des Kosinus des Streuwinkels. Daraus folgt, daß unter 90° gestreutes Licht vollkommen polarisiert wird, während die Polarisation von vorwärts und rückwärts gestreutem Licht unverändert bleibt. Die R.-S. ist der Grenzfall für kleine Teilchen der allgemeineren Theorie der Mie-Streuung (→Mie-Effekt).

**Rayleigh-Wellen** ['reɪlɪ-; nach J. W. RAYLEIGH], an der Oberfläche elast. Medien (z. B. der Erdoberfläche) auftretende, nach der Tiefe zu exponentiell abklingende Oberflächenwellen, die sich aus senkrecht zur Oberfläche schwingenden Scherungswellen und tangential schwingenden Kompressionswellen zusammensetzen; sie spielen z. B. in der Hauptphase eines Erdbebens eine wichtige Rolle.

**Raymond,** 1) ['reɪmənt], Antonin, amerikan. Architekt tschech. Herkunft, * Kladno 10. 5. 1888, † Langhorne (Pa.) 21. 11. 1976; ab 1910 in den USA ansässig, arbeitete 1912–20 für F. L. WRIGHT. R. war als Pionier der modernen Architektur ab 1921 v. a. in O-Asien tätig.

**Hauptwerke:** Kawasaki House in Tokio (1934); Reader's Digest Building, ebd. (1949; zerstört); Gunma Music Center in Takasaki (1958–61, mit LADISLAW LELAND RADO); Bibliothek der Internat. Christl. Univ. in Tokio (1958–60); Bauten für die Nanzan Univ. in Nagoya (1960–66).

2) ['rai-], Fred, eigtl. **Friedrich Veselý,** österr. Operettenkomponist, * Wien 20. 4. 1900, † Überlingen

10. 1. 1954; hatte 1925 mit dem Lied ›Ich hab mein Herz in Heidelberg verloren‹ (als Operette 1927) ersten Erfolg; außer vielgespielten Schlagern (›In einer kleinen Konditorei‹) komponierte er Revue-Operetten, u. a. ›Maske in Blau‹ (1937), ›Saison in Salzburg‹ (1938), ›Die Perle von Tokay‹ (1941).

**Raynal** [rɛˈnal], Paul, frz. Dramatiker, * Narbonne 25. 7. 1885, † Paris 20. 8. 1971; wurde v. a. mit seinen – formal in der Tradition der frz. klass. Tragödie stehenden, seine Erfahrungen im Ersten Weltkrieg spiegelnden – Dramen mit antimilitarist. Tendenz bekannt.

**Werke:** *Dramen:* Le tombeau sous l'Arc de Triomphe (1924; dt. Das Grabmal des unbekannten Soldaten); La francerie (1933; dt. Die Marne); Le matériel humain (1935; dt. Das Menschenmaterial).

**Raynaud** [rɛˈno], Patrick, frz. Künstler, * Carcassone 11. 4. 1946. Sein Interesse gilt den ›Archetypen unseres kulturellen Bewußtseins‹, die er visualisiert, indem er große mobile Transportkisten (›Rollerboxen‹, ›Flugkoffer‹, ›Kunstcontainer‹ u. a. Behälter in High-Tech-Design) mit sifikantem Material füllt.

**Raynaudsche Krankheit** [rɛˈno-; nach dem frz. Arzt MAURICE RAYNAUD, * 1834, † 1881], funktionelle Gefäßerkrankung (Angioneuropathie) unbekannter Ursache, bei der es zu anfallartig und meist beidseitig auftretenden Gefäßkrämpfen und hierdurch hervorgerufenen Durchblutungsstörungen der Finger kommt. Die Symptome beginnen meist nach der Pubertät; in 70–80 % der Fälle sind Frauen betroffen. Die Anfälle werden häufig durch äußere und innere Reize (Kälte, Nässe, Vibration, starkes Rauchen, psych. Erregung) ausgelöst und äußern sich zunächst in einer Gewebsblässe (Ischämie) und einer Empfindungslosigkeit (›Absterben der Finger‹), dann in Blaufärbung (Zyanose) und anschließender Rötung durch eine (schmerzhafte) reaktive Blutüberfüllung (Hyperämie). Im fortgeschrittenen Stadium können als Folge organ. Gefäßschäden Nekrosen an den Fingerkuppen auftreten.

Die *Behandlung* ist nur symptomatisch möglich und besteht v. a. in physikalisch-therapeut. Maßnahmen und der Anwendung von durchblutungsfördernden, krampflösenden und sympatholyt. Medikamenten sowie einer vorbeugenden Vermeidung der auslösenden Reize (Rauchverbot).

**Raynouard** [rɛnuˈaːr], François Juste Marie, frz. Schriftsteller, * Brignoles 8. 9. 1761, † Passy (heute zu Paris) 27. 10. 1836; wurde v. a. durch seine romantisch inspirierten Tragödien (›Caton d'Utique‹, 1794; ›Les Templiers‹, 1805) und seine Arbeiten zur provenzal. Sprache und Literatur bekannt.

**Weitere Werke:** Lexique roman, ou dictionnaire de la langue des troubadours ..., 6 Bde. (1836–44). – **Hg.:** Choix de poésies originales des troubadours, 6 Bde. (1816–21).

**Rayon** [rɛˈjõ, österr. meist: raˈjoːn; frz., eigtl. ›Honigwabe‹], **1)** *der oder das, -, Chemiefasern:* engl. Bez. für → Reyon.

**2)** *der, -s/-s, Militärwesen:* Festungs-R., früher Bez. für eine begrenzte Zone um ein Festungswerk, die im Hinblick auf die Waffenwirkungsmöglichkeit im Krieg (Schußfeld) bestimmten, in **R.-Gesetzen** festgelegten Baubeschränkungen unterlag.

**3)** *der, -s/-s und* (österr.) *-e, Verwaltungsgliederung:* in Österreich (sonst veraltet) Bez. für Dienstbereich, -bezirk. Sowjetunion der unterste Verwaltungsbezirk.

**Rayonismus** [rɛjɔn-; zu frz. rayon ›Strahl‹] *der, -*, **Lutschismus** [zu russ. luč ›Strahl‹], von M. F. LARIONOW und seiner Frau NATALJA SERGEJEWNA GONTSCHAROWA ab 1910 entwickelte Richtung der Malerei im vorrevolutionären Rußland, die vom Primitivismus der Künstlergruppe Karobube ausging und Anregungen des Kubismus und Orphismus weiterverarbeitete (›Rayonist. Manifest‹, 1913 veröffentlicht). Die Bilder zeigen strahlenförmige Lichtbündel und bilden eine Frühform abstrakter Malerei.

**Rayonismus:** Michail Fjodorowitsch Larionow, ›Blauer Rayonismus‹; 1912 (Privatbesitz)

**Rayski,** Louis Ferdinand von, Maler, * Pegau 23. 10. 1806, † Dresden 23. 10. 1890; zunächst Offizier, lebte nach Studien in Dresden 1834–35 in Paris, seit 1839 wieder in Dresden. Eindrücke der holländ. und engl. Porträtkunst wie der frz. Malerei (E. DELACROIX, P. DELAROCHE) förderten die rasche Entwicklung eines malerischen Realismus. R. malte anfänglich Historienbilder (u. a. Schlachtenszenen), später v. a. bedeutende Porträts sowie Landschafts-, Jagd- und Tierbilder. Zu Lebzeiten kaum bekannt, gilt R. heute als ein Vorläufer des Impressionismus.

**Hauptwerke:** Julius Graf Zech-Burkersroda (1841; Dresden, Gemäldegalerie Neue Meister); Minna Pompilia von Rayski (1843; ebd.); Die Mutter des Künstlers (1850; Berlin-Tiergarten, Nationalgalerie); Haubold Graf von Einsiedel (1855; ebd.); Wermsdorfer Wald (1859; Dresden, Gemäldegalerie Neue Meister); Max von Fabrice (um 1860; Köln, Wallraf-Richartz-Museum); Hugo von Schönberg (1867; Mannheim, Kunsthalle); Inspektor Schneider (1876; ebd.).

E. FROMMHOLD: F. v. R. (Dresden 1976); F. v. R. 1806–1890, bearb. v. H. J. NEIDHARDT u. a., Ausst.-Kat. (ebd. 1990).

**Raysse** [rɛs], Martial, frz. Maler, Graphiker und Objektkünstler, * Golfe-Juan (heute zu Vallauris, Dép. Alpes-Maritimes) 12. 2. 1936; Mitbegründer des

**Martial Raysse:** Spiegel mit Wattebällchen; 1962 (Privatbesitz)

# Raz   Raz – Ré

Nouveau Réalisme (1960). Seine Bildmotive (u. a. Leuchtröhren), die er zu plakativen Assemblagen montiert, entstammen v. a. der Konsumwelt und Werbung oder spiegeln die Technologie des künstl. Lichts wider. In den späten 1970er Jahren entwickelte R. eine tachistisch wirkende, scheinbar naive Figurenmalerei; auch Bühnenbilder und Undergroundfilme.

**Raz, Pointe du R.** [pwɛ̃tdy'ra], bis über 70 m hohes Kap aus Granit an der W-Küste der Bretagne, Frankreich.

**Razdan** [-z-], Fluß in Armenien, → Rasdan.

**razemös** [lat. racemosus, zu racemus ›Traube‹], traubenförmig; r. sind bestimmte → Blütenstände; Ggs.: zymös.

**Razén** [ra'tsen], Ort in Graubünden, → Rhäzüns.

**Razès** [ra'zɛs], Gem. im Dép. Haute-Vienne, Frankreich, (1990) 900 Ew.; Uranerzbergwerk.

**Razgrad,** Stadt in Bulgarien, → Rasgrad.

**Rázus** ['ra:zus], Martin, slowak. Schriftsteller, * Vrbica (heute zu Liptovský Mikuláš) 18. 10. 1888, † Brezno (Mittelslowak. Kr.) 8. 8. 1937; trat für die Unabhängigkeit der Slowakei ein, seit 1930 ev. Pfarrer in Brezno. R. gehört mit seiner frühen Lyrik, deren Grundton pessimist. im Spätwerk wiederkehrt, zur slowak. Moderne. In seiner Prosa widmet er sich v. a. sozialen und nat. Themen; bedeutend sind auch seine autobiograph. Romane ›Maroško‹, 1932) ›Maroško studuje‹, 1933); ferner Dramen und Essays.
*Weitere Werke: Romane:* Svety, 4 Bde. (1929); Krčmársky kráľ, 2 Bde. (1935); Odkaz mŕtvych (1936).
*Ausgabe:* Zobrané spisy, 20 Bde. (1940–43).

**Razzia** [frz., von arab. ḡazwaʰ ›Kriegszug‹] *die, -/...zi|en* und (selten) *-s,* großangelegte, überraschende Fahndungsaktion der Polizei nach verdächtigen Personen. Wer sich bei einer R. nicht ausweisen kann, kann zur Identifizierung festgenommen werden. Zwar enthält die StPO keine ausdrückl. Ermächtigung für die Durchführung einer R., doch bieten §§ 163 b, c StPO für die Feststellung der Identität von Verdächtigen und Unverdächtigen und ihre eventuelle Festhaltung i. d. R. eine ausreichende Grundlage.

**Rb,** chem. Symbol für das Element → Rubidium.

**RB,** Nationalitätskennzeichen (Kfz) für Botswana.

**RBW-Faktor,** *Strahlenschutz:* → Dosis 2).

**RC,** Nationalitätskennzeichen (Kfz) für Taiwan (Rep. China).

**RCA,** Nationalitätskennzeichen (Kfz) für Zentralafrikan. Republik.

**RCA-Corp.** [ɑːsiːˈeɪ kɔːpəˈreɪʃn], ehemaliger amerikan. Mischkonzern, gegr. 1919 von der General Electric Company (GEC) und der Westinghouse Electric Corp. unter Übernahme der Marconi Wireless Co. of America, 1942–69 unter der Bez. Radio Corporation of America; Sitz: New York. 1986 erfolgte die vollständige Übernahme durch die GEC, der Bereich Schallplattenfirmen und Musikverlage mit dem Namen RCA/Ariola International wurde von der Bertelsmann AG gekauft.

**RCB,** Nationalitätskennzeichen (Kfz) für Kongo.

**RCDS,** Abk. für → **R**ing **C**hristlich-**D**emokratischer **S**tudenten.

**RC-Glied,** ein aus mindestens je einem resistiven (ohmscher Widerstand, Resistanz *R*) und kapazitiven (Kondensator, Kapazität *C*) Bauelement gebildeter Vierpol. RC-G. werden verwendet u. a. in der Impulstechnik zur Impulsformung; als Differenzier- und Integrierglieder (z. B. auch zur Glättung gleichgerichteter Wechselströme) und in → Filtern 2); als frequenzbestimmendes Glied im Rückkopplungszweig eines → Oszillators; zur → kapazitiven Kopplung z. B. von Verstärkerstufen.

**R-Coronae-Borealis-Sterne,** Abk. **R-CrB-Sterne, RCB-Sterne,** eine kleine Gruppe → Veränderlicher, bei denen die Helligkeit plötzlich und in unregelmäßigen Intervallen um 1 bis 9 Größenklassen abfällt (typischerweise um etwa 4) und oft langsam und mit beträchtl. Fluktuationen zum Maximum zurückkehrt. Ihre Lichtkurve ist von unregelmäßigen Einbrüchen durchsetzt. Prototyp der Gruppe ist R Coronae Borealis, der von der 4. Größenklasse auf die 14. abfällt. Die Mitgl. der Gruppe sind Überriesen mit kohlenstoffreichen Atmosphären und außerordentlich niedrigem Wasserstoffgehalt.

**rd,** Einheitenzeichen für → Rad.

**re...** [lat. re ›zurück‹; ›wieder‹; ›entgegen‹], Präfix mit den Bedeutungen: 1) zurück, zurückbleibend, z. B. Relikt, Rezession; 2) zurückführend, entgegengesetzt, z. B. Reflux; 3) wieder, von neuem erfolgend, z. B. repetieren, Reinfektion; 4) in den Ausgangszustand zurückgeführt, z. B. Reanimation; 5) erneuernd, umgestaltend, z. B. Reform.

**re, Re,** in der Solmisation die zweite Silbe des Hexachords; in den roman. Sprachen Bez. für den Ton D.

**Re,** 1) *chem. Symbol* für das Element → Rhenium.
2) *Mathematik:* Zeichen für den → Realteil einer komplexen Zahl.
3) *Physik* und *Technik: Re,* Formelzeichen für die → Reynolds-Zahl.

**Re, Ra,** altägypt. Name der Sonne und des Sonnengottes, der meist menschengestaltig, in seiner frühen Verbindung mit → Horus zur Gestalt des Harachte aber auch falkenköpfig dargestellt wurde. Er ist der eigentl. Schöpfergott, dessen Taten der König auf Erden wiederholt. In der 4. Dynastie nimmt der ägypt. König den Titel ›Sohn des Re‹ an, im Neuen Reich gilt er dazu als ›Bild‹ des Re. Hymnen preisen die Fürsorge des Re für alle Lebewesen, andere Texte schildern seinen Hinabstieg in die Unterwelt, wo er

**Re:** Die Barkenfahrt des falkenköpfigen Sonnengottes Re-Harachte, der die Sonnenscheibe auf dem Kopf trägt; Wandmalerei im Grab des Sennodiem in Deir el-Medina; 19. Dynastie

für die Toten das Leben erneuert und den gefährl. Kampf mit der Riesenschlange Apophis zu bestehen hat. Das wichtigste Heiligtum des Re lag in → Heliopolis, sein Kultsymbol war der → Obelisk. Viele andere Götternamen wurden mit dem des Re verbunden, um ihre Träger als Schöpfergottheiten auszuweisen (z. B. → Amun als Amun-Re).

H. BONNET: Reallex. der ägypt. Religionsgesch. (1952, Nachdr. 1971); Sonnenhymnen in theban. Gräbern, hg. v. J. ASSMANN (1983).

**Ré, Île de Ré** [ildə're], Insel an der W-Küste Frankreichs, Dép. Charente-Maritime, gegenüber La Rochelle-La Pallice, 85 km², (1990) 14 000 Ew. Die 28 km lange, 3–5 km breite Insel besteht aus drei Kalksteinkernen, verbunden durch Dünen und Marschland. Die kahle Küste ist flach, nur im NW felsig und steil. Hauptorte sind Saint-Martin-de-Ré (mit Befestigungsanlagen) und Ars-en-Ré. Eines der alten Forts diente als Gefängnis für die nach Cayenne zu Deportierenden. Im MA. war die Insel gut bewaldet. Heute werden im O Getreide, Frühgemüse (Spargel) und Wein angebaut. Die Bewohner treiben außerdem etwas Fischerei, im NW Austernzucht, arbeiten in den Salzgärten oder sind im Hafenbetrieb des Festlandes beschäftigt; im Sommer Fremdenverkehr. Seit 1988 ist die Insel durch eine 2926 m lange Brücke mit dem Festland verbunden.

**Rea,** Domenico, italien. Schriftsteller, * Nocera Inferiore 8. 9. 1921; neorealist. Erzähler, der die soziale und polit. Aufbruchstimmung bes. in Süditalien nach dem Zweiten Weltkrieg authentisch wiedergibt; auch Lyriker, Dramatiker und Essayist.
Werke: *Erzählungen:* Spaccanapoli (1947); Gesù, fate luce (1950); Quel che vide Cummeo (1955); Una vampata di rossore (1959); Il re e il lustrascarpe (1960); La signora è una vagabonda (1963); Questi tredici (1968); Il fondaco nudo (1985); La lunga notte del dottor Lauria (1987).
C. PIANCASTELLI: D. R. (Florenz 1975); S. PRINA: Invito alla lettura di D. R. (Mailand 1980).

**Read** [ri:d], 1) Grantly, brit. Gynäkologe, → Dick-Read, Grantly.
2) Sir (seit 1953) **Herbert Edward**, engl. Kunsthistoriker und Schriftsteller, * bei Kirkbymoorside (Cty. North Yorkshire) 4. 12. 1893, † Malton (Cty. North Yorkshire) 12. 6. 1968; war u. a. Prof. in Edinburgh und 1933–39 Herausgeber des ›Burlington Magazine‹. Als Kritiker betonte er die Bedeutung der Modernen (›Form in modern poetry‹, 1932); ›The philosophy of modern art‹, 1952) und beschäftigte sich aus tiefenpsycholog. wie anthropolog. Sicht mit Fragen des Stils (›English prose style‹, 1928), des Ursprungs der Kunst (›The grass roots of art‹, 1946; dt. ›Wurzelgrund der Kunst‹) sowie mit dem Problem künstler. Wahrheit (›The cult of sincerity‹, 1968). Seine zunächst vom Imagismus beeinflußte, stilistisch elegante Lyrik (›Songs of chaos‹, 1915; ›The end of war‹, 1933) sowie sein Roman ›The green child‹ (1935) sind geprägt von der Suche nach humanist. Werten.
Weitere Werke: *Lyrik:* Collected poems (1946). – *Kunstkritik:* A concise history of modern painting (1959); dt. Gesch. der modernen Malerei); A concise history of modern sculpture (1964; dt. Gesch. der modernen Plastik). – *Autobiographie:* The contrary experience (1963).
H. R., hg. v. R. SKELTON (London 1970).

**Read-Diode** ['ri:d-; nach dem Physiker WILLIAM T. READ, 20. Jh.], die klass. Form der →Impatt-Diode (Lawinenlaufzeitdiode); ihre Wirkungsweise beruht auf einem im Lawinendurchbruch arbeitenden p-n-Übergang mit angrenzender hochohmiger Widerstandsschicht.

**Reade** [ri:d], Charles, engl. Schriftsteller, * Ipsden (Cty. Oxfordshire) 8. 6. 1814, † London 11. 4. 1884. Seine Komödien entstanden z. T. in Zusammenarbeit mit DION BOUCICAULT (* 1820, † 1890) und TOM TAYLOR (* 1817, † 1880). Seine sozialkrit. Romane, für die er eingehende Recherchen betrieb, zeichnen sich durch ein hohes Maß an Wirklichkeitstreue aus, z. B. ›It is never too late to mend‹ (3 Bde., 1856, über das Gefängniswesen) und ›Hard cash‹ (3 Bde., 1863; dt. ›Hart Geld‹, über psychiatr. Anstalten). Sein histor. Roman ›The cloister and the hearth‹ (4 Bde., 1861; dt. ›Kloster und Herd‹, auch u. d. T. ›Die weltl. und geistl. Abenteuer des jungen Herrn Gerard‹) vermittelt ein Sittenbild aus dem 15. Jahrhundert.
Ausgabe: The works, 17 Bde. (1895–96, Nachdr. 1970).
M. ELWIN: C. R. (London 1931, Nachdr. New York 1969); W. BURNS: C. R. (1961).

**Reader** [ri:də; engl, zu to read ›lesen‹] der, -s/-, 1) *Buchwesen:* ›wiss. Lesebuch‹, Textsammlung urspr. unabhängig voneinander veröffentlichter Aufsätze, kürzerer Arbeiten, gelegentlich auch von Originalbeiträgen versch. Verfasser zu bestimmten wiss. Themen oder Disziplinen.
2) *Hochschulwesen:* Titel brit. Hochschuldozenten, z. B. **R. in law** [-lɔ':], Dozent der Rechte.

**Reader's Digest** ['ri:dəz 'daɪdʒest], 1922 gegründete amerikan. Monatszeitschrift mit Nachdrucken aus Zeitschriften und Büchern, seit 1930 auch mit Originalbeiträgen; erscheint heute in 41 Ausgaben in 17 Sprachen und der Blindenschrift Braille; Gesamtauflage rd. 28 Mio. Die erste nichtamerikan. Ausgabe kam 1938 in Großbritannien heraus. Die dt. Ausgabe, ›Das Beste‹, wurde 1948 gegründet.

**Reading** ['redɪŋ], 1) Hauptstadt der Cty. Berkshire, England, an der Themse, (1981) 123 700 Ew.; Univ. (gegr. 1926), europ. Zentrum für mittelfristige Wettervorhersage, Institut für Landwirtschaftsgeschichte mit Museum, Museum für griech. Archäologie; Maschinenbau, Nahrungs- und Genußmittel-, Druckindustrie; Verkehrsknotenpunkt. – In R., das im 9. Jh. erstmals genannt wird, wurde 1121 ein Benediktinerkloster gegründet (1539 aufgehoben), das als königl. Begräbnisstätte diente. – Pfarrkirche Saint Mary, mit den Resten der alten Benediktinerabtei (1551 erneuert).
2) Stadt in SO-Pennsylvania, USA, am Schuylkill River, (1981) 78 700 Ew.; Albright College (gegr. 1856); Eisen- und Stahlindustrie (im 19. Jh. führend in den USA), Herstellung von Lokomotiven und Waggons, ferner elektrotechn. und Bekleidungsindustrie.

**Reading** ['redɪŋ], **Rufus Daniel Isaacs** ['aɪzəks], 1. Marquess of (seit 1926), brit. Politiker, * London 10. 10. 1860, † ebd. 30. 12. 1935; 1904–13 liberaler Abg. im Unterhaus, 1910–13 Generalstaatsanwalt, nach seiner Erhebung zum Peer 1913–21 Lordoberrichter von England, 1918–19 zugleich Botschafter in den USA. Als Vizekönig von Indien (1921–26) griff R. gegen MAHATMA GANDHIS Kampagne des zivilen Ungehorsams ebenso hart durch (Inhaftierung GANDHIS 1922) wie gegen Moslem-Separatisten und Sikh-Rebellen. Aug.–Nov. 1931 Außen-Min. der Reg. MacDonald.

**Ready-made** ['rɛdɪmeɪd], engl. ›gebrauchsfertig‹, von M. DUCHAMP eingeführte Bez. für handelsübl. Gegenstände, die als Kunstwerke ausstellte; erstes R.-m. war sein ›Fahrrad-Rad‹ (1913).

**Reafferenzprinzip,** *Sinnesphysiologie:* von E. VON HOLST mit HORST MITTELSTAEDT (* 1923) postuliertes Funktionsprinzip (Regelkreismodell) zur Kontrolle eines Bewegungsablaufs; dabei wird vom Bewegungsbefehl eine ›Kopie‹ (**Efferenzkopie**) als Zielvorstellung gespeichert. Die von den Sinnesorganen kommenden Rückmeldungen (**Reafferenzen**) über den Erfolg der Bewegung werden mit der Efferenzkopie verglichen, und die Bewegung wird so lange korrigiert, bis sie der Efferenzkopie möglichst genau entspricht.

**Reagan** ['reɡən], **Ronald Wilson**, 40. Präs. der USA (1981–89), * Tampico (Ill.) 6. 2. 1911; arbeitete zunächst als Radioreporter, 1937–64 als Filmschauspieler; 1947–52 und 1959–60 Präs. der Gewerkschaft der Filmschaffenden (Screen Actors Guild). 1962 trat R. in die Republikan. Partei ein und machte sich bald als Exponent konservativer Politiker einen Namen. 1967–75 war er Gouv. von Kalifornien. 1980 erstmals zum Präs. der USA gewählt, wurde er 1984 mit großer Mehrheit wiedergewählt. Sein polit. Programm erstrebte die Erneuerung der internat. Führungsposition der USA v. a. im wirtschaftl. und militär. Bereich sowie die Stärkung des Selbstbewußtseins der amerikan. Bev. R. versuchte, durch drast. Einsparungen v. a. im Sozialbereich und gleichzeitige Steuersenkungen die Wirtschaft zu beleben (→Reaganomics). Gleichzeitig wurden auf R.s Betreiben hin die Rüstungsausgaben stark erhöht. Die von R. mit viel propagandist. Aufwand initiierte Anti-Drogen-Kampagne (›War on drugs‹) blieb wegen fehlender Fi-

Sir Herbert Read

Ronald Reagan

**Reag** Reaganomics – Reaktion

nanzmittel unwirksam. Seine Außenpolitik war geprägt von starkem Antikommunismus, traditioneller Sicherheitspolitik (NATO-Doppelbeschluß) und der Entwicklung visionärer Verteidigungskonzepte (SDI). Dennoch wurden 1985 unter dem Eindruck eines allmähl. Wandels in der Sowjetunion (v. a. seit dem Amtsantritt M. GORBATSCHOWS), eines damit einhergehenden Meinungsumschwungs in der amerikan. Bev. und unter dem Einfluß der Westeuropäer die Verhandlungen über Mittelstreckenraketen in Europa wieder aufgenommen, die schließlich zum Abschluß des INF-Vertrags (1987) führten. R.s Lateinamerikapolitik zielte auf Eindämmung bzw. Umsturz linksgerichteter Reg. (z. B. durch Unterstützung der Contra-Bewegung in Nicaragua) und gewährte gleichzeitig amerikafreundl. Reg. Hilfe, ungeachtet der von diesen z. T. begangenen Menschenrechtsverletzungen (z. B. El Salvador). Militäraktionen wie z. B. gegen die Karibikinsel Grenada (Invasion 1983) dienten R. zur Demonstration der militär. Macht der USA. Der Iran-Contra-Skandal ab 1986 (Aufdeckung der Finanzhilfe für die Contras aus illegalen Waffenverkäufen an den Iran), der R.s Nicaraguapolitik stark kompromittierte, erschütterte seine Glaubwürdigkeit und führte zu verstärkter Kritik an seinem Führungsstil; dennoch genoß R. weiterhin große Popularität; schrieb ›American life‹ (1990; dt. ›Erinnerungen. Ein amerikan. Leben‹).

R. DALLEK: R. R. (Cambridge, Mass., 1984); Die Ära R., hg. v. H. WASSER (1988); Rekonstruktion amerikan. Stärke, hg. v. H. HAFTENDORN u. a. (1988); G. WILLS: R.'s America (London 1988); The R. years, hg. v. J. HOGAN (Manchester 1990).

**Reaganomics** [regə'nɔmɪks] *Pl.,* **Reagonomics,** Schlagwort für die in den USA unter Präs. R. REAGAN verwirklichte Variante einer angebotsorientierten Wirtschaftspolitik. Die mit REAGANS Amtsantritt 1981 beginnende neue Wirtschaftspolitik war bestrebt, durch Abbau von Steuerbelastungen (u. a. Senkung der Einkommensteuersätze gemäß der Laffer-Kurve) und administrativen Hemmnissen (Deregulierung) die Investitionen und das Wachstum zu fördern sowie den Konsum zu erhöhen, durch Kürzung öffentl. Ausgaben (v. a. im Sozialbereich) das Haushaltsdefizit zu begrenzen und durch eine restriktive Geldpolitik die Inflation zu bekämpfen. Die restriktive Geldpolitik trug durch hohe Zinsen zur Aufwertung des US-Dollar und damit zum Leistungsbilanzdefizit bei (höchster Wert 1987: 162,3 Mrd. US-$). Steuerreformen und Ausgabenkürzungen führten zu einer massiven Umverteilung der Einkommen von den Armen zu den Reichen. Das geringere Steueraufkommen und die stark erhöhten Rüstungsausgaben vergrößerten das Defizit im Staatshaushalt (1980: 73,8 Mrd. US-$, 1986: 220,0 Mrd. US-$, 1988: 155,1 Mrd. US-$), zu dessen Abbau sich der Kongreß gesetzlich verpflichtet hat (Gramm-Rudman-Act). Erfolgreich waren die R. bei der Bekämpfung von Arbeitslosigkeit (Rückgang der Arbeitslosenquote 1982–89 von 9,5 % auf 5,2 %) und Inflation (durchschnittl. jährl. Inflationsrate 1980–88: 4,0 %) sowie beim Wirtschaftswachstum (durchschnittl. jährliche Zunahme des Bruttoinlandsprodukts 1980–88: 3,3 %).

**Reagenz** [zu reagieren] *das, -es/-i|en,* **Reagens,** chem. Stoff besonderer Reinheit, der chem. Reaktionen (z. B. Fällungen, Zersetzungen, Farbumschläge) bewirkt und zum qualitativen und/oder quantitativen Nachweis von Substanzen oder Substanzgruppen dient.

**Reagenzglas, Probierglas,** zylindrisches, einseitig geschlossenes, dünnwandiges Geräteglasröhrchen für chemische Umsetzungen mit kleinen Mengen.

**Reagenzpapier,** das →Indikatorpapier. (→Polreagenzpapier)

**reagieren** [lat. reagere ›wieder treiben‹, zu agere ›handeln‹, ›tun‹], **1)** *allg.:* auf etwas ansprechen, eine Wirkung zeigen.
**2)** *Chemie:* eine chem. Reaktion eingehen.
**Reaktand** *der, -en/-en,* **Reaktant,** Ausgangsstoff einer Reaktion.
**Reaktanz** *die, -/-en,* **1)** *Elektrotechnik:* der →Blindwiderstand.
**2)** *Sozialpsychologie:* durch äußeren Druck (Verbote, Zensur, Nötigung, Manipulation) ausgelöstes Widerstandsmotiv, das beim Betroffenen die verstärkte Tendenz auslöst, in der ›unerwünschten‹ Weise zu handeln.
**Reaktanzdiode,** *die,* →Kapazitätsdiode.
**Reaktanzröhre, Blindröhre, Blindwiderstandsröhre,** eine Elektronenröhre, die in einer Rückkopplungsschaltung wie eine Reaktanz wirkt. Die Anodenspannung wird über einen Spannungsteiler (Widerstand und Kondensator bzw. Drosselspule) um fast 90° phasengedreht an das Steuergitter geführt. Abhängig vom Vorzeichen der Phasendrehung wirkt die R. als Kapazität oder Induktivität. Eingesetzt wurden R. zur Frequenzmodulation im UKW-Bereich oder zur Scharfabstimmung von Überlagerungsempfängern, wobei sie einem Schwingkreis parallelgeschaltet wurden. R. sind heute von Halbleiterbauelementen völlig verdrängt.
**Reaktanzverstärker,** *Elektronik:* der →parametrische Verstärker.
**Reaktion** *die, -/-en,* **1)** *allg.:* das Reagieren.
**2)** *Chemie:* **chemische R.,** im submikroskop. Bereich ein Vorgang, bei dem Atome in definierten Zahlenverhältnissen zu Atomverbänden (Moleküle, Ionenkristalle, Radikale) zusammentreten oder bei denen Atomverbände in Atome zerfallen oder in andere Atomverbände umgewandelt werden. Im makroskop. Bereich bedeuten diese Vorgänge Stoffmengenänderungen bei den am Aufbau des Systems beteiligten Stoffen; i. w. S. lassen sich auch Phasenänderungen (z. B. das Lösen von Salzen) und Übergänge zw. Molekülen oder Atomen mit unterschiedl. Elektronenzustand (z. B. zw. Triplett- und Singulettsauerstoff) als chem. R. auffassen. Der Ablauf von chem. R. wird durch die R.-Gleichung beschrieben (→chemische Zeichensprache). Die bei einer chem. R. umgesetzte Wärme wird als **R.-Wärme** bezeichnet; die auf 1 Mol bezogene **molare R.-Wärme** wird in kJ/mol angegeben. Wird aus dem System Wärme an die Umgebung abgeführt (**exotherme R.**), hat die R. Wärme definitionsgemäß negatives, eine Wärmeaufnahme aus der Umgebung (**endotherme R.**) positives Vorzeichen. Die R.-Wärme ist in R. bei konstantem Druck gleich der Änderung der →Enthalpie $\Delta H_r$ des Systems (**R.-Enthalpie**), bei konstant bleibendem Volumen gleich der Änderung der →inneren Energie $\Delta U_r$ (**R.-Energie**). $\Delta H_r$ bzw. $\Delta U_r$ ist dabei die Differenz der →Bildungswärmen von R.-Endprodukten und Ausgangsstoffen einer R. Früher wurde die R.-Wärme als **Wärmetönung** bezeichnet und mit umgekehrtem Vorzeichen angeführt. Findet die R. in einem System statt, das keinen Wärmeaustausch mit der Umgebung zuläßt (adiabat. System), führt eine endotherme R. zur Abkühlung, eine exotherme R. zur Erwärmung. Ob eine chem. R. ablaufen kann, wird durch die Gesetze der Thermodynamik bestimmt. Dabei spielen die Zustandsgrößen Temperatur und Druck eine große Rolle. Voraussetzung für das freiwillige Ablaufen einer chem. R. ist, daß die →freie Enthalpie des Systems abnimmt. Das wird begünstigt, wenn im System die →Entropie zunimmt und die Enthalpie abnimmt. R., in deren Verlauf sowohl Entropie als auch Enthalpie entweder zunehmen oder abnehmen, sind häufig unvollständig, d. h., sie führen zu einem Gleichgewichtszustand (→Massenwirkungsgesetz)

wie z. B. die mit einer Verminderung der Teilchenzahl verbundene exotherme Bildung von Ammoniak nach $N_2 + 3 H_2 \rightleftharpoons 2 NH_3$. Aussagen über die R.-Geschwindigkeit erlaubt nur die →Reaktionskinetik. Die Knallgas-R. $2 H_2 + O_2 \rightarrow 2 H_2O$ ist z. B. mit einer Abnahme der freien Enthalpie verbunden, sie läuft aber bei Raumtemperatur äußerst langsam ab (Halbwertszeit: $10^{32}$ Sekunden).

3) *Medizin:* durch äußere oder innere Reize hervorgerufene Veränderung eines Organs oder Gewebes; die **vitrale R.** von lebendem Gewebe auf traumat. Einflüsse (Verletzungen) in Gestalt des Austritts von Blutteilen und Fibrinogen aus den Kapillaren, resorptiven und proliferativen Zellvorgängen stellt für die Rechtsmedizin ein wesentl. Indiz zur Klärung der Frage dar, ob Schädigung vor oder nach dem Tod eines Menschen eingetreten sind.

4) *Physik:* 1) Bez. für einen Prozeß, der unter Zerfall und Entstehung von Elementarteilchen abläuft; auch für Kernreaktion. Hochenerget. physikal. R. werden v. a. in →Beschleunigern 4) zur Untersuchung der elementaren Wechselwirkungen der Materie herbeigeführt. Dazu richtet man entweder einen Teilchenstrahl bestimmter Energie (Elektronen, Protonen o. ä.) auf eine ruhende Probe (Target, v. a. für Kern-R.) oder bringt zwei gegenläufige Strahlen zur Kollision (v. a. für Elementarteilchen-R.). Eine R. wird durch die Teilchen im Eingangs- und im Ausgangskanal sowie deren Eigenschaften charakterisiert. Nach der Zahl der Teilchen im Ausgangskanal (**R.-Produkte**) wird zw. Zweiteilchen-R. (z. B. →Paarbildung) und →Mehrteilchenreaktionen unterschieden.

Die Energien und Impulse der Teilchen legen die R.-Kinematik (→Kinematik) fest. Dabei findet die R. selbst unter wechselseitiger Umwandlung von Energie und Materie gemäß dem Einsteinschen Gesetz der Energie-Masse-Äquivalenz statt. Als **R.-Energie** wird die so für die Erzeugung neuer Teilchen zur Verfügung stehende Gesamtenergie im Schwerpunktsystem der R.-Teilnehmer bezeichnet. Diese ›nutzbare‹ Energie ist bei Kollisionsexperimenten wesentlich größer als bei vergleichbaren Experimenten mit ruhenden Targets und liegt in Größenordnungen von wenigen bis einigen hundert GeV (je nach Teilchenart und techn. Konzeption). R.-Produkte und aus ihrem etwaigen sofortigen Zerfall hervorgehende sekundäre Teilchen lassen sich in Detektoren nach ihren Eigenschaften (Energie, Impuls, Ladung, magnet. Moment u. ä.) erfassen. Die Wahrscheinlichkeit eines bestimmten Teilchenprozesses schlägt sich im →Wirkungsquerschnitt des zugehörigen R.-Kanals nieder. – Weitere Beispiele physikal. R.: Paarvernichtung, Entstehung von Jets, Kernspaltung und Kernfusion. – 2) nach dem Wechselwirkungsprinzip (→Newtonsche Axiome) sw. Gegenwirkung, Gegenkraft.

5) *Politik* und *Geschichtswissenschaft:* Schlagwort für das Bestreben von Gruppen und Einzelpersonen, geschichtlich überwundene gesellschaftl. Zustände, Anschauungen oder Einrichtungen wiederherzustellen; oft polemisch gebraucht. Vertreter solcher Bemühungen, von ihren Gegnern ›Reaktionäre‹ genannt, gelten als fortschrittsfeindlich.

6) *Psychologie:* durch einen Reiz ausgelöstes Verhalten, das reflexhafter, emotionaler oder rationaler Art sein oder aus komplexen Handlungsabläufen bestehen kann; im Ggs. zu den ›Aktionen‹ als spontanen und bewußten Handlungen oder automat. Verhaltensabläufen (→Automatismus 5). R. sind z. T. angeboren (›unbedingt‹, z. B. Mimik, psychomotor. Eigenarten), z. T. erlernt (›bedingt‹). Die Lernpsychologie untersucht v. a. den Vorgang der Konditionierung von bedingten Reaktionen (→bedingter Reflex).

Die **R.-Zeit** ist der Zeitraum zw. dem Auftreten eines Reizes und dem Einsetzen der R. Sie ist individuell und situativ verschieden und liegt bei einfachen R. auf akust. und opt. Signale bei 0,01–0,03 s. Ist der Zeitraum zw. Reiz und R. extrem lang, spricht man von verzögerter R., ist er extrem kurz, von vorzeitiger R. Zur Ermittlung der R. dienen **R.-Testgeräte**, mit denen einfache Wahl- und Unterscheidungs-R. gemessen werden können. Prüfungen der **R.-Fähigkeit**, d. h. des individuellen Vermögens, auf Reize richtig und (am Durchschnitt orientiert) in angemessener Zeit zu reagieren, spielen v. a. in der Verkehrs-, Arbeits- und medizin. Psychologie zur Feststellung von persönl. Eignung und Belastbarkeit sowie zur allgemeinen Erforschung der R. unter Ermüdung, Streß, in Ausnahmesituationen, unter Drogeneinfluß u. a. eine Rolle. Persönlichkeitspsychologisch lassen sich hinsichtlich Belastbarkeit, Schnelligkeit, Geschicklichkeit und bevorzugtem Wahrnehmungsbereich (Form, Farbe) bestimmte **R.-Typen** ermitteln.

Der Behaviorismus faßte die Gesamtheit des Verhaltens nach dem Reiz-R.-Schema auf.

**reaktionär,** an nicht mehr zeitgemäßen (polit.) Verhältnissen festhaltend, nicht fortschrittlich.

**Reaktions|apparate, chemische Reaktoren,** Apparate, in denen chem. Reaktionen zum Zweck der Gewinnung von Produkten (im Unterschied zu Öfen,

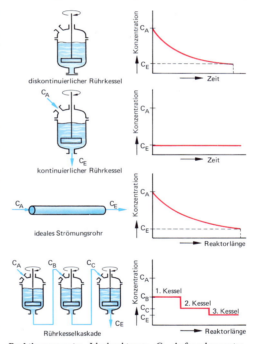

**Reaktionsapparate:** Idealreaktoren; $C_A$ Anfangskonzentration, $C_B$, $C_C$ Zwischenkonzentration, $C_E$ Endkonzentration der Reaktionspartner

Motoren u. a.) durchgeführt werden. R. können im →kontinuierlichen Betrieb oder im →diskontinuierlichen Betrieb eingesetzt werden. Zur leichteren Berechnung unterteilt man R. in strömungs- und wärmetechn. Idealtypen. Im **diskontinuierlichen Rührkessel** wird das Reaktionsmedium ideal durchmischt. Während der Reaktion werden Stoffe weder zu- noch abgeführt. Die Konzentration der Reaktionspartner im R. nimmt mit fortlaufender Reaktion ab, alle Moleküle haben die gleiche Verweilzeit. Der **kontinuierliche Rührkessel** durchmischt ebenfalls ideal. Die Reaktionspartner werden aber stetig zu-, die Reaktions-

**Reak**  Reaktionsbildung – Reaktionsmechanismen

produkte stetig abgeführt. Die Konzentration der Reaktionspartner ist sehr niedrig und zeitlich konstant. Die zugeführten Moleküle haben, je nachdem, wie schnell sie zum Austritt des R. gelangen, eine unterschiedl. Verweilzeit. Durch das ideale **Strömungsrohr** strömt das Reaktionsmedium ohne Rückvermischung hindurch. Die Konzentration der Reaktionspartner ist an jeder Stelle des Rohres zeitlich konstant, nimmt aber auf dem Weg durch das Rohr ab. Die Verweilzeit ist für alle Moleküle gleich. Eine **Rührkesselkaskade** besteht aus mehreren hintereinander angeordneten kontinuierl. Rührkesseln. Sie steht in ihrem Verhalten (Verweilzeit, Konzentration) zw. kontinuierl. Rührkessel und Strömungsrohr. Techn. R. weichen in ihrem Verhalten mehr oder weniger stark von den Idealtypen ab. Ihr Aufbau richtet sich nach den an der Reaktion beteiligten Phasen und den auftretenden Wärmeeffekten. Für endotherme Gasphasenreaktionen verwendet man u. a. →Röhrenöfen, für Reaktionen flüssiger Phasen →Rührkessel oder Rohrreaktoren, für Gas-Flüssigkeits-Reaktionen Rührkessel (z. B. →Fermenter), →Blasensäulen, →Dünnschichtreaktoren oder →Strahlwäscher, für Reaktionen, an denen Feststoffe (Reaktionspartner oder Katalysatoren) beteiligt sind, Festbettreaktoren (→Festbett), Wirbelschichtreaktoren (→Wirbelschicht), Etagenöfen oder →Drehrohröfen. Unter wärmetechn. Gesichtspunkten wird zw. adiabat. (Wärmeaustausch durch die Apparatewand ist vernachlässigbar), isothermen (infolge idealer Kühlung oder Heizung ist die Temperatur im R. überall gleich) und polytropen (Reaktionswärme kann durch Kühl- oder Heizmittel nur unvollständig ab- oder zugeführt werden) R. unterschieden.

**Reaktionsbildung,** nach S. FREUD ein Abwehrmechanismus, bei dem die einem bestimmten Motiv entsprechende Verhaltensweise durch die gegenteilige ersetzt wird (z. B. ursprüngl. Liebe durch Haß), wenn der ursprüngl. Impuls aus äußeren oder inneren (z. B. moral.) Zwängen nicht oder nicht mehr befriedigt werden kann.

**Reaktionsdurchschreibpapier, Selbstdurchschreibpapier,** speziell beschichtete Papiere für Geschäftspost und Formulare. Im Unterschied zum →Kohlepapier befindet sich bei ihnen keine äußerlich sichtbare Farbschicht auf der Papieroberfläche, sondern die zum Durchschreiben notwendigen Farben sind in einer als Funktionsstrich bezeichneten Beschichtung als farbstoffgefüllte Kunstharzbläschen eingeschlossen. Bei Druckeinwirkung platzen diese partiell auf und rufen bei den versch. Durchschlagblättern Farbreaktionen hervor.

**Reaktions|energie,** 1) *Chemie:* →Reaktion 2). 2) *Physik:* →Reaktion 4).

**Reaktions|enthalpie,** →Reaktion 2).

**Reaktionsgeschwindigkeit,** →Reaktionskinetik.

**Reaktionsharze,** flüssige oder verflüssigbare Vorstufen von Polymeren, die für sich oder mit **Reaktionsmitteln** (Härter, Beschleuniger u. a.) ohne Abspaltung flüchtiger Komponenten durch Polyaddition oder Polymerisation härten, z. B. Epoxidharze, ungesättigte Polyester.

**Reaktionsholz,** als Reaktion des pflanzl. Gewebes v. a. auf anhaltend einseitig einwirkenden Wind- oder Schneedruck oder, bei schrägem Stammverlauf, auf einseitige Schwerkrafteinwirkung hin sich ausbildendes, abnormes Holzgewebe (u. a. extreme Zellwandverdickungen, exzentr. Zuwachs) von beeinträchtigtem Gebrauchswert. Man unterscheidet →Druckholz und →Zugholz.

**Reaktions|isochore** [zu griech. *ísos* ›gleich‹ und *chōra* ›Platz‹] *die, -/-n, Thermodynamik* und *physikal. Chemie:* thermodynam. Zustandskurve bzw. ihr zugrunde liegende mathemat. Beziehung, die die Änderung der →freien Energie $\Delta F$ eines Systems in einem bei konstantem Volumen $V$ ablaufenden thermodynam. oder chem. Prozeß beschreibt:

$$T\left(\frac{\partial \Delta F}{\partial T}\right)_V - \Delta F = -\Delta U$$

($T$ Temperatur, $\Delta U$ Änderung der →inneren Energie). Die entsprechend bei konstantem Druck $p$ geltende **Reaktionsisobare**

$$T\left(\frac{\partial \Delta G}{\partial T}\right)_p - \Delta G = -\Delta H$$

gibt die Änderung der →freien Enthalpie $\Delta G$ an ($\Delta H$ Änderung der →Enthalpie). Beide Differentialgleichungen. heißen **Gibbs-Helmholtz-Gleichungen.** Sie lassen sich für chem. Reaktionen auf die Gleichgewichtskonstanten $K_c$ und $K_p$ des →Massenwirkungsgesetzes und deren Temperaturabhängigkeit umformulieren (van't Hoff-Gleichungen):

$$\left(\frac{\partial \ln K_c}{\partial T}\right)_V = \frac{\Delta U}{kT^2}, \quad \left(\frac{\partial \ln K_p}{\partial T}\right)_p = \frac{\Delta H}{kT^2}$$

mit $\ln K_c = -\Delta F/kT$ und $\ln K_p = -\Delta G/kT$; $k$ Boltzmann-Konstante. $\Delta F$ bzw. $\Delta G$ ist hier die bei reversibler, isothermer Prozeßführung maximal gewinnbare Arbeit und $\Delta U$ bzw. $\Delta H$ die Reaktionswärme der →Reaktion 2).

**Reaktionskinetik, chemische Kinetik,** Teilgebiet der physikal. Chemie, das sich mit dem zeitl. Ablauf von chem. Reaktionen und der Aufklärung von Reaktionsmechanismen beschäftigt. Die **Reaktionsgeschwindigkeit** einer chem. Reaktion $r$ ist durch das experimentell bestimmbare **Zeitgesetz** gegeben. Einfache Zeitgesetze haben die Form

$$r = k \cdot c(\text{A})^n \cdot c(\text{B})^m;$$

$c(\text{A})$ und $c(\text{B})$ sind die Stoffmengenkonzentrationen der Reaktionspartner, $k$ ist die **Geschwindigkeitskonstante** der Reaktion, die z. B. durch Temperaturerhöhung oder Verwendung von Katalysatoren vergrößert werden kann (→Arrhenius-Gleichung). Die Summe von $n$ und $m$ ergibt die **Reaktionsordnung,** z. B. liegt bei $r = k \cdot c(\text{A})$ eine Reaktion 1. Ordnung, bei $r = k \cdot c(\text{A}) \cdot c(\text{B})$ oder $r = k \cdot c(\text{A})^2$ eine Reaktion 2. Ordnung vor. Reaktionen, die sich aus vielen Elementarreaktionen zusammensetzen (z. B. Kettenreaktionen), haben oft komplizierte Zeitgesetze. Bei Elementarreaktionen stimmen Molekularität (→Reaktionsmechanismen) und Reaktionsordnung überein, z. B. läßt sich eine unimolekulare Reaktion durch ein Zeitgesetz 1. Ordnung beschreiben. Die R. ist von Bedeutung für die Steuerung chem. Reaktionen, z. B. Beeinflussung des Stoffumsatzes durch Temperatur, Konzentration, Katalysatoren oder Art der Reaktionsführung (→Reaktionsapparate). Bei der Einbeziehung von Konzentrations- und Temperaturunterschieden im Reaktionssystem, die v. a. bei Reaktionen im großtechn. Maßstab auftreten, spricht man von **Makrokinetik.**

**Reaktionsmechanismen,** zusammenfassende Bez. für die aufeinanderfolgenden Einzelschritte bei chem. Reaktionen, einschließlich der elektron., sterischen und energet. Änderungen im submikroskop. Bereich, im Unterschied zur Bruttoreaktionsgleichung, die nur den Anfangs- und Endzustand einer chem. Reaktion erfaßt. Chem. Reaktionen bestehen in den meisten Fällen aus einer Folge von Einzelschritten (**Elementarreaktionen**). Bei Verbrennungsreaktionen können z. B. bis zu 1 000 Elementarreaktionen neben- und nacheinander ablaufen. Die Anzahl der Teilchen, die an einer Elementarreaktion beteiligt sind, wird als **Molekularität** bezeichnet. Von einem unimolekularen Reaktionsschritt spricht man, wenn

```
Bruttoreaktion:        H₂ + Br₂  ⟶  2 HBr
Reaktionsmechanismus:  Br₂  ⟶  2 Br·
                       Br· + H₂  ⟶  HBr + H·
                       H· + Br₂  ⟶  HBr + Br·  usw.
```

**Reaktionsmechanismen:** Radikalische Elementarreaktion; Beispiel: Reaktion von Brom mit Wasserstoff

ein Molekül von selbst in ein anderes Molekül umgelagert wird oder in andere Moleküle zerfällt. Bei einem bimolekularen Reaktionsschritt ist der Zusammenstoß von zwei Molekülen Voraussetzung für die chem. Reaktion. Nach Modellvorstellungen verlaufen Elementarreaktionen über aktivierte Komplexe (Übergangszustände) nach dem Schema $A + B \rightleftharpoons (AB) \rightarrow C + D$. Energetisch lassen sich diese Vorgänge durch Potentialhyperflächen beschreiben, bei denen, vergleichbar mit topograph. Landkarten, der Reaktionsweg von einer ›Talsohle‹ (A + B) über einen ›Paß‹ (AB) in eine andere ›Talsohle‹ (C + D) führt. Bei Elementarreaktionen wird nur ein einziges Potentialmaximum auf der Potentialhyperfläche überschritten. Je nachdem, ob bei den mit der Reaktion verbundenen Bindungsänderungen ungepaarte oder gepaarte Elektronen auftreten, unterscheidet man zw. radikalischen (→ Radikale 1) und polaren Elementarreaktionen (z. B. Addition von Kationen an Anionen, elektrophile Substitution an Aromaten).

**Reaktionsmechanismen:** Polare Elementarreaktionen; Beispiel: Alkylierung von Benzol nach Charles Friedel und James Crafts (elektrophile Substitution)

**Reaktionsnorm, Reaktionsbreite, Modifikationsbreite,** *Biologie:* die Summe der genetisch festgelegten bzw. durch die spezif. Reaktionsbereitschaft begrenzten Möglichkeiten für einen Entwicklungsvorgang oder ein Verhalten; nur innerhalb dieser von der R. gesetzten Grenzen können Umwelteinflüsse wirksam werden und das Geschehen bestimmen.

**Reaktions|ordnung,** → Reaktionskinetik.

**Reaktionsprinzip, Gegenwirkungsprinzip, Wechselwirkungsprinzip,** *Physik:* das Newtonsche Axiom, nach dem zu jeder Wirkung (Kraft, ›actio‹) eine gleich große, ihr entgegengerichtete Gegenwirkung (Gegenkraft, ›reactio‹) gehört, ›actio = reactio‹, ›actio et reactio‹.

**Reaktions|technik,** → Verfahrenstechnik.

**Reaktions|turbine,** Bez. für Überdruckturbinen bei → Wasserturbinen und Dampfturbinen. Bei R. ist der Druck vor dem Laufrad höher als dahinter, d. h., nur ein Teil des Druckgefälles wird im Leitrad in Geschwindigkeit umgesetzt. Der Rest beschleunigt die Strömung im Laufschaufelkanal. Es entstehen Schaufelkräfte sowohl durch Richtungsänderung als auch durch Beschleunigung.

**Reaktionswärme,** → Reaktion 2).

**Reaktionszeit, 1)** bei einer *Datenverarbeitungsanlage* nach DIN das Zeitintervall zw. der Anforderung einer Dienstleistung und dem Beginn der Bearbeitung. Die R. hängt wesentlich davon ab, wie schnell ein gerade laufendes Programm unterbrochen (→ Interrupt) und wie schnell das angeforderte Programm gestartet werden kann. Sie ist wichtig v. a. in der Prozeßrechentechnik und im Echtzeitbetrieb.

**2)** *dt. Geschichte:* die Zeit zw. dem Scheitern der Märzrevolution 1848/49 und dem Beginn der ›Neuen Ära‹ in Preußen 1858. Die R. war gekennzeichnet durch das staatl. Streben nach Wiederherstellung der vorrevolutionären Zustände und eine weitgehende Unterdrückung der seit 1848 entstandenen demokrat. und liberalen Parteien und Organisationen.

**3)** *Psychologie:* → Reaktion 6).

**reaktiv,** als Antwort auf einen Reiz erfolgend; auch: serologisch positiv (Ergebnis von Blutuntersuchungen).

**reaktives Ionen|ätzen,** engl. **Reactive ion etching** [rɪˈæktɪv ˈaɪən ˈetʃɪŋ], Abk. **RIE,** *Halbleitertechnik:* ein dem → Plasmaätzen verwandtes → Trockenätzverfahren, bei dem im Ggs. zu diesem die zu ätzenden Halbleiterscheiben (Wafer) auf der unteren Platte des ›Parallelplattenrezipienten‹ liegen, in die auch die Hochfrequenzspannung eingekoppelt wird, während die obere Platte mit dem Rezipienten auf Erdpotential liegt. Durch die hierauf beruhende Feldasymmetrie werden die positiven Ionen stärker beschleunigt als beim Plasmaätzen und haben beim Auftreffen auf die Scheibe eine entsprechend größere kinet. Energie (einige 100 eV, bei typ. Drücken von etwa 0,15 Pa bis 15 Pa).

**Reaktivität,** *Kerntechnik:* Maß für die Abweichung eines Kernreaktors vom krit. Zustand, das von der Temperatur und vom Abbrandzustand der Brennelemente abhängt; die R. ist definiert als $\varrho = (k_{eff} - 1)/k_{eff}$ ($k_{eff}$ effektiver → Vermehrungsfaktor). Der Reaktor ist kritisch, wenn $k_{eff} = 1$ und damit für die R. $\varrho = 0$ gilt. Bei positiver R. ($k_{eff} > 1, \varrho > 0$) nimmt der Neutronenfluß allg. exponentiell mit der Zeit zu. Ein gewisses Maß dieser **Überschuß-**R. ist zur Kompensation von Reaktorgiften und Abbrandeffekten sowie zum Anfahren eines kalten, frisch gefüllten Reaktors notwendig und wird mit Hilfe von → Absorberstäben geregelt.

**Reaktor** [engl., zu to react ›reagieren‹] *der, -s/...'toren,* **1)** *chem. Technik:* → Reaktionsapparate. **2)** *Kerntechnik:* Kurz-Bez. für → Kernreaktor.

**Reaktordruckbehälter, Reaktordruckgefäß,** druckfester, gasdichter Behälter, der den Reaktorkern (Spaltzone) eines → Kernreaktors umgibt. (→ Kernkraftwerk)

**Reaktorgifte,** Substanzen, die während des Betriebs eines Kernreaktors als Spaltprodukte entstehen oder in Reaktorwerkstoffen enthalten sind und Neutronen in unerwünscht großer Zahl absorbieren; meist handelt es sich um Kerne mittleren Atomgewichts. Wichtigstes R. ist das Spaltprodukt anfallende Xenonisotop $^{135}$Xe (Absorptionsquerschnitt etwa $3{,}4 \cdot 10^6$ Barn). Störende R. sind auch Bor als stets vorhandene Beimischung im Moderator Graphit und Hafnium als schwer trennbare Beimengung des zur Einhülsung der Brennstoffstäbe verwendeten Zirkoniums. Die Menge der im Brennmaterial durch Spaltung entstehenden R. wächst exponentiell und verhindert schließlich den weiteren Ablauf der Kettenreaktion völlig (›Vergiftung‹), wenn eine bestimmte Grenzmenge erreicht ist.

**Reaktorkern,** → Kernreaktor.

**Reaktorperiode,** die Zeitdauer, in der sich die Leistung oder Neutronenflußdichte eines Kernreaktors um den Faktor $e \approx 2{,}728$ ändert. Die R. hängt eng

**Reak** Reaktorphysik – realisieren

mit der → Reaktivität und der Generationsdauer der Neutronen zusammen, wobei ein idealer, stationär arbeitender, krit. Reaktor eine unendl. R. besitzt.

**Reaktorphysik,** Teilgebiet der Kernphysik, das die Vorgänge in Kernreaktoren behandelt; im Ggs. zur Reaktortechnik befaßt sich die R. mit der Grundlagenforschung zu physikal. Phänomenen in Reaktoren, v. a. mit Untersuchungen des Mechanismus der Kernspaltung, der Abbremsung und Reaktion der entstehenden Neutronen und Spaltprodukte sowie des Brutprozesses in Brutreaktoren (→ Brüten 2).

**Reaktorregelung,** → Kernreaktor.

**Reaktorsicherheit,** Gegenstand desjenigen Gebiets der Reaktortechnik, das sich mit den Gefährdungspotentialen bei der Erzeugung von Kernenergie befaßt und versucht, geeignete Maßnahmen vorzusehen, die die Betriebssicherheit eines → Kernkraftwerks gewährleisten.

**Reaktortechnik,** Teilbereich der Technik, der sich mit den techn. Problemen in Kernreaktoren befaßt; die R. verwendet die Ergebnisse der Reaktorphysik und setzt sie zur Nutzung der Kernenergie in die Praxis um.

**real** [von spätlat. realis ›sachlich‹, ›wesentlich‹, zu lat. res ›Sache‹], *bildungssprachlich* für: in der Wirklichkeit vorhanden, nicht imaginär; der Realität entsprechend; *Ggs.:* irreal.

**Real** [span.-portug., unter Einfluß von span. rey, portug. rei ›König‹ zu lat. regalis ›königlich‹] *der, -s, Pl.* span. *-es,* portug. *Reis,* seit dem 14. Jh. in Spanien, Portugal und Südamerika geprägte Silbermünze (seit 1534 auch Kupfermünze). 1497 wurde der Peso in Spanien mit 8 R. de plata (Silber-R.) festgelegt. In Portugal war Reis bis 1910 Währungseinheit, in Brasilien bis 1942, 1 000 Reis = 1 Milreis.

Real
(Chile 1843; Durchmesser 19 mm)
Vorderseite

Rückseite

**Real|enzyklopädie,** Bez. für eine → Enzyklopädie, die sich nicht dem Universalwissen, sondern einem begrenzten Wissensgebiet oder einer wiss. Teildisziplin widmet.

**Realfaktor,** andere Bez. für → Kompressibilitätsfaktor.

**Realgar** [frz., wohl von span. rejalgar, arab. rahǧ al-ġār] *der, -s/-e,* **Rausch|rot,** rotes, diamantglänzendes, monoklines Mineral der chem. Zusammensetzung $As_4S_4$; gelber Strich, Härte nach MOHS 1,5–2, Dichte 3,4–3,6 g/cm³; geht unter Lichteinwirkung in → Auripigment und Arsenik über. Kristalle meist klein (in Drusen), sonst derb, dicht oder als Anflug. Vorkommen auf hydrothermalen Erzgängen, als vulkan. Sublimat, Ablagerung heißer Quellen, Verwitterungsmineral von anderen Arsenmineralen, auf brennenden Kohlenhalden und in Sedimenten, z. T. zur Arsengewinnung genutzt.

Realgar

Realgar
(derb, zu gelbem Auripigment verwitternd)

**Realgewerbeberechtigung,** → Realrechte.

**Reali|en** *Pl.,* **1)** *allg.:* wirkl. Dinge, Tatsachen; Sachkenntnisse.
**2)** in der Geschichte der *Pädagogik* und der *Schule* Sachfächer, d. h. insbesondere Naturwissenschaften als Grundlage einer allgemeinen Bildung. Die R. wurden in Ggs. zu den ›Humanoria‹ (Studium der alten Sprachen) gestellt, weshalb auch lebende Sprachen zu den R. gerechnet wurden. Die ›Weltkunde‹ (J. H. PESTALOZZI) wurde nach unterschiedl. Konzepten und unter versch. und wechselnden Bez. unterrichtet, i. a.: Mathematik/Rechnen, Erdkunde, Geschichte, Naturkunde (Biologie) und Naturlehre (Physik, Chemie), und zwar in der Muttersprache sowie Französisch (später auch andere lebende Fremdsprachen). R. wurden zuerst im 17. Jh. als Unterrichtsgegenstände gefordert von W. RATKE und v. a. J. A. COMENIUS, der ›alle Dinge‹ bereits in der Elementarstufe ansprechen wollte. A. H. FRANCKE konzipierte für die Franckeschen Stiftungen neben der Lateinschule eine eigene mittlere, auf R. ausgerichtete Schulart, J. J. HECKER eine im Sinne des Merkantilismus direkt auf Tätigkeiten in Handel, Handwerk und Gewerbe vorbereitende Realschule (mit Französisch). Wie der Pietismus sah auch der Philanthropismus Erziehung zur ›gemeinnützigen‹ Lebenstüchtigkeit als Aufgabe an; J. B. BASEDOW plante für das Dessauer Philanthropin neben der Gelehrtenschule (Gymnasium) realist. Land- und Bürgerschulen. J. M. GESNER reformierte nicht nur die altsprachl. Didaktik, sondern führte R. und Muttersprache ins Braunschweigisch-Lüneburg. Schulwesen ein (1738). Der realist. Bildung wurde vom Neuhumanismus bloßer Utilitarismus vorgeworfen; so konnte F. I. NIETHAMMER seine fortschrittl., auch eine Realschule umfassende Schulordnung für Bayern nur kurzfristig durchsetzen. In Preußen jedoch, wo es die um ein Gymnasium erweiterte Heckersche Realschule (unter A. G. SPILLEKE) gab, wurden 1832 die allgemeinbildenden ›höheren Bürger- und Realschulen‹ (die keine direkte berufl. Orientierung mehr hatten) eingerichtet. Sie gingen 1872 in der preuß. ›Mittelschule‹ auf (→ Realschule), während von den 1859 entstandenen zwei Formen der Oberrealschule die eine seit 1882 Realgymnasium, die andere 1892 gleichberechtigte → Oberrealschule wurde. Nur in dieser Oberrealschule wurde z. B. Chemie unterrichtet. Physik war schon seit 1800, verstärkt ab 1850 Schul- und z. T. auch in Prüfungsfach des Gymnasiums, das aber erst in der Oberrealschule auf methodisch angemessene Basis gestellt wurde. Biologieunterricht faßte nach naturkundl. Vorstufen in den Philanthropinen und bei PESTALOZZI im 19. Jh. Fuß, und zwar als Unterricht in der Linnéschen Systematik; an der Volksschule wurde Naturkunde, ebenso erdkundl. und histor. Aspekte, ab 1908 im Fach → Heimatkunde behandelt. (→ naturwissenschaftlicher Unterricht, → Sachunterricht)

W. SCHÖLER: Gesch. des naturwiss. Unterrichts im 17. bis 19. Jh. (1970).

**Realignment** [ˈriːəlaɪnmənt], engl.-amerikan., aus re... ›wieder‹ und alignment ›Anordnung‹] *das, -s/-s,* in einem System fester Wechselkurse (z. B. im Europ. Währungssystem) die Neufestlegung der Wechselkurse zw. den versch. Währungen.

**Real|injuri|e,** die durch Tätlichkeiten begangene Beleidigung.

**Realisationen,** *Sg.* **Realisation** *die, -, Statistik:* die mögl. Werte, die eine Zufallsvariable oder ein stochast. Prozeß annehmen kann.

**Realisations|prinzip,** einer der Grundsätze ordnungsmäßiger Buchführung und Bilanzierung, der den Zeitpunkt des Ausweises von Erträgen und die Bewertung noch nicht abgesetzter Erzeugnisse und Leistungen in Buchführung und Jahresabschluß regelt. Erträge dürfen nach dem R. erst zum Zeitpunkt des Gefahrenüberganges auf den Abnehmer einer Lieferung von Erzeugnissen bzw. der Leistung von Diensten (einschließlich Rechnungstellung) ausgewiesen werden. Vor diesem Zeitpunkt erfolgt der Ausweis der Erzeugnisse entsprechend § 243 Abs. 1 HGB zu Anschaffungs- oder Herstellungskosten (Anschaffungswertprinzip). Das R. sorgt dafür, daß Gewinne erst zum Zeitpunkt der Verwirklichung am Markt erfaßt werden. Dagegen werden Verluste gemäß dem Imparitätsprinzip bereits zum Zeitpunkt des hinreichend sicheren Erkennens berücksichtigt.

**Realisationswert, Veräußerungswert, Liquidationswert,** der Wert eines Gutes, der bei seinem Verkauf tatsächlich erzielt wird.

**Realisatorgene,** andere Bez. für die Geschlechtsrealisatoren (→ Geschlechtsbestimmung 2).

**realisieren** [frz. réaliser, zu spätlat. realis, vgl. real], *bildungssprachlich* für: 1) in die Tat umsetzen (Pläne, Vorstellungen, Ziele); 2) erkennen, einsehen, begreifen; 3) in Geld umsetzen, umwandeln.

**Realismus** der, -, 1) *allg.:* Wirklichkeitssinn, wirklichkeitsnahe Einstellung.

2) *bildende Kunst:* allg. Bez. für die Abbildlichkeit dargestellter Wirklichkeit (oft synonym mit →Naturalismus gebraucht). Angesichts der mehrdeutigen Anwendung des Begriffs R. drängt seine Inanspruchnahme durch unterschiedl. Kunstrichtungen der 60er und 70er Jahre des 20. Jh. zu einer wenigstens teilweisen theoret. Übereinstimmung, die neuerdings in den Vordergrund tritt: In Abgrenzung vom Naturalismus, der nun als künstler. Darstellungsmittel im Sinne illusionist. Abbildung verstanden wird, bezeichnet R. ein außerkünstler., primär weltanschaul. Prinzip, dessen Formulierung sich auch heute noch weitgehend an der R.-Debatte im Anschluß an G. COURBETS programmat. Ausstellung ›Le réalisme‹ (1855) orientiert. R. wird präzisiert als prinzipieller Gegenentwurf sowohl zur normativen Ästhetik wie zur hierarchisch nach ›höheren‹ und ›niederen‹ Gegenständen geordneten philosoph. Weltordnung idealist. Kunstauffassung. Realist. Kunst bekennt sich zur Darstellung der vorgefundenen alltägl. anstelle einer ›höheren‹ Realität, zur krit. Zeitgenossenschaft. R. in diesem Sinne gab es schon vor COURBET, bes. in der spätmittelalterl. Kunst bei N. GERHAERT VON LEIDEN, H. BOSCH, M. GRÜNEWALD, J. RATGEB, dann z. T. im Porträt (A. DÜRER, H. HOLBEIN D. J., L. CRANACH D. Ä.) oder später bei P. BRUEGEL D. Ä., CARAVAGGIO, J. DE RIBERA, D. VELÁZQUEZ, J. CALLOT, W. HOGARTH, F. DE GOYA Y LUCIENTES, T. GÉRICAULT. Doch erst im 19. Jh. tritt R. mit demokrat. Selbstbewußtsein als materialist. Antithese zum ›aristokrat.‹ Idealismus auf. Auch jetzt prägt er stärker die theoret. Auseinandersetzung als das allgemeine Kunstschaffen.

Bezeichnend für den R. ist sein Interesse an der Freilichtmalerei und die Wahl bislang ungewöhnl. Themen (arbeitende Menschen, Industrieanlagen). Frührealist. Ansätze fanden sich zuvor v. a. in der engl. Landschaftsmalerei (J. CONSTABLE, R. P. BONINGTON), bei C. COROT, P. HUET und J. DUPRÉ in Frankreich, in Dtl. bei K. BLECHEN, später A. VON MENZEL, in Österreich bei R. VON ALT und G. WALDMÜLLER. In Frankreich verlief die Weiterentwicklung über die ›Paysage intime‹ der Schule von Barbizon (T. ROUSSEAU, C. DAUBIGNY, N. DIAZ DE LA PEÑA). Seit den späteren 1840er Jahren standen ländl. Thematik (J. F. MILLET, J. BRETON; JULES BASTIEN-LEPAGE, *1848, †1884) und städt. Thematik (H. DAUMIER, FRANÇOIS BONVIN, *1817, †1887; T. RIBOT) nebeneinander, dazu traten Porträts (H. FANTIN-LATOUR). In Dtl. bestanden seit den frühen 1850er Jahren enge Verbindungen von Künstlern aus Frankfurt am Main zu COURBET, der 1858–59 längere Zeit dort arbeitete (O. SCHOLDERER, VICTOR MÜLLER). L. EYSEN vermittelte die Kenntnis der Landschaftsmalerei im Sinne der Schule von Barbizon. 1869 kam COURBET zur Internat. Kunstausstellung nach München, wo er Freundschaft mit W. LEIBL schloß, dessen Figurenkompositionen und Porträts als dt. Beitrag zum R. zu verstehen sind. Wie COURBET zog LEIBL einen Kreis Gleichgesinnter um sich (W. TRÜBNER, R. VON ALT, C. SCHUCH, A. LANG, R. HIRTH DU FRÊNES, J. SPERL, H. THOMA, K. HAIDER). Ferner gab es eine unmittelbare Wirkung COURBETS auf die belg. Malerei (A. STEVENS). In Holland fand J. ISRAËLS zu einer MILLET verwandten Auffassung. In Italien nahmen die Macchiaioli Anregungen der Schule von Barbizon und COURBETS auf. Je weiter die Entfernung von diesen frz. Ausgangspositionen blieb, um so unentschiedener entwickelten sich Richtungen, die nur meist in losem Zusammenhang stehen, wie in Rußland die Malerei der Peredwischniki. Eine realist. Auffassung auf dem Gebiet der Plastik zeigt sich im 19. Jh. in Werken von DAUMIER, J. DALOU, A. RODIN und C. MEUNIER.

**Realismus 2):** Renato Guttuso, ›Café Gréco‹; 1976 (Köln, Museum Ludwig)

Im 20. Jh. entstanden neue, übersteigerte Formen des R., meist als Reaktion auf expressionist. oder abstrakte Tendenzen. Dazu gehören der vielsinnige Illusionismus der surrealist. Malerei, der →magische Realismus 1) der →Neuen Sachlichkeit und vergleichbarer Strömungen, →Präzisionismus, →Regionalismus und →phantastischer Realismus. Oft steht der R. im Dienst einer Kunst, die bewußt in die Gesellschaft wirken will und sich häufig mit sozialkrit. oder revolutionären Zielen verbindet, so im mexikan. →Muralismo und im →sozialistischen Realismus. In Abgrenzung zu diesem wurden die dt. Spielarten der Pop-art auch als ›kapitalist. R.‹ bezeichnet. Ein eigener R.-Begriff lag dem 1960 begründeten ›Nouveau Réalisme‹ zugrunde, der, in Anlehnung an M. DUCHAMP, die realen Gegenstände einsetzte, statt sie abzubilden. Die sekundäre Wirklichkeit vorgegebener Bildwelten der Reproduktion oder Photographie rückt beim →Photorealismus an die Stelle der primären Wirklichkeit. V. a. in Berlin schlossen sich zeitweise Künstler zusammen, die Formen eines krit. Realismus vertreten, z. B. P. SORGE, H. J. DIEHL, W. PETRICK, K. VOGELGESANG oder, kritisch-ironisch (unter der Bez. ›Neue Prächtigkeit‹), W. PETRICK. Als krit.

**Realismus 2):** Gustave Courbet, ›Die Kornsiebberinnen‹; 1855 (Nantes, Musée des Beaux-Arts)

**Real** Realismus

Realisten arbeiten u. a. auch K. STAECK, S. NEUENHAUSEN oder M. M. PRECHTL, in den USA LEON GOLUB (* 1921).

F. BAUMGART: Idealismus u. R. 1830 bis 1880 (1975); R. u. Realität, bearb. v. E. HUBER, Ausst.-Kat. (1975); P. SAGER: Neue Formen des R., Kunst zw. Illusion u. Wirklichkeit (Neuausg. 1977); Courbet u. Dtl., hg. v. W. HOFMANN, Ausst.-Kat. (1978); R. Zw. Revolution u. Reaktion 1919–1939, hg. v. I. WALTHER, Ausst.-Kat. (a. d. Frz., 1981); Y. M. u. G. P. WEISBERG: The realist debate, a bibliography of French realist painting, 1830–1885 (New York 1984); B. ESCHENBURG u. I. GÜSSOW: Romantik u. R., von Friedrich bis Courbet (1985).

**3)** *Literaturwissenschaft:* v. a. als Stil- und Epochenbegriff, aber auch zur Kennzeichnung einer normativgehaltl. literar. Komponente (E. AUERBACH, J. JUNGMANN, F. GAEDE, auch SIGISBERT MEIER, G. LUKÁCS) sowie – in der neuesten R.-Forschung – für eine kommunikationswissenschaftl. Dimension (H. KREUZER, R. JAKOBSON, U. NEISSER, H. STEINMETZ, W. HEISE) gebrauchte Bez. Geht man bei dem Stilmerkmal R. von einem R.-Verständnis aus, das sich durch konkrete Mitteilung des Faktischen bestimmt, dann kann R. als überzeitl. Konstante bes. in Spät- und Übergangszeiten beobachtet werden, in denen zumindest ein quantitativer Zuwachs an Elementen der äußeren Wirklichkeit die Kunstwerke charakterisiert. So spricht man von einem R. der spätatt. Tragödie (EURIPIDES) und Komödien (ARISTOPHANES), von einem spätröm. R. (PETRONIUS), bes. aber von einem R. des Spät-MA. für jene Gattungen, in denen Brüche oder Umformungen hinsichtlich der Kunst der höf. Welt (→höfisches Epos) deutlich werden: Schwänke, Fabliaux, Novellen, Fazetien, Satiren; auch Osterspiele, Passionsspiele und Fastnachtsspiele, der Meistersang sowie die Werke der Lehrdichtung. Mit der Entdeckung der Innerlichkeitsrealität im 18. Jh. beginnt eine als ›empir. R. der Aufklärung‹ bezeichnete Kunst, die mit psycholog. Beobachtung das Problem von empfindsamer Individualität und rational bestimmter Daseinsform der Gesellschaft thematisiert (→Empfindsamkeit, →Sturm und Drang). Trotz der grundlegenden Ausführungen SCHILLERS (›Über naive und sentimental. Dichtung‹, in: ›Die Horen‹, H. 11 und 12, 1795, H. 1, 1796) und F. SCHLEGELS (›Ideen‹, in: ›Athenäum‹, Bd. 3, 1800), in denen die gegensätzl. Weltanschauungsweisen des R. und des Idealismus und ihre Verwirklichungsmöglichkeiten in der Poesie erörtert werden und in denen der R. bereits als stilist. Kontrastbegriff ausgeführt ist, findet sich – sieht man von der Epochen-Bez. ›R.‹ im 19. Jh. ab – die Verwendung des allgemeinen stiltypolog. Begriffs erst wieder in den literar. Kontroversen Ende des 19., Anfang des 20. Jh. als Oppositionsbegriff v. a. zu Neuromantik, Expressionismus und Surrealismus. In Abgrenzung zum **poetischen R.** bzw. **bürgerlichen R.** des 19. und zum **kritischen R.** des 20. Jh. (A. DÖBLIN, L. FEUCHTWANGER, E. HEMINGWAY, H. MANN) wurde der Terminus →sozialistischer Realismus entwickelt. Für die Vertreter des →magischen Realismus ist die Realität nurmehr Chiffre und Symbol für eine andere (magische) Wirklichkeit.

Für nahezu alle europ. Literaturen bezeichnet R. als Periodenbegriff die Zeit zw. 1830 und 1880. Führend in der Praxis wie in der programmat. Auseinandersetzung war Frankreich. Der frz. R. ist bestimmt von einer gesellschaftskrit., thematisch und einer z. T. desillusionist. Haltung. Im Erzählverfahren wird – entsprechend der Ausklammerung der erkenntnistheoret. Fragestellung in der Positivismusphilosophie A. COMTES – eine Darstellungsmethode entwickelt, die auf den individuell vermittelnden Erzähler verzichtet. Dies erreichte konsequent G. FLAUBERT (›Madame Bovary‹, 1857). Zu den bedeutendsten literar. Realisten Frankreichs zählen (neben FLAUBERT) STENDHAL, H. DE BALZAC, die Brüder E. und J. GONCOURT und J. CHAMPFLEURY, der mit seinen Aufsätzen u. d. T. ›Le réalisme‹ (1857) einflußreich wurde für die Festlegung des Stil- und Epochenbegriffs. In Dtl. wurde der literar. R. trotz bedeutender Vorläufer im Drama (G. BÜCHNER, C. D. GRABBE), in der Kunst der Restaurationszeit (→Biedermeier) und des Vormärz (K. GUTZKOW, H. HEINE, G. WEERTH; →Junges Deutschland) erst nach der Revolution 1848 zur bestimmenden, auch theoretisch diskutierten Stilrichtung. Kennzeichnend für den R. der deutschsprachigen Literatur ist die weniger gesellschaftskrit. Haltung, die Neigung zu einer idyll. Resignation und zu einer distanzierenden Humors bedient. Die von O. LUDWIG (›Shakespeare-Studien‹, hg. 1871) dieser Kunstperiode zugedachte, auf eine Prägung F. W. J. SCHELLINGS zurückgehende Bez. ›poetischer R.‹ beschreibt eine Wirklichkeitsnachbildung, die sich einerseits vom frz. R., andererseits vom berichtenden Journalismus dadurch unterscheidet, daß sie Realität verklärt, sich durch die Subjektivität der Erzählperspektive auszeichnet und weithin auf den Einbezug extremer Wirklichkeit (z. B. des abstoßend Häßlichen) verzichtet. Neben einigen Romanen sind für diese Literatur zumal kürzere Erzählformen (Novelle) entscheidend geworden. Zu den Vertretern des poet. R. zählen J. GOTTHELF, A. STIFTER, B. AUERBACH, G. FREYTAG, T. STORM, G. KELLER, C. F. MEYER, W. RAABE, während für die Romane T. FONTANES wie auch für die T. MANNS der Terminus ›bürgerl. R.‹ zur stilist. und histor. Unterscheidung geprägt wurde. Daß der R. des 19. Jh. eine übernat. Erscheinung – gleichwohl mit nat. Eigenheit – ist, belegen die einerseits vielfach satirisch-distanzierten, andererseits oft durch emotional-sozialkrit. Mitleidspathos ausgezeichneten Werke des engl. R. (W. M. THACKERAY, C. DICKENS, GEORGE ELIOT, A. BENNETT, A. TROLLOPE), der – in Spiegelung der engl. Sozialgeschichte – die Gattung des ›industrial novel‹ hervorbrachte (ELIZABETH GASKELL, B. DISRAELI, C. KINGSLEY, C. READE), und die sozialutopisch engagierten und zu detaillierter Beschreibung psycholog. Individualwirklichkeit neigenden Romane der russ. Realisten (F. M. DOSTOJEWSKIJ, L. N. TOLSTOJ, I. S. TURGENJEW, I. A. GONTSCHAROW).

In enger Bindung zu romant. Literaturpraxis stehen in den USA die mitunter mit der Bez. ›symbol. Realismus‹ belegten Werke N. HAWTHORNES und H. MELVILLES; die europ. Ausprägungen des R. nahestehende literarhistor. Periode wird dagegen in den USA zeitversetzt mit etwa 1865–1910 eingegrenzt. Bedeutendster Vertreter eines vom Pragmatismus geprägten, vorsichtig sozialkrit., bürgerl. R. ist dort W. D. HOWELLS, während MARK TWAINS engagierte Sozialkritik alle sozialen Schichten und v. a. den amerikan. Westen umfaßt. H. JAMES' psycholog. R. und seine Subjektivierung des Wirklichkeitsverständnisses lassen ihn zu einem Wegweiser der literar. Moderne werden.

J. JUNGMANN: Aesthetik, 2 Bde. (³1886); SIGISBERT MEIER: Der R. als Prinzip der schönen Künste (1900); G. LUKÁCS: Werke, Bd. 4–6: Probleme des R. (1964–71); F. GAEDE: R. von Brant bis Brecht (1972); H. STEINMETZ: Der vergessene Leser. Provokator. Bemerkungen zum R.-Problem, in: Dichter u. Leser, hg. v. F. VAN INGEN u. a. (Groningen 1972); H. SCHANZE: Drama im bürgerl. R. (1850–1890). Theorie u. Praxis (1973); U. NEISSER: Kognitive Psychologie (a. d. Engl., 1974); H. KREUZER: Zur Theorie des dt. R. zw. Märzrevolution u. Naturalismus, in: R.-Theorien in Lit., Malerei, Musik u. Politik, hg. v. R. GRIMM u. a. (1975); W. HEISE: Zur Grundlegung der R.-Theorie durch Marx u. Engels, in: Weimarer Beitr., Jg. 22 (Berlin-Ost 1976); S. KOHL: R. Theorie u. Gesch. (1977); W. PREISENDANZ: Wege des R. Zur Poetik u. Erzählkunst im 19. Jh. (1977); Europ. R., hg. v. R. LAUER (1980); J. KLEINSTÜCK: Die Erfindung der Realität. Studien zur Gesch. u. Kritik des R. (1980); H. AUST: Lit. des R. (²1981); C. A. BERND: German poetic realism (Boston, Mass., 1981); E. AUERBACH: Mimesis. Dargestellte Wirklichkeit in der abendländ. Lit.

(Bern ⁷1982); Begriffsbestimmung des literar. R., hg. v. R. BRINKMANN (³1987); R. JAKOBSON: Über den R. in der Kunst, in: Russ. Formalismus, hg. v. J. STRIEDTER (⁴1988).

**4)** *Musik:* Der musikal. R. ist keine Epoche der Musikgeschichte, sondern umfaßt in der Zeit zw. H. BERLIOZ und R. STRAUSS eine Reihe stilist. Kriterien, die getrennt in einzelnen Werken und auch verbunden mit spät- oder neuromant. Merkmalen begegnen. Kompositorisch prägt Wirklichkeitsnähe sich aus v. a. in unstilisierter Affektdarstellung und Tonmalerei, realist. Orientierung am Sprechtonfall, Auflösung der Periodenstruktur in musikal. Prosa. In der Oper stellt musikal. R. sich vom Libretto her dar durch das Aufgreifen histor. und polit. Sujets, sozialer Probleme und Menschenschicksale aus dem Alltag, z. B. in ›Boris Godunow‹ von M. P. MUSSORGSKIJ, ›Jenufa‹ und ›Kát'a Kabanová‹ von L. JANÁČEK, ›La Traviata‹ von G. VERDI, ›Carmen‹ von G. BIZET oder in den naturalist. Opern des Verismo (→Verismus).

C. DAHLHAUS: Musikal. R. (1982).

**5)** *Philosophie:* 1) Bez. für die in der mittelalterl. Philosophie dem Nominalismus (u. a. ROSCELIN von Compiègne, ABAELARDUS) und Konzeptualismus (v. a. WILHELM VON OCKHAM, vorbereitend wirkte z. B. PETRUS AUREOLI) entgegengesetzte Position im →Universalienstreit. Die Vertreter des R. behaupteten, daß Allgemeinbegriffe (Universalien) wie z. B. die Schönheit, die Röte, das Gute eine von der Erkenntnis, dem Bewußtsein und der Sinneswahrnehmung unabhängige und externe Realität bezeichnen und nicht lediglich bloße Worte sind (z. B. THOMAS VON AQUINO, WILHELM VON CHAMPEAUX, BERNHARD VON CHARTRES, JOHANNES SCOTUS ERIUGENA, J. DUNS SCOTUS). Zur Diskussion stand dabei v. a. PLATONS Verständnis der Ideen, aber auch ARISTOTELES' Begriff des Ganzen. 2) Bez. für grundsätzlich dem Idealismus und Individualismus entgegengesetzte, aber auch vom Phänomenalismus zu unterscheidende philosoph. Positionen, die behaupten, daß die Realität unabhängig von der Erkenntnis, dem Bewußtsein und der Sinneswahrnehmung besteht. Die grundsätzl. Problematik liegt darin, daß es einerseits fraglich ist, ob das Erkenntnisobjekt ›an sich‹ so ist, wie es erkannt wird, und andererseits, ob das Objekt überhaupt ein bewußtseinsunabhängiges Gegenüber (R.) und nicht vielmehr eine Leistung des Bewußtseins selbst ist (Idealismus).

Zu unterscheiden sind neben den jeweiligen philosoph. Positionen dabei v. a. die versch. Aspekte innerhalb der Diskussion: a) der erkenntnistheoret., b) der semiot. oder log., c) der ontolog. oder metaphys. und d) der eth. Aspekt. Die erkenntnistheoret. Frage richtet sich auf das Verhältnis von Erkenntnissubjekt und Erkenntnisobjekt, also zu unterscheiden ist, ob das Objekt durch die Erkenntnis bzw. das Subjekt konstituiert, wenn nicht gar konstruiert ist und somit mit in den Bereich des subjektiven Bewußtseins fällt, oder ob im realist. Sinne das subjektive Bewußtsein zur Objekterkenntnis ein unabhängiges und somit externes Gegenüber benötigt. Diese Position wird in unterschiedl. Formen v. a. vom ›naiven R.‹ (z. B. J. REHMKE), dem ›Neo-R.‹ (z. B. die amerikan. Philosophen F. B. HOLT, WILLIAM PEPPERELL MONTAGUE, * 1873, † 1953, R. B. PERRY), einem ›natürl. R.‹ (W. HAMILTON), einem auf den naturl. Menschenverstand (Common sense) gegründeten R. (z. B. in Großbritannien T. REID, J. L. AUSTIN, G. E. MOORE), dem variantenreichen ›krit. R.‹ des 19./20. Jh. (z. B. in den USA G. SANTAYANA, ARTHUR ONCKEN LOVEJOY, * 1873, † 1962, ROY WOOD SELLAR, * 1880, † 1973; in Großbritannien H. SPENCER; in Dtl. H. DRIESCH, J. F. HERBART, O. KÜLPE, H. LOTZE, A. RIEHL, F.-J. VON RINTELEN, J. VOLKELT), der bestimmte Formen eines ›naturwissenschaftl. R.‹ und an diesem orientierte materialist. Positionen prägte, sowie dem ›empir.‹ (I. KANT) oder ›transzendentalen R.‹ (E. VON HARTMANN) vertreten. Vertreter eines naturwissenschaftl. R. gehen heute i. d. R. davon aus, daß die Referenz sprachl. Terme unbestimmt ist, d. h. die Wahrheit wiss. Begriffe und Theorien nur durch deren erfolgreiche Anwendung gesichert ist. Die semiot. oder log. Frage untersucht demgegenüber v. a. das begriffl. Verhältnis innerhalb der Sprache und die Art und Weise, sich sprachlich auf Außersprachliches zu beziehen oder grundsätzlicher: das relationenlogisch darstellbare Verhältnis von Zeichen zu Zeichen, Objekten und Interpreten bzw. Bewußtseinsinhalten wie Interpretationen. Eine realist. Position geht dabei grundsätzlich von einer Objektwelt aus, auf die sprachlich Bezug genommen werden kann. Vertreter dieser Formen des R. sind v. a. C. S. PEIRCE und B. RUSSELL. Der ontolog. oder metaphys. Aspekt betrachtet das Gesamtverständnis von beschreibbarer Realität hinsichtlich der Frage nach der Einheit des Mannigfaltigen. Für eine realist. Antwort, die idealist. Konzepten oft sehr nahe kommt, stehen dabei v. a. PLATON, die mittelalterl. Universalienrealisten, die jedoch auch alle eins log. R. vertraten, sowie u. a. N. HARTMANN, S. ALEXANDER, A. N. WHITEHEAD und C. S. PEIRCE. In eth. Hinsicht wird schließlich nach der Art und Weise der Grundlagen des menschl. Handelns gefragt, also, wie z. B. Handlungsmaximen, prinzipieller Natur sind oder sich im realist. Sinne nach materiellen Werten oder abwägbarem, positiven Nutzen richten (z. B. J. BENTHAM, W. JAMES, J. S. MILL).

**6)** *Theater:* In →Bühnenbild und Inszenierungsstil setzte sich der R., meist als ›Naturalismus‹ bezeichnet, erst um 1890 weltweit durch (Théâtre Libre, Paris; Freie Bühne, Berlin; Theatre Independent, London; Moskauer Künstlertheater usw.). Er wurde von Thesen gegen den Illusionismus im Theater angefochten, veränderte sich auch durch den Impressionismus, blieb aber neben den gegen ihn gerichteten Formen bestehen und bildete immer neue Varianten aus.

**Realität,** alles, was als ›real‹ bezeichnet werden kann. Einerseits ist damit umgangssprachlich meist ›Wirklichkeit‹ im Sinne der Summe alles Vorhandenen, tatsächlich Gegebenen, Gegenständlichen im Unterschied zum lediglich Gedachten oder Vorgestellten gemeint. Andererseits wird R. aber auch einzelnen Sachverhalten oder Ereigniszusammenhängen zugesprochen, die nicht mit Einzeldingen im Sinne von Gegenständen identifiziert werden können.

In der philosoph. Diskussion jedoch ist das Verständnis der R. von den vorauszusetzenden ontolog. oder metaphys. Grundannahmen und den entsprechenden erkenntnistheoret. Fragestellungen abhängig (→Realismus 5). Erst die Antwort auf die sich hieraus ergebenden Ausgangsfragen entscheidet darüber, was philosophisch als ›real‹ und was als ›irreal‹ bezeichnet wird. Dieser zu allen Zeiten innerhalb der abendländ. Philosophie kontrovers diskutierte Problembereich gilt als klass. Themenkomplex in der Erkenntnistheorie und der Ontologie oder Metaphysik und wird heute auch von der analyt. Sprachphilosophie behandelt.

**Realitäts|prinzip,** *Psychoanalyse:* →Lust.

**Realkapital,** die Gesamtheit der im Produktionsprozeß verwendeten Sachgüter; Ggs.: Geldkapital.

**Realkassen|effekt,** engl. **Real balance effect** ['riːəl 'bæləns ɪ'fekt], These der Volkswirtschaftslehre, wonach die realen Konsumausgaben positiv vom Umfang der Realkasse (nominaler Kassenbestand geteilt durch Preisniveau) abhängen. Eine Preisanhebung führt somit direkt zu einer Einschränkung der Konsumausgaben. Der R. geht zurück auf A. C. PIGOU und wird deshalb auch als **Pigou-Effekt** bezeichnet. (→Vermögenseffekte)

**Realkatalog,** *Bibliothekswesen:* →Sachkatalog.

**Realkonkurrenz, Tatmehrheit,** *Strafrecht:* die Verletzung mehrerer Strafgesetze oder die mehrfache Verletzung desselben Strafgesetzes durch mehrere selbständige Handlungen, die sich bei natürl. Betrachtung nicht als Handlungseinheit darstellen, z. B. wenn der Täter heute A ausraubt und morgen B (§ 53 StGB); Ggs.: Idealkonkurrenz. Bei R. wird nach § 54 eine Gesamtstrafe gebildet, die durch Erhöhung der verwirkten höchsten Strafe entsteht. Diese Gesamtstrafe darf die Summe der Einzelstrafen nicht erreichen und bei Freiheitsstrafen 15 Jahre, bei Geldstrafe 720 Tagessätze nicht übersteigen; ist eine Einzelstrafe lebenslanger Freiheitsentzug, ist dieser als Gesamtstrafe auszusprechen. Besondere Regeln gelten für das Jugendstrafrecht (§§ 31 f. Jugendgerichts-Ges.). – Das *österr.* und *schweizer.* StGB behandeln R. und Idealkonkurrenz grundsätzlich gleich.

**Realkredit, Sachkredit,** Kredit, der gegen Verpfändung von Immobilien oder anderen realen Vermögenswerten gewährt wird. Formen sind z. B. Mobiliar-, Immobiliar- und Schiffshypothekenkredit; Ggs.: Personalkredit.

**Realkredit|institute,** Gruppe von Spezialkreditinstituten, die langfristige Kredite zur Finanzierung von privaten und gewerbl. Immobilien und Investitionen vergeben, die durch Grundpfandrechte (Hypotheken, Grundschulden) gesichert sind; R. sind darüber hinaus im Kommunalkreditgeschäft tätig. Die Refinanzierung erfolgt über die Ausgabe von Pfandbriefen (daher die frühere Bez. **Pfandbriefanstalten**) und Kommunalobligationen. Nach der Bundesbankstatistik belief sich das Geschäftsvolumen der 36 R. in der Bundesrep. Dtl. (Ende 1990) auf 611 Mrd. DM, das entspricht einem Marktanteil am Geschäftsvolumen aller Kreditinstitute von 13,1 %. Unterschieden wird zw. zwei Gruppen von R.: 27 private Hypothekenbanken (Marktanteil 1990 gemessen am Geschäftsvolumen 75 %) und neun öffentlich-rechtl. Grundkreditanstalten (Marktanteil 25 %).

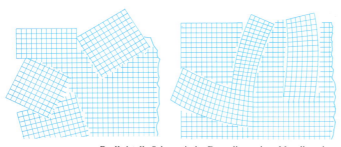

**Realkristall:** Schematische Darstellung einer Mosaikstruktur (links) und einer Verzweigungsstruktur (rechts)

**Realkristall,** *Kristallographie:* jeder wirkl., natürl. oder künstlich hergestellte Kristall. Beim gewöhnl. Kristallwachstum sind äußere Einflüsse chem. (Reinheit) und energet. Art (Temperatur- und Druckschwankungen) unvermeidbar, so daß sich nicht ein chemisch und geometrisch fehlerfreier Idealkristall ausbildet, sondern ein im Wachstum und in der Kristallstruktur gestörter R. Kristalleigenschaften wie Verformbarkeit (Elastizität), elektr. und Wärmeleitfähigkeit, Diffusionseigenschaften, chem. Reaktionsfähigkeit und Färbung werden durch entsprechende →Fehlordnungen und →Gitterbaufehler unterschiedlich stark beeinflußt; als gegen diese weitgehend störungsunempfindlich gelten hingegen Dichte, Energiegehalt und Wärmeausdehnung.

Die versch. Fehlordnungen lassen sich nach der Größe der Störbereiche unterscheiden. Makroskop. Defekte sind Störungen der Periodizität der Gitterstruktur eines Kristalls. Solche Fehler werden makroskopisch sichtbar z. B. als Vizinalflächen, Flächenparkettierungen, Wachstumsspiralen, Haarrisse, Sprünge oder Einschlüsse von Fremdpartikeln. I. w. S. gehören zu den makroskop. Defekten auch bereits die Kristalloberflächen, die zu entsprechenden Oberflächeneffekten führen. Die Zusammensetzung eines R. aus mikroskopisch kleinen Kristalliten, die um jeweils geringe Winkelbeträge gegeneinander verdreht sind, wird als **Mosaikstruktur** bezeichnet. **Verzweigungsstrukturen** treten als Strukturen mit relativ regelmäßig angeordneten Kleinwinkelkorngrenzen auf.

Zusätzlich kommt es zu dynam. Fehlern, die auf den Wechselwirkungen der Atome bzw. Ionen und der Elektronen im Kristall beruhen und sich in dessen →Elementaranregungen niederschlagen, z. B. die Deformation des Gitters durch →Gitterschwingungen. (→ F-Zentrum)

**Real|last,** Belastung eines Grundstücks, kraft deren der Berechtigten wiederkehrende Leistungen aus dem Grundstück zu entrichten sind (Naturalien, Geld, Dienstleistungen), ohne daß grundsätzlich ein inhaltl. Bezug zum Grundstück gegeben sein müßte (§§ 1 105 ff. BGB). Die R. kann zugunsten einer Person (subjektiv-persönl. R.) wie auch zugunsten des jeweiligen Eigentümers eines anderen Grundstücks bestellt werden (subjektiv-dingl. R.). Der Eigentümer des Grundstücks haftet für die während der Dauer seines Eigentums fällig werdenden Leistungen auch persönlich. Die R. entsteht durch Einigung der Beteiligten und Eintragung ins Grundbuch. Auf die einzelnen Leistungen finden die für Zinsen einer Hypothek geltenden Vorschriften entsprechende Anwendung. Hauptanwendungsfall der R. ist das landwirtschaftl. Altenteilsrecht, das häufig im Zusammenhang mit einer Hofübergabe eingeräumt wird und so eine dingl. Absicherung erfährt. Daneben finden sich auch andere Formen, bes. die ›Industrie-R.‹ (z. B. bei Wärmebezug aus einem bestimmten Heizwerk). – Auch im *österr.* Recht erwirbt der R.-Berechtigte mit Eintragung der R. das bücherlich (grundbuchlich) gesicherte Recht auf Erbringung wiederkehrender Leistungen durch den jeweiligen Grundeigentümer (vgl. § 12 Grundbuch-Ges., § 530 ABGB). Somit besteht die R. nicht in bloßem Dulden wie die Servitut, sondern in aktivem Tun des Verpflichteten.

Das *schweizer.* Recht kennt neben öffentlich-rechtl. R. des kantonalen Rechts im Privatrecht nur noch die **Grundlast** (Art. 782 ff. ZGB), die bloß eine Leistung zum Inhalt haben kann, die sich entweder aus der wirtschaftl. Natur des belasteten Grundstücks ergibt oder aus der wirtschaftl. Bedürfnisse des berechtigten Grundstücks bestimmt ist.

**Realpolitik,** eine ihrem eigenen Anspruch nach an den gegebenen polit. Möglichkeiten orientierte Politik, richtet sich an der Interessenlage des eigenen Staates aus unter Berücksichtigung fremder Interessen. R. wendet sich zugleich gegen die Ausrichtung staatl. Handelns an Ideen und ideologisch begründeten Wertvorstellungen, läuft aber damit gleichzeitig Gefahr, in reines Machtdenken oder ideenloses Opportunismus abzugleiten.

Der Begriff R. entstand in der konservativen Gegenströmung der 1850er Jahre gegen die (als gescheitert betrachtete) ›Ideenpolitik‹ der Frankfurter Nationalversammlung. Der Ausdruck R., von Ludwig von Rochau in seiner anonym erschienenen Schrift ›Grundsätze der R. ...‹ (1853) geprägt, wurde bes. auf die Politik O. von Bismarcks angewendet.

**Realpräsenz,** in der christl. Theologie die ›wirkl. Gegenwart‹ Jesu Christi im →Abendmahl. Nach M. Luther verbinden sich Brot und Wein in der →Konsubstantiation kraft der Einsetzungsworte mit Leib und Blut Jesu Christi. J. Calvin und die ref.

Theologie lehnen die Vorstellung einer körperl. Gegenwart ab; im Vollzug des Abendmahls sei CHRISTUS im Hl. Geist gegenwärtig, wobei Brot und Wein als kräftige und wirksame Wahrzeichen zum ›geistl. Genuß‹ gelten. Zur kath. Vorstellung →Eucharistie.

**Realrechte,** mit einem Grundstück verbundene Rechte. Hierzu zählen bes. die Grunddienstbarkeiten des BGB (→Dienstbarkeit). R. nach altem Herkommen, wie Forst- und Weidegerechtigkeit, sind auch nach Erlaß des BGB z. T. erhalten geblieben (Art. 184 Einführungs-Ges. zum BGB). Zu den R. gehören ferner **Realgewerbeberechtigungen** als öffentlich-rechtl., an ein bestimmtes Grundstück geknüpfte Befugnisse zur Ausübung eines Gewerbes (Apotheke, Schankwirtschaft u. a.). Ihre Bedeutung nimmt ab, da ihre Neubegründung unzulässig ist (§ 10 Abs. 2 Gewerbeordnung).

**Realschule,** in der Bundesrep. Dtl. seit dem Hamburger Abkommen von 1964 die einheitl. Bez. für Sekundarschulen, die mit der zehnten Klasse abschließen und eine über die Hauptschule hinausgehende allgemeine Bildung vermitteln. In der R. wird eine Pflichtfremdsprache, in der Regel Englisch, gelehrt; im Wahlpflichtbereich kann eine zweite Fremdsprache oder berufsfeldspezif. Fächerkombination (Sozialwesen, Sozialpädagogik, Wirtschaft, Hauswirtschaft, Technik) gewählt werden. Die R. ist in der Normalform sechs- oder vierklassig (sie schließt an die vier- oder in einigen Ländern sechsjährige Grundschule oder die – in einigen Ländern schulartunabhängige – Orientierungsstufe an), die vierklassige setzt Fremdsprachenunterricht in der fünften und sechsten Klasse der vorher besuchten Schule voraus. Als R. in Aufbauform schließt sie an die siebte Klasse an, wobei keine Fremdsprache vorausgesetzt wird. Abend-R. führen Berufstätige zum R.-Abschluß.

Die R. hat als Vorbereitung auf den Besuch der Fachoberschulen und der höheren Handelsschule sowie als Zugang zum mittleren und gehobenen Dienst ihren Platz; ihr Abschluß (oder ein Äquivalent) ist Voraussetzung für viele Berufsausbildungen. Der Bildungsgang der R. ist als ein in sich abgeschlossenes Curriculum aufgebaut, er wird auch in der Gesamtschule angeboten (Belegung entsprechender Kurse).

*Schweiz:* Die R. ist eine Schule der Sekundarstufe I (10./11.–15./16. Lebensjahr), die in den meisten Kantonen Grundansprüche befriedigt, während die Sekundarschule einen Schultyp mit erweiterten Ansprüchen darstellt (umgekehrt in Basel-Stadt).

*Geschichte:* Die eigentl. Vorläuferform der R. ist die 1872 in Preußen eingerichtete und bis in die Weimarer Zeit fortgesetzte sechsjährige ›Mittelschule‹; Französisch war obligator. Fach und Latein Wahlfach. In dieser ›Mittelschule‹ gingen u. a. verschiedene Lateinschulen und die 1832 eingerichteten ›höheren R. und Bürgerschulen‹ Preußens auf. Da der Bedarf an Unterricht in den für die R. namengebenden ›Realien‹ im 19. Jh. (Industrialisierung, Verstädterung) sowohl Umfang wie Qualität betreffend erheblich anwuchs, waren auch Langformen entstanden, die seit 1882 (Realgymnasium) bzw. 1892 (Oberrealschule) zum Abitur führten. Das Konzept der preuß. ›Mittelschule‹ knüpfte stark an Vorstellungen von K. W. E. MAGER an. Von den Nationalsozialisten auf eine achtjährige Hauptschule reduziert, wurde die ›Mittelschule‹ im Düsseldorfer Abkommen von 1955 wieder aufgegriffen und 1964 als R. eingerichtet.

N. MAASSEN u. W. SCHÖLER: Gesch. der Mittel- u. Realschulpädagogik, 2 Bde. (1960–61); K. FREY: Der Bildungsauftrag der R. (²1969); J. DERBOLAV: Probleme des mittleren Bildungsweges (1970); Wesen u. Werden der R., hg. v. J. DERBOLAW u. a. (⁴1971); Die R., hg. v. H. WOLLENWEBER, 2 Bde. (1979).

**Realsteuern,** →Ertragsteuern.

**Realteil,** *Mathematik:* Zeichen R oder Re, die reelle Zahl $a$ in der komplexen Zahl $z = a + bi$ ($i = \sqrt{-1}$).

**Realteilung,** *Erbrecht:* die gleichmäßige Aufteilung der Erbmasse unter den Erben; der durch R. verursachten Zersplitterung bäuerl. Anwesen sollen →Anerbenrecht und →Höferecht entgegenwirken. – Im *Einkommensteuerrecht* ist R. die reale Aufteilung des Betriebsvermögens einer Personengesellschaft durch Zuweisung der einzelnen Wirtschaftsgüter an die Gesellschafter; sie gilt grundsätzlich als Betriebsaufgabe im Sinne von § 16 Abs. 3 Einkommensteuer-Ges., jedoch haben die Gesellschafter das Wahlrecht, die ihnen zugewiesenen Wirtschaftsgüter in einen Betrieb einbringen zu können und sie mit den bisherigen Buchwerten fortzuführen, wenn die steuerl. Erfassung der stillen Reserven gesichert ist.

**Real|union,** Staatenverbindung, in der zwei völker- und staatsrechtlich selbständige Staaten nicht nur personell durch die Gemeinsamkeit des Staatsoberhaupts (→Personalunion), sondern auch verfassungsrechtlich durch die Gemeinsamkeit leitender Institutionen dauerhaft verbunden sind. Beispiel: Schweden-Norwegen 1814–1905.

**Realwert,** die in einer Sache oder Geldeinheit enthaltene Kaufkraft. Der R. der Geldmenge ergibt sich z. B. aus dem nominalen Geldvolumen in Relation zum Preisniveau.

**Realzeitbetrieb,** engl. **Real-time processing** ['rɪəltaɪm 'prəʊsesɪŋ], *Datenverarbeitung:* der →Echtzeitbetrieb.

**Realzeit|uhr, Echtzeit|uhr,** engl. **Real-time clock** ['rɪəltaɪm klɔk], eine Uhr, entweder als Teil der Zentraleinheit oder als Anschlußgerät, die beim Betrieb eines Computers (Datenverarbeitungsanlage) die genaue Tageszeit so zur Verfügung stellt, daß sie jederzeit von den laufenden Programmen abgefragt werden kann. Eine R. ist wichtig für den →Echtzeitbetrieb sowie für Zwecke des Protokollierens und für Weckfunktionen.

**Reaney** ['reɪnɪ, 'riːnɪ], James Crerar, kanad. Schriftsteller, * South Easthope (bei Stratford, Ontario) 1. 9. 1926; seit 1960 Prof. für engl. Literatur an der University of Western Ontario. – In seinen Gedichten erhebt er die Erinnerung an seine Kindheit und den Lebensrhythmus im ländl. Ontario ins Mythologische (›Twelve letters to a small town‹, 1962; ›The dance of death at London, Ontario‹, 1963). Auch seine Dramen kontrastieren die Welt kindl. Unschuld mit der Erfahrung des Erwachsenen (›The killdeer and other plays‹, 1962; ›Masks of childhood‹, 1972). Seine neueren Stücke wenden sich verstärkt der Lokalgeschichte zu (›The Donnellys‹, Trilogie, 1975–76; ›Wacousta!‹, 1979).

A. LEE: J. R. (New York 1968); Approaches to the work of J. R., hg. v. S. DRAGLAND (Downsview 1983).

**Re|animation, Wiederbelebung,** Maßnahmen zur Wiederherstellung der lebenswichtigen Körperfunktionen bei akutem Herz-Kreislauf-Stillstand und/oder Atemstillstand mit Bewußtlosigkeit, mit denen zur Vermeidung bleibender Hirnschäden möglichst unmittelbar begonnen werden muß. Sie bestehen im Rahmen der Ersten Hilfe im Freimachen der Atemwege, Atemspende und Herzmassage (→Erste Hilfe, ÜBERSICHT). Hierdurch soll zunächst ein Notkreislauf zur Sauerstoffversorgung des Gehirns hergestellt werden. Ergänzende notärztl. Maßnahmen bestehen in Intubation und Sauerstoffbeatmung, ggf. in Beseitigen eines Kammerflimmerns durch Defibrillieren und Überführung in die Intensivstation eines Krankenhauses (→Intensivtherapie).

**Re|animationszentrum, Wiederbelebungszentrum,** Sonderbereich der Intensivpflegestation eines Krankenhauses zur Durchführung der →Inten-

**René-Antoine Ferchault de Réaumur**

**Rebec**

**Rebendolde:** Wasserfenchel (Höhe bis 1,5 m)

**Rebenfallkäfer** (Größe 5–6 mm)

sivtherapie von akut lebensbedrohl. Zuständen bei Schwerkranken, Schwerverletzten oder Vergifteten.
Die R. werden Tag und Nacht im Schichtdienst von einem Team aus Fachärzten und Spezialschwestern (z. B. Anästhesieschwester) betreut. Sie sind mit elektron. Überwachungsanlagen für Atmung und Kreislauf, Maschinen zur künstl. Beatmung, einem Speziallabor zur Blutuntersuchung, einer künstl. Niere, ferner einer Sonderbibliothek und einer Spezialkartei von Giftstoffen (Entgiftungszentrale) ausgerüstet.

**Rea Silvia,** *röm. Mythos:* → Rhea Silvia.

**Re|assekuranz,** die → Rückversicherung.

**Réaumur** [reo'my:r], René-Antoine **Ferchault de** [fɛrˈʃo də], frz. Naturforscher, * La Rochelle 28. 2. 1683, † Schloß Bermondière (bei Saint-Julien-du-Terroux, Dép. Mayenne) 18. 10. 1757; ab 1708 Mitgl. der Académie des sciences in Paris. R. führte u. a. vielseitige physiolog. Experimente an Pflanzen und Tieren durch sowie Untersuchungen über Stahlerzeugung und den schmiedbaren Guß; bes. bekannt ist die von ihm entwickelte R.-Skala (→ Grad Réaumur).

**Rebab,** Streichinstrument, → Rabab.

**Rebbe** [jidd., vgl. Rabbi] *der, -(s)/-s,* jidd. Bez. für den Zaddik im → Chassidismus 2).

**Rebe,** Kurz-Bez. für → Weinrebe.

**Rebec** [rəˈbɛk; arab.-frz.] *das, -s/-s,* **Rubēba** [lat.], ein im 10. Jh. über Spanien und Byzanz (→ Rabab) nach Mitteleuropa gekommenes Streichinstrument. Seit dem 13./14. Jh. setzte sich ein einheitl. Typus durch mit birnenförmigem Korpus, das ohne Absatz in den sich verjüngenden Hals übergeht, hölzerner Decke (früher auch fellbespannt), Griffbrett, das mit Bünden versehen sein konnte, und meist sichelförmigem Wirbelkasten. Das R. hatte zwei bis fünf (meist drei in Quinten gestimmte) Saiten, gelegentlich auch Bordunsaiten.

**Rebekka** [hebr. ribqā, Bedeutung unklar], weibl. Vorname; in der Bibel Labans Schwester, Isaaks Frau (Brautwerbung 1. Mos. 24), die Mutter von Jakob und Esau (1. Mos. 25).

**Rebẹll** [frz., von lat. rebellis, eigtl. ›den Krieg erneuernd‹, zu bellum ›Krieg‹] *der, -en/-en,* jemand, der sich auflehnt; Aufrührer, Aufständischer.

**Rebẹllentaler,** eine besondere Talermünze, die 1595 auf Anordnung des Herzogs HEINRICH JULIUS von Braunschweig-Wolfenbüttel geprägt wurde. Anlaß war der Streit des Herzogs mit versch. adligen Familien seines Landes.

**Rebeln,** *Weinbau:* in Österreich Bez. für → Abbeeren.

**Rebendolde, Wasserfenchel, Oenạnthe,** Gattung der Doldengewächse mit etwa 30 fast weltweit verbreiteten Arten; zweijährige oder ausdauernde Stauden mit zwittrigen, weinartig riechenden Blüten; z. T. Giftpflanzen, deren Gifte in den Tropen zum Fischfang verwendet werden. Eine bekannte Art ist der in stehenden und seichten Gewässern Europas und Asiens verbreitete **Wasserfenchel** (Oenanthe aquatica) mit bis 1,5 m hohem, dickem Stengel, gefiederten Luftblättern und haarfein geschlitzten Wasserblättern.

**Rebenfallkäfer, Schreiber, Adoxus obscurus,** 5–6 mm langer Blattkäfer auf Weidenröschen. Die Unterart Adoxus obscurus villosulus mit rotbraunen, gelb behaarten Flügeldecken lebt in wärmeren Gebieten auf Rebstöcken. Das Fraßbild an Trieben, Blättern und Beeren erinnert an Schriftzeichen. Die Larven ernähren sich unterirdisch von Wurzeln des Rebstocks.

**Rebengewächse,** die → Weinrebengewächse.

**Rebenstecher, Byctiscus betulae,** 5–9 mm langer, metallisch grüner bis blauer Dickkopfrüsselkäfer; die Weibchen drehen zur Eiablage z. B. Weinrebenblätter zu zigarrenförmigen Wickeln.

**Rebenstorf,** Ortsteil der Gem. Lübbow, Kr. Lüchow-Dannenberg, Ndsachs. – In der Gemarkung fand man einen den Langobarden zugeschriebenen Urnenfriedhof, dessen Belegung gegen Ende des 2. Jh. begann. Schalenurnen und zweigliedrige Armbrustfibeln sind typisch für die nach dem Fundort benannte **R.-Stufe** der jüngeren Kaiserzeit (3.–4. Jh.).

**Rebhuhn, Perdix perdix,** zu den → Feldhühnern gehörender, etwa 30 cm langer Hühnervogel, v. a. auf Feldern und Wiesen großer Teile Europas; vorwiegend Samen, Blättchen, Insekten und Würmer fressender Vogel mit dunkelbrauner Oberseite, rotbraunem Schwanz, rostfarbenem Gesicht, grauem Hals, ebenso gefärbter Brust und großem, braunem, hufeisenförmigem Bauchfleck. R. leben paarweise oder, nach gelungener Brut, im Familienverband. Sie sind Standvögel, die in Bodennestern brüten.

**Rebhun, Rebhuhn,** Paul, latinisiert **Paulus Perdix,** Schriftsteller, * Waidhofen an der Ybbs um 1505, † Oelsnitz 1546; war ab 1543 Pfarrer und Superintendent in Oelsnitz und Voigtsberg. Als einer der wichtigsten Vertreter des prot. Schuldramas verwendete R., der mit M. LUTHER und P. MELANCHTHON befreundet war, die Technik des antiken Dramas; bedeutend v. a. ›Ein geistlich Spiel von der Gotfürchtigen und keuschen Frawen Susannen‹ (1536).

*Ausgabe:* Dramen, hg. v. H. PALM (1859, Nachdr. 1969). P. F. CASEY: P. R. A biographical study (Stuttgart 1986).

**Rebirthing** [riˈbəːθɪŋ; engl., zu re... ›wieder‹ und birth ›Geburt‹] *das, -(s),* ein von LEONARD ORR Mitte der 1970er Jahre in den USA begründetes (bisher wissenschaftlich wenig erforschtes) Psychotherapieverfahren im Rahmen der humanist. Therapien; zielt mit Hilfe einer Atemtechnik auf das Wiedererleben früherer Erfahrungen.

**Reblaus, Vite|us vitifoli|i, Phylloxera vastatrix,** Art der Zwergläuse. 1854 in Nordamerika an Wildreben entdeckt, wurde die R. 1863 in England,

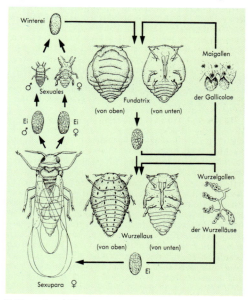

**Reblaus:** Entwicklungszyklus (maßstabsgerecht)

1874 in Frankreich und Dtl. eingeschleppt und ist heute potentieller Weinbaugroßschädling in fast allen Weinbaugebieten der Erde. Zwei Rassen kommen vor: die langrüsselige Form **Viteus vitifolii vitifolii** und die kurzrüsselige Form **Viteus vitifolii vulpinae.**

Die Entwicklung vollzieht sich als Generationswechsel mit Wechsel zw. ober- und unterird. Teilen des Rebstocks. Das am Stamm in einer Ritze abgelegte, befruchtete Winterei liefert im Frühjahr die Stammutter (**Fundatrix**), die durch ihre Saugtätigkeit an Blättern bestimmter Sorten (Amerikanerreben) erbsengroße Gallen verursacht (›Maigallen‹). Ihre ohne Befruchtung (parthenogenetisch) erzeugten Nachkommen, im mitteleurop. Klima bis zu vier Generationen, bleiben in der Mehrzahl zunächst oberirdisch und erzeugen selber Blattgallen (**Blattgallenläuse**, Gallicolae), während der nachfolgenden Generationen vermehrt in die Erde an die Wurzeln wandern (**Wurzelläuse**, Radicicolae), wo sie gallenartige Wucherungen hervorrufen; an jungen Wurzeln sind dies Knötchen (Nodositäten), an älteren Wurzeln Knollen (Tuberositäten). Die Wurzelläuse erzeugen im Spätherbst geflügelte Formen (**Sexupares**), die auf oberird. Pflanzenteile wandern und dort kleinere und größere Eier ablegen, aus denen ungeflügelte Männchen und Weibchen hervorgehen. Nach der Paarung dieser Geschlechtstiere (**Sexuales**) legt jedes Weibchen ein Ei (›Winterei‹) in eine Rindenritze, aus der im Frühjahr die Fundatrix schlüpft.

Die direkte Bekämpfung der R. ist durch Begasung der befallenen Weinberge mit Schwefelkohlenstoff möglich, bringt jedoch wenig Erfolg. Wirksamer und biologisch unbedenklich ist die seit langem praktizierte Verwendung von Pfropfreben mit einer Amerikanerrebe als Unterlage.

*Rechtliches:* Die internat. R.-Konvention von 1881 ist durch das ›Internat. Pflanzenschutzabkommen‹ vom 6. 12. 1951 weitgehend abgelöst worden. In der Bundesrep. Dtl. wird die Bekämpfung der R. auf der Grundlage des Pflanzenschutz-Ges. durch die VO zur Bekämpfung der R. (R.-VO) vom 27. 7. 1988 geregelt, die für die Besitzer von Reben bei R.-Befall u. a. Anzeige- und Bekämpfungspflichten normiert.

**Reble,** Albert, Erziehungswissenschaftler, * Magdeburg 20. 8. 1910; 1946–49 Prof. in Halle/Saale, ab 1954 in Bielefeld, ab 1961 in Münster, seit 1962 in Würzburg, bearbeitet in geistes- und sozialwissenschaftl. Sicht bes. die Geschichte der Pädagogik, Schulfragen und Probleme der Lehrerbildung.
*Werke:* Schleiermachers Kulturphilosophie (1935); Theodor Litt (1950); Gesch. der Pädagogik (1951); Lehrerbildung in Dtl. (1958); Gesamtschule im Widerstreit (1981); Hugo Gaudig (1989). – *Hg.:* Gesch. der Pädagogik. Dokumentations-Bd., 2 Tle. (1971).

**Rebner,** Adolf Franklin, österr. Violinist, * Wien 21. 11. 1876, † Baden-Baden 19. 6. 1967; war 1. Violinlehrer am Hoch'schen Konservatorium in Frankfurt am Main und Primarius eines nach ihm benannten Streichquartetts, in dem P. HINDEMITH (bis 1921) die Bratsche spielte.

**Rebora,** Clemente, italien. Lyriker, * Mailand 6. 1. 1885, † Stresa (Prov. Novara) 1. 11. 1957; Lehrer; stand dem Kreis der Zeitschrift ›La Voce‹ nahe, in der er seine ersten Gedichte (›Frammenti lirici‹, 1913) veröffentlichte. Unter dem Eindruck des Ersten Weltkriegs wandte er sich u. a. buddhist. Gedankengut zu (›Canti anonimi‹, 1922). 1931 trat er in das Kloster der Rosminianer in Stresa ein. Seinen geistigen Werdegang beschrieb er in ›Curriculum vitae‹ (1955).
N. SARALE: Dall'ateismo alla mistica. C. R. (Neapel 1981); F. CENTOFANTI: Il segreto del poeta. C. R., la santità che compie il canto (Mailand 1987).

**Rebreanu,** Liviu, rumän. Schriftsteller, * Tîrlișiua (Kr. Bistrița-Năsăud, Siebenbürgen) 27. 11. 1885, † (Selbstmord) Valea Mare (Kr. Argeș) 1. 9. 1944. Vom Naturalismus geprägt, schildert R. in seinen Dorfromanen ›Ion‹ (2 Bde., 1920; dt. ›Die Erde, die trunken macht‹, auch u. d. T. ›Mitgift‹) und ›Răscoala‹ (1932; dt. ›Der Aufstand‹) eine von sozialen Gegensätzen beherrschte und durch die Triebhaftigkeit der Individuen ständig bedrohte bäuerl. Gesellschaft.
*Weitere Werke: Romane:* Pădurea spînzuraților (1922; dt. Der Wald der Gehenkten); Adam și Eva (1925; dt. Adam u. Eva); Ciuleandra (1927).

**Rebsorten,** die Sorten der Edelrebe (→Weinrebe).

**Rebstock,** die Echte →Weinrebe.

**Rebus** [frz., von lat. (de) rebus (quae geruntur) ›(von) Sachen (die sich ereignen)‹] *der* oder *das, -/-se,* das →Bilderrätsel.

**Recall** [rɪˈkɔːl, ˈriːkɔːl, engl. ›Rückruf‹] *der, -(s),* verfassungspolit. Begriff, bezeichnet die (jederzeit mögl.) Abberufung des Inhabers eines Wahlamtes durch die entsendende Wahlkörperschaft (z. B. durch die Wählerschaft); kennzeichnend bes. für das Rätesystem; zielt auf die ständige Kontrolle der Gewählten durch die Wähler. In den Verf. repräsentativer Demokratien ist die Möglichkeit des R. oft als plebiszitäres Element eingebaut, so z. B. in den Verf. zahlreicher Einzelstaaten in den USA.

**Récamier** [rekaˈmje], Jeanne Françoise Julie Adélaïde, geb. **Bernard** [bɛrˈnaːr], frz. Schriftstellerin, * Lyon 4. 12. 1777, † Paris 11. 5. 1849; unterhielt einen literarisch-polit. Salon, der zeitweise Treffpunkt der Gegner NAPOLÉON BONAPARTES war. Nach ihrer Rückkehr aus der Verbannung (1811–14) war ihr Salon Treffpunkt der Anhänger der Restauration. Madame R. war befreundet mit Madame DE STAËL, B. CONSTANT DE REBECQUE und v. a. mit F. R. DE CHATEAUBRIAND.

**Recamiere** [rekaˈmjɛːrə] *die, -/-n,* nach Madame RÉCAMIER benannte Liege des Directoire mit zwei seitlich angebrachten gleich hohen, nach außen geschwungenen Lehnen.

**Rebhuhn**
(Männchen; Größe etwa 30 cm)

Recamiere: Ölgemälde ›Madame Récamier‹ von Jacques-Louis David; 1800 (Paris, Louvre)

**Receiver** [rɪˈsiːvə; engl. ›Empfänger‹] *der, -s/-,* eine Kombination (Baugruppe) aus Radioempfangsteil (Tuner) und Verstärker (ohne Lautsprecher).

**Receptaculum seminis** [lat.], *Zoologie:* die →Samentasche.

**Recessus** [zu lat. recedere, recessum ›zurücktreten‹, ›zurückweichen‹] *der, -/-, Anatomie:* Vertiefung, Mulde, Einbuchtung (z. B. in einem Organ oder zw. benachbarten Organen).

**Rechabiter** [hebr.], **Rekabiter,** im A. T. eine von JONADAB BEN REKAB im 9. Jh. v. Chr. gegründete Gemeinschaft, die sich durch ihre kulturlandfeindl. und nomad. Lebensform (Verbot des Weintrinkens, des

**Rech**  Rechaud – Rechenschaftslegung

**Rechenmaschinen:** Staffelwalzenmaschine von Gottfried Wilhelm Leibniz; 1693 (Hannover, Niedersächsische Landesbibliothek)

Haus- und Ackerbaus, Wohnen in Zelten; Jer. 35) auszeichnete.

**Rechaud** [rəˈʃoː; frz., zu réchauffer ›(wieder) erwärmen‹] *der* oder *das, -s/-s,* 1) durch Kerze oder Spiritusbrenner beheiztes Gerät oder elektrisch beheizte Platte zum Warmhalten von Speisen und Tellern; 2) *süddt., österr.* und *schweizer.* für: (Gas-)Kocher.

**Rech|eis,** Käthe, österr. Schriftstellerin, \* Engelhartszell (Oberösterreich) 11. 3. 1928; thematisiert in ihren Kinder- und Jugendbüchern v. a. die Kultur der Indianer, die ihr als Chiffre für die Sehnsucht des Menschen nach Einklang mit der Natur dient (›Kleiner Adler und Silberstern‹, 1961; ›Die Hunde Wakondas‹, 1964; ›Kleiner Bruder Watomi‹, 1974).

**Rechen** [ahd. rehho, zu (be)rehhan ›zusammenscharren‹], **1)** *Landwirtschaft:* **Harke,** Handgerät oder Maschine zum Sammeln von Halmgut oder Blättern in Haufen oder Schwaden.
**2)** *Technik:* Rost oder Gitter vor den Einläufen von Rohrleitungen, Kraftwerken und Wasserentnahmen zum Zurückhalten sperriger Feststoffe.

**Rechen|anlage,** andere Bez. für Datenverarbeitungsanlage (→Datenverarbeitung, →Computer).

**Rechenblume, Symplocos,** Gattung der R.-Gewächse mit über 300 Arten in den Tropen und Subtropen (nicht in Afrika und Vorderasien). Eine bekannte Art ist die in Japan, China und im Himalayagebiet vorkommende **Saphirbeere** (Symplocos paniculata, Symplocos crataegoides); Strauch (in Kultur selten über 3 m und nur sommergrün) mit 3–7 cm langen, scharf gesägten Blättern und weißen Blüten in 4–8 cm breiten Rispen; ähnlich wie Weißdorn duftend; Steinfrüchte saphirblau gefärbt, in großen Fruchtständen; Zierstrauch für geschützte, warme Standorte.

**Rechenblumengewächse, Symplocaceae,** Familie zweikeimblättriger Pflanzen in den Tropen und Subtropen; Bäume oder Sträucher mit schraubig angeordneten, einfachen, gelbgrünen Blättern, radiären Blüten und Steinfrüchten; einzige Gattung →Rechenblume.

**Rechenbrett,** dt. Bez. für den →Abakus 3).

**Rechen|element,** bei Analogrechnern ein Grundbaustein zur Realisierung einer mathemat. Operation, mit i. d. R. einem oder mehreren Eingängen und einem Ausgang. Zentraler Bestandteil ist gewöhnlich ein →Operationsverstärker mit entsprechendem Eingangs- und Rückführungsnetzwerk.

**Rechenmaschinen,** Rechengeräte, die die vier Grundrechenarten (**Vierspeziesmaschinen**) oder nur Addition und Subtraktion (**Additions-, Addiermaschinen**) ausführen. Nach der Art des Antriebs unterscheidet man **Hand-R.** und **elektrische R.** (mit Elektromotor). Nach der Art der Getriebeelemente, mit denen die in die Tastatur eingegebenen Zahlen die entsprechende Schaltung der Mechanik bewirken, unterscheidet man **Proportionalhebelmaschinen** (mit Zahnstangen), **Sprossenradmaschinen** (Zahnräder mit versenkbaren Zähnen) und **Staffelwalzenmaschinen** (Walzen mit achsenparallelen Rippen unterschiedl. Länge).

*Geschichte:* Der Tübinger Prof. W. SCHICKARD entwarf 1623–24 die erste mechan. R. Sie besaß ein sechsstelliges Zählwerk für Addition und Subtraktion. Die älteste erhaltene R., eine reine Addiermaschine, stammt von B. PASCAL, der sie 1640–45 entwickelte. Sie inspirierte G. W. LEIBNIZ zu eigenen Entwürfen (ab 1671). Die Leibnizsche R. besaßen einen verschiebbaren Schlitten und die Staffelwalze, so daß auch Multiplikationen und Divisionen damit ausgeführt werden konnten (**Multiplikationsmaschinen**). Diese Grundform der mechan. R. hat sich bis in die jüngste Vergangenheit erhalten. – Der italien. Marchese G. POLENI (\* 1685, † 1761) erfand um 1709 das Sprossenrad; dieses Element benutzte A. BRAUN für seine Dosen-R. (1727). Die von dem Pfarrer P. M. HAHN konstruierte R. wurde ab 1780 in größeren Stückzahlen hergestellt. C. BABBAGE plante 1832 eine mechan. R. mit Lochbandsteuerung (›Analytical engine‹); seine Idee setzte sich jedoch erst ab 1890 mit dem Siegeszug der Lochkarte (H. HOLLERITH) durch. R. wurden von Computern, Taschenrechnern und anderen elektron. Hilfsmitteln weitgehend abgelöst.

**Rechenpfennig, Raitpfennig, Raitgroschen, Jeton** [ʒəˈtɔ̃, frz.], seit dem Hoch-MA. verwendete münzähnl. Prägungen, die zum Rechnen (Raiten) auf der Linie (→Abakus 3) verwendet wurden. Die R. wurden aus Kupfer oder Messing hergestellt und seit dem 15. Jh. im Aussehen z. T. den Münzen angeglichen, z. B. dem Apfelgulden. Zentrum der R.-Schläger war Nürnberg. Von hier aus wurden große Teile Europas mit R. beliefert.

**Rechenschaftslegung, Rechnungslegung,** Mitteilung einer geordneten Zusammenstellung von Einnahmen und Ausgaben, verbunden mit der Vorlage der dazugehörigen Belege (§ 259 BGB). Zur R. ist verpflichtet, wer (zumindest auch) fremde Angelegenheiten zu besorgen hat, also z. B. der Beauftragte (§ 666 BGB), der Vormund (§ 1890 BGB), der Vorerbe (§ 2130 Abs. 2 BGB) oder der Testamentsvollstrecker (§ 2218 BGB). Die Pflicht zur R. kann sich auch aus dem allgemeinen Grundsatz von Treu und Glauben (§ 242 BGB) ergeben. Besteht der begründete Verdacht, daß die Angaben nicht mit der erforderl. Sorgfalt gemacht worden sind, hat der zur R. Verpflichtete, wenn es sich nicht um Angelegenheiten von geringer Bedeutung handelt, auf Verlangen eidesstattlich zu versichern, daß er ›nach bestem Wissen die Einnahmen so vollständig angegeben habe, als er dazu imstande sei‹. Die R. kann klageweise durchgesetzt werden, unter Umständen in einer →Stufenklage. Mit der Pflicht zur R. verwandt sind die Auskunftspflicht und die Publizitätspflicht.

Ähnl. Regelungen durchziehen auch das *österr.* Recht, z. B. die R. der Mitgl. einer Erwerbsgesellschaft (§§ 1198 ff. ABGB). In der *Schweiz* trifft den

Rechenpfennig aus Nürnberg (17. Jh.; Durchmesser 28 mm)

Vorderseite

Rückseite

Arbeitnehmer gegenüber dem Arbeitgeber die Pflicht zur R. über seine Tätigkeit (Art. 321 b OR).

Im betriebl. Rechnungswesen sind Kaufleute vielfältigen R.-Vorschriften insbesondere des HGB unterworfen. Im HGB wird zw. Vorschriften für alle Kaufleute (§§ 238 ff.), ergänzenden Vorschriften für Kapitalgesellschaften (§§ 264 ff.) und Vorschriften für Konzerne bestimmter Rechtskonstruktion (§§ 290 ff.) unterschieden. Die R. des Kaufmannes besteht aus dem Jahresabschluß, bei Kapitalgesellschaften ergänzt um einen Lagebericht. In einigen Fällen (z. B. Kapitalgesellschaften, die eine bestimmte Größe überschreiten, und polit. Parteien) ist die Prüfung der R. (→Prüfung des Abschlusses) gesetzlich vorgeschrieben. Teils wird durch Gesetz eine Offenlegung bzw. Veröffentlichung der R. verlangt. Für andere Konzernunternehmen und Unternehmen bestimmter Größe gelten ähnl. Vorschriften des Publizitätsgesetzes.

**Rechenscheibe, Rechen|uhr,** nach dem Prinzip des Rechenschiebers arbeitendes Rechengerät mit kreisförmigen, konzentrisch angeordneten Skalen.

**Rechenschieber, Rechenstab,** ein früher weitverbreitetes Rechenhilfsmittel, das auf den Regeln des logarithm. Rechnens beruht, mit dessen Hilfe Multiplikation und Division auf Addition bzw. Subtraktion zurückgeführt werden. Der R. besteht im wesentlichen aus Stabkörper, Zunge und Läufer. Sollen z. B. zwei Zahlen $a$ und $b$ miteinander multipliziert werden, so wird die 1 der Zunge über die Zahl $a$ auf dem Stabkörper eingestellt. Mit Hilfe des Läufers läßt sich dann unter der Zahl $b$ der Zunge auf dem Stabkörper das Ergebnis ablesen. Analog wird die Division durchgeführt. Auch Potenzieren und Wurzelziehen sind mit dem R. möglich. Alle diese Rechnungen werden ohne Rücksicht auf die Stellenzahl durchgeführt. Heute sind R. fast völlig durch Taschenrechner verdrängt worden.

*Geschichte:* Schon bald nach der Publikation der Logarithmen durch J. NAPIER (1614) entwickelte der engl. Mathematiker und Geodät EDMUND GUNTER (*1581, †1626) eine Vorform des R., die noch keine Zunge besaß (die Strecken wurden mit Hilfe eines Stechzirkels angetragen). Die Idee, zwei frei gegeneinander verschiebbare logarithm. Skalen zu verwenden, geht auf W. OUGHTRED (1621) zurück. Die moderne Form des R. wurde von dem Engländer SETH PARTRIDGE (*1603, †1686) vorgeschlagen. R. wurden urspr. fast ausschließlich von See- und Kaufleuten verwendet; erst mit J. WATT hielten sie ihren Einzug in die Technik. Der von MAX RIETZ (*1872, †1956) entwickelte System-R. fand weite Verbreitung.

L. JERRMANN: Die Gunterscale. Vollständige Erklärung der Gunterlinien u. Nachweis ihrer Entstehung, ... (1888); F. A. WILLERS: Mathemat. Instrumente (Neuausg. 1943).

**Rechenschwäche, Dyskalkulie,** Leistungsversagen beim Rechnen, das bei einem sonst durchschnittl. bis überdurchschnittl. Leistungsniveau des Schülers auftritt; die Gründe sind nicht immer in einem speziellen Begabungsmangel zu suchen.

**Rechentafeln,** tabellierte Aufstellungen von Zahlen (z. B. Quadrate, Kehrwerte) zur Erleichterung des Rechnens. R. waren seit der Antike geläufig; große Bedeutung erlangten Tafeln der trigonometr. Funktionen (Vorformen schon in der Spätantike, z. B. Sehnentafeln des C. PTOLEMÄUS) und ab dem 17. Jh. Logarithmentafeln.

**Rechen|uhr,** die →Rechenscheibe.

**Rechen|unterricht,** einer der zentralen Unterrichtsgegenstände der Grund-, Haupt- und Berufsschule und des →Mathematikunterrichts v. a. der 5. und 6. Klasse von Realschule, Gymnasium und Gesamtschule. In vielen Städten fand der R., noch bevor es eigentl. Volksschulen gab, Pflege in besonderen Rechenschulen; diese wurden von Rechenmeistern geleitet (z. B. A. RIES). Der R. behandelt das Zahlensystem, die vier Grundrechnungsarten, das Reinzahl- und Sachrechnen, das Ganzzahl- und Bruchrechnen, die Prozentrechnung (›bürgerl. Rechnungsarten‹). Hilfsmittel sind Anschauungsmaterialien aller Art, z. B. (Cuisinière-)Stäbchen, Bilder, Rechenapparate. Der R. sucht an das natürl. Zahlbewußtsein anzuknüpfen und entwickelt dieses unter schrittweiser Erweiterung des betrachteten Zahlenbereichs (bis 20, 100, ...) bis zum Zahlensystembewußtsein und operativen Können. Während früher die formale Beherrschung der Rechentechniken und ihre geläufige Anwendung auf Probleme des tägl. Lebens als Hauptziel des R. galten, wird heute der elementare R. als Hinführung zum mathemat. Denken verstanden.

J. PIAGET u. A. SZEMINSKA: Die Entwicklung des Zahlbegriffs beim Kinde (a. d. Frz., Neuausg. 1975). – Weitere Lit. →Rechnen.

**Rechenverstärker,** der →Operationsverstärker.

**Rechenwerk,** *Datenverarbeitung:* ein wesentl. Bestandteil der →Zentraleinheit eines Computers.

**Rechenzentrum,** Bez. für eine Organisationseinheit, durch die der Betrieb von Datenverarbeitungsanlagen oder -systemen zusammengefaßt wird, die einer größeren Zahl von Benutzern zugänglich sind. Nach Art der Inanspruchnahme lassen sich versch. Arten von Benutzern unterscheiden: **betriebliche R.** sind Teil eines Unternehmens und i. a. nur diesem zugänglich; **Gemeinschafts-R.** entstehen durch Zusammenarbeit mehrerer (meist kleinerer oder mittlerer) Unternehmen oder Behörden, mit dem Vorteil der besseren Ausnutzung vorhandener Kapazitäten; **Dienstleistungs-R.** sind von ihren Benutzern organisatorisch i. a. unabhängig und bieten ihre Dienste allen Interessenten an; von diesen drei Arten von R., bei denen meist Termin- und Routineaufgaben mit großen zu bewältigenden Datenmengen vorherrschen, unterscheiden sich R. in Hochschulen und Forschungsstätten dadurch, daß bei ihnen meist rechenintensive Aufgaben und Testläufe im Vordergrund stehen. Nach der Art des Benutzerzugangs unterscheidet man →Closed shop 1) und →Open shop 1).

**Recherche** [rə'ʃɛrʃə; frz., zu *rechercher,* eigtl. ›noch einmal (auf)suchen‹] *die, -/-n, Journalismus:* die Nachforschung und Ermittlung neuer Tatsachen oder Ereignisse aufgrund vermuteter oder teilweise bekannter Zusammenhänge und/oder die Prüfung vermuteter oder bekannter Ereignisse auf ihre Authentizität. Der Anspruch auf umfassende R. kann im Widerstreit mit rechtl. und eth. Erfordernissen stehen. (→Journalismus, →Pressefreiheit)

M. HALLER: Recherchieren (³1989).

**Rechnen** [ahd. *rehhanōn,* urspr. ›ordnen‹], die Verknüpfung von Zahlen durch Addition und Multiplikation und deren Umkehrungen Subtraktion und

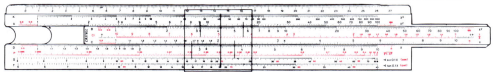

**Rechenschieber** mit zusätzlichen Skalen zur Errechnung einiger spezieller, zum Beispiel trigonometrischer Funktionen

Division, mit allen Folgerungen, unter Befolgung der Rechengesetze und -regeln; in der Mathematik in erweitertem Sinne Operationen, die nach einem häufig auftretenden, festgelegten Verfahren (einem ›Kalkül‹) durchgeführt werden. Man sagt z. B., daß für die Unbestimmten $a$ und $b$ das Quadrat $(a + b)^2$ sich zu $a^2 + 2ab + b^2$ ›berechnen‹ läßt. Auch die beim Differenzieren auftretenden Prozesse faßt man zur Differentialrechnung zusammen. Ähnlich die Integral-, Matrizen- und Operatorenrechnung.

*Geschichte:* Zählen und R. reichen in schriftlose Zeit zurück. Bei allen Kulturvölkern finden sich in ihren schriftl. Überlieferungen schon hochentwickelte Zahlensysteme (v. a. das babylon. →Sexagesimalsystem) und (schriftl.) Rechenverfahren. Soweit letztere nicht für astronom. und techn. Zwecke, sondern von Beamten oder Kaufleuten benutzt wurden, blieben alte und einfache Rechentechniken bis zum Beginn der Neuzeit gebräuchlich. Dabei fanden neben dem Fingerrechnen als Rechenhilfsmittel der Abakus (das Rechenbrett) und Zahlentafeln (pythagoreische Tafeln, Tafeln mit Zerlegungen von Brüchen in Summen von Stammbrüchen) Verwendung sowie das auswendig gelernte Einspluseins und Einmaleins.

Erst durch die Bekanntschaft mit den ind. Ziffern (→arabische Ziffern) einschließlich der Null und durch Übernahme der ind. Positionsschreibweise machte die Technik des Zahlen-R. auch im Abendland Fortschritte. Die Vertreter der neuen, erst langsam in die wiss. Mathematik eindringenden Rechentechnik hießen **Algorithmiker** im Unterschied zu den mit dem Rechenbrett operierenden **Abacisten.** Einer der ältesten abendländ. Algorithmiker ist L. Fibonacci; sein ›Liber abaci‹ (1202) ist das älteste europ. Lehrbuch des R. mit arab. Ziffern unter Berücksichtigung kaufmänn. Bedürfnisse. Von Italien aus drang das R. mit ind.-arab. Ziffern in die Kaufmannskontore anderer europ. Länder ein und wurde von städt. Rechenmeistern gelehrt. Mit der Einführung der Dezimalbrüche (anstelle der Sexagesimalbrüche) durch S. Stevin Ende des 16. Jh. waren die Rechenbedürfnisse des Alltags praktisch befriedigt. Die Erfindung der Logarithmen durch J. Bürgi, J. Napier und H. Briggs zu Beginn des 17. Jh. erleichterte v. a. die astronom. und geodät. Rechnungen und ermöglichte die Einführung des →Rechenschiebers. Die Entwicklung der →Rechenmaschinen stellt den ersten Versuch dar, geistige Tätigkeit durch Maschinen ausführen zu lassen. Tiefgreifende Änderungen der Rechenpraxis brachte die Entwicklung des Computers und anderer elektron. Rechenanlagen sowie des Taschenrechners mit sich. (→Rechenunterricht)

S. Günther: Gesch. des mathemat. Unterrichts im dt. MA. bis zum Jahre 1525 (1887, Nachdr. 1969); F. Unger: Die Methodik der prakt. Arithmetik in histor. Entwicklung vom Ausgange des MA. ... (1888); H. Grosse: Histor. Rechenbücher des 16. u. 17. Jh. u. die Entwicklung ihrer Grundgedanken bis zur Neuzeit (1901, Nachdr. 1965); K. Menninger: Zahlwort u. Ziffer, 2 Bde. (1957–58, Nachdr. 1979, 1 Bd.); J. Tropfke: Gesch. der Elementarmathematik, Bd. 1 (⁴1980); U. Wagner: Das Bamberger Rechenbuch von 1483 (Berlin-Ost 1988); G. Ifrah: Universalgesch. der Zahlen (a. d. Frz., Neuausg. ²1991).

**Rechner,** *allg.* Bez. für ein Gerät zur Ausführung von Rechenoperationen; meist im Sinne von ›elektron. Datenverarbeitungsanlage‹ verwendet, oft auch in Zusammensetzungen wie Groß-R. und Taschenrechner.

**rechnergestützte Kartographie,** engl. **Computer assisted cartography** [kəmˈpjuːtə əˈsɪstɪd kaːˈtɔgrəfi], Abk. **CAC** [siːeːˈsiː], die Herstellung und Aktualisierung von Landkarten mittels elektron. Datenverarbeitung. Dabei unterscheidet man z. w. Vektordatenverarbeitung (Vektorgraphik, engl. Computer graphics) und Rasterdatenverarbeitung (Rastergraphik, engl. Image processing). Vektordaten sind z. B. geometr. Geländeaufnahmen, gekennzeichnet durch räuml. Koordinaten; Rasterdaten sind z. B. Fernerkundungs- und photogrammetr. Aufnahmen, die in Rasterpunkte (Pixel) zerlegt sind. Durch die Verwendung der ›hybriden‹ graph. Datenverarbeitung lassen sich sowohl Vektor- als auch Rasterdaten gleichzeitig verarbeiten, z. B. auf dem Bildschirm graphisch darstellen.

Bei der Datenausgabe werden die digitalisierten Daten wieder in eine graph. (analoge) Form umgewandelt und über Ausgabegeräte (z. B. Plotter), ausgezeichnet. Bei einer einfachen Form der Wiedergabe, mittels Zeilendrucker, erhält man Printerkarten: Drucke mit relativer Linienführung und Farbwiedergabe, z. B. für statist. Zwecke.

**Rechnersimulation,** die →Simulation bestimmter Aspekte des Verhaltens eines kybernet. Systems (→Kybernetik) mit Hilfe einer analogen (→Analogrechner) oder digitalen (→Digitalrechner) Rechenanlage. Das auf diese Weise realisierte →Modell 5) kann, je nach dem Umfang, in dem es gleiche oder ähnl. Funktionseinheiten enthält wie das zu simulierende System und diesem dadurch gleicht, sehr abstrakt (z. B. ein Rechenprogramm) oder realitätsnah sein (z. B. ein Flugsimulator).

**Rechnerverbund, Rechnernetz,** Bez. für →Multicomputersysteme, die aus mehreren Rechenanlagen bestehen und durch ein →Netz 3) verbunden sind (→Computerverbundnetz). Die Rechner in einem R., deren Betriebsmittel für die Bearbeitung von Aufträgen eingesetzt werden können, werden als **Arbeitsrechner (Host-Rechner, Host-Computer, Wirtsrechner)** bezeichnet.

**Rechnitz,** Markt-Gem. im Bez. Oberwart, im südl. Burgenland, Österreich, 348 m ü. M., an der ungar. Grenze, (1991) 3 500 Ew., am S-Fuß des Geschriebensteins (Günser Gebirge), am Hirschenstein Landespflegeheim; Bekleidungsindustrie; Weinbau, nördl. Endpunkt der Pinkataler Weinstraße.

**Rechnung,** *allg.* jedes Verfahren, bei dem die Rechenkunst Anwendung findet (Berechnung); übertragen auch Planung und Kalkulation; im *Wirtschaftsleben* eine zergliederte, i. d. R. schriftl. Aufstellung über eine Geldforderung als Entgelt für eine Warenlieferung oder sonstige Leistung (Faktura); **offene R.,** eine noch nicht abgeschlossene oder beglichene R.; in der *Buchführung* die Aufstellung von Einnahmen und Ausgaben sowie die Berechnung von Soll und Haben im Rahmen des Kontokorrents (**laufende R.**).

**Rechnungs|abgrenzung,** Buchungen im Rahmen der Aufstellung des Jahresabschlusses, die der periodengerechten Erfolgsermittlung (z. B. bei Mieten und Zinsen) dienen. Man unterscheidet die **transitorische R.,** bei der die Erfolgsneutralisation von Einnahmen (Ausgaben), die noch keine Erträge (Aufwendungen) darstellen, erfolgt (z. B. im voraus vereinnahmte oder gezahlte Mieten), und die **antizipative R.,** welche die erfolgswirksame Erfassung von Erträgen (Aufwendungen), die noch nicht zu Einnahmen (Ausgaben) geführt haben, sicherstellt (z. B. noch zu zahlende oder zu vereinnahmende Mieten für ein vergangenes Rechnungsjahr). In der Bilanz werden die transitor. R. in einem eigenen aktiven und passiven **R.-Posten** ausgewiesen. Die antizipativen R.-Posten werden in der Bilanz über die sonstigen Forderungen oder die sonstigen Verbindlichkeiten abgegrenzt. Transitor. R.-Posten werden zum Zeitpunkt der Erfolgswirksamkeit gegen das entsprechende Erfolgskonto und antizipative R.-Posten zum Zeitpunkt der Zahlung gegen das entsprechende Zahlungskonto aufgelöst.

**Rechnungs|einheit,** Abk. **RE,** die Einheit, in der Werte und Preise ausgedrückt werden. Sie stimmt für ein Land i. a. überein mit der Münz- und Währungseinheit. Im überregionalen und internat. Wirtschaftsverkehr ist die R. die gemeinsame Verrechnungsgröße über den beteiligten Einzelwährungen. So wurde für den Haushalt der EWG 1960 eine Haushalts-R. mit einem Goldgehalt von 0,88867088 g Feingold eingeführt (entsprechend der Parität des Internat. Währungsfonds für den US-$). Die Verwendung dieser R. in den Agrarmarktordnungen der EG führte dazu, daß bei Aufwertungen die Preise in Inlandswährung gesenkt, bei Abwertungen erhöht werden mußten. Um dies zu vermeiden, wurden seit 1973 besondere Umrechnungskurse (grüne Paritäten) angewandt (→Grenzausgleich). Im April 1975 wurde die **Europäische R.** (Abk. **ERE**, auch **EUR**, engl. **European Unit of Account**, Abk. **EUA**) geschaffen, deren jeweiliger Wert auf dem gewogenen Mittel der Währung der damals neun EG-Staaten beruhte (Währungskorb-R.). Die →Europäische Währungseinheit löste im Rahmen des am 13. 3. 1979 eingeführten Europ. Währungssystems die ERE ab.

**Rechnungshof,** unabhängige, mit der Rechnungsprüfung betraute Behörde im Rang einer obersten Bundes- (→Bundesrechnungshof) bzw. Landesbehörde. Im Absolutismus konzipiert, ist sie erst im späten 19. Jh. näher an die Parlamente herangeführt worden und kann heute als Organ der Finanzkontrolle bezeichnet werden.

In *Österreich* ist der R. zur Überprüfung der Finanzgebarung des Bundes, der Länder, der Gemeindeverbände, der Gemeinden und anderer durch Gesetz bestimmter Rechtsträger berufen. Er ist ein von der Exekutive unabhängiges Organ des Nationalrats (in Bundesangelegenheiten) bzw. der Landtage (Art. 121 ff. Bundes-Verfassungs-Ges.).

In der *Schweiz* nimmt die Eidgenöss. Finanzkontrolle als oberstes Fachorgan der Finanzaufsicht im Bund die Aufgaben eines R. wahr. Sie ist im Rahmen der gesetzl. Vorschriften unabhängig.

**Rechnungsjahr,** Zeitraum, für den Rechnung gelegt wird (→Rechenschaftslegung); in der Betriebswirtschaftslehre Geschäftsjahr, in der öffentl. Finanzwirtschaft Haushaltsjahr genannt. In Dtl. gilt i. d. R. das Kalenderjahr als Rechnungsjahr.

**Rechnungslegung,** die →Rechenschaftslegung.

**Rechnungsmünze,** Währungs- und Rechnungseinheit, die nicht (oder nicht mehr) als Geldstück ausgeprägt wurde, sondern nur der Rechenvereinfachung diente. Der Schilling des karoling. Münzsystems war z. B. bis in das 13. Jh. eine reine R. zu 12 Pfennigen und das Pfund eine R. zu 20 Schillingen = 240 Pfennige. Auch die Mark war eine R., bis sie im Wend. Münzverein zu Beginn des 16. Jh. als Geldstück auch geprägt wurde. Es gab jedoch auch den umgekehrten Weg, bei dem aus einem real vorhandenen Geldstück eine R. wurde. Der Meißn. Gulden z. B. wurde als Goldmünze im Wert von 21 Zinsgroschen (seit 1498) noch in der ersten Hälfte des 15. Jh. in Leipzig geprägt. Als jedoch der Wert des Talers auf 24 Groschen erhöht wurde (1542), blieb der Meißn. Gulden eine R. zu 21 Groschen als Rechnungsgrundlage für Schenkungen, Renten, Steuerschätzungen u. a. (bis Anfang des 19. Jh.).

**Rechnungsprüfung,** 1) *Betriebswirtschaftslehre:* die Kontrolle der Ein- und Ausgangsrechnungen hinsichtlich Liefermengen, Preisstellung und rechner. Richtigkeit; ist zu unterscheiden von der Rechnungslegungsprüfung, der →Prüfung des Abschlusses.
2) *Finanzwissenschaft:* die Überwachung der Haushalts- und Wirtschaftsführung einer mittelverwaltenden Stelle durch ein Kontrollorgan (z. B. R.-Amt) bzw. der Regierungen durch die gesetzgebenden Körperschaften mit Unterstützung durch die Rechnungshöfe. (→Bundesrechnungshof, →Finanzkontrolle)

**Rechnungswesen,** jede laufende, geordnete ziffernmäßige Erfassung wirtschaftl. Vorgänge. Das R. wird unterteilt in ein **gesamtwirtschaftliches R.** (→volkswirtschaftliche Gesamtrechnung, →umweltökonomische Gesamtrechnung) und ein **einzelwirtschaftliches R.,** das für Haushaltungen (Haushaltsrechnung) und für Betriebe (betriebl. R.) geführt werden kann.

Das **betriebliche R.** dient der Abbildung von Vorgängen und Zuständen des Wirtschaftsgeschehens in Unternehmen und zw. Unternehmen und Umwelt in einem System von Zahlen nach Menge und/oder Wert in Plan-, Soll- oder Ist-Größen. Die Aufgaben des betriebl. R. liegen in der Vorbereitung von Entscheidungen (Dispositionsfunktion), der Rechenschaftslegung (Dokumentationsfunktion) sowie der Überwachung (bes. der Wirtschaftlichkeit, Kontrollfunktion) und Lenkung des Unternehmensgeschehens (Steuerungsfunktion). Die Informationen des betriebl. R. können an Adressaten im Unternehmen (z. B. Unternehmensleitung, Controlling) oder außerhalb des Unternehmens (z. B. Gesellschafter, Kreditgeber) gerichtet sein. Daraus leitet sich die Einteilung in ein **internes R.** (z. B. Kosten- und Leistungsrechnung, Investitionsrechnung) und ein **externes R.** (z. B. Finanzbuchführung und Jahresabschluß) ab. Verbreitet ist die traditionelle Einteilung in Finanzbuchführung, Kostenrechnung, Betriebsstatistik und Vergleichsrechnung sowie Planungsrechnung.

Als weiteres Gliederungskriterium kann der Zielbezug der Rechnung herangezogen werden. Hier sind bes. Vermögens-, Gewinn- und Liquiditätsziele zu nennen. Die Finanzbuchführung erfaßt Bestandsveränderungen und Bestände (→Bilanz) sowie Erfolge (→Gewinn-und-Verlust-Rechnung) nach handels- bzw. steuerrechtl. Vorschriften, während Kosten- und Leistungsrechnung sowie die Investitionsrechnung der kurz- und langfristigen Gewinnermittlung nach rein betriebswirtschaftl. Grundsätzen dienen. Die Liquidität des Unternehmens ist das Betrachtungsobjekt der Finanzplanung.

Hwb. des R., hg. v. E. KOSIOL u. a. (Neuausg. 1988); H. K. WEBER: Betriebswirtschaftl. R., 2 Bde. ($^3$1988–91); H. WEDELL: Grundl. der betriebswirtschaftl. R. ($^5$1988); G. EILENBERGER: Betriebl. R. ($^5$1990); W. EISELE: Technik des betriebl. R. ($^4$1990); W. ZIMMERMANN: Betriebl. R. ($^4$1990).

**Recht** [ahd. reht, urspr. ›aufgerichtet‹, ›gelenkt‹], im objektiven Sinn die Gesamtheit staatlich institutionalisierter Regeln, die zueinander in einer gestuften Ordnung stehen und menschl. Verhalten anleiten oder beeinflussen. Als R. im subjektiven Sinn wird dagegen der Anspruch bezeichnet, der für einen Berechtigten aus dem objektiven R. erwächst. Das R. als solches steht wie der Staat unter ständigem Legitimationszwang, den es zum einen durch seine demokrat. Entstehung bzw. Bekräftigung, zum anderen durch eine sach- und interessengerechte Problembewältigung zu lösen sucht.

Von anderen Normenordnungen (Moral, Sitte, Brauch) unterscheidet sich das R. durch seine staatl. Institutionalisierung und Durchsetzung mittels bestimmter Entscheidungs-, Änderungs- und Anerkennungsregeln. Umstritten ist, ob es inhaltlich frei gesetzt werden kann (R.-Positivismus), rationalen Bedingungen der Konsensbildung in einer Gesellschaft unterliegt (Konsenstheorie), auf höchste Werte wie Gerechtigkeit und R.-Sicherheit hin orientiert sein muß (Theorien einer Wertorientierung des R.), von den materialist. Entwicklungsgesetzen der Gesellschaft bestimmt ist (Marxismus) oder eine Fundierung in überzeitl. Gegebenheiten (göttl. Gebot, Sein, Vernunft) findet (Natur-R. bzw. Vernunft-R.).

R.-Quellen sind neben der förml. R.-Setzung (Verfassung, Gesetz, Verordnung) das →Gewohnheits-

# Rech  Recht am eigenen Bild – Rechtfertigung

recht und das Richter-R. der Gerichte. Dieses hat insbesondere im anglo-amerikan. R.-Kreis zentrale Wichtigkeit (Case law), gewinnt aber auch im kontinentaleurop. R. angesichts der beschleunigten Veränderung der Lebensverhältnisse an Bedeutung.

Nach dem Gegenstand der rechtl. Regelung wird zw. Zivil-R., das im wesentlichen das Verhältnis der Bürger und privatrechtl. Gesellschaften zueinander, öffentl. R., das das Verhältnis der Bürger zum Staat, und Straf-R., das die Ahndung sozialschädl. Handlungen regelt, unterschieden. Des weiteren differenziert man zw. materiellem R. und verfahrensregelndem Prozeß-R. (formelles R.). Nach seiner hierarch. Stellung läßt sich Verfassungs-R., Gesetzes-R., Verordnungs-R. und der staatl. Einzelakt unterscheiden. In föderalen Staaten wie der Bundesrep. Dtl. gibt es Bundes-R. und Landes-R. Dazu kommt in zunehmendem Maße das R. supranat. Organisationen wie das Europa-R. Die R.-Gewinnung erfolgt im Rahmen einer ausgearbeiteten Methodenlehre durch die R.-Dogmatik. Daneben befassen sich als Teil der R.-Wissenschaft die R.-Philosophie, die R.-Theorie, die R.-Soziologie, die R.-Geschichte, die R.-Anthropologie und die R.-Informatik mit dem Recht.

**Rechtefaustregel**

H. L. A. HART: Der Begriff des R. (a. d. Engl., 1973); K. ENGISCH: Einf. in das jurist. Denken (⁸1983). – Weitere Lit. →Rechtswissenschaft.

**Recht am eigenen Bild,** →Persönlichkeitsrecht.

**Recht auf Arbeit,** der Anspruch des einzelnen gegen den Staat auf Gewährleistung der Möglichkeit, sich den Lebensunterhalt durch ökonom. Verwertung der Arbeitskraft zu sichern. Das GG gewährt kein solches Recht, da dieses in (wirtschaftl.) Notzeiten ein weitgehendes staatl. Verfügungsrecht über Arbeitsplätze, staatl. Wirtschaftslenkung und eine entsprechende Arbeitspflicht erfordern würde und deshalb mit dem Grundrecht der Berufsfreiheit und des Eigentums und mit einer mehr privat- und marktwirtschaftl. Ordnung nicht vereinbar wäre. Einige Landesverfassungen enthalten ein R. a. A. (z. B. Art. 24 Landes-Verf. von NRW), das jedoch von den Gerichten nur als Programmsatz, nicht als einklagbares Recht angesehen wird. Als Forderung ist die Verankerung eines R. a. A. Gegenstand der polit. Diskussion. Die Verpflichtung des Staates, sich der Probleme der Arbeitslosigkeit anzunehmen, ergibt sich aus dem Sozialstaatsprinzip (Art. 20 Abs. 1 GG). – Zu unterscheiden vom R. a. A. ist das Recht auf Beschäftigung (→Beschäftigungspflicht).

*Österreich* und die *Schweiz* kennen das R. a. A. als einklagbares verfassungsmäßiges Recht ebenfalls nicht. Auf überstaatl. Ebene ist das R. a. A. in der Europ. Sozialcharta verankert.

**Rechtdrehen des Windes,** Änderung der Windrichtung im Uhrzeigersinn (auf der Nordhalbkugel; Ggs.: Rückdrehen des Windes); wird auf der Südseite einer nach Osten ziehenden Front beobachtet.

**Rechte,** *Politik:* aus der Sprache der frz. Kammern seit dem 1. Drittel des 19. Jh. übernommener Begriff, bezeichnete urspr. die konservativen Abg., die – vom Präsidentenstuhl aus gesehen – auf der rechten Seite des Parlaments saßen. Im Ggs. zunächst zu den Liberalen, später v. a. zu den Sozialisten, betont die R. mehr das Moment der Bewahrung überkommener Vorstellungen und Normen und orientiert sich an den Interessen des Nationalstaates. Seit dem letzten Drittel des 19. Jh. steht die R. v. a. im Ggs. zu den gesellschaftspolit. Zielsetzungen des Sozialismus. Innerhalb einer Partei vertritt – im heutigen Sprachgebrauch – die Partei-R. im Vergleich zur Parteilinken jene Kräfte, die dem Gedanken gesellschaftl. Veränderungen ferner stehen. In der Auseinandersetzung mit den Ideen der →neuen Linken entstand Ende der 1960er Jahre die →neue Rechte.

**Rechteck,** ein Viereck mit zwei Paaren gleich langer paralleler Seiten und vier rechten Winkeln. Die Diagonalen des R. halbieren sich. Bezeichnen $a$ und $b$ die Seitenlängen eines R., so gilt für dessen Umfang $U = 2(a + b)$ und für dessen Fläche $F = ab$. Das Quadrat ist ein spezielles R., während das R. ein spezielles Parallelogramm ist.

**Recht|eckgleiter,** Form des →Fallschirms.

**Recht|eckschwingung,** Bez. für eine Schwingung mit idealerweise ›rechteckigem‹ Zeitverlauf, d. h. Hin- und Herspringen der Schwingungsgröße zw. zwei Extremwerten mit unendlich steilen Flanken. **Rechteckspannungen** werden mit einem Rechteckgenerator erzeugt; dieser ist meist Teil eines →Funktionsgenerators und kann z. B. als astabiler →Multivibrator realisiert werden. (→Oszillator)

**Rechtefaustregel, Maxwellsche Korkenzieherregel** ['mækswəl-], die Angabe eines Drehsinnes oder einer Umlaufrichtung mit Hilfe der bei abgespreiztem Daumen zur Faust geschlossenen rechten Hand. Die R. ist bes. in der Elektrodynamik und Elektrotechnik häufig nützlich; z. B. geben bei einem stromdurchflossenen Leiter die Finger den Umlaufsinn der magnet. Feldlinien an, wenn der Daumen in die (konventionelle) Stromrichtung weist.

**Rechtehandregel,** *Elektrotechnik:* →Handregeln.

**rechter Winkel, Rechter,** Bez. für einen Winkel von 90° = 100 gon = $(\pi/2)$ rad. Geometrisch ist der r. W. dadurch ausgezeichnet, daß er gleich seinem Nebenwinkel ist.

**Rechtfertigung, 1)** *Philosophie:* die rationale Begründung eigener Einstellungen und Handlungen. Die Möglichkeit der R. im Sinne der Begründbarkeit ist eine wesentl. Voraussetzung für die intersubjektive Verständigung über Werte und Normen.

**2)** *Theologie:* die ›Gerechterklärung‹ des Menschen seitens Gottes. Der bibl. Begriff R. setzt den personal und als Richter vorgestellten Gott, die Frage nach dem Heil auch des einzelnen sowie eine starke Betonung der Ethik voraus; der Mensch sieht sich vor der Forderung, den Willen Gottes oder sein(e) Gesetz(e) zu erfüllen, erfährt Gelingen und Versagen und richtet den Blick auf den göttl. Richterspruch, von dem er R. erhofft. Mit zunehmender eth. Sensibilisierung tritt neben die Überzeugung, die R. durch eigenes rechtes Leben zu erlangen, die Hoffnung auf die göttl. Barmherzigkeit und Vergebung der Sünden bis hin zur Vorstellung, daß der Mensch allein durch die Tat Gottes zum Heil kommt (z. B. EZECHIEL, Deuterojesaja). Im Judentum finden sich beide Vorstellungen, eine strenge Gesetzesfrömmigkeit (z. B. in der pharisäischen Tradition) und die Gnade (z. B. in den Qumrantexten), nebeneinander.

Bei PAULUS wird die R. des Sünders aus Gnade zum Mittelpunkt seiner Theologie: Nicht mehr das Gesetz und die ›Werke‹ stellen den von Gott geforderten Heilsweg dar, sondern nur noch die R. aus Gnade durch die Erlösungstat JESU CHRISTI. Das Halten des Gesetzes wird ersetzt durch den allein heilschaffenden Glauben an JESUS CHRISTUS und die Taufe auf seinen Namen. Der Ansatz des PAULUS wurde v. a. durch AUGUSTINUS aufgegriffen: Aufgrund der Erbsünde sei der Mensch prinzipiell unfähig zum Guten; nur durch das Kreuz JESU CHRISTI könne der Sünder von Gott R. erlangen, wenn er durch die Vorherbestimmung Gottes (Prädestination) Anteil an der Gnade JESU CHRISTI erhalte. Diese R. ist ein ›forens.‹ Akt der Gerechtsprechung, durch den aber der Mensch auch innerlich umgewandelt (neu geschaffen) wird, so daß sein Wille frei wird zum Tun des Guten und er mit der Gnade mitwirken kann (Heiligung).

Die augustin. Lehre wurde grundlegend für die mittelalterl. Theologie, wobei sich jedoch das Interesse zunehmend auf die nach der R. notwendige Mitwirkung des Menschen richtete; ebenso lebten in der Volksfrömmigkeit Motive einer Lohn-Leistungs-Ethik fort, die bes. im Spät-MA. auch z. T. die Theologie beeinflußten. Zudem trat gegen Ende des MA. immer deutlicher die Subjektivität des Menschen in den Mittelpunkt religiöser Erfahrung, so daß zum einen das persönl. Sündersein stärker realisiert wurde und zum anderen die Frage nach der R. ganz subjektiv gestellt wurde (M. LUTHER: Wie finde ›ich‹ den gnädigen Gott?). Angesichts der subjektiven Sündenerfahrung trat der forens. R.-Begriff im Sinne einer Nicht-Anrechnung der persönl. Schuld im Hinblick auf das Kreuz CHRISTI in den Vordergrund – so zuerst im Spät-MA. und v. a. bei LUTHER und J. CALVIN: Der Mensch ist von Gott freigesprochen, obwohl er Sünder bleibt (›simul iustus et peccator‹). Der Glaube erschien als der einzige Weg zur subjektiv erfahrbaren Vergewisserung des Heils, so daß alle weiteren Vermittlungsinstanzen (Priestertum, Lehramt) überflüssig wurden.

Die vom Trienter Konzil 1547 formulierte kath. R.-Lehre deckt sich – trotz polem. Formulierungen – weitgehend mit der der Reformatoren, versteht aber die R. stärker auch als Gerechtmachung des Menschen. In der Folgezeit kam es immer wieder zu Streitigkeiten um die rechte Interpretation der R., des Verhältnisses von Gnade und Freiheit, Tat Gottes und Mitwirkung des Menschen (›gute Werke‹). Im Gefolge der Aufklärung hat die R. für viele Christen ihre zentrale Bedeutung für die Bestimmung des Christlichen verloren. In der Befreiungstheologie werden die mit ihr zusammenhängenden Vorstellungen neu aufgegriffen und in gewandelter Weise verwandelt (z. B. Sünde als ›strukturelle Sünde‹, R. als geschichtl. Befreiungsprozeß).

GERHARD MÜLLER: Die R.-Lehre. Gesch. u. Probleme (1977); O. H. PESCH: R., in: Neues Hb. theolog. Grundbegriffe, hg. v. P. EICHER, Bd. 3 (1985); H. KÜNG: R. (Neuausg. 1986); Lehrverurteilungen – kirchentrennend?, hg. v. K. LEHMANN u. a., Bd. 1: R., ... (³1988).

**Rechtfertigungsgründe**, Recht: Umstände, die bei einer Straftat oder einer unerlaubten Handlung die →Rechtswidrigkeit ausschließen, z. B. Notwehr, rechtfertigender Notstand, bestimmte Selbsthilferechte, amtl. Zwangsrechte, z. T. Pflichtenkollisionen, Züchtigungsrecht, Einwilligung.

**rechtläufig**, im Sonnensystem vorherrschende Bewegungsrichtung der Himmelskörper, die vom Nordpol der Ekliptik betrachtet gegen den Uhrzeigersinn verläuft (Ggs.: rückläufig); die Bez. stammt aus der Zeit des geozentrischen Weltbildes und wurde für die ›normale‹ Bewegung der Planeten am Himmel (in westöstl. Richtung) benutzt, um sie vor der rückläufigen Bewegung während der Oppositionsschleife auszuzeichnen.

**rechtliches Gehör**, der Anspruch des einzelnen, vor Gericht mit seinem Vorbringen vor der Entscheidung gehört zu werden. Dem Betroffenen ist Gelegenheit zu geben, innerhalb einer angemessenen Frist zu allen Tatsachen, Beweisergebnissen und zu den Behauptungen der Gegenseite seine tatsächl. und rechtl. Auffassung vorzutragen; das Gericht muß die Ausführungen berücksichtigen. Der Anspruch auf r. G. ist als Grundrecht geschützt (Art. 103 Abs. 1 GG; auch Art. 6 Abs. 1 Europ. Menschenrechtskonvention, EMRK); es ist Ausfluß der Menschenwürde und des Rechtsstaatsprinzips. Es bedarf der Beachtung in allen Verfahrensarten; in Eilverfahren können Entscheidungen ohne vorherige Gewährung des r. G. erforderlich sein, doch ist dieses unverzüglich nachzuholen. Streitig ist, wie weit der Grundsatz des r. G. von Verfassungs wegen auch im Verwaltungsverfahren vor einer Behörde gilt. Das Verwaltungsverfahrensgesetz gibt dem Betroffenen grundsätzlich einen Anspruch auf Anhörung vor Erlaß eines belastenden Verwaltungsaktes; Beteiligte können auch die Behördenakten einsehen. – In *Österreich* ist das Recht auf r. G. durch den unmittelbar anwendbaren Art. 6 EMRK, in der *Schweiz* durch Art. 4 der Bundes-Verf. garantiert.

H. DAHS: Das r. G. im Strafprozeß (1965); H. RÜPING: Der Grundsatz des r. G. u. seine Bedeutung im Strafverfahren (1976).

**rechtliche Volkskunde**, interdisziplinäre Wiss., die zw. Rechtsgeschichte und Volkskunde steht; sie befaßt sich mit den Rechtssatzungen und Gesellschaftsnormen sowie mit den rituellen und symbol. Formen der Rechtspflege und deren Wandlungen im Rahmen der gesellschaftl. Entwicklung. Im Mittelpunkt stehen Fragen nach den rechtl. Zuständen (Strukturen) und Prozessen im Volksleben: z. B. das Recht der kleinen Leute und von gesellschaftl. Minderheiten, der Zünfte und Gesellenverbände, die Mühlen-, Wald-, Feld- und Fischereirechte, obrigkeitl. Vorschriften über Speisen, Kleider, Schmuck und Wallfahrt. Wichtig für die r. V. ist auch die Rechtsikonographie, da die bildl. Darstellungen des (histor.) Rechtslebens einerseits den Einblick in den Rechtsalltag geben, oft aber auch gerade für das Volk zum besseren Verständnis der Rechtsaussagen geschaffen wurden. (→Rechtsbräuche)

K.-S. KRAMER: Grundr. einer r. V. (1974); Das Recht der kleinen Leute. Rechtl. Beitr. zur r. V. Festschr. für Karl-Sigismund Kramer zum 60. Geburtstag, hg. v. K. KÖSTLIN u. a. (1976); Forsch. zur Rechtsarchäologie u. r. V. (Zürich 1978 ff.); Strafjustiz in alter Zeit, hg. v. C. HINCKELDEY (1980); W. SCHILD: Alte Gerichtsbarkeit. Vom Gottesurteil bis zum Beginn der modernen Rechtsprechung (²1985).

**Rechtlosigkeit**, die vollständige oder teilweise Unfähigkeit, Träger von Rechten zu sein. Während im röm. und alten dt. Recht Unfreie urspr. als absolut rechtlos angesehen wurden, bedeutete bereits seit fränk. Zeit R. nur einen mehr oder weniger großen Mangel an Rechten. Der Rechtlose konnte z. B. keinen Eid leisten, nicht Richter, Zeuge, Vormund, Erbe, Lehnsmann sein. Die R. konnte auf bestimmten persönlichen Eigenschaften oder Verhältnissen beruhen oder aufgrund einer Verurteilung wegen ehrenrühriger Handlung eintreten, wie überhaupt R. und Ehrlosigkeit einander berühren; teilweise war sie sogar vererblich, konnte aber auch zeitlich begrenzt sein. (→Acht)

**Rechtmäßigkeit der Verwaltung**, die →Gesetzmäßigkeit der Verwaltung.

**rechts**, Gegenbegriff zu links, →rechts und links.

**Rechts|angleichung**, die Angleichung der innerstaatl. Rechtsvorschriften, soweit dies innerhalb der EG für das ordnungsgemäße Funktionieren des Gemeinsamen Marktes (Binnenmarktes) erforderlich ist (Art. 3 Buchstabe h EWG-Vertrag); gehört zu den Tätigkeiten der Organe der EG. Erforderlich ist die R. immer dann, wenn sich die Unterschiedlichkeit der innerstaatl. Rechtsvorschriften hemmend auf den grenzüberschreitenden Warenverkehr oder die Ausübung der Personenfreiheiten (Freizügigkeit, Niederlassungsfreiheit, Dienstleistungsfreiheit) auswirkt oder wenn durch sie der freie Wettbewerb verfälscht wird. Soweit nicht schon spezielle Bestimmungen des EWG-Vertrages z. B. im Bereich der Landwirtschaft, der Steuern oder der Umweltpolitik zur Harmonisierung der innerstaatl. Rechts- und Verwaltungsvorschriften ermächtigen, ergibt sich die R. aus den Art. 100 und 100a des EWG-Vertrages. Im Ggs. zur Rechtsvereinheitlichung, bei der unmittelbar und vorrangig wirkendes EG-Recht die nat. Rechtsvorschriften ersetzt bzw. verdrängt, beruht die R. ganz überwiegend auf Richtlinien, deren Inhalt vom innerstaatl. Gesetz- oder Verordnungsgeber in die nat.

**Rech** Rechtsanwalt

Rechtsvorschriften übernommen werden muß, die aber Spielraum für nat. Besonderheiten lassen können. Die EG hat eine Vielzahl von Angleichungsrichtlinien erlassen in den Bereichen der Produktions-, Verpackungs- und Vermarktungsvorschriften, der indirekten Steuern, des Umweltschutzes, des Gesellschaftsrechts sowie zur gegenseitigen Anerkennung von Diplomen.

C. EIDEN: Die R. gemäß Art. 100 des EWG-Vertrages (1984).

**Rechts|anwalt,** Kurz-Bez. **Anwalt,** Jurist, der aufgrund der Zulassung durch die Landesjustizverwaltung zur Wahrnehmung fremder Interessen tätig wird. Einschlägige Bestimmungen enthält die Bundesrechtsanwaltsordnung (BRAO) vom 1. 8. 1959.

*Berufsbild:* Der R. ist ein unabhängiges und selbständiges Organ der Rechtspflege, er übt einen freien Beruf, aber kein Gewerbe aus. Er kann insbesondere handeln als Prozeßbevollmächtigter, Verteidiger, Beistand, Vertreter oder Berater in allen Rechtsangelegenheiten. In der Praxis überwiegt die vorsorgende, auf außergerichtl. Streitbeilegung gerichtete Tätigkeit. Zum R. kann nur zugelassen werden, wer die Befähigung zum Richteramt (also das 2. jurist. Staatsexamen) besitzt oder als R., der bereits in einem Staat der EG zugelassen ist, die Eignungsprüfung nach dem Ges. über die Eignungsprüfung für die Zulassung zur Rechtsanwaltschaft vom 6. 7. 1990 bestanden hat. Die Zulassung darf nur aus besonderen, gesetzlich geregelten Gründen versagt werden; eine Bedürfnisprüfung findet nicht statt (Grundsatz der ›freien Advokatur‹). R., die auf bestimmten Gebieten Spezialkenntnisse nachweisen können, dürfen nach Verleihung durch die R.-Kammer die Bez. **Fachanwalt** (zulässig für Arbeitsrecht, Sozialrecht, Steuerrecht, Verwaltungsrecht) führen. In einigen Gebieten üben R. zugleich das Amt des → Notars aus (Anwaltsnotar). Örtlich ist der R. bei einem bestimmten Gericht der ordentl. Gerichtsbarkeit zugelassen, in dessen Bezirk er seine Kanzlei errichten muß (›Lokalitätsprinzip‹); innerhalb des OLG-Bezirks, in dem er zugelassen ist, muß er grundsätzlich seinen Wohnsitz nehmen (›Residenzpflicht‹). Der bei einem Amtsgericht zugelassene R. ist auf seinen Antrag zugleich bei dem Landgericht zuzulassen, in dessen Bezirk das Amtsgericht seinen Sitz hat. Wird die Zulassung zu einem OLG oder diejenige zum BGH (die eine ausschließliche ist) begehrt, so ist diese an besondere Voraussetzungen gebunden. Zur Berufsausübung vor Gericht ist der R. vor jedem Gericht innerhalb der Bundesrep. Dtl. befugt, in Zivilsachen mit → Anwaltszwang (einschließlich amtsgerichtl. Familiensachen) allerdings nur im Landgerichts-Bez. der Zulassung.

Das *Rechtsverhältnis des R. zu seinen Mandanten* beruht auf einem Geschäftsbesorgungsvertrag. Zur Annahme eines Mandats ist ein R. nicht verpflichtet. In bestimmten Fällen ist ihm die Annahme des Mandats verwehrt, so bei Interessenkollision oder wenn von ihm erwartet würde, seine Berufspflichten zu verletzen. Für seine Tätigkeit erhält der R. eine Vergütung, die sich nach der Bundesgebührenordnung für R. (BRAGO) vom 26. 7. 1957 (mit späteren Änderungen) richtet; danach erhält er bestimmte (Mindest-)Gebühren, deren Höhe sich nach dem Gegenstandswert richtet, sofern keine schriftl. Honorarvereinbarung getroffen wurde. Ein Erfolgshonorar ist unstatthaft.

*Organisation:* Die R. eines jeweiligen OLG-Bez. gehören der R.-Kammer, einer Körperschaft des öffentl. Rechts, an; auf Bundesebene sind die Kammern zur Bundes-R.-Kammer zusammengeschlossen.

Der R. kann seinen Beruf allein, in einer Sozietät, einer Bürogemeinschaft oder als Angestellter ausüben. Er unterliegt keiner Dienst-, wohl aber einer Standesaufsicht in Form eines Rügerechts durch die R.-Kammer sowie einer eigenen Berufsgerichtsbarkeit. Die von der Bundes-R.-Kammer verfügten Richtlinien zum anwaltl. Standesrecht, die formal in § 43 BRAO verankert sind, sind durch einen Beschluß des Bundesverfassungsgerichts vom 14. 7. 1987 erheblich relativiert worden; er bedingte eine Neuordnung des anwaltl. Berufs- und Standesrechts.

*Internat. Tätigkeitsfeld:* In den Mitgliedsstaaten der EG hat der Beruf des R. nach der Rechtsprechung des Gerichtshofes der Gemeinschaft (EuGH) teil an der Niederlassungs- und Dienstleistungsfreiheit (Art. 52, 60 EWG-Vertrag). Die Tätigkeit von R. aus anderen Ländern der EG ist in den jeweiligen Mitgliedsstaaten zumeist nach Maßgabe der europarechtl. Vorgaben gesetzlich geregelt. Im Rahmen vorübergehender Dienstleistungen können R. aus anderen EG-Ländern in Dtl. uneingeschränkt außergerichtl. Rechtsberatung und gerichtl. Rechtsbeistand geben, sofern für das Gerichtsverfahren kein Anwaltszwang besteht; besteht Anwaltszwang, kann die Tätigkeit nur im Einvernehmen mit einem zugelassenen R. ausgeübt werden. Die Niederlassung zur dauernden selbständigen Berufsausübung ist R. aus anderen EG-Ländern möglich, wenn sie Mitgl. der zuständigen R.-Kammer sind. Sie sind dann zur außergerichtl. Rechtsberatung auf dem Gebiet des ausländ. und internat. Rechts befugt. Eine uneingeschränkte Zulassung, die auch die Vertretung vor Gericht und das dt. Recht einschließt, setzt neben dem entsprechenden ausländ. Hochschuldiplom das Bestehen einer Eignungsprüfung voraus. Für die in Dtl. tätigen R. gilt uneingeschränkt das dt. Berufs- und Standesrecht.

Auf dem Gebiet der ehem. *Dt. Dem. Rep.* trat am 13. 9. 1990 ein neues R.-Ges. (RaG) in Kraft, mit Modifizierungen auch nach dem Beitritt der ostdt. Bundesländer für diese (allerdings nicht in Berlin-Ost) gilt.

Die bis zum 15. 9. 1990 erfolgten Zulassungen für R. und freiberufl. Justitiare bleiben im gesamten Beitrittsgebiet bestehen. Seit der Vereinigung bestehen für die Zulassung in den neuen Bundesländern alternativ folgende Voraussetzungen: a) Befähigung zum Richteramt nach dem Dt. Richter-Ges., b) Ablegung der Eignungsprüfung nach dem Gesetz vom 6. 7. 1990, c) Abschluß eines rechtswiss. jurist. Hochschulstudiums in der Dt. Dem. Rep. mit dem Grad eines Diplom-Juristen und zwei Jahre einschlägige jurist. Praxis, d) Lehrbefähigung an einer Hochschule der Dt. Dem. Rep. Die Zulassung erfolgt durch die zuständige Landesjustizverwaltung und gilt für alle Gerichte in den neuen Bundesländern. Bei einem Gericht in den alten Bundesländern und in Berlin können R. aus der Dt. Dem. Rep. auf ›Umzulassung‹ zugelassen werden (sog. Gleichstellungsklausel im Einigungsvertrag). Im Ggs. zur BRAO gilt die BRAGO auch im Beitrittsgebiet, doch erhalten die R. (auch in Berlin-Ost) um 20 % geminderte Gebühren.

Die Voraussetzungen zur Ausübung des R.-Berufes in *Österreich* sind in der R.-Ordnung (RAO) 1868 i. d. F. von 1990 geregelt. Grundvoraussetzung ist die Absolvierung des rechtswissenschaftl. Studiums (akadem. Grad Mag. iur.), ferner eine prakt. Verwendung bei Gericht und in einer Anwaltskanzlei von insgesamt sieben Jahren (sechs Jahren, wenn der R.-Anwärter Dr. iur. ist). Ohne Leistungsnachweise ist der R. aufgrund der Legitimationsurkunden zur Vertretung eines R. bei unterinstanzl. Gerichten befugt. Nach Ablegung der zweiteiligen R.-Prüfung erwirbt der R. das Recht auf Eintragung in die Liste der R. und damit die Rechtsanwaltschaft. Die Ausübung unterliegt der Kontrolle der R.-Kammer.

In der *Schweiz* ist die Ausübung des Berufs des R. (**Fürsprecher, Advokat**) abhängig von einer kantonalen Bewilligung, die in fast allen Kantonen nur aufgrund einer Fähigkeitsprüfung erteilt wird. Der Inhaber eines kantonalen Fähigkeitsausweises (**Anwaltspatent**) kann ohne weiteres vor dem Bundesgericht auftreten und hat zudem einen verfassungsmäßigen Anspruch auf Erteilung einer Berufsausübungsbewilligung in den anderen Kantonen.

**Rechts|aufsicht,** als Unterbegriff der →Staatsaufsicht die administrative Aufsicht über nachgeordnete Behörden u. ä. in bezug auf die Einhaltung geltenden Rechts, bes. in bestimmten Angelegenheiten der mit Selbstverwaltungsrecht ausgestatteten Körperschaften und Einrichtungen (Kommunen, öffentl. Rundfunkanstalten). Im Ggs. hierzu umfaßt die →Fachaufsicht auch eine Zweckmäßigkeitskontrolle.

**Rechtsbehelf,** jedes von der Rechtsordnung zugelassene Vorbringen (Antrag, Gesuch), das die Änderung einer gerichtl. oder behördl. Entscheidung zum Ziel hat. Die R. sind nur z. T. an Formen und Fristen gebunden und umfassen als Oberbegriff auch die →Rechtsmittel, führen ansonsten aber i. d. R. nicht in die höhere Instanz und haben meist auch keine aufschiebende Wirkung. R. sind z. B. die Dienstaufsichtsbeschwerde, der Einspruch, die Erinnerung, die Gegenvorstellung und der Widerspruch. In einem besonderen Sinne werden auch manche Klagen als R. bezeichnet (z. B. Vollstreckungsgegenklage, Drittwiderspruchsklage). Bei Versäumung von befristeten R. gibt es in allen Prozeßordnungen als besonderen R. die Wiedereinsetzung in den vorigen Stand. Eine **R.-Belehrung,** der →Rechtsmittelbelehrung entsprechend, ist in mehreren Fällen des Strafprozesses (§§ 115, 171 StPO), v. a. aber bei Verwaltungsakten nach §§ 58 ff. Verwaltungsgerichtsordnung vorgesehen. Ihr Fehlen oder ihre unrichtige Erteilung bewirkt im Verwaltungsverfahren eine Verlängerung der Frist für die Einlegung eines R. auf ein Jahr.

**Rechtsbeistand,** Berufs-Bez. für Personen, die, ohne Rechtsanwalt zu sein, nach dem Rechtsberatungsgesetz in alter Fassung die Erlaubnis besitzen, geschäftsmäßig fremde Rechtsangelegenheiten zu besorgen; sie sind auf Antrag in die zuständige Rechtsanwaltskammer aufzunehmen und werden so den Rechtsanwälten praktisch gleichgestellt. Nach der geltenden Fassung des Gesetzes wird seit 1981 eine Erlaubnis zur Rechtsberatung nur noch für einen von mehreren gesetzlich abschließend bestimmten Sachbereichen erteilt (bes. Rentenberater, Versicherungsberater, Frachtprüfer, Inkassounternehmer). Sie umfaßt grundsätzlich nicht das Recht, vor Gericht mündlich zu verhandeln. Dazu bedarf es einer besonderen Zulassung als **Prozeßagent** nach § 157 Abs. 3 ZPO. Als R. sind i. w. S. auch Patentanwälte, Verbandsvertreter in Arbeitssachen sowie Steuerberater und -bevollmächtigte anzusehen. (→Rechtskonsulent.)

**Rechtsberatung,** Besorgung von Rechtsangelegenheiten fremder Personen. Die entgeltl. und schäftsgemäßige R. obliegt in erster Linie den zugelassenen Rechtsanwälten, ferner in bestimmtem Umfang den Notaren und den Patentanwälten. Andere Personen, insbesondere Rechtsbeistände, bedürfen nach dem Rechtsberatungs-Ges. vom 13. 12. 1935 einer Erlaubnis, die nur unter begrenzten Voraussetzungen erteilt wird. Im Rahmen ihrer Satzung und ihres Aufgabengebietes können auch bestimmte Vereinigungen (z. B. Gewerkschaften, Mietervereine, Verbraucherverbände) für ihre Mitgl. beratend tätig werden. Eine öffentliche unentgeltl. R. wird z. T. von Rechtsauskunftsstellen der Gemeinden, Rechtsanwaltsvereinigungen u. a. gewährt oder getragen. Für Bürger mit geringem Einkommen kommt ferner **Beratungshilfe** nach den Vorschriften des Beratungshilfe-Ges. vom 18. 6. 1980 in Betracht, die für R. außerhalb gerichtl. Verfahren (sonst →Prozeßkostenhilfe) gewährt wird und auf bestimmte Gebiete beschränkt ist (Zivil- und Strafrechtssachen, Ordnungswidrigkeiten, Verfassungs- und Verwaltungssachen; z. T. bestehen erweiterte landesrechtl. Vorschriften). Zuständig für den Antrag auf Beratungshilfe ist das Amtsgericht (Rechtspfleger), das über den Antrag entscheidet. Dem Antragsteller wird berechtigtenfalls eine Bescheinigung ausgestellt, die ihn befugt, einen Rechtsanwalt seiner Wahl oder eine amtl. Beratungsstelle aufzusuchen und ihre Hilfe in Anspruch zu nehmen. Zulässig ist auch die R. durch das Amtsgericht selbst, sofern eine sofortige Auskunft o. ä. ausreicht. Der Rechtsanwalt ist zur Beratungshilfe verpflichtet. Der Ratsuchende hat dem aufgesuchten Rechtsanwalt i. d. R. eine einmalige Gebühr von 20 DM zu zahlen, die übrigen anwaltl. Gebühren trägt die Staatskasse. In *Österreich* ist die R. ähnlich geregelt. – In der *Schweiz* bedarf die bloße R. keines Fähigkeitszeugnisses, auch wenn sie gewerblich erfolgt.

**Rechtsbereinigung,** die für ein bestimmtes Rechtsgebiet getroffene förml. Feststellung des als gültig erachteten Rechts, zusammengefaßt z. B. in Teil III des Bundesgesetzblattes.

**Rechtsbeugung,** Verbrechen, dessen sich ein (auch ehrenamtl.) Richter, ein anderer Amtsträger oder ein Schiedsrichter schuldig macht, wenn er bei der Leitung oder Entscheidung einer streitigen Rechtssache vorsätzlich zugunsten oder zum Nachteil einer Partei handelt; R. wird mit Freiheitsentzug von einem bis zu fünf Jahren bestraft (§ 336 StGB). In *Österreich* (§ 302 StGB) und in der *Schweiz* (Art. 312 StGB) kann die R. als Amtsmißbrauch bestraft werden.

U. SCHMIDT-SPEICHER: Hauptprobleme der R. (1982).

**Rechtsbräuche,** von alters her überlieferte, verbindl. Äußerungsformen (Bräuche) im rechtl. Bereich, meist beschränkt auf eine bestimmte Gesellschaft (Bewohner eines Gebietes, soziale Gruppe); sie können auf obrigkeitlich gesetztem Recht oder eigenständigem, von der Gemeinschaft entwickeltem Rechtsempfinden (Gewohnheitsrecht) beruhen. Viele ursprüngl. R. sind heute nur noch folklorist. Veranstaltungen, z. B. Grenzbegehungen. (→rechtliche Volkskunde, →Rügebräuche)

**Rechtsbücher,** im Spät-MA. private Aufzeichnungen des geltenden dt. Gewohnheitsrechts in dt. Sprache durch rechtskundige Laien ohne amtlichen Auftrag. Später erlangten R. z. T. gesetzesähnliches Ansehen, z. B. der Sachsenspiegel und der Schwabenspiegel. Nach 1400 wurde der Stoff von R. gelegentlich in Abecedarien verarbeitet.

**Rechtschreibreform, Orthographiereform,** die Änderung des geltenden Schreibgebrauchs, des orthograph. Systems einer Sprache aus sprachwissenschaftl., pädagog. und gesellschaftl. Gründen. R. zielen auf eine optimale Funktionserfüllung der geschriebenen Sprache ab; einerseits wird leichtere Erlernbarkeit und bessere Beherrschung der Rechtschreibung angestrebt, andererseits soll eine schnelle Überschaubarkeit des Geschriebenen und eine leichte Erfassung der Bedeutung vom Schriftbild aus ermöglicht werden. Eine R. darf das vertraute Schriftbild nicht zu stark verändern, muß den Bedürfnissen sowohl der Schreiber- als auch der Lesergruppe Rechnung tragen und gesellschaftl. Faktoren (z. B. Schwierigkeiten bei der Umstellung, Auswirkungen im Bildungswesen, wirtschaftl. Auswirkungen und das Verhältnis zur Tradition) berücksichtigen.

Die Bemühungen, die dt. Rechtschreibung zu vereinfachen und zu verbessern, setzten schon bald nach der Einführung des Buchdrucks ein. Da die Schrift den Wandlungen der gesprochenen Sprache nicht oder nur langsam folgt, ging es bei den Reformbestrebungen v. a. darum, Aussprache und Schreibung in

**Rech** Rechtschreibung

Einklang zu bringen, d. h. möglichst eindeutige Laut-Buchstaben-Beziehungen (Phonem-Graphem-Entsprechungen) herzustellen. Eines der bedeutendsten Reformprogramme vor der amtl. Regelung der dt. Rechtschreibung im Jahre 1901, das von F. G. KLOPSTOCK, folgte strikt dem phonet. Prinzip; J. GRIMM dagegen wollte die Orthographie des Deutschen nach dem historisch-etymolog. Prinzip ändern.

Nach der Durchsetzung einer einheitlichen orthograph. Norm für das Deutsche zu Beginn des 20. Jh. wurden zahlreiche Reformprogramme entwickelt. Die wichtigsten Programme sind die ›Leitsätze aus der Sachverständigen-Beratung über die Vereinfachung der Rechtschreibung‹ (1921), das ›Rechtschreibungsprogramm des 7. Vertretertages des Bildungsverbandes der dt. Buchdrucker‹ (1931), die ›Vorschläge des Vorausschusses zur Bearbeitung der Frage der Rechtschreibung bei der dt. Verwaltung für Volksbildung‹ (1946), die ›Empfehlungen zur Erneuerung der dt. Rechtschreibung‹ (1954; Stuttgarter Empfehlungen), die ›Empfehlungen des Arbeitskreises für Rechtschreibregelung‹ (1958; Wiesbadener Empfehlungen), das ›Gutachten zu einer Reform der dt. Rechtschreibung‹ (1975) und die Vorschläge ›Zur Neuregelung der dt. Rechtschreibung‹ (1989). Die darin erarbeiteten Reformvorschläge betreffen im wesentlichen fünf Bereiche: 1) Laut-Buchstaben-Beziehungen; 2) Groß- und Kleinschreibung; 3) Zusammen- und Getrenntschreibung; 4) Silbentrennung; 5) Interpunktion. Am heftigsten umstritten ist in allen Reformprogrammen die Frage der Groß- oder Kleinschreibung, an der bisher auch alle neueren Reformvorstöße gescheitert sind. Die Großbuchstaben waren im MA. zunächst nur am Anfang von Abschnitten, an Strophen- und Versanfängen, dann auch an Satzanfängen aufgetreten. Vom 13. Jh. an war die Großschreibung zur Kennzeichnung von Namen, dann auch zur Hervorhebung bestimmter Wörter auch in das Satzinnere vorgedrungen. Im 17. Jh. hatte sich die Großschreibung von Substantiven allmählich durchgesetzt, und im 18. Jh. war die Großschreibung von Substantiven und Substantivierungen nach grammat. Grundsätzen festgelegt worden.

Für eine Reform der dt. Rechtschreibung kommen nach dem neuesten Stand folgende Punkte in Betracht: 1) Vereinfachung der Silbentrennung; 2) Vereinfachung der Interpunktion; 3) Regelung der ß/ss-Frage; 4) Vereinfachung der Schreibung von Fremdwörtern; 5) Neuregelung der Zusammen- und Getrenntschreibung; 6) Neuregelung der Groß- und Kleinschreibung. Oberster Grundsatz dabei ist, daß die Einheitsschreibung im dt. Sprachraum nicht in Frage gestellt werden darf und daß eine Reform nur von allen deutschsprachigen Ländern gemeinsam durchzuführen ist.

R. wurden auch in anderen Sprachen durchgeführt (→ dänische Sprache, → niederländische Sprache, → norwegische Sprache, → schwedische Sprache). Ein Hauptproblem ist hierbei immer die Anpassung der Fremdwortschreibung. Im Unterschied etwa zum Englischen und Französischen, Sprachen, die durch eine etymologisierende Tendenz in der Orthographie (und eine entsprechende Diskrepanz zw. Schreibung und Aussprache) charakterisiert sind, bietet die Rechtschreibung des Italienischen und Spanischen keine orthograph. Probleme, da sie auf einer phonologisierenden Schreibung beruht. (→ Schriftreform, → Sprachreform)

R. BAUDUSCH-WALKER: Klopstock als Sprachwissenschaftler u. Orthographiereformer (Berlin-Ost 1958); Empfehlungen des Arbeitskreises für Rechtschreibregelung in: Duden-Beitr. (1959), H. 2; Dt. Rechtschreibung mangelhaft? Materialien u. Meinungen zur R., hg. v. G. AUGST (1974); D. NERIUS: Unters. zu einer Reform der dt. Orthographie (Berlin-Ost 1975); Die dt. Rechtschreibung u. ihre Reform. 1722–1974, hg. B. GARBE (1978); H.-G. KÜPPERS: Orthographiereform u. Öffentlichkeit. Zur Entwicklung u. Diskussion der R. Bemühungen zw. 1876 u. 1982 (1984); P. GALLMANN: Graph. Elemente der geschriebenen Sprache. Grundl. für eine Reform der Orthographie (1985); W. H. VEITH: Die Bestrebungen der Orthographiereform im 18., 19. u. 20. Jh., in: Sprachgesch. Ein Hb. zur Gesch. der dt. Sprache u. ihrer Erforschung, hg. v. W. BESCH u. a., Bd. 2, Tl. 2 (1985); G. DROSDOWSKI: Rechtschreibung u. R. aus der Sicht des Dudens (1987); Zur Neuregelung der dt. Rechtschreibung, hg. v. der Kommission für Rechtschreibfragen des Inst. für Dt. Sprache, Bd. 2 (1989).

**Rechtschreibung, Orthographie,** die Normierung der Schreibung einer Sprache nach einheitl. Regeln mit dem Ziel, einen möglichst übereinstimmenden Schreibgebrauch in einer Sprachgemeinschaft herbeizuführen und damit die schriftl. Verständigung zu erleichtern.

Im MA. gab es für das Deutsche trotz gewisser Tendenzen zur Vereinheitlichung in den frühmittelalterl. Klosterschreibstuben und spätmittelalterl. Kanzleien keine einheitl. Schreibung. Auch in der Neuzeit kam es trotz der raschen Verbreitung des Buchdrucks zunächst nicht zu einer Vereinheitlichung. Wichtige Impulse zu einer Normierung der R. gingen im 17. Jh. von J. G. SCHOTTEL (›Teutsche Sprachkunst‹, 1641; ›Ausführl. Arbeit von der teutschen haubt Sprache‹, 1663) aus, der die Schreibung nach der Aussprache regelte. HIERONYMUS FREYER (* 1675, † 1747) stellte mit seiner ›Anweisung zur teutschen Orthographie‹ (1722) die vier Grundprinzipien Aussprache, Ableitung (Etymologie), Analogie, allgemeiner Schreibgebrauch als für die Schreibung verbindlich auf und sprach sich für eine Regelung der Großschreibung nach grammat. Grundsätzen aus. Seine ›Anweisung‹ (die ›Hallesche R.‹) trug entscheidend zur Systematisierung der Schreibung bei und wurde im schul. Bereich maßgebend. Zu den Wegbereitern einer einheitl. R. vor J. C. ADELUNG gehörte auch J. C. GOTTSCHED, v. a. mit seiner ›Grundlegung einer dt. Sprachkunst‹ (1748). Auf GOTTSCHED und FREYER aufbauend, setzte sich ADELUNG in der 2. Hälfte des 18. Jh. für eine einheitl. orthograph. Norm für das Deutsche mit dem Grundsatz ›Schreibe, wie du sprichst!‹ ein. Von 1774 bis 1786 erschien sein fünfbändiger ›Versuch eines vollständigen grammatisch-krit. Wörterbuchs der hochdt. Mundart ...‹. 1782 veröffentlichte er die ›Grundsätze der dt. Orthographie‹, 1788 seine zweiteilige ›Vollständige Anweisung zur dt. Orthographie‹. ADELUNG wandte sich gegen alle Änderungen des schreibgebrauchs, stellte den gewachsenen Sprachzustand fest und schuf damit die Grundlage für die heutige dt. R. Im Ggs. zu ADELUNG und seinem Grundprinzip, die Schreibung der Aussprache anzupassen, verneinte J. GRIMM eine Eigenständigkeit der nhd. Schriftsprache gegenüber dem Mittelhochdeutschen und plädierte in weitestem Maße für die Wiedereinführung der Kleinschreibung sowie die Änderung der überlieferten Schreibformen nach etymolog. Gesichtspunkten. Am konsequentesten wurden diese Positionen GRIMMs von K. WEINHOLD in seinem Aufsatz ›Über dt. R.‹ (1852) vertreten. Er stellte dem phonet. Prinzip (Schreibung entsprechend der Aussprache) das histor. (Schreibung entsprechend der histor. Sprachentwicklung) entgegen. Diese Bestrebungen der histor. Schule wurden v. a. von RUDOLF VON RAUMER (* 1815, † 1876) blockiert, der die Eigenständigkeit der nhd. Schriftsprache gegenüber früheren Sprachzuständen betonte und dazu beitrug, die v. a. nach der Herausbildung einer nat. Literatursprache gefestigten orthograph. Normen zu bewahren.

Bis in die 2. Hälfte des 19. Jh. hatte sich die R. in Dtl. ohne übergreifende behördl. Regelung entwickelt. Als erstes Land stellte Hannover 1855 Regeln für die Schulorthographie auf; 1861 folgte Württemberg.

Der entscheidende Anstoß zu einer einheitl. und verbindl. Regelung der R. ging 1871 von der Reichsgründung aus. 1875 berief der preuß. Kultus-Min. A. FALK eine Konferenz zur ›Herstellung größerer Einigung in der dt. R.‹ nach Berlin ein. Die Beschlüsse dieser Konferenz (an der auch K. DUDEN teilnahm) wurden jedoch von den Regierungen der Länder als zu weitgehend abgelehnt. Nach diesem Rückschlag begann DUDEN mit den Arbeiten zu seinem ›Orthograph. Wörterbuch‹, wobei er – im Hinblick auf die Einheit der R. – darauf verzichtete, seine eigenen Vorstellungen zu verwirklichen, und sich im wesentlichen darauf beschränkte, die Regeln für die preuß. Schulorthographie konsequent auf den dt. Wortschatz anzuwenden. Fast gleichzeitig erschienen 1880 das v. a. von dem Germanisten WILHELM WILMANNS (* 1842, † 1911) abgefaßte amtl. Werk ›Regeln und Wörterverzeichnis für die dt. R. zum Gebrauch in den preuß. Schulen‹ und DUDENS ›Vollständiges orthograph. Wörterbuch der dt. Sprache‹. Da sich BISMARCK jedoch gegen das preuß. Regelwerk gewandt hatte, fiel dem ›Orthograph. Wörterbuch‹ DUDENS die Rolle zu, die preuß. R. durchzusetzen. Innerhalb eines Jahrzehnts wurde durch dieses Werk die Einheits-R. in Dtl. herbeigeführt. Auswirkungen zeigten sich darüber hinaus im gesamten dt. Sprachraum: 1892 beschloß der Schweizer Bundesrat die Festlegung der künftigen Schweizer Orthographie entsprechend der Duden-R. Den Abschluß in den Bemühungen um eine einheitl. dt. R. bildete die 1901 nach Berlin einberufene staatl. Rechtschreibkonferenz; sie machte die in DUDENS ›Orthograph. Wörterbuch‹ bereits durchgesetzte preuß. Schulorthographie zur Grundlage. Mit Blick auf eine Einheitsschreibung wurden alle Reformwünsche zurückgestellt; man einigte sich lediglich darauf, ›th‹ in dt. Wörtern durch ›t‹ zu ersetzen (Thal: Tal), die Zahl der Doppelschreibungen (z. B. Brot: Brod) weiter zu verringern und die eindeutschende Schreibung der Fremdwörter stärker voranzutreiben. Die neugefaßte preuß. R. von 1880 wurde 1902 u. d. T. ›Regeln für die dt. R. nebst Wörterverzeichnis‹ durch Bundesratsbeschluß für alle Bundesstaaten als verbindlich erklärt (diese Verbindlichkeit gilt aufgrund des Beschlusses des Kultusminister der Länder vom 18. und 19. 11. 1955 bis heute); diesem Beschluß schlossen sich Österreich und die Schweiz an.

L. WEISGERBER: Die Verantwortung für die Schrift (1964); W. EICHLER: R. u. Rechtschreibunterricht. Ein Hb. für Deutschlehrer (1978); G. DROSDOWSKI: Der Duden – Gesch. u. Aufgabe eines ungewöhnl. Buches (1980); ders.: R. u. Rechtschreibreform aus der Sicht des Dudens (1987); Theoret. Probleme der dt. Orthographie, hg. v. D. NERIUS u. a. (Berlin-Ost 1980); Dt. Orthographie, hg. v. dems. (Leipzig 1987); I. T. PIIRAINEN: Hb. der dt. R. Grundl. der R. u. Methoden des Rechtschreibunterrichts (1981); F. COULMAS: Über Schrift (1982); Schrift, Schreiben, Schriftlichkeit. Arbeiten zur Struktur, Funktion u. Entwicklung schriftl. Sprache, hg. v. K. GÜNTER u. a. (1983); Graphematik u. Orthographie. Neuere Forsch. der Linguistik, Didaktik u. Geschichte, hg. v. G. AUGST (1985); New trends in graphemics and orthography, hg. v. dems. (Berlin 1986); M. KOHRT: Theoret. Aspekte der dt. Orthographie (1987); J. RIEHME: Rechtschreibunterricht. Probleme u. Methoden (Neuausg. 1987).

**rechtsdrehende Stoffe,** →optische Aktivität.

**Rechts|entscheid,** die Vorabentscheidung eines OLG oder des BGH in einer bestimmten Rechtsfrage, deren Beurteilung für die Entscheidung eines anhängigen Prozesses bedeutsam ist, der vor dem die Rechtsfrage vorlegenden nachgeordneten Gericht geführt wird. R. sind nach § 541 ZPO vorgesehen, wenn das Landgericht bei der Entscheidung einer Rechtsfrage in Wohnraummietsachen von einer Entscheidung des BGH oder eines OLG abweichen will oder wenn die Rechtsfrage von grundsätzl. Bedeutung ist und durch R. noch nicht entschieden ist. Entsprechendes gilt bei beabsichtigter Abweichung durch das vorlegende OLG. In diesen Fällen hat das Landgericht die Rechtsfrage dem übergeordneten OLG, das OLG dem BGH zur Entscheidung vorzulegen; sie ist für das Landgericht bindend.

**Rechts|erwerb,** Erwerb eines (subjektiven) Rechts, der entweder auf dem Willen des oder der Beteiligten beruht (z. B. rechtsgeschäftl. Übereignung einer bewegl. Sache gemäß § 929 BGB) oder kraft Gesetzes eintreten kann (z. B. Eigentumserwerb durch Verbindung, Vermischung oder Verarbeitung, §§ 946 ff. BGB). Man unterscheidet zw. dem ursprüngl. R. (originärer R., z. B. Aneignung einer herrenlosen Sache, §§ 958 ff. BGB; Ersitzung, §§ 937 ff. BGB; Zuschlag in der Zwangsversteigerung) und dem von einem früheren Rechtsinhaber abgeleiteten R. (derivativer R., z. B. Eigentumsübertragung, §§ 929 ff., §§ 873, 925 BGB; Abtretung einer Forderung); letzterer führt zur →Rechtsnachfolge. In bestimmten Fällen kann ein Recht auch gutgläubig von einem Nichtberechtigten erworben werden (→guter Glaube).

**Rechtsfähigkeit,** die Fähigkeit, Träger von Rechten und Pflichten zu sein, z. B. Eigentum zu erwerben, Gläubiger oder Schuldner von Forderungen zu sein. R. kommt allen Menschen (natürl. Personen) unabhängig von ihrer Staatsangehörigkeit zu. Von R. zu trennen ist die →Handlungsfähigkeit, d. h. die Fähigkeit, rechtlich bedeutsame Handlungen selbst vornehmen zu können. Die R. beginnt mit der Vollendung der Geburt (§ 1 BGB) und endet mit dem Tod. Besonderes gilt für die →Leibesfrucht. Der R. entspricht im gerichtl. Prozeß die →Parteifähigkeit. R. können auch bestimmte Organisationen (Vereine, Handelsgesellschaften) erwerben und zwar durch Eintragung in ein Register oder durch Verleihung im Einzelfall. Durch R. wird eine Organisation zur →juristischen Person.

Ähnlich geregelt ist die R. in *Österreich* (§§ 18 ff. ABGB) und in der *Schweiz* (Art. 11 ff., 31, 52 ff. ZGB sowie, für die Leibesfrucht, Art. 544 ZGB).

**Rechtsfindung,** nach Klärung des streitigen Sachverhalts die (dem Richter vorbehaltene) Tätigkeit, den anzuwendenden Rechtssatz zu erkennen (Kognition) und durch Anwenden auf den konkreten Sachverhalt zur Einzelfallentscheidung zu bringen (Subsumtion). Mittel der R. sind, wenn das geschriebene Recht und das Gewohnheitsrecht lückenhaft oder nicht zweifelsfrei sind, v. a. →Auslegung 1) und → Analogie 5).

**Rechtsfrieden,** das friedl. Zusammenleben der Bev. im Schutz des Rechts; negativ das Verbot ungeregelter Selbsthilfe (Fehde) und Gewalt. Die Herstellung des R. vollzog sich in einer jahrhundertelang dauernden Verstaatlichung der Rechtspflege. (→Gottesfrieden, →Landfrieden)

**Rechtsgang,** im alten dt. Recht das Verfahren zur Aufhebung des Unrechts und zur Wiederherstellung des Rechts. Der R. wurde außergerichtlich durch erlaubte Selbsthilfe oder durch Sühneverträge geübt, da Rechtsschutz und Rechtsverfolgung urspr. Privatsache der einzelnen und ihrer Sippe waren (Fehde, Blutrache). Später bildete sich daneben ein gerichtl. R. aus (Gerichtsverfahren, Prozeß), der den außergerichtl. R. bis auf Ausnahmefälle verdrängte (Notwehr, Notstand und Selbsthilfe im Sinn von § 229 BGB).

**Rechtsgebiet,** 1) Teilgebiet des Rechts, z. B. Arbeitsrecht; 2) der räumliche Geltungsbereich einer Rechtsquelle. R. und Staatsgebiet müssen nicht immer zusammenfallen. Im 19. Jh. teilte sich z. B. Dtl. in die R. des Preuß. Allg. Landrechts, des ABGB, des Code civil, des sächs. BGB und des Gemeinen Rechts.

**Rechtsgeschäft,** auf mindestens einer Willenserklärung beruhender Tatbestand, der einen bestimmten, mit der Willenserklärung bezweckten Erfolg herbeiführen soll. Das Element des Zweckgerichtetseins unterscheidet das R. von der bloßen →Rechtshandlung. Bei R. unterscheidet man **einseitige** und **zweiseitige (mehrseitige) R.**, je nachdem, ob es sich um die erforderl. Willenserklärung einer Person (z. B. Kündigung) oder um die übereinstimmende Erklärung mehrerer Personen (so beim Vertrag) handelt. Daß die Willenserklärung einer Privatperson Rechtswirkungen hervorrufen kann, beruht auf dem für das Privatrecht geltenden Grundsatz der →Privatautonomie. Mag der Erklärende auch bei Abgabe der Erklärung primär an das wirtschaftlich-prakt. Ergebnis denken, das er anstrebt, so will er diesen Erfolg doch von der Rechtsordnung geschützt wissen und damit eine Rechtswirkung seiner Erklärung herbeiführen. Diese Rechtswirkung wird im einzelnen durch den Inhalt der Erklärung bestimmt und ggf. durch gesetzl. Regeln ergänzt. Sie ist unabhängig von individuellen Motiven, die den Erklärenden zu dem R. veranlaßt haben. Man unterscheidet **vermögensrechtliche** und **personenrechtliche R.**; zu letzteren gehört z. B. die Eheschließung; vermögensrechtl. R. umfassen dingl. und obligator. R., je nachdem, ob sie eine unmittelbare Rechtsänderung, z. B. Eigentumsübertragung, enthalten oder nur eine schuldrechtl. Verpflichtung, z. B. Lieferungspflicht aus Kauf; ferner **R. unter Lebenden** und **R. von Todes wegen** (z. B. Testamente), **entgeltliche** und **unentgeltliche R.** (z. B. Schenkung); **formlose** und **formgebundene R.** (z. B. die etwa bei der Veräußerung oder dem Erwerb eines Grundstücks erforderliche notarielle Beurkundung); formlose R. können grundsätzlich auch stillschweigend, durch →konkludente Handlung vorgenommen werden.

**Rechtsgeschichte,** die Wiss. vom vergangenen Recht und vom Werdegang der versch. Rechtsordnungen. Gegenstand der R. sind die Rechtsquellen und Rechtseinrichtungen (Institutionen), die Rechtslehren (Dogmen) und die Rechtswiss. sowie die darauf einwirkende Ideengeschichte des Rechts. Insoweit ist die R. Teil der Geschichtswissenschaft und bedarf enger Fühlung mit Archäologie, Philologie, geschichtl. Landesforschung, Soziologie, Volkskunde usw. Institutionell zählt die R. zur Rechtswissenschaft. Kennzeichnend ist die klass. Aufteilung in dt. und röm. R. Spätestens seit dem Humanismus wurde in Dtl. rechtshistorisch gearbeitet, allerdings überwiegend durch prakt. Fragen bestimmt. Erst seit der Mitte des 19. Jh. erfolgte eine Abspaltung der R. von den geltendrechtl. Fächern.

⇨ *deutsches Recht · Recht · Rechtswissenschaft · römisches Recht*

Hwb. zur dt. R., hg. v. A. ERLER u. a., auf 5 Bde. ber. (1964ff.); F. WIEACKER: Privat-R. der Neuzeit ($^2$1967); W. HÜLLE: Dt. R. (Neuausg. 1979); A. LAUFS: Rechtsentwicklung in Dtl. ($^3$1984); H. MITTEIS: Dt. R., bearb. v. H. LIEBERICH ($^{18}$1988); H. SCHLOSSER: Grundzüge der neueren Privat-R. ($^6$1988); K. KROESCHELL: Dt. R., 3 Bde. ($^{1-9}$1989); H. J. BERMAN: Recht u. Revolution. Die Bildung der westl. Rechtstradition (a. d. Engl., 1991), R. in den beiden dt. Staaten (1988–1990), hg. v. H. MOHNHAUPT (1991).

**Rechtsgrund,** →Causa 2).

**Rechtsgut,** Gut, an dem sich Lebensinteressen des einzelnen und der Allgemeinheit verkörpern und das deshalb von der Rechtsordnung geschützt wird. R. sind z. B. das Leben des Menschen, seine körperl. Unversehrtheit, Gesundheit, Freiheit, Ehre und Eigentum. Als R. gelten auch Ehe, Hausfrieden; Pflichttreue des Beamten. Da versch. R. miteinander in Konflikt geraten können (z. B. in einer Notwehrlage), ergibt sich die Frage einer **R.-Ordnung.** Der Schutz der R. ist Hauptaufgabe des Strafrechts.

**Rechtshändigkeit,** erblich bedingte Bevorzugung der rechten Hand. (→Linkshändigkeit)

**Rechtshandlung,** im Recht i. w. S. eine Handlung, an die die Rechtsordnung Folgen knüpft, die aber – anders als beim Rechtsgeschäft – ohne Rücksicht darauf eintreten, ob sie von dem Handelnden gewollt sind (z. B. unerlaubte Handlungen, die nach dem Gesetz Schadensersatzansprüche hervorrufen), geschäftsähnl. Handlungen wie die Mahnung oder Realakte (z. B. Besitzergreifung, Besitzaufgabe, Fund), auf die weder die Vorschriften über die Geschäftsfähigkeit noch über Willenserklärungen anwendbar sind. – I. e. S. wird der Ausdruck in Konkurs- und Vollstreckungsrecht verwendet und bezeichnet im einzelnen genau definierte rechtl. Maßnahmen des Schuldners, durch die er dem Gläubiger Vermögenswerte zu entziehen oder einzelnen Gläubigern entgegen dem Prinzip der Gleichbehandlung eine bevorzugte Befriedigung zu gewähren versucht (→Gläubigeranfechtung).

**Rechtshängigkeit,** prozessualer Zustand in gerichtl. Verfahren, bes. im Zivilprozeß die Existenz eines Rechtsstreites über einen prozessualen Anspruch in einem Urteilsverfahren zw. zwei Parteien. R. entsteht dort mit Erhebung der Klage, d. h. mit Einreichung der Klageschrift bei Gericht und ihrer Zustellung an den Beklagten (§§ 253, 261 ZPO, parallel: § 90 Verwaltungsgerichtsordnung, § 66 Finanzgerichtsordnung, § 94 Sozialgerichtsgesetz; vor Zustellung spricht man von ›Anhängigkeit‹). R. tritt ferner ein, wenn das Mahnverfahren durch Widerspruch oder Einspruch des Schuldners in das Streitverfahren übergeleitet wird, i. d. R. mit Rückwirkung auf den Zeitpunkt der Zustellung des Mahnbescheids (§§ 696 Abs. 3, 700 Abs. 2 ZPO). Die prozessualen Wirkungen der R. sind u. a.: Das einmal zuständige Gericht bleibt zuständig (**perpetuatio fori**); die Veräußerung des streitbefangenen Gegenstandes nimmt dem Kläger nicht die Befugnis, den Prozeß fortzuführen; die Zulässigkeit der Klageänderung wird eingeschränkt; der Streitgegenstand des Prozesses darf während der R. nicht in einem anderen Prozeß anhängig gemacht werden. – Daneben hat die R. materiellrechtl. Wirkungen: Sie begründet den Anspruch auf Prozeßzinsen (§ 291 BGB), verschärft die Haftung des Herausgabepflichtigen (§§ 989, 292, 818 Abs. 4 BGB) und unterbricht die Verjährung.

In *Österreich* und der *Schweiz* gilt Ähnliches, wobei in der Schweiz die Wirkungen der R. teils kantonalrechtl., teils bundesrechtl. Natur sind.

**Rechtshilfe,** die Vornahme einer Amtshandlung durch ein Gericht zur Unterstützung und auf Ersuchen eines anderen Gerichts oder einer anderen Behörde; z. B. Zeugenvernehmung, Beweisaufnahme, Zustellung. Wird eine Verwaltungsbehörde unterstützend tätig, liegt →Amtshilfe vor. Der Sprachgebrauch ist jedoch uneinheitlich. Die Pflicht zur Rechts- und Amtshilfe im Inland ist in Art. 35 Abs. 1 GG normiert. Für die R. werden die Einzelheiten in den §§ 156ff. Gerichtsverfassungs-Ges. geregelt, die für alle Gerichtsbarkeiten gelten. Es kann nur um eine Tätigkeit ersucht werden, die zur sachl. Zuständigkeit des ersuchenden Gerichts gehört. Bei internat. R. ist die ersuchte Stelle eine ausländ. Behörde oder ein Gericht. In manchen Staaten können die Amtshandlungen auch von konsular. oder diplomat. Vertretern vorgenommen werden. Grundlage der internat. R. sind zweiseitige oder multilaterale R.-Abkommen oder ein Einvernehmen im Einzelfall. Im Zivil- und Handelsrecht gelten die Haager Übereinkommen von 1954, 1965 und 1979, im Verwaltungsrecht die Europ. Übereinkommen von 1977 und 1978, im Strafrecht das Europ. Übereinkommen von 1959.

**Rechts|institut,** →Institution 2).

**Rechtskirche,** christl. Theologie: eine Kirche, deren Verfassung rechtlich strukturiert ist und die als Grundlage ihrer Struktur ein durch die Offenbarung gesetztes göttl. Recht betrachtet. Gegenbegriff ist die charismat. oder ›Geistkirche‹, die nur in einem äußerl. Bereich rechtl. Regelungen akzeptiert. V. a. durch R. SOHM wurde diese Unterscheidung akzentuiert. Ebenfalls der R. entgegengesetzt ist der, oft mit schwärmer. Vorstellungen verbundene Begriff der ›Liebeskirche‹. In der kath. Kirche wird grundsätzlich der Rechtscharakter stärker betont als in den ev. Kirchen.

**Rechtskonsulent,** veraltet für → Rechtsbeistand. *Rechtsgeschichtlich* verknüpft sich mit dem Begriff des R. die Diskriminierung jüd. Rechtsanwälte im nat.-soz. Dtl., die darin gipfelte, daß durch die 5. VO zum Reichsbürger-Ges. vom 27. 9. 1938 die noch bestehende Zulassung aller ›nichtarischen‹ Rechtsanwälte aufgehoben wurde. Jüd. Rechtsanwälte durften sich nur noch ›jüd. R.‹ nennen; sie waren darauf beschränkt, jüd. Mandanten zu beraten. Auf eine Zulassung zum R. bestand kein Anspruch, sie war jederzeit widerrufbar und beschränkt.

**Rechtskraft,** lat. **Res iudicata,** die Endgültigkeit gerichtl. Entscheidungen. (→ Rechtssicherheit)

Im *Zivilprozeß* ist zw. formeller R. (Unanfechtbarkeit der Entscheidung) und materieller R. (bindende inhaltl. Maßgeblichkeit der Entscheidung) zu trennen. Die formelle R. tritt bei Urteilen nach Ablauf der Frist für das vorgesehene Rechtsmittel (bei Versäumnisurteilen des Einspruchs) ein, ansonsten bereits mit der Verkündung; ihr Eintritt wird durch zulässige Einlegung des Rechtsmittels (bzw. Einspruchs) gehemmt (§ 705 ZPO). Die materielle R. setzt zunächst stets formelle R. voraus. Sie bindet die Parteien des Rechtsstreites, unter bestimmten Voraussetzungen auch Rechtsnachfolger (§§ 325 ff. ZPO), an die vom Gericht getroffene Feststellung. Ein neuer Prozeß über denselben Streitgegenstand wird damit unzulässig (auch gilt der Grundsatz des → ne bis in idem). Außerdem ist die rechtskräftige Feststellung für etwaige Folgeprozesse verbindlich, soweit sie eine Vorfrage für die dort zu treffende Entscheidung darstellt. Die materielle R. ist aber grundsätzlich auf den Urteilsausspruch beschränkt und erfaßt nicht bloße Vorfragen der Entscheidung. Die R. kann unter bestimmten Voraussetzungen beseitigt werden durch Wiedereinsetzung in den vorigen Stand, durch Wiederaufnahme des Verfahrens oder durch Abänderungsklage, nach der Rechtsprechung ferner bei bes. schwerwiegenden, sittenwidrigen Verstößen der von der R. begünstigten Partei. – In Verfahren der freiwilligen Gerichtsbarkeit sind die Entscheidungen nur teilweise rechtskraftfähig. Formelle R. tritt hier ein, wenn die Entscheidung der sofortigen Beschwerde unterliegt.

Im *Strafprozeß* ist die R. Voraussetzung für die Vollstreckung. Gleichzeitig tritt die ›Sperrwirkung‹ von ne bis in idem ein: Die Tat kann nicht noch einmal abgeurteilt werden. Dabei versteht man unter der ›Tat‹ den gesamten geschichtl. Vorgang, der dem Gericht durch die Anklage zur Aburteilung unterbreitet worden war. Wird also z. B. jemand von der Anklage der fahrlässigen Tötung rechtskräftig freigesprochen, kann er selbst dann nicht mehr verurteilt werden, wenn sich hinterher herausstellt, daß sein Verhalten sogar als Mord zu beurteilen war.

Die Bestimmungen der Prozeßordnungen *Österreichs* und der *Schweiz* enthalten entsprechende Regelungen.

Eine der Rechtskraft entsprechende Bedeutung kommt bei → Verwaltungsakten der Bestandskraft zu.

**Rechtskreise,** im dt. Recht des MA. die Sonderrechte für bestimmte Rechtsverhältnisse, z. B. das Hofrecht für das gutsherrlich-bäuerl. Verhältnis, das Lehnrecht und das Dienstrecht des Dienstmannes.

**Rechts-Links-Asymmetrie,** *Physik:* die Bevorzugung einer bestimmten Teilchenpolarisation (›Schraubensinn‹, → Helizität) bei Elementarteilchenprozessen, die der schwachen Wechselwirkung unterliegen; die R.-L.-A. ist Ausdruck der Nichterhaltung der → Parität 3) (Paritätsverletzung) in derartigen Prozessen. So werden z. B. beim $\beta^-$-Zerfall ausschließlich rechtshändige Antineutrinos ausgesandt, d. h. solche mit positiver Helizität ($+\frac{1}{2}$).

**Rechts-Links-Ware,** Abk. **RL,** *Textiltechnik:* die Grundbindung einflächiger Maschenware, bei der auf einer Seite die Maschenschenkel oben liegen, auf der anderen (der linken) Seite die Maschenköpfe hervortreten.

**Rechtsmangel,** Mangel des Rechtszustandes eines Vertragsgegenstandes, z. B. die nicht offenbarte Belastung einer verkauften Sache mit dem Pfandrecht eines Dritten (→ Gewährleistung).

**Rechtsmedizin, forensische Medizin,** früher **Gerichtsmedizin,** Fachgebiet der Medizin, das sich mit der Klärung medizin. und daran angrenzender Fragen sowie mit standesrechtl. Problemen im Rahmen der Rechtsprechung befaßt. Die R. ist ein offizielles ärztl. Weiterbildungsgebiet und wird vom Arzt für R. (**Rechtsmediziner,** früher Gerichtsarzt) ausgeübt.

Aufgaben der forensischen klin. Medizin sind die gerichtsärztl. Beurteilung von Körperverletzungen, der Haft- und Verhandlungsfähigkeit von Angeklagten, die Erstellung von Gutachten bei Sittlichkeitsdelikten, zur Ermittlung der Geschlechtszugehörigkeit und der Abstammung (Vaterschaftsbestimmung); die forens. Pathologie befaßt sich mit Leichenschau und Sektion, Todesursachenfeststellung, auch im Zusammenhang mit kriminellen Schwangerschaftsabbrüchen, Kindesmißhandlungen und der Blutalkoholbestimmung bei Verkehrsdelikten; die forens. Chemie und forens. Toxikologie dienen der Spurenanalyse und dem Nachweis von Giften; die forens. Psychiatrie erstellt Gutachten über die Zurechnungsfähigkeit, Geschäfts- und Testamentsfähigkeit; die ärztliche Rechts- und Standeskunde ist mit der Klärung von Fragen befaßt, die das rechtl. Verhältnis von Arzt und Patient betreffen (z. B. Kunstfehler, Kurpfuscherei).

Die Aufgaben des Gerichtsarztes werden von Amtsärzten oder von speziell angestellten Rechtsmedizinern wahrgenommen. Zum Gerichtsarzt kann ein haupt- oder nebenamtlich am Gesundheitsamt tätiger Arzt bestellt werden, der über besondere Erfahrungen in der R. verfügt und die Prüfung für den öffentl. Gesundheitsdienst abgelegt hat oder Universitätsprofessor für R. ist. Nach § 87 StPO muß die gerichtl. Leichenöffnung von zwei Ärzten vorgenommen werden, unter denen sich ein Gerichtsarzt oder der Leiter eines patholog. Instituts mit rechtsmedizin. Kenntnissen befindet.

*Geschichte:* Medizinische Gesichtspunkte bei der Rechtsprechung wurden schon in der röm. Antike von der justinian. Gesetzgebung einbezogen. In der ›Peinl. Gerichtsordnung‹ (Carolina) KARLS V. von 1532 finden sich erste gesetzl. Bestimmungen über die Hinzuziehung von Ärzten zur Ermittlung von Tatbeständen. Der frz. Chirurg A. PARÉ verfaßte im 16. Jh. eine Anweisung zur Erstellung ärztl. Gutachten; das erste Lehrbuch der R. schrieb 1621–35 (›Quaestiones medico-legales‹, 7 Bde.) der italien. Arzt PAOLO ZACCHIA (* 1584, † 1659). Im 17. Jh. wurde auch durch den niederländ. Zoologen JAN SWAMMERDAM (* 1637, † 1680) und den Arzt JOHANN SCHREYER († nach 1694) die → Lungenprobe zur Klärung von Totgeburten eingeführt. Im 19. Jh. erfuhr die R. eine weitere Ausweitung durch die von dem spanisch-frz. Toxikologen MATEO-JOSÉ-BONAVENTURE ORFILA (* 1787, † 1853) begründete forens. Toxikologie und die auf C. LOMBROSO zurückgehende Kriminalpsychologie.

Die Entdeckung der Blutgruppen und des Rhesussystems durch K. LANDSTEINER und A. S. WIENER und

**Rechts-Links-Ware:** OBEN Rechte Warenseite mit oben liegenden Maschenschenkeln; UNTEN Linke Warenseite mit oben liegenden Maschenköpfen

die Einführung spezif. Blut- und Eiweißnachweismethoden durch P. UHLENHUT waren auch für die R. von wesentl. Bedeutung. In neuester Zeit wurde mit der Genomanalyse ein Verfahren zur exakten kriminalist. Identifizierung von Personen gefunden, dessen Zulassung als Beweismittel im Straf- und Zivilrecht auch in der Bundesrep. Dtl. angestrebt wird.

R., hg. v. W. SCHWERD ($^4$1986); E. FISCHER-HOMBERGER: Medizin vor Gericht (Neuausg. 1988); W. DÜRWALD: Gerichtl. Medizin (Leipzig $^4$1990). – *Zeitschrift:* Beitr. zur gerichtl. Medizin (Wien 1911 ff.; früher unter anderen Titeln).

**Rechtsmißbrauch,** die gegen Treu und Glauben verstoßende und daher unzulässige Ausübung eines an sich bestehenden Rechtes. (→ Mißbrauch, → Schikane)

**Rechtsmittel,** spezielle → Rechtsbehelfe mit besonderen Merkmalen: mit Devolutiveffekt (Überprüfung der angefochtenen Entscheidung in einer höheren Instanz) und Suspensiveffekt (Hemmung des Eintritts der formellen Rechtskraft der Entscheidung). R. sind Berufung, Revision und Beschwerde, allerdings mit Besonderheiten bei der einfachen Beschwerde. Berufung und Revision sind grundsätzlich als R. zur Aufhebung von Urteilen vorgesehen, Beschwerde ist R. gegenüber Beschlüssen; dabei sind Berufung und Revision ggf. als R. hintereinandergeschaltet (›R.-Zug‹). Die Einlegung und auch die Begründung von R. sind mit Ausnahme der einfachen Beschwerde an bestimmte Fristen und Formen gebunden; Voraussetzung ist zudem eine Beschwer des R.-Führers. Im Strafprozeß hemmt die Einlegung eines zulässigen R. die Vollstreckung; die Staatsanwaltschaft kann R. auch zugunsten des Beschuldigten einlegen (§ 296 StPO). – R. können unter bestimmten Voraussetzungen zurückgenommen werden (→ Zurücknahme von Rechtsmitteln) oder es kann auf sie verzichtet werden (→ Verzicht).

**Rechtsmittelbelehrung,** die an den Empfänger (Adressaten) v. a. einer gerichtl. Entscheidung gerichtete Erklärung (Belehrung, Information), daß und auf welche Weise die Entscheidung durch Rechtsmittel angegriffen werden kann. Die R. ist der Entscheidung anzufügen; Form, Frist und genaue Bez. (bes. Adresse) der Stelle, bei der das Rechtsmittel einzulegen ist, sind anzugeben. Die Rechtsmittelfrist beginnt erst mit der Bekanntgabe der R. zu laufen (bei fehlender oder fehlerhafter R. jedoch längstens ein Jahr seit Bekanntgabe der Entscheidung).

Im Zivilprozeß und im Verfahren der freiwilligen Gerichtsbarkeit ist eine R. gesetzlich nicht vorgeschrieben, jedoch im Arbeits-, Sozial-, Finanz- und Verwaltungsgerichtsverfahren. Im Strafprozeß ist die R. mündlich zu erteilen, wenn die Entscheidung mündlich verkündet wird; unterbleibt sie, ist Wiedereinsetzung in den vorigen Stand zulässig (§§ 35a, 44 StPO). Entsprechendes gilt bei der Rechtsbehelfsbelehrung (→ Rechtsbehelf).

**Rechtsnachfolge, Sukzession,** der Wechsel in der Person eines Trägers von Rechten und Pflichten. Im *Privatrecht* ist R. der Erwerb (→ Rechtserwerb) eines bisher einer anderen Person zustehenden Rechts. R. ist nur möglich, soweit subjektive Rechte übertragbar sind. Zu unterscheiden sind die R. in einzelne Rechte (**Einzelnachfolge, Singularsukzession**) z. B. durch Übereignung einer Sache oder Abtretung einer Forderung und die R. in eine Gesamtheit von Rechten, ein Vermögen (**Gesamtnachfolge, Universalsukzession**). Letztere ist u. a. gegeben im Fall der Beerbung (§ 1923 BGB), aber auch bei der Fusion zweier Aktiengesellschaften (§ 339 Aktiengesetz). Im Zivilprozeß ist die R. nach Rechtshängigkeit grundsätzlich ohne Einfluß; die Wirkungen des Urteils erfassen aber, soweit nicht Ausnahmen greifen, den Rechtsnachfolger der Partei (§§ 265, 325, 727 ff. ZPO).

Im *Staats-* und *Völkerrecht* die **Staatensukzession** als das Einrücken eines Staates in die völkerrechtl. Rechtspositionen eines anderen Staates. Eine solche Staatensukzession (Staatennachfolge) ereignet sich bei Gebietsabtretungen bezüglich derjenigen Rechtspositionen, die mit dem abgetretenen Gebiet verknüpft sind. Kommt das gesamte Staatsgebiet an einen anderen Staat oder an mehrere andere Staaten, so geht der Staat unter, weil er nicht mehr über das Staatsbegriffselement ›Gebiet‹ verfügt. Im Ggs. zum klass. Völkerrecht kann seit der Geltung des Annexionsverbots der Verlust des gesamten Staatsgebiets nur noch durch einen von dem Staat selbst geschlossenen Abtretungsvertrag herbeiführt werden. In der Praxis ist dies noch nicht vorgekommen. Dagegen haben sich Fälle des Staatsuntergangs durch freiwillige Verschmelzung mit einem anderen Staat, durch Zusammenschluß mehrerer Staaten zu einem neuen Staat oder durch Revolution mit anschließender Staatsneugründung und Unterbrechung der rechtl. Kontinuität im 20. Jh. häufig ereignet. – Innere Vorgänge – z. B. Wechsel der Staatsform, Regierungswechsel, Revolution – berühren die völkerrechtl. Kontinuität eines Staates ebensowenig wie militär. Niederlagen und Gesamtkapitulationen der Streitkräfte. Wenn jedoch ein Völkerrechtssubjekt untergegangen ist, so kann ein auf seinem Gebiet neu erstandener Staat entweder die staats- und völkerrechtl. Kontinuität unterbrechen oder die Kontinuität in der Form der R. fortführen. Der letztere Fall (R. nach Staatsuntergang) ist streng zu unterscheiden von der Kontinuität in der Form der staats- und völkerrechtl. Identität. – Mit dem Beitritt der Dt. Dem. Rep. zur Bundesrep. Dtl. am 3. 10. 1990 ist die Dt. Dem. Rep. als Staats- und Völkerrechtssubjekt untergegangen. Seit dieser Zeit nimmt sie an der staats- und völkerrechtl. Kontinuität Dtl.s (in der Form der Identität) in der Bundesrep. Dtl. teil.

**Rechtsnorm,** Recht: → Norm 5).

**Rechts|öffnung,** im schweizerischen Recht der Schuldbetreibung die vom Gläubiger durch R.-Gesuch begehrte gerichtliche Beseitigung des vom Schuldner erhobenen → Rechtsvorschlages, um die Fortsetzung der auf Geldzahlung gerichteten Zwangsvollstreckung auf dem Weg der Pfändung, der Pfandverwertung oder des Konkurses zu erreichen. Man unterscheidet **definitive** (rechtskräftige gerichtl. Urteile, gerichtl. Vergleiche, gerichtl. Schuldanerkennungen, rechtskräftige Verfügungen der Verwaltungsbehörden über öffentlich-rechtl. Verpflichtungen) und **provisorische** R.-Titel (durch öffentl. Urkunde oder durch Unterschrift bekräftigte Schuldanerkennungen), auf die das R.-Gesuch gestützt werden kann.

**Rechts|ordnung,** → Recht.

**Rechts|parömi|en,** die, → Rechtssprichwörter.

**Rechts|pflege,** i. e. S. die im Rahmen der Gerichtsbarkeit von den einzelnen Gerichten ausgeübte Tätigkeit, i. w. S. jedes Handeln staatl. oder staatlich anerkannter Organe, das dem Rechtsschutz, der Rechtsausübung oder der Rechtsvorsorge dient. R.-Organe sind als Behörden die Gerichte und Staatsanwaltschaften und die Organe der Justizverwaltung; als Personen die Richter, Staatsanwälte, Rechtspfleger, Urkundsbeamten, Gerichtsvollzieher, Gerichtswachtmeister, ferner die Rechtsanwälte, Notare und Rechtsbeistände.

**Rechts|pfleger,** staatl. Rechtspflegeorgan, dem durch das R.-Gesetz vom 5. 11. 1969 bestimmte richterl. oder staatsanwaltschaftl. Aufgaben übertragen sind. Mit den Aufgaben eines R. kann ein Beamter des Justizdienstes betraut werden, der erfolgreich einen Vorbereitungsdienst von drei Jahren abgeleistet hat. Der Vorbereitungsdienst vermittelt in einem mindestens 18monatigen Studiengang einer Fachhochschule oder in einem gleichstehenden Studiengang dem Beamten die wiss. Erkenntnisse und Methoden sowie die berufsprakt. Kenntnisse, die zur Erfüllung der Aufgaben erforderlich sind. Hinzu kommen berufsprakt. Studienzeiten (mindestens ein Jahr). Mit den Aufgaben eines R. kann auch betraut werden, wer die Befähigung zum Richteramt hat. Der R. ist bei seinen Entscheidungen nur dem Gesetz unterworfen. Er entscheidet grundsätzlich selbständig. Sein Aufgabengebiet liegt hauptsächlich in Vormundschafts-, Nachlaß-, Grundbuch-, Register- und Vollstrekkungssachen sowie im Mahnverfahren, ferner in einigen Sachen der Strafverfolgung. Er ist aber (auch im Rahmen der sonst übertragenen Geschäfte) nicht befugt zur Anordnung und Abnahme von Eiden, zur Androhung oder Anordnung von Freiheitsentziehungen (mit Ausnahmen) und zur Änderung einer Entscheidung des Urkundsbeamten. R. haben die ihnen übertragenen Geschäfte in bestimmten Fällen dem Richter vorzulegen (z. B. bei abweichenden richterl. Stellungnahmen, ausländ. Recht).

Gegen die Entscheidung des R. steht dem Betroffenen die Erinnerung zu, über die der Richter gleicher Instanz entscheidet, wenn er sie für zulässig und begründet hält; andernfalls legt der Richter die Erinnerung dem Rechtsmittelgericht zur Entscheidung vor. Sie gilt dann als Beschwerde gegen die Entscheidung des R. (›Durchgriffserinnerung‹), in befristeten Fällen als sofortige Beschwerde. Nimmt der R. ein ihm nicht übertragenes Geschäft des Richters wahr, so ist es nichtig, während ein bloßer Verstoß gegen Vorlagepflichten die Wirksamkeit nicht berührt; umgekehrt kann der Richter jedes Geschäft des R. wirksam vornehmen. Der R. ist kein Richter im verfassungsrechtl. Sinn. Für die →Ausschließung und →Ablehnung eines R. gelten aber die für Richter maßgebl. Vorschriften entsprechend.

In den neuen Bundesländern gilt das R.-Gesetz u. a. mit der Maßgabe, daß die den R. übertragenen Aufgaben der Rechtspflege von Richtern und von im Staatl. Notariat tätig gewesenen Notaren sowie Geschäfte der Staatsanwaltschaft, soweit sie durch das R.-Gesetz dem R. übertragen worden sind, von Staatsanwälten wahrgenommen werden, solange und soweit nach dem R.-Gesetz ausgebildete R. nicht oder nicht in ausreichender Zahl zur Verfügung stehen. Auch Gerichtssekretäre können mit R.-Aufgaben betraut werden (Einigungsvertrag vom 30. 8. 1990, Anlage I, Kap. III, Sachgebiet A, Abschnitt Nr. 3).

Nach dem *österr.* R.-Gesetz 1985 sind R. Gerichtsbeamte, denen unter Bindung an das Weisungsrecht des nach der Geschäftsordnung zuständigen Richters die Besorgung von Geschäften der Gerichtsbarkeit übertragen ist. Der Wirkungskreis ist mit der dt. R. vergleichbar. – Dem *schweizer.* Recht ist der Begriff des R. fremd.

**Rechts|philosophie,** Wissenschaftszweig, der sowohl der Philosophie als auch der Rechtswissenschaft (so institutionell in Dtl.) und der Politologie zugeordnet werden kann und sich mit Ursprung, Zweck, Struktur, Legitimation, gesellschaftl. Interdependenz und Geltung des Rechts befaßt. Von der Rechtsgeschichte und der Rechtssoziologie unterscheidet sich die R. zum einen dadurch, daß sie sich in ihrem beschreibenden Teil nicht auf das histor. Auftreten des Rechts oder sein Verhältnis zur Gesellschaft beschränkt, sondern alle nur erdenkl. Erscheinungsformen und Bezüge berücksichtigt, zum anderen dadurch, daß sie – wie bei der Ethik bezüglich moral. Normen – im Hinblick auf Rechtsnormen Wertungen und Präskriptionen diskutiert werden, die diese stützen können. Die R. ist demnach wie die Ethik nicht nur eine deskriptiv-theoret. Wiss. der Praxis, sondern auch eine abstrakt-prakt. Wiss. Sie sucht auf diese Weise die Brücke zur konkret-prakt. Rechtspolitik und Rechtsdogmatik zu schlagen.

*Hauptprobleme:* Zentrales Problem der R. ist die Frage, wie Normen gerechtfertigt werden können (›Begründungsproblem‹). Dabei wird ein Rekurs auf göttl. Gebote, Naturgesetze oder überempir. Werte und Prinzipien (Naturrecht), die menschl. Vernunft (Vernunftrecht), Nutzenerwägungen (Utilitarismus), menschl. Interessen (Subjektivismus), fiktive oder reale Vereinbarungen (Vertragstheorien) oder rationale Diskursbedingungen (Diskurstheorie) propagiert. Das ›Geltungsproblem‹ schließt an das Begründungsproblem an und zerfällt in zwei Unterprobleme: Bezüglich der Sollgeltung stellt sich die Frage, warum und wann der einzelne bestimmten Verhaltensanforderungen des Rechts folgen soll. Dabei ist umstritten, ob bei positiven Gesetzen die Einhaltung formaler Rechtssetzungsbedingungen genügt (Rechtspositivismus) oder darüber hinaus auch inhaltl. Begründungsanforderungen gestellt werden müssen, so etwa die Bedingung, daß der Gesetzgeber wenigstens die Absicht hatte, gerechtes Recht zu schaffen (›Radbruchsche Formel‹), also sich – je nach Standpunkt – an eine der oben erwähnten Begründungsformen anzuschließen. Daneben wird im Rahmen der Wirksamkeitsgeltung untersucht, ob die entsprechenden Normen tatsächlich befolgt werden (Verhaltensgeltung) bzw. bei Normverletzungen entsprechende Sanktionen erfolgen (Sanktionsgeltung). Beide Unterprobleme der Geltungsfrage stehen insofern in Zusammenhang, als verschiedentlich eine Einschränkung oder gar Aufhebung der Sollgeltung durch die Wirksamkeitsgeltung angenommen wird. Auch beim ›Gerechtigkeitsproblem‹ bestehen Zusammenhänge zum Begründungsproblem. Allerdings liegt der Akzent auf der inhaltl. Orientierung der Norm bezüglich einer gerechten Verteilung. Gerechtigkeitsaspekte können sein: Stand, Leistung, Chance, Verdienst, Bedürfnis, Interesse, Gleichheit. Beim ›Strukturproblem‹ schließlich ist umstritten, ob das Recht eine axiomatisch-hierarch. (Natur- und Vernunftrecht), eine geltungshierarchische (H. KELSEN), eine zweistufig regelhafte (HERBERT LIONEL ADOLPHUS HART, *1907) oder eine topisch-monad. (THEODOR VIEHWEG, *1907, †1989) Struktur aufweist, ob es notwendig oder nur fakultativ Sanktionen statuiert und wer (nur staatl. Stellen oder auch der Bürger) der Adressat seiner Normen ist.

*Geschichte:* Schon in der antiken Philosophie waren zentrale rechtsphilosoph. Probleme präsent. Das Begründungsproblem fand seinen Niederschlag in verschieden fundierten und ausgestalteten Naturrechtslehren, die im Rahmen der stoischen Philosophie zum zentralen rechtsphilosoph. Paradigma wurden. Bei AUGUSTINUS erfolgte deren Verschmelzung mit christl. Dogmen zu einem christl. Naturrecht, das rechtsphilosoph. Denken des Abendlandes für mehr als ein Jahrtausend prägte. Neuzeit und Aufklärung brachten neben einer Herauslösung des Naturrechts aus diesem System dessen zunehmende Säkularisierung und Rationalisierung. Im Vernunftrecht des 17. und 18. Jh. (H. GROTIUS, S. PUFENDORF, C. THOMASIUS, C. WOLFF) erreichte das rechtsphilosoph. Denken einen ersten Höhepunkt. Mit Verbreitung der transzendentalen bzw. idealist. Philosophie kam das rechtsphilosoph. Denken bei I. KANT, J. G. FICHTE und insbesondere G. W. F. HEGEL auch zu einem theoretisch-philosoph. Kulminationspunkt. Nachdem schon KANT nicht mehr von ›Naturrecht‹ gesprochen hatte, wurde in dieser Zeit der neue Terminus ›Philosophie des Rechts‹ oder ›R.‹ gebräuchlich. An der Wende zum 19. Jh. entstand aber gleichzeitig mit dem ›Historismus‹ und ›histor. Rechtsschule‹ eine wirkungsmächtige Gegenbewegung (F. C. VON SAVIGNY), die die metaphysisch-rationalist. R. ablehnte und das Recht als geschichtl. Produkt ansah. In der Mitte des 19. Jh. erlahmte das Interesse an der R. Rechtspositivismus, allgemeine Rechtslehre und Begriffsjurisprudenz traten in den Vordergrund. Erst an der Wende zum 20. Jh. erlebte die R. in Dtl. im Zuge des Neukantianismus (RUDOLF STAMMLER, * 1856, † 1938) und Neuhegelianismus (JULIUS BINDER, * 1870, † 1939) eine Renaissance. Im Anschluß an die südwestdeutsch-neukantian. Wertphilosophie (H. RICKERT, E. LASK) und das Denken MAX WEBERS entwickelte G. RADBRUCH einen wertrelativist. R. CARL SCHMITT propagierte ein dezisionist. Denken. H. KELSEN entwickelte eine positivistisch-normlog. ›reine Rechtslehre‹. Schließlich lebte auch ein katholisch-thomist. Naturrecht fort (V. CATHREIN). Nach 1945 fand als Reaktion auf die nat.-soz. Verbrechen in Dtl. eine kurze Renaissance des Naturrechts statt, die aber bald durch eine Vielzahl von unterschiedl. Strömungen abgelöst wurde: Rezeption der analytisch-positivist. Rechtstheorie HARTS, eine Ontologie der Relationen (A. KAUFMANN) und eine →Systemtheorie des Rechts (N. LUHMANN; GUNTHER TEUBNER, * 1944).

I. KANT: Grundlegung zur Metaphysik der Sitten (Riga 1785, Nachdr. 1984); V. CATHREIN: Recht, Naturrecht u. positives Recht (²1909, Nachdr. 1964); J. G. FICHTE: Grundl. des Naturrechts nach Prinzipien der Wissenschaftslehre (²1922, Nachdr. 1979); R. STAMMLER: Lb. der R. (³1928, Nachdr. 1970); A. VERDROSS: Abendländ. H. RYFFEL: Grundprobleme der Rechts- u. Staatsphilosophie (1969); H. L. A. HART: Der Begriff des Rechts (a.d. Engl., 1973); G. RADBRUCH: R. (⁸1973); T. VIEHWEG: Topik u. Jurisprudenz (⁵1974); K. LARENZ: Richtiges Recht. Grundzüge einer Rechtsethik (1979); N. LUHMANN: Gesellschaftsstruktur u. Semantik, auf mehrere Bde. ber. (1980ff.); G. W. F. HEGEL: Werke, Bd. 7: Grundlinien der Philosophie des Rechts (Neuausg. 1986); G. TEUBNER: Recht als autopoiet. System (1989); Rechts- u. Sozialphilosophie in Dtl. heute. Beiträge zur Standortbestimmung, hg. v. R. ALEXY u. a. (1991).

**Rechts|positivismus,** Auffassung vom Recht, die dieses mit den positiven, d. h. vom Gesetzgeber gesetzten oder als Gewohnheits- oder Richterrecht geltenden Normen gleichsetzt. Der R. läßt formale Kriterien der Rechtsentstehung, Rechtsdurchsetzung oder Rechtswirksamkeit für die Kennzeichnung sozialer Normen als ›Recht‹ genügen, ohne – wie das Naturrecht – einen inhaltl. Bezugnahme und Parallelität zu außergesetzl. Rechtserkenntnisquellen (göttl. Gebote, Naturgesetze, Vernunft, Idee der Gerechtigkeit, Menschenrechte) als notwendig zu postulieren. Dabei betonen einige Vertreter des R. einschränkend, daß mit der Annahme solcher formaler Kennzeichnungskriterien für Recht weder die Frage nach einer eth. Rechtfertigung der Rechtsinhalte noch die Entscheidung für oder gegen die Rechtsbefolgung präjudiziert sei. Zu differenzieren ist insbesondere auch zw. der Perspektive des Richters und der des Verfassungs-, Gesetz- oder Verordnungsgebers.

Als Antithese zum Naturrecht tauchte der R. schon bei den Sophisten auf. Als in der 1. Hälfte des 19. Jh. in Dtl. Historismus und historische Rechtsschule die vernunftrechtl. bzw. idealist. Systeme von I. KANT, J. G. FICHTE und G. W. F. HEGEL verdrängten, eröffneten sie gleichzeitig das Feld für den R. Die histor. Betrachtungsweise vermochte zwar die Rechtsentstehung zu erklären, konnte aber neue rechtl. Regelungen nicht begründen. Hinzu traten die starke Beachtung der Naturwissenschaften und der Aufschwung des allgemeinen wiss. Positivismus (A. COMTE). In Dtl. versuchte die Begriffsjurisprudenz alle Rechtssätze aus einem lückenlosen System abzuleiten, und die allgemeine Rechtslehre bemühte sich, die Rechtsphilosophie zu verdrängen. Verschiedentlich verengte sich der R. sogar zum Gesetzespositivismus, der nur noch das positive Gesetz als Rechtsquelle anerkannte. Um die Wende zum 20. Jh. entstanden jedoch mit Freirechtsschule, Neukantianismus und Neuhegelianismus Gegenbewegungen.

In England hat der R. mit der analyt. Rechtstheorie J. AUSTINS und HERBERT LIONEL ADOLPHUS HARTS (* 1907), in den Vereinigten Staaten und Skandinavien mit dem jurist. Realismus (Legal realism) weite Verbreitung gefunden. In Österreich entwickelte H. KELSEN mit seiner ›reinen Rechtslehre‹ eine positivistisch-wertfreie Beschreibung des Rechts als ein Systems von Sollenssätzen. DONALD NEIL MACCORMICK (* 1941) und OTA WEINBERGER (* 1919) haben in jüngster Zeit einen institutionalist. R. entwickelt.

In Dtl. wurde der R. nach 1945 teilweise für den Gehorsam gegenüber den nat.-soz. Unrechtsgesetzen verantwortlich gemacht. Die schon seit Anfang des 20. Jh. vorhandenen Gegenströmungen traten daher in den Vordergrund, etwa der Gedanke, daß positives (d. h. gesetztes) Recht wegen seines Inhalts legislatives Unrecht sein könne (G. RADBRUCH). Zum Teil fanden für kurze Zeit naturrechtl. Gedanken Eingang in die Rechtsprechung, doch schon bald entwickelte sich eine Pluralität von Positionen, deren Auseinandersetzungen bis heute unvermindert anhalten.

EBERHARD SCHMIDT: Gesetz u. Richter (1952); T. TSATSOS: Zur Problematik des R. (1964); Naturrecht oder R.?, hg. v. W. MAIHOFER (³1981); N. HOERSTER: Zur Verteidigung des R., in: Neue Jurist. Wochenschr., Jg. 39 (1986), H. 40; E.-J. LAMPE: Grenzen des R. (1988).

**Recht|sprechung,** im funktionellen (aufgabenbezogenen) Sinn der Teil der Staatstätigkeit, der in der verbindl. Entscheidung einer Rechtsfrage oder eines Rechtsstreits im Einzelfall durch einen unbeteiligten Dritten (die Gerichte) besteht. Traditionell gehört hierzu die Entscheidung von Rechtsstreitigkeiten zw. den Bürgern und zw. Bürger und Staat sowie die Verhängung von Kriminalstrafen. Im Unterschied zur Gesetzgebung (Rechtsetzung) ist R. die Anwendung gesetzten Rechts im Einzelfall. Auch dort, wo Gerichte Lücken des gesetzten Rechts ausfüllen oder gesetzl. Regelungen (→Richterrecht) fortbilden, sollen sie nicht neues Recht setzen, sondern aus dem bestehenden Recht nur die zur Entscheidung des Einzelfalls anwendbaren Regeln entwickeln, die im vorhandenen Recht bereits angelegt sind. Allerdings nähert sich die heute teilweise als zu extensiv empfundene richterl. Rechtsfortbildung der Rechtsetzung an. Der Unterschied der R. zur Verwaltung (Exekutive) ist weniger leicht zu greifen, da auch die Verwaltung häufig im Einzelfall in streitigen Fragen potentiell verbindlich (aber unter dem Vorbehalt gerichtl. Nachprüfung) entscheidet. Die Verwaltung wird aber in großem Umfang selbst und aus eigenem Antrieb tätig, während die Gerichte lediglich auf Antrag als neutrale und distanzierte Dritte entscheiden. In diesem Sinn ist das Gesetz für die Verwaltung ›Handlungsnorm‹, für die R. ›Beurteilungsnorm‹.

Im institutionellen Sinn meint R. die Gerichte, denen die Aufgabe der R. anvertraut ist. Das GG legt die Gewaltenteilung strikt fest; nur den Gerichten ist die rechtsprechende Tätigkeit im oben umschriebenen Sinn übertragen. Die Verhängung von Geldbußen bei Ordnungswidrigkeiten durch Verwaltungsbehörden wird nicht als R. angesehen und unterliegt ihrerseits der gerichtl. Kontrolle. Die Berufsgerichte der freien Berufe (Arzt, Rechtsanwalt usw.) sind staatl., durch Gesetz errichtete Gerichte. Die private Schiedsgerichtsbarkeit und Vereinsgerichtsbarkeit beruht auf vertragl. Grundlage und ist nicht Ausübung von Staatsgewalt. Die Zuweisung der rechtsprechenden Tätigkeit ausschließlich an die Gerichte schließt nicht aus, daß den Gerichten umgekehrt zusätzlich verwaltende Tätigkeit übertragen ist (Gerichtsverwaltung, Beurkundungswesen, Führung von Registern, Vormundschafts- und Nachlaßwesen u. ä.).

Von **ständiger R.** spricht man, wenn die Obergerichte eine bestimmte Rechtsfrage wiederholt und über einen längeren Zeitraum in gleicher Weise entscheiden. Zur Wahrung der Einheitlichkeit der R. ist der →Gemeinsame Senat der obersten Gerichtshöfe des Bundes errichtet worden.

**Rechts|psychologie,** Teilgebiet der angewandten Psychologie, das sich mit der Anwendung psycholog. Erkenntnisse auf das Rechtswesen befaßt. Die Bereiche der R., der Kriminalpsychologie, die v. a. Probleme des kriminellen Verhaltens aus psycholog. Sicht untersucht, und der →forensischen Psychologie sind eng miteinander verbunden.

**Rechtsquelle,** Grundlage, Ursprungsort eines Rechtssatzes des für alle geltenden objektiven Rechts, bes. also Verf., Gesetz, Rechtsverordnung, Satzung, Gewohnheitsrecht.

**Rechtsradikalismus,** →Extremismus, →neue Rechte.

**Rechts|schein,** der durch bestimmte Tatsachen erweckte bloße äußere Anschein eines (nicht bestehenden) Rechts. In einer Reihe von Fällen muß sich derjenige, der in zurechenbarer Weise einen R.-Tatbestand geschaffen hat, von einem darauf vertrauenden Dritten so behandeln lassen, als entspreche der R. der wahren Rechtslage. (→guter Glaube)

**Rechts|schulen,** *Rechtsgeschichte:* 1) Schulen für Rechtsunterricht, im Altertum bes. die R. von Berytos (Beirut) und Konstantinopel, im MA. die von Pavia (11. Jh.) und Bologna (Blütezeit 13. Jh.); 2) Gruppen von Juristen, die in der Behandlung des Rechts gleichen Methoden folgen; so bei den Römern die R. der Sabinianer und Prokulianer, im MA. die R. der Glossatoren und Kommentatoren; später die Humanisten (mos gallicus, elegante Jurisprudenz), der Usus modernus Pandectarum und die Naturrechtsschule, die histor. R., die Interessenjurisprudenz, die Freirechtsschule und die ›Tübinger Schule‹ der Interessenjurisprudenz. – Im deutschsprachigen Raum findet gegenwärtig – insbesondere im Zivilrecht – die Wertungsjurisprudenz, die die dem Recht zugrundeliegenden Wertungen und Prinzipien zur Interpretation heranziehen will, die meisten Anhänger.

**Rechts|schutzbedürfnis, Rechts|schutz|interesse,** das berechtigte Interesse eines in seinen Rechten Beeinträchtigten, in den dafür vorgesehenen Verfahren Rechtsschutz durch ein Gericht zu erhalten. Das R. ist stets Prozeßvoraussetzung. Es kann fehlen (Folge: Abweisung des Rechtsschutzbegehrens), wenn der Rechtsschutz auf andere Weise einfacher oder kostengünstiger erreicht werden kann, ebenso, wenn das Gericht mutwillig oder aus unlauterer Absicht in Anspruch genommen wird. Ein Sonderfall des R. ist das Feststellungsinteresse bei der →Feststellungsklage.

**Rechts|schutzversicherung,** Versicherung der Kosten aus der Wahrnehmung rechtl. Interessen, insbesondere Rechtsanwaltsgebühren und Gerichtskosten, somit für Rechtsberatung, Rechtsverteidigung und Rechtsverfolgung. Entsprechend den Bedürfnissen der Versicherungsnehmer haben sich Zusammenfassungen verschiedener R.-Arten (Straf-R., Beratungs-R., Schadensersatz-R., Arbeits-R., Vertrags-R. usw.) nach dem Paketsystem zur Versicherung bestimmter Lebensbereiche herausgebildet, wie Verkehrsrechtsschutz, Rechtsschutz im berufl. Bereich, Familienrechtsschutz. Zur Vermeidung von Interessenkollisionen werden R. von rechtlich selbständigen Versicherungsunternehmen betrieben. In der Bundesrep. Dtl. betrug das Beitragsaufkommen der R. 3,2 Mrd. DM im Jahr 1990.

W. HARBAUER: R. (⁴1990).

**Rechts|sicherheit,** der Schutz des Vertrauens des einzelnen Staatsbürgers in eine durch Rechtsordnung und Rechtspflege garantierte Rechtmäßigkeit der äußeren Erscheinung der ihn umgebenden und ihm begegnenden rechtlich bedeutsamen Verhältnisse und Dinge. Der Grundsatz der R., formal bes. ausgeprägt in den verschiedenen Prozeßordnungen, garantiert dem einzelnen die gleiche rechtl. Wertung gleichartiger Einzelfälle, die Voraussehbarkeit von Rechtsfolgen sowie das Vertrauen darauf, daß eine von den Gerichten getroffene Entscheidung durchgesetzt wird. Zu den Merkmalen der R. gehören das Verbot rückwirkender Gesetze (bes. solche belastender Art), die Wahrung des Vertrauensgrundsatzes und die Garantie der Rechtskraft. Die R. ist ein wesentl. Kennzeichen eines →Rechtsstaates.

**Rechts|soziologie,** Arbeitsgebiet der Soziologie, das sich in versch. Aspekten mit bestimmten jurist. Disziplinen überschneidet. In einem allgemeinen Sinn befaßt sich R. mit der Wechselbeziehung von Recht und Gesellschaft. Im Rahmen der Grundlagenforschung einer allgemeinen Soziologie fragt R. nach der sozialen Bedeutung des kodifizierten Rechts einer Gesellschaft und nach den sozialen Normen, Werten, Bräuchen und Sitten, die dem geltenden Recht zugrundeliegen, sowie nach dem Einfluß sozialer Sachverhalte auf das in einer Gesellschaft geltende Recht. I. e. S. erstreckt sich R. auf die soziolog. Erforschung der mit dem Recht befaßten sozialen Insitutionen und Personen und stellt so eine spezielle Soziologie dar. In entsprechender Weise zeigt die histor. Entwicklung der R. beide Linien. Eine zentrale Bedeutung für die Ausbildung einer eigenständigen R. haben die entwicklungstheoret. Ansätze von K. MARX, É. DURKHEIM und M. WEBER gewonnen. Sie stellten ihrerseits R. in den Zusammenhang globaler Theorien über Gesellschaftsformen, Vergesellschaftungsprozesse und sozialen Wandel und versuchten, v. a. die Entwicklung der modernen, westlich-kapitalist. Gesellschaften und ihrer Rechtsauffassungen zu erklären. Für MARX steht Recht in Abhängigkeit zur jeweiligen Wirtschaftsverfassung (›Produktionsverhältnisse‹) einer Gesellschaft und dient hier der Absicherung von Vertrags- und damit Herrschaftsverhältnissen. Rechtssysteme sind in dieser Sichtweise an die Veränderungen der Produktionsverhältnisse und der damit einhergehenden sozialen Prozesse gebunden. Für DURKHEIM stellt Recht dagegen eine zentrale Organisationsform des gesellschaftl. Zusammenhangs dar, wobei die R. das Recht als Kern der jeweils eine Gesellschaft zusammenhaltenden Moral auffaßt. In der Perspektive WEBERS stellt Recht die besondere Form sozialer Regeln dar, deren Einhaltung durch ›Zwangsapparate‹ sichergestellt wird. Durch die Frage, wie dieser Zwang in histor. Gesellschaften ausgeübt wurde, gelangt WEBER zur Bestimmung von Herrschaftsformen, die als traditionale, charismat. oder legale Herrschaft eine jeweils die Gesellschaft prägende Form des Rechtssystems mit sich bringen. Den Fortschritt zur Moderne sieht WEBER in der mit der Entwicklung der Bürokratie sich ausbreitenden rationalen und formalen Formen der Rechtsanwendung begründet. Hier berührt sich der gesellschaftstheoret. Strang der R. mit der eher empirisch ausgerichteten Fragestellungen moderner R., die sich um die Jahrhundertwende anläßlich der Frage entwickelten, inwieweit richterl. Urteile gegenüber sozialen Gegebenheiten unabhängig sein und welche Folgen Rechtsentscheidungen im Feld sozialer Konflikte und Regelungsprobleme haben können. Daran knüpfte eine bis heute wirksame positivist., d. h. auf die präzise Erforschung einzelner Sachverhalte ausgehende Richtung der R. an (Rechtstatsachenforschung). In der gegenwärtig einflußreichsten theoret. Strömung einer systemtheoretisch fundierten R. (N. LUHMANN) wird Recht als soziales Teilsystem betrachtet, dem die

Aufgabe zukommt, gesellschaftliche und polit. Fragestellungen und Konflikte einem möglichst abstrakten, also den Partikularinteressen und -umständen entzogenen und zugleich allgemein akzeptierten formalen Prozeß- und Entscheidungsmuster zu unterwerfen. Dagegen betrachtet eine R. im Umfeld der kritischen Theorie Recht als demokratisch zu gestaltendes und zu legitimierendes Machtinstrument, während phänomenologische Ansätze Recht als Feld von jeweils subjektiv und sozial gesetzten Bedeutungen und als Thema entsprechender Vereinbarungen auffaßt.

Zu den Arbeitsgebieten heutiger R. gehören neben den traditionellen Fragen nach den sozialen Interessen und Merkmalen der am Rechtssystem beteiligten Personen (Richter, Rechtspfleger, Betroffene) und Institutionen (Legislative, Polizei, Verwaltung) die Fragen, welchen sozialen Einflüssen die Ausprägung eines bestimmten Rechtssystems unterliegt, welchen Einfluß soziale Ungleichheit auf die Rechtsprechung und die Inanspruchnahme von Recht hat, welche Bedeutung rechtl. Entscheidungen für die Gestaltung des sozialen Zusammenlebens zukommt.

E. EHRLICH: Grundlegung der Soziologie des Rechts (1913, Nachdr. 1967); M. WEBER: R. (²1967); A. NUSSBAUM: Die Rechtsstatsachenforschung (Neuausg. 1968); G. GURVITCH: Grundzüge der Soziologie des Rechts (a.d. Frz., ²1974); G. DUX: R. (1978); R. Examinatorium, hg. v. F. ROTTER u.a. (1980); T. GEIGER: Vorstudien zu einer Soziologie des Rechts (⁴1987); N. LUHMANN: Ausdifferenzierung des Rechts (Neuausg. 1987); ders.: R. (³1987); K. F. RÖHL: R. (1987); H. ROTTLEUTHNER: Einf. in die R. (1987).

**Rechts|sprichwörter, Rechts|parömi|en,** die in sprichwortähnl. Fassung niedergelegten Rechtssätze, die sich dem Gedächtnis des Volkes leicht einprägten, im Volk umlaufende Rechtsregeln, z. B. ›Wer zuerst kommt, mahlt zuerst‹.

Dt. R., hg. v. E. GRAF u.a. (²1869, Nachdr. 1975); Lat. Rechtsregeln u. R., hg. v. D. LIEBS (⁴1986); B. JANZ: R. im Sachsenspiegel (1989).

*Schlüsselbegriff*

**Rechtsstaat,** ein Staat, dessen Tätigkeit vom Recht bestimmt und begrenzt wird. Als Programm zur Begrenzung der Staatsgewalt zum Schutz individueller Freiheit an der Wende vom 18. zum 19. Jh. entstanden, findet der Begriff in anderen Sprachen keine genaue Entsprechung, ist jedoch dem engl. ›rule of law‹ und dem ›limited government‹ der USA verwandt. Er zielt auf eine Friedensordnung durch das vom Staat gewährleistete Recht. Wenngleich der Gedanke der Sicherung der Bürgerfreiheit durch Mäßigung der Staatsgewalt mittels Gewaltenteilung, Achtung der Menschen- und Bürgerrechte (Grundrechte) und mittels Gesetzesvorbehalt im Vordergrund steht, erschöpft sich der R.-Gedanke nicht in der Abwehr staatl. Eingriffe, der Begrenzung der Staatsgewalt und gesetzl. Durchordnung des Staates, er hat auch zum Inhalt, daß das Recht dem staatl. und gesellschaftl. Leben Maß und Form gibt. Der R. bezeichnet damit einen Staat, der ›zugleich im Recht steht und durch das Recht legitimiert wird‹ (G. LEIBHOLZ). Er ist nicht bloß ›ein System rechtstechn. Kunstgriffe zur Gewährleistung gesetzl. Freiheit‹ (E. FORSTHOFF) oder eine ›Defensivveranstaltung des dt. Bürgertums zur Garantie seiner Eigentümerinteressen‹ (R. BÄUMLIN, H. RIDDER), sondern ein das polit. System wie die polit. Kultur konstituierendes Gestaltungsprinzip. Je nach den geschichtl. Erfahrungen und gesellschaftl. Erfordernissen werden die Akzente zw. Sicherheit, Frieden, Schutz vor staatl. Willkür, gerechtem Ausgleich und rechtlich geordneten Verfahren unterschiedlich gesetzt (E. SCHMIDT-ASSMANN).

Geschichte

Der Gedanke, daß besser die Gesetze herrschen sollten als die Willkür einzelner Personen, spielt schon in der griech. Staatsphilosophie eine wichtige Rolle. Der Nomos ist Prinzip der Polis, denn ›wo nicht die Gesetze (nomoi) regieren, da ist auch keine Verfassung (politeia)‹, wie es in der ›Politik‹ des ARISTOTELES heißt. Anders als die Moderne kannte die antike ›Nomokratie‹ jedoch keine persönl. Rechte des einzelnen, sondern lebte aus der ungeschiedenen Einheit von Bürgern und polit. Gemeinschaft.

Im MA. waren Staat und Herrscher abhängig vom Recht, das sie zu bewahren und zu beschützen hatten. Frieden und Sicherheit waren dem Recht und dessen Institutionen verknüpft. Als in der Zeit der Fehden Unrechtserfahrungen alltäglich wurden, proklamierte der Reichsabschied von 1495 den →Ewigen Landfrieden und errichtete über die vorhandenen Rechtswege hinaus zum Austrag von Kontroversen das Reichskammergericht. Ständische Rechte wirkten in der Folgezeit dem auf absolute Machtausübung gerichteten Streben der Landesfürsten entgegen. Als äußerstes Mittel gegen den rechtlos und damit treuwidrig handelnden Herrscher galt das Widerstandsrecht. Das Bedürfnis, Rechte des einzelnen herauszuarbeiten und schriftlich festzuhalten, wurde erst akut, nachdem sich der moderne Staat unter Ablösung vom mittelalterl. Denken gebildet hatte.

Im England des 17. Jh. entwickelte sich die Idee des ›Rule of law‹ auf der Grundlage der Common-law-Tradition. Damals griff die Parlamentspartei in ihrem Konflikt mit den absolutist., auf die königl. Prärogative gestützten Bestrebungen der Stuart-Könige zur Legitimierung ihres Standpunkts auf die Magna Charta libertatum von 1215 zurück, die ihres feudalen Charakters entkleidet und als Freiheitsbrief nicht nur für bestimmte Stände, sondern für das ganze Volk aufgefaßt wurde. Weitere Dokumente dieser Konzeption, die auf der Durchdringung der neuen gesellschaftl. Realität mit dem Vergangenen beruhte, sind die Petition of Right (1628), die Habeas-Corpus-Akte (1679), die Bill of Rights (1689) und der Act of Settlement (1701). Charakteristisch für die Einbindung dieser Variante des R.-Denkens in die Common-law-Tradition ist das Abstellen auf verfahrensrechtl. Regelungen, durch die das Handeln der staatl. Organe bestimmt und begrenzt wurde. Geschriebene oder gar katalogmäßig aufgeführte Menschen- und Bürgerrechte kennt Großbritannien bis heute nicht. Die individuellen Freiheitsrechte werden vielmehr in enger Verbindung zum polit. Willensbildungsprozeß gesehen, so daß die Rechtsstaatlichkeit der Parlamentssouveränität nachgeordnet ist.

In den brit. Kolonien in Amerika, die sich 1776 für unabhängig erklärten und die Vereinigten Staaten von Amerika bildeten, ist die Entwicklung unter dem Einfluß naturrechtl. Aufklärungsphilosophien – insbesondere von J. LOCKE und MONTESQUIEU – einen anderen Weg gegangen. Die Konzeption naturrechtlich begründeter, als vorstaatlich verstandener Menschenrechte (Virginia Bill of Rights, 1776) verband sich mit der Idee einer geschriebenen Verf., einer strikt durchgeführten Gewaltenteilung und einer an den Menschenrechten und der Verf. orientierten Normenkontrolle durch die Gerichte. Einig ist sich die amerikan. Rule of law mit der englischen in der Wertschätzung der traditionellen, in die Obhut der Gerichte gegebenen Verfahrensgarantien zum Schutz des einzelnen Bürgers, wie sie im Ausbau der Formel vom ›due process of law‹ (ordnungsgemäßes Verfahren) zum Ausdruck kommt. Wiederholt hat das oberste Gericht der USA (›Supreme Court‹) ausgeführt, daß sich die Geschichte der Freiheit weitgehend in der Einhaltung verfahrensrechtl. Garantien offenbart. Im Sinne des ›substantive (d. h. wirksamen) due process of law‹ interpretiert, ermächtigt die Klausel auch dazu, die Verfassungsmäßigkeit von Eingriffen der Gesetzgebung und der Verwaltung in Freiheitsrechte zu prüfen. Rule of law führt auf diese Weise gleichsam zur richterl. Oberhoheit über die Legislative.

### Die Entwicklung in Deutschland

Die Eigentümlichkeiten der rechtsstaatl. Entwicklung in Dtl., die den Begriff des R. in der Klassengesellschaft des 19. Jh. zum zentralen Kampfbegriff in der Auseinandersetzung der bürgerl. Gesellschaft mit dem Staat machten, erklären sich ebenfalls aus den Besonderheiten der geschichtl. Entwicklung. Schon bei den Vertretern des frühen dt. Naturrechtsdenkens – S. PUFENDORF, C. THOMASIUS, C. WOLFF – fehlt die Schärfe der Frontstellung zum Staat, wie sie dem Aufklärungsdenken in England und Frankreich eigentümlich war. Die preuß. Rechts- und Justizreformer des 18. Jh. (JOHANN HEINRICH CASIMIR Graf VON CARMER, * 1720, † 1801; C. G. SVAREZ) begnügten sich, zur Sicherung der Rechte des einzelnen die Macht des absoluten Herrschers in rechtl. Schranken zu fassen sowie ein unparteil. und unbestechl. Beamtenkorps zu schaffen. Im Zusammenhang mit der Frz. Revolution, die die Entfaltung und Verbreitung liberaler Ideen in Dtl. beförderte, kam jedoch I. KANT zu der Erkenntnis, daß dem Staat des aufgeklärten Absolutismus, der sein Ziel darin sah, für die Beförderung der Glückseligkeit seiner Untertanen zu sorgen, der ›größte denkbare Despotismus‹ sei, weil er die Untertanen als unmündige Kinder behandle. KANT stellte, von der Autonomie des bürgerl. Subjekts ausgehend, das Prinzip der Freiheit in den Mittelpunkt seiner polit. Philosophie. Dem Recht wies er die Vermittlung der Freiheit des einen mit der des anderen zu, indem er es als ›Inbegriff der Bestimmungen, unter denen die Willkür des einen mit der Willkür des anderen nach einem allgemeinen Gesetz der Freiheit zusammen vereinigt werden kann‹, definierte. Im Staat sah er eine ›Vereinigung von Menschen unter Rechtsgesetzen‹, deren primärer Zweck darin bestehe, ›jedem seine Freiheit durch Gesetze zu sichern, wobei es ihm (d. h. jedem) unbenommen bleibt, seine (individuelle, private) Glückseligkeit auf jedem Wege, welcher ihm der beste dünkt, zu suchen, wenn er nur jener allgemeinen gesetzmäßigen Freiheit, mithin dem Rechte anderer Untertanen, Abbruch tut‹.

Die damit vorgenommene, dem liberalen Zeitgeist entsprechende Reduzierung der Staatsaufgaben auf Rechtswahrung und Rechtsschutz prägte die rechtsstaatl. Bestrebungen im 19. Jh. Im Vormärz verstärkte sich unter dem Eindruck der Metternichschen Reaktion nach den Befreiungskriegen die Forderung nach persönl. Freiheitsrechten, geschriebener Verf., Gesetzmäßigkeit der Verwaltung und Unabhängigkeit der Gerichte. Unter den R.-Theoretikern des R. neigten C. VON ROTTECK und C. T. WELCKER dem frz. Konstitutionalismus zu. R. VON MOHL räumte, über Ansätze bei WELCKER hinausgehend, demgegenüber ein, daß der Staat neben dem Rechtszweck auch der Förderung der Ziele seiner Bürger verpflichtet sei, allerdings auf das Notwendige beschränkt und nach dem Subsidiaritätsprinzip nur dort, wo die eigene Kraft der Bürger zur Entfernung äußerer Hindernisse nicht ausrei-

che. MOHL, der den Begriff des R. in Dtl. heimisch machte, forderte die rechtl. Durchdringung und Überformung der Verwaltung, deren gesamtes Handeln durch Einkleidung in rechtl. Formen rechtlich faßbar gemacht werden müsse. Als aufeinander bezogene Komponenten eines Gesamtkonzepts für die polit. Ordnung der Klassengesellschaft des 19. Jh. war dabei die Forderung nach einem R. von der nach der Verf. nicht zu trennen. Das liberale Bürgertum kämpfte für einen Staat, der die Wahrung von Freiheit und Eigentum als Grundlagen der bürgerl. Gesellschaft als seinen obersten Zweck ansah und in der Verf. die Sicherung der individuellen Bürgerfreiheiten garantierte.

Die weitere Entwicklung des R. wird durch den histor. Kompromiß nach dem Scheitern der Revolution von 1848/49 bestimmt, der zw. dem nun politisch resignierenden Bürgertum und einem Staat zustande kam, der zwar dem liberalen Bürgertum die Konstitution und eine begrenzte Mitwirkung an der Politik in den Parlamenten zugestehen mußte, aber seine Machtfülle im wesentlichen behielt. In dieser Lage erwies sich die rechtsstaatl. Ausgestaltung des Staatswesens als konsensfähiges Mittel des Ausgleichs. Gesetzgebung, Verwaltung und Rechtsprechung wurden voneinander getrennt, Eingriffe in Freiheit und Eigentum des Bürgers dem Vorbehalt des Gesetzes und damit der Mitwirkung der Parlamente unterstellt, ebenso der Staatshaushalt. Das Prinzip der Gesetzmäßigkeit band die Verwaltung an die Gesetze und schränkte deren Ermessen ein. Zur Kontrolle der Verwaltung wurden in den dt. Bundesstaaten Verwaltungsgerichte geschaffen, die zugleich die Rechte des Bürgers gegen die Verwaltung schützten. Unabhängige Gerichte, die nur dem Gesetz unterworfen waren, übten die Rechtsprechung aus (→ordentliche Gerichtsbarkeit). Liberale Reichsjustizgesetze verbürgten ein hohes Maß an Rechtssicherheit. Auch im Strafrecht galt das Prinzip rechtsförml. Bestimmtheit.

Negativ fiel allerdings die Formalisierung und die damit einhergehende Verengung des R.-Verständnisses ins Gewicht, durch die der Zusammenhang mit der Idee der polit. Selbstbestimmung verlorenging. Charakteristisch dafür war die Definition F. J. STAHLS, wonach der R. ›nicht Ziel und Inhalt des Staates‹ bedeute, sondern nur ›Art und Charakter, denselben zu verwirklichen‹. Die sich durchsetzende Entpolitisierung des R.-Begriffs öffnete sich einem Rechtspositivismus, der nicht nur darauf verzichtete, die Frage nach dem richtigen, gerechten Recht zu stellen, sondern auch die Möglichkeit ›gesetzl. Unrechts‹ wegen der Unvereinbarkeit formell ordnungsmäßig erlassener Rechtsnormen mit überzeitl. Recht verkannte.

Die Weimarer Republik bemühte sich, die rechtsstaatl. Prinzipien und die sie schützenden Einrichtungen zu erhalten und auszubauen. Mit dem Grundrechtskatalog ergänzte die Reichs-Verf. von 1919 die rechtsstaatl. Errungenschaften in einem wichtigen Punkt, versäumte aber, ihnen unmittelbare Geltung zu verleihen. Ihre Wirksamkeit als Garanten der bürgerl. Freiheit war infolgedessen dadurch geschwächt, daß sie der Umsetzung durch den Gesetzgeber bedurften und nur nach Maßgabe der Gesetze galten. Zudem konnten sie durch den Gesetzgeber und – unter den Voraussetzungen des Art. 48 Weimarer Reichs-Verf. (WRV) – durch Notverordnungen des Reichspräsidenten außer Kraft gesetzt werden. Zukunftweisend wurden soziale Grundrechte (z. B. das Recht, durch Arbeit seinen Lebensunterhalt zu erwerben) als programmat. Verheißungen in den Grundrechtskatalog aufgenommen und soziale Verantwortlichkeit (›Eigentum verpflichtet. Sein Gebrauch soll zugleich Dienst sein für das allgemeine Beste‹, Art. 153 WRV) proklamiert. Unter den prekären sozialen und polit. Bedingungen, die die Weimarer Republik belasteten, traten jedoch Spannungen zw. der demokrat. und der rechtsstaatl. Komponente der Verf. zutage, die sich namentlich in Kontroversen über das richterl. Recht zur Prüfung der Verfassungsmäßigkeit von Gesetzen niederschlugen. Da die Verf. nicht über der Legislative, sondern zu deren Disposition stand, galt die Maxime, daß der selbstherrl. Gesetzgeber bei Beachtung der erforderl. Mehrheiten jedes Vorhaben ohne Unterschied des Inhalts und der polit. Tragweite beschließen konnte, auch die Aufhebung der Verf. selbst.

Das nat.-soz. Regime zerstörte den R. in Dtl. Nachdem die ›Reichstagsbrand-Notverordnung‹ vom 28. 2. 1933 die wichtigsten Grundrechte aufgehoben hatte, beseitigte das Ermächtigungsgesetz vom 24. 3. 1933 die Gewaltenteilung und die Garantie der Verfassungsmäßigkeit der Gesetze. Die Zuständigkeit der Gerichte, die nach der nat.-soz. Ideologie eine ›vom Führer verliehene Gerichtsmacht‹ (E. R. HUBER) wahrnahmen, wurde zugunsten von Polizei und SS ausgehöhlt, Willkür und Terror traten an die Stelle von Rechtssicherheit.

Nach dem Sieg der Alliierten über das Dt. Reich wurde in den westl. Besatzungszonen der R. wiederaufgebaut, während in der sowjet. Besatzungszone auf dem Wege über die vorgebl. ›antifaschistisch-demokrat. Ordnung‹ eine sozialist. Diktatur mit dem Führungsanspruch der SED als ›führender Kraft der Arbeiterklasse‹ errichtet wurde. Der R. galt als ›Verschleierung des Klassenwesens von Staat und Recht‹. Die Allmacht der von der SED gelenkten Volksvertretungen erstreckte sich auch auf die Rechtsprechung, für die die Abhängigkeit von der SED, der ›demokrat. Zentralismus‹ und die Einheit von ›sozialist. Gesetzlichkeit‹ und – vom Klassenstandpunkt bestimmter – Parteilichkeit charakteristisch waren.

### Der Rechtsstaat des Grundgesetzes

Die Bundesrep. Dtl. ist durch das GG als Staat gesetzmäßiger Freiheit verfaßt und unter den Primat des Rechts und der sittl. Idee der Gerechtigkeit gestellt. Die Entscheidung für den R. als elementares Verfassungsprinzip ergibt sich aus der Gesamtschau der Normen und insbesondere aus der Bestimmung, daß die Staatsgewalt durch besondere Organe der Gesetzgebung, der Verwaltung und der Rechtsprechung ausgeübt wird und die Gesetzgebung an die verfassungsmäßige Ordnung, die vollziehende Gewalt und die Rechtsprechung an Gesetz und Recht gebunden sind (Art. 20 Abs. 2, 3). Der R. gewährleistet einmal, liberaler Tradition gemäß, die Form staatl. Machtausübung, zum anderen aber auch die inhaltl. Ausrichtung an einer Wertordnung, die in den Grundrechten – insbesondere in der Menschenwürde (Art. 1 Abs. 1) – und in den Staatszielbestimmungen (Art. 20) zum Ausdruck kommt; insofern kann man vom materiellen, wertgebundenen R. sprechen, der sich nicht in der Beachtung von Rechtstechniken erschöpft, sondern formelle und materielle Elemente des Rechts vereinigt.

Im Ggs. zur WRV sind die Grundrechte unmittelbar geltendes, Gesetzgebung, vollziehende Gewalt und Rechtsprechung bindendes Recht (Art. 1 Abs. 3), aus dem sich subjektive Rechte für den einzelnen Bürger ergeben. Die Bindungswirkung betrifft die Grundrechte nicht nur insoweit, als sie – wie zumeist – Abwehrrecht gegen den Staat sind.

Die Staatstätigkeit findet in den Grundrechten auch Gewährleistungsinhalte vor, die Auftrag und Richtschnur für Gesetzgebung, Verwaltung und Rechtsprechung sind. Daß die Freiheit des einzelnen unter den Bedingungen der Gegenwart vielfach auf staatl. Unterstützung angewiesen ist, hat dazu geführt, daß aus den Grundrechten namentlich die Pflicht des Staates zur Gewährleistung grundrechtl. Freiheit durch Organisation und Verfahren hergeleitet wird, z. B. durch die Sicherung wirksamen Rechtsschutzes.

Als Kernstück rechtsstaatl. Verf. hat das GG die Gewaltenteilung so ausgestaltet, daß keine Gewalt die anderen Gewalten beherrscht. Dem vom Volk gewählten Parlament kommt ein demokrat. Vorrang zu, aber kein Zugriffsrecht auf Regierung und Rechtsprechung. Der Grundsatz der Gesetzmäßigkeit sichert die Verwirklichung des R. bei der Tätigkeit der Verwaltung. Ist eine Regelung dem Gesetz vorbehalten, muß in dem Gesetz alles Wesentliche bestimmt werden, damit der Verwaltung kein im Gesetz nicht vorgesehener Handlungsraum zufällt. Anstelle des Gesetzgebers darf die Verwaltung im Verordnungswege nur dann Recht setzen, wenn das Gesetz dazu ausdrücklich ermächtigt und Inhalt, Zweck und Ausmaß der Ermächtigung bestimmt.

Der Rechtsprechung ist die Wahrung des Rechts und die Durchsetzung der Rechte des einzelnen anvertraut. Die Bindung an ›Gesetz und Recht‹ (die Formel drückt aus, daß Recht und Gerechtigkeit nicht notwendig mit den jeweils geltenden Gesetzesrechten im Einklang stehen) schließt eine die Gesetzgebung ergänzende richterl. Rechtsbildung (›Richterrecht‹) nicht aus. Als ›Krönung des R.‹ eröffnet das GG über das früher bei Rechtsverletzungen durch die öffentl. Gewalt geltende Enumerationsprinzip hinausgehend den Rechtsweg für jeden, der durch die öffentl. Gewalt in seinen Rechten verletzt ist. Bei Grundrechtsverletzungen kann der Bürger mit der Verfassungsbeschwerde das Bundesverfassungsgericht anrufen. Dessen ausgedehnte Zuständigkeit macht dieses Gericht zu einem machtvollen ›Hüter der Verfassung‹, der als mäßigendes Element gegenüber der parlamentar. Parteiendemokratie wirkt.

Eine Weiterentwicklung über die dem liberalen R. gezogenen Grenzen hinaus bedeutet die Sozialstaatsklausel (Art. 20 Abs. 1), die den Gesetzgeber zur Gesellschaftsgestaltung – insbesondere zum Schutz sozial und wirtschaftlich Schwächerer – legitimiert, aber auch Richtschnur und verbindl. Auslegungsregel für die beiden anderen Staatsgewalten ist.

Schließlich sichert das GG seinen Bestand durch ein System des Verfassungsschutzes, das vom Änderungsverbot für bestimmte Regelungen (Art. 79 Abs. 3) über das Verbot verfassungswidriger Parteien und die Verwirkung von Grundrechten wegen Mißbrauchs (Art. 18, 21 Abs. 2) bis zum Treuegebot für Beamte reicht. Dieses Bekenntnis zur ›abwehrbereiten Demokratie‹ soll die formal legale Beseitigung der freiheitlich-demokrat. Grundordnung unmöglich machen.

### Aktuelle Gefährdungen

Aktuelle Gefährdungen des R. ergeben sich weniger aus internen Spannungen, wie etwa aus dem Ggs. zw. Rechtssicherheit und materieller Gerechtigkeit oder zw. Abwehrrecht und Schutzpflicht. Die Kontrolle der Legislative (›Juridifizierung der Politik‹) durch die Verfassungsgerichtsbarkeit hat mitunter zu Konflikten geführt, die jedoch dank des grundsätzl. Bekenntnisses des Bundesverfassungsgerichts zur →richterlichen Selbstbeschränkung zumeist entschärft werden konnten.

Sorge bereitet allerdings die weit getriebene Verrechtlichung des sozialen Lebens, die sich in einer alle Bereiche des sozialen Lebens ergreifenden Gesetzesflut und einem komplizierten, nach Perfektionismus strebenden rechtl. Regelwerk äußert. Mangelnde Überschaubarkeit und Verständlichkeit des Rechts haben zum Ruf nach größerer Transparenz geführt, die in manchen Bereichen als freiheitsbeschränkend empfundene Reglementierung insbesondere durch sozialstaatl. Rechtsnormen zu der Forderung nach ›Deregulierung‹. Das hochentwickelte System an Einspruchsmöglichkeiten und Rechtsbehelfen verzögert zudem den Entscheidungsablauf.

In der rechtspolit. Diskussion ist auch die Sorge laut geworden, daß der R. durch eine zunehmende Erosion des Rechtsbewußtseins Einbußen an Kraft und Substanz erfährt. Einmal sei die Bereitschaft, das Recht für sich selbst (und nicht nur für andere) als verpflichtend anzuerkennen, in erhebl. Umfang geschwunden, zum anderen nehme bei den Funktionseliten in Politik, Verwaltung und Justiz die Willenskraft ab, die Normen des Rechts gegen Ungehorsam durchzusetzen oder die Nichtbefolgung mit Sanktionen zu versehen. Beispielhaft dafür sei v. a. das zwiespältige Verhalten gegenüber politisch motivierter Gewalt und bestimmten Erscheinungen der Wirtschaftskriminalität sowie die steigende Bereitschaft, Verbrechenskonjunktur als Kehrseite und Preis der Freiheit zu akzeptieren.

War es in den ersten Jahrzehnten der Bundesrep. Dtl. notwendig, den Sinn für den R. als Instrument des freiheitsverbürgenden Individual- und Minderheitenschutzes zu fördern, so trete jetzt die Aufgabe, das Recht gegen diejenigen zu behaupten, die es für nur relativ verbindlich erachten, in den Vordergrund. Der staatsbürgerl. Erziehung und Bildung stelle sich die Aufgabe, das Bewußtsein dafür zu wecken oder zu festigen, daß die rechtsstaatl. Ordnung zur Gänze als verbindlich anzuerkennen sei und nicht nur, soweit sie dem betroffenen Bürger persönl. Nutzen bringt.

⇒ *Gerechtigkeit · Gesetz · Gesetzesvorbehalt · Gesetzmäßigkeit der Verwaltung · Gewaltenteilung · Grundrechte · Menschenrechte · Parlament · Recht · Rechtsprechung · Rechtspositivismus · Richter · Richterstaat · Sozialstaat · Verfassung · Verfassungsgerichtsbarkeit · Verhältnismäßigkeitsprinzip · Verwaltung · Wesensgehaltsgarantie · Widerstandsrecht*

O. Bähr: Der R. eine publizist. Skizze (1864, Nachdr. 1969); F. J. Stahl: Die Philosophie des Rechts, 2 Bde. (⁵1878, Nachdr. 1963); R. von Gneist: Der R. u. die Verwaltungsgerichte in Dtl. (²1879, Nachdr. 1966); A. V. Dicey: Introduction to the study of the law of the constitution (London ⁸1915, Nachdr. Indianapolis, Ind., 1982); Carl Schmitt: Verfassungslehre (1928, Nachdr. 1983); H. Heller: R. oder Diktatur? (1930); L. Gruchmann: Nat.-soz. Herrschaftssystem u. demokrat. R. (1962); Rechtsstaatlichkeit u. Sozialstaatlichkeit, hg. v. E. Forsthoff (1968); E. W. Böckenförde: Entstehung u. Wandel des R.-Begriffs, in: Festschrift für Adolf Arndt, hg. v. H. Ehmke u. a. (1969); G. Leibholz: Strukturprobleme der modernen Demokratie (Neuausg. 1974); T. Stammen: Der R. – Idee u. Wirklichkeit in Dtl. (⁵1977); Der bürgerl. R., hg. v. M. Tohidipur (1978); K. Michaelis: Die Dt. u. ihr R. (1980); U. Karpen: Die geschichtl. Entwicklung des liberalen R. vom Vormärz bis zum Grundgesetz (1985); P. Kunig: Das R.-Prinzip (1986); G. Brunner: Das Staatsrecht der Dt. Dem. Rep., in: Hb. des Staatsrechts der Bundesrep. Dtl., hg. v. J. Isensee u. a., Bd. 1 (1987); E. Schmidt-Assmann: Der R., in: Hb. des Staatsrechts der Bundesrep. Dtl., hg. v. J. Isensee u. a., Bd. 1 (1987); R. Wassermann: R. ohne Rechtsbewußtsein? (1988); R. Bäumlin u. H. Ridder: Art. 20 Abs. 1–3, III R., in: Komm. zum GG für die Bundesrep. Dtl. (²1989).

**Rechts|staatsgefährdung, Gefährdung des demokratischen Rechts|staates,** Bez. für diejenigen Staatsschutzdelikte, die einen gewaltlosen Umsturz zum Ziel haben, z. B. Fortführung einer für verfassungswidrig erklärten Partei, verfassungsfeindl. Sabotage, verfassungsfeindl. Einwirkung auf die Bundeswehr und öffentl. Sicherheitsorgane, Verunglimpfen des Staates und seiner Symbole (§§ 84–91 StGB). Die einzelnen Delikte sind im Höchstmaß meist mit Freiheitsstrafen von fünf, bei minder schweren Delikten von drei Jahren bedroht.

**Rechts|streit, Rechts|streitigkeit,** die gerichtl. Auseinandersetzung zw. zwei Parteien (oder Beteiligten) über ein Rechtsverhältnis; der Prozeß (außerhalb des Strafverfahrens).

**Rechts|subjekt,** die natürl. oder jurist. Person.

**Rechts|symbole,** Gegenstände oder Vorgänge, die einen Rechtsvorgang oder ein Rechtsverhältnis durch Versinnbildlichung anschaulich machen sollen. R. finden sich v. a. in frühen Entwicklungsstufen von Rechtskulturen. Sie waren im älteren german. Recht von großer Bedeutung; ihnen wurden mag. Kräfte zugeschrieben. Mit der Entwicklung eines begriffl. und kodifizierten Rechts büßte diese Symbolik ihre Bedeutung stark ein.

Beispiele für R. sind Marktkreuz und Rolandsäule für die städt. Freiheit und Gerichtsbarkeit, Handschlag für den Abschluß eines Rechtsgeschäfts, Zepter und Krone für die Legitimation des Herrschers, gebrochener Stab für ein Todesurteil.

**Rechtssymbole:** Zepter und Fahne bei der Verleihung geistlicher und weltlicher Lehen; Illustration aus der Heidelberger Bilderhandschrift des Sachsenspiegels; 1. Viertel des 14. Jh. (Heidelberg, Universitätsbibliothek)

**Rechts|system,** *Mathematik:* eine Form des →Dreibeins.

**Rechts|tatsachenforschung,** ein Zweig der Rechtssoziologie, der sich mit konkreten Verhältnissen der Rechtswirklichkeit beschäftigt und sie erforscht (z. B. die Schuldnerstruktur im Mahnverfahren). Soll das Tatsachenmaterial erarbeiten, das v. a. der Rechtspolitik dienlich sein kann.

R., hg. v. A. Chiotellis (1985); Sozialrechtl. R. – Probleme u. Perspektiven, hg. v. B. Schulin u. a. (1987).

**Rechts|theologie,** die theolog. Begründung des Rechts und bes. des Kirchenrechts. Die kath. Theologie hat trotz der Betonung des Ius divinum wegen der lange vorherrschenden naturrechtlich-philosoph. Denkweise eine R. i. e. S. erst in den letzten Jahrzehnten entwickelt. In der ev. Theologie ist eine R. schon in der Zwei-Reiche-Lehre M. Luthers und bei J. Calvin greifbar. Die moderne R. hat sich bes. in Auseinandersetzung mit der These R. Sohms, das Kirchenrecht stehe mit dem Wesen der Kirche in Widerspruch, entwickelt (J. Heckel, E. Wolf).

W. Steinmüller: Ev. R., 2 Bde. (1968); E. Corecco: Theologie des Kirchenrechts (a. d. Italien., 1980).

**Rechts|theorie,** Richtung der Rechtsphilosophie, die sich wissenschaftssystemat., method., inhaltl. und durch ihre Forschungsgebiete von dieser abzugrenzen sucht. Der Untersuchungsbereich der R. ist gekennzeichnet durch ein verstärktes Interesse an Normtheorie, Semantik, Syntax und Pragmatik der Rechtssprache, Metaethik, jurist. Rhetorik, Gesetzgebungstheorie, Rechtslogik, deont. Logik, jurist. Methodenlehre und Wissenschafts-, Argumentations-, Struktur- und Entscheidungstheorie des Rechts. Demgegenüber treten die klass., materiellen Begründungs- und Gerechtigkeitsfragen der Rechtsphilosophie zurück. Entsprechend orientiert sich die R. wissenschaftssystematisch weniger an der traditionellen Philosophie, sondern – ähnlich wie die angelsächs. Philosophie – stärker an Wissenschaftstheorie, Logik, Sprachtheorie, Kybernetik und Rechtssoziologie. Die Methode ist durch sprachanalyt., logisch-systemat. und empir.-deskriptive Vorgehensweisen gekennzeichnet, wobei verstärkt formallog. und kybernet. Darstellungsweisen zur Anwendung kommen. Nicht die inhaltl. Begründung von Wertungen und Normen, sondern die analyt. Beschreibung von Recht und Gesellschaft in ihrer Struktur und Interdependenz steht im Vordergrund.

Inhaltlich wendet sich die R. gegen alle ›metaphys.‹ Strömungen der Rechtsphilosophie, seien es naturrechtliche, ontologische, neuhegelianische oder wertapriorische. Sie schlägt dabei verschiedene Richtungen ein: Die **soziologische** R. wird vom amerikan. ›Legal realism‹ (KARL N. LLEWELLYN, * 1893, † 1962) und vom skandinav. Rechtsrealismus (AXEL HÄGERSTRÖM, * 1868, † 1939; ANDERS VILHELM LUNDSTEDT, * 1892, † 1955; KARL OLIVECRONA, * 1897, † 1980; ALF ROSS, * 1899, † 1979) gebildet. Recht kann danach nur als gesellschaftl. Gegebenheit deskriptiv-empirisch analysiert, aber nicht normativ entwickelt werden. Die Rolle der Rechtswissenschaft besteht in der Vorhersage von Gerichtsentscheidungen und der Analyse der Rechtssprache. Die **analytische** R. (HERBERT LIONEL ADOLPHUS HART, * 1907; NORBERT HOERSTER, * 1937) sieht ihre Aufgabe in der Abgrenzung von begriffl., empir. und normativen Sätzen und in der vor diesem Hintergrund durchgeführten logisch-normalsprachl. Analyse der Rechtssprache und ihrer Verwendung. Die **systemtheoretische** R. (N. LUHMANN; GUNTHER TEUBNER, * 1944) begreift das Recht als ein aus sich selbst heraus funktionierendes (autopoiet.) Subsystem der Gesellschaft, das mit eigenem Code und eigenen Regeln funktioniert. Die **institutionalistisch-positivistische** R. (OTA WEINBERGER, * 1919; DONALD NEIL MACCORMICK, * 1941) betont eine Interdependenz zw. normativ-sprachl. Tatsachen und ihrer gesellschaftl. Institutionalisierung. Die **argumentations-** bzw. **diskurstheoretische** R. (ROBERT ALEXY, * 1945; J. HABERMAS) sieht die Legitimation von Recht in der Einhaltung rational-egalitärer Kommunikationsbedingungen bei seiner Entstehung und Anwendung.

In Dtl. hat die R. gegen Ende der 1960er Jahre mit der zunehmenden Rezeption der angelsächs. Philosophie einen starken Aufschwung erlebt, der sich in der Gründung zweier Periodika (›R.‹, seit 1970; ›Jahrbuch für Rechtssoziologie und R.‹, seit 1970) niederschlug.

H. L. A. HART: Der Begriff des Rechts (a. d. Engl., 1973); R. DREIER: Studien zur R., 2 Bde. (1981–91); Grundl. des institutionalist. Rechtspositivismus, Beitr. v. D. N. MACCORMICK u. a. (1985); G. TEUBNER: Recht als autopoiet. System (1989); R. ALEXY: Theorie der jurist. Argumentation (²1991).

**rechts und links,** *Kulturgeschichte:* Die Komplementärbegriffe ›rechts‹ und ›links‹ dienen auch als Sinnbilder für Gut und Böse, wobei in den meisten Kulturen die rechte Seite als die bessere gilt. Die Römer übernahmen erst in der Kaiserzeit die griech. Vorstellung von der rechten als der Glücksseite. In der Bibel werden beide Seiten mehrfach ohne Wertung genannt, die linke Hand Jakobs allerdings bewirkt geringeren Segen. In der christl. Ikonographie sind r. u. l. den Himmelsrichtungen zugeordnet: rechts steht für Osten, Tag (Sonne), Leben (Christus), links für Westen, Nacht (Mond), Tod (Teufel). Im Recht des Hochadels wurde eine standesungleiche Ehe als ›Ehe zur linken Hand‹ bezeichnet.

Zum polit. Sprachgebrauch → Rechte und → Linke.
V. Fritsch: Links u. rechts in Wiss. u. Leben (1964).

**Rechtsvereinheitlichung,** die Schaffung gleicher Rechtsnormen für ein bestimmtes Gebiet; sie kann innerhalb eines Staates (interne R.) oder für mehrere selbständige Staaten (internat. R.) vorgenommen werden. Diese meist völkerrechtl. Verträge verpflichten die Teilnehmerstaaten zur Einführung der im Vertrag niedergelegten Normen.

Die internat. R. betrifft bes. den gewerbl. Rechtsschutz und das Urheberrecht (z. B. → Pariser Verbandsübereinkunft, → Berner Übereinkunft, → Welturheberrechtsabkommen), ferner das Wechsel- und Scheckrecht (zwei Genfer Abkommen von 1920), das Verkehrsrecht (z. B. Genfer Abkommen über die Beförderung im internat. Straßengüterverkehr von 1956, Brüsseler Seerechtsabkommen zw. 1910 und 1952, Warschauer Abkommen von 1929, → Luftrecht) und das Recht des internat. Warenkaufs (Haager Abkommen von 1964, → einheitliches Kaufrecht; Wiener UN-Übereinkommen über Verträge und den internat. Warenkauf vom 11. 4. 1980, in Dtl. in Kraft getreten am 1. 1. 1991, → Weltkaufrechtsübereinkommen). Der Vereinheitlichung des internat. Privatrechts, der Anerkennung ausländ. Urteile und der Verbesserung des internat. Rechtsschutzes dienen die → Haager Abkommen. (→ Rechtsangleichung)

**Rechtsvergleichung,** der Vergleich von Rechtsinstituten versch. Rechtsordnungen. Die Methode der R. besteht darin, von einem bestimmten Regelungsproblem auszugehen (z. B. Ehescheidung, Produzentenhaftung), die versch. vorhandenen Lösungen zu ermitteln und zu vergleichen. Die R. benutzt Gesetze, Rechtsprechung und die Regeln der Rechtswiss.; auch die Ergebnisse der Rechtstatsachenforschung werden verwandt. Da die einzelnen Rechte in Gruppen verwandt sind (Rechtsfamilie), z. B. anglo-amerikan. Rechtskreis des Common law, ist die Kenntnis von deren Eigenart grundlegend. Die prakt. Bedeutung der R. liegt u. a. im Bereich der Vorarbeiten für die Gesetzgebung und der Rechtsangleichung; ferner im internat. Rechtsverkehr. – Mit der R. beschäftigen sich bes. die dt. Max-Planck-Institute für ausländ. und internat. Recht.

International encyclopedia of comparative law, hg. v. R. DAVID u. a., auf zahlreiche Bde. ber. (Tübingen 1971 ff.); M. RHEINSTEIN: Einf. in die R. (²1987).

**Rechtsverhältnis,** die sich aus einem bestimmten Lebenssachverhalt ergebende rechtl. Beziehung zw. Personen untereinander oder zw. einer Person und einem Gegenstand, z. B. Schuldverhältnis, Beamtenverhältnis. Kein R. bilden, auch wenn sie rechtserheblich sein sollten, bloße Tatsachen (z. B. Unwahrheit einer Behauptung) oder abstrakte Rechtsfragen.

**Rechtsverkehr, 1)** *Recht:* die Gesamtheit der die äußeren Rechtsbeziehungen von Personen betreffenden, rechtlich erheblichen Dinge.
**2)** *Verkehrswesen:* Form des Straßenverkehrs, bei der rechts gefahren und links überholt wird (§ 2 Straßenverkehrsordnung). R. gilt in allen europ. Ländern außer Großbritannien und Irland (→ Linksverkehr).

**Rechtsverordnung,** von einem Exekutivorgan (Regierung, Minister, nachgeordnete Verwaltungsbehörde) erlassene, regelmäßig abstrakt-generelle (für unbestimmt viele Fälle und Personen geltende) Rechtsnorm. Nach Art. 80 Abs. 1 GG und entsprechenden Vorschriften der Landes-Verf. darf die Exekutive R. nur auf der Grundlage einer im Gesetz ausgesprochenen Ermächtigung erlassen, die zudem nicht blankettartig gefaßt sein darf, sondern nach Inhalt, Zweck und Ausmaß hinreichend begrenzt sein muß. Die gesetzl. Grundlage ist in der Verordnung anzugeben. Die R. dient zur Ausführung der allgemeineren Regelung des Gesetzes (Durchführungs-, Ausführungsverordnung). Sie steht im Rang unterhalb des (förml.) Gesetzes; ›gesetzesvertretende R.‹ mit Gesetzesrang sind mit dem GG nicht vereinbar. Von der R. ist die Verwaltungsvorschrift (z. T. mißverständlich auch Verwaltungsverordnung gen.) zu unterscheiden, die nur verwaltungsinterne Bedeutung hat.

In *Österreich* enthält Art. 18 Abs. 2 Bundes-Verfassungsgesetz eine allgemeine Ermächtigung, wonach ›jede Verwaltungsbehörde ... aufgrund der innerhalb ihres Wirkungsbereiches Verordnungen erlassen‹ darf. Ähnlich wie in Dtl. muß das betreffende Gesetz allerdings den wesentl. Inhalt von Durchführungsverordnungen vorherbestimmen.

In der *Schweiz* werden zusätzlich unterschieden die unselbständige R., die sich auf ein Gesetz stützt, und die selbständige R., die von der Regierung unmittelbar gestützt auf die Verf. erlassen werden kann, wie v. a. die Notverordnung, die gestützt auf die allgemeine Polizeiklausel ergehen kann.

**Rechtsverweigerung, Justizverweigerung,** Ablehnung der pflichtmäßigen Amtsausübung durch ein in einer Rechtssache angerufenes Gericht. Die R. ist Verletzung des →Justizgewährungsanspruchs, der sich bei Rechtsverletzungen durch die öffentl. Gewalt auf Art. 19 Abs. 4 GG (Rechtsweggarantie, →Rechtsweg) und allg. auf das Rechtsstaatsprinzip der Verf. gründet. Gegen eine R. kann notfalls Verf.-Beschwerde eingelegt und auf Verletzung von Art. 19 Abs. 4 GG, Art. 101 Abs. 1 S. 2 GG (gesetzl. Richter), Art. 103 Abs. 1 GG (rechtl. Gehör) sowie einzelner Grundrechte gestützt werden. Im Verfahren selbst ist stets Dienstaufsichtsbeschwerde möglich.

**Rechtsverwirkung,** →Verwirkung.

**Rechtsvorbehalt, Reservation,** der Vorbehalt bei einem Rechtsgeschäft, z. B. →Eigentumsvorbehalt, →geheimer Vorbehalt.

**Rechtsvorschlag,** im schweizer. Recht der Schuldbetreibung die mündl. oder schriftl. Erklärung des Betriebenen (Schuldners), daß er die vom Gläubiger in Betreibung gesetzte Forderung bestreitet. Der R. bewirkt (vorerst) die Einstellung der Betreibung. Der Gläubiger kann den R. entweder auf dem ordentl. Prozeßweg oder im summar. Rechtsöffnungsverfahren (→Rechtsöffnung) beseitigen lassen.

**Rechtsweg,** der Weg, auf dem bei einer Gerichtsbarkeit um Rechtsschutz nachgesucht werden kann. Der R. steht jedem offen, der durch die öffentl. Gewalt in seinen Rechten verletzt wird, sowie jedem, der ein Recht gegenüber einer anderen Privatperson vor den Zivilgerichten ausüben und durchsetzen will. Institutionell unterscheidet man zw. dem ordentl. R., der zu den Zivil- und Strafgerichten führt, dem insow. speziellen R. zu den Arbeitsgerichten sowie den R. der drei Verwaltungsgerichtsbarkeiten (allgemeine Verwaltungsgerichtsbarkeit, Sozialgerichtsbarkeit, Finanzgerichtsbarkeit). Die Zulässigkeit des gewählten R. ist Prozeßvoraussetzung (Sachurteilsvoraussetzung). Ist sie im Zeitpunkt der Klageerhebung gegeben, fällt sie durch nachträgl. Veränderung der sie begründenden Umstände nicht fort (§ 17 Gerichtsverfassungsgesetz, GVG; § 261 Abs. 3 ZPO).

Hat ein Gericht den zu ihm beschrittenen R. rechtskräftig für zulässig erklärt, sind andere Gerichte daran gebunden. Ist der beschrittene R. dagegen unzulässig, spricht das Gericht dies nach Anhörung der Parteien von Amts wegen aus und verweist den Rechtsstreit an das zuständige Gericht (§ 17 a GVG). – **R.-Garantie** ist die in Art. 19 Abs. 4 GG enthaltene Bestimmung, daß der R. demjenigen offensteht, der durch die (dt.) öffentl. Gewalt in seinen Rechten verletzt ist (→Justizgewährungsanspruch).

**Rechtswidrigkeit, Widerrechtlichkeit,** Verstoß einer Handlung oder Unterlassung gegen die Verbote oder Gebote des Rechts (Handlungsunrecht, Erfolgsunrecht). Der R.-Begriff ist in allen Rechtsgebieten gleich zu beurteilen. Rechtswidriges Tun kann die Unwirksamkeit von Rechtsgeschäften, die Pflicht zur Schadensersatzleistung oder, falls dies gesetzlich bestimmt ist und der Täter auch schuldhaft handelt, Strafbarkeit nach sich ziehen; →Rechtfertigungsgründe (z. B. Notwehr) können die R. ausschließen.

**Rechtswissenschaft, Jurisprudenz,** die Wissenschaft vom Recht. Sie steht in Beziehung zu den übrigen Geistes- und Sozialwissenschaften. Sie greift in zunehmendem Maße auch auf naturwissenschaftl. Erkenntnisse zurück (insbesondere auf Medizin, Psychologie und Biologie). Die R. umfaßt Rechtsphilosophie, Rechtstheorie, Rechtssoziologie, Rechtsethnologie, Rechtsgeschichte, Rechtsdogmatik, Rechtspolitik, Rechtsvergleichung und Rechtsinformatik. Prakt. Kernstück der R. ist die Rechtsdogmatik, d. h. die Erkenntnis, Auslegung und Fortbildung des geltenden Rechts, die sowohl durch Gerichtsurteile als auch durch wiss. Veröffentlichungen erfolgt.

*Geschichte:* Im europ. Raum erlebte die R. während des Röm. Reichs eine erste Blüte, die im ›Corpus Iuris Civilis‹ einen Höhepunkt erreichte. Nachdem diese Tradition im Früh-MA. insbesondere im Gebiet des ehem. Weström. Reichs in Vergessenheit geraten und von den einzelnen Stammesrechten überlagert war, erfolgte ab dem Ende des 11. Jh. von Bologna ausgehend durch die Glossatoren und Kommentatoren eine Wiederaneignung und Weiterführung, die sich über den ganzen Kontinent ausbreitete – mit Ausnahme Englands, das sich diesen Einflüssen verschloß. Da Dtl. im Spät-MA. in zahllose lokale Sonderrechtsordnungen zerklüftet war, war hier die Rezeption besonders stark. Die im Gedankengut des Humanismus wurzelnde elegante Jurisprudenz (U. ZASIUS) wurde im 17. und 18. Jh. durch die gemeinrechtl. Jurisprudenz, bes. die Schule der Praktiker (B. CARPZOV), abgelöst. Gegen das im 18. Jh. blühende Vernunftrecht (C. WOLFF) wandte sich seit Beginn des 19. Jh. die histor. Rechtsschule (F. C. VON SAVIGNY). Begriffsjurisprudenz und Rechtspositivismus schlossen sich an, die aber gegen die Wende zum 20. Jh. ihrerseits durch Freirechtsschule (EUGEN EHRLICH, * 1862, † 1922), soziolog. Jurisprudenz und Interessenjurisprudenz (PHILIPP HECK, * 1858, † 1943) bekämpft wurden. Aus letzterer entwickelte sich die gegenwärtig im deutschsprachigen Raum – insbesondere für das Zivilrecht – häufig vertretene Wertungsjurisprudenz (K. LARENZ, FRANZ BYDLINSKI, * 1931), die die im gesetzten Recht und hilfsweise aus anderen Quellen (Gesellschaft, Wertung des Richters, Erkenntnis überzeitl. Werte) gewonnenen Wertungen und Prinzipien bei der Rechtsanwendung berücksichtigen will. Dabei handelt es sich um eine Position, die eng mit der jurist. Hermeneutik verbunden ist, die Momente von Auslegung und Verstehen der Gesetze bei der Rechtsfindung gegenüber der schöpfer. Tätigkeit des Richters betont. Demgegenüber mißt die Topik (THEODOR VIEHWEG, * 1907, † 1989) der Heranziehung der relevanten Gesichtspunkte im Einzelfall entscheidendes Gewicht bei. Daneben sind argumentationstheoret. oder – in Anlehnung an das angelsächs. Case law – fallrechtl. Methodenlehren getreten. Trotz

**Rech** Rechtszug – Recklinghausen

**Recife**
Stadtwappen

• Stadt in Brasilien
• an einer Lagune vor der Nordostküste
• 1,35 Mio. Ew.
• wichtige Hafen- und Industriestadt
• Erzbischofssitz
• zwei Universitäten (1946 bzw. 1951 gegründet)
• 1630–1654 Hauptstadt von Niederländisch-Brasilien
• ›brasilianisches Venedig‹
• kolonialzeitliches Stadtzentrum
• zahlreiche Kirchen des 17. und 18. Jh.

dieser Pluralität der Methodologien finden die schon bei SAVIGNY angeführten Auslegungsmethoden der grammat., histor., logisch-systemat. und teleolog. Gesetzesinterpretation insbesondere bei Praktikern weiterhin breite Anerkennung und Verwendung, so daß man von einem Methodenkanon (freilich ohne Rangfolge) sprechen kann.

T. VIEHWEG: Topik u. Jurisprudenz ($^5$1974); W. FIKENTSCHER: Methoden des Rechts, 5 Bde. (1975–77); G. RADBRUCH: Einf. in die R. ($^{13}$1980); F. BYDLINSKI: Jurist. Methodenlehre u. Rechtsbegriff (Wien 1982); J. BAUMANN: Einf. in die R. ($^8$1989); G. KLEINHEYER u. J. SCHRÖDER: Dt. Juristen aus 5 Jh. ($^3$1989); O. WEINBERGER: Rechtslogik ($^2$1989); K. LARENZ: Methodenlehre der R. ($^6$1991). – **Zeitschriften:** Archiv für die civilist. Praxis (1818 ff.); Ztschr. für schweizer. Recht (Basel 1852 ff.); Ztschr. des Bernischen Juristenvereins (Bern 1864 ff.); Jurist. Blätter (Wien 1872 ff.); Schweizer. Juristenzeitung (Zürich 1904 ff.); Juristenzeitung (1946 ff.); Österr. Juristen-Zeitung (Wien 1946 ff.); Monatsschr. für Dt. Recht (1947 ff.); Neue Jurist. Wochenschr. (1947 ff., früher unter anderem Titel); Ztschr. für Rechtspolitik (1968 ff.); Recht. Ztschr. für jurist. Ausbildung u. Praxis (Bern 1983 ff.).

**Rechtszug,** die Instanz, der Verfahrensabschnitt eines gerichtl. Verfahrens, in den es v. a. durch Klage (1. R.) oder Rechtsmittel (weitere R.) gelangt.

**Rečica** [ˈrjetʃitsa], weißruss. Stadt, →Retschiza.

**Recife** [rreˈsifi; portug. ›Riff‹], früher **Pernambuco,** Hauptstadt des Staates Pernambuco (seit 1825, in Nachfolge von Olinda), Brasilien, an der Mündung des Rio Capiberibe in eine Lagune vor der Atlantikküste, (1989) 1,35 Mio. Ew.; die bedeutendste Hafen-, Handels- und Industriestadt NO-Brasiliens, aufgrund günstiger Verkehrslage, großer industrieller Aktivität und dadurch starker Zuwanderung aus dem Trockengebiet des Sertão NO-Brasiliens eine der am schnellsten wachsenden Großstädte der Tropen (Ende des 19. Jh.: 130 000, 1950: 512 400 Ew.); kath. Erzbischofssitz; zwei Univ., landwirtschaftl. Hochschule, Oceanograph. Inst. u. a. miss. Institute, Bibliotheken, Museen, Theater; Sitz der SUDENE, der staatl. Planungsbehörde für den Nordosten; Zuckerraffinerie, Textil-, chem., pharmazeut., Zement-, Möbel-, Elektro-, Papier-, Konservenindustrie; einer der Ausgangspunkte der Transamazônica, internat. Flughafen. – R. ist gegliedert durch Wasserläufe und Kanäle mit vielen Brücken (›brasilian. Venedig‹). Der älteste Stadtteil liegt auf einer schmalen Nehrung, die Stadtteile Santo Antônio (die Bauten erinnern z. T. noch an die niederländ. Besetzung; sonst heute Hochhausbebauung) und São José auf Inseln; Bôa Vista auf dem Festland, der modernste Stadtteil (mit Hochhäusern),

wächst rasch landeinwärts, wo auch die Elendsquartiere (›Mocambos‹) der Schwarzen sind. – R., im 16. Jh. Umschlagplatz von Olinda, wurde nach der Eroberung NO-Brasiliens durch die Niederländer 1630 Hauptstadt von Niederländisch-Brasilien (bis 1654); 1636–44 residierte hier Fürst JOHANN MORITZ von Nassau-Siegen als Statthalter der Westind. Kompanie. – Reizvolles Stadtbild mit zahlreichen Bauten aus der Kolonialzeit. Zu den schönsten Kirchen gehören São Francisco de Assis (1606), Madre de Deus (1706–1730) mit Doppelturmfassade, Santa Teresa (1710–37) mit Wand- und Deckenmalereien, Nossa Senhora dos Prazeres (17. Jh., Fassade 18. Jh., im Innern Azulejosdekoration); in der Capela Dourada (1697 geweiht) vergoldete Schnitzereien und Wandgemälde. Weiteres BILD →Olinda.

H. WILHELMY u. A. BORSDORF: Die Städte Südamerikas, 2 Bde. (1984–85).

**Recioto** [reˈʃoto], italien. Wein der Gebiete Valpolicella, Soave und Gambellara (Prov. Vicenza) aus teilgetrockneten (in Trockenräumen auf Lattenrosten), vollreifen Trauben (gekeltert Anfang Jan.); körper- und alkoholreicher, meist süßer (Restzucker 60–70 g; Ausnahme: der trockene R. Amarone) Rotwein. **Mezzo R.** wird durch erneute Vergärung von jungem Valpolicella auf dem (noch zuckerhaltigen) Trester des R. Amarone gewonnen.

**recipe** [lat.], Abk. **Rec.** oder **Rp.,** nimm! (auf Rezepten).

**Récit** [reˈsi; frz., zu lat. recitare ›laut vortragen‹] *das, -(s)/-s,* Abk. **R,** seit dem 17. Jh. in Frankreich Bez. für den instrumental begleiteten Sologesang, seit Ende des 17. Jh. auch für solist. instrumentalen Vortrag. Seit dem 19. Jh. bezeichnet engl. **Recital** einen Konzerttypus, bei dem ein Musiker allein (oder mit einem Begleiter) einen ganzen Abend bestreitet, auch ein Konzert mit Werken ausschließlich eines einzigen Komponisten. – In der frz. Orgel ist R. seit dem 17. Jh. Bez. für das Soloklavier.

**Reck** [niederdt.], Turngerät, eine in zwei Ständersäulen gelagerte, 2,40 m lange, federnde Stange aus poliertem Stahl (28 mm Durchmesser). Die Höhe der R.-Stange über dem Boden ist zw. 1,45 m und 2 m in Abständen von je 10 cm, zw. 2 m und 2,50 m in Abständen von je 5 cm verstellbar. – Das **R.-Turnen** wurde 1812 von F. L. JAHN eingeführt.

**Reck|alterung,** *Werkstoffkunde:* →Alterung.

**Reckbiegen,** →Strecken.

**Recke,** Elisabeth (Elisa) von der, geb. Reichsgräfin **von Medem,** Schriftstellerin, * Schloß Schönburg (Kurland) 1. 6. (oder 20. 5.) 1754, † Dresden 13. 4. 1833; war, v. a. durch ihre Aufsehen erregende ›Nachricht von des berüchtigten Cagliostro Aufenthalte in Mitau …‹ (1787), an der Entlarvung CAGLIOSTROS beteiligt; befreundet bzw. im Briefwechsel mit u. a. C. A. TIEDGE, F. NICOLAI, J. K. LAVATER und GOETHE. Schrieb autobiograph. Bücher, Reiseliteratur sowie empfindsame geistl. Lyrik.

**Recken, 1)** *Kunststofftechnik:* bei Folien, Fasern oder Profilen das Erzeugen einer Längsorientierung der Fadenmoleküle durch Ziehen: Die Länge des Werkstoffes wird (oft auf das Mehrfache) vergrößert, die Zugfestigkeit in Reckrichtung steigt (oft auf das Mehrfache). Folien werden auch biaxial gereckt. Das R. von Chemiefasern wird als **Verstrecken** bezeichnet.
**2)** *Umformtechnik:* schrittweise Verminderung des Werkstückquerschnitts durch Verdrängen des Werkstoffes in Längsrichtung, z. B. beim Freiformschmieden zw. balligen und ebenen Recksätteln, beim →Reckwalzen und Reckbiegen (→Streckziehen).

**Recklinghausen, 1)** Kreisstadt in NRW, 75 m ü. M., im nördl. Ruhrgebiet zw. Emscher und Lippe, (1990) 126 000 Ew.; Landesanstalt für Ökologie (LÖLF), Bundesverband für Selbstschutz (für NRW),

Recife

Landes-Justizakademie mit Archiv für Strafvollzug im Dritten Reich, Fachschulen, Forschungsinstitut für Arbeiterbildung, Institut für angewandte Forschung und Entwicklung (IFE), Ikonenmuseum, Städt. Kunsthalle, Vestisches Museum und Archiv, Sitz des Westfäl. Sinfonie-Orchesters, Festspielhaus (jährlich Ruhrfestspiele), Westfäl. Volkssternwarte mit Planetarium, Tiergarten, Trabrennbahn. – Seit dem Rückgang des Steinkohlenbergbaus (1989 nur noch Zeche General Blumenthal, 4000 Beschäftigte, 2,3 Mio. t Förderung) sind Apparate-, Fahrzeug- und Maschinenbau, Chemie-, Textil- und Bauindustrie

**Recklinghausen 1):** Rathaus

führend, jedoch sind fast 68% aller Erwerbspersonen im Dienstleistungsbereich tätig. Hafen am Rhein-Herne-Kanal mit (1990) 150 000 t Umschlag. – Aus einem bereits zur Karolingerzeit bezeugten Königshof entwickelte sich das 1017 erstmals genannte Ort R., der den Mittelpunkt des ›Vestes R.‹, eines kurköln. Landgerichtsbezirks, bildete. Um 1230 erhielt R. zunächst eingeschränkte, 1236 volle Stadtrechte. 1378 wurde das erzbischöfl. Schöffengericht durch eine Ratsverfassung abgelöst. Mit der Abteufung des ersten Kohlenschachts setzte in der seit 1815 zu Preußen gehörenden Stadt 1869 die Entwicklung zur Industrie- und Großstadt ein. – Kath. Propsteikirche Sankt Petrus, ein got. Hallenbau (nach 1247), der 1519–23 erweitert wurde; Festspielhaus (1965); Engelsburg (ehem. Adelssitz, 1701; heute Hotel).
**2)** Kreis im Reg.-Bez. Münster, NRW, 760 km², (1990) 651 600 Ew., Kreisstadt ist Recklinghausen. Große Teile des Kreises sind im Bereich der kreisangehörigen Ruhrgebietsstädte R., Castrop-Rauxel, Datteln, Dorsten, Gladbeck, Herten und Marl von Steinkohlenbergbau, Schwer- und Petrochemie bestimmt. Nach N hin nehmen Acker- und Futterbau, Schweinemast und Rinderweidewirtschaft zu. Der Kreis hat Anteil an Erholungsgebieten der waldreichen Hardt und um Haltern.
750 Jahre Stadt R. (1236–1986), hg. v. W. BURGHARDT (1986).

**Recklinghausensche Krankheit** [nach dem Pathologen FRIEDRICH DANIEL VON RECKLINGHAUSEN, * 1833, † 1910], **1) Neurofibromatose,** meist unregelmäßig dominant vererbte Erkrankung des Nervensystems, bei der sich zahlreiche Knoten (→ Neurofibrom) an den Nervensträngen in allen Organen bilden können (z. B. Auge, Magen-Darm-Trakt, Blase). Daneben treten hellbraune Pigmentstörungen der Haut und Skelettveränderungen auf.
**2) Osteodystrophia fibrosa generalisata,** Systemerkrankung des Skeletts (generalisierte Osteodystrophie) aufgrund einer Störung des Kalkstoffwechsels;

Ursache ist eine Überfunktion der Nebenschilddrüsen (meist Epithelkörperchenadenom oder -hyperplasie), die zu einem gesteigerten Knochenabbau mit Knochenbrüchigkeit, im späteren Verlauf auch zu Zystenbildung und den übrigen Symptomen des → Hyperparathyreoidismus führt; Behandlung durch operative Entfernung des Tumors.

**Reck-Malleczewen** [-malaˈtʃeːvən], Friedrich, eigtl. **F. Reck,** Schriftsteller, * Gut Malleczewen (Ostpreußen) 11. 8. 1884, † KZ Dachau 17. 2. 1945; war Offizier, dann Arzt; anthropolog. Studien; 1944 verhaftet. Sein Buch ›Bockelson‹ (1937) ist eine histor. Studie über die Täufer getarnte massenpsycholog. Analyse des Nationalsozialismus; schrieb auch Romane, Jugendschriften und Essays. BILD S. 164

**Recknitz** die, Küstenfluß zur Ostsee, in Mecklenburg-Vorpommern, 111 km lang; mündet in Ribnitz-Damgarten in die Ribnitzer See des Saaler Boddens; ihr Unterlauf bildet ab Bad Sülze die histor. Grenze zw. Mecklenburg und Vorpommern.

**Reckwalzen, Schmiedewalzen,** ein Warmumformverfahren (Metallumformung) mit kalibrierten Walzen. Durch R. kann man Teile mit in Durchlaufrichtung kontinuierlich oder unstetig veränderl. Querschnitten fertigen. Eingesetzt wird das R. v. a. zum Vorformen von Gesenkschmiedeteilen.

**Reclam,** Anton Philipp, Verleger und Buchhändler, * Leipzig 28. 6. 1807, † ebd. 5. 1. 1896; begründete 1828 in Leipzig einen Verlag, den er 1839 um eine Druckerei erweiterte. Zum Verlagsprogramm zählten Bibeln, Musikalien, griech. und röm. Klassiker sowie Gebrauchsliteratur (z. B. Gesetzessammlungen), später preiswerte Ausgaben der Weltliteratur. 1842–48 brachte er polit. Schriften heraus, mußte aber (nach dem Verbot seiner Bücher in Österreich) diesen Zweig wieder aufgeben. 1867 begann er unter Mitwirkung seines Sohnes HANS HEINRICH (* 1840, † 1920) mit ›R.s Universal-Bibliothek‹ (bis 1945 Gesamtauflage 280 Mill., 7600 Nummern; nach dem Zweiten Weltkrieg wiederbegründet). Der Verlag wurde 1947 in Stuttgart neu gegründet. Das Leipziger Stammhaus, 1950 verstaatlicht, betrieb einen der bedeutendsten Verlage der Dt. Dem. Rep. Seit 1991 sind beide Verlage wieder durch eine gemeinsame Geschäftsführung verbunden. Die aktuelle Produktion umfaßt neben der Universal-Bibliothek mit Textausgaben, zweisprachigen Ausgaben, Fremdsprachen-, Arbeits- und Erläuterungstexten (u. a. für den Schulgebrauch) auch Kunst-, Opern-, Operetten-, Konzert-, Jazz-, Ballett-, Schauspiel- und Romanführer. BILD S. 164

**Reclus** [rəˈkly], Élisée, frz. Geograph, * Sainte-Foy-la-Grande (Dép. Gironde) 15. 3. 1830, † Torhout (Prov. Westflandern) 4. 7. 1905; einer der Begründer der modernen Geographie in Frankreich. Wegen seiner sozialistisch-anarchist. Einstellung mußte R. nach dem Staatsstreich von 1851 emigrieren und reiste in Großbritannien und Amerika; 1871 in den Kommuneaufstand verwickelt, wurde er zu Deportation, 1872 zu Verbannung verurteilt und ging in die Schweiz; ab 1893 Prof. in Brüssel. Seine ›Nouvelle géographie universelle‹ (19 Bde., 1876–94), eine Länderkunde der ganzen Erde, entstand unter dem Einfluß seines Lehrers C. RITTER. BILD S. 164

M. NETTLAU: E. R. Anarchist u. Gelehrter (1928, Nachdr. Vaduz 1977).

**Recôncavo** [rreˈkoŋkavu], das fruchtbare, feuchtheiße Küstentiefland um die → Allerheiligenbai bei

**Elisabeth von der Recke**

**Recken 2)**
Freiformschmieden mit balligen Recksätteln

**Recklinghausen 1)**
Stadtwappen

**Recklinghausensche Krankheit 2):** OBEN Schnitt durch den Wirbelkörper eines 80jährigen gesunden Mannes mit weiträumiger, jedoch regelmäßiger Anordnung der schmalen, feinstrukturierten Knochenbälkchen; UNTEN Schnitt durch den abgeplatteten Wirbelkörper einer an Recklinghausenscher Krankheit leidenden 74jährigen Frau mit zahlreichen Knochenhöhlen und Lückenbildungen (Zysten); die oberen und unteren Deckplatten sind verdichtet, die Knochenbälkchen rarefiziert (vermindert)

**Reco**  Reconquista – Recuay

Friedrich Reck-Malleczewen (Federzeichnung; um 1925)

Anton Philipp Reclam

Élisée Reclus

Salvador, im Staat Bahia, Brasilien; Anbau v. a. von Tabak, Zuckerrohr, Kaffee; das wichtigste Erdölfördergebiet Brasiliens (fündig seit 1939).

**Reconquista** [rrekɔŋˈkista, span.] *die, -,* historiograph. Bez. für die Rückeroberung der ab 711 von den Mauren besetzten Iber. Halbinsel durch christl. Heere. Die R. begann von den christl. Rückzugsgebieten, den Gebirgen Asturiens aus, erreichte ihre eigentl. Dynamik aber erst im 11. Jh. unter den Königen SANCHO III. von Navarra (1000–1035), FERDINAND I. und ALFONS VI. von Kastilien und León. V. a. seit ihrer Förderung durch Papst ALEXANDER II. von vielen europ. Völkern unterstützt, erfolgte die R. in drei Stoßrichtungen: in das Zentrum der Halbinsel durch die kastil. Könige, entlang der Atlantikküste mit Abschluß im Jahre 1297 durch die Könige (bis 1139 Grafen) von Portugal und entlang der Mittelmeerküste v. a. durch das Königreich Aragonien. Im 14. Jh. und Anfang des 15. Jh. stagnierte die R.; sie wurde erst 1492 mit der Eroberung des andalus. Granada durch ISABELLA I. von Kastilien und FERDINAND II. von Aragonien abgeschlossen.

**Reconstruction** [riːkənˈstrʌkʃn; engl. ›Wiederaufbau‹] *die, -,* in den USA die Periode der Wiedereingliederung der elf Südstaaten in die Union nach dem Sezessionskrieg. Sie wurde durch versch. soziale und polit. Probleme erschwert: die Verwüstung und Verarmung des Südens, der nach der Emanzipation der rd. 4 Mio. Sklaven zu einem neuen System freier Arbeit finden mußte; die Rivalität zwischen Präs. A. JOHNSON, der wie A. LINCOLN eine großzügige Behandlung der besiegten Südstaaten anstrebte, und dem von radikalen Republikanern (T. STEVENS) beherrschten Kongreß, der die Durchführung der R. für sich beanspruchte und eine Rückkehr der Demokraten an die Macht verhindern wollte; die Haltung der weißen Bev. in den Südstaaten, die mit allen Mitteln (Sondergesetzgebung für Schwarze in den ›Black Codes‹, →Ku Klux Klan, →Lynchen und andere Formen der Einschüchterung) eine gänzl. Emanzipation der Schwarzen zu verhindern suchte. Die R.-Gesetzgebung von 1866 und 1868 erzwang unter der Militär-Reg. die Annahme der Emanzipationsartikel der Verf. (XIII.–XV. Amendment) und die Einrichtung von Staats-Reg., die von republikan. Parteigängern (Schwarze, Carpetbaggers, Scalawags) beherrscht waren. Diese Reg. leisteten Beachtliches für den Wiederaufbau und die Modernisierung des Südens, wurden aber von den dortigen Weißen als Demütigung empfunden und rasch durch Reg. der weißen Konservativen ersetzt. Als die R. durch den Abzug der letzten Besatzungstruppen 1877 beendet wurde, war die Politik der Nordstaaten gescheitert. Ihr Erbe, die Feindseligkeit zw. den Rassen und die Rivalität zw. Norden und Süden, ist bis heute nicht völlig überwunden.

K. M. STAMPP: The era of r., America after the Civil War, 1865–1877 (New York 1965); R., 1865–1877, hg. v. R. W. JOHANNSEN (ebd. 1970); E. FONER: R. America's unfinished revolution, 1863–1877 (ebd. 1988).

**Recorde** [rɪˈkɔːd], Robert, engl. Mathematiker, * Tenby (bei Pembroke) um 1510, † London 1558; wirkte ab 1547 als Arzt in London; schrieb als erster englischsprachige Mathematikbücher, wobei er sich auch um eine Weiterentwicklung der mathemat. Symbolik (1557 Einführung des Gleichheitszeichens) bemühte.

**Recorder** [reˈkɔrdər, engl. rɪˈkɔːdə; engl., zu to record ›(schriftlich) aufzeichnen‹, von lat. recordari ›an etwas zurückdenken‹] *der, -s/-,* Gerät zur →magnetischen Bildaufzeichnung von Musik, Sprache und Nachrichten auf Platten oder Bändern. Manche R. sind auch zur Wiedergabe geeignet. Ein **Radio-R.** (i. a. ein Kassettenrecorder) enthält zusätzlich einen Rundfunkempfänger zur Aufzeichnung von Rundfunkdarbietungen. Ein Videorecorder nimmt Fernsehbilder auf und speichert sie auf Videoband. Zur Wiedergabe dient ein Fernsehempfänger oder Monitor mit Bildröhre. Bei den 1990 in Dtl. eingeführten **DAT-R.** (→DAT) ist ein einmaliges Überspielen von Compact Disc auf Digital Audio Tape möglich. **DCC-R. (Digital-Compact-Cassette-R.)** arbeiten mit normalem Kassettenformat, weisen aber Abspielmöglichkeiten sowohl für herkömml. Tonbandkassetten als auch für Digital-Kompakt-Kassetten auf. Der Tonkopf ist geteilt, eine Hälfte erfaßt die digital gespeicherte Musikinformation, die andere konventionellen analogen Aufzeichnungen. Ein **Kamera-R. (Camcorder)** ist eine Kamera mit magnet. Bildaufzeichnung.

**Reco-Reco,** *Musikinstrument:* →Schraper.

**Recruitment** [rɪˈkruːtmənt; engl. ›Verstärkung‹] *das, -s/-s,* Innenohrschwerhörigkeit mit Störung der Haarzellenfunktion, bei der die Mechanismen für geringe Lautstärken gestört, die für stärkere dagegen intakt sind, so daß sehr laute Geräusche ähnlich gehört werden wie vom normalen Ohr (macht bei Hörgeräten außer der generellen Verstärkung eine Dämpfung der Pegelspitzen erforderlich).

**recte** [lat.], *bildungssprachlich* für: richtig, recht.

**Rectisolverfahren,** *Chemie:* →Absorption 3).

**Recto** [lat. ›geradewegs‹] *das, -s/-s,* **Rekto,** bei Papyrushandschriften die Seite mit horizontal verlaufenden Fasern, die i. d. R. zuerst beschrieben wurde. Die Seite mit vertikal verlaufenden Fasern wird als **Verso** bezeichnet. Bei *Pergament-* und *Papierhandschriften* heißt R. die Vorderseite, Verso die Rückseite eines Blattes. Bei *diplomat. Urkunden* erfolgen Abkürzung und Kennzeichnung durch ein hochgestelltes ›r‹ bzw. ›v‹ (2$^r$ = Vorderseite des zweiten Blattes, 5$^v$ = Rückseite des fünften Blattes).

**Rectus** [lat. ›gerade‹] *der, -,* **Musculus rectus abdominis,** der gerade Bauchmuskel.

**Recuay** [rrɛˈkuai], Ort im nördl. Hochland von Peru, in dem vom Oberlauf des Río Santa gebildeten Tal (Callejón de Huaylas); danach Bez. für den Stil der dort gefundenen Keramik (um 200 v. Chr.–600

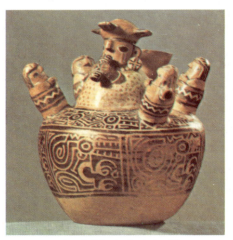

**Recuay:** Bemaltes Gefäß mit plastischer Figurengruppe vom oberen Río Santa, Peru: um 500 n. Chr. (Berlin-Dahlem, Museum für Völkerkunde)

n. Chr.). Charakteristisch ist der in Negativtechnik auf die Keramik aufgetragene Dekor in drei Farben (schwarz und rot auf weißem Grund). Vorherrschende Motive sind ineinander verschlungene Fische und Schlangen. Bei gemalten Figuren ist oft der Kopf plastisch herausgehoben, oder ganze Szenen sind auf dem Gefäßkörper plastisch modelliert; bei Flaschen ist der figürl. Aufsatz durch einen Griff mit dem Ausguß verbunden. – Bisher wurde kein eigentl. Zentrum mit architekton. Hinterlassenschaften, die Aussagen über polit. und religiöse Aktivitäten zuließen, gefunden. Nachweisbar sind Beziehungen zur etwa zeitgleichen Mochekultur. Die wirtschaftl. Verhältnisse waren denen anderer Kulturen des Hochlandes ähnlich: Terrassenanlagen mit intensiver Bewässerung; Anbau von Mais, Kartoffeln und Gemüse; Handel mit Lamawolle im Austausch gegen Baumwolle der Küstenbewohner.

JOHN W. SMITH JR.: The R. culture (Diss. Austin, Tex., 1978); D. EISLEB: Altperuan. Kulturen, Bd. 4: R. (1987).

**Recurrent education** [rɪˈkʌrənt edjuːˈkeɪʃn; engl. ›wiederholte Ausbildung‹] *die, - -,* ein Konzept lebenslangen Lernens, das geschlossene Berufsbildungsgänge (v. a. im Hochschulbereich) durch Intervall-Lernen mit eingeschobenen Phasen der Berufstätigkeit ersetzen will. Als Vorteile werden engerer Praxisbezug, Anpassung an die Arbeitswelt, schnellere Berücksichtigung technolog. Neuerungen und, bes. in Hinblick auf die Gestaltung des (vorgezogenen) Lebensabends, ein besserer Ausgleich von privaten Interessen und berufl. Anforderungen während der Lebensarbeitszeit hervorgehoben. Voraussetzung ist u. a. gesellschaftlich nur begrenzt zur Verknüpfung stehende Arbeit.

M. JOURDAN: R. e. Erwachsene kehren zurück zur Bildung (1978); R. E. u. berufl. Flexibilitätsforschung, bearb. v. J. BENGTSSON (1979).

**Recurvirostridae** [lat.], die → Säbelschnäbler.

**Recycling** [riˈsaɪklɪŋ, engl.] *das, -s,* **Rezyklierung, 1)** *Außenwirtschaft:* Rückschleusung der Einnahmenüberschüsse v. a. der erdölexportierenden Länder in den internat. Finanzmittelkreislauf. Das R. war nach 1974 und nach 1980 ein Instrument zur Finanzierung der durch drast. Rohölpreiserhöhungen bewirkten Leistungsbilanzdefizite versch. Industrie- und Entwicklungsländer. Das R. dieser Kapitalien (›Ölgelder‹, ›Petrodollars‹) vollzog sich u. a. über den Euromarkt, über die Anlage auf nat. Geld- und Kapitalmärkten sowie über Direktinvestitionen. Für die Finanzierung von durch die Erdölpreise bewirkten Zahlungsbilanzdefiziten für den Internat. Währungsfonds eine Sonderfazilität (›Erdölfazilität‹) zur Verfügung gestellt.

**2)** *Umwelttechnik:* Wiederverwendung von Abfällen, Nebenprodukten oder (verbrauchten) Endprodukten der Konsumgüterindustrie als Rohstoffe für die Herstellung neuer Produkte. Beim R. wird eine Zirkulation der Wertstoffe zw. Produktion und Konsum unter Einbeziehung von Verwendungs- und Verwertungskreisläufen angestrebt. Dabei lassen sich folgende R.-Arten unterscheiden: Wiederverwendung, d. h. wiederholte Benutzung, z. B. bei Pfandflaschen; Weiterverwendung in einem neuen Anwendungsbereich, z. B. Altpapier als Dämmaterial; Wiederverwertung, d. h. Rückführung in ein Produkt, z. B. Flaschen aus Altglas; Weiterverwertung in einem anderen Produktionsprozeß, z. B. Stahl aus Schrott. Eine andere Einteilung geht vom Produktlebenszyklus aus und gliedert sich in Produktabfall-R., R. während des Produktgebrauchs und Altstoff-R. Zum R. eignen sich Abfälle und Nebenprodukte, die bei der industriellen Produktion entstehen. Ebenso können Bestandteile des Hausmülls, also gebrauchte Endprodukte, einem R. zugeführt werden. Zwei Drittel der im übl. Hausmüll enthaltenen Wertstoffe können heute theoretisch zurückgewonnen und weitergenutzt werden. Diese hohe mögl. Rückgewinnungsrate liegt v. a. an der Zusammensetzung des Abfalls, der sich aus 20 % Papier, 12 % Glas, 4 % Metall und 8 % Kunststoffen und Textilien zusammensetzt. Fast die Hälfte der übrigen Menge ließe sich kompostieren, so daß nur noch ein kleiner Teil deponiert werden müßte.

Das R. hat zwei Zielrichtungen: eine Reduzierung des Rohstoffverbrauchs und eine Verminderung der zu entsorgenden Abfälle sowie Sonderabfälle. Der Rohstoffaspekt steht v. a. bei Rohstoffknappheit im Vordergrund. In den letzten Jahren wurde in der Bundesrep. Dtl. jedoch für den Ausbau des R. immer mehr der Abfallaspekt zum treibenden Impuls.

Befürworter der Müllverbrennung sprechen außerdem von einem ›Energie-R.‹, bei dem die bei der Verbrennung entstehende Energie zur Strom- und Wärmeerzeugung eingesetzt wird. Dies ist jedoch kein R., da nur ein sehr geringer Teil des Energieinhalts des Abfalls, nämlich die chem. Bindungsenergie, genutzt werden kann und auch der Wirkungsgrad, insbesondere bei der Hausmüllverbrennung, gering ist (etwa 50–65 %). Bei der Herstellung von Sekundärrohstoffen durch R. wird zusätzlich ein Teil der Energie, die zur Gewinnung der Primärrohstoffe und der Produkterzeugung notwendig waren, eingespart. Bei Erzeugnissen mit hohem Energieaufwand für die Rohstoffaufarbeitung, wie Aluminium, Kunststoffprodukte und Eisen, bietet die stoffl. Verwertung erhebl. energetische Vorteile gegenüber der Verbrennung.

### Geschichte

Der Begriff R. für die stoffl. Verwertung ist erst seit Anfang der 1980er Jahre im dt. Sprachgebrauch üblich. Eine Wiederverwertung von knappen Rohstoffen und eine Kreislaufführung von Produktionsrückständen wurde für viele Stoffe allerdings schon immer praktiziert. So wurden Alttextilien früher zur Herstellung von Papier verwendet. Alteisen wurde erst verstärkt ab Mitte des 19. Jh. rezykliert, als die eisenverarbeitende Industrie einen großen Aufschwung erlebte. Bei anderen Stoffen, z. B. bei Glas, bei dem das Rohmaterial Quarzsand billig und reichlich vorhanden ist, war erst der ›Müllnotstand‹ Anlaß zur verstärkten Rohstoffrückgewinnung seit etwa Mitte der 1970er Jahre.

Große Bedeutung erlangte die stoffl. Verwertung regelmäßig in Kriegssituationen. So wurden im Zweiten Weltkrieg in fast allen Ländern Europas von staatl. Seite Altstoffsammlungen, v. a. von Metallen, durchgeführt, die für die Rüstungsindustrie wichtig waren. Das Sero-System (Sekundärrohstoffe) der Dt. Dem. Rep. hatte das Ziel, Devisen für den Einkauf von Sekundärrohstoffen im Ausland zu sparen. Mit dem Sero-System konnten etwa 12 % des industriellen Rohstoffbedarfs aus wiederaufbereitetem Material gedeckt werden.

### Technische Aspekte

Die meisten Produktionsrückstände und der Hausmüll sind in der Form, in der sie anfallen, für eine neue industrielle Nutzung nicht brauchbar. Unterschied. Materialien werden bei der Produktion konstruktiv oder chemisch miteinander verbunden. Bei der Sammlung von Wertstoffen, die rezykliert werden sollen, kommt es zu Verschmutzungen und Fehlsortierungen. Ein R. von Stoffgemischen setzt deshalb eine weitgehende Entmischung voraus. Feststoffe werden dabei oft, nach einer maschinellen Vortrennung, von Hand nachsortiert. Beispiele für (Vor-)Trennverfahren sind: mechanische Zerkleinerung, Siebung, sonstige physikal. Verfahren wie Magnetabscheidung, opt. Sortierung, Sortierung anhand der Dichte der Stoffe, Filterverfahren.

Verfahren zur chem. Aufbereitung werden häufig bei flüssigen oder pastösen Abfällen angewandt. Dazu gehören u. a. Neutralisations- und Fällungsreaktionen, Oxidation und Reduktion. Ein Beispiel für die chem. Aufbereitung ist die Entzinnung von Dosenschrott aus Weißblech.

## Recycling

### Umweltaspekte

Durch R. ist keine vollständige Rückführung einmal gewonnener Rohstoffe in die Produktion möglich. Grenzen des R. sind dort, wo Stoffe bei Produktion oder Gebrauch so fein verteilt wurden, daß eine Rückgewinnung technisch nicht möglich oder energetisch zu aufwendig wäre. Dies wird am Beispiel Kupfer deutlich: Die Herstellung einer Tonne Kupfer aus Erz benötigt etwa 13 000 kWh Energie. Für die Rückgewinnung von Kupfer aus Kupferabfällen ist der Energiebedarf etwa 15mal geringer. Allerdings liegen nur etwa 30 % der gesamten Kupferabfälle in Form von leicht rezyklierbarem Material vor (Kupferschrott, Drähte, Röhren). 40 % der Kupferabfälle sind derart verdünnt (z. B. in Pigmenten, Farbstoffen oder Klärschlämmen), daß eine Rückgewinnung einen sehr viel höheren Energiebedarf hätte als die Erzaufbereitung.

Alle R.-Verfahren sind mit einem Qualitätsverlust gegenüber den Ausgangsstoffen verbunden (›Down-R.‹). Der Qualitätsverlust beim R. ist i. a. um so kleiner, je enger die Kreislaufprozesse sind, also je näher am eigentl. Produktionsprozeß die Rückführung ansetzt. Beim R. von gebrauchten Endprodukten kommt es auf eine möglichst sortenreine Sammlung an.

Zu den positiven Umweltauswirkungen des R. gehört die Ressourcenschonung, die Reduzierung der Abfallmengen und z. T. ein niedrigerer Energieverbrauch bei der Nutzung von Sekundärrohstoffen. R. ist deshalb eine wichtige Maßnahme im Umweltschutz und in der Abfallwirtschaft. Einige Beispiele: 1987–91 stieg die Menge an wiederverwertetem Altpapier jährlich. So wurden 1991 bei der Papiererzeugung in der Bundesrep. Dtl. 49 % oder 6 Mio. t Altpapier eingesetzt. Dadurch wurden erhebl. Mengen der Rohstoffe Holz, Wasser und Energie gespart. Allerdings stieg in demselben Zeitraum der Papierverbrauch so stark wie der Altpapiereinsatz, so daß die Papiermenge in etwa konstant blieb.

Bei Glas wurden 1987 1,25 Mio. t Altglas wieder eingesetzt. Dies entspricht einem Altglasanteil von etwa 40 % an der Gesamtproduktion. Der Großteil der rezyklierten Menge stammt aus Sammelcontainern, ein kleinerer Teil aus der Rückführung von Scherben bei der Produktion und Abfüllung. Doch auch die Abfallmengen an Glas von Getränkeflaschen sind trotz steigender Mengen von rezykliertem Altglas im Zeitraum 1982–86 weiter gestiegen, nachdem die Abfallmenge ab 1979 zunächst gesenkt wurde. Diese Steigerung war eine Folge der Erhöhung des Einweganteils an den Getränkeflaschen; hier hat R. als stoffliche Verwertung eine Reduzierung des Verbrauchs durch Wiederbenutzung verhindert.

Auch R. ist mit Umweltbelastungen verbunden. Zu den wichtigsten Belastungen gehören der Transport der Wertstoffe zu den R.-Anlagen, die Emissionen bei der Trennung und Aufbereitung der Stoffe und die Verschleppung von Schadstoffen in Neuprodukte. Bei einer Keislaufführung von Substanzen können außerdem Schadstoffe in neue Produkte übergehen, z. B. polychlorierte Biphenyle (PCB) bei der Verwendung verschmutzter Altöle oder Schwermetalle beim Schrotteinsatz. Schadstoffe müssen deshalb vor einem R. abgetrennt werden.

R. ist also nicht in jedem Fall die ökologisch günstigste Lösung. Es müssen die Umweltbelastungen, die von anderen Maßnahmen zur Reduzierung der Abfälle (z. B. Wiederverwendung statt stoffl. Verwertung, Verfahrensumstellung, Einsatz anderer Ausgangsstoffe) oder einer Abfallbeseitigung ausgehen, gegen die vom R. ausgehenden Belastungen abgewogen werden.

### Rechtliche Grundlagen

Im Abfallgesetz (AbfG) von 1986 wurde der Vorrang der Abfallvermeidung und die Verantwortlichkeit von Produzenten und Handel auch für die Entsorgung der von ihnen hergestellten und vertriebenen Produkte als Grundsätze festgeschrieben. Erst dann folgt der gesetzl. Vorrang der stoffl. Verwertung aller unvermeidbaren Abfälle und Reststoffe, soweit dies ökologisch vertretbar ist. Eine ähnl. Bestimmung findet sich auch im Bundesimmissionsschutzgesetz, danach müssen in genehmigungsbedürftigen Anlagen Reststoffe vermieden oder schadlos verwertet werden.

§ 14 AbfG ermächtigt die Bundesregierung zum Erlaß von Rechtsverordnungen, die die Vermeidung und Verwertung von Abfällen fördern. Zunächst wird versucht, freiwillige Vereinbarungen mit der beteiligten Industrie zu treffen. Gelingt dies nicht, werden Verordnungen erlassen. Solche liegen u. a. für Druckerzeugnisse, Altautos, Elektronikschrott und Bauschutt vor.

Wichtig für die weitere Entwicklung des R. ist die Verpackungs-VO von 1991, deren erster Teil im Dez. 1991 in Kraft trat und die Hersteller und Vertreiber verpflichtet, Transportverpackungen zurückzunehmen und einer stoffl. Verwertung zuzuführen. Ab dem 1. 4. 1992 kann der Verbraucher Umverpackungen im Laden zurücklassen. Der Vertreiber muß sie einer erneuten Verwendung oder einer stoffl. Verwertung zuführen. Ab dem 1. 1. 1993 sind dann Verkaufsverpackungen vom Hersteller und Vertreiber zurückzunehmen und ebenso zu behandeln. Die Rücknahme und Pfandpflicht für Verkaufsverpackungen im Laden kann, unter strengen Voraussetzungen, durch flächendeckende verbraucherfreundl. Rücknahmesysteme (›duales System‹) ersetzt werden. Bis 1995 sollen mit dem weltweit ersten privatwirtschaftl. Entsorgungssystem der über 34 Mio. Haushalte in Dtl. mit rd. 80 Mio. Menschen in das duale System eingebunden werden. Ziel ist die Entsorgung von Verpackungsabfällen. Verpackungen gehören zur häufigsten Abfallart des Hausmülls und der Gewerbeabfälle (1987: 32 Mio. t). Ihr Anteil macht ca. 50 % nach dem Volumen und etwa 30 % nach dem Gewicht (rd. 14 Mio. t pro Jahr) aus. Die gesammelten Stoffe müssen sortiert und rezykliert (stofflich verwertet) werden. Dazu sind Erfassungs- und Sortierquoten von 64–72 % festgelegt, die bis 1995 erreicht werden müssen. Finanziert wird das duale System über einen Fonds, der aus Finanzierungsbeiträgen je in Verkehr gebrachter Verpackung (›Verpackungspfennig‹) aufgebracht wird. Als Kennzeichnungs- und Organisationsinstrument dazu gilt der grüne Punkt. Die Industrie gibt den Verpackungspfennig an den Handel und dieser die Gebühr an den Verbraucher weiter. In Einzelfällen wurden zwar bereits R.-Quoten für Papier und Glas von 70–85 % erreicht, andere Abfallbestandteile wie Kunststoffe, Aluminium und Verbundstoffe, die ebenfalls in der Verpackungs-VO geregelt sind, wurden bis 1990 aber nur in geringen Mengen erfaßt. Kritiker wenden gegen das duale System u. a. ein, daß es nicht zur Müllvermeidung beitrage, sondern in erster Linie zur Verteuerung der mit dem grünen Punkt gekennzeichneten Produkte führe.

### Wirtschaftliche Aspekte

Die Entscheidung eines Betriebes für oder gegen ein R. ergibt sich u. a. aus betriebl. Gegebenheiten, der Erlössituation für Produktionsrückstände und den Substitutionsmöglichkeiten. I. a. findet dann ein R. statt, wenn die Kosten der Verwertung abzüglich des Marktpreises für das R.-Produkt unter den Abfallentsorgungskosten liegen. Da der Deponieraum immer knapper wird und damit die Entsorgungskosten steigen, steigt gleichzeitig der ökonom. Anreiz zum R. Für private Haushalte bestehen solche Anreize hingegen bisher kaum. Daher wird versucht, durch Schulung des Umweltbewußtseins und für den Konsumenten möglichst bequeme Sammelsysteme die R.-Quoten zu steigern.

Der mit R.-Produkten erzielbare Preis hängt stark vom Marktpreis der Primärrohstoffe ab, die substituiert werden. Diese unterliegen aber starken Schwankungen, so daß das R. immer durch Preiseinbrüche gefährdet wird. Anfang 1991 war z. B. der Preisindex für Altpapier der unteren Qualitätssorten negativ. Die für die Abfallentsorgung zuständigen Städte und Landkreise gehen deshalb immer mehr dazu über, das R. zu subventionieren, um die vorhandenen Preisschwankungen auszugleichen und damit das R. langfristig zu sichern. Die Kommunen kommen dabei oft nur für die Verluste auf, sind aber nicht in gleichem Maße an den erzielbaren Erlösen beteiligt, wodurch die Allgemeinheit mit den Kosten und Risiken der Preisschwankungen belastet wird. Dies entspricht nicht dem Verursacherprinzip. Durch die Verpackungs-VO und andere gesetzl. Regelungen sollen in Zukunft direkt die Verursacher in die Pflicht genommen werden.

Ausblick

Im Bereich der Entsorgung und des R. hat die Bundesrep. Dtl. noch nicht den hohen Standard, den sie auf dem Gebiet der Produktion hat. Die Kombination von Ordnungsrecht und ökonom. Instrumenten muß jetzt in allen Abfallbereichen zum Tragen kommen, damit das längst nicht ausgeschöpfte Potential im Bereich Wiederverwendung und R. genutzt wird. Abfallvermeidung, im bestehenden hierarch. Abfallsystem an erster Stelle stehend, und R. setzen bei der Planung und Entwicklung von Produkten an. Ökonom. Instrumente wie die Abfallabgabe, bes. Steuern für Produkte, die nicht aus Altstoffen hergestellt wurden, Pfand- und Rücknahmepflicht und Kennzeichnung der verwendeten Materialien können die notwendigen Innovationen fördern. Mit einer offensiven Informationspolitik müssen Kommunen und Entsorgungsunternehmen ein neues Bewußtsein für die Wertstoffsammlung zu schaffen versuchen. Das R. muß Bestandteil einer umfassenden Konzeption des produktionsspezif. Umweltschutzes sein.

⇨ *Abfallbeseitigung · Kompostierung · Kunststoffe · Müllverbrennung · Rohstoffe · Wiederaufarbeitung*

Was Sie schon immer über Abfall u. Umwelt wissen wollten, bearb. v. V. MÖCKER (²1988); Abfall u. R., bearb. v. Aktion Saubere Schweiz (Zürich ⁴1989); B. BILITEWSKI u. a.: Abfallwirtschaft. Eine Einf. (1990); Abfallwirtschaft. Sondergutachten, Sept. 1990, bearb. vom Rat von Sachverständigen für Umweltfragen (1991); T. C. KOCH u. a.: Ökolog. Müllverwertung (³1991).

**Reda,** Siegfried, Komponist, * Bochum 27. 7. 1916, † Mülheim a. d. Ruhr 13. 12. 1968; studierte bei E. PEPPING und H. DISTLER und war seit 1946 Leiter des Instituts für Ev. Kirchenmusik an der Folkwang-Hochschule in Essen, wo er auch Orgel und Komposition lehrte. Seine Musik bleibt trotz moderner Ausdruckshaltung traditionell kirchenmusikal. Stilmitteln weitgehend verbunden.

Werke: 3 Choralkonzerte (1946–52; für Orgel); 3 Orgelkonzerte (1947/48); Das Psalmbuch (1948/49; für Soli u. Chor a cappella); Te Deum (1950; für 2 4stimmige gemischte Chöre u. Blechbläser); Requiem (1963; für Sopran, Bariton, Chor u. Orchester); Psalmus morte servati (30. Psalm, 1966; für Bariton, Chor, Orgel u. Orchester).

**Redakteur** [redak'tø:r, frz.] *der, -s/-e,* schweizer.
**Redaktor,** 1) angestellter Journalist in Massenmedien; 2) Textbearbeiter in Buchverlagen (→ Lektor 3); meist Mitgl. einer Redaktion.

**Redaktion** [frz., zu lat. redigere, redactum, vgl. redigieren] *die, -/-en,* 1) *Philologie:* Begriff der altphilolog. und mediävist. →Textkritik für unterschiedl. handschriftlich überlieferte Textfassungen.

2) *Publizistik:* die Gesamtheit der angestellten journalist. Mitarbeiter einer Zeitung, Zeitschrift, einer Hörfunk- oder Fernsehhauptabteilung (auch eines Verlages), die die vom jeweiligen Medium verbreiteten Aussagen beschafft, auswählt, gestaltet und die Ereignisse im Rahmen gegebener (z. T. verleger.) Richtlinien kommentiert. Die Gesamt-R., i. d. R. mit einem Chefredakteur an der Spitze, ist meist in mehrere Ressorts (oft selbst als R. bezeichnet) gegliedert. Zur Sicherung der inneren Pressefreiheit versuchen die R., durch →Redaktionsstatute die Stellung der R. innerhalb der Medienorganisationen festzulegen. – Als R. werden ferner sowohl die Tätigkeit eines Redakteurs (das Redigieren) als auch die Gesamtheit der Arbeitsräume der Redaktion bezeichnet.

**Redaktionsgeheimnis,** das →Pressegeheimnis.
**Redaktionsgemeinschaft,** Form redaktioneller Kooperation von Zeitungsverlagen zur Senkung der redaktionellen Kosten. Eine Zentralredaktion gestaltet den sogenannten Mantel für die angeschlossenen Zeitungen, die eine eigene Redaktion nur für den Lokalteil haben.

**Redaktionsgeschichte, redaktionsgeschichtliche Schule,** eine in den 1950er Jahren v. a. im Rahmen der Leben-Jesu-Forschung entwickelte Methode der Exegese des A. T. und N. T., die, aufbauend auf literarkrit. und formgeschichtl. Erkenntnissen, v. a. nach den (theolog. und paränet.) Absichten der Sammler und Bearbeiter (**Redaktoren**) der Texte sowie nach ihrer theologiegeschichtl. Position fragt. Ihr Interesse an den situations- und adressatenspezif. Redaktion bibl. Texte trug u. a. zur Differenzierung zw. histor. JESUS und theolog. Jesusdeutung im Kerygma bei. Wichtige Vertreter der R. sind u. a. H. CONZELMANN, W. MARXSEN und G. BORNKAMM.

**Redaktionskommission,** das aus Mitgl. der beiden Schweizer Räte (Nationalrat, Ständerat) bestehende Gremium, das unter beratender Mitwirkung von Fachleuten der Bundesverwaltung die Erlasse (v. a. der Bundesgesetze) des Parlaments vor ihrer endgültigen Verabschiedung im Wortlaut überprüft. Sie legt die endgültige Fassung der Erlasse fest, beseitigt formale Widersprüche und sorgt für die Übereinstimmung der Texte in den drei Amtssprachen (→Gesetzgebungsverfahren).

**Redaktionsschluß,** Bez. für den Zeitpunkt des Abschlusses redaktioneller Tätigkeit für eine Ausgabe von Druckmedien. Der R. ist in der Tagespresse wichtig für die Aktualität, Auswahl, Gestaltung und Plazierung von Nachrichten.

**Redaktionsstatut,** jurist. Fixierung der Rechte von Verlag und Redaktion (Kompetenzabgrenzung) bei Presseverlagen, der Intendant und Redaktion in den öffentlich-rechtl. Rundfunkanstalten. R. regeln neben der den Inhalt der Medien betreffenden Kompetenzabgrenzung die Ernennung und Abberufung von Chefredakteuren, Ressortleitern bzw. Hauptabteilungs- und Abteilungsleitern; sie sehen als Organe i. d. R. die Redakteursversammlung und den von ihr gewählten Redakteursausschuß vor. R. werden in den 1960er Jahren im Zusammenhang mit der Pressekonzentration abgeschlossen.

**Redariler,** alter westslaw. Stamm, →Lutizen.
**Redcar** ['redkɑ:], Stadt in der Cty. Cleveland, NO-England, an der Nordsee, östlich der Teesmündung, (1981) 84 900 Ew.; Industriestandort und Seebad.
**Redcliff** ['redklɪf], Stadt im zentralen Simbabwe, (1982) 22 000 Ew.; Eisenerzabbau, Stahlwerk.
**Red Deer** ['red 'dɪə], Stadt in der Prov. Alberta, Kanada, zw. Edmonton und Calgary, am Red Deer

**Redd** Redditch – Redi

River, (1989) 55 900 Ew. (1946: 4 000 Ew.); Handels- und Versorgungszentrum inmitten eines fruchtbaren Agrargebietes mit gemischter Nutzung; Nahrungsmittelindustrie. Erdöl- und -gasvorkommen in der Umgebung haben zur Gründung von Dienstleistungsbetrieben und petrochem. Industrie geführt. – Besiedlung seit 1882.

**Redditch** ['redɪtʃ], Stadt in der Cty. Hereford and Worcester, W-England, südlich von Birmingham, (1988) 76 000 Ew.; wurde 1964 zur → New Town bestimmt; Industrieparks mit vielfältiger Metallindustrie, Maschinen- und Fahrzeugbau sowie High-Tech-Branchen.

**Rede,** 1) *allg.:* Ansprache, mündl. Darlegung von Gedanken vor einem Publikum über ein bestimmtes Thema oder Arbeitsgebiet. – Zur Kunst der R. →Rhetorik, →rhetorische Figuren.
2) *Sprachwissenschaft:* 1) Wiedergabeform einer Äußerung in Form von →direkter Rede, →indirekter Rede, auktorialer R. (→Erzählen) und →erlebter Rede; 2) Übersetzung von frz. →Parole zur Bez. der konkreten Sprachverwendung im Unterschied zum Sprachsystem (→Langue); 3) sprachl. Einheit, die nicht mehr Bestandteil einer noch höheren sprachl. Einheit ist.

**Redefreiheit,** Element der →Meinungsfreiheit.

**Redemptor hominis** [lat. ›Erlöser des Menschen‹], nach ihren Anfangsworten benannte Enzyklika JOHANNES PAULS II. vom 4. 3. 1979; Themen sind die solidar. Verantwortung der Menschen untereinander und für die Welt (Menschenwürde, Gerechtigkeit, Gewissens- und Religionsfreiheit), die Auseinandersetzung mit dem Atheismus, die Friedensaufgabe der Kirche und die Bedeutung der Eucharistie.

**Redemptoris mater** [lat. ›Mutter des Erlösers‹], nach ihren Anfangsworten benannte Enzyklika JOHANNES PAULS II. vom 25. 3. 1987 über MARIA, die Mutter JESU. Sie betont die christolog. Bezogenheit der Mariologie und die ökumen. Bedeutung MARIAS (bes. im Hinblick auf die Ostkirchen).

**Redemptoristen,** lat. **Congregatio Sanctissimi Redemptoris** [›Kongregation des heiligsten Erlösers‹], Abk. **C.SS.R,** ein 1732 von A. M. DI LIGUORI in Scala bei Neapel gegründeter Priester- und Brüderorden mit Sitz des Generaloberen in Rom. V. a. unter dem Einfluß K. M. HOFBAUERS verbreitete sich der Orden über Italien hinaus. Er umfaßt (1990) 750 Niederlassungen mit 6 080 Mitgl. Die R. widmen sich der Seelsorge und Mission. Die **Redemptoristinnen** sind ein 1731 unter Mitwirkung LIGUORIS gegründeter beschaul. weibl. Orden mit (1990) 450 Mitgl. in 33 Niederlassungen.

**redende Wappen,** →Heraldik.

**Redens|art,** verbaler, prägnanter und bildhafter Ausdruck, der im Unterschied zum Sprichwort zur Erfüllung seiner kommunikativen Funktion erst in einen Satz eingebettet werden muß (z. B. ›er versprach ihm goldene Berge‹). R. nehmen eine Mittelstellung zw. Sprichwort und Redewendung ein.

**Redentiner Osterspiel,** geistl. Spiel, das 1464 in Redentin, einem seit 1192 dem Zisterzienserkloster Doberan gehörenden Hof bei Wismar in mnd. Sprache in etwa 2 000 Versen aufgezeichnet wurde. Das R. O. gilt als das bedeutendste dt.-sprachige →Osterspiel.

*Ausgabe:* Das R. O., übers. v. B. SCHOTTMANN (1975).

**Rederijkers** ['re:dərɛikərs; niederländ., volksetymolog. Umbildung zu frz. Rhétoriqueurs], zunftmäßig organisierte Künstlergilden, die die niederländ. Literatur des 15. und 16. Jh. entscheidend prägten. Neben ihrer v. a. auch Refrain und Rondeau pflegenden Lyrik schufen die R. Dramen (v. a. ›Kluchten‹) und geistl. Spiele wie ›Elckerlijk‹ (→Jedermann) und →Mariken von Nimwegen. Zu ihren wichtigsten Vertretern zählen u. a. A. DE ROOVERE, MATTHIJS DE CASTELEIN (* 1485, † 1550), CORNELIS EVERAERT (* um 1480, † 1556), COLIJN VAN RIJSSELE (* 1493, † 1575) und ANNA BIJNS.

**Redeteil,** Wort als Satzglied, im Unterschied zur →Wortart.

**Redewendung,** oft bildhafter Ausdruck, der, ohne eine in sich geschlossene Aussage zu ergeben, zur formelhaften Wendung erstarrt ist. Im Unterschied zur Redensart wird bei der R. sowohl die ursprüngl. als auch die übertragene Bedeutung erfaßt (z. B. bei der R. ›den Kopf schütteln‹ die Bedeutungen ›etwas verneinen‹ und ›sich über etwas wundern‹).

**Redfield** ['redfi:ld], Robert, amerikan. Ethnosoziologe, * Chicago (Ill.) 4. 12. 1897, † ebd. 16. 10. 1958; betrieb Feldforschungen in Mexiko und Guatemala; seit 1930 Prof. in Chicago. Im Mittelpunkt seines Werkes standen Probleme des sozialen und kulturellen Wandels bäuerl. Gemeinschaften im Einflußbereich von Städten.

*Werke:* The primitive world and its transformations (1953); Peasant society and culture (1956).

Robert Redford

**Redford** ['redfəd], Robert, amerikan. Schauspieler, * Santa Monica (Calif.) 18. 8. 1937; debütierte 1959 am Broadway. Nach Filmen (seit 1962) wie z. B. ›Dieses Mädchen ist für alle‹ (›This property is condemned‹, 1965) und ›Zwei Banditen‹ (›Butch Cassidy and the Sundance Kid‹, 1968) machten v. a. ›Der Clou‹ (1973) und ›Der große Gatsby‹ (1973) R. zu einem der bekanntesten Stars des amerikan. Films; auch Filmregisseur (›Eine ganz normale Familie‹, 1980; ›Milagro – Der Krieg im Bohnenfeld‹, 1987).

*Weitere Filme* (Darsteller): Jenseits von Afrika (1985); Staatsanwälte küßt man nicht (Legal eagles, 1986); Havanna (1989).

**Redgrave** ['redgreɪv], 1) Sir (seit 1959) Michael, brit. Schauspieler, * Bristol 20. 3. 1908, † Denham (Cty. Buckinghamshire) 21. 3. 1985, Vater von 2); erster Bühnenauftritt 1934; als einer der führenden Shakespearedarsteller (Glanzrollen: Hamlet, Lear, Shylock) unternahm er zahlreiche Auslandstourneen mit dem Old Vic Theatre; auch moderneren Rollen; daneben vielbeschäftigter Filmschauspieler (ab 1938): ›Konflikt des Herzens‹, ›Ernst sein ist alles‹ (1952). R. veröffentlichte u. a. ›The actor's ways and means‹ (1953) und ›Mask or face‹ (1958).

R. FINDLATER: M. R., actor (Melbourne 1956).

2) Vanessa, brit. Schauspielerin, * London 30. 1. 1937, Tochter von 1); erster Bühnenauftritt 1957; entwickelte sich (seit 1958) durch Wandlungsfähigkeit und sensiblen Spielstil zu einem Star des internat. Films.

*Filme:* Protest (Morgan, a suitable case for treatment, 1966); Blow up (1966); Isadora (1968); Maria Stuart, Königin von Schottland (1971); Julia (1976); Wetherby (1985); Prick up your ears (1987); King of the wind (1989).

Vanessa Redgrave

**Redgrove** ['redgrəʊv], Peter William, engl. Schriftsteller, * Kingston upon Thames 2. 1. 1932; Mitbegründer der Lyrikervereinigung ›The Group‹. R. schreibt in der Tradition des Surrealismus mit Betonung der freien Assoziation und der Magie des Traumes. Seine Gedichte und Romane kreisen v. a. um die Mysterien des Religiösen und des Sexuellen; verfaßte auch Dramen und Hörspiele.

*Werke: Romane:* In the country of the skin (1973); The beekeepers (1980). – *Lyrik:* The first earthquake (1980); Poems 1954–1987 (1989). – *Studien:* The wise wound (1978, mit P. SHUTTLE; dt. ›Die weise Wunde Menstruation‹).

**Redi,** Francesco, italien. Gelehrter und Schriftsteller, * Arezzo 18. 2. 1626, † Pisa 1. 3. 1698; war seit 1666 Leibarzt der Großherzöge von Toskana; als Sprachforscher seit 1655 Mitgl. der ›Accademia della Crusca‹ und Mitarbeiter an deren Wörterbuch. Unter seinen poet. Werken ragt ein barockes Preislied auf den Wein, der Dithyrambus ›Bacco in Toscana‹

(1685), hervor. Seine naturwissenschaftl. Studien galten bes. den Insekten, den Parasiten des Menschen und dem Schlangengift (u. a. ›Osservazioni intorno alle vipere‹, 1664); er entdeckte u. a. die – nach ihm benannten – Redien beim Leberegel, die fiebersenkende Wirkung des Chinins, das Wesen der Luftembolie.
Ausgaben: Opere, 9 Bde. (1809–11); Scritti di botanica, zoologia e medicina, hg. v. P. POLITO (1975).
M. SACCENTI: F. R., in: Dizionario critico della letteratura italiana, hg. v. V. BRANCA, Bd. 3 (Neuausg. Turin 1990).

**Redie** [nach F. REDI] *die, -/-n,* von der Sporozyste gebildete Generation im Generationswechsel der innen schmarotzenden →Saugwürmer (Digenea); mit Mundöffnung, Darmkanal und einfachem Nervensystem; erzeugt die zur Geschlechtsgeneration heranwachsenden Schwanzlarven (Zerkarien), die sie aus der Geburtsöffnung verlassen.

**redigieren** [frz. rédiger, von lat. redigere ›zurückführen‹, ›in Ordnung bringen‹], einen Text (als Redakteur) für die Veröffentlichung bearbeiten.

**Reding,** Josef, Schriftsteller, *Castrop-Rauxel 20. 3. 1929. Seine von der Grundhaltung eines engagierten Christentums geprägten Kurzgeschichten berichten sozialkritisch und oft mit satir. Tendenz vom Alltag der kleinen Leute; auch Übersetzungen, Hörspiele und erfolgreiche Kinder- und Jugendbücher.
Ausgabe: Ein Scharfmacher kommt. Kurzgeschichten (³1989).
Vom Leben schreiben. Eine Schr. zum 60. Geburtstag J. R.s, hg. v. der Stadt- u. Landesbibliothek Dortmund (1989).

**Redingote** [redɛ̃'ɡɔt, rə-; frz., von engl. riding coat ›Reitrock‹] *die, -/-n oder der, -(s)/-s,* durchgehend geschnittener, nach unten leicht ausgestellter Mantel mit schlanken Ärmeln und Revers. In der 1. Hälfte des 18. Jh. aus der engl. Reitkleidung als Herrenmantel übernommen, verdrängte er den →Frack aus der Alltagskleidung; gegen Ende des 18. Jh. in ähnl. Schnitt Überkleid in der Damenmode und um 1950 stark taillierter Frauenmantel.

**Reding von Biberegg,** seit 1309 nachweisbares schweizer. Geschlecht im Kanton Schwyz. ALOYS R. VON B. (* 1765, † 1818) war 1801/02 der erste Landammann der Helvet. Republik.

**Rediskont,** Kw. für **Rediskontierung,** der Weiterverkauf eines bereits diskontierten (angekauften) Wechsels unter Abzug eines R.-Satzes (→Diskont). **Diskonteur** ist i. d. R. ein Kreditinstitut, **Rediskonteur** die Zentralnotenbank, der R.-Satz ist der Diskontsatz bei Rediskontierung. In der Bundesrep. Dtl. ist die oberste R.-Stelle die Dt. Bundesbank (§ 19 des Ges. über die Dt. Bundesbank vom 26. 7. 1957). Diese rediskontierten Wechsel (i. a. nur ›gute‹ Handelswechsel mit drei als zahlungsfähig bekannten Verpflichteten und einer Restlaufzeit von 90 Tagen), die von den Landeszentralbanken (LZB) angekauft sind, wobei die betreffende LZB als R.-Stelle gegenüber einer Geschäftsbank auftritt.
**R.-Kontingente** sind Höchstbeträge für den R. von Wechseln und Auslandsschecks durch Kreditinstitute bei der Notenbank. Sie werden in der Bundesrep. Dtl. von den LZB für die Kreditinstitute ihres Bereichs in Anlehnung an die **Normkontingente** der Dt. Bundesbank, die sich u. a. nach den haftenden Mitteln der Geschäftsbanken richten, individuell festgesetzt. (→Refinanzierung)

**Redistribution,** die Umverteilung des Volkseinkommens oder des Volksvermögens v. a. durch Maßnahmen der Finanzpolitik und der Sozialpolitik. (→Einkommensverteilung)

**Redl,** Alfred, österr.-ungar. Oberst, * Lemberg 14. 3. 1864, †(Selbstmord) Wien 25. 5. 1913; 1900–12 im Nachrichtendienst des Generalstabs tätig; aufgrund homosexueller Neigungen zu Spionagediensten zugunsten Rußlands erpreßt (Verrat von Aufmarschplänen).

**Redlich,** Oswald, österr. Historiker, * Innsbruck 17. 9. 1858, † Wien 20. 1. 1944; war 1893–1929 Prof. in Wien, 1919–38 auch Präs. der Akademie der Wissenschaften; verfaßte u. a. ›Rudolf von Habsburg‹ (1903) sowie ›Geschichte Österreichs‹ (Bd. 6 u. 7, 1921–38).

**Redman** ['redmən], Don, eigtl. **Donald Matthew R.,** amerikan. Jazzmusiker (Arrangeur, Orchesterleiter, Altsaxophonist), * Piedmont (Va.) 29. 7. 1900, † New York 30. 11. 1964; arbeitete ab 1923 als Saxophonist und Arrangeur für F. HENDERSON, leitete ab 1927 die McKinney's Cotton Pickers und gründete 1931 ein eigenes Orchester. In den 1930er und 40er Jahren arrangierte R. für zahlreiche Swing-Orchester, darunter J. DORSEY und C. BASIE.

Oswald Redlich

**Rednitz** *die,* Fluß in Bayern, entsteht in Georgensgmünd (südlich von Roth) durch den Zusammenfluß von Fränk. Rezat (65 km lang) und Schwäb. Rezat. Nach Einmündung der Pegnitz (in Fürth) führt die R. den Namen **Regnitz.** Die Regnitz mündet in Bischberg (bei Bamberg) in den Main. Die R. ist 39 km lang, die Regnitz 58 km lang. Kanalisierte Flußabschnitte der Regnitz bilden Teilstrecken des Main-Donau-Kanals (→Rhein-Main-Donau-Großschiffahrtsweg).

**Redol** [rrɐˈðɔl], António **Alves** [ˈalviʃ], portug. Schriftsteller und Journalist, * Vila Franca de Xira 29. 12. 1911, † Lissabon 29. 11. 1969; Verfasser neorealist., sozialkrit. Romane und Erzählungen; schrieb auch Dramen und Lyrik.
Werke: *Romane:* Gaibéus (1939); Marés (1941); Fanga (1943); Port-Wine, 3 Tle. (1949–53, Trilogie); A barca dos sete lemes (1958; dt. Der Mann mit den sieben Namen); Uma fenda na muralha (1959); Barranco de cegos (1961); O rato branco (1966); Os Reinegros (hg. 1972). – *Erzählungen:* Histórias afluentes (1963). – *Dramen:* Teatro, 3 Bde. (1966–72).
A. SALEMA: A. R. A obra e o homem (Lissabon 1980); G. DA SILVA: A. R. e o Grupo Neo-realista de Vila Franca (ebd. 1990).

Odilon Redon: Der Zyklop; um 1898 (Otterlo, Rijksmuseum Kröller-Müller)

**Redon** [rəˈdɔ̃], Odilon, eigtl. **Bertrand-Jean R.,** frz. Maler und Graphiker, * Bordeaux 22. 4. 1840, † Paris 6. 7. 1916; Schüler von L. GÉRÔME und von R. BRESDIN, der ihn nachhaltig beeinflußte. 1871 übersiedelte er nach Paris und setzte sich mit der zeitgenöss. Kunst und Literatur (S. MALLARMÉ u. a.) auseinander. Sein Werk zeigt bereits in den 1880er Jahren deutlich symbolist. Tendenzen, v. a. in der Graphik. Neben Gemälden schuf er Pastelle, Aquarelle, Radierungen, Lithographien (elf Folgen, 1879–98) und (Kohle-)Zeichnungen. In seinem Spätwerk konzentrierte sich R. auf die farbige Wiedergabe traumhaft-symbol. Themen, die teilweise von japan. Vorbildern angeregt sind.

O. R., Ausst.-Kat. (Winterthur 1983); S. R. HARRISON: The etchings of O. R., a catalogue raisonné (New York 1986); O. R. Pastelle, bearb. v. R. BACON (a. d. Amerikan., 1988); D. GAMBONI: La plume et le pinceau. O. R. et la littérature (Paris 1989).

**Redondilla** [span. redɔnˈdiʎa; span., von redondo ›rund‹] *die, -/-s* und (bei dt. Aussprache) ...*len,* span. Strophe aus vier achtsilbigen Versen mit der Reimfolge abba.

**Redonen,** lat. **Redones,** kelt. Völkerschaft in der Bretagne, deren Hauptort Condate (heute → Rennes) war.

**Redoubt** [rɪˈdaʊt], *der,* aktiver Vulkan in Alaska, USA, an der W-Küste des Cook Inlet, 170 km südwestlich von Anchorage, 3 108 m ü. M. Bei den letzten Ausbrüchen vom 14. 12. 1989 bis 21. 4. 1990 bedrohten u. a. Schmelzwasser die Eiskappe des Vulkans die Einrichtungen von Erdölfirmen am Cook Inlet.

**Redoute** [reˈduːtə; frz., von italien. ridotto ›Zufluchtsort‹, letztlich von lat. reductus ›entlegen‹] *die, -/-n,* 1) *früher:* Festungswerk in Form einer trapezförmigen, allseits geschlossenen Schanze; 2) *österr.,* sonst *veraltet* für: Maskenball; 3) *veraltet* für: Saal für Feste und Tanzveranstaltungen.

**Redouté** [rəduˈte], Pierre Joseph, frz. Maler und Graphiker fläm. Herkunft, * Saint-Hubert (bei Bastogne) 10. 7. 1759, † Paris 19. 6. 1840; schuf naturwissenschaftlich wie künstlerisch bedeutende Wiedergaben

Joseph Redouté: Rosa alba Regalis; Lithographie aus der Serie ›Les roses‹; 1817–24 (Göttingen, Niedersächsische Staats- und Universitätsbibliothek)

von Pflanzen (u. a. über 6 000 Aquarelle im Musée National d'Histoire Naturelle in Paris), für die er den Beinamen ›Raphaël des fleurs‹ erhielt. Zu den reizvollsten gehören die Rosenbilder (›Les roses‹, 1817–24; Lithographien).

**Redox|elektrode,** Elektrode eines elektrochem. Elements, bei der das Elektrodenmaterial (meist Platin) nur zur Aufnahme oder Abgabe von Elektronen dient.

**Redox|indikatoren,** → Indikatorfarbstoffe.

**Redox|ionen|austauscher,** **Redox|austauscher, Elektronen|austauscher,** mit Redoxpaaren (z. B. $Cu^{2+}/Cu^+$; $Fe^{3+}/Fe^{2+}$) beladene organ. Polymere (Redoxharze, Redoxite). R. können als feste Reduktions- oder Oxidationsmittel verwendet werden. Sie lassen sich aus der Lösung, mit der sie rea-

giert haben, leicht abtrennen und mit Oxidations- oder Reduktionsmitteln regenerieren.

**Redoxpotential,** i. w. S. Bez. für jedes Normalpotential eines Redoxsystems (Redoxpaars) gegenüber einer Wasserstoffelektrode; i. e. S. Bez. für die Normalpotentiale von Redoxsystemen, bei denen beide Komponenten in homogener Lösung vorliegen. Ordnet man die R. nach steigendem Wert an, erhält man eine der Spannungsreihe entsprechende Reihenfolge. Je negativer das Potential des Redoxsystems ist, desto stärker wirkt die reduzierte Form des Redoxpaars reduzierend; je positiver das Potential des Redoxsystems ist, desto stärker wirkt die oxidierte Form des Redoxpaars oxidierend. Das R. eines oxidierend wirkenden Systems wird auch **Oxidationspotential,** das eines reduzierend wirkenden Systems **Reduktionspotential** genannt.

**Redoxreaktion,** Kurz-Bez. für **Reduktions-Oxidations-Reaktion,** Bez. für die stets gekoppelt auftretenden Vorgänge von Oxidation und Reduktion in einem chem. System durch Elektronenabgabe des einen Partners (des Reduktionsmittels, Red.) und Elektronenaufnahme des anderen Partners (des Oxidationsmittels, Ox.) gemäß der Gleichung:

$$\text{Red.} \underset{\text{Reduktion}}{\overset{\text{Oxidation}}{\rightleftarrows}} \text{Ox.} + ne^-.$$

Da bei chem. Reaktionen keine freien Elektronen auftreten, ist die Oxidation eines Reaktionspartners stets von der Reduktion eines anderen begleitet, z. B.:

| | | | |
|---|---|---|---|
| $Pb^{2+}$ | → | $Pb^{4+} + 2e^-$ | Oxidation |
| $2Fe^{3+} + 2e^-$ | → | $2Fe^{2+}$ | Reduktion |
| $Pb^{2+} + 2Fe^{3+}$ | → | $Pb^{4+} + 2Fe^{2+}$ | Redoxreaktion |

Welche Oxidations- und Reduktionsprozesse ablaufen, hängt vom Oxidations- bzw. Reduktionsvermögen der Systeme ab, das quantitativ durch das → Redoxpotential erfaßt wird.

**Redoxsystem, Redoxpaar,** aus einem Oxidationsmittel und einem damit korrespondierenden Reduktionsmittel (→ Redoxreaktion) bestehendes chem. System, in dem ein Reaktionsgleichgewicht zw. Oxidations- und Reduktionsvorgängen (**Redoxgleichgewicht**) herrscht, das durch die Redoxpotentiale der Reaktionsteilnehmer bestimmt wird. Redoxgleichgewichte spielen im physiolog. Geschehen und bei zahlreichen chemisch-techn. Prozessen eine wichtige Rolle. Die Lage der Redoxgleichgewichte wird durch vergleichende Messung gegen das Normalpotential der Normalwasserstoffelektrode (→ Redoxpotential) oder – für einfache Messungen – durch Zugabe von Redoxindikatoren bestimmt.

**Redoxtitration,** *Chemie:* die → Oxidimetrie.

**Red Power** [ˈred ˈpaʊə; engl. ›rote Macht‹] *die, - -,* Bez. für die Protestbewegung nordamerikan. Indianer, die sich gegen Überfremdung, Bevormundung und Unterdrückung durch die weißen Amerikaner wendet und sich für die Bewahrung bzw. Erneuerung traditioneller indian. Werte sowie für mehr polit. Rechte bzw. Selbstbestimmung einsetzt. Die bedeutendste Organisation, das American Indian Movement (AIM, gegr. 1968), wird bes. von den in den Städten lebenden, gebildeten Indianern getragen. Sie fordert v. a. die Rückgabe von Indianerland und die Einhaltung (oder Revision) aller Verträge, die die amerikan. Reg. mit den Indianern abgeschlossen, aber immer wieder gebrochen hat. Mit spektakulären Aktionen (z. B. Besetzung der Gefängnisinsel Alcatraz 1969–71, Marsch nach Washington, D. C., und Besetzung des Bureau of Indian Affairs 1972, Besetzung von Wounded Knee 1973 und eines Teils der Black Hills 1981) sucht die Bürgerrechtsbewegung ihren Forderungen Nachdruck zu verleihen.

**Redressement** [rədrɛs'mã; frz., zu redresser ›geraderichten‹, ›berichtigen‹] *das, -s/-s,* **Redression,** nichtoperative Korrektur von Skelettdeformitäten (z. B. Fußdeformitäten, Skoliosen, Schiefhals) durch manuelle oder apparative Einrichtung mit Fixation (meist durch Gipsverbände).

**Red River** ['red 'rıvə; engl. ›roter Fluß‹], Name von geographischen Objekten:
**1) Red River,** rechter Nebenfluß des unteren Mississippi, USA, 1 966 km lang, entspringt (mehrere Quellflüsse) im Llano Estacado; für einen großen Teil seines Laufes ist er Grenzfluß zw. Oklahoma und Texas. In Louisiana teilt sich der R. R. in den **Old River,** der nach 11 km in den Mississippi mündet, und in den **Atchafalaya River,** der nach etwa 300 km in den Golf von Mexiko mündet. Für kleinere Schiffe ist der R. R. bis zur Grenze Arkansas/Oklahoma befahrbar.
**2) Red River of the North** [- əv ðə 'nɔ:θ], Fluß in den USA und Kanada, 859 km lang, entsteht durch den Zusammenfluß von Bois des Sioux River und Otter Tail River an der Grenze North Dakota/Minnesota und ist Grenzfluß zw. beiden amerikan. Staaten, mündet in der kanad. Prov. Manitoba in den Winnipegsee. Der R. R. ist ab Grand Forks schiffbar.

**Red Sea Hills** ['red 'si: 'hılz], schmales, überwiegend granit. und porphyr. Gebirge parallel zur Küste des Roten Meeres in der Rep. Sudan, im **Oda** 2 259 m ü. M.; Eisenerzvorkommen.

**Redslob,** Edwin, Kunst- und Kulturhistoriker, * Weimar 22. 9. 1884, † Berlin 24. 1. 1973; war 1920–33 Reichskunstwart, 1948–54 Prof. an der Freien Univ. Berlin. R. forschte v. a. auf dem Gebiet der Berliner Kunst- und Kulturgeschichte. Seine Goethesammlung überließ er 1969 der Stadt Düsseldorf (Goethe-Museum – Anton- und Katharina-Kippenberg-Stiftung).

**Redtenbacher,** Ferdinand, Maschineningenieur, * Steyr 25. 7. 1809, † Karlsruhe 16. 4. 1863; war Prof. in Zürich, 1841–62 am Polytechnikum Karlsruhe (ab 1857 Direktor); führte das Fach ›Maschinenbau‹ an dt. Hochschulen ein.

**Red tide** ['red 'taɪd, engl.], *Biologie:* → Rote Tide.

**Redu** [rə'dy], Dorf im W der Prov. Luxemburg, Belgien, in den Ardennen, Teil der Gem. Libin. R. entwickelte sich seit 1983 zum größten Antiquariatszentrum des Landes. 1991 wurde bei R. ein Weltraumpark (›Euro Space Camp‹) mit Nachbauten von Satelliten, Raketen und eines Space-shuttle eröffnet.

**Reductio ad absurdum** [lat. ›Zurückführung auf das Sinnlose‹] *die, - - -, Logik:* Verfahren des indirekten Beweises einer These ›A‹, bei dem aus der Annahme des kontradiktor. Gegenteils ›nicht-*A*‹ (¬*A*) ein Widerspruch logisch erschlossen wird. Die R. a. a. spielt in der Mathematik seit alters her eine wichtige Rolle als Beweismethode; sie findet sich schon in den ›Elementen‹ der EUKLID.

**Réduit national** [re'dɥi: nasjɔ'nal, frz.] *das, - -, -s ...naux,* nach dem stark befestigten Kernwerk innerhalb einer größeren Befestigungsanlage (**Réduit**) benanntes größeres Befestigungssystem, v. a. das in im Zweiten Weltkrieg von der Schweiz im Alpenraum errichtete R. n., das ihr bei einem dt. Angriff eine längere Fortführung des Kampfs erlauben sollte.

**Reduktasen,** *Sg.* **Reduktase** *die, -,* zur Gruppe der Oxidoreduktasen zählende Enzyme, die molekularen Wasserstoff zu atomarem Wasserstoff aktivieren und auf geeignete Substrate übertragen.

**Reduktion** [lat. ›Zurückführung‹] *die, -/-en,* **1)** *bildungssprachlich* für: das Zurückführen auf ein geringeres Maß; Verringerung, Herabsetzung.
**2)** *Chemie:* urspr. die chem. Entfernung von Sauerstoff aus sauerstoffhaltigen Verbindungen und damit der entgegengesetzte Vorgang zur → Oxidation; dann auch die Einführung von Wasserstoff in Verbindungen (Hydrierung). Elektronentheoret. gedeutet ist die R. ein chem. Vorgang, bei dem Elektronen von einem als **R.-Mittel** bezeichneten Stoff auf einen anderen Stoff, der reduziert wird, übertragen werden. Da gleichzeitig das R.-Mittel oxidiert wird (Elektronenabgabe), sind Oxidation und R. stets gekoppelt (→ Redoxsystem). – Wichtige R.-Mittel sind unedle Metalle, Kohlenstoff und (naszierender) Wasserstoff. Eine elektrochem. R. findet bei der Elektrolyse an der Kathode statt. R.-Vorgänge haben in der Metallurgie große Bedeutung, bes. bei der Verhüttung von Erzen (z. B. → Eisen).
**3)** *Genetik:* die Verringerung der Chromosomenzahl auf die Hälfte bei der R.-Teilung (→ Meiose).
**4)** *Geschichte:* **Indianer-R.,** im 17./18. Jh. in Lateinamerika (v. a. in Paraguay, → Jesuitenstaat) begründete, meist von jesuit. Missionaren geleitete geschlossene Siedlung. In den R. sollten missionierte Indianer mit begrenzter Selbstverwaltung und wirtschaftl. Autarkie ›zur Kirche und zur Zivilisation zurückgeführt‹ werden. Im Zuge der gesetzl. Gleichstellung der indian. Bev. im 19. Jh. wurden die R. aufgegeben.
**5)** *Meteorologie:* Umrechnen von Meßwerten auf gleiches Niveau (meist Normal Null), um den störenden Einfluß der Höhenlage der Station auszuschalten, üblich bei Darstellungen der weltweiten Temperaturverteilung, ferner Voraussetzung für die Wiedergabe des Luftdrucks auf einer Bodenwetterkarte.
**6)** *Philosophie:* Zurückführung des Abgeleiteten auf sein Wesen oder seine Prinzipien; in der Logik im Ggs. zur Deduktion die intensionale (inhaltl.) Rückführung von Aussagen und Begriffen auf Grundbegriffe und -aussagen; als Spezialfall wird die Induktion als Rückführung des Besonderen auf ein Allgemeines angesehen. Die R. gehört zu den hypothet. Schlüssen.
Wissenschaftsmethodisch bemühte sich v. a. der Empirismus um eine R. der gesamten Realität oder Erfahrung auf eine unmittelbare, erlebnishafte Gegebenheit; im Neopositivismus (R. CARNAP) wird diese R. über die stufenweise Ableitung von Begriffen aus Grundbegriffen über einen Begriffsstammbaum angestrebt. In der → Phänomenologie (E. HUSSERL) dient die auf die Anschauung bezogene, intuitiv-analyt. Methode der eidetischen und transzendentalen R. zur Erschließung des reinen Bewußtseins als Bereich der transzendentalen Erfahrung.
**7)** *Sprachwissenschaft:* 1) Abschwächung oder Verlust von Konsonanten oder Vokalen (→ Apokope, → Synkope); 2) Bez. für → Transformationen, bei denen komplexe sprachl. Einheiten durch einfachere ersetzt werden (z. B. ›der gute Freund‹ durch ›er‹).
**8)** *Stammesgeschichte:* Rückbildung urspr. voll entwickelter Organe zu rudimentären Resten infolge der Einpassung von Lebewesen in eine andere Umwelt; z. B. beim Menschen R. der Schwanzwirbel, beim Pferd R. des Fußes zum Huf.

**Reduktionismus** *der, -,* **1)** *allg.:* krit. Bez. für eine vereinfachende Rückführung.
**2)** *Wissenschaftstheorie:* i. w. S. die systematischbegründende Rückführung komplexer Begriffe, Theorien, Wirklichkeitsbereiche oder der gesamten Wirklichkeit auf elementare Begriffe, Prinzipien, Methoden oder Seinsbereiche (z. B. der geistigen Wirklichkeit auf die Materie im Materialismus); i. e. S. der Versuch des Wiener Kreises des → Neopositivismus, die Begriffe, Aussagen und Theorien der Einzelwissenschaften auf eine Basiswissenschaft (physikalist. Einheitswiss.) zurückzuführen und aus dieser zu erklären. Beispiele für einen R. aus krit. Sicht sind der Behaviorismus, der psychisch-geistige Prozesse aus meßbaren phys. Vorgängen erklärbar sieht, oder ein rational-mechanist. Denken, das den Menschen in

**Ferdinand Redtenbacher**

**Redu**  Reduktionsdiät – Reduzierventil

seinen biolog. Funktionen wie auch in seinen psych., geistigen und kulturellen Äußerungsformen bestimmen soll.

**Reduktionsdiät,** kalorienarme Diät zur Reduzierung des Körpergewichts bei Übergewichtigen. Die Gesamtkalorienmenge soll je nach Bedarf den Wert von 4000–6000 kJ (etwa 1000–1500 kcal) täglich nicht überschreiten. Außerdem muß dem Körper täglich mindestens 2–3 $l$ kalorienarme Flüssigkeit (v. a. Mineralwasser, ungesüßter Tee) zugeführt werden, damit er die anfallenden Schlackenstoffe abführen kann. Die Wirksamkeit einer R. kann anhand folgender Faustregel abgeschätzt werden: Ein Tagesdefizit von 2000 kJ (etwa 500 kcal) bewirkt einen Gewichtsverlust von rd. 500 g pro Woche.

**Reduktionshorizont,** *Bodenkunde:* der ständig unter dem Grundwasserspiegel liegende Bodenhorizont in Grundwasserböden (v. a. Gley), infolge des Sauerstoffmangels durch Reduktionsvorgänge bestimmt.

**Reduktionsmittel,** *Chemie:* →Reduktion 2).

**Reduktions|stufe,** *Sprachwissenschaft:* Art des quantitativen →Ablauts.

**Reduktions|teilung,** *Genetik:* die →Meiose 1).

**Reduktionszirkel,** Doppelzirkel (doppelte Einstichschenkel) mit einstellbarem Übersetzungsverhältnis zur maßstäbl. Veränderung von Strecken (z. B. auf Landkarten). Das gewünschte Verhältnis zw. den Zirkelspitzen und dem Drehpunkt des Zirkels wird mit einem Zeiger am Gelenk und Skalen an den Schenkeln festgelegt.

**reduktiv,** mit den Mitteln der Reduktion arbeitend, durch Reduktion bewirkt.

**Reduktone,** die →Endiole.

**redundant,** Redundanz aufweisend, überreichlich (vorhanden).

**Redundanz** [lat. redundantia ›Überfülle‹, zu redundare ›überströmen‹] *die, -/-en,* 1) *Genetik:* die Erscheinung, daß gleiche Gene (z. B. Histongene oder die Gene der ribosomalen RNS), aber auch Signalstrukturen und nicht codierende Bereiche vielfach im Genom vorhanden sind.
2) *Informationstheorie:* 1) allg. die Weitschweifigkeit einer Nachricht, d. h. ihr Gehalt an Signalen oder Zeichen, die keine Information vermitteln und damit eigtl. überflüssig sind. Die R. ermöglicht jedoch prinzipiell die Rekonstruktion einer Nachricht, wenn diese fehlerhaft oder verstümmelt empfangen wird. Natürl. Sprachen enthalten sehr viel R., so daß auch stark verstümmelte Nachrichten (z. B. Schrift unter Weglassung der Vokale) häufig im wesentlichen verständlich bleiben. 2) Bei einem →Code 2) der (überflüssige) Gehalt an Codewörtern oder Zeichen, der für die Darstellung oder Übermittlung einer Information nicht erforderlich ist; z. B. die Pseudotetraden bei tetrad. Codes. Die Codierung einer Nachricht aus einer Darstellung in eine andere bewirkt häufig (bezweckt oder beiläufig) eine R.-Verminderung. Andererseits kann nur ein Code mit R., d. h. ein Codesystem, dessen Wörter auch insignifikante Zeichen enthalten, eine gewisse Sicherheit vor Fehlern bieten. Solche fehlertoleranten Codesysteme sind geeignet, das Vorliegen eines Fehlers zu erkennen (prüfbare, fehlererkennende oder selbstkontrollierende Codesysteme) oder sogar Fehler zu lokalisieren und zu korrigieren (korrigierbare oder selbstkorrigierende Codesysteme).
3) *Sprachwissenschaft:* Bez. für sprachl. Übercharakterisierung auf versch. Beschreibungsebenen. **Phonologische R.** ist bei nicht bedeutungsunterscheidenden Komponenten von Phonemen gegeben (z. B. Vorliegen oder Fehlen von Behauchung bei den Konsonanten t und d im Deutschen), **morphologische R.** bei Mehrfachcharakterisierung eines Morphems (z. B.

des Plurals in ›die Wände‹ durch Artikel, Umlaut und Suffix); von **semantischer R.** spricht man bei mit bestimmten →Merkmalen 4) implizit gegebenen weiteren Merkmalen (z. B. der Eigenschaft ›belebt‹ bei einem vorliegenden Merkmal ›menschlich‹), von **syntaktischer R.** bei Voraussagbarkeit oder Mitverstehen syntakt. Kategorien (z. B. des Akkusativobjekts beim transitiven Verb), von **textueller R.** beim wiederholten sprachl. Ausdruck eines Tatbestandes (z. B. ›am Michaelstag, dem 29. September‹). In der Schrift zeigt sich R. bei den in einer Sprache voraussagbaren Buchstabenverbindungen (z. B. ›h‹ nach ›sc‹ im Deutschen, oder bei unterschiedl. Schreibung desselben Lautes (z. B. des langen i in ›mir‹, ›Bier‹, ›ihm‹). Von **stilistischer R.** spricht man beim →Pleonasmus.

4) *Technik:* der Mehraufwand, der für die Funktion eines techn. Systems nicht direkt nötig ist. Das Einfügen von R. in ein System ist die gebräuchlichste Möglichkeit zur Erhöhung der →Zuverlässigkeit; dies kann auf Bauelemente- oder Geräteebene erfolgen (**strukturelle R.**). Beispiel: Parallelschaltung von zwei voneinander unabhängigen Stromversorgungen für lebenserhaltende Apparaturen in Krankenhäusern. Ist das zweite System ständig zugeschaltet, liegt **aktive R.** vor. Bei **passiver R.** wird das zweite System (Bauelement o. ä.) erst aktiviert, wenn das erste ausgefallen ist, z. B. ein Notstromaggregat.

**Reduplikation,** *Sprachwissenschaft:* teilweise oder vollständige Wiederholung der Wortwurzel, des Wortstammes oder des gesamten Wortes als Mittel der Wort- oder Formenbildung. Häufig sind R. z. B. bei den Lallwörtern der Kindersprache (z. B. ›Mama‹, ›Papa‹). Man unterscheidet **Intensiv-R.** (zur Ausdrucksverstärkung, z. B. ›Pinkepinke‹, mit Ablautbildung ›Mischmasch‹), **gebrochene R.** (bei lautl. Reduktion des nachfolgenden Wortteils, z. B. lat. bil-b-it ›gluckste‹, aus – erschlossenem – bil-bil-it) und **versteckte R.** (eine durch lautgesetzl. Veränderung unkenntlich gewordene R., z. B. lat. sero ›ich säe‹ aus einer rekonstruierten Form siso).

**Reduviidae** [lat.], die →Raubwanzen.

**Reduzenten** [zu lat. reducieren, vgl. reduzieren], *Sg.* **Reduzent** *der, -en,* andere Bez. für die →Destruenten.

**reduzibel** [lat. ›zurückführbar‹], *Mathematik:* zerlegbar (in bezug auf einen mathemat. Ausdruck); Ggs.: irreduzibel.

**Reduzibilitäts|axiom,** eines der Axiome, die von A. N. Whitehead und B. Russell in den ›Principia Mathematica‹ (3 Bde., 1910–13) benutzt wurden, um unter Voraussetzung der verzweigten Typentheorie die Mathematik aufbauen zu können. Das R. erlaubt, innerhalb eines Typus von einer Aussageform höherer Ordnung zu einer solchen der ersten Ordnung überzugehen. Die verzweigte Typentheorie wurde später von Russell aufgegeben, weil sie dank des R. mit einer einfachen, von F. P. Ramsey vorgeschlagenen Typentheorie im wesentlichen äquivalent ist.

**reduzieren** [lat. reducere ›(auf das richtige Maß) zurückführen‹], verringern, vermindern, einschränken; auf eine einfachere Form zurückführen.

**Reduzier|spat,** techn. Name für stark mit Bitumen durchsetzten Schwerspat; findet bei der Farbenproduktion Verwendung.

**reduzierte Masse,** *Mechanik:* bei der Reduzierung des Zweikörperproblems auf das Einkörperproblem durch Übergang in das Schwerpunktsystem für den Körper einzusetzende Masse. Sie hat, wenn $m_1$ und $m_2$ die Massen der beiden Körper sind, die Größe $\mu = m_1 m_2 / (m_1 + m_2)$.

**Reduzierventil, Druckminderventil,** Drosselorgan in Rohrleitungen, das den hohen Druck des Zulaufs zu einem niedrigen Arbeitsdruck verringert. So wird der Druck von Gasflaschen von z. B. 200 bar auf Gebrauchsdrücke von wenigen Bar reduziert. Der Gebrauchsdruck wird durch eine mit Feder versehene Stellschraube verändert. Mit ihrer Hilfe wird ein Ventilkegel gehoben, so daß Gas in die Vorkammer strö-

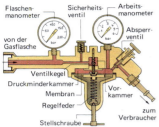

Reduzierventil

men kann. Steigt der Druck in der Vorkammer über einen bestimmten Wert an, wird die Membran gegen die Kraft der Feder durchgedrückt und schließt den Ventilkegel. In Dampfleitungen wird häufig am R. über eine Kondensateinspritzung (Einspritzkühlung) eine Dampfkühlung vorgenommen.

**Redwood** ['redwʊd, engl.] *das*, *-s/-s*, **amerikanisches Rotholz,** das sehr dekorative und wertvolle rote Holz des → Küstenmammutbaums; von hoher Dauerhaftigkeit und Resistenz gegen Schädlinge. R. kommt in versch. Klassen und Sortimenten in den Handel, die besten Qualitäten sind weitgehend astrein, farbhomogen, splintfrei, geradfaserig, harzarm. R. wird v. a. für Verkleidungen und Täfelungen verwendet.

**Redwood National Park** ['redwʊd 'næʃnl 'pɑːk], Nationalpark in NW-Kalifornien, USA, an der nebelreichen Pazifikküste, 446 km$^2$; mit Küstenmammutbäumen. Von der UNESCO zum Welterbe erklärt.

**Ree, Lough R.** [lɔk 'riː], See des Shannon in Mittelirland, nördlich von Athlone, 28 km lang, 1,5 bis 9 km breit.

**Rée** [reː], Paul, Philosoph, * Bartelshagen (Pommern) 21. 11. 1849, † Celerina (Schweiz) 28. 10. 1901; seine evolutionistisch-determinist., psychologisch ausgerichtete Moralphilosophie beeinflußte NIETZSCHES Lehre von der ›Genealogie der Moral‹.

Die Dokumente ihrer Begegnung. Friedrich Nietzsche, P. R., Lou von Salomé, hg. v. E. PFEIFFER (1971); L. ANDREAS-SALOMÉ: Lebensrückblick (Neuausg. $^5$1984).

**Reed** [riːd], 1) Sir (seit 1952) Carol, brit. Filmregisseur, * London 30. 12. 1906, † ebd. 25. 4. 1976; kam 1924 (als Schauspieler) zum Theater; ab 1935 Filmregisseur; während des Krieges Dokumentarist.

Filme: Die Sterne blicken herab (1939); Ausgestoßen (1946); Kleines Herz in Not (The fallen idol, 1948); Der dritte Mann (1949); Der Verdammte der Inseln (1951); Gefährl. Urlaub (The man between, 1953); Unser Mann in Havanna (1959); Oliver (1967).

2) Ishmael, amerikan. Schriftsteller, * Chattanooga (Tenn.) 22. 2. 1938; lebt in Kalifornien, wo er sich in der afroamerikan. Protestbewegung engagierte. In seinen phantasievoll-bizarren, satir. Romanen verleiht er radikaler Kritik am als chaotisch und repressiv empfundenen Zustand der Gesellschaft in experimentell-surrealist. Schreibweise Ausdruck. R. zählt zu den wichtigsten Autoren der literar. Postmoderne in den USA; veröffentlichte auch Gedichte und Essays.

Werke: Romane: The free-lance pallbearers (1967); Yellow back radio broke-down (1969); Mumbo jumbo (1972); Flight to Canada (1976); The terrible twos (1982); Reckless eyeballing (1986); The terrible threes (1989). – *Gedichte:* New and collected poems (1988). – *Autobiographisches:* Writin' is fightin'. Thirty-seven years of boxing on paper (1988).

Review of contemporary fiction, Jg. 4 (Elmwood Park, Ill., 1984), H. 2.

3) John, amerikan. Journalist und Schriftsteller, * Portland (Oreg.) 22. 10. 1887, † Moskau 19. 10. 1920;

studierte an der Harvard University, lebte danach in New York und schrieb für radikale Zeitschriften (u. a. ›The Masses‹). Er fand Beachtung mit seinen leidenschaftl. Reportagen über Arbeitskämpfe in den USA und über die mexikan. Revolution (›Insurgent Mexico‹, 1914; dt. ›Mexiko in Aufruhr‹). Von Aug. 1917 bis April 1918 war R. in Rußland und schrieb danach seinen Augenzeugenbericht über die Oktoberrevolution ›Ten days that shook the world‹ (1919; dt. ›Zehn Tage, die die Welt erschütterten‹). 1919 wurde er Vors. der Communist Labor Party. In den USA wegen Hochverrats verurteilt, wurde ihm nach einer weiteren Reise in die UdSSR die Wiedereinreise verweigert. Er starb in Moskau an Typhus und wurde an der Kremlmauer beigesetzt.

Ausgaben: The education of J. R. Selected writings, hg. v. J. STUART (1955); J. R. for the Masses, hg. v. J. C. WILSON (1987).

G. HICKS: J. R. The making of a revolutionary (New York 1936, Nachdr. ebd. 1968); R. A. ROSENSTONE: Romantic revolutionary. A biography of J. R. (ebd. 1975).

4) Walter, amerikan. Militärarzt und Bakteriologe, * Harrisonburg (Va.) 13. 9. 1851, † Washington (D. C.) 22. 11. 1902; wurde 1893 Prof. an der Army Medical School in Washington, forschte über den Ansteckungsgang des Gelbfiebers und wies 1900 nach, daß dessen Überträger die Gelbfiebermücke ist.

**Reede** [niederdt., von mnd. rēde, reide ›Ankerplatz‹, wohl eigtl. ›Platz, an dem Schiffe ausgerüstet werden‹], vor oder in einem Hafen gelegene, durch Lage (in einer Bucht oder Flußmündung) oder Molen gegen Seegang geschützter Ankerplatz. Die R. dient v. a. als Warteplatz, bis Liegeplätze im Hafen frei geworden sind, ferner zum Umschlag zw. Seeschiffen und Leichtern und zur Durchführung von Reparaturarbeiten, für die kein teurer Hafenliegeplatz benötigt wird. Die See- oder Außen-R. liegt meistens weiter ab vom Hafen und ist ohne Schutz vor Seegang.

**Reeder,** früher auch **Rheder,** der Eigentümer eines zu Erwerbszwecken durch die Seeschiffahrt dienenden Schiffs (§ 484 HGB). R. kann sowohl eine natürl. als auch eine jurist. Person sein, ebenso eine Personengesellschaft oder eine Mehrheit von Personen (Reederei, Partenreederei, § 489 HGB). Der R. haftet für jeden Schaden, den ein Mitgl. der Schiffsbesatzung oder der Schiffslotse einem Dritten schuldhaft zufügt; das gilt nicht für Schäden, die den Ladungsbeteiligten durch Fehler bei der Führung des Schiffs oder durch Feuer entstehen (§§ 485, 607 HGB). Die Haftung ist grundsätzlich auf bestimmte Höchstsummen beschränkt. Dagegen ist die frühere Beschränkung der R.-Haftung auf ›Schiff und Fracht‹ entfallen. Der R. ist nicht notwendig Kaufmann im Sinne des HGB. – Der Eigentümer eines Binnenschiffs (**Schiffseigner**) ist kein R. im Rechtssinn.

In *Österreich* gelten die Regeln des HGB. – In der *Schweiz* ist R. auch der Nutznießer oder Mieter eines Seeschiffes, mit dem er Seeschiffahrt betreibt. Die Rechtsstellung des R. ergibt sich aus dem Seeschiffahrts-Ges. vom 23. 9. 1953.

**Reederei,** 1) Gesellschaftsform des Seerechts; Vereinigung mehrerer Personen (Mitreeder), die ein ihnen nach Bruchteilen gehörendes Schiff zum Einkommenserwerb durch Seefahrt zum gemeinschaftl. Rechnung verwendet. Der Anteil eines Mitreeders sowohl am Schiff als auch am R.-Vermögen heißt **Schiffspart.** Die R. wird auch **Parten-R.** genannt. 2) In der Binnenschiffahrt Transportunternehmen, das im Ggs. zum → Partikulier über einen kaufmänn. Betrieb an Land zur Frachtwerbung, Abwicklung und Distribution verfügt.

**Reedereiflagge, Hausflagge, Kontorflagge,** private Flagge zur Kennzeichnung der Schiffe einer Reederei; wird im Großtopp geführt.

Walter Reed

**Reed International plc** ['riːd ɪntə'næʃnl-], größter Konzern der europ. Papierindustrie und zweitgrößte brit. Verlagsgruppe; gegr. 1903 als ›Albert E. Reed & Co. Ltd.‹, seit 1963 ›Reed Paper Group Ltd.‹, seit 1970 jetziger Name nach Vereinigung mit der International Publishing Corporation; Sitz: London. R. I. betreibt u. a. Buch- und Zeitschriftenverlage (→ Medienkonzerne, ÜBERSICHT). Umsatz (1990): 1,55 Mrd. £, Beschäftigte: rd. 31 000.

**Reed-Relais** ['riːdrəlɛː; engl. reed ›Schilf(rohr)‹], **Schutzrohrkontakt-Relais**, ein → Relais mit ferromagnet. Kontaktzungen, die zum Schutz gegen Umwelteinflüsse in einem luftdicht verschlossenen Röhrchen mit Schutzgas angeordnet sind (Reed-Kontakt, Schutzrohrkontakt). Die Erregerspule umschließt das Röhrchen mit den Kontaktzungen, die sich gegenseitig anziehen und so den Kontakt schließen, wenn sie durch die Spule magnetisiert werden; nach Abschalten des Spulenstroms öffnet sich der Kontakt durch die Federkraft der Zungen. Durch Verwendung von Dauermagneten lassen sich auch bistabile Ausführungen realisieren. Reed-Kontakte sind wegen ihrer geringen Induktivität und Kapazität gut zum Schalten von Hochfrequenzkreisen geeignet.

**Reed section** ['riːd 'sekʃən, engl.] die, - -/- -s, im Jazz Bez. für die Gruppe der Holzblas- bzw. Rohrblattinstrumente einer Band bzw. Big Band, i. d. R. Saxophone (Sax section in der Standardbesetzung mit je zwei Alt- und Tenor- sowie einem Baritonsaxophon, alternierend auch Klarinette). Eine berühmte R. s. bildeten die ›Four brothers‹ in der Big Band von W. HERMAN 1947.

**Reeducation** ['riːedjʊ'keɪʃn; engl. ›Umerziehung‹] die, -, Bez. für die Gesamtheit aller Maßnahmen, mit denen die vier Besatzungsmächte nach dem Zweiten Weltkrieg in Dtl. versuchten, im Sinne des Potsdamer Abkommens (2. 8. 1945) das polit. Leben in Dtl. auf demokrat. Grundlage umzugestalten. Die R. war ein Grundanliegen der Entnazifizierung.

**reell** [frz. réel, von spätlat. realis, vgl. real], 1) anständig, ehrlich, redlich; 2) wirklich, tatsächlich (vorhanden).

**reelles Bild,** *Optik:* → Abbildung 3).

**reelle Zahlen,** ein mit ℝ bezeichneter Zahlenbereich, der aus der Menge der rationalen Zahlen durch eine als Vervollständigung bezeichnete Erweiterung durch die irrationalen Zahlen hervorgeht. Die r. Z. können eingeführt werden als → Dedekindsche Schnitte in der Menge der rationalen Zahlen und als Äquivalenzklassen von → Cauchy-Folgen oder von → Intervallschachtelungen in den rationalen Zahlen. Zusammen mit der Addition, der Multiplikation und der natürlichen Ordnung bilden die r. Z. einen vollständigen, archimedisch angeordneten Körper. Die rationalen Zahlen liegen dicht in den r. Z., das heißt, zwischen je zwei r. Z. liegt eine von diesen verschiedene rationale Zahl. Die r. Z. sind nicht abzählbar.

K. VOLKERT: Gesch. der Analysis (1988); Zahlen, Beitr. v. H.-D. EBBINGHAUS u. a. (²1988).

**Reemtsma-Konzern,** Unternehmen der Nahrungs- und Genußmittelindustrie, hervorgegangen aus ›B. Reemtsma & Söhne‹ (gegr. 1910 in Erfurt; 1936 Umbenennung in H. F. & Ph. F. Reemtsma, 1949 Gründung der Obergesellschaft Reemtsma Cigarettenfabriken GmbH), Sitz (seit 1923): Hamburg. Ein Enkel des Gründers, JAN PHILIPP REEMTSMA (* 1952), wurde durch seine philanthrop. Tätigkeit (u. a. Förderer von ARNO SCHMIDT) bekannt, ohne sich jedoch unternehmerisch zu betätigen. Der R.-K. produziert Zigaretten (u. a. Ernte, Peter Stuyvesant, R 1, R 6, Roth-Händle, West) und Feinschnittprodukte; Hauptgesellschafter ist die Tchibo Holding AG. Umsatz (1990): 6,7 Mrd. DM, Beschäftigte: 5 000.

**Reep** [niederdt.], *Seefahrt, Fischerei:* Schiffstau von abgepaßter Länge; in der Heringsloggerfischerei ist das Fleet-R. das Haupttau, das 10–20 Heringstreibnetze zu einer Netzwand (Fleet) verbindet. **R.-Schläger, Reeper:** Seiler, der auf der Reeperbahn (Seilerbahn) das R. fertigt (›schlägt‹).

**Reeperbahn** [zu Reep], Hauptstraße des Vergnügungsviertels St. Pauli in Hamburg.

**Rees,** Stadt im Kr. Kleve, NRW, am Niederrhein, (1990) 18 300 Ew.; Ausflugsverkehr; Drahtwaren-, Bekleidungs- und Pfeifenfabriken, Futtermittel- und keram. Industrie, Sand- und Kiesgewinnung; Rheinbrücke nach Kalkar. – R., 1142 als Handelsplatz bezeugt, wurde 1228 Stadt. 1392 fiel R. an Kleve. Im 16./17. Jh. hatte die Stadt bedeutende Funktion als Festung. – Ehem. Kollegiatkirche (1820–28; 1956–71 wiederhergestellt); ev. Kirche (1623–24); Mühlenturm und Toelderstorn (beide 13. Jh.) der ehem. Stadtbefestigung.

**Reet,** niederdt. Bez. für einige u. a. als Dachbedeckung (**R.-Dach**) verwendete Riedgräser.

**Reeuwich** ['reːwɪx], **Reeuwyck,** Erhard, niederländ. Maler und Zeichner, → Reuwich, Erhard.

**Reeuwijk** ['reːwɛjk], Gem. in der Prov. Südholland, Niederlande, nördlich von Gouda, (1990) 12 700 Ew.; Bau- und Nahrungsmittelindustrie. Die Reeuwijker Seen (Reeuwijkse Plassen) in einem ehemaligen Torfstichgebiet sind vielbesuchte Segelsportgewässer.

**Reeve** [riːv], Clara, engl. Schriftstellerin, * Ipswich 23. 1. 1729, † ebd. 3. 12. 1807. Unter dem Eindruck von H. WALPOLES ›The castle of Otranto‹ verfaßte sie Schauerromane (→ Gothic novel), die zu den wichtigsten Beispielen der Gattung gehören (z. B. ›The champion of virtue‹, 1777; 1778 u. d. T. ›The old English baron‹). In der literarhistor. Studie ›The progress of romance through times, countries, and manners‹ (2 Bde., 1785) setzte sie sich mit dem Genre des Romans auseinander.

**REFA, REFA-Verband für Arbeitsstudien und Betriebsorganisation e. V.,** seit 1977 (nach Umbenennungen) Bez. für den 1924 gegründeten Reichsausschuß für Arbeitszeitermittlung mit Sitz in Darmstadt und Regionalverbänden in den Bundesländern und Ortsverbänden an fast allen Industriestandorten. Der REFA wird von Arbeitgeberverbänden und Gewerkschaften durch Mitarbeit in ihren Ausschüssen unterstützt. Der REFA erarbeitet Organisations-Know-how für das gesamte Gebiet der Betriebsorganisation auf der Grundlage arbeitswissenschaftl. Erkenntnisse zur Verbesserung der Wirtschaftlichkeit und zur Humanisierung der Arbeit, auch die techn. und wirtschaftswissenschaftl. Verfahren zur Rationalisierung industrieller Arbeitsprozesse (Industrial engineering). Weitere Aufgabenbereiche sind die Verbreitung und Umsetzung der REFA-Lehre in Betrieben und Verwaltungen durch berufl. Aus- und Weiterbildung, fachwissenschaftl. Tagungen sowie die Herausgabe von Fachbüchern und -zeitschriften.

**Veröffentlichungen:** *Schriftenreihen:* Das REFA-Buch, 5 Bde. (1951–65); Arbeitswiss. u. Praxis (1965 ff.); Neues REFA-Buch (1971 ff.); Methodenlehre der Betriebsorganisation (1987 ff.; früher unter anderem Titel). – *Zeitschriften:* REFA-Nachrichten (1948 ff.); Fortschrittl. Betriebsführung u. Industrial engineering (1975 ff., früher unter anderen Titeln); REFA Aus- und Weiterbildung (1989 ff.).

**Refaktile** [niederländ., von lat. refactio ›Wiederherstellung‹] die, -/-n, im *Warenhandel* ein Gewichts- oder Preisabzug wegen beschädigter oder fehlerhafter Ware. – **refaktieren,** einen Preisnachlaß gewähren.

**Refektorium** [mlat., zu spätlat. refectorius ›erquickend‹] das, -s/...rien, der Speisesaal in einem Kloster.

**Referat** [lat. ›er möge berichten‹] *das, -(e)s/-e,* 1) *allg.:* 1) Vortrag über ein bestimmtes Thema; 2) kurzer (eine Beurteilung enthaltender) schriftl. Bericht. 2) *Verwaltung:* die Grundeinheit in der Organisationsstruktur eines Ministeriums, besetzt mit einem R.-Leiter, einem oder mehreren Referenten (meist Beamte den höheren Dienstes) und weiterem Personal.
**Referatedienste,** eine Art der Fachinformationsdienste (→ Fachinformation).
**Referendar** [mlat. referendarius ›(aus den Akten) Bericht Erstattender‹] *der, -s/-e,* der im Vorbereitungsdienst für die Beamtenlaufbahn des höheren Dienstes stehende Anwärter (Beamter auf Widerruf) zw. der 1. und 2. Staatsprüfung (z. B. Berg-, Studien-, Gerichts- oder Rechts-R.). Das Beamtenverhältnis endet mit dem Ablegen der Laufbahnprüfung (2. Staatsprüfung). Bis dahin erhalten die R. ›Anwärterbezüge‹, die in bestimmter Relation zur Höhe der Besoldung des Eingangsamtes der Laufbahn stehen. Die Dauer des Vorbereitungsdienstes ist gesetzlich bestimmt.
**Referendum** [lat. ›das zu Berichtende‹, ›das zu Beschließende‹] *das, -s/...den* und *...da,* wesensgleicher Begriff für Volksentscheid, Plebiszit, Volksabstimmung. Den Begriff R. verwendet man bes. dann, wenn die Reg. von ihrem in manchen Verf. verankerten Recht Gebrauch macht, dem Volk den Entwurf eines Gesetzes zur Abstimmung vorzulegen, z. B. wenn das Parlament den Gesetzesentwurf abgelehnt hat (so z. B. Art. 68 der Landes-Verf. von NRW). Einem solchen **fakultativen R.** steht das **obligatorische R.** gegenüber, das insbesondere bei Verf.-Änderungen häufiger vorgesehen ist.
Einen festen Platz hat das R. bes. im →Gesetzgebungsverfahren der *Schweiz.*
**Referent** [zu lat. referre ›berichten‹] *der, -en/-en,* 1) *allg.:* 1) jemand, der ein Referat hält, Redner; 2) Gutachter (bei der Beurteilung einer wiss. Arbeit); 3) Sachbearbeiter in einer Dienststelle; 4) dem Referatsleiter nachgeordneter Mitarbeiter eines →Referats 2).
2) *Sprachwissenschaft:* außersprachl. Bezugsobjekt des sprachl. Zeichens.
**Referenz** [frz. référence, eigtl. ›Bericht‹, ›Auskunft‹] *die, -/-en,* 1) *meist Pl., allg.:* von einer Vertrauensperson gegebene Beurteilung, Empfehlung.
2) *Sprachwissenschaft:* Bezugnahme auf ein außersprachl. Bezugsobjekt mittels eines sprachl. Zeichens.
**Referenz|element, Spannungsreferenz|element,** Bez. für vorwiegend in integrierter Technik ausgeführte Halbleiterbauelemente zur Erzeugung temperaturkompensierter Bezugsgleichspannungen mit festgelegten Werten. Die abgegebene Spannungen sind in weiten Bereichen unabhängig von entnommenen Strom (Konstantspannungsquelle). Die Temperaturkompensation wird durch die Verwendung von Bauteilen mit gegenläufigen Temperaturkoeffizienten erreicht.
**Referenz|ellipsoid,** *Geodäsie* und *Kartographie:* als Rechenfläche für die Berechnung →geographischer Koordinaten benutztes, an den Polen abgeplattetes Rotationsellipsoid. Die Geometrie des R. wird durch seine große Halbachse (Äquatorradius) und die →Abplattung festgelegt. Die den Landesvermessungen zugrundeliegenden R. wurden i. a. aus →Gradmessungen hergeleitet; heute liefert die Satellitengeodäsie ein dem →Geoid optimal angepaßtes R. Weite Verbreitung hat das von F. W. BESSEL (1841) berechnete R. (große Halbachse $a = 6377397$ m, Abplattung $f = 1:299,15$) gefunden. In den ehem. sozialist. Staaten wurde das R. von F. N. KRASSOWSKIJ (1940) eingeführt ($a = 6378245$ m, $f = 1:298,3$). Neuere Landesvermessungen und satellitengestützte Positionierungs- und Navigationssysteme (→NAVSTAR/GPS) benutzen die Werte des der Internat. Union für Geodäsie und Geophysik 1980 empfohlenen **geodätischen R.** ($a = 6378,2$ km, $f = 298,05$).
**Referenzpreis,** ein aufgrund von Durchschnittspreisen errechneter und von den EG-Agrarbehörden festgesetzter Preis, der diesen als Kriterium für Markteingriffe (Interventionen) im Zusammenhang mit den Agrarmarktordnungen dient.
**Refertilisierung** [zu lat. fertilis ›fruchtbar‹] *die, -/-en,* **Refertilisation,** mikrochirurg. Maßnahmen zur Wiederherstellung einer durch vorausgegangene Sterilisation verlorengegangenen Fertilität (Fruchtbarkeit) bei Mann und Frau; sie bestehen in einer Rekanalisierung der durchtrennten Eileiter bzw. Samenleiter, beim Mann ggf. auch durch direkte Einpflanzung des Samenleiters in den Nebenhoden. Die Erfolgsaussichten liegen bei 80%.
**Reff** [niederdt.], der Teil des Segels, der bei zu großer Windstärke durch R.-Bändsel (kurze Tauwerksenden am Unterliek) zusammengebunden wird, um die wirksame Segelfläche zu verkleinern. Bei **Patent-R. (Roll-R.)** moderner Jachten wird die Segelfläche verkleinert, indem man mit einer Kurbel die unteren Teile des Segels um den Baum wickelt.
**reffen, reefen,** *Seefahrt:* die Segelfläche bei zu starkem Wind oder zur Verminderung der Fahrtgeschwindigkeit durch Reffs zeitweilig verringern.
**Refik Karay,** türk. Schriftsteller, →Karay, Refik Halid.
**Refinanzierung,** die Geldbeschaffung eines Kreditgebers bei Liquiditätsengpässen. Banken können sich bei temporären Liquiditätsengpässen Zentralbankgeld bei der Notenbank beschaffen. In der Bundesrep. Dtl. geschieht das v. a. über den Diskontkredit (→Diskont), die Wertpapierpensionsgeschäfte (→Pensionsgeschäft) und den Lombardkredit (→Lombard). Dabei legt die Notenbank die Konditionen fest (Zinsen, Laufzeiten, Volumina, Gegenwerte), zu denen die R. vorgenommen wird (**R.-Politik**). Werden die Konditionen erleichtert (z. B. Senkung des Diskont- oder Lombardsatzes, Erhöhung der Rediskontkontingente), wirkt die R. expansiv auf die Finanzmärkte: Sie beeinflußt bes. die Geldschöpfungsmöglichkeiten der Banken und über Veränderungen der Kreditkosten auch die Geldnachfrage. (→Geld)
**reflektieren** [von lat. (animum) reflectere ›(seine Gedanken auf etwas) hinwenden‹], 1) *bildungssprachlich* für: nachdenken.
2) *Physik:* zurückstrahlen, spiegeln (Strahlen, Wellen).
**Reflektor** [latinisierende Bildung nach frz. réflecteur, zu lat. reflectere ›zurückbiegen‹, ›umwenden‹] *der, -s/...'toren,* 1) *Kerntechnik:* Ummantelung eines →Kernreaktors, die durch Rückstreuung die Neutronenverluste vermindert und zu einer entsprechend verringerten krit. Masse führt; als Material eignen sich Substanzen, die auch als Moderatoren verwendet werden (schweres Wasser, Beryllium, Graphit).
2) *Lichttechnik:* Vorrichtung in Leuchten und opt. Geräten, von deren Oberfläche Licht diffus (gestreute Reflexion durch Lackbeschichtung) oder gerichtet (gebündelt) zurückgeworfen (reflektiert) wird. Mit spiegelnden R. wird eine Erhöhung der Lichtstärke bis um den Faktor 10 erreicht. Typ. Beispiel für den Einsatz von Parabol-R. ist der Kfz-Scheinwerfer, bei dem im Brennpunkt des R. die Lichtquelle angeordnet ist. Ein R. ist auch der →Rückstrahler.
3) *Nachrichtentechnik:* parasitäres Antennenelement, das in Empfangsrichtung hinter dem Dipol angeordnet wird (keine leitende Verbindung mit dem Dipol, nur Strahlungskopplung). Es besteht entweder aus einem, meistens jedoch mehreren übereinander angeordneten Metallstäben oder aus einer siebartigen metall. R.-Fläche. Mit dem R. wird die Richtwirkung

**Refl**  Reflektorlampen – Reflexion

verbessert und weitgehend verhindert, daß elektromagnet. Wellen aus der entgegengesetzten Richtung von der Antenne aufgenommen werden.
4) *Optik:* das →Spiegelteleskop.

**Reflektorlampen,** Glüh- und Entladungslampen, deren Glaskolben eine Innenverspiegelung aus aufgedampften Metallschichten aufweisen, die in Verbindung mit der Kolbenform als Reflektor den Lichtstrom bündelt und abstrahlt. Nach dem Ausstrahlungswinkel unterscheidet man Engstrahler (Spotlampen) und Breitstrahler (Floodlampen).

**Reflektoskop** *das, -s/-e, Werkstoffprüfung:* Gerät zur zerstörungsfreien Untersuchung von Werkstoffen und Bauteilen mittels Ultraschall (Impuls-Echo-Verfahren). Ein von einem Impulsgenerator erregter elektroakust. Wandler (Schwingquarz) sendet kurzzeitig abklingende Ultraschallimpulse von wenigen Mikrosekunden Dauer in das Untersuchungsobjekt. Bis zum Aussenden des nächsten Impulses arbeitet der Schwingquarz jeweils als Empfänger, von dem die von den Begrenzungsflächen und Fehlstellen (Risse, Lunker, Einschlüsse) im Werkstoff reflektierten Schallwellen aufgenommen und auf dem Bildschirm einer Elektronenstrahlröhre (Oszilloskop) dargestellt werden. Die Tiefe und Ausdehnung der Fehlstelle lassen sich aus der Lage und Form der Bildschirmkurve (Zacke) ableiten.

**Reflex** [frz., von lat. reflexus ›das Zurückbeugen‹] *der, -es/-e,* 1) *Optik:* der von einem beleuchteten spiegelnden Körper zurückgeworfene Widerschein. (→Reflexion 3)
2) *Physiologie:* die über das Zentralnervensystem (ZNS) ablaufende unwillkürlich-automat. Antwort des Organismus auf einen äußeren oder inneren Reiz, wobei charakteristisch ist, daß im ZNS immer von einer Afferenz auf eine Efferenz umgeschaltet wird. Im einfachsten Fall bildet ein Sinnesorgan selbst den sensor. Nervenbahn (Afferenz), die den Reiz über einen Rezeptor aufnimmt, im ZNS eine synapt. Verbindung mit einer motor. Nervenbahn (Efferenz) ein, die einen Muskel (Effektor) innerviert (**monosynaptischer R.-Bogen**). Meist sind zw. Afferenz und Efferenz jedoch mehrere synapt. Verbindungen (Interneurone) geschaltet (**polysynaptischer R.-Bogen**), Effektoren können Muskeln, Drüsen oder das Herz sein. Beim monosynapt. R. ist die Reaktionszeit am kürzesten, die polysynapt. R. sind träger, ermöglichen jedoch mit steigender Zahl der zwischengeschalteten Interneurone ein komplexeres Verhaltensrepertoire. - Bei **Eigen-R.** liegen Rezeptoren und Effektoren im gleichen Organ (z. B. der →Kniesehnenreflex), bei **Fremd-R.,** die immer polysynaptisch sind, in versch. Organen (z. B. Hornhaut-R.). Eine weitere Unterteilung der R. ist möglich nach ihrer Funktion (z. B. Schutz-R.) und nach den ausgelösten Reaktionen (z. B. Schluck-, Nies-, Flucht-R.).

R. befähigen den Organismus zur raschen Einstellung auf Veränderungen der Umweltbedingungen sowie zum wohlkoordinierten Zusammenspiel aller Körperteile, mit dem Vorteil einer Entlastung der bewußten (höheren) Funktionen des ZNS. Neben den **angeborenen R.** (Automatismen) gibt es **erworbene R.,** die entweder erst mit zunehmender Reifung des ZNS auftreten oder erst erlernt werden müssen (→bedingter Reflex). Im Ggs. zu letzterem setzen alle anderen R. keinen Lernvorgang voraus (**unbedingte R.**).

Während die physiolog. R. normale Leistungen des ZNS sind, treten die pathol. R. nur nach Schädigung bestimmter zentralnervöser Bahnen auf (z. B. →Babinskischer Reflex).

**Reflexbluten, Exsudation,** *Zoologie:* bei Insekten als Abschreckungsmaßnahme gedeutete Ausscheidung giftiger und/oder übel riechender oder schmeckender Körperflüssigkeit aus Spalten des Chitinpanzers, z. B. an den Beinen oder an der Flügelbasis.

**Reflexion** [frz., von lat. reflexio ›das Zurückbeugen‹] *die, -/-en,* 1) *bildungssprachlich* für: Nachdenken, Überlegung, Vertiefung in einen Gedankengang.
2) *Philosophie:* i. w. S. Bez. für das philosoph. Denken, i. e. S. die Zurückwendung des Denkens auf das Gedachte oder das Denken selbst. R. gründet auf dem Vermögen des Denkens, sich nicht nur direkt auf Gegenstände der äußeren Welt zu richten (Intentio recta), sondern sich auch zum Denkenden zurückzuwenden (Intentio obliqua) und sich selbst zum Gegenstand zu machen. Dabei werden in der log. R. die Verhältnisse bestimmt, in denen Begriffe von Gegenständen oder Vorstellungen zueinander stehen (etwa Identität, Verschiedenheit als →Reflexionsbegriffe). Im empirist. Sinn ist R. die Kenntnis, die der Geist von seinen eigenen Operationen bei der Verarbeitung von Sinneswahrnehmungen nimmt (innerer Sinn, J. LOCKE). Die transzendentale R. führt die Begriffe auf ihre zugehörigen Erkenntnisvermögen (Verstand, Vernunft, Sinnlichkeit) zurück (KANT). In der Geltungs-R. werden das Gedachte und die Denkakte nach den Kriterien der Wahrheit und Richtigkeit auf ihre Gültigkeit sowie auf Geltungskriterien (z. B. aprior. Prinzipien, Werte) hin untersucht.
3) *Physik:* allg. das Zurückwerfen von mechan. Körpern (→Stoß), Teilchen- oder Wellenstrahlen (elast., akust., elektromagnet. und Wahrscheinlichkeitswellen) an Grenzflächen oder Grenzschichten zw. zwei Medien. Maßgeblich für die jeweiligen R.-Erscheinungen sind neben charakterist. Eigenschaften der Medien (z. B. Wellenwiderstand, Brechzahl, Potential) und der Gestalt der Grenzfläche (z. B. Größe der Rauhigkeit im Verhältnis zur Wellenlänge der Strahlung) bei vielen Wellenstrahlen deren Eigenschaften wie Wellenlänge und Polarisation, bei mechan. Wellen auch deren Art (transversal, longitudinal).

Bei der **regelmäßigen** oder **gerichteten R.** (Spiegelung) an hinreichend glatten Grenzflächen ist stets der Einfallswinkel, d. h. der Winkel zw. einfallendem Strahl und der im Einfallspunkt errichteten Flächensenkrechten (Einfallslot), gleich dem R.-Winkel (Ausfallswinkel), d. h. dem Winkel zw. reflektiertem Strahl und Einfallslot; einfallender Strahl, Flächensenkrechte und reflektierter Strahl liegen in einer Ebene (**R.-Gesetz**). Beim Übergang von Licht aus einem optisch dünneren in ein optisch dichteres Medium und umgekehrt wird stets nur ein Teil des Lichts reflektiert, der Rest wird absorbiert oder gebrochen (→Brechung 1); Entsprechendes gilt für alle Wellenphänomene. Regelmäßige R. und Brechung sind kohärente Vorgänge, die elementar mit dem →Huygensschen Prinzip erklärt werden können. Quantitative Zusammenhänge liefern die Fresnelschen Formeln (→Reflexionskoeffizienten).

Besitzt eine Grenzfläche Rauhigkeiten in der Größenordnung der Wellenlänge der Strahlung, so ist die R. zerstreut (**diffuse R.**), d. h., eine aus einer bestimmten Richtung einfallende Strahlung wird in viele versch. Richtungen gestreut (→Remissionsgrad). Flächen, an denen sowohl diffuse als auch gerichtete Licht-R. auftreten (**gemischte R.**), zeigen →Glanz. Der **R.-Grad** (das **R.-Vermögen**) eines Stoffes (Verhältnis der reflektierten zur auffallenden Strahlungsintensität) ist bei elektromagnet. Wellen abhängig vom Verhältnis der Brechzahlen der aneinandergrenzenden Medien, von der Wellenlänge und Polarisation der Strahlung, weiter vom Einfallswinkel und bes. bei Metallen vom Absorptionskoeffizienten. Ist die resultierende Wellenlängenabhängigkeit der R. erheblich, spricht man von **selektiver R.** Diese Selektivität im sichtbaren Spektralbereich läßt unsere Umwelt farbig erscheinen, wenn sie von nichtmonochromat. Licht eines breiteren Spektralbereiches bestrahlt wird.

Störende R. bei opt. Gläsern lassen sich durch Oberflächenbehandlung (→Vergüten, →Antireflexbelag) herabsetzen. Polierte Metallflächen haben bei senkrechtem Lichteinfall ein R.-Vermögen von 50 bis 95%, versilberte Glasspiegel etwa 88%. Mit dielektr. Mehrfachschichten, die auf die Oberfläche aufgedampft werden, kann das R.-Vermögen in einem begrenzten Spektralbereich durch Wahl der Schichtzahl nahezu kontinuierlich auf jeden Wert zw. 0,2% und 99,8% eingestellt werden. Beim Übergang aus dem optisch dichteren in das optisch dünnere Medium wird ein Teil des Lichts gebrochen, solange der Einfallswinkel kleiner als der Grenzwinkel der →Totalreflexion ist; bei größeren Einfallswinkeln wird das Licht total reflektiert. Bei transversalen Wellen wird durch die R. i. a. die →Polarisation 3) der Strahlung beeinflußt. Deshalb ist reflektiertes Licht je nach Wellenlänge, Oberflächenbeschaffenheit und R.-Geometrie immer mehr oder weniger stark polarisiert. Vollständige Polarisation tritt für Einfall auf die Grenzfläche unter dem Brewster-Winkel (→Brewstersches Gesetz) auf. Der gebrochene und der reflektierte Strahl stehen in diesem Fall senkrecht aufeinander. **Mehrfach-R.** ein und desselben Lichtstrahls, oft verbunden mit entsprechenden Interferenzerscheinungen (→Interferenz 3), tritt z. B. an planparallelen Platten (→Fabry-Pérot-Interferometer, →Lummer-Gehrke-Platte) und Keilplatten auf.

In der Astronomie läßt sich das R.-Vermögen aus den Messungen der Lichtintensität von nicht selbstleuchtenden Körpern berechnen (→Albedo 1). Bei Planeten und Monden erlaubt es Rückschlüsse auf die Natur ihrer Oberflächen.

In der Neutronenphysik wird als R.-Vermögen das Verhältnis der von einer Grenzfläche zw. zwei Medien zurückkommenden zu den auf die Fläche auftreffenden Neutronen definiert.

Auf der R. von Schallwellen beruht das →Echo 2).

4) *Psychologie:* die Zurücklenkung der Aufmerksamkeit auf das Ich und seine Tätigkeit zur Erfassung psych. Vorgänge und Strukturen. Die sich methodisch auf R. stützenden Richtungen der Psychologie werden (nach K. BÜHLER) als **R.-Psychologie (Erlebnispsychologie)** bezeichnet.

5) *Signalübertragung:* →Raumwelle.

**Reflexionsbegriffe**, *Philosophie:* nach I. KANT Begriffe (z. B. ›Einerleiheit‹ und ›Verschiedenheit‹), in denen eine Reflexion über andere Begriffe zum Ausdruck kommt (z. B. hinsichtlich ihrer widerspruchslosen Verträglichkeit); auch als **amphibolische Begriffe** bezeichnet, da sie sich zugleich auf Erfahrung und Erfahrungstranszendentes beziehen.

**Reflexionsko|effizi|enten**, aus den Fresnelschen Formeln für die Reflexion von Licht an der Grenzfläche eines schwach absorbierenden Körpers folgende Ausdrücke für die relative Intensität des reflektierten Lichts. Für unter einem Winkel $\alpha$ gegen das Einfallslot einfallendes (Index e) und unter einem Winkel $\beta$ gegen das Lot gebrochenes Licht (Index t) lauten die **Fresnelschen Formeln** ($A$ Amplitude der elektr. Feldstärke, Index r für ›reflektiert‹):

$$\frac{A_{r\parallel}}{A_{e\parallel}} = \frac{\tan(\alpha-\beta)}{\tan(\alpha+\beta)}$$

$$\frac{A_{t\parallel}}{A_{e\parallel}} = \frac{2\sin\beta\cos\alpha}{\sin(\alpha+\beta)\cos(\alpha-\beta)}$$

$$\frac{A_{r\perp}}{A_{e\perp}} = \frac{\sin(\alpha-\beta)}{\sin(\alpha+\beta)}$$

$$\frac{A_{t\perp}}{A_{e\perp}} = \frac{2\sin\beta\cos\alpha}{\sin(\alpha+\beta)}$$

Die Zeichen $\parallel$ und $\perp$ bedeuten, daß der elektr. Feldvektor der Lichtstrahlung parallel bzw. senkrecht zur Einfallsebene liegt. Da die Intensität der Strahlung dem Quadrat ihrer Amplitude proportional ist, erhält man die R. durch Quadrieren der Fresnelschen Formeln für die Amplituden des reflektierten Lichts:

$$r_\parallel = (A_{r\parallel}/A_{e\parallel})^2; \qquad r_\perp = (A_{r\perp}/A_{e\perp})^2.$$

**Reflexionsnebel**, helle Wolke aus interstellarem Staub und Gas, in der Nähe eines Sterns und etwas seitlich von diesem gelegen. Das Licht des Sterns (gewöhnlich →Spektralklasse B 2 oder später) wird von dem Staub in alle Richtungen gestreut. Das in Richtung des Beobachters gestreute Licht erscheint blauer als das direkte Licht des Sterns, aber die Spektren stimmen im wesentlichen überein (kontinuierl. Spektren mit Absorptionslinien). Die R. gehören zu den planetar. Nebeln. Typ. Beispiele sind die R. bei den helleren Sternen der →Plejaden.

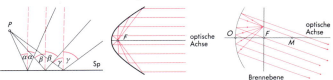

**Reflexion 3):** LINKS Reflexion an einem ebenen Spiegel Sp; Einfalls- und Reflexionswinkel aller von P ausgehenden Strahlen sind jeweils gleich; MITTE Reflexion an einem Parabolspiegel mit der Lichtquelle im Brennpunkt F; RECHTS Reflexion an einem sphärischen Hohlspiegel mit der Lichtquelle in einem Punkt der Brennebene; O optischer Mittelpunkt, M Krümmungsmittelpunkt

**Reflexionsphilosophie**, von G. W. F. HEGEL und F. W. SCHELLING geprägte Bez. für den von I. KANT vertretenen philosoph. Standpunkt des reflektierenden Verstandes, der, im Unterschied zu der von ihnen vertretenen ›spekulativen Philosophie‹, nicht imstande sei, eine Erkenntnis des Ganzen, des Absoluten zu leisten.

**Reflexionspleochro|ismus**, *Kristallographie:* die →Bireflexion.

**Reflexionsprismen**, *Optik:* Bez. für Prismen oder Kombinationen von Prismen, die in ihrer Wirkungsweise einem ebenen Spiegel oder einer Kombination mehrerer ebener Spiegel gleichen. Dabei werden die Spiegelflächen von den Begrenzungsflächen entsprechend geformter Glasblöcke gebildet, und die Spiegelwirkung kommt entweder durch →Totalreflexion zustande oder durch einen auf die Fläche aufgebrachten spiegelnden Metallbelag. Je nach der Wirkung, Bildumkehr oder Strahlablenkung, unterscheidet man zw. →Umkehrprismen und →Umlenkprismen. Manche R. bewirken sowohl Bildumkehr als auch Strahlumlenkung.

**Reflexions|seismik**, →Sprengseismik.

**Reflexions|spektroskopie, Remissions|spektroskopie**, die Spektroskopie der von lichtundurchlässigen Stoffen reflektierten oder diffus gestreuten Strahlung (Remission) mit Hilfe von Spektralphotometern; sie eignet sich bes. zur Untersuchung von Pigmenten, kristallinen und amorphen Festkörpern.

**reflexiv**, *Logik* und *Mathematik:* →Relation.

**reflexives Verb**, Verb, bei dem Subjekt und Objekt der Verbalhandlung identisch sind. Man unterscheidet echte r. V. (z. B. ›sich verbeugen‹), die nur in Verbindung mit einem Reflexivpronomen (→Pronomen) vorkommen (›ich verbeuge mich‹), von fakultativen r. V. (z. B. ›entschuldigen‹), die auch außerhalb dieser Verbindung auftreten (›ich entschuldige mich‹; ›ich entschuldige ...‹). Als **reziproke r. V.** bezeichnet man r. V., die sich auf eine Mehrzahl handelnder Personen beziehen (z. B. ›sich streiten‹).

**Reflexivpronomen**, →Pronomen.

**Reflexklystron,** *Hochfrequenztechnik:* ein Einkammerklystron (→ Laufzeitröhren) für kleine Leistungen (Frequenzbereich etwa 1–100 GHz). Beim R. erfolgen Geschwindigkeitssteuerung der Elektronen und Auskopplung der Energie im gleichen Hohlraumresonator. Die Elektronen durchlaufen einen Resonator, werden dann durch einen negativ vorgespannten Reflektor zur Umkehr gezwungen und geben am Auskoppelspalt des Resonators eine elektr. Leistung ab. Wegen der kleinen Ausgangsleistung ist das R. inzwischen weitgehend durch Halbleiterbauelemente ersetzt worden.

**Reflexkoppler,** elektron. Bauelement, das wie ein → Optokoppler aus einem lichtemittierenden Sender (z. B. Galliumarsenid-Lumineszenzdiode) und einem lichtempfindl. Empfänger (z. B. Silicium-Phototransistor) aufgebaut ist, deren opt. Achsen jedoch in einem spitzen Winkel zueinander stehen. Dadurch entsteht nur dann eine opt. Kopplung, wenn der ausgesandte Lichtstrahl von einem Gegenstand reflektiert wird. R. werden u. a. eingesetzt zur Zeichenerkennung (z. B. von Strichcodes), zur Codierscheibenabtastung, Lage- und Laufrichtungserkennung sowie zur Bandendabschaltung von Magnetbandgeräten.

**Reflexologie** *die, -,* **Reflexpsychologie,** von W. M. BECHTEREW und I. P. PAWLOW begründete Theorie (›objektive Psychologie‹), nach der tier. und menschl. Verhalten auf physiologisch erklärbare Reflextätigkeiten zurückzuführen sei. Die R. stützt sich auf die Erforschung der → bedingten Reflexe und ihrer Ausbildung durch → Konditionierung. Hierin wird das Prinzip jeder ›seel.‹ Tätigkeit und damit die Basis der Psychologie gesehen. Höhere Vorgänge (z. B. Sprechen, Denken, Gedächtnis) werden auf Reflexketten höherer Ordnung zurückgeführt. Die R. beeinflußte über J. B. WATSON den amerikan. Behaviorismus.

**Reflexzone,** Zone der Körperoberfläche, die einem bestimmten Rückenmarkssegment entspricht. Bei Reizzuständen innerer Organe überträgt sich der Erregungszustand reflektorisch (viszerokutaner Reflex) auf die R., die dem betroffenen Rückenmarkssegment zugehört. Umgekehrt können aufgrund des kutiviszeralen Reflexes (Unterhautreflex) durch Reizung der entsprechenden R. Erkrankungen der inneren Organe beeinflußt werden (Segmenttherapie). Ein Beispiel für R. sind die Headschen Zonen.

**Reflexzonenmassage** [-ʒə], im Unterhautzellgewebe angesetzte, streng lokalisierte Massage; kann über den entsprechenden Reflexbogen eine Wirkung auf Funktion und Durchblutung des betreffenden Organs ausüben. – Wichtigste R. ist die → Bindegewebsmassage.

**Reflux** [zu lat. refluere, refluxum ›zurückfließen‹] *der, -es, Medizin:* Rückfluß, Transport von Körperflüssigkeiten (Sekreten, Exkreten) in Hohlorganen entgegen der normalen Fließrichtung. Beim **duodenogastrischen R.** fließen gallehaltige Verdauungssäfte aufgrund einer Funktionsstörung des Magenpförtners mit dem Speisebrei in den Magen zurück und werden dabei als Ursache einer chron. Magenschleimhautentzündung (**R.-Gastritis**) oder von Magengeschwüren vermutet; beim **gastroösophagealen R.** tritt Magensaft aufgrund einer Schließschwäche des Magenmunds (Kardiainsuffizienz) in den unteren Speiseröhrenbereich über und führt zu Entzündungen und Gewebsschädigungen mit Sodbrennen und Schmerzen, mit einiges auch zu Geschwüren, Blutungen und späterer Narbenschrumpfung (**R.-Ösophagitis**). Beim **vesikoureteralen R.** und **vesikorenalen R.** kommt es zum Rückfluß von Harn in die Harnleiter und ggf. auch das Nierenbecken aufgrund eines Defekts der muskulösen Verankerung der Harnleiter in der Harnblase oder infolge einer Harnabflußstörung; diese Form des R. stellt die häufigste Ursache von chron. Harnwegsinfekten im Säuglings- und Kindesalter dar.

**Reform** [frz., zu lat. reformare ›umgestalten‹, ›neu gestalten‹] *die, -/-en,* planmäßige Umgestaltung, Verbesserung, Neuordnung des Bestehenden, bes. (als Gegenbegriff zu Revolution) die gezielte, die Legalität wahrende Umgestaltung polit. und gesellschaftl. Einrichtungen (u. a. Verfassungs-, Verwaltungs-, Rechts-, Wirtschafts-, Währungs-, Finanz-, Steuer-, Schul- oder Bildungs-R.). Staatliche **R.-Politik** hat i. d. R. das Ziel, ein bestehendes politisches System an veränderte polit. oder gesellschaftl. Gegebenheiten anzupassen.

**Reform|anstalten,** *Schulwesen:* gegen Ende des 19. Jh. in zwei Lehrplanvarianten entwickelte Formen der höheren Schule mit einem einheitl. Unterbau (so daß erst danach die Entscheidung für die weitere Schullaufbahn zu treffen war). Das Altonaer Modell (1878) schuf für Realschule und Realgymnasien einen gemeinsamen dreijährigen Unterbau (mit Französisch und Englisch), das Frankfurter System (1892) gab Gymnasium und Realgymnasium einen gemeinsamen fünfjährigen Unterbau (mit Französisch, Latein und Englisch); Realgymnasium und Oberrealschule hatten einen gemeinsamen dreijährigen Unterbau (mit Französisch). 1924/25 kam ein Reformrealgymnasium neuer Art dazu, bei dem das Latein in die Oberstufe verlegt war; 1930 bestanden 358 R. neuer und 170 alter Art; 1938 mit anderen weiterführenden Schulen in die Oberschule überführt.

**Reformat** *das, -(e)s/-e, Chemie:* durch → Reformieren gewonnenes, aromatenreiches Benzin mit hoher Klopffestigkeit; dient als Mischkomponente für Ottokraftstoffe und zur Gewinnung von Benzol, Toluol und Xylolen. Nach dem Platforming-Verfahren hergestelltes R. wird als **Platformat** bezeichnet.

**Reformatio in peius** [lat. ›Umgestaltung ins Schlimmere‹], Abänderung einer gerichtl. Entscheidung in höherer Instanz zum Nachteil des Anfechtenden (Rechtsmittelführers). Die rechtsstaatl. Prozeßordnungen enthalten im Grundsatz das Verbot der R. in p. Im Zivilprozeß darf das Urteil nicht zum Nachteil des Rechtsmittelführers abgeändert werden, außer wenn der Gegner seinerseits ein Rechtsmittel (z. B. durch Anschlußberufung) eingelegt hat (§§ 536, 559, 521 ZPO). – Im Strafprozeß darf nach §§ 331, 358, 373 StPO ein nur vom Angeklagten oder nur zu seinen Gunsten mit Rechtsmitteln angefochtenes Urteil nicht zum Nachteil des Angeklagten abgeändert werden. Das Verbot der R. in p. verhindert dann zwar eine Verschärfung der Strafe, nicht aber die Anwendung eines schwereren Gesetzes (z. B. kann der zunächst als Dieb Verurteilte wegen schweren Diebstahls verurteilt werden).

Auch im *österr.* Recht ist i. a. im Rechtsmittelverfahren die R. in p. unzulässig. – In der *Schweiz* ist die R. in p. in Zivil- und Strafprozessen zumeist verboten, nicht aber bei Beschwerden gegen bestimmte Verwaltungsverfügungen.

**Reformation** [von lat. reformatio ›Umgestaltung‹, ›Erneuerung‹] *die, -/-en,* i. w. S. jeder Versuch, eine Gemeinschaft, Institution o. ä. durch Rückgriff auf ihre Ursprünge in ihrem Wesen zu erneuern, wie z. B. die spätmittelalterl. Bemühungen um eine R. der Kirche an Haupt und Gliedern‹ (→ Reformkonzile) oder um eine ›R. des Reiches‹ (→ Reformatio Sigismundi). I. e. S. die durch M. LUTHER ausgelöste kirchlich-religiöse Bewegung, die in der abendländ. Kirchengemeinschaften sprengte, neue kirchl. Gemeinschaften und eine neue religiöse Haltung (Protestantismus) entstehen ließ. Als Bez. dieser histor. Entwicklung ist der Begriff R. erstmals 1688 bei V. L. VON SECKENDORFF nachweisbar, der den ›Lutheranismus‹ der ›reformatio religionis D. Martini Lutheri‹ gleichsetzte.

# Reformation

## Ursachen

Voraussetzungen der R. waren die Krisen des Spät-MA. und der beginnenden Renaissance: das Abendländ. Schisma, die Überspannung des päpstl. Herrschaftsanspruchs und die weltl. Haltung der Renaissancepäpste, die vielfältigen Finanzpraktiken v. a. der röm. Kurie, die überspitzte theolog. Diskussion der Spätscholastik und die mangelnde theolog. Bildung des Klerus. Die Klage über kirchl. Mißstände (→Gravamen) hatte zwar zu vielfältigen Reformversuchen, doch nicht zu deren Beseitigung geführt. Neu setzte die Kritik des Humanismus an der Lebensführung des geistl. Standes ein, sie zersetzte ebenso wie der Individualismus der Mystik die kirchl. Autorität und verstärkte die Neigung, an die Ursprünge anzuknüpfen, was durch die philolog. Studien der Humanisten gefördert wurde. Die breite Wirkung der R. ergab sich auch aus der Reibung zw. den aufstrebenden Städten und der Kirche sowie aus dem Erstarken des Landesfürstentums, das seinen Einfluß auf die Kirche zu steigern suchte. Kam in vielen volkstüml. Flugschriften gegen Papst und Klerus die soziale Unzufriedenheit der Laien, die Priester und Mönche als Nichtstuer ansahen, zum Ausdruck, so förderte die Erfindung des Buchdrucks die Verbreitung dieser Gedanken. Die Verflechtung von Glaubensanliegen und polit. Forderungen kennzeichnet die Epoche.

## Geschichte

Als Beginn der R. wird i. a. die Publikation der Thesen M. LUTHERS gegen den Mißbrauch des Ablaßwesens am 31. 10. 1517 oder kurz danach angesehen. Diese als Aufruf zu einer akadem. Disputation gedachten Thesen erregten in kurzer Zeit weite Teile der dt. Öffentlichkeit.

Die Frühphase der R. (1517–21) war gekennzeichnet durch das öffentl. Auftreten LUTHERS, die Herausbildung und Formulierung seiner reformator. Lehren, den eskalierenden Konflikt zw. ihm und dem Papsttum sowie die schnelle Ausbreitung der luther. Ideen und endete mit dem Kirchenbann gegen LUTHER und seine Anhänger (Juli 1520) sowie der Verhängung der Reichsacht durch das Wormser Edikt Kaiser KARLS V. (Mai 1521). Zugleich wurden in dieser Phase bereits viele der später wichtigsten Reformatoren für die Sache der R. gewonnen.

Trotz des Bruchs zw. LUTHER und der Kirche und trotz der Reichsacht breitete sich die reformator. Bewegung in den folgenden Jahren (1521–25), auch im Zusammenhang mit sozialen und polit. Anliegen wichtiger Bevölkerungsgruppen (Stadtbürgertum, Bauern, Reichsritter), v. a. als von zahlreichen umherziehenden Predigern getragene ›R. von unten‹ weiter aus. In dieser Phase kam es zu ersten Lehrstreitigkeiten und Spaltungen innerhalb der reformator. Bewegung. So entwickelte sich v. a. in der Schweiz, von U. ZWINGLI ausgehend, eine bes. im Abendmahlsverständnis von den Wittenberger Theologen um LUTHER (P. MELANCHTHON, N. VON AMSDORF, J. BUGENHAGEN, J. JONAS) sich unterscheidende reformator. Gruppierung. Diese stand unter der Bez. ›Reformierte‹ nach dem Scheitern vielfältiger Ausgleichsbemühungen (u. a. von seiten der Straßburger Reformatoren M. BUCER, W. CAPITO und C. HEDIO) seit der Mitte des 16. Jh. zus. mit dem von J. CALVIN geprägten Kalvinismus in Dtl. dem Luthertum gegenüber. Daneben entstanden zahlreiche schwärmer. Bewegungen, die häufig stark mystisch und spirituell geprägt waren. Bes. diese Schwärmer verbanden – im Ggs. zu LUTHER, der sich ausschließlich als Theologe verstand – die theolog. Anliegen der R. mit sozialem und polit. Protest (z. B. T. MÜNTZER). Diese auch als Gemeinde-R. bezeichnete Phase fand ein jähes Ende im Bauernkrieg von 1525, in dem sich LUTHER in konsequenter Anwendung seiner →Zweireichelehre auf die Seite der Fürsten und Herren stellte und die Vermengung von Religion und Politik ablehnte.

Nach 1525 war die R. ausschließlicher als zuvor eine Sache der Landesherren (Fürsten-R.). Sie wurde jetzt in den Territorien durch von der Obrigkeit geleitete Kirchen- und Schulvisitationen durchgeführt. Es entstanden die ev. Landeskirchen, wobei der Landesherr als Notbischof an die Spitze der Kirche seines Landes trat (Summepiskopat). Infolge des zunehmenden Einflusses der Landesherren auf die Kirchenangelegenheiten und durch die materiellen Gewinne aus der Säkularisierung von Kirchengut erfuhren die dt. Territorien einen erhebl. Machtzuwachs; dies förderte wiederum das Interesse der Landesherren an der R. Der radikale Flügel der R. (Schwärmer und Täufer) blieb dabei ohne größeren Einfluß. Zwar gewann er an vielen Stellen kleinere Gruppen für sich, konnte sich aber kaum behaupten, da er gleichermaßen von kath. und ev. Seite blutig verfolgt wurde. Dagegen bedeutete der Abendmahlsstreit (→Abendmahl 2) eine innere Spaltung der dt. R., die im wesentlichen bis ins 19. Jh. andauerte und teilweise noch bis heute fortwirkt.

Auf dem Reichstag in Speyer 1529 protestierten die sich zur R. bekennenden Reichsstände gegen eine Majorisierung in Glaubensdingen (→Protestation); auf dem Augsburger Reichstag von 1530 legten sie das →Augsburgische Bekenntnis vor, das zur theolog. Grundlage der Konfessionalisierung des Reiches wurde. Da sich KARL V. der R. versagte, ihr aber aus außenpolit. Gründen (Kampf gegen Frankreich und das Osman. Reich) und wegen der mangelnden Unterstützung durch die kath. Reichsstände, die einen zu mächtigen Kaiser ebenso fürchteten wie die ev., nicht entgegentreten konnte, kam es zur konfessionellen Spaltung des Reiches. Die Protestanten schlossen sich 1531 im →Schmalkaldischen Bund zusammen, und KARL V. mußte die R. de facto anerkennen.

Um 1540 schien die R. im ganzen Hl. Röm. Reich zu siegen. Nachdem sich schon eine große Zahl von weltl. Reichsständen zu ihr bekannt hatte und bereits 1525 der Ordensstaat Preußen in ein weltl. Herzogtum umgewandelt worden war, standen jetzt auch andere geistl. Fürstentümer vor der Säkularisation. Selbst ins habsburg. Österreich drang die R. unter dem Schutz der Landstände ein; nur das straff zentralistisch verwaltete Bayern verschloß sich ihr erfolgreich. Für das Schicksal der R. im Reich wurden die Jahre bis 1555 entscheidend. Nachdem der Kaiser durch einen Friedensschluß mit Frankreich (1544) freie Hand gewonnen und die Fürsten in Sicherheit gewiegt hatte, gelang es ihm, die prot. Stände 1547 im Schmalkald. Krieg niederzuwerfen und damit den Fortbestand der R. im Reich in Frage zu stellen. Das auf dem Höhepunkt der kaiserlichen Machtstellung 1548 verfügte →Augsburger Interim sollte einen Ausgleich in der Glaubensfrage vorbereiten. Der Triumph der kaiserl. Politik wurde jedoch zunichte gemacht, als sich die meisten Reichsfürsten gegen die Steigerung der kaiserl. Macht erhoben und den →Passauer Vertrag (1552) erzwangen. Nach dem Verzicht KARLS V. auf die Leitung der dt. Angelegenheiten wurde 1555 im →Augsburger Religionsfrieden das Augsburg. Bekenntnis von König FERDINAND I. reichsrechtlich anerkannt. Der Landesherr – nicht der Untertan – erhielt das Recht der freien Religionswahl (»cuius regio, eius religio«). Die geistl. Fürstentümer wurden in ihrem Besitzstand gesichert (→Reservatum ecclesiasticum). Damit war die religiöse Spaltung des Reiches rechtlich anerkannt.

Nach dem Augsburger Religionsfrieden wurde die luther. R. erneut durch inneren dogmat. Streit ge-

## Refo  Reformation

**Reformation:** Ausbreitung um 1570

schwächt (→Konkordienformel). Zugleich gewann der Kalvinismus, in Ober-Dtl. anknüpfend an auf ZWINGLI zurückgehende Tendenzen der frühen R., auch in Dtl. unter der Bez. ›reformiert‹ an Boden. Gleichzeitig gelang es der im Konzil von Trient erneuerten kath. Kirche (→katholische Reform) im Zuge der Gegenreformation, verlorene Gebiete zurückzugewinnen. So kam es im →Dreißigjährigen Krieg (1618–48) zur blutigen Auseinandersetzung um den Bestand der R. in Dtl., die damit endete, daß im →Westfälischen Frieden den drei christl. Konfessionen (Katholiken, Lutheraner, Reformierte) Rechtsgleichheit zugestanden wurde.

Auch außerhalb des Reichs erzielte die R. beträchtl. Erfolge. 1536 führte der dän. Reichstag die luther. R. als alleinige Staatsreligion ein. In Norwegen und Island setzte sich die R. im Lauf des 16. Jh. allmählich durch. In Schweden bildete sich nach dem Reichstag von Västerås (1527) eine luther. Nationalkirche. Im schwed. Finnland führte MIKAEL AGRICOLA Mitte des 16. Jh. die R. ein; in Livland wurde sie seit 1554 gesichert. Starke Verbreitung fand die R. zunächst in Ungarn und Polen. In England erhielt sie in der →Kirche von England eine eigene Form. Ein selbständiger Typ entstand auch in der im 16. Jh. nominell noch zum Reich gehörenden Schweiz durch ZWINGLI. Eine Phase der Stagnation in der Schweizer R. nach ZWINGLIS Tod 1531 wurde durch CALVIN überwunden, der sie seit 1536 zunehmend prägte. Wenn es dem Kalvinismus auch nicht gelang, Frankreich zu gewinnen (→Hugenotten), wurde er doch in W-Europa (v. a. Niederlande und Schottland) die vorherrschende Form der R.; er erlangte durch die engl. und niederländ. koloniale Expansion weltweite Verbreitung.

### Bedeutung

Die R. ist zus. mit Renaissance und Humanismus Bestandteil eines allgemeinen Kulturwandels, der nicht nur das geistig-religiöse, sondern auch das wirtschaftlich-soziale und das polit. Leben tiefgreifend veränderte. Die Bedeutung der R. liegt daher nicht allein in der Glaubensspaltung. Ihr entspricht die Überwindung der Uniformität mittelalterl. Glaubens und Denkens hin zur Pluralität der nach der Wahrheit fragenden Kräfte, die letztlich ihre Konkretisierung in der Idee der →Toleranz findet. Indem die R. so in ihrer Konsequenz zur Gewissensfreiheit führte und den Staat zwar noch als göttl., aber schon als von der geistl. geschiedene Ordnung begriff, trug sie zu seiner Entwicklung zum säkularen Staat und v. a. im Kalvinismus sowie in den Freikirchen zur Ausprägung freiheitl. Verfassungsformen bei.

⇨ Christentum · Gegenreformation · Humanismus · Kalvinismus · Kirche · Protestantismus · reformierte Kirchen · Schwarmgeister · Täufer

E. W. ZEEDEN: Die Entstehung der Konfessionen. Grundl. u. Formen der Konfessionsbildung im Zeitalter der Glaubenskämpfe (1965); G. RITTER: Die Neugestaltung Dtl.s u. Europas im 16. Jh. (Neuausg. 1967); Weltwirkung der R., hg. v. U. STEINMETZ u. a., 2 Bde. (Berlin-Ost 1969); R. VAN DÜLMEN: R. als Revolution. Soziale Bewegung u. religiöser Radikalismus in der dt. R. (1977); E. WOLGAST: Die Religionsfrage als Problem des Widerstandsrechts im 16. Jh. (1980); P. BLICKLE: Die R. im Reich (1982); ders.: Gemeinde-R. Die Menschen des 16. Jh. auf dem Weg zum Heil (Neuausg. 1987); R. WOHLFEIL: Einf. in die Gesch. der dt. R. (1982); E. ISERLOH: Gesch. u. Theologie der R. im Grundr. (³1985); H. A. OBERMAN: Die R. Von Wittenberg nach Genf (1986); ders.: Werden u. Wertung der R. Vom Wegestreit zum Glaubenskampf (³1989); H.-J. GOERTZ: Pfaffenhaß u. gross Geschrei. Die reformator. Bewegungen in Dtl. 1517–1529 (1987); R. STUPPERICH: Die R. in

Dtl. (³1988); H. RABE: Reich u. Glaubensspaltung. Dtl. 1500–1600 (1989); H. LUTZ: R. u. Gegenreformation (³1991); HEINRICH R. SCHMIDT: Konfessionalisierung im 16.Jh. (1991). – *Bibliographie:* K. SCHOTTENLOHER: Bibl. zur dt. Gesch. im Zeitalter der Glaubensspaltung: 1517–1585, 7 Bde. (¹⁻²1956–66). – *Zeitschriften:* Archiv für R.-Gesch. (1903ff.); Luther-Jb. (1919ff.).

**Reformationsfest,** das von den ev. Kirchen zum Gedächtnis der Reformation gefeierte Fest. Zunächst am Tag der offiziellen Einführung der Reformation oder an M. LUTHERS Geburts- oder Todestag (10. 11. oder 18. 2.) in Form eines Dankgottesdienstes begangen, setzte sich seit 1667 zunehmend der Tag der Thesenveröffentlichung LUTHERS, der 31. 10., als Datum durch (in einigen Bundesländern gesetzl. Feiertag).

**Reformatio Sigismundi,** 1439 während des Basler Konzils von einem unbekannten Autor verfaßte, bald weit verbreitete Flugschrift mit sozialrevolutionären, z. T. utop. Zügen, bediente sich des Namens Kaiser SIEGMUNDS für ihre Forderungen: Trennung zw. geistl. und weltl. Bereich, Verzicht der Kirche auf weltl. Herrschaftsrechte, weitgehende Säkularisierung des Kirchenguts, Aufhebung der bäuerl. Leibeigenschaft u.a. Die R. S. hatte starken Einfluß auf die Forderungen von Bundschuh und Bauernkrieg.

**Reformbewegung,** *Judentum:* Sammel-Bez. für Bestrebungen, die v. a. im dt. Judentum im Gefolge der Aufklärung (Haskala) entstanden mit dem Ziel, die jüd. Religion als Konfession im Sinne der zeitgenöss. Entwicklungen umzugestalten (→ Reformjudentum).

**Reformgymnasium,** → Reformanstalten.

**Reformhäuser,** genossenschaftl. Einzelhandelsläden, die → Reformwaren führen. R. entstanden um 1890 aus dem Bestreben, eine gesunde Lebensführung zu fördern und negative Einflüsse der Zivilisation zu verringern. In den rd. 1850 Verkaufsstätten, die sich in ›neuform – Verband dt. Reformhäuser eG‹ zusammengeschlossen haben (Sitz: Oberursel/Taunus), wurden (1989) rd. 1,1 Mrd. DM Umsatz erzielt. Weiterhin gibt es den Bundesfachverband Dt. Reformhäuser e. V. (refo) in der Hauptgemeinschaft des Dt. Einzelhandels (Sitz: Oberursel/Taunus) und den Verband der Reformwaren-Hersteller (VRH) e. V. (Sitz: Bad Homburg).

**Reformieren,** *Chemie:* Verfahren der Erdölverarbeitung, bei dem Schwerbenzin mit niedriger → Oktanzahl (ROZ: 30–65) in klopffestes → Reformat (ROZ: 90–100) umgewandelt wird. Gleichzeitig wird Wasserstoff gewonnen, der v. a. für das Hydrotreating verwendet wird. Das R. wird bei etwa 500 °C und 10–40 bar an bifunktionellen Katalysatoren durchgeführt. Niedriger Druck ergibt bessere Ausbeuten, führt aber zu schnellerer Katalysatordesaktivierung durch Verkokung. Die wichtigsten Reaktionen sind die → Dehydrierung von Cyclohexanderivaten und die → Dehydrozyklisierung von Alkanen zu Aromaten sowie die Isomerisierung von geradkettigen zu verzweigten Alkanen. Das Reaktionsgemisch wird in einem Röhrenofen aufgeheizt und in drei hintereinander angeordneten Festbettreaktoren umgesetzt. Da die Reaktionen überwiegend endotherm sind, muß nach jeder Stufe erneut aufgeheizt werden. Die klass. Katalysatoren enthalten geringe Mengen Platin auf saurem Aluminiumoxid (bedeutendstes Verfahren: **Platforming,** aus engl. **Plat**in **reforming** process). Neuere Katalysatoren, die neben Platin auch Rhenium, Germanium u. a. Metalle enthalten (Bimetallkatalysatoren), neigen weniger zur Desaktivierung und können bei niedrigerem Druck eingesetzt werden. Mit Reformern, die eine kontinuierl. Katalysatorregenerierung während des Betriebes erlauben, lassen sich hohe Oktanzahlen des Reformats erreichen.

**reformierte Kirchen,** Konfessionsgemeinschaft, deren Entstehung v. a. auf die oberdt. und schweizer. Reformatoren (U. ZWINGLI, J. OEKOLAMPAD, M. BUCER, G. FAREL, J. CALVIN, H. BULLINGER, T. BEZA u. a.) und ihre theolog. und organisator. Einfluß zurückzuführen ist. Während noch über die Mitte des 16. Jh. hinaus der Begriff reformiert die gesamtreformator. Bedeutung ›aus dem Evangelium erneuert‹ hatte, wurde er nach dem Scheitern der innerprot. Einigungsbestrebungen – in Dtl. endgültig nach dem Westfäl. Frieden (1648) – zu einer Konfessionsbezeichnung. Einige r. K. nennen sich nach ihrer Struktur (z. B. Presbyterianer, Kongregationalisten) oder nach der Region ihrer Verbreitung (z. B. die schott. Kirche). Die Ausbreitung der r. K. vollzog sich von den nord- und westschweizer. Kantonen sowie vom Oberrhein (Straßburg) ausgehend, in einer westl. und einer östl. Bewegung: Mittel- und Niederrhein, Hessen, Ostfriesland, England, Frankreich, die Niederlande, Schottland; Vorarlberg, Ungarn, Böhmen-Mähren, Polen, Litauen. Durch Auswanderung und Mission entstanden außereurop. r. K. Der erste Durchbruch wird zeitlich markiert durch das Entstehen von Bekenntnisschriften, die für Lehre und Gemeindeordnung maßgeblich wurden: Confessio tetrapolitana 1530, Confessio Helvetica 1536, Genfer Katechismus 1537, Confessio Gallicana 1559, Schott. Bekenntnis 1560/81, Belg. Konfession 1561, Ungar. Bekenntnis 1562, Thirty-nine Articles 1563, Confessio Bohemica 1609 und die Westminster Confession 1646.

Die Theologie der r. K. ist v. a. vom → Kalvinismus geprägt. Im Mittelpunkt des schlichten (schmucklose Räume, Bilderverbot) Gottesdienstes steht die Konzentration auf das ›Wort Gottes‹ in der Verkündigung (Predigt). Kirchl. Organisationsmodell ist meist die presbyterial gegliederte Gemeindeleitung, bestehend aus vier Leitungsdiensten: Pfarrer, theolog. Lehrer, Presbyter (Älteste), Diakone. Die einzelnen Kirchen werden durch paritätisch zusammengesetzte Synoden geleitet.

Seit 1875 sind die r. K. internat. im Reformierten Weltbund zusammengeschlossen. In der Bundesrep. Dtl. gehören rd. 2 Mio. Christen r. K. an (zusammengeschlossen im Reformierten Bund). Ref. Gliedkirchen der Ev. Kirche in Dtl. sind die Ev.-ref. Kirche und die Lipp. Landeskirche.

Die Ev. Kirche Helvet. Bekenntnisses in *Österreich* hat (1990) rd. 20 000 Mitgl. – In der *Schweiz* sind die autonomen Kantonalkirchen in der Fédération des Églises Protestantes de la Suisse (1990: rd. 2,8 Mio. Mitgl.) zusammengeschlossen.

**Reformierter Bund,** 1884 in Marburg als ›eingetragener Verein‹ gegründeter Verbund ref. Kirchen

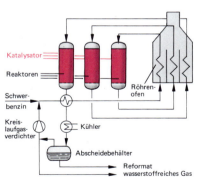

**Reformieren:** Schematische Darstellung einer Platforming-Anlage

und interessierter Gemeinden ›zur Wahrung und Pflege der Güter der ref. Kirche in Dtl. in Lehre, Gottesdienst und Verfassung‹. Der R. B., der Mitgl. des Ref. Weltbundes ist, übernimmt die Vertretung der Reformierten innerhalb der Ev. Kirche in Dtl. und vor den Landeskirchen. Mitgl. des R. B. sind die Ev.-ref. Kirche (in Bayern und Nordwest-Dtl.), die Lipp. Landeskirche, der Bund ref. Gemeinden, die Altreformierte Kirche sowie reformiert geprägte Gemeinden aus den unierten ev. Kirchen.

**Reformierter Weltbund,** 1875 in London als ›Panpresbyterian. Allianz‹ gegründete freie Vereinigung ref. Kirchen, die 1921 in R. W. umbenannt wurde; seit 1970 lautet die offizielle Bez. ›R. W. (presbyterianisch und kongregationalistisch)‹. Den Mitgliedskirchen gemeinsam ist bei aller Verschiedenheit in Kirchenverfassung, Gottesdienstordnung und Lehre der Bezug auf die unter J. CALVIN durchgeführte Reformation. Schwerpunkt der Tätigkeit des R. W., der i. d. R. alle fünf Jahre zu Generalversammlungen und jährlich in Gestalt des Exekutivkomitees zusammentritt, ist die ökumen. Arbeit. 1992 sind dem R. W. 170 Kirchen (Europa 37, Afrika 46, Asien 48, Nordamerika 11, Lateinamerika 20, Pazifik 8) mit mehr als 60 Mio. Mitgl. angeschlossen. In der Bundesrep. Dtl. sind die Ev.-ref. Kirche in Nordwest-Dtl., die Lipp. Landeskirche und der Ref. Bund Mitgl. des Ref. Weltbundes.

M. PRADERVAND: A century of service. A history of the World Alliance of reformed churches 1875–1975 (Grand Rapids, Mich., 1975).

**Reformismus** der, -, polit. Begriff, der i. w. S. jene politisch-gesellschaftl. Strömungen bezeichnet, die Verbesserungen in Staat und Gesellschaft mit Reformen durchzusetzen versuchen, i. e. S. jene Kräfte in der →Arbeiterbewegung, die die Überwindung des ›Kapitalismus‹ und die Verwirklichung einer sozialist. Gesellschaftsordnung nicht auf dem Weg des ›Klassenkampfes‹, der ›proletar. Revolution‹ und der Errichtung der ›Diktatur des Proletariats‹ erstreben, sondern durch schrittweise, gesetzlich abgesicherte, friedl. Veränderungen im Rahmen einer demokrat. Verf.-Ordnung. Im Marxismus-Leninismus gelten Reformen, ›die die Grundlagen des Systems der Ausbeutung nicht berühren‹ (Polit. Wörterbuch, Moskau 1958), als rechte Abweichung von seinen orthodoxen Postulaten.

**Reformjudentum,** im 19. Jh. entstandene Richtung innerhalb des Judentums, die, ausgehend von der Assimilation breiter Schichten, über die Bildungs- und Sozialreformen der jüd. Aufklärung (Haskala) hinaus religiöse Reformen anstrebte. Seit 1810 wurden in privaten Zirkeln, seit 1817 in einer in Hamburg gegründeten Reformgemeinde (›Hamburger Tempel‹) Änderungen im Gottesdienst eingeführt (Kürzung der Liturgie, Gebrauch der Landessprache). Ein Großteil der rituellen Vorschriften wurde als unzeitgemäß abgelehnt, der Inhalt der Offenbarung v. a. in den Prophetenbüchern gesehen. Zu den theolog. Neuerungen, die sich in der Folgezeit abzeichneten, gehörten der Verzicht auf die traditionelle messian. Hoffnung und auf die Bindung an Palästina, eine zunehmende eth. Akzentuierung der Religiosität und die Tendenz zum aufgeklärten Rationalismus. Ab 1841 (Ausbau der Hamburger Tempelgemeinde, Neuausgabe ihres Gebetbuches) weiteten sich die Reformforderungen aus, vorangetrieben auch durch die Praxis der Reformgemeinden in Frankfurt am Main (1842) und Berlin (1845), und wurde bekämpft von Vertretern der konservativen und orthodoxen Judentums. Führende Vertreter des R. waren A. GEIGER und SAMUEL HOLDHEIM (* 1806, † 1860).

V. a. seit der 2. Hälfte des 19. Jh. breitete sich die Reformbewegung auch außerhalb Dtl.s aus. In den USA wirkten DAVID EINHORN (* 1809, † 1879) und S. R. HIRSCH; ISAAC MAYER WISE (* 1819, † 1900) schuf 1873 als Dachverband die ›Union of American Hebrew Congregations‹ und gründete 1875 in Cincinnati (Oh.) das ›Hebrew Union College‹ (HUC) als Rabbinerausbildungsstätte. Seit 1889 besteht die ›Central Conference of American Rabbis‹ (CCAR). In England gründete CLAUDE JOSEPH GOLDSMID MONTEFIORE (* 1858, † 1938) 1926 die ›World Union for Progressive Judaism‹.

Unter dem Eindruck der nat.-soz. Herrschaft zerbrach der für weite Teile des R. grundlegende Glaube an einen moral. Fortschritt der Menschheit. STEPHEN S. WISE (* 1876, † 1949) und ABBA HILLEL SILVER (* 1893, † 1963) förderten eine prozionist. Tendenz, und die ›Columbus Platform‹ von 1937 beschloß programmatisch eine Hinwendung zu Tradition und Zionismus. Dieser polit. Trend nahm seit dem Sechstagekrieg (1967) zu und dominiert seit etwa 1977.

M. WIENER: Jüd. Religion im Zeitalter der Emanzipation (1933); W. G. PLAUT: The growth of reform Judaism (New York 1965); ders.: The rise of reform Judaism (ebd. ²1969); M. L. RAPHAEL: Profiles in American Judaism (San Francisco, Calif., 1984); The changing world of reform Judaism, hg. v. W. JACOB (Pittsburgh, Pa., 1985); MICHAEL A. MEYER: Response to modernity. A history of the reform movement in Judaism (New York 1988); M. BERENBAUM: After tragedy and triumph (Cambridge 1990).

**Reformkatholizismus,** nach dem 1899 erschienenen gleichnamigen Buch des Bamberger Priesters JOSEF MÜLLER benannte, v. a. zu Beginn des 20. Jh. in Erscheinung getretene Richtung innerhalb des Katholizismus, die sich gegen Neuscholastik und Ultramontanismus wandte und einen Anschluß des Katholizismus an die moderne Kultur und Wiss. suchte. Der R. umfaßte eine Vielzahl von Theologen und Laien, die in der Tradition eines liberalen, von der Aufklärung beeinflußten Katholizismus standen. Die früher getroffene Unterscheidung des R. vom radikaleren →Modernismus wird heute kaum noch aufrechterhalten. Bedeutende Vertreter des R. in Dtl. waren u. a. A. EHRHARD, F. X. KRAUS, S. MERKLE, C. MUTH, H. SCHELL sowie Vertreter der katholischen Tübinger Schule.

O. SCHROEDER: Aufbruch u. Mißverständnis. Zur Gesch. der reformkath. Bewegung (Graz 1969); T. M. LOOME: Liberal catholicism, reform catholicism, modernism (Mainz 1979); F. X. KRAUS: Liberaler Katholizismus (1983).

**Reformkleidung,** aus gesundheitl. und ästhet. Gründen gegen modebedingte Beeinträchtigungen des Körpers geforderte Kleidung, die für Frauen seit der Mitte des 19. Jh., für Männer verstärkt um die Jahrhundertwende propagiert wurde. Zu den Verfechtern der R., die sich gegen einengende Kleidungsstücke wie das Korsett wandten und natürl. Materialien sowie großzügige Schnitte forderten, gehörten sowohl Ärzte als auch Künstler des Arts and Crafts movement und der Jugendstils wie W. MORRIS, H. VAN DE VELDE, R. RIEMERSCHMIED u. a., die lose fallende Kleider ohne Taille (›Reformkleid‹) entwarfen. Wenn diese zwar zunächst ohne größerer Bedeutung blieben, so beeinflußten sie mit der Betonung der Bequemlichkeit dennoch die weitere Entwicklung der Damen- und Herrenmode.

H. VAN DE VELDE: Die künstler. Hebung der Frauentracht (1900); B. STAMM: Das Reformkleid in Dtl. (Diss. Berlin 1976).

**Reformkommunismus,** Bez. für Strömungen innerhalb des Kommunismus, die unter Wahrung des Führungsanspruchs der KP die unmittelbare Herrschaft des Parteiapparates abbauen und eine ›polit. Demokratie auf sozialist. Basis‹ errichten wollten; dabei sollten nat. Eigenarten und Grundrechte des Bürgers gewahrt werden.

In diesem Sinn wandten sich die jugoslaw. Kommunisten 1948 gegen das stalinist. System und entwikkelten ein auf der Selbstverwaltungsidee beruhendes eigenes kommunist. Gesellschaftsmodell (→Jugoslawien, Geschichte). Unter dem Eindruck der Entstalinisierung in der UdSSR (1956) entwickelte die Gruppe um W. HARICH in der SED Gedanken eines ›dritten Weges‹ zw. Kapitalismus und dem in der Dt. Dem. Rep. praktizierten bürokratisch-diktator. System, das u. a. innerparteil. Demokratie, Umwandlung der Volkskammer in ein demokrat. Parlament, Auflösung des Staatssicherheitsdienstes, Dezentralisierung der Leitung der Wirtschaft vorsah. In der Zeit des ›Prager Frühlings‹ (Jan.–Aug. 1968) suchten tschechoslowak. Reformkommunisten unter Betonung marxistisch-leninist. Grundvorstellungen Staat und Gesellschaft zu liberalisieren (›Sozialismus mit menschl. Antlitz‹), wurden jedoch durch den Einmarsch von Truppen des Warschauer Paktes gewaltsam daran gehindert. Der →Eurokommunismus, v. a. von der span. und italien., z. T. auch von der frz. KP vertreten, suchte sich stärker von den marxistisch-leninist. Denkmustern zu lösen und den Marxismus enger mit dem Liberalismus zu verbinden. Mit dem seit Mitte der 80er Jahre eingeleiteten ›Umbau‹ der sowjet. Gesellschaft (→Perestroika) stellte M. S. GORBATSCHOW unter Bekenntnis zu LENIN grundlegende Postulate der bisherigen polit. Praxis in der →Sowjetunion in Frage. Der Kommunismus als weltumspannende Ideologie ist damit einem starken Wandlungsprozeß unterworfen, der sich v. a. im Zeichen des Sozialismus (z. B. Umbenennung von ›kommunist.‹ in ›sozialist.‹ Parteien) vollzieht.

**Reformkonzile,** Sammel-Bez. für die Konzile des 15. Jh., v. a. die Konzile von Pisa (1409), Konstanz (1414–18), Basel (1431–49) und Ferrara-Florenz-Rom (1438–45), deren dringlichstes Ziel eine Reform der Kirche war. Schwerpunkte der ekklesiolog. Neubesinnung waren die seit dem Abendland. Schisma (ab 1378) zerstörte Einheit der Kirche und das Verhältnis von Papst und allgemeinem Konzil im Hinblick auf die Leitung der Gesamtkirche (→Konziliarismus). Weder die Papstabsetzungen (in Pisa, Konstanz und Basel) noch die Reformdekrete brachten unmittelbar die gewünschten Erfolge; sie bildeten jedoch eine der Voraussetzungen für die kath. Reform im 16./17. Jahrhundert.

H. JEDIN: Bischöfl. Konzil oder Kirchenparlament? (Basel ²1965); A. LEIDL: Die Einheit der Kirchen auf den spätmittelalterl. Konzilien (1966).

**Reformkost,** →Reformwaren.

**Reformpädagogik,** Sammel-Bez. für die Bestrebungen zur Erneuerung von Erziehung, Schule und Unterricht in Europa und den USA zw. 1890 und 1930, in Dtl. nach H. NOHL auch **pädagogische Bewegung** gen. Die R. strebte eine tiefgreifende Revision der traditionellen Pädagogik an. Sie bezog sich auf zeitgenöss. kultur- und gesellschaftskrit. Impulse und sah in der Selbsttätigkeit des Heranwachsenden das grundlegende individualist. Erziehungsprinzip für eine freie, ungehinderte Entwicklung und Entfaltung der Persönlichkeit, wobei sie die Rolle der Gemeinschaft und eines lebendigen Schullebens hervorhob und damit auch Bestrebungen zu einer sozialen und polit. Bildung einschloß. Ihr Anliegen war die Überwindung des ›Lektionismus‹ des →Herbartianismus, dem der bloße Rezeptivität des Schülers entsprach. Die R. führte zu neuen Schul- und Unterrichtsformen, u. a. Gesamtunterricht, Gruppenunterricht, Schülermitverantwortung, Arbeitsgemeinschaften, Werken als prakt. und didakt. Unterrichtsprinzip (→Arbeitsschule), Gymnastik im Sinne →musischer Erziehung oder Sprachgestaltung. Sie erschloß zusätzliche Erziehungsfelder (Jugendbewegung, Jugendarbeit, Erwachsenenbildung, Musikerziehung). In Dtl. spielten bes. die →Kunsterziehungsbewegung, die ›Pädagogik vom Kinde aus‹ (ELLEN KEY), die Arbeitsschul- und die Landerziehungsheimbewegung (→Landerziehungsheim), die Einheitsschulbewegung (→Einheitsschule) und die Laienspiel- und Volksbildungsbewegung eine Rolle. Zu den wichtigsten internat. Vertretern zählen O. DECROLY, J. DEWEY, A. FERRIÈRE, C. FREINET, H. GAUDIG, P. GEHEEB, L. GURLITT, G. KERSCHENSTEINER, W. H. KILPATRICK, A. LICHTWARK, H. LIETZ, MARIA MONTESSORI, A. S. NEILL, P. OESTREICH, B. OTTO, HELEN PARKHURST, P. PETERSEN sowie H. SCHARRELMANN und F. GANSBERG.

Nach dem Zweiten Weltkrieg wurde in Dtl. Gedankengut der R. v. a. in Grundschule und Kindergarten weitergepflegt, ebenso in Landerziehungsheimen. Dann beriefen sich bes. Vertreter der →antiautoritären Erziehung auf die R., und auf Privatschulebene entstanden neue alternative freie Schulen. (→Schule, →Privatschule).

H. RÖHRS: Die R. als internat. Bewegung, 2 Bde. (1977–80); Die R. des Auslands, hg. v. H. RÖHRS (²1982); Die Schulen der R. heute. Hb. reformpädagog. Schulideen u. Schulwirklichkeit, hg. v. dems. (1986); W. SCHEIBE: Die reformpädagog. Bewegung 1900–1932 (⁹1984); W. HARTH: Die Anfänge der neuen Erziehung in Frankreich (1986); W. POTTHOFF: Freies Lernen – verantwortl. Handeln. Der Freiburger Ansatz der integrierten R. (1990).

**Reformpartei,** →Deutsche Reformpartei.
**Reformrealgymnasium,** →Reformanstalten.
**Reformverein,** →Deutscher Reformverein.
**Reformwaren, Reformprodukte,** Erzeugnisse, die nach Ursprung, Zusammensetzung und Beschaffenheit möglichst naturbelassen (z. B. ohne chem. Zusatzstoffe) sind und somit der Gesundheitsvorsorge und -pflege dienen, wie Nahrungsmittel (Reformkost), Kurmittel, Heilkräuter, pharmazeut. Extrakte, Körperpflegemittel und gesundheitsfördernde Bekleidung. R. werden v. a. von den Reformhäusern angeboten.

**Refosco** [-kɔ], wichtige rote Rebsorte NO-Italiens, urspr. aus Savoyen stammend (**Mondeuse noire**); liefert in sonnigen Lagen säurebetonte Weine mit kräftiger Farbe und intensivem Bukett; in versch. Klonen v. a. in Friaul und Istrien, Jugoslawien (hier **Teran** gen.), daneben in Argentinien, Kalifornien und Australien vertreten.

**Refrain** [rə'frɛ̃; frz., eigtl. ›Rückprall (der Wogen an den Klippen)‹, zu lat. refringere ›brechend zurückwerfen‹] *der, -s/-s,* **Kehrreim,** in stroph. Dichtung regelmäßig wiederkehrende Worte oder Zeilen, meist am Ende einer Strophe. R. sind in Volks-, Kinder- und Tanzliedern vieler Völker verbreitet (Einfallen des Chores nach dem Vorsänger), finden sich aber auch in der Lyrik. Für die Liedgattungen des 12.–16. Jh. (Rondeau, Virelai, Ballade, Villanella u. a.) ist der R. ein wesentl., musikalisch gliederndes Element. Auch im Kunstlied des 19. Jh. sowie in liedartigen Szenen der Oper (Solo-Chor-Wechsel) und im Chanson, Song, Schlager, Jazz (→Chorus) tritt er häufig auf. (→Ritornell)

**Refraktion** [zu lat. refringere, refractum ›brechend zurückwerfen‹; ›zerbrechen‹] *die, -/-en,* **1)** *Astronomie* und *Geophysik:* →atmosphärische Lichtbrechung.
**2)** *organische Chemie:* **Mol-R., Molekular-R.,** die Größe

$$R_m = V_m \frac{n^2-1}{n^2+2},$$

in der $V_m$ das Molvolumen ist und $n$ die Brechzahl der Probe. Die Mol-R. spielte früher bei der Konstitutionsermittlung eine große Rolle, weil sie im Ggs. zur Brechzahl (intensive Größe) eine extensive Größe mit kolligativer (additiver) Eigenschaft ist, die sich aus sogenannten Inkrementen zusammensetzt, d. h. aus R.-Werten für Atome (**Atom-R.**) und Bindungen (Bindungsinkremente), die entsprechenden Tabellen entnommen werden können.

3) *Physik:* die →Brechung 1).

**Refraktions|anomalie,** der →Brechungsfehler des Auges.

**Refraktions|seismik,** →Sprengseismik.

**Refraktometer** *das, -s/-,* 1) *Augenheilkunde:* Meßgerät zur Feststellung der Gesamtbrechkraft (Refraktion) des Auges, einschließlich eines Astigmatismus, teils auch zur Scheitelbrechwertmessung und Zylinderachsenbestimmung von Brillengläsern. Die Funktion beruht auf der Projektion einer Testmarke auf die Netzhaut; bei dem heute in der Augenheilkunde bei der Voruntersuchung gebräuchl. **Auto-R.** erfolgt die Messung über ein computergesteuertes opt. System mit digitaler Anzeige der Ergebnisse.

2) *Optik:* Meßgerät zur Bestimmung der →Brechzahl oder der →Abbe-Zahl von festen, flüssigen und gasförmigen Stoffen. Die Wirkungsweise beruht auf den Gesetzen der Refraktion (→Brechung 1), bei manchen R.-Typen zusätzlich auf denen der →Interferenz 3). Die Mehrzahl der R. dient unmittelbar zur Messung des Grenzwinkels der →Totalreflexion und über diesen zur Bestimmung der Brechzahl (**Totalreflektometer**); beobachtet wird bei ihnen entweder im

**Refraktometer 2):** Totalrefraktometer (K Kristall, G Glashalbkugel); der Grenzwinkel der Totalreflexion $\alpha_g$ wird mit einem Fernrohr beobachtet und an einem Teilkreis abgelesen; OBEN Beobachtung bei streifendem Lichteinfall; UNTEN Beobachtung in reflektiertem Licht

durchfallenden Licht bei streifendem Einfall (starker Hell-Dunkel-Kontrast beim Grenzwinkel) oder im zurückgeworfenen Licht (schwächerer Hell-Dunkel-Kontrast). Zu dieser Art von R. gehört z. B. das Abbe-Refraktometer, das die Untersuchung im weißen Licht erlaubt, da es zwei Geradsichtprismen zur Kompensation der Dispersion enthält. Beim **Interferenz-R.** werden die zu untersuchende Probe und eine Referenzprobe bekannter Brechzahl in die beiden parallelen Strahlengänge eines Mach-Zehnder- oder eines Jamin-Interferometers eingebracht und der Unterschied der →optischen Weglänge der beiden Strahlenbündel interferometrisch bestimmt. Hierbei ist eine sehr große Genauigkeit (etwa $10^{-10}$) erreichbar, so daß auch eine Messung entsprechend kleiner Brechzahlunterschiede (z. B. bei Gasen) möglich ist.

Da die Brechzahl stoffspezifisch ist, werden R. auch für analyt. Zwecke verwendet, z. B. zur Identifizierung von Gläsern und Kristallen oder zur Bestimmung der chem. Zusammensetzung und Konzentration von Lösungen (**Refraktometrie**).

**Refraktor** *der, -s/...'toren,* das Linsenfernrohr (→Fernrohr 2).

**Refresh-Zyklus** [rɪ'freʃ-; engl. to refresh ›auffrischen‹], *Elektronik:* periodischer wiederholender Schaltzyklus in einem dynam. →RAM zur ›Auffrischung‹ der gespeicherten Information; ohne R.-Z. ginge diese verloren.

**Réfugiés** [refy'ʒje; frz. ›Flüchtlinge‹], *Sg.* **Réfugié** *der, -s,* die während der Religionsverfolgungen des 16./17. Jh. aus Frankreich ausgewanderten →Hugenotten, bes. in der Zeit nach der Aufhebung des Edikts von Nantes (1685). Frankreich verlor mit ihnen einen großen Teil gebildeter und finanzkräftiger Bürger an das prot. Ausland (Niederlande, England, Dänemark, Territorien des Hl. Röm. Reiches, Schweiz, Amerika).

**Refugium** [lat., zu refugere ›sich flüchten‹] *das, -s/...gi|en,* 1) *bildungssprachlich* für: Zufluchtsort.

2) *Ökologie:* **Rückzugsgebiet, Erhaltungsgebiet,** größeres oder kleineres geograph. Gebiet, das durch seine klimatisch begünstigte oder abgeschlossene Lage in erdgeschichtl. Zeiten ungünstiger Umweltbedingungen (z. B. Eiszeiten) zu einer Überlebensregion von Tier- und Pflanzenarten wurde, die im ursprüngl. Verbreitungsgebiet ausgestorben sind. Bei nachfolgendem Eintreten günstigerer Klimabedingungen wird es zum Ausbreitungszentrum (→Ausbreitung) für die Wiederbesiedlung ehemaliger Gebiete.

**Reg** [arab.] *die, -/-,* in der alger. Sahara Bez. für Geröllwüsten; durch Auswehung des feineren Materials aus Schwemmebenen oder flachen Schwemmkegeln (an Gebirgsrändern) entstanden.

**reg.,** Abk. für →registered 1).

**Rega, Barega, Lega, Balega,** Bantuvolk in O-Zaire, im trop. Regenwald zw. Lualaba und Kiwusee. Die R. betreiben Feldbau (v. a. Bananen) auf Rodungsinseln und Fischfang. Das Schmiedehandwerk, in männl. Linie erblich, steht in besonderer Verbindung zum Ahnenkult. Für die Riten ihres Geheimbundes (›Bwami‹) werden einfache, aber gut modellierte kleine Figuren, Kleingeräte (Löffel) und Masken aus Holz, Bein, Elfenbein und Elefantenhaut gefertigt. – Als Unterstamm der R. gelten die Bembe, die entlang dem mittleren Tanganjikasee leben; früher gute Schnitzer, von der Lubakunst beeinflußt, lassen sie heute ihre Figuren und Masken von den südlich benachbarten Buye arbeiten.

**Rega** *die,* Küstenfluß in Ostpommern, Polen, 168 km lang, zur Energiegewinnung gestaut, mündet westlich von Kolberg in die Ostsee.

**Regal** [Herkunft unsicher] *das, -s/-e,* 1) *allg.:* Gestell zur Lagerung von Gegenständen (z. B. Bücher, Stückgut), das meistens nach dem Baukastensystem als Schraub- oder Steck-R. ausgeführt ist (Hochregallager auch in Betonbauweise).

2) *Musik:* eine kleine Orgel mit einem einzigen kurzbecherigen Zungenregister. Das R. besteht aus einem schmalen, mit einer Klaviatur versehenen Kasten, der die Windlade und die Pfeifen enthält. An der Hinterseite befinden sich zwei Keilbälge, die von einer zweiten Person betätigt werden. Nachweisbar seit dem 11./12. Jh., war das Instrument bes. beliebt in der Kirchen-, Kammer- und Theatermusik des 16. und 17. Jh. Wegen seines schnarrenden Tons kam es im 18. Jh. außer Gebrauch. Eine besondere Form hatte das **Bibelregal,** das zusammengeklappt werden konnte und dann wie eine große Bibel aussah. – Außerdem bei Orgeln Bez. für ein kurzbecheriges Zungenregister.

3) *Rechtsgeschichte:* →Regalien.

**Regalförderzeug,** Fördermittel in →Hochregallagern zur Ein- und Auslagerung von Paletten u. a.

**Regal 2):** Arbeit von Michel Klotz; um 1600 (Nürnberg, Germanisches Nationalmuseum)

Behältern. Unterteilt werden R. in boden-, regal- und deckenverfahrbare Geräte. Am weitesten verbreitet sind die bodenverfahrbaren R., auf Schienen fahrende Hochgerüste, bis 15 m Höhe in Einsäulen-, bei größeren Höhen in Zweisäulenbauweise. Sie bestehen aus Grundrahmen, Fahrwerk, Hubmast, Hubwerk und Lastaufnahmemittel (Teleskopgabel, -tisch oder Schwenkhubgabel).

**Regalförderzeug:** Schienengebundenes, bodenverfahrbares Regalbediengerät

**Regalgroßhändler, Regalgrossist,** der → Rackjobber.

**Regali|en** [von mlat. regale ›Königsrecht‹, zu lat. regalis ›königlich‹], Sg. **Regal** das, -s, lat. **Iura regalia,** im 11. Jh. entstandene Bez. für die dem König zustehenden Hoheitsrechte, die sich auf Nutzungsrechte, Gerichtsbarkeit und auch auf das Befestigungsrecht an Burganlagen erstreckten. Die R.-Definition der Ronkal. Reichstags (1158) umfaßte die Verfügung über die hohen Ämter, über das Reichsgut, Herrschaftsrechte und finanziell nutzbare Rechte (z. B. Marktgerechtsame, vielfältige Zölle und Steuern). Niedere R. (seit dem 15./16. Jh., v. a. fiskal. Rechte) konnten vom König im Ggs. zu den unveräußerl. höheren R. an Fürsten und Städte zur wirtschaftl. Nutzung verliehen werden. Der Inhaber der R. hatte sich daraus ergebenden Pflichten wahrzunehmen (z. B. bezog das Münzrecht die Sorge um eine vollwertige Münze ein, Wegezölle die Instandhaltung von Straßen). In Dtl. konnte das erstarkende Fürstentum immer mehr R. an sich ziehen und für den Ausbau seiner Landeshoheit einsetzen.

Die Zahl der R. wuchs seit dem 12. Jh. kontinuierlich an; so wurde im 17. und 18. Jh. die gesamte (staatl.) Wirtschaftstätigkeit als in einzelne R. unterteilt gesehen (**Regalismus**). Im 19. Jh. wurde die Regalität eingeschränkt oder beseitigt oder in andere Rechtsfiguren überführt (z. B. Münzhoheit, Zollhoheit); nur die ›niederen‹ (wirtschaftlich nutzbaren) R. wurden als dem Staat ausschließlich zustehende Erwerbsrechte genutzt (z. B. Post-, Branntwein-, Salz-, Fährregal). Die Einführung des BGB (1900) ließ landesherrl. R. unberührt.

**Regali|enfeld,** Heraldik: → Blutfahne.

**Regatta** [italien. (venezian.) ›Gondelwettfahrt‹] die, -/...ten, Wettfahrt von Wasserfahrzeugen im Kanu-, Motorbootsport, beim Rudern, Surfen und Segeln, wobei die durch Bojen markierte **R.-Strecke** ein- oder mehrfach zu umfahren ist.

**Regel** [aus mlat. regula ›Ordensregel‹, von lat. regula ›Richtholz‹, ›Richtschnur‹; ›Regel‹], **1)** allg.: Richtlinie, Norm, Vorschrift.
**2)** Biologie: volkstüml. Bez. für die → Menstruation.
**3)** christl. Kirchen: die Grundordnung, zu deren Einhaltung sich die Mitgl. religiöser Gemeinschaften verpflichten; häufig nach dem Ordensgründer benannt (z. B. Benedikt-R., Augustinus-R.).
**4)** Logik und Mathematik: In der Kalkültheorie (→ Kalkül 2) Vorschrift für die Herstellung von Figuren aus Grundfiguren (aus Vordersätzen, den sogenannten Prämissen, werden Konklusionen gemäß den Ableitungsregeln gewonnen), wobei den ›zulässigen R.‹ eine besondere Bedeutung zukommt. Die R. eines Systems, z. B. der Aussagenlogik, werden immer in einer Metasprache formuliert, in der über das fragl. System gesprochen wird.
**5)** Philosophie: Richtschnur für das menschl. Verhalten im Sinne einer sittl. Empfehlung (→ Goldene Regel), einer für eine Gemeinschaft und deren Mitgl. als bindend gesetzten und anerkannten Vorschrift (z. B. Verkehrs-R., Straf- und Zivilgesetze), eines für bestimmte Handlungen aus Erfahrung bewährten Vorgehens (z. B. Rechen-R., Navigations-R., Faust-R.), einer auf Konvention oder Brauchtum beruhenden Verhaltensform im Rahmen einer Gemeinschaft (z. B. Spiel-R., soziale Umgangs-R., Sprach-R., Erb-R.). R. haben universelle Geltung für alle Handlungen eines bestimmten Typs. ›Regelgemäß‹ wird in den R. konformes Verhalten genannt; regelgeleitetes Verhalten geschieht mit Bedacht darauf, bestimmten R. konform zu handeln.
**6)** Sprachwissenschaft: zusammenfassende Bez. für sprachl. Vorgänge, die sich unter gleichen oder ähnl. Bedingungen wiederholen. In der traditionellen Grammatik haben R. normativen Charakter. Im Rahmen des Deskriptivismus werden R. als Regelmäßigkeiten empirisch beobachtbarer sprachl. Daten verstanden; in der generativen Transformationsgrammatik (→ generative Grammatik) werden sie als Anweisung zur Durchführung bestimmter sprachl. Operationen definiert (z. B. zur Transformation einer Kette in eine andere oder zur Generierung aller grammat. Sätze einer natürl. Sprache durch ein R.-System). Auf der Grundlage der sprachphilosoph. Konzeptionen L. WITTGENSTEINS entwickelte sich v. a. seit den 1970er Jahren – im Zusammenhang mit pragmat. und semant. Fragestellungen – ein die Sprache als regelgeleitetes (soziales) Handeln fassender R.-Begriff.

**Regel|abweichung,** Technik: bei Regelungen die Abweichung des Ist-Werts einer Regelgröße vom Ist-Wert der Führungsgröße. Bei Festwertregelungen ist die R. die Differenz zw. Ist-Wert und Soll-Wert der Regelgröße. Falls die R. nach einem Sprung der Störgröße oder Führungsgröße einem konstanten Wert zustrebt, spricht man von **bleibender R.** (bei Proportionalregelungen von **Proportionalabweichung**). Als **Überschwingweite** wird die max. Differenz zw. der R. und der bleibenden R., die auf den ersten Vorzeichenwechsel dieser Differenz folgt, bezeichnet. Soll ein Überschwingen vermieden werden, muß der Soll-Wert von einer Seite asymptotisch erreicht werden. Bei I-Reglern und PI-Reglern wird die Stellgröße so lange verändert, bis die R. völlig beseitigt ist.

**Regel|anfrage,** die im Rahmen des → Extremistenbeschlusses von der einstellenden Körperschaft an den Verf.-Schutz gerichtete (routinemäßige) Anfrage nach Erkenntnissen, die Zweifel an der Verf.-Treue eines Bewerbers für den öffentl. Dienst begründen könnten. Die R. war Gegenstand heftiger öffentl. Diskussionen und wird nicht mehr praktiziert (seit 1991 auch in Bayern abgeschafft).

**Regelation** [zu lat. gelare ›gefrieren machen‹] die, -, die Druckabhängigkeit des Phasenübergangs zw.

festem und flüssigem →Aggregatzustand bei Stoffen, deren Schmelze eine höhere Dichte aufweist als ihre feste Phase, z. B. Wasser/Eis (→Anomalie des Wassers) oder Wismut. Solche Stoffe können durch Druckeinwirkung geschmolzen werden, da dann nach dem →Le-Chatelier-Braun-Prinzip ihr Schmelzpunkt sinkt; bei nachlassendem Druck tritt wieder Erstarrung ein. Die erforderl. Schmelzwärme wird der festen Phase selbst entzogen, wodurch der Schmelzvorgang örtlich auf den Bereich erhöhten Drucks begrenzt ist. Die R. führt zur Glätte des Eises (etwa beim Schlittschuhlaufen) und spielt eine Rolle bei der Gletscherwanderung sowie für Bewegungsvorgänge im Dauerfrostboden.

**Regelbedarf,** der Mindestbetrag, den der Vater eines →nichtehelichen Kindes, das sich in der Pflege der Mutter befindet, diesem bis zur Vollendung des 18. Lebensjahres als Unterhalt bei einfacher Lebenshaltung zu zahlen hat (Regelunterhalt). Die Höhe des Betrages bestimmt sich nach der aufgrund der Ermächtigung der §§ 1615f Abs. 2, 1615g Abs. 4 BGB von der Bundes-Reg. erlassenen Regelunterhalt-VO. Gemäß der letzten Anpassung (1992) beträgt der R. eines Kindes bis zum vollendeten 6. Lebensjahr monatlich 291 DM, bis zum vollendeten 12. Lebensjahr 353 DM, danach 418 DM. Der Unterhalt vermindert sich ggf. dadurch, daß Kindergeld und andere Sozialleistungen (z. B. Kinderzuschläge), die dem Vater nicht zufließen, zur Hälfte angerechnet werden. Andererseits verhindern die R.-Bestimmungen nicht, daß der Vater entsprechend seiner Leistungsfähigkeit zu höheren und über das 18. Lebensjahr hinausreichenden Unterhaltsleistungen verpflichtet werden kann (§ 1602 BGB).

Bei einem ehel. Kind richtet sich der Mindestbedarf dann nach dem R., wenn die Eltern geschieden sind oder dauernd getrennt leben und das Kind von dem Elternteil, bei dem es nicht lebt, auf Unterhalt in Anspruch nimmt (§ 1610 Abs. 3 BGB). Auf dem Gebiet der ehem. Dt. Dem. Rep. gilt die Regelunterhalt-VO nicht (Einigungsvertrag vom 31. 8. 1990 Anlage I Kap. III Sachgebiet B Abschnitt I).

In *Österreich* und der *Schweiz* gibt es nichts Entsprechendes.

**Regelfläche, geradlinige Fläche,** eine Fläche $x(u, v) \subset \mathbb{R}^3$, die durch die Bewegung einer Geraden längs einer Kurve im Raum erzeugt wird. Analytisch lassen sich R. durch die Vektorgleichung $x(u,v) = k(u) + v \cdot r(v)$ mit $u \in [0, 1]$, $v \in \mathbb{R}$ und $r(v) \neq 0$ darstellen. Für festes $u$ und variables $v$ erhält man Geraden, die **Erzeugenden** der R.; für festes $v$ und variables $u$ ergeben sich Kurven, die **Leitlinien**. Der Durchschnitt einer Leitlinie mit jeder Erzeugenden besteht aus genau einem Punkt. Eine Fläche zweiter Ordnung, die eine Gerade enthält, ist eine R., nicht aber Flächen dritter Ordnung. Spezielle R. sind die **Torsen.** Diese sind dadurch charakterisiert, daß die Tangentialebene der Fläche längs der Erzeugenden unverändert bleibt. Torsen sind stets in die Ebene abwickelbar; insbesondere ist ihre Gaußsche Krümmung in allen Punkten null. Beispiele für Torsen sind Ebenen, Zylinder und Kegel.

**Regelgröße,** in einem Regelkreis die zu regelnde physikal. Größe (z. B. Leistung, Spannung, Temperatur), die Ausgangsgröße (Ausgangssignal) der Regelstrecke ist. Kann die R. nicht unmittelbar von der Regelstrecke geliefert werden oder wird mit der von der Regelstrecke gelieferten R. eine weitere Größe derart verändert, daß diese als Eingang des Reglers dienen kann, wird sie als **Ersatz-R.** bezeichnet. Eine **Hilfs-R.** wird in trägen Regelstrecken oder mehrschleifigen Reglern zusätzlich abgegriffen und auf eine Hilfsregeleinrichtung geleitet, mit der Störungen am Eingang der Regelstrecke schneller geregelt werden können. Wird die Hilfs-R. zus. mit der eigentl. R. auf die Regelstrecke geschaltet, bezeichnet man sie als **stabilisierende Hilfsregelgröße.**

**Regelkreis,** ein geschlossener Wirkungsweg aus Regelstrecke und Regeleinrichtung, in dem eine Regelung durchgeführt wird. Innerhalb eines R. wird der Wert der Regelgröße (Ist-Wert) von einer Meßeinrichtung am **Meßort** fortwährend erfaßt und mit dem vorgegebenen Soll-Wert verglichen. Bei →Regelabweichungen infolge von Störgrößen bewirkt das Stellglied am **Stellort** eine der ursächl. Änderung entgegengesetzte Verstellung des Energie- oder Massestroms. Einen R. mit Hilfsregelgrößen und -stellgrößen nennt man einen **vermaschten R.** Bei einem **Folge-R.** ist der Soll-Wert vom Wert einer Führungsgröße abhängig, die von der Regelung unabhängig ist. R. sind auch allg. kennzeichnend für kybernet. Systeme (→Kybernetik), z. B. in Biologie, Psychologie, Ökonomie und Soziologie.

**Regel|lasten,** genormte Lastannahmen, die der Berechnung von Bauwerken zugrunde zu legen sind.

**Regel|leistungen,** diejenigen Leistungen in der gesetzl. Sozialversicherung, die allen Versicherten gleichermaßen und gesetzlich geregelt zustehen. Der Träger eines Versicherungszweiges kann darüber hinausgehende Leistungen (**Mehrleistungen**) in seiner Satzung festlegen. In der Krankenversicherung betrifft dies z. B. die Vorsorge, häusl. Krankenpflege und die Haushaltshilfe.

**regelmäßige Körper, regelmäßige Polyeder,** Körper, die von kongruenten Polygonen begrenzt werden, wobei in jeder Ecke des Körpers gleich viele Polygone zusammentreffen. Sind sämtl. Seiten der Polygone gleich lang (regelmäßige Polygone), spricht man von →platonischen Körpern oder regulären Körpern (Polyeder). Gelegentlich werden auch die platonischen Körper als r. K. bezeichnet. Eine Verallgemeinerung der r. K. sind die →archimedischen Körper.

**Regelsatz,** *Sozialpolitik:* ein Richtsatz für die laufenden Unterstützungszahlungen im Rahmen der Sozialhilfe. Die Höhe des R. für den Haushaltsvorstand (**Eck-R.**) wird von den einzelnen Bundesländern festgelegt und betrug (1991) im Bundesdurchschnitt 473 DM monatlich (alte Bundesländer; neue Bundesländer 445 DM. Für Haushaltsangehörige sind die Unterstützungszahlungen prozentual nach Altersgruppen gestaffelt: 50% (bis zum vollendeten 7. Lebensjahr; 55% bis Alleinerziehenden), 65% (8–14), 90% (15–18) und 80% (19–21) des R. Bis 1985 wurde die Höhe des R. nach den Aufwendungen berechnet, die für die zur Existenzsicherung als nötig erachteten Waren und Dienstleistungen erforderlich sind (Warenkorbmodell). Seit 1990 wird für die Festlegung des R. das von der amtl. Statistik durch Verbrauchsstichproben ermittelte Ausgaben- und Verbrauchsverhalten der unteren Einkommensgruppen zugrunde gelegt (Statistikmodell). Der R. soll zus. mit den Durchschnittsbeträgen für die Kosten der Unterkunft unter dem durchschnittl. Netto-Arbeitsentgelt unterer Lohngruppen zuzüglich Kindergeld und Wohngeld bleiben, soweit nicht die Verpflichtung zur Sicherung des Lebensunterhaltes bei größeren Haushaltsgemeinschaften dem entgegensteht.

⇨ *Armut · Sozialhilfe · Sozialpolitik · Sozialstaat*

R. u. Warenkorb in der Sozialhilfe, hg. vom Ministerium für Jugend, Familie, Frauen u. Gesundheit (1985).

**Regelschule,** Schulart des öffentl. Bildungssystems, die anzubieten der Staat (Bundesland) verpflichtet ist (im Ggs. zu Versuchs- und Angebotsschulen); Grund-, Haupt-, Realschule und Gymnasium sind in allen Ländern R., die Gesamtschule nicht.

**Regelspur, Vollspur,** Spurweite von 1,435 m bei Eisenbahnen in den meisten europ. Staaten (Ausnahmen: Nachfolgestaaten der Sowjetunion, Spanien und Portugal mit Breitspuren).

**Regelstab**, *Kerntechnik:* der →Steuerstab.

**Regelstrecke, Strecke,** Grundbestandteil eines Regelkreises. Zur R. gehören die Teile des Wirkungswegs, die die zu regelnde techn. Anlage bilden. Nach Maßgabe der Steuerung durch die →Stellgröße und des Einflusses der →Störgrößen erzeugt die R. an ihrem Ausgang die →Regelgröße.

**Regelstudi|enzeit,** allg. die als durchschnittl. Studienzeit in einem Studienfach angesetzte Semesterzahl, i. e. S. die auf eine bestimmte Höchstzahl von Semestern beschränkte Studienzeit. Die R. wurde durch das Hochschulrahmen-Ges. vom 26. 1. 1976 eingeführt und in unterschiedl. Form in einigen Bundesländern verwirklicht; durch Änderung des Hochschulrahmen-Ges. vom 6. 3. 1980 wurde die Zwangsexmatrikulation bei Überschreitung der R. abgeschafft.

**Regelung, 1)** *Biologie:* die Regulierung zahlreicher Funktionszustände (z. B. Blutdruck, Körpertemperatur, Nahrungsaufnahme) in Organismen nach einem Rückkopplungsprinzip. Das Wirkungsprinzip der R. besteht darin, daß Abweichungen von einem bestimmten Normalwert durch Gegenreaktionen kompensiert werden (negative Rückkopplung). →Kybernetik.

**2)** *Regelungstechnik:* Vorgang in einem abgegrenzten System, bei dem eine oder mehrere Größen (→Regelgröße) fortlaufend von einer Meßeinrichtung erfaßt und die gemessenen Augenblickswerte (Ist-Werte) mit den vorgegebenen Führungsgrößen (Größen eines Regelkreises, die den gewünschten Zeitverlauf der Regelgröße angeben) verglichen werden. Bei einer festgestellten Regelabweichung wird über ein Stellglied auf die Regelgröße eingewirkt und diese wieder dem Soll-Wert angeglichen (→Regelungstechnik). Im Ggs. zur Steuerung von Größen oder Vorgängen wird bei einer R. das Ergebnis der Verstellung ihrer Größen durch fortwährende Messung kontrolliert und ggf. korrigiert. Der hierzu notwendige Wirkungsablauf vollzieht sich im Unterschied zur Steuerung in einem geschlossenen Wirkungskreis, dem Regelkreis. Unterschieden werden **automatische R.,** bei denen alle Vorgänge im Regelkreis selbsttätig von Geräten ausgeführt werden, und die **Hand-R.,** bei der die Aufgabe mindestens eines Glieds des Regelkreises vom Menschen übernommen wird. Bei **Mehrfach-** oder **Mehrgrößen-R.** müssen mehrere Regelgrößen gleichzeitig geregelt werden (v. a. bei der Prozeßführung der Verfahrenstechnik). Von **Autonomie** bei Mehrgrößen-R. spricht man, wenn jede Regelgröße nur von einer Führungsgröße beeinflußt wird.

**Regelungsbauwerk,** *Wasserbau:* Bauwerk zur →Flußregelung, z. B. Buhne, Parallelwerk.

**Regelungstechnik,** eine der Grundlagen der Automatisierung techn. Abläufe. Die R. hat die Aufgabe, v. a. in techn. Anlagen physikal. Größen (z. B. Druck, Füllstand, Temperatur), die →Regelgrößen, trotz des Einwirkens äußerer Störungen (→Störgröße), konstant zu halten oder, allgemeiner, dem zeitl. Verlauf einer vorgegebenen Führungsgröße möglichst genau nachzuführen. Der Unterschied zur Steuerungstechnik liegt im Prinzip der Rückführung (Rückkopplung), das man auch in lebenden Organismen wie in ökonom. und soziolog. Systemen vorfindet. Man kann die R. daher auch als den techn. Zweig der →Kybernetik definieren. Wie diese verbindet die R. viele (techn.) Disziplinen, indem sie die Vielfalt geregelter techn. Systeme auf die Grundform des Regelkreises zurückführt. Demzufolge treten nur zwei rückwirkungsfreie Bauglieder auf, die →Regelstrecke, die von der vorgegebenen techn. Anlage gebildet wird, und der →Regler, der das Zeitverhalten der Strecke kontrolliert und auf sie ggf. korrigierend einwirkt. Dabei kommt ein geschlossener Wirkungsweg zustande (→Regelkreis). Die im Regelkreis wirksame Rückführung ist, zumindest solange man hinreichend langsame zeitl. Änderungen betrachtet, eine Gegenkopplung. Dies schließt aber nicht aus, daß der Regelkreis für gewisse Frequenzen ein mitgekoppeltes System darstellt und somit die Gefahr der Selbsterregung von Schwingungen (v. a. bei hohen Regelgenauigkeiten und kleinen Laufzeiten) besteht. Daher stellt sich beim Entwurf einer Regelung stets die Frage nach der Stabilität.

Bei der Flüssigkeitsstandsregelung ist die Regelgröße der Flüssigkeitsstand. Sinkt er, öffnet der Regler (hier aus Schwimmer und Differentialhebel gebildet) den Schieber (Stellglied) und wirkt dadurch dem Absinken des Flüssigkeitsspiegels entgegen. Umge-

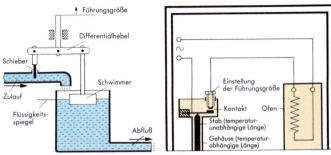

**Regelungstechnik:** Schematische Darstellung einer Flüssigkeitsstandsregelung (links) und einer Zweipunkttemperaturregelung (rechts)

kehrt schließt er den Schieber, wenn der Flüssigkeitsstand steigt. Als Störgröße kommen bei dieser Anordnung Schwankungen des Drucks im Zulaufrohr in Frage. Die Führungsgröße kann durch Verschieben des Hebeldrehpunkts eingestellt werden. Die abgebildete Temperaturregelung ist eine Zweipunktregelung mit einem Schaltmechanismus als Regler, der einen Kontakt schließt und damit die Heizung einschaltet, sobald er einen Ist-Wert der Raumtemperatur mißt, der unterhalb des Soll-Werts liegt. Umgekehrt schaltet er wieder aus, wenn er eine positive Regelabweichung feststellt.

Der Entwurf einer Regelung besteht i. a. aus 1) theoret. oder experimenteller Analyse des Zeitverhaltens der vorgegebenen Regelstrecke, üblicherweise in Ermittlung des →Frequenzgangs oder der Übergangsfunktion (→Sprungantwort); 2) Festlegung einer der Strecke angemessenen Reglerstruktur, wobei in einfachen Fällen eine Auswahl aus den Grundtypen (P-Regler, I-Regler, PI-Regler, PD-Regler oder PID-Regler) genügt; 3) Dimensionierung der Reglerparameter (Verstärkungsfaktoren und Zeitkonstanten), dabei ist unbedingt die Stabilität des Regelkreises sicherzustellen. Dazu kommt eine für das Einschwingen des Regelkreises (beim Übergang von einem Beharrungszustand zu einem anderen) günstige Dämpfung. Einen anderen Weg, geeignete Reglerparameter zu bestimmen, bildet die Optimierung des Regelkreises; 4) gerätetechn. Realisierung des Reglers, hierbei ist z. B. zu wählen zw. mechan., hydraul., pneumat. oder elektr. Ausführungen, im Vordergrund stehen Fragen der nötigen Leistung und der Kosten. Ausschlaggebend für das Verhalten eines Regelkreises sind die Übertragungseigenschaften der einzelnen Bestandteile. Diese Eigenschaften werden mit Hilfe von Testsignalen ermittelt, auf die eine charakterist. Systemantwort erfolgt.

**Rege** Regelunterhalt – Regen

Neben den einfachen Regelkreisen treten in der R. auch kompliziertere Strukturen auf, etwa in Form von Hilfsregelkreisen (unterlagerten Regelkreisen, Kaskadenregelungen). Hier werden zur Verbesserung des Zeitverhaltens an der Strecke ›Hilfsregelgrößen‹ abgegriffen und über zusätzl. Regler (Hilfsregler) rückgeführt, wodurch Störeinflüsse früher erfaßt und damit besser ausgeregelt werden können. Eine noch stärkere Vermaschung von Regelkreisen liegt bei Mehrfachregelungen vor. Die Regelstrecke liefert hier mehrere Regelgrößen, die gleichzeitig zu regeln sind. Dazu stehen meist auch mehrere Stellgrößen zur Verfügung (Beispiel: Klimaregelung als gleichzeitige Regelung von Temperatur und Luftfeuchtigkeit). Eine wesentl. Maßnahme ist hierbei die Entkopplung der Regelkreise, die auf mehrere einschleifige Regelkreise zurückführt. Schließlich gibt es Strecken, deren räuml. Ausdehnung nicht vernachlässigt werden darf (Systeme mit örtlich verteilten Parametern). Beispiele sind Wärmetauscher, chem. Rohrreaktoren und elektr. Leitungen. Bei diesen Systemen stellt sich häufig die Aufgabe, ein bestimmtes örtl. Profil der Regelgröße, z. B. einen örtl. Verlauf der Temperatur, durch die Regelung zu verwirklichen und aufrechtzuerhalten.

Einen wichtigen Typ von Regelsystemen bilden die Abtastregelungen, bei denen die Regelgröße nur in bestimmten diskreten Zeitpunkten gemessen wird, z. B. bei der Probenentnahme aus chem. Apparaturen. – Unterliegen die Parameter des Regelkreises zeitl. Schwankungen, greift man oft zu selbstanpassenden (adaptiven) Regelungen. In einer Hierarchie von Reglern hat hier der übergeordnete Regelkreis die Parameterwerte des untergeordneten als Regelgrößen, deren Schwankung er entgegenzuwirken hat.

Bei einer Regelung mit Störgrößenaufschaltung liegt eine Kombination von Steuerung und Regelung vor. Dabei werden Regelgröße und Störgröße gemessen, wobei die Steuerung unmittelbar auf eine Änderung der Störgröße antwortet. Die Regelung wirkt als Korrekturorgan, mit dem kleinere, nach der Reaktion der Steuerung noch verbleibende Abweichungen der Regelgröße vom Soll-Wert beseitigt werden.

H. UNBEHAUEN: R., 3 Bde. ($^{3-6}$1988–89); H. MANN u. H. SCHIFFELGEN: Einf. in die R. ($^6$1989); W. BÜTTNER: Digitale Regelungssysteme (1990); O. FÖLLINGER: R. Einf. in die Methoden u. ihre Anwendung ($^6$1990); L. MERZ u. H. JASCHEK: Grundkurs der R. ($^{10}$1990).

**Regel|unterhalt,** der Mindestunterhaltsbeitrag, den der Vater eines nichtehel. Kindes diesem in Form einer monatlich im voraus zu zahlenden Geldrente zu entrichten hat (→ Regelbedarf).

**Regen,** flüssiger Niederschlag; er entsteht dadurch, daß kleine, schwebende Wolkentröpfchen durch versch. Prozesse zu größeren Tropfen anwachsen, die von der Luftströmung nicht mehr getragen werden, ausfallen und den Erdboden erreichen.

Nach der Tropfengröße werden versch. Arten des R. unterschieden. Der gewöhnl., großtropfige R., auch als **Land-R.** bezeichnet, besteht aus vielen Tropfen mit einem Durchmesser von mindestens 0,5 mm, die mit einer Geschwindigkeit von mehr als 2 m/s fallen. Er bildet sich v. a. im Grenzgebiet zw. warmen und kalten Luftmassen und dauert meist einige Stunden, mitunter länger als einen Tag an. Beim **Sprüh-R. (Staub-R.),** auch als **Nieseln** bezeichnet, beträgt der Tropfendurchmesser weniger als 0,5 mm, die Fallgeschwindigkeit der Tropfen weniger als 2 m/s; er fällt meist aus Nebel oder Hochnebel aus. **R.-Schauer** bestehen aus großen R.-Tropfen; sie fallen aus hochreichenden Quellwolken und hören meist ebenso plötzlich, wie sie wieder aufhören. Beim **Wolkenbruch,** einem meist kurzen, außerordentlich starken R.-Schauer, treten Tropfengrößen von über 9 mm auf; die R.-Menge pro m$^2$ beträgt dabei über 40 mm Niederschlag nach einer halben Stunde.

Eine andere Unterteilung legt die Stärke des R. zugrunde. Danach werden mäßige Niederschläge, die sich über ein größeres Gebiet erstrecken, als **Land-R.** bezeichnet; sie treten v. a. in Verbindung mit Warmfronten und Schleifzonen auf. Ein Land-R. von mindestens sechs Stunden Dauer mit einer stündl. Niederschlagsmenge von wenigstens 0,5 mm wird **Dauer-R.** genannt; diese entstehen meist bei Stau von Wolken an Gebirgen. **Stark-R.** sind Niederschläge, bei denen in einem bestimmten Zeitabschnitt eine bestimmte Mindestmenge an Niederschlag fallen muß (mindestens 5 l/m$^2$ innerhalb der ersten 5 Minuten, 10 l/m$^2$ nach 20 Minuten, 17 l/m$^2$ nach 1 Stunde). **Strich-R.** wird ein nur schmale Landstriche überziehender, jeweils nur kurz andauernder R. genannt, **Platz-R.** ein starker R. von nur einigen Minuten Dauer, wie er häufig in Verbindung mit Gewittern auftritt. **R.-Schatten** heißt die nicht nur bei Regen beobachtete Verminderung des Niederschlags im Lee von Gebirgen oder Bergen durch die Wirkung von Föhn.

R. wäscht die Luft aus und enthält daher neben Staub, gelöstem Sauerstoff und Stickstoff auch Substanzen wie Kohlensäure, schweflige Säure, Schwefelsäure, Salpetersäure. Dadurch fördert er die → Verwitterung von Gesteinen und wirkt als Dünger. Als **Schwefel-R.** und **Blut-R.** werden durch Staub, Pollen (Blütenstaub) und Kleinlebewesen verfärbte Niederschläge bezeichnet. **Eis-R.** ist ein R. aus Eiskörnchen (kleiner als Hagel), der sich gelegentlich bildet, wenn R.-Tropfen aus einer warmen Luftschicht in eine kältere fallen und dabei gefrieren. **Unterkühlter R.** besteht aus kleinen Wassertröpfchen, die trotz Temperaturen unter dem Gefrierpunkt noch flüssig sind, bei Berührung des Bodens jedoch gefrieren und zur Bildung von Glatteis führen. (→ saurer Regen)

**Regen, 1)** Kreisstadt in Niederbayern, 530 m ü. M., im Tal des Schwarzen Regen, im Naturpark Bayer. Wald, (1991) 11 500 Ew.; Niederbayer. Landwirtschaftsmuseum; Herstellung von opt. Gläsern und Miederwaren, Holzindustrie, Betonwerk; Fremdenverkehrsort. – Die im 11. Jh. entstandene Siedlung wurde vor 1270 Markt, 1932 Stadt. – Die kath. Pfarr-

**Regen 1):** Die das Ortsbild beherrschende Pfarrkirche Sankt Michael (nach Brand 1648 wiederaufgebaut) mit dem Westturm aus dem 14. Jh.

kirche St. Michael wurde nach einem Brand (1648) 1655–57 erneuert (W-Turm 14. Jh.). Johannes- und Heiliggeistkirche stammen aus dem 15. Jh. (beide im

18. Jh. verändert). Ruine der Burg Weißenstein (13. bis 16. Jh.).

2) Landkreis im Reg.-Bez. Niederbayern, grenzt an die Tschechoslowakei, 975 km², (1991) 79 900 Ew. Der Kreis hat Anteil am Vorderen Bayer. Wald und Pfahl und erstreckt sich von der Senke des Schwarzen Regen in den Hinteren Wald (Großer Arber 1456 m ü. M., Rachel 1453 m ü. M.). Große Teile des Kreises bilden den Naturpark Bayer. Wald, der Rachel an der O-Grenze liegt im Nationalpark Bayer. Wald. Der Fremdenverkehr hat in jüngerer Zeit einen starken Aufschwung genommen, bes. Bayerisch Eisenstein und Bodenmais sind auch Wintersportplätze. Die Stadt Zwiesel ist Zentrum der Glasindustrie, Standorte von Holz- u. a. Industrie sind die Städte Regen und Viechtach.

3) *der,* linker Nebenfluß der Donau in Bayern, 107,4 km lang, kommt aus dem Hinteren Wald (Böhmerwald). Durch den Zusammenfluß von **Großem R.** (Quelle in der Tschechoslowakei) und **Kleinem R.** entsteht bei Zwiesel der **Schwarze R.**, der sich nahe Kötzting mit dem **Weißen R.** zum R. vereinigt. Der R. mündet in Regensburg.

**Regenass,** René, schweizer. Schriftsteller, * Basel 15. 5. 1935. R.' Romane, Erzählungen, Gedichte, Theaterstücke und Hörspiele handeln vom Leiden an der Zeit und dem Versuch, sich diesem durch Flucht zu entziehen. Die psychologisch exakt geschilderten Entfremdungsprozesse – wie z. B. in der Erzählung ›Porträt eines Portiers‹ (1979) – stellen die Frage nach der Individualität angesichts gesellschaftl. Anpassungszwänge.

*Weitere Werke: Romane:* Wer Wahlplakate beschmiert, beschädigt fremdes Eigentum (1973); Ein Schlagbaum treibt keine Blätter (1976); Die Kälte des Äquators (1982); Vernissage (1984); Schattenreise (1986). – *Erzählungen:* Der Besuch bleibt meist über Nacht (1969); Wir haben das Pulver erfunden, uns gehören nur die Fabriken (1971, mit Gedichten); In aller Stille (1977); Scott's Einsamkeit (1989). – *Gedichte:* Damit die Zunge nichts Falsches sagt (1979).

**Regenbaum, Pithecellobium saman,** zu den Mimosengewächsen gehörender Baum in Zentral- und Südamerika; in Westindien und in den altweltl. Tropen eingebürgert; angepflanzt als Schattenspender in Kaffeeplantagen; die Fruchthülsen werden als Viehfutter verwendet.

**Regenbäume,** Bez. für trop. Baumarten, die bes. bei starker Luftabkühlung, vermutlich durch →Guttation, Flüssigkeit in Tropfenform abscheiden.

**Regenblätter,** Laubblätter mit Anpassung an starken Regenfall im trop. Regenklima, z. B. mit lang ausgezogener Blattspitze (Träufelspitze).

**Regenbogen,** atmosphärisch-opt. Erscheinung (→atmosphärische Optik), die entsteht, wenn die hinter dem Beobachter stehende Sonne eine vor ihm befindl. Regenwolke oder -wand bescheint. Sie besteht aus einem leuchtenden, meist bunten **Haupt-R.** von etwa 42° Halbmesser und 1,5° Breite, oft auch noch aus einem zweiten, lichtschwächeren **Neben-R.** von 51° Halbmesser mit 3° Breite und zuweilen weiteren sekundären Bögen, die innerhalb des Haupt-R. oder außerhalb des Neben-R. auftreten können. Der gemeinsame Mittelpunkt liegt auf einer vom Sonnenmittelpunkt durch das Auge des Beobachters gehenden Geraden. Von einem erhöhten Standpunkt ist gelegentlich ein voller Kreis sichtbar. Ein bunter Haupt-R. hat von innen nach außen die Farbfolge Violett, Indigo, Blau, Grün, Gelb, Orange, Rot (sieben sprichwörtl. **R.-Farben**), beim Neben-R. umgekehrt. Dazwischen liegen ohne scharfe Grenzen alle Zwischenfarben, so daß es nicht möglich ist, eine genaue Anzahl für die Farben des R. anzugeben. Der R. entsteht nach der einfachen Theorie von R. DESCARTES (1637) durch Brechung und Reflexion der Sonnenstrahlen in den einzelnen Regentropfen. Die bei deren Ein- und Austritt stattfindende Brechung zerlegt das Sonnenlicht in ein kontinuierl. Farbspektrum, die Reflexion lenkt die Strahlen in das Auge des Beobachters. Einmalige Reflexion im Tropfen ergibt den Haupt-, zweimalige den Neben-R. Unterschiede in Breite, Färbung u. a. werden durch versch. Größen der Regentropfen verursacht. Die genaue Farbenfolge, die mit der Tropfengröße veränderlich ist, kann jedoch nur unter Berücksichtigung der Beugung befriedigend erklärt werden; die entsprechende R.-Theorie stammt von G. B. AIRY (1838). Fast weiße R. (bei Tropfengröße von maximal 0,05 mm) heißen **Nebel-R.** Vom Mond verursachte R. sind sehr selten, lichtschwach und fast stets weiß. Regenbogenähnl. Erscheinungen sieht man häufig an Springbrunnen und Wasserfällen.

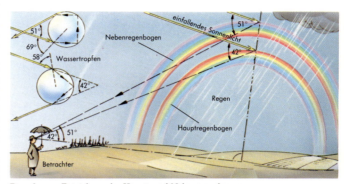

**Regenbogen:** Entstehung des Haupt- und Nebenregenbogens; oben links Brechung und Reflexion des Lichts in einzelnen Wassertropfen

**Regenbogen,** Spruchdichter, um 1300. Die wenigen Nachweise über sein Leben bezeugen einen ›cantor‹ namens ›Regenpogen‹ 1302 im südtirol. Mittewald und neuerdings, nach der Entdeckung von sechs Strophen in der ›Briefweise‹ durch GISELA KORNRUMPF (* 1938), auch im westl. und nördl. Dtl. Neben diesen sechs Strophen gelten von den insgesamt ca. 1 500 Strophen (in 38 Hss.) vorerst nur zwei Minnestrophen sowie traditionell fünf lehrhafte Sprüche in der Maness. Liederhandschrift als authentisch. Das Bild R.s wurde v. a. von den Vertretern des Meistersangs geprägt, die ihn als einen Stifter ihrer Kunst sowohl zu den ›zwölf alten Meistern‹ wie auch zu den ›vier gekrönten Meistern‹ zählten und ihm den Vornamen ›Barthel‹ (seit dem 16./17. Jh.) und den Beruf eines Schmieds gaben.

R. SCHRÖDER: Die R. zugeschriebenen Schmiedegedichte, in: Lit. u. Laienbildung im Spät-MA. u. in der Reformationszeit, hg. v. L. GRENZMANN u. a. (1984); F. SCHANZE: R., in: Die dt. Lit. des MA. Verfasserlex., begr. v. W. STAMMLER, hg. v. K. RUH u. a., Bd. 7 (²1989); Repertorium der Sangsprüche u. Meisterlieder des 12. bis 18. Jh., hg. v. H. BRUNNER u. a., Bd. 5 (1991).

**Regenbogen,** Otto, klass. Philologe, * Neumarkt (Schlesien) 14. 2. 1891, † Heidelberg 8. 11. 1966; war 1925–35 und seit 1945 Prof. in Heidelberg, setzte sich v. a. mit griech. Prosaschriftstellern auseinander und verband wissenschaftl. Exaktheit mit feinem Gespür für die formenden Kräfte der Antike in humanist. Sinn.

*Werke:* Eine Forschungsmethode antiker Naturwiss.en, in: Quellen u. Studien zur Gesch. der Mathematik, hg. v. O. NEUGEBAUER u. a. Reihe B, Bd. 1, H. 2 (1930); Lukrez. Seine Gestalt in seinem Gedicht (1932); Theophrastos von Eresos (1940). – *Übersetzung:* Thukydides. Polit. Reden (1949).

**Regenbogenboa,** Art der →Schlankboas.

**Regenbogenfische, Melanotaeniidae,** Familie der Ährenfische mit 19 Arten im Süßwasser Australiens, wo sie zur biolog. Stechmückenbekämpfung eingesetzt werden; Aquarienfische, z. B. der **Zwergregenbogenfisch** (Melanotaenia maccullochi).

**Regenbogenfische:** Zwergregenbogenfisch (Länge 8 cm)

**Regenbogenforelle, Oncorhynchus mykiss** (veraltete Namen: Salmo gairdneri, Salmo irideus), bis 50 cm lange, in N-Amerika beheimatete und um 1855 in Mitteleuropa eingeführte Fischart, hier stark verbastardiert und überwiegend in Zuchtbetrieben. Die R. soll aus Gründen des Artenschutzes nicht in Fließgewässer eingesetzt werden (Konkurrent der einheim. Bachforelle).

**Regenbogenhaut,** Anatomie: → Auge.

**Regenbogenhaut|entzündung, Iritis,** Entzündung der Regenbogenhaut (Iris) des Auges; zu den Ursachen gehören Lokalinfektionen (Hornhaut, Lederhaut), auch im Zusammenhang mit perforierenden Verletzungen, Infektionskrankheiten (Tuberkulose, Syphilis), Herdinfekte, allerg. Reaktionen und Erkrankungen des rheumat. Formenkreises. Eine Ausweitung auf den Ziliarkörper (**Iridozyklitis**) ist möglich. Symptome sind Rötung und Kammerwassertrübung; Behandlung durch pupillenerweiternde Mittel, Ruhigstellung, ggf. mit Antibiotika.

**Regenbogen|natter, Farancia erythrogramma,** amphibisch lebende Natter (Länge etwa 1,2 m) im SO der USA. Zusätzlich zur bunten Färbung (Oberseite mit drei roten Längsstreifen, Flanken gelb, Unterseite rot) zeigen die Schuppen irisierende Schillerfärbung.

**Régence:** Kommode von Charles Cressent; um 1730/35 (München, Residenzmuseum)

**Regenbogenpresse,** Bez. (nach der bunten Aufmachung) für den Zeitschriftentyp der unterhaltenden Wochenblätter; gekennzeichnet v. a. durch Gesellschaftsklatsch.

**Regenbogenquarz, Irisquarz,** Quarz mit irisierendem Farbenspiel, bewirkt durch die an Spaltrissen auftretenden Interferenzerscheinungen.

**Regenbogenschlange, Erdschlange, Xenopeltis unicolor,** etwa 1 m lange Schlange aus der Verwandtschaft der Wühl- und Riesenschlangenartigen, zumeist in eine eigene Familie gestellt (Xenopeltidae). Die R. lebt in SO-Asien, die braun gefärbten Schuppen irisieren und rufen bei Sonnenbestrahlung die charakterist. Schillerfärbung hervor.

**Regenbogenschüsselchen,** alte Bez. für verschiedene schüsselförmig gewölbte ostkelt. Goldmünzen; gefunden in Pannonien, Böhmen, Österreich, Süd-Dtl. und im Rheinland. R. sind Goldstatere und deren Teilstücke bis zum $1/8$ Stater, die von versch. kelt. Stämmen, v. a. den Boiern, etwa im 1. Jh. v. Chr. geprägt wurden. Auf die R. geht vermutlich die Sage zurück, daß am Ende eines Regenbogens ein Schatz zu finden sei. (→ keltische Münzen)

**Régence** [re'ʒãs; frz. ›Regentschaft‹] die, -, Stilstufe der frz. Kunst z. Z. der Regentschaft PHILIPPS II. VON ORLÉANS (1715–23). Sie bildet den Übergang vom Louis-quatorze- zum Louis-quinze-Stil. Der R.-Stil wandelte die bisher vorherrschende pathetisch-offizielle Hofkunst zur elegant-privaten Adelskunst, bevorzugte Rundungen und zierl. Formen, hob im Innenraum die Grenzen zw. Wand und Decke auf, ersetzte die plast. Säule durch den flachen Pilaster; bevorzugtes Ornament ist das Bandelwerk. Hauptmeister der R. sind die Architekten R. DE COTTE und G. M. OPPENORDT, der Ebenist C. CRESSENT und die Maler C. GILLOT, A. WATTEAU und N. DE LARGILLIÈRE, die die Wegbereiter des Rokoko waren.

**Regency** ['ri:dʒənsɪ; engl. ›Regentschaft‹] die, -, Stilstufe der engl. Kunst z. Z. der Regentschaft bzw. Regierung GEORGS IV. (1811–30), zw. georgian. Klassizismus und viktorian. Historismus. Vom R.-Stil, der antike Formelemente mit heim. Dekorationsmotiven (z. B. naut. Emblemen) verband, sind v. a. Industrie-, Zweck- und Wohnbauten (J. NASH) sowie Innenarchitektur und Möbel (THOMAS HOPE, * 1769, † 1831) geprägt.

**Regener,** Erich, Physiker, * Schleusenau (bei Bromberg) 12. 11. 1881, † Stuttgart 27. 2. 1955; Prof. in Stuttgart; bestimmte 1909 die elektr. Elementarladung mit einer von ihm entwickelten Szintillationsmethode. Später wandte er sich der Untersuchung der kosm. Strahlung und der Stratosphäre zu; er wirkte als Direktor des Max-Planck-Instituts für Physik der Stratosphäre in Weißenau (heute zu Ravensburg).

**Regenerate** [zu Regeneration], Sg. **Regenerat** das, -(e)s, techn. Produkte, die durch Aufarbeitung geoder verbrauchter Verbrauchsartikel zurückgewonnen und als Rohstoffe wieder verwendet werden können (→ Recycling). So ergeben z. B. physikalisch und chemisch aufbereitete Altschmierstoffe R. mit den für Neuschmierstoffe festgelegten Gütewerten. In der Kunststofftechnik handelt es sich bei den R. (**Regranulate**) um die im Herstellungsprozeß anfallenden thermoplast. Abfälle, die nach erneuter Granulation unmittelbar als Rohstoff wieder eingesetzt werden können. I. e. S. ist R. ein Rohstoff bei der Gummiherstellung, der aus gebrauchten Kautschukvulkanisaten (z. B. Altreifen) durch Erwärmen sowie Einwirkung von Sauerstoff und bestimmten organ. Verbindungen (›Regeneriermitteln‹) gewonnen wird (Abbau der Kettenmoleküle) und erneut vulkanisiert werden kann. Gegenwärtig wird auch an Verfahren gearbeitet, die eine Aufarbeitung der nicht aufschmelzbaren Duroplaste ermöglichen. Beim Bakelite-Verfahren z. B. werden die duroplast. Abfälle gemahlen und erneut mit Kunstharzen imprägniert, wodurch die Wärmeformbeständigkeit erhöht wird.

**Regeneration** [frz., zu lat. regenerare ›von neuem hervorbringen‹] die, -/-en, 1) bildungssprachlich für: Erneuerung, Neubelebung.

2) Biologie: Ersatz verlorengegangener Organe oder Organteile. Die normale Wiederherstellung verlorener Teile wie Haare, Federn, Zähne, Geweihe und der Wurzeln an Stecklingen heißt **Restitution;** sie erfolgt aufgrund vorhandener Anlagen. Ersatz verlorengegangener Teile nach Verletzung oder experimentel-

lem Eingriff ist die **Reparation**; sie geschieht aus dem Wundgewebe heraus (z. B. der Eidechsenschwanz, Wundverschluß bei Bäumen).
Bei den **physiologischen** oder **regulären** R. werden Teile, die sich im Lebensvorgang abnutzen, ersetzt (z. B. Hauterneuerung, Nachwachsen der Nägel und Krallen, Mauser, Haarwechsel, Zahnwechsel, Neubildung der Geweihe). Bei **traumatischer** oder **akzidenteller** R. (Ersatz-R.) vollzieht sich die Neubildung nach Verletzung; sie ist bes. bei niederen Tieren sehr verbreitet.
Das R.-Vermögen hängt von der Anwesenheit noch undifferenzierter embryonaler Zellen ab. Schneidet man einem Strudelwurm z. B. den Kopf ab, so bildet sich im Lauf mehrerer Tage ein neuer Kopf. R. sind oft nicht reine Zuwachsbildungen, sondern zugleich verbunden mit einer Umgestaltung (**Morphallaxis**) des vorhandenen Teils zu einem verkleinerten Ganzen (**regulative R.**); beim Süßwasserpolypen z. B. entsteht auch aus verhältnismäßig kleinen Teilen (bis zu $1/200$ des Körpers) ein neuer vollständiger Organismus.
Bei der i. a. ohne Umbildungen des verletzten Tierkörpers verlaufenden rein **reparativen** R. der höheren Tiergruppen bildet sich unter dem epithelialen Wundverschluß der R.-Kegel durch eine Ansammlung von R.-Zellen; innerhalb des Kegels differenzieren sich die fehlenden Teile heraus, vergrößern sich durch ständigen Zuwachs und gleichen sich den alten Teilen an. Bei Krebsen regenerieren verlorengegangene Scheren zuerst als ganz kleine Gebilde und wachsen dann mit jeder Häutung mehr heran. Auch Insekten können z. B. Fühler und Beine neu bilden. Bei den Fischen ersetzen sich Hautteile, Flossen, Barteln und Kiemenstücke wieder, bei Lurchen Beine und Schwänze ebenso wie die Linse und ganze Augen, bei Eidechsen nach Abstoßen des Schwanzes das verlorengegangene Stück mit Haut, Muskulatur und einem Knorpelstab anstelle der knöchernen Wirbelsäule. Vögel und Säugetiere können z. B. Knorpel und Knochen regenerieren.
Bei **Homomorphose** gleicht der neugebildete Teil dem weggefallenen, bei **Heteromorphose** dagegen bildet sich anstelle eines verlorengegangenen Organs ein anderes, z. B. bei Stabheuschrecken ein Bein an der Stelle eines Fühlers. Einfaches Wiedervereinigen von Chromosomenbruchstücken heißt in der Genetik **Restitution**.
Beim *Menschen* erstreckt sich die physiolog. R. auf alle Gewebe und Organe des Körpers. Eine beschleunigte R. weisen die Epithelien der Haut und der Darmschleimhaut auf (etwa 2–3 Tage). Blut wird innerhalb von drei Monaten völlig regeneriert. Zur R. nach Verletzung sind beim Menschen nur bestimmte Gewebe befähigt, so z. B. Epidermis, Schleimhaut, Binde-, Knochen-, Leber- und Muskelgewebe sowie z. T. bei Durchtrennung von Nervenfasern der proximale Nervenfaserstumpf.
*Regenerationsvorgang:* Der Wundreiz und die durch den Wegfallreiz bewirkte Korrelationsstörung (→ Korrelation 3) der Teile veranlassen eine Ansammlung von R.-Zellen. Das Auswachsen verläuft senkrecht zum Körper-, Gliedmaßen- oder Schwanzstumpf. Das Nervensystem des Stumpfes besitzt für die R. aktivierende, nicht gestaltende Wirkung; dagegen beeinflussen bestimmte Regionen des Stumpfes die Art der Differenzierungen im Regenerat. Außenfaktoren (Schwerkraft) vermögen eine Umkehr der Polarität hervorzurufen; durch Spaltung des R.-Kegels sind Doppel- oder Mehrfachbildungen möglich.
3) *Chemie* und *Technik:* Wiederherstellung bestimmter chem. oder physikal. Eigenschaften eines Stoffs (z. B. von Katalysatoren, Ionenaustauschern, Schmierölen, Kautschuk) sowie die Rückgewinnung chem. Stoffe (Regenerate).

4) *Energietechnik:* Wärmerückgewinnung in Dampfkraftwerken durch regenerative Speisewasservorwärmung; dabei wird der Dampfturbine mehrstufig und bei abnehmenden Drücken Anzapfdampf entnommen und die daraus zur Verfügung stehende Überhitzungs-, Verdampfungs- und z. T. auch die Flüssigkeitswärme an das → Speisewasser abgegeben, um dessen Eintrittstemperatur am Kessel zu erhöhen. Wärmeverluste liegen dadurch deutlich niedriger als bei reinen Kondensationskraftanlagen.
5) *Geologie:* Rückführung durch Konsolidation versteifter Erdkrustenbereiche (→ Kraton) in den bewegl., faltbaren Zustand (→ Geosynklinale) durch Absinken in tiefere Erdkrustenzonen. Man hat die kurzzeitigen R.-Phasen von den **Umbrüchen** weltweiten Ausmaßes unterschieden, von denen die Erde im Archaikum (postlaurent. Umbruch) und im Jungproterozoikum (algonk. Umbruch) betroffen wurde.
6) *Sport:* gezielte, mit der Trainings- und Wettkampfplanung abgestimmte Phasen zur Erneuerung der Leistungsfähigkeit nach vorheriger psychophys. Anstrengung bzw. nach einer Verletzung.

**Regeneration 2):** Regulative Regeneration eines Mittelstücks eines Süßwasserpolypen; unten die Reihenfolge der Umbildung des Teilstücks

**Regenerationsfraß**, Biologie: → Reifungsfraß.
**regenerative Energie, erneuerbare Energie,** → Alternativenergie.
**Regenerativfeuerung, Regenerativgasfeuerung,** Vorwärmung von Gas und Luft durch Ausnutzung der Abgaswärme, angewendet bei Schmelzöfen, Hochöfen, Glasschmelzöfen (**Regenerativofen**). Gas und Luft werden getrennt vor ihrer Verbrennung auf 1 000 – 1 200 °C erhitzt. Bei Schmelzöfen werden die heißen Rauchgase durch Regeneratorkammern geleitet und heizen dabei feuerfeste Gittersteine auf. Anschließend erfolgt eine Umschaltung, und Verbrennungsluft sowie Heizgas werden getrennt durch aufgeheizte Kammern geleitet. In Verbindung mit R. werden Ofentemperaturen bis etwa 1 800 °C erreicht. – Nach dem Prinzip der R. arbeiten auch die **Winderhitzer (Cowper)**, mit denen der Heißwind für den Hochofenprozeß erhitzt wird.

**Regeneration 2):** Heteromorphose bei einer Stabheuschrecke; nach Verlust des rechten Fühlers ist ein Bein regeneriert

**Regen|erosion,** Bez. für → Erosion 5) an Bauteilen von Luftfahrzeugen (Rumpfnasen, Flügelvorderkanten, Hubschrauberrotoren) durch den Aufprall von Regentropfen mit hohen Auftreffgeschwindigkeiten. Die dadurch verursachten hohen Druckbeanspruchungen führen zu Kaltverfestigung und Kaltversprödung metall. Werkstoffe mit anschließender Rißbildung und Materialausbrüchen.
**Regenfeldbau,** Ackerbau, bei dem die Nutzpflanzen ihren Wasserbedarf aus den Niederschlägen decken können und nur unter extremen Bedingungen zeitweise Bewässerung oder Anbaumethoden des Trockenfeldbaus notwendig sind. Die Grenze des R. wird als Trockengrenze bezeichnet.
**Regengestirn,** die → Hyaden 1).
**Regenkuckucke, Coccyzinae,** Unterfamilie der Kuckucke in Nord- und Südamerika; u. a. der **Gelbschnabelkuckuck** (Coccyzus americanus), als Irrgast in Europa.
**Regenmacher,** → Regenzauber.
**Regenmesser,** der → Niederschlagsmesser.
**Regenpfeifer, Charadriidae,** weltweit verbreitete Familie der → Regenpfeifervögel mit 61 Arten, die überwiegend Küsten und offene Landschaften in Gewässernähe bewohnen. Die staren- bis etwa taubengroßen Vögel halten sich als gute Läufer auf dem

**Rege** Regenpfeifervögel – Regensburg

**Regensburg 1)**
Stadtwappen

Stadt in Bayern
·
an der Donau
·
339 m ü. M.
·
121 700 Ew.
·
als Castra Regina
römisches
Legionslager
·
wirtschaftliche Blüte
im 12. und
13. Jahrhundert
·
Steinerne Brücke
von 1146
·
Regensburger Dom
·
1663–1806
Tagungsort des
Immerwährenden
Reichstags
·
Universität
(gegründet 1962)
·
Kfz-Zeichen: R
·
Postleitzahl:
D-8400

Boden auf, können aber auch ausgezeichnet fliegen; bei flüchtenden Gold-R. hat man eine Geschwindigkeit von 180 km/h gemessen. Viele Arten führen weite Wanderungen aus; der **Kleine Gold-R.** (Pluvialis dominica) z. B. zieht von den Aleuten nach Hawaii (rd. 3 300 km) im Nonstopflug und braucht dazu etwa 36 Stunden. Wegen der Tarnfärbung und konturauflösenden Zeichnung des Gefieders sind viele R. nur schwer zu entdecken, manche Arten, v. a. die Kiebitze, sind dagegen im Flug recht auffällig.

Das Nest ist meistens eine einfache Bodenmulde. Das Gelege besteht aus zwei bis vier Eiern. Die Eier wie die nestflüchtenden Jungen sind durch Färbung und Zeichnung gut getarnt. Bei einigen Arten, z. B. beim →Mornellregenpfeifer, kümmert sich nur das Männchen um Brut und Junge. Die Nahrung besteht hauptsächlich aus verschiedenen Wirbellosen.

Man unterteilt die Familie in die Unterfamilien **Kiebitze** (Vanellinae) und **Echte R.** (Charadriinae). Erstere sind größer, haben breitere, abgerundete Flügel und die größte Artenzahl in den Tropen, sie leben vornehmlich im Binnenland. Die Echten R. sind v. a. in gemäßigten Zonen verbreitet und haben schmale, spitze Flügel.

In Dtl. brüten →Kiebitz, →Flußregenpfeifer, →Sandregenpfeifer, →Seeregenpfeifer und (sehr selten) →Goldregenpfeifer. Weitere Arten erscheinen auf dem Zug oder als Irrgäste.

**Regenpfeifervögel, Charadri|ifọrmes,** Ordnung der Vögel, mit rd. 330 Arten weltweit in offenen Landschaften, seltener im Wald verbreitet. Die 13–75 cm langen R. lassen sich kaum einheitlich kennzeichnen, ihre Abgrenzung und Einteilung sind umstritten. Folgende Familien werden gewöhnlich anerkannt: Blatthühnchen (Jacanidae), Goldschnepfen (Rostratulidae), Austernfischer (Haematopodidae), Regenpfeifer (Charadriidae), Schnepfen (Scolopacidae), Stelzenläufer (Recurvirostridae), Wassertreter (Phalaropodidae), Reiherläufer (Dromadidae), Triele (Burhinidae), Brachschwalben (Glareolidae), Höhenläufer (Thinocoridae), Scheidenschnäbel (Chionidae), Raubmöwen (Stercoraciidae), Möwenvögel (Laridae), Scherenschnäbel (Rhynchopidae) und Alken (Alcidae). Sehr wahrscheinlich gehören auch die →Flamingos und einige bisher bei den Kranichvögeln eingereihte Familien hierher.

**Regens** [spätlat. regens, regentis ›Herrscher‹, ›Fürst‹], **1)** *der, -/... 'gentes* und *... 'genten, allg.:* Vorsteher, Leiter (bes. der geistl. Leiter eines kath. Priesterseminars).

**2)** *das, -/...'gentes, Sprachwissenschaft:* Bestandteil einer syntakt. Gruppe, von dem ein anderer abhängig ist (→Rektion).

**Regensburg, 1)** kreisfreie Stadt in Bayern, Hauptstadt des Reg.-Bez. Oberpfalz und Verw.-Sitz des Kr. Regensburg, 339 m ü. M., an der Mündung von Regen und Naab in die Donau, (1991) 121 700 Ew.; kath. Bischofssitz. R. ist Verwaltungs-, Bildungs- und Kulturzentrum: Sitz einer Oberpostdirektion, der Bayer. Oberforstdirektion R., der Bezirksfinanzdirektion R., der Bayer. Landeshafenverwaltung (Hauptverwaltung) u. a. Behörden; Univ. (gegr. 1962, Lehrbetrieb seit 1967), Fachhochschule R., Verwaltungs- und Wirtschaftsakademie Ostbayern, Fachakademie für kath. Kirchenmusik und Musikerziehung; Domschatzmuseum, Diözesanmuseum St. Ulrich, Fürst Thurn und Taxis Museen (Schloßmuseum mit Hofbibliothek, Marstallmuseum), Museen der Stadt R. (Kunst- und Kulturgeschichtl. Sammlungen, Reichstagsmuseum, Kepler-Gedächtnishaus, Städt. Galerie, Naturkundemuseum Ostbayern der Naturwissenschaftl. Vereins, Ostdt. Galerie, Staatsgalerie R. (Zweiggalerie der Bayer. Staatsgemäldesammlungen), Schiffahrtsmuseum (auf histor. Zugraddampfer). Als Wirtschaftszentrum O-Bayerns besitzt die Stadt elektrotechn. Industrie, Automobilbau, Textil- und Bekleidungs-, chem., Nahrungs- und Genußmittelindustrie, Maschinen- und Apparatebau, Leder-, Holz-, Druck- und Futtermittelindustrie sowie einen Donauhafen am Rhein-Main-Donau-Großschiffahrtsweg (drei Hafenbecken: West-, Ost-, Ölhafen). Ein weiterer Wirtschaftsfaktor ist der Fremdenverkehr (1989: 403 100 Übernachtungen). Bundeswehrstandort.

*Geschichte:* Am Donauübergang und am Schnittpunkt vorgeschichtl. Handelswege entstand um 80 n. Chr. ein röm. Kohortenkastell. Nordöstlich davon wurde 179 das Legionslager **Castra Regina** angelegt, neben dem sich eine große Zivilsiedlung entwickelte. Um 400 wurde das Lager unzerstört aufgegeben. Um 535 wanderten Baiern ein; 739 gründete BONIFATIUS hier ein Bistum. Die baier. Herzöge aus dem Haus der →Agilolfinger wandelten den röm. Staatsbesitz in Fiskalgut um und errichteten im einstigen Praetorium (um den Alten Kornmarkt) ihre Pfalz. Nach der Absetzung Herzog TASSILOS (788) zunächst karoling. Pfalzort, war R. seit LUDWIG DEM DEUTSCHEN bevorzugte Residenz des Ostfränk. Reichs und seit ARNULF (907–937) bis Mitte des 13. Jh. zentraler Landtagsort des Herzogtums Bayern, obwohl auch nach dem 10. Jh. der dt. König Anteil an der Stadtherrschaft hatte. Versuche des Herzogs und des Bischofs nach 1200, die Stadtherrschaft zu gewinnen, scheiterten. Privilegien König PHILIPPS (1207) und FRIEDRICHS II. (1230, bes. 1245) begründeten die Eigenständigkeit der Reichsstadt, die 1256 dem Rhein., 1382 dem Schwäb. Städtebund beitrat. 1486–92 gehörte R. vorübergehend zu Bayern. 1542 schloß sich R. der Reformation an (durch Zuwanderung wurde es seit dem 19. Jh. überwiegend katholisch). Seit 1663 tagte in R. der ›Immerwährende Reichstag‹ unter den Prinzipalkommissaren. 1803 wurde R. mit den Reichsstiften St. Emmeram, Ober- und Niedermünster und dem Hochstift zum Fürstentum R. unter KARL THEODOR, Reichsfreiherr VON DALBERG vereinigt. Nach der Eroberung durch die Franzosen (1809) kam es 1810 an Bayern.

*Stadtbild:* Die Altstadt R.s liegt auf der S-Ufer der Donau, nahe der Einmündung des Regen, und ist mit der gegenüberliegenden Seite (über zwei Donauinseln: Oberer und Unterer Wöhrd) u. a. durch die 1146 vollendete Steinerne Brücke (Gesamtlänge 312 m) verbunden. Die Altstadt hat ihr vorwiegend mittel-

**Regensburg 1)** Stadtentwicklung

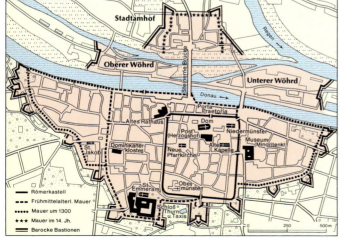

alterl. Gepräge gut bewahrt; vom antiken Castra Regina zeugen die Reste der Porta Praetoria (2. Jh. n. Chr.). Der Dom St. Peter ist eine kreuzförmige Basilika mit polygonal schließendem Hauptchor und zwei Nebenchören. Vom roman. Vorgängerbau steht noch der ›Eselsturm‹ am nördl. Querhausarm. Um 1250 wurde der Neubau am Chor begonnen, um 1275 (nach einem Brand) der Plan im Sinne frz. gotischer Kathedralbauten geändert. Das Langhaus entstand in der 1. Hälfte des 14. Jh. Der Südturm wurde 1341 begonnen; am Nordturm und an der Westfassade wirkte die Baumeisterfamilie Roritzer (1415–1514). Gegen 1525 wurden die Arbeiten eingestellt. 1835 begann unter F. VON GÄRTNER die purist. Restaurierung; Turmabschlüsse, Querhausgiebel und Dachreiter sind neugot. Zufügungen. Westfassade und Hauptportal sind mit reichem Figurenschmuck versehen. Zu den bedeutenden Steinbildwerken der Gotik im Innern gehört die Verkündigungsgruppe des → Erminoldmeisters. V. a. im 14. Jh. wurde der Dom mit Glasmalereien ausgestattet. An den Kreuzgang schließen sich die vollständig ausgemalte Allerheiligenkapelle (um 1150–60) und die Krypte St. Stephan (›Alter Dom‹, vermutlich 11. Jh.) an. Die Kirche (8.–12. Jh.) des ehem. Benediktiner-Reichsstifts St. Emmeram wurde 1731–33 durch die Brüder ASAM und J. M. PRUNNER barockisiert; unter der Kirche drei Krypten (8., 10. und 11. Jh.); freistehender Glockenturm (1575–79). Schloß der Thurn und Taxis (seit 1812) in den ehem. Klostergebäuden (13. Jh., Neu- und Umbauten 1689, 1731–37 und 1889). Die Schottenkirche St. Jakob (1150–84) ist eine roman. flachgedeckte Säulenbasilika mit O-Türmen; N-Portal (um 1170) mit figürl. roman. Reliefs. Die doppeltürmige Kirche des ehem. gefürsteten Damenstiftes Niedermünster (um 1150 über Vorgängerbauten) wurde im 17./18. Jh. barockisiert; Klostergebäude seit 1821 Bischöfl. Ordinariat. Die Stiftskirche Unserer Lieben Frau zur Alten Kapelle (11.–12. Jh.; Chor 15. Jh.) erhielt 1747–65 eine reiche Rokokodekoration. Die got. Dominikanerkirche St. Blasius (13. Jh.) ist eine typ. Bettelordenskirche (Wandmalereien des 14. und 15. Jh.). Das ehem. Minoritenkloster St. Salvator (1226 begonnen; Kirche 2. Hälfte 13. Jh.) gehört zu den Museen der Stadt R. (u. a. Tafelbilder von A. ALTDORFER, Kunsthandwerk 13.–19. Jh.). In der ev. Neupfarrkirche (16. Jh.) verbinden sich got. mit Renaissanceelementen. In der frühbarocken ev. Dreieinigkeitskirche (1627–31) klingen noch got. Formen an. Die ehem. Johanniterkirche St. Leonhard ist eine kleine roman. Rundpfeilerhalle (Mitte 12. Jh.). Die got., von nordfrz. Bauleuten errichtete Ulrichskirche (um 1230–50, 1810 profaniert, jetzt Museum) grenzt an den ›Herzogshof‹ (12./ 13. Jh.) und den gleichzeitigen ›Römerturm‹; Altes Rathaus mit Reichssaal (1408). Charakteristisch für R. sind die Patrizierhäuser mit den Geschlechtertürmen (12.–14. Jh.). Auch aus späteren Bauperioden haben sich stattl. Bürgerhäuser erhalten. Zu den Werken der zeitgenöss. Architektur zählen u. a. die Neubauten der Univ.: Zentralbibliothek von A. VON BRANCA, 1970–74, Univ.-Forum von K. ACKERMANN, 1974. In Karthaus-Prüll die ehem. Klosterkirche (12. Jh.; spätgot. Chor; Stuckdekoration 1605) und in Prüfening die Benediktinerklosterkirche St. Georg (12. Jh.; mit roman. Wandmalereien, 1130–60).

Die Kunstdenkmäler der Oberpfalz, Bd. 22: Stadt R. ..., bearb. v. F. MADER, 3 Tle. (1933, Nachdr. 1981); R. REISER: R. Stadt mit Vergangenheit. Eine Kulturgesch. bis 1810 (1977); S. FAERBER u. W. SPITTA: R. (1979); R. zur Römerzeit, Beitr. v. K. DIETZ u. a. (²1979); Zwei Jahrtsd. R., hg. v. D. ALBRECHT (1979); J. TRAEGER: Mittelalterl. Architekturfiktion. Die Allerheiligkapelle am Regensburger Domkreuzgang (Neuausg. 1980); D. ALBRECHT: R. im Wandel. Studien zur Gesch. der Stadt im 19. u. 20. Jh. (1984); G. BENKER: Wege durch R. Ein kulturgeschichtl. Führer (²1984); G. FRITZSCHE: Die mittelalterl. Glasmalereien im Regensburger Dom, 2 Tle. (1987); K. BAUER: R. Aus Kunst-, Kultur- u. Sittengesch. (⁴1988); Der Dom zu R. Ausgrabung, Restaurierung, Forschung, hg. v. P. MORSBACH, Ausst.-Kat. (²1989); Der Regensburger Dom. Architektur, Plastik, Ausstattung, Glasfenster, Beitr. v. A. HUBEL u. a. (1989).

**Regensburg 1)**: Blick über die Donau auf die Steinerne Brücke (1146 vollendet) und das Brückentor (14. Jh.); im Hintergrund die Türme des Doms Sankt Peter

**2)** Landkreis im Reg.-Bez. Oberpfalz, Bayern, 1 395 km², (1991) 153 300 Ew.; Verw.-Sitz ist 1). Der Kreis erstreckt sich von der tief zertalten südöstl. Fränk. Alb (Jurakalke) und dem Bayer. Wald östlich des unteren Regen nach S über den fruchtbaren Dungau beiderseits der Donau in das größtenteils lößbedeckte Tertiärhügelland des Alpenvorlands. Die Landwirtschaft, die die Wirtschaft stark prägt, hat im S gute Voraussetzungen, im N finden sich ärmere Böden. Einzige Städte des Kreises sind Hemau, Wörth a. d. Donau und als jüngste Neutraubling (ab 1951 auf einem ehem. Wehrmachtsflugplatz angelegt; seit 1986 Stadtrecht). Industriebetriebe haben sich v. a. in Neutraubling und Regenstauf angesiedelt. Viele Erwerbstätige sind Pendler in die kreisfreie Stadt Regensburg. Für den Fremdenverkehr ist die Walhalla über der Donau bei Donaustauf ein Anziehungspunkt.

**3)** Bistum; vermutlich schon in der Römerzeit Bischofssitz, wurde das Bistum von BONIFATIUS 739 (neu) gegründet. Der erste Bischof GAUBALD war zugleich Abt von Sankt Emmeram. Von R. aus wurde Böhmen missioniert, das mit der Errichtung des Bistums Prag 973 von R. abgetrennt wurde. Ab 1805 Erzbistum, fiel R. 1810 an Bayern; seit 1821 ist es Suffragan von München und Freising. (→katholische Kirche, ÜBERSICHT)

**Regensburg,** Berthold von, →Berthold, B. von Regensburg.

**Regensburg,** Lamprecht von, →Lamprecht, L. von Regensburg.

**Regensburger Buchmalerei,** nachweisbar vom Ende des 8. bis zum späten 15. Jh. Sie entstand zunächst im Skriptorium von St. Emmeram, im 12. Jh. v. a. im Kloster Prüfening, danach auch in anderen Werkstätten in oder bei Regensburg. Wichtiger Ausgangspunkt war neben byzantin. Einflüssen der aus der Hofschule KARLS DES KAHLEN stammende →Codex aureus, der sich im späten 10. Jh. zur Restaurierung in St. Emmeram befand. Höhepunkte der R. B. bilden das Sakramentar HEINRICHS II. (zw. 1002 und 1014; München, Bayer. Staatsbibliothek) und das Evangelistar für die Äbtissin UTA von Niedermünster (1. Viertel des 11. Jh.; ebd.). Zu den bedeutendsten Werken der Folgezeit gehören das Glossarium Salomonis (1158 und 1165; ebd.), das Goldene Evangelienbuch von Hohenwart (um 1250; ebd.), der ›Trojan. Krieg‹ des Meisters MARTINUS OPIFEX (vor 1465; Wien, Österr. Nationalbibliothek) und das Salzburger Missale des BERTHOLD FURTMEYR (nachweisbar 1470–1501) und seiner Werkstatt (vor 1481; München, Bayer. Staatsbibliothek).

R. B. Von frühkaroling. Zeit bis zum Ausgang des MA., bearb. v. F. MÜTHERICH, Ausst.-Kat. (1987).

**Regentenstück:** Frans Hals, ›Die Regentinnen des Altmännerhauses in Haarlem‹; 1664 (Haarlem, Frans-Hals-Museum)

**Regensburger Domspatzen,** Chor von Knaben und jungen Männern, hervorgegangen aus einer in der Karolingerzeit gegründeten Singschule. Leitung seit 1964: GEORG RATZINGER (* 1924).

**Regensburger Fürstentag,** nach der Niederwerfung des Böhm. Aufstands (1620) von Kaiser FERDINAND II. für 1623 nach Regensburg einberufener Fürstentag, dem die prot. Landesherren bis auf den Landgrafen von Hessen-Darmstadt fernblieben. Der von Anfang Jan. bis Ende Febr. tagende R. F. stärkte die Stellung des Kaisers, der die pfälz. Kur auf Lebenszeit an MAXIMILIAN von Bayern gab, der aber auch durch den Rückzug Kursachsens einen Rückschlag in seinen bündnispolit. Bemühungen erlitt.

**Regensburger Kurfürstentag,** durch den Erzbischof von Mainz einberufener, von Juli bis Nov. 1630 in Anwesenheit der kath. Kurfürsten (Sachsen und Brandenburg waren durch Gesandte vertreten) tagender Kurfürstentag; Kaiser FERDINAND II. scheiterte mit dem Versuch, seinen Sohn FERDINAND zum König wählen zu lassen, und konnte keine militär. Hilfe gegen Frankreich im Mantuan. Erbfolgekrieg und gegen die FRIEDRICH V. von der Pfalz unterstützenden Generalstaaten erlangen. Trotz der Landung GUSTAVS II. ADOLF in Vorpommern setzten die Kurfürsten eine Verringerung des kaiserl. Heeres sowie die Absetzung WALLENSTEINS durch, Maßnahmen, die sich in der Folge entscheidend auf den Verlauf des Dreißigjährigen Kriegs auswirkten.

**Regenschirmbaum,** der →Schirmbaum.

**Regensdorf,** Gem. im Kt. Zürich, Schweiz, nordwestlich an Zürich anschließend, 443 m ü. M., (1991) 13 500 Ew.; Gemeindemuseum; Maschinen- und Apparatebau u. a. Industrie; kantonale Strafanstalt; im O der Katzensee (Erholungsgebiet von Zürich).

**Regenstauf,** Markt-Gem. im Kr. Regensburg, Bayern, 420 m ü. M., im Tal des unteren Regen, (1991) 13 700 Ew.; Elektronikindustrie, Bau von Behältern und Druckkesseln, Kükenbrüterei.

**Regent** [spätlat. regens, regentis ›Herrscher‹, ›Fürst‹, zu lat. regere ›herrschen‹, ›lenken‹] *der, -en/-en,* monarch. Staatsoberhaupt oder der Stellvertreter, der bei Ungewißheit über die Person des Monarchen, bei Minderjährigkeit, längerer Verhinderung oder Regierungsunfähigkeit des Staatsoberhauptes dessen Befugnisse für ihn oder auch neben ihm ausübt (**Regentschaft**). I. d. R. ist R. der nach der Primogeniturordnung nächstberufene, regierungsfähige Agnat. Durch Verfassung, Gesetz oder anderweitige Anordnung kann eine andersartige Regelung getroffen sein, z. B. die Einsetzung eines Regentschaftsrates oder die Wahl eines R. durch das Parlament. Übt ein Prinz die Regentschaft aus, so wird dieser i. a. als **Prinz-R.** bezeichnet, z. B. LUITPOLD in Bayern von 1886 bis 1912. In manchen Ordnungen gehen den Agnaten als R. die Mutter, Großmutter oder Gemahlin des Herrschers vor. (→Reichsverweser)

**Regentenstück,** Typus des niederländ. Gruppenbildes (etwa 1600–1835); dargestellt sind Vorsteher von karitativen Einrichtungen (Waisen-, Arbeits- oder Altenhäuser) bzw. einer Gilde. Das anfänglich beziehungslose Nebeneinander der Porträtierten wird durch die Komposition der Gruppe, die sich beratend um einen Tisch versammelt und sich dem Betrachter zuwendet, überwunden. Bedeutende Beispiele sind ›Die Vorsteher der Tuchmacherzunft‹ von REMBRANDT (auch ›Die Staalmeesters‹, 1662; Amsterdam, Rijksmuseum) und ›Die Regentinnen des Altmännerhauses in Haarlem‹ von F. HALS (1664; Haarlem, Frans-Hals-Museum).

**Regenwald,** immergrüner Wald in ganzjährig feuchten Gebieten der Tropen (trop. R.), der Subtropen (subtrop. R.) und der frostfreien Außertropen (temperierter R.). Der **tropische Tiefland-R.** ist sehr artenreich (mehr als 100 Baumarten pro Hektar), meist mit drei (selten fünf) Baumstockwerken: das oberste besteht aus 50–60 m hohen Baumriesen, das mittlere aus 30–40 m hohen Bäumen, deren Kronen ein geschlossenes Kronendach bilden, das untere erreicht 15 m Höhe (z. T. Jungwuchs); eine Krautschicht fehlt weitgehend. Der **tropische Gebirgs-R.** in 1000 bis 2000 m Höhe ist die höher gelegene Entsprechung des Tiefland-R., etwas artenärmer, mit nur zwei Stockwerken, bis 30 m hohen Bäumen und großem Anteil (über 50% der Blütenpflanzen) an Sträuchern und Kräutern sowie vielen Epiphyten (v. a. Orchideen). Der **subtropische R.** ähnelt physiognomisch dem trop. Tiefland-R., weist wenig Kletterpflanzen und Epiphyten auf; Baumfarne sind häufiger, auch Nadelhölzer (z. B. Kopalfichte) treten auf. Der **temperierte R.** wird nur von wenigen Arten gebildet (Scheinbuchen; Baumfarne als Strauchstockwerk; manchmal, nach weitgehender Vernichtung durch Waldbrände, mit der alle 200–300 Jahre zu rechnen ist, wird er von Eukalyptusarten überragt); er tritt v. a. in S-Chile und am südlichsten O-Fuß der Anden sowie in S-Victoria (Australien), auf Tasmanien und Neuseeland auf. Eine lückenlose Abfolge aller Typen des R. findet sich an der O-Küste Australiens, nach S über Tasmanien bis Neuseeland fortgesetzt.

*Ökologie:* Die trop. R., zu diesem Vegetationstyp gehören u. a. die Wälder des Amazonasbeckens, des Kongobeckens und der indomalayischen Inselwelt, sind Gebiete mit der größten Artenzahl und der größten Diversität, d. h. zahlreichen Arten, aber jeweils nur wenigen Individuen pro Fläche. Mindestens 50%

aller auf der Erde vorkommenden Pflanzen- und Tierarten leben hier. Sie sind noch nicht alle bekannt, und man muß davon ausgehen, daß mit dem davon vernichteten R. auch schon Millionen von unbekannten Arten ausgerottet worden sind. Die Stabilität des R. beruht auf einem komplexen Zusammenwirken vieler verschiedener Tiere und Pflanzen. Schon eng begrenzte Eingriffe führen zu einer dauernden Veränderung der Vegetation und größere Kahlschläge, z. B. durch selektiven Holzeinschlag, sehr schnell zur Bodenerosion. Die pflanzl. Bruttoprimärproduktion ist sehr hoch, sie liegt bei rd. 70 t/ha, verglichen mit 23 t/ha in den Buchenwäldern Mitteleuropas. Die Nettoprimärproduktion, der Zuwachs an Biomasse der Pflanzen nach Abzug der Atmungsverluste, beträgt für den Buchenwald etwa 13,5 t/ha, für den trop. R. zwischen 13,5 und 30 t/ha. Die Böden selbst sind im Ggs. zu denen in Mitteleuropa extrem mineralstoffarm. Wird der Boden nicht durch Vegetation festgehalten, wird er durch die kurzen, heftigen Regenschauer sofort abgeschwemmt. Die Verwitterungsschicht reicht bis in 20 m Tiefe. Die sauren Bestandteile des Bodens werden vielfach ausgewaschen, zurück bleiben Aluminium- und Eisenoxide, die dem Boden die typ. braunrote Farbe geben. Die hohe Produktivität der Pflanzen resultiert aus den in ihren Organen gespeicherten Nährstoffen, die durch Humusbildung in den Produktionskreislauf zurückgeführt werden. Der trop. R. lebt also aus sich selbst.

Nach Rodung, v. a. Brandrodung, ist dann zwar Licht kein Mangelfaktor mehr, aber dafür sind die Pflanzen intensiver Sonneneinstrahlung und starken Temperaturschwankungen ausgesetzt. Das größte Problem ist dann die Auswaschung des Bodens und der Nährstoffverlust. Kulturpflanzen können daher nur so lange angebaut werden, wie mineral. Nährstoffe aus dem verbrauchten Wald zur Verfügung stehen. Die Böden werden innerhalb weniger (meist zwei bis vier) Jahre unfruchtbar, so daß neues Land gerodet werden muß. Es entwickelt sich, sich selbst überlassen, eine artenärmere Sekundärvegetation. Nach etwa sechs bis acht Jahren kann auf dieser Fläche der Zyklus von neuem beginnen. Bei dieser Wald-Feld-Wechselwirtschaft = Shifting cultivation) wird pro Familie pro Jahr etwa 1 ha Fläche, d. h., die schätzungsweise 140 Mio. Menschen, die als Waldbauern leben, benötigen jährlich 200 000 km$^2$ Land, ungefähr die Hälfte davon ist Primärwald.

Trop. R. bedeckte 1990 rd. 7 Mio. km$^2$ der Erdoberfläche. Die gleiche Menge wurde in den letzten 30 Jahren vernichtet. Nur etwa 3–5% dieser Waldfläche stehen heute unter Schutz, denn für die Menschen in den Ländern des Tropengürtels stellen die R. natürl. Ressourcen dar, die sie nutzen müssen, da landwirtschaftliche Nutzfläche fehlt. Gerodete Flächen sind kaum schnell genug aufzuforsten, um einer Versteppung entgegenzuwirken. Der Begriff Wiederaufforstung ist auch eigentlich nicht richtig, denn der vernichtete R. mit seiner Artenvielfalt kann nicht wieder nachwachsen. Es entsteht eine Plantage oder Agroforstwirtschaft mit einem nicht annähernd gleichen ökolog. Wert wie der vernichtete R. Das Verhältnis zwischen Vernichtung und Wiederaufforstung beträgt 10 : 1.

Die Ursachen der Vernichtung trop. Wälder sind sehr vielschichtig, zu nennen sind u. a. schnelles Anwachsen der Landbevölkerung, Shifting cultivation, Nutzholzgewinnung durch Konzessionäre, Brennholzbedarf, Rodungen für große Industrieanlagen, Nutzung großer Areale als Weidefläche für Rinderherden.

Die Auswirkungen der Vernichtung trop. R. sind genau so vielfältig wie die Ursachen. Etwa 20% der anthropogen verursachten Kohlendioxidemissionen gehen auf die Zerstörung der trop. Wälder zurück. – Von globaler Bedeutung ist das R.-Gebiet als Kohlendioxidsenke, d. h., Kohlendioxid wird hier zu einem großen Teil von den Pflanzen aufgenommen, Sauerstoff dann abgegeben. Werden diese Flächen abgebrannt und fehlt die photosynthetisch aktive Vegetation, so kann es zu einem weiteren, verstärkten Anstieg des Kohlendioxidgehaltes der Erdatmosphäre kommen, und ein globaler Temperaturanstieg wird gefördert. Die Vernichtung des R. ist verstärkt von den Industrieländern ausgegangen. Deshalb überstürzt sich heute die Entwicklung, die Jahrhunderte lang im Gleichgewicht von Wanderfeldbau auf kleinen Flächen und Wiederbewaldung auf die Leistungsfähigkeit der trop. R. eingestellt war. Moderne Technologien, verstärkte Nachfrage nach Edelhölzern aus den Industrieländern und Kredite für techn. Großprojekte tragen in hohem Maße zur Beschleunigung der Zerstörung bei. Schätzungen gehen von der Vernichtung von 20 ha pro Minute aus, möglicherweise sind es sogar 40 ha, so daß in etwa 20 Jahren die meisten trop. R. zerstört sein werden, falls keine Änderungen eintreten.

Seit 1986 gibt es den Tropenwaldaktionsplan (TFAB = Tropical Foresty Action Plan), der von der FAO, dem World Resources Institute und dem Entwicklungsprogramm der UN zus. mit der Weltbank erarbeitet wurde. Er sieht vor, nationale Aktionspläne zu erstellen und umzusetzen. Für rd. 20 Länder ist dies geschehen, weitere sollen folgen. Wirksame Hilfe könnte eine ›Internat. Konvention zum Schutz der trop. Wälder‹ bringen, die die Industrieländer verpflichten soll, Finanzmittel bereitzustellen und mit umwelt- und sozialverträgl. Technologien zu helfen sowie nicht weiter zur Vernichtung der R. beizutragen.

C. CAUFIELD: Der R. Ein schwindendes Paradies (a. d. Engl., 1987); M. JACOBS: The tropical rain forest (Berlin 1988); C. MENDES: Rettet den R. (a. d. Engl., ²1990); J. H. REICHHOLF: Der trop. R. Die Ökobiologie des artenreichsten Naturraums der Erde (²1990); ders.: Der unersetzbare Dschungel. Leben, Gefährdung u. Rettung des trop. R. (1990); Rain forest regeneration and management, hg. v. A. GÓMEZ-POMPA (Paris 1991); Das Regenwaldbuch, hg. v. C. NIEMITZ u. a. (1991).

**Regenwalde,** poln. **Resko,** Stadt in Ostpommern, in der Wwschaft Szczecin (Stettin), Polen, an der Rega, (1985) 4 200 Ew.; Landmaschinenfabrik, Sägewerk. – R. erhielt 1288 Stadtrecht. 1945 kam es unter poln. Verwaltung und gehört seit 1991 völkerrechtlich zu Polen. – Spätgot. Pfarrkirche (14. Jh.).

**Regenwürmer,** Sammel-Bez. für versch. im Boden lebende Arten einiger zu den →Wenigborstern gehörender Gruppen der →Ringelwürmer, darunter v. a. die artenreichen trop. und subtrop. **Megascolecidae** (mit dem 3 m langen und 3 cm dicken austral. **Riesen-R.,** Megascolides australis) und die **Lumbricidae,** die mit etwa 170 Arten weltweit verbreitet sind (davon

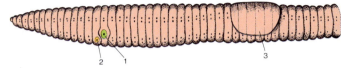

**Regenwürmer:** Fortpflanzungsorgane; 1 männliche Geschlechtsöffnung, 2 weibliche Geschlechtsöffnung, 3 Drüsengürtel (Clitellum)

35 einheimisch; Länge 2–30 cm). R. graben bis 2 m (selten bis 10 m) tiefe Gänge in feuchten Böden, unter Laub oder im Moder, die sie bei länger andauerndem Regen verlassen, um nicht zu ersticken (daher der Name). Sie ernähren sich von zersetztem organ. Material und den darauf befindl. Bakterien, wozu einige Arten auch abgestorbene Blätter in ihre Gänge zie-

**Rege** Regenzauber – Reggae

hen. Unverdaul. Erde wird in Kottürmchen um die Röhrenmündung abgesetzt. Zahlreiche Arten lockern, durchlüften und durchmischen den Boden mit organ. Bestandteilen, reichern ihn mit Bakterien an und sind als Humusbildner von Bedeutung. – Die Begattung der zwittrigen R. erfolgt wechselseitig. Dabei wandern die Spermien in auf der Körperoberfläche gelegenen Samenrinnen zu den Samenbehältern des Partners. Bei der Eiablage wird von dem im vorderen Körperdrittel gelegenen Drüsengürtel (Pubertätsleiste, Clitellum) ein Kokon abgeschieden, der nach vorn abgestreift wird, wobei er Eier und Sperma aufnimmt, und im Gangsystem abgelegt wird.

Der schmutzigrote, unterseits hellere **Gemeine R.** (Tauwurm, Lumbricus terrestris) wird bis 30 cm lang und bevorzugt lehmige Böden. Der bis 13 cm lange **Mistwurm** (Eisenia foetida; purpurfarben mit roter oder brauner Querbinde auf jedem Körpersegment) lebt v. a. in fetter Gartenerde und Komposthaufen. Der 7–15 cm lange, leuchtend rote **Laubwurm** (Lumbricus rubellus) findet sich häufig in vermoderten Baumstümpfen und Waldlaub.

W. BUCH: Der R. im Garten (1986); K. HANSCHE: Der R. Bedeutung – Vermehrung – Einsatzmöglichkeiten (Graz 1988).

**Regenzauber,** die mag. Einflußnahme des Menschen, bes. eines Spezialisten, des **Regenmachers,** auf die Witterung; Ziel ist es, Regen herbeizurufen oder Unwetter abzuhalten. Das Herbeirufen des Regens, wichtig bes. in ariden Gebieten, geschieht oft durch Analogiezauber: Wasser wird versprengt oder vergraben. R. wird v. a. in agrar. Kulturen geübt und nicht nur bei schriftlosen Völkern. – Vom R. zu unterscheiden sind Regenbitten und Regenprozessionen; diese wenden sich an Ahnen, Regengeister, Heilige und Himmelsgottheiten wie z. B. Zeus, Indra, Jupiter pluvialis, Tlaloc (Azteken), Nzambi (Zentralafrika).

A. FRIEDRICH: Afrikan. Priestertümer (1939, Nachdr. New York 1968).

**Regenzeiten,** durch (starke) Regenfälle gekennzeichnete Jahreszeiten, im Ggs. zu Trockenzeiten. Die Tropenzone hat zwei R., die den Sonnenhöchstständen folgen (**Zentralregen, Äquatorialregen**). Mit Annäherung an die Wendekreise vereinigen sich die beiden R. zu einer einzigen. In den Monsungebieten wird die R. von dem vom Meer her wehenden → Monsun bestimmt. Das subtrop. Mittelmeerklima besitzt eine Winter-R. Gebiete mit Niederschlägen zu allen Jahreszeiten haben keine R., sondern oft nur eine Hauptniederschlagszeit, die in kontinentalen Klimagebieten im Sommer-, in maritimen im Winterhalbjahr liegt.

Erik Reger

**Reger,** 1) **Erik,** eigtl. **Hermann Dannenberger,** Schriftsteller und Publizist, *Bendorf 8. 9. 1893, †Wien 10. 5. 1954; war Pressereferent in der Industrie, Theaterkritiker und Journalist; 1945–54 Herausgeber des Berliner ›Tagesspiegel‹. Sein in vielschichtiger Weise die polit. und wirtschaftl. Ereignisse der Jahre 1918–30 – v. a. im Ruhrgebiet – reflektierender Roman ›Union der festen Hand‹ (1931), für den er im selben Jahr den Kleist-Preis erhielt und der 1933 verboten wurde, zeigt deutlich den Einfluß der ›Neuen Sachlichkeit‹ auf R.s literar. Schaffen.

Weitere Werke: Romane und Erzählungen: Das wachsame Hähnchen (1932); Schiffer im Strom (1933); Der verbotene Sommer (1941); Urbans Erzählbuch (1949). – Essays: Vom künftigen Dtl. (1947); Zwei Jahre nach Hitler (1947).

Max Reger

2) **Max,** Komponist, *Brand (bei Kemnath) 19. 3. 1873, †Leipzig 11. 5. 1916; war Schüler von H. RIEMANN am Konservatorium Sondershausen, lebte nach einem psych. Zusammenbruch 1898–1901 im Elternhaus in Weiden, schuf dort eine Fülle großer Werke der ersten Schaffensphase, zog 1901 nach München, wurde 1907 Universitätsmusikdirektor und Kompositionslehrer in Leipzig, übernahm 1911 die Leitung der Meininger Hofkapelle (1913 auch Generaldirektor) und galt bereits um diese Zeit als einer der bedeutendsten Komponisten seiner Zeit; unternahm zahlreiche Konzertreisen. Von Krankheit und kräftezehrendem Arbeitspensum gezeichnet, zog er 1914 nach Jena.

Das überaus reiche, in Form und Gehalt sehr verschiedenartige Schaffen R.s umfaßt bedeutsame Kompositionen aus fast allen musikal. Gattungsbereichen, außer Bühnenwerken. Schwerpunkte stellen Orgel-, Klavier-, Kammer- und Orchestermusik dar mit einer weitgespannten Ausdrucksskala von großen, kühnen Konstruktionen mit monumentalen Wirkungen bis zu hausmusikal. Intimität, von intensiver Farbnuancierung bis zu betonter Schlichtheit (z. B. kleiner kirchenmusikal. Werke). Vielfältige stilistische Einflüsse (J. S. BACH, W. A. MOZART, L. VAN BEETHOVEN, J. BRAHMS) fließen in einer sehr eigenwilligen und für die damalige Zeit modernen Musiksprache zusammen, die in ihrer permanent modulierenden Alterationsharmonik bis zur Grenze tonaler Bindung vorstößt, sich andererseits aber im Selbstverständnis als absolute Musik, in ihrer komplexen Weiterführung kontrapunktisch. Traditionen und in der fruchtbaren Auseinandersetzung mit barocken Formen (Passacaglia, Fuge, Suite) von den Bestrebungen der →neudeutschen Schule in der Nachfolge F. LISZTS deutlich abhebt.

Werke: *Orchesterwerke:* Sinfonietta op. 90 (1904/05), Serenade op. 95 (1905/06), Variationen und Fuge über ein Thema von Hiller op. 100 (1907), Lustspielouvertüre op. 120 (1911), Konzert im alten Stil op. 123 (1912), Romant. Suite op. 125 (1912), Vier Tondichtungen nach A. Böcklin op. 128 (1913), Variationen und Fuge über ein Thema von Mozart op. 132 (1914); Zwei Romanzen op. 50 (1900), Violinkonzert A-Dur op. 101 (1908), Klavierkonzert f-Moll op. 114 (1910). – *Kammermusik:* 6 Streich- (1888–1911) und 2 Klavierquartette (1910–14), Streichsextett (1910), Klavierquintett (1897/98), Klarinettenquintett (1915), Trios verschiedener Besetzung, 7 Violin-, 4 Cello-, 3 Klarinettensonaten. – *Klaviermusik:* Variationen und Fuge über ein Thema von J. S. Bach op. 81 (1904), Variationen und Fuge über ein Thema von Beethoven op. 86 (1904), Aus meinem Tagebuch op. 82 (1904–12, 4 H.), Variationen und Fuge über ein Thema von G. P. Telemann op. (1914), Träume am Kamin op. 143 (1915). – *Orgelmusik:* über 70 Choralvorspiele; Choralfantasien, u. a. über ›Ein' feste Burg ist unser Gott‹ und ›Wie schön leucht's uns der Morgenstern‹; Phantasie und Fuge über B–A–C–H op. 46 (1900). – *Vokalwerke:* Der 100. Psalm op. 106 (1908/09) sowie A-cappella-Chöre und mehr als 250 Klavierlieder, u. a. auf Texte von C. MORGENSTERN, S. ZWEIG, R. DEHMEL, G. D'ANNUNZIO.

Ausgabe: Sämtl. Werke, hg. vom M.-R.-Inst. u. a., 38 Bde. (1954–86).

G. BAGIER: M. R. (1923); F. STEIN: M. R. (1939, Nachdr. 1980); ders.: Themat. Verz. der im Druck erschienenen Werke von M. R. ... (1953); G. WEHMEYER: M. R. als Liederkomponist (1950); E. OTTO: M. R. Sinnlichkeit einer Epoche (1957); ders.: M. R. Sein Weg von Weiden in die Welt. 1873–1916 (1986); H. GRABNER: R.s Harmonik (²1961); H. RÖSNER: M.-R.-Bibl. Das internat. Schrifttum über M. R. 1893–1966 (1968); M. R. in seinen Konzerten, hg. v. O. SCHREIBER u. a., 3 Bde. (1981); H. WIRTH: M. R. Mit Selbstzeugnissen u. Bilddokumenten (23.–25. Tsd. 1986); R. BROTBECK: Zum Spätwerk von M. R. (1988); M. WEYER: Die Orgelwerke M. R.s (1989); R. CADENBACH: M. R. u. seine Zeit (1991).

**Regesten** [spätlat. regesta, zu lat. regerere ›eintragen‹], *Sg.* **Regest** *das, -(e)s,* knappe Zusammenfassung des Rechtsinhalts von Urkunden unter Weglassung der regelmäßig wiederkehrenden, formelhaften Teile, aber mit genauer Verzeichnung des Datums, des Ortes, der Überlieferung, der Orts- und Personennamen, auch mit den nötigen krit. Bemerkungen (über Echtheit u. a.). R. heißen auch gedruckte Verzeichnisse von Urkundenauszügen. Die versch. R.-Sammlungen für Dtl. wurden von F. C. DAHLMANN und G. WAITZ verzeichnet.

A. ERLER: R., in: Hwb. zur dt. Rechtsgesch., hg. v. dems. u. a., Bd. 4 (1990).

**Reggae** ['regɪ; amerikan., Slangwort der westind. Bewohner der USA] *der, -(s),* Mitte der 1960er Jahre entstandene Stilrichtung innerhalb der Rockmusik, bei der Elemente der volkstüml. Tanzmusik Jamaikas (z. B. Calypso, Mento) mit Rhythm and Blues und Soul verbunden wurden, zuvor auch **Ska** genannt; eine der wichtigsten Ausdrucksformen der Rastafari-Bewegung. Charakteristisch für den R. ist sein gleichermaßen monoton wie spannungsreich schwingender Rhythmus mit Betonung der schwachen Taktteile 2 und 4 bei gleichzeitig vielfältigen synkop. Brechungen zw. Melodieinstrumenten und Rhythmusgruppe. Seit Mitte der 1970er Jahre ist der R. v. a. in Europa eng verknüpft mit dem Namen B. MARLEY, der dem zuvor eher kommerziell orientierten R.-Boom durch musikal. Ursprünglichkeit und sozialkritisch engagierte Texte entgegenzuwirken versuchte. Weitere Vertreter u. a. PETER TOSH (* 1944, † 1987) und L. K. JOHNSON, in neuerer Zeit vom R. beeinflußt u. a. die Gruppe ›Police‹.

**Reggane** [rɛ'gan, frz.], südlichste Oasensiedlung der Touat-Oasen in der südalger. Sahara; Straßenkreuzung; Grenzbüro (700 km südlich Grenze nach Mali). In der Nähe Erdgasgewinnung (Pipeline über In Salah nach Hassi R'Mel). Die Straße nach Mali (Sondergenehmigung) führt durch die berüchtigte Tanezrouft (›Durstwüste‹) mit ehem. frz. Militärgelände, auf dem 1960/61 die ersten frz. Kernwaffenversuche stattfanden; seit 1967 zu Algerien.

**Reggio di Calabria** ['reddʒo-], **Reggio Calabria**, **1)** Provinzhauptstadt in S-Italien, Kalabrien, an der Straße von Messina, (1990) 178 600 Ew.; Erzbischofssitz; Univ. (gegr. 1982), Fachschulen, Museo Nazionale, Bibliothek, Theater; Verarbeitung und Ausfuhr landwirtschaftl. Erzeugnisse; Nahrungsmittel- und Landwirtschaftsmesse; Textil-, Metallwarenindustrie; Fischerei. Eisenbahnfährverbindung nach Messina, Flugplatz. – Das griech. **Rhegion**, um 720 v. Chr. von Chalkis aus gegründet, wurde 270 v. Chr. von Rom erobert (**Regium**). Im MA. entwickelte sich die Stadt zu einer Handelsmetropole; seit dem 16. Jh. wurde sie durch Pirateneinfälle, Epidemien und Erdbeben entvölkert; am 28. 12. 1908 durch ein Erdbeben fast völlig zerstört (12 000 Tote) und danach auf Schachbrettgrundriß neu aufgebaut. – Reste der griech. Stadtmauer (5. Jh. v. Chr.) und röm. Thermen; das Kastell (v. a. 15. Jh.) ist z. T. erhalten. In der archäolog. Abteilung des Museums befindet sich eine reiche Sammlung von griech. und röm. Altertümern (›Krieger von Riace‹, BILD →Bronzekunst), in der Pinakothek Gemälde von ANTONELLO DA MESSINA.
**2)** Provinz in der Region Kalabrien, Italien, 3 183 km², (1990) 591 600 Einwohner.

**Reggio nell'Emilia** ['reddʒo-], **Reggio Emilia**, **1)** Provinzhauptstadt in N-Italien, an der Via Emilia, (1990) 130 800 Ew.; Bischofssitz; Fachschulen, Bibliothek, Museen, Gemäldegalerie, Theater; Mittelpunkt einer landwirtschaftlich ertragreichen Gegend; Nahrungsmittelindustrie, Waggon- und Maschinenbau, Textil- und Bekleidungs-, Holz-, chem. Industrie. – R. nell'E., das röm. **Regium (Regium Lepidi)**, wohl 187 v. Chr. von MARCUS AEMILIUS LEPIDUS gegründet, entwickelte seit dem 11. Jh. eine Kommunalverfassung, die jedoch durch wechselnde tyrannische Herrschaften und Parteienkämpfe geschwächt wurde; 1290–1306 und wieder 1409–1796 gehörte die Stadt den Este. – Der im 9. Jh. gegründete Dom wurde im 13./14. Jh. erneuert (Chor und unvollendete Fassade 16. Jh.; reicher Domschatz); San Prospero (im 10. Jh. gegr.), 1514–27 völlig erneuert, Glockenturm 1536–51); Madonna della Ghiara, 1597–1619 als Kreuzkuppelbau über einem Vorgängerbau errichtet (Stuckdekoration, Fresken, Kreuzigungstafel von GUERCINO, 1624). In den Musei Civici Kunstsammlungen und Pinakothek; Civica Galleria Parmeggiani (1925) mit Gemälden des 19. Jahrhunderts.
**2)** Provinz in der Region Emilia-Romagna, Italien, 2 292 km², (1990) 417 200 Einwohner.

**Reghin** [-g-], früher dt. **Sächsisch-Reen**, auch **Sächsisch-Regen**, ungar. **Szászrégen** ['sa:sre:gən], Stadt in Siebenbürgen, im Kr. Mureș, Rumänien, an der Maros, (1986) 36 400 Ew.; ethnolog. Museum; Holzverarbeitung, Musikinstrumentenbau, Sportartikel-, Bekleidungs- und Nahrungsmittelindustrie, Maschinenbau und Metallverarbeitung. – R. wird im 14. Jh. erstmals als dt. Siedlung erwähnt.

**Regie** [re'ʒi:; frz. ›Leitung‹, zu régir, von lat. regere ›herrschen‹, ›lenken‹] die, -, **1)** allg.: die Spieleinrichtung, -einstudierung und -leitung (Inszenierung) in Theater, Oper, Film, Fernsehen und Hörspiel. Der Aufgabenbereich eines **Regisseurs (Spielleiters)** umfaßt: 1) die Werkdeutung, 2) die Arbeit mit den Schauspielern (Auswahl der Besetzung, Überwachung der Einstudierung und Darstellung einer Rolle), 3) die Wahl des Bühnenbildes, der Kostüme, Requisiten usw. (zus. mit dem Bühnenbildner), 4) den Einsatz der Technik (Licht, Bühnenmechanik, Projektionen, Geräusche, Musik), 5) Zusammenarbeit mit Chorleiter und Dirigenten (bei Opern), 6) die Gestaltung und Leitung der einzelnen Szenen (Ensemblespiel, Szenen-R.) während der Proben bis hin zur Premiere sowie die Überwachung der Aufführung während der Spielzeit. – Ausschlaggebend für die R. ist die Werkvorstellung des Regisseurs: Versuche einer in allen Einzelheiten originalgetreuen Interpretation, Umsetzung und Übertragung der vom Autor festgelegten Möglichkeiten und Absichten auf die Gegebenheiten hinsichtlich Bühne, Zeit, Ort, Publikum und Medium, ferner krit. Neuinterpretation eines Werkes nach bestimmten sozialen, ökonom., ästhet. und ideolog. Gesichtspunkten, schließlich freie Produktion, bei der der Text nur noch ein unverbindl. Ausgangspunkt ist (R.-Theater).

Aufgabe des **Filmregisseurs** ist es, die im Drehbuch entworfene Idee zu realisieren. Als ›Inszenator‹ beschränkt er sich im wesentlichen auf Schauspieler- und Lichtführung, Kameraanordnung u. ä.; als ›Autor‹ bestimmt er alle Phasen von der Idee bis zur endgültigen Fassung.

H. SCHWARZ: R. (1965); K. WALTER: Spielleitung (1966); R. L. BARE: The film director (New York 1971); R. in Dokumentation, Forschung u. Lehre, hg. v. M. DIETRICH (Salzburg 1975).

**2)** *öffentl. Finanzwirtschaft:* ältere Bez. für die Verwaltung bestimmter Verbrauchsteuern (in Form von Finanzmonopolen) durch staatl. Organe im Unterschied zur Steuerverpachtung; z. B. die Österr. Tabak-R. (→ Tabakmonopol).

**Regieanweisungen** [re'ʒi:-], andere Bez. für →Bühnenanweisungen.

**Regiebetrieb** [re'ʒi:-], **1)** *Betriebswirtschaftslehre:* die gewerblichen Arbeitsstätten zur Ausführung wirtschaftl. Leistungen ›in eigener Regie‹, die im Verhältnis zum eigentl. Unternehmungszweck ergänzende Bedeutung haben (z. B. Hilfsbetrieb, Nebenbetrieb). **2)** *Finanzwissenschaft:* i. w. S. ein öffentl. Unternehmen in öffentlich-rechtl. Form und ohne eigene Rechtspersönlichkeit; i. e. S. ein öffentl. Betrieb ohne eigene Organe, der keine eigene Kassenwirtschaft besitzt und im Haushalt des Trägers (Bund, Länder, Gemeinden) mit den gesamten Einnahmen und Ausgaben erscheint (Bruttobetrieb, reiner R.). Der reine R. kann als Erscheinungsform wirtschaftl. Betätigung der Verwaltung angesehen werden und wird auch als Verwaltungsbetrieb bezeichnet. Im kommunalen Bereich, wo sie früher dominierten, sind die R. heute durch Eigenbetriebe und Eigengesellschaften weitgehend verdrängt worden (→kommunale Betriebe).

**Regiekosten** [re'ʒi:-], österr. für →Verwaltungskosten.

**Régi** Régie Nationale des Usines Renault S. A. – Regimen sanitatis Salernitanum

**Régie Nationale des Usines Renault S. A.** [reˈʒi nasjɔˈnal dɛzyˈzin rəˈno sɔsjeˈte anɔˈnim], → Renault S. A.

**Regierender Bürgermeister,** Amtsbezeichnung des Vorsitzenden des Senats von Berlin (→ Ministerpräsident).

**Regierung** [zu lat. regere ›herrschen‹, ›lenken‹], **1)** *Politik:* die Herrschergewalt, die in Staaten ohne Gewaltenteilung (bes. im Absolutismus) die gesamte Staatsgewalt umfaßt (**R.-Gewalt**). Im funktionellen Sinn die oberste staatsleitende Tätigkeit oder im organisator. Sinn die obersten Exekutivorgane (→ Exekutive, → Gewaltenteilung), denen diese Tätigkeit überwiegend zugewiesen ist. R.-Organe sind im parlamentar. R.-System der Chef der R. (Kanzler, Premier-Min., MinPräs.) und die Minister, im Präsidialsystem der Präs. mit seinen Ministern (→ Kabinett 2). An der R.-Tätigkeit im Sinne der Staatsleitung kann das Parlament, gelegentlich auch das Staatsoberhaupt beteiligt sein. Die R.-Tätigkeit umfaßt den Entwurf und die Gestaltung der Innen- und Außenpolitik, die dann oft durch Parlamentsgesetze umgesetzt und von der Verwaltung im einzelnen durchgeführt wird. Die R. ist zugleich die Spitze der Verwaltung (→ Minister, → Ressort) und im parlamentar. R.-System dem Parlament für alle R.- und Verwaltungstätigkeit politisch verantwortlich. Die Partei oder die Koalition (bzw. deren Abgeordnete), auf die sich die R. stützt, ist die R.-Partei oder R.-Koalition im Unterschied zur Opposition. In der Bundesrep. Dtl. nennt man die R. des Bundes Bundes-R., die R. der Länder Landes-R., Staats-R. oder Senat. In den Ländern findet sich z. T. die Bez. ›Bezirks-R.‹ für die mittlere Verwaltungsbehörde (→ Regierungsbezirk). – Auch in *Österreich* heißt die R. des Gesamtstaates Bundes-R., in der *Schweiz* Bundesrat.

**2)** *Rechtsgeschichte:* in den früheren dt. Territorien vom Landesherrn eingerichtete Organisationseinheiten, die mit bestimmten landesherrl. Aufgaben betraut waren, z. B. häufig die oberste Justizbehörde, in Preußen die Obergerichte der einzelnen Provinzen (bis 1808); seitdem hießen die leitenden Verwaltungsbehörden der R.-Bezirke R. (heute z. T. **Bezirks-R.**).

**Regierungs|akt,** wenig klarer Begriff von Handlungen eines Verfassungsorgans (nicht notwendig der Reg. im organisator. Sinn), die angesichts ihres hochpolit. Charakters keiner (vollen) gerichtl. Kontrolle unterliegen sollen (→ gerichtsfreier Hoheitsakt). Vorbild sind die ›actes de gouvernement‹ in Frankreich, aber auch die ›political questions‹ im Verfassungsrecht der USA. Im Hinblick auf die Rechtsweggarantie des Art. 19 Abs. 4 GG und die weit ausgebaute Verfassungsgerichtsbarkeit kommt eine vollständige ›Gerichtsfreiheit‹ in der Bundesrep. Dtl. nicht in Betracht, sondern nur eine dem verfassungsrechtlich eingeräumten weiten Regierungsermessen, z. B. in außenpolit. Angelegenheiten, entsprechend verdünnte gerichtl. Kontrolle.

**Regierungsbezirk,** in den Bundesländern mit dreistufigem Verwaltungsaufbau der auf der Mittelstufe angesiedelte Verwaltungsbezirk der allgemeinen Landesverwaltung, so in Bad.-Württ. (4 R.), Bayern (7), Hessen (2), Ndsachs. (4), NRW (5), Rheinl.-Pf. (3) und neuerdings auch in den neuen Bundesländern, so in Sachsen und Sachsen-Anhalt (je 3). An der Spitze eines R. steht eine Landesbehörde (im Verwaltungsaufbau die ›höhere Verwaltungsbehörde‹), die in den jeweiligen Ländern unterschiedl. Bez. führt: **Regierungspräsidium** (Bad.-Württ., Sachsen), **Regierung** (Bayern), **Regierungspräsident** (Hessen, NRW), **Bezirksregierung** (Ndsachs., Rheinl.-Pf., Sachsen-Anhalt). Die Leitung der Behörde obliegt dem Reg.Präs. Die Aufgabe der Behörde besteht im wesentlichen darin, die ihr übergeordneten Behörden zu entlasten, die Arbeit der nachgeordneten Behörden zu koordinieren sowie über diese und die Selbstverwaltungsträger die Aufsicht auszuüben. In ihren Aufgabenbereich fallen alle staatl. Verwaltungsangelegenheiten der Mittelstufe (z. B. Verkehrsangelegenheiten, Schulsachen), soweit nicht ausnahmsweise Sonderbehörden mit eigenem Verwaltungsunterbau (z. B. die Landesfinanzverwaltung) bestehen.

Die Aufsicht über die höhere Verwaltungsbehörde ist geteilt: Die Dienstaufsicht steht dem Innen-Min., die Fachaufsicht den entsprechenden Fach-Min. zu (z. B. also der Verkehrs-Min. für die Verkehrsangelegenheiten).

**Regierungslehre,** Gebiet der Politikwissenschaft, das sich mit den zentralen polit. Institutionen des Staates befaßt, d. h. mit jenen Institutionen, die sich am Prozeß der polit. Willensbildung beteiligen.

**Regierungspräsident,** der leitende Beamte eines → Regierungsbezirks. – In einigen Kantonen der Schweiz Bez. für den Landammann (→ Ammann).

**Regierungsrat,** Amts-Bez. für Verwaltungsbeamte des höheren Dienstes, im Rang aufsteigend Ober-R., Regierungsdirektor. – In den schweizer. Kantonen (frz. **Conseil d'État**) die auf bestimmte Zeit gewählte Kantonsregierung als leitende und vollziehende Kollegialbehörde (→ Staatsrat); die Wahl erfolgt unmittelbar durch das Volk. R. (frz. **Conseiller d'État**) heißen auch die einzelnen Mitglieder.

**Regierungs|statthalter,** in einigen Kantonen der Schweiz (Bern, Wallis) Amts-Bez. für den Vorsteher von Verwaltung und Polizei in einem (Amts-)Bezirk oder (Luzern) Bez. für die Aufsichtsinstanz über die Gemeinden und ihre Behörden sowie über das Vormundschaftswesen eines Amtes (Bezirks).

**Regierungs|system,** Grundbegriff der Politikwiss., beschreibt die zentralen staatl. Institutionen (v. a. die gesetzgebende, ausführende und richterl. Gewalt) und deren gegenseitige Beziehungen, das ›funktionale Verhältnis‹ zueinander.

**Regiespur** [reˈʒi-], **Cuespur** [ˈkjuː-], bei professionellen Videoaufzeichnungen eine Signalspur am Rand oder in der Mitte des Videobandes, in der Ton- oder Impulssignale gespeichert werden. Diese Signale liefern Anweisungen zur nachträgl. Bildgestaltung. So können in der R. z. B. Cuemarken enthalten sein, mit denen Anfang und Ende einer geplanten Bildschnittstelle angegeben werden, oder ein fortlaufender Zeitcode für automat. Bildschneideverfahren (eine Bildstelle kann mit Hilfe des Zeitcodes präzise angesteuert werden.

**Regime** [reˈʒiːm; frz., von lat. regimen ›Regierung‹] *das, -s/-,* auch *-s,* **1)** *Hydrologie:* klimat., geolog., geomorpholog., vegetationskundl. und anthropogene Gegebenheiten des Einzugsgebietes eines Fließgewässers oder des Fließgewässers selbst. Die **R.-Faktoren** sind die R.-Einzelparameter (z. B. das Klima).

**2)** *Politik:* meist abwertend für die einem bestimmten polit. System entsprechende, von ihm geprägte Herrschafts-, Regierungsform (z. B. Nazi-R., Militärregime).

**Regimen sanitatis Salernitanum** [›Anleitung zum Gesundbleiben aus Salerno‹], ein lat. Vademecum meist diätet. Gesundheitsregeln in eingängigen Reimversen aus dem 13. Jh. mit aus antiken bzw. arab. Quellen geschöpftem medizin. Grundwissen der Schule von Salerno (11./12. Jh.) über Essen und Trinken, Heilpflanzen, Körpersäfte und Aderlaß. Die populäre Sammlung wurde im Spät-MA. zum buchfüllenden Kompendium erweitert, kommentiert, oft übersetzt und in zahlreichen Handschriften und Drucken in ganz Europa verbreitet.

**Ausgabe:** Die Kunst, sich gesund zu erhalten. R. s. S., hg. v. R. SCHOTT (1964).

G. GAMBACORTA u. A. GIORDANO: R. s. S. Bibliografia (Mailand 1983); R. s. S., in: Die dt. Lit. des MA. Verfasserlex., begr. v. W. STAMMLER, hg. v. K. RUH u. a., Bd. 7 (²1989).

**Regiment** [spätlat. regimentum ›Leitung‹] *das, -s/-e* und *-er,* **1)** *Pl. nur e, allg.:* Herrschaft, Leitung.
**2)** *Militärwesen:* größter aus Truppenkörpern einer Waffengattung zusammengesetzter Verband, bei der Luftwaffe überwiegend als ›Geschwader‹ bezeichnet. Das R. besteht i. d. R. aus zwei bis vier Bataillonen (bei der Luftwaffe ›Gruppen‹), geführt von einem **R.-Kommandeur** im Rang eines Obersten (früher oft auch Oberstleutnants, seltener Majors).
Urspr. bezeichnete der Begriff ›volles R.‹ die umfangreichen Machtbefugnisse (v. a. Recht über Leben und Tod sowie auf Ein- und Absetzung der Offiziere), mit denen der oberste Befehlshaber eines Söldnerheeres (Feldhauptmann, Feldoberst), dann jeder ein Kontingent mit mehreren Fähnlein aufstellender →Oberst ausgestattet war. In der 2. Hälfte des 16. Jh. ging die Bez. R. auf die betreffenden Truppenkörper selbst über. Gegen Ende des 17. Jh. entwickelten sich die R. im Rahmen der allmähl. Durchgliederung der Heere zu relativ einheitl., in Bataillone (bei der Kavallerie in Eskadronen) unterteilte Verbände, bei der Infanterie etwa 3 000 Mann umfassend. Im Zeitalter der Napoleon. Kriege wurden sie Teil der →Divisionen 2). – Nach dem Zweiten Weltkrieg wurde im Bereich der NATO die Divisionsgliederung in meist drei R. weitgehend durch die in Brigaden verdrängt.

**Regina** [rɪˈdʒaɪnə], Hauptstadt der Prov. Saskatchewan, Kanada, im S der Prov., (1986) 175 100 Ew. (1951: 71 300 Ew.); kath. Erzbischofssitz; Univ. (gegr. 1974), Bibliotheken, Museen (u. a. Royal Canadian Mounted Police Museum); Verarbeitung landwirtschaftl. Produkte, Maschinenbau; Handelszentrum eines Weizenanbaugebietes; Verkehrsknotenpunkt. – R., 1882 durch die Canadian Pacific Railway gegr., war ab 1883 Verw.-Sitz der Northwest Territories; seit 1905 Hauptstadt der Prov. Saskatchewan.

**Regina** [lat. ›Königin‹], **Regine,** weibl. Vorname.

**Regina coeli** [lat. ›Himmelskönigin‹], seit dem 12. Jh. bekannte →Marianische Antiphon; wird in der österl. Zeit anstelle des Angelus Domini verwendet.

**Reginald, R. von Canterbury** [-ˈkæntəbəri], mittellat. Dichter, * im Poitou vor 1050 (?), † Canterbury nach 1109 als Mönch des dortigen Klosters Saint Augustine's; stand u. a. in Verbindung mit HILDEBERT VON LAVARDIN und ANSELM VON CANTERBURY; schrieb u. a. das 3 344 gereimte Hexameter umfassende Leben des altchristl. Einsiedlers MALCHUS (›Vita sancti Malchi‹) nach der Prosavorlage des HIERONYMUS.
*Ausgabe:* The Vita sancti Malchi of R. of C., hg. v. L. R. LIND (Neuausg. 1942).

**Regine,** weibl. Vorname, Nebenform von Regina.

**Regino, R. von Prüm,** mittellat. Autor, vielleicht aus Altrip, † Trier 915; 892–899 Abt des Benediktinerklosters Prüm, seit 899 Abt von St. Martin in Trier. Für die liturg. Praxis schrieb er den ersten mittelalterl. ›Tonarius‹ und dazu die von BOETHIUS abhängige (aber nicht immer sachkundige) musiktheoret. Erklärung ›De harmonica institutione‹, ferner die Kanonessammlung ›De synodalibus causis et disciplinis ecclesiasticis‹, ein auch kulturgeschichtlich bedeutsames Handbuch für die bischöfl. Visitation und kirchl. Disziplinarbestimmungen. R.s Hauptwerk ist die im MA. weit verbreitete ›Chronica‹, eine Weltgeschichte von Christi Geburt bis 906, die den Zerfall des Karolingerreiches dokumentierte und von Erzbischof ADALBERT von Magdeburg bis 967 fortgesetzt.
R. v. P., in: Die dt. Lit. des MA. Verfasserlex., begr. v. W. STAMMLER, hg. v. K. RUH u. a., Bd. 7 (²1989).

**Régio** [ˈrrɛʒiu], José, eigtl. **J. Maria dos Reis Pereira** [duʃ rraiʃ pəˈraira], portug. Schriftsteller, * Vila do Conde (bei Porto) 17. 9. 1901, † ebd. 22. 12. 1969; war Mitherausgeber der modernist. Zeitschrift ›Presença‹; schrieb formvollendete, meist religiöse Lyrik, z. T. satir. Dramen, Mysterienspiele, psycholog. Gesellschaftsromane, Novellen und zeitkrit. Essays.
*Werke: Lyrik:* Poemas de Deus e do diabo (1925); Biografia (1929); As encruzilhadas de Deus (1936); Fado (1941); Filho do homem (1961); Cântico suspenso (1968). – *Dramen:* Benilde. Ou, A virgem-mãe (1947); El-rei Sebastião (1949); A salvação do mundo (1954). – *Romane:* Jôgo da cabra cega (1934); O príncipe com orelhas de burro (1942); A velha casa, 5 Bde. (1945–66).
E. LISBOA: J. R., uma literatura viva (Lissabon 1978); ders.: J. R. ou a confissão reluctante (ebd. 1989).

**Regio Basiliensis,** trilaterale Organisation zur Koordination grenzüberschreitender Probleme am Oberrhein, die sich u. a. auch aus der hier verlaufenden Grenze zw. EG und EFTA ergeben (Verkehr, Wirtschaft, Umwelt, Energie, Kultur, Medien, Raumordnung). Im Bereich der R. B. mit dem Zentrum Basel leben rd. 500 000 Menschen, davon 90 000 in Dtl. (Südbaden) und 35 000 in Frankreich (Oberelsaß). Der 1963 (von Kantonen, Wirtschaft, Univ.) gegründete schweizer. Verein R. B. wurde 1971 nach Kontakten mit der Regio du Haut-Rhin in Mülhausen und dem Regierungspräsidium in Freiburg im Breisgau ins Leben gerufen, 1976 auf staatl. Ebene im ›Dreiseitigen Regionalausschuß‹ (tagt zweimal jährlich) unter dem Dach einer den Außenministerien zugeordneten Kommission institutionalisiert.

**Regiomontanus** [lat. ›Königsberger‹], eigtl. **Johannes Müller,** Mathematiker und Astronom, * Unfinden (heute zu Königsberg i. Bay.) 6. 6. 1436, † Rom 8. 7. 1476. R. war Schüler G. PEURBACHS in Wien, 1457 wurde er dort Mitgl. der Fakultät. R. trug wie sein Lehrer wesentlich zur Erneuerung der mathemat. Wissenschaften in der Renaissance bei. Unter Mitverwendung arab. Quellen faßte er die ebene und sphär. Trigonometrie zusammen (›De triangulis omnimodis‹, 1533 postum herausgegeben). Darin finden sich erstmals nicht auf dem Sexagesimalsystem beruhende Sehnentafeln sowie der von R. präzisierte Kosinussatz der sphär. Trigonometrie; den 1475 erschienenen ›Tabulae directionum‹ gab er auch eine Tangententafel bei. Weitere Sehnentafeln von R. wurden 1541 postum publiziert. Im Briefwechsel behandelte er Aufgaben zur Zahlentheorie, zur Raumausfüllung durch die platon. Körper, Maxima und Minima sowie höhere Gleichungen. In der Astronomie vollendete er PEURBACHS ›Epytoma in Almagestum‹ (1496, postum), gab Kalender und Ephemeriden heraus, die u. a. von C. KOLUMBUS, V. DA GAMA und A. VESPUCCI benutzt wurden, und erfand oder verbesserte astronom. Instrumente.
Nach einem mehrjährigen Italienaufenthalt und vorübergehender Tätigkeit im Dienst von MATTHIAS I. CORVINUS in Ofen hatte sich R. 1471 in Nürnberg eine Sternwarte und eine Druckerei eingerichtet und druckte 1474/75 neun überwiegend eigene Werke, wobei er auch die gängige Typographie weiterentwickelte. Seine ›Ephemerides‹ (1474) gehören zu den Kostbarkeiten des frühen Buchdrucks. Weitgehend spekulativ ist die u. a. von P. GASSENDI vertretene Auffassung, R. habe das heliozentr. Weltbild des N. KOPERNIKUS vorweggenommen.
*Ausgaben:* Opera collectanea. Faksimiledrucke von 9 Schr. Regiomontans ..., hg. v. F. SCHMEIDLER (1949, Nachdr. 1972); On triangles, übers. v. B. HUGHES (1967, lat. u. engl.).
F. GELDNER: Die dt. Inkunabeldrucker, 2 Bde. (1968–70); E. ZINNER: Leben u. Wirken des Joh. Müller von Königsberg, genannt R. (²1968); E. GLAWATSKI u. a.: Die Tafeln des R. Ein Jahrhundertwerk (1990).

**Region** [lat. regio, regionis ›Gegend‹, ›Bereich‹, eigtl. ›Richtung‹] *die, -/-en,* **1)** *allg.:* durch bestimmte Merkmale gekennzeichnetes, größeres Gebiet.

Regiomontanus

**Regi** regional – Regionalismus

2) *Biogeographie:* in der Tier- und Pflanzengeographie durch bestimmte Verwandtschaftsgruppen gekennzeichnete Gebiete, z. B. Neotropis, Holarktis.

3) *kath. Kirchenrecht:* **kirchliche R.,** Gliederungseinheit innerhalb mancher dt. Diözesen, die mehrere Dekanate umfaßt. Auf überdiözesaner Ebene können mehrere Kirchenprovinzen zu einer R. zusammengefaßt werden.

4) *Politik* und *Wirtschaft:* geographisch-politisch-administrativer Begriff mit analogen Verwendungen in wiss. Spezialdisziplinen zur Bez. einer homogenen Raumeinheit innerhalb einer Raumganzheit. So bezeichnet in der Raumordnung die R. ein Gebiet, das unter bestimmten, z. B. geograph., polit., wirtschaftl. Kriterien eine Einheit bildet und gegen andere, es umgebende Gebiete abgegrenzt oder abgrenzbar ist. Eine R. kann einen sehr kleinen (z. B. Lower Manhattan als Teil-R. innerhalb der Stadt-R. von New York) oder einen sehr großen geograph. Bereich umfassen wie weltwirtschaftl. R. und deren v. a. wirtschaftl. Organisationen (z. B. EG, Andenpakt, ASEAN). In der Regionalwissenschaft versteht man unter R. Gebiete, die unter regionalanalyt. Aspekt und unter den Gesichtspunkten der wiss. Vorbereitung und Durchführung von Landes- und Regionalplanung als Raumeinheiten angesprochen werden können. Diese Gebiete haben i. a. eine ›mittlere‹ Größe in dem Sinne, daß sie mehrere Gemeinden oder mehrere Kreise, oft auch Teile mehrerer Regierungsbezirke oder Bundesländer (z. B. R. Rhein-Main), in Einzelfällen auch Teilgebiete mehrerer Staaten umfassen (z. B. Euregio). Abgrenzungskriterien sind die Rückführbarkeit auf statistisch-analyt. Erhebungseinheiten (Gemeinden oder Kreise) sowie das Vorhandensein struktureller Gemeinsamkeiten und sich ergänzender Unterschiede, die eine einheitl. Entwicklung der die R. kennzeichnenden Variablen (Bev., private Investitionen, Produktion, Realeinkommen u. a.) im Zeitablauf sowie eine einheitl. Reaktion dieser Variablen auf regionalplaner. Maßnahmen (Infrastrukturinvestitionen, regionale Förderungsmaßnahmen u. a.) und regionale Entwicklungskonzepte (z. B. Entwicklungsachsen, Wachstumspole, zentrale Orte) erwarten lassen. Nach diesen Prinzipien der Homogenität und Verflechtung können z. B. als R. definiert werden: der Einzugsbereich eines zentralen Ortes, ein industrieller Verdichtungsraum mit dem siedlungs-, verkehrsmäßig und wirtschaftlich auf ihn bezogenen Umland.

Versuche, die ›objektive‹, von (Erkenntnis-)Interessen unabhängige Existenz von R. als gegeben anzusehen (Naturraum, Kultur-R. usw.), sind umstritten. In Weiterentwicklung der in der Geographie, der Raumordnung und der Regionalpolitik verwendeten R.-Begriffe gewinnt die R. heute v. a. in der gesellschaftspolit. Diskussion einen zunehmenden Stellenwert. Forciert durch die Wiederbelebung des kulturellen, wirtschaftl. und polit. →Regionalismus in W-Europa und das Wiederaufbrechen histor. Volksgruppen- bzw. Nationalitätenkonflikte des 19. und frühen 20. Jh. in O-Europa werden in Wiss. und Politik neue Überlegungen zu gesellschaftl. und polit. Organisationsformen angestellt, die der Gleichzeitigkeit von Internationalisierung und Regionalisierung des kulturellen, wirtschaftl. und polit. Lebens Rechnung tragen. Den bisher in Raumordnung und Regionalpolitik dominierenden funktionalen und administrativen Regionalisierungskriterien wird v. a. in Konzepten der ›endogenen‹ bzw. ›eigenständigen‹ Regionalentwicklung ein kulturell und lebensweltlich (›Identität‹) angereicherter R.-Begriff gegenübergestellt.

**regional,** eine bestimmte Region betreffend, auf sie beschränkt, für sie charakteristisch.

**Regional|atlas,** auf einen begrenzten Raum (Landschaft, Provinz, Bundesland u. a.) bezogener Atlas mit vorwiegend themat. Karten. R. dienen als Unterlagen für detaillierte Planungen. Der erste R. in Dtl. erschien 1929 als ›Rhein-Mainischer Atlas für Wirtschaft, Verwaltung und Unterricht‹ von WALTER BEHRMANN (* 1882, † 1955) und O. MAULL.

**Regionalbanken,** Kreditinstitute, die regional begrenzt tätig sind. In der Bundesrep. Dtl. sind es die privatrechtlich organisierten Universalbanken, die nicht zu den Großbanken, nicht zu den Zweigstellen ausländ. Banken und nicht zu den Privatbanken rechnen. Die Bundesbankstatistik verzeichnete (Ende 1990) insgesamt 191 ›R. und sonstige Kreditbanken‹ mit einem Marktanteil am gesamten Geschäftsvolumen der dt. Kreditwirtschaft von 12,1 % (1990). Die beiden größten R. in Dtl. sind die Bayer. Hypotheken- und Wechsel-Bank und die Bayer. Vereinsbank.

**regionale Geographie,** →Länderkunde.

**regionale Wirtschaftspolitik, regionale Strukturpolitik,** die →Regionalpolitik.

**Regionalismus** [lat., zu Region] *der, -/...men,* Bez. für innerstaatl. oder auch grenzüberschreitende Prozesse der Mobilisierung gesellschaftl. Gruppen oder sozialer Bewegungen zur Verfolgung territorial definierter Sonderinteressen kultureller, wirtschaftl. und/oder polit. Prägung. Im Unterschied zu der für die westl. Nationalstaaten seit der Frz. Revolution charakterist. Binnengliederung nach Schichtungs- und Bereichskriterien (soziale und sektorale Konflikte; Beispiele: Arbeitnehmer/Arbeitgeber, Industrie/Umweltschützer) begründet der R. eine Konkurrenz zw. einem subnationalen und einem gesamtstaatl. Bezugsrahmen gesellschaftl. und polit. Orientierungen und Aktivitäten. Er ergänzt die herkömmlichen innerstaatl. Schichtungs- und Bereichskonflikte bes. in den zentralist. Staaten West- und Südeuropas um einen dritten Konflikttypus, den territorialisierten Konflikt.

Als polit. Kampfbegriff fand der R. erstmals Mitte der 70er Jahre des 19. Jh. in Frankreich weite Verbreitung. Hier kennzeichnete er die polit. Gegnerschaft zur zentralistisch-restaurativen Präsidentschaft MAC-MAHONS (1873–79). Um die Wende vom 19. zum 20. Jh. hatte sich der Begriff auch in Spanien und Italien etabliert. In diesen drei roman. Ländern war damit der Versuch sowohl einer literarisch-kulturellen als auch, in Verbindung mit föderalist. Gedankengut, polit. Umbewertung des Negativbegriffs ›Provinz‹ verbunden. Feste definitor. Konturen gewann der Begriff aber erst in den 1970er und 80er Jahren in der wiss. Auseinandersetzung mit der Wiederbelebung regionalist. Strömungen nicht nur in zentralist., sondern auch in föderalist. Staaten (z. B. Kanada).

### Grundlagen

Danach zeigt sich R. in der Verbindung von Aussagen, Orientierungen und/oder Programmelementen in drei Dimensionen:
1) Vorausgesetzt wird die Existenz homogener Räume innerhalb bestehender Kulturräume, Nationalstaaten und/oder supranationaler Ordnungssysteme. Die Ausgrenzung und Behauptung der Homogenität dieser Räume – der Regionen – erfolgt auf der Basis historisch-kultureller, polit. und/oder ökonom. Kriterien. Als Regionen gelten dabei z. B. Gebiete, in denen bestimmte Volksgruppen oder Ethnien anzutreffen sind, oder Gebiete, die eine eigenständige Geschichte und entsprechende Institutionen (z. B. Schottland: Rechtssystem) aufweisen. Weniger strenge Kriterien werden angelegt, wenn Region mit ›Heimat‹, ›Brauchtum‹ oder ›Lebensweise‹ assoziiert und als kulturelle ›Herkunftswelt‹

*Schlüsselbegriff*

bestimmt wird. Auch Ausgrenzungen auf der Basis struktureller (z. B. wirtschaftl.) Probleme oder Besonderheiten sowie die Artikulation polit. Sonderinteressen eines Gebiets jenseits sektoraler oder sozialer Konfliktlinien (d. h. außerhalb des nationalstaatl. Verbände- und Parteiensystems) können zum Ausgangspunkt von R. werden. Diese Versuche, eine gemeinschaftsbildende Eigenständigkeit von Regionen auf der Basis unterschiedlichster Kriterien zu begründen, setzen sich im R. in einen Mobilisierungsprozeß um, in dem sich individuelle Akteure ihrer Bindung an eine Region, ihrer ›regionalen Identität‹ oder der Gleichartigkeit individueller Interessenlagen in einem abgrenzbaren Gebiet bewußt werden und diese dann durch gemeinschaftl. Handeln in regionalist. Bewegungen gezielt gegen übergeordnete Identifikationsangebote und Steuerungsansprüche durchzusetzen versuchen.

2) Die Ausgrenzungen einer regionalen Raumeinheit erfolgen immer in bezug auf eine übergeordnete Raumganzheit. Dabei werden i. d. R. die Basiseinheiten der bestehenden Nationalstaaten, zunehmend aber auch supranationale Einheiten wie die Europ. Gemeinschaft (z. B. ›Europa der Regionen‹) zugrunde gelegt.

Versuche, den Begriff des R. für die Analyse internat. Bündnissysteme oder Wirtschaftszusammenschlüsse unter dem Dach der UNO fruchtbar zu machen, beschränken sich in der Politikwissenschaft weitgehend auf wiss. Diskussionen. Im Völkerrecht hat sich für die Tendenz, bestimmte Angelegenheiten nicht auf globaler, sondern auf regionaler Ebene zu regeln, jedoch die Bez. R. durchgesetzt. Die Satzung der UNO widmet den ›regionalen Abmachungen‹ ein eigenes Kapitel. Sie sollen der Wahrung des Weltfriedens und der internat. Sicherheit dienen. Auch auf anderen Gebieten wird im Rahmen der UNO der Gedanke eines überstaatl. R. praktiziert. So sind in allen Teilen der Erde regionale Organisationen zur Erfüllung internat. Aufgaben entstanden. Dabei ist es nicht immer die geograph. Nachbarschaftslage der in einer Region zusammengefaßten Länder, die für jene Zusammenfassung maßgeblich ist. Auch wirtschaftl., strateg., ideolog., polit., klimat., kulturelle oder sonstige Gemeinsamkeiten können die Errichtung einer Regionalorganisation rechtfertigen. In jedem Fall ist ihre Grundlage ein völkerrechtl. Vertrag, der dauerhafte Institutionen schafft.

Sowohl im völkerrechtl. als auch im staatsrechtl. Bereich entfaltet sich daneben ein neuer, engerer überstaatlicher R.-Begriff. Auch er ist bestrebt, bestimmten Gemeinsamkeiten Rechnung zu tragen. In diesem Fall bestehen die Gemeinsamkeiten aber nicht zw. souveränen Staaten, sondern zw. Menschengruppen und Landstrichen, die versch. Staaten angehören. Die so definierte Region erfaßt daher jeweils Teile der Hoheitsgebiete einzelner Staaten und faßt sie – ohne dem neuen Gebilde eine eigene Souveränität zu geben – zu einer Region zusammen, der die beteiligten Staaten Befugnisse (bes. Planungs- und Beratungsbefugnisse) auf einzelnen Gebieten verleihen. Ein Beispiel hierfür ist die Arbeitsgemeinschaft der Alpenländer (→ Arge Alp).

Die Ausgrenzungen in bezug auf übergeordnete Raumganzheiten markieren kulturelle, ökonom. und/oder polit. Interessenorientierungen, die sich in Opposition oder bewußter Abgrenzung zum Integrationsanspruch dieser Raumganzheiten artikulieren. R. wird damit zu einem territorial gebundenen Gruppenphänomen, das aufgrund einer dieser territorialen Formung bes. den Legitimationsanspruch republikan. Einheitsstaaten in Frage stellt,

da für diese die Souveränität ihres Staatsgebietes unteilbar ist. Der Souveränität nach außen entspricht dabei der Anspruch des Einheitsstaates, auch im Inneren letztverbindl. territorialer Bezugsrahmen für polit. Willensbildung und Herrschaftsausübung zu sein. In Bundesstaaten wirkt der R. als Korrektiv gegenüber zunehmende Zentralisierung im Verhältnis von Bund und Gliedstaaten und als Instrument der Wiederbelebung des föderalist. Subsidiaritätsprinzips innerhalb der vielfach straff zentralistisch organisierten Gliedstaaten.

3) R. versteht sich als veränderndes gesellschaftl. und polit. Gestaltungsprinzip, das in Spannung oder Konkurrenz zu grundlegenden Funktions- und Ordnungsprinzipien bestehender Staats- und Gesellschaftssysteme der Nachkriegszeit steht: Dem Trend einer kulturellen Verarmung durch die zunehmende Internationalisierung kultureller Standards, Konsummuster und Lebensweisen wird die Verteidigung des Wertes kultureller und v. a. sprachl. Vielfalt – bis hin zu einem ›nat. Erwachen‹ vorher als regionale ›Volksgruppen‹ existierender Bevölkerungsteile – entgegengesetzt. Dem Zentralismus eines bürokrat. Wohlfahrtsstaates werden Selbst- bzw. Mitbestimmung über regionale Entwicklungswege und eine höhere Toleranz für die Ungleichartigkeit der Lebensverhältnisse entgegengehalten, wobei sich hier konservative und basisdemokrat. Orientierungen überschneiden. Zudem wird auf die Funktionsprobleme der bisherigen ›Betriebsgröße‹ staatl. Organisationen und auf deren drohende Überlastung durch zunehmende Kommunikationsdichte und Komplexität verwiesen, und die Vorteile überschaubarer regionaler Selbstorganisation werden hervorgehoben. Bes. gewichtig sind die Hinweise auf eine drohende wirtschaftl. Auseinanderentwicklung zw. reichen und armen Regionen, in deren Dynamik die herkömmliche zentralstaatl. Regionalpolitik und Raumordnung kaum korrigierend eingegriffen habe. Relative Unter-, aber auch relative Überentwicklung werden damit neben kulturellen und politisch-administrativen Faktoren zu entscheidenden Triebkräften des Regionalismus.

Typologie

Gruppiert man regionalist. Bewegungen nach ihren Zielrichtungen, so lassen sich drei Abstufungen unterscheiden:

1) Separatisten erheben für ihre Region Anspruch auf die Bildung eines souveränen Nationalstaats oder auf den Anschluß an ein anderes bestehendes Staatswesen. Sie stellen damit grundsätzlich und umfassend die Legitimität des gesamtstaatl. Geltungsbereichs polit. Willensbildung und Herrschaftsausübung in Frage. In W-Europa bietet die Geschichte des Südtiroler, fläm., breton. und elsäss. R. hierfür ebenso Beispiele wie die Aktionen der radikalen Flügel des bask., kors., nordirischen, wallon., schott. und jurassischen R. In O-Europa und im Gebiet der ehem. Sowjetunion gewannen seit dem Zerfall der kommunist. Staatssysteme viele regionalist. Tendenzen an Gewicht. Sie stehen mit ihren separatist. Forderungen, die in der UdSSR und Jugoslawien bereits zur Auflösung der Staatsgefüge beitrugen, unmittelbar in der Tradition der Volksgruppen- bzw. Nationalitätenkonflikte des 19. und frühen 20. Jh. Das größte Potential für separatist. R. bieten die ehem. Kolonialstaaten der dritten Welt, v. a. Afrikas. Die staatl. Grenzziehungen sind hier nur in Ausnahmefällen geschichtl. Kontinuität oder sprachlich-kulturelle (›ethn.‹) Homogenität abgestützt. Obwohl es fließende Übergänge

zw. allen Formen innerstaatl. R. und ›nat. Befreiungskämpfen‹, die ggf. mehrere Staaten betreffen können, gibt, werden letztere nur selten unter dem Oberbegriff R. geführt (z. B. Kurden).

2) Föderalisten sehen die gesamtstaatl. und subnationale Territorialität als nebeneinander bestehende, aber funktional unterschiedl. Ebenen eines geschichteten institutionellen Gliederungsgefüges an. Jede Ebene bildet einen eigenständigen territorialen Bezugsrahmen und Geltungsbereich für polit. Willensbildung und Entscheidungen zu den je spezif. Aufgaben und Funktionen. Kompetenzen, die sich einer bestimmten Ebene nicht eindeutig zuordnen lassen, müssen nach Möglichkeit konsensual ausgeübt werden. In Europa finden sich föderalist. Regionalisten Proudhonscher Ausrichtung (›integraler Föderalismus‹) sowohl in S-Frankreich als auch in Katalonien, Galicien und Andalusien. Hier verbindet sich ein staatsrechtl. R. mit einer gesellschaftsphilosoph. Ausrichtung, die den Staat nach dem Subsidiaritätsprinzip ›von unten nach oben‹ aufgebaut sehen will. Der Autonomiegedanke wird dabei nicht nur auf territoriale Ebenen beschränkt, sondern auch auf gesellschaftl. Gruppen ausgedehnt. Tonangebend sind bei den föderalist. Regionalisten jedoch die an mitteleurop. Denktraditionen (›Volksgruppenbewegung‹) anknüpfenden Gruppierungen, die sich in der Föderalist. Union Europ. Volksgruppen (FUEV) zusammengeschlossen haben. Auch der bayer. Föderalismus hat hier seine kulturellen Wurzeln, während das neuerliche Bekenntnis der übrigen dt. Bundesländer zu einem ›Europa der Regionen‹ eher staatsrechtlich begründet wird. Auch die regionalist. Bestrebungen in Kanada zur Stärkung der Provinzen gegenüber der Bundesgewalt verbleiben, ausgehend von den ethnisch-historisch motivierten Autonomiebestrebungen Quebecs, im Rahmen föderalist. Denkens in staatsrechtl. Kategorien. Die kurze Geschichte Nigerias, wo sich innerhalb von knapp 30 Jahren Unabhängigkeit die Zahl der Gliedstaaten von drei auf mehr als 20 erhöhte, zeigt die partikularisierende Sprengkraft des Volksgruppen- bzw. Ethnonationalismus, der hier nur mühsam von einer föderalist. Staatskonstruktion aufgefangen werden kann. Ähnliches gilt für Indien.

3) Autonomisten opponieren v. a. gegen das unitar. Selbstbild von der ›Einheit‹ und ›Unteilbarkeit‹ moderner Zentralstaaten, ohne daß sich diese Opposition zum Separatismus radikalisiert oder zum Föderalismus verallgemeinert: Gegenüber der territorialen Indifferenz des republikan. Einheitsstaats heben Autonomisten die territorial abgegrenzten Sonderinteressen ihrer Region als eigenständige polit. Dimension hervor. I. d. R. liegt der Ausgangspunkt für einen autonomist. R. in der Artikulation wirtschaftl. Sonderinteressen (Kampfbegriff: ›interner Kolonialismus‹), wobei anfänglich, wie im Beispiel Korsikas und S-Frankreichs in den 1960er und Anfang der 70er Jahre, die Übergänge von einer syndikalist. Interessenpolitik regionaler Berufsgruppen (Winzer, mittelständ. Unternehmer) hin zu regionalist. Protest breiter Bevölkerungskreise fließend sind. Der autonomist. R. stützt sich vielfach auf neuere Überlegungen zu den Grenzen des Wohlfahrtsstaats und der herkömmlichen zentral gesteuerten regionalen Entwicklungspolitik. In den 1960er und 70er Jahren wurde er v. a. in Frankreich zum Auslöser für eine schrittweise Reform staatl. Regionalpolitik bis hin zur Dezentralisierung F. MITTERRANDS ab 1981. Auch der unmittelbare Einfluß regionalist. Bewegungen dieses Typs auf die Entstehung und Formulierung des Konzepts ›eigenständiger‹ bzw. ›endogener‹ Regional-

entwicklung ist unübersehbar. Zu den Autonomisten zählt die Mehrzahl der (süd)westeurop. Regionalisten: der elsäss., okzitan., breton., walis., fläm., wallon. und lombard. R. sowie die Mehrheit der span. Regionalbewegungen. Obwohl in diesen regionalist. Bewegungen durchweg immer auch Strömungen anzutreffen sind, die die jeweiligen regionalen Probleme, Interessen und Besonderheiten in ›ethn.‹ Kategorien darstellen, dominiert hier ein Problembewußtsein, das über den Horizont einer Neuauflage der Volksgruppenbewegung der Zwischenkriegszeit hinausreicht. Im Mittelpunkt steht dabei die Suche nach neuen gesellschaftl. und polit. Organisationsformen, die der heutigen Gleichzeitigkeit von Internationalisierung und Regionalisierung des kulturellen, wirtschaftl. und polit. Lebens angemessen sind.

Entwicklungstendenzen

Sieht man die hier unterschiedenen Typen des R. als Stationen eines gleichsam naturgesetzl. Entwicklungsprozesses hin zu einem ›nat. Erwachen‹, so läßt sich das Potential für zukünftige Separatismen kaum noch abschätzen. Wie das Auseinanderbrechen der Staatsgefüge der UdSSR und Jugoslawiens beispielhaft zeigt, scheint dieser Prozeß in O-Europa anzudauern und allenfalls noch durch die Bildung lockerer Staatenbünde bzw. die Einbindung der neuen Staaten in ein gesamteurop. Staatensystem aufzufangen zu sein. Auch in den ehem. Kolonialstaaten der dritten Welt ist die Ära nationalstaatl. Ausdifferenzierungen offenkundig noch nicht abgeschlossen. In den westl. Industrieländern ist dagegen eine Gleichzeitigkeit der territorialen Binnendifferenzierung bestehender Nationalstaaten bei fortschreitender Internationalisierung koordinierender und vermittelnder polit. Entscheidungsprozesse sowie kultureller und ökonom. Integrationsprozesse wahrscheinlicher.

⇒ *Autonomie · Föderalismus · Heimat · Minderheit · Nation · Separatismus*

Europa Ethnica, Jg. 18 (Wien 1958/61 ff., früher u. a. T.); R. J. YALEM: Regionalism and world order (Washington, D. C., 1965); Hb. der europ. Volksgruppen, bearb. v. M. STRAKA (Wien 1970); Territorial politics in industrial nations, hg. v. S. TARROW u. a. (New York 1978); W. CONNOR: Ethnonationalism in the first world. The present in historical perspective, in: Ethnic conflict in the Western world, hg. v. M. J. ESMAN (Ithaca, N. Y., ²1979); Hb. der westeurop. Regionalbewegungen, hg. v. J. BLASCHKE (1980); G. STIENS: Zur Wiederkunft des R. in den Wissenschaften, in: R. u. Regionalpolitik (1980); D. GERDES: R. als soziale Bewegung. Westeuropa, Frankreich, Korsika. Vom Vergleich zur Kontextanalyse (1985); Regionen u. R. in Westeuropa, Beitr. v. D. GERDES u. a. (1987); M. BASSAND: Culture et régions d'Europe (Lausanne 1990).

**Regionalismus** der, -, engl. **Regionalism** ['riːdʒənəlɪzm], eine Bewegung in der amerikan. Malerei, die in den 1930er Jahren entstand und mit bestimmten Staaten des Mittleren Westens (Missouri, Kansas, Iowa u. a.) verbunden war. Sie stellte mit Pathos die amerikan. Geschichte, zeitgenöss. Szenen und solche aus der amerikan. Tradition des Siedlerlebens in den Mittelpunkt. Zu ihren Vertretern gehörten T. H. BENTON, G. WOOD und JOHN STEUART CURRY (* 1897, † 1946).

Amerika, Traum u. Depression: 1920/40, Ausst.-Kat. (1980).

**Regional|literatur, literarischer Regionalismus,** Bez. für eine v. a. in der 2. Hälfte des 19. Jh. in vielen Staaten Europas und Lateinamerikas sowie in den USA sich ausprägende Strömung der Literatur, die das Schwergewicht auf die besonderen Merkmale bestimmter Landschaften und ihrer Bewohner legt und zur Wahrung kultureller Eigenheiten beitragen will. Wenn auch die Grenze zur →Heimatliteratur und →Mundartdichtung nicht immer scharf zu ziehen ist, so ist die R. i. d. R. stärker politisch motiviert und tritt historisch v. a. als Opposition zum Zentralismus auf, in zahlreichen lateinamerikan. Ländern auch als Folge polit. Autonomie.

In *Italien* ist die R. v. a. von der dialektalen Gliederung der Regionen geprägt, die stets mit polit. und histor. Besonderheiten korreliert und z. T. auch die literar. Bedeutung einer bestimmten Sprachvarietät (→Questione della lingua) demonstriert. Tendenzen regionalistisch ausgerichteter ›Bauern-‹ und ›Dorfromane‹ des 19. Jh. (u. a. G. Carcano) setzen sich, mit veränderter ideolog. Zielsetzung (etwa bei der Thematisierung des Mezzogiornoproblems), bis in die Gegenwart fort, so z. B. bei C. Sgorlon oder bei Saverio Strati (* 1924).

In *Frankreich* ist die R. im wesentlichen eine Reaktion auf die Zentralisierung um die Wende vom 18. zum 19. Jh., die ihren Ausgang in der Provence nahm (R. in provenzal. Sprache: →provenzalische Literatur; R. in frz. Sprache, nach ersten Anfängen in der Romantik, u. a. bei F. R. de Chateaubriand und George Sand: J. d'Arbaud, H. Bosco, Thyde Monnier, J. Giono). Ähnl. Bewegungen entstanden auch in der Bretagne (in breton. Sprache u. a.: Auguste Brizeux, * 1803, † 1858; in frz. Sprache u. a.: C. Le Goffic, * 1863, † 1932), in der Auvergne (H. Pourrat), in den Cevennen (A. Chamson) sowie in Savoyen und in der Schweiz (C. F. Ramuz).

Eine herausragende Rolle spielt die R. in *Spanien*. Ausgehend vom →Costumbrismo der Romantik und des Realismus, entwickelte sie sich v. a. im Roman, später auch in der Lyrik und im Theater (hier bes. im Género chico). Insbesondere durch die Generation von 98 wurde die karge Landschaft Kastiliens thematisiert und je nach Position des Autors als ›Inkarnation des span. Wesens‹ gefeiert oder verworfen. Von hier führte der Weg zur Verherrlichung Kastiliens in der Literatur des Franco-Regimes. – Neben dieser kastilischsprachigen Literatur entwickelte sich ab Mitte des 19. Jh. in Katalonien, Galicien und dem Baskenland eine R. in der jeweiligen Regionalsprache, die zum Vehikel eines auch polit. Regionalismus wurde (→katalanische Sprache und Literatur, →galicische Sprache und Literatur, →baskische Sprache und Literatur). Seit etwa 1950 lebt die R. in einer sozialkrit. Reiseliteratur noch einmal auf, in der bes. benachteiligte Gebiete Spaniens dargestellt werden; u. a. die Hurdes, die Prov. Almeria (Juan Goytisolo) und Andalusien (A. Grosso).

In *Großbritannien* griffen Romanschriftsteller auf Eigenheiten einzelner Regionen zurück, so z. B. T. Hardy (›Wessex‹, d. i. Dorset und Wiltshire), A. Bennett (Staffordshire), J. C. Powys (Glastonbury) und T. F. Powys (Dorset), Mary Webb (Shropshire), R. L. Stevenson sowie die Autoren der ›Kailyard school‹ (Schottland), Arthur Quiller-Couch (* 1863, † 1944; Cornwall), R. Llewellyn (Wales).

In den *USA* entwickelte sich die →Local-color-Literatur. In den 1920er Jahren forderte die Dichtergruppe der ›Fugitives‹ eine Rückbesinnung auf Traditionen und Werte des agrar. Südens.

In *Lateinamerika* entstand der literar. Regionalismus mit der polit. Unabhängigkeit und der daraus folgenden Identitätsproblematik. Er führte von der romantisierenden Manier des Indianismus (u. a. J. M. de Alencar, Clorinda Matto de Turner, * 1854, † 1909) zum realistisch-sozialkrit. →Indigenismus.

**Regionalmetamorphose,** *Geologie:* →Metamorphose 2).

**Regional|organisation,** *Betriebswirtschaftslehre:* ein Konzept der Aufbauorganisation, bei dem die Entscheidungskompetenzen der unmittelbar der Unternehmensleitung unterstellten Teileinheiten (zweite Hierarchieebene) nach regionalen Kriterien zusammengefaßt werden.

Regionalismus: Thomas Hart Benton, ›Der Herr ist mein Hirte‹; 1926 (New York, Whitney Museum of American Art)

**Regionalplanung,** im Rahmen der Landesplanung das Aufstellen von Plänen und Programmen zur Raumordnung großflächiger Teilräume, die über die kommunalen Bauleitpläne hinausgehen. Die R. ist historisch ein Vorläufer der Landesplanung (z. B. Siedlungsverband Ruhrkohlenbezirk 1920). Das Bundesraumordnungs-Ges. verpflichtet die Länder, Rechtsgrundlagen für die R. zu schaffen, wobei zwei Modelle vorgesehen sind: Die R. kann einerseits durch regionale Planungsgemeinschaften als Zusammenschlüsse von Gemeinden und Gemeindeverbänden aufgestellt werden. Andererseits sind Gemeinden und Gemeindeverbände in einem förml. Verfahren zu beteiligen, wenn die R. nicht einem solchen kommunalen Zusammenschluß zugewiesen ist. Träger der zweiten Organisationsform können danach sowohl staatl. Stellen als auch nicht kommunalverbandlich organisierte Selbstverwaltungskörperschaften sein. So wird die R. in Bayern (regionale Planungsverbände), Ndsachs. (Kreise und kreisfreie Städte) und Rheinl.-Pf. (regionale Planungsgemeinschaften) nach dem kommunalverbandl. Modell aufgestellt. Rein staatlich organisiert ist die R. in Schlesw.-Holst. (Innenministerium), Bad.-Württ. (regionale Planungsverbände), NRW (Bezirksplanungsräte bei den Reg.-Präs.) und Hessen (regionale Planungsversammlung). Im Saarland und in den Stadtstaaten wurde auf eine eigenständige R. verzichtet.

Daneben haben sich in nahezu allen Verdichtungsgebieten rings um die Kernstädte besondere Planungs- und Verwaltungsverbände i. d. R. kraft landesrechtl. Sondergesetze gebildet. Diese Umlandverbände (z. B. Umlandverband Frankfurt am Main, Stadtverband Saarbrücken, Kommunalverband Ruhrgebiet) sind in besonderen regionalen und polit. Situationen entstanden und haben ihre Aufgabenstellung und Struktur periodisch verändert. Sie sind, anders als die oben genannten Regionalverbände, nicht nur mit Planungs-, sondern z. T. auch mit Durchführungsaufgaben betraut.

In den fünf neuen Bundesländern waren 1991 Gesetzentwürfe zur Landesentwicklungsplanung in Vorbereitung oder Vorschaltgesetze zur Raumordnung und Landesplanung (so in Brandenburg und Sachsen) in Kraft. Sie umfaßten auch Fragen der Regionalplanung.

**Regionalpolitik, regionale Strukturpolitik, regionale Wirtschaftspolitik, Raumwirtschaftspolitik,** staatl. Handeln im Rahmen der Wirtschaftspolitik mit dem Ziel, regionale Unterschiede in der wirtschaftl. Leistungsfähigkeit zu verringern und zur Wahrung der Einheitlichkeit der Lebensverhältnisse beizutragen. Die R. wird in Dtl. seit der Finanzreform von 1969 als →Gemeinschaftsaufgabe im Sinne des Art. 91a Abs. 1 GG wahrgenommen. Rechtsgrundlage ist v. a. das Ges. über die Gemeinschaftsaufgabe ›Verbesserung der regionalen Wirtschaftsstruktur‹ vom 6. 10. 1969.

Die R. muß mit den Grundsätzen der allgemeinen Wirtschaftspolitik und mit den Zielen und Erfordernissen der Raumordnung und Landesplanung übereinstimmen. Das zentrale Anliegen der R. besteht in der Verfolgung des Ausgleichs-, Wachstums- und Stabilisierungsziels in den Teilräumen (Regionen) der Bundesrep. Dtl., um eine optimale regionale Wirtschaftsstruktur zu schaffen. Das ausgleichspolit. Ziel besteht v. a. in der Verminderung interregionaler Unterschiede hinsichtlich der Möglichkeiten der Einkommenserzielung und der Ausstattung mit Arbeitsplätzen sowie hinsichtlich der Lebensbedingungen (z. B. Umwelt- und Wohnqualität, Infrastruktur). Die wachstumspolit. Zielsetzung umfaßt die Mobilisierung von Wachstumsreserven in den Problemregionen. Unter dem stabilisierungsorientierten Ziel ist bes. die Reduzierung der konjunkturellen und strukturellen Anfälligkeit der Regionen zu verstehen.

Schwerpunkt der regionalpolit. Förderung ist die Unterstützung der regionalen Investitionstätigkeit, um hierdurch Einkommen und Beschäftigung in den Problemgebieten zu sichern bzw. zu erhöhen. Dies geschieht durch direkte Investitionsanreize für private Unternehmen sowie durch finanzielle Unterstützung der Gebietskörperschaften beim Ausbau der wirtschaftsnahen Infrastruktur. Der für die Erfüllung der regionalen Wirtschaftsförderung im Rahmen der Gemeinschaftsaufgabe maßgebl. Rahmenplan wird von Bund und Ländern gemeinsam aufgestellt. Die Durchführung des Plans liegt jedoch ausschließlich bei den Ländern. Im Rahmenplan werden insbesondere Voraussetzungen sowie Art und Intensität der Förderung geregelt, ferner die Abgrenzung der Fördergebiete vorgenommen, die regionalen Förderprogramme festgelegt sowie die Ziele angegeben, die in diesen Gebieten erreicht werden sollen. Hinzu kommen weitere regionalpolit. Maßnahmen des Bundes (z. B. Berlin-, Zonenrandförderung, ERP-Regionalprogramme) sowie eine eigenständige regionale Wirtschaftsförderung der Bundesländer.

Von wachsender Bedeutung für die nat. R. ist die EG-Regionalpolitik. Seit der Reform des Europ. Regionalfonds (1989) kann die EG-Kommission eigenständig Fördergebiete festlegen, die nicht den Fördergebieten der dt. R. übereinstimmen müssen. Eine Harmonisierung dieser versch. Fördergebietskategorien würde bedeuten, daß Bund und Länder bei der Gestaltung der R. Kriterien und Prioritäten der EG übernehmen müßten. Bes. problematisch für die R. ist neben der Abgrenzung der Fördergebiete die Erfolgskontrolle und die Abstimmung mit Maßnahmen der Raumordnung, Landesplanung und kommunalen Wirtschaftsförderung.

Hb. der regionalen Wirtschaftsförderung, hg. v. H. H. EBERSTEIN, Losebl. (1971 ff.); D. FÜRST u. a.: Regionale Wirtschaftspolitik (1976); H.-F. ECKEY: Grundl. der regionalen Strukturpolitik (1978); J. KLAUS u. H. SCHLEICHER: Räuml. Wirtschaftspolitik (1983).

**Regionalsprachen,** Sprachen (Dialekte), die sich auf eine Region beschränken oder funktional über ein begrenztes Gebiet hinaus nicht verwendbar sind, sowie Sprachformen, die versch. (Orts-)Dialekte in einer Art umgangssprachl. Gemeinsprache verbinden (innerhalb Dtl.s gilt z. B. das Ruhrgebiet als eine Region, in der sich eine R. – als Ausgleichssprache in Abgrenzung zum Dialekt – herausgebildet hat). Historisch gesehen spielten Formen von R. bes. in den Anfängen der Verschriftlichung von Volkssprachen eine Rolle, als versucht wurde, eine supradialektale Form im Sinne einer die gegenseitige Verständigung erleichternden Ausgleichssprache zu schaffen (wie sie u. a. in der Prager und in der obersächsisch-meißn. Kanzleisprache der frühneuhochdt. Zeit greifbar wird). In einigen Ländern wird der Terminus R. v. a. in einem Gegensatz zur Nationalsprache verstanden. Als R. in diesem Sinne gelten z. B. in Frankreich Bretonisch, Baskisch, Okzitanisch (Provenzalisch), Flämisch, Katalanisch, Elsässisch (Deutsch) und Korsisch (Italienisch) im Verhältnis zur Amtssprache Französisch, in Spanien Baskisch, Galicisch und Katalanisch im Verhältnis zur Amtssprache Spanisch (Kastilisch).

**Regionalwissenschaft,** die Erfassung und Erklärung räuml. Strukturen und Entwicklungen, insbesondere der räuml. Aspekte und Wirkungen wirtschaftl., sozialer und polit. Tätigkeit der Menschen. Die R. ist in ihrem Anspruch als Wiss. interdisziplinär und greift mit ihren Fragestellungen und Instrumenten über die Grenzen der einzelnen wiss. Disziplinen (Volkswirtschaftslehre, Geographie, Ökologie, Soziologie, Politologie, Rechtswissenschaft) hinaus. Sie bildet gleichzeitig die wiss. Basis für angewandte Disziplinen wie Stadt-, Regional-, Landschafts- und Verkehrsplanung. Im Mittelpunkt der R. stehen die Beurteilung der raumwirtschaftl. Verhältnisse einer Region, die Erfassung der räuml. Verteilungen und Wirkungseffekte und die Ableitung von Theorien räuml. Strukturen und Wechselbeziehungen als gegebene Verteilungen von Menschen und Ressourcen sowie aus den Verhaltensweisen und den techn. und institutionellen Gegebenheiten. Die R. bedient sich dabei weitgehend mathemat. Modelle.

Wichtige Fragestellungen der angewandten R. (**Regionalforschung**) sind die Abgrenzung von Regionen, die Klärung der räuml. Interaktion menschl. Tätigkeiten und ihrer Konsequenzen, Fragen des regionalen wirtschaftl. Gleichgewichts, Bestimmungsgründe der Regionalstruktur und der einzelwirtschaftl. Standortwahl, ferner die Formulierung von Modellen und die Durchführung räuml. Prognosen sowie die Einbeziehung ökolog. Aspekte.

**Regis-Breitingen,** Stadt im Kr. Borna, Sachsen, 145 m ü. M., in der Leipziger Tieflandsbucht, an der Pleiße, (1989) 4000 Ew.; im Stadtteil Regis Braunkohlenbergbau (seit 1840); Förderanlagenbau. – Nahe dem 1043 erwähnten Gut Regis entstand das 1228 als Oppidum bezeichnete Städtchen, das der Gerichtsbarkeit des Rittergutes im Dorf Breitingen (1265 erstmals genannt) unterstand. 1831 erhielt Regis Stadtrecht; 1920 Zusammenschluß mit der Gemeinde Breitingen.

**Regisseur** [reʒi'sø:r, frz.] *der, -s/-e,* jemand, der (berufsmäßig) Regie führt, Spielleiter.

**Registan** [pers. ›Land des Sandes‹], Sandwüste in S-Afghanistan, südlich des Arghandab, etwa 30 000 km$^2$ (150 × 200 km Ausdehnung), mit großen Barchan-Dünenfeldern, nur wenigen Wasserstellen und geringer nomad. Bev. (v. a. Belutschen).

**Register** [mhd. register, von mlat. registrum ›Verzeichnis‹] *das, -s/-,* **1)** allg.: der →Index 1).

2) *Datenverarbeitung* und *Elektronik:* kleiner Speicher mit kurzer Zugriffszeit zur vorübergehenden Speicherung kleinerer Informationseinheiten. Solche Informationseinheiten sind z. B. ein Byte, ein Wort, eine Adresse oder ein Befehlswort. R. sind i. d. R. bestimmten Funktionseinheiten wie Leitwerk, Rechenwerk und Speicherwerk (→Zentraleinheit) zugeordnet und haben dabei spezielle und begrenzte Funktionen zu erfüllen. Beispiele für R. sind das Befehls-R., der Befehlszähler und das Index-R. des Leitwerks, der Akkumulator im Rechenwerk sowie das Adreß-R. und das Puffer-R. im Speicherwerk. Daneben gibt es auch R. für mehrere versch. Funktionen (Universal-R.). Die R. sind i. d. R. aus Flipflops in Bipolartechnik aufgebaut. Eine Sonderform ist das →Schieberegister.

3) *Drucktechnik:* das standgenaue Aufeinanderpassen des Vorder- und Rückseitendrucks (Schön- und Widerdruck) bei Büchern, Broschüren und Zeitschriften, v. a. der Seitenzahlen.

4) *Geschichtswissenschaft:* Sammelband mit Abschriften der von einer Kanzlei ausgesandten Schriftstücke, ermöglicht eine Übersicht über den Schriftverkehr. Das R.-Wesen entstand spätestens in der Mitte des 4. Jh. in der päpstl. Verwaltung. Das älteste erhaltene Original-R. enthält Kopien von Briefen Papst GREGORS VII. (1073–85). Seit der Wende vom 12. zum 13. Jh. sind R. in den europ. Königskanzleien nachweisbar. Der besondere Wert der mittelalterl. R. beruht darauf, daß viele in den Original verlorengegangene Texte nur durch sie überliefert sind.
A. VON BRANDT: Werkzeug des Historikers ([12]1989).

5) *Musik:* in Tasteninstrumenten vorhandene Gruppe (Chöre) von Klangerzeugern gleicher oder ähnl. Klangfarbe und unterschiedl. Tonhöhe. Für jede Taste der Klaviatur ist innerhalb eines R. ein Klangerzeuger (bei Mixtur-R. sind es mehrere) vorhanden. Besitzt z. B. ein Cembalo einen Klaviaturumfang von 4 $\frac{1}{2}$ Oktaven (54 Tasten) und vier R., so sind im Instrument vier Sätze von je 54 Saiten, insgesamt also 216 Saiten, vorhanden. Die aus dem Orgelbau stammende Bez. der Tonlagen durch Angabe der Pfeifenlängen der jeweils tiefsten Töne in Fuß (1 Fuß [Zeichen '] = 30 cm) wurde auch für das Cembalo sowie für elektron. und andere Instrumente übernommen. Die normale Tonlage hat das 8'-R.; 16'- und 4'-R. klingen eine Oktave tiefer bzw. höher als normal. In der Orgel wird je nach Klangerzeugung zw. **Labial-R.** (z. B. Gedackt 8', Flöte 2') und **Lingual-R.** (z. B. Fagott 16', Trompete 4') unterschieden, während beim Cembalo nur die Tonlage durch die Fußtonzahl angegeben wird. R. heißen bei besaiteten Tasteninstrumenten auch jene Vorrichtungen, die die Änderung der Klangfarbe und Lautstärke eines Saitenchores hervorrufen (z. B. Lautenzug beim Cembalo, Fagottzug beim Pianoforte). – Bei der menschl. Stimme wird die durch Brust- oder Kopfresonanz beim Singen der tieferen bzw. höheren Töne entstehende Färbung als R. bezeichnet, wobei auch unterschiedl. Schwingungsverhalten der Stimmlippen zu beobachten ist. Durch Stimmbildung wird ein klangl. Ausgleich, die Beimischung von Brustresonanz im mittleren bis oberen, von Kopfresonanz bis in die tieferen Bereich angestrebt. Abrupter Wechsel vom Brust- ins Kopf-R. erfolgt beim →Jodeln. – Auch umgrenzte Tonlagen von Instrumenten mit Tönen ähnl. Klangfarbe nennt man R. (z. B. das →Clarino 1).

6) *Recht:* Verzeichnis, bes. ein amtlich geführtes, über bestimmte rechtlich wichtige Verhältnisse, z. B. das Standes-R. sowie die bei den Amtsgerichten als R.-Gerichte geführten Grundbücher, Vereins-, Güterrechts-, Handels-R.; ferner als Straf-R. das in Berlin geführte Bundeszentral-R. sowie in Flensburg das Verkehrszentralregister.

7) *Sprachwissenschaft:* von J. R. FIRTH u. a. entwickelte Bez. für eine funktionsspezif. sprachl. Ausdrucksweise. Die Wahl eines R. findet sowohl in zwei- oder mehrsprachigen Situationen wie zw. Dialekt- und Standardsprache statt. Angehörige unterschiedl. Schichten verfügen (FIRTH zufolge) über eine Reihe von sprachl. Codes und Subcodes (in Phonetik, Prosodie, Lexik und Syntax), die in konkreten Sprechsituationen stilistisch eingesetzt werden können. Solche bewußt eingesetzten Stilebenen werden in Gegensatzpaaren (z. B. gesprochen – geschrieben, lässig – förmlich, grob – höflich) beschrieben.

**registered** ['redʒɪstəd, engl.], 1) Abk. **reg.**, in ein Register (Patent-, Warenzeichen-, Musterregister) eingetragen, patentiert, gesetzlich geschützt, Symbol: ®; auf den Namen lautend (bei Wertpapieren). 2) eingeschrieben (auf Postsendungen).

**Registergericht,** das Amtsgericht, bei dem amtl. →Register 6) geführt werden.

**Registermaschine,** mathemat. Modell eines Rechners, wodurch der Begriff Berechenbarkeit (einer Funktion) definiert werden kann; es besitzt eine Reihe von Speicherplätzen (Registern), die während einer Berechnung leer sind oder Zeichenreihen eines vorgegebenen Alphabets enthalten. Die Rechnung einer R. erfolgt gemäß einem **Registerprogramm**, das aus Anweisungszeilen besteht, im wesentlichen Verlängerungs-, Verkürzungs- und Sprunganweisungen sowie einer Druck- und einer Stoppanweisung. Eine Funktion $f(x)$ heißt **registerberechenbar**, wenn es ein Registerprogramm gibt, so daß eine geeignete R. (mit einer ausreichenden Zahl von Registern) aufgrund des Registerprogramms aus dem Argument $x$ in endlich vielen Schritten den Funktionswert $f(x)$ berechnet. Man kann zeigen, daß alle registerberechenbaren Funktionen auch allgemein-rekursiv sind und umgekehrt. Ein der R. ähnliches mathemat. Modell ist die →Turing-Maschine.

**Registerpfandrecht,** Pfandrecht, das in ein Register einzutragen ist und dadurch Gläubigern etwaige Belastungen offenbaren soll. R. bestehen für Luftfahrzeuge, Schiffe und für bestimmte Hypotheken nach dem Hypothekenbankgesetz; z. T. wird auch das Pfandrecht an landwirtschaftl. Grundstücken nach dem Pachtkreditgesetz als R. bezeichnet.

**Registerschnitt,** *Buchbinderei:* rechteckige oder halbrunde Ausstanzungen (Fingerhohlschnitt, Griffregister) am Kopf-, Vorder- oder Fußschnitt eines Buchblocks zum Abteilen einzelner Blockabschnitte (Buchstabenbereiche).

**Registertonne,** Abk. **RT** und **Reg.T.,** bis zum 18. 7. 1994 gültiges internat. Raummaß zum Bestimmen der Größe von Seeschiffen, bes. von Handelsschiffen; 1 R. = 100 engl. Kubikfuß = 2,832 m³. Der Bruttoraumgehalt (der gesamte Schiffsraum einschließlich der Räume für Antriebsanlage, Schiffsführung, Betriebsstoffe und Räume für die Besatzung) wird in **Brutto-R.** (Abk. **BRT**), der Nettoraumgehalt (Raum für Ladung und Fahrgäste) in **Netto-R.** (Abk. **NRT**) angegeben. – Nach dem internat. Schiffsvermessungsabkommen von 1969, das 1982 in Kraft getreten ist, gelten ab 1994 neue Berechnungsweisen (→Raumzahl, →Schiffsvermessung).

**Registerzeichen, Aktenzeichen,** bestimmte Buchstaben-Zahlen-Kombination aller Gerichtsakten und der meisten Behördenakten, aus der sich i. d. R. die Art des Vorgangs, die Instanz und der Jahrgang samt laufender Nummer entnehmen lassen. R. beruhen nicht auf Gesetz, sondern auf Verwaltungsvorschriften.

**Registratur** *die, -/-en,* die geordnete Ablage von Schriftstücken, gegliedert in das Sortieren mit Kennzeichnen der einzelnen Schriftstücke und die eigentliche Ablage. Als R. bezeichnet man auch die Aufbewahrungsstelle für Akten und Karteien. Das in der R. aufzubewahrende Schriftgut (z. B. amtl. Akten, Geschäftspapiere, wiss. Unterlagen) wird nach einem R.-Plan (Aktenplan) abgelegt; es kann alphabetisch, numerisch, alphanumerisch, nach Sachgebieten, Ort und Zeit geordnet werden.

**registrieren,** 1) in ein Verzeichnis, Register eintragen; 2) zur Kenntnis nehmen, bemerken; 3) selbsttätig feststellen und aufzeichnen (von Geräten gesagt).

**Registriergerät,** der Registrierung von Meßwerten dienendes Gerät (→ Messen), das den Meßwert meist in Abhängigkeit von der Zeit analog oder digital sowie mittels eines XY-Schreibers, Plotters, Oszillographen, Magnetbandgerätes oder dgl. aufzeichnet. Die Art des verwendeten R. richtet sich nach der zur Verfügung stehenden Meßleistung, der erstrebten Genauigkeit, der Anzahl der gleichzeitig zu registrierenden Größen und der Maximalfrequenz der Meßgröße.

**Registrierkasse,** eine mit Buchungs-, Rechen- und Sicherungseinrichtungen versehene Ladenkasse. Bei mechan. (elektromechan.) R. werden durch Niederdrücken der Funktionstasten die Betragsanzeige am Ziffernfeld, das Bedrucken des Kontrollstreifens, die Einspeisung des Betrages in den Summenspeicher sowie das Herausspringen der Kassenschublade durch Federdruck ausgelöst. Den Tasten sind jeweils Nocken zugeordnet, die die Rollen des Zähl- und Druckwerks steuern. Das Prinzip ist dem mechan. Rechenmaschinen vergleichbar. Moderne elektron. R. sind wie ein Computerterminal mit einem Zentralcomputer verbunden, so daß anhand der Verkaufszahlen und automatisch erfaßter Warencodes die Lagerbestände permanent überprüfbar sind. Bei Preiseingabe über Strichcode und Scangerät können Preisveränderungen automatisch und für alle angeschlossenen R. vorgenommen werden. Die Multiplikationstaste ermöglicht ein rasches Erfassen gleicher Artikel. Häufig sind moderne R. mit einer automat. Wechselgeldrückgabe gekoppelt.

**Registrierpegel,** *Wasserbau:* → Pegel 3).

**Reglage** [-ʒe, frz.] *die, -/-n,* **Feinstellung,** Einstellung eines konstanten Gangs an mechan. Uhren durch Beseitigen des Isochronismusfehlers (→ Isochronismus). Die erforderl. Maßnahmen sind vom Uhrentyp abhängig. Bei Uhren mit Unruhschwingsystemen gehören zur R. das Beseitigen von Unwuchten an Unruh und Spirale sowie des Lagerfehlers bei tragbaren Uhren. Die Regulierung der Schwingungsdauer des Unruhsystems wird durch Verstellen (Längenbegrenzung der Spiralfeder) des **Rückers** erreicht.

**Reglement** [reglə'mã, schweizer. -'mɛnt; frz., zu regler, spätlat. regulare ›regeln‹, ›einrichten‹] *das, -s/-s* und (schweizer.) *-e,* bildungssprachlich für: Gesamtheit von Vorschriften, Bestimmungen für einen bestimmten Bereich, für bestimmte Tätigkeiten, auch Sportarten; Satzungen, Statuten.

**Regler,** 1) *Chemie:* → Reglersubstanzen.
2) *Regelungstechnik:* Gerät eines Regelkreises, das fortlaufend die → Regelgröße mißt, mit der Führungsgröße vergleicht und beim Auftreten einer → Regelabweichung ein geeignetes Signal bildet, das als Stellgröße die Regelstrecke beeinflußt. Ein R. verfügt dazu über eine Meßeinrichtung, nötigenfalls mit Meßumformer, ein Vergleichsglied und ein Stellgerät mit Stellantrieb und Stellglied. Die Eigenschaften eines R. müssen der Regelstrecke angepaßt sein, damit eine stabile Regelung erreicht wird. Nach der Betriebsart unterscheidet man R., die keine Hilfsenergie benötigen (**Direkt-R.**), da ihre Meßfühler für die Regelgröße gleichzeitig die nötige Energie zur Bildung des Stellsignals liefern (z. B. die meisten Druck- und Temperatur-R.), und mit Hilfsenergie arbeitende (elektr., pneumat. oder hydraul.) R. Man unterscheidet drei Hauptgruppen: lineare, nichtlineare und Abtast-R. Bei **linearen R.** ist der Zusammenhang zw. Regelabweichung und Stellgröße linear. Nach ihrem Zeitverhalten kann man sie in fünf Grundtypen einteilen: → P-Regler, → PI-Regler, → PD-Regler, → PID-Regler und → I-Regler.

Die Klasse der **nichtlinearen R.** wird durch eine nichtlineare Kennlinie charakterisiert. Diese R. zeigen kein Zeitverhalten, arbeiten also verzögerungsfrei. Die wesentl. Typen sind die Zweipunkt- und Dreipunkt-R. mit oder ohne Hysterese. Der **Zweipunkt-R.** bildet aus der Regelabweichung ein Stellsignal, das nur zwei Zustände annehmen kann, z. B. eingeschaltet oder nicht. Hierzu gehören z. B. Bimetall-R. und Relais. Beim **Dreipunkt-R.** kann die Stell-

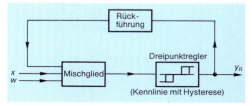

**Regler 2):** Dreipunktregler mit Rückführung; $x$ Regelgröße, $w$ Führungsgröße, $y_R$ Stellsignal

größe drei Zustände annehmen: Plus–Null–Minus; ihr unstetiges Verhalten führt jedoch stets zu Schwingungen der Regelgröße um den Sollwert. Man kann Dreipunkt-R. aber auch für stetige Regelungen verwenden, wenn man ein integrierendes Stellglied einbaut. **Abtast-R.** tasten eine stetige Regelgröße periodisch ab und bilden ein Stellsignal, das sie bis zum folgenden Abtastzeitpunkt konstant halten.

**Regler,** Gustav, Pseudonyme **Thomas Michel, G. Saarländer,** Schriftsteller, * Merzig 25. 5. 1898, † Delhi 14. 1. 1963; war seit 1928 Mitgl. der KPD; 1933 ausgebürgert; nahm als Mitgl. der internat. Brigaden am Span. Bürgerkrieg teil. Die Erlebnisse aus dieser Zeit verarbeitete R. literarisch in dem Roman ›The great crusade‹ (1940; dt. ›Das große Beispiel‹). Nach dem Bruch mit der kommunist. Partei floh er über Frankreich nach Mexiko; ab 1952 lebte er in Worpswede und Mexiko.

**Weitere Werke:** *Romane:* Wasser, Brot u. blaue Bohnen (1932); Der verlorene Sohn (1933); Im Kreuzfeuer (1934); Die Saat (1936); Sterne der Dämmerung (1948); Aretino. Freund der Frauen, Feind der Fürsten (1955); Juanita (hg. 1986). – *Gedichte:* The bottomless pit (1943; dt. Der Brunnen des Abgrunds); The hour 13 (1943); Jungle hut (1945). – *Kulturgeschichtliches:* Amimitl oder die Geburt eines Schrecklichen (1947); Vulkan. Land ... (1947). – *Essays* und *Autobiographisches:* Journal d'Europe, in: Texte und Zeichen, Jg. 2 (1956); Das Ohr des Malchus (1958).
G. Scholdt: G. R. 1898–1963. Saarländer – Weltbürger, Ausst.-Kat. (1988).

**Reglersubstanzen,** Kurz-Bez. **Regler,** organ. Verbindungen, die bei der Polymerisation während des Wachstums von Ketten den vorzeitigen Abbruch der Reaktion bewirken, Zersetzungsreaktionen verhindern oder auch neue Kettenreaktionen veranlassen. Bei den R. handelt es sich zumeist um aliphat. Thiole oder chlorierte Kohlenwasserstoffe.

**Regnard** [rə'naːr], Jean-François, frz. Schriftsteller, * Paris 7. 2. 1655, † Schloß Grillon (bei Dourdan, Dép. Essonne) 4. 9. 1709. Seine von Elementen der Commedia dell'arte beeinflußten Stücke (u. a. ›Le légataire universel‹, 1708; dt. ›Der Universalerbe‹, auch u. d. T. ›Die Erbschleicher‹) gehören – trotz gelegentl. Annäherung an die Charakter- und Sittenkomödie – zur Gattung der Farce. Sein Roman ›La Provençale‹ (hg. 1731) trägt autobiograph. Züge.

**Jean-François Regnard**

**Weitere Werke:** *Komödien:* Le divorce (1688; dt. Die Scheidung); Le distrait (1698; dt. Der Zerstreute); Le joueur (1699; dt. Der Spieler).

**Regnart, Regnard,** Jacob, fläm. Komponist und Liederdichter, * Douai um 1540, † Prag 16. 10. 1599; war Sängerknabe der Hofkapelle Kaiser MAXIMILIANS I. in Prag, lebte zeitweilig in Wien und in Italien (1568–70), wurde 1570 Kapellknabenpräzeptor, 1579 Vizekapellmeister und 1585 Kapellmeister der Hofkapelle Erzherzog FERDINANDS II. in Innsbruck und ging nach dessen Tod 1596 als kaiserl. Vizekapellmeister unter P. DE MONTE nach Prag zurück. Neben Messen, einer achtstimmigen Matthäuspassion, lat. Motetten, dt. geistl. Liedern und italien. Kanzonen waren v. a. seine dt. Lieder (›Kurtzweilige teutsche Lieder‹, dreistimmig 1576, 1577, 1579; fünfstimmig 1580; vierstimmig 1591), die sich an italien. Vorbilder anlehnen und deren Texte er selbst verfaßte, weit verbreitet.
H. OSTHOFF: Die Niederländer u. das dt. Lied 1400–1640 (1938, Nachdr. 1967); F. MOSSLER: J. R.s Messen (Diss. Bonn 1964); W. PASS: Themat. Kat. sämtl. Werke J. R.s (Wien 1969).

**Regnault** [rə'no], 1) Henri Victor, frz. Chemiker und Physiker, * Aachen 21. 7. 1810, † Paris 19. 1. 1878; seit 1840 Prof. in Paris, seit 1854 Direktor der Porzellanmanufaktur in Sèvres. R. entdeckte bei seinen chem. Arbeiten Vinylchlorid u. a. Chlorkohlenwasserstoffe und beschrieb 1838 die Polymerisation von Vinylchlorid; er arbeitete ferner über die spezif. Wärme, Dichte und Kompressibilität der Gase, bestätigte 1839–43 die Dulong-Petit-Regel und wies später ihren Näherungscharakter nach.
2) Jean-Baptiste, Baron (seit 1829), frz. Maler, * Paris 19. 10. 1754, † ebd. 12. 11. 1829; Historienmaler des Klassizismus, der in seinen allegorisch-mytholog. Bildern seinem Vorbild und Rivalen J.-L. DAVID nacheiferte.

**Regner,** Gerät zum Verregnen von Wasser zu Bewässerungszwecken und zum Schutz vor Frost, das unter Ausnutzung der kinet. Energie des aus der Düse austretenden Wassers Dreh- oder Schwenkbewegungen ausführt. Am weitesten verbreitet sind **Drehstrahl-R.**, die mit einstellbarer Geschwindigkeit um eine senkrechte Achse rotieren und durch ein abgewinkeltes Strahlrohr das Wasser diskontinuierlich auf eine Kreisfläche verteilen. **Düsenrohr-R.** sind im Abstand von 1–2 m mit Düsen (lichte Weite 1–2 mm) bestückte Rohre unterschiedl. Durchmessers, häufig um die Längsachse schwenkbar (**Schwenkdüsenrohr-R.**). → Beregnung

**Régnié** [re'ne], *Weinbau:* neue (zehnte) eigene Appellation contrôlée (der Gem. R.-Durette) im Beaujolais, zw. Morgon und Brouilly, 718 ha.

**Régnier** [re'ne], 1) Henri François Joseph, frz. Schriftsteller, Pseudonym **Hugues Vignix** [vi'ɲiks], * Honfleur 28. 12. 1864, † Paris 23. 5. 1936; stand mit seiner melod., der Antike, der Natur und melanchol. Stimmungen gewidmeten Lyrik – nach einer symbolist. Phase – unter dem Einfluß der Parnassiens und trat auch mit Essays sowie kulturpessimistisch getönten Romanen hervor.
**Werke:** *Lyrik:* Les lendemains (1886); Les jeux rustiques et divins (1897); Les médailles d'argile (1900); La cité des eaux (1902); La sandale ailée, 1903–1905 (1906). – *Romane:* La double maîtresse (1900; dt. In doppelten Banden, auch u. d. T. Die zwiefache Liebe des Herrn von Galandot); Le mariage de minuit (1903); L'escapade (1926); Le voyage d'amour ou l'Initiation vénitienne (1930).
**Ausgaben:** Œuvres, 7 Bde. (1913–31, Nachdr. 1978). – Verse, übers. v. T. TESDORPF-SICKENBERGER u. a. (1932).
2) Mathurin, frz. Schriftsteller, * Chartres 21. 12. 1573, † Rouen 22. 10. 1613; wandte sich gegen das an strengen Regeln orientierte Kunstverständnis F. DE MALHERBES und wurde u. a. mit scharfen Zeitsatiren (›Les premières œuvres ou satyres de R.‹, 1608, erweitert 1609, 1612 und 1613) bekannt.

**Regnitz** die, ab Fürth Flußname für die → Rednitz.
**Regnum** [lat.] *das,* -s, Regierungs(zeit), Herrschaft; (König-)Reich.
**Rêgo Cavalcanti** ['rregu -], José **Lins do** [- du], brasilian. Schriftsteller, → Lins do Rêgo Cavalcanti, José.
**Regolith** [zu griech. rhēgos ›bunte Decke‹ und lithos ›Stein‹] *der,* -s und -en/-e(n), *Geologie:* Bez. für unverfestigtes Material über dem Anstehenden; auch auf dem → Mond.
**Regosol** [zu griech. rhēgos ›bunte Decke‹ und lat. solum ›Boden‹, ›Grund‹] *der,* -s, Bodentyp, → Rohboden.
**Regreß** [lat. regressus, zu regredi ›(auf jemanden) zurückkommen‹, ›Ersatzansprüche stellen‹] *der,* ... 'gresses/... 'gresse, 1) *Logik:* das Zurückgehen von der Wirkung zur Ursache, vom Bedingten zur Bedingung in einem Begründungsverfahren. Wenn die Bedingung ihrerseits jeweils als ein Bedingtes auf eine Bedingung zurückgeführt wird, spricht man von einem **unendlichen R.** (lat. **Regressus ad infinitum**).
2) *Recht:* **Rückgriff**, das Recht des in Anspruch genommenen Zweitverpflichteten, für eine von ihm erbrachte Leistung vom eigentl. Schuldner (oder einem anderen Dritten) Erstattung zu verlangen, z. B. im Bürgschafts- und im Wechselrecht. Im Staatshaftungsrecht kann der entschädigungspflichtige Staat einen R.-Anspruch gegen den verantwortl. Beamten haben. Der R.-Anspruch ist häufig in die Form des Forderungsübergangs kraft Gesetzes (›cessio legis‹) gefaßt (z. B. bei der Bürgschaft, § 774 BGB). Besondere Bedeutung kommt dem R. bei Schadensersatzansprüchen aus Delikt zu, wenn der unmittelbar Geschädigte Leistungen von privaten Versicherungen oder der Sozialversicherung erhält. Hier vermindert die Leistung der Versicherung i. d. R. nicht die Ersatzverpflichtung des Schädigers; vielmehr kann sie beim Schädiger R. nehmen.

**Regression** [lat. regressio, zu regredi ›zurückkommen‹] *die,* -/-en, 1) *bildungssprachlich* für: langsamer Rückgang, rückläufige Entwicklung.
2) *Finanzwissenschaft:* die Abnahme des Durchschnittsteuersatzes bei zunehmender Steuerbemessungsgrundlage im Ggs. zur Progression. Regressive Steuertarife gab es im MA. bei (städtischen) Vermögensabgaben, heute sind sie unüblich. Stellt man allerdings auf die effektive Steuerbelastung der individuellen Einkommen als Ergebnis v. a. der Steuerüberwälzung ab, so kann z. B. eine proportionale Verbrauchsbesteuerung zu einer regressiven Steuerbelastung im Sinne einer mit zunehmender Einkommenshöhe abnehmenden prozentualen Last führen (→ Steuerinzidenz).
3) *Geologie:* Zurückweichen des Meeres, verursacht durch Landhebung oder Absinken des Meeresspiegels (→ Epirogenese, → eustatische Meeresspiegelschwankungen); Ggs.: Transgression.
4) *Psychologie:* i. w. S. die Rückkehr zu ontogenetisch früheren Entwicklungsphasen des Erlebens, Denkens und Verhaltens (auch im Sinne von Rückbildung, etwa der geistigen Fähigkeiten im Alter); i. e. S. (in der Psychoanalyse) einer der → Abwehrmechanismen: das Auftreten entwicklungsgeschichtlich früherer (kindl.) Verhaltensweisen nach schweren Versagungen und Frustrationen, z. B. beim Narzißmus.
5) *Statistik* und *Ökonometrie:* die Aufspaltung einer Zufallsvariablen $Y$ (mit den Realisationen $y$) in einen systemat. Teil $f(X)$ und einen zufälligen Teil $\varepsilon: y = f(X) + \varepsilon$ (**R.-Funktion**). Dabei heißt $y$ abhängige oder endogene Variable oder Regressand, $X$ unabhängige oder exogene Variable oder Regressor; seine ›Realisationen‹ $x$ werden meist als vorgegeben betrachtet. Hat die R. nur einen Regressor, spricht man von einfacher R., hat die R. mehrere Regressoren, von multipler R.: $y = f(X_1, X_2, ..., X_n) + \varepsilon$. Regres-

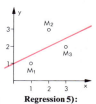

**Regression 5):** Lineare Ausgleichsrechnung; die Gerade stellt den gesuchten linearen Zusammenhang der Punkte $M_1, M_2, M_3$ dar

**Regr** regressiv – Regulatorgen

sand und Regressoren sind beobachtbar, die Zufallskomponente $\varepsilon$ ist es nicht; ihre ›Realisationen‹ sind nur indirekt über die R. beobachtbar und heißen darum →Residuen. Der Erwartungswert von $\varepsilon$ wird meist als Null angenommen. Häufig nimmt man die R. linear an:

$$y = \alpha_0 + \alpha_1 X_1 + \alpha_2 X_2 + \ldots + \alpha_n X_n + \varepsilon;$$

$\alpha_1, \ldots, \alpha_n$ heißen R.-Koeffizienten; sie sind Parameter und müssen aus den Beobachtungen geschätzt werden, z. B. mit Hilfe der Methode der kleinsten Quadrate. Die graph. Darstellung der R. heißt **R.-Kurve**, im linearen Fall **R.-Linie**. R. ist eines der am häufigsten benutzten analyt. Konzepte in der Statistik und ihren Nachbarbereichen, u. a. Ökonometrie, Biometrie; **R.-Analysen** sind statist. Analysen, die auf dem R.-Konzept aufbauen. – **Auto-R.** ist die R. einer Zufallsvariablen zu einem bestimmten Zeitpunkt in Abhängigkeit von früheren Werten dieser Zufallsvariablen.

**regressiv,** 1) *bildungssprachlich* für: rückläufig; rückschrittlich, nicht progressiv.
2) *Logik:* vom Bedingten auf die Bedingung, von der Folge auf die Ursache rückschließend.

**Reguera** [rre'γera], Ricardo **Fernández de la** [-deð ðe-], span. Schriftsteller, →Fernández de la Reguera, Ricardo.

**Regula** [lat.] *die, -/…lae,* Tropfleiste im Architrav des dor. Tempels, an der Unterseite mit meist sechs Guttae (Stiften) besetzt.

**Regula,** Heilige, →Felix und Regula.

**Regula falsi** [lat. ›Regel des Falschen, des Vermeintlichen‹] *die, - -,* ein Näherungsverfahren zur Bestimmung von Nullstellen reeller stetiger Funktionen $f: \mathbb{R} \to \mathbb{R}$. Sind $x_1, x_2 \in \mathbb{R}$ mit $f(x_1) \cdot f(x_2) < 0$, so liefert die Stelle $x_3 = x_1 - [(x_2 - x_1)/(f(x_2) - f(x_1)] \cdot f(x_1)$ eine Näherung für die Nullstelle zw. $x_1$ und $x_2$, die es nach dem Nullstellensatz geben muß. Dabei ist $x_3$ der Schnittpunkt der Sehne, die die beiden Punkte $(x_1, f(x_1))$ und $(x_2, f(x_2))$ verbindet, mit der $x$-Achse. Das Verfahren kann nun iteriert werden, indem man $x_1$ (oder $x_2$) durch $x_3$ ersetzt, und zwar so, daß $f(x_3) \cdot f(x_2) < 0$ (bzw. $f(x_1) \cdot f(x_3) < 0$) gilt. Ist $f$ zweimal stetig differenzierbar, so konvergiert das Verfahren. (→Newtonsches Verfahren)

**regulär** [spätlat. regularis ›einer Regel gemäß‹], 1) *allg.:* 1) den Regeln entsprechend, ordnungsgemäß, vorschriftsmäßig; 2) üblich, gewöhnlich.
2) *Mathematik:* den Allgemeinfall darstellend; Ggs.: singulär, entartet, ausgeartet. Beispiele: Eine quadrat. Matrix, deren Determinante ungleich Null ist, heißt r. Matrix; eine Stelle $x$ heißt bezüglich einer differenzierbaren Funktion $f(x)$ r., wenn $f'(x) \neq 0$ ist.

**reguläre Funktion,** *Mathematik:* svw. holomorphe Funktion (→holomorphe Abbildung).

**reguläre Körper,** →platonische Körper.

**reguläre Ware,** *Textiltechnik:* vorwiegend auf Flachstrickmaschinen und Cottonwirkmaschinen hergestellte, schon auf der Maschine durch Maschenverhängung der Körperform angepaßte Maschenware; Ggs.: **Schneidware,** die geschnitten und genäht wird und dadurch oft auftragende Nähte aufweist.

**Regularia** [lat.], die Regulären →Seeigel.

**Regularkleriker** [zu mlat. regula, vgl. Regel], die Mitgl. von Klerikergemeinschaften, die v. a. im 16. Jh. im Zuge der kath. Reform als neue Orden entstanden sind. Die R. legen Ordensgelübde ab und leben nach einer Ordensregel, verzichten aber auf die ›Stabilitas loci‹, die Bindung des Ordensangehörigen an das Kloster seines Eintritts, und auf das gemeinsame Stundengebet (Chorgebet). Die bekanntesten R. sind u. a. die Jesuiten, die Theatiner und die Barnabiten.

**Regulation** [zu regulieren] *die, -/-en, Biologie:* die Aufrechterhaltung des morpholog. und physiolog.

Gleichgewichts im Organismus. Die versch. Gestaltteile eines Lebewesens, die Tätigkeiten der einzelnen Körpersysteme, Organe, Gewebe, Zellen, sind in ihrer Arbeitsteilung so aufeinander abgestimmt, daß der Gesamtorganismus selbst unter stark belastenden Bedingungen zur Selbsterhaltung und produktiven Leistung befähigt bleibt; er verfügt über R.-Systeme (Steuerungseinrichtungen, Regelkreissysteme), durch die alle einzelnen Tätigkeiten seiner Teile zu einer Leistungseinheit zusammengefaßt werden.
Funktionelle R. werden geleistet durch das Nervensystem (bes. das vegetative), so die R. der Herztätigkeit und der Atmung, und durch das humorale System (Hormone, Wirkstoffe), so die Vorgänge des Wachstums, Stoffwechsels, der Geschlechtsfunktion; beide Systeme stehen in enger Wechselwirkung miteinander; nervl. Reize können die humoralen R. anregen, humoral übertragene Reize vermögen nervl. R. auszulösen. (→Entwicklung, →Genregulation, →Kybernetik, →Stoffwechsel)

**Regulations|eier,** *Biologie:* Eier, die in der Lage sind, trotz fehlender Teile (Furchungszellen) einen vollständigen (jedoch kleineren) Embryo zu erzeugen. Diese Fähigkeit zur Regulation ist die Grundlage für die Entstehung eineiiger Zwillinge oder Mehrlinge. Die Fähigkeit zur Regulation wurde bei H. DRIESCH an Seeigeleiern entdeckt, bei denen bis zum 4-Zellen-Stadium alle Blastomere in der Lage sind, eine vollständige Pluteuslarve zu bilden. Bei Amphibien sind nur die Furchungszellen zur Regulation befähigt, die ein ausreichend großes Areal des grauen Halbmonds (ein schwach pigmentierter halbmondförmiger Bereich auf der Spermieneintrittsstelle gegenüberliegenden Seite) erhalten haben. Auch Säugereier und die Eier des Menschen) gehören zu den R. Beim Gürteltier zerfällt der Keim regelmäßig in vier Furchungszellen und bildet so Vierlinge. Den R. werden die Eier, die zur Regulation befähigten →Mosaikeier gegenübergestellt. Zw. beiden Typen existieren zahlreiche Übergangsformen (bes. bei Insekten).

**regulativ,** 1) *bildungssprachlich* für: regulierend, regelnd, normbildend.
2) *Philosophie:* I. KANT nennt die Funktion der Begriffe und Prinzipien (Ideen) der reinen Vernunft r., die, als ›Annahmen‹ die geregelte Verknüpfung von einzelnen Erfahrungsgegenständen zu einer umfassenden Erkenntniseinheit ermöglichen, ohne selbst Erfahrungsgegenstände oder Bedingung von Erfahrung zu sein, d. h. für diese konstitutiv zu sein. Zu ihnen rechnete KANT die Idee des Zwecks im Naturgeschehen und die Postulate Gott, Freiheit und Unsterblichkeit im Bereich der prakt. Philosophie (Sittlichkeit).

**Regulative von 1854,** drei preuß. Erlasse, die im Zuge der restaurativen Tendenzen nach 1848 das ev. Volksschul- und das Lehrerbildungswesen neu ordneten; nach dem bei ihrer Entstehung federführenden Referenten für das Volksschulwesen, ANTON WILHELM FERDINAND STIEHL (* 1812, † 1878), auch als **Stiehlsche Regulative** bezeichnet. Sie legten die einklassige Landschule als Regelform der Volksschule fest. Die Lehrerbildung sollte in Form eines dreijährigen Seminarbesuches stattfinden. Im Lehrplan erhielt der Religionsunterricht (als Memorierunterricht) eine zentrale Stellung; als Richtschnur der Beschränkung des Lehrstoffs wurden das prakt. Leben und dessen Bedürfnisse angeführt. Obwohl heftig bekämpft (bes. von A. DIESTERWEG), wurden sie erst 1872 aufgehoben. (→Lehrer)

B. KRUEGER: Stiehl u. seine Regulative (1970).

**Regulator** *der, -s/…'toren, Uhrentechnik:* Bez. für eine Pendelwanduhr mit verstellbarem (regulierbarem) Pendel; meist in einem verglasten Holzgestell.

**Regulator|gen,** *Genetik:* →Genregulation.

**regulatorisch,** regelnd, steuernd.

**regulieren** [spätlat. regulare ›regeln‹, ›einrichten‹], regeln, ordnen.

**Regulierung, 1)** *Wasserbau:* veraltete Bez. für → Flußregelung.

**2)** *Wirtschaft:* Bez. für die Verhaltensbeeinflussung von Unternehmen durch staatl. Vorschriften, um wirtschaftspolitisch erwünschte Marktergebnisse herbeizuführen. I. w. S. wird jede Art von wirtschaftspolit. Lenkungseingriffen als R. bezeichnet. I. e. S. sind direkte Ge- oder Verbote gemeint, die auf das einzelwirtschaftl. Handeln zielen. Beispiele sind Investionserlaubnisse oder -verbote, Produktionsauflagen, Vorschriften über Preis- oder Tarifgestaltung, Zulassungsordnungen für Berufe, Ausnahmen von Wettbewerbsgesetzen. Im marktwirtschaftl. Modell verzerrt R. den Wettbewerb, behindert Investitionen und beeinträchtigt das wirtschaftl. Wachstum. R. gilt (abgesehen von Schutz- und Sicherheitsvorschriften) in der Marktwirtschaft als nicht systemkonform. R.-Maßnahmen werden u. a. mit öffentl. Interesse (z. B. bei regional- und verteilungspolit. Maßnahmen) und externen Effekten begründet (z. B. im Bereich Umweltschutz). → Deregulierung

**Regulus** [lat. ›kleiner König‹], *Astronomie:* Hauptstern 1. Größenklasse (scheinbare Helligkeit 1ᵐ31) im Sternbild Löwe (**Alpha Leonis**); gehört zum → Frühjahrsdreieck. R. ist ein Dreifachsystem.

**Regulus,** Marcus **Atilius,** röm. Konsul (267 und 256 v. Chr.) und Feldherr aus plebejischem Geschlecht; schlug während seines zweiten Konsulats im 1. Pun. Krieg 256 v. Chr. mit seinem Amtskollegen LUCIUS MANLIUS VULSO die Karthager bei Eknomos und landete in Afrika. Ein Friedensschluß mit den Karthagern scheiterte an seinen harten Bedingungen. 255 v. Chr. wurde er besiegt und von den Karthagern gefangengenommen.

**Regur** [Hindi] *der, -s,* Bodentyp, → Vertisol.

**Regurgitation** [zu lat. gurges, gurgitis ›Strudel‹, ›Flut‹] *die, -/-en,* **1)** *Biologie:* bei manchen Tieren das Hochwürgen von flüssiger Nahrung aus dem Kropf zur Weitergabe an Artgenossen, an die Jungtiere oder an die Brut (z. B. bei Ameisen).

**2)** *Medizin:* das unmittelbare Zurückströmen von flüssigen oder festen Nahrungsmitteln in den Verdauungstrakt, v. a. von der Speiseröhre in die Mundhöhle aufgrund einer Speiseröhrenverengung oder von Speiseröhrendivertikeln; auch der Rückstrom von Blut aus den großen Arterien oder aus der Herzkammer in den Vorhof bei Herzklappeninsuffizienz (an den typ. **Regurgitationsgeräuschen** erkennbar).

**Rehabeam,** in der Vulgata **Roboam,** Sohn SALOMOS, durch Erbfolge König über Juda und Jerusalem (926–910 v. Chr.). Die israelit. Nordstämme verweigerten seine Wahl zum König und machten JEROBEAM I. zu ihrem Herrscher (1. Kön. 12); damit zerfiel das davidisch-salomon. Großreich.

**Rehabilitation** [engl., von mlat. rehabilitatio, zu rehabilitare, vgl. rehabilitieren] *die, -/-en,* **1)** *allg.:* **Rehabilitierung,** Wiederherstellung einer Fähigkeit, i. e. S. der Unversehrtheit.

**2)** *Politik:* die Wiederherstellung des polit. oder histor. Ansehens einer Person oder Personengruppe, v. a. bei einem politisch-gesellschaftl. Systemwechsel. Innerhalb ideologisch bestimmter Diktaturen bedeutet R. die Aufhebung polit. und gesellschaftl. Sanktionen gegen in Ungnade gefallene Personen bei einem systemimmanenten Machtwechsel (Wechsel der ›Nomenklatura‹, z. B. bei der Entstalinisierung in der Sowjetunion). Beim Übergang von einer Diktatur zu einem demokratisch-rechtsstaatl. System vollzieht sich R. in der Wiederherstellung der Ehre und des öffentl. Ansehens einer Person oder Personengruppe sowie die → Wiedergutmachung erlittenen Unrechts.

**3)** *Recht:* die Beseitigung des (ehrenrührigen) Vorwurfs, eine Straftat begangen zu haben, die im Strafprozeß durch Freispruch, ggf. durch Wiederaufnahme des Verfahrens erfolgen kann; das StGB bietet ferner die Möglichkeit, die R. eines Verletzten durch Bekanntgabe der Verurteilung des Täters wegen falscher Verdächtigung oder Beleidigung zu bewirken (§§ 165, 200 StGB). Als R. gilt auch die Wiederherstellung der durch strafgerichtl. Verurteilung verlorenen Rechte, z. B. Wiederverleihung der Amtsfähigkeit und Wählbarkeit (§ 45 b StGB), Tilgung eines Strafvermerks oder Begnadigung. Im Jugendstrafrecht kann auf Antrag der Strafmakel durch Richterspruch getilgt werden (§§ 97 ff. Jugendgerichts-Ges.).

**4)** *Sozialmedizin* und *Sozialpolitik:* die möglichst umfassende (den Gegebenheiten entsprechende) Wiederherstellung der Lebenstüchtigkeit eines Menschen (Rehabilitand) nach einer schweren Erkrankung, einschließlich seiner Wiedereingliederung in das gesellschaftl., meist auch das berufl. Leben. Man unterscheidet die medizin., schul. und berufl. sowie die soziale R. Der wichtigste Träger von R.-Maßnahmen (Reha-Maßnahmen) ist die gesetzl. Rentenversicherung; sie gewährt Leistungen, wenn die Erwerbsfähigkeit ›erheblich‹ gefährdet ist, sowie bei verminderter Erwerbsfähigkeit, wenn die Erwerbsfähigkeit durch R.-Maßnahmen ›wesentlich‹ gebessert werden kann. Während der Teilnahme an medizin. oder berufl. R.-Maßnahmen wird ein Übergangsgeld gezahlt. Für nicht rentenversicherte Kranke, z. B. Familienangehörige, ist die Krankenkasse zuständig; sie gewährt allerdings nur medizin. R.-Leistungen. Liegen weder Renten- noch Krankenversicherungsschutz vor, hat das Sozialamt die Kosten der Maßnahmen nach § 39 (Eingliederungshilfe, Bundessozialhilfe-Ges.) zu übernehmen. Allerdings wird das Einkommen und Vermögen des Hilfeempfängers bzw. seiner Unterhaltsverpflichteten berücksichtigt.

In der Bundesrep. Dtl. wurden (1986) rd. 1,3 Mio. R.-Maßnahmen durchgeführt. Das Schwergewicht (über 70 %) lag auf dem medizin. Sektor (u. a. ärztl. Behandlung, Anschlußheilbehandlungen), 25 % der Maßnahmen waren berufsfördernder Art (→ Berufsbildungswerke, → Berufsförderungswerke, Werkstätten für Behinderte) und weniger als 4 % der Maßnahmen bezogen sich auf die soziale R. Da faktisch die einzelnen R.-Maßnahmen nur vom jeweils zuständigen Träger durchgeführt werden (können), mangelt es meist an einem nahtlosen Übergang zw. akuter Krankheitsbehandlung und R. sowie zw. den einzelnen Phasen (medizinisch, beruflich und sozial). Unterrepräsentiert bei den R.-Maßnahmen sind v. a. psychisch Kranke sowie ältere Menschen, bes. chronisch Kranke und Pflegebedürftige.

*Organisationen:* Dt. Gesellschaft für R. e. V. (Aachen, München), Dt. Vereinigung für die R. Behinderter e. V. (Heidelberg, München); Informationen zur berufl. R. von Behinderten enthält die ›Rehadat‹-Datenbank des Instituts der dt. Wirtschaft (Köln).

R., hg. v. K.-A. JOCHHEIM u. a., 3 Bde. (1975); Die R. traumat. Querschnittgelähmter, hg. v. D. STOCK (²1983); R.-Reintegration nach Unfallverletzungen, hg. v. R. RAHMANZADEH u. a. (1985); P. MROZYNSKI: R.-Recht (²1986); R.-Psychologie, hg. v. K. H. WIEDL (1986); Behinderte in der Arbeitswelt, bearb. v. H. BETHMANN (²1988).

**Rehabilitationszentrum,** Einrichtung zur optimalen gesundheitl. Wiederherstellung und Wiedererlangung verlorengegangener körperl. Funktionen und Fähigkeiten (z. B. Sprachvermögen, Bewegung), auch zur Umschulung und berufl. Fortbildung von Versehrten sowie von körperlich oder seelisch → Behinderten. (→ Rehabilitation)

**rehabilitieren** [frz., von mlat. rehabilitare ›in den früheren Stand, die früheren Rechte wiedereinset-

**Reha**  Rehau – Rehmke

zen‹], 1) das soziale Ansehen wiederherstellen, in frühere Rechte wiedereinsetzen; 2) durch Maßnahmen der Rehabilitation wieder ins berufl. und gesellschaftl. Leben eingliedern.

**Rehau** ['reːaʊ], Stadt im Kr. Hof, Bayern, 527 m ü. M., am N-Rand des Naturparks Fichtelgebirge, (1991) 10 900 Ew.; Feuerwehrmuseum; kunststoffverarbeitende, Leder-, Porzellan-, Textil-, holzverarbeitende Industrie und Maschinenbau. – R. wurde 1472 Stadt.

**Rehbein,** beim Pferd eine durch schleichende Entzündung des äußeren Seitenbandes und der Knochenhaut bewirkte Knochenauflagerung auf der äußeren Seite des Sprunggelenks. Im Ggs. zum Spat, der auf der inneren Fläche auftritt und Lahmheit verursacht, ist das R. i. d. R. nur ein Schönheitsfehler.

**Rehberg,** 1) August Wilhelm, Politiker und polit. Schriftsteller, * Hannover 13. 1. 1757, † Göttingen 10. 8. 1836; seit 1792 im hannoverschen Staatsdienst; übernahm Prinzipien der engl. Verfassung (die er für vorbildlich hielt) beim Neuaufbau des hannoverschen Staates nach 1814, u. a. durch die Einführung der ›Allgemeinen Ständeversammlung für das Königreich Hannover‹, die die bisherigen territorialen Landtage ablöste. 1821 wurde R. von der reaktionären Adelsopposition gestürzt.
2) Hans, Schriftsteller, * Posen 25. 12. 1901, † Duisburg 20. 6. 1963; bearbeitete biograph. und histor. Stoffe, schrieb bühnenwirksame Dramen und zahlreiche Hörspiele (›Der Tod und das Reich‹, 1934; ›England zur See‹, 1940). In der Zeit des Nationalsozialismus hatte er Erfolg mit seinen ›Preußen-Dramen‹ (›Der große Kurfürst‹, 1934; ›Friedrich I.‹, 1935; ›Friedrich Wilhelm I.‹, 1935; ›Kaiser und König‹, 1936; ›Der Siebenjährige Krieg‹, 1937).

**Rehbock,** das männl. Reh (→ Rehe).

**Rehburger Berge,** Höhenrücken in Ndsachs., südwestlich des Steinhuder Meeres, bis 135 m ü. M.; aufgebaut aus Wealdensandstein, der ebenso wie eingelagerte Kohlenflöze früher abgebaut wurde; mit Buchenwäldern bestanden. In den R. B. liegt der Ortsteil Bad Rehburg von Rehburg-Loccum.

**Rehburger Phase** [nach dem Ort Rehburg (heute zu Rehburg-Loccum)], Phase der Drenthe-Vereisung (Saale-Eiszeit) in NW-Deutschland, deren Endmoränen sich vom Falkenberg (östlich von Fallingbostel) über die Brelinger Berge (nördlich von Hannover), die Höhen nördlich des Steinhuder Meeres, die Dammer Berge und Fürstenauer Berge bis ins westl. Emsland erstrecken.

**Rehburg-Loccum,** Stadt im Kr. Nienburg (Weser), Ndsachs., 60 m ü. M., im Naturpark Steinhuder Meer, (1991) 10 100 Ew.; Ev. Akademie, Pastoralkolleg; Gummiverarbeitung; Kuranlagen dank Mineralquelle (salinarer Säuerling) im Ortsteil Bad Rehburg. – R.-L. entstand 1974 durch Zusammenschluß mehrerer Gemeinden, darunter **Rehburg** (entstanden um 1350 bei der 1320 erstmals erwähnten gleichnamigen Burg, seit 1648 Stadt) und **Loccum** (entstanden um das Kloster → Loccum)

**Rehe** [mhd. ræhe, zu ræhe ›steif (in den Gelenken)‹] *die, -,* **Hufverschlag,** asept., diffuse Entzündung der Huflederhaut der Huf- und Klauentiere, bes. der Pferde, als Folge von Überanstrengungen, ungesundem Futter, Giften, Arzneimitteln oder versch. Erkrankungen. Im akuten Anfall besteht hochgradige Lahmheit (meist der Vorderbeine). Kommt es nicht zur Heilung, entwickelt sich der **Rehhuf (Knollhuf)** mit eingesunkener Krone, Ringbildung und knolliger Verdickung der Zehenwand.

**Rehe** (ahd. rēh(o), urspr. ›das Gesprenkelte‹], **Rehwild, Capreolus,** Gattung der Trughirsche mit einer Art, dem **Reh** (Capreolus capreolus), das mit drei Unterarten von W-Europa bis China verbreitet ist; 100 – 140 cm körperlange, 60 – 90 cm schulterhohe Tiere mit schlankem Körperbau, kurzem Schwanz, der von einem weißen ›Spiegel‹ umgeben ist, und großen Augen. Das Fell (›Decke‹) ist im Sommer rotbraun, im Winter graubraun; Schwärzlinge, Albinos und Schecken kommen vor. Das Geweih (›Gehörn‹) der Böcke hat bis zu sechs Enden, Mißbildungen (z. B. Perückengeweih) können auftreten; weibl. R. (›Ricken‹) sind geweihlos. – Die R. ernähren sich von

Rehe: Weibliches Reh (›Ricke‹; Kopf-Rumpf-Länge 1,0 – 1,4 m)

Gräsern, Blättern, Trieben und Früchten. Die Brunftzeit (›Blattzeit‹) liegt im Juli/Aug.; im Mai/Juni werden ein bis zwei, selten drei Junge (›Kitze‹) gesetzt; ihr Fell ist gelbbraun mit weißen Flecken. R. leben einzeln oder in kleinen Gruppen (›Sprüngen‹); im Winter bilden sie größere Rudel. Böcke markieren ihre Territorien mit dem Sekret ihrer Duftdrüsen. – R. werden 10 – 12 Jahre alt.

**Rehfisch,** Hans José, Pseudonyme **Georg Turner, René Kestner, Sydney Phillips,** Schriftsteller, * Berlin 10. 4. 1891, † Scuol (Kt. Graubünden) 9. 6. 1960. R., der mit seinen v. a. gesellschaftskrit. Stücken in der Weimarer Republik zu den meistgespielten Dramatikern zählte (›Wer weint um Juckenack?‹, 1924; ›Nikkel und die 36 Gerechten‹, 1925; ›Der Verrat des Hauptmanns Grisel‹, 1932), gab seine jurist. Laufbahn auf und wurde, mit E. PISCATOR, Theaterleiter in Berlin. 1933 emigrierte er über Wien und London in die USA, wo er bis zu seiner Rückkehr nach Dtl. 1950 u. a. als Dozent für Soziologie tätig war.
*Ausgabe:* Ausgew. Werke, hg. v. der Dt. Akademie der Künste zu Berlin, 4 Bde. (1967).

**Rehfues** [-fuːs], Philipp Joseph von (seit 1826), Schriftsteller, * Tübingen 2. 10. 1779, † Römlinghoven (heute zu Königswinter) 21. 10. 1843; war 1819 – 42 Kurator der Bonner Univ.; verfaßte Reisebeschreibungen (›Gemälde von Neapel‹, 3 Bde., 1808; ferner über Italien und Spanien), patriot. Schriften und histor. Romane in der Nachfolge W. SCOTTS (›Scipio Cicala‹, 4 Bde., 1832).

**Rehling,** der, → Pfifferling.

**Rehlingen-Siersburg,** Gem. im Kr. Saarlouis, Saarland, am W-Ufer der Saar und an der Nied, (1991) 15 100 Ew.; Metallverarbeitung, Herstellung von Gipsplatten.

**Rehmaul,** Bez. für ein Flotzmaul mit abgeblaßter, heller Umrandung, z. B. beim Jerseyrind.

**Rehmke,** Johannes, Philosoph, * Elmshorn 1. 2. 1848, † Marburg 23. 12. 1930; war 1885 – 1921 Prof. in Greifswald. R. verstand Philosophie als ›vorurteilslose‹ Grundwissenschaft, deren Gegenstand das ›Allgemeinste des Gegebenen überhaupt‹ ist. Seine realistisch-monist. Erkenntnislehre richtete er bes. gegen den erkenntnistheoret. Idealismus und die traditionelle Metaphysik.

Hans José Rehfisch

**Werke:** Lb. der allg. Psychologie (1894); Unsere Gewißheit von der Außenwelt (1894); Philosophie als Grundwiss. (1910); Logik oder Philosophie als Wissenslehre (1918); Grundlegung der Ethik als Wiss. (1925); Ges. philosoph. Aufs. (1928).

**Rehn, 1)** Jean Eric, schwed. Architekt, * Stockholm 18. 5. 1717, † ebd. 19. 3. 1793; führte den frz. Louis-seize-Stil in Schweden ein und gab ihm eine nat. Prägung (Gustavian. Stil). R. baute Herrenhöfe und entwarf u. a. die Einrichtungen für das Königl. Schloß in Stockholm und für Schloß Drottningholm.
**2)** Jens, eigtl. **Otto J. Luther,** Schriftsteller, * Flensburg 18. 9. 1918, † Berlin 3. 1. 1983; Verfasser von Romanen, Erzählungen (›Nichts in Sicht‹, 1954; ›Feuer im Schnee‹, 1956; ›Die Kinder des Saturn‹, 1959) und Hörspielen, die den Menschen v. a. in (ausweglosen) Extremsituationen schildern.
**3)** Ludwig, Chirurg, * Allendorf (heute zu Bad Sooden-Allendorf) 13. 4. 1849, † Frankfurt am Main 29. 5. 1930; ab 1886 Leiter der Chirurg. Abteilung des Städt. Krankenhauses in Frankfurt am Main; förderte die chirurg. Behandlung der Basedow-Krankheit (Resektion des Kropfes, 1884) sowie von Krankheiten des Thymus, der Speiseröhre, des Blind- und Mastdarms; führte 1896 die erste erfolgreiche Herznaht bei einer Stichverletzung aus. R. beschrieb 1895 erstmals den Blasenkrebs bei Anilinarbeitern.

**Rehna,** Stadt im Kr. Gadebusch, Mecklenburg-Vorpommern, 25 m ü. M., an der Radegast, (1989) 2 700 Ew.; Karosseriebau, Trikotagenherstellung; Getreidewirtschaft. – R. entstand neben einem vor 1236 gegründeten Benediktinerinnenkloster (1552 säkularisiert) und wurde 1791 Stadt. – In der spätroman. Klosterkirche (13.–15. Jh.) ein Wandgemäldezyklus aus dem 15. Jahrhundert.

**Rehoboth** ['reːɔbɔt], Stadt in Namibia, 1 395 m ü. M., Hauptort des Distr. R., in der Landesmitte südlich von Windhuk, (1988) 15 000 Ew.; landwirtschaftl. Handels- und Verarbeitungszentrum. In und um R. wohnen die →Baster. – 1845 als Station der Rhein. Mission gegr., kam R. 1870 an die Baster unter HERMANUS VAN WYK (* 1835, † 1905). Diese gaben sich 1872 eine Verf. (Vaderlike Wette; gewählter Kaptein und Rat) und schlossen 1885 einen Schutzvertrag mit dem Dt. Reich, das die Autonomie des R.-Gebiets anerkannte. 1923 empörten sich die Baster vergeblich gegen die Beseitigung ihrer Autonomie durch die südafrikan. Mandatsregierung. 1976 führte diese eine Autonomie im Sinne des Apartheid ein, die mit der Unabhängigkeit Namibias 1990 ihr Ende fand.
M. BAYER: Die Nation der Bastards (1906).

**Rehovot** [rə'xɔvɔt], Stadt in der Küstenebene von Israel, 25 km südlich von Tel Aviv-Jaffa, (1990) 75 000 Ew.; Weizmann-Inst. für Wissenschaftl. Forschung, landwirtschaftl. Fakultät der Hebr. Univ., israel. Weininstitut, Museen; Zentrum des Orangenanbaus und der Orangenverwertung; elektroopt. Industrie, Instrumentenbau, Herstellung von Pharmazeutika und Chemikalien. – 1890 als landwirtschaftl. Siedlung gegründet. – ›Weizmann House‹ von E. MENDELSOHN (1934–36). – Nahebei Kernforschungs-Inst. (Gebäude von P. C. JOHNSON, vollendet 1961).

**Rehpilz,** der →Habichtspilz.

**Rehpinscher,** Farbvarietät des Zwergpinschers (→Pinscher).

**Rehydratisation** [zu griech. hýdōr ›Wasser‹] *die, -/-en,* **Rekonstitution,** *Lebensmitteltechnik:* bei getrockneten Produkten die Wiederaufnahme von Wasser; ihr Verlauf ist von der Art der Trocknung sowie von der Vorbehandlung der Produkte abhängig.

**Reiat,** Bez. im Kt. Schaffhausen, Schweiz, 39 km², (1990) 6 700 Ew., Hauptort Thayngen; umfaßt den NO des Kantons.

**Reibegeräusche,** *Medizin:* diagnostisch aufschlußreiche, bei der Auskultation feststellbare Schalleindrücke, die durch entzündl. Veränderungen (Fibrinauflagerung) an aufeinander gleitenden serösen Häuten entstehen und symptomatisch für Herzbeutel- und Rippenfellentzündung sind. R. können auch bei degenerativen Gelenkveränderungen und Entzündungen des Sehnengleitgewebes (Tendovaginitis) auftreten.

**Reibe|laut, Enge|laut,** *Phonetik:* Laut, bei dessen Artikulation in der Mundhöhle eine Enge entsteht, an der die ausströmende Luft eine Reibung erzeugt.

**Reiben,** *Fertigungstechnik:* spanendes Verfahren zur Feinbearbeitung von Bohrungsinnenflächen. Das verwendete Werkzeug ist die **Reibahle** mit in Achsrichtung parallel angeordneten Schneiden (z. T. auch mit schraubenförmiger Schneide), die fest oder einstellbar sind. Reibahlen schneiden mit ihrem kegligen Anschnitt und glätten die Fläche mit dem etwas verjüngten Führungsteil. Handreibahlen werden mit dem Windeisen gedreht, Maschinenreibahlen in eine Dreh- oder Bohrmaschine eingespannt.

**Reiberdruck,** *Drucktechnik:* 1) Druck, der ohne Druckerpresse hergestellt wurde. Das Blatt Papier wurde dabei auf die eingefärbte Schrift- oder Bildtafel (nach J. GUTENBERGS Erfindung auch auf die aus Einzellettern zusammengesetzte Seite) gelegt und mit dem **Reiberballen** (gewölbter Lederballen) gleichmäßig angedrückt. Der Reiberballen ist noch heute Bestandteil des Druckerwappens. 2) auf einer Reiberpresse hergestellter Abzug eines →Holzschnitts oder einer →Lithographie.

**Reibgesperre,** ein →Sperrgetriebe.

**Reibholz, Reibeholz,** *Schiffahrt:* außenbords umlaufende Scheuerleiste an Wasserfahrzeugen zum Schutz von Bordwand und Kaimauer bei Anlegemanövern; auch außenbords oder an die Kaimauer gehängte Rundhölzer mit dem gleichen Zweck.

**Reibkorrosion, Reib|oxidation,** ein Werkstoffabrieb, der bei sehr kleinen, sich ständig wiederholenden Bewegungen (z. B. durch Vibrationen verursacht) von Teilen zueinander auftritt. Die im Reibspalt entstehenden Oxidpartikeln (**Passungsrost, Passungsbluten**), rufen einen erhöhten Verschleiß hervor und verstärken damit die Korrosion.

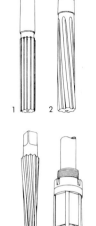

**Reiben:** 1 Reibahle mit zylindrischem Schaft und geraden Nuten; 2 Reibahle mit zylindrischem Schaft und schraubenförmig gewundenen Nuten; 3 Kegelförmige Reibahle; 4 Maschinenreibahle mit nachstellbaren Schneiden

**Reib|rad|antrieb,** Antriebsart, bei der →Reibräder verwendet werden; wird gewählt, wenn es auf geräuscharmen Lauf, stufenlose Drehzahlbewegung über einen weiten Bereich sowie geringen Wartungsaufwand ankommt; eingesetzt in Werkzeugmaschinen und älteren Plattenspielern.

**Reib|räder, Reibungsräder, Friktions|räder,** Räder mit glatten Umfangsflächen, die so gegeneinandergepreßt werden (Kraftschluß), daß durch die entstehende Reibung Kräfte oder Drehmomente übertragen werden; angewendet im Reibradgetriebe. Die übertragbare Leistung ist begrenzt durch die zulässige Pressung, den erreichbaren Reibungsbeiwert, die Erwärmung und den Verschleiß durch Schlupf. Vorteile sind der geräuscharme Lauf, wenn ein weicher Reibbelag (Gummi) verwendet wird. Außerdem sind stufenlose Übersetzungen ins Schnelle bei sehr hohen Drehzahlen möglich.

**Reibschale,** flache, starkwandige Schale, meist aus Porzellan (seltener aus Achat, Borcarbid, Sinterkeramik), die im chem. Laboratorium zum Zerkleinern grobkörniger Substanzen mit Hilfe des Pistills und zum Vermischen von Pulvern dient.

**Reibschlußverbindungen,** kraftschlüssige Verbindungsarten des Maschinenbaus; z. B. Klemm- und Preßverbindungen. Die Verbindung der Teile wird

**Reib** Reibschweißen – Reich

dabei von der durch einen hohen Anpreßdruck verursachten hohen Reibung gewährleistet. Bei ebenen Begrenzungsflächen werden die Teile durch Schraubenkräfte aufeinandergepreßt, bei zylindr. Wirkflächen sind es Querpreßverbindungen (schwer lösbar), Längspreßverbindungen und Druckölpreßverbände. Mit R. werden v. a. Verbindungen zw. Wellen und Naben hergestellt und damit die Drehmomente zw. beiden übertragen. Verwendet werden dazu leicht lösbare R. mit Zwischenelementen, wie Flachkeilen, Hohlkeilen, Ringfederpaketelementen, Ringfederspannsätzen, Toleranzringen und Spannhülsen.

**Reibschweißen,** *Fertigungstechnik:* ein Fügeverfahren (→Preßschweißen) für rotationssymmetr. Werkstücke (Wellen, Rohre), bei dem man einen Teil der Fügepaarung schnell rotieren läßt und ihn dabei gegen das andere Werkstück drückt. Nach ausreichender Erhitzung der Berührungsflächen infolge der Reibungswärme fährt man die Drehzahl gegen Null, erhöht den Anpreßdruck und verschweißt dadurch die Teile.

**Reibtrennen, Reibsägen,** *Fertigungstechnik:* Trennverfahren mit schnell rotierenden Stahlscheiben, die zur Erhöhung der Schneidwirkung auch kordierte (gerändelte) Oberflächen haben können.

**Reibtrommel, Brummtopf, Rummelpott,** einfaches Geräuschinstrument, bestehend aus einem Hohlgefäß (aus Metall, Ton, Schilf), das oben mit einer Membran verschlossen ist; diese ist mit einem Stäbchen (**Stab-R.**) durchbohrt und gerät in Schwingung, wenn der Stab hin- und herbewegt oder mit nassen Fingern gestrichen wird. Anstelle des Stäbchens können mehrere Fäden (**Faden-R.**), meist Pferdehaar, benutzt werden. Der **Waldteufel** wird an einem Faden in der Luft geschwungen (**Schwung-R.**). Auf der R. werden Brumm- oder Heultöne und durch Auf- und Abstrich des Stabs oder Berühren der Membran einfachste Melodien erzeugt.

**Reibung,** die Hemmung der relativen Bewegung sich berührender Körper (**äußere R.**) oder von Teilen eines Körpers gegeneinander (**innere R.**). R. beruht bei festen Körpern vorwiegend auf mikroskop. Unebenheiten, bei der R. von Flüssigkeiten an Gefäßwänden auf der →Adhäsion 2).

Reibung: $\alpha$ Neigungswinkel der Ebene, $G$ Gewichtskraft, $F_H$ Hangabtriebskraft ($F_H = G \cdot \sin \alpha$), $F_N$ Normalkraft ($F_N = G \cdot \cos \alpha$), $F_R$ Haftreibungskraft ($F_R = \mu \cdot F_N$, $\mu$ Reibungszahl); $F_H$ und $F_R$ befinden sich hier im Gleichgewicht, bei Vergrößerung von $\alpha$ gleitet der Körper abwärts ($F_H > F_R$)

Wenn ebene Flächen fester Körper aufeinander gleiten, tritt **Gleit-R.** auf. Die in der Berührungsebene liegende **R.-Kraft** $F_R$ ist der Kraft $F_N$ (Normalkraft), mit der die Körper gegeneinander gedrückt werden, angenähert proportional: $F_R = \mu \cdot F_N$ (→Coulombsches Reibungsgesetz); sie ist in der Ruhelage (**Haft-R.**) am größten und nimmt mit wachsender Geschwindigkeit ab. Die Proportionalitätskonstante $\mu$ heißt **R.-Zahl** (früher **R.-Koeffizient**), bei festen Körpern das Verhältnis der Kraft entgegen der Bewegungsrichtung zur senkrecht auf die Berührungsfläche wirkenden Normalkraft (material- und oberflächenabhängig). Die Haft-R. ermöglicht den festen Halt von Nägeln und Schrauben, das Gehen auf ebenen und geneigten Flächen sowie den Antrieb selbstfahrender Räderfahrzeuge. Bei **trockener R.** gleiten die Flächen direkt aufeinander, bei **flüssiger** oder **schwimmender R.** sind die Flächen durch einen Schmierfilm vollständig voneinander getrennt, so daß sich die R. in der Flüssigkeitsschicht vollzieht und nur von deren innerer R. (→Viskosität) bestimmt wird (z. B. beim vollausgebildeten Aquaplaning. **Halbflüssige R.** oder **Misch-R.** tritt im Übergangsgebiet zw. trockener und flüssiger R. auf, in dem der Schmier-

film nicht vollständig ausgebildet ist, z. B. beim Anlaufen von Maschinen. Die **Roll-R.** beruht auf der mit der Rollbewegung fortschreitenden Deformation der Fläche. Sie ist wesentlich kleiner als die Gleit-R. – Die Lehre von der R. heißt →Tribologie.

**Reibungs|elektrizität, Tribo|elektrizität,** histor. Bez. für die Erscheinung der entgegengesetzten elektr. Aufladung (Ladungstrennung) bei zwei verschiedenartigen Körpern, die aneinander gerieben werden, z. B. Glasstab (+) mit Lederlappen (–) oder Hartgummi (–) mit Wolltuch (+). Die Reibungsbewegung dient dabei zur Intensivierung des Kontakts (→Kontaktelektrizität). Die R. ist wohl die älteste vom Menschen erzeugte Form der Elektrizität. Sie wurde bereits um 600 v. Chr. von THALES an Bernstein (griech. elektron) beobachtet und war bis gegen Ende des 18. Jh. die einzige als solche bekannte elektr. Erscheinung.

**Reibungsko|effizi|ent,** →Reibung.
**Reibungskraft,** →Reibung.
**Reibungsschicht,** *Meteorologie:* ältere Bez. für die atmosphär. →Grenzschicht.

**Reibungsverlusthöhe,** *Wasserbau:* der als Gefällhöhenverminderung angegebene Verlust an Strömungsenergie (wird in Wärme- und Schallenergie umgewandelt) durch Reibung an festen Begrenzungswänden entlang eines Fließwegs oder durch Verwirbelungen bei Einbauten oder Querschnittsveränderungen.

**Reibungswärme,** ungeordnete Form der kinet. Energie von Atomen und Molekülen, die durch Reibung zw. versch. Stoffen oder innerhalb eines Stoffes irreversibel auf diese übertragen wird. Die R. ist Teil der inneren Energie der beteiligten Stoffe. Sie tritt bei fast allen technisch-mechan. Prozessen auf, häufig als störender Faktor.

**Reibungswiderstand,** die auf einen umströmten Körper in der Anströmrichtung wirkende Kraft, die durch die Reibung zw. strömendem Medium und Körper hervorgerufen wird. Der R. hängt ab von der Viskosität (Zähigkeit) des strömenden Mediums und von der Strömungsgeschwindigkeit.

**Reich** [ahd. rīhhi, zu rīhhi ›reich‹, eigtl. ›von königl. Abstammung‹, wohl aus dem Keltischen], **1)** *allg.* und *Geschichte:* **Imperium, Regnum,** im weitesten Sinn Bez. für mehrere Stämme oder Völker umfassenden Herrschaftsbereich eines Monarchen, der seinen Herrschaftsanspruch häufig auf göttl. Abkunft stützte und einen oft religiös begründeten Anspruch auf Weltherrschaft erhob. In der Antike standen in diesen Traditionen z. B. das Assyr., das Ägypt. und auch das Röm. R., als dessen Fortsetzung sich seit dem Kaisertum OTTOS D. GR. das →Heilige Römische Reich sah. Nach dessen Abkehr vom Universalherrschaftsgedanken kennzeichnete der Begriff auch die entstandenen frühneuzeitl. Kolonial-R. (z. B. das Span. R.), später dann die neuzeitl. Großstaaten wie das brit. Welt-R. und das Russ. R. Der 1871 geschaffene dt. Nationalstaat knüpfte mit seinem Staatsnamen ›Dt. R.‹ bewußt an die in der dt. Geschichte verankerte Nationalstaatsidee an.

**2)** *Biologie:* oberste systemat. Kategorie der Lebewesen: Pflanzenreich und Tierreich.

**Reich, Das,** politisch-kulturelle Wochenzeitschrift, gegr. 1940 in Berlin, mit der Ausgabe vom 15. 4. 1945 eingestellt. Seine im Vergleich zu anderen nat.-soz. Publikationen relativ sachl. Berichterstattung sollte v. a. dt. Intellektuelle ansprechen und das Dritte Reich im Ausland repräsentieren. Mit seinem Schwerpunkt auf polit. Analyse stellte es einen für Dtl. neuen Typus dar. Obwohl z. T. von den Propagandaanweisungen des Reichspressechefs freigestellt, diente es J. GOEBBELS in seinen Leitartikeln als Forum für seine eigene Politik. Die Auflage betrug zuletzt 1,4 Mio. Exemplare.

**Reich, 1)** Philipp Erasmus, Buchhändler und Verleger, * Laubach 1. 12. 1717, † Leipzig 3. 12. 1787; war seit 1762 Teilhaber der Weidmannschen Buchhandlung in Leipzig, gründete 1765 die ›Buchhandelsgesellschaft in Dtl.‹, einen Vorläufer des späteren Börsenvereins des Dt. Buchhandels; bekämpfte den Büchernachdruck und den Tauschverkehr im Buchhandel.

**2)** [raɪk], Steve, amerikan. Komponist, * New York 3. 10. 1936; studierte bei L. BERIO und D. MILHAUD. Seine von seriellen Verfahren, von afrikan. Trommeltechniken, balines. Gamelanmusik, Jazz und hebr. Gesängen beeinflußten Kompositionen sind durch zeitl. Ausdehnung und ein sich allmählich veränderndes Klangkontinuum gekennzeichnet. R. ist ein Hauptvertreter der → Minimal music.
**Werke:** Drumming (1971; für Schlagzeug, zwei Frauenstimmen u. Piccolo); Music for 18 musicians (1976); Octet (1979); Music for a large ensemble (1979); Tehillim (1981; für Stimmen u. Ensemble; Orchesterfassung 1982); The desert music (1984; für Chor u. Orchester, nach W. C. WILLIAMS); Three movements (1986; für Orchester); The four sections (1987; für Orchester); Different trains (1988; für Streichquartett oder Streicherensemble u. Tonband).

**3)** Wilhelm, amerikan. Psychoanalytiker österreichisch-ungar. Herkunft, * Dobrzcynica (Galizien) 24. 3. 1897, † Lewisburg (Pa.) 3. 11. 1957; arbeitete 1922–30 als Arzt an der psychoanalyt. Poliklinik in Wien. R. wurde 1928 Mitglied der Kommunist. Partei und Mitbegründer der Sozialist. Gesellschaft für Sexualberatung und Sexualforschung. 1930 gründete er in Berlin die Sexpol-Bewegung (Dt. Reichsverband für proletar. Sexual-Politik). Schon länger andauernde Konflikte spitzten sich nach Veröffentlichung seines Werkes ›Die Massenpsychologie des Faschismus‹ (1933) zu und führten zum Ausschluß sowohl aus der KP als auch aus der Internat. Psychoanalyt. Vereinigung. Im Exil (1934 Norwegen, ab 1939 USA) baute R. seine Orgontheorie aus. Er glaubte, eine kosm. Lebensenergie (Orgon) entdeckt zu haben, die er mit selbstgebauten Apparaten zu speichern suchte, mit denen er sie für Heilzwecke einsetzte. Wegen Mißbrauchs wurde er gerichtet. Verbots seiner Heilmethoden wurde R. verurteilt und starb im Gefängnis. – In Ausweitung von S. FREUDS Begriff der Aktualneurose sah R. die Ursache aller Neurosen in einer Störung der genitalen Sexualität. Ziel der Therapie war die Wiederherstellung der Orgasmusfähigkeit. Dabei galt ihm das neurot. Symptom als Anzeichen für eine neurot. Charakterstruktur. Um die verdeckende ›Charakterpanzerung‹ aufzubrechen, verwendete R. in seiner ›Vegetotherapie‹ auch Entspannungstechniken (u. a. Massagen). In seinem Versuch, die Psychoanalyse und den dialekt. Materialismus zu verbinden, forderte er die sexuelle Befreiung der Massen zur Überwindung bestehender gesellschaftl. Verhältnisse. Zur Zeit der Studentenrevolten gewannen R.s Werke wieder an Aktualität.
**Weitere Werke:** Die Funktion des Orgasmus (1927); Geschlechtsreife, Enthaltsamkeit, Ehemoral (1930, Neuausg. 1966 u. d. T. Die sexuelle Revolution); Der Einbruch der Sexualmoral (1931); Charakteranalyse (1933).
**Ausgabe:** Ausgew. Schr. (1976).

**Reicha, Rejcha,** Anton (Antonín, Antoine) Josef, frz. Komponist und Musiktheoretiker böhm. Herkunft, * Prag 26. 2. 1770, † Paris 28. 5. 1836; war seit 1790 Violinist der kurfürstl. Kapelle in Bonn; nach deren Auflösung (1794) war er Musiklehrer in Hamburg; hier schrieb er seine ersten Opern. In Wien (1802–08) war R. mit L. van BEETHOVEN, J. G. ALBRECHTSBERGER, A. SALIERI und J. HAYDN befreundet. Seit 1808 lebte er in Paris und war ab 1818 Prof. für Komposition am Conservatoire (Schüler: F. LISZT, C. GOUNOD, H. BERLIOZ, C. FRANCK u. a.). R.s Bedeutung als Musiktheoretiker liegt in seiner umfassenden Darstellung der zeitgenöss. Melodie- und Harmonielehre. Von seinen Instrumentalwerken wurden v. a. seine effektvollen Bläserquintette geschätzt. R. schrieb Opern, Ouvertüren, Sinfonien, Streichquintette, Streichquartette, Klaviertrios, Horntrios, Violin- und Flötenduos, Sonaten für Violine und Klavier sowie zahlreiche Klavier- und Orgelstücke.
**Schriften:** Traité de mélodie (1814); Cours de composition musicale (1818); Traité de haute composition musicale, 2 Bde. (1824; alle drei Schr. dt. u. d. T. Vollständiges Lb. der musikal. Composition, 4 Bde.).

**Reichard, 1)** Christian Gottlieb, Kartograph, * Schleiz 26. 6. 1758, † Lobenstein 11. 9. 1837; veröffentlichte mehrere Atlanten (u. a. ›Orbis terrarum antiquus‹, 19 Tle., 1818–31; ›Germanien unter den Römern‹, 1824; ›Neuer Handatlas über alle Theile der Erde ...‹, 1822) und arbeitete ab 1812 mit A. STIELER an dessen ›Handatlas‹.

**2)** Heinrich August Ottokar, Schriftsteller, * Gotha 3. 3. 1751, † ebd. 17. 10. 1828; war 1775–79 zus. mit C. EKHOF Leiter des Gothaer Hoftheaters; Herausgeber des ›Theater-Kalenders‹ (1775–99) und des ›Theater-Journals für Dtl.‹ (22 Tle., 1777–84). R. verfaßte Gedichte, Erzählungen, Lustspiele und Märchen, v. a. aber sehr erfolgreiche Reisebeschreibungen und -handbücher (›Handbuch für Reisende aus allen Ständen‹, 1785; ›Guide des voyageurs en Europe‹, 2 Bde., 1793; ›Der Passagier auf der Reise in Dtl. und einigen angrenzenden Ländern‹, 1801); daneben war er als Herausgeber tätig (u. a. ›Bibliothek der Romane‹, 21 Bde., 1773–94).

Wilhelm Reich

**Reichardt,** Johann Friedrich, Komponist und Musikschriftsteller, * Königsberg (Pr) 25. 11. 1752, † Giebichenstein (heute zu Halle/Saale) 27. 6. 1814; Schüler von J. A. HILLER in Leipzig und G. A. HOMILIUS in Dresden, war 1775–94 königlich-preuß. Hofkapellmeister in Potsdam. Wegen Parteinahme für die Ideale der Frz. Revolution vom Dienst suspendiert, lebte er seit 1794 in Giebichenstein auf einem eigenen Gutshof, wo junge Künstler, v. a. Dichter der frühen dt. Romantik (u. a. L. TIECK, NOVALIS, C. BRENTANO, A. VON ARNIM) wesentl. Anregungen von ihm empfingen. 1806 floh R. vor den Truppen NAPOLEONS nach Danzig und war 1808 vorübergehend Hofkapellmeister des Königs JÉRÔME BONAPARTE in Kassel. In seinem Liedschaffen wurde R. zunächst geprägt von der Berliner Liederschule, entwickelte aber zunehmend einen eigenständigen Stil mit teilweise freierer Formgebung, differenzierterer Klanglichkeit und intensiverem Ausdrucksgehalt. Er hatte wesentl. Anteil an der Ausbreitung des dt. Singspiels und – als dessen Variante – des von ihm geschaffenen Liederspiels. R. war einer der bedeutendsten Musikschriftsteller und Musikkritiker des 18. Jh. Zu seinen Werken zählen Opern, Melodramen, Bühnenmusiken, Kantaten, Singspiele, Liederspiele, Kirchenmusik, Lieder (u. a. nach Texten von J. W. VON GOETHE, F. SCHILLER, F. G. KLOPSTOCK), Sinfonien, Konzerte, Kammermusik und Sonaten.
**Schriften:** Briefe eines aufmerksamen Reisenden die Musik betreffend, 2 Tle. (1774–76); Musikal. Kunstmagazin, 2 Bde. (1782–91); Musikal. Almanach (1796); Vertraute Briefe aus Paris ..., 3 Bde. (1804–05); Berliner musikal. Zeitung, 18 Tle. (1805–06); Vertraute Briefe, geschrieben auf einer Reise nach Wien, 2 Bde. (1810).
H. Dennerlein: J. F. R. u. seine Klavierwerke (1930); P. Sieber: J. F. R. als Musikästhetiker (Straßburg 1930, Nachdr. 1971); W. Salmen: J. F. R. (1963); R. Pröpper: Die Bühnenwerke J. F. R.s, 2 Bde. (1965).

Johann Friedrich Reichardt

**Reichardtit** [nach dem Mineralogen EDUARD REICHARDT, * 1827, † 1891] der, -s/-e, Mineral, das → Bittersalz.

**Reichblei,** beim → Parkes-Prozeß anfallendes Blei mit 8–12% Silbergehalt.

**Reichel,** Hans, Bildhauer, → Reichle, Hans.

**Reichelsheim,** Name von geograph. Objekten:
**1) Reichelsheim im Odenwald,** Gem. im Odenwaldkreis, Hessen, 216 m ü. M., im oberen Gersprenztal, (1991) 8 400 Ew.; Luftkurort; Kunststoffindustrie.
**2) Reichelsheim/Wetterlau,** Stadt im Wetteraukreis, Hessen, 128 m ü. M., im Zentrum der Wetterau, (1991) 6 400 Ew.; Braunkohlentagebau (voraussichtlich 1992 eingestellt); Flugplatz mit Flugschule und Flugwerft.

**Reichenau,** Name von geograph. Objekten:
**1) Reichenau,** Insel im Bodensee, Bad.-Württ.; die flache, bis 45 m über den Seespiegel (439 m ü. M.) ansteigende, 4 km² große Insel im Untersee ist im O durch einen 1 km langen Damm mit dem Festland verbunden. Gute Böden sowie die Klimagunst lassen einen ertragreichen Anbau von Gemüse, v. a. Frühgemüse (Gewächshäuser, genossenschaftl. Beregnungsanlagen), Wein und Getreide zu; außerdem Fischzucht und bedeutender Fremden-(Ausflugs-)Verkehr. Als Gemeinde (Kr. Konstanz) mit (1991) 4 600 Ew. umfaßt R. noch fünf Gemarkungsteile auf dem Festland (u. a. mit dem psychiatr. Landeskrankenhaus); Heimatmuseum. – Das Benediktinerkloster R., vom hl. PIRMIN 724 auf der von KARL MARTELL geschenkten Bodenseeinsel gegr., erlangte bald große Bedeutung. Seine Blütezeit erlebte das Reichskloster im 9. und 10. Jh.; es war ein Zentrum otton. Kultur und Wiss. (→ Reichenauer Malerschule). 1535 wurde es dem Bistum Konstanz einverleibt, 1757 aufgehoben und 1803 säkularisiert. – Erhalten sind drei Kirchen: Das doppelchörige Münster in **Mittelzell,** eine roman. Pfeilerbasilika mit zwei Querschiffen, wurde

**Reichenau 1):** Münster in Mittelzell; im wesentlichen 9.–11. Jh.

nach einem Vorläuferbau im wesentlichen im 9., Ende des 10. (Langhaus) und im 11. Jh. errichtet; hervorzuheben sind der 1048 geweihte W-Bau (Umbauten im 12./13. Jh.), der offene Dachstuhl (13. Jh.) und der got. Chorneubau (1447–77). Die ehem. Stiftskirche St. Peter und Paul in **Niederzell** (1008 erwähnt) ist eine doppeltürmige roman. Säulenbasilika des 11./12. Jh.; unter dem bei der Barockisierung (1756/57) aufgetragenen Putz konnte in der Apsis ein roman. Freskenzyklus (12. Jh.) freigelegt werden. Die ehem. Stiftskirche St. Georg in **Oberzell,** eine flachgedeckte karoling. Säulenbasilika mit Krypta und Vierungsturm (9./10. Jh.) sowie Westhalle (11. Jh.), besitzt den größten erhaltenen Zyklus otton. Monumentalmalerei (um 980).

Die Abtei R. Neue Beitr. zur Gesch. u. Kultur des Inselklosters, hg. v. H. MAURER (1974); Mönchtum, Episkopat u. Adel zur Gründungszeit des Klosters R., hg. v. A. BORST (1974); Die Gründungsurkunden der R., hg. v. P. CLASSEN (1977); W. BERSCHIN: Eremus u. Insula. St. Gallen u. die R. im MA. (1987); A. ZETTLER: Die frühen Klosterbauten der R. (1988); H. GLÖNKLER: Vom Weinbau zum Gemüsebau auf der R. Die Insel der Gärtner, Winzer u. Fischer, ihre Genossenschaften (1991).

**2) Reichenau,** poln. **Bogatynia** [bɔgaˈtinja], 1945–47 **Rychwald,** Stadt (seit 1945) in der Wwschaft Jelenia Góra (Hirschberg im Riesengebirge), Polen, 248 m ü. M., in der Oberlausitz, (1989) 18 600 Ew.; Handels- und Wohnzentrum des Türchauer Braunkohlengebietes; Braunkohlenbergbau (Verarbeitung u. a. im Wärmekraftwerk in Türchau; 2 000 MW); Textil- und Nahrungsmittelindustrie. – R., vermutlich im 13. Jh. gegr., zu Sachsen gehörend, kam 1945 unter poln. Verwaltung; seit 1991 völkerrechtlich verbindlich bei Polen.

**3) Reichenau an der Knežna** [ˈknjɛʒna], tschech. **Rychnov nad Kněžnou** [ˈrixnɔv ˈnadkɲɛʒnɔu], Stadt im Ostböhm. Kreis, Tschechoslowakei, am S-Fuß des Adlergebirges, (1988) 11 700 Ew.; ehem. Tuchmacherstadt mit maler. Häusern; oberhalb der Stadt das barocke Schloß (1676–90; Gemäldesammlung, Möbel, Wandteppiche, Bibliothek) und (mit diesem verbunden) die Kirche der Hl. Dreifaltigkeit (1594–1602, Umbauten 18./19. Jh.).

**4) Reichenau an der Rax,** Markt-Gem. im Bez. Neunkirchen, Niederösterreich, 485–680 m ü. M., am Fuß der Rax, Groß-Gem. im Tal der Schwarza und ihres Nebenflusses Preiner Bach von 89 km², (1991) 3 600 Ew.; Bergbau- und Heimatmuseum; Kartonagenwerk; Sommerfrische (seit dem 19. Jh.), von Hirschwang Seilbahn auf die Rax. – Der in der Umgebung in vorgeschichtl. Zeit betriebene Kupfererzbergbau lebte im 16. Jh. wieder auf.

**Reichenauer Malerschule,** umfangreiche otton. Handschriftengruppe (etwa 950–1150), deren Entstehung in den Skriptorien der Insel Reichenau vermutet wird. Förderer und Besteller der Handschriften waren neben den Kaisern OTTO III. und HEINRICH II. versch. Kirchenfürsten. Man unterscheidet vier Gruppen, die v. a. in der starken Betonung des ornamentalen Elements Gemeinsamkeiten aufweisen: 1) Das Hauptwerk der Eburnant-Gruppe (benannt nach dem Schreiber einer der Handschriften) ist der Gero-Codex (Darmstadt, Hess. Landesbibliothek), kurz vor 969 entstanden. Seine Bilder der Maiestas Domini und der vier Evangelisten lehnen sich an karoling. Vorbilder der Ada-Gruppe an (Hofschule KARLS D. GR.). 2) Die Ruodprecht-Gruppe wurde nach RUODPRECHT, dem Schreiber des für Erzbischof EGBERT VON TRIER geschaffenen Egbert-Psalters (um 980; Cividale del Friuli, Museo Archeologico Nazionale), benannt. 3) Das Schlüsselwerk der dritten Gruppe bildet der Codex Egberti, um 980–984 ebenfalls für EGBERT VON TRIER angefertigt (Trier, Stadtbibliothek); Hauptmaler ist der GREGORMEISTER (BILD →Gregormeister). Die Bilder stehen ikonographisch und stilistisch im Zusammenhang mit spätantikchristl. Vorlagen des 4.–6. Jh. 4) Die Liuthar-Gruppe wurde nach ihrem Donator, der sich im Widmungsblatt des Otton. Evangeliars im Aachener Domschatz (um 990) vorstellt, benannt. Weitere bedeutende Handschriften dieser Gruppe sind das Evangeliar OTTOS III. (um 1000; München, Bayer. Staatsbibliothek; BILD →Evangeliar), das Perikopenbuch HEINRICHS II. (um 1007–12; München, Bayer. Staatsbibliothek; BILD →deutsche Kunst) und die →Bamberger Apokalypse (BILD →Engel). Der Stil der Liuthar-Gruppe wird bestimmt durch die Zurücknahme von Räumlichkeit und modellierender Körperhaftigkeit sowie durch Steigerung des Ausdrucks. Diesem Stil verwandt sind die Fresken in St. Georg in Oberzell auf der Reichenau.

Die Hss. der Bad. Landesbibliothek in Karlsruhe, Bd. 5–7: Die Reichenauer Hss., bearb. v. A. HOLDER u. a. (1906–18, Nachdr. 1970–73); U. ENGELMANN: Reichenauer Buchmalerei (²1972); Die Abtei Reichenau, hg. v. H. MAURER (1974); Codex Egberti. Das Perikopenbuch des Erzbischofs Egbert von Trier (977–993), bearb. v. F. J. RONIG (1977); Das Evangeliar Ottos III., bearb. v. F. DRESSLER u. a. (1978).

**Reichenauer Malerschule:** Kreuzigung und Lanzenstich; Seite aus dem Evangeliar Ottos III.; um 990 (Aachen, Domschatz)

**Reichenbach,** Name von geograph. Objekten:
**1) Reichenbach,** Gem. im Kr. Cham, Bayern, (1991) 1 100 Ew.; mit ehem. Benediktinerabtei (1118 gegr.), deren Kirche äußerlich weitgehend im roman. Zustand mit zwei Türmen erhalten ist, innen wurde sie farbenprächtig barockisiert (1738–41; Hochaltar von 1750). Im Klostertrakt (17. Jh.) Heil- und Pflegeanstalt der Barmherzigen Brüder.
**2) Reichenbach,** Landkreis im SW von Sachsen, im Vogtland, 155 km², (1989) 54 600 Ew., Kreisstadt ist Reichenbach/Vogtl.; umfaßt den nördl. Teil des Mittelvogtland, Kuppenlandes und wird von der Göltzsch z. T. in einem tiefen Tal durchflossen. Auf steinigen Schieferböden der Hochflächen Getreide-, Futterpflanzen- und Kartoffelanbau, auf Bergkuppen und an den Hängen der Taleinschnitte Fichtenwälder. Wichtige Industriezentren sind die Kreisstadt und Mylau (Teil der Industriegasse Chemnitz–Zwickau–Plauen). – Der Kreis R. gehörte vom 23. 7. 1952 bis 3. 10. 1990 zum Bez. Karl-Marx-Stadt (seit 1. 6. 1990 Chemnitz).
**3) Reichenbach,** ehem. Benediktinerkloster (1082 gestiftet) in Klosterreichenbach, Gem. Baiersbronn, Bad.-Württ.; von der alten Klosterkirche (entstanden 1082–85) sind nur wenige Bauteile erhalten, Ende des 12. Jh. wurde der Chor verlängert, im 13. Jh. der W-Front ein Paradies vorgelegt; die Türme wurden erst 1894–98 errichtet. Von den Klostergebäuden sind ein Teil des W-Flügels, Badhaus und Turm erhalten.
**4) Reichenbach (Eulengebirge),** poln. Dzierżoniów [dʒɛrˈʒɔnjuf], Stadt in der Wwschaft Wałbrzych (Waldenburg in Schlesien), Polen, 275 m ü. M., im Vorland des Eulengebirges, (1989) 37 900 Ew. (1939: 17 200 Ew.); Baumwollverarbeitung, Herstellung von Radio- und Fernsehgeräten, Textilindustrie, Maschinenbau (bes. Textilmaschinen). – R. wurde 1250 als Stadt gegründet. – Seit 1945 unter poln. Verwaltung, seit 1991 völkerrechtlich zu Polen.
**5) Reichenbach/Vogtl.,** Kreisstadt des Kr. Reichenbach, Sachsen, im unteren (nördl.) Vogtland, (1989) 25 600 Ew.; Ingenieurschule für Textiltechnik; Neu-

berinhaus und Gedenkstätte für FRIEDERIKE CAROLINE NEUBER; Textilindustrie (Spinnereien, Gardinenwebereien, Bekleidungswerke), Maschinen-, Werkzeug-, Armaturen- und Transformatorenbau, Karosseriewerk, Ansichtskartenverlag. – Neben dem kurz vor 1200 gegründeten Waldhufendorf Ober-R. wurde um 1240 die 1274 als Stadt bezeugte Siedlung R. planmäßig angelegt. Die verkehrsgünstige Lage an der Handelsstraße von Leipzig nach Dresden förderte ihre wirtschaftl. Entwicklung zu einem Zentrum des Tuchhandels und der Tuchmacherei, die v. a. im 17. Jh. florierte. – Barocke Stadtkirche (1720) mit Silbermann-Orgel (1723–25); Trinitatiskirche (17./18. Jh.) mit spätgot. Schnitzaltar (2. Hälfte 15. Jh.).

**Reichenbach 5)**
Stadtwappen

**Reichenbach, 1)** Carl Ludwig Freiherr von (seit 1839), Chemiker und Naturphilosoph, * Stuttgart 12. 2. 1788, † Leipzig 19. 1. 1869; gründete Fabriken in Mähren (u. a. Hüttenwerke, Eisengießereien, Holzdestillationsbetriebe); begründete eine philosoph. Lehre, nach der das Leben durch eine dem Magnetismus ähnelnde ›Od-Kraft‹ gelenkt wird.
**2)** Georg von, Mechaniker und Ingenieur, * Durlach (heute zu Karlsruhe) 24. 8. 1771, † München 21. 5. 1826; baute 1802 eine Kreisteilmaschine, gründete 1809 mit J. VON UTZSCHNEIDER und J. FRAUNHOFER eine opt. Anstalt in Benediktbeuern; entwickelte den Theodoliten in seiner modernen Form sowie sogenannte Wassersäulenmaschinen (Wasserdruckmotoren) zur Überwindung von Höhenunterschieden beim Bau der Soleleitungen Reichenhall–Rosenheim (1810) und Berchtesgaden–Reichenhall (1817).
**3)** Hans Friedrich Herbert Günther, amerikan. Wissenschaftstheoretiker dt. Herkunft, * Hamburg 26. 9. 1891, † Los Angeles (Calif.) 9. 4. 1953; 1926–33 Prof. in Berlin, ab 1933 in Istanbul, ab 1938 an der University of California in Los Angeles. R. war einer der prominentesten Vertreter des log. Empirismus, zu dessen Verbreitung in Dtl. er nachhaltig beitrug. Seine frühen Arbeiten galten v. a. der philosoph. Aufarbeitung der Relativitätstheorie (›Relativitätstheorie und Erkenntnis a priori‹, 1920), insbesondere der Kantischen Lehre vom synthet. Apriori und den damit verbundenen Fragen nach dem Wesen von Raum und Zeit (›Philosophie der Raum-Zeit-Lehre‹, 1928). R. formulierte eine Axiomatik der Relativitätstheorie (›Axiomatik der relativist. Raum-Zeit-Lehre‹, 1924), in der er auch seine Theorie der äquivalenten Beschreibungen in krit. Auseinandersetzung mit dem Konventionalismus von P. DUHEM und H. POINCARÉ entwickelte. ›Experience and prediction‹ (1938) beschäftigte sich mit dem Induktionsproblem; insbesondere gab R. hier eine pragmat. Rechtfertigung der Induktion und unterschied zw. Begründungs- und Entdeckungszusammenhang. Weite Verbreitung fand ›The rise of scientific philosophy‹ (1951), in der R. auch eth. Fragen behandelte.
*Ausgabe:* Ges. Werke, hg. v. A. KAMLAH u. a., auf 9 Bde. ber. (1977 ff.).

**Georg von Reichenbach**

**Reichenbacher Konvention,** unter engl. Vermittlung in Reichenbach (Eulengebirge) am 27. 7. 1790 zw. Preußen und Österreich geschlossenes Abkommen, in dem Preußen die von Min. E. F. VON HERTZBERG verfolgte antiösterr. Politik aufgab und Österreich sich verpflichtete, den Krieg mit der Türkei (1787–92) ohne Gebietserweiterungen zu beenden. Durch die R. K. wurde ein drohender Krieg zw. Preußen und Österreich abgewendet.

**Reichenberg,** tschech. **Liberec** [-ts], Stadt im Nordböhm. Kreis, Tschechoslowakei, 340–410 m ü. M., im Reichenberger Becken zw. Jeschken im W und Isergebirge im O, an der oberen Lausitzer Neiße, nahe den Grenzen zu Dtl. und Polen, (1990) 104 200 Ew.; Hochschule für Maschinenbau und Textiltechnik; Nordböhm. Museum (Textil- und Glassammlun-

**Bad Reichenhall** Stadtwappen

gen), botan. und zoolog. Garten, Theater; Industrie- und Handelszentrum mit alljährlicher Gebrauchsgütermesse; größte Bedeutung hat die Textilindustrie, außerdem Glasindustrie, Maschinenbau sowie Nahrungs- und Genußmittelindustrie; Seilschwebebahn auf den Jeschken. – R., 1350 erstmals erwähnt, wurde 1255–78 von dt. Kolonisten angelegt. Im 16. Jh. wurden Tuchmacherei und Glaserzeugung heimisch. Nach 1918 war die Stadt Sitz der deutschböhm. Landesregierung. – Renaissanceschloß (1583–87, im 18./19. Jh. umgebaut) mit Kapelle (1604–06 angebaut, Kassettendecke u.a. wertvolle Holzschnitzarbeiten) im Schloßgarten, Gemäldegalerie in der ehem. Liebieg-Villa (1871–72). Heiligkreuzkirche (1753–61); vor der Kirche Mariensäule (1719–20) von M. BRAUN; Bürgerhäuser aus dem 17. Jh. (Fachwerkhäuser) und dem 18. Jh. (mit Stuckreliefs an den Fassaden); Rathaus von 1888–93.

**Bad Reichenhall:** Rathausplatz mit Rathaus (links)

**August Reichensperger**

**Peter Reichensperger**

**Reichenhall, Bad R.,** Große Kreisstadt und Staatsbad in Oberbayern, Verw.-Sitz des Kr. Berchtesgadener Land, 470 m ü. M., in einem Talkessel der Saalach, (1991) 16 700 Ew.; Solbad mit Gradierwerk (Heilanzeigen: Erkrankungen der Atemwege, des Stütz- und Bewegungsapparates, Frauenleiden, Erkrankungen im Kindesalter, Hautkrankheiten); Salzgewinnung. Kabinenbahn auf den Predigtstuhl (1 613 m ü. M.). – Bereits in vor- und frühgeschichtl. Zeit wurde im Reichenhaller Gebiet Salz gewonnen. Unter KARL D. GR. wurde bei der Saline eine Pfarrei errichtet. 996 fand R. als Münzstätte urkundl. Erwähnung, 1107 wurde die Grafschaft R. erstmals genannt, seit 1107 war sie im Besitz der Hallgrafen aus dem Haus Dießen-Andechs. 1196 fiel R. (außer der Vogtei des Klosters St. Zeno) an Bayern, endgültig 1587 nach jahrhundertelangem Streit zw. Bayern, Salzburg und Berchtesgaden. 1509 wurde mit dem Bau eines ersten Salzbrunnenhauses begonnen. Mitte des 19. Jh. wurde der Bade- und Kurbetrieb wirtschaftlich bedeutender als die Salzgewinnung.

Die Baugeschichte der Kirche des ehem. Augustinerchorherrenstifts St. Zeno (1136 gegr.) reicht bis ins 8. Jh. zurück. Die dreischiffige roman. Kirche (1228) wurde nach einem Brand (1512) spätgotisch umgestaltet; marmornes roman. W-Portal (um 1200), dessen äußere Säulen auf zwei sitzenden Löwen ruhen. In der kath. Stadtpfarrkirche St. Nikolaus (1181, 1861–64 erweitert) Apsisfresko und 14 Kreuzwegbilder von M. VON SCHWIND. Neuroman. Salinenanlage (1836–51); Staatl. Kurhaus von MAX LITTMANN (1900). Ältestes Badehotel ist das Kurhotel Axel-

mannstein (1846). Mit der Stadtbefestigung verbunden ist das Schloß Gruttenstein (13.–17. Jh.).

**Reichensperger, 1) August,** Politiker, * Koblenz 22. 3. 1808, † Köln 16. 7. 1895, Bruder von 2); trat nach dem Studium in den preuß. Justizdienst, wurde durch die Kölner Wirren vom polit. Katholizismus geprägt. 1848 gehörte er der Frankfurter Nationalversammlung, 1850 dem Erfurter Unionsparlament, zw. 1851 und 1885 mehrfach dem preuß. Abgeordnetenhaus an. R. war ein Verfechter der großdt. Lösung. Mit seinem Bruder wandte er sich gegen die Reaktionspolitik des Kabinetts Manteuffel und gründete die ›Kath. Fraktion‹, aus der 1870 das Zentrum hervorging. 1841 zählte R. zu den Gründungs-Mitgl. des Kölner Zentral-Dombauvereins.

**2) Peter,** Politiker, * Koblenz 28. 5. 1810, † Berlin 31. 12. 1892, Bruder von 1); trat in den preuß. Justizdienst, war 1848 Mitgl. des Frankfurter Vorparlaments und der preuß. Nationalversammlung, 1850 des Erfurter Unionsparlaments. Mit seinem Bruder wirkte er bei der Gründung des Zentrums mit, zu dessen führenden Politikern er v. a. während des Kulturkampfs aufstieg. Er veröffentlichte u. a. ›Kulturkampf. Oder Friede in Staat und Kirche‹ (1876).

**Reichenstein,** poln. **Złoty Stok** ['zuoti-], Stadt in der Wwschaft Wałbrzych (Waldenburg in Schlesien), Polen, am N-Rand des Reichensteiner Gebirges, etwa 3 000 Ew.; Herstellung von Präzisionsinstrumenten und Farben, Dolomitsteinbruch, Fremdenverkehr. – R., 1291 erstmals urkundlich bezeugt, wurde 1344 als unbefestigte Stadt neu angelegt und 1491 durch den Bergbau auf Gold freie Bergstadt. Nach dem Niedergang des Goldbergbaus im 16. Jh. bestimmte die Arsengewinnung bis 1961 das Wirtschaftsleben. – Seit 1945 unter poln. Verwaltung, seit 1991 völkerrechtlich zu Polen.

**Reichensteiner Gebirge,** poln. **Góry Złote** ['guri 'zuote], tschech. **Rychlebské hory** ['rɪxlɛpskɛː 'hɔrɪ], Teil der Sudeten, Kammgebirge (32 km lang, 6 km breit), über das die Grenze zw. Polen und der Tschechoslowakei verläuft, die östl. Umrandung des Glatzer Berglandes, durch das Tal der Glatzer Neiße vom Eulengebirge getrennt; aus Gneisen und Glimmerschiefern aufgebaut; im SO im Fichtlich (poln. Postawna, tschech. Smrk) 1 125 m ü. M.; nach NO fällt es steil ab; von Fichtenwäldern bedeckt.

**Reichenweier:** Mit reichem Schnitzwerk versehenes Fachwerkhaus; spätes 17. Jh.

**Reichenweier,** frz. **Riquewihr** [rik'wiːr], Weinbau- und Fremdenverkehrsgemeinde im Elsaß, Dép. Haut-Rhin, Frankreich, 300 m ü. M., am Vogesenrand, (1990) 1100 Ew. – R., im 12. Jh. erstmals erwähnt, war Hauptstadt der gleichnamigen, 1291 an die Grafen von Horburg gefallenen Herrschaft. Mit der Grafschaft wurde R. 1324 von den Grafen von Württemberg gekauft. 1789 fiel R. an Frankreich. – Rechteckig mit Tortürmen angelegtes Städtchen; zahlreiche Häuser des 16. und 17. Jh.; Renaissanceschloß (1540, heute Postmuseum mit ev. Kirche, 1845 bis 1852); ehem. Liebfrauenkirche (14. Jh.); ehem. Spitalkapelle St. Erhard (1441, profaniert). Von der Befestigung sind u. a. der Diebsturm (13. Jh.) und das Haupttor, der ›Dolder‹ (13. Jh., Museum), erhalten.

**Reicher,** Emanuel, Schauspieler, * Bochnia (bei Krakau) 7. 6. 1849, † Berlin 15. 5. 1924; ab 1887 in Berlin, wo R. zu einem der profiliertesten Schauspieler des Naturalismus wurde; Mitbegründer der → Freien Bühne (1889) und Gründer der Hochschule für dramat. Kunst (1899).

**Reichersberg,** Markt-Gem. im Bez. Ried im Innkreis, Oberösterreich, 346 m ü. M., am Inn bei Obernberg, (1989) 1400 Ew. – Augustinerchorherrenstift (1084 gegr., mit Stiftsmuseum); barocke Stiftskirche (Neubau nach Brand 1629–44) mit Deckenfresken (1778/79); Neubau der Stiftsgebäude mit dem Konvent 1625/26 begonnen, Fürstentrakt (1663/64) und S-Trakt mit Sommerrefektorium von C. A. CARLONE (1691–95), Stukkaturen von G. B. CARLONE.

**Reichert,** Willy, Schauspieler, Kabarettist und Schriftsteller, * Stuttgart 30. 8. 1896, † Grassau (Kr. Traunstein) 8. 12. 1973; Engagements in Heilbronn, München und Stuttgart. Bekannt wurde R. durch Vortragsabende, Rundfunktätigkeit und Fernsehrollen als Vertreter schwäb. Humors; volkstümlich v. a. die Szenen mit ›Herrn Häberle‹ und ›Herrn Pfleiderer‹.

**Reichgase,** → Brenngase.

**Reich Gottes, Königsherrschaft Gottes,** im A. T. ein theologisch-polit. Begriff, der den universalen und exklusiven gesellschaftl. und kosm. Machtanspruch des Gottes Israels umschreibt und sowohl präsent. als auch eschatolog. Charakter tragen kann. Er steht im Zusammenhang mit der ›Zionstheologie‹, in der der Zion als Regierungssitz Gottes (z. B. Ps. 48; 76) und als Ziel der endzeitl. Völkerwallfahrt (z. B. Mi. 4) vorgestellt wird. Die Apokalyptik erwartete den Beginn eines neuen Reiches unter der Herrschaft des Menschensohns (z. B. Dan. 7).

Im N. T. ist die Botschaft → Jesu Christi zentral vom Gedanken des R. G. (bei Mt. ›Reich der Himmel‹) bestimmt, sowohl in der präsent. Dimension (›schon angebrochen‹) – wie die Option für die ›Armen‹ und ›Heilsbedürftigen‹ (Mt. 5) – als auch in der eschatolog. Dimension (›noch ausstehend‹) des Gerichtes. In der Alten Kirche kam es angesichts der schwindenden Naherwartung zu einer Spiritualisierung der R.-G.-Vorstellung in der Person JESU CHRISTI. Ansätze eines in die Kirche vorgreifenden R. G. finden sich in AUGUSTINUS' ›Civitas Dei‹.

WERNER H. SCHMIDT: Königtum Gottes in Ugarit u. Israel (²1966); H. SCHÜRMANN: Gottes Reich – Jesu Geschick (Neuausg. 1983); A. V. STRÖM u. a.: Herrschaft Gottes/R. G., in: TRE, Bd. 15 (1986); J. JEREMIAS: Das Königtum Gottes in den Psalmen (1987); H. MERKLEIN: Jesu Botschaft von der Gottesherrschaft (³1989).

**Reichle, Reichel, Reichl, Reuchle, Reuchlin,** Hans, Bildhauer und Architekt, * Schongau um 1565/70, † Brixen zw. 22. 3. und 27. 8. 1642; war 1588 und 1591–93 in Florenz Mitarbeiter von GIAMBOLOGNA und arbeitete dann v. a. in Brixen, Augsburg und München. R. hat die Formen des florentin. Manierismus in selbständiger Weiterbildung mit neuem, starkem Ausdruck erfüllt. Sein Hauptwerk ist die in die Augsburger Zeughausfassade von E. HOLL einbezogene Bronzegruppe des hl. Michael im Kampf mit Luzifer (1603–06).

**Weitere Werke:** Bronzestatue der hl. Maria Magdalena (1595; München, St. Michael); 44 lebensgroße Terrakottafiguren (24 erhalten) von Habsburger Fürsten (1596–1601; Brixen, Bischöfl. Burg); Relief mit der Geburt Christi an der linken Bronzetür der Westfassade des Doms in Pisa (1601); Kreuzigungsgruppe (1605; Augsburg, St. Ulrich und Afra); Nordturm des Doms in Brixen (1607–12).

T. P. BRUHN: H. R., 1565/70–1642. A reassessment of his sculpture (Ann Arbor, Mich., 1983).

**Reichlich,** Marx, Maler, * Neustift um 1460, † Salzburg nach 1520; seit 1494 in Salzburg nachweisbar, übernahm hier die Werkstatt des M. PACHER, in der er zuvor tätig war. Wesentl. Ausdrucksmittel seiner Kunst war die Farbe; sein Kolorismus wirkte bes. auf die Künstler der Donauschule. Sein Werk (v. a. Altargemälde) steht an der Wende von Spätgotik zur Frührenaissance.

**Hauptwerke:** Anbetung der Könige (1489; Innsbruck, Tiroler Landesmuseum Ferdinandeum); Altar mit Szenen aus dem Leben Mariä (1501–02; Hall in Tirol, Stadtmuseum); Jakobus-und-Stephanus-Altar (1506; München, Alte Pinakothek); Marienaltar (1511; urspr. Kloster Neustift, heute München, Alte Pinakothek).

**Reichlin,** Bruno, schweizer. Architekt, * Bellinzona 10. 2. 1941; unterhält seit 1970 ein gemeinsames Büro mit FABIO REINHART (* 1942) in Lugano; beide waren 1972–74 Assistenten von A. Rossi und gehören zu den Hauptvertretern der Neuen → Tessiner Architektur. Bezeichnend für ihre Bauten und Projekte sind die strenge Geometrie und die Neubelebung von Bauformen der italien. Renaissance (Haus Tonini in Torricella bei Lugano, 1972–74; Autobahnhotel bei Bellinzona, 1988–90).

**Reichow** ['raiço:], Hans Bernhard, Architekt, * Roggow (bei Belgard/Persante) 25. 11. 1899, † Hamburg 7. 5. 1974; war nach der Ausbildung an der TH Danzig 1925–27 im preuß. Staatsdienst, 1927–28 Mitarbeiter von E. MENDELSOHN und wurde 1929 Stadtplaner für Dresden. 1934–36 war er für Braunschweig, 1936–45 für Stettin städteplanerisch tätig. Nach dem Krieg beteiligte sich R. an der Gesamtaufbauplanung von Saarlouis, Trier u. a. und entwarf Stadtrandsiedlungen u. a. für Hamburg, Bremen und Nürnberg. Ab 1945 war er Prof. an der Univ. Hamburg.

**Schriften:** Organische Stadtbaukunst (1948); Die autogerechte Stadt (1959).

**Reich-Ranicki** [-ra'nıtski], Marcel, Literaturkritiker polnischer Herkunft, * Włocławek 2. 6. 1920; lebte ab 1929 in Berlin, von wo er 1938 nach Polen deportiert wurde, ab 1940 im Warschauer Ghetto, aus dem ihm 1943 gemeinsam mit seiner Frau TEOFILA (* 1920) die Flucht gelang. Nach dem Krieg war R.-R. als Lektor und freier Schriftsteller in Warschau tätig; 1958 siedelte er in die Bundesrep. Dtl. über, deren literar. und literarkrit. Kultur er seither als Verfasser von Essays und Kritiken und als Herausgeber von Anthologien maßgeblich prägt. R.-R. gehörte der ›Gruppe 47‹ an, war 1960–73 ständiger Literaturkritiker der Wochenzeitung ›Die Zeit‹ und 1973–88 Leiter der Literaturredaktion der ›Frankfurter Allgemeinen Zeitung‹; seit 1974 Honorar-Prof. in Tübingen. R.-R. erwarb sich besondere Verdienste als Herausgeber der ›Frankfurter Anthologie‹ (auf zahlreiche Bde. ber., 1976 ff.), der Reihe ›Romane von gestern, heute gelesen‹ (3 Bde., 1989–90), von A. POLGARS ›Kleinen Schriften‹ (6 Bde., 1982–86) und W. KOEPPENS ›Gesammelten Werken‹ (6 Bde., 1986).

**Werke:** Dt. Lit. in West u. Ost (1963, erweitert 1983); Literar. Leben in Dtl. (1965); Lit. der kleinen Schritte (1967); Lauter Verrisse (1970, erweitert 1984); Über Ruhestörer. Juden in der dt. Lit. (1973); Nachprüfung. Aufs. über dt. Schriftsteller von gestern (1977, erweitert 1980); Entgegnung. Zur dt. Lit. der 70er Jahre (1979, erweitert 1981); Lauter Lobreden (1985); Mehr als ein Dichter. Über Heinrich Böll (1986); Thomas Mann u. die Seinen (1987); Thomas Bernhard. Aufs. u. Reden

Hans Reichle: Kopf des Luzifer aus der Bronzegruppe an der Augsburger Zeughausfassade; 1603–06

Marcel Reich-Ranicki

**Reic** Reichsabschied – Reichsbank

(1990); Max Frisch. Aufs. (1991); Ohne Rabatt. Über Lit. aus der DDR (1991).
Lit. u. Kritik. Aus Anlaß des 60. Geburtstages von M. R.-R., hg. v. W. Jens (1980); Über M. R.-R., hg. v. J. Jessen (1985); Betrifft Lit. Über M. R.-R., hg. v. P. Wapnewski (1990).

**Reichs|abschied, Reichsrezeß,** Gesamtheit der auf einem Reichstag zustande gekommenen Beschlüsse. Der R. von 1654 wird als ›Jüngster R.‹ bezeichnet, da der Reichstag seitdem in Permanenz tagte (›Ewiger Reichstag‹) und offiziell kein R. mehr vorgenommen wurde.

**Reichs|abtei,** im Hl. Röm. Reich reichsunmittelbare Abtei, die im Reichstag nicht über eine Viril-, sondern über eine Kuriatstimme verfügte. Die R. waren in der rhein. und schwäb. Prälatenbank zusammengefaßt. Bekannte R. waren u. a. Kornelimünster, Ottobeuren, Salem, St. Ulrich und Afra in Augsburg.

**Reichs|adel,** der aus kaiserl. Erhebung in den Adelsstand erwachsene, bis 1806 reichsunmittelbare →Adel. (→Reichsritterschaft)

**Reichs|adler,** dt. Staatssymbol bis 1945, v. a. im Reichswappen. – Mit der Krönung Karls d. Gr. zum Röm. Kaiser kam das röm. Reichssymbol, der Adler des Jupiter, nach Mitteleuropa. Nach der Errichtung des Hl. Röm. Reichs auf ostfränk. Boden wurde er von den dt. Königen und Kaisern übernommen. Urspr. golden, erscheint er mit dem Aufkommen der Wappen im 12. Jh. als schwarzer einköpfiger →Adler im Wappen der Kaiser. In dieser Form führten ihn auch einige Reichsstädte (Aachen, Nordhausen). Nachdem zu Beginn des 15. Jh. die amtl. Unterscheidung zw. dem Wappen des Kaisers und Reichs (doppelköpfiger Adler; von Lübeck schon im 14. Jh. geführt) und dem des Röm. Königs (einköpfiger Adler) vorgenommen worden war, wurde der →Doppeladler 1433 kaiserl. Wappenbild und blieb von da an Symbol

**Reichsadler:** Entwicklung des Reichsadlers und des Reichswappens; **1** Vollständiges Reichswappen nach der Manessischen Handschrift, um 1300; **2** Einköpfiger Reichsadler nach dem Siegel Siegmunds als Römischer König, gültig 1410–22; **3** Nimbierter Doppeladler nach dem Kaisersiegel Siegmunds, gültig 1433–37; **4** Prunkschild Friedrichs III. von 1493, mit Brustschild Österreich; **5** Mittleres Wappen Franz' II., gültig seit 1804 (zwei Kaiserkronen für beide Kaisertitel, ›Erblande‹ auf den Flügeln); **6** Wappen des Deutschen Bundes, 1847–66; **7** Das interimistische Reichsemblem, 22. 4. 1871; **8** Kaiserliches Wappen (›Reichsadler‹), Modell 3. 8. 1871; **9** Kleines Wappen des Kaisers, Modell 6. 12. 1888; **10** Reichswappen der Republik, Modell 11. 11. 1919

des Reichs bis 1806, ergänzt durch Herrschaftsattribute und mit kaiserl. Hauswappen belegt. 1804 übernahm das Kaiserreich Österreich den Doppeladler als Hoheitszeichen. Das Dt. Kaiserreich griff für das Reichswappen 1871 auf den alten einköpfigen Adler zurück. Diesem wurde ein silberner Brustschild aufgelegt, der den mit dem hohenzollernschen Stammwappen belegten preuß. Adler zeigte. Herald. Prachtstücke waren die Kaiserkrone und die Kette des Schwarzen Adlerordens. In der Weimarer Republik fielen die monarch. und preuß. Symbole weg; die 1928 von Tobias Schwab entworfene Form des R. wurde 1950 in der Bundesrep. Dtl. zum →Bundesadler.

Die Siegel der dt. Kaiser u. Könige..., hg. v. O. Posse, 5 Bde. (1909–13, Nachdr. 1984); O. Neubecker: Das dt. Wappen 1806–1871 (1931); P. E. Schramm: Herrschaftszeichen u. Staatssymbolik, 4 Bde. (1954–78); J. E. Korn: Adler u. Doppeladler. Ein Zeichen im Wandel der Gesch. (Diss. Göttingen 1967).

**Reichs|annalen, fränkische R.,** lat. **Annales regni Francorum,** die wichtigsten, vermutlich um 788 am Hof Karls d. Gr. veranlaßten Aufzeichnungen der fränk. Reichsgeschichte von 741 bis 829; früher nach der ältesten Handschrift im Kloster Lorsch ›Annales Laurissenses maiores‹ genannt. Eine stilist. Überarbeitung (nach 814) schrieb man früher Einhard zu (›Einhardsannalen‹). Beide Fassungen sind als offiziöse Geschichtsschreibung zu werten. Die R. wurden durch das 9. Jh. hindurch u. a. in Fulda und Xanten fortgesetzt.

H. Hoffmann: Unters. zur karoling. Annalistik (1958); W. Wattenbach u. W. Levison: Dtl.s Geschichtsquellen im MA., Bd. 2: Die Karolinger... (³1960).

**Reichs|anstalten,** die reichsunmittelbaren öffentl. Anstalten im Dt. Reich 1871–1945, z. B. Dt. Reichspost, Dt. Reichsbank, Dt. Reichsbahn.

**Reichs|apfel,** →Reichsinsignien.

**Reichs|arbeitsdienst,** →Arbeitsdienst.

**Reichs|archiv,** 1919 als einziges Archiv des Dt. Reichs in Potsdam gegründet zur Verwaltung des gesamten Urkunden- und Aktenmaterials des alten Heeres (seit 1867) und der Reichsbehörden; ihm wurden auch die Archive des Reichskammergerichts, des Dt. Bundes und der Frankfurter Nationalversammlung angegliedert; Zweigstellen in Dresden und Stuttgart. 1936/37 wurden die Heeresarchive ausgegliedert. Das R. erlitt 1945 schwere Verluste; die Reste gelangten in das Bundesarchiv und das Dt. Zentralarchiv.

K. Demeter: Das R. (1969).

**Reichs|bahn,** →Deutsche Reichsbahn.

**Reichs|bank, Deutsche R.,** die Zentralnotenbank des Dt. Reichs, gegr. durch das Bank-Ges. vom 14. 3. 1875, Sitz: Berlin. Die Leitung lag beim Reichskanzler und unter ihm beim R.-Direktorium, dessen Präs. vom Kaiser auf Vorschlag des Bundesrats ernannt wurde. Die R. besaß das Recht der Ausgabe von Banknoten. Mindestens ein Drittel der umlaufenden Noten mußte durch kursfähiges dt. Geld, Gold in Barren, ausländ. Münzen oder Reichskassenscheine, der Rest durch gute Handelswechsel gedeckt sein. Seit 1910 waren die Reichsbanknoten gesetzl. Zahlungsmittel. Die Pflicht der R., ihre Banknoten jederzeit in Gold einzulösen, wurde am 4. 8. 1914 aufgehoben. Das Ges. vom 26. 5. 1922 über die Autonomie der R. schloß das Reich von der Leitung der R. aus und übertrug diese ausschließlich dem R.-Direktorium. Das Bankgesetz vom 30. 8. 1924 organisierte entsprechend dem Dawesplan die R. neu als eine von der Reichs-Reg. unabhängige Anstalt. Das R.-Gesetz vom 10. 2. 1937 unterstellte sie wieder dem Einfluß des Reichs, das R.-Gesetz vom 15. 6. 1939 schließlich dem Reichskanzler unmittelbar. Die Einlösung der Banknoten war in das Belieben der R. gestellt. 1945 stellte

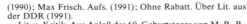

die R. ihre Tätigkeit ein, außer in der brit. Zone. Ihre Aufgabe übernahmen in West-Dtl. 1946 die Landeszentralbanken und 1948 die Bank dt. Länder, in Berlin 1949 die Berliner Zentralbank, in der Dt. Dem. Rep. die Dt. Notenbank. Trotzdem blieb die R. als Rechtssubjekt bestehen. Erst das Gesetz über die Liquidation der R. vom 2. 8. 1961 ordnete ihre Auflösung und Abwicklung an.

**Reichsbanner Schwarz-Rot-Gold, Bund Deutscher Kriegsteilnehmer und Republikaner,** Wehrverband, gegr. 1924 von den Sozialdemokraten O. HÖRSING und KARL HÖLTERMANN (* 1894, † 1955), setzte sich die Verteidigung der Weimarer Republik und ihrer Verfassungsordnung zum Ziel (1932: 3,5 Mio. Mitgl.), schloß sich 1931 mit den Freien Gewerkschaften und anderen Verbänden zur → Eisernen Front zusammen (1933 aufgelöst).

**Reichsbischof,** nach der Verfassung der Dt. Ev. Kirche vom 11. 7. 1933 die oberste Führungsspitze des dt. Protestantismus. Von der Nationalsynode wurde LUDWIG MÜLLER, Vertrauensmann HITLERS und Vertreter der → Deutschen Christen, zum R. gewählt; er wurde im Zuge der Auseinandersetzungen des Kirchenkampfes bereits 1935 wieder entmachtet. Nach 1945 wurde das Amt des R. durch das kollegiale Organ des Rates der Ev. Kirche in Dtl. ersetzt.

**Reichsbruder|rat,** das Vertretungs- und Leitungsorgan der → Bekennenden Kirche seit 1934. Es bestand zunächst aus 12, später aus 22 Mitgl. unter Führung von Präses KARL KOCH. Bei der Gründung der Ev. Kirche in Dtl. (1948) verzichtete der R. auf seine kirchenleitenden Ansprüche.

**Reich|schaum,** Legierung, die bei der Bleientsilberung nach dem → Parkes-Prozeß anfällt.

**Reichsdeputationshauptschluß,** Beschluß der letzten außerordentl. Reichsdeputation (→ Deputation) vom 25. 2. 1803: Zur Entschädigung der von der Abtretung des linken Rheinufers an Frankreich (Friede von Lunéville, 1801) betroffenen weltl. Fürsten setzte der Reichstag eine Reichsfriedensdeputation aus Kurmainz, Böhmen (Österreich), Sachsen, Brandenburg (Preußen), Pfalz-Bayern, dem Hoch- und Deutschmeister, Württemberg und Hessen-Kassel ein. Diese nahm auf der Grundlage der bereits 1802 von Frankreich und Rußland getroffenen Vereinbarungen zur Neugestaltung der Reichs territoriale, staats- und kirchenrechtl. Veränderungen vor. Fast alle geistl. Fürstentümer wurden aufgehoben, die Säkularisation des Kirchenguts gestattet; vorläufig nicht säkularisiert wurden der Dt. Orden und der Malteserorden sowie der erzbischöfl. Stuhl von Mainz, der, übertragen auf das Bistum Regensburg, mit dem Fürstentum Aschaffenburg das Territorium des Reichskanzlers und Fürstprimas für Dtl., KARL THEODOR VON DALBERG, bildete. Die Reichsstädte wurden bis auf Augsburg, Bremen, Frankfurt am Main, Hamburg, Lübeck und Nürnberg mediatisiert. Die Folge war eine starke Gebietsvergrößerung der süd- und westdt. Mittelstaaten sowie Preußens. Die Vernichtung der geistl. Fürstentümer und die Schaffung von drei neuen prot. Kurfürstentümern (Baden, Württemberg, Hessen-Kassel) und nur einem kath. (Salzburg) machte dem Übergewicht der kath. Reichsstände ein Ende.

**Reichsdörfer,** Landgemeinden, v. a. in Südwest- und West-Dtl. sowie im Elsaß, auf ehem. Reichsgut, die Kaiser und Reich unmittelbar unterstanden. Sie besaßen ausgedehnte Selbstverwaltung, waren aber nicht Reichsstand. Im 14. Jh. gab es mehr als 100 R.; die letzten wurden 1803 mediatisiert.

**Reichsdruckerei,** bis 1945 die Vorgängereinrichtung der → Bundesdruckerei. Die R. druckte neben Veröffentlichungen im Staatsauftrag auch bibliophile Werke, v. a. die als ›Reichsdrucke‹ bezeichneten Wiedergaben von Graphiken und Gemälden alter und neuer Meister.

**Reichs|erbhofgesetz,** nat.-soz. Gesetz vom 29. 9. 1933 zur Regelung der Erbfolge in bäuerl. Betrieben (→ Höferecht).

**Reichs|exekution,** im Hl. Röm. Reich bis 1806 einerseits die Vollstreckung von Urteilen des Reichskammergerichts und des Reichshofrats, andererseits die Aufrechterhaltung des Landfriedens unabhängig von einem gerichtl. Verfahren, nötigenfalls durch Truppen der Reichskreise (R.-Ordnung von 1555). Die Reichs-Verf. von 1871 (Art. 19) sah die R. gegen einen seinen Pflichten nicht nachkommenden Gliedstaat vor; sie wurde vom Bundesrat beschlossen und vom Kaiser vollstreckt. Nach der Weimarer Reichs-Verf. von 1919 (Art. 48 Abs. 1) standen Anordnung und Durchführung dem Reichs-Präs. zu. (→ Bundesexekution, → Bundeszwang)

**Reichsfarben,** → deutsche Farben.
**Reichsfilmkammer,** → Reichskulturkammer.
**Reichsflaggen,** → deutsche Farben.

**Reichsfreiherr,** der Stand, nicht der Titel, der im Hl. Röm. Reich bis 1806 vom Kaiser durch Brief dazu Erhobenen (Titel: Freiherr). Die R. gehörten dem niederen Adel an und waren dem landesherrl. Freiherrenstand seit dem 19. Jh. rangleich.

**Reichsfürstenrat,** in der 2. Hälfte des 15. Jh. in Auseinandersetzung mit dem Kurfürstenkollegium entstandene Kurie des Reichstags, gliederte sich in eine geistl. und eine weltl. Bank. Der geistl. Bank gehörten die Bischöfe, die Reichsäbte und -pröpste an, die über Virilstimmen verfügten, sowie die in der schwäb. und rhein. Prälatenbank (mit je einer Gesamtstimme, Kuriatstimme) zusammengefaßten übrigen Würdenträger der Reichskirche. Die weltl. Bank, auch Fürstenbank oder Fürstenrat, setzte sich zusammen aus den mit Virilstimme ausgestatteten Reichsfürsten (außer Kurfürsten) sowie den Reichsgrafen und den Herren mit Reichsstandschaft. Reichsgrafen und Herren bildeten die mit je einer Gesamtstimme versehene wetterauische, schwäb., fränk. und westfäl. Grafenbank. Die Direktion des R. oblag im Wechsel Österreich und Salzburg. Ein wesentlicher Strukturwandel fand erst nach dem Frieden von Lunéville (1801) und nach dem Reichsdeputationshauptschluß (1803) statt, als die Stimmen der linksrhein. an Frankreich gefallenen Reichsstände entweder den übrigen Reichsständen zugeschlagen oder annulliert wurden. Zu einer durchgreifenden Reform des R. kam es nicht mehr.

**Reichsfürstenstand,** im Hl. Röm. Reich zunächst die sich aus der Schicht der Edelfreien abhebende Gruppe der ›Principes imperii‹; etwa ab 1180 der sich von den geistl. und weltl. Herren und der Reichsgrafen abschließende Stand, dessen Angehörige direkte Lehnsleute des Königs waren und herzogl. oder herzogliche Stellung besaßen (Gebietsherrschaft, später Landesherrschaft). Der R. umfaßte geistl. und weltl. Fürsten.

**Reichsfürstentum,** seit dem 12. Jh. Bez. für das mit der herzogl. Amtsgewalt verbundene, als Fahn- oder Zepterlehen vergebene reichsunmittelbare Territorium eines Reichsfürsten (Fürstenlehen).

**Reichsgau,** im nat.-soz. Dtl. Bezeichnung für einen unmittelbar der Reichs-Reg. (bzw. dem ›Führer‹) unterstellten Verwaltungsbezirk, zunächst in Österreich (ab 1938 entwickelt, 1940 eingerichtet), 1939 auf das Sudetenland und die dem Dt. Reich einverleibten Teile W-Polens übertragen. Als R. bestanden Wien, Ober-, Niederdonau, Kärnten, Steiermark, Salzburg, Tirol-Vorarlberg (ab 1942 als Alpen- bzw. Donau-R.), Sudetenland, Danzig-Westpreußen und Wartheland. Die R. deckten sich territorial mit den Gauen der NSDAP, unterstanden Reichsstatthaltern (zugleich

**Reic** Reichsgerichte – Reichsinstitute

Gauleitern) und verbanden so erstmals staatl. Verwaltungs- und Parteihoheitsgebiet.

**Reichsgerichte,** die obersten Gerichte des Hl. Röm. Reichs und des Dt. Reichs. Im MA. war oberstes R. das Reichshofgericht (→Hofgericht). Später bestanden (bis 1806) der →Reichshofrat und das →Reichskammergericht.

Im Dt. Reich bestanden: das **Reichsoberhandelsgericht** (1870–79), hervorgegangen aus dem Bundesoberhandelsgericht für den Norddt. Bund (gegr. 19.6.1869); Sitz: Leipzig; das **Reichsgericht** (1879–1945) in Leipzig als Revisionsinstanz in Zivil- und Strafsachen, auch als Strafgericht 1. Instanz für Hoch- und Landesverrat u. ä. Delikte; das **Reichsarbeitsgericht** (1926–45) in Leipzig; der **Reichsdisziplinarhof,** Berufungsgericht bei Disziplinarvergehen von Reichsbeamten, gegr. 1873 in Leipzig, 1937 ersetzt durch den **Reichsdienststrafhof** in Berlin; der **Reichsfinanzhof** (1919–45) in München; das **Reichsmilitärgericht** (1900–19) und das **Reichskriegsgericht** (1936–45); das **Reichsoberseeamt** (1877–1945) in Berlin als oberste Spruchstelle in Seeunfallsachen; das **Reichsversorgungsgericht** (1922–45) in Berlin für Streitigkeiten aus dem Reichsversorgungsgesetz, Wehrmachtversorgungsgesetz u. a.; das **Reichsverwaltungsgericht** (1941–45) in Berlin; der **Reichsstaatsgerichtshof** (1920–33) als Verfassungsgericht des Reichs, an dessen Stelle der →Volksgerichtshof (1934–45) in Berlin.

**Reichsgesetzblatt,** Abk. **RGBl.,** amtl. Verkündungsblatt für die Gesetze des Dt. Reichs 1871–1945.

**Reichsgraf,** im Hl. Röm. Reich reichsunmittelbarer Graf, als solcher Angehöriger des hohen →Adels. Die R. waren bis ins 15. Jh. bei den Beratungen des Reichstags im Reichsfürstenrat vertreten, konnten dort aber nur wenig Einfluß ausüben. Durch Zusammenschluß in vier →Grafenbänken suchten sie seit Anfang des 16. Jh. an polit. Gewicht zu gewinnen. Die R. führten den Titel ›Graf‹.

**Reichsgrundgesetze,** die für die Verf. des Hl. Röm. Reichs bis 1806 grundlegenden Reichsgesetze; die wichtigsten waren: Goldene Bulle (1356), Ewiger Landfriede (1495), Reichskammergerichtsordnung und Reichsexekutionsordnung (1555), Augsburger Religionsfriede (1555), Westfälischer Friede (1648), Jüngster Reichsabschied (1654), Reichsdeputationshauptschluß (1803).

**Reichsgut,** im MA. der aus dem karoling. Erbe stammende Grundbesitz des Reichs zum Unterhalt von König, Hof und Zentralverwaltung, der z. T. in direkter Verfügung des Königs blieb, z. T. gegen Dienstleistungen als Reichslehengut und Reichskirchengut vergeben wurde. Das R. wurde mit dem Hausgut des jeweiligen Herrschergeschlechts gemeinsam verwaltet, blieb aber rechtlich getrennt. V. a. während der Regentschaft der Kaiserin AGNES (1056–62) und während des Investiturstreits verlorengegangenes R. versuchten Salier und Staufer zurückzugewinnen. Doch waren nach dem Interregnum (1254–73) nur noch geringe Reste an R. vorhanden, so daß die Könige ihre Herrschaft auf eine starke Hausmacht gründen mußten.

**Reichshof,** Gem. im Oberberg. Kreis, NRW, in der Nähe des Wiehlstausees, (1991) 17300 Ew.; Luftkurort Eckenhagen, Vogelpark; Herstellung von Feindrähten und Staubsaugerzubehör, Textilverarbeitung. – Erstmals als **R. Eckenhagen** 1167 erwähnt; früher Silber-, Blei- und Eisenerzförderung.

**Reichshofrat,** seit 1498/1527 eines der beiden höchsten Gerichte im Hl. Röm. Reich; es wurde als Gegengewicht zum Reichskammergericht geschaffen und war für die habsburg. Erblande und das Reichsgebiet zuständig. Ober der R. nahm auch Regierungsaufgaben wahr, bildete aber seit der R.-Ordnung von 1559 mehr und mehr ein Justizkollegium. An seiner Spitze stand der Kaiser, an dessen Stelle der R.-Präsident. Sachlich war er zuständig für Reichslehnssachen, Kriminal- und Zivilsachen gegen Reichsunmittelbare, Streitigkeiten über kaiserl. Reservatrechte und Privilegien, italien. Angelegenheiten.

**Reichs|idee,** die in einem Herrschaftsbereich bestehenden Vorstellungen, die diesen als universal, mit einer höheren Weihe versehen und in eine bestimmte Tradition eingebunden begreifen und mit denen hegemoniale Ansprüche verbunden werden. Die R. des Altertums erlangte ihre klass. Form im Röm. Reich seit der Zeit des AUGUSTUS (Imperium Romanum); ihren Inhalt bildeten die wirksame Befriedung des Erdkreises (pax Romana) und die Ausbreitung städt. Zivilisation.

An das Imperium Romanum, das bereits die Kirchenväter des 4. und 5. Jh. als eine Vorstufe des Imperium Christianum gedeutet hatten, knüpfte die byzantin. R. an; von daher ging die Forderung einer überstaatl. Einheit aller christl. Völker und einer durch den Kaiser als Statthalter Gottes zu wahrenden Friedensordnung in die R. ein. Dieser universalistisch-theolog. Zug ist dem Oström. Reich eigen geblieben, während im Westen die R. 476 zunächst erlosch.

Seit 751 übertrugen die Päpste die Vorrechte der in Konstantinopel regierenden Kaiser schrittweise auf den fränk. König; die Kaiserkrönung KARLS D. GR. (800) bezeichnete die ›translatio imperii‹ auf die Franken, die Kaiserkrönung OTTOS I. (962) die auf die Deutschen. In den Wandlungen des Reichsnamens und -titels spiegeln sich die Auseinandersetzungen der kaiserl. mit der päpstl. Gewalt, die Spannungen mit dem byzantin. Kaisertum und die polit. Zielsetzung einzelner Röm. Kaiser.

Den gedankl. Inhalt der R. bildete im MA. die Überlegenheit des Heiligen Röm. Reichs über alle anderen Staatenbildungen des Abendlands, seine übernationale Zusammensetzung (Dtl., Italien, Burgund) und seine religiöse und institutionelle Verbindung mit der röm. Kirche. Trotz eines universalist. Anspruchs der R. überwog der Charakter einer defensiven Ordnungsidee, erst recht, seit der R. die Idee des nat. souveränen Staates entgegentrat.

Die erfolglosen großen Entwürfe KARLS V. sind zwar an der R. orientiert, aber bereits in der Wirklichkeit des sich territorialstaatlich organisierenden und nach Übersee ausgreifenden neuzeitl. Europa. Die Reichsmetaphysik des MA. wich der ›ständ. Libertät‹. Trotz des tatsächl. polit. Verfalls der Reichsmacht blieb die R. auf dt. Boden in Gestalt eines Reichspatriotismus bis zum Ende des Reichs (1806) erhalten. Elemente der R., im wesentlichen auf den großdt. Gedanken reduziert, hielten sich, v. a. im außerpreuß. Dtl. und in den habsburg. Ländern (z. B. METTERNICHS Prinzip der europ. Mitte). Sie wurden in der Frankfurter Nationalversammlung ohne polit. Erfolg vertreten. Nach 1871 lebten sie in der großdt. Opposition gegen das Bismarcksche Reich fort und wurden in einigen Prinzipien der Weimarer Verf. wieder wirksam. Der Nationalsozialismus benutzte die R. als propagandist. Werkzeug seiner Großmachtpolitik.

P. MORAW u. a.: Reich, in: Geschichtl. Grundbegriffe, hg. v. O. BRUNNER u. a., Bd. 5 (1984).

**Reichs|insigni|en,** lat. **Insignia regalia,** die den mittelalterl. Herrschern des Hl. Röm. Reichs bei der Krönung feierlich überreichten Herrschaftszeichen, die in rechtssymbol. Bedeutung den Besitzer als legitimen Herrscher auswiesen. Zu den R. in engerem Sinn zählten →Kaiserkrone, Reichsapfel (BILD →Insignien), Reichsschwert und -zepter. Die von HEINRICH I. erworbene Hl. Lanze wurde als Reichsheiligtum den →Reichskleinodien zugerechnet.

**Reichs|institute,** seit dem letzten Viertel des 19. Jh. gegründete, vom Dt. Reich getragene außeruniversitäre Forschungseinrichtungen; neben R. wurden auch die Bez. **Reichsamt** und **Reichsanstalt** verwendet (z. B. Dt. Archäolog. Institut in Berlin, gegr. 1874; Dt. Seewarte in Hamburg, gegr. 1875; Kaiserl., später Reichsgesundheitsamt in Berlin, gegr. 1876; Physikalisch-Techn. Reichsanstalt in Berlin, gegr. 1887). In der nat.-soz. Zeit gab es zahlreiche Um- und Neugründungen (z. B. das R. für ältere dt. Geschichtskunde, →Monumenta Germaniae Historica). Nach 1945 neu gegliedert in Bundesämter, Bundesanstalten, Bundesforschungsanstalten und Bundesinstitute. (→Bundesämter, ÜBERSICHT)

**Reichsjustizgesetze,** die grundlegenden, 1879 in Kraft getretenen Gesetze, die die Rechtseinheit der Gerichtsverfassung und des gerichtl. Verfahrens im Dt. Reich begründeten. Zu den R. gehören das Gerichtsverfassungsgesetz vom 27. 1. 1877, die ZPO vom 30. 1. 1877, die StPO vom 1. 2. 1877, die Konkursordnung vom 10. 2. 1877.

**Reichskammergericht,** das 1495 auf dem Reichstag zu Worms errichtete oberste Gericht des Dt. Reichs, Nachfolger des königl. Kammergerichts, von den es sich durch festen Sitz (seit 1527 Speyer, 1693–1806 Wetzlar), die reichsrechtl. Grundlage, den ständigen, vom Kaiser ernannten Kammerrichter und die meist von den Reichsständen ernannten 16 ständigen Beisitzer unterschied. Von diesen mußte die Hälfte des röm. Rechts kundig sein. Zuständigkeit: Landfriedensbruch, Reichsacht, alle fiskal. Klagen, Besitzstreitigkeiten zw. Reichsunmittelbaren und Zivilklage gegen diese; oberstes Berufungsgericht für alle Stadt- und Landgerichte, die nicht dem Appellationsprivileg des Landesherrn unterlagen. Problematisch war bes. die Vollstreckung der Urteile durch die Reichsexekution. Die konfessionellen Schwierigkeiten wurden 1648 durch die absolute Parität der Gerichte und Senate gelöst.

**Reichskanzlei,** 1878/79–1945 das Büro des Reichskanzlers, das diesen über die laufenden Geschäfte der Reichspolitik zu unterrichten und seine Entscheidungen vorzubereiten hatte; vermittelte den Verkehr mit den obersten Reichsbehörden. Seit 1919 erledigte die R. auch die laufenden Geschäfte der →Reichsregierung. Anfänglich ein bloßes ›Zentralbüro‹, erhielt sie wachsende polit. Bedeutung. Ihr stand seit 1907 ein Unterstaatssekretär, seit 1919 ein Staatssekretär, seit 1937 ein Reichsminister vor.

**Reichskanzler,** 1) im Hl. Röm. Reich bis 1806 Bez. für den Erzkanzler.
2) in Österreich-Ungarn 1867–71 der Vors. des gemeinsamen Ministeriums (Graf F. F. VON BEUST).
3) im Dt. Reich 1871–1918 der höchste, vom Kaiser ernannte Regierungsbeamte und der einzige Minister des Reichs, zugleich Vors. des Bundesrats, preuß. MinPräs. (Ausnahmen: Graf A. VON ROON, preuß. MinPräs. Jan. bis Nov. 1873 unter BISMARCK, Graf B. ZU EULENBURG, preuß. MinPräs. 1892–94 unter Graf L. VON CAPRIVI) und preuß. Außen-Min. Der R. bestimmte zus. mit dem Kaiser die Richtlinien der Reichspolitik. Er leitete die gesamte Verwaltung des Reichs; ihm nachgeordnet verwalteten die Staatssekretäre der Reichsämter die einzelnen Ressorts. Die Anordnungen des Kaisers (außer militär. Kommandosachen) bedurften der Gegenzeichnung des R., der dadurch die Verantwortung übernahm. Vom Vertrauen des Reichstags war der R. nicht abhängig.
4) im Dt. Reich seit 1919 laut Weimarer Reichs-Verf. der Leiter der kollegialen →Reichsregierung, vom Reichspräsidenten ernannt und entlassen, dem Reichstag verantwortlich, bestimmte die Richtlinien der Politik. Auf seinen Vorschlag ernannte und entließ der Reichspräsident die Reichsminister. Die doppelte Abhängigkeit des R. vom Reichstag und vom Reichspräsidenten trug wesentlich zur Krise des parlamentar. Reg.-Systems in der Weimarer Republik bei. Seit 1930 waren die R. politisch zunehmend abhängig vom Wohlwollen des Reichspräsidenten, da sie sich im Reichstag auf keine parlamentar. Mehrheit mehr stützen konnten. Mit Hilfe des Notverordnungsrechts des Reichspräsidenten (Weimarer Reichs-Verf., Art. 48) regierten die R. 1931–33 in dessen Auftrag (Präsidialkabinette). Nach seiner Ernennung zum R. (30. 1. 1933) entwickelte HITLER, gestützt v. a.

### Reichskanzler des Deutschen Reichs 1871–1945

| | |
|---|---|
| 21. 3. 1871–20. 3. 1890 | O. von Bismarck |
| 20. 3. 1890–26. 10. 1894 | L. von Caprivi |
| 29. 10. 1894–15. 10. 1900 | C. zu Hohenlohe-Schillingsfürst |
| 17. 10. 1900–10. 7. 1909 | B. von Bülow |
| 14. 7. 1909–13. 7. 1917 | T. von Bethmann Hollweg |
| 14. 7. 1917–24. 10. 1917 | G. Michaelis |
| 25. 10. 1917– 3. 10. 1918 | G. von Hertling |
| 4. 10. 1918– 9. 11. 1918 | Max von Baden |
| 13. 2. 1919–20. 6. 1919 | P. Scheidemann |
| 21. 6. 1919–26. 3. 1920 | G. Bauer |
| 27. 3. 1920– 8. 6. 1920 | Hermann Müller |
| 25. 6. 1920–4. 5. 1921 | K. Fehrenbach |
| 10. 5. 1921–14. 11. 1922 | J. Wirth |
| 22. 11. 1922–12. 8. 1923 | W. Cuno |
| 13. 8. 1923–23. 11. 1923 | G. Stresemann |
| 30. 11. 1923–15. 12. 1924 | W. Marx |
| 15. 1. 1925–12. 5. 1926 | H. Luther |
| 16. 5. 1926–12. 6. 1928 | W. Marx |
| 28. 6. 1928–27. 3. 1930 | Hermann Müller |
| 30. 3. 1930–30. 5. 1932 | H. Brüning |
| 1. 6. 1932–17. 11. 1932 | F. von Papen |
| 3. 12. 1932–28. 1. 1933 | K. von Schleicher |
| 30. 1. 1933–30. 4. 1945 | A. Hitler |

auf das Ermächtigungsgesetz (23. 3. 1933), eine vom →Führerprinzip bestimmte Diktatur; nach dem Tod des Reichs-Präs. P. VON HINDENBURG ernannte er sich zum ›Führer und R.‹ (2. 8. 1933) und gewann allmählich unumschränkte Machtfülle.

**Reichskartenwerke, Reichskarten,** die 1934 bis 1945 vom Reichsamt für Landesaufnahme (Hauptsitz: Berlin) herausgegebenen amtl. Kartenwerke, zuletzt im Maßstab 1 : 50 000, 1 : 100 000, 1 : 200 000, 1 : 300 000, 1 : 800 000 und 1 : 1 000 000.

**Reichskirchen|aus|schuß,** die am 3. 10. 1935 vom Reichskirchenminister H. KERRL eingesetzte achtköpfige Leitung der Dt. Ev. Kirche. Seine eigentl. Aufgabe, die konkurrierenden Leitungsansprüche von Bekennender Kirche und deutschchristl. Kirchenbehörden zu beseitigen, vermochte der R. nicht zu erfüllen, weil er in der Kirche als vom Staat eingesetztes Organ nicht überall Anerkennung fand und schließlich auch bei seinen staatl. Auftraggebern keinen Rückhalt mehr hatte. Darum trat der R. am 12. 2. 1937 zurück. (→Kirchenkampf)

Dokumente des Kirchenkampfes, hg. v. KURT D. SCHMIDT, Bd. 2, 2 Tle. (1964–65).

**Reichskirchensystem, ottonisch-salisches R.,** in ottonisch-sal. Zeit vollendete Einbeziehung der Gesamtheit der Reichskirchen in das Verfassungssystem des Hl. Röm. Reichs. Die aus fränk. Zeit herüberreichenden Ansätze nutzten zunächst die Ottonen, später die Salier, um durch Schenkung von Grundbesitz (Reichskirchengut), Ausweitung der Immunität und Übertragung staatl. Hoheitsrechte (Grafenrechte) an die kirchl. Würdenträger (Bischöfe, Äbte) ein polit. Gegengewicht zu den Herzögen aufzubauen und sie auf Dauer an die Person des Herrschers zu binden. Entscheidend hierbei war die auf dem Sakralcharakter des Königtums beruhende, durch eigenkirchenrechtl. Vorstellungen, den Königsschutz sowie öffentlich-rechtl. Elemente aus der Tradition des antiken Staatskirchentums verstärkte Kirchenhoheit des Königs, die bei seiner entscheidenden

**Reic** Reichskleinodien – Reichskulturkammer

Mitsprache bei der Bischofswahl und der folgenden Investitur zutage trat. Die Reichskirche, ein kirchenrechtlich nicht besonders organisierter Verband, wurde ihrerseits zu polit. Leistungen herangezogen, v. a. zum →Servitium regis, der König nahm das Regalien- und das Spolienrecht wahr. Die Hofkapelle war die eigentl. zentrale Schaltstelle der Reichsverwaltung, die, da sich aus ihr zugleich der Episkopat rekrutierte, auch in den kirchl. Bereich hineinreichte. Die Bedeutung des R. erschöpfte sich nicht in seinem innenpolit. Nutzen für das Königtum (keine Erbansprüche der geistl. Fürsten); es fand seine Rechtfertigung in der durch das Miteinander von weltl. und geistl. Gewalt garantierten Verwirklichung von Frieden und Ordnung und wurde daher trotz vereinzelter Kritik grundsätzlich bejaht. Der →Investiturstreit stellte die Grundlagen des R. in Frage; doch erst zu Beginn des 13. Jh. wurden die seit dem Wormser Konkordat noch verbliebenen Rechte des Königs endgültig preisgegeben. Die bis 1803 fortbestehenden geistl. Fürstentümer hatten ihre Anfänge im Reichskirchensystem.

**Reichsklein|odi|en,** im Hl. Röm. Reich die zu den →Reichsinsignien i. w. S. zählenden Attribute der Königsherrschaft wie Krönungsornat, Handschuhe sowie die (nicht bei der Krönung dem Herrscher überreichten) Reichsheiligtümer wie Hl. Lanze, Schwerter und Reliquien, darunter ein Reliquiar mit einem Span der Krippe CHRISTI, und dem Reichskreuz, das teilweise die übrigen Reliquien barg. Die R. des Hl. Röm. Reichs befinden sich heute in der Schatzkammer des Kunsthistor. Museums in der Wiener Hofburg.

Reichskleinodien: Heilige Lanze; in das Lanzenblatt ist ein als Nagel vom Kreuz Jesu geltendes Eisenstück eingepaßt; Länge 51 cm, 8. Jh. (Wien, Kunsthistorisches Museum, Schatzkammer)

**Reichsklöster,** bedeutende Benediktinerabteien aus merowingisch-karoling. Zeit im west- und ostfränk. Gebiet, die mit Immunität und Königsschutz ausgestattet waren und (nach Eigenkirchenrecht behandelt) in das ottonisch-sal. Reichskirchensystem eingebaut wurden (Fulda, Hersfeld, St. Gallen, Lorsch, Stablo-Malmedy u. a.). Aus ihnen wurden im 11. Jh. freie Reichsabteien. Nur die karoling. Reichsabteien (Königsklöster) erhielten später (wie die gefürsteten Propsteien) auch Sitz und (Viril-)Stimme auf dem Reichstag, und zwar im Reichsfürstenrat.

**Reichskommissar,** der Inhaber einer höheren oder obersten Amtsstelle im Dt. Reich, bis 1918 dem Reichskanzler, seit 1919 dem Reichs-Präs., dem Reichskanzler oder einem Reichs-Min. unterstellt. Es gab R. für Daueraufgaben der Reichsverwaltung (z. B. 1871–1918 der R. für das Auswanderungswesen, der R. für Zölle und Verbrauchsteuern) und für vorübergehende oberste Verwaltungsaufgaben (R. für Entwaffnung, 1920; R. für die besetzten rhein. Gebiete, 1923–30; R. für Preisüberwachung, 1932). R. wurden auch im Zuge der Reichsexekution oder bei Ausübung der Diktaturgewalt des Reichs-Präs. eingesetzt, z. B. nach Absetzung der Landesregierung in Sachsen (1923) und Preußen (1932). Nach 1933 weitete HITLER die Einrichtung des R. als ein Instrument seines diktator. Herrschaftssystems aus (R. für die Gleichschaltung der Justiz, 1933–34; R. für die Festigung des dt. Volkstums, H. HIMMLER). Auch in den im Zweiten Weltkrieg eroberten Gebieten setzte er im Sinne seiner Expansionspolitik R. ein (z. B.: R. für die norweg. Gebiete; R. für das Ostland).

**Reichskonferenzen,** andere Bez. für die →Empire-Konferenzen.

**Reichskonkordat,** das 1933 zw. dem Hl. Stuhl und dem Dt. Reich abgeschlossene Konkordat, durch das zentrale Fragen im Verhältnis zw. Staat und Kirche (Rechtsstellung des Klerus, Besetzung kirchl. Ämter, bes. der Bischofsstühle, Bestand kath. Fakultäten, Konfessionsschulen, Religionsunterricht, kirchl. Vereinswesen) festgelegt wurden.

Durch das R. erreichte das nat.-soz. Dtl. die erstrebte polit. Anerkennung. Die Kirche, die von vornherein Übergriffe durch das nat.-soz. Regime einkalkulierte, sah im R. eine völkerrechtlich gültige ›Verteidigungslinie‹ in dem zu erwartenden →Kirchenkampf. Das R. enthielt weitgehende Zugeständnisse seitens des Staates, u. a. die Anerkennung der bestehenden Länderkonkordate. Kirchlicherseits wurde allein die von HITLER unabdingbar geforderte ›Entpolitisierung‹ des Klerus konzediert. Gegen die schon bald zunehmenden Vertragsbrüche seitens der nat.-soz. Machthaber protestierte PIUS XI. 1937 mit seiner Enzyklika ›Mit brennender Sorge‹.

Nach 1945 entbrannte eine Auseinandersetzung um die Fortdauer der Gültigkeit des R., wobei es u. a. um die für die Kirche insgesamt günstigen Schulartikel ging. 1957 entschied das Bundesverfassungsgericht, daß das gültig zustande gekommene Vertragswerk weiterhin Bestand habe. Die Bundesländer sind jedoch aufgrund ihrer Kulturhoheit in Schulfragen nicht durch das R. gebunden. Neu entfacht wurde Mitte der 1970er Jahre eine wiss. Kontroverse über die Frage, ob ein Zusammenhang zw. dem von HITLER in Aussicht gestellten R. und der Zustimmung des kath. Zentrums zum Ermächtigungsgesetz bestanden habe.

J. S. CONWAY: Die nat.-soz. Kirchenpolitik 1933–1945 (a. d. Engl. 1969); L. VOLK: Das R. vom 20. Juli 1933 (1972); K. REPGEN: Über die Entstehung der R.-Offerte im Frühjahr 1933 u. die Bedeutung des R., in: Vjh. für Zeitgesch., Jg. 26 (1978); K. SCHOLDER: Altes u. Neues zur Vorgesch. des R., in: ebd.; E. FRIESENHAHN: Zur völkerrechtl. u. innerstaatl. Geltung des R., in: Beitr. zur Rechtsgesch., hg. v. G. KLEINHEYER u. a. (1979); K. REPGEN: R. – Kontroversen u. histor. Logik, in: Demokratie u. Diktatur. Festschr. für Karl Dietrich Bracher, hg. v. M. FUNKE u. a. (1987).

**Reichskreise,** die nach mittelalterl. Vorbildern von MAXIMILIAN I. 1500 geschaffenen Bezirke, die je einen Beisitzer für das Reichsregiment (→Reichsreform) delegieren, seit 1507 die Beisitzer zum Reichskammergericht wählen sollten; zunächst sechs, 1512 auf zehn erweitert. An der Spitze jedes R. stand u. a. der vom Kreistag gewählte **Kreishauptmann** (seit 1555 **Kreisoberst**). Den jeweiligen Kreistag beriefen ein oder zwei **Kreisausschreibende Fürsten** ein. Aufgaben der R. waren u. a. seit 1555 Vollstreckung der Urteile des Reichskammergerichts und Wiederherstellung des Landfriedens, seit 1559 Aufsicht über das Münzwesen, seit 1681/82 Aufstellung und Unterhalt des Reichsheers. Die R. bestanden, im wesentlichen unverändert, bis zum Ende des Hl. Röm. Reichs.

W. DOTZAUER: Die Dt. R. in der Verf. des Alten Reiches u. ihr Eigenleben 1500–1806 (1989).

**Reichskristallnacht,** die →Kristallnacht.

**Reichskulturkammer,** die im Zuge der nat.-soz. Gleichschaltung durch Ges. vom 22. 9. 1933 durch das Propagandaministerium errichtete berufsständ. Zwangsorganisation aller im weitesten Sinne künstlerisch und kunstgewerblich (einschließlich der im Bereich Erzeugung und Absatz techn. Verbreitungsmittel) Tätigen. Die R. gliederte sich in Einzelkammern (Reichsschrifttums-, Reichspresse-, Reichstheater-, Reichsfilm-, Reichsmusikkammer, Reichskammer für bildende Künste, bis 1939 Reichsrundfunkkammer), denen wiederum Fachverbände oder Fachschaften angeschlossen waren. Präs. der R. war Propaganda-Min. J. GOEBBELS, der die Präs. der Einzelkammern ernannte. Die R. diente der Steuerung des kulturellen Lebens im Dienst des nat.-soz. Staates und förderte die Ausschaltung aller mißliebigen Personen, da die Zugehörigkeit zu einem Fachverband (und dadurch

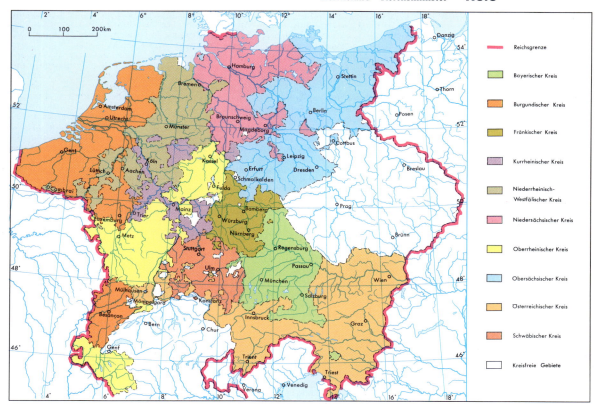

**Reichskreise:** Reichskreiseinteilung 1512

mittelbare Mitgliedschaft in einer Einzelkammer) Voraussetzung für die Berufsausübung war und diese den Nachweis arischer Abstammung bzw. der Eignung durch positive Begutachtung verlangte.

V. DAHM: Anfänge u. Ideologie der R., in: Vjh. für Zeitgesch., Jg. 34 (1986).

**Reichsland,** im Hl. Röm. Reich jedes zum Reich gehörende Gebiet; i. e. S. im Dt. Reich 1871–1918 Bez. für das R. Elsaß-Lothringen; in Österreich-Ungarn wurden Bosnien und Herzegowina seit 1908 als R. bezeichnet.

**Reichslandbund,** Kurz-Bez. **Landbund,** ehem. wirtschaftspolit. Verband der dt. Landwirtschaft, der die Stärkung eines bodenständigen Mittelstandes in Stadt und Land und den Aufbau des Staates auf christl., nationaler und berufsständ. Grundlage erstrebte. Er war stark von großagrar. Interessen bestimmt. Der R. entstand am 1. 1. 1921 durch Verschmelzung des Dt. Landbundes (gegr. 14. 4. 1919) mit dem →Bund der Landwirte; er umfaßte (1930) 30 Einzelverbände mit insgesamt 5,6 Mio. Mitgliedern. Seit 1929 gehörte er der →Grünen Front an. 1933 ging er im →Reichsnährstand auf.

**Reichsleiter,** Bez. für Mitgl. der Reichsleitung der NSDAP (1929–31 als Referenten, 1931–33 als Amtsleiter bezeichnet), vom Parteiführer berufen, mit weitgehender Entscheidungsbefugnis ausgestattet und mit besonderen Parteiaufgaben auf Reichsebene betraut (z. B. Reichsorganisation, -propaganda).

**Reichsmarine,** Bez. für die dt. Seestreitkräfte 1919–35.

**Reichsmark,** Abk. **RM,** durch das Münz-Ges. vom 30. 8. 1924 im Dt. Reich eingeführte Währungseinheit; 1 RM = 100 Reichspfennige (Rpf). Sie ersetzte die durch Inflation völlig entwertete Mark (Papiermark) im Verhältnis 1 : 1 Billion, nachdem durch das Provisorium der →Rentenmark die Währung stabilisiert worden war. Nach § 31 des Bank-Ges. vom 30. 8. 1924 war die RM in Gold oder in Devisen einlösbar, 1 RM entsprach 0,358423 g Feingold. Diese Bestimmung wurde erst im April 1930 voll in Kraft gesetzt und im Juli 1931 wegen der Bankenkrise beseitigt. Die eigentl. Entwertung der RM begann 1936 durch die hohen Ausgaben für die Aufrüstung. Die ›geräuschlose Kriegsfinanzierung‹ im Zweiten Weltkrieg rief wiederum eine beträchtl. Geldvermehrung hervor. Die zerrüttete RM-Währung wurde 1948 durch Währungsreformen abgeschafft (→Deutsche Mark).

**Reichsmatrikel,** im Hl. Röm. Reich urspr. das Verzeichnis der Reichsstände, dann v. a. die darin enthaltenen, von den Ständen aufzubringenden Kontingente der Reichsarmee und die hierzu notwendigen Finanzbeiträge. Erste Ansätze einer R. finden sich 1422, doch alle Versuche, eine unabhängige Reichssteuer einzuführen, scheiterten. Auf dem Wormser Reichstag (1521) wurde eine wirksame R. erstellt, auf deren Grundlage die finanziellen Leistungen der Stände zur Aufstellung und zum Unterhalt des Reichskontingents in Form von Matrikularsteuern festgelegt wurden.

**Reichsminister,** 1) im Dt. Reich seit 1919 die vom Reichs-Präs. auf Vorschlag des Reichskanzlers, 1933–45 die von diesem selbst ernannten Mitgl. der →Reichsregierung. Neben den ›klass.‹ Ministerien (u. a. Auswärtiges, Inneres, Finanzen, Justiz, Wehr/

Krieg, Wirtschaft, Verkehr, Post, Ernährung, Landwirtschaft) gab es in der Weimarer Republik R. mit zeitlich begrenzten Aufgaben (z. B. für Wiederaufbau, 1919–24, oder für die besetzten Gebiete, 1923–30), 1933–45 R. mit spezif. Aufgaben zur Festigung der nat.-soz. Herrschaft (v. a. der R. für Volksaufklärung und Propaganda und der R. für die besetzten Gebiete).

**2)** in Österreich-Ungarn (1867–1918) Bez. für die den beiden Reichshälften gemeinsamen Ministerien (z. B. Äußeres, Finanzen, Krieg).

**Reichsmünz|ordnungen,** gesetzl. Regelungen des Münzwesens im Hl. Röm. Reich im 16. Jh. Die 1. oder Eßlinger R. von 1524 bestimmte die Köln. Mark als Münzgrundgewicht (bis 1857 beibehalten). Die Feingehaltsbestimmungen wurden aber weder für den Guldengroschen (Guldiner, Taler) noch für die Goldgulden eingehalten. In der 2. R., 1551 in Augsburg beschlossen, wurde der zu prägende Reichstaler auf 72 Kreuzer festgelegt, die älteren auf 68 Kreuzer. Die Kreuzerwährung sollte im ganzen Reich gelten, konnte aber nur in Süd-Dtl. durchgesetzt werden. Die 3. R. (Augsburg 1559) legte den Goldgulden zu 75 Kreuzer als Währungsmünze fest und beschloß die Ausmünzung eines Silberguldens zu 60 Kreuzer (Reichsgulden, Guldentaler). Diese Münze wurde aber nur von wenigen Münzständen ausgegeben. Dominierende Großsilbermünze war nach wie vor der Taler, der schließlich auf dem Augsburger Reichstagsabschied von 1566 zur Währungsmünze im ganzen Reich wurde. Die 3. R. regelte das Aussehen der Münzen (Münzbilder), Schrot und Korn sowie die Kontrollmaßnahmen durch die Münzprobationstage. Das Problem der zu gut vorgeschriebenen Kleinmünzen blieb aber bestehen und kulminierte in der Inflation der →Kipper-und-Wipper-Zeit. Durch den Rezeß von Zinna zw. Sachsen und Brandenburg und dann durch die Münzkonvention von Leipzig (→Leipziger Fuß) wurde die R. durch die großen Münzstände ohne Mitwirkung von Kaiser und Reich faktisch aufgehoben, obwohl der Talerfuß nicht angetastet wurde; nur die Ausbringung der Kleinmünzen wurde den Realitäten angepaßt.

**Reichsnährstand,** am 13. 9. 1933 im Zuge der nat.-soz. Gleichschaltung errichtete öffentlich-rechtl. Gesamtkörperschaft, die alle in der Ernährungswirtschaft tätigen Personen und Betriebe (einschließlich Handel und Verarbeitung) sowie alle landwirtschaftl. Selbstverwaltungsorgane und Verbände zwangsweise zusammenfaßte. Der R. unter Leitung des ›Reichsbauernführers‹ R. W. DARRÉ (zugleich Leiter des agrarpolit. Apparates der NSDAP) war einerseits eine am Führerprinzip orientierte berufsständ. Organisation mit Gliederungen auf Landes-, Kreis- und Ortsebene, andererseits ein dem Landwirtschafts-Min. (DARRÉ) unterstelltes staatl. Organ. Der R. betrieb eine differenziert dirigist., auf Autarkie ausgerichtete Agrarpolitik. Aufgrund der ideolog. Priorität des Bauerntums wurde er zu Lasten der Verbraucher (Verteuerung von Lebensmitteln) bes. gefördert; 1949 durch Gesetz aufgelöst.

**Reichs|ort, Orts|taler,** frühere dt. Kurantsilbermünze (Vierteltaler), die seit dem 16. Jh. (schon vor den Reichsmünzordnungen) geschlagen wurde. Der R. war als Viertelstück des Reichstalers (→Taler) ein 6-Groschen-Stück. Der halbe R. (auf Münzen der Nachkipperzeit auch in der Inschrift so bezeichnet) war ein 3-Groschen-Stück.

**Reichspartei, Deutsche R.,** 1871–1918 Name der im Reichstag vertretenen →Freikonservativen Partei.

**Reichspartei des deutschen Mittelstandes – Wirtschaftspartei,** seit 1925 Name der im Sept. 1920 gegründeten **Wirtschaftspartei des Deutschen Mittelstandes,** vertrat v. a. die Interessen des selbständigen Mittelstandes. Bei den Reichstagswahlen stieg die Zahl ihrer Mandate von (1920) vier auf (1928 und 1930) 23 an. Im Reichstag lehnte sie sich an die bürgerl. Rechtsgruppen an. Im Zuge der Weltwirtschaftskrise verlor sie den größten Teil ihrer Wähler an die NSDAP. Im April löste sie sich auf.

**Reichspfennig,** kleine dt. Währungseinheit (→Reichsmark) von 1924 bis 1948, 100 R. = 1 Reichsmark.

**Reichspost,** →Post- und Fernmeldewesen.

**Reichspräsident,** 1919–34 das Staatsoberhaupt des Dt. Reiches, vom Volk auf sieben Jahre gewählt (Art. 43 Weimarer Reichs-Verf.); Wiederwahl war zulässig. Wählbar war jeder Deutsche nach Vollendung des 35. Lebensjahres. Gewählt war, wer im ersten Wahlgang die absolute oder im zweiten Wahlgang die einfache Mehrheit der abgegebenen gültigen Stimmen erreicht hatte. Der R. konnte nicht Mitgl. des Reichstages sein, vor der bei Amtsantritt einen Eid abzuleisten hatte.

In beabsichtigter Konkurrenz zum Reichstag besaß der R. aufgrund seiner Wahl durch das Volk eine eigene demokrat. Legitimation. Neben den repräsentativen Aufgaben (Vertretung des Reiches nach außen, Ernennung der Beamten, Ausfertigung und Verkündung der Reichsgesetze, Begnadigung) ernannte und entließ er den Reichskanzler und die Reichsminister, hatte er das Recht, den Reichstag aufzulösen, und führte den Oberbefehl über die Reichswehr. Seine Machtfülle gipfelte in →Diktaturparagraphen (Art. 48 Weimarer Reichs-Verf.) und dem mit ihm verbundenen Notverordnungsrecht des R. Während der erste R., F. EBERT (1919–25), diese Rechte im Sinne der Erhaltung der demokrat. Institutionen einsetzte, entwickelte sich unter P. VON HINDENBURG (1925–34) aus der Kombination seiner Rechte zur Reichstagsauflösung, zur Ernennung und Entlassung des Reichskanzlers und zum Erlaß von Notverordnungen ein demokratisch nicht legitimiertes Präsidialregime. Von seinem Recht, den R. mit Zweidrittelmehrheit vor dem Reichsstaatsgerichtshof wegen Verfassungs- oder Gesetzesverletzung anzuklagen, hat der Reichstag keinen Gebrauch gemacht. Das nat.-soz. Regime änderte zunächst formal wenig an den Amtsbefugnissen des R.; nur die Ausfertigung der Reichsgesetze ging auf den Reichskanzler über. Nach dem Tod HINDENBURGS 1934 vereinigte HITLER das Amt des R. mit dem des Reichskanzlers.

Lit. →Weimarer Reichsverfassung.

**Reichsrat, 1)** im Dt. Reich seit 1919 die Vertretung der Länder bei der Reichsgesetzgebung und der Reichsverwaltung. Der R. trat an die Stelle des →Bundesrats der Bismarckschen Reichsverfassung, jedoch mit wesentlich geringeren Befugnissen. Er hatte bei der Gesetzgebung nur ein Einspruchsrecht; über das Veto konnte sich der Reichstag durch einen erneuerten Beschluß hinwegsetzen. Der R. konnte dem Reichstag nur über die Reichsregierung Gesetzesvorlagen unterbreiten. Er hatte keinen Einfluß auf die Reichsregierung; diese war nicht von seinem Vertrauen abhängig. Die Mitgl. des R. waren an Instruktionen ihrer Regierungen gebunden. Der R. umfaßte bis 1926: 67, dann 68, seit 1928: 66 Stimmen, davon 26 (zeitweise 27) preuß., die zur Hälfte der preuß. Reg., zur anderen Hälfte Vertretern der preuß. Provinzen zustanden, die ein eigenes Weisungsrecht besaßen. Die im Art. 61 der Weimarer Reichs-Verf. vorgesehene Teilnahme Österreichs am R. mußte infolge Widerspruchs der Entente unterbleiben (22. 9. 1919). Im Zuge der Gleichschaltungspolitik HITLERS wurde der R. durch Ges. vom 14. 2. 1934 beseitigt.

**2)** in Bayern 1818–1918 Bez. für die erste Kammer des Landtags, die Kammer der Reichsräte.

3) in Österreich-Ungarn 1867–1918 Bez. für die gemeinsame Vertretung (Herrenhaus und Abgeordnetenhaus) der Königreiche und Länder der österr. Reichshälfte.
4) in Dänemark, Norwegen und Schweden eine aristokrat. Körperschaft, die seit dem späten MA. neben dem König an der Reg. teilnahm und bes. während der Kalmarer Union große polit. Bedeutung hatte. Eine führende Stellung nahm der R. nochmals 1634–80 und 1718–72 (›Freiheitszeit‹) in Schweden ein. Die in Dänemark 1854–63 für die Gesamtmonarchie anstelle des Reichstags bestehende Körperschaft hatte beratende Funktion.
5) in Rußland die 1801 als ›Ständiger Rat‹ gegründete, 1810 in den R. (›gossudarstwennyj sowjet‹) umgebildete höchste beratende Zentralbehörde; seit der Verf. vom 10. 5. 1906 Oberhaus aus 98 ernannten und 98 gewählten Mitgl., in der Gesetzgebung mit der Reichsduma (→ Duma 3) als zweiter Kammer gleichberechtigt.

**Reichsrecht,** das Recht des Dt. Reichs im Unterschied zum Territorial- oder Landesrecht. R. gab es sowohl im Hl. Röm. Reich bis 1806 als auch im Dt. Reich 1871–1945. Es hatte den Vorrang vor dem Landesrecht. Nach 1945 blieb das R. grundsätzlich in Kraft, soweit es nicht als typ. Ausdruck nat.-soz. Grundsätze wirkungslos war oder ausdrücklich aufgehoben wurde. In der Bundesrep. Dtl. gilt das noch in Kraft befindl. R. als → Bundesrecht oder, soweit es die ausschließl. Zuständigkeit der Länder betrifft, als → Landesrecht fort (Art. 123–126 GG).

**Reichsreform, 1)** die im 15. und 16. Jh. unternommenen Versuche, die seit dem Untergang des stauf. Kaisertums in Auflösung begriffene Reichsverfassung umzugestalten und die Rechtsunsicherheit zu beseitigen. Das Verlangen nach einer R. wurde durch gleichzeitige Bemühungen um eine Reform der Kirche verstärkt. Gelehrte (z. B. NIKOLAUS VON KUES, ›De concordantia catholica‹, 1433/34) und Publizisten (z. B. der Verfasser der → Reformatio Sigismundi, 1438/39) beschäftigten sich mit der R., die den Reichsständen ein Mitspracherecht in Reichsangelegenheiten sichern und die Befugnisse des Kaisers einschränken sollte. Versuche scheiterten auf den Reichstagen 1434–38.

Unter MAXIMILIAN I. wurde der Gedanke der R. im monarch. und im ständ. Sinne neu belebt. Unter Führung des Mainzer Erzbischofs BERTHOLD VON HENNEBERG suchten die Reichsstände den König zur Umgestaltung der Reichsregierung in ihrem Sinne zu nötigen. Ihr Ziel war die Errichtung eines Reichsregiments, eines ständigen fürstl. Ausschusses, an dessen Mitwirkung und Zustimmung der König gebunden sein sollte. Da MAXIMILIAN die Unterstützung des Reichs für seine Kriege gegen Frankreich brauchte, kam er diesen Wünschen in gewissem Umfang entgegen. Der Wormser Reichstag von 1495 hob das Feherecht auf (Ewiger Landfriede), beschloß die Errichtung des vom König unabhängigen → Reichskammergerichts und eine allgemeine Reichssteuer, den → Gemeinen Pfennig. Der Reichstag sollte fortan jährlich zusammentreten. Das von den Ständen geforderte Reichsregiment lehnte MAXIMILIAN zunächst ab; auf dem Augsburger Reichstag (1500) mußte er es zugestehen, doch löste er es 1502 wieder auf; sein Sitz war in Nürnberg. Die Kreiseinteilung (1500/12) sollte die Reichsstände in festeren territorialen Bereichen verbinden. Die Versuche KARLS V. nach dem Schmalkald. Krieg, die Reichs-Verf. im monarch. Sinn umzugestalten (Augsburger Reichstag von 1547/48), scheiterten am Widerstand der Fürsten. Die R. kam zu einem vorläufigen Abschluß auf dem Augsburger Reichstag von 1555, der die alten Einrichtungen erneuerte.

2) die 1919 einsetzenden Bestrebungen, die Gebietsgliederung des Dt. Reichs und das Verhältnis der Länder zum Reich umzugestalten. Die Weimarer Verf. hob die enge Verbindung des Reichs mit → Preußen auf. Die in Art. 18 gegebene Möglichkeit, Preußen in seine Provinzen aufzugliedern, blieb ungenutzt. Bestrebungen einer Neuordnung bes. in Nord-Dtl. hatten nur geringen Erfolg. In der Weimarer Republik wurden der Anschluß des Landes Coburg an Bayern, die Vereinigung der thüring. Staaten zum Land Thüringen (1920) und der Anschluß Waldeck-Pyrmonts an Preußen (1929, Pyrmont schon 1922) durchgeführt. In der Zeit des Nationalsozialismus wurden 1934 die beiden Mecklenburg vereinigt. 1937 wurden Groß-Hamburg gebildet, Lübeck an Preußen angeschlossen und Gebietsteile zw. Preußen, Oldenburg und Mecklenburg ausgetauscht. Die Neugliederung nach stammesmäßigen, landschaftl., geschichtl. und wirtschaftl. Gesichtspunkten scheiterte an Gegensätzen innerhalb der NSDAP und zw. Partei und Staat.

Im Hinblick auf das staatsrechtl. Verhältnis Reich–Länder entwickelte sich seit 1926 eine breite Bewegung der R. Aber weder die Vorschläge eines ›dezentralisierten Einheitsstaats‹ (E. KOCH-WESER) noch die des 1928 unter dem Vorsitz des ehem. Reichskanzlers H. LUTHER gegründeten ›Bundes zur Erneuerung des Reiches‹ (Lutherbund) oder die der von den Regierungen des Reichs und der Länder beschickten ›Länderkonferenz‹ (1928–30) wurden durchgeführt. Nach 1933 gestaltete die nat.-soz. Reichsregierung auf diktator. Weg das Verhältnis Reich–Länder durch die → Gleichschaltung im unitarist-zentralist. Sinn um.

H. ANGERMEIER: Die R. 1410–1555 (1984).

**Reichsregierung, Reichskabinett,** im Dt. Reich 1919–45 das zentrale Organ der vollziehenden Gewalt. Die R. war ein Kollegialorgan und bestand aus dem → Reichskanzler und den → Reichsministern (Art. 52 Weimarer Reichs-Verf.). Der Reichskanzler führte den Vorsitz und bestimmte als ›primus inter pares‹ die Richtlinien der Politik. Die vom Reichs-Präs. auf Vorschlag des Reichskanzlers ernannten Reichsminister leiteten innerhalb dieser Richtlinien ihr Ressort selbständig (Art. 56). Der Reichskanzler und jeder Reichsminister waren vom Vertrauen des Reichstags abhängig (Ministerverantwortlichkeit, Ministeranklage). An der Gesetzgebung hatte die R. Anteil durch die Gesetzesinitiative; sie hatte ferner das Recht, Verwaltungsverordnungen zu erlassen. In der Krisenzeit der Weimarer Republik (1930–32) traten an die Stelle einer von der Mehrheit des Reichstags abhängigen R. Präsidialkabinette, die auf das Vertrauen des Reichs-Präs. angewiesen waren (→ Notverordnung, → Diktaturparagraph).

Im Verlauf der Errichtung der nat.-soz. Diktatur erlangte die R. durch das → Ermächtigungsgesetz vom 23. 3. 1933 neben den Aufgaben der Exekutive auch die Kompetenz zum Erlaß von Reichsgesetzen (auch Verfassungsänderungen). Mit der Unterstellung der Länder unter ihre Weisung erhielt sie einen weiteren Machtzuwachs. Im Zuge der vom Führerprinzip bestimmten Regierungstätigkeit verlor die R. ihren Charakter als Kollegialorgan; ihre letzte Sitzung fand Anfang 1938 statt. (→ Nationalsozialismus).

**Reichsritterschaft,** im Hl. Röm. Reich der hauptsächlich aus der Reichs- und Stiftsministerialität hervorgegangene reichsunmittelbare niedere Adel in Süd- und West-Dtl., der nicht zur vollen Landeshoheit und Reichsstandschaft gelangte. Die R. war seit 1422 bündisch organisiert und wurde im Ewigen Landfrieden 1495 reichsrechtlich anerkannt. Sie blieb 1500/12 außerhalb der Einteilung in Reichskreise und zeigte auch sonst starkes Unabhängigkeitsstreben, das jedoch im 16. Jh. am Landesfürstentum scheiterte, nicht zuletzt, weil sich Mitgl. der R. (z. B. F. GEYER) auf seiten der Bauern am Bauernkrieg beteiligten. Seitdem bildete sich ein engeres Verhältnis zum Kaiser. 1532 leistete die R. erstmals freiwillig Türkenhilfe. Weder der Adelsaufstand unter F. VON SICKINGEN noch die Reformation brachten einen Zerfall des adligen Personalverbands, der sich zw. 1540 und 1570 gegen den Widerstand der Landesfürsten aus den Landständen und Landtagen löste. Im Augsburger Religionsfrieden (1555) wurde die R. den reichsunmittelbaren Ständen gleichgestellt und 1559 ihre Territorialstaatlichkeit vom Kaiser formal bestätigt.

1577 vereinigten sich die Ritterschaften zu einer Körperschaft, die in die Ritterkreise Schwaben, Franken und am Rhein mit 14 Kantonen (Orten) gegliedert war. Die Ritterschaft im Oberelsaß wurde unter der habsburg. Landgrafschaft landständisch, dagegen blieb sie im Unterelsaß reichsunmittelbar. Sie wurde erst durch die Frz. Revolution aufgelöst.

Den Kantonen stand ein Ritterhauptmann (später Ritterschaftsdirektor) mit mehreren Ritterräten vor. Als Körperschaft besaß die R. eigenes Besteuerungs- und Satzungsrecht; sie übte beschränkte landesherrl. Gewalt aus und besaß den bevorrechteten Gerichtsstand der Reichsunmittelbaren. Sie war reichs- und kreissteuerfrei, zahlte aber anstelle der Kriegsdienste Beisteuern (lat. subsidia caritativa).

Gegen Ende des alten Reichs umfaßte die R. ein Gebiet von zus. etwa 5000 km² mit 200 000 Ew. Die Rheinbundakte von 1806 mediatisierte die R. zugunsten der sie umschließenden Staaten, nachdem diese schon 1805 die Gebiete der R. besetzt hatten.

**Reichs-Rundfunk-Gesellschaft mbH.**, Abk. **RRG**, Dachunternehmen der dt. Rundfunkgesellschaften, gegr. am 15. 5. 1925 in Berlin, hervorgegangen aus dem Reichsfunkverband. Die Geschäftsanteile befanden sich bis 1932 zu 49% im Besitz der regionalen Rundfunkgesellschaften, dann im Besitz der Länder und zu 51% im Besitz der Dt. Reichspost, seit 1933 ganz im Besitz des Dt. Reichs. Nach 1945 übertrugen die Militärregierungen das Vermögen auf die Rundfunkeinrichtungen ihrer Besatzungszonen.

**Reichsschrifttumskammer,** → Reichskulturkammer.

**Reichs|schulden,** die Verpflichtungen des Dt. Reichs aus der Kreditaufnahme. Nach dem Allgemeinen Kriegsfolgen-Ges. vom 5. 11. 1957 galten grundsätzlich alle vor dem 1. 8. 1945 begründeten Forderungen gegen das Dt. Reich, die Reichspost, die Reichsbahn, das Unternehmen Reichsautobahn oder gegen das Land Preußen als erloschen. Reichsanleihen wurden im Verhältnis 10 : 1 umgestellt, vom Bund vom 1. 4. 1955 an mit 4% verzinst und von 1960 an getilgt.

Für die (meist aus der Weimarer Zeit stammenden) Auslandsschulden des Dt. Reiches wurden im → Londoner Schuldenabkommen von 1953 Regelungen getroffen. Um nicht der Bundesrep. Dtl. die gesamte Last der R. aufzubürden, war in London vereinbart worden, daß die von 1945 bis 1952 aufgelaufenen Zinsen erst von einem wiedervereinigten Dtl. einzulösen seien. Für diese Zinsansprüche erhielten die Anleihengläubiger Bezugsscheine (rd. 2 Mio. Stück), die im Falle der Wiedervereinigung zum Bezug von Fundierungsschuldverschreibungen berechtigten, die nach den Londoner Vereinbarungen bei 20 Jahren Laufzeit (5 Jahre tilgungsfrei) mit 3% verzinst werden sollten.

Mit dem Beitritt der Dt. Dem. Rep. zur Bundesrep. Dtl. am 3. 10. 1990 können nun die Bezugsscheininhaber die Ausgabe derartiger verzinsl. Schuldverschreibungen verlangen, die auf die ursprüngl. Emissionswährung lauten. Die Zinsrückstände aus den acht Jahren (1945–52) werden dabei zu einem Zinssatz von 5% (Dawesanleihe) bzw. 4,5% (Younganleihe) fundiert, so daß die Gläubiger einen Kapitalanspruch von 40% (Dawesanleihe) bzw. 36% (Younganleihe) des Nominalbetrages der ursprüngl. Anleihe erhalten (Fundierungswert). Die Younganleihe, die in versch. Währungen emittiert wurde, wird auf der Grundlage der von 1953 vereinbarten Währungsrelationen eingetauscht. Dadurch ist der Einlösungswert teilweise bedeutend höher als der Fundierungswert. Die Bundesschuldenverwaltung rechnet (1991) für den Bund mit Zahlungsverpflichtungen von rd. 250 Mio. DM für bisher unbedient gebliebene Vorkriegsanleihen.

**Reichs|sicherheitshauptamt,** Abk. **RSHA**, am 27. 9. 1939 durch den Reichsführer SS und Chef der Dt. Polizei H. HIMMLER eingerichtete Behörde, die die staatl. →Sicherheitspolizei und den →Sicherheitsdienst des Reichsführers SS (Abk. SD) zusammenfaßte und damit den Prozeß der Verschmelzung von Polizei und SS abschloß; die Polizei war dadurch nur noch mittelbar ein Organ des Staates. Das R., 1939–42 von R. HEYDRICH, 1943–45 von E. KALTENBRUNNER geleitet, bestand aus verschiedenen Ämtern, darunter das Amt IV (Polit. Polizei unter der Bez. Geheimes Staatspolizeiamt, Abk. Gestapa), das, in Fach- und (ab 1944) Länderreferate unterteilt, die übrigen Polizeiämter zu Vollzugsorganen degradierte. Das R. war zuständig für alle ›sicherheitspolit. und nachrichtendienstl. Belange‹ wie z. B. Überwachung der Bürger, Festnahme ›politisch unzuverlässiger‹ Personen, Spionageabwehr. Mit Beginn des Zweiten Weltkrieges übernahmen Einsatzgruppen unter Leitung des SD im Auftrag des R. die Sicherung der besetzten Gebiete (›Bekämpfung aller reichs- und deutschfeindl. Elemente‹). Ab Sept. 1939 organisierte das R. die Deportation von Polen und Juden in das Generalgouvernement Polen, leitete mit dem Angriff auf die Sowjetunion (22. 6. 1941) die ›Säuberungsaktionen‹ gegen sowjet. Kommunisten und Juden; am 31. 7. 1941 erhielt das R. den Auftrag zur Organisation der ›Endlösung der Judenfrage‹, mit der sich bes. das Referat IV D 4 (später B 4) unter A. EICHMANN befaßte. Nach dem Attentat auf HITLER am 20. 7. 1944 verfolgte das R. die Angehörigen des Widerstands und ihre Familien.

H. BUCHHEIM: Die SS – das Herrschaftsinstrument. Befehl u. Gehorsam (Neuausg. ⁴1984); Topographie des Terrors. Gestapo, SS u. R. auf dem ›Prinz-Albrecht-Gelände‹, hg. v. R. RÜRUP (⁷1989).

**Reichs|städte,** im Hl. Röm. Reich die reichsunmittelbaren Städte, im Unterschied zu den Landstädten unter einem Landesherrn. Die ältesten R. entstanden auf Königsgut (königl. Pfalzstädte); andere erlangten durch Vertrag, gewaltsame Verselbständigung, Erlöschen der Landesherrschaft oder königl. Verleihung Reichsunmittelbarkeit. Urspr. übten königl. Beamte (Burggrafen, Vögte, Schultheißen) die Hoheitsrechte und die oberste Gerichtsbarkeit aus; seit 1250 brachten die R. die meisten dieser Rechte und die Vogtei in ihren Besitz. Die Unterschiede zu den aus Bischofsstädten hervorgegangenen →Freien Städten verwischten sich allmählich. Seit dem Interregnum wurden die R. zu den Reichstagen zugezogen, seit 1489 regelmäßig (Schwäb. und Rhein. Städtebank). Durch den Reichsdeputationshauptschluß 1803 wurden die R. bis auf Augsburg, Nürnberg, Frankfurt am Main, Bremen, Hamburg und Lübeck, die jedoch in den Napoleon. Kriegen ebenfalls ihre Selbständigkeit verloren, mediatisiert. Der Wiener Kongreß 1815 stellte Hamburg, Bremen, Lübeck (1937) und Frankfurt am Main (bis 1866) als Freie Städte wieder her.

**Reichs|stände,** im Hl. Röm. Reich bis 1806 die unmittelbaren Glieder des Reichs, die in einem der drei Kollegien des Reichstags Sitz und Stimme (**Reichsstandschaft**) hatten. Die R. mußten an den Reichstagen teilnehmen, Truppenkontingente zum

Reichsheer stellen und die vom Reichstag bewilligten Reichssteuern aufbringen.

**Reichs|statthalter,** im nat.-soz. Dtl. durch das ›Zweite Ges. zur Gleichschaltung der Länder‹ (7. 4. 1933) geschaffenes Amt, das der Durchsetzung der von HITLER aufgestellten polit. Richtlinien in den Ländern dienen sollte. Der R., vom Reichs-Präs. auf Vorschlag des Reichskanzlers (ab 1934 nur noch von HITLER) ernannt, galt auch als eigentl. Repräsentant der Ländersouveränität, ausgestattet mit dem Recht zur Ernennung von Landesregierung und -beamten sowie zur Begnadigung. Zu R. wurden fast ausschließlich Gauleiter des jeweiligen Gebietes (Ausnahme: FRANZ Ritter VON EPP, * 1868, † 1946, in Bayern) ernannt, was zu Rivalitäten zw. staatl. und Parteiebene führte. In Preußen übertrug HITLER die Ausübung der R.-Rechte dem MinPräs. H. GÖRING. Das ›Ges. über den Neuaufbau des Reiches‹ (30. 1. 1934) unterstellte die R. formal der Dienstaufsicht des Reichs-Min. des Inneren. Das ›Zweite R.-Gesetz‹ (30. 1. 1935) erlaubte die Personalunion von R. und MinPräs. des Landes. Als Instanz anstelle bzw. ohne Nebenordnung der Länder-Reg. erschienen die R. aber nur in Hessen, Sachsen, Groß-Hamburg sowie in den neu geschaffenen Reichsgauen. Die Institution der R. förderte entgegen der ursprüngl. Absicht die partikulare Machtbildung und behinderte die Zentralisation des Reiches.

**Reichs|straßen,** im Dt. Reich die für den durchgehenden Überlandverkehr bestimmten Straßen nach der R.-Verkehrs-Ordnung vom 28. 5. 1934. Die (1939) 41 600 km (von insgesamt 213 400 km Landstraßen) wurden nach 1945 in der Bundesrep. Dtl. in Bundesstraßen umbenannt.

**Reichs|sturmfahne,** die im MA. dem Reichsheer zugeordnete Fahne, die mit dem Reichslehen Markgröningen verbunden war. Die seit 1336 mit diesem belehnten Herzöge von Württemberg führten seit 1495 eine Reiterfahne mit Reichsadler auf gelbem Grund im Wappen.

**Reichs|symbole,** → deutsche Farben, → Reichsadler, → Reichsinsignien, → Reichskleinodien, → Staatssymbolik.

**Reichstadt,** Napoléon Herzog von, als Kaiser der Franzosen **Napoleon II.,** eigtl. **Napoléon François Charles Joseph Bonaparte** [bɔna'part], * Paris 20. 3. 1811, † Schloß Schönbrunn 22. 7. 1832; einziger Sohn NAPOLEONS I. aus dessen Ehe mit MARIE LOUISE; erhielt bei seiner Geburt den Titel ›König von Rom‹. Nach den wiederholten Abdankungen seines Vaters zu seinen Gunsten (1814/15) wurde er am Hof Kaiser FRANZ' I. erzogen. 1817 seiner Erbansprüche beraubt, erhielt er 1818 die von Kaiser FRANZ I. errichtete nordböhm. Herrschaft Reichstadt. 1940 ließ HITLER seine Gebeine nach Paris in den Invalidendom überführen. – E. ROSTAND behandelte sein Schicksal in dem Drama ›L'aiglon‹ (1900; dt. ›Der junge Aar‹).

Baron J. THIRY: Le Roi de Rome, janvier 1811–juin 1812 (Paris 1968).

**Reichstag, 1)** im Hl. Röm. Reich bis 1806 die Vertretung der Reichsstände. Der R. entwickelte sich aus den Volksversammlungen der fränk. Zeit über die zunächst formlosen Hoftage mit beratender Funktion in wechselnder Zusammensetzung zu einer Einrichtung, an deren Zustimmung der König/Kaiser gebunden war. Der R. wurde von Fall zu Fall in eine Bischofs- oder Reichsstadt einberufen; seit 1663 tagte er permanent als Gesandtenkongreß in Regensburg (›Immerwährender R.‹). Seit 1489 gliederte sich der R. in Kurfürstenkollegium, → Reichsfürstenrat und Reichsstädtekollegium (mit der Rhein. und der Schwäb. Städtebank). Für ein Reichsgesetz waren übereinstimmende Beschlüsse der getrennt beratenden Kollegien und die Zustimmung des Königs/Kaisers erforderlich; innerhalb der Kollegien entschied seit 1648 die Stimmenmehrheit. Besonderheiten galten für die Abstimmung in Sachen der Religion (→ Itio in partes). – Gewohnheitsrechtlich wirkte der R. seit Ende der Stauferzeit bei Reichsgesetzen, Errichtung von Reichsfürstentümern, Reichsheerfahrten und Auferlegung von Steuern mit. Verfassungsrechtlich wurde dies erst durch den Westfäl. Frieden (1648) festgesetzt.

**2)** im 1871 gegründeten Dt. Reich die Vertretung des Volkes; die Reichs-Verf. vom 16. 4. 1871 änderte an der Rechtsgestalt, wie sie für den R. des Norddt. Bundes durch seine Verf. vom 17. 4. 1867 vorgezeichnet war, grundsätzlich nichts. Der R. verkörperte neben dem Kaiser die Einheit des Reichs. Gemeinsam mit dem Bundesrat übte er die Reichsgesetzgebung aus und besaß die Mitentscheidung über das Haushaltsgesetz. Der Reichskanzler hatte sich ihm gegenüber zu verantworten. Der R. bestand 1871 aus 382, seit 1874 aus 397 Abg. die in allgemeiner, gleicher, direkter und geheimer Wahl in Einmannwahlkreisen mit absoluter Mehrheit gewählt wurden. Die Abg. waren Vertreter des gesamten Volkes und an Weisungen nicht gebunden; sie genossen parlamentar. Immunität und Indemnität. Die Wahlperiode betrug zunächst drei, seit 1888 fünf Jahre. Der R. mußte alljährlich vom Kaiser einberufen werden. Zur Auflösung des R. war ein Beschluß des Bunderates unter Zustimmung des Kaisers erforderlich.

**3)** im Dt. Reich zw. 1919 und 1933 oberster Träger der Reichsgewalt als Vertretung des souveränen Volkes, nach der Weimarer Reichs-Verf. alle vier Jahre in allgemeiner, gleicher, geheimer, unmittelbarer Wahl nach dem Verhältniswahlrecht (ein Abg. auf 60 000 Stimmen) zu wählen. Er beschloß die Reichsgesetze und war zuständig für den Beschluß über den Haushaltsplan, die Entscheidung über Krieg und Frieden sowie die Bestätigung bestimmter Staatsverträge. Er konnte durch den Reichs-Präs. aufgelöst werden. Reichskanzler und/oder Reichs-Min. mußten zurücktreten, wenn er ihnen das Vertrauen entzog. In den Krisenjahren der Weimarer Republik gelang es dem R. nicht mehr, einen einheitl. polit. Willen zu bilden; er schaltete sich damit in wachsendem Maß aus dem polit. Entscheidungsprozeß selbst aus. Mit der Zustimmung zum → Ermächtigungsgesetz gab der R. HITLER den Weg frei zur Errichtung einer Diktatur. Mit dem Verbot der Links- und der Selbstauflösung der Mitte- und Rechtsparteien wurde er ein von der NSDAP bestimmtes Einparteienparlament, das HITLER als Akklamationsorgan diente; letzte Sitzung: 26. 4. 1942.

**4)** Bez. für parlamentar. Körperschaften in versch. Ländern: in Japan (›kokkai‹) und bis 1953 in Dänemark (›rigsdag‹) die Gesamtheit beider Kammern des Parlaments, in Schweden (›riksdag‹) und Finnland (›eduskunta‹) die aus einer Kammer bestehende Volksvertretung.

**Reichstagsbrand,** die Zerstörung des Reichstagsgebäudes in Berlin durch Brandstiftung am 27. 2. 1933. Die Nationalsozialisten, die den R. als Fanal eines Aufstandes den Kommunisten zuschrieben und die Sozialdemokraten der Komplizen- bzw. Mitwisserschaft verdächtigten, begannen sofort eine umfangreiche Propaganda- und Verfolgungsaktion gegen KPD und SPD und nutzten den Vorfall für den Erlaß der Notverordnung des Reichs-Präs. ›zum Schutz von Volk und Staat‹ (›Brandverordnung‹, 28. 2. 1933), die die polit. Grundrechte der Weimarer Verf. außer Kraft setzte und damit die Verfolgung polit. Gegner scheinbar legalisierte. Im R.-Prozeß vor dem Reichsgericht in Leipzig (21. 9.–23. 12. 1933) wurde der niederländ. Kommunist MARINUS VAN DER LUBBE (* 1909, † 1934) aufgrund seines Geständnisses

**Reic** Reichstein – Reichsverweser

zum Tode verurteilt, die übrigen Angeklagten (u. a. ERNST TORGLER, * 1893, † 1963, Fraktions-Vors. der KPD; G. DIMITROW, bulgar. Komintern-Mitgl.) aus Mangel an Beweisen freigesprochen. Während die Nationalsozialisten an ihrer These von der Existenz eines kommunist. Brandstiftungskommandos festhielten, wurden sie selbst (zunächst von kommunist. Seite) angesichts ihrer entschlossenen Nutzung des R. zum Machtausbau der Urheberschaft bezichtigt.

**Reichstagsbrand** in Berlin am 27. Februar 1933

Trotz fehlender Beweise bestimmte diese Gegenthese, die die Alleintäterschaft VAN DER LUBBES ebenfalls ausschloß, lange Zeit das Bild in der Geschichtswissenschaft. Die Infragestellung der nat.-soz. Urheberschaft (erstmals F. TOBIAS 1959/60) löste eine stark emotionsgeladene histor. Debatte aus, die in der Kontroverse um den Charakter des nat.-soz. Regimes und HITLERS Rolle im Herrschaftsgefüge (›Revisionismusdebatte‹) wieder aufgegriffen wurde. Nach vergebl. Versuchen, die Täterschaft der Nationalsozialisten quellenmäßig eindeutig nachzuweisen (u. a. W. HOFER), gilt heute die Alleintäterschaft VAN DER LUBBES als weitgehend gesichert.

F. TOBIAS: Der R. Legende u. Wirklichkeit (1962); H. MOMMSEN: Der R. u. seine polit. Folgen, in: Vjh. für Zeitgesch., Jg. 12 (1964); Der R. Eine wiss. Dokumentation, hg. v. W. HOFER u. a., 2 Bde. (1972–78); Der R.-Prozeß u. Georgi Dimitroff. Dokumente, bearb. v. H.-J. BERNHARD u. a., 2 Bde. (Berlin-Ost 1982–89); E. JESSE: R. u. Vergangenheitsbewältigung, in: Recht u. Politik, Jg. 22 (1986); R. – Aufklärung einer histor. Legende, Beitr. v. U. BACKES u. a. (1986); U. VON HEHL: Die Kontroverse um den R., in: Vjh. für Zeitgesch., Jg. 36 (1988).

Tadeusz Reichstein

**Reichstein**, Tadeusz, schweizer. Chemiker poln. Herkunft, * Włocławek 20. 7. 1897; 1938–67 Prof. in Basel; arbeitete u. a. über Kaffee-Aroma, Vitamin C, Digitalglykoside. R. erhielt für die Isolierung und Strukturaufklärung der Nebennierenhormone 1950 den Nobelpreis für Physiologie oder Medizin (mit P. S. HENCH und E. C. KENDALL).

**Reichs|theaterkammer**, → Reichskulturkammer.

**Reichsverband der Deutschen Industrie**, ein Wirtschaftsverband, der 1919 aus dem Zusammenschluß von Bund der Industriellen und Centralverband dt. Industrieller entstand; Vorläufer des → Bundesverbandes der Deutschen Industrie e. V. (BDI).

**Reichsverfassung**, 1) im Hl. Röm. Reich bis 1806 die Gesamtheit der das staatl. Zusammenleben regelnden → Reichsgrundgesetze.

2) die von der Frankfurter Nationalversammlung ausgearbeitete Verf. vom 28. 3. 1849, die infolge der Ablehnung durch die größeren dt. Staaten nicht in Kraft trat. Sie sah eine starke Reichsgewalt als ein allen Einzelstaaten übergeordnetes Organ vor. Träger der Exekutive sollte das Reichsoberhaupt mit dem Titel ›Kaiser der Deutschen‹ sein. Der Reichstag sollte aus zwei Häusern bestehen, dem Staatenhaus, das je zur Hälfte von den Regierungen und den Landtagen besetzt werden sollte, und dem Volkshaus, dessen Abg. nach dem allgemeinen, gleichen, öffentl. und direkten (Männer-)Wahlrecht und nach dem Grundsatz der absoluten Mehrheit zu wählen waren. Diese R. enthielt mehr demokrat. Elemente als die Verf. von 1867/71. Bedeutend für die Verf.-Geschichte war die Aufnahme eines Grundrechtskatalogs, der neben den individuellen Freiheiten auch die Grundlage einer bürgerlich-liberalen Sozialordnung enthielt.

3) im Dt. Kaiserreich (1871–1918) die Verf. vom 16. 4. 1871, die bis auf einige Reservatrechte der südt. Staaten weitgehend mit der Verf. des Norddt. Bundes von 1867 übereinstimmte. Nach ihr war das Dt. Reich ein Bundesstaat aus 22 monarchisch geleiteten Einzelstaaten, drei Freien Städten und dem Reichsland Elsaß-Lothringen. Das Präsidium des Reichs hatte der König von Preußen als ›Deutscher Kaiser‹. Jedoch war er nur in völkerrechtl. Verkehr Träger der Souveränität; Inhaber der Souveränität im Reich waren die im Bundesrat zusammengeschlossenen Einzelstaaten. Der Kaiser ernannte und entließ den Reichskanzler, war Oberbefehlshaber der bewaffneten Macht und verkündete die Reichsgesetze. Er konnte bei Angriffen auf das Reich (sonst nur mit Zustimmung des Bundesrats) Krieg erklären. Bei einer Bedrohung der öffentlichen Sicherheit konnte er den Kriegszustand verhängen; die Reichsexekution wurde vom Bundesrat beschlossen und vom Kaiser vollstreckt. Die Vertretung des Volkes war der Reichstag, der gleichberechtigt mit dem Bundesrat über Gesetze und den Haushaltsplan zu beschließen hatte. Der Kanzler war dem Reichstag auskunftspflichtig; jedoch konnte er nicht durch ein Mißtrauensvotum des Reichstags gestürzt werden.

4) die Verf. der Weimarer Republik, → Weimarer Reichsverfassung.

**Reichsversicherungsordnung**, Abk. **RVO**, die gesetzl. Regelung der Kranken-, Unfall- und Rentenversicherung der Arbeiter, am 19. 7. 1911 erlassen, mit Neufassungen vom 15. 12. 1924, 9. 1. 1926 und 17. 5. 1934. Unter den zahlreichen späteren Änderungen waren bes. wichtig das Arbeiterrentenversicherungs-Neuregelungs-Ges. vom 23. 2. 1957, zuletzt geändert durch das Rentenreform-Ges. vom 16. 10. 1972, das 4. Rentenversicherungs-Änderungs-Ges. vom 30. 3. 1973, das Unfallversicherungs-Neuregelungs-Ges. vom 30. 4. 1963 und das Krankenversicherungs-Änderungs-Ges. vom 27. 7. 1969 und 21. 12. 1970 sowie das Leistungsverbesserungs-Ges. vom 19. 12. 1973. Mit dem Gesundheitsreform-Ges. vom 20. 12. 1988 wurde die Krankenversicherung ausgegliedert und Teil V des Sozialgesetzbuchs; mit dem Rentenreform-Ges. 1992 vom 18. 12. 1989 wurde die Rentenversicherung ausgegliedert und in Teil VI des Sozialgesetzbuchs übernommen.

**Reichsverweser**, Inhaber der Staatsgewalt bei Thronvakanz, Vertreter eines Staatsoberhaupts oder vorläufiges Staatsoberhaupt. Im Hl. Röm. Reich wurde der R. Reichsvikar genannt. Den Titel R. hatte der von der Frankfurter Nationalversammlung 1848 zum Inhaber der vorläufigen Zentralgewalt für Dtl. gewählte Erzherzog JOHANN von Österreich.

In *Finnland* hatten P. E. SVINHUFVUD 1918 und C. G. VON MANNERHEIM 1918–19 bis zur Wahl des 1. Staatspräs. das Amt des R. inne.

In *Ungarn* wurde zuerst J. HUNYADI 1445 R. für den minderjährigen LADISLAUS V. POSTUMUS; 1849 hatte L. KOSSUTH, 1920–44 M. HORTHY dieses Amt inne.

**Reichsvikar,** im Hl. Röm. Reich bis 1806 der Verwalter der Königsgewalt bei ›Reichsvakanz‹, d. h. Thronerledigung (falls nicht zu Lebzeiten des Herrschers ein Nachfolger gewählt wurde), bei Minderjährigkeit oder längerer Abwesenheit des Herrschers. Nach der Goldenen Bulle (1356) war R. im Bereich des fränk. Rechts der Pfalzgraf bei Rhein, im Bereich des sächs. Rechts der Herzog von Sachsen. Der **R. in Italien** wurde für die Verwaltung Reichsitaliens von den Staufern, bes. FRIEDRICH II., eingesetzt. Der Titel war später mit unpräzisen Rechten verbunden (so bes. das Generalvikariat des Hauses Savoyen).

**Reichsvogt,** im Hl. Röm. Reich bis 1806 der vom König bestellte Verwalter und Hochrichter eines zusammenhängenden Gebiets von Krongütern oder einer königl. Abtei. Seit Aufkommen der Städte erhielten diese besondere R., denen v. a. die hohe Gerichtsbarkeit zukam. Häufig erwarben die Städte die Reichsvogtei.

**Reichswappen,** → Reichsadler.

**Reichswehr,** im R.-Gesetz vom 23. 3. 1921 festgelegter amtl. Name der ab 1919 als ›Vorläufige R.‹ bezeichneten Streitkräfte des Dt. Reichs; wurde mit dem Ges. über den Aufbau der dt. Wehrmacht vom 16. 3. 1935 durch die Bez. ›Wehrmacht‹ ersetzt.

Die R. bestand gemäß den Bestimmungen des Versailler Vertrages (Tl. 5) aus Heer und Marine; Luftstreitkräfte waren verboten. Die Stärke des Reichsheeres (sieben Infanterie- und drei Kavalleriedivisionen) durfte 100 000 Mann, die der Reichsmarine 15 000 Mann nicht überschreiten; im Heer durften maximal 4 000 Offiziere dienen. Art und Umfang der Bewaffnung unterlagen strikten Begrenzungen, v. a. der Besitz von U-Booten, Panzern, schwerer Artillerie und Kampfgas war nicht erlaubt. Das Personal bestand aus freiwilligen Berufssoldaten mit 12jähriger (Offiziere mit 25jähriger) Dienstzeit. Oberbefehlshaber der R. war der Reichs-Präs., unter dem der R.-Minister die Befehlsgewalt ausübte. Als höchster Soldat vertrat der Chef der Heeresleitung den R.-Minister in der Ausübung der Kommandogewalt.

Die R. begann sich ab Ende 1918 aus Teilen der nach dem Waffenstillstand vom 11. 11. 1918 in die Heimat zurückgeführten und in Demobilisierung begriffenen Streitkräfte des Kaiserreichs zu formieren. Mit der → Schwarzen Reichswehr bildeten sich 1919 und 1921 zusätzl. militär. Verbände, die jedoch seit 1923 rasch an Bedeutung verloren. Gemäß der von General H. V. SEECKT geprägten polit. Linie verhielt sich die R. prinzipiell staatstreu; aufgrund der bes. im weitgehend traditionell-monarchistisch orientierten Offizierkorps verbreiteten Vorbehalte gegenüber der parlamentar. Demokratie traten jedoch Loyalitätskonflikte auf, so v. a. während des Kapp-Putsches (›R. schießt nicht auf R.‹). Zus. mit dem Ausschluß vom Wahlrecht führte dies zu einer Abkapselung vom polit. Leben, die R. wurde zum ›Staat im Staate‹. Um die Grundlage für die spätere Einführung von durch den Versailler Vertrag verbotenen Waffensystemen zu schaffen, betrieb die R.-Führung in den 20er Jahren in Übereinstimmung mit den Reichsregierungen vorübergehend eine geheimgehaltene Zusammenarbeit mit der Roten Armee (Entsendung von dt. Personal an sowjet. Flieger- und Panzerausbildungseinrichtungen). Die Haltung der R.-Führung gegenüber der nat.-soz. Staatsführung war zwiespältig: mißtrauisch gegenüber den sozialrevolutionären Vorstellungen der SA unter E. RÖHM, erwartungsvoll in Hinblick auf eine Revision der Beschränkungen des Versailler Vertrages durch die Außenpolitik HITLERS und daher auf der Grundlage teilbereit. Interessen zur Zusammenarbeit bereit. Nach Einführung der allgemeinen Wehrpflicht 1935 wurden die Soldaten der R. zum Kader- und Ausbildungspersonal beim Aufbau der Wehrmacht.

M. GEYER: Aufrüstung oder Sicherheit. Die R. in der Krise der Machtpolitik 1924–1936 (1980); R. u. Republik, 1918–1933, in: Dt. Militärgesch. 1648–1939, hg. vom Militärgeschichtl. Forschungsamt, Bd. 3 (Neuausg. 1983).

**Reichswehrprozeß,** der → Ulmer Reichswehrprozeß.

**Reichswerke,** Sammel-Bez. für die vom Dt. Reich 1937–41 gegründeten Gesellschaften. Hauptgesellschaften: 1) R. AG für Erzbergbau und Eisenhütten ›Hermann Göring‹, Berlin, Verwaltungssitz: Salzgitter-Drütte; gegr. 1937; 2) R. Alpine Montanbetriebe, Linz, gegr. urspr. 1881; Hauptzweck war die (insgesamt nur mäßig erfolgreiche) Verringerung der

**Reichsverfassung 3):** Schematische Darstellung der Reichsverfassung 1871–1918

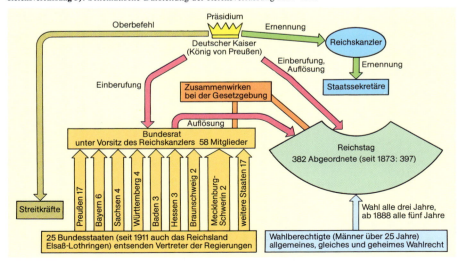

Auslandsabhängigkeit der dt. Erzversorgung für den Kriegsbedarf. Die Gesamtzahl aller nach dem ›Anschluß‹ Österreichs und des Sudetenlands zu den R. gehörenden Beschäftigten betrug (1940) rd. 600 000. – Im Zuge der Entflechtung wurden die R. liquidiert, die verbliebenen Anlagen und Beteiligungen in Dtl. auf die 1950 gegründete ›AG für Bergbau- und Hüttenbetrieb‹, seit 1961 Salzgitter AG, übertragen, in Österreich auf die Vereinigten Österr. Eisen- und Stahlwerke VÖEST und auf die Österreichisch-Alpine Montangesellschaft AG, jetzt VÖEST Alpine AG.

**Reichtum,** wirtschaftliche Situation einer Person oder Gruppe (z. B. Familie, aber auch ganzer Gesellschaften), in der die Summe verfügbarer Güter und Werte den zur Befriedigung ihrer Bedürfnisse als notwendig erachteten Bedarf wesentlich übersteigt. Der Begriff R. ist schwer abzugrenzen. Individueller R. kann im Besitz von Geldvermögen, Immobilien, Produktivvermögen, Kunstgegenständen u. a. bestehen. Seine Einschätzung hängt von der Verteilung von Einkommen und Vermögen innerhalb der Gesellschaft ab. Die objektive Bemessung von R. widerspricht oft der subjektiven Einschätzung und ist ebenso problematisch wie bei der Armut. In leistungsorientierten Gesellschaften wird R. als sichtbares Zeichen für wirtschaftl. oder berufl. Erfolg angesehen und positiv bewertet. Über die mit ihm ermöglichte Verfügbarkeit über Produktionsmittel ist R. mit Macht und Einfluß verbunden, also für gesellschaftl. Ungleichheit mitverantwortlich. Heute hat sich die Diskussion über R. stärker vom innerstaatl. Bereich auf staatsübergreifende Vergleiche verlagert (→Nord-Süd-Konflikt).

⇨ Einkommensverteilung · Gerechtigkeit · Glück · Konsum · Lebensqualität · Leistungsgesellschaft · Luxus · Sozialprodukt · Vermögen · Wohlstand

**Reichwein,** Adolf, Kulturpolitiker und Pädagoge, * Bad Ems 3. 10. 1898, † (hingerichtet) Berlin-Plötzensee 20. 10. 1944; zunächst in der Erwachsenenbildung tätig; bemühte sich als Politiker (SPD) um die Verbindung von Arbeiterschaft und Intelligenz; 1930–33 Prof. für Geschichte und Staatsbürgerkunde an der neugegründeten Pädagog. Akademie in Halle/Saale. Als Gegner des Nationalsozialismus aus seinem Hochschulamt entlassen, übernahm R. eine Dorflehrerstelle in Tiefensee (bei Bad Freienwalde/Oder). Seit 1939 leitete er die Schulabteilung des Volkskundemuseums in Berlin. Seit 1942 gehörte R. mit seinem Freund C. MIERENDORFF zum Kreisauer Kreis.

Werk: Schaffendes Schulvolk (1937).
Ausgaben: A. R. Ein Lebensbild aus Briefen u. Dokumenten, hg. v. U. SCHULZ (1974); Ausgew. pädagog. Schr., hg. v. E. RUPPERT (1978).
K. FRICKE: Die Pädagogik A. R.s (Bern 1974); A. R. 1898–1944, hg. v. W. HUBER u. a. (1981); Reformpädagoge u. Widerstandskämpfer A. R. 1898–1944, hg. v. R. REICHWEIN (1984); U. AMLUNG: A. R. 1898–1944. Eine Personalbibl. (1991).

**Reichweite, 1)** *Luftfahrt:* die Strecke, die ein Luftfahrzeug ohne Nachtanken auf direktem Kurs zurücklegen kann, entspricht dem doppelten Aktionsradius. **2)** *Militärwesen:* meist Kurz-Bez. für die eigentl. Bekämpfungs-R. eines Waffensystems, die i. d. R. erheblich unter der max. Schußweite liegt. Bei der Luftwaffe wird der Begriff auch im Sinne von Aktionsradius verwendet, da sich die für Kampfflugzeuge in erster Linie relevante R.-Angabe auf die Entfernung vom Einsatzfliegerhorst zum Ziel bezieht. **3)** *Physik:* Wegstrecke geladener Teilchen in Materie bis zur völligen Abbremsung. Bei einer kinet. Energie von 1 MeV haben Elektronen in Aluminium eine R. von 1,5 mm, Protonen eine R. von 0,013 mm. Für Gammastrahlung und Neutronen kann keine R. angegeben werden (→Halbwertsdicke). Ähnlich wie für diese werden R. für andere Ausbreitungsphänomene (z. B. Schallausbreitung) häufig als die Distanz definiert, über die die Intensität um die Hälfte abnimmt. **4)** *Signalübertragung:* die äußere Grenze des Empfangsbereichs, innerhalb dessen eine ausreichende Nachrichtenverbindung zw. Sender und Empfänger in einem angegebenen Prozentsatz der Zeit möglich ist. Die R. elektromagnet. Wellen ist von versch. Faktoren abhängig, z. B. von der Frequenz, der Erdkrümmung, dem Ionosphärenzustand, der Sonnenaktivität, vom erdmagnet. Feld und örtl. Einflüssen (Gewitter). Die R. der →Bodenwelle ist durch die Wellenlänge und die Leitfähigkeit des Erdbodens vorgegeben. Längst- und Langwellen haben mit der Bodenwelle eine R. von etwa 500 km am Tag und etwa 1 000 km nachts. Mit der →Raumwelle von Langwellen lassen sich auf der Erde größte Entfernungen überbrücken. Bei Mittelwellen hat die Bodenwelle eine R. von etwa 150 km, die Raumwelle von weit über 1 000 km. Bei Kurzwellen beträgt die R. der Bodenwelle nur etwa 20 bis 50 km (je höher die Frequenz, desto niedriger die R.). Die Raumwelle von Kurzwellen ermöglicht durch Mehrfachreflexionen zw. Ionosphäre und Erdoberfläche mehrere 1 000 km bis weltweite Funkverbindungen. – Die genannten R. können durch →Überreichweiten noch erheblich überschritten werden.
**5)** *Werbung:* Maßzahl zur Feststellung der Verbreitung eines Werbeträgers, definiert als die Gesamtzahl derjenigen Personen einer Zielgruppe oder als diejenige Prozentzahl der Gesamtbevölkerung, die zu einem bestimmten Zeitpunkt oder in einem bestimmten Zeitraum mit einer Einheit eines Werbeträgers durchschnittlich erreicht wird. Bei den Printmedien hängt die R. von der Auflage, bei den Funkmedien von der Einschaltquote ab. Bei der Leseranalyse von Zeitschriften und Zeitungen wird z. B. der Begriff ›Leser pro Ausgabe‹ (LpA) gebraucht. I. a. werden für eine Werbekampagne mehrere, aufeinander folgende Ausgaben von Zeitschriften belegt; die Leserschaft, die mehrere Ausgaben eines Werbeträgers erreicht wird, variiert, da es z. B. regelmäßige, gelegentl. und seltene Leser einer Zeitschrift gibt. Von Bedeutung sind deshalb die innerhalb eines Zeitraumes jeweils neu erreichten Leser. Sobald einer Werbung mehrere Werbeträger zur Auswahl stehen, sind zw. den einzelnen Medien vielfältige Überschneidungen zu berücksichtigen, weil eine Zielperson z. B. mehrere Zeitschriften liest und auch von Werbesendungen in Hörfunk und Fernsehen erreicht wird. Die **Netto-R.** gibt an, wie groß der Kreis derjenigen ist, der von einer Medienkombination zumindest einmal angesprochen wird. Demgegenüber ist die **Brutto-R.** die Addition der R. der einzelnen Werbeträger. – Der Begriff R. wird auch in der Kommunikationsforschung verwendet, dort entspricht z. B. dem Werbeträger das Medium, dem Werbesubjekt der Rezipient.

**Reicke,** Ilse, Schriftstellerin, * Berlin 4. 7. 1893, † Fürth 14. 1. 1989; war 1915–30 ⚭ mit H. VON HÜLSEN; Herausgeberin von Zeitschriften und Jahrbüchern. Sie schrieb Gedichte, Novellen, Romane, Reportagen, Essays und Biographien, in denen sie sich v. a. mit bedeutenden Frauengestalten und Fragen zur Frauenbewegung auseinandersetzte; auch Hörspiele.

**Reid** [ri:d], **1)** Thomas, schott. Philosoph, * Strachan (Grampian Region) 26. 4. 1710, † Glasgow 7. 10. 1796; 1751 Prof. in Aberdeen, ab 1764 in Glasgow. Begründer der →Schottischen Schule und der Philosophie des →Common sense. Seine ›Ideenlehre‹ entwickelte er in Auseinandersetzung mit J. LOCKE und D. HUME. Dabei übernahm er erkenntnistheoret. Elemente der zeitgenöss. Methodologie empir. Wissenschaften, v. a. I. NEWTONS, die er in die Form einer

Theorie induktiver Methoden auf der Grundlage einer theoriefreien Beschreibung psych. Phänomene zu bringen versuchte. Gegen die herkömml. Abbildtheorie und die skept. Wende in der Erkenntnistheorie wies R. auf den sprachlich vermittelten Charakter des Wissens, v. a. die in der Sprache semantisch repräsentierte Sicherheit eines alltägl. Handlungs- und Orientierungswissens (Common sense) hin. Mit R. nahm der klass. Empirismus eine sprachphilosophisch bestimmte, an einer Theorie induktiver Argumente orientierte Wendung.

**Werke:** An inquiry into the human mind on the principles of common sense (1764; dt. Untersuchung über den menschl. Geist, nach den Grundsätzen des gemeinen Menschenverstandes), Essays on the intellectual powers of man (1785); Essays on the active powers of man (1788).
**Ausgaben:** Works, hg. v. W. HAMILTON, 2 Bde. (1846–63); Philosophical works, hg. v. dems., 2 Bde. (⁸1895, Nachdr. 1983 in 1 Bd.); Philosophical orations, hg. v. W. R. HUMPHRIES (1937).

**2) V. S.** (Victor Stafford) oder Vic, jamaikan. Schriftsteller, * Kingston 1. 5. 1913, † 25. 8. 1987. In seinen Werken suchte er der kolonialen Sicht ein Geschichts- und Kulturbild als jamaikan. Perspektive entgegenzusetzen. Dabei bediente er sich mündl., aus Afrika stammender Erzählformen sowie des jamaikan. Englisch der ländl. Bevölkerung, z. B. in seinem Roman ›New day‹ (1949). Auch seine Romane für Jugendliche greifen Themen aus der jamaikan. Geschichte auf und entwerfen Identifikationsmodelle.
**Weitere Werke:** *Jugendbücher:* Sixty-five (1960); The young warriors (1967); Nanny-town (1983). – *Romane:* The leopard (1958); The Jamaicans (1976).

**Reidemeister,** Kurt Werner Friedrich, Mathematiker, * Braunschweig 13. 10. 1893, † Göttingen 8. 7. 1971; 1922 Prof. in Wien (Bekanntschaft mit H. HAHN und dem Wiener Kreis), 1924–33 in Königsberg (Pr), 1934–55 in Marburg, danach in Göttingen. Die wichtigsten Arbeitsgebiete R.s waren die kombinator. Topologie und Gruppentheorie sowie die Geometrie, v. a. deren Grundlagen. Seine ›Knotentheorie‹ (1932) wurde ein Standardwerk. Daneben schrieb R. über Geschichte und Philosophie der Mathematik und publizierte Gedichte.
**Weitere Werke:** Einf. in die kombinator. Topologie (1932); Figuren (1946); Von dem Schönen (1947); Das exakte Denken der Griechen (1949); Die Unsachlichkeit der Existenzphilosophie (1954); Raum u. Zahl (1957).

**Reiderland,** Marschlandschaft am Dollart, →Rheiderland.

**Reidy** ['reɪdɪ], Affonso Eduardo, brasilian. Architekt, * Paris 26. 10. 1909, † Rio de Janeiro 11. 8. 1964; war als Stadtarchitekt von Rio de Janeiro und Prof. für Stadtplanung einer der Pioniere der brasilian. Architektur. Seine Bauten bestechen gleichermaßen durch techn. Perfektion und baul. Funktionalität. In seinem umfangreichen Schaffen (Museen, Theater, Verwaltungsgebäude) ragen die Siedlung ›Pedregulho‹ (1947–53) und das Museu de Arte Moderna (1954–67, 1978 zerstört, wiederaufgebaut) in Rio de Janeiro hervor.
A. E. R. Bauten u. Projekte, Einf. von S. GIEDION (1960).

**Reif,** 1) *Meteorologie:* abgesetzter atmosphär. Niederschlag in Form von leichten schuppen-, feder- oder nadelförmigen Eiskristallen, der durch Sublimation von Wasserdampf entsteht, wenn die Temperatur der abgekühlten Erdoberfläche oder von Pflanzen und Gegenständen durch Ausstrahlung unter den Gefrierpunkt sinkt; bes. auf exponiertem, schwach wärmeleitendem Material (lockeres Erdreich).
2) *Schmuck:* ringähnl. Schmuckstück, z. B. Armreif.

**Reife,** 1) *Anthropologie:* Vollendung der →Entwicklung 1), auch der in einer bestimmten Altersstufe erreichte geistig-seel. und/oder körperl. Entwicklungsstand (z. B. Schul-R.).

2) *Biologie:* bei Pflanzen, Früchten und Samen jener Entwicklungsgrad, in dem sie genuß-, verwendungs- oder lagerfähig sind (**technische R.**). Die **Korn-R.** von Samen ist mit einer Wasserabgabe (Schrumpfung) verbunden und durchläuft mehrere R.-Stadien bis zur **physiologischen R.** (→Getreide). Bei vielen Früchten und Samen ist Nachreifung nötig; so fallen bei Lagersorten von Äpfeln **Baum-** oder **Pflück-R.** und **Lager-, Genuß-** oder **Voll-R.** nicht zusammen; bei Gemüse sind Ernte- und Verwendungs-R. meist identisch.

**Reifelvögel, Ptiloris, Craspedophora,** Gattung großer Paradiesvögel mit drei Arten im S Neuguineas und im NO Australiens; die nicht bes. bunt gefärbten Männchen legen bei der Balz den Kopf zurück, um die violett schillernden Kehl- und Vorderhalsfedern zu zeigen.

**Reifen,** 1) *Fahrzeugtechnik:* die Radfelge umgebender, meist abnehmbarer Teil des Fahrzeugrades, z. B. als **Stahl-R.** oder als **Gummi-R.** (Vollgummi-R. oder Luft-R.). Der **Luft-R. (Pneu),** vorwiegend bei Straßen- und landwirtschaftl. Fahrzeugen und Flugzeugen verwendet, enthält unter Überdruck stehende Luft, unterstützt die Fahrzeugfederung, in geringem Umfang die Dämpfung von Schwingungen, muß Umfangskräfte für Antrieb und Bremsen des Fahrzeugs sowie Seitenkräfte bei Kurvenfahrt übertragen. Die **Aufstandsfläche** ist die Berührungsfläche zw. R. und Fahrbahn. (→Latsch)

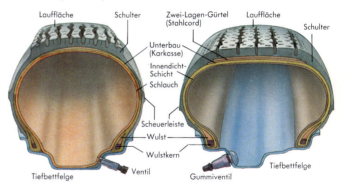

**Reifen 1):** Querschnitt eines Diagonalreifens mit innenliegendem Schlauch (links) und eines schlauchlosen Stahlgürtelreifens

*Aufbau* und *Herstellung:* Die wichtigsten R.-Bauarten (Diagonal- und Gürtel-R.) können jeweils als Schlauch-R. oder schlauchlose R. ausgeführt sein. Der früher übl. **Diagonal-R.** besteht aus Decke und dem luftgefüllten, durch ein Ventil verschlossenen Schlauch. Die Decke setzt sich aus dem von mehreren kreuzweise angeordneten gummierten Cordgewebelagen gebildeten **Unterbau (Karkasse)** mit Wulst und Drahteinlage und der profilierten **Lauffläche (Protektor)** zusammen. Die diagonal verlaufenden Fäden des Gewebes (Baumwoll-, Kunstseide-, Nyloncord) überkreuzen sich, in Gummi eingebettet, von Lage zu Lage. Diagonal-R. haben gute Dämpfungseigenschaften, aber unerwünschte Längs- und Querbewegungen der Profilelemente (d. h. höhere Laufflächenabnutzung, geringere Bodenhaftung, höheren Rollwiderstand).

Der heute vorherrschende **Gürtel-R. (Radial-R.)** ist vorwiegend auf einer Karkasse mit radialem Fadenverlauf der Cordlagen (senkrecht zum R.-Umfang von Wulst zu Wulst) aufgebaut, mitunter (v. a. in den USA) auf einer Diagonalkarkasse (**Diagonal-Gürtel-R.**). Zw. Karkasse und Lauffläche ist eine Verstärkungseinlage (Gürtel) angeordnet. Beim **Textilgürtel-R.** besteht der Gürtel meist aus vier Lagen Textilfaser (Rayon, Nylon), beim **Stahlgürtel-R.** meist aus zwei Lagen verdrillter dünner Stahlseile (Stahlcord). Vorteile des Gürtel-R. sind geringerer Rollwiderstand, reduzierte Abnutzung, besseres Hochgeschwindigkeitsverhalten, bessere Kraftübertragung, größere Variationsmöglichkeiten bei der Profilgestaltung. Nachteilig ist die geringe Dämpfung.

Bei **schlauchlosen R.** dichtet die Decke unmittelbar am Felgenrand; die Innenseite besteht aus einer luftdichten Gummischicht. Schlauchlose R. haben längere Lebensdauer (Wegfall der Reibung zw. Schlauch und Decke) und sind unempfindlicher.

Der R. wird, beginnend mit dem Unterbau, auf besonderen Wickeltrommeln aufgebaut, der zylindr. Rohling in Bombiermaschinen auf die eigentl. R.-Form gebracht. Die Rohlinge können auch in Pressen in einem Arbeitsgang geformt und vulkanisiert werden (→ Vulkanisation).

Bei **R.-Profilen** wird gute Seitenführung mit durchlaufenden Längsrillen (z. B. Vorderrad am Kraftrad), Griffigkeit und Verzahnung in weichem Boden durch große Stollen (z. B. Ackerschlepper) erreicht, i. d. R. werden Kombinationen von Rippen und Rillen oder Rillen in Zickzackform verwendet. Für winterl. Fahrbedingungen werden **M + S-Profile** (M + S Abk. für engl. mud and snow ›Matsch und Schnee‹) verwendet, auch **Spikes-R.,** bei denen in die Lauffläche Hartmetallstifte (Spikes) zur Übertragung von Kräften auf Eis eingesetzt sind (in der Bundesrep. Dtl. seit 1975 verboten). Bei **Haft-R.** sorgt eine griffige Gummimischung für besseren Kraftschluß. **Regen-R.** mit ›Drainage-Düsen‹ (Aquajets) sollen das ›Aquaplaning vermindern‹. – R. von Flugzeugfahrwerken haben ein Längsrillen- oder punktförmiges Profil.

*Kennzeichnung:* Auf den R.-Flanken sind (neben Firmennamen) angegeben: Nennbreite (bei Diagonal-R. in Zoll, bei Gürtel-R. in Millimeter); Querschnittsverhältnis (R.-Höhe/R.-Breite); C für Lkw; Geschwindigkeitsklasse (S bis 180 km/h, H bis 210 km/h, V über 210 km/h; Bauart (R für Gürtel-R., ohne R Diagonal-R.); Felgendurchmesser (meist in Zoll); Tragfähigkeits-Kennzahl (Ply-Rating-Zahl, → PR-Zahl); Profilbezeichnung (z. B. tubeless = schlauchlos); Europa-Zulassungsnummer (E ...) oder DOT (Department of Transportation = Verkehrsministerium der USA).

*Geschichtliches:* 1845 erhielt R. W. Thomson ein brit. Patent auf einen Luft-R. mit lederenem Laufmantel, innerem Gummischlauch, Füllventil und Luftpumpe. Die Erfindung setzte sich für Pferdefuhrwerke nicht durch; erst W. Thomas hatte 1889 in Philadelphia (Pa.) damit mehr Erfolg. Für Fahrräder wurde der Luft-R. in Großbritannien 1888 durch J. B. Dunlop eingeführt. Seit 1895 (A. und E. Michelin) wurde der Luft-R. v. a. für Kraftwagen verwendet. 1948 begann die Serienfertigung des Gürtel-R. (Patent von 1946) bei Michelin und des schlauchlosen R. bei Goodrich. 1984 wurde das ›ContiReifenSystem‹ vorgestellt, bei dem erstmals der R. über die Felge greift.

*Wirtschaft:* Die Haupterzeugerländer von ›Bereifungen und Kraftwagendecken‹ waren 1989 (1985), jeweils Mio. Stück, USA 212,9 (196,9), Japan 151,8 (132,1), Frankreich 61,4 (46,5), Bundesrep. Dtl. 49,5 (40,3), Italien 44,9 (41,1), Großbritannien 31,1 (24,2), Sowjetunion 30,4 (65,2), Brasilien 29,2 (22,2) und Süd-Korea 24,5 (15,2). In der Bundesrep. Dtl. wurden (1989) 44,1 Mio. ›Personenwagendecken‹ und 5,4 Mio. ›Lastkraftwagendecken‹ im Wert von 3,5 Mrd. bzw. 1,4 Mrd. erzeugt. Von den in der Bundesrep. Dtl. anfallenden rd. 80 Mio. Alt-R. mit einem Gewicht von rd. 600 000 t wird etwa ein Drittel in der Zementindu-

strie als Brennstoff eingesetzt. Das erste Kraftwerk, das ausschließlich mit Alt-R. befeuert wird, befindet sich in Kalifornien. Recyclingmaßnahmen sind die Runderneuerung und die anderweitige Verwendung (z. B. als Markierungsbalken). Etwa 30% aller R. gelten als dafür geeignet.

FAKRA-Hb. Normen für den Kraftfahrzeugbau, hg. vom Verband der Automobilindustrie, Bd. 3: Räder, R. ([10]1987); J. Reimpell u. P. Sponagel: Fahrwerktechnik: R. u. Räder ([2]1988); U. Fehl u. S. Stein: R.-Industrie, in: Marktökonomie, hg. v. P. Oberender (1989).

2) *Küferei:* kreisförmig zusammengefügtes Band aus Metall zum Zusammenhalten von Fässern.

**Reifenberg,** Benno, Journalist und Kunstkritiker, * Oberkassel (heute zu Bonn) 16. 7. 1892, † Kronberg im Taunus 9. 2. 1970; Mitarbeiter, Feuilletonchef, Pariser Korrespondent und 1932–43 polit. Redakteur der ›Frankfurter Zeitung‹; 1945–58 Mitherausgeber der Zeitschrift ›Die Gegenwart‹ und 1958–66 der ›Frankfurter Allgemeinen Zeitung‹.

**Reifeprüfung,** das → Abitur.
**Reifeteilung,** die → Meiose.
**Reifezeichen,** Anzeichen für die normale Entwicklung des Kindes im Mutterleib. Eine fetale Reifediagnostik wird durchgeführt bei Diabetes der Mutter, bei Blutgruppenunverträglichkeit zw. Mutter und Kind, bei Plazentastörungen und vorzeitiger Wehentätigkeit oder Blasensprung. Untersuchungsmethoden: Ultraschalluntersuchung zur Bestimmung der Größe des Kindes, Amniozentese mit Fruchtwasseruntersuchung zur Feststellung der Lungen-, Nieren-, Haut- und Leberreife. R. zum normalen Geburtstermin sind: Gewicht 3000 bis 3500 g, Verschwinden der Lanugobehaarung, Nägelvorhornen, bei Knaben Durchtritt der Hoden in den Hodensack, bei Mädchen Bedeckung der kleinen Schamlippen durch die großen, feste Nasen- und Ohrknorpel.

**Reifholz,** ungefärbtes Kernholz, das im saftfrischen Zustand wasserärmer ist als das Splintholz. R.-Bäume sind z. B. Fichte, Tanne, Buche, Linde.

**Reifpilz,** *Rozites caperata,* **Pholiota caperata,** auf sandigen Böden vorkommender Blätterpilz; der bis 12 cm breite, ockerfarbene Hut und der Stiel sind feinflockig bereift; Lamellen lehmgelb; dicker Stiel mit weißl., häutigem Ring; Fleisch fast holzfarben, fest und saftig; guter Speisepilz.

**Reifrock,** der durch Reifen oder Gestelle aus Gerten, Fischbein, Holz oder Draht, Filz- oder Roßhaarunterlagen versteifte und gespreizte Rock und Unterrock des Frauenkleides. Er taucht zuerst in der span. Tracht im letzten Viertel des 15. Jh., dann wieder nach 1550 auf (→ Vertugadin) und erreichte hier im 17. Jh. den größten Umfang. Mode wurde er in der 2. Hälfte des 16. Jh. auch in der übrigen europ. Kleidung übernommen und hielt sich, zunächst kegel-, dann tonnen- und glockenförmig, bis in die ersten Jahrzehnte des 17. Jh. Gegen 1720 kam der R. erneut auf (→ Panier) und entwickelte sich im 3. Viertel des 18. Jh. zum ›R. à coudes‹ (Ellbogen). Seine dritte Modeepoche hatte er im 19. Jh. als → Krinoline.

**Reifträger,** poln. *Szrenica* [ʃrɛˈnitsa], der NW-Eckgipfel des Riesengebirges, 1362 m ü. M.; meteorolog. Station; Sessellift von Schreiberhau (Szklarska Poręba).

**Reifung, 1)** *Biologie, Medizin* und *Psychologie:* gerichteter, phas. Entwicklungsprozeß von Organismen, der zur Bereitschaft und Befähigung für bestimmte Funktionen und Leistungen führt. Die R. besteht beim Menschen in der Konkretisierung und Differenzierung bestimmter körperl., psych. und geistiger Anlagen sowie deren Integration und Harmonisierung in Verbindung mit den zufälligen und planmäßigen Einflüssen der Umwelt; sie findet ihren Abschluß in den Stadien partieller und allgemeiner Reife.

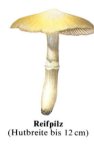

**Reifpilz**
(Hutbreite bis 12 cm)

**2)** *Chemie* und *Physik:* Bez. für die unter dem Einfluß bestimmter Temperaturen oder von Enzymen bzw. Mikroorganismen stattfindende, mehr oder weniger rasch vor sich gehenden physikal. oder chem. Veränderungen von Stoffen, Kolloiden u. a., etwa die Änderungen der Teilchengröße bei der (physikal.) R. photograph. Emulsionen oder die chem. Veränderungen von Lebensmitteln, z. B. während des Herstellungsprozesses von Käse.

**Reifungsbeschleunigung,** *Medizin* und *Psychologie:* →Akzeleration 3).

**Reifungsfraß, Reifefraß,** die zur Erlangung der Geschlechtsreife notwendige Freßtätigkeit bei versch. Insekten, deren Geschlechtsorgane nach dem Verlassen der Puppenhülle noch nicht voll entwickelt sind (v. a. bei Käfern; z. B. Borkenkäfer, Kartoffelkäfer). Bei langlebigen Insekten kann z. B. während der Winterruhe die Produktion der Geschlechtsprodukte periodisch aussetzen; für das erneute Heranreifen nach Beendigung der Ruhephase muß dann ebenfalls eine Freßperiode eingelegt werden (**Regenerationsfraß**).

**Reifweide, Salix daphnoides,** in den Alpen wild wachsende, auch als Zierstrauch kultivierte Weidenart; großer Strauch oder bis 10 m hoher Baum mit gelbbraunen bis roten, oft stark blau bereiften Zweigen, mit bis 10 cm langen, breit-lanzettl. Blättern und bis 3 cm großen, silbrigen Kätzchen.

**Reigate** ['raɪgɪt], Stadt in der Cty. Surrey, England, an den North Downs, (1981) 52 600 Ew.; Wohnort von Pendlern nach London. – Kirche Saint Mary (13.–16. Jh.); ehem., im 13. Jh. gegründetes Augustinerpriorat.

**Reigbert,** Otto, Bühnenbildner, * Kiel 4. 11. 1890, † München 3. 2. 1957. 1919 holte ihn E. PISCATOR nach Königsberg (Pr), 1920 rief ihn O. FALCKENBERG an die Münchner Kammerspiele, wo er bis 1932 zahlreiche experimentelle expressionist. Bühnenbilder schuf. R. arbeitete ab 1932 in Köln und 1935–45 am Staatstheater München.

800 Jahre München. Gedächtnisausstellung O. R., Bühnenbildner, Ausst.-Kat. (1958).

**Reigen** [mhd. rei(g)e, von altfrz. raie ›Tanz‹], **Reihen,** Gruppentanz, urspr. begleitet von Gesang, z. T. mit Rufen angefeuert und durch einen Vortänzer angeführt, in der Form eines geschlossenen oder offenen Kreises, einer Kette oder als Schlängel-, Lauben- und Brücken-R. Der R. ist wohl eine der ältesten Tanzformen überhaupt (Kulttänze). Er war v. a. ein Tanz des Volkes (Springtänze). R. haben sich z. T. bis heute in Brauchtumstänzen, in Tanzspielen (Polonaise) und im Kinderspiel erhalten oder sind auch wiederbelebt worden (Jugendvolkstanzbewegung).

**Reihe** [mhd. rîhe, zu ahd. rîhan ›auf einer Faden ziehen‹, ›spießen‹], **1)** *Buchwesen:* Serie von gleich gestalteten Veröffentlichungen eines Verlages zu einem bestimmten Thema oder Themenkreis.

**2)** *Mathematik:* **unendliche R.,** ein formaler Ausdruck der Gestalt

$$\sum_{i=1}^{\infty} a_i = a_1 + a_2 + a_3 + \dots,$$

wobei die $a_i$ eine Zahlenfolge (z. B. reeller oder komplexer Zahlen) bilden. Die endl. Summen

$$s_k = \sum_{i=1}^{k} a_i$$

werden $k$-te Partialsummen der R. genannt. Je nachdem, ob die Folge der Partialsummen konvergiert oder nicht, spricht man von konvergenten (→Konvergenz 5) bzw. divergenten R. Bekannte Beispiele sind die (divergente) **harmonische R.,** bei der $a_i = 1/i$ ist, und die **geometrische R.,** bei der $a_i = q^i$ gilt ($q \in \mathbb{R}$, $q \neq 0$). Letztere konvergiert nur für $-1 < q < 1$. Von großer Bedeutung für die Analysis ist die Entwicklung von Funktionen in R., insbesondere in Potenzreihen (→Taylorsche Reihe).

R. sind unendl. Gebilde, die in gewissen Fällen endl. Werte liefern. Dies hat zu tiefgreifenden philosoph. Problemen Anlaß gegeben, die schon in den Paradoxien des ZENON VON ELEA anklingen. ARCHIMEDES konnte bereits geometr. R. aufsummieren (in der ›Quadratur der Parabel‹); die Einsicht in die Divergenz der harmon. R. findet sich bei NIKOLAUS VON ORESME.

**3)** *Militärwesen:* Aufstellung einer geschlossenen Formation von Soldaten hintereinander.

**4)** *Musik:* in der Zwölftontechnik die für jede Komposition neu gewählte und in ihr stets beibehaltene Reihenfolge aller zwölf Töne des temperierten Systems. Sie regelt die Tonqualitäten, d. h., die Töne sind ihrem Namen nach festgelegt, können aber in beliebiger Oktavlage auftreten. Tonhöhe, Rhythmus und Klangfarbe sind dagegen frei wählbar und werden erst in der →seriellen Musik prädeterminiert. Jede R. hat vier Erscheinungsformen: die Original- oder Grundgestalt (G[R]), deren Umkehrung (U), deren Krebs (K) und dessen Umkehrung (KU).

**Reihe 4):** Die Erscheinungsformen der Reihe aus der ›Suite für Klavier‹ op. 25 von Arnold Schönberg (1921–23); von OBEN Grundgestalt, Umkehrung, Krebs, Krebsumkehrung

Da jede Erscheinungsform auf elf versch. Tonstufen transponiert werden kann, ergeben sich insgesamt 48 mögl. R.-Formen. Während A. SCHÖNBERG, der die R.-Technik um 1920 entwickelte, R. vorwiegend noch melodisch-motiv. und harmon. Entfaltungsmöglichkeiten entwarf, prägte ihnen A. WEBERN häufig Symmetrien und Korrespondenzverhältnisse auf, die er dann nach Möglichkeit auf das ganze Werk projizierte (z. B. im Konzert op. 24, 1934). Ein Sonderfall der R.-Bildung ist die symmetrisch-krebsgleiche →Allintervallreihe.

**Reihendorf,** Dorfform, bei der die Höfe auf einer oder beiden Seiten eines Weges, Baches oder Flusses locker aneinandergereiht sind. Häufig schließt sich den Höfen die Hofflur an (senkrecht zum Weg in Streifen: Wald-, Marschhufendorf u. a.).

**Reihenfertigung,** Form der →Fließfertigung.

**Reihengräberfriedhöfe,** die größeren Bestattungsplätze des frühen MA. (5.–11. Jh.) bei Germanen und Slawen, i. e. S. die der Merowingerzeit. Der Begriff bezieht sich auf die reihenweise Anordnung der mit Beigaben ausgestatteten Gräber.

**Reihenhaus,** ein- oder mehrgeschossiges Ein- oder Mehrfamilienhaus, das in fortlaufender Reihe mit anderen gleichartigen Häusern ohne Bauabstand verbunden ist. R. mit fluchtenden Fronten gab es bereits im MA., bes. in den niederländ. Städten, in England und in der dt. Hansestädten. Bekanntes Beispiel des frühen 16. Jh. ist die Fuggerei in Augsburg (BILD →Mietshaus).

**Reihenmotor,** Mehrzylinderverbrennungsmotor, dessen Zylinder in einer Ebene mit der Kurbelwellenachse oder parallel zu ihr in einer Reihe angeordnet

**Reih** Reihenresonanzkreis – Reim

**Reihenschaltung:** Schaltschema; Spannung $U$, Verbraucher (Widerstände) $R_1$ und $R_2$

**Reiher:**
OBEN Purpurreiher (Größe etwa 80 cm);
UNTEN Seidenreiher (Größe etwa 55 cm)

**Reiherente** (Männchen, Größe 43 cm)

sind (Einreihenmotor); ein typ. Mehrreihenmotor ist z. B. der →Boxermotor.
**Reihenresonanzkreis,** *Elektronik:* →Schwingkreis.
**Reihenschaltung, Seri|enschaltung, Hintereinanderschaltung,** elektr. Grundschaltung, bei der zwei oder mehrere Bauelemente (Stromerzeuger, -verbraucher) hintereinandergeschaltet sind und alle vom gleichen Strom durchflossen werden. Dabei ist der Ausgang eines Bauelements mit dem Eingang eines weiteren verbunden, wobei der Eingang des ersten Bauelements auch der Eingang der gesamten R. und der Ausgang des letzten Bauelements der Reihe gleichzeitig der Ausgang der R. ist. An jedem Bauelement tritt eine Teilspannung auf, die bei linearen Gliedern dem Strom proportional ist. Bei der R. von Widerständen $R_1$, $R_2$, ..., $R_n$ bzw. Induktivitäten $L_1$, $L_2$, ..., $L_n$ ergibt sich der Gesamtwiderstand durch Addition der Einzelwiderstände bzw. -induktivitäten; bei in Reihe geschalteten Kondensatoren (Kapazitäten) $C_1$, $C_2$, ..., $C_n$ gilt für die Gesamtkapazität

$$\frac{1}{C} = \frac{1}{C_1} + \frac{1}{C_2} + \ldots + \frac{1}{C_n}$$

Bei Batterien in R. addieren sich die Teilspannungen.
**Reihenschlußmaschine, Hauptschlußmaschine,** eine elektr. Maschine mit Reihenschlußerregung, d. h., Anker- und Erregerwicklung sind in Reihe geschaltet (→Erregung 1). R. sind i. d. R. Reihenschlußmotoren (→Elektromotor).
**Reihen|untersuchung,** ärztl. Untersuchung von nach Alter, Geschlecht, Beruf, besonderer Gefährdung ausgewählten Personengruppen; dient im Rahmen der Gesundheitsvorsorge v. a. der Früherkennung von Krankheiten (›Prävention II‹), z. B. in Form der Neugeborenenuntersuchung, der schulärztl. und -zahnärztl. R., der Pflicht-R. von Angehörigen bestimmter Berufsgruppen (Röntgen-R. bei Lehrern), der betriebs- oder sportärztl. Untersuchungen oder der allgemeinen →Früherkennungsuntersuchungen; in Form der militär. Musterung dient die R. auch der Eignungsfeststellung. Besondere Bedeutung für die Bekämpfung der Lungentuberkulose hatten die Röntgenreihenuntersuchungen.
**Reiher** [ahd. reigaro, eigtl. ›Krächzer‹], **Ardeidae,** fast weltweit verbreitete Familie etwa taubengroßer bis 1,4 m körperlanger →Storchenvögel (Standhöhe bis 1,3 m); mit rd. 65 Arten, v. a. an Süßgewässern und in Sümpfen; oft fliegende, z. T. segelnde, überwiegend schlanke Vögel mit langem Hals; ernähren sich v. a. von Fischen, Lurchen, Insekten und Mäusen; brüten vielfach in großen Kolonien im Schilf und auf Bäumen.
Neben den →Dommeln gehören zu den R. u. a. folgende Arten: →Fischreiher; **Silber-R.** (**Edel-R.,** Egretta alba), etwa 90 cm groß; in schilfreichen Landschaften der wärmeren alt- und neuweltl. Regionen (nördlichste europ. Brutgebiete: Neusiedler See, Donaudelta); Gefieder vollkommen weiß; Schnabel entweder schwarz (Sommer) oder gelb (Winter); mit schwarzl. Beinen und Zehen; wurde früher (wie der Seiden-R.) wegen der langen Schmuckfedern auf dem Rücken fast bis zur Ausrottung verfolgt (die Bestände haben sich bei beiden Arten wieder erholt); baut seine Horste kolonieweise im Röhricht oder auf Bäumen; Standvögel, von denen nur die nördlichsten Populationen nach S ziehen. **Seiden-R.** (Egretta garzetta), etwa 55 cm groß; in S-Eurasien und Australien (in Europa bes. im Donaudelta und S-Spanien); unterscheidet sich vom Silber-R. bes. durch gelbe Zehen; baut sein Nest auf Bäumen oder Büschen; Teilzieher, dessen nördl. Populationen im trop. Afrika überwintern. **Purpur-R.** (Ardea purpurea), etwa 80 cm groß; v. a. in Sümpfen sowie an schilf- und buschreichen

Süßgewässern Afrikas und S-Eurasiens (in Europa noch am Neusiedler See und im Donaudelta); Rücken dunkelgrau, mit kastanienbraunen Deckfedern, Hals (mit Ausnahme schwarzer Längsstreifen) und Brust kastanienbraun; Koloniebrüter, der seine Horste auf Büschen baut; Teilzieher, dessen nördl. Populationen in den Tropen überwintern. **Goliath-R.** (**Riesen-R.,** Ardea goliath), mit bis 1,4 m Körperlänge die größte R.-Art; Gefieder rotbraun, mit weißer Kehle, schiefergrauen Flügeln und ebensolchem Rücken; lebt in Sumpfgebieten des trop. Afrika; brütet einzeln. **Rallen-R.** (Ardeola ralloides), etwa 45 cm groß; im Röhricht und auf Weiden S-Europas, W-Asiens und Afrikas (nördlichstes europ. Brutgebiet: Donaudelta); mit vorwiegend weißem oder ockerfarbenem Gefieder und (zur Brutzeit) blauem Schnabel. Der letztgenannten Art ähnelt stark der etwa 50 cm große **Kuh-R.** (Ardeola ibis); auf subtrop. und trop. Weideflächen, oft zw. weidendem Vieh; frißt Insekten (sammelt auch Hautschmarotzer vom Vieh ab). **Nacht-R.** (**Nachtrabe,** Nycticorax nycticorax), etwa 60 cm groß; an schilfreichen Gewässern S-Eurasiens, des südl. Afrika, Südamerikas und der USA; dämmerungs- und nachtaktive Koloniebrüter, die ihre Nester auf Bäumen, Büschen oder im Schilf bauen; Männchen und Weibchen mit schwarzer Oberseite, weißl. Unterseite, grauen Flügeln und zwei bis vier langen Schmuckfedern im Genick; Teilzieher, dessen nördl. Populationen in den Tropen überwintern. **Kahnschnabel** (**Savaku,** Cochlearius cochlearius), rd. 50 cm groß; oberseits grau, am Bauch zimtbraun; nachtaktiv; in den Mangrovendickichten Mittelamerikas bis Südbrasiliens; mit kahnförmig geformtem Schnabel und schwarzem Oberkopf und Nacken.
**Reiher|ente, Aythya fuligula,** Art der Tauchenten (Größe 43 cm), die in Mitteleuropa an stehenden oder träge fließenden Gewässern mit Uferbewuchs brütet. Das kontrastreich schwarzweiß gezeichnete Männchen besitzt als einzige Tauchente eine lange schwarze Haube, das vorwiegend braune Weibchen nur einen kurzen Federsturz am Hinterkopf. Der Schnabel ist blaugrau.
**Reiherfedern,** *Mode:* →Aigrette 1).
**Reiherläufer, Dromadidae,** Familie der Regenpfeifervögel mit einer schwarz-weiß gefärbten, 35 cm langen Art (**Dromas ardeola**), die an den Nord- und Ostküsten des Ind. Ozeans lebt.
**Reiherschnabel, Erodium,** Gattung der Storchschnabelgewächse mit rd. 60 Arten von Europa und dem Mittelmeergebiet bis nach Zentralasien; meist Kräuter, selten Halbsträucher, mit gezähnten, gelappten, fiederspaltigen bis gefiederten Blättern und regelmäßigen Blüten. Die bekannteste Art ist der rotviolett oder rosafarben blühende **Schierlings-R.** (Erodium cicutarium), eine häufig an Wegen und auf Sandäckern wachsende Pflanze. Die Frucht erinnert nach dem Verblühen an einen Reiherkopf.
**Reiki** [re:ki, japan. ›universale Lebensenergie‹], eine etwa 2500 Jahre alte Heilkunst, die im 19. Jh. durch den christl. Mönch MIKAO USUI in Japan wiederentdeckt worden ist. Zugrunde liegt die Auffassung, daß das Universum von unerschöpfl. Lebensenergie erfüllt ist. Diese versucht R. durch Händeauflegen auf den Körper zu Heilzwecken nutzbar zu machen. R. werden somit revitalisierende und heilende Auswirkungen auf Körper, Seele und Geist zugeschrieben. R.-Zentren und -Lehrer gibt es inzwischen auch in den USA und Europa.
**Reim** [mhd. rîm von altfrz. rime, dies aus dem Germanischen (ahd. rîm ›Reihe(nfolge)‹)], Gleichklang zweier oder mehrerer Silben (vom letzten betonten Vokal an: Leben/schweben); sprachl. Kunstmittel, das dank seiner Einprägsamkeit, seiner stimmungserzeugenden Musikalität sowie wegen seiner Eignung,

den stroph. Aufbau zu gliedern und rhythm. und metr. Einheiten abzugrenzen, in der Literatur vieler Völker erscheint. I. w. S. wird auch der Stabreim (→Alliteration) als R. bezeichnet.

Das Wort R. findet sich zuerst im ausgehenden 12. Jh. und bezeichnet hier den einzelnen Vers (R.-Vers) als Kennzeichen der gebundenen (poet.) Sprache im Unterschied zur Prosa (so noch in ›Kinder-R.‹, ›Kehr-R.‹). Im 17. Jh. begann ›Vers‹ das zu bezeichnen, was man bisher ›R.‹ nannte, und R. nahm allmählich die heutige verengte Bedeutung an.

*Geschichte:* In Dtl. wurde der R. in der spätlateinisch-christl. Hymnendichtung zum vorherrschenden Prinzip. In der dt. Literatur begegnet der R. seit ihren Anfängen in althochdt. Zeit. Schon OTFRID VON WEISSENBURG (›Evangelienharmonie‹, um 870) verwendete ihn anstelle der bis dahin herrschenden Stab-R. Die Auffassung, daß der R. als christl. Formelement im Zuge der Christianisierung den germanisch-heidn. Stab-R. verdrängt habe, ist angesichts der umfangreichen angelsächs. und altnord. christl. Stabreimdichtung nicht haltbar.

In der dt. Dichtung setzte sich der R. schnell als ausschließliches poet. Kunstmittel durch. Eine erste Blütezeit hatte die R.-Kunst in der Kunstlyrik des MA. in Minnesang und Troubadourdichtung, sodann in den oft spieler. Experimenten hoch- und spätbarocker R.-Virtuosen des 17. Jh. Erst im 18. Jh. kam es teilweise zu einer Abkehr vom R. Im Rückgriff auf antike Versmaße (F. G. KLOPSTOCK) gewannen reimlose Gedichte an Bedeutung (→Ode, →Hymne, →freie Rhythmen), aus dem Englischen wurde der →Blankvers übernommen. GOETHE und v. a. die Stimmungslyrik der Romantik führten eine neue Blüte der R.-Poesie herauf. Seit dem Naturalismus tritt der R. jedoch immer mehr zurück. Außerhalb des europ. Kulturkreises ist der R. ein bedeutendes Schmuckmittel in der arab., pers., ind. und chin. Lyrik.

*Reimarten:* Während anfänglich, und später noch in volkstüml. Dichtung, der Gleichklang einer Silbe, meist der Endsilbe des Verses, mit einer anderen Silbe oder auch der Gleichklang allein der Vokale genügte (→Assonanz), wurden bald der Einklang der Wortlaute vom Vokal der Hauptsilben an und sorgsame Unterscheidung der Vokalqualität selbst gefordert. Man unterscheidet im Deutschen **End-R.** (Aufeinanderreimen der Versschlüsse) und **Inneren R. (Inreim, Binnen-R.)**, an dem mindestens ein Wort innerhalb des Verses beteiligt ist. Der Binnen-R. wird zum **Schlag-R.** bei zwei unmittelbar aufeinanderfolgenden R.-Wörtern: ›singende, klingende‹. Man spricht von **Mittel-R.**, wenn die Wörter in der Versmitte reimen. Beim **Mitten-R.** reimt das Versende mit einem Wort im Innern der folgenden oder vorangehenden Verszeile. Reimen die ersten Wörter zweier Verse, so spricht man von **Anfangs-R.** In →leoninischen Versen reimen Zäsur und Versende.

**Stumpf** oder **männlich** heißt der R., wenn einsilbige Wörter oder die letzte Silbe von Wörtern reimen (Strahl/Tal), **klingend** oder **weiblich**, wenn zwei Silben reimen (Worte/Pforte), **gleitend** oder **reich**, wenn drei oder mehr Silben reimen (zornige, dornige). Verteilen sich die R.-Silben auf zwei oder mehrere kurze Wörter, heißt der R. **gespalten**. Nach Abfolge unterscheidet man **Paar-R.** (aa, bb), **Kreuz-R.** (ab, ab), **umarmenden R.** (abba), **Schweif-R.** (aab, ccb), **Drei-R.** (aaa), **verschränkten R.** (abc, abc), **Ketten-R.** oder **äußeren R.** (aba, bcb, cdc, usw.). Reimen zwei oder mehrere Verse, die versch. Strophen angehören, spricht man von **Körnern**. Eingestreute reimlose Verse nennt man **Waisen.** – Stimmen die R.-Silben in Vokalen und Konsonanten (abgesehen vom Anlaut der ersten R.-Silbe) genau zusammen, so ist der R. **rein**. Ist Vokal oder Konsonant im Laut etwas abweichend (erschienen/grünen), so ist der R. **unrein**. Reimt auch der Anlaut der R.-Silbe mit, so heißt der R. **rührend** (Wirt/wird; gilt im Deutschen als fehlerhaft, wird aber im Frz. als ›rime riche‹ geschätzt). Der **Schüttel-R.** entsteht, indem die anlautenden Konsonanten reimender Silben oder Wörter vertauscht werden (›Die böse Tat den Schächer reut/Doch nur weil er den Rächer scheut‹).

A. HEUSLER: Dt. Versgesch., 3 Bde. (²1956, Nachdr. 1968); F. SCHLAWE: Neudt. Metrik (1972); Die Genese der europ. Endreimdichtung, hg. v. U. ERNST u. a. (1977); I. BRAAK: Gattungsgesch. dt.-sprachiger Dichtung in Stichworten, Tl. 2: Lyrik, 2 Bde. (1978–79); ders.: Poetik in Stichworten (⁶1980); W. HOFFMANN: Altdt. Metrik (²1981); B. NAGEL: Das R.-Problem in der dt. Dichtung (1985).

**Reimann, 1)** Aribert, Komponist und Pianist, * Berlin 4. 3. 1936; studierte u. a. bei B. BLACHER und E. PEPPING und trat seit 1957 als Pianist auf (u. a. als Liedbegleiter mit D. FISCHER-DIESKAU, ELISABETH GRÜMMER, E. HAEFLIGER). R. ging von den Werken des späten A. WEBERN mit ihrer Komprimierung des Ausdrucks aus. Charakteristisch für seine Tonsprache sind (neben einer aus der Form des Liedes erwachsenen Melodik) eine subtile Gestaltung der Klangfarbe, eine rhythm. Vielfalt und eine expressive Grundhaltung bei Verwendung sowohl traditioneller als auch moderner Techniken.

*Werke: Opern:* Ein Traumspiel (1965; nach A. STRINDBERG); Melusine (1971; nach Y. GOLL); Lear (1978; nach W. SHAKESPEARE); Die Gespenstersonate (1984; nach STRINDBERG); Troades (1986; nach den ›Troerinnen‹ des EURIPIDES von F. WERFEL). – *Ballette:* Die Vogelscheuchen (1969; nach G. GRASS); Chacun sa chimère (1982; nach C. BAUDELAIRE). – *Orchesterwerke:* 2 Klavierkonzerte (1961, 1972); Loqui (1969); 7 Fragmente (1988); Konzert für Violine, Violoncello und Orchester (1989). – *Vokalwerke:* Hölderlin-Fragmente (1963; für Sopran und Orchester); Inane (1968; Monolog für Sopran und Orchester); Requiem (1982; für Soli, Chor und Orchester); Ein apokalypt. Fragment (1987; für Mezzosopran, Klavier und Orchester); Shine and dark (1991; für Bariton und Klavier).

A. R.s ›Lear‹, Weg einer neuen Oper, hg. v. KLAUS SCHULTZ (1984).

**2)** Brigitte, Schriftstellerin, * Burg b. Magdeburg 21. 7. 1933, † Berlin (Ost) 20. 2. 1973. R.s frühe literar. Arbeiten wie ›Die Frau am Pranger‹ (1956) und ›Ankunft im Alltag‹ (1961) können als typ. Beispiele für die ›Aufbauphase‹ in der Literatur der Dt. Dem. Rep. ablösenden ›Ankunftsliteratur‹ gelten. Mit der Erzählung ›Die Geschwister‹ (1963) griff R. das Thema der ›Republikflucht‹ auf. Der Roman ›Franziska Linkerhand‹ (hg. 1974) blieb durch ihren frühen Tod Fragment. Daneben entstanden auch Hörspiele.

**3)** Hans, Pseudonyme **Artur Sünder, Hanns Heinz Vampir, Max Bunge** u. a., Schriftsteller, * Leipzig 18. 11. 1889, † Schmalenbeck (heute zu Großhansdorf, Kr. Stormarn) 13. 6. 1969; war Herausgeber der satir. Zeitschriften ›Der Drache‹ (1919–25) und ›Das Stachelschwein‹ (1924–29), ab 1952 Verfasser und Herausgeber des literaturkrit. Almanachs ›Literazzia‹; zeitweise Kabarettist; schrieb humorist. Romane, Grotesken, Satiren, Parodien (u. a. auf E. WALLACE, H. H. EWERS und HEDWIG COURTHS-MAHLER) und Gedichte. Er verfaßte die Bühnenfassung zu J. HAŠEKs satir. Schwejk-Roman (1927, mit M. BROD) und zu H. SPOERLs Schülerroman ›Die Feuerzangenbowle‹ (1936, mit SPOERL); auch Drehbuchautor.

**4)** Max, Politiker, * Elbing 31. 10. 1898, † Düsseldorf 18. 1. 1977; Werftarbeiter, dann Bergmann, seit 1919 Mitgl. der KPD, 1939–45 inhaftiert (KZ Sachsenhausen), wurde 1948 Vors. der KPD für das Gebiet der späteren Bundesrep. Dtl.; 1949–53 war er MdB und Vors. der KPD-Fraktion. 1954–69 lebte er in der Dt. Dem. Rep. und setzte sich für die Wiederzulassung der 1956 vom Bundesverfassungsgericht verbotenen KPD ein; ab 1971 Ehren-Vors. der DKP.

**Reiherschnabel:** Schierlingsreiherschnabel (Blüten und Früchte)

**Aribert Reimann**

**Max Reimann**

# Reim

Hermann Samuel Reimarus

**Reimarus,** Hermann Samuel, Philosoph und Theologe, * Hamburg 22. 12. 1694, † ebd. 1. 3. 1768; war nach Lehrtätigkeit an der Univ. Wittenberg (ab 1719) und Rektorat in Wismar (1723–28) ab 1728 Prof. für oriental. Sprachen am Akadem. Gymnasium seiner Heimatstadt und lehrte hebr. Philologie und Philosophie. Seine von der Philosophie C. WOLFFS geprägten Schriften ›Die vornehmsten Wahrheiten der natürl. Religion‹ (1754) und ›Die Vernunftlehre‹ (1756) verteidigen den Deismus und die natürl. vernunftgemäße Religion gegen die Kritik der frz. Aufklärer und die Unterdrückung durch die christl. Kirchen. In seinem Hauptwerk ›Apologie oder Schutzschrift für die vernünftigen Verehrer Gottes‹ (verfaßt wahrscheinlich vor 1747) kommt er zu dem Schluß, daß weder A. T. noch N. T. den Anspruch des Christentums auf göttl. Offenbarung rechtfertigen. Die Lehre von der Erlösung der Menschheit durch den leidenden CHRISTUS sei ein Konstrukt der Jünger, zu dessen Stütze sie den Leichnam JESU CHRISTI gestohlen und die Geschichte von der Auferstehung erfunden hätten. Die Veröffentlichung einzelner Teile dieser von R. wegen ihrer Brisanz zurückgehaltenen Schrift durch G. E. LESSING in den Jahren 1774–78 (1784 hg. als ›Fragmente des Wolfenbüttelschen Ungenannten‹) löste die heftigste theolog. Kontroverse in Dtl. im 18. Jh., den ›Fragmentenstreit‹ (J. M. GOEZE, J. S. SEMLER), aus und gab der →Leben-Jesu-Forschung den entscheidenden Impuls.

*Ausgabe:* Apologie oder Schutzschr. für die vernünftigen Verehrer Gottes, hg. v. G. ALEXANDER, 2 Bde. (1972).
W. SCHMIDT-BIGGEMANN: H. S. R. Handschriftenverz. u. Bibl. (1979); G. GAWLICK: H. S. R., in: Gestalten der Kirchengesch., hg. v. M. GRESCHAT, Bd. 8 (1983); P. STEMMER: Weissagung u. Kritik. Eine Studie zur Hermeneutik bei H. S. R. (1983).

Georg Andreas Reimer

**Reimbrechung,** die stilist. Erscheinung, daß die in einem Reimpaar verbundenen Verse (aa) syntaktisch getrennt sind, während die syntaktisch verbundenen Verse versch. Reimpaaren angehören (im Unterschied zur **Reimbindung,** bei der die den gleichen Reim tragenden Verse auch syntaktisch zusammengehören, was über längere Strecken monoton wirkt). Seit der zweiten Hälfte des 12. Jh. drang in der dt. Dichtung die R. auf Kosten der Reimbindung immer mehr vor; meisterhaft beherrschen sie GOTTFRIED VON STRASSBURG und KONRAD VON WÜRZBURG. Der Terminus R. ist im Anschluß an die von WOLFRAM VON ESCHENBACH im ›Parzival‹ gebrauchte Wendung

**Reimarus,** Hermann Samuel, Philosoph und ›rîme ... samnen unde brechen‹ geprägt worden, in der ›rîm‹ die alte Bedeutung ›Vers‹ hat.

**Reimer,** Georg Andreas, Buchhändler und Verleger, * Greifswald 27. 8. 1776, † Berlin 26. 4. 1842; der wichtigste Verleger der dt. Romantiker, war mit E. M. ARNDT, J. G. FICHTE, A. W. SCHLEGEL, F. SCHLEIERMACHER und den BRÜDERN GRIMM befreundet. R. erwarb 1819 die ›Realschulbuchhandlung‹ (gegr. 1749) mit Buchdruckerei, die seinen Namen erhielt und 1897 an den Verlag Walter de →Gruyter überging. 1822 übernahm er die Weidmannsche Buchhandlung in Leipzig, die von seinem Sohn KARL AUGUST (* 1801, † 1858) und S. HIRZEL geleitet wurde. Ein weiterer Sohn, DIETRICH ARNOLD (* 1818, † 1899), gründete 1845 den nach ihm benannten Verlag.

**Reimer-Tiemann-Synthese** [nach den Chemikern KARL REIMER, * 1856, † 1921, und FERDINAND TIEMANN, * 1848, † 1899], Verfahren zur Gewinnung von Phenolaldehyden aus Phenolen durch Umsetzung mit Chloroform und Natronlauge bei 70 °C; man erhält z. B. Salicylaldehyd gemäß

$$C_6H_5-OH + CHCl_3 + 3\,NaOH \rightarrow$$
$$\rightarrow HO-C_6H_4-CHO + 3\,NaCl + 2\,H_2O.$$

Durch geeignete Wahl der zugesetzten Lösungsmittel kann die Reaktion mehr zur Bildung des ortho- oder des para-Isomeren gelenkt werden.

**Reimgebet,** lat. **Pium dictamen,** im MA. Bez. für geistl. Lyrik, die nicht zum liturg. Gebrauch, sondern zur privaten Andacht und Erbauung bestimmt war. Kennzeichnend sind die Ichform gegenüber der Wir-Aussage in der liturg. Dichtung und die meist einheitliche metr., rhythm. oder gereimte Versform. Das R. wurde seit dem 10. Jh. v. a. in klösterl. Gemeinschaften, bes. von den Kartäusern, gepflegt und hatte seine Blütezeit im Spät-MA. (Stundenlied, Reimpsalterium, Rosarium).

**Reim|offizium,** lat. **Historia rhythmica,** im MA. eine Form des liturg. Stundengebets, in dem die gesungenen Texte des Offiziums (Antiphon, Responsorium, Hymnus) als freie Nachdichtungen von bibl. Stoffen und Heiligenviten erst in Reimprosa, später in metr. oder rhythm. Reimversen gefaßt sind. Das R. entwickelte sich ab dem 9. Jh. von N-Frankreich aus und erreichte seine Blüte in Europa (außer in Italien) im 13. Jh. v. a. durch JULIAN VON SPEYER († um 1250) und die Franziskaner (etwa 770 R.), bis es wie Tropus und Sequenz vom Trienter Konzil aus dem Röm. Brevier (1568) verbannt wurde.

*Ausgabe:* Drei liturg. Reimhistorien aus dem Kreis der Minderen Brüder, übers. v. F. WELLNER (1951, lat.-dt.).
Die Musik in Gesch. u. Gegenwart, hg. v. F. BLUME, Bd. 11 (Neuausg. 1989).

**Reimpaar,** zwei durch Paarreim (aa bb) verbundene Verse; Grundform der mittelalterl. dt. Dichtung, wobei vierhebige Verse bei weitem dominieren. Auch für einen Teil der in Langzeilen abgefaßten Heldenepik (→Nibelungenstrophe, →Kudrunstrophe) und die frühe mittelhochdt. Lyrik (z. B. die des KÜRENBERGERS) ist das R. metrisch konstitutiv; in volkstüml. Dichtung bis in die Gegenwart verbreitet.

**Re|implantation,** *Medizin:* →Replantation.

**Reimprosa,** rhetor. Prosa oder Kunstprosa, die neben anderen rhetor. Figuren auch das Homöoteleuton (Wiederkehr gleichlautender Endsilben in aufeinanderfolgenden Wörtern, Satzteilen oder kürzeren Sätzen) verwendet. In der Antike bes. von GORGIAS gepflegt, blieb die R. bis ins lat. MA. beliebt.

**Reims** [rɛ̃s], Stadt im Dép. Marne, Frankreich, (1990) 185 000 Ew.; 83 m ü. M., am Austritt der Vesle aus der Montagne de R., Teil der Schichtstufe der Île de France (→Pariser Becken); Sitz eines kath. Erzbischofs, Univ. (gegr. 1969), Konservatorium, Kunsthochschule, Museen. R. ist Hauptort der Champagne,

Reims: Südostansicht der Kathedrale Notre-Dame; 1211 begonnen, um 1300 vollendet; links im Bild das Palais du Tau; 17. Jh.

insbesondere Champagnerhandelszentrum; Maschinenbau, Herstellung von Autoteilen und Haushaltsgeräten, Flugzeug-, Textil- (bes. Konfektions-) und Nahrungsmittelindustrie, Champagnerkellereien mit Zulieferindustrie; Flugplatz.

R., das gall. **Durocortorum**, Hauptort der (namengebenden) belg. Remer, war wegen seiner günstigen Lage am Schnittpunkt wichtiger Straßen Hauptstadt der röm. Prov. Gallia Belgica, nach deren Teilung der Prov. Belgica II, später einer Kirchen-Prov., und neben Metz die Residenz der Könige von Austrasien. Die Erzbischöfe, seit 940 zugleich Grafen, später Herzöge von R. und Pairs von Frankreich, erlangten 1179 das alleinige Recht, die Könige von Frankreich zu krönen. 1429 führte JEANNE D'ARC den Dauphin KARL (als König KARL VII.) durch das von den Engländern besetzte Land zur Krönung nach R., dessen Kathedrale so zum Symbol der nat. Einigung wurde. – Am 7. 5. 1945 unterschrieb Generaloberst A. JODL in R., dem Hauptquartier D. EISENHOWERS, die Gesamtkapitulation der dt. Wehrmacht.

Reimser Schule: Seite aus dem Utrecht-Psalter; um 830 (Utrecht, Universitätsbibliothek)

Die Kathedrale Notre-Dame, eine der bedeutendsten got. Kathedralen Frankreichs, wurde nach Brand eines Vorgängerbaus 1211 begonnen und im wesentlichen um 1300 vollendet; Langhaus und Querschiff sind dreischiffig, der Chor fünfschiffig mit Kapellenkranz (BILD →Chorumgang); die Westfassade gliedert sich in die Portalzone (BILD →Gewände) mit reichem Skulpturenschmuck (›Jungfrauenportal‹ u. a.), in die Mittelzone mit großer Fensterrose und in das Abschlußgeschoß mit einer Statuengalerie (Königsgalerie), über dem sich zwei stumpfe Türme erheben. Von der Ausstattung ist nur noch wenig erhalten, u. a. Grisaillefenster des 13. Jh. im Querschiff (sechs neue Fenster von M. CHAGALL, 1974). Der ehem. bischöfl. Palast (Palais du Tau, 17. Jh.) enthält den Kirchenschatz (Goldschmiedearbeiten), Wandteppiche und Skulpturen. – Im N der Stadt die Porte de Mars, ein röm. Triumphbogen des 2. Jh. n. Chr.; im S die Kirche Saint-Rémi aus der 1. Hälfte des 11. Jh., Chor, Gewölbe und Westfassade aus frühgot. Zeit (mit Museum). Musée Saint-Denis (Malerei, Wandteppiche); Museum im Hôtel Le Vergeur (13. – 16. Jh.) (u. a. Kupferstiche von A. DÜRER).

**Reimser Schule** [ˈrɛ̃sər-], Zentrum karoling. Buchmalerei nach dem Tod KARLS D. GR. unter dem Patronat des Erzbischofs EBO (816–835; wiedereingesetzt 840–841). Hauptwerke sind das Ebo-Evangeliar (vor 835; Épernay, Bibliothèque Municipale) und der Utrecht-Psalter (um 830; Utrecht, Univ.-Bibliothek). Die R. S. steht in der Nachfolge der Palastschule KARLS D. GR. und bildete einen eigenständigen graph. Stil aus.

**Rein, 1)** Heinz, Schriftsteller, * Berlin 9. 3. 1906; war Bankkaufmann, dann Journalist und freier Schriftsteller; nach 1933 Schreibverbot und Inhaftierung. R. wurde v. a. durch seinen realist. Kriegsroman ›Finale Berlin‹ (1947) bekannt.

Weitere Werke: Berlin 1932 (1946); In einer Winternacht Berlin, März 1947 (1952); Zwei Trümpfe in der Hinterhand. 16 Kriminalstories (1988).

**2)** Johannes Justus, Geograph, * Raunheim 27. 1. 1835, † Bonn 23. 1. 1918; bereiste im Auftrag der preuß. Reg. 1873–75 Japan zum Studium von Industrie und Handel; ab 1876 Prof. in Marburg, ab 1883 in Bonn.

Hauptwerk: Japan, 2 Bde. (1881–86).

J. HOHMANN: J. J. R., in: Erdkunde, Bd. 22 (1968).

**3)** Walter, Komponist, * Stotternheim (bei Erfurt) 10. 12. 1893, † Berlin 18. 6. 1955; war Chorleiter und Hochschuldozent, zuletzt 1935–45 an der Akademie für Kirchen- und Schulmusik in Berlin; einer der führenden Vertreter der Jugendmusikbewegung. R. komponierte v. a. Chorwerke, Lieder, Spiel- und Bläsermusiken sowie Klavierwerke.

**4)** Wilhelm, Pädagoge, * Eisenach 10. 8. 1847, † Jena 19. 2. 1929; ab 1886 Prof. in Jena; einer der führenden Herbartianer; erzielte durch seine Univ.-Schule und seine Ferienkurse auch internat. Breitenwirkung. Erziehungsziel war im Sinne J. F. HERBARTS der sittlich-religiöse Charakter; in seiner Schule nahm er aber zahlreiche Anregungen der Reformpädagogik auf. Er setzte sich für ein einheitl. Schulsystem mit sechsjähriger gemeinsamer Grundschule sowie für die Erwachsenenbildung ein.

Werke: Theorie u. Praxis des Volksschulunterrichts nach Herbartischen Grundsätzen, 8 Bde. (1878–85, mit A. PICKEL u. E. SCHELLER); Pädagogik im Grundr. (1890); Pädagogik in systemat. Darst., 2 Bde. (1902–06); Grundl. der Pädagogik u. Didaktik (1909). – Hg.: Encyklopäd. Hb. der Pädagogik, 7 Bde. (1895–99).

H.-E. POHL: Die Pädagogik W. R.s (1972); W. WITTENBRUCH: Die Pädagogik W. R.s (1972).

**Rein|absorptionsgrad,** →Absorption 2).

**Reinach** [rɛˈnak], Salomon, frz. Archäologe, Kunsthistoriker und Religionswissenschaftler, * Saint-Germain-en-Laye 29. 8. 1858, † Paris 4. 11. 1932; war als Archäologe v. a. in Tunesien und am Bosporus tätig und wurde 1901/02 Direktor des archäolog. Museums von Saint-Germain-en-Laye und Prof. an der École du Louvre in Paris; publizierte u. a. mehrbändige Sammelwerke (›Répertoire des vases peints grecs et étrusques‹, 2 Tle., 1899–1900; ›Répertoire de la statuaire grecque et romaine‹, 5 Tle., 1897–1910); befaßte sich bes. mit antiker Mythologie, Kunst und Religion.

Weitere Werke: Cultes, mythes et religions, 5 Bde. (1905–23); Éphémérides de Glozel, 2 Bde. (1928–30).

**Reinach (BL)**, Gem. im Kt. Basel-Landschaft, Schweiz, 306 m ü. M., südlich an Basel anschließend im Birstal, (1991) 18 400 Ew. (davon 12 % Ausländer); Heimatmuseum; Eisen- und Stahlindustrie, Apparatebau.

**Reinaerde** [ˈrɛinɑːrdə], **Reinaert** [ˈrɛinɑːrt], →Reinecke Fuchs.

**Reinbek**, Stadt im Kr. Stormarn, Schlesw.-Holst., am östl. Stadtrand von Hamburg, an der Bille und am SW-Rand des Sachsenwaldes, (1990) 24 600 Ew.; Institut für Ökonomie (Arbeitswissenschaft) der Bun-

**Reims**
Stadtwappen

Hauptort der Champagne

83 m ü. M.

am Fuß einer Landstufe im Pariser Becken

185 000 Ew.

Hauptstadt der römischen Privinz Gallia Belgica

Königliche Residenz

Kathedrale (13. Jh.), seit Jeanne d'Arc Symbol der nationalen Einigung

Bischöflicher Palast (17. Jh.), heute Museum

Universität (1969 gegründet)

Champagnerherstellung und -handel

Kfz-Zeichen: 51

Postleitzahl: F-51000

Wilhelm Rein

**Rein** Reinbot – Reinecke Fuchs

desforschungsanstalt für Forst- und Holzwirtschaft, Museum Rade; Verlags- und Druckereigewerbe, Maschinen- und Werkzeugbau, Verpackungs-, Nahrungsmittelindustrie, Herstellung von Spirituosen, elektron. Geräten und Kunststoffwaren. – Die Siedlung R. entstand um das gegen 1250 gegründete und 1534 zerstörte Zisterzienserinnenkloster. 1529 fiel R. durch Kauf an die dän. Könige; bei den Landesteilungen kam es 1544 an das Haus Gottorp. 1867 fiel es an Preußen. 1952 wurde R. Stadt. – Das Renaissanceschloß wurde in den 1570er Jahren an der Stelle des Zisterzienserinnenklosters errichtet.

**Reinbot, R. von Durne,** mittelhochdt. Dichter des 13. Jh. aus Bayern; schrieb für Herzog OTTO II. von Bayern und dessen Frau den Legendenroman ›Der hl. Georg‹ (6 134 Verse), wobei er den Legendenstoff – noch ohne den Drachenkampf – stark im Stil ritterlich-höf. Epik bearbeitete.
*Ausgabe:* Der hl. Georg, hg. v. C. VON KRAUS (1907). W. WILLIAMS-KRAPP: R. v. D., in: Die dt. Lit. des MA. Verfasserlex., begr. v. W. STAMMLER, hg. v. K. RUH u. a., Bd. 7 (²1989).

**Reindeer Lake** ['reɪndɪə 'leɪk], **Rentiersee** ['rɛn-, 'reːn-], inselreicher See in Kanada, im NO der Prov. Saskatchewan, reicht bis in die Prov. Manitoba, 337 m ü. M., 6 651 km²; entwässert über den Reindeer River zum Churchill River; fischreich.

**Reindichte,** Kenngröße, → Rohdichte.

**Reinecke, 1)** Carl Heinrich Carsten, Komponist, Pianist und Dirigent, * Altona (heute zu Hamburg) 23. 6. 1824, † Leipzig 10. 3. 1910; studierte bei seinem Vater, dem Musikpädagogen RUDOLF R. (* 1795, † 1883), war 1860–95 Kapellmeister der Gewandhauskonzerte in Leipzig und (bis 1902) Lehrer am dortigen Konservatorium. Als Pianist wurde er bes. durch seine Mozart-Interpretationen bekannt und setzte sich für die Werke F. CHOPINS und R. SCHUMANNS ein. Seine Kompositionen zeigen stilist. Verwandtschaft zur Musik von SCHUMANN, F. MENDELSSOHN BARTHOLDY und J. BRAHMS. R. komponierte Sinfonien, Instrumentalkonzerte, Kammer- und Klaviermusik, Opern, Chorwerke, Lieder und trat auch als Musikschriftsteller hervor.

Carl Reinecke

**2)** Paul, Prähistoriker, * Berlin 25. 9. 1872, † Herrsching a. Ammersee 12. 5. 1958; 1908–37 Konservator am Bayer. Landesamt für Denkmalpflege in München. Seine Arbeiten waren grundlegend für die Chronologie der Bronze- und Eisenzeit des südl. Mitteleuropa und der Balkanländer.

**Reinecke Fuchs, Reineke Fuchs, Reinhart Fuchs,** Gestalt der Tierdichtung, um die sich in mehreren Traditionssträngen folgende Erzählungen lagern: 1) Ysengrimus, 2) Roman de Renart, 3) Van den vos Reinaerde, 4) Reynke de vos, 5) Reinhart Fuchs. Der ursprüngl. Name des Fuchses ist Reinhart (im Sinne von ›der wegen seiner Schlauheit Unüberwindliche‹), so erstmals im lat. ›Ysengrimus‹ (Mitte 12. Jh.) des NIVARDUS VON GENT, der u. a. antike Tierfabeln (AISOPOS, AVIANUS) heranzieht. Direkt weitergewirkt hat jedoch der altfrz. ›Roman de Renart‹ von PIERRE DE SAINT-CLOUD (12. Jh.) und mehreren anonymen Verfassern, dessen älteste der 27 Tiergeschichten (Branchen) bis 1174 zurückreichen. Er basiert überwiegend auf dem ›Ysengrimus‹ sowie auf dem anonymen lat. Tierepos ›Ecbasis captivi‹ (1043–46). Das mittelniederländ. Gedicht ›Van den vos Reinaerde‹ (um 1250), der ›Reinaerde I‹, folgt weitgehend der Branche I des ›Roman de Renart‹, die vom Hoftag des Königs Noble berichtet, an dem die Tiere ihre Klagen gegen den hinterhältigen Fuchs Renart vorbringen, von der Ladung Renarts und der Gerichtsverhandlung gegen ihn sowie von seiner List, mit der er den König für sich gewinnt. Diese Geschichte wurde um 1375 im ›Reinaerde II‹, der ›Reinaerts Historie‹, neu gefaßt und nach der Branche IV des ›Roman de Renart‹ erweitert. Auf dieser mittelniederländ. Version des ›Reinaerde II‹, und zwar in der moraltheologisch glossierten Fassung des HINREK VAN ALKMAR (gedruckt Antwerpen 1487), fußt in den Büchern II–IV der anonyme mittelniederdt. Versroman ›Reynke de vos‹, der 1498 in Lübeck gedruckt wurde. Es handelt sich um eine Parodie der höf. Gesellschaft, um einen satir. Fürstenspiegel, worauf bereits M. LUTHER und GOETHE hinwiesen. Diese Erzählung wurde immer wieder aufgelegt, neu bearbeitet und in zahlreiche europ. Sprachen übersetzt (erste hochdt. Übersetzung Frankfurt am Main 1544; lat. Übersetzung 1567); in der Prosaübersetzung J. C. GOTTSCHEDS (1752) liegt sie GOETHES ›Reineke Fuchs‹ (1794) zugrunde. Während im ›Roman de Renart‹ – und seiner mittelniederländ. und mittelniederdt. Rezeption – der Fuchs als Schelmenfigur der Kritik an der Gesellschaft (v. a. Fürsten und Klerus) dient, wird er im ›Reinhart Fuchs‹, den ein elsäss. Dichter HEINRICH DER GLICHESAERE nach 1192 oder schon um 1162/65 in vierhebigen Reimpaaren schuf, zur Inkarnation des Bösen. HEINRICH folgt weitgehend dem ›Roman de Renart‹; wo er jedoch ändert, zeigt er sich eigenständig und zielstrebig, dabei pessimistisch und antistaatlich, indem er in histor. Ereignisse geißelt und die Handlung konsequent auf die Vergiftung des Königs der Tiere, des Löwen, durch Reinhart zulaufen läßt.

*Reinecke Fuchs:* Seite aus dem mittelniederdeutschen Versroman ›Reynke de vos‹, gedruckt 1498 in Lübeck (Wolfenbüttel, Herzog-August-Bibliothek)

Die Fabel entzieht sich durch die ›histor. Mehrschichtigkeit der Anspielungsebenen‹ (UTE SCHWAB, * 1928) einer einfachen Deutung, doch geht die Forschung seit G. BAESECKE von einer antistauf. Tendenz des – vermutlich im Dienste der Zähringer verfaßten – Textes aus.
*Ausgaben: Ysengrimus:* Ysengrimus, hg. v. J. MANN (1987). – *Roman de Renart:* Le roman de Renart, hg. v. E. MARTIN, 3 Bde. (1882–87, Nachdr. 1973); Le roman de Renart, hg. v. M. ROQUES, 6 Bde. (1948–63). – *Van den vos Reynaerde:* Van den Vos Reynaerde, hg. v. W. G. HELLINGA (1952); Van den Vos Reinaerde, hg. v. D. C. TINBERGEN (Neuausg.

1979); Reynaerts historie. Reynke de Vos. Gegenüberstellung einer Ausw. aus den niederländ. Fassungen u. des niederdt. Textes von 1498, hg. v. J. GOOSSENS (1983). – Reinhart Fuchs, übers. v. A. BERTELOOT u. a. (Neuausg. 1987). – *Reynke de vos:* Reinke de Vos, hg. v. A. LEITZMANN (³1960); R. F. Das niederdt. Epos Reynke de Vos von 1498, übers. v. K. LANGOSCH (1967, Nachdr. 1984); Reynke de Vos. Nach der Lübecker Ausg. von 1498, hg. u. übers. v. H. J. GERNENTZ (1987). – *Reinhart Fuchs:* Reinhart Fuchs, hg. v. K. REISSENBERGER (²1908); Das mhd. Gedicht vom Fuchs Reinhart, hg. v. G. BAESECKE (²1952); Heinrich der Glichezâre: Reinhart Fuchs, hg. u. übers. v. K.-H. GÖTTERT (1976, Nachdr. 1980); Heinrich der Glichesaere: Fuchs Reinhart, hg. v. W. SPIEWOK (1977); Der mhd. Reinhart Fuchs, hg. v. D. EHRISMANN (1980); Der Reinhart Fuchs des Elsässers Heinrich, hg. v. K. DÜWEL (1984).
Reinært, Reynard, Reynke: Studien zu einem mittelalterl. Tierepos, hg. v. J. GOOSSENS u. a. (1980); A. SCHWOB: Die Kriminalisierung des Aufsteigers im mhd. Tierepos vom ›Fuchs Reinhart‹ u. im Märe vom ›Helmbrecht‹, in: Zur gesellschaftl. Funktionalität mittelalterl. dt. Lit. (Greifswald 1984); Reinardus. Yearbook of the International Reynard Society (Den Haag 1988 ff.).

**Reinecker,** Herbert, Schriftsteller, * Hagen 24. 12. 1914; arbeitet v. a. für Film, Funk und Fernsehen; schrieb u. a. die Drehbücher zu den Filmen ›Canaris‹ (mit E. EBERMAYER, 1954) und ›Der Stern von Afrika‹ (1956) sowie zu den Kriminalfilmserien ›Der Kommissar‹ (1969–76) und ›Derrick‹ (seit 1974).

**Reineclaude** [rɛːnəˈkloːdə], **Reneklode,** Unterart des →Pflaumenbaums.

**Rein|eisen,** Eisen mit mindestens 99,5% Fe, z. B. Armco-Eisen mit 99,8–99,9% Fe und →Elektrolyteisen (mindestens 99,9% Fe).

**Rein|eisenband, Metallpulverband,** spezielles Magnetband, bei dem reinste Eisen- oder Kobaltpartikeln in die Magnetschicht eingelagert sind. Die Bänder müssen durch eine Oberflächenbeschichtung vor Korrosion (Verrosten) geschützt werden. R. erlauben Hi-Fi-Qualität auch bei der niedrigen Bandgeschwindigkeit (2,4 cm/s) von Mikrokassetten. Der Kassettenrecorder muß aber über eine Bandsortenumschaltung und einen besonderen Tonkopf verfügen, von dem die stärkeren Magnetfelder eines R. ohne Verzerrungen verarbeitet werden können.

**Rein|elemente,** die →anisotopen Elemente.

**reine Linie,** *Genetik:* genotypisch einheitliche Gruppe homozygoter Individuen, die entweder durch Selbstbefruchtung oder durch fortgesetzte Inzucht entsteht.

**Reiner,** männl. Vorname, Nebenform von Rainer.
**Reiner, R. der Deutsche,** latinisiert **Reinerus Alemannicus,** mittellat. Dichter der ersten Hälfte des 13. Jh.; Magister im Rhein-Maas-Gebiet, schrieb für ein städt. Publikum (Adel, Bürgertum) den ›Fagifacetus‹ (Anstandsbuch des Essens, 440 Verse) und führte in dieser ausführlichsten Tischzucht des MA. die zeitgenöss. Eß- und Trinkkultur beim Mahl mit einem Herrn, einem Freund und einer Dame in antikisierter, oft witziger Bildsprache vor. Das Werk wurde im dt. Sprachraum als Schulbuch beliebt, kommentiert und gedruckt (Utrecht 1474; Basel 1490 u. d. T. ›Thesmophagia‹ mit dt. Übersetzung von S. BRANT).
Ausgabe: Reineri Phagifacetus, hg. v. H. LEMCKE (1880).
**Reiner, R. von Huy** [-ɥi], **Renier de Huy** [rəˈnje də-], Goldschmied und Bronzegießer aus Huy (Wallonien), tätig im 1. Viertel des 12. Jh.; sein überragendes Meisterwerk, das von Abt HELLINUS von Notre-Dame-aux-Fonts in Lüttich in Auftrag gegebene bronzene Taufbecken (zw. 1107 und 1118; ebd., Saint-Barthélemy), ist zugleich Höhepunkt der frühen Maaskunst. Das zylindrische Taufbecken umziehen versch. Taufszenen, deren Figuren fast vollplastisch wie auf einer Bühne agieren. Es wird nach dem Vorbild des Ehernen Meeres (nach 1. Kön. 7, 23–26) von ehem. zwölf bronzenen Rindern (zwei verloren). In der meisterhaften organ. Durchbildung der Körper wird der Rückgriff auf antike Vorbilder deutlich. Als weitere eigenständige Schöpfung des R. v. H. gilt ein Bronzekruzifixus (um 1110–20; Köln, Schnütgen-Museum).

**Reiner von Huy:** Taufbecken; zwischen 1107 und 1118 (Lüttich, Saint-Barthélemy)

**Reiner, 1)** Fritz, amerikan. Dirigent ungar. Herkunft, * Budapest 19. 12. 1888, † New York 15. 11. 1963; war nach Stationen u. a. in Budapest, Dresden, Cincinnati (1922–31), Pittsburgh (1938–48) und New York (1949–53 Chefdirigent an der Metropolitan Opera), 1953–63 Chefdirigent des Chicago Symphony Orchestra. Schwerpunkte seines Repertoires waren das Schaffen von R. WAGNER und R. STRAUSS.
**2)** Hans, Philosoph, * Waldkirch 19. 11. 1896, † Freiburg im Breisgau 4. 9. 1991; Schüler E. HUSSERLS, wurde 1939 Prof. in Halle/Saale, 1947 in Freiburg im Breisgau. R. entwarf ein neues System phänomenolog. Wertethik, das (ausgehend von der Unterscheidung nur subjektiv- und objektiv-bedeutsamer Werte) das sittlich Richtige und Falsche vom Guten und Bösen abhebt.
Werke: Pflicht u. Neigung. Die Grundl. der Sittlichkeit ... (1951); Grundl., Grundsätze u. Einzelnormen des Naturrechts (1964); Die philosoph. Ethik. Ihre Fragen u. Lehren in Gesch. u. Gegenwart (1964).
**3)** Imre, Maler, Buchgraphiker und Schriftkünstler, * Werschetz (heute Vršac) 18. 8. 1900, † Ruvigliana (Gem. Castagnola) 22. 8. 1978; arbeitete in den USA, England und Frankreich; lebte ab 1931 in der Schweiz; befreundet mit P. KLEE und O. SCHLEMMER. Neben zahlreichen vorwiegend ornamentalen Buchillustrationen, Zeichnungen und Aquarellen schuf er versch. Druckschriften, z. B. Corvinus (1932), Symphonie (1948), R. Script (1952).
**4)** Wenzel Lorenz, auch **Václav Vavřinec R.,** böhm. Maler, getauft Prag 8. 8. 1689, † ebd. 11. 10. 1743. Sein Werk (Fresken, Altarbilder, Porträts und Landschaften) war zunächst vom Einfluß der niederländ. Malerei geprägt, unter Einwirkung der Helldunkelmalerei in der Nachfolge CARAVAGGIOS und von einem Kolorismus nach dem Vorbild venezian. Maler. Noch im Stil des Barock gehalten, zeigt es doch schon Elemente des Rokoko. Bedeutend sind v. a. seine Wandmalereien (u. a. in der Johann-Nepomuk-Kirche auf dem Hradschin in Prag, 1727) und Landschaftsdarstellungen (›Felslandschaft mit Zigeunerlager‹, vor 1740; Hannover, Niedersächs. Landesgalerie); auch Zeichnungen und Druckgraphik. BILD S. 240
P. PREISS: V. V. R. (Prag 1971); W. L. R.: 1689–1743. Ölskizzen, Zeichnungen u. Druckgraphik, bearb. v. P. PREISS, Ausst.-Kat. (Salzburg 1984).

**Rein|erbigkeit,** die →Homozygotie.
**Rein|ertrag,** der →Reingewinn.

**Hans Reiner**

**Rein** Reinerz – Reinhardt

**Reinerz, Bad R.,** poln. **Duszniki Zdrój** [duʃˈniki ˈzdruj], Stadt in Niederschlesien, in der Wwschaft Wałbrzych (Waldenburg in Schlesien), Polen, zw. Heuscheuer und Habelschwerdter Gebirge, 550 m ü. M., (1985) 6 200 Ew. (1939: 4 700 Ew.); Papiermuseum (in einer hölzernen Papiermühle von 1605); Kurort dank eisenhaltiger Mineralquellen; Glas- und Elektroindustrie. – R. erhielt vor 1324 Stadtrecht. Vom 15. bis 19. Jh. war der Eisenerzabbau wirtschaftlich bedeutend. Um 1800 wurde der Badebetrieb aufgenommen; seit 1945 unter poln. Verwaltung, seit 1991 völkerrechtlich zu Polen.

**Wenzel Lorenz Reiner:** Orpheus bezaubert die Tiere; um 1720 (Prag, Národní Galerie)

**reiner Zustand,** →Quantenstatistik.
**Re|infektion,** Wiederansteckung, erneute Infektion mit demselben Krankheitserreger.
**Reinfeld (Holstein),** Stadt im Kr. Stormarn, Schlesw.-Holst., im Ostholstein. Hügelland, (1991) 7 300 Ew.; Heimatmuseum; Erholungsort. – R. entstand in Anlehnung an das 1186 gegründete und 1582 aufgehobene Zisterzienserkloster **Reynevelde,** das durch seinen Reichtum (Besitz in Lüneburg, Holstein, Lauenburg, Mecklenburg, Vorpommern) und seine polit. Verbindung zu Lübeck erhebliche Macht besaß. 1867 kam R. an Preußen und wurde 1926 Stadt. – Die ev. Kirche wurde 1636 unter Verwendung von Backsteinen der zerstörten Klosterkirche erbaut; Kalksteingrabplatten aus der ehem. Klosterkirche sind erhalten.

**Franz Volkmar Reinhard**

**Reinforcement** [riːɪnˈfɔːsmənt, engl.] *das, -s, Lernpsychologie:* →Verstärkung.
**Reinfried von Braunschweig,** um 1300 entstandener, Fragment gebliebener (nach 27 627 Versen im Satz abbrechend) mittelhochdt. Versroman eines unbekannten alemann. Verfassers von profundem literar., fach- und sachkundigem Wissen; stilistisch von den höf. Klassikern beeinflußt.
*Ausgabe:* Reinfrid v. B., hg. v. K. BARTSCH (1871).
**Reingewinn, Rein|ertrag,** der Unterschiedsbetrag zw. den Erträgen und allen Aufwendungen (im Ggs. zum Rohertrag) einer Periode für den Fall, daß die Erträge die Aufwendungen übersteigen. Bei Kapitalgesellschaften wird der R. in der Gewinn- und Verlustrechnung als Jahresüberschuß ausgewiesen. Im Fall höherer Aufwendungen ergibt sich ein **Reinverlust.**

**Reinhard** [aus ahd. Raginhart, von german. (erschlossen) ragina- ›Rat‹, ›Beschluß‹ und ahd. harti, herti ›hart‹], **Reinhart,** männl. Vorname.
**Reinhard, 1)** *Franz Volkmar,* ev. Theologe, * Vohenstrauß 12. 3. 1753, † Dresden 6. 9. 1812; seit 1780 Prof. in Wittenberg, seit 1784 zugleich Probst an der Schloßkirche, seit 1792 Oberhofprediger und Oberkonsistorialrat in Dresden. Als einer der bedeutendsten Prediger seiner Zeit vertrat er den an I. KANT anschließenden Supranaturalismus in Form eines luther. Konservatismus, der, ausgehend von der Beschränkung der Vernunft auf Naturerkenntnis, übernatürl. Offenbarungswahrheiten als gesonderten Erkenntnisbereich begründen und rechtfertigen wollte.
*Ausgaben:* System der christl. Moral, 5 Bde. (Neuausg. 1823); Predigten, hg. v. J. G. A. HACKER, 43 Tle. (Neuausg. 1831–37).

**2)** *Karl Friedrich Graf* (seit 1815), frz. Diplomat dt. Herkunft, * Schorndorf 2. 10. 1761, † Paris 25. 12. 1837; begann 1792 in Paris seine diplomat. Laufbahn. R. war u. a. 1795 frz. Gesandter in Hamburg, 1799 frz. Außen-Min., 1808–12 Gesandter NAPOLEONS I. in Kassel; 1816–29 war er bei der dt. Bundesversammlung in Frankfurt am Main, 1830–32 in Dresden; 1832 wurde er Pair von Frankreich. R. lernte 1807 in Karlsbad GOETHE kennen; er führte eine umfangreiche Korrespondenz mit bedeutenden Zeitgenossen (u. a. mit GOETHE, SCHILLER, F. SCHLEGEL).
*Ausgabe:* Goethe u. R.: Briefwechsel in den Jahren 1807–1832 (Neuausg. 1957).

**Reinhardsbrunn,** Schloß bei →Friedrichroda.
**Reinhardswald,** bewaldeter Höhenzug links der Weser zw. Münden und Bad Karlshafen, Hessen, eine Hochfläche aus Buntsandstein mit Basaltkuppen (Staufenberg, Gahrenberg, beide 472 m ü. M.). Im O Steilabfall zur Weser, im W Abdachung zur Diemel. Um die →Sababurg Naturschutzgebiet.
**Reinhardt, 1)** [-hɑːt], *Ad,* amerikan. Maler, * Buffalo (N.Y.) 24. 12. 1913, † New York 30. 8. 1967; entwickelte konsequent seinen durch räumlich verschränkte Rechtecke bestimmten Bildstil bei zunehmender Farbreduktion. Den Höhepunkt seines Schaffens bildet sein Spätwerk, das fast nur aus schwarz abgetönten Nuancen besteht, die erst nach längerer Betrachtung eine dynam. farbige Raumstruktur erkennen lassen. R. war ein einflußreicher Lehrer und gilt als ein Wegbereiter der Minimal art.
*Ausgabe:* Schr. u. Gespräche, hg. v. T. KELLEIN (1984).
L. R. LIPPARD: A. R. (a. d. Engl., 1984); G. INBODEN: A. R. (1985); H. HEERE: A. R. u. die Tradition der Moderne (1986).

**Ad Reinhardt:** Yellow Abstraction (Privatbesitz)

**2)** *Django,* eigtl. *Jean Baptiste R.,* frz. Jazzmusiker (Gitarre), * Liberchies (Belgien) 23. 1. 1910, † Fontainebleau 6. 5. 1953; Angehöriger der Roma; begann seine Laufbahn in Pariser Musetteorchestern und gründete 1934 mit dem Geiger S. GRAPPELLY das Quintette du Hot Club de France. 1946 spielte er bei D. ELLINGTON und wurde der erste auch in den USA anerkannte europ. Jazzmusiker. Trotz einer teils gelähmten linken Hand entwickelte R. eine außerordentl. Virtuosität und wirkte stilbildend auf die gesamte Entwicklung des Gitarrenspiels im Jazz.

3) **Karl**, Pädagoge, * Puderbach (bei Neuwied) 12. 7. 1849, † Salem 4. 10. 1923; schuf 1892 das ›Frankfurter System‹ (→ Reformanstalten); war ab 1919 Leiter der Schule Schloß Salem.

4) **Karl**, klass. Philologe, * Detmold 14. 2. 1889, † Frankfurt am Main 9. 1. 1958; wurde 1916 Prof. in Marburg, 1919 in Hamburg, 1923 in Frankfurt am Main, 1942 in Leipzig und 1946 erneut in Frankfurt und beschäftigte sich bes. mit der griech. Philosophie, HOMER und der att. Tragikern.
**Werke:** Platons Mythen (1927); Sophokles (1933); Von Werken u. Formen (1948); Aischylos als Regisseur u. Theologe (1949); Die Ilias u. ihr Dichter (hg. 1961).
**Ausgaben:** Tradition u. Geist. Ges. Essays zur Dichtung, hg. v. C. BECKER (1960); Vermächtnis der Antike. Ges. Essays zur Philosophie u. Geschichtsschreibung, hg. v. ders. (1960).

5) **Max**, eigtl. **M. Goldmann**, Schauspieler, Regisseur und Theaterleiter, * Baden (bei Wien) 9. 9. 1873, † New York 31. 10. 1943; ungar. Staatsbürger; 1890 Debüt als Bühnenschauspieler; gehörte 1894–1903 zum Ensemble O. BRAHMS am ›Dt. Theater‹ Berlin; 1901 Mitbegründer der Berliner kabarettist. Bühne ›Schall und Rauch‹, die 1902 in ›Kleines Theater‹ umbenannt wurde; dieses leitete R. 1903–05. Ebenfalls 1903–06 war er Eigentümer des ›Neuen Theaters‹ (später ›Theater am Schiffbauerdamm‹) und wirkte zunehmend als Regisseur. Seine Inszenierung von SHAKESPEARES ›Sommernachtstraum‹ (1905) erregte außerordentl. Aufsehen (1935 in den USA verfilmt mit W. DIETERLE). Mit seinen alle Theatermittel nutzenden Inszenierungen wurden die Überwindung des Naturalismus und R.s endgültige Trennung von BRAHM markiert, dessen ›Dt. Theater‹ er 1905 übernahm. 1906 wurden die ›Kammerspiele des Dt. Theaters‹ eröffnet. Dem Publikum wurden ein breitgefächerter Spielplan und ein differenziertes Schauspielerensemble geboten. Neben der Aufführung zeitgenöss. Dramatiker (u. a. H. IBSEN, M. MAETERLINCK, H. VON HOFMANNSTHAL, L. PIRANDELLO) stand für R. v. a. die Neugestaltung der Klassiker und des antiken Dramas im Vordergrund: u. a. ›Faust I‹ (1909), ›König Ödipus‹ (1910; in der Münchner Musikfesthalle, im Berliner Zirkus Schumann), ›Faust II‹ (1911), der Shakespeare-Zyklus (begonnen 1913), die ›Orestie‹ zur 1919 erfolgten Eröffnung des zum ›Großen Schauspielhaus‹ umgestalteten Zirkus Schumann. 1920 war R. Mitbegründer der ›Salzburger Festspiele‹, die mit seinen Inszenierungen des ›Jedermann‹ (1920; auf dem Domplatz) und des ›Salzburger Großen Welttheaters‹ (1922; in der Kollegienkirche) glanzvolle Höhepunkte erlebten. 1920 übergab er die Leitung seiner Berliner Bühnen F. HOLLAENDER und übernahm 1923 das Wiener ›Theater in der Josefstadt‹, das 1924 mit C. GOLDONIS ›Diener zweier Herren‹ eröffnet wurde. Im selben Jahr eröffnete R. die ›Komödie am Kurfürstendamm‹ in Berlin; 1929–31/32 wieder Leiter der Berliner Bühnen. 1933 emigrierte er aus Dtl., 1937 endgültig in die USA (ab 1940 amerikan. Staatsbürger). – R. gilt als Begründer des modernen Regietheaters.
L. M. FIEDLER: M. R. in Selbstzeugnissen u. Bilddokumenten (1975); J. L. STYAN: M. R. (Cambridge 1982); M. R., hg. v. E. FUHRICH u. a. (1987); M. BRAUNECK: Klassiker der Schauspielregie. Positionen u. Komm. zum Theater im 20. Jh.

**Reinhart**, Sammlung R., ehem. private Kunstsammlung von OSKAR REINHART (* 1885, † 1965) in Winterthur (Schweiz). 1924 erwarb R. dort das 1915–16 errichtete Jugendstilhaus ›Am Römerholz‹, das er um einen Galeriebau für seine umfangreiche Sammlung (Malerei und Zeichnungen vom MA. bis zu den Impressionisten) erweitern ließ. 1951 wurde ein Teil der Sammlung mit Werken des 19. und frühen 20. Jh. (u. a. A. BÖCKLIN, F. HODLER, W. LEIBL, H. VON MARÉES, H. THOMA, W. TRÜBNER, F. WASMANN) im alten Gymnasium der Stadt Winterthur als **Stiftung Oskar Reinhart** eröffnet. 1958 vermachte R. auch den Rest seiner Sammlung mit Wohnhaus und Galerie dem schweizer. Staat.

**Reinhart**, 1) [-hɑːt], Carole Dawn, amerikan. Trompeterin, * New York 20. 12. 1951; lehrt an der Wiener Musikhochschule; tritt weltweit mit einem breitgefächerten Solorepertoire (Barock bis zur Moderne) auf.

2) **Fabio**, schweizer. Architekt, → Reichlin, Bruno.

3) **Hans**, Medailleur, * Dresden (?), † Leipzig 21. 1. 1581; schuf bedeutende Medaillen mit Porträts wichtiger Persönlichkeiten seiner Zeit (u. a. Kaiser KARL V., ALBRECHT II. von Brandenburg, Erzbischof von Mainz). Sein Hauptwerk ist die Dreifaltigkeitsmedaille des Kurfürsten MORITZ von Sachsen (1544), auch ›Moritzgroschen‹ genannt (u. a. Dresden, Staatl. Kunstsammlungen).

4) **Johann Christian**, Maler, Zeichner und Radierer, * Hof 24. 1. 1761, † Rom 9. 6. 1847; Schüler von A. F. OESER in Leipzig, freundete sich 1785 mit SCHILLER an und lebte 1787–89 in Meiningen, dann in Rom. Unter dem Einfluß v. a. J. A. KOCHS malte er dort klassisch-heroische Landschaften, bewahrte jedoch die Frische der Einzelbeobachtung und eine idyll. Stimmung (v. a. in den Radierungen). Ab 1826 trat er auch als Kunstschriftsteller hervor. Er schrieb auch satir. Dichtungen.
**Hauptwerke:** Waldpartie mit Steineichen (1793; Kopenhagen, Thorvaldsen-Museum); 72 Landschaftsradierungen aus Italien (1799; mit J. W. MECHAU u. K. DIES); Felslandschaft mit Wasserfall (1816; Köln, Wallraf-Richartz-Museum); Vier Ansichten von der Villa Malta auf Rom (1829–35; München, Neue Pinakothek); Wanderers Sturmlied (1832; Stuttgart, Staatsgalerie); Villa Doria Pamphili (1832; Essen, Museum Folkwang); Die Erfindung des korinth. Kapitells durch Kallimachos (1846; München, Neue Pinakothek).
I. FEUCHTMAYR: J. C. R.: 1761–1847. Monographie u. Werk-Verz. (1975); J. C. R.: 1761–1847, bearb. v. E. SCHNEIDER u. a., Ausst.-Kat. (1982); Heroismus u. Idylle. Formen der Landschaft um 1800 bei Jacob Philipp Hackert, Joseph Anton Koch u. J. C. R., Ausst.-Kat. (1984).

Django Reinhardt

Max Reinhardt

Carole D. Reinhart

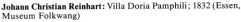

**Johann Christian Reinhart:** Villa Doria Pamphili; 1832 (Essen, Museum Folkwang)

**Rein** Reinhart Fuchs – Reinick

**Reinhart Fuchs,** → Reinecke Fuchs.

**Reinheim, 1)** Stadt im Kr. Darmstadt-Dieburg, Hessen, 159 m ü. M. im Tal der Gersprenz nördlich ihres Austritts aus dem Odenwald, (1991) 16 700 Ew.; Heimatmuseum, Maschinen- und Werkzeugbau, Holzverarbeitung. – Das nach 1260 gegründete R. wurde 1276/77 erstmals urkundlich und 1300 erstmals als Stadt erwähnt. 1971 und 1977 vergrößerte sich die Stadt durch Eingemeindungen.
**2)** Ortsteil der Gem. Gersheim im Saarpfalz-Kreis, Saarland. – Fundort eines 1954 beim Sandabbau entdeckten kelt. Fürstengrabes (um 400 v. Chr.). In der großen, aus Eichenholz gezimmerten Grabkammer wurden mehrere Meisterwerke kelt. Kunst sichergestellt (heute im Museum für Vor- und Frühgeschichte Saarbrücken): u. a. ein goldener Halsring (Torques),

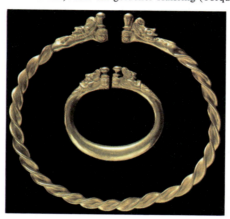

**Reinheim 2):** Halsring und Armring aus dem keltischen Fürstengrab; um 400 v. Chr. (Saarbrücken, Museum für Vor- und Frühgeschichte)

Goldringe und -reifen, eine Bronzefibel in Form eines Hahns, Bernstein- und Glasperlen, eine vergoldete ziselierte Bronzekanne mit Ausgußrohr (›Röhrenkanne‹) und Deckelfigur (Pferdchen), zwei Bronzeteller und ein bronzener Handspiegel mit figürl. Griff.

Das kelt. Fürstengrab von R., bearb. v. J. KELLER (1965).

**Reinheit** [zu ahd. (h)reini ›rein‹, urspr. ›gesiebt‹], **1)** *Chemie:* Bez. für die Beschaffenheit von Substanzen bezüglich des Gehaltes an Fremdsubstanzen, der ihre Verwendungsmöglichkeiten stark beeinflußt. Man unterscheidet versch. **R.-Grade:** u. a. roh, technisch rein, reinst, chemisch rein (analysenrein, pro analysi, Abk. p. a.) und spektralrein. Zur Bestimmung der R. eines Stoffs dienen chem. und physikal. Prüfmethoden, z. B. Fällungsreaktionen, Bestimmung des Siedepunktes, des Schmelzpunktes, der Dichte und der Brechzahl und v. a. die Spektralanalyse, durch die noch Verunreinigungen bis zu $10^{-7}\%$ nachgewiesen werden können. Substanzen mit extrem niedrigem Gehalt an Fremdstoffen (bis unterhalb $10^{-8}\%$ oder $10^{-4}$ ppm), die **Reinstoffe** (ultrareine Stoffe), sind u. a. wichtig als Reaktorwerkstoffe, in der Halbleitertechnologie (wo sie gezielt mit bestimmten Fremdstoffen verunreinigt werden) sowie zur Erforschung der Eigenschaften hochschmelzender Metalle (die schon durch wenige ppm eines Fremdstoffs stark verändert werden).
**2)** In der *Religionsgeschichte* ist R. die Voraussetzung für den rechten Umgang mit dem Numinosen. Die Wurzel der R.-Vorschriften ist wohl in Mana- und Tabuvorstellungen zu sehen; was oder wer Mana besaß, durfte nicht berührt werden. R.-Vorstellungen schlossen dabei die Anfänge einer Ethik (so war z. B.

der Häuptling oder die Frau des anderen tabu) und kultisch-rituelle Regelungen ein. Mit der Ausbildung von Priestertümern seit der Jungsteinzeit und in den polytheistischen Hochreligionen trat zunächst die kult. R. in den Vordergrund, deren Wahrung durch eine Fülle von Vorschriften den Zugang zum Heiligen regelte. Kultisch unrein machte der Kontakt mit Schmutz, Blut, Toten, bestimmten Tieren, nicht zur eigenen Kultgemeinschaft gehörenden Menschen oder Territorien, aber auch mit numinosen Gegenständen oder Bezirken. R. konnte durch Einhaltung bestimmter Regeln (z. B. Enthaltsamkeit, Ausziehen der Schuhe, Speisevorschriften, rituelle Waschungen, Vollzug von Rites de passage) erreicht und wiederhergestellt werden. Mit der zunehmenden Transzendierung der Gottesvorstellung gewann die eth. R. neben der kult. an Bedeutung, so z. B. in Teilen des Judentums seit dem Exil und im Islam. BUDDHA und JESUS lehnten die kult. R. ab; R.-Vorstellungen wirkten aber auch in späteren Entwicklungsphasen von Buddhismus und Christentum noch weiter.

**Reinheitsgebote,** dt. Rechtsvorschriften hinsichtlich der Zusammensetzung von Lebensmitteln (z. B. Fleisch, Milch, Bier) oder Lebensmittelgruppen (z. B. Puddingpulver und verwandte Erzeugnisse). Nach den in den letzten Jahren vom Europ. Gerichtshof ergangenen Urteilen ist es möglich, Erzeugnisse zu importieren, die nicht den nat. Vorschriften entsprechen. Die R. gelten jedoch weiter für dt. Hersteller. – Ein **R. für Bier** (untergäriges Bier darf nur aus Gerstenmalz, Hopfen und Wasser hergestellt werden) wurde schon 1516 für Bayern erlassen und ist heute noch im Biersteuergesetz enthalten.

**Reinhold,** männl. Vorname, Nebenform von Reinold.

**Reinhold, 1)** *Friedrich Philipp,* Maler und Graphiker, * Gera 8. 1. 1779, † Wien 22. 4. 1840, Bruder von 2); Schüler der Dresdner Akademie, ging 1805 nach Wien, wo er sich F. OLIVIER und den Nazarenern anschloß. R. malte zunächst Historienbilder und Porträts, ab 1816 ideale, romant. Landschaften, oft mit genrehafter Staffage.
**2)** *Heinrich,* Maler und Graphiker, * Gera 18. 7. 1788, † Rom 15. 1. 1825, Bruder von 1); arbeitete nach Ausbildung in Dresden und Wien (auch bei seinem Bruder als Radierer) 1809–14 in Paris als Kupferstecher. Wieder in Wien, wandte sich R. unter dem Einfluß von F. OLIVIER der Landschaftsmalerei zu und ging 1819 nach Italien. In seinen von J. A. KOCH beeinflußten Landschaften verbinden sich realist. Naturauffassung (Einfluß von J. M. VON ROHDEN) und ein sicheres Gefühl für klare Gestaltung.
**3)** *Karl Leonhard,* Philosoph, * Wien 26. 10. 1758, † Kiel 10. 4. 1823; anfänglich Jesuitennovize, wurde nach Aufhebung des Ordens (1773) Barnabit, trat später zum Protestantismus über; war seit 1787 Prof. in Jena, seit 1794 in Kiel. R. begann als Anhänger der krit. Philosophie I. KANTS, zu deren Verbreitung und Weiterentwicklung er in einer ›Elementarphilosophie‹ (Ableitung von Vernunft und Sinnlichkeit aus dem Vorstellungsvermögen) wesentlich beigetragen hat. R. zielte auf eine die Theorie der Erkenntnis als eine deskriptive, philosoph. Aspekte einschließende Phänomenologie. R. beeinflußte u. a. J. G. FICHTE, A. SCHOPENHAUER und die Immanenzphilosophie.

**Reinick,** *Robert,* Dichter, Maler und Buchillustrator, * Danzig 22. 2. 1805, † Dresden 7. 2. 1852; Schüler von K. BEGAS († 1854) und W. VON SCHADOW; Bekanntschaft mit A. VON CHAMISSO und J. VON EICHENDORFF. Seine spätromantisch und biedermeierlich geprägte Geselligkeitslyrik wurde oft vertont; bekannt u. a. durch seine Kinderlieder, -gedichte und -märchen (›Lieder‹, 1844; ›ABC-Buch für kleine und große Kinder‹, 1845; ›Dt. Jugendkalender‹, Mither-

Karl Leonhard Reinhold

ausgeber 1846–52). Seine Gemälde zeigen v. a. religiöse und histor. Motive; bedeutender war R. als Zeichner von Buchillustrationen und als Radierer. Sein graph. Hauptwerk sind die ›Lieder eines Malers, mit Randzeichnungen seiner Freunde‹ (2 Bde., 1838).

**Ausgaben:** Aus Biedermeiertagen. Briefe R. R.s u. seiner Freunde, hg. v. J. HÖFFNER (1910); Märchen-, Lieder- u. Geschichtenbuch ($^{20}$1928).

H. HASSBARGEN: R. R. (1932).

**Reinickendorf,** Verw.-Bez. von Berlin, 89 km$^2$, (1990) 260 700 Ew.; mit dem Großflughafen Tegel (seit 1975), mehreren Industriegebieten, den Arbeitersiedlungen ›Weiße Stadt‹ (1929–30 nach Plänen von O. R. SALVISBERG u. a. errichtet) und ›Freie Scholle‹ (1924–31, B. TAUT), dem →Märkischen Viertel (in Wittenau-Nord), den Carl-Bonhoeffer-Nervenheilanstalten, der Jungfernheide und dem Tegeler See. R. wurde 1920 aus Landgemeinden und Gutsbezirken gebildet; es umfaßt neun Ortsteile: R. (nördlich an Wedding anschließend), Tegel, Wittenau, Waidmannslust, Lübars (mit landwirtschaftl. Betrieben), Hermsdorf, Frohnau (Villenort im äußersten N), Heiligensee und Konradshöhe (an der Havel nördlich von Spandau). – Das Dorf R., vermutlich um 1230 angelegt, 1345 erstmals urkundlich erwähnt, war bereits Ende des 14. Jh. im Besitz der Doppelstadt Berlin-Cölln, seit 1524 gehörte es der Stadt Berlin allein.

**Reinig,** Christa, Schriftstellerin, * Berlin 6. 8. 1926; war Assistentin am Märk. Museum in Berlin (Ost); 1964 Übersiedlung in die Bundesrep. Dtl.; Themen ihrer oft balladesken Lyrik findet sie häufig im Bereich der Außenseiter und des Abseitigen; ihre Sprache ist provokant, sarkastisch-beißend und skurril, v. a. aber von einer ausgeprägten Männer- und Kinderfeindlichkeit geprägt. Neben Romanen (›Entmannung‹, 1976; ›Die Frau im Brunnen‹, 1984) und Erzählungen (›Nobody und andere Geschichten‹, 1989) schreibt R. auch Hörspiele.

**Ausgaben:** Ges. Gedichte: 1960–1979 (1985); Ges. Erz. (1986).

**Reiniger,** Lotte, Filmkünstlerin, * Berlin 2. 6. 1899, † Dettenhausen (Kr. Tübingen) 19. 6. 1981; ab 1918 beim Film. Inspiriert durch das chin. Schattenrißtheater fertigte sie ›Silhouettenfilme‹ mit scherenschnittartigen Figuren an; meist wählte sie poesievolle Märchenstoffe, u. a. ›Die Abenteuer des Prinzen Achmed‹ (1923–26); auch Musikfilme; Zusammenarbeit mit J. RENOIR. 1950 übersiedelte nach England, wo sie viel für das Fernsehen arbeitete; verfaßte ›Shadow theatres and shadow films‹ (1970).

**Reinigung,** *Technik:* die Entfernung von Schmutzteilchen, unerwünschten Bestandteilen, Nebenprodukten u. a.; Gase können z. B. durch Auswaschen mit bestimmten Waschflüssigkeiten, durch Adsorption an Materialien mit großer innerer Oberfläche gereinigt werden (→Gasreinigung, →Abgasreinigung, →Rauchgasreinigung), Flüssigkeiten durch Filtrieren, Zentrifugieren, Destillieren usw. (→Abwasserreinigung, →Wasseraufbereitung), Metall-, Holz-, Kunststoffoberflächen usw. durch Behandeln mit Reinigungsmitteln, körnige Güter durch Sieben, Windsichten, Flotation u. a., Textilien durch Behandeln mit Wasser oder organ. Lösungsmitteln, denen waschaktive Substanzen zugesetzt wurden (→chemische Reinigung, →Fleckentfernungsmittel).

**Reinigungs|eid,** lat. **Purgatio,** im gemeinen dt. Recht der Parteieid des Angeklagten, mit dem er schwor, ein Verbrechen nicht begangen zu haben. Der R. war nur bei geringfügigen Delikten zulässig.

**Reinigungsflug,** Flug der Honigbiene an den ersten warmen Tagen des Jahres (→Imkerei).

**Reinigungsmittel, Putzmittel,** Mittel zur Reinigung harter, nichttextiler Flächen in Haushalt, Lebensmittelindustrie u. a. Bereichen. Feste Scheuermittel bestehen aus fein gemahlenem Quarz oder Marmor und Zusätzen (z. B. Tenside, Polyphosphate), flüssige enthalten zusätzlich Wasser und Verdickungsmittel. R. für die allgemeine Raum- oder Fußbodenreinigung enthalten Tenside, Phosphate und ggf. Alkalien, Ammoniak, Alkohole, Glykoläther und Lösungsvermittler. Die Hauptbestandteile von Geschirrspülmitteln für manuelles Spülen sind Tenside, Lösungsvermittler und Hautschutzstoffe. R. für Spülmaschinen enthalten u. a. Phosphate, Silikate, Soda und eventuell chlorabgebende Mittel. Fenster-R. sind z. B. Lösungen von Butylglykol und wenig Tensiden und Ammoniak in Isopropylalkohol. In der Lebensmittelindustrie werden R. häufig mit Desinfektionsmitteln kombiniert. – Zusammensetzung und Anwendung der R. werden durch das Ges. über Umweltverträglichkeit von Wasch- und R. i. d. F. von 1987 geregelt.

**Reinisch,** Leo, österr. Ägyptologe und Afrikanist, * Osterwitz (Steiermark) 26. 10. 1832, † Maria Lankowitz (bei Köflach) 24. 12. 1919; wurde 1868 Prof. in Wien und unternahm 1865–80 drei Forschungsreisen nach Ägypten und Äthiopien, die zu umfangreichen Veröffentlichungen über zwölf ostafrikan., v. a. kuschit. Sprachen führten. R. war u. a. darum bemüht, das Altägyptische in den Zusammenhang der hamitosemit. Sprachen zu stellen.

**Werke:** Der einheitl. Ursprung der Sprachen der Alten Welt ... (1873); Die Nuba-Sprache, 2Tle. (1879); Die Bilin-Sprache in N-Afrika (1882); Die Bilin-Sprache, 2 Bde. (1883 bis 1887); Die Saho-Sprache, 2 Bde. (1889–90); Die Beḍauye-Sprache in NO-Afrika, 4 Bde. (1893–94); Wb. der Beḍauye-Sprache (1895); Die Somalisprache, 3 Bde. (1900–03); Das persönl. Fürwort u. die Verbalflexion in den chamitosemit. Sprachen (1909).

**Re|inkarnation,** →Seelenwanderung.

**Reinken, Reincken,** Johann Adam, auch **Jan Adams R.,** Organist und Komponist, * Wildeshausen (?) 26. (27.) 4. 1623, † Hamburg 24. 11. 1722; war ab 1663 als Nachfolger seines Lehrers H. SCHEIDEMANN Organist an Sankt Katharinen in Hamburg, gründete 1678 mit J. THEILE die Oper am Gänsemarkt. R. knüpfte an die niederländ. Tradition an und war einer der bedeutendsten norddt. Organisten des Hochbarock. Der junge J. S. BACH besuchte ihn von Lüneburg aus. Er komponierte Orgel- und Klavierwerke, sechs Suiten für Streichinstrumente und Basso continuo (›Hortus musicus‹, 1687) sowie das geistl. Konzert ›Und es erhub sich ein Streit‹.

**Reinkens,** Joseph Hubert, altkath. Bischof, * Burtscheid (heute zu Aachen) 1. 3. 1821, † Bonn 4. 1. 1896; seit 1853 Prof. für Kirchengeschichte in Breslau. R. gehörte zu den führenden Gegnern des Unfehlbarkeitsdogmas von 1870, wurde suspendiert, später exkommuniziert, war maßgeblich am Aufbau der altkath. Kirche (→Altkatholiken) beteiligt. 1873 wurde er von einer Versammlung v. Priester und Laien zum Bischof gewählt und erhielt vom jansenist. Erzbischof von Utrecht (Utrechter Kirche) und damit unter Wahrung der apostol. Sukzession die Bischofsweihe.

**Ausgabe:** Briefe an seinen Bruder Wilhelm. 1840–1873, bearb. v. H. J. SIEBEN, 3 Bde. (1979).

**Reinkultur,** 1) *Forstwirtschaft:* der Reinbestand (→Wald).

**2)** *Landwirtschaft:* der Anbau einer einzigen Nutzpflanzenart auf einer bestimmten Anbaufläche im Rahmen einer Fruchtfolge oder der Monokultur.

**3)** *Mikrobiologie:* Kultur von Mikroorganismen, die nur aus Zellen einer Art oder eines Stammes besteht.

**Reinmar, R. der Alte, R. von Hagenau, Reimar,** Minnesänger, † vor 1210; in der Manessischen Liederhandschrift ›Her Rei(n)mar der Alte‹ genannt, in der Kleinen Heidelberger Liederhandschrift

Christa Reinig

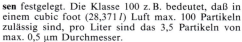

**Rein**   Reinmar – Reis

nur ›Reimar‹, in der Weingartner Liederhandschrift ›Herre Reinmar‹. Die Namensform ›R. von Hagenau‹ ist lediglich aus der Bez. R.s durch GOTTFRIED VON STRASSBURG als ›Nachtigall von Hagenouwe‹ (wahrscheinlich das elsäss. Hagenau) abgeleitet worden. R. war mit dem Hof der Babenberger in Wien verbunden; ob als dort etablierter ›Hofdichter‹ und zugleich als Lehrer WALTHERS VON DER VOGELWEIDE, ist neuerdings bezweifelt worden. Eine Rivalität zw. R. und WALTHER ist aber unbestritten (die sogenannte R.-Walther-Fehde). R. hat den reflektierend-spiritualisierten hohen Minnesang zur Vollendung geführt und ihm auch formal seine klassisch-maßvolle Gestaltung gegeben.

Ausgabe: Lieder, hg. v. G. SCHWEIKLE (1986).
F. MAURER: Die Pseudoreimare (1966); Des Minnesangs Frühling, bearb. v. H. MOSER u. a., Bd. 1 u. 2 ($^{36-38}$1977–88), Bd. 3 (Neuausg. 1981); M. STANGE: R.s Lyrik (Amsterdam 1977); G. SCHWEIKLE: Der Stauferhof u. die mhd. Lyrik, in: Stauferzeit, hg. v. R. KROHN u. a. (1978); H. TERVOOREN: R.-Studien (1991).

**Reinmar, R. von Zweter,** mittelhochdt. Spruchdichter, nach eigener Bekundung am Rhein geboren und in Österreich aufgewachsen. Sein unstetes Wanderleben führte ihn an viele Fürstenhöfe, u. a. an den Hof des böhm. Königs WENZEL I. Seine weitverbreiteten Sprüche entstammen der Zeit von etwa 1225–50. R. ist der bedeutendste dt. polit. Lyriker des 13. Jh. nach WALTHER VON DER VOGELWEIDE. Die meisten seiner polit. Sprüche beziehen sich auf Kaiser FRIEDRICH II. Daneben hat R. zahlreiche Sprüche mit religiösem und eth. Inhalt verfaßt.

Ausgabe: Die Gedichte, hg. v. G. ROETHE (1887, Nachdr. 1967).
H. BRUNNER: R. v. Z., in: Die dt. Lit. des MA. Verfasserlex., begr. v. W. STAMMLER, hg. v. K. RUH u. a., Bd. 7 ($^2$1989).

**Reinold** [aus ahd. Raginald, von german. (erschlossen) ragina- ›Rat‹, ›Beschluß‹ und ahd. waltan ›herrschen‹, ›walten‹], **Reinhold,** männl. Vorname.

**Reinold, R. von Montalban, R. von Köln,** nach der Legende Mönch in Köln, als Aufseher beim Kirchenbau von Steinmetzen erschlagen (um 750 oder 960). Seine Gestalt wurde mit der Sage von den →Haimonskindern verbunden. Reliquien kamen im 11. Jh. nach Dortmund. – Heiliger (Tag: 7. 1.).

**Reinosa** [rrɛi-], Stadt in der Prov. Santander, Spanien, im Kantabr. Gebirge, am oberen Ebro, 847 m ü. M., (1981) 13 200 Ew.; Waffenfabriken, Metall-, Elektroindustrie; wichtiger Viehmarkt; Bergsport- und Wintersportzentrum (Skigebiet Alto Campóo); roman. Kirche mit röm. Spolien. – 2 km südöstlich die ausgegrabenen Ruinen von Iuliobriga, der Hauptstadt der röm. Prov. Cantabria (bedeutende röm. Keramiken, heute im Museum von Santander).

**Reinraumtechnik,** Verfahren und Anlagen zur Herstellung bes. hoher äußerer Reinheit, die für spezielle Fertigungsverfahren (bes. in der Mikroelektronik bei der Chipfertigung), medizin. Operationen oder andere gegenüber Verunreinigungen empfindl. Tätigkeiten erforderlich ist. Das Prinzip der R. wird in besonderen Verfahren und Anlagenarten der →Klimatechnik angewendet, z. B. bei der turbulenzarmen Verdrängungsströmung (Laminarflow), bei der durch extrem gute Luftfilterung und großen Luftdurchsatz niedrige Luftkeimzahlen im Raum erreicht werden. Der Zugang zu Reinräumen (Reinsträumen, Clean rooms) erfolgt über Personal- und Materialschleusen. Da der Mensch die Quelle für eine erhebl. Anzahl von Partikeln ist, wird in Reinräumen Arbeitskleidung getragen, die eine Person völlig umschließt. Die im Reinraum eingesetzten Materialien dürfen in der Form und bei ihrem Einbau nur ein Minimum an Störungen der laminaren Luftströmung verursachen und müssen über abriebfeste Oberflächen verfügen. Die Anforderungen an Reinräume sind in **Reinraumklassen** festgelegt. Die Klasse 100 z. B. bedeutet, daß in einem cubic foot (28,371 *l*) Luft max. 100 Partikeln zulässig sind, pro Liter sind das 3,5 Partikeln von max. 0,5 μm Durchmesser.

**Reinsaat,** *Landwirtschaft:* die Aussaat nur einer Pflanzenart; im Ggs. zur Gemengsaat (→Gemenge 1).

**Reinshagen,** Gerlind, Schriftstellerin, * Königsberg (Pr) 4. 5. 1926; schrieb zunächst Kinderbücher (›Was alles so vom Himmel fällt‹, 1954) und Hörspiele (›Das Milchgericht‹, 1968). Seit 1968 hat sie mit Theaterstücken Erfolg. Hierin werden meist Szenen aus der jüngeren dt. Vergangenheit sowie aus dem Bereich der Arbeitswelt dargestellt. Ihre Romane (›Rovinato oder Die Seele des Geschäfts‹, 1981) und Erzählungen (›Zwölf Nächte‹, 1989) zeichnen sich durch ein hohes Maß sprachl. Einfühlsamkeit und bildhaften Gestaltungsvermögens aus.

Ausgabe: Ges. Stücke (1986).

**Reinvermögen, bilanzielles R.,** Bez. für das in der Handelsbilanz ausgewiesene →Eigenkapital. Durch einen Vergleich des R. zu Beginn und am Ende des Geschäftsjahres läßt sich der Erfolg (Gewinn, Verlust) des Unternehmens bestimmen (**R.-Vergleich**).

**Reinvermögenszugangstheorie,** *Finanzwissenschaft:* →Einkommen.

**Reinvestition,** →Ersatzinvestition.

**Reinwasser,** →Rohwasser.

**reinwollige Schafe,** Schafrassen, deren Wollvlies nur aus Unterhaar besteht, v. a. Merinoschafe.

**Reinzucht,** 1) *Genetik:* die Paarung erbreiner und erbgleicher Individuen; die R., die nur in der Pflanzenzüchtung bei Selbstbefruchtern möglich ist, ergibt reine Linien.

2) *Tierzüchtung:* seit Mitte des 19. Jh. übl. Zuchtmethode. I. w. S. die Paarung ausgelesener, nicht miteinander verwandter Tiere gleicher Rasse (Fremdzucht), i. e. S. die Paarung ausgelesener, von den gleichen Elterntieren abstammender Tiere der gleichen Rasse (Inzucht, Familienzucht) mit dem Ziel größerer Erbgleichheit und Leistung.

**Reis** (raiʃ, portug.], *Münzkunde:* →Real.

**Reis** [mhd. rīs, von mlat. risus, über lat. oriza, oryza von gleichbedeutend griech. óryza, wohl südasiat. Ursprungs], *Oryza,* Gattung der Süßgräser mit rd. 20 Arten in allen wärmeren Ländern. Die wirtschaftlich wichtigste und bekannteste Art ist der Reis i. e. S. (*Oryza sativa*), eine bis 1,80 m hohe, einjährige Kurztagpflanze mit langen, breiten Blättern und bis 50 cm langer Rispe mit einblütigen Ährchen, letztere mit großen, kahnförmigen, harten Deckspelzen (R.-Schalen); im Ggs. zu den meisten anderen Gräsern sind sechs Staubblätter vorhanden. Der R. ist ein Büschelwurzler, d. h., er bildet ein ausgeprägtes Faserwurzelnetz aus. Weiterhin neigt er zur Bestockung und bildet zahlreiche Nebenhalme. Die Früchte sind Karyopsen.

Neben Mais und Sorghumhirse ist R. die wichtigste Getreidepflanze der Tropen und z. T. auch der Subtropen, denn für etwa ein Drittel der Menschen ist er (obwohl nicht backfähig) Hauptnahrungsmittel.

Von den Formenkreisen des R. (bekannt sind rd. 5000 Formen, von denen etwa 1400 kultiviert werden) sind die wirtschaftlich wichtigsten der mit künstl. Bewässerung im Terrassenfeldbau (BILD →Indonesien) oder mit natürl. Überstauung (Ausnutzung des Monsunregens) in Niederungen angepflanzte **Sumpf-R. (Naß-R., Wasser-R.)** sowie die anspruchslosen Sorten des **Berg-R. (Trocken-R.),** die bis in Höhen von 2000 m angebaut werden und nur das Regenwasser benötigen. – Eine besondere Gruppe sind die in O-Asien angebauten und dort bevorzugt gegessenen Klebereissorten (›glutinous rice‹) mit einem hohen Anteil Amylopektin in der Stärke.

Vom Einsetzen der Gelbreife an wird der R. von Hand oder maschinell geerntet. Zur weiteren Ver-

**Reis:**
Bergreissorte
(erntereife Rispen)

arbeitung kommt der gedroschene R. (**Paddy**) in R.-Mühlen, wo er für den Handel entspelzt wird (**geschälter R.**). In den Verbrauchsländern wird der R. in Spezialmühlen geschliffen (Entfernung der eiweiß- und vitaminreichen Schichten des Aleuronkörpers und des Silberhäutchens), poliert oder gebürstet (geglättet). Die hierbei anfallenden äußeren Schichten sind als **R.-Kleie** ein nahrhaftes Futtermittel und dienen auch zur Gewinnung von **R.-Öl**. Mit der Entfernung des Silberhäutchens verliert der R. Eiweiß und Fett sowie wichtige Vitamine, v. a. Vitamin $B_1$. Eine einseitige Ernährung mit poliertem Reis führt zu →Beriberi. – Aus R.-Abfällen (z. B. Bruch-R.) wird u. a. **R.-Stärke** gewonnen, die in der Lebensmittel-, Textil- und Kosmetikindustrie verarbeitet wird. – Weiterhin werden aus R. alkohol. Getränke wie Arrak und R.-Wein hergestellt. Das **R.-Stroh** wird in den Anbauländern als Viehfutter und Streu genutzt. Auch Körbe, Hüte und Stricke sowie Zigarettenpapier werden daraus hergestellt.

*Ernährungsphysiologie:* Braunreis (**Natur-R.**) enthält noch das Silberhäutchen und ist daher als Nahrungsmittel wertvoller als geschliffener R. Die Bez. Voll-R. besagt lediglich, daß es sich um ganze Körner handelt (im Ggs. zu Bruch-R.), und hat nichts mit Vollwertigkeit zu tun. – **Parboiled R.** (halbgekochter R.) wird vor dem Schleif- und Polierprozeß mit warmem Wasser vorbehandelt, um einen Teil der Vitamine aus den äußeren Schichten des R.-Korns in das Innere zu bringen und damit dem polierten R. zu erhalten. – Nach der Größe der Körner unterscheidet man: **Langkorn-R. (Patna-R.)** ist 6–8 mm lang; nach dem Kochen erhält man einen trockenen und körnigen R. **Rundkorn-R. (Milch-R.)** ist 4–5 mm lang; das weiche Korn gibt beim Kochen Stärke ab und verkleistert; meist für Süßspeisen verwendet.

*Kulturgeschichte:* Der vermutlich im trop. S-Asien heim. R. wurde schon im 4. Jahrtsd. v. Chr. in Thailand und im 3. Jahrtsd. v. Chr. in S-China in Monokultur angebaut. Im frühen 1. Jahrtsd. v. Chr. gelangten Kenntnisse des R.-Anbaus von Indien über Persien zum Zweistromland, wo ihn die Griechen während des Alexanderzugs (4. Jh. v. Chr.) übernahmen. Die Araber verbreiteten den R.-Anbau im 8. Jh. von Syrien nach Ägypten, N-Afrika, Sizilien und Spanien, von wo aus er im 16. Jh. in Italien und S-Frankreich bekannt wurde. 1694 wurde in South Carolina in größerem Umfang R. angebaut.

*Krankheiten* und *Schädlinge:* Entsprechend der großen Verbreitung des R.-Anbaus treten in den unterschiedl. Klimabereichen versch. Schadorganismen auf. – Viren führen zu Zwerg-, Vergilbungs- und Mosaikkrankheit; Überträger sind v. a. Zikaden. Bakterielle und pilzl. Erreger befallen Wurzeln und oberird. Organe; häufige Krankheiten sind die R.-Bräune, die Braunfleckenkrankheit, der Blattbrand und die Blattstreifung. Die wichtigsten tier. Schädlinge sind Raupen von Schmetterlingen, die als Stengelbohrer bezeichnet werden, sowie Blattkäfer, R.-Wanzen, Gallmücken und Fadenwürmer. In den asiat. Gebieten können die durch Krankheiten und Schädlinge verursachten Ernteverluste bis zu 50% betragen. Die Bekämpfung der Schädlinge erfordert den Einsatz von Pflanzenschutzmitteln; biolog. Schädlingsbekämpfungsverfahren befinden sich in der Entwicklung.

*Wirtschaft:* Mit einer Anbaufläche von 145 Mio. ha nimmt R. 11% der gesamten landwirtschaftl. Kulturfläche ein. Die weltweite Ernte 1989 (in Klammern Durchschnittswerte der Jahre 1979–81) betrug 512,7 (396,2) Mio. t, die zu 91,6 (90,8)% in Asien produziert wurden. Haupterzeugerländer hier sind China 182,5 (145,7) Mio. t, Indien 106,2 (74,6) Mio. t, Indonesien 44,3 (29,6) Mio. t, Bangladesh 27,7 (20,1) Mio. t, Thailand 21,0 (17,0) Mio. t, Vietnam 19,0 (11,8) Mio. t, Birma (Myanmar) 13,5 (12,6) Mio. t und Japan 12,9 (13,3) Mio. t. Der einzige nennenswerte nichtasiat. Produzent ist Brasilien mit 11,0 (8,5) Mio. t. In den Welthandel gelangen nur etwa 4% der Ernte, davon kommt etwa die Hälfte aus Thailand.

Economic and demographic development in rice producing societies, hg. v. A. HAYAMI (Löwen 1990); Rice, hg. v. Y. P. S. BAJAJ (Berlin 1991).

Johann Philipp Reis

**Reis,** 1) **Johann Philipp,** Physiker, * Gelnhausen 7. 1. 1834, † Friedrichdorf 14. 1. 1874; urspr. Kaufmann, dann Lehrer an einer Privatschule in Friedrichdorf; konstruierte das erste Gerät zur Übertragung von Tönen durch elektromagnet. Wellen, das er am 26. 10. 1861 in einer Sitzung des Physikal. Vereins in Frankfurt am Main und 1864 auf der Naturforscherversammlung in Gießen vorstellte. R.' Erfindung wurde von A. G. BELL zum gebrauchsfähigen Telefon weiterentwickelt (Patent 1876).

2) [rraiʃ], **Ricardo,** Pseudonym des portug. Lyrikers Fernando António Nogueira de Seabra →Pessoa.

**Re'is** [re'is], **Piri,** türk. Kartograph und Admiral, * 1470, † 1554; verfaßte 1513 nach abendländ. Quellen (v. a. KOLUMBUS, C. PTOLEMÄUS, Portugiesen) eine Weltkarte auf Kamelleder; 1929 im Tokapı-Serail

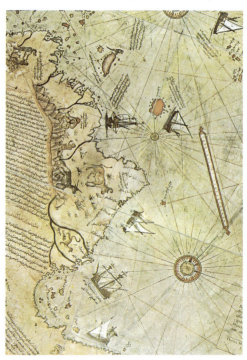

**Piri Re'is:** Ausschnitt aus seiner Weltkarte mit dem östlichen Südamerika; 1513 (Istanbul, Museum im Tokapı-Serail)

wiederentdeckt. Auf dem erhaltenen 87×63 cm großen Kartenfragment sind Südamerika und die anschließende Antarktis mit einer überraschend genauen Lagetreue (nach der damaligen Kenntnis eigentlich nicht möglich) dargestellt, was zu den verschiedensten Spekulationen Anlaß gab. Später schrieb er ein Handbuch über Navigation und Karten (›Bahrije‹, 1521).

W. LEITNER: Die Amerikakarte des P. R. von 1513, in: Bl. für Heimatkunde, Jg. 55 (Graz 1981).

**Reischlinge, Fistulinaceae,** Familie der Pilze aus der Gruppe der Porlinge; Fruchtkörper stiellos oder seitlich gestielt, hutartig, fleischig; Fruchtschicht aus einzelstehenden Röhren; auf Holz wachsend; in Dtl. nur der → Leberpilz.

**Reisdiät, Apfel-Reis-Diät,** Diätform zur Behandlung bestimmter Erkrankungen der Nieren und des Herzens sowie von Bluthochdruck; arm an Kochsalz, Eiweiß, Fett; konstante Flüssigkeitszufuhr ist vorgesehen.

**Reisebüro,** ein Unternehmen, das die Fremdenverkehrsdienstleistungen (Reisen, Platzbuchung, Fahrkartenverkauf) einschlägiger Betriebe, mit denen es entsprechende Vermittlungs- und Agenturverträge abgeschlossen hat, anbietet und zw. diesen Betrieben und den Kunden Verträge vermittelt (§§ 84 ff. HGB).

*Geschichte:* Erster Reisevermittler war THOMAS COOK (Cook, Thos. C. & Son); in Dtl. folgten ›Rominger‹ (1842, Stuttgart), ›Riesel‹ (1854, Berlin) und ›Stangen‹ (1863, Berlin), in den USA die → American Express Company (1881). Das moderne R.-Wesen wurde durch den Massentourismus nachhaltig beeinflußt. Durch einen Konzentrationsprozeß im R.-Gewerbe bildeten sich Großunternehmen (Zusammenschlüsse von Reiseveranstaltern), die fertig vorbereitete Reisen (engl. ›package tours‹) verkaufen.

**Reisediarrhö,** *Medizin:* → Durchfall.

**Reiseführer,** Ratgeberliteratur, die dem Reisenden Empfehlungen für Reiserouten, Unterkunfts- und Einkehrmöglichkeiten gibt, ihn auf Sehenswürdigkeiten aufmerksam macht und/oder kultur-, kunstgeschichtl. und histor. Daten sowie Entfernungsangaben verzeichnet. Vorformen von R. sind seit der Antike bekannt (Reisebericht des PAUSANIAS, 2. Jh. n. Chr.); die röm. R. nennt man Itinerarien (→ Itinerar 1). Aus dem 15. Jh. sind Pilgerführer bekannt (›Mirabilia Romae‹, um 1475); als erster mit Typen gedruckter R. gilt ›Die Walfart und Strasz zu Sant Jacob‹ (1495) des Mönchs HERMANN KÜNIG VON VACH für den Weg nach Santiago de Compostela. Die R. heutiger Form entwickelten sich korrespondierend mit der zunehmenden Reisetätigkeit seit dem Beginn des 19. Jh.; Berühmtheit erlangten im dt. Raum v. a. die R. KARL BAEDEKERS. (→ Reiseliteratur)

**Reisegepäckversicherung, Gepäckversicherung,** eine Versicherung, die Gegenstände des persönl. Reisebedarfs einschließlich erworbener Geschenke und Andenken während einer Reise des Versicherten und seiner Begleitpersonen gegen Abhandenkommen, einfachen und Einbruchdiebstahl, Brand, Explosion, höhere Gewalt versichert. Sie gilt vom Verlassen der Wohnung bis zur Rückkehr. Versch. Haftungseinschränkungen (Ausschluß von Bargeld, Wertpapieren u. a.) sind üblich, Haftungserweiterungen (z. B. Skibruch) sind möglich.

**Reisegewerbe, ambulantes Gewerbe, ambulanter Gewerbebetrieb, Hausierhandel,** Gewerbe, das außerhalb der Räume der gewerbl. Niederlassung eines Unternehmens oder ohne eine solche Niederlassung ausgeübt wird, wobei ohne vorherige Bestellung Waren oder gewerbl. Leistungen angeboten, Bestellungen hierauf angenommen, Waren angekauft oder Schaustellungen, Musikaufführungen u. ä. ohne höheres künstler. oder wiss. Interesse dargeboten werden. I. d. R. bedarf die Ausübung eines R. einer Genehmigung (**R.-Karte**), die zu versagen ist, wenn der Antragsteller nicht die erforderl. Zuverlässigkeit besitzt, entmündigt oder einschlägig vorbestraft ist oder unter Polizeiaufsicht steht. Auch im R. muß die Sonn- und Feiertagsruhe grundsätzlich beachtet werden. Bestimmte Tätigkeiten sind verboten (z. B. der Handel mit Giften oder giftigen Stoffen, Wertpapieren, Lotterielosen).

**Reisekönigtum,** Herrschaftsform des MA., bei der der König zur unmittelbaren Ausübung seiner Herrschaft von einer Pfalz oder (Bischofs-)Stadt zur nächsten zog. Im Hl. Röm. Reich wurde das R. durch die Ausbildung einer Hauptstadt zwar nicht beendet, verlor aber nach und nach an Bedeutung.

THEODOR MAYER: Das dt. Königtum u. sein Wirkungsbereich, in: ders.: Mittelalterl. Studien (1959, Nachdr. 1963); H. C. PEYER: Das R. des MA., in: Vjschr. für Sozial- u. Wirtschaftsgesch., Bd. 51 (1964).

**Reisekostenvergütung,** Entschädigung für Aufwendungen, die ein Arbeitnehmer, Beamter, Richter u. ä. anläßlich einer Geschäfts- oder Dienstreise macht. Für den Bereich des öffentl. Dienstes bemißt sich die R. nach dem Bundesreisekosten-Ges. i. d. F. v. 13. 11. 1973 (mit späteren Änderungen) und entsprechenden landesrechtl. Regelungen. Arbeitsrechtlich sind die R. zu übrigen Reisekosten grundsätzlich vom Arbeitgeber zu ersetzen (Grundlagen: Arbeits-, Tarifvertrag, Betriebsvereinbarung, § 670 BGB). Steuerrechtlich gilt, daß die aus öffentl. Kassen gezahlte R. steuerfrei ist. Ansonsten gilt: Vom Arbeitgeber gezahlte R. gehört nicht zum steuerpflichtigen Arbeitslohn, soweit keine höheren Beträge ersetzt werden, als sie der Arbeitnehmer im Falle des Nichtersetzens als Werbungskosten geltend machen könnte. Reine Übernachtungskosten dürfen bis zu einer bestimmten Grenze steuerfrei pauschal ersetzt werden, nachgewiesene Übernachtungskosten können in voller Höhe steuerfrei ersetzt werden.

**Reisekrankheit,** → Bewegungskrankheit.

**Reisel** ['rajsɛl], Vladimír, slowak. Lyriker, * Brodzany 19. 1. 1919; war wegweisend für die moderne slowak. Lyrik. Seine surrealist. Lyrik ist von Pessimismus und Resignation geprägt (›Neskutočné mesto‹, 1943; ›Zrkadlo a za zrkadlom‹, 1945); widmete sich später auch sozialist. Themen (›Svet bez pánov‹, 1951; ›Doma‹, 1953); um 1955 Rückkehr zum Surrealismus; übersetzte v. a. frz. Lyrik.

**Weitere Werke:** Spevy sveta (1955); Básne o sne (1962); Moja jediná (1975); Rozlúčki (1980).

**Reiseliteratur,** die überwiegend in Prosaform gestaltete literar. oder reportagehaft-dokumentar. Darstellung fiktiver oder realer Reisen; Reiseführer, -handbücher u. a. stellen eigene Gattungen dar. Selten sind Reisegedichte; häufig sind Mischungen mit verwandten Gattungen wie Autobiographie, Tagebuch oder Brief.

Antike

Die R. gehört zu den ältesten Traditionsbeständen der Weltliteratur. In der asiat. Literatur finden sich im 4. Jh. Reiseberichte buddhist. Priester über Asien (FAXIAN, 399 n. Chr.). Weitere frühe Zeugnisse sind chin. Reisetexte von XUANZANG (648) und LIU ZONYUAN (773–819). Die abendländ. Literatur weist, beginnend mit HOMERS ›Odyssee‹, eine noch ältere Tradition auf. R. mit informierto. Absicht ist bereits die Erdbeschreibung des HEKATAIOS VON MILET. In der spätgriech. Literatur entwickelte sich zu einer eigenständigen Gattung; die ›Wahre Geschichte‹ des LUKIAN aus dem 2. Jh. ist eine frühe, weit nachwirkende Parodie.

Mittelalter

Arab. Reise- und geograph. Literatur, oft auf griech. Quellen beruhend, diente überwiegend prakt. Zwecken; wichtig ist das Werk des Weltreisenden MASUDI († um 956), der über Nord- und Westeuropa berichtete; um die Mitte des 12. Jh. entstand IDRISIS Beschreibung einer Entdeckungsfahrt auf dem Atlantik. Im 12. und 13. Jh. etabliere sich das Reisemotiv v. a. in der nord. Sagaliteratur. Für das europ. Asienbild der Zeit wurde MARCO POLOS 1298–99 niedergeschriebener Bericht ›Il milione‹ über seine ausgedehnten Reisen prägend. Einen ersten Höhepunkt erfuhr die europ. R. zw. dem 13. und 15. Jh. mit der Pilgerliteratur, in der teils religiöse, teils schon profane landeskundl. Interessen zum Ausdruck kamen (FELIX FABRI, * 1438, † 1502, ›Evagatorium‹, Ende 15. Jh.; B. VON BREYDENBACH, ›Reise ins Heilige Land‹, 1486). In der Dichtung gewann das Reisemotiv im frz. Alexanderroman, in der →Spielmannsdichtung und in der →Kreuzzugsdichtung an Bedeutung. Bes. populär waren die, allerdings Fakten und Fiktionen vermischenden ›Voyages d'outre mer‹ (entstanden zw. 1357 und 1371) des J. MANDEVILLE, die bereits um 1400 ins Deutsche übertragen wurden.

### Frühe Neuzeit und Aufklärung

Die Entdeckungsgeschichte der frühen Neuzeit wird in Reiseberichten des 16. Jh. vielfältig dokumentiert. L. VAZ DE CAMÕES feierte in seinem portug. Epos ›Os Lusíadas‹ (1572) VASCO DA GAMA als Nationalhelden; die Eroberung Amerikas beschrieben u. a. GEROLAMO BENZONI (* 1519, † nach 1572), HANS STADEN (* 1525/28, † 1576), JEAN DE LÉRY (* 1543, † 1613) sowie W. RALEIGH.

Das Reisemotiv wurde strukturbildendes Prinzip im Schelmenroman nach dem Vorbild von ›La vida de Lazarillo de Tormes‹ (1554), so z. B. in England bei T. NASHE, in Dtl. bei J. J. C. VON GRIMMELSHAUSEN. CYRANO DE BERGERACS Sonnen- und Mondreisebeschreibungen nutzten das utop. Reisemotiv zur Gesellschaftskritik. J. BUNYANS allegor. Pilgerbericht ›The pilgrim's progress‹ (2 Tle., 1678–84) wurde zu einem der meistgelesenen Texte im engl. Sprachraum. Im Dtl. des 17. Jh. begründete A. OLEARIUS mit ›Offt begehrte Beschreibung der newen oriental. Reise ...‹ (1647), einem Bericht über eine Gesandtschaftsreise nach Moskau und Persien, die Tradition wiss. R.; ENGELBERT KAEMPFER († 1651, † 1716) schrieb fundierte Berichte über Japan. Im 16. Jh. dienten die ›Apodemiken‹ seit der Reisemethodik (›De Peregrinatione libri tres et Agro Neapolitano libri duo‹, 1574) des HIERONYMUS TURLER (* um 1520, † um 1602) der Anleitung zur Durchführung und Auswertung von Reisen. In den großen Textsammlungen von GIOVANNI BATTISTA RAMUSIO (* 1485, † 1557), SIEGMUND FEYRABEND (* 1528, † 1590) und R. HAKLUYT wurde der Informationsgehalt der ausgedehnten Reisetätigkeit einem breiten Publikum zugänglich gemacht. In FÉNELONS Erziehungsroman ›Les aventures de Télémaque ...‹ (2 Bde., 1699) nimmt die Reise als Bildungsmoment eine zentrale Stelle ein. Die ›Kavalierstouren‹ europ. Adliger, deren bevorzugtes Reiseziel Italien war, brachten eine Fülle von meist unveröffentlichten Reisetagebüchern hervor.

Die europ. Aufklärung brachte mit zunehmender Reisetätigkeit eine Blütezeit der R. Nach der Entdeckung Tahitis und den Berichten von L.-A. DE BOUGAINVILLE (›Voyage autour du monde‹, 1771) und J. G. A. FORSTER (›A voyage round the world‹, 2 Bde., 1777) entstand ein zivilisationskrit. Südseekult. C. F. NICOLAIS ›Beschreibung einer Reise durch Dtl. und die Schweiz, im Jahre 1781 ...‹ (12 Bde., 1783–96) versuchte eine aufklärerisch-krit. Bestandsaufnahme der bereisten Regionen. In der Dichtung, bes. der →utopischen Literatur und den →Robinsonaden, spielte das Reisemotiv v. a. seit dem Erfolg von D. DEFOES ›The life and strange surprizing adventures of Robinson Crusoe, of York, mariner ...‹ (3 Tle., 1719–20) eine bedeutende Rolle. In satirisch-gesellschaftskrit. Absicht schrieben u. a. MONTESQUIEU (›Lettres Persanes‹, 2 Tle., 1721), J. SWIFT (›Gulliver's travels‹, 1726), VOLTAIRE (›Candide‹, 1759) und J. K. WEZEL (›Belphegor‹, 2 Bde., 1776). Von L. STERNES Werk ›A sentimental journey through France and Italy‹ (1768) gingen entscheidende Impulse für eine literar. Neuorientierung aus. Die R. wandte sich nun der gefühlvollen, poetisch-reflektierenden Reisedarstellung zu (M. A. VON THÜMMEL; A. N. RADISCHTSCHEW). Am Ende des 18. Jh. etablierte sich die wiss. Reisebericht: PETER SIMON PALLAS (* 1741, † 1811) berichtete nüchtern und faktenreich über Rußland, J. BRUCE über die Suche nach der Nilquelle, Kapitän J. COOK über die Südsee. Epochemachend wirkte A. VON HUMBOLDTS Bericht über seine Expedition nach Südamerika (›Voyage de Humboldt et Bonpland. Première partie. Relation historique‹, 3 Tle., 1814–34). Einen weiteren Höhepunkt der wiss. R. lieferte C. DARWIN mit seinen Expeditionsberichten und Tagebüchern. Italien blieb weiterhin ein zentrales Reiseziel. GOETHES sorgfältig stilisierte ›Italiän. Reise‹ (2 Bde., 1816–17; auf 3 Bde. erweitert, 1829) bildete während des 19. Jh. den Bezugspunkt für mehrere Generationen von Italienreisenden, zu denen F. GREGOROVIUS und V. HEHN gehörten. Eher kritisch wurde die italien. Gegenwart in J. G. SEUMES ›Spaziergang nach Syrakus‹ (1803) beschrieben.

### 19. und 20. Jahrhundert

Die dt. Romantik bediente sich, wie in J. KERNERS ›Reiseschatten ...‹ (1811) oder J. VON EICHENDORFFS ›Aus dem Leben eines Taugenichts‹ (1826), gerne des Reisemotivs. Seit Lady MARY WORTLEY MONTAGUS Briefen über den Vorderen Orient (›Letters of the Right Honourable Lady ...‹, 2 Tle., 1763) traten auch Frauen wie IDA VON HAHN-HAHN und AMALIE MALVIDA VON MEYSENBUG mit Reisetexten hervor. Von großer Bedeutung für die Vermittlung dt. Kultur nach Rußland und Frankreich waren N. M. KARAMSINS ›Pis'ma russkogo putešestvennika‹ (1. vollständige Ausgabe 1799–1801) und Madame DE STAËLS ›De l'Allemagne‹ (3 Bde., 1810). Ausgedehnte Reisen, die sich in Aufzeichnungen von hohem literar. Niveau niederschlugen, unternahm H. Fürst VON PÜCKLER-MUSKAU. In H. HEINES meist satirisch-krit. ›Reisebildern‹ (4 Bde., 1826–31) kündigt sich die fragmentar. Form der literar. Moderne an. Später etablierte sich v. a. in Dtl. und England mit B. MÖLLHAUSEN, F. GERSTÄCKER, K. MAY sowie J. CONRAD und R. KIPLING der abenteuerl. Reiseroman. In der jungen amerikan. Literatur gaben MARK TWAINS europakrit. ›The innocents abroad‹ (1869) der Gattung satir. Akzente. Mit J. VERNE erfuhr die utop. R. eine technizist. Wendung, die zur →Science-fiction führte. Im Zuge der Entkolonialisierung traten die Kolonien wieder in den Blick; umgekehrt wurden später Europareisen das Thema afrikan. Autoren (B. B. DADIÉ, ›Un nègre à Paris‹, 1959). In den 1920er Jahren entstanden neue Formen und Themen; E. E. KISCH etablierte u. a. mit ›Paradies Amerika‹ (1929) die krit. Reisereportage. Nach dem Zweiten Weltkrieg finden sich neben Abenteuerreiseberichten und kulturhistor. Beschreibungen polit. Reiseberichte wie SIMONE DE BEAUVOIRS ›La longue marche‹ (1957) und, als bes. populäre Form, auch Berichte von Forschern und Extremtouristen (T. HEYERDAHL, J.-Y. COUSTEAU, R. MESSNER). Literarisch intendiert sind die Reiseberichte u. a. von A. ANDERSCH (›Hohe Breitengrade oder Nachrichten von der Grenze‹, 1969), H. BÖLL (›Irisches Tagebuch‹, 1957), W. KOEPPEN (›Nach Rußland und anderswo hin‹, 1958). Das Lebensgefühl der Beat Generation beeinflußte nachhaltig J. KEROUACS Roman ›On the road‹ (1957). Mit dem Massentourismus und der Reiseberichterstattung in den Medien verändert sich die R. Die Formen der Reportage und des Feuilletons gewinnen an Bedeutung, so z. B. bei L. DURRELL, V. S. NAIPAUL, C. NOOTEBOOM und H. M. ENZENSBERGER; bes. an ethnolog. Fragestellungen interessiert zeigen sich H. FICHTE und B. CHATWIN.

E. G. COX: A reference guide to the literature of travel, 3 Bde. (Seattle, Wash., 1935–49, Nachdr. New York 1969); P. B. GOVE: The imaginary voyage in prose fiction (ebd. 1941,

## Reis Reiserbohnen – Reiske

Nachdr. ebd. 1975); M. CARY u. E. H. WARMINGTON: Die Entdeckung der Antike (a. d. Engl., 1966); Encyclopedia of world travel, hg. v. N. DOUBLEDAY u. a., 2 Bde. (Garden City, N. Y., ²1967); R.-R. WUTHENOW: Die erfahrene Welt. Europ. R. im Zeitalter der Aufklärung (1980); P. G. ADAMS: Travel literature and the evolution of the novel (Lexington, Ky., 1983); U. ERKER-SONNABEND: Das Lüften des Schleiers. Die Orienterfahrung brit. Reisender in Ägypten u. Arabien. Ein Beitr. zum Reisebericht des 19. Jh. (1987); C. HIPPLER: Die Reise nach Jerusalem (1987); Lex. der Reise- u. Abenteuerlit., hg. v. F. SCHEGK, Losebl. (1988 ff.); Der Reisebericht, hg. v. P. J. BRENNER (1989); P. J. BRENNER: Der Reisebericht in der dt. Lit. (1990).

**Reiserbohnen, Reiserfisolen,** halbhohe Bohnensorten, die Reiser als Stützen brauchen; R. nehmen eine morpholog. Mittelstellung zw. Busch- und Stangenbohnen ein.

**Reisescheck, Travellerscheck** ['trævələr-, engl.], bargeldloses Zahlungsmittel im internat. Reiseverkehr in Form von Schecks (Orderschecks) oder scheckähnl. Urkunden. R. lauten i. d. R. auf runde Beträge und werden in den international wichtigsten Währungen ausgestellt. Der Inhaber weist sich durch eine bei der Ausgabe auf den Scheck gesetzte Unterschrift aus, die beim Einlösen in Anwesenheit des Akzeptanten (z. B. eines Bankangestellten) wiederholt werden muß. R. sind gegen Mißbrauch nach Verlust oder Diebstahl versichert. R. wurden zuerst 1891 von der →American Express Company ausgegeben (American Express Traveller Cheques), dann auch von anderen Banken, Reisebüros, Schiffahrtsgesellschaften. Sie können bei Kreditinstituten, Wechselstuben, Luftverkehrsgesellschaften, Hotels und Gaststätten im In- und Ausland in Zahlung gegeben werden. In Europa haben die R. gegenüber Eurocheques und Kreditkarten an Bedeutung verloren.

**Reise um die Erde in achtzig Tagen,** frz. ›Le tour du monde en 80 jours‹, Abenteuerroman von J. VERNE; frz. Erstausg. 1873.

**Reiseverkehrskaufmann,** früher **Reisebürokaufmann,** Ausbildungsberuf des Handels für Frauen (offiziell: **Reiseverkehrskauffrau**) und Männer mit dreijähriger Ausbildungsdauer. Sie sind bei Reiseveranstaltern, in Reisebüros, Kurverwaltungen, Fremdenverkehrsämtern und Verkehrsvereinen eingesetzt mit den Haupttätigkeiten Organisation, Vermittlung, Beratung.

**Reisevertrag,** Vertrag, durch den sich ein Reiseveranstalter verpflichtet, eine Reise zu organisieren und in eigener Verantwortung dem Reisenden gegenüber eine Gesamtheit von Reiseleistungen gegen Bezahlung zu erbringen. Um das R.-Recht zur Anwendung zu bringen, braucht die angebotene Gesamtleistung nicht in einer Pauschalreise zu bestehen, vielmehr genügen bereits zwei zusammengefaßte Leistungen (z. B. Beförderung und Unterkunft). Vertragspartner ist der ›Veranstalter‹, und zwar auch und gerade dann, wenn er sich zur Erfüllung der zugesagten Leistungen anderer ›Leistungsträger‹ (z. B. Hotels, Fluglinien) bedient.

Der R. ist als werkvertragsähnl. Vertrag im Reisevertrags-Ges. v. 4. 5. 1979 (als §§ 651a–651k in das BGB eingefügt) geregelt. Von diesen Vorschriften kann nicht zum Nachteil des Reisenden abgewichen werden. Die Erklärung, den R. nur zu vermitteln, bleibt unberücksichtigt, wenn der Veranstalter die Leistungen den Umständen nach offensichtlich in eigener Verantwortung erbringt. Ist die Reiseleistung fehlerhaft, so kann der Reisende Abhilfe verlangen oder nach Anzeige des Mangels den Reisepreis mindern. Hat der Mangel eine erhebl. Beeinträchtigung der Reise zur Folge oder wird dadurch ihre Durchführung für den Reisenden aus einem wichtigen, dem Reiseveranstalter erkennbaren Grund unzumutbar, kann der Reisende den Vertrag kündigen, wenn der Reiseveranstalter eine ihm zuvor gesetzte angemessene Frist zur Beseitigung des Mangels ergebnislos hat verstreichen lassen. Ausnahmsweise kann die Fristsetzung entbehrlich sein. Hat der Reiseveranstalter den Mangel zu vertreten, steht dem Reisenden zusätzlich ein Schadensersatzanspruch zu, der unter Umständen auch eine Entschädigung wegen nutzlos aufgewendeter Urlaubszeit umfaßt. Sämtl. Gewährleistungsansprüche sind jedoch ausgeschlossen, wenn der Reisende sie nicht innerhalb eines Monats nach der vertraglich vorgesehenen Beendigung der Reise gegenüber dem Reiseveranstalter geltend macht, es sei denn, er war ohne sein Verschulden an der Einhaltung der Frist verhindert.

Vor Reisebeginn kann der Reisende jederzeit vom R. zurücktreten, i. d. R. allerdings nur gegen eine angemessene Entschädigung, deren Pauschalierung in einem Prozentsatz vom Reisepreis vereinbart werden kann. In Fällen nichtvoraussehbarer höherer Gewalt (z. B. Krieg oder Naturkatastrophe im Reiseland) können beide Seiten den R. kündigen.

E. ISERMANN: R.-Recht (1988); L. HEIDEPETER: Aus dem Traum vom Traumurlaub? (1990).

**Reise zum Mittelpunkt der Erde,** frz. ›Voyage au centre de la terre‹, Abenteuerroman von J. VERNE; frz. Erstausg. 1864.

**Reisfeldfieber,** das →Bataviafieber.

**Reisfink, Padda oryzivora,** etwa 15 cm langer Prachtfink; auf Java und Bali beheimatet, von dort nach S-Asien und O-Afrika eingebürgert; Oberseite und Brust sind grau, der Kopf ist schwarz mit weißen Wangen und hohem, rosafarbenem Schnabel; der R. kann durch scharenweises Einfallen in Reisfeldern schädlich werden; Stubenvogel.

**Reisfrosch, Rana limnocharis,** bis 6 cm langer Frosch; weitverbreitet in Asien südlich und östlich des Himalaya.

**Reisgras,** das →Schlickgras.

**Reisigbecherling, Zitronengelber R., Bisporella citrina,** sehr kleiner, häufiger Scheibenpilz mit gelbem, flach becherförmigem, 1–3 mm breitem, kurzgestieltem Fruchtkörper; wächst in Gruppen auf verrottendem Laubholz.

**Reisige** [zu mhd. reise ›(Heer)fahrt‹], im MA. die schwerbewaffneten, i. d. R. berittenen Krieger.

**Reisiger,** Walter Ernst Hans, Schriftsteller und Übersetzer, * Breslau 22. 10. 1884, † Garmisch-Partenkirchen 29. 4. 1968; Gründungsmitglied der Dt. Akademie für Sprache und Dichtung. R., der mit T. MANN befreundet war, machte sich durch zahlreiche Übersetzungen engl., amerikan. und frz. Literatur, bes. der Werke W. WHITMANS, verdient. Großen Anklang fanden der Maria-Stuart-Roman ›Ein Kind befreit die Königin‹ (1939) und die Erzählung ›Aeschylos bei Salamis‹ (1952).

**Reisigkrankheit, Gablerkrankheit,** ertragsmindernde Viruserkrankung der Weinrebe; Symptome sind buschig wachsende, dünne, kümmerl. Triebe, Triebstauchungen, vielgestaltige Blattdeformationen (**Deformationskrankheit**; z. B. Kleinblättrigkeit, tief gelappte oder ungelappte Blätter), in Laubsprosse umgewandelte Ranken, Gabeltriebe, Doppelknoten, absterbende Sproßwurzeln. Die R. ist die wirtschaftlich schädlichste Rebenvirose.

**Reiskäfer, Sitophilus oryzae, Calandra oryzae,** 2,5–3,5 mm langer, braunschwarzer Rüsselkäfer mit zwei rötl. Flecken auf jeder Flügeldecke; Getreide- und Vorratsschädling v. a. in wärmeren Ländern; in gemäßigte Zonen eingeschleppt.

**Reiske,** Johann Jacob, klass. Philologe und Arabist, * Zörbig 25. 12. 1716, † Leipzig 14. 8. 1774; wurde 1748 Prof. für Arabisch in Leipzig und 1758 Gymnasialdirektor, wies der Arabistik neue Wege und regte auf dem Gebiet der klass. Philologie in seinen Ausga-

**Reiskäfer**
(Länge 2,5–3,5 mm)

ben der griech. Redner, des PLUTARCH, des DIONYSIOS VON HALIKARNASSOS und des LIBANIOS wesentl. Textverbesserungen an.
**Ausgabe:** Primae lineae historiae regnorum Arabicorum ..., hg. v. F. WÜSTENFELD (1847).

**Reiskornmuster,** urspr. Dekortechnik der pers. Keramik (12. Jh.), in China seit der Zeit des Kaisers QIANLONG (1735-96) verwendet. In den (ungebrannten) Scherben werden reiskorngroße, ornamental angeordnete Löcher geschnitten, die sich später durch die Glasur wieder schließen und durchsichtig bleiben. Die europ. Bez. beruht auf dem Irrtum, daß dieser Effekt durch in den Scherben eingelegte und beim Garbrand verbrennende Reiskörner hervorgerufen werde.

**Reislaufen** [zu Reisige], in Spät-MA. und Neuzeit Bez. für das Eintreten in besoldeten fremden Kriegsdienst; vom 13. bis 18. Jh. (bes. ab dem 16. Jh.) v. a. in der Schweiz üblich, wurde der R. oft von den eidgenöss. Orten erfolglos verboten, dann durch ›Kapitulationen‹ (Soldverträge) geordnet und schließlich 1859 durch Bundesbeschluß endgültig untersagt.

**Reismais,** der Puffmais (→Mais).

**Reismehlkäfer,** Gattung der →Schwarzkäfer.

**Reismelde, Reis|spinat, Quinoa,** *Chenopodium quinoa,* in den Hochanden kultiviertes Gänsefußgewächs, dessen gelbl. Samen zu Mehl verarbeitet werden; die Blätter werden als Gemüse und Salat gegessen. Aus der alkalireichen Asche der ausgedroschenen Pflanzen wird ›Lliptu‹ hergestellt, das zur Freisetzung von Wirkstoffen (v. a. Kokain) beim Kokakauen benutzt wird. Neben Mais wird die R. auch zur Herstellung des alkohol. Getränks Chicha verwendet.

**Reisner, 1)** *George Andrew,* amerikan. Ägyptologe, * Indianapolis (Ind.) 5. 11. 1867, † Giseh 6. 6. 1942; trat bes. durch seine method. Grabungen in Giseh (seit 1903) und Kerma hervor. Er leitete 1907–09 die archäolog. Aufnahme Nubiens, war u. a. ab 1914 Prof. an der Harvard University.
**Werke:** The Hearst medical papyrus (1905); Excavations at Kerma, 2 Bde. (1923); Mycerinus, the temples of the third pyramid at Giza (1931); The development of the Egyptian tomb down to the accession of Cheops (1936); A history of the Giza Necropolis, 2 Bde. (1942–55).
**2)** *Larissa Michajlowna,* russ. Schriftstellerin, →Rejsner, Larissa Michajlowna.

**Reispapier,** andere Bez. für das →Japanpapier.

**Reisquecke, Leersia oryzoides,** 0,5–1 m hohe Süßgrasart an Sumpfgräben in Europa, O-Asien und Nordamerika; Ausläufer bildende Pflanze mit behaarten Halmknoten, rauhen Blättern, einer höchstens zur Hälfte aus der oberen Blattscheide herausragenden Rispe mit geschlängelten Ästen und einblütigen Ährchen ohne Hüllspelzen.

**Reisratten,** *Oryzomys,* Gattung der Wühler mit etwa 50 Arten, die in Südamerika und dem südl. Nordamerika verbreitet sind. Die bis 20 cm körperlangen (mit Schwanz bis 45 cm lang) R. bauen kugelige Nester in Wassernähe. Sie sind gute Schwimmer und vorwiegend nachtaktiv.

**Reißbahn,** Teil des →Freiballons.

**Reißbrett** [zu reißen, ahd. rīzan, urspr. ›einen Einschnitt machen‹, ›(Runen)zeichen einritzen‹, ›zeichnen‹, ›entwerfen‹], ein Zeichenbrett in genormten Größen, auf dem das Zeichenpapier mit Reißnägeln oder -stiften befestigt wird. Meistens ist das R. mit einem bewegl. Holz- oder Stahlrahmen kombiniert, um eine günstige Arbeitshöhe einstellen zu können. Arbeitsgeräte am R. sind Reißschiene, Reißdreieck, Winkel oder die Zeichenmaschine. Bedeutung und Benutzung des R. gehen jedoch durch den steigenden Einsatz des rechnerunterstützten Entwurfs (→CAD) immer stärker zurück.

**Reißeckgruppe,** Gebirgsgruppe der Hohen Tauern, Österreich, südlich an die Ankogelgruppe anschließend, zw. Mölltal (im SW) und Lieser- und Maltatal (im O), im Reißeck 2965 m ü. M.; zahlreiche Bergseen, die z. T. zu Speicherseen für die Reißeck-Kreuzeck-Kraftwerke aufgestaut wurden; von Kolbnitz im Mölltal (hier Kraftwerk) Zahnradbahn (bis 2237 m ü. M.) und anschließende Höhenbahn zum großen Mühldorfer See (2287 m ü. M.).

**Reißen, 1)** *Jägersprache:* Fangen und Totbeißen der Beute durch Raubwild und wildernde Hunde. Die tote Beute wird als **Riß** bezeichnet.
**2)** *Sport:* 1) Wettbewerb im →Gewichtheben; 2) in der Leichtathletik der Abwurf der Sprunglatte bei Hoch- oder Stabhochsprung (macht den Sprung ungültig), auch Umwerfen einer Hürde beim Hürdenlauf.

**Reißfeder** [vgl. Reißbrett], **Ziehfeder,** Zeichengerät zum Ausziehen (Nachziehen) einer Bleistiftzeichnung mit Tusche. Die Tusche befindet sich zw. zwei Metallbacken, deren Abstand (und damit die Strichbreite) mit einer Stellschraube variiert werden kann. Ein kompletter Satz von R. und Zirkeln wird als **Reißzeug** bezeichnet. R. sind weitgehend von Zeichenstiften verdrängt worden.

**Reißfestigkeit,** Spannung in einer Werkstoffprobe beim Reißen, bes. von Papier und Textilien, im Unterschied zur →Zugfestigkeit von Metallen. Das Maß für die R. ist die **Reißlänge,** die errechnete Länge eines Fadens, Seils oder z. B. Papierstreifens, bei der diese unter ihrem Eigengewicht reißen würden.

**Reissiger,** *Karl Gottlieb,* Dirigent und Komponist, * Belzig 31. 1. 1798, † Dresden 7. 11. 1859; studierte bei A. SALIERI in Wien und P. VON WINTER in München, wurde 1828 Hofkapellmeister in Dresden als Nachfolger C. M. VON WEBERS, für dessen Werke er sich einsetzte. Er leitete auch die Urauff. von R. WAGNERS ›Rienzi‹. R.s Kompositionen stehen in der Tradition der Klassik und Frühromantik. Er komponierte u. a. Opern (›Die Felsenmühle zu Estalières‹, 1831), Messen, Orchesterwerke, Kammer- und Klaviermusik, Solo- und Chorlieder.

**Reißkofelgruppe,** Teil der Gailtaler Alpen zw. Gailberg- und Kreuzbergsattel in Kärnten, Österreich, im **Reißkofel** 2371 m ü. M.

**Reißlänge,** Maß für die →Reißfestigkeit.

**Reißleine, 1)** die Aufziehleine des →Fallschirms.
**2) Reißbahnleine,** die Leine zum Abreißen der Reißbahn an →Freiballons.

**Reis|spinat,** die →Reismelde.

**Reißspinnfasern, Reißfaserstoffe,** aus Abfällen und Altmaterial von Spinnerei, Weberei, Wirkerei, Konfektion und Alttextilien durch mechan. Zerreißen zurückgewonnene Fasern. Die Ausgangsmaterialien werden auf dem Lumpenklopfer gereinigt und auf dem Reißwolf geöffnet (zerrissen). **Reißwolle** wird aus Wolltextilien gewonnen. Je nach Art der Materialien (alt oder neu, Gewebe oder Strick- bzw. Wirkware, verfilzt oder nicht verfilzt) erhält man versch. R.-Qualitäten. R. können in geringen Anteilen den Originalrohstoffen bei der Garnherstellung zugemischt werden.

**Reißverschluß,** Verschlußvorrichtung für Kleidung, Taschen u. a., bei der an zwei Bändern befestigte Schließketten (Zähne, Spiralen, Rillen) durch einen Schieber wechselseitig ineinander- und beim Öffnen auseinandergehakt werden, wobei Endstücke das Herausrutschen des Schiebers verhindern. Beim **Zahnschluß** führt der Schieber die gegenüber bzw. übereinander liegenden Zähne mit ihren Buckeln und Vertiefungen so aufeinander zu, daß sie ineinandergreifen und sich verhaken können. Bei anderen Ausführungsformen besteht die Schließkette aus Kunststoff- oder Metallschlaufen, die sich durch eine spira-

**Reißfeder** für feine Linien (oben) und im Abstand verstellbare Doppelreißfeder für parallele Linien (unten)

**Reiß** Reißwolf – Reiterstandbild

lige Wicklung ergeben (**Spiralverschluß**), oder aus langen, schienenartigen Kunststoffbändern, deren Rillen durch den Schieber ineinandergedrückt werden (**Rillenverschluß, Gleitverschluß**). **Klettverschlüsse** aus zwei Textilbändern halten mit Häkchen aneinander.

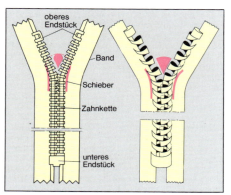

**Reißverschluß:** Zahnverschluß (links) und Spiralverschluß (rechts)

**Reißwolf, 1) Reißmaschine,** Maschine zum Zerfasern von Textilabfällen, um aus ihnen wieder verspinnbare Fasern (→Reißspinnfasern) oder auch nicht mehr verspinnbare kurze (unter 10 mm lange) Fasern, die u. a. als Polstermaterial verwendet werden (**Reißfüllstoffe**), zu gewinnen. Der R. besteht im wesentlichen aus einer mit vierkantigen Stahlspitzen besetzten Reißtrommel (Tambour), die in rasche Umdrehung versetzt wird und die die über den Zuführtisch herangeführten (vorzerkleinerten) Lumpen in Einzelfasern auflöst.
**2)** der →Papierwolf.

**Reißwolle,** →Reißspinnfasern.

**Reißzahn,** der vierte obere Vorbackenzahn (Praemolar) und der erste untere Mahlzahn (Molar) der Raubtiere.

**Reißzeug,** Zeichengerät, →Reißfeder.

**Reiswasserstühle,** trüb-wäßrige, helle, schwere Durchfälle als Symptom der Cholera asiatica.

**Reiswein,** japan. **S<u>a</u>ke,** alkohol. Getränk aus Reis, der gedämpft und mit Hilfe des Pilzes Aspergillus oryzae verzuckert und anschließend durch eine spezielle Hefe vergoren wird, Alkoholgehalt 12–16 Vol.-%; wird meist warm getrunken. R. ist in China und Japan seit altersher bekannt (erstmals bezeugt 90 v. Chr.); er wird neuerdings auch in den USA hergestellt (1989 rd. 4 Mio. *l*).

A. J. A<small>NTONI</small>: Miwa, der hl. Trank. Zur Gesch. u. religiösen Bedeutung des alkohol. Getränkes (Sake) in Japan (1988).

**Reisz** [rɛjs], Karel, brit. Filmregisseur tschech. Herkunft, * Mährisch-Ostrau (heute Ostrau) 21. 7. 1926; kam 1939 nach Großbritannien; zunächst Filmkritiker und Dokumentarfilmer; Mitbegründer der gesellschaftskrit. Bewegung des ›Free Cinema‹ (1956).
**Filme:** Samstagnacht bis Sonntagmorgen (1960); Der Griff aus dem Dunkel (1963); Protest (Morgan ..., 1966); Isadora (1968); Spieler ohne Skrupel (1974); Dreckige Hunde (1977); Die Geliebte des frz. Leutnants (1981); Sweet dreams (1985); Everybody wins (1989).

G. G<small>ASTON</small>: K. R. (Boston, Mass., 1980).

**Reiter,** Berittener, v. a. berittener Soldat, in Dtl. bis 1918 Kürassier, Dragoner, Husar, Ulan, Jäger zu Pferd, Chevauleger genannt. 1919–45 war R. der Mannschaftsdienstgrad der R.-Regimenter.

**Reiter|abzeichen,** →Deutsches Reiterabzeichen.

**Reiter Alpe, Reiter|alpe, Reither Alpe,** Gebirgsstock der Berchtesgadener und Salzburger Kalkalpen östlich der Saalach, südlich von Bad Reichenhall beiderseits der dt.-österr. Grenze, im Stadelhorn 2286 m ü. M.; im N Seilbahn auf den Wartsteinkopf (1758 m ü. M.).

**Reiterkrabben,** die →Rennkrabben.

**Reiterlein,** der Stern →Alkor.

**R<u>ei</u>tersche Krankheit** [nach dem Bakteriologen H<small>ANS</small> R<small>EITER</small>, * 1881, † 1969], **Reiter-Syndrom,** durch den Symptomenkomplex von Polyarthritis, Bindehaut- und Harnröhrenentzündung gekennzeichnete, auf allerg. Vorgängen beruhende Erkrankung ungeklärter Ursache. Bei der Entstehung wirken mikrobielle Infekte (Enteritis, Harnwegsinfekte), meist in Verbindung mit einer genet. Disposition (Antigen HLA-B27, →HLA-System), auslösend. Die Krankheit verläuft chronisch und kann mit entzündl. Hautveränderungen, v. a. an den Handflächen und Fußsohlen, auch an den Schleimhäuten, verbunden sein; Behandlung symptomatisch mit entzündungshemmenden Mitteln, ggf. mit Antibiotika.

**Reiterstandbild,** in der Antike weitverbreitete Art der Herrscherdarstellung und seither einer der gebräuchlichsten Denkmaltypen. Die lebensgroßen R. der röm. Kaiserzeit wurden wegen des mit ihnen verbundenen Herrscherkults von Christen zerstört. Das R. des Kaisers M<small>ARK</small> A<small>UREL</small> (161–180; B<small>ILD</small> →Denkmal 2) in Rom blieb nur erhalten, weil es für eine Darstellung K<small>ONSTANTINS</small> D. G<small>R</small>., des ersten christl. Kaisers, gehalten wurde. Im MA., dem das profane Denkmal fremd war, entstanden nur wenige R., die entweder als Rechtsmal zu verstehen sind (›Magdeburger Reiter‹, 1245–50; Magdeburg, Kulturhistor. Museum) oder der Heiligenverehrung dienten (hl. Georg, hl. Martin). Nach neueren Forschungen ist im ›Bamberger Reiter‹ (um 1230–40; B<small>ILD</small> →Bamberger Dom) der in Jerusalem einziehende Endzeitkaiser zu sehen. Zu neuer Bedeutung gelangte das R. zunächst in Italien. Bereits im Trecento wurden Grabmäler zuweilen von R. bekrönt (Scaligergräber in Verona).

**Reiterstandbild:** Andrea del Verrocchio, ›Reiterstandbild des Bartolomeo Colleoni‹ vor der Kirche Santi Giovanni e Paolo in Venedig; 1481–88; gegossen von Alessandro Leopardi, aufgestellt 1495

Das R. des G<small>ATTAMELATA</small> von D<small>ONATELLO</small> in Padua (1447–53; B<small>ILD</small> →Gattamelata) und das des B. C<small>OL</small>-<small>LEONI</small> von A. <small>DEL</small> V<small>ERROCCHIO</small> in Venedig (1481–88) knüpften an die antike Tradition an. Im Barock diente das R. dem Repräsentationsanspruch der absolutist. Herrscher (BILD → Barock). Dem R. COSIMOS I. in Florenz von GIAMBOLOGNA (1587–93) folgten ›Der Große Kurfürst‹ in Berlin von A. SCHLÜTER (1697–1700; BILD → Denkmal 2), das R. JOHANN WILHELMS von Pfalz-Neuburg in Düsseldorf von G. DE GRUPELLO (1703–11; BILD → Grupello, Gabriel de) und das R. PETERS D. GR. in Petersburg von É.-M. FALCONET (1782 enthüllt; BILD → Falconet, Étienne-Maurice). Bedeutende Beispiele des 19. Jh. sind das R. MAXIMILIANS I. von Bayern in München von B. THORVALDSEN (1830–39) und das FRIEDRICHS D. GR. in Berlin von C. D. RAUCH (1840–51).

H. VON ROQUES DE MAUMONT: Antike R. (1958); U. KELLER: Reitermonumente absolutist. Fürsten. Staatstheoret. Voraussetzungen u. polit. Funktionen (1971); W. VOMM: R. des 19. u. frühen 20. Jh. in Dtl., 2 Tle. (1979); R. OTTO: Europ. R., 2 Tle. (1985–86); J. BERGEMANN: Röm. Reiterstatuen (1990).

**Reitgras, Calamagrostis,** Gattung der Süßgräser mit etwa 280 Arten in den gemäßigten und kälteren Gebieten der Erde; in den Tropen nur in den Gebirgen; ausdauernde, auch in Horsten wachsende, bis 2 m hoch werdende Pflanzen; Ährchen einblütig, oftmals dicht und die Deckspelze überragend behaart, zu vielblütigen, meist aufrechten Rispen zusammentretend. In Mitteleuropa (auch in Dtl.) kommen neun Arten vor.

**Reithilfen,** *Pferdesport:* → Hilfen.

**Reit im Winkl,** Gem. im Kr. Traunstein, Oberbayern, an der Grenze zu Österreich, 695 m ü. M., in den Chiemgauer Alpen, (1991) 2 600 Ew.; Luftkur- und Wintersportort.

**Reitkleidung,** die für das Reiten zu Pferd zweckmäßige (Reithose mit Lederbesatz und lange Stiefel) und im Reitsport vorgeschriebene Kleidung. Bei Dressurprüfungen trägt der Reiter schwarze Stiefel, einen schwarzen, flachen Zylinder und zu Stiefelhose, Hemd, Handschuhen und Krawatte (oder Plastron) in weiß einen schwarzen Rock. Bei Springprüfungen wird der Zylinder durch eine schwarze verstärkte Kappe ersetzt; Reiter können in Uniform oder rotem Rock starten, Reiterinnen in einem grünen Jackett. Der rote Rock darf bei Jagdreiten erst nach Teilnahme an zehn Jagden getragen werden.

**Reitknochen,** durch chron. Druckschädigung beim Reiten hervorgerufene Muskelveränderung (→ Exerzierknochen).

**Reitpost,** Postlinien, auf denen reitende Boten durch Pferdewechsel auf den Poststationen rasch Nachrichten überbrachten. (→ Post- und Fernmeldewesen, Geschichte)

**Reitsch,** Hanna, Fliegerin, * Hirschberg i. Rsgb. 29. 3. 1912, † Frankfurt am Main 24. 8. 1979; stellte als Pilotin im Segel- und Motorflug versch. Weltbestleistungen auf, gehörte zu den Pionieren des Hubschrauberflugs und wurde 1937 zum ersten weibl. Flugkapitän ernannt. Im Zweiten Weltkrieg war sie Testpilotin bei der Luftwaffe, nach 1945 Fluglehrerin. Sie schrieb u. a. ›Fliegen – mein Leben‹ (1951) und ›Das Unzerstörbare in meinem Leben‹ (1975).

**Reit|sport,** Teil des Pferdesports, umfaßt das → Dressurreiten, → Jagdreiten, → Springreiten, die Prüfungen der → Vielseitigkeit und das Freizeitreiten. *Geschichtliches:* Theoret. Abhandlungen schrieb bereits XENOPHON, der in dem Buch ›Über die Reitkunst‹ Grundsätze über die Ausbildung von Pferden aufstellte, die erst während der Renaissance in Italien wieder aufgegriffen wurden; R.-Theoretiker im Barock waren der Deutsche GEORG ENGELHARD VON LÖHNEYSEN († nach 1624), der Franzose ANTOINE DE PLUVINEL DE LA BAUME (* 1555, † 1620) – der bedeutendste – und der Engländer WILLIAM CAVENDISH, seit 1664 Herzog von Newcastle (* 1592, † 1676). Unter dem Einfluß von F. W. VON SEYDLITZ setzte sich in Dtl. die Tendenz durch, Dressur-, Spring- und Geländereiten miteinander zu verbinden. Um die Wende zum 19. Jh. zeigte LUDWIG HÜNERSDORF (* 1748, † 1813) neue Wege zur Ergänzung von Reitkunst und Gebrauchsreiterei. Seine ›Anleitung zu der natürlichsten und leichtesten Art, Pferde abzurichten ...‹ (1790) gilt als das erste klass. Werk über die dt. Reitkunst. Bedeutend im 19. Jh. waren u. a. LOUIS SEEGER (* 1798, † 1865), Inhaber der ersten Privatreitschule in Berlin und Verfasser des ›Systems der Reitkunst‹ (1844), und GUSTAV STEINBRECHT (* 1808, † 1885), dessen Schrift ›Das Gymnasium des Pferdes‹ (1886) die dt. Dressurauffassung widerspiegelte. – Die Entwicklung in Österreich war eng verbunden mit der Span. Reitschule (→ Hohe Schule). Gleiches gilt in Frankreich für die Kavallerieschule Saumur. In Theorie und Praxis des Springreitens entwickelte der italien. Reitlehrer FEDERICO CAPRILLI (* 1868, † 1907) ein System, das in den Grundzügen – Rückenaufwölbung des Pferdes und Strecken des Halses, Anpassung des Reiterschwerpunktes an den des Pferdes – allg. übernommen wurde. Das 20. Jh. brachte durch den Turniersport eine außerordentl. Ausweitung des Reitsports.

**Reit|stock,** Teil der Drehmaschine, → Drehen.

**Reit|therapie, Hippotherapie,** eine in den letzten Jahren zunehmend anerkannte krankengymnast. Methode, durch Reiten und Übungen am Pferd Maßnahmen der Rehabilitation durchzuführen. Diese sollen in erster Linie funktionelle Störungen und Unfallfolgen am zentralen Nervensystem (Lähmung nach Gehirnschäden, multiple Sklerose, Kinderlähmungsfolgen, Mißbildungen) beeinflussen. Langsames Training der Becken- und Rumpfmuskulatur ohne die oft bei der übl. Gymnastik zu beobachtende ›Therapiemüdigkeit‹ und der Umgang mit einem Tier überhaupt haben überdies günstige psych. Auswirkungen, auch bei verhaltensgestörten Kindern.

**Reit- und Fahrturnier,** → Pferdeleistungsschau.

**Reitz,** Edgar, Filmregisseur und Produzent, * Morbach (Kr. Bernkastel-Wittlich) 1. 11. 1932; stellte Kurz- und Industriefilme her (ab 1957); hatte bedeutenden Anteil an der Entstehung des ›jungen dt. Films‹ (1962/66; → Film 3); als Dozent (ab 1963) an der Hochschule für Gestaltung in Ulm arbeitete er zus. mit A. KLUGE. Schrieb ›Liebe zum Kino. Utopien und Gedanken zum Autorenfilm‹ (1984).

*Filme:* Mahlzeiten (1966); Cardillac (1969); Die Reise nach Wien (1973); Stunde Null (1976); Der Schneider von Ulm (1978); Geschichten aus den Hunsrückdörfern (1982); Heimat (1984; z. Z. Arbeiten an der Fortsetzung: Die zweite Heimat).

**Reitzenstein,** 1) Richard, klass. Philologe, * Breslau 2. 4. 1861, † Göttingen 23. 3. 1931; wurde 1889 Prof. in Rostock, 1892 in Gießen, 1893 in Straßburg, 1911 in Freiburg im Breisgau, 1914 in Göttingen und widmete sich v. a. der antiken Religionsgeschichte.

*Werke:* Verrianische Forsch. (1887); Gesch. der griech. Etymologika (1897); Die hellenist. Mysterienreligionen, ihre Grundgedanken und Wirkungen (1910); Studien zum antiken Synkretismus aus Iran und Griechenland (1926, mit H. H. SCHAEDER).

2) Sigismund Reichsfreiherr von, bad. Minister, * Nemmersdorf (heute zu Goldkronach) 3. 2. 1766, † Karlsruhe 5. 3. 1847; trat 1788 in den bad. Staatsdienst, war 1796–1803 Gesandter in Paris, wo er für die Vergrößerung des bad. Staatsgebiets eintrat. Als Staats-Min. (1809/10, 1813–18, 1832–42) gab er dem neugeschaffenen Großherzogtum Baden eine zentralistisch ausgerichtete Verwaltungsorganisation, sicherte 1813 in einem Staatsvertrag mit K. W. Fürst METTERNICH den Bestand des Großherzogtums, das er 1818 mit Erlaß einer liberalen Verf. konsolidierte. Die von ihm nach 1832 betriebene Politik der Restauration stand im Widerspruch zu den im Land vorherrschenden liberalen Strömungen.

**Reitgras:** Von OBEN: Gemeines Reitgras (Höhe 0,5–1,2 m); Landreitgras (Höhe 0,6–1,5 m); Wiesenreitgras (Höhe 0,6–1,2 m)

Hanna Reitsch

Edgar Reitz

**Rei vindicatio** [lat.], **Vindikations|anspruch,** der dingl. Anspruch des Eigentümers einer Sache, vom Besitzer deren Herausgabe zu verlangen (§ 985 BGB). Der Besitzer kann die Herausgabe verweigern, wenn ihm ein Recht zum Besitz zusteht (z. B. aus einem Leih- oder Mietvertrag).

**Reiyūkai** [japan. ›Gesellschaft der Freunde der Geister‹], von der buddhist. Sekte NICHIRENS inspirierte japan. Volksreligion, 1925 von KOTANI KIMI (* 1901, † 1971) gegründet. Sie betont die Ahnenverehrung, um mit dem Schutz der Geister den sozialen Frieden zu sichern. Von ihr zweigte sich u. a. die Risshō-kōseikai ab.

**Reiz, Stimulus,** jede Veränderung außerhalb oder innerhalb eines Organismus, die eine Erregung auslöst bzw. eine Empfindung oder eine Reaktion (z. B. einen →Reflex 2) verursacht. Man unterscheidet mechan., therm., chem., osmot., elektr., opt. und akust. Reize. Die Fähigkeit, auf R. zu reagieren, ist eine Grundeigenschaft lebender Systeme. Die für ein Sinnesorgan gemäße Form des R. wird als →adäquater Reiz bezeichnet. Von einem **unterschwelligen R.** spricht man, wenn die R.-Energie zur Auslösung einer Erregung nicht ausreicht. Überschreitet der R. eine bestimmte Intensität, wird er als Schmerz empfunden.

**Reizbarkeit,** *Physiologie* und *Psychologie:* →Erregbarkeit.

**Reizblase,** durch einen Reizzustand der Harnblase, auch ohne entsprechende organ. Veränderungen, hervorgerufene Funktionsstörungen, die sich in häufigem Harndrang mit Entleerung geringer Mengen, Dysurie und diffusen lokalen Schmerzempfindungen äußern; häufig bei Frauen durch psychovegetative und hormonelle Einflüsse, auch durch mechan. oder Nahrungsmittelreize und Unterkühlung verursacht.

**Reizgase,** v. a. auf die Atemwege reizend wirkende Gase, z. B. Chlor, Bromdämpfe, nitrose Gase, Phosgen, Schwefeldioxid und Ammoniak. (→Atemgifte)

**Reizkampfstoffe,** →chemische Kampfmittel.

**Reizker** [aus dem Slawischen, vgl. tschech. ryzec, eigtl. ›der Rötliche‹ (nach dem roten Milchsaft)], die Pilzgattung →Milchlinge.

**Reizklima,** Klima, das starke Reize auf den Organismus ausübt (Ggs. Schonklima). R. besteht v. a. im Hochgebirge, an den Küsten der Ozeane und ihrer Nebenmeere (z. B. Nordsee) und im Innern großer Kontinente; es zeichnet sich durch eine vermehrte Ultraviolettstrahlung, kräftigere Winde und größere Schwankungen der meteorolog. Elemente aus. (→Klimabehandlung)

**Reizkontrolle, Stimuluskontrolle, 1)** *Psychologie:* Ausmaß, in dem ein Reiz die Wahrscheinlichkeit der auf ihn folgenden Reaktion bestimmt. Maß für die Abhängigkeit der Reaktion vom Reiz.
**2)** *Psychotherapie:* Methode der Verhaltenstherapie, erfolgt bei Selbstkontrolle (oder auch Fremdkontrolle). Die Reize, die ein Problemverhalten auslösen oder fördern, werden reduziert, vermieden oder ersetzt, so daß das Problemverhalten nicht ausgelöst wird und dafür alternatives Verhalten möglich (und verstärkt) werden kann. Beispiel: Aschenbecher oder Telefonieren können den Griff zur Zigarette auslösen. Bei R. würde der Aschenbecher den Blick entzogen oder vereinbart, nur außerhalb des Telefonierens zu rauchen. Tritt hingegen ein erwünschtes Verhalten (z. B. konzentriertes Lernen) zu selten auf, werden situative Reizbedingungen geschaffen, die es erleichtern, das Zielverhalten systematisch aufzubauen.

**Reizkörperbehandlung, Umstimmungstherapie,** Bez. für gesundheitsfördernde Verfahren, die Reaktionsweise, Abwehr und gesundheitl. Leistungsfähigkeit des gesamten Organismus auf eine höhere Stufe bringen sollen, z. B. Ernährungs- und Fastenkuren, Schwitzbehandlungen, Erzeugung von Fieber, zahlreiche physikal. und balneolog. Therapien, →Akupunktur und etliche naturheilkundl. Verfahren.

**Reizleitung,** unkorrekte Bez. für die Erregungsleitung (→Erregung 3).

**Reizleitungssystem,** unkorrekte Bez. für das Herzerregungsleitungssystem (→Herzarrhythmie).

**Reizmagen,** episodisch auftretende funktionelle Magenstörungen mit Übersäuerung, Druck- und Völlegefühl sowie Magenbrennen in Verbindung mit einer vegetativen Dystonie.

**Reizmengengesetz,** die (nicht allgemeingültige) Regel, daß ein starker, kurzer Reiz eine ebenso starke Erregung auslöst wie ein langer, schwacher.

**Reiz-Reaktions-Schema,** klassisches, der Physik und dem Behaviorismus entlehntes Modell des Kommunikationsprozesses, in dem ein Kommunikator (Sender, Quelle, Autor, Sprecher, Adressant) einen Reiz (Stimulus) in Form eines Kommunikats (Aussage, Inhalt, Text, Mitteilung, Information, Adresse) an einen oder mehrere Rezipienten (Kommunikant, Empfänger, Ziel, Publikum, Adressat) übermittelt, der bzw. die darauf reagieren. Die diesem Modell zugrunde liegenden Annahmen der Kausalität des Prozesses, der Transitivität der Mitteilung und der Proportionalität des Reizes in bezug auf die Wirkung sind jedoch nicht haltbar, vielmehr ist der Kommunikationsprozeß durch Reflexivität, Selektivität und Proportionalität zu beschreiben.

**Reizschwelle,** *Biologie:* 1) **absolute R.,** derjenige Wert auf einem Reizkontinuum, unterhalb dessen kein Reiz mehr wahrgenommen wird oder keine Reaktion mehr erfolgt; 2) **relative R., Unterschiedsschwelle,** Wahrnehmungsschwelle, von der an zwei nur wenig verschieden starke Reize nicht mehr als gleich empfunden werden.

**Reizstoffe,** i. w. S. Bez. für alle in der Natur vorkommenden oder synthetisch hergestellten chem. Verbindungen, die einen (physiolog. oder patholog.) Reiz auf einen Organismus ausüben; i. e. S. Bez. für die auf Haut und Schleimhaut entzündungserregend oder toxisch wirkenden Substanzen.

**Reizstromtherapie,** Form der →Elektrotherapie.

**Reiztherapie,** unspezif. Behandlung mit Mitteln, die auf den Organismus Reizwirkungen ausüben; z. B. Wärme, galvan. Strom, elektromagnet. Strahlung, Reizkörper (→Reizkörperbehandlung), auch Massage, klimat. Einwirkungen (→Reizklima).

**Reizwort,** *Psychologie:* →Assoziationsversuch.

**Réjane** [re'ʒan], eigtl. **Gabrielle-Charlotte Réju** [re-'ʒy], frz. Schauspielerin, * Paris 6. 6. 1856, † ebd. 14. 6. 1920; als gefeierter Star ihrer Zeit bes. erfolgreich in Dramen von V. SARDOU und E. DE GONCOURT; Vertreterin einer ›modernen‹ Darstellungsweise.

**Rejang-Lebong** ['rɛdʒ-], indones. Volk auf Sumatra, im Umkreis von Benkulu (Barisangebirge). Die (1983) etwa 780 000 R.-L. bauen im Brandrodungsfeldbau Bergreis an, betreiben auch Fischfang. Trotz Zugehörigkeit zum Islam sind alte religiöse Vorstellungen lebendig geblieben (u. a. Schamanismus).

**Rejcha** ['raɪ̯ça], Antonín, frz. Komponist, →Reicha, Anton.

**Rejlander** [engl. -lændə], Oscar Gustave, brit. Maler und Photograph schwed. Herkunft, * in Schweden 1813, † London 18. 1. 1875; wurde mit seinen sorgfältig arrangierten Genreaufnahmen und allegor. Darstellungen (unter Verwendung mehrerer Negative) zum Exponenten der englischen maler. Kompositionsphotographie (Piktoralismus).

**Rejsek, Rajsek, Reysek,** Matěj (Matyáš), böhm. Baumeister und Steinmetz, * Prößnitz vor 1450, † Prag 1. 7. 1506; war 1478–89 verantwortl. Baumeister des

Pulverturms in Prag. Ab 1489 entstanden unter seiner Leitung der obere Teil des Triforiums und das Chorgewölbe am Hauptschiff der St.-Barbara-Kirche in Kuttenberg. R. setzte die Parler-Tradition fort.

**Rejsner, Reisner,** Larissa Michajlowna, russ. Schriftstellerin, * Lublin 13. 5. 1895, † Moskau 9. 2. 1926; kam durch ihren Vater, einen Prof. der Rechtswiss., schon früh mit Kreisen der russ. revolutionären Intelligenzija in Berührung, gab 1915–17 mit ihrem Vater die satir. Literaturzeitschrift ›Rudin‹ heraus. Seit 1918 Mitgl. der KP, nahm sie am Bürgerkrieg teil und gehörte 1921 zur ersten sowjet. Gesandtschaft in Afghanistan. R., deren Frühwerk (Drama ›Atlantida‹, 1913) noch symbolist. Einflüsse zeigt, ist eine typ. Vertreterin der gefühlsbetonten, bilderreichen Revolutionsliteratur.
**Weitere Werke:** Gamburg na barrikadach (1924; dt. Hamburg auf den Barrikaden).
**Ausgaben:** Izbrannoe (1980). – Oktober, Vorwort von K. RADEK (1926, Ausw.).

**Rejuvenation** [zu lat. iuvenis ›jung‹] *die, -/-en,* Veränderung des Mineralinhalts eines Erzgangs durch jüngere, heißere Erzlösungen infolge Reaktivierung des Magmaherdes.

**Rej z Nagłowic** [ˈrɛj znaˈɡu̯ɔvits], Mikołaj, poln. Dichter, * Żurawno (bei Galitsch) 4. 2. 1505, † Rejowiec (bei Chołm) zw. 8. 9. und 4. 10. (?) 1569; entstammte dem Landadel, wurde um 1541 Lutheraner und trat später zum Kalvinismus über; zw. 1543 und 1564 mehrmals Sejm-Abg. R. z N. gilt als erster bedeutender Vertreter einer weltl. Literatur in poln. Sprache. Er schrieb Lieder, Satiren und Epigramme und setzte sich in dem nach antiken und zeitgenöss. Mustern angefertigten Fürstenspiegel ›Zwyerciadło‹ (1568) für polit. Reformen ein. Reformator. Gedankengut predigte er in ›Postylla‹ (1557).
**Weitere Werke:** *Traktate:* Krótka rozprawa między trzema osobami: panem, wójtem a plebanem (1543); Żywot człowieka poczciwego (1568). – *Anekdoten:* Zwierzyniec (1562).
**Ausgabe:** Wybór pism (²1979).
T. WITCZAK: Studia nad twórczością M. R. (Posen 1975).

**Rekanalisierung, Rekanalisation,** Wiederherstellung einer Gefäßlichtung durch chirurg. Beseitigung eines Verschlusses, z. B. bei Thrombose, Embolie in Form der Thromb- und Embolektomie, bei der Refertilisierung in Form der Wiederverbindung der zu Sterilisationszwecken unterbrochenen Ei- oder Samenleiter; auch Bez. für die durch Gewebseinsprossung (Organisation) bewirkte natürliche Wiedereröffnung eines Gerinnsels.

**Rekapitulationstheorie** [spätlat. recapitulatio ›Zusammenfassung‹], **1)** *Biologie:* das →biogenetische Grundgesetz.
**2)** *Theologiegeschichte:* eine von IRENÄUS VON LYON Ende des 2. Jh. entwickelte Lehre über die Zusammenfassung der Heilsgeschichte in JESUS CHRISTUS: in ihm erfülle sich die Verheißung des A. T.: als das ›Haupt‹ der Menschheit führe er jene, die ihm folgen, zur endzeitl. Vollendung.

**rekapitulieren** [spätlat.], *bildungssprachlich* für: (zusammenfassend) wiederholen, in Gedanken noch einmal durchgehen.

**Rekauleszenz** [zu griech. kaulós ›Stengel‹, ›Stiel‹] *die, -, Botanik:* die bereits in der Knospe stattfindende basale Verwachsung einer Seitensproßachse mit dem zugehörigen Tragblatt, wodurch diese scheinbar auf das Tragblatt hinaufrückt; verbreitet in den Blütenständen von Nachtschattengewächsen.

**Reken,** Gem. im Kr. Borken, NRW, 133 m ü. M., im Naturpark ›Hohe Mark‹, (1990) 11 300 Ew.; Herstellung von Tiefkühlkost und Eiskrem, Holzverarbeitung.

**Rekkared I.,** westgot. König in Spanien (seit 586), † 601; Sohn LEOWIGILDS, trat 587 vom Arianismus zum Katholizismus über und trug damit zur weiteren Annäherung der roman. und german. Bevölkerungsteile seines Reiches bei.

**Reklamante** *die, -/-n, Buchdruck:* →Kustos 2).

**Reklamation** [lat. reclamatio ›Gegengeschrei‹, ›das Neinsagen‹] *die, -/-en,* Beanstandung, Beschwerde.

**Reklame** [frz., eigtl. ›das Ins-Gedächtnis-Rufen‹] *die, -/-n, veraltend* für: Werbung; heute: aufdringliche, übertriebene Anpreisung (von Waren, Dienstleistungen).

**reklamieren** [lat. reclamare ›dagegenschreien‹, ›widersprechen‹], **1)** *allg.:* 1) für sich beanspruchen, (zurück)fordern; 2) beanstanden, Beschwerde führen.
**2)** *bürgerl. Recht:* Rechte aus Mängelhaftung (Gewährleistung) geltend machen.

**Reklination** [zu lat. reclinare, reclinatum ›zurückbeugen‹] *die, -/-en, Orthopädie:* Korrektur einer Wirbelsäulenverkrümmung (Kyphose, Lordose, Skoliose) durch Lagerung in einem der Krümmung entgegengeformten Gipsbett, auch durch Spezialkorsett oder krankengymnast. Übungen; bei Wirbelbrüchen die Aufrichtung der Bruchteile durch hängende Lagerung des Patienten mit Unterstützung im Bruchbereich (heute weitgehend von operativen Aufrichtungsverfahren abgelöst).

**Reklusen** [zu lat. recludere, reclusum ›einschließen‹], Einsiedler, →Inklusen 2).

**Rekognition,** *Diplomatik:* in der Königsurkunde bis Ende des 11. Jh. die eigenhändige Beglaubigung der Echtheit durch den Kanzler oder Notar; an ihre Stelle trat später das Siegel.

**Rekognitionsgrammatik,** andere Bez. für →Erkennungsgrammatik.

**Rekollekten** [kirchenlat. ›geistig Erneuerte‹], monast. Reformrichtungen v. a. in Italien, Spanien und Frankreich, die sich durch die Betonung von strenger Askese, Armut und Kontemplation auszeichnete. Eine starke R.-Bewegung entstand im 16. Jh. innerhalb des Franziskanerordens, bes. in Frankreich.

Oscar Gustave Rejlander: Two ways of life; 1857

**Rekombination, 1)** *Chemie:* die Vereinigung von zuvor gebildeten Radikalen, bes. bei der Polymerisation, wo sie als Kettenabbruchreaktion wirksam wird. (→Kettenreaktion)
**2)** *Genetik:* die Neukombination von Genen während der Meiose, durch parasexuelle Prozesse oder – im Rahmen gentechnolog. Verfahren – an isolierter DNS. Durch R. treten bei den Nachkommen im Vergleich zu den Eltern neu kombinierte Erbeigenschaften auf, sie werden dann als Rekombinanten bezeichnet. – Bei Eukaryonten findet die R. während der Meiose statt, und zwar einerseits durch die zufällige Verteilung väterl. und mütterl. Chromosomen, wobei die Kopplungsgruppen erhalten bleiben; zum ande-

ren auf der Ebene der DNS, indem durch →Crossing-over einzelne Gene oder Genabschnitte ausgetauscht werden. Bei Bakterien findet R. im Rahmen parasexueller Prozesse (Konjugation, Transformation, Transduktion) statt; bei Bakteriophagen kann es zur R. kommen, wenn ein Bakterium z. B. durch zwei versch. Phagen infiziert wird und es bei dieser Doppelinfektion zum Stückaustausch zw. den Phagengenomen kommt. – Die In-vitro-R. der DNS ist eine wichtige Methode der →Gentechnologie.

**3)** *Physik:* die Vereinigung von (zuvor getrennten) Teilchen mit entgegengesetzter Ladung, die unter Energiefreisetzung zum Verschwinden freier →Ladungsträger führt, z. B. die R. von Ionen und Elektronen in ionisierten Gasen oder von Anionen und Kationen in Elektrolyten; speziell in Halbleitern die R. von Leitungs- und Defektelektronen sowohl miteinander (Elektron-Loch-R.) als auch mit Donatoren bzw. Akzeptoren. Der Übergang zw. den beteiligten Niveaus kann dabei strahlend oder strahlungslos erfolgen. Im ersten Fall dissipiert die frei werdende Energie innerhalb des Halbleiters, im zweiten wird sie in Form elektromagnet. **R.-Strahlung** abgegeben. Diese wird z. B. in der →Lumineszenzdiode als sichtbares (R.-Leuchten) oder infrarotes Licht erzeugt. – Ggs.: →Generation 3).

**Rekonstitution, 1)** *allg., veraltet* für: Wiederherstellung.
**2)** *Lebensmitteltechnik:* die →Rehydratisation.
**rekonstruieren,** 1) den ursprüngl. Zustand wiederherstellen oder nachbilden; 2) den Ablauf eines früheren Vorgangs erschließen und darstellen.
**Rekonstruktion, 1)** *Denkmalpflege:* die Wiederherstellung des ursprüngl. Zustandes untergegangener oder nur in wenigen Teilen erhaltener Kulturdenkmäler. Im Ggs. zur →Restaurierung werden Denkmäler, deren originaler Zustand nicht mehr erkennbar, sondern nur noch erschließbar ist, rekonstruiert. Daß R. ohne Ergänzung fehlender Teile möglich und eindrucksvoll sind, zeigen Beispiele, in denen Fragmente in ihre erschlossene ursprüngl. Ordnung gebracht wurden (BILDER →Giebelskulpturen, →Nereidenmonument). – In der Archäologie stützt man sich bes. auf Ausgrabungsergebnisse, in der Kunstwissenschaft auf literar. Quellen, Urkunden, alte Pläne und Entwurfszeichnungen, Stiche und Photographien. R. war bes. nach den Zerstörungen des Zweiten Weltkrieges eine vordringl. Aufgabe, stellt sich aber auch bei Altstadtsanierungen. Bekannte Beispiele sind die R. in Danzig, Münster, Köln, Frankfurt am Main und Dresden, die die Spanne von freier über detailgetreue bis zur verfälschenden R. aufzeigen. (→Denkmalpflege)

In der archäolog. Denkmalpflege ist die teilweise oder vollständige Wiedererrichtung von Bauwerken und -ensembles aufgrund gesicherter Befunde und sorgfältiger Bauaufnahme im Maßstab 1:1 möglichst am ursprüngl. Ort eine Maßnahme zur Veranschaulichung der Grabungsergebnisse. Dabei handelt es sich in den wenigsten Fällen um Anastylose, die Wiedererrichtung eines Baus aus seinen aufgefundenen originalen Teilstücken in der seinerzeit angewandten Technik (unter Ergänzung fehlender Teile), sondern um Nachbau, Nachbildung in denselben, in ähnl. oder auch sonstigen Materialien und Techniken unter Einbeziehung originaler Teile. Die Kenntlichmachung des Ersatzes gegenüber originalen Teilen gilt heute eigtl. als selbstverständlich. Neben dem Argument der besseren Vermittlung für den Besucher, v.a. den Touristen ohne spezielle Vorkenntnisse, spricht für eine R. die Sicherung freigelegter Überreste gegen Diebstahl (als Andenken). Eine Sicherung gegen Witterung und Umweltverschmutzung kann durch Maßnahmen der Konservierung erfolgen. Da viele Bauwerke im Laufe der Zeit umgestaltet wurden, muß im Fall einer R. die Entscheidung getroffen werden, welcher Zustand rekonstruiert werden soll. Aktuelle Beispiele für R. sind die Anastylose der Celsusbibliothek in Ephesos, die Anastylose von zwei Zuständen und die Konservierung eines dritten (frühen) Befundes des Satettempels von Elephantine, die Restauration und Teil-R. des Parthenons auf der Athener Akropolis, einiger röm. Denkmäler von Trier und die R. einer slaw. Burg in Groß Raden (Gem. Sternberg, Kr. Schwerin) sowie die Anlage des Archäolog. Parks von Xanten. Beispiele histor. R., die deutlich machen, daß eine R. auch immer den jeweiligen Forschungsstand spiegelt (und weitere wiss. Forschungen am Ort meist ausschließt), sind die Saalburg und die Pfahlbauten von Schönenwerd in der Schweiz. R. dienen auch der experimentellen Archäologie, z. B. die R. von Töpferöfen (zum Zweck ihrer Beschickung).

**Rekonstruktion 1):** Die Celsusbibliothek in Ephesos; Zustand nach Beendigung der Ausgrabungen (links) und nach der 1970–78 erfolgten Wiederaufrichtung der Fassade (rechts)

Konservierte Gesch.? Antike Bauten u. ihre Erhaltung, hg. v. G. ULBERT u. a. (1985).
**2)** *Sprachwissenschaft:* sprachhistor. Verfahren zur Erschließung älterer, schriftlich nicht (oder nicht ausreichend) belegter Sprachstufen unter Berücksichtigung von Lautgesetzen. Bei der **inneren R.** werden Sprachzustände aufgrund sprachinterner Systembeziehungen rekonstruiert (z. B. in der →Laryngaltheorie aufgrund der im Hethitischen bewahrten Laryngale); die **vergleichende R.** beruht auf dem Vergleich sprachl. Erscheinungen in mehreren verwandten Sprachen (erste →Lautverschiebung, →Vernersches Gesetz).

**Rekonstruktionismus** *der, -,* auf M. M. KAPLAN zurückgehende Richtung innerhalb des Judentums, v. a. in den USA. Die anfangs dem konservativen Judentum verbundene Bewegung gewann auch Zulauf aus dem Reformjudentum und verselbständigte sich. KAPLAN suchte das Judentum religiös neutral als Kulturgemeinschaft (›Judaism as a civilization‹, 1934) ethnisch zu profilieren.
R. LIBOWITZ: Mordecai M. Kaplan and the development of Reconstructionism (New York 1983).

**Rekonvaleszenz** [zu spätlat. reconvalescere ›wieder erstarken‹] *die, -,* **Konvaleszenz,** *Medizin:* die →Genesung als Phase des Krankheitsverlaufs.

**Rekonziliation** [lat. ›Aussöhnung‹] *die, -/-en, kath. Kirchenrecht:* die Wiederversöhnung eines Exkommunizierten mit der Kirche; auch die Wiederheiligung einer Kirche durch neue Weihe nach einer Entweihung.

**Rekord** [engl., eigtl. ›Aufzeichnung‹, ›Urkunde‹, zu lat. recordari ›sich vergegenwärtigen‹] *der, -s/-e,* **1)** *allg.:* etwas, was es in diesem Ausmaß noch nicht gab, Höchstmaß.
**2)** *Sport:* eine unter Einhaltung aller Regeln einer Sportart erzielte Höchstleistung (z. B. dt. R., Landes-R., Welt-R., Olymp. R.) in den mit Bandmaß, Stoppuhr, Waage, Zielringen oder elektron. Meßgeräten meßbaren Sportarten. Voraussetzung für die Aufstellung von R. ist die ständige Wiederholbarkeit des R.-Versuchs unter gleichen Bedingungen. In vielen Sportarten werden R. nur noch nach Durchführung einer Dopingkontrolle anerkannt.

**Rekrete** [nach Sekret gebildet], *Sg.* **Rekret** *das, -(e)s, Botanik:* von der Wurzel aufgenommene Stoffe, die ohne Stoffwechselfunktion unverändert in Dauergewebe abgelagert oder über die Blätter wieder ausgeschieden werden (z. B. Silicium, das die Zellwand mineralisiert).

**Rekristallisation, 1)** *Metallurgie:* die Umbildung des Kristallgitters (Gefügeneubildung) durch Verschiebung der Korngrenzen beim →Glühen 1) verformter Metalle und Legierungen. Die bei der Verformung entstehenden Störungen des Kristallgitters (Gitterverzerrungen und Versetzungen) wirken bei anschließender Erwärmung auf Temperaturen oberhalb der für jedes Metall charakterist. Temperaturschwelle (**R.-Grenze**) als Keime für die Bildung neuer, ungestörter Kristalle, die auf Kosten der alten, verformten Kristalle wachsen. Die R.-Grenze liegt bei etwa $2/3$ der absoluten Schmelztemperatur des Metalles und ist außerdem noch vom Grad der vorangegangenen Kaltverformung abhängig. Die R. stellt die Verformbarkeit des Werkstoffes wieder her. Bei hohen Verformungsgraden wird daher zw. zwei Verformungsvorgängen eine **R.-Glühung** durchgeführt. Geschieht die Verformung bei Temperaturen oberhalb der R.-Grenze oder wird das Metall bei diesen Temperaturen einer mechan. Spannung ausgesetzt, so findet sofort eine R. statt, so daß sich das Metall ständig verformt (›fließt‹). Daher stellt die R.-Grenze gleichzeitig die höchste Temperatur dar, bei der ein Metall praktisch belastet werden darf. Bei Erhöhung der Temperatur oder der Glühzeit über das notwendige Maß hinaus kommt es zu einer Kornvergröberung durch Wachstum einiger Körner, wodurch die Neigung des Werkstoffs zur Brüchigkeit steigt.
**2)** *Mineralogie:* Wiederherstellung der Kristallgitter tektonisch deformierter Minerale. Dabei entstehen aus großen, zerbrochenen Kristallen kleine, ungestörte Kriställchen. R.-Vorgänge von Salzmineralen sind wichtig z. B. beim Aufsteigen von Salzstöcken.

**Rekrut** [nach frz. recrue, eigtl. ›Nachwuchs (an Soldaten)‹] *der, -en/-en,* Soldat in der ersten Ausbildungszeit, der Grundausbildung.

**Rekrutierungssystem,** *das* i. d. R. in der Wehrverfassung eines Staates festgelegte System der Bestandssicherung des Personals für die Streitkräfte, entweder aufgrund einer allgemeinen Wehrpflicht oder durch Werbung von Freiwilligen. Die meisten Staaten unterhalten heute Armeen mit einer Mischung aus beiden Möglichkeiten.

**rektal,** *Medizin:* zum Mastdarm (Rektum) gehörend, durch diesen erfolgend (z. B. Anwendung von Arznei- oder Narkosemitteln, Messung der Körpertemperatur).

**Rektalblase,** *Biologie:* →Rektum.

**Rektalpapillen,** *Biologie:* →Rektum.

**Rektapapier** [zu lat. rectus ›gerade‹], **Namenspapier,** Wertpapier, das den Berechtigten namentlich nennt, ohne daß eine Übertragung durch →Indossament möglich ist, im Unterschied zu →Inhaberpapier und →Orderpapier. R. eignen sich nicht für den Umlauf. Das Papier gehört demjenigen, dem das verbriefte Recht zusteht (§ 952 BGB); zur Übertragung des Rechts genügt die bloße Übereignung der Urkunde nicht, entscheidend für die Berechtigung ist die Einigung über den Übergang des Rechts. R. sind z. B. Hypotheken-, Grundschuld- und Rentenschuldbriefe sowie (eingeschränkt) das Sparbuch.

**Rektlaszension** [von lat. ascensio recta ›gerades Aufsteigen‹] *die, -/-en,* Abk. **AR,** ältere Bez. **gerade Aufsteigung,** Formelzeichen $\alpha$, der Winkel zw. dem Frühlingspunkt und dem Schnittpunkt des Himmelsäquators mit dem Stundenkreis eines Gestirns (→astronomische Koordinaten). Die R. wird vom Frühlingspunkt entgegen der tägl. Bewegung der Gestirne in Stunden, Minuten und Sekunden von $0^h$ bis $24^h$ gemessen, seltener in Grad (24 Stunden entsprechen $360°$); sie ist gleich dem Zeitunterschied zw. aufeinanderfolgenden Meridiandurchgängen (→Kulmination 2) von Frühlingspunkt und Gestirn.

**Rektifikation** [zu mlat. rectificare ›berichtigen‹] *die, -/-en,* **1)** *Chemie:* die Gegenstromdestillation (→Destillation).
**2)** *Mathematik:* urspr. die Ausstreckung eines gekrümmten Kurvenstückes, v. a. der Kreisperipherie, mit Zirkel und Lineal (im Fall des Kreises wegen der Transzendenz von $\pi$ undurchführbar); später auch die Berechnung der (Bogen-)Länge einer Kurve. Ist $y = f(x)$ eine glatte Kurve in der Ebene, so ergibt sich für deren Bogenlänge $s$ zw. den Punkten $x_1$ und $x_2$ der Ausdruck

$$s = \int_{x_1}^{x_2} \sqrt{1+[f'(x)]^2}\ dx.$$

Diese Formel läßt sich auf höhere Dimensionen sowie auf Kurven in Parameterdarstellung erweitern.
*Geschichte:* ARISTOTELES hatte in seiner ›Physik‹ die prinzipielle Unvergleichbarkeit von Geradem und Gekrümmtem behauptet – eine These, die bis hin zu R. DESCARTES nachwirkte. Die erste R. einer Spirale gelang um 1600 T. HARRIOT (unveröffentlicht); es folgten E. TORRICELLI (1640) und G. P. ROBERVAL (1642). 1657 rektifizierte WILLIAM NEIL (* 1637, † 1670) die semikub. Parabel $y^2 = x^3$, ein Ergebnis, das kurze Zeit später auch von HENDRIK VAN HEURAET (* 1633,

† 1660?) gefunden wurden. Schließlich lieferte die neuentstandene Differential- und Integralrechnung allgemeine Methoden (u. a. bei L. EULER).

**rektifiziertes Traubenmostkonzentrat,** Abk. **RTK,** *Weinbereitung:* eine sirupähnl. wäßrige Lösung (30 % Wasser) von Glucose und Fructose, hergestellt aus Traubenmost durch Entzug aller Nichtzuckerstoffe und eines Teils des Wassers. RTK soll im Rahmen von EG-Verordnungen den Zucker (Saccharose) zur → Anreicherung 4) des Mostes ersetzen. Da es sich hierbei um eine – seit Jahren verbotene – Naßverbesserung handelt, die den Wein verdünnt, wird RTK weitgehend abgelehnt, zumal es analytisch im Wein nicht nachweisbar ist. Die angestrebte obligator. Verwendung von RTK soll dazu in den EG-Ländern anfallenden Überschuß an (Tafel-)Wein, aus dem RTK (sehr aufwendig) hergestellt werden muß, reduzieren.

**Rektion** [lat. rectio ›Leitung‹, ›Regierung‹] *die, -/-en, Sprachwissenschaft:* Bestimmung eines Wortes (**Rektum**) durch einen syntaktisch übergeordneten Satzbestandteil (**Regens**). Im Deutschen können Verben, Adjektive und Präpositionen den Kasus eines anderen Wortes (Substantiv, Pronomen) ›regieren‹, z. B. ›einen Brief schreiben‹ (Akkusativ), ›sie war ihm unsympathisch‹ (Dativ), ›jenseits des Hügels‹ (Genitiv). Eine Kasusdetermination kommt auch bei Präpositional- und Genitivattributen der Substantive vor, z. B. ›Verzicht auf Kernwaffen‹ (Akkusativ), ›Zweifel an der Durchführbarkeit‹ (Dativ), ›Bündel von Maßnahmen‹ (Genitiv). Beim Verb ist die R. eine Form der → Valenz.

**Rektor** [mlat., von lat. rector ›Leiter‹] *der, -s/...'toren,* **1)** *Hochschulwesen:* **Rector magnificus,** an Univ. mit Rektoratsverfassung (im Unterschied zur Präsidialverfassung) der Leiter der Hochschule (traditionelle Anrede: Magnifizenz); er wird in der Bundesrep. Dtl. nach dem Hochschul-Rahmen-Ges. von 1972 für mindestens fünf Jahre von einem zentralen Kollegialorgan der Hochschule gewählt. R. und Hochschul-Präs. (bei Präsidialverfassung) haben die gleichen Funktionen der (akadem.) Selbstverwaltung. Sie üben sie seit 1972 hauptamtlich aus und müssen nicht aus den Reihen der Lehramtsinhaber gewählt werden. Der R. hat den Vorsitz im Senat. Ihm sind Kon-R. oder Pro-R. zur Seite gestellt (bei Präsidialverfassung) Vize-Präs.); für die staatl. Verwaltung (Finanz- und Personalwesen) ist i. d. R. ein Kanzler eingesetzt.

In *Österreich* (Univ.-Organisations-Ges. von 1975) ist der für zwei Studienjahre von einer Univ.-Versammlung gewählte R. Vorstand der Hochschule und Vors. des Akadem. Senats; er übt sein Amt mit dem Pro-R. im zweiten Jahr mit seinem Nachfolger (Prä-R.) aus. – Auch in der *Schweiz* trägt der Leiter einer Hochschule den Titel Rektor.

**2)** *kath. Kirchenrecht:* der leitende Geistliche einer Kirche, die nicht Pfarrkirche ist; der Hausgeistliche eines Frauenklosters oder Krankenhauses.

**3)** *Schulwesen:* i. d. R. Bez. für den Schulleiter einer Grund-, Haupt- und neben Direktor z. T. Realschule- oder Sonderschule; in der Schweiz auch Bez. für den Leiter eines Gymnasiums.

**Rektorat** *das, -(e)s/-e,* 1) Amt, Amtszimmer und Amtszeit eines Rektors; 2) Verwaltungsgremium, dem der Rektor, der Pro- bzw. Präraktor und der Kanzler einer Univ. angehören.

**Rektorats|schulen,** früher, v. a. im 19. Jh., Bez. privater oder öffentl. mittlerer Schulen kleinerer Orte, die auf den Besuch der gymnasialen Oberstufe vorbereiteten (Lateinschulen); wurden in Preußen in Mittelschulen umgewandelt (→ Realschule).

**Rektorenkonferenz, Hochschulrektorenkonferenz,** Abk. **HRK,** Konferenz der Rektoren und Präs. der Hochschulen in der Bundesrep. Dtl.,

Sitz: Bonn-Bad Godesberg. Entstanden 1949 als Westdt. R., im Nov. 1990 umbenannt in HRK (nach Aufnahme der ersten Hochschulen aus den neuen Bundesländern). Finanz- und Rechtsträger ist eine privatrechtl. Stiftung zur Förderung der HRK (seit 1965). Organe der HRK sind: Plenum, Senat, Präsidium und Präs.; Mitgl. sind (1992) fast alle staatl. oder staatlich anerkannten Hochschulen der Bundesrep. Dtl. Es bestehen auch Landes-R. Ziel des Zusammenwirkens ist die hochschulpolit. Meinungsbildung und die Koordination der z. T. unterschiedl. Interessen der Hochschulen, auch unter Beachtung der internat. Hochschulpolitik. Die Beschlüsse ergehen in Form von Empfehlungen und Stellungnahmen; sie sind als Information der Öffentlichkeit und v. a. als Beratung der polit. Entscheidungsträger gedacht. Die Entwicklung des Hochschulwesens wird durch Dokumentationen verfolgt. – Neben anderen nat. R. bestehen auch zahlreiche internat. Vereinigungen; auf europ. Ebene: **Conférence permanente des Recteurs et Vice-Chanceliers des Universités européennes,** Abk. **CRE,** Sitz: Genf; gegr. 1964 in Göttingen; auf supranationaler Ebene: **Association Internationale des Universités,** Abk. **AIU,** Sitz: Paris; gegr. 1950.

**Publikationen:** Empfehlungen, Entschließungen u. Nachrichten (1959–67); Dokumente zur Hochschulreform (1968 ff).

**Rektorentaler,** gegenüber den dt. Talermünzen deutlich unterwertige (nur 15,62 g Silbergehalt) Großsilbermünze der Adelsrepublik Ragusa (Dubrovnik) im 18. Jh. Den Namen erhielt die v. a. für den Handel mit dem Osman. Reich bestimmte, in hohen Stückzahlen geprägte Münze nach der idealisierten Darstellung des ragusan. Stadtoberhaupts (Rektors) auf der Rückseite.

**Rekto|skopie** *die, -/...'pi|en,* **Mastdarmspiegelung,** endoskop. Untersuchung des Mastdarms (Rektum) mittels des starren **Rektoskops** unter Aufblähung des Darms durch Luftfüllung, auch des unteren Teils des Sigmoids (**Rektosigmoidoskopie**); Zusatzinstrumente erlauben eine Exzision von Gewebeproben. Die R. stellt ein wichtiges diagnost. Verfahren zur Erkennung des Mastdarmkrebses dar.

**Rektozele** [zu Rektum und griech. kélé ›Geschwulst‹, ›Bruch‹] *die, -/-n,* Aussackung der Vorderwand des Mastdarms aufgrund einer Schwäche des Scheidenwandseptums bei der Frau, auch mit Ausstülpung des Douglas-Raums und Einklemmung von Darmschlingen.

**Rektum** [gekürzt aus lat. intestinum rectum ›gestreckter (gerader) Darm‹] *das, -s/...ta, Biologie:* bei Wirbeltieren der Mastdarm (→ Darm). – Bei Wirbellosen (v. a. Insekten) der meist kurze Endabschnitt des (ektodermalen) Enddarms; ist meist zu einer **Rektalblase** erweitert. Besondere Zellgruppen bilden bei vielen Insekten die häufig in Vier- bis Sechszahl vorhandenen, im Kreis um das Darmlumen angeordneten **Rektalpapillen** unbekannter Funktion (keine Drüsen).

**Rektum** [lat. regere, rectum ›gerade richten‹, ›leiten‹, ›lenken‹] *das, -s/...ta,* **Rectum,** *Sprachwissenschaft:* → Rektion.

**Rektumkarzinom,** der → Mastdarmkrebs.

**Rektumprolaps,** der → Mastdarmvorfall.

**Rekultivierung,** Wiederherstellung der Bodenfruchtbarkeit in einem durch Eingriffe des Menschen (vorübergehend) zerstörten Teil der Landschaft (Tagebau, Kiesgruben, Müllkippen). Das rekultivierte Gelände kann u. a. für Erholungszwecke (z. B. Anlage von Seen), aber auch für Land- und Forstwirtschaft nutzbar gemacht werden.

**Rekuperator** [zu lat. recuperare ›wiedergewinnen‹] *der, -s/...'toren,* kontinuierlich arbeitender Wärmeaustauscher aus zwei parallellaufenden, stofflich getrennten Systemen von möglichst dünnwandigen Kanälen, Rohren oder Lamellen. In einem System strömt das Wärme- oder Kühlmittel, im anderen das zu erwärmende oder zu kühlende Medium (Dampf, Gas, Flüssigkeit) im Gleich-, Gegen- oder Querstrom. Bauarten von R. sind Rohrbündel-, Rohrregister-, Rohrschlangen- und Plattenwärmeübertrager. Anwendungsgebiete sind z. B. die Ausnutzung der Abgaswärme in Feuerungen (**Rekuperativfeuerung**) oder Verdampferanlagen sowie der Kälte in Lufterzeugungsanlagen.

**Rekurrensfieber** [zu lat. recurrere ›zurückkehren‹], das →Rückfallfieber.

**Rekurs** [frz., von lat. recursus ›Rücklauf‹, ›Rückkehr‹] *der, -es/-e*, **1)** *bildungssprachlich* für: Rückgriff, Bezug auf etwas bereits Erwähntes.
**2)** *Recht:* im älteren Verwaltungsrecht die aus dem frz. Recht übernommene Bez. für einen Rechtsbehelf, an dessen Stelle (heute) im wesentlichen der Widerspruch getreten ist (z. B. §§ 68 ff. Verwaltungsgerichtsordnung).

In der *österr.* Zivilgerichtsbarkeit ist der R. das einseitige, grundsätzlich aufsteigende Rechtsmittel gegen Beschlüsse der 1. und 2. Instanz (§§ 514 ff. ZPO). R.-Gründe sind u. a. Nichtigkeit, wesentl. Verfahrensmängel und unrichtige rechtl. Beurteilung. – Der R. gegen die Entscheidung des R.-Gerichtes heißt Revisionsrekurs.

In der *Schweiz* ist die Terminologie (R., Beschwerde usw.) in den versch. eidgenöss. und kantonalen Prozeßgesetzen nicht einheitlich; auch Zivil- und Strafprozeßordnungen kennen z. T. das Rechtsmittel des Rekurses.

**Rekursion** [spätlat. ›das Zurücklaufen‹] *die, -/-en*, **1)** *Datenverarbeitung:* Bez. für Verfahren, bei denen Probleme durch sich selbst erklärt werden; angewendet insbesondere bei Definitionen von Prozeduren, Funktionen (z. B. zur Berechnung der Fakultät einer Zahl), Algorithmen und Datenstrukturen (z. B. binäre Bäume). Die meisten höheren Programmiersprachen unterstützen rekursive Definitionen. Bei der **direkten R.** ruft eine Prozedur sich selbst auf, bei der **indirekten R.** ruft eine von der aufrufenden Prozedur verschiedene aufgerufene Prozedur ihrerseits die aufrufende Prozedur auf.
**2)** *Mathematik:* die Zurückführung einer zu definierenden Größe oder Funktion auf eine (oder mehrere) bereits definierte (→rekursive Definition).

**Rekursionsformel,** →rekursive Definition.

**Rekursionstheorie,** mathemat. Theorie der Berechenbarkeit; in der R. werden u. a. die Begriffe Algorithmus und rekursive Funktion mit Hilfe sogenannter idealer Rechenmaschinen (z. B. Registermaschine, Turing-Maschine) präzisiert und untersucht.

**rekursiv,** *Mathematik:* zurückgehend (bis zu bekannten Werten), →rekursive Definition, →rekursive Funktion.

**rekursive Definition,** Form der Definition von Funktionen und Prädikaten, die in irgendeiner Weise von einem Index oder einem *n*-tupel von Argumenten abhängen, über den Bereich der natürl. Zahlen durch Bedingungen (Regeln bzw. Gleichungen), die es gestatten, den Wert des Definiendums (bei Funktionen den Funktionswert, bei Prädikaten den Wahrheitswert) für beliebige Indizes oder Argument-*n*-tupel nach einer eindeutig gegebenen Vorschrift schrittweise zu ermitteln. Beispiele sind die r. D. von Potenzen reeller Zahlen *x* mit natürlichzahligen Exponenten *n* durch: $x^0 = 1, x^{n+1} = x^n \cdot x$ und die Definition der Fakultät einer natürl. Zahl *n* durch $0! = 1$, $n! = n(n-1)!$ Die entsprechenden Formeln nennt man auch **Rekursionsformeln.** Diese sind für die Berechnung mit Computern (zumindest in bestimmten Programmiersprachen) bes. geeignet.

**rekursive Funktion,** in der Mathematik Bez. für eine mittels rekursiver Definition gewonnene Funktion, für die es ein Berechnungsverfahren der Funktionswerte gibt. Als **primitiv-rekursiv** (K. GÖDEL, 1931) bezeichnet man:
 a) die Zahl 0; die Funktion $f(x_1, x_2, ..., x_n) = 0$;
 b) die Identitäts- oder Projektionsfunktionen
 $f(x_1, x_2, ..., x_n) = x_v, 1 \leq v \leq n$;
 c) die Nachfolgerfunktion $N(x) = x' (= x + 1)$.
Der Begriff der primitiv-r. F. erfaßt aber nicht alle im anschaul. Sinne berechenbaren Funktionen (z. B. die Ackermannsche Funktion von F. W. ACKERMANN, 1928). Er wurde deshalb 1934 von GÖDEL erweitert zur allgemein-r. F.: **Allgemein-rekursiv** nennt man Funktionen, die durch Gleichungen zw. Termen und definierten Hilfsfunktionen so festgelegt werden, daß es zu jedem *r*-tupel von Zahlen $n_1, n_2, ..., n_r$ genau eine Zahl *n* gibt, so daß eine bestimmte Funktion $\varphi(n_1, n_2, ..., n_r) = n$ durch endlich viele Anwendungen der folgenden Schritte zu erhalten ist: 1) Einsetzen von Zahlen für Variable; 2) Übergang von einem Ausdruck *a* zu einem Ausdruck der Form $b = c$ zu jenem Ausdruck, der aus *a* dadurch entsteht, daß man an einer oder mehreren Stellen *b* durch *c* ersetzt.

Ein fundamentaler Lehrsatz der Rekursionstheorie besagt, daß die Menge der so definierten r. F. und die Mengen der mit Registermaschinen bzw. Turing-Maschinen erzeugbaren Funktionen identisch sind. (→Churchsche Hypothese)

**Rekursivität,** *Sprachwissenschaft:* formale Eigenschaft von Grammatiken, mit einem begrenzten Inventar sprachl. Elemente und Regeln durch deren Anwendung eine unendl. Menge von Sätzen zu generieren. Die R. ist Grundlage sprachl. →Kompetenz 4).

**Relais** [rəˈlɛː; frz., eigtl. ›Station für den Pferdewechsel‹, zu altfrz. relaier ›zurücklassen‹] *das, -/-,* **1)** *Elektrotechnik:* als Schalter wirkendes elektromechan. Bauelement, dessen Arbeitsstromkreis durch Änderung physikal. Größen (z. B. Druck, Temperatur), meist jedoch durch elektr. Größen (Spannung, Strom) betätigt wird. Arbeits- und Steuerstromkreis sind galvanisch voneinander getrennt. Der Schalter stellt deshalb einen rückwirkungsfreien, nichtlinearen Vierpol dar. Das **elektromagnetische R.** besteht (in der

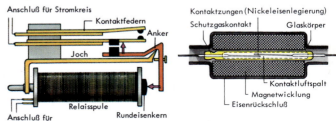

**Relais 1):** LINKS Elektromagnetisches Relais; RECHTS Schutzgaskontakt mit Magnetwicklung (Reed-Relais)

einfachsten Bauform) aus einem Elektromagneten, einem Anker und dem Kontaktsatz. Der gegenüber dem Strom im Arbeitskreis wesentlich geringere Steuerstrom erregt den Elektromagneten, der daraufhin den bewegl. Anker anzieht. Die Ankerbewegung wird (z. T. über einen Schieber als Zwischenglied) auf die Kontaktfeder übertragen, wodurch eine Berührung (oder Trennung) der Kontaktstücke hervorgerufen wird. Die Rückstellung des Ankers nach dem Wegfall der Erregung bewirkt eine Feder. Bei einem Arbeitskontakt (Schließer) ist der Strompfad im Ruhezustand geöffnet und im betätigten Zustand geschlossen. Im Ggs. dazu ist beim Ruhekontakt (Öffner) der Strompfad im unbetätigten Zustand geschlossen. Das

**Rela** Relaisbeben – Relation

Material der Kontakte ist meist Kupfer, das jedoch an den direkten Berührungsstellen versilbert oder vergoldet sein kann, um Zuverlässigkeit und Lebensdauer zu erhöhen. **Gepolte R.** verfügen zusätzlich über einen Dauermagneten, so daß eine vorgegebene Richtung (Polarität) des Spulenstromes vorhanden sein muß. Durch die Überlagerung von magnet. Fluß des Dauermagneten und Steuerfluß des Spulenstroms erhalten gepolte R. einen höheren Wirkungsgrad gegenüber **ungepolten R. (neutrale R.)** ohne Dauermagneten. **Monostabile R.** fallen nach jeder Schaltung wieder in die gleiche Ausgangsstellung zurück, während **bistabile R.** in der jeweils eingenommenen Stellung verbleiben. Einem **Primär-R.** wird die Wirkungsgröße (z. B. der Erregerstrom) direkt, einem **Sekundär-R.** über einen Wandler (z. B. Stromwandler) zugeführt.

Nach ihrer Bauform lassen sich versch. R. unterscheiden. R. mit in Glasröhrchen eingeschmolzenen Kontakten (z. B. →Reed-Relais) sind funktionssicher und unabhängig von atmosphär. Einflüssen. R. für höhere Schaltleistungen (Starkstrom-R.) werden als **Schütz** bezeichnet. Beim **thermischen R.** erwärmt der Steuerstrom durch eine Heizwicklung einen Bimetallstreifen, dessen Bewegung auf die Schaltkontakte übertragen wird.

R. werden heute noch vielfach in der Vermittlungs-, in der Regelungs- und Steuerungstechnik, zum Schutz elektr. Anlagen (**Schutz-R.**) u. a. eingesetzt; die Vorteile liegen in der galvan. Trennung von Steuerstromkreis und geschalteten Stromkreisen sowie in der Möglichkeit, mit einem Steuerstrom viele Kontakte unterschiedl. Art (Schließer, Öffner und Wechsler) zu betätigen. In vielen Bereichen sind R. durch Halbleiterbauelemente (Transistoren, Thyristoren) abgelöst worden, v. a. dort, wo es auf hohe Schaltgeschwindigkeiten und geringe Ansprechempfindlichkeit ankommt. Diese Halbleiterschaltungen werden auch als **elektronische R. (statische R.)** bezeichnet, in denen es keine mechanisch bewegten Teile gibt.

**2)** *Postgeschichte:* der Ort (R.-Station), an dem die Postkutschenpferde ausgewechselt wurden.

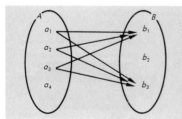

**Relation 2):** Darstellung einer zweistelligen Relation durch ein Pfeildiagramm (links) und durch eine Relationstafel (rechts); es gilt $A = \{a_1, a_2, a_3, a_4\}$, $B = \{b_1, b_2, b_3\}$ und $A \times B \supset R = \{(a_1,b_1), (a_1, b_3), (a_2, b_1), (a_2, b_3), (a_3, b_1), (a_3, b_3)\}$

**Relaisbeben** [rə'lɛː-], **Auslösungsbeben,** durch ein anderes (primäres) Erdbeben ausgelöstes sekundäres Beben.

**Relaisstation** [rə'lɛː-], **Zwischensender,** kombinierter Empfänger und Sender, z. B. beim Richtfunk oder als Frequenzumsetzer für die Fernsehempfang in Tälern, in denen der Hauptsender nicht empfangen werden kann. R. vergrößern die Reichweite der ausgesendeten Wellen, die – neben Energieverlust – v. a. wegen der Erdkrümmung aufgrund ihrer nur geradlinigen Ausbreitungsmöglichkeit beschränkt ist, durch deren Verstärkung (meist verbunden mit einem Wechsel der Sendefrequenz) und Richtungsänderung. Für die Weiterleitung (Durchschaltung) der Signale gibt es drei Ausführungsformen: die Zwischenfrequenz-, die Basisband- und die UHF-Durchschaltung. Bei der **Zwischenfrequenzdurchschaltung** (am häufigsten angewandt) werden die Höchstfrequenzsignale durch Mischen mit einer in der R. erzeugten Oszillatorfrequenz auf eine Zwischenfrequenz umgesetzt, die anschließend verstärkt wird. Danach wird die Zwischenfrequenz mit einer zweiten Oszillatorfrequenz gemischt, die erhaltene Höchstfrequenz nochmals verstärkt und der Sendeantenne zugeführt. Bei **Basisbanddurchschaltung** werden die Signale demoduliert, verstärkt, erneut moduliert und abgestrahlt. Bei **UHF-Durchschaltung** wird das UHF-Signal über eine Mischstufe und einen Oszillator in der Frequenz versetzt, verstärkt und wieder abgestrahlt. Die zw. R. überbrückte Strecke heißt **Relaisstrecke.**

**Relation** [lat. ›Bericht(erstattung)‹, zu relatum, vgl. relativ] *die, -/-en,* **1)** *bildungssprachlich* für: Beziehung, Verhältnis.

**2)** *Logik* und *Mathematik:* jede Aussageform, die eine Beziehung zw. bestimmten Dingen, Sachverhalten, Größen, Zahlen u. a., den **Relata,** widerspiegelt. Je nach der Anzahl der in Beziehung zueinander stehenden Relata bzw. Variablen liegt eine zwei-, drei- oder mehrstellige R. vor. Bei einer **zweistelligen R. (binäre R.)** steht ein Gegenstand $m$ aus einer Menge $M_1$ in der Beziehung $R$ zu einem Gegenstand $n$ aus einer Menge $M_2$, wenn $R$ ein (als **Relator** bezeichnetes) zweistelliges Prädikat ist, das den durch $m$ und $n$ vertretenen Relata in bestimmter Reihenfolge zukommt, geschrieben $R(m, n)$, auch $mRn$ (z. B. die Beziehung ›Vater von‹ in ›Rudolf ist Vater von Philipp‹). In extensionaler Abstraktion wird darüber hinaus als $R$ auch die Klasse der geordneten Gegenstandspaare $(x, y)$ (mit $x \in M_1, y \in M_2$) bezeichnet, die in bestimmter Reihenfolge die Aussageform $R(x, y)$ erfüllen. Die Paare $(x, y)$ sind dann Elemente dieser Klasse. Die Menge $M_1$ wird als **Vorbereich** von $R$, die Menge $M_2$ als **Nachbereich** bezeichnet; die Klasse aller $x \in M_1$, für die mindestens ein $y \in M_2$ mit $xRy$ existiert, ist der **Definitionsbereich (Argumentbereich)** von $R$, die Klasse aller $y \in M_2$, die zu einem $x \in M_2$ in der Beziehung $R$ stehen, der **Wertebereich (Gegenbereich)** von $R$. Die Vereinigung von Definitions- und Wertebereich wird auch **Feld** der R. genannt. Beispiele für R. sind die Gleichheit, die Inklusion, die Ordnungs-R., die Abbildung. Ganz entsprechend zu den zweistelligen R. werden **mehrstellige R.** erklärt, v. a. **n-stellige R.** als Klassen von n-tupeln von Elementen. In dieser Auffassung haben n-stellige R. die extensionale Bedeutung von n-stelligen Prädikaten. Umgekehrt gelangt man durch intensionale Abstraktion von zwei- oder mehrwertigen Prädikaten zu R.-Begriffen (R. als intensionale Bedeutung von zwei- oder mehrstelligen Prädikaten). Eine zweistellige R. $R$ in einer Menge $M$ heißt **reflexiv,** wenn $aRa$ für alle $a \in M$ gilt, d. h., wenn jedes Element der Menge $M$ mit sich selbst in der R. steht. Eine R. heißt **antireflexiv (irreflexiv),** wenn kein Element zu sich selbst in R. steht. Sie heißt **symmetrisch,** wenn aus $aRb$ auch $bRa$ folgt, d. h., wenn zwei Elemente zueinander in R. stehen, so stehen sie auch in umgekehrter Reihenfolge in R. zueinander. R. heißt **antisymmetrisch (identitiv),** wenn $aRb$ und $bRa$ höchstens im Falle $a = b$ gilt. Eine R. heißt **transitiv,** wenn aus $aRb$ und $bRc$ stets $aRc$ folgt. Eine zweistellige reflexive, symmetr. und transitive R. wird **Äquivalenz-R.** genannt.

Die Beziehungen von R. zueinander sind Gegenstand der **Relationenlogik,** die heute im Rahmen der Prädikatenlogik (→ Logik) betrieben wird. Ihre Anfänge gehen auf G. W. LEIBNIZ zurück; erste systemat. Untersuchungen zur Relationenlogik haben A. DE MORGAN (1859) und C. S. PEIRCE (ab 1870) angestellt. Zu einem gewissen Abschluß gelangten diese im dritten Band der ›Vorlesungen über die Algebra der Logik‹ (1895) von ERNST SCHRÖDER.

**3)** *Philosophie:* **Beziehung,** eine → Kategorie 4), die den Zusammenhang zweier Begriffe (als Subjekt–Objekt), zweier Dinge (als Ursache–Wirkung), zweier Bewußtseinsmomente (als Noesis–Noema) u. ä. betrifft, die in ihrem räuml., zeitl., sachl. und bedeutungsmäßigen Zusammensein aufeinander angewiesen sind und sich wechselseitig bestimmen. Auch Urteile sind nach ihrer R. einzuteilen (I. KANT), d. h. nach dem Verhältnis oder der Art der Beziehung zw. Subjekt und Prädikat, nämlich in kategor. (unbedingte), hypothet. (bedingte) und disjunktive (nichtentscheidende) Urteile. Die R. tritt auf als ›Relatio accidentalis‹ (zufällige Beziehung), ›Relatio essentialis‹ (wesentl. Beziehung), ›Relatio rationis‹ (denkgesetzte Beziehung), ›Relatio realis‹ (denkunabhängig bestehende Beziehung). Objektiv vorliegende und subjektiv geltende R. sind die Grundlage der Erkenntnis.

**Relationalismus** *der, -,* **Relationismus, Relativismus,** *Philosophie:* in der Erkenntnistheorie u. a. von I. KANT und der Marburger Schule des Neukantianismus vertretene Position, nach der es keine Erkenntnis der Dinge an sich gibt, sondern Erkenntnis beschränkt ist auf Erkenntnis der Beziehungen (→ Relation 3) der Dinge und Begriffe zueinander.

**Relationenlogik,** → Relation 2).

**Relationsbegriff,** in der Logik ein mehrstelliges Prädikat (›größer als‹, ›zw. einem Punkt und einem anderen liegend‹), dessen extensionale Bedeutung eine → Relation 2) liefert.

**relativ** [frz., von spätlat. relativus ›bezüglich‹, zu lat. referre, relatum ›berichten‹, ›sich auf etwas beziehen‹], **1)** *bildungssprachlich* für: nur unter bestimmten Gesichtspunkten zutreffend, je nach Standpunkt verschieden; vergleichsweise, ziemlich; Ggs.: absolut. **2)** bes. *fachsprachlich:* in Beziehung, Relation zu etwas stehend, nicht unabhängig.

**relative biologische Wirksamkeit,** Abk. **RBW,** *veraltet* für: Bewertungsfaktor (→ Dosis 2).

**relative Einzelkosten,** *Betriebswirtschaftslehre:* Kosten, die einem Bezugsobjekt direkt zugerechnet werden können, wobei die Unterscheidung in Einzel- und Gemeinkosten nicht als absolut, sondern entsprechend dem gewählten Bezugsobjekt als relativ anzusehen ist. In der von PAUL RIEBEL (* 1918) entwickelten Teilkostenrechnung auf der Basis r. E. (relative Einzelkostenrechnung) werden entsprechend dem Identitätsprinzip nur Kosten und Leistungen (Kostenträger) einander gegenübergestellt, die auf der gleichen Entscheidung beruhen. Kosten sind dort in Hinsicht auf das Bezugsobjekt Entscheidung als Einzel- oder Gemeinkosten zu verstehen. Damit läßt sich eine Bezugsobjekthierarchie (z. B. kurzfristige Entscheidung über die Produktionsmenge des Kostenträgers, Entscheidung über die Betriebsbereitschaft) aufbauen. Analog sind relative Einzelerlöse abzugrenzen. (→ Deckungsbeitragsrechnung)

**relative Größen, 1)** Verhältnisse zweier Größen (→ Größenverhältnis) mit gleicher Dimension, wobei der Wert des Nenners die Bezugsgröße angibt; r. G. dienen meist zur Verdeutlichung von Größenänderungen oder zu Vergleichszwecken. Beispiele sind die relative → Häufigkeit, der relative → Fehler 2), die relative → Atommasse, die relative → Dichte 5), die relative Feuchtigkeit (→ Luftfeuchtigkeit) oder auch die Inflationsrate (→ Inflation). Für zusammengesetzte Größen lassen sich → Indexzahlen als r. G. bilden. **2)** Bez. für Größen, deren Wert von bestimmten Bedingungen abhängt wie etwa der Wahl eines Bezugssystems, z. B. bei der → kinetischen Energie, oder eines Skalanullpunktes (Bezugspunkt), z. B. bei der elektr. Spannung (→ Potential 2).

**relative Mehrheit,** → Mehrheitsgrundsatz.

**relativer Anschluß, relativer Satz|anschluß,** *lat. Grammatik:* syntakt. Verbindung zweier Hauptsätze durch ein Relativpronomen anstelle eines Demonstrativpronomens, z. B. centuriones hostes vocare coeperunt; quorum progredi ausus est nemo (›die Centurionen begannen die Feinde zu rufen; von diesen wagte keiner hervorzukommen‹).

**relatives Gehör,** die Fähigkeit, Töne in der Aufeinanderfolge und im Zusammenklang richtig zu unterscheiden und zu bestimmen. Das r. G. kann durch Übung geschult werden und ist für den Musiker von größerer Bedeutung als das → absolute Gehör.

**relatives Recht,** subjektives Recht, das im Ggs. zu den absoluten, gegenüber jedermann bestehenden Rechten nur gegenüber bestimmten Personen wirkt, nur von diesen verletzt und nur ihnen gegenüber durchgesetzt werden kann (z. B. Rechte aus Vertrag).

**relativieren,** *bildungssprachlich* für: zu etwas anderem in Beziehung setzen und dadurch in seiner Gültigkeit einschränken.

**Relativismus** *der, -,* **1)** *Philosophie:* 1) der → Relationalismus; 2) die philosoph. Lehre, daß Erkenntnisse (*erkenntnistheoret. R.*) und Werte (*eth. und Wert-R.*) nicht absolut, sondern relativ zu bestimmten Bezugspunkten gelten, verwandt dem die Existenz von Erkenntnissen oder Werten bezweifelnden → Skeptizismus. Der R. läßt sich nach den versch. Bezugspunkten einteilen, auf die hin Erkenntnisse und Werte relativiert wurden; Sie werden z. B. abhängig gemacht von der jeweiligen besonderen historisch-kulturellen Situation (→ Historismus, → Soziologismus), der besonderen biolog. oder menschl. Artung des Menschen (→ Biologismus, → Psychologismus), der Lebenspraxis (→ Pragmatismus, → Utilitarismus), der Individualität des Erkennenden oder Wertenden (z. B. → Perspektivismus) oder dem Sprachgebrauch mit seinen spezif. Bedeutungsregeln. Historismus, Biologismus u. a. sind philosophisch-weltanschaul. Strömungen des 19. und 20. Jh., deren Bekämpfung den R. zu einem vielbehandelten Problem in der Philosophie des 20. Jh. werden ließ. Historisch läßt sich der R. bis auf die Sophistik zurückverfolgen: Der an den Skeptizismus anknüpfende PROTAGORAS (›Der Mensch ist das Maß aller Dinge‹) gilt als erster Vertreter.

Gegen den R. wird geltend gemacht, daß seine Grundthese, es gebe keine absolute Wahrheit, in sich im Widerspruch sei, insofern das Urteil, die Wahrheit sei relativ, für sich selbst Allgemeingültigkeit beanspruche. Ein ernst genommener R. würde Begriffe wie ›Wahrheit‹, ›Wissen‹, ›Fortschritt‹ als Leitregeln menschl. Strebens ausschließen und Erkenntnis auf den Rahmen von Problemlösungen für technisch-prakt. Zwecke reduzieren, eth. Verbindlichkeiten von jeweils fakt. Machtverhältnissen abhängig machen. **2)** *Sozialwissenschaften:* eine theoret. Grundannahme, nach der es in der Analyse und Erklärung gesellschaftl. Gegebenheiten keine absolut und universal gültigen Gesetzmäßigkeiten und Erkenntnisse gibt, sondern jeweilige soziale Sachverhalte lediglich in einem Interdependenzgeflecht mit Rahmenbedingungen (z. B. der Kultur, der Ökonomie) aufgefunden und bestimmt werden können. (→ Kulturrelativismus)

**relativistisch, 1)** *bildungssprachlich* für: die Relativität betreffend.
**2)** *Philosophie:* den Relativismus betreffend.
**3)** *Physik:* Bez. für physikal. Größen, Theorien usw., die darauf hinweisen, daß die Gesetze der → Relativitätstheorie berücksichtigt werden (müssen), z. B. beim Auftreten von Geschwindigkeiten, die nicht klein gegen die Lichtgeschwindigkeit sind.

**relativistische Massenzunahme,** → Relativitätstheorie.

**relativistische Mechanik,** Erweiterung der Mechanik im Rahmen der → Relativitätstheorie.

**Relativität** *die, -/-en,* relative Gültigkeit, Bedingtheit, Bezogenheit.

**Relativitätsprinzip, 1)** *Physik:* grundlegendes Prinzip, das in einem physikal. Zusammenhang die relative Gleichberechtigung von →Bezugssystemen 1) jeweils bestimmter Art behauptet. Nach dem **Galileischen R.** der klass., d. h. Newtonschen Mechanik sind alle relativ zueinander bewegten Inertialsysteme physikalisch gleichwertig: Ein Beobachter kann anhand physikal. Vorgänge innerhalb eines Inertialsystems nicht dessen absoluten Bewegungszustand feststellen; die physikal. Gesetzmäßigkeiten haben in jedem Inertialsystem dieselbe Form, und bezüglich Koordinatentransformationen zw. Inertialsystemen kann die Formulierung physikal. Gleichungen invariant erfolgen (Forminvarianz, →Kovarianz 1). Die →Galilei-Transformation erfüllt diese Bedingung für die Gesetze der klass. Mechanik, nicht jedoch für die der Elektrodynamik.

Die Einbeziehung der Elektrodynamik wird durch die →Lorentz-Transformation erfüllt, deren physikal. Interpretation durch A. EINSTEIN weitreichende Konsequenzen in der speziellen →Relativitätstheorie hat. Deren Grundforderung, daß in Inertialsystemen alle Gleichungen der Physik gegenüber Lorentz-Transformationen invariant sein müssen (H. POINCARÉ 1904, A. EINSTEIN 1905), bezeichnet man auch als **spezielles R.** Die Verallgemeinerung und Verbindung zur allgemeinen Relativitätstheorie als Theorie der Gravitation ist das **allgemeine R.** (1913), nach dem alle physikalisch sinnvollen, d. h. auch beschleunigte Bezugssysteme zur Beschreibung physikal. Gesetze gleichberechtigt sind (Prinzip der allgemeinen Kovarianz).

Das R., Beitr. v. H. LORENTZ u. a. ($^5$1923, Nachdr. 1990).

**2)** *Sprachwissenschaft:* **linguistisches R.**, →Sapir-Whorf-Hypothese.

**Relativitätstheorie,** die von A. EINSTEIN begründete fundamentale Theorie von →Raum 4) und →Zeit; neben der Quantentheorie eine der bedeutendsten physikal. Theorien des 20. Jh. Die in sich geschlossene und durch experimentelle Erfahrung gesicherte **spezielle R.** (1905), mit der ihr zugrunde liegenden Wandlung des Verständnisses von Raum und Zeit, ist zur Voraussetzung der gesamten modernen Physik geworden insofern, als jede allg. gültige physikal. Theorie ihren Prinzipen genügen muß. Die **allgemeine R.** (1915) knüpft als Theorie der →Gravitation die Eigenschaften von Raum und Zeit an das Vorhandensein von Materie; sie nimmt einen zentralen Platz in der Kosmologie ein. Nach ihr bestimmt die Masseverteilung im Weltall die Geometrie der vierdimensionalen →Raum-Zeit.

### Spezielle Relativitätstheorie

Grundlagen der speziellen R. sind das spezielle →Relativitätsprinzip, das die Gleichwertigkeit aller gleichförmig gegeneinander bewegten Bezugssysteme (Inertialsysteme) für die Beschreibung physikal. Vorgänge behauptet, und die **Konstanz der Lichtgeschwindigkeit,** die danach in allen Inertialsystemen den gleichen Wert $c$ hat (→Lichtgeschwindigkeit). Damit wird die Hypothese eines bevorzugten, absolut ruhenden Bezugssystems und auch die eines universellen →Äthers 3) verworfen. Einen Hinweis hierauf hatte bereits der →Michelson-Versuch geliefert (1881), der durch die spezielle R. eine konsistente und umfassende Deutung erfuhr.

Die Formulierung von Naturgesetzen muß nach der speziellen R. lorentzinvariant erfolgen, d. h. in einer Form, die beim Übergang von einem Inertialsystem in ein anderes vermittels der →Lorentz-Transformation der Koordinaten und physikal. Größen unverändert bleibt (Forminvarianz, Kovarianz). Die relativist. Kinematik bewirkt, daß zwei sich mit den Geschwindigkeiten $u$ und $v$ (bezüglich eines Beobachters) aufeinander zubewegende Körper nicht die (von einem der Körper aus gemessene) Relativgeschwindigkeit $w = u + v$, sondern $w = (u+v)/(1 + uv/c^2)$ haben (**Additionstheorem der Geschwindigkeiten**). Auch bei sehr großen Geschwindigkeiten $u$ und $v$ wird deswegen die Lichtgeschwindigkeit $c$ nie erreicht; sie stellt als universelle Naturkonstante die obere Grenzgeschwindigkeit für jeden Transport von Energie und Materie dar (Fehlen von instantanen →Fernwirkungen) und kann von keinem Körper überschritten werden. Für sehr kleine Geschwindigkeiten ($u, v \ll c$) ist der Korrekturfaktor im Nenner vernachlässigbar, die relativist. Mechanik läßt sich daher für Geschwindigkeiten, die klein gegen die Lichtgeschwindigkeit sind, durch die als Grenzfall enthaltene Newtonsche Mechanik annähern.

Durch die Lorentz-Transformation werden sowohl der Raum als auch die Zeit transformiert, was von EINSTEIN als erstem dahingehend interpretiert wurde, daß der Begriff einer absoluten, vom gewählten Bezugssystem unabhängigen Zeit aufgegeben und einen relativist. Zeitbegriff ersetzt werden muß. Das führt zu einer vom herkömml. Verständnis abweichenden **Relativierung der Gleichzeitigkeit:** Zwei

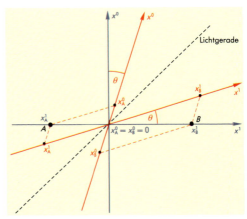

**Relativitätstheorie:** Gleichzeitigkeit bei zueinander bewegten Bezugssystemen; die Lorentz-Transformation vom ›blauen‹ Bezugssystem in das relativ dazu mit der Geschwindigkeit $v$ bewegte ›rote‹ Bezugssystem stellt sich geometrisch als Drehung der Koordinatenachsen um den Winkel $\theta$ dar ($\tan \theta = v/c$, $c$ Lichtgeschwindigkeit; $x^1$ Ortskoordinaten, $x^0 = ct$ Zeitkoordinaten, $t$ Zeit); zwei im ›blauen‹ System gleichzeitige Ereignisse A und B (gleiche Zeitkoordinaten, hier gleich null) sind im ›roten‹ System zeitlich versetzt (unterschiedliche Zeitkoordinaten)

räumlich getrennte, in einem bestimmten Bezugssystem gleichzeitig stattfindende Ereignisse fallen in einem relativ dazu bewegten System zeitlich auseinander. Lichtsignale von den Orten der Ereignisse erreichen den Beobachter erst nach einer endl. Laufzeit, und wegen der Konstanz der Lichtgeschwindigkeit in allen Bezugssystemen hängt das Urteil über die Gleichzeitigkeit vom Bewegungszustand des Beobachters ab. Bedeutsam ist hierbei die operationale Definition der Zeit über einen Meßvorgang mit im jeweiligen Inertialsystem ruhenden Uhren als Zeitmaß. Die Ergebnisse der Zeitmessungen gleicher Vorgänge differieren in versch. Bezugssystemen; sie sind durch Lorentz-Transformationen miteinander verknüpft. Entsprechendes gilt auch für die Erfassung des Raums mit geeigneten Längenmaßstäben, bei der die Ergebnisse von Abstandsmessungen ebenfalls vom Bezugssystem und von dessen relativem Bewegungszustand abhängen.

Eine wichtige Folgerung aus der Lorentz-Transformation ist die **relativistische Massenzunahme:** Die träge →Masse 3) eines Körpers der Ruhemasse $m_0$ nimmt mit seiner Geschwindigkeit $v$ gemäß $m = m_0/\sqrt{1-v^2/c^2}$ zu. Bei Annäherung an die Lichtgeschwindigkeit wächst die Masse über alle Grenzen, so daß es nicht möglich ist, den Körper darüber hinaus zu beschleunigen. Weitere relativist. Effekte sind die →Längenkontraktion und die →Zeitdilatation, auf der das →Zwillingsparadoxon beruht.

Als eine der bedeutsamsten Aussagen der speziellen R. erweist sich die **Äquivalenz von Masse und Energie** (Einsteinsches Gesetz), wonach einem Teilchen der Masse $m$ stets die Energie $E = mc^2 = \sqrt{\boldsymbol{p}^2 c^2 + (m_0 c^2)^2}$ entspricht und umgekehrt ($\boldsymbol{p}$ Teilchenimpuls, $m_0$ →Ruhemasse). Die relativist. Massenzunahme beschreibt somit die Zunahme der →kinetischen Energie eines Teilchens mit der Ruheenergie $E_0 = m_0 c^2$ (Energieäquivalent der Ruhemasse). Die Masse-Energie-Äquivalenz zeigt sich z. B. in Form der Bindungsenergie von Atomkernen (→Massendefekt); sie beinhaltet aber v. a. die Möglichkeit der wechselseitigen Umwandlung von Materie und Energie (etwa bei Paarbildung und -vernichtung oder durch Kernspaltung und -fusion).

Die angemessene mathemat. Beschreibung findet die spezielle R. in der von H. MINKOWSKI gegebenen Darstellung im →Minkowski-Raum, bei der Raum und Zeit zur vierdimensionalen Raum-Zeit verschmelzen. Punkte (Ereignisse) in der Raum-Zeit werden als ›Weltpunkte‹ mit den kontravarianten Koordinaten (→kontravariante Größen) $x^0 = ct$, $x^1 = x$, $x^2 = y$, $x^3 = z$ erfaßt ($t$ Zeit, $x, y, z$ gewöhnl. Raumkoordinaten; eine andere Konvention wählt als Zeitkoordinate den Ausdruck $ict$; $i$ imaginäre Einheit). Die pseudoeuklid. →Metrik 4) des Minkowski-Raums ist formal durch ihren metr. Tensor (Fundamentaltensor) $g_{\mu\nu}$ gegeben ($g_{00} = 1$, $g_{ii} = -1$ für $i = 1, 2, 3$, $g_{\mu\nu} = 0$ für $\mu \neq \nu$). Das relativist. Betragsquadrat eines Weltvektors $x^\mu = (x^0, x^1, x^2, x^3)$ ist dann $s^2 = g_{\mu\nu} x^\mu x^\nu = c^2 t^2 - x^2 - y^2 - z^2$ (gemäß der Einsteinschen →Summenkonvention wird über doppelt auftretende Indizes summiert). Die Endlichkeit der Lichtgeschwindigkeit und damit der Ausbreitung physikal. Wirkungen drückt sich im ›Lichtkegel‹ aus, der den Minkowski-Raum in →zeitartig und →raumartig zu einem Ereignis (Scheitelpunkt) gelegene Bereiche zerteilt. Innerhalb des Lichtkegels gelegene Weltpunkte ($s^2 > 0$) haben einen zeitartigen Abstand zum Scheitelpunkt, und nur sie sind mit diesem kausal verknüpft; die zeitl. Reihenfolge zeitartiger Ereignisse kann durch Lorentz-Transformation nicht vertauscht werden. Die ›Weltlinie‹ (Bahn in der Raum-Zeit) eines Teilchens kann nur innerhalb von dessen Lichtkegel verlaufen. Einem solchen Teilchen läßt sich eine →Eigenzeit zuordnen, deren Änderung

$$\Delta \tau = \int_{t_0}^{t_1} \sqrt{1 - v(t)^2/c^2} \, dt$$

immer kleiner ist als die Änderung $\Delta t = t_1 - t_0$ der Zeitkoordinate eines inertialen Beobachters ($v(t)$ Teilchengeschwindigkeit im Inertialsystem des Beobachters). Für raumartige, nicht kausal verbundene Weltpunkte gilt entsprechend $s^2 < 0$, für den Mantel des Lichtkegels $s^2 = 0$ (›lichtartig‹ gelegene Weltpunkte). Physikal. Größen lassen sich im Minkowski-Raum als →Vierervektoren angeben, z. B. als Viererimpuls, Viererbeschleunigung oder Viererpotential, bzw. allg. als Tensoren bestimmter Stufe; so wird das elektromagnet. Feld durch einen Feldtensor 2. Stufe beschrieben. Auf diese Weise erzielt man eine kovariante Formulierung der Gesetze der Mechanik und der Elektrodynamik.

Experimentell ist die spezielle R. auf vielfältige Weise überprüft und belegt worden. Die Zeitdilatation konnte mit Hilfe von Atomuhren unmittelbar gemessen werden, sie zeigt sich zudem bei der erhöhten Lebensdauer hochenerget. Teilchen in Beschleunigern. Der Michelson-Versuch wurde bei steigender Genauigkeit unter versch. Bedingungen ausgeführt, der relativist. →Doppler-Effekt bei astrophysikal. Beobachtungen nachgewiesen. Die relativist. Massenzunahme tritt ebenfalls beim Betrieb von Beschleunigern auf, wie die gesamte Hochenergiephysik, neben den relativist. Quantenfeldtheorien, die wichtigste Anwendung und Bestätigung der speziellen R. darstellt.

### Allgemeine Relativitätstheorie

Der allgemeinen R. liegt das umfassendere allgemeine →Relativitätsprinzip zugrunde, das auch beschleunigte Bezugssysteme als gleichwertig ansieht und zur Einbeziehung der Gravitationswechselwirkung führt. Maßgeblich hierfür ist die Äquivalenz von schwerer und träger Masse (→Eötvös-Versuch). Nach dem **Äquivalenzprinzip** der allgemeinen R. sind die Wirkungen homogener Gravitationsfelder und konstanter Beschleunigungen auf ein System gleichartig, d. h., ein Beobachter in einem abgeschlossenen Bezugssystem (z. B. einem Fahrstuhl) kann experimentell nicht zw. Schwerkraft und Trägheitskraft unterscheiden (→Äquivalenzhypothese). An die Stelle der Inertialsysteme der speziellen R. treten in Gravitationsfeld daher i. a. beschleunigte Bezugssysteme. Für hinreichend kleine Bereiche der Raum-Zeit kann das Gravitationsfeld als homogen betrachtet und ein darin frei fallendes Bezugssystem als ›lokal inertiales Bezugssystem‹ verwendet werden, das zwar kein eigentl. Inertialsystem darstellt, in dem sich aber eine nur der Gravitation unterworfene Masse gleichförmig und geradlinig bewegt (z. B. ein frei fallender Fahrstuhl).

In einem solchen Bezugssystem gelten die Gesetze der speziellen R., und zu den relativist. Gesetzen unter dem Einfluß der Gravitation gelangt man durch eine lokale Transformation in ein relativ dazu beschleunigtes Koordinatensystem. Der metr. Tensor $g_{\mu\nu}$ hängt dann von den Koordinaten ab, und die Raum-Zeit erhält eine i. a. gekrümmte, nichteuklid. Metrik; $g_{\mu\nu}$ ist hier nichtdiagonal und symmetrisch und ersetzt den metr. Tensor der speziellen R. Die euklid. Geometrie muß unter diesen Umständen gegen eine vierdimensionale →Riemann-Geometrie ausgetauscht werden. Nach der allgemeinen R. erfolgt dann die Bewegung einer nur der Gravitation ausgesetzten Punktmasse auf einer (zeitartigen) sogenannten geodät. Linie, die die Bogenlänge der zugehörigen Weltlinie im →Riemannschen Raum, d. h. den raumzeitl. Abstand durchlaufener Weltpunkte, minimiert.

**Relativitätstheorie:** Relativistische Massenzunahme $m/m_0$ in Abhängigkeit vom Geschwindigkeitsverhältnis $v/c$; bei Annäherung an die Lichtgeschwindigkeit strebt die Masse gegen unendlich

$$g_{\mu\nu} = \begin{pmatrix} 1 & 0 & 0 & 0 \\ 0 & -1 & 0 & 0 \\ 0 & 0 & -1 & 0 \\ 0 & 0 & 0 & -1 \end{pmatrix}$$

**Relativitätstheorie:** Metrischer Tensor (Fundamentaltensor) der speziellen Relativitätstheorie

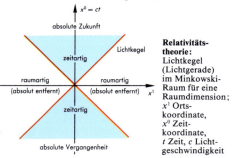

**Relativitätstheorie:** Lichtkegel (Lichtgerade) im Minkowski-Raum für eine Raumdimension; $x^1$ Ortskoordinate, $x^0$ Zeitkoordinate, $t$ Zeit, $c$ Lichtgeschwindigkeit

Die allgemeine R. liefert als geometr. Theorie der Gravitation eine vollständige relativist. Beschreibung

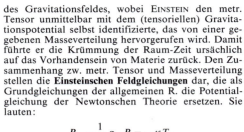

**Relativitätstheorie:** Lichtablenkung im Schwerefeld der Sonne

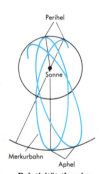

**Relativitätstheorie:** Periheldrehung des Merkur

des Gravitationsfeldes, wobei EINSTEIN den metr. Tensor unmittelbar mit dem (tensoriellen) Gravitationspotential selbst identifizierte, das von einer gegebenen Masseverteilung hervorgerufen wird. Damit führte er die Krümmung der Raum-Zeit ursächlich auf das Vorhandensein von Materie zurück. Den Zusammenhang zw. metr. Tensor und Masseverteilung stellen die **Einsteinschen Feldgleichungen** dar, die als Grundgleichungen der allgemeinen R. die Potentialgleichung der Newtonschen Theorie ersetzen. Sie lauten:

$$R_{\mu\nu} - \frac{1}{2} g_{\mu\nu} R = -\kappa T_{\mu\nu}.$$

$R_{\mu\nu}$ ist der →Ricci-Tensor und $R = g^{\mu\nu}R_{\mu\nu}$ (gemäß Summenkonvention) der Krümmungsskalar, die beide von $g_{\mu\nu}$ abhängen und die Krümmungseigenschaften des Riemannschen Raums wiedergeben, $\kappa = 8\pi G/c^2$ ist die Einsteinsche Gravitationskonstante ($G$ Newtonsche →Gravitationskonstante) und $T_{\mu\nu}$ der Energie-Impuls-Tensor der Materie als Verallgemeinerung der Massedichte der Materieverteilung. Die linke Seite der Feldgleichungen wird auch als Einstein-Tensor bezeichnet. Es handelt sich um nichtlineare, gekoppelte Differentialgleichungen 2. Ordnung für die zehn unabhängigen Komponenten (›Gravitationspotentiale‹) des metr. Tensors $g_{\mu\nu}$, die sich aus dem Äquivalenzprinzip in Verbindung mit einigen allgemeinen Annahmen herleiten lassen. Die Newtonsche Gravitationstheorie ist als Grenzfall langsam bewegter Teilchen und schwacher, stat. Felder in den Feldgleichungen enthalten und stellt eine Näherungslösung der allgemeinen R. für diese Bedingungen dar. Dem klass. Gravitationspotential $U$ entspricht in diesem Fall die Größe $g_{00} = 1 + 2\,U/c^2$, während die anderen Komponenten nur kleine (vernachlässigbare) Korrekturen ergeben.

Für die Einsteinschen Feldgleichungen lassen sich nur in einigen Fällen exakte geschlossene Lösungen angeben. Die Lösung für den Außenraum einer sphär. Masseverteilung, z. B. eines Sterns, heißt **Schwarzschild-Metrik;** sie ist statisch und die einzige kugelsymmetr. Lösung für das Vakuum. Sterne, deren Masse $M$ auf ein kleineres Kugelvolumen als das durch den Schwarzschild-Radius $r_s = 2GM/c^2$ gegebene beschränkt wird, entarten zu einem →Gravitationskollaps. Bei Sternen normaler Dichte (wie der Sonne) weicht die Schwarzschild-Metrik des Außenraums jedoch nur geringfügig von der ebenen, pseudoeuklid. Metrik des Minkowski-Raums ab. Daneben existieren versch. kosmolog. Lösungen (→Kosmologie) für die raum-zeitl. Struktur des ganzen Universums, z. B. die Friedmann-Lemaître-Modelle, die ein sich dynamisch entwickelndes Universum beschreiben. EINSTEIN selbst ergänzte die linke Seite der Feldgleichungen phänomenologisch um ein kosmolog. Glied $\Lambda g_{\mu\nu}$, um die Möglichkeit eines stationären Universums (→Einstein-Kosmos) zu erhalten. Mit der Einführung einer solchen kosmolog. Konstante $\Lambda$ wird dem leeren Raum eine endl. Energiedichte zugeschrieben. – Das ›Machsche Prinzip‹ (nach E. MACH), das über das nur lokal gültige Äquivalenzprinzip hinaus die globale Äquivalenz von Trägheit und Gravitation behauptet und die Trägheitserscheinungen auf die kollektiven Gravitationskräfte der kosm. Masseverteilung (Fixsternhimmel) zurückführt, kann durch die allgemeine R. nicht begründet werden.

Die allgemeine R. wird durch eine ganze Reihe experimenteller Tests ihrer Vorhersagen bestätigt. Dazu gehören die gravitative →Rotverschiebung von Spektrallinien, die →Lichtablenkung im Schwerefeld (zusätzlich zum speziell relativist. Effekt aufgrund der Energie-Masse-Äquivalenz), →Gravitationslinsen, die →Periheldrehung des Merkur sowie die Echoverzögerung bei der Reflexion von Radarsignalen durch Planeten (→Shapiro-Experiment). Die gravitative Zeitdilatation, durch die Uhren im Schwerefeld aufgrund ihrer gedehnten Eigenzeit langsamer gehen als außerhalb, konnte im Erdfeld durch vergleichende Messungen an Atomuhren nachgewiesen werden. Für die Existenz der ebenfalls aus der allgemeinen R. folgenden →Gravitationswellen dagegen gibt es noch keine eindeutigen experimentellen Beweise.

### Geschichte

Die R. entstand aus den Bemühungen um die Formulierung einer Elektrodynamik für bewegte Körper und aus der Auseinandersetzung mit der Hypothese eines ruhenden Äthers: G. F. FITZGERALD (1885) und H. A. LORENTZ (1892) hatten das negative Resultat des Michelson-Versuchs durch eine Kontraktion bewegter Körper in der Bewegungsrichtung (Längenkontraktion) erklärt. Weiter hatte LORENTZ 1898 die Lorentz-Transformation der Raum- und Zeitkoordinaten eingeführt und 1904 die Lorentz-Invarianz der Elektrodynamik aufgezeigt, während H. POINCARÉ 1905 die Gruppeneigenschaft der Lorentz-Transformation (Lorentz-Gruppe) nachwies. Die physikal. Deutung der Probleme vollzog A. EINSTEIN 1905 mit der von ihm eingeleiteten Revision der Raum- und Zeitbegriffs. H. MINKOWSKI gab 1908 der speziellen R. die mathemat. Gestalt, und EINSTEIN leitete aus ihr die allgemeine Energie-Masse-Äquivalenz ab.

Ab 1907 bemühte sich EINSTEIN um die Formulierung der allgemeinen R. als einer Theorie beschleunigter Bezugssysteme und der Gravitation. Mit der Erkenntnis der physikal. Bedeutung der Metrik und durch Erweiterung des Relativitätsprinzips gelang EINSTEIN 1915 die Aufstellung der Feldgleichungen der allgemeinen R. Diese lieferten theoret. Werte für die Drehung des Merkur-Perihels und die Lichtablenkung im Schwerefeld der Sonne, die gut mit experimentell ermittelten Werten (z. B. A. EDDINGTON, 1919) übereinstimmen.

Die R. erregte nicht nur unter Physikern, sondern auch in der breiten Öffentlichkeit große Aufmerksamkeit. Abgelehnt wurde die R. in Dtl. u. a. von H. DINGLER, später (v. a. im Nationalsozialismus) galt sie als Inbegriff der sogenannten ›jüd. Physik‹, die der der ›dt. Physik‹ unter P. LENARD, A. STARCK u. a. als entartet heftig bekämpft wurde. Heute ist die R. allgemein anerkannt und wird als Abschluß der klass. Physik und Übergang zur modernen Physik des 20. Jh. verstanden.

**Einführungen und allgemeinverständliche Darstellungen:** M. BORN: Die R. Einsteins ([5]1969, Nachdr. 1984); G. GAMOV: Mr. Tompkins' seltsame Reisen durch Kosmos u. Mikrokosmos (a. d. Engl., 1980); N. CALDER: Einsteins Universum (a. d. Engl., Neuausg. 1988); A. EINSTEIN: Über die spezielle u. die allg. R. ([23]1988); P. MITTELSTAEDT: Philosoph. Probleme der modernen Physik ([7]1989); H. FRITZSCH: Eine Formel veränderte die Welt. Newton, Einstein u. die R. ([3]1990); B. RUSSELL: Das ABC der R. (a. d. Engl., Neuausg. 13.–16. Tsd. 1990). **Fachbücher:** W. PAULI: R. (1921, Nachdr. Turin 1963); S. WEINBERG: Gravitation and cosmology (New York 1972); P. A. M. DIRAC: General theory of relativity (ebd. 1975); C. MØLLER: R. (a. d. Engl., 1976); A. EINSTEIN: Grundzüge der R. (Neuausg. 1984); U. E. SCHRÖDER: Spezielle R. ([2]1987); R. U. SEXL u. H. K. URBANTKE: Gravitation u. Kosmologie (1987); H. WEYL: Raum, Zeit, Materie. Vorlesungen über allg. R. ([7]1988); T. FLIESSBACH: Allg. R. (1990); K. HENTSCHEL: Interpretationen u. Fehlinterpretationen der speziellen u. allg. R. durch Zeitgenossen Albert Einsteins (Basel 1990). – Weitere Lit. →Gravitation, →Kosmologie, →Raum 4).

**Relativkoordinaten,** *Physik:* →Schwerpunktsystem.

**relativ prim,** bezeichnet zwei ganze Zahlen, die keinen gemeinsamen Primfaktor besitzen. Primzahlen sind zu allen anderen Zahlen relativ prim.

**Relativsatz,** Nebensatz, der mit einem Relativpronomen (→ Pronomen) oder einem Relativadverb (da, wann, wo, so) an das Beziehungswort des Hauptsatzes anschließt und die Funktion eines Attributs (z. B. ›Paul, der rote Haare hatte‹ anstelle von ›der rothaarige Paul‹) oder eines selbständigen Satzglieds übernehmen kann (z. B. ›Einstein war es, der die Relativitätstheorie entwickelte‹). Beim **asyndetischen R.** fehlt die relativ. Verbindung zum Hauptsatz (z. B. engl. the man I saw yesterday, ›der Mann, den ich gestern gesehen habe‹). Nach dem Sinn unterscheidet man **restriktive R.** (der R. ist obligatorisch, z. B. ›Hunde, die bellen, beißen nicht‹) und **nicht restriktive R.** (der R. ist fakultativ, z. B. ›Paul, der zuletzt kam, schwieg‹).

**Relaunch** [rɪˈlɔːntʃ; engl. launch ›das Lancieren‹, ›Vorstellung‹] *das, -/-s*, *Marketing:* durch gewisse Veränderungen (z. B. Modernisierung eines Produktes, Entwicklung einer neuen Werbekonzeption) unternommener Versuch, stagnierendem oder bereits rückläufigem Absatz entgegenzuwirken und dem →Produktlebenszyklus neue Impulse zu verleihen. Bekannte Markenartikel können durch solche Maßnahmen der Produktvariation (›Revitalisierungsmarketing‹) trotz veränderter Marktverhältnisse am Markt gehalten und hohe Ausgaben sowie Risiken für Produktneueinführungen vermieden werden.

**Relaxantilen** [zu lat. relaxare ›schlaff, locker machen‹], *Sg.* **Relaxans** *das, -, die* →muskelerschlaffenden Mittel.

**Relaxation** [lat. relaxatio ›das Nachlassen‹, ›Abspannung‹] *die, -,* 1) *Chemie:* Wiedereinstellung eines chem. Gleichgewichts nach vorausgegangenen schnellen Störungen z. B. durch Druck- oder Temperaturänderungen oder Einwirkung elektr. Felder. Die kurzen R.-Zeiten (zw. $10^{-10}$ s und 1 min) lassen sich spektroskopisch oder durch Leitfähigkeitsmessungen bestimmen. Die **R.-Methode** zur Untersuchung schnell verlaufender Reaktionen wurde von M. Eigen, R. G. W. Norrish und G. Porter entwickelt.
2) *Physik:* allg. die zeitlich verzögerte Reaktion eines Systems oder einer Meßgröße auf eine äußere Einwirkung oder deren Wegfallen (Nachwirkung); insbesondere die verzögerte Rückkehr eines gestörten oder angeregten Systems in seinen Gleichgewichtszustand aufgrund innerer, dissipativer Prozesse (z. B. Reibung, elektr. Verluste, Streuung, →Dissipation 2), →Dämpfung 4), R.-Vorgänge werden v. a. im Rahmen der Thermodynamik und Statistik irreversibler Prozesse behandelt, finden in vielen Gebieten wie der Chemie, der Quantenoptik, der Atom-, Kern- und Festkörperphysik Anwendung finden, spielen aber auch in der Mechanik und der Elektrodynamik eine wichtige Rolle, etwa in elast. Medien, bei Schwingungsvorgängen oder bei der elektr. Polarisation. Nach der Natur der Beobachtungsgröße spricht man dann z. B. von Energie-R., Impuls-R., Amplituden-R., Phasen-R. oder Magnetisierungsrelaxation.

Das Zeitverhalten von R.-Vorgängen läßt sich häufig (auch näherungsweise) durch ein Exponentialgesetz der Form $z = z_0 \exp(-t/\tau)$ beschreiben ($z$ Beobachtungsgröße, $z_0$ Anfangswert, $t$ Zeit). Die Größe $\tau$ heißt **R.-Zeit** und ist eine charakterist. Zeitdauer für das Einstellen des Gleichgewichts. Im Fall der R. eines Systems, bestehend aus einer Gesamtheit angeregter Zustände, entspricht die R.-Zeit der mittleren Lebensdauer eines einzelnen Anregungszustands.
3) *Physiologie:* Erschlaffung, Entspannung (v. a. der Muskulatur). – **R.-Zeit,** die Zeitspanne, innerhalb deren eine Reizerregung ausklingt.
4) *Psychologie:* Form der →Entspannung 3), die eine vegetative Gleichgewichtslage und seel. Ruhigstellung anstrebt. (→Entspannungsübungen)

**Relaxationsgasdynamik,** Teilgebiet der →Gasdynamik, das sich mit der Untersuchung der in strömenden Gasen unter bestimmten Bedingungen auftretenden, durch die Relaxation bzw. end. Geschwindigkeit innerer (molekularer) Prozesse und Umwandlungen verursachten Effekte befaßt. Zu diesen zählen v. a. eine zusätzl. Entropieerzeugung und damit ein durch Relaxation u. a. bewirkter Widerstand umströmter Körper.

**Relaxations|oszillator,** andere Bez. für den astabilen →Multivibrator.

**Relaxin** [zu Relaxation] *das, -s*, aus mehreren Polypeptiden zusammengesetztes, vom Gelbkörper gebildetes Peptidhormon, das vor einer Geburt den Gebärmutterhals erweitert und die Symphyse des Schambeins lockert.

**Release** [rɪˈliːs; engl. ›Freilassung‹, ›Befreiung‹] *das, -/-s, Datenverarbeitung:* →Version.

**Release-Center** [rɪˈliːs ˈsentə] *das, -s/-*, private Einrichtung, die Drogenabhängigen bei der Resozialisierung helfen will.

**Releasinghormone** [rɪˈliːzɪŋ-]**, Releasingfaktoren,** →Hirnanhangsdrüse, →Hormone, →Neurohormone.

**Relegation** [lat. ›Ausschließung‹, zu relegare ›fortschicken‹, ›verbannen‹] *die, -/-en, bildungssprachlich* für: Verweisung von der Schule oder Hochschule.

**Relegationsspiel,** *Sport:* über Auf- oder Abstieg einer Mannschaft entscheidendes Spiel.

**relevant** [frz., zu relever, zu lat. relevare ›hochheben‹], *bildungssprachlich* für: in bestimmtem Zusammenhang bedeutsam, wichtig.

**relevante Kosten, Differenzkosten,** Kosten, die entsprechend der zugrundeliegenden Entscheidungssituation bei der Betrachtung zu berücksichti-

*Relaxation 2):*
Exponentialgesetz;
$z = z_0 \cdot e^{-t/\tau}$
Beobachtungsgröße,
$z_0$ Anfangswert,
$t$ Zeit,
$\tau$ Relaxationszeit,
e Eulersche Zahl

*Relief 2):* Kartenrelief

gen sind (entscheidungsrelevante Kosten). Kosten, die unabhängig von der Entscheidung anfallen, werden nicht einbezogen. Da es sich um zukünftige Kosteneffekte der Entscheidung handelt, sind r. K. immer Plankosten; durch vergangene Entscheidungen fixierte Kosten werden als ›sunk costs‹ bezeichnet.

**Relevanz** *die, -,* **1)** *bildungssprachlich* für: Bedeutsamkeit, Wichtigkeit.

**2)** *Sprachwissenschaft:* →abstraktive Relevanz.

**Reliabilität** [von engl. reliability ›Zuverlässigkeit‹], in der empir. Sozialforschung die Zuverlässigkeit und Genauigkeit eines Meßinstruments. Die Verläßlichkeit einer Skala oder eines Beobachtungsschemas kann anhand versch., überwiegend in der psychol. Forschung entwickelter Methoden bestimmt werden: Die Testwiederholungsmethode (Retest-Methode) prüft, ob bei wiederholter Anwendung desselben Tests die gleichen Ergebnisse erzielt werden; die Paralleltestmethode ermittelt die Übereinstimmung der Ergebnisse bei Verwendung versch. Meßinstrumente zum gleichen Zeitpunkt bzw. im gleichen Zeitraum; die Testhalbierungsmethode teilt eine aus mehreren Komponenten (Items) bestehende Meßskala nach Zufallskriterien in gleiche Hälften und ermittelt aus der Korrelation beider Teilskalen die interne Konsistenz des Konstrukts.

**Relief** [frz., eigtl. ›das Hervorheben‹, zu relever, von lat. relevare ›hochheben‹] *das, -s/-s* und *-e*, **1)** *Geowissenschaften:* die Höhengestaltung der Erdoberfläche; wird von der Geomorphologie untersucht (→Reliefenergie, →Reliefumkehr).

**2)** *Kartographie:* **Hochbild**, dreidimensionale Geländedarstellung, oft in stärkerer Überhöhung. Neben der einfachen Sandkastenform wurde bisher meist ein Stufen-R. in Höhenschichten aus Holz oder Pappe geschnitten und mit Gips modelliert. Durch Abfahren von →Höhenlinien läßt sich mit speziellen Fräsen aus einem Gipsblock ein R. mechanisch erzeugen (Wenschow-Verfahren). Die kartograph. Bearbeitung eines R. führt zum **Karten-R.** Dieses entsteht heute meist als Kunststoff-R. durch Aufprägen einer bedruckten und erwärmten Folie auf ein Gips-R. Als **R.-Karten** gelten zweidimensionale Darstellungen mit bes. plastisch wirkender Geländewiedergabe (z. B. durch Schummerung). BILD S. 263

**Relief 3):** Reliefverziertes Kultbecken aus Ebla; um 1800 v. Chr. (Aleppo, Nationalmuseum)

**3)** *Kunst:* Werk der Bildhauerkunst, dessen Figuren an eine Fläche (einen Hintergrund) gebunden sind. – Nach dem Grad der Erhebung der Formen über den Grund unterscheidet man beim erhabenen R. **Flach-R. (Bas-R.)** und **Hoch-R. (Haut-R.).** Eine Sonderform ist das in der ägypt. Kunst vorkommende **versenkte R.** In der italien. Plastik des 15. Jh. entwickelte sich ein maler. R.-Stil, das **Rilievo schiacciato** (›gequetschtes Relief‹).

### Altertum

In *Ägypten* erscheinen R.-Darstellungen erstmals in vordynast. Zeit auf Schminkpaletten aus Schiefer mit Jagd-, Kriegs- und Siegesszenen (BILD →Narmer), dann auch auf Grabstelen und Opfertafeln. In Beamtengräbern, deren R.-Dekoration in der 5. Dynastie einen Höhepunkt erreichte, konnte das R. die ganze Wand einnehmen (Grab des TI, Sakkara, 5. Dynastie). Frühe Beispiele sind die Grabstele des Königs DJET mit R. von Horusvogel und Schlange (1. Dynastie) oder das R. des Arztes HESIRE aus Sakkara (Holz, 3. Dynastie). Spätere Blütezeiten des Grab-R. lagen in der 11. Dynastie (Theben), der 18./19. und in der 26. Dynastie, während in den dazwischenliegenden Zeiten die Malerei dominierte. Mit R. wurden auch die dem Totenkult des Pharao dienenden Tempel geschmückt, die erste Blütezeit lag ebenfalls in der 5. Dynastie; zeitweise wurde das R. dem Tempel vorbehalten (12. Dynastie). In der 19. und 20. Dynastie erhielten die Felsengräber der Könige R.-Schmuck (Tal der Könige). Sowohl erhabenes R., bei dem der Grund um die silhouettenhaften Figuren flach abgearbeitet wurde, als auch versenktes R., das in die Fläche eingetieft wurde (und starke Schattenwirkung hat), wurden im letzten Arbeitsgang bemalt. Während der R.-Schmuck der Beamtengräber eine Fülle von Darstellungen aus dem tägl. Leben festhielt, überwogen in Königsgräbern und Tempeln Kultszenen, neben die in den Tempeln des Neuen Reiches histor. Darstellungen von Feldzügen und Siegen der Könige traten. Seit dem 4. Jh. v. Chr. wurde auch griech., v. a. hellenist. Einfluß auf das ägypt. R. spürbar.

Die R.-Kunst *Vorderasiens* ist immer erhaben herausgearbeitet und meist recht flach. Schon im Neolithikum sind R. bezeugt, und zwar als Stuck (Jericho, Buqras, Çatal Hüyük). Seit Ende des 4. Jahrtsd. v. Chr. entfaltete sich das Rollsiegel zu großer Blüte. In der Djemdet-Nasr-Zeit (1. Drittel des 3. Jahrtsd.) entstanden kult. R.-Szenen auf kostbaren Steingefäßen (Kultvase aus Uruk, Schale aus Ur) sowie die erste Stele (Uruk). In frühdynast. Zeit trat die Weihetafel des Sumerer auf, die mit einem Loch in der Mitte versehen ist (z. B. von Urnansche, Ensi von Lagasch). Aus der 2. Hälfte des 3. Jahrtsd. stammen weitere Näpfe und aus dem frühen 2. Jahrtsd. das Kultbecken von Ebla. Um 2000 v. Chr. trat das →Felsrelief auf. R.-Träger dieser Zeit sind auch Weiheplatten (ohne Lochung), zumindest sind sie erst in neusumer. Zeit belegt (BILD →Introition). Immer wurden ein oder mehrere horizontale Bildstreifen angeordnet, nur die Naramsinstele (BILD →akkadische Kunst) durchbricht dieses Schema. Die Stele entwickelte sich zum typ. Bildträger von Götter- und Herrscherdarstellungen mit großfiguriger Wiedergabe, berühmt ist die Hammurapistele (BILD →babylonische Kultur). Die Kassiten stellten Stelen als Grenzsteine (Kudurru) auf (BILD →kassitische Kunst). Das erzählende (histor.) R., als dessen Vorläufer man die Geierstele des sumer. Königs →Eannatum ansehen kann, erlebte dann in den R. der assyr. Orthostatenkunst des 1. Jahrtsd. v. Chr. seine eigentl. Entfaltung (Kriegszüge und Jagdszenen; BILDER →assyrische Kultur, →Dur-Scharrukin, →Ninive). Beziehungen zum Rollsiegel zeigen bes. die R. der Bronzebeschläge von →Imgur-Enlil. Daneben pflegte die Stele tradierte Form (Ischtar), dazu kam eine vierseitige Stelenform (›Obelisk‹). In der neubabylon. Kunst wurde die erstmals nach der Mitte des 2. Jahrtsd. nachzuweisende Technik des Ziegel-R. (BILD →kassitische Kunst) wiederbelebt, ohne sie stilistisch fortzusetzen (Babylon, Prozessionsstraße mit Ischtartor; BILD →babylonische Kultur). In Anatolien ist die R.-Kunst der Hethiter auf Fels (BILD →Felsrelief), Orthostaten (Bild →hethitische Kunst), Stelen, an Burgtoren (Bild →Hattusa) und zeitweise auf Gefäßen aus Keramik zu nennen.

In der *iran. Kunst* wurde das R. aus glasierten Formziegeln fortgeführt (Susa), das R. auf Steinplatten hatte im Palastbau in Pasargadai und – vorzüglich erhalten – in Persepolis, wo Gabenträger (in strenger Profildarstellung und klar modelliert) vor dem König defilieren (BILDER →achaimenidische Kunst, →Dareios I., der Große), eine wichtige Funktion. In der parth. und sassanid. Kunst wurden neben vielen Fels-R., Kult-R. und Weihetafeln auch Silbergeschirre mit getriebenen R. hergestellt. Stuck-R. von Fassaden wurden im noch weichen Gips modelliert oder aus der gehärteten Schicht herausgeschnitten. In der islam. Epoche lebte das Stuck-R. anfangs weiter (Samarra, 9. Jh.), wurde dann aber durch flache Glasurfliesen verdrängt.

**Relief 3):** Aus zwei Platten zusammengesetztes hellenistisches Marmorrelief, vielleicht von einem Grabmal; gefunden in Athen (Athen, Archäologisches Nationalmuseum)

In der *Antike* führte die Entwicklung von reiner Profildarstellung zu einer fast vollplastisch-perspektiv. Auffassung der Figuren. In der Architektur waren R. an versch. Zonen angebracht: In der myken. Kultur ist ein Beispiel eines Palasttor-R. belegt (Löwentor in Mykene, 14. Jh. v. Chr.). In der griech. Kunst wurden v. a. seit dem 6. Jh. v. Chr. an Tempeln R. als Metopen, Fries oder im Giebelfeld angebracht, die →Giebelskulpturen waren meist vollplastisch. Bedeutende R.-Kunst der Klassik findet sich u. a. am Athenatempel der Akropolis, dem Parthenon (BILD →Kentaur), am Zeustempel von Olympia und in Selinunt (BILD →Hieros Gamos). Freistehende R.-Platten sind ebenfalls schon in myken. Zeit vom Gräberrund in Mykene bekannt (BILD →mykenische Kultur). Groß ist die Zahl überlieferter griech. Weih- und Grab-R., darunter Hauptwerke archaischer (Stelenfragment mit Kopf eines Athleten vor einem Diskos, vom Dipylon; Athen, Archäolog. Nationalmuseum) wie klass. Kunst (Großes eleusin. R. mit Demeter, Kore und Triptolemos, 4. Jh. v. Chr.; ebd.). Im Hellenismus wurden Altäre von monumentalem Ausmaß mit R. geschmückt (Pergamonaltar, mit zwei Friesen; BILD →Nyx). Außerdem wurden Statuenbasen mit R. versehen (BILD →Mantineia). Auch bei den Etruskern und in der italischen Kunst waren Grabstelen mit R. verbreitet. R.-Schmuck an Gefäßen und Geräten aus Stein, Metall (Bronze) und auch Keramik (neben nur bemalter Ware) spielten fast in der gesamten Antike eine Rolle. In der Frühzeit sind bes. minoische Stuck-R., reliefierte Steatitgefäße (BILD →minoische Kultur), Siegelringe, Treibarbeiten (Becher von Vaphio) und plastisch verzierte Keramik zu nennen, in der mykenischen Kultur getriebene Totenmasken (BILD →Maske 1). Treibarbeiten der Skythen, Thraker oder auch der Maioten sind teils einheim., teils griech. Arbeiten (BILDER →Gundestrup, →Kuban, →Kul-Oba). Die Kelten schmückten Schnallen u. a. mit R. (BILD →keltische Kunst). Athen produzierte seit dem 3. Jh. v. Chr. die megar. Becher, die röm. R.-Keramik (→Terra sigillata) fand im ganzen Imperium Verbreitung. Die Römer liebten Prunkgeschirre und Opferschalen aus Silber mit z. T. vollplast. R., die vielfach als Geschenke in die Provinzen gelangten (Schatzfunde). An röm. Altären (→Ara Pacis Augustae), Triumphbögen u. a. Monumenten finden sich Zonen mit R., die ein neues räuml. Verhältnis der Figuren zum Hinter- und Vordergrund zeigen; es entstand das histor. R. (röm. Triumphbögen, Ehren- und Siegessäulen). Auch zahlreiche Grabmäler waren mit R. versehen. Villen wurden mit →Campanareliefs geschmückt. Seit dem ausgehenden 2. Jh. n. Chr. wurde der Sarkophag einer der Hauptträger röm. R.-Kunst. Wichtig war auch das Kult-R. (BILD →Mithras).

### Mittelalter und Neuzeit

Die frühchristl. Bildhauerkunst kannte fast ausschließlich R.-Darstellungen; sie schmücken nach römisch-hellenist. Vorbild vornehmlich Sarkophage und Elfenbeindiptychen. In der byzantin. Kunst fand das R. in der Kleinkunst und als Bauplastik Anwendung. Auch die abendländ. Plastik des frühen MA. lehnte die vollständige plast. Gestaltung weitgehend ab. Dagegen blühte die R.-Kunst bei Elfenbeinschnitzereien und Goldschmiedearbeiten. Seit dem 11. Jh. sah man in Türen aus Bronze und Holz sowie Grabplatten weitere Möglichkeiten der R.-Gestaltung. Ausgehend von Zentren in S-Frankreich, N-Spanien und Oberitalien gewann das R. im 12. Jh. als Bauplastik an Tympanon und Kapitell Bedeutung. Daneben gehören seither Chorschranken, Lettner und Kanzeln zu den wichtigsten Trägern von R. Nördlich der Alpen war der →Schnitzaltar von Bedeutung; reiche R.-Kunst zeigt auch das Chorgestühl. In Portugal und Spanien entstanden auch hohe reliefierte Altarretabel. In der Frührenaissance gestaltete DONATELLO das Rilievo schiacciato, bei dem die Figuren sich nicht

**Relief 3):** Donatello, ›Gastmahl des Herodes‹; Bronzerelief am Taufbrunnen des Baptisteriums in Siena; 1423–27

**Reli** Reliefdruck

mehr wie zuvor üblich klar vom Grund abheben, sondern mit ihm verschmelzen; die Darstellung nähert sich dem gemalten Bild. L. GHIBERTI wandte als erster die Linearperspektive in der R.-Kunst an. Höhepunkte der R.-Kunst der Renaissance stellen die Kanzeln von G. und N. PISANO dar. Die Technik des glasierten Terrakotta-R. wurde bes. in der Werkstatt der Familie Della Robbia gepflegt (BILD → Della Robbia, Andrea). Bezeichnend für die R.-Auffassung des Manierismus sind die R. GIAMBOLOGNAS. In der Barockzeit verstärkten sich die maler. Tendenzen, gleichzeitig verlor das R. jedoch zugunsten der Malerei an Bedeutung. Die Bildhauer des Klassizismus arbeiteten unter dem Einfluß griech. Vorbilder im strengen R.-Stil mit scharf umrissenen Gestalten vor leerem Hintergrund (B. THORVALDSEN). Eine extreme Steigerung, die Grenzen der Plastik auflösend, erfährt das maler. R. bei A. RODIN. Im 20. Jh. spielt das R. vornehmlich als Bauplastik noch eine Rolle. Es wurden jedoch neue, dem R. verwandte Ausdrucksformen der Kunst entwickelt, die sich der Technik der → Montage bedienen.

### Außereuropäische Kulturen

In der *ind. Kunst* bewirkte die enge Bindung der Stein- und Terrakottaplastik an die Sakralarchitektur im Hinduismus wie auch im Buddhismus und in der Jainareligion die Dominanz des R. gegenüber der Rundplastik (ausgenommen die thematisch allseitig ausgerichteten mehrköpfigen Kultbilder). In der Höhlenarchitektur wurden seit dem 3.–2. Jh. v. Chr. im R. Figuren und Architekturformen in Imitation von Freibauten an Fassaden und in den Innenräumen

**Relief 3):** Unterer Teil des linken Pilasters des ›Höllentors‹ von Auguste Rodin (Meudon, Musée Rodin)

skulptiert (Barabar, Bhaja). Auf den Pfeilern und Balken der Stupasteinzäune entstand die Form des erzählenden R. mit Szenen der Buddhalegende (Bharhut, Sanchi). Der anfänglich flache Schnitt der R. wandelte sich seit dem 1. Jh. zum Hoch-R. mit vollplast. Partien und Durchbrüchen der Rückenplatte (v. a. seit dem 8. und 9. Jh.). Die Entfaltung des Tempelbaus in der Guptazeit schuf Platz für Sockelfriese, Nischen- und Pfeiler-R., die v. a. in der mittelalterl. und späthinduist. Kunst häufig die gesamten Wandflächen bedecken (Modhera in N-Gujarat, Halebid u. a.). Unter AKBAR wurden v. a. in Fatehpur-Sikri Palastgebäude mit R. versehen, darunter von Vögeln, Löwen und Affen belebte, phantast. Blumen- und Waldlandschaften. Bes. plastische Blumen-R. gibt es im Taj Mahal, der dazugehörigen Moschee und dem Gästehaus

**Relief 3):** Radrelief am Sockel des Sonnentempels in Konarak, Indien; 13. Jh.

sowie in den Innenräumen der Forts von Agra und Delhi.

In der *indojavan. Kunst* kommt dem R. größere Verbreitung und Bedeutung zu als der Vollplastik: erzählende R. mit Szenen aus den buddhist. (Borobudur, Mendut) und hinduist. Legenden und Sagen (v. a. am Prambanan, Panataran und Surawana).

Die bedeutenden Tempel der *Khmerkunst*, bes. in Angkor, sind z. T. überzogen von höchst eindrucksvollen, z. T. filigranartig gearbeiteten Flach-R. erzählenden und ornamentalen Inhalts.

In *China* wurden Grabanlagen seit der Hanzeit mit R.-Ziegeln oder Stein-R. ausgekleidet (z. B. Shandong-R.). Zw. dem 4. und 6. Jh. entfaltete sich das R. in den buddhist. Höhlentempeln und auf Stelen. Zu den frühesten Beispielen eines in Stein übertragenen Gemäldes zählt das des YAN LIBEN: Sockel-R. aus dem Grab des Kaisers TAIZONG (* 599, † 649).

Die Fachwerkarchitektur *japan.* Sakralbauten bot keinen Platz für ein R. Nur das reich ornamentierte Mausoleum des ersten Tokugawashōguns in Nikkō weist bemerkenswerte Holz-R. als Bauschmuck auf, außerdem die Karamon (chin. Tore) einiger Tempel (z. B. Daitokuji in Kyōto). Dachziegel, Schwertzierat und Netsuke waren in Japan R.-Träger.

**Relief 3):** Relief auf einem Türsturz aus Kalkstein im Zeremonialzentrum Yaxchilán, Mexiko; späte Maya-Klassik, um 760

R. wurden in den Hochkulturen des *vorkolumb. Amerika* auf nahezu jedem dazu geeigneten Material, v. a. auf Stein, angebracht. Es gab Hoch- und Flach-R., getrennt und in Kombination. Mit R. (Ornamenten, Figuren, bei den Maya auch Hieroglyphen) versehen wurden Gebäudefassaden, Stelen, Türstürze, Treppenstufen, Grabkammern, Throne, Altäre und Säulen (z. B. das Sonnentor von Tiahuanaco, Stelen und Türstürze der Maya).

Eine große Rolle spielt das R. auch in *Ozeanien;* hier finden sich geschnitzte Holzreliefs, v. a. als ornamentale Verzierung, z. B. an Balken und Giebeln der Kult-, Vorrats- und Männerhäuser in Melanesien und bei den Maori, auf Schilden und Paddeln der Asmat.

In *Afrika* wird R.-Technik von einem Großteil der kunstschaffenden Stämme praktiziert. R. finden sich auf Türen (Senufo, Baule, Bambara, Yoruba, Nupe), auf Kultgeräten, Trommeln, Masken und Skulpturen (Schmucknarben u. a.). Besondere Beachtung haben die Bronzeplatten des Palastes von → Benin und die ›Akwanshi‹-Megalithe aus dem Gebiet des → Cross River erlangt; ferner u. a. die geschnitzten Hörner der Volksgruppen im Kameruner Grasland und der Nyamwezi, die Kultbretter der Nkanu (Zaire).

G. RODENWALDT: Das R. bei den Griechen (1923); W. MESSERER: Das R. im MA. (1959); B. KAISER: Unters. zum minoischen R., 2 Tle. (1976); R. Formprobleme zw. Malerei u. Skulptur im 20. Jh., hg. v. E.-G. GÜSE, Ausst.-Kat. (Bern 1981).

**Reliefdruck**, *Graphik:* → Zinkätzung.

**Relief|energie,** *Geowissenschaften:* die Höhenspannung des Erdreliefs, ausgedrückt durch die Mittelwerte der Höhenunterschiede zw. niedrigsten und höchsten Punkten in einem bestimmten Gebiet. Sie wird ermittelt, indem man für möglichst kleine Teilflächen den Höhenunterschied zw. Berg und Tal oder Hoch und Tief feststellt.

**Relief|keramik,** Keramik mit erhabener Dekoration. Während in der Jungsteinzeit eingetiefte Dekore unterschiedl. Art (z. B. Bandkeramik, Impressokeramik) vorkommen, tritt seit der frühen Bronzezeit auch erhabener, aufgelegter Schmuck (Noppen; Schlangen; Girlanden; →Barbotine) auf, v. a. im Mittelmeerraum. Nachdem in der älteren Eisenzeit anscheinend nur Bemalung geübt worden war, wurden im 7. Jh. v. Chr. in Griechenland und auf Kreta große Reliefpithoi mit gestempelter (figürl. und ornamentaler) Reliefverzierung hergestellt (dädal. R.), ebenso in Italien die etrusk. Buccherovasen des 6. Jh. v. Chr. In Athen wurden seit Mitte des 4. Jh. v. Chr. Reliefs, die mit Hilfe von Matrizen in Ton geprägt worden waren, auf die Gefäßwand aufgelegt (›Plakettenvasen‹). Der Hellenismus und die röm. Kaiserzeit kennen R., die als Ganzes aus einer Tonform (Formschüssel) gewonnen wurde, in deren Innenwand das Relief negativ eingestempelt war (megar. Becher; →Terra sigillata; →Campanarelief). In der nordafrikan. Sigillataware (3.–4. Jh. n. Chr.) kam es erneut zu einer Verwendung von Tonapliken.

**Relief|muster,** Wirk- oder Strickmuster, bei dem sich die Musterung von der Grundware plastisch abhebt, bes. beliebt bei Strickjacken, Pullovern usw. mit sportl. oder trachtenmäßigem Einschlag.

**Relief|überschiebung,** *Geologie:* Überschiebung einer Landoberfläche durch eine tekton. →Decke 1), wobei die vorgleitende Schubmasse die Hohlformen mit tekton. Trümmermassen auffüllt.

**Relief|umkehr, Relief|inversion,** *Geowissenschaften:* geomorpholog. Erscheinung, die entsteht, wenn ehemals tief gelegene Gebiete durch Heraushebung oder durch unterschiedl. Abtragung (infolge versch. Widerstandsfähigkeit der Gesteine) zu Erhebungen werden; z. B. geolog. Mulden und Gräben zu Sätteln und Horsten, schottererfüllte Talböden zu hoch über den heutigen Tälern liegenden Riedeln, lavageschüttete Gräben und Becken zu Rücken und Plateaus.

**Religio** [lat. ›Gottesfurcht‹] *die, -/...gi'ones,* im früheren *kath. Kirchenrecht:* die Ordensgemeinschaft (Religiosen).

**Religion** [frz., von lat. religio ›Gottesfurcht‹] *die, -/-en,* zusammenfassende Bez. für eine Fülle histor. Erscheinungen, denen ein spezif. Bezug zw. dem ›Transzendenten‹ einerseits und den Menschen andererseits in einer deren Verhalten normativ bestimmenden Weise zugrunde liegt.

### Begriff

Etymologisch ist das lat. ›religio‹ unklar. CICERO (›De natura deorum‹, 2, 72) stellt ›religio‹ zu dem Verbum ›relegere‹ (sorgsam beachten) und definiert demgemäß R. als ›die sorgfältige Beachtung alles dessen, was zum Kult der Götter gehört‹. Eine andere Etymologie findet sich bei dem christl. Schriftsteller LACTANTIUS, der ›religio‹ von ›religare‹ (verbinden) ableitet; diese Deutung vertritt auch AUGUSTINUS (›De quantitate animae‹, 36, 80), für den die wahre R. diejenige ist, ›durch die sich die Seele mit dem einen Gott, von dem sie sich gewissermaßen losgerissen hat, in der Versöhnung wieder verbindet‹.

Die lat. Christen benutzten das Wort ›religio‹ zur Wiedergabe verschiedener griech. Begriffe wie ›threskeia‹ (hl. Brauch, Gottesdienst), ›eulabeia‹ (Gewissenhaftigkeit, Gottesfurcht), ›eusebeia‹ (Frömmigkeit, Gottesfurcht), ›latreia‹ (Dienst, Kult) und ›therapeia‹ (Dienst, Verehrung). Bei den lat. Kirchenvätern wurde ›religio‹ schließlich zu einem zentralen theolog. Terminus; das Christentum erscheint als die ›vera religio‹ (wahre Religion; z. B. bei AUGUSTINUS, ›De vera religione‹).

Entsprechungen in anderen Sprachen sind z. B. Sanskrit →Dharma (Ordnung), althochdt. ›ēwa‹ (Ordnung, Recht), altpersisch →Daena, arabisch ›dīn‹ (Sitte, Brauch, Überkommenes) oder ›islam‹ (Ergebung), japanisch ›kyō‹ (Lehre) oder ›dō‹ (Weg) und chinesisch ›jiao‹ (Lehre, Weg).

### Definitionsversuche

Der vielschichtige Bedeutungszusammenhang von R. spiegelt sich in den zahlreichen, z. T. eher in der →Religionsphilosophie als in der →Religionswissenschaft begründeten Definitionsversuchen wider, die allerdings meist bestimmte Einzelaspekte in den Mittelpunkt stellen. Allen gemeinsam ist, daß R. als ein existenz- und situationsbezogenes (und entsprechend uneinheitl. und uneindeutiges) Phänomen erscheint, als eine Gestalt des Menschseins, die es außerhalb der Welt des Menschen nicht gibt. Formal läßt sich R. beschreiben als ein (Glaubens-)System, das in Lehre, Praxis und Gemeinschaftsformen die ›letzten‹ (Sinn-)Fragen menschl. Gesellschaft und Individuen aufgreift und zu beantworten versucht. Diese ›religiöse Frage‹ stellt sich in versch. Kulturen und zu versch. Zeiten in je anderer Form. Entsprechend unterschiedlich werden in den R. die ›Antworten‹, die Erklärungsversuche des menschl. Daseinsverständnisses entwickelt.

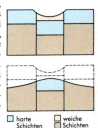

**Reliefumkehr:** Ein geologischer Graben wird geomorphologisch zu einem Berg; OBEN Solange die Abtragung an der Grabenflanke auf harte Gesteine und im Graben auf weiche Schichten trifft, ist der geologische Graben auch geomorphologisch eine Senke; UNTEN Wenn die harten Schichten an den Flanken ausgeräumt sind, im Graben jedoch noch anstehen, kommt es zur Reliefumkehr

Vereinfacht lassen sich dabei zwei Grundlinien unterscheiden: In Kulturen, die v. a. an der Natur orientiert sind und in denen der Mensch sich und sein Leben primär als Teil des Naturgeschehens begreift, steht die Frage nach der Sinnhaftigkeit der Naturwelt oder der Ordnung des Kosmos im Vordergrund. R., die darauf Antwort zu geben versuchen, sind primär monist. R. (→Monismus). Demgegenüber haben die v. a. an der Geschichte und am menschl. Handeln in der Geschichte orientierten Kulturen die monotheist. R. (Judentum, Christentum, Islam) mit ihrer personalisierten Gottesvorstellung hervorgebracht (→Monotheismus). Die Tatsache, daß traditionelle R. in einem anderen Lebenszusammenhang häufig als ungenügend empfunden werden, ist ein Grund dafür, daß im Laufe der Geschichte immer wieder ein Ungenügen an den bestehenden R. empfunden wird und →neue Religionen entstehen.

Entsprechend den jeweiligen Heilsvorstellungen, die ihr zugrunde liegen, und in Relation zur jeweiligen ›Unheils‹-Erfahrung hat jede R. ein ›Heilsziel‹ und zeigt einen ›Heilsweg‹. Das Heilsziel kann als Leben bei Gott oder in Gott, zukünftiges Leben in einem Heilsreich (Paradies; →Eschatologie), Vereinigung mit Gott, ›Verklärung‹ des Menschen und der Welt vorgestellt werden (Christentum, Islam), aber auch als Aufrechterhaltung oder Wiederherstellung der einmal gegebenen Ordnung (Stammesreligionen) oder als Zur-Ruhe-Kommen, Überwindung des Kreislaufs der Wiedergeburten (Buddhismus, Hinduismus). Es steht in enger Beziehung zur jeweiligen ›Unverfügbarkeit‹, die als personale (Gott, Götter) und nichtpersonale (Weltgesetz, Erkenntnis, Wissen) Transzendenz vorgestellt wird.

# Reli Religion

Religionssoziologisch lassen sich R. charakterisieren als Welterklärungs- und Lebensbewältigungssysteme, die sich durch eine Gerichtetheit auf eine wie auch immer geartete ›Unverfügbarkeit‹, zu der sich die Menschen ins Verhältnis gesetzt wissen, auszeichnen. Als religiöses System ist eine R. gegenüber ihrer Umwelt autonom, steht aber mit ihr in einem fortgesetzten Prozeß von Wechselwirkungen, durch die sie wiederum geformt wird. Sie wird getragen von den religiösen Menschen und gewinnt erst durch deren Glauben (geprägt durch Lehre und Tradition), Verhalten (Kult, Ethik) und religiöse Vergesellschaftung (Gemeinschaft, Hierarchie, Organisation) Gestalt. Die Definition von R. als System von Glaubensinhalten und Handlungsweisen, mit denen eine Gruppe von Menschen die zentralen, ›letzten‹ Fragen des menschl. Lebens angeht, bereitet die Schwierigkeit, religiöse Glaubenssysteme von nichtreligiösen abzugrenzen: Nach dieser formalen Definition können auch jene bewußt säkularen Weltanschauungen und Ideologien als R. gelten, die zwar keine transzendentale Perspektive (z. B. auf ›Gott‹ hin) zulassen und die traditionellen R. ablehnen, dennoch aber ›das Ganze‹ von Welt, Mensch und Geschichte thematisieren und so für ihre Anhänger die Funktion von R. wahrnehmen können. Beispiele für solche ›Ersatz-R.‹ oder ›Pseudo-R.‹ sind ein Marxismus, der sich nicht nur als ökonom. und soziale Theorie, sondern als ›letzte‹ Antwort begreift, aber auch Formen des Positivismus des 19. Jh., des Fortschrittsglaubens oder des Nationalismus.

### Erscheinungsformen von Religion

Angesichts der Problematik einer inhaltl. Definition von R. (R. als Glaube an Gott oder übermenschl. Wesen; R. als Begegnung mit dem Heiligen), die immer von theolog. oder ideolog. Vorannahmen geprägt ist, hat die neuere R.-Wissenschaft v. a. die phänomenolog. Betrachtung der einzelnen R. (→ Religionsphänomenologie) sowie die Frage danach, was sich allg. in und als R. (auch unabhängig von religiösen Organisationsformen) kundtut, in den Vordergrund gerückt. Als Zentrum der ›Formenwelt des Religiösen‹ (K. GOLDAMMER) erscheint dabei das gegenüber der Alltagswelt ›Ganz-Andere‹, das →Transzendente‹, ›Tragende und Begründende alles Seins‹. Bez. dafür sind Gott, das Göttliche, das Absolute, Namenlose, Mysterium. V. a. in der dt. R.-Wissenschaft hat sich in Anlehnung an R. OTTO das ›Heilige‹ (→heilig) als grundlegende phänomenolog. Kategorie durchgesetzt. Im Heiligen manifestiert sich das durch die R. zugesagte und erfahrbare Heil. So kann jeder Gegenstand, jede Geste, jede Handlung, aber auch jede Denkfigur ›heilig‹ oder ›geheiligt‹ und dadurch vom ›Profanen‹ abgegrenzt sein. Das Heilige begegnet im ›hl. Raum‹ (Orte in der Natur, Gebäude), in der ›hl. Zeit‹ (gegliedert u. a. durch Feste, die durch die Kreislauf der Natur oder durch die Erinnerung an myth. oder histor. Ereignisse bestimmt sind; häufig verbunden mit der Vorstellung von ›hl. Zahlen‹), in ›hl. Gegenständen‹ (→Kultobjekte) und Symbolen sowie im ›hl. Wort‹ (Gebet, Bekenntnis, Orakel, Zauberspruch) und in ›hl. Schriften‹, durch die in den sogenannten Buch- und Offenbarungs-R. Bekenntnis, Kult und Gemeinschaft bestimmt werden. Das ›hl. Wort‹ (→ Kultsprache) dient zur Kommunikation sowohl zw. Mensch und Gottheit als auch innerhalb der sich als Bekenntnis-, Kult- und Heilsgemeinschaft verstehenden ›hl. Gemeinschaft‹. Zu ›hl. Menschen‹ gehören Ahnen, Stammesführer, Könige, Märtyrer und Mystiker, aber auch ›religiöse Spezialisten‹ wie R.-Stifter, Mysten und Mystagogen, Priester, Heiler, Propheten, Lehrer. Zur ›hl. Handlung‹ in →Kult und →Ritus kann jede menschl. Geste und Verhaltensweise werden. Sie dient nicht nur der manipulativen Kontaktaufnahme mit der jeweiligen ›Unverfügbarkeit‹, sondern diese wird im kult. Geschehen als präsent vorgestellt.

### Systematisierungsversuche

Angesichts der vielfältigen Unterschiede, aber auch Gemeinsamkeiten zw. den einzelnen R. stellt sich die Frage, nach welchen Kategorien eine Systematisierung möglich ist. Religionswissenschaftlich wird unterschieden zw. Geburts-R. und Bekenntnis-R., je nachdem, ob man in die entsprechende R. hineingeboren wird oder sich erst nach einer bewußten Entscheidung zu ihr bekennt. Bekenntnis-R. werden dabei häufig mit der Zeit auch zu Geburts-R. Außerdem lassen sich missionierende R. (alle ›gestifteten‹ R.) von nicht missionierenden (die wiederum Geburts-R. sind) unterscheiden. Alle gestifteten, missionierenden R. sind aufgrund ihres universalen Anspruchs auch ›Universal-‹ oder ›Welt-R.‹, während der Stammes-, Volks- und Geburts-R. sich jeweils auf einen ethn. oder soziopolit. Bereich beschränken. Umstritten sind in der heutigen R.-Wissenschaft Bez. wie Natur-R., Dynamismus, Animismus, Theismus, Pantheismus, Panentheismus, insofern diesen Begriffen von bestimmten R.-Theorien entwickelte Kategorien zugrunde liegen. Auch bei Bez. wie Offenbarungs-R., Buch-R. oder prophet. R. ist zu berücksichtigen, ob und wieweit solche Typisierungen von ›religiösen‹ oder ideolog. Vorentscheidungen geprägt sind.

Eine statist. Erfassung der Anhänger der einzelnen R. in der Welt (R.-Statistik) ist aufgrund vielfältiger Unsicherheiten nur als grobe Schätzung möglich. Zu den Faktoren, die präzisen Angaben entgegenstehen, gehören die allgemeine Unsicherheit von Bevölkerungszählungen überhaupt, die Abweichungen zw. offizieller R.-Zugehörigkeit und individuellem Bekenntnis, die synkretist. Vermischung von Religionen und die oft selbstverständl. mehrfache R.-Zugehörigkeit (z. B. in Japan). Die weltweit am weitesten verbreiteten Religionen sind das Christentum, der Islam, der Hinduismus und der Buddhismus.

Die gegenwärtige Situation ist gekennzeichnet durch den religiösen Pluralismus und die zunehmende →Säkularisierung aller Lebensbereiche. Dies hat einerseits zu einer Relativierung des eigenen Standpunktes und zum Verzicht auf Verabsolutierungen einer bestimmten R. geführt; andererseits ist gleichzeitig – z. T. als ›Gegenreaktion‹ – die wachsende Bedeutung fundamentalist. Bewegungen und die Suche nach neuen Formen des ›Religiösen‹ (z. B. in den neuen Religionen, in der New-Age-Bewegung und im Okkultismus) zu beobachten.

O. PFLEIDERER: R. u. Religionen (²1911); WILHELM SCHMIDT: Der Ursprung der Gottesidee, 12 Bde. (1912–55); Lb. der Religionsgesch., hg. v. A. BERTHOLET u. a., (⁴1924); M. ELIADE: Die R. u. das Heilige (a. d. Frz., Salzburg 1954, Nachdr. 1986); ders.: Das Heilige u. das Profane (a. d. Frz., Neuausg. ²1985); G. VAN DER LEEUW: Phänomenologie der R. (²1956, Nachdr. 1977); Die R. in Gesch. u. Gegenwart, hg. v. K. GALLING, 7 Bde. (³1957–65); K. GOLDAMMER: Die Formenwelt des Religiösen (1960); J. WACH: Vergleichende R.-Forschung (a. d. Engl., 1962); The encyclopedia of religion, hg. v. dems. u. a., 16 Bde. (New York 1986); N. SÖDERBLOM: Der lebendige Gott im Zeugnis der Religionsgesch. (a. d. Schwed., ²1966); G. WIDENGREN: R.-Phänomenologie (a. d. Schwed., 1969); Zur Theorie der R., bearb. v. N. SCHIFFERS u. a. (1973); Encyclopedia of religion and ethics, hg. v. J. HASTINGS, 12 Bde. u. Index-Bd. (Neuausg. Edinburgh 1974–81); U. MANN: Die R. in den Religionen (1975); Der R.-Wandel unserer Zeit im Spiegel der Religionswiss., hg. v. G. STEPHENSON (1976); F. HEILER: Erscheinungsformen u. Wesen der R. (²1979); R. OTTO: Das Heilige (Neuausg. 1979, Nachdr. 1987); J. WAARDENBURG: Religionen u. R. (1986); Wahrheitsansprüche der Religionen heute, hg. v. W. OELMÜLLER (1986); Hb. religionswiss. Grundbegriffe, hg. v. H. CANCIK u. a., auf mehrere Bde. ber. (1988 ff.); Lex. der Religionen, begr. v. F. KÖNIG, hg. v. H. WALDENFELS

(²1988); H. LÜBBE: R. nach der Aufklärung (Graz ²1990); F. WAGNER: Was ist R.? (²1991); H. WALDENFELS: R.-Verständnis, in: Neues Hb. theolog. Grundbegriffe, hg. v. P. EICHER, Bd. 4 (Neuausg. 1991).

**Religionsdelikte,** Straftaten, die sich auf die Religion beziehen. Geschütztes Rechtsgut der entsprechenden, auch strafrechtl. Bekenntnisse betreffenden Strafvorschriften ist nicht das religiöse Gefühl oder der Inhalt religiöser oder weltanschaul. Bekenntnisse, sondern der öffentl. Friede in seiner religiösen oder weltanschaul. Ausprägung.

Strafbar ist nach § 166 Abs. 1 StGB, wer öffentlich oder durch Verbreiten von Schriften den Inhalt des religiösen oder weltanschaul. Bekenntnisses anderer in einer Weise beschimpft, die geeignet ist, den öffentl. Frieden zu stören. § 166 Abs. 2 StGB erstreckt den Strafschutz auf die friedensstörende Beschimpfung von Kirchen, Religionsgesellschaften und Weltanschauungsvereinigungen sowie deren Einrichtungen und Gebäude. § 167 StGB stellt die Störung der Religionsausübung oder der Feiern einer Weltanschauungsvereinigung und den beschimpfenden Unfug an einem für solche Veranstaltungen bestimmten Ort unter Strafe. Dem Schutz des Pietätsempfindens dient § 167 a StGB, der die Störung einer Bestattungsfeier unter Strafe stellt. Als Strafrahmen sehen die Straftatbestände Geldstrafe oder Freiheitsstrafe bis zu drei Jahren vor.

Die **Gotteslästerung** (die öffentl. beschimpfende Äußerung über Gott) ist nicht mehr strafbar. Über die Störung der Totenruhe → Leiche. – Ähnl. Bestimmungen enthalten die StGB *Österreichs* (§§ 188–191) und der *Schweiz* (Art. 261 f.).

**Religions|edikt,** eine staatl. Verordnung, die die Stellung einer Religionsgemeinschaft regelt. Wichtige R. waren z. B. das → Toleranzedikt von Mailand (313), das → Wormser Edikt (1521) und das Edikt von → Nantes (1598).

**Religions|ethnologie,** Teilbereich der Völkerkunde, der die Glaubensvorstellungen, die mag. und rituellen Praktiken der einzelnen Völker zum Gegenstand hat. Im Anschluß an die Ergebnisse der empir. Feldforschung hebt die moderne R. die grundsätzl. Bedeutung der mündl. sakralen Tradition in den schriftlosen Gesellschaften hervor; ihr besonderes Interesse gilt den Ordnungsprinzipien der myth. und symbol. Systeme, die sie als in sich rationale Versuche der Weltdeutung interpretiert, der Funktion des Rituals und den sich religiös artikulierenden antikolonialen Widerstandsbewegungen in den Stammesgesellschaften. (→ Nativismus)

R., hg. v. CARL A. SCHMITZ (1964); A. HULTKRANTZ: Über religionsethnolog. Methoden, in: Selbstverständnis u. Wesen der Religionswiss., hg. v. G. LANCZKOWSKI (1974).

**Religionsfreiheit,** → Glaubens-, Gewissens- und Bekenntnisfreiheit.

**Religionsfriede,** i. w. S. der friedl. Ausgleich zw. versch. Religionen oder Konfessionen, i. e. S. die rechtl. Sicherung einzelner christl. Konfessionen und deren Beziehungen zueinander (→ Nürnberger Religionsfriede, → Augsburger Religionsfriede).

**Religionsgeographie,** Teilgebiet der → Anthropogeographie, erforscht die durch Kultbauten und -symbole beherrschten Gebiete (z. B. Wallfahrtssiedlungen und Tempellandschaften) sowie alle durch religiöse Anschauungen bestimmten räumlich und funktional wirksamen Einflüsse in Siedlung, Wirtschaft und Kultur, die bei den Sekten u. a. religiösen Gruppen, z. B. den Mennoniten und Mormonen, bes. deutlich sind.

R., hg. v. M. SCHWIND (1975); Geographia Religionum (1985 ff., Schriftenreihe).

**Religionsgeschichte,** allg. die histor. Entwicklung einzelner Religionen und die sich in ihr vollziehenden Wandlungen; als wiss. Disziplin der histor. Teil der → Religionswissenschaft. Sie stellt das Werden und Vergehen von Religionen dar und untersucht sie innerhalb einzelner Zeitabschnitte, stellt mögl. Abhängigkeiten zw. versch. Religionen oder das Hervorgehen von neuen Religionen aus vorausgehenden Religionssystemen fest und arbeitet die jeweils charakterist. religiösen Traditionen heraus. V. a. in der neueren Religionswissenschaft wird betont, daß der Gegenstand der R. nicht die Geschichte von ›Religion‹ schlechthin sein kann, und daher die Bez. **Religionengeschichte** bevorzugt. Aufgabe der R. sei es nicht, nach der ›Wahrheit‹ oder dem Ursprung von Religion zu fragen, da hierauf nur spekulative Antworten möglich seien. Abgelehnt wird auch eine Bewertung der Religionen, es sei denn, daß eine Religion an ihren eigenen Ansprüchen und Vorgaben gemessen wird.

Sacred books of the East, hg. v. FRIEDRICH M. MÜLLER, 50 Bde. (Oxford 1879–1910); Religionsgeschichtl. Lesebuch, hg. v. A. BERTHOLET, 17 Bde. (²1926–32); H. RINGGREN u. Å. V. STRÖM: Die Religionen der Völker (a. d. Schwed., 1959); Die Religionen der Menschheit, hg. v. C. M. SCHRÖDER u. a., auf zahlreiche Bde. ber. (1960 ff.); Die Religionen der Erde, hg. v. C. CLEMEN, 4 Bde. (Neuausg. 1966); Historia religiorum. Handbook for the history of religions, hg. v. C. J. BLEEKER u. a., 2 Bde. (Leiden 1969–71); Hb. der R., hg. v. J. P. ASMUSSEN, 3 Bde. (a. d. Dän., 1971–75); F. HEILER: Die Religionen der Menschheit in Vergangenheit u. Gegenwart (⁵1991).

**religionsgeschichtliche Schule,** Richtung innerhalb der ev. Theologie, die eine konsequente religionshistor. Betrachtung der bibl. Literatur des frühen Christentums im Kontext seiner Umwelt forderte. Begründet zw. 1880 und 1893 in Göttingen durch ALBERT EICHHORN (* 1856, † 1926), H. GUNKEL, W. BOUSSET, J. WEISS, E. TROELTSCH, W. WREDE, zu denen später C. C. CLEMEN, HUGO GRESSMANN (* 1877, † 1927), W. HEITMÜLLER und R. BULTMANN traten, zog sie die Konsequenzen aus den Ergebnissen der zeitgenöss. Geschichtswissenschaft, Orientalistik, Philologie, Ethnologie und Religionswissenschaft für die Erforschung von Bibel und früher Kirchengeschichte. Die Blütezeit endete mit dem Aufkommen der dialekt. Theologie nach 1918. Zu ihren bleibenden Anregungen gehören: die traditionsgeschichtl. und literaturgeschichtl. Analyse der bibl. Schriften; die soziolog. Frage nach dem ›Sitz im Leben‹ dieser Literatur und ihrer Verfasser; die Erforschung der hellenistisch-spätantiken Religiosität als Hintergrund des frühen Christentums; das Durchdenken der Spannung zw. histor. Relativierung religiöser Aussagen und Wahrheitsanspruch des Glaubens. Die r. S. hat bes. auch die → Leben-Jesu-Forschung beeinflußt.

C. COLPE: Die r. S. (1961); A. F. VERHEULE: Wilhelm Bousset (Amsterdam 1973); G. LÜDEMANN u. M. SCHRÖDER: Die r. S. in Göttingen. Eine Dokumentation (1987).

**Religionsgesellschaften, Religionsgemeinschaften,** Vereinigungen, deren Mitgl. sich zu einer gemeinsamen Religion bekennen und die gemeinsame Religionsübung pflegen. Der aus dem Preuß. Allgemeinen Landrecht von 1794 übernommene Begriff ist auch heute noch im → Staatskirchenrecht die Sammel-Bez. für alle religiösen Vereinigungen, unabhängig von deren Größe und jeweiligen jurist. Organisationsform. Die Landesverfassungen verwenden statt dessen mehrheitlich den Begriff ›Religionsgemeinschaften‹ für kleinere religiöse Gruppierungen in Abgrenzung zu den großen Volkskirchen (kath. Kirche, ev. Landeskirchen). Während viele Staaten nur eine einzige R. im Sinne einer Staatskirche öffentlich anerkennen oder nur eine bestimmte Anzahl staatlich anerkannter R. zulassen, existiert in der Bundesrep. Dtl. religiöse Vereinigungsfreiheit. Diese wird verfassungsrechtlich durch drei Grundsätze garantiert: die individuell und korporativ gewährleistete Religions(ausübungs)freiheit (Art. 4 Abs. 1 und 2 GG,

Art. 140 GG, Art. 137 Abs. 2 Weimarer Reichs-Verf., WRV), die Trennung von Staat und Kirche (Art. 140 GG, Art. 137 Abs. 1 WRV) und das Selbstverwaltungsrecht der R. (Art. 140 GG, Art. 137 Abs. 3 WRV). Die R. erwerben die Rechtsfähigkeit nach den allgemeinen Vorschriften des bürgerl. Rechts; einige R. (insbesondere die großen Volkskirchen) haben seit langem die Rechtsstellung einer öffentlich-rechtl. Körperschaft, die grundsätzlich auch andere R. bei Vorliegen bestimmter Voraussetzungen (Art. 140 GG, Art. 137 Abs. 5 WRV) erwerben können. An den öffentlich-rechtl. Status ist die Befugnis zur Steuererhebung (→ Kirchensteuer) geknüpft.

In der Dt. Dem. Rep. wurde mit der Verf.-Änderung von 1968 die bis dahin garantierte religiöse Vereinigungsfreiheit aufgehoben. Das Recht der Kirchen und anderer R., ihre Angelegenheiten selbst zu ordnen, blieb erhalten. – In *Österreich* garantiert der in Verfassungsrang stehende Art. 15 Staatsgrundgesetz 1867 den gesetzlich anerkannten Kirchen und R. das Recht der gemeinsamen öffentl. Religionsausübung und die selbständige Ordnung und Verwaltung ihrer inneren Angelegenheit im Rahmen der allgemeinen Staatsgesetze. Die gesetzl. Anerkennung von Kirchen oder R. ist im Gesetz vom 20. 5. 1874 geregelt, in versch. Fällen ist auch eine Anerkennung von Kirchen unmittelbar durch Gesetz erfolgt. Bezüglich der kath. Kirche wird neben dem Verweis auf das Konkordat 1934 angenommen, daß sie ›historisch anerkannt‹ sei. – In der *Schweiz* ist die Freiheit auf Eintritt in bzw. Austritt aus **Religionsgenossenschaften** in Art. 49 der Bundes-Verf. gewährleistet. Religionsgenossenschaften können sich im Rahmen der privatrechtl. Ordnung frei zusammenschließen und organisieren. Das früher verfassungsrechtlich verankerte Verbot der Errichtung von Orden wurde 1973 aufgehoben. Nach kantonalem Recht haben gewisse Religionsgenossenschaften öffentlich-rechtl. Status, wobei ihnen insbesondere eine Steuerkompetenz zusteht: Die Mitgliederbeiträge an die anerkannten Landeskirchen (römisch-kath., reformierte und z. T. christkath. Kirche) können als Steuern mittels staatl. Verwaltung eingetrieben werden.

**Religionsgespräche,** Bez. für dialog. Auseinandersetzungen über religiöse Fragen, die in sehr unterschiedl. Formen stattfinden. Werden religiöse Gegensätze in den Mythos erhoben, so können sie den Gegenstand von Göttergesprächen bilden (z. B. das ägypt. Gespräch zw. Atum und Osiris oder das german. zw. Odin und Thor). Beispiele für R. zw. Göttern und Menschen finden sich in der Bhagavadgita. Für R. zw. Vertretern versch. Religionen, denen missionar. Intentionen zugrunde liegen können, ist das Gespräch der Franziskaner mit den Azteken im Jahre 1524 ein Beispiel. Erste R. zw. Christen, Buddhisten und Taoisten haben 1975 in T'aipei (Taiwan) stattgefunden.

I. e. S. werden bes. interkonfessionelle Disputationen als R. bezeichnet; sie haben v. a. in der Reformationszeit stattgefunden, so in Leipzig (1519), Baden im Aargau (1526), Bern (1529), Marburg (1529), Worms (1540), Regensburg (1541) und später in Kassel (1661).

**Religionskriege, Glaubenskriege,** allg. alle aus religiösen Gründen geführten Kriege; i. e. S. Bez. für die Konfessionskriege des 16. und 17. Jh. in Europa, bes. die → Hugenottenkriege in Frankreich.

**Religionskritik,** die krit. Auseinandersetzung mit den Grundlagen und zentralen Aussagen der Religionen, ihrem Wahrheitsanspruch und ihrer Funktion für den einzelnen. Eine religiös oder theologisch begründete R., die an Phänomenen der eigenen Religion Anstoß nimmt, sie vertieft oder zu neuen Gemeinschaftsbildungen führt, ist ein charakterist. Element differenzierterer Religionen. Beispiele dafür sind die Kritik der alttestamentl. Propheten an der israelit. Religion, die Kritik BUDDHAS am Hinduismus, JESU an Strömungen des Judentums seiner Zeit und der Reformatoren an der zeitgenöss. Kirche. Ansätze zu einer R., die mit Bezug auf das jeweils verfügbare Wissen (z. B. philosoph., histor., psycholog., soziolog. Erwägungen) die eigene Tradition oder fremde Religionen einer partiellen (z. B. im Hinblick auf ihre Ethik oder Praxis) oder grundlegenden Kritik unterzieht, gehen zurück auf die philosoph. Kritik am → Mythos in der Antike seit dem 5. Jh. v. Chr., ganz radikal bei den Sophisten und einem Teil der Poeten (ARISTOPHANES); daneben führte das wachsende histor. Wissen zu einem krit. Vergleich religiöser Auffassungen (XENOPHANES). Seit der europ. Aufklärung wurde R., meist als Kritik am Christentum, zunächst in bezug auf wichtige Einzelphänomene (Gottes- und Offenbarungsbegriff, heteronome Ethik), seit dem 19. Jh. grundsätzlich betrieben. A. COMTE verstand Religion als überwundenes oder zu überwindendes Stadium der Menschheitsgeschichte, L. FEUERBACH als Projektion menschl. Sehnsüchte (›Theologie (ist) Anthropologie‹) und Gott als das ›vergegenständlichte Wesen des Menschen‹, bei K. MARX tritt R. als Funktion der ökonom. Unrechtbedingungen auf. F. NIETZSCHE erklärte den ›Tod Gottes‹ aufgrund der gewonnenen Autonomie des Menschen, S. FREUD interpretierte Religion als Illusion und infantile Sehnsucht nach einem allmächtigen Vater. In Religionswissenschaft und Theologie hat die (krit.) Auseinandersetzung mit der R. zu einem differenzierteren Verständnis von Religion geführt.

H.-J. KRAUS: Theolog. R. (1982); H. ZIRKER: R. (1982); R. von der Aufklärung bis zur Gegenwart, hg. v. K.-H. WEGER (⁴1988).

**religionsmündig,** → religiöse Erziehung.

**Religionspädagogik,** die wiss. Theorie religiöser Lern- und Bildungsprozesse; wiss. Disziplin innerhalb der → praktischen Theologie. Ihr Gegenstand sind alle Bereiche der religiösen Erziehung und Bildung. Teilgebiete der R., die zunehmend auch nichtintentionales, funktionales und nicht ausdrücklich christlich orientiertes religiöses Lernen (z. B. durch Massenmedien, Freizeitkultur) einbeziert, sind die Theorie des → Religionsunterrichts (Religionsdidaktik), die → Katechetik sowie in der ev. R. die Gemeindepädagogik. Methodisch arbeitet die R. mit hermeneut. und empirisch-sozialwissenschaftl. Verfahren bes. aus dem Bereich der Pädagogik und Psychologie. Als praxisbezogene Disziplin setzt sie dabei an der (vorwissenschaftl.) Reflexion der ›Praktiker‹ an, transformiert diese zu handlungsorientierenden Entwürfen, die sich wiederum in der Praxis bewähren oder revidiert werden müssen.

R. als Wiss., hg. v. A. STOCK (1975); R., hg. v. K. WEGENAST, 2 Bde. (1981–83); W. BARTHOLOMÄUS: Einf. in die R. (1983); U. HEMEL: Theorie der R. (1984); Hb. religionspädagog. Grundbegriffe, hg. v. G. BITTER u. a., 2 Bde. (1986); K. E. NIPKOW: Bildung als Lebensbegleitung u. Erneuerung (1990).

**Religionsphänomenologie,** Teildisziplin der Religionswissenschaft, die sachlich verwandte religiöse Phänomene einander zuordnet, wobei sie sich im wesentlichen auf die Ergebnisse der Religionsgeschichte und die Methodik der Phänomenologie stützt. Zu ihren Gegenständen zählen alle Manifestationen des ›Heiligen‹ in den Bereichen des Raumes, der Zeit, des Menschen und seiner Gemeinschaften, ferner Realisationen des Heiligen in bestimmten Handlungen, im Mythos und in den hl. Schriften. Aufgabe der R. ist ferner die vergleichende Erfassung der religiösen Vorstellungswelt, der zur Gottesglaube, Urzeit, Endzeit und Jenseits gehören. – Bahnbrechend für die Anerkennung der R. als eines mögl. Ansatzes in der systemat. Religionswissenschaft war die ›Phänomenologie der Religion‹ (1933) von G. VAN DER LEEUW. Auf dem Gebiet der R. arbeiteten u. a. R. OTTO, W. HEILER, J. WACH und M. ELIADE.

**Religionsphilosophie,** die philosoph. Beschäftigung mit dem Phänomen der Religion. I. w. S. verstanden, ist R. so alt wie Philosophie überhaupt. Schon die Vorsokratiker behandelten religiöse und philosoph. Probleme gemeinsam; die Durchdringung beider Bereiche, von M. HEIDEGGER als ›Onto-Theologie‹ bezeichnet, war für die Denkentwicklung des Abendlandes bestimmend. In der frühen Neuzeit kam es zu einer Ablösung der Philosophie von theolog. Voraussetzungen. R. i. e. S. als eine Disziplin der Philosophie mit Berührungspunkten zu Religionswissenschaft und Theologie setzt diese Entwicklung voraus und ist daher nicht mit religiöser Philosophie identisch. Von den Disziplinen der Religionswissenschaft unterscheidet sie sich durch den Allgemeinheitsanspruch ihrer u. a. spekulativen, metaphys., ›apior.‹ Reflexionen. Im Unterschied zur Theologie, die innerhalb einer bestimmten Religion in prinzipieller Affirmation von deren Grundlagen betrieben wird, sucht die R. ohne Berufung auf eine normative Tradition, das Phänomen der Religion ausschließlich mit den Mitteln der Vernunft zu ergründen. Zu den traditionellen Themen der R. gehören das Verhältnis von Philosophie und Theologie (von Vernunft und Offenbarung), das Wesen und die Funktion der Religion, die Gottesbeweise, die Unsterblichkeit sowie das Problem der Theodizee. In neuerer Zeit stehen das Phänomen des Heiligen sowie die Frage nach der Kontingenz und Endlichkeit des Menschen im Vordergrund. Erhebl. Differenzen nach Methodik und Sachgehalt resultieren aus konfessionellen Bindungen einer R. bzw. deren Fehlen.

Mit der Aufklärung begann der Übergang zur kritischen wiss. R., insofern diese sich bewußt von den Vorgaben der normativen Tradition, v. a. des Christentums, löste (bes. ausgeprägt bei B. SPINOZA in seinem ›Tractatus theologico-politicus‹, 1670) und sich schließlich auf die Vernunft stützen wollte (R. DESCARTES, J. LOCKE, G. W. LEIBNIZ). Im Anschluß an J. BODIN wurde die Vorstellung einer →natürlichen Religion und natürl. Theologie zum Maßstab für die Beurteilung der geschichtl. Religionen und die Auseinandersetzungen von Philosophie und Theologie. Als R. der Aufklärung kann der bes. in England (u. a. durch E. HERBERT, A. COLLINS und W. TINDAL) stark vertretene Deismus gelten, der den Offenbarungsglauben ablehnte und den moral. Charakter religiöser Vorschriften betonte. G. E. LESSING, neben H. S. REIMARUS Hauptvertreter deist. R. in Dtl., begriff dagegen die Offenbarungsreligion im Prozeß der ›Erziehung des Menschengeschlechts‹ als notwendige Übergangsstufe. Von seiner Kritik der klass. Gottesbeweise ausgehend, führte I. KANT in der Schrift ›Die Religion innerhalb der Grenzen der bloßen Vernunft‹ (1793) die aufklärer. Betonung des moral. Gehalts der Religion fort, indem er Gott als Postulat der prakt. Vernunft einführte. F. SCHLEIERMACHER hingegen versuchte, eine Religionsbegründung aus dem ›Gefühl der schlechthinnigen Abhängigkeit‹ zu liefern. Gegen ihn wandte sich G. W. F. HEGEL (›Vorlesungen über die Philosophie der Religion‹) mit einem spekulativen System, in dem Religion Wissen des göttl. Geistes von sich selbst im endl. Geist ist, so daß Gott alles Weltgeschehen durchwaltet und im Denken des Menschen zu sich selbst kommt. Spekulative Rekonstruktionen der geschichtl. Religion finden sich auch bei J. G. FICHTE und F. W. J. SCHELLING.

Die 2. Hälfte des 19. Jh. stand im Zeichen der →Religionskritik, v. a. bei L. FEUERBACH, K. MARX, F. NIETZSCHE und S. FREUD. Im Gegenzug dazu wurden um die Wende zum 20. Jh. eine Reihe religionsphilosoph. Entwürfe entwickelt, die auch noch die gegenwärtige Diskussion prägen. Ausgehend von der Religionspsychologie (W. JAMES), dem Neukantianismus (u. a. H. COHEN) und dem Konzept eines religiösen Apriori (E. TROELTSCH, R. OTTO) wurde versucht, die Wirklichkeit religiöser Erfahrung zu verteidigen. Positivismus und Sprachkritik bilden den Ausgangspunkt für den Neuansatz der ›analyt. R.‹ Unter Berufung auf die Sinnkriterien des log. Empirismus behauptet u. a. A. J. AYER die Sinnlosigkeit religiöser Aussagen. Andere Autoren versuchen, der religiösen Sprache einen pragmat. (R. W. HEPBURN), eth. (R. B. BRAITHWAITE) oder ›eschatolog.‹ (JOHN HARWOOD HICK, * 1922) Sinn zuzuschreiben. Eine zweite Hauptströmung knüpft an die Spätphilosophie L. WITTGENSTEINS und die Theorie der Sprechakte an. Als Analyse religiöser ›Sprachspiele‹ (D. Z. PHILLIPS, D. M. HIGH u. a.) will sie deren Eigenständigkeit aufzeigen und Übergriffe anderer Sprachspiele zurückweisen.

In der Auseinandersetzung mit der abendländ. Tradition hat im 20. Jh. die japan. Kyōtoschule (NISHIDA KITARŌ, TANABE HAJIME) eine eigenständige buddhist. R. entfaltet.

G. V. LECHLER: Gesch. des engl. Deismus (1841, Nachdr. 1965); O. PFLEIDERER: Gesch. der R. von Spinoza bis auf die Gegenwart (³1893); E. VON HARTMANN: Grundr. der R. (1909, Nachdr. 1984); H. SCHOLZ: R. (²1922, Nachdr. 1974); H. LEISEGANG: R. der Gegenwart (1930); J. HESSEN: R. (²1955); R. GUARDINI: Religion u. Offenbarung (1958); H. COHEN: Religion der Vernunft aus den Quellen des Judentums (Neuausg. ²1959, Nachdr. 1978); K. FEIERES: Die Umprägung der natürl. Theologie in R. (Leipzig 1965); J. COLLINS: The emergence of philosophy of religion (New Haven, Conn., 1967); M. SCHELER: Vom Ewigen im Menschen (Bern ⁵1968); P. TILLICH: R. (Neuausg. ²1969); H. R. SCHLETTE: Skept. R. (1972); R. OTTO: Das Heilige (Neuausg. 1979, Nachdr. 1987); H. SCHRÖDTER: Analyt. R. (1979); K. JASPERS: Der philosoph. Glaube angesichts der Offenbarung (³1984); B. WELTE: R. (⁴1985); Religionskritik und der Aufklärung bis zur Gegenwart, hg. v. K.-H. WEGER (⁴1988); R. heute, hg. v. A. HALDER (1988).

**Religionspsychologie,** Wiss., die religiöse Erscheinungen mit Hilfe psycholog. Begriffe, Erfahrungen und Fragestellungen untersucht. Bis heute ist umstritten, ob die R. in der Theologie, Psychologie oder Religionswissenschaft ihren Platz hat. Psycholog. Überlegungen im weitesten Sinne hat es in den Reflexionen über Religion, ihrer Verteidigung und Kritik seit Beginn der Überlieferungen gegeben, z. B. bei TERTULLIAN, AUGUSTINUS, THERESIA VON ÁVILA, L. FEUERBACH, S. KIERKEGAARD. I. e. S. beginnt die R. im 19. Jh. mit den Untersuchungen von EDWIN DWILLER STARBUCK (* 1866, † 1947) zur religiösen Sozialisation mit Hilfe von Fragebogen, von W. JAMES, der die ›Urbilder‹ aller religiösen Erfahrungen und Handlungen, die der ›Durchschnittsgläubige‹ nur nachvollziehe, in den religiösen ›Genies‹ aufsuchen wollte, und von JAMES HENRY LEUBA (* 1866, † 1947), der die Bedeutung der Religion für individuelle und soziale Entwicklungen auch in nichtchristl. Kulturen herausarbeitete. In Dtl. wurden diese amerikan. Ansätze zuerst von Theologen aufgenommen. GEORG WOBBERMIN (* 1869, † 1943) wollte ›die verschiedenartigen Ausdrucksformen des religiösen Bewußtseins unter dem Gesichtspunkt des Wahrheitsinteresses psychologisch analysieren, um so ihre spezifisch-religiösen Motive und Tendenzen zu erfassen‹. Dagegen schloß WILHELM STÄHLIN (* 1883, † 1975) die Wahrheitsfrage strikt aus, um den Weg für eine empir. Wiss. zu ebnen. In den 1920er Jahren führte dieser Ansatz zu vielen, von KARL GIRGENSOHN (* 1875, † 1925), WERNER GRUEHN (* 1887, † 1961) u. a. durchgeführten empir. Untersuchungen der religiösen Einstellungen versch. Bevölkerungs- und Berufsgruppen (dokumentiert in: Archiv für Religionspsychologie, 1912 ff.). Die experimentelle Methode wurde von W. TRILLHAAS kritisiert, da sich ein ›originäres religiöses Erlebnis‹ nicht durch einen Versuchsleiter ›auslösen‹ lasse, statt dessen wurde ein an W. DILTHEY, E. HUSSERL und E. SPRANGER sich anschließendes ›verstehendes‹ oder ›geisteswissenschaftl.‹ Verfahren empfohlen. S. FREUD und andere Psychoanalytiker trugen grundlegend zum Verständnis religiöser Kulte, Mythen usw. durch einen Vergleich mit psychologisch beschreibbaren und in der Psychoanalyse aufklärbaren Träumen bei. In der Psychologie C. G. JUNGS erfolgte eine weitgehende Gleichsetzung von ›religiös‹ und ›psychisch‹. Nach dem Zweiten Weltkrieg sind verschiedene systemat. Zusammenfassungen vorgelegt worden (WILHELM PÖLL, VILLIAM GRÖNBAECK, THORVALD KÄLLSTAD, H. NEWTON MALONY, NILS G. HOLM). Weitergeführt haben insbesondere die Untersuchungen von ANTOINE VERGOTE zur Bedeutung der Vater- und Mutterimago für das Gottesbild und die Anwendung der Rollenpsychologie auf religiöses Verhalten von HJALMAR SUNDÉN. Bis heute aber sind der Gegenstand der R. (der Religion habende Mensch oder die ein religiöses Erlebnis hervorrufende Instanz) und die Methoden umstritten. Die neuere R. betont zudem, daß eine wiss. R. im eigentl. Sinne nur mit empir. Mitteln und theoret. Durchdringung des Erforschten zu relevanten Ergebnissen gelangen kann. Dabei sei zu berücksichtigen, daß religiöses Verhalten nicht nur eine Ausdrucksform der Psyche ist, sondern daß die Religion an der Gestaltung der psych. Instanzen (z. B. des Gewissens) in Geschichte und Gegenwart mit beteiligt ist.

M. J. MEADOW u. R. D. KAHOE: Psychology of religion (New York 1984); H. ZINSER: R., in: Hb. religionswiss. Grundbegriffe, hg. v. H. CANCIK u. a., Bd. 1 (1988); N. G. HOLM: Einf. in die R. (a. d. Schwed., 1990).

**Religions|soziologie,** eine Teildisziplin der Soziologie mit Berührungspunkten zur Religionswissenschaft. Gegenstände der religionssoziolog. Forschung sind v. a. die sozialen Bedingungen für Entstehung und Entwicklung von Religionen, die soziale Gestaltung von Religionen (Kirchen, Sekten, Kulte usw.), die sozialen Funktionen von Religionen für Gruppen und Gesellschaften. Die Grenzen zw. Religionswissenschaft und R. sind mit der Zeit fließend geworden.

Vorläufer der religionssoziolog. Forschung sind spätestens mit der frz. (MONTESQUIEU, J.-J. ROUSSEAU, P. H. T. D'HOLBACH) und angelsächs. (D. HUME) Aufklärung gegeben, die in überwiegend religionskrit. Absicht nach den nichtreligiösen Ursachen für die unterschiedl. Ausprägungen von Religion fragten. In der Tradition dieses Ansatzes geht die sich auf K. MARX berufende Richtung der R. den sozialen Wurzeln der Religion nach (D. M. UGRINOWITSCH, J. N. JABLOKOW). – In einem gewissen Gegensatz zu dieser materialistisch orientierten R. steht die bis heute einflußreiche, auf M. WEBER zurückgehende R., die den Einfluß von religiösen Ideen auf soziale Entwicklungen herauszuarbeiten versucht. Obwohl im Zusammenhang dieser Forschungsrichtung meist von Wechselbeziehungen zw. Religion und Gesellschaft gesprochen wird, stehen doch überwiegend die Wirkungen von Religion auf gesellschaftl. Teilbereiche, wie Wirtschaft und Politik, im Vordergrund des Interesses. Bes. in der amerikan. R. (T. PARSONS, ROBERT NELLY BELLAH, * 1927, G. LENSKI) wurden im Rahmen der strukturfunktionalist. Theorie die Arbeiten WEBERS (bes. zum frühneuzeitl. Protestantismus) rezipiert und weitergeführt. – Die frz. R. ist v. a. von É. DURKHEIM geprägt worden. Er ging von der Beobachtung aus, daß in allen Gesellschaften zw. einem Bereich des Heiligen (Sakralen) und einem Bereich des Profanen unterschieden wird. In den heiligen Dingen und in den auf sie bezogenen Handlungen (Riten) präsentiert sich die Gesellschaft selbst, so daß letztlich Religion und Gesellschaft zusammenfallen. Religionslose Gesellschaften kann es demnach nicht geben, wobei DURKHEIM zufolge in den modernen Gesellschaften die traditionellen Religionen weitgehend durch säkulare Ideologien (z. B. den Kult der Nation) abgelöst würden. Diese Forschungstradition wurde in Dtl. u. a. von THOMAS LUCKMANN (* 1927) weitergeführt.

Die gegenwärtige R. ist nicht durch die Vorherrschaft einer oder mehrerer umfassender Theorien gekennzeichnet, sondern durch eine Fülle von empir. Arbeiten, die in einer oft schwer zu erkennenden Nähe zu den genannten Forschungstraditionen stehen.

M. WEBER: Ges. Aufs. zur R., 3 Bde. (1920–21, Nachdr. 1978–83); T. LUCKMANN: Das Problem der Religion in der modernen Gesellschaft (1963); G. LENSKI: Religion u. Realität (a. d. Amerikan., 1967); T. PARSONS: Beitr. zur soziol. Theorie (a. d. Engl., ³1973); R. N. BELLAH: Beyond belief. Essays on religion in a post-traditional world (Neuausg. London 1976); É. DURKHEIM: Die elementaren Formen des religiösen Lebens (a. d. Frz., ³1984); G. KEHRER: Einf. in die R. (1988); F.-X. KAUFMANN: Religion u. Modernität. Sozialwiss. Perspektiven (1989).

**Religions|stifter, Religionsgründer,** *Religionswissenschaft:* Typus religiöser Autorität, der entweder bewußt eine neue Religion begründet oder durch seine Person und Verkündigung einen Jüngerkreis zur Religionsbildung anregt. R. formulieren eine neue ›Wahrheitswirklichkeit‹, die ein neues Welterklärungs- und Lebensbewältigungssystem freisetzt. Häufig verbunden mit einem Berufungserlebnis (Audition und Vision), das zuerst (meist dreimaligen) Widerstand hervorruft (oft als Versuchung dargestellt), legitimieren sie sich durch göttl. Offenbarung oder eigene Erleuchtung. Sie beweisen diese durch Wundertaten, Lehre und Lebensstil. Nach Gewinnung des ersten Anhängers bildet sich ein Jüngerkreis, der sich ins ›Volk‹ erweitert. Dies führt zu Auseinandersetzungen mit und Verfolgungen durch die angestammten Religionssysteme, was oft den unnatürl. Tod des R. zur Folge hat. Um Geburt, Jugend und Tod des R. ranken sich Legenden, später oft Glaubenssätze, die von Präexistenz über unbefleckte Geburt bis hin zu Auferstehung, Entrückung und Wiederkunft am Ende der Zeit oder bis zur Vergottung des R. reichen. Phänomenologisch gehören R. in den Bereich des ›heiligen Menschen‹. Historisch gesehen treten sie in (nicht nur religiös bestimmten) Krisenzeiten auf, wobei das Durchsetzungsvermögen der durch sie vollzogenen Modifikation, teilweisen Übernahme, Fortführung oder Selektion vorgegebener religiöser Traditionen nicht selten von histor. Zufällen abhängig ist und sich nur durch die Gestaltwerdung eines neuen Religionssystems ›beweist‹.

**Religions|theologie, Theologie der Religionen,** die theolog. Reflexion über die Stellung des Christentums in der religionsgeschichtl. Pluralismus. Sie ist in der Gegenwart v. a. durch die weltweite Begegnung und Konfrontation der Religionen geprägt. Im Ggs. zu der lange vorherrschenden Wertung der nichtchristl. Religionen als Vorstufe des Christentums (mit Modifikationen in ihrer theolog. Begründung) und ihrer daraus abgeleiteten theolog. Beurteilung als ›Fremdreligionen‹ wird heute die Notwendigkeit eines dem Selbstverständnis der jeweiligen Religionen angemessenen ›Dialogs der Religionen‹ betont.

H. BÜRKLE: Einf. in die Theologie der Religionen (1977); H. WALDENFELS: R., in: Lex. der Religionen, hg. v. dems. (²1988).

**Religions|unterricht,** i. w. S. jede Art von Mitteilung und Belehrung über die Inhalte einer Religion; i. e. S. ein entsprechendes Unterrichtsfach an öffentl. Schulen. Die jurist., organisator., konzeptionelle und didakt. Ausgestaltung des R. ist im einzelnen unterschiedlich. In den westl. demokrat. Ländern gibt es z. T. kein Fach R. (z. B. USA, Frankreich mit Ausnahme des Elsaß und Lothringens), z. T. gibt es einen ›neutralen‹, rein informierenden R. für alle Schüler (**Religionskunde**) – so etwa in Großbritannien und mit Einschränkung in Schweden –, z. T. einen konfessionellen, d. h. in Bindung an eine bestimmte Religionsgemeinschaft erteilten R. (Bundesrep. Dtl., Österreich, Teile der Schweiz, Italien, Spanien). In der Bundesrep. Dtl. ist R. ›gemeinsame Angelegenheit‹ von Staat und Kirche und nach den allgemeinen Grundsätzen des dt. Staatskirchenrechts geordnet: Gemäß Art. 7 Abs. 3 GG ist R. ›in den öffentl. Schulen mit Ausnahme der bekenntnisfreien Schulen ordentl. Lehrfach‹, das ›in Übereinstimmung mit den Grundsätzen der Religionsgemeinschaften‹ erteilt wird. R. nimmt damit eine Sonderstellung innerhalb der Schulfächer ein: einerseits vom weltanschaulich-religiös neutralen Staat veranstaltetes Unterrichtsfach mit entsprechenden Folgen (Pflichtfach, Versetzungserheblichkeit, wiss. Charakter u. a.), wird es andererseits hinsichtlich seiner Inhalte von einer Religionsgemeinschaft verantwortet, was deren Mitwirkung bei der Erstellung von Lehrplänen, Genehmigung von Lehrmaterial sowie bei der Auswahl des Lehrpersonals bedeutet. In Konkretisierung des Grundrechts der Religionsfreiheit (Art. 4 GG) besteht sowohl für Schüler (i. d. R. ab dem 14. Lebensjahr) bzw. Erziehungsberechtigte wie für Lehrer das Recht auf Abmeldung (Art. 7 Abs. 2 und 3 S. 3 GG). Nicht am R. teilnehmende Schüler sind nach landesrechtl. Bestimmungen zur Teilnahme an einem Ersatzunterricht verpflichtet (→ Philosophieunterricht). Sonderregelungen bestehen in Bremen (bekenntnismäßig nicht gebundener Unterricht in bibl. Geschichte auf allgemein christl. Grundlage) und Berlin (R. nur auf freiwilliger Grundlage in voller Verantwortung der Kirchen, aber vom Staat vergütet). In den neuen Bundesländern sieht die landesrechtl. Regelung derzeit (Jan. 1992) trotz prakt. Schwierigkeiten (gebietsweise gehören nur 10 % der Schüler Religionsgemeinschaften an) überwiegend einen R. nach dem Muster der alten Länder vor. Ein Anspruch auf R. besteht für alle Religions- und Weltanschauungsgemeinschaften, unabhängig von ihrem Status als Körperschaften des öffentl. Rechts; faktisch wird er außer von den beiden christl. Großkirchen von der griechisch-orth. Kirche und der jüd. Religionsgemeinschaft wahrgenommen; zu einem islam. R. gibt es bisher nur Modellversuche.

In *Österreich* ist der R. kirchl. Veranstaltung (Art. 17 Abs. 4 Staatsgrundgesetz), aber dennoch an öffentl. Schulen benoteter und versetzungserhebl. Pflichtgegenstand. Seit 1983 besteht ein dem christl. rechtlich gleichgestellter islam. R. – In der *Schweiz* gibt die Bundesverfassung (Art. 27) lediglich einen weiten Rahmen vor, der von den Kantonen konkretisiert wird.

*Geschichte:* Als Vorläufer des R. können die historisch unterschiedl. Formen außerschulischer christl. Unterweisung (→ Katechese) gelten. In den Schulen des MA. und der Neuzeit war (christl.) Religion Prinzip allen Unterrichts und zunächst kein eigenes Schulfach. Ein solches bildete sich erst mit der Einführung der allgemeinen Schulpflicht aus. Die Entwicklung der ev. und kath. R. verlief im 19. und in der 1. Hälfte des 20. Jh. unterschiedlich, hat sich jedoch im dt. Sprachraum seit dem Zweiten Weltkrieg weitgehend parallelisiert. Zunächst ganz katechet. Zielen der Hinführung zu Glaube und Kirchlichkeit verpflichtet und unter der Bez. ›Ev. Unterweisung‹ und ›Glaubensunterweisung‹ als Verkündigungsunterricht verstanden, geriet der R. Ende der 1960er Jahre infolge der Säkularisierung der Gesellschaft zunehmend in die Krise. Von der (zunächst ev., dann auch kath.) →Religionspädagogik wurden daher versch. alternative Konzeptionen entwickelt (z. B. hermeneut., emanzipator., therapeut., problemorientierter R.). Aus diesen bildete sich ein Konsens, der in dem Beschluß der Gemeinsamen Synode der Bistümer in der Bundesrep. Dtl. (1974) und in inhaltlich verwandten Stellungnahmen der Ev. Kirche Dtl.s und landeskirchl. Organe kirchlich offiziellen Niederschlag fand.

Die (ev. und kath.) Fachdidaktik des R. stimmt heute weitgehend darin überein, daß Begründung, Inhalte, Methoden und Zielsetzungen des R. sowohl (schul)pädagog. wie theolog. Kriterien genügen müssen: Gegenstand des R. ist zum einen die christl. Religion in ihrer kirchl., öffentl. und privaten Gestalt, zum anderen die Sinn- und Orientierungsproblematik der Schüler in ihrer Lebenswelt. Inhaltl. Schwerpunkte sind: Bibel, Glaubenslehre, Individual- und Sozialethik, Kirchengeschichte, Liturgie sowie weitere, sich aus der heutigen Situation des Christentums ergebende Themen wie z. B. Ökumene, nichtchristl. Religionen, religiöse Sprache und Symbole. Der Bibel als dem Ursprung christl. Tradition kommt dabei besondere Bedeutung zu; R. soll **biblischer Unterricht** sein in dem Sinn, daß sowohl in einem eigenständigen Bibelunterricht zum Verständnis der Bibel als Buch hingeführt wird als auch bibl. Aussagen zu gegenwärtigen Erfahrungen in Korrelation gebracht werden. Allg. umfaßt die Zielsetzung des R. kulturgeschichtl., anthropolog. und gesellschaftl. Aspekte und reicht von der Reflexion der Sinnfrage menschl. Existenz bis zur Motivation zu religiösem Leben und verantwortl. Handeln.

E. C. HELMREICH: R. in Dtl. Von den Klosterschulen bis heute (a. d. Engl., 1966); A. LÄPPLE: Der R. 1945–1975. Dokumentation eines Weges (1975); Der R. in der Schule, hg. vom Sekretariat der Dt. Bischofskonferenz (1975); HEINZ SCHMIDT: Religionsdidaktik, 2 Bde. (1982–84); G. BAUDLER: Korrelationsdidaktik (1984); K. E. NIPKOW: Grundfragen der Religionspädagogik, 3 Bde. (²⁻³1984–88); H. FOX: Kath. Religion. Kompendium Didaktik (1986); Bildung u. Erziehung, hg. v. der Kirchenkanzlei der Ev. Kirche in Dtl., Bd. 1 (1987).

**Religionswissenschaft,** wiss. Disziplin, deren Aufgabe die empirische histor. und systemat. Erforschung und Darstellung der Religionen und religiösen Phänomene ist. Als integrale Wiss. von den Religionen untersucht sie die jeweilige Gesamtheit religiöser Erscheinungsformen oder deren Einzelaspekte und ihre Relationen zu anderen Lebensbereichen, Erscheinungen und Ereignissen. Ihr Gegenstand sind die sich selbst als religiös verstehenden Menschen, deren religiöse Erfahrungen in den unterschiedlichsten Formen zum Ausdruck kommen. Diese durch den jeweiligen histor., kulturellen und sozialen Kontext geprägten Ausdrucksformen religiöser Erfahrung lassen sich in drei umfassende Komplexe gliedern: den theoret. Bereich des ›Glaubenssystems‹, wie er sich in Lehre, Tradition und Unterweisung darstellt, den prakt. des ›Aktionssystems‹, der sich in den religiösen Handlungen manifestiert, und den sozialen Komplex religiöser Gemeinschaftsbildung (›Gemeinschaftssystem‹). Die R. versucht in diesem Rahmen, religiöses Verhalten zu beschreiben und zu erklären, die Strukturen einzelner religiöser Erscheinungen aufzudecken und deren Beziehungszusammenhänge deutlich zu machen, herauszufinden, welche Komponenten und Relationen die Identität einer Religion konstituieren (Kern, Wesen einer Religion) und den Wandel und die Veränderungen von Religionen ebenso wie das Entstehen von neuen Religionen zu erforschen, zu erklären und darzustellen.

Als wiss. Disziplin umfaßt sie einen histor. Teil, die →Religionsgeschichte, und einen systemat. Teil, die auf jener aufbauende materiale und formale Religionssystematik. Diesen beiden Teilbereichen sind eine

**Reli** religiös – Relikt

Reihe von Spezialdisziplinen zugeordnet: →Religionssoziologie, →Religionsphänomenologie, →Religionspsychologie, →Religionsgeographie. Die →Religionsphilosophie wird eher als eine Disziplin der Philosophie angesehen. Die →Religionstheologie gehört in den Bereich der systemat. Theologie.

Die Geschichte der R. nahm ihren Anfang in Europa im 18. Jh., als man im Rahmen der Aufklärung begann, sich mit Religion kritisch auseinanderzusetzen. Neben der Aufklärung mit ihrem Begriff der ›natürl.‹ (allen Menschen von Natur her eigenen) Religion wurde v. a. der Einfluß der Romantik mit ihrer Frage nach dem Urgrund und dem Ursprung der Religion für die R. prägend. Als wiss. Disziplin wurde die R. von F. M. MÜLLER in Parallele zur vergleichenden Sprachwissenschaft als vergleichende R. Ende des 19. Jh. begründet. V. a. in Auseinandersetzung mit der im 19. Jh. entwickelten Projektionslehre (Religion als Projektion menschl. Sehnsüchte bei L. FEUERBACH und K. MARX) geriet die R. jedoch immer mehr in die Rolle einer theolog. Hilfswissenschaft, aus der sie sich erst im 20. Jh. zu befreien begann. Fast alle traditionellen Religionstheorien sind daher deduktiv und spekulativ und lassen sich entweder der Projektionslehre oder der Vorstellung vom irrationalen übernatürl. Charakter aller religiösen Inspiration zuordnen. Beispiele sind die astralmytholog. Schule, die Theorien des Animismus (E. B. TYLOR) und des Präanimismus (K. T. PREUSS, M. MAUSS u. a.), der Dynamismus (G. VAN DER LEEUW u. a.), der ideal.-myst. Evolutionismus (R. OTTO u. a.), die Offenbarungstheorie (F. HEILER u. a.) sowie die Uroffenbarungsthese (P. W. SCHMIDT). Erst seit J. WACH gibt es Ansätze, die R. als eigenständige Wissenschaft im Kontext der Geistes- und Humanwissenschaften mit eigenständigen Zielsetzungen und den diesen angemessenen Methoden zu sehen.

Als akadem. Fach ist R. heute an vielen europ. und amerikan. Univ., ebenso in Afrika und Japan vertreten. Seit 1950 sind die Fachvertreter in der International Association for the History of Religions (Abk. IAHR; in Dtl.: Dt. Vereinigung für Religionsgeschichte, Abk. DVRG) zusammengeschlossen.

FRIEDRICH M. MÜLLER: Einl. in die vergleichende R. (Straßburg ²1876, Nachdr. Ann Arbor, Mich., 1980); J. WACH: R. Prolegomena zu ihrer wissenschaftstheoret. Grundlegung (1924); International bibliography of the history of religions, 20 Bde. (Leiden 1954–79); K. RUDOLPH: Die Religionsgesch. an der Leipziger Univ. u. die Entwicklung der R. (Berlin-Ost 1962); G. LANCZKOWSKI: R. als Problem u. Aufgabe (1965); The history of religions. Essays in methodology, hg. v. M. ELIADE u. a. (Neuausg. Chicago, Ill., 1970); H. SCHLETTE: Einf. in das Studium der Religionen (1971); Selbstverständnis u. Wesen der R., hg. v. G. LANCZKOWSKI (1974); R. FLASCHE: Die R. Joachim Wachs (1978); J. WAARDENBURG: Religion u. Religion (1986); R. Eine Einf., hg. v. H. ZINSER (1988); F. STOLZ: Grundzüge der R. (1988); G. KEHRER: R., in: Neues Hb. theolog. Grundbegriffe, hg. v. R. EICHER, Bd. 4 (Neuausg. 1991).

**religiös** [frz. religieux, von lat. religiosus ›fromm‹, ›gottesfürchtig‹], 1) die Religion betreffend, auf ihr beruhend; 2) fromm, gottesfürchtig.

**religiöse Erziehung,** *Recht:* formende Einwirkung auf Kinder und Jugendliche durch Familie und Schule im Sinne des religiösen Bekenntnisses. Maßgebend ist in der Bundesrep. Dtl. das Ges. über die religiöse Kindererziehung vom 15. 7. 1921. Danach hat das Kind ab dem 10. Lebensjahr das Recht, zu einem Religionswechsel angehört zu werden. Nach dem 12. Lebensjahr kann es nicht mehr gegen seinen Willen in einem anderen Bekenntnis als bisher erzogen werden. Nach vollendetem 14. Lebensjahr ist es **religionsmündig**, d. h., ihm steht die Entscheidung darüber zu, an welches religiöse Bekenntnis es sich halten will. Vorher bestimmen darüber die Eltern in freier, widerrufl.

Einigung, soweit ihnen das Recht und die Pflicht zustehen, für die Person des Kindes zu sorgen (→elterliche Sorge). Kommt eine Einigung der Eltern über die r. E. ihres Kindes nicht zustande, kann ein Elternteil die Entscheidung des Vormundschaftsgerichts herbeiführen. – In *Österreich* gilt ebenfalls das Gesetz vom 15. 7. 1921, das als ›Bundesgesetz über die religiöse Kindererziehung 1985‹ wiederverlautbart wurde. – In der *Schweiz* steht dem Jugendlichen mit Vollendung des 16. Lebensjahres die selbständige Entscheidung über sein religiöses Bekenntnis zu (Art. 49 Bundes-Verf., 303 ZGB). (→Religionsunterricht)

**Reliquiar:** Bursenreliquiar aus Enger; Goldblech über Holzkern, Edelsteine, Email; 3. Viertel des 8. Jh. (Berlin-Tiergarten, Kunstgewerbemuseum)

**Religiosen,** lat. **Religiosi,** weibl. Form **Religiosae,** *kath. Kirchenrecht:* Bez. für die Mitglieder von →Orden 1) in Anlehnung an ›Status religiosus‹, die lat. Bez. für den Ordensstand. Im dt. Sprachraum spricht man heute von ›Ordensleuten‹. **R.-Kongregation** ist die Kurz-Bez. der für die Ordensleute zuständigen Kurienkongregation, 1988 umbenannt in ›Kongregation für die Institute des geweihten Lebens und für die Gesellschaften des apostol. Lebens‹.

**religiöse Sondergemeinschaften,** außerkirchl. Glaubensgemeinschaften und religiös-weltanschaul. Neubildungen mit kult. Praktiken, die aus kirchl. Sicht z. T. als →Sekten bezeichnet werden. Staatsrechtlich gibt es im modernen, religiös neutralen Staat nur ›Religionsgemeinschaften‹ (und ihnen rechtlich gleichgestellte ›Weltanschauungsgemeinschaften‹). Religionswissenschaftlich wird das Phänomen unter dem Begriff der →neuen Religionen behandelt. Der Begriff r. S. umfaßt zwei Haupttypen: 1) Abspaltungen von Traditionskirchen, daher auch ›christl. Sondergemeinschaften‹ genannt (z. B. Neuapostol. Kirche, Johannische Kirche, Christengemeinschaft), sowie weltweit missionierende Ableger von Gemeinschaften, die v. a. in den USA als Denominationen bezeichnet werden (z. B. Adventisten, Perfektionisten, Zeugen Jehovas); 2) religiöse Neubildungen und außer- oder nachchristl. Weltanschauungsgemeinschaften, die sich nicht als Abspaltung von einer traditionellen Religion oder Kirche gebildet haben (z. B. Mormonen, Christian Science, Gralsbewegung, Bahai-Religion, Universelles Leben).

**Religiosität,** das Religiössein, die religiöse Haltung.

**religioso** [reli'dʒo:zo; lat.-italien.], musikal. Vortrags-Bez.: feierlich, andächtig.

**Relikt** [von lat. relinquere, relictum ›zurücklassen‹] *das, -(e)s/-e,* 1) *bildungssprachlich* für: Überrest, Überbleibsel.

**2)** *Biogeographie:* Tier- oder Pflanzenart mit ehemals weiterer Verbreitung, die in bes. günstigen Refugien überleben konnte (→Glazialrelikte, →Tertiärrelikte, →Xerothermrelikte).

**3)** *Petrologie:* bei der Metamorphose unverändert bleibende Minerale (**R.-Minerale**) oder Gefügemerkmale (**R.-Gefüge**) des Ausgangsgesteins.

**Reliktböden,** *Bodenkunde:* Böden, die früher, unter anderen als den heutigen Klimaverhältnissen gebildet wurden und unter Erhaltung von dabei erworbenen stabilen Eigenschaften sich heute weiterentwickeln (z. B. die Tschernoseme in Dtl.); im Ggs. zu den →fossilen Böden.

**Reling** [aus niederdt. regeling, von mnd. regel ›Riegel‹], **Reeling,** offenes Geländer um freiliegende Decks von Schiffen. Als **Fuß-R.** werden auf Jachten Leisten an der Außenkante der Decks bezeichnet, die verhindern sollen, daß man mit den Füßen abrutscht.

**Reliquiar** [mlat.] *das, -s/-e,* Behälter zur Aufbewahrung oder Zurschaustellung von →Reliquien. Anfänglich dienten kostbare Stoffe als Reliquienhüllen. Seit dem 4. Jh. kamen Kästen (→Lipsanothek), Kapseln und Pyxiden aus Stein, Elfenbein, Holz oder Edelmetallen auf, die in Verbindung mit dem Heiligengrab oder im Altar aufbewahrt wurden. Die Reliquien erhielten kostbare R. in den verschiedensten Formen. Neben den **Kreuz-R.,** zur Aufnahme von Partikeln des Kreuzes CHRISTI bestimmt, und den **Tafel-R.** mit Kreuzreliquien (→Staurothek) entstanden schon früh die **Bursen-R.,** ebenfalls reich gestaltete R. in Form einer Pilgertasche. Seit Ende des 10. Jh. nahmen die R. an Vielfalt und Kostbarkeit der Gestaltung noch zu. Die verzweigtetste Gruppe ist die die **Redenden R.,** bei denen das R. durch seine Form bildlich auf die in ihm aufbewahrte Reliquie hinweist (**Kopf-, Arm-, Fuß-R.**). Wichtig in ihrer Funktion als Herrschaftszeichen sind die R. in Kronenform (**Kronen-R.**) oder das Herrscherbild als **Kopf-** oder **Büsten-R.** (BILD →Cappenberg). Weit verbreitet waren auch Arm-R.

**Reliquiar:** Reliquienkreuz des Papstes Paschalis I.; zwischen 817 und 824 (Rom, Vatikanische Sammlungen)

aus Holz oder Metall (11.–18. Jh.), die auf die frommen Taten der betreffenden Heiligen verweisen und deren Segensgestus als Fürbitte für den Gläubigen verstanden wurde. Die Hauptform des R. bildet der

**Reliquienschrein,** der in Form einer Truhe oder eines Gebäudes aus kostbaren Materialien und mit z. T. ausführlichem figürl. Programm bes. in der Maasschule zu höchster Vollendung geführt wurde. Am Ende des 12. Jh. setzte ein Bedeutungswandel in der

**Reliquiar:** Reliquienschrein in der Kirche Saint-Taurin in Évreux; Goldschmiedearbeit, 13. Jh.

Reliquienverehrung ein. Bisher wurden die Reliquien ausschließlich in verschlossenen, undurchsichtigen Behältern aufbewahrt. Bes. im 14. und 15. Jh. entstanden aber Schau-R. mit Glas- oder Kristallzylindern für die Reliquie, mit hohem Ständer als Fuß. Weitere BILDER →Emmerich, →Filigran, →Kreuzigung

J. BRAUN: Die R. des christl. Kultes u. ihre Entwicklung (1940, Nachdr. 1971); E. G. GRIMME: Goldschmiedekunst im MA: Form u. Bedeutung der R. von 800 bis 1500 (1972).

**Reliquie** [mhd., von lat. reliquiae ›das Zurückgebliebene‹, ›Überrest‹, zu relinquere ›zurücklassen‹] *die, -/-n,* Gegenstand einer besonderen Form der Heiligenverehrung. Die R. besteht aus Gebeinen oder der Asche religiöser Autoritäten, aus ihren Kleidern oder Gebrauchsgegenständen oder Teilen von Gegenständen, die für ihr Leben bedeutsam waren. Die R.-Verehrung gründet sich auf den Glauben, Überreste des Körpers oder des Besitzes hl. Menschen seien bes. machthaltig und ihre Verehrung durch Prozessionen, durch Berührung oder Kuß, selbst die Nähe ihrer Gegenwart bedeute eine Übertragung dieser Macht.

Der christl. R.-Kult begann in der Alten Kirche mit der Verehrung der Gebeine der Märtyrer. Über ihren Grabstätten wurden seit dem 4. Jh. oft die Altäre der Märtyrerkirchen errichtet. Im Westen ist seit dem 5. Jh. kein Altar mehr ohne R. nachweisbar. Auch in der Ostkirche verbreitete sich die R.-Verehrung, bes. im Zusammenhang mit dem Glauben an die Unverweslichkeit bzw. langsamere Verwesung der Körper der Heiligen (v. a. in der russ. Tradition); sie blieb jedoch v. a. in der Volksfrömmigkeit weit hinter der Bedeutung der Ikonen zurück. Die Kritik an der R.-Verehrung setzte in der Reformation ein. Demgegenüber entschied sich das Konzil von Trient ausdrücklich für die Verehrung der R. der Heiligen. – Kunstgeschichtlich wurden die R. bedeutsam durch mittelalterl. R.-Hüllen, kostbare Stoffe zur Aufbewahrung der R., sowie durch →Reliquiare.

R.-Verehrung u. Verklärung, hg. v. A. LEGNER, Ausst.-Kat. (1989).

**Rel̦ković** [ˈrɛːljɔvit͡ɕ], **Rel̦ković,** Matija Antun, kroat. Schriftsteller, * Svinjar (heute Davor, bei Slavonski Brod) 6. 1. 1732, † Vinkovci (bei Osijek) 22. 1. 1798; Offizier, während des Siebenjährigen Krieges in preuß. Gefangenschaft, wo er die dt. und frz. Literatur der Aufklärung kennenlernte; verfaßte die didakt. Dichtung ›Satir iliti divji čovik‹ (1762); Übersetzer der Fabeln ÄSOPS (›Ezopove fabule‹, hg. 1804).

**Rel̦lingen,** Gem. im Kr. Pinneberg, Schlesw.-Holst., (1991) 13 800 Ew., Teil des größten geschlosse-

**Rell** Rellstab – Remarque

**Rellingen:** Inneres der Kirche (1754–56) mit Doppelemporen und Kanzel-Orgel-Altar

nen Baumschulgebietes der Erde; Herstellung von Baumschulbedarfsartikeln, Flug- und Kraftfahrzeugsicherungstechnik, Maschinen- und Apparatebau, Elektroindustrie, Musikinstrumenten- und Sportartikelvertrieb. – Die Kirche (1754–56), ein oktogonaler Zentralbau des Rokoko, ist ein Hauptwerk des prot. Sakralbaus in Nord-Dtl.; Rocaillestuck, umlaufende Doppelemporen, wirkungsvoller Kanzel-Orgel-Altar (die ursprüngl. Farbgebung wurde 1961 wiederhergestellt); Turm der mittelalterl. Vorläuferkirche erhalten, hoher Spitzhelm von 1702/03.

Ludwig Rellstab

**Rellstab,** Heinrich Friedrich Ludwig, Pseudonym **Freimund Zuschauer,** Musikschriftsteller, * Berlin 13. 4. 1799, † ebd. 28. 11. 1860; Sohn des Schriftstellers und Komponisten FRIEDRICH R. (* 1759, † 1813); war 1826 Musikkritiker der ›Vossischen Zeitung‹ in Berlin, gab 1830–41 die Musikzeitschrift ›Iris im Gebiete der Tonkunst‹ heraus. Neben Opernlibretti (u. a. für G. MEYERBEER) schrieb er Erzählungen, histor. Romane, u. a. den Napoleon-Roman ›1812‹ (4 Bde., 1834) und Gedichte (vertont von F. SCHUBERT u. a. ›Ständchen‹, ›Leise flehen meine Lieder‹).

*Ausgabe:* Ges. Schr., 24 Bde. (1860–61).

**relozierbar,** engl. **relocatable** [rɪləʊˈkeɪtɪbl], *Datenverarbeitung:* → verschieblich.

**Reluktanzmaschine** [zu lat. reluctare ›sich widersetzen‹], elektr. Maschine mit Synchronverhalten, deren Wicklungen auf dem Ständer angebracht sind; der Läufer mit stark ausgeprägten Polen bzw. Nutungen trägt keine Wicklungen. Die Spannungsinduktion in den Wicklungen wird durch die mit der Läuferrotation verbundenen Änderungen des magnet. Widerstands (Reluktanz) hervorgerufen. R. arbeiten z. B. als Mittelfrequenzgeneratoren bis zu einigen 100 kW, als Dreiphasen-Reluktanzmotoren bis etwa 10 kW Leistung oder als Einphasen-Reluktanzmotoren zum Antrieb z. B. von Zählwerken oder Uhren (Zeitmeßglieder).

**Rem** [Kw. aus engl. **R**oentgen **e**quivalent **m**an] *das, -s/-s,* Einheitenzeichen **rem,** nicht gesetzl. Einheit der Äquivalentdosis (→ Dosis 2); 1 rem = 0,01 J/kg = 0,01 Sv (Einheitenzeichen Sv für Sievert).

**REM,** Abk. für **R**asterelektronenmikroskop (→ Elektronenmikroskop).

**Remagen,** Stadt im Kr. Ahrweiler, Rheinl.-Pf., 52 m ü. M., am linken Rheinufer, unterhalb der Mündung der Ahr, (1991) 15 800 Ew.; ›Friedensmuseum

Erich Maria Remarque

Brücke von R.‹ (in einem erhaltenen Brückenpfeiler), Röm. Museum, Arp-Museum (im Bahnhof Rolandseck); Fahrradfabrik, Schiffbau; Autofährverkehr mit Linz am Rhein und Bad Honnef. – Das Gebiet von R. zählt zu den am ältesten besiedelten am Rhein. Auf einer vermutlich kelt. Siedlung entstand in röm. Zeit zw. 4 v. Chr. und 16 n. Chr. das Kastell **Rigomagus.** Die daraus entstandene spätröm. Stadt ging nach 406 zugrunde. – Seit 1221 sind die Stadtrechte belegt. 1357 fiel R. als Reichspfand mit dem Recht, es zur ummauerten Stadt zu machen, an das Herzogtum Jülich. – Ende des Zweiten Weltkriegs überquerten amerikan. Truppen auf der damals einzigen noch intakten Rheinbrücke, der Ludendorff-Brücke (1945 eingestürzt), in R. am 7. 3. 1945 den Fluß und bildeten den ersten Brückenkopf auf dem rechten Rheinufer. – In maler. Lage über dem Rhein liegt die viertürmige neugot. Wallfahrtskirche St. Apollinaris (1839–43 von E. F. ZWIRNER, BILD → Neugotik), Hauptwerk der romant. Baukunst im Rheinland, mit nazaren. Fresken der Düsseldorfer Schule (1843–53). Die kath. Pfarrkirche St. Peter und Paul ist eine neuroman. Basilika (1900–04), die Teile des Vorgängerbaus (v. a. den reich gegliederten Chor von 1246) einbezieht. Am spätroman. Pfarrhoftor (Anfang 13. Jh.) Flachreliefs heidn. und christl. Inhalts. – Im Ortsteil Rolandseck Ruine der ehem. köln. Feste (12. Jh.) mit dem von ZWIRNER rekonstruierten Rolandsbogen. Im klassizist. Bahnhofsgebäude (1855/56) seit 1965 kulturelle Veranstaltungen. – 1987 wurde auf dem Gelände des ehem. Kriegsgefangenenlagers in der Nähe von R. eine Gedenkstätte errichtet.

**Remagen:** Detail aus den Flachreliefs am spätromanischen Pfarrhoftor; Anfang 13. Jh.

**Remake** [ˈriːmeɪk; engl., zu to remake ›wieder machen‹] *das, -s/-s,* Neufassung einer künstler. Produktion, bes. neue Verfilmung eines älteren, bereits verfilmten Stoffes.

**remanent** [von lat. remanere ›zurückbleiben‹], *bildungssprachlich* für: bleibend, zurückbleibend.

**Remanẹnz** *die, -,* **magnetische R., Restmagnetisierung,** *Physik:* die bleibende ↔ Magnetisierung, die beim Durchlaufen der Hystereseschleife an den Stellen des Verschwindens der äußeren magnet. Feldstärke ($H = 0$) übrigbleibt.

**Remarque** [rəˈmark], Erich Maria, eigtl. **E. Paul Remark,** Schriftsteller, * Osnabrück 22. 6. 1898, † Locarno 25. 9. 1970; war 1916 Kriegsfreiwilliger, danach in versch. Berufen tätig, u. a. als Lehrer, Grabsteinverkäufer und Journalist. Welterfolg errang R. mit seinem in mehr als 30 Sprachen übersetzten Weltkriegsroman ›Im Westen nichts Neues‹ (1929), der 1929/30 unter der Regie von G. CUKOR und L. MILESTONE verfilmt wurde. Seit April 1932 lebte er in der Schweiz; 1933 Verbot seiner Werke durch die Nationalsozialisten; 1939 Übersiedlung in die USA (ab 1947 amerikan. Staatsbürger), 1948 Rückkehr nach Europa. Beeinflußt von J. LONDON, E. HEMINGWAY und K. HAMSUN, war R. mit – häufig verfilmten – Erzählungen und Romanen wie ›Der Weg zurück‹ (1931), ›Drei

Kameraden‹ (1938, engl. 1937 u. d. T. ›Three comrades‹) und ›Arc de Triomphe‹ (1946, engl. 1945 u. d. T. ›Arch of Triumph‹) einer der erfolgreichsten Autoren des 20. Jahrhunderts.
**Weitere Werke:** *Romane:* Die Traumbude (1920); Der Funke Leben (1952); Zeit zu leben u. Zeit zu sterben (1954); Der schwarze Obelisk (1956); Der Himmel kennt keine Günstlinge (1961); Die Nacht von Lissabon (1962); Schatten im Paradies (hg. 1971).
E. M. R. Bibl., Quellen, Materialien, Dokumente, hg. v. T. WESTPHALEN, 2 Bde. (1988).

**Remarquedruck** [rə'mark-; frz. remarque ›Anmerkung‹], *Graphik:* Zustandsdruck bei Kupferstich und Radierung, der außerhalb der Darstellung auf den Plattenrand angebrachte kleine Skizzen oder Ätzproben zeigt. Da diese ›Remarquen‹ meistens vor dem Auflagendruck entfernt wurden, sind R. von Sammlern begehrt.

**Remba,** Bantuvolk im südl. Afrika, →Lemba.

**Remboursgeschäft** [rã'bu:r-; gekürzt aus frz. remboursement ›Zurückzahlung‹], Abwicklung und Finanzierung von Warengeschäften im Außenhandel durch eine Bank im Rahmen eines Dokumentenakkreditivs (→ Akkreditiv) oder eines Wechselrembours.

**Remboursabkredit** [rã'bu:r-], eine früher im Außenhandel übl. Form eines Akzeptkredits. Der inländ. Käufer (Importeur) bezahlte den ausländ. Verkäufer (Exporteur) mit einem Wechsel, der mit dem Akzept einer international bekannten Bank (**Remboursbank**) versehen und dadurch überall diskontierungsfähig war (**Wechselrembours**). Der Bank dienten die Verlade- und Versicherungspapiere (Konossemente, Versicherungsscheine) als Sicherheit.

**Rembrandt,** eigtl. **R. Harmensz. van Rijn** [-rɛjn], niederländ. Maler, * Leiden 15. 7. 1606, † Amsterdam 4. 10. 1669; Sohn einer wohlhabenden Leidener Familie. 1621–23 war er Schüler des Historienmalers JACOB VAN SWANENBURG (* 1571, † 1638) in Leiden, 1624 von P. LASTMAN in Amsterdam, doch hat R. auch Anregungen von J. PIJNAS und von den Utrechter Caravaggisten aufgenommen. 1634 heiratete er SASKIA UYLENBURGH († 1642; Porträts in Kassel, Staatl. Kunstsammlungen und Dresden, Gemäldegalerie), er wurde Amsterdamer Bürger und Mitgl. der Lukasgilde. Von den Kindern, die aus dieser Ehe hervorgingen, blieb nur TITUS (* 1641, † 1668) am Leben, der Maler wurde. Ab 1647 lebte R. mit HENDRICKJE STOFFELS zusammen (* 1626 ?, † 1663; Porträt in Berlin-Dahlem, Gemäldegalerie). Schlechte Geschäftsführung und seine Sammelleidenschaft führten 1656 zum wirtschaftl. Zusammenbruch. 1657/58 wurden sein Haus (heute Museum) und seine Habe versteigert. Die letzten Jahre verbrachte R. zurückgezogen, sein Schaffen zu höchster Reife steigernd. Er wurde in der Amsterdamer Westerkerk begraben. R. hat von seinem 22. Lebensjahr an viele Schüler gehabt: G. DOU, J. BACKER, G. FLINCK, F. BOL, G. VAN DER EECKHOUT, S. VAN HOOGSTRATEN, J. VICTORS, B. und C. FABRITIUS, N. MAES, A. DE GELDER. Seine Werke sind zu allen Zeiten gesammelt und nachgeahmt worden.
*Werk:* Untersuchungen zum Umfang seines Werkes sind noch nicht abgeschlossen. Die Trennung von Arbeiten seiner Schüler und Nachahmer ist oft schwierig, da die Lehrlinge während ihres Aufenthalts in der Werkstatt den jeweils herrschenden Stil R.s adaptierten. Heute gelten zahlreiche Gemälde nicht mehr als eigenhändig, u. a. der berühmte ›Mann mit dem Goldhelm‹ (Berlin-Dahlem, Gemäldegalerie). Von den bis 1957 zusammengestellten 1400 Zeichnungen (O. BENESCH) werden heute etwa 75 als authentisch angesehen. Bei den Radierungen liegt die Zahl der gesicherten Arbeiten bei etwa 290.
Meist stellte R. bibl., seltener histor. und mytholog. Szenen dar. Seine Porträts vergegenwärtigen die menschl. Erscheinung durch subtile Einfühlung in die Individualität. In seinen gemalten und radierten Selbstporträts machte er sich selbst (so oft wie kein zweiter Künstler) zum Gegenstand seiner Beobachtung. Neu und einzigartig waren seine Gruppenbilder. Die eigtl. holländ. Themen des Stillebens, des Sittenbildes und der Landschaft hat R. nur ausnahmsweise behandelt. In der Radierung beschränkte er sich weitgehend auf die allg. bekannten techn. Mittel (Ätzung, Kaltnadelradierung), setzte diese aber virtuos ein, um Tonabstufungen zu erreichen. Seine Handzeichnungen umfassen Einzelstudien und Gesamtkompositionen, Historienbilder wie Landschaften. Zunächst bevorzugte er Kreide, später die Feder, oft durch den lavierenden Pinsel ergänzt. Besonderes Kennzeichen R.s ist die breit zeichnende Rohrfeder.

**Rembrandt:** Die Blendung Simsons; 1636 (Frankfurt am Main, Städelsches Kunstinstitut)

In seiner Leidener Frühzeit (1625–31) arbeitete er in enger Künstlergemeinschaft mit J. LIEVENS und stand unter dem Einfluß der von A. ELSHEIMER geprägten und im wesentlichen durch P. LASTMAN vermittelten neuen Historienmalerei, die auf heroisierende Elemente verzichtete und in Gesichtsausdruck und natürl. Gebärdensprache Gemütszustände der histor. Personen darstellte. Eingehende Wiedergabe des Stofflichen und die Gegensätze von Licht und Schatten steigerten seine Darstellungen ins Dramatische. Die Werke wurden kleiner, dunkler, konzentrierter. Aus Antlitzstudien zu bibl. Darstellungen wurden kleine Porträts seiner Verwandten und R.s selbst, oft mit starkem, erregtem Ausdruck. In dieser Zeit entstanden: ›Bileam und die Eselin‹ (1626; Paris, Musée Cognacq-Jay), ›Tobias und Anna mit der Ziege‹ (1626; Amsterdam, Rijksmuseum), ›Christus vertreibt die Geldwechsler aus dem Tempel‹ (1626; Moskau, Puschkin-Museum); ›Der Reiche aus dem Gleichnis vom reichen Toren‹ (1627; Berlin-Dahlem, Gemäldegalerie); ›Simson und Delila‹ (1628; ebd.); ›Der reuige Judas bringt die Silberlinge zurück‹ (1629; Mulgrave Castle, Cty. North Yorkshire, Sammlung Normanby); ›Das Emmausmahl‹ (1629; Paris, Musée Jacquemart-André); ›Die Auferweckung des Lazarus‹ (1630/31; Los Angeles, Calif., County Museum of Art); ›Simeon im Tempel‹ (1631; Den Haag, Mauritshuis); Radierungen: Bildnisse der Mutter (1628), zahlreiche Selbstporträts, Kindheitsgeschichte CHRISTI, Akte und Bettlerstudien.

## Rembrandt

**Rembrandt:** Landschaft mit Windmühle vor einer Stadt; lavierte Federzeichnung, um 1641 (Chantilly, Musée Condé)

Mit seiner Übersiedlung nach Amsterdam begann R.s zweite Schaffenszeit. Hier entstand 1632 sein erstes Gruppenbild, die ›Anatomie des Dr. Tulp‹ (Den Haag, Mauritshuis). Die sieben Ärzte bilden, zur Handlung verbunden, ein Kollektiv – eine umwälzend neue Auffassung, denn vorher wurden in holländ. Gruppenbildern nur Einzelporträts addiert. Bald ein begehrter Porträtmaler, schuf R. in der Tradition von T. DE KEYSER zahlreiche lebensvolle bürgerl. Porträts. In der Historiendarstellung orientierte er sich an P. P. RUBENS in lebensgroßen Bildern mit stark bewegten, plastisch gegebenen Figuren, oft in effektvoller Kostümierung (›Das Opfer Abrahams‹, 1635, Petersburg, Eremitage; ›Flora‹, 1635, London, National Gallery; ›Das Gastmahl des Belsazar‹, um 1635, ebd.; ›Susanna und die beiden Alten‹, 1636, Den Haag, Mauritshuis; ›Die Blendung Simsons‹, 1636, Frankfurt am Main, Städelsches Kunstinstitut), und begann, meist unter dem Einfluß von H. SEGHERS, auch Landschaften zu malen (›Gebirgslandschaft mit Gewitter‹, um 1640; Braunschweig, Herzog Anton Ulrich-Museum). Es war die Zeit seiner größten äußeren Erfolge. Im barocken Stil seiner Gemälde schuf er auch Radierungen (›Kreuzabnahme‹, 1633; ›Ecce Homo‹, 1636). Die 1642 gemalte →Nachtwache brachte ihn durch den völligen Bruch mit der Tradition des Gruppenbildes in Widerstreit mit dem holländ. Bürgertum und seinem nüchternen Wirklichkeitssinn. Die barocken Wirkungen wichen zunehmender Beruhigung, warmbrauner Tonigkeit und verinnerlichtem Ausdruck (›Die Hl. Familie mit Engeln‹, 1645, Petersburg, Eremitage; ›Die Eltern des Tobias‹, 1645, Berlin-Dahlem, Gemäldegalerie; ›Hl. Familie‹, 1646, Kassel, Staatl. Kunstsammlungen; ›Susanna und die beiden Alten‹, 1647, Berlin-Dahlem, Gemäldegalerie; ›Christus in Emmaus‹, 1648, Paris, Louvre). Radierungen dieser Zeit sind u.a.: ›Die Landschaft mit den drei Bäumen‹ (1643); ›Hundertguldenblatt‹ (vollendet um 1647/49).

In den 1650er Jahren erhob sich R.s Kunst zu monumentaler Größe. Er gelangte zu flächenbetonender, ausgewogener Komposition; er beschränkte sich zunehmend auf Braun- und wenige Rottöne. Die Figur gewann noch stärker an Bedeutung (›Aristoteles vor der Büste Homers‹, 1653, New York, Metropolitan Museum of Art; ›Bathseba mit dem Brief des Königs David‹, 1654, Paris, Louvre; ›Badende Frau‹, 1654, London, National Gallery; ›Joseph und Potiphars Frau‹, 1655, Berlin-Dahlem, Gemäldegalerie; ›Jakob segnet seine Enkel‹, 1656, Kassel, Staatl. Kunstsammlungen). Es entstanden großartige Porträts (›Nicolaes Bruyningh‹, 1652, Kassel, Staatl. Kunstsammlungen; ›Jan Six‹, 1654, Amsterdam, Six-Stiftung) und Radierungen (›Faust‹, um 1652; ›Die drei Kreuze‹, um 1652/53; ›Die Kreuzabnahme bei Fackelschein‹, 1654; ›Abrahams Opfer‹, 1655; ›Ecce Homo‹, 1655; ›Der ungläubige Thomas‹, 1656; ›Christus am Ölberg‹, 1658).

In den 1660er Jahren verband R. Monumentalität mit fließender, in sich selbst ausdrucksvoller Farbigkeit: ›Haman und Ashaver beim Gastmahl Esthers‹ (1660; Moskau, Puschkin-Museum), ›Verleugnung Petri‹ (1660; Amsterdam, Rijksmuseum), ›Der Evangelist Matthäus‹ (1661; Paris, Louvre), ›Isaak und Rebekka‹, auch die ›Judenbraut‹ genannt (um 1665;

**Rembrandt:** Die Frau mit dem Pfeil; Kaltnadelradierung, 1661

Amsterdam, Rijksmuseum), ›Die Rückkehr des verlorenen Sohnes‹ (um 1669; Petersburg, Eremitage), ›Simeon im Tempel‹ (um 1669; unvollendet; Stockholm, Nationalmuseum). R.s letztes Gruppenbild stellt die ›Staalmeesters‹, einen Ausschuß der Tuchmachergilde, in klass. Einfachheit dar (1662; Amsterdam, Rijksmuseum). Die ›Verschwörung des Claudius Civilis‹, 1661 für das Amsterdamer Rathaus gemalt, wurde von dort wieder entfernt, verkleinert und überarbeitet (Stockholm, Nationalmuseum). An Porträts stammen aus der Spätzeit Selbstporträts (1660, Paris, Louvre; als Apostel Paulus, 1661, Amsterdam, Rijksmuseum; um 1663, Köln, Wallraf-Richartz-Museum; 1669, Den Haag, Mauritshuis), ›G. de Lairesse‹ (1665; New York, Sammlung R. Lehman) sowie das ›Familienbildnis‹ (um 1668/69; Braunschweig, Herzog Anton Ulrich-Museum). Weitere BILDER →Emmaus, →Helldunkel, →niederländische Kunst, →Radierung

C. WHITE u. K. G. BOON: R.'s etchings, 2 Bde. (Amsterdam 1970); H. GERSON: R.-Gemälde: Gesamtwerk (1975); B. HAAK: R. Leben u. Werk (1976); The R. documents, bearb. v. W. L. STRAUSS u. a. (New York 1979); J. BRUYN u. a.: A corpus of R. paintings, 3 Bde. (u. a. Niederländ., Den Haag 1982–89); L. J. SLATKES: R. and Persia (New York 1983); R. Sämtl. Radierungen in Originalgröße, hg. v. G. BETZ u. a. (Neuausg. 1984); P. SCHATBORN: Tekeningen van R., zijn onbekend leerlingen en navolgers (Den Haag 1985); G. SIMMEL: R.: ein kunstphilosoph. Versuch (1985); C. TÜMPEL: R. Mythos u. Methode (1986); ders.: R. in Selbstzeugnissen u. Bilddokumenten (24.–26. Tsd. 1987); J. u. M. GUILLAUD: R. Das Bild des Menschen (a. d. Frz., 1987); S. ALPERS: R. als Unternehmer (a. d. Amerikan., 1989); CYNTHIA P. SCHNEIDER: R.'s Landscapes: drawings and prints (Washington, D. C., 1990); R. Der Meister u. seine Werkstatt, hg. v. C. BROWN u. a., Ausst.-Kat., 2 Bde. (1991).

**Rembrandtdeutscher, Der Rembrandtdeutsche,** Schriftsteller, →Langbehn, August Julius.

**Rembrandthut,** ein breitkrempiger Damenhut mit leicht geschweifter Krempe, der den Hüten auf Bildnissen REMBRANDTS entsprach, getragen v. a. Anfang des 20. Jahrhunderts.

**Remda,** Stadt im Kreis Rudolstadt, Thüringen, 325 m ü. M., auf der hügeligen Ilm-Saale-Platte, (1989) 1 200 Ew.; Wohnstadt für das Kunstfaserwerk Schwarza; Landwirtschaft. – Bei der 1319 erstmals genannten, aus dem 11./12. Jh. stammenden Burg wurde die 1286 als Stadt bezeugte Siedlung planmäßig angelegt.

**Remedellokultur** [nach dem Fundort Remedello Sotto, 40 km südlich von Brescia], vorgeschichtl. Kulturgruppe vom Übergang der Jungsteinzeit zur Bronzezeit. In über 100 Gräbern wurden Hockerskelette mit Beigaben aus Kupfer, Keramik und Steatitperlen gefunden. Die R. hängt eng mit der Glockenbecherkultur zusammen, die, von SW-Europa ausgehend, auch N-Italien erreichte.

**Remedium** [lat. ›Heilmittel‹, ›Hilfsmittel‹] *das, -s/...dia oder ...di\en, Münztechnik:* **Faiblage** [fε-'bla:ʒə; frz.], die bei der Münzprägung zugelassene Toleranz beim Gewicht und Feingehalt. Das R. der Goldmünzen des Dt. Reiches ab 1871 betrug z. B. im Rauhgewicht 2,5‰ und im Feingewicht (Korn) 2‰, jeweils nach oben oder unten. Bei modernen Münzen ist die Einhaltung des R. für die Automatentauglichkeit von erhebl. Bedeutung.

**Remer,** lat. **Remi,** Völkerschaft der Belgen in Gallien, zw. Marne und Aisne; ihr Hauptort war Durocortorum (heute Reims); seit 57 v. Chr. waren die R. mit ihren Klienten Verbündete der Römer.

**Remich,** Stadt in Luxemburg, an der Mosel, (1990) 2 500 Ew.; Sitz des staatl. Weinbauinstituts und des Amtes der Nat. Weinmarke; Wein- und Sektkellereien; Fremdenverkehr.

**Remigius, R. von Auxerre** [-o'sε:r], mittellat. Autor, * nach 841, † Paris 2. 5. 908 (?); war im Kloster Saint-Germain zu Auxerre Schüler HEIRICS und nach dessen Tod Lehrer ebd. 893 von Erzbischof FULCO (* um 840, † 900) an die Reimser Domschule berufen, ging er um 900 nach Paris, wo ODO VON CLUNY zu seinen Schülern zählte. Auf der Grundlage älterer Kommentare verfaßte R. zahlreiche, im MA. hochgeschätzte Kommentare zu antiken lat. Schulautoren (u. a. JUVENAL, DONATUS, BOETHIUS, MARTIANUS CAPELLA, SEDULIUS) sowie zu BEDAS ›De arte metrica‹, in denen er noch einmal das karoling. Bildungsgut ausbreitete. In kompilierender Manier schrieb er ferner Homilien, Kommentare zu diversen Bibelbüchern und einen Traktat zur Erklärung der Messe.

**Ausgaben:** Commentum in Martianum Capellam, hg. v. C. E. LUTZ, 2 Bde. (1962–65); Un'opera grammaticale di Remigio di Auxerre: il commento al ›De barbarismo‹ di Donato, hg. v. M. L. COLETTI, in: Studi medievali, serie 3a, Bd. 26 (Turin 1985).

C. LEONARDI: Remigio d'Auxerre e l'eredità della scuola carolingia, in: I classici nel Medioevo e nell'umanesimo, hg. v. G. PUCCIONI (Genua 1975).

**Remigius, R. von Reims** [-rɛ̃s], Bischof von Reims (seit 458?), * bei Laon um 436, † Reims 13. 1. 533 (?); stand in enger Verbindung mit König CHLODWIG I., den er wahrscheinlich 498 taufte. Durch Diözesengründungen (Arras, Laon, Thérouanne, Tournai-Cambrai) bedeutender Organisator der nordfrz. Kirche. Von seinem literar. Werk sind vier Briefe und sein Testament erhalten. – Heiliger (Tag: 13. 1.; in Trier: 1. 10.).

**Remijia** [-xia; nach dem span. Chirurgen REMIJO, 19. Jh.], Gattung der Rötegewächse mit 35 Arten im trop. Südamerika; Holzpflanzen mit einzeln oder in Rispen stehenden Blüten. Die Rinde (**R.-Rinde,** Cuprearinde) einiger Arten (v. a. von R. penduculata) wird zur Gewinnung von Chinarindenalkaloiden genutzt.

**Remington** ['remɪŋtən], **1)** Eliphalet, amerikan. Erfinder und Unternehmer, * Suffield (Conn.) 28. 10. 1793, † Ilion (N. Y.) 12. 8. 1861; Hersteller von Handfeuerwaffen, wie auch sein Sohn PHILO (* 1816, † 1889), Erfinder vieler Neuerungen in der Waffentechnik (z. B. 1847 R.-Revolver, Hinterladerkarabiner für die amerikan. Armee). Auf PHILO R. geht der Rollblockverschluß zurück; seit 1870 stellte PHILO R. auch Näh-, seit 1873 Schreibmaschinen her.

**Frederic Remington:** Der Gesetzlose; 1906 (Fort Worth, Tex., Amon Carter Museum of Western Art)

**2)** Frederic, amerikan. Maler, Bildhauer und Illustrator, * Canton (N. Y.) 4. 10. 1861, † Ridgefield

**Remi**  Reminiscere – Remonstrationspflicht

(Conn.) 26. 12. 1909; wurde bekannt durch seine realist. Darstellungen von Szenen aus dem ›Wilden Westen‹ und seine Bronzeskulpturen von Cowboys, Trappern und Indianern.

P. H. HASSRICK: F. R. (Neuausg. New York 1975).

**Reminiscere** [lat. ›gedenke!‹], der zweite Sonntag der österl. Bußzeit (Fastenzeit), benannt nach dem Anfang seines mit Psalm 25, 6 beginnenden Introitus.

**Reminiszenz** [spätlat. ›Rückerinnerung‹, zu lat. reminisci ›sich erinnern‹] die, -/-en, **1)** bildungssprachlich für: Erinnerung von einer gewissen Bedeutsamkeit; Anklang, Ähnlichkeit.

**2)** Lernpsychologie: der Anstieg der Lernleistung nach Unterbrechung eines Lernvorgangs durch eine Ruhepause; der R.-Effekt hängt v. a. von der Länge der Pause, der Intensität der Übung vor der Pause wie auch vom Lebens- und Intelligenzalter ab; z. T. wird auch die Verstärkung der Verfügbarkeit von Lerninhalten nach längerem zeitl. Abstand vom Erlernen als R. bezeichnet (**Ballard-Williams-Phänomen**). Haupterklärungsmodelle sind Ermüdung und Perseverationstheorie (Erholung während der Pause; unbewußte Fortsetzung der Übung während der Pause).

**Remiremont** [rəmir'mɔ̃], Stadt im Dép. Vosges, Frankreich, 400 m ü. M. im oberen Moseltal in den Vogesen, (1990) 9 900 Ew.; Textilindustrie, Chemiefaserfabrik, Maschinen- und Gerätebau. – 620 wurde im heutigen Stadtgebiet ein Männerkloster gegründet, in dessen Nachbarschaft ein karoling. Königshof entstand. Das nahebei 910 angelegte Frauenkloster entwickelte sich zu einem der führenden im Reich. In seinem Schutz entstand die Stadt R. – Pfarrkirche Notre-Dame, ehem. Frauenstiftskirche Saint-Pierre (1049 geweiht, später mehrfach umgebaut), Hallenkrypta aus dem 11. Jh. das ehem. Äbtissinnenpalais (1752) ist heute Rathaus, Gericht und Bibliothek. In zwei ehem. Kanonissenhäusern das Musée Charles Friry (u. a. Gemälde und religiöse Kleinkunst); Musée Fondation Charles de Bruyère (Vor- und Frühgeschichte, Gemälde, Skulpturen).

**remis** [rə'mi; frz., eigtl. ›zurückgestellt‹ (als ob nicht stattgefunden)], unentschieden (v. a. in bezug auf Schachpartien und sportl. Wettkämpfe).

**Remise** [frz., zu remettre ›zurückstellen‹] die, -/-n, Schuppen zum Abstellen von z. B. Wagen, Geräten.

**Remisow, Remizov** [-z-], Aleksej Michajlowitsch, russ. Schriftsteller, * Moskau 6. 7. 1877, † Paris 26. 11. 1957; wurde als Student der Moskauer Univ. 1897 wegen der Teilnahme an einer Studentendemonstration für sechs Jahre verbannt, ab 1905 in Petersburg; emigrierte 1921 nach Berlin, 1923 nach Paris. Sein Werk ist der künstlerisch eigenwillige Versuch, in Motivwahl, Gattungsform und Sprachstil die ältere russ. geistliche und weltl. Volksüberlieferung mit der Experimentierfreude der poet. Avantgarde zu verbinden, wobei dem Phantastischen einschließlich des Traums besonderer Raum gegeben wird. Als solche kontrastreiche Synthese ist R.s Prosastil ebenso Fortsetzung russ. literarischer Tradition (N. W. GOGOL, F. M. DOSTOJEWSKIJ, N. S. LESKOW) wie ein typ., bis in die Sowjetliteratur nachwirkendes Muster der handlungsarmen Prosa.

Aleksej Michajlowitsch Remisow

**Werke:** *Romane:* Časy (1908); Prud (1908); Krestovye sestry (1911; dt. Die Schwestern im Kreuz). – *Erzählungen, Legenden, Märchen:* Ognennaja Rossija (1921; dt. Aus dem flammenden Rußland von den Sternen); V pole blakitnom (1922; dt. Im blauen Felde); Skazki russkogo naroda (1923); Stella Maria maris (1928; dt.); Po karnizam (1929; dt. Gang auf Simsen). – Prinzessin Mymra (1917, Ausw.); Legenden u. Geschichten (1919, Ausw.) – *Biographie:* V rozovom bleske (1952, Biogr. seiner Frau).

**Ausgaben:** Sočinenija, 8 Bde. (1910–12, Nachdr. 1971). – Das knöcherne Schloß, übers. v. A. ELIASBERG (1965).

K. GEIB: Aleksej Michajlovič Remizov. Stilstudien (1970); H. SINANY: Bibliographie des œuvres de Alexis Remizov (Paris 1978); A. Remizov. Approaches to a protean writer, hg. v. G. N. SLOBIN (Columbus, Oh., 1987).

**Remission** [lat. ›das Zurücksenden‹, ›das Nachlassen‹] die, -/-en, spontan eintretende oder durch therapeut. Maßnahmen bewirkte vorübergehende Milderung (**partielle** oder **Teil-R.**) oder Rückbildung (**komplette** oder **Voll-R.**) von Krankheitssymptomen ohne tatsächl. Heilung, v. a. bei bösartigen Tumoren und Leukämie.

**Remissionsgrad,** *Optik:* quantitatives Maß für die Remission, d. h. für die ungerichtete, diffuse →Reflexion des Lichts. Der R. ist definiert als das Verhältnis der Leuchtdichte einer Probe in Beobachtungs- bzw. Meßrichtung zur Leuchtdichte einer vollkommen mattweißen Fläche (Weißstandard) bei gleicher Beobachtungs- und Beleuchtungsgeometrie. Der zur farbmetr. Kennzeichnung von Körperfarben erforderl. **spektrale R.** (der R. als Funktion der Wellenlänge oder der Frequenz) wird gewöhnlich bei Beleuchtung unter 45° gegen die Probennormale und bei Beobachtung in deren Richtung gemessen. – Nicht zu verwechseln mit dem R. ist der Reflektometerwert, der lediglich die Remission im Spiegelwinkel erfaßt.

**Remissions|spektroskopie,** die →Reflexionsspektroskopie.

**Remittenden** [lat. remittenda ›Zurückzusendendes‹, zu remittere ›zurückschicken‹], Sg. **Remittende** die, -, *Buchhandel:* Publikationen (i. d. R. Neuerscheinungen), für die der Verlag dem Buchhändler das Recht einräumt, sie im Fall des Nichtverkaufs nach Ablauf einer bestimmten Frist zurückgeben zu können (Konditionsgut, Remissionsrecht). Daneben werden auch fehlerhafte und vom Verlag zurückgenommene Exemplare als R. bezeichnet.

**Remittent** [zu lat. remittere ›zurückschicken‹] *der, -en/-en,* Person (1. Wechselnehmer), an die oder an deren Order die Wechselsumme zu zahlen ist. (→Wechsel)

**Remizidae** [nlat.], die →Beutelmeisen.

**Remmele,** Hermann, Politiker, * Ziegelhausen (heute zu Heidelberg) 5. 11. 1880, † (hingerichtet ?) in der UdSSR 1939; Dreher, später Redakteur der Mannheimer ›Volksstimme‹, seit 1897 Mitgl. der SPD, 1917 Mitgründer der USPD, trat mit deren linkem Flügel 1920 zur KPD über. 1920–33 war er MdR; als Mitgl. des Politbüros der KPD (1924–33) und ihres Sekretariats (1924–32) gewann er eine führende Stellung in seiner Partei und stand 1929–33 mit E. THÄLMANN und H. NEUMANN an ihrer Spitze. 1933 emigrierte R. in die UdSSR, fiel bei STALIN in Ungnade und wurde im Zuge der Stalinschen Säuberungen im März 1939 zum Tod verurteilt. 1988 wurde er von sowjet. Gerichtsinstanzen rehabilitiert.

**Remmius Palaemon,** Quintus, röm. Grammatiker des 1. Jh. n. Chr. aus Vicentia (heute Vicenza); Lehrer von PERSIUS und QUINTILIAN. Seine ›Ars grammatica‹ (heute nur noch mithaft aus dem Werk des röm. Grammatikers FLAVIUS SOSIPATER CHARISIUS, 4. Jh., zu rekonstruieren) war die erste röm. Schulgrammatik und bildete bis zum MA. die Grundlage für die lat. Grammatik.

**Remojadas** [remo'xaðas], Fundort von präkolumb. Keramik im Staat Veracruz, Mexiko, gekennzeichnet durch eine große Menge von weibl. Tonfiguren (vermutlich Grabbeigaben) aus der frühen und späten klass. Periode (300–900 n. Chr.), mit geöffneten oder erhobenen Armen und verschiedenartigem Kopfputz; charakteristisch sind die dreieckigen ›lächelnden Gesichter‹.

**Remonstranten,** die →Arminianer.

**Remonstration** [mlat.], die →Gegenvorstellung.

**Remonstrations|pflicht,** im Beamtenrecht die Dienstpflicht des Beamten zur Gegenvorstellung: Er muß seinen Vorgesetzten unverzüglich darauf aufmerksam machen, wenn er Bedenken gegen die Rechtmäßigkeit einer dienstl. Anordnung hat. Wird diese aufrechterhalten, muß sich der Beamte an den nächsthöheren Vorgesetzten wenden, der endgültig entscheidet und damit die Verantwortung übernimmt. Allerdings entbindet die Beachtung der R. den Beamten nicht von dem Verbot, erkennbar strafbare oder ordnungswidrige Handlungen auszuführen (§ 38 Beamtenrechtsrahmen-Ges.).

**Remontanten** [frz., zu remonter, eigtl. ›wieder (hin)aufgehen‹], mehrmals im Jahr blühende Zierpflanzen.

**Remonte** [frz. (cheval de) remonte ›Remonte(pferd)‹, zu remonter, eigtl. ›wieder aufsteigen‹] *die, -/-n,* **1)** *allg.:* 1) *früher:* junges Pferd, das zur Ergänzung des militär. Pferdebestands aufgekauft wurde; 2) junges, noch nicht zugerittenes oder erst kurz angerittenes Pferd.
**2)** *Tierzucht:* nach phänotyp. Merkmalen zur Weiterzucht ausgewähltes Individuum einer Rasse.

**Remontieren** [frz. remonter, eigtl. ›wieder aufsteigen‹], das Weiterblühen nach der Hauptblüte an neuen Trieben bei Zierpflanzen.

**remotiv** [zu lat. removere, remotum ›entfernen‹], bezeichnet in der *Logik* ein Urteil, das dem Subjekt ein Prädikat abspricht.

**Remp,** Franz Carl, österr. Maler, * Ratmannsdorf (heute Radovljica, bei Jesenice) 14. 10. 1674, † Wien 23. 9. 1718; in Italien ausgebildet, ab 1707 in Graz, ab 1711 in Wien tätig. Er malte Altartafeln, Historienbilder und Deckengemälde.

**REM-Phase** [Abk. von engl. **R**apid-**e**ye-**m**ovement], Phase des →Schlafs.

**Rems** *die,* rechter Nebenfluß des Neckars, Bad.-Württ., 81 km lang, entspringt östlich von Heubach am Trauf der Schwäb. Alb, mündet in Neckarrems (Gem. Remseck am Neckar). Das **R.-Tal** ist ein bedeutendes Anbaugebiet für Obst und Wein.

**Remscheid:** Haus Cleff in Remscheid-Hasten; 1778–79 (heute Museum)

**Remscheid,** kreisfreie Stadt in NRW, 379 m ü. M., im Berg. Land, (1991) 124 000 Ew.; Jugendmusikschule, Akademie für Mus. Bildung und Medienerziehung, Stadttheater, Kreishandwerkerschaft, Forschungsgemeinschaft Werkzeuge und Werkstoffe, Dt. Röntgen-Museum in R.-Lennep (Geburtsort W. C. RÖNTGENS). Obwohl Zentrum der dt. Werkzeugindustrie, hat R. heute jeweils weit mehr Arbeitsplätze in der Maschinen-, Elektro- und chem. Industrie; außerdem Herstellung von Spezialstählen. Südöstlich von Alt-R. liegt die Eschbachtalsperre (älteste Trinkwassertalsperre Dtl.s; 1891), im SW die Müngstener Brücke (107 m hoch) über dem tiefen Wuppereinschnitt. – Die heutige Stadt R. entstand 1929 durch Eingemeindung von Lennep und Lüttringhausen nach R. Um 1173 wurde das Kirchdorf R. erstmals urkundlich erwähnt. Mitte des 15. Jh. setzte die eisenverarbeitende Industrie ein, die Mitte des 18. Jh. bereits bis nach Übersee exportierte. 1808 erhielt R. Stadtrecht. Im 19. Jh. wuchs die Stadt aufgrund der expandierenden Industrie rasch. – Das Mitte des 12. Jh. erstmals erwähnte **Lennep** erhielt im 13. Jh. Stadtrecht. Als Handelsstadt und als Zentrum der Tuchmacherei erlangte Lennep Ende des 17. Jh. Weltgeltung; 1815–1929 war es Kreisstadt. – **Lüttringhausen,** 1150 erstmals bezeugt, erhielt 1856 Stadtrecht. – Ev. Alte Kirche (1726 erbaut). In Lennep ev. Kirche, Saalbau von 1750–56 mit einem für das Berg. Land typ. Kanzelaltar. Neugot. kath. Pfarrkirche St. Bonaventura (1866–68). Im Ortsbild verschieferte Fachwerkhäuser des berg. Typus und klassizist. Wohnhäuser (18. und 19. Jh.). Im Ortsteil Hasten sind an der Cleffstraße in einem verschieferten Patrizierhaus (1778–79) heute das Dt. Werkzeug- und das Heimatmuseum untergebracht.

P. LINDMÜLLER: R. u. Solingen im industriegeograph. Entwicklungsvergleich, 2 Bde. (1986).

**Remseck am Neckar,** bis 1976 **Aldingen am Neckar,** Gem. im Kr. Ludwigsburg, Bad.-Württ., 212 m ü. M., an der Mündung der Rems in den Neckar, (1990) 17 200 Ew.; Möbelherstellung, Eisengießerei. – Das um 1580 erbaute Stift ist heute Rathaus; spätgot. Pfarrkirche mit reich dekoriertem S-Portal.

**Remshalden,** Gem. im Rems-Murr-Kreis, Bad.-Württ., 270 m ü. M., im Remstal, (1990) 13 000 Ew.; Papierwerk, Metallindustrie, Weinbau. – Im Ortsteil Geradstetten ev. Pfarrkirche (1491); in Buoch roman. ev. Pfarrkirche mit spätgot. Chor; zahlreiche Fachwerkbauten.

**Rems-Murr-Kreis,** Landkreis im Reg.-Bez. Stuttgart, Bad.-Württ., 858 km$^2$, (1990) 373 100 Ew.; Verw.-Sitz ist Waiblingen. Das Kreisgebiet liegt im Bereich der Schwäbisch-Fränkischen Schichtstufenlandschaft um die Neckarzuflüsse Rems und Murr. Im östl. Teil die bewaldeten Bergländer Löwensteiner Berge, Murrhardter Wald, Welzheimer Wald und Schurwald. Dort dominieren Forstwirtschaft und Erholungsverkehr, im Remstal Weinbau. Westlich der Landstufe breitet sich, zum Neckar (und nach Stuttgart) hin, der ebene Teil des Kreisgebiets aus, urspr. ackerbaulich genutzt, heute mit Industrieansiedlungen (Elektronik, Maschinenbau u. a.) und Wohngebieten.

Der R.-M.-K., hg. v. H. LÄSSING (1980).

**Remter** [mhd. reventer, wohl umgebildet aus Refektorium] *der, -s/-,* Bez. für den Speisesaal (Refektorium) in den Ordensburgen des Dt. Ordens.

**Remuneration** [lat., zu remunerari ›beschenken‹] *die, -/-en,* österr., sonst *veraltet* für: Entschädigung, Vergütung.

**Remus,** röm. Mythologie: Zwillingsbruder des →Romulus.

**Ren** *der, -(s)/-es,* in *Anatomie* und *Medizin* Bez. für die Niere. – **renal,** die Niere betreffend.

**Ren** [rɛn, reːn, skandinav.] *das, -s/-s* und *-e,* →Rentier.

**Renaissance** [rənɛˈsãːs; frz., eigtl. ›Wiedergeburt‹] *die, -,* kulturgeschichtl. Begriff, bezeichnet urspr. die Zeit von etwa 1350 bis ins 16. Jh. als die Zeit der Wiedererweckung des klass. Altertums und des Wiederaufblühens der Künste, dann den kulturellen Zustand der Übergangszeit vom →Mittelalter zur →Neuzeit, bes. in Italien. Der Begriff R. steht in Wechselbeziehung zum Begriff →Humanismus. Während Humanismus mehr das Wissenschaftlich-Geistige des Zeitalters bezeichnet, richtet sich der Begriff R. auf die Gesamtkultur des Zeitraums. I. w. S. ist R. auch eine seit dem 19. Jh. übliche gewordene Bez. für geistige und künstler. Bewegungen, die nach einer längeren zeitl. Unterbrechung bewußt an ältere Bil-

**Rena**  Renaissance

dungs- oder Kunsttraditionen anknüpfen und sie weiterzuentwickeln versuchen (z. B. →karolingische Renaissance, →Protorenaissance).

### Renaissance als Epochenbegriff

R. als Epochenbegriff ist von Historiographen des 19. Jh. wie J. MICHELET und J. BURCKHARDT geprägt worden; die damit verbundene Vorstellung der Wiedergeburt ist aber viel älter und als ›regeneratio‹, ›restauratio‹, ›restitutio‹ im 14. und 15. Jh. in Italien vielfach belegt. Das Wesentliche daran ist die Auffassung des Geschehens als einer Wende von der Vernichtung zum Werden; Symbol der Lehre vom ›ordo renascendi‹ ist der Vogel →Phönix, ein Symbol, das seit der Antike stete Wirkungskraft gehabt hat. In diesem Sinn entwickelten, ohne das Wort R. zu gebrauchen, G. BOCCACCIO, C. SALUTATI, L. VALLA, FLAVIO BIONDO (* 1392, † 1463), F. VILLANI ein klares Bewußtsein von der Eigenart der Gegenwart (praesens tempus). Von ›rinascere‹ spricht der Bildhauer und Kunstschriftsteller L. GHIBERTI; A. DÜRER lobt die ›itzige Wiedererwachsung‹; auch G. VASARI verwendet den Begriff der Wiedergeburt der Kunst (rinascita). Der Rahmen der traditionellen Antithese MA.–R. war demnach damals gebildet worden. Die Bewegung des italien. Humanismus setzte sich in West- und Mitteleuropa fort, und das bedeutete, daß die traditionellen italien. Vorstellungen von der Wiedergeburt, die Polemik der ihrer selbst gewissen ›R.‹ gegen das MA. überall benutzt wurden. Erst P. BAYLE in seinem ›Dictionnaire historique et critique‹ (2 Bde., 1697) hob jene Theorie auf eine neue Stufe; er schrieb, ERASMUS VON ROTTERDAM und J. REUCHLIN nahe, der Reformation einen angemessenen Anteil an der ›Wiedergeburt‹ zu, er verband den Beginn der ›R.‹ in Italien mit der Flucht der Griechen aus Konstantinopel (1453) und gab damit der späteren Theorie ein wichtiges chronolog. Element. Aber erst am Anfang der modernen Historiographie, mit VOLTAIRE und E. GIBBON, wurde eine systemat. Interpretation in die Wege geleitet. Die italien. Kultur des 14.–16. Jh. erscheint jetzt als ein Ganzes, das der europ. Entwicklung Richtung gibt, und sie wird im Zusammenspiel aller ihrer Formen – Kunst, Literatur, polit. Freiheit und ökonom. Prosperität – nicht mehr aus einem einzelnen histor. Ereignis, sondern aus dem Genius Italiens, genauer der Toskana, abgeleitet. In der Interpretation des 18. Jh. waren somit Elemente vorgebildet, die sich in BURCKHARDTS ›Die Cultur der R. in Italien‹ (1860) zu berühmt gewordenen Synthesen kristallisiert haben. Als wichtigstes Merkmal der R. galt BURCKHARDT die Ausprägung der Persönlichkeit. Ungestüme Lebensbejahung und eine sich bis zum Immoralismus steigernde Lebensauffassung sollten den R.-Menschen charakterisieren. Während in der Sicht BURCKHARDTS die Verbindungslinien mit dem MA. verwischt, wenn nicht ausgelöscht waren, hat die moderne Forschung (K. BURDACH, J. HUIZINGA, E. R. CURTIUS, P. BURKE) immer deutlicher gezeigt, wie eng der Zusammenhang zw. den mittelalterl. Kloster- und Domschulen, die der Bewahrung antiker Vergangenheit eine Zufluchtsstätte bereitet hatten, und der ›R.‹ war. In dem Maß, wie man den ›Humanismus‹ im mittelalterl. Frankreich und England des 12. Jh. studierte, erschien die R. in Italien mehr als Fortsetzung des MA. denn als Neuschöpfung. Die einzelnen Epochen stehen für die Forschung nicht mehr im Verhältnis des Gegensatzes. Eine vom MA. gelöste R.-Forschung ist nicht mehr möglich. Andererseits ist eine Preisgabe des R.-Begriffes nicht notwendig. Denn wie hoch man auch den Einfluß der in Italien nachwirkenden mittelalterl. Rhetorik und der frz. Reformbewegungen des 12. Jh. veranschlagen mag – entscheidende Züge sind doch so verschoben worden, daß man das geistige und polit. Leben der italien. R. nicht nur als einen kontinuierl. Fortgang der Tradition, sondern auch als eine neue Phase der Entwicklung auffassen muß. So gesehen hat die Bez. R. als Epochenbegriff für die Zeit des Übergangs von den mittelalterl. zu den für die Neuzeit charakterist. Vorstellungs-, Denk- und Darstellungsformen weiterhin Berechtigung.

### Grundzüge des Renaissance-Zeitalters

Die in der zweiten Hälfte des 14. Jh. festzustellende Ausbildung von neuen, an die Antike angelehnten Kulturinhalten und -formen ging mit der Loslösung aus der mittelalterl. Gebundenheit in der kirchl. und feudalen Ordnung einher. Die damit verbundene gesellschaftl. Umstrukturierung ließ eine v. a. städt. Kultur entstehen, die nicht mehr nur vom Adel, sondern in verstärktem Maß vom Bürgertum getragen wurde. Neben den Klerus – den Bildungsträger des MA. – traten die Laien.

Das Geburtsland der R. war Italien, wo durch den Kampf zw. Kaiser und Papst und den Untergang des stauf. Herrscherhauses (1268) die kirchl. und weltl. Herrschaft erschüttert war. Das Rittertum bildete nicht mehr allein den Wehrstand; an die Stelle des Vasallen trat im 14. Jh. der Condottiere. Im aufblühenden oberitalien. Städtewesen entwickelte sich eine rationalisierte Handels- und Finanzwirtschaft; Venedig hatte das Monopol des Orienthandels. Neue nichtadlige Schichten gelangten so zu großem Einfluß. Die durch Bankgeschäfte zu großem Reichtum gelangten Medici gewannen die Herrschaft über Florenz, ein Bauernsohn aus der Romagna bezwang Mailand und begründete das Herzogsgeschlecht der Sforza. Die italien. Stadtstaaten wurden zum Nährboden der neuzeitl. Staatskunst, wie sie N. MACHIAVELLI in seinen Schriften dargestellt hat. Im Rückblick auf die Antike entdeckte er die Eigengesetzlichkeit der Politik und entwickelte die aus dem 14. u. 15. Jh. stammende und in der Historiographie des 14./15. Jh. (L. BRUNI, MARSILIUS VON PADUA) vorgebildete Lehre vom Staat als natürl. Lebewesen und von den in der Geschichte wirksamen Kräften, die zum Durchbruch des Staatsräson und eines polit. Realismus in Europa zum Durchbruch verhalfen. Eine ebenso geistreiche wie durchtriebene Diplomatie hatte sich entwickelt, deren Meister die Venezianer waren.

Der aufblühende Handel hatte auch ein fruchtbares Mäzenatentum zur Folge. Die Künstler erhielten die Aufgabe, den Ruhm der Herrschenden und der geistigen Elite im Porträt oder Denkmal zu verewigen. Der Reichtum führte zu verfeinertem Lebensgenuß. Die Dekoration der Wohnräume (Einführung der Tapete), der raffinierte Tafelluxus, die prächtige Kleidung – Brokat und Samt waren bevorzugt – sind beredte Zeugnisse des Zeitgeistes. Der gesteigerte sinnl. Genuß brachte die Bejahung der Sexualität mit sich, die sich bes. deutlich in der Institution der Kurtisane manifestierte. Die gesellschaftl. Stellung der Frau, die sich ebenfalls an der antiken Bildung schulte, stieg zwar, das Idealbild war jedoch, trotz einiger sehr gebildeter Frauen, die gebildete Dilettantin und nicht die selbständig Schaffende (→Frau).

Die geistige Grundlage der R. war der Humanismus: F. PETRARCA und seine Schüler veränderten die pädagog. und literar. Tradition des Westens, die Florentiner Akademie vermittelte PLATON und PLOTIN und durch den Synkretismus von G. PICO DELLA MIRANDOLA auch kabbalist., pers., orph. Lehren; der Aristotelismus hat zus. mit der nunmehr sich allmählich verfestigenden Verbindung von Erfahrung und Denken zu dem langsam fortschreitenden Prozeß der →Aufklärung in Europa beigetragen.

Die R. blieb aber nicht nur auf die Stadtstaaten N-Italiens beschränkt (um 1450 hatte sich auch im päpstl. Rom unter NIKOLAUS V. eine ganz der neuen Kultur verpflichtete Atmosphäre entwickelt), sondern erstreckte sich mit zeitl. Verzögerungen über große Teile Europas. Denn das R.-Zeitalter ist nicht nur das der großen geograph. Entdeckungen (→Entdeckungsgeschichte), sondern auch das Zeitalter der Bildungsreisen. Gelehrte, Künstler, Kaufleute und Handwerker reisten nach Italien und wurden von den neuen Erkenntnissen, der neuen Kultur und dem italien. Geschmack beeinflußt.

Obwohl der Handel auch im Norden blühte (Hanse, Flandern), gaben hier doch religiöse, polit. und wirtschaftl. Kämpfe (Reformation, Bauernkriege) dem Zeitalter ein anderes, düsteres Gepräge. Trotzdem ist der Beginn der Neuzeit ohne die Entdeckungen und Erfindungen des Nordens nicht denkbar: Das ptolemäische Weltbild wurde durch das heliozentr. abgelöst (N. KOPERNIKUS), die Erfindung des Buchdrucks machte die Verbreitung des neuen Wissens möglich, und das Schießpulver wurde zur Voraussetzung für die neuzeitl. Kriegführung. Hatte das Hl. Röm. Reich in MAXIMILIAN I. bereits einen Förderer der neuen Gelehrtheit und Kultur gefunden, so entstand in Frankreich unter FRANZ I., eine Generation später, ein Hofleben ganz nach italien. Vorbild. Auch England wurde v. a. unter HEINRICH VIII., von der italien. R. beeinflußt, Spanien hingegen nur sehr begrenzt. MATTHIAS I. CORVINUS von Ungarn und SIGISMUND I. von Polen ahmten den Typus des italien. R.-Fürsten nach, womit sie auf den starken Widerstand des Adels stießen.

### Literatur und Musik

Wie tonangebend die italien. R. auf das übrige Europa wirkte, zeigt deutlich die *literar.* Tätigkeit der Zeit: Wiederaufnahme und Erneuerung der antiken Kunstformen auf allen Gebieten (Epos, Lyrik, Satire, Epigramm; Biographie, histor. Erzählung, Dialog und literar. Brief). Die Neuschöpfungen der Italiener, das Sonett und die Novelle, wurden auch in den anderen europ. Sprachen beliebt. Die vom Humanismus geförderte Herausbildung des Nationalbewußtseins hatte die besondere Pflege der Nationalsprache zur Folge (z. B. Frankreich: J. DU BELLAYS ›Deffence et illustration de la langue francoyse‹, 1549). In Italien hatte diese Entwicklung DANTE (›De vulgari eloquentia‹, gedruckt 1525) eingeleitet. G. CHAUCER hatte auf seiner Italienreise PETRARCA und BOCCACCIO kennengelernt. Das neue auf Natürlichkeit beruhende Bildungs- und Erziehungsprogramm der R. verfocht in Frankreich bes. F. RABELAIS (in seinem Gargantuaroman) mit seiner Utopie von der Abtei Thélème.

In der *Musik* des 16. Jh. findet sich renaissancehaft-human., an der Antike orientiertes Denken bei Musiktheoretikern wie F. GAFFORI, H. GLAREANUS, G. ZARLINO, N. VICENTINO und V. GALILEI, die zunehmend literar. Zeugnisse antiker Musikauffassung und Musiktheorie studierten und verarbeiteten und von daher die Musikpraxis bereicherten und erneuerten. Im Bereich der prakt. Musik kann jedoch von R. nur sehr bedingt gesprochen werden, da die antike Musik selbst verloren ist und daher nicht ›wiedergeboren‹ werden konnte. Aber es gibt die R.-Haltung der Musik, die mit der R. die Blickrichtung auf den Menschen gemeinsam hat. Sie zeigt sich u. a. in der Heranbildung der funktionalen Harmonik in ihrer dem Menschen zugewandten Natürlichkeit sowie in der spezif. Gesanglichkeit der Vokalpolyphonie und in der Prachtentfaltung der →Mehrchörigkeit, ferner in dem kompositor. Ausdruck des Textes (JOSQUIN DESPREZ) und in der musikal. Autonomie der Zyklusbildung der →Messe 4), in der Kultivierung des Moments des Spiels bei der Heranbildung der eigenständigen Instrumentalmusik, in der Betonung des schöpfer. Vermögens (Ingenium) und des Werkbegriffs (Opus) sowie insbesondere in der Steigerung der Ausdruckskunst im →Madrigal und in der mit der Florentiner →Camerata verbundenen Entwicklung der →Monodie und der →Oper.

**Renaissance:** Filippo Brunelleschi, San Lorenzo in Florenz; 1419 ff.

### Bildende Kunst

Das Lebensgefühl des R.-Menschen fand seinen beredtesten Ausdruck in der bildenden Kunst Italiens. Hier löste der neue, an der Antike geschulte Stil um 1420 die Gotik ab (Früh-R.), erreichte um 1500 seinen Höhepunkt (Hoch-R.) und ging ab 1520 seinem Ende entgegen (Spät-R., meist dem →Manierismus gleichgesetzt).

Während die zeitl. Abgrenzung der R. gegen den nachfolgenden Barock eine der unproblematischsten

**Renaissance:** Fra Filippo Lippi, ›Verkündigung‹; um 1440 (Florenz, San Lorenzo)

## Rena Renaissance

Zäsuren in der Abfolge der europ. Stilepochen darstellt, ist der Übergang von der Gotik in die R. äußerst differenziert. In der italien. Kunst des 13. und 14. Jh. bedeuten bereits die Fresken GIOTTOS einen ersten Aufbruch in den Bereich diesseitiger Erscheinungen. VASARI sah hier zu Recht eine erste Stufe der ›Rinascita‹. Eine wichtige Rolle spielte die Bewegung der Bettelorden; ihre Aufforderung zu persönl. Andacht bedeutete eine Aufwertung des Individuums. In diesem Zusammenhang entstanden seit etwa 1300 in Dtl. die Andachtsbilder (Pietà, Christus-Johannes-Gruppen), schon eine früher aus dem Gesamtkunstwerk der Kathedrale gelösten Tafelbilder. Nördlich der Alpen kann die Kunst im Umkreis des Prager Hofes KARLS IV. mit ihrer nachdrückl. Betonung von Körper und Raum und der Tendenz zur individuellen Darstellung einzelner Persönlichkeiten (Büsten im Triforium des Prager Domchores, seit 1372) dem Vorfeld der R. zugeordnet werden. Ausgangspunkt und Zentrum der **Früh-R.** ist das republikan. Florenz, dessen Grundlage Tuchhandel und Bankenwesen waren. Die Antikensammlung der Medici konnte für die Entwicklung der Skulptur der R. Vorbildlichkeit gewinnen. Von einer Wiederentdeckung der Formenwelt der Antike durch die R. kann insofern keine Rede sein, als die antike Tradition in der italien. Kunst des MA. niemals abgerissen war. NICCOLÒ PISANOS Kanzel im Baptisterium zu Pisa (1260) etwa enthält so getreue Kopien antiker Vorbilder, wie sie die R. nicht wieder angestrebt hat. Nicht die Rückbesinnung auf antike Vorbilder war der Motor, der die R.-Bewegung antrieb, sondern es war umgekehrt das Streben nach einer Erfassung aller Phänomene der diesseitigen Realität, das den Künstlern erneut die Augen für die Werke der Antike öffnete. Der frz. Enzyklopädist D. DIDEROT formulierte im 18. Jh., man müsse die Antike studieren, um die Wirklichkeit zu erkennen.

Die Erforschung des Überlieferungsbestandes wird erleichtert durch die reiche Kunstliteratur aus der Zeit. Im Ggs. zum MA., in dem der Künstler oft anonym blieb, sind nun volle Signaturen und biograph. Fakten bekannt (Künstlerviten von VASARI).

Die Architektur der Früh-R. wurde in Italien in der Auseinandersetzung mit den Schriften VITRUVS entwickelt. Obwohl F. BRUNELLESCHI sich eingehend mit der antiken Baukunst befaßte, zeigte doch bereits sein erstes größeres Werk, das Findelhaus in Florenz (1419 ff.), daß er aus den antiken Elementen eigene Proportions- und Gestaltungsvorstellungen entwickelte. Entscheidend in seinen Bauten ist nicht primär die Übernahme antikisierender Einzelformen, sondern der am Menschen orientierte Maßstab. Maß, Verhältnisse und die Proportionierung der angewendeten Elemente sind bei BRUNELLESCHI auf menschl. Maß zurückgeführt, die Säule wird als das dem menschl. Körper am engsten verwandte Architekturglied verwendet; jedes einzelne Element wird sowohl zu dem benachbarten Element als auch zu dem Gesamten des Baues in ein wohlberechnetes Verhältnis gesetzt. So gelangt er zu einer Harmonie der Proportionen, die nicht den Menschen übersteigen wollen, wie die got. Baukunst des MA. es tut, sondern auf menschlich begreifbares Maß reduziert werden. Sein Bemühen um regelmäßige geometr. Formen - mit den Grundformen Halbkugel (Kuppel) und Würfel - als Grundlage eines neuen Baugedankens kam 1419 ff. in der Sakristei von San Lorenzo zum Ausdruck.

Wirkte die Ausstrahlung der Florentiner Früh-R. in der Baukunst am stärksten durch die von BRUNELLESCHI geschaffenen großen Werke - die zweischalige Florentiner Domkuppel (1418-36) und die Kirchen San Lorenzo (1419 ff.) und Santo Spirito (1436 ff.) -, so eröffneten in der Plastik und in der Malerei in Florenz L. GHIBERTI und DONATELLO sowie MASACCIO diesen beiden Kunstgattungen neue Möglichkeiten. Dabei verdient die zeitl. Abfolge, mit der die versch. Kunstgattungen die neuen schöpfer. Ideen aufnahm, Beachtung: Am Anfang stand die Skulptur und zeigte zugleich die größte Vielfalt neuartiger Lösungen. In den ersten Jahrzehnten des 15. Jh. schufen DONATELLO und NANNI DI BANCO die Statue der Neuzeit, in der nicht mehr das Gewand Ausdrucksträger ist, sondern der in seinen organ. Funktionen begriffene menschl. Körper hervortritt und dem Gewand eine dienende bzw. die Struktur des Körpers artikulierende Funktion zuweist. Dabei wird das antike Motiv der ponderierten Standfigur mit dem Kontrapost wieder aufgenommen. Dieses Figurenprinzip bestimmte die Geschichte der Statue durch alle wechselnden Stilepochen bis in das späte 19. Jh. Den bis zum Beginn der Moderne gültigen Reliefstil schuf GHIBERTI in seinen Bronzetüren für das Florentiner Baptisterium, insbesondere in der Paradiestür (1425-52), mit der bildhaften Erschließung des Hintergrundes des Reliefs. Er hatte aber schon in den späteren Reliefs der Nordtür am Baptisterium (1403-24) die neue projektionsähnl. Tiefenillusion andeutungsweise geschaffen. Während DONATELLO als erster den Schritt zur freistehenden Figur tat (›David‹, nach 1427, Florenz, Bargello; Reiterstandbild des GATTAMELATA in Padua, 1447-53), war es MASACCIO, der die von BRUNELLESCHI entwickelten Regeln der zentralperspektiv. Projektion als erster auf die Gemäldefläche übertrug (Dreifaltigkeitsfresko in Santa Maria Novella in Florenz, 1429). Die Zeitgenossen waren sich eines Epochenwandels in der Kunst z. T. sehr wohl bewußt. In diesem Sinne äußerte sich schon GHIBERTI in seinen ›Commentarii‹ und L. B. ALBERTI in seiner Schrift über die Malerei, die er BRUNELLESCHI widmete und in der er DONATELLO, GHIBERTI, MASACCIO und L. DELLA ROBBIA als Begründer der neuen Kunstrichtung rühmte. Vorherrschende Auffassung war, daß es sich bei den Regeln der neuen Kunst um eine Wissenschaft handele, bei der das Studium der Perspektive und der menschl. Anatomie einen bes. breiten Raum einnehme.

**Renaissance:** Andrea del Verrocchio, ›David‹; vor 1476 (Florenz, Museo Nazionale del Bargello)

**Renaissance:** Desiderio da Settignano, ›Christus und Johannes der Täufer als Knaben‹; Marmorrelief, Mitte des 15. Jh. (Paris, Louvre)

Die für die Florentiner R. typ. Verbindung von Humanismus und neuer Kunst war, wenn auch in etwas abgeschwächter Form, für das übrige Italien richtungweisend. Die neuen architekton. Ideen wurden bes. von ALBERTI durch Schriften (›De re aedificatoria‹, 1451) und Entwürfe (Pläne für den Umbau von San Francesco in Rimini, 1446, und Sant'Andrea in Mantua, 1470 ff.) weitervermittelt. Unter seinem Einfluß erweiterte L. LAURANA den Palazzo Ducale in Urbino (1468-72); bei der Gestaltung des Arkadeninnenhofes diente BRUNELLESCHIS Loggia am Findelhaus in Florenz als Vorbild.

Wohl kaum ein Künstler der Früh-R. im nördl. Italien ist außer durch das Vorbild florentin. Künstler (bes. DONATELLOS) von den klass. Bildungsbestrebungen und von der Begeisterung für die Antike so stark geprägt worden wie A. MANTEGNA. Seine Bindung an die Antike (Pala di San Zeno in Verona, 1456–59) und seine Beherrschung der von BRUNELLESCHI, DONATELLO und MASACCIO (BILD → Masaccio) entwickelten Projektionsregeln weisen ihn als einen wichtigen Fortsetzer der florentin. Früh-R. aus. An maler. Wirkung wurde er von PIERO DELLA FRANCESCA übertroffen, dessen Luftperspektive ein weiterer zukunftweisender Schritt für die Entfaltung der räuml. Tiefenillusion in der frühen R.-Malerei war. Das in fast all seinen Werken erkennbare gründl. Studium der Raumverhältnisse hat PIERO gegen 1478 systematisch in seinem Traktat ›De prospectiva pingendi‹ zusammengefaßt und durch Zeichnungen veranschaulicht. Seine Wirkung reichte von PERUGINO über L. SIGNORELLI bis zu RAFFAEL und LEONARDO DA VINCI. Von großem Einfluß waren auch A. DEL VERROCCHIO und A. DEL POLLAIUOLO (v. a. dessen anatom. Studien). Die Bildhauerkunst außerhalb von Florenz blieb noch lange der Gotik verhaftet. Eine Synthese beider Stile findet sich im Werk IACOPOS DELLA QUERCIA.

In der Hoch-R. wurden die zuvor entwickelten Kunstauffassungen im wesentlichen von BRAMANTE in der Architektur, von LEONARDO DA VINCI und RAFFAEL in der Malerei und von MICHELANGELO in der Bildhauerei weiterentwickelt und in Rom zu höchster Blüte gebracht. Die frühesten Zeugnisse der Hoch-R. waren neben LEONARDOS Abendmahl (1495–97; Mailand, Santa Maria delle Grazie) die Skulptur der ›Pietà‹ von MICHELANGELO (1498–1500; Rom, Peterskirche) und der Zentralbauentwurf BRAMANTES für den Neubau der → Peterskirche in Rom. BRAMANTES Einfluß prägte auch Santa Maria della Conversazione in Todi (1508 ff.). Wichtige Zentralbauten der R. sind ferner Santa Maria delle Carceri in Prato von G. DA SANGALLO (1485 ff.) und San Biaggio bei Montepulciano von A. DA SANGALLO D. Ä. (1518–29).

Die Architekturtheorien der R. gipfelten in der Vorstellung der Idealstadt; Entwürfe sind u. a. von FRANCESCO DI GIORGIO MARTINI (BILD → Perspektive 2), B. PERUZZI und LEONARDO DA VINCI überliefert (verwirklicht wurde die Konzeption in Pienza, Sabbioneta und Palmanova).

Höhepunkte der R.-Malerei, zugleich eine repräsentative Zusammenfassung aller maler. Bestrebungen seit der Mitte des 15. Jh., sind die Fresken RAFFAELS in den Stanzen des Vatikans (1508–17) und die monumentale Deckengestaltung in der Sixtin. Kapelle durch MICHELANGELO (1508–12). Diese Werke sind gekennzeichnet durch eine souveräne Beherrschung der Technik und einen hohen Grad geistiger Durchdringung des Themas. Die Einfachheit und Klarheit dieser Werke werden im Spätstil RAFFAELS wie MICHELANGELOS (das ›Jüngste Gericht‹ auf der Altarwand der Sixtin. Kapelle, 1536–41) durch einen zunehmend schwierigeren Bildaufbau, eine kompliziertere Formensprache und Themendeutung abgelöst. Der Bildaufbau und eine überaus komplizierte Dramatik verweisen auf einen neuen Stil, dessen Beginn man etwa um 1520 ansetzt. In Venedig blieben die ästhet. Vorstellungen der R. in den Werken GIORGIONES, TIZIANS und TINTORETTOS länger wirksam. Als das eigentl. Ende der Hoch-R. kann man wohl das Jahr 1527 nennen, in dem Rom von den Truppen KARLS V. erobert und geplündert wurde (Sacco di Roma). Dieses Ereignis war ein außerordentl. Schock, der die Voraussetzungen für die Kunst von Grund auf veränderte. Die gegenreformator. Kräfte sind weitere Faktoren, die der geistigen Bildung und der Kunst der Epoche andersartige Maßstäbe setzten.

Die verbreitete Vorstellung, daß sich nördlich der Alpen erst seit etwa 1500 von R. sprechen läßt, wobei

**Renaissance:** Raffael, ›Die Schule von Athen‹; Ausschnitt aus einem Fresko in der Stanza della Segnatura im Vatikan; 1509 ff.

A. DÜRERS Italienreisen (1494/95 und 1505/06) als entscheidende Meilensteine gelten, läßt sich nicht aufrechterhalten. Die Begriffe ›altdt.‹ und ›altniederländ.‹ Kunst für das 15. Jh. deuten bereits auf das Unbefriedigende einer Zuordnung dieser Phase nördlich der Alpen zur Spätgotik. Tatsächlich zeigt sich auch im Norden zunächst in der Skulptur (C. SLUTERS Arbeiten in Dijon, um 1400; H. MULTSCHERS Skulpturen u. a. in Ulm, um 1430), seit dem 3. Jahrzehnt des 15. Jh. auch in der Malerei (Genter Altar der Brüder H. und J. VAN EYCK, vollendet 1432; die Werke R. CAMPINS und ROGIERS VAN DER WEYDEN; Tiefenbronner Altar des L. MOSER, 1432; Werke von K. WITZ) die gleiche Leidenschaft für die Darstellung von Körper und Raum sowie deren wechselseitige Beziehung wie in Florenz. Wie sehr die Kunst des 15. Jh. jenseits kunstlandschaftl. Traditionen von den gleichen kulturellen Umschichtungen bestimmt wird, beweisen zwei Neuerungen in der Malerei, die unabhängig voneinander nördlich und südlich der Alpen

**Renaissance:** LINKS Domenico Ghirlandaio, ›Kopf eines alten Mannes‹; um 1488 (Stockholm, Königliche Bibliothek); RECHTS Albrecht Dürer, ›Bildnis des Vaters‹; 1490 (Florenz, Uffizien)

im frühen 15. Jh. in Erscheinung traten: die Entstehung des Porträts und die neue Formulierung des Stifterbildes auf Altären, das zu gleicher Größe mit den heiligen Figuren wächst. Beide Phänomene deuten wiederum auf die anthropozentr. Grundlage der R. Diese wird deutlich bei J. van Eyck, R. Campin, R. van der Weyden, in der Plastik bei N. Gerhaert von

**Renaissance:** Albrecht Dürer, ›Adam und Eva‹; Kupferstich, 1504

Leyden, in Italien bei Andrea del Castagna, A. Pollaiuolo, S. Botticelli, D. Ghirlandaio, Piero di Cosimo, L. Signorelli, in der Plastik bei Desiderio da Settignano. Die Unterschiede zw. der Früh-R. nördlich und südlich der Alpen dürfen allerdings nicht übersehen werden: Erstens bleibt im Norden die künstler. Erfassung der Wiedergabe des Wirklichen zunächst empirisch und intuitiv, während man sich in Italien sofort mit der Gesetzmäßigkeit der Erscheinungen (Perspektive, Proportionslehre) auseinandersetzt; zweitens beschäftigt sich der Norden zunächst mit der ›richtigen‹ Wiedergabe des Details (›Detailrealismus‹), das Ganze entsteht aus der Summe genau beobachteter Einzelheiten. Die Neugewichtung des Diesseits erfaßt aber zunächst weder nördlich noch südlich der Alpen alle Kunstlandschaften. In Italien geht die Früh-R. zunächst nur von Florenz aus, nördlich der Alpen sind es die reichen Handelsstädte Flan-

**Renaissance:** Italienischer Saal der Stadtresidenz in Landshut; Ausstattung um 1542

derns und Südwest-Dtl.s mit bürgerl. Auftraggebern, die sich den neuen Gestaltungsmöglichkeiten öffnen. Wo hingegen feudale und kirchl. Auftraggeber vorherrschen (etwa in Venedig oder am Hof in Mailand), lebt die spätgot. Tradition bis weit in das 15. Jh. weiter, so daß z. B. der erste große venezian. R.-Maler (Giovanni Bellini) bereits an der Schwelle der Hoch-R. steht. Es liegt nahe, die Früh-R. als die erste große künstler. Bewegung des zu Wohlstand und Selbstbewußtsein gelangten Bürgertums zu bezeichnen, das sich hier eigene Ausdrucksformen schafft. Wie weit sich eine ebenfalls gesamteurop. ›Regotisierung‹ in der Zeit seit 1460–70 (Botticelli und A. del Verrocchio in Florenz, H. van der Goes, H. Memling, M. Schongauer, V. Stoss im Norden) auf soziolog. Phänomene (Streben des reichen Bürgertums nach höf. Lebensweise) zurückführen läßt, ist noch zu klären.

Im *Dtl.* des 16. Jh. stellt Dürers Allerheiligenbild (1511; Wien, Kunsthistor. Museum) eine erstaunliche Parallele etwa zu Raffaels Fresko der Disputa (1509–11; Stanzen) dar. Charakteristische Züge der Hoch-R. zeigen auch M. Grünewalds Tafel mit den Heiligen Mauritius und Erasmus (um 1520), A. Altdorfers Geburt Mariä (um 1520) oder Dürers Vier Apostel (1526; alle München, Alte Pinakothek), die Porträts H. Holbeins d. J. oder in der Plastik die Altarfiguren H. Leinbergers. Auch H. Burgkmair d. Ä., L. Cranach d. J., C. Amberger und Vertreter der westfäl. Malerfamilie tom Ring setzten sich mit den Ideen der R. auseinander. In der Architektur wurden im 16. Jh. die Gedanken der Architekturtheorie nur zögernd angenommen. Die frühesten italianisierenden Bauwerke nördlich der Alpen waren die Fuggerkapelle von St. Anna in Augsburg (1508–18) und die Kirche zur ›Schönen Maria‹ in Regensburg, ein sechseckiger Zentralbau mit zweijochigem Chor (um 1520, nur als Holzmodell erhalten). Meist wurden R.-Elemente mit got. Restbeständen verbunden. Ausnahmen bilden u. a. die Stadtresidenz in Landshut (1536–43) und der Ottheinrichsbau des Heidelberger Schlosses (1556–59, nur die Fassade erhalten). Ein Stilzusammenhang bildete sich nur im Nordwesten (→ Weserrenaissance). In der Plastik finden sich italien. Entlehnungen in der Nürnberger Vischer-Werkstatt, die auch an der Gestaltung des → Maximiliansgrabes in Innsbruck mitwirkte. H. Vischer d. J. hielt Anregungen seiner Italienreise (1515) in Zeichnungen fest. P. Vischer d. J. verwendete Dekorationsmotive aus Padua und Venedig und schuf kleine Reliefs nach antikisierenden italien. Vorbildern (›Orpheus und Eurydike‹, gegen 1520; Hamburg, Museum für Kunst und Gewerbe). Führende Bildhauer der R. sind ferner C. Meit, H. Daucher, L. Hering und P. Flötner.

In den *Niederlanden* wurde zw. 1470 und 1490 der Raum erneut zum gestalter. Thema der Malerei; wie schon in der Buchmalerei um 1420 (Brüder von Limburg, Trivulzianameister) wird nicht Vorder- und Hintergrund getrennt, sondern die Figuren werden in den Raum hineingestellt (H. van der Goes, Justus van Gent, D. Bouts, Geertgen tot sint Jans). Dabei wird eine ellipt. Anordnung herausgebildet, deren sich noch J. Bruegel d. Ä. bedient. Um 1515/20 (J. Patinir) wird die Landschaft zur selbständigen Bildgattung, in der die kosm. Weite des in die Tiefe gestaffelten Raums erschlossen wird. Unmittelbar von der italien. R. ließ sich noch vor 1500 Q. Massys beeinflussen, mit dem → Romanismus wurden ab 1520/25 die italien. Einflüsse führend (J. Gossaert, J. van Scorel). In der Bildhauerei ist der in Rom ausgebildete Jacques Dubreucq (* um 1500/10, † 1584) zu nennen; richtungweisend wurde seit der Jh.-Mitte C. Floris, bes. auch für die Architektur der Spät-R. Der → Florisstil war auch für die übrige nordeurop. Kunst von

Bedeutung, bes. dank der Stiche von J. VREDEMAN DE VRIES.

In *England* verschmolzen Einflüsse der italien. R. mit Elementen der Gotik zum →Tudorstil und zum →elisabethanischen Stil. In der Plastik blieb sie ohne nachhaltige Wirkung, setzte sich in der Malerei jedoch bereits seit dem ersten Aufenthalt (1526) von H. HOLBEIN D. J. in England durch.

In *Frankreich* kam der künstler. Einfluß der italien. R. seit dem Aufenthalt LEONARDOS am frz. Königshof (1517) stärker zur Geltung. Unterstützt wurde er durch den führenden Architekturtheoretiker P. DELORME, der sich an den Werken der Antike und an BRAMANTE orientierte. Wichtig für die Entwicklung der frz. R.-Architektur waren auch die Traktate von S. SERLIO. Der italien. Formenkanon kam u. a. bei den Schlössern Chenonceaux (1515–22), Blois (Trakt FRANZ' I., 1515–24; BILD →Blois) und Chambord (1519–38; BILD →Chambord) zur Anwendung. In der Bauornamentik überwog zuerst das Interesse an venezian. und lombard. Dekor, erst nach 1528 orientierte man sich mehr an den antikisierenden Formen der Toskana. Diese Wende signalisiert Saint-Eustache in Paris (1532–37). Die von L. LAURANA, G. MAZZONI und den gleichfalls aus Italien stammenden Bildhauern A. und J. JUSTE vermittelten R.-Formen wurden v. a. von J. GOUJON, G. PILON und L. RICHIER weiterentwickelt. In der Malerei fanden Einflüsse der italien. R. Eingang in die Werke von J. FOUQUET, J. PERRÉAL, v. a. aber in die J. CLOUETS.

**Renaissance:** Cornelis Floris, Rathaus in Antwerpen; 1561–65

**Renaissance:** Peter Vischer d. J., ›Orpheus und Eurydike‹; Bronzeplakette, gegen 1520 (Hamburg, Museum für Kunst und Gewerbe)

In *Spanien* setzte sich seit Ende des 15. Jh. in Dekoration und Baukunst der Platereskenstil durch. Zu den Zeugnissen reiner R.-Baukunst gehören nach dem →Escorial der Palast KARLS V. auf der Alhambra in Granada (1526 ff.) und die Kathedrale in Granada, die 1523 im got. Stil begonnen und 1528 von D. DE SILOÉ im R.-Stil weitergebaut wurde. Der bedeutendste Bildhauer des Platereskenstils in Spanien ist der von MICHELANGELO beeinflußte A. BERRUGUETE; ihm folgten B. ORDÓÑEZ und P. DE VIGARNY. In der Malerei führte P. BERRUGUETE den Stil der italien. R. ein. Auch in den übrigen Ländern Europas gewann die R. Einfluß. Ihre Wirkung blieb nicht nur auf das 16. und 17. Jh. beschränkt, sondern sie erlangte erneut Bedeutung im Klassizismus am Ende des 18. Jh. und im 19. Jh. (Historismus).

**Allgemeines:** J. HUIZINGA: Das Problem der R. (a. d. Niederländ., 1953, Nachdr. 1974); D. HAY: Gesch. Italiens in der R. (a. d. Engl., 1962); Bibliographie internationale de l'humanisme et de la renaissance (Genf 1966 ff.); Zu Begriff u. Problem der R., hg. v. A. BUCK (1969); Dt. Forschungsgemeinschaft, Kommission für Humanismusforschung. Mitt. (1975 ff.); J. W. ALLEN: A history of political thought in the sixteenth century (Neuausg. London 1977); Wolfenbütteler R.-Mitt. (1977 ff.); P. O. KRISTELLER: Humanismus u. R., 2 Bde. (a. d. Engl., Neuausg. 1980); P. BURKE: Die R. in Italien: Sozialgesch. einer Kultur zw. Tradition u. Erfindung (a. d. Engl., 1984); ders.: Die R. (a. d. Engl., 1990); A. HELLER: Der Mensch der R. (a. d. Ungar., 1988); J. BURCKHARDT: Die Kultur der R. in Italien (Neuausg. 1989); H.-B. GERL: Einf. in die Philosophie der R. (1989); Lex. der R., hg. v. G. GURST u. a. (Leipzig 1989); R. – Humanismus, Zugänge zur Bildungstheorie der frühen Neuzeit, hg. v. J. RUHLOFF (1989); S. HEISSLER u. P. BLASTENBREI: Frauen der italien. R. (1990); Der Mensch der R., hg. v. E. GARIN (1990).

**Musik:** H. BESSELER: Die Musik des MA. u. der R. (1931, Nachdr. 1979); G. REESE: Music in the R. (Neuausg. London 1978); Neues Hb. der Musikwiss., hg. v. C. DAHLHAUS, Bd. 3: Die Musik des 15. u. 16. Jh., hg. v. L. FINSCHER, 2 Tle. (1989–90).

**Bildende Kunst:** G. KAUFFMANN: Die Kunst des 16. Jh. (1970); J. BIAŁOSTOCKI: Spät-MA. u. beginnende Neuzeit (1972, Nachdr. 1984); M. LEVEY: High R. (Harmondsworth 1975); L. BENEVOLO: The architecture of the R., 2 Bde. (Boulder, Colo., 1978); R. WITTKOWER: Idea and image, studies in the Italian R. (London 1978); ders.: Grundlagen der Architektur im Zeitalter des Humanismus (a. d. Engl., Neuausg. 1983); M. WUNDRAM: R. (Luzern 1978); E. PANOFSKY: Die Renaissancen der europ. Kunst (1979); B. BERENSON: The Italian painters of the R. (Ithaca, N. Y., 1980); P. MURRAY: Die Architektur der R. in Italien (a. d. Engl., 1980); H. R. HITCHCOCK: German R. architecture (Princeton, N. J., 1981); Ideal u. Typus in der italien. R.-Malerei, bearb. v. E. H. GOMBRICH (1983); H.-J. KADATZ: Dt. R.-Baukunst (1983); G. C. ARGAN: Classico anticlassico: il rinascimento da Brunelleschi a Bruegel (Mailand 1984); A. CHASTEL: Chronik der italien. R.-Malerei: 1280–1580 (a. d. Frz., 1984); E. H. GOMBRICH: Die Kunst der R., 4 Bde. (a. d. Engl., 1985–88, ab Bd. 2 u. d. T. Zur Kunst der R.); B. JESTAZ: Die Kunst der R. (a. d. Frz., 1985); W. PRINZ u. R. G. KECKS: Das frz. Schloß der R. (1985); J. SNYDER: Northern R. art. Painting, sculpture and the graphic arts from 1350–1575 (New York 1985); N. HUSE u. W. WOLTERS: Venedig: Die Kunst der R. (1986); Die R. im dt. Südwesten, 2 Bde., Ausst.-Kat. (1986); J. POESCHKE: Die Skulptur der R. in Italien, 2 Bde. (1990–91).

**Renaix** [rəˈnɛ], Stadt in Belgien, →Ronse.

**Renan** [rəˈnã], Ernest, frz. Religionswissenschaftler, Orientalist und Schriftsteller, *Tréguier (bei Paimpol) 27. 2. 1823, † Paris 2. 10. 1892. Nach theolog. Studium (1838–45) löste sich R. unter dem Einfluß der krit. dt. Philosophie und Theologie vom christl. Glauben und wandte sich in zahlreichen Veröffentlichungen der Orientalistik und Religionswissenschaft zu. Sein (geschichtsphilosoph.) Erstlingswerk, ›L'avenir de la science. Pensées de 1848‹ (1890 publiziert), spiegelt R.s positivist. und kulturoptimist. Einstellung. 1860/61 im offiziellen Auftrag in Kleinasien forschend, sammelte er dort die Motive zu Publikationen

Ernest Renan

**Rena** Renard – Rendille

wie ›La mission de Phénice‹ (2 Bde., 1864–74) und ›Histoire des origines du Christianisme‹ (8 Bde., 1863–83), deren erster Band unter dem Titel ›Vie de Jésus‹ die Ergebnisse der →Leben-Jesu-Forschung in romanhafter Form aufnahm. Seine Berufung (1862) auf einen Lehrstuhl für oriental. Sprachen am Collège de France in Paris scheiterte an der scharfen Kritik seitens des Episkopats und der Öffentlichkeit an seiner idyllisierenden und zugleich historist. Sicht der Person Jesu. 1870 wurde R., der sich selbst nicht als antireligiös verstand, rehabilitiert, 1879 Mitgl. der Académie française, 1883 Geschäftsführer des Collège de France. Von den Modernisten der Jahrhundertwende wurden R.s Anliegen kritisch aufgenommen (z. B. A. Loisy); Einflüsse finden sich auch bei H. Bergson und in der russ. Literatur des 19. Jh. – Eine 1968 gegründete R.-Gesellschaft widmet sich der Erforschung der Ideen R.s und seines Umfeldes.

*Ausgabe:* Œuvres complètes, hg. v. H. Psichari, 10 Bde. (1947–61).

Y. Marchasson: R., in: Dictionnaire de la Bible, hg. v. L. Pirot u. a., Suppl. 10 (Paris 1985); D. M. Hoffmann: R. u. das Judentum (1988).

**Renard** [rə'naːr], Jules, frz. Schriftsteller, * Châlons-du-Maine (Dép. Mayenne) 22. 2. 1864, † Paris 22. 5. 1910; Verfasser psychologisch vertiefter, naturalist. Romane, Novellen und Dramen, in denen die kritisch beobachtete Realität in stilistisch knapper und suggestiver Form gespiegelt erscheint. Bekannt wurde der Roman eines ungeliebten Kindes, ›Poil de carotte‹ (1894, dt. ›Rotfuchs‹; dramatisiert 1900, dt. u. d. T. ›Fuchs‹). Bedeutendes psycholog. Dokument ist sein ›Journal‹, 4 Bde. (hg. 1927, vollständig 1935, dt. Teilausgabe u. d. T. ›Ideen, in Tinte getaucht‹).

*Weitere Werke: Romane:* L'écornifleur (1892; dt. Der Schmarotzer, als Drama 1903 u. d. T. Monsieur Vernet); Le vigneron dans sa vigne (1894). – *Novellen:* Crime de village (1888). – *Erzählungen:* Histoires naturelles (1896, erweitert 1904; dt. Naturgeschichten).

**Renart, Roman de** [rɔ'mã də rə'naːr], altfrz. Tierepos, →Reinecke Fuchs.

**Renate,** weibl. Vorname, weibl. Form des nicht gebräuchlichen männl. Vornamens **Renatus** (lat. ›der Wiedergeborene‹).

**renaturieren,** eine genutzte, kultivierte Bodenfläche in den naturnäheren Zustand zurückführen.

**Re|naturierung,** die Rückwandlung von Makromolekülen, bes. Proteinen oder Nukleinsäuren, von einer denaturierten Form in die ursprüngl. (native) Konfiguration. So renaturiert eine etwa bei 80 °C zur Einsträngigkeit denaturierte (›geschmolzene‹) Desoxyribonukleinsäure (DNS), wenn sie langsam auf 60 °C abgekühlt wird. Dabei bilden zwei Einzelstränge mit komplementärer Basensequenz wieder eine ursprüngl. DNS-Doppelhelix.

**Renaud** [rə'no], Madeleine, frz. Schauspielerin, * Paris 21. 2. 1900; 1921–47 an der Comédie-Française, u. a. in Stücken von H. de Montherlant, P. Claudel und F. Mauriac; schuf mit ihrem Mann J.-L. Barrault eine eigene Theatertruppe.

**Renaudot** [rəno'do], Théophraste, frz. Publizist, Arzt und Historiograph Ludwigs XIII., * Loudun (Dép. Vienne) 1586, † Paris 25. 10. 1653; oft ›Vater des frz. Journalismus‹ genannt; wurde 1618 Generalsekretär des Armenwesens und richtete 1630 in Paris das ›Bureau d'Adresses et de Rencontres‹, ein Amt für Arbeitsvermittlung, sowie eine Poliklinik mit freier Behandlung für Bedürftige ein. 1631 rief er die wöchentlich erscheinende Nachrichtenzeitung ›Gazette‹ ins Leben, die seit 1762 als ›Gazette de France‹ (bis 1914) erschien. Seit 1926 wird in Frankreich jährlich der **Prix T. R.** für hervorragende publizist. Leistungen vergeben.

Théophraste Renaudot

**Renault** [rə'no], Louis, frz. Jurist, * Autun 21. 5. 1843, † Barbizon 8. 2. 1918; Völkerrechtslehrer (Dijon, Paris), Mitgl. des Ständigen Schiedsgerichtshofs in Den Haag und Friedensnobelpreisträger 1907; verfaßte Werke über Völker- und Handelsrecht.

**Renault S. A.** [rə'no sɔsje'te anɔ'nim], Kurz-Bez. für **Régie Nationale des Usines Renault S. A.** [re'ʒi nasjɔ'nal dɛzy'zin-], größtes frz. und drittgrößtes europ. Automobilunternehmen; gegr. 1898 von Louis Renault (* 1877, † 1944), 1945 verstaatlicht. 1990 hat R. das Unternehmensstatut geändert und ist nun kein staatl. Regiebetrieb mehr, sondern eine normale AG, allerdings ist der Staat weiterhin der einzige Aktionär. Sitz: Boulogne-Billancourt, wo sich bis zur Stillegung 1989 die traditionsreichsten und größten Produktionsanlagen befanden; umfangreiche Anlagen sind auch in Cléon, Douai, Le Mans und Sandouville. Neben Pkw (1990: 1,78 Mio. Stück) werden auch Lkw (auch der amerikan. Marke Mack) hergestellt (1990: 66 700). Die langjährige Kooperation mit Volvo wurde 1991 durch gegenseitige Beteiligungen vertieft. Umsatz (1990): 163,6 Mrd. FF, Beschäftigte: 157 000.

**Renaut de Montauban** [rənodmõto'bã], altfrz. Chanson de geste, →Haimonskinder.

**Rench** die, rechter Nebenfluß des Oberrheins, Bad.-Württ., 54 km lang, entspringt am Kniebis im Schwarzwald und mündet bei Helmlingen. Im R.-Tal liegen die Bäder Peterstal und Griesbach. Durch die R.-Acher-Korrektion wurde im Maiwaldgebiet (Oberrheinebene) der Abfluß beschleunigt.

**Renchen,** Stadt im Ortenaukreis, Bad.-Württ., 150 m ü. M., im Oberrhein. Tiefland, an der Rench, (1991) 6 200 Ew.; Maschinenbau u. a. Industrie. – R., aus einem zähring. Ministerialensitz um 1050 entstanden, kam 1228 an das Hochstift Straßburg und fiel 1803 an Baden. 1836 erhielt R. Stadtrecht. – Der klassizist. Bau der Kirche Hl. Kreuz wurde 1816–17 nach Plänen von F. Weinbrenner errichtet.

**Rencontre** [rã'kõtrə; frz. ›Begegnung‹] *das, -s/-s,* beim Fechten der Mannschaftskampf.

**Rendant** [frz., zu rendre ›zurückerstatten‹] *der, -en/-en,* Rechnungsführer in größeren Kirchengemeinden oder Gemeindeverbänden.

**Rendell** ['rendəl], Ruth, Pseudonym **Barbara Vine** [vaɪn], engl. Schriftstellerin, * London 17. 2. 1930; zunächst Journalistin; schreibt, seit dem Erfolg ihres ersten Romans ›From Doon with death‹ (1964; dt. ›Alles Liebe vom Tode‹), psychologisch und soziologisch ausgefeilte, spannende und vielfach mit Preisen ausgezeichnete Polizei- und Kriminalromane, u. a. um die Figur des Inspektors Wexford.

*Weitere Werke: Romane:* Vanity dies hard (1966; dt. Die Verblendeten); Speaker of Mandarin (1983; dt. Durch das Tor zum himml. Frieden); The killing doll (1984; dt. Der Pakt); Heartstones (1987; dt. Herzsplitter); The veiled one (1988; dt. Die Verschleierte); The bridesmaid (1989; dt. Die Brautjungfer); Going wrong (1990; dt. Die Werbung). – *Kurzgeschichten:* Collected short stories (1987).

**Rendement** [rãd'mã; frz., zu rendre ›zurückerstatten‹] *das, -s/-s,* Ertrag, bes. das Verhältnis, das angibt, welche Ausbeute an Fertigfabrikaten ein Rohstoff zu liefern vermag, z. B. der Anteil reiner Wolle (Reinwollgewicht) in der Rohwolle.

**Rendezvous** [rãde'vu:, frz.] *das, -/-,* 1) allg.: veraltend, noch *scherzhaft* für: Stelldichein, Verabredung. 2) *Raumfahrt:* **R.-Manöver,** die gezielte Annäherung eines Raumfahrzeugs an ein anderes. Die Beherrschung der R.-Technik ist Voraussetzung für das **Docking,** das Ankoppeln eines Raumfahrzeugs an ein anderes.

**Rendille, Rendile,** ostkuschit. Volk östlich des Turkanasees in N-Kenia. Die (1988) 40 000 R. werden i. a. den →Oromo zugerechnet, nach Sprache und Abstammung sind sie den Somal näher.

G. Schlee: Das Glaubens- u. Sozialsystem der R. (1979).

Louis Renault

**Rendite** [italien. rendita ›Einkünfte‹, ›Gewinn‹, zu rendere, lat. reddere ›zurückgeben‹] *die, -/-n,* der Ertrag (z. B. die jährl. Gesamtverzinsung) einer Kapitalanlage, i. d. R. ausgedrückt in Prozenten des Kapitals. Bei Aktien ist sie abhängig von der Dividende und dem Kurs, bei Anleihen von mehreren Komponenten (Nominalzins, Periodizität der Zinszahlungen, Kauf- und Rückzahlungskurs, Laufzeit sowie Tilgungsmodus). Die R. wird benutzt als Mittel zur Bestimmung der Vorteilhaftigkeit von Kapitalanlagen (→Effektivverzinsung, →Rentabilität).

**Rendra,** W. (Willibrordus) S., indones. Schriftsteller, * Surakarta 7. 11. 1935; trat v. a. als Lyriker hervor und machte die Form der Ballade in der indones. Literatur heimisch. Expressivität und Metaphorik seiner Balladen weisen vielfach Ähnlichkeit mit F. GARCÍA LORCAS Dichtungen auf. Anfangs noch mehr individualistisch geprägt, zeigt sein Werk heute deutliches sozialkrit. Engagement.

**Rendsburg,** Name von geographischen Objekten:
1) **Rendsburg,** Kreisstadt des Kr. Rendsburg-Eckernförde, Schlesw.-Holst., an der Eider und am Nord-Ostsee-Kanal, (1991) 31 200 Ew.; Landwirtschaftsfachhochschule, Fachhochschule für Berufstätige, Fachschulen, Heimat-, Elektromuseum, Norddt. Druckmuseum; Sitz des Schleswig-Holstein. Landestheaters und der Niederdt. Bühne. R. erhielt durch die

**Rendsburg 1):** Eisenbahnhochbrücke über den Nord-Ostsee-Kanal mit an Seilen hängender Schwebefähre

Eröffnung des Nord-Ostsee-Kanals (1895) starke wirtschaftl. Impulse; Maschinen- und Werkzeugbau, Dünger-, Möbel-, Drahtfabrik, Gießerei, Betonwerk; Handels- und Kongreßstadt mit Bauerntag und Landwirtschaftsschau; Zentralviehmarkt. Hafen am Nord-Ostsee-Kanal; unter dem Kanal ein vierspuriger Straßentunnel und ein Fußgängertunnel, über ihn führen eine Eisenbahnhochbrücke und eine Autobahnbrücke. – Das im 12. Jh. auf einer Eiderinsel erbaute, 1199 als **Reinoldesburg** erwähnte R. war 1200–52 dänisch. 1253 wurde R. als Stadt bezeugt und gegen Ende des 13. Jh. als Residenz der Rendsburger Linie der Grafen von Schauenburg genannt. Die 1536–41 befestigte Stadt wurde während des Dreißigjährigen Krieges 1627 von Wallenstein. und 1644 von schwed. Truppen erobert. 1690–95 wurden die Befestigungsanlagen, die 1852 aufgegeben wurden, umgestaltet und wesentlich erweitert. – In der Altstadt auf der Eiderinsel liegt die got. Marienkirche des 13. Jh. mit reicher Ausstattung (Schnitzaltar, 1649). Im Alten Rathaus (Fachwerk im Obergeschoß, Kern 16. Jh.) das Heimatmuseum (Stadtmodelle, Waffen u. a.). Im Gebäude der ehem. Synagoge (frühes 19. Jh.) wurde 1988 ein jüd. Kulturzentrum eröffnet. Im 1690–95 halbkreisförmig angelegten Stadtteil Neuwerk Paradeplatz mit Amtsgebäuden (17./18. Jh.) und kreuzförmige barocke Christkirche (1694–1700). Verwaltungsgebäude von F. HÖGER (1919/20). Kunstgußmuseum in der Ahlmann-Carlshütte.
KARL MÜLLER: R. Wachstum u. Wandlungen (1961).
2) **Rendsburg-Eckernförde,** Landkreis in Schlesw.-Holst., 2 185 km², (1990) 244 700 Ew.; Kreisstadt ist Rendsburg. Der Kreis erstreckt sich von der Ostseeküste (um die Eckernförder Bucht) bis zu den Flußmarschen an der Eider; im O kuppiges Grund- und Endmoränengebiet aus der letzten Eiszeit (Schwansen, Dän. Wohld) mit zahlreichen Seen (u. a. Witten- und Westensee), im W Geestgebiet mit moorigen Flußniederungen; vom Nord-Ostsee-Kanal durchzogen. Im O überwiegt Gutsbesitz, sonst Haufendörfer. Neben der Industrie ist der Fremdenverkehr (v. a. an der Ostsee) von besonderer wirtschaftl. Bedeutung. Außer Rendsburg haben auch Eckernförde und Nortorf Stadtrecht.

**Rendsburg 1)** Stadtwappen

**Rendzina** [poln.] *die, -,* **Fleins|erde, Humuscarbonatboden,** Bodentyp mit flachgründigem, stark humosem, schwarz bis schwarzbraun gefärbtem A-Horizont über hellem C-Horizont; sie bildet sich auf festem Carbonatgestein (Kalk, Dolomit) unter Laubmischwäldern der Mittelgebirge und Hügelländer in den gemäßigten Breiten, meist in Hang-, seltener in ebener Lage; sie wird meist als Grün- oder Waldland genutzt. R. entspricht dem Ranker auf Silikatgestein.

**René** [rə'ne], frz. Form des männl. Vornamens Renatus (→Renate).

**René I., R. von Anjou** [rə'ne, ã'ʒu], Herzog von Anjou, König von Neapel (1435–42), gen. ›der gute König R.‹, * Angers 16. 1. 1409, † Aix-en-Provence 10. 7. 1480; Sohn LUDWIGS II. von Neapel (1386 bis 1400, † 1417); erbte die Herzogtümer Bar (1419) und Lothringen (1431) sowie das Königreich Neapel (1435) mit der Grafschaft Provence, behauptete sich aber nach dem Verlust Neapels an ALFONS V. von Aragonien nur in Anjou und in der Provence. R., der selbst dichtete und malte, wirkte in Aix-en-Provence und in Angers als Kunstmäzen.

**Renée** [rə'ne], frz. Form des weibl. Vornamens Renate.

**Renegat** [frz. rénégat, von italien. rinnegato, zu rinnegare ›abschwören‹] *der, -en/-en,* bildungssprachlich für: Abtrünniger, Abweichler.

**Reneklode** [frz. reineclaude, eigtl. ›Königin Claude‹, nach der frz. Königin CLAUDIA] *die, -/-n,* Unterart des →Pflaumenbaums.

**Renens (VD)** [rə'nã ('vo)], Gem. im Kt. Waadt, Schweiz, 416 m ü. M., nordwestlich an Lausanne anschließend, (1990) 16 900 Ew.; Textil- und opt. Industrie, Maschinenbau; v. a. Wohnort.

**Renette** [frz. Verkleinerung von reine ›Königin‹] *die, -/-n,* **Reinette,** Sammel-Bez. für versch. Apfelsorten; z. B. Champagner-R., Cox' Orange, Gold-R., Landsberger Renette.

**Renfrew** ['renfru:], 1) Stadt in der Strathclyde Region, Schottland, am Clyde, westlich von Glasgow, (1981) 21 400 Ew.; Schiff- und Maschinenbau, Herstellung von Kesseln, Reifenindustrie.
2) ehem. County in SW-Schottland, seit 1975 Teil der Strathclyde Region.

**Renga** *das, -,* im japan. MA. aus dem Kurzgedicht (→Tanka) entwickeltes Kettengedicht, bei dem Oberstollen von 5 : 7 : 5 Silben und Unterstollen von 7 : 7 Silben zu lyr. Sequenzen mit bis zu 100 Strophen verbunden wurden.

**Renger,** Annemarie, Politikerin (SPD), * Leipzig 7. 10. 1919; 1945–52 Mitarbeiterin K. SCHUMACHERS, 1953–90 MdB, 1959–66 Mitgl. der Beratenden Versammlung des Europarates, 1969–72 parlamentar. Geschäftsführerin der SPD-Fraktion im Bundestag, 1972–76 Präsidentin des Bundestages, 1976–90 des-

**Annemarie Renger**

**Reng** Renger-Patzsch – Renn

sen Vizepräsidentin. 1979 war sie Kandidatin ihrer Partei für das Amt des Bundespräsidenten. Seit 1990 ist R. Präsidentin des Dt. Rates der Europ. Bewegung.

**Renger-Patzsch,** Albert, Photograph, * Würzburg 22. 6. 1897, † Wamel (heute zu Möhnesee) 27. 5. 1966; wichtiger Vertreter der Neuen Sachlichkeit in

Albert Renger-Patzsch: Echeveria; 1922

der Photographie. Sein 1928 erschienenes Buch ›Die Welt ist schön‹ mit 100 Natur-, Sach- und Industrieaufnahmen gab dieser Richtung wesentl. Impulse. 1933–34 lehrte er an der Folkwangschule in Essen. Er veröffentlichte über 20 Bildbände.

Industrielandschaft, Industriearchitektur, Industrieprodukt. Fotografien, 1925–1960 von A. R.-P., bearb. v. K. HONNEF u. a., Ausst.-Kat. (1977).

**Rengsdorf,** Gem. im Kr. Neuwied, Rheinl.-Pf., 300 m ü. M., im Naturpark Rhein-Westerwald, (1991) 2800 Ew.; heilklimat. Kurort.

**Reni,** Guido, italien. Maler, * Calvenzano (heute zu Vergato, Prov. Bologna) 4. 11. 1575, † Bologna 18. 8. 1642; lernte bei D. CALVAERT, ab 1595 bei den Carracci und war 1600–03 sowie 1605–10 und 1612–14 v. a. in Rom tätig, wo er, von CARAVAGGIO beeinflußt, die Bologneser klassizist. Tendenzen mit Helldunkelkontrasten verband. Seit einem zweiten Romaufenthalt gewann RAFFAEL prägenden Einfluß. Seit 1616 in Bologna, gelangte er in seiner Spätzeit zu einem kühlen, eleganten Barockstil von glatten Formen, konventioneller Schönheit und pathet. Eindringlichkeit; schuf auch Radierungen.

Hauptwerke: Gang des hl. Andreas zur Kreuzigung (1609–10; Rom, San Gregorio Magno); Fresken in der Kapelle des Quirinals (1610) und der Capella Paolini von Santa Maria Maggiore in Rom (1612–14); Bethlehemit. Kindermord (1611; Bologna, Pinakothek); Deckenfresko der Aurora (1612–14; Rom, Palazzo Rospigliosi); Pietà mit Heiligen (1616; Bologna, Pinakothek); Herkulesbilder (1617–21; Louvre); Wettlauf der Atalante mit Hippomenes (Neapel, Museo e Gallerie Nazionali di Capodimonte); Ruhende Venus (Dresden, Gemäldegalerie).

D. S. PEPPER: G. R. a complete catalogue of his works (Oxford 1984); G. R. u. Europa. Ruhm u. Nachruhm, Ausst.-Kat. (1988).

**Renierit** [nach dem belg. Geologen M. ARMAND RENIER, * 1876, † 1951] *der, -s/-e,* Mineral, → Germanit.

**Renin** [zu lat. ren ›Niere‹] *das, -s/-e,* im juxtaglomerulären Apparat der → Niere gebildetes Enzym (Protease), das auch als Gewebshormon angesehen wird. R. bewirkt über die Anregung der Freisetzung von Angiotensin eine Blutdrucksteigerung und gleichzeitig die Ausschüttung von Aldosteron in der Nebennierenrinde; dies führt zur verstärkten Natrium- und Wasserretention in der Niere und damit zur Erhöhung des Blutvolumens. R. dient somit bei reduziertem Blutvolumen und erniedrigtem Blutdruck der Normalisierung des Kreislaufs. Gleichzeitig erhöht eine gesteigerte R.-Konzentration das Durstgefühl (→ Durst).

**renitent** [frz. ›dem Druck widerstehend‹, von lat. reniti, renitens ›sich widersetzen‹], *bildungssprachlich* für: widersetzlich, widerspenstig.

**Renitenztheater, Kleines R.,** 1961 von GERHARD WOYDA (* 1925) in Stuttgart gegründetes politisch-literar. Kabarett, entstanden aus dem Kabarett ›Die Amnestierten‹. In den Programmen des R. dominiert das komödiant. Element unter weitgehendem Verzicht auf aggressive polit. Satire.

**Renken,** Fischgattung, die → Felchen.

**Renker,** Gustav, schweizer. Schriftsteller, * Zürich 12. 10. 1889, † Langnau im Emmental 23. 7. 1967; urspr. Kapellmeister, später Journalist. R., der seine Jugend in Kärnten verbrachte, verfaßte Berg- und Heimatromane, die sich durch eindrucksvolle Naturschilderungen auszeichnen.

Werke: *Romane:* Heilige Berge (1921); Der See (1926); Der Weg über den Berg (1942); Der Mönch von Ossiach (1948); Der Teufel von Saletto (1956); Licht im Moor (1957).

**Renkum** [ˈrɛŋkəm], Gem. in der Prov. Gelderland, Niederlande, am Neder-Rijn westlich von Arnheim, (1990) 33 600 Ew.; Fahrzeugbau, Möbel- und Druckindustrie. Zu R. gehört → Oosterbeek.

**Renkverbindung,** formschlüssige Verbindung von zwei Bauteilen, die zusammengesteckt, dann verschoben oder verdreht werden. Eine R. kann meist ohne Werkzeug hergestellt oder gelöst werden (z. B. der → Bajonettverschluß).

**Renminbi ¥uan** [›Währung des Volkes‹], Abk. **RMB ¥,** Währungseinheit in China seit 1969, 1 R. ¥. = 10 Jiao = 100 Fen.

**Renmin Ribao** [›Volkszeitung‹], chin. Name der → Pekinger Volkszeitung.

Guido Reni: Wettlauf der Atalante mit Hippomenes (Neapel, Museo e Gallerie Nazionali di Capodimonte)

Ludwig Renn

Karl Renner

**Renn,** Ludwig, eigtl. **Arnold Friedrich Vieth von Golssenau,** Schriftsteller, * Dresden 22. 4. 1889, † Berlin (Ost) 21. 7. 1979; gab kurz nach dem Ersten Weltkrieg die Heeres- und Polizeioffizierslaufbahn auf, trat 1928 der KPD bei; 1929–32 Mitherausgeber der Zeitschriften ›Aufbruch‹ und ›Linkskurve‹; im nat.-soz. Dtl. verfolgt, zweieinhalbjährige Gefängnishaft bis 1935; 1936 emigrierte er in die Schweiz; Offizier bei den internat. Brigaden im Span. Bürgerkrieg. 1939–47 in Mexiko; 1947 wurde er Prof. für Anthropologie in Dresden; lebte seit 1952 als freier Schriftsteller in Berlin (Ost). Sein reportageartiger Roman ›Krieg‹ (1928), in dem er den Krieg aus der Sicht des einfachen Soldaten zeigt, wurde ein Welterfolg. In der Fortsetzung ›Nachkrieg‹ (1930) schilderte R. die innenpolit. Kämpfe von 1919/20. Er schrieb ferner zeitgeschichtl. Erlebnisberichte, Romane mit autobiograph. Zügen sowie Kinder- und Jugendbücher.

**Rennattern,** *Drymobius,* Gattung bis 1,3 m langer Nattern mit vier Arten in Amerika (Texas bis Peru). R. sind tagaktive, flinke Bodenschlangen mit deutlich vom Rumpf abgesetztem Kopf und großen Augen. Sie halten sich häufig in der Nähe von Gewässern auf, ihre Hauptnahrung sind Frösche.

**Rennbahn,** *Sport:* 1) im Pferdesport Bahnanlage für Galopprennen und Trabrennen; 2) im Radsport Wettbewerbsstrecke für die Bahnwettkämpfe.

**Renn|echsen,** *Cnemidophorus,* Gattung der Schienenechsen mit etwa 40 Arten in sonnigen und halbtrockenen Gebieten in den USA sowie Mittel- und Südamerika bis N-Argentinien. R. sind bis 35 cm lange, flinke, tagaktive Bodenbewohner. Bei schneller Flucht laufen sie kurze Strecken auf den Hinterbeinen. Bei einigen Formen tritt Parthenogenese auf.

**Renner, 1)** Karl, österr. Politiker, * Untertannowitz (bei Nikolsburg) 14. 12. 1870, † Wien 31. 12. 1950; war zunächst Parlamentsbibliothekar. Er stieg zu einem der Führer der österr. Sozialdemokratie auf und wurde 1907 Mitgl. des Reichsrats. R. war ein führender Vertreter des Austromarxismus, der in einer ›fortschreitenden Durchstaatlichung der Ökonomie‹ die Möglichkeit sah, die kapitalist. Gesellschaftsordnung in eine sozialist. zu transformieren. In der Nationalitätenfrage forderte er ein gleichberechtigtes Nebeneinander aller in Österreich-Ungarn lebenden Völker auf föderativ-nationaler und demokrat. Basis.

Nach dem Zusammenbruch Österreich-Ungarns (1918) war R. von Okt. 1918 bis Juni 1920 Staatskanzler, 1919–20 zugleich Staatssekretär des Äußeren. Bei den Pariser Friedensverhandlungen unterzeichnete er 1919 den Vertrag von Saint-Germain-en-Laye. Mit der Ausarbeitung einer provisor. Verf., der Verabschiedung des Habsburger-Ges. und einer umfangreichen Sozialgesetzgebung legte seine Reg. die Grundlagen der Ersten Republik.

In den 20er Jahren widmete sich R. dem Aufbau des Genossenschaftswesens. 1930–33 war er Erster Präs. des Nationalrates; seinen Rücktritt nutzte Bundeskanzler E. DOLLFUSS zur Ausschaltung des Nationalrats. 1938 erklärte R. sich für den ›Anschluß‹ Österreichs an Dtl. Ende April 1945 bildete er (als Staatskanzler) eine provisor. österr. Regierung (bis Dez. 1945), die die Voraussetzungen für die Errichtung der Zweiten Republik schuf. Ab Dez. 1945 war R. Bundespräsident.

**Schriften:** Österreichs Erneuerung, 3 Bde. (1916); Marxismus, Krieg u. Internationale (1917), Staatswirtschaft, Weltwirtschaft u. Sozialismus (1929); An der Wende zweier Zeiten (1946, Autobiographisches); Mensch u. Gesellschaft (hg. 1952).

**Ausgabe:** Österreich von der ersten zur zweiten Republik, hg. v. A. SCHÄRF (1953).

J. HANNAK: K. R. u. seine Zeit (Wien 1965); S. NASKO: K. R. in Dokumenten u. Erinnerungen (Neuausg. ebd. 1985); E. PANZENBÖCK: Ein dt. Traum. Anschlußidee u. Anschlußpolitik bei K. R. u. Otto Bauer (ebd. 1985); A. PELINKA: K. R. zur Einf. (1989).

**2)** Paul, Buch- und Schriftkünstler, * Wernigerode 9. 8. 1878, † Hödingen (heute zu Überlingen) 25. 4. 1956; studierte Malerei, gründete 1911 mit E. PREETORIUS die Schule für Illustration und Buchgewerbe in München, baute 1926–33 die Meisterschule für Dtl.s Buchdrucker in München auf. R. entwarf die Typographie und die Einbände vieler Bücher und zeichnete Druckschriften, bes. seine weltbekannte Groteskschrift **Futura** (1926), ferner **R.-Antiqua** und **R.-Kursiv** (1939) sowie **Ballade** (1937).

**Rennerod,** Stadt im Westerwaldkreis, Rheinl.-Pf., 455 m ü. M., im Hohen Westerwald, (1991) 4 000 Ew.; Luftkurort. – Stadtrecht seit 1971.

**Rennert, 1)** Günther, Opern- und Schauspielregisseur, * Essen 1. 4. 1911, † Salzburg 31. 7. 1978, Bruder von 2); war u. a. 1942–46 Oberspielleiter an der Städt. Oper Berlin, 1946–56 Intendant der Hamburg. Staatsoper, 1959–67 Oberspielleiter der Glyndebourne Festival Opera und 1967–77 Intendant der Bayer. Staatsoper in München; daneben Gastregisseur im In- und Ausland. R. inszenierte v. a. Opern des klass. Repertoires (W. A. MOZART, G. ROSSINI) und Werke des Musiktheaters des 20. Jh., darunter eine Reihe von Uraufführungen. Er veröffentlichte ›Opernarbeit. Inszenierungen 1963–1973‹ (1974).

**2)** Wolfgang, Dirigent, * Köln 1. 4. 1922, Bruder von 1); studierte bei C. KRAUSS und war nach Stationen in Düsseldorf, Kiel, Frankfurt am Main (1953–67 1. Dirigent und stellvertretender Generalmusikdirektor), München (1967–72 Chefdirigent des Theaters am Gärtnerplatz) und Berlin (ständiger Gastdirigent an der Staatsoper seit 1971) 1980–85 Generalmusikdirektor und Operndirektor am Nationaltheater Mannheim.

**Rennes** [rɛn], Hauptstadt der Region Bretagne und des Dép. Ille-et-Vilaine, Frankreich, 30 m ü. M., am Zusammenfluß von Ille und Vilaine, (1990) 203 500 Ew.; Sitz eines kath. Erzbischofs; zwei Univ., Fachhochschulen für Landwirtschaft, Gesundheitswesen und Technik; Museum der Bretagne, archäolog. und Kunstmuseum, Automobilmuseum; Theater. Als Verkehrs- und Marktzentrum ist R. auch wirtschaftl. Mittelpunkt der Bretagne; Automobil-, Elektro-, Papier-, chem., Textil-, Leder- und Nahrungsmittelindustrie; Erdölraffinerie (Pipeline von Donges); Flugplatz. – R. war als **Condate** Hauptort der kelt. Redonen, nach denen es seit der Römerzeit hieß (**Civitas Redonum**). Die Grafen von R. wurden gegen Ende des 10. Jh. Herzöge der ganzen Bretagne. Die Juristenschule von R. wurde im 19. Jh. Akademie, dann zur Univ. ausgebaut. – Die Altstadt auf dem rechten Ufer der Vilaine, 1720 durch einen Brand fast völlig zerstört (erhalten Palais de Justice, 1618–55; im Großen Saal Wandteppiche zur Geschichte der Bretagne), wurde seitdem neu angelegt (Hôtel de Ville, 1734–43; Kathedrale, 1787–1844; Theater, 1856); Fischhalle (1912) und Schwimmbad (1926) mit Kacheldekorationen in Jugendstil und Art deco.

Günther Rennert

Wolfgang Rennert

Rennes
Stadtwappen

**Rennes:** Palais de Justice; 1618–55

**Rennfeuerverfahren,** → Eisen (Geschichte).
**Rennfliegen,** die → Buckelfliegen.
**Rennformel,** *Motorsport:* vom Automobil-Weltverband FIA oder einem nat. Motorsportverband

**Renn** Rennfrösche – Renoir

durch →Homologieren verbindlich festgelegte Merkmale für die einzelnen Kategorien von Rennfahrzeugen, die allg. eingeteilt werden in einsitzige Rennwagen (Monoposto) und versch., auf Serienversionen basierende Gruppen. Im einzelnen galten für die Saison 1991/92 folgende R.: **Formel 1:** Monoposto, Hubraum bis 3 500 cm$^3$, kein Turbolader, Mindestgewicht 500 kg, Tankinhalt unbeschränkt; **Formel 3000:** Monoposto, Motor bis zu acht Zylindern und 3 000 cm$^3$ Hubraum, Mindestgewicht 515 kg; **Formel 3:** Monoposto, Motor von einer Großserie abgeleitet mit Hubraum bis 2 000 cm$^3$.

Die Gruppenfahrzeuge waren eingeteilt in **Gruppe A:** Tourenwagen mit serienmäßiger Karosserie, von denen innerhalb von zwölf Monaten mindestens 5 000 Stück hergestellt werden müssen; **Gruppe B** und **GTC:** straßentaugl. Rennfahrzeuge, von denen mindestens 200 Stück hergestellt werden müssen; **Gruppe C:** Rennsportprototypen mit zwei Plätzen und einem maximalen Tankinhalt von 100 $l$; **Gruppe N:** Serienwagen (mindestens 5 000 hergestellte Fahrzeuge) mit geringen Änderungen an Stoßdämpfern und Reifen. Gruppe-N-Fahrzeuge werden bei der Dt. Tourenwagen-Meisterschaft eingesetzt.

**Rennfrösche,** die →Streifenfrösche.

**Rennin** [engl., zu rennet ›Lab‹] *das, -s,* das →Labferment.

**Renningen,** Stadt im Kr. Böblingen, Bad.-Württ., 407 m ü. M., (1991) 14 500 Ew.; Wohnort im Stuttgarter Wirtschaftsraum; Autozubehörindustrie. – R., 991 erstmals urkundlich erwähnt, wurde 1982 Stadt.

**Rennklasse,** *Sport:* 1) Klasse von Segelschiffen gleicher Bauart; 2) Meisterschaftskategorie für Segelflugzeuge, deren Spannweite auf 15 m begrenzt ist (**15-m-R.**), die ansonsten aber der offenen Klasse entsprechen.

**Rennkrabben, Reiterkrabben,** *Ocypode,* knapp 20 Arten umfassende Gattung amphib. in der Gezeitenzone warmer Meere lebender Krabben, die bei Störungen sehr schnell seitwärts laufend flüchten.

**Rennmäuse, Gerbillinae,** Unterfamilie der Wühler mit etwa 70 Arten in 15 Gattungen v. a. in Trockengebieten von Afrika bis Zentralasien. Die langen Hinterbeine ermöglichen ein schnelles Hüpfen auf zwei Beinen. R. sind überwiegend nachtaktiv und ernähren sich v. a. von Samen. Die afrikan. **Fettschwanzmaus** (Pachyuromys duprasi) speichert in ihrem Schwanz Depotfette.

**Rennquintett,** eine Pferdewette, bei der die Wettscheine in den Annahmestellen der Lotteriegesellschaften und nicht auf der Pferderennbahn abgegeben werden. Beim R. gilt es, in zwei versch. Pferderennen (meist ein Galopp- und ein Trabrennen vom gleichen Tag) je die drei erstplacierten Pferde in richtiger Reihenfolge vorherzusagen.

**Rennstall,** 1) *Motorsport:* Mannschaft einer Automobilmarke.

2) *Pferdesport:* →Stall.

3) *Radsport:* Profimannschaft, die oft unter dem Namen einer Sponsorfirma fährt.

**Rennsteig, Rennweg,** 168 km langer Höhenweg über den Kamm des Thüringer Waldes, von der Werra nordwestlich von Eisenach bis Blankenstein; beliebter Wanderweg. – Der R. wird seit 1330 als Grenzweg zw. Thüringen und Franken erwähnt.

**Rennverfahren, Krupp-Rennverfahren,** ein Direktreduktionsverfahren der Eisengewinnung in Drehrohrreduktionsanlagen (→Eisen, Gewinnung). Im ersten Drittel des Drehrohrofens (etwa 120 m Länge) erfolgen Trocknung und Vorwärmung des Erz-Koks-Gemischs, anschließend die Reduktion der Erze. Im letzten Drittel wird das Einsatzgut durch einen Stauring zurückgehalten und dadurch der Reduktionsgrad verbessert.

**Rennvögel, Cursoriinae,** Unterfamilie, die mit den Brachschwalben die Familie Glareolidae innerhalb der →Regenpfeifervögel bildet. Die bis 25 cm langen R. leben vorwiegend in wüsten- und steppenartigen Landschaften der wärmeren Breiten der Alten Welt. Von den neun Arten tragen die meisten ein sandfarbenes Gefieder; Ausnahmen sind der afrikan. →Krokodilwächter und der austral. Ring-R. (Peltohyas australis).

**Rennwagen,** andere Bez. für →Monoposto oder für ein besonderes Wettbewerbsfahrzeug.

**Rennwert,** *Segelsport:* Zeitmultiplikationsfaktor (z. B. nach der IOR-Formel) für die Einordnung von Seekreuzern in →Bootsklassen.

**Rennwette,** eine Pferdewette, die darauf abgeschlossen wird, daß die Pferde eines bestimmten Rennens in der vom Wetter vorausgesagten Reihenfolge durchs Ziel gehen; R. werden als →Siegwette, →Einlaufwette, →Platzwette oder als Kombination dieser Formen abgeschlossen.

**Rennwett- und Lotteriesteuer,** zusammenfassende Bez. für zwei vom Veranstalter zu entrichtende Steuern auf die Umsätze bei öffentlich veranstalteten Pferdewetten, Lotterien und Ausspielungen. Umsätze, der R.- u. L. unterliegen, sind von der Umsatzsteuer befreit. Die **Rennwettsteuer** beträgt 16 $\frac{2}{3}$% der Einsätze bei Pferdewetten am Totalisator (›Totalisatorsteuer‹) und bei Buchmachern, die **Lotteriesteuer** 20% (bei ausländ. Losen 25%) des Nennwertes der Lose, das sind bei Überwälzung der Steuer auf die Glücksspieler gleichfalls 16 $\frac{2}{3}$% des Einsatzes. Die Lotteriesteuer erfaßt grundsätzlich auch das Fußballtoto. In einigen Bundesländern (z. B. NRW, Bad.-Württ., Bayern) wird auf der Grundlage von Landesgesetzen anstelle der Lotteriesteuer eine **Sportwettsteuer** auf Sportwetten (Fußballtoto) mit gleichem Satz erhoben. Das den Ländern zufließende Aufkommen der R.- u. L. sowie der Sportwettsteuer beträgt (1990) 2,04 Mrd. DM, davon stammen 1,08 Mrd. DM aus der Lotteriesteuer und 39,3 Mio. DM aus der Sportwettsteuer. Bei der Rennwettsteuer gehen 96% des Aufkommens (1990: 7,44 Mio. DM) an die Rennvereine, die den Totalisator betreiben, zur Finanzierung öffentl. Leistungsprüfungen für Pferde.

**Reno,** 1) [ˈriːnəʊ], Stadt in W-Nevada, USA, 1 372 m ü. M., am Fuß der Sierra Nevada, (1989) 127 200 Ew. (1970: 72 900 Ew.); kath. Bischofssitz; University of Nevada (gegr. 1874), histor., Kunst-, Automuseum (klass. Oldtimer), Planetarium. Wichtigster Wirtschaftszweig ist der Fremdenverkehr; besonderer Anziehungspunkt sind die jährlich etwa 10 Mio. Besucher sind die auf den liberalen Glücksspielgesetzen Nevadas basierenden Spielcasinos (entstanden nach 1931). Nach 1950 wurde R. außerdem bekannt als ›Heirats- und Scheidungsparadies‹ (heute gibt es fast überall in den USA liberale Scheidungsgesetze) und als Wintersportzentrum. In jüngster Zeit wurde bes. die Ansiedlung von Gewerbe (Verteilungszentren, Versandhäuser, Elektronikfirmen, Druckereien) gefördert; zunehmend machen europ. und japan. Unternehmen R. zu einem nordamerikan. Firmensitz. – R. wurde 1868 an der Stelle eines seit etwa 1860 befestigten Flußübergangs als Haltepunkt der Central Pacific Railroad gegründet und entwickelte sich bald zum zentralen Warenumschlagplatz der Region.

2) [ˈreːno] *der,* Fluß in N-Italien, 211 km lang, entspringt im Etrusk. Apennin, erreicht bei Bologna die Poebene und mündet südlich des Sees von Comacchio ins Adriat. Meer. Der Unterlauf ist bei Normalwasser 30 km flußaufwärts schiffbar.

**Renographie** [zu lat. ren ›Niere‹] *die, -/... ˈphi|en,* andere Bez. für die →Nephrographie.

**Renoir** [rəˈnwaːr], 1) Jean, frz. Drehbuchautor und Filmregisseur, * Paris 15. 9. 1894, † Beverly Hills (Calif.) 12. 2. 1979, Sohn von 2); seit 1924 beim Film. Stilbildend für den frz. Film waren der poet. Realismus und die Darstellung impressionist. Stimmungen. 1941–47 drehte R. in den USA. Er schrieb u. a. die Autobiographie ›Ma vie et mes films‹ (1974; dt. ›Mein Leben und meine Filme‹).

**Filme:** Die Tochter des Wassers (1924); Nana (1926); Der Drückeberger (Tir au flanc, 1928); Die Hündin (1931); Boudu – aus den Wassern gerettet (1932); Toni (1934); Das Verbrechen des Herrn Lange (1935); Das Leben gehört uns (1936); Nachtasyl (1936); Eine Landpartie (1936/46); Die große Illusion (1937); La Marseillaise (1938); Bestie Mensch (1938); Die Spielregel (1939); In den Sümpfen (1941); Dies ist mein Land (1943); Der Mann aus dem Süden (1945); Tagebuch einer Kammerzofe (1946); Die Frau am Strand (1946); Der Strom (1951); Die goldene Karosse (1953); French Can Can (1955); Weiße Margeriten (Éléna et les hommes, 1956); Das Frühstück im Grünen (1959); Das Testament des Dr. Cordelier (1959); Der Korporal in der Schlinge (1962).

R. DURGNAT: J. R. (Berkeley, Calif., 1974); A. BAZIN: J. R. (a. d. Frz., Neuausg. 1980); D. SERCEAU: J. R., la sagesse du plaisir (Paris 1985); C. FAULKNER: The social cinema of J. R. (Princeton, N. J., 1986).

**2) Pierre Auguste,** frz. Maler und Graphiker, * Limoges 25. 2. 1841, † Cagnes-sur-Mer 3. 12. 1919, Vater von 1); war zunächst Porzellanmaler, 1861/62 Schüler von C. GLEYRE, dann an der École des Beaux-Arts in Paris. Die tonige Malerei seiner frühen Werke, meist Figurenbilder, läßt den Einfluß G. COURBETS erkennen. Ende der 1860er Jahre wurde seine Palette heller und farbiger, und der Farbauftrag lockerte sich. R. wandte sich nun, unter dem Einfluß der Schule von Barbizon, mit A. SISLEY und J.-F. BAZILLE der Freilichtmalerei zu. Die Zusammenarbeit mit C. MONET im Sommer 1869 leitet seine impressionist. Phase ein; er begann, die sich im Licht dauernd verändernden farbigen Erscheinungen mit zarten, unregelmäßigen Pinselstrichen festzuhalten. 1870 entstand seine ›Frau aus Algier‹ (Washington, D. C., National Gallery of Art), an der seine Bewunderung für E. DELACROIX ablesbar ist. Ab Mitte der 1870er Jahre entstanden Hauptwerke im impressionist. Stil, Figurenbilder, Porträts und Landschaften in blühender Farbigkeit (BILD → Impressionismus). In den 1880er Jahren wurde unter dem Eindruck von RAFFAEL und J. A. D. INGRES seine Form in klass. Sinn bestimmter. In seiner letzten Schaffensperiode lockerte sich das Farbgefüge wieder. Es entstanden Landschaften in leuchtenden Tönen und mit naturhaft-sinnl. Anmut gemalte Bilder von Frauen und jungen Mädchen, die, wie sein ganzes Werk, heiterer Ausdruck seines Glaubens an die lebensspendende Kraft der Natur sind. In seinen letzten Jahren malte er trotz seiner von einer rheumat. Erkrankung verkrüppelten Hände und schuf (ab 1910 mit Hilfe eines Bildhauers) auch Bronzeplastiken (lebensgroße Venus, 1915/16; Rotterdam, Museum Boymans-van Beuningen).

**Weitere Werke:** Das Ehepaar Sisley (1868; Köln, Wallraf-Richartz-Museum); La Grenouillère (1869; Stockholm, Nationalmuseum); Der Ball im Moulin de la Galette (1876; Paris, Musée d'Orsay); Mme. Charpentier mit ihren Töchtern (1878; New York, Metropolitan Museum); Frühstücksszene im Freien (1879; Frankfurt am Main, Städelsches Kunstinstitut); Das Frühstück der Ruderer (1881; Washington, D. C., Phillips Collection); Die großen Badenden (1884–87; Philadelphia, Pa., Museum of Art); Junge Mädchen am Klavier (1892; Paris, Musée d'Orsay); Die Familie des Künstlers (1896; Merion, Pa., Barnes Foundation); Badende Frauen (um 1918–19; Paris, Musée d'Orsay).

J. RENOIR: Mein Vater A. R. (a. d. Frz., Neuausg. Zürich 1981); W. GAUNT: R. (Oxford ³1982); B. E. WHITE: R. His life, art and letters (New York 1984); H. KELLER: A. R. (1987); S. MONNERET: R. (a. d. Frz., 1990).

**Renommee** [frz., zu renommer ›rühmen‹] *das, -s/-s, bildungssprachlich* für: (guter) Ruf, Leumund, Ansehen. – **renommieren,** angeben, prahlen.

**Renonce** [rə'nõs(ə); frz. ›das Nichtbedienen‹] *die, -/-n, Kartenspiel:* Fehlfarbe; auch Mißachtung der Spielregeln.

**Renormierung, Renormalisierung,** formales Verfahren der →Quantenfeldtheorie zur Korrektur bestimmter Größen wie Masse und Ladung eines Teilchens, die bei der Wechselwirkung von Feldern notwendig wird. Sind diese Korrekturen endlich, führen sie zu modifizierten Werten der zugehörigen Größen, z. B. bei der R. der Masse des →Polarons aufgrund der Elektron-Phonon-Wechselwirkung (Selbstenergie) in Festkörpern. In relativist. Quantenfeldtheorien ergeben sich i. a. divergente Ausdrücke; die R. erfolgt dabei so, daß die entsprechenden, in der Theorie erscheinenden Größen als nicht beobachtbar aufgefaßt werden und erst zus. mit den divergenten Beiträgen die physikal., meßbaren Observablen darstellen. Deren experimentelle Werte treten dann an ihre Stelle. Eine Theorie heißt renormierbar, wenn dieses Vorgehen eindeutig bestimmt ist und nach R. einer endl. Anzahl von Größen keine weiteren Divergenzen mehr auftreten. Die R. wird bes. in der →Quantenelektrodynamik erfolgreich auf die Masse (Selbstenergie) und die Ladung (Vakuumpolarisation, Vertexkorrektur) des Elektrons angewandt.

Die mathemat. Verallgemeinerung der R. führt zur R.-Gruppe, einer →Gruppe 3) von Transformationen, die sowohl in der Quantenchromodynamik herangezogen wird als auch v. a. in der statist. Physik zur Untersuchung →kritischer Phänomene dient. Dabei werden die in ihrer räuml. Ausdehnung unterschiedl. Fluktuationen eines Systems, die durch temperaturabhängige Korrelationen zw. den Bestandteilen entstehen, mit Hilfe von Skalentransformationen nacheinander von atomarer zu makroskop. Größenordnung erfaßt.

**Renouveau catholique** [rənu'vo katɔ'lik; frz. ›kath. Erneuerung‹] *das, - -,* um 1900 einsetzende religiös-literar. Bewegung in Frankreich, die in Rückwendung zu den Werten eines authent. Katholizismus eine Erneuerung von Literatur (und Gesellschaft) aus dem Glauben intendierte. Die Träger des R. c. (u. a. L. BLOY, C. PÉGUY, P. CLAUDEL, J.-K. HUYSMANS, F. JAMMES, P. BOURGET, später F. MAURIAC, G. BERNANOS und J. GREEN) bildeten keine literar. Schule i. e. S. mit einheitl. ästhet. Programm; es verband sie jedoch eine Abkehr vom positivistisch-determinist. (u. a. im literar. Naturalismus ausgeprägten) Zeitgeist und von einer laizist. republikan. Tradition ebenso wie die Ab-

**Auguste Renoir:** Frühstücksszene im Freien; 1879 (Frankfurt am Main, Städelsches Kunstinstitut)

**Jean Renoir**

lehnung eines starren kirchl. Dogmatismus. Das Spektrum des R. c. und seine Auswirkungen im geistigen Leben Frankreichs waren breit gefächert: Seine religiös-moral. Tendenzen konnten sich u. a. in Form eines ästhetisierenden Katholizismus (HUYSMANS) darstellen, eine Verbindung mit demonstrativem Traditionalismus und Nationalismus (v. a. in der →Action française) oder mit sozialist. Ideen eingehen (PÉGUY) oder sich in einer universalen, Zeitliches und Absolutes umfassenden Perspektive präsentieren (CLAUDEL). – Ähnl. Strömungen finden sich auch in anderen europ. Literaturen, so in Großbritannien (T. S. ELIOT, G. GREENE, E. WAUGH, B. MARSHALL), Schweden (SIGRID UNDSET) und Dtl. (u. a. ENRICA VON HANDEL-MAZZETTI, GERTRUD VON LE FORT, ELISABETH LANGGÄSSER, W. BERGENGRUEN, F. WERFEL, REINHOLD SCHNEIDER, E. SCHAPER).

**Renouvier** [rənu'vje], Charles Bernard, frz. Philosoph, * Montpellier 1. 1. 1815, † Prades 1. 9. 1903; begründete den Neukantianismus in Frankreich. R. vertrat einen antimetaphys. ethischen Personalismus; er betonte die Personalität, die zugleich Freiheit und Bewußtsein einschließt.

**Renouvin** [rənu'vɛ̃], Pierre, frz. Historiker, * Paris 9. 1. 1893, † ebd. 8. 12. 1974; seit 1933 Prof. an der Sorbonne, seit 1938 auch am Institut d'Études Politiques; bedeutend v. a. durch Forschungen zur Vorgeschichte des Ersten Weltkrieges und die Grundlegung einer histor. Wissenschaft von den internat. Beziehungen (Herausgeber der ›Histoire des relations internationales‹, 8 Bde., 1953–58).

**Renovatio imperii Romanorum** [lat. ›Erneuerung des Röm. Reiches‹] *die, - - -*, die mit KARL D. GR. beginnende und das MA. bestimmende Idee von der Erneuerung der röm. Kaiserwürde sowie deren Übertragung auf die dt. Könige, deren sich zugleich ihren universalen Herrschaftsanspruch herausstellten. KARL D. GR. verknüpfte mit der Devise der Kaiserbulle von 803 ›Renovatio Romani imperii‹ erstmals röm. Tradition mit fränk. Herrschaftsgedanken. OTTO III. stellte antike und christl. Romidee, Rom als Hauptstadt der Welt, in den Mittelpunkt seines polit. Programms, während die Staufer versuchten, sich Kaiserideologie und röm. Recht nutzbar zu machen. (→ Reichsidee, → Translatio imperii)

P. E. SCHRAMM: Kaiser, Rom u. Renovatio (1929, Nachdr. 1984); W. GOEZ: Translatio imperii (1958).

**Rensch,** Bernhard, Biologe, * Thale/Harz 21. 1. 1900, † Münster 4. 4. 1990; ab 1947 Prof. für Zoologie in Münster, 1937–55 auch Direktor des dortigen (Westfäl.) Landesmuseums für Naturkunde; Arbeiten v. a. zur Evolution, Anthropologie, Tierpsychologie, theoret. Biologie und Naturphilosophie.

**Rensi,** Giuseppe, italien. Philosoph, * Villafranca di Verona 31. 5. 1871, † Genua 9. 2. 1941; mußte als Sozialist 1898 emigrieren, kehrte 1908 zurück und wurde 1916 Prof. in Messina, 1917 (bis zu seiner Absetzung 1934) in Genua. Zunächst noch einer idealistisch-dialekt. Ableitung der Wirklichkeit aus einem Absoluten verpflichtet (›La trascendenza‹, 1914), entwickelte R. nach dem Ersten Weltkrieg einen pessimist. Skeptizismus mit empirist. Einschlag (›Lineamenti di filosofia scettica‹, 1919). In seiner letzten Schaffensperiode erkannte er im Göttlichen den Gegensatz zu allen menschl. Einbildungen und Illusionen (›Lettere spirituali‹, postum 1943).

Ausgabe: Gorgia, hg. v. M. UNTERSTEINER (1981); Lettere spirituali (1987).

E. BUONAIUTI: G. R. Lo scettico credente (Rom 1945); Bibliografia filosofica italiana dal 1900 al 1950, Bd. 3 (ebd. 1953); E. DE MAS: G. R. tra democrazia e antidemocrazia (ebd. 1978).

**rentabel** [französierende Bildung zu rentieren], einträglich, lohnend, gewinnbringend.

**Rentabilität,** das meist auf der Basis von Werten aus dem betriebl. Rechnungswesen (Gewinn-und-Verlust-Rechnung, Bilanz, Kosten- und Leistungsrechnung) ermittelte, in Prozent ausgedrückte Verhältnis einer Erfolgsgröße und einer als sinnvoll erachteten Bezugsgröße. Bei der **Kapital-R. (Return on investment,** Abk. **ROI)** wird die Erfolgsgröße (z. B. Gewinn im Sinne des ausgewiesenen Jahresüberschusses vor Steuern oder des Betriebsergebnisses) auf den eingesetzten Produktionsfaktor Kapital bezogen, bei der **Umsatz-R.** auf den in einer Periode erzielten Umsatz. Unter dem Gesichtspunkt der Kapitalanlage wird weniger von R., sondern eher von Rendite gesprochen, z. B. als Verhältnis von Dividende (ausgeschüttete Gewinne) zum Kurs- oder Anschaffungswert der zugrundeliegenden Aktie (Beteiligung).

Bei der **Eigenkapital-R.** wird der aus Eigentümer- oder Anlegersicht wichtige Quotient aus Gewinn und Eigenkapital betrachtet. Er hängt neben dem wirtschaftl. Erfolg des Unternehmens auch von dessen Finanzierungsstruktur ab. So läßt sich die Eigenkapital-R. von Investitionen durch zunehmende Fremdfinanzierung erhöhen (Leverage-Effekt). Zur Beurteilung des gesamten Unternehmens eignet sich die **Gesamtkapital-R.** als Verhältnis des gesamten leistungswirtschaftl. Überschusses (Kapitalgewinn im Sinne des Jahresüberschusses vor Steuern zuzüglich der Fremdkapitalzinsen) zum gesamten gebundenen Kapital (Eigen- und Fremdkapital). Während die Gesamtkapital-R. angibt, wieviel Gewinne und Zinsen für das in dem Durchschnitt während einer Periode eingesetzte Kapital erwirtschaftet wurden, verdeutlicht die Umsatz-R., wieviel Prozent der Umsatzerlöse dem Unternehmen als Betriebsgewinn verbleiben. Dabei wird als Erfolgsgröße das unternehmensintern ermittelte Betriebsergebnis zugrunde gelegt, hilfsweise auch der Jahresüberschuß vor Steuern (**Nettoumsatz-R.**) oder der Kapitalgewinn vor Steuern (**Bruttoumsatz-R.**).

Die R. dient als Entscheidungskriterium für Investitionen, für den Betriebsvergleich und zur Erfolgskontrolle (Controlling). Eine besondere Bedeutung v. a. bei der Bilanzanalyse hat die ROI-Analyse, die einen detaillierten Vergleich der Erfolgsursachen verschiedener Unternehmen ermöglicht. Dabei ergibt sich der ROI als um den Umsatz (U) erweiterte Kapital-R. (Verhältnis des Gewinns G zum Kapitaleinsatz K):

$$\text{ROI} = \frac{G}{U} \cdot \frac{U}{K}$$

Der ROI läßt sich damit als Produkt aus Umsatz-R. (Verhältnis Gewinn zu Umsatz) und Kapitalumschlag (Verhältnis von Umsatz zum Kapitaleinsatz) interpretieren.

H. K. WEBER: R., Produktivität, Liquidität der Unternehmung (1983); V. BOTTA: Kennzahlensysteme als Führungsinstrumente ($^2$1985).

**Rentabilitätsvergleichsrechnung,** Verfahren der → Investitionsrechnung.

**Rente** [mhd. rente ›Einkünfte‹, ›Vorteil‹, von altfrz. rente, zu lat. reddere ›zurückgeben‹], **1)** *allg.:* regelmäßige Zahlung, die jemand auf der Grundlage von Rechtsansprüchen oder als freiwillige Zuwendung erhält.

**2)** *Pl., Börsenwesen:* → festverzinsliche Wertpapiere.

**3)** *Sozialversicherung:* periodisch gezahlter Geldbetrag, der jemandem aufgrund der Erfüllung der Anspruchsvoraussetzungen in der Sozialversicherung (v. a. gesetzl. Rentenversicherung und Unfallversicherung) oder aufgrund einer privaten Versicherung (v. a. Lebensversicherung) zusteht.

**4)** *Volkswirtschaftslehre:* Einkommen, das nicht auf Arbeitsleistung, sondern auf Vermögen beruht, z. B.

auf Eigentum an Grund und Boden (→Grundrente) oder auf Geldvermögen (insofern gleichbedeutend mit dem Zins). Der Begriff spielt auch in der Preistheorie eine Rolle, wenn der Käufer einer Ware im Marktgleichgewicht einen niedrigeren Preis zahlt, als er zu zahlen bereit ist (Konsumenten-R., →Konsum) oder wenn ein Anbieter bes. kostengünstig produziert und einen höheren Preis erlöst, als er urspr. fordert (→Produzentenrente).

**Renten|anleihe,** öffentliche Anleihe, bei der der Gläubiger nur Anspruch auf Verzinsung, nicht aber auf die Rückzahlung des Kapitals erhält. Die R. ist eine besondere Form der ewigen Anleihe.

**Rentenbanken, Ablösungskassen, Tilgungskassen,** öffentlich-rechtl. Kreditinstitute, die in Dtl. (zuerst in Preußen) im 19. Jh. im Rahmen der Bauernbefreiung errichtet wurden. Sie dienten der Ablösung der bäuerl. Natural- und Dienstleistungen gegenüber den Grundherren.

**Rentenberater,** eine Person, die Rentenberatung und -berechnung in der Sozialversicherung gewerbs- und geschäftsmäßig betreibt. R. bedürfen der gerichtl. Zulassung.

**Rentenbesteuerung,** Besteuerung periodisch wiederkehrender Bezüge aufgrund dauernder Lasten (Mindestlaufzeit 10 Jahre), die auf einem selbständig nutzbaren Recht (Rentenstammrecht) beruhen, gleichmäßig hoch sind und in Geld oder sonstigen vertretbaren Sachen auf Lebensdauer (Leibrenten) oder für eine bestimmte Dauer (Zeitrenten) gewährt werden. Die einkommensteuer. Behandlung hängt von der Art der Rente ab, ob sie Zeit- oder Leibrente ist, eine betriebl. oder private Rente darstellt und aufgrund einer Gegenleistung (entgeltl. oder Veräußerungsrente) oder ohne unmittelbare Gegenleistung (Zuwendungs- oder Versorgungsrente) gewährt wird. Ferner ist zu unterscheiden zw. der steuerl. Behandlung beim Geber und beim Empfänger.

Die Rentenbezüge sind grundsätzlich ›sonstige Einkünfte‹ im Sinne des § 22 Einkommensteuer-Ges. (EStG) sofern sie nicht zu den übrigen Einkunftsarten gehören (z. B. bei Veräußerung eines Wirtschaftsgutes des Betriebsvermögens oder eines Betriebes gegen Rente). Zeitrenten sind beim Empfänger voll zu versteuern, soweit sie nicht (bei Veräußerungsrenten) in Kaufpreisraten umgedeutet werden, in denen ein Zinsanteil steckt, der zu den Einkünften aus Kapitalvermögen zu zählen ist.

Bei privaten und gesetzl. Leibrenten (z. B. Veräußerungsrenten, Privatversicherungsrenten, Sozialversicherungsrenten) hingegen hat der Empfänger stets nur den ›Ertragsanteil‹ zu versteuern. Ertragsanteil ist der Unterschied zw. dem Jahresbetrag der Rente und dem Betrag, der sich bei gleichmäßiger Verteilung des Kapitalwertes der Rente auf ihre voraussichtl. Laufzeit ergibt. Der Ertragsanteil ist in einer Tabelle zu § 22 EStG mit Hilfe eines Zinssatzes von 5,5 % und der durchschnittl. Lebenserwartung pauschaliert und hängt (lediglich) vom Alter des Rentenberechtigten bei Beginn der Rente ab (z. B. 29 % bei einem Alter von 60 Jahren, 24 % bei 65 Jahren). Auch der Ertragsanteil für eine Hinterbliebenenrente (z. B. Witwenrente) wird bei ihrem Fälligwerden entsprechend dem Alter des Hinterbliebenen festgesetzt.

Versorgungsbezüge von Arbeitnehmern aus früheren Dienstleistungen (Ruhegehälter, Hinterbliebenenbezüge, Beamtenpensionen) gelten dagegen als nachträgl. oder weiter gezahlte Arbeitsentgelte und werden wie Löhne und Gehälter besteuert (allerdings Abzug eines Versorgungsfreibetrags).

Die Anwendung der Konstruktion der Ertragsanteilsbesteuerung auf die Sozialversicherungsrenten wird in der Finanzwissenschaft kritisiert, da wegen der in den gesetzl. Renten enthaltenen Umverteilungskomponenten der Zusammenhang zw. Beitragsleistung und Rentenhöhe nicht den für private Leibrenten geltenden Grundsätzen entspricht und da die Beiträge zur Sozialversicherung weitgehend steuerunbelastet bleiben, so daß das ›Korrespondenzprinzip‹ – d. h. (nur) einmalige Besteuerung des individuellen Lebenseinkommens entweder in der Phase der Beitragszahlung oder in der des Rentenbezuges – verletzt ist. Das geltende System der R. bewirkt, daß gesetzl. Renteneinkünfte gegenüber Aktivbezügen und gegenüber Versorgungsbezügen erheblich begünstigt werden. Das Bundesverfassungsgericht (Urteil vom 26. 3. 1980) hat festgestellt, daß die gegenwärtige unterschiedliche steuerl. Behandlung von Beamtenpensionen und Sozialversicherungsrenten den Gesetzgeber zu einer Neuregelung verpflichtet. Eine derartige Reform ist bis 1991 nicht erfolgt.

In *Österreich* bleiben Beiträge zur gesetzl. Sozialversicherung als Werbungskosten steuerfrei, während die Rentenbezüge (›Pensionen‹) in voller Höhe als Einkünfte aus nichtselbständiger Arbeit besteuert werden (Korrespondenzprinzip). – In der *Schweiz* werden bei der direkten Bundessteuer die Arbeitnehmerbeiträge zur gesetzl. Alters- und Hinterlassenenversicherung (AHV) voll zum Abzug zugelassen, während die AHV-Rentenbezüge nur zu 80 % steuerpflichtig sind. Bei der berufl. Alters-, Hinterlassenen- und Invalidenvorsorge hingegen gilt einheitlich für Bund und Kantone das Korrespondenzprinzip im Sinne einer vollen Besteuerung der Renten bei vollem Abzug der Arbeitgeber- und Arbeitnehmerbeiträge.

**Rentenfonds** [-fō], ein →Investmentfonds.
**Rentenformel,** →Rentenversicherung.
**Rentengrundherrschaft,** im MA. eine Spätform der →Grundherrschaft, die sich im wesentlichen auf die Zahlung von Abgaben beschränkte.

**Rentenkapitalismus,** von dem Geographen H. BOBEK geprägter Begriff für ein in der Antike (heute z. B. noch im Orient) verbreitetes Wirtschaftssystem: Bei weitgehend fehlenden produktiven Investitionen werden möglichst hohe Ertragsanteile aus Bodenrenten, Pachten und Mieten abgeschöpft; oft mit →Absentismus 2) verbunden. In vielen Entwicklungsländern ist der R. ein Hindernis für die wirtschaftl. Entwicklung.

**Rentenmark,** die durch Ges. vom 13. 10. 1923 geschaffene Zwischenwährung zur Stabilisierung der dt. Währung in der Inflation nach dem Ersten Weltkrieg. Die R., eingeteilt in 100 Rentenpfennige, war einlösbar in verzinsl., auf Gold lautende Rentenbriefe. Diese waren gedeckt durch eine Grundschuld auf den gesamten landwirtschaftl. Besitz.

Die **Deutsche Rentenbank,** gegr. 1923 als öffentl. Bankinstitut, hatte die Stabilisierung mit Hilfe der R. durchzuführen. Die Dt. Rentenbank hatte das Recht zur Ausgabe von Rentenbankscheinen bis zu 2,4 Mrd. R. Davon durfte je die Hälfte als Kredit an das Reich und an die private Wirtschaft gewährt werden. Die Ausgabe von Rentenbankscheinen begann am 15. 11. 1923. Vom 20. 11. 1923 an entsprach 1 R. einer Billion Papiermark, 4,2 Billionen Papiermark einem US-$. Der Kurs der R. konnte anfangs nur mit Mühe gehalten werden, festigte sich aber bereits nach kurzer Zeit, als bekannt wurde, daß das Reich über die einmalige Summe von 1,2 Mrd. R. hinaus keinen weiteren Kredit von der Rentenbank und von der Reichsbank erhielt. Der Stabilisierungserfolg der R. beruhte auf dem Abstoppen des Geldschöpfungskredits an das Reich und später (seit Anfang April 1924) an die private Wirtschaft. Die Tätigkeit der Dt. Rentenbank als Währungs- und Notenbank endete am 11. 10. 1924 aufgrund des Dawesplans und der damit eingeleiteten Liquidierung der Rentenbankscheine. Die R. wurde durch die →Reichsmark abgelöst, wobei die auf R.

## Rent  Rentenmarkt – Rentenversicherung

lautenden Banknoten und die Rentenpfennigmünzen weiter umlaufen konnten (1 R. entsprach 1 Reichsmark).

Die Dt. Rentenbank stand in Personalunion mit ihrem Tochterinstitut, der **Deutschen Rentenbank-Kreditanstalt (Landwirtschaftliche Zentralbank),** gegr. 1925 als öffentlich-rechtl. Zentralbank der dt. Landwirtschaft mit den Aufgaben der Beschaffung und Gewährung von landwirtschaftl. Personal- und Realkrediten einschließlich der Förderung der Bodenkultur und der ländl. Siedlung. Beide Banken wurden nach 1945 zur Abwicklung nach Goslar verlagert. Organisatorisch und aufgabenmäßig stellt die →Landwirtschaftliche Rentenbank die Fortsetzung der Dt. Rentenbank-Kreditanstalt dar.

**Rentenmarkt,** Handel mit festverzinsl. Wertpapieren an der Börse. Der R. ist Teil des →Kapitalmarktes.

**Rentenpapiere,** die →festverzinslichen Wertpapiere.

**Rentenpfennig,** →Rentenmark.

**Rentenrechnung,** Rechenverfahren zur Berechnung von Renten; durch eine einmalige Einzahlung des Barwertes $m$ wird eine Rente $r$ erworben, die ein Jahr nach der Zahlung des Barwertes zu laufen beginnt und $n$-mal in Abständen von einem Jahr ausgezahlt wird. Beträgt der Zinsfuß $p\%$, so nennt man die Zahl

$$q = 1 + \frac{p}{100}$$

den Aufzinsfaktor; Beispiel: für $p = 5$ ist $q = 1,05$. Soll die Rente eine bestimmte Höhe $r$ haben, so berechnet sich in diesem Fall die einmalige Einzahlung $m$ (Mise) aus der Rentenformel:

$$m = \frac{100\,r}{p}\left(1 - \frac{1}{q^n}\right).$$

**Rentenreform,** →Rentenversicherung.

**Rentenschuld,** besondere Form der Grundschuld, bei der zu regelmäßig wiederkehrenden Terminen eine bestimmte Geldsumme aus dem Grundstück zu zahlen ist (§ 1199 BGB). Für die geschuldeten Geldsummen haftet das Grundstück. Für jede R. ist eine Summe zu bestimmen, durch deren Zahlung der Eigentümer die Rente ablösen kann (Ablösungssumme). Die R. entsteht durch Einigung zw. Grundeigentümer und Gläubiger und Eintragung im Grundbuch. Die prakt. Bedeutung der R. ist gering; an ihre Stelle sind Tilgungshypothek und Reallast getreten. – Das *österr.* und das *schweizer.* Recht kennen die R. als besondere Institution nicht.

**Rentenversicherung,** i. e. S. die vom Staat getragene Versicherung, die beim Eintreten bestimmter Voraussetzungen den Anspruch auf Zahlung bestimmter Leistungen, insbesondere einer Rente, gewährt. Diese R. wird auch als soziale oder gesetzl. R. bezeichnet, im Ggs. zur von privatrechtl. Versicherungsunternehmen getragenen privaten R. Ziel der gesetzl. R. ist die Sicherung des im Erwerbsleben erzielten Lebensstandards. Grundvoraussetzung für den Rentenbezug ist i. d. R. eine die Beitragspflicht begründende Erwerbstätigkeit. Die Rentenhöhe orientiert sich prinzipiell an der Dauer und Höhe der Beitragszahlungen (Grundsatz der Äquivalenz). Die Leistungen der gesetzl. R. unterscheiden sich jedoch von denen privater Versicherungen durch die Berücksichtigung sozialer Gesichtspunkte bei der Rentengewährung, z. B. bei der Rente nach Mindesteinkommen und der Berücksichtigung von Kindererziehungszeiten und Ausbildungszeiten. Rechtliche Grundlage ist das am 1. 1. 1992 in Kraft getretene sechste Buch des Sozialgesetzbuchs (SGB VI); es wurde durch die ›Rentenreform 1992‹ geschaffen, die die Bestimmungen aus Reichsversicherungsordnung, Angestelltenversicherungs-Ges. und Reichsknappschafts-Ges. zusammenfaßt.

### Versicherter Personenkreis

Alle Arbeiter und Angestellten – unabhängig von der Höhe ihres Einkommens –, ferner Auszubildende, Wehr- und Zivildienstleistende, Leistungsbezieher der Bundesanstalt für Arbeit (d. h. Arbeitslose, Personen in Umschulungs- oder Rehabilitationsmaßnahmen), Krankengeldempfänger sowie Väter und Mütter während der Kindererziehungszeit sind kraft Gesetzes Mitgl. der gesetzl. R. Auch bestimmte Gruppen von Selbständigen sind pflichtversichert: Hebammen, Seelotsen, Küstenschiffer und Küstenfischer, Künstler, Publizisten und Handwerker, die in die Handwerksrolle eingetragen sind. Versicherungsfrei sind Beamte (→Versorgung), Richter und Soldaten sowie Studenten, sofern diese ausschließlich während der Semesterferien oder nicht mehr als 20 Stunden pro Woche beschäftigt sind. Nicht versicherungspflichtig sind ferner Personen, die nur geringfügig beschäftigt sind, d. h. weniger als 15 Stunden wöchentlich arbeiten, und deren Arbeitsentgelt weniger als ein Siebtel der monatl. Bezugsgröße beträgt (1992: 500 DM, in den neuen Bundesländern 300 DM).

*Freiwillig* versichern lassen können sich alle Personen, die nicht pflichtversichert sind; sie sind jedoch gegenüber Pflichtversicherten z. T. benachteiligt (z. B. bei Renten wegen Erwerbsminderung). Mit der Nachzahlung freiwilliger Beiträge (Nachentrichtung) können Versicherungslücken geschlossen werden. Seit 1992 gelten verbesserte Nachzahlungsmöglichkeiten, die es v. a. nicht erwerbstätigen Frauen noch bis 1995 gestatten, günstig Rentenanwartschaften zu erwerben.

### Leistungen

Neben den versch. Altersruhegeldern (Altersrente, Ruhegeld), die den größten Teil der R.-Zahlungen ausmachen, gehören Leistungen für →Rehabilitation 4) sowie die Zahlung der Beiträge an die Krankenversicherung der Rentner (KVdR) zu den Hauptaufgaben der R. Der Beitragssatz der KVdR entspricht dem durchschnittl. Beitragssatz in der gesetzl. Krankenversicherung. Er ist zur Hälfte von den Rentnern selbst zu tragen und wird vom R.-Träger an die Krankenkasse überwiesen. Die Leistungen der R. lassen sich grob unterscheiden in solche, die an die Versicherten und solche, die an deren Hinterbliebene (Witwen-/Witwerrente, Waisenrente) gezahlt werden; weiter lassen sich Leistungen, die vom Erreichen einer bestimmten Altersgrenze abhängen, von jenen abgrenzen, die altersunabhängig im Falle einer Gesundheitsbeeinträchtigung gewährt werden.

R.-Leistungen, die das Risiko der Erwerbsminderung absichern, sind die Berufsunfähigkeitsrente (BU-Rente) und die Erwerbsunfähigkeitsrente (EU-Rente). BU-Rente erhalten Versicherte, die mit der Erwerbsfähigkeit in ihrem oder in einem zumutbaren anderen Beruf (›Verweisungsberuf‹) nur noch weniger als die Hälfte dessen verdienen können, was vergleichbare andere Erwerbstätige verdienen können. Anspruch auf eine Rente wegen Erwerbsunfähigkeit besteht, wenn nicht mehr als geringfügige Einkünfte verdient werden können. Berufs- und Erwerbsunfähigkeit werden durch den ärztl. Dienst des R.-Trägers festgestellt. Für den Bezug einer Rente wegen verminderter Erwerbsfähigkeit ist eine Mindestversicherungszeit (allgemeine Wartezeit von fünf Jahren) erforderlich, und es müssen innerhalb der letzten fünf Jahre vor Eintritt der Erwerbsminderung mindestens drei Jahre mit Pflichtbeiträgen belegt sein.

Renten wegen Erreichen einer Altersgrenze sind: 1) die Regelaltersrente nach Vollendung des 65. Lebensjahres; 2) die Altersrente für langjährig Versi-

## Rentenversicherung **Rent**

cherte, wenn das 63. Lebensjahr vollendet ist (flexible Altersrente); 3) die Altersrente für Schwerbehinderte sowie Berufs- oder Erwerbsunfähige, wenn sie das 60. Lebensjahr vollendet haben; 4) die Altersrente wegen Arbeitslosigkeit für Arbeitslose, die das 60. Lebensjahr vollendet haben und innerhalb der letzten eineinhalb Jahre mindestens ein Jahr arbeitslos waren; 5) die Altersrente für Frauen, wenn das 60. Lebensjahr vollendet ist.

Renten wegen Todes des Versicherten erhalten die Hinterbliebenen in Form der Witwen- oder Witwersowie der Waisenrente. Die sogenannte kleine Witwenrente erhält die Witwe nach dem Tod des versicherten Ehemannes, wenn dieser die allgemeine Wartezeit erfüllt hat. Anspruch auf die große Witwenrente entsteht, wenn mindestens noch ein minderjähriges oder behindertes Kind existiert oder das 45. Lebensjahr vollendet ist. Bei Wiederheirat entfällt der Anspruch, der jedoch wieder auflebt, wenn die zweite Ehe aufgelöst wurde. Kinder verstorbener Versicherter haben Anspruch auf eine Halbwaisenrente, wenn noch ein unterhaltspflichtiger Elternteil vorhanden ist, sonst besteht Anspruch auf eine Vollwaisenrente.

Generelle Voraussetzung für die Gewährung von Renten ist das Vorhandensein einer **Wartezeit**, die einen Rentenanspruch begründet und bei der Rentenberechnung berücksichtigt wird. Die allgemeine Wartezeit beträgt fünf Jahre und ist Zugangsbedingung für die Regelaltersrente und alle Renten wegen Todes. Die Altersrente wegen Arbeitslosigkeit und die Altersrente für Frauen bedingen eine 15jährige Wartezeit; eine Wartezeit von 35 Jahren ist Voraussetzung für langjährig Versicherte und Schwerbehinderte. Auf die Wartezeit werden alle rentenrechtl. Zeiten (Beitragszeiten, beitragsfreie Zeiten und Berücksichtigungszeiten) angerechnet. Zu den Beitragszeiten zählen Zeiten einer versicherungspflichtigen Beschäftigung, Beitragszeiten nach dem Fremdrenten-Ges. und Kindererziehungszeiten für die Zeit der Erziehung eines Kindes in dessen ersten drei Lebensjahren (seit 1992). Die wichtigsten beitragsfreien Zeiten sind Anrechnungszeiten (Zeiten von Krankheit, Schwangerschaft und Arbeitslosigkeit und Zeiten der Ausbildung) sowie Ersatzzeiten. Berücksichtigungszeiten (bei Kindererziehung bis zum 10. Lebensjahr und Pflege eines Familienangehörigen) sollen Lücken im Versicherungsverlauf mindern. Sie werden z. B. bei bestimmten Renten auf die Wartezeit von 35 Jahren angerechnet.

### Rentenberechnung und Rentenanpassung

Die Ermittlung der Höhe eines Rentenbetrags (Rentenberechnung) erfolgt seit 1992 nach einer neuen **Rentenformel**, die rechnerisch jedoch zu den gleichen Ergebnissen führt wie die 1957 eingeführte Rentenformel. Sie lautet

$$MR = PEP \cdot RAF \cdot AR$$

mit MR für monatl. Rente, PEP für persönl. Entgeltpunkte, RAF für Rentenartfaktor und AR für aktueller Rentenwert. Die PEP berücksichtigen das Versicherteneinkommen im Vergleich zum Durchschnittseinkommen aller Versicherten: Entspricht das individuelle Einkommen dem Durchschnittsverdienst in einem Jahr, so wird dafür ein Entgeltpunkt (EP) veranschlagt; ist das persönl. Einkommen z. B. um 20 % über dem Durchschnitt, beträgt der EP 1,2; wenn es um 50% darunter liegt, 0,5 EP. Durch den RAF soll sichergestellt werden, daß alle unterschiedl. Renten das sozialpolitisch erwünschte Sicherungsniveau erreichen: Altersrente, EU-Rente sowie Erziehungsrente haben je 1,0, BU-Rente 0,6667, große Witwerrente (Witwerrente) 0,6, kleine Witwenrente (Witwerrente) 0,25, Vollwaisenrente 0,2, Halbwaisenrente 0,1 RAF-Werte. Der aktuelle Rentenwert AR entspricht der Monatsrente wegen Alters, wenn für ein Kalenderjahr Beiträge aufgrund des Durchschnittsentgelts gezahlt worden sind. Er wird entsprechend der Entwicklung des Durchschnittsentgelts unter Berücksichtigung der Abzüge bei Arbeitseinkommen und Renten durch Steuern und Beiträge zur Sozialversicherung jährlich angepaßt (1992: 41,44 DM, neue Bundesländer 23,57 DM). Eine Besonderheit der R. ist die Bewertung der rentenrechtl. Zeiten, insofern für folgende Beitragszeiten unabhängig von der Höhe der Beitragszahlungen ein Mindestwert festgelegt ist: Kindererziehungszeiten: 0,0625 EP pro Monat (75 % des Durchschnittsentgelts), Berufsausbildung: 0,075 EP pro Monat (90 % des Durchschnittsentgelts). Der Mindestwert gilt unabhängig von einer Berufsausbildung generell für die ersten vier Jahre der Berufstätigkeit. Wehr- und Zivildienst 1982–91: 0,75 EP pro Jahr (75 % des Durchschnittsverdienstes), seit 1992 80 % der Bezugsgröße. Bei der Rente nach Mindesteinkommen können niedrige Beiträge bis auf 75 % des durchschnittl. Beitragswertes angehoben werden; erforderlich sind allerdings 35 ›Jahre mit rentenrechtl. Zeiten‹. Zeiten, in denen Lohnersatzleistungen (Arbeitslosengeld, Arbeitslosenhilfe, Krankengeld usw.) bezogen wurden, sind Beitragszeiten, für die die Bundesanstalt für Arbeit bzw. die zuständige Krankenkasse Beiträge an die R. zahlen. Die Beitragszahlungen gehen von einer auf 80% abgesenkten Bemessungsgrundlage aus, was zu Rentenminderungen führt. Bis 1995 gelten allerdings noch die alten Bestimmungen, nach denen diese Zeiten nicht zu Nachteilen bei der Rentenhöhe führen.

Ohne regelmäßige **Rentenanpassungen** würden einmal berechnete Renten durch Inflation entwertet, steigende Erwerbseinkommen würden zudem die relative Einkommensposition der Rentner verschlechtern. Durch die Rentenreform 1957 wurde deshalb die ›dynam. Rente‹ eingeführt, bei der sich die Rentenanpassung im Prinzip an der Entwicklung der Bruttoarbeitsentgelte orientierte (Bruttolohnanpassung). Mit der Rentenreform 1992 wurde zur nettolohnbezogenen Rentenanpassung übergegangen, d. h., maßgeblich für die Höhe der Rentenanpassung ist die Einkommensentwicklung nach Abzug von Steuern und Beiträgen. Damit wird ein Gleichschritt von Erwerbseinkommen und Renten erreicht. Die Anpassung der Renten erfolgt zum 1. Juli eines Jahres durch eine mit Zustimmung des Bundesrates zu erlassende Rechtsverordnung. In den neuen Bundesländern können sich bis zur Angleichung der Lebensverhältnisse weitere Anpassungstermine ergeben.

### Organisation und Finanzierung

Aufgrund der geschichtl. Entwicklung umfaßt die gesetzl. R. drei Zweige: die R. der Arbeiter (ArV), die R. der Angestellten (AnV) und die knappschaftl. R. (→ Knappschaft). Zw. dem Leistungs- und Beitragsrecht der Arbeiter- und Angestellten-R. besteht kein Unterschied. Für die knappschaftl. R. existieren Sonderregelungen. Träger der ArV sind 23 Landesversicherungsanstalten, die Bundesbahn-Versicherungsanstalt und die Seekasse. Träger der AnV ist die Bundesversicherungsanstalt für Angestellte, Sitz: Berlin. Die Träger der R. sind im Verband Dt. Rentenversicherungsträger (VDR), Sitz: Frankfurt am Main, zusammengeschlossen.

Die gesetzl. R. finanziert sich durch R.-Beiträge und einen Bundeszuschuß. Sie erfolgt im Umlageverfahren, d. h., die Auszahlungen einer Periode müssen in derselben Periode durch Einnahmen gedeckt sein. Hierdurch trägt die erwerbstätige Generation zur Finanzierung des Einkommens der Älteren bei (›Generationenvertrag‹). Die Träger der R. müssen eine finan-

**Rent** Rentenversicherung

zielle Reserve (Schwankungsreserve) von einer Monatsausgabe vorhalten. Die R.-Beiträge werden je zur Hälfte von den Beschäftigten und den Arbeitgebern gezahlt. Beitragspflichtig ist das Einkommen bis zur Beitragsbemessungsgrenze – urspr. das Doppelte der allgemeinen Bemessungsgrundlage, 1992: 6 800 DM monatlich (neue Bundesländer: 4 800 DM) Der Beitragssatz betrug am 1. 4. 1991 17,7 %. Die sozialpolit. Begründung für den Bundeszuschuß liegt darin, daß die R. auch gesamtgesellschaftl. Ziele verfolgt, die nicht nur von den Beitragszahlern finanziert werden können, z. B. Kindererziehungszeiten, Ausbildungszeiten oder die Rente nach Mindesteinkommen. Der Bundeszuschuß wurde 1957 auf 31,9 % festgelegt und sank 1990 auf 17,8 % oder 39,8 Mrd. DM.

### Versorgungsniveau

Die Sachverständigenkommission Alterssicherung sieht als Zielsetzung für die Lebensstandardsicherung 70–90 % des Nettoeinkommens vor. Bei 40 Versicherungsjahren lag das Nettorentenniveau (1988) allerdings nur bei 63 %, wobei nur 57 % der Männer und 19 % der Frauen derartig lange Versicherungszeiten erreichen. Unzureichend ist die Einkommenssituation bei Rentnern, die in ihrer Erwerbsphase nur niedrige Einkommen erzielt haben; häufig ist dies eine wesentl. Ursache der Altersarmut. Dies betrifft v. a. Frauen aufgrund von Teilzeitarbeit und unterbrochener Erwerbstätigkeit (Kindererziehung, Pflege). In der ArV hatten (1988) 66,5 % der Frauen eine Monatsrente von weniger als 600 DM. Zu berücksichtigen ist jedoch, daß häufig neben der eigenen Rente noch andere Einkommensquellen (öffentlich-rechtl. Zusatzversorgung, betriebl. Altersversorgung u. a.) vorhanden sind.

sind. Ein Indikator ist die ›Alterslastquote‹ (›Rentnerquotient‹), d. h. das zahlenmäßige Verhältnis zw. Beitragszahlern und Rentnern. Modellrechnungen zufolge würde sie von 48 % (1990) über 55 % (2000), 62 % (2010) auf 91 % (2030) steigen. Das Rentenreform-Ges. 1992 versucht, diese Entwicklung durch die Heraufsetzung der Altersgrenzen von 60 und 63 auf die Regelaltersgrenze von 65 Jahren vom Jahr 2001 an auszugleichen. Gesellschaftspolitisch problematisch – und Gegenstand einer Sachverständigenkommission – sind die unterschiedl. Sicherungsniveaus der einzelnen Alterssicherungssysteme. V. a. die Beamtenversorgung bietet gegenüber der R. ein weit höheres Versorgungsniveau, u. a. dadurch, daß in ihr das zuletzt erzielte, zumeist höchste Einkommen die Pensionshöhe bestimmt. Problem ist die immer noch als unzureichend angesehene Bewertung von Zeiten verminderter oder fehlender Erwerbstätigkeit der Hausfrauen. Von versch. Seiten wird eine **Mindestrente** bzw. **Grundrente** gefordert, auf die jede Person einen Anspruch hätte und die bei nicht bzw. nicht ausreichend entlohnter (Erwerbs-)Tätigkeit Altersarmut vermeidet.

In der *Dt. Dem. Rep.* wurde 1956 die Sozialversicherung der Arbeiter und Angestellten geschaffen, deren Verwaltung den Gewerkschaften (FDGB) übertragen wurde; sie faßte zugleich die Kranken-, Arbeitslosen-, Unfall- sowie R. zusammen. Die Leistungen im Rentenfall waren sehr gering (nach 40 Versicherungsjahren 350 Mark), v. a. weil die Bemessungsgrenze auf 600 Mark festgeschrieben war. 1968 wurde eine freiwillige Zusatzversicherung eingeführt, die es erlaubte, Einkommen über 600 Mark mit Beiträgen zu belegen und die Alterssicherung aufzustocken. Eine Mindestrente schützte vor Sozialhilfebedürftigkeit.

In *Österreich* ist die R. ähnlich wie in der Bundesrep. Dtl. geregelt. Der je zur Hälfte von Arbeitgebern und -nehmern gezahlte Beitragssatz zur Pensionssicherung für Arbeiter und Angestellten betrug (1990) 18,5 % (bis Höchstbeitragsgrenze von 28 000 S). Für Bauern, Gewerbetreibende und Beamte gelten andere Regelungen. Die durchschnittl. Pensionsleistung variiert nach der Art der Pension und weist erhebl. Unterschiede im Sicherungsniveau auf.

In der *Schweiz* gewährt die Alters-, Hinterlassenen- und Invalidenversicherung (AHV/IV) einfache Altersrenten (an Frauen, die das 62. Lebensjahr, und Männer, die das 65. Lebensjahr vollendet haben), Ehepaar-Altersrenten, Zusatzrenten, Kinderrenten und Hinterlassenenrenten (Witwen- und Waisenrenten). Besonderheiten des Rentensystems sind neben der Invalidenrente die außerordentl. Renten, die gewährt werden, wenn Versicherte keinen oder keinen ausreichenden Versicherungsanspruch erwerben können. Eine einfache Altersrente kann maximal auf (1990) 800 sfr aufgestockt werden, wobei bestimmte Einkommensgrenzen nicht überschritten werden dürfen. Der Beitragssatz von 8,4 % wird je zur Hälfte vom Arbeitnehmer und Arbeitgeber aufgebracht. Die Durchschnittsrente (einfache Altersrente) betrug (1988) 1 206 sfr.

### Internationaler Vergleich

Die Alterssicherung im Rahmen einer Sozialversicherung ist im internat. Vergleich nur eine mögl. Form der Vorsorge. In Europa spielt neben dem Sozialversicherungsmodell (Belgien, Frankreich, Griechenland, Spanien, Italien, Luxemburg, Portugal) noch die staatl. Grundversorgung eine Rolle (Dänemark, Irland, Großbritannien, Niederlande). Die sogenannten Volksrenten, die unterschiedlich hoch sind, z. B. in den Niederlanden 1 040 DM im Monat (1988), können durch beitragsfinanzierte Zusatzsysteme aufgestockt werden. Alle EG-Länder kennen

Durchschnittliche Höhe der laufenden Renten in der Arbeiter- (ArV) und der Angestelltenrentenversicherung (AnV) am 1. 1. 1991 in der Bundesrep. Dtl. (in DM)

| Rentenart | ArV | | AnV | |
|---|---|---|---|---|
| | Männer | Frauen | Männer | Frauen |
| Berufsunfähigkeitsrente | 849 | 452 | 999 | 660 |
| Erwerbsunfähigkeitsrente | 1 270 | 453 | 1 513 | 783 |
| Altersrente 60 Jahre an Arbeitslose | 1 786 | 755 | 2 228 | 949 |
| Altersrente 60 Jahre an Frauen | – | 847 | – | 1 133 |
| Altersrente 60 Jahre an Schwerbehinderte | 1 822 | 1 065 | 2 169 | 1 525 |
| Altersrente 63 Jahre | 1 839 | 850 | 2 743 | 1 356 |
| Altersrente 65 Jahre | 1 145 | 408 | 1 880 | 888 |
| Versichertenrenten insgesamt | 1 439 | 551 | 1 954 | 932 |

Quelle: Verband Dt. Rentenversicherungsträger, Rentenversicherung in Zahlen (1991), S. 26 f.

### Zukünftige Entwicklung

Probleme der R. ergeben sich aus der ökonom. und demograph. Entwicklung sowie der fehlenden Harmonisierung der versch. Alterssicherungssysteme (Beamtenversorgung, betriebl. und private Alterssicherung). Den größten Einfluß auf die Finanzlage der R. hat die wirtschaftl. Entwicklung (v. a. Beschäftigung und Arbeitslosigkeit). Zwar zahlt die Bundesanstalt für Arbeit Beiträge für Arbeitslose, die von ihr Unterstützungsleistungen beziehen, jedoch auf abgesenkter Grundlage. Da ein Viertel bis ein Drittel der Arbeitslosen keine Lohnersatzleistungen beziehen, fallen Beiträge für sie aus. Dem stehen Zunahmen bei den Rentenzugängen gegenüber, z. B. durch die Rente wegen Arbeitslosigkeit.

Alle langfristigen Bevölkerungsrechnungen deuten darauf hin, daß nach der Jahrtausendwende demographisch bedingte Finanzierungsdefizite zu erwarten

Rentenversicherung **Rent**

Anzahl der Renten, Höhe der Monatsrente und der Rentenausgaben, Anteil des Bundeszuschusses in der Rentenversicherung der Arbeiter (ArV) und der Angestellten (AnV) in der Bundesrepublik Deutschland

| Jahr | Anzahl der Renten[1]) in 1 000 | | | | Monatliche Durchschnittsrente in DM | | Rentenausgaben[2]) in Mio. DM | | | Bundeszuschuß zu den Rentenausgaben (in %) | Anteil des Bundeszuschusses an gesamten Bundesausgaben (in %) |
|---|---|---|---|---|---|---|---|---|---|---|---|
| | insgesamt | Versichertenrenten | Witwenrenten | Waisenrenten | ArV | AnV | ArV | AnV | ArV+AnV | | |
| 1950 | 3 907 | 2 214 | 988 | 705 | 61 | 93 | 1 995 | 780 | 2 775 | – | – |
| 1955 | 5 998 | 3 251 | 1 632 | 1 115 | 90 | 137 | 4 027 | 1 917 | 5 944 | – | – |
| 1960 | 7 217 | 4 067 | 2 488 | 659 | 160 | 258 | 9 366 | 4 893 | 14 259 | 28,7 | 13,5 |
| 1965 | 7 993 | 4 760 | 2 809 | 424 | 215 | 354 | 14 428 | 8 137 | 22 565 | 26,2 | 9,2 |
| 1970 | 9 276 | 5 724 | 3 116 | 436 | 313 | 520 | 24 414 | 13 979 | 38 393 | 18,8 | 8,2 |
| 1975 | 10 820 | 6 950 | 3 380 | 490 | 532 | 843 | 45 680 | 27 152 | 72 832 | 15,0 | 6,9 |
| 1980 | 12 262 | 8 040 | 3 694 | 529 | 679 | 1 029 | 65 821 | 43 551 | 109 372 | 19,5 | 9,9 |
| 1985 | 13 198 | 8 912 | 3 825 | 461 | 821 | 1 190 | 81 160 | 59 847 | 141 007 | 17,8 | 9,8 |
| 1989 | 14 011 | 9 699 | 3 951 | 360 | 917 | 1 307 | 94 173 | 73 731 | 167 904 | 17,1 | 9,5 |
| 1990 | 14 922 | 10 259 | 4 296 | 367 | 946 | 1 339 | 98 163 | 77 749 | 175 912 | 17,0 | 7,5 |

[1]) Ab 1960 Anzahl der laufenden, durch die Post gezahlten Renten zur Jahresmitte (1. 7.; bis 1955 Jahresdurchschnitt; 1950 und 1955 ohne Saarland, 1950 ohne Berlin); bis 1975 nur ins Inland gezahlten Renten. – [2]) Ohne Wanderversicherungs-Ausgleichszahlungen.
Quellen: Bundesminister für Arbeit und Sozialordnung (1990); Rentenanpassungsbericht 1990, BT-Drucksache 11/8504, S. 14.

automat. oder halbautomat. Anpassungen der Altersrenten: 1) an den Preisindex (Belgien, Dänemark, Griechenland, Irland, Spanien, Großbritannien) bzw. an die Lebenshaltungskosten (Frankreich, Italien, Portugal), 2) an die Arbeitsentgelte (Bundesrep. Dtl., Niederlande). In Ländern mit Versicherungsprinzip wird die R. überwiegend durch Beiträge finanziert, und der Staat beteiligt sich mit Zuschüssen. In Ländern, in denen eine Volksrente besteht, erfolgt die Finanzierung der R. überwiegend durch den Staat. Angesichts einer in den Ländern der EG weitgehend parallel verlaufenden demograph. Entwicklung verschärfen sich die Finanzierungsprobleme und machen Eingriffe in die Finanzierungsstruktur oder das Leistungsniveau erforderlich.

### Geschichte

Die ArV wurde als ›Invalidenversicherung‹ (I. V.) für den Fall der Invalidität und des Alters der Arbeiter im Rahmen der Bismarckschen Sozialreform (Kranken-, Unfall-, Invaliditäts- und Altersversicherung) durch das ›Ges. betr. die Invaliditäts- und Altersversicherung‹ vom 22. 6. 1889 (in Kraft seit 1. 1. 1891) eingeführt, ergänzt und neu gefaßt durch das Invalidenversicherungs-Ges. vom 19. 7. 1899. Versicherungspflichtig waren alle Arbeiter, ferner Angestellte mit einem Jahresverdienst bis zu 2 000 M. Träger der I. V. wurden die Landesversicherungsanstalten. 1911 wurden die Sozialversicherungs-Ges. in der Reichsversicherungsordnung (RVO) zusammengefaßt. Die Einführung einer Hinterbliebenenrente und eines Kinderzuschusses ergänzte die bisherigen Leistungen. 1916 wurde der Beginn der Altersrente vom 70. auf das 65. Lebensjahr herabgesetzt.

Die durch das Versicherungs-Ges. für Angestellte vom 20. 12. 1911, in Kraft seit 1. 1. 1913, geregelte AnV brachte für einen Teil der Angestellten (Versicherungspflichtgrenze 5 000 M) eine Doppelversicherung mit sich. Die Hauptleistungen waren Ruhegeld (bei Vollendung des 65. Lebensjahres oder bei Berufsunfähigkeit), Hinterbliebenenrenten, Heilverfahren. Träger der AnV wurde die Reichsversicherungsanstalt für Angestellte, Berlin. Die ›Große Novelle‹ von 1922 beseitigte die Doppelversicherung und regelte das Recht der ›Wanderversicherung‹ neu. Die AnV übernahm das Beitragsmarkenverfahren sowie die Rentenberechnungsmethode (fester Grundbetrag und Steigerungsbeträge) der I. V. Das Ruhegeld wurde dabei um einen Kinderzuschuß erhöht. Novellierungen 1928 und 1929 brachten u. a. die Erhöhung der Renten sowie die Ruhegeldberechtigung bereits mit 60 Jahren nach mindestens einjähriger Arbeitslosigkeit.

Die Rentenreform von 1957 veränderte wichtige Grundlagen der R. In drei großen Neuregelungsgesetzen wurden die Leistungen und Leistungsberechnungen der Träger angeglichen und vereinheitlicht. Dabei wurde die bisherige ›Invalidenversicherung‹ in ›Rentenversicherung der Arbeiter‹ umbenannt. Die Rehabilitationsleistungen wurden ausgebaut und der Grundsatz ›Rehabilitation vor Rente‹ gesetzlich verankert. Kernpunkt war die Einführung der ›dynam. Rente‹ durch die Orientierung der Rentenberechnung an der ›allgemeinen Bemessungsgrundlage‹ B (durchschnittl. Bruttojahresverdienst aller Versicherten) und dem ›persönl. Prozentsatz‹ P (Verhältnis zw. individuellem Bruttoarbeitsverdienst und Durchschnitt aller Versicherten). Die Rentenberechnung richtete sich erstmals nach der Rentenformel: $(P \times B) \times (J \times ST)$, wobei J die Zahl der anrechnungsfähigen Versicherungsjahre und ST ein Steigerungssatz ist. Eine ›zweite Rentenreform‹ erfolgte 1972/73, wobei die flexible Altersrente, die Rente nach Mindesteinkommen und die Öffnung der R. für Selbständige und Hausfrauen geregelt wurden. In der Rezession 1974–78 wurden zahlreiche Einschnitte in das Leistungsniveau vollzogen. Mit dem 20. Rentenanpassungs-Ges. (RAG) von 1977 erfolgte die Umstellung der Krankenversicherung der Rentner, im 21. RAG wurden infolge des geringeren Wirtschaftswachstums niedrigere Anpassungssätze festgelegt. Die ›Haushaltsoperationen 82–84‹ brachten weitere Leistungskürzungen, indem die Zugangsvoraussetzungen für Rehabilitationsmaßnahmen und für BU- bzw. EU-Renten verschärft, das Übergangsgeld gekürzt und der individuelle Krankenversicherungsbeitrag der Rentner abschließend geregelt wurden. Am 4. 10. 1990 wurde das Rentenrecht der Bundesrep. Dtl. (SGB VI) mit Wirkung zum 1. 1. 1992 auf die neuen Bundesländer übertragen. Bis 1995 gelten Übergangsregelungen, insbesondere in bezug auf die ab dem 1. 7. 1991 in Höhe von 495 DM eingeführten und später angehobenen Sozialzuschläge. Diese sollen verhindern, daß Renten unter das Existenzminimum fallen. Für Renten, die zw. dem 1. 1. 1992 und dem 30. 6. 1995 erstmalig gewährt werden, gelten die Regelungen der ehemaligen Dt. Dem. Rep., sofern diese günstiger sind.

Hb. der R., hg. v. J. ZWENG u. a., Losebl. ([2]1979 ff.); Sachverständigenkommission Alterssicherungssysteme. Vergleich der Alterssicherungssysteme u. Empfehlungen der Kommission (1983); W. PELIKAN: R. ([7]1988); W. SCHMÄHL: Beitr. zur Reform

**Rent**  Rentenwerte – Reparation

der R. (1988); Gesetzl. R., in: Sozialpolitik u. soziale Lage in der Bundesrep. Dtl., bearb. v. G. BÄCKER u. a., Bd. 2 (²1989); D. PFEIFFER: Verteilungswirkungen der Alterssicherung. Die gesetzl. R. in der Bundesrep. Dtl. ... (1989); B. CASMIR: Staatl. R.-Systeme im internat. Vergleich (²1990); Hb. der gesetzl. R., hg. vom VDR (1990); Rentenreform-Ges. 1992. Erl. für die Praxis mit vollem Gesetzestext, Beitr. v. EUGEN MÜLLER u. a. (1990); Sozialgesetzbuch, Bd. 6: Gesetzl. R., Komm., bearb. v. K. HAUCK u. a., Losebl. (1990 ff.); H. STRÖER: Meine soziale R. (⁸1990); Übersicht über die Soziale Sicherheit, hg. vom Bundes-Min. für Arbeit u. Sozialordnung (1990).

**Rentenwerte,** die →festverzinslichen Wertpapiere.

**Rentería,** Stadt in der Prov. Guipúzcoa, Spanien, 5 km östlich von San Sebastián am Río Oyarzun, (1986) 47 000 Ew.; Eisengießereien, Bleihütte, chem., Textil-, Papier-, Nahrungsmittelindustrie. In der Nähe Abbau von Blei- und Zinkerzen.

**Rentier** [-'tje:; frz., zu Rente] *der, -s/-s,* 1) *veraltend* für: jemand, der ganz oder überwiegend von Boden-, Kapital- und Pachtzinserträgen lebt; 2) *selten* für Rentner.

**Rentier:** LINKS Karibu (Kopf-Rumpf-Länge 120–220 cm); RECHTS Nordeuropäisches Ren (Kopf-Rumpf-Länge 120 bis 220 cm)

**Rentier** ['rɛn-, 're:n-], **Ren, Rangifer tarandus,** einzige Art (mit sieben Unterarten; Kopf-Rumpf-Länge von 120 bis 220 cm) der zu den Trughirschen gestellten Gattung Renhirsche (z. T. auch als Unterfamilie Rangiferinae aufgefaßt), v. a. in Tundren und Wäldern N-Eurasiens, Kanadas und Grönlands. Das dichte, langhaarige Fell ist im Sommer graubraun, z. T. auch heller und gescheckt, im Winter bedeutend heller. R. sind die einzige Hirschart, bei der auch die Weibchen ein Geweih tragen. Die Hufe sind spreizbar, wodurch das Einsinken auf feuchtem oder schneebedecktem Boden vermindert wird. R. leben in mehr oder weniger großen Rudeln, die auf ihren durch die kurze Vegetationszeit ihres Lebensraumes bedingten Wanderungen auch große Flüsse durchschwimmen. – Das **Nordeuropäische Ren** (Rangifer tarandus tarandus) kommt nur noch in Norwegen wildlebend vor; größtenteils wird es als Haustier in großen Herden gehalten, es dient den nord. Nomaden als Zug- und Tragtier sowie als Fell-, Fleisch-, Milch- und Lederlieferant. Die bekannteste nordamerikan. Unterart ist das in den Tundren (im Sommer) und Wäldern (im Winter) O-Kanadas lebende **Karibu** (Rangifer tarandus caribou). – Die heutigen Bestände des Hausrens liegen bei 2 Mio. in Rußland, 800 000 in Skandinavien und 50 000 in Alaska. Die Wildrenbestände werden (1988) auf insgesamt etwa 2 Mio. geschätzt. (→Lappen)

**Rentierflechte**

*Geschichte:* Während der Würm-Eiszeit (vor rd. 100 000 bis 10 000 Jahren) drang das R. bis nach Mitteleuropa vor. Es war Hauptjagdbeute der Eiszeitmenschen, denen es nicht nur Fleisch und Felle, sondern auch Geweihe für die Herstellung von Werkzeugen und Waffen lieferte. Aus dieser Zeit sind zahlreiche Schnitzereien, Felsbilder und Wandmalereien mit R.-Darstellungen erhalten. Mit dem Abschmelzen des Eises in Mitteleuropa zog sich das R. auf sein heutiges Verbreitungsgebiet zurück. – Erste Nachweise für eine Domestikation des R. als Zugtier stammen aus dem 3. vorchristl. Jahrtausend.

L. VAJDA: Unters. zur Gesch. der Hirtenkulturen (1968); A. E. SPIESS: Reindeer and caribou hunters. An archaeological study (San Francisco, Calif., 1979).

**rentieren** [mit französierender Endung zu mhd. renten ›Gewinn bringen‹ gebildet], Zins, Gewinn bringen, einträglich sein.

**Rentierflechte** ['rɛn-, 're:n-], **Cladonia rangiferina,** strauchförmige Art der Becherflechten auf trokkenen Heide- und Waldböden; während des Winters wichtige Futterpflanze für Rentiere.

**Rentiersee** ['rɛn-, 're:n-], See in Kanada, →Reindeer Lake.

**Rentierzeit** ['rɛn-, 're:n-], andere Bez. für das Jungpaläolithikum (→Altsteinzeit).

**Renumeration** [zu lat. renumerare ›wieder auszahlen‹] *die, -/-en,* Rückzahlung. – **renumerieren,** zurückzahlen.

**Renuntiation** [(spät)lat. ›Verkündigung‹; ›Aufkündigung‹, ›Verzicht‹] *die, -/-en,* **Renunziation,** Abdankung (eines Monarchen).

**Renvoi** [rãwo'a; frz., eigtl. ›Rücksendung‹] *der, -,* im →internationalen Privatrecht die Rückverweisung.

**Reorganisation,** Änderung einer formalen Organisationsstruktur. R.-Maßnahmen werden v. a. bei mangelnder Effizienz erforderlich, weil sich organisationsinterne Gegebenheiten (z. B. höhere Beschäftigungszahl, erweitertes Leistungsprogramm, Einsatz neuer Technologien) oder die externen Rahmenbedingungen (z. B. Marktverhältnisse) geändert haben oder eine Neubestimmung der grundlegenden Organisationsziele (z. B. Internationalisierung der Unternehmenstätigkeit) notwendig ist.

**REO-Viren** [Kurz-Bez. für engl. **R**espiratory-**E**nteric-**O**rphan Viruses], eine Gruppe von Viren, die bei Infektionen in den oberen Luftwegen und im Darm anzutreffen sind. Urspr. wurden die REO-V. als Typ 10 der ECHO-Viren beschrieben, später aufgrund ihrer besonderen Eigenschaften abgetrennt. Sie sind ätherresistent, 75 nm groß, besitzen eine doppelsträngige RNS und bilden ein Hämagglutinin.

**rep.,** 1) *Börsenwesen:* **r,** Abk. für **rep**artiert (→Repartierung).

2) *Pharmakologie:* Abk. für **rep**etatur.

**Repaci** ['rɛ:patʃi], Leonida, italien. Journalist und Schriftsteller, * Palmi (Prov. Reggio di Calabria) 23. 4. 1898, † Pietrasanta (Prov. Lucca) 19. 7. 1985; schrieb Reisereportagen, Theater- und Kunstkritiken (›Galleria‹, 1948). In seiner mehrfach überarbeiteten Romantrilogie ›Storia dei fratelli Rupe‹ (1957: Bd. 1: ›I fratelli Rupe‹, 1932; Bd. 2: ›Potenza dei fratelli Rupe‹, 1934; Bd. 3: ›Passione dei fratelli Rupe 1914‹, 1937) entwarf er ein Zeitbild am Schicksal einer kalabres. Familie. R. verfaßte auch Erzählungen, Gedichte, Theaterstücke, politisch-soziale Schriften (›Ricordo di Gramsci‹, 1947), ein Erinnerungsbuch (›Compagni di strada‹, 1960) und Tagebuchaufzeichnungen (›Taccuino segreto‹, 1939). 1929 war er Mitbegründer des →Premio Viareggio.

A. ALTOMONTE: R. (Florenz 1976).

**Reparation** [spätlat. reparatio ›Instandsetzung‹, zu lat. reparare ›wiederherstellen‹, ›erneuern‹] *die,*

-/-en, 1) *Medizin:* Ersatz von zerstörtem Gewebe durch Narben- oder Bindegewebe bei der Heilung.
2) *Pl., Völkerrecht:* die dem Besiegten eines Krieges unter Berufung auf dessen Verantwortlichkeit für die Entstehung des Krieges vertraglich auferlegten Geld-, Sach- und Dienstleistungen zur Wiedergutmachung der von den Siegerstaaten erlittenen Verluste und Schäden. Als Rechtfertigung der Auferlegung von R. wird seit dem →Versailler Vertrag die völkerrechtswidrige Kriegseröffnung angesehen. Dem klass. Völkerrecht waren R. fremd.
Der Versailler Vertrag (1919) erlegte dem Dt. Reich die allgemeine Verpflichtung zu R.-Zahlungen an die alliierten und assoziierten Mächte auf. Ihre Höhe wurde auf den Konferenzen in Boulogne-sur-Mer und Spa (1920) und Paris (1921) durch die **R.-Kommission** bestimmt. Die Forderungen der Pariser Beschlüsse, die eine bis 1963 abzutragende R.-Schuld von 223 Mrd. Goldmark vorsahen, lehnte das Dt. Reich ab. Die durch das →Londoner Ultimatum vom 5. 5. 1921 festgesetzte R.-Schuld von 132 Mrd. Goldmark und jährlich 26% vom Wert der dt. Ausfuhr wurde anerkannt. Nach dem durch die R.-Leistungen wesentlich mitverursachten Zusammenbruch der dt. Währung 1923 (→Rentenmark) versuchten der →Dawesplan (1924) und der →Youngplan (1930) die R.-Zahlungen der dt. Zahlungsfähigkeit anzupassen. Nach dem Hoovermoratorium (20. 6. 1931), das die R. für ein Jahr stundete, regelte das Abkommen von Lausanne (9. 7. 1932) die endgültige Ablösung der R. durch die Abgabe von Schuldverschreibungen in Höhe von 3 Mrd. RM; zu einer Verwirklichung dieses Abkommens kam es nicht. Nach dem Zweiten Weltkrieg sind die aus den R.-Forderungen des Versailler Vertrages stammenden R. Auslandsschulden in das →Londoner Schuldenabkommen einbezogen worden. (→Reichsschulden)
Die dt. R. nach dem Zweiten Weltkrieg bestanden in Sachleistungen, die aus dem dt. Auslandsvermögen und durch Demontage von Industrieausrüstungen zu erbringen waren; sie wurden auf den Konferenzen in Quebec, Jalta, Moskau, Potsdam, London und Paris festgelegt. Die dt. R. an die Westmächte betrugen 517 Mio. $ (Handelsflotte, Auslandswerte, Erträge von Demontagen; andere Werte nicht einger.). Die UdSSR zog nach westl. Angaben R.-Leistungen im Wert von 13 Mrd. $ aus ihrer Besatzungszone (Demontagen, Beschlagnahmen, Lieferungen aus der laufenden Produktion). 1954 verzichtete sie gegenüber der Dt. Dem. Rep. auf weitere R. Die Pariser Verträge von 1954 beendeten die R.-Leistungen der Bundesrep. Dtl. Zur Entschädigung der durch R.-Leistungen geschädigten R. Eigentümer erließ die Bundesrep. Dtl. das R.-Schäden-Ges. vom 12. 2. 1969. – Die Endregelung für Österreich brachte der Staatsvertrag vom 15. 5. 1955. In den Friedensverträgen von 1947 wurden Finnland, Italien, Ungarn, Rumänien und Bulgarien R. auferlegt, Japan im Vertrag von 1951.

W. Hasenack: Betriebsdemontagen als R., 2 Bde. (1948); H. Ronde: Von Versailles bis Lausanne. Der Verlauf der R.-Verhandlungen nach dem 1. Weltkrieg (1950); Die finanzielle Liquidation des Krieges beim Aufbau der Bundesrep. Dtl., hg. vom Bundesministerium der Finanzen (1962); W. J. Helbich: Die R. in der Ära Brüning (1962); B. Röper: R., in: Hwb. der Sozialwiss.en, hg. v. E. von Beckerath u. a., Bd. 8 (1964); J. von Spindler: R., in: Hb. der Finanz-Wiss., Bd. 3 (²1965); E. Wandel: Die Bedeutung der Vereinigten Staaten von Amerika für das dt. R.-Problem 1924–1929 (1971); P. Krüger: Dtl. u. die R. 1918/19 (1973); F. Jerchow: Dtl. in der Weltwirtschaft 1944–1947. Alliierte Dtl.- u. R.-Politik u. die Anfänge der westdt. Außenwirtschaft (1978); J. Schiemann: Die dt. Währung in der Weltwirtschaftskrise 1929–1933. Währungspolitik u. Abwertungskontroverse unter den Bedingungen der R. (1980).

**Reparatur|enzyme,** spezielle Enzyme (Nukleasen, Polymerasen, Ligasen), die durch Mutation entstandene Schäden in der DNS beseitigen können. (→Reparaturmechanismen der DNS).

**Reparaturmechanismen der DNS,** Ausbesserungsvorgänge an Fehlstellen im DNS-Molekül (**DNS-Reparatur**), d. h. an Stellen ohne komplementäre Basenpaarung oder/und mit einer Unterbrechung in einem der beiden DNS-Stränge. Grundlage der R. d. DNS sind spezielle Reparaturenzyme (Repairenzyme). Von besonderer Bedeutung unter den mögl. Schäden an der DNS sind sowohl durch Chemikalien als auch durch Bestrahlung mit UV-Licht verursachte Schäden, wobei Pyrimidindimere entstehen, bei denen nachbarständige Pyrimidinbasen miteinander starr verknüpft sind. Bei der **Photoreparatur** macht ein durch Licht der Wellenlänge 410 nm aktivierbares Enzym, ein Flavoprotein, die Brückenbildung in den Pyrimidindimeren rückgängig. Bei der **Ausschneidereparatur (Exzisionsreparatur)** wird neben den Pyrimidindimeren in den DNS-Strang ›eingeschnitten‹; anschließend wird durch Entfernen von Nukleotiden (einschließlich der schadhaften) der Reparaturbereich zur Lücke erweitert (durch Exo-DNasen); die Lücke wird dann durch Synthese neu aufgefüllt (durch DNS-Polymerasen), und schließlich wird auch die letzte Bindung geschlossen (durch eine DNS-Ligase). Bei der **Strangaustauschreparatur** setzt – im Ggs. zu den beiden erstgenannten R. d. DNS – die ›enzymat. Schere‹ nicht vor der DNS-Replikation an, sondern erst nach dem ›Auftrennen‹ der beiden DNS-Elternstränge im Verlauf der Replikation. Hierbei werden die gerade gebildeten DNS-Tochterstränge zw. den Schwestermolekülen ausgetauscht, um auf diese Weise Strukturen zu schaffen, die der Ausschneidereparatur besser zugänglich sind als die Ausgangsmoleküle. Fehler bei der Strangaustauschreparatur haben fatale Folgen für die Zelle.

**Repartierung** [zu frz. répartir ›zuteilen‹], **Rationierung,** *Börsenwesen:* die Aufteilung und Zuteilung von Wertpapieren, wenn Angebot und Nachfrage nicht über den Preis zum Ausgleich kommen (auch bei einer überzeichneten Emission); gekennzeichnet auf dem Kurszettel mit **r, rep.** (für repartiert) oder **rat.** (für rationiert).

**Repartimiénto** [span. ›Verteilung‹] *das, -(s), Kolonialgeschichte:* →Encomienda.

**Repassieren** [frz. repasser ›wieder bearbeiten‹], Ausbessern fehlerhafter Maschenware, v. a. die Beseitigung (›Aufheben‹) von Laufmaschen von Hand oder maschinell mit Repassierapparaten.

**Repatriierung** [spätlat. repatriare ›ins Vaterland zurückkehren‹, zu lat. patria ›Heimat‹], die völkerrechtl. Rückführung von Personen, die sich außerhalb ihres Heimatstaates befinden, durch den Aufenthaltsstaat und die Wiederaufnahme im Heimatstaat, v. a. im Zusammenhang mit Kriegsereignissen (Kriegsgefangene, Evakuierte, Flüchtlinge); völkerrechtlich geregelt bes. in den Genfer Abkommen vom 12. 8. 1949.

**Repeater** [rɪ'piːtə]; engl., zu to repeat ›wiederholen‹] *der, -s/-,* **Regenerator, Regenerativverstärker,** Bauteil in digitalen Übertragungsstrecken (z. B. Lichtwellenleiter, →Lichtleiter) zur Wiederaufbereitung digitaler Signale in bestimmten Abständen (z. B. bei Mehrmoden-Lichtwellenleitern max. 400 km, bei Monomoden-Lichtwellenleitern max. 800 km). Ihre Aufgaben sind u. a. die Entzerrung der auf dem Übertragungsweg z. B. durch Dispersion verformten Signale, die Verbesserung des Signal-Rausch-Verhältnisses und ggf. die Beseitigung des Nebensprechens. Ihre Funktionseinheiten sind demgemäß Vorverstärker, Taktaufbereiter, Entzerrer-Vorverstärker, Entscheider und Sendeverstärker. Letzterer speist idealerweise die Signale in ihrer ursprüngl. Form und Stärke in den nächsten Übertragungsab-

Tetramethyl-
thiuramdisulfid
**Repellentien**

schnitt ein. R. und Übertragungsabschnitt bilden zus. ein Regeneratorfeld. Während sich bei analoger Übertragung prinzipiell alle Störleistungen summieren und ggf. verstärkt werden, addieren sich bei digitaler Übertragung nur die Fehlerwahrscheinlichkeiten, was prinzipiell größere Reichweiten ermöglicht.

**Repellenti|en,** engl. **Repellents** [rɪˈpelənts; zu repellent ›abstoßend‹], Abschreckmittel, durch die die Fraß-, Biß- oder Einstichaktivität von Schadtieren vermindert wird. Zur Abschreckung blutsaugender Insekten erweisen sich äther. Öle und synthet. Verbindungen (z. B. Äthylhexandiol und Diäthyltoluamid) als wirksam. Im Bereich des Pflanzenschutzes wird Saatgut zur Abwendung des Vogelfraßes (Fasanen, Krähen) mit Methiocarb und Anthrachinon vergällt. Präparate gegen Wildverbiß an Obstbäumen oder Reben enthalten z. B. Tetramethylthiuramdisulfid; daneben können Harze, Stearinpech und Mineralstoffe zur Verhütung von Wildverbiß eingesetzt werden.

**Repercussa** [zu lat. repercutere, repercussum ›zurückprallen‹] *die, -/...sae, Musik:* Bez. für den bes. in der Psalmodie und den Lektionen hervortretenden Rezitationston (Tenor, Tuba, Dominante), der in allen → Kirchentonarten über der Finalis liegt.

**Repercussio** [lat. ›Rückprall‹] *die, -, Musik:* 1) die bei einzelnen Neumen (z. B. Bi- und Tristropha) notwendige, dicht aufeinanderfolgende Tonwiederholung mit jeweils neuem Stimmstoß; 2) in der Fuge der einmalige Durchgang des Themas durch alle Stimmen.

**Repertoire** [repɛrˈtwaːr; frz., zu Repertorium] *das, -s/-s,* Gesamtheit von literar., dramat., musikal. Werken oder artist. Darbietungen, die einstudiert sind und jederzeit vorgetragen, vorgeführt oder gespielt werden können. – Das **R.-Stück** ist ein populäres Stück, das immer wieder auf den verschiedensten Spielplänen steht.

**Repertorium** [spätlat. ›Verzeichnis‹, eigtl. ›Fundstätte‹, zu lat. reperire ›wiederfinden‹] *das, -s/...ri|en,* **1)** *bildungssprachlich* für: wiss. Nachschlagewerk.
**2)** *Homöopathie:* Symptomenverzeichnis zur prakt. Auffindung des individuell angepaßten (›homöopathischen‹) heilenden Mittels (Simillimum); es ordnet die Materia Medica (Mittel der Symptome) nach den Symptomen aufgrund eines log. Ordnungsschemas.
J. T. KENT: R. der homöopath. Arzneimittel, 3 Bde. (a. d. Engl., ⁵1979); ders.: R. generale, hg. v. J. KÜNZLI VON FIMMELSBERG u. a., 3 Bde. (1986–89).

**Repertorium Germanicum,** vom Dt. Histor. Institut in Rom herausgegebenes Verzeichnis (1916 ff.) aller in den päpstl. Archiven seit 1378 erwähnten dt. Personen, Orte und Institutionen; bis 1991 wurde die Zeit bis 1464 (außer 1432–46) erfaßt.

**repetatur** [lat. ›es möge wiederholt werden!‹], Abk. **rep.,** Vermerk auf ärztl. Rezepten, daß ein Arzneimittel wiederholt abgegeben werden soll.

**repetieren** [lat. repetere ›wiederholen‹], *bildungssprachlich* für: 1) durch Wiederholen einüben, lernen; 2) eine Klasse noch einmal durchlaufen (weil das Klassenziel nicht erreicht wurde).

**Repetierer, Repetiergewehr,** → Mehrlader.

**Repetierfaktoren,** *Betriebswirtschaftslehre:* → Produktionsfaktoren.

**Repetition** [lat.] *die, -/-en,* **1)** *bildungssprachlich* für: Wiederholung (einer Äußerung, eines Textes als Übung o. ä.).
**2)** *Musik:* bei den → gemischten Stimmen der Orgel das Umschlagen der Pfeifenreihen in eine tiefere Oktavlage bei weiter ansteigenden Grundtönen.

**Repetitions|schichtung,** *Geologie:* vielfache, sich regelmäßig wiederholende Aufeinanderfolge zweier oder mehrerer Gesteinsschichten unterschiedl. Zusammensetzung.

**Repetitor** [spätlat. ›Wiederholer‹] *der, -s/...ˈtoren,* Akademiker, der Studenten (v. a. der jurist. Fakultät) durch Wiederholung des Lehrstoffs auf das Examen vorbereitet. – **Repetitorium** *das, -s/...ri|en,* Lehrbuch, Unterricht zur Wiederholung eines Stoffes.

**Repin,** Ilja Jefimowitsch, russ. Maler, * Tschugujew (Gouv. Charkow) 5. 8. 1844, † Kuokkala (Finnland; heute Repino bei Petersburg) 29. 9. 1930; studierte 1864–71 an der Akademie in Petersburg. Sein 1870–73 entstandenes Gemälde ›Burlaken an der Wolga‹ (auch ›Wolgatreidler‹; Petersburg, Staatl. Russ. Museum) wurde als Programmbild für die Peredwischniki aufgefaßt, denen er sich 1878 nach einem überwiegend in Paris verbrachten Auslandsaufenthalt (1873–76) anschloß. 1894–1907 lehrte er an der Kunstakademie in Petersburg. R. war die beherrschende Persönlichkeit der russ. Malerei in der 2. Hälfte des 19. Jh., der in seinen Bildern soziale Mißstände anprangerte. Er verstand sich, bei kräftiger, pastos aufgetragener Farbgebung, auf die Komposition dramat. Szenen und eine psycholog. Charakteristik, die sowohl Genreszenen und Historienbilder als auch seine Porträts (u. a. von M. P. MUSSORGSKIJ, L. N. TOLSTOJ) auszeichnet.

**Hauptwerke:** Kreuzprozession im Gouv. Kursk (1880–83; Moskau, Tretjakow-Galerie); Die Saporoger Kosaken schreiben einen Brief an den türk. Sultan (1880–91; Petersburg, Staatl. Russ. Museum; Skizze in Moskau, Tretjakow-Galerie); Die Verhaftung des Propagandisten (1880–91; Moskau, Tretjakow-Galerie); Unerwartet (1884; ebd.); Iwan der Schreckliche und sein Sohn Iwan am 16. Nov. 1581 (1885; ebd.);

Ilja Jefimowitsch Repin: Burlaken an der Wolga; 1870–73 (Petersburg, Staatliches Russisches Museum)

Festsitzung des Staatsrats (1901–03; Petersburg, Staatl. Russ. Museum).
E. K. VALKENIER: Ilya R. and the world of Russian art (New York 1990).

**Replantation** [zu spätlat. replantare ›wieder einpflanzen‹] *die, -/-en*, **1)** *Medizin*: operative Wiedereinpflanzung eines durch Unfall abgetrennten Gewebs- oder Körperteils (Amputat), ggf. mittels mikrochirurg. Verfahren (Gefäß-, Nerven-, Sehnennaht); eine R. wird v. a. bei Fingern und Händen, auch bei Armen und Beinen durchgeführt.
**2)** *Zahnheilkunde*: **Re**|**implantation,** das Wiedereinsetzen eines pulpentoten Zahns in seine Alveole unmittelbar nach einer außerhalb des Mundes vorgenommenen Amputation der Wurzelspitze und Wurzelfüllung.

**Replica** [italien.], *Musik*: Vorschrift für die Wiederholung eines Stücks oder eines Teiles davon (z. B. für die Wiederholung des Menuetts nach dem Trio); **senza r.**, ohne Wiederholung.

**Replik** [frz. réplique ›Antwort‹, ›Gegenrede‹] *die, -/-en,* **1)** *bildungssprachlich* für: Erwiderung.
**2)** *Kunst*: vom Künstler selbst hergestellte Wiederholung seines Werks, im Unterschied zur Kopie. Weicht die R. vom Original ab, spricht man von **zweiter Fassung**. In der Bildhauerkunst kommen teilweise mehrere Abgüsse einer (Bronze-)Plastik vor, durch den Künstler selbst oder auch später in der erhaltenen Originalform gegossen; sie haben den Rang eines Originals. – Neuerdings auch Bez. für technisch hochwertige Kunstdrucke.
**3)** *Prozeßrecht*: die Gegeneinwendung des Klägers auf die Einwendung des Beklagten, namentlich im schriftl. Vorverfahren. (→ Duplik)

**Replikat** [zu lat. replicare ›wieder aufrollen‹] *das, -(e)s/-e,* qualitätvolle, originalgetreue Nachbildung eines musealen Gegenstandes (z. B. ägypt. oder röm. Kleinkunst), aber auch histor. Maschinen, Autos u. a. aus gleichem oder möglichst ähnl. Material.

**Replikation** [lat. replicatio ›das Wiederaufrollen‹] *die, -/-en,* **Reduplikation, Autoreduplikation,** die in der Interphase zw. zwei Zellteilungen stattfindende Verdoppelung des genet. Materials (DNS; bei RNS-Viren RNS), die die molekulare Grundlage für die Weitergabe der im genet. Material enthaltenen Erbinformation von Generation zu Generation ist. Hierzu wird die i. d. R. als Doppelhelix vorliegende DNS an dem zu replizierenden Stück auseinandergedrillt, es bildet sich die **R.-Gabel.** Aufgrund der räuml. Struktur der Doppelhelix muß zu ihrer Entschraubung in einem der beiden Stränge ein Bruch eintreten, so daß sich dieser Strang relativ zum anderen drehen kann. Durch Bindung an besondere Proteine wird die entdrillte DNS stabilisiert. An den nun freiliegenden Basen der Einzelstränge werden die den Basen jeweils komplementären Nukleosidtriphosphate angelagert und die zwei neuen komplementären Partnerstränge gebildet; die neu entstandenen Doppelstränge enthalten je einen ursprüngl. und einen neu synthetisierten Strang (**semikonservative R.**). Die Verknüpfung der Nukleosidtriphosphate wird durch spezielle Enzyme, die →DNS-Polymerasen, katalysiert, die einen neuen Strang jedoch nur in einer Richtung (vom 5′- zum 3′-Ende) synthetisieren können. Da bei der R. jedoch einer der beiden Stränge in umgekehrter Richtung wachsen kann (vom 3′- zum 5′-Ende), werden an diesem Strang durch die DNS-Polymerase zunächst kleine Stücke (nach ihrem Entdecker Okazaki-Stücke genannt) von 5′ nach 3′ synthetisiert, die im Anschluß durch ein weiteres Enzym, die →DNS-Ligase, zu einem vollständigen Strang verknüpft werden. (→ Nukleinsäuren)

**Replikon** [engl.] *das, -s/-s,* Einheit der genet. Replikation. Ein R. ist ein DNS-Molekül (bei einigen Vi-ren auch RNS), das zu seiner ident. Verdoppelung über eine spezif. Start- und Endstelle verfügt. Am Anfang und Ende der DNS-Replikation greifen spezifisch an diesen Stellen Enzyme und zusätzl. Hilfsproteine als Initiator- bzw. Terminatorproteine an. Bei Prokaryonten ist das R. meist ein ringförmiges DNS-Molekül und entspricht dem Chromosom der höheren Organismen. Die chromosomale DNS der Eukaryonten besteht jeweils aus einer großen Zahl von R., die im DNS-Faden des Chromosoms aufgereiht sind und sich nicht notwendigerweise gleichzeitig replizieren.

**Replum** [lat., eigtl. ›Türrahmen‹] *das, -s, Botanik*: in der Frucht (Schote) von Kreuzblütlern auftretende falsche Scheidewand, die aus einem (von den verwachsenen Rändern der beiden Fruchtblätter gebildeten) Rahmen mit den samentragenden Plazenten und diesen ausfüllenden plazentaren Gewebswucherungen besteht. Das R. bleibt bei der Fruchtreife durch Abhebung der Fruchtblätter frei stehen.

**Repolarisation,** *Physiologie*: → Aktionspotential.

**Report** [engl.-frz., über altfrz. zu lat. reportare ›überbringen‹] *der, -(e)s/-e,* **1)** *allg.*: systemat. Bericht, Dokumentarbericht, wiss. Untersuchung über (aktuelle) Ereignisse, Entwicklungen.
**2)** *Bank- und Börsenwesen*: der Unterschied von Tages- und Lieferungskurs beim Termingeschäft, wenn die Terminnotierung höher ist als der Kassakurs; bes. im **Prolongationsgeschäft (R.-Geschäft, Kostgeschäft)** die Vergütung oder der Aufschlag des ›Hereinnehmers‹. Mißlingt die Spekulation eines Haussiers und will er die Wertpapiere nicht mit Verlust verkaufen, dann gibt er (›Hereingeber‹) die gekauften Effekten einem Dritten (›Hereinnehmer‹, i. d. R. eine Bank) ›herein‹ und verpflichtet sich, die Stücke zu einem höheren Preis (mit Zuschlag, R.) zurückzunehmen. Rechtlich ist dies ein Verkauf mit späterem Rückkauf, wirtschaftlich ein uneigentl. Lombardgeschäft. Bei Baissespekulation ist der Vorgang umgekehrt. Der Baissier muß sich die Stücke leihen, um sie per Ultimo vertragsmäßig liefern zu können. Es kommt bei umfangreichen Baissespekulationen vor, daß die Stücke knapp werden, so daß dann der ›Hereingeber‹ Stücke zum nächsten Termin (Ultimo) mit einem Kursabschlag (Deport) zurückkaufen kann. Im Devisenhandel ist R. der Kursaufschlag des Terminkurses einer Währung gegenüber deren Kassakurs (→ Swapgeschäft).
**3)** *Pl. -s, Informations- und Dokumentationswesen*: auf einfache Weise vervielfältigte Arbeits- und Rechenschaftsberichte von Forschungsstellen über Stand und Ergebnisse von Forschungsarbeiten, bei Auftragsforschung i. d. R. an den Auftraggeber. R. werden meist durch Direktversand bei der ausgebenden Institution vertrieben. R. kamen während des Zweiten Weltkrieges auf, als wiss. Zeitschriften als Publikationsorgane nicht verfügbar oder aus Geheimhaltungsgründen ungeeignet waren. Bes. in der Technik (Kernforschung, Raumfahrt) etablierte sich seither neben den Zeitschriften eine selbständige R.-Literatur; inzwischen schätzt man das jährl. Aufkommen weltweit auf bis zu 500 000 R. (über 85 % in den USA). – In neuester Zeit erscheinen R. zunehmend nur noch als Mikrofiche oder -film.
Use of reports literature, hg. v. C. P. AUGER (London 1975).
**4)** *Publizistik*: der →Bericht 2).

**Reportage** [rɛpɔrˈtaːʒə; frz. ›Berichterstattung‹] *die, -/-n,* ein aus der unmittelbaren Situation gegebene, die Atmosphäre einbeziehender, meist kurzer Augenzeugenbericht eines Ereignisses. Die R. ist eine verhältnismäßig neue literar. Gattung, die sich Ende des 19. Jh. mit dem modernen Journalismus etablierte. Während bei der Presse-R. und (bes. unmittelbar) der Rundfunk-R. der Text ganz im Vordergrund

**Repo**  Reporter – Repräsentativerhebung

steht, ergänzen sich bei Illustrierten-, Film- und Fernseh-R. Text und Bild. Bedeutende R. von hohem literar. Rang schrieben u. a. E. E. KISCH, E. HEMINGWAY und J. FUČÍK.

**Reporter** [engl., zu to report ›berichten‹] *der, -s/-,* Verfasser von Reportagen für Rundfunk, Fernsehen, Film und Zeitungen; häufig gleichbedeutend mit Journalist gebraucht.
**Reporter der Wissenschaft,** →Stiftung Jugend forscht e. V.

**Reposition** [zu lat. reponere, repositum ›zurücklegen‹, ›zurückbringen‹], die →Einrenkung; auch das Zurückdrücken des Bruchinhalts in die Bauchhöhle beim Eingeweidebruch.

**Repoussoir** [rəpus'wa:r; frz. ›Hintergrund‹, zu repousser ›zurückschieben‹] *das, -s/-s,* dunkle, meist durch ein Versatzstück (Baum, Draperie, Torbogen, Figur u. a.) gebildete Stelle im Vordergrund eines Gemäldes oder einer Photographie zur Steigerung der Tiefenillusion des dahinterliegenden Bildmotivs.

**Reppe,** Walter Julius, Chemiker, * Göringen (heute zu Wartha, Kr. Eisenach) 29. 7. 1892, † Heidelberg 26. 7. 1969; Prof. in Mainz und Darmstadt, 1938–57 Forschungsleiter der BASF AG; arbeitete über Synthesen mit Äthylen, Acetylen und Kohlenoxid; untersuchte Schwermetallacetylide, Metallcarbonyle und -carbonylwasserstoffe als Katalysatoren.

Walter Reppe

**Reppen,** poln. Rzepin ['ʒɛpin], Stadt in der Neumark, Wwschaft Gorzów (Landsberg/Warthe), Polen, (1989) 5 800 Ew. (1939: 6 400 Ew.); Baustoffindustrie; Bahnknotenpunkt. – R., vermutlich in der 2. Hälfte des 13. Jh. entstanden, wurde 1329 erstmals urkundlich als voll ausgebildete Stadt erwähnt. 1904–45 war R. Kreisstadt des Kreises Westernberg (Neumark). 1945 fiel die Stadt unter poln. Verwaltung, seit 1991 gehört sie völkerrechtlich verbindlich zu Polen.

**Reppe-Synthesen,** von W. REPPE ab 1928 mit →Acetylen unter Druck systematisch durchgeführte Synthesen von organ. Zwischenprodukten, z. B. Vinyläther und Vinylpyrrolidon (→Vinylierung), Cyclooctatetraen (→Zyklisierung) und Acrylsäure (→Carbonylierung). Die R.-S. waren von großer Bedeutung für die Entwicklung der Kunststoffe.

**Repräsentant** [frz.] *der, -en/-en,* **1)** *allg.:* 1) (offizieller) Vertreter, z. B. eines Volkes, einer Gruppe; 2) Vertreter eines größeren Unternehmens.
**2)** *Mathematik:* →Äquivalenzklasse.

**Repräsentantenhaus,** engl. **House of Representatives** [haʊs əv reprɪ'zentətɪvz], in den USA (daneben: z. B. Australien, Neuseeland) eine der Parlamentskammer, in der die Wählerschaft nach ihrer Kopfzahl vertreten ist. Die Abg. werden hier auf zwei Jahre gewählt; ihre Zahl und Verteilung auf die Staaten wurde bis 1920 alle zehn Jahre nach der Volkszählung neu festgesetzt. Seitdem ist die Gesamtzahl von 435 nicht mehr erhöht worden. Der Wahlmodus ist bis auf die Vorschriften allgemeiner Wahl und das Prinzip ›one man – one vote‹ (›Ein Wähler – eine Stimme‹) den Staaten freigestellt. Guam, die Virgin Islands und der District of Columbia entsenden je einen Delegierten, Puerto Rico einen ›residierenden Kommissar‹, die jedoch kein Stimmrecht besitzen. Den Sprecher (speaker, Vorsitzenden) stellt die Mehrheitspartei; er ist im Unterschied zum Sprecher des brit. Unterhauses zugleich der Führer seiner Partei im R. und hat eine starke Stellung. Die gesetzgeber. Arbeit wird v. a. in den ständigen Ausschüssen, den **Standing committees,** und zahlreichen Unterausschüssen geleistet, die auch der Ernennung der Kabinettsmitglieder und hoher Beamter zustimmen müssen. Alle Beschlüsse der Ausschüsse müssen vom R. bestätigt werden.

**Repräsentation** [frz., von lat. repraesentatio ›Darstellung‹] *die, -/-en,* **1)** *allg.:* Vertretung, standesgemäßes Auftreten, Aufwand.

**2)** *Philosophie* und *Psychologie:* die Vergegenwärtigung von nicht unmittelbar Gegebenem in der Vorstellung.

**3)** *Politik:* i. w. S. die an polit. Systeme nicht gebundene Form der Herrschaft, ausgeübt kraft Wahl oder (ständischem) Privileg in Gestalt des freien oder gebundenen →Mandats; i. e. S. die Leitidee der repräsentativen →Demokratie. Die Nation (oder das Volk) als Träger aller Staatsgewalt läßt diese Herrschaft durch gewählte →Abgeordnete in ihrem (seinem) Namen ausüben. Diesen Funktionserfordernissen entspricht das freie Mandat des Abg. mehr als das gebundene (imperative) Mandat.

Im Spät-MA. gewann das Prinzip der R. als Legitimationsgrundlage wachsende Bedeutung für die Forderung von Konzilien und Ständeversammlungen, an der kirchl. oder staatl. Willensbildung beratend oder mitbestimmend teilzunehmen. In diesen meist korporativ strukturierten Versammlungen (mit gegenüber den Repräsentierten weisungsgebundenen Repräsentanten) erfuhren die Interessen der Herrschaftsunterworfenen – je nach der konkret gegebenen gesellschaftlich-polit. Situation – mehr oder weniger Berücksichtigung. In der Zeit der Aufklärung (17./18. Jh.) konnten sich repräsentative Vorstellungen zunächst nur in England gegenüber den Tendenzen des Absolutismus behaupten und weiterentwickeln. Es bildete sich dort – auf der philosoph. Grundlage von Vertragstheorien (bes. J. LOCKES) – ein Repräsentativsystem aus, in dem polit. Entscheidungen von gewählten Abg. im Parlament als Ergebnis eines Interessenausgleichs getroffen und zur Ausführung einer dem Parlament verantwortl. Regierung übertragen werden. Im Zuge der Frz. Revolution wurde das R.-Prinzip ein Grundelement der von Abbé SIÉYÈS stark beeinflußten Verf. von 1791, die im 19. Jh. zum Vorbild vieler liberaler Verf. in Europa wurde. Die R. wurde zu einem Wesensmerkmal parlamentarisch-demokrat. Regierungssysteme.

G. LEIBHOLZ: Das Wesen der R. u. der Gestaltwandel der Demokratie im 20. Jh. (³1966, Nachdr. 1973); ders.: Strukturprobleme der modernen Demokratie (Neuausg. 1974); Zur Theorie u. Gesch. der R. u. Repräsentativ-Verf., hg. v. H. RAUSCH (1968); U. BERMBACH: R., imperatives Mandat u. recall. Zur Frage der Demokratisierung im Parteienstaat, in: Theory and Politics. Festschr. zum 70. Geburtstag für Carl Joachim Friedrich, hg. v. K. VON BEYME (Den Haag 1971); Der Begriff des Repraesentatio im MA. Stellvertretung, Symbol, Zeichen, Bild, hg. v. A. ZIMMERMANN (1972); H. GREBING: Volksrepräsentation u. repräsentative Demokratie, in: Polit. Vjschr., Jg. 13 (1972); H. F. PITKIN: The concept of representation (Neuausg. Berkeley, Calif., 1972); K. VON BEYME: Die parlamentar. Reg.-Systeme in Europa (²1973); J. AGNOLI u. P. BRÜCKNER: Die Transformation der Demokratie (Neuausg. 1974); H. HOFMANN: R. Studien zur Wort- u. Begriffsgesch. von der Antike bis ins 19. Jh. (1974); E. FRAENKEL: Die repräsentative u. die plebiszitäre Komponente im demokrat. Verf.-Staat, in: ders.: Dtl. u. die westl. Demokratien (⁷1979); W. RÖHRICH: Die repräsentative Demokratie. Ideen u. Interessen (1981); Bürgerinitiativen u. repräsentatives System, hg. v. B. GUGGENBERGER u. a. (²1984); T. ELLWEIN u. J. J. HESSE: Das Reg.-System der Bundesrep. Dtl. (⁶1987).

**repräsentativ** [frz.], *bildungssprachlich* für: 1) als einzelner, einzelnes so typisch, daß er, es die spezif. Eigenart der gesamten Gruppe, Erscheinung, Richtung zeigt; 2) versch. (Interessen-)Gruppen in ihrer Besonderheit berücksichtigend; 3) eindrucksvoll, wirkungsvoll.

**Repräsentativ|erhebung,** Form der statist. Teilerhebung, bei der die untersuchte Teilmasse die Bedingung der **Repräsentativität** erfüllt, d. h., daß die Teilmenge die Struktur der Grundgesamtheit richtig widerspiegelt. Wenn mittels einer R. – in der empir. Sozialforschung spricht man auch von **Repräsentativbefragung** – z. B. ein Mittelwert errechnet wird, dann darf dieser Stichprobenwert vom Wert der Grundgesamtheit nur innerhalb einer definierten, vom Stichprobenumfang *n* abhängigen Toleranzgrenze liegen.

**Repräsentativsystem, Repräsentativ|verfassung,** Staatsverfassung, bei der das Volk auf dem Weg der → Repräsentation 3), also durch ein gewähltes Vertretungsorgan (i. d. R. das Parlament), an der Staatsgewalt teilhat. Die in der Praxis der modernen, durch polit. Parteien geprägten R. übl. Bindung der Abg. des Repräsentativorgans an die Disziplin der Fraktion und die Abhängigkeit von Interessenverbänden (→ Pressure-groups) hat dem R. eine veränderte Bedeutung verliehen. Heutige R. sind nicht selten durch Elemente der unmittelbaren Demokratie (→ Plebiszit 2) ergänzt.

**repräsentieren** [frz., von lat. repraesentare ›darstellen‹, ›vergegenwärtigen‹], *bildungssprachlich* für: 1) etwas, eine Gesamtheit von Personen nach außen vertreten; 2) repräsentativ sein; 3) wert sein, etwas (einen Wert) darstellen; 4) seiner gehobenen gesellschaftl. Stellung entsprechend auftreten.

**Repressali|e** [unter Einfluß von (er)pressen zu mlat. repre(n)salia ›das gewaltsame Zurücknehmen‹, von lat. reprehendere, reprehensum ›fassen‹, ›zurücknehmen‹] *die, -/-n,* 1) *bildungssprachlich* für: Maßnahme, die auf jemanden Druck ausübt, Straf-, Vergeltungsmaßnahme.

2) Im *Völkerrecht* eine an sich völkerrechtswidrige Maßnahme, die nur als Reaktion gegen eine andere völkerrechtswidrige Handlung zulässig ist, wenn keine andere Möglichkeit mehr besteht, dem Unrecht des anderen entgegenzutreten. Ihre Rechtfertigung findet sie im Prinzip der Gegenseitigkeit. Bei ihrer Anwendung ist der Grundsatz der Verhältnismäßigkeit zu beachten, wobei aber die Gleichartigkeit der R. mit der vorangegangenen Rechtsverletzung. Zweck der R. ist es, den rechtsverletzenden Staat zu veranlassen, zu einer völkerrechtsgemäßen Verhaltensweise zurückzukehren. Ist er erreicht, muß sie beendet werden. Beispiele für R.-Maßnahmen sind der Boykott, das Embargo, das Einfrieren von Guthaben, der Eingriff in Vertragsverhältnisse. Die Überschreitung der Grenze des Zulässigen (R.-Exzeß) ist ein völkerrechtl. Delikt, gegen das wiederum R. ergriffen werden können. Die Anwendung oder Androhung von Gewalt ist als R. nicht zulässig, weil das allgemeine Gewaltverbot des geltenden Völkerrechts keine Ausnahmen zuläßt. Das Völkerrecht kennt auch den Begriff der Kriegs-R. Jedoch enthält das humanitäre Völkerrecht eine Reihe von R.-Verboten. So verbietet Art. 46 der I. Genfer Konvention von 1949 jede R. gegen Verwundete, Kranke, Sanitätspersonal und dazugehörige Gebäude und Materialien. Die II. Genfer Konvention von 1949 wiederholt dieses Verbot für den Seekrieg. Art. 20 des I. Zusatzprotokolls von 1977 verstärkt dieses Verbot.

**Repression** [frz., von lat. repressio ›das Zurückdrängen‹] *die, -/-en,* 1) *allg.:* (gewaltsame) Unterdrückung von Widerstand, Kritik, sozialen Bewegungen; auch individueller Bedürfnisse. In der Psychologie entspricht R., anknüpfend an S. FREUD, der →Verdrängung eigener Wünsche und Bedürfnisse durch das Individuum, wird aber gelegentlich auch als Bez. für eine (bewußte) Zurückdrängung von Motiven verwendet.

2) In der *Gesellschaftskritik* der krit. Theorie (v. a. von H. MARCUSE) und der neuen Linken wurde der Begriff R. in den 1960er Jahren anknüpfend an die marxist. Denktradition und die Psychoanalyse im Sinne einer allgemeinen polit. Unterdrückung auf jede Einschränkung und Behinderung der Persönlichkeitsentfaltung sowie der Freiheit von Individuen und Gruppen als Gegenbegriff zur Emanzipation angewendet. Dieser Annahme zufolge kann R. ganzer Bevölkerungsteile mit Hilfe gesellschaftl. oder staatl. Sanktionen (ggf. mit Hilfe polizeil. oder militär. Gewalt) oder durch subtile →Manipulation (u. a. durch Massenmedien und Werbung) erfolgen und besteht darin, den Menschen weniger sein zu lassen, als ihm in den histor. und sozialen Rahmenbedingungen möglich wäre (J. GALTUNG).

H. MARCUSE: Triebstruktur u. Gesellschaft (a. d. Engl., Neuausg. 1979); ders.: Repressive Toleranz, in: Kritik der reinen Toleranz, hg. von R. P. WOLFF u. a. (a. d. Amerikan., [10]1982); H.-P. DREITZEL: Die gesellschaftl. Leiden u. das Leiden an der Gesellschaft ([3]1980); A. PLACK: Die Gesellschaft u. das Böse. Eine Kritik der herrschenden Moral (Neuausg. 1991).

**repressiv,** 1) *bildungssprachlich* für: Druck, Repressionen ausübend.

2) *Recht:* Unter **Repressivmaßregeln** versteht man Gesetze und VO gegen konkret gegebene staatsgefährdende Umtriebe oder andere die staatl. Sicherheit bedrohende Bestrebungen. Ggs.: **Präventivmaßregeln,** Vorbeugemaßnahmen. In einem etwas anderen Sinn wird im Ordnungs- und Polizeirecht die Aufgabe der Aufdeckung und Verfolgung begangener Straftaten als repressive Tätigkeit von der präventiven Abwehr drohender Gefahren (z. B. Sicherung eines einsturzgefährdeten Gebäudes) unterschieden.

**Reprint** [rɪ'prɪnt; engl., zu reprint ›nachdrucken‹] *der, -s/-s, Buchwesen:* → Nachdruck.

**Reprise** [frz. ›Wiederaufnahme‹] *die, -/-n,* 1) *Börsenwesen:* Kurserholung oder Kurssteigerung, wodurch vorherige Rückgänge ausgeglichen werden.

2) *Musik:* italien. **Ripresa,** die Wiederkehr eines Satzteiles innerhalb einer Komposition (urspr. die Bez. für das Wiederholungszeichen), so in der →Sonatensatzform die Wiederaufnahme des ersten Teils (Exposition) nach der Durchführung, in der Dacapo-Arie das Zurückgreifen auf den Anfang nach dem Mittelsatz und in Märschen und Tänzen mit Trio die Wiederholung des Hauptsatzes nach dem Trio. In allen diesen Fällen bewirkt die R. eine formale Abrundung, die bes. im Sonatensatz durch mannigfache Veränderungen der R. gegenüber der Exposition (Variation, Verkürzung, Verschleierung) kunstvoll ausgestaltet sein kann. – Von **Schein-R.** spricht man, wenn am Ende der Durchführung das Hauptthema wiederkehrt und wie der Eintritt der R. wirkt, bevor die eigentl. R. beginnt.

**Reprivatisierung,** *Wirtschaft:* →Privatisierung.

**Repro** [kurz für Reproduktion] *die, -/-s,* auch *das, -s/-s,* Kopiervorlage für die Druckformherstellung in den versch. →Druckverfahren.

**Reprocessing** [rɪ'prəʊsesɪŋ] *das, -s,* engl. Bez. für →Wiederaufarbeitung.

**Reproduktion,** 1) *bildungssprachlich* für: Wiedergabe.

2) *Biologie:* die →Fortpflanzung.

3) *Drucktechnik:* Wiedergabe und Vervielfältigung von Vorlagen (Bilder oder Text) mit Hilfe manueller oder photograph. sowie Druckverfahren. (→Reprophotographie, →Reproduktionstechnik)

4) *Kunst:* Vervielfältigung eines Kunstwerks im Unterschied zu Original und Kopie. Eine klare Abgrenzung gibt es bei Unikaten, bei denen die R. eine reine Abbildung des Originals (z. B. für Kunstblätter, Bücher, Kalender) durch photomechan. Verfahren darstellt. Schwieriger ist die Unterscheidung vom Original bei der Graphik: Fortgeschrittene Techniken (→Computerkunst) können hier die Grenze zw. →Originalgraphik und R.-Druck verwischen (→Reproduktionsgraphik). Ähnl. Probleme treten bei Abzügen plast. Modelle auf (z. B. Nachgüsse von Bronzen; →Replik). Die Polarität zw. Original und R. wird bei bestimmten modernen künstler. Ausdrucksformen ganz aufgelöst, bei denen die Vorstellung von der Einmaligkeit des Werkes durch die von dessen beliebiger Vermehrbarkeit ersetzt wird (›Ars multiplicata‹); da-

mit wird eine Annäherung an die typ. Verbreitung von Druck- oder Filmwerken erreicht. Das R.-Recht steht als ausschließl. Verwertungsrecht dem Urheber zu, wobei es auf die Art der Wiedergabe des Werkes nicht ankommt (z. B. also auch Aufnahme auf Bildträger).

P. BADURA: Der Eigentumsschutz des Urhebers u. die Vervielfältigung urheberrechtl. geschützter Werke für die Zwecke der Ausbildung u. der Wiss. (1982); W. BENJAMIN: Das Kunstwerk im Zeitalter seiner techn. Reproduzierbarkeit ([16]1988).

**5)** *polit. Ökonomie:* Bez. für 1) die ständige Erneuerung des Produktionsprozesses durch Ersatz oder Erweiterung der verbrauchten, alten, überholten Produktionsmittel; 2) die ständig neue Wiederherstellung der gesellschaftl. und individuellen Arbeitskraft durch den Verbrauch von Lebensmitteln, Kleidung, Befriedigung kultureller Bedürfnisse.

**6)** *Psychologie:* die Wiederhervorbringung früher angeeigneter Bewußtseinsinhalte aus dem Gedächtnis (R.-Fähigkeit). **Spontane R.** kann durch Wahrnehmungs- oder Erfahrungsinhalte hervorgerufen werden, die mit den früheren Eindrücken in einer Beziehung (z. B. der Ähnlichkeit) stehen.

**Reproduktionsgraphik,** originalgetreue Wiedergabe oder Nachbildung einer Vorlage (Zeichnung, Gemälde) durch ein druckgraph. Verfahren (z. B. Holzschnitt, -stich, Kupferstich, Lithographie). Im Unterschied zur →Originalgraphik wird die Druckform nicht vom entwerfenden, die Darstellung erfindenden Künstler (Peintre-graveur) angefertigt, sondern von auf die Reproduktion fremder Vorlagen spezialisierten Künstlern. Ihre höchste künstler. Blüte erlebte die R. im 16. und 17. Jh. durch Kupferstiche und Holzschnitte v. a. von M. RAIMONDI (nach RAFFAEL und A. DÜRER), H. GOLTZIUS (nach RAFFAEL und MICHELANGELO) und den →Rubensstechern. Heute werden Originalvorlagen mittels photomechanischer Druckverfahren (z. B. Lichtdruck, Offsetdruck) reproduziert (›Kunstdrucke‹ oder ›Reproduktionen‹).

E. REBEL: Faksimile u. Mimesis. Studien zur dt. R. des 18. Jh. (1981).

**Reproduktionskosten,** die Ausgaben, die man für die Wiederbeschaffung oder Wiederherstellung eines Vermögensgegenstandes zu einem bestimmten Zeitpunkt (Bewertungsstichtag) aufwenden müßte. Zu unterscheiden sind die R. für einen Vermögensgegenstand gleichen Alters und gleicher Güte (Reproduktionsaltwert) von den R. für einen neuen Vermögensgegenstand (Reproduktionsneuwert). Die R. spielen bei der Bewertung von Wirtschaftsgütern (→Wiederbeschaffungswert) und Unternehmen (Reproduktionswert, →Substanzwert) eine Rolle.

**Reproduktionsmedizin, Fortpflanzungsmedizin,** Spezialgebiet der Medizin, das sich mit der Erforschung der biolog. Grundlagen der menschl. Fortpflanzung sowie mit der Entwicklung medizinisch-techn. Verfahren beschäftigt mit dem Ziel, die menschl. Fortpflanzungsfähigkeit zu sichern und zu verbessern (›Reproduktionstechnologie‹). Im Rahmen der R. entwickelte und angewendete Verfahren sind u. a. homologe und heterologe Insemination und In-vitro-Fertilisation (IVF), Embryospülung und Embryotransfer (ET), Kryokonservierung von Samen und Embryonen sowie das Anlegen von Samen- und Embryobanken. Konkrete Forschungsziele sind die Verbesserung dieser Verfahren sowie Fortschritte in der intrauterinen Diagnostik, der Embryonalchirurgie sowie der Gentherapie.

1799 hat ein engl. Arzt erstmals einer Frau das Sperma ihres Mannes künstlich eingeführt; diese erste nachgewiesene homologe Insemination verlief erfolgreich, die Frau wurde schwanger. Die erste heterologe Insemination wurde 1884 in den USA vorgenommen. Erste Experimente zur IVF sind im Tierversuch bereits für das Jahr 1878 belegt. 100 Jahre später, 1978, wurde in Großbritannien das erste durch IVF mit anschließendem Embryotransfer gezeugte Baby geboren und 1984 in Australien das erste Kind, das als Embryo mehrere Wochen eingefroren war.

⇨ *Embryo · Embryonenschutzgesetz (Nachtrag Bd. 18) · Insemination · In-vitro-Fertilisation*

**Reproduktionsrate, Reproduktionsziffer,** ein bevölkerungsstatist. Maß, das unter Vernachlässigung von internat. Wanderungen ausdrückt, inwieweit die gegenwärtige Fruchtbarkeit einer Bev. ausreicht, um deren Anzahl zu erhalten.

**Reproduktionstechnik, Reproduktionsverfahren,** das Gesamtgebiet der photograph., photomechan. und elektromechan. Verfahren zur Herstellung von Druckformen für die Wiedergabe von Vorlagen in den versch. Druckverfahren.

Die **photographischen Verfahren** umfassen die photograph. Aufnahme, die Ausführung von Retuschen und die Herstellung und Montage der Kopiervorlage. Für die autotyp. Druckverfahren (→Autotypie) werden unmittelbar von der Vorlage Rasterfilme hergestellt (direkte Verfahren), oder es werden Halbtonfilme angefertigt, die nach Retusche oder Maskierung (Gradations- oder Farbwertkorrektur) aufgerastert werden (indirekte Verfahren). **Photomechanische Verfahren** beruhen auf photochem. Vorgängen und erfordern sowohl photograph. als auch ätztechn. Arbeitsgänge (z. B. →Chemigraphie). Die **elektromechanische Reproduktion** arbeitet mit lichtelektr. Abtastung der Vorlage und mit elektronisch gesteuerter Belichtung (→Scanner) oder Gravur (Klischograph). Sie liefert Kopiervorlagen für den Offsetdruck oder unmittelbar Druckplatten für den Buchdruck und gravierte Druckzylinder für den Tiefdruck.

**Reproduktionstechnik:** Helioklischograph zur elektromechanischen Gravur von Tiefdruckzylindern

**reproduktiv,** bildungssprachlich für: nachbildend, nachahmend.

**Reproduzierbarkeit,** die Wiederholbarkeit, v. a. von technisch-naturwissenschaftl. Versuchen oder Experimenten, wobei sich die Abweichungen bei den resultierenden Meßwerten innerhalb konsistenter Grenzen bewegen müssen (z. B. dem Dreifachen der Standardabweichung). Die R. ist ein wichtiges Prinzip der exakten Naturwissenschaften.

**reproduzieren, 1)** *allg.:* wiederherstellen.
**2)** *Biologie:* sich fortpflanzen.
**3)** *Drucktechnik:* eine Reproduktion herstellen.
**4)** *polit. Ökonomie:* die Reproduktion bewirken.

**Reprograf, Reprograph,** Ausbildungsberuf der Industrie für Frauen und Männer mit dreijähriger

Ausbildungsdauer. R. im Bereich Reprographie stellen Lichtpausen und Reproduktionen her, in der Mikrographie werden Mikroverfilmungen und Vergrößerungen bearbeitet.

**Reprographie** *die, -/...'phi|en,* Sammel-Bez. für die Kopierverfahren mittels elektromagnet. Strahlung (Licht-, Wärme-, Röntgenstrahlung u. a.).

**REPROM** [Abk. für engl. **Re**programmable **r**ead-**o**nly **m**emory], Sammel-Bez. für Festwertspeicher (ROM), die gelöscht und wieder programmiert werden können, wie →EAROM und →EPROM.

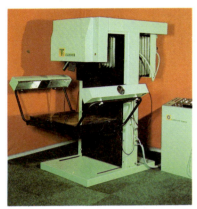

**Reprophotographie:** Reproduktionskamera in Vertikalbauweise für Aufsicht- und Durchsichtvorlagen; Scharfeinstellung, Äquivalentblende und Belichtungsablauf erfolgen automatisch

**Reprophotographie, Reproduktionsphotographie,** Verfahren zur Herstellung von Halbton- oder Rasternegativen oder -positiven nach Vorlagen. Mit den Mitteln der R. werden Strich-, Raster- und Halbtonaufnahmen sowie Halbton- oder Rasterfarbauszüge hergestellt. Von Vorlagen mit kontinuierlich verlaufenden Tonwerten müssen für die Reproduktion in den versch. Druckverfahren Rasternegative oder -positive angefertigt werden, entweder über die **Reprokamera** (auch Vergrößerungsgerät) direkt oder indirekt über Halbtonaufnahmen mit Hilfe von Kopiergeräten. Für die Kopiervorlagen des Tief- und Lichtdrucks sind Halbtonpositive notwendig, die von Halbtonnegativen im Kopiergerät umkopiert werden. Von Farbvorlagen werden unter Zwischenschaltung von Farbauszugsfiltern Farbauszüge in Halbton oder direkt gerastert hergestellt. Bei der Herstellung der Farbauszüge kann mit Hilfe von Masken (Hilfsdiapositive oder -negative) eine Gradations- oder Farbwertkorrektur vorgenommen werden. Die R. ist bereits in erhebl. Umfang von elektron. Abtastverfahren (→Scanner) abgelöst worden.

**Repsold,** Feinmechanikerfamilie in Hamburg; bekannte Vertreter:
1) *Johann Adolf,* \* Hamburg 3. 2. 1838, † ebd. 1. 9. 1919, Enkel von 2); erfand ein als Durchgangsinstrument brauchbares Mikrometer und machte die Firma **A. Repsold und Söhne** zum führenden Hersteller astronom. Instrumente.
2) *Johann Georg,* \* Wremen (bei Bremerhaven) 19. 9. 1770, † Hamburg 14. 1. 1830, Großvater von 1); entwickelte astronom. und geodät. Instrumente und erbaute eine Hamburger Sternwarte (1802).

**Reptili|en** [frz. *reptile,* von spätlat. *reptile,* zu *reptilis* ›kriechend‹, zu lat. *repere* ›kriechen‹], *Sg.* **Reptil** *das, -s,* **Kriechtiere, Reptilia,** Klasse der Wirbeltiere mit den heute lebenden Ordnungen →Schildkröten, →Krokodile, →Brückenechsen und →Schuppenkriechtiere (Echsen und Schlangen). Körperbau, Größe und Lebensweise sind sehr unterschiedlich. Meist sind vier Gliedmaßen ausgebildet, die jedoch vollständig zurückgebildet sein können (z. B. bei Schlangen, einigen Echsen). Vorder- und Hinterextremitäten tragen normalerweise fünf Zehen. Die Haut ist drüsenarm und mit Hornschuppen oder -schilden bedeckt, die von Knochenplatten unterlegt sein können. Die Körpertemperatur entspricht, bis auf wenige Ausnahmen (z. B. bei Waranen, Pythonschlangen), der Umgebungstemperatur und wird hauptsächlich durch angepaßtes Verhalten (Aufwärmen in der Sonne, Abkühlen im Schatten oder Wasser bei großer Hitze) reguliert. In gemäßigten Breiten wird der Winter oft in Kältestarre überdauert. Die Atmung erfolgt durch Lungen, das Herz besteht aus zwei Vorkammern und einer Hauptkammer, die durch ein Septum teilweise oder vollständig (nur bei Krokodilen) geteilt sein kann. Nieren, Darm und Geschlechtsorgane münden in einen gemeinsamen Ausführungsgang (›Kloake‹). Bei allen Männchen (außer den Brückenechsen) ist ein Begattungsorgan ausgebildet. Die Fortpflanzung erfolgt durch Eier, die an Land abgelegt werden und aus denen voll entwickelte Jungtiere schlüpfen. Die Brutpflege reicht vom einfachen Aufsuchen eines geeigneten Eiablageplatzes über Vergraben der Eier (z. B. Schildkröten), Bewachen der Gelege (z. B. Krokodile), Bebrüten der Eier (Pythonschlangen) bis zum Führen der Jungtiere (Krokodile). Manche Echsen und Schlangen (z. B. Waldeidechse) halten die Eier bis zum Schlüpfen der Jungen zurück (›Ovoviviparie‹), so daß diese lebend geboren werden. Bei einigen Skinken ist sogar eine plazentaartige Struktur ausgebildet, die eine direkte Ernährung der Jungen im Mutterleib bis zur Geburt ermöglicht.

*Stammesgeschichte:* Die R. nehmen in der Evolution der Wirbeltiere eine zentrale Stellung ein: Von einigen Vertretern wie den →Mosasauriern abgesehen, die sich sekundär an das Leben im Wasser gewöhnt hatten, lebten die R. als erste Tiergruppe vollständig auf dem Festland, dem sie u. a. durch Ausbildung von Eiern mit fester poröser Schale und einer Embryonalhülle (Amnion), durch wechselwarme Körpertemperatur, Lungenatmung, Schuppenhaut, Hornskelett angepaßt waren. Die R. lassen sich aus urtüml. Amphibien (→Labyrinthodontia) ableiten, sie traten erstmals im Karbon, nach neuen Funden in Nova Scotia (Kanada) schon im Unterkarbon auf. Die Schildkröten stellen wahrscheinlich einen früh abgespaltenen Seitenzweig dar. Aus den ersten R. (Stamm-R. oder →Cotylosauria) gingen über die Eosuchia (neben primitiven eidechsenartigen Formen spezialisierte aquat.

**Reprophotographie:** Automatische Präzisionskamera in Brückenbauweise zur Herstellung von Raster-, Strich- und Halbtonaufnahmen von Aufsicht- und Durchsichtvorlagen

# Rept  Reptilienfonds – Repton

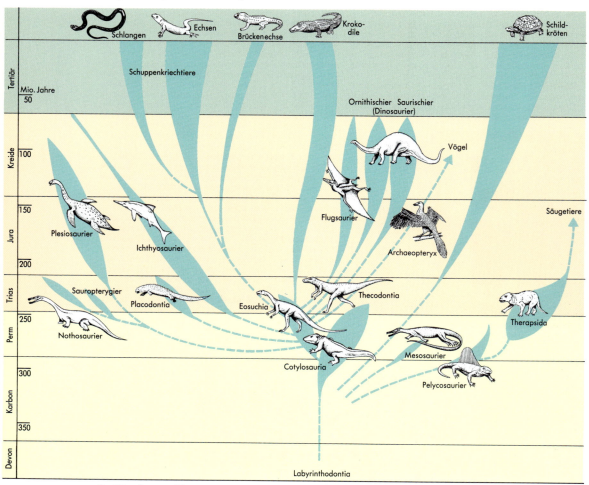

**Reptilien:** Stammtafel

und marine Vertreter, auch Gleitflieger; Karbon/Perm) zu Beginn des Perm die Hauptgruppen der R. hervor: Lepidosaurier (heutige Vertreter die Schuppenkriechtiere mit den Echsen und Schlangen sowie die Rhynchocephalia mit der Brückenechse), Archosaurier (die zusammenfassend als Dinosaurier bezeichneten Saurischier und Ornithischier, die Thecodontia, die Flugsaurier und heute noch die Krokodile), →Sauropterygia, Placodontia (→Placodus) und →Ichthyosaurier. Eine andere Entwicklungslinie führte über die Synapsida, die säugetierähnl. R. (Pelycosauria und →Therapsida), zu den Säugetieren. Nach der ersten großen Verzweigung im Oberkarbon/Perm entwickelten sich die R. v. a. im Oberperm (Cotylosauria), in der Trias (Entfaltung der →Thecodontia und Placodontia) und vom Malm bis zur Kreide (Archosaurier mit z. T. riesenhaften Formen, den Sauriern). Aus den Thecodontia gingen im Oberen Jura die Vögel hervor. Ende der Kreide starb ein Großteil der R. aus (v. a. Ichthyosaurier, Dinosaurier, Flugsaurier und Plesiosaurier; Ursache umstritten, →Dinosaurier). Im Tertiär folgte schließlich die Entfaltung der Schlangen, Echsen und Krokodile.

Hb. der Paläoherpetologie, begr. v. O. KUHN, auf 19 Tle. ber. (1969ff.); A. BELLAIRS: Die R. (a.d. Engl., Neuausg. Lausanne 1972); D. STARCK: Vergleichende Anatomie der Wirbeltiere, 3 Bde. (1978–82); Grzimeks Tierleben, hg. v. B. GRZIMEK, Bd. 6: Kriechtiere (Neuausg. Zürich 1984); Lex. der Terraristik u. Herpetologie, Beitr. v. F. J. OBST u.a. (1984); ARNO H. MÜLLER: Lb. der Paläozoologie, Bd. 3: Vertebraten, Tl. 2: Reptilien u. Vögel (Jena ²1985).

**Reptili|enfonds** [-fõ], urspr. ironische Bez. für Geldmittel, die BISMARCK aus dem →Welfenfonds zur Unterstützung der regierungsfreundl. Presse verwendete, ohne über Zweck und Summe Rechenschaft geben zu müssen. Die Bez. geht zurück auf eine Bismarck-Rede von 1869, in der er die Agenten der nach dem Dt. Krieg von 1866 abgesetzten Herrscher von Hannover und Kurhessen als ›bösartige Reptilien‹ bezeichnet hatte, die es gelte ›zu verfolgen bis in ihre Höhlen hinein, um zu beobachten, was sie treiben‹. Heute werden in der Bundesrep. Dtl. Dispositionsfonds im Bundeshaushalt auch als R. bezeichnet.

**Repton** [reptn], Humphry, engl. Gartenarchitekt, * Bury Saint Edmunds 21. 4. 1752, † London 24. 3. 1818; gestaltete Landschaftsgärten in harmon. Verbindung von Architektur und Garten. Er arbeitete eng mit Baumeistern (v. a. J. NASH) zusammen.

**Schrift:** Observations on the theory and practice of landscape gardening (1803).

D. STROUD: H. R. (London 1962).

**Repubblica, La,** größte italien. Tageszeitung, gegr. 1986, Zentralredaktion in Rom, Aufl. 1991: 665 100 Exemplare. Laut eigenem Grundsatzmanifest verfolgt R. eine laizist. und antifaschist. polit. Richtung. La R. gehört zum Medienkonzern Mondadori.

**Repubblica Sociale Italiana** [-sɔt'tʃa:le -], Bez. für die am 13. 9. 1943 von B. Mussolini ausgerufene faschist. Republik in N-Italien mit Sitz in Salò. (→ Faschismus, →italienische Geschichte)

**Republican River** [rɪ'pʌblɪkən 'rɪvə], linker Quellfluß des →Kansas River, USA.

**Republik** [frz. république, von lat. res publica ›Staat(sgewalt)‹, eigtl. ›öffentl. Sache‹] *die, -/-en,* idealtypisch jeder Staat, in dem im Ggs. zur Monarchie das Staatsvolk als Träger der Staatsgewalt gesehen wird. In der polit. Realität ist R. ein Formalbegriff, der sowohl Demokratien als auch Diktaturen umfaßt. In der Politikwissenschaft besteht Uneinigkeit darüber, ob der Begriff R. lediglich eine Absage an die monarch. Staatsform oder aber zugleich eine Ablehnung von jeder Form von Allein- oder Willkürherrschaft enthalte, d. h., ob er in einer engen inhaltl. Nähe zu Demokratie und Rechtsstaat stehe.

In der Antike gab es R. aristokrat. und demokrat. Prägung. Die Verfassung des republikan. Rom enthielt demokrat., aristokrat. und monarch. Elemente. Im MA. und in der frühen Neuzeit gab es aristokratisch strukturierte (›Adelsrepubliken‹) oder bürgerlich-patrizisch bestimmte R. (Venedig, Genua, die Niederlande in der Zeit der Generalstaaten und die Kantone der Schweiz bis 1798). In Auseinandersetzung mit der Monarchie (mittelalterlich-ständ. Herkunft) entwickelte sich in Europa seit der Frz. Revolution von 1789 im 19. Jh. eine republikan. Bewegung, die in der Schaffung der Volkssouveränität die Vollendung der Volkssouveränität sah (→Republikanismus). Neben den versch. Formen der parlamentarisch-demokrat. R. bildeten sich im 20. Jh. auch der Typus der Räterepublik (→Rätesystem) und der →Volksrepublik heraus. In Dtl. wurde lange der Begriff ›Freistaat‹ für die R. bevorzugt.

M. Imboden: Die Staatsformen (²1974); W. Mager: R., in: Geschichtl. Grundbegriffe, hg. v. O. Brunner u. a., Bd. 5 (1984); R. Zippelius: Allg. Staatslehre (¹¹1991).

**Republikaner, Die,** polit. Partei, gegr. 1983, Vors. (seit 1985): Franz Schönhuber (* 1923); vertritt in nationalistisch bestimmter Deutung des GG u. a. eine populistisch geprägte Wirtschaftspolitik, eine betont repressive Rechtspolitik (z. B. Ablehnung des Resozialisierungsprinzips), eine Ausländer ausgrenzende Sozialpolitik. Außenpolitisch lehnt die Partei die Schaffung eines europ. Binnenmarktes ab. 1989–90 war sie dem Berliner Abgeordnetenhaus vertreten.

C. Leggewie: Die R. (Neuausg. 1990); R. Stöss: Die ›R.‹. Woher sie kommen. Was sie wollen. Wer sie wählt. Was zu tun ist (²1990).

**republikanische Clubs,** Vereinigungen von Gruppen der neuen Linken, seit 1966 in Berlin (West) und einigen Großstädten der Bundesrep. Dtl., waren sozialistisch, meist marxistisch orientierte Zentren der Diskussion und Agitation; lösten sich nach 1968 auf.

**Republikanische Demokratische Allianz,** frz. **Alliance Républicaine Démocratique** [al'jɑ̃s repybli'kɛ:n demɔkra'tik], frz. Partei, 1901 gegr., ab 1911 unter dem Namen Republikan. Demokrat. Partei, ab 1920 Republikan. Demokrat. und Soziale Partei; urspr. eine bürgerlich-liberale Partei der linken Mitte, die, locker organisiert, hauptsächlich Wahlkampfzwecken diente, repräsentierte die R. D. A. in der Zwischenkriegszeit den gemäßigten →Republikanismus; 1919 war sie führend an der Bildung des Bloc national beteiligt. Zu ihren wichtigsten Vertretern zählen u. a. E. Flandin, R. Poincaré, P. Reynaud. Nach 1945 gehörte sie zum Rassemblement des Gauches Républicains, 1954 schloß sie sich dem Nationalen Zentrum der Unabhängigen und Bauern an.

**Republikanische Partei,** 1) frz. Partei, →Parti Républicain.

2) engl. **Republican Party** [rɪ'pʌblɪkən 'pɑːtɪ], eine der beiden großen polit. Organisationen in den USA, die das amerikan. Parteiensystem dominieren. Nachdem die ältere, in der Tradition T. Jeffersons stehende Partei der Democratic Republicans um 1830 in der →Demokratischen Partei aufgegangen war und die National Republicans sich als →Whigs zusammengeschlossen hatten, bildete sich 1854 die R. P. aus Whigs, Demokraten und Anhängern der →Free-Soil Party als nordstaatl. Sammlungsbewegung; sie wollte in Opposition zur regierenden Demokrat. Partei v. a. die Ausbreitung der Sklaverei in den USA verhindern und rief den Kongreß zu deren Abschaffung auf. Unter der Führung A. Lincolns gewann sie 1860 infolge der Spaltung der Demokraten mit einem gemäßigt reformer. Programm (keine Ausbreitung der Sklaverei, Förderung der Westbesiedlung, Ausbau eines nat. Bankensystems, Zollerhöhungen) die Präsidentschafts- und Kongreßwahlen. Bei der Durchsetzung dieses Programms, die den Sezessionskrieg auslöste, rückte die R. P. zunächst nicht die Sklavereifrage, sondern die Erhaltung der Union in den Mittelpunkt. Der Sieg der Nordstaaten ermöglichte in der Zeit der →Reconstruction den Ausbau der Machtstellung der R. P. Radikale Republikaner, die für ein hartes Durchgreifen gegen die ehem. Konföderierten plädierten, setzten sich jedoch mit ihrem Kandidaten U. Grant im Streit um die Führung der Partei durch, was bald eine Festigung der Opposition in den Südstaaten bewirkte, die der Demokrat. Partei zugute kam. In dieser Periode des →Gilded age identifizierte sich die R. P. mit den großen Geschäftsinteressen (Hochschutzzoll, deflationäre Währungspolitik, besitzfreund). Gesetzgebung und Rechtsprechung) und schuf sich eine wirkungsvolle Parteiorganisation. Sie sicherte sich die Unterstützung von Farmern im Norden und Mittleren Westen, sowie Gebieten im N sowie Industrie- und Finanzkreisen. Innerparteil. Machtkampf und Protest gegen die rigide Führung der Partei durch eine kleine oligarch. Gruppe führten 1872 zur Abspaltung liberaler Republikaner. Die ›Grand Old Party‹ wurde bes. ab den 1890er Jahren zunehmend zum Inbegriff amerikan. konservativer Politik und war mit ihrem an wirtschaftl. Interessen orientierten, expansionist. Programm und zeitweiliger Aufnahme von Reformideen des →Progressive Movement bis 1932 die politisch dominierende Partei. Die Spaltung der R. P. in einen konservativen und einen reformer. Flügel um T. Roosevelt, der 1912 die Progressive Party bildete, führte im selben Jahr zum Sieg der Demokraten unter W. Wilson bei den Präsidentschafts- und Kongreßwahlen. Obwohl sie eine isolationist. Politik vertraten, unterstützten die Republikaner nach dem Eintritt der USA in den Ersten Weltkrieg zunächst die Außenpolitik der Demokraten, verweigerten aber nach Wiedergewinnung der Mehrheit im Kongreß die Unterzeichnung des Versailler Vertrages. Mit dem wachsenden Wohlstand der 20er Jahre unter den republikan. Präs. W. Harding, C. Coolidge und H. Hoover verstärkte sich das Image der R. P. als erfolgreiche Wirtschaftspartei, die auch traditionelle demokrat. Wähler gewinnen konnte. Der Bewältigung der Weltwirtschaftskrise ab 1929 zeigte sie sich jedoch nicht gewachsen. Ohne ein eigenes, der Reformpolitik F. D. Roosevelts entgegensetzendes Konzept verlor sie zunehmend an Rückhalt in der Bev., v. a. bei Farmern, Schwarzen und städt. Minderheiten, und wurde eine Minoritätspartei. Trotz ihres Kampfes gegen den →New Deal übernahm sie allmählich den Gedanken des Wohlfahrts-

staates, verfolgte aber im Ggs. zur Demokrat. Partei weiterhin das Ideal möglichst geringer Einflußnahme der Unions-Reg. Außenpolitisch setzte sich während des Zweiten Weltkrieges und danach unter maßgebl. Beteiligung A. VANDENBERGS die internationalist. Linie gegenüber der konservativ-isolationist. Politik unter Senator R. A. TAFT durch. Die R. P. konnte erneut Anhänger mobilisieren und stellte 1953 mit D. D. EISENHOWER, einem Vertreter des gemäßigt-liberalen Flügels, erstmals wieder den Präs. Die republikan. Plattform blieb aber konservativ, in der Innenpolitik reserviert gegenüber der Bürgerrechtsbewegung, außenpolitisch stark antikommunistisch. Nachdem R. NIXON bei den Präsidentschaftswahlen 1960 nur knapp J. F. KENNEDY unterlegen war, führte die Nominierung des nationalist. Konservativen B. GOLDWATER 1964 zu einer schweren Niederlage der R. P. NIXON gelang es, die Zersplitterung der Partei zu überwinden, und gewann 1968 angesichts der Spaltung der Demokraten in der Vietnamfrage mit seinem Versprechen, den Krieg schnell zu beenden, die Präsidentschaftswahlen. Sein Rücktritt aufgrund der Watergate-Affäre (1974) schmälerte das Ansehen der R. P. erheblich. Vor dem Hintergrund der wirtschaftl. Stagnation und Inflation unter dem demokrat. Präs. J. CARTER erstarkte der konservative Flügel der R. P., der sich als Retter gegen den Niedergang der US-Macht präsentierte und damit neokonservative Tendenzen in der Bev. ansprach, und stellte ab 1980 mit R. REAGAN und seinem Nachfolger G. BUSH den Präs.; die Mehrheit gewann die R. P. 1980 nur im Senat, verlor sie aber 1986 wieder. – Symboltier der R. P. ist der Elefant.

*Mandate im Kongreß* (im dem Wahljahr folgenden Jahr der Konstituierung): Senat (100 Mitgl.) 1973: 42, 1975: 37, 1977: 38, 1979: 41, 1981: 53, 1983: 54, 1985: 53, 1987: 45, 1989: 45, 1991: 44. – Repräsentantenhaus (435 Mitgl.) 1973: 192, 1975: 144, 1977: 143, 1979: 157, 1981: 192, 1983: 165, 1985: 182, 1987: 177, 1989: 174, 1991: 167.

History of U. S. political parties, hg. v. A. M. SCHLESINGER, 4 Bde. (Neuausg. New York 1980); D. W. REINHARD: The Republican Right since 1945 (Lexington, Ky. 1983); X. KAYDEN u. E. MAHE: The party goes on (New York 1985); W. E. GIENAPP: The Origins of the Republican Party 1852–1856 (ebd. 1987).

**Republikanischer Schutzbund,** sozialdemokrat. Wehrverband in der Ersten Republik Österreich, gegr. 1923/24, hervorgegangen aus den Ordnungsabteilungen der Sozialdemokrat. Partei (SP) und den versch., 1918 entstandenen Arbeiterwehren; sollte dem Schutz der demokrat. Republik (als dem gegebenen Rahmen des Klassenkampfes) dienen und v. a. den Heimwehren entgegengestellt werden. Der R. S. war auf Bundes-, Landes-, Kreis-, Bezirks- und Ortsebene organisiert. Bundesobmann war J. DEUTSCH. Neben ihm traten v. a. auch O. BAUER, RICHARD BERNASCHEK (* 1888, † 1945), T. KÖRNER und ALEXANDER EIFLER (* 1890, † 1950) in der Führung des Schutzbundes hervor. Der R. S. erreichte 1928 eine Stärke von 80 000 Mann. Im Lauf militanter innenpolit. Auseinandersetzungen kam es bes. zu Zusammenstößen mit den Heimwehren. Unter dem Eindruck dieser Kämpfe wurde die militär. Struktur 1927 und 1931 reorganisiert. 1933 löste die österr. Reg. unter Bundeskanzler E. DOLLFUSS den R. S. auf; dieser bestand jedoch im Untergrund fort und war der organisator. Kern des sozialdemokrat. Februaraufstandes von 1934 (→ Februarunruhen).

J. DEUTSCH: Der R. S. Österreichs, in: Erstes österr. Arbeiter-Turn- u. Sportfest (1926); K. HAAS: Studien zur Wehrpolitik der österr. Sozialdemokratie 1918–1926 (Diss. Wien 1967); K. PEBALL: Die Kämpfe in Wien im Febr. 1934 (ebd. 1974).

**Republikanische Sozialistische Partei,** frz. Partei, → Parti Républicain Socialiste.

**Republikanische Volksbewegung,** frz. Partei, → Mouvement Républicain Populaire.

**Republikanismus** *der, -,* polit. Richtung, die auf der Basis der Volkssouveränität für liberale und demokrat. Ideen eintritt, in Europa und den USA getragen von Parteien, die aus der Frontstellung gegen Monarchien hervorgegangen sind und zunächst als Teile der bürgerl. Verfassungsbewegung fungierten. Nach der Durchsetzung der republikan. Staatsform (z. T. auch schon vor Erreichen dieses Zieles) erhielten sie Konkurrenz von ›modernen‹ Parteien, v. a. den sozialist., die die spezif. Ziele der republikan. Bewegung übernahmen, und verloren dadurch an Boden. In einigen Ländern konnten sie sich zu Volksparteien der rechten Mitte weiterentwickeln.

In Afrika und Asien formierten sich im Zuge der Entkolonialisierung in vielen Gebieten republikan. Kräfte gegen die jeweilige Kolonialmacht, aber auch gegen die einheim. Aristokratie.

In den *USA* fand der R. im Zuge der Unabhängigkeitsbewegung des 18. Jh. Eingang in das polit. Denken; im Parteiensystem repräsentiert von der Demokrat. Partei, deren Name an die direkt-demokrat., partikularist. Tradition erinnert, und der Republikan. Partei, deren Name die repräsentativ-demokrat., unionist. Linie betont und in Gegnerschaft zur Sklaverei ein entschlossenes Bekenntnis zu den allgemeinen Menschenrechten zum Ausdruck bringt.

In *Frankreich* wuchs die republikan. Bewegung, die 1792 den Sturz des Königtums herbeiführte, dann aber den napoleon. Kaisertum weichen mußte und in der II. Rep. (1848) nur kurz an der Reg. beteiligt war, unter NAPOLEON III. rasch an. 1870 riefen republikan. Abg. (L. GAMBETTA) die III. Rep. aus; eine Mehrheit in der Kammer errangen sie jedoch erst 1879. In den 1880er Jahren spalteten sich die Republikaner in gemäßigte und radikale Gruppierungen. Letztere bildeten 1901 die Radikalsozialistische Partei (→ Radikalsozialisten). Rechts von ihnen entstand 1911 der → Parti Républicain Socialiste. Die gemäßigten Republikaner errangen 1919 mit dem Bloc national einen großen Wahlsieg und stellten in der Zwischenkriegszeit bedeutende Politiker (u. a. R. POINCARÉ, A. TARDIEU, P. REYNAUD). Nach dem Zweiten Weltkrieg sammelten sich die meisten gemäßigten Republikaner im Centre National des Indépendants et Paysans (CNIP, gegr. 1948), einer der großen bürgerl. Parteien der IV. Rep. Einen Teil ihrer Abg. schloß V. GISCARD D'ESTAING 1962 in einer Fraktion der Républicains Indépendants zusammen, die den Staatspräs. C. DE GAULLE unterstützte. 1966 entstand daraus der → Parti Républicain.

In *Italien* entstand unter frz. Einfluß seit 1797 eine republikan. Bewegung. Nach 1815 erfuhr der republikan. Gedanke erneut Auftrieb, v. a. unter Führung G. MAZZINIS (→ Giovine Italia). Nach der Revolution von 1848 schloß sich G. GARIBALDI, ein Anhänger MAZZINIS und Führer von Freiwilligenkorps in der italien. Nationalbewegung, jedoch bedingt der Monarchie an. In der italien. Kammer bildete sich eine kleine republikan. Fraktion; 1895 konstituierte sich der → Partito Repubblicano Italiano (PRI). Getragen von den Sozialisten aller Richtungen, dem PRI und der republikanisch orientierten Aktionspartei (→ Partito d'Azione), gewann die republikan. Bewegung im Zweiten Weltkrieg an Boden und setzte eine Volksabstimmung (2. 6. 1946) durch, die sich mehrheitlich für die Umwandlung des italien. Staates in eine Republik aussprach. Mit Ausnahme der Gruppierungen von der äußersten Rechten vertreten alle polit. Kräfte (von der rechten Mitte bis zur äußersten Linken) den republikan. Gedanken.

In *Portugal* war v. a. der Partido Republicano Português (PRP), gegr. 1876 gegen die katholisch bestimmte Monarchie, die polit. Plattform der v. a. vom portug. Freimaurertum getragenen republikan. Bewegung. Gestützt bes. auf den Geheimbund ›Carbonaria‹, gelang es ihr, 1910 die Monarchie in Portugal zu stürzen. Bis zum Militärputsch (28. 5. 1926), der in der Folgezeit zur Diktatur A. DE OLIVEIRA SALAZARS (bis 1974) führte, war der PRP die führende Partei in Portugal.

In *Spanien* konstituierte sich in den 1840er Jahren der republikanisch orientierte Partido Democrático. Nach dem Sturz Königin ISABELLAS II. (1868) gewann der R. stark an Boden. Unter dem Vors. FRANCISCO PI Y MARGALL (* 1824, † 1901) gewann der Partido Republicano Democrático (gegr. 1868) im Frühjahr 1873 die absolute Mehrheit bei den Wahlen zu den Cortes, die die Republik ausriefen. Nach der Restauration der Monarchie (1874) unterdrückten die Regierungen den R., der sich in den folgenden Jahrzehnten in viele Organisationen spaltete. Zugleich entwickelten sich innerhalb der republikan. Bewegung zahlreiche regionalist. Richtungen. Seit Mitte der 1920er Jahre erhielt der R. – obwohl immer noch stark aufgesplittert – großen Auftrieb und erreichte zus. mit den Sozialisten aller Richtungen 1931 die Ausrufung der 2. Republik. Neben der Derecha Liberal Republicana (›Liberal-Republikan. Rechte‹, gegr. 1930; N. ALCALÁ ZAMORA Y TORRES) formierte sich 1934 die Izquierda Republicana (›Republikan. Linke‹; M. AZAÑA Y DÍAZ). Mit der Errichtung der Diktatur des Generals F. FRANCO BAHAMONDE (1939) gingen die Republikaner ins Exil, konnten jedoch im Zuge der Rückkehr Spaniens zu demokrat. Strukturen (seit 1976) keine Bedeutung erringen.

In der *Türkei* schuf M. KEMAL ATATÜRK 1923 als polit. Basis seines an liberalen und republikan. Ideen Europas orientierten Reformbemühens die Republikan. Volkspartei. Als Trägerin des →Kemalismus spielte sie in dem sich formierenden, von den osman. Traditionen sich abwendenden türk. Staat eine zentrale Rolle. Führende Politiker: İ. İNÖNÜ, B. ECEVIT.

A. HANSCHMIDT: Republikanisch-demokrat. Internationalismus im 19. Jh. (1977); P. HIGONNET: Sister republics. The origins of French and American republicanism (Cambridge, Mass., 1988); Republikan u. R. im Europa der frühen Neuzeit, hg. v. H. G. KOENIGSBERGER u. a. (1988).

**Republikflucht,** in der Dt. Dem. Rep. das unerlaubte Verlassen des Staatsgebiets und – bei legaler Ausreise – das unerlaubte Verbleiben im Ausland. Die R. wurde zunächst ohne gesetzl. Grundlage bestraft und erst in § 8 Paß-Ges. vom 11. 12. 1957 zum Straftatbestand erklärt und mit Gefängnis bis zu drei Jahren bedroht. In § 213 StGB 1968 wurde die R. als ›ungesetzl. Grenzübertritt‹ unter Strafe gestellt. Nach der gesetzl. Ausgestaltung des Tatbestandes konnte R. praktisch nur als ›schwerer Fall‹ begangen werden, der zunächst mit einer Freiheitsstrafe bis zu fünf Jahren, seit 1979 bis zu acht Jahren bedroht war. In den 1980er Jahren wurden schätzungsweise jährlich 1 500–2 000 Personen wegen R. zu Freiheitsstrafen verurteilt. § 213 StGB wurde zum 1. 7. 1990 aufgehoben.

**Republikschutzgesetz,** nach der durch Rechtsextremisten verübten Ermordung des dt. Außen-Min. W. RATHENAU (24. 6. 1922) erlassenes ›Gesetz zum Schutz der Republik‹ vom 21. 7. 1922, auf fünf Jahre befristet, 1927 verlängert, 1930 neu gefaßt, 1932 außer Kraft gesetzt; enthielt v. a. Strafbestimmungen zum Schutz des Lebens und der Ehre von Reg.-Mitgl., gegen die Verächtlichmachung der Verf. und der Symbole des Reichs; es ermöglichte das Verbot extremist. Vereinigungen und Presseverbote; wurde v. a. gegen die Linke angewandt. – Heute enthält das StGB z. T. entsprechende Bestimmungen (z. B. § 84ff. StGB).

**Repulsion** [lat.] *die, -/-en,* die →Abstoßung.

**Repulsionsmotor,** ein Wechselstrom-Kommutatormotor mit Reihenschlußverhalten (→Elektromotor), bei dem aber nicht die Ständerspannung über den Läufer geführt, sondern eine Kurzschlußverbindung zw. den Bürsten hergestellt wird. Drehzahl und Drehmoment lassen sich durch Winkelverstellung der Bürsten steuern. Der als Déri-Motor bezeichnete R. besitzt zwei Bürstenpaare, von denen eins feststeht; die beiden Kurzschlußverbindungen liegen zw. je einer festen und einer bewegl. Bürste. Den R. zeichnet ein relativ großes Anzugsmoment bei relativ niedrigen Anlaufströmen aus.

**Repulsivkraft,** Kraft, die im Ggs. zur Anziehungskraft abstoßend wirkt, z. B. zw. zwei Teilchen, die eine elektr. Ladung gleichen Vorzeichens tragen.

**Reputation** [frz., von lat. reputatio ›Erwägung‹, ›Berechnung‹] *die, -, bildungssprachlich* für: Ruf, Ansehen.

**Requena** [rrɛ'kena], Stadt in der Prov. Valencia, Spanien, 70 km westlich von Valencia, 692 m ü. M., auf zwei Hügeln über dem Magro, (1981) 18 200 Ew.; Landwirtschaftszentrum, Nahrungs- und Genußmittelindustrie (bes. Liköre); Eisenbahnstation. – Mittelalterlich geprägte Altstadt mit Resten arab. Stadtmauern, überragt von den Ruinen einer Schloßburg (15. Jh., über einer arab. Burg des 10. Jh.); got. Kirchen El Salvador (Ende 14.–16. Jh.; 1710–12 barock umgestaltet) und Santa María (1470; 1730 barockisiert); Kirche del Carmen (Ende 14. Jh.; Azulejosschmuck); Regionalmuseum; Adelspaläste, u. a. ›Casa del Cid‹ (15. Jh.).

**Requeséns y de Zúñiga** [rrɛke'sens i ðe 'θuɲiɣa], Luis de, span. Feldherr und Staatsmann, * Barcelona 25. 8. 1528, † Brüssel 5. 4. 1576; gehörte zum Gefolge Kaiser KARLS V.; wurde 1561 Botschafter in Rom und war 1568–71 Ratgeber von Don JUAN DE AUSTRIA, 1571–73 Generalgouverneur von Mailand. 1573 trat er die Nachfolge des Herzogs von Alba als Statthalter der Niederlande an.

**Requi|em** *das, -s/-s,* österr. auch *...qui|en,* nach den Anfangsworten des Introitus ›R. aeternam dona eis, Domine‹ (›Herr, gib ihnen die ewige Ruhe‹) benannte lat. Totenmesse als Mittelpunkt des liturg. Totengeleits (→Exsequien); es fehlen die übl. Meßtexte und -riten freudigen Charakters (z. B. Gloria und Credo). Seit dem 11. Jh. schließt das ›Agnus Dei‹ mit ›dona eis requiem‹, im 13. Jh. wurde die Sequenz ›Dies irae, dies illa‹ eingefügt. Nach dem 2. Vatikan. Konzil und seiner Neuordnung der Liturgie wurden u. a. das Alleluja nach dem Graduale wieder eingefügt und die Sequenz eliminiert.

Erste mehrstimmige Kompositionen des R. stammen aus der frankofläm. Schule des 15. Jh., den ersten vollständig erhaltenen Zyklus vertonte J. OCKEGHEM. Bis zum Ende des 16. Jh. haben dann nahezu alle Komponisten von Messen auch den Text des R. auskomponiert (G. P. DA PALESTRINA, O. DI LASSO). Bis zur Wiener Klassik ist das R. vom (oft mehrchörigen) Messenstil der Italiener geprägt (F. CAVALLI, J. K. KERLL, M.-A. CHARPENTIER, A. SCARLATTI, J. A. HASSE, M. HAYDN). Höhepunkt der R.-Vertonung im 18. Jh. ist W. A. MOZARTS (unvollendetes) R.; überragend im 19. Jh. L. CHERUBINIS ›Messe de R.‹ (1816), die ›Grande messe des morts‹ (1837) von H. BERLIOZ und G. VERDIS ›Messa da R.‹ (1873). Weitere Werke des 19. Jh. stammen u. a. von A. DVOŘÁK, C. SAINT-SAËNS und G. FAURÉ. – Eine prot. Tradition eines auf frei gewählten Bibeltexten gegründeten R. führte von dem ›Musical. Exequien‹ von H. SCHÜTZ zu ›Ein dt. R.‹ von J. BRAHMS und weiter zu HANS FRIEDRICH MICHEELSEN (* 1902, † 1973) und S. REDA. Im 20. Jh. ist die Gattung weiterhin u. a. vertreten bei MAURICE DURUFLÉ (* 1902), B. BRITTEN, I. STRAWINSKY, I. PIZZETTI und G. LIGETI.

**Requi|em für eine Nonne,** engl. ›Requiem for a nun‹, szen. Roman von W. FAULKNER; engl. 1951.

**requiescat in pace** [-tsɛ; lat. ›er (sie) ruhe in Frieden!‹], Versikel aus den Gebeten der Totenliturgie und in der Abkürzung R. I. P. auf Todesanzeigen, Nachrufen und Grabschriften, Ps. 4, 9 nachgebildet.

**requirieren** [lat. requirere ›nachforschen‹, ›verlangen‹], (für militär. Zwecke) beschlagnahmen.

**Requisiten** [lat. requisita ›Erfordernisse‹], *Sg.* **Requisit** *das, -(e)s,* bei Theater, Film, Fernsehen das in einer Inszenierung verwendete Zubehör (Gebrauchsgegenstände, mobile Dekorationsstücke); für Anfertigung und Bereitstellung der R. sind betriebs- bzw. theaterintern ausgebildete (3 Jahre) **Requisiteure** zuständig. – **Requisite** *die, -/-n,* Raum für R.; auch die für die R. zuständige Stelle.

**Requisition** [zu lat. requirere ›nachforschen‹, ›verlangen‹] *die, -/-en, Völkerrecht:* die auf einer Ermächtigung des zuständigen Militärbefehlshabers der Besatzungsmacht beruhende Anforderung und Inanspruchnahme von Sach- und Dienstleistungen (im Unterschied zu →Kontributionen) für die Bedürfnisse des Besatzungsheeres gegenüber den Bewohnern eines kriegerisch besetzten Gebietes. Die R. muß im Verhältnis zu den Hilfsquellen des Landes stehen, die Bedürfnisse der Zivilbevölkerung berücksichtigen und darf den R.-Schuldner nicht zur Beteiligung an Kriegshandlungen gegen sein Land verpflichten. Für requirierte Leistungen muß eine angemessene Entschädigung, möglichst in bar, gewährt werden.

**Rerich** [ˈrjɔ-], Nikolaj Konstantinowitsch, russ. Maler, →Roerich, Nikolaj Konstantinowitsch.

**Rerik, Ostseebad R.,** Stadt im Kreis Bad Doberan, Mecklenburg-Vorpommern, auf der Landenge der Halbinsel Wustrow und somit am Salzhaff und an der offenen Ostsee, (1989) 2 100 Ew.; Heimatmuseum; Erholungsort. – Mittelalter. Gründung (**Alt Gaarz**), 1938 Stadtrecht und Umbenennung.

**Rerum novarum,** nach ihren Anfangsworten benannte Enzyklika LEOS XIII. vom 15. 5. 1891; erstes päpstl. Rundschreiben zur Sozialpolitik; Thema ist die soziale Not der Arbeiter. R. n. macht für diese Verelendung den herrschenden Wirtschaftsliberalismus verantwortlich, wendet sich jedoch gleichzeitig gegen die vom Marxismus propagierten Lösungen der sozialen Frage durch die Vergesellschaftung der Produktionsmittel und den Klassenkampf. Gefordert wird eine sich an den Prinzipien der Solidarität und der Subsidiarität orientierende staatl. Sozialpolitik. Privateigentum wird bejaht und das Recht der Arbeiter befürwortet, sich zur Durchsetzung ihrer Interessen zu organisieren. R. n. gilt als grundlegendes Dokument der →katholischen Soziallehre.

**Resafa,** Ruinenstätte in Syrien, →Rusafa.

**Resaieh** [rezaiˈje], Stadt in Iran, →Urmia.

**Resaiehsee** [rezaiˈje], See in Iran, →Urmiasee.

Resa Schah

**Resa Schah,** Schah von Iran (1925–41), Begründer der Dynastie Pahlewi, * Alascht (Masenderan) 16. 3. 1878, † Johannesburg 26. 7. 1944; aus einfachen Verhältnissen stammend, Offizier, führte eine Kosakenbrigade nach Teheran und stürzte 1921 die Regierung. Seitdem Kriegs-Min. und Oberbefehlshaber der Streitkräfte, gewann er eine beherrschende Stellung in Iran und stellte die Autorität der Zentral-Reg. wieder her. 1923–25 war er MinPräs. Am 31. 10. 1925 setzte R. S. die Kadjarendynastie ab (AHMED SCHAH) und ließ sich am 12. 12. 1925 von der Nationalversammlung selbst zum Schah wählen. Beeinflußt von den Ideen M. KEMAL ATATÜRKS, leitete er, autokratisch in seiner Regierungsweise, innenpolit. Reformen ein (u. a. Verabschiedung eines Straf- und Zivilgesetzbuches, Förderung von Industrialisierung und Technisierung, Abschaffung des Schleierzwanges für Frauen). Nach der Besetzung Irans durch brit. und sowjet. Truppen (1941) mußte R. S., der als achsenfreundlich galt, zugunsten seines Sohnes MOHAMMED RESA abdanken. Er ging in die Südafrikan. Union (heute Rep. Südafrika) ins Exil.

**Reschenpaß, Reschenscheideck,** italien. **Passo di Resia,** Paß in den Zentralalpen, zw. Rät. Alpen und Ötztaler Alpen, 1 504 m ü. M., Wasserscheide zw. Etsch (Adria) und Inn (Schwarzes Meer). Die Grenze zw. Italien (Südtirol) und Österreich (Tirol) liegt unmittelbar nördlich des Passes, südlich liegt der **Reschensee** (faßt bis 116 Mio. m³ Wasser; 1949 aufgestaut, wobei der Ort Graun überflutet wurde; der Kirchturm ragt aus dem See) mit den neuen Fremdenverkehrsorten Reschen (italien. Resia) und Graun (italien. Curon); auf österr. Seite liegt **Nauders** (1 400 m ü. M., 1989: 1 300 Ew.), Wintersportort und Sommerfrische mit Seilbahn auf den Klasjungerkopf (2 173 m ü. M.).

Die Straße über den R. ist wegen ihrer relativ leichten Befahrbarkeit eine der wichtigsten N-S-Querungen der Alpen, sie verbindet den Vintschgau (Italien) mit dem Inntal des Pfunds, also mit dem österr. Oberinntal und dem Unterengadin, Schweiz (mit letzterem auch abgekürzt über die Norberthöhe, 1 461 m ü. M., zw. Nauders und Martina).

**Reschetnikow,** [-ʃ-], Fjodor Michajlowitsch, russ. Schriftsteller, * Jekaterinburg 17. 9. 1841, † Petersburg 21. 3. 1871; Beamter, charakterist. Autor der milieubeschreibend-gesellschaftskrit. Prosa der Jahre um 1860, dessen erstes Erzählwerk ›Podlipovcy‹ (1864; dt. ›Die Leute von Podlipnaja‹) wegen der schonungslosen Schilderung des Lebens der ärmsten Bevölkerungsschichten seiner Permer Heimat Aufsehen erregte. In den folgenden Romanen (Trilogie: ›Gornorabočie‹, 1866; ›Glumovcy‹, 2 Tle., 1866–67; ›Gde lučše‹, 1868) beschrieb er als einer der ersten Milieu und Probleme der russ. Arbeiterschaft.

**Ausgabe:** Polnoe sobranie sočinenij, 6 Bde. (1936–48).

**Reschid Pascha, Reşid P.** [-ʃ-], Mustafa, türk. Staatsmann, * Konstantinopel 13. 3. 1800, † ebd. 7. 1. 1858, erreichte als Außen-Min. (mehrfach zw. 1836 und 1858) und Großwesir (zw. 1846 und 1858) durch liberale Reformen 1840 europ. Unterstützung gegen →Mehmed Ali und 1853–56 im Krimkrieg.

C. V. FINDLEY: Bureaucratic reform in the Ottoman Empire (Princeton, N. J., 1980).

**Reschitza,** rumän. **Reşiţa** [ˈreʃitsa], ungar. **Resicabánya** [ˈrɛʃitsɔbaːnjɔ], Hauptstadt der Kr. Caraş-Severin, im Banater Gebirge, SW-Rumänien, (1986) 105 900 Ew.; Schwermaschinen-, Motoren-, Elektrolokomotivenbau, Nahrungsmittel-, Textil- und chem. Industrie. Nahebei in Anina Steinkohlen-, in Dognecea Eisenerzabbau; die Eisenhütte in R. wurde 1991 stillgelegt. – R., Ort neolith. und röm. Funde, im 14. Jh. erstmals erwähnt, wurde nach 1769/71 ein Zentrum der Metallverarbeitung.

**Reschiza,** 1721–1918 russ. Name der lett. Stadt →Rēzekne.

**Reschke,** Karin, Schriftstellerin, * Krakau 17. 9. 1940; lebt in Berlin. In ihrem fiktiven Tagebuch- und Briefroman ›Verfolgte des Glücks‹. Findebuch der Henriette Vogel‹ (1982) zeigt sie ihre eigene Sichtweise des Todes H. VON KLEISTS und dessen Lebensgefährtin mit großer sprachl. Einfühlsamkeit. Daneben entstanden weitere Romane und Erzählungen, denen ein Bemühen um emanzipator. Perspektiven gemeinsam ist.

**Rescht, Rascht, Rasht,** Hauptstadt der Prov. Gilan, Iran, im nordwestl. Küstentiefland, an einem Hauptarm des Safid Rud unweit seiner Mündung in ein Haff des Kasp. Meeres, (1986) 294 000 Ew.; Univ. (1977 gegr.) und Fachschulen; Mittelpunkt der umgebenden Reisanbaugebiete und Industriestadt (u. a. Textil-, elektrotechn., Glas-, Lebensmittelindustrie).

**Res cogitans** [lat. ›denkende Substanz‹] *die, - -,* in der rationalist. Philosophie von R. DESCARTES die ›denkende Substanz‹ (Geist, Seele, Bewußtsein) im Unterschied zur ›ausgedehnten Substanz‹ (**Res extensa,** Materie, Leib); beide zus. stellen nach DESCARTES' dualist. Ontologie die Erscheinungsweisen alles Seienden dar.

**Research** [rɪ'sə:tʃ, engl.] *das, -(s)/-s,* Markt-, Meinungsforschung.

**Réseau** [re'zo; frz. ›kleines Netz‹] *das, -s/-s,* der maschenförmige Netzgrund der Klöppel- und Nadelspitzen.

**Reseda** [lat., eigtl. Imperativ von resedare ›heilen‹, nach dem bei Anwendung der Pflanze gebrauchten Zauberspruch: reseda morbos, reseda!  ›Heile die Krankheiten, heile!‹] *die, -/...den,* selten *-s,* **Resede, Wau,** größte Gattung der Resedagewächse mit etwa 55 Arten, verbreitet von Europa über N- und O-Afrika bis Indien; Kräuter, deren Blüten sieben oder mehr Staubblätter aufweisen. Der oberständige Fruchtknoten ist oft an der Spitze offen. Bekannte Arten sind →Färberwau und **Garten-R.** (R. odorata); letztere bis 60 cm hoch; Blüten grünlichgelb mit roten Staubbeuteln, in lockeren oder dichten, endständigen Trauben, wohlriechend. Als anspruchslose Gartenpflanze wird die **Weiße R.** (R. alba; mit weißen Blüten in endständigen Trauben und ganzrandigen Blättern) ausgesät. Sie ist im Mittelmeergebiet wild verbreitet.

**Resedagewächse, Resedengewächse, Resedaceae,** Familie aus dem weiten Umkreis der Kapernstrauchgewächse in Afrika und im europ. Mittelmeergebiet; mit sechs Gattungen und etwa 75 Arten; meist Kräuter mit schraubig angeordneten, einfachen oder geteilten Blättern und kleinen, drüsenähnl. Nebenblättern sowie in Trauben oder Ähren stehenden Blüten; bekannteste Gattung →Reseda.

**Resedawein, Vitis odoratissima,** zur Begrünung von Mauern und Fassaden angepflanztes Weinrebengewächs mit wohlriechenden Blüten.

**Rēsekne,** russ. Name der lett. Stadt →Rēzekne.

**Resektion** [spätlat., zu lat. resecare ›abschneiden‹] *die, -/-en,* chirurg. Teilentfernung eines Organs (z. B. Magen-, Darm-, Leber-, Lungen-R.) oder von geschädigten Gewebsbereichen zur Behandlung räumlich begrenzter Krankheitsprozesse, bei kleinen Eingriffen auch mit den Verfahren der Elektrochirurgie (Elektro-R.).

**Resende** [rrɛ'zendə], Garcia de, portug. Dichter, * Évora um 1470, † ebd. 3. 2. 1536; schrieb die Lebensgeschichte seines Gönners, König JOHANNS II. (›Lyuro das obras ... que trata da vida ... do ... dō Ioão o segundo‹, 1545). Der von ihm zusammengestellte ›Cancioneiro geral‹ (auch ›Cancioneiro de G. de R.‹, 1516) enthält rd. 750 Gedichte (davon 71 in span. Sprache) von 286 portug. und span. Autoren aus der 2. Hälfte des 15. und dem Anfang des 16. Jh.

*Ausgabe:* Cancioneiro geral, bearb. v. J. DA COSTA PIMPÃO u. a., 2 Bde. (1973–74).

**Resene** [zu lat. resina ›Harz‹] *Pl.,* stark ungesättigte, sauerstoffhaltige organ. Stoffe in Naturharzen.

**resequent** [zu lat. resequi ›nachfolgen‹], *Geographie:* gesagt von einem Nebenfluß eines subsequenten Flusses; er folgt (wie ein konsequenter Fluß) der ursprüngl. Abdachung des Landes.

**Reserpin** [Kw.] *das, -s,* wichtigste Verbindung aus der Gruppe der →Rauwolfiaalkaloide; wird medizinisch als blutdrucksenkendes Mittel verwendet.

**Reservat** [zu lat. reservare, reservatum ›aufbewahren‹; ›zurückbehalten‹] *das, -(e)s/-e,* **1)** *bildungssprachlich* für: vorbehaltenes Recht.

**2)** *Ökologie:* ein zur Überlebensregion bestimmtes Gebiet, in dem eine größere geogr. Gebiet, in dem bestimmte Tier- und/oder Pflanzenarten vor der Ausrottung durch den Menschen geschützt sind. Diesem Zweck können z. B. voll geschützte Naturschutzgebiete, Vogelschutzgebiete und Nationalparks wie etwa die Serengeti (als Lebensraum für zahlreiche Huftiere) dienen.

**3)** *Völkerkunde:* allgemeinsprachl. Bez. für Reservation.

**Reservatio mentalis,** →geheimer Vorbehalt.

**Reservationen** [spätlat. reservatio ›Verwahrung‹, ›Vorbehalt‹], *Sg.* **Reservation** *die,* **1)** *kath. Kirchenrecht:* 1) die Beschränkung des Rechtes, von Sünden oder Kirchenstrafen loszusprechen, auf den Papst; 2) der Vorbehalt, durch den der Papst die Besetzung bestimmter Ämter an sich zog. Seit 1966 sind die päpstl. R. beschränkt auf die Bischofsernennungen.

**2)** *Völkerkunde:* →Indianerreservationen.

**Reservat|rechte, 1)** im *Heiligen Röm. Reich* bis 1806 die Rechte des Kaisers (Jura reservata), die er ohne Mitwirkung des Reichstags ausüben durfte (z. B. Standeserhöhungen, Erteilung von Privilegien, Ernennung von Notaren).

**2)** im *Dt. Reich* 1871–1918 die in der Reichs-Verf. nur z. T. abgesicherten Sonderrechte, die sich die süddt. Staaten und die Hansestädte in den Novemberverträgen von 1870 als Vorbedingung für ihren Eintritt ins Reich ausbedungen hatten. Hierunter fielen z. T. eigene Post- und Telegrafenverwaltung in Bayern und Württemberg, in Bayern außerdem eigene Eisenbahnverwaltung und Oberbefehl des Königs über das eigene Heer im Frieden, eigenes Recht zur Verhängung des Belagerungszustands. Die geringsten R. der süddt. Staaten hatte Baden, das nur eine eigene Regelung der Bier-, anfänglich auch der Branntweinsteuer kannte. Die R. konnten nur mit Zustimmung des betreffenden Landes geändert werden. Mit der Reichs-Verf. von 1919 wurden die R. hinfällig.

**Reservatum ecclesiasticum** [lat.], **Geistlicher Vorbehalt,** von den Protestanten abgelehnte Bestimmung des →Augsburger Religionsfriedens von 1555, wonach zur Reformation übertretende geistl. Reichsfürsten, abweichend von dem Grundsatz des →cuius regio, eius religio, ihres Recht und Einkünfte, Land und Herrschaft verlieren sollten.

**Reserve** [frz., zu lat. reservare ›aufbewahren‹, ›zurückbehalten‹] *die, -/-n,* **1)** *allg.:* 1) Vorrat, Rücklage (für den Bedarfs- oder Notfall); 2) *ohne Pl.,* Zurückhaltung, Verschlossenheit.

**2)** *Betriebswirtschaftslehre:* →Rücklage.

**3)** *Geldpolitik:* →Mindestreserve, →Reservewährung, →Währungsreserven.

**4)** *Militärwesen:* in Dtl. (und entsprechend in anderen Staaten) Bez. für die Gesamtheit der Wehrpflichtigen einschließlich der längerdienenden Zeitsoldaten, die in den Streitkräften gedient haben. In der Bundesrep. Dtl. besitzt nur ein Teil der Angehörigen der R. eine Beorderung für Krise und Krieg (›Mobilmachungsbeorderung‹). Zus. mit den aktiven Soldaten bilden die in die Verfügungsbereitschaft und in die Alarm-R. beorderten Reservisten den Verteidigungsumfang der Bundeswehr, hinzu kommt eine Personal-R. Die Reservisten füllen einerseits präsente und teilgekaderte Truppenteile auf, andererseits bilden sie vollkommen mobilmachungsabhängige, im Frieden nur über eine Geräteausstattung verfügende Einheiten und Verbände. Die Angehörigen der R. tragen hinter ihrem Dienstgrad das Kürzel ›d. R.‹ (der Reserve), während Wehrübungen entfällt es.

**Reservebestand,** *der* →Sicherheitsbestand.

**Reservedruck,** ein Verfahren des →Textildrucks.

**Reserveposition,** Bez. für die Kreditlinie, die ein Mitgl. des Internat. Währungsfonds (IWF) von diesem jederzeit ohne Bedingungen bei Zahlungsbilanzschwierigkeiten in Anspruch nehmen kann. Zur R. zählen die vom Mitgliedsland selbst erbrachten Finanzierungsbeiträge (**Reservetranche**) sowie eventu-

**Reseda:**
Gartenreseda
(Höhe bis 60 cm)

elle Forderungen aus der Gewährung von Krediten an den IWF. Da die R. eine jederzeit verfügbare Liquidität darstellt, wird sie zu den Währungsreserven eines Landes gezählt. (→Ziehungsrechte)

**Reservestoffe,** im pflanzl. und tier. Organismus in Zellen oder in besonderen Speichergeweben oder -organen angereicherte, dem Stoffwechsel vorübergehend entzogene Substanzen, die vom Organismus bei Bedarf (steigender Energiebedarf, ungenügende Nährstoffzufuhr) wieder in den Stoffwechsel eingeschleust werden können; z. B. Öle und Fette, Polysaccharide (Stärke, Inulin, Glykogen), seltener Eiweiße (Aleuron). Überdauerungsformen niederer Organismen, ferner Früchte, Samen, Pflanzenknollen und dgl. enthalten meist reichlich Reservestoffe.

**Reservevolumen,** das bei normaler Atmung ungenutzte Lungenvolumen, bei der Ausatmung als **exspiratorisches R.,** bei der Einatmung als **inspiratorisches R.** bezeichnet.

**Reservewährung,** eine →Leitwährung, in der im Welthandel viel fakturiert wird und in der deshalb andere Länder einen Teil ihrer →Währungsreserven halten. Als R. kommen nur solche Währungen in Frage, die voll konvertierbar sind (→Konvertibilität) und sich im internat. Vergleich als relativ wertstabil erweisen (harte Währung).

**Reservistenverband,** offiziell **Verband der Reservisten der Deutschen Bundeswehr e. V.,** Soldatenverbände.

**Reservoir** [rezɛrv'wa:r, frz.] *das, -s/-e,* größerer Behälter für Vorräte, Wasserspeicher; Reservebestand.

**Res extensa,** →Res cogitans.

**Resia, Passo di R.,** →Reschenpaß.

**Resicabánya** ['rɛʃitsɔba:njɔ], ungar. Name der Stadt →Reschitza.

**Residenz** [mlat. residentia ›Wohnsitz‹] *die, -/-en,* 1) Wohnsitz, Sitz eines Staatsoberhauptes, Fürsten oder hohen geistl. Würdenträgers; 2) Hauptstadt eines Landes, das von einem Fürsten o. ä. regiert wird (und in der er seinen Wohnsitz hat). – **residieren,** seinen Wohnsitz haben (als regierender Fürst).

**Residenzpflicht, 1)** *Beamtenrecht:* die Pflicht der Beamten, ihre Wohnung so zu nehmen, daß sie nicht in der Wahrnehmung ihrer Dienstgeschäfte beeinträchtigt sind. Wenn es die dienstl. Verhältnisse erfordern, kann der Dienstvorgesetzte sie anweisen, ihre Wohnung innerhalb bestimmter Entfernung von der Dienststelle zu nehmen oder eine Dienstwohnung zu beziehen (§ 74 Bundesbeamten-Ges.). Einer R. unterliegen auch Rechtsanwälte und Notare.

**2)** *kath. Kirchenrecht:* die mit einem →Kirchenamt verbundene Pflicht, sich i. d. R., abgesehen von rechtmäßigem Urlaub oder von dienstl. Abwesenheit, am Sitz oder im Bereich des Amts aufzuhalten.

**Residenz Verlag,** 1956 in Salzburg von WOLFGANG SCHAFFLER (* 1919, † 1989) gegr. Verlag; Sitz: Salzburg. Der R. V. veröffentlicht Kunst-, Architektur- und Musikbücher sowie schöne Literatur (Autoren: H. C. ARTMANN, T. BERNHARD, BARBARA FRISCHMUTH, P. HANDKE u. a.)

**residual** [zu lat. residuus ›zurückgeblieben‹], *Medizin:* zurückbleibend (als Folge einer Funktionsstörung, Krankheit u. ä.).

**Residualleinkommen,** ein Überschußeinkommen, →Einkommen.

**Residualerze,** abbauwürdige Erze, deren Anreicherung auf der Verwitterung und Abtragung nicht verwendungsfähiger (›tauben‹) Nebengesteins beruht (sedimentäre →Erzlagerstätten).

**Residualgebirge,** *Geologie:* →Subrosion.

**Residualkapazität,** bei maximaler Ausatmung in der Lunge verbleibendes, sich aus der Addition von exspirator. Reserve- und von Residualvolumen ergebendes Luftvolumen.

**Residualton,** bei der Verwitterung von Kalkstein zurückbleibender Ton, →Bolus 2); auch im Hut von Salzstöcken.

**Residualtonhören,** →virtuelle Töne.

**Residualvolumen,** *Physiologie:* →Atmung.

**Residuat** *das, -(e)s/-e,* **Rückstandsgestein,** das wegen seiner geringeren Löslichkeit verbleibende Restmaterial der Lösungsverwitterung, z. B. Kaolin, Bauxit, die Böden und einige Tongesteine.

**Residulensatz,** ein zentraler, auf A. L. CAUCHY (1841) zurückgehender Satz der Funktionentheorie, der die Berechnung von Residuen mit Hilfe von Integralen erlaubt. Ist die Funktion $f$ in dem von der einfach geschlossenen Kurve $C$ berandeten Gebiet meromorph (mit dem einzigen Pol $a$) und auf $C$ stetig, so gilt:

$$\frac{1}{2\pi i}\int_C f(z)\,dz = \operatorname{Res}_a f(z),$$

wobei $\operatorname{Res}_a f(z)$ das Residuum von $f$ an der Stelle $a$ bedeutet. Der R. findet vielfältig Verwendung, u. a. auch zur Berechnung reeller Integrale. Er läßt sich auf den Fall endlich vieler isolierter Pole erweitern.

**Residulum** [lat. ›das Zurückbleibende‹, zu residuus ›zurückgeblieben‹] *das, -s/...du|en,* **1)** *Mathematik:* der Koeffizient $a_{-1}$ einer analyt. Funktion an der Stelle $a$ in der →Laurent-Reihe dieser Funktion, die zu der Entwicklungsstelle $a$ gehört. Ist die analyt. Funktion in $a$ holomorph, verschwindet ihr R. (→Residuensatz).

**2)** *Medizin:* 1) Rückstand, Rest (z. B. von nicht ausgeschiedenem Harn in der Blase); 2) Folge.

**3)** *Soziologie:* von V. PARETO geprägter Begriff für die ›Manifestationen der Instinkte‹, d. h. psych. Konstanten, insoweit diese für die Erklärung menschl. Sozialverhaltens dienen. PARETO unterscheidet sechs Klassen der R.: 1) den ›Instinkt der Kombination‹, die Neigung, Ideen und Dinge aufeinander zu beziehen, 2) den Hang zur Beständigkeit, 3) das Bedürfnis nach sozialer Homogeneität, 4) den Anspruch auf körperl. Unversehrtheit, 5) den Hang, Gefühle in symbol. Handlungen zu äußern, und 6) sexuelle Implikationen menschl. Sozialverhaltens. PARETO verweist damit auf die im Zuge der menschl. Entwicklung herausgebildeten, nichtrationalen Antriebsmomente und Handlungsimpulse, die in seiner Perspektive das menschl. Sozialverhalten bestimmen, sich gleichzeitig aber hinter abgeleiteten, scheinbar log. Theorien, Modellen und Erklärungen (→Derivation 3) verbergen.

**Resignation** [mlat. resignatio ›Verzicht‹, zu lat. resignare ›verzichten‹] *die, -/-en,* **1)** *allg.:* 1) das Sichfügen in das unabänderlich Scheinende; 2) *veraltet* für: freiwillige Niederlegung eines Amtes.

**2)** *Psychologie:* von Niedergeschlagenheit und Antriebsschwäche begleitetes Gefühl, das dadurch ausgelöst wird, daß ein angestrebtes Ziel (etwa eine Handlung oder die Veränderung einer gegebenen Situation) trotz intensiver Bemühungen mit den zur Verfügung stehenden Mitteln nicht erreichbar gehalten wird. Die Neigung zur R. (oder vorschnellen R.) ist stark an die Persönlichkeit, deren Selbstkonzept und emotionale Belastbarkeit gebunden.

**Resilin** [zu lat. resilire ›sich zusammenziehen‹] *das, -s,* gummiartig elast. Protein bei Insekten, z. B. an Flügelgelenken oder Speichelpumpen, funktionell vergleichbar dem Elastin der Wirbeltiere.

**Resina** [lat.], das Harz.

**Resinate,** *Sg.* **Resinat** *das, -(e)s,* die →Harzseifen.

**Resine,** *Sg.* **Resin** *das, -s,* Ester von Harzsäuren und Harzalkoholen in Naturharzen.

**Resinit** *der, -s/-e,* Gefügebestandteil der Kohle, →Mazerale.

**Resinoide,** *Sg.* **Resinoid** *das, -s,* Extraktstoffe aus pflanzl. und tier. Drogen, Balsamen, Gummistoffen,

Harzen u. a.; verwendet v. a. in der Parfümerie als Fixateure.

**Resinole,** *Sg.* **Resinol** *das, -s,* Harzalkohole in Naturharzen.

**Resinose** die, -, der →Harzfluß.

**Résistance** [rezis'tās; frz., zu résister, von lat. resistere ›stehen bleiben‹, ›widerstehen‹] *die, -,* frz. Widerstandsbewegung im Zweiten Weltkrieg gegen die dt. Besatzung und das Vichy-Regime unter Marschall P. PÉTAIN. Nach der Niederlage Frankreichs gegen Dtl. rief General C. DE GAULLE am 18. 6. 1940 über den Londoner Rundfunk zur Fortsetzung des Kampfes auf. Er wurde von der brit. Reg. als Chef des Freien Frankreich anerkannt und bildete am 24. 9. 1941 das frz. Nationalkomitee als Kern einer Exil-Reg. Parallel dazu entstanden in Frankreich – nach isolierten Aktionen einzelner – kleine, voneinander unabhängige Widerstandsgruppen, die neben der Verbreitung illegaler Druckschriften, Informationssammlung für die Alliierten und Sabotageakten schließlich auch militär. Verbände organisierten. Die R.-Gruppen waren politisch heterogen, gehörten aber mehrheitlich dem linken Spektrum an. 1942 bildeten sie acht größere Organisationen, darunter der von Kommunisten organisierte, aber aus Anhängern unterschiedlichster polit. Lager bestehende ›Front National‹. Bemühungen DE GAULLES, die R.-Gruppen unter seiner Führung zu einen, führten wegen deren abweichenden Vorstellungen von Funktion und polit. Mission der R. nur schrittweise zum Erfolg. Erst im Jan. 1943 schlossen sich die großen Gruppen der Südzone auf Vermittlung von DE GAULLES Emissär J. MOULIN zu den ›Mouvements Unis de la Résistance‹ (MUR) zusammen, im März wurde im Norden ein Koordinierungskomitee gebildet. Am 27. 5. 1943 gelang es MOULIN, alle großen Organisationen mit Vertretern der traditionellen Parteien und Gewerkschaften in einem ›Conseil National de la Résistance‹ (CNR) zusammenzufassen, der DE GAULLE als Sprecher der R. gegenüber den Alliierten akzeptierte. Dies half DE GAULLE, seine Position als Führer der ›alliierten‹ Franzosen gegenüber den USA zu stärken, die nach der Landung in Nordafrika (Nov. 1942) General H.-H. GIRAUD zum frz. Chefkommandanten in Nordafrika ernannt hatten. Ab 3. 6. 1943 leitete DE GAULLE – bis Okt. 1943 zus. mit GIRAUD – das Comité Français de Libération National (CFLN) in Algier und betrieb die Erweiterung des CFLN um Vertreter der inneren R. und der Parteien. Mit der Verschärfung des dt. Zugriffs (bes. ab Nov. 1942) erhielt die R. weiteren Zulauf, wodurch v. a. der bewaffnete →Maquis beträchtlich verstärkt wurde. Trotz eines jetzt breiten Umfeldes von Sympathisanten bildete die R. weiterhin eine Minderheit in der Bev. Zur Vorbereitung des Befreiungskampfes schlossen sich die militär. Widerstandsorganisationen ›Armée secrète‹ und die von Kommunisten organisierten ›Francs-tireurs et Partisans‹ im Frühjahr 1944 unter General M. P. KOENIG zu den ›Forces Françaises de l'Intérieur‹ (FFI) zusammen. Nach der Landung der Alliierten in der Normandie (6. 6. 1944) gingen sie in vielen Départements zum Aufstand über. Soweit sie damit, z. T. unter hohen Verlusten, erfolgreich waren, übernahmen sie mit ›Befreiungskomitees‹ die öffentl. Gewalt. In den von der regulären Armeen befreiten Gebieten ließ sich DE GAULLE als legitimer Repräsentant der frz. Nation feiern. Auf diese Weise gelang es, die Einsetzung eines alliierten Besatzungsregimes zu verhindern und dem CFLN am 23. 9. 1944 die Anerkennung als provisor. Reg. des befreiten Frankreich zu sichern. Dies leistete zugleich einer raschen Identifikation der mehrheitlich passiv gebliebenen Bev. mit dem von der R. repräsentierten ›wahren‹ Frankreich Vorschub und erschwerte die Auseinandersetzung mit der →Kollaboration.

In der *R.-Literatur* fand – im Namen der Humanität sowie polit. und persönl. Freiheit – der intellektuelle Widerstand Ausdruck (einige Schriftsteller, z. B. R. CHAR und A. MALRAUX, waren auch unmittelbar am bewaffneten Kampf beteiligt). Verbreitungsorgane waren zu einem großen Teil Zeitschriften (›Poésie 40‹, ›Fontaine‹, ›Confluences‹, ›Les Cahiers du Sud‹, ›Messages‹), die z. T. illegal erschienen (›Les Lettres françaises‹, ›La Pensée libre‹, ›Les Cahiers de la Libération‹, ›Les Étoiles‹), sowie der 1941/42 von VERCORS illegal gegründete Verlag ›Éditions de Minuit‹.

Als bes. geeignetes Instrument der R.-Literatur erwies sich – aufgrund ihrer Prägnanz – die Lyrik, die – bei deutl. Anknüpfung an traditionelle, z. T. volkstüml. Formen – auf sprachexperimentelle Tendenzen weitgehend verzichtete (L. ARAGON, ›Le crève-cœur‹, 1941; ›Le musée Grévin‹, 1943; P. ÉLUARD, ›Poésie et vérité‹, 1942; P. EMMANUEL, ›Combats avec tes défenseurs‹, 1942; R. DESNOS, ›Le veilleur du Pont-au-Change‹, 1942). Gedichte des frz. und des europ. Widerstands erschienen in der von ÉLUARD herausgegebenen Sammlung ›L'honneur des poètes‹ (2 Bde., 1943–44); anonyme Gedichte Kriegsgefangener veröffentlichte PIERRE SEGHERS (* 1906, † 1987) in ›Poètes prisonniers‹ (2 Bde., 1943–44). Neben der Lyrik waren bes. Kurzformen wie Lied, Erzählung (VERCORS, ›Le silence de la mer‹, 1943), Novelle (ELSA TRIOLET, ›Les amants d'Avignon‹, 1943), Essay (A. CAMUS, ›Lettres à un ami allemand‹, 1945), persönl. Reflexion (F. MAURIAC, ›Le cahier noir‹, 1943) und Reportage (D. ROUSSET, ›L'univers concentrationnaire‹, 1946; LOUISE WEISS, * 1893, † 1983, ›La Marseillaise‹, 3 Bde., 1945–47) für die R.-Literatur charakteristisch. Das Erlebnis der Besatzungszeit spiegelt sich jedoch u. a. auch im Drama (J.-P. SARTRE, ›Les mouches‹, 1943). Die Erfahrung der R. hatte maßgebl. Einfluß auf die Entwicklung der frz. Existenzphilosophie und die Philosophie des Absurden und spielte auch im Zusammenhang mit SARTRES Begriff der →Littérature engagée eine Rolle.

H. NOGUÈRES: Histoire de la R. en France, 5 Bde. (Paris 1967–81); F. KNIGHT: The French resistance 1940 to 1944 (London 1975); P. SEGHERS: La R. et les poètes, 2 Bde. (Neuausg. Verviers 1978); P. DREYFUS: Die R. (a. d. Frz., 1979); H. MICHEL: Histoire de la Résistance en France (Paris [8]1980); Lit. zur R. u. Kollaboration in Frankreich, hg. v. K. KOHUT, 3 Bde. (1982–84); Jean Moulin et le Conseil national de la R., hg. v. F. BÉDARIDA u. a. (Paris 1983); C. ANDRIEU: Le programme commun de la R. (ebd. 1984); R. FALIGOT u. R. KAUFFER: Les résistants. De la guerre de l'ombre aux allées du pouvoir: 1944–1989 (ebd. 1989); La littérature française sous l'occupation. Actes du colloque de Reims, ... 1981 (Reims 1989).

**Resistanz** [zu lat. resistere ›stehen bleiben‹, ›widerstehen‹] *die, -,* der →Wirkwiderstand im Wechselstromkreis.

**Resistencia** [-sia], Hauptstadt der Prov. Chaco, Argentinien, (1980) 220 100 Ew.; Bischofssitz; Univ.; Baumwollentkernungsanlagen, Cottonölgewinnung, Fleischverarbeitung, Sägewerke, Mühlen; Bahnlinien ins Hinterland, Flugplatz; 8 km südöstlich der Hafen Barranqueras, an einem Seitenarm des Paraná (Brücke), gegenüber von Corrientes, für kleinere Seeschiffe erreichbar.

**resistent** [lat. resistens, Partizip Präsens von resistere ›stehen bleiben‹, ›widerstehen‹], *Biologie* und *Medizin:* widerstandsfähig (gegen äußere Einwirkungen).

**Resistenz** [mlat. resistencia ›Widerstand‹] *die, -/-en,* **1)** *bildungssprachlich* für: Gegenwehr, Widerstand.
**2)** *Biologie* und *Medizin:* im Unterschied zur erworbenen Immunität die angeborene Widerstandsfähigkeit eines Organismus gegenüber schädl. äußeren

Einwirkungen, z. B. extremen Witterungsverhältnissen (etwa Trocken-, Hitze-R.), oder Schadorganismen (Krankheitserreger, Parasiten, Pflanzenschädlinge) und deren Giften. Die Schadorganismen können selbst wiederum resistent gegen Arznei- bzw. Pflanzenschutz- oder Schädlingsbekämpfungsmittel sein. Bei der **passiven R.** verhindern mechan., chem. oder therm. Sperren das Eindringen oder Wirksamwerden eines Schadfaktors. Bei der **aktiven R.** werden entsprechende Abwehrmaßnahmen beim angegriffenen Organismus ausgelöst (z. B. über Phagozyten oder über die Bildung von Hemmstoffen). Die R. beruht auf einer Selektion besser angepaßter Organismen oder Zellen (**primäre R.**). Ein Selektionsvorteil kann aber auch durch Mutation der Erbsubstanz (z. B. von Pflanzenschädlingen, Bakterien, Krebszellen) als Reaktion auf die Gabe von Pflanzenschutzmitteln, Antibiotika bzw. Zytostatika entstehen (**sekundäre R.**). Hierbei unterscheidet man: **Einzel-R.** (gegenüber einem einzigen Wirkstoff), **Gruppen-R.** (gegenüber mehreren Wirkstoffen einer Wirkstoffgruppe), **Multi-R.** (gegenüber zwei oder mehr Wirkstoffgruppen) und die **Kreuz-R.** (Behandlung mit einem bestimmten Wirkstoff ergibt zusätzl. R. gegenüber einem anderen oder mehreren anderen Wirkstoffen, die noch nicht eingesetzt wurden).

Als **Arzneimittel-R.** (z. B. Antibiotika-, Virostatika-R.) wird die R. von krankheitserregenden Mikroorganismen bei Mensch und Tier bezeichnet.

Eine bedeutende Rolle spielt das Phänomen der R. auch bei Krebserkrankungen. Während gesunde menschl. Zellen nicht in der Lage sind, gegenüber den schädigenden Einflüssen von Zytostatika resistent zu werden, entwickeln Krebszellen eine Vielzahl von Mechanismen, die die abtötende Wirkung von Medikamenten vermindern oder aufheben.

3) *Werkstoffkunde:* Widerstandsfähigkeit, Härtegrad, Unempfindlichkeit.

**Resistenza** [italien. ›Widerstand‹] *die, -,* die im →Antifaschismus wurzelnde italien. Widerstandsbewegung, die sich nach dem Waffenstillstand zw. dem Königreich Italien und den Alliierten (Sept. 1943) gegen die in Italien kämpfenden dt. Truppen und die mit ihnen zusammenarbeitenden faschist. Kräfte unter B. MUSSOLINI (Repubblica Sociale Italiana) wandte. Die Untergrundparteien, bes. Kommunisten, Sozialisten, Christl. Demokraten und Linksliberale (Partito d'Azione), schlossen sich im ›Comitato di Liberazione Nazionale‹ (CLN) zusammen. Die militär. Kräfte der R. wurden 1944 im ›Corpo Volontari della Libertà‹ unter einheitl. Oberbefehl zusammengefaßt.

**Resistenzbestimmung,** *Medizin:* 1) diagnost. Blutuntersuchung, die in einer Prüfung der Widerstandsfähigkeit der roten Blutkörperchen v. a. gegenüber veränderten osmot. Bedingungen im Blutplasma (Erhöhung der Salzkonzentration), aber auch gegenüber mechan. Beanspruchung, Hitze u. a. Einflüssen besteht. Bei Überschreitung eines diagnostisch aufschlußreichen Grenzwerts setzt Hämolyse ein. Die R. dient v. a. der Unterscheidung der versch. Formen der Anämie; 2) Labortest zur Ermittlung der Empfindlichkeit von in einer Kultur gezüchteten Krankheitserregern gegenüber unterschiedl., in abgestufter Konzentration eingesetzten Chemotherapeutika oder Antibiotika zur optimalen Behandlung von Infektionskrankheiten.

**Resistenzfaktor, R-Faktor,** Bez. für ein Plasmid, das Resistenzgene enthält, und dem Träger (Bakterium) Resistenz gegenüber bestimmten Antibiotika verleihen.

**Resistenz|züchtung,** die Züchtung von Kulturpflanzen oder Haustieren, die gegen schädl. Umwelteinflüsse, Krankheitserreger und Schädlinge widerstandsfähiger (resistenter) sind.

Alain Resnais

**Resistivität,** *Elektrotechnik:* der →spezifische Widerstand.

**Reşiţa** ['reʃitsa], Stadt in Rumänien, →Reschitza.

**Resite** [zu lat. resina ›Harz‹], →Phenolharze.

**Resko,** Stadt in Polen, →Regenwalde.

**Reskript** [mlat. rescriptum, zu lat. rescribere ›schriftlich antworten‹] *das, -(e)s/-e,* 1) *kath. Kirchenrecht:* der förmliche schriftl. Bescheid des Hl. Stuhles oder eines anderen Ordinarius auf eine Anfrage oder einen Antrag.

2) *röm. Recht:* gesetzesgleicher kaiserlicher Rechtsbescheid zu konkreten Rechtsfällen.

**Resnais** [rɛ'nɛ], Alain, frz. Filmregisseur, * Vannes 3. 6. 1922; begann als Dokumentarfilmer mit Kunstfilmen (über V. VAN GOGH, 1948, und P. GAUGUIN, 1950) sowie politisch engagierten Dokumentationen (›Nacht und Nebel‹, 1955, über die nat.-soz. Konzentrationslager). Sein erster Spielfilm ›Hiroshima mon amour‹ (1960) erregte als typ. Film der ›Nouvelle Vague‹ Aufsehen bei Kritik und Publikum; R.' Filmdramaturgie löst den traditionellen Handlungsverlauf auf und stellt die Reflexionen der Figuren in den Vordergrund. Zentrale Themen seiner Filme sind Zeit und Erinnerung, Einzelschuld und gesellschaftl. Verantwortung.

**Weitere Filme:** Letztes Jahr in Marienbad (1961); Muriel oder Die Zeit der Wiederkehr (1963); Der Krieg ist vorbei (1966); Ich liebe dich, ich liebe dich (1967); Stavisky (1974); Providence (1977); Mein Onkel aus Amerika (1980); Das Leben ist ein Roman (1983); Mélo (1986); I want to go home (1989).

J. MONACO: A. R. The rôle of imagination (London 1978); F. SWEET: The film narrative of A. R. (Godstone 1986); A. R., Beitr. v. W. JACOBSEN u. a. (1990).

**Resnik,** Regina, amerik. Sängerin (Mezzosopran) ukrain. Herkunft, * New York 30. 8. 1922; debütierte 1942 in New York und trat u. a. an der Metropolitan Opera in New York, der Wiener Staatsoper und bei Festspielen (Bayreuth, Salzburg) auf. Sie wurde bes. als Verdi-, Wagner- und R.-Strauss-Interpretin bekannt.

**Resole** [zu lat. resina ›Harz‹], →Phenolharze.

**Resolution** [frz., von lat. resolutio ›Auflösung‹] *die, -/-en,* die schriftl., auf einem entsprechenden Beschluß beruhende Erklärung eines Parlaments, eines Verbandskongresses oder einer spontan gebildeten Gruppe zu einer bestimmten polit. Frage.

**Resolutionsverfahren,** *Logik:* ein Verfahren, mit dem festgestellt werden kann, ob aus den (prädikatenlog.) Aussagen $A_1, ..., A_n$ die Aussage $K$ folgt. Hierzu werden $A_1, ..., A_n$ und $K$ in die **Klauselform** überführt, d. h. als Disjunktionen von negierten oder unnegierten Atomaussagen (Aussagen, die keine log. Partikel enthalten) dargestellt. Zu je zwei Klauseln wird eine Resolvente erzeugt, indem man ihre Disjunktion bildet und alle Paare der Form $P \vee \neg P$ ($P$ eine Atomaussage) wegläßt. Ergibt sich als Resolvente die leere Klausel, so lag zuvor ein Widerspruch vor. Es gilt nun: Die Resolvente zweier Klauseln folgt logisch aus diesen (Korrektheit des R.). Allerdings erzeugt das R. nicht alle mögl. Ableitungen aus den vorgegebenen Aussagen; es ist nicht vollständig. Wohl aber ist es **widerlegungsvollständig,** d. h., es liefert zu widersprüchl. Voraussetzungen stets die leere Klausel als Resolvente (folgt also $\bar{K}$ aus $A_1, ..., A_n$, so ergibt sich zu $A_1, ..., A_n \cup K$ die leere Klausel als Resolvente). Das R. spielt heute eine wichtige Rolle in der maschinellen Logikverarbeitung und allg. in der →künstlichen Intelligenz.

E. BERGMANN u. I. NOLL: Mathemat. Logik mit Informatik-Anwendungen (1977); Artificial intelligence, hg. v. P. H. WINSTON (Reading, Mass., ²1984).

**Resolvente** [lat., eigtl. ›die Auflösende‹] *die, -/-n, Mathematik:* 1) in der Algebra eine Hilfsgleichung, mit der eine andere Gleichung gelöst wird; 2) in der lineraren Algebra nennt man den Ausdruck $(A - \lambda E)^{-1}$ R. der Gleichung $x(A - \lambda E) = xA - \lambda x = v$ (wobei $x$, $v$ Vektoren sind, $A$ eine quadratische Matrix, $E$ die entsprechende Einheitsmatrix und $\lambda$ ein Skalar ist), weil gilt: $x = v \cdot (A - \lambda E)^{-1}$.

**Resolver** [engl., eigtl. ›Auflöser‹, zu lat. resolvere ›wieder auflösen‹] *der, -s/-,* **Drehmelder,** Gerät zur Drehwinkelerfassung oder Drehwinkelregelung. Der R. ähnelt einem kleinen Synchronmotor. Er hat zwei um 90° gegeneinander versetzte Statorwicklungen und einen zweipoligen Rotor mit einer Wicklung. Die Statorwicklungen werden mit der gleichen Sinusspannung gespeist, jedoch mit um π/2 gegeneinander verschobenen Nullphasenwinkeln (→Phase 4). Die durch die beiden Speisespannungen im Rotor induzierte Meßspannung ist proportional zum Kosinus des Winkels zw. Rotorachse und der jeweiligen Statorachse; sie hat einen Phasenverschiebungswinkel gegen die Speisespannung einer der beiden Statorwicklungen, der gleich ist dem Winkel, um den die Rotorachse aus der Achsenrichtung dieser Statorwicklung gedreht ist.

**Resonanz** [frz. résonance, von spätlat. resonantia ›Widerhall‹] *die, -/-en,* **1)** allg. bildungssprachlich für: Widerhall, Wirkung, Anklang.
**2)** *Astronomie:* Bez. für einen besonderen Effekt der gravitativen Wechselwirkung zw. zwei Himmelskörpern, die einen dritten Himmelskörper umrunden; R. tritt dann auf, wenn die Umlaufperioden der beiden Himmelskörper kommensurabel sind, d. h. sich wie (kleine) ganze Zahlen verhalten. Kommensurabilitäten bewirken starke Bahnstörungen durch periodisch in den gleichen Bewegungsphasen sich wiederholende Annäherungen. Beispiele sind die Kirkwood-Lücken, die auf R. zw. einzelnen Planetoiden und Jupiter beruhen, sowie die Verhältnisse 5:2 zw. Jupiter und Saturn, 3:1 zw. Saturn und Uranus, 2:1 zw. Uranus und Neptun und 3:2 zw. Neptun und Pluto.
**3)** *Chemie:* die →Mesomerie.
**4)** *Physik und Technik:* aus der Akustik (›Mitklingen‹, ›Widerklingen‹) übernommene Bez. für das Mitschwingen eines schwingungsfähigen Systems (häufig als →Resonator bezeichnet), das an ein (anderes) schwingendes System gekoppelt ist (→Kopplung 2) oder anderweitig periodisch erregt wird (erzwungene Schwingung), insbesondere bei Schwingungsfrequenzen in der Nähe einer R.-Frequenz (→Eigenschwingung) und bei schwacher Dämpfung. Bei der Erregung mit der R.-Frequenz hat die erzwungene Schwingung eine Phasenverschiebung von π/2 gegenüber der erregenden Schwingung. In schwach gedämpften Systemen können R. auch bei schwacher Kopplung und/oder Erregung mit kleiner Leistung auftreten und bis zur Selbstzerstörung des schwingungsfähigen Systems führen (**R.-Katastrophe**). R. treten in vielen Gebieten der Natur und der Technik auf. Bei manchen techn. Anwendungen sucht man sie zu vermeiden (z. B. Motoren und die meisten Maschinen, Bauwerke), in anderen sind sie erwünscht (z. B. Rüttelgeräte und Schwingkreise). Die Klangerzeugung vieler Musikinstrumente und der menschl. Stimme beruht auf R.-Wirkungen im weitesten Sinne (z. B. die schwingende Luftsäule in Blasinstrumenten oder der R.-Boden beim Klavier).

In einem etwas anderen Sinn spricht man von R., wenn Atome, die durch Einstrahlung einer elektromagnet. Strahlung bestimmter Frequenz in einen Anregungszustand gebracht wurden, wieder Strahlung der gleichen Frequenz abstrahlen, wobei die Atome in ihren Grundzustand zurückkehren (**R.-Strahlung, R.-Fluoreszenz**). Weil bei der Anregung an der Stelle einer Frequenz, die dem Abstand zweier Energieniveaus entspricht (→Einsteinsches Gesetz 2), eine charakterist. Überhöhung des Wirkungsquerschnitts auftritt, werden in einem übertragenen Sinn in der Atom-, Kern- und Elementarteilchenphysik allg. die bei einer Messung von Reaktionen in Abhängigkeit von der Energie bzw. Frequenz der einfallenden Strahlung auftretenden, mehr oder weniger scharfen Überhöhungen des Wirkungsquerschnitts als R. bezeichnet. Die Halbwertsbreite solcher R. ist aufgrund der Heisenbergschen Unschärferelation mit der mittleren Lebensdauer des betreffenden Anregungszustands verbunden. In hochenerget. Stoßexperimenten auftretende derartige R. können auch als kurzlebige →Elementarteilchen gedeutet werden (→Massenresonanzen).

**Resonanz 4):** Resonanzkurve bei der erzwungenen Schwingung eines gedämpften eindimensionalen harmonischen Oszillators; $\omega$ Frequenz, $\omega_0$ Anregungsfrequenz, $\omega_{max} < \omega_0$ Resonanzfrequenz, $A$ Amplitude, $A_{max}$ maximale Amplitude

**5)** *Quantenmechanik:* Bez. für eine bei quantenmechan. Systemen mit versch. Zuständen gleicher Energie auftretende Erscheinung: Bei der Aufhebung der Entartung durch eine (schwache) Störung fluktuiert die Energie des Systems zw. den Zuständen, ähnlich wie bei gekoppelten Pendeln. Diese von W. HEISENBERG 1926 bei der quantenmechan. Behandlung des Heliumatoms eingeführte quantenmechan. R. liefert einen Beitrag zur Gesamtenergie des Systems; sie spielt auch eine wichtige Rolle in der Theorie der chem. Bindung.

**Resonanz|absorption,** Absorption einer Wellen- oder Teilchenstrahlung durch ein mikrophysikal. System mit einer Frequenz bzw. Energie der Strahlung, die einem Übergang zw. zwei Energieniveaus des Systems entspricht. (→Breit-Wigner-Formel, →Elektronenspinresonanz, →NMR-Spektroskopie, →Fluoreszenz)

**Resonanzboden,** Bestandteil vieler Musikinstrumente, bes. von besaiteten Tasteninstrumenten wie Klavier und Cembalo (Violine, Gitarre usw. haben einen →Resonanzkörper). Wegen der kleinen Oberfläche der Saiten wird von ihnen nur ein geringer Teil der Schwingungsenergie an die Luft abgegeben und dadurch nur ein schwacher Ton erzeugt. Dieser wird verstärkt, wenn die Saiten mit einem R. gekoppelt werden, der die Schwingungen aufnimmt und mit seiner größeren Fläche abstrahlt. Die →Dämpfung 4) soll dabei möglichst wenig durch innere Reibung, vielmehr durch größtmögl. Abstrahlung erfolgen. Als bes. geeignet haben sich R. aus Fichte erwiesen.

**Resonanzfrequenz,** →Eigenschwingung.
**Resonanzholz,** das →Klangholz.
**Resonanz|integral,** Maß für die materialabhängige Resonanzabsorption von Neutronen durch Atomkerne über einen bestimmten Energiebereich; es wird häufig tabellarisch oder graphisch dargestellt und hat Bedeutung für die Berechnung der Neutronenbilanz in einem Kernreaktor.

**Resonanzkatastrophe,** →Resonanz 4).
**Resonanzkörper,** Hohlkörper v.a. bei Saiteninstrumenten ohne Tasten (Violine, Gitarre) sowie Schlaginstrumenten zur Verstärkung der Schallabstrahlung. Da der Ton z. B. von einer Violinsaite verhältnismäßig schwach abgestrahlt wird, werden ihre Schwingungen über den →Steg auf die Decke des R. übertragen und durch den →Stimmstock zum Boden des R. weitergeleitet. Dadurch wird der Schall vom ganzen R. abgestrahlt und der Klang verstärkt. Zugleich bestimmen Gestalt und Material des R. die Art des Klanges wesentlich mit; hierbei spielt auch der Hohlraum eine Rolle. Die Abstrahlung der Resonanzfrequenz des eingeschlossenen Luftvolumens erfolgt durch die Schallöcher.

**Resonanzlänge,** *Funktechnik:* die Länge einer Antenne, die für die Erregung mit einer bestimmten

# Reso   Resonanzmethoden – Resorcin

Frequenz erforderlich ist, damit der Antennenwiderstand rein reell wird. Dicke Antennen, d. h. solche mit geringem Schlankheitsgrad, haben infolge ihrer größeren Kapazität eine kleinere R. als dünne Antennen. Die mechan. Länge einer Antenne ist das Produkt aus erforderlicher elektr. Länge und dem vom Schlankheitsgrad abhängigen Verkürzungsfaktor.

**Resonanzmethoden, 1)** *elektr. Meßtechnik:* Bez. für Meßmethoden zur Kapazitäts- bzw. Induktivitätsbestimmung, bei denen für einen aus bekannter Induktivität bzw. Kapazität und dem zu messenden Bauelement gebildeten Schwingkreis die Resonanzfrequenz bestimmt und aus dieser dann der Kapazitäts- bzw. Induktivitätswert errechnet wird.
**2)** *Hochfrequenzspektroskopie:* Sammel-Bez. für alle auf magnet. Resonanzabsorption beruhenden Methoden der Atom-, Festkörper- und Kernphysik, mit denen aus den erzwungenen Übergängen zw. den Energieniveaus der untersuchten mikrophysikal. Systeme Erkenntnisse über deren Aufbau gewonnen werden. Hierzu zählen v. a. die Atomstrahl-R., die Elektronenspinresonanz, die Kerninduktion und die Zyklotronresonanz sowie die Doppelresonanzmethoden (Verfahren, bei denen gleichzeitig zwei Resonanzübergänge unterschiedl. Frequenz durch Einstrahlung von Mikrowellen angeregt werden).

**Resonanzsaiten, Aliquotsaiten, Sympathiesaiten,** mit dem Grundton oder einem Teilton eines produzierten Klanges mitschwingende, nicht durch Streichen oder Zupfen unmittelbar erregte Saiten, die an versch. Saiteninstrumenten angebracht werden, um deren Klangfarbe zu bereichern. R. gibt es u. a. bei der Viola d'amore, dem Baryton, der norweg. Hardangerfiedel und bei vielen ind. Saiteninstrumenten (z. B. Sarangi).

**Resonator** [zu lat. resonare ›widerhallen‹] *der, -s/... 'toren,* **1)** *allg.:* ein schwingungsfähiges System, bes. ein System mit einer oder mehreren ausgeprägten Resonanzfrequenzen, das unter Ausnutzung seiner Resonanzeigenschaften verwendet wird.
**2)** *Mikrowellentechnik:* Bauelement, das bei Frequenzen über 100 MHz den aus räumlich getrennter Induktivität und Kapazität bestehenden LC-Schwingkreis ersetzt, da dieser wegen mit der Frequenz zunehmender Dämpfung durch Abstrahlung nicht mehr resonanzfähig ist. **Leitungs-R.** bestehen aus einem Stück Lecher-, Koaxial- oder Mikrostreifenleitung. Die Resonanzlänge ist $(2n+1)\lambda/4$ (›Viertelwellenlängen-R.‹), wenn das Leitungsstück einseitig kurzgeschlossen, am anderen Ende offen ist, bzw. $n \cdot \lambda/2$ bei beidseitigem Kurzschluß ($n$ positive ganze Zahl, $\lambda$ jeweilige Leitungswellenlänge). Es werden nur TEM-Moden (→Moden) praktisch benutzt. Als **Topfkreise** bezeichnet man durch Anbringen von relativ großen Endkapazitäten stark verkürzte Leitungs-R. **Hohlraum-R.** sind im Prinzip alle von einer geschlossenen Metallfläche umgebene Volumina, in der Praxis, wegen ihrer exakten Berechenbarkeit, meist beidseitig kurzgeschlossene Stücke Hohlleiter. Das Spektrum ist i. a. nicht harmonisch; es werden zur Charakterisierung einer Schwingungsmode der prinzipielle Wellentyp sowie drei Indizes benötigt, z. B. TE$_{mnl}$-Mode: eine transversale elektr. Mode mit (im Rundhohlleiter) $m$ radialen und $n$ azimutalen Knotenlinien der magnet. Längsfeldstärke sowie $l$ halben Wellenlängen längs der R.-Achse. – In **dielektrischen R.** ist das elektromagnet. Feld im Innern eines (meist zylindr.) sehr verlustarmen Keramikkörpers großer Dielektrizitätszahl $\varepsilon$ konzentriert (z. B. Bariumtitanat, $\varepsilon \approx 40$), als nichtmetall. Berandung dient der hohe $\varepsilon$-Sprung zur Umgebungsluft. Wegen der Verkürzung aller Wellenlängen um den Faktor $1/\sqrt{\varepsilon}$ sind dielektr. R. sehr kompakt und finden in integrierten Mikrowellenschaltungen weite Verwendung. – In Mikrowellen-R. wird die Schwingung genau wie im LC-Kreis durch das Pendeln der Energie zw. elektr. und magnet. Feld aufrechterhalten, nur sind die Bereiche dieser Felder und damit Kapazität und Induktivität über den ganzen R. verteilt. Wesentl. Kennzahl einer Resonanz der Frequenz $f$ ist der Gütefaktor $Q = 2\pi f \cdot (W/P) = f/\Delta f$ ($W$ im R.-Volumen gespeicherte, $P$ pro Sekunde verbrauchte Energie, $\Delta f$ Halbwertsbreite [Schärfe] der Resonanz). Er hängt ab von Geometrie und Material des R. sowie der Stärke seiner Ankopplung an den Generator. Mit Leitungs-R. aus Kupfer erreicht man $Q$-Werte von $3 \cdot 10^3$, dielektr. R. haben $Q \approx 6 \cdot 10^3$, Hohlraum-R. $Q = 5 \cdot 10^3$ bis $5 \cdot 10^4$, bei Verwendung von supraleitendem Niob mit Berandung bis $10^{10}$. – Mikrowellen-R. finden Verwendung in Oszillatoren, als Modulations- und Koppelelemente in Laufzeitröhren, zum Aufbau schmalbändiger Filter sowie mit ihren hohen elektr. Feldstärken in Hochfrequenz-Teilchenbeschleunigern.
**3)** *Optik:* im Prinzip ein Hohlraum-R. wie in der Mikrowellentechnik, jedoch für den Spektralbereich (Bereich der Wellenlängen oder Frequenzen) des sichtbaren Lichts (und angrenzender Bereiche). Wegen des kleinen Verhältnisses der Lichtwellenlängen zu den Dimensionen praktisch handhabbarer Hohlräume ist in solchen R. eine sehr große Zahl versch. →Moden möglich. Um diese zu verringern, werden bei opt. R. die Seitenwände weggelassen, so daß sich ein offener R. ergibt, der nur aus zwei gegenüberliegenden Spiegeln besteht. Es bleiben dann nur diejenigen Moden resonanzfähig, bei denen die Beugungsverluste gering sind. Ein bekanntes Beispiel ist der als Interferometer verwendete Fabry-Pérot-R. Die in einem solchen R. mögl. Moden entsprechen im wesentlichen ebenen stehenden Wellen. Die versch. Moden sind mit bestimmten Intensitätsverteilungen auf den Spiegeln verknüpft. Bei der einfachsten Anordnung stehen sich zwei ebene Spiegel parallel gegenüber. Die große Empfindlichkeit dieser Anordnung gegen Dejustierung (Verkippen) kann verringert werden, wenn einer der Spiegel (oder beide) als Kugelschale ausgebildet werden; bei der Verwendung zweier Hohlspiegel werden diese üblicherweise so angeordnet, daß sie den gleichen Punkt als Brennpunkt haben (konfokal). Durch eine ringförmige Anordnung von mindestens drei Spiegeln kann die Frequenzschärfe gesteigert werden. In einer derartigen Anordnung entstehen laufende Wellen. Ringförmige Spiegelanordnungen, in denen zwei Wellen gegeneinander laufen, bilden die Grundlage des Lasergyroskops (→Sagnac-Versuch). Durch geeignete Maßnahmen (z. B. Einbau eines Faraday-Rotators) kann in einem Ringsystem eine Ausbreitungsrichtung der Wellen selektiert werden.

**Resopal**® [Kw.] *das, -s,* Handelsname für Kunststoffplatten, die aus einer Trägerschicht (u. a. phenolharzgetränkter Sulfatzellstoff) und einer Deckschicht (u. a. melaminharzgetränkter Sulfitzellstoff) bestehen, die unter hohem Druck zusammengepreßt wurden. R.-Platten sind leicht abwaschbar, unempfindlich gegen Säuren und Alkalien und sehr widerstandsfähig gegenüber mechan. Beanspruchung.

**Resorcin** [Kw.] *das, -s/-e,* **1,3-Dihydroxybenzol, m-Dihydroxybenzol,** zweiwertige, mit Hydrochinon und Brenzcatechin isomere Verbindung aus der Reihe der Phenole; farblose, kristalline Substanz, die durch Sulfonierung von Benzol und Alkalischmelze der entstehenden 1,3-Benzoldisulfonsäure hergestellt wird. R. wird überwiegend zu Klebstoffen und Har-

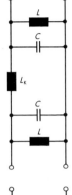
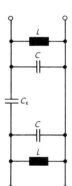
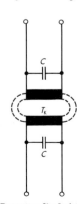

**Resonator 2):** Induktive, kapazitive und transformatorische Kopplung (kurzgeschlossene Paralleldrahtleitung) von zwei Resonanzkreisen zu Bandfiltern (Verwendung z. B. in der Rundfunktechnik); $L$ Induktivität, $C$ Kondensator, $T$ Transformator; die Kopplung erfolgt über die Glieder $L_K$, $C_K$ und $T_K$

zen (**R.-Formaldehyd-Harze**), daneben auch zu Farbstoffen verarbeitet.

**Resorption** [zu lat. resorbere, resorptum ›zurückschlürfen‹] *die, -/-en, Physiologie:* die Aufnahme von Stoffen in Blut, Lymphe und Zellen. Hierzu gehört nicht nur die R. der Nahrungsstoffe im Magen-Darm-Kanal (R. i. e. S.), sondern auch die R. krankhafter Ergüsse aus dem Bindegewebe, den Gelenken oder den Körperhöhlen sowie die R. von Arzneimitteln.

Die R. kann aktiv durch energieverbrauchenden Transport oder passiv durch Diffusion oder Osmose erfolgen. Die Aufnahme größerer Partikel ist durch → Phagozytose oder → Pinozytose möglich. Die R. von Nährstoffen findet im Magen-Darm-Kanal, beim Menschen bevorzugt im Dünndarm, sowohl aktiv als auch passiv statt. Die R. von Arzneimitteln erfolgt u. a. über die Schleimhaut von Dünndarm, Dickdarm, Mundhöhle, Zunge, Nase oder über die Haut.

Untergetaucht lebende (submerse) Wasserpflanzen resorbieren Wasser und die darin gelösten Stoffe mit ihrer ganzen Oberfläche, Landpflanzen hingegen über spezielle Absorptionsgewebe oder Absorptionshaare, v. a. an Wurzeln und in Blättern.

**Resozialisierung, Resozialisation,** das Ziel, aber auch das Programm und die Maßnahmen der gesellschaftl. (Wieder-)Eingliederung von Angehörigen sozialer Randgruppen, v. a. von straffällig Gewordenen, in die Gesellschaft. In pragmat. Hinsicht hat R. zum Ziel, eine erneute Straffälligkeit oder ein anderes von den sozialen Normen abweichendes Verhalten dadurch abzuwenden, daß möglicherweise in der Sozialisation begründete Defekte oder Mängel durch entsprechende Maßnahmen (Therapieangebote bei Persönlichkeitsstörungen, Ausbildungs- und Weiterbildungsmaßnahmen, Hilfestellung bei der Persönlichkeitsbildung und Berufsqualifikation, nicht zuletzt Hilfen bei Drogenabhängigkeit) korrigiert bzw. aufgearbeitet werden können. In normativer Hinsicht sieht R. die Straftat bzw. das abweichende Verhalten weniger durch individuelle Schuld begründet als durch mangelnde gesellschaftl. Integration verursacht. Hier hat die Gesellschaft die Aufgabe, in gewissem Sinn Mitverantwortung zu übernehmen. In der Bundesrep. Dtl. hat R. eine wichtige Rolle im Zusammenhang der Strafrechtsreform seit den 1970er Jahren gespielt. Sie gilt als einer der wichtigen Strafzwecke (→ Straftheorien) und ist ein Fall der Spezialprävention (→ Prävention 3). Die R. ist nach § 46 Abs. 1 S. 2 StGB zunächst ein Gesichtspunkt bei der Strafzumessung; bei ihr sind die Wirkungen, die von der Strafe für das künftige Leben des Täters in der Gesellschaft zu erwarten sind, zu berücksichtigen. Die R. wird ferner in § 2 Strafvollzugs-Ges. als ›Vollzugsziel‹ bezeichnet; danach soll der Gefangene im Vollzug der Freiheitsstrafe fähig werden, künftig in sozialer Verantwortung ein Leben ohne Straftaten zu führen. Die R. ist zu unterscheiden von der → Rehabilitation. – Ähnliches gilt in *Österreich* und der *Schweiz.*

H. Ortner: Mitbestraft. Straffälligenhilfe als Familien- u. Gemeinwesenarbeit (1983); R. Ortmann: R. im Strafvollzug (1987); M. Stentzel: Berufserziehung straffälliger Jugendlicher u. Heranwachsender (1990); Straffälligenhilfe in Gesch. u. Gegenwart, hg. v. H.-J. Kerner (1990).

**Respekt** [lat. respectus ›das Zurückblicken‹, ›Rücksicht‹] *der, -(e)s,* **1)** *allg.:* Ehrerbietung, (schuldige) Achtung.

**2)** bei *Kupferstichen* der leere Rand.

**respektive** [zu mlat. respectivus ›beachtenswert‹], Abk. **resp.,** *bildungssprachlich für:* beziehungsweise.

**Respighi** [res'pi:gi], Ottorino, italien. Komponist, * Bologna 9. 7. 1879, † Rom 18. 4. 1936; studierte in Bologna, war 1900/01 und 1902/03 Bratschist in Petersburg, erhielt dort Kompositionsunterricht bei N. Rimskij-Korsakow, konzertierte 1903–08 als Violinist und Bratschist, lebte 1908/09 in Berlin, dann wieder in Bologna und wurde 1913 Kompositionslehrer am Liceo (später Conservatorio) di Santa Cecilia in Rom, 1924–26 dessen Direktor; unternahm zahlreiche Konzertreisen durch Europa und Amerika, wo er als Dirigent eigener sinfon. Werke glänzende Erfolge errang. R. ist der führende Vertreter italien. Instrumentalmusik im frühen 20. Jh. Eine farbig virtuose Orchestersprache prägt v. a. seine sinfon. Dichtungen, unter denen ›Fontane di Roma‹ (1916) und ›Pini di Roma‹ (1924) die bekanntesten sind. In ihnen verbindet R. Einflüsse Rimskij-Korsakows, R. Strauss' und des frz. Impressionismus mit einer an der italien. Tradition orientierten Klarheit und Klangkultur. R. bearbeitete auch Werke barocker Komponisten (C. Monteverdi, G. Frescobaldi, J. S. Bach, G. B. Pergolesi, D. Cimarosa).

*Weitere Werke: Opern:* Re Enzo (1905); Semirama (1910); La campana sommersa (1927); La fiamma (1934). – *Orchesterwerke:* Sinfonia drammatica (1915); Antiche arie e danze per liuto, 3 Tle. (1917, 1923, 1931); Feste romane (1928); Concerto gregoriano (1921, für Violine und Orchester); Concerto in modo misolidico (1924, für Klavier und Orchester).

R. de Rensis: O. R. (Turin 1935); E. Respighi: O. R. (a. d. Italien., 1962); O. R. Catalogo delle opere, Einf. v. M. Labroca (Mailand 1965); A. Cantú: R. compositore (Turin 1985).

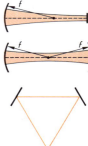

**Resonator 3):** Spiegelanordnung (schematisch) bei einem Resonator aus ebenem Spiegel und Kugelspiegel (oben), bei einem konfokalen Resonator (Mitte) und bei einem Ringresonator (unten); *f* Brennweite der Kugelspiegel

**Respiration** [lat.] *die, -,* die → Atmung.
**Respirations|organe,** die Atmungsorgane (→ Atmung).
**Respirations|trakt,** die → Luftwege.
**Respirator** [zu lat. respirare ›Atem holen‹] *der, -s/...'toren,* Gerät zur maschinellen künstl. Langzeitbeatmung. (→ künstliche Atmung)

**respiratorischer Quotient,** Abk. **RQ, Atmungsquotient,** *Physiologie:* das Volumenverhältnis von im Stoffwechsel produziertem, ausgeatmetem Kohlendioxid zum eingeatmeten, verbrauchten Sauerstoff. Der RQ läßt Rückschlüsse auf die Zusammensetzung der aufgenommenen Nahrung zu: Werden vom Organismus nur Kohlenhydrate verarbeitet, beträgt er 1,0; bei Fett- und Eiweißabbau liegen die Werte bei 0,8 bzw. 0,7.

**Respirophonographie,** in Entwicklung befindl. Verfahren der Lungenfunktionsprüfung, das die graph. Aufzeichnung der Frequenz und Lautstärke der Atemgeräusche, bei Einschaltung eines Pneumotachographen auch der Atemstromstärke in einem durch Computerverarbeitung der Meßdaten erstellten **Respirophonogramm** ermöglicht. Im Unterschied zur konventionellen Lungenauskultation mit dem Stethoskop bietet diese Methode die Möglichkeit der Dokumentation und objektiven Auswertung von physiolog. und krankhaften Atemgeräuschen.

**Response** [ris'pɔns; engl., eigtl. ›Antwort‹] *die, -/-s, Psychologie:* die durch einen Reiz (Stimulus) hervorgerufene Reaktion eines Organismus; v. a. in der behaviorist. Reiz-Reaktions-Psychologie gebräuchl. Bez. Unterschieden werden u. a. **Overt R.** (unmittelbare Reaktion), **Covert R.** (nicht direkt feststellbare Reaktion), **Conditioned R.** (bedingter Reflex).

**Responsion** [lat. responsio ›Antwort‹] *die, -/-en,* Sinn-, Motiv- oder Formentsprechung zw. einzelnen Teilen einer Dichtung (z. B. zw. einzelnen Versen oder Strophen).

**Responsorium** [mlat., zu lat. respondere ›antworten‹] *das, -s/...ri|en,* Zeichen **R̷**, liturg. Wechselgesang mit Kehrvers, der im Unterschied zur Antiphon von einem solist. Partien (Versus) ausführenden Sänger und dem respondierenden Chor vorgetragen wird.

**Resorcin**

Ottorino Respighi

**Resp** Responsum – Restaurierung

Das aus dem Synagogalgesang übernommene R. gehört zu den frühesten Gesangsformen der christl. Kirche. In Messe und Stundengebet findet sich das R. v. a. im Anschluß an die Lesungen, in der Messe in den Formen von Graduale und Halleluja (bzw. Traktus), im Stundengebet bes. vertreten in der Nokturn. Die Beschränkung auf einen einzigen solist. Vers dürfte auf dessen ausgedehnte melismat. Gestaltung zurückzuführen sein.

**Responsum** [lat., eigtl. ›Antwort‹] *das, -s/...sa, jüd. Recht:* Gutachten rabbin. Schulen der Gelehrter auf schriftl. Anfragen über rituelle und rechtl. Problemfälle. Seit dem Früh-MA. üblich, wurden die R. gesammelt und dienen bis heute als Rechtsquellen. Darüber hinaus sind sie historisch und kulturgeschichtlich aufschlußreich.

S. B. FREEHOF: The responsa literature (New York ²1973); H.-G. MUTIUS: Rechtsentscheide rhein. Rabbinen aus der ersten Kreuzzug, 2 Bde. (1984–85); ders.: Rechtsentscheide Mordechai Kimchis aus Südfrankreich (1991); Rechtsentscheide Raschis aus Troyes, hg. v. H.-G. MUTIUS, 2 Bde. (1986–87); Rechtsentscheide jüd. Gesetzeslehrer aus dem maur. Cordoba, hg. v. dems. (1990).

**Ressentiment** [rɛsãti'mã; frz. ›heiml. Groll‹, zu *ressentir* ›lebhaft empfinden‹] *das, -s/-s,* aufgrund von Gefühlen, bestimmten Erfahrungen oder Vorurteilen negativ besetzte Einstellung gegenüber einer Person, einer Gruppe oder einem Sachverhalt, die sich in einem abweisenden Verhalten ausdrücken kann, ohne daß dies aber dem Träger des R. zu Bewußtsein kommt. (→ Vorurteil)

**Ressort** [rɛ'soːr; frz., zu *ressortir* ›hervorgehen‹, ›dazugehören‹] *das, -s/-s,* 1) *allg.:* Aufgaben-, Zuständigkeitsbereich.

2) *polit. Verwaltung:* der sachl. Geschäftsbereich einer Behörde, bes. eines Ministeriums. Nach dem ›R.-Prinzip‹ sind die einzelnen Minister (R.-Minister) nicht nur Mitgl. der Reg., sondern zugleich auch Verwaltungschef eines Fachministeriums, das sie im Rahmen der polit. Richtlinienkompetenz des Regierungschefs in eigener Verantwortung leiten (in der Bundesrep. Dtl. Art. 65 S. 2 GG).

**Restaurierung:** Wappentafel des Wilhelm von Effern (Anfang des 17. Jh.) am Treppenturm des ehemaligen Bischofshofs in Ladenburg; Zustand im Juli 1960 (links) und im Juli 1976 (rechts)

**Ressourcen** [rɛ'sursən; frz., zu altfrz. *resoudre,* lat. *resurgere* ›wiedererstehen‹], *Sg.* **Ressource** *die, -,* i. w. S. alle Produktionsfaktoren (Arbeit, Boden, Kapital), i. e. S. → Rohstoffe (natürl. Ressourcen).

**Rest** [aus italien. *resto* ›übrigbleibender Geldbetrag‹, zu lat. *restare* ›übrigbleiben‹], 1) *Chemie:* Abk. **R,** Bez. für eine aus zwei oder mehr Atomen zusammengesetzte Gruppe, bes. in der organ. Chemie (z. B. Alkyl-, Aryl-, Acylrest).

2) *Mathematik:* → Division 1).

**Restant** [zu lat. *restans,* Partizip Präsens von *restare* ›übrigbleiben‹] *der, -en/-en,* mit Zahlung rückständiger Schuldner, auch der Rückstand selbst; im Bankwesen gekündigtes oder ausgelostes Wertpapier, das noch nicht zur Einlösung vorgelegt wurde.

**Restauration** [lat. ›Erneuerung‹, ›Wiederherstellung‹] *die, -/-en,* die Wiederherstellung eines früheren, oft durch eine Revolution beseitigten polit. und gesellschaftl. Zustands. – In der engl. Geschichte bezeichnete R. die Wiedereinsetzung der Stuartdynastie (1660–88). – Als Epochen-Bez. (**R.-Zeit**) meint R. (nach einem Buchtitel von C. L. VON HALLER) die Zeit von 1815 bis 1830, als in allen europ. Staaten versucht wurde, die polit. Verhältnisse der Zeit vor der Frz. Revolution wiederherzustellen.

**Restaurierung,** Wiederherstellung gealterter, beschädigter oder durch spätere Hinzufügungen entstellter Werke der bildenden Kunst einschließlich der Architektur (→ Denkmalpflege) und von kulturhistorisch interessanten Gegenständen. Begrifflich ist R. von der Konservierung zu trennen, d. h. der rein materiellen Sicherung von Werken der Vergangenheit in einem bestimmten Zustand ihrer Existenz, ohne daß die Wiederherstellung eines ursprüngl. oder auch späteren – gewachsenen – Zustands beabsichtigt ist. Die natürl. Alterung, insbesondere durch die Einwirkung von Feuchtigkeit und Temperatur, v. a. bei schroffem Wechsel beider, sowie von Licht, Sauerstoff, Luftverunreinigung, mechan. Belastungen u. a. führt zu charakterist. Veränderungen der chem. und physikal. Eigenschaften des Materials. Zu diesen in vielen Fällen irreversiblen Zustandsänderungen treten die von Menschenhand verursachten sowie alle Arten von teilweiser Zerstörung.

Bei der R. von Gemälden handelt es sich zunächst i. d. R. um eine Reinigung oder Abnahme des alten vergilbten oder gebräunten Firnis; häufig ist → Dublieren 1) erforderlich. Fehlstellen werden ausgekittet und möglichst unsichtbar in versch. Techniken retuschiert. Skulpturen und Plastiken erfordern eine R., wenn z. B. eine farbige Fassung oder Vergoldung abgeblättert oder durch mehrfache Übermalungen entstellt ist. Holzfiguren können durch Holzschutzmittel und Gammastrahlung von Schädlingen befreit und durch organ. Harze und Leime gefestigt werden.

Auf dem Gebiet der Wandmalerei sind in erster Linie Reinigungsmethoden erforderlich. Sie sind problematisch, wenn die Haftfestigkeit der Kalkmörtelschicht oder die Unverwischbarkeit der Farben nicht mehr ausreichen und Impf- und Fixiermaßnahmen nötig werden. Eine besondere Aufgabe ist das Aufdecken alter Wandmalerei unter dicken Putzmörtel- oder Kalktüncheschichten. Beim Abnehmen und Übertragen von Fresken unterscheidet man das Strappo- von dem Distacco-Verfahren. In beiden Fällen wird zunächst die Bildschicht mit mehreren dicken Sicherungslagen provisorisch überklebt. Beim **Strappo-Verfahren** läßt sich auch in relativ großen Formaten oder Teilstücken die Farbschicht der Malerei zus. mit einer dünnen Putzmörtelschicht von nur 1–2 mm vom Unterputz abschälen und aufrollen. Dagegen verlangt das **Distacco-Verfahren** eine Abnahme in starren Teilstücken, die mitsamt einer dickeren Putzmörtelschicht bewerkstelligt werden muß. Abgenommene Fresken oder deren Teilstücke klebt man auf gespannte Gewebe oder starre Tafeln sowie direkt wieder auf Wände auf. Trennungsstöße von Teilstücken werden durch Retuschen fast unsichtbar gemacht.

R. werden meist in den R.-Werkstätten der Denkmalpflegeämter und der Museen oder durch freiberufl. **Restauratoren** ausgeführt, die v. a. für Privatleute und für den Kunsthandel arbeiten. Sowohl Konservatoren als auch Restauratoren machen sich heute die naturwissenschaftl. Methoden zunutze, die in den Spezialabors der großen Museen, R.-Instituten, bei Materialprüfungsanstalten, an Univ. und in der Industrie entwickelt wurden. International anerkannte Institute sind das Istituto Centrale del Restauro in Rom, das Courtauld Institute in London, das Institut Royal du Patrimoine Artistique in Brüssel, das Doerner-

Institut in München, das Institut für Technologie der Malerei in Stuttgart und v. a. für moderne Kunst das R.-Zentrum Düsseldorf. Wichtig ist die genaue Dokumentation von Schadensbefunden, Untersuchungen, Konservierungs- und R.-Methoden. Für die Kunstwissenschaft ergeben sich bei der R. häufig aufschlußreiche Hinweise für die Zuschreibung und Datierung eines Kunstwerks.

**Restaurierung:** Fresken von Michelangelo an der Nordwand der Sixtinischen Kapelle im Vatikan während der 1980 begonnenen Restaurierung; rechts das bereits gereinigte Bildnis von Papst Soter, links das noch unrestaurierte Bild von Papst Pius I.

*Geschichte:* Bewahren und Erhalten von Kunstwerken beschäftigten die Menschen seit der Antike. Jedoch erst seit dem Ausbau der Museen zu Beginn des 19. Jh. ist eine mehr wissenschaftlich begründete R. zu beobachten. Gefordert wurde zunächst die Wiederherstellung des ursprüngl. Zustandes. Dies schloß häufig die Beseitigung oder Vernichtung späterer Zutaten ein, so daß gewachsene Zusammenhänge aufgelöst wurden, z. B. durch Abschlagen von Putz und Anstrich in der Architektur, Vernichtung barocker Altäre in mittelalterl. Kirchen usw. Im 20. Jh. prägte die Vorstellung vom gewachsenen Kunstwerk und seiner Erhaltungswürdigkeit einschließlich aller Veränderungen allmählich den Stil der R. Da Kunstwerke sich aufgrund der Alterungsprozesse ständig selbst verändern, muß jeder Eingriff eines Restaurators zum Eingriff in den Zeitablauf werden. Jede R. ist zugleich Interpretation. Nach heutiger Praxis sollen die Alterungsvorgänge möglichst verzögert werden, um auf diese Weise eine Überlieferung des materiellen Kunst- und Kulturgutes zu gewährleisten.

Konservierung u. Denkmalpflege, bearb. v. R. E. STRAUB u. a., Losebl. (Zürich 1965 ff.); R. WIHR: Restaurieren von Keramik u. Glas (1977); ders.: R. von Steindenkmälern (1980); F. KELLY: R. von Gemälden u. Drucken (a. d. Engl. ³1979); H. ALTHÖFER: Moderne Kunst: Hb. der Konservierung (1985); M. DOERNER: Malmaterial u. seine Verwendung im Bilde (¹⁷1989); M. WOHLLEBEN: Konservieren oder restaurieren? Zur Diskussion über Aufgaben, Ziele u. Probleme der Denkmalpflege um die Jh.-Wende (Zürich 1989).

**Restberg,** *Geographie:* zusammenfassende Bez. für Erhebungen eines früher weiter verbreiteten Berglands oder für übriggebliebene Teile einer ehemals höheren Landoberfläche. Ihre Ausbildung und Erhaltung kann gesteinsbedingt (Härtling) oder klimabedingt (Inselberg) sein. I. w. S. gehören zu den R. auch die Zeugenberge.

**Restfehler,** bei abbildenden opt. Systemen nach der Korrektur noch verbleibende Abbildungsfehler. Die R. des Farborts (→ Farbabweichungen) erzeugen das → sekundäre Spektrum.

**Restfinanzierungsmittel,** Kapital zur Wohnungsbaufinanzierung, das nicht durch Grundpfandrechte an dem bebauten Grundstück gesichert wird. Zu den R. zählen bes. das Eigenkapital des Bauherrn, Arbeitgeber- und Mietdarlehen, Baukostenzuschüsse sowie Personal- und Verwandtenkredite.

**Restgestein,** *Petrologie:* → Metatexis.

**Rest|harn,** nach der Harnentleerung in der Harnblase zurückbleibende Harnmenge; wird ein Volumen von 30–50 ml überschritten, deutet dies auf eine → Harnabflußstörung hin. Der R. wird durch Ultraschalluntersuchung, ggf. durch Entnahme mittels eines Blasenkatheters bestimmt.

**Restif de la Bretonne** [rɛsˈtifdəlabrətɔn], **Rétif de la Bretonne** [reˈtif-], Nicolas, frz. Schriftsteller, *Sacy (Dép. Yonne) 23. 10. 1734, †Paris 3. 2. 1806; seit 1755 als Buchdrucker in Paris, gilt als typ. Vertreter des intellektuellen Proletariats der Aufklärung in der Nachfolge J.-J. ROUSSEAUS. Sein reiches Œuvre (rd. 200 Bde.), in dem sich erot. und moralisierende, realist. und phantast. Elemente durchdringen (von ›Le paysan perverti ou Les dangers de la ville‹, 4 Bde., 1775; dt. ›Der verführte Landmann‹, 4 Bde., Briefroman in der Tradition S. RICHARDSONS, bis zur Autobiographie ›Monsieur Nicolas ou, le cœur-humain dévoilé‹, 19 Tle., 1794–97; dt. ›Monsieur Nicolas' Abenteuer im Lande der Liebe‹, 3 Bde.), wurde lange verkannt. Obwohl R. de la B.s detaillierte Milieuschilderungen, in denen er die Sphären des Landlebens (›La vie de mon père‹, 2 Bde., 1779; dt. ›Das Leben meines Vaters‹) und der Pariser Halb- und Unterwelt (›Les contemporaines ...‹, 42 Bde., 1780–85; dt. ›Die Zeitgenossinnen‹, 11 Bde.) erstmals für die Literatur erschloß, als kulturhistor. Dokumente gelten und er mit der Öffnung gegenüber Problemen des dritten und vierten Standes (Stadt-Land-Kontraste, Landflucht, Prostitution) zum Vorläufer des realistisch-naturalist. Romans (H. DE BALZAC, É. ZOLA) wurde, bezogen sich im Gefolge G. DE NERVALS auch die Surrealisten auf R. de la B. als Visionär (›Les nuits de Paris‹, 16 Bde., 1788–94; dt. ›Parisische Nächte‹). Daneben trat R. de la B. durch sozialreformer. Schriften (u. a. ›Le pornographe‹, 1769; dt. ›Der Pornograph‹), die P.-J. PROUDHON und C. FOURIER inspirierten, und durch Sozialutopien (›La découverte australe par un homme-volant‹, 4 Bde., 1781; dt. ›Der fliegende Mensch‹) hervor.

Nicolas Restif de la Bretonne

**Restinga** [span. ›Riff‹] *die, -/-s,* immergrüne, oft trockene Standorte bevorzugende Gebüschformation, die an den trop. Küsten Süd- und Mittelamerikas die Dünenvegetation landeinwärts ablöst und zum Regenwald überleitet. Kennzeichnend sind Hülsenfrüchtler, Ananasgewächse, Säulenkakteen sowie als Wirtschaftspflanze Kokospalmen.

**Restio** [zu lat. restis ›Seil‹], die Pflanzengattung → Seilgras.

**Restiogewächse, Restionaceae,** Familie einkeimblättriger Pflanzen mit rd. 400 Arten in 38 Gattungen auf der Südhalbkugel, bes. in Australien und im südl. Afrika (davon 180 Arten Endemiten der Kapregion); meist ausdauernde, an trockenen Standorten rasenartig wachsende, grasähnl. Kräuter mit Wurzelstöcken und meist eingeschlechtigen Ährchen in Rispen; größte Gattung → Seilgras.

**Restit** [nlat.] *der, -s/-e, Petrologie:* → Metatexis.

**Restitution** [lat. ›Erneuerung‹, ›Wiederherstellung‹] *die, -/-en,* **1)** *bildungssprachlich* für: Wiederherstellung.

**Rest** Restitutionsedikt – Reststrahlen

2) *Biologie:* → Regeneration.
3) *Genetik:* die Wiederherstellung der vor Eintritt eines Bruchs vorhandenen Chromosomen- oder Chromatidenstruktur durch Wiedervereinigung der freien Bruchflächen. Nur wenn es zu keiner R. kommt, kann es bei der Wiedervereinigung der Bruchstücke zu **Reunionen**, d. h. Chromosomenaberrationen in Form chromosomaler Strukturumbauten, kommen.
4) *Kulturpolitik:* die Rückgabe von Kulturgütern oder Kunstgegenständen an die Ursprungsländer.
5) *Medizin:* Ersatz von Gewebsdefekten durch Gewebsneubildung (Proliferation). – **Restitutio ad integrum**, völlige Wiederherstellung der Körperfunktionen nach Abschluß eines Heilungsprozesses, im Unterschied zur Defektheilung.
6) *Völkerrecht:* Wiedergutmachung wegen völkerrechtswidriger Wegnahme von Gegenständen in einem kriegerisch besetzten Gebiet durch die Besatzungsmacht.

**Restitutions|edikt,** Erlaß Kaiser FERDINANDS II. vom 6. 3. 1629, der das › Reservatum ecclesiasticum ‹ in Kraft setzte, die Rückgabe aller seit dem Passauer Vertrag (1552) von den Protestanten eingezogenen Stifte und Kirchengüter an die Katholiken anordnete, die Reformierten vom Religionsfrieden ausschloß und den kath. Reichsständen gestattete, ihre Untertanen zu rekatholisieren. Im Prager Frieden (1635) verzichtete FERDINAND auf die weitere Durchführung des Restitutionsedikts.

**Restitutionsklage,** die Klage auf Wiederaufnahme des Verfahrens nach Rechtskraft eines Urteils wegen eines Restitutionsgrundes, der im früheren Verfahren noch nicht geltend gemacht werden konnte, dort aber bei entsprechendem Vorbringen möglicherweise zu einer anderen Entscheidung geführt hätte (§§ 578 ff. ZPO, → Wiederaufnahme des Verfahrens). – In der *Schweiz* wird die R. meist als **Revision**, seltener als **Wiedererwägung** bezeichnet.

**Restklassenring modulo** *m*, *Zahlentheorie:* → modulo.

**Restkristallisation,** *Petrologie:* letzter Abschnitt bei der Erstarrung eines Magmas, gekennzeichnet durch zunehmende Anreicherung leichtflüchtiger Bestandteile, z. B. $H_2O$, HF, HCl, $H_2S$, $CO_2$ und $H_3BO_3$. Die R. umfaßt, bei abnehmender Temperatur, das Stadium der Bildung der → Pegmatite, das Stadium der → Pneumatolyse und das hydrothermale Stadium. Hierbei entstehen jeweils auch wichtige Erzlagerstätten.

**Restless legs** ['rεstlɪs legz; engl. ›unruhige Beine‹] *Pl.,* **Anxietas tibiarum**, meist in Ruhe (bes. nachts) anfallsweise auftretende kribbelnde Hautempfindung an der Außenseite der Beine mit starkem Bewegungsdrang. Als Ursache werden Elektrolytstörungen der Muskeln unter Mitwirkung psych. Einflüsse vermutet.

**Restmagnetisierung**, die magnet. → Remanenz.

**Restmeristem,** *Botanik:* Zellgruppen oder Zellstränge, die vom Urmeristem an den Vegetationspunkten von Sproß oder Wurzel abstammen; inmitten sich ausdifferenzierender → Dauergewebe behalten sie ihre meristemat. Gestalt und Teilungsfähigkeit bei und können in späteren Stadien erneut Wachstumsprozesse einleiten (z. B. → interkalares Wachstum in den Stengeln von Gräsern).

**Restriktion** [lat., zu restringere ›einschränken‹, eigtl. ›zurückbinden‹] *die, -/-en,* 1) *bildungssprachlich* für: Einschränkung, Beschränkung (von Rechten, Befugnissen u. ä.).
2) *Recht:* **restriktive Interpretation**, die einschränkende Auslegung (einer Rechtsnorm).

**Restriktions|enzyme, Restriktions|endonukleasen,** bisher nur in Mikroorganismen nachgewiesene DNS-spaltende Enzyme (Endonukleasen), die im Unterschied zu anderen Nukleasen die DNS-Sequenz nur an ganz bestimmten Stellen spalten. Die Schnittstellen der R. sind häufig → Palindrome 1) und die Spaltung erfolgt versetzt, so daß Einzelstrangenden entstehen; sie führt zu unterschiedlich großen, exakt definierten DNS-Stücken, weshalb die R. im Rahmen gentechnolog. Methoden, bei der Genklonierung und der Genomanalyse eine wichtige Rolle spielen. In Bakterien dienen die R. der Abwehr von Bakteriophagen, indem sie die als fremd erkannte Phagen-DNS an den spezif. Schnittstellen spalten und damit deren Entfernung aus dem Bakteriengenom ermöglichen. Die auch in der Bakterien-DNS enthaltenen Schnittstellen der R. sind durch zusätzl. Methylgruppen geschützt, so daß sie durch die bakterieneigenen R. nicht angegriffen werden.

**restriktiv,** *bildungssprachlich* für: einschränkend, einengend.

**restringierter Code** [-koːt; zu lat. restringere ›einschränken‹], *Soziolinguistik:* Bez. des brit. Soziolinguisten BASIL BERNSTEIN (* 1924) für die sprachl. Ausdrucksmittel von Angehörigen unterer sozialer Gruppierungen. Nach dieser Konzeption soll der r. C. (gegenüber dem → elaborierten Code) u. a. geringeren Variantenreichtum, stärkere Vorstrukturiertheit und Vororganisation (und damit höhere Voraussagbarkeit), kurze, grammatisch einfache und häufig syntaktisch unzulängl. Sätze, starren und begrenzten Gebrauch von Adjektiven, Verwechslung von Begründung und Folgerung, häufige Verwendung idiomat. Wendungen sowie niedrigeren Allgemeinheitsgrad der Symbolik aufweisen. Der damit formulierten → Defizithypothese wurde die → Differenzhypothese gegenübergestellt.

**Restschmelze,** letzte Phase bei der Erstarrung eines → Magmas.

**Restseitenbandverfahren,** ein trägerfrequentes Übertragungsverfahren von Fernseh- oder Datensignalen mit Amplitudenmodulation (→ Modulation 2). Von den bei der Amplitudenmodulation entstehenden zwei Seitenbändern mit ident. Informationsinhalt muß nur eines übertragen werden; dafür ist nur die halbe hochfrequente Bandbreite erforderlich (→ Einseitenbandverfahren). Das untere (frequenzmäßig niedrigere) Seitenband wird bis auf einen Rest von max. 20% der Niederfrequenzbandbreite mit Filteranordnungen unterdrückt. Der geräte- und schaltungstechn. Aufwand für eine völlige Unterdrückung wäre unverhältnismäßig hoch. Der Rest des unteren Seitenbandes wird deshalb zus. mit dem oberen Seitenband übertragen. Nach der Demodulation des Signals würden die Amplituden der tiefen und hohen Frequenzen unterschiedlich stark auftreten. Um dies auszugleichen, wird vor der Demodulation mit Hilfe eines Filters eine → Nyquist-Flanke gebildet.

**Reststickstoff,** die Menge der im Blutplasma nach Entfernung aller Eiweißstoffe verbleibenden Stickstoffverbindungen; liegt normal zw. 20 und 45 mg pro 100 cm³. Die R.-Fraktion besteht v. a. aus Harnstoff, auch Harnsäure, Aminosäuren, Ammoniak, Kreatinin und Kreatin. Der R. ist bes. beim Versagen der Nierenausscheidung erhöht.

**Reststoffe,** bei industriellen und landwirtschaftl. Produktionsprozessen neben den eigentl. Produkten entstehende feste, flüssige oder schlammartige Stoffe, die sich aus verwertbaren Bestandteilen und nicht verwertbaren Abfällen oder Abwässern zusammensetzen. R. aus Pflanzenproduktion und Tierhaltung werden nahezu vollständig in der Landwirtschaft eingesetzt oder verwertet. (→ Abfallbörse)

**Reststrahlen,** Bez. für die schmalbandige langwellige Infrarotstrahlung, die man durch mehrmalige Reflexion breitbandiger Infrarotstrahlung an Substanzen erhält, die im Spektralbereich der Strahlung eine Stelle anomaler Dispersion besitzen. An einer solchen Stelle absorbiert eine Substanz einerseits selektiv und reflektiert andererseits selektiv metallisch (mit einem Reflexionsgrad bis zu etwa 0,9) derart, daß vornehmlich Strahlung aus einem schmalen Spektralbereich reflektiert wird. Durch mehrmalige Reflexion wird diese Filterwirkung verbessert.

**Restsüße,** *Weinbereitung:* → Restzucker.

**Restwassermenge,** die verbindlich festgelegte Mindestwassermenge, die in einem Fluß- oder Bachbett bei der Ableitung von Wasser in Seitenkanäle bleiben muß, um zu starkes Absinken des Grundwasserstandes zu verhüten, Landschaftsbild und Fischbestand zu schonen und Abwasserschäden zu vermindern.

**Restwert,** nach Abschreibung von Anschaffungs- oder Herstellungskosten eines Anlagegutes verbleibender Buchwert. Am Ende der betriebsgewöhnl. Nutzungsdauer kann der R. dem Altmaterial- oder Schrottwert entsprechen.

**Restwiderstand,** der auf Fehlordnungen und Gitterbaufehlern beruhende elektr. Widerstand eines metall. Leiters am absoluten Nullpunkt; er ist ein Kriterium für die Reinheit und kristalline Regelmäßigkeit eines Materials. Gewöhnlich wird der R. einer Probe aus meßtechn. Gründen bei $T = 4,2 \text{ K}$ (Temperatur von flüssigem Helium) angegeben und auf $T = 0 \text{ K}$ extrapoliert.

**Restzucker,** *Weinbereitung:* der Zuckergehalt des Weines, also der nicht vergorene (nicht in Alkohol umgewandelte) Zucker des Traubenmostes, durch den der fertige Wein seine für den Geschmack wichtige **Restsüße** erhält. R. stellt sich v. a. bei hochgradigen Mosten ein (Auslese usw.; bei den Sauternes wird der R. als ›Vol.-% liqueur‹ angegeben), kann aber auch gezielt herbeigeführt werden, indem man die Gärung stoppt, z. B. durch Zugabe von Alkohol (→ gespritete Weine), durch Druck oder Kälte (die Hefe wird abgetötet) oder durch Ausfiltern der noch vorhandenen Hefe. Bei einfachen Weinen darf eine Restsüße auch durch Zugabe von → Süßreserve aufgebaut werden.

**Resultante** [frz., zu résulter, vgl. resultieren] *die, -/-n,* 1) *Algebra:* ein zwei Polynomen

$$p(x) = a_0 + a_1 x + \ldots + a_m x^m \text{ und}$$
$$q(x) = b_0 + b_1 x + \ldots + b_n x^n$$

(Koeffizienten $a_0, a_1, \ldots a_m$ bzw. $b_0, b_1, \ldots b_n$ aus einem beliebigen Zahlenkörper und $a_m \neq 0, b_n \neq 0$) zugeordneter Ausdruck der Form

$$R(p,q) = a_m^n b_n^m \prod_{i=1}^{m} \prod_{k=1}^{n} (x_i - y_k),$$

wobei die $x_i$ bzw. $y_k$ die Nullstellen von $p(x)$ bzw. $q(x)$ sind. Die R. von $p$ und $q$ ist genau dann gleich Null, wenn $p$ und $q$ gemeinsame Nullstellen und damit einen gemeinsamen Teiler haben. Die R. läßt sich auch mit Hilfe einer Determinanten, der sogenannten Sylvester-Determinante, darstellen.

2) *Vektorrechnung:* die → Resultierende.

**Resultat** [frz., zu mlat. resultat ›es ergibt sich‹] *das, -(e)s/-e,* 1) Ergebnis (einer Messung, Rechnung); 2) Erfolg, Ergebnis (von Bemühungen).

**Resultativ** *der, -s, Egressiv, Finitiv, Sprachwissenschaft:* Aktionsart des Verbs zur Bez. des Abschlusses eines Vorgangs (z. B. ›verlöschen‹, ›zerschlagen‹).

**resultieren** [frz. résulter, von lat. resultare ›zurückspringen‹, ›zurückprallen‹], 1) sich (als Resultat) ergeben; 2) zur Folge haben.

**Resultierende, Resultante,** die Summe zweier oder mehrerer nach dem → Kräfteparallelogramm oder dem → Krafteck addierter Kräfte (Gesamtkraft); auch allg. für die Summe von Vektoren.

**Resümee** [frz., zu lat. resumere ›wieder (an sich) nehmen‹] *das, -s/-s, bildungssprachlich* für: 1) knappe Inhaltsangabe, Zusammenfassung; 2) Schlußfolgerung, Fazit. – **resümieren,** zusammenfassen.

**Resupination** [zu lat. resupinare ›zurückbeugen‹] *die, -/-en, Botanik:* 1) Blütendrehung um 180° durch Torsion der Blütenachse (z. B. beim Pers. Klee: Fahne wird zur Lippe) oder des unterständigen Fruchtknotens (bei vielen Orchideen); 2) das flächige Anwachsen des Fruchtkörpers von Krustenpilzen mit der Oberseite an ein Substrat (Holz, Baumstumpf).

**Reszel** [ˈrɛʃəl], Stadt in Polen, → Rößel.

**Retabel** [frz. retable, zu lat. retro ›hinter‹, ›rück-‹ und tabula ›(Bild)tafel‹] *das, -s/-,* Altaraufsatz, im MA. auf dem rückwärtigen Teil der Mensa, in der Renaissance und im Barock auch hinter ihr, auf einem Sockel stehend. Das R. ist seit dem 11. Jh. in Gebrauch, Beispiele haben sich aber erst seit dem 12. Jh. erhalten (Pfingst-R. aus Stavelot, um 1160–70; Paris,

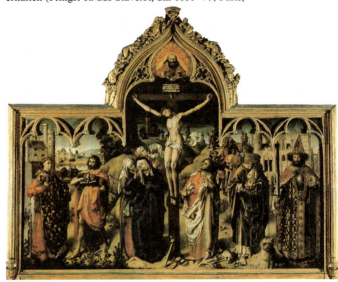

**Retabel:** ›Retabel des Pariser Parlaments‹ von einem flämischen Meister; Mitte des 15. Jh. (Paris, Louvre)

Musée de Cluny). Das roman. R. ist eine bemalte Tafel aus Holz, Stein oder Metall. Die Gotik bevorzugte das Holz-R., das mit einem architekton. Rahmen umgeben ist. In Dtl. und in den Niederlanden ist der gemalte und geschnitzte bewegl. Flügelaltar weit verbreitet. Die roman. Länder und England bevorzugten das vielteilige, jedoch meist feststehende Polyptychon. Die in der italien. Renaissance entwickelte Ädikulaform blieb auch die Grundform der monumentalen Altaraufbauten der Barockzeit.

Lit. → Altar.

**Rétablissement** [retablisˈmã; frz. ›Wiederherstellung‹] *das, -s,* die Wiederbevölkerung und wirtschaftl. Nutzung Ostpreußens durch Ansiedlung von Salzburger Exulanten, Schweizern und Nassauern, die König FRIEDRICH WILHELM I. nach der Pestepidemie von 1709 in den folgenden Jahrzehnten durchführen ließ. Der nach verwaltungstechn. und wirtschaftl. Gesichtspunkten vollzogene Wiederaufbau Kursachsens nach dem Siebenjährigen Krieg wird ebenfalls als R. bezeichnet.

I. MITTENZWEI u. E. HERZFELD: Brandenburg-Preußen 1648–1789 (Neuausg. 1987).

**Reta**  Retalhuleu – Rethel

**Retalhuleu** [rrɛtaluˈleu̯], Dep. in →Guatemala.
**Retamar,** modernes Badetouristikzentrum in S-Spanien, 15 km östlich von Almería am Golf von Almería.
**Retardation** [lat.-frz., zu lat. retardare ›verzögern‹] *die, -/-en,* **1)** bildungssprachlich für: Verzögerung, Verlangsamung (eines Ablaufs, einer Entwicklung).
**2)** *Anthropologie:* die Verlängerung des Jugendstadiums beim Menschen im Vergleich zu Tieren. R. ist ein wesentl. Artmerkmal des Menschen und ein wichtiger Evolutionsfaktor in der menschl. Stammesgeschichte. Diese ›Verjugendlichung‹ vermeidet spezialisierte (tier.) Endstadien, trägt damit zur ›Generalisierung‹ des menschl. Artbildes bei und verlängert das kindlich-jugendl. Lernalter. Die lebenslange Erhaltung des ›kindl. Neugierstadiums‹ beim Menschen ist nach K. LORENZ eine Wurzel seines Strebens nach ständiger Wissensvermehrung.
**3)** *Medizin* und *Psychologie:* die körperl. und/oder psychisch-geistige Entwicklungsverzögerung (v. a. der Intelligenzentfaltung) im Verhältnis zur Altersnorm, im Ggs. zur →Akzeleration 3). Die Ursachen können u. a. kulturbedingt, im individuellen Entwicklungsverlauf oder auch in psych. Störungen (v. a. durch Milieuschädigungen und erzieher. Fehlhaltungen), Behinderungen, Krankheiten, hirnorgan. Schäden begründet sein.
**retardierendes Moment,** Verzögerung im Handlungsablauf eines Dramas bzw. allg. eines fiktionalen Textes, die die Spannung steigert, weil sich scheinbar noch Lösungsmöglichkeiten für den dramat. Konflikt ergeben. In der klass. Tragödie meist im vierten Akt, bevor die Handlung endgültig auf die Katastrophe zutreibt.
**Retardierung,** die zeitl. Verzögerung der von einer Quelle ausgehenden physikal. Wirkung an einem anderen Ort; aufgrund der endl. Ausbreitungsgeschwindigkeit der Wirkung, bei elektromagnet. Feldern die Lichtgeschwindigkeit, nimmt ein Beobachter am Ort *r* eine von einer Quelle am Ort *r'* ausgehende Wirkung (z. B. die zeitl. Änderung eines elektr. Feldes) erst nach der Zeitspanne $|r-r'|/c$ wahr (retardierte Zeit, *c* Ausbreitungsgeschwindigkeit). Bei der Formulierung der Elektrodynamik etwa führt man daher **retardierte Potentiale** ein, die die räuml. und zeitl. Abhängigkeit eines Potentials am Beobachtungsort von der Lage der erzeugenden Quelle berücksichtigen. Für eine bewegte Punktladung sind dies die →Liénard-Wiechert-Potentiale. Allg. muß dabei das Zeitargument der Quellenfunktion um die R. korrigiert werden. Für die elektr. Ladungsdichte $\varrho$ ist dann der Ausdruck $\varrho(r', t-|r-r'|/c)$ zu verwenden (*t* Beobachtungszeitpunkt am Ort *r*).
Die ebenfalls als Lösung der Maxwellschen Gleichungen auftretenden **avancierten Potentiale** verknüpfen den Beobachtungszeitpunkt mit Wirkungen, die erst in der Zukunft von der Quelle ausgehen: $\varrho(r', t+|r-r'|/c)$. Avancierte Potentiale verletzen die →Kausalität der Naturvorgänge und besitzen deshalb keinen physikal. Inhalt; sie haben jedoch eine formale Bedeutung in der relativist. Quantenmechanik.
**Rete** [lat. ›Netz‹] *das, -/...tia, Anatomie:* Anhäufung netzartig verzweigter Arterien und Venen, z. B. **R. mirabile** (→Wundernetz); auch auf andere Strukturen bezogen, z. B. **R. testis** (→Hoden).
**Retention** [lat., zu retinere, retentum ›zurückhalten‹] *die, -/-en,* **1)** *Chemie:* Bez. für das Zurückhalten von ad- oder absorbierten Stoffen an (ad- oder absorbierenden) Materialien in der Filtrationstechnik oder in der Chromatographie. Der **R.-Faktor ($R_f$-Wert)** ist eine Größe zur Kennzeichnung der Wanderungsgeschwindigkeit eines Stoffes in der Dünnschicht- oder der Papierchromatographie.

**2)** *Medizin:* 1) Rückhaltung von zur Ausscheidung bestimmten Stoffen im Organismus aufgrund von Abflußhindernissen oder einer Organinsuffizienz, z. B. von Stoffwechselprodukten (Stuhl- oder Harnverhaltung), Drüsenabsonderungen, Wasser oder harnpflichtigen Stoffen. Bei Sekretstau in Drüsen kann es zur Ausbildung einer **R.-Zyste** kommen; 2) das Ausbleiben einer natürl. Organverlagerung (z. B. Hoden, Zähne) im Rahmen der Körperentwicklung; 3) Festlegung der in die korrekte Lage gebrachten Bruchstücke bei der Behandlung eines Knochenbruchs (z. B. durch Gipsverband).
**3)** *Psychologie:* 1) die Speicherung von Informationen im Gedächtnis; 2) Persönlichkeitsmerkmal, das durch mangelnde Äußerungs- und Hingabefähigkeit gekennzeichnet ist (nach H. SCHULTZ-HENCKE); 3) die Zurückhaltung unverarbeiteter Eindrücke (nach E. KRETSCHMER).
**4)** *Recht:* **R.-Recht,** das →Zurückbehaltungsrecht.
**5)** *Wasserbau:* Rückhaltung, Hemmung und Verzögerung von Hochwasserabflüssen durch natürl. Gegebenheiten, z. B. in überschwemmten Flußauen, oder durch künstl. Maßnahmen, z. B. in Hochwasserrückhalte- oder Speicherbecken.
**Retentionsmittel,** *chem. Technik:* allg. Stoffe, die das Zurückhalten von Substanzen bewirken oder verbessern, z. B. Filterhilfsmittel, die bei der Filtration die Abscheidung der dispergierten Teilchen auf dem Filter erleichtern; i. e. S. bei der Papierherstellung Stoffe, die die Abscheidung der Papierfasern und Füllstoffe auf der Papiermaschine fördern und die Füllstoffretention erhöhen; hierzu werden v. a. Polymere wie Polyalkylenpolyamine, Polyamidamine oder Polyacrylamide verwendet.
**Retest-Methode** [ˈriːtɛst-, engl.], *Testpsychologie:* →Reliabilität.
**Retezatgebirge** [-z-], rumän. **Munţii Retezatului** [ˈmuntsi -z-], Teil der westl. Südkarpaten, zw. Rîu Mare im W, Strei im NO und oberem Jiu im SO, in der Peleaga 2509 m ü. M.; glazial überformt (über 80 Bergseen und Kare); in den unteren Lagen Buchen- und Nadelwälder, über 1800 m ü. M. alpine Matten. Im westl. Teil liegt der größte Nationalpark Rumäniens (130 km²; Gemsen, Bären, Luchse, Hirsche).
**Retgers-Lösung** [nach dem niederländ. Kristallographen JAN WILLEM RETGERS, * 1856, † 1896], **Retgers-Salze,** schwere Lösung (in Methyljenjodid gelöstes Jod und Jodoform), die zur Dichtebestimmung von Mineralen dient.
**Rethberg,** Elisabeth, geb. **Sättler,** amerikan. Sängerin (Sopran) dt. Herkunft, * Schwarzenberg/Erzgeb. 22. 9. 1894, † New York 6. 6. 1976; debütierte 1915 an der Dresdner Hofoper, war 1922–42 Mitgl. der Metropolitan Opera in New York und trat auch bei Festspielen (Salzburg) auf. Sie war bes. als Mozart-, Verdi- und Wagner-Sängerin bekannt.
**Rethel,** Alfred, Maler und Zeichner, * Diepenbenden (heute zu Aachen) 15. 5. 1816, † Düsseldorf 1. 12. 1859; war nach der Ausbildung in Düsseldorf (W. VON SCHADOW) und Frankfurt am Main (P. VEIT) dort bis 1847 tätig, dann in Aachen, Düsseldorf, Dresden und Blankenberge; 1844/45 und 1852/53 in Italien. Nach frühem Erfolg (Gemälde und Illustrationsvorzeichnungen) erhielt R. 1840 den Auftrag für sein Hauptwerk, die Karlsfresken in Aachen (unvollendet wegen einer 1853 ausbrechenden seel. Erkrankung). Sein künstler. Weg führte vom Nazarenertum zu einem stark von der Zeichnung geprägten Monumentalstil, der historische Ereignisse mythisch darstellte. Seine Totentanzfolge, angeregt durch die Revolution von 1848, gehört zu den bedeutendsten Leistungen der dt. Graphik im 19. Jahrhundert.
**Werke:** Bonifatiusbilder (1832 und 1833; Berlin-Tiergarten, Nationalgalerie, und Aachen, Städt. Suermondt-Ludwig-Mu-

seum); Des Künstlers Mutter (1833–35; Berlin-Tiergarten, Nationalgalerie); Die Hartkortsche Fabrik auf Burg Wetter (um 1834; Duisburg, DEMAG AG); Die Versöhnung Ottos d. Gr. mit seinem Bruder Heinrich (1840; Frankfurt am Main, Städelsches Kunstinstitut); Ausmalung des Krönungssaals im Rathaus zu Aachen (Entwürfe für acht Fresken, davon vier 1847–51 von R. ausgeführt, die anderen von J. KEHREN); Zeichnungen für die Holzschnittfolge ›Auch ein Totentanz‹ (erschienen 1849; sechs Blatt, mit Versen von R. REINICK) und für die Holzschnitte ›Der Tod als Würger‹ (1847) und ›Der Tod als Freund‹ (1851).

**Alfred Rethel:** Der Tod als Triumphator; Blatt 6 aus der Holzschnittfolge ›Auch ein Totentanz‹; 1849

**Rethem (Aller),** Stadt im Kr. Soltau-Fallingbostel, Ndsachs., an der Aller, (1990) 2 400 Ew.; Zementwarenproduktion. – R., 1258 erstmals urkundlich erwähnt, wurde 1353 Stadt.

**Rethra,** das von mittelalterl. Chronisten (THIETMAR VON MERSEBURG, ADAM VON BREMEN) beschriebene, bisher nicht präzise lokalisierte Heiligtum der Redarier u. a. Stämme der →Lutizen, dem Gott Zuarasici (Swarog, Svarožic) geweiht; im 10. und 11. Jh. religiöser und polit. Mittelpunkt des Lutizenbundes, ging spätestens Anfang des 12. Jh. zugrunde.

Die Slawen in Dtl. Gesch. u. Kultur der slaw. Stämme westl. von Oder u. Neiße vom 6. bis 12. Jh., hg. v. J. HERRMANN (1985).

**Rethymnon** [ˈrɛθimnɔn], Hauptstadt des gleichnamigen Verw.-Bez. (Nomos) in Griechenland, an der N-Küste der Insel Kreta, (1981) 17 700 Ew.; orth. Bischofssitz; Univ. von Kreta (gegr. 1973), archäolog. Museum; Hafen. – Die Ursprünge von R. gehen auf neolith. Zeit zurück; die minoische Vergangenheit ist v. a. durch die südlich von R. gelegene Nekropole **Armeni** belegt (spätminoische Truhensarkophage, Museum von Chania). – Aus venezian. Zeit (13.–17. Jh.) stammen ausgedehnte Ruinen der Festung (1573–87) mit türk. Moschee (nach 1648), in der Stadt die Loggia (frühes 17. Jh.), die Kirche San Francesco und der Arimondibrunnen (1623), der antike Kapitelle einbezieht; Häuser und Moscheen aus türk. Zeit; die Große Moschee dient heute als Konzertsaal.

**Reticellaspitze** [retiˈtʃɛla-, italien.], in Durchbruchtechnik aus Leinengrund oder frei über gespannten Hilfsfäden gearbeitete Nadelspitze, bei der sich Rosetten-, Band- und Zackenmotive mit schmalen Verbindungsstegen zu geometr. Musterbildern vereinigen. Zentrum der Herstellung von R. war Italien; im 19. Jh. unter der Bez. ›Ruskin-Spitze‹ histor. Vorbildern nachgearbeitet.
S. M. LEVEY: Lace. A history (London 1983).

**Reticulum** [lat. ›kleines Netz‹], wiss. Name des Sternbilds →Netz 2).

**Rétif de la Bretonne** [retifdəlabrəˈtɔn], Nicolas, frz. Schriftsteller, →Restif de la Bretonne, Nicolas.

**Retikulinfasern** [zu lat. reticulum ›kleines Netz‹], **Gitterfasern,** durch Silbersalze anfärbbare zug- und biegungselast. Fasern, v. a. als Bestandteil des retikulären Bindegewebes und an Grenzflächen zw. Epithel- und Bindegewebe sowie zw. Bindegewebe und Muskulatur; setzen sich aus Fibrillen zusammen, die den Kollagenfibrillen gleichen. Es kommen alle Übergänge zw. R. und kollagenen Fasern vor.

**retikulo|endotheliales System** [zu lat. reticulum ›kleines Netz‹ und Endothel], Abk. **RES, retikulohistiozytäres System, mononukleäres phagozytäres System,** zum Immunsystem gehörendes, im Dienst der unspezif. Abwehr stehendes System von Zellen und Geweben. Zum RES gehören u. a. Zellen des Endothels und des retikulären Bindegewebes (u. a. Retikulumzellen, Milz, Knochenmark), Histiozyten, die Kupfferschen Sternzellen in der Wand der Leberkapillaren, zirkulierende, alveoläre und Milzsinus-Makrophagen, lymphoepitheliales Gewebe in Mandeln und Thymus. Die Zellen des RES besitzen die Fähigkeit zur Phagozytose und Speicherung geformter Substanzen (z. B. Bakterien, Zelltrümmer, Pigmentkörner) und zur Bildung von Antikörpern. Das RES spielt daher eine wichtige Rolle bei der Abwehr von Schadstoffen und Endoparasiten, außerdem bei der Blutkörperchenbildung und der Blutmauserung.

**Retikulopodi|en** [zu lat. reticulum ›kleines Netz‹ und griech. poús, podós ›Fuß‹], *Zoologie:* →Scheinfüßchen.

**Retikulose** [zu lat. reticulum ›kleines Netz‹] *die, -/-n,* zusammenfassende Bez. für Erkrankungen, die mit einer Wucherung (Proliferation) von Zellen des retikuloendothelialen Systems verbunden sind; sie können in Milz, Leber, Lymphknoten oder Knochenmark vorkommen. Die **reaktiven R.** sind Folge von Schädigungen durch entzündl. Erkrankungen, Dermatosen, primär-chronisch-entzündl. Arthritis, Arzneimittelnebenwirkungen. Die **neoplastischen R.** sind durch eine primäre Wucherung der Retikulumzellen gekennzeichnet.

**Retikulozyten** [zu lat. reticulum ›kleines Netz‹ und griech. kýtos ›Höhlung‹, ›Wölbung‹], *Sg.* **Retikulozyt** *der, -en,* **Pro|erythrozyten,** fast reife rote Blutkörperchen im Knochenmark und (zu 1 %) im zirkulierenden menschl. Blut, die in der Entwicklung zw. den Normoblasten und den reifen Erythrozyten stehen. In R. ist die Hämoglobinsynthese noch nicht ganz abgeschlossen. Sie zeigen durch bestimmte Färbemethoden eine netzartige Struktur. Eine Erhöhung der R.-Zahl im Blut bedeutet erhöhten Ausstoß unreifer Blutkörperchen als Antwort z. B. auf einen Blutverlust.

**Retikulumzellen** [lat. reticulum ›kleines Netz‹], sternförmig durch Fortsätze zu einem Raumgitter miteinander verbundene, →retikuloendotheliale System zählende Zellen des retikulären Bindegewebes, die einem Netzwerk verzweigter, sie versteifender Retikulinfasern eng anliegen. Die R. können phagozytieren und Substanzen (v. a. Fette und Lipide) speichern und so z. B. zu Fettzellen werden. Aus R. gehen Histiozyten, Monozyten, Plasmazellen und Hämatoblasten (bzw. weiße und, über Retikulozyten, rote Blutkörperchen) hervor.

**Retina** [zu lat. rete ›Netz‹] *die, -/...nae,* die Netzhaut (→Auge).

**Retinal,** *Physiologie:* →Retinol.

**Retinitis** *die, -/...'tiden,* die →Netzhautentzündung.

**Retinitis pigmentosa, Retinopathia pigmentosa,** meist erblich bedingte Netzhauterkrankung, bei der es zu einer von der Peripherie ausgehenden, fortschreitenden Degeneration der Netzhautgefäße mit Pigmenteinlagerung kommt. Die teils schon im frühen Kindesalter auftretenden Symptome bestehen in Nachtblindheit und zunehmender Gesichtsfeldeinschränkung (bis hin zur Erblindung). Die R. p. tritt oft in Verbindung mit anderen Defekten (Taubstummheit, geistige Behinderung) auf und kann in seltenen Fällen auch durch Vergiftungen oder Infektionskrankheiten (z. B. Masern) hervorgerufen werden.

**Retinol** *das, -s,* **Vitamin A$_1$, Axerophthol,** fettlösl. Vitamin, chemisch ein aus vier Isoprenresten aufgebauter Alkohol. R. ist Hauptvertreter der Vitamin-A-Gruppe, zu der außerdem **Retinal** (Vitamin-A-Aldehyd), die Fettsäureester des R. (**Vitamin-A-Ester;** Speicherform des R. in der Leber) und die durch Oxidation des Retinals entstehende **Retinsäure** (Vitamin-A-Säure) gehören. R. steht über eine durch eine Dehydrogenase katalysierte Redoxreaktion mit Retinal im Gleichgewicht; dieses ist Bestandteil des Sehfarbstoffs →Rhodopsin und somit notwendig für den Sehvorgang. R. und Retinsäure sind wichtig für das Wachstum und die Regeneration von Haut und Schleimhäuten. In tier. Lebensmitteln findet sich R. u. a. in Lebertran, Eigelb, Milch, Butter. Die in pflanzl. Nahrungsmitteln (u. a. Karotten, Paprika) enthaltenen Carotine wirken als **Provitamin A,** da sie im menschl. und tier. Organismus zu Retinal gespalten werden können. – Die für Erwachsene empfohlene Tageszufuhr liegt bei 1,7–2,7 mg. Mangelerscheinungen führen u. a. zu Nachtblindheit und Epithelschädigungen an Auge und Schleimhaut. Überdosierung führt zur →Hypervitaminose.

**Retinopathie** [zu Retina und griech. páthos ›Schmerz‹, ›Leiden‹] *die, -/...'thi|en,* zusammenfassende Bez. für nichtentzündl. Netzhauterkrankungen; **diabetische R.,** Netzhautschäden als Spätfolge des →Diabetes mellitus.

**Retorsion** [frz., zu lat. retorquere ›zurückdrehen‹] *die, -/-en,* 1) im Völkerrecht die Vergeltung für eine nicht rechtswidrige, doch unfreundl. Handlung eines Staates durch eine entsprechende Handlung, z. B. R.-Zölle (→Zoll); 2) im Strafrecht allg. die Vergeltung, bes. die unmittelbare Erwiderung von Körperverletzungen und Beleidigungen (§§ 199, 233 StGB); sie ermöglicht dem Gericht eine Strafmilderung oder Straffreistellung.

**Retorte** [frz., von mlat. retorta, eigtl. ›die rückwärts Gedrehte‹] *die, -/-n,* 1) *Chemie:* früher in chem. Laboratorien und Apotheken v. a. für Destillationen verwendeter Glas- oder Metallkolben mit nach unten gebogenem, zum Ende verjüngtem Ableitungsrohr. Die R. ist heute Symbol für ›chem. Tätigkeit‹.

**Retorte 1)**

2) *Technik:* **Retorten|ofen,** in der chem. Industrie Bez. für zylindr. oder flache, längl. (horizontal, schräg oder vertikal angeordnete) Reaktionsbehälter, die innen mit feuerfestem Material ausgekleidet sind und von außen beheizt werden; u. a. zur Gaserzeugung aus Kohle verwendet.

**Retoure** [re'tu:rə; frz. retour ›Rückkehr‹] *die, -/-n,* 1) *Bankwesen:* nicht ausgezahlter, an den Überbringer zurückgegebener Scheck (Retourscheck) oder Wechsel (Retourwechsel).
2) *Handel:* **Retourware,** Ware, die an den Verkäufer bzw. Exporteur wegen einer Beanstandung oder als unverkäuflich zurückgegeben bzw. zurückgesandt wird.

**Retraktion** [lat. retractio ›das Zurückziehen‹, ›Verminderung‹] *die, -/-en, Medizin:* Schrumpfung, Verkürzung, z. B. der Haut bei Verbrennungsnarben oder der Lunge bei Lungenkollaps.

**Retraktoren,** *Sg.* **Retraktor** *der, -s,* **Rückzieher,** Muskeln, die vorgestreckte oder ausgestülpte Organe wieder an oder in den Körper zurückziehen, z. B. der Pharynxrückziehmuskel der Leberegel. Ggs.: Protraktoren.

**Retrakt|recht,** *das* →Näherrecht.

**Retrieval** [rɪ'tri:vəl, engl.], *Datenverarbeitung:* →Informationssystem.

**Retriever** [rɪ'tri:və; engl., zu to retrieve ›apportieren‹] *der, -s/-,* brit. Jagdhunde, die bes. für das Apportieren gezüchtet wurden; z. B. der **Golden R.** mit goldfarbenem langem, glattem oder leicht gewelltem Haar (Widerristhöhe: 51–61 cm), der **Labrador R.** mit schwarzem, rotem oder gelbem kurzem, dichtem, nicht gewelltem Haar (Widerristhöhe: 54–57 cm).

**Retriever:** Golden Retriever (Widerristhöhe 51–61 cm)

**retro...** [lat. ›rückwärts‹, ›zurück‹], Wortbildungselement mit den Bedeutungen: 1) nach hinten, rückwärts (gerichtet), z. B. retrospektiv; 2) hinter etwas gelegen, z. B. retroperitoneal.

**retro|aktive Hemmung,** →Gedächtnishemmungen.

**retro|aktive Suggestion,** die Aktivierung von früher aufgenommenen, aber nicht mehr direkt verfügbaren Bewußtseinsinhalten mit Hilfe suggestiver oder hypnot. Techniken.

**Retrochoir** ['retrəʊkwaɪr; engl., zu choir ›Chor‹] *der, -,* die Raumfolge bes. bei engl. got. Kathedralen hinter dem Chor mit Chorgestühl in Weiterführung der Seitenschiffe (Kathedralen von Salisbury, Lincoln, Wells, Peterborough).

**Retroflex** [zu lat. retroflectere, retroflexum ›zurückbiegen‹] *der, -es/-e,* →Laut.

**Retroflexion** *die, -/-en,* Abknickung von Organen oder Körperteilen nach hinten, v. a. als Form der →Gebärmutterverlagerung.

**retrograd** [zu lat. retrogradus ›zurückgehend‹], *Medizin:* zurückschreitend, sich auf einen zurückliegenden Zeitraum beziehend (retrograde Amnesie), durch rückwärtigen Zugang ausgeführt (z. B. Röntgenkontrastdarstellung eines Organs).

**Retrogradation** [lat. ›das Zurückgehen‹] *die, -/-en,* **Regradation,** bei verkleisterter oder kolloidal gelöster Stärke das Nachdicken und Unlöslichwerden beim Abkühlen oder bei längerem Stehen. Bei der R. assoziieren die linearen Stärkeketten (Amylose) durch Wasserstoffbindung und bilden je nach Konzentration einen Niederschlag oder ein Gel; das langsame Nachhärten des ausgebildeten Stärkegels beim Lagern wird v. a. durch den verzweigtkettigen Anteil der Stärke (Amylopektin) verursacht.

**Retrogradierung,** *Bodenkunde:* →Bodendegradierung.

**Retrokognition,** *Parapsychologie:* das ›Hellsehen in die Vergangenheit‹, eine Form der außersinnl. Wahrnehmung; im Unterschied zur →Präkognition liegt der zu erkennende Inhalt in der Vergangenheit, wobei über dessen Existenz oder Merkmale auf normal-sensor. Weise oder durch log. Schlußfolgerung nichts bekannt ist.

**retroperitoneal,** *Anatomie:* hinter dem Peritoneum (Bauchfell) gelegen.

**retrospektiv** [zu lat. specere, spectum ›schauen‹], 1) *bildungssprachlich* für: zurückschauend, rückblickend. – **Retrospektive** *die, -/-n,* 1) Rückblick, Rückschau; 2) Präsentation (als Ausstellung, Folge von Vorführungen), die das Werk eines Künstlers, die Kunst einer vergangenen Epoche in einer Rückschau vorstellt.
2) *Psychologie:* rückschauend, auf die Gedächtnisinhalte bezogen (Ggs.: prospektiv).

**retrosternal,** *Anatomie:* hinter (unter) dem Brustbein (Sternum) gelegen.

**Retroversion** [zu lat. retroversus ›nach hinten gedreht‹] *die, -/-en,* Abweichung eines Organs von der Normallage durch Rückwärtsneigung, v. a. als Form der →Gebärmutterverlagerung.

**Retroviren, Retroviridae,** Familie der Viren mit drei Unterfamilien (Oncovirinae, Spumavirinae, Lentivirinae), die einsträngige RNS als genet. Material besitzen. Zwar sind nicht alle R. onkogen, jedoch gehören alle bisher bekannten tumorerzeugenden RNS-Viren zu den R. Sie besitzen ein spezielles Enzym, die **reverse Transkriptase,** mit deren Hilfe die Virus-RNS bei Infektion der Wirtszelle in DNS übersetzt wird, die dann in das Wirtsgenom eingebaut wird. R. sind ausschließlich tier- und humanpathogen, mehr als 20 Arten sind bei Vögeln und Säugetieren bekannt. Vertreter der **Lentivirinae** (Lentiviren) erzeugen u. a. bei Schafen chron. Infektionen mit monate- bis jahrelangen Inkubationszeiten (Slow-virus-Infektionen); auch HIV-1 und HIV-2, die Erreger von AIDS, werden den Lentiviren zugeordnet. Zu den **Oncovirinae** gehören u. a. HTLV-1 und HTLV-2 (**human-T-lymphotrophic viruses**), die beim Menschen die T-Lymphozyten befallen und bei einem kutanen T-Zell-Lymphom bzw. der Haarzell-Leukämie nachgewiesen wurden. Das ebenfalls zu den Oncovirinae zählende, v. a. bei Geflügel vorkommende Rous-Sarkom-Virus ist ein wichtiges Objekt der virolog. Tumorforschung.

**retrozerebrales System, stomatogastrisches System,** im Kopf und Prothorax gelegener Teil des Nervensystems der Insekten, das ähnlich dem sympath. Nervensystem der Wirbeltiere den vorderen Bereich des Darms versorgt; es steht mit den für die Entwicklung von Insekten wichtigen Hormondrüsen (Corpora allata, Corpora cardiaca) in Verbindung.

**Retrozession** [lat. retrocessio ›das Zurückweichen‹] *die, -/-en,* **Folgerückversicherung,** die weitere Rückversicherung seitens eines Rückversicherers.

**Retschiza, Rečica** [-tʃitsa], Stadt am Dnjepr, im Gebiet Gomel, Weißrußland, im O Polesiens, 71 000 Ew.; Heimatmuseum; Herstellung von Möbeln und Rohren, Schiffswerft, Nahrungsmittelindustrie; südwestlich von R. Erdölförderung.

**Retsina** [neugriech., von griech. rētínē ›Harz‹] *der, -(s),* griech. Weißwein (selten Roséwein), dem vor oder während der Gärung Harz (der Aleppokiefer) zugesetzt wurde (max. 1 kg/hl), urspr. um eine Oxidation des Weines zu vermeiden; wird meist aus Savatianotrauben, v. a. in Attika und auf Euböa hergestellt. Der R. fällt EG-rechtlich in die Kategorie der Traditionellen Weine.

**Rettenpacher, Rettenbacher,** Simon, österr. Schriftsteller, getauft Aigen (heute zu Salzburg) 17. 10. 1634, † Kremsmünster 10. 5. 1706; Benediktiner im Stift Kremsmünster; in Rom Studium oriental. Sprachen, 1671–75 Prof. an der Univ. Salzburg, deren Theater er leitete; 1689–1705 Pfarrer in Fischlham (Oberösterreich). R. ist ein bedeutender Vertreter des barocken Benediktinerdramas. Er schrieb lat. Schuldramen und allegor. Festspiele mit eigener Bühnenmusik, die im Ggs. zum Jesuitendrama durch humanist. Heiterkeit und Milde gekennzeichnet sind; ferner schrieb er lat. (Vorbild HORAZ) und dt. Gedichte sowie Satiren, Predigten, theolog. und histor. Werke und Übersetzungen.

**Ausgaben:** Lyr. Gedichte, hg. v. T. LEHNER (1893); Dt. Gedichte, hg. v. R. NEWALD (1930).
B. WINTERSTELLER: S. R.s ›Teutsche Reim-Gedichte‹ (Salzburg 1973).

**Retti, Retty,** Leopoldo, auch **Leopold R.,** Baumeister italien. Abkunft, * Laino (bei Como) oder Wien 1705, † Stuttgart 18. 9. 1751; wurde 1727 herzogl. Baumeister in Ludwigsburg, 1731 nach Ansbach (Vollendung der Residenz, 1732 ff.), 1744 nach Stuttgart (Neues Schloß, 1746 ff.) berufen. 1748 und 1750 schuf er Entwürfe für den Umbau der Karlsruher Residenz (nicht ausgeführt).

**Rettich** [ahd. ratih, von lat. radix ›Wurzel‹], **1)** **Hederich, Raphanus,** Gattung der Kreuzblütler mit nur wenigen Arten in Europa und im Mittelmeergebiet; einjährige oder ausdauernde Kräuter mit meist leierförmigen Grundblättern, rötl., gelben oder weiß. Blüten, ein- oder zweigliedrigen Schoten und spindelig dünner oder rübenförmig verdickter Wurzel. Bekannte Arten sind: Garten-R. (R. i. e. S.) und **Acker-R.** (Raphanus raphanistrum), bis 45 cm hoch; mit weißen oder gelben, hellviolett geäderten Blüten und perlschnurartigen Gliederschoten; Ackerunkraut.
**2)** Garten-R. (Raphanus sativus), vermutlich aus Vorderasien stammende Kulturpflanze mit weißen oder rötl. Blüten, kurzen, ungegliederten, nicht aufspringenden Schoten und eßbarer Rübe. Häufig angebaute Unterarten sind: **Gewöhnlicher Garten-R.** (**Speise-R., Radi,** Raphanus sativus var. niger), mit großer, weißfleischiger, außen unterschiedlich gefärbter (weißer, roter oder schwarzer) Rübe (als Sommer-R. oder Winter-R. angepflanzt). **Öl-R.** (Raphanus sativus var. oleiformis), mit verholzter, ungenießbarer Wurzel; wird wegen seiner ölergiebigen Samen als Ölpflanze v. a. in O- und SO-Asien sowie in S-Europa oder in Form von Hybriden mit bis 1,5 m langer Wurzel zur Bodenverfestigung und Sicherung gegen Bodenerosion in Weinbergen (¼ der schweizer. Rebfläche) angebaut. **Radieschen** (**Monats-R.,** Raphanus sativus var. sativus), mit kleiner, rundl., rotgefärbter, eßbarer Hypokotylknolle.

Der scharfe Geschmack des R. ist auf die Glucosinolate enthaltenden äther. Öle zurückzuführen. R.-Saft wird in der Volksmedizin gegen Gallenkrankheiten und (mit Zucker) gegen Husten verwendet.

*Kulturgeschichte:* Der wahrscheinlich vom Acker-R. abstammende Garten-R. ist in Kleinasien heimisch. Von dort kam er spätestens im 3. Jahrtsd. v. Chr. nach Ägypten und wurde um 2700 v. Chr. zur Verpflegung von Arbeitern beim Bau der Cheopspyramide verwendet. Seit dem 2. Jahrtsd. v. Chr. wurde der Öl-R. zur Ölgewinnung angebaut. Griechen und Römern war der Garten-R. in mehreren Sorten als Gemüse bekannt. Während der röm. Kaiserzeit wurde R. auch nördlich der Alpen zum Anbau empfohlen.

**Rettichfliege,** die Große →Kohlfliege.

**Rettichschwärze,** durch Pilze verursachte Erkrankung des Rettichs; Symptome sind: eingeschnürter, schwärzlich verfärbter Wurzelkörper und Trockenfäule.

**Rettungs|assistent,** medizin. Assistenzberuf für Frauen und Männer. R. führen bei Notfallpatienten lebensrettende Maßnahmen aus, bis der Arzt am Notfallort eintrifft. Sie sorgen für die Transportfähigkeit solcher Patienten und erhalten deren lebenswichtige Körperfunktionen während des Transports zum Krankenhaus. Ausbildung: Teilnahme an einem Lehrgang (1 200 Stunden oder zwölf Monate) an einer staatlich anerkannten Schule.

**Rettungsboot,** von den Klassifikations- und Sicherheitsbehörden zugelassenes Rettungsmittel auf Schiffen, das mittels spezieller Aussetzvorrichtungen (→Davit) zu Wasser gelassen wird und mit allen Einrichtungen und Ausrüstungen versehen ist, um Schiffbrüchigen Schutz zu bieten und ein längeres Überleben zu gewährleisten. Gefordert sind u. a. Luftkästen bzw. Schwimmkörper, die auch dem mit Wasser vollgeschlagenen Boot ausreichend Auftrieb geben, Antriebsmittel (Riemen, Segel, Motor), fester oder aufrichtbarer Wetterschutz, Notproviant und Erste-Hilfe-Ausrüstung. Sonderformen sind Tanker-R. u. a.

**Rettich:**
Von OBEN
Gewöhnlicher
Gartenrettich
(rot und weiß);
Radieschen

**Rett** Rettungsfloß – Rettungswesen

vollständig geschlossene, kentersichere R., die oft so an Bord installiert werden, daß sie nach Slippen der Haltevorrichtungen von Gleitbahnen zu Wasser gleiten. Die Zahl der an Bord mitzuführenden R. ist behördlich vorgeschrieben.

**Rettungsfloß,** eine behelfsmäßige Rettungseinrichtung für Schiffbrüchige. Das R. besteht aus miteinander verbundenen Schwimmkörpern (kleine Blechbehälter, Balsaholz, Kork oder Kapok in Segeltuchhüllen u. a.). Es ist an Bord so gelagert, daß es rasch gelöst werden kann oder beim Sinken des Schiffes selbsttätig aufschwimmt. Da R. auch in beschädigtem Zustand noch tragfähig sind und leicht zu Wasser gebracht werden können, wurden sie seit dem Ersten Weltkrieg in großem Umfang eingeführt und bildeten auf vielen Kriegsschiffen das wichtigste Rettungsmittel.

**Rettungs|insel,** Gummi- oder Kunststoffboot, Rettungsmittel bes. für Schiffe mit großer Personenzahl an Bord (Fahrgast-, Fähr-, Kriegsschiffe), das platzsparend in einem faßähnl. Kunststoffkörper verpackt ist und sich beim Auftreffen auf der Wasseroberfläche selbsttätig aufbläst. Die wetterfeste Abdeckung wird durch aufblasbare Stützen oder leichte Stäbe steifgehalten. Unterhalb der R. befindl. Wassertanks behindern das Abtreiben und verhindern in schwerer See das Kentern. Die überdachte R. faßt je nach Größe 10–25 Personen und enthält in Plastikbehältern Notproviant für drei Tage, eine Erste-Hilfe-Ausrüstung, Signalmittel und vielfach auch einen Notsender. Die R. wurde aus dem →Rettungsfloß entwickelt.

Rettungsrutsche

**Rettungsrutsche, Not|rutsche,** Rettungsvorrichtung von Passagierflugzeugen zur schnellen Räumung der Passagierkabine in Notfällen; notwendig wegen der Höhe der Kabinenausgänge über dem Boden. R. sind sehr schnell aufblasbare Kunststoffhüllen mit hoher Formstabilität; sie werden aus Kabinen- und Notausgängen ausgeworfen und dienen bei Notwasserungen auch als Rettungsflöße.

**Rettungs|schwimmen,** sportliche Übungen und Wettbewerbe im Wasser, z. B. Flossenkraulen, Kleiderschwimmen, Streckentauchen und Tieftauchen; dienen oft der Ausbildung zum Retten von Ertrinkenden. Leistungsvergleiche werden als nat. und internat. Meisterschaften ausgetragen. Dachorganisation der Rettungsschwimmer ist in der Bundesrep. Dtl. die Dt. Lebens-Rettungs-Gesellschaft (DLRG) mit Sitz in Essen. In der Schweiz besteht die Schweizer. Lebensrettungs-Gesellschaft mit Sitz in St. Gallen, in Österreich die Österr. Wasserrettung mit Sitz in Wien. Internat. Dachverband ist die Fédération Internationale de Sauvetage Aquatique (FIS) mit Sitz in Adendorf (Kr. Lüneburg).

**Rettungsinsel:** LINKS In Containerverpackung; RECHTS Entfaltet und aufgeblasen

**Rettungsmedaille** [-daljə], **Lebensrettungsmedaille,** staatl. Auszeichnung für Rettung aus Lebensgefahr unter Einsatz des eigenen Lebens, erstmals 1774 von der Royal Humane Society, London, verliehen. In Preußen wurde am 6. 3. 1802 eine nicht tragbare ›Erinnerungsmedaille‹ für Rettung aus Gefahr gestiftet, die auch weiter bestehen blieb, als am 1. 2. 1833 von König FRIEDRICH WILHELM III. die am Band tragbare R. geschaffen worden war. Dem Beispiel schlossen sich fast alle dt. und viele ausländ. Staaten an. 1934 wurden die R. der Länder vom Reich übernommen. Das Band der R. blieb orange mit zwei weißen Seitenstreifen. Nach 1945 haben fast alle Länder der Bundesrep. Dtl. neue R. gestiftet, die sich – außer denen in Bremen, Hamburg und Bayern – in Gestalt und Band an die R. von 1833 und 1934 anschließen.

In *Österreich* ist die Verleihung der R. ebenfalls Landessache. – In der *Schweiz* wird die häufig mit einer Geldprämie verbundene ›Silberne Carnegie-Medaille‹ für Lebensrettung verliehen.

**Rettungsring,** ein ringförmiges, aus Kork oder Schaumstoff bestehendes, mit Segeltuch oder Kunststoffgewebe bespanntes, mit einer Tagesleuchtfarbe gestrichenes und mit dem Schiffsnamen bzw. Landstandort gekennzeichnetes Rettungsmittel aus Wassernot. Die von vier Ringbändern gehaltene, rings um den R. verlaufende Greifleine hat die vierfache Länge des Ringdurchmessers. Auf Schiffen ist eine vorgeschriebene Anzahl von R. mit Nachtrettungslichtern ausgerüstet, u. a. stets die R. in der Backbord- und Steuerbordbrückennock.

**Rettungsmedaille:** 1833 von Friedrich Wilhelm III. eingeführte preußische Rettungsmedaille

**Rettungswesen,** Gesamtheit der Maßnahmen und Einrichtungen zur Hilfeleistung bei Katastrophen, Krankheiten, Not- und Unglücksfällen. Das R. fällt in die Zuständigkeit der Bundesländer, die die Aufgaben und Trägerschaft des R. in Rettungsdienstgesetzen geregelt und ganz oder teilweise den kommunalen Körperschaften sowie privaten Hilfsorganisationen (z. B. Dt. Rotes Kreuz, Arbeiter-Samariter-Bund, Malteser-Hilfsdienst, Johanniter-Unfall-Hilfe, Dt. Lebens-Rettungs-Gesellschaft) übertragen haben. Im **Rettungsdienst** wirken die öffentl. (Bayer. Rotes Kreuz, Feuerwehren, Techn. Hilfswerk) und privaten Hilfsorganisationen zusammen und bilden eine ›Rettungskette‹, die von der Bergung der Notfallpatienten bis zu deren endgültiger Versorgung reicht.

*Einrichtungen:* Die Wirksamkeit des R. ist neben den Rettungsgeräten und -fahrzeugen vom Notrufsystem abhängig. Dazu werden Fernsprechnotrufsäulen an den Autobahnen durch die Autobahnmeistereien, an Bundesstraßen z. B. durch die Rettungsdienst Stiftung Björn Steiger e. V. und in den Städten durch die lokalen Behörden errichtet; die Post hat einen Teil ihrer öffentl. Münzfernsprecher mit kostenlosen Notrufeinrichtungen ausgestattet. Die Notrufleitungen sind mit den Notrufabfragestellen der Polizei bzw. Autobahnmeistereien verbunden. Diese ständig besetzten Stellen sind mit den Feuerwehren (Feuermelder und Feuermeldezentralen) und den Rettungsleitstellen als Einsatzzentralen des Rettungsdienstes verbunden. Die **Rettungsleitstelle** führt einen zentralen Krankenhausbettennachweis und koordiniert die ihr zugeordneten **Rettungswachen,** bei denen mobile Rettungsmittel, v. a. Rettungs- und Krankentransportwagen, sowie fachkundiges Personal (Rettungsassistenten) stationiert sind. Die räuml. Verteilung der Rettungswachen richtet sich u. a. nach Unfallschwerpunkten und Besiedlungsdichte; jeder Einsatzort soll möglichst innerhalb von zehn Minuten erreichbar sein.

Die privaten Hilfsorganisationen haben **Unfallhilfsstellen** an Haupt- und Durchgangsstraßen eingerichtet, die über Verbands- und Sanitätsmaterial sowie permanent zugängl. Fernsprecher verfügen. Von den Automobilklubs werden an den Autobahntankstellen Blutplasmadepots mit Blutersatzlösungen und Infusionszubehör betrieben. Entlang der wichtigen Autobahnstrecken existieren in den Krankenhäusern **traumatologische Zentren** für eine integrierte Versorgung von Unfallopfern rund um die Uhr.

**Notarztdienste** (ärztl. Bereitschaftsdienste) werden von kreisfreien Städten und Landkreisen in Zusammenarbeit mit Gesundheitsämtern, Ärztekammern und Krankenhäusern betrieben. Sie stehen mit den Rettungsleitstellen in ständigem Kontakt.

*Rettungsmittel:* **Krankentransportwagen** sind genormte Spezialfahrzeuge für den einfachen Krankentransport im Sitzen und/oder Liegen; sie sind u. a. mit Krankentrage, Sauerstoffgerät und Infusionseinrichtung ausgestattet. Der **Rettungswagen** verfügt über zusätzl. Geräte, z. B. eine von drei Seiten zugängl. höhenverstellbare Krankentrage, Medikamente, Notfall-Arztkoffer, Babynotfallkoffer, EKG-Sichtgerät, Defibrillator zur Wiederbelebung und Notamputationsbesteck. Der **Notarztwagen** ist mit einem Notfallarzt (Notarzt) und zwei Rettungsassistenten besetzt.

Der Luftrettungsdienst ergänzt den bodengebundenen Rettungsdienst, seine Rettungshubschrauber werden zu bes. schweren Unglücksfällen gerufen und bieten eine ärztl. Vorortversorgung bzw. einen schnelleren und schonenderen Transport.

*Besondere Zweige:* Techn. Hilfe im R. leisten die Feuerwehr sowie das Techn. Hilfswerk; Hauptaufgabe ist die Befreiung und Bergung verletzter Personen, z. B. aus eingestürzten Häusern. Den Feuerwehren obliegt außerdem der Brandschutz. – Die bei der Grubenrettung eingesetzte Rettungsbohrung dient der Rettung eingeschlossener Bergleute. Im Bohrloch wird z. B. eine →Dahlbusch-Bombe abgelassen, mit der Verunglückte an die Erdoberfläche gezogen werden können. – Die Bergwacht des DRK mit ihren Bergführern führt die Bergrettung von in Bergnot geratenen Personen durch und sucht mit Sonden und Hunden nach Lawinenopfern. Die Wasserrettung obliegt der DLRG und der Wasserwacht des DRK auf den Binnengewässern sowie der Dt. Gesellschaft zur Rettung Schiffbrüchiger (DGzRS) an der Küste und auf dem Meer (→Seenotrettungsdienst). Zum R. der Bundeswehr →SAR-Dienst. (→Notruf)

Hb. des R., hg. v. R. LÜTTGEN, Losebl. (1974 ff.); Katastrophenschutz in Arbeitsstätten, bearb. v. F. VOGELBUSCH, Losebl. (1977 ff.); Krankentransport u. R., bearb. v. W. GERDELMANN u. a., Losebl. (1978 ff.); H.-D. LIPPERT u. W. WEISSAUER: Das R. (1984); W. HAAS: Flucht u. Rettung im Brand- u. Katastrophenfall (1989).

**Rettungsweste,** feste, mit Kork oder Schaumstoff gefüllte oder mittels Druckluftflasche und Handventil aufblasbare Weste aus Kunststoffgewebe oder einem zugelassenen Nesselstoff in Leuchtfarben. Wichtig ist die kragenartige Nackenstütze, die das Gesicht bewußtloser Personen über Wasser hält.

**Return** [rɪˈtəːn, engl.] *der, -s/-s, Badminton, Tennis, Tischtennis:* der Rückschlag (nach einem gegner. Aufschlag).

**Return on investment** [rɪˈtəːn ɔn ɪnˈvestmənt, engl.], Abk. **ROI,** Kennzahl, die eine Aussage über die →Rentabilität des investierten Kapitals zuläßt.

**Retusche** [frz. retouche, zu retoucher ›wieder berühren‹, ›überarbeiten‹] *die, -/-n,* **1)** *Kunst:* restaurator. Maßnahme, die durch Schließen von Fehlstellen in Gemälden, Fassungen von Bildwerken und Wandmalerei versucht, den ganzheitl. Charakter des Kunstwerks wiederherzustellen; auch die vom Künstler selbst vorgenommene Korrektur eines Gemäldes durch Übermalung.

**2)** *Reproduktionstechnik:* die Durchführung von Korrekturen an photograph. Positiven und Negativen zur Beseitigung von fehlerhaften Stellen, zur Hervorhebung von Einzelheiten, zur Entfernung unerwünschter Bildteile und zur Verbesserung der Bildwirkung. Das Überarbeiten von photograph. Positiven und von photograph. Vorlagen für Reproduktionszwecke heißt **Positiv-R.** Werden photograph. Negative retuschiert, spricht man von **Negativ-R.** Für die R. von Halbtonnegativen oder -positiven werden **R.-Farben,** Graphit u. a. verwendet, während die Korrektur von Rasternegativen und -positiven durch partielles Abschwächen geschieht. Auf photograph. Vorlagen werden glatte Töne durch Aufsprühen von R.-Farben (**Spritz-R.**) verbessert. Korrekturen an Farbdias und Farbpapierbildern mit Farbstofflösungen dienen der Verbesserung der Farbwiedergabe. Zur Verbesserung der Tonwertwiedergabe sind Korrekturen für Lichter- und Schattenpartien notwendig. Bei der Farbreproduktion kann die R. durch Anwendung von photomechan. Korrekturverfahren (Maskenverfahren) erleichtert werden. Bei der Druckvorlagenherstellung über →Scanner ist es möglich, jeden einzelnen Farbauszug individuell oder nach einem Standardprogramm in den Farbwerten zu verändern (korrigieren). Bei modernen Scannern kann der Farbeindruck nach erfolgter Korrektur an einem Farbmonitor überprüft werden, bevor der Auszugsfilm belichtet wird.

**Rettungsweste**

**3)** *Vorgeschichtsforschung:* die Zuformung von Steingeräten durch Schlag oder Druck. Bei altsteinzeitl. Feuersteingeräten unterscheidet man versch. Arten der R. Die Schräg-R. führt bei Abschlägen oder Klingen zur Bildung einer stabilen Arbeitskante (Schaber, Kratzer, Messer). Die Steil-R. bewirkt die Abstumpfung des Geräterückens (Messer, Spitzen). Die Flächen-R. kam vorwiegend bei der Herstellung von Blattspitzen des Solutréen zur Verwendung. Sie erreichte ihren Höhepunkt in der Feuersteintechnik der Jungsteinzeit (Ägypten, Nord. Kreis) und im vorgeschichtl. Mittelamerika.

**Retz,** Stadt im Bez. Hollabrunn, Niederösterreich, 264 m ü. M., im nordwestl. Weinviertel, (1989) 4 300 Ew.; Bezirksgericht, Wein- und Obstbauschule, Zollamt; Heimat-, Stadtmuseum; altes Weinbauzentrum (ausgedehntes ehemaliges Weinkellersystem unter der Stadt; begehbar) mit jährl. Weinmesse; oberhalb von R. Windmühle (1772, bis 1901 in Betrieb; heute Industriedenkmal); Fremdenverkehr. – Neben dem 1180 erstmals urkundlich erwähnten Dorf **Rȩczz** (heute R.-Altstadt) entstand 1279–90 die planmäßig angelegte und 1305 als Stadt bezeichnete Siedlung. – Gut erhaltenes altes Stadtbild; auf dem Hauptplatz das ehem. Rathaus (v. a. 1568/69) mit der im Erdgeschoß eingebauten Marienkapelle (1367 erwähnt) und dem mächtigen Stadtturm (14.–17. Jh.); zahlreiche spätgot. Bürgerhäuser mit Renaissance- oder Barockfassaden. Pfarrkirche St. Stephan (roman. Kern, 1728 umgebaut); die frühgot. Dominikanerkirche (1447 geweiht, Klostergebäude aus dem 17. Jh.) und das Schloß (17. Jh.) liegen an der Umfassungsmauer (Tor- und Rundtürme erhalten).

700 Jahre Stadt R. 1279–1979 (Retz 1979).

**Retz** [rɛ, rɛs], Herzogstitel der aus der Toskana stammenden Familie Gondi, für die die breton. Herrschaft Retz (im heutigen Dép. Loire-Atlantique) 1581 zur Pairie (mit dem Herzogtitel verbunden) erhoben wurde. Bekannt v. a.:

Jean-François Paul de Gondi [dəgɔ̃'di], Kardinal (seit 1652) von, frz. Politiker, getauft Montmirail (bei Épernay) 20. 9. 1613, † Paris 24. 8. 1679; seit 1643 Koadjutor des Erzbischofs von Paris, 1654–62 dessen Nachfolger. Als entschiedener Gegner J. Mazarins ab 1648 einer der Führer der Fronde, wurde er 1652 gefangengesetzt und entfloh 1654 ins Ausland. 1661 kehrte er nach Frankreich zurück, söhnte sich mit dem Hof unter Verzicht auf das Erzbistum Paris aus und wurde 1662 Abt von Saint-Denis. Seine wohl im gleichen Jahr begonnenen ›Mémoires‹ (3 Bde., hg. 1717) schildern die innerfrz. Ereignisse 1648–55 und sind, über ihren histor. Quellenwert hinaus, als literar. Kunstwerk bedeutend.

**Ausgaben:** Mémoires, hg. v. M. Allem (1956); Œuvres, hg. v. M.-T. Hipp u. a. (1984). – Aus den Memoiren, hg. v. W. M. Guggenheimer (1964).

D. A. Watts: Cardinal de R. The ambiguities of a seventeenth-century mind (Oxford 1980).

**Rȩtzius, 1)** Anders Adolf, schwed. Anatom und Anthropologe, * Lund 13. 10. 1796, † Stockholm 18. 4. 1860, Vater von 2); wurde 1824 Prof. in Stockholm. R. untersuchte v. a. menschl. Schädelformen und führte die Verhältnismaße (Indizes) in seiner rassenkundl. Kennzeichnung ein (Längen-Breiten-Index).

**2)** Gustaf Magnus, schwed. Anatom und Anthropologe, * Stockholm 17. 10. 1842, † ebd. 21. 7. 1919, Sohn von 1); wurde 1877 Prof. in Stockholm; verfaßte neben anthropolog. Studien grundlegende Arbeiten zum menschl. Nervensystem.

**Reubell** [rø'bɛl], **Rewbell,** Jean-François, frz. Politiker, * Colmar 8. 10. 1747, † ebd. 23. 11. 1807; war Mitgl. der Generalstände (1789), des Konvents (1791) und 1795–99 des →Direktoriums 2).

**Reuchlin, 1)** Hans, Bildhauer und Architekt, →Reichle, Hans.

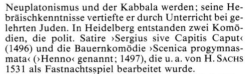

**2)** Johannes, gräzisiert **Kȧpnion,** latinisiert **Cȧpnio,** Humanist, * Pforzheim 22. 2. 1455, † Stuttgart 30. 6. 1522; nach dem Studium in Freiburg im Breisgau, Paris und Basel (1470–77) sowie in Poitiers und Orléans als Jurist in württemberg. Diensten, u. a. als Beisitzer am Hofgericht (ab 1484); 1496–99 lebte er – von Stuttgart aus polit. Gründen geflohen – am Hof Kurfürst Philipps von der Pfalz in Heidelberg.

Seine humanist. und altsprachl. Interessen, geweckt durch seine Lehrer Johannes Heynlin (* um 1428/31, † 1496), R. Agricola und W. Gansfort, erhielten auf drei Italienreisen die entscheidenden Impulse. Kontakte zu M. Ficino (1482) und G. Pico della Mirandola (1490) ließen R. zum Anhänger des Neuplatonismus und der Kabbala werden; seine Hebräischkenntnisse vertiefte er durch Unterricht bei gelehrten Juden. In Heidelberg entstanden zwei Komödien, die polit. Satire ›Sergius sive Capitis Caput‹ (1496) und die Bauernkomödie ›Scenica progymnasmata‹ (›Henno‹ genannt; 1497), die u. a. von H. Sachs 1531 als Fastnachtsspiel bearbeitet wurde.

Durch seine neulat. Dichtungen, seine Lehrtätigkeit und die Übersetzung und Herausgabe zahlreicher lat. und griech. Texte auch als Latinist und Gräzist nicht unbedeutend, gewann R. v. a. als Hebraist maßgebl. Einfluß. Seine ›Rudimenta‹ (›De rudimentis Hebraicis‹, 1506) waren das erste christl. Lehrbuch der hebr. Sprache. Die Philosophie bildete für R. das notwendige Vorwissen, um über das Studium der griech. Philosophen, des A. T., der jüd. Mystik und Kabbala zur ›geheimen Philosophie‹ (philosophia arcana) zu gelangen. Diese christl. Theosophie entfaltete er in seinen philosophisch-theolog. Hauptwerken ›De verbo mirifico‹ (1494) und ›De arte cabalistica‹ (1517). Jeweils in Form eines Lehrgesprächs zw. drei Weisen werden platon. Weltsicht, pythagoreische Philosophie, Kabbala und christl. Glaube verbunden.

R.s öffentl. Stellungnahme für das jüd. Schrifttum in einem gegen J. Pfefferkorns Antrag auf Vernichtung aller jüd. Schriften gerichteten Gutachten (1510) verwickelte ihn in einen jahrelangen Streit, der sich zur ›R.-Affäre‹ (›R.-Händel‹, ›Reuchlinistenfehde‹) mit den Kölner Dominikanern (bes. J. van Hoogstraten auf der einen Seite und der Parteinahme zahlreicher Humanisten (→Epistolae obscurorum virorum) auf der anderen Seite ausweitete und 1520 mit der kirchl. Verurteilung von R.s Schrift ›Augenspiegel‹ (1511), der Erwiderung auf Pfefferkorns ›Handt Spiegel‹ (1511), endete. Nach seiner Unterwerfung verbrachte R. die letzten Lebensjahre in Ingolstadt (1520) und Tübingen (ab 1521) als Prof. für Griechisch und Hebräisch. Mit dem zu dieser Zeit erfolgten Eintritt in den Priesterstand signalisierte er seine Treue zur kath. Kirche.

**Ausgaben:** Briefwechsel, hg. v. L. Geiger (1875, Nachdr. 1962); Gutachten über das jüd. Schrifttum, hg. v. A. Leinz-von Dessauer (1965); Henno, hg. v. H. C. Schnur (1970, Nachdr. 1981).

J. Benzing: Bibl. der Schr. J. R.s (1955); S. Raeder in: Gestalten der Kirchengesch., hg. v. M. Greschat, Bd. 5: Die Reformationszeit, Tl. 1 (1981); S. Rhein in: Wolfenbütteler Renaissance-Mitt., Jg. 13 (1989).

**Reuchlinpreis,** von der Stadt Pforzheim zur Förderung der Wiss. gestiftet, mit einer Ehrengabe von z. Z. 15 000 DM verbunden; wird seit 1955 alle zwei, seit 1971 i. d. R. alle drei Jahre für eine hervorragende deutschsprachige Arbeit auf dem Gebiet der Geisteswissenschaften verliehen. Preisträger waren u. a. W. Näf, R. Bultmann, H. Jantzen, R. Benz, W. Schadewaldt, K. Rahner, E. Preiser, G. Scholem, H.-G. Gadamer, D. Sternberger, J. Białostocki, U. Hölscher.

**Reue** [ahd. (h)riuwa, urspr. ›seelischer Schmerz‹], **1)** *christl. Kirchen:* wesentl. Akt der →Buße 3) und des →Bußsakraments. Sie enthält die Abkehr von begangenen Sünden und den Vorsatz, nicht mehr zu sündigen.

**2)** *Strafrecht:* tätige R., →Versuch.

**Reuental,** Neidhart von, mittelhochdt. Dichter, →Neidhart, N. von Reuental.

**Reugeld, 1)** *Börsenwesen:* →Prämiengeschäft.

**2)** *Privatrecht:* Geldsumme, von deren Zahlung die Vertragsparteien das Recht zum Rücktritt abhängig machen. Ein ohne die Zahlung des R. erklärter Rücktritt ist aber dann wirksam, wenn der andere Vertragsteil die Erklärung nicht unverzüglich zurückweist (§ 359 BGB). →Draufgabe.

**Reuleaux** [rø'lo], Franz, Ingenieur, * Eschweiler 30. 9. 1829, † Berlin 20. 8. 1905; ab 1856 Prof. in

Johannes Reuchlin

Zürich, 1864–96 in Berlin; Begründer der modernen Kinematik und Getriebelehre (›Theoret. Kinematik‹ (2 Bde., 1875–1900, Bd. 2 u. d. T. ›Lehrbuch der Kinematik‹). Von starker Wirkung auf die dt. Wirtschaft war seine Kritik der dt. Erzeugnisse (›billig und schlecht‹) auf der Weltausstellung in Philadelphia (Pa.) 1876. An der Schaffung eines einheitl. dt. Patentgesetzes war R. beteiligt.

**Re|union,** *Genetik:* → Restitution 3).

**Réunion** [rey'njō], **La R.,** Insel der Maskarenen und frz. Übersee-Dép., 780 km östlich von Madagaskar im Ind. Ozean, bei 21° s. Br. und 55° 30′ ö. L., 2510 km², (1988) 574 800 Ew.; Hauptstadt: Saint-Denis. – Von R. aus verwaltet werden folgende kleine, unbewohnte Inseln: Tromelin (bei 15° 51′ s. Br. und 54° 25′ ö. L.) sowie, in der Straße von Moçambique gelegen, → Europa (Nationalpark, Schildkrötenbrutplatz), Bassas da India, Juan de Nova und Îles Glorieuses.

*Landesnatur:* Die überwiegend gebirgige, von kurzen, radial verlaufenden Küstenflüssen tief zerschnittene Insel R. sitzt einer submarinen Schwelle (Maskarenenrücken) auf und besteht im Kern aus den Vulkanen Piton des Neiges (3069 m ü. M.) und Piton de la Fournaise (1823 m ü. M., letzter Ausbruch 1981), zw. denen sich ein Hochplateau (900–1200 m ü. M.) erstreckt. Die Insel besitzt allseits eine schmale Küstenebene; im W wird sie von einem Korallenriff begleitet. Das Klima ist tropisch-sommerfeucht. Die den Passaten zugewandte NO-Seite der Insel erhält mittlere jährl. Niederschläge von 2500–5000 mm (max. 7700 mm). Die Leeseiten erhalten weniger Regen, der relativ trockene NW der Insel nur etwa 400 mm pro Jahr. Die Regenzeit fällt in die Monate Dez. bis März. Die mittleren Monatstemperaturen bewegen sich im nördl. Küstenbereich zw. 27 und 19,9 °C, im SW zw. 26 und 19,8 °C. Typisch sind alljährlich auftretende trop. Wirbelstürme, die oft große Zerstörungen anrichten. Die natürl. Vegetationsdecke ist weitgehend zerstört. Sekundärwald und Buschwerk nehmen noch rd. 40 % der Inseloberfläche ein. Auf der trockenen Westseite sind Savannen oder Trockensteppe verbreitet.

*Bevölkerung:* Rd. 85 % der Bev. leben in den Küstenregionen, 42 % in Siedlungen mit städt. Charakter; die größten Städte, alle an der Küste gelegen, sind Saint-Denis (1982: 109 600 Ew.), Saint-Paul (58 550) und Saint-Pierre (50 400). Ethnisch stammt die Bev. von europ., asiat., afrikan. und madagass. Einwanderern und Sklaven ab; sie ist heute stark vermischt. Mehr als 45 % der Gesamt-Bev. sind Kreolen, rd. 30 % sind weißer Abstammung oder Europäer, darunter etwa 20 000 frz. Beamte und Techniker mit ihren Familienangehörigen, 18 % hinduist. oder muslim. Inder, die den Handel weitgehend beherrschen, und 4 % Chinesen. Die große Mehrheit der Bev. bekennt sich zum kath. Glauben. Die Amtssprache ist Französisch, Verkehrssprachen sind Kreolisch auf frz. Grundlage, Tamil und Chinesisch.

R. verzeichnet ein Bev.-Wachstum von 1,7 % jährlich (1983–88). Ein Drittel der Erwerbstätigen ist in der öffentl. Verwaltung beschäftigt, ein Sechstel in der Landwirtschaft (davon viele nur während der Zuckerrohrernte). Jährlich wandern etwa 5000 Menschen nach Frankreich aus.

*Wirtschaft:* Gemessen an der Höhe des Bruttosozialprodukts je Ew. von geschätzt (1988) 5300 US-$ ist R. eines der reichsten Gebiete Afrikas. Jedoch ist etwa ein Drittel der Erwerbstätigen arbeitslos. Wichtigste Anbauprodukte in der Landwirtschaft sind Zuckerrohr (1989: 252 400 t), Tabak, Vanille sowie die Riechstoffpflanzen Pelargonie und Vetivergras. Da 70 % der Anbauflächen diesen Exportkulturen vorbehalten sind, müssen viele Grundnahrungsmittel importiert werden. Zur Eigenversorgung werden Mais, Hülsenfrüchte, Kartoffeln, Obst und Gemüse angebaut. Die Viehwirtschaft dient v. a. der Fleischerzeugung. Die Fischfangmenge beträgt (1989) 1180 t.

Die Industrie ist wegen fehlender Rohstoffe und eines kleinen Binnenmarktes nur schwach entwickelt. Außer Zucker- und Rumfabriken sowie den Betrieben zur Gewinnung äther. Öle gibt es eine Reihe von Kleinbetrieben der Nahrungsmittelbranche, der Holz- und Metallverarbeitung sowie Betriebe zur Herstellung von Farben und Kunststoffartikeln.

Einen erhebl. Aufschwung hat seit den 1970er Jahren der Fremdenverkehr genommen (Auslandsgäste 1989: 182 000; 1980: 50 000).

Die Außenhandelsbilanz ist seit Jahren stark defizitär (Einfuhrwert 1987: 1,03 Mrd. US-$, Ausfuhrwert 85 Mio. US-$). Wichtigste Exportgüter sind Zucker (75 % aller Exporte), Rum, äther. Öle und Vanille, Haupthandelspartner das Mutterland Frankreich (knapp 70 % des Außenhandelsvolumens), Italien, Bahrain und die Bundesrep. Deutschland.

*Verkehr:* Dem Straßenverkehr stehen (1989) 2719 km Straßen zur Verfügung. Wichtigste Hafenstadt ist Le Port. Der internat. Flughafen liegt nahe der Hauptstadt Saint-Denis.

*Geschichte:* 1513 von dem Portugiesen PEDRO DE MASCARENHAS (* 1483, † 1555) entdeckt, wurde die Insel 1638 als Île Bourbon von Frankreich in Besitz genommen und seit 1665 besiedelt. 1793 erhielt sie den Namen R. und den Status eines frz. Départements mit zwei Abg. in Paris. Seit 1803 wieder Kolonie, war R. 1810–16 britisch besetzt. 1945 wurde es frz. Überseedépartement.

M. GUDERJAHN: Mauritius u. R. (1982); W. BERTILE: La R. Atlas thématique et régional (Saint-Denis, Réunion 1987).

**Re|unionen** [frz. ›(Wieder)vereinigungen‹], 1679 bis 1681 durch Rechtsverfahren eingeleitete Annexionen Frankreichs, das so zur vollen Beherrschung der Grenzräume im N und O gelangen wollte. Die Ansprüche gingen davon aus, daß die Gebiete des Hl. Röm. Reiches, die mit den 1648, 1668 und 1679 an Frankreich gekommenen Territorien lehnsrechtlich verbunden waren, ebenfalls zu Frankreich gehörten; ›R.-Kammern‹ in Metz, Besançon, Breisach und Tournai wurden für die Durchführung eingerichtet. Frankreich unterwarf das württemberg. Mömpelgard, die reichsstädt. und reichsritterschaftl. Herrschaften im Elsaß, weite Gebiete der linksrhein. Pfalz, Zweibrücken, Saarbrücken sowie Teile des Herzogtums Luxemburg und des Fürstbistums Lüttich, insgesamt etwa 600 Herrschaften und Orte. Ohne jeden Rechtsvorwand wurde am 30. 9. 1681 die Reichsstadt Straßburg Frankreich einverleibt. Im Frieden von Rijswijk (1697) gab Frankreich die R. mit Ausnahme des Elsaß und Straßburgs wieder zurück.

G. LIVET: L'intendance d'Alsace sous Louis XIV. 1648–1715 (Straßburg 1956); J. SIAT: Histoire du rattachement de l'Alsace à la France (Le Coteau 1987).

**Reus** ['rreus], Stadt in der Prov. Tarragona, Spanien, 117 m ü. M., 12 km nordwestlich von Tarragona am S-Fuß der Sierra de la Musara, (1986) 85 000 Ew.; Museen; Weltmarktzentrum des Trockenfruchthandels, bedeutendstes Geflügelzuchtzentrum Europas; Landmaschinen-, Textil- (bes. Seide) und Nahrungsmittelindustrie (bes. Olivenöl, Wein, Konserven); internat. Flughafen. – R., schon in vorröm. Zeit befestigte Siedlung, später röm. und arab. Stadt, wurde nach der Reconquista im 12. Jh. über den Vorgängerstädten neu gegründet. – Got. Kirche San Pedro (1512–1601; nach Brand, 1936, wiederaufgebaut) mit oktogonalem Turm (66 m hoch); Rathaus (17. Jh.).

**Reusch,** Erich, Bildhauer und Architekt, * Wittenberg 26. 6. 1925; seit 1975 Prof. an der Akademie Düsseldorf. R. experimentierte schon 1956 mit horizontaler Plastik (Balkenelemente direkt auf dem Boden)

**Reus** Reuse – Reuter

**Erich Reusch:** Bronzeskulptur vor dem Innenministerium in Düsseldorf; 1978

und unternahm seitdem eine Vielzahl neuer Vorstöße zur plast. Aktivierung des Raums (Ruhr-Univ. Bochum, 1971; Olympiagelände München, 1979–82) oder zur Einbeziehung neuer Medien und Materialien (Windenergie, Überschallwellen) in die Plastik.
B. KERBER: E. R. (1977).

**Reuse** [ahd. riusa, urspr. ›aus Rohr Geflochtenes‹], Stellnetz der Küstenfischerei, das mit einem Pfahl oder einarmigen Stockanker am Seeboden befestigt (**Boden-R.**) und durch Hohlkugeln an der Wasseroberfläche getragen wird. Nach der Form unterscheidet man die **Bügel-R.** und die **Kammer-** oder **Kumm-R.**

**Reuse:** LINKS Hummerreuse; RECHTS Garnelenreusen

Bei letzterer werden die Fische über ein mehrere 100 m langes Leitwehr durch einen engen Durchlaß (**Kehle**) in eine oder mehrere etwa 12 m lange Fangkammern (**Kumm**) geleitet, aus denen sie nicht mehr herausfinden. Große Kammer-R. sind bis 3 km lang.

**Reusen|antenne,** vertikale Breitbandantenne für den Kurzwellenbereich mit reusenförmig angeordneten elektr. Leitern. Bei symmetr. Anordnung von zwei dieser Reusen erhält man einen **Reusendipol**.

**Reusner, Reussner,** Esaias, Lautenist und Komponist, * Löwenberg i. Schles. 29. 4. 1636, † Berlin 1. 5. 1679; stand 1655–72 in herzoglich-schles. Diensten; ab 1674 Kammerlautenist von Kurfürst FRIEDRICH WILHELM von Brandenburg in Berlin; einer der hervorragendsten Lautenvirtuosen seiner Zeit; zu seinen Kompositionen zählen Lautensuiten, Orchestersuiten und ›Hundert geistl. Melodien ev. Lieder‹ für Laute (1676 oder 1678).

**Reusenantenne**

**Reuß,** Adelsgeschlecht (Haus R.), nach dem bis 1918 zwei Fürstentümer in O-Thüringen benannt waren und dessen erster Vertreter mit ERKENBERT Herr von Weida 1122 als Vogt in Weida erstmals urkundlich erwähnt wurde. Die Vögte von Weida waren bis 1166 Ministerialen bei Mühlhausen in Thüringen; um 1180 wurden sie Reichsministerialen. Kaiser HEINRICH VI. erhob HEINRICH II. († 1209) zum Stiftsvogt in Quedlinburg. Dessen Enkel teilte sein Land 1244 unter seinen drei Söhnen, die die Linien Weida (erloschen 1535), Gera (erloschen 1550) und Plauen stifteten. Eine jüngere Seitenlinie von Plauen nannte sich seit etwa 1300 nach ihrem Begründer, HEINRICH RUTHENUS (d. h. der Reuße), verheiratet seit 1289 mit einer Enkelin des Königs DANIEL von Galizien († 1264), R. und gab dem Geschlecht den Namen.

Die Hauptlinie Plauen wurde 1426 mit der Burggrafschaft Meißen belehnt und gefürstet. Sie erlosch 1572. Die weiterbestehende Linie R. teilte sich 1564 in eine ältere, mittlere und jüngere Linie; die mittlere starb bereits 1616 aus.

**R. ältere Linie** teilte sich wiederholt, bes. im 17. Jh., in die Nebenlinien Ober- und Untergreiz, Burg und Dölau. R.-Untergreiz nannte sich nach dem Anfall von Obergreiz seit 1616 R.-Greiz, 1673 wurde die Linie wie auch R. jüngere Linie in den Reichsgrafenstand erhoben. 1681 wurde die Unteilbarkeit von R.-Greiz, 1690 die Erstgeburtserbfolge festgelegt. 1778 folgte die Erhebung in den Reichsfürstenstand. Das Fürstentum R. ältere Linie bestand bis 1918. 1918 wurde es zunächst Freistaat und ging 1920, nachdem es 1919 mit R. jüngere Linie zu einem Volksstaat vereinigt worden war, im Freistaat Thüringen auf. Die ältere Linie erlosch 1927.

**R. jüngere Linie** bestand zunächst aus vier Linien (Gera, Lobenstein, Saalburg und Schleiz), seit 1666 aus den drei Linien R.-Gera (bis 1802), R.-Schleiz (ab 1. 10. 1848 R. jüngere Linie) und R.-Lobenstein 1853. Lobenstein, seit 1678 geteilt in Lobenstein (bis 1824), Hirschberg (bis 1711) und Ebersdorf (bis 1853), wurde 1790 in den Reichsfürstenstand erhoben, R.-Schleiz, von dem sich 1690 die Linie R.-Köstritz abgespalten hatte, 1806. 1853 vereinigte R.-Schleiz nach über 200jähriger Zersplitterung wieder das gesamte Gebiet der jüngeren Linie R. 1902 übernahm es die Vormundschaftsregierung über R. ältere Linie (bis 1918). Seit 1918 teilte es das Schicksal des Fürstentums R. ältere Linie. Seit 1930 führt die jüngere Linie nur noch den Namen Reuß.
BERTHOLD SCHMIDT: Gesch. des Reußenlandes, 2 Tle. (1923–27).

**Reuß** *die,* **Reuss,** rechter Nebenfluß der Aare, Schweiz, entsteht aus der Vereinigung von Furka- und Gotthard-R. im Urserental bei Hospental, durchfließt die Schöllenbachschlucht und den Vierwaldstätter See (Mündung bei Flüelen im Urner See; Ausfluß in Luzern), mündet bei Windisch; mit Furka-R. 159 km lang, Einzugsgebiet 3 425 km²; mittlerer Abfluß zw. 66 m³/s (im Jan.) und 253 m³/s (im Juni); wichtigster Nebenfluß (von links) ist die Kleine ↗ Emme.

**Reuss,** Eduard, ev. Theologe, * Straßburg 18. 7. 1804, † ebd. 15. 4. 1891; ab 1834 Prof. für N. T. in Straßburg; bedeutender historisch-krit. Exeget. Die von ihm ausgehende ›Straßburger Schule‹ wurde zum theolog. Zentrum der Lutheraner in Frankreich und stand in enger geistiger Verbindung mit der dt. liberalen Theologie.
**Werke:** Die Gesch. der Hl. Schr. Neuen Testaments (1842); Histoire de la théologie chrétienne au siècle apostolique, 2 Bde. (1852). – **Hg.:** J. CALVIN: Opera quae supersunt omnia, 59 Bde. (1863–1900); La Bible, 16 Bde. (1874–81). – **Bearb.:** Das A. T., 7 Tle. (1892–94).

**Reuter,** 1) Christian, Schriftsteller, getauft Kütten (bei Halle/Saale) 9. 10. 1665, † Berlin (?) nach 1712; Bauernsohn, studierte Jura in Leipzig, wurde wegen seiner satir. Schriften von der Univ. relegiert; war am Dresdner Hof ab 1700 als Sekretär eines Kammerherrn angestellt. Ein ab 1703 am Hof König FRIEDRICHS I. in Berlin nachweisbarer C. R. ist von F. ZARNCKE 1884 mit R. identifiziert worden. Die stets anonymen oder pseudonymen Werke R.s sind nach dem Muster MOLIÈRES und der Commedia dell'arte verfertigte Charakter- und Typenkomödien, die sich um eine ›Frau Schlampampe‹ (›L'honnête Femme oder die Ehrl. Frau zu Plißine‹, 1695; ›La Maladie et la mort de l'honnête Femme, das ist: Der ehrl. Frau Schlampampe Krankheit und Tod‹, 1696) und ihre Familie gruppieren und mit denen R. seine Leipziger

Wirtin verspottete. Als deren Sohn entstammt auch ›Schelmuffsky‹ diesem lebensnah gezeichneten, wenngleich fiktiven Milieu in R.s Hauptwerk ›Schelmuffskys Wahrhafftige Curiöse und sehr gefährl. Reisebeschreibung Zu Wasser und Lande‹ (2 Tle., 1696–97), einer mitunter derben, teils realist., teils humorist. Zeitsatire, die Züge des Schelmenromans mit der modernen Reiseliteratur verbindet und das aufstrebende Bürgertum charakterisiert. Auch in dem Lustspiel ›Graf Ehrenfried‹ (1700) zeigt sich R. als hellhöriger Zeitkritiker an der Grenze zw. Barock und Aufklärung. Dagegen sind die Werke jenes Berliner C. R. spätbarocke Huldigungsgedichte auf fürstl. Festgelegenheiten oder fromm-erbaul. Gestaltungen traditioneller Glaubensinhalte.

**Ausgaben:** Werke, hg. v. G. WITKOWSKI, 2 Bde. (1916); Werke, hg. v. G. JÄCKEL (⁴1980).

2) **Edzard**, Jurist und Unternehmer, * Berlin 16. 2. 1928, Sohn von 3); ab 1964 in der Daimler-Benz AG, tätig in den Aufgabenbereichen Organisation, Planung, Finanzwirtschaft und Controlling, seit 1987 Vorstands-Vors. R. setzte sich für den Ausbau des Kfz-Konzerns zu einem integrierten Technologiekonzern u. a. durch Unternehmenskäufe ein (Dornier, MTU, AEG), die bei der Übernahme von MBB auf wettbewerbspolit. Bedenken stießen und wegen des dadurch wachsenden Anteils der Rüstungsproduktion kontrovers diskutiert wurden. R. wurde auch bekannt als SPD-Mitglied und wegen seiner öffentlichen polit. Stellungnahmen (veröffentlicht in ›Vom Geist der Wirtschaft. Europa zw. Technokraten und Mythokraten‹, 1986).

Hans-Peter Reuter: Raumobjekt auf der documenta 6 im Museum Fridericianum in Kassel; 1977

3) **Ernst**, Politiker, * Apenrade 29. 7. 1889, † Berlin (West) 29. 9. 1953, Vater von 2); ab 1912 Mitgl. der SPD; schloß sich als dt. Kriegsgefangener in Rußland LENIN an. Dort war er kurzfristig Volkskommissar in der Wolgadeutschen Republik. 1918 nach Dtl. zurückgekehrt, trat er zunächst der KPD, 1921 wieder der SPD bei. Seit 1926 als Dezernent für ›Verkehrs- und Versorgungsbetriebe‹ Mitgl. des Berliner Magistrats, war er der Schöpfer der Berliner Verkehrsgesellschaft. 1931–33 war er Oberbürgermeister von Magdeburg, 1932–33 auch MdR. Nach 1933 politisch verfolgt, ging R. 1935 in die Türkei und lehrte dort 1939–45 als Prof. für Kommunalwissenschaft in Ankara.

Nach Berlin zurückgekehrt, wurde er 1946 wieder Verkehrsdezernent. Am 24. 6. 1947 wählte ihn die Stadtverordnetenversammlung zum Oberbürgermeister von Berlin. Die Sowjet. Militäradministration verhinderte jedoch seinen Amtsantritt. Nach der durch die Kommunisten erzwungenen Spaltung der Gesamtberliner Verwaltung (Sept. bis Nov. 1948) und der Wahl vom 5. 12. 1948, die nur in Berlin (West) durchgeführt werden konnte, übernahm R. am 7. 12. 1948 als Oberbürgermeister die Regierung der Stadt. In der Zeit der → Berliner Blockade (Juni 1948 bis Mai 1949) konnte er den Widerstandswillen der Berliner Bev. stärken. Aufgrund der neuen Verf. von 1950 wurde R. am 18. 1. 1951 vom Abgeordnetenhaus zum Regierenden Bürgermeister gewählt.

**Ausgabe:** Schr., Reden, hg. v. H. E. HIRSCHFELD u. a., 4 Bde. (1972–75).

W. BRANDT u. R. LÖWENTHAL: E. R. (1957); E. R. Sein Leben in Bildern, 1889–1953, Beitr. v. L. KREDLAU u. a. (1989).

4) **Fritz**, niederdt. Schriftsteller, * Stavenhagen 7. 11. 1810, † Eisenach 12. 7. 1874; studierte Jura in Rostock und Jena, wurde 1833 als aktiver Burschenschafter in Berlin verhaftet, nach drei Jahren Untersuchungshaft wegen angebl. Majestätsbeleidigung und Hochverrats zum Tode verurteilt, zu 30 Jahren Festungshaft begnadigt und 1840 amnestiert. Nach Scheitern des Studiums ab 1842 Landwirtschaftseleve (niederdt. ›Strom‹), 1850 Privatlehrer in Treptow. Hier entstanden, angeregt durch K. GROTHS ›Quickborn‹, seine schwankartigen Gedichte ›Läuschen un Rimels‹ (1853). Nach der Übersiedlung nach Neubrandenburg 1856 erschienen R.s wichtigste Werke, das sozial anklagende Versepos ›Kein Hüsung‹ (1858; über den Konflikt zw. einem Tagelöhner und seinem Gutsherrn), das positive Gegenstück ›Hanne Nüte un de lütte Pudel‹ (1860), v. a. der größte Teil der Prosaromane: ›Ut de Franzosentid‹ (1859; eine Kleinstadtsatire aus der Zeit der napoleon. Besetzung), ›Ut mine Festungstid‹ (1862) sowie die ersten beiden Teile von ›Ut mine Stromtid‹ (1862–63; mit der Darstellung bäuerl. und kleinbürgerl. Lebens in Mecklenburg; dritter Teil 1864 nach seiner Übersiedlung nach Eisenach) mit der Gestalt des ›Unkel Bräsig‹, die Geschehnissen des eigenen Lebenskreises bei erkennbar ernstem Hintergrund eine humorvolle Seite abgewinnen. Sie ist in erster Linie bestimmen R.s Rang als Autor eines krit. Realismus, der volkstüml. Züge mit sozialkrit. Momenten verbindet und dessen Werke weit über den niederdt. Raum hinaus wirkten.

**Weiteres Werk:** *Roman:* Dörchläuchting (1866).

**Ausgaben:** Werke, hg. v. W. SEELMANN u. a., 12 Bde. (1936–37); Ges. Werke u. Briefe, hg. v. K. BATT, 9 Bde. (1966–67).

A. HÜCKSTÄDT u. W. SIEGMUND: F. R. Wiss. Bibl. zu Leben, Werk u. Wirkung (1982); F. R. Sein Leben in Bildern u. Texten, hg. v. A. HÜCKSTÄDT (Rostock 1986).

5) **Gabriele**, Schriftstellerin, * Alexandria (Ägypten) 8. 2. 1859, † Weimar 14. 11. 1941; Tochter eines dt. Kaufmanns in Alexandria, lebte ab 1872 ständig in Dtl.; nahm in München 1895–99 an der Frauenbewegung teil. In ihren Romanen (u. a. ›Aus guter Familie. Leidensgeschichte eines Mädchens‹, 2 Tle., 1896; ›Ellen von der Weiden‹, 1901) behandelt sie die Stellung der Frau in der modernen Gesellschaft mit emanzipator. Tendenz. Daneben entstanden Monographien über MARIE VON EBNER-ESCHENBACH (1904) und ANNETTE VON DROSTE-HÜLSHOFF (1905).

6) **Hans-Peter**, Maler und Objektkünstler, * Schwenningen (heute zu Villingen-Schwenningen) 3. 9. 1942;

Ernst Reuter

Fritz Reuter

Gabriele Reuter

**Reut** Reuters Ltd. – Reutlingen

gestaltet v. a. menschenleere, vollständig gekachelte Interieurs, die beim Betrachter ein Gefühl des Beengtseins und der Bedrückung hervorrufen (Hallenbäder, Dusch- und Baderäume); seit 1976 Objekte und Installationen, in denen er illusionistisch gemalte Kachelräume und tatsächlich gekachelte Flächen verbindet (documenta 6, Kassel 1977).

B. HOLECZEK: R. (1988).

**7)** **Hermann,** ev. Theologe, * Hildesheim 30. 8. 1817, † Kreiensen 17. 9. 1889; war Prof. für Kirchengeschichte in Breslau, Greifswald, ab 1876 in Göttingen und zugleich Konsistorialrat in Breslau, ab 1881 auch Abt in Bursfelde. Er überwand den Ansatz F. C. BAURS und J. A. W. NEANDERS und setzte die histor. Methode auch in der Kirchengeschichtsschreibung ein. Einerseits betonte er dabei die polit. Bedeutung der Kirchengeschichte und sah andererseits in der Dogmatik die Kriterien zur Beurteilung der histor. Fakten. 1877 gründete er mit THEODOR BRIEGER (* 1842, † 1915) die ›Zeitschrift für Kirchengeschichte‹.

Werke: Gesch. Alexanders III. u. der Kirche seiner Zeit, 3 Bde. (1845–64); Gesch. der religiösen Aufklärung im MA. vom Ende des 8. Jh. bis zum Anfange des 14., 2 Bde. (1875–77); Augustin. Studien (1887).

**8)** **Paul Julius Freiherr von** (seit 1871), eigtl. **Israel Beer Josaphat** (bis 1844), brit. Nachrichtenunternehmer dt. Herkunft, * Kassel 21. 7. 1816, † Nizza 25. 2. 1899; war 1840–48 an einem Buchverlag in Berlin beteiligt, gab bis 1849 in Paris einen Pressedienst heraus, eröffnete 1849 in Aachen eine Nachrichtenagentur, die heutige Reuters Ltd.; war ab 1857 brit. Staatsbürger. Er erkannte früh den wachsenden Markt für Wirtschaftsinformationen (z. B. Börsenkurse) und verstand es, die Technik seiner Zeit (z. B. unterseeische Telegrafenkabel) dafür einzusetzen.

**Reuters Ltd.** [-ˈlımıtıd], brit. Nachrichtenagentur und Informationsunternehmen, gegr. 1849 in Aachen von P. J. REUTER, 1851 nach London verlegt (›Mr. Reuter's Office‹). REUTER wandelte sie 1865 in eine Kapitalgesellschaft um: ›Reuter's Telegram Company‹, die er bis 1878 leitete; seit 1916: ›Reuters Ltd.‹, die seit 1941 ein Gemeinschaftsunternehmen der brit. Presse ist; 1984 Umwandlung in eine AG. Das Unternehmen erzielt heute im klass. Markt der Nachrichtenagentur, dem Verkauf allgemeiner Nachrichten für Zeitungen, Hörfunk- und Fernsehsender, weniger als ein Zehntel seines Umsatzes. Neben den Börsenkursinformationen bietet R. über ein globales elektron. Informations- und Kommunikationsnetz immer spezialisiertere Dienste an: Echtzeit-Datenabrufsysteme, Handelssysteme, Dialog-Handelssysteme, Mediendienste, histor. Datenbank. Der von R. Ltd. errechnete und veröffentlichte **Reuters Index** ist ein Index der brit. Börsenpreise von 20 Rohstoffen, der seit 1931 (1931 = 100) ermittelt wird. Der Umsatz stieg von (1980) 90,1 Mio. £ auf (1990) 1 369 Mio. £, Beschäftigte: 11 000.

**Reuterswärd,** Carl Frederik, schwed. Künstler und Dichter, * Stockholm 4. 6. 1934; studierte in Paris (1952) bei F. LÉGER, malte zunächst kalligraphisch wirkende Bilder, gestaltete dann neodadaist., ironisch verfremdete Objekte, beteiligte sich an Happenings und Aktionen. Seit 1968 experimentiert er mit Laserlicht; schrieb auch experimentelle Gedichte (›Prix Nobel‹, 1966).

C. F. R., Ausst.-Kat. (1986).

**Reutertrocknung,** *Landwirtschaft:* → Heu.

**Reuther** [ˈruːθə], Walter Philip, amerikan. Gewerkschaftsführer, * Wheeling (W. Va.) 1. 9. 1907, † (Flugzeugabsturz) Pellston (Mich.) 9. 5. 1970; wurde 1946 Präs. der ›United Automobile Workers Union‹ (UAW). R. erreichte Gewinnbeteiligung als Teil eines Tarifvertrages, Jahresmindestlöhne, Lohnanpassung an die Lebenshaltungskosten u. a. 1952 Präs. des CIO und 1955 VizePräs. der AFL-CIO. Nach Differenzen mit dem Präs. G. MEANY trat er 1967 als Vize-Präs. zurück, schied 1968 mit der UAW aus der AFL-CIO aus und bildete mit anderen Gewerkschaften die ›Alliance for Labor Action‹.

**Reutlingen, 1)** Große Kreisstadt in Bad.-Württ., 382 m ü. M., Verw.-Sitz des Kreises R., an der Echaz nach ihrem Austritt aus der Schwäb. Alb, am Fuß der → Achalm, (1991) 103 300 Ew.; Forschungsinstitut für Textiltechnik; Ausbildung der PH Ludwigsburg, Fachhochschulen für Technik und Wirtschaft und für Textilindustrie, Ev. Fachhochschule für Sozialwesen, Fachschulen (u. a. Westdt. Gerberschule), Theolog. Seminar der ev. methodist. Kirche; Stiftung für konkrete Kunst, Kunstmuseum, Heimatmuseum, Naturkundemuseum; Friedrich-List-Archiv; Staatl. Prüfungsamt für Textilstoffe. R. ist zentraler Einkaufsort für die Umgebung und hat vielseitige Industrie: Elektrotechnik, Feinmechanik, Stahl-, Maschinen- und Fahrzeugbau, Leder-, Textil- und Bekleidungsindustrie, graph. Gewerbe. – Das um 1089/90 erstmals erwähnte R. ist eine stauf. Gründung. Einer Marktgründung Kaiser FRIEDRICHS I. BARBAROSSA (um 1180) verlieh OTTO IV. um 1210 erste städt. Rechte, FRIEDRICH II. ließ die Stadt ausbauen und den Marktplatz anlegen. Nach dem Tod des letzten Staufers (1268) erhielt R. von den Nachfolgern bedeutende Privilegien als Reichsstadt. R. gehörte im 14. Jh. dem Schwäb. Städtebund und 1531–47 dem Schmalkald. Bund an. 1803 kam die Stadt an Württemberg. – Nach Verlusten durch den Brand von 1726 wird das Stadtbild v. a. von Bauten des 18. Jh. geprägt. Von der mittelalterl. Befestigung sind u. a. das Tübinger Tor (13. Jh., 1528 erhöht) und das Gartentor (13. Jh.) erhalten. Die got. Marienkirche (östl. Rechteckchor nach 1247; W-Turm 1343 vollendet) wurde 1530 protestantisch; zur Ausstattung gehören ein Taufstein von 1499 und das Hl. Grab (16. Jh.). Am Markt ehem. Spital (1333/1555); das ›Spendhaus‹, ein mittelalterl. Fachwerkbau, wurde 1989 zum Kunstmuseum ausgebaut; daneben die Glasarchitektur der Stadtbibliothek (1984); das Alten- und Pflegeheim Ringelbach erbaute G. BEHNISCH 1973–76. Etwas außerhalb die Arbeitersiedlung ›Gmindersdorf‹ von T. FISCHER (1904–14).

R., bearb. v. M. BLÜMCKE u. a. (1988); R. Ein Streifzug durch die Stadtgesch., bearb. v. H. A. GEMEINHARDT (1990).

**2)** Landkreis im Reg.-Bez. Tübingen, Bad.-Württ., 1 094 km², (1990) 253 100 Ew. Das Kreisgebiet umfaßt einen Teil der mittleren Schwäb. Alb (Reutlinger Alb und Münsinger Alb, bis über 800 m ü. M.) sowie deren nördl. Vorland (etwa 300 m ü. M.) um die Stadt R. Auf der wasserarmen, stark verkarsteten Alb Viehhaltung, Getreide- und Kartoffelanbau, im Vorland auf tonigen bis lehmigen Böden Ackerbau (viel Futterge-

Walter P. Reuther

Reutlingen 1) Stadtwappen

Reutlingen 1): Tübinger Tor; 13. Jh., 1528 erhöht

treide) und Obstbau. Der Albtrauf ist stark bewaldet (v. a. Buchen). Die Industrie, bes. Textilindustrie und Maschinenbau, konzentriert sich hauptsächlich in Reutlingen, Pfullingen sowie in Metzingen.
Der Kreis R., hg. v. GERHARD MÜLLER (1975).

**Reutte,** Bezirkshauptort (des Außerfern) in Tirol, Österreich, 850 m ü. M., in einer Weitung des Lechtals, (1991) 5 500 Ew.; Heimatmuseum; Textilindustrie, Metallverarbeitung; Fremdenverkehr. – Das 1278 erstmals erwähnte R. wurde 1489 zum Markt erhoben. Aufgrund seiner verkehrsgünstigen Lage entwickelte sich R. im Spät-MA. zu einem bedeutenden Warenumschlagplatz, v. a. im Salzhandel.

**Reutter,** 1) Hermann, Komponist, * Stuttgart 17. 6. 1900, † Heidenheim an der Brenz 1. 1. 1985; Schüler von W. COURVOISIER in München, 1936–45 Direktor der Frankfurter Musikhochschule, ab 1952 Prof. für Komposition an der Stuttgarter Musikhochschule (1956–66 deren Direktor); auch geschätzter Pianist und Liedbegleiter. R.s Komponieren erwuchs aus der von P. HINDEMITH ab den 1920er Jahren bestimmten Richtung der Neuen Musik. Sein umfangreiches, überwiegend vokal, vor Formsicherheit und klangl. Ausgewogenheit bestimmtes Werk umfaßt Opern, u. a. ›Doktor Johannes Faust‹ (1936, Neufassung 1955), ›Don Juan und Faust‹ (1950), ›Die Witwe von Ephesus‹ (1954, Neufassung 1966) ›Die Brücke von San Luis Rey‹ (1954), ›Hamlet‹ (1980), Ballette (u. a. ›Die Kirmes von Delft‹, 1937), Oratorien (u. a. ›Der große Kalender‹, 1933, Neufassung 1970) sowie Kantaten, Konzerte (v. a. für Klavier), Kammermusik und zahlreiche Lieder mit Klavier- und Orchesterbegleitung.
H. R. Werk u. Wirken, hg. v. H. LINDLAR (1965).

2) Johann Adam Joseph Karl Georg (d. J.), Edler von (seit 1740), österr. Organist und Komponist, getauft Wien 6. 4. 1708, † ebd. 11. 3. 1772; Sohn des Wiener Hoforganisten und Domkapellmeisters GEORG R. (D. Ä., * 1656, † 1738); war als Hofkomponist (ab 1731), Domkapellmeister von St. Stephan (ab 1738) und Hofkapellmeister (ab 1747) Inhaber aller wichtiger Ämter des Wiener Musiklebens. Seine Kompositionen umfassen u. a. über 40 Opern (im Stil der frühen Neapolitan. Schule), Oratorien, 80 Messen und andere kirchl. Vokalwerke sowie Sinfonien, Kammer- und Klaviermusik.

3) Otto, eigtl. **O. Pfützenreuter,** Vortragskünstler, * Gardelegen 24. 4. 1870, † Düsseldorf 3. 3. 1931. Seine Couplets, die er u. a. im Berliner ›Wintergarten‹ vortrug, sind geprägt von Berliner Witz, treffender Satire und humorist. Lebensweisheit (u. a. ›Der Überzieher‹, ›In fünfzig Jahren ist alles vorbei‹).

**Reuwich** [ˈrɔʏˌvɪks], **Rewich, Reeuwich, Reeuwyck,** Erhard, niederländ. Maler und Zeichner, * Utrecht um 1445, † Mainz (?) nach 1505; ab etwa 1465 in Mainz tätig. 1483 begleitete er den Mainzer Domherrn B. VON BREYDENBACH auf einer Pilgerreise ins Hl. Land und schmückte dessen Bericht (›Peregrinatio in terram sanctam‹, 1486) mit Holzschnitten (nach eigenen Zeichnungen), darunter große Ansichten von Venedig und Palästina. R. wird auch als Drukker genannt. Sein Stil gleicht dem des HAUSBUCHMEISTERS; eine Identifizierung mit diesem ist jedoch umstritten.

**Revakzination,** Wiederholungsimpfung mit dem gleichen Impfstoff (Auffrischung) zur Erzielung eines ausreichenden Impfschutzes. (→ Boostereffekt)

**Reval,** estn. **Tallinn** [ˈtalʲinː], russ. **Tallin** [ˈtalʲin], vor 1918 russ. **Rewel,** Hauptstadt von Estland, an der S-Küste (durch Buchten gegliedert) des Finn. Meerbusens, (1989) 482 000 Ew.; Kulturzentrum des Landes mit Estn. Akademie der Wiss., TH, PH, Kunsthochschule, Konservatorium und zahlreichen Museen (u. a. Meeres-, Geschichts-, Parkmuseum), mehreren Theatern, Philharmonie, zoolog. und botan. Garten; Filmstudio. Als Wirtschaftszentrum Estlands ist R. mit etwa 45 % an der gesamten estn. Industrieproduktion beteiligt. Wichtigste Branchen sind Maschinen- und Schiffbau, Herstellung von Elektrogeräten, Holz- und Metallverarbeitung, chem. und pharmazeut., Papier-, Textil- und Bekleidungs- sowie Nahrungsmittelindustrie und das Druckereigewerbe. R. besitzt einen eisfreien Handels- (seit 1986 neuer Hochseehafen 20 km außerhalb der Stadt) und Fischereihafen sowie einen internat. Flughafen. An der Mündung der Pirita (im NO) liegt das Seebad **Pirita,** 1980 Austragungsort der Olymp. Segelwettbewerbe. – Die im 10. Jh. entstandene befestigte Siedlung der Esten **Lindanisse** (in russ. Chroniken als **Kolywan** bekannt) wurde 1219 von den Dänen erobert und neu befestigt. In ihrer Nähe gründete der Schwertbrüderorden nach der dän. Niederlage bei Bornhöved (1227) eine dt. Stadt, die 1230 lüb. Recht erhielt und 1285 der Hanse beitrat. Seit 1346 beim Dt. Orden, entwickelte sich die Stadt (die Mehrzahl der Bev. waren Esten, die Deutschen bildeten die Oberschicht) zu einem Haupthafen für den Handel mit Rußland. 1561 kam R. mit Estland an Schweden, 1721 an Rußland (Verwaltungszentrum des Estn. Gouvernements); 1918–40 war es Hauptstadt der Rep. Estland, 1940–91 der Estn. SSR. – Im Zweiten Weltkrieg wurde R. stark zerstört, die Straßenzüge wurden nach einer Bauaufnahme des 18. Jh. rekonstruiert. Beherrschend über der Stadt liegt der Domberg (48 m ü. M.) mit Befestigungsanlagen des 13. Jh. und dem Dom (Schiffe um 1230–40, Chor 1433, Rosenkranzkapelle Mitte des 15. Jh., Turmhalle 1778). In der befestigten Altstadt die Pfarrkirche St. Nikolaus (um 1280, Turmhelm 1695); Heiliggeistkirche (14. Jh.) mit Altar von B. NOTKE (1483); die Olaikirche (im Kern 13. Jh., Chor 1330 vollendet) wurde nach Bränden im 17. und 19. Jh. erneuert; Haus der Großen Gilde (1410); Schwarzhäupterhaus (15./16. Jh.). Vor der Stadt liegt das ehem. Schloß Katharinental (Kadriorg, 1718–23 für PETER I. erbaut; heute Museum). BILD S. 336

**Revalierungs|anspruch** [zu lat. re- ›wieder‹ und valvere ›Wert haben‹], der Anspruch des Bezogenen gegen den Aussteller eines Wechsels auf Ersatz des für die Einlösung des Wechsels aufgewendeten Betrags oder auf Deckung dieses Betrags vor Zahlung. Ein R. besteht nicht aufgrund Wechselrechts, sondern nur aufgrund bürgerl. Rechts, wenn der Bezogene (meist eine Bank) den Wechsel im Auftrag des Ausstellers akzeptiert und daher einen Anspruch auf Aufwendungsersatz hat (Remboursgeschäft).

**Revalvation** [lat.] die, -/-en, → Aufwertung.

**Revanche** [reˈvãːʃ, frz.] die, -/-n, 1) Vergeltung, Rache; 2) Gegendienst, Gegenleistung.

**Revanchismus** [revãˈʃ-] der, -, polit. Schlagwort, bezeichnet eine nach Vergeltung strebende Außenpolitik.

**Revaskularisation** [zu lat. vasculum ›kleines Gefäß‹] die, -/-en, Neueinsprossung von Blutgefäßen in nicht mehr durchblutete Gewebsteile (z. B. als Infarktfolge) aus der gesunden Umgebung; auch Bez. für die Wiederherstellung einer gestörten Blutversorgung durch gefäßchirurg. Maßnahmen.

**Revda,** russ. Stadt, → Rewda.

**Reve** [-və], Gerard Kornelis van het, Pseudonyme **G. R., Simon van het R.,** niederländ. Schriftsteller, * Amsterdam 14. 12. 1923. R.s erster Roman ›De avonden‹ (1947; dt. ›Die Abende‹) ist repräsentativ für eine von Bedrückung und Niedergeschlagenheit geprägte Strömung der niederländ. Nachkriegsliteratur. Ab 1963 wurden Religion (u. a. Konvertierung zum Katholizismus, aber auch 1966 Anklage wegen Gotteslästerung) und Homosexualität zu den beherrschenden Themen seines herausfordernden Werkes.

Hermann Reutter

Otto Reutter (zeitgenössische Karikatur)

**Reval**

estnischer Name: Tallinn

·

Hauptstadt von Estland

·

am Finnischen Meerbusen

·

482 000 Ew.

·

Kultur- und Wirtschaftszentrum des Landes

·

eisfreier Hochseehafen

·

rekonstruiert wieder aufgebaute Altstadt, überragt vom Domhügel mit dem Dom

·

Seebad Pirita

**Réve** Réveil – reversibel

**Weitere Werke:** *Lyrik:* Het zingend hart (1973). – *Romane:* Lieve jongens (1973); Moeder en zoon (1980); De vierde man (1981). – *Erzählungen:* Werther Nieland (1949); De ondergang van de familie Boslowits (1950).
Tussen chaos en orde. Essays over het werk van G. R., bearb. v. S. HUBREGETSE (Amsterdam 1981).

**Reval:** Die Altstadt mit den Türmen der Stadtbefestigung und dem Turm der Olaikirche im Hintergrund

**Réveil** [re'vɛj; frz. ›das Erwachen‹] *der, -,* eine pietistisch-individualist. Erweckungsbewegung des 19. Jh. in der Schweiz und in Frankreich. Sie hatte ihren Ursprung in der ›Gesellschaft der Freunde‹, einer Gruppe junger Theologen unter dem Einfluß von ROBERT HALDANE (* 1764, † 1842) in Genf. Anliegen des R. angesichts der vom Rationalismus durchdrungenen Genfer Pfarrerschaft war die Erneuerung der altref. Orthodoxie. Neben der Bildung von Freikirchen (Église du Bourg-de-Four, ›Oratoire‹) entstanden innerhalb der Kirche in Genf die ›Société évangélique‹ (1831) und eine eigene theolog. Schule (1832), von wo aus sich die Erweckung weiter ausbreitete. Bedeutendster Theologe des R. war der Kirchenhistoriker J. H. MERLE D'AUBIGNÉ. In Frankreich verband sich der R. gegenüber einer erstarrten Orthodoxie mit Einflüssen des Methodismus. 1832 kam es zur Bildung einer freien Gemeinde in Lyon unter A. MONOD und zur Gründung einer ev. Freikirche (›Église évangélique‹). Der R. drang auch in die Niederlande vor. Auch die Nationalkirchen Frankreichs und der Schweiz waren um die Mitte des 19. Jh. vom R. beeinflußt.

Franziska Gräfin zu Reventlow

**Revell,** Viljo Gabriel, bis 1961 **V. G. Rewell,** finn. Architekt, * Vaasa 25. 1. 1910, † Helsinki 8. 11. 1964; Vertreter des Rationalismus, Schüler von A. AALTO. Er errichtete v. a. Wohn- und Verwaltungsbauten. Sein Hauptwerk ist das Rathaus von Toronto (1958–65).
**Weitere Werke:** Kaufhaus in Helsinki (Glaspalast, 1935); Industriezentrum Teollisuuskeskus mit Verwaltungsgebäude und Hotel, ebd. (1949–52).
V. R., Bauten u. Projekte, hg. v. K. ÅLANDER (²1967).

**Reventlow** [-lo], holstein. Uradelsgeschlecht, 1223 erstmals urkundlich erwähnt, 1673 in den dän. Grafenstand erhoben. – Bedeutende Vertreter:
**1)** Anna Sophie Gräfin zu, * 16. 4. 1693, † Clausholm (Jütland) 7. 1. 1743; heiratete 1712, nach Erhebung zur Herzogin von Schleswig, in morganat. Ehe den dän. König FRIEDRICH IV., der sich 1721 standesgemäß mit ihr vermählte und sie 1725 zur Königin krönen ließ.
**2)** Franziska Gräfin zu, eigtl. **Fanny** Gräfin zu R., Schriftstellerin, * Husum 18. 5. 1871, † Muralto (bei Locarno) 25. 7. 1918; schrieb Skizzen, Romane, Schilderungen des Lebens der Münchner Boheme vor dem Ersten Weltkrieg.
**3)** Friedrich Graf von, dän. Diplomat und Politiker in Schleswig und Holstein, * Altenhof (bei Eckernförde) 31. 1. 1755, † Emkendorf (bei Rendsburg) 28. 9. 1828; verfocht die Rechte der schleswig-holstein. Ritterschaft gegen die zentralisierende Politik des Dänenkönigs FRIEDRICH VI. Auf seinem Gut Emkendorf versammelte er Dichter (u. a. M. CLAUDIUS, F. G. KLOPSTOCK, J. K. LAVATER), die ein pietist. Christentum gegenüber dem Rationalismus vertraten, sowie frz. Emigranten.
**4)** Friedrich Graf von, Politiker in Schleswig und Holstein, * Schleswig 16. 7. 1797, † Starzeddel (bei Grünberg i. Schlesien) 24. 4. 1874; stellte sich, seit 1846 Führer der Ritterschaft von Schleswig und Holstein, gegen die Zentralisierungstendenzen des dän. Königs CHRISTIAN VIII.; 1848 an der Erhebung der Herzogtümer beteiligt, eines der führenden Mitgl. der provisor. Regierung und März 1849 bis Anfang 1851 mit W. H. BESELER Statthalter der Herzogtümer. Er wurde von der dän. Regierung des Landes verwiesen.

**Reverdy** [rəvɛr'di], Pierre, frz. Schriftsteller, * Narbonne 13. 9. 1889, † bei Solesmes (Dép. Sarthe) 21. 6. 1960; war wie G. APOLLINAIRE mit seiner u. a. Einflüsse des Kubismus aufnehmenden Lyrik und mit seinen dichtungstheoret. Abhandlungen einer der Vorläufer des Surrealismus.
**Werke:** *Lyrik:* Poèmes in prose (1915); La lucarne ovale (1916); La guitare endormie (1919); Plupart du temps, poèmes 1915–1922 (1945; dt. Ausw. zus. mit zwei Essays u. d. T. Quellen des Windes); La liberté des mers (1959). – *Essays:* Le gant de crin (1926); Le livre de mon bord (1948; dt. Auszüge zus. mit Gedichten u. d. T. Die unbekannten Augen). – *Erzählungen:* Risques et périls (hg. 1972).

**Revere** [rɪ'vɪə], Paul, amerikan. Patriot, getauft Boston (Mass.) 1. 1. 1735, † ebd. 10. 5. 1818; bedeutender Silberschmied; nahm an der revolutionären Agitation und wohl auch an der ›Boston Tea Party‹ (1773) teil. Durch seinen Kurierritt vom 18. 4. 1775 (Ballade von H. W. LONGFELLOW ›Paul Revere's ride‹) warnte er die Patrioten in der Nacht vor dem Gefecht von Lexington vor den herannahenden brit. Truppen.

**Reverend** ['revərənd; engl., von lat. reverendus ›Verehrungswürdiger‹] *der, -s/-s,* Abk. **Rev.,** Titel und Anrede von Geistlichen in englischsprachigen Ländern.

**Revers** [re'vɛːr; frz. ›Rückseite‹, zu lat. revertere, reversum ›umwenden‹] **1)** *das,* österr. *der, -/-, Mode:* an Jacke, Mantel und Kleid in unterschiedl. Länge und Breite nach außen umgeschlagene Vorderkante, durch eine Naht mit dem Kragen verbunden.
**2)** [auch re'vɛrs] *der, -es* und *-/-e* und *-, Münzwesen:* die Rückseite einer Münze; Ggs.: Avers.

**Revers** [mlat. reversum ›Antwort‹, eigtl. ›umgekehrtes Schreiben‹, zu lat. revertere, reversum ›umwenden‹] *der, -es/-e, allg.:* eine schriftl. Verpflichtung zu einem Tun oder Unterlassen; im *Handel* die Verpflichtung des Abnehmers, vom Hersteller vorgeschriebene Verkaufspreise im Sinne einer Preisbindung einzuhalten (**R.-System**) oder den Bedarf nur bei einem bestimmten Hersteller oder Händler im Sinne einer Ausschließlichkeitsbindung zu decken.

**reverse Transkriptase,** bei den →Retroviren vorkommendes Enzym.

**reversibel** [frz., zu lat. revertere, reversum ›umwenden‹], **1)** *allg.:* umkehrbar.
**2)** *Physik* und *Chemie:* Vorgänge, v. a. in der Thermodynamik, heißen r., wenn sie zeitlich umkehrbar

sind und in entgegengesetzter ›Richtung‹ ablaufen können. Sie stellen (idealisierte) →Zustandsänderungen dar, bei denen ein System ohne bleibende Veränderung der Umgebung wieder in seinen Ausgangszustand zurückkehren kann, z. B. bei einem reversiblen →Kreisprozeß. Reversible Prozesse sind durch eine quasistat. Prozeßführung gekennzeichnet, d. h. das Durchlaufen einer Abfolge von thermodynam. Gleichgewichtszuständen. In einem abgeschlossenen System bleibt dabei die →Entropie konstant. – Ggs.: irreversibel.

**Reversibilität,** die (formale) Umkehrbarkeit physikal. Vorgänge in der Zeit, die auf der Forminvarianz der elementaren Naturgesetze (Newtonsche Bewegungsgleichungen, Maxwellsche Gleichungen, Schrödinger-Gleichung, Dirac-Gleichung usw.) gegen →Zeitumkehr beruht. Deren zeitl. Symmetrie wird erst durch das Setzen von Anfangs- und Randbedingungen oder zeitabhängigen äußeren Wirkungen gebrochen. – Der Übergang von der mikroskop. R. zur makroskop. Irreversibilität der meisten Naturvorgänge ist schwer begründbar und wird häufig durch Betrachtung →offener Systeme, die in eine Umgebung eingebettet sind, und Anwendung von Mittelungsverfahren durchgeführt.

In der statist. Physik besagt das **Prinzip der mikroskopischen R.,** daß sich in thermodynam. Systemen nur ein dynam. Gleichgewichtszustand einstellen kann, d. h., daß sich in entgegengesetzte Richtungen ablaufende, mikroskop. ›Elementarprozesse‹ im statist. Mittel kompensieren (z. B. chem. Gleichgewichtsreaktionen, in denen ein chem. Prozeß und seine Umkehrung im Mittel mit derselben Geschwindigkeit ablaufen).

**Reversion** [lat. ›Umkehrung‹] die, -/-en, *Psychologie:* 1) in der Psychoanalyse ein Abwehrmechanismus, der in der Rückwendung gefürchteter, vom Über-Ich verbotener Triebimpulse von äußeren Objekten auf die eigene Person besteht (Selbstbestrafung); 2) bei der opt. Wahrnehmung die →Inversion 10).

**Reversionsprisma, Wendeprisma,** *Optik:* Bez. für zwei in Funktion und Aufbau ähnl., geradsichtige →Umkehrprismen. Beim R. nach HEINRICH WILHELM DOVE (* 1803, †1879) ist der Hauptschnitt (→Prisma 3) ein gleichschenkliges Dreieck, meist mit einem brechenden Winkel von 90°. Das Strahlenbündel trifft parallel zur Basisfläche auf die Eintrittsfläche und tritt nach Brechung an dieser Fläche, Totalreflexion an der Basisfläche und nochmaliger Brechung an der Austrittsfläche wieder parallel zur Basisfläche aus dem Prisma aus. Durch die einmalige Spiegelung tritt eine Seitenvertauschung auf. Durch zweckmäßige Wahl der Höhe des Strahlenbündels über der Basisfläche kann eine Strahlversetzung vermieden werden. In bezug auf die opt. Korrektion kann dieses Prisma wie eine schräg gestellte planparallele Platte behandelt werden. Um Störungen durch Dispersion und Astigmatismus zu vermeiden, muß es im →telezentrischen Strahlengang benutzt werden. Durch Drehung um eine zur brechenden Kante parallele Achse wird das hindurchtretende Strahlenbündel um diese Achse gedreht, und zwar doppelt so schnell wie das Prisma selbst. Für prakt. Anwendungen besteht das Dovesche R. nur aus dem unteren, die Basisfläche enthaltenden Teil des Prismas.

Durch Hinzufügen eines weiteren Doveschen R., das relativ zum ersten um 90° um die opt. Achse gedreht ist, erhält man die **Doppelprismenanordnung** nach DELABORNE, die eine vollständige Bildumkehr bewirkt. Das **Dachkantprisma** nach G. B. AMICI erhält man, wenn man beim Doveschen R. die Basisfläche durch ein Giebeldach ersetzt, dessen Flächen einen rechten Winkel bilden und dessen Firstgrat im Hauptschnitt liegt; es bewirkt durch zweimalige Spiegelung an den beiden Dachflächen ebenfalls eine vollständige Bildumkehr.

**Viljo Revell:** Rathaus in Toronto; 1958–65

**revidieren** [mlat. revidere ›prüfend einsehen‹, von lat. revidere ›wieder hinsehen‹], 1) durchsehen, prüfen; 2) (seine Meinung) nach eingehender Prüfung ändern, korrigieren.

**Revidierte Berner Über|einkunft,** *Urheberrecht:* →Berner Übereinkunft.

**Revier** [über mittelniederländ. riviere aus (alt)frz. rivière ›Ufer(gegend)‹, von vulgärlat. riparia ›am Ufer Befindliches‹, zu lat. ripa ›Ufer‹] *das, -s/-,* **1)** *allg.:* Bezirk (z. B. Jagdbezirk), Zuständigkeits-, Tätigkeitsbereich (z. B. Polizei-R.), auch Gebiet (z. B. Ruhr-R.).

**2)** *Militärwesen:* früher Bez. für den von einem Truppenteil in einer Kaserne oder einem Lager belegten Bereich (daher ›R.-Reinigen‹), auch für die Krankenstube einer Einheit (Kranken-R.).

**3)** *Zoologie:* begrenztes Gebiet innerhalb des natürl. Lebensraums, artspezif. Lebensraumes, das Tiere als ihr eigenes Territorium betrachten und daher entsprechend markieren (→Markierverhalten) und verteidigen. Die Anwesenheit eines R.-Besitzers schließt i. d. R. die Anwesenheit artgleicher (gelegentlich auch artfremder) Konkurrenten (bes. gleichgeschlechtl. Artgenossen) aus. Das R. bietet die räuml. Voraussetzungen für die verschiedensten Umweltansprüche, z. B. Nahrungssuche, Nestbau, Paarung, Brut, Jungenaufzucht, und kann dementsprechend auch weiter untergliedert sein. Innerhalb ihres R. bewegen sich die Tiere meist auf gleichbleibenden Pfaden, die immer wieder bestimmte Stellen zum Ruhen und Schlafen oder zum Trinken und Baden auf. R. gibt es bei allen Wirbeltieren, aber auch bei einigen Wirbellosen (z. B. Insekten, Spinnen, Krebse).

**Reversionsprisma** mit Strahlengang

**Revierfahrt,** die vom Hafenliegeplatz bis zur freien See zurückzulegende Strecke, für die besondere Sicherheitsmaßnahmen (besetzter Manöverstand der Maschinenanlage, Anker klar zum Fallen, wenn vorgeschrieben Lotse usw.) erforderlich sind.

**Revierförster,** Leiter eines →Forstreviers.
**Revierjagdsystem,** das Jagdpachtsystem (→Jagdrecht, Schweiz).

**Review** [rɪ'vju:; engl. ›Rundschau‹, ›Übersicht‹] *die, -/-s,* 1) *Audio-* und *Videotechnik:* das Mithören oder -sehen beim schnellen Rücklauf (3- bis 15fache Wiedergabegeschwindigkeit) von Magneton- oder Videobändern, um bestimmte Ton- oder Bildabschnitte rasch zu finden. Bei der R. bleibt der Magnetkopf mit dem Band in Berührung, allerdings wird bei Videobändern der Ton abgeschaltet (→Muting).
2) *Pressewesen:* 1) Besprechung, Rezension, Kritik; 2) Titel oder Titelbestandteil von Zeitschriften in der Bedeutung ›Rundschau‹.

**Revillagigedo-Inseln** [rɛviʎaxi'xɛðɔ-], unbewohnte vulkan. Inselgruppe im Pazifik, zum mexikan. Staat Colima gehörend, 830 km², v. a. die drei Inseln Socorro, San Benedicto und Clarión.

**Revin** [rə'vɛ̃], Gem. im Dép. Ardennes, Frankreich, an der Maas, (1990) 9 500 Ew.; Pumpspeicherkraftwerk (720 MW).

**Revirement** [revirə'mã; frz. ›Umschwung‹] *das, -s/-s, bildungssprachlich* für: Umbesetzung von Ämtern, bes. Staatsämtern.

**Revision** [mlat. ›prüfende Wiederdurchsicht‹, zu revidieren, vgl. revidieren] *die, -/-en,* 1) *allg.:* 1) nochmalige Durchsicht, Nachprüfung; 2) Änderung nach eingehender Prüfung.
2) *Drucktechnik:* letztmalige Prüfung der Druckform vor dem Auflagendruck auf ausgeführte Korrekturen und Übereinstimmung mit der genehmigten Vorlage anhand des Revisionsbogens.
3) *Prozeßrecht:* das auf Rechtsverletzung gegründete Rechtsmittel, das eine Nachprüfung des Urteils durch eine höhere letzte Instanz (R.-Instanz) in rechtl. Hinsicht ermöglicht. Im Unterschied zur Berufung eröffnet die R. keine neue Tatsacheninstanz (v. a. finden in der R.-Instanz keine neuen Beweiserhebungen statt). →Gericht (ÜBERSICHT).
Die R. findet im *Zivilprozeß* (§§ 545 ff. ZPO) gegen die in der Berufungsinstanz von den OLG erlassenen Endurteile statt; ausgenommen sind Urteile über die Anordnung, Abänderung oder Aufhebung eines Arrestes oder einer einstweiligen Verfügung. Sie ist in nichtvermögensrechtl. Streitigkeiten und in vermögensrechtl. Streitigkeiten mit einem Beschwerdewert bis 60 000 DM zulässig, wenn das OLG sie wegen grundsätzl. Bedeutung der Rechtssache oder wegen Abweichung von einer Entscheidung des BGH zugelassen hat; das R.-Gericht ist an die Zulassung gebunden. Ohne Zulassung ist die R. möglich, wenn das Berufungsgericht die Berufung als unzulässig verworfen hat. In Rechtsstreitigkeiten über vermögensrechtl. Ansprüche mit einem Beschwerdewert von mehr als 60 000 DM kann das R.-Gericht die Annahme der R. ablehnen, wenn die Rechtssache keine grundsätzl. Bedeutung hat. Mit Einwilligung des Gegners kann auch gegen erstinstanzl. Urteile der Landgerichte R. eingelegt werden (**Sprung-R.**). Das R.-Gericht kann die Annahme der Sprung-R. ablehnen, wenn die Rechtssache keine grundsätzl. Bedeutung hat. R.-Instanz ist der BGH, in Bayern das Bayer. Oberste Landesgericht bei Verletzung von Landesrecht. Die R. muß binnen eines Monats seit der Zustellung des vollständigen Urteils an, spätestens aber mit dem Ablauf von fünf Monaten nach Verkündung eingelegt und binnen eines weiteren Monats ab Einlegung der R. begründet werden. Der R.-Gegner kann sich der R. bis zum Ablauf eines Monats nach der Zustellung der R.-Begründung oder eines Beschlusses über die Annahme der R. anschließen (**Anschluß-R.,** →Anschlußberufung). Die R. kann nur darauf gestützt werden, daß die Entscheidung auf der Verletzung des Bundesrechts oder einer über den Geltungsbereich eines OLG-Bezirks übergreifenden Vorschrift beruht. Bei bestimmten Verfahrensverstößen ist ohne weiteres davon auszugehen, daß die Entscheidung auf einer Gesetzesverletzung beruht (**absolute R.-Gründe,** z. B. nicht vorschriftsmäßige Besetzung des erkennenden Gerichts, Mitwirkung eines befangenen Richters, Verletzung der Öffentlichkeit des Verfahrens). Entscheidungsgrundlage ist das im Tatbestand des angefochtenen Urteils oder im Sitzungsprotokoll der Vorinstanz festgestellte Parteivorbringen. Feststellungen der Vorinstanz über die Wahrheit oder Unwahrheit einer Tatsachenbehauptung sind für das R.-Gericht bindend; neue Tatsachen dürfen nicht vorgebracht werden. Wird das Urteil aufgehoben, so ist die Sache i. d. R. an das Gericht der Vorinstanz zurückzuweisen, dieses hat die rechtl. Beurteilung des R.-Gerichts seiner neuen Entscheidung zugrunde zu legen. In bestimmten Fällen kann das R.-Gericht in der Sache selbst entscheiden. Ergeben die Entscheidungsgründe zwar eine Gesetzesverletzung der Vorinstanz, stellt sich die Entscheidung aber aus anderen Gründen als richtig dar, ist die R. zurückzuweisen (zu verwerfen).

Im *Strafprozeß* (§§ 333 ff. StPO) findet die R. gegen Urteile der Strafkammern und Schwurgerichte sowie gegen erstinstanzl. Urteile der OLG statt, gegen Urteile des Strafrichters (am Amtsgericht) und der Schöffengerichte nur wahlweise anstelle der Berufung. Die R. kann nur mit Gesetzesverletzung begründet werden (§§ 337 ff. StPO). Die R.-Einlegungsfrist beträgt eine Woche, die R.-Begründungsfrist einen Monat nach Ablauf der Frist zur Einlegung der R.; die R.-Begründung des Angeklagten muß vom Verteidiger oder einem Rechtsanwalt unterzeichnet oder zu Protokoll des Urkundsbeamten erklärt sein. Aus der Begründung muß hervorgehen, ob das Urteil wegen Verletzung einer Rechtsnorm über das Verfahren oder wegen Verletzung einer anderen Rechtsnorm angefochten wird. Offensichtlich unbegründete R. können auf Antrag der Staatsanwaltschaft durch einstimmigen Beschluß verworfen werden; sonst findet über die R. eine Verhandlung statt, in der das angefochtene Urteil aufgehoben oder die R. als unbegründet verworfen wird. In der Sache selbst darf das R.-Gericht nur entscheiden, wenn ohne weitere tatsächl. Erörterungen auf Freisprechung, Einstellung des Verfahrens oder auf eine absolut bestimmte Strafe zu erkennen ist, ferner wenn übereinstimmend mit dem Antrag der Staatsanwaltschaft die gesetzlich niedrigste Strafe oder das Absehen von Strafe für angemessen erachtet wird. In anderen Fällen wird die Sache an die untere Instanz zurückverwiesen, die an die rechtl. Beurteilung des R.-Gerichts gebunden ist (§§ 333–358 StPO).

Auch das Arbeitsgerichts-Ges., z. T. gilt die ZPO subsidiär), das Sozialgerichts-Ges. (§§ 160 ff. Sozialgerichts-Ges.), das Finanzgerichts-Ges. (§§ 115 ff. Finanzgerichts-Ges.) und das Verwaltungsgerichtsverfahren (§§ 132 ff. Verwaltungsgerichts-Ges.) kennen das Rechtsmittel der Revision.

Nach *österr.* Recht ist die R. das Rechtsmittel gegen Entscheidungen der Berufungsgerichte (§§ 502 ff. ZPO). Eine Anrufung des Obersten Gerichtshofs ist nur zugelassen bei hohem Streitwert oder Rechtsfragen von erhebl. Bedeutung. Es ist zw. ordentl. (Voll- und Zulassungs-R.) und außerordentl. R. zu unterscheiden. Der strafprozeßrechtl. R. entspricht im wesentlichen die Nichtigkeitsbeschwerde (§§ 280 ff. StPO). In der *Schweiz* wird mit R. die Wiederaufnahme eines rechtskräftig abgeschlossenen Verfahrens unter bestimmten Voraussetzungen (i. d. R. bei nachträgl. Entdeckung neuer Tatsachen durch eine Partei oder bei verbrecher. Einwirkung auf das Urteil) bezeichnet. Dem dt. Rechtsmittel der R. entsprechen (je nach maßgebender Prozeßordnung) die **Appellation,** die **Berufung** oder die **Kassationsbeschwerde.**

R. Martin: Prozeßvoraussetzungen u. R. (1974); H. Prütting: Die Zulassung der R. (1977); W. Sarstedt u. R. Hamm: Die R. in Strafsachen (⁵1983); H. Dahs: Die R. im Strafprozeß (⁴1987).

4) *Wirtschaft:* die nachträgl., kritische Untersuchung von Sachverhalten durch Personen, die außerhalb des geprüften Bereichs stehen. Überprüft werden i. d. R. Geschäftsvorfälle einschließlich der darüber angefertigten Aufzeichnungen und sonstige Vorgänge auf ihre Ordnungs-, Gesetz- oder Zweckmäßigkeit sowie Richtigkeit. **Interne R. (Innen-R.)** nennt man die Überprüfung durch Angehörige des eigenen Unternehmens **(R.-Abteilungen); externe R.** bedeutet Überprüfung durch Dritte (Wirtschaftsprüfer, Prüfungsverbände). R. setzt ein klares Beurteilungskriterium (›Soll‹) voraus, an dem der Sachverhalt (das ›Ist‹) zu messen ist. Unterschiede zw. Soll und Ist sollen aufgedeckt und Hinweise zu ihrer Beseitigung erarbeitet werden. Eine R. kann freiwillig, vertraglich vereinbart oder, wie bei der Prüfung des Abschlusses, gesetzlich vorgeschrieben sein.

Hwb. der R., hg. v. A. G. von Coenenberg u. a. (1983); B. Grupp: Interne R. (1986); K. von Wysocki: Grundl. des betriebswirtschaftl. Prüfungswesens (³1988); W. Korber: Interne R. (1989).

**Revisionismus** *der, -,* vielfältig gebrauchtes Schlagwort; bezeichnet i. w. S. die Bemühungen, bestehende Verhältnisse, Verfassungen, Gesetzeswerke oder Staatsgrenzen zu verändern oder ideolog. Positionen zu modifizieren, i. e. S. die Richtung in der internat. Arbeiterbewegung um 1900, die zentrale Aussagen des Marxismus neu zu bewerten, zu revidieren suchte. Der R. wurde der historisch entscheidende Ansatz reformist. Theorien innerhalb der Arbeiterbewegung. Insbesondere die von E. Bernstein entwickelte Theorie des R. stand in Ggs. zu fundamentalen Thesen des orthodoxen Marxismus. Er stellte u. a. fest, daß die ›Verelendung des Proletariats‹, die ›Konzentration des Kapitals‹ und ›die Polarisierung der Gesellschaft in Unternehmer und Handarbeiter‹ (d. h. ein sich ständig verschärfender Klassenkampf) ausgeblieben sei. Der bestehende Staat sei weniger ein Ausdruck der Klassenherrschaft als ein Instrument für das Proletariat, die Gesellschaft im legalen Rahmen neu zu gestalten. Die durch den Druck von Arbeiterparteien und Gewerkschaften erreichten Sozialreformen zeigten, daß auch im Rahmen der bestehenden Gesellschaftsordnung Verbesserungen erreichbar seien. Bernstein forderte daher die Sozialdemokratie auf, sich nicht auf die Revolution vorzubereiten, sondern auf parlamentar. Weg gesellschaftl. Reformen anzustreben und ggf. mit nichtsozialist. Parteien zusammenzuarbeiten. In der SPD waren die Thesen Bernsteins lange Zeit umstritten (›R.-Streit‹). Von Rosa Luxemburg, K. Kautsky, Lenin u. a. auf das heftigste bekämpft, bestimmten der R. jedoch immer stärkere Kreise der Sozialdemokratie, auch außerhalb Dtl.s. 1925 übernahm die SPD die Grundzüge des R. in ihr Heidelberger Programm. Als grundsätzl. Infragestellung marxist. oder marxistisch-leninist. Positionen im reformist. Sinne gilt in kommunist. Parteien als eine schwerwiegende Form der Rechtsabweichung und führt zu Sanktionen, die vom Parteiausschluß bis zu Schauprozessen reichen können.

B. Gustafsson: Marxismus u. R., 2 Bde. (a. d. Schwed., 1972); E. Bernstein: Texte zum R. (1977); H. Grebing: Der R. von Bernstein bis zum ›Prager Frühling‹ (1977); R. Hünlich: Karl Kautsky u. der Marxismus der II. Internationale (1981).

**Revisor** *der, -s/... 'soren,* Prüfer, v. a. Wirtschaftsprüfer.

**Revisor, Der,** russ. ›Revizor‹, Komödie von N. W. Gogol (russ. 1836); danach kom. Oper von W. Egk (Uraufi. 9. 5. 1957 in Schwetzingen).

**Revius** [-vjys], Jacobus, eigtl. **Jacob van Reefsen** [-sə], niederländ. kalvinist. Theologe und Dichter,

\* Deventer Nov. 1586, † Leiden 15. 11. 1658; schrieb als Renaissancedichter bedeutende religiöse Lyrik unter dem Einfluß P. de Ronsards.

Ausgaben: Over-Ysselsche sangen en dichten, hg. v. W. A. P. Smit, 2 Bde. (1930–35); Sonetten, hg. v. W. J. Simons (1959). L. Strengholt: Bloemen in Gethsemané. Verzamelde studies over de dichter R. (Amsterdam 1976).

**Revival** [rɪˈvaɪvəl, engl.] *das, -s/-s,* 1) *allg.:* Erneuerung, Wiederbelebung.

2) *Kunstgeschichte:* angloamerikan. Bez. für Architekturströmungen, die bewußt Stilformen der Vergangenheit wiederbeleben, z. B. Gothic revival.

3) *Musik:* i. e. S. Bez. für die Wiederbelebung des traditionellen → Dixieland-Jazz (**Dixieland R., New-Orleans-Renaissance**); i. w. S. auch in der Rock- und Popmusik das Wiederaufleben früherer Stile (z. B. Rock-'n'-Roll-Revival).

**Revokation** [lat.] *die, -/-en, bildungssprachlich für:* Widerruf (v. a. im Recht).

**Revolte** [frz., eigtl. ›Umwälzung‹] *die, -/-n,* der bewaffnete Versuch einer Gruppe von Menschen, die Reg. ihres Landes gewaltsam zu stürzen und das bestehende Reg.-System zu beseitigen. Aufstand, Rebellion und R., als Begriffe häufig synonym verwandt, stehen oft am Beginn einer Revolution oder markieren ihren Fortgang.

**revoltieren,** an einer Revolte teilnehmen, sich empören, sich auflehnen, meutern.

**Revolution** [frz., eigtl. ›Umdrehung‹, ›Umwälzung‹, zu lat. revolvere, revolutum ›zurückdrehen‹, ›zurückrollen‹] *die, -/-en,* 1) *Astronomie:* der Umlauf eines (kleineren) Himmelskörpers um einen anderen (größeren), z. B. eines Planeten um die Sonne. Die R. ist zu unterscheiden von der Rotation, der Drehung um die eigene Achse.

2) *Politik* und *Gesellschaft:* i. w. S. die Umwälzung von Bestehendem, z. B. der totale Bruch mit überkommenen Wissensbeständen (R. als ptolemäisches Weltbildes), wirtschaftlich-techn. Organisationsmustern (industrielle R.), kulturellen Wertsystemen (Kultur-R.); i. e. S. der Bruch mit der politisch-sozialen Ordnung. Der Begriff R. schwankt dabei inhaltlich zw. ›unaufhaltsamer Veränderung‹ und ›gewaltsamer Umgestaltung‹ von Staat und Gesellschaft. Er steht damit im Ggs. zu allen Begriffen, die das Element der Kontinuität betonen; der Übergang von Reform zur R. ist sehr oft fließend, zumal in Wiss. und Publizistik immer stärker bestritten wird, daß die Gewalt ein konstitutives Element der R. sei. Zu unterscheiden ist R. auch von Formen des Umsturzes, die ohne tiefgreifende Veränderung des Bestehenden z. B. nur eine neue Führungsgruppe an die Spitze des Staates tragen (→ Putsch, → Staatsstreich). Kräfte, die gegen eine R. und ihre Ergebnisse wenden, werden oft **Gegen-R. oder Konter-R.** genannt. Die R. im polit. Sinn ist charakterisiert durch die Hauptträgergruppe des revolutionären Handelns (ständ. R., bäuerl. R., bürgerl. R., proletar. R.), durch ihren sachl. Schwerpunkt (polit. R., soziale R.) oder ihren allgemeinen Bezugsrahmen (nat. R., Welt-R.). Führt eine Reg. eine tiefgreifende, abrupte Umstrukturierung der Gesellschaft durch, spricht man oft von einer ›R. von oben‹.

R. vollziehen sich meist in mehreren Wellen und werden durch eine Vielzahl von ursächlich miteinander verbundenen Umständen ausgelöst und vorangetrieben: permanente Provokation größerer Bevölkerungsteile durch (tatsächl. oder vermeintl.) gesellschaftl. Mißstände; Solidarisierung dieser Gruppen und Erwartung, durch eine gewaltsame Änderung der Verhältnisse grundlegende Forderungen durchsetzen zu können; starke Vertrauenskrise gegenüber der bestehenden staatl. Ordnung; Führerpersönlichkeiten, deren Entscheidungen vom allgemeinen Vertrauen der Revolutionäre getragen werden.

**Revolution – Revolutionsarchitektur**

*Begriffsgeschichte:* Die Bemühungen im 17. Jh., die abrupten Veränderungen der letzten Jahrhunderte – parallel zum astronom. Begriff ›revolutio‹ – als Ergebnis natürl. Gesetzmäßigkeiten, gleichsam als ›Kreisbewegungen‹ zurück zum Zustand des Bewährten und Rechtmäßigen aufzufassen, führten den Begriff R. in die polit. Sprache ein. In diesem Sinn wurde die Vertreibung König JAKOBS II. in England als ›Glorreiche Revolution‹ (1688/89) bezeichnet. Erst die Frz. R. (1789) in ihrer auf die Jakobinerdiktatur zutreibenden Komponente begann mit dem Terminus R. die Vorstellung einer radikalen Abkehr von allem historisch Gewordenen und die völlige Hingabe an eine neu zu errichtende Gesellschaftsordnung zu verknüpfen. Hier verband sich das Wort R. erstmals mit eschatolog. und chiliast. Vorstellungen; es trug seitdem zugleich einen aktivist. und gewalttätigen Akzent. Zugleich breitete sich die Vorstellung aus, daß R. nicht nur die vollzogene Umwälzung, sondern auch der gesamte Prozeß des Umbruchs sei. In der Romantik wurden die subjektiven Elemente (Streben nach Freiheit und Gerechtigkeit) hervorgehoben. Einen systemat. Bezugsrahmen erhielt der Begriff R. mit G. W. F. HEGEL und K. MARX. Ausgehend bes. von der Frz. R. von 1789, markieren nach HEGEL R. das Erreichen einer neuen Stufe im großen Gang der Menschheit zum Bewußtsein der Freiheit und zur Selbstverwirklichung des Geistes. MARX und F. ENGELS dagegen übernahmen von HEGEL nur das konstruktive, dialekt. Entwicklungsschema, ›stülpten‹ es jedoch (laut MARX) ›um‹, indem sie an die Stelle der Geistesentwicklung die ›ökonom. Basis‹ setzten. Sie wandten den Begriff R. erstmals auf alle großen Umwälzungen der Vergangenheit an und werteten sie als Durchbrüche in einem notwendigen Ablauf des Weltgeschehens in Richtung auf eine klassenlose Gesellschaft (→ Marxismus). Über die Lehren von MARX und ENGELS hinaus forderte LENIN die Bildung einer an der marxist. Theorie ausgerichteten Kaderpartei, die als Avantgarde des Proletariats dieses zum Bewußtsein seiner weltgeschichtl. Aufgabe führt und an seiner Spitze die proletarische Revolution durchführt. Die von MARX und ENGELS entwickelte und von LENIN aus seiner Sicht des Marxismus weiterentwickelte R.-Idee bestimmt die R.-Ideologie aller am Sowjetmarxismus orientierten kommunist. Parteien. Unter Berufung auf MARX entwickelte L. D. TROTZKIJ den Gedanken der ›permanenten R.‹: Die proletar. R. darf nicht in einem regional (national) begrenzten Rahmen verharren, sondern sie muß sich vollenden in einem andauernden (permanenten) Prozeß auf der ganzen Welt, zumindest in den sozial differenziertesten und technisch fortgeschrittensten Industriestaaten (→Trotzkismus). MAO ZEDONG entwickelte das marxistisch-leninist. R.-Konzept weiter (→ Maoismus). In der Terminologie vieler Vertreter des → Neomarxismus ist R. das Ergebnis eines schrittweisen, gesellschaftsverändernden Kampfes gegen die vielfältigen Unterdrückungsmechanismen der spätkapitalist. Staats- und Gesellschaftsordnung. Ausgangspunkt des revolutionären Kampfes sollen dabei Schule, Univ. oder die öffentl. Medien sein. Durch R.-Theoretiker aus den wirtschaftlich ›unterentwickelten‹ Ländern Asiens, Afrikas und Lateinamerikas erhielt die R.-Idee neue Impulse (F. → Fanon, E. →Guevara Serna, →Fidelismus).

In fundamentalistisch-islam. Positionen wird der Gedanke der R. mit dem Willen zur Wiederherstellung unverzichtbarer Glaubenssätze und Rechtsvorstellungen verbunden. Die R. ist ein Weg, gegen innere oder äußere Widerstände die Idee des Gottesstaates zu verwirklichen.

T. GEIGER: Die Masse u. ihre Aktion. Ein Beitr. zur Soziologie der R. (1926, Nachdr. 1987); Sowjetsystem u. demokrat. Gesellschaft, hg. v. C. D. KERNIG, Bd. 5 (1972); Empir. R.-Forschung, hg. v. K. VON BEYME (1973); K. GRIEWANK: Der neuzeitl. R.-Begriff (Neuausg. 1973); F. ENGELS u. K. MARX: R. u. Konter-R. in Dtl. (Neuausg. Berlin-Ost [7]1974); G. LUKÁCS: R. u. Gegen-R. (a. d. Ungar., 1976); 200 Jahre amerikan. R. u. moderne R.-Forschung, hg. v. H.-U. WEHLER (1976); K.-H. BENDER: R. Die Entstehung des polit. R.-Begriffes in Frankreich zw. MA. u. Aufklärung (1977); E. MANDEL: Revolutionäre Strategien im 20. Jh. (a. d. Engl., Wien 1978); A. METZGER: Phänomenologie der R. (1979); A. NITSCHKE: R. in Naturwiss. u. Gesellschaft (1979); R. u. Gesellschaft, hg. v. H. REINALTER (Innsbruck 1980); Theorie u. Praxis der R., hg. v. W. W. ERNST (Wien 1980); K. LENK: Theorien der R. ([2]1981); E. ZIMMERMANN: Krisen, Staatsstreiche u. R. Theorien, Daten u. neuere Forschungsansätze (1981); D. CLAUSSEN: List der Gewalt. Soziale R. u. ihre Theorien (1982); W. EISNER: Solidarität u. dt. Misere. Erfahrungsmomente der frühen sozialen Bewegungen bis 1848 (1982); T. FUCHS: Bewaffnete Aufstände. Von den Bauernkriegen bis Baader-Meinhof (1982); R. MCAFEE BROWN: Von der gerechten R. Religion u. Gewalt (a. d. Amerikan., 1982); R. oder Reform? Herbert Marcuse u. Karl Popper. Eine Konfrontation, hg. v. F. STARK ([5]1982); L. D. TROTZKI: Gesch. der russ. R., 3 Bde. (a. d. Russ., Neuausg. 1982); Revolutionary theory and political reality, hg. v. N. O'SULLIVAN u. a. (Brighton 1983); H. ARENDT: Über die R. (a. d. Engl., Neuausg. [3]1986); E. BURKE: Betrachtungen über die Frz. R. Gedanken über die frz. Angelegenheiten (a. d. Engl., Neuausg. Zürich 1986); Die Frz. R. 1789–1989. R.-Theorie heute, bearb. v. J. H. VON HEISELER u. a. (1988); R., Reform, Restauration. Formen der Veränderung von Recht u. Gesellschaft, hg. v. H. MOHNHAUPT (1988); E. BLOCH: Thomas Münzer als Theologe der R. (Neuausg. Leipzig 1989); M. KOSSOK: R. der Weltgesch. Von den Hussiten bis zur Pariser Commune (1989); M. J. LASKY: Utopie u. R. Über die Ursprünge einer Metapher oder Eine Gesch. des polit. Temperaments (a. d. Amerikan., 1989); W. I. LENIN: Staat u. R. (a. d. Russ., Berlin-Ost [27]1989); A. DE TOCQUEVILLE: Der alte Staat u. die R. (a. d. Frz., Neuausg. [3]1989); H. MARCUSE: Vernunft u. R. (a. d. Amerikan., [8]1990); Die R. in Osteuropa, hg. v. W. MAASS (1990); R. DAHRENDORF: Betrachtungen über die R. in Europa ([2]1991).

**Revolution, Pik R.**, russ. **pik Rewoljuzi|i, pik Revoljuci|i**, höchster Berg der Jasgulemer Gebirgskette im Pamir, in Tadschikistan, 6974 m ü. M.; vergletschert (am N-Hang der → Fedtschenkogletscher), der S-Hang fällt steil zum Bartangtal ab. 1954 von sowjet. Bergsteigern erstmals bestiegen.

**revolutionär,** 1) eine Revolution betreffend, zum Ziel habend; 2) umwälzend. – **revolutionieren,** grundlegend ändern.

**Revolutions|architektur,** Richtung der frz. Architektur gegen Ende des 18. Jh., die ein Bauen in nüchtern-monumentalen, stereometr. Formen forderte und sich in vielem an A. PALLADIO sowie G. B. PIRANESI anschloß. Die 1943 geprägte Bez. R. meint den Bruch mit der Tradition, nicht das polit. Bekenntnis zur Frz. Revolution. Ihre Hauptvertreter waren E.-L. BOULLÉE, C.-N. LEDOUX und JEAN-JAQUES LEQUEU (* 1757, † nach 1825), von denen LEDOUX auch

*Revolutionsarchitektur:* Claude Ledoux, Königliche Saline in Arc-et-Senans, Département Doubs; 1774–79

exemplar. Bauten ausführen konnte (Salinenarchitektur in Arc-et-Senans, 1774–79; Barrière de la Villette in Paris, 1784–89). Im übrigen Europa zeigten u. a. F. GILLY, J. SOANE oder A. D. SACHAROW analoge Tendenzen. Weiteres BILD → Ledoux, Claude-Nicolas

A. M. VOGT: Russ. u. frz. R. 1917/1789 (1974); E. KAUFMANN: Trois architectes révolutionnaires: Boullée, Ledoux, Lequeu (Paris 1978); R. – Ein Aspekt der europ. Architektur um 1800, hg. v. W. NERDINGER, Ausst.-Kat. (1990); R. Klass. Beitr. zu einer unklass. Architektur, hg. v. K. J. PHILIPP (1990).

**Revolutions|kriege,** die → Französischen Revolutionskriege.

**Revolutions|tribunal,** in Frankreich 1793–95 außerordentl., vom Wohlfahrtsausschuß eingesetzter Gerichtshof; Hauptorgan der jakobin. Schreckensherrschaft. Öffentl. Ankläger war A. Q. FOUQUIER-TINVILLE.

**Revolver** [engl., zu to revolve ›drehen‹, von lat. revolvere ›zurückdrehen‹, ›zurückrollen‹] der, -s/-, 1) *Fertigungstechnik:* → Revolverkopf.
2) *Waffenwesen:* mehrschüssige Faustfeuerwaffe, bei der die Patronen in meist sechs Kammern einer hinter dem Lauf angeordneten drehbaren Walze (Trommel) untergebracht sind (daher Trommel-R.), wobei die durch manuelles Spannen des Hahns bzw. durch Betätigen des Abzugs selbsttätig erfolgende Drehung der Trommel jeweils die nächste Patronenkammer hinter den Lauf bringt. Man unterscheidet R. mit einfacher Abzugsbewegung (der Hahn muß jedesmal manuell gespannt werden) oder mit Doppelbewegung (Betätigung des Abzugs bewirkt das Spannen des Hahns, das Drehen der Trommel und das Auslösen des Schusses; auch manuelles Spannen ist möglich). *Geschichte:* Vorläufer der heutigen R. waren die Bündel-R. mit einem drehbaren Bündel von vorn zu ladender Läufe (bereits um 1600; mit Abzugsspannung 1830). Vorderlader-R. (Perkussions-R.) mit feststehendem Lauf, automatisch beim Spannen des Hahns sich drehender Trommel und einfacher Abzugsbewegung wurden ab 1836 (von S. → Colt), mit Doppelbewegung ab 1845 hergestellt. 1850 entwickelte EUGÈNE GABRIEL LEFAUCHEUX (* 1820, † 1871) die ersten Hinterlader-R. für Stiftfeuerpatronen (ein herausragender Stift wird vom Hahn ins Zündhütchen getrieben) und N. VON DREYSE einen Zündnadel-R., dessen Papierpatronen von vorn in die Walze eingeführt wurden. 1857 brachten H. SMITH und D. B. WESSON die Hinterlader-R. für die von ihnen entwickelten Randfeuerpatronen (Zündsatz im aufgewölbten Rand des Hülsenbodens, Hülse aus Metall) heraus, die dann ab 1869 einen modernen Kipplauf mit automat. Hülsenauswurf besaßen. Der erste R. für Zentralfeuerpatronen (mit Mittenfeldzündung), wie sie heute allg. üblich sind, stammt von P. WEBLEY (1867).

Lit. → Pistole.

**Revolverdrehmaschine,** eine Werkzeugmaschine, → Drehen.

**Revolvergeschütz, Revolverkanone,** kleinkalibriges Geschütz (meist 3,7–4,7 cm), bei dem die in Gurten zugeführten Granaten an den Ladungsräume eines hinter dem Geschützrohr befindl., rotierenden Trommel eingeführt werden, daß unmittelbar vor dem Verriegeln und dem Abfeuern stets eine Granate hinter dem Rohr liegt. Das Vorhandensein mehrerer Ladungsräume ermöglicht die Aufteilung der Ladevorgänge auf mehrere Schußintervalle und damit eine sehr hohe Kadenz (bis zu 2000 Schuß pro Minute). In der Art dem R. ähnlich ist die nach anderen Prinzip (Bündel um eine Achse rotierender Rohre) konstruierte → Gatling-Kanone, bei der die Drehbewegung der Rohre früher durch eine Handkurbel, heute durch einen Elektromotor erzeugt wird.

**Revolverkopf, Revolver,** *Fertigungstechnik:* drehbarer Werkzeugspanner an Werkzeugmaschinen (Dreh-, Bohrmaschinen, Pressen). Die versch., nacheinander zum Einsatz vorgesehenen Werkzeuge werden entweder an der Stirnseite (**Trommel-R.**) oder am Umfang (**Stern-R.**) eingespannt. Durch Drehen der Revolverachse gelangen die Werkzeuge dann in die jeweilige Arbeitsstellung. BILD → Drehen

**Revolvingkredit** [rɪˈvɔlvɪŋ-; engl. revolving ›sich drehend‹], **revolvierender Kredit,** Kreditgeschäft, bei dem entsprechend dem Geschäftsrhythmus der Kreditnehmer zurückgezahlte Kreditbeträge wieder in Anspruch nehmen kann, z. B. Diskontkredite, bei denen entsprechend dem Warenumschlag anstelle fällig gewordener eingelöster Wechsel andere aus neuen Warengeschäften stammende Wechsel im Rahmen des Wechselobligos diskontiert werden; ähnlich die wiederholt mögl. Inanspruchnahme von Kontokorrentkrediten.

Von Finanzmaklern vermittelte oder von Banken eingeräumte R. zur Finanzierung langfristiger Anlagen werden als **Revolvinggeschäft** oder **Revolvingsystem** bezeichnet. Zum Deckungsstock von Kapitalsammelstellen, bes. Versicherungsgesellschaften, gehörende Gelder werden formal kurzfristig, meist in Form eines Schuldscheindarlehens, an die Industrie ausgeliehen. Ein langfristiger Effekt wird dadurch erzielt, daß bei Fälligkeit der formal kurzfristige Kredit entweder prolongiert oder durch neue kurzfristige Kredite ersetzt wird.

**Revolving underwriting facilities** [rɪˈvɔlvɪŋ ʌndəraɪtɪŋ fəˈsɪlɪtɪz, engl.], Form der → Euronotes.

**revozieren** [lat. revocare, eigtl. ›wieder rufen‹], *bildungssprachlich* für: widerrufen; zurücknehmen, zurückziehen.

**Revue** [rəˈvy; frz., eigtl. ›Übersicht‹, ›Überblick‹] *die, -/-n,* 1) *Darstellungskunst:* Bühnendarbietung von lose aneinandergereihten Szenen mit gesprochenen Texten, Gesang, Tanz und Artistik. In **Ausstattungs-R.** werden prunkvolle Dekorationen und Kostüme gezeigt, **literarische R.** bringen zeitbezogene Chansons. Die neueren R. kamen in Frankreich (Folies-Bergère) und den Londoner Music Halls auf und wurden in Dtl. seit 1898 im Berliner Metropoltheater bes. gepflegt. In den USA schuf nach 1918 F. ZIEGFELD mit seinen Tanzgirls die großen **Tanz-R.** In den 20er Jahren entwickelte sich in Dtl. die **Kabarett-R.** Seit etwa 1930 gibt es auch **Eis-R.** auf künstl. Eisflächen im Zirkus oder in Hallen. Seit dem Zweiten Weltkrieg sind die R.-Theater fast ganz verschwunden; doch ist die R. als Show im Fernsehen neu entstanden.
2) *Publizistik:* Titel oder Titelbestandteil frz.-sprachiger Zeitschriften in der Bedeutung von ›Rundschau‹; im 19. Jh. war R., zunächst in Frankreich, dann auch in Dtl., eine Gattungs-Bez. der Monatszeitschriften für Politik, Kultur und Wirtschaft.

**Revueltas** [rrɛˈβu̯ɛltas], 1) José, mexikan. Schriftsteller, * Durango 20. 11. 1914, † Mexiko 14. 4. 1976; politisch aktiver Journalist; Mitgl. der Kommunist. Partei (bis 1961); mehrmals inhaftiert; in seinem literar. Werk (polit. und kulturkrit. Essays, Theaterstücke, Erzählungen, Romane) wechselt die Darstellung brutaler Realität mit poetisch-philosoph. Aspekten.

Werke: *Romane:* El luto humano (1943); Los días terrenales (1949); Los motivos de Cain (1957); Los errores (1964); El apando (1969). – *Erzählungen:* Dios en la tierra (1944); Dormir en tierra (1960).
Ausgaben: Obras completas, 24 Bde. (1978–85). – Die Schwester, die Feindin. Erz. (1991).
S. L. SLICK: J. R. (Boston, Mass., 1983); A. RABADAN: El luto humano de J. R. (Mexiko 1985).
2) Silvestre, mexikan. Komponist, Dirigent und Violinist, * Santiago Papasquiaro (Durango) 31. 12.

Revolver 2) mit Kipplauf (oben) und mit ausschwenkbarer Walze (unten)

Jean Rey

Reykjavík
Stadtwappen

Hauptstadt von Island

95 800 Ew.

wichtigster Hafen Islands

Fischereiflotte

Industriestandort

Beheizung mit geothermischer Energie

877 gegründet

seit 1786 Stadt

seit 1843 Sitz des Althings

Bischofssitz

Universität (1911 gegründet)

1899, † Mexiko 5. 10. 1940; studierte u. a. in New York (O. Ševčík), war Dirigent des Sinfon. Orchesters von Mexiko und Prof. für Violine am Staatskonservatorium ebd. Sein musikal. Stil, durch glänzende Melodik, rhythm. Kraft und starke Dissonanzbehandlung gekennzeichnet, ist vielfach von der mexikan. Folklore angeregt. Er schrieb Orchesterwerke (u. a. ›Sensemayá‹, 1938), Kammermusik, Klavierstücke, Lieder, ferner Filmmusik.

**Rewda, Revda,** Stadt im Gebiet Jekaterinburg, Rußland, im Mittleren Ural, nahe der Mündung der Rewda in die Tschussowaja, (1987) 66 000 Ew.; Kupferhütte (seit 1734; Kupfererze von Degtjarsk, südöstlich von R.), Herstellung von Draht, Nägeln, Schrauben u. a. Kleineisenwaren sowie von Phosphatdünger. – R. wurde 1730 mit der Errichtung des Hüttenwerks gegründet.

**Rewe-Gruppe,** Unternehmen des Lebensmittelgroß- und Einzelhandels, gegr. 1921 als Revisionsverband der Westkauf-Genossenschaften e. V., Duisburg. Durch eine Neuorganisation wurde die Rewe Zentral AG 1973 das Leitunternehmen. Seit 1991 ist der typ. genossenschaftl. dreistufige Aufbau (Einzelhandel, Großhandel, Zentrale) durch die Zweistufigkeit weitgehend ersetzt, indem die ehem. Großhandlungen als Niederlassungen direkt der Zentrale unterstellt wurden; Sitz: Köln. Zur R.-G. gehören neben den (1991) rd. 3 200 selbständigen Rewe-Einzelhandelsgeschäften die Rewe & Co. OHG, Bad Homburg, die frühere Rewe Leibbrand (gegr. 1974), deren Kapital seit 1989 zu 100 % (vorher 50 %) von der Rewe Zentrale gehalten wird. Die R.-G. betreibt die Lebensmittelfilialketten Bona, HL, Minimal, Penny, Toom sowie die Dt. Supermarkt AG (1991 fusioniert aus Dt. Supermarkt GmbH und Stüssgen AG) und übernahm 1990 das Ladennetz (Bereich Süd) der Co op AG. In den neuen Bundesländern wurden 200 frühere HO-Betriebe übernommen, von denen die Hälfte privatisiert wird. Insgesamt betrieb die R.-G. 1991 rd. 400 eigene Märkte in den neuen Bundesländern. Weitere Beteiligungsgesellschaften sind u. a. Fegro/Selgros, Frick Teppichboden, Pro Markt. Kapitaleigner der Rewe Zentral AG sind die von den selbständigen Einzelhändlern getragenen Genossenschaften, Umsatz (gesamte R.-G. 1990): 32,2 Mrd. DM, Beschäftigte: 120 000.

**Rewel,** alter russ. Name von → Reval.

**Rex** [lat. ›Lenker‹, ›König‹] der, -/'Reges, **1)** Diplomatik und Numismatik: Bez. für König, z. T. bis ins 19. Jahrhundert.
**2)** Geschichte: Titel der etrusk. Herrscher Roms in der legendären Frühzeit; der letzte, TARQUINIUS SUPERBUS, wurde 509 v. Chr. (?) aus Rom vertrieben.

**Rexbewegung, Rexismus,** frz. **Mouvement rexiste** [muv'mã rɛ'ksist], faschist. Bewegung in Belgien, entstand in den 1930er Jahren aus jungkath. Erneuerungstendenzen um den Rex-Verlag der Kath. Aktion in Löwen (ab 1930 geleitet von L. DEGRELLE). Ab 1935 auf Betreiben DEGRELLES selbständige Partei, setzte sich die R. ein für die Schaffung eines autoritären polit. Systems auf korporativer Basis unter Ausschaltung der als korrupt bekämpften traditionellen polit. Parteien. 1936 errang die R. mit 21 Mandaten einen großen Wahlerfolg, 1939 erhielt sie aber nur noch vier Sitze. Nach der Besetzung Belgiens 1940 kollaborierte die R. mit der dt. Besatzungsmacht und war beteiligt an der Aufstellung der Wallon. Legion, die auf dt. Seite gegen die UdSSR kämpfte; nach Kriegsende wurde die R. verboten.

J. M. ETIENNE: Le mouvement rexiste jusqu'en 1940 (Paris 1968).

**Rexkaninchen, Kurzhaarkaninchen,** Rassengruppe mittelschwerer, kurzhaariger Hauskaninchen unterschiedl. Herkunft; mit sehr weichem (teils samtartigem), etwa 10–15 mm langem, senkrecht stehendem Haar und unterschiedl. Augenfarbe. R. werden in vielen Farbschlägen gezüchtet; z. B. Castor-Rex (kastanienbraun), Feh-Rex (hellgraublau), Lux-Rex (hellsilberblau). Das **Deutsche Kurzhaarkaninchen** (Woll-Rex) hat leicht gekräuseltes Haar (in versch. Farben).

**Rexkatzen,** bei Kurzhaarkatzen durch Mutation auftretende Fellvarietät (rezessiver Erbgang) mit gewelltem oder lockigem Haar, das hauptsächlich aus Wollhaaren besteht; auch die Schnurrhaare sind gekräuselt. R. sind bes. widerstandsfähig gegen Krankheiten und daher begehrte Zuchttiere.

Rexkatze

**Rexroth** [ˈreksrɔθ], Kenneth, amerikan. Schriftsteller und Maler, * South Bend (Ind.) 22. 12. 1905, † Santa Barbara (Calif.) 6. 6. 1982; Autodidakt; lebte ab 1927 in San Francisco (Calif.), wo er sich kulturell und politisch (u. a. in der Gewerkschaftsbewegung) engagierte. In den 50er Jahren stand er der → Beat generation nahe. Seine Gedichte, zunächst unter dem Einfluß surrealer und imagist. Bildlichkeit (→ Imagismus), zeigen im späteren Werk eine strengere, intellektbetonte Auffassung; verfaßte auch Versdramen und Essays, übersetzte chin., japan., lat. und griech. Lyrik und fand Beachtung als abstrakter Maler. Er galt als eine der zentralen Figuren des literar. Lebens in San Francisco.

**Werke:** *Lyrik:* Natural numbers (1963); The collected shorter poems (1966); The collected longer poems (1968); New poems (1974). – *Essays:* Bird in the bush (1959); Assays (1961); The alternative society (1970). – *Autobiographisches:* An autobiographical novel (1966); Excerpts from a life (1981).
**Ausgaben:** The R. reader, hg. v. E. MOTTRAM (1972); Selected poems, hg. v. B. MORROW (1984).
M. GIBSON: K. R. (New York 1972); ders.: Revolutionary R., poet of East-West wisdom (Hamden, Conn., 1986); L. BARTLETT: K. R. (Boise, Id., 1988); L. HAMALIAN: The life of K. R. (New York 1991).

**Rex sacrorum** [lat. ›Opferkönig‹], im altröm. Kult der vornehmste, wenn auch politisch völlig machtlose Priester. Er nahm die urspr. dem König vorbehaltenen sakralen Funktionen wahr, für deren wirksame Ausübung der Königsname unentbehrlich schien.

**Rey** [rɛj], Stadt in Iran, → Raj.

**Rey 1)** [rrɛj], Fernando, eigtl. **F. Casado Arambillet Veiga** [-ˈβiʎɛt-], span. Schauspieler, * La Coruña 20. 1. 1912 (?); als Darsteller (seit 1945) wurde R. bes. durch Filme von L. BUÑUEL bekannt.
**Filme:** Viridiana (1961); Tristana (1970); Der diskrete Charme der Bourgeoisie (1972); Dieses obskure Objekt der Begierde (1978); Monsignor (1982); Black Arrow – Im Krieg der Rosen (1985); Nackter Tango (1990).

**2)** [rɛ], Jean, belg. Politiker, * Lüttich 15. 7. 1902, † ebd. 19. 5. 1983; Rechtsanwalt; 1939–40 und erneut 1946–58 Abg. der wallon. Liberalen, zu deren Präs. er 1976 gewählt wurde. 1949–50 Min. für Wiederaufbau, 1954–58 Wirtschafts-Min. R. setzte sich bes. für die europ. Einigung ein: Mitgl. der Beratenden Versammlung des Europarats (1949–53), maßgebl. Beteiligung an den Röm. Verträgen, ab 1958 Mitgl. der Kommission der EWG. Als Präs. der Europ. Kommission (1967–70) brachte R. u. a. mit der Verwirklichung der Zollunion 1968 die europ. Integration entscheidend voran. 1974–78 leitete er den Internat. Rat der Europ. Bewegung; 1979–80 war er Abg. im ersten direkt gewählten Europaparlament und Ehren-Präs. der liberalen Fraktion.

**Reyes** ['rrɛies], Alfonso, mexikan. Gelehrter und Schriftsteller, * Monterrey 17. 5. 1889, † Mexiko 27. 12. 1959; Diplomat, 1941 Prof. für Philosophie, 1944 Direktor des Colegio Nacional de México; universal gebildet, übte R. wesentl. Einfluß auf die Erneuerung des geistigen Lebens Mexikos aus; forschte über Philosophie und Literatur von der Antike bis zur Moderne (v. a. über L. DE GÓNGORA Y ARGOTE, GOETHE, S. MALLARMÉ). Glänzender Essayist (›Vision de Anáhuac‹, 1917); trat auch als Lyriker, Erzähler, Dramatiker, Übersetzer (MALLARMÉ, L. STERNE u. a.) und Literaturtheoretiker (›El deslinde‹, 1944) hervor.

**Weitere Werke:** *Lyrik:* Yerbas del Tarahumara (1934); Algunos poemas, 1925–1939 (1941); Cortesía, 1909–1947 (1948). – Kleine Miniaturen (1977, Ausw.). – *Essays u. Kritik:* Cuestiones estéticas (1911); La experiencia literaria (1942); Trayectoria de Goethe (1954).

**Ausgabe:** Obras completas, 21 Bde. (1955–81).
J. W. ROBB: Repertorio bibliográfico de A. R. (Mexiko 1974); A. REYES: Genio y figura de A. R. (Buenos Aires 1976); P. PATOUT: A. R. et la France (Paris 1978).

**Reyes Basoalto** ['rrɛiez-], Neftalí Ricardo, chilen. Lyriker, → Neruda, Pablo.

**Reyher** ['raɪər], Andreas, Pädagoge, * Heinrichs (heute zu Suhl) 4. 5. 1601, † Gotha 2. 4. 1673; verfaßte im Auftrag Herzog ERNSTS DES FROMMEN für Sachsen-Gotha die erste selbständige staatl. Volksschulordnung (1642), die wegweisende Bestimmungen für Schulorganisation und Unterricht enthielt und Vorbild für andere Schulordnungen wurde.

**Reykjavík** ['raɪkjaˌviːk, isländ. 'rɛikjaviːk ›Rauchbucht‹], Hauptstadt und wichtigster Hafen Islands, im Innern einer stets eisfreien Bucht (Faxaflói) an der Westküste, (1988) 95 800 Ew., bildet einschließlich der mit R. zusammengewachsenen Städte Kópavogur, Hafnarfjörður, Seltjarnes und Garðabær eine Agglomeration von (1988) 136 400 Ew. (= 54% der Bev. Islands). R. ist Sitz von Reg., Parlament und Oberstem Gerichtshof, eines ev. und eines kath. Bischofs; Kulturzentrum mit Univ. (seit 1911), wiss. Instituten (u. a. für Meeresforschung, Landwirtschaft, Fischereiindustrie). Nationalarchiv, -bibliothek, -museum, naturhistor. Museum, Kunstgalerie, Nationaltheater, Hörfunk-, Fernsehsender. Über den Hafen von R. wird fast der gesamte Import Islands und ein Großteil des Exports abgewickelt, er ist wichtigster Passagierhafen des Landes und Standort einer Fischereiflotte. Die Industrie umfaßt Schiffbau (Fischereifahrzeuge), Kfz-Montage, Düngemittelfabrik (auf Gufunes), Leder-, Textil-, Bekleidungs-, Elektro- (Kühltechnik), Nahrungsmittelindustrie (u. a. Fleisch-, Fischverarbeitung, Molkereiprodukte), Herstellung von Stahlmöbeln sowie nahebei (im südlich gelegenen Straumsvík) eine Aluminiumhütte; Flughafen für den Inlandverkehr. – R. wurde 877 nach der Landnahme des Norwegers INGÓLFUR ÁRNASON (870/874) als Wikingersiedlung gegr.; erst 1786 wurde R. Stadt. 1843 nahm das Althing in R. seinen Sitz. 1903 wurde die Stadt Amtssitz des dän. Ministeriums für Isländ. Angelegenheiten, seit Erlangung der Unabhängigkeit ist R. Hauptstadt Islands. – Eine Besonderheit ist die Beheizung der Stadt mit natürl. Heißwasser, das z. T. unmittelbar bei R. erbohrt ist (seit 1930/43; heute über 300 Brunnen). Das Stadtbild wird von relativ jungen Bauten geprägt; inmitten der ›Altstadt‹ nahe dem Hafen liegt der See Tjörnin.

**Reykjavík:** Stadtzentrum mit dem See Tjörnin

**Reyles** ['rrɛiles], Carlos, uruguay. Schriftsteller, * Montevideo 30. 10. 1868, † ebd. 24. 7. 1938; Großgrundbesitzer, Prof. in Montevideo. In seinem Erzählwerk über das Landleben und den Zwiespalt von Ideal und Wirklichkeit fließen Naturalismus und Modernismus zusammen.

**Werke:** *Romane:* Beba (1894); La raza de Caín (1900); El terruño (1914); El embrujo de Sevilla (1922); El gaucho Florido (1932).
K. MEYER-MINNEMANN: Der spanischamerikan. Roman des Fin de siècle (1979).

**Reymerswaele** ['rɛiməˌrswaːlə], **Roemerswaele,** Marinus Claesz. van, niederländ. Maler, * Reimerswaal (Prov. Seeland) um 1490, † nach 1567; ausgebildet 1506–09 in Antwerpen, tätig in Middelburg (1567 wegen Teilnahme an einem Bildersturm verbannt). R. schuf v. a. Genre- und Historienbilder. In Anlehnung an Q. MASSYS malte er Genreszenen mit Halbfiguren unter Betonung stillebenhafter Züge (›Ein Steuereinnehmer mit seiner Frau‹, 1538, München, Alte Pinakothek; 1539, Madrid, Prado; 1541, Dresden, Gemäldegalerie).

**Marinus Claesz. van Reymerswaele:** Ein Steuereinnehmer mit seiner Frau; 1539 (Madrid, Prado)

**Reymond** [rɛˈmɔ̃], **Raymond,** Pierre, frz. Emailmaler, * Limoges um 1513, † nach 1584; bedeutendstes Mitgl. einer in Limoges tätigen Emailmalerfamilie; nachweisbar 1534–78. Er schuf Prunkgefäße, Teller (u. a. zwei Teller mit Adam und Eva, 1560, Paris, Louvre) und kleinere Gebrauchsgegenstände, die er bevorzugt mit Grisaillen schmückte.

# Reym  Reymont – Reynolds

Władysław Reymont

Paul Reynaud

Albert Reynolds

Burt Reynolds

**Reymont** ['rɛjmɔnt], Władysław Stanisław, eigtl. **W. S. Rejment,** poln. Schriftsteller, * Kobiele Wielkie (bei Tschenstochau) 7. 5. 1867, † Warschau 5. 12. 1925; Sohn eines Dorforganisten, absolvierte eine Schneiderlehre, war Wanderschauspieler, Bahnarbeiter, Klosternovize; lebte ab 1893 in Warschau; Reisen innerhalb Europas und in die USA. R., dessen Werke sich durch genaue Beobachtung des Milieus, volkstüml. Sprache und fesselnde Fabeln auszeichnen, behandelt in seinem an É. ZOLA erinnernden naturalist. Roman ›Ziemia obiecana‹ (2 Tle., 1899; dt. ›Lodz. Das gelobte Land‹) kritisch soziale Themen der Fabrikstadt Lodz. In seinem symbolist. Hauptwerk, dem episch-breiten Roman ›Chłopi‹ (4 Bde., 1904–09; dt. ›Die Bauern‹), für den er 1924 den Nobelpreis für Literatur erhielt, stellt er das poln. Dorfleben im Wechsel der Jahreszeiten dar.

*Weitere Werke: Romane:* Komediantka (1896; dt. Die Komödiantin); Fermenty (1897; dt. Die Herrin); Wampir (1911; dt. Der Vampir); Trilogie: Rok 1794, Bd. 1: Ostatni Sejm Rzeczypospolitej (1913; dt. Der letzte poln. Reichstag), Bd. 2: Nil desperandum (1916; dt.), Bd. 3: Insurekcja (1918; dt. Der Aufstand). – *Novellen:* Spotkanie (1897); Lili (1899); Przed świtem (1902).
*Ausgaben:* Pisma, 20 Bde. (1948–52); Pisma, 11 Bde. (1968–80). – Poln. Bauernnovellen, übers. v. J. P. VON ARDESCHAH (1919); In der Opiumhöhle. Unbekannte Erz., hg. v. J. ZIELIŃSKI (1989).
J. R. KRZYŻANOWSKI: W. S. R. (a. d. Poln., New York 1972); J. RURAWSKI: W. R. (Warschau 1977).

**Reynaud** [rɛ'no], **1)** Jean Ernest, frz. Ingenieur und Sozialphilosoph, * Lyon 14. 2. 1806, † Paris 28. 6. 1864; vertrat einen von den Saint-Simonisten beeinflußten Sozialismus. In seinem Hauptwerk ›Philosophie religieuse. Terre et ciel‹ (1854) vertrat er die Idee eines unbegrenzten Fortschritts im Sinn der Vergeistigung des Menschen.

**2)** Paul, frz. Politiker, * Barcelonnette 15. 10. 1878, † Neuilly-sur-Seine 21. 9. 1966; Jurist; gehörte als Abg. 1919–24 zum Bloc national républicain, ab 1928 zur Demokrat. Allianz, war 1930–40 mehrfach Min. (Finanzen, Kolonien, Justiz). Als Nonkonformist der bürgerl. Rechten griff R. den Plan C. DE GAULLES für eine Panzerarmee mit Berufssoldaten auf, plädierte im Abessinienkonflikt für Sanktionen gegen B. MUSSOLINI und lehnte eine Verständigung mit HITLER ab. 1938 hob er als Finanz-Min. die Sozialleistungen der →Volksfront auf. Am 21. 3. 1940 zum MinPräs. gewählt (zugleich Außen-Min., ab Mai auch Verteidigungs-Min.), bemühte sich R. um Festigung der frz.-brit. Allianz und suchte vergeblich, die militär. Niederlage Frankreichs durch Einbeziehung erfolgreicher Militärs und Fachleute in die Reg. (z. B. P. PÉTAIN, DE GAULLE) zu verhindern. Da er sich mit seinem Plan, den Kampf von den Kolonien aus fortzusetzen, nicht durchsetzen konnte, trat er am 16. 6. 1940 zurück. Im Sept. 1940 auf Befehl PÉTAINS inhaftiert, in →Riom angeklagt, nach der Auslieferung an Dtl. 1942 in KZ-Haft. 1946–62 Abg. der Unabhängigen Republikaner, 1948 Finanz-Min., 1953–54 stellv. MinPräs. Als Befürworter der dt.-frz. Verständigung und Anhänger der europ. Einigung Abg. im Europarat (1949–57) und der Gemeinsamen Versammlung der Montanunion (1952–58). 1958 war R. Präs. des beratenden Komitees für die Ausarbeitung der Verf. der V. Rep., wurde aber bald ein Gegner der Politik DE GAULLES (Ausnahme: Entkolonialisierung).

*Schriften:* La France a sauvé l'Europe, 2 Bde. (1947, Neuausg. 1951 u. d. T.: Au cœur de la mêlée 1930–45); Mémoires, 2 Bde. (1960–63); La politique étrangère du gaullisme (1964).

**Reynold** [rɛ'nɔld], Gonzague de, schweizer. Schriftsteller frz. Sprache, * Cressier (bei Freiburg im Üechtland) 15. 7. 1880, † Freiburg im Üechtland 9. 4. 1970; gehörte zu der Gruppe von Schriftstellern, die Anfang des 20. Jh. eine eigenständige französischsprachige schweizer. Literatur schufen. Als Historiker und Literaturwissenschaftler beschäftigte er sich v. a. mit der Kulturgeschichte der Schweiz, deren Bedeutung er in der Vermittlung zw. german. und roman. Völkern sah. R.s Vision eines zukünftigen Europa (›La formation de l'Europe‹, 7 Bde., 1944–57) lehnte sich eng an eine bis ins MA. zurückreichende Tradition an.

*Werke: Essays:* Histoire littéraire de la Suisse au XVIIIᵉ siècle, 2 Bde. (1909–12); Cités et pays suisses, 3 Tle. (1914–20; dt. Schweizer Städte u. Landschaften); Contes et légendes de la Suisse héroïque (1914; dt. Sagen u. Erz. aus der alten Schweiz). – *Memoiren:* Mes mémoires, 3 Tle. (1960–63).

**Reynolds** ['rɛnldz], **1)** Albert, irischer Politiker, * Rooskey (Cty. Roscommon) 3. 11. 1935; Mitgl. der Fianna Fail, seit 1977 Abg., 1987–89 Min. für Industrie und Handel, 1988–89 für Finanzen und öffentl. Dienst, ab Juli 1989 erneut Finanz-Min., trat im Nov. 1991 nach Scheitern eines Mißtrauensantrags gegen Premier-Min. C. HAUGHEY zurück. Im Febr. 1992 löste er diesen als Premier-Min. ab.

**2)** Burt, amerikan. Schauspieler, * Waycross (Ga.) 11. 2. 1936; seit 1961 beim Film. 1972 begann er seine Starkarriere; auch Regisseur von Filmen, in denen er gleichzeitig als Hauptdarsteller agierte (›Nobody is Perfect‹, 1977; ›Sharky und seine Profis‹, 1981; ›Sie nannten ihn Stick‹, 1985).

*Weitere Filmrollen:* Hai (1969); Der Mann, der die Katzen tanzen ließ (1973); Mein Name ist Gator (1975; auch Regie); Ein ausgekochtes Schlitzohr (Smokey and the bandit, 1976); Auf ein Neues (1979); Rent-a-Cop (1986); Die Traumtänzer (Breaking in, 1989).

**3)** Sir (seit 1768) Joshua, engl. Maler und Kunsttheoretiker, * Plympton (bei Plymouth) 16. 7. 1723, † London 23. 2. 1792; ausgebildet 1740–43 bei T. HUDSON in London. 1749–52 hielt er sich in Italien auf, wo er bes. die Werke RAFFAELS, MICHELANGELOS

**Joshua Reynolds:** Lady Cockburn und ihre drei Söhne; 1774 (London, National Gallery)

und der venezian. Maler der Hochrenaissance studierte. 1753 ließ er sich in London nieder. 1768–92 war er der erste Präs. der neugegründeten Royal Academy of Arts. Mit seinen 1769–90 gehaltenen Akademievorträgen (15 ›Discorses of Art‹), in denen er die Theorie des ›großen Stils‹ entwickelte, übte er großen Einfluß aus. Außer einigen Historiendarstellungen schuf R. etwa 2 000 Porträts (die meisten in

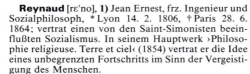

engl. Privatbesitz). Von A. van Dyck übernahm er die Eleganz, von Rembrandt das Helldunkel; antike und italien. Vorbilder beeinflußten seine Kompositionsweise. Seine Bildnisse repräsentieren die vornehme engl. Gesellschaft seiner Zeit, darunter Künstler, Literaten und Politiker. Bis zu Beginn der 1760er Jahre wirken seine Porträts rokokohaft intim (›Nelly O'Brien‹, 1760–62; London, Wallace Collection), danach verstärkten sich die klass. Tendenzen. Männer stellte er ihrem Stand gemäß dar (›Commodore Augustus Keppel‹, 1752; Greenwich, National Maritime Museum), Frauen häufig in histor., v. a. mytholog. Rollen (›Mrs. Hale als Euphrosyne‹, 1764–66; Privatsammlung), auch beim Bekränzen von Statuen oder der symbol. Darbringung von Opfern (›Die Montgomery Schwestern‹, 1773; London, National Gallery). R. porträtierte häufig auch Familien (›James Payne und sein Sohn James‹, 1764, Oxford, The Ashmolean Museum; ›Lady Cockburn und ihre drei Söhne‹, 1774; London, National Gallery; ›George Clive mit Familie und einer ind. Dienerin‹, um 1763–66; Berlin-Dahlem, Gemäldegalerie) sowie Kinder (›Master Hare‹, 1788; Paris, Louvre). Nach einer Reise nach Flandern und Holland wurden in seinen Werken Einflüsse von P. P. Rubens wirksam (›Die Herzogin von Devonshire mit ihrer Tochter‹, 1786; Chatsworth House). R. war der meistgeschätzte engl. Porträtmaler des 18. Jahrhunderts.
R., hg. v. N. Penny, Ausst.-Kat. (London 1986); R. Prochno: J. R. (1990).

**4)** Osborne, brit. Physiker, * Belfast 23. 8. 1842, † Watchet (Cty. Somerset) 21. 2. 1912; Prof. in Manchester (1868–1905), stellte 1883 das nach ihm benannte hydrodynam. Ähnlichkeitsgesetz bei Vorhandensein von Druck-, Reibungs- und Trägheitskräften auf (→ Ähnlichkeitstheorie). 1886 formulierte er die später von A. Sommerfeld erweiterte Theorie der Schmiermittelreibung und -wirkung und 1889 die der turbulenten Strömungen.

**Reynolds Tobacco Co.** ['renldz tə'bækoʊ kɔː'peɪʃn], → RJR Nabisco.

**Reynolds-Zahl** ['renldz-; nach O. Reynolds], Formelzeichen $Re$, eine dimensionslose Kennzahl für das Verhältnis von Trägheitskräften zu Viskositätskräften in einer strömenden Flüssigkeit. Ihre Definition ist $Re = wl/v$, wobei $w$ eine charakterist. Geschwindigkeit ist, $l$ eine charakterist. Länge (z. B. Rohrdurchmesser oder Durchmesser eines umströmten Körpers) und $v$ die kinemat. → Viskosität der Flüssigkeit. Nach dem **Reynoldsschen Ähnlichkeitsgesetz** der Ähnlichkeitsmechanik (→ Ähnlichkeitstheorie) sind zwei Strömungen zäher (viskoser) Newtonscher Flüssigkeiten unter dem überwiegenden Einfluß von Trägheits- und Reibungskräften mechanisch ähnlich, wenn die R.-Z. übereinstimmen. Die **kritische R.-Z.**, $Re_{crit}$ (sie muß jeweils experimentell ermittelt werden) ist ein Turbulenzkriterium: Bei kleineren Werten ist eine Strömung laminar, bei größeren turbulent. Für eine Rohrströmung ist $Re_{crit} \approx 1200$.

**Reynosa** [rrei'nosa], **Reinosa**, Stadt im Staat Tamaulipas, Mexiko, am Rio Grande (Straßenbrücke), (1980) 211 400 Ew.; als Grenzstadt starker Fremdenverkehr aus den USA; Zentrum eines Bewässerungsfeldbaugebietes (Baumwolle, Zuckerrohr, Mais) sowie von Erdgas- und Erdölfeldern; Erdölraffinerie; Bahnstation, Flugplatz.

**Reyon** [rɛ'jõ; frz., zu rayon ›Strahl‹] *der* oder *das, -,* **Rayon,** 1951–72 Gattungsname für Viskosefilamentgarne; mit dem Textilkennzeichnungsgesetz von 1972 wurde die Bez. R. durch **Viskose** ersetzt.

**Reyong** *der, -(s)/-s,* balines. Gongspiel für melod. Figurationen mit 8–12 kleinen Gongs.

**Reyser, 1)** Georg, Frühdrucker in Würzburg, † um 1504, Bruder von 2); druckte seit 1479 im Auftrag des Bistums Würzburg Meßbücher, Breviere und andere liturg. Werke, u. a. das ›Missale Herbipolense‹ (1481; Typendruckverfahren für got. Choralnotation).
F. Geldner: Die dt. Inkunabeldrucker, Bd. 1 (1968).

**2)** Michael, Frühdrucker in Eichstätt, † Anfang des 16. Jh., Bruder von 1); druckte seit 1483/84 wie sein Bruder v. a. liturg. Werke. Das Eichstätter Missale fertigte er dreimal, sein letzter Druck datiert von 1494.
Lit. → Reyser, Georg.

**Řezáč** ['rʒɛza:tʃ], Václav, eigtl. **V. Voňavka** ['vɔnjafka], tschech. Schriftsteller, * Prag 5. 5. 1901, † ebd. 22. 6. 1956; Redakteur, Verlagsleiter; behandelte in psycholog. Romanen, z. T. mit sozialer Tendenz, menschl. Schicksale vor dem Hintergrund des Ersten Weltkriegs und der zerfallenden bürgerl. Gesellschaftsordnung (›Černé světlo‹, 1940). Nach dem Zweiten Weltkrieg wandte er sich dem sozialen Realismus zu, so in dem Roman ›Nástup‹ (1951; dt. ›Die ersten Schritte‹) über die Umsiedlung von Tschechen nach Westböhmen nach der Zwangsumsiedlung der urspr. dort ansässigen dt. Bevölkerung, d. h. über die ›Kolonisierung des eigenen Landes‹.
*Weitere Werke: Romane:* Větrná setba (1935); Slepá ulička (1938); Svědek (1942); Rozhraní (1944; dt. Zwg. Tag u. Traum); Bitva (1954).
*Ausgabe:* Dílo, 12 Bde. (1953–61).
F. Götz: V. Ř. (Prag 1957).

**Rezajeh** [rez-], Stadt in Iran, → Urmia.

**Rezat** ['reːtsat, 'rɛtsat] *die,* Name zweier Flüsse in Bayern, die **Fränkische R.** und die **Schwäbische R.,** die sich zur → Rednitz vereinigen.

**Rezedenten** [zu lat. recedere ›zurückweichen‹], *Sg.* **Rezedent** *der, -en, Biologie:* Organismenarten einer Biozönose mit geringem Anteil an der Gesamtbiomasse und wenig Einfluß auf die Lebensgemeinschaft.

**Rēzekne** ['reːzekne], russ. **Rēsekne,** 1721–1918 russ. **Reschiza,** dt. **Rositten,** Stadt im O von Lettland, in Lettgallen am gleichnamigen Fluß, (1987) 71 000 Ew.; Heimatmuseum; Landmaschinenbau, Holz- und Leinenverarbeitung, elektrotechn., Baustoff-, Schuh-, keram. und Nahrungsmittelindustrie; Eisenbahn- und Straßenknotenpunkt, Flugplatz.

**Rezension** [lat. ›Musterung‹] *die, -/-en,* **1)** *Kommunikationswissenschaft:* krit. Betrachtung und Wertung dichter. und wiss. Werke, von Theater-, Film-, Fernsehaufführungen und Konzerten in Zeitungen und Fachzeitschriften.
**2)** *Literaturwissenschaft:* in der Textkritik der Versuch, aus versch. überlieferten Lesarten (Varianten) eines antiken oder mittelalterl. Textes eine möglichst originalgetreue Fassung herzustellen. Die R. wurde durch K. Lachmann zu einem wesentl. Bestandteil der Textkritik.

**rezent** [lat. recens, recentis ›jung‹], *Biologie* und *Geowissenschaften:* gegenwärtig (noch) lebend, auftretend oder sich bildend (gesagt von Lebewesen und Vorgängen); Ggs.: fossil.

**Rezept** [mlat. receptum, eigtl. ›(es wurde) genommen‹, zu lat. recipere ›(auf)nehmen‹] *das, -(e)s/-e,* **1)** *Gesundheitswesen:* schriftl. Anweisung eines approbierten Arztes zur Abgabe eines Arzneimittels als Voraussetzung zum Bezug verschreibungspflichtiger Medikamente und zur Erstattung der von den Krankenkassen zu tragenden Kosten. Das R. muß Anschrift und Unterschrift des ausstellenden Arztes enthalten, der für den Inhalt haftet. Am Beginn der Verordnung wird die Abkürzung Rp. (für lat. recipe ›nimm‹) vermerkt; es folgen die Bez. (ggf. Herstellung) der Mittel, Angaben über die gewünschte Arzneiform (z. B. Tabletten, Zäpfchen) und die Menge der abzugebenden Einheiten sowie Anweisungen über die Einnahme, die vom Apotheker auf der Packung vermerkt werden. Für Kassen-R. ist eine Arznei-

verordnungsgebühr zu zahlen, soweit kein Festbetrag für das betreffende Medikament festgelegt ist.
Nachahmung und Abänderung eines R. werden als Urkundenfälschung bestraft; besondere Vorschriften bestehen bei der Verordnung von Betäubungsmitteln.
**2)** *Kochkunst:* Anweisung für die Zubereitung von Speisen aller Art, Backwaren und Mixgetränken.

**Rezeptakel** [lat. eigtl. ›Behältnis‹] *das, -s/-*, **Rezeptaculum**, *Botanik:* 1) bei Stinkmorcheln und verwandten Pilzen das die Sporenmasse (Gleba) tragende Organ; 2) bei Farnen ein Gewebehöcker mit den Sporangien des →Sorus auf der Blattunterseite; 3) bei Samenpflanzen Bez. für die Blütenachse.

**Rezeption** [lat. ›Aufnahme‹] *die, -/-en,* **1)** *bildungssprachlich* für: Auf-, Übernahme fremden Gedanken- und Kulturguts.
**2)** *Hotellerie:* Empfangsbüro, -schalter im Foyer eines Hotels.
**3)** *Kunst-, Literatur-* und *Musikgeschichte:* i. e. S. ein seit der Mitte der 1960er Jahre in der Literatur-, Kunst- und Musikwissenschaft gebräuchl. Begriff, der Vorgang und Probleme der kommunikativen Aneignung von Literatur, Kunst sowie Musik durch den Rezipienten (Leser, Betrachter, Hörer) bezeichnet. Die rezeptionsästhet. Fragestellung geht davon aus, daß Sinn und Bedeutung eines Kunstwerks nicht von vornherein festliegen, sondern grundsätzlich offen sind und sich erst durch Verschmelzung mit dem Erwartungshorizont sowie der Verständnisbereitschaft des Rezipienten, die z. B. von seiner Bildung, von seinem Geschmack abhängig sind, konkret ausformen. Die R.-Ästhetik beschäftigt sich daher mit der Erforschung der Wirkungsgeschichte eines Werkes, der geschichtl. Veränderungen der Erwartungshaltungen des Publikums (Geschmackswandel mit dem Wandel der Zeit), der versch. Empfänglichkeit sozialer Schichten, der Steuerung der Leseinteressen durch Organisationsformen (Buchhandel, Buchgemeinschaften) und Werbestrategien der Medien.
Die R. von *Musik,* die Vielfalt ihrer Aufnahme bzw. Auffassung, beruht, sofern sie sich im Rahmen der Sinnintentionen einer Musik bewegt, auf der Offenheit ihres Angebots an Verstehensmöglichkeiten. Auf sie reagiert der Rezipient je nach Veranlagung, Herkunft und Bildung, gesellschaftl. und geschichtl. Einbindung. Diese Reaktionen sind vielfältig dokumentiert: bei dem Hörer durch verbale Äußerungen, bei dem Interpreten durch die Werkauffassung, bei dem Komponisten z. B. durch Werkbearbeitungen, in der Musikwissenschaft v. a. durch Werkanalysen; auch poet. und bildner. Auffassungen treten hinzu. Die R.-Forschung sammelt und untersucht diese Dokumentationen, um empirisch die Wirkungen der Musik zu ergründen, die Aussagen erlauben einerseits über das Subjekt der R. als Person oder Gruppe, andererseits über die Musik, die als Objekt der R. die Wirkungen hervorbringt. In der Geschichte der R. eines Musikwerks erscheint dessen unveränderl. Identität mit sich selbst in gleichartig wiederkehrenden Verstehensfeldern, und in der Verschiedenheit der R. spiegeln sich die in dem Werk selbst angelegten Verstehensmöglichkeiten.

P. BRÖMSE u. E. KÖTTER: Zur Musik-R. Jugendlicher (1971); G. GRIMM: R.-Gesch. Grundlegung einer Theorie (1977); H. H. EGGEBRECHT: Zur Gesch. der Beethoven-R. (1972); W. RUF: Die R. von Mozarts ›Le nozze di Figaro‹ bei den Zeitgenossen (1977); B. ZIMMERMANN: Literatur-R. im histor. Prozeß (1977); R.-Ästhetik. Theorie u. Praxis, hg. v. R. WARNING (²1979); K. TÜRR: Zur Antiken-R. in der frz. Skulptur des 19. u. frühen 20. Jh. (1979); H. LINK: R.-Forschung (²1980); W. REESE: Literar. R. (1980); M. BOCKEMÜHL: Die Wirklichkeit des Bildes. Bild-R. als Bildproduktion. Rothko, Newman, Rembrandt, Raphael (1985); Antiken-R. im Hochbarock, hg. v. H. BECK u. a. (1989); N. HADJINICOLAOU: Die Freiheit führt das Volk. Von Eugène Delacroix. Sinn u. Gegensinn (1991).

**4)** *Rechtsgeschichte:* die Übernahme eines Rechts oder einer Rechtseinrichtung (z. B. im MA. dt. Stadt- und Landrecht im slaw. Osten, nach 1806 der Code Napoléon in Teilen Dtl.s); im besonderen das Eindringen des röm. Privatrechts (v. a. des Corpus Iuris Civilis), aber auch der spätmittelalterl. gelehrten römisch-italien. Strafrechtslehre (→Carolina) in Dtl. (14.–16. Jh.). Die R. vollzog sich durch gewohnheitsrechtl. Anwendung des röm. Rechts als Juristenrecht. Sie verlief nicht in ganz Dtl. gleichförmig und erfaßte die einzelnen Rechtsgebiete in unterschiedl. Maß. Die Ursachen der R. waren: 1) die Geistesströmungen des Humanismus und der Renaissance; 2) das Studium Deutscher an den das röm. Recht pflegenden italien. Rechtsschulen; 3) die mittelalterl. Vorstellung, daß das Dt. Reich die Fortsetzung des Röm. Reichs sei; 4) die Zersplitterung des einheim. Rechts. Die einheim. Sonderrechte gingen dem röm. (gemeinen) Recht jedoch vor (›Stadtrecht bricht Landrecht, Landrecht bricht gemeines Recht‹). Seit dem 18. Jh. kamen unter dem Einfluß der Naturrechtsschule und der aufblühenden rechtsgeschichtl. Forschung die deutschrechtl. Gedanken wieder stärker zur Geltung. Eine Nach-R. bewirkte die Romanistik der histor. Rechtsschule. Mit der Einführung des BGB traten zwar die röm. Rechtsquellen außer Kraft, ihre Sätze aber wurden vielfach übernommen, bes. im Schuld- und Erbrecht. Der Versuch, die R. vorrangig als Verwissenschaftlichung zu verstehen, versperrt den Zugang zu wesentl. Fragestellungen und kann daher als überholt angesehen werden.

H. COING: Die R. des röm. Rechts in Frankfurt am Main (²1962); H. CONRAD: Dt. Rechtsgesch., Bd. 2 (1966); P. KOSCHAKER: Europa u. das röm. Recht (⁴1966); F. WIEACKER: Privatrechtsgesch. der Neuzeit (²1967).

**Rezeptions|ästhetik,** →Rezeption 3).
**rezeptiv** [zu lat. recipere, receptum ›aufnehmen‹], *bildungssprachlich* für: (nur) aufnehmend, empfangend; empfänglich.
**Rezeptivität,** Aufnahmefähigkeit, im Unterschied zur Spontaneität; in der Erkenntnistheorie bes. die Fähigkeit, Sinneseindrücke zu empfangen.
**Rezeptoren** [lat. ›Aufnehmer‹], *Sg.* **Rezeptor** *der, -s,* mehrdeutig verwend.... ür Zellen oder Organellen, die Reize aus der U... t (Extero-R.) oder aus dem Körperinneren (Entero-R., Proprio-R.) aufnehmen sowie für in der Zellmembran gelegene Moleküle, die spezif. Substanzen binden. R. sind z. B. Sinneszellen (Baro-R., Photo-R., Chemo-R., Mechano-R.), spezif. Organelle (z. B. Muskelspindel), Makromoleküle, die an Effektorzellen Hormon- oder Transmitterwirkung vermitteln (z. B. Insulinrezeptor, adrenerge Alpha- und Beta-R.), weiterhin die an der Oberfläche lymphat. Zellen befindl. Antikörpermoleküle sowie jedes Makromolekül, an dem oder durch dessen Vermittlung ein Arzneimittel (oder eine Droge) eine Wirkung auslöst. Extero-R., Proprio-R. und bestimmten membrangebundenen R. (z. B. für Acetylcholin) ist gemeinsam, daß sie bei Eingang eines Reizes bzw. Bindung des Neurotransmitters eine Änderung des Membranpotentials bewirken, was zur Ausbildung und Weiterleitung eines Aktionspotentials führt. Bei der Bindung z. B. von Adrenalin und Noradrenalin an die adrenergen R. hingegen kommt es erst nach Ablauf mehrerer chem. Reaktionen (Bildung eines ›second messenger‹) zur Bildung eines Aktionspotentials. Hormon-R. und auch die Antikörper wiederum zeigen rein chem. Folgereaktionen, die z. B. bei der Bindung eines Hormons reguliserend in Stoffwechsel, Differenzierung und Vermehrungsaktivität der Zelle einwirken.

**Rezeptur** *die, -/-en, Pharmazie:* die Zubereitung von Arzneimitteln nach Rezept; auch der entsprechende Arbeitsraum in einer Apotheke.

**Rezeß** [lat. recessus ›Rückzug‹] *der, ... 'zesses/ .... 'zesse, Recht:* veraltete Bez. für Vergleich, Auseinandersetzung.

**Rezession** [engl., von lat. recessio ›das Zurückgehen‹] *die, -/-en,* konjunkturelle Abschwungsphase. (→ Konjunktur)

**rezessiv,** *Biologie:* zurücktretend, nicht in Erscheinung tretend (in bezug auf Erbfaktoren).

**Rezessivität,** *Genetik:* das Vorkommen eines (rezessiven) allelen Gens, das im heterozygoten Zustand nicht manifest wird, weil es vom anderen (dominanten) Allel (→ Dominanz 1) unterdrückt wird; nur wenn (bei Homozygotie) zwei rezessive Allele zusammenkommen, wird die R. als Merkmal erkennbar. Bei vielen Erbkrankheiten des Menschen wissen die Betroffenen meist nicht, daß sie ein defektes Gen besitzen. Die Erkrankung tritt erst dann zutage, wenn bei einem Nachkommen zweier in bezug auf das rezessive Gen heterozygoter Elternteile die rezessiven Allele in homozygoter Form kombiniert werden.

**Rezidiv** [zu lat. recidere ›zurückkommen‹] *das, -s/-e,* **Rückfall,** erneutes Auftreten einer Krankheit nach völliger Rückbildung der Symptome; diagnostisch werden derartige Erkrankungen als **rezidivierend** bezeichnet.

**Rezipient** [lat. ›Aufnehmender‹] *der, -en/-en,* **1)** *Kommunikationswissenschaft:* in Sprach-, Literatur-, Kunst- und Musikwissenschaft sowie in der Publizistik Bez. für den Empfänger von mittels Signalen übermittelten Aussagen, der in der Lage ist, diese Signale so weit zu entschlüsseln, daß er den Sinn dieser Aussage versteht. (→ Kommunikation, → Publikum)
**2)** *Vakuumtechnik:* Glas- oder Metallglocke mit angesetztem Rohr, die auf einen Teller gesetzt und mit Hilfe einer Vakuumpumpe evakuiert werden kann.

**Rezipienten|analyse,** die Analyse des Verhaltens der Rezipienten im Kommunikationsprozeß, v. a. als Wirkungsforschung; auch als Publikumsforschung bezeichnet. Gemäß der klass. Lasswell-Formel wird das Verhalten des Rezipienten sowohl durch den Kommunikator, durch die Aussage (Inhalt, Botschaft) und durch das Medium beeinflußt. Das Verhalten des Rezipienten wird zudem durch dessen Persönlichkeitsstruktur und den sozialen und situationalen Kontext der Rezeption bestimmt. Methoden zur R. sind v. a. das sozialwissenschaftl. Interview oder die Beobachtung, wobei für die Analyse von Wirkungen entweder ein experimentelles oder ein Mehrmethodendesign verwendet wird.

**rezipieren** [lat. recipere ›aufnehmen‹], 1) fremdes Gedanken-, Kulturgut übernehmen; 2) einen Text, ein Werk der bildenden Kunst o. ä. als Hörer, Leser, Betrachter aufnehmen. (→ Rezeption 3)

**reziprok** [frz. réciproque, von lat. reciprocus ›auf demselben Wege zurückkehrend‹], wechsel-, gegenseitig, aufeinander bezüglich.

**reziproke Kreuzung,** *Genetik:* Bastardierung, bei der das weibl. Geschlecht des einen mit dem männl. des anderen Genotyps gekreuzt wird und umgekehrt.

**reziproker Wert,** der → Kehrwert eines Bruches.

**reziprokes Gitter,** mathemat. Konstruktion, die ein wichtiges konzeptionelles Hilfsmittel der Festkörperphysik darstellt und breite Anwendung in der Kristallstrukturanalyse findet, z. B. bei der Auswertung von Röntgenbeugungsdiagrammen. Das r. G. leitet sich von einem reellen Kristalls ab als Anordnung von Punkten, die jeweils einer Netzebene des eigentl. Gitters entsprechen. Die Basisvektoren $b_1$, $b_2$, $b_3$ des r. G. sind definiert als

$$b_1 = \frac{2\pi}{V_z}(a_2 \times a_3), \quad b_2 = \frac{2\pi}{V_z}(a_3 \times a_1), \quad b_3 = \frac{2\pi}{V_z}(a_1 \times a_2),$$

wobei $a_1$, $a_2$, $a_3$ die Basisvektoren des Raumgitters und $V_z = a_1 \cdot (a_2 \times a_3)$ das Volumen der Einheitszelle sind. Damit gleichwertig ist die Bedingung $a_i \cdot b_k = 2\pi \delta_{ik}$ ($i, k = 1, 2, 3$, $\delta_{ik}$ → Kronecker-Symbol). Das ganze r. G. wird durch Translationsvektoren der Form

$$G = m_1 b_1 + m_2 b_2 + m_3 b_3 = n(hb_1 + kb_2 + lb_3)$$

aufgespannt; $n$ ist der größte gemeinsame Teiler der ganzen Zahlen $m_1$, $m_2$, $m_3$, so daß $h$, $k$, $l$ teilerfremde, ganze Zahlen sind. Ein solcher **reziproker Gittervektor** $G$ steht senkrecht auf der durch ihre → Millerschen Indizes ($hkl$) festgelegten Netzebenenschar. Für den Abstand $d_{hkl}$ zweier benachbarter Netzebenen gilt dabei $d_{hkl} = 2\pi / |G|$.

Das r. G. gibt gleichzeitig den Raum der Wellenvektoren $k$ bzw. der ihnen zugeordneten (Quasi-)Impulse an, der für die Erfassung von Streuprozessen in Festkörpern wesentlich ist ($k$-Raum, Impulsraum, reziproker Raum). Die Beugungs- oder Reflexionsbedingung z. B. für Röntgenstrahlen, die sowohl die → Laue-Gleichungen als auch die → Bragg-Gleichung umfaßt, läßt sich in diesem Raum bes. einfach formulieren: $k_0 - k = G$ ($k_0$ Wellenvektor des einfallenden Strahls, $k$ des gebeugten/reflektierten Strahls). Große Bedeutung hat der für die Beschreibung von Quasiteilchen, insbesondere auch im Bändermodell der Elektronen, hat die **erste Brillouin-Zone** des r. G. (nach L. BRILLOUIN). Als Elementarzelle entspricht sie der Wigner-Seitz-Zelle des Raumgitters und wird analog zu dieser um einen Punkt des r. G. als elementares Polyeder mit minimalem Volumen konstruiert.

**Reziprokpronomen,** *Sprachwissenschaft:* Pronomen zur Bez. einer wechselseitigen Beziehung, z. B. dt. ›sich‹ (in der Bedeutung ›einander‹).

**Reziprozität, 1)** *Logik:* wechselseitiges (gleiches oder umgekehrtes) Verhältnis von (reziproken) Begriffen oder Urteilen, entweder im Sinn der Umfangsgleichheit bei unterschiedl. Formulierungen (Äquipollenz) oder einer umgekehrten inhaltl. Proportionalität (›je größer A, desto kleiner B‹). – **R.-Gesetz,** Gesetz von der umgekehrten Proportionalität von Inhalt und Umfang eines Begriffs (je größer der Umfang, desto geringer der Inhalt).
**2)** *Recht:* → Gegenseitigkeit 2).

**Reziprozitätsgesetz,** Kurz-Bez. für das → quadratische Reziprozitätsgesetz.

**Reziprozitätsklausel,** *Außenwirtschaft:* → Meistbegünstigung.

**Rezirkulation,** → Rezyklotron.

**Rezitation** [lat. recitatio ›das Vorlesen‹] *die, -/-en,* das künstler. Vortragen (**Rezitieren**) einer Dichtung, eines literar. Werkes.

**Rezitativ** [italien., zu italien. und lat. recitare ›vortragen‹] *das, -s/-e,* italien. **Recitativo** [retʃi-], musikal. Vortragsweise von Sprechtexten, die sich auch in rhythm. Hinsicht möglichst dem Sprechen anpaßt. Das R. entstand mit der Oper Ende des 16. Jh. aus der am affektbetonten Sprechen orientierten → Monodie. Aus dem einfachen, lediglich durch stützende Akkorde von Laute oder Cembalo begleiteten Sprechgesang der frühen Oper (›Stile recitativo‹) entwickelte sich das → Arioso und später durch weitere Verselbständigung des musikal. Gehalts die → Arie. Im Bereich der Oper bevorzugte v. a. die venezian. Opernschule seit etwa 1640 (F. CAVALLI, M. A. CESTI) im Anschluß an die Spätwerke C. MONTEVERDIS eine klare Scheidung von R. und Arie. In Italien entwickelte sich das R. in Richtung auf einen der italien. Sprache gemäßen Parlandocharakter; mit dem Aufkommen der Opera buffa entstand ein Konversationsstil mit musikal. Eigenständigkeit. Bes. in der Opera seria bildete sich das eigentl. R. einerseits zum **Recitativo secco** (**Secco-R.,** Kurz-Bez. **Secco**), in dem der meist formelhafte Prosa-Sprechgesang nur durch das Cembalo begleitet wird, andererseits zu dem vom Orchester begleiteten und reicher gestalteten **Recitativo accompagnato** (→Accompagnato) aus. Beide Arten dienten der Einleitung und Verbindung der lyr. Nummern (das R. führt meist die Handlung weiter, die während der Arie stagniert). – Im 18. und 19.Jh. blieb das R. wesentl. Bestandteil der Oper; im Accompagnato erfuhr der Anteil des Orchesters zunehmend Erweiterung. Diese Entwicklung gipfelte in den Opern R. WAGNERS, der das Accompagnato-R. als eine den gesamten Handlungsverlauf integrierende unendl. Melodie gestaltete. Das Secco-R. lebte nur in der kom. Oper fort.

Das instrumentale R. ist in seinem redenden Charakter, seinen Formeln und Wendungen dem vokalen R. nachgebildet. Bes. nennenswert sind die R. von C. P. E. BACH (1. Preußische Sonate, 1742) und L. VAN BEETHOVEN (Klaviersonate d-Moll op. 31, 2; 9. Sinfonie).

F.-H. NEUMANN: Die Ästhetik des R. (1962); K. WICHMANN: Vom Vortrag des R. u. seiner Erscheinungsformen (Leipzig 1965); P. MIES: Das instrumentale R. (1968); REINHARD MÜLLER: Der stile recitativo in Claudio Monteverdis Orfeo (1984); H. MELCHERT: Das R. der Bachschen Johannespassion (1988).

**Emil Nikolaus Freiherr von Rezniček**

**Rezniček** ['rɛsnitʃɛk], 1) **Emil Nikolaus Freiherr von**, österr. Komponist und Dirigent, * Wien 4. 5. 1860, † Berlin 2. 8. 1954, Bruder von 2); studierte u. a. in Leipzig bei C. REINECKE; wirkte als Militärkapellmeister in Prag und als Hofkapellmeister in Weimar und Mannheim. Ab 1902 dirigierte er in Berlin und leitete die Kammerkonzerte der Philharmoniker; 1906–09 war er Dirigent der Warschauer Oper und des dortigen Philharmon. Orchesters und 1909–11 der Berliner Kom. Oper. 1920–26 unterrichtete er an der Berliner Musikhochschule. Seine stilistisch der Neuromantik verpflichteten Werke umfassen neben Opern (u. a. ›Donna Diana‹, 1894; ›Ritter Blaubart‹, 1920; ›Holofernes‹, 1923; ›Satuala‹, 1927; ›Spiel oder Ernst‹, 1930) u. a. ein Requiem, vier Sinfonien, ein Violinkonzert, drei Streichquartette.

**2) Ferdinand Freiherr von**, Maler und Zeichner, * Obersievering (heute zu Wien) 16. 6. 1868, † München 11. 5. 1909, Bruder von 1); gesellschaftskrit. Darstellungen für die Zeitschriften ›Simplicissimus‹, ›Jugend‹ und ›Fliegende Blätter‹. Er illustrierte auch Romane und Erzählungen und war als Gebrauchsgraphiker tätig.

**Gregor von Rezzori**

**Re|zyklotron** [Bez. in Anlehnung an ›Zyklotron‹], Teilchenbeschleuniger für relativist. Elektronen, bei dem ein oder mehrere Hochfrequenz-Linearbeschleuniger (Linac) durch magnet. **Rückführung (Rezirkulation)** des Elektronenstrahls mehrfach als Beschleunigungsstrecke ausgenützt werden. Der wesentl. Unterschied zum Rennbahn-Mikrotron (RTM, →Mikrotron) ist, daß die Rückführungen als separat einstellbaren Ablenk- und Fokussiermagneten bestehen. Sie sind so aufgebaut, daß die Teilchenführung achromatisch (transversale Position am Ausgang eines 180°-Bogens unabhängig von kleinen Energieschwankungen) und v. a. isochron ist, d. h., alle Teilchen des Strahls benötigen die gleiche Zeit für einen Umlauf. Dadurch ist garantiert, daß die Teilchenpakete den Linac immer genau am Maximum der beschleunigenden Hochfrequenzwelle durchqueren. Eine Phasenfokussierung ist damit, im Ggs. zum RTM, nicht vorhanden. Für eine große Energieschärfe des Strahls ist eine sehr gute zeitl. Konstanz der Amplitude des Linac erforderlich. Der wesentl. Vorteil der separaten Rückführungsbahnen ist ihr relativ zueinander frei wählbarer Radius. Durch große Krümmungsradien bei großen Elektronenenergien können damit zum einen Größe und Gewicht der Ablenkmagnete in Grenzen gehalten, zum andern der für die Strahlqualität negative Einfluß der Quantenstruktur der →Synchrotronstrahlung vermieden werden. Die maximale Energie eines R. kann durch das Hinzubauen weiterer Rückführbahnen verhältnismäßig einfach erhöht werden. Eine prinzipielle obere Grenze für die Energie gibt es nicht. Die Zahl der Rezirkulationen (etwa 2 bis 6) ist wegen der großen Zahl erforderl. Magnete beim R. wesentlich kleiner als beim RTM (etwa 10 bis 100). Wegen der deswegen benötigten großen Feldstärken im Linac (5 bis 10 MV/m) muß dieser für Dauerbetrieb aus supraleitenden Niob-Resonatoren gebaut werden. – Ein 130-MeV-R. mit dreimaligem Durchlauf durch einen 40-MeV-Linac (10 MeV Vorbeschleunigung) ist seit Ende 1990 an der TH Darmstadt in Betrieb (S-DALINAC). Im derzeit größten (in Bau befindl.) R., CEBAF in Virginia (USA), werden die Elektronen bis zu fünfmal durch zwei je 100 m lange, mit flüssigem Helium auf 2 K gekühlte supraleitende Linacs geführt. Der Energiegewinn ist 0,8 GeV pro Umlauf, bei einer Strahlstromstärke von 200 μA.

**Rezzori**, Gregor von, eigtl. **G. von R. d'Arezzo**, Schriftsteller, * Tschernowzy 13. 5. 1914. Nach dem Studium in Leoben und Wien war R. zunächst Karikaturist in Bukarest und arbeitete in Berlin als freier Schriftsteller (›Flamme, die sich verzehrt‹, 1940, u. a.); nach dem Zweiten Weltkrieg Journalist und Rundfunkredakteur. R. lebt heute bei Florenz. Schauplatz seiner geistvoll-witzigen, z. T. auch gesellschaftskrit., sprachlich virtuosen Prosa ist v. a. das fiktive ›Maghrebinien‹, in dem sich die ehem. Donaumonarchie sowie R.s südosteurop. Heimat widerspiegeln; auch Schauspieler und Drehbuchautor.

**Werke:** *Romane* und *Erzählungen:* Maghrebin. Geschichten (1953); Oedipus siegt bei Stalingrad (1954); Ein Hermelin in Tschernopol (1958); 1001 Jahr Maghrebinien (1967, 1972 u. d. T. Neue maghrebin. Geschichten); Der Tod meines Bruders Abel (1976); Memoiren eines Antisemiten (1979); Kurze Reise über langen Weg (1986); Über dem Kliff (1991).

**rf., rfz., rinf.,** in der *Musik* Abk. für →**rinforzando**.

**Rf**, chem. Symbol für das Element **R**utherfordium (Element 104, →Transurane).

**R-Faktor**, der →Resistenzfaktor.

**RFQ,** Abk. für →**R**adiofrequenz**q**uadrupol.

**R$_f$-Wert** [R$_f$ Abk. für **R**etentionsfaktor], →Retention 1).

**RGB-Signal|ansteuerung,** *Fernsehen:* Schaltungsanordnung zur Ansteuerung von Farbbildröhren. Die Farbwertsignale Rot (R), Grün (G) und Blau (B) werden dazu in der Dematrix aus dem Leuchtdichtesignal Y und den übertragenen Farbdifferenzsignalen B–Y und R–Y gewonnen und getrennt über Videoverstärker mit guten Gleichlaufeigenschaften den Kathoden der Farbbildröhre zugeleitet, wobei die Farbwertsignale für die Kathodenansteuerung negativ sein müssen. Die Videoverstärker müssen über eine Übertragungsbandbreite von etwa 5 MHz für das Leuchtdichtesignal verfügen, während für die Farbdifferenzsignale etwa 1 MHz ausreichen.

**R-Gespräch** [R Abk. für **R**ückfrage], Ferngespräch, bei dem auf Wunsch des Anmelders die Gesprächs- und Zuschlagsgebühr vom verlangten Teilnehmer mit Zustimmung der sich meldenden Person erhoben wird; in Dtl. nicht möglich.

**RGT-Regel,** Abk. für **R**eaktionsgeschwindigkeit-**T**emperatur-Regel, die → Van't-Hoff-Regel.

**RGW, RgW,** Abk. für den → **R**at für **g**egenseitige **W**irtschaftshilfe.

**Rh,** chem. Symbol für das Element → **Rh**odium.

**RH,** Nationalitätskennzeichen (Kfz) für Haiti.

**Rha** [griech.], im Altertum Name der → Wolga.

**Rhabanus Maurus,** mittellat. Schriftsteller, →Hrabanus, H. Maurus.

**Rhabarber** [aus italien. rabarbaro, von (mittel)griech. rhā bárbaron ›fremdländ. Wurzel‹] *der, -s,*

**Rhabarber:**
Rheum palmatum,
Blütenstand
(Höhe 1,5–2,5 m)

**Rheum,** Gattung der Knöterichgewächse mit etwa 50 Arten in den temperierten und wärmeren Gebieten Asiens; ausdauernde Stauden mit dickem Wurzelstock und fleischigen Wurzeln, großen, ganzen oder gelappten Blättern mit starken Blattrippen und starken Blattstielen; Blattgrund als →Ochrea zum Schutz des Blattes in der Knospe ausgebildet; bleibt nach der Blattentfaltung als tütenförmige Röhre an der Blattstielbasis zurück; Blüten weißlich, rötlich oder gelblichgrün, in großen Rispen. Die Blattstiele der auch in Mitteleuropa angepflanzten Arten Rheum rhabarbarum und Rheum rhaponticum werden (geschält, in Stücke geschnitten und mit Zucker gekocht) zu Kompott und Marmelade verarbeitet und auch zur Obstweinherstellung verwendet. Die einen hohen Oxalsäuregehalt aufweisenden Blätter sollten nicht verzehrt werden. Die Ernte der Blattstiele sollte nur bis Ende Juni erfolgen, da auch sie sonst einen hohen Oxalsäuregehalt haben. Die Wurzelstöcke und Wurzeln einiger anderer Arten (z. B. Rheum officinale und Rheum palmatum) werden in Asien als Abführmittel sowie gegen Magen- und Darmkatarrh verwendet. Einige Arten (z. B. Rheum alexandrae und Rheum nobile) werden als Zierpflanzen kultiviert.
*Kulturgeschichte:* Griechen und Römer verwendeten Rheum rhaponticum gegen Leibschmerzen. In China war im 3. Jahrtsd. v. Chr. Rheum palmatum ein beliebtes Arzneimittel, das aber wahrscheinlich erst durch die Araber im 6. Jh. n. Chr. im Mittelmeergebiet bekannt wurde. Die Wurzeln beider Arten wurden auch im MA. als Arznei verwendet.

**Rhabditen** [zu griech. rhábdos ›Rute‹, ›Stab‹], **Rhabdoide,** *Zoologie:* stabförmige Sekretkörper in der Epidermis vieler Strudelwürmer zum Nahrungserwerb oder zur Abwehr. R. quellen beim Ausstoßen zu langen Fäden.

**Rhabdom** [zu griech. rhábdos ›Rute‹, ›Stab‹] *das, -s/-e,* **Seh|stab,** in den Einzelaugen der Komplexaugen der Insekten und Krebse befindlicher, aus den Membransystemen der Sehzellen (Retinulazellen) zusammengesetzter Stab, der die Sehfarbstoffe enthält und als Lichtleiter dient.

**Rhabdoviren, Rhabdoviridae,** Familie stäbchenförmiger Viren (Größe 75 nm × 175 nm) mit einsträngiger RNS als Virusgenom. Die Virushülle enthält Substanzen (Hämagglutinin), die rote Blutkörperchen verklumpen. Zu den R. gehören u. a. das Tollwutvirus und das →Marburg-Virus.

**Rhachis** [griech. ›Rückgrat‹] *die, -,* **1)** *Botanik:* Blattspindel, die bei Fiederblättern die Fiedern trägt; bei ungeteilten Blattspreiten stellt sie die Mittelrippe dar.
**2)** *Zoologie:* bei Trilobiten das Mittelstück des Rumpfes; bei Vögeln der Federschaft; bei Fadenwürmern eine Achse im Anfangsteil der Eileiter mit den heranwachsenden Eizellen.

**Rhacophoridae** [griech.], die →Ruderfrösche.

**Rhadamanthys,** griech. **Rhadamanthys,** *griech. Mythos:* König auf Kreta, Sohn des Zeus und der Europa, Bruder des Minos, nach manchen Versionen auch des Sarpedon; setzte seine rat. Tätigkeit als Gesetzgeber und Richter in der Unterwelt fort und galt später mit Minos und Aiakos als Totenrichter.

**Rhadé** ['ra:de], **Radé, Edé,** Volk mit indones. Sprache auf dem Hochland von Darlac im zentralen südl. Vietnam. Die (1976) rd. 142 000 R. leben v. a. vom Reisanbau; daneben Anbau von Mais, Gemüse, Maniok, Bataten, Obst, Gewürzen, Baumwolle, Tabak. Die R. treiben auch Jagd, Fischfang und Sammelwirtschaft. Die bis über 50 m langen Pfahlbauten werden von Großfamilien bewohnt; matrilineare Verwandtschaftsordnung; Geisterglaube, Agrarriten.

**Rhagade** [von griech. rhagás, rhagádos ›Riß‹] *die, -/-n,* eine →Fissur der Haut oder Schleimhaut.

**Rhagai,** im Altertum Stadt in Medien, →Raj.

**...rhagie** [zu griech. rhaē ›Riß‹], **...rrhagie,** Wortbildungselement mit der Bedeutung: Blutung, z. B. Metrorrhagie.

**Rhagionidae** [griech.], die →Schnepfenfliegen.

**Rhamnaceae** [griech.], die →Kreuzdorngewächse.

**Rhamnose** [zu griech. rhámnous, ein Dornenstrauch] *die, -,* von der Mannose abgeleiteter Desoxyzucker (chemisch die 6-Desoxy-L-mannose); kommt v. a. in Form von Glykosiden (**Rhamnosiden**), z. B. in Strophanthin, im Xanthorhamnin der Gelbbeeren und im braunen Blütenfarbstoff Rutin vor. R. bildet farb- und geruchlose, in Wasser gut lösl., erst süß, dann bitter schmeckende Kristalle.

**Rhamnus** [griech.], die Pflanzengattung →Kreuzdorn.

**Rhamnus,** antiker Ort an der NO-Küste von Attika (Griechenland) mit Resten von Tempeln der Themis (spätes 6. Jh. v. Chr.) und der Nemesis (um 430 v. Chr. begonnen); in letzterem stand seit etwa 420 v. Chr. ein Marmorkultbild (3,50 m hoch) der Nemesis von AGORAKRITOS (in zahlreichen röm. Kopien erhalten; Bruchstücke des Originals in London, Brit. Museum).

**Rhamphastidae** [griech.], die →Tukane.

**Rhamphorhynchus** [griech.], Gattung der ausgestorbenen →Flugsaurier.

**Rhapis** [griech. ›Rute‹, ›Stab‹], die Pflanzengattung →Steckenpalme.

**Rhapsode** [griech. rhapsōdós, eigtl. ›Zusammenfüger von Gesängen‹, zu rháptein ›zusammennähen‹ und ōdē ›Gesang‹] *der, -n/-n,* im antiken Griechenland umherziehender Sänger, der nicht – wie der bei HOMER genannte Äode – episches Formgut frei variierte, sondern weithin fixierte Gedichte (bes. die von HOMER und HESIOD) auswendig rezitierte. Die R. waren bis ins 5. Jh. v. Chr. die wichtigsten Bewahrer und Verbreiter des alten Epos; sie bildeten Zünfte (**R.-Schulen**).

**Rhapsodie** *die, -/...'di|en,* **1)** *griech. Literatur:* das von einem Rhapsoden vorgetragene Gedicht. Danach Bez. für ein formal ungebundenes Gedicht in freien Rhythmen, bes. im Sturm und Drang; auch in der Prosa dieser Zeit finden sich Elemente des Rhapsodischen (ekstatisch und assoziativ wirkende Umkreisungen eines Themas).
**2)** *Musik:* seit dem Ende des 18. Jh. die von der Vorstellung der antiken Rhapsoden herrührende Bez. für zunächst vorwiegend vokale (so von C. F. D. SCHUBART, J. F. REICHARDT), dann in erster Linie instrumentale, in der Anlage und im Vortrag freie Kompositionen (so von V. J. TOMÁŠEK). Seit F. LISZT (›Ungar. R.‹) werden darin meist Volksmelodien stark nationaler Eigenart verarbeitet (A. DVOŘÁK, É. LALO, G. ENESCU, M. RAVEL, G. GERSHWIN).

**Rharb, Al-R., El-Gharb** [-rarb], Küstenebene im Mündungsgebiet des Sebou an der atlant. Küste Marokkos, nördlich von Rabat, rd. 4 000 km² groß; Hauptort ist Kénitra. In der fruchtbaren Ebene (einst bevorzugtes Siedlungsgebiet der Franzosen) Anbau von Gemüse, Zitrusfrüchten, Wein, Getreide; die Bewässerungsanlagen werden ständig weiter ausgebaut.

**Rhät,** *Geologie:* das Rät (→Keuper).

**Rhätikon** →Rätikon.

**Rhau, Rhaw,** Georg (Jörg), Drucker, Verleger, Komponist und Musiktheoretiker, * Eisfeld 1488, † Wittenberg 6. 8. 1548; war ab 1518 Thomaskantor und Assessor an der Univ. in Leipzig; als Anhänger der Reformation verließ er 1520 Leipzig; lebte ab 1523 in Wittenberg, wo er ab 1525 in einer eigenen Druckerei M. LUTHERS ›Großen Katechismus‹ (1529), das ›Augsburger Bekenntnis‹ (1531), Schul- und Volksbücher, frühprot. Kirchenmusik (u. a. ›Newe

**Rhabdoviren:** Elektronenmikroskopische Aufnahme des Marburg-Virus (Vergrößerung etwa 40 000fach)

α-L-Rhamnose

β-L-Rhamnose

**Rhamnose**

**Georg Rhau** (Holzschnitt aus dem Jahr 1542)

**Rhaz** Rhazes – Rhegius

Deudsche geistl. gesenge‹, 1544) und musiktheoret. Werke herausgab. R. verfaßte u. a. ein zweiteiliges Musikkompendium (›Enchiridion utriusque musicae practicae‹, 1520).

**Rhazes** [-z-], **Rhases, Rasi**, eigtl. **Abu Bakr Mohammed Ibn Zakarija**, gen. **ar-Razi**, pers. Arzt, * Raj 865 (?), † ebd. 925; führender Autor der islam. Medizin, Philosoph und Alchemist. Er soll 237 Schriften verfaßt haben, deren bedeutendste ›Continens‹ (Inhalt der Medizin) ist.

**Rhäzüns**, bündnerroman. **Razén** [rats-], Gem. im Kt. Graubünden, Schweiz, 658 m ü. M., am Hinterrhein südwestlich von Chur, (1989) 1100 Ew.; Mineralwasserabfüllung; Seilbahn nach Feldis/Veulden (1474 m ü. M.) auf der anderen Flußseite. – Die hochgot. Fresken der roman. St.-Georgs-Kirche zeigen u. a. die Darstellung der Legende der Patronatsheiligen (um 1340). Im Schloß (1288 erwähnt) sind der Rittersaal und weitere Räume vollständig ausgemalt (Tristansage u. a., 16. Jh.).

**Rhea** [nach Rhea, der Tochter des Uranus], ein Mond des Planeten →Saturn.

**Rhea,** griech. **Rhea,** griech. Mythos: Tochter des Uranos und der Gaia, Schwester und Gemahlin des Kronos, Mutter des Zeus. In Gestalt der R.-Kybele wurde sie mit der asiat. Göttin Kybele verbunden. In Athen wurde sie zus. mit Kronos kultisch verehrt. – BILD →Kronos

**Rhea Silvia, Rea Silvia, Ilia,** röm. Sage: Tochter des Numitor. Von ihrem Onkel Amulius, der seinen Bruder des Throns von Alba Longa beraubt hatte, wurde sie dem Dienst der Vesta geweiht, damit sie kinderlos bliebe. Sie gebar jedoch dem Gott Mars die Zwillinge Romulus und Remus und wurde so zur Stammutter der Römer.

Syngman Rhee

kundlich als Stadt ausgewiesen. – Die ehem. Wasserburg in Rheda wurde im 16.–18. Jh. zum Schloß umgebaut; im roman. Kapellenturm (1221–35) verbinden sich Festungs- (Donjon) und Sakralbau (Doppelkapelle, mit bedeutender Bauplastik); Aufstockung eines Saalgeschosses 1280; Neues Rathaus von H. DEILMANN (1966–74). In der got. Ägidienkirche (13./16. Jh.) in Wiedenbrück Sakramentshäuschen (1504) und frühbarocke Sandsteinkanzel (1617). Ehem. Franziskanerkloster (1667–1716) mit der Wallfahrtskirche St. Ursula (um 1470); zahlreiche Fachwerkhäuser (16.–18. Jh.), z. T. einheitl. Zeilen mit Giebelhäusern.

**Rhede,** Stadt im Kr. Borken, NRW, 32 m ü. M., im westl. Münsterland und im Naturpark ›Hohe Mark‹, (1990) 16 700 Ew.; Schule für Altenpflege, Weiterbildungsakademie; Textil- und Bekleidungsindustrie, Herstellung von Geräteelektronik sowie Kupfer- und Glasfaserkabel. – Das 1050 erstmals urkundlich erwähnte R. wurde 1975 Stadt. – Kath. Pfarrkirche St. Gudula (1898–1901). Das Schloß Haus R. wurde 1564 errichtet; Haus Tenking ist ein zweigeschossiger Ziegelbau von 1710.

**Rheden** [ˈreːdə], Gem. in der Prov. Gelderland, Niederlande, an der IJssel, (1990) 45 700 Ew.; Ziegeleien, Kompressorenbau, Metallwarenindustrie; Wohnvorort für Arnheim.

**Rhee** [engl. riː], Syngman, Yi Sŭngman, korean. Politiker, * Hwanghaebuk-do (Nord-Korea) 26. 4. 1875, † Honolulu (Hawaii) 19. 7. 1965; war Mitbegründer der ›Unabhängigkeitsliga‹ (korean. ›Tong-nip-hyophoe‹), nach ihrer Auflösung (1897) bis 1904 inhaftiert, 1904–10 und 1912–45 im Exil; bekämpfte die japan. Herrschaft in Korea. 1919–41 war er Präs. der in Schanghai konstituierten ›Provisor. Regierung der Rep. Korea‹. Im Zweiten Weltkrieg bemühte er sich bei den Kriegsgegnern Japans (bes. den USA) um die Anerkennung Koreas als unabhängiger Staat.

Nachdem die sowjetisch-amerikan. Verhandlungen über die Bildung einer gesamtkorean. Reg. gescheitert waren, wählte die Nationalversammlung in Seoul R. 1948 zum Präs. der Rep. (Süd-)Korea (wiedergewählt: 1952, 1956 und 1960). R. bekämpfte das kommunist. Reg.-System in Nord-Korea. Seine zunehmend diktator., von Korruption begleitete Regierungsweise stieß auf wachsenden innenpolit. Widerstand. Unter dem Vorwurf, seine Wiederwahl 1960 mit Wahlfälschungen durchgesetzt zu haben, sah sich R. zum Rücktritt gezwungen und ging nach Hawaii ins Exil.

**RHEED-Technik** [RHEED Abk. für engl. **R**eflection **h**igh-**e**nergy **e**lectron **d**iffraction ›hochenerget. Reflexions-Elektronenbeugung‹], ein Verfahren zur Strukturuntersuchung von Oberflächen unter Anwendung der Beugung hochenerget. Elektronen (**HEED**). Dabei läßt man einen Strahl von Elektronen mit einer Energie von typischerweise 40 keV nahezu streifend auf die zu untersuchende Oberfläche fallen und analysiert die wiederum fast streifend rückgestreuten Elektronen. Die RHEED-T. wird zur Untersuchung der obersten Atomlagen an Oberflächen, einschließlich adsorbierter Schichten, angewendet und ist in der Empfindlichkeit mit der →LEED-Technik vergleichbar; sie wird wie diese unter Ultrahochvakuumbedingungen eingesetzt.

**Rhegius,** Urbanus, eigtl. **Urban Rieger,** Reformator, * Langenargen Mai 1489, † Celle 27. 5. 1541; zunächst kath. Geistlicher, kam R. um 1520 zur luther. Lehre, die er bis 1530 als Domprediger in Augsburg vertrat. Danach wurde er, im Dienst Herzog ERNSTS von Braunschweig-Lüneburg-Celle, Superintendent in Celle; dort, in Lüneburg, Hannover, Minden und Osnabrück wirkte er als Reformator. Daneben war er 1536 an der Wittenberger Konkordie beteiligt.

M. LIEBMANN: U. R. u. die Anfänge der Reformation (1980).

**Rheda-Wiedenbrück:** Fachwerkhäuser im Stadtteil Wiedenbrück

**Rheda-Wiedenbrück,** Stadt im Kr. Gütersloh, NRW, 90 m ü. M., am Oberlauf der Ems im östl. Münsterland, (1990) 38 700 Ew.; Textil- und Möbelindustrie, Holz- und Kunststoffverarbeitung; Fleischwarenindustrie und Fahrzeugbau (Wohnwagen) sowie Großverlag. – R.-W. entstand zum 1. 1. 1970 durch Zusammenschluß der Städte Rheda und Wiedenbrück. – **Rheda** entwickelte sich um die 1170 am Emsübergang errichtete Burg der Edelherren zur Lippe und erhielt 1355 Stadtrecht. **Wiedenbrück** gehörte zu den ostwestfäl. Urpfarreien; 952 erhielt die Siedlung Markt- und Münzrecht. Ende des 12. Jh. wurde sie ur-

**Rheidae** [griech.], die → Nandus.
**Rheiderland, Reiderland** [niederländ. ˈrɛidərlant], Marschlandschaft in der Bundesrep. Dtl. und den Niederlanden, westlich der Ems, am Dollart.
**Rhein, 1)** poln. **Ryn** [rin], Stadt in Masuren, Wwschaft Suwałki, Polen, 120 m ü. M., am Rheinschen See (21 km²), (1985) 2 500 Ew. (1939: 2 300 Ew.); Erholungsort, Baustoffindustrie, Fischerei. – Um die 1377 angelegte Burg des Dt. Ordens entstand die 1732 zur Stadt erhobene Siedlung R. 1945 fiel R. unter poln. Verwaltung, seit 1991 gehört die Stadt völkerrechtlich verbindlich zu Polen.
**2)** [Name wohl vorkelt. Ursprungs] *der*, lat. **Rhenus**, frz. **Rhin** [rɛ̃], niederländ. **Rijn** [rɛjn], bündnerroman. **Rein**, längster Fluß in Dtl. und verkehrsreichste Wasserstraße Europas. Bis zur Mündung in die Nordsee ist der R. 1320 km lang, Anliegerstaaten sind die Schweiz (375 km), Liechtenstein, Österreich, die Bundesrep. Dtl. (865 km), Frankreich und die Niederlande. Das Einzugsgebiet des R.s ist 252 000 km² groß, davon entfallen 36 494 km² auf die Schweiz und 102 111 km² auf die Bundesrep. Deutschland.
Der R. entsteht in den schweizer. Alpen im Kt. Graubünden aus dem Vorder- und Hinter-R. Der **Vorder-R.** (Rein Anteriur; Länge 68 km, Einzugsgebiet 1 514 km²), als dessen Ursprung der Tomasee südlich des Oberalppasses gilt, durchfließt das Tujetsch (Tavetsch), die Surselva und die Vorderrheinschlucht (→ Ruinaulta). Bei Reichenau westlich von Chur vereinigt sich in 600 m ü. M. der Vorder-R. (linker Quellfluß) mit dem **Hinter-R.** (Rein Posteriur; 57 km, 1 693 km²), der im Adulamassiv entspringt, das Rheinwald, Schams und Domleschg durchfließt und von rechts den Averser Rhein (Ragn da Ferrera) und die Albula aufnimmt. Als **Alpen-R.** (102 km) wendet sich der R. bei Chur nach N in ein breites, von Aufschüttungen erfülltes Tal. Rechte Zuflüsse sind hier Landquart und Ill. Seit der internat. R.-Regulierung (**Fussacher Durchstich**, 1892–1900; zur Abwendung der Hochwasserüberschwemmungen) mündet der R. bei Hard (westl. Nachbarort von Bregenz) mit einem sich ständig vorschiebenden Delta in den Bodensee. Das alte Flußbett weiter westlich benutzt heute der **Rheintaler Binnenkanal**, der das sanktgall. (linke) Ufergebiet entwässert; dieser **Alte Rhein**, der auch die österr.-schweizer. Grenze bildet, mündet bei Altenrhein (nordöstlich von Rorschach). Bei Konstanz fließt der R. in den Untersee, den er bei Stein am Rhein verläßt. Als **Hoch-R.** (142 km) wendet er sich dann nach W, wobei er unterhalb von Schaffhausen im rd. 20 m hohen und 150 m breiten **Rheinfall** über Jurakalke in sein früheres Bett stürzt und weitere Stromschnellenstrecken überwindet; er nimmt von rechts die Wutach, von links Thur und Aare auf.
Als **Ober-R.** (362 km, ab Basel) fließt der R. im Oberrhein. Tiefland bis Mainz in nördl. Richtung, dann in westl. Richtung bis Bingen am Rhein; er bildet im südl. Abschnitt bis Neuburgweier südlich von Karlsruhe die dt.-frz. Grenze (182 km). Der heutige Flußlauf oberhalb von Worms ist das Ergebnis der 1817 von J. G. Tulla begonnenen und nach seinen Plänen bis 1876 durchgeführten **R.-Korrektion**, durch die der urspr. stark mäandrierende Fluß begradigt wurde (Verkürzung des Laufes um 81 km), so daß die Hochwassergefahr vermindert wurde und die versumpften Auen trockenfielen. Mit der dadurch hervorgerufenen Tiefenerosion (Sohlenvertiefung um 5 m) sank allerdings der Grundwasserspiegel stark ab. Die ökolog. Folgewirkungen nahmen am südl. Oberrhein nach der Anlage des → Rheinseitenkanals, der heute zw. Basel und Breisach die Hauptwassermenge des Flusses führt, noch größere Ausmaße an. Durch die Regulierung des Flußbettes entstanden zahlreiche Altarme (einige führen nur zeitweise Wasser), von

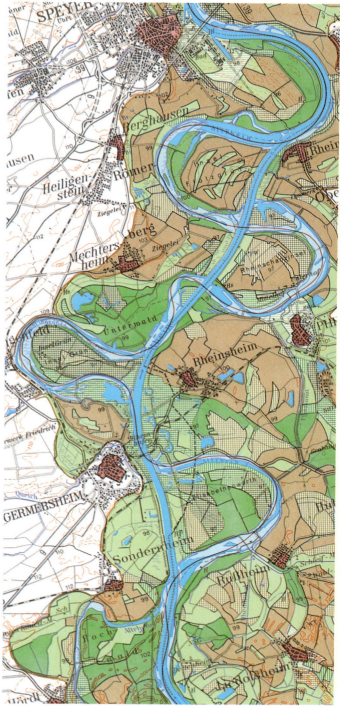

Rhein 2): Der Oberrhein südlich von Speyer nach der 1817 begonnenen Rheinkorrektion durch Johann Gottfried Tulla; Quelle: Historischer Atlas von Baden-Württemberg, Blatt IV, 19, bearbeitet von Eugen Reinhard, herausgegeben von der Kommission für geschichtliche Landeskunde und vom Landesvermessungsamt in Stuttgart

# Rhei  Rhein

denen einige zu Naherholungsgebieten, andere zu Landschaftsschutzgebieten erklärt wurden. Wichtige Nebenflüsse (von rechts) sind Neckar und Main.

Der **Mittel-R.** durchfließt vom Binger Loch, der 250 m breiten Stromenge und Untiefe mit gefährl. Stromschnellen, bis Bonn in nordwestl. Richtung das Rhein. Schiefergebirge in einem stellenweise schmalen, bis 300 m tiefen Durchbruchstal, das sich zw. Koblenz und Andernach zum Mittelrhein. Becken weitet. Das Mittelrheintal gehört zu den reizvollsten (u. a. →Loreley) und verkehrsreichsten dt. Landschaften. In ebenfalls eingeschnittenen Tälern erhält der R. von links die Zuflüsse Nahe, Mosel und Ahr, von rechts Lahn und Sieg.

Der **Nieder-R.** durchfließt die Niederrhein. Bucht und das Niederrhein. Tiefland, er nimmt von links die Erft, von rechts Wupper, Ruhr, Emscher und Lippe auf. Bei Emmerich erreicht der hier 730 m breite Fluß niederländ. Gebiet, wo er sich verzweigt und mit der →Maas ein ausgedehntes Delta (R.-Maas-Delta) bildet, dessen Mündungsarme südlich des Nieuwe Waterweg von der Nordsee abgeriegelt wurden (→Deltawerke). – Rd. 30 km jenseits der dt. Grenze gabelt sich der R. in die Waal, den wichtigsten Schiffahrtsweg, und in den nördl. Arm, der als Pannerdens Kanaal beginnt, dann Neder-Rijn und anschließend →Lek heißt. Die Fortsetzungen der Waal (südl. Arm) heißen →Merwede, Beneden-Merwede, →Noord, →Neue Maas, die Rotterdam durchfließt, und →Nieuwe Waterweg, der zur Nordsee führt. Etwa ein Neuntel des R.-Wassers gelangt über die →IJssel 1) in das IJsselmeer. Der vom Neder-Rijn bei Wijk bij Duurstede im 11. Jh. abgedämmte Kromme Rijn ist ein Teil des ehem. R.-Hauptarmes, dessen Fortsetzung die heute kanalisierte Alte R. bildete (Mündung in Katwijk aan Zee).

Der R. ist der wasserreichste dt. Strom. Die mittlere Abflußmenge beträgt bei Basel 1 041, bei Emmerich 2 173 m³/s. Bei Basel liegt die höchste Wasserführung im Juni/Juli z. Z. kräftiger Schneeschmelze in den Alpen; im weiteren Verlauf kommt ein Nebenmaximum z. Z. der Frühlingsschneeschmelze in den Mittelgebirgen hinzu. Nördlich des Rhein. Schiefergebirges kann in den Wintermonaten, nach plötzl. Warmlufteinbrüchen, Hochwasser auftreten. Am geringsten ist die Wasserführung bei Basel zw. Dez. und Febr., bei Emmerich im Sept./Oktober.

Binnenwasserstraße ist der R. ab Rheinfelden. Unterhalb von Basel bis unterhalb von Breisach benutzt die Schiffahrt den Rheinseitenkanal. Die anschließende Flußstrecke bis Iffezheim ist staugeregelt, die letzte Staustufe (Iffezheim) wurde 1977 fertiggestellt. Die Hauptnebenflüsse Neckar, Main und Mosel sind für die Schiffahrt ausgebaut. Die Verbindung des Mains mit der Donau durch den Main-Donau-Kanal befindet sich im Ausbau (→Rhein-Main-Donau-Großschiffahrtsweg). Durch Rhein-Herne- und Wesel-Datteln-Kanal sowie über deren Fortsetzung Dortmund-Ems- und Mittellandkanal ist der R. mit Nord- und Ostsee sowie mit der Elbe, Berlin und der Oder verbunden. Die Mündungsarme des R.s bilden Teile des weitverzweigten niederländ. und belg. Wasserstraßennetzes; wichtige Binnenschiffahrtskanäle in diesem Bereich sind Amsterdam-R.-Kanal, Nieuwe Waterweg und Schelde-R.-Kanal. Über Mosel, R.-Marne- und R.-Rhône-Kanal ist der R. mit dem frz. Wasserstraßennetz verbunden.

Zw. Rheinfelden und der niederländ. Grenze (622 km) wurden 1989 insgesamt 200,7 Mio. t Güter befördert, davon 58% auf ausländ. Schiffen. Die größte Binnenhafenanlage der Erde ist der Rhein-Ruhr-Hafen Duisburg; weitere wichtige Binnenhäfen sind: Basel, Straßburg, Karlsruhe, Ludwigshafen am Rhein, Mannheim, Mainz, Wesseling, Köln, Neuss, Düsseldorf und Krefeld; Rotterdam an der R.-Mündung ist Seehafen.

Die Energiegewinnung beschränkte sich bis 1932 ausschließlich auf den Hoch-R. oberhalb von Basel. Später entstanden Kraftwerke am Rheinseitenkanal und an der sich unterhalb anschließenden staugeregelten Flußstrecke bis Iffezheim. Außerdem ist der R. Trinkwasserreservoir.

### Ökologische Aspekte

Das ökolog. Gleichgewicht des R.s wird durch Trinkwassergewinnung, Betriebswasserentnahme, Abwässer- und Abwärmeeinleitung belastet. Zu Beginn der 1970er Jahre galt der R. als stark verschmutztes Gewässer. Durch die Einleitung von Abwässern transportierte der R. 1985 (Prognose für 1995), 11 Mio. t Chloride, 4,5 Mio. t Sulfate, 828 000 t Nitrate, 284 000 t organ. Kohlenstoffverbindungen, 90 000 t Eisen, 100 000 (21 500) t Ammonium, 20 300 (6 600) t Phosphate, 2 500 t organ. Chlorverbindungen, 223 (105) t Chrom, 129 000 t Arsen, über 2,5 (1,9) t Cadmium, 650 kg (485) t Quecksilber und viele andere Stoffe, v. a. Chemikalien, Säuren, Laugen, Öle und Pestizide, über die niederländ. Grenze und weiter in die Nordsee. Die Haupteinleiter organ. abbaubarer Schmutzstoffe sind die Gemeinden, die die Abwässer von etwa 78 Mio. Einwohnergleichwerten einleiten, die chem. Industrie sowie die Papier- und Stahlindustrie. Diese Belastung des R.s ist bes. deswegen prekär, weil pro Tag über 20 Mio. Menschen rd. 5 Mio. m³ Trinkwasser aus dem R. bzw. dem Uferfiltrat entnommen werden. Die Niederlande beziehen drei Viertel ihres Brauchwassers aus dem R., wobei der Salzgehalt des Brauchwassers in Abhängigkeit von der tägl. Produktion der frz. Kaliminen im Elsaß starken Schwankungen unterliegt. Seit Anfang 1987 wurden die Chlorideinleitungen auf Drängen der Niederlande um 20 kg/s, seit 1989 um 40 kg/s reduziert (Übereinkommen zum Schutz des R.s gegen Verunreinigungen durch Chloride von 1985). BILD →Gewässergüte

Das dem R. (und zusätzlich dem Grundwasser) entnommene Trink- und Betriebswasser wird dem R. schließlich als kommunales Abwasser wieder zugeleitet. Die Zuführung an industriellem Betriebs- und Abwasser wird auf 3,5 Mio. t pro Tag geschätzt. Außerdem werden etwa 20 Mio. m³ R.-Wasser täglich als Kühlwasser von Wärmekraftwerken genutzt, was zu einer erheblichen Wärmebelastung des Flusses führt. Die zw. 1972 und 1984 mit hohem finanziellem Aufwand vorgenommenen Abwasserreinigungsmaßnahmen wie Kläranlagenbau durch Industrie und Kommunen, Ausbau der Kanalisationsnetze haben bisher nur zu einer teilweise Besserung der Qualität des R.-Wassers geführt. Gestiegen ist immerhin der biologisch wichtige Sauerstoffgehalt. Problematisch sind jedoch weiterhin die von Bakterien nur langsam abbaubaren organ. Substanzen, auch wenn ihr Anteil rückläufig ist. Diese Stoffe können nicht nur das Ökosystem des R.s stören, sondern bereiten auch bei der Trinkwassergewinnung die größten Schwierigkeiten.

Die Internat. Kommission zum Schutz des R.s gegen Verunreinigungen (IKSR), in der Vertreter der R.-Anliegerstaaten seit 1963 offiziell zusammenarbeiten, sieht als wichtigste Aufgaben die Störfallvorsorge (als Folge des Brandes bei der Sandoz AG in Basel 1986) und die Verringerung der Dauerbelastung des R.s mit Schadstoffen. Am 1. 10. 1987 hat die achte Ministerkonferenz der Rheinanliegerstaaten das ›Aktionsprogramm R.‹ beschlossen. Vorgesehen sind darin drei Sanierungsphasen. 1987–89 wurden u. a. Verschmutzungskarten, eine Auflistung der vorrangig zu reduzierenden schädl. (prioritären) Stoffe und ihre wissenschaftlich erfaßten Auswirkungen erstellt und Mindestanforderungen für kommunale Einleitungen festgelegt. Bis 1995 sollen die Maßnahmen greifen, so daß nur noch etwa die Hälfte der Gesamtmenge der prioritären Stoffe in den R. gelangt. Bis zum Jahr 2000 sind ggf. zusätzl. Maßnahmen vorgesehen. Für die Umsetzung des ›Aktionsprogramms R.‹ werden die R.-Anliegerstaaten etwa 25 Mrd. DM aufwenden müssen.

### Geschichte und Recht

Als Handelsweg wurde der R. bereits in vorröm. Zeit genutzt, mit dem Erscheinen röm. Truppen nahm der Verkehr auf dem Strom erheblich zu. CAESAR schlug 55 v. Chr. zw. Koblenz und Andernach die erste Brücke, 53 v. Chr. weiter stromaufwärts eine zweite. In der röm. Kaiserzeit bildete der R. von Andernach abwärts die Grenze gegen das freie Germanien. Aus Militärstützpunkten, die zu Handelsplätzen wurden, entwickelten sich Städte wie Straßburg, Mainz, Koblenz, Bonn, Neuss, Köln. Die Verbindung zw. am R. gelegenen Kastellen stellte die röm. R.-Flotte (›classis Germanica‹) her. Im MA. war der R. der wichtigste Handelsweg im N-S-Verkehr. Schon frühzeitig fuhren Straßburger Schiffer bis zur R.-Mündung, und im 12. Jh. erreichten Seeschiffe Köln, wahrscheinlich sogar die Grenze des Mittelrheins.

Verkehrsbehinderungen ergaben sich aus der Einführung von Zöllen (etwa seit dem 8. Jh.), Stapel- und Umschlagsrechten, dem Raubritterwesen und der Zunftherrschaft. Am Ende des 12. Jh. gab es 19 R.-Zollstätten, im 13. Jh. 44 und im 14. Jh. sogar 62. Noch 1848 gab es am R. 18 Zollstationen. Stapelrechte hatten Dordrecht, Köln, Koblenz, Mainz, Speyer, Straßburg, Breisach und Basel. Nach dem mit dem Stapelrecht verbundenen Umschlagsrecht mußten z. B. von den Niederlanden kommende Güter, sofern es nicht Stapelgüter waren, in Köln, Mainz und Speyer jeweils auf andere Schiffe für den Weitertransport umgeladen werden. – Das Raubritterwesen am R. erreichte in der Mitte des 13. Jh. seinen Höhepunkt, bis es vom Rhein. Städtebund und RUDOLF VON HABSBURG eingedämmt wurde.

Die Handelshemmnisse konnten nur sehr langsam behoben werden. Erste Ansätze boten der Westfäl. Frieden (1648) und der Friede von Rijswijk (1697), womit der Grundsatz der Freiheit der Schiffahrt im Interesse der Förderung des Handels und der wirtschaftl. Beziehungen unter den Völkern ausgesprochen wurde, ohne jedoch wesentl. Beachtung zu finden. Einen erneuten Anlauf zur Förderung der R.-Schiffahrt machte der Reichsdeputationshauptschluß (1803) mit der Aufhebung der unterschiedl. Zölle, an deren Stelle durch den Oktroi-Vertrag (1804) eine einheitl., nach dem Ladungsgewicht berechnete Abgabe trat. Auf die neugebildete Oktroi-Verwaltung ging auch eine Reihe von Rechten (z. B. Zulassung von Schiffern, Regelung der Rangfahrt) über. Die weitergehenden Bestimmungen zur Freiheit der Schiffahrt und Einführung eines internat. Schiffahrtrechts in der Wiener Schlußakte vom 9. 6. 1815 scheiterten an Auslegungsstreitigkeiten, bis am 17. 7. 1831 die **Mainzer R.-Schiffahrtsakte** als ›Übereinkunft unter den Uferstaaten des R.s und auf die Schiffahrt dieses Flusses sich beziehende Ordnung‹ in Kraft trat. Rechtsgrundlage für die Internationalisierung des R.s (→internationalisierte Flüsse) als Schiffahrtsweg ist nach wie vor die **Mannheimer R.-Schiffahrtsakte** vom 17. 10. 1868, die eine Neufassung der Mainzer Akte darstellt. Sie ist ein internat. Vertrag zw. Belgien, Dtl., Frankreich, den Niederlanden, der Schweiz und Großbritannien, ergänzt und geändert durch zahlreiche spätere Vereinbarungen, zuletzt durch das Zusatzprotokoll Nr. 3 vom 17. 10. 1979 (in Kraft seit 1. 9. 1982). Unverändert gilt Art. 1, der die Schiffahrt auf dem R. und seinen Ausflüssen von Basel bis in das offene Meer ›den Fahrzeugen aller Nationen zum Transport von Waren und Personen‹ unter Beachtung der in der Akte selbst und der zur Aufrechterhaltung der allgemeinen Sicherheit erforderlichen polizeil. Vorschriften öffnet. Über die Einhaltung dieser Vorschriften wacht die Zentralkommission für die R.-Schiffahrt in Straßburg. Die Verkehrsordnung auf dem R. ist in der R.-Schiffahrtspolizei-VO vom 5. 8. 1970 und in der R.-Fähren-Ordnung vom 23. 9. 1963 niedergelegt. Seit 1982 gibt es einen ›Internat. Warn- und Alarmdienst R.‹ mit acht internat. Hauptwarnzentralen, die bei Unfällen oder sonstigen Gefahren Nachrichten an die stromabwärts gelegenen Behörden geben.

H. RITTSTIEG: R.-Schiffahrt im Gemeinsamen Markt (1971); Der R. Porträt einer europ. Stromlandschaft, hg. v. W. ROSS u. a. (1973); P. HÜBNER: Der R. (1974); E. ENNEN: Ges. Abh. zum europ. Städtewesen u. zur rhein. Gesch., 2 Bde. (1977–87); Rhein. Gesch., hg. v. F. PETRI u.a., auf mehrere Bde. ber. (1978 ff.); W. BÖCKING: Schiffe auf dem R. in drei Jahrtsd. (1979); ders.: Die Gesch. der R.-Schiffahrt (1980); U. JESSURUN D'ULIVEIRA: Das R.-Chloridabkommen u. die EWG, in: Recht der internat. Wirtschaft, Jg. 29 (1983); G. REICHELT: Laßt den R. leben! (1986); E. RUTTE: R., Main, Donau. Eine geolog. Gesch. (1987); Franzosen u. Deutsche am R. 1789–1918–1945, hg. v. P. HÜTTENBERGER u. a. (1989).

**Rheinau, 1)** Stadt im Ortenaukreis, Bad.-Württ., 130 m ü. M., im Oberrhein. Tiefland, (1990) 9 900 Ew.; Heimatmuseum; Baustoffindustrie. Am Rhein Staustufe mit Kraftwerk (168 MW) und Straßenübergang nach Frankreich.
**2)** Gem. im N des Kt. Zürich, Schweiz, am linken Rheinufer, Ortskern auf einem vom Fluß fast ganz umflossenen Sporn südlich von Schaffhausen, 372 m ü. M., (1988) 1 200 Ew.; Wasserkraftwerk; kantonale psychiatr. Klinik im ehem. Benediktinerkloster (gegr. 778), dessen Kirche, eine Wandpfeilerhallenkirche mit Stukkaturen von F. SCHMUZER, 1704–11 von F. BEER VON BLEICHTEN unter Beibehaltung des spätgot. Turms (1572–78) neu errichtet wurde.

**Rheinbach,** Stadt im Rhein-Sieg-Kreis, NRW, 164 m ü. M., am N-Rand der Eifel, (1990) 23 900 Ew.; Bundeswehrgarnison, Justizvollzugsanstalt, Staatl. Glasfachschule, Glasmuseum, zahlreiche Glasveredelungswerkstätten (in Fortsetzung der nordböhm. Lüsterproduktion), Keramik- und Kerzenindustrie; Satelliten-Beobachtungsstation der Univ. Bonn in R.-Todenfeld. – Die im 8. Jh. als Besitz des Klosters Prüm ausgewiesene Siedlung wurde Ende des 13. Jh. zur Stadt erhoben, die 1342/43 an Kurköln fiel. – Burganlage aus dem 12. Jahrhundert erhalten.

Beitr. zur Gesch. der Stadt R., auf mehrere Bde. ber. (1981 ff.).

**Rheinberg,** Stadt im Kr. Wesel, NRW, 25 m ü. M., am linken Niederrhein, (1991) 28 000 Ew.; Spirituosenfabrik; größtes Salzbergwerk Europas in R.-Borth (1989 etwa 2,8 Mio. t Steinsalz) und darauf basierende chem. Industrie (beide Solvay), Bau von Transportanlagen, Formulardruckerei, Textilverarbeitung; Häfen in Ossenberg und Orsoy mit (1989) 4,1 Mio. t Umschlag. – Das um 1000 mehrfach erwähnte R. war seit vor 1100 königl. Zollstelle. Nach Übergang in kurköln. Besitz wurde es 1232 zur Stadt erhoben und zum Zollplatz des Kölner Niederstifts sowie zur Festung ausgebaut. Bis zum Beginn des 18. Jh. war die Rheinschiffahrt der bedeutendste Wirtschaftsfaktor der Stadt. Mit der Verlegung des Flußlaufs im ersten Jahrzehnt des 18. Jh. ging das Wirtschaftsleben der Stadt spürbar zurück. Erst die Anlage eines neuen Hafens am Altrheinarm brachte im 19. Jh. erneuten Aufschwung. – Der W-Turm der kath. Pfarrkirche St. Peter stammt aus der Spätromanik, der Hochaltar wurde im 19. Jh. aus zwei spätgot. Schnitzaltären zusammengesetzt. Stadthaus von G. BÖHM (1977–80). In

Orsoy ev. Pfarrkirche des 15. Jh.; Stadtbefestigungen mit Pulverturm und Bastionen (17. Jh.); Wohnhäuser des 17.–18. Jahrhunderts.

**Rheinberger,** Joseph Gabriel von (seit 1894), Komponist, * Vaduz (Liechtenstein) 17. 3. 1839, † München 25. 11. 1901; studierte bei F. LACHNER in München und wurde dort 1859 Lehrer für Klavier, 1860 für Komposition an der Königl. Musikschule, daneben als Organist und Chorleiter tätig, 1877 zum Hofkapellmeister ernannt; war als Kompositionslehrer hoch geschätzt. Seine im ganzen konservativ-akadem. Werke sind der klassisch-romant. Tradition verpflichtet und heute großenteils vergessen. Am bekanntesten wurden seine Orgelsonaten, die den Einfluß J. S. BACHS zeigen. Außerdem schrieb er Opern, Orchesterwerke, Konzerte für Soloinstrumente und Orchester, Kammermusik, Oratorien, Kantaten sowie Kirchenmusik (Messen, Requiem, Motetten).

M. WEYER: Die Orgelwerke von J. R. (Vaduz 1966); H.-J. IRMEN: G. J. R. als Antipode des Cäcilianismus (1970); W. WANGER: J. G. R. u. die Kammermusik (1978).

Joseph von Rheinberger

**Rheinbraun AG,** Tochtergesellschaft der →RWE AG.

**Rheinbund, 1)** frz. **Alliance du Rhin** [aljɑ̃sdy'rɛ̃], das aus der →Rheinischen Allianz hervorgegangene, am 15. 8. 1658 in Frankfurt am Main auf Betreiben des Mainzer Kurfürsten JOHANN PHILIPP VON SCHÖNBORN (* 1605, † 1673) geschlossene Bündnis zw. den Rheinkreisen, mehreren westdt. Fürsten sowie Braunschweig-Lüneburg und dem schwed. Bremen-Verden; ihm trat auch Frankreich bei. Der R., dreimal erneuert und erweitert, v. a. gegen Österreich gerichtet, bezweckte die Aufrechterhaltung des Westfäl. Friedens und blieb bis zu seiner Auflösung (15. 8. 1668) ein Instrument der frz. Politik im Reich.
**2)** frz. **Confédération du Rhin** [kɔ̃federasjɔ̃dy'rɛ̃], der am 12. 7. 1806 auf Betreiben NAPOLEONS I. gegründete Bund von zunächst 16 süd- und westdt. Fürsten, der unter NAPOLEONS Protektorat der frz. Beherrschung West-Dtl.s und der Beseitigung der Reichsgewalt dienen sollte. Die R.-Fürsten erklärten sich für souverän und sagten sich am 1. 8. 1806 förmlich vom Reich los; FRANZ II. legte daraufhin am 6. 8. die dt. Kaiserwürde nieder. Die Verfassung des R. (R.-Akte) wurde insoweit verwirklicht, als die R.-Fürsten als Bundesgenossen Frankreichs starke Heereskontingente für die Feldzüge NAPOLEONS stellen mußten. Dafür erhielten sie Standeserhöhungen, ihre Staaten wurden z. T. auf Kosten der kleineren Reichsstände vergrößert. Nach der Niederlage Preußens (1806) traten bis 1808 Würzburg, Sachsen und weitere mittel- und norddt. Kleinstaaten dem R. bei; das neugeschaffene Königreich Westfalen wurde 1807 zum R.-Staat erklärt. 1808 umfaßte der R. 325 800 km$^2$ mit 14,61 Mio. Ew., 1811 vier Königreiche, fünf Großherzogtümer, elf Herzogtümer, 16 Fürstentümer mit 283 100 km$^2$ und 13,3 Mio. Ew. Dem R. gehörten außer Preußen und Österreich nur Braunschweig und Kurhessen nicht an. Fürstprimas des R. war der ehemalige Mainzer Kurfürst KARL THEODOR VON DALBERG. Die meisten Mitgliedstaaten des R. entgingen ihrer Auflösung nur durch den rechtzeitigen Anschluß an das preußisch-russisch-österr. Bündnis im Herbst 1813 während der Befreiungskriege.

K. O. VON ARETIN: Hl. Röm. Reich. 1776–1806, 2 Bde. (1967); Revolution u. konservatives Beharren. Das alte Reich u. die Frz. Revolution, hg. v. dems. u. a. (1990); G. WALTER: Der Zusammenbruch des Hl. Röm. Reichs Dt. Nation u. die Problematik seiner Restauration in den Jahren 1814/15 (1980); E. FEHRENBACH: Traditionale Gesellschaft u. revolutionäres Recht ($^3$1983); P. SAUER: Napoleons Adler über Württemberg, Baden u. Hohenzollern (1987).

Rheinfelden 3): Stadtwappen

**Rheine,** Stadt im Kr. Steinfurt, NRW, 40 m ü. M. im nördl. Münsterland an der Ems (und in der Nähe des Dortmund-Ems-Kanals), (1990) 70 000 Ew.; Fachschule für Sozialpädagogik und Heilpädagogik, Studienzentrum der Fern-Univ. Hagen, Transferzentrum für angepaßte Technologien, Museum, Garnison; Baumwollspinnereien und -webereien, Maschinen- und Fahrzeugbau, Bau- und Nahrungsmittelindustrie (Fertiggerichte u. a.). – R. entwickelte sich um einen 838 erstmals erwähnten Fronhof (Falkenhof); es wurde 1327 Stadt. 1846 wurde die erste maschinelle Baumwollspinnerei Westfalens in Betrieb genommen. – Kath. Pfarrkirche St. Dionysius (15./16. Jh.; Rundpfeilerhalle mit reicher Ausstattung); neoroman. St.-Antonius-Basilika (1899–1906); Falkenhof (Gebäude des 15.–18. Jh.; heute Museum, u. a. Kunst, Waffen, Textilien, Imkerei); Bürgerhäuser des 17.–19. Jh. Nördlich von R. Schloß **Bentlage** mit dreiflügeligem Konventsbau (hervorgegangen aus ehem. Kloster, 1437–1803), heute u. a. Museum; umgeben von einem Erholungsgebiet, in dem sich die Saline Gottesgabe (1745 errichtet; u. a. Siedehaus und Reste eines Gradierwerks) befindet.

**Rheineck,** Ort im Kt. St. Gallen, Schweiz, 403 m ü. M., am Alten Rhein, (1991) 3 300 Ew. – R. erhielt 1276 die Privilegien einer Reichsstadt. Nach dem Übergang an Habsburg (Ende 14. Jh.) war es ständig umkämpft, bis es Ende des 15. Jh. als Teil der ›Landvogtei Rheintal‹ an die schweizer. Eidgenossenschaft überging. – Ruinen der Burg Alt-Rheineck (vor 1300); Kirche (1722) mit spätgot. Chor; Rathaus (16. Jh.).

**Rheinfall,** Wasserfall des →Rheins bei Schaffhausen, Schweiz.

**Rheinfelden,** Name von geograph. Objekten:
**1) Rheinfelden,** Bezirkshauptort und Solebad im NW des Kt. Aargau, Schweiz, 285 m ü. M., am linken Ufer des Rheins, der ab hier schiffbar wird, (1991) 10 000 Ew. (zu 21% Ausländer). Fricktaler Museum, Oldtimer-Museum; Badebetrieb (Kurzentrum im NO) dank der ›Rheinfelder Natursole‹® (9% NaCl) aus 200–300 m Tiefe; größte Brauerei der Schweiz, Waggon-, Maschinen- und Apparatebau, Textilindustrie, Zigarrenfabrik, Furnierwerk. Westlich von R. die Ausgrabungen der röm. Siedlung Augusta Raurica (→Augst). – R. entstand 1130 als Verbindungsglied der rechts- und linksrhein. Besitzungen der Zähringer. Der in R. angelegten Brücke diente die Rheininsel mit der seit 980 belegten Burg Stein als Brückenpfeiler. Noch im 12. Jh. erhielt R. Stadtrecht, 1218 wurde es Reichsstadt. 1330–1801 war die Stadt habsburgisch, danach kam sie an den Kt. Aargau, seit 1803 ist sie Bezirkshauptort. – Mittelalterl. Stadtbild. Die Martinskirche (15. Jh.), eine spätgot. Pfeilerbasilika, wurde 1769–71 barock umgestaltet. In der Johanniterkapelle (1456/57) Fresken (›Jüngstes Gericht‹, um 1490); Rathaus (1530 an der Stelle eines Vorgängerbaus errichtet; Fassade 1767).
**2) Rheinfelden,** Bez. im Kt. Aargau, Schweiz, 112 km$^2$, (1990) 32 200 Ew.; umfaßt den NW-Zipfel des Kantons südlich des Rheins (unterhalb von Säckingen).
**3) Rheinfelden (Baden),** Große Kreisstadt im Kr. Lörrach, Bad.-Württ., 283 m ü. M., am rechten Ufer des Hochrheins (gegenüber dem schweizer. Stadt Rheinfelden), (1990) 28 400 Ew.; Fachschule für Heilerziehungspflege (in Herten). Nach Errichtung eines Rheinkraftwerks (1898) siedelte sich hier chem. Großindustrie an (basierend auf Salzbergwerken der Umgebung, ferner Aluminiumverarbeitung, Maschinen-, Blechwarenfabrikation. In R. beginnt die Rheinschiffahrt. – R. entstand 1863 als Haltepunkt der Eisenbahnlinie Basel–Waldshut. 1922 erhielt R. Stadtrecht.

**Rheinfelder,** Hans, Romanist, * Regensburg 15. 2. 1898, † München 31. 10. 1971; wurde 1933 Prof. in München; verfaßte exemplar. Studien zur histor. Semantik, deren interdisziplinärer Ansatz der For-

Hans Rheinfelder

schung wichtige Impulse gab. Seine ›Altfrz. Grammatik‹ (Tl. 1: ›Lautlehre‹, 1937, Tl. 2: ›Formenlehre‹, 1967) hat methodisch und pädagogisch neue Maßstäbe gesetzt. Mit der Gründung der Zeitschrift ›Iberoromania‹ (1969) schuf er ein Forum für die dt. Hispanistik.

**Weitere Werke:** Das Wort ›Persona‹. Gesch. seiner Bedeutungen mit besonderer Berücksichtigung des Frz. u. Italien. MA. (1928); Kultsprache u. Profansprache in den roman. Ländern (1933); Gabriela Mistral. Motive ihrer Lyrik (1955); Philolog. Schatzgräbereien (1968); Dante-Studien (hg. 1975).

**Rheinfels,** Burgruine über dem linken Rheinufer oberhalb von Sankt Goar, Rhein-Hunsrück-Kreis, Rheinl.-Pf.; eine der bedeutendsten Burgen am Rhein, 1245 gegr., im 13. und 14. Jh. erweitert und Residenz der Grafen von Katzenelnbogen; nach deren Erlöschen ab 1479 bei Hessen-Kassel, bis 1579 zur größten und stärksten Festung am Rhein ausgebaut; zeitweise Residenz der Linie **Hessen-R.**; Ende des 18. Jh. z. T. gesprengt. Von der riesigen Anlage sind u. a. der ›Frauenbau‹ (14. Jh.), der ›Darmstädter Bau‹ (spätes 16. Jh.) und die Minengänge erhalten.

**Rheinfranken, rheinische Franken,** Bez. für die im 4./5. Jh. am Niederrhein (bes. um Köln) und östlich des Mittelrheins siedelnden Franken, früher fälschlich Ripuarier gen. (dieser Name ist erst aus spätmerowing. Zeit bezeugt).

**Rheinfränkisch,** →deutsche Mundarten.

**Rheingau,** Landschaft in Hessen; umfaßt die S-Abdachung des **R.-Gebirges** (W-Teil des Taunus; in der Kalten Herberge bis 619 m ü. M.) zum Rhein zw. Wiesbaden und Assmannshausen. Dank der Klimagunst und fruchtbarer Lößböden dicht besiedelt und bedeutendes Weinbaugebiet, daneben Obst- und Gartenbau. Auf der Talterrasse entlang dem Rhein (90–100 m ü. M.) liegen die Hauptverkehrswege und die meisten Orte; bedeutender Fremdenverkehr (Rüdesheim), wenig Industrie (Geisenheim).

Die zum Rhein exponierten Hänge bilden das Kernstück des Weinbaugebietes R., das auch die anschließenden Steilhänge des rechten Mittelrheinufers bis Lorchhausen umfaßt sowie die Reblagen nördlich des Mains um Hochheim und weiter entfernte Einzellagen (u. a. den Frankfurter Lohrberger Hang), insgesamt (1990) 3 117 ha Rebland, das v. a. (zu 81 %) mit Rieslingreben bestanden ist. Die Rotweinreben (v. a. Spätburgunder; 6,7 %) konzentrieren sich um Assmannshausen. Produziert werden jährlich rd. 225 000 hl Wein (1990: knapp 200 000 hl, zu 65 % Prädikatsweine). Weinorte (verbunden durch die Rheingauer Riesling-Route; 70 km) sind u. a. Eltville am Rhein, Oestrich, Winkel, Kiedrich, Hallgarten, Rauental und Rüdesheim (mit dem Weintouristikzentrum Drosselgasse und Weinmuseum), alte Weinkulturzentren Kloster →Eberbach und Schloß Johannisberg (wo 1775 die erste Spätlese geerntet wurde); Geisenheim ist Sitz einer Forschungsanstalt für Wein-, Obst- und Gartenbau. In Hochheim am Main liegt der Königin-Victoria-Berg, von dem urspr. der in England geschätzte →Hock stammt.

Der R., 772 erstmals gen., ist der nördl. Teil des früheren fränk. R.s, in dem das Erzstift Mainz spätestens im 10. Jh. Fuß faßte (983 Privileg Kaiser OTTOS II.). Der R. wurde das ›Herzstück‹ seines Territoriums, Hauptort war Eltville. Er gliederte sich in drei Ämter und war vom →Gebück umgeben. Die besonderen Rechte des R.s verzeichnete das Weistum von 1324. Sie gingen durch die Beteiligung des R.s am Bauernkrieg 1525 verloren. Von Mainz kam der R. 1803 an Nassau, 1866 an Preußen, 1945 an Hessen.

**Rheingau-Taunus-Kreis,** Landkreis im Reg.-Bez. Darmstadt, Hessen, 811 km², (1991) 172 100 Ew.; Verw.-Sitz ist Bad Schwalbach. Das Kreisgebiet umfaßt den Rheingau und den westl. Taunus mit dem bewaldeten Quarzitkamm des Rheingaugebirges (425–619 m ü. M.). Auch die Hochflächen des westl. Hintertaunus sind v. a. Waldland, in die einige ackerbaulich genutzte Lößinseln eingestreut sind. Im NO liegt die Idsteiner Senke mit der Ackerlandschaft Goldener Grund. Im Rheingau Weinbau, Wein- und Sektherstellung sowie Fremdenverkehr. Die Landwirtschaft ist weitgehend kleinbäuerlich geprägt; zahlreiche kleine Industriestandorte.

**Rheinfels:** Blick auf die Burgruine, unterhalb davon die Stadt Sankt Goar

**Rheingold, Das,** Oper von R. WAGNER, Text vom Komponisten, ›Vorabend‹ des ›Rings des Nibelungen‹; Urauff. 22. 9. 1869 in München.

**Rheingrafen,** urspr. die Grafen des Rheingaus. Diese wurden Ende des 12. Jh. von den Herren vom Stein mit dem Stammsitz Rheingrafenstein an der Nahe beerbt, die den alten Titel R. weiterführten, auch nachdem sie nach der Schlacht bei Sprendlingen (1279) seit 1281 von Kurmainz aus dem Rheingau verdrängt worden waren. Sie besaßen danach einige Burgen und Gerichte im Nahe-Raum und erlangten größere Bedeutung, als sie im 14. Jh. die Erbschaft der →Wildgrafen (Dhaun, Kyrburg bei Kirn) antraten und sich seither →Wild- und Rheingrafen nannten. Sie beerbten 1459 auch die Grafen von Obersalm (→Salm).

**Rheinhausen,** seit 1975 linksrhein. Stadtteil von Duisburg.

**Rhein-Herne-Kanal,** Schiffahrtsstraße zw. dem Rhein und dem Dortmund-Ems-Kanal durch das Ruhrgebiet, NRW, 49 km lang, sieben Schleusen, (1988) 15,7 Mio. t beförderte Güter. Der Montanumschlag ist rückläufig. Unter den 25 Häfen hat Gelsenkirchen mit (1988) 4,1 Mio. t den größten Umschlag; dient auch der Kühlwasserversorgung der Kraftwerke im Ruhrgebiet.

**Rheinhessen,** historische Landschaft zw. linkem Rheinufer und Nordpfälzer Bergland, erstreckt sich hauptsächlich im →Rheinhessischen Hügelland. R. umfaßt den linksrhein. Teil (ehem. Prov.; Verw.-Sitz Mainz) des früheren Großherzogtums bzw. Freistaates Hessen(-Darmstadt), 1816 gebildet aus einem Teil des 1798 durch Zusammenlegung versch. linksrhein. dt. Territorien eingerichteten, 1814 aufgelösten frz. Dép. Mont Tonnerre. Innerhalb von Rheinl.-Pf. bildete R. bis 1968 einen eigenen Reg.-Bez., seitdem gehört es zum Reg.-Bez. Rheinhessen-Pfalz.

R. bildet mit seinen 25 500 ha Rebland (davon 22 800 ha in Ertrag) das größte dt. Weinbaugebiet (zw.

**Rhei** Rheinhessen-Pfalz – Rheinischer Merkur

Bingen, Mainz, Worms und Alzey). Unter der Vielzahl der angepflanzten Rebsorten dominieren Müller-Thurgau (23%) und Silvaner (13%) sowie Neuzüchtungen, v. a. Scheurebe (9%), Kerner (8,5%), Bacchus (8%) und Faberrebe (7%); der Riesling hat nur einen Anteil von 7%; 6,5% entfallen auf Rotweinreben (v. a. Portugieser). R. erzeugt jährlich über 2 Mio. hl Wein (1990: 2,19 Mio. hl, zu über 60% einfache Qualitätsweine); das entspricht knapp einem Viertel der dt. Produktion; ein Viertel der rheinhess. Weine wird exportiert. An der Rheinfront um Oppenheim (hier das Dt. Weinbaumuseum) und bes. Nierstein bringt der Riesling (auf Böden des Rotliegenden) Spitzenqualitäten; Ingelheim am Rhein ist Zentrum der Rotweinbereitung (v. a. Spätburgunder). Worms wurde durch die →Liebfrauenmilch bekannt. Als gebietstyp. trokkener Wein wurde der R.-Silvaner (RS) mit max. 4 g/l Restzucker und mindestens 5 g/l Säure, als halbtrockener der Rheinhess geschaffen. In Alzey besteht ein Landesamt für Rebenzüchtung.

**Rheinhessen-Pfalz,** Reg.-Bez. in Rheinl.-Pf., 6830 km², (1991) 1,88 Mio. Ew.; Verw.-Sitz ist Neustadt an der Weinstraße; umfaßt die kreisfreien Städte Frankenthal (Pfalz), Kaiserslautern, Landau in der Pfalz, Ludwigshafen am Rhein, Mainz, Neustadt an der Weinstraße, Pirmasens, Speyer, Worms und Zweibrücken sowie die Landkreise Alzey-Worms, Bad Dürkheim, Donnersbergkreis, Germersheim, Kaiserslautern, Kusel, Ludwigshafen, Mainz-Bingen, Pirmasens und Südl. Weinstraße.

**Rheinhessisches Hügelland,** fruchtbare Landschaft in Rheinl.-Pf., im NW des Oberrhein. Tieflands, umfaßt das über dem Oberrheingraben und den Flußterrassen der untersten Nahe steilrandig aufsteigende Hügel- und Plateauland mit einer bis 15 m mächtigen Lößauflage. Böden und trockenwarmes Klima sind die Grundlage des ertragreichen Acker-, Obst- und Weinbaus. Mittelpunkt ist Alzey. In der Geologie wird das R. H. als →Mainzer Becken bezeichnet.

**Rhein-Hunsrück-Kreis,** Landkreis im Reg.-Bez. Koblenz, Rheinl.-Pf., 963 km², (1991) 92 300 Ew.; Kreisstadt ist Simmern/Hunsrück. Vom linken Ufer des Mittelrheins erstreckt sich der Kreis in den östl. Hunsrück. Der Soonwald (Ellerspring 658 m ü. M.) im S ist Waldgebiet, in der davor liegenden Simmerner Mulde und auf der welligen Hunsrückhochfläche finden sich auch Acker- und Grünland. Der bewaldete Steilabfall des Hunsrücks (Rheinhunsrück) begrenzt das Rheinengtal, in dem örtlich Qualitätsweinbau betrieben wird. Größte Städte sind Boppard (1990: 15 900 Ew.) und die Kreisstadt Simmern/Hunsrück (6 300 Ew.), weitere Städte Oberwesel, Kastellaun, Sankt Goar und Kirchberg (Hunsrück). Fremdenverkehr u. a. in Boppard (Stadtteil Bad Salzig ist Heilbad), Sankt Goar und Oberwesel im Rheintal.

**Rheinhyp Rheinische Hypothekenbank AG,** eine der größten dt. Hypothekenbanken, gegr. 1871, bis 1986 unter dem Namen Rhein. Hypothekenbank AG; Sitz: Frankfurt am Main; eine Tochtergesellschaft der Commerzbank AG.

**Rheinisch-Bergischer Kreis,** Kreis im Reg.-Bez. Köln, NRW, 438 km², (1989) 253 400 Ew.; Verw.-Sitz ist Bergisch Gladbach. Der Kreis reicht vom Rhein südlich von Köln über die fruchtbare Köln-Bonner Stromebene (50 m ü. M.) und die 60–120 m hohen Sandterrassen der Wahner Heide (mit Großflughafen Köln/Bonn) sowie den Königsforst mit dem Hauptteil nach O in das waldreiche Bergische Land über zertalte Hochflächen bis 350 m ü. M., heute Naturpark und Erholungsgebiet. Die Industrie (1987: 44% der Erwerbstätigen im produzierenden Gewerbe) umfaßt Elektro-, Glas-, Maschinen- (Porz), pharmazeut. Industrie, Feinpapierherstellung und Maschinenbau (Bergisch Gladbach). Viele Arbeitskräfte pendeln ins nahe Köln. In der Rheinebene herrschen Weizen- und Hackfruchtanbau, im Bergland Grünlandwirtschaft vor. 36% der Kreisfläche tragen Wald.

K. HERMES u. H. MÜLLER-MINY: Der R.-B. K. (1974).

**Rheinisch-Deutscher Nationalkonvent,** →Mainzer Republik.

**Rheinisch-Deutsches Kaltblutpferd, Rheinisches Kaltblut,** schwerste Rasse etwa 165 cm schulterhoher, tief und breit gebauter dt. Kaltblutpferde mit starken Knochen; Pferd für schweren Zug.

**Rheinische Allianz,** Bündnis vom 15. 12. 1654 zw. Pfalz-Neuburg, Münster sowie den Kurfürsten von Bayern, Köln und Trier mit dem Ziel, durch Schaffung eines regionalen Territorialzusammenschlusses den Allianzplänen FRIEDRICH WILHELMS von Brandenburg Einhalt zu gebieten und die ins Reich übergreifende frz. Politik zurückzuweisen. 1655 trat der Kurfürst von Mainz dem Bündnis bei, das sich in der Folge zu einem Instrument der frz. Deutschlandpolitik entwickelte (→Rheinbund 1).

**rheinische Faziles,** Geologie: →herzynisch.

**Rheinische Friedrich-Wilhelms-Universität,** Name der Univ. Bonn.

**Rheinische Masse,** das durch die kaledon. und v. a. die varisk. Faltungsära geprägte geolog. Massiv beiderseits des Rheins, das im Rhein. Schiefergebirge, Odenwald, Schwarzwald und in den Vogesen zutage tritt.

**Rheinischer Bund, Rheinischer Städtebund,** ein 1254 von Mainz und Worms gegründeter Städtebund, zu dem sich mehr als 70 Städte zw. Aachen, Lübeck, Regensburg und Zürich zusammenschlossen, um in kaiserloser Zeit den Landfrieden zu wahren (Landfriedensbund) und stadt. Belange bes. gegen die Zollwillkür der Landesherren zu verfechten. Ihm schlossen sich zahlreiche weltl. und geistl. Fürsten an. Er wurde von König WILHELM von Holland anerkannt, nach dessen Tod durch die zwiespältige Königswahl von 1257 gesprengt. Ein neuer R. B. schloß sich 1381 gegen die Ritterbünde zusammen; er wurde 1388 bei Worms geschlagen.

**rheinischer Fächer,** Sprachwissenschaft: Auffächerung der oberdeutsch-niederdt. Dialektgrenze vom Rothaargebirge an westwärts in eine Stufenlandschaft des Westmitteldeutschen im Rheingebiet. Von S nach N sind dies v. a. die appel/apfel-Linie, die das Westmitteldeutsche vom Oberdeutschen trennt, die dat/das-Linie (trennt Moselfränkisch von Pfälzisch), die dorp/dorf-Linie (trennt Moselfränkisch von Ripuarisch), die Benrather Linie oder maken/machen-Linie und die Uerdinger oder ik/ich-Linie als nördl. Begrenzungen des Ripuarischen.

**rheinische Richtung,** Geologie: in Mitteleuropa häufige, der Fließrichtung des Oberrheins entsprechende Streichrichtung von SSW nach NNO.

**Rheinischer Krummstiel,** als Wirtschafts- und Tafelapfel geeignete dt. Winterapfelsorte; mittelgroße, an Stiel und Kelch leicht gerippte, karminrot gestreifte Früchte mit grünlichgelbem, knackigem, sehr saftreichem, leicht würzigem Fruchtfleisch; Genußreif von Febr. bis Mai.

**Rheinischer Merkur,** 1) polit. Zeitung, gegr. 1814 von J. J. GÖRRES in Koblenz, gegen die napoleon. Herrschaft gerichtet. Nachdem im R. M. Fragen der dt. Politik, v. a. einer nat. Einigung in den Vordergrund getreten waren, wurde er mehrmals in Bayern, Württemberg und Sachsen, am 10. 1. 1816 in Preußen und damit endgültig verboten. Die Zeitung, an der u. a. die BRÜDER GRIMM, A. VON ARNIM und der Freiherr VOM STEIN mitarbeiteten, erreichte in kurzer Zeit die damals hohe Auflage von rd. 3 000 Exemplaren.

2) finanziell von der kath. Kirche getragenes, konservatives christlich-demokrat. Wochenblatt, gegr. 1946 von F. A. KRAMER (*1890, †1950) in Koblenz; 1949–63 geleitet und seit 1963 herausgegeben von O. B. ROEGELE; 1980 vereinigt mit der ›Dt. Zeitung – Christ und Welt‹ als ›Christ und Welt – R. M.‹, Sitz: Bonn; Auflage (1991) 113 000 Exemplare.

**Rheinischer Städtebund,** → Rheinischer Bund.

**Rheinisches Braunkohlenrevier,** Teil der → Niederrheinischen Bucht im Raum zw. Neuss, der Ville, Aldenhoven und Eschweiler, NRW; mit 2 500 km² größtes zusammenhängendes Braunkohlevorkommen Europas. Bis in 500 m Tiefe lagern die im Tertiär (Oligozän) entstandenen Braunkohlevorkommen, deren abbauwürdige Flöze eine Mächtigkeit bis 80 m erreichen; es handelt sich um eine erdige Weichbraunkohle. Die Vorräte werden auf 55 Mrd. t geschätzt. In den fünf größten Tagebauen der Rheinbraun AG (einer 100prozentigen Tochter der RWE AG) bei Grevenbroich, Hambach, Eschweiler und in der Ville können jährlich bis 120 Mio. t Rohbraunkohle (1990: 102 Mio. t, rd. 8 % der Weltproduktion) gefördert werden. Die Braunkohle dient v.a. der Stromerzeugung (zu rd. 85 %), der Veredelung in der chem. Industrie (13 %) und dem Hausbrand (zu 2 %; Briketts). Mit fünf Großkraftwerken (zus. 9 930 MW Leistung) ist das R. B. eines der bedeutendsten Stromerzeugungszentren Europas. Elektrochem. und elektrometallurg. Werke nutzen diesen Standortvorteil.

Der Braunkohletagebau erfordert bes. Maßnahmen der Siedlungsplanung und des Landschaftsschutzes; von insgesamt 23 500 ha bis 1991 in Anspruch genommener Betriebsfläche wurden 14 800 ha voll rekultiviert: 6 400 ha Wald wurden aufgeforstet, 6 700 ha dienen der Landwirtschaft. Bisher mußten 30 000 Ew. umgesiedelt werden. BILD → Braunkohle

R. SCHNIOTALLE: Der Braunkohlenbergbau in der Bundesrep. Dtl. (1971); Kölner Bucht u. angrenzende Gebiete, hg. vom Geograph. Institut u. a. der Univ. Köln (1972); O. SPORBECK: Bergbaubedingte Veränderungen des phys. Nutzungspotentials (1979).

**Rheinisches Kaltblut,** das → Rheinisch-Deutsche Kaltblutpferd.

**Rheinisches Osterspiel,** das in einer Berliner Handschrift (daher auch **Berliner Osterspiel**) von 1460 überlieferte umfangreichste und formal höchstentwickelte geistl. Drama des dt. Spät-MA. (2 285 Verse, 60 Rollen, 20 Szenen). Es entstand in der Mitte des 15. Jh. im nördl. Rheinhessen (Mainz?).

**Rheinisches Schiefergebirge,** der W-Teil der dt. Mittelgebirgsschwelle, im Saarland, in Rheinl.-Pf., Hessen und NRW. Das bis über 400 m tiefe, teilweise an Rebhängen besäumte Tal des Mittelrheins zerlegt das Gebirge in einen links- und einen rechtsrhein. Flügel. Die Längstäler von Mosel und Lahn unterteilen es linksrheinisch in Hunsrück und Eifel, die sich nach W in den Ardennen fortsetzt, rechtsrheinisch in Taunus (bis 880 m ü. M.) südlich der Lahn sowie in Westerwald, Siebengebirge, Bergisches Land und Sauerland.

Geologisch ist das R. S. aus variskisch gefalteten, vorwiegend devonischen (Tonschiefer, Grauwacken, Quarzite), im N und O auch karbon. Gesteinen aufgebaut. Charakteristisch sind hochliegende Reste der vor dem Oligozän entstandenen Rumpfflächen. Im Oligozän wurden Eifel, Neuwieder Becken und weite Teile des Hunsrücks von der Rupeltransgression erfaßt (Meeresspiegelanstieg um etwa 250 m). Bei Rückgang der Rupeltransgression setzten tekton. Bewegungen ein (Einbruch der Kölner Bucht, Heraushebung von Eifel und Taunus); die aus den höheren Teilen des R. S. kommenden Flüsse bauten eine Schwemmlandebene (Sedimentmächtigkeit 15–20 m) auf, in deren Bereich die typ. breiten Trogflächen liegen; es entwickelte sich das heutige Flußsystem (die Mittelrheinachse wird zur zentralen Tiefenlinie des R. S.). Siebengebirge, Teile des Westerwaldes sowie Vulkan- und Osteifel (→ Eifel) werden durch tertiären und quartären Vulkanismus geprägt. Die im frühen Tertiär einsetzenden, bis heute anhaltenden tekton. Bewegungen wirkten sich in den einzelnen Gebirgsteilen sehr unterschiedlich aus.

Klimatisch begünstigt sind die geschützten Tal- und Beckenlagen mit Obst- und Gemüsebau, die sonnigen Hänge mit Weinbau (Rhein-, Nahe-, Mosel-, Ahrweine). Die rauheren, niederschlagsreichen Höhen und Hochflächen tragen Wälder (meist Laubwald), Wiesen, Weiden und steinige Äcker, die Hänge oft Niederwald. Eingerichtet wurden zahlreiche Naturparks. Eine wichtige Verkehrsleitlinie ist das enge Rheintal (Fluß, Eisenbahnstrecken, Straßen); über die Höhen des Gebirges führen Autobahnen.

D. GLATTHAAR: Geomorpholog. Forschung im R. S., in: Berichte zur dt. Landeskunde, Bd. 59 (1985); The Rhenish Massif. Structure, evolution, mineral deposits, and present geodynamics, hg. v. A. VOGEL u. a. (Braunschweig 1987); P. FELIX-HENNINGSEN: Die mesozoisch-tertiäre Verwitterungsdecke (MTV) im R. S. (1990).

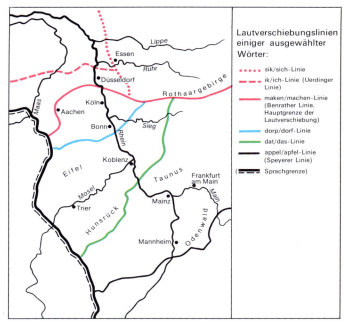

rheinischer Fächer

**Rheinische Stahlwerke AG,** ehem. Unternehmen der Eisen- und Stahlindustrie, gegr. 1870 in Paris, 1872 Sitzverlagerung nach Meiderich bei Ruhrort (heute Duisburg). 1926 wurden die Eisen- und Stahlaktivitäten in die Vereinigte Stahlwerke AG eingebracht und der Schwerpunkt auf den Kohlenbergbau gelegt. Im Zuge der Entflechtung der Vereinigten Stahlwerke und der I.G. Farbenindustrie AG wurde das Programm auf die Stahlverarbeitung erweitert; 1970 Umfirmierung in **Rheinstahl AG,** 1973 Übernahme durch den Thyssen-Konzern und Umbenennung (1976) in Thyssen Industrie AG.

**rheinische Tracht,** die Kleidung der ländl. Bevölkerung des Rheinlands, frühzeitig von städt. Einflüssen bestimmt; verlor ihre Trachtenelemente bereits seit Mitte des 19. Jh.; Frauen trugen das vorn übereinandergeschlagene Brusttuch und versch. Kopfbedeckungen: kleine tellerförmige Mützen im mittleren und östl. Hunsrück, ovale Mützen im westl. Hunsrück, eng anliegende Hauben in der Eifel und an der unteren Mosel, die weitausladende Haube im nördl. Rheinland (Brabanter Mütze). Zur Männertracht gehörten werktags der blaue Leinenkittel und die Zipfelmütze, feiertags der kurze blaue Rock mit Metallknöpfchen und die Kniehose oder auch der Frack.

**Rheinische Zeitung,** 1) liberaldemokrat. Tageszeitung, gegr. 1842 in Köln, 1842/43 geleitet von K. MARX; Mitarbeiter waren u. a. B. AUERBACH, F. DINGELSTEDT, F. ENGELS, K. GUTZKOW, G. HERWEGH, A. H. HOFFMANN VON FALLERSLEBEN, F. LIST, R. PRUTZ. Das Blatt wurde 1843 verboten, 1848 neu gegr. als ›Neue R. Z.‹ (erschien bis 1859).
2) sozialdemokrat. Tageszeitung, gegr. 1892 in Köln mit der Titeltradition der Blätter unter 1), 1933 verboten, neu gegr. 1946 und 1951 eingestellt; Nachfolgeorgane sind die als ›NRZ – Neue Rhein Zeitung‹ erscheinenden niederrhein. Bezirksausgaben der ›NRZ – Neue Ruhr Zeitung‹, Essen (gegr. 1946, seit 1975 im Verband der ›Zeitungsgruppe WAZ‹, Dortmund).

**Rheinisch-Westfälisches Elektrizitätswerk AG,** früherer Name der →RWE AG.

**Rheinisch-Westfälisches Industriegebiet,** →Rhein-Ruhr, →Ruhrgebiet.

**Rheinisch-Westfälisches Institut für Wirtschaftsforschung,** Abk. **RWI,** eines der führenden wirtschaftswissenschaftl. Forschungsinstitute in Dtl., gegr. 1926 als ›Abteilung Westen‹ des Instituts für Konjunkturforschung (seit 1941 Dt. Institut für Wirtschaftsforschung) in Berlin; seit 1943 rechtlich selbständig als eingetragener Verein (Sitz: Essen). Forschungsschwerpunkte sind die Strukturforschung (sektorale Strukturanalysen, regionalwirtschaftl. Analysen, Handel, Handwerk, Mittelstand), nat. und internat. Konjunkturforschung, Untersuchung der Wirtschaftszweige Eisen und Stahl, Energiewirtschaft sowie der Wirtschaft in Nordrhein-Westfalen.
*Veröffentlichungen:* Konjunkturberichte (1949ff.); Mitt. (1950ff.); Schriftenreihe. N. F. (1951ff.).

**Rheinkamp,** bis 1950 **Repelen-Baerl** ['re:pələn ba:rl], seit 1975 Stadtteil von Moers.

**Rheinkiesel,** Bez. für abgerollte Bergkristalle aus dem Rhein u. a. Flüssen, früher als Schmucksteine verwendet.

**Rhein-Lahn-Kreis,** Landkreis im Reg.-Bez. Koblenz, Rheinl.-Pf., 782 km$^2$, (1991) 121 400 Ew.; Kreisstadt ist Bad Ems. Der Kreis erstreckt sich am rechten Ufer des Mittelrheins. Das tiefe, verkehrsreiche Rheintal wird von Reb- und Obsthängen und fast senkrecht aufsteigenden Schieferfelsen der Loreley gesäumt. Ausgedehnt ist die zertalte, meist waldbedeckte Hochfläche des westl. Hintertaunus. Nördlich des tiefen Tals der unteren Lahn hat der Kreis Anteil am Montabaurer Westerwald, im O geringen Anteil am fruchtbaren Limburger Becken. Hauptstandort von Industrie ist Lahnstein (1991: 18 500 Ew.), die weiteren Städte sind Bad Ems (10 200 Ew.), Diez (9 300 Ew.), Nassau (5 200 Ew.), Braubach, Nastätten, Sankt Goarshausen, Katzenelnbogen und Kaub. Das burgenreiche Rhein- und Lahntal haben starken Fremdenverkehr.

**Rheinland,** die Gebiete beiderseits des Mittel- und Niederrheins, bes. die ehem. preuß. Rheinprovinz.
*Geschichte:* Die Eroberung Galliens und des linksrhein. Germaniens durch CAESAR machte den Unterlauf des Rheins zur Grenze des Röm. Reichs. Der Schwerpunkt des Frankenreichs, das die Römerherrschaft ablöste, verlagerte sich vom späteren Frankreich allmählich an den Rhein zurück. Nach kurzer Zugehörigkeit zum lotharing. Mittelreich fiel das R. im Vertrag von Meerssen 870 an das Ostfränk. (später Heilige Röm.) Reich, bei dem es seit 925 definitiv blieb. Das R. gehörte danach zu den Herzogtümern Nieder- und Oberlothringen sowie Franken.

Nach dem Untergang der Staufer zerfiel es in zahlreiche Territorien, die geistl. Fürstentümer Köln, Trier, Mainz, Speyer und Worms, die Herzogtümer Geldern und Jülich, die Grafschaften Kleve, Berg, Moers, Sponheim, die Kurpfalz u. a. Seit dem 17. Jh. drang Brandenburg-Preußen an den Rhein vor: 1614 Erwerb von Kleve, 1702 von Moers und 1713 des Oberquartiers Geldern. 1648 erwarb Frankreich die ersten Gebiete im Elsaß, die LUDWIG XIV. bes. durch die →Reunionen erweiterte, 1735–66 Lothringen, 1795/1801 das linke Rheinufer (bis 1814/15). Nach den Freiheitskriegen wurden aus den an Preußen gekommenen Gebieten die Prov. Jülich-Kleve-Berg und Niederrhein, die 1824 zur →Rheinprovinz vereinigt wurden.

Das R. war schon früh ein industriell hochentwickeltes Gebiet mit Bergbau auf Eisen, Buntmetalle, Kohle sowie z. T. stark spezialisiertem Gewerbe. Im 19. und 20. Jh. nahmen Schwer-, Textil-, später auch chem. Industrie einen gewaltigen Aufschwung.

Im Frankfurter Frieden (1871) wurden das Elsaß und ein Teil Lothringens von Dtl. annektiert (Reichsland Elsaß-Lothringen), Gebiete, die im Versailler Vertrag (1919) wieder an Frankreich kamen. Belgien erhielt 1919 Eupen, Malmedy und Moresnet. Das Saargebiet wurde für 15 Jahre der Treuhandverwaltung des Völkerbundes unterstellt. Truppen der Siegermächte besetzten die linksrhein. Teile des R.s (Errichtung der Brückenköpfe Köln, Koblenz, Mainz). Die Gebiete links des Rheins sowie ein 50 km breiter Streifen rechts des Rheins erklärte der Vertrag zur entmilitarisierten Zone. Die von Großbritannien, Frankreich, den USA und Belgien eingesetzte R.-Kommission übte die polit. Oberhoheit über das R. aus. Die Reichsregierung ernannte zur Vertretung der dt. Interessen einen Reichskommissar für die besetzten Gebiete. 1921 besetzten alliierte Streitkräfte auch rechtsrhein. Städte, 1923 große Teile des →Ruhrgebietes. Das gesamte besetzte Gebiet wurde durch eine Zoll- und Paßgrenze vom Dt. Reich abgetrennt. Darüber hinaus unterstützte Frankreich separatist. Gruppen (Ausrufung einer ›Rhein. Republik‹, 1919 und 1923), die jedoch in der Bev. des R.s nur geringen Widerhall fanden. Im Zug frz.-dt. Verhandlungen räumten die alliierten Truppen die besetzten Gebiete 1926 (1. Zone) und 1930 (2. und 3. Zone). Nach einer Volksabstimmung wurde das Saargebiet 1935 wieder dem Dt. Reich eingegliedert (→Saarland, Geschichte). Unter Bruch v. a. des Versailler Vertrags und der Locarnoverträge rückten 1936 dt. Truppen auf Befehl HITLERS in die entmilitarisierte Zone des R.s ein.

Nach dem Zweiten Weltkrieg wurde das R. im Rahmen der frz. und brit. Besatzungszone auf die neugeschaffenen Länder Nordrhein-Westfalen, Rheinland-Pfalz, Hessen und Baden-Württemberg aufgeteilt. Das aus dem 1945 herausgelöste Staatsverband Saargebiet kam 1956/57 als Saarland an die Bundesrep. Deutschland.

R. MORSEY: Die Rheinlande, Preußen u. das Reich 1914–1945, in: Rhein. Vjbll., Bd. 30 (1965); E. BISCHOF: Rhein. Separatismus. 1918–1924 (Bern 1969); Rhein. Gesch., hg. v. F. PETRI u. a., auf mehrere Bde. ber. (1978ff.); Geschichtl. Atlas der Rheinlande, hg. v. F. IRSIGLER, auf zahlreiche Tle. ber. (1982ff.); Franzosen u. Deutsche am Rhein. 1789–1918–1945, hg. v. P. HÜTTENBERGER u. a. (1989).

**Rheinländer, Rheinischer, Bayerische Polka,** um 1840 aufgekommener, variantenreicher

## Rheinland-Pfalz

Paartanz im $^2/_4$-Takt; er wird paarweise in v. a. offener Tanzhaltung mit seitwärts gerichteten Polkaschritten und ›Hopsern‹ sowie mit Walzerdrehungen getanzt.

**Rheinland-Pfalz,** Land im W der Bundesrep. Dtl., 19849 km², (1991) 3,76 Mio. Ew., die durchschnittl. Bev.-Dichte beträgt 190 Ew. je km². R.-P. grenzt im W an Belgien und Luxemburg, im S an das Saarland und Frankreich, im O an Bad.-Württ. und Hessen, im N an NRW. Hauptstadt ist Mainz.

### Verfassung · Recht

Es gilt die Verf. vom 18. 5. 1947 (mit mehrfachen Änderungen). Die Gesetzgebung liegt bei dem aus 101 Abg. gebildeten Landtag (Sitz: Mainz), der alle fünf Jahre neu gewählt wird. Art. 107 räumt die Möglichkeit der Gesetzgebung durch Volksentscheid ein. Die Landes-Reg. setzt sich aus dem vom Landtag gewählten MinPräs. und den von diesem ernannten Min. zusammen (z. Z. elf Min.). Im Ggs. zum GG läßt die Verf. auch gegen einen einzelnen Min. das Mißtrauensvotum des Landtages zu. Über Verfassungsstreitigkeiten entscheidet der Verfassungsgerichtshof in Koblenz.

Das *Landeswappen* ist aus den histor. Wappenbildern der drei ehem. Kurfürstentümer Mainz, Trier und Kurpfalz zusammengesetzt. Es ist durch eine eingebogene, schwarze Spitze mit einem rot gekrönten und bewehrten, goldenen Löwen (Kurpfalz) gespalten; im heraldisch rechten Feld ein rotes Kreuz auf silbernem Grund (Trier); heraldisch links ein silbernes sechsspeichiges Rad auf rotem Feld (Mainz). Den Schild deckt eine goldene Volkskrone, deren Blätter dem Weinlaub nachempfunden sind.

*Verwaltung:* Seit der Gebietsreform (1968–70) ist die Verwaltungsgliederung im wesentlichen unverändert: Drei Reg.-Bezirke (Koblenz, Trier, Rheinhessen-Pfalz) mit 36 kreisfreien Städten und Landkreisen und zusammen 2303 Gemeinden nebst 163 Gemeindeverbänden (Verbandsgemeinden).

*Recht:* Organe der Rechtsprechung sind der Verfassungsgerichtshof und das Oberverwaltungsgericht in Koblenz, vier Verwaltungsgerichte, die OLG in Koblenz und Zweibrücken, acht Land- und 47 Amtsgerichte, das Landesarbeitsgericht in Mainz, fünf Arbeitsgerichte, das Landessozialgericht in Mainz, vier Sozialgerichte und das Finanzgericht in Neustadt an der Weinstraße. Der Rechnungshof hat seinen Sitz in Speyer.

### Landesnatur · Bevölkerung

*Landesnatur:* Mittelgebirge und Rhein prägen den vielgestaltigen landschaftl. Aufbau von R.-P. Im N liegt das Rhein. Schiefergebirge; weite Hochflächen herrschen vor, die von Quarzitrücken (Hunsrück), Basaltdecken (Oberer Westerwald) oder Basaltkuppen (Vorderer Westerwald, Eifel) überragt werden. Durch die Flüsse (Rhein, Mosel, Lahn, mittlere Sieg) wird dieser Gebirgsblock in einzelne Landschaftsräume gegliedert: linksrheinisch die Eifel, die zu mehr als der Hälfte zu R.-P. gehört, das Tal der Mosel, der Hunsrück (fast ganz zu R.-P.), das örtlich von Rebhängen begleitete Mittelrheintal (von unterhalb Kaub bis unterhalb Remagen beide Uferstrecken zu R.-P.) sowie rechtsrheinisch das Bergland der mittleren Sieg (größerer Teil zu R.-P.), der Westerwald, das Lahntal (Unterlauf zu R.-P.) und der Taunus (Westlicher Hintertaunus zu R.-P.).

Im S umfaßt das Nordpfälzer Bergland und südlich des Pfälzer Gebrüchs (Kaiserslauterner Senke) einen großen Teil der weitgehend unbewaldeten Hochfläche des Westrich sowie den waldreichen Pfälzer Wald, dessen östl. Gebirgsrand, die Haardt, zum Oberrhein. Tiefland abfällt. Im Bereich der den östl. Haardtrand begleitenden Vorhügelzone mit Lößbedeckung verläuft die Dt. Weinstraße. Das linksrheinische Oberrhein. Tiefland wird im S von der Stromebene des Oberrheingrabens eingenommen, im N vom fruchtbaren Rheinhess. Hügelland.

Das *Klima* ist von den Oberflächenformen abhängig. Den vor rauhen Winden geschützten und der Sonneneinstrahlung stärker ausgesetzten tiefer gelegenen Landesteilen (Oberrhein. Tiefland, unteres Nahetal, Mittelrheintal sowie Talbereiche von Mosel, Ahr und Lahn) mit sonnigen und warmen Sommern (Julimittel 18–19 °C) und milden Wintern (Jan.-Mittel bis über 1 °C sowie Niederschlägen im Jahresmittel zw. 450 und 600 mm) stehen die Berg- und Hügelländer gegenüber (Juli: in höheren Lagen 14,5 °C, Jan.: bis −2 °C; Niederschläge im Jahresmittel über 600 mm, höher über 1000 mm).

*Bevölkerung:* R.-P. liegt im Bereich der mittel- und rheinfränkischen Mundarten (→deutsche Mundarten). Im Land leben (1990) 4,7% der Bev. der Bundesrep. Dtl. Den relativ dünnbesiedelten Landschaften (Eifel, Hunsrück, Pfälzer Wald, Taunus, Westerwald) stehen dichtbesiedelte Gebiete wie die Vorderpfalz,

**Rheinland-Pfalz**
Landeswappen

**Rheinland-Pfalz:** Verwaltungsgliederung

Rheinhessen mit dem unteren Nahetal, das Mittelrhein. Becken mit dem unteren Lahntal, das untere Mittelrhein- und Ahrtal, der nördl. Teil des Landkreises Altenkirchen (Westerwald), das Pfälzer Gebrüch (Kaiserslauterner Senke), der Raum Pirmasens-Zweibrücken sowie die Trierer Talweitung mit dem unteren Saartal und das Mittelmoseltal gegenüber. 1991 lebten 59% der Bev. des Landes in Gem. bis 10000

# Rhei Rheinland-Pfalz

## Verwaltungsgliederung Rheinland-Pfalz
### Größe und Bevölkerung (1991)

| Verwaltungseinheit | Größe in km² | Einwohner in 1000 | Einwohner je km² | Verwaltungssitz |
|---|---|---|---|---|
| **Reg.-Bez. Koblenz** | **8 092,78** | **1 402,1** | **173** | Koblenz |
| Kreisfreie Stadt | | | | |
|   Koblenz | 105,01 | 108,7 | 1 035 | Koblenz |
| Landkreise | | | | |
|   Ahrweiler | 787,03 | 116,6 | 148 | Bad Neuenahr-Ahrweiler |
|   Altenkirchen (Westerwald) | 641,92 | 126,5 | 197 | Altenkirchen (Westerwald) |
|   Bad Kreuznach | 863,50 | 149,6 | 173 | Bad Kreuznach |
|   Birkenfeld | 798,00 | 87,0 | 109 | Birkenfeld |
|   Cochem-Zell | 719,37 | 62,0 | 86 | Cochem |
|   Mayen-Koblenz | 817,15 | 194,3 | 238 | Koblenz |
|   Neuwied | 626,85 | 163,6 | 261 | Neuwied |
|   Rhein-Hunsrück-Kreis | 962,93 | 93,3 | 97 | Simmern/Hunsrück |
|   Rhein-Lahn-Kreis | 782,31 | 121,4 | 155 | Bad Ems |
|   Westerwaldkreis | 988,71 | 179,1 | 181 | Montabaur |
| **Reg.-Bez. Trier** | **4 926,05** | **484,0** | **98** | Trier |
| Kreisfreie Stadt | | | | |
|   Trier | 117,18 | 97,8 | 835 | Trier |
| Landkreise | | | | |
|   Bernkastel-Wittlich | 1 177,57 | 107,9 | 92 | Wittlich |
|   Bitburg-Prüm | 1 627,30 | 91,5 | 56 | Bitburg |
|   Daun | 911,00 | 59,0 | 65 | Daun |
|   Trier-Saarburg | 1 093,00 | 127,8 | 117 | Trier |
| **Reg.-Bez. Rheinhessen-Pfalz** | **6 830,43** | **1 877,4** | **275** | Neustadt an der Weinstraße |
| Kreisfreie Städte | | | | |
|   Frankenthal (Pfalz) | 43,78 | 47,0 | 1 074 | Frankenthal (Pfalz) |
|   Kaiserslautern | 139,70 | 99,3 | 711 | Kaiserslautern |
|   Landau in der Pfalz | 82,95 | 37,3 | 450 | Landau in der Pfalz |
|   Ludwigshafen am Rhein | 77,67 | 162,2 | 2 088 | Ludwigshafen am Rhein |
|   Mainz | 97,77 | 179,5 | 1 836 | Mainz |
|   Neustadt an der Weinstraße | 117,14 | 52,0 | 444 | Neustadt an der Weinstraße |
|   Pirmasens | 61,41 | 47,7 | 777 | Pirmasens |
|   Speyer | 42,59 | 46,6 | 1 094 | Speyer |
|   Worms | 108,74 | 76,5 | 704 | Worms |
|   Zweibrücken | 70,68 | 33,9 | 480 | Zweibrücken |
| Landkreise | | | | |
|   Alzey-Worms | 588,01 | 105,2 | 179 | Alzey |
|   Bad Dürkheim | 594,81 | 124,7 | 210 | Bad Dürkheim |
|   Donnersbergkreis | 645,44 | 69,8 | 108 | Kirchheimbolanden |
|   Germersheim | 463,45 | 109,5 | 236 | Germersheim |
|   Kaiserslautern | 639,87 | 100,0 | 156 | Kaiserslautern |
|   Kusel | 552,09 | 76,8 | 139 | Kusel |
|   Ludwigshafen | 304,86 | 135,3 | 444 | Ludwigshafen am Rhein |
|   Mainz-Bingen | 605,84 | 172,9 | 284 | Mainz |
|   Pirmasens | 953,77 | 100,6 | 105 | Pirmasens |
|   Südliche Weinstraße | 639,88 | 101,3 | 158 | Landau in der Pfalz |
| **Rheinland-Pfalz** | **19 849,25** | **3 763,5** | **190** | Mainz |

Ew. und nur 12% in Städten mit über 100 000 Ew. (Mainz, Ludwigshafen am Rhein, Koblenz). Von dem ehem. ländl. Siedlungsbild ist nicht viel erhalten. Die Haufendörfer und Weiler der bereits im 8. Jh. besiedelten Gebiete, wie die Talschaften des Rheins und seiner Nebenflüsse, die Wittlicher Senke, das Bitburger Gutland, die Kalkmulden der Eifel und des Westrich, sind meist verbaut und haben durch Aussiedlungen weitere Veränderungen erfahren. Gut lassen sich im Luftbild noch die auf die fränk. Staatskolonisation zurückgehenden, planmäßig angelegten Straßendörfer im Umkreis der Pfalzen und entlang den Heerstraßen erkennen (an der östl. Front Rheinhessens, untere Nahe, Strecke südlich von Ingelheim am Rhein bis Mainz). Hochmittelalterl. Ursprungs sind die Reihendörfer, Weiler sowie Einzelhöfe, die bei der Erschließung der Waldgebiete entstanden.

Auch die Hausformen haben ihr ursprüngl. Aussehen verloren. Das am meisten verbreitete mitteldt. Gehöft ist im 20. Jh. stark überformt worden. In der Eifel, im Hunsrück und am Mittelrhein treten quergeteilte Einheitshäuser auf, die im mittelrhein. Weinbaugebiet verschiedentlich gestelzt sind (der Steinsockel nimmt den Weinkeller auf).

Die Städte sind meist alte Gründungen; ihre Geschichte läßt sich oft bis in die Römerzeit zurückverfolgen. Sie entwickelten sich später zu bischöfl. Residenzen (z. B. Trier, Koblenz, Speyer, Mainz, Worms) oder Reichsstädten. Diese Tradition fehlt den jüngeren Städten Neuwied, Pirmasens, Landau in der Pfalz, Ludwigshafen am Rhein und den Militärstandorten Baumholder und Ramstein-Miesenbach.

*Bildung:* Das allgemeine Schulwesen unterscheidet Grundschule, Hauptschule, Realschule, Gymnasium und Gesamtschule, ferner Sonderschulen. Der Grundschule ist ein Schulkindergarten zugeordnet (Sonderschulen ein Sonderschulkindergarten). Die beiden ersten Klassen der Sekundarstufe I bilden die Orientierungsstufe, die schulartabhängig eingerichtet ist. Ein wesentl. Schwerpunkt der Hauptschule liegt auf der Arbeitslehre. Ein freiwilliges zehntes Hauptschuljahr wird angeboten, so daß eine dem Realschulabschluß gleichwertige Qualifikation möglich ist. An der Realschule ist eine Schwerpunktbildung durch Wahlpflichtfächer möglich. Ein Übergang in die gymnasiale Oberstufe ist sowohl nach der Realschule als auch nach dem zehnten freiwilligen Hauptschuljahr möglich. Die Form der reformierten gymnasialen Oberstufe ist seit 1972 die ›Mainzer Studienstufe‹, sie hat an drei Leistungsfächern und durchgehenden Kursen in anderen Fächern festgehalten, seit 1989 müssen (entsprechend der Vereinbarung der Kultusministerkonferenz) zwei der drei ›Kernfächer‹ (Deutsch, eine Fremdsprache und Mathematik) durchgängig bis zum Abitur belegt werden; nur die Fremdsprache kann als Kernfach gewählt werden, die bereits Teil des Mittelstufenunterrichts war. Die berufsbildenden Schulen kennen neben der Berufsschule die Berufsaufbau- und die Berufsfachschule, Fachoberschule, Fachschule und berufl. Gymnasium. Im Hochschulbereich bestehen: vier Univ. (Mainz, Kaiserslautern, Trier, Landau in der Pfalz-Koblenz) und die Fachhochschule R.-P. (Abt. in Bingen, Kaiserslautern, Koblenz, Mainz, Trier, Ludwigshafen am Rhein, Worms). Ferner bestehen eine Kath. und eine Ev. Fachhochschule, eine kath. Theolog. Fakultät sowie die Hochschule für Verwaltungswissenschaften in Speyer. Die Erwachsenenbildung ist seit 1974 um die wiss. Weiterbildung an der Univ. Mainz erweitert. An Volkshochschulen können einige schul. Abschlüsse abgelegt werden, z. T. in Verbindung mit Telekollegs. Über den zweiten Bildungsweg kann das Abitur an einem Kolleg (Speyer, Koblenz, Mainz) und am Abendgymnasium abgelegt werden.

*Religion:* Von der Bev. sind 1987 54,5% kath., 37,7% ev.; 2,9% sind Mitglieder sonstiger Religionsgemeinschaften. – Die kath. Christen gehören zu den Bistümern Limburg, Mainz, Speyer, Trier und (mit einem kleinen Anteil) zum Erzbistum Köln, die ev. zur Ev. Kirche der Pfalz (Prot. Landeskirche), zur Ev. Kirche in Hessen und Nassau, zur Ev. Kirche im Rheinland und zu den ev.-freikirchlichen Gemeinschaften.

### Wirtschaft · Verkehr

*Wirtschaft:* Bestimmender Lagefaktor für die größten wirtschaftl. Schwerpunkte in R.-P. – Rhein-Main-Gebiet und Rhein-Neckar-Raum (jeweils linksrhein. Teil) sowie Mittelrhein. Becken – ist der Rhein. Die zentrale Lage in Mitteleuropa bedingt die hohe Exportabhängigkeit: höchste industrielle Exportquote unter den alten Bundesländern mit (1990) 36,6% (Bundesdurchschnitt, jeweils nur alte Bundesländer: 29,2%), intensive Einbindung in den EG-Wirtschaftsraum (mehr als 50% des Exports entfällt auf die EG-Länder).

Die Zahl der Erwerbstätigen ist von (1970) 1,52 Mio. auf (1990) 1,70 Mio. deutlich angestiegen; zugleich ergab sich eine erhebl. Umverteilung der Erwerbstätigkeit nach Wirtschaftsbereichen: So ging die Zahl der Erwerbstätigen in der Land- und Forstwirtschaft von (1970) 163 700 (10,7% der Erwerbstätigen) auf (1990) 70 400 (4,1%; Bundesdurchschnitt: 3,6%) zurück. Auch die Zahl der Erwerbstätigen im produzierenden Gewerbe sank geringfügig von 699 900 (46,0%) auf 691 800 (40,7%; Bundesdurchschnitt: 40,6%); dagegen stieg die Zahl der Erwerbstätigen im Bereich Handel, Verkehr und Nachrichtenübermittlung von 257 400 (16,9%) auf 288 800 (17,0%; Bundesdurchschnitt: 17,8%). Die Erwerbstätigenzahl im Bereich sonstige Dienstleistungen stieg kräftig von 402 100 (26,4%) auf 650 700 (38,2%; Bundesdurchschnitt: 38,0%) an. Bis 1977 war die Arbeitslosenquote im Jahresdurchschnitt noch höher als im Bundesgebiet (1975: 5,1%; Bundesdurchschnitt: 4,7%). Von 1978 bis 1980 entsprach sie in etwa dem Bundesdurchschnitt, seit 1981 liegt sie darunter, und zwar mit einem im Zeitablauf tendenziell größer werdenden Abstand (1991: 5,4%; Bundesdurchschnitt: 6,3%). Abgesehen von saisonalen Schwankungen liegt der regionale Schwerpunkt der Arbeitslosigkeit (1991) in den Arbeitsamtsbezirken der Westpfalz (Kaiserslautern: 7,3%, Pirmasens: 8,0%) und des Naheraumes (Bad Kreuznach: 7,1%).

Seit 1970 hat R.-P. seinen Anteil am Bruttoinlandsprodukt (BIP) der Bundesrep. Dtl. mit 5,2% nahezu konstant gehalten. Mit einem BIP je Erwerbstätigem von (1989) 81 404 DM und einem Bruttosozialprodukt je Ew. von 32 637 DM liegt R.-P. unter dem Bundesdurchschnitt von 84 612 DM bzw. 36 436 DM.

*Landwirtschaft:* Die Landwirtschaftsfläche beträgt (1989) 884 500 ha; das entspricht 44,6% der Gesamtfläche. Die tatsächlich landwirtschaftlich genutzte Fläche (716 000 ha) dient (1990) zu 59,7% als Ackerland (427 244 ha), 29,9% als Dauergrünland (214 236 ha), 9,2% als Rebfläche (66 157 ha) sowie zu insgesamt 1,1% als Gartenland (950 ha), Obstanlagen (5 769 ha) und Baumschulen (1 006 ha). Diese Flächen werden (1990) von 54 383 landwirtschaftl. Betrieben bewirtschaftet, wobei kleinere und mittlere Familienbetriebe die Größenstruktur prägen. Vorherrschend sind in R.-P. als typ. Weinbauland die Dauerkulturbetriebe, die auch die Betriebe mit Obstkulturen einschließen. Dieser Betriebstyp umfaßt (1990) 43% der landwirtschaftl. Betriebe mit 19% der Fläche, weitere 26% sind Futterbaubetriebe (Flächenanteil 45%).

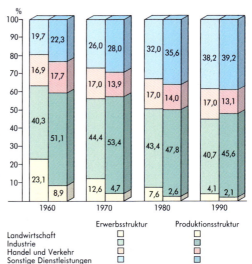

**Rheinland-Pfalz:** Erwerbsstruktur (Erwerbstätige nach zusammengefaßten Wirtschaftsbereichen in Abgrenzung der volkswirtschaftlichen Gesamtrechnung in Prozent) und Produktionsstruktur (Beiträge zusammengefaßter Wirtschaftsbereiche zur Bruttowertschöpfung in jeweiligen Preisen in Prozent)

Annähernd 70% der dt. Weinmosternte (1990: 5,8 Mio. hl) werden in R.-P. von (1990) 28 100 Betrieben in den Weinbaugebieten Ahr (479 ha bestockte Rebfläche), Mittelrhein (681 ha), Mosel-Saar-Ruwer (12 509 ha), Nahe (4 636 ha), Rheinhessen (25 462 ha) und Rheinpfalz (23 046 ha) erzeugt. Knapp die Hälfte der Betriebe hat eine bestockte Rebfläche von weniger als 1 ha; rd. 15% verfügen über 5 ha und mehr.

Mehr als zwei Drittel der Ackerfläche (rd. 297 000 ha) sind (1990) mit Getreide bestellt (Erntemenge: 1,5 Mio. t; 6,1% der Erntemenge an Getreide in der Bundesrep. Dtl.). An erster Stelle steht die Sommergerste (96 500 ha), gefolgt vom Winterweizen (90 600 ha). Neben Getreide spielen im Anbau noch Zuckerrüben, der gelbblühende Winterraps, versch. Futterpflanzen (z. B. Silomais) und Kartoffeln eine Rolle. Mit (1990) 171 511 t ist R.-P. viertgrößter Gemüseproduzent unter den Bundesländern.

## Rhei Rheinland-Pfalz

Viehhaltung ist für einzelne landwirtschaftl. Betriebe zwar regional sehr wichtig (nahezu 50% der Betriebe halten Vieh), unter den bisherigen Bundesländern kommt R.-P. jedoch hinsichtlich der Viehbestände eine nachgeordnete Stelle zu, denn der Bestand liegt sowohl bei Rindern (1990: 542 300) als auch bei Schweinen (509 600) deutlich unter dem Bundesdurchschnitt.

*Forstwirtschaft:* R.-P. weist mit (1989) 796 703 ha einen Waldanteil an der Landesfläche von 40,1% auf. Der Holzeinschlag beträgt (1989) 3,34 Mio. m³, darunter nahezu drei Viertel Nadelholz.

*Bergbau:* Von Bedeutung ist lediglich die Gewinnung von Natursteinen, Erden, Sand und Kies. Der ›klassische Bergbau‹, die Gewinnung von Erzen oder Kohle, ist völlig erloschen.

*Energiewirtschaft:* Die wichtigsten Energieträger, gemessen am Primärenergieverbrauch von (1989) 23,07 Mio. t SKE, sind Erdöl (Anteil am Gesamtverbrauch 41,0%) und Erdgas (24,0%). Der Grund für den starken Rückgang der Elektrizitätserzeugung 1989 um über 50% war die Abschaltung des kurz zuvor in Betrieb gegangenen Kernkraftwerks Mülheim-Kärlich aufgrund einer Entscheidung des Bundesverwaltungsgerichts.

*Industrie* und *Handwerk:* Die (1990) rd. 5 370 Betriebe des verarbeitenden Gewerbes (alle Industriebetriebe und Betriebe des produzierenden Handwerks mit 20 und mehr Beschäftigten) sind zu 98% mittelständ. Betriebe, d. h. solche mit weniger als 500 Beschäftigten. Die rd. 410 000 Beschäftigten des verarbeitenden Gewerbe arbeiten zu 47,4% in Groß- und zu 52,6% in mittelständ. Betrieben. Industrieagglomerationen mittlerer Größenordnung haben sich in neuerer Zeit insbesondere in verkehrsgünstigen Lagen verdichtet, so etwa im Raum Kaiserslautern, am Rhein bei Wörth am Rhein, Speyer, Frankenthal (Pfalz) und Worms, zw. Mainz und Bingen am Rhein und im Rheintal zw. Neuwied und Remagen. Hinzu kommt der traditionelle Industriestandort Ludwigshafen am Rhein. Der Industrialisierungsgrad, gemessen an der Zahl der Industriebeschäftigten je 1 000 Ew., liegt mit (1990) 110 deutlich unter dem Bundesdurchschnitt.

Der umsatzstärkste Industriezweig ist die chem. Industrie (Schwerpunkt Ludwigshafen am Rhein) mit einem Anteil von (1990) 29% am Umsatz des verarbeitenden Gewerbes von mehr als 103 Mrd. DM. Ihr folgen der Straßenfahrzeugbau (17%), das Nahrungs- und Genußmittelgewerbe (10%), der Bereich Maschinenbau, Büromaschinen, EDV (9%), die Kunststoffwarenherstellung (4,4%), die Eisen-, Blech- und Metallwarenindustrie (4,0%) sowie mit jeweils 3% die elektrotechn., die eisenschaffende Industrie und die der Steine und Erden. Die Wirtschaftszweige mit regionalen Schwerpunkten innerhalb des Landes sind die Schuhindustrie (Raum Pirmasens), die Feinkeramik (Westerwald) und das Edelsteingewerbe (Raum Idar-Oberstein).

*Dienstleistungen:* Zwischen 1970 und 1987 hat sich die Zahl der Beschäftigten im privaten Dienstleistungsgewerbe (Banken, Versicherungen sowie Dienstleistungen von Unternehmen und freien Berufen) um 133 000 auf 291 000 erhöht. Kongreß- und Messestädte sind Koblenz, Trier, Mainz, Ludwigshafen am Rhein und Kaiserslautern sowie Pirmasens (Schuh- und Ledermesse) und Idar-Oberstein (Fachmesse für Edelsteine und Edelsteinschmuck).

Der *Fremdenverkehr* ist in R.-P. ein bedeutender und kontinuierlich wachsender Wirtschaftsfaktor, insbesondere in den industriefreien ländl. Räumen, mit (1990) rd. 6,2 Mio. Gästen und 21,1 Mio. Übernachtungen, davon 1,5 Mio. ausländ. Touristen mit 4,6 Mio. Übernachtungen. In 22 Heilbädern und 39 Luftkurorten finden die Gäste ein breites Spektrum an Kureinrichtungen. Insgesamt stehen (1990) rd. 180 400 Gästebetten zur Verfügung.

*Verkehr:* Das Schienennetz der Dt. Bundesbahn in R.-P. umfaßt (1990) rd. 2 400 km (1 333 km Hauptbahnen, 1 064 km Nebenbahnen). Davon werden 1 525 km im Personen- und Güterverkehr und 875 km nur noch im Güterverkehr genutzt; rd. 28% der Strecken sind elektrifiziert. Die wichtigsten Strecken des Fernverkehrs sind die Rheinstrecken, die Mosel- und Saarstrecke sowie die Verbindung Ludwigshafen am Rhein–Saarbrücken–Paris.

Das überörtl. Straßennetz setzt sich zusammen aus (1990) 801 km Autobahnen sowie (jeweils außerorts) 2 565 km Bundesstraßen, 5 607 km Landes- und 5 684 km Kreisstraßen. Ein Autobahnring verbindet die fünf Oberzentren des Landes (Mainz, Koblenz, Trier, Kaiserslautern und Ludwigshafen am Rhein). Außenstrecken binden den Ring an Autobahnen in den benachbarten Bundesländern sowie in Frankreich, Luxemburg und (erst teilweise fertiggestellt) Belgien an.

Besondere Bedeutung für den Verkehr haben die Binnenwasserstraßen Rhein und Mosel sowie die größten Häfen Ludwigshafen am Rhein (Umschlag 1990: 8,9 Mio. t), Mainz (3,6 Mio. t), Koblenz (1,4 Mio. t) und Trier (0,8 Mio. t). Im Zivilflugverkehr ist R.-P. auf benachbarte Flughäfen angewiesen (Frankfurt am Main, Köln/Bonn), dagegen liegen einige große Militärflugplätze auf seinem Gebiet (u. a. der von Ramstein-Miesenbach), z. T. in räuml. Zusammenhang mit ausgedehnten Truppenübungsplätzen.

### Geschichte

Nachdem Frankreich zw. dem 15. 6. und 15. 7. 1945 die ihm zugewiesene Besatzungszone in Dtl. eingenommen hatte, gliederte es am 31. 7. 1945 das Saargebiet als ›unabhängige verwaltungsmäßige Einheit‹ aus ihr aus (→ Saarland, Geschichte). Auf Initiative der frz. Besatzungsmacht wurde am 22. 5. 1946 die Univ. Mainz wiedergegründet. Mit der VO vom 30. 8. 1946 bildete die frz. Militärregierung das Land ›R.-P.‹. Historisch gesehen umfaßt es die bayer. Pfalz, den linksrhein. Teil von Hessen-Darmstadt sowie Teile der preuß. Prov. Hessen-Nassau und der preuß. Rheinprovinz.

Am 17. 11. 1946 fanden Wahlen zu einer ›Beratenden Landesversammlung‹ nach Wahlvorschlägen der bis dahin zugelassenen Parteien (CDU, SPD, KPD, liberale Gruppen, die sich später zur FDP zusammenschlossen) statt. Am 4. 12. 1946 setzte die frz. Militärregierung eine ›vorläufige‹ Landesregierung unter MinPräs. WILHELM BODEN (* 1890, † 1961; CDU) ein. Am 18. 5. 1947 nahm die Bev. die von der Beratenden Versammlung ausgearbeitete Verf. an. Bei der gleichzeitig abgehaltenen Landtagswahlen wurde die CDU stärkste Partei (bis 1991; 1971–87 absolute Mehrheit). Seit 1949 ist R.-P. Bundesland der Bundesrep. Dtl. Unter den MinPräs. P. ALTMEIER (1947–69), H. KOHL (1969–76), B. VOGEL (1976–88) und CARL-LUDWIG WAGNER (* 1930; 1988–91) führte die CDU die Landesregierung, 1947–48 in Koalition mit SPD, FDP und KPD, 1948–51 mit der SPD, 1951–71 und 1987–91 mit der FDP. 1969 trat eine Verwaltungs-

| **Landtagswahlen in Rheinland-Pfalz 1979–91** (Sitzverteilung und Stimmenanteile der Parteien) | | | | |
|---|---|---|---|---|
| Parteien | 18. 3. 1979 | 6. 3. 1983 | 17. 5. 1987 | 12. 4. 1991 |
| CDU | 51/50,1% | 57/51,9% | 48/45,1% | 40/38,7% |
| SPD | 43/42,3% | 43/39,6% | 40/38,8% | 47/44,8% |
| FDP | 6/ 6,4% | –/ 3,5% | 7/ 7,3% | 7/ 6,9% |
| Die Grünen | –/ – | –/ 4,5% | 5/ 5,9% | 7/ 6,5% |
| Andere | –/ 1,1% | –/ 0,3% | –/ 2,8% | –/ 2,9% |

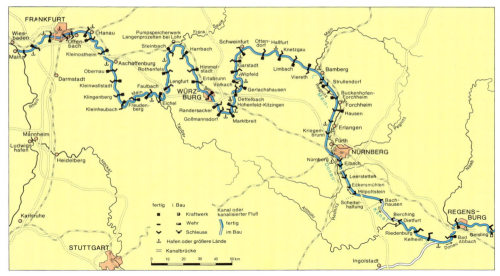

Rhein-Main-Donau-Großschiffahrtsweg

reform in Kraft. Infolge des wirtschaftl. Strukturwandels verlor die Landwirtschaft zugunsten der industriellen Gütererzeugung an Gewicht. – Nach ihrem Wahlsieg 1991 übernahm die SPD unter MinPräs. R. SCHARPING (SPD) in Koalition mit der FDP die Regierung. Seit 1987 sind die Grünen im Landtag vertreten.

Die Mittelrheinlande. Festschr. zum 36. Dt. Geographentag, hg. vom Inst. für Landeskunde (1967); W. SPERLING u. E. STRUNK: Luftbildatlas R.-P. Eine Länderkunde ..., Bd. 2: Neuer Luftbildatlas R.-P. (1972); Topograph. Atlas R.-P., bearb. v. H. LIEDTKE u. a. (1973); Die kreisfreien Städte u. Landkreise in R.-P., Beitr. v. J. GEBAUER u. a. (1977); R.-P. u. Saar, bearb. v. E. JOHANN (1979); Hb. der histor. Stätten Dtl.s, Bd. 5: R.-P. u. Saarland, hg. v. L. PETRY (³1988); H. FISCHER: R.-P. u. Saarland. Eine geograph. Landeskunde (1989); Eifel, hg. v. A. HANLE (1990); Hunsrück, hg. v. dems. (1990); Pfälzerwald u. Weinstraße, hg. v. dems. (1990).

**Rheinland-Pfalz-Radrundfahrt,** *Radsport:* seit 1966 mit wechselndem Streckenverlauf über 8–10 Tage ausgetragenes Straßenrennen; hat sich seither zum bedeutendsten Amateurrennen in der Bundesrep. Dtl. entwickelt.

**Rhein-Main,** wirtschaftl. Ballungsraum mit Kerngebiet im Bereich des unteren Mains bis zu dessen Mündung in den Rhein, um die Städte Frankfurt am Main, Offenbach am Main, Wiesbaden, Mainz und Darmstadt konzentriert (etwa 3 Mio. Ew.) mit hervorragender Mittellage im innerdt. und europ. Verkehr. Sein Schwerpunkt liegt im südl. Teil von Hessen und greift im Raum Mainz auf Randgebiete von Rheinland-Pfalz über. Wegen Mangels an nennenswerten Bodenschätzen setzte die Industrialisierung hier erst nach 1880 ein; aufgrund der zentralen Verkehrslage entwickelten sich v. a. Industriezweige, die bes. transportabhängig sind; heute v. a. chem. Industrie, Maschinenbau und elektrotechn. Industrie.

A. KRENZLIN: Werden u. Gefüge des rhein-mainischen Verstädterungsgebietes, in: Frankfurter geograph. Hefte, H. 37 (1961); Das R.-M.-Gebiet, bearb. v. H.-G. GLAESSER u. a. (1932); K. WOLF: Das Siedlungssystem des R.-M.-Gebietes, in: Frankfurter geograph. Hefte, H. 55 (1986).

**Rhein-Main-Donau-Großschiffahrtsweg,** im Ausbau befindl. Binnenwasserstraße, die die Nordsee mit dem Schwarzen Meer (rd. 3 500 km) verbindet. Sie durchquert Mittel- und Südosteuropa. Nach Ausbau von Rhein und unterem Main wurde ab 1926 der Main oberhalb von Aschaffenburg ausgebaut: 1926–39 bis Würzburg (165 km, 13 Staustufen), 1938–62 der Abschnitt Würzburg–Bamberg (132 km, 14 Staustufen). 1960 begann der Bau des **Main-Donau-Kanals,** der den Main bei Bamberg mit der Donau bei Kelheim verbindet; Streckenlänge insgesamt 153 km, davon befindet sich die Reststrecke zw. Bachhausen (Ortsteil der Gem. Mühlhausen) und Dietfurt a. d. Altmühl (20 km) im Bau. Er besteht zw. der Regnitzmündung und dem südl. Stadtrand von Bamberg aus der ausgebauten Regnitz (Inbetriebnahme des Hafens Bamberg 1980), dann aus einem das rechte Flußufer begleitenden Kanal und im Raum Forchheim auf etwa 10 km Länge (zw. Neuses und Hausen) aus der ausgebauten oder kanalisierten Regnitz. Die anschließende Kanalstrecke verläuft bis Fürth am linken Regnitzufer, dann am rechten Ufer der Rednitz und erreicht östlich von Hilpoltstein die europ. Hauptwasserscheide (zw. Rhein und Donau) und mit 406 m ü. M. den höchsten Punkt im dt. Wasserstraßennetz. Südlich der Wasserscheide führt der Main-Donau-Kanal über Berching durch das Sulztal, im Raum Beilngries durch das Ottmaringer Tal und schließlich durch das Altmühltal zur Donau. Die Kanalstrecke von Hausen über Nürnberg (Hafen seit 1972) bis Dietfurt a. d. Altmühl muß künstlich gespeist werden, da hier die Wasserzufuhr über natürl. Zuflüsse zu gering ist. Der Main-Donau-Kanal hat 15 Staustufen, von denen eine noch im Bau ist. Sein Vorläufer, der 1847–1945 in Betrieb befindl. →Ludwigskanal, wies 101 Schleusen auf (die hölzernen Schleusentore ließen keine größeren Hubhöhen als 4 m zu).

Die Donau (209 km von Kelheim bis zur österr. Grenze) wurde ab 1922 ausgebaut: die Strecke Kelheim–Regensburg 1972–78, Regensburg–Geisling 1976–85, Geisling–Vilshofen 1930–69, Vilshofen bis österr. Grenze 1922–28; im Donauabschnitt gibt es fünf Staustufen (einschließlich der 1952–56 erbauten Stufe Jochenstein). Um die Donau an allen Stellen und zu jeder Jahreszeit befahren zu können, ist ein zusätzl. Donauausbau nötig (im Bau sind derzeit elf Streckenkilometer mit einer Staustufe).

Die den Bau tragende **Rhein-Main-Donau AG** betreibt allein an der Großschiffahrtsstraße von Klein-

**Rhei** Rhein-Main-Flughafen – Rhein-Ruhr

ostheim (bei Aschaffenburg) bis →Jochenstein (1990) 36 Wasserkraftwerke, zwei weitere sind im Bau.

Wichtige Auswirkungen der Anlage werden in der Hebung und Stabilisierung des Grundwasserspiegels sowie in der Wasserstandsregulierung gesehen, die die Hochwassergefahr weitgehend bannt. Die Stauwasserflächen dienen dem Wassersport; sie verringern die Nachtfrostgefahr. Dem stehen schwerwiegende Eingriffe in das Landschaftsbild und in die Ökologie gegenüber, bes. im Altmühltal, im Sulztal und im Ottmaringer Tal.

W. Hahn u. a.: Der Main-Donau-Kanal (1982); Das Altmühltal u. die Rhein-Main-Donau-Wasserstraße, Beitr. v. W. Bader u. a. (1989).

**Rhein-Main-Flughafen,** offiziell **Flughafen Frankfurt am Main,** der mit Abstand größte dt. Flughafen und eine der wichtigsten Drehscheiben des kontinentaleurop. Luftverkehrs (Bild →Flughafen). Außerdem ist er bedeutender regionaler Wirtschaftsfaktor, u. a. in Gestalt von rd. 54 000 Arbeitsplätzen (u. a. Flughafen Frankfurt/Main AG, Dt. Lufthansa AG). Um das ständig gewachsene Verkehrsaufkommen zu bewältigen, wurde der R.-M.-F. mehrmals ausgebaut; wichtige Etappen waren dabei die Schwellenverlegung der Start-und-Lande-Bahnen seit 1980, der Bau der Startbahn West 1984, Baubeginn des neuen Passagierterminals Ost 1990 (Fertigstellung Okt. 1994). Die durch die Startbahn West erforderl. Waldrodungen sowie die durch die Flughafenerweiterung übrigen ökolog. Belastungen für die Bev. hatten dazu geführt, daß das Bauvorhaben durch eine Bürgerbewegung blockiert und erst nach einem langjährigen Rechtsstreit endgültig genehmigt wurde. 1990 (1980) wurden am R.-M.-F. im zivilen Luftverkehr 324 000 (222 000) Starts und Landungen sowie 29,6 (17,6) Mio. Fluggäste gezählt, das waren rd. 26 % (26 %) bzw. 37 % (36 %) der entsprechenden Werte aller dt. Flughäfen. Die Umschlagmenge für Fracht betrug 1,2 (0,6) Mio. t und für Post 152 000 (92 000) t. – Ein Teil des Geländes des R.-M.-F. wird als ›Rhein-Main-Airbase‹ von den amerikan. Streitkräften genutzt.

**Rhein-Marne-Kanal,** frz. **Canal de la Marne au Rhin** [ka'nal dəla'marn o'rɛ̃], Schiffahrtsstraße in O-Frankreich, 1838–53 erbaut, verbindet die Marne (bei Vitry-le-François) über die Täler von Mosel (Toul) und Meurthe (Nancy) mit dem Hafen von Straßburg, 314 km lang, 156 Schleusen, Schiffshebewerk in Arzweiler (bei Saarburg); für 350-t-Kähne befahrbar.

**Rheinmetall Berlin AG,** Holdinggesellschaft mit den Unternehmensbereichen Maschinenbau (Jagenberg AG), Automobiltechnik (Pierburg GmbH) und Wehrtechnik (Rheinmetall GmbH), gegr. 1889; Sitz Berlin/Düsseldorf. Großaktionär: Röchling Industrie Verwaltung GmbH (über 50 % der Stammaktien). Umsatz (1991): 3,5 Mrd. DM, Beschäftigte: 13 750.

**Rhein-Neckar, R.-N.-Dreieck,** einer der wirtschaftl. Ballungsräume in Dtl.; sein Mittelpunkt sind die Städte Mannheim und Ludwigshafen im Bereich der Mündung des Neckars in den Rhein; er reicht bis Heidelberg, Speyer und Worms. Anteil am R.-N.-Raum, in dem 1,8 Mio. Menschen leben, haben linksrheinisch Rheinl.-Pf., rechtsrheinisch Bad.-Württ. und Hessen.

Für die Entwicklung dieses Wirtschaftsraumes, in dem es keine wesentl. Rohstoff-Fundstätten gibt, waren entscheidend v. a. die günstige Verkehrslage sowie die ausreichende Wasserversorgung an der Neckarmündung, wie sie z. B. von der chem. Industrie, deren Aufstreben im 19. Jh. einen wesentl. Impuls gab, sowie von der Zellstoffindustrie gefordert werden.

**Rhein-Neckar-Kreis,** Landkreis im Reg.-Bez. Karlsruhe, Bad.-Württ., 1 062 km², (1990) 478 900

Ew.; Verw.-Sitz: Heidelberg. Das Kreisgebiet reicht vom Rhein im W bis in den Odenwald und Kraichgau. Auf den flachgründigen Böden des Sandstein-Odenwalds (mit dem Kleinen Odenwald) Wald- und Milchviehwirtschaft. Im Kraichgau auf Löß- und Lehmböden Getreide- und Zuckerrübenanbau. In der Oberrheinebene bei günstigen Klima- und Bodenverhältnissen Sonderkulturen mit Gemüse (u. a. Spargel) und Tabak, an der Bergstraße Obst und Wein. Die sandigen Flächen der Hardtebenen tragen Kiefernwälder. Neckartal und Rheinebene sind Standorte vielfältiger Industrie. Viele Pendler arbeiten außerhalb des R.-N.-K. in Mannheim und Heidelberg. Altrheinarme und Baggerseen sowie Neckartal und Odenwald dienen als Erholungsgebiete.

**Rheinpfalz,** der südlichste, linksrhein. Teil von Rheinl.-Pf., reicht bis zur N-Grenze der Landkreise Bad Dürkheim und Ludwigshafen; mit dem gleichnamigen Weinanbaugebiet (→Pfälzer Weine). Zur Geschichte →Pfalz 2).

**Rheinpfälzisch,** →deutsche Mundarten.

**Rheinprovinz,** ehem. preußische Prov., entstanden 1824 durch Zusammenlegung der nach dem Übergang des Rheinlandes an Preußen zunächst gebildeten beiden Prov. Jülich-Kleve-Berg sowie Großherzogtum Niederrhein mit zusammen sechs Reg.-Bezirken (Kleve, Düsseldorf, Aachen, Köln, Koblenz, Trier). Sitz der Ober-Präs. war Koblenz. Als oldenburg. Enklave bestand bis 1937 an der oberen Nahe das Fürstentum Birkenfeld; das südöstlich davon liegende Fürstentum Lichtenberg, ehem. zu Sachsen-Coburg gehörig, kam 1831/35 an Preußen, das 1866 auch das hess. Oberamt Meisenheim durch Kauf erwarb. Aus Teilen der preuß. R. und der bayer. Pfalz wurde 1919 das Saargebiet gegründet. 1945 kamen die Reg.-Bez. Koblenz und Trier unter frz. Besatzungshoheit und fielen 1946 an das neugebildete Land Rheinland-Pfalz. Die übrigen Reg.-Bez. der R. gingen in Nordrhein-Westfalen auf.

R. Schütz: Preußen u. die Rheinlande (1979).

**Rhein-Rhône-Kanal** [-'roːnə-], frz. **Canal du Rhône au Rhin** [ka'nal dy'roːn o'rɛ̃], Schiffahrtsstraße in O-Frankreich, erbaut 1784–1833; von Straßburg bis zur Saône bei Saint-Symphorien 320 km lang mit 164 Schleusen; wurde 1967 durch den Anschluß an den Rheinseitenkanal (Mülhausen - Niffer) auf 230 km verkürzt. In der Burgundischen Pforte überschreitet er die Wasserscheide in 347 m ü. M. Zw. Montbéliard und Dôle benutzt er den Doubs. Er ist nur für Schiffe bis 300 t befahrbar und hat heute nur noch geringe Bedeutung. Ein Neubau des Kanals ist seit langem geplant (229 km lang, 60 m breit, 4,5 m tief, 24 Schleusen); er soll die Binnenschiffahrt zwischen Nordsee und Mittelmeer für Schiffe bis 4 400 t ermöglichen. Kontroverse wirtschaftl. und polit. Diskussionen stehen der Verwirklichung entgegen.

D. Reske: Der R.-R.-K. aus regionaler u. überregionaler Sicht, in: Frankfurter wirtschafts- u. sozialgeograph. Schr., Bd. 33 (1980).

**Rheinriesling,** in Gebieten, in denen auch der Welschriesling vertreten ist, Bez. für die Rebsorte →Riesling.

**Rhein-Ruhr, Rheinisch-Westfälisches Industriegebiet,** größter und wirtschaftlich bedeutendster Ballungsraum in Dtl.; in NRW; etwa begrenzt durch die Städte Aachen, Mönchengladbach, Düren, Bonn, Lüdenscheid, Hamm, Wesel; umfaßt das →Ruhrgebiet, das bergisch-märk. Industriegebiet (spezialisierte Kleineisen- und Textilindustrie), den Wirtschaftsraum Krefeld–Mönchengladbach (Textil- und Bekleidungsindustrie), den Aachen–Dürener Raum (Metallwaren-, Papierindustrie), das →Rheinische Braunkohlenrevier, den Raum Köln–Bonn und Düsseldorf (vielseitige Industrie, Dienstleistungen und Regierungseinrichtungen). Von den 77 Großstädten Dtl.s liegen 26 in seinem Bereich.

W. GAEBE: Die Analyse mehrkerniger Verdichtungsräume. Das Beispiel des R.-R.-Raumes (1976).

**Rheinsberg,** Erzählung von K. TUCHOLSKY, Erstausgabe 1912.

**Rheinsberg/Mark,** Stadt im Kreis Neuruppin, Brandenburg, im S der Mecklenburg. Seenplatte, 55 m ü. M., am Grienericksee, (1989) 5 400 Ew.; Museum und Kurt-Tucholsky-Gedenkstätte (im Schloß), Naturbühne; Steingutfabrik; Erholungsort. Nordöstlich von R./M., zw. Nehmitzsee und Großem Stechlinsee, lag das erste Kernkraftwerk (70 MW) der Dt. Dem. Rep. (1966 in Betrieb genommen, 1992 stillgelegt. – Bei einer 1291 bezeugten, vermutlich 1214 erbauten Burg entstand das 1368 urkundlich als Städtchen bezeichnete R., das 1524 an Brandenburg fiel. Nach einem Stadtbrand 1740 wurde R. nach Plänen von G. W. VON KNOBELSDORFF planmäßig wieder aufgebaut. – Schloß (urspr. mittelalterl. Wasserburg, Renaissancebau von 1566, 1737–39 umgebaut; barocke Dreiflügelanlage, Rundtürme an N- und S-Flügel, die Rokokoausstattung nur z. T. erhalten), Wohnsitz des Kronprinzen FRIEDRICH (König FRIEDRICH II.), dann seines Bruders HEINRICH.

**Rheinschiene,** seit den 1960er Jahren gebräuchl. wirtschaftsgeograph. und regionalplaner. Bez. für einen axial vom Rhein durchflossenen, von Industriestandorten, flußzugewandten Städten und Verkehrslinien bestimmten Gebietsstreifen zw. Rheinfelden am Hochrhein und Arnheim/Nimwegen am beginnenden Rheindelta. Auch dort, wo auf kürzere Strecken am Oberrhein oder im Rheindurchbruchstal zw. Rüdesheim/Bingen und Koblenz wenig flußnahe Industrien bestehen, prägen die überaus stark frequentierten Eisenbahnen, Straßen und die Flußschiffahrt die R. I. e. S. versteht die Landesplanung von NRW den Köln-Bonner Bucht und das Niederrheingebiet bis Wesel, einschließlich der rheinzugewandten Ufer des Ruhrgebietes als R. Von vielen wird die dicht besiedelte R. auch als wirtschaftl. Rückgrat der EG angesehen, das in den Rheinmündungshäfen ein ›Tor zur Welt‹ hat.

**Rheinschiffahrts|akte, Mannheimer Akte,** Grundlage der internat. Verkehrsordnung auf dem →Rhein.

**Rheinschiffsregister, Internationale Vereinigung des R.,** Abk. **IVR,** 1874 gegründete Vereinigung von Schiffahrtstreibenden, Versicherern, Sachverständigen und deren Verbänden zur Aufstellung und Führung eines R., Klassifikation der Rheinschiffe, Zulassung von Sachverständigen für Havariefragen und Festsetzung von Tarifen für Hilfeleistungen in Havariefällen; Sitz: Rotterdam.

**Rheinschnaken,** Bez. für einige Arten der →Stechmücken in Auwäldern des Rheins. Vorherrschend sind **Aedes vexans** und **Aedes sticticus,** die ihre Eier an den Rändern von Tümpeln, überfluteten Wiesen und stehenden Altrheinarmen ablegen.

**Rheinseitenkanal,** frz. **Grand Canal d'Alsace** [gräkа`nаl dal'zas], Kanal am Oberrhein, leitet einen Teil des Rheinwassers und damit die Schiffahrt bei Kembs (unterhalb von Basel) auf frz. Gebiet ab. Der Bau war, gestützt auf Art. 358 des Versailler Vertrags von 1919, bis Straßburg (rd. 112 km, mit 8 Staustufen, jeweils mit Schleusen und Kraftwerk) geplant; er wurde bis Breisach (rd. 50 km, mit 4 Staustufen) fertiggestellt. Durch den R. wurde die schon durch die Tullasche Rheinregulierung (→Rhein) verursachte Absenkung des Grundwasserspiegels im südl. Teil der Oberrheinebene verstärkt. Zw. der Bundesrep. Dtl. und Frankreich wurde daher im →Saarabkommen 1956 vereinbart, den Rhein zw. Breisach und Straßburg so auszubauen, daß jeweils ein Schiffahrtskanal zu einer von vier weiteren Staustufen führt und unterhalb davon wieder in den Fluß zurückgeleitet wird (›Schlingenlösung‹). Die für die Strecke zw. Straßburg und der dt.-frz. Grenze bei Neuburgweier 1969 vereinbarte Vollkanalisierung des Rheins ist bis Iffezheim (44,5 km) fertiggestellt (zwei Staustufen; die dritte geplante Stufe, Neuburgweier/Lauterburg, wird wegen der wasserwirtschaftl. Probleme nicht gebaut. In den Staustufen befinden sich Niederdruckkraftwerke: Kembs (186 MW), Ottmarsheim (156 MW), Fessenheim (180 MW), Vogelgrün (156 MW), Markolsheim (168 MW), Rhinau (168 MW), Gerstheim (145 MW), Straßburg (50 MW), Gambsheim (94 MW) und Iffezheim (108 MW). Der R. ist befahrbar für Lastkähne bis 1 500 t, für Schubschiffeinheiten bis 6 800 t.

Rheinsberg/Mark: Das 1737–39 aus einer mittelalterlichen Wasserburg umgebaute Schloß

**Rhein-Sieg-Kreis,** Kreis im Reg.-Bez. Köln, NRW, 1 153 km$^2$, (1991) 504 300 Ew.; Verw.-Sitz ist Siegburg. Der Kreis umschließt die Stadt Bonn. Sein W-Teil liegt an dem vom →Siebengebirge (Naturpark) überragten Austritt von Mittelrhein und Sieg in die Niederrhein. Bucht, reicht nach SW über den flachen Höhenzug der Ville mit dem Naturpark Kottenforst bis in den S-Teil der Zülpicher Börde und auf den N-Abfall der Eifel; der zum Bergischen Land gehörende O-Teil erstreckt sich über die zertalten Hochflächen an Agger und Sieg sowie im SO bis auf den Niederwesterwald. Schwerpunkte der Industrie (34 % der Erwerbspersonen) sind Troisdorf, Siegburg, Königswinter, Eitorf und Bad Honnef; viele Pendler nach Bonn und Köln. Auf den guten Böden in der Ebene und am Höhenrand werden bes. Getreide und Zuckerrüben angebaut; im Bergland herrscht Grünlandwirtschaft. Am O-Hang der Ville (›Vorgebirge‹) intensiver Obst- und Gemüsebau, bei Meckenheim und Oberpleis Baumschulen, am Rhein örtlich Weinbau. 29 % des Kreisgebiets tragen Wald (Naherholungsgebiet für Bonn und Köln). Fremdenverkehr haben bes. das Rhein- (Bad Honnef und Königswinter) und das Siegtal (Hennef, Herchen). Die Wahnbachtalsperre dient als Trinkwasserspeicher für Bonn.

Der R.-S.-K., hg. v. P. KIERAS (1983).

**Rheinstahl AG,** →Rheinische Stahlwerke AG.

**Rheinstein,** Burg über dem linken Rheinufer bei Trechtingshausen, Kr. Mainz-Bingen, Rheinl.-Pf.; die ehem. got. Wohnturmanlage (um 1260 begonnen) wurde 1825–29 wiederaufgebaut. BILD →Deutschland

**Rheinstein,** Max, amerikan. Jurist dt. Herkunft, * Bad Kreuznach 5. 7. 1899, † Schwarzach im Pongau (Österreich) 9. 7. 1977; nach Emigration in die USA 1936–68 Prof. in Chicago (Ill.). Trat bes. mit Leistungen auf dem Gebiet der Rechtsvergleichung hervor.

Ausgabe: Ges. Schr., 2 Bde. (1979).

**Rhein-Taunus,** Naturpark in Hessen, umfaßt den westlichen hess. Teil des →Taunus mit dem Rheingaugebirge, 808 km² groß, eingerichtet 1968.

**Rheinwald** [von lat. vallis Rheni ›Rheintal‹], oberste Talschaft des Hinterrheins, Kt. Graubünden, Schweiz; als Kreis 172 km² mit (1989) 740 Ew. (v. a. →Walser) in fünf Orten, größter ist Splügen; Wintersportgebiet; im O Stausee (Sufner See, 1401 m ü. M.), im W das N-Portal des San-Bernardino-Tunnels (1644 m ü. M.).

**Rheinwaldhorn,** höchster Gipfel des Adulagebirges, Schweiz, 3402 m ü. M.

**Rheinwein.** Das Gebiet für den Tafelwein ›Rhein‹ umfaßt die Weinbaugebiete Ahr, Hessische Bergstraße, Mittelrhein, Nahe, Rheingau, Rheinhessen und Rheinpfalz; **Rheinischer Landwein** stammt dagegen nur aus Rheinhessen.

**Rhein-Westerwald,** Naturpark in Rheinl.-Pf., am rechten Ufer des Mittelrheins und im Vorderen Westerwald, 446 km²; eingerichtet 1962.

**Rheinzabern,** Gem. im Kreis Germersheim, Rheinl.-Pf., im Oberrhein. Tiefland, (1991) 4100 Ew. – Das röm. **Tabernae Rhenanae** hatte seit dem 2. Jh. n. Chr. Terra-sigillata-Werkstätten mit ausgedehntem Export. – Kath. Pfarrkirche St. Michael mit spätgot. W-Turm und Chor von 1777; stattl. Wohnhäuser des 18. Jahrhunderts.

O. ROLLER: Die röm. Terra-Sigillata-Töpfereien von R. (1965).

**Rhema** [griech. ›Aussage‹] *das, -s/-ta,* Sprachwissenschaft: semant. Einheit, die eine Äußerung über das →Thema (als den Ausgangspunkt einer Information) enthält; im Rahmen der →funktionalen Satzperspektive Bez. für den (ausgehend von einem bekannten oder gegebenen) noch neuen oder unbekannten Informationsgehalt.

**Rhenen** [ˈreːnə], Gem. in der Prov. Utrecht, Niederlande, am Neder-Rijn, (1990) 16600 Ew.; Ziegelei, Möbel-, chem. und feinmechan. Industrie; reger Ausflugsverkehr zum Tierpark von R. und zur Königstafel (Moränenhügel). – Spätgot. Sint-Cunerakerk (15. Jh.) mit hohem Turm (1492–1531).

| Rhenium | |
|---|---|
| chem. Symbol: **Re** | Ordnungszahl . . . . . . . . . . . . . . . . . . . . 75 |
| | relative Atommasse . . . . . . . . . . . . . . . 186,207 |
| | Häufigkeit in der Erdrinde 1 · 10⁻⁷ Gew.-% |
| | natürliche Isotope |
| | (mit Anteil in %) ¹⁸⁵Re (37,40), ¹⁸⁷Re (62,60) |
| | insges. bekannte Isotope . . . . . . ¹⁶¹Re bis ¹⁹²Re |
| | davon radioaktiv . . . . . . . . . . . . . . . . . . 38 |
| | längste Halbwertszeit (¹⁸⁷Re) 4,2 · 10¹⁰ Jahre |
| | Dichte (bei 20 °C) . . . . . . . . . . . . . 21,02 g/cm³ |
| | Schmelzpunkt . . . . . . . . . . . . . . . . . . 3180 °C |
| | Siedepunkt (geschätzt) . . . . . . . . . . 5627 °C |
| | spezif. Wärme (bei 25 °C) . . . . . . 1,38 J/(g · K) |
| | elektr. Leitfähigkeit (bei 20 °C) 5,18 · 10⁶ S/m |
| | Wärmeleitfähigkeit (bei 25 °C) 48 W/(m · K) |

**Rhenium** [zu Rhenus, dem lat. Namen des Rheins] *das, -s,* chem. Symbol **Re,** ein →chemisches Element aus der siebten Nebengruppe des Periodensystems der chem. Elemente. R. ist ein weißglänzendes, sehr hartes Schwermetall, das chemisch sehr beständig ist und hervorragende mechan. Eigenschaften hat. Reine R.-Minerale sind nicht bekannt, jedoch kommt R. in kleinen Mengen in Molybdänglanz (bis 0,3%) sowie in Kupfererzen vor und wird v. a. aus dem Abrösten von Molybdänglanz anfallenden Flugstäuben und aus den Abfallprodukten der Kupferraffination gewonnen. Außerdem findet sich R. in sehr geringen Konzentrationen (unter 1 mg/t) weit verbreitet in vielen Mineralen, u. a. in Mangan-, Platin-, Uranerzen, Gadolinit, Columbit. Bei der Gewinnung des R. wird das Metall zunächst in mehreren Anreicherungs- und Reinigungsstufen in Kaliumperrhenat, $KReO_4$, überführt, das dann mit Wasserstoff bei höherer Temperatur reduziert wird. Reines R. wird für opt. Spiegel und elektr. Glühdrähte verwendet. Als Zusatz zu Platin-, Molybdän-, Wolfram- u. a. Legierungen wirkt R. härtend und korrosionsverhindernd; Legierungen finden u. a. Anwendung für Thermoelemente, Elektrokontakte, Bauteile für die Raumfahrttechnik sowie im Elektronenröhren- und Röntgenröhrenbau. R.-Platin-Legierungen dienen als Katalysatoren beim Reformieren von Erdölfraktionen. – R. wurde 1925 durch W. NODDACK und I. NODDACK-TACKE in einem Gadolinit röntgenspektroskopisch nachgewiesen und 1928 erstmals aus Molybdänglanz in reiner Form isoliert.

In den **R.-Verbindungen** liegt R. in den Wertigkeitsstufen +3 bis +7 (in Komplexverbindungen auch −1 bis +2) vor, wobei die höchste Wertigkeitsstufe bes. beständig ist. Beim Erhitzen von R. im Luftstrom bildet sich das hellgelbe **R.(VII)-oxid, R.-Heptoxid,** $Re_2O_7$, das bei 362 °C destilliert werden kann. Mit Wasser bildet sich daraus die farblose **Perrheniumsäure,** $HReO_4$, deren Salze, z. B. das **Kaliumperrhenat,** $KReO_4$, ebenfalls farblos sind. Sie sind die wichtigsten handelsübl. Verbindungen des Rheniums.

**Rhenium-Osmium-Methode,** auf den β⁻-Zerfall des Rheniumisotops ¹⁸⁷Re in das stabile Osmiumisotop ¹⁸⁷Os beruhende Methode der →Altersbestimmung, v. a. für Meteoriten sowie molybdän- und kupferhaltige oder osmiumreiche Minerale. In Verbindung mit anderen Datierungsmethoden (Rb-Sr, Sm-Nd, Lu-Hf und U-Pb) ist sie von Nutzen für die Untersuchung der Differentiation des Erdmantels und der Bildung der Kontinentalkruste. Bei ihrer Anwendung werden in den zu untersuchenden Proben die relativen Mengen von ¹⁸⁷Os und ¹⁸⁷Re, bezogen auf das stabile Isotop ¹⁸⁶Os, ermittelt. Nach der Gleichung

$$\frac{^{187}Os}{^{186}Os} = \left(\frac{^{187}Os}{^{186}Os}\right)_i + \frac{^{187}Re}{^{186}Os}(e^{\lambda t} - 1),$$

in der $\lambda = 1,52 \cdot 10^{-11}$ pro Jahr die Zerfallskonstante des ¹⁸⁷Re (Halbwertszeit $4,56 \cdot 10^{10}$ Jahre) und $t$ das Alter der Proben ist, ergibt sich dabei für gleich alte Proben eine Gerade (›Isochrone‹), wenn man die Quotienten ¹⁸⁷Os/¹⁸⁶Os gegen die Quotienten ¹⁸⁷Re/¹⁸⁶Os aufträgt. Der Schnittpunkt dieser Geraden mit der Ordinate (im Nullpunkt der Abszisse) ergibt das ursprüngl., bei der Bildung der Probe vorhandene Isotopenverhältnis (¹⁸⁷Os/¹⁸⁶Os)$_i$. Aus der Steigung der Geraden, ($e^{\lambda t} - 1$), ergibt sich das Alter der Proben.

**Rhenoherzynische Zone,** *Geologie:* Teil des →Variskischen Gebirges.

**Rhens,** Stadt im Kr. Mayen-Koblenz, Rheinl.-Pf., am linken Ufer des Mittelrheins, südlich von Koblenz, (1991) 2800 Ew.; Obstverwertung, Mineralbrunnen; Fremdenverkehr. – Der frühere **Rhense (Rense)** gen. Ort war ab 1308 bevorzugter Versammlungsort der Kurfürsten (1338 →Kurverein von Rhense, 1346 Wahl KARLS IV., 1400 RUPRECHTS zum König). R. erhielt um 1400 Stadtrecht, verlor es im 19. Jh. und ist seit 1984 wieder Stadt. – Kirche St. Dionysius (16. Jh.) mit spätroman. Westturm; Fachwerkhäuser (16. –18. Jh.); Rathaus (16. Jh., Fachwerkbau 1709); ›Königsstuhl‹ (1380–98; 1803 zerstört, 1843 wiederhergestellt, 1924 an den heutigen Platz versetzt), auf dem im MA. die dt. Könige dem Volk vorgestellt wurden.

**rheo...** [griech. rhéos ›das Fließen‹], Wortbildungselement mit der Bedeutung: Fließen, Fluß, z. B. Rheologie.

**Rheobase,** *Physiologie:* die geringste Stromstärke, die bei beliebig langer Reizdauer gerade noch eine Erregung einer Zelle (Muskel-, Nerven- oder Sinneszelle) auszulösen vermag. (→Chronaxie)

**Rheobionten** [zu griech. bíos ›Leben‹], Sg. **Rheobiont** der, -en, in der Strömung von Fließgewässern oder in der Uferzone von Seen mit starker Wasserbewegung lebende Organismen.

**Rheologie** die, -, **Fließkunde,** Teilgebiet der Physik, das sich mit den Erscheinungen befaßt, die bei der Deformation und beim Fließen flüssiger, kolloidaler (hochpolymerer) und fester Systeme unter Einwirkung äußerer Kräfte auftreten. Die R. sucht die dabei auftretenden Gesetzmäßigkeiten und ihre Abhängigkeit von der physikal. und chem. Struktur der fließfähigen Stoffe durch **rheologische Zustands-, Stoff-** oder **Materialgleichungen** zu beschreiben, d. h. Beziehungen zw. den wirkenden mechan. Spannungen und den kinemat. Größen der Deformation bzw. Strömung herzustellen sowie den durch Hysterese, Nachwirkungen bzw. Relaxation gekennzeichneten zeitl. Ablauf zu beschreiben. Diese Gleichungen werden entweder mikrophysikalisch (z. B. von Platzwechselvorgängen der Atome bzw. Moleküle ausgehend) mit Hilfe statistisch-mechan. Methoden begründet (**Mikro-** oder **Struktur-R., statistische R.**) oder phänomenologisch im Rahmen der Kontinuumsmechanik unter Zugrundelegung geeigneter Modelle bzw. Modellsubstanzen hergeleitet (**Makro-R.**). In der **Rheodynamik (angewandte R.)** gibt man die Stoffeigenschaften vor und befaßt sich mit den Deformations- bzw. Fließfeldern, die sich bei vorgegebenen Randbedingungen ergeben.

**Rheometrie** die, -, **Viskosimetrie,** ein Gebiet der Rheologie, das die Meßtechnik viskoser und plast. Fließvorgänge beinhaltet. Neben der Viskositätsmessung zählen auch die Untersuchung elast. Deformationen (z. B. bei der Härteprüfung) und viskoelast. Systeme (Stoffsysteme, die von einer äußeren Kraft deformiert werden und gleichzeitig fließen) zu diesem Aufgabenbereich.

**rheonom** [zu griech. nómos ›Gesetz‹], Mechanik: →Bedingungsgleichung.

**Rheopexie** [zu griech. pēxis ›das Befestigen‹], **Fließverfestigung,** das Erstarren viskoser Stoffe, v. a. von Solen und Suspensionen, bei mechan. Beanspruchung (Rühren, Klopfen, Schwingen) zu festen Gelen oder Massen. R. beruht auf der Zunahme der Viskosität des betreffenden Stoffes (z. B. durch Aneinanderlagern der Teilchen einer Suspension) unter Einwirkung einer Schubspannung.

**Rheostat** [zu griech. statós ›gestellt‹, ›stehend‹] der, -(e)s und -en/-e(n), Meßtechnik: veränderbarer Präzisionswiderstand, der durch Drehschalter oder Stöpsel (z. T. mit vergoldeten Kontaktflächen) eingestellt und für genaueste Messungen, z. B. für Eichzwecke, eingesetzt wird. Er besteht aus Sätzen von hochgenauen Einzelwiderständen (meistens $10^{-2}\,\Omega$ bis $10^5\,\Omega$), die in einem Gehäuse angeordnet sind. Die Übergangswiderstände der Kontakte betragen nur etwa $10^{-4}\,\Omega$.

**Rheotaxis** [griech. táxis ›(An)ordnung‹] die, -/...xen, die Einstellung frei bewegl. Organismen gegen die Strömung von Gewässern (**positive R.**), seltener mit der Strömung (**negative R.**).

**Rheotron** das, -s/...'trone, auch -s, selten verwendete Bez. für das →Betatron.

**Rheotropismus** [zu griech. tropé ›(Hin)wendung‹] der, -/...men, Einstellung bestimmter Pflanzenteile zur Strömungsrichtung einer Flüssigkeit; so wachsen Maiswurzelspitzen gegen den Wasserstrom.

**Rhesis** [griech. ›das Sagen‹, ›Rede‹, ›Wort‹] die, -/...sen, im antiken griech. Drama eine längere Rede von Einzelpersonen, im Ggs. zur Stichomythie und zum Chorlied. Eine besondere Form der R. ist der Monolog.

**Rhesos,** griech. Mythos: König von Thrakien, Bundesgenosse der Troer, der von Odysseus und Diomedes getötet und seiner Rosse beraubt wurde; einem Orakelspruch zufolge wäre Troja unbesiegbar gewesen, wenn die Rosse vom Skamandros (einem Fluß in der Troas) hätten trinken können. Nach seinem Tod in Thrakien wurde R. als Halbgott verehrt.

**Rhesusaffe** [zu König Rhesos gebildet], **Macaca mulatta,** in Indien und im südl. China verbreitete Art der Makaken (Kopf-Rumpf-Länge 50–65 cm; Schwanzlänge 20–30 cm) mit bräunl. Fell und roten Gesäßschwielen. Die sehr anpassungsfähigen R. leben sowohl in Wäldern als auch in trockeneren und öden Gegenden und häufig auch in der Nähe

**Rhesusaffe:** Weibchen (Kopf-Rumpf-Länge 45–55 cm; Schwanzlänge 20–30 cm) mit Jungem

menschl. Siedlungen (Kulturfolger). Sie ernähren sich v. a. pflanzlich, fressen aber auch kleine Wirbellose und Abfälle. Da R. sehr begehrte Versuchstiere in Pharmazie und Medizin sind (an ihnen wurde der Rhesusfaktor entdeckt), haben ihre Bestände durch Fang stark abgenommen.

**Rhesusfaktor, Rh-Faktor,** wichtigster Teilfaktor (Hauptantigen) eines Systems erbl. Blutkörperchenmerkmale des Menschen (→Blutgruppen). Der R. wurde 1940 von K. LANDSTEINER und A. S. WIENER entdeckt, die feststellten, daß nach Immunisierung von Versuchstieren mit Rhesusaffenblut gewonnene Antikörper gegen Erythrozytenantigene auch menschl. Erythrozyten agglutinierten. Die Rh-Blutgruppenantigene sind wahrscheinlich Polypeptide; das wichtigste, am stärksten immunogen wirksame wird als D bezeichnet, die Träger als **rhesus-positiv** (Rh oder Rh+), der Genotyp ist DD oder Dd; D kommt bei rd. 85 % aller weißen Menschen vor. Bei rd. 15 % fehlt das Antigen D (Genotyp dd), diese Individuen werden als **rhesus-negativ** (rh oder Rh−) bezeichnet. Neben D existieren noch rd. 40 weitere Rhesusantigene. Über die genet. Basis des **Rhesussystems** gibt es zwei gleichwertige Theorien: Nach WIENER liegen ihm multiple Allele eines einzigen Genortes zugrunde, nach R. A. FISHER drei Paare gekoppelter alleler Gene an drei eng benachbarten Genorten. – Die Transfusion von rhesus-positivem Spenderblut auf rhesus-negative Empfänger kann durch die Bildung von Rh-Antikörpern (Anti-Rh; Anti-D) bei späteren Transfusionen zu lebensbedrohl. hämolyt. Transfusionsreaktionen führen. Ebenso kann eine rhesusnegative Schwangere auf das rhesus-positive Blut des Fetus Rh-Antikörper bilden, die v. a. bei einer späteren Schwangerschaft mit einem rhesus-positiven Kind bei diesem zur hämolyt. →Neugeborenengelbsucht 2) führen.

**Rheticus, Rhaeticus, Rhäticus,** Georg Joachim, Astronom und Mathematiker, * Feldkirch 16. 2. 1514, † Kaschau 4. 12. 1574; studierte in Zürich und

**Rhet**    Rhetor – Rhetorik

1532–36 in Wittenberg, wo er 1536–38 Arithmetik und Geometrie lehrte, 1539–41 hielt er sich bei N. KOPERNIKUS in Frauenburg auf. Nach unruhigen Wanderjahren studierte R. 1551–52 in Prag Medizin und praktizierte danach als Arzt in der Nähe Krakaus.

R.' Bedeutung, der zu seinen Lebzeiten v. a. als Astrologe berühmt war, liegt (für die Wissenschaftsgeschichte) v. a. darin, daß er entscheidend zur Verbreitung des kopernikan. Weltsystems beitrug. Bereits 1540 veröffentlichte er anonym den Vorbericht ›R., de libris revolutionum ... Doctoris Nicolai Copernici ... narratio prima‹; bis 1542 überwachte er den Druck des Hauptwerkes von KOPERNIKUS. Das 1551 veröffentlichte Tafelwerk ›Canon doctrinae triangulorum‹ des R. enthielt erstmals Werte für alle sechs trigonometr. Funktionen. R. arbeitete später an der Verbesserung dieser Tafeln, ein Werk, das nach seinem Tod von VALENTIN OTHO (* um 1550, † um 1605) in Heidelberg weitergeführt wurde (veröffentlicht 1596 als ›Opus Palatinum‹). B. PITISCUS wiederum verbesserte auch diese Tafeln.

K. H. BURMEISTER: G. J. Rhetikus, eine Bio-Bibl., 3 Bde. (1967–68).

**Rhetor** [griech.] *der, -s/... 'toren,* im antiken Griechenland Redner, dann auch Lehrer der Beredsamkeit. Der erste eigentl. R. war (neben seinen Landsleuten TEISIAS und KORAX) GORGIAS aus Sizilien, der 427 v. Chr. nach Athen kam. Als vorbildlich galten die zehn att. Redner ANDOKIDES, ANTIPHON, LYSIAS, ISOKRATES, ISAIOS, DEMOSTHENES, AISCHINES, HYPEREIDES, LYKURG und DEINARCHOS. ISOKRATES schuf eine mehr formal-stilist., ARISTOTELES eine philosophisch unterbaute, mehr prakt. Zielen dienende Rhetorik. Im 2. Jh. n. Chr. traten die Vertreter der zweiten Sophistik (→griechische Literatur) als R. hervor. – Im antiken Rom fand die griech. Rhetorik seit Beginn des 2. Jh. v. Chr. Eingang (CATO D. Ä., GAIUS GRACCHUS). Alle bedeutenden Redner der republikan. Zeit spielten auch als Politiker eine Rolle. Mit CICERO erreichte die röm. Rhetorik ihren Höhepunkt. (→Rhetorik)

**Rhetorica ad Herennium,** das älteste lateinisch geschriebene Lehrbuch der Rhetorik, aus der Zeit zw. 86 und 82 v. Chr., fälschlich unter CICEROS Namen überliefert. Es ist in vier Bücher eingeteilt und gliedert den Stoff nach den Redeteilen: Erfindung (inventio), Anordnung (dispositio), Vortrag (pronuntiatio), Gedächtnis/Memorieren (memoria), Stil (elocutio).

**Rhetorik** [griech. rhētorikḗ (téchnē) ›Redekunst‹] *die, -/-en,* zusammenfassender Begriff für Theorie und Praxis menschl. Beredsamkeit in allen öffentl. und privaten Angelegenheiten, sei es in mündl., schriftl. oder durch die techn. Medien (Funk, Film, Fernsehen) vermittelter Form. Als wiss. Disziplin beschäftigt sich die R. mit der Analyse sprachl. und der Sprache analoger Kommunikation (körperl. Beredsamkeit), die wirkungsorientiert, also auf die Überzeugung des Adressaten hin ausgerichtet ist (persuasive Kommunikation). Von dieser Grundlage aus hat sie auch die anderen Künste stark beeinflußt, Poetik, Musik, Malerei und Architekturtheorie mitbestimmt. Es gibt eine R. des Bildes ebenso wie eine gesellschaftl. Beredsamkeit, die sich mit dem wirkungsorientierten, überzeugenden Einsatz nichtsprachl. Zeichen beschäftigt. Sie ist eine Erfahrungswissenschaft, die auf kontrollierter und empirisch nachweisbarer Beobachtung rhetor. Sprechakte beruht und die Geltung der aus ihr gewonnenen Erkenntnisse durch histor. Rekonstruktion und die Bildung von Hypothesen über die Systematik und die Regeln rhetor. Sprechens zu sichern versucht (allgemeine R.). R. als prakt. Sozialtechnologie (angewandte R.) widmet sich der Ausbildung, Übung und Vervollkommnung wirkungsorientierten Sprechens und Verhaltens (Körpersprache, Gesprächshaltung) und benutzt dazu das historisch entstandene System der Regeln, Anleitungen und Gewohnheiten. Dabei bedient sie sich auch der Einsichten und Ergebnisse der Sprecherziehung und Sprechwissenschaft, die traditionell einen Teil der R. und der rhetor. Erziehung darstellen und die mündl. Realisierung der Rede durch Sprechen sowie ihre mimische und gestische Darstellung zum Gegenstand haben.

Das System der R. ist in allen wesentl. Zügen bereits in der Antike (ARISTOTELES, CICERO, QUINTILIAN) entwickelt worden und in dieser Form bis heute Grundlage der allgemeinen und der angewandten R. Die theoret. Voraussetzungen beruhen auf der anthropolog. Annahme der Redefähigkeit als allgemeiner menschl. Naturanlage (natura), die durch Kunst und Wissen (ars, doctrina) sowie durch Erfahrung und Übung (exercitatio) vervollkommnet werden kann. Der rhetor. Unterricht besteht in der Aneignung des rhetor. Wissens (doctrina), der Nachahmung exemplar. Vorbilder (imitatio) mit dem Ziel, sie zu übertreffen (aemulatio), und der prakt. Einübung (declamatio).

Die Produktionsstadien der Rede bilden das wichtigste systemat. Einteilungsprinzip der R. Am Anfang steht die Erkenntnis des Themas, seine Zuordnung zu einer der drei klass. Redegattungen (Gerichtsrede, polit. Rede, Festrede) und das Auffinden aller zur wirkungsvollen Behandlung des Gegenstands nötigen Argumente und Materialien (inventio). Zu deren Erforschung hat die R. ein eigenes System von Suchkategorien (Topik) ausgebildet, die personen- oder problembezogen alle mögl. Fundorte für Argumente, Beweise oder sonstige Belege erschließen. Das zweite Arbeitsstadium regelt nach bestimmten Mustern die Gliederung des Stoffes (dispositio) unter den leitenden Aspekten der Sachangemessenheit, der Überzeugungsherstellung beim Hörer/Leser und der vier Redeteile. Diese bestehen aus Einleitung (exordium), Darlegung des Sachverhalts (narratio), Argumentation und Beweisführung (argumentatio) sowie dem Redeschluß (conclusio, peroratio). Das dritte Arbeitsstadium umfaßt die sprachlich-stilist. Produktion der Rede gemäß der Theorie des redner. Ausdrucks (elocutio), die das differenzierteste Teilgebiet der R. ausmacht. Es umfaßt die Figuren und Tropen sowie den Wortgebrauch und die Satzfügung, soweit diese stilistisch-rhetor. Zwecken dienen. Sprachrichtigkeit, Deutlichkeit, Angemessenheit an Inhalt und Zweck der Rede, Redeschmuck und Vermeidung alles Überflüssigen sind die obersten Stilqualitäten. Von den versch. Stillehren hat sich jedoch nur die wohl auf THEOPHRAST zurückgehende Dreistillehre durchgesetzt, die die Geschichte der europ. Beredsamkeit und Literatur bis ins 19. Jh. beherrschte. Sie unterscheidet die schlichte, schmucklose, sowohl dem belehrenden Zweck als auch der alltägl. Kommunikation angepaßte Redeweise von einer auf Unterhaltung und Gewinnung der Zuhörer ausgerichteten Stilart, die sich des Redeschmucks auf eine maßvolle Weise bedient und eine sympath. Beziehung zw. Redner und Publikum herstellen soll; von diesen beiden abgesetzt wird die pathetisch-erhabene Ausdrucksweise, die die Zuhörer bei Einsatz aller rhetor. Register mitreißen will. Sie ist bes. handlungsbezogen und zielt auf Entscheidung und praktische Veränderung aufgrund der zuvor durch Darlegung und Argumentation erreichten Einstellungsveränderung oder -sicherung. Im vierten Stadium konzentriert sich der Redner auf das Einprägen der Rede ins Gedächtnis (memoria) mittels mnemotechn. Regeln und bildl. Vorstellungshilfen. Das fünfte und letzte Produktionsstadium besteht in der Verwirklichung der Rede durch Vortrag (pronuntiatio), Mimik, Gestik und sogar Handlungen (actio). Diesen Anforderungen entsprechend entwickelte die

R. eine ausgefeilte Sprechtechnik, die körperl. Beredsamkeit und in neuerer Zeit die R. der Präsentation, deren Hauptaufgabe die wirkungsbezogene Vorführung von Gegenständen und die Gestaltung des gesamten Ambientes der Rede ist. In Dekoration, Design und moderner Verkaufs-R. hat die R. der Präsentation heute ihre wichtigsten Anwendungsbereiche, da es sich dabei ebenfalls um die wirkungsorientierte Vermittlung bestimmter Inhalte, z. B. von Konsumgütern, handelt und die R. dafür Techniken bereithält. In diesem letzten rhetor. Arbeitsstadium liegt auch der Ursprungsort der Schauspieler- und Theatertheorien sowie der ›gesellschaftl. Beredsamkeit‹ (Bez. A. VON KNIGGES für seine Kunst des ›Umgangs mit Menschen‹).

*Geschichtliches:* Die R. entstand im 5. Jh. v. Chr. nach der Beseitigung der Tyrannenherrschaft in Syrakus und Athen, als Interessengegensätze von ökonom., polit. und rechtl. Gebiet öffentlich ausgetragen werden konnten. Ihre erste Blüte erlebte sie in der sophist. Aufklärung (PROTAGORAS, GORGIAS), die die menschl. Rede zu einem rational brauchbaren und universell einsetzbaren Instrument des gesellschaftl. Lebens machte. In PLATON, dessen Zerrbild der Sophistik bis heute nachwirkt, erwuchs der R. ein wirkungsmächtiger Gegner, der sie als ›Überredung‹, ›Scheinkunst‹ und ›Schmeichelei‹ kritisierte und zur Wahrheitserkenntnis für untauglich erklärte. Ihre Rehabilitierung ging von ARISTOTELES aus, der mit seiner ›Rhetorik‹ das bis heute folgenreichste Lehrbuch einer rhetor. Argumentationstheorie schrieb und ihre Aufgabe darin bestimmte, ›nicht ... zu überreden, sondern zu untersuchen, was an jeder Sache Glaubwürdiges vorhanden ist‹. Von ARISTOTELES wurde die R. auch als gleichberechtigtes Gegenstück zur philosoph. Dialektik behandelt, da beide es mit dem Ungewissen zu tun haben und durch ihre Fähigkeit, ›über Entgegengesetztes Schlüsse zu bilden‹, strittige Sachverhalte im Für und Wider der Argumente zur Entscheidung bringen können.

Von den röm. Rednern und Redetheoretikern wurde die R. dann endgültig zu dem neben der Philosophie wirkungsmächtigsten Bildungssystem der europ. Geschichte ausgeführt. Während die →Rhetorica ad Herennium allein die Produktionsstadien und Hauptgattungen der Rede behandelte, legte CICERO in seinen rhetor. Lehrschriften (›De oratore‹, ›Orator‹, ›Brutus‹) die Grundlage für ein umfassendes Lehrgebäude, in dem Erziehung, Politik, Recht, Gesellschaftstheorie und Ethik zusammengeführt wurden. Sein Ideal des ›perfectus orator‹, der die Redekunst auf der Grundlage einer umfassenden Allgemeinbildung mit moral. Verantwortungsbewußtsein ausübt (ein ›vir bonus‹, ein guter Mensch, sein soll), wurde auch von QUINTILIAN in das Zentrum seiner R. gestellt. Dessen umfangreiches Lehrbuch über die Ausbildung des Redners ›De institutione oratoria‹, in dem die R. als Regina artis (Königin aller Künste und Wissenschaften) dargestellt wird, wurde zum maßgebenden Standardwerk der europ. Rhetorik.

Das christl. MA. rezipierte die R. nach anfängl. Zögern (bahnbrechend war AUGUSTINUS' ›De doctrina christiana‹) und eignete sich das rhetor. Wissen für die Bibelauslegung und Predigtlehre an, womit den bisherigen drei klass. eine weitere Redegattung hinzugefügt und mit der Homiletik ein neuer rhetor. Theoriebereich geschaffen wurde. In den Schulen wurden die Sieben Freien Künste (→ Artes liberales) gelehrt, wobei der R. neben Grammatik und Dialektik grundlegende Bedeutung zukam. Renaissance und Humanismus brachten der R. neue Höhepunkte an Geltung und Einfluß, die Philosophie ging zeitweise in ihr auf, sie beherrschte Schul- und Universitätsbetrieb, Literatur und Architektur, Hof- und Gerichtswesen (höf. Konversation, Kanzleisprache), gesellschaftl. Leben, Kirche und Theologie; der histor. und philolog. Sinn und die allgemeine Verweltlichung der Wissenschaften und des Lebens waren auch Folgen der durch die Wiederentdeckung der Antike auf die ursprüngl. Grundlagen zurückgreifenden neuen R.-Rezeption, die dann auch in die höf. Kultur aufgenommen wurde, das Ideal des Hofmanns prägte (B. CASTIGLIONE, ›Il libro del cortegiano‹, 1528) und das barocke Zeitalter bes. hinsichtlich seiner Schmuck- und Prachtentfaltung bestimmt hat.

Die Aufklärung des 18. Jh. brachte die Nationalisierung der bisher lat.-sprachigen R. in allen europ. Ländern. Es entstand eine Fülle neuer muttersprachl. Lehrbücher, auch die Terminologie veränderte sich, in Dtl. z. B. festigte sich der Sprachgebrauch ›Beredsamkeit‹ (oder ›Eloquenz‹) für die Praxis und ›Redekunst‹ (oder ›R.‹) für die Theorie der Rede. Anknüpfend an die antiken Briefautoren (PLINIUS D. J.) und die humanist. Ars dictandi (Briefkunst) weiterführend, etablierte sich der Brief als eigenständige rhetor. Gattung mit C. F. GELLERTS ›Briefsteller‹ (d. i. ›Briefe mit einer prakt. Abhandlung über den guten Geschmacke in Briefen‹, 1751) als ihre Theorie. Auch die Poetik, seit der Antike (HORAZ) zum Bereich der R. gehörend, blieb weiter unter dem Einfluß der R. (A. POPE, N. BOILEAU-DESPRÉAUX, J. C. GOTTSCHED). Eine neue polit. Dimension gewann die R. bei der Vorbereitung und nach dem Ausbruch der Frz. Revolution, direkt als polit. Beredsamkeit oder durch die Entwicklung einer krit. bürgerl. Publizistik. Mit dem Ende des 18. Jh. begann aber auch der Verfall der R. u. a. als Folge der politisch restaurativen Entwicklung, der Entstehung neuer konkurrierender Wissenschaften (Ästhetik, Psychologie, Germanistik, Pädagogik) und einer allgemeinen Kultur der Innerlichkeit. Der Niedergang der R. als wiss. Disziplin (als Redepraxis blieb sie erhalten) ist in allen europ. Nationalkulturen seit den 30er Jahren des 19. Jh. zu verzeichnen. In Dtl. gelang der Anschluß an eine seit Beginn des 20. Jh. in den USA einsetzende, inzwischen lebhafte internat. Forschung erst seit etwa 1960. Der wachsende Anspruch einer mündigen Gesellschaft auf Information und die Durchsichtigkeit aller Entscheidungsprozesse erzeugt einen zunehmenden Bedarf an R. in sämtl. Bereichen der Wissenschaft. Dabei lassen sich fünf Tendenzen unterscheiden: Die literaturwissenschaftliche Adaption der histor. Topik (E. R. CURTIUS), der rhetorischen Textinterpretation (H. LAUSBERG) und der Figurenlehre (J. DUBOIS, H. F. PLETT); die Wiederbelebung der rhetor. Argumentationstheorie in der Jurisprudenz (T. VIEWEG, F. HAFT) und Philosophie (C. PERELMAN, MICHEL MEYER) sowie in der hermeneut. Diskussion (H.-G. GADAMER, J. HABERMAS, H. BLUMENBERG); die Entwicklung einer R. der Massenmedien und der Werbung mit psycholog. Schwerpunkt unter dem Einfluß der amerikan. ›New Rhetoric‹ (C. J. HOVLAND, I. A. RICHARDS), die kommunikationswissenschaftl., philosoph., linguist., soziolog. und psycholog. Ansätze verbindet; die Wiederherstellung der traditionell fächerübergreifenden Konzeption der R. in ihrem umfassenden Verständnis als Bildungssystem wie auch gleichzeitig als Theorie wirkungsbezogener menschl. Kommunikation, die in der angewandten R. ihre Praxis findet (›Tübinger R.‹); schließlich das breite Feld der Populär-R., z. B. Verkäuferschulung, Managertraining, die meist auf niedrigem wiss. Niveau rhetor. Sozialtechnologie betreiben.

Die Identifizierung von polit. Rede und Propaganda im nat.-soz. Dtl. und in anderen totalitären Bewegungen (Agitprop der kommunist. Parteien) verhinderte nach 1945 zunächst eine Neubelebung der polit. R., obwohl sie als eine der drei rhetor. Haupt-

**Rhét**   Rhétoriqueurs – Rheumatismus

gattungen seit den antiken Republiken Methode und Form demokrat. Entscheidungsfindung im Widerstreit der Meinungen und Interessen bestimmt hat. Diese Belastung wirkte lange nach und hat dazu geführt, daß sich eine neue demokrat. Parlaments-R. in der Bundesrep. Dtl. nur ansatzweise ausbilden konnte.

R. VOLKMANN: Die R. der Griechen u. Römer in systemat. Übersicht ($^2$1885, Nachdr. 1963); U. STÖTZER: Dt. Redekunst im 17. u. 18.Jh. (Halle/Saale 1962); M. L. CLARKE: Die R. bei den Römern (a.d. Engl., 1968); K. DOCKHORN: Macht u. Wirkung der R. (1968); W. BARNER: Barock-R. (1970); G. A. KENNEDY: A history of rhetoric, 3 Bde. (Princeton, N.J., $^{1-6}$1972–83); ders.: Classial rhetoric and its christian and secular tradition from ancient to modern times (London 1980); Allg. R., bearb. v. J. DUBOIS u.a. (a.d. Frz., 1974); J. MARTIN: Antike R. Technik u. Methode (1974); G. OTTO: Predigt als Rede (1976); W. JENS: R., in: Reallex. der dt. Literaturgesch., hg. v. P. MERKER u.a., Bd. 3 ($^2$1977); Medieval eloquence, hg. v. J. J. MURPHY (Berkeley, Calif., 1978); Renaissance eloquence, hg. v. dems. (ebd. 1983); C. PERELMAN: Das Reich der R. (1980); W. EISENHUT: Einf. in die antike R. u. ihre Gesch. ($^3$1982); R. JAMISON u. J. DYCK: R. – Topik – Argumentation (1983); W. JENS: Von dt. Rede ($^3$1983); U. MÖLLER: Rhetor. Überlieferung u. Dichtungstheorie im frühen 18.Jh. (1983); E. NORDEN: Die antike Kunstprosa, 2 Bde. ($^9$1983); E. R. CURTIUS: Europ. Lit. u. lat. MA. (Bern $^{10}$1984); Argumente – Argumentation, hg. v. J. KOPPERSCHMIDT u.a. (1985); R., hg. v. dems., auf 2 Bde. ber. (1990ff.); G. UEDING u. B. STEINBRINK: Grundr. der R. ($^2$1986); K.-H. GÖTTERT: Kommunikationsideale (1988); H. F. PLETT: Einf. in die rhetor. Textanalyse ($^7$1989); R. in: Philosophie, hg. v. H. SCHANZE u.a. (1989); M. FUHRMANN: Die antike R. ($^3$1990); H.-G. GADAMER: Ges. Werke, Bd. 1: Hermeneutik, Wahrheit u. Methode ($^6$1990); H. LAUSBERG: Hb. der literar. R. ($^3$1990); P. L. OESTERREICH: Fundamental-R. (1990); A. BREMERICH-VOS: Populäre rhetor. Ratgeber (1991); J. DYCK: Ticht-Kunst. Dt. Barockpoetik u. rhetor. Tradition ($^3$1991); R. zw. den Wiss., en, hg. v. G. UEDING (1991); G. UEDING: R. des Schreibens ($^3$1991). – *Zeitschriften*: Philosophy and rhetoric (Dordrecht 1968ff.); R., ein internat. Jb. (1980ff.); Rhetorica, a Journal of the History of Rhetoric (Berkeley, Calif., 1983ff.).

**Rhétoriqueurs** [retɔri'kœːr; frz. ›Redner‹], frz. Dichtergruppe des 15./16.Jh. am burgund. Hof, u.a. mit G. CHASTELLAIN, JEAN MAROT (* um 1450, † 1527), J. BOUCHET, G. CRÉTIN, J. MOLINET und J. LEMAIRE DE BELGES. Die R. vertraten die Auffassung von der Lehr- und Lernbarkeit der Dichtung und legten Wert auf techn. Perfektion und Virtuosität (komplizierte Reim- und Strophenformen); sie orientierten sich an antiker Rhetorik und Poetik. Die R. schufen v.a. Traumvisionen und allegorisch-lehrhafte Dichtungen; bevorzugte Gattungen waren u.a. Ballade und Rondeau.

**rhetorisch,** die Rhetorik betreffend, ihren Regeln entsprechend; phrasenhaft.

**rhetorische Figuren, Redefiguren,** Stilmittel zur Verdeutlichung, Veranschaulichung, Verlebendigung oder Ausschmückung einer sprachl. Aussage, im Unterschied zu den metaphor., bildhaften →Tropen. Die r. F. wurden im Rahmen der antiken Rhetorik ausgebaut, klassifiziert und systematisiert. Unterschieden werden Wortfiguren (›figurae elocutionis‹) und Gedankenfiguren (Sinnfiguren, ›figurae sententiae‹), i.w.S. gelten auch grammat. Figuren und Klangfiguren als rhetor. Figuren.

Als **Wortfiguren** werden r. F. bezeichnet, die durch Abweichung vom normalen Wortgebrauch entstehen: die Wiederholung eines Wortes oder einer Wortfolge in gleicher oder verwandter Bedeutung unmittelbar hintereinander oder mit Abstand (z.B. →Anapher, →Epipher, →Epanalepse) oder in abgewandelter Form (z.B. →Polyptoton, →Figura etymologica) sowie Häufung von Wörtern desselben Bedeutungsbereichs (z.B. →Polysyndeton, →Asyndeton, →Klimax). **Sinnfiguren** gestalten die innere Organisation einer Aussage mit dem Ziel der semant. Erweiterung oder Verdeutlichung (z.B. →Antithese, →Chiasmus).

Als **grammatische Figuren** gelten die Abweichung vom grammatisch korrekten Sprachgebrauch (z. B. →Enallage) sowie die Abweichung von der übl. Wortstellung (z. B. →Hyperbaton). **Klangfiguren** prägen die besondere klangl. Gestalt eines Satzes; sie dienen der klangl. Gliederung einer Periode (z.B. →Klausel, →Kursus, →Alliteration, →Reim).

**rhetorische Frage,** Bez. für eine Frage, auf die keine Antwort erwartet wird und die nur der nachdrückl. Betonung der eigenen Aussage dient.

**Rheuma** *das, -s,* Kurz-Bez. für →Rheumatismus.

**Rheumadiät.** Eine bestimmte Ernährungsweise hat nur bei wenigen rheumat. Erkrankungen einen direkten Einfluß auf deren Besserung, so bei →Gicht. Bei den meisten konnte eine Besserung des Krankheitsbildes durch eine Diät generell nicht nachgewiesen werden. Doch gibt es Erfahrungswerte, daß bei einem gewissen Prozentsatz von Personen mit spezifisch dosierten Diäten (unterschiedl. Art) Erfolge erzielt werden konnten. Allgemein ist die Vermeidung, ggf. die Verringerung von Übergewicht zur Entlastung der Gelenke in jedem Fall positiv.

**Rheumafaktoren,** Autoantikörper, die meist gegen das Immunglobulin der Klasse M (IgM) gerichtet sind und bei etwa 70% der Fälle von chron. Polyarthritis (rheumatoide Arthritis) im Serum oder in der Gelenkflüssigkeit durch den Rheumatest (v.a. in Form des →Latextests) nachgewiesen werden können. Da die R. jedoch bei einem Teil der Erkrankten fehlen, des weiteren auch bei anderen Kollagenkrankheiten sowie chronisch-entzündl. Erkrankungen auftreten und sogar bei einem gewissen Prozentsatz gesunder Personen vorhanden sind, ermöglichen sie keinen sicheren spezif. Nachweis.

**Rheumaknoten,** bei chron. Polyarthritis auftretende, unter der Haut gelegene, schmerzlose, verschiebbare Gewebsverdichtungen, die v.a. an Druckstellen entstehen und rückbildungsfähig sind; sie bestehen aus Nekroseherden (örtl. Gewebsuntergang), die von einem geschlossenen Ring längl. Bindegewebszellen umgeben sind. Im Unterschied hierzu stellen die **Aschoffschen Knötchen** beim rheumat. Fieber (akute Polyarthritis) im Herzmuskel auftretende Granulome aus proliferierten Bindegewebszellen dar.

**rheumatischer Formenkreis,** zusammenfassende Bez. für die vielgestaltigen, zu den Symptomen des →Rheumatismus führenden Krankheiten.

**rheumatisches Fieber,** Bez. für die akut-entzündl. Gelenkerkrankung (→Gelenkkrankheiten).

**Rheumatismus** [griech., eigtl. ›das Fließen‹ (nach der Vorstellung der antiken Medizin von im Körper vom Gehirn herabfließenden Säften als Ursache)] *der, -,* Kurz-Bez. **Rheuma,** volkstümlich **Gliederreißen,** symptomatolog. Sammel-Bez. für schmerzhafte, funktionsbeeinträchtigende oder -behindernde Störungen des Stütz- und Bewegungssystems, die eine Vielzahl unterschiedl., das Bindegewebe (teils auch die inneren Organe) betreffende, akute und chron. Krankheiten umfassen.

Die **rheumatischen Erkrankungen** werden nach Ursache (soweit bekannt), Verlauf und Lokalisation unterschieden. Einen wesentl. Teil bilden die auf Autoimmunprozesse zurückzuführenden →Kollagenkrankheiten. Zur Gruppe der →Gelenkkrankheiten gehören die entzündl. Arthritiden (akut-entzündl. Gelenkerkrankung, v.a. die früher als ›Rheumatoide‹ bezeichneten rekurrent-akuten Arthritiden, chron. Polyarthritis, Bechterewsche Krankheit), einschließlich der durch Stoffwechselkrankheiten hervorgerufenen Arthropathien (bes. Gicht) und die degenerativen Arthrosen.

Unter der Bez. **extraartikulärer R.** oder **Weichteil-R.** (›Fibrositis‹) werden Krankheiten zusammengefaßt, die sich an Bandapparat, Sehnen, Sehnenansätzen und Sehnenscheiden, teils mit Übergreifen auf Schleimbeutel und Nerven, oder in den Muskeln (**Muskel-R.**) abspielen; hierbei wird häufig die Hals-Rücken-Schulter-Muskulatur in Form von Verspannungen (v. a. im Bereich der Muskelsehnenansätze) und Bewegungsschmerzen betroffen.

Ursache von rheumat. Beschwerden i. w. S. können des weiteren auch Gefäßveränderungen, Störungen im feingewebl. Bau von Knochen (Entkalkung, Osteoporose) und Nervenkompressionen (v. a. als Bandscheibenvorfall) sein. Als Organbeteiligung treten bei systemischen entzündl. Gelenkerkrankungen z. T. schwerwiegende Veränderungen v. a. an Herz, Nieren, Gefäß- und Nervensystem sowie Augen auf. Bes. bei der chron. Polyarthritis sind →Rheumafaktoren als Anzeichen für Autoimmunprozesse nachweisbar, oft auch →Rheumaknoten. Die durch diese ›rheumatoide Arthritis‹ hervorgerufenen Gelenkveränderungen beruhen nicht nur auf Entzündungsprozessen, sondern auch auf der Entstehung wuchernder Zellverbände in der Gelenkinnenhaut, die auf enzymat. Wege den Gelenkknorpel und den Knochen zerstören und dadurch die Gelenkfunktion behindern.

Die akuten Formen (teils in Schüben auftretend) der rheumat. Erkrankungen beginnen v. a. im dritten, die chron. meist im fünften Lebensjahrzehnt. 20–25% aller Fälle von vorzeitiger Berufsunfähigkeit sind nach Schätzungen auf R. zurückzuführen.

Krankheitsauslösend können ganz verschiedene Faktoren wirken, so Alterungsvorgänge, Überanstrengung, Verschleiß, Erbanlagen (gehäuftes familiäres Auftreten), Infektionen, immunolog. Vorgänge und auch psychosomat. Ursachen. Bei den auf Autoimmunprozesse zurückgehenden chronischen rheumat. Erkrankungen ist die entscheidende Ursache unbekannt, Erbanlage und Streß sind Teile der auslösenden Faktoren; neuere Untersuchungen richten sich auf die Bedeutung von Viren.

Den versch. Arten von R. entsprechen eine Vielzahl sehr unterschiedlicher *Behandlungsmöglichkeiten;* bei den meisten Arten von R. kann aber nur eine Verlangsamung des Fortschreitens der Krankheit erreicht werden. Zu den physikal. und physiotherapeut. Maßnahmen können Moorpackungen, Bestrahlung, Thermal- und Bewegungsbäder, bei akut-entzündl. Prozessen aber Kälteanwendung (Eis), Massagen und v. a. krankengymnast. Passiv- und tägl. Aktivübungen gehören. Die medikamentöse Therapie erfolgt mit →Antirheumatika, die z. T. langfristig eingenommen werden müssen und bei denen mit erhebl. Nebenwirkungen gerechnet werden muß. Die Spezialbehandlung wird in Rheumakliniken durchgeführt.

Zur Erforschung der Ursachen und Therapiemöglichkeiten und zur prakt. Beratung wurden zahlreiche Institutionen eingerichtet, zu denen u. a. die Dt. Gesellschaft für Rheumatologie e. V. (Oberammergau), Forschungszentren klin. Arbeitsgruppen für Rheumatologie (z. B. in Freiburg im Breisgau und Bad Kreuznach, Univ.-Lehrstühle in Bad Nauheim, Hannover, Lübeck-Bad Bramstedt und die Max-Planck-Gesellschaft in Erlangen) und die Dt. Rheuma-Liga (Bonn) mit Landesverbänden sowie entsprechende Vereinigungen auf europ. und internat. Ebene gehören.

Rheumat. Krankheiten, hg. v. H. MATHIES u. a. (²1987); Prakt. Rheumatologie, bearb. v. F. HARTMANN u. a. (1988); H. HETTENKOFER: Rheumatologie (²1989); Entzündliche rheumat. Erkrankungen, hg. v. F. NEURATH (1990).

**Rheumatoide** [zu griech. -eidés ›gestaltet‹ ›ähnlich‹], *Sg.* **Rheumatoid** *das, -s,* früher Bez. für immunologisch-reaktiv bedingte entzündl. Gelenkerkrankungen als Folge von Infektionskrankheiten (z. B. Bakterienruhr, Scharlach); heute zu den reaktiven akut-entzündl. →Gelenkkrankheiten gerechnet.

**rheumatoide Arthritis,** die primär-chron. Polyarthritis (→Gelenkkrankheiten).

**Rheumatologie** *die, -,* Teilgebiet der inneren Medizin und der Orthopädie, das sich mit der Entstehung, Diagnose und Behandlung der rheumat. Erkrankungen des Stütz- und Bewegungsapparates (einschließlich Befall innerer Organe) befaßt; der auf diesen Bereich spezialisierte Arzt wird als **Rheumatologe** bezeichnet.

**rhexigen** [zu Rhexis], bezeichnet die durch Zerreißen von Zellen infolge ungleich verteilten Wachstums entstandenen lufterfüllten Interzellularräume in pflanzl. Geweben, z. B. die Markhöhlen vieler Pflanzen. (→lysigen, →schizogen).

**Rhexis** [griech. ›das Reißen‹, ›Riß‹] *die, -/...xes,* Riß eines (meist vorgeschädigten) Blutgefäßes; der hierdurch ausgelöste Blutaustritt wird als **R.-Blutung** bezeichnet.

**Rheydt,** seit 1975 Stadtteil von Mönchengladbach.

**rhin...,** Wortbildungselement, →rhino...

**Rhin,** 1) *der,* Nebenfluß der Havel, →Rhinluch. 2) [rɛ̃], frz. Name für den →Rhein.

**Rhinanthus** [zu rhino... und griech. ánthos ›Blume‹], die Pflanzengattung →Klappertopf.

**Rhine** [raɪn], Joseph Banks, amerikan. Parapsychologe, * Juniata County (Pa.) 29. 9. 1895, † Hillsborough (N. C.) 20. 2. 1980; wandte sich von der Biologie ab und widmete sich seit 1927 gemeinsam mit seiner Frau LOUISA R. (* 1891, † 1983) der Parapsychologie. Ab 1929 arbeitete R. als Prof. an der Duke University in Durham (N. C.). Dort gründete er 1934 mit W. McDOUGALL ein parapsycholog. Laboratorium, das er nach seiner Emeritierung in ein privates Forschungsinstitut umwandelte. Auf dem Gebiet der quantitativ-statist. Erforschung übersinnl. Erscheinungen (v. a. außersinnl. Wahrnehmung und Psychokinese) gilt R. als Pionier.

Werke: Extra-sensory perception (1934); Parapsychology. Frontier science of the mind (1957, mit J. G. PRATT; dt. Parapsychologie, Grenzwiss. der Psyche).

**Rhingrave** [rɛ̃ˈgraːv, frz.] *die, -/-s,* knielange Hose mit rockartig weiten, mit Bandschluppen (›Galants‹) besetzten Hosenbeinen der Männerkleidung nach frz. Mode zw. 1655 und 1680; benannt nach KARL Rheingraf VON SALM (* 1651, † 1685), niederländ. Gesandter in Paris.

**Rhinitis** [zu rhino...] *die, -/...'tiden, der* →Schnupfen.

**Rhinluch,** Niederung im Thorn-Eberswalder Urstromtal südlich von Neuruppin, Brandenburg, am N-Rand des Havellandes. Durch Hochwasserrückstau des **Rhin** (rechter Nebenfluß der Havel oberhalb von Havelberg) kam es hier zur Bildung großer Flachmoore, die ab dem 18. Jh. z. T. entwässert wurden (der Rhin ist als Rhinkanal ab Fehrbellin kanalisiert) und seitdem als Weideland (v. a. für Rinder) genutzt werden konnten.

**rhino...** [griech. rhís, rhinós ›Nase‹], vor Vokalen meist verkürzt zu **rhin...,** Wortbildungselement mit der Bedeutung: Nase, z. B. Rhinitis, Rhinoskop.

**Rhinocerotidae** [zu griech. kéras ›Horn‹], die →Nashörner.

**Rhinolalie** [zu griech. laleīn ›schwatzen‹, ›reden‹] *die, -/...'li|en,* **Rhinophonie, Näseln,** organisch oder funktionell (durch falsche Sprachgewohnheiten) bedingte Sprachstörung. Zu **geschlossenem Näseln** (Rhinolalia clausa) kann es aufgrund einer Verengung oder Verlegung des Nasenraums durch Schnupfen, Nasenschleimhautentzündung, Polypen oder Tumoren kommen, wodurch Nasale nicht in die Resonanz einbezogen werden können, zu **offenem Näseln** (Rhinolalia aperta) bei mangelndem Verschluß des Nasenraums zum Mund, z. B. aufgrund einer Gaumenspalte oder einer Gaumensegellähmung; hierdurch wird eine Nasalierung der nichtnasalen Konsonanten und der Vokale hervorgerufen.

**Rhinologie** *die, -,* die Nasenheilkunde, Bereich der Hals-Nasen-Ohrenheilkunde (Otorhinolaryngologie); der hierauf spezialisierte Arzt wird als **Rhinologe** bezeichnet.

**Rhinolophidae** [griech.], die → Hufeisennasen.

**Rhinophym** [zu griech. phýma ›Gewächs‹, ›Geschwulst‹] *das, -s/-e,* **Knollennase,** durch Talgdrüsen- und Bindegewebswucherungen im Bereich der Nasenspitze hervorgerufene, meist im Zusammenhang mit einer → Rosazea und v. a. bei Männern auftretende knollige Verformung der Nase. Durch Gefäßerweiterung und Blutstau, auch Begleitentzündungen, kommt es zu blauroter Verfärbung; Behandlung durch Antibiotika (innerlich), Vitamin-A-Säure, ggf. operative Schälung.

**Rhinoplastik, Nasenplastik,** zur → Gesichtsplastik gehörende Maßnahmen der plast. Chirurgie zum Zweck der Wiederherstellung der natürl. Nasenform oder ihrer kosmet. Korrektur. Rekonstruktive Eingriffe zielen auf einen Ersatz von Gewebsverlusten durch Hautplastik, einschließlich Haut-Knorpel-Transplantaten aus der Ohrmuschel; korrektive Eingriffe werden v. a. bei Höcker-, Sattel- und Breitnase, Nasenschiefstellung oder zu großer Nase vorgenommen, innere Korrekturen bei Nasenscheidewandverbiegungen, zu weiter oder zu enger Nase.

**Rhinoskop** *das, -s/-e,* der → Nasenspiegel 1).

**Rhinoviren,** Gruppe säurelabiler, human- und tierpathogener, in Gewebekultur züchtbarer RNS-Viren ohne Hülle, die zu den Picornaviren gestellt werden. R. gehören zu den kleinsten bekannten Viren (Größe 15–30 µm). Sie sind beim Menschen Erreger harmloser Erkältungskrankheiten im Nasen-Rachen-Raum. Da eine Infektion keine nachhaltige Immunität hinterläßt, ist eine wirksame Impfung nicht möglich. Einige humanpathogene Vertreter der R. wurden früher als Coryzaviren bezeichnet.

**Rhinow** [-no], Stadt im Kr. Rathenow, Brandenburg, im westl. Havelland, 30 m ü. M., in der Ebene des unteren (kanalisierten) Rhin, (1989) 2 200 Ew.; Werk für Kunststoffbeschichtung und Herstellung techn. Textilien, Bauindustrie. R. liegt am NW-Rand des **Ländchens R.,** einer Grundmoränenplatte mit aufgesetzter Endmoräne (Rhinower Berge), bis 110 m ü. M. (Gollenberg); v. a. landwirtschaftlich genutzt, stellenweise bewaldet. Segelfluggelände. – R. entstand vor einem Straßenübergang über das Rhinluch; 1216 erstmals genannt, 1333 als Stadt bezeugt.

**Rhinschlot,** der → Rhynschloot.

**Rhinsee,** See in Brandenburg, → Ruppiner See.

**Rhipidistiler** [zu griech. rhípis, rhipídos ›Fächer‹ und istíon ›Segel‹], *Paläontologie:* → Quastenflosser.

**Rhipidium** [zu griech. rhípis, rhipídos ›Fächer‹] *das, -/...dilen,* der Fächel, ein → Blütenstand.

**Rhipiphoridae** [griech.], die → Fächerkäfer.

**Rhipsalis** [zu griech. rhíps ›Rute‹], die Kakteengattung → Rutenkaktus.

**Rhithral** [zu griech. rheíthron ›Bach‹, ›Fluß‹] *das, -s,* Lebensraum der Bachregion eines Fließgewässers (→ Flußregionen).

**Rhithron** *das, -s,* Lebensgemeinschaft der Bachregion eines Fließgewässers (→ Flußregionen).

**rhizo...** [griech. rhíza ›Wurzel‹], vor Vokalen verkürzt zu **rhiz...,** Wortbildungselement mit der Bedeutung: Wurzel, z. B. Rhizopodien, Rhizom.

**Rhizobium,** Gattung der → Knöllchenbakterien.

**Rhizoctonia** [zu griech. któnos ›Mord‹], Gruppe meist pflanzenpathogener Deuteromycetes mit breitem Wirtsspektrum, die Keimlingsfäulen und Wurzelfäulen, auch Trockenfäulen verursachen. Einige Arten bilden entotrophe Mykorrhizen mit Lebermoosen und Orchideen.

**Rhizodermis** [griech.] *die, -/...men,* **Wurzelhaut,** ein- oder mehrschichtiges, aus äußeren Zellschichten des Wurzelvegetationspunktes hervorgehendes primäres Abschlußgewebe der Wurzeln der höheren Pflanzen, dessen äußerste Zellschicht (Epiblem) v. a. bei Landpflanzen die Wurzelhaare ausbildet. Im Ggs. zur → Epidermis von Sproßachse und Blatt fehlen der R. Spaltöffnungen und Kutikula. Die R. ist ein Absorptionsgewebe, das der Pflanze mittels Osmose und Absorption Wasser aus dem Boden und die darin gelösten Nährsalze zuführt. Die R. ist kurzlebig und wird durch ein sekundäres Abschlußgewebe, die Exodermis, aus verkorkten und kutinisierten Zellen ersetzt.

**Rhizoide** [zu griech. -eidés ›gestaltet‹, ›ähnlich‹], *Sg.* **Rhizoid** *das, -(e)s,* wurzelähnl., ein- oder mehrzellige, fadenartige (selten auch als Hapteren bezeichnete) Haftorgane an der Basis oder Unterseite der Vegetationskörper verschiedener Algen und Moose sowie an den Vorkeimen (Prothallium) der Farne; R. dienen der Verankerung im Boden und an anderen Standorten sowie der Nährstoffaufnahme.

**Rhizom** *das, -s/-e, Botanik:* → Wurzelstock.

**Rhizomorphen** [zu griech. morphé ›Gestalt‹], *Sg.* **Rhizomorphe** *die, -,* der Nährstoffleitung dienende, mehrere Millimeter dicke, in eine äußere widerstandsfähige und innere lockere Zellage differenzierte Myzelstränge von kreisrundem Querschnitt (v. a. beim Hallimasch), die bei guter Ernährung gebildet werden. Die R. holzzerstörender Ständerpilze wachsen zunächst im Boden (Boden-R.), ihre Spitzen dringen in Wurzeln von Laub- und Nadelbäumen ein, von wo aus sie zwischen Rinde und Holz in den Stamm weiterwachsen. Dort bilden sie meist fächerartige, weiße Myzellappen, die sich später mit einer dunklen Hülle umgeben (Rinden-R.).

**Rhizophoraceae** [griech.], die → Mangrovengewächse.

**Rhizophyten** [griech.], *Sg.* **Rhizophyt** *der, -en,* **Wurzelpflanzen,** seltenere Bez. für die (echte Wurzeln besitzenden) Sproßpflanzen (→ Kormophyten), im Ggs. zu den (nur Rhizoide ausbildenden) Lagerpflanzen (→ Thallophyten).

**Rhizopoda** [griech.], die → Wurzelfüßer.

**Rhizopodilen,** *Zoologie:* → Scheinfüßchen.

**Rhizopogon** [zu griech. pógon ›Bart‹], **Bart|trüffel, Wurzeltrüffel,** Gattung der Bauchpilze mit knolligen, meist mit von Myzelfasern umhüllten unterird. Fruchtkörpern. In sandigen Kiefernwäldern kommen die **Gelbliche Barttrüffel** (R. luteolus) und die **Rötende Barttrüffel** (R. rubescens) mit weißen, im Alter und bei Berührung ziegelbraunrot werdenden Fruchtkörpern vor; bis 5 cm Durchmesser; eßbar; bilden eine Mykorrhiza mit Kiefern.

**Rhizosphäre,** die Wurzeln höherer Pflanzen unmittelbar umgebende Bodenzone; charakterisiert durch eine große Zahl sehr aktiver Mikroorganismen (v. a. Pilze, Bakterien). Die artenmäßige Zusammensetzung wird von den quantitativ und qualitativ unterschiedl. Nähr- und Wirkstoffe enthaltenen Wurzelausscheidungen der Pflanzen beeinflußt.

**Rhizostichen** [zu griech. stíx, stíchos ›Reihe‹], Bez. für die bei Pflanzen in Zwei- oder Mehrzahl auftretenden Längszeilen der Durchtrittsstellen der Seitenwurzeln aus der Hauptwurzel. Die Zahl der R. entspricht der Zahl der Xylemstrahlen im radialen Wurzelleitbündel, von denen jeweils aus Zellen des Perizykels die Seitenwurzeln gebildet werden.

**Rhizostomeae** [griech.], die → Wurzelmundquallen.

**Rhizothamni|en** [griech. thamníon ›kleiner Busch‹], **Koralloide,** äußeres Erscheinungsbild einer durch → Mykorrhiza hervorgerufenen Wuchsanomalie der Seitenwurzeln von Holzgewächsen; im Inneren der verdickten, kurzbüschelig oder korallenartig verzweigten Wurzelabschnitte leben interzellular die Myzelien der symbiont. Pilze.

**Rho,** 1) Zeichen P, ϱ, der 17. Buchstabe des griech. Alphabets.
2) *Formelzeichen:* ϱ für Dichte, elektr. Ladungsdichte, spezif. elektr. Widerstand.
3) *physikal. Symbol:* ϱ für das →Rhomeson.

**Rho** [rɔ], Industriestadt in der Lombardei, Prov. Mailand, Italien, (1988) 50 900 Ew.; Erdölraffinerie; Herstellung von synthet. Gummi, Aluminiumwerk, Textil-, Bekleidungs-, Nahrungsmittelindustrie.

**...rhö** [zu griech. rheīn ›fließen‹], auch **...rhöe, ...rrhö, ...rrhöe,** Wortbildungselement mit der Bedeutung: verstärktes Abfließen (von Blut, Sekreten u. a.), z. B. Diarrhö.

**rhod...,** Wortbildungselement, →rhodo...

**Rhodamine** [Kw.], **Rhodaminfarbstoffe,** durch Kondensation substituierter m-Aminophenole mit Phthalsäureanhydrid hergestellte Xanthenfarbstoffe, die sich durch kräftige rote Farbtöne auszeichnen, aber nicht lichtbeständig sind. R. werden v. a. in der Mikroskopie und als Papierfarbstoffe verwendet; früher dienten sie auch zum Färben von Wolle und Seide (ergeben lebhafte, fluoreszierende orangerote Färbungen). Einige R. dienen als Farbstoffe für Farbstofflaser.

**Rhodan...** [zu griech. rhódon ›Rose‹; nach der intensiv blutroten Farbe des Eisen(III)-Salzes der Rhodanwasserstoffsäure (Thiocyansäure)] *das, -s,* frühere Bez. für die chem. Nomenklatur für die heute →Thiocyan... genannte Atomgruppe SCN.

**Rhodanide,** frühere Bez. für die heute Thiocyanate genannten Salze der →Thiocyansäure.

**rhodanische Phase** [nach Rhodanus, dem lat. Namen der Rhone], *Geologie:* eine →Faltungsphase.

**Rhodanwasserstoffsäure,** die →Thiocyansäure.

**Rhode,** Gotthold, Historiker, * Kamillenthal (Posen) 28. 1. 1916, † Heidesheim am Rhein 22. 2. 1990; seit 1960 Prof. an der Univ. Mainz, befaßte sich v. a. mit osteurop. Geschichte sowie mit bevölkerungsgeschichtl. Fragen. 1983 wurde er Präs. der dt. Sektion für die Weltflüchtlingsprobleme.
*Werke:* Brandenburg-Preußen u. die Protestanten in Polen 1640–1740 (1941); Quellen zur Entstehung der Oder-Neiße-Linie in den diplomat. Verhandlungen während des Zweiten Weltkrieges (1956, mit W. WAGNER); Kleine Gesch. Polens (1965).

**Rhode Island** [rəʊˈdaɪlənd], Abk. **R. I.,** postamtlich **RI,** Staat im NO der USA, einer der Neuenglandstaaten, 3 144 km² (kleinster Staat der USA), (1989) 998 000 Ew. (1980: 947 200 Ew.). Der Anteil der Schwarzen belief sich 1980 auf 2,9 %. In Städten leben (1980) 87 % der Bev., größte Stadt ist die Hauptstadt Providence.
*Landesnatur:* R. I. umfaßt das flache Land um die weit ins Landesinnere reichende Narragansett Bay mit mehreren Inseln (größte ist Rhode Island, 117 km²) sowie das westlich anschließende Hügelland (bis 247 m ü. M.).
*Wirtschaft:* Dominierender Wirtschaftszweig ist die Industrie. Die erste maschinelle Baumwollspinnerei der USA wurde 1793 in →Pawtucket errichtet. Außer Textilindustrie sind u. a. Maschinenbau, Elektroindustrie sowie Herstellung von Schmuck- und Silberwaren. Die Landwirtschaft hat nur geringe Bedeutung, sie ist auf die Versorgung der Städte ausgerichtet (Milchwirtschaft, Hühnerzucht, Gemüse- und Obstbau). An der Küste gibt es Badeorte (Fremdenverkehr).
*Verfassung:* Nach der mehrfach geänderten Verf. von 1842/43 bilden Gouv. und Vize-Gouv. (auf zwei Jahre gewählt) die Spitze der Exekutive. Die Legislative (General Assembly) besteht aus dem Senat (50 Mitgl.) und dem Repräsentantenhaus (100 Mitgl.), beide auf zwei Jahre gewählt. Im Kongreß ist R. I. mit zwei Senatoren und zwei Abg. vertreten.
*Geschichte:* R. I., von R. WILLIAMS u. a. religiösen Dissidenten aus Massachusetts seit 1636 (Gründung von Providence) besiedelt, praktizierte als erste brit. Kolonie die strikte Trennung von Kirche und Staat. Nachdem die Religionsfreiheit durch Charter des brit. Parlaments (1644, durch KARL II. 1663 bestätigt) gesichert war, wurde es Zuflucht verfolgter religiöser Minderheiten (Quäker, Baptisten, Juden). Lebhafter Seehandel und Schmuggel (Newport), demokrat. Oppositionsgeist und ungeordnete Währungspolitik kennzeichneten R. I.s Entwicklung. Am 29. 5. 1790 ratifizierte es als letzter der 13 Gründungsstaaten die Bundesverfassung der USA. 1843 wurde die überalterte Verf. von 1663 nach erhebl. inneren Unruhen durch eine neue ersetzt. Erst 1928 wurden die letzten Wahlrechtsbeschränkungen abgeschafft.
S. V. JAMES: Colonial R. I. A history (New York 1975); W. G. MCLOUGHLIN: R. I. A bicentennial history (ebd. 1978).

**Rhoden,** Emmy von, eigtl. **E. Friedrich-Friedrich,** geb. **Kühne,** Schriftstellerin, * Magdeburg 15. 11. 1829, † Dresden 17. 4. 1885; schrieb Erzählungen; berühmt wurde ihr letztes, postum erschienenes Buch ›Der Trotzkopf‹ (1885), das zu den erfolgreichsten Mädchenbüchern gehört und von ihrer Tochter ELSE WILDHAGEN, geb. FRIEDRICH (* 1861, † 1944) sowie der niederländ. Schriftstellerin SUZE LA CHAPELLE ROOBOL fortgesetzt wurde.

Emmy von Rhoden

**Rhodes** [rəʊdz], Cecil John, britisch-südafrikan. Kolonialpolitiker, * Bishop's Stortford (bei Hertford) 5. 7. 1853, † Muizenberg (heute zu Kapstadt) 26. 3. 1902; erwarb sich seit 1878 in Südafrika im Diamantengeschäft ein großes Vermögen (1880 Gründung der →De Beers Consolidated Mines Ltd.), wurde 1881 Abg., 1884 Finanz-Min., 1890 Premier-Min. der Kapkolonie. Er veranlaßte 1884 die Eroberung des Betschuanalandes und gründete 1889 die British South Africa Company, die in den folgenden Jahren die Gebiete bis 1895 nach R. benannten Rhodesien erwarb. Zunächst betrieb R. friedlich, im →Jameson Raid mit Gewalt, die Angliederung der Burenrepubliken Transvaal und Oranje-Freistaat an das brit. Südafrika. In dem von ihm nicht gewollten Burenkrieg beteiligte er sich 1899–1900 an der Verteidigung von Kimberley. R. gilt als der bedeutendste Vorkämpfer des brit. Imperialismus.
J. E. FLINT: C. R. (Boston, Mass., 1974).

Cecil Rhodes

**Rhodesiamensch** [nach Rhodesien], **Homo rhodesiensis,** zusammenfassende Bez. für eine Gruppe von Hominiden des mittleren Pleistozäns in Afrika. Hierzu gehören außer dem 1921 bei Kabwe (früher Broken Hill) entdeckten namengebenden R. insbesondere der 1953 entdeckte **Saldanhamensch** (gefunden zw. dem Dorf Hopefield, rd. 150 km nördlich von Kapstadt, und der Saldanha Bay) sowie der am Eyasisee geborgene **Njarasamensch** (Africanthropus njarasensis; Funde von 1940) und der 1932 entdeckte, bestimmte Züge des Homo sapiens aufweisende **Florisbadmensch** (Africanthropus helmei; gefunden ca. 40 km nw. von Bloemfontein). Die beiden erstgenannten Funde sind paläanthropologisch mit Sicherheit zu einer Gruppe zusammenfaßbar, während die beiden letzteren nur mit einer gewissen Wahrscheinlichkeit hinzugerechnet werden können. – Der R. hat v. a. in bezug auf den Schädel große Ähnlichkeiten mit den europ. Neandertalern, unterscheidet sich jedoch von diesen durch eine geringere Schädelkapazität; in Form und Größe der Extremitätenknochen ist er noch deutlicher unterscheidbar. Er lebte wahrscheinlich zu einer Zeit, als außerhalb Afrikas bereits Präsapiensformen entwickelt waren (vor etwa 150 000–200 000

# Rhod  Rhodesien – Rhodopegebirge

Jahren); als Vorstufe des Jetztmenschen kommt er nicht in Betracht.

**Rhodesien,** ehem. Gebiet im südl. Afrika, zw. Limpopo und Sambesi, 1889–90 von der British South Africa Company unter C. RHODES besetzt, wurde als Süd-R. 1923 brit. Kolonie mit Selbstverwaltung. 1899/1901 wurde das Gebiet nördlich des Sambesi von derselben Gesellschaft angegliedert, 1911 als Protektorat Nord-R. zusammengefaßt und 1924 brit. Kolonie. Nord- und Süd-R. sowie Njassaland waren 1953–63 zur →Zentralafrikanischen Föderation zusammengeschlossen, aus der die Staaten →Sambia (ehem. Nord-R.), →Malawi (ehem. Njassaland) und →Simbabwe (ehem. Süd-R.) hervorgingen.

**Rhodes Stipendium** [rəʊdz-], →Cecil Rhodes Scholarship.

**Rhodinieren,** das Abscheiden von metall. Rhodium auf der Oberfläche von Werkstoffen. Die Beschichtung erfolgt elektrolytisch aus stark sauren Lösungen oder durch Aufdampfen (Sputtern) unter Vakuumbedingungen. Als Unterlage für die Rhodiumbeschichtung dienen meistens Nickel oder Silber. Rhodiumschichten werden bei hohen mechan. Belastungen (Härte 600 HV) eingesetzt. Sie sind abriebfest und auch gegen Säuren und Gase resistent. Rhodinierte Oberflächen dienen z. B. als Kontakte in der Elektrotechnik, als opt. Reflektoren und werden bei Modeschmuck als Schutzschicht gegen Anlaufen verwendet.

**Rhodische Vasen,** Bez. für ostion. (ostgriech.) orientalisierende Vasen mit umlaufenden Tierfriesen und dichter Füllornamentik, ausgeführt als Umrißmalerei ohne Innenzeichnung auf hellem Grund, entstanden im 7. Jh. v. Chr. unter oriental. Einfluß; nach einer Phase der stilist. Stagnation im 6. Jh. v. Chr. kam es in der 2. Hälfte des Jh. zu einer Erneuerung in den →Fikelluravasen. Rhodos war eines unter mehreren Produktionszentren (Samos, Milet, Knidos, Ephesos).

**Rhodium** [zu griech. rhódon ›Rose‹ (nach der meist rosenroten Farbe seiner Verbindungen)] *das, -s,* chem. Symbol **Rh,** ein chem. Element aus der achten Gruppe des Periodensystems der Elemente. R. ist ein silberweißes, gut verformbares Edelmetall aus der Gruppe der →Platinmetalle. R. ist wie alle Platinmetalle chemisch sehr beständig; es wird in kompakter Form auch von Königswasser nicht angegriffen, reagiert aber bei höherer Temperatur mit Sauerstoff und Chlor. R. kommt in der Natur gediegen und stets vergesellschaftet mit den anderen Platinmetallen vor; in →Iridosmium z. B. sind meist bis zu 4,6 % R. enthalten. Wegen seines silberähnl. Glanzes und seiner chem. Beständigkeit wird R. galvanisch in dünner Schicht auf Silberschmuck, Spiegel und Reflektoren aufgebracht (→Rhodinieren). Ferner dient es in Form von Platin-R.-Legierungen zur Herstellung spezieller Laborgeräte, Spinndüsen und Thermoelemente. R. wird auch als Katalysator verwendet. – R. wurde 1803 von W. H. WOLLASTON als Begleitmetall des Platins entdeckt.

In den **R.-Verbindungen** liegt R. mit den Wertigkeitsstufen +2 bis +6 (in Komplexverbindungen auch mit −1 und 0) vor; am beständigsten sind die meist rosarot gefärbten dreiwertigen Verbindungen, z. B. das **R.-Chlorid,** $RhCl_3$, das beim Erhitzen von R.-Pulver im Chlorstrom entsteht.

**rhodo...** [zu griech. rhódon ›Rose‹], vor Vokalen verkürzt zu **rhod...,** Wortbildungselement mit der Bedeutung: Rose, rot, z. B. Rhodoplasten, Rhodopsin.

**Rhodochrosit** [griech. rhodóchros ›Rosenfarbe‹] *der, -s/-e,* **Manganspat, Himbeerspat,** rosa- bis himbeerrotes, durch Verunreinigungen auch graues oder braunes, glasglänzendes, durchscheinendes, trigonales Mineral der chemischen Zusammensetzung $MnCO_3$; Mn z. T. durch Fe (**Oligonspat**), Ca (**Manganocalcit**) ersetzt; Härte nach MOHS 4, Dichte 3,3–3,6 g/cm³; Kristalle klein, meist derb-körnige, spätige, traubige und glaskopfartige Aggregate oder Krusten; wichtiges Manganerz, characterist. subvulkanisch-hydrothermales Gangmineral, zuweilen im Eisernen Hut, auch lager- und stockförmig. Verschieden rosarot gebänderte Aggregate sind als Schmuckstein geschätzt.

**Rhododendron** [griech. ›Oleander‹, eigtl. ›Rosenbaum‹] *der,* auch *das, -s/...dren,* **Alpenrose,** Gattung der Heidekrautgewächse mit etwa 1 300 Arten, v. a. in den Gebirgen Zentral- und Ostasiens und im gemäßigten Nordamerika, auch in die Arktis, nach Europa (sechs Arten) und Australien vordringend. Immergrüne oder laubabwerfende Sträucher oder Bäume mit wechselständigen, ganzrandigen, oft ledrigen Blättern und fünfgliedrigen, meist roten, violetten, gelben oder weißen Blüten, die häufig in Doldentrauben stehen. Viele ausländ. Arten werden als Zierpflanzen kultiviert. Bekannte und geschützte Arten in den Alpen sind die **Behaarte Alpenrose** (Steinrose, R. hirsutum, auf Kalkboden; mit langhaarig bewimperten Blättern) und die **Rostrote Alpenrose** (Rostblättrige Alpenrose, R. ferrugineum, meist auf kalkarmem Boden; Blätter unterseits von rostroten Drüsenschuppen überdeckt; BILD →Alpen).

**Rhodokanakis,** Nikolaus, österr. Semitist griech. Herkunft, * Alexandria (Ägypten) 18. 4. 1876, † Graz 30. 12. 1945; war Prof. in Graz und wirkte bahnbrechend auf dem Gebiet der altsüdarab. Epigraphik, wo er durch Editionen von Inschriften sowie lexikal. und grammat. Untersuchungen die Kenntnis der sabäischen Kultur entscheidend förderte.

**Werke:** Āl-Ḥanšā' u. ihre Trauerlieder (1904); Der vulgärarab. Dialekt im Ḏofâr, 2 Bde. (1908–11); Studien zur Lexikographie u. Gramm. des Altsüdarab., 3 Tle. (1915–31); Kataban. Texte zur Bodenwirtschaft, 2 Tle. (1919–22); Altsabäische Texte, 2 Tle. (1927–32).

**Rhodomela** [zu griech. mēlon ›Apfel‹], Gattung der Rotalgen mit nur wenigen Arten; reich verzweigte, gegliederte Fäden mit leuchtend roten Rindenzellen mit antibakteriellen und antiviralen Inhaltsstoffen; im Sublitoral mäßig warmer Meere vorkommend.

**Rhodonit** *der, -s/-e,* triklines Mineral der chem. Zusammensetzung $CaMn_4[Si_5O_{15}]$, fleisch-, rosen- oder braunrot, angewittert schwarzfleckig oder durchädert (**Mangankiesel**); Glas- bis Perlmuttglanz; Härte nach MOHS 5,5–6, Dichte 3,4–3,75 g/cm³; große abgerundete, tafelige oder säulige Kristalle, sonst derbe, grobspätige, dichte Massen; bankartig mit $MnCO_3$ und $SiO_2$ verwachsen zw. Ton- und Kieselschiefern, auch metamorphen und kontaktmetasomat. Lagerstätten, auf hydrothermalen Erzgängen mit Rhodochrosit verwachsen. R. ist gelegentlich Manganerz und dient, wie die eisenhaltige Varietät **Pyroxmangit,** als Schmuckstein.

**Rhodopegebirge, Rhodopen** *Pl.,* bulgar. und griech. **Rodopi** [bulgar. rɔˈdɔpi, griech. rɔˈðɔpi], Ge-

**Rhodochrosit:**
Geschnittener und polierter Stein

**Rhodonit**

| Rhodium | | |
|---|---|---|
| chem. Symbol: **Rh** | Ordnungszahl . . . . . . . . . . . . . . . . . . . . . . 45 | |
| | relative Atommasse . . . . . . . . . . . . 102,90550 | |
| | Häufigkeit in der Erdrinde . . . $1 \cdot 10^{-7}$ Gew.-% | |
| | natürliche Isotope (stabil) . . . . . . . . nur $^{103}$Rh | |
| | radioaktive Isotope . . . . . . . . . . $^{94}$Rh bis $^{116}$Rh | |
| | längste Halbwertszeit ($^{101}$Rh) . . . . . . 3,3 Jahre | |
| | Dichte (bei 20 °C) . . . . . . . . . . . . . . . 12,41 g/cm³ | |
| | Schmelzpunkt . . . . . . . . . . . . . . . 1 966 ± 3 °C | |
| | Siedepunkt . . . . . . . . . . . . . . . . 3 727 ± 100 °C | |
| | spezif. Wärme (bei 25 °C) . . . . . . 0,24 J/(g · K) | |
| | elektr. Leitfähigkeit (bei 20 °C) . . 2,2 · 10⁷ S/m | |
| | Wärmeleitfähigkeit (bei 25 °C) . . 150 W/(m · K) | |

birge in S-Bulgarien und NO-Griechenland, südlich der Maritza mit steiler Nordwand ansteigend, im NW in das Rilagebirge übergehend (i. w. S. wird dieses zum R. gerechnet); im Goljam Perelik (westlich von Smoljan) 2 191 m ü. M., östlich der Arola nach O merklich an Höhe verlierend (hier Mittelgebirgscharakter); aus Gesteinen der Thrak. Masse (Granit, Gneise) aufgebaut, die von kristallinen Kalken und jungtertiären Ergußgesteinen überlagert werden; Blei-, Zink- und Kupfererzlagerstätten, zahlreiche Thermalquellen; forstwirtschaftlich und durch Fernweidewirtschaft sowie als Erholungsgebiet genutzt; Stauseen.

**Rhodophyllus** [zu griech. phýllon ›Blatt‹], die Pilzgattung →Rötling.

**Rhodophyta** [zu griech. phytón ›Pflanze‹], die →Rotalgen.

**Rhodoplasten** [zu griech. plastós ›geformt‹], durch Phycoerythrine und Phycocyanine rot gefärbte, photosynthetisch aktive →Plastiden der Rotalgen; sie enthalten außerdem noch Chlorophyll a und Carotinoide.

**Rhodopsin** [zu griech. ópsis ›das Sehen‹] das, -s, **Sehpurpur, Erythropsin,** lichtempfindl. roter Sehfarbstoff in den Stäbchen der Augen von landbewohnenden Wirbeltieren, des Menschen und der Meeresfische (bei den meisten Süßwasserfischen und einigen Amphibien tritt ein ähnl., als Phorphyropsin bezeichneter Farbstoff auf). R., ein Chromoproteid, wird durch Licht zersetzt in das gelbe, zur Vitamin-A-Gruppe gehörende Retinal (→ Retinol) und in das Protein Opsin. Bei Dunkelheit findet ein Wiederaufbau zu R. statt, wobei das Vitamin A dem Blut entnommen wird. Vitamin-A-Mangel zieht eine Abnahme des R.-Spiegels nach sich; dies hat eine verminderte Lichtempfindlichkeit des Auges zur Folge, die sich als Nachtblindheit äußert.

**Rhodos** [neugriech. 'roðos], **1)** Hauptstadt der Insel R. und des Verw.-Bez. (Nomos) Dodekanes, Griechenland, an der N-Spitze der Insel R., gegenüber dem kleinasiat. Festland, (1981) 41 400 Ew.; griechisch-orth. Erzbischofssitz; archäolog. Museum, hydrobiolog. Institut mit Aquarium; Fremdenverkehr; Handels-, Passagierhafen, Flughafen. – Seit der Gründung von R. 408/407 v. Chr. ist die Geschichte der Stadt Teil der Geschichte der Insel Rhodos.
Die Anlage der antiken Stadt R. mit rechtwinklig sich schneidenden Straßen (Hippodam. System) wurde an vielen Stellen festgestellt, von der hellenist. Bebauung zeugen u. a. Reste des kleinen ion. Aphroditetempels (3. Jh. v. Chr.) im NW des Hafens, des dor. Apollon-Pythios-Tempels (teilweise restauriert) am Hang der antiken Akropolis sowie nahebei das wiederhergestellte Auditorium (für 800 Zuhörer des Redners) und das Stadion mit sechs restaurierten Sitzreihen. Ein Großteil der Kunstwerke der Insel, z. T. von einheim. Künstlern geschaffen (Rhod. Bildhauerschule), wurde schon von GAIUS CASSIUS LONGINUS (42 v. Chr.) geraubt; der →Koloß von Rhodos war damals bereits eingestürzt. An den Ausfallstraßen der Stadt liegen hellenist. Felsgräber, u. a. das ›Ptolemäergrab‹ (mit 21 dor. Halbsäulen). – Die mittelalterl. Befestigung der Stadt geht auf byzantin. Zeit zurück und wurde vor 1400 durch den Johanniterorden erneuert. Durch eine Mauer war die Festung in das Viertel der Ritter und die Vorstadt (Händlerviertel mit Basar) geteilt. An der Ritterstraße liegen alte ›Herbergen‹ (Versammlungshäuser der acht Ritter-Landsmannschaften). Im Mittelpunkt des Viertels liegt das 1440–89 erbaute Ritterhospital (im 1. Stock ein 50 m langer Krankensaal mit Kreuzgewölbe; heute archäolog. Museum). Der nach alten Stichen von den Italienern nach dem Ersten Weltkrieg neu aufgebaute Großmeisterpalast (Einbau von Teilen anderer Bur-

**Rhodos 1):** Blick auf die Stadt; im Bildhintergrund die Burg

gen aus dem Dodekanes) ist jetzt Gouverneurspalast und Museum. Nach der türk. Besetzung (1523) wurden zahlreiche Moscheen errichtet und byzantin. Kirchen in Moscheen umgewandelt (Marienkirche des 13. Jh., Georgskirche u. a.; in der Ilk-Mihrab-Moschee byzantin. Fresken der 2. Hälfte des 14. Jh.). Die mittelalterl. Altstadt wurde von der UNESCO zum Weltkulturerbe erklärt.

**2)** größte Insel des Dodekanes, Griechenland, vor der SW-Küste der Türkei, 78 km lang, bis 35 km breit, 1 398 km$^2$, (1981) 87 800 Ew.; Hauptstadt ist Rhodos. Die hügelige (200–600 m ü. M.), aus tertiären Ablagerungen aufgebaute Insel wird von einigen Gebirgsstöcken aus mesozoischem Kalkstein überragt (Ataviros 1 215 m ü. M.). Die Küste ist wenig gegliedert; neben Felsküsten gibt es ausgedehnte, von kleineren

**Rhodos 2):** Akropolis und Unterstadt von Lindos

Kaps unterbrochene Sandstrände. Begünstigt durch den Wasserreichtum und das milde Mittelmeerklima ist die Vegetation üppig, allerdings sind die Gebirge meist nur von Macchie bedeckt; wegen der verbreiteten Wildrosen wird R. auch ›Insel der Rosen‹ genannt. Ausgedehnte Olivenpflanzungen, in den Tälern Anbau von Wein, Zitrus- u. a. Früchten, in den Küstenebenen, bes. im W, v. a. Gemüsebau, z. T. mit künstl. Bewässerung. Hauptanziehungspunkte des bedeutenden internat. Fremdenverkehrs sind die Badestrände, die Stadt Rhodos, die antiken Stätten Ialy-

**Rhod** Rhodothamnus – Rhomeson

sos, Kamiros und Lindos sowie das ›Tal der Schmetterlinge‹ im Norden.

*Geschichte:* Die Insel war schon in myken. Zeit dicht besiedelt und wurde um 1000 v. Chr. von Dorern besetzt. Die Städte Lindos, Ialysos und Kamiros bildeten mit Halikarnassos, Knidos und Kos einen Bund

**Rhodos 2)** in Antike und Mittelalter

(›dor. Hexapolis‹, → Doris 2). R. wurde erneut ein Handelsmittelpunkt. Mehrere Kolonien wurden von hier aus gegründet (z. B. Gela auf Sizilien). Nach den Perserkriegen traten die rhod. Städte dem 1. Att. Seebund bei (bis 411 v. Chr.). 408/407 wurde die Stadt R. gegründet. Im 4. Jh. v. Chr. fiel R. zunächst unter pers., unter ALEXANDER D. GR. unter makedon. Herrschaft. Nach dessen Tod (323 v. Chr.) behauptete es seine Unabhängigkeit und wehrte die Belagerung durch DEMETRIOS POLIORKETES (305–304 v. Chr.) ab. Mit Rom seit etwa 200 v. Chr. verbündet, entwickelte sich R. zu einer Handelsmacht ersten Ranges; das ›rhod. Seerecht‹ erlangte Weltgeltung durch Rom, das den Inselfreistaat gegen die hellenist. Großmächte bis 168 v. Chr. begünstigte und vorübergehend durch Besitzungen an der kleinasiat. Küste (Karien, Lykien) erweiterte. Der polit. und wirtschaftl. Bedeutung entsprach eine kulturelle Blüte. Ein bedeutender Gelehrter war APOLLONIOS VON RHODOS. Bis zum Ende der röm. Kaiserzeit blieb R. geistiges Zentrum und Studienort vornehmer Römer (berühmte Schule der Rhetorik).

Seit der Eroberung durch den Caesarmörder CASSIUS 42 v. Chr. war die Macht der Insel gebrochen. Später teilte sie das Schicksal des Byzantin. Reiches, war in der 2. Hälfte des 7. Jh. eine Zeitlang arabisch. 1309 wurde R. Sitz des Johanniterordens (Rhodiser, Rhodeser), der die Insel durch zahlreiche Burgen sicherte, 1522/23 fiel sie unter osman. Herrschaft. Die Insel besitzt eine Reihe von Kirchen aus der byzantin. und der Kreuzfahrerzeit (z. B. Mone Tsambika). 1912 wurde R. mit den Inseln des → Dodekanes von Italien besetzt, im Friedensvertrag von Lausanne (24. 7. 1923) förmlich durch die Türkei an Italien abgetreten. 1943–45 war R. von dt. Truppen besetzt. Im Frieden von Paris (10. 2. 1947) mußte Italien R. mit den Inseln des Dodekanes an Griechenland abtreten.

**Rhombus**

K. u. Y. VON BOLZANO: Das andere R. (Salzburg 1977); W. J. EGGELING: R., Naxos, Syros (1984); N. ROCHFORD: Landschaften auf R. (a. d. Engl., London 1987); R. SPEICH: R. (1987); K. GALLAS: R. (⁴1988).

**Rhodothamnus** [zu griech. *thámnos* ›Busch‹], die Pflanzengattung →Zwergalpenrose.

**Rhoeo** [ˈrøːo, griech.], Gattung der Kommelinengewächse (neuerdings gelegentlich zur Gattung Tradeskantie gestellt) mit der einzigen Art R. spathacea (R. discolor); Rosettenstaude mit langen, lineal., oberseits grünen, unterseits dunkelvioletten Blättern und kleinen, weißen, in den Blattachseln stehenden Blüten; beliebte Topfzierpflanze.

**Rhoikos, R. von Samos,** griech. Erzgießer und Baumeister des 6. Jh. v. Chr.; wird sowohl von PAUSANIAS wie PLINIUS D. Ä. als Erbauer des Heratempels auf Samos (→ Pythagorion) genannt, des ersten ion. Dipteros. Als Mitarbeiter wird THEODOROS VON SAMOS genannt; beiden wurde die Erfindung des Hohlgusses von Bronzebildwerken zugeschrieben.

**Rhomäer** [griech. *rhomaioi* ›Römer‹], Selbst-Bez. der Bürger des Byzantin. (Oström.) Reiches, das sich selbst als ›Römerreich‹ (lat. **Romania,** griech. **Romania**) verstand; die byzantin. Kaiser trugen seit dem späten 8./frühen 9. Jh. den Titel **Basileus (ton) Rhomaion** (›Herrscher der R./Römer‹).

**Rhombendodeka|eder, Rautenzwölf|flächner,** Form des →Dodekaeders.

**Rhombengetriebe,** spezielle Getriebebauart (Kurbelgetriebe) für Heißgasmotoren, das die richtige Zuordnung der diskontinuierl. Bewegungen von Kolben und Verdränger und Vorteile für den Ausgleich der Massenkräfte gewährleistet. BILD → Heißgasmotor

**rhombisch,** 1) *allg.:* in der Form eines Rhombus, rautenförmig.

2) *Kristallographie:* **orthorhombisch,** bezeichnet das rhombische Kristallsystem sowie die drei zugehörigen Kristallklassen und allgemeinen Kristallformen. (→ Kristall, ÜBERSICHT)

**rhombischer Schnitt,** *Kristallographie:* Verwachsungsfläche bei Plagioklaszwillingen des Periklintyps. Die Lage des r. S. dient polarisationsmikroskopisch zur Bestimmung des Albit Anorthit-Verhältnisses in Plagioklasen (→Feldspäte); beim reinen Anorthit variiert sie mit der Bildungstemperatur.

**Rhomboeder** [zu griech. *hédra* ›Fläche‹] *das, -s/-,* **Rautenflächner,** von sechs kongruenten Rhomben (Rauten) begrenztes Parallelepiped; geschlossene, allgemeine Kristallform der rhomboedr. Abteilung des hexagonalen Kristallsystems.

**rhomboedrisch,** bezeichnet die rhomboedrische Abteilung des hexagonalen Kristallsystems. (→ Kristall, ÜBERSICHT)

**Rhomboid** [griech.] *das, -(e)s/-e,* das →Drachenviereck.

**Rhombus** [griech.-lat.] *der, -/...ben,* **Raute,** ein Parallelogramm mit vier gleich langen Seiten. Die Gegenwinkel im R. sind gleich groß, gegenüberliegende Seiten sind parallel; die Diagonalen halbieren einander und stehen senkrecht aufeinander. Ein spezieller R. ist das Quadrat.

**Rhombus|antenne,** Sende- und Empfangsantenne (Langdrahtantenne) der Kurzwellentechnik, deren symmetr. Diagonalen die Länge $2\lambda$ und $4\lambda$ ($\lambda$ = Wellenlänge) aufweisen. Die Diagonalenenden sind auf vier gleich hohen Masten befestigt und werden auf einer Seite vom Sender gespeist. Auf der anderen Seite verhindert ein Schluckwiderstand stehende Wellen. R. verfügen über eine ausgeprägte Richtwirkung in Richtung der langen Diagonale.

**Rhomeson, ϱ-Meson,** ungeladenes, instabiles →Elementarteilchen aus der Gruppe der →Mesonen mit der Masse 768,3 MeV/$c^2$, Spin und Isospin 1,

Strangeness 0 und negativer Parität; das kurzlebige R. hat eine mittlere Lebensdauer von etwa $4 \cdot 10^{-24}$ s und zerfällt in zwei Pionen.

**Rhön** *die,* Mittelgebirge im Grenzraum von Hessen, Bayern und Thüringen, im N und O von der Werra, im S von Sinn und Fränk. Saale, im W von der Haune begrenzt; im SW bildet der Landrücken den Übergang zum Vogelsberg. Die Hauptmasse des Aufbaus bilden zwar die Schichtgesteine von Buntsandstein, Muschelkalk und (stellenweise) Keuper. Deren Block, im Alttertiär auf niedriges Niveau eingerumpft und mit trop. Sumpfwald (Braunkohlebildung) bedeckt, wurde aber im Mittel- und Jungtertiär durch zahlreiche phonolith. und basalt. Vulkanschlote durchschlagen und z. T. durch basalt. Deckenergüsse überzogen. Gleichzeitig setzte eine Aufwölbung der Scholle ein, die im Pleistozän ihr Höchstmaß erreichte. Die damit ausgelöste Erosion (vorher war unter dem trop. Klima des Tertiärs die Abtragung flächenhaft) griff in den Randgebieten der Aufwölbung fortschreitend in die Tiefe, wobei die harten Vulkanstiele herauspräpariert wurden. Im Wölbungszentrum widerstanden die hier ausgedehnten Basaltdecken als ›Härtling‹ wesentlich der Abtragung; durch sie geschützt, blieben stellenweise die Braunkohle führenden Schichten des Alttertiärs erhalten. Seit dem Pleistozän findet eine intensive Talbildung statt, bes. in dem am stärksten gehobenen Teil der Aufwölbung, wo die allseitig radial entwässernden Flüsse die Basaltdecke zerlegt haben (im SW Sinn, im O Brend und Streu, im N Felda und Ulster und im W Fulda).

Die **Hohe R.** ist das Gebiet der tafelförmigen Basaltdecke, deren niederschlagsreiche und rauhe, gewellte Hochflächen hauptsächlich Weiden und einmähdige Wiesen tragen, die meist von den in den milderen Tälern gelegenen Siedlungen aus bewirtschaftet werden. Auf weiten Brachflächen haben sich Zwergstrauchheiden, Borstgrasrasen, Heidel- und Preiselbeeren sowie Wacholderbüsche angesiedelt. Hochmoore auf schwer durchlässigem Basaltgrund sind das Rote und das Schwarze Moor. Als höchste Erhebung springt die als Segelflugberg bekannte Wasserkuppe (950 m ü. M.) randlich gegen W vor. Zentrum ist Gersfeld. Der Südteil der Basaltdecke ist bereits in Einzelrücken aufgelöst: Dammersfeld-Kuppe (928 m ü. M.), Kreuzberg (928 m), Schwarze Berge (834 m).

Nördlich und westlich der Hohen R. erstreckt sich die **Kuppen-R.** Sie hat im Bereich der Muschelkalkflächen ein dichtes Siedlungsnetz; aber auch in den weitausgedehnten Bundsandsteingebieten finden sich viele Rodungsinseln, da die weitverbreiteten periglazialen Solifluktionsdecken durch Gehalt an Basaltmaterial bindiger und damit für die Landwirtschaft besser nutzbar sind. Darüber erheben sich höchst markant, meist bewaldet, die herauspräparierten Vulkanberge, bald domartig, bald kastenförmig, wie die Milseburg (835 m ü. M.), bald als Spitzkegel, wie die Gruppe des ›Hess. Kegelspiels‹ nordöstlich von Hünfeld mit dem Soisberg (630 m ü. M.).

Im S der Hohen R. schließt sich gegen die Fränk. Saale hin die **Süd-R.** an, ein von nur noch wenigen Basaltbergen (z. B. Hag Kopf bei Schönderling 514 m ü. M.) geprägtes, stark bewaldetes Buntsandsteingebiet.

Die Kargheit der Böden, v. a. aber das rauhe Klima sowie eine starke Besitzzersplitterung verhinderten eine intensive landwirtschaftl. Nutzung; so waren Hausierhandel und Heimarbeit, basierend auf dem Waldreichtum und dem Flachsanbau, weit verbreitet. Arbeitsmöglichkeiten bieten sich heute v. a. in den randlich gelegenen Städten wie Fulda, Bad Hersfeld und Bad Neustadt a. d. Saale. Die geringen Braunkohlevorkommen wurden nur in Notzeiten (etwa 1945–49) abgebaut. Die R. ist ein traditionelles Abwanderungsgebiet, heute etwas gemildert durch den Fremdenverkehr: Sommerurlaub, Wintersport, Kurbetrieb in Bad Neustadt a. d. Saale, Bad Bocklet, Bad Kissingen und Bad Brückenau. Der **Naturpark Hessische R.** mit dem größten Teil der Hohen R. und einem Teil der Kuppen-R. ist 384 km², der sich im S anschließende **Naturpark Bayerische R.** 1 090 km² groß. 1991 wurde ein Gebiet von 1 350 km² (je 500 in Hessen und Bayern, 350 in Thüringen) von der UNESCO als Biosphärenreservat ausgewiesen, um das noch intakte Refugium von rd. 20 000 Tierarten (u. a. Birkhuhn, Graureiher, Eisvogel, Wasseramsel, Schwarzspecht, Perlmuschel, Flußkrebse) und vieler seltener Pflanzen (Grüne Nieswurz, Rotes und Weißes Waldvögelein, Frauenschuh, Quirlblättrige Weißwurz, Alpen-Milchlattich, Platanenblättriger Hahnenfuß, Silberdistel) zu schützen sowie naturnahe Bewirtschaftungsformen zu entwickeln. Hessen, Bayern und Thüringen wollen dies durch einen zusätzl. Staatsvertrag sicherstellen.

E. RUTTE: Hundert Hinweise zur Geologie der R. (1974).

**Rhondda** ['rɔndə], Stadt in der Cty. Mid Glamorgan, S-Wales, (1981) 81 700 Ew. (1961: 100 300 Ew.); drei Steinkohlengruben (1924 waren es 40 Gruben); junge Gewerbeparks mit Maschinenbau, Bekleidungs- und elektrotechn. Industrie.

**Rhône** [ro:n], **1)** Dép. in Frankreich, am O-Rand des Zentralmassivs bis zur Rhône, 3 249 km², (1990) 1,5 Mio. Ew.; Verw.-Sitz: Lyon.

**2)** *die,* dt. **Rhone** ['ro:nə], Fluß in der Schweiz und Frankreich, zweitlängster und wasserreichster Strom Frankreichs, 812 km lang (davon 260 km in der Schweiz), mit einem Einzugsgebiet von 99 000 km² (8 000 km² in der Schweiz). Die R. entsteht in etwa 1 800 m ü. M. aus dem →Rhônegletscher und durchfließt als **Rotten** das Goms, dann in meist reguliertem Lauf von NO nach SW auf einer Länge von 120 km das alpine Längstal des mittleren Wallis. Unterhalb von Martigny wendet sich der Fluß scharf nach NW, durchfließt bei Saint-Maurice die enge Porte du Rhône und erreicht, durch die Schwemmlandebene des von ihr zugeschütteten ehem. obersten Teil des Genfer Sees, westlich von Villeneuve (VD) den Genfer See. Das Ufergebiet ihres Deltas ist als Altwasserlandschaft nat. Naturdenkmal. Nach ihrem Austritt aus dem Genfer See fließt die R. nach SW am O-Rand des Jura und durchbricht dessen südl. Ausläufer in mehreren Klusen. Durch die Sperre von →Génissiat wird der Fluß, der früher im Sommer hier versickerte, auf 23 km bis zur Schweizer Grenze aufgestaut. Grenze ist aufgestaut. Die R. biegt nun nach NW und trennt dabei den Jura von dem ihm vorgelagerten Plateau de Crémieu. Nach dem Eintritt in die R.-Saône-Senke oberhalb von Lyon spaltet sich der Fluß in mehrere Arme auf, biegt innerhalb der Stadt scharf in die von nun an beibehaltene Laufrichtung nach S (im **R.-Graben,** Teil der Mittelmeer-Mjösen-Zone) um und nimmt die wasserreichere Saône auf.

Die Engtalstrecken, die sich in den Ausläufern des Zentralmassivs mit Weitungen abwechseln, werden mit dem Ausbau der R. seit 1934 zw. Lyon und Arles durch Seitenkanäle umgangen; außerdem wurden zahlreiche Staustufen angelegt, verbunden mit Wasserkraftwerken; die größte Anlage befindet sich bei Donzère-Mondragon (314 MW); weitere wurden u. a. bei Valence (190 MW), Beauchastel (223 MW), Le Logis-Neuf (210 MW), Châteauneuf-sur-Rhône (285 MW), Sauveterre (169 MW) und Beaucaire (208 MW) errichtet. Außerdem wurden an der R. die Kernkraftwerke Bugey (4 180 MW), Creys-Malville (1 200 MW), Saint-Alban (2 600 MW), Cruas (3 600 MW), Marcoule (80 MW) und Tricastin (3 600 MW) in Betrieb genommen. Für Bewässerungszwecke im R.-Delta und im Languedoc werden Bewässerungskanäle von der R. abgezweigt.

**Rhôn**  Rhône-Alpes – Rhôneweine

Von O erhält die R. Nebenflüsse aus den Kalkalpen; u. a. die Isère und die Durance, die urspr. mit einem eigenen Delta in das Mittelmeer mündete. Von rechts aus dem Zentralmassiv münden Doux, Eyrieux, Ardèche, Cèze und Gard. Der breite R.-Graben wird im W von Bruchstufen begrenzt, während im O weite Terrassenflächen sanft ansteigen. Auf den fruchtbaren Böden gedeihen Wein, Obst, Gemüse und Getreide. Südlich von Valence wird der mediterrane Klimaeinfluß vorherrschend.

**Rhône 2):** Die Rhône am Défilé de l'Écluse, kurz nach ihrem Eintritt nach Frankreich; sie hat sich hier in eine Antiklinale des Kettenjura eingegraben und bildet eine Kluse

Das R.-Delta beginnt oberhalb von Arles; das Delta unterliegt raschen Veränderungen, da die R. sich infolge starker Sedimentführung (20 Mio. m³ im Jahr) 10–15 m pro Jahr ins Meer vorschiebt und nach W verlagert. Früher teilte sich der Fluß in mehrere Arme auf, heute nur noch in **Grand R.** im O (85% des Abflusses; Mündung bei Port-Saint-Louis-du-Rhône) und **Petit R.** (westlich von Les Saintes-Maries-de-la-Mer); zw. beiden erstreckt sich die →Camargue. Wegen der Versandung konnte sich an der Mündung lange kein größerer Hafen entwickeln, bis in jüngster Zeit der Hafen- und Industriekomplex Fos-sur-Mer angelegt wurde. Zw. Lyon und Port-Saint-Louis-du-Rhône (bzw. weiter bis Fos-sur-Mer) ist die R. auf einer Länge von 330 km für Schubeinheiten bis 5 000 t schiffbar. In dem als **Palier d'Arles** bezeichneten 56 km langen Flußabschnitt zw. Beaucaire/Tarascon und dem Mittelmeer wird das Flußbett auf eine Mindesttiefe von 3,50 m ausgebaggert. Die wichtigste Verbindung zum Rhein verläuft über die Saône und den →Rhein-Rhône-Kanal; die Saône vermittelt auch den Anschluß an das übrige frz. Binnenwasserstraßennetz. Eine Verbindung mit Marseille besteht über den Kanal von Arles nach Bouc, über den Étang de Berre und den Canal du Rove (heute nur noch teilweise funktionsfähig).

J. RITTER: Le R. (Paris 1973); J.-M. DELETTREZ: Le R.: de Genève à la Méditerranée (Grenoble 1974).

**Rhône-Alpes** [ro'nalp], Region in S-Frankreich; umfaßt die Dép. Ain, Ardèche, Drôme, Isère, Loire, Rhône, Savoie und Haute-Savoie, 43 698 km², (1990) 5,3 Mio. Ew.; Hauptstadt ist Lyon. Die Region hat Anteil an mehreren Großlandschaften: im W das in Bergländer (nördl. Cevennen, Monts du Vivarais, Monts du Beaujolais, Monts du Lyonnais) und Becken (entlang der oberen Loire) gegliederte östl. Zentralmassiv, im O das große Gebiet der frz. Westalpen, jenseits der Rhône-Saône-Senke der südl. Jura zw. Ain und Rhône. Mehrere Klusen in den nördl. Kalkvoralpen, so bei Annecy, Chambery und Grenoble, öffnen den Weg zur inneralpinen Längstalzone und den Hochalpen mit der Montblancgruppe und der Pelvouxgruppe.

Weite Teile der Region werden von Grünland eingenommen, die Viehwirtschaft ist stark entwickelt. Hauptagrarerzeugnisse sind Milch, Fleisch und Getreide. Die Gunsträume der Becken und Täler, bes. das Rhônetal, liefern darüber hinaus Obst und Gemüse. Wein wird v. a. am O-Abfall des Zentralmassivs kultiviert (Beaujolais). Im Alpengebiet hat der Fremdenverkehr (v. a. Wintersport) heute gegenüber der Landwirtschaft schon ein beträchtl. Übergewicht erlangt (Chamonix-Mont-Blanc, Mégève, Chamrousse, Alpe d'Huez, Courchevel, La Plagne, Val-d'Isère, Grenoble u. a.). Auf der Grundlage der Kohle (Zentralmassiv), v. a. aber der hydroelektr. Energie, die im Alpengebiet und an der Rhône gewonnen wird, konnte sich eine starke Industrie entwickeln. Abgesehen von Lyon, dem Wirtschaftszentrum der Region, hat die Metallindustrie (Stahlindustrie, Waffenherstellung, Maschinen-, Fahrzeugbau, Nichteisenmetallindustrie) eine führende Stellung inne; Schwerpunkte bilden hier die Becken des Zentralmassivs mit Saint-Étienne, Firminy und Rive-de-Gier. Hinzu kommen chem. und pharmazeut., Elektro- und Nahrungsmittelindustrie. In den dicht besiedelten Alpentälern entstand v. a. elektrochem. und -metallurg. Industrie; Zentren sind Grenoble und Ugine.

R. LEBEAU: Atlas et géographie de la région lyonnaise (Paris 1977).

**Rhônegletscher** ['roːnə-], Gletscher am SW-Hang des Dammastocks im nordöstl. Wallis, Schweiz, 17,2 km², 10,2 km lang, mit großartigem Gletscherabbruch in 2 140 m ü. M. endend; hier wurde für Touristen ein begehbarer Gang im R. geschaffen. Dem R. entfließt der Rotten (→Rhône). Der R. ist seit 1856 (reichte damals noch bis Gletsch) stark zurückgegangen.

**Rhônekultur** ['roːnə-], frühbronzezeitliche Kulturgruppe (etwa 1800–1500 v. Chr.), gelegentlich auch als Rhône-Saône-Kultur bezeichnet; verbreitet im Gebiet der heutigen W-Schweiz und in den frz. Regionen Franche-Comté und Rhône-Alpes. Kennzeichnend für die v. a. durch Grab- und Depotfunde bezeugte R. sind bes. trianguläre Vollgriffdolche, Randleistenbeile, geschnitzter Knochenschmuck sowie eine derb getöpferte Keramik.

**Rhône-Poulenc S. A.** [roːnpuˈlɛk sɔsjeˈte anɔˈnim], größte Holdinggesellschaft der frz. chem. und pharmazeut. Industrie, gegr. 1895, seit 1961 jetziger Name und reine Holding; Sitz: Paris. Zu den zahlreichen Beteiligungsgesellschaften gehören u. a. R.-P. Rorer GmbH, Köln, und R.-P. Rhodia AG, Freiburg im Breisgau. Umsatz (1990): 25 Mrd. DM; Beschäftigte: 91 000.

**Rhôneweine** ['roːnə-], Weine des frz. Weinbaugebietes Côtes du Rhône südlich von Lyon; gegliedert in einen nördl. Teil (zw. Vienne und Valence) mit schmalen Terrassen an steilen Hängen und einen südl. Teil (zw. Pierrelatte und Avignon) mit weiten Rebflächen, z. T. auf sehr steinigem Boden; zugelassen sind 20 Rebsorten, unter denen Grenache, Syrah, Mourvèdre, Cinsault, Rousanne und Marsanne dominieren. Die höheren Qualitäten des südl. Teils kommen als Côtes du Rhône Village (oder mit dem Namen einer der 17 Gem., die diese Appellation Contrôlée bilden) auf den Markt. Für Spitzenqualitäten wurden eigene Appellationen gebildet, so →Châteauneuf-du-Pape, →Gigondas, →Lirac, →Tavel und im N Côte Rôtie, →Hermitage und Crozes Hermitage. Von den durchschnittlich erzeugten 2 Mio. hl Wein (8% Weißwein) pro Jahr, entfallen 1,5 Mio. hl auf einfachen R. und 130 000 hl auf Côtes du Rhône Village.

**Rhön-Grabfeld,** Landkreis im Reg.-Bez. Unterfranken, Bayern, 1 022 km$^2$, (1991) 81 400 Ew.; Kreisstadt und größte Stadt ist Bad Neustadt a. d. Saale (14 900 Ew.), weitere Städte sind Bad Königshofen i. Grabfeld, Mellrichstadt, Bischofsheim a. d. Rhön, Ostheim v. d. Rhön und Fladungen. Der an Thüringen und Hessen grenzende Kreis erstreckt sich vom welligen, überwiegend ackerbaulich genutzten Grabfeld beiderseits der Fränkischen Saale (im O) über die ausgedehnten Wälder aufweisende Südrhön bis in die Hohe Rhön, deren mit Wiesen und Weiden bedeckte Hochfläche von Basaltkuppen (Kreuzberg 928 m ü. M.) überragt wird; im äußersten SO hat der Kreis Anteil an den waldreichen Haßbergen. Hauptstandort von Industrie ist Bad Neustadt a. d. Saale, das wie Bad Königshofen i. Grabfeld auch Heilbad ist.

**Rhönrad** [nach der Rhön], 1925 entwickeltes Sportgerät aus zwei Stahlrohrreifen (1,60–2,20 m Durchmesser), die in einem Abstand von 41–47 cm durch Querstangen verbunden sind. Hauptdisziplinen des R.-Turnens sind Geradeausrollen sowie Figurenrollen (Spiralen, Achter) und akrobat. Sprungübungen über das Gerät.

Rhönrad

**Rhönschaf,** ungehörnte, v. a. in der Rhön verbreitete Landschafrasse mit grober, langer Wolle.

**R-Horizont,** *Bodenkunde:* →Bodenhorizont.

**Rhotazismus** [griech. rhōtakismós ›Gebrauch oder Mißbrauch des Rho‹] *der, -/...men, Sprachwissenschaft:* i. w. S. Wandel eines Konsonanten zu [r]; i. e. S. Lautwandel von stimmhaftem s [z] in intervokal. Stellung zu [r], belegt im Altlateinischen (z. B. -s-Stamm ›genus‹, Genitiv: ›generis‹) und in den german. Sprachen mit Ausnahme des Gotischen (z. B. dt. ›Frost‹, ›frieren‹; engl. ›she was‹, ›we were‹).

**Rhovyl**® [Kw.], Chemiefaser aus nicht nachchloriertem Polyvinylchlorid. R. sind unbrennbar (aber hitzeempfindlich) und weisen eine hohe Schrumpffähigkeit auf. Eingesetzt werden u. a. für feuersichere Textilien (Gardinen), Gesundheitswäsche (hohes Wärmehaltungsvermögen), Schrumpfmaterial in der Seidenweberei, Filtergewebe.

**Rhum** [rʌm], **Rum,** bergige Insel der Inneren Hebriden, Schottland, bis 812 m ü. M.; Rotwildbestände.

**Rhume** *die,* rechter Nebenfluß der oberen Leine, Ndsachs., 43 km lang, entspringt im südl. Harzvorland an der S-Abdachung des Rotenberges bei Rhumspringe, nimmt Oder und Söse auf und mündet bei Northeim. Die **R.-Quelle** ist eine Karstquelle, deren Schüttung zw. 1,4 und 4,7 m$^3$/s schwankt und die Wasserführung der Leine beeinflußt.

**Rhus** [griech.], die Pflanzengattung →Sumach.

**Rhynchocephalia** [zu griech. rhýnchos ›Schnabel‹ und kephalé ›Kopf‹], die →Brückenechsen.

**Rhynchospora** [zu griech. rhýnchos ›Schnabel‹], die Grasgattung →Schnabelried.

**Rhynchota** [zu griech. rhýnchos ›Schnabel‹], die →Schnabelkerfe.

**Rhynie** ['riːnɪ], Ort in der Grampian Region, Schottland, Fundort eines unterdevon. verkieselten Moores (2,4 m dicke Hornsteinschicht) mit ausgezeichnet erhaltenen Pflanzenresten; primitive farnartige Gefäßpflanzen (Nacktfarne, Rhyniales), die – im Ggs. zu den stammesgeschichtlich älteren Wasserpflanzen – dem Landleben völlig angepaßt waren: Spaltöffnungen ermöglichten einen regulierbaren Gasaustausch mit der Atmosphäre, Gefäß- oder Leitbündel verteilten das aus dem Boden aufgenommene Wasser über die ganze Pflanze und stützten zus. mit der Rinde die Sprossen (mit gipfelständigen Sporangien), Assimilation mit dem gesamten Pflanzenkörper. Die blatt- und wurzellosen, gabelig verzweigten, bis 20 cm hohen Sprossen von Rhynia gwynnevaughani gingen von einem kriechenden Wurzelstock (Rhizom, mit Rhizoiden besetzt) aus. Ähnlich gebaut waren Rhynia maior (bis 50 cm hoch) und Horneophyton lignieri. Die bis 50 cm hohen Stämmchen von Asteroxylon waren mit vielen kleinen nadelförmigen Blättern besetzt, ohne Leitbündel, und saßen mehrfach verzweigten Wurzelstöcken (ohne Rhizoide) auf. Ferner fanden sich Pilze, Blaualgen, kleine Krebse und die ersten flügellosen Insekten (die zu den Springschwänzen gehörende Gattung Rhyniella).

**Rhynschloot** ['riːn-], **Rhinschlot, Deichgraben,** am Binnendeich entlang des Deichfußes geführter Entwässerungsgraben zur Ableitung des Kuverwassers (Dränwasser).

**Rhyodazit** [zu griech. rhýas ›flüssig‹], dem →Granodiorit unter den Tiefengesteinen entsprechendes vulkan. Gestein mit Einsprenglingen von Plagioklas, Quarz und etwas Sanidin sowie dunklen Gemengteilen in der oft glashaltigen Grundmasse.

**Rhyolith** [zu griech. rhýas ›flüssig‹ und líthos ›Stein‹] *der, -s* und *-en/-e(n),* **Liparit,** hellgraues, rötl. oder grünl., saures junges Gestein (aus dem Tertiär oder Quartär), mit Einsprenglingen von Sanidin, Plagioklas, Quarz, Biotit u. a. in einer oft glasführenden Grundmasse aus den gleichen Mineralen. Alkalifeldspat-R. (Pantellerit, Comendit) bestehen außer den vorherrschenden Alkalifeldspäten aus mehr als 20% Quarz. R. bildet Ströme, Decken und Kuppen; erdgeschichtlich älterer R. heißt →Quarzporphyr. R. werden u. a. als Pflaster- und Sockelsteine oder Schottermaterial verwendet. Überwiegend als Gesteinsglas ausgebildete R. treten in Form von Obsidian, Bimsstein, Pechstein oder Perlit auf.

**Rhys** [riːs], **1)** Jean, eigtl. **Ella Gwendolen Rees Williams** [riːs 'wɪljəmz], engl. Schriftstellerin karib. Herkunft, * Roseau (Dominica) 24. 8. 1890, † Exeter 14. 5. 1979; lebte ab 1907 in Europa, v. a. in S-England und Paris. In ihren autobiographisch beeinflußten Romanen und Erzählungen schildert sie eindringlich die Identitätssuche sozialer Außenseiterinnen. Ihr als ›Vorgeschichte‹ zu CHARLOTTE BRONTËS Roman ›Jane Eyre‹ (3 Bde., 1847) angelegtes Werk ›Wide Sargasso Sea‹ (1966; dt. ›Sargasso-Meer‹) stellt das Schicksal einer in der kolonialen Männerwelt Westindiens zum Opfer werdenden Frau dar und gilt heute als Klassiker der karib. Literatur.

*Weitere Werke: Erzählungen:* The left Bank (1927); Sleep it off lady (1976). – *Romane:* Postures (1928, auch u. d. T. Quartet; dt. Quartett); After leaving Mr. Mackenzie (1930; dt. Nach der Trennung von Mr. Mackenzie); Voyage in the dark (1934; dt. Irrfahrt im Dunkel); Good morning, midnight (1939; dt. Guten Morgen Mitternacht). – *Autobiographisches:* Smile please (hg. 1979; dt. Lächeln bitte).

*Ausgaben:* Early novels, hg. v. D. ATHILL (1984); Letters, hg. v. F. WYNDHAM (1984); The complete novels (1985). – Werke, 4 Bde. (1985); Ein Abend in der Stadt (1990, Ausw.).

C. ANGIER: J. R. (New York 1985); N. R. HARRISON: J. R. and the novel as woman's text (Chapel Hill, N. C., 1988).

**Rhynie:** OBEN Rhynia gwynne-vaughani; UNTEN Asteroxylon mackiei; beide aus dem Unterdevon von Rhynie, Schottland

**Rhyt** Rhythm and Blues – Rhythmus

2) Sir (seit 1907) John, walis. Keltologe, * Cwmrheidol (Cty. Dyfed) 21. 6. 1840, † Oxford 17. 12. 1915; wurde 1877 Prof. in Oxford, erforschte als erster die Stellung des Kymrischen im Rahmen der kelt. Sprachen mit der Methode der histor. Sprachvergleichung und trat mit zahlreichen Arbeiten zur kelt. Volks- und Altertumskunde sowie zur kelt. Philologie hervor.

Werke: Lectures on Welsh philology (1877); Celtic Britain (1882); Lectures on the origin and growth of religion as illustrated by Celtic heathendom (1888); The Welsh people (1900); Celtic folklore, Welsh and Manx, 2 Bde. (1901); Celtic inscriptions of Gaul (1911); Celtic inscriptions of Cisalpine Gaul (1913).

**Rhythm and Blues** ['rɪðm ənd 'blu:z, engl.] *der*, ---, Abk. **R & B**, Bez. für einen in den 1940er Jahren entstandenen professionellen Stil der afroamerikan. städt. Tanz- und Unterhaltungsmusik, der an Elemente sowohl des Blues wie auch des Jazz, v. a. Harlem-Jump und Boogie-Woogie, anknüpft. Kennzeichnend für den R & B ist sein stark akzentuierter Fundamentalrhythmus (Beat) mittleren Tempos, einfache Akkordfortschreitungen, riffartige, v. a. von Bläsern getragene Einlagen und blueshafte Melodik. Zum zentralen Soloinstrument wurde erstmals im R & B die elektrisch verstärkte Gitarre. Die Bez. R & B wurde 1949 von der amerikan. Zeitschrift ›Billboard‹ als Ersatz für die diskriminierende Bez. Race Music der schwarzen Plattenlabels eingeführt. Erster bedeutender Vertreter des R & B war LOUIS JORDAN (* 1908, † 1975) und seine Tympany Five (›Caldonia‹, 1945; ›Choo Choo Ch'Boogie‹, 1946). Wichtig wurden danach v. a. JOHNNY OTIS (* 1921), JOHN LEE HOOKER (* 1917), MUDDY WATERS (* 1915, † 1983), T-BONE WALKER (* 1910, † 1975) und v. a. B. B. KING (* 1925) sowie RAY CHARLES. Als breite Strömung bereitete der R & B über boogiebetonte Musiker wie FATS DOMINO, LITTLE RICHARD und CHUCK BERRY den Rock'n'Roll vor und wurde damit ausschlaggebend für die gesamte Entwicklung der Rockmusik. Seine Fortsetzung fand der R & B in den 1960er Jahren v. a. im → Memphis Sound.

**Rhythmik** *die*, -, bis zum 19. Jh. svw. die Lehre vom Rhythmus, zu der auch die Lehre von der Rhythmusbildung (**Rhythmopöie**) gehörte; im 20. Jh. oft auch eine bestimmte R.-Art, z. B. Quantitäts-, Takt-, Mensural-R., auch z. B. ›Bachs R.‹.

**rhythmische Erziehung,** Form der Musik- und Bewegungserziehung, bei der musikal. Elemente (Melodie, Rhythmus, Ausdruck) in Bewegung umgesetzt werden. Die r. E. ist ein Gebiet der Elementarlehre der Musik, wie sie von der musikpädagog. Reformbewegung seit der 1. Hälfte des 20. Jh. vertreten wurde. Sie wurde unter Berufung auf J. H. PESTALOZZI um 1900 v. a. von É. →Jaques-Dalcroze ausgebaut; nach seiner Methode arbeitete u. a. die Schule in Hellerau (heute zu Dresden), später die Schule in Laxenburg; seine Schülerin ELFRIEDE FEUDEL (* 1881, † 1966) akzentuierte ihre pädagog. Bedeutung. Die Methode von JAQUES-DALCROZE war Ausgangspunkt der rhythm. Gymnastik von R. BODE u. a., die für die gesamte Entwicklung der →Gymnastik und →rhythmischen Sportgymnastik Bedeutung erlangte, des →Ausdruckstanzes und der raumrhythm. Bewegungslehre von R. VON LABAN. MIMI SCHEIBLAUER (* 1891, † 1968) machte die r. E. für die Früherziehung heilpädagogisch nutzbar; r. E. hat heute einen festen Platz in der Kindergarten-, Grundschul- und Behindertenpädagogik (Körper- und Sprecherziehung). R. E. ist eine der Grundlagen der →Musiktherapie. Einen musikpädagogisch außerordentlich wirksamen Anstoß erhielt die Bewegung durch C. ORFF, bes. durch dessen Schulwerk (seit 1931).

H. NEIRA-ZUGASTI: Rhythmik als Unterrichtshilfe bei behinderten Kindern (Wien 1981); N. BERZHEIM: Kinder gestalten mit Sprache, Gestik, Musik, Tanz (³1982); A. ERDMANN: Humanitas rhythmica. Rhythmisch strukturierte Sinnesphänomene – eine Orientierungshilfe für die Ausbildung des Menschlichen? (1982); W. FINK-KLEIN u. a.: Rhythmik in Kindergarten (³1989); I. GRÄTZ: Entwicklungsförderung durch rhythmisch-mus. Projektarbeit (1989).

**rhythmische Prosa,** rituelle, rhetor. oder poet. Prosa, in der bestimmte rhythm. Figuren oder metr. Modelle wiederkehren, die den Text von der Umgangssprache abheben und ihn in Lyrik und Epik verwendeten metr. Gesetzmäßigkeiten unterscheiden.

**rhythmische Sportgymnastik,** früher Wettkampfgymnastik, sportl. Wettkampfform der rhythm. Gymnastik für Damen. Sie ist dem Kunstturnen gleichgestellt und seit 1984 olymp. Disziplin.

Auf einer 12 × 12 m großen Wettkampffläche werden Einzel-, Mehr- und Mannschaftskämpfe (Gruppenwettbewerbe) ausgetragen. Bei nat. und internat. Wettbewerben werden ein Vierkampf sowie Einzeldisziplinen ausgetragen. Der Vierkampf setzt sich zusammen aus vier der fünf Disziplinen Reifen, Keule, Seil, Ball und Band, wobei nach dem internat. Regelwerk für eine bestimmte Zeit eine entfällt. Die Gruppenwettbewerbe tragen meist sechs Gymnastinnen aus, die jeweils zu dritt zwei ausgewählte Disziplinen vortragen.

In allen Wettbewerben, die von Klavier oder Tonbandmusik begleitet werden, gibt es Pflicht- und Kürübungen mit A-, B- und C-Teilen, die wie beim Kunstturnen von Kampfrichtern mit Noten bis zehn beurteilt werden.

**rhythmische Travée** [-tra've:], *Baukunst*: →Joch 2).

**Rhythm section** ['rɪðəm 'sekʃn, engl.] *die*, - -/- -s, im Jazz im Unterschied zur →Melody section Bez. für die Rhythmusgruppe einer Band bzw. →Big Band, in der Standardbesetzung des Swing bestehend aus Schlagzeug, Kontrabaß, Piano und Gitarre.

**Rhythmus** [lat., von griech. rhythmós ›Gleichmaß‹, eigtl. ›das Fließen‹, zu rhein ›fließen‹] *der*, -/...men, **1)** *allg.* und *Begriffsgeschichte:* Gleichmaß, gleichmäßig gegliederte Bewegung; regelmäßige Wiederkehr natürl. Vorgänge (z. B. Jahreszeiten). Sowohl physikal. (Tag-Nacht) wie auch biolog. (Herzschlag, Atmung) und psych. (Denken, Erleben, Wollen) Phänomene sind von R. bestimmt. R. wirken sich prägend auf das Naturgeschehen und auch auf den in diesen eingeordneten menschl. Lebensvollzug aus; als wesentlich ästhet. Phänomen treten sie in der Kunst hervor. Dabei können zwei konstitutive Prinzipien unterschieden werden, in deren Spannung R. entsteht: eine Folge von kleinsten Einheiten, die regelmäßig wiederkehren, und eine größere Phase, in der er als Gestalt (Ordnung) wahrgenommen wird (T. LIPPS). Auf der Erlebensebene wirkt der R. im Sinne einer Gestimmtheit aus, die das Mitschwingen mit einer erfahrenen gegliederten Bewegung kennzeichnend ist, durch die der Nachvollzug angeregt wird.

In der Antike wurde die Entsprechung von Atmung und Wellenbewegung betont.

Wahrscheinlich wurde R. aber zunächst in der Bedeutung von ›Schema‹ verwendet, dann im Sinne sich wandelnder, bewegl. Form von Schema unterschieden, das nunmehr eine feste, fixierte Form des R. meinte. Erst in der Folge erhielt R., ausgehend von der Beobachtung des ›chor. Tanzes‹, die heutige Bedeutung als Anordnung von geordneten Bewegungen in der Zeit.

J. TRIER in: Studium generale, Jg. 2 u. 3 (1949–50); W. MOHR: R., in: Reallex. der dt. Literaturgesch., begr. v. P. MERKER u. a., Bd. 3 (²1977); R. NEUMAIER: Antike R.-Theorien (Amsterdam 1989); A. F. AVENI: Rhythmen des Lebens (a. d. Amerikan., 1991).

**2)** *Biologie* und *Medizin:* **Bio-R., Biorhythmik,** die Erscheinung, daß bei Organismen viele Lebensvorgänge in bestimmten zeitl. R. verlaufen. Periodischen Veränderungen unterliegen z. B. der Funktionszustand von Zellen, Geweben, Organen, physiolog. Systeme wie Atmung, Kreislauf oder auch Photosynthese, die Wirkung von Enzymen oder Hormonen oder auch die Reaktion des Organismus auf Medikamente oder Gifte. Die Periodendauer dieser R. ist je nach Leistung und Organismenart verschieden. Im Millisekundenbereich liegen z. B. die elektr. Potentialschwankungen im Gehirn, im Sekundenbereich z. B. Herzschlag, Atembewegungen oder auch die Leuchtsignale der Leuchtkäfer. Mit period. Schwankungen von Umweltbedingungen synchron verlaufende R. zeigen meist längere Periodendauer. Hierzu gehören die Tagesrhythmik (etwa 24 Std.), die Gezeitenrhythmik von Meeresorganismen (etwa 12,4 Std.), die dem 29,5tägigen Mondphasenwechsel entsprechende Lunarrhythmik und die dem Wechsel der Jahreszeiten folgende Jahresrhythmik, der z. B. die Blüte und der Blattfall bei Pflanzen, Brutzeiten und Zugverhalten bei Vögeln oder der bei einigen Säugetieren vorkommende Winterschlaf folgen.

Sowohl die Kurzzeit-R. als auch die umweltsynchronen R. beruhen auf endogenen und somit erbl. R., die sich im Laufe der Evolution möglicherweise als Anpassung an geophysikal. Zyklen entwickelt haben. Die umweltsynchronen R. sind dabei in ihrer Zeitstruktur mit den Umweltzyklen über sogenannte Zeitgeber synchronisiert. Am besten untersucht sind die **Tages-R.**, die auch als **circadiane** oder **diurnale R.** bezeichnet und mit einer inneren Uhr (→physiologische Uhr) verglichen werden. Die wichtigsten Zeitgeber sind Licht und Temperatur. Tages-R. bestehen auch fort, wenn die äußeren Zeitgeber fortfallen, zeigen jedoch häufig leichte Verschiebungen, wenn sie freilaufend sind; so stellt sich bei Menschen, die mehrere Wochen von der Außenwelt völlig abgeschirmt werden, ein Ruhe-Aktivitäts-Zyklus ein, der i. d. R. zw. 24,5 und 26 Stunden liegt. Aus medizin. Sicht ist v. a. wichtig, daß sich der Mensch, da ebenfalls von einer circadianen Uhr gesteuert, an eine vom 24-Stunden-R. stark abweichende Periodik nicht anpassen kann. Externe Desynchronisation, z. B. bei transmeridionalen Flügen oder bei Schichtarbeit führt demgemäß zu interner Desynchronisation, verbunden u. a. mit verminderter Leistungsfähigkeit und erhöhter Anfälligkeit gegenüber Krankheiten, die im Fall der transmeridionalen Flüge (›jet lag‹) erst nach der bis zu einigen Tagen dauernden Anpassung an den neuen Außenzyklus wieder aufgehoben wird. Auch die Tatsache, daß Arzneimittel (z. B. Betablocker, Calciumantagonisten) in ihren Wirkungen und ihrer Pharmakokinetik im Organismus ausgeprägte Tages-R. aufweisen können, gewinnt mehr und mehr Bedeutung in der medizin. Diagnostik und Therapie.

L. RENSING: Biolog. Rhythmen u. Regulation (1973); E. BÜNNING: Die physiolog. Uhr. Circadiane Rhythmik u. Biochronologie (³1977).

**3)** In der *Literaturwissenschaft* werden unterschieden: Sprach-R., der zur Sprache als Schallform gehörende Wechsel betonter und unbetonter, langer und kurzer Silben, periodenöffnender und periodenschließender Satzmelodien u. a., und Vers.-R., eine Steigerung und Überhöhung der rhythm. Eigenschaften der Sprache, z. B. Alternation betonter und unbetonter oder langer und kurzer Silben, period. Wiederkehr bestimmter Gruppen. Die Spannung zw. dem v. a. nach ästhet. Gesichtspunkten strukturierten Organisationsmuster versifizierter Sprache, dem Versschema, und der sprachl. Realisierung (d. h. die Spannung zw. Hebung und Senkung, Versfuß, Vers, Strophe einerseits und betonter und unbetonter langer und kurzer Silbe, Kolon, Satz, Satzgefüge andererseits) macht das Wesen des Vers-R. aus. Die terminolog. Differenzierung zw. R. und Metrum ist abhängig vom jeweiligen histor. Standort. In der neueren Literaturwiss. wird Metrum meist als Bez. für das Versschema als abstraktes Organisationsmuster des Verses, im Unterschied zum Vers-R., der durch die Spannung zw. diesem Versschema (Metrum) und der sprachl. Füllung entsteht, verwendet.

**4)** *Musik:* grundlegendes musikal. Strukturelement, von gleicher Bedeutsamkeit wie Melodie und Harmonie und mit beiden eng verflochten. Der R. umfaßt die Ordnung, Gliederung und sinnfällige Gestaltung des zeitl. Verlaufs von Klangereignissen. Trotz der im Rhythmischen angelegten Tendenz zur Wiederkehr von Gleichem oder Ähnlichem darf der R. nicht mit →Metrum 2) oder →Takt verwechselt werden, da gerade die lebendigen Unterschiede die Zeitverläufe die musikal. Vielfalt des Rhythmischen erst ermöglichen, die v. a. durch abgestufte Tondauern und Akzente, aber auch durch melod. Bewegungen, wechselnde Klänge und Klangfarben, Tempo- und Lautstärkeverschiebungen, Phrasierung und Artikulation in Erscheinung tritt.

Während in der griech. Musik R. unmittelbar aus der Addition von Längen (–) und Kürzen (∨) entstand (**additiver R.**), bildete sich seit der Mehrstimmigkeit des MA. durch die versch. Unterteilungsmöglichkeiten eines gesetzten oder vorgegebenen Maßes ein System gemessener Rhythmik, deren Grundlagen die einfachsten Verhältnisse sind (1:3:9; 1:2:4; **divisiver R.**). Das Prinzip der Unterteilung einer als Schlagzeit (›Tactus‹, ›integer valor notarum‹; →Mensuralnotation) oder später als Takt geltenden Einheit ermöglichte erst eine rhythm. Differenzierung auch der einzelnen Stimmen in der mehrstimmigen Musik, indem in den versch. Stimmen eine unterschiedl. Unterteilung, die auf einen gemeinsamen Nenner gebracht werden kann, durchgeführt wird, z. B. in der Mensuralmusik. Aus dieser entwickelte sich parallel zur harmon. Tonalität die für die klass. Musik verbindl. Taktrhythmik. Später wurde in zunehmendem Maß der musikal. R. freier: In die Zählzeiten wurden Triolen eingefügt (A. BRUCKNER, J. BRAHMS), und es kam zu häufigen Taktwechseln und schwierigen Taktarten (R. WAGNER, P. I. TSCHAIKOWSKY).

Die Tendenz zu einem vom Takt unabhängigen R. führte im späten 19. und frühen 20. Jh. in manchen Kompositionen zu einer Art →musikalischer Prosa (R. WAGNER, R. STRAUSS, A. SCHÖNBERG). Bei anderen Komponisten trat umgekehrt ein motor. R. stark in den Vordergrund (I. STRAWINSKY, P. HINDEMITH, C. ORFF). Der R. der neuen Musik nach 1950 ist zu äußerster, oft nicht mehr rational nachvollziehbarer Vielfalt entwickelt worden und hat den Bezug zu einer Schlagzählzeit weitgehend aufgegeben. – In der Unterhaltungs-, Pop- und Rockmusik steht weniger der R. als das stark betonte Metrum im Vordergrund (→Beat). Im Jazz dagegen treten zum Grundschlag oft ganz freie und sich überlagernde Rhythmen (→swing). Großer rhythm. Reichtum kennzeichnet die Musik vieler außereurop. Kulturen, deren oft sehr differenzierte Ausdrucksformen dem europ. Hörer nicht leicht verständlich werden.

H. RIEMANN: System der musikal. Rhythmik u. Metrik (1903, Nachdr. 1971); E. APFEL u. C. DAHLHAUS: Studien zur Theorie u. Gesch. der musikal. Rhythmik u. Metrik, 2 Tle. (1974); W. SEIDEL: Über R.-Theorien der Neuzeit (Bern 1975); ders.: R. Eine Begriffsbestimmung (1976); T. G. GEORGIADES: Der griech. R. (²1977).

**5)** *Psychologie:* Bezogen auf rhythm. Prozesse sind physisch-biolog. und psych. Geschehen eng miteinander verbunden. Dies führte zu der Annahme einer Entsprechung von hirnphysiolog., psych. und rhythm. Prozessen und zu der Theorie, jeder Mensch habe einen eigenen R., der sich in den chem. wie auch in

### Riad

Hauptstadt von Saudi-Arabien

• im Zentrum der Arabischen Halbinsel in wüstenhafter Umgebung

• 585 m ü. M.

• 2 Mio. Ew.

• seit dem 19. Jh. als Oasenstadt und Verkehrsknoten bedeutend

• im 20. Jh. zur Großstadt nach westlichem Vorbild entwickelt

biolog. und körperl. (z. B. Atmen, Gehen, Schreiben) und den psych. (z. B. Denken) Prozessen niederschlage. – Die Zusammenhänge von rhythm. Erleben und psych. Befinden, z. B. im Sinne von R.-Störungen bei Psychosen und Neurosen, bei Zwangsverhalten werden in der Psychopathologie untersucht.

**Rhythmusgerät, Rhythmusmaschine, Rhythmus|automat,** Sammel-Bez. für eine Fülle von elektron. Geräten zur Erzeugung rhythm. Abfolgen meist im Sound üblicher Schlagzeugklänge (Background). R. arbeiten i. d. R. wie Synthesizer mit analogen bzw. digitalen Klangerzeugungstechniken. Kleinere batteriebetriebene R. mit mehreren, auf Knopfdruck abrufbaren Standardrhythmen der Tanzmusik wie Marsch, Walzer, Foxtrott, Rumba, Tango, Boogie usw. eignen sich bes. als Begleitautomaten für musikal. Alleinunterhalter (→ Elektronenorgel). Aufwendige Schlagzeugcomputer bieten eine reiche Palette auch ausgefallener, z. B. lateinamerikan. Schlaginstrumente und differenziertere Rhythmen sowie die Möglichkeit der Programmierung ganzer Schlagzeugsoli. Ein spezieller Rhythmussynthesizer ist das → Electronic drum.

**Rhyton** [griech.] *das, -s/...ta,* ein Trink- und Spendegefäß des Altertums, das in der Art eines Trichters einen engen Ausguß besitzt. R. waren in unterschiedl. Formen im Alten Orient sowie in der minoischen und myken. Kultur verbreitet. Vermutlich über skyth. Vermittlung wurde das R. in der Form des Trinkhorns im 5. Jh. von den Griechen übernommen. Auf Kreta gab es konische und eiförmige R. oder R. in Gestalt von Tieren und Tierköpfen (v. a. Stiere und Stierköpfe) aus unterschiedl. Material (Steatit, Ton) und Materialkombinationen (BILDER → minoische Kultur). Die hethit. Ton-R. hatten Protome von Stier-, Löwen- oder Hirschköpfen (Tokat; Kanisch). Aus der Spätzeit (7./6. Jh.) sind auch syrohethit. Metall-R. überliefert (Kahramanmaraş). In Iran wurden wohl seit dem 9. Jh. v. Chr. kostbare R. aus Gold, Silber, Elfenbein u. a. Material unter Verwendung versch. Tierprotome (Hirsch, Stier, Fabelwesen wie Greif, Flügelstier, Sphinx) geschaffen, ein wohl zum Schatzfund von Ziwiye gehörendes R. zeigt einen Widderkopf. Ein in Kuban gefundenes Metall-R. griech. Herkunft stellt Pegasus dar (BILD → Kuban); aus Attika stammen zahlreiche Tonrhyta.

H. HOFFMANN: Attic red-figured rhyta (Mainz 1962); ders.: Tarentine rhyta (ebd. 1966); K. TUCHELT: Tiergefäße in Kopf- u. Protomengestalt (1962).

**Rhyton:** Goldenes Rhyton in Form eines Widderkopfes; vielleicht aus dem Schatz von Ziwiye (Privatbesitz)

**Ri.,** Abk. für das alttestamentl. Buch der → **R**ichter.
**RI,** Nationalitätskennzeichen (Kfz) für Indonesien.
**R. I.,** postamtlich **RI,** Abk. für den Staat **R**hode **I**sland, USA.

**Ria** [span., zu lat. rivus ›Fluß‹] *die, -/-s,* tief ins Land reichende, schlauchförmige Meeresbucht, die durch Eindringen (Ingression) des Meeres in ein Flußtal entstanden ist. R. sind nicht durch eiszeitl. Vergletscherung überformt (im Unterschied zu den Fjorden) und daher nur von geringer Tiefe. **R.-Küsten** finden sich z. B. in NW-Spanien, in der Bretagne und in Südirland. BILD → Bretagne

**RIA,** Abk. für → **R**adio**i**mmuno**a**ssay.

**Riace** [ri'atʃe], Ort an der SO-Küste Kalabriens (Italien), vor dessen Küste 1972 zwei hervorragend erhaltene Bronzefiguren gefunden wurden. Die Kriegerfiguren sind griech. Originalwerke des Strengen Stils (um die Mitte des 5. Jh. v. Chr.); Zweck und Urheberschaft sind umstritten (BILD → Bronzekunst).

**Riad:** Innenministerium; 1989/90 fertiggestellt

**Riad, Rijat, Riyat, Er-R.,** Hauptstadt von Saudi-Arabien, 585 m ü. M., erstreckt sich auf einer wüstenhaften Hochebene im Zentrum der Arab. Halbinsel, am Rand des (nur periodisch wasserführenden) Wadi Hanifa, (1988) 2 Mio. Ew.; König-Saud-Univ. (gegr. 1957), Islam. Univ. (gegr. 1953), TH u. a. Hochschulen; Militärakademie; Industrieforschungs- und -entwicklungszentrum; Nationalbibliothek; Museen. R. ist seit dem 19. Jh. als Oasenstadt und Verkehrsknoten bedeutend und nahm durch die Entwicklung der Erdölwirtschaft einen stürm. Aufschwung; Zementfabrik, Werk für Kunststoffrohre, Erdölraffinerie; Endpunkt der eingleisigen Eisenbahnlinie von Dammam. Mit allen wichtigen Landesteilen ist R. durch Asphaltstraßen verbunden; internat. Flughafen. – R. war urspr. ein von dichten Dattelpalmenhainen umgebener Oasenplatz. Hier entstand Mitte des 18. Jh. eine befestigte Siedlung zum Schutz gegen die Überfälle der Familie Ibn Saud, deren Stammsitz R. 1824 wurde. 1887 wurde die Stadt von der Dynastie Ibn Raschid aus Hail erobert, 1902 von IBN SAUD, dem späteren ersten König von Saudi-Arabien, rückerobert. Seit der Mitte des 20. Jh. entwickelte sich R. zu einer Großstadt nach westl. Vorbild. – Von der traditionellen Lehmbauarchitektur ist nur das Fort (18. Jh.) erhalten. Bei der Gestaltung zahlreicher öffentl. Bauten (Universitäten, Sportanlagen, Krankenhäuser) sowie der königl. Palastanlagen und Luxushotels arbeiteten Architekten wie R. GUTBROD, H. LARSEN, P. L. NERVI, F. OTTO, A. SPEER, YAMASAKI MINORU und Architekten der Firma SOM mit. Dabei konnten sich neuerdings wieder eigenständige arab. Architekturformen entwickeln.

H. PAPE: Er R. Stadtgeographie u. Stadtkartographie der Hauptstadt Saudi-Arabiens (1977).

**Riad,** Mahmud, ägypt. Politiker, * Kairo 8. 1. 1917, † Ljubljana 27. 9. 1981; Diplomat, 1955–58 Botschafter in Damaskus, arbeitete 1958–62 als außenpolit. Berater Präs. G. ABD EL-NASSERS. 1964–71 war er Außen-Min., 1972–79 GenSekr. der Arab. Liga.

**Rial** [pers.-arab.] *der, -(s)/-(s),* Währungseinheit von Iran, Abk. **Rl.** (1 Rl. = 100 Dinar), Jemen, Abk. **Y. RI** (1 Y. Rl. = 100 Fils), und von Oman, Abk. **R. O.** (1 R. O. = 1000 Baizas).

**RIAS Berlin,** Abk. für **R**undfunk **i**m **a**merikanischen **S**ektor von **Berlin,** gegr. am 7. 2. 1946 als ›DIAS‹ (Abk. für Drahtfunk im amerikanischen Sektor von Berlin), seit 4. 9. 1946 unter der Bez. RIAS Berlin. Die Rundfunkgesellschaft wurde von der amerikanischen Militärverwaltung eingerichtet und untersteht seit 1955 der United States Information Agency. Die Finanzierung erfolgt durch Zuwendungen (Grants). Seit dem 22. 8. 1988 strahlt RIAS Berlin zusätzlich zu den Hörfunkprogrammen RIAS 1 und RIAS 2 das Fernsehprogramm RIAS-TV aus.

**Riau|archipel,** Inselgruppe östlich Sumatras, Indonesien, zus. mit dem Linggaarchipel 10 842 km². Hauptinseln sind Bintan (Bauxit) und Singkep (Zinnerz). Die Prov. Riau (94 562 km²) umfaßt hauptsächlich einen Teil Ostsumatras.

**Riba** ['rriβə], Carles, katalan. Schriftsteller, * Barcelona 23. 9. 1893, † ebd. 12. 7. 1959; Prof. für Altphilologie; 1939–42 in Frankreich im Exil, seit 1950 Direktor des ›Institut d'Estudis Catalans‹. Seine zunächst hermetisch dunkle Lyrik (›Estances‹, 2 Bde., 1930) spiegelt die Erfahrung des Exils (›Elegies de Bierville‹, 1942) sowie eine humanistisch-christl. Weltsicht (›Salvatge cor‹, 1952). Das u. a. von GOETHE, S. MALLARMÉ, R. M. RILKE und P. VALÉRY beeinflußte Werk macht R. zu einem Klassiker der Moderne. R. verfaßte auch ein umfangreiches essayist. Werk zur katalan. Literatur; bed. Übersetzer.
**Ausgabe:** Obres completes, hg. v. E. SULLÀ, 4 Bde. (1985–88).
B. FRIESE: C. R. als Übersetzer aus dem Dt. (1985); Actes del simposi C. R., hg. v. J. MEDINA u. a. (Barcelona 1986).

**Ribalta** [rri'βalta], Francisco, span. Maler, * Solsona (Prov. Lérida) 2. 6. 1565, † Valencia 13. 1. 1628; ausgebildet im Umkreis von J. FERNÁNDEZ DE NAVARRETE, F. ZUCCARI und B. CARDUCHO. Bestimmend für seinen Stil wurden auch RAFFAEL, SEBASTIANO DEL PIOMBO und CORREGGIO, deren Werke er kopierte. Um 1597 ließ er sich in Valencia nieder. Zwischen 1613 und 1615 unternahm er vermutlich eine Italienreise. Seine Altarwerke sind farblich verhalten; charakteristisch sind ein kontrastreiches Helldunkel und eine Neigung zu naturalist. Wiedergabe (›Christus umarmt

**Francisco Ribalta:** Christus umarmt den heiligen Bernhard; um 1624 (Madrid, Prado)

den hl. Bernhard‹, um 1624; Madrid, Prado). Er war vermutlich Lehrer von J. DE RIBERA. R.s Sohn JUAN (* 1596, † 1628) arbeitete in der Werkstatt seines Vaters.
D. M. KOWAL: The life and art of F. R., 3 Bde. (Ann Arbor, Mich., 1983).

**Ribat** [arab.] *das, -/-,* im westislam. Bereich Festungswerk und Quartier (›Klosterburg‹), zu Verteidigungszwecken von freiwilligen muslim. Glaubenskämpfern. Seit Ende des 8. Jh. bis ins 12. Jh. errichtet, v. a. an der Mittelmeerküste N-Afrikas, aber auch an anderen Grenzen der islam. Welt; meist aus einer Stiftung hervorgegangen; mit einem Betsaal (Moschee) und häufig mit einem Mausoleum und einer Medrese verbunden. Ende des 8. Jh. wurden die mächtigen R. von Sousse und Monastir (BILD → Monastir 2) in Tunesien begonnen. – Im ostislam. Bereich wurde R. die Bez. für eine Karawanserei.

**Ribatejo** [rriβa'teʒu], histor. Provinz in Portugal, entlang des unteren Tejo; Hauptort: Santarém. Der R., das erdbebengefährdetste Gebiet des Landes, ist eine überwiegend (bes. im S) von sandig-kiesigen Ablagerungen bedeckte, wenig fruchtbare Beckenlandschaft; nördlich des Tejo tertiäres Hügelland. Auf den überschwemmungsreichen Talböden und z. T. eingedeichten Aueninseln wird intensiver Reis- und Tomatenanbau betrieben; Wein- und Obstbau.

**Ribattuta** [italien. ribattuta (di gola) ›das Zurückschlagen (der Kehle)‹] *die, -/...ten,* dem Triller ähnl. und oftmals diesen einleitende Verzierung aus allmählich beschleunigtem Wechsel zw. Haupt- und oberer Nebennote.

**Ribbentrop,** Joachim von (seit 1925), Diplomat und Politiker, * Wesel 30. 4. 1893, † (hingerichtet) Nürnberg 16. 10. 1946; Sohn eines Offiziers, nach freiwilligem Dienst in der Armee (1914–19) Kaufmann; trat 1932 in die NSDAP, 1933 in die SS ein und wurde bei der Vorbereitung des Kabinetts der ›nat. Konzentration‹ Verbindungsmann zw. den konservativen Gruppen um F. VON PAPEN und den Nationalsozialisten um H. GÖRING und H. HIMMLER. Nach der nat.-soz. Machtergreifung 1933 wurde R. HITLERS wichtigster außenpolit. Berater. Gestützt auf dessen Vertrauen und die Zusammenarbeit mit HIMMLER, konnte R. als Leiter der ›Dienststelle R.‹, einer der miteinander konkurrierenden außenpolit. Institutionen des nat.-soz. Staates, seine persönl. Macht ausbauen: R. wurde im April 1934 Sonderbeauftragter der Reichs-Reg. für Abrüstungsfragen, führte die Verhandlungen über das dt.-brit. Flottenabkommen (abgeschlossen am 18. 6. 1935), das Dtl. die Wiederaufrüstung zur See ermöglichte, ab Aug. 1936 als Botschafter in Großbritannien beauftragt, ein dt.-brit. Bündnis abzuschließen, Febr. 1938 bis April 1945 Außen-Min. Urspr. von der Realisierbarkeit eines Bündnisses mit Großbritannien überzeugt, erkannte R. in seiner Zeit als Botschafter die Unvereinbarkeit von nat.-soz. und brit. Politik und rückte von HITLERS programmat. England-Politik ab. An wilhelminisch-imperialist. Zielvorstellungen anknüpfend, entwickelte R. die machtpolitisch ausgerichtete Konzeption eines antibrit. Alliansystems, das Großbritannien von einer krieger. Konfrontation abschrecken oder Dtl. den Sieg sichern sollte; im Mittelpunkt stand die Festigung des Bündnisses zw. Dtl., Italien und Japan, schließlich erweitert zu einem ›Kontinentalblock‹, der ab 1938 auch die Sowjetunion einbezog. R.s Konzept fand Niederschlag in HITLERS Außenpolitik (→ Nationalsozialismus); sein größter Erfolg war der Abschluß des dt.-sowjet. Nichtangriffspaktes (Aug. 1939, → Hitler-Stalin-Pakt) und des Grenz- und Freundschaftsvertrages (Sept. 1939). – R. wurde im Nürnberger Hauptkriegsverbrecherprozeß 1946 zum Tod verurteilt.
**Ausgabe:** Zw. London u. Moskau. Erinnerungen u. letzte Aufzeichnungen, hg. v. A. VON RIBBENTROP (1953).
H.-A. JACOBSEN: Nat.-soz. Außenpolitik 1933–1938 (1968); J. HENKE: England in Hitlers polit. Kalkül: 1935–1939 (1973); W. MICHALKA: Vom Antikominternpakt zum euroasiat. Kontinentalblock: R.s Alternativkonzeption ..., in: Nat.-

**Joachim von Ribbentrop**

# Ribb   Ribble – Ribera

soz. Außenpolitik, hg. v. dems. (1978); ders.: R. u. die Weltpolitik: 1933–1940. Außenpolit. Konzeptionen u. Entscheidungsprozesse im Dritten Reich (1980); ders.: J. v. R. – Vom Spirituosenhändler zum Außen-Min., in: Die braune Elite, hg. v. R. SMELSER u. a. (1989); K. HILDEBRAND: Dt. Außenpolitik: 1933–1945. Kalkül oder Dogma? (⁴1980); H.-J. DÖSCHER: Das Auswärtige Amt im Dritten Reich. Diplomatie im Schatten der ›Endlösung‹ (1987); P. LONGERICH: Propagandisten im Krieg. Die Presseabteilung des Auswärtigen Amtes unter R. (1987).

**Ribble** [rɪbl] *der,* Fluß in NW-England, 121 km lang, entspringt im Penninischen Gebirge, mündet unterhalb von Preston in die Irische See.

**Ribe,** dt. **Ripen,** Stadt und Amt in Jütland, Dänemark, an der R. Å, 7 km vor deren Mündung in die Nordsee, (1988) 18 000 Ew.; luther. Bischofssitz; Kunstmuseum; Metall-, Nahrungsmittel-, Möbelindustrie. – R. wurde erstmals Mitte des 9. Jh. als Ort einer Kirchengründung ANSGARS erwähnt, 948 Bischofssitz; im MA. zählte R. zu den bedeutendsten dänischen Handels- und Schiffahrtsorten. – 1460 wurde hier der Vertrag von R. (→ Ripener Freiheitsbrief) abgeschlossen. – Gut erhaltenes histor. Straßenbild mit Fachwerkhäusern des 16. und 17. Jh. Roman. Dom (wohl nach 1150 begonnen) mit kräftigem NW-Turm und schlankem SW-Turm (Ende 19. Jh. rekonstruiert, BILD →dänische Kunst), ›Katzenkopftür‹, ein Portal mit Löwenkopf am südl. Querhaus. Got. Katharinenkirche (15. Jh.), urspr. Kirche eines Dominikanerklosters; von den ehem. Klosterbauten nur O-Flügel und Kreuzgang erhalten; Rathaus (1528 aus zwei mittelalterl. Häusern zusammengefaßt); Reste der Burg Riberhus (12. Jh.) mit drei 1940/41 rekonstruierten Rundtürmen.

**Ribe** Stadtwappen

**Ribeauvillé** [ribovi'le], Stadt im Elsaß, →Rappoltsweiler.

**Ribeirão Prêto** [rribej'rãum 'pretu], Stadt im Staat São Paulo, Brasilien, (1989) 421 600 Ew.; kath. Erzbischofssitz; wichtiger Handelsplatz, Mittelpunkt eines reichen Kaffee- und Baumwollanbaugebiets, Lebensmittel-, Maschinen-, Textilindustrie; Flugplatz.

**Ribeiro** [rri'βeiru], **1)** *Aquilino,* portug. Schriftsteller, * Carregal de Tabosa (bei Sernancelhe, Distr. Viseu) 13. 9. 1885, † Lissabon 27. 5. 1963; wegen revolutionärer Betätigung wiederholt inhaftiert, war längere Zeit im Exil in Paris und Spanien. Seine Romane und Erzählungen, die sich durch lebensnahe Schilderung und psycholog. Feinheit auszeichnen, schildern die bäuerl. Welt der heimatl. Beira Alta sowie das Leben in Lissabon und Paris. Als sein Meisterwerk gilt die Erzählung ›O Malhadinhas‹ (enthalten in der Erzählungssammlung ›Estrada de Santiago‹, 1922).

**Weitere Werke:** *Erzählungen:* Jardim das tormentas (1913); Filhas e Babilónia (1920); As três mulheres de Sansão (1932). – *Romane:* Terras do demo (1919); Andam faunos pelos bosques (1926); O homem que matou o diabo (1930); Maria Benigna (1932); Aventura maravilhosa de D. Sebastião (1936); Volfrâmio (1944); Lápidas partidas (1945); O arcanjo negro (1947); Quando os lobos uivam (1958; dt. Wenn die Wölfe heulen); A casa grande de Romarigães (1959).

*Ausgabe:* Obras completas, auf zahlr. Bde. ber. (1956 ff.). T. DE VASCONCELOS: A. R. (Lissabon 1965).

**2)** *Bernardim,* portug. Dichter, * Torrão (Distr. Setúbal) 1482(?), † Lissabon 1552(?); schrieb den von anderer Hand fortgesetzten empfindsamen Liebesroman ›Hystoria de menina e moça‹ (hg. 1554, erweiterte Fassung 1557 u. d. T. ›Livro das saudades‹). R. war auch als Lyriker bedeutend. Mit seinen Eklogen (›Eclogas‹, hg. 1554) beginnt die portug. Hirtendichtung.

*Ausgabe:* Obras completas, hg. v. A. RIBEIRO u. a., 2 Bde. (⁴1982).
A. GALLEGO MORELL: B. R. y su novela ›Menina e moça‹ (Madrid 1960).

**3)** *Darcy,* brasilian. Soziologe und Anthropologe, * Montes Claros (Minas Gerais) 1922; war 1947–57 bei ethnolog. Forschungen als Berater für Maßnahmen zum Schutz der indian. Bev. tätig; 1962 Gründer und erster Rektor der Univ. in Brasilia. Nach dem Militärputsch 1964–75 im Exil; Lehrtätigkeiten in Uruguay, Chile, Peru, Venezuela und Algerien, danach erneut als akadem. Lehrer und Politiker in Brasilien; 1982–87 Kultus-Min. und Vize-Gouv. von Rio de Janeiro. Schwerpunkte der Arbeit R.s, der sich um die Ausbildung einer ›lateinamerikan. Perspektive‹ bemüht, bilden Untersuchungen zum Zivilisationsprozeß, zur Volksbildung und zur Lage von Minderheiten.

**Werke:** O processo civilizatório (1968; dt. Der zivilisator. Prozeß); As Américas e a civilização (1970; dt. Amerika u. die Zivilisation); Ensaios insólitos (1979; dt. Unterentwicklung, Kultur u. Zivilisation); Utopia selvagem (1982; dt. Wildes Utopia).

**4)** *João Ubaldo,* brasilian. Schriftsteller, * Itaparica (Bahia) 23. 1. 1941; Journalist, u. a. 1965–71 Prof. für polit. Wiss. an der Univ. Bahia. Sein Hauptwerk, der Roman ›Viva o povo brasileiro‹ (1984; dt. ›Brasilien, Brasilien‹) ergründet die nat. Identität in episodenreicher Mischung aus Geschichte, Phantasie, Religion, Mythos und Erotik.

**Ribemont** [rib'mõ], Ort im frz. Dép. Aisne, an der Oise, (1990) 2 200 Ew. – Der **Vertrag von R.,** geschlossen im Febr. 880 zw. dem ostfränk. König LUDWIG III., DEM JÜNGEREN (876–882) und den Söhnen des westfränk. Königs LUDWIG II., DES STAMMLERS (877–879), LUDWIG III. (879–882) westfränk. König im nördl. Reichsteil und KARLMANN (879–884 im südl. Teil), sprach den im Vertrag von → Meerssen (870) an das Westfränk. Reich gelangten W-Teil Lothringiens dem ostfränk. König zu und bestätigte damit die ein Jahr zuvor bei Verdun getroffenen Abmachungen.

**Ribera** [rri'βera], **1)** *Jusepe de,* auch **José de R.,** gen. **lo Spagnoletto** [-spa.no-], italien. ›der kleine Spanier‹], span. Maler und Radierer, * Játiva 17. 2. 1591, † Neapel 2. 9. 1652; vermutlich Schüler von F. RIBALTA in Valencia, ging früh nach Italien (1610–12 in der Lombardei, 1615 in Rom) und lebte ab 1616 in Neapel. Er übernahm die Helldunkelmalerei CARAVAGGIOS und dramatisierte seine überwiegend religiösen Darstellungen in einer typisch span. Auffassung unter besonderer Betonung naturalist. Elemente. In der Spätzeit wechselte die Farbgebung von düsterem Helldunkel bei Märtyrerszenen zu warmen Goldtönen bei Wunderdarstellungen. Bedeutend sind auch seine Radierungen und Zeichnungen. R. übte großen Einfluß auf die neapolitan. und die span. Malerei des Barock aus.

**Werke:** Bacchanal (1626; Neapel, Galleria Nazionale di Capodimonte); Die unbefleckte Empfängnis Mariä (1635; Sa-

**Jusepe de Ribera:** Jakobs Traum; 1639 (Madrid, Prado)

lamanca, Augustinerklosterkirche); Apoll u. Marsyas (1637; Neapel, Museo Nazionale di San Martino; BILD →Marsyas); Das Martyrium des hl. Bartholomäus (1639?; Madrid, Prado); Jakobs Traum (1639; ebd.); Die hl. Magdalena (um 1640; ); Die Taufe Christi (1643; Nancy, Musée des Beaux-Arts); Anbetung der Hirten (1650; Paris, Louvre); Der Klumpfuß (1652; ebd).
L'opera completa del R., hg. v. N. SPINOSA (Neuausg. Mailand 1981); J. de R., lo Spagnoletto, Ausst.-Kat. (Fort Worth, Tex., 1982).

2) **Pedro de,** span. Baumeister, * Madrid 1683(?), † ebd. zw. 9. und 21. 10. 1742; Hauptmeister des Madrider Barock in der 1. Hälfte des 18. Jh. (ab 1726 Stadtbaumeister), einer der wichtigsten Vertreter des Churriguerismus.
**Hauptwerke** (in Madrid): Klosterkirche Virgen del Puerto (1718 geweiht); Portal u. Fassade des Hospicio de San Fernando (1722–29); Puente de Toledo über den Manzanares (1732 vollendet, reiches bauplast. Dekor).

**Ribera del Duero** [rri'βera-], eines der bedeutenden Rotweingebiete Spaniens (Denominación de Origen), in Kastilien beiderseits des oberen Duero, 700–900 m ü. M., 12 000 ha (zu 60% mit der heim. Tinto-fino-Rebe bestanden); Zentren sind Aranda de Duero und Peñafiel.

**Ribes** [italien.-mlat. ›Johannisbeere‹, von arab. rībās, eine Art Rhabarber], wichtigste Gattung der Stachelbeergewächse mit rd. 150 Arten in der nördl. gemäßigten Zone und in den Gebirgen Südamerikas; Sträucher; Blüten meist klein, fünf- oder vierzählig, mit ganz oder fast ganz unterständigem Fruchtknoten; Früchte als Beeren ausgebildet. Man unterscheidet die Kulturformen der Stachelbeere von der Artengruppe →Johannisbeere.

**Ribeyro** [rri'βeiro], Julio Ramón, peruan. Schriftsteller, * Lima 31. 8. 1929; lebt seit 1958 in Paris. Seine Erzählungen und Romane schildern meist Sitten im kleinbürgerl. Milieu von Lima oder in der Welt der Großgrundbesitzer; schrieb auch Dramen und Essays.
**Werke:** *Erzählungen:* La palabra del mudo, 2 Bde. (1973, erweitert auf 3 Bde. 1977); Prosas apátridas (1975; dt. Heimatlose Geschichten). – Auf offener See (1961, Ausw.). – *Romane:* Crónica de San Gabriel (1960; dt. Im Tal von San Gabriel); Los geniecillos dominicales (1965); Cambio de guardia (1976). – *Dramen:* Vida y pasión de Santiago el pajarero (1966); Atusparia (1981).
W. A. LUCHTING: Estudiando a J. R. R. (Frankfurt am Main 1988).

**Ribisel** [zu Ribes] *die, -/-(n),* österr. für: Johannisbeere.

**Ribit** *das, -s,* **Ribitol, Adonit,** ein fünfwertiger Zuckeralkohol (Pentit), Summenformel $C_5H_{12}O_5$; farblose wasserlösl. Substanz, die durch Reduktion von Ribose gewonnen wird. R. kommt in der Natur im Adonisröschen und als Bestandteil des Riboflavins vor.

**Riblets** ['rɪblɪts, engl.], in Kunststoffolien eingeprägte, sehr feine Rillen von wenigen Hundertsteln Millimeter Tiefe; auf die Oberfläche von Flugzeugen aufgebracht, kann der Strömungszustand der →Grenzschicht so beeinflußt werden, daß der Reibungswiderstand vermindert wird.

**Ribnikar,** Jara, serb. Schriftstellerin, * Königgrätz 23. 8. 1912; Partisanin im Zweiten Weltkrieg, ab 1943 Redakteurin bei der Tanjug; schreibt neben Gedichten v. a. Romane und Erzählungen, in denen sie Kriegsereignisse und später v. a. Probleme des modernen Großstadtlebens behandelt; auch Dramen.
**Werke:** *Romane:* Pobeda i poraz (1963; dt. Duell an der Drina); Jan Nepomucki (1969; dt. Die Berufung. Das Leben des Pianisten Jan Nepomuk). – *Die Kupferne* (1961; dt. Die Neulehrer); Ja, Ti, Mi (1967; dt. Ich u. Du). – *Erinnerungen:* Život i priča (1981; dt. Leben u. Legende).

**Ribnitz-Damgarten,** 1) Kreisstadt in Mecklenburg-Vorpommern, an der Mündung der Recknitz in die Ribnitzer See (Bucht des Saaler Boddens), (1989) 17 400 Ew.; umfaßt Ribnitz (früher zu Mecklenburg) links und Damgarten (früher zu Pommern) rechts der Recknitz (1950 vereinigt); Bernsteinmuseum; Herstellung von Faserplatten, Möbeln, Lederwaren, Futtermitteln und Schmuck (früher aus Bernstein). Westlich von R.-D., in Klockenhagen, Freilichtmuseum. – Bei einer 1210 genannten Burg an der Küstenstraße von Rostock nach Stralsund wurde vermutlich um 1250 die regelmäßig angelegte Stadt **Ribnitz** gegründet. Das gegenüberliegende Dorf **Damgarten** wurde 1258 Stadt. – In Ribnitz Stadtkirche St. Marien (1765–89, mit älterem Kern); Kirche des ehem. Klarissinnenklosters (um 1400) mit wertvoller Ausstattung, u. a. die geschnitzten ›Ribnitzer Madonnen‹ (15./16. Jh.); ehem. Rathaus (1834); Rostocker Tor (15. Jh.). – In Damgarten Pfarrkirche (14. und 15. Jh.).

2) Landkreis in Mecklenburg-Vorpommern, 942 km², (1989) 65 300 Ew., an der Ostseeküste im Bereich der Halbinsel →Darß; vorherrschend Grundmoränenlandschaft (bis 55 m ü. M.) mit Böden unterschiedl. Güte (bes. Kartoffel-, Roggen- und Futterpflanzenanbau); im SW von der Recknitz durchflossen (einem bis 3 km breiten, teilweise vermoorten Urstromtal folgend; auf meliorierten Flächen hier Grünlandwirtschaft), die die Grenze zw. Mecklenburg (SW) und Vorpommern bildet. Größte wirtschaftl. Bedeutung hat der Urlauberverkehr zu den Ostseebädern (Dierhagen, Wustrow, Ahrenshoop, Prerow, Zingst a. Darß); die Boddenküste bildet das Hauptgebiet des Nationalparks Vorpommersche Boddenlandschaft. Bad Sülze an der Recknitz ist Moorbad. Industriestandorte sind die Kreisstadt und Barth. – Der Kreis gehörte vom 23. 7. 1952 bis 3. 10. 1990 zum Bez. Rostock.

Ribnitz-Damgarten 1): Madonna auf der Mondsichel (um 1520), eine der ›Ribnitzer Madonnen‹ in der Klosterkirche

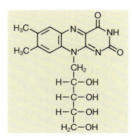

Riboflavin

**Riboflavin** [zu Ribose und lat. flavus ›gelb‹] *das, -s/-e,* **Lactoflavin,** zum Vitamin-B₂-Komplex gehörendes Vitamin, das chemisch gesehen ein Flavinderivat mit einem Ribitrest ist. R. ist als Bestandteil der Flavinnukleotide in über 60 Enzymen als prosthet. Gruppe enthalten. Entsprechend seiner biochem. Funktion kommt es daher in allen Zellen und stets in gebundener Form vor; lediglich Milch, in der R. bes. reichlich vorhanden ist, enthält freies R. Mangelerscheinungen, die sich in Haut- und Schleimhauterkrankungen äußern, sind daher äußerst selten.

**Ribonukleasen,** →RNasen.

**Ribonukleinsäure,** Abk. **RNS,** →Nukleinsäuren.

**Ribonukleoside,** Grundbausteine der Ribonukleinsäure, →Nukleoside.

**Ribose** [Kw.] *die, -/-n,* **D-Ribose,** in der Natur weit verbreitet (z. B. in Coenzymen, Nukleotiden, Nukleosiden, Nukleinsäuren, Glykosiden) vorkommendes Monosaccharid aus der Reihe der Pentosen. R. ist eine farblose, kristalline, in Wasser leicht, in Alkohol weniger lösl. Substanz. R. wird im Körper durch Biosynthese aus Glucose gebildet; geht durch Reduktion in Ribit über.

**Ribosomen** [Kurzbildung zu Ribose und griech. sōma ›Körper‹, *Sg.* **Ribosom** *das, -s,* elektronenmi-

D-Ribose
(offenkettige Form)

β-D-Ribose
(zyklische Form)

**Ribose**

**Ribo** Ribot – Ricardo

kroskopisch sichtbare Ribonukleoprotein-Granula, die im Zytoplasma, in den Mitochondrien und den Plastiden der Zellen aller Organismen vorkommen. Sie wurden erstmals 1955 von G. E. PALADE beschrieben (**Palade-Körner**). R. werden als noch nicht funktionsfähige Prä-R. im Zellkern gebildet und bestehen aus zwei Untereinheiten. Diese werden mit ihrer bei der Ultrazentrifugation gemessenen und in Svedberg-Einheiten (S) angegebenen Sedimentationskoeffizienten bezeichnet (bei Eukaryonten 60 S/40 S; bei Prokaryonten 50 S/30 S). Die R. von Prokaryonten unterscheiden sich von denen der Eukaryonten u. a. durch ihre Größe (Eukaryonten 30 nm; Prokaryonten 20–24 nm) und ihre Empfindlichkeit gegenüber versch. Hemmstoffen; hinsichtlich vieler Eigenschaften ähneln sie den R. in Mitochondrien (Größe 15–20 nm) und Plastiden (Größe 21 nm). – Aufgabe der R. ist es, nach Zusammentreten mit einer Messenger-RNS (m-RNS) die in dieser enthaltene Information zu entziffern und dann die →Proteinbiosynthese vorzunehmen. An einer m-RNS sind meist mehrere R. aufgereiht und bilden so ein **Polysom**. R. kommen entweder frei im Zytoplasma oder an Faserelemente des Plasmas bzw. an die Membranen des endoplasmat. Retikulums (ER) gebunden vor. Diejenigen Proteine, die von den an ER gebundenen R. gebildet werden, werden durch die Membran hindurch in das Lumen der ER-Zisternen sezerniert. An der Bindung der R. an die Membran ist eine Oligopeptidkette am Anfang des neu gebildeten Proteins beteiligt.

**Ribot** [ri'bo], 1) **Théodule**, frz. Maler und Radierer, * Saint-Nicolas-d'Attez (Dép. Eure) 8. 8. 1823, † Colombes 11. 9. 1891; malte in einem an J. RIBERA erinnernden Realismus und beeinflußt durch die Brüder LE NAIN und J.-B. S. CHARDIN Küchenstilleben, Interieurs, Porträts und religiöse Themen; auch Radierungen und Zeichnungen.

2) **Théodule Armand**, frz. Psychologe, * Guingamp 18. 12. 1839, † Paris 9. 12. 1916; führte die wissenschaftlich-experimentelle Psychologie in Frankreich ein. Er war seit 1888 Prof. für vergleichende und experimentelle Psychologie am Collège de France in Paris und arbeitete v. a. über patholog. Erscheinungsformen des Gedächtnisses, des Willens und der Persönlichkeit. Bekannt wurde das **Ribotsche Gesetz**, eine Regel über den Abbau des Gedächtnisses bei Hirnschädigung und im Alter, der sich, umgekehrt zum Aufbau, von den komplexeren Funktionen und jüngsten Erinnerungen rückschreitend vollziehe.

**Werke:** Les maladies de la mémoire (1881; dt. Das Gedächtnis u. seine Störungen); La psychologie des sentiments (1896; dt. Die Psychologie der Gefühle).

**Riboud** [ri'bu], **Marc**, frz. Photograph, * Lyon 24. 6. 1923; lebt und arbeitet als freier Photograph und Photojournalist (Reportagen über den Vietnamkrieg, China u. a.) in Paris. Seit 1953 ist er Mitgl. der Photoagentur Magnum. Er veröffentlichte u. a. ›Chine. Instantanés de voyages‹ (1980).

M. R., Einf. v. C. ROY (New York 1988).

**Ribuarisches Gesetz, Ripuarisches Gesetz,** lat. **Lex Ribuaria,** merowing. Gesetzbuch (7. Jh.) auf der Grundlage des salfränk. Rechts. Es galt in der Gegend um Köln.

**Ribulose** [Kw.] *die, -,* **D-Ribulose,** Monosaccharid aus der Reihe der Pentosen (eine Ketopentose). R. tritt in Form des R.-5-phosphats beim Pentosephosphatzyklus und in Form des R.-1,5-diphosphats bei der Photosynthese (im Calvin-Zyklus) auf.

**RIC,** Abk. für italien. **Regolamento Internazionale Carozze,** Übereinkommen über die gegenseitige Benutzung der Personen- und Güterwagen im internat. Eisenbahnverkehr vom 1.1. 1923, gültig i.d. F. v. 1. 1. 1967. Die beteiligten Eisenbahnverwaltungen bilden den RIC-Verband.

**Ricardo** [ri'kɑ:dəʊ], 1) **David,** engl. Volkswirtschaftler, * London 18. (19.?) 4. 1772, † Gatcombe Park (Cty. Gloucestershire) 11. 9. 1823; erwarb als Bankier und Börsenmakler ein großes Vermögen, zog sich allerdings 1814 vom Geschäftsleben zurück, um sich ganz seinen wiss. Arbeiten zu widmen. 1819 wurde er Mitgl. des Unterhauses, wo er sich bes. mit wirtschaftspolit. Fragen befaßte.

R. war der bedeutendste Theoretiker der →klassischen Nationalökonomie. Er schuf, auf A. SMITH aufbauend, ein geschlossenes theoret. System, das mehr als 50 Jahre lang das wirtschaftswissenschaftl. Denken beherrschte. Er verwendete dabei ein relativ einfaches komparativ-statisches Modell mit wenigen Variablen zur Erklärung der Sachverhalte. Sein Hauptwerk ›On the principles of political economy and taxation‹ erschien 1817 (dt. ›Die Grundsätze der polit. Oekonomie, oder der Staatswirthschaft und die Besteuerung‹). R. war u. a. mit J. MILL, J. S. MILL, J. BENTHAM und T. R. MALTHUS befreundet.

Im Unterschied zu SMITH, in dessen Arbeiten die Frage nach den Ursachen der Reichtumsbildung im Mittelpunkt stand, war für R. das Problem der Einkommensverteilung das zentrale Anliegen. Aufbauend auf dem Ertragsgesetz, das in Verbindung mit der Konstanz des Bodens das Wachstum der Produktion begrenzt, entwickelt sich nach R. die Einkommensverteilung so, daß der Anteil des Lohns am Volkseinkommen konstant bleibt, die Grundrente ständig zunimmt und die Profite als Residualeinkommen ständig abnehmen. Grundlage der Verteilungstheorie R.s bildet dabei seine Werttheorie. Wie SMITH unterscheidet er Seltenheitsgüter, deren Wert allein von der Nachfrage abhängt, und beliebig reproduzierbare Güter, deren Wert mit ihrem natürl. Preis identisch ist. Im Ggs. zum Marktpreis, der sich bei freier Konkurrenz durch Angebot und Nachfrage bildet, hängt der natürl. Preis eines Gutes allein von der zu seiner Erstellung benötigten relativen Arbeitsmenge, nicht von deren Vergütung ab (→Arbeitswerttheorie). Zur Güterproduktion benötigte Kapitalgüter wie Maschinen lassen sich als Ergebnis ›vorgetaner Arbeit‹ ebenfalls mit der zu ihrer Erzeugung benötigten Arbeitsmenge bewerten. Der Marktpreis schwankt um den natürl. Preis und hat langfristig die Tendenz, sich jenem anzugleichen. Nach R. gilt die Aussage, daß Arbeit der einzige wertbildende Faktor sei, auch für die Landwirtschaft (→Grundrente).

Analog zur Preistheorie unterscheidet R. Marktpreis und natürl. Preis der Arbeit. Ersterer hängt ab vom Arbeitsangebot und der Nachfrage nach Arbeit, die durch die Größe des Kapitals, das der Beschäftigung von Arbeitern dient, bestimmt wird (Lohnfondstheorie). Der natürl. Lohn entspricht den Reproduktionskosten der Arbeit, ist also genau so hoch, daß er es dem Arbeiter ermöglicht, sich zu erhalten. Der natürl. Lohn orientiert sich damit am Existenzminimum, das bei R. allerdings keine feste Größe darstellt (→ehernes Lohngesetz).

Da nach R. der Außenhandel imstande ist, den Wohlstand zu steigern, galt sein polit. Engagement der Aufhebung der protektionist. Zollpolitik. Die Vorteilhaftigkeit des Freihandels belegt R. nicht nur für den Fall der absoluten Kostenunterschiede, sondern auch für den Fall komparativer Vorteile (→komparative Kosten). In seiner ersten Arbeit (›The high price of bullion‹, 1810) hatte R. die zeitgenöss. Inflation auf die großzügige Notenemissionspolitik der Bank von England zurückgeführt. Auf ihn stützte sich später die →Currencytheorie.

**Ausgabe:** The works and correspondence, hg. v. P. SRAFFA, 11 Bde. (1966–76).

S. HOLLANDER: The economics of D. R. (Toronto 1979); The legacy of R., hg. v. G. A. CARAVALE (Oxford 1985); W. ELTIS

Théodule Ribot

Ribulose

David Ricardo

R., in: Klassiker des ökonom. Denkens, hg. v. J. STARBATTY, Bd. 1 (1989).

**2)** Sir (seit 1948) Harry Ralph, engl. Maschineningenieur, * London 26. 1. 1885, † ebd. 18. 5. 1974; gründete 1918 in Shoreham-by-Sea (bei Brighton) ein Forschungsinstitut für Verbrennungskraftmaschinen, entwickelte im Ersten Weltkrieg raumsparende Motoren für Tanks; erarbeitete zahlreiche techn. Verbesserungen für Verbrennungsmotoren.

**Riccati,** Iacopo Francesco Graf, italien. Privatgelehrter, * Venedig 28. 5. 1676, † Treviso 15. 4. 1754; führte eine umfangreiche philosoph., physikal. und mathemat. Korrespondenz und behandelte in zahlreichen Aufsätzen Differentialgleichungen (v. a. der Differentialgeometrie). R. führte als erster Differentialgleichungen zweiter Ordnung auf solche erster Ordnung zurück. Die nach ihm benannte **Riccatische Differentialgleichung** (1723) $dz/dx + z^2 = ax^n$ (wobei $z$ eine Funktion von $x$ und $a$ eine Konstante ist) wurde von D. und J. BERNOULLI sowie L. EULER untersucht; damit begann der method. Ausbau der Theorie der Differentialgleichungen.

**Ricci** ['rittʃi], span. Malerfamilie italien. Abstammung, → Rizi.

**Ricci** ['rittʃi], **1)** Caterina de', eigtl. **Alessandra de' R.,** italien. Mystikerin, * Florenz 23. 4. 1522, † Prato 1. 2. 1590; Dominikanerin in Prato, seit 1552 Priorin; geprägt von der Kreuzes- und Passionsmystik G. SAVONAROLAS. Sie führte eine ausgedehnte Korrespondenz u. a. mit K. BORROMÄUS, PIUS V., P. NERI und MARIA MADDALENA DE PAZZI (* 1566, † 1607) und hatte wesentl. Einfluß auf die kath. Reformbewegung im 16. Jh. Unter dem Eindruck ihrer myst. Erfahrungen verfaßte sie liturg. Gesänge in rhythm. Prosa (›Amici mei‹), die in die liturg. Bücher des Dominikanerordens aufgenommen wurden. – Heilige (Tag: 1. 2.).

**2)** Marco, italien. Maler und Zeichner, getauft Belluno 5. 6. 1676, † Venedig 21. 1. 1730; Neffe und Schüler von 5); beeindruckt von den Landschaften S. ROSAS und P. MULIERS D. J. sowie den Theaterdekorationen F. IUVARAS, führte R. in seinen Phantasieveduten und Ruinengemälden die barocke Landschaftsmalerei in Venedig ein; die Figurenstaffage wurde häufig von SEBASTIANO R. ausgeführt.

**3)** Matteo, italien. Jesuit, * Macerata 6. 10. 1552, † Peking 11. 5. 1610; Begründer der neuzeitl. kath. Chinamission. Seit 1582 in S-China missionarisch tätig, wurde R. 1597 Oberer der Chinamission und lebte seit 1601 wie ein Mandarin am Kaiserhof in Peking, wo er auch mathemat. und astronom. Studien betrieb. Mit Hilfe seines breiten Wissens und der Anpassung an traditionelle chin. Werte und Bräuche hatte R. beträchtl. Missionserfolge v. a. unter den gebildeten Schichten. R.s Tolerierung des Ahnen- und Konfuziuskultes im Zuge seiner Akkomodationsmethode führte zum → Ritenstreit.

M. R. en Chine (1582–1610), in: Recherches de science religieuse, Jg. 72 (Paris 1984); J. HOFFMANN-HERREROS: M. R. Den Chinesen Chinese sein – ein Missionar sucht neue Wege (1990).

**4)** Michelangelo (Michel Angelo), italien. Mathematiker, Kardinal (seit 1681), * Rom 30. 1. 1619, † ebd. 12. 5. 1682; Freund E. TORRICELLIS und Mitarbeiter am päpstl. Hof; war 1668–75 Mitherausgeber der ersten italien. wiss. Zeitschrift, des ›Giornale de' letterati‹. R. beschäftigte sich v. a. mit Extremalaufgaben, Tangentenproblemen, Schwerpunkts- und Inhaltsbestimmungen; von seinen mathemat. Arbeiten, deren Ergebnisse er in einem umfangreichen Briefwechsel mitteilte, kam nur die ›Geometrica exercitatio‹ (1666) zum Druck.

**5)** Sebastiano, italien. Maler, getauft Belluno 1. 8. 1659, † Venedig 15. 5. 1734, Onkel von 2); ausgebildet in Bologna und Rom, tätig in Venedig, Florenz, Ber-

Sebastiano Ricci: Bacchus und Ariadne; um 1717 (Privatbesitz)

gamo, Vicenza, Parma, auch im Ausland (Wien, Paris, London). Neben G. B. PIAZZETTA und G. B. TIEPOLO der bedeutendste Maler des venezian. Rokoko, das er durch Zurückgreifen auf P. VERONESE belebte.

**Hauptwerke:** Die Versuchung des hl. Antonius (München, Alte Pinakothek); Kreuzauffindung (1732–34; Venedig, San Rocco); Himmelfahrt Mariä (1733/34; Wien, Karlskirche).

T. WESSEL: S. R. u. die Rokokomalerei (1984).

**Ricciarelli** [rittʃa'rɛlli], Katia, italien. Sängerin (Sopran), * Rovigo 18. 1. 1946; debütierte 1969 in Mantua, trat an den großen Opernhäusern Europas und der USA sowie bei Festspielen (Verona, Salzburg, Pesaro) auf und wurde v. a. als Verdi-, Rossini- und Puccini-Sängerin bekannt.

**Ricci-Curbastro** ['rittʃi-], Gregorio, italien. Mathematiker, * Lugo (Prov. Ravenna) 12. 1. 1853, † Bologna 6. 8. 1925; ab 1880 Prof. in Padua, lieferte grundlegende Arbeiten zur modernen Differentialgeometrie und Tensorrechnung. Der ›absolute Differentialkalkül‹ (auch **Ricci-Kalkül,** ›absolut‹ weil koordinatenunabhängig) wurde von A. EINSTEIN in der allgemeinen Relativitätstheorie verwendet; mathematisch ausgearbeitet wurde dieser Kalkül von R.-C.s Schüler T. LEVI-CIVITA.

Katia Ricciarelli

**Andrea Riccio:** Schreiender Reiter; Bronze, Höhe 33,5 cm; um 1505–10 (London, Victoria and Albert Museum)

**Riccio** ['rittʃo], **1)** Andrea, eigtl. **A. Briosco,** italien. Bildhauer, * Padua um 1470, † ebd. 1532; schuf insbe-

**Ricc** Riccione – Richard

sondere expressive Kleinbronzen im Stil der Hochrenaissance, u. a. Schreiender Reiter (um 1505–10; London, Victoria and Albert Museum) und Statuetten mytholog. Figuren (Satyrn, Wassermann). Außerdem schuf er Reliefs, kirchl. Gerät, Plaketten, Medaillen, Kleingetier (nach Naturabgüssen).

*Hauptwerke:* in Padua, Sant'Antonio: Zwei Chorschrankenreliefs (1507), Osterleuchter (1507–16), Epitaphbüste für ANTONIO TROMBETTA (1521) sowie in Verona: das Grabmal della Torre (kurz nach 1510, San Fermo Maggiore; marmorne Originalreliefs im Louvre).

**2)** David, Sekretär MARIA STUARTS, → Rizzio, David.

**Riccione** [rit'tʃo:ne], Seebad an der Adriaküste, Prov. Forlì, Italien (1982) 31 500 Ew.; Fischfang und -verarbeitung, Bekleidungsindustrie, Kunsthandwerk.

**Ricci-Tensor** ['rittʃi-; nach G. RICCI-CURBASTRO], ein → Tensor $R_{ip}$, der aus dem mit Hilfe der → Christoffel-Symbole gebildeten vierstufigen Riemannschen Krümmungstensor

$$R^m_{ikp} = \frac{\partial \Gamma_{ik}^{\ m}}{\partial x^p} - \frac{\partial \Gamma_{ik}^{\ m}}{\partial x^k} + \Gamma_{ik}^{\ r} \Gamma_{rp}^{\ m} - \Gamma_{ip}^{\ r} \Gamma_{rk}^{\ m}$$

durch Kontraktion (→ Summenkonvention) hervorgeht. Die Größe $g^{ip} R_{ip}$ ($g^{ip}$ Komponente des Fundamentaltensors) heißt **Krümmungsskalar**; sie charakterisiert das Krümmungsverhalten des fraglichen Riemannschen Raumes.

**Riccoboni** [rikko'bɔ:ni], Luigi Andrea, gen. **Lelio**, italien. Schauspieler und Theaterleiter, * Modena 1675 oder 1676, † Paris 5. 12. 1753; Leiter einer Schauspieltruppe, mit der er als Protagonist (›Lelio‹) große Erfolge feierte. Bereits in Italien um eine Reform des Theaters bemüht, wurde R. 1716 von PHILIPP VON ORLÉANS als Leiter der Comédie-Italienne nach Paris verpflichtet. Von großer theatergeschichtl. Bedeutung sind seine Schriften, u. a. ›Histoire du théâtre italien‹ (2 Bde., 1728–31).

X. DE COURVILLE: L. R., dit Lélio (Paris ²1967).

**Rice** [raɪs], Elmer Leopold, eigtl. **E. Reizenstein**, amerikan. Dramatiker, * New York 28. 9. 1892, † Southampton (England) 8. 5. 1967; Sohn dt.-jüd. Einwanderer; Jurist. In seinen zahlreichen, formal vielgestaltigen Stücken bediente er sich des expressionist., naturalist. und film. (z. B. Rückblenden) Stileleme sowie, in den von ihm mitgestalteten ›Living newspaper‹-Produktionen (→ Living newspaper) im Rahmen des Federal Theatre Project (1935–39), der Tradition des Agitproptheaters. Er beleuchtet sozialkritisch die Alltagsrealität der ›kleinen Leute‹ und setzte sich für soziale Gerechtigkeit und Pazifismus ein; R. schrieb auch Romane und Essays.

*Werke: Dramen:* On trial (1914; dt. Unter Anklage); The adding machine (1923; dt. Die Rechenmaschine); Street scene (1929; dt. Straßenszenen); We, the people (1933); Judgement day (1934); Between two worlds (1934); Dream girl (1946; dt. Das träumende Mädchen). – *Romane:* Imperial city (1937; dt. Menschen am Broadway); The show must go on (1949; dt. Das Spiel geht weiter). – *Essays:* The living theatre (1959).

R. G. HOGAN: The independence of E. R. (Carbondale, Ill., 1965); F. DURHAM: E. R. (New York 1970); A. F. P. PALMIERI: E. R., a playwright's vision of America (Rutherford, N. J., 1980).

**Ricercar** [ritʃer'ka:r; italien., zu ricercare ›suchen‹] *das, -s/-e*, selbständige Instrumentalkomposition für Laute oder Tasteninstrumente, bes. für Orgel, im 16. Jh. zunächst frei präludierend (›Aufsuchen‹ der Tonart eines folgenden Stücks, Intonations-R.), dann Imitations-R. (›Suchen‹ der Motive) der → Motette nachgebildet (sukzessiver, imitierender Stimmeneinsatz, Aufeinanderfolge mehrerer Abschnitte mit jeweils neuem Motiv). Das R. ist eine Vorform der → Fuge. Noch J. S. BACH nannte bes. kunstvolle Fugen einer etwas ausgedehnteren Grundhaltung R., so das sechsstimmige R. aus dem ›Musikal. Opfer‹ (1747).

**Rich** [rɪtʃ], **1)** Adrienne Cecile, amerikan. Lyrikerin, * Baltimore (Md.) 16. 5. 1929. Ihre zunächst formal traditionellen, später sprachlich experimentierfreudige Lyrik setzt sich kritisch mit dem Anspruch traditioneller Werte der bürgerlichen amerikan. Kultur auseinander und engagiert sich für die im Patriarchat unterdrückte Frau.

*Werke: Lyrik:* Selected poems (1967); Poems. Selected and new 1950–1974 (1974); The dream of a common language (1978; dt. Der Traum einer gemeinsamen Sprache); Your native land, your life (1986); Time's power. Poems 1985–1988 (1989). – *Essays:* Of woman born. Motherhood as experience and institution (1976; dt. Von Frauen geboren. Mutterschaft als Erfahrung u. Institution); Blood, bread, and poetry. Selected prose, 1979–1985 (1986).

*Ausgaben:* Poetry, hg. v. B. C. GELPI u. a. (1975). – Um die Freiheit schreiben (1990, Ausw.).

Reading A. R. Reviews and revisions, 1951–1981, hg. v. J. R. COOPER (Ann Arbor, Mich., 1984); C. KEYES: The aesthetics of power. The poetry of A. R. (Athens, Ga., 1986); C. H. WERNER: A. R. The poet and her critics (Chicago, Ill., 1988).

**2)** Buddy, eigtl. Bernard R., amerikan. Jazzmusiker (Schlagzeug, Gesang), * New York 30. 9. 1917, † Los Angeles (Calif.) 2. 4. 1987; begann als tanzender Kinderstar in Shows und wandte sich 1938 dem Jazz zu; spielte u. a. bei A. SHAW, T. DORSEY und HARRY JAMES und leitete von 1946 bis in die 80er Jahre mehrfach eigene Orchester. R. war ein brillanter Big-Band-Schlagzeuger mit einer Vorliebe für schnelle Tempi und Showeffekte.

**Richalm, R. von Schöntal**, Zisterziensermönch, † Kloster Schöntal 2. oder 3. 12. 1219; war seit 1216 Abt des Zisterzienserstifts Schöntal und ließ seine Gedanken, Gefühle und Visionen von einem Mitbruder aufzeichnen, der sie in Dialogform u. d. T. ›Liber revelacionum‹ postum veröffentlichte. Die eigenwillige (v. a. im 15. Jh. beliebte) Schrift enthüllt die Verfassung eines sich ständig von Dämonen und Teufeln bedrängt sehenden und unter der Diskrepanz zw. Mönchsideal bzw. Klosterdisziplin und eigener Unzulänglichkeit leidenden Menschen.

*Ausgabe:* Thesaurus anecdotorum novissimus, hg. v. B. PEZ, Bd. 1 (1721).

**Richard** [zu ahd. rihhi ›Herrschaft‹, ›Reich‹ und harti, herti ›hart‹], männl. Vorname.

**Richard,** Herrscher:

*Heiliges Röm. Reich:* **1) Richard von Cornwall** [-'kɔ:nwəl], König (seit 1257), * Winchester 5. 1. 1209, † Berkhampstead Castle (bei Hemel Hempstead) 2. 4. 1272; Sohn des engl. Königs JOHANN I. OHNE LAND; wurde als Gegenkandidat zu ALFONS X. von Kastilien und León am 13. 1. 1257 von den Kurfürsten von Köln (stellvertretend auch für Mainz) und von der Pfalz vor den Toren Frankfurts am Main zum Röm. König gewählt und am 17. 5. 1257 in Aachen gekrönt. Vertreter König OTTOKARS I. von Böhmen billigten die Wahl nachträglich. Das Königtum RICHARDS, der während seiner Regierungszeit nur knapp vier Jahre in Dtl. verbrachte, blieb wie das seines Gegenkönigs ALFONS von Kastilien so bedeutungslos, daß diese Zeit als Interregnum bezeichnet wird.

P. MORAW: Von offener Verf. zu gestalteter Verdichtung (1989).

*England:* **2) Richard I.**, gen. **R. Löwenherz**, engl. **Richard the Lion-heart** oder **lion-hearted** ['rɪtʃəd ðə 'laɪənha:t, 'laɪənha:tɪd], frz. **Richard Cœur de lion** [ri'ʃa:r kœ:r də li'ɔ̃], König (seit 1189), * Oxford 8. 9. 1157, † Châlus (bei Limoges) 6. 4. 1199; dritter Sohn HEINRICHS II. von England und der ELEONORE von Aquitanien; erhielt schon als Kind das mütterl. Erbe Aquitanien (1168) und wurde 1172 Herzog von Poitiers. 1190–92 nahm er am dritten Kreuzzug teil. Dabei brachte er 1191 Zypern in seine Gewalt, eroberte mit dem Kreuzfahrerheer Akko, schlug Sultan SALADIN bei Arsuf (nördlich von Jaffa) und zwang diesen 1192 zu einem Waffenstillstand. Auf der Rückreise

1192 wurde er von Herzog LEOPOLD V. von Österreich auf Burg Dürnstein gefangengesetzt, später an Kaiser HEINRICH VI. ausgeliefert (Gefangenschaft auf Burg Trifels in der Pfalz), der ihn 1194 gegen hohes Lösegeld und nach Leistung des Lehnseides freiließ. Der Bericht von der Befreiung des Königs durch den Sänger BLONDEL ist Sage. In seinen letzten Regierungsjahren mußte sich R. gegen seinen jüngsten Bruder JOHANN (I.) OHNE LAND durchsetzen und seine festländ. Besitzungen gegen den frz. König PHILIPP II. AUGUSTUS verteidigen, mit dem er 1199 einen Waffenstillstand abschloß. R. repräsentierte mehr den abenteuernden Ritter als den zielstrebigen Herrscher; seine Aufenthalte in England waren gezählt. In einer Fehde mit dem Vizegrafen von Limoges, einem kleinen Vasallen, wurde er bei einer Belagerung durch einen Pfeil tödlich verwundet. Seine Gebeine ruhen neben denen seiner Eltern in der Abtei Fontevrault.

Chronicles and memorials of the reign of R. I., hg. v. W.- STUBBS, 2 Bde. (London 1864–65); J. GILLINGHAM: R. Löwenherz. Eine Biogr. (a. d. Engl., Neuausg. 1990).

**3) Richard II.**, König (1377–99), * Bordeaux 6. 1. 1367, † Pontefract Castle (bei Leeds) 14. 2. 1400; Sohn des ›Schwarzen Prinzen‹ EDUARD, Enkel EDUARDS III., stand bis 1386 unter der Vormundschaft seines Onkels JOHN OF GAUNT, Herzog von → Lancaster. Bereits als Vierzehnjähriger bewies er persönl. Mut und Umsicht, als im Bauernaufstand von 1381 die Bauernheere London plünderten. Innenpolitisch verstrickt in schwere Auseinandersetzungen mit Teilen des Hochadels, schloß er 1396 einen Waffenstillstand mit Frankreich, der durch eine Heirat mit der Tochter des frz. Königs bekräftigt wurde. 1397/98 gelang es ihm, seine innenpolit. Widersacher auszuschalten und ein autokrat. Willkürregiment zu errichten. Dies führte jedoch 1399 zur Erhebung von JOHN OF GAUNTS Sohn HEINRICH (IV.), der ihn mit Zustimmung des Parlaments zur Abdankung (30. 9. 1399) zwang; als Gefangener wurde er wahrscheinlich ermordet. – Drama von SHAKESPEARE.

A. B. STEEL: R. II. (Cambridge 1941, Nachdr. ebd. 1962); E. B. FRYDE: The Great Revolt of 1381 (London 1981); K.-F. KRIEGER: Gesch. Englands, Bd. 1: Von den Anfängen bis zum 15. Jh. (1990).

**4) Richard III.**, König (seit 1483), * Fotheringhay Castle (bei Corby) 2. 10. 1452, † (gefallen) Bosworth 22. 8. 1485; Herzog von Gloucester (seit 1461), jüngerer Sohn des Herzogs RICHARD VON YORK († 1460), Bruder EDUARDS IV., leistete diesem wertvolle Dienste. Nach dessen Tod (1483) brachte er den Thronfolger EDUARD V. in seine Gewalt, ließ die Ehe EDUARDS IV. für ungültig erklären und am 6. 7. 1483 sich selbst zum König krönen. Seine Gegner ließ er hinrichten oder einkerkern. Auf sein Geheiß oder zumindest mit seiner Duldung wurden wohl auch seine beiden Neffen EDUARD V. und RICHARD VON YORK im Tower ermordet (1483), auch wenn dies in der Literatur immer wieder bestritten wird. R. fiel in der Schlacht bei Bosworth (Ende der Rosenkriege). – Drama von SHAKESPEARE.

P. M. KENDALL: R. III. (a.d. Engl., ²1980); K. M. EISING: R. III. (1989); K.-F. KRIEGER: Gesch. Englands, Bd. 1: Von den Anfängen bis zum 15. Jh. (1990).

*Trier:* **5) Richard von Greiffenclau**, Erzbischof und Kurfürst von Trier (seit 1511), * 1467, † Wittlich 13. 3. 1531; gehörte bei der Wahl KARLS V. zu dessen entschiedensten Gegnern. Auf dem Wormser Reichstag 1521 suchte er M. LUTHER zum Widerruf zu bewegen. 1522 verteidigte er Trier gegen den Angriff FRANZ VON SICKINGENS; beteiligte sich 1525 an der Niederwerfung des aufständ. Bauern. 1527 zum kaiserl. Rat ernannt, verhinderte er einen Krieg als Folge der Packschen Händel.

**Richard, R. de Bury** ['rɪtʃəd, 'berɪ], Bischof von Durham, → Bury, Richard de.

**Richard, R. Swineshead** ['rɪtʃəd 'swaɪnzhed], auch **Calculator** gen., engl. Mathematiker des 14. Jh.; erhielt seine Ausbildung in Oxford und war Mitgl. des Merton College sowie Zisterzienser in Swineshead (Cty. Lincolnshire). Er ist neben NIKOLAUS VON ORESME der Hauptvertreter der auf T. BRADWARDINE zurückgehenden mathemat. Qualitätenlehre, die die Intensität der Qualitäten (u. a. der Bewegung) und ihrer Veränderung mathematisch zu behandeln suchte. In seinem ›Liber calculationum‹ (um 1330–50, Druckausgaben 1477, 1498 und 1520) benutzte R. dazu neben bekannten mathemat. Sätzen auch unendliche geometr. Reihen, die mit arithmet. kombiniert wurden.

**Richard, R. von England,** angelsächs. Heiliger, † Lucca (auf einer Reise nach Rom) um 720; Vater der Heiligen WALBURGA, WILLIBALD und WUNIBALD, wurde seit dem 10. Jh. als ›König der Angelsachsen‹ verehrt; Reliquien befinden sich u. a. in Eichstätt. – Tag: 7. 2.

**Richard, R. von Sankt Viktor**, schott. Theologe, Augustinerchorherr in Sankt Viktor in Paris, † Paris 10. 3. 1173; Schüler HUGOS VON SANKT VIKTOR, prägte bes. die exegetisch-spirituelle und heilsgeschichtlich-meditative Theologie seines Klosters. In seinem Hauptwerk ›De Trinitate‹ ist die Liebe der Leitbegriff seiner Trinitätslehre. Dieser Gedanke wurde v. a. von der franziskan. Theologie aufgegriffen. Einflußreich wurde auch seine in den Traktaten ›Benjamin maior‹ und ›Benjamin minor‹ entwickelte Theorie der Mystik.

**Ausgabe:** Die Dreieinigkeit, hg. v. H. U. VON BALTHASAR (1980).

**Richard, R. von Venosa**, mittellat. Dichter, * Venosa um 1200; war in Venosa Richter unter Kaiser FRIEDRICH II. und verfaßte für ihn 1228/29 die burleske Lesekomödie ›De Paulino et Polla‹ (570 Distichen). R., in Sprache und Stil OVID verpflichtet, parodiert mit dieser Posse die eleg. Komödien → Pamphilus de amore und den ›Geta‹ des VITALIS VON BLOIS und ironisiert die jurist. Argumentationsweise seiner Zeit.

**Ausgabe:** Commedie latine del XII e XIII secolo, Bd. 5 (1986).

**Richard** ['rɪtʃəd], **1) Cliff**, eigtl. **Harry Roger Webb**, engl. Rockmusiker (Gitarre, Gesang), * Lucknow (Indien) 14. 10. 1940; hatte 1958 mit ›Move it‹ im Stil von ELVIS PRESLEY seinen ersten Hit und entwickelte sich mit der Gruppe The Shadows zu Englands beständigstem Rockidol (›Congratulations‹, 1968; ›Power to all our friends‹, 1973; ›We don't talk anymore‹, 1979; ›The only way out‹, 1982).

**2) Keith**, brit. Rockmusiker, → Rolling Stones.

**Richard-Kuhn-Medaille** [-medaljə], → Kuhn, Richard Johann.

**Richards** ['rɪtʃədz], **1) Dickinson Woodruff**, amerikan. Physiologe, * Orange (N.J.) 30. 10. 1895, † Lakeville (Conn.) 23. 2. 1973; 1945–61 Direktor der medizin. Abteilung am Bellevue Hospital in New York, 1947–61 gleichzeitig Prof. an der Columbia University ebd. R. verbesserte ab 1940 mit A. F. COURNAND die Herzkatheterisierung und erhielt mit diesem und W. FORSSMANN 1956 den Nobelpreis für Physiologie oder Medizin.

**2) I. A. (Ivor Armstrong)**, engl. Literatur- und Sprachwissenschaftler, * Sandbach (Cty. Cheshire) 26. 2. 1893, † Cambridge 7. 9. 1979; war ab 1926 Prof. in Cambridge, lehrte zeitweilig in Peking und 1931–63 an der Harvard University; versuchte objektive psycholog., semant. und eth. Kriterien für die Interpretation von Literatur zu entwickeln und beeinflußte mit seinen literaturkrit. Arbeiten, die v. a. die intensive Auseinandersetzung mit dem literar. Werk forderten, den → New criticism. Mit CHARLES KAY

**Richard II.**, König von England (Ausschnitt aus einem zeitgenössischen Gemälde)

**Dickinson W. Richards**

OGDEN (* 1889, † 1957) entwickelte er das →Basic English, das der internat. Kommunikation dienen sollte; schrieb auch Lyrik.

**Werke:** *Sprachwissenschaftliches:* The meaning of meaning (1923, mit C. K. OGDEN; dt. Die Bedeutung der Bedeutung); Basic English and its uses (1943). – *Literaturkritik:* Principles of literary criticism (1924; dt. Prinzipien der Literaturkritik); Practical criticism, a study of literary judgement (1929); Interpretation in teaching (1938).
**Ausgabe:** Selected letters, hg. v. D. J. ENRIGHT (1990).
  I. A. R. Essays in his honour, hg. v. R. BROWER u. a. (New York 1973); J. P. RUSSO: I. A. R. (Baltimore, Md., 1989).

**3)** T h e o d o r e William, amerikan. Chemiker, * Germantown (Pa.) 31. 1. 1868, † Cambridge (Mass.) 2. 4. 1928; war seit 1901 Prof. an der Harvard University. R. arbeitete u. a. über Atomgewichtsbestimmungen, Atomvolumina, Neutralisationswärmen und Elektrochemie; er hielt für seine exakte Bestimmung von Atomgewichten einer großen Zahl chem. Elemente 1914 den Nobelpreis für Chemie.

Theodore W. Richards

**Richards Bay** ['rɪtʃədz beɪ], neue Hafen- und Industriestadt in der Prov. Natal, Rep. Südafrika, 193 km nördlich von Durban an einer Lagune des Ind. Ozeans, von der ein Teil als Naturschutzgebiet abgetrennt ist, (1986) 30 000 Ew.; u. a. Kunstdüngerfabrik, Aluminiumwerk. Der 1976 in Betrieb genommene Tiefwasserhafen, in dem Schiffe bis 190 000 t (demnächst bis 250 000 t) be- und entladen werden können, diente zunächst nur als Ausfuhrhafen für Kohle. Die Bahnlinie (660 km) für den Antransport aus dem Kohlebergbaugebiet um Witbank, Transvaal, wurde 1989 modernisiert (zweispurig). Der Hafen bewältigt inzwischen die Hälfte des gesamten südafrikan. Hafenumschlags. Erdölleitung zum Witwatersrand; Flugplatz.

Sir Owen Richardson

**Richardson** ['rɪtʃədsn], **1)** Dorothy Miller, verh. **Ogle** [əʊgl], engl. Schriftstellerin, * Abingdon (Cty. Berkshire) 17. 5. 1873, † Beckenham (heute zu London) 17. 6. 1957; in ihrem dreizehnbändigen Romanzyklus ›Pilgrimage‹ (Bd. 1–12, 1915–38; Bd. 13, hg. 1967) stellte sie, unter Verzicht auf äußere Handlung, das psych. Erleben einer Lehrerin dar; sie gilt als Pionierin der Erzähltechnik des Bewußtseinsstroms (→Stream of consciousness).
  J. ROSENBERG: D. R. (London 1973); E. BRONFEN: Der literar. Raum. Eine Unters. von D. M. R.s Romanzyklus ›Pilgrimage‹ (1986).

**2)** Henry Handel, eigtl. **Ethel Florence Lindesay R.,** verh. **Robertson** ['rɔbətsn], austral. Schriftstellerin, * Melbourne 3. 1. 1870, † Fairlight (Cty. East Sussex)

Samuel Richardson (zeitgenössischer Stich)

Henry H. Richardson: Crane Library in Quincy, Mass.; 1880–83

20. 3. 1946; studierte ab 1888 Musik in Leipzig, lebte danach in Straßburg, ab 1903 in England. In ihrem Romanwerk mit überwiegend pessimist. Lebenssicht verarbeitet sie die Geschichte ihrer eigenen Familie und ihrer Jugend in Australien zu psychologisch vertieften, realist. Charakterstudien mit naturalist. Milieuschilderungen, so in dem ihre Leipziger Zeit reflektierenden Künstlerroman ›Maurice Guest‹ (1908; dt.) und in ›The getting of wisdom‹ (1910) über ihre Schulzeit in Melbourne. Als Klassiker der austral. Literatur gilt heute ihre Trilogie über das Schicksal eines zw. Europa und Australien pendelnden irischen Arztes, ›Australia felix‹ (1917), ›The way home‹ (1925) und ›Ultima Thule‹ (1929), überarbeitet 1930 u. d. T. ›The fortunes of Richard Mahony‹.
  W. D. ELLIOTT: H. H. R. (Boston, Mass., 1975); K. MCLEOD: H. H. R. A critical study (Cambridge 1985).

**3)** H e n r y Hobson, amerikan. Architekt, * Priestley Plantation (La.) 29. 9. 1838, † Brookline (Mass.) 27. 4. 1886; arbeitete nach seiner Ausbildung an der Harvard University und an der École des Beaux-Arts in Paris bei H. LABROUSTE und J. I. HITTORF. R. führte die Formen der südfrz. Romanik in die amerikan. Architektur ein.
  **Werke:** Trinity Church in Boston, Mass. (1873–77); Ames Memorial Library in North Easton, Mass. (1877–79); Austin Hall in Cambridge, Mass. (1881–83); Marshall Field Store in Chicago, Ill. (1885–87; nicht erhalten).
  J. K. OCHSNER: H. H. R., complete architectural works (Cambridge, Mass., 1982).

**4)** Sir (seit 1939) O w e n Williams, brit. Physiker, * Dewsbury 26. 4. 1879, † London 15. 2. 1959; untersuchte experimentell und theoretisch die Elektronenemission glühender Drähte und stellte für sie eine Exponentialformel auf (→Richardson-Gleichung), die die Grundlage für die spätere Entwicklung der Theorie der Glühkathodenröhren bildete. Für diese Arbeiten erhielt er 1928 den Nobelpreis für Physik.

**5)** Sir (seit 1947) R a l p h David, brit. Schauspieler, * Cheltenham 19. 12. 1902, † London 10. 10. 1983; Bühnendebüt 1920; zu Ruhm als Charakterdarsteller kam er in den 30er Jahren am Old Vic. Glanzrollen: Peer Gynt, Petruchio, Falstaff, Volpone; ab 1933 auch Filmrollen, u. a. ›Die Erbin‹ (1949), ›An einem Montag wie jeder andere‹ (›Home at seven‹, 1952; auch Regie).
  H. HOBSON: R. R. (New York 1958).

**6)** Samuel, engl. Schriftsteller, getauft Mackworth (bei Derby) 19. 8. 1689, † London 4. 7. 1761; ab 1721 selbständiger Buchdrucker, arbeitete ab 1733 im Auftrag des Unterhauses. 1739 schrieb er die Fabeln des AISOPOS (›Aesop's fables‹) moralisierend um (dt. Übers. 1757 von G. E. LESSING u. d. T. ›Sittenlehre für die Jugend in den auserlesensten Aesop. Fabeln‹). Auf Anregung von Freunden begann er, einen Briefsteller für Mädchen zu verfassen (›Letters written to and for particular friends ...‹, 1741), aus dem der sentimentale Briefroman ›Pamela, or virtue rewarded‹ (2 Bde., 1740; dt. ›Pamela oder die belohnte Tugend eines Frauenzimmers‹) hervorging. Darin schildert er, in psychologisierender Konzentration auf die Seelenzustände der Heldin, den tugendhaften Widerstand eines Dienstmädchens gegen die sexuellen Nachstellungen ihres Herrn, der sich schließlich, von ihrer moral. Überlegenheit beeindruckt, bekehrt und sie heiratet (dramatisiert u. a. 1749 von VOLTAIRE und 1750 von C. GOLDONI). Auch mit seinen beiden weiteren, das Seelenleben direkt und minutiös enthüllenden Briefromanen, dem komplexesten Werk ›Clarissa, or the history of a young lady‹ (7 Bde., 1748; dt. ›Clarissa Harlowe‹) und ›The history of Sir Charles Grandison‹ (7 Bde., 1754; dt. ›Geschichte des Herrn Carl Grandison‹), kam R. dem Geschmack seines aufgeklärt-puritanischen bürgerl. Lesepublikums entgegen, be-

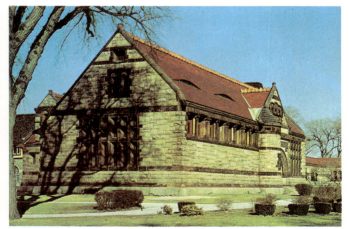

einflußte nachhaltig die weitere Entwicklung des Romans und wirkte auf die europäische realist. Erzählkunst (GOETHE, J.-J. ROUSSEAU, LESSING), doch schon H. FIELDING lehnte sich (in seiner Parodie ›An apology for the life of Mrs. Shamela Andrews‹, 1741, und teilweise in seinem Roman ›The history of the adventures of Joseph Andrews ...‹, 2 Bde., 1742) gegen das sentimentale Pathos auf.

**Ausgaben:** The correspondence, hg. v. A. L. BARBAULD, 6 Bde., (1804, Nachdr. 1966); The novels. Shakespeare Head Edition, hg. v. W. KING u. a., 18 Bde. (1929–31).

Twentieth century interpretations of Pamela, hg. v. R. COWLER (Englewood Cliffs, N. J., 1969); T. C. D. EAVES u. B. D. KIMPLE: S. R. (Oxford 1971); R. G. HANNAFORD: S. R. An annotated bibliography (New York 1980); T. EAGLETON: The rape of Clarissa (Oxford 1982); SARAH W. R. SMITH: S. R. A reference guide (Boston, Mass., 1984); D. DAPHINOFF: S. R.s Clarissa (Bern 1986); H. P. MAI: S. R.s ›Pamela‹ (1986); J. HARRIS: S. R. (Cambridge 1987).

**7) Tony**, eigtl. **Cecil Antonio R.**, brit. Regisseur, * Shipley (Metrop. Cty. West Yorkshire) 5. 6. 1928, † Los Angeles (Calif.) 14. 11. 1991; bedeutender Bühnenregisseur; Zusammenarbeit mit J. OSBORNE, mit dem er im 1958 auch die Woodfall Film Productions Ltd. begründete; Filmregie seit 1955, Vertreter des antiillusionist. ›Free Cinema‹ (ab 1956); häufig liegen seinen Filmen literar. Vorlagen zugrunde.

**Filme:** Blick zurück im Zorn (1959); Der Komödiant (1960); Bitterer Honig (1961); Die Einsamkeit eines Langstreckenläufers (1962); Tom Jones – Zw. Bett u. Galgen (1962); Tod in Hollywood (1964); Der Angriff der leichten Brigade (1967); Eine todsichere Sache (1974); Tod in einer kleinen Stadt (1977); Das Hotel New Hampshire (1984); Dead or Alive (1986); A Shadow on the Sun (1988); Das Phantom der Oper (2 Tle., 1989, Fernsehfilm).

**Richardson-Dushman-Gleichung** ['rɪtʃədsn 'dʌʃmən-; nach O. W. RICHARDSON und dem amerikan. Physikochemiker SAUL DUSHMAN, * 1883, † 1954], → Richardson-Gleichung.

**Richardson-Effekt** ['rɪtʃədsn-; nach O. W. RICHARDSON], die → Glühemission.

**Richardson-Gleichung** ['rɪtʃədsn-], von O. W. RICHARDSON 1911 unter Heranziehung der Vorstellung eines verdampfenden Elektronengases hergeleitete Formel, die die exponentielle Abhängigkeit der Sättigungsstromdichte $j_s$ des bei der → Glühemission aus einer Metalloberfläche emittierten Elektronenstroms von der absoluten Temperatur $T$ an der Oberfläche und der Austrittsarbeit $W$ angibt. Sie wird, wenn man anstelle der von ihm verwendeten Maxwell-Boltzmann-Verteilung in korrekter Weise eine Fermi-Dirac-Verteilung für die Energie der Elektronen im Metallinnern zugrunde legt, durch die **Richardson-Dushman-Gleichung** ersetzt:

$$j_s = (1-r) A T^2 e^{-W/(kT)},$$

wobei $A = 2(2\pi\, mek^2/h^3) = 120{,}4$ A/(cm$^2 \cdot$ K$^2$) eine universelle Konstante ist und der Reflexionsfaktor $r$ den Anteil der von der Oberfläche wieder nach innen reflektierten Elektronen angibt ($m$ Elektronenmasse, $e$ Elementarladung, $k$ Boltzmann-Konstante, $h$ Plancksches Wirkungsquantum.

**Richardson-Verfahren** ['rɪtʃədsn-; nach dem brit. Physiker und Mathematiker LEWIS FRY RICHARDSON, * 1881, † 1953], **Extrapolation auf die Schrittweite Null,** numer. *Mathematik:* ein Verfahren zur Verkleinerung des beim Ersatz von infinitesimalen Aufgaben (z. B. Differentialgleichungen) durch diskrete (z. B. Differenzengleichungen) entstehenden Fehlers (Diskretisierungsfehler). Hierbei wird auf den Ergebnissen für mehrere versch. Schrittweiten auf das Ergebnis für die (ideale) Schrittweite Null extrapoliert. Bei der numer. Integration mit der Trapezregel und mehrmaliger Halbierung der Schrittweite entsteht so das **Romberg-Verfahren** (nach WERNER ROMBERG, * 1909).

**Richartz,** Walter Erich, eigtl. **W. E. Freiherr Karg von Bebenburg** (seit 1942), Schriftsteller, * Hamburg 14. 5. 1927, † (Selbstmord) Klingenberg am Main Febr. 1980; Chemiker; seit 1979 freier Schriftsteller. Schrieb Erzählungen und Romane, die sich kritisch-ironisch mit den Themen Wissenschaftsbetrieb und Angestelltenverhältnisse auseinandersetzen; daneben auch Essays, Hörspiele und Übersetzungen.

**Werke:** *Romane* u. *Erzählungen:* Meine vielversprechenden Aussichten (1966); Prüfungen eines braven Sohnes (1966); Tod den Ärzten (1969); Büroroman (1976); Das Leben als Umweg u. a. Geschichten (1976); Reiters westl. Wiss. (hg. 1980); Vom Äußersten (hg. 1986). – *Essay:* Vorwärts ins Paradies (1979).

**Richelieu** [riʃə'ljø], **1) Armand-Jean du Plessis** [dyplɛ'si], Herzog von, frz. Staatsmann und Kardinal (seit 1622), * Paris 9. 9. 1585, † ebd. 4. 12. 1642, Großonkel von 2). Zunächst für eine militär. Laufbahn bestimmt, wurde er 1607/08 Bischof von Luçon in der Vendée (bis 1624). Als Vertreter des Klerus bei den Generalständen von 1614 unterstützte er die Politik der Regentin MARIA VON MEDICI, die ihn 1616 zum Staats-Sekr. ernannte. Nach dem Sturz von MARIAS Günstling, des Marquis D'ANCRE, 1617 entlassen und zeitweise verbannt, wurde R. durch den Herzog VON LUYNES, dem Favoriten LUDWIGS XIII., an den Hof zurückberufen, um im Konflikt zwischen dem König und seiner Mutter zu vermitteln. Seit April 1624 bis zu seinem Tod war R. Erster Minister im Staatsrat. Sein Wirken läßt sich an den drei Hauptzielen messen, die er im ›Polit. Testament‹ formuliert hat: Beseitigung der militär. und polit. Sonderstellung der Hugenotten, Entmachtung des Hochadels, Befreiung Frankreichs aus der Umklammerung durch den spanisch-habsburg. Gegner. Das erste Ziel hat R. früh erreicht. Nach dem Fall ihres Stützpunkts La Rochelle mußten die Hugenotten ihre polit. und militär. Sonderrechte aufgeben, während ihnen religiöse Duldung und kirchl. Organisation erhalten blieben (Gnadenedikt von Alès, 1629). Um sein zweites Ziel zu erreichen, mußte R. der Verschwörungen seiner höf. Umgebung Herr werden und den polit. Einfluß der Königinmutter ausschalten (›Tag der Geprellten‹ 10. 11. 1630); Adelserhebungen wurden niedergeschlagen oder im Keim erstickt. Ein drittes, zunächst außenpolit. Ziel verfolgte R. im zunächst ›verdeckten‹, seit 1635 ›offenen‹ Krieg gegen die spanisch-habsburg. Macht. Er unterstützte 1624–26 die Graubündner gegen die Habsburger im Kampf um das Veltlin und griff 1628–31 in den Mantuan. Erbfolgekrieg ein. Er unterstützte die dt. Fürstenopposition gegen den Kaiser und schloß ohne konfessionelle Bedenken ein Bündnis mit dem prot. Schwedenkönig GUSTAV II. ADOLF (Vertrag von Bärwalde, 1631). Nach der Kriegserklärung an Spanien (1635) hat er alle Machtmittel des Staates für den Kampf gegen Spanien und den Kaiser eingesetzt und dadurch schließlich den Sieg der habsburg. Front im Dreißigjährigen Krieg verhindert. Die Vorverhandlungen zum Westfäl. Frieden leitete er (1641) noch selbst ein und wurde damit zum Wegbereiter dieses ›Friedensinstrumentes‹, das Frankreichs Vormachtstellung im europ. Staatensystem des 17. Jh. besiegelte. Der Rhein als natürl. Grenze gehörte, wie die neuere Forschung gezeigt hat, nicht zu seinen Zielen.

Unter dem Druck der finanziellen Belastung des Staates und zur Stärkung der monarch. Zentralgewalt baute R. das Amt des → Intendanten 2) zu einer dauerhaften Institution aus. Seine weitgespannten wirtschafts- und sozialpolit. Reformpläne konnten angesichts der militär. Belastungen nicht verwirklicht werden. Die dem Land auferlegten Abgaben führten zu zahlreichen Aufständen, so in Burgund (1629–30), der Gascogne (1636), der Normandie (1639) und des Bourbonnais (1640). Große Bedeutung kommt der

Armand-Jean du Plessis, Herzog von Richelieu

**Rich** Richelieustickerei – Richmond

Charles Richet

Germaine Richier:
L'ouragane; 1948–49
(Paris, Musée
National d'Art
Moderne)

Gründung der Académie française (1635, →Institut de France) zu.

Man hat in R. lange Zeit nur den machtbewußten und rücksichtslosen Vorkämpfer des frz. Absolutismus sehen wollen, den Verfechter einer überkonfessionellen, nur vom polit. Interesse geleiteten ›modernen‹ Staatsräson. Demgegenüber hat die spätere Forschung betont, wie sehr R.s machtpolit. ›Realismus‹ noch an allgemeinen, christlich verstandenen Rechtsprinzipien orientiert war.

**Ausgaben:** Polit. Testament u. kleinere Schr., hg. v. W. MOMMSEN (1926, Nachdr. 1983); Les papiers de R., hg. v. P. GRILLON u. a., 2 Reihen, auf zahlr. Bde. ber. (1975 ff.).

R. BONNEY: Political change in France under R. and Mazarin. 1624–1661 (Oxford 1978); M. CARMONA: R. L'ambition et le pouvoir (Paris 1983); J. BERGIN: Cardinal R. Power and the pursuit of wealth (New Haven, Conn., 1985).

**2)** Louis François Armand **de Vignerot du Plessis** [də viɲə'rodyplɛ'si], Herzog von, frz. Marschall (seit 1748), * Paris 13. 3. 1696, † ebd. 8. 8. 1788, Großneffe von 1); kämpfte 1712 im Span. Erbfolgekrieg, war 1725–29 Botschafter in Wien und setzte sich als Statthalter des Languedoc (seit 1738) erfolgreich für eine Beendigung der Protestantenverfolgungen ein. Im Österr. Erbfolgekrieg zeichnete er sich als Truppenführer aus. 1756 eroberte er von den Briten Menorca und zwang im Siebenjährigen Krieg den brit. Heerführer WILHELM AUGUST, Herzog VON CUMBERLAND zur Konvention von Kloster Zeven (8. 9. 1757). R. stand in regem Gedankenaustausch mit VOLTAIRE. Witzig, geistreich und in viele galante Abenteuer verstrickt, gilt er als Prototyp des aristokrat. ›libertin‹ des 18. Jahrhunderts.

**Richelieustickerei** [riʃə'ljø-], eine Weißstickerei, bei der die ausgesparte Ornamente in leinwandbindigen Geweben durch Langetten- oder Festonstiche zur Randbefestigung gesichert und durch mit einem Picot versehene Stege verbunden sind.

**Richelsdorfer Gebirge,** Teil des Hess. Berglandes nordöstlich von Bebra, bis 478 m ü. M.; ehem. bedeutender Kupferbergbau (nach dem Zweiten Weltkrieg eingestellt).

**Richemont** [riʃ'mõ], Arthur Graf von (seit 1399), als **Arthur III.** Herzog der Bretagne (seit 1457), Connétable de France (seit 1425), frz. Heerführer und Staatsmann, * Schloß Suscinio (bei Sarzeau, Dép. Morbihan) 24. 8. 1393, † Nantes 26. 12. 1458; errang, zeitweise mit JEANNE D'ARC, im Hundertjährigen Krieg gegen England wichtige Erfolge und stieg zum einflußreichsten Ratgeber KARLS VII. auf. Am 13. 4. 1436 zog er feierlich in das zurückeroberte Paris ein; 1440 unterdrückte er für den König die →Praguerie.

**Richenza,** Kaiserin, * vor 1090, † 10. 6. 1141, Enkelin OTTOS von Northeim; 1100 ∞ mit dem späteren Kaiser LOTHAR III.; am 4. 6. 1133 in Rom zur Kaiserin gekrönt. Sie vertrat nach LOTHARS Tod die welf. Interessen in Sachsen für HEINRICH DEN STOLZEN und seinen noch unmündigen Sohn HEINRICH DEN LÖWEN.

**Richer** [ri'ʃe], **R. von Reims** [-rɛ̃s], **R. von Saint-Remi** [-sɛ̃rə'mi], mittelalt. Geschichtsschreiber, † nach 998; Schüler GERBERTS VON AURILLAC (Papst SILVESTER II.) und Mönch von Saint-Remi in Reims; verfaßte, unter Benutzung der Annalen FLODOARDS VON REIMS, frühestens seit 991 eine Geschichte des Westfrankenreichs von 888 bis 995 (mit kurzen Nachträgen bis 998), die ›Historiarum libri IV‹ (dt. ›Vier Bücher Geschichte‹), deren Wert in den Nachrichten über das Ende der Karolinger und in reichen kulturhistor. Angaben liegt. Die an antiken Vorbildern ausgerichtete rhetor. Darstellung ist z. T. unzuverlässig und tendenziös.

**Ausgabe:** Histoire de France, hg. v. R. LATOUCHE, 2 Bde. (²1964–67, lat. u. frz.).

H.-H. KORTÜM: R. von Saint-Remi. Studien zu einem Geschichtsschreiber des 10. Jh. (1985).

**Richert,** Hans, Pädagoge und Schulpolitiker, * Köslin 21. 12. 1869, † Berlin 23. 9. 1940; 1923–34 Ministerialrat im preuß. Kultusministerium. War maßgeblich an der Reform der höheren Schulen von 1924/25 beteiligt (›Richertsche Schulreform‹), wobei er eine einheitl. ›nationale Bildung‹ (deutschkundl. Fächer) für alle vier Gymnasialtypen, bes. aber für die neu eingerichtete →Deutsche Oberschule anstrebte.

D. MARGIES: Das höhere Schulwesen zw. Reform u. Restauration (1972).

**Richet** [ri'ʃɛ], Charles Robert, frz. Physiologe, * Paris 26. 8. 1850, † ebd. 4. 12. 1935; arbeitete 1887–1927 an der Univ. Paris. R.s Interesse galt den hypnot. Phänomenen und deren therapeut. Anwendung. J. M. CHARCOT folgte R.s Annahme, daß hypnot. Erscheinungen wirklich existieren, wurde v. a. durch dessen Arbeit über Somnambulismus beeinflußt. 1913 erhielt R. für seine Arbeiten zur Anaphylaxie den Nobelpreis für Physiologie oder Medizin.

**Werke:** Du somnambulisme provoqué (1875); L'Anaphylaxie (1909).

**Richier** [ri'ʃje], Germaine, frz. Bildhauerin und Graphikerin, * Grans (bei Arles) 16. 9. 1904, † Montpellier 31. 7. 1959; Schülerin von A. BOURDELLE. 1939–45 lebte sie vorwiegend in der Schweiz, wo ihre eigene plast. Form entwickelte. Sie gestaltete bizarre, häufig mit Draht verspannte Figuren mit starken Verformungen und aufgerissenen Oberflächen (›Das Krallenwesen‹, 1952; Köln, Museum Ludwig). Es sind phantast. Mischwesen, die symbolhaft die Entfremdung und Gefährdung des Menschen darstellen und auch religiöse Bildvorstellungen umfassen (Kruzifix in Assy, um 1950). In späteren Arbeiten führte R. das Körperliche immer mehr auf einfachste, zeichenhafte Elemente zurück. Sie schuf Radierungen und illustrierte u. a. Werke von A. RIMBAUD.

J. CASSON: G. R. (London 1961).

**Richini** [rik-], **Ricchini,** Francesco Maria, italien. Baumeister, * Mailand 1583, † ebd. 24. 4. 1658; Hauptmeister des Mailänder Frühbarock: In San Giuseppe (1607–30) verschmolz er zwei Zentralräume und durchbrach mit der Ädikulaform der Fassade den akadem. Manierismus; R. wirkte auch bes. anregend im Palastbau. Im Hospital (heute Univ.) schuf er den zentralen Mittelteil (1625–49).

**Mailänder Paläste:** Palazzo Annoni-Cigogna (1631), Palazzo Durini (1645–48), Palazzo di Brera (Weiterführung der Arbeiten ab 1651; vollendet 1686).

**Richler** ['rɪtʃlə], Mordecai, kanad. Schriftsteller, * Montreal 27. 1. 1931; wurde geprägt durch die Kultur des jüd. Arbeiterviertels in Montreal, in dem er aufwuchs, sowie durch die weltpolit. Ereignisse der 30er und 40er Jahre (bes. Span. Bürgerkrieg, Holocaust). In seinen komisch-grotesken, aber auch bittersatir. Romanen erweist er sich als desillusionierter Moralist, der scharfsichtig die Sitten und Mythen der modernen Massenkultur bloßstellt. Weiteres Thema ist die Suche nach einer jüd. wie kanad. Identität.

**Werke:** *Romane:* The acrobats (1954; dt. Die Akrobaten); Son of a smaller hero (1955; dt. Sohn eines kleineren Helden); A choice of enemies (1957; dt. Der Boden trägt nicht mehr); The apprenticeship of Duddy Kravitz (1959); The incomparable Atuk (1963); Cocksure (1968); St. Urbain's horseman (1971); Joshua then and now (1980; dt. Joshua, damals u. jetzt); Solomon Gursky was here (1989). – *Kurzgeschichten:* The street (1969).

G. WOODCOCK: M. R. (Toronto 1970); V. J. RAMRAJ: M. R. (Boston, Mass., 1983); Perspectives on M. R., hg. v. M. DARLING (Toronto 1986); R. F. BRENNER: Assimilation and assertion. The response to the holocaust in M. R.'s writings (New York 1989).

**Richmond** ['rɪtʃmənd], Name von geographischen Objekten:

**1) Richmond,** Stadtbezirk von New York.

**2) Richmond,** Hafenstadt in Kalifornien, USA, an der NO-Küste der San Francisco Bay, (1986) 77 900

Ew.; Erdölraffinerie, Kraftfahrzeug- und chem. Industrie; Brücke (Richmond-San Rafael Bridge) über die San Francisco Bay.

**3) Richmond**, Hauptstadt des Staates Virginia, USA, am bis R. schiffbaren James River, (1988) 213 300 Ew.; die Metrop. Area hat 844 000 Ew., davon 51% Schwarze; Sitz eines kath., eines methodist. sowie eines Bischofs der prot. Episkopalkirche; drei Univ. (gegr. 1865, 1920 und 1968), theolog. Seminar der Presbyterianer, Museen. R. ist Industrie-, Handels- und Finanzzentrum eines weiten Agrargebietes (bes. Tabakanbau) mit einer der größten Zigarettenfabriken der Erde, ferner gibt es chem., pharmazeut., Textil- und holzverarbeitende Industrie, Druckereien und Verlage. – 1737 in der Nähe eines Handelspostens bei den Wasserfällen des James River gegr., wurde R. 1780 Hauptstadt von Virginia. Im Sezessionskrieg 1861–65 war es Hauptstadt der Konföderation der Südstaaten und wurde am 3. 4. 1865 mit der benachbarten Festung Petersburg von den Unionstruppen besetzt. – Virginia State Capitol (1785–99) von T. JEFFERSON nach dem Vorbild der Maison Carrée in Nîmes erbaut; im Innern Standbild G. WASHINGTONS von J.-A. HOUDON. Verwaltungsgebäude der Federal Reserve Bank von YAMASAKI MINORU (1978).

**4) Richmond upon Thames** [-əpɔn 'temz], Stadtbezirk (London Borough) im W Londons, England, an der Themse, (1988) 160 800 Ew.; Wohngebiet mit Grünflächen (u. a. → Kew Gardens).

**Richmond** ['rɪtʃmənd], engl. Earls-, später Herzogstitel. 1452 den Tudors übertragen und 1485 mit der Thronbesteigung HENRY TUDORS als HEINRICH VII. in der Krone aufgegangen, wurde der Herzogstitel 1525 HENRY FITZROY (* 1519, † 1536), dem unehel. Sohn HEINRICHS VIII., verliehen. 1623–72 war er im Besitz der schott. Herzöge von Lennox aus der Familie Stuart, die 1672 erloschen, 1675 wurden die Herzogtümer Lennox und R. an CHARLES LENNOX (* 1672, † 1723), den unehel. Sohn KARLS II., vergeben. Die Familie Lennox übernahm 1836 mit den Besitzungen der Herzöge von Gordon auch deren Namen (Gordon-Lennox).

**Richmond** ['rɪtʃmənd], Sir (seit 1897) William Blake, brit. Maler und Bildhauer, * London 29. 11. 1842, † ebd. 11. 2. 1921; schuf die Kuppelmosaiken in der Saint Paul's Cathedral in London; als sein bestes plast. Werk gilt das Grabmal W. GLADSTONES in Hawarden (bei Chester).

**Richt|achsen, Euthynen,** *Anatomie:* bestimmte gerade Linien, die als Haupt- und Nebenachsen derart durch den tier. (auch den menschl.) Körper gelegt werden, daß alle Teile des Körpers bestimmte regelmäßige Lagebeziehungen zu den Achsen haben. R. sind z. B. Längs- und Querachse.

**Richt|antenne,** der → Richtstrahler.

**Richtbake,** Seezeichen, das in Verbindung mit einer markanten Landmarke einen zu steuernden Kurs anzeigt.

**Richtcharakteristik, Richtdiagramm, Strahlungs|charakteristik, Strahlungsdiagramm,** Kennlinie oder -fläche, die den räuml. Verlauf der Feldstärke bzw. Intensität eines Sende- oder Empfangssystems für elektromagnet. oder Schallwellen in Abhängigkeit von der Richtung zeigt. Die Beträge der Feldstärke werden in Prozent des Maximalwertes der Feldstärke angegeben. Nach der als → Polardiagramm 2) aufgetragenen R. unterscheidet man z. B. Kugel-, Keulen-, Nieren- oder Kardioid-, auch Super- und Hyperkardioid-, und Achtercharakteristik. Der Winkel 0° und der Wert 1 werden der Richtung mit dem höchsten Pegel zugeordnet. Die Kugelcharakteristik entsteht bei gleichmäßiger Strahlung in alle Richtungen, während bei Richtstrahlern eine ausgeprägte Keulenform vorliegt. Außer der starken Richtwirkung in der Hauptstrahlrichtung (**Hauptkeule**) zeigt die R. meistens noch schwächere Strahlung in andere Richtungen, die als **Nebenmaxima** oder **-keulen** bezeichnet werden. Bei Empfangsantennen liefert die R. die Empfindlichkeit für den Empfang aus einer bestimmten Richtung. Da Antennen in der vertikalen und horizontalen Ebene unterschiedl. Empfindlichkeiten haben, werden für die jeweilige Ebene auch unterschiedl. R. ausgewiesen. Bes. wichtig ist die R. bei → Antennen, → Mikrophonen und → Lautsprechern.

**Richten, 1)** *Fertigungstechnik:* das Beseitigen von Verbiegungen an Werkstücken und Halbzeug durch Aufbringen äußerer Kräfte bis an die Fließgrenze des Werkstoffs, auch durch vorübergehendes örtl. Erwärmen. Draht, Bandstahl, Profile durchlaufen versetzt angeordnete Rollen (**Rollenrichtapparat, Richtmaschine**), Träger und Wellen werden unter **Richtpressen** geradegebogen, kleine Blechteile durch Strecken mit dem Hammer auf der **Richtplatte** oder durch **Richtprägen**. Stranggepreßte Profile werden auf hydraul. Pressen geradegestreckt (**Streckrichten**).
**2)** *Waffenwesen:* Tätigkeit beim Schießen, bei der das Rohr eines Geschützes oder die Startvorrichtung einer Rakete in diejenige Lage gebracht wird, die das Treffen des Ziels beim nachfolgenden Schuß gewährleistet. Richtmittel sind u. a. Rundblickfernrohr, Zielfernrohr und Laserentfernungsmesser. Das R. erfolgt manuell, halb- oder vollautomatisch, entweder durch Bewegen des gesamten Geschützes (der Startrampe) oder durch Bewegen des Rohrs (der Startschiene) mit Hilfe der Höhen- und Seitenrichtmaschine. Grundsätzlich unterscheidet man zwei Richtarten: **direktes R.,** bei dem ein vom Geschütz oder der Raketenplattform aus unmittelbar sichtbares Ziel direkt anvisiert wird (auf Entfernungen bis etwa 4 000 m möglich); **indirektes R.,** bei dem ein i. d. R. nicht unmittelbar sichtbares, meist weiter entferntes Ziel indirekt anvisiert wird (nach Angaben der Leitstelle oder nach Karten).

**Richtenberg,** Stadt im Kr. Stralsund, Mecklenburg-Vorpommern, 25 m ü. M., (1989) 1 800 Ew.; Nahrungsmittel-, Baustoff-, Metallindustrie. – Der 1231 dem Kloster Neukamp geschenkte Ort entwickelte sich im 13. Jh. zur Stadt (1297 erste Erwähnung). R. gehörte bis 1535 dem Kloster Neukamp, danach zu Pommern. 1648 fiel es an Schweden, 1815 an Preußen.

**Richter,** unabhängiges Organ der Rechtspflege, durch das der Staat oder ein anderer Hoheitsträger seine rechtsprechende Gewalt ausübt.
*Rechtsstellung:* In der Bundesrep. Dtl. ist der R. nicht Beamter, sondern steht in einem besonderen öffentlich-rechtl. Dienst- und Treueverhältnis zum Staat (Richterverhältnis). Dies wird durch das Dt. Richtergesetz (DRiG) i. d. F. v. 19. 4. 1972 und die Richtergesetze der Länder zum Ausdruck gebracht.
R. sind sachlich und persönlich unabhängig und nur an das Recht gebunden (Art. 97 Abs. 1 GG). Sachl. Unabhängigkeit bedeutet, daß ihnen weder allg. noch im Einzelfall hinsichtlich ihrer richterl. Tätigkeit Weisungen erteilt werden dürfen. Maßnahmen der Dienstaufsicht unterliegt ein R. nur insoweit, als sie seine Unabhängigkeit nicht beeinträchtigen (§ 26 Abs. 1 DRiG). Er kann gegen solche Maßnahmen das Dienstgericht anrufen. Die persönl. Unabhängigkeit, die in vollem Umfang nur R. auf Lebenszeit und R. auf Zeit gewährt ist, äußert sich in der Unabsetzbarkeit durch Exekutive oder Legislative und in dem Verbot, R. gegen ihren Willen zu versetzen. Das Dienstverhältnis kann nur durch eine gerichtl. Entscheidung beendet werden, u. a. zwingend bei Verurteilung des R. zu einer Freiheitsstrafe von mindestens einem Jahr. Ein R. auf Probe kann auch bei mangelnder Eignung entlassen werden. Ein R. darf, von engen Ausnahmen

**Richtcharakteristik:** Richtdiagramm (horizontal) eines einfachen Dipols (blau) und eines Dipols mit Reflektor und Direktor (rot)

abgesehen, nicht zugleich einer der anderen Staatsgewalten (Legislative oder Exekutive, →Gewaltenteilung) angehören.

*Richteramt:* Die rechtsprechende Gewalt wird durch Berufs-R. und →ehrenamtliche Richter ausgeübt. Die Befähigung zum Amt des Berufs-R. wird nach § 5 DRiG durch Ablegung zweier staatl. Prüfungen erlangt. Der ersten geht ein rechtswissenschaftl. Studium voraus, der zweiten ein prakt. Vorbereitungsdienst (Referendariat). Voraussetzung für die Berufung sind ferner die dt. Staatsangehörigkeit und die Gewähr, daß der Bewerber jederzeit für die freiheitlich demokrat. Grundordnung im Sinn des GG eintreten. Die Berufs-R. werden i. d. R. auf Lebenszeit ernannt (z. T. nach vorangegangener Wahl, →Richterwahl), nachdem sie mindestens drei Jahre als ›R. auf Probe‹ oder als ›R. kraft Auftrags‹ tätig waren. Eine Ernennung zum R. auf Zeit ist nur für gesetzlich festgelegte Aufgaben zulässig; R. auf Lebenszeit und R. auf Zeit führen die Amts-Bez. ›R. am ...‹ mit einem das Gericht betreffenden Zusatz (z. B. R. am OLG); R. auf Probe führen die zusatzlose Bez. ›Richter‹.

Der unabhängigen Stellung des R. entsprechen besondere Pflichten, die im Richtereid (§ 38 DRiG) zum Ausdruck kommen. Der R. hat sich innerhalb und außerhalb seines Amtes, auch bei polit. Betätigungen, so zu verhalten, daß das Vertrauen in seine Unabhängigkeit nicht gefährdet wird. R. müssen über die Beratungen und Abstimmungen Stillschweigen bewahren; R. des Bundesverfassungsgerichts können der Entscheidung aber abweichende Voten anfügen (→Dissenting opinion).

Für die R. bestehen in Bund und Ländern besondere Dienstgerichte (R.-Dienstgerichte), die in Disziplinarsachen, über Versetzungen im Interesse der Rechtspflege, über Nichtigkeit und Rücknahme einer Ernennung, die Entlassung, Versetzung in den Ruhestand wegen Dienstunfähigkeit und bei Anfechtung bestimmter dienstrechtl. Maßnahmen und Anordnungen entscheiden. Ähnlich dem Personalvertretungsrecht gibt es bei den Gerichten des Bundes und der Länder R.-Vertretungen (Richterräte), die mit beschränkten Beteiligungsrechten ausgestattet sind. Daneben gibt es →Präsidialräte.

*Organisation:* Die R. und Staatsanwälte der Bundesrep. Dtl. sind auf freiwilliger Basis z. T. im ›Dt. Richterbund‹ zusammengeschlossen, einem Dachverband, den seine Landesverbände bilden. Daneben existieren andere Fachverbände (z. B. der Bund Dt. Sozialrichter).

Außerhalb des staatl. Bereichs können aufgrund von Parteivereinbarungen Streitigkeiten von Schieds-R. (→Schiedsgerichtsbarkeit) entschieden werden.

Die Stellung der R. von Gerichten übernat. Zuständigkeit, z. B. des Gerichtshofs der EG in Luxemburg (EuGH) oder des Europ. Gerichtshofs für Menschenrechte in Straßburg, ist in völkerrechtl. Verträgen geregelt.

In der Dt. Dem. Rep. wurde die Justiz schon frühzeitig zu einem Herrschaftsinstrument der SED umgebildet und die Unabhängigkeit der R. beseitigt. Voraussetzung für das Amt des R. war ein Mindestalter von 25 Jahren, jurist. Ausbildung und polit. Zuverlässigkeit. Die R. hatten die besondere R.-Pflicht, zur Verwirklichung ›sozialist. Gerechtigkeit‹ beizutragen. Nunmehr gilt das DRiG auch im Beitrittsgebiet, wenn auch mit Maßgaben. Die R. der ehem. Dt. Dem. Rep. wurden nach der Vereinigung von R.-Wahlausschüssen auf ihre fachl. und persönl. Eignung überprüft und bei positivem Ergebnis dem zuständigen Landesjustizminister zur Ernennung zum R. auf Zeit (drei Jahre) oder auf Probe (drei bis fünf Jahre) vorgeschlagen. Im Falle der Bewährung haben die R. auf Probe Anspruch auf Ernennung zum R. auf Lebenszeit und können fortan im ganzen Bundesgebiet Dienst tun. Neu in ein R.-Verhältnis kann im Beitrittsgebiet auch jemand berufen werden, der zwar nicht die Befähigung zum R.-Amt nach dem DRiG besitzt, aber in der Dt. Dem. Rep. einen Hochschulabschluß als Diplom-Jurist erworben und eine einjährige R.-Assistentenzeit abgeleistet hat. Wenn er dann nach dem 3. 10. 1990 mindestens drei Jahre im richterl. Dienst tätig gewesen ist, kann er zum R. auf Lebenszeit ernannt werden. In Berlin gelten weitere Besonderheiten.

In *Österreich* werden die beamteten (Berufs-)R. auf Vorschlag der Bundes-Reg. vom Bundes-Präs. oder aufgrund dessen Ermächtigung vom zuständigen Bundes-Min. ernannt. Für alle Richterposten sind – nicht bindende – Besetzungsvorschläge der hierzu berufenen Personalsenate einzuholen. Nähere Bestimmungen über das Dienstrecht der beamteten R. und Richteramtsanwärter enthält das Richterdienstgesetz 1961. Schon die Bundes-Verf. sichert den R. bei Ausübung ihres Richteramtes Unabhängigkeit, Unabsetzbarkeit und Unversetzbarkeit zu.

In der *Schweiz* werden die R. der kantonalen Gerichte vom Volk oder vom Kantonsparlament, die R. der eidgenöss. Gerichte von der Bundesversammlung gewählt. Nach Ablauf der Amtsperiode von i. d. R. vier oder sechs Jahren müssen die R. bestätigt werden. In kantonalen Gerichten können auch Laienrichter tätig sein, zu vollamtl. R. werden heute nur noch ausgebildete Juristen gewählt; eine jurist. Ausbildung wird auch für die eidgenöss. Gerichte faktisch vorausgesetzt. Bei den R.-Wahlen sowohl ins Bundesgericht als auch in die kantonalen Gerichte wird für die Zusammensetzung auf die Stärke der polit. Parteien Rücksicht genommen.

H. GRIMM: Richterl. Unabhängigkeit u. Dienstaufsicht in der Rechtsprechung des BGH (1972); F. MATTER: Der R. u. seine Auswahl (Zürich 1978); E. TEUBNER: Die Bestellung zum Berufs-R. in Bund u. Ländern (1984); H. KÖHLER: ›Üb' immer Treu u. Redlichkeit‹ (²1987); P. QUART: Umfang u. Grenzen polit. Betätigungsfreiheit des R. (1990).

**Richter,** im *A. T.* die zwölf Hauptgestalten, von denen das bibl. **Buch der Richter** (Abk. **Ri.**) handelt. Zu unterscheiden sind die ›Kleinen R.‹ (Ri. 10, 1–5; 12, 8–15), Amtsträger des Rechtswesens, von den ›Großen R.‹, charismat. Heerführern einzelner israelit. Stämme oder Stämmegruppen in vorkönigl. Zeit. Von den letzteren erzählen die Heldensagen des R.-Buches (OTNIEL, EHUD, SCHAMGAR, DEBORA und BARAK, GIDEON, JIFTACH, SIMSON), die die deuteronomist. Geschichtsschreibung in das Geschichtskonzept eines in dieser Zeit immer wiederkehrenden Wechsels von Abfall, Strafe, Buße und Errettung Israels eingebettet hat (Ri. 2, 6–3,6). Das Buch der R. enthält darüber hinaus einen Landnahmebericht (Ri. 1, 1–2,5), die Geschichtserzählung vom Staatenbildungsversuch des ABIMELECH (Ri. 9) sowie Stammesüberlieferungen von Dan (Ri. 17–18) und Benjamin (Ri. 19–21).

W. RICHTER: Traditionsgeschichtl. Unters. zum R.-Buch (²1966); Das A. T. dt., hg. v. O. KAISER u. a., Teilbd. 9: Die Bücher Josua, R., Ruth, übers. v. H. W. HERTZBERG (⁵1973); J. A. SOGGIN: Judges. A commentary (a. d. Italien., Philadelphia, 1981).

**Richter, 1)** Adrian Ludwig, Maler, Zeichner und Illustrator, * Dresden 28. 9. 1803, † ebd. 19. 6. 1884; war Schüler seines Vaters, des Kupferstechers CARL AUGUST R. (* 1770, † 1848); wurde 1823–26 in Italien zum Maler ausgebildet und dort v. a. von J. A. KOCH beeinflußt. 1828–35 war R. Zeichenlehrer an der Porzellanmanufaktur in Meißen, 1836–71 Prof. für Landschaftsmalerei an der Dresdener Akademie. Zu den bekanntesten Gemälden R.s zählen ›Der Watzmann‹ (1826; München, Neue Pinakothek), ›Überfahrt am Schreckenstein‹ (1837; Dresden, Gemäldegalerie) und ›Genoveva‹ (1841; Hamburg, Kunsthalle). Die Verbindung zu dem Verleger GEORG WIGAND (* 1808, † 1858; Aufträge für Buchillustrationen, rd. 150 Bücher mit 3 000 Holzschnitten) führte seit 1838 zur Entfaltung seiner zeichner. Begabung, bedeutend im Figürlichen wie in der Landschaft und der Arabeske. In Vorzeichnungen für Holzschnitte und Lithographien, auch in frei komponierten Sammelwerken, entstand eine reiche, biedermeierl. Bildwelt volkstüml. Charakters.

L. R.s Hausbuch. Musik u. Poesie in seiner Zeit, bearb. v. M. JENEWEIN (Innsbruck 1990); H. J. NEIDHARD: L. R. (1991).

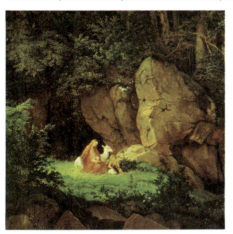

**Ludwig Richter:** Genoveva; 1841 (Hamburg, Kunsthalle)

2) ['rɪktə], Burton, amerikan. Physiker, * New York 22. 3. 1931; seit 1968 Prof. an der Stanford University und am Stanford Linear Accelerator Center in Stanford (Calif.); baute dort den ersten Speicherring für Elektronen und war nach 1961 maßgeblich am Aufbau des großen Elektron-Positron-Speicherrings SPEAR beteiligt. R. und seine Mitarbeiter entdeckten 1974 – unabhängig von S. C. C. TING – mit dieser Anlage bei Zusammenstößen von Elektronen und Positronen sehr hoher Energie ein neuartiges Elementarteilchen, das Psiteilchen. Für diese Entdeckung erhielten TING und R. 1976 den Nobelpreis für Physik.

3) ['rɪktə], Charles Francis, amerikan. Seismologe, * Hamilton (Oh.) 26. 4. 1900, † Pasadena (Calif.) 30. 9. 1985; 1927–70 Prof. am California Institute for Technology in Pasadena; arbeitete über Erdbeben und den inneren Aufbau der Erde; stellte 1935 die → Richter-Skala auf.

4) Eugen, Politiker, * Düsseldorf 30. 7. 1838, † Lichterfelde (heute zu Berlin) 10. 3. 1906; Jurist; gehörte als Linksliberaler seit 1867 dem Reichstag, seit 1869 auch dem preuß. Abgeordnetenhaus an. Er war der einflußreichste Führer der Dt. Fortschrittspartei, seit 1884 der Deutschfreisinnigen, seit 1893 der Freisinnigen Volkspartei; widersetzte sich ständig der Realpolitik BISMARCKS und der Nationalliberalen.

H. RÖTTGER: Bismarck u. E. R. im Reichstage 1879–90 (Diss. Münster 1932).

5) Franz Xaver (František), böhm. Komponist, * wohl Holleschau (bei Prerau) 1. 12. 1709, † Straßburg 12. 9. 1789; wirkte seit 1740 als Vizekapellmeister in der Kapelle des Fürstabtes von Kempten, wurde 1747 Violinist und Sänger (Baß), später Kammerkomponist in der Kurpfälz. Hofkapelle von Mannheim und 1769 Kapellmeister am Straßburger Münster. R. ist einer der Hauptvertreter der → Mannheimer Schule. Während die instrumentalen Kompositionen überwiegend in seiner Mannheimer Zeit entstanden (rd. 80 Sinfonien, sechs Klavierkonzerte, sechs Streichquartette, sechs Solosonaten für Flöte oder Violine und Basso continuo u. a.), gehören seine Vokalwerke (30 Messen, drei Requien, 18 Psalmen und Cantica, 43 Motetten und Kantaten, zwei Tedeums u. a.) bis auf zwei Oratorien (1748 und 1762; Musik verloren) seiner Straßburger Periode an.

6) Gerhard, Maler und Graphiker, * Dresden 19. 2. 1932; seit 1971 Prof. an der Kunstakademie in Düsseldorf. R. malte ab 1964 nach photograph. Vorlagen Bilder in verwischten Grautönen, die das Prinzip ›Abbildung‹ reflektieren. 1966 folgten Farbtafeln nach dem Vorbild von Farbmusterkarten. Den gegen Ende der 60er Jahre in Angriff genommenen Serien liegen wieder Photographien zugrunde: schwarzweiße ›Stadtansichten‹ und ›Gebirgslandschaften‹, die in kräftigem Farbauftrag in groben Zügen festgehalten sind, und leicht verschwommene ›Landschaften‹, ›Seestücke‹ und ›Wolkenbilder‹ in transparenten Farben. Ab 1976 entstanden auch pastos gemalte abstrakte Bilder von effektvoller Farbigkeit.

G. R. Bilder 1962–1985, hg. v. J. HARTEN, Ausst.-Kat. (1986).

7) ['rɪktə], Gisela Maria Augusta, amerikan. Archäologin, * London 15. 8. 1882, † Rom 24. 12. 1972; wesentlich beteiligt am Aufbau der Antikenabteilung (Direktorin 1925–48) des Metropolitan Museum, New York. Herausgeberin des ›American Journal of Archaeology‹.

**Werke:** Handbook of Greek art (1959; dt. Hb. der griech. Kunst); The engraved gems of the Greeks, Etruscans and Romans, 2 Bde. (1968–71).

8) Hans (János), Dirigent, * Raab 4. 4. 1843, † Bayreuth 5. 12. 1916; studierte u. a. bei S. SECHTER, war Chordirektor und Kapellmeister an der Münchner Hofoper (ab 1867), Chefdirigent am Nationaltheater in Pest (1871–75), Kapellmeister der Wiener Hofoper (1875–99; 1893–97 Musikdirektor) sowie Dirigent der Philharmon. Konzerte (1875–82 und 1883–98) und Konzertdirigent der Gesellschaft der Musikfreunde (1880–90) in Wien. Er leitete 1876 in Bayreuth die erste Aufführung von R. WAGNERS Tetralogie ›Der Ring des Nibelungen‹ und 1877 (alternierend mit WAGNER) Wagner-Konzerte in London, 1903–10 die Wagner-Aufführungen an der dortigen Covent

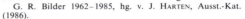

**Gerhard Richter:** Abstraktes Bild; 1977 (Toronto, Art Gallery of Ontario)

**Burton Richter**

**Eugen Richter**

**Hans (János) Richter**

**Hans Werner Richter**

**Horst-Eberhard Richter**

**Karl Richter**

**Swjatoslaw Teofilowitsch Richter**

Garden Opera, 1879–97 die (später ›R. Concerts‹ gen.) ›Orchestral Festival Concerts‹ in London, 1885–1909 Musikfestspiele in Birmingham und 1899–1911 die Konzerte des Hallé Orchestra in Manchester; 1904–11 war er Chefdirigent des London Symphony Orchestra. R., dessen Schwerpunkt das dt. Repertoire bildete, leitete u. a. die Urauff. von Sinfonien von J. BRAHMS und A. BRUCKNER.

**9)** Hans, Maler und Filmkünstler, * Berlin 6. 4. 1888, † Minusio (bei Locarno) 1. 2. 1976. R. stand zunächst Kubismus und Expressionismus nahe und schloß sich 1916 in Zürich den Dadaisten an. Über Zeichnungsfolgen, die ein Thema in versch. Zeitphasen festhalten (›Rollen‹), kam er 1921 zum experimentellen Film (Zusammenarbeit mit V. EGGELING), dessen abstrakte Spielart (Film als musikal. Analogie) er als Künstler und Theoretiker wesentlich weiterentwickelte. R., der schon in den 30er Jahren nicht mehr in Dtl. arbeitete, emigrierte 1941 in die USA, wo unter seiner Regie der surrealist. Film ›Träume zu verkaufen‹ (1947, mit M. ERNST, F. LÉGER, M. RAY, M. DUCHAMP und A. CALDER) entstand. Seine Malerei und seine meisten Filme tendieren zu einem konstruktivist. Formenrepertoire, das auf der Grundlage graph. Positiv- und Negativwerte aufgebaut ist.

**Weitere Filme:** Rhythmus 21, 23, 25 (1921–25); Filmstudie (1926); Vormittags-Spuk (1928); Thirty years of experiment (1951, eine Samml. von Experimentalfilmen; 1961 u. d. T. 40 years experiment); 8 × 8 (1957); Alexander Calder (1962).

**Schriften:** Dada Profile (1961); Dada – Kunst u. Antikunst (1964); H. R. by H. R. (1971).

H. R. 1888–1976, Dadaist, Filmpionier, Maler, Theoretiker, bearb. v. B. VOLKMANN u. a., Ausst.-Kat. (1982); G. HOSSMANN: H. R. 1888–1976. Das bildner. Werk (Diss. Köln 1985); H. R. Malerei u. Film, Ausst.-Kat. (1989).

**10)** Hans Theo, Zeichner und Graphiker, * Rochlitz 7. 8. 1902, † Dresden 14. 9. 1969; war 1947–67 Prof. an der Hochschule für Bildende Künste in Dresden. Er schuf Werke von maßvoller Verhaltenheit, in denen er allgemeinmenschl. Verhältnisse darstellte (z. B. Mutter und Kind, Geschwister); auch Aquarelle.

**11)** Hans Werner, Schriftsteller, * Bansin 12. 11. 1908; gab mit A. ANDERSCH 1946/47 die Zeitschrift ›Der Ruf‹ heraus; Initiator und Organisator der →Gruppe 47 (›Im Etablissement der Schmetterlinge‹, 1986). Schrieb realist. Antikriegsromane (›Die Geschlagenen‹, 1949; ›Sie fielen aus Gottes Hand‹, 1951), später satirisch-gesellschaftskrit. Darstellungen der Nachkriegszeit (›Linus Fleck oder Der Verlust der Würde‹, 1959). Daneben entstanden Hörspiele, Reisebeschreibungen und Kinderbücher; Herausgeber von Anthologien.

**Weitere Werke:** Romane u. Erzählungen: Spuren im Sand (1953); Du sollst nicht töten (1955); Blinder Alarm (1970); Rose weiß, Rose rot (1971); Die Flucht nach Abanon (1980); Die Stunde der falschen Triumphe (1981); Ein Julitag (1982). – Sonstige Prosa: Briefe an einen jungen Sozialisten (1974). – Autobiographisches: Reisen durch meine Zeit (1989).

H. W. R. u. die Gruppe 47, Beitr. v. W. JENS u. a. (1979); E. EMBACHER: Zum literar. Werk u. zum publizist. Wirken eines engagierten dt. Schriftstellers (1985).

**12)** Horst-Eberhard, Arzt und Psychoanalytiker, * Berlin 28. 4. 1923; leitete 1952–62 die ›Beratungs- und Forschungsstelle für seel. Störungen im Kindesalter‹ in Berlin-Wedding, 1959–62 das Psychoanalyt. Institut Berlin; er ist seit 1962 Prof. für Psychosomatik in Gießen, seit 1973 Direktor des dortigen Zentrums für Psychosomat. Medizin. R. lenkte die Aufmerksamkeit auf die soziale, bei Kindern und Jugendlichen meist familiäre Bedingtheit seel. Störungen und bemüht sich um die Anwendung psychoanalyt. Verfahren in Familien- und Sozialtherapie. In den 80er Jahren engagierte er sich in der Friedensbewegung.

**Werke:** Eltern, Kind u. Neurose (1963); Patient Familie (1970); Der Gießen-Test (1972, mit D. BECKMANN); Die Gruppe (1972); Lernziel Solidarität (1974); Flüchten oder Standhalten (1976); Der Gotteskomplex (1979); Zur Psychologie des Friedens (1982); Die Chance des Gewissens. Erinnerungen u. Assoziationen (1986). – Hg.: Russen u. Deutsche (1990).

**13)** Jeremias Benjamin, Chemiker, * Hirschberg i. Rsgb. 10. 3. 1762, † Berlin 4. 5. 1807; arbeitete an der Münze in Breslau, dann in der Berliner Porzellanmanufaktur. R. untersuchte den Vorgang der Neutralisation und entdeckte die Äquivalenz von Säuren und Basen; er fand die Konstanz der chem. Verbindungsverhältnisse (Gesetz der äquivalenten Proportionen) und begründete die →Stöchiometrie.

**Hans Richter:** Visionäres Porträt; 1917 (Privatbesitz)

**14)** Johann Paul Friedrich, Schriftsteller, →Jean Paul.

**15)** Joseph, Pseudonym **F. A. Obermayer**, österr. Schriftsteller, * Wien 16. 3. 1749, † ebd. 16. 6. 1813; Herausgeber der als wertvolle kulturhistor. Quelle geltenden satir. Wochenschrift ›Briefe eines Eipeldauers an seinen Herrn Vetter in Kakran über d'Wienstadt‹ (178 Hefte, 1785–1813). R. schrieb auch Gedichte, Romane, Erzählungen, Satiren und Dramen.

**16)** Karl, Organist und Dirigent, * Plauen 15. 10. 1926, † München 15. 2. 1981; studierte u. a. bei K. STRAUBE und G. RAMIN, wurde 1949 Organist an der Thomaskirche in Leipzig, 1951 an der Markuskirche in München, lehrte an der Münchner Musikhochschule und gründete und leitete den Münchner Bach-Chor und das Münchner Bach-Orchester. Er setzte sich bes. für eine dynamisch-lebendige Pflege der Musik J. S. BACHS ein.

**17)** Swjatoslaw Teofilowitsch, ukrain. Pianist, * Schitomir 20. 3. 1915; studierte am Konservatorium in Moskau. In seinem weitgespannten Repertoire nehmen die dt. Musik und Werke zeitgenössischer sowjet. Komponisten eine zentrale Stelle ein. Er spielte die 6., 7. und die ihm gewidmete 9. Klaviersonate von S. S. PROKOFJEW bei der Uraufführung.

**18)** Trude, eigtl. **Erna Barnick**, Literaturwissenschaftlerin und Schriftstellerin, * Magdeburg 19. 11.

1899, † Leipzig 4. 1. 1989; trat 1931 der KPD bei; emigrierte 1934 in die Sowjetunion. Dort 1936 verhaftet, verbrachte sie 20 Jahre in sowjet. Arbeitslagern und in der Verbannung, wovon sie in den autobiograph. Werken ›Die Plakette‹ (1972) und ›Totgesagt‹ (1990) berichtet. 1957 Rückkehr nach Dtl. auf Vermittlung von ANNA SEGHERS, lebte seither in der Dt. Dem. Rep.; ab 1958 Dozentin am Literaturinstitut J. R. Becher, Leipzig.

19) **Willi**, Gewerkschaftsführer, \* Frankfurt am Main 1. 10. 1894, † ebd. 27. 11. 1972; war nach 1945 führend am Wiederaufbau der Gewerkschaften in den westl. Besatzungszonen Dtl.s (v. a. in Hessen) beteiligt; 1949–57 MdB (SPD). Seit 1949 Mitgl. des Geschäftsführenden Bundesvorstandes, 1956–62 Vorsitzender des DGB.

**Richter|anklage,** in der Bundesrep. Dtl. die auf Antrag des Bundestags erhobene Anklage gegen einen Bundesrichter vor dem Bundesverfassungsgericht mit dem Vorwurf, innerhalb oder außerhalb seines Amtes gegen Grundsätze des GG oder die verfassungsmäßige Ordnung verstoßen zu haben (Art. 98 Abs. 2 GG). Für die Landesrichter sehen die meisten Landesverfassungen Entsprechendes vor. Die R. hat kaum prakt. Bedeutung. Unabhängig von der R. endet das Dienstverhältnis eines →Richters bei schweren strafrechtl. Verurteilungen. Eine R. in verfassungsrechtl. Form besteht weder in der *Schweiz* noch in *Österreich*, noch gab es sie in der Dt. Demokrat. Republik.

**richterliche Selbstbeschränkung,** den Organen der Verfassungsgerichtsbarkeit (bes. dem Bundesverfassungsgericht) auferlegter Grundsatz, der in seinem Kerngehalt den Gerichten verwehrt, in den von der Verf. geschaffenen Raum freier polit. Gestaltung anderer Verfassungsorgane einzugreifen. So darf das Verfassungsgericht im Verhältnis zum Gesetzgeber nicht seine Wertvorstellungen an die Stelle derjenigen setzen, die die gesetzgeber. Entscheidung tragen. Es darf dem Gesetzgeber aber entgegentreten, wenn dieser eine Wertentscheidung ganz außer acht gelassen hat oder die Art und Weise ihrer Realisierung offensichtlich fehlsam ist. (→ Richterstaat)

**richterliches Prüfungsrecht,** das Recht (und die Pflicht) der Gerichte, die Gültigkeit einer von ihnen anzuwendenden Rechtsnorm zu prüfen. Das **formelle r. P.** betrifft nur die Frage, ob ein Gesetz (eine Verordnung) in dem verfassungsmäßig (gesetzlich) vorgeschriebenen Verfahren und damit formell ordnungsmäßig erlassen worden ist. Das **materielle r. P.** umfaßt die weitergehende Prüfung, ob das Gesetz inhaltlich mit der Verf., bes. mit den Grundrechten, übereinstimmt (bei Verordnungen ist außerdem zu prüfen, ob sie inhaltlich mit dem Gesetz, aufgrund dessen sie erlassen wurden, übereinstimmen). Während die formelle r.P. seit jeher außer Zweifel steht, sind gegen das materielle r. P. wegen des Gewaltenteilungsgrundsatzes Bedenken erhoben worden. In der Bundesrep. Dtl. steht den Gerichten ein unbeschränktes r. P. nur bei Rechtsverordnungen sowie bei Gesetzen, die vor Inkrafttreten des GG erlassen wurden, zu. Bei nachkonstitutionellen Gesetzen ist das r. P. zwar ebenfalls zu bejahen, ohne daß dem Gericht aber eine Verwerfungskompetenz zustünde; hält es ein solches Gesetz für verfassungswidrig, so hat es die Sache dem Bundesverfassungsgericht im Verfahren der konkreten → Normenkontrolle zur insoweit dann bindenden Entscheidung vorzulegen.

In *Österreich* prüfen alle Gerichte und Verwaltungsbehörden die gehörige Kundmachung der von ihnen anzuwendenden Gesetze, Verordnungen und Staatsverträge (Art. 89 Bundes-Verfassungs-Ges.). Jedes Gericht kann darüber hinaus beim Verfassungsgerichtshof einen Antrag auf Prüfung einer Verordnung stellen, gegen deren Gesetzmäßigkeit es Bedenken hat. Hinsichtlich der Überprüfung von Gesetzen auf ihre Verfassungsmäßigkeit kommt das Recht der Antragstellung dem Verfassungsgerichtshof dem Verwaltungsgerichtshof, dem Obersten Gerichtshof und jedem zur Entscheidung in 2. Instanz zuständigen Gericht zu. Bis zur Aufhebung rechtswidriger Verordnungen und Gesetze durch den Verfassungsgerichtshof sind sie von jedem Gericht anzuwenden.

In der *Schweiz* sind Bundesgesetze, allgemeinverbindl. Bundesbeschlüsse und Staatsverträge der materiellen richterl. Prüfung entzogen (Art. 113 Abs. 3 und 114$^{bis}$ Abs. 3 Bundes-Verf.); Verordnungen des Bundesrates werden nur auf ihre Gesetzmäßigkeit hin geprüft; bei Widersprüchen zw. Bundesgesetzen oder zw. Verf. und Bundesgesetzen bzw. nicht überprüfbaren Erlassen legt das Bundesgericht jedoch die fragl. Norm nach dem Grundsatz der Vermutung der Verfassungskonformität aus, wodurch eine Abschwächung dieses umstrittenen Grundsatzes erreicht wird. Die Verletzung verfassungsrechtl. Normen des Bundes kann hingegen beim Erlaß und der Anwendung kantonaler Gesetze geltend gemacht werden.

**Richter|recht,** die Gesamtheit der Rechtsnormen, die nicht durch den staatl. Gesetzgeber, sondern durch Gerichtsurteil geschaffen werden. Während im anglo-amerikan. Rechtskreis das R. eine anerkannte Rechtsquelle von großer Bedeutung darstellt (Case law, → Fallrecht), besitzen in der Bundesrep. Dtl. nur bestimmte Urteile der Verfassungsgerichte unmittelbare Gesetzeskraft. Ein echtes R. im Sinne einer normativen Präjudizienverbindlichkeit, d. h. der Geltung des anläßlich eines Einzelfalles formulierten allgemeinen Rechtssatzes auch für zukünftige Rechtsstreitigkeiten, existiert daher hier trotz der von der modernen Rechtswissenschaft betonten fallbezogenen Elemente der Rechtsfindung nicht. In der Praxis haben jedoch die den Urteilen der obersten Bundesgerichte beigegebenen Leitsätze eine faktisch fast gleichbedeutende Autorität erlangt, zumal die Abweichungsmöglichkeit der Untergerichte durch das Prozeßrecht stark eingeschränkt werden. Dieses ›faktische‹ R. ist im Interesse der Rechtssicherheit unvermeidlich (bes. bei der Konkretisierung von Generalklauseln und unbestimmten Rechtsbegriffen), birgt aber wegen der mangelnden demokrat. Legitimierung der Richter sowie v. a. in den Fällen richterl. Rechtsfortbildung gegen das Gesetz (im Strafrecht durch den Grundsatz ›nulla poena sine lege‹ stark eingeschränkt) erhebl. Probleme (→ Richterstaat).

J. ESSER: Grundsatz u. Norm in der richterl. Fortbildung des Privatrechts (³1974); J. IPSEN: R. u. Verf. (1975).

**Richter-Skala** [engl. ˈrɪktə-; nach C. F. RICHTER], **Magnitudenskala,** nach oben nicht begrenzte Erdbebenskala zur objektiven Feststellung der bei einem Erdbeben ausgelösten Energie mit Hilfe von Seismographen. Als Maß dient die **Magnitude,** die als der dekad. Logarithmus der auf dem Seismogramm eines genormten Seismometers aufgezeichneten Maximalamplituden der Erdbebenwellen in 100 km Entfernung vom Epizentrum definiert ist. Erdbeben der Magnitude (M) 2,5 sind fühlbar, solche von M 4,5 richten leichte Schäden an, solche von M 7 können sich bereits zu Katastrophen ausweiten. Aufgrund des logarithm. Stärkemaßes ist z. B ein Erdbeben von M 7 zehnmal stärker als eines von M 6, dem eine freigesetzte Energie von $6 \times 10^{13}$ Joule entspricht. Die bisher registrierten Magnituden reichen bis 8,6. (→ Mercalli-Skala)

**Richterstaat,** Schlagwort für einen als Gefährdung der Demokratie empfundenen Zustand, in dem die richterl. Gewalt gegenüber der Gesetzgebung und Verwaltung ein verfassungswidriges Übergewicht besitzt.

## Rich  Richterswil – Richthofen

Wenn die Besorgnis geäußert wird, die Bundesrep. Dtl. nehme Züge eines R. an, meint dies, die Gerichte hätten ein mit den Prinzipien der Gewaltenteilung unvereinbares Übergewicht erlangt. In der Tat hat das GG den Richtern die Kontrolle von Verwaltung und auch Gesetzgebung in einem früher nicht gekannten Ausmaß übertragen. Die Gerichte haben jedenfalls in den ersten 30 Jahren der Bundesrep. Dtl. diese Befugnisse eher extensiv genutzt. Spielräume der Verwaltung bei der Konkretisierung unbestimmter gesetzl. Begriffe und bei der Ermessensausübung wurden eng bemessen und durch Heranziehung der verfassungsrechtl., insbesondere grundrechtl. Wertmaßstäbe weiter eingeschränkt. Im Verwaltungsrecht, neuerdings speziell im Umweltrecht, hat die Anerkennung von Klagemöglichkeiten Drittbetroffener zu einer ausgedehnten gerichtl. Kontrolle geführt. Allerdings ist dies auch als Kehrseite der techn. und industriellen Entwicklung zu sehen, die die grundrechtlich geschützten Güter wie Gesundheit und Eigentum neuen Gefährdungen aussetzt. Der Gesetzgeber trägt zu dem Aufgabenzuwachs der Gerichte durch generalklauselartige Wendungen oder Abwägungsformeln bei, die den Richter drängen, selbst konkretisierend und wertend zu entscheiden. Seit einigen Jahren ist die Tendenz der Verwaltungsgerichte erkennbar, Entscheidungsspielräume der Verwaltung großzügiger anzuerkennen und die gerichtl. Kontrolle weniger streng auszuüben.

Eine besondere Ausprägung hat das Schlagwort vom R. durch die umfangreichen Zuständigkeiten des Bundesverfassungsgerichts (BVerfG) erfahren. Dieses entscheidet in z. T. hochpolit. Streitigkeiten anhand der in hohem Maße konkretisierungsbedürftigen Normen des GG. Hier wird trotz des Gebots der →richterlichen Selbstbeschränkung z. T. die Gefahr gesehen, daß für das Gemeinwesen weitreichende, durch die Verf. oft nicht eindeutig vorgezeichnete Entscheidungen nicht von den demokratisch legitimierten Organen, sondern vom BVerfG getroffen werden.

B. EISENBLÄTTER: Die Überparteilichkeit des Bundesverfassungsgerichts im polit. Prozeß (1976); R. WASSERMANN: Die richterl. Gewalt (1985).

**Richterswil,** östlichste Gem. des Kt. Zürich am S-Ufer des Zürichsees, Schweiz, 412 m ü. M., (1988) 9 500 Ew.; Textil- und Kunststoffindustrie, Apparatebau.

**Richter und sein Henker, Der,** Roman von F. DÜRRENMATT, entstanden 1950, Erstausgabe 1952.

**Richter von Zalamea, Der,** span. ›El alcalde de Zalamea‹, Drama von P. CALDERÓN DE LA BARCA; Urauff. 1643 in Madrid; span. Erstausgabe 1651.

**Richterwahl,** in der Bundesrep. Dtl. die der Ernennung durch den Bundes-Präs. vorausgehende Wahl der Richter der obersten Bundesgerichte durch **R.-Ausschüsse** (Art. 95 Abs. 2 GG). Die Richter des Bundesverfassungsgerichts werden je zur Hälfte vom Bundestag (durch ein zwölfköpfiges Wahlmännergremium) und vom Bundesrat (mit Zweidrittelmehrheit) gewählt. Die Richter der obersten Bundesgerichte werden aufgrund des R.-Gesetzes vom 25. 8. 1950 (mit späteren Änderungen) vom zuständigen Bundesminister gemeinsam mit dem R.-Ausschuß berufen. Der R.-Ausschuß besteht aus den ressortmäßig zuständigen Landesministern und einer gleichen Anzahl von Mitgl., die der Bundestag nach den Grundsätzen der Verhältniswahl beruft). Einige Bundesländer sehen für die Anstellung der Richter ebenfalls eine R. vor (Art. 98 Abs. 4 GG).

**Richtfest,** Feier nach der Errichtung des Dachstuhls eines Neubaus, vom Bauherrn den Maurern und Zimmerleuten (heute oft auch am Bau unbeteiligten Freunden) bereitet.

**Richtfeuer,** *Schiffahrt:* →Leuchtfeuer.

**Richtfunktechnik,** Verfahren und Anlagen der Nachrichtentechnik zur (gleichzeitigen) drahtlosen Punkt-zu-Punkt-Verbindung versch. Nachrichtenkanäle (Hörfunk und Fernsehen, Fernsprechen, Datenfernübertragung) mit Hilfe von Dezimeter- und Zentimeterwellen. Die zwei Endstellen einer **Richtfunkverbindung** werden dabei entweder direkt (bis etwa 60 km Entfernung) oder meistens über Relaisstationen mit stark gebündelten Funkwellen verbunden. Deshalb werden Antennen mit einer ausgeprägten →Richtcharakteristik eingesetzt. Aufgrund der Bündelung (Öffnungswinkel der Abstrahlung zw. 1° und 2,5°) kann man mit Sendeenergien von wenigen Watt (bis etwa 20 W) arbeiten und vermeidet zudem gegenseitige Störungen benachbarter Richtfunkstrecken. Für den Richtfunk gibt es internat. Regelungen über die zu verwendenden Frequenzbereiche. Die **Relaisstationen** werden in passive und aktive unterschieden. Von passiven werden die elektromagnet. Wellen lediglich umgelenkt; die reflektierte Energie ist dabei stets geringer als die angekommene Sendeenergie. Aktive Relaisstationen enthalten Empfangs- und Sendeeinrichtungen sowie Frequenzumsetzer und Verstärker. Ein wesentl. Teil des Richtfunkverkehrs wird heute über →Nachrichtensatelliten als aktive Relaisstationen abgewickelt. Für die **Durchschaltung** (Weiterleitung der Signale durch die Relaisstationen) gibt es drei Möglichkeiten: Bei der **Basisband-Durchschaltung** wird das empfangene Signal demoduliert, das dadurch erhaltene Basisband verstärkt und zur Modulation des Senders der Relaisstation verwendet. Bei **UHF-Durchschaltung** wird nicht demoduliert, sondern das UHF-Signal wird um einen geringen Betrag (z. B. 200 MHz) in der Frequenz versetzt und verstärkt, bevor es wieder abgestrahlt wird. Bei der **Zwischenfrequenz-Durchschaltung** werden die empfangenen Signale auf eine Zwischenfrequenz umgesetzt und verstärkt. Anschließend werden sie wieder in eine Höchstfrequenz gewandelt, die nochmals verstärkt und dann abgestrahlt wird. – I. w. S. werden auch Abstrahlungen anderer Frequenzen als Richtfunk bezeichnet, z. B. beim Kurzwellenrundfunk in bestimmten Richtungen mit Hilfe von →Richtstrahlern.

**Richtgeschwindigkeit,** *Verkehr:* empfohlene Geschwindigkeit. Für die meisten Bundesautobahnen gilt seit 1974 eine generelle R. von 130 km/h, soweit die R. durch Verkehrszeichen (blaues Rechteck mit weißer Inschrift) nicht niedriger angesetzt ist.

**Richtgröße,** *Physik:* →Rückstellkraft.

**Richthofen,** 1) **Ferdinand Freiherr von,** Geograph und Geologe, * Carlsruhe O. S. 5. 5. 1833, † Berlin 6. 10. 1905; nahm 1860–62 an einer preuß. Handelsmission nach China, Japan und SO-Asien teil, reiste dann allein in SO-Asien, betrieb 1863–68 v. a. geolog. und lagerstättenkundl. Studien in Kalifornien, unternahm 1868–72 Reisen in China, unterbrochen durch einen Aufenthalt in Japan 1870/71; ab 1875 Prof. in Bonn, ab 1883 in Leipzig, ab 1886 in Berlin, wo er nach dem geograph. Institut 1901–05 auch das Institut für Meereskunde einrichtete. Die auf seinen Chinareisen basierende, wegweisende Länderkunde ›China. Ergebnisse eigener Reisen und darauf gegründete Studien‹ (5 Bde. und Atlas, 1877–1912) berücksichtigt neben der Geologie und Geomorphologie auch das Wirken des Menschen. R.s ›Führer für Forschungsreisende‹ (1886) ist die erste auf Geländekenntnis gegründete systemat. Darstellung der Geomorphologie. R., einer der wichtigsten Begründer der Geographie in Dtl., betrieb sie v. a. als naturwissenschaftl. Disziplin vom Lebensraum des Menschen.

G. STÄBLEIN: Der Lebensweg des Geographen, Geomorphologen u. China-Forschers F. v. R., in: Die Erde, Jg. 114 (1983).

Ferdinand Freiherr von Richthofen

**2)** Manfred Freiherr von, genannt ›der rote Baron‹ (nach der Farbe seines Dreideckers), Offizier, * Breslau 2. 5. 1892, † (gefallen) Vaux-sur-Somme (bei Amiens) 21. 4. 1918; erfolgreichster dt. Jagdflieger im Ersten Weltkrieg (80 Abschüsse).

**Richthofengebirge,** chin. **Qilian Shan** [tʃi-, ʃan], eine der Hauptketten des → Nanshan, China, bis 5934 m ü. M.

**Richtkoppler,** Verzweigung zw. drei oder vier Hochfrequenzleitungen, bei der zwei oder paarweise zwei Tore voneinander entkoppelt sind; entspricht einer Brückenschaltung. Anwendungen in der Hochfrequenz-Meßtechnik (z. B. Messung des Reflexionsfaktors und der Wirkleistung an einer Hochfrequenzleitung) und zur Leistungsaufteilung in der Mikrowellentechnik. Wenn man zwei Rechteckhohlleiter durch ein Loch oder einen Schlitz miteinander verkoppelt, breitet sich im angekoppelten Hohlleiter je eine Welle in beiden Richtungen aus. Erfolgt die Auskopplung durch zwei Löcher oder Schlitze im Abstand $\lambda/4$ ($\lambda$ = Wellenlänge), wird eine Richtwirkung erreicht, weil in einer Richtung Auslöschung auftritt. Bei der Schwingungsübertragung mit Koaxialkabeln wird der Innenleiter des Kabels von einem elektromagnet. Feld umgeben. Wird ein anderer elektr. Leiter in dieses Feld eingebracht, wird durch Strahlungskopplung Energie an diesen Leiter abgegeben. Diese Energieabgabe ist abhängig von den Abmessungen des Leiters und dessen Abstand zum Innenleiter des Koaxialkabels. Technisch wird die Kopplung mit Stiften realisiert, die in die elektromagnet. Felder beider Koaxialkabel ragen.

**Richtkraft,** *Physik:* die → Rückstellkraft.

**Richtkreis,** bes. zum Richten von Geschützen verwendetes theodolitähnl. Winkelmeßgerät mit Richtfernrohr, Seiten- und Höhenwinkelteilkreis sowie einer Bussole zur Festlegung des Seitenwinkels bzw. Azimuts.

**Richtlini|en, 1)** *Europarecht:* Rechtsvorschriften des Rates oder der Kommission der EG, die sich an die Mitgliedsstaaten (nicht an die Einzelbürger) wenden und sie verpflichten, binnen einer Frist die Ziele der R. in innerstaatl. Recht umzusetzen (Art. 189 EWG-Vertrag). Nach der Rechtsprechung des Europ. Gerichtshofs kann sich der Bürger, wenn der Mitgliedstaat die R. nicht fristgerecht umsetzt, unter bestimmten Voraussetzungen gegenüber staatl. Organen auf die R. berufen. Die R. des EG-Rechts ist ein Mittel der Koordinierung und → Rechtsangleichung.
**2)** *Staatsrecht:* R. der Politik, die für eine Reg. und ihre einzelnen Mitgl. verbindl. Entscheidungen in polit. Grundsatzfragen. Die R. der Politik werden i. d. R. vom Regierungschef festgelegt. (→ Bundeskanzler, → Bundesregierung, → Ministerpräsident)
**3)** *Verwaltungsrecht:* Bez. für abstrakt-generelle Anordnungen einer vorgesetzten Dienststelle an untergeordnete Verwaltungsstellen, die grundsätzlich nur intern wirken und (nach umstrittener Ansicht) keine Außenwirkung gegenüber Bürger und Gericht haben. Die Befugnis zum Erlaß von R. ist in der Verwaltungskompetenz inbegriffen. R. spielen in der prakt. Verwaltungstätigkeit eine überragende Rolle. Teils betreffen sie die Auslegung von Gesetzen, teils speziell die Ermessensausübung. Insbesondere bei der Leistungsgewährung (Subventionierung) erfüllen sie, wenn ein Gesetz fehlt, eine quasigesetzl. Funktion.

**Richtmaschine,** *Fertigungstechnik:* → Richten 1).

**Richtmaß,** *Hochbau:* → Baunennmaße.

**Richtmikrophon,** ein Mikrophon, das eine bevorzugte Schallaufnahmerichtung aufweist. Die Richtwirkung wird dadurch erzielt, daß die aus den versch. Richtungen einfallenden Schallwellen infolge von akust. Umwegungen unterschiedlich stark auf die Mikrophonmembran einwirken. Der Schalleinfall von vorn bewirkt dann eine maximale Membranbewegung.

**Richtmoment,** *Physik:* das → Rückstellmoment.

**Richtpfennig, Richtpfennigteil,** dt. Edelmetall- und Probiergewicht bis 1857, 1 R. = $^{1}/_{65536}$ Köln. Mark = 0,00357 g (Preußen), in Hessen galt 1 R. = 0,00976 g und in Österreich 0,004283 g.

**Richtplatte,** *Fertigungstechnik:* → Richten 1).

**Richtpreis,** von Behörden oder Verbänden angesetzter Preis, der jedoch nicht eingehalten zu werden braucht (im Unterschied zu administrierten Preisen wie Höchst-, Mindest- und Festpreis; im Sinne des Wettbewerbsrechts der empfohlene Preis (→ Preisempfehlung); im Sinne der → Agrarmarktordnungen der EG der angemessene Erzeugerpreis.

**Richtpresse,** *Fertigungstechnik:* → Richten 1).

**Richt|scheit, Richt|holz, Richt|latte, Setzlatte,** schmales gehobeltes Brett mit genau parallelen Flächen und abgerichteten geraden Kanten, vom Maurer, Tischler u. a. benutzt zur Herstellung ebener und, durch Aufsetzen einer Wasserwaage, waagerechter Flächen.

**Richt|stollen,** *Tunnelbau:* ein Erschließungsstollen zur Erkundung der Gebirgsverhältnisse oder ein Hilfsstollen zur Festlegung der Tunnelachse.

**Richt|strahler, Richt|antenne,** Sendeantenne mit ausgeprägter → Richtcharakteristik. Häufiges Grundelement eines R. im Kurzwellenrundfunk ist ein Halbwellendipol mit einer 8förmigen Richtcharakteristik in der Dipolebene. Senderseitig werden zahlreiche derartige Dipole zu Dipolwänden zusammengesetzt, die dann eine keulenförmige Richtcharakteristik aufweisen und eine große Reichweite des Senders ermöglichen.

**Richt|strecke,** *Bergbau:* parallel zum Streichen der Gebirgsschichten aufgefahrene Strecke. Eine R. verbindet den Förderschacht mit den Querschlägen und dient der Bewetterung, Förderung und Fahrung.

**Richtungs|ableitung.** Die R. einer differenzierbaren Funktion $f: \mathbb{R}^3 \to \mathbb{R}$ an der Stelle $x = (x_1, x_2, x_3)$ in Richtung des Einheitsvektors $e = (e_1, e_2, e_3)$ ist der Grenzwert des Quotienten $[f(x + \eta e) - f(x)]/\eta$ für $\eta \to 0$. Bez. $\partial f/\partial e$. Es gilt: $\partial f/\partial e = \langle e, \text{grad} f \rangle$, wobei $\langle , \rangle$ das Skalarprodukt des $\mathbb{R}^3$ ist.

**Richtungsdispositionen,** *Psychologie:* nach W. STERN die Neigungen der Person (z. B. Interessen), die die Richtung des Handelns bestimmen, im Unterschied zu den Potenzen, den Rüstungsdispositionen (z. B. Intelligenz). In ähnl. Weise bezeichnen in der Charakterkunde von L. KLAGES die **Richtungseigenschaften** die Gesamtheit der Triebfedern und Interessen als die Antriebe, denen ein Mensch folgt.

**Richtungsfeld,** die Menge der Zahlentripel $(x, y, p)$, die eine Differentialgleichung erster Ordnung $F(x, y, y') = 0$ erfüllen, wobei $y = f(x)$ und $y' = f'(x)$ sein soll. Interpretiert man $x$ und $y$ als die Koordinaten eines Punktes $(x, y)$ der Ebene, so entspricht $y' = p$ der Steigung der durch $(x, y)$ gehenden Lösungskurve der Differentialgleichung. (→ Isoklinen)

**Richtungsgabel,** *Mikrowellentechnik:* der → Zirkulator.

**Richtungsgewerkschaft,** gewerkschaftlicher Zusammenschluß auf konfessioneller, weltanschaul. oder polit. Grundlage, im Ggs. zur Einheitsgewerkschaft.

**Richtungshören,** das Unterscheiden und Erkennen der Richtung von Schallquellen; bewirkt zus. mit dem Entfernungshören das akust. Raumerlebnis (→ Hören, → Stereophonie). Das R. beruht auf dem beidohrigen Hören; der Richtungseindruck wird bis zu einem Schallpegel von 60 dB v. a. durch die **Laufzeitdifferenz** (unterschiedl. Entfernung der Ohren zur Schallquelle; Hornbostel-Wertheimer-Effekt), bei niedrigen und mittleren Frequenzen durch die **Phasendifferenz,** mit der die Schallwellen die Ohren erreichen, und bei höheren Frequenzen (über 1 000 Hz) und Schallintensität durch die **Schalldruckdifferenz** (unterschiedl. Bestrahlungsstärke durch ›Schattenwurf‹ des Kopfs) bewirkt. Die absolute Richtungshörschwelle liegt bei einer Zeitdifferenz von 0,03 ms (Richtungsempfindlichkeit von 3°).

**Richtungskörper,** *Biologie:* die Polkörper (→Oogenese).

**Richtungskosinus,** *Mathematik:* die Längen der Projektionen eines Vektors auf die Koordinatenachsen (i. d. R. auf den dreidimensionalen Raum bezogen).

**Richtungsleitung, Einwegleitung, Ferritisolator,** Bauelement der Mikrowellentechnik, das in der Durchlaßrichtung eine sehr niedrige, in der entgegengesetzten Richtung eine hohe Dämpfung für elektromagnet. Wellen aufweist. Erreicht wird das in Hohlleitern durch den Einbau einer Ferritscheibe mit hohem elektr. Widerstand (zur Minimierung der Dämpfungsverluste) in das Magnetfeld eines Permanentmagneten. In der Ferritscheibe führen die magnet. Momente um die Richtung des Magnetfelds des Permanentmagneten eine Präzessionsbewegung bestimmter Frequenz aus. Von der Ferritscheibe werden dadurch zirkular polarisierte Wellen der Drehrichtung, die durch die Richtung des stat. Magnetfelds vorgegeben ist, absorbiert werden (**Resonanz-R.**). In den **Feldverdrängungsisolatoren** wird eine starke Dämpfung auch unterhalb der Resonanzfrequenz erreicht, wenn auf der Ferritscheibe eine dämpfende Platte angebracht ist, die eine Feldverzerrung hervorruft. Verwendet werden R. z. B. in Antennenzuleitungen, um Reflexionen zu vermindern, und zum reflexionsfreien (rückkopplungsfreien) Anschluß von Generatoren an das Übertragungssystem.

**Richtungsquantelung, Richtungsquantisierung,** Bez. für den fundamentalen Sachverhalt, daß bei atomaren und subatomaren Teilchen und bei aus solchen Teilchen bestehenden atomaren und subatomaren Systemen (z. B. Elektronen, Kerne, Atome) die Komponente $I_z$ eines Drehimpulses $I$ (Bahndrehimpuls, Spin, Gesamtdrehimpuls) in einer gegebenen, oft durch ein magnet. oder elektr. Feld ausgezeichneten Richtung $z$ nur diskrete Werte annehmen kann. Der quantenmechan. Drehimpulszustand eines solchen Teilchens oder Systems wird außer durch den festen Wert $I$ der Drehimpulszahl des jeweiligen Drehimpulses, mit $I \geq 0$ und $I$ ganzzahlig oder halbganzzahlig (ganze Zahl plus $1/2$), durch einen Wert der zur Drehimpulskomponente $I_z$ gehörenden Quantenzahl $m$, der magnet. Drehimpulsquantenzahl $m$, bestimmt. Der kleinste für diese Quantenzahl mögl. Wert ist $m = -I$, der größte $m = +I$. Zw. diesen beiden Extrema sind mit dem Inkrement bzw. Dekrement Eins weitere Werte möglich, so daß die magnet. Drehimpulsquantenzahl $m$ insgesamt $2I+1$ versch. Werte annehmen kann; $mh$ sind dann die für die Drehimpulskomponente $I_z$ in der gegebenen Richtung zum Drehimpuls $I$ (mit dem Betrag $[I(I+1)]^{1/2}\hbar$) mögl. Werte ($\hbar = h/2\pi$, $h$ Plancksches Wirkungsquantum). Die Bez. R. rührt daher, daß man sich in einem halbklass. Bild diesen Sachverhalt dadurch veranschaulichen kann, daß der Vektor des Drehimpulses $I$ (mit der durch seinen Betrag gegebenen Länge) nur bestimmter Orientierungen im Raum fähig ist, derart, daß seine Projektion auf die gegebene Richtung die Werte $mh$ ergibt. Wichtig dabei ist, daß der Drehimpulsvektor wegen $[I(I+1)]^{1/2} > I$ auch für die Extremwerte von $m$ nicht parallel zu dieser Richtung liegt. Da das magnet. (Dipol-)Moment mit dem Drehimpuls verknüpft und daher ebenfalls der R. unterworfen ist, kann diese u. a. mit Hilfe von →Atom-

strahlen in einem inhomogenen Magnetfeld nachgewiesen werden.

**Richtungswinkel,** *Geodäsie* und *Kartographie:* der im Uhrzeigersinn gezählte Winkel, den in einem Punkt der Erdoberfläche oder in einer Karte die nach Gitternord (→Nordrichtung) weisende Netzlinie des Koordinatensystems und eine Gerade durch den Punkt miteinander bilden.

**Richtvermögen,** *Physik:* →Rückstellkraft.

**Richtwert,** *Umwelt-* und *Gesundheitspolitik:* Zahlenwert für Schadstoffe, Toleranzgrenzen und angestrebte Werte. R. haben i. a. weniger Verbindlichkeit als →Grenzwerte; juristisch werden sie daher nur als ›Gutachten‹ betrachtet, die keine gesundheitl. Risikoabschätzung beinhalten und deren Überschreitung keine rechtl. Folgen hat. Von der ›Zentralen Erfassungs- und Bewertungsstelle für Umweltchemikalien des Bundesgesundheitsamtes‹ (ZEBS) wurden 1976 R. für Schwermetalle in Lebensmitteln erlassen (1986 modifiziert).

**Richtwirkung,** die Eigenschaft eines Sende- oder Empfangssystems für Schallwellen oder elektromagnet. Wellen, sich gegenüber versch. Richtungen unterschiedlich zu verhalten, z. B. Schall bevorzugt in eine Richtung zu strahlen oder aus einer Richtung zu empfangen. Art und Stärke der R. gehen aus der →Richtcharakteristik hervor.

**Ricimer, Rikimer,** Flavius, weström. Heerführer german. Herkunft, †18. 8. 472; Sohn eines Swebenfürsten und einer westgot. Prinzessin; war seit 456 Magister militum, seit 457 Patricius; stürzte 456 den weström. Kaiser AVITUS und 461 dessen Nachfolger MAJORIAN, an dessen Stelle er LIBIUS SEVERUS zum Kaiser erhob. Nach dessen Tod (465) leitete R. allein die Geschicke Westroms, bis der oström. Kaiser LEON I. (467) ANTHEMIUS als weström. Kaiser einsetzte. 472 rief er gegen diesen OLYBRIUS zum Kaiser aus und entfesselte einen Bürgerkrieg, in dem ANTHEMIUS getötet wurde.

**Ricin** *das, -s,* **Rizin,** hochmolekularer giftiger Eiweißstoff (Toxalbumin), der in den Samen der Rizinuspflanze (→Wunderbaum) vorkommt und bei der Gewinnung des Rizinusöls in den Preßrückstand gelangt. R. ist gegenüber Verdauungsenzymen sehr resistent. Seine toxic. Wirkung beruht auf der Agglutination der roten Blutkörperchen; äußerlich bewirkt R. Haut- und Schleimhautreizungen.

**Ricinolsäure, Rizinölsäure,** ungesättigte Monohydroxycarbonsäure (chemisch die cis-12-Hydroxy-9-octadecensäure), die in Form ihres Glycerinesters den Hauptbestandteil (80–85%) des Rizinusöls bildet und aus diesem durch Verseifen gewonnen wird. R. ist eine gelbl., in Wasser unlösl., ölige Flüssigkeit; sie wird zur Herstellung von Metallseifen und Textilhilfsmitteln sowie auch als Ausgangsstoff für die Herstellung von Nylon 11 verwendet.

**Ricinus,** *Botanik:* der →Rizinus.

**Rick,** *Pferdesport:* Hindernis bei Sprungprüfungen, bei dem die Stangen senkrecht übereinander liegen. Zwei hintereinanderstehende R. werden als Doppel-R. bezeichnet.

**Ricke,** ausgewachsenes weibl. Reh.

**Ricken** *der,* Paß im Kt. St. Gallen, Schweiz, verbindet das Zürichseegebiet mit dem Toggenburg, 794 m ü. M., wird von der Bahn Uznach–Wattwil im 8,6 km langen **R.-Tunnel** unterfahren.

**Rickert,** Heinrich, Philosoph, *Danzig 25. 5. 1863, †Heidelberg 30. 7. 1936; wurde 1894 Prof. in Freiburg im Breisgau, 1916 in Heidelberg, gehört mit W. WINDELBAND zu den Begründern der südwestdt. Schule des Neukantianismus. Von I. KANT, J. G. FICHTE, H. LOTZE und WINDELBAND beeinflußt, lehrte R. einen Kritizismus, welcher der transzendentalen Subjektivität primäre erkenntnisbegründende Funktion zu-

Ricinolsäure

Heinrich Rickert

schreibt. Auch in seinen späteren Studien zur Erkenntnistheorie, in denen das Problem des alogisch-außersubjektiven Erkenntnismaterials an Bedeutung gewinnt und R. sich ontolog. Fragestellungen nähert, bleibt der transzendental-idealist. Ansatz ebenso erhalten wie in der Theorie der Werte, die R. im Anschluß an WINDELBAND systematisch ausbaute. Zentrales Problem seiner Wertphilosophie ist die Differenz von Wert und Wirklichkeit und deren Aufhebung durch das wertende Subjekt. Unbeschadet der Anerkennung objektiv geltender, von der individuellen Subjektivität unabhängiger Werte, lehnte R. Metaphysik im Sinn einer objektivist. Wiss. vom Absoluten ab. Außer der Werttheorie und ihren erkenntnislog. Implikaten ist v. a. R.s Unterscheidung der Kultur- und Naturwissenschaften philosophiegeschichtlich einflußreich geworden (Einfluß auf E. TROELTSCH, F. MEINECKE und M. WEBER).

Werke: Der Gegenstand der Erkenntniss (1892); Die Grenzen der naturwiss. Begriffsbildung, 2 Tle. (1896–1902); Kulturwiss. u. Naturwiss. (1899); Die Philosophie des Lebens (1920); System der Philosophie. Allg. Grundlegung der Philosophie (1921); Kant als Philosoph der modernen Kultur (1924); Die Logik des Prädikats u. das Problem der Ontologie (1930); Goethes Faust (1932); Grundprobleme der Philosophie (1934).

H. SEIDEL: Wert u. Wirklichkeit in der Philosophie H. R.s (1968).

**Charles Ricketts:** Der große Wurm; Farblithographie aus der Zeitschrift ›The Dial‹, Nr. 1, 1889

**Ricketts** ['rɪkɪts], Charles, brit. Maler und Graphiker, * Genf 2. 10. 1866, † London 7. 10. 1931; stand in seinem maler. Schaffen unter dem Einfluß von E. DELACROIX und G. MOREAU. 1889–97 war er Mitherausgeber der Zeitschrift ›The Dial‹. 1896 gründete er mit C. SHANNON nach dem Vorbild der Kelmscott Press von W. MORRIS die ›Vale Press‹ und gab bibliophile Buchdrucke heraus; entwarf auch Bühnenbilder und Theaterkostüme.

**Rickettsi|en** [nach dem amerikan. Pathologen HOWARD TAYLOR RICKETTS, * 1871, † 1910, dem Entdecker des amerikan. Felsengebirgsfiebers], sehr kleine unbewegl. Stäbchen oder Kokken (etwa 0,8 μm groß); obligate Zellparasiten, die als harmlose Parasiten oder Symbionten im Darmepithel von Läusen, Flöhen, Zecken u. a. Arthropoden leben; nach Übertragung (z. B. durch Biß) auf andere tier. Wirte oder den Menschen kommt es zu schweren Erkrankungen (→ Rickettsiosen). Bei den R. (ebenso wie bei den zellparasit. Chlamydien) ist der zelleigene Stoffwechsel stark degeneriert.

**Rickettsiosen,** Sg. Rickettsiose die, -, durch → Rickettsien hervorgerufene, meist von Arthropoden (Zecken, Milben, Läusen, Flöhen) übertragene Infektionskrankheiten mit unterschiedl., teils weltweiter Verbreitung.

Zu den R. gehören v. a. das → Fleckfieber und das Fünftagefieber, die beide auf den Menschen beschränkt sind. Eine nordamerikan. Form des Fleckfiebers stellt das durch Zecken übertragene, durch Rickettsia rickettsii hervorgerufene **Felsengebirgsfieber (Rocky Mountains spotted fever)** dar; im südostasiat. Raum tritt das durch Milben verbreitete, mit hoher Sterberate verlaufende **Tsutsugamushi-Fieber** auf (Erreger Rickettsia tsutsugamushi); in Nord- und Zentralasien die **nordasiatische Zeckenbißfieber** (Erreger Rickettsia sibirica). Im Unterschied hierzu gehört das → Q-Fieber zu den Zoonosen. Ebenfalls durch Zeckenbiß wird das durch Rickettsia conorii hervorgerufene, im Mittelmeerraum, Teilen von Afrika und Indien auftretende **Boutonneuse-Fieber** übertragen.

Die einzelnen R. verursachen unterschiedlich schwere Fieberzustände, die meist mit fleckförmigen Hautausschlägen verbunden sind (Befall des Endothels der Blutgefäße durch die Erreger). Schwere Verläufe treten mit Hirnbeteiligung (Enzephalitis) auf; beim Fünftagefieber sind noch nach Jahren Rückfälle möglich. Alle Formen der R. können mit Breitbandantibiotika behandelt werden.

**Rickey** ['rɪkɪ], George, amerikanischer Bildhauer, * South Bend (Ind.) 6. 6. 1907; wuchs in Europa auf und studierte u. a. in Oxford und Paris. Vom Konstruktivismus ausgehend, gestaltete er hängende oder stehende Mobiles mit Stäben, Quadrat-, Rechteck- oder Dreieckflächen, die in den Raum greifen und Licht reflektieren. Ein wichtiges Motiv seiner Arbeiten ist die ›Nadel‹ (seit 1961), ein Stab mit dreieckigem Querschnitt, der einzeln, aber auch in Gruppen erscheint.

P. A. RIEDL: G. R., kinet. Objekte (1970); N. ROSENTHAL: G. R. (New York 1977).

**Rickman** ['rɪkmən], Thomas, brit. Architekt und Architekturtheoretiker, * Maidenhead 8. 6. 1776, † Birmingham 4. 1. 1841; trug zur Wiederbelebung der Gotik in England bei (›An attempt to discriminate the styles of English architecture from the conquest to the reformation‹, 1817). Auf ihn gehen die Stil-Bez. ›Norman‹, ›Early English‹, ›Decorated style‹ und ›Perpendicular style‹ zurück. Er entwarf zahlreiche neugot. Kirchen, auch Wohnhäuser und öffentl. Bauten (New Court des Saint John's College in Cambridge, 1827–31; mit HENRY HUTCHINSON, * 1800, † 1831). Ab 1813 verwendete er als einer der ersten Eisenkonstruktionen (Saint George in Everton, Liverpool, 1813–14).

**ricochet** [riko'ʃɛ], **jeté** [ʒə'te], bei Streichinstrumenten eine Strichart, bei der im Springbogen (→ sautillé) mehrere Töne auf einen Strich genommen werden.

**Ricœur** [ri'kœːr], Paul, frz. Philosoph, * Valence 27. 2. 1913; ab 1948 Prof. in Straßburg, dann in Paris (1956–78), gleichzeitig in Chicago (Ill.); Hauptvertreter einer hermeneut. Phänomenologie, in der sich die Beschreibung der Phänomene mit der Deutung von Zeichen, Symbolen und Texten verbindet. Die anfängl. Phänomenologie des Wollens, die im Zeichen

**George Rickey:** Mobile Stahlskulptur; 1969 (Berlin-Tiergarten, Terrasse vor der Nationalgalerie)

von E. Husserl und G. Marcel steht, wurde von R. fortentwickelt, indem er die Symbolik des Bösen, die bibl. Exegese, die psychoanalyt. Entzifferung des Unbewußten, die schöpfer. Metaphorik der Sprache sowie die Erzählstrukturen von Zeit und Geschichte in eine Welt- und Selbstdeutung des Menschen miteinbezieht.

**Werke:** Philosophie de la volonté, 2 Tle. (1949–60); De l'interprétation. Essai sur Freud (1965; dt. Die Interpretation); Le conflit des interprétations (1969; Hermeneutik u. Strukturalismus); La métamophore vive (1975; dt. Die lebendige Metapher); Temps et récit, 3 Bde. (1983–85; dt. Zeit u. Erz.).

B. Waldenfels: Phänomenologie in Frankreich (1983); F. D. Vansina: P. R. (Löwen 1985).

**Rida,** Raschid Mohammed, syr. muslim. Theologe, * Kalamun (bei Tripoli) 19. 9. 1865, † ebd. 1935; führender Vertreter der von seinem Lehrer M. Abduh begründeten Reformtheologie. Mit seiner Lehre von der Beseitigung der Schwächen der islam. Gesellschaft durch Rückkehr zu ihren urspüngl. Prinzipien übte er großen Einfluß auf das religiöse und polit. Leben in der arabisch-islam. Welt aus.

**Riddagshausen,** ehemaliges Zisterzienserkloster, → Braunschweig.

**Riddara sögur** [altnord. ›Rittersagas‹], auf Anregung der norweg. Könige Hákon IV. (1217–63) und Magnus VI. (1263–80) in altnorweg. Sprache angefertigte Prosaübersetzungen frz. Heldenepik (Chansons de geste, ›Elis saga‹, ›Flóvents saga‹, ›Karlamagnús saga‹ u. a.), anglonormann. Dichtung (u. a. ›Lais‹ der Marie de France; ›Strengleikar‹), der keltisch-normann. Artusepik (›Tristrams saga ok Ísondar‹, ›Ívens saga‹, ›Parcevals saga‹, ›Erex saga‹ u. a.) und des frz. Abenteuerromans (›Flóres saga ok Blankiflúr‹, ›Partalopa saga‹ u. a.). Das älteste (›Tristrams saga‹) stammt von 1226. In Anlehnung an diese ›übersetzten R. s.‹ entstanden ab Ende des 13. Jh. auf Island zahlreiche Neudichtungen mit ritterlich-höf., phantastisch-abenteuerl. und märchenhaften Motiven, ohne daß direkte ausländ. Vorlagen nachweisbar sind (›originale R. s.‹; ›Märchensagas‹).

K. Schier: Saga-Lit. (1970); ders.: Die Lit. des Nordens, in: Europ. Hoch-MA., bearb. v. H. Krauss (1981); J. Glauser: Isländ. Märchensagas (1981); M. E. Kalinke u. P. M. Mitchell: Bibliography of old Norse-Icelandic romances (Ithaca, N. Y., 1985); Les sagas de chevaliers. Riddarasögur, hg. v. R. Boyer (Paris 1985).

**Ridder,** bis 1941 Name der Stadt → Leninogorsk 2).

**Ridder,** Alfons De, fläm. Schriftsteller, → Elsschot, Willem.

Karl Ridderbusch

**Ridderbusch,** Karl, Sänger (Baß), * Recklinghausen 29. 5. 1932; debütierte 1961 in Münster und trat u. a. an der Bayer. Staatsoper in München, der Wiener Staatsoper und der Metropolitan Opera in New York sowie bei Festspielen (Bayreuth, Salzburg) auf; wurde bes. als Wagner-Interpret sowie in Partien wie König Philipp (›Don Carlos‹ von G. Verdi), Boris Godunow (M. Mussorgskij) und Baron Ochs auf Lerchenau (›Der Rosenkavalier‹ von R. Strauss) bekannt.

**Ridderkerk,** Gem. in der Prov. Südholland, Niederlande, auf der Deltainsel IJsselmonde im Ballungsraum Rotterdam, (1990) 46 000 Ew.; Schiff-, Stahl- und Fahrzeugbau, Herstellung von petrochem. Apparaten, Off-shore-Plattformen, Stahltrossen und Schrauben, Schiffsausbau, Gummiverarbeitung.

**Rideaukanal** [ri'dəʊ-], Wasserweg in Kanada, 203 km lang, verbindet Ottawa mit Kingston am Ontariosee; 47 Schleusen; Fremdenverkehr.

**Ridikül** [frz., unter Einfluß von ridicule ›lächerlich‹ entstellt aus réticule, eigtl. ›kleines Netz(werk)‹] *der* oder *das, -s/-e* und *-s,* kleiner Beutel, gestrickt, gehäkelt oder aus Stoff; seit Ende des 18. bis Mitte des 19. Jh. mod. Zubehör der Dame als Vorläufer der Handtasche, auch Handarbeitsbeutel.

Johann Elias Ridinger

**Riding** ['raɪdɪŋ], Laura, eigtl. **L. R. Jackson** ['dʒæksn], amerikan. Schriftstellerin, * New York 16. 1. 1901, † Sebastian (Fla.) 2. 9. 1991; gehörte in den frühen 20er Jahren der Dichtergruppe der → Fugitives an; lebte 1926–39 in England und auf Mallorca, wo sie mit R. Graves die literaturkrit. Studie ›A survey of modernist poetry‹ (1927) verfaßte, die den → New criticism beeinflußte. Ihre intellektbetonte und sprachlich präzise Lyrik erforscht menschl. Grunderfahrungen wie die Polarität von Körper und Geist sowie das Wesen der Liebe. Sie veröffentlichte außerdem Essays, den histor. Roman ›A Trojan ending‹ (1937) und Sprachstudien zur Semantik.

**Weitere Werke:** *Lyrik:* Collected poems (1938); Selected poems (1970). – *Erzählungen:* Progress of stories (1935); Lives of wives (1939). – *Essays:* Contemporaries and snobs (1928). – *Sprachstudien:* The telling (1972); Description of life (1980); Some communications of broad reference (1983).

**Ausgabe:** It has taken long. From the writings of L. R. Jackson (1976).

J. P. Wexler: L. R. A bibliography (New York 1981).

**Ridinger, Riedinger,** 1) **Georg,** Baumeister, * Straßburg 24. 7. 1568, † vermutlich nach 1628; schuf als Kenner des Festungsbaus und in Anlehnung an die mittelalterl. Tradition (im Grundriß) 1605–14 das Schloß in Aschaffenburg, mit vier Ecktürmen, eine der ersten streng regelmäßigen Vierflügelanlagen in Dtl., das kunstgeschichtlich als ein Werk der dt. Renaissance oder als frühbarocker Bau eingeordnet wird (nach Zerstörung im Zweiten Weltkrieg wiederhergestellt; Bild → Aschaffenburg). 1626–29 erbaute er Schloß Philippsburg unterhalb von Ehrenbreitstein (nicht erhalten).

G. Czymmek: Das Aschaffenburger Schloß u. G. R. (1978).

2) **Johann Elias,** Maler und Graphiker, * Ulm 16. 2. 1698, † Augsburg 10. 4. 1767; Schüler von G. P. Rugendas in Augsburg. 1715–18 stand er in Regensburg im Dienst des Grafen Metternich. 1759 wurde er Direktor der Stadtakademie in Augsburg. R. schuf Gemälde und etwa 1600 Kupferstiche und Radierungen mit Jagdszenen.

**Ridler** ['rɪdlə], Anne Barbara, engl. Schriftstellerin, * Rugby 30. 7. 1912; ihre moderne Alltagssprache verwendende meditative Lyrik reflektiert sensibel religiöse, familiäre und künstlerische Erfahrungen (›Poems‹, 1939; ›Selected poems‹, 1961; ›New and selected poems‹, 1988). In der Nachfolge T. S. Eliots trug sie zur Erneuerung des Versdramas v. a. mit christl. Thematik bei (›Cain‹, 1943; ›The trial of Thomas Cranmer‹, 1956).

**Ridley** ['rɪdlɪ], **Nicholas,** engl. anglikan. Theologe, * Northumberland um 1500, † (hingerichtet) Oxford 16. 10. 1555; als Bischof von Rochester (1547) und London (1550) Mitarbeiter T. Cranmers bei der Durchsetzung der Reformation in England. Er wurde unter Königin Maria I., deren Thronfolgerecht er bezweifelt hatte, 1553 verhaftet und mit H. Latimer als Ketzer verbrannt.

**Ridnauntal,** italien. **Val Ridanna,** westl. Seitental des Eisacktals in Südtirol, Italien, mündet unterhalb von Sterzing.

**Riebeckit** [nach dem Forschungsreisenden Emil Riebeck, * 1853, † 1885] *der, -s/-e,* zu den Alkaliamphibolen gehörendes, blaues Mineral der chem. Zusammensetzung $Na_2Fe_3^{2+}Fe_2^{3+}[OH|Si_4O_{11}]_2$; Härte nach Mohs 5,5–6, Dichte 3,02–3,42 g/cm³; säulige und strahlige Aggregate; faserig-filzig; asbestartig ausgebildeter R. heißt → Krokydolith.

**Riechbein,** das → Siebbein.

**Riech|epithel, Riechschleimhaut,** i. d. R. von Schleimhaut überzogene, flächige (epitheliale) Anordnungen von Geruchsinneszellen sowie Stütz- und Drüsenzellen im Geruchsorgan der Wirbeltiere. (→ Geruchssinn, → Nase)

**Riechfelder,** *Anatomie:* → Nase.
**Riechfurche,** *Anatomie:* → Nase.
**Riechgras,** das →Ruchgras.
**Riechgruben,** während der Keimentwicklung der *Wirbeltiere* als paarige, grubenförmige Einsenkung im vordersten Bereich der Medullarrinne (→ Medullarrohr) entstehende erste Anlage der Geruchsorgane. Fische haben zeitlebens R. ohne Verbindung zur Mundhöhle. – Bei versch. *Wirbellosen* Bez. für Riechzellen bzw. Geruchsorgane tragende Einsenkungen an der Körperoberfläche.
**Riechhaare,** Geruchssinnesorgane der Gliederfüßer (→ Sensillen).
**Riechkegel,** bei *Wirbeltieren* (einschließlich Mensch) die im Riechepithel etwas vorragenden, mit Riechhärchen besetzten distalen Enden der Geruchssinneszellen. – Bei *Insekten* bestimmte Geruchssinnesorgane (→ Sensillen).
**Riechlappen, Lobus olfactorius,** bei *Wirbeltieren* Teil des Vorderhirns, in den die Fasern des Riechnervs einmünden; eine kolbenartige Verdickung des vorderen Teils der R., der **Riechkolben** (Bulbus olfactorius), ist durch Nervenfäden mit Riechnerv und Riechepithel verbunden. – Bei *Insekten* ist der R. Teil des zweiten Gehirnabschnitts (Oberschlundganglion).
**Riechmittel,** stark riechende natürl. oder synthet. Substanzen (z. B. äther. Öle, Riechsalz, Kampfer), die durch Reizung des Geruchsorgans eine geringe zentralerregende Wirkung entfalten können.
**Riechnerv,** der I. Gehirnnerv (→ Olfaktorius).
**Riechschleimhaut,** das →Riechepithel.
**Riechstoffe,** i. w. S. alle chem. Substanzen, die auf den Geruchssinn wirken und einen Geruchseindruck hervorrufen (→Duftstoffe); i. e. S. flüchtige organ. Verbindungen mit (für den Menschen) angenehmem Geruch, die als Komponenten in → Parfüms u. a. Kosmetika sowie in techn. Produkten verwendet werden. In techn. Produkten (z. B. Leimen) dienen R. u. a. zur Korrektur eines unangenehmen Eigengeruchs, zur Erzeugung eines verkaufsfördernden Eigengeruchs (z. B. bei Möbelpflegemitteln) und zur Charakterisierung von Markenartikeln (z. B. Geschirrspülmitteln). Einige R. haben auch als →Aromastoffe Bedeutung (z. B. Vanillin). R. gehören vorzugsweise in die Verbindungsklassen aliphat. Aldehyde, Terpene (z. B. Geraniol, Linalool, Citronellol) sowie aromat. Alkohole und Aldehyde. Sie werden aus →ätherischen Ölen isoliert, heute aber bevorzugt synthetisch hergestellt. Synthet. R. können mit Bestandteilen natürl. Duftkompositionen chemisch identisch sein, z. B. Cumarin (Waldmeister), Zimtalkohol (Hyazinthe), 2-Phenyläthylalkohol (Rose), es kann sich aber auch um R. handeln, die in der Natur bisher nicht nachgewiesen wurden (z. B. α-Amylzimtaldehyd für Jasminnoten).

Über den Zusammenhang zw. Konstitution der chem. Substanzen und Geruch ist bisher nur wenig bekannt; einerseits soll der allgemeine ster. Aufbau der R.-Moleküle, d. h. ihre Oberflächenform, eine Rolle für den Geruchseindruck spielen, daneben haben auch die ›osmophoren Gruppen‹ Bedeutung, d. h. Molekülteile, die den Geruch bewirken, bes. die funktionellen Gruppen von Alkoholen, Aldehyden, Acetalen, Ketonen, Estern, Lactonen und Äthern.

H. JANISTYN: Hb. der Kosmetika u. R. (²⁻³1969–78); E. ZIEGLER: Die natürl. u. künstl. Aromen (1982); K. BAUER u. D. GARBE: Common fragrance and flavor materials (Weinheim 1985); R. HALL u. a.: H-&-R-Lex. Duftbausteine. Die natürl. u. synthet. Komponenten für die Kreation von Parfums (1985).

**Ried,** 1) *Biologie:* auf durchnäßtem Moorboden wachsende Sumpfformationen, z. B. holarkt. Niedermoorsümpfe und Großseggenriede, aber auch die Formationen der Everglades in Florida sowie trop. R.-Sümpfe der Seen, Fließwasser und Brackwasser. (→ Moor)

2) *Weinbau:* in Österreich Bez. für Einzellage.

**Ried, Rieth, Ryed,** Benedikt, auch **Meister Benedikt,** Steinmetz und Baumeister, * Piesting (bei Wiener Neustadt) (?) um 1454, † Prag 30. 10. 1534; in Prag

**Benedikt Ried:** Wladislawsaal im Königspalast der Prager Burg; 1493–1502

erstmals 1489 nachweisbar. R. nahm am Wiederaufbau der böhm. Kirchen und Schlösser nach den Hussitenkriegen teil und war auch in Sachsen und Schlesien tätig. In Prag schuf er u. a. den kühn gewölbten Wladislawsaal (1493–1502) im Königspalast auf dem Hradschin, ferner das königl. Oratorium im St.-Veits-Dom (1490–93). Von ihm stammt auch der Entwurf zum oberen Teil des Langhauses (ausgeführt zw. 1512 und 1536) und zum Mittelschiffgewölbe (ausgeführt 1540–48) der St.-Barbara-Kirche in Kuttenberg. – R. knüpfte an die Tradition der südd. Spätgotik an, setzte sich aber auch mit den wohl in Ungarn empfangenen Eindrücken der italien. Renaissance auseinander.

**Riedböcke, Wasserböcke, Reduncinae,** Unterfamilie bis rothirschgroßer Antilopen mit acht Arten in offenen und geschlossenen Biotopen Afrikas; nur die Männchen tragen Hörner. – Zu den R. gehören u. a. →Grays Wasserbock, →Litschiwasserbock, Kobantilope (→ Moorantilope), →Wasserbock, **Großer Riedbock** (Redunca arundinum; bis 1,6 m lang; südl. Afrika; braun, mit weißer Bauchseite) und **Kleiner Riedbock** (Isabellantilope, Redunca redunca; bis 1,4 m lang; trop. Afrika; rötlichbraun, mit weißer Unterseite).

**Riedböcke:** Großer Riedbock (Körperlänge bis 1,6 m)

**Riedel** [oberdt., eigtl. ›Wulst‹] *der*, -s/-, schmaler, langgestreckter Geländerücken zw. benachbarten, meist parallel verlaufenden Tälern. Vielfach haben die R. etwa gleiche Höhe und bilden eine nur durch

**Ried**   Riedel – Riegel

die Täler gegliederte Platte (Iller-Lech-Platte, Traun-Enns-Platte).

**Riedel,** Manfred, Philosoph, * Etzoldshain (Kr. Grimma) 10. 5. 1936; seit 1970 Prof. an der Univ. Erlangen-Nürnberg; Lehrtätigkeit in Heidelberg (1961), Marburg (1964), Saarbrücken (1969). Im Ausgang von der Historismuskritik und philosoph. Hermeneutik entwickelt R. das Konzept eines hermeneut. Kritizismus (mit Anwendung auf die Theorie und Geschichte der prakt. Philosophie).
Werke: Theorie u. Praxis im Denken Hegels (1965); Norm u. Werturteil. Grundprobleme der Ethik (1979); Hören auf die Sprache (1990); Zeitkehre in Dtl. (1991).

**Riedel-Struma** [nach dem Chirurgen BERNHARD RIEDEL, * 1846, † 1916], Form der chron. →Schilddrüsenentzündung.

**Riedenburg,** Stadt im Kr. Kelheim, Niederbayern, 354 m ü. M., im Altmühltal am Main-Donau-Kanal, (1991) 5 600 Ew.; Kristallmuseum, Bauernhofmuseum Echendorf, Falknerei- und Naturkundemuseum (im Schloß Rosenburg); Luftkurort. – R. entwickelte sich im Schutz der Burgen Rabenstein, Rosenburg und Drachenstein im 13. Jh. zu einem Markt. 1952 wurde R. Stadt. – Marktplatz mit Rathaus (1731 erneuert); kath. Pfarrkirche St. Johann Baptist (1739) mit mittelalterl. Turm. – Rosenburg, eine gut erhaltene Anlage des 13. Jh., Wohngebäude aus dem 16. Jh.; unterhalb Burgruine Rabenstein (12. Jh.). – Nordwestlich Burgruine Drachenstein (13. Jh.).

**Riedenburg, Rietenburg, Burggraf von R.,** Minnesänger des 12. Jh., wahrscheinlich ein jüngerer Sohn des bis 1177 urkundlich bezeugten Burggrafen HEINRICH III. von Regensburg. Seine wenigen Lieder zeigen formal wie thematisch den Übergang vom frühen donauländ. zum romanisch beeinflußten hohen Minnesang.

**Riederlalp,** autofreie Fremdenverkehrssiedlung nahe dem →Aletschgletscher, im Oberwallis, Schweiz, Zentrum 1 920 m ü. M., mittels zweier Seilbahnen von Mörel (Bahnstation) im oberen Rhônetal aus zu erreichen.

**Riedfrösche, Hyperoliidae,** Familie der Froschlurche mit über 200 Arten in Afrika südlich der Sahara und jeweils einer Art auf Madagaskar und den Seychellen. R. halten sich häufig in der Ufervegetation von Gewässern auf.

**Riedgräser, Rietgräser, Sauergräser, Cyperaceae,** Familie der Einkeimblättrigen mit etwa 3 600 Arten in 115 Gattungen; weltweit verbreitet, v. a. in den gemäßigten Gebieten, bes. auf sumpfigen, sauren Böden; grasartige Kräuter mit meist deutlich dreikantigen, selten durch Knoten gegliederten Stengeln; Blätter häufig dreizeilig angeordnet, schmal, überwiegend mit geschlossenen Scheiden; Blüten klein, ohne Blütenhülle, in den Achseln von Spelzen; die ährchenartigen Teilblütenstände stehen in traubigen, ährigen, kopfigen oder rispigen Blütenständen vereint; die Frucht stellt eine einsamige, freie oder von einem Fruchtschlauch (Utriculus; bereits den Fruchtknoten schlauchförmig umhüllendes Tragblatt der weibl. Einzelblüte) umschlossene Nuß dar. Die wichtigsten der in Dtl. vorkommenden rd. 150 Arten sind Vertreter der Gattungen →Wollgras, →Segge, →Sumpfried und →Haarsimse. Als Zierpflanzen kultiviert werden neben Arten der Segge (→Grastopf →Simse) und versch. Arten der Gattung →Zypergras, zu der auch die Papyrusstaude gehört.

**Ried im Innkreis, 1)** Bezirkshauptstadt in Oberösterreich, zentraler Ort des Innviertels, 435 m ü. M., (1989) 11 700 Ew.; Bundeshandwerkerakademie; Innviertler Volkskundehaus und Galerie; Landwirtschaftsmesse; Herstellung von Sportartikeln (Tennisschlägern, Skiern) und Flugzeugausrüstung, von lufttechn. Anlagen, techn. Ölen und Fetten sowie Bekleidung; Möbelfabrik, Maschinenbau; Verkehrsknotenpunkt; – Das 1136 erstmals genannte Ried erhielt 1180 Marktrecht, 1857 wurde es Stadt. – Kath. Pfarrkirche St. Peter und Paul (Barockbau, nach 1720 über Vorgängerbau errichtet); Kapuzinerkirche (1651 geweiht); Wohnhäuser des 16. bis 18. Jahrhunderts.
**2)** Bez. in Oberösterreich, 585 km$^2$, (1989) 55 600 Ew.; umfaßt das zentrale Innviertel.

**Riedl,** Josef Anton, Pseudonym **Józef Mann,** Komponist, * München 11. 6. 1927; studierte bei H. SCHERCHEN und C. ORFF, erhielt Anregungen u. a. von P. SCHAEFFER, war 1960 Mitgründer und bis 1966 leitender Mitarbeiter des Studios für Elektron. Musik in München; realisiert seit 1967 mit der von ihm gegründeten ›Musik/Film/Dia/Licht-Galerie‹ Multimediaaufführungen.
Werke: Musique concrète, Studien I u. II (1951); Stücke für Schlagzeug solo (1951); Opt. Lautgedichte (seit 1961); Vielleicht (1963–70; für Duo u. Licht-Environment); Stroboskopie (1971; für Licht-Environment u. Dias); ›Spielstraße‹ (1972); Metallophonic Raum-Werkstatt (1974–76); Glas-Spiele (1975–77); Audiovisual events (1976–78, mit J. CAGE); Mix Fontana Mix (1976/79/81; für Radioklänge, Synthesizer, präparierte Posaune); Klangsynchronie II (1979–81; für Synthesizer u. elektron. Klänge); Lautkomposition I u. II (1984–86).

**Riedlingen,** Stadt im Kr. Biberach, Bad.-Württ., 539 m ü. M., an der oberen Donau, (1991) 8 700 Ew.; Heimatmuseum; Metall- und Textilindustrie. – Bei dem 855 erstmals genannten Dorf R. wurde um 1250 die Stadt R. mit planmäßig angelegtem Straßennetz gegründet. Sie kam vor 1300 an Habsburg, 1803 an Württemberg. Malerisches mittelalterl. Ortsbild mit got. Rathaus (15./16. Jh.), kath. Pfarrkirche St. Georg (14./15. Jh.) und zahlreichen Fachwerkhäusern. Im Ortsteil Neufra kath. Pfarrkirche St. Peter und Paul, eine spätgot. Saalkirche; in Zell kath. Pfarrkirche St. Gallus (1780) mit Ausmalung durch J. ZICK.

**Riedstadt,** Gem. im Kr. Groß-Gerau, Hessen, 86 m ü. M., am Altrhein (mit Kühkopf) zw. Rhein und Odenwald, (1991) 18 200 Ew.; Heimatmuseum; Baugewerbe, Landwirtschaft.

**Riefe,** langgestreckte Vertiefung, Furche in einer Oberfläche.

**Riefenstahl,** Leni, eigtl. **Helene R.,** Tänzerin, Filmschauspielerin und -regisseurin, * Berlin 22. 8. 1902; für den Film entdeckt von A. FANCK, in dessen Filmen sie 1926–33 Hauptrollen spielte. In dem Film ›Das blaue Licht‹ (1932; auch Darstellerin) führte sie erstmals Regie. Ab 1933 drehte sie im Auftrag HITLERS Propagandafilme mit Dokumentarcharakter, ›Der Sieg des Glaubens‹ (1933) und ›Triumph des Willens‹ (1935) über die Reichsparteitage in Nürnberg sowie ›Fest der Völker‹ und ›Fest der Schönheit‹ (1938), ein Film in zwei Teilen über die Olymp. Spiele 1936. 1940–44 arbeitete R. an dem Spielfilm ›Tiefland‹ (Erstaufführung 1954; Darstellerin und Regie). – Nach 1945 als Photographin tätig (›Die Nuba‹, 1973; ›Die Nuba von Kau‹, 1976; ›Korallengärten‹, 1978; ›Mein Afrika‹, 1982; verfaßte ›Memoiren‹ (1987).
R. BERG-PAN: L. R. (Boston, Mass., 1980); M. LOIPERDINGER: Der Parteitagsfilm ›Triumph des Willens‹ von L. R. (1987).

**Riege** [mnd. rīge, eigtl. ›Reihe‹], Geräte- und Kunstturnen: Mannschaft, Gruppe.

**Riegel** [ahd. rigil, urspr. ›Stange‹, ›Querholz‹] *der, -s/-,* **1)** *allg.:* dreh- oder verschiebbare Verschlußvorrichtung an Fenstern und Türen.
**2)** *Bautechnik:* im Fachwerk der waagerechte Balken zw. den senkrechten Stielen, z. B. Brust- und Sturz-R. Bei Rahmentragwerken sind R. die horizontalen oder schrägen Tragelemente (Balken).
**3)** *Geographie:* talverengender Felsberg, v. a. in glazial überformten Tälern; meist mit einer Talstufe verbunden. R. bilden oft Verkehrshindernisse.

Josef Anton Riedl

**Riegel, 1)** Kenneth, amerikan. Sänger (Tenor), *West Hamburg (Pa.) 29. 4. 1938; debütierte 1965 in Santa Fe (N. Mex.), trat 1973 erstmals an der Metropolitan Opera in New York, 1979 an der Mailänder Scala auf. Er wurde bes. als Mozart-Interpret und Sänger italien. lyr. Partien bekannt, sang aber auch häufig in zeitgenöss. Opern.
**2)** Werner, Schriftsteller, *Danzig 19. 1. 1925, †Hamburg 11. 7. 1956; schrieb pessimist. Lyrik und Prosa in aggressiver Sprache; mit P. RÜHMKORF 1952–56 Herausgeber der Zeitschrift ›Zw. den Kriegen. Blätter gegen die Zeit.‹

**Riegelhaus**, in der Schweiz Bez. für Fachwerkhaus.

**Riegelsberg**, Gem. im Stadtverband Saarbrücken, Saarland, (1991) 14 300 Ew.; Wohngemeinde.

**Riegelwuchs, Riegeltextur**, bei glattem Schnitt durch Holz entstehende alternierende Helldunkelstreifung, die durch den welligen Verlauf der Holzfaserstränge, eine Wuchsanomalie (v. a. bei Bergahorn und Nußbaum), bedingt ist. Geriegeltes Holz ist wegen seiner dekorativen Wirkung sehr beliebt.

**Rieger, 1)** Fritz, Dirigent, *Oberaltstadt (heute Staré Město) bei Trautenau) 28. 6. 1910, †Bonn 30. 9. 1978; studierte bei F. F. FINKE und G. SZELL und war nach Stationen u. a. in Prag, Bremen, Mannheim (1947–49 Chefdirigent am Nationaltheater) und München (1949–67 künstler. Leiter der Münchner Philharmoniker und Generalmusikdirektor der Stadt München) 1968–71 Chefdirigent des Melbourne Symphony Orchestra.
**2)** Sebastian, Pseudonym **Reim|michl**, österr. Schriftsteller, *Sankt Veit in Defereggen (Tirol) 28. 5. 1867, †Heiligkreuz (heute zu Hall in Tirol) 2. 12. 1957; kath. Priester; ab 1898 Leiter des ›Tiroler Volksboten‹; 1925–53 Herausgeber von ›Reimmichls Volkskalender‹ (1920 als ›Volkskalender‹ gegr.); schildert humorvoll-volkstümlich das Tiroler Bauernleben in zahlreichen, sehr beliebten Romanen und Erzählungen.
*Werke:* Aus den Tiroler Bergen (1898); Weihnacht in Tirol (1911); Die Glocken vom Hochwald (1917); Das Mädchen von St. Veit (1922); Das Auge der Alpen (1924); Der Fahnlbua u. a. Erz. (1926); Der Gemsenhirt (1934); Der Pfarrer vom Hohenthal (1951).
*Ausgabe:* Der Pfarrer von Tirol. Reimmichl u. seine Geschichten, Beitr. v. H. BRUGGER (1972).
**3)** Wilhelm, Betriebswirtschaftler, *Saarburg 7. 5. 1878, †Stuttgart 15. 3. 1971; war seit 1919 Prof. in Nürnberg, 1928–47 in Tübingen, Hauptvertreter der Privatwirtschaftslehre und Bilanztheoretiker; Kritiker E. SCHMALENBACHS.
*Werke:* Einf. in die Privatwirtschaftslehre (1928); Schmalenbachs Dynam. Bilanz. Krit. Unters. (1936).

**Rieger Orgelbau**, 1845 in Jägerndorf von FRANZ RIEGER (*1812, †1885) gegründete österr. Orgelbaufirma, seit 1946 mit Sitz in Schwarzach (Vorarlberg) unter der Leitung von JOSEPH VON GLATTER-GÖTZ JR. (*1914) und dessen Söhnen. Die Firma baute Orgeln u. a. im Wiener Musikvereinssaal (1907), im Salzburger Mozarteum (1914), die Chororgeln im Ulmer (1960) und im Freiburger Münster (1964), die Chor- und Hauptorgeln in den Domen von Bamberg (1973) und Ratzeburg (1977).

**Riegersburg, 1)** Feste auf einem Basaltfelsen, der den gleichnamigen Ort nördlich von Feldbach, Steiermark, Österreich, überragt; die um 1570 ausgebaute Burg (urspr. 13. Jh.) wurde im 17. Jh. mit Bastionen und Toren befestigt; ist seit heute v. a. Museum der Wohnkultur des 16. und 17. Jh., mit Waffen-, Gemälde- u. a. Sammlungen.
**2)** Barockschloß bei →Hardegg, Niederösterreich.

**Riegl**, Alois, österr. Kunsthistoriker, *Linz 14. 1. 1858, †Wien 17. 6. 1905; ab 1897 Prof. in Wien. R. überwand durch eine streng entwicklungsgeschichtl. Betrachtungsweise die von ästhet. Werturteilen ausgehende Kunstgeschichtsschreibung, kam zu einer neuen Würdigung der ›Verfallszeiten‹ (Spätantike) und klärte wesentl. Fragen der Ornamententwicklung.
*Werke:* Stilfragen. Grundlegungen zu einer Gesch. der Ornamentik (1893); Die spätröm. Kunstindustrie nach den Funden in Oesterreich-Ungarn, 2 Bde. (1901–23); Das holländ. Gruppenporträt (1902); Der moderne Denkmalkultus, sein Wesen u. seine Entstehung (1903); Die Entstehung der Barockkunst in Rom (hg. 1908).
*Ausgaben:* Ges. Aufs., hg. v. K. M. SWOBODA (1929); Histor. Gramm. der bildenden Künste. Aus dem Nachlaß hg. v. dems. u. a. (1966).

**Riegsee**, kleiner See östlich des Staffelsees im Kr. Garmisch-Partenkirchen, Oberbayern. Die hier gelegenen etwa 40 Grabhügel (meist mit Brandbestattungen) enthielten bronzene Vollgriffschwerter und Griffzungenmesser mit Nietlöchern; beides sind Leittypen der **R.-Stufe**, der späten Hügelgräberbronzezeit Südbayerns.

**Riehen**, Gem. im Kt. Basel-Stadt, Schweiz, dessen nordöstl., an die Bundesrep. Dtl. grenzenden Teil bildend, 280 m ü. M., (1990) 19 700 Ew.; Spielzeug- und Dorfmuseum (im Wettsteinhaus, 17. Jh.) mit Rebkeller, Katzenmuseum; Wohnort. – R., mittelalterl. Besitz der Bischöfe von Basel, fiel 1522 an die Stadt Basel. Bis 1798 bestand die Landvogtei. – Bei der Pfarrkirche St. Martin (1693/94; unter Verwendung von Bauteilen des 11. Jh.) ist die Anlage der alten Dorfkirchenburg noch erkennbar; stattl. Häuser v. a. des 17. und 18. Jh.; Wenkenhof, im frühen 18. Jh. zu einem großzügigen Lusthaus umgebaut; kath. Pfarrkirche St. Franziskus (1951, von FRITZ METZGER); ref. Kornfeldkirche (1962, von WERNER M. MOSER).

Alois Riegl

**Riegersburg 1):** Die um 1570 ausgebaute Burganlage auf einem 150 m hohen Basaltfelsen

**Riehl, 1)** Alois, österr. Philosoph, *Bozen 27. 4. 1844, †Neubabelsberg (heute zu Potsdam) 21. 11. 1924; wurde 1873 Prof. in Graz, 1882 in Freiburg im Breisgau, 1896 in Kiel, 1898 in Halle/Saale, 1905 in Berlin (als Nachfolger W. DILTHEYS). R. vertrat einen an I. KANTS Kritizismus orientierten ›krit. Realismus‹ (›Der philosoph. Kriticismus und seine Bedeutung für die positive Wiss., 2 Bde. in 3 Tlen., 1876–87). Wiss. Philosophie ist im wesentlichen Erkenntnistheorie und Methodologie der exakten Wiss., wobei R. eine für alle Wiss. einheitl. Methode annimmt.

Wilhelm Heinrich von Riehl

Bernhard Riemann

Hugo Riemann

**Weitere Werke:** Über wiss. u. nichtwiss. Philosophie (1883); Friedrich Nietzsche (1897); Zur Einf. in die Philosophie der Gegenwart (1903).

K. STEGEL: A. R. Ein Beitr. zur Gesch. des Neukantianismus (Graz 1932); M. JUNG: Der neukantian. Realismus von A. R. (Diss. Bonn 1973).

**2)** Herbert, amerikan. Meteorologe dt. Herkunft, * München 30. 3. 1915; 1960–72 Prof. in Fort Collins (Colo.), 1972–76 an der FU Berlin, 1976–79 in Boulder (Colo.); klärte die Entstehungsursache von →Easterly waves und →Hurrikan, entdeckte die Bedeutung trop. Cumulonimben für die Zirkulation der Atmosphäre.

**Werke:** Tropical meteorology (1954); Introduction to the atmosphere (1965).

**3)** Wilhelm Heinrich von (seit 1883), Kulturhistoriker und Schriftsteller, * Biebrich (heute zu Wiesbaden) 6. 5. 1823, † München 16. 11. 1897; trat v. a. nach dem Scheitern der Revolution von 1848–49 als konservativer Publizist hervor. 1854–59 Prof. für Staatswissenschaften, 1859–92 Prof. für Kulturgeschichte in München; ab 1885 auch Direktor des Bayer. Nationalmuseums. R. gilt als einer der Begründer der dt. Volkskunde. Er verband empir. Bestandsaufnahme mit dem Anspruch auf Deutung und Besserung der durch die industriegesellschaftl. Entwicklung hervorgerufenen Probleme. R. sah v. a. in der Familie und in der Einrichtung von an Bauerngemeinschaften orientierten Genossenschaften Bollwerke gegen die gesellschaftl. Veränderungen. Damit förderte er das Interesse an den verdrängten altständ. Lebensformen, trug aber auch zur Romantisierung der vorindustriellen Lebenszusammenhänge bei. Populär waren R.s biedermännisch-humorvoll geprägten Novellen.

**Werke:** Die bürgerl. Gesellschaft (1851); Land u. Leute (1853); Die Familie (1855); Die dt. Arbeit (1861).

**Ausgabe:** Durch tausend Jahre. 50 kulturgeschichtl. Novellen, hg. v. H. LÖWE, 4 Bde. (Neuausg. 1969).

**Riel** der, -/-, Abk. ȓ, Währungseinheit in Kambodscha, 1 R. = 10 Kak = 100 Sen.

**Riemann, 1)** Georg Friedrich Bernhard, Mathematiker, * Dannenberg (Elbe) 17. 9. 1826, † Selasca (heute zu Verbania) 20. 7. 1866; ab 1859 Prof. in Göttingen; zählt zu den bedeutendsten Mathematikern seiner Zeit; seine Beiträge betrafen v. a. die Analysis, die Funktionentheorie und die Topologie, die analyt. Zahlentheorie und Fragen der mathemat. Physik. Die Dissertation ›Grundlagen für eine allg. Theorie der Functionen einer veränderl. komplexen Grösse‹ (1851) entwickelt die Funktionentheorie, konsequent vom Begriff der komplexen Differenzierbarkeit (charakterisiert durch die →Cauchy-Riemannschen Differentialgleichungen) ausgehend, und enthält in Gestalt der →Riemannschen Flächen eine fruchtbare Weiterentwicklung sowie mit dem →Riemannschen Abbildungssatz ein Ergebnis größter Bedeutung. Die Habilitationsschrift ›Über die Darstellbarkeit einer Function durch eine trigonometr. Reihe‹ (1854, publiziert postum 1867) knüpfte an die Untersuchungen J. P. G. DIRICHLETS über Fourier-Reihen an; sie enthält u. a. die Definition des Riemann-Integrals und die Behandlung ›patholog.‹ Funktionen, die R. zu einem Wegbereiter der modernen mathemat. Denkens machten. R.s Habilitationsvortrag ›Über die Hypothesen, welche der Geometrie zu Grunde liegen‹ (10. 6. 1864, publiziert 1867) enthält u. a. die Idee der $n$-dimensionalen Mannigfaltigkeit und der Definition einer Metrik auf dieser mit Hilfe von quadrat. Formen von Differentialen, Ideen, die für die Topologie und Differentialgeometrie, aber auch für die Relativitätstheorie von größter Bedeutung waren. In diesem Vortrag sowie in dem umfangreichen ›Philosoph. Nachlaß‹ spiegeln sich auch R.s philosoph. Überlegungen (u. a. in krit. Auseinandersetzung mit J. F. HERBART) wider; er gab dem Raumproblem eine neue Wendung, welche v. a. von H. VON HELMHOLTZ weitergeführt wurde. Weitere wichtige Arbeiten R.s waren die ›Theorie der Abel'schen Functionen‹ (1857) und ›Über die Anzahl der Primzahlen unter einer gegebenen Grösse‹ (1859) mit der berühmten →Riemannschen Vermutung; entwickelte ferner Ansätze zur →Homologietheorie.

**Ausgabe:** Ges. mathemat. Werke u. wiss. Nachlaß, hg. v. R. DEDEKIND u. a., 2 Bde. ($^{1-2}$1892–1902, Nachdr. 1978).

H. WEYL: Die Idee der Riemannschen Fläche ($^3$1955, Nachdr. 1974); R. TORRETTI: The philosophy of geometry from R. to Poincaré (Dordrecht 1978); E. SCHOLZ: Gesch. des Mannigfaltigkeitsbegriffs von R. bis Poincaré (1980); ders.: Herbart's influence on B. R., in: Historia mathematica, Jg. 9 (Toronto 1982); U. BOTTAZINI: The higher calculus (New York 1986); K. VOLKERT: Zur Gesch. der patholog. Funktionen, in: Archive for history of exact sciences, Bd. 37 (Berlin 1987).

**2)** Karl Wilhelm Julius Hugo, Musiktheoretiker und Musikgelehrter, * Großmehlra (heute zu Obermehler, Kr. Mühlhausen) 18. 7. 1849, † Leipzig 10. 7. 1919; Klavier- und Theorielehrer an den Konservatorien von Hamburg (1881–90) und Wiesbaden (1890–95), ab 1895 in Leipzig (1901 Prof.), ab 1908 Direktor des von ihm dort gegründeten musikwissenschaftl. Instituts. Die Musiktheorie verdankt ihm entscheidenden Ausbau (Funktionstheorie, musikal. Rhythmik und Metrik), ebenso die Musikgeschichte, v. a. durch Entdeckung und Auswertung neuer Quellen des 15. Jh.s, der Mannheimer Schule u. a. Ein Standardwerk wurde sein ›Musik-Lexikon‹ (1882).

**Weitere Werke:** Musikal. Logik (1874); Musikal. Syntax (1877); Skizze einer neuen Methode der Harmonielehre (1880, $^2$1887 u. d. T. Hb. der Harmonielehre); Opern-Hb. (1887, Suppl. 1893); Lb. des einfachen, doppelten u. imitierenden Kontrapunkts (1888); Katechismus der Musik-Ästhetik (1890); Präludien u. Studien. Ges. Aufs..., 3 Bde. (1895–1901); Gesch. der Musiktheorie im IX. – XIX. Jh. (1898); Die Elemente der musikal. Ästhetik (1900); Große Kompositionslehre, 3 Bde. (1902–13); System der musikal. Rhythmik u. Metrik (1903); Hb. der Musikgesch., 5 Tle. (1904–13).

W. GURLITT: H. R.: 1849–1919 (1950).

**Riemann-Geometrie,** die geometr. Untersuchungen G. F. B. RIEMANNS (angedeutet in seinem Habilitationsvortrag 1854), die in ein System geometr. Sätze zusammengefaßt wurden, das die nichteuklid. Geometrien als Sonderfälle in sich enthält. Die R.-G. beantwortet die Frage, welche Gestaltsverhältnisse der Raum haben kann, wenn nur anerkannt wird, daß infinitesimal kleine Dreiecke stets die Winkelsumme von zwei rechten Winkeln haben. Es zeigt sich, daß der Raum dann eine von Ort zu Ort versch. Krümmung haben kann, die im →Riemannschen Krümmungstensor mathematisch zum Ausdruck kommt. Der Begriff der Geraden, die zwei Punkte verbindet, ist dabei zu ersetzen durch den Begriff der kürzesten Linie zw. diesen Punkten (geodät. Linie). Ein von solchen Linien gebildetes Dreieck kann von Fall zu Fall eine ganz versch. Winkelsumme haben. Die nichteuklid. Geometrie im älteren Sinn behandelt Räume von konstanter Krümmung, in denen es zwar nicht mehr (wie in dem noch spezielleren euklid.) ähnl. Dreiecke versch. Größe gibt, immerhin aber jedes Dreieck verzerrungsfrei im Raum bewegt werden kann. (→Relativitätstheorie)

**Riemannsche Flächen,** von G. F. B. RIEMANN 1851 eingeführtes Hilfsmittel der Funktionentheorie, mit dessen Hilfe mehrwertige komplexe Funktionen (wie $\sqrt{z}$, $\log z$) auf einwertige zurückgeführt werden können. Der Definitionsbereich der betrachteten mehrdeutigen Funktion wird zu diesem Zweck durch eine mehrblättrige Fläche, die entsprechende R. F., überlagert, wobei die versch., urspr. einer komplexen Zahl zugeordneten Werte dann einer Folge von versch., übereinander liegenden Punkten der R. F. entsprechen. Die Stellen, an denen man von einem

Blatt zum nächsten gelangt, heißen **Verzweigungspunkte**; in ihnen wird die Fläche singulär, d. h., sie sieht dort nicht mehr lokal wie eine gewöhnl. Fläche aus.

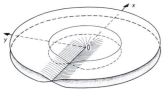

**Riemannsche Fläche** der Funktion $w = \sqrt{z}$ mit $z = x + \mathrm{i}y$

**Riemannsche Mannigfaltigkeit,** →Riemannscher Raum.

**Riemannscher Abbildungs|satz** [nach G. F. B. RIEMANN], ein zentraler Satz der Funktionentheorie und der niederdimensionalen Topologie, der besagt, daß sich jedes einfach zusammenhängende Gebiet mit mehr als einem Randpunkt eineindeutig und konform auf das Innere des Einheitskreises abbilden läßt.

**Riemannscher Krümmungs|tensor,** Maß für die Krümmung eines Riemannschen Raumes, das analog der Gaußschen Krümmung in der Flächentheorie (→Differentialgeometrie) aus dem symmetrischen, positiv definiten, kovarianten Fundamentaltensor $g_{ik}$ des Raumes hergeleitet werden kann.

**Riemannscher Raum** [nach G. F. B. RIEMANN], **Riemannsche Mannigfaltigkeit,** eine $n$-dimensionale →Mannigfaltigkeit, deren geometr. Eigenschaften durch den Fundamentaltensor (auch metr. Tensor genannt) beschrieben werden. Dies ist ein symmetr., positiv definiter, kovarianter Tensor $g_{ik}$ zweiter Stufe, mit dessen Hilfe die Längenmessung definiert wird:

$$\mathrm{d}s^2 = g_{ik}\,\mathrm{d}x^i\mathrm{d}x^k$$

($\mathrm{d}s$ ist das Bogenelement zwischen den Punkten $x = (x_1, ..., x_n)$ und $x + \mathrm{d}x = (x_1 + \mathrm{d}x_1, ..., x_n + \mathrm{d}x_n)$; Summation gemäß der Einsteinschen →Summenkonvention).

**Riemannsches Integral** [nach G. F. B. RIEMANN], →Integralrechnung.

**Riemannsche Vermutung,** auf G. F. B. RIEMANN (1859) zurückgehende Annahme, daß die nicht reellen Nullstellen der →Riemannschen Zetafunktion alle auf der Geraden $a = \frac{1}{2}$ liegen, d. h., daß sie, dargestellt als komplexe Zahlen $a + bi$ ($i = \sqrt{-1}$), alle den Realteil $\frac{1}{2}$ besitzen. Die R. V. gehört zu den wichtigsten offenen Problemen in der reinen Mathematik überhaupt.

**Riemannsche Zahlenkugel** [nach G. F. B. RIEMANN], eine Kugeloberfläche (Sphäre), die die komplexe Zahlenebene im Koordinatenursprung berührt. Dieser Berührpunkt heißt Südpol der R. Z.; sein Diametralpunkt ist der Nordpol. Durch →stereographische Projektion vom Nordpol aus läßt sich jedem Punkt der Zahlenebene ein Punkt der R. Z. zuordnen; der Nordpol selbst entspricht dem unendlich fernen Punkt der Ebene. Die R. Z. erlaubt eine sehr übersichtl. Deutung der Zahlenebene, in der insbesondere die Sonderstellung des Unendlichen aufgehoben ist.

**Riemannsche Zetafunktion,** eine von G. F. B. RIEMANN 1859 eingeführte Funktion $\zeta(z)$, die u. a. durch eine Reihe definiert werden kann:

$$\zeta(z) = \sum_{n=0}^{\infty} \frac{1}{n^z}$$

($z \in \mathbb{C}$ mit $\mathrm{Re}(z) > 1$). Die R. Z. ist für $z \neq 1$ eine holomorphe Funktion; sie spielt in der Theorie der Primzahlen eine wichtige Rolle. (→Riemannsche Vermutung)

**Riemen, 1)** *Bauwesen:* gespundete Eichen- oder Buchenholzbretter (**Parkett-R.**) unterschiedl. Länge (bis 80 cm), 6–10 cm Breite und bis zu 3 cm Dicke für Parkettfußböden (**R.-Boden**). R. werden diagonal fischgrätartig verlegt und verdeckt auf den Blindboden aufgenagelt.

**2)** *Maschinenbau:* elast. Band aus Leder (Chromleder), Kunststoffen oder Gummi mit Gewebeeinlagen (Mehrschicht- oder Verbund-R.) zur Kraftübertragung zw. Wellen (**Treib-R.**). Die erforderl. Umfangskraft wird dabei durch das Haftvermögen zw. R. und R.-Scheibe aufgebracht. R.-Getriebe sind daher kraftschlüssige Zugmittelgetriebe.

**Flach-R.** haben rechteckigen Querschnitt von (als Einfach-R.) 3–7 mm Höhe. **Mehrfach-R.** entstehen durch Verkleben von Flach-R. mit Höhen von 6–12 mm. **Hochkant-R.** bestehen aus hochkant gestellten schmalen, vernieteten Streifen, **Glieder-R.** aus einzelnen gelenkig verbundenen Teilen. Flach-R. werden meist durch Kleben, sonst durch R.-Verbinder (Klammern, Krallen, Drahthaken, Drahtspiralen) verbunden. **Rund-R.** sind massiv oder gerollt und werden nur für kleine Kräfte benutzt.

**Keil-R.** haben trapezförmigen Querschnitt mit Flankenwinkeln zw. 35° und 39°. Sie laufen in den Rillen der Keilrillenscheiben, werden dadurch in allen Lagen sicher geführt und können nicht ablaufen. Die Umfangskraft wird nur reibschlüssig zw. den seitl. Keilflächen des R.-Profils übertragen. Liegt der R. auf dem Rillengrund auf, verringert sich die übertragbare Umfangskraft, außerdem tritt Gleitschlupf auf. **Breitkeil-R.** werden für Stellantriebe mit stufenlos veränderbarer Übersetzung verwendet. Die Keilwinkel liegen zw. 22° und 34°, wobei mit kleineren Keilwinkeln ein größerer Stellbereich möglich ist, jedoch auch die Gefahr der Selbsthemmung (Festklemmen des R. in der R.-Scheibe) steigt. Die Biegsamkeit von Keil-R. kann durch Quernuten (gezahnte Keil-R.) in den Profilinnenflächen erhöht werden (dadurch sind kleinere Scheibendurchmesser möglich). **Schmalkeil-R.** zeichnen sich durch hohe spezif. Übertragungsfähigkeit aus und gestatten engere Biegeradien als Normalkeil-R. (Kraftfahrzeugbau). **Doppelkeil-R.** haben den sechseckigen Querschnitt von zwei aufeinandergelegten Normalkeilriemen.

**Zahn-R.** übertragen die Umfangskräfte schlupffrei. Der R.-Körper besteht bei ihnen aus Kunststoffen (Neoprene, Polyurethane), in die Zugfasern aus Stahl- oder Glasfaserlitzen eingebettet sind. Die trapez- oder halbkreisförmigen Zähne können ein- oder beidseitig auf dem R.-Körper angebracht sein. Bei beidseitiger Verzahnung kann mit ihnen ein Mehrwellenantrieb mit gegenläufigen Scheiben realisiert werden.

**3)** *Rudern:* fälschlich als ›Ruder‹ bezeichneter, einseitig von jedem Ruderplatz über die Bordwand ragender, mit beiden Händen zu bewegender Holm mit Ruderblatt; länger als die beidseitig zu bedienenden Skulls. Der an der Vorderseite abgerundete (Bauch) Holm liegt in einer drehbaren →Dolle. Er hat einen Griff an einem Ende und läuft am anderen Ende in ein flaches Blatt aus, das senkrecht zur Wasseroberfläche eingesetzt wird und bei jedem kräftigen Durchzug das Boot vorwärts bringt.

**Riemen|antrieb, Pesen|antrieb,** Antriebsart von Plattenspielern, bei der die Motorwelle des Elektromotors über einen Weichgummiriemen mit einer Riemenscheibe unter dem Plattenteller gekuppelt ist. Die Drehzahlumschaltung erfolgt entweder über eine Stufenscheibe auf der Motorwelle oder – bei Wechselstrom-Asynchronmotoren – durch Änderung der Motordrehzahl.

**Riemenblume, Loranthus,** Gattung der Mistelgewächse mit vorwiegend trop. Verbreitung, in Dtl.

**Riemannsche Zahlenkugel**

**Riemen 2:** Querschnitte eines Keilriemens in Normalausführung (**1**), eines Schmalkeilriemens (**2**) und eines Doppelkeilriemens (**3**); Seitenansicht eines Zahnriemens mit trapezförmigen (**4**) und mit halbkreisförmigen Zähnen (**5**)

**Riem**   Riemenboot – Riemer

(nur in Sachsen) die **Europäische R.** (**Eichenmistel,** Loranthus europaeus) als Halbschmarotzer auf Eichen, im Mittelmeergebiet auch auf Eßkastanien; gabelig verzweigt, mit sommergrünen, länglich-eiförmigen Blättern, zweihäusigen, unscheinbaren Blüten in lockeren Ähren und hellgelben beerenähnl. Früchten.

**Riemenboot,** *Rudern:* Renn- oder Übungsboot, durch abwechselnd steuerbord und backbord angebrachte, beidhändig zu umgreifende → Riemen 3) angetrieben; mit zwei (Zweier), vier (Vierer) oder acht (Achter) Ruderern besetzt.

**Riemenfische,** Familie der → Bandfische.

**Riemengetriebe, Riementrieb,** kraftschlüssiges → Zugmittelgetriebe.

**Riemennattern, Imantodes,** Gattung bis 1 m langer Trugnattern mit fünf Arten in Mittel- und Südamerika; mit markant abgesetztem, großem Kopf und extrem schlankem Körper.

**Riemenschneider,** Tilman, auch **Dill R., Til R.,** Bildhauer und Bildschnitzer, * Heiligenstadt um 1460, † Würzburg 7. 7. 1531; vor 1479 in Würzburg nachweisbar, 1520/21 Bürgermeister, verlor 1525 im Bauernkrieg wegen Parteinahme für die Bauern nach Folterung und Kerker Ämter und Ehren und Teile seines Vermögens.

Seine künstler. Entwicklung wurde entscheidend durch oberrhein. Einflüsse geprägt (M. Schongauer, N. Gerhaert von Leyden), wohl auch durch Ulm (Michel Erhart, * um 1440, † nach 1522) und die südniederländ. Kunst. – Seine Schnitzkunst bezieht das Licht- und Schattenspiel in die Formgebung ein. Waren seine Werke zunächst noch farbig gefaßt, so entschied er sich wohl seit dem Münnerstädter Altar (1490–92) für eine monochrome honigfarbene Fassung, die er durch einen ölhaltigen Leimüberzug erreichte. Die Bearbeitung des Steins glich R. der des Holzes an. Durch ausgewogene Gestaltung der einzelnen Figuren wie der Komposition insgesamt suchte R. die Unruhe des spätgot. Stils zu überwinden (v. a. im Creglinger Altar). Zugleich tritt das Charakteristisch-Individuelle immer mehr hinter dem idealen Schönen einer nach innen gewendeten, lyrisch-melanchol. Auffassung zurück. Um 1510 erreichte die Kunst R.s ihren Höhepunkt. Die Formenwelt der Renaissance berührte ihn nur äußerlich (Bibra-Grabmal). Zeitlebens blieb R. der handwerkl. Meister, zu dem der Werkstattbetrieb ebenso gehörte wie die Übernahme fremder Vorlagen (Schongauer) oder die Wiederholung eigener Werke. Weiteres Bild → deutsche Kunst

**Hauptwerke:** Wiblinger Altar (nachweisbar in Rothenburg ob der Tauber 1485–1513, farbige Fassung von M. Schwarz. Teile in Berlin, Staatl. Museen; Berchtesgaden, Schloßmuseum; Harburg/Schwaben, Fürstlich Oettingen-Wallersteinsche Kunstsammlungen; Heroldsberg, Kr. Erlangen-Höchstadt, ev. Pfarrkirche); Münnerstädter Altar (1490–92; Teile in Münnerstadt, kath. Stadtpfarrkirche; Berlin-Dahlem, Gemäldegalerie; München, Bayer. Nationalmuseum); Adam und Eva, Steinfiguren (1491–93; urspr. Marienkapelle, heute Würzburg, Mainfränk. Museum); Grabmal Rudolfs von Scherenberg, in Stein (1496–99; Würzburg, Dom); Grabmal für Kaiser Heinrich II. und seine Gemahlin Kunigunde (1499–1513; Bamberg, Dom); Heiligblutaltar mit Abendmahl (1501–05; Rothenburg ob der Tauber, St. Jakob); Schreinaltar mit Himmelfahrt Mariens (um 1505; Creglingen, Herrgottskirche; Bild → Creglingen); Kreuzaltar (gegen 1510; Rothenburg ob der Tauber-Detwang, St. Peter und Paul); Windsheimer Zwölfbotenaltar (1509; Heidelberg, Kurpfälz. Museum); Grabmal des Lorenz von Bibra (um 1518–22; Würzburg, Dom); Steinrelief der Beweinung (1520–23, 1526 aufgestellt; Rimpar-Maidbronn, Kr. Würzburg, Zisterzienserinnenkirche, Hochaltar); Maria im Rosenkranz (1521–24; Volkach, Kr. Kitzingen, Wallfahrtskirche St. Maria im Weingarten).

J. Bier: Tilmann R., 4 Bde. (1925–78); ders.: Tilmann R. His life and work (Lexington, Ky., 1982); M. H. von Freeden: T. R. Leben u. Werk (⁵1981); T. R. – Frühe Werke, Ausst.-Kat.

**Riemenzunge:**
Bocksriemenzunge
(Höhe 30–90 cm)

**Friedrich Wilhelm Riemer**

(²1982); H. Muth u. T. Schneiders: T. R. u. seine Werke (⁴1984); T. R., bearb. v. G. Sello u. a. (Neuausg. 1986).

**Riementang, Himanthalia elongata,** mehrjährige Braunalge in der unteren Gezeitenzone der nordatlant. Felsküsten vom Nordkap bis Spanien. Der etwa 5 cm hohe tütenförmige, mit einer Haftscheibe festsitzende Thallus bildet im Frühjahr schnellwüchsige, bis zu 3 m lange, gabelig verzweigte, jodhaltige riemenförmige Bänder, die das Reproduktionsorgan darstellen.

**Riemenwurm, Ligula intestinalis,** bis etwa 1 m langer, riemenförmiger, nicht in Proglottiden gegliederter Bandwurm bei Wasservögeln (meist Lappentauchern oder Möwen; in Ausnahmefällen auch beim Menschen). Der geschlechtsreife R. wird vom Vogel als Ganzes ins Wasser entleert. Seine Wimpernlarven werden von Ruderfußkrebsen verschluckt (1. Zwischenwirt). Im 2. Zwischenwirt, einem Fisch, wachsen sie zu einer 3–75 cm langen Finne heran, wodurch sie in Fischzuchten schädlich werden können.

**Riemenzunge, Himantoglossum,** Orchideengattung mit vier Arten im Mittelmeergebiet und in Mitteleuropa; in Dtl. nur die geschützte **Bocks-R.** (Himantoglossum hircinum), eine 30–90 cm hohe Staude mit oft stark verlängertem, reichblütigem Blütenstand; Blütenblätter (mit Ausnahme der Lippe) helmförmig zusammenneigend, grünlich bis bräunlichweiß, oberseits braunrot geädert; Lippe dreilappig, Mittellappen 3–6 cm lang, an der Spitze gespalten und insgesamt schraubig gedreht, basaler Teil rot gepunktet.

**Tilman Riemenschneider:** Mittelschrein des Heiligblutaltars in der Kirche Sankt Jakob in Rothenburg ob der Tauber; 1501–05

**Riemer,** Friedrich Wilhelm, Pseudonym **Silvio Romano,** Philologe, Literaturhistoriker und Schriftsteller, * Glatz 19. 4. 1774, † Weimar 19. 12. 1845; wurde Erzieher der Kinder W. von Humboldts und 1803 in Weimar Hauslehrer von Goethes Sohn August; als Kenner der alten Sprachen (›Kleines griechisch-dt. Handwörterbuch‹, 2 Bde., 1802–04) war er Goethe, in dessen Haus er neun Jahre lebte, ein wichtiger Berater (u. a. Mitarbeit an Goethes Fragment ›Elpenor‹). Seit 1812 war R. Gymnasial-Prof. und Bibliothekar in Weimar. An der Redaktion der Ausgabe letzter Hand von Goethes Werken und der Besorgung seines Nachlasses war er maßgeblich beteiligt. Neben Aufzeichnungen über seine Zeit mit Goethe (›Mittheilungen über Goethe‹, 2 Bde., 1841) veröffentlichte er auch Gedichte (›Blumen und Blätter‹, 2 Bde., 1816–19).

**Riemerschmid, 1)** Richard, Architekt, Maler und Designer, * München 20. 6. 1868, † ebd. 15. 4. 1957; bedeutender Vertreter des Jugendstils. Er war Mitbegründer der Vereinigten Werkstätten für Kunst im Handwerk (1897) in München und des Dt. Werkbundes (1907), 1921–26 auch dessen Vorsitzender. 1912–24 leitete er die Münchner Kunstgewerbeschule, 1926–31 die Kölner Werkstätten. Beeinflußt vom engl. Arts and Crafts Movement, gestaltete er Möbel, Tapeten, Stoffe und Gegenstände aus Glas und Porzellan. Bemerkenswert sind ferner seine Entwürfe für den Innenausbau des Münchner Schauspielhauses (Kammerspiele, 1900–01) und die Gartenstadt Hellerau (heute zu Dresden).

R. R., vom Jugendstil zum Werkbund. Werke u. Dokumente, hg. v. W. NERDINGER, Ausst.-Kat. (1982); M. RAMMERT: R. R. Möbel u. Innenräume von 1895–1900 (1987).

**2)** Werner, österr. Schriftsteller, * Maria Enzersdorf am Gebirge 16. 11. 1895, † Wien 16. 4. 1967; war Dramaturg am Wiener Burgtheater, danach 1928–45 am Wiener Rundfunk tätig; Lyriker (›Das verzauberte Jahr‹, 1936; ›Steinbrüche‹, 1965) und Erzähler mit Neigung zum Visionären, zu Skeptizismus und Sarkasmus; Hörspiel- und Dramenautor.

**Riemersma,** Trinus, fries. Schriftsteller, * Ferwerd (bei Leeuwarden) 17. 5. 1938; setzte mit zeit- und gesellschaftskrit., oft experimentellen Romanen und Erzählungen thematisch und formal neue Akzente in der fries. Literatur. Arbeitete über die westfries. Belletristik von 1855 bis 1945 (Dissertation ›Proza van hette platteland‹, 1984).

Werke: *Romane:* Fabryk (1964); Minskrotten, rotminsken (1966); De hite simmer (1968); Myksomatoze (1974); Fôi en fredeloas (1977); De skjintme vurt ferbólgwödde (1981). – *Erzählungen:* De duvel misbiteard (1967); Myn folk, myn biminden (1970); Oant de dea dur óp fólget (1973).

**Rieneck,** Stadt im Kr. Main-Spessart, Bayern, im Naturpark Spessart an der unteren Sinn, (1991) 2 100 Ew. – R., eine Gründung der Grafen von R. um ihren 1179 erstmals urkundlich erwähnten Stammsitz, erhielt vermutlich um 1250 Stadtrecht. Die Stadt war bis Ende des 13. Jh. Mittelpunkt der Grafschaft unter ver. Nach deren Aussterben fiel sie über Würzburg und Mainz 1673 an die böhm. Grafen von Nostitz zu Falkenau. 1815 kam R. an Bayern. – Die um 1160 erbaute Burg liegt auf einem Höhenrücken über der Sinn; Wirtschaftsgebäude wohl spätmittelalterlich; an der N-Spitze der Burg der Bergfried.

**rien ne va plus** [rjɛnva'ply; frz. ›nichts geht mehr‹], *Roulettespiel:* die Ansage des Croupiers, daß nicht mehr gesetzt werden kann.

**Rienz** die, italien. **Rienza,** linker Nebenfluß des Eisack in Südtirol, Italien, 90 km lang, entspringt in den Dolomiten, durchfließt das westl. Pustertal, mündet in Brixen.

**Rienzi, der letzte der Tribunen,** ›große trag. Oper‹ von R. WAGNER, Text vom Komponisten nach dem Roman von E. BULWER-LYTTON; Urauff. 20. 10. 1842 in Dresden.

**Rienzo, Rienzi,** Cola di, eigtl. **Nicola di Lorenzo,** italien. Staatsmann und Humanist, * Rom um 1313, † ebd. 8. 10. 1354; Sohn eines Schankwirts namens LORENZO GABRINI und einer Wäscherin, wurde Notar und erwarb sich eine angesehene literar. und histor. Bildung (v. a. Kenntnis antiker Autoren). R., ein glänzender Redner, errang in öffentl. Leben Roms bald Ansehen als Gegner der Adelspartei und Sprecher der handeltreibenden, wirtschaftlich aktiven Bürgerschicht. 1343–44 war er Gesandter der röm. Volkspartei in Avignon, wo er vom Papst aufgrund einer Empfehlung F. PETRARCAS zum Notar der städt. Kammer in Rom ernannt wurde. Am 20. 5. 1347 nahm er in ei-

**Richard Riemerschmid:** Wolkengespenster I; 1897 (München, Städtische Galerie im Lenbachhaus)

nem Handstreich das Kapitol ein, vertrieb die adligen Senatoren mit Hilfe des Volkes und nahm den Titel ›Tribun‹ an. Sein Ziel war die Erneuerung Roms und Italiens, die zur alten Freiheit und Größe des republikan. Roms zurückfinden sollten. Gleichzeitig sollte seine Revolution ein ›gutes Regiment‹ herbeiführen und das Zeitalter des Heiligen Geistes einleiten. R. traf Maßnahmen für Rechtssicherheit und finanzielle Sanierung, verbitterte aber seine Anhänger durch finanzpolit. Härte, Prunksucht und Ungerechtigkeit. Vom Papst gebannt, mußte er am 15. 12. 1347 Rom verlassen und flüchtete in die Abruzzen, wo er die myst. Ideale der Eremiten kennenlernte und mit seinen eigenen Vorstellungen und Träumen verband. 1350 wandte er sich an Kaiser KARL IV. nach Prag; statt der erhofften Unterstützung (Zug nach Rom) wurde er in Haft gesetzt, konnte jedoch mit den Humanisten des Prager Hofes (JOHANNES VON NEUMARKT) verkehren. 1352 wurde er nach Avignon ausgeliefert. Papst INNOZENZ VI. schickte ihn 1354 als päpstl. Senator mit Kardinal ALBORNOZ im Interesse seiner Politik erneut nach Rom, wo er jedoch nach kurzer gewalttätiger Regierung in einem Volksaufstand erschlagen wurde. – Roman ›Rienzi‹ von E. BULWER-LYTTON (3 Bde., 1835).

Ausgabe: Briefwechsel hg. v. K. BURDACH u. a., 5 Tle. (1912–29).

P. PIUR: C. di R. Darst. seines Lebens u. seines Geistes (Wien 1931).

**Riepp,** K a r l (Charles) Joseph, frz. Orgelbauer dt. Herkunft, * Eldern (heute zu Ottobeuren) 24. 1. 1710, † Dijon 5. 5. 1775; ließ sich 1735 in Dijon nieder; bedeutender Orgelbauer, der in seinen Orgeln oberschwäb. und frz. Klangstil verbindet, u. a. in Dijon (Saint-Bénigne, 1743), Dole (Notre-Dame, 1750–54) und Ottobeuren (Klosterkirche, Dreifaltigkeitsorgel und Heilig-Geist-Orgel, 1757–66).

**Ries** [mhd. ris(t), von arab. rizma$^h$ ›Ballen‹, ›Paket‹] *das, -es/-e* und (nach Zahlen) -, Papierzählmaß, früher 1 R. = 20 Buch = 480 Bogen (Schreibpapier) oder 500 Bogen (Druckpapier). Ab 1877 galt dann einheitlich 1 R. (**Neu-R.**) = 1000 Bogen. Heute allg. Bez. für Papierlagen mit nach Papierdicke unterschiedl. Anzahl (zw. 250 und 1 000 Bogen).

**Ries** *das,* **Nördlinger R.,** Beckenlandschaft zw. Schwäb. und Fränk. Alb, in Bayern und Bad.-Württ.; ein fast kreisrunder Kessel von 20–24 km Durchmesser, um 420–430 m ü. M. – Das R., vor rd. 15 Mio. Jahren (Miozän) entstanden, wurde urspr. für einen vulkan. Sprengtrichter gehalten. Nach neueren geolog. Forschungen, ergänzt durch eine 1973–74 durchge-

# Ries   Ries – Riesa

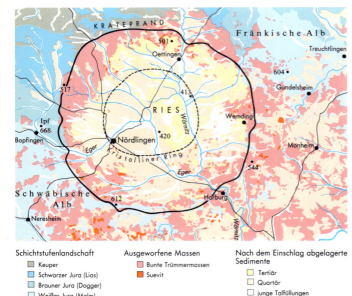

**Ries:** Geologische Karte; die beim Einschlag herausgeworfenen Gesteinsmassen liegen auch außerhalb des Kraters; im Innern sind sie teilweise von den Seeablagerungen überdeckt

führte Bohrung (bis 1 206 m Tiefe), handelt es sich jedoch um einen Meteoritenkrater. Die offenbar beim Aufprall (Impakt) des Meteoriten herausgeschleuderten und wieder in den Krater und seine Umgebung zurückgefallenen Gesteinstrümmer lassen Zeichen von Stoßwellenmetamorphose und Aufschmelzung erkennen (›bunte Trümmermassen‹ und Suevit mit den Hochdruckmineralen Coesit und Stishovit); aus dem tiefen Untergrund stammende kristalline Gesteine (Granite, Gneise u. a.) bilden einen inneren Wall (›kristalliner Ring‹). Der Steinmeteorit selbst verdampfte wahrscheinlich völlig beim Aufprall. Der ebene Beckenboden wird von obermiozänen Süßwasserkalken mit überlagerndem Löß gebildet und von der Wörnitz und ihren Nebenflüssen Eger und Schwalb in flachen Rinnen durchflossen. Das R., seit vorgeschichtl. Zeit dicht besiedelt, ist auch heute fast waldfreies Ackerland.

D. KUDORFER: Nördlingen (1974); Forschungsbohrung Nördlingen. Ergebnisse der R.-Forschungsbohrung 1973, hg. vom Bayer. Geolog. Landesamt, Beitr. v. K. BADER u. a. (1977); H. GALL u. a.: Erläuterungen zur geolog. Karte des R. 1 : 50 000 (1977); H. FREI u. G. KRAHE: Archäolog. Wanderungen im R. (²1988).

**Riesa 1)** Stadtwappen

**Ries, 1)** Adam, fälschlich **A. Riese**, Rechenmeister, * Staffelstein 1492, † Annaberg (heute zu Annaberg-Buchholz) 30. 3. 1559; leitete eine Rechenschule in Erfurt und ging 1522 oder 1523 nach Annaberg, einer damals wirtschaftlich aufstrebenden Stadt (u. a. Zentrum des Silberbergbaus), wo er ebenfalls eine Rechenschule betrieb. 1539 erhielt er den Titel eines ›Churfürstlich Sächs. Hofarithmeticus‹. Durch seine Rechenbücher wurde R. zum sprichwörtl. Rechenlehrer der Deutschen. Sein wichtigstes Werk war die 1522 erstmals erschienene ›Rechenung auff den Linihen und Federn‹ (Rechnen auf den Linien = Rechnen auf dem Abakus, Rechnen mit der Feder = schriftliches Rechnen mit arab. Ziffern), die bis ins 17. Jh. hinein mehr als hundertmal aufgelegt wurde und mit der R. nicht zuletzt durch sein didakt. Geschick entscheidend zur Verbreitung des schriftl. Rechnens in Dtl. beigetragen hat.

F. DEUBNER: ... nach A. R. Leben u. Werk des großen Rechenmeisters (Leipzig 1959); W. ROCH: A. R. Des dt. Volkes Rechenlehrer. Sein Leben, sein Werk u. seine Bedeutung (1959); K. VOGEL: A. R. Der dt. Rechenmeister (1959); H. WUSSING: A. R. (Leipzig 1989).

**2)** Ferdinand, Pianist und Komponist, * Bonn 28. 11. 1784, † Frankfurt am Main 13. 1. 1838; war 1801–05 Klavierschüler L. VAN BEETHOVENS in Wien, für dessen Werk er sich als Pianist und Dirigent einsetzte, und wirkte 1813–24 in London u. a. bei den Konzerten der Philharmonic Society. Er komponierte Opern, Oratorien, Orchester-, Kammer- und Klaviermusik.

**Schrift:** Biograph. Notizen über Ludwig van Beethoven (1838, mit F. G. WEGELER).

W. E. SAND: The life and works of F. R. (Diss. Madison, Wis., 1973).

**Riesa, 1)** Kreisstadt in Sachsen, im Nordsächs. Tiefland, 110 m ü. M., am linken Elbufer, (1989) 47 300 Ew.; Heimatmuseum; Reifen-, Arzneimittel-, Seifen-, Zündwarenwerk, Heizkörperbau, Nahrungsmittel- (bes. Teigwaren, Speiseöle) sowie elektron. und Baustoffindustrie; Eisenbahnknotenpunkt, Elbhafen. Bis 1990 war R. ein Zentrum der Eisen- und Stahlindustrie; Stahl- und Walzwerk wurden 1991 stillgelegt. – Die bei dem 1119 gegründeten Kloster (ab 1170 Benediktinerinnenkloster, 1542 säkularisiert) gelegene ältere slaw. Siedlung wurde nach 1170 zu einem großen Straßenangerdorf ausgebaut; 1623 wurde dieses zur Stadt erhoben, doch konnte sich die städt. Verfassung nicht durchsetzen, so daß R. erst 1859 offiziell zur Stadt erklärt wurde. Mit der Anbindung an die Eisenbahnlinie Leipzig–Dresden und durch die im 19. Jh. zunehmende Elbschiffahrt entwickelte sich R. zu einem bedeutenden Verkehrsknotenpunkt und Industriestandort. – Spätgot. ehem. Klosterkirche St. Marien (heute ev. Stadtpfarrkirche), Klostergebäude mit roman. Bauresten im N- und O-Flügel, Kapitelsaal (15. Jh.); der S-Flügel wurde Ende des 16. Jh. zum Schloß umgebaut.

**Adam Ries:** Titelblatt der Ausgabe von 1550 des Werkes ›Rechenung nach der lenge/auff den Linihen und Federn‹

**2)** Landkreis in Sachsen, grenzt im N an Brandenburg, 369 km², (1989) 96 000 Ew.; liegt im Nordsächs. Tiefland und wird von der Elbe durchflossen, die die fruchtbaren Landwirtschaftsräume Großenhainer Pflege (im O) und Vorland der Lommatzscher Pflege (im W) trennt; im N auf Sandböden stellenweise Kiefernwälder. Wirtschaftsbestimmend ist die Industrie im Raum Riesa (mit Strehla, Zeithain und Nünchritz) sowie in Gröditz im N, die aber seit 1990 nach der Schließung von Stahl- und Walzwerken in einem starken Umstrukturierungsprozeß begriffen ist. – R. gehörte vom 23. 7. 1952 bis 3. 10. 1990 zum Bez. Dresden.

**Riese** [mhd. rise, zu rīsen ›fallen‹], **Loite, Rutsche, Laaße,** Gleitbahn oder Rinne in Hanglagen im Gebirge, die dem Nahtransport von Rundholz vom Einschlagsort zu einem Rundholz-Sammelplatz oder an eine Waldstraße zum Weitertransport dient. Dabei wird weitgehend die Schwerkraft ausgenutzt. Die Reibung kann durch Wasser, Schnee, Eis usw. als Gleitmittel verringert werden. Als Baumaterial werden ausgehöhltes Rundholz oder Schnittholz (Bretter-R.), aber auch Metall verwendet.

**Riesa 1):** Spätgotische ehemalige Klosterkirche Sankt Marien

**Rieselreaktor,** Reaktionsapparat, in dem eine fest angeordnete Katalysatorschüttung mit einem flüssigen Reaktionspartner (z. B. Erdölfraktion) berieselt und gleichzeitig von einem gasförmigen Reaktionspartner (z. B. Wasserstoff) durchströmt wird. R. werden u. a. beim Hydrotreating und Hydrocracken verwendet.

**Rieselverfahren, Rieselbewässerung, Berieselung,** →Bewässerung.

**Riesen** [ahd. riso, weitere Herkunft unsicher], 1) *Astronomie:* **Riesensterne,** Sterne größeren Durchmessers und folglich größerer Leuchtkraft als Hauptreihensterne gleichen Spektraltyps (Temperatur); sie liegen im →Hertzsprung-Russell-Diagramm deutlich oberhalb der Hauptreihe (R.-Ast). Man unterscheidet zw. **normalen R.** (Leuchtkraftklasse III) und **hellen R.** (Leuchtkraftklasse II). Oberhalb der R. liegen im Hertzsprung-Russell-Diagramm die **Über-R.** (Leuchtkraftklasse I), unterhalb der R. liegen **Unter-R.** (Leuchtkraftklasse IV). **Rote R.** sind R. später Spektralklassen, deren Strahlungsmaximum im roten Spektralbereich liegt. R. früher bzw. mittlerer Spektralklassen bezeichnet man entsprechend als **Weiße** bzw. **Gelbe Riesen.**

Ein R. besitzt zwar einen größeren Durchmesser als ein Hauptreihenstern gleichen Spektraltyps, R. mittlerer Temperaturen sind jedoch kleiner als die heißesten Zwerge. Die Bez. R. bezieht sich daher nur auf die relative Leuchtkraft. R. entwickeln sich aus Hauptreihensternen, nachdem der Wasserstoff in deren Zentralregionen erschöpft ist; sie stellen späte Stadien in der Sternentwicklung dar. R. sind relativ selten, obwohl sie unter den mit bloßem Auge sichtbaren Sternen aufgrund ihrer großen Leuchtkraft zahlreich vertreten sind (z. B. Arktur, Aldebaran, Capella).

2) *Mythologie:* übergroße, menschenähnl. Gestalten, die in den Mythen und Sagen der Völker eine bedeutende Rolle spielen, sowohl als ätiolog. Personifikationen als auch im Zusammenhang mit myth. Genealogien u. ä. So verkörperten die Griechen in den Giganten, Titanen, Kyklopen, in Agaion, Antaios u. a. die Naturkräfte, zugleich waren die R. aber auch die Gegenspieler der olymp. Götter. Das A. T. nennt als R. die Enakiter und Amoriter und als Einzelgestalt etwa den Philister →Goliath oder den König Og von Basan. In der ind. Mythologie brachte Brahma R. hervor, die im Kampf mit den Göttern durch den Blitz besiegt werden. Bei den Germanen waren die R. v. a. die Gegner der (z. T. mit ihnen verwandten) Asen, was bes. in den eschatolog. Vorstellungen von der Endzeitschlacht (→Ragnarök) deutlich wird; entschiedenster Feind der R. ist Thor. In der Volkssage (hier auch Hünen gen.) sind die R. oft dämon. Verkörperungen von Naturgewalten; so gibt es Berg-, Wald-, Wasser-, Wolken-, Gewitter- und Sturmriesen (z. B. Rübezahl); im Märchen weisen sie z. T. archaische Züge (z. B. Kannibalismus) auf, oft sind sie einäugig; im Schwank und Schwankmärchen sind die R. die ungeschlachten Tölpel, die vom Menschen auf vielfache Art überlistet werden.

**Riesenbarbe, Catlocarpio siamensis,** mit 3 m Länge größter, den Barben zuzurechnender südasiat. Karpfenfisch; großer Kopf (nahezu $1/3$ der Körperlänge) mit tiefer Maulspalte, ohne Barteln; geschätzter Speisefisch, dessen Bestände gefährdet sind.

**Riesenbastkäfer, Dendroctonus micans,** größter europ. Borkenkäfer (6–9 mm lang), der Fraßgänge und Brutkammer am unteren Stammende in der Rinde bes. von Fichten anlegt. Harztrichter an den Einbohrlöchern kennzeichnen den Befall. Die Larven legen, gemeinsam nebeneinander vorrückend, bis tellergroße Fraßplätze an, verpuppen sich aber einzeln in dem von ihnen festgedrückten Bohrmehl; Entwicklungszeit etwa ein Jahr.

**Riesenbeutler, Diprotodontidae,** ausgestorbene, vom Miozän bis zum Holozän in Australien nachweisbare Familie der Beuteltiere; nashorngroße, plumpe Pflanzenfresser mit verlängerten Schneidezähnen. Die bekanntesten Gattungen sind →Diprotodon und das ähnl. Nototherium, deren Arten durch Funde v. a. in den Salzsümpfen SO-Australiens nachgewiesen wurden.

**Riesenbiene,** anderer Name der Riesenhonigbiene (→Honigbienen).

**Riesenbock, Titanus giganteus,** bis 16 cm lange Art der Bockkäfer in Guyana und Brasilien; größter bekannter Käfer.

**Riesenbovist, Riesenbofist, Calvatia gigantea,** zu den Stäublingen gehörender Pilz mit dem größten bekannten Fruchtkörper; eine weißl., unregelmäßige Kugel (Durchmesser bis 50 cm, Gewicht bis 15 kg), die bis zu 7 Billionen Sporen bilden kann; bes. im September auf stark stickstoffhaltigen, feuchten Böden einzeln oder in Gruppen vorkommend; jung eßbar.

**Riesenburg,** poln. **Prabuty** [-ti], Stadt in Pomesanien, Wwschaft Elbląg (Elbing), Polen, 100 m ü. M., an der Liebe, nahe dem Sorgensee, (1985) 7 200 Ew. (1939: 8 100 Ew.); Schiffsgerätebau. – R. wurde vermutlich Ende des 13. Jh. gegründet und in der 1. Hälfte des 14. Jh. Stadt. 1945 fiel R. unter poln. Verwaltung, seit 1991 gehört die Stadt völkerrechtlich verbindlich zu Polen. – Marienkirche (14. Jh.) und Reste der mittelalterl. Stadtmauer sind erhalten.

**Riesenchromosomen, Polytänchromosomen,** besonderer Chromosomentyp; R. entstehen durch wiederholte Chromosomenverdopplungen (→Endomitose) ohne nachfolgende Trennung der Tochterchromosomen; etwa 0,1 bis (max.) 0,5 mm lange und bis über 0,02 mm breite Bündel aus bis zu 1 000, im Extremfall sogar über 30 000 dicht parallel nebeneinanderliegenden Chromatidenfäden, wobei nicht alle Abschnitte der zugrundeliegenden DNS-Doppelstränge in gleichem Ausmaß vermehrt sind. Nicht selten sind in den R. die homologen Chromosomen und deren Abkömmlinge miteinander vereinigt, so daß nur ein haploider Chromosomensatz zu erkennen ist.

R. kommen v. a. bei den Larven von Zweiflüglern (Dipteren; z. B. bei Taufliegen- und Zuckmückenlarven) vor, und zwar in den Zellen der Speicheldrüsen, der Malpighi-Gefäße und des Darms, ferner auch im Großkern der Wimpertierchen, ebenso u. a. im Endosperm der Samenanlagen von Blütenpflanzen (z. B. der Gartenbohne). Außer der Größe sind für die R. noch zwei Strukturen charakteristisch, die für die Genetik von großer Bedeutung sind: die bei Färbung sehr stark in Erscheinung tretenden, sich aus den auf gleicher Höhe nebeneinander angehäuft liegenden, einander entsprechenden Chromomeren zusammensetzenden **Banden**, die zus. mit den kaum angefärbten Zwischenscheiben ein typ., artspezif. **Bandenmuster** ergeben; dessen sichtbare Veränderungen sind Hinweise auf Chromosomenmutationen (v. a. Deletionen und Translokationen), was im Vergleich mit den (phänotyp.) Merkmalsveränderungen die Aufstellung von detaillierten →Chromosomenkarten ermöglicht hat. – Die zweite Besonderheit stellen wechselnde ›Aufblähungen‹ an den R. dar. Es sind dies — **Puffs** genannte, entspiralisierte Chromosomenabschnitte.

**Riesenducker,** Art der →Ducker.

**Riesen|eishöhle,** großes Eishöhlensystem im Dachstein, bei Obertraun im salzburg. Salzkammergut, Österreich. BILD →Höhle

**Riesener** [riz'nɛːr], Jean-Henri, frz. Kunsttischler dt. Herkunft, * Gladbeck 1734, † Paris 6. 1. 1806; übernahm die Werkstatt seines Lehrers J. F. OEBEN nach dessen Tod und vollendete 1769 den von OEBEN begonnenen Schreibtisch (›Bureau du Roy‹) für König LUDWIG XV. (Versailles, Musée National). 1774 erhielt er den Titel ›ébéniste du roi‹. Bei seinen Werken lassen sich drei Stilphasen unterscheiden: schwere Prunkmöbel mit reichen Bronzebeschlägen und z. T. figürl. Marketerie, graziöse, feingliedrige Rokokomöbel (ab etwa 1775) und Möbel in eleganter Einfachheit und strenger Form mit sparsamer Marketerie.

P. VERLET: Möbel von J. H. R. (a. d. Frz., 1954).

**Riesenfaultiere,** ausgestorbene Gruppe der Faultiere aus dem Tertiär und Quartär Nord- und Südamerikas, v. a. die Gattungen →Megatherium und →Mylodon.

**Riesenfenchel, Ferula communis,** bis 5 m hoher Doldenblütler der Gattung Steckenkraut im Mittelmeergebiet; verzweigte Staude mit vielfach linealisch geteilten Blättern, großer Zentraldolde und langgestielten Seitendolden; Einzelblüten gelb. Der R. ist als Freilandzierpflanze geeignet.

**Riesenflorfliege,** →Kalligramma.

**Riesengebirge,** poln. **Karkonosze** [karkɔ'nɔʃɛ] Pl., tschech. **Krkonoše** ['krkɔnɔʃɛ] Pl., höchster Gebirgszug der Sudeten (Westsudeten), über den die polnisch-tschechoslowak. Grenze verläuft, reicht vom Jakobstaler Paß (888 m ü. M.), der das R. vom Isergebirge trennt, im NW bis zur Landeshuter Pforte (400 m ü. M.) im SO; etwa 37 km lang und 22 bis 25 km breit; in der Schneekoppe 1602 m ü. M. Das R. ist überwiegend aus Granit, im O und SO auch aus Gneis und Glimmerschiefer aufgebaut. Nach S fällt es allmählich ab, nach N zum Hirschberger Kessel recht steil. Im R. entspringen Elbe, Bober und Weißwasser. Das R. war während der letzten Eiszeiten vergletschert, wovon, bes. im nördl. Teil, Kare und Gletscherseen (Große und Kleine Schneegrube, Großer und Kleiner Teich) zeugen; es ist relativ dicht bewaldet (bes. Fichten und Tannen), die Waldgrenze liegt auf der N-Seite bei etwa 1250 m ü. M., auf der S-Seite bei 1350 m ü. M. In höheren Lagen schließen sich Krummholz- und Mattenzone mit ausgedehnten Hochmooren an. Durch Industrieabgase sind über zwei Drittel der Wälder geschädigt. Zum Schutz der reichhaltigen Natur und Pflanzenwelt wurden 360 km$^2$ des R.s zum Nationalpark und Teile davon zum UNESCO-Biosphärenreservat erklärt. Der seit dem MA. betriebene Bergbau (auf Kupfer, Eisen, Gold, Arsen) wurde aufgegeben. Wirtschaftl. Bedeutung haben heute Holz- und Viehwirtschaft, Glasherstellung und Kristallglasschleiferei sowie bes. der Fremdenverkehr (auch Wintersport). Wichtigste Kurorte sind

**Riesengebirge:** Übersichtskarte

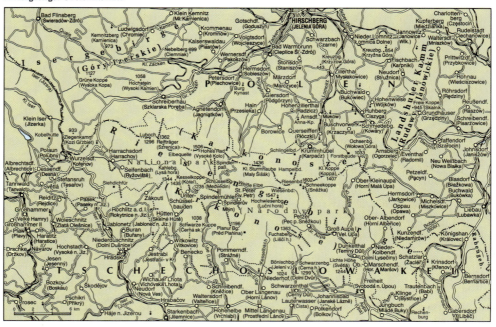

Bad Warmbrunn, Krummhübel, Schreiberhau und Schmiedeberg im R. auf poln. sowie Spindlermühle auf tschech. Seite. – Das R. fand mit der Gestalt des Rübezahl Eingang in den dt. Sagenschatz.

**Riesenglatt|echsen,** die → Riesenskinke.

**Riesengleitflieger, Pelzflatterer, Hundskopfgleiter, Flattermakis, Dermoptera,** Ordnung baumbewohnender Säugetiere in Wäldern SO-Asiens; etwa katzengroße, nachtaktive Tiere mit halbaffenähnl. Kopf, weißl. Fleckung auf der bräunl. Oberseite und mit gelber Unterseite; vermögen mit Hilfe von (zw. Extremitäten und Schwanz ausspannbaren) Gleithäuten bis über 50 m weite Gleitflüge auszuführen. – Man unterscheidet zwei sehr ähnl. rezente Arten: **Philippinengleitflieger** (Cynocephalus volans; auf den Philippinen) und **Temminckgleitflieger** (Cynocephalus variegatus; Hinterindien bis zu den Sundainseln).

**Riesengürteltiere,** die → Glyptodonten.

**Riesenhaie, Cetorhinidae,** Familie der Haie mit der einzigen Art **Riesenhai** (Cetorhinus maximus; Länge etwa 14 m). Der in allen Meeren außerhalb der Tropen verbreitete R. ist ein Planktonfresser, der mit Hilfe eines Reusenapparates an den Innenseiten der großen Kiemenspalten das Plankton aus dem durchströmenden Wasser herausfiltert. Der Körper ist schwarzgrau mit kleinen, helleren Flecken. Der R. bringt 1,5 m lange, lebende Junge zur Welt. Für den Menschen ist der R. ungefährlich.

**Riesenhirsch,** → Megaloceros.

**Riesenholzameise,** Art der → Roßameisen.

**Riesenhuber,** Heinz, Politiker (CDU), * Frankfurt am Main 1. 12. 1935; Chemiker und Industriemanager, seit 1976 MdB, wurde energiepolit. Sprecher der CDU/CSU-Fraktion im Bundestag; seit 1982 Bundes-Min. für Forschung und Technologie.

**Riesenhülse,** andere Bez. für die → Meerbohne.

**Riesenkäfer,** die → Nashornkäfer 2).

**Riesenkaktus, Riesensäulenkaktus, Saguaro, Carnegiea,** Gattung der Kaktusgewächse mit der einzigen Art Carnegiea gigantea in Arizona, Kalifornien und Mexiko; die kandelaberartig verzweigten Stämme sind bis 15 m hoch und bis 60 cm dick, mit 12–14 stumpfen Rippen; Blüten langröhrig (10–12 cm), weiß, mit breitem Saum; werden von Fledermäusen bestäubt. Das getrocknete Fruchtfleisch wird von Indianern als Nahrungsmittel verwendet.

**Riesenkalmare,** Gattung der → Kalmare.

**Riesenkänguruhs, Macropus,** Gattung bis 1,6 m langer (mit Schwanz 2,6 m erreichender) Känguruhs in offenen Landschaften Australiens und Tasmaniens. R. sind die größten rezenten Beuteltiere; ihre Nahrung besteht v. a. aus Gräsern; auf kurzen Strecken können R. Geschwindigkeiten bis fast 90 km/h erreichen. Die größte Art ist das **Rote R.** (Macropus rufus), das oberseits zimtfarben bis leuchtend rotbraun (Männchen) bzw. grau (Weibchen) gefärbt ist, unterseits meist weiß.

**Riesenkohl, Jerseykohl** ['dʒɜːzɪ-], 3,5–5 m hohe, v. a. in der Normandie und auf den Kanalinseln kultivierte Form der Gemüsekohls.

**Riesenkrabbe, Macrocheira kaempferi,** Art der Krabben (Länge des Kopfbruststücks 33 cm, Scherenbeinlänge über 1,5 m, Schreitbeinspannweite 2,5 m) an der Küste und in der Tiefsee bei Japan.

**Riesenkratzer,** Art der → Kratzer.

**Riesenkröte, Kolumbianische R., Bufo blombergi,** erst seit 1951 bekannte Art der Kröten (Länge über 20 cm) mit Verbreitung im N Südamerikas. Die Körperseiten sind dunkelbraun, die Oberseite ist hellbraun gefärbt. Sie ist in ihrem Bestand stark bedroht.

**Riesenkugler, Sphaerotheriidae,** Familie der Tausendfüßer mit etwa 200 trop., bis 9,5 cm langen und 5 cm breiten Arten, die sich zu einer allseitig fest geschlossenen Kugel zusammenrollen können.

**Riesenlauch, Allium giganteum,** aus dem Himalaya stammende, bis 1 m hohe Art des Lauchs mit sehr dichtem, kugeligem Blütenstand (bis 10 cm Durchmesser); Blütenstiele bis 3 cm lang, Blütenhüllblätter rosafarben bis violett, von den Staubblättern weit überragt; in Mitteleuropa Zierpflanze.

**Riesenläufer,** der Skolopender (→ Hundertfüßer).

**Riesenlibellen,** andere Bez. für die fossile Gattung → Meganeura.

**Riesenlili|e, Lilium giganteum,** aus dem Himalaya (Nepal, Sikkim) stammende, 1,5–3 m hohe Lilie mit sehr großer, kugeliger, 7–13 cm dicker Zwiebel; Stengel stielrund, kahl, mit über 30 cm langen Blättern; Blütentraube 30–50 cm lang, mit sechs bis 24 trichterförmigen, 12–16 cm langen, weißen, innen purpurfarben, außen grün gezeichneten Blüten.

**Riesenlorchel, Riesenmorchel, Blasse Frühlorchel, Helvella gigas, Gyromitra gigas,** olivbraune bis gelbl. Lorchel, die – wie die Frühjahrslorchel – durch ihren Gehalt an Helvellasäure giftig ist; auch äußerlich der Frühjahrslorchel ähnlich, nur größer und heller; in sandigen Nadelwäldern Süd-Dtl.s; sehr selten.

**Riesenmargerite, Chrysanthemum maximum,** Wucherblumenart in den Pyrenäen; 0,5–1 m hohe Staude mit aufrechten, meist verzweigten Stengeln und fleischigen, gezähnten, keilförmigen bis lanzettl. Blättern; Blütenköpfchen über 8 cm groß, mit weißen Strahlen- und gelben Scheibenblüten.

**Riesenmoa,** → Moas.

**Riesenmuscheln, Tridacnidae,** im Flachwasser des Indopazifiks zw. Korallen lebende, zu den Blattkiemern gehörende Muscheln mit dicker, wellig gerippter Schale; z.B. die bis 1,35 m große → Mördermuschel und die etwa 10 cm große **Grabende R.** (Tridacna crocea), die sich durch Schalenbewegungen in löchrigen Korallenkalk einbohrt.

**Riesen|nager,** die → Wasserschweine.

**Riesenpanzerlurch,** der → Mastodonsaurus.

**Riesenrafflesi|e,** → Rafflesiengewächse.

**Riesenregenwurm,** → Regenwürmer.

**Riesenresonanzen,** für gewisse Kernreaktionen, z. B. den Kernphotoeffekt, charakterist., einige MeV breite Maxima in den Anregungsfunktionen.

**Riesenroggen,** *Botanik:* der → Gommer.

**Riesenrohr,** Art der Süßgrasgattung → Pfahlrohr.

**Riesensalamander, Cryptobranchidae,** Familie großer, wasserbewohnender Schwanzlurche mit drei Arten in klaren Bächen und Flüssen Nordamerikas und O-Asiens. Körper und Kopf sind dorsoventral abgeplattet, der seitlich abgeflachte Schwanz trägt einen hohen Hautsaum. Die Mundspalte ist breit, die Augen sind klein und haben keine Lider. Flanken und Extremitäten tragen dicke, faltige Hautwülste. Die Eier werden nach der Befruchtung durch die Männchen bewacht. Der **China-R.** (Andrias davidianus) ist mit über 1,5 m Länge der größte lebende Lurch. In Gebirgslagen Japans (300–1000 m ü. M.) kommt der nah verwandte, bis 1,4 m lange **Japan-R.** (Andrias japonicus) vor, der in seinem Bestand bedroht ist, da er als Delikatesse gilt. Im östl. Nordamerika lebt der bis 75 cm lange **Schlammteufel** oder **Hellbender** (Cryptobranchus alleganiensis).

**Riesensauri|er,** riesenhafte → Dinosaurier.

**Riesenschildkröten,** Bez. für zwei nicht näher verwandte, großwüchsige Arten inselbewohnender Landschildkröten: 1) **Galápagos-R.** oder **Elefantenschildkröte** (Chelonoidis elephantopus) in mehreren Unterarten auf den Galápagosinseln. Wie allen südamerikan. Landschildkröten fehlt ihnen ein Nackenschild. Bei einigen Unterarten ist der Panzer über dem

Heinz Riesenhuber

**Ries** Riesenschilf – Riesenwuchs

**Riesenschildkröten:** Galápagos-Riesenschildkröte (Panzerlänge bis 1,1 m)

**Riesenträuschling**
(Hutbreite bis 25 cm)

Hals sattelartig aufgewölbt, was den Tieren ermöglicht, mit Hilfe ihres langen Halses auch höher gelegene Pflanzenteile abzuweiden. Die früher massenhaft vorkommenden Tiere sind auf einigen Inseln vollkommen ausgerottet, auf den anderen stark dezimiert. Heute sind sie streng geschützt; zur Rettung des Bestandes betreibt die Darwin-Station auf den Galápagosinseln ein planmäßiges Aufzuchtprogramm. – 2) **Seychellen-R.** (Megalochelys gigantea), mit bis über 1,2 m Panzerlänge die größte Landschildkröte; mit Nackenschild. Auch diese Art wurde durch den Menschen stark dezimiert, kommt aber auf den Aldabra-Inseln in gesicherten Beständen vor; auf Sansibar angesiedelt.

**Riesenschilf,** das Riesenrohr, →Pfahlrohr.

**Riesenschlangen, Boidae,** Familie 40 cm bis 9 m langer, ungiftiger Schlangen in gemäßigten bis trop. Gebieten. Reste des Beckengürtels sind äußerlich als ›Aftersporne‹ sichtbar, die Beute wird durch Umschlingen getötet. R. sind durch Bejagung zur Ledergewinnung sowie v. a. durch die Zerstörung ihrer Lebensräume (trop. Regen- und Bergwälder) stark bedroht. Wichtigste Unterfamilien sind →Boaschlangen und →Pythonschlangen.

**Riesenschnauzer**
(Widerristhöhe 60–70 cm)

**Riesenschnauzer,** dt. Haushunderasse; sehr widerstandsfähiger, kräftiger Dienst- und Gebrauchshund mit rauhem, dichtem schwarzem und grauem ›pfeffer-salz-farbigem‹ Haar, mit Bart und buschigen Brauen. Widerristhöhe: 60–70 cm.

**Riesenskinke, Riesenglattechsen, Tiliquina,** nicht näher miteinander verwandte Gruppe großwüchsiger Skinke. Der größte Vertreter ist der bis 65 cm lange **Salomonen-R.** (Corucia zebrata) auf San Cristóbal. Zu den R. gehören u. a. auch die Blauzungen (Gattung Tiliqua) und die Stachelskinke (Gattung Egernia) sowie der **Kapverdische R.** (Macroscincus cocteaui; Länge etwa 50 cm).

**Riesenskorpione,** ausgestorbene Gliederfüßer, →Eurypterida.

**Riesenslalom, Riesentorlauf,** alpiner Skisport: Zwischenform zw. Abfahrtslauf und Slalom. Dabei sind in möglichst kurzer Zeit durch mindestens 30 numerierte Kontrolltore gekennzeichnete Strecken mit 250–400 m (Herren) oder 250–350 m Höhenunterschied (Damen) zu durchfahren. Die Herren tragen zwei Läufe aus, deren Zeiten addiert werden; die Damen fahren nur einen Durchgang.

**Riesensterne,** die →Riesen 1).

**Riesentang, Macrocystis pyrifera,** in den kühleren Südmeeren vorkommende einjährige Braunalgenart, die bis zu 100 m lang und 25 t schwer werden kann; zur Alginatgewinnung geerntet.

**Riesentermiten, Mastotermitidae,** im Tertiär verbreitete Familie der Termiten, von denen heute nur noch die →Darwin-Termite lebt; einige fossile Flügel lassen Spannweiten von 36 bis 60 mm errechnen.

**Riesentöpfe, Riesenkessel,** Geomorphologie: →Strudellöcher.

**Riesentrappe,** Art der →Trappen.

**Riesenträuschling, Rotbrauner R., Stropharia rugosoannulata, Stropharia ferrii,** guter, in Pilzgärten leicht zu kultivierender Speisepilz der Gattung Träuschlinge; mit bis 25 cm breitem, gelbem bis rötlichbraunem Hut, anfangs hellgrauen bis violetten (im Alter violettgrauen bis braunvioletten) Lamellen und cremefarbenem, beringtem Stiel. Geschmack und Geruch sind mild-würzig. Der R. kommt auf modernem Laub und Stroh (in Dtl. stellenweise massenhaft) vor. In einem gut angefeuchteten Strohbeet, das (mit Erde oder Plastikfolie) luftig abgedeckt wird, kann der R. gezüchtet und etwa drei Monate nach Anlage des Beetes geerntet werden.

**Riesentukan,** Art der →Tukane.

**Riesen|unke, Bombina maxima,** bis 7,5 cm lange Unke in Kleingewässern des östl. Himalaya in 2300–3000 m ü. M.

**Riesenvergißmeinnicht, Myosotidium,** Gattung der Rauhblattgewächse mit der einzigen Art Myosotidium hortensia im Küstensand der Chatham Islands; 40–80 cm hohe, kräftige Staude mit bis 30 cm langen und bis 16 cm breiten, herzförmigen Grundblättern; azurblaue, über 1 cm große Blüten in dichten, halbkugeligen, bis 15 cm breiten Trugdolden; Früchte haselnußgroß; in Mitteleuropa nicht winterharte Gartenstaude, jedoch im Kalthaus zu kultivieren.

**Riesenwaldschwein, Meinertzhagen-Waldschwein, Hylochoerus meinertzhageni,** bis 1,8 m körperlanges, schwärzl. Schwein in Regenwaldgebieten Afrikas; mit je einer großen Gesichtswarze unter den Augen.

**Riesenwasserwanzen, Belostomatidae,** Familie der Wasserwanzen mit etwa 100 meist trop. und subtrop. Arten; 4–11 cm lang, mit breitem, abgeflachtem Körper und zu Greifzangen umgebildeten Vorderbeinen; R. ernähren sich von Wasserinsekten, Lurchen und kleinen Fischen.

**Riesenwelse, Pangasiidae,** Familie der Welse mit 25 Arten im Süßwasser SO-Asiens. Der **Riesenwels** (Pangasianodon gigas) wird bis 2,5 m groß.

**Riesenskinke:** Blauzunge (Länge bis 60 cm)

**Riesenwuchs, Gigantismus, Gigantosomie, Hypersomie,** abnorme Körpergröße, die bei der Frau 185 cm, beim Mann 200 cm übersteigt. Als essentieller oder **primordialer R.** wird ein diese Grenze in Einzelfällen überschreitender, erblich (auch rassenspezifisch) bedingter Hochwuchs bezeichnet; im Unterschied zu diesen Erscheinungen verlaufen krankheitsbedingte Formen meist disproportioniert.

Beim **hypophysären R.** kommt es aufgrund eines Adenoms des Hypophysenvorderlappens durch verstärkte Produktion des Wachstumshormons vor Abschluß der Körperentwicklung zur Ausbildung extrem langer Gliedmaßen, übergroßer Füße und eines überlangen Rumpfes, nach Wachstumsabschluß zu →Akromegalie. Der **eunuchoide R.** wird durch Entfernung der Keimdrüsen oder ihren Funktionsausfall vor Eintritt der Geschlechtsreife hervorgerufen (→Eunuchismus); eine Störung der Keimdrüsenfunktion ist auch Ursache des →Klinefelter-Syndroms. – Bei *Tieren* wird R. z. T. züchterisch angestrebt (z. B. bes. große Rinder-, Hunde- und Geflügelrassen). – Bei *Pflanzen* tritt R. (Gigasformen) nach Kreuzung von Inzuchtlinien in der $F_1$-Generation auf (→Heterosis).

**Riesenzell|arteriitis, Arteriitis temporalis, Hortonsche Krankheit,** seltene, auf allerg. Prozesse zurückgeführte, zu den Kollagenkrankheiten gerechnete, in Schüben chronisch verlaufende Entzündung der äußeren Kopf-, v. a. der Schläfenarterien. Sie führt zu einer Zerstörung der mittleren Gefäßwandschicht (Media) und Einlagerung von mit Riesenzellen durchsetzten entzündl. Infiltraten mit schmerzhafter Schwellung, ggf. von außen tastbarer Verhärtung und zu Verengung, teils auch örtl. Gefäßverschlüssen durch Thromben. – Die *Behandlung* besteht in der Anwendung von Glucocorticoiden.

**Riesenzellen,** bes. große Zellen, v. a. die polyploiden, über 50 μm großen **Knochenmarks-R.** (Megakaryozyten), von denen die Blutplättchen abstammen, sowie die den Abbau von Knochensubstanz bewerkstelligenden **Osteoklasten;** auch die großen, mehrkernigen Zellen, die bei Zellteilungsstörungen (auch durch Zellverschmelzungen) aufgrund gesteigerter DNS-Synthese entstehen und für gewisse Krankheiten charakteristisch sind, z. B. die **Sternberg-R.** im Lymphogranulomatose, die **Langhans-R.** in Granulationsgewebe u. a. bei Tuberkulose, Syphilis, die **Masern-R.** im Nasen-Rachen-Schleim bei Masern.

**Rieserfernergruppe,** stark vergletscherter Teil der Zentralalpen in Südtirol (Italien), äußerster O in Osttirol (Österreich), begrenzt vom Rain-, Antholzer und obersten Defereggental, im Hochgall 3 435 m ü. M.

**Rieslaner,** recht anspruchsvolle, spät reifende Weißweinrebe, Neuzüchtung (1921) aus Würzburg, Kreuzung Silvaner × Riesling, bringt hohe Mostgewichte und liefert rassige, leicht erdige Weine; v. a. in Franken vertreten.

**Riesling** [Herkunft unsicher], **Weißer R.,** in Gebieten, in denen auch Welsch-R. vertreten ist, **Rheinriesling,** italien. **R. Renano,** in der Ortenau **Klingelberger,** führende dt. Weißweinrebe, bes. in sonnigen Lagen (in südl. Weinbauländern werden eher kühlere Lagen bevorzugt); gedeiht auf den unterschiedlichsten Böden (bevorzugt aber wasserdurchlässige, karge). Die gegen Kälte recht widerstandsfähige Rebe ist in Dtl. spätreifend (Lese ab etwa Mitte Okt.) und bringt gute Erträge (durchschnittlich 60–100 hl/ha); ihre Trauben haben viel Säure (10–15 g/*l*), die auch bei hohen Oechslegraden nur wenig abnimmt; sie liefern aber auch bei niedrigen Mostgewichten gute Qualitäten. Der fein strukturierte R.-Wein zählt daher zu den besten Weißweinen der Erde. Die fein-süßen Beeren- und Trockenbeerenauslesen sind jahrzehntelang lagerfähig.

In Dtl. sind über 20 800 ha mit R. bestanden (20% des gesamten Rebareals), v. a. im Rheingau (Anteil hier 81%), am Mittelrhein (75%), an Mosel, Saar und Ruwer (55%) und an der Hess. Bergstraße (55%) sowie in Württemberg (25%) und an der Nahe (23%). R.-Gebiete sind ferner in Rheinhessen die Rheinfront um Nierstein, in der Rheinpfalz der Raum Deidesheim und in Baden die Ortenau. Da die Rebe sehr anpassungsfähig ist, ist sie in vielen Ländern in fast allen Erdteilen verbreitet, so im Elsaß (2 000 ha; sonst in Frankreich nirgends zugelassen; liefert alkohol- und extraktreiche Spitzenweine), in Luxemburg (10% der Rebfläche), Österreich (1 100 ha, v. a. in der Wachau, 8%, und im übrigen Niederösterreich sowie im Burgenland), Slowenien, Südtirol und in der Ukraine, des weiteren in den USA, v. a. in Kalifornien (6 000 ha), hier **Johannisberg R.** (Abk. **J. R.**) gen., Australien (5 000 ha; wichtigste Weißweinrebe), Neuseeland und im Kapland (Rep. Südafrika).

**Riesling × Sylvaner,** in der Schweiz Name der Rebsorte →Müller-Thurgau.

**Riesman** [ˈriːsmən], David, amerikan. Soziologe, * Philadelphia (Pa.) 22. 9. 1909; war 1937–42 Prof. für Rechtswissenschaften in Buffalo (N. Y.), 1946–58 Prof. für Sozialwissenschaften in Chicago (Ill.), 1958–81 Prof. für Soziologie an der Harvard University. In seinem mit anderen verfaßten Hauptwerk ›The lonely crowd‹ (1950; dt. ›Die einsame Masse‹) entwickelt er eine Theorie des sozialen Wandels in den USA unter Herausarbeitung versch. Charaktertypen. Sie werden als gesellschaftl. Idealtypen in Anlehnung an M. WEBER konstruiert und bestimmten Phasen der Bevölkerungsentwicklung zugeordnet (→Außenlenkung, →Innenlenkung).

**Weitere Werke:** Individualism reconsidered and other essays (1954); Abundance for what (1964); The academic revolution (1968, mit C. JENCKS); On higher education (1980).

**Riesser,** Gabriel, Jurist, Politiker und Schriftsteller, * Hamburg 2. 4. 1806, † ebd. 22. 4. 1863; trat in versch. Schriften, u. a. in der von ihm 1832–35 herausgegebenen Zeitschrift ›Der Jude‹ für die rechtl. Gleichstellung der Juden ein; gehörte 1848–49 in der Paulskirche der kleindt. Richtung an. 1840–57 wirkte R. in Hamburg als Notar, ab 1860 als Obergerichtsrat (erster jüd. Richter). Die 1869 im Nordtsch. Bund und 1871 in der Reichs-Verf. verankerte Gleichstellung der Juden half R. mit vorzubereiten.

I. ELBOGEN u. E. STERLING: Die Gesch. der Juden in Dtl. (Neuausg. 1988).

**Riesz** [riːs], Frigyes (Frédéric), ungar. Mathematiker, * Raab 22. 1. 1880, † Budapest 28. 2. 1956; 1912 Prof. in Klausenburg, 1920 in Szeged, ab 1946 in Budapest. R. lieferte grundlegende Untersuchungen zur Theorie der reellen Funktionen, der Integralgleichungen und der abstrakten Räume und trug wesentlich zum Ausbau der Funktionalanalysis bei, u. a. durch den Satz über die Vollständigkeit der $L^p$-Räume (Satz von Riesz-Fischer, 1909). Er begründete 1922 die ›Acta Scientiarum Mathematicarum‹ der Ungarischen Akademie der Wissenschaften, der er seit 1916 angehörte.

**Riet, Webeblatt,** Vorrichtung an Webstühlen, mit der der zuletzt eingetragene Schuß angeschlagen und der Webschütz während des Laufs durch das Fach geführt wird. Die in exakten Abständen stehenden R.-Stäbe (senkrechte Metallstäbe) halten die eingezogenen Kettfäden in der vorgegebenen Dichte.

**Rietberg,** Stadt im Kr. Gütersloh, NRW, 80 m ü. M., an der oberen Ems südwestlich von Bielefeld, (1991) 25 100 Ew.; Herstellung von Möbeln, Drahtfedern, Blechwaren, Landmaschinen, Orgeln; Feuerverzinkerei, Geflügelzucht und Schlachtereien. – R. entstand um die im 12. Jh. angelegte Burg der Grafen von R. 1289 erhielt R. Stadtrecht, das 1374 bestätigt wurde. Durch Eingemeindungen von sieben Gem. entstand 1970 die heutige Stadt. – Franziskanerkirche

**Riet** Rietenburg – Rifampicin

St. Katharina (17. und 18. Jh., Wölbungen 19. Jh.); Johann-Nepomuk-Kapelle (1747–48).
R. 700 Jahre R.: 1289–1989, hg. v. A. Hanschmidt (1989).

Ernst Friedrich August Rietschel: Goethe-und-Schiller-Denkmal in Weimar; 1852–57

**Rietenburg, Burggraf von,** mittelhochdt. Dichter, →Riedenburg, Burggraf von.

**Rietgräser,** die →Riedgräser.

**Rieti, 1)** Hauptstadt der Prov. Rieti, Latium, Italien, 402 m ü. M., am Velino, im fruchtbaren Becken von R., (1990) 44 300 Ew.; Bischofssitz; Theater, Museum, Bibliothek und Archiv; Zuckerfabrik und Chemiefaserwerke. – R., das **Reate** des Altertums, war ein Hauptort der Sabiner, seit 290 v. Chr. unter röm. Herrschaft. 1198 schloß es sich dem Kirchenstaat an, bei dem es nach kurzer Herrschaft der Anjou seit 1354 endgültig verblieb, und war häufig Aufenthaltsort und Zufluchtsstätte der Päpste. – Der roman. Dom (1225 geweiht) wurde über einem Bau des 5. Jh. errichtet (Krypta 1157; Campanile 1252); bischöfl. Palast (ab 1283) mit offener Gewölbehalle (Loggia Papale); Stadtmauern (13. Jh.).
**2)** Provinz in der Region Latium, Italien, 2 749 km², (1990) 146 400 Einwohner.

**Rietschel,** Ernst Friedrich August, Bildhauer, *Pulsnitz 15. 12. 1804, †Dresden 21. 2. 1861; war 1826–30 Gehilfe von C. D. Rauch in Berlin (maßgeblich an dessen Max-Joseph-Denkmal in München beteiligt). Nach einem Romaufenthalt (1830) wurde R.

**Ernst Friedrich August Rietschel**

**Gerrit Rietveld:** Haus Schröder in Utrecht; 1924

1832 Prof. an der Dresdner Akademie und begründete dort mit E. J. Hähnel die Dresdner Bildhauerschule; schuf Denkmäler (Goethe-und-Schiller-Denkmal in Weimar, 1852–57), Porträts und Bauplastik (Giebelfeld der Oper in Berlin, 1844) mit zunehmend realist. Zügen.
Weitere Werke: Giebelfeld des ehem. Univ.-Gebäudes in Leipzig (1835–38); Lessingdenkmal in Braunschweig (1848–49); Porträt C. D. Rauchs (1857; Dresden, Staatl. Kunstsammlungen, Augustinum); Lutherdenkmal in Worms (1858 begonnen, von Schülern 1868 vollendet).

**Rietveld** [-fɛlt], Gerrit Thomas, niederländ. Architekt und Möbeldesigner, *Utrecht 24. 6. 1888, †ebd. 26. 6. 1964; vermittelte mit seinen Möbelentwürfen in Holz und Stahl dem Bauhaus entscheidende Impulse. Als einer seiner ersten Entwürfe wurde sein rot-blauer Stuhl (1917–18) bes. bekannt. Als Mitgl. der Stijl-Gruppe (seit 1919) gelang ihm mit dem Haus Schröder in Utrecht (1924, mit Truus Schröder-Schräder) ein in seiner Klarheit und Ästhetik des Aufeinanderabstimmens von Außenarchitektur und Innenraumgestaltung überzeugender Bau, der vorbildlich wurde für den Funktionalismus.
Weitere Werke: Reihenhäuser in der Erasmuslaan in Utrecht (1930–31, 1934, mit Truus Schröder-Schräder); Skulpturenpavillon für den Park Sonsbeek in Arnheim (1954; heute Bestandteil des Skulpturenparks des Rijksmuseums Kröller-Müller in Hoge Veluwe, Otterlo); Museum Zonnehof in Amersfoort (1958–59); Haus Van den Doel in Ilpendam, Prov. Nordholland (1959); Rijksmuseum Vincent van Gogh in Amsterdam (1963–72, mit J. van Dillen und J. van Tricht).
G. T. R. Ausst.-Kat. (Amsterdam 1971); D. Baroni: Ursprung des modernen Möbels, das Werk R.s (a.d. Italien., 1979); F. Bless: R. 1888–1964. Een biografie (Amsterdam 1982).

**Rievaulx Abbey** [ˈriːvəʊ ˈæbɪ], 1131 gegründete Zisterzienserabtei in der Cty. North Yorkshire, N-England, deren um 1230 vollendete frühgot. Kirche nur als Ruine erhalten ist. 1750–60 wurde oberhalb der Abtei **Rievaulx Terrace,** ein umfassender Landschaftspark mit zwei klassizist. Tempeln, angelegt.

**Rif** das, arab. **Er-Rif,** der nördlichste Gebirgsbogen des →Atlasgebirges in Marokko; erstreckt sich von der Straße von Gibraltar bis zum W-Rand des unteren Moulouyabeckens als alpidisch gefaltetes Kettengebirge entlang der Mittelmeerküste, im Djebel Tidirhine 2 450 m ü. M. Den parallel verlaufenden Hauptkämmen (steile N-Ränder mit tiefen Kerbtälern) aus vorwiegend jurass. und kretaz. Quarziten, Schiefern, Flysch und Kalken ist im S eine sanft abgedachte Hügelzone aus tertiären Sedimenten vorgelagert (›Südl. Vorrif‹); im W ist das Hügelland der Jebalas, im O das der Beni Snassen angegliedert. Das zentrale R. hat geringe Spuren eiszeitl. Vergletscherung; alte Flächenreste unterschiedlicher Höhenlage und mächtige Solifluktionsdecken bezeugen den Wechsel feuchter und trockenerer Klimate. Das regenreichere westl. und zentrale R. sowie die SW-Abdachung tragen bis 1 200 m ü. M. mediterrane Hartlaubgewächse (v. a. Steineichen), darüber Wälder mit laubabwerfenden Eichen und über 1 600 m Zedernwälder; das trockene Ost-R. hat in Tieflagen lichte Steineichenwälder, darüber Gliederzypressen, Alfagras- und Kameldornpolster. Im zentralen und westl. R. Anbau von Weizen, Gerste (Bewässerung und Regenfeldbau) und Haschischproduktion, in höheren Lagen Baumkulturen (Oliven, Mandeln, Feigen) sowie Weidewirtschaft (Kleinvieh). Das R. wird im W-Teil von Arabern, im zentralen und O-Teil von Berberstämmen (›Rifkabylen‹) bewohnt.
F. Graul: Tarhzout. Grundl. u. Strukturen des Wirtschaftslebens einer Talschaft im Zentralen R. ... (1982).

**Rifampicin** das, -s, halbsynthet. Antibiotikum, das aus Rifamycin SV hergestellt wird. R. ist ein wichtiges Mittel bei der Behandlung der Tuberkulose (→Tuberkulostatika).

# Riga

**Rifamycine** [Kw.], strukturell nahe miteinander verwandte makrozykl. Antibiotika, die aus Kulturen des Strahlenpilzes Streptomyces mediterraneus gewonnen werden und v. a. gegen grampositive Bakterien sowie z. T. auch gegen Mykobakterien wirksam sind. Hauptkomponente ist das Rifamycin B, das durch Reduktion in Rifamycin SV übergeht, aus dem das halbsynthet. Rifampicin gewonnen wird.

**Rifat,** türk. Lyriker, →Oktay Rifat.

**Rifbjerg** ['rifbjɛr], Klaus, dän. Schriftsteller, * Kopenhagen 15. 12. 1931; Filmregisseur und Kritiker; experimentiert modernistisch in Lyrik (›Camouflage‹, 1961; ›Portræt‹, 1963; ›Mytologi‹, 1970; ›Septembersong‹, 1991, dt. ›Septembersang‹), Drama (›Intet nyt fra køkkenfronten‹, 1984) und in seinen Romanen, in denen sich die geistigen Bewegungen der Zeit vielseitig und für die moderne dän. Literatur prägend spiegeln (›Den kroniske uskyld‹, 1958, dt. ›Der schnelle Tag er hin‹; ›Anna (jeg) Anna‹, 1969; ›De hellige aber‹, 1981; ›Rapsodi i blåt‹, 1991).

**Riff** [mnd. rif, ref, aus dem Altnord., eigtl. ›Rippe‹] *das, -(e)s/-e,* meist langgestreckte schmale Aufragung des Meeresuntergrundes, die nicht oder nur wenig über die Wasseroberfläche reicht und daher der Schiffahrt gefährlich werden kann. Nach dem Gestein werden **Sand-** und **Stein-R.,** die durch Anschwemmung, **Felsen-R.,** die durch Zerstörung einer Steilküste, und **Korallen-R.,** die durch Wachstum von →Korallenbauten entstanden sind, unterschieden. Ein R. kann als zusammenhängende untermeer. Bank auftreten oder in eine Reihe von Klippen aufgelöst sein.

**Riff** [engl., vielleicht gekürzt aus refrain ›Refrain‹] *der, -(e)s/-s,* im *Jazz* eine ständig wiederholte, rhythmisch prägnante, meist 2- oder 4taktige Phrase, die melodisch so angelegt ist, daß sie ohne erhebl. Änderungen über einen wechselnden harmon. Grund gelegt werden kann. R.-Bildungen tauchen im Jazz erstmals in den 1920er Jahren (Kansas-City-Jazz) auf und werden v. a. im Big-Band-Jazz (Swing-Stil) und bei Jam Sessions als Improvisationshintergrund, z. T. mit dem Ziel der Spannungssteigerung, eingesetzt.

**Riffbarsche,** die →Korallenbarsche.

**Riffel, Rebbel,** *Textiltechnik:* Eisenkamm mit bis zu 30 cm langen Zinken, mit dem von den getrockneten Flachsstengeln die Zweige und Blätter sowie die Samenkapseln entfernt werden; heute weitgehend von R.-Maschinen verdrängt.

**Riffelbeere,** die →Preiselbeere.

**Riffelbildung,** Vorgang an Eisenbahnschienen, bei dem infolge unterschiedl. Verschleißes in relativ regelmäßigen Abständen Riffeltäler und -berge entstehen. Die Riffeln verursachen beim Befahren hochfrequente Schwingungen, die Gleisbett und Schienenhalterungen verschleißen; Beseitigung durch Schleifen oder Hobeln.

**Riffelrand,** *Münztechnik:* →Kerbrand.

**Riffische,** die →Korallenfische.

**Riffkalk,** seit dem Präkambrium bekannte, ungeschichtete, meist dickbankige Kalksteine, aus den Skeletten riffbildender Organismen (Algen, Korallen, Schwämme, Moostierchen, Archaeocyatha, Stromatoporen, Rudisten, Serpuliden) aufgebaut. Oft sind R. epigenetisch in Dolomit umgewandelt. Riffe mit kräftigem Höhenwachstum werden als **Bioherme,** flache als **Biostrome** bezeichnet. – Fossile R. sind gute Speichergesteine für Erdöl.

**Riffkorallen,** die →Steinkorallen.

**Rifkabylen,** dt. Bez. für die Berberstämme im →Rif. (→Marokko, Geschichte).

**Rift** [engl.] *der, -(s)/-s, Geologie:* Bruch- und Grabenzone; heute meist auf die Großgräben bezogen (→Graben 2). – **R.-Systeme** sind große Bruch- und Grabensysteme (z. B. Mittelmeer-Mjösen-Zone), deren ehemals zusammengehörige Erdkrustenteile getrennt und auseinandergerückt sind. Es sind v. a. junge tekton. Gebilde, die isostatisch noch nicht ausgeglichen sind und vulkan. und seism. Aktivität aufweisen. – **Rift Valleys** sind tiefe, tektonisch gebildete, festländ. (→Ostafrikanisches Grabensystem) oder ozean. (Zentralspalte des →Mittelozeanischen Rückens) Gräben.

**Rift|talfieber** [nach dem Rift Valley], eine durch →Arboviren hervorgerufene fieberhafte Leberentzündung bei Schafen, selten Rindern und Ziegen, im östl. und südl. Afrika. Gelegentlich wird die R. auf den Menschen übertragen; es verläuft dann leicht und grippeähnlich.

**Riga,** lett. **Riga,** Hauptstadt Lettlands, an der Mündung der Düna in die Rigaer Bucht (Stadtzentrum 15 km vor der Mündung), erstreckt sich über 307 km² in der z. T. versumpften Küstenebene, 1,5 bis 28 m ü. M., (1989) 915 000 Ew. R. ist kath. Erzbischofssitz und das wichtigste wirtschaftl. und kulturelle Zentrum Lettlands; Lett. Akademie der Wissenschaften (mit Kernforschungszentrum in Salaspils südöstlich von R.), Univ. (1919 gegr.), TH, Konservatorium und fünf weitere Hochschulen, Bibliotheken und zahlreiche Museen (u. a. histor. Stadt- und Schiffahrts-, Natur-, Kunstmuseum sowie ethnograph. Freilichtmuseum), mehrere Theater, zoolog. und botan. Garten, Rundfunk- und Fernsehsender (368 m hoher Fernsehturm). Etwa 55% der lett. Industrieproduktion wird in und um R. erzeugt. Neben Textil- und Bekleidungs-, Nahrungsmittel- und Holzindustrie sind Transport- und Energiemaschinenbau, Herstellung von nachrichten- und haushalttechn. sowie feinmechan. Geräten, Waggon-, Moped-, Schiffbau, chem. und Baustoffindustrie und das graph. Gewerbe (u. a. große Verlage) bedeutsam. R. ist auch der bedeutendste Verkehrs- und Handelsmittelpunkt des Landes mit Hochsee- (von Dez. bis April durch Vereisung behindert) und Fischereihafen sowie internat. Flughafen und Flughafen Spilve für den Güterverkehr. Am linken Dünaufer im Stadtteil Dünamünde (lett. Daugavgriva) liegt R.s alter Vorhafen. Westlich von R. befindet sich das Seebad Jūrmala.

R., 1201 von dt. Kaufleuten an der Stelle einer älteren Siedlung (10./11. Jh.) gegr., seit 1255 Erzbischofssitz, trat 1282 der Hanse bei und erlangte als Zentrum des Handels mit Litauen und Rußland bald große Be-

**Riga**
Stadtwappen

Hauptstadt von Lettland

an der Mündung der Düna in die Ostsee

915 000 Ew.

Kultur- und Wirtschaftszentrum

Universität (gegr. 1919)

mehrere Hochschulen

Hochseehafen

denkmalgeschützte Altstadt

historische Neustadt des 17.–19. Jh.

Schrägseilbrücke ›Große Harfe‹ über die Düna

Seebad Jūrmala

Riga: Platz der lettischen Roten Schützen am Rande der Altstadt, in der Mitte die Sankt-Petri-Kirche (13. Jh., im 15. Jh. umgebaut) mit dem 140 m hohen Turm (17. Jh.)

**Riga** Rigaer Bucht – Rigi

**Nikolaus Riggenbach**

deutung. Nach dem Untergang des livländ. Ordensstaates (1561) freie Stadt, kam es 1581 unter poln. Herrschaft, 1621 an Schweden und 1710 an Rußland. Seit 1918 ist R. Hauptstadt Lettlands (1940–91 der Lett. Sozialist. Sowjetrepublik). – Der **Friede von R.** (18. 3. 1921) zw. Polen und dem bolschewist. Rußland beendete den →Polnisch-Sowjetischen Krieg (1920–21) und legte die beiderseitigen Grenzen fest (→Polen, Geschichte). – Der im Zweiten Weltkrieg stark zerstörte Stadtkern rechts der Düna wurde weitgehend wiederaufgebaut und steht heute unter Denkmalschutz. Dom St. Marien, ein spätroman. Backsteinbau mit viereckigem Turm (um 1220–29, nach Brand 1595 wiederhergestellt; heute Museum); St.-Petri-Kirche (urspr. 13. Jh., im 15. Jh. nach dem Vorbild norddt. Kirchen umgebaut) mit dem 140 m hohen Turm (17. Jh.); St.-Jacobi-Kirche (13.–15. Jh.); St.-Johannis-Kirche (14.–16. Jh.); Schloß des Dt. Ordens (um 1330 begonnen, mehrmals umgebaut; heute Museum); barockes Rathaus (1750–65) u. a. Renaissance- und Barockbauten; ›Schwarzhäupterhaus‹ (um 1330, im 17. Jh. umgebaut), ein spätgot. Gildehaus mit manierist. Fassade; neues Bahnhofsgebäude (1957–66).

**Riga|er Bucht, Riga|ischer Meerbusen,** lett. **Rigas Jūras Līcis,** estn. **Riianlahti,** weit ins Land greifende Bucht der Ostsee im Bereich von Estland und Lettland, von der offenen Ostsee durch die estn. Inseln Ösel und Moon getrennt, mit ihr verbunden durch den Großen Moonsund im N und die Irbenstraße im W, 18 100 km$^2$, bis 62 m tief; von Dez. bis April zugefroren.

**Rigas Velestinlis, Rigas Pheräos,** neugriech. Schriftsteller, * Velestino (Thessalien) um 1757, † Belgrad 24. 6. 1798; stand 1786–96 im Dienst des Fürsten der Walachei und in Verbindung mit den im griech. Bildungszentrum von Bukarest wirkenden griech. Gelehrten, widmete sich dem Kampf für die Befreiung Griechenlands und verfaßte aufrührer. Freiheitslieder sowie polit. Schriften. Von den Österreichern in Triest verhaftet, wurde er dem türk. Kommandanten von Belgrad ausgeliefert und hingerichtet.

**Rigaud** [ri'go], Hyacinthe, eigtl. **Hyacintho Francisco Honorat Matias Pere Martir Andreu Joan Rigau Y Ros** [-ri'gaui-], frz. Maler katalan. Herkunft, getauft Perpignan 18. 7. 1659, † Paris 29. 12. 1743; studierte an der Pariser Akademie, war Schüler von C. Le Brun, errang 1682 den Rompreis der Akademie, blieb jedoch in Paris, wo er bald ein erfolgreicher Porträtmaler wurde. Von A. van Dyck und Tizian beeinflußt, porträtierte er Vertreter des europ. Adels, v. a. Mitgl. des frz. Hofes (Ludwig XIV., 1694, Madrid, Prado, und 1701, Paris, Louvre; Ludwig XV., 1715 und 1730, Versailles, Musée National), sowie Gelehrte und Künstler mit großartigen Gebärden und vor prunkvollem Hintergrund. R. gilt als Hauptvertreter der Porträtmalerei des Louis-quatorze. Viele Arbeiten entstanden unter Mitwirkung seiner Gehilfen.

**Rigaudon** [rigo'dõ] der, -s/-s, seit dem 17. Jh. bekannter frz. Werbetanz, wohl in der Provence entstanden; lebhaft, im geraden Takt mit kurzem Auftakt, eine Folge von drei meist achttaktigen Reprisen, von denen die dritte zu den beiden ersten kontrastiert; musikalisch der Bourrée verwandt.

**Rigel** [arab. ›(rechter) Fuß (des Orion)‹] der, -, hellster Stern im Sternbild Orion (β Orionis) und siebthellster Stern am Himmel; scheinbare Helligkeit 0$^m$12 bei schwacher irregulärer Veränderlichkeit. R. ist ein blauweißer Überriese (Spektraltyp B8) und besitzt, bei einer geschätzten Entfernung von 900 Lichtjahren, die 60 000fache Leuchtkraft der Sonne. Er ist ein Vierfachsystem und Teil des →Wintersechsecks.

**Rigg** [engl. rig(ging), zu to rig ›auftakeln‹] das, -s/-s, die gesamte Takelage (stehendes und laufendes Gut) eines Segelschiffes. – **Riggen,** Auftakeln (Auf-R.) eines Segelschiffs.

**Riggenbach,** Nikolaus, schweizer. Ingenieur, * Gebweiler 21. 5. 1817, † Olten 25. 7. 1899; erfand 1863 die Zahnradbahn mit Zahnstange und baute nach diesem System die Rigibahn, die 1871 in Betrieb genommen wurde.

**Righeit** [zu rigid], Widerstandsfähigkeit fester Körper gegen Formveränderungen. In der Geophysik Bez. für den Schubmodul (Gleitmodul).

**Righi** ['ri:gi], Augusto, italien. Physiker, * Bologna 27. 8. 1850, † ebd. 8. 6. 1920; Prof. in Palermo (1880–85), Padua und (ab 1889) in Bologna; entdeckte 1880 (etwa gleichzeitig mit E. Warburg) die magnet. Hysterese und wies die Änderung der Wärmeleitung von elektr. Leitern im Magnetfeld nach (R.-Leduc-Effekt). R. beschrieb auch den äußeren Photoeffekt und erzeugte 1894 erstmals Mikrowellen.

**Righi-Leduc-Effekte** ['ri:gi lə'dyk-; nach A. Righi und dem frz. Physiker Sylvestre Anatole Leduc, * 1856, † 1937], zwei →thermomagnetische Effekte.

**Right Honourable, The** [ðə raɪt 'ɔnərəbl; engl. ›sehr ehrenwert‹], engl. Titel, →Honourable, The.

**Right Livelihood Award Stiftelsen** [raɪt 'laɪvlɪhʊd ə'wɔːd 'stɪftəlsən], Stiftung zur Verleihung des alternativen Nobelpreises zur Unterstützung kleiner Initiativen und Projekte (→Nobelpreis).

**Hyacinthe Rigaud:** Gaspard de Gueidan als Dudelsackpfeifer; 1735 (Aix-en-Provence, Musée Granet)

**right or wrong, my country** ['raɪt ɔː 'rɔŋ 'maɪ 'kʌntrɪ; engl. ›Recht oder Unrecht – (es handelt sich um) mein Vaterland‹], ganz gleich, ob ich die Maßnahmen (der Regierung) für richtig oder falsch halte, meinem Vaterland schulde ich Loyalität (frei nach einem Ausspruch des amerikan. Admirals Stephen Decatur, * 1779, † 1820).

**Rigi** der und die, Bergstock am N-Rand der Alpen zw. Vierwaldstätter See sowie Zuger See und Lauerzer See, Schweiz, gehört größtenteils zum Kt. Schwyz, der SW-Teil zum Kt. Luzern; besteht aus Molassenagelfluh und -sandstein, im O auch aus Kreidekalken. Die höchste Erhebung, **R.-Kulm** (1798 m ü. M., im W), ist einer der meistbesuchten Aussichtsberge der Schweiz; auf ihn führen zwei Zahnradbahnen, die

eine von Vitznau (im S) aus über **R.-Kaltbad** (Hotelsiedlung, 1 438 m ü. M.), die erste Zahnradbahn in Europa (erbaut 1869–71; 7 km lang), die andere von Arth-Goldau (im N) aus (seit 1875; 8,5 km lang); zu anderen Stellen führen zehn Seilbahnen, u. a. von Weggis nach R.-Kaltbad. Die Trasse der 1874–1931 verkehrenden Bahn von R.-Kaltbad zur R.-Scheidegg (1 662 m ü. M.) ist heute Teil eines Panoramaweges. Die Hochflue im O erreicht 1 699 m ü. M.
W. ZELLER: R. Die Gesch. des meistbesuchten Schweizer Berges (Bern 1971).

**rigid** [lat. rigidus, zu rigere ›starr, steif sein‹], **1)** *bildungssprachlich* für: streng, unnachgiebig.
**2)** *Medizin:* starr, steif (→ Rigor).
**Rigidität, 1)** *Medizin:* der → Rigor.
**2)** *Psychologie:* gesteigerte Form der Perseveration, die sich in einer starren Fixierung auf bestimmte Vorstellungs-, Denk- und Handlungsweisen äußert; R. kann sich sowohl im Verhalten zeigen als Unfähigkeit oder Trägheit, einmal angenommene Verhaltensweisen aufzugeben oder umzustrukturieren, als auch im Denken als starres oder dogmat. Festhalten an Überzeugungen oder als mangelnde Fähigkeit (→ Flexibilität 2), Einstellungen einer gegebenen Situation entsprechend zu verändern.

**Rigole** [frz., über mittelniederländ. regel(e) ›gerade Linie‹ von lat. regula ›Latte‹, ›Maßstab‹] *die, -/-n*, kleiner Speise- oder Entwässerungsgraben; an Hängen bis 1,50 m breite, unter die Frostgrenze reichende Gräben, die mit Steinpackungen gefüllt sind und den Hang entwässern bzw. abstützen.

**rigolen**, in räumlich getrennten Arbeitsgängen Kulturboden 40–70 cm tief lockern und gleichzeitig obere und untere Bodenanteile umschichten; z. B. mit Spezialpflug oder durch arbeitsaufwendige Spatenarbeit unter Anlegung von zwei oder mehr unterschiedlich tiefen Grabfurchen.

**Rigoletto**, Oper von G. VERDI, Text nach V. HUGOS ›Le roi s'amuse‹ von F. M. PIAVE; Urauff. 11. 3. 1851 in Venedig.

**Rigor** [lat. ›Steifheit‹, ›Härte‹] *der, -s*, **Rigidität**, durch einen gesteigerten Ruhetonus (v. a. aufgrund von Erkrankungen des extrapyramidalmotor. Systems) verursachte Steifheit bzw. Starre der Skelettmuskeln in Form eines nicht federnden (›teigigen‹, ›wächsernen‹) Widerstandes, den diese von außen durchgeführten (passiven) Bewegungen entgegensetzen; oft auch als ›Zahnradphänomen‹ (rhythm. Sperrungen) auftretend.

**Rigorismus** *der, -*, kompromißlose, mit dem Perfektionismus verwandte Haltung, die bes. in moral. Hinsicht streng an bestimmten Grundsätzen ausgerichtet ist. – Für den eth. R. I. KANTS ist kennzeichnend, daß beim sittl. Handeln die Pflicht unbedingten Vorrang vor der Neigung hat.

**rigoros** [frz. rigoureux, von mlat. rigorosus ›stark‹, zu lat. rigor ›Härte‹], sehr streng, hart, unerbittlich; rücksichtslos.

**Rigorosum** [mlat. (examen) rigorosum ›strenge (Prüfung)‹] *das, -s/...sa*, österr. *...sen*, mündl. Prüfung bei der Promotion (→ Doktor).

**Rigosol** [zu Rigole und lat. solum ›Boden‹] *der, -s*, durch tiefes Umgraben entstandener Boden, z. B. Böden von Weinbergen, Obstplantagen, bes. auch bei Podsolen mit Untergrundverhärtung, Moorböden (Moorkultur).

**Rigsdaler** *der, -s/-*, dän. Bez. für den Reichstaler, der in Dänemark erstmals 1516 geprägt wurde (1 R. = 24 Skilling). Der R. Species wurde nach dem Staatsbankrott von 1813 durch den **Rigsbankdaler** (= ½ R. Species) zu 96 Rigsbanksskilling abgelöst und zw. 1854 und 1872 in dieser Relation als **R. Rigsmønt** (Reichstaler Reichsmünze) bezeichnet; 1873 durch die → Krone 4) ersetzt.

**Rigsthula** ['ri:ksθula], altnord., nur in einer Handschrift der Snorra-Edda unvollständig überliefertes Götterlied über die Entstehung der Stände. Der Gott Rig (in der Einleitung mit dem Gott Heimdall identifiziert) besucht drei kinderlose Ehepaare und zeugt drei Söhne: Thræll (›Sklave‹), Karl (›Bauer‹) und Jarl (›Edler‹). Die R. ist eine wichtige kulturgeschichtl. Quelle. Die Datierung schwankt zw. dem 9. und dem 13. Jahrhundert.

**Rigveda** [Sanskrit ›das in Versen niedergelegte Wissen‹] *der, -(s)*, das älteste Zeugnis der ind. Literatur, das zugleich die erste der ved. Textsammlungen bildet (→ Veda).

**Říha** ['rʒi:ha], Bohumil, tschech. Schriftsteller, * Vyšetice 22. 2. 1907, † Prag 15. 12. 1987; Lehrer, 1952–56 Sekr. des tschechoslowak. Schriftstellerverbandes; schrieb v. a. Prosa für Kinder und Jugendliche, überwiegend mit Themen aus der Zeit nach dem Zweiten Weltkrieg – die Besiedlung des Grenzgebiets, die Kollektivierung der Landwirtschaft (›Dvě jara‹, 1952). Die Geschichte Böhmens zur Zeit GEORGS VON PODIEBRAD UND KUNŠTÁT behandelt die Romantrilogie ›Přede mnou poklekni‹ (1972; dt. ›Kelch und Schwert‹); verfaßte auch Märchen (›O lékaři Pingovi‹, 1941; dt. ›Doktor Ping‹) und Reisebeschreibungen.
*Weitere Werke: Romane:* Země dokořán (1950); Doktor Meluzin (1973; dt.).

**Rihani,** Amin ar-R., libanes. Schriftsteller und Journalist, * Al-Furaika (bei Beirut) 24. 11. 1876, † ebd. 13. 9. 1940; war einer der bedeutendsten Verfechter der arab. Einheit und der Befreiung des Geistes von jeder religiösen und polit. Unterdrückung. Er verfaßte zahlreiche histor. Werke und Reisebeschreibungen in engl. und arab. Sprache; große Verbreitung fanden auch seine polit. und gesellschaftskrit. Aufsätze und Reden. Er machte sich auch um die Erschließung des Orients für die westl. Kultur verdient.

**Rihm,** Wolfgang Michael, Komponist, * Karlsruhe 13. 3. 1952; studierte 1968–72 an der Musikhochschule in Karlsruhe, 1972–73 bei K. STOCKHAUSEN in Köln, 1973–76 bei K. HUBER in Freiburg im Breisgau sowie bei W. FORTNER und H. SEARLE; 1973–78 Dozent, seit 1985 Prof. an der Karlsruher Musikhochschule. R. verbindet spätromant. Stilelemente mit modernen Kompositionstechniken zu einer phantasiereichen, komplexen Tonsprache mit weitgespannten Melodiebögen, perkussiven Akzenten und massiv-dissonanten Akkordfolgen.
*Hauptwerke: Kammeroper* Nr.1 ›Faust und Yorik‹ (1977; Text von J. TARDIEU) und Nr.2 ›Jakob Lenz‹ (1979; nach G. BÜCHNER); Musiktheater ›Die Hamletmaschine‹ (1987; nach HEINER MÜLLER; BILD → Oper) und ›Oedipus‹ (1987; Text von R. nach F. HÖLDERLIN, F. NIETZSCHE und HEINER MÜLLER). – *Orchesterwerke:* 3 Sinfonien (I, 1969, II, 1975, III für Solo, Chor, Orchester, 1977); ›Tutuguri, Musik nach A. Artaud‹, I–VI (1981–82); ›Chiffre-Zyklus‹ (1988); ›Ungemaltes Bild‹ (1990); ›Ins Offene ...‹ (1990); ›Lichtzwang‹, Musik für Violine und Orchester (1977); ›La musique creuse le ciel‹ für 2 Klaviere und Orchester (1980); Bratschenkonzert (1983); Monodram für Violoncello und Orchester (1983); ›Zeichen I Doubles‹ für 2 Solisten und Orchestergruppen (1985); ›Kalt‹ für Instrumentalensemble (1991). – *Kammermusik:* 8 Streichquartette (1970–88). – *Klavierwerke:* Klavierstück Nr. 4–7 (1974–81). – *Orgelwerke:* ›Bann, Nachtschwärmerei‹ (1980). – *Vokalwerke:* ›Dies‹ für Soli, 2 Sprecher, Chöre, Orgel und Orchester (1986); ›Mein Tod, Requiem in memoriam Jane S.‹ für Sopran und Orchester (1990). – Liederzyklen auf Texte u. a. von J. M. R. LENZ, F. HÖLDERLIN und A. WÖLFLI mit Klavier bzw. Orchester (1975–82).
Der Komponist W. R., hg. v. D. REXROTH (1985, mit Werk-Verz.).

**Riihimäki** ['ri:himæki], Stadt in der Prov. Häme, S-Finnland, (1987) 24 700 Ew.; Glasmuseum; Glashütte, chem. Industrie, Möbelherstellung; Eisenbahnknotenpunkt.

Rigsdaler (Kopenhagen, 1799; Durchmesser 39 mm)

Vorderseite

Rückseite

Wolfgang Rihm

**Riis** [ri:s], Jacob August, amerikan. Photograph und Schriftsteller dän. Herkunft, * Ribe 3. 5. 1849, † Barre (Mass.) 26. 5. 1914; seit 1870 in den USA; zunächst Journalist in New York; früher Vertreter einer sozial engagierten Photographie. Er veröffentlichte

Jacob A. Riis: An ancient woman lodger in Eldridge Street Police Station; um 1890

u. a. Berichte über die Lebensverhältnisse in den New Yorker Slums (›How the other half lives‹, 1890) und bekämpfte die Kinderarbeit.
**Weitere Werke:** *Reportagen:* The children of the poor (1892); The battle with the slum (1902). – *Autobiographisches:* The making of an American (1901).
EDITH P. MEYER: ›No charity, but justice‹. The story of J. A. R. (New York 1974); L. FRIED: J. A. R. A reference guide (Boston, Mass., 1977).

**Rijckaert** ['rɛika:rt], David, flämischer Maler, → Ryckaert, David.

**Rijeka,** italien. **Fiume,** Stadt am Adriat. Meer, Kroatien, (1981) 158 300 Ew.; erstreckt sich auf einem schmalen Küstenstreifen (stellenweise durch künstl. Meeresaufschüttungen verbreitert) an der inneren (NO-)Küste des Kvarner (Golf von R.) und (nach N) auf den anschließenden Ausläufern des Gorski kotar (SW-Teil des kroat. Karstes); Kultur-, Handels- und Industriezentrum mit Sitz eines kath. Erzbischofs, Univ. (1973 gegr.), Nationalmuseum und Naturwissenschaftl. Museum. R. hat den größten Handelshafen der östl. Adriaküste (durch Mole geschützt; auch Transithafen für Österreich, Ungarn und die Tschechoslowakei) mit Reparaturwerft sowie Fischerei- und Marinehafen. Neben Schiffbau und seiner Zulieferindustrie (bes. Dieselmotorenbau) sind die Erdölraffinerie mit chem. Industrie, die Papierherstellung sowie die Nahrungsmittel- und Tabakindustrie bedeutsam. Der internat. Flughafen liegt auf der nahen Insel Krk (mit Brücke zum Festland).
An der Stelle des heutigen R. lag in der röm. Kaiserzeit das Municipium **Tarsatica.** Nach der Ansiedlung von Awaren und Slawen im 6. und 7. Jh. war es in wechselndem Besitz (Kroatien, Frankenreich, Bischöfe von Pula, Herren von Duino, Frankopani). R., im 13. Jh. erstmals erwähnt, im MA. meist Fiume genannt, wurde 1466 von den Herren von Walsee an Kaiser FRIEDRICH III. verkauft. 1508 verwüsteten die Venezianer die aufsteigende Rivalin. 1530 wurde die weitgehende Selbstverwaltung der frühen Neuzeit durch ein Statut FERDINANDS I. bestätigt. Die Auseinandersetzungen zw. Venedig und den Uskoken beeinträchtigten den Handel der Stadt, der erst durch die Schaffung eines Freihafens (1717) neuen Auftrieb erhielt. 1779 wurde R. als ›Corpus separatum‹ (autonomes Gebiet) dem Königreich Ungarn angegliedert. Nach 1809 einer der frz. Illyr. Provinzen, kam es 1814 zu Österreich und wurde 1816 dem habsburg. König-

reich Illyrien, 1849 dem Kronland Kroatien-Slawonien und 1868 Ungarn zugeschlagen. Im Sept. 1919 besetzte eine italien. Freischar unter G. D'ANNUNZIO R. Im italienisch-jugoslaw. Vertrag von Rapallo (1920; →Rapallovertrag 2) wurde die Stadt ein Freistaat, im italienisch-jugoslaw. Abkommen von Rom (1924) italien. Staatsgebiet. Im Frieden von Paris (1947) mußte Italien die Stadt an Jugoslawien abtreten.
Aus röm. Zeit stammt das Alte Tor (Triumphbogen des 3. Jh.), auch das Kastell Trsat geht auf eine röm. Anlage zurück; im MA errichteten die Frankopani hier eine Festung, die im 17. und 19. Jh. erneuert wurde; barockisierter Dom (12. Jh.) mit Glockenturm von 1377; Veitskirche (Sveti Vid) aus dem 18. Jh. mit barocken Altären; barocker Stadtturm mit Uhrturm (15. Jh.; im 18. Jh. umgebaut).

**Rijksdaalder** [rɛiks-], niederländ. Talermünze (Reichstaler) = 50 Stuiver = 2 ½ Gulden bewertet wurde. Mit R. wurden deshalb auch die ab 1840 geprägten 2 ½-Gulden-Stücke bezeichnet.

**Rijksmuseum** ['rɛiksmyzeum], Museum in Amsterdam, Niederlande, mit Gemälden, Graphik und Kunstgewerbe aus den Niederlanden, vom MA. bis zum Ende des 19. Jh.; Grundlage der Sammlung ist der nach dem napoleon. Kunstraub verbliebene Kunstbesitz des Hauses Oranien. Der Bau, in dem sich das 1808 gegründete Museum heute befindet, wurde 1876–85 von P. J. H. CUYPERS errichtet.

**Rijn** [rɛin], niederländ. für den → Rhein.

**Rijnmond** ['rɛinmɔnd], interkommunale Planungsgemeinschaft für die Rheinmündungszone um Rotterdam, Niederlande, 687 km², (1990) 1,08 Mio. Einwohner.

**Rijsselberghe** ['rɛisəlbɛrxə], Theo van, belg. Maler, → Rysselberghe, Theo van.

**Rijssen** ['rɛisə], waldreiche Gem. in der Prov. Overijssel, Niederlande, 11 km südwestlich von Almelo, (1990) 24 100 Ew.; mehrere Institute für soziale Arbeitsplanung; Maschinenbau, Metall-, Holz-, Leder- und Milchverarbeitung; Ausflugsziel.

**Rijswijk** ['rɛiswɛik], Stadt in der Prov. Südholland, Niederlande, am Stadtrand von Den Haag, (1990) 48 000 Ew.; Patentamt, Sitz von Industrieverbänden und nat. Sozialeinrichtungen; Herstellung von Arzneimitteln und Insektiziden, Elektrogeräten, Milchprodukten, Spezialmaschinen und Tiefseeausrüstungen; Flugzeugreparatur, Baufirmen. Bei R. minimale Erdgasförderung. – R. besitzt eine spätgot. Kirche mit barocker Innenausstattung (Kanzel 1620; Chorgitter, 1668). – **Der Friede von R.** (20. 9. 1697) zw. Frankreich, England, Spanien und den Niederlanden, dem sich Kaiser und Reich am 30. 10. 1697 anschlossen, beendete den → Pfälzischen Erbfolgekrieg. Frankreich erkannte WILHELM III. von Oranien als König von England an und verpflichtete sich zur Rückgabe Oraniens. Des weiteren gab Frankreich die katalan. und niederländ. Eroberungen an Spanien zurück, einigte sich mit den Niederlanden auf einen gegenseitigen Forderungsverzicht und den Abschluß eines Handelsabkommens. Gegenüber Kaiser und Reich verzichtete Frankreich auf die rechtsrhein. Annexion und die Reunionen mit Ausnahme des Elsaß und Straßburgs. Die Ansprüche auf Lothringen wurden aufgegeben. Über die Erbansprüche der ELISABETH CHARLOTTE von der Pfalz, Herzogin von Orléans, auf die Pfalz sollte ein päpstl. Schiedsgericht entscheiden.
G. CLARK: The nine years war 1688–1697, in: The New Cambridge modern history, Bd. 6: The rise of Great Britain and Russia, 1688–1715/25, hg. v. J. S. BROMLEY (London 1970).

**Rikimer,** Flavius, weström. Heerführer, → Ricimer, Flavius.

**Rikscha** [engl., von japan. jin-riki-sha, eigtl. ›Mensch-Kraft-Fahrzeug‹] *die, -/-s,* zweirädriger Wa-

---

**Rijeka**
Hafenstadt in Kroatien
·
am Kvarner des Adriatischen Meeres
·
158 300 Ew.
·
bedeutender Handelshafen mit anschließender Industrie
·
Universität (gegr. 1973)
·
römischer Triumphbogen
·
barockisierter gotischer Dom

Rikscha

gen in O- und S-Asien, der von einem Menschen gezogen wird und zur Beförderung von Personen dient; eine **Fahrrad-R.** ist ein Dreirad mit Sitzgelegenheit über der lenkbaren Vorderachse.

**Riksdaler** der, -s/-, schwed. Talermünze (Reichstaler), erste Prägung 1534. Seit dem 17. Jh. war der R. eine →Rechnungsmünze zu 4 Mark, während der R. Species in Scheidemünzen wesentlich höher bewertet wurde (im Großen Nord. Krieg bis 38 Mark in Kupfermünzen). 1776 wurde der R. auf 48 Skilling gesetzt. 1855–73 war der R. Species = 4 R. Riksmynt (Reichstaler Reichsmünze) = 400 Öre.

**Riksmål** ['ri:ksmo:l], →norwegische Sprache.

**Rikyū, Sen no R.,** eigtl. **Tanaka,** japan. Tee-Meister, * Sakai 1522, † (Harakiri) Kyōto 28. 2. 1591; bewahrte den Tee-Weg (→Teezeremonie) vor Verflachung und machte ihn zu einem Weg der Erlösung im Sinne des Zen. Er wirkte als Berater des TOYOTOMI HIDEYOSHI und beeinflußte nachhaltig das geistigkulturelle Schaffen seiner Zeit.

H. HAMMITZSCH: Cha-dô, der Tee-Weg (1958); D. T. SUZUKI: Zen u. die Kultur Japans (a. d. Engl., Neuausg. 1972).

**Rilagebirge, Rila** die, höchstes Gebirge der Balkanhalbinsel, westlich an das Rhodopegebirge anschließend, in SW-Bulgarien, erreicht in der Mussala 2925 m ü. M.; aus Graniten und Gneisen der Thrak. Masse aufgebaut, die von metamorphen Gesteinen und Kalken überlagert werden; in der Gipfelregion glazial überformt (u. a. Karseen); bis etwa 2000 m ü. M. bewaldet, darüber alpine Matten; zahlreiche Mineralquellen, Fremdenverkehr (u. a. zum Rilakloster.).

**Rilakloster,** Kloster im Rilagebirge (1147 m ü. M.), rd. 120 km südlich von Sofia. Als Einsiedelei im 10. Jh. gegr., entwickelte sich das Kloster im MA. zu einem bedeutenden geistigen Zentrum. Die Anlage stammt aus dem 14. Jh., sie wurde mehrfach zerstört und nach Brand 1816–70 neu erbaut. Gebäude mit farbigen Arkaden und Holzgalerien umschließen den Innenhof mit der Kirche. Das seit 1968 wieder besiedelte Kloster wurde von der UNESCO zum Weltkulturerbe erklärt. Weiteres BILD →Bulgarien

Schätze des R., Ausst.-Kat. (1981).

**Riley** ['raɪlɪ], **1) Bridget,** brit. Malerin und Graphikerin, * London 24. 4. 1931; bedeutende Vertreterin der Op-art, u. a. beeinflußt von V. VASARÉLY. Ihre Bilder bestehen aus geometr. Strukturen, die dem Betrachter eine illusionäre Raumbewegung suggerieren.

B. R., hg. v. R. KUDIELKA, Ausst.-Kat. (London 1980).

**2) Terry** Mitchell, amerikan. Komponist, * Colfax (Calif.) 24. 6. 1935; studierte in Berkeley (Calif.), 1970 in Indien klass. hindustan. Musik und lehrte 1971–80 am Mills College in Oakland (Calif.). Er ist einer der Hauptvertreter der →Minimal music.

**Hauptwerke:** Spectra (1959; für 6 Instrumente); Streichtrio (1961); Keyboard studies (1963; für elektron. Tasteninstrumente); Genesis '70 (1970; Ballett); The life span code (1973; Filmmusik); G-Song (1980; für Singstimme, Streichquartett und Synthesizer); Song of the Emerald Runner (1984; für Singstimme, Klavier, Sitar, Tabla und Synthesizer).

**Rilievo schiacciato** [-skiat'tʃa:to, italien.], Art des →Reliefs.

**Rilke, Rainer Maria,** eigtl. **René M. R.,** österr. Schriftsteller, * Prag 4. 12. 1875, † Val-Mont (heute zu Montreux) 29. 12. 1926. R.s Vater war ein ehemaliger Unteroffizier und von Beruf Eisenbahnbeamter, die Mutter stammte aus einer Kaufmannsfamilie. Die Eltern trennten sich 1886; R. wurde auf die Militärrealschulen Sankt Pölten und Mährisch-Weißkirchen geschickt, wo er auf die Offizierslaufbahn vorbereitet werden sollte, jedoch aus Gesundheitsgründen 1891 entlassen wurde. Danach besuchte R. die Handelsakademie in Linz und erhielt schließlich Privatunterricht bis zum Abitur. In Prag, München und Berlin

Rilakloster

studierte er Philosophie, Kunst und Literatur. 1897 traf er LOU ANDREAS-SALOMÉ, mit der er zweimal (1899 und 1900) in ihrer Heimat Rußland war. Diese Reisen, deren spätere produktive Ergebnisse ›Das Stundenbuch‹ (1905), aber auch ›Vom lieben Gott und Anderes‹ (1900, 1904 u. d. T. ›Geschichten vom lieben Gott‹) waren, v. a. die Begegnung mit L. N. TOLSTOJ, erwiesen sich als nachhaltigste Erlebnisse in R.s Frühzeit. Die Beziehung zu LOU ANDREAS-SALOMÉ hielt lebenslang an; 1899 entstand in ihrer Nähe sein später verbreitetstes Werk, ›Die Weise von Liebe und Tod des Cornets Christoph Rilke‹ (1906).

Im Jahre 1900 erhielt R. eine Einladung des Malers H. VOGELER nach Worpswede. Hier lernte er u. a. PAULA MODERSOHN-BECKER und die Bildhauerin CLARA WESTHOFF kennen. R. und CLARA WESTHOFF heirateten im April 1901, im Dez. des gleichen Jahres wurde ihre Tochter RUTH geboren; doch bereits 1902 löste R. den gemeinsamen Haushalt auf. Ein Prosaband ›Die Letzten‹ (1902), eine neue Sammlung von Gedichten ›Das Buch der Bilder‹ (1902, erweitert 1906) sowie ›Worpswede‹ (1903), die ›Monographie einer Landschaft und ihrer Maler‹, sind die schriftsteller. Erträge dieser Zeit. R. siedelte nach Paris über, wo er, von seinen zahlreichen Reisen abgesehen, bis zum Ausbruch des Ersten Weltkriegs lebte. Er arbeitete zeitweise als Sekretär bei A. RODIN. Nach dem Bruch mit diesem wurde R. v. a. von Mäzenen wie H. Graf KESSLER, dem Verleger A. KIPPENBERG sowie SI-

**Bridget Riley:** Bänder in Rot, Türkis, Grau und Schwarz; 1970 (Washington, National Museum of Women in the Arts)

DONIE NÁDHERNY VON BORUTIN unterstützt. In diesen Jahren wurde das ›Stunden-Buch‹ vollendet, entstand eine Auftragsarbeit, die Monographie ›Auguste Rodin‹ (1903), v. a. aber R.s einziger Roman, ›Die Aufzeichnungen des Malte Laurids Brigge‹ (2 Bde., 1910). Zugleich schuf er weitere Gedichte (›Neue Gedichte‹, 1907; ›Der neuen Gedichte anderer Teil‹, 1908). Nach dem ›Malte‹ erschien, abgesehen von ›Das Marienleben‹ (1913, vertont von P. HINDEMITH 1922/23), für längere Zeit kein eigenes größeres Werk; andererseits setzte 1911–12 die Konzeption von R.s bedeutendstem Spätwerk, den ›Duineser Elegien‹ (1923), ein, in einer Zeit, als er sich auf dem Adriaschloß Duino der Fürstin MARIE VON THURN UND TAXIS (* 1855, † 1934) befand.

**Rainer Maria Rilke** (Ausschnitt aus einem Gemälde von Helmuth Westhoff, 1931; Fischerhude bei Bremen, Rilke-Archiv)

In der Periode bis 1922, die R. selbst als Krise seiner Produktivität empfand, entstanden gut die Hälfte der ›Elegien‹ und viele Gedichte in neuem Ton (dem ›Spätstil‹), dazu eine Vielzahl von Entwürfen. Außerdem ist ein erhebl. Teil seiner Produktivität dieser Zeit in das Briefwerk eingegangen (rd. 10 000 Briefe). Den Krieg erlebte R. v. a. in München; 1915–16 mußte er für ein halbes Jahr in Wien Kriegsdienst leisten. 1919 siedelte er in die Schweiz über, wo er, nach versch. Stationen und Einladungen, 1921 den ›Turm‹ von Muzot bei Siders bezog, den ihm ein Freund zur Verfügung stellte. Innerhalb kurzer Zeit schrieb er hier ›Die Sonette an Orpheus‹ (1923) und vollendete die ›Duineser Elegien‹ (1923). Daneben entstanden Übersetzungen (P. VALÉRY, A. GIDE, M. DE GUÉRIN, ELIZABETH BROWNING) sowie zahlreiche Gedichte in frz. Sprache. Die letzten Lebensjahre R.s waren von Krankheit überschattet, er starb in einem Sanatorium in Val-Mont an Leukämie und wurde, seinem Testament gemäß, an der Bergkirche von Raron (Kt. Wallis) bestattet.

R.s Jugendlyrik, seine frühen Dramen und Prosaskizzen bewegen sich noch unentschieden zwischen Naturalismus, Jugendstil und Neuromantik. Erst der Gedichtband ›Mir zur Feier‹ (1899, 1909 u. d. T. ›Die frühen Gedichte‹) bedeutet einen Stilwandel: Das ›Ich‹ tritt allmählich zurück, abstrakte Wendungen werden häufiger. Die Worpsweder und endgültig die Pariser Zeit festigen diese Entwicklung zur Eigenständigkeit und poet. Integrität. Ein nuancenreicher, plast., malerisch-intensiver Stil prägt jetzt zunehmend die Lyrik R.s, die nun weniger Stimmungen und Gefühle, sondern Erfahrungen, Erlebnisse von Daseinsformen und Dingen (→ Dinggedicht) in Sprache umsetzt. Einen dichter. Höhepunkt stellen dabei die beiden Bände der ›Neuen Gedichte‹ dar. Zur Reife gelangt ist hier R.s Ästhetik der wechselseitigen Durchdringung von Außenwelt und Innenwelt, seine Überzeugung, alle Dinge der Erscheinungswelt seien gleichermaßen Kundgaben des Lebens, die gering geachteten und unscheinbaren Naturobjekte nicht weniger als die Zeugnisse hochentwickelter Kultur, Anschauungen, in denen sich Parallelen zu M. PROUST zeigen. Ausgehend von der Suche nach Identität, nach Wahrheit, nach der eigenen künstler. Bestimmung wird die Hoffnung thematisiert, daß künstler. Form zugleich Sinnstruktur ist, die dem Leben individuellen Halt und eine gestalthafte Ordnung geben kann. So erscheint Kunst als Rettung und Bewahrung der vergängl. Welt, als Form des Widerstands gegen die Zeitlichkeit der Dinge. Das Bewahren durch Verwandlung ist ein zentrales Motiv auch in den ›Duineser Elegien‹. Formal greift R. hier den antiken Elegienvers auf, der Inhalt aber ist das Antiidyll: Verzweiflung am Menschen und seiner Situation in der Welt, an seinem Ungenügen, seiner Gebrochenheit. Form- und ideengeschichtlich gleich wichtig ist die Herausbildung einer neuen Mythologie des ›Engels‹, der Liebenden, der jungen Toten. Solchermaßen ganz und gar ›neue Mythologie‹ – in geklärter strenger Form – ist das letzte umfassend durchkonzipierte dichter. Werk R.s in dt. Sprache, ›Die Sonette an Orpheus‹, die ihm selbst als ›Kehrseite‹ der Elegien erschienen.

**Weitere Werke:** *Gedichte:* Larenopfer (1896); Traumgekrönt (1897); Advent (1898); Vergers suivi des Quatrains Valaisans (1926); Les fenêtres (hg. 1927); Les roses (hg. 1927). – *Prosa:* Am Leben hin (1898).

**Ausgaben:** Ges. Briefe, hg. v. R. SIEBER-RILKE u. a., 6 Bde. (1936–39); Briefe an Sidonie Nadherny von Borutin, hg. v. B. BLUME (1973); R. M. R. u. L. Andreas-Salomé. Briefwechsel, hg. v. E. PFEIFFER (1975); Übertragungen, hg. v. E. ZINN u. a. (1975); Werke in 3 Bänden, hg. v. H. NALEWSKI (1978); Die Gedichte (1986); Sämtl. Werke, hg. vom R.-Archiv, 6 Bde. (Neuausg. 1987).

W. RITZER: R. M. R.-Bibl. (Wien 1951); Bl. der R.-Gesellschaft (Bern 1972 ff.; mit Bibl., 1975 ff.); R. M. R. 1875–1975, hg. v. J. W. STORCK, Ausst.-Kat. (1975); J. R. VON SALIS: R. M. R.s Schweizer Jahre (Neuausg. 1975); I. SCHNACK: R. M. R., Chronik seines Lebens u. seines Werkes, 2 Bde. (1975); W. SIMON: Verz. der Hochschulschr. über R. M. R. (1978); A. STAHL: R.-Komm. zum lyr. Werk, 2 Bde. (1978–79); ders.: R.-Komm. zu den ›Aufzeichnungen des Malte Laurids Brigge‹, zur erzähler. Prosa, zu den essayist. Schr. u. zum dramat. Werk (1979); W. LEPPMANN: R., sein Leben, seine Welt, sein Werk (Bern ²1981); D. A. PRATER: Ein klingendes Glas. Das Leben R. M. R.s (a. d. Engl., 1986); H.E. HOLTHUSEN: R. M. R. (158.–160. Tsd. 1990).

**Clara Rilke-Westhoff:** Bronzeporträt von Paula Modersohn-Becker; 1908 (Langenargen, Museum)

**Rilke-Westhoff,** Clara Henriette Sophie, geb. **Westhoff,** Bildhauerin und Malerin, * Bremen 21. 11. 1878, † Fischerhude (heute zu Ottersberg, Kr. Verden) 9. 3. 1954; 1901 ∞ mit R. M. RILKE; begann als Malerin, konzentrierte sich dann jedoch v. a. auf die Bildhauerei. Sie war Schülerin von F. MACKENSEN und M. KLINGER und erhielt entscheidende Anregungen von A. RODIN in Paris (erstmals 1899–1900). Ihr plast. Werk umfaßt v. a. Porträts, ferner Akte und Tierskulpturen.

M. SAUER: Die Bildhauerin C. R.-W. 1878–1954. Leben u. Werk (1986); Die Bildhauerin C. R.-W. 1878–1954, hg. v. E. HINDELANG, Ausst.-Kat. (1988).

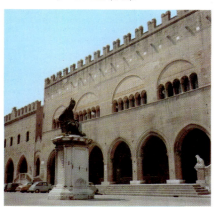

**Rimini:** Palazzo dell'Arengo (1204, 1926 restauriert) an der Piazza Cavour

**Rillen|erosion,** →Bodenerosion.

**Rilling,** Helmuth, Dirigent und Organist, * Stuttgart 29. 5. 1933; studierte u. a. bei J. N. DAVID, gründete 1954 die Gächinger Kantorei und wurde 1957 Organist und Kantor an der Stuttgarter Gedächtniskirche, deren Figuralchor er aufbaute; 1965 gründete er das Bach-Collegium Stuttgart. 1966–85 lehrte er an der Musikhochschule in Frankfurt am Main (1969 Prof.) und leitete dort 1969–81 die Frankfurter Kantorei. Seit 1981 leitet er die von ihm begründete Internat. Bachakademie in Stuttgart zur Forschung und Pflege Bachscher Musik.

**RIM,** Nationalitätskennzeichen (Kfz) für Mauretanien.

**Rimbaud** [rɛ̃'bo], Jean Nicolas Arthur, frz. Dichter, * Charleville (heute Charleville-Mézières) 20. 10. 1854, † Marseille 10. 11. 1891; gilt als faszinierende Figur der literar. Moderne: explosiv, rätselhaft, provokant. Nach frühem Ausbruch aus dem bigotten Provinzmilieu in die Pariser Boheme und einer turbulent-skandalösen Liaison mit P. VERLAINE (1871–73) folgten der Abbruch des Dichtens nach nur vier Jahren, unruhiges Umherreisen (England, Dtl., Italien, Java, Skandinavien, Zypern), diverse Metiers (Sprachlehrer, Söldner, Zirkusdolmetscher, Steinbruchaufseher, zuletzt (1880–91) eine Anstellung bei europ. Handelshäusern in Aden und Harar (Handel mit Kaffee und Häuten, Waffenschmuggel, Expeditionen nach Schoa und Somaliland; Forschungsberichte).

Rasant und extrem verlief auch R.s literar. Entwicklung. Auf frühe Gedichte in der Tradition von Romantik (V. HUGO) und Parnasse (T. DE BANVILLE) folgte die radikale Revolte gegen den bürgerl. Kosmos schlechthin. Schon die ›Lettres du voyant‹ (entstanden 1871, hg. 1912 und 1926; dt. ›Seher-Briefe‹) formulieren poet. Positionen, die den Text und die Welt aus den Angeln heben wollen: Die ›Entsubjektivierung‹ der Poesie läßt den Dichter zum Seher werden; er setzt sich physisch-psych. Grenzerfahrungen aus und schaut neue, fremde Welten, Chaos und Transzendenz jenseits technisch-wiss. Rationalität. Neu, universal, verfremdend und von düsterer Schönheit ist auch die Sprache, in der diese Visionen ihren Ausdruck finden (womit R. Postulate C. BAUDELAIRES in radikaler Form einlöst): ›Le bateau ivre‹ (entstanden 1871, hg. 1883; dt. ›Das trunkene Schiff‹), ›Les illuminations‹ (entstanden 1872–74?, hg. 1886; dt. ›Illuminationen‹), ›Une saison en enfer‹ (1873; dt. ›Eine Zeit in der Hölle‹) sind Schlüsseltexte der Moderne; Dynamik, Entgrenzung, Fragmentierung, Zerstörung Schlüsselwörter Rimbaudschen Dichtens, das durch rhythm. Prosa statt strenger Metren, sinnlich scharfe, doch irreale Bilder, extreme Inkongruenzen und schrille Dissonanzen zw. Klangmelodie und Aussagegehalt sowie äußerst verknappte Syntax gekennzeichnet ist. Der Vielfalt der Interpretationsansätze (von der Psychoanalyse bis zur Kabbala) entspricht die lebhafte Mythenbildung um R.: dem (agnost.) Mystiker verdankte P. CLAUDEL sein Erweckungserlebnis, auf den ›Anarchisten‹ berief sich die Beat generation, der Sprach-›Ingenieur‹ und ›Wortalchimist‹ wies Symbolisten, Expressionisten (G. TRAKL) und Surrealisten (A. BRETON) den Weg. Ins Deutsche wurde er u. a. von T. DÄUBLER, S. GEORGE, P. CELAN und K. KROLOW übersetzt.

**Ausgaben:** Poésies, hg. v. H. DE BOUILLANE DE LACOSTE (Neuausg. 1947); Correspondance: 1888–1891, hg. v. J. VOELLMY (1965); Œuvres complètes, hg. v. A. ADAM (Neuausg. 1983); Œuvres poétiques, hg. v. C. A. HACKETT (1986); Œuvres, hg. v. J.-L. STEINMETZ, auf mehrere Bde. ber. (1989); Œuvres, hg. v. A. GUYAUX (Neuausg. 1991). – Sämtl. Dichtungen, hg. u. übers. v. W. KÜCHLER (⁶1982; frz. u. dt.); Seiten-Sprünge, übers. v. H. THERRE u. a. (1986); Das poet. Werk, übers. v. H. THERRE u. a. (Neuausg. 1988); Gedichte, übers. v. K. L. AMMER (⁵1989); Sämtl. Dichtungen, Nachdichtung v. P. ZECH (1990); Seher-Briefe. Lettres du voyant, übers. u. hg. v. W. VON KOPPENFELS (1990).

R. ÉTIEMBLE: Le mythe de R., 5 Bde. (Paris 1952–68); R. KLOEPFER u. U. OOMEN: Sprachl. Konstituenten moderner Dichtung. Entwurf einer deskriptiven Poetik. R. (1970); J. RIVIÈRE: R. (a. d. Frz., Neuausg. 1979); C. A. HACKETT: R. A critical introduction (Cambridge 1981); V. SEGALEN: Paul Gauguin in seiner letzten Umgebung. Die 2 Gesichter des A. R. (a. d. Frz., 1982); A. GUYAUX: Poétique du fragment (Neuchâtel 1985); ders.: Duplicités de R. (Paris 1991) Y. BONNEFOY: A. R. Mit Selbstzeugnissen u. Bilddokumenten (a. d. Frz., 24.–26. Tsd. 1986); R. vivant. Eine Anthologie, hg. v. B. ALBERS (1989); G. BAYO: L'œuvre inconnue de R. (Troyes 1990); S. MURPHY: Le premier R. ou l'apprentissage de la subversion (Lyon 1990); E. STARKIE: Das Leben des A. R. (a. d. Engl., Neuausg. 1990); C. JEANCOLAS: Le dictionnaire R. (Paris 1991). – **Zeitschriften:** Études rimbaldiennes, hg. v. P. PETITFILS (Paris, 1969 ff.); R. vivant. Bulletin des amis de R. (Paris 1973 ff.); Parade sauvage. Revue d'études rimbaldiennes (Charleville-Mézières 1984 ff.).

**Rimet** [ri'mɛ], Jules, frz. Sportfunktionär, * Paris 24. 10. 1873, † ebd. 15. 10. 1956; war 1921–54 Präs. des Fußballweltverbands FIFA, stiftete den bei Fußballweltmeisterschaften vergebenen Pokal **Coupe J. R.**, 1930 erstmals von Uruguay, 1970 endgültig von dem dreimaligen Weltmeister Brasilien gewonnen.

**Rimini,** Stadt und Seebad in der Emilia-Romagna, Prov. Forlì, Italien, 7 m ü. M., an der Adriaküste, (1988) 130 800 Ew.; Bischofssitz; Industrie- und Kunsthandwerkschule, Museum, Theater; Leichtindustrie; Flughafen. – R., von den Umbrern gegr., wurde 268 v. Chr. als **Ariminum** röm. Kolonie. 359 war die Stadt Tagungsort einer von CONSTANTIUS II. einberufenen Synode, an der rd. 400 abendländ. Bischöfe teilnahmen. Im frühen MA. gehörte es zur (byzantin.) Pentapolis. Nach Eroberung durch die Langobarden und Rückeroberung durch den Frankenkönig PIPPIN III., DEN JÜNGEREN, kam R. durch die Pippinische Schenkung (754/756) an den Kirchenstaat. 1115 wurde ein kommunales Regiment errichtet, und die Stadt errang Selbständigkeit. Seit dem 13. Jh. waren die →Malatesta Stadtherren (Signori) von R.; 1503 kam R. an Venedig, 1509 wieder an den Kirchen-

**Helmuth Rilling**

**Arthur Rimbaud** (Ausschnitt aus dem Gemälde ›Un coin de table‹ von Henri Fantin-Latour, 1872; Paris, Musée d'Orsay)

**Rimini**

Stadt in Italien

Seebad an der Adria

130 800 Ew.

Bischofssitz

römische Kolonie Ariminum

Synode (359)

seit 754/756 zum Kirchenstaat

seit Ende 13. Jh. Herrschaft der Malatesta

Augustusbogen

Piazza Cavour mit mehreren Palästen

gotische Kirche San Francesco

staat. – Am Endpunkt der antiken Via Flaminia der Augustusbogen (27 v. Chr.); außerdem aus röm. Zeit erhalten die Augustusbrücke (21 n. Chr. unter TIBERIUS vollendet) und Baureste des Amphitheaters. Zentrum der Stadt ist die Piazza Cavour mit dem Palazzo Comunale (1562, 1687 erneuert), Palazzo dell'Arengo (1204, 1926 durchgreifend restauriert), Palazzo del Podestà (urspr. 1334, mehrfach verändert) und der Fischhalle (1747). Kunsthistorisch bedeutendster Bau ist die got. Kirche San Francesco (urspr. 13. Jh.; heute Dom), die SIGISMONDO PANDOLFO MALATESTA (* 1417, † 1468) 1447–61 (nach Plänen von L. B. ALBERTI) zu einer Grab- und Ruhmeskirche seiner Familie umgestalten ließ (›Tempio Malatestiano‹; im Innern reiche plast. Ausschmückung v. a. von AGOSTINO DI DUCCIO; Fresko des MALATESTA von PIERO DELLA FRANCESCA, 1451); in Sant'Agostino (13. Jh.; barockisiert) ein Freskenzyklus des 14. Jh. Im Palazzo Gambalunga (1610) Bibliothek und Museum.

**Rimini,** Francesca, da, italien. Adelige, →Francesca, F. da Rimini.

**Rîmnicu Sărat** [ˈrimniku sə-], Stadt im Kr. Buzău, O-Rumänien, (1985) 35 600 Ew.; Holz- und Metallverarbeitung, Schmierölraffinerie, Bekleidungs-, Zigaretten- und Nahrungsmittelindustrie.

**Rîmnicu Vîlcea** [ˈrimniku ˈviltʃea], Hauptstadt des Kr. Vîlcea, S-Rumänien, im Vorland der Südkarpaten, am Alt, (1986) 96 100 Ew.; Museen; chem., Leder-, Schuh-, Möbel- und Nahrungsmittelindustrie. – R. V. wird erstmals 1388 urkundlich erwähnt.

**Rimpar,** Markt-Gem. im Kr. Würzburg, Bayern, 226 m ü. M., (1991) 7 400 Ew.; Kleinstkugellagerfabrik. – Das spätgot. Schloß wurde ab 1613 als Sommersitz der Würzburger Fürstbischofs JULIUS ECHTER VON MESPELBRUNN ausgebaut. In der neugot. Pfarrkirche St. Peter und Paul das früheste Werk von T. RIEMENSCHNEIDER (Grabstein des EBERHARD VON GRUMBACH, † 1487). Im Ortsteil Maidbronn die frühgot. Kirche St. Afra, ehem. Klosterkirche der 1232 gegründeten Zisterzienserinnenabtei, mit einem Sandsteinrelief (Beweinung Christi, nach 1520) von RIEMENSCHNEIDER.

**Rimpa-Schule,** von KŌETSU und SŌTATSU gegründete Schulrichtung der japan. dekorativen Malerei, bes. des 16. und 17. Jh., die die Themen des Yamato-e ins Ornamentale umformte und später auch nach ihrem genialsten Vertreter OGATA KŌRIN als ›Kōrin-Schule‹ bezeichnet wird.

Nikolaj Andrejewitsch Rimskij-Korsakow

**Rimskij-Korsakow,** Nikolaj Andrejewitsch, russ. Komponist, * Tichwin (Gebiet Petersburg) 18. 3. 1844, † Gut Ljubensk (bei Luga, Gebiet Petersburg) 21. 6. 1908; erhielt Instrumentalunterricht neben seiner Marineausbildung, lernte 1861 M. A. BALAKIREW, der ihn kompositorisch förderte, M. P. MUSSORGSKIJ und andere russisch orientierte Musiker kennen, wurde 1871 Prof. für Instrumentation und Komposition am Petersburger Konservatorium, war 1874–81 Direktor der Freischule für Musik und entfaltete eine reiche Wirksamkeit als Dirigent und Pädagoge. Zu seinen Schülern gehörten A. K. GLASUNOW, A. T. GRETSCHANINOW, O. RESPIGHI, I. STRAWINSKY und S. S. PROKOFJEW. R.-K. war der fruchtbarste und – durch intensives Selbststudium – der technisch versierteste Komponist der russ. Novatoren. Im Zentrum seines Schaffens stehen zum einen 15 Opern, deren Formenreichtum und stilist. Vielfalt Einflüsse M. I. GLINKAS und der russ. Volksmusik, später auch R. WAGNERS erkennen lassen, zum anderen Orchesterwerke, die in der Nachfolge H. BERLIOZ' und F. LISZTS stehen und überwiegend zur Programmusik gehören, daneben Chorwerke, Kammer- und Klaviermusik, Lieder und Bearbeitungen (u. a. ›Chowanschtschina‹ und ›Boris Godunow‹ von MUSSORGSKIJ). R.-K.s Harmonik verbindet chromatisch-enharmon. Kühnheit mit archaischer Kirchentonalität, seine virtuose Instrumentation hat nachhaltig auf Komponisten der folgenden Generation (C. DEBUSSY, M. RAVEL, I. STRAWINSKY) eingewirkt.

**Werke:** *Opern:* Schneeflöckchen (1882); Sadko (1898); Mozart und Salieri (1898); Das Märchen vom Zaren Saltan (1900); Der goldene Hahn (1909). – *Orchesterwerke:* 3 Sinfonien, 1. (1860–65, Neufassung 1884), 2. (1868, Neufassung 1897), 3. (1872/73); Ouvertüre über russ. Themen (1866, Neufassung 1880); Capriccio espagnol (1887); Suite: Scheherazade (1888); Ouvertüre: Große russ. Ostern (1888); Klavierkonzert (1882). – *Schriften:* Letopis' moej muzykalnoj žizni, 1844–1906 (1909; dt. Chronik meines musikal. Lebens); Osnovy orkestrov ki ... (1913; dt. Grundl. der Orchestration).

**Ausgabe:** Polnoe sobranie sočinenij, auf zahlr. Bde. ber. (1946 ff.).

N. VAN GILSE VAN DER PALS: N. A. Rimsky-Korsakow. Opernschaffen nebst Skizze über Leben u. Wirken (1929, Nachdr. 1977); E. SCHMITZ: Das mächtige Häuflein (Leipzig 1955); D. EBERLEIN: Russ. Musikanschauung um 1900 (1978); I. F. KUNIN: Nikolai Andrejewitsch Rimski-Korsakow (a. d. Russ., Berlin-Ost ²1986); G. SEAMAN: Nikolai Andreevich Rimsky-Korsakov. A guide to research (New York 1988).

**Rimur** [altisländ. ›Reimgedichte‹], *Sg. Rima die, -,* isländ. strophische, erzählende Gedichte, die seit Mitte des 14. Jh. belegt und bis ins 20. Jh. lebendig geblieben sind. Bes. die rd. 60 vorreformator. R. tradieren Stoffe der altnord. Mythologie, der Isländer- und Königssagas sowie der Fornaldar sögur (→Saga). In den komplizierten Versmaßen, der Verbindung von Stabreim und Endreim sowie in den metaphor. Umschreibungen (→Kenning) verbinden sich Einflüsse aus der alten →Skaldendichtung und der spätmittelalterl. Balladendichtung (→Folkevise).

**Ausgabe:** Sýnisbók Íslenzkra Rímna: Specimens of the Icelandic rimur, hg. v. W. A. CRAIGIE (1952).

W. A. CRAIGIE: The romantic poetry of Iceland (Glasgow 1950); V. ÓLASON: The traditional ballads of Iceland (Reykjavík 1982).

**Rinchnach,** Gem. im Kr. Regen, Bayern, südlich von Zwiesel, (1991) 3 100 Ew. – 1010 gegründete ehem. Benediktinerpropstei des Klosters Niederaich; Kirche und Kloster wurden 1727 ff. durch J. M. FISCHER in spätgot. Umfassungsmauern neu erbaut.

**Rinckart, Rinkart,** Martin, Schriftsteller und Theologe, * Eilenburg 23. 4. 1586, † ebd. 8. 12. 1649; studierte in Leipzig, war Kantor in Eisleben, Diakon, Pfarrer und lebte seit 1617 als Archidiakon in Eilenburg; Poeta laureatus; von seinen sieben (geplanten) Dramen zur Reformationsgeschichte sind nur drei erhalten, darunter das Lutherdrama ›Der eislebische Christl. Ritter‹ (1613). Bekannter ist R. als Dichter und Komponist von Kirchenliedern, u. a. des Chorals ›Nun danket alle Gott‹ aus der Sammlung ›Iesu-Hertz-Büchlein in geistl. Oden‹ (1636).

**Rindbox,** Lederart, →Boxcalf.

**Rinde** [ahd. rinda, rinta, eigtl. ›Abgerissenes‹, ›Zerrissenes‹], **1)** *Anatomie:* →Cortex.

**2)** *Botanik:* bei Pflanzen der gefäßbündelfreie Gewebemantel der Sproßachse und Wurzel, der den Zentralzylinder umschließt. Die **primäre** R. besteht v. a. aus Grundgewebe und wird außen von der Epidermis begrenzt. Das beim späteren Dickenwachstum aus dem Kambium gebildete Gewebe heißt sekundäre R. (→Bast 1). Die äußeren Teile der älteren R. (primäre und später sekundäre R.) werden durch Korkbildung von der Versorgung mit Wasser und Nährstoffen abgeschlossen, sterben ab und bedecken als Borke die R., bis diese abgestoßen wird. – Manche R. liefern Fasern (z. B. Lein), Gerbstoffe (z. B. Eiche), Gewürze (z. B. Zimt) oder Arzneimittel (Chinarinde).

**Rindenbaum,** fossiles Bärlappgewächs, →Lepidodendron.

**Rindenbilder,** Darstellung auf (in erhitztem Zustand) flachgepreßten Rindenstücken des Eukalyptusbaums; eine altaustral. Tradition, heute auf Arnhemland beschränkt und z. T. kommerzialisiert. Die Motive (v. a. tier- und menschengestaltige Formen, auch ›der Regen‹) zeigen Beziehungen zu den mündl. Überlieferungen. Die R. sollen als Lehrmittel in Initiationshütten u. a. verwendet worden sein (BILD →Australier). – In N-Australien sind Verbindungen zur Kunst der →Felsbilder nachgewiesen, auch für die jüngeren Formen des →Röntgenstils.

K. KUPKA: Peintres aborigènes d'Australie (Paris 1972).

**Rindenbrand,** lokales Absterben der Rinde vieler Baumarten. Als Ursachen kommen u. a. in Betracht: Frost (Frostbrand; →Obstbaumkrebs), Bakterien (Bakterienbrand), übermäßige Erhitzung bei direkter Sonnenbestrahlung (Sonnenbrand; ausschließlich bei glatt- und dünnrindigen Baumarten) mit anschließendem Sichablösen der Rinde) und verschiedene, oft artspezifisch wirkende Pilze (parasitärer R., **Rindenschorf, Rindennekrose**).

**Rindenbrüter,** Gruppe der →Borkenkäfer.

**Rindenfelder,** anatomisch und funktionell einheitl. Gebiete der Großhirnrinde, z. B. psychomotor. Rindenfeld (→Gehirn).

**Rindenkäfer, Colydiidae,** Käferfamilie mit etwa 1600 Arten (in Mitteleuropa rd. 30), v. a. in warmen Gebieten; 1,5–10 mm lang, meist schlank und walzenförmig; viele R. leben unter Rinde und in Bohrgängen anderer Holzinsekten, denen sie nachstellen.

**Rindenläuse, 1) Psocidae,** Familie der →Staubläuse, deren Vertreter an Baumrinden Algen, Flechten oder Schimmelpilze abweiden.
**2) Baumläuse, Lachnidae,** Familie der Blattläuse mit auffallend langem Rüssel; sie saugen im Leitgewebe holziger Gewächse, bes. an Nadelholz.

**Rindenmännchen,** *Anatomie:* →Homunkulus 2).

**Rindenpfropfung,** Art der →Veredelung.

**Rindenpilze,** Ständerpilze der Gattung Corticium mit einfacher, ungegliederter Fruchtschicht auf der Ober- und Unterseite der krustenförmigen, häufig Fruchtkörpers. Die R. wachsen auf Kernholz oder Rinde, seltener auf dem Boden. Bekannte, häufige Arten sind der **Eichen-R.** (Corticium quercinum) mit grauvioletten, warzigen Fruchtkörpern auf berindeten, toten Eichen- und anderen Laubholzzweigen und der **Rindensprenger** (Corticium comedus) unter der Rinde toter Laubhölzer, dessen Fruchtkörper als dünne, gelbgraue Kruste zwischen den aufgeplatzten Rinde in Erscheinung treten.

**Rindenporen,** *Botanik:* andere Bez. für Lentizellen (→Kork).

**Rindenstar,** *Augenheilkunde:* Form des grauen →Stars.

**Rindensterben,** Erkrankung versch. Laubhölzer, z. B. Buche, Birke und Roteiche. Es zeigen sich braune bis schwärzl., pfennig- bis handtellergroße Flecken auf der Rinde, unter der der Bast verfärbt und das Kambium abgestorben ist. Nach Schleimfluß setzt im Holz zersetzende Weißfäule ein. Als Ursache kommen extreme Witterung und der Befall mit Nectriaarten in Betracht.

**Rindentod,** durch den Pilz **Dothichiza populea** verursachte Krankheit der Pappel.

**Rindenwanzen, Aradidae,** Familie mit rd. 400 Arten (in Mitteleuropa etwa 20) stark abgeflachter Wanzen, 4–10 mm lang, meist unter Rinde lebend, wo sie Pilzhyphen aussaugen; an Kiefern schädigend ist die →Kiefernrindenwanze.

**Rindenwurzeln,** an der Sproßbasis epiphyt. Parasiten (z. B. Mistel) gebildete Organe, die das Holz der Wirtspflanze durchwuchern und diesem mittels zapfenartiger Senker Wasser und Nährsalze entnehmen.

**Rinder** [ahd. (h)rint, eigtl. ›Horntier‹], **Bovinae,** Unterfamilie der Horntiere mit neun Arten und 21 Unterarten, v. a. in Wäldern und Grassteppen Amerikas und der Alten Welt (nur in Südamerika und Australien gab es urspr. keine Wild-R.); Körperlänge 1,6–3,5 m, Gewicht 150–1350 kg; Wiederkäuer mit breitem Schädel, unbehaartem, feuchtem →Flotzmaul und Hörnern bei beiden Geschlechtern (bei den Männchen i. a. stärker entwickelt); Gehör- und Geruchssinn sind am besten ausgebildet, ihr Augensinn läßt sie die Farben Blau, Rot, Grün und Gelb erkennen. Zu den R. gehören die vier Gattungen Asiat.- und Afrikan. Büffel, Echte (Eigentl.) R., Bison und Wisent. Zur Gattung Echte R. (Bos) gehören die fünf Arten Auerochse, Gaur, Banteng, Kouprey und Yak.

*Kulturgeschichte:* Das Rind ist das wichtigste Haustier und das älteste Milch- und Arbeitstier für den Menschen. Die Rassen des Hausrinds stammen vom Auerochsen ab, der zus. mit dem Wisent seit dem letzten Interglazial in Europa verbreitet war; als wichtigstes Jagdtier erscheint es auf vielen Felsbildern. Die Ausgrabungen von Çatal Hüyük lassen erkennen, daß die ältesten Domestikationsversuche um 6500 v. Chr. anzusetzen sind; um die gleiche Zeit sind Stierkulte und Fruchtbarkeitsriten entstanden. In der ägypt. Mythologie war der Stier Symbol der Kraft. Die Himmelsgöttin Hathor wurde in Gestalt einer Kuh oder einer Frau mit Kuhgehörn (wie zuweilen auch die Göttin Isis) dargestellt. Der Stier Apis wurde als Sinn-

## Rind

**Rinderbestände ausgewählter Länder 1980 und 1989** (in Mio.)

| Land | 1980 insgesamt | 1980 davon Milchkühe | 1989 insgesamt | 1989 davon Milchkühe |
|---|---|---|---|---|
| *Europa* | | | | |
| Sowjetunion | 115,1 | 43,3 | 119,6 | 41,8 |
| Frankreich | 24,0 | 10,0 | 21,8 | 9,2 |
| Bundesrep. Dtl. | 15,1 | 5,4 | 14,7 | 5,0 |
| Großbritannien | 13,4 | 3,3 | 11,9 | 3,0 |
| Türkei | 15,6 | 5,5 | 11,8 | 5,0 |
| Polen | 12,6 | 5,9 | 10,7 | 5,0 |
| Italien | 8,7 | 3,8 | 8,7 | 3,0 |
| Rumänien | 6,3 | 2,2 | 7,2 | 2,1 |
| Dt. Dem. Rep. | 5,6 | 2,1 | 5,7 | 2,0 |
| Irland | 6,9 | 1,6 | 5,6 | 1,4 |
| Spanien | 4,7 | 1,9 | 5,2 | 1,9 |
| Tschechoslowakei | 4,9 | 1,9 | 5,1 | 1,8 |
| *Afrika* | | | | |
| Äthiopien | 26,0 | 2,8 | 28,9 | 2,9 |
| Sudan | 18,4 | 1,9 | 20,5 | 3,9 |
| Tansania | 12,7 | 2,3 | 14,0 | 2,3 |
| Kenia | 11,0 | 1,8 | 13,5 | 5,1 |
| Nigeria | 12,3 | 1,2 | 12,2 | 1,2 |
| Rep. Südafrika | 12,6 | 0,9 | 11,9 | 0,9 |
| Madagaskar | 9,3 | 0,06 | 10,2 | 0,06 |
| *Amerika* | | | | |
| Brasilien | 91,0 | 13,7 | 136,8 | 18,6 |
| USA | 111,2 | 10,8 | 99,2 | 10,1 |
| Argentinien | 55,8 | 2,8 | 50,8 | 2,9 |
| Mexiko | 31,1 | 8,9 | 30,9 | 5,2 |
| Kolumbien | 24,5 | 2,5 | 24,6 | 3,4 |
| Venezuela | 10,6 | 1,1 | 13,1 | 1,3 |
| Kanada | 12,4 | 1,7 | 12,2 | 1,4 |
| *Asien* | | | | |
| Indien | 182,5 | 26,0 | 195,5 | 29,0 |
| China | 64,7 | 7,8 | 74,8 | 2,6 |
| Bangladesh | 33,0 | 3,8 | 23,0 | 3,6 |
| Pakistan | 15,0 | 2,5 | 17,4 | 2,8 |
| Indonesien | 6,4 | 0,04 | 10,3 | 0,3 |
| *Australien und Ozeanien* | | | | |
| Australien | 26,2 | 1,9 | 22,4 | 1,7 |
| Neuseeland | 8,4 | 2,0 | 7,8 | 2,2 |
| **Welt** | 1214,7 | 220,6 | 1273,9 | 223,1 |

Quellen: Statist. Jahrbuch 1982 für die Bundesrep. Dtl., S. 657, und Statist. Jahrbuch 1991 für das Ausland, S. 221.

bild des Mondes gesehen. Einen Höhepunkt des Stierkults stellen die minoische und die myken. Kultur dar. In der Mythologie des klass. Griechenland entführt Zeus Europa als Stier, bezwingt Herakles den kret. Stier, erlegt Theseus mit Ariadnes Hilfe den blutrünstigen Minotaurus. – Durch die span. Konquistadoren kamen die R. in die Neue Welt. Spätere R.-Einfuhren erfolgten seit Anfang des 17. Jh. v. a. von England aus. 1788 wurden die ersten R. aus Großbritannien nach Australien gebracht.

*R.-Rassen:* Es gibt weltweit etwa 450 (nach anderer Meinung etwa 800) Rassen von aus domestizierten Wild-R. hervorgegangenen Haus-R. Die zahlreichen europ. R.-Rassen lassen sich alle auf den Auerochsen als Stammart zurückführen. Nach ihrem hauptsächl. Nutzen für den Menschen lassen sich die (v. a. europ.) R.-Rassen in Ein- und Zweinutzungsrassen einteilen. Die Einnutzungsrassen umfassen die Milch-, Fleisch- und Mastrassen. Bei den vorherrschenden Zweinutzungsrassen besteht eine unterschiedlich starke Betonung der Milch- bzw. Fleischleistung. Diese Tiere sind primär aus einseitigen Milchrassen gezüchtet worden. Zu den bedeutendsten Milchrassen zählen Holstein-Friesian, Brown-Swiss, Ayrshire, Jersey- und Guernseyrind. Die wichtigsten europ. Fleischrassen sind Charolaisrind, Limousin und Chianina. Die in den USA, Australien und Argentinien am stärksten vertretenen Mastrassen sind brit. Ursprungs (Aberdeen-Angus, Hereford, Shorthorn sowie die Neuzüchtungen Brangus, Charbrays und Santa-Gertrudis-Rind). Die in Dtl. (v. a. in der Nordhälfte) häufigste R.-Rasse ist die **Deutsche Schwarzbunte**, die auch weltweit die häufigste R.-Rasse ist. Sie ist eine Zweinutzungsrasse mit überwiegender Milchproduktion. Das v. a. in Süd-Dtl. verbreitete **Fleckvieh** ist eine kräftige, braunweiß gefleckte Rasse, die auf Vorfahren im Berner Oberland zurückgeht. Sie wird in Dtl. als Milch- und Fleischrind, in Übersee meist als Fleischrind gehalten. Die überwiegend in Nord- und West-Dtl. verbreitete **Deutsche Rotbunte** ist dunkelrot und weiß gescheckt mit weißen Abzeichen am Kopf. Sie wird seit dem 15. Jh. unter Einkreuzung von Shorthorn gezüchtet und ist eine Zweinutzungsrasse mit gleichwertiger Nutzung von Milch und Fleisch. Einheitlich braun oder graubraun gefärbt ist das **Braunvieh**, dessen Zucht vor etwa 600 Jahren in der Zentralschweiz begann, von wo aus es sich über die Schweiz, Österreich und das dt. Voralpengebiet ausbreitete; Zweinutzungsrasse mit Betonung der Milchproduktion. Das **Gelbvieh**, von dessen zahlreichen Schlägen es in Dtl. fast nur noch das **Frankenvieh** gibt, ist die fünfthäufigste R.-Rasse in Dtl. Die Bestände dieser Dreinutzungsrasse (Milch, Fleisch, Arbeitstier) werden z. T. durch Fleckvieh ersetzt. Das v. a. in Schleswig-Holstein verbreitete **Angler Rotvieh**, ein einfarbig dunkelrotes bis sattbraunes Rind (Zweinutzungsrasse, v. a. Milchlieferant) wurde in viele Rassen eingekreuzt; es zeichnet sich durch gute Anpassungsfähigkeit an extreme Klimabereiche aus. (→ künstliche Besamung, → Massentierhaltung, → Milch)

R.-Zucht, hg. v. H. Kräusslich (⁶1981); A. Gottschalk u. a.: R.-Zucht u. R.-Haltung (1983); Nutztiere der Tropen u. Subtropen, hg. v. S. Legel, Bd. 1: G. Anacker u. a.: R. (Leipzig 1989).

**Rinderblume,** der Goldpippau (→ Pippau).

**Rinderkokzidiose, rote Ruhr,** durch Sporentierchen (→ Kokzidien) der Gattung Eimeria verursachte (heilbare) Erkrankung der Rinder (v. a. Jungtiere); u. a. mit starkem, übelriechendem Durchfall und mangelnder Freßlust verbunden.

**Rindermalaria,** die →Anaplasmose.

**Rindermörder, Fächerlilie, Giftbol, Bolophone toxicaria,** in den Steppen des südl. Afrika weit verbreitete Art der Amaryllisgewächse; mit mächtiger, etwa 30 cm dicker Zwiebel; Blätter etwa 30 cm lang, kahl, blaugrün; die leuchtend roten, in Dolden stehenden Blüten entwickeln sich zu einem riesigen, kugeligen Fruchtstand (oft für Trockensträuße verwendet). Die zahlreiche Alkaloide enthaltenden Zwiebeln werden zur Bereitung von Pfeilgift verwendet (v. a. in der südöstl. Kalahari).

**Rindern,** das Brünstigsein beim Hausrind. Die erste Brunst tritt etwa im Alter von einem Jahr auf und wiederholt sich, wenn keine Trächtigkeit folgt, rd. alle drei bis vier Wochen.

**Rinderpest,** in Afrika und Asien heimische, von dort zeitweise in andere Länder verschleppte Viruserkrankung der Wiederkäuer, bes. der Rinder, septikämisch mit nekrotisch-entzündl. Veränderungen der Schleimhäute verlaufend. In Dtl. seit 1881 getilgt.

**Rinderpocken,** *Tiermedizin:* die →Kuhpocken.

**Rindertrichophytie,** *Tiermedizin:* die →Glatzflechte.

**Rindsǀauge,** die Korbblütlerart →Ochsenauge 1).

**rinforzando** [italien.], **rinforzato,** Abk. **rf., rfz., rinf.,** musikal. Vortrags-Bez.: stärker werdend, verstärkt.

**Ring,** 1) *allg.:* ein aus unterschiedlichstem, oft metall. Material gefertigter kreisförmiger, in sich geschlossener Körper; R. von großem Umfang werden meist als Reif bezeichnet. R. treten z. B. als techn. Gegenstände auf (Dicht-R. u. a.), v. a. aber als Schmuck (auch mit symbol. Bedeutung), wobei der Übergang vom R. (Finger-R.) zum Reif (Arm-, Halsreif) fließend ist.

In der Jungsteinzeit wurden Finger-R. aus Knochen gefertigt. Zu diesen kamen noch in der Steinzeit R.-Anhänger, Ohr- und vielleicht Schläfen-R. auch aus Stein, Bernstein oder etwas später Metall (Gold, Silber, Kupfer) sowie Arm-R. aus Muschelschale. In der Bronzezeit entstanden viele Arten von Hals-, Arm- und Knöchel-R. aus allen zur Verfügung stehenden Metallen, oft kunstvoll gearbeitet. Seit der Hallstattzeit wurde als Material auch Gagat und Lignit verwendet, seit der jüngeren La-Tène-Zeit auch Glas. Große R. erscheinen bei den frühen Kulturen des Orients als Herrschafts- und Würdezeichen in der Hand von Göttern und Herrschern, z. T. in Verbindung mit Stab oder Zepter. Im kelt. Umkreis ist der R. als sakrales Würdezeichen und herrscherl. Insignie bekannt (→ Torques). Als →Halsschmuck ist er in vielen Kulturen vertreten, ebenso der Arm-R. und der Ohr-R. (→Ohrschmuck), bei einigen Völkern auch der Nasen-R. R. können auch magisch-religiöse Funktion erfüllen (Schutz vor Dämonen, Medium bei Ritualgebeten, Übertragung der Eigenschaften dargestellter Tiere auf den Träger). Gegossene und reich verzierte oder aus Blechen gehämmerte R. kennt man aus Altamerika, S-Asien und Afrika.

Der **Finger-R.** war im Altertum oft Herrschaftszeichen oder Symbol delegierter Amtsgewalt (Pharao gibt Joseph seinen R., 1. Mos. 41, 41–42). Im Mittelmeerbereich war der **Siegel-R.** aus Gold verbreitet (Kreta, Mitte des 2. Jahrtsd. v. Chr.). Im 1. Jahrtsd. v. Chr. waren geschnittene und gravierte Schmucksteine (Gemmen) mit Darstellungen von Göttern, kult. und mytholog. Szenen oder Tieren häufig, später – bes. im Hellenismus und im röm. Kaiserreich – auch mit Porträts. Frühchristl. und byzantin. Siegel-R. tragen Monogramme und Sinnsprüche sowie das Kreuzeszeichen.

Finger-R. als Zeichen von Macht und Würde waren seit dem MA. die Krönungs-R. von Kaisern und Königen sowie die Investitur-R. (verliehen bei der Übernahme eines Amtes), der → Fischerring und der Pontifikal-R. des Papstes, die Pontifikal-R. der Bischöfe, die R. der Kardinäle und Äbte. Als Ausweis und Erkennung gelten Standes-R. wie die Zunft- und Ehren-

# Ring

ringe (bis heute in der Form von Auszeichnungen erhalten) sowie die R. der Ordensfrauen.

Verlobungs- und **Trau-R.** wurden in röm. Zeit und im Früh-MA. nur der Frau gegeben (die Epen des Hoch-MA. kennen bereits den R.-Tausch). Der meist eiserne Verlobungs-R. (›anulus pronubus‹) war Zeichen der Bindung, auch Empfangsbestätigung für die Mitgift; seit dem 2. Jh. v. Chr. gab es auch den goldenen Verlobungs-R. mit zwei ineinander verschränkten Händen (›dextrarum junctio‹). Der Ehe-R. entwickelte sich aus dem röm. Verlobungs-R. und wurde – v. a. unter frühchristl. Einfluß – zum Symbol der Treue und der Unauflösbarkeit der Ehe. Formeln für die liturg. Segnung des R. begegnen zuerst in Gallien. Der unverzierte Ehe-R. findet erst seit dem 16. Jh. Verwendung. Freundschafts- und Liebes-R. gibt es seit dem MA., oft mit Liebessprüchen oder Liebessymbolen (Herz, Schlüssel, Pfeil usw.); eine Blüte erlebten sie im 18. und 19. Jahrhundert.

Große Bedeutung in der Geschichte des R. haben die apotropäischen (d. h. Unheil abwehrenden) **Amulett-R.** Bekannt wurden u. a. ägypt. und röm. Augenamulett-R. gegen den bösen Blick, R. mit bestimmten Edelsteinen (z. B. Amethyst gegen Trunksucht, Rubin gegen Verarmung, Smaragd gegen Unfruchtbarkeit) sowie Amulett-R. mit eingravierten Beschwörungsformeln und Zauberzeichen.

Die Bedeutung des R. im Volksglauben wurzelt in der Vorstellung der bindenden Kraft des Kreises. Verlust oder Zerbrechen des R. wird mit Unglück, Treuebruch oder Tod in Zusammenhang gebracht. Weil der R. auch als eine Bindung im Sinne von Behinderung verstanden wurde, durfte er z. B. im Orient und in der Antike bei bestimmten Kulthandlungen nicht getragen werden. Toten wurde der R. zur Befreiung der Seele abgezogen. Um dem Neid der Götter zu entgehen, warf man freiwillig seinen Glücks-R. fort (R. des Polykrates). In Sage und Märchen spielt der Zauber-R. eine erhebl. Rolle (macht unsichtbar, ruft Geister, vermehrt den Schatz).

A. A. FOURLAS: Der R. in der Antike u. im Christentum (1971); Der R. im Wandel der Zeit, Beitr. v. A. WARD u. a. (a. d. Engl., 1981).

**2)** *Börsenwesen:* **Börsen-R.**, die in der Schweiz übl. ringförmige Schranke im Börsensaal, an der Börsenhändler (R.-Händler) ihre Börsengeschäfte abwickeln, wobei nach der Wertpapierart Aktien-R. und Obligationen-R. unterschieden werden.

**3)** *Mathematik:* eine algebraische Struktur $R$ mit zwei zweistelligen, Addition und Multiplikation genannten Verknüpfungen ihrer Elemente (Symbole + und ·), die die folgenden Gesetze erfüllt:
1) $R$ ist bezüglich der Addition (+) eine kommutative Gruppe (die **additive Gruppe** $R^+$ von $R$);
2) für alle $a, b, c \in R$ gilt $a \cdot (b \cdot c) = (a \cdot b) \cdot c$ (Assoziativgesetz der Multiplikation);
3) für alle $a, b, c \in R$ gilt $a \cdot (b + c) = a \cdot b + a \cdot c$ und $(a + b) \cdot c = a \cdot c + b \cdot c$ (Distributivgesetz).

Man nennt $R$ einen **kommutativen R.**, wenn $a \cdot b = b \cdot a$ für alle $a, b \in R$ gilt. Gibt es ein Element $e \in R$ mit $a \cdot e = e \cdot a = a$ für alle $a \in R$, so spricht man von einem **R. mit Eins**. Die ganzen Zahlen bilden z. B. bezüglich der gewöhnl. Addition und Multiplikation einen kommutativen R. mit Einselement, ebenfalls die Menge der auf dem Intervall [0, 1] definierten reellen Funktionen bezüglich folgender (›punktweiser‹) Addition und Multiplikation:

$$(f + g)(x) = f(x) + g(x); (f \cdot g)(x) = f(x) \cdot f(x).$$

Einen kommutativen Ring $R$, der keine Nullteiler hat (aus $a \cdot b = 0$ folgt dann $a = 0$ oder $b = 0$), nennt man einen → Integritätsbereich.

Ein Analogon zum euklid. Algorithmus im R. der ganzen Zahlen läßt sich in vielen wichtigen R. erklären, die man deswegen **euklidische R.** nennt. R. sind spezielle → Moduln 4). Ist ein Ring $R$ mit 1 direkte Summe von einfachen Untermodulen (d. h. von Moduln $M$, die nur $\{0\}$ und $M$ als Ideale enthalten), so heißt $R$ **halbeinfach**. Ein Ring $R$, dessen einzige Ideale $\{0\}$ und $R$ sind, ist ein **einfacher R.** In einem einfachen R. erzeugt jedes $x \neq 0$ den ganzen Ring.

Ähnlich wie andere algebraische Strukturen wurden auch R. erst in der 2. Hälfte des 19. Jh. betrachtet. R. DEDEKIND führte 1871 den Begriff R. ein (L. KRONECKER sprach von ›Ordnung‹). Die abstrakte Theorie der R. entstand erst im 20. Jh. (J. H. M. WEDDERBURN, EMMY NOETHER u. a.). Insbesondere bilden → Polynomringe heute die Grundlage der algebraischen Geometrie.

**4)** *Meteorologie:* eine atmosphär. Lichterscheinung, → Halo 2).

**5)** *Sport:* Bez. für die viereckige Wettkampfläche beim Boxen und Catchen; daneben auch Bez. einiger Motorsportrennstrecken, z. B. Nürburgring, Hockenheimring.

**Ring 1):** LINKS Ring mit Skarabäus; griechische Arbeit, 4. Jh. v. Chr. (Pforzheim, Schmuckmuseum); RECHTS OBEN Ring mit aufklappbarem Kästchen; italienische Arbeit, 16. Jh.; RECHTS UNTEN Schmuckring; indische Arbeit, 18. Jh. (beide Mailand, Museo Poldi Pezzoli)

**Ring 1):** LINKS Amulettring mit Hirschköpfen; Luristanbronze, 8./7. Jh. v. Chr. (Pforzheim, Schmuckmuseum); RECHTS Ring mit kegelförmigem Aufbau; italienische Arbeit, 12. Jh. (Mailand, Museo Poldi Pezzoli)

**Ring, Der,** 1926 aus dem ›Zehnerring‹ hervorgegangene Vereinigung führender Architekten in Berlin, deren Ziel der Kampf gegen die konservative Kulturpolitik der Stadt war. Die Vereinigung, die sich 1933 wieder auflöste, war nicht durch ein einheitl. architekton. oder formalist. Programm zusammengehalten, sondern allein durch die Originalität ihrer Mitgl. (W. GROPIUS, E. MENDELSOHN, L. MIES VAN DER ROHE, ADOLF MEYER, B. PANKOK, O. HAESLER, E. MAY,

**Ring** Ring – Ringelnatter

H. Tessenow, H. Scharoun, W. und H. Luckhardt, B. und M. Taut, H. Poelzig, O. Bartning, L. Hilbersheimer u. a.). Durch ihren Sekretär H. Häring hatte sie bedeutenden Einfluß v. a. auf den Siedlungsbau.

**Ring, tom,** westfäl. Malerfamilie. – Bedeutende Vertreter:
1) **Hermann,** * Münster 2. 1. 1521, † ebd. 1597, Sohn von 2), Bruder von 3); Schüler seines Vaters, dessen Werkstatt er mit seinem Bruder übernahm. Seine Werke (Porträts, bibl. Themen) spiegeln die Auseinandersetzung mit der Malerei Lucas van Leydens, H. Holbeins d. J. und M. Grünewalds.
   *Hauptwerke:* Bildnis des Johann Münstermann (1547; Münster, Westfäl. Landesmuseum); Weltgericht (um 1555; ebd.); Viererbildnis der Familie Rietberg (1564; ebd.); Wandgemälde mit Kreuzigung (um 1590; Münster, Dom).
2) **Ludger, d. Ä.,** * Münster 1496, † Braunschweig 3. 4. 1547, Vater von 1) und 3); führender westfäl. Künstler seiner Zeit. Beeinflußt von der oberdt. Kunst und dem Realismus der niederländ. Malerei, malte er Kirchenbilder und Porträts, auch Blumenstilleben.
   *Hauptwerke:* Zyklus der Sibyllen und Propheten für den Dom in Münster (um 1540; sieben Tafeln in Münster, Westfäl. Landesmuseum, eine in Paris, Louvre); Epitaph des Domscholasters Rotger von Dobbe im Dom zu Münster (1538); Selbstporträt (1541; Münster, Westfäl. Landesmuseum); Bildnis der Frau des Künstlers, Anna, geb. Rorup (um 1541; ebd.); Schauwand der astronom. Uhr im Dom zu Münster (1543).
3) **Ludger, d. J.,** * Münster 19. 11. 1522, † ebd. 1584, Sohn von 2), Bruder von 1); ausgebildet in der Werkstatt seines Vaters. Er war zunächst in Münster, ab 1569 in Braunschweig als Porträtmaler tätig (›Bildnis des Braunschweiger Superintendenten Martin Chemnitz‹ und ›Bildnis der Anna Chemnitz, geb. Jäger‹, beide 1569; Münster, Westfäl. Landesmuseum).

**Ring|anker,** *Hochbau:* durchlaufender →Anker 1), der in Außen- oder Querwände eingelegt werden kann, die waagerechte Lasten (z. B. Windlasten) abtragen.

**Ringbindung, Plastikbindung, Plastikeffektbindung, Drahtkammbindung,** *Buchbinderei:* Broschürenart, bei der mehrere Blätter mit oder ohne Umschlag am Rücken mit einer Spezialausstanzung versehen sind, durch die sogenannte Kammketten (fest oder auswechselbar) aus Kunststoff oder Draht gezogen sind. (→Spiralbindung).

**Ring Christlich-Demokratischer Studenten,** Abk. **RCDS,** polit. Studentenvereinigung an den Hochschulen der Bundesrep. Dtl., gegr. 1951, steht der CDU oder CSU nahe. In hochschulpolit. Fragen vertritt der RCDS einen gemäßigt reformer. Kurs.

**Ringchromosom,** *Genetik:* ringförmig geschlossenes Desoxyribonukleinsäure-Molekül als genet. Material (Chromosom) bei Bakterien und einigen Viren. Bei höheren Organismen treten R. meist als Folge von Chromosomenaberrationen auf.

**Ring des Nibelungen, Der,** Operntetralogie (›Ein Bühnenfestspiel aufzuführen in drei Tagen und einem Vorabend‹) von R. Wagner, bestehend aus den Werken ›Das Rheingold‹, ›Die Walküre‹, ›Siegfried‹ und ›Götterdämmerung‹, Text vom Komponisten nach der Nibelungensage; erste Gesamtaufführung am 13., 14., 16. und 17. 8. 1876 in Bayreuth.

**Ringdipol,** *Physik:* ein Dipol, der aus einer oder mehreren annähernd in einer Ebene angeordneten Windungen besteht, so daß die Ströme auf ringförmigen Bahnen laufen.

**Ringdrossel, Turdus torquatus,** zu den →Drosseln gestellter, etwa amselgroßer, mit Ausnahme eines breiten, weißen Vorderbrustrings schwarzer (Männchen) oder bräunl. (Weibchen) Singvogel; v. a. in lichten Nadelwäldern und auf alpinen Matten der Hochgebirge Europas und Vorderasiens sowie in Mooren und Heiden der Brit. Inseln und Skandinaviens; Zugvogel, der in Mittelmeerländern überwintert.

**Ringdrüse, Weismannscher Ring,** ringförmiges, hormonbildendes Organ bei Dipteren (Insekten), das sich aus Corpus allatum, Corpus cardiacum und Zellen der Prothoraxdrüsen zusammensetzt. Die R. bildet Hormone, die u. a. an der Häutung beteiligt sind.

**Ringe,** *Kunstturnen:* Turngerät, das an einem 5,50 m hohen Gerüst aufgehängt ist und aus zwei Schwingseilen besteht, an deren jeweils unterem Ende ein Holzring von 18 cm Durchmesser und 28 mm Dicke 2,50 m über dem Boden angebracht ist. An diesen R. wird die aus Schwung- und Halteteilen bestehende Übung geturnt. Das R.-Turnen für Herren ist seit 1896 olymp. Diszipin.

**Ringelblume, Gilke, Marienrose, Calendula,** Gattung der Korbblütler mit rd. 20 Arten, v. a. im Mittelmeergebiet und in Vorderasien; einjährige oder ausdauernde Kräuter mit meist gelben Blütenkörbchen. Eine beliebte Zierpflanze in versch. Sorten ist die einjährige, rauh behaarte **Garten-R. (Goldblume, Totenblume,** Calendula officinalis) aus dem Mittelmeergebiet: z. T. niederliegende, kantige Stengel mit längl., spatelförmigen, schwach gezähnten Blättern; Blütenköpfe bis 5 cm breit, orangefarben oder goldgelb; die Scheibenblüten der sich Strahlenblüten.
*Kulturgeschichte:* Gesichert ist die Beschreibung der R. erst in mittelalterl. Handschriften. Hieronymus Bock gab im 16. Jh. eine eindeutige Beschreibung der R., deren Blüten zum Gelbfärben von Butter und Käse und zum Verfälschen des Safrans benutzt wurden. In der Volksmedizin wird R.-Salbe bei schlecht heilenden Wunden und Geschwüren verwendet.

**Ringelboa, Corallus annulatus,** bis 1,3 m lange Hundskopfboa in Mittel- und im nördl. Südamerika.

**Ringelbrasse,** Art der →Meerbrassen.

**Ringelechsen, Anniellidae,** Familie gliedmaßenloser, wühlender Echsen mit nur zwei Arten im westl. Nordamerika; sie sind wahrscheinlich eng mit den Schleichen verwandt. Fälschlich werden auch die →Doppelschleichen als R. bezeichnet.

**Ringel|erz,** das →Kokardenerz.

**Ringelgans,** Art der →Meergänse.

**Ringelhaare,** Pigmentanomalie der →Haare.

**Ringelkrankheit,** durch versch. Rassen des Stengelälchens verursachte Erkrankung von Zwiebelpflanzen (v. a. Hyazinthen und Narzissen); Sprosse und Blätter mit längl., gelbl. Flecken; im Zwiebelinneren einzelne Schuppen graubraun verfärbt und faulig (Zwiebelquerschnitt zeigt dunkle Ringe).

**Ringelmann-Skala,** Strichgitter aus Drahtgeflecht mit abgestufter Drahtstärke zur Bewertung von Rauchemissionen durch direkten Vergleich des Schwärzungsgrades (Ruß- und Staubgehalt) einer Rauchfahne mit einer Schwärzungsskala; findet Anwendung nach der TA Luft.

**Ringeln, Ringelung,** *Obstbau:* Ablösen eines Rindenstreifens von einem Stamm, Ast oder Zweig eines Apfel- oder Birnbaumes (nicht Steinobst) im Mai/Juni. Die hierauf einsetzende Stauung der Assimilate fördert die Blütenbildung an stark wachsenden, wenig blühenden Bäumen. Dieselbe Wirkung wird durch Anlegen eines Drahtrings erzielt (Fruchtgürtel).

Das R. wird auch beim Abmoosen beblätterter Triebe angewendet, wobei die geringelte, mit Wuchsstoffen bestrichene Stelle mit Torfmoos umgeben und mit Kunststoffolie eingehüllt wird. Bei einigen sonst schwer oder gar nicht wurzelnden Gehölzen bilden sich nach 4–8 Wochen Wurzeln.

**Ringelnatter, Natrix natrix,** bis 1 m lange, ungiftige Natter in Europa, NW-Afrika und W-Asien; meist mit gelben Flecken beiderseits des Hinterkopfes. Die R. lebt amphibisch am oder im Wasser und

**Ringdrossel**
(Größe 24 cm)

**Ringelblume:**
Gartenringelblume
(Höhe 25–50 cm)

ernährt sich von Fischen und Amphibien. Bei Bedrohung wehrt sie sich durch Abgabe von Darminhalt sowie eines übelriechenden Sekretes aus Analdrüsen.

**Ringelnatter** (Länge bis 1 m)

**Ringelnatz,** Joachim, eigtl. **Hans Bötticher,** Schriftsteller, * Wurzen 7. 8. 1883, † Berlin 17. 11. 1934; führte nach vorzeitigem Schulabbruch ein unstetes Abenteurerleben u. a. als Schiffsjunge, Matrose, Hausmeister und Bibliothekar. Er wurde 1909 ›Hausdichter‹ des Münchner Künstlerlokals ›Simplicissimus‹; während des Ersten Weltkrieges bei der Marine; ab 1920 Autor und Schauspieler an H. VON WOLZOGENS Berliner Kleinkunstbühne ›Schall und Rauch‹, wo er auch seine eigenen, aus Unsinn und Tiefsinn gemischten Gedichte im Moritaten- und Bänkelsangton vortrug. Hinter Seemännisch-Rauhem, Komisch-Skurrilem und Groteskem verbarg er ein gefühlvolles Empfinden. R. trat auch als Maler naiver Bilder hervor.

**Werke:** *Gedichte:* Die Schnupftabaksdose (1912, mit R. SEEWALD); Kuttel Daddeldu oder Das schlüpfrige Leid (1920, erweitert 1923); Turngedichte (1920, erweitert 1923); Gedichte, Gedichte von Einstmals u. Heute (1934). – *Prosa:* Ein jeder lebt's (1913). – *Autobiographisches:* Gustav Hester. Als Mariner im Krieg (1928); Mein Leben bis zum Kriege (1931).
**Ausgabe:** Das Gesamtwerk, hg. v. W. PAPE, 7 Bde. (1982–85).
W. PAPE: J. R. Parodie u. Selbstparodie in Leben u. Werk (1974).

**Ringelrobben,** Gattung der →Seehunde.
**Ringelröteln, Erythema infectiosum, Fünfte Krankheit,** durch das Parvovirus B 19 hervorgerufene, weltweit verbreitete, i. d. R. harmlos verlaufende Kinderkrankheit. Die Übertragung erfolgt v. a. durch Tröpfcheninfektion; nach einer Inkubationszeit von etwa 4–14 Tagen treten auf den Wangen rote Flecken auf, die zu einer schmetterlingsförmigen, bläulich verfärbten Rötung (mit Aussparung des Kinn-Mund-Dreiecks) zusammenfließen, anschließend auch in Form ring- und girlandenförmiger Ausschläge an den Streckseiten der Arme und Beine und am Rumpf; begleitet von leichtem Fieber. Meist kommt es nach 10–14 Tagen zur Abheilung (teils auch mehrfache Rückfälle). Die R. können auch bei Erwachsenen auftreten; in etwa 20% der Fälle verläuft die Infektion ohne Symptome. Ein besonderes Risiko besteht bei Personen mit Immunschwäche, bei chronisch-hämolyt. Anämie und bei Schwangeren (Gefahr des Fruchttodes durch Hemmung der Erythropoese).

**Ringelspinner** (Spannweite 25–40 mm)

**Ringelspinner, Malacosoma neustria,** bräunlichgelbe Art der Schmetterlingsfamilie →Glucken, Vorderflügel mit dunkler Querbinde und 25–40 mm Spannweite. Die Eier werden in enger Spirale mehrreihig um dünne Zweige von Laubhölzern abgelegt. Die bis 5 cm langen Raupen sind mit verschiedenfarbigen Längsstreifen gezeichnet (›Livreeraupe‹) und können an Obstbäumen schädlich werden.

**Ringeltaube, Columba palumbus,** etwa 40 cm lange, oberseits graue, unterseits bläulich- bis rötlichgraue Taube; v. a. in Wäldern Europas, NW-Afrikas und SW-Asiens; mit breiter, weißer Querbinde auf den Flügeln und je einem weißen Fleck an den rot und grün schillernden Halsseiten.

**Ringelwühlen, Siphonops,** Gattung bis etwa 1,5 m langer Blindwühlen mit sechs Arten in Südamerika.

**Ringelwürmer, Gliederwürmer, Anneliden, Annelida,** etwa 17 000 Arten umfassende Stammgruppe der →Gliedertiere mit bis 3 m Länge (meist 0,2–10 cm) im Meer- und Süßwasser, seltener terrestrisch. Der wurmförmige Körper ist in den Kopflappen (Prostomium), den Schwanzlappen (Pygidium) und 8–1 000 dazwischenliegende, gleichartig gebaute Abschnitte (Segmente) gegliedert, die außen durch Ringfurchen und innen durch die Scheidewände (Dissepimente) der paarigen Leibeshöhlensäcke voneinander abgegrenzt sind. Die Segmente enthalten je ein Wimpertrichterpaar (Nephridien), das der Exkretion dient, sowie ein Ganglienpaar des bauchseitig unter dem Darm gelegenen Strickleiternervensystems. Nur das erste Ganglienpaar liegt als Oberschlundganglion (Gehirn) über dem Darm. Das meist geschlossene Blutgefäßsystem besteht aus den längsverlaufenden Rücken- und Bauchgefäßen, die durch zw. den Dissepimenten verlaufende kontraktile Gefäßschlingen (Ringherzen) verbunden sind. Die Atmung erfolgt über die Haut. Diese bildet mit der Muskulatur einen Hautmuskelschlauch, der der Fortbewegung dient. Die R. sind getrenntgeschlechtig oder zwittrig.

Man unterscheidet die Klassen →Vielborster und →Gürtelwürmer mit den Ordnungen →Wenigborster und →Blutegel.

**Ringen,** von Männern und Frauen ausgeübter Zweikampfsport, bei dem ohne Hilfsmittel zwei Kontrahenten auf einer gepolsterten Matte von 12 m Gesamtdurchmesser und einer Kampffläche von 9 m Durchmesser durch bestimmte Körpergriffe versuchen, den Gegner mit beiden Schultern auf den Boden zu bringen und ihn dort 1 Sekunde festzuhalten (Schultersieg). R. ist auf Körpergriffe beschränkt, die im **griechisch-römischen Stil** (nur Männer) und im **Freistil** (Männer und Frauen) ausgeführt werden. Im griechisch-röm. oder klass. Stil sind Griffe vom Kopf bis zur Gürtellinie erlaubt; der Einsatz der Beine ist verboten. Im Freistil sind Griffe am ganzen Körper zulässig, auch Angriffe an und mit den Beinen.

Die Ringer tragen nach Auslosung ein rotes oder blaues Trikot. Die Kampfzeit beträgt 5 Minuten ohne Pause. Die Kämpfe beginnen im Stand (Standkampf) und gehen in den Bodenkampf über, wenn ein Kämpfer den Gegner zu Boden bringt, ohne ihn entscheidend zu besiegen. Zum Bodenkampf kommt es auch, wenn sich ein Ringer in der Brückenlage befindet und sich aus der Wettkampfsfläche entfernt. Die angebrachten gültigen Griffe werden nach Punkten gewertet und vom Kampfgericht offen signalisiert. Daher kann beim Nichterreichen eines Schultersieges ein Punktsieger ermittelt werden. Bei einem Vorsprung von 15 Punkten für einen Athleten wird der Kampf vorzeitig beendet. Sind nach der regulären Kampfzeit beide Kämpfer punktgleich, dann entscheidet in der Verlängerung die erste Punktwertung über den Sieg. Passivität wird mit Verwarnungen bzw. Disqualifikation bestraft.

*Gewichtsklassen:* Männer: Papiergewicht bis 48 kg, Fliegengewicht bis 52 kg, Bantamgewicht bis 57 kg, Federgewicht bis 62 kg, Leichtgewicht bis 68 kg, Weltergewicht bis 74 kg, Mittelgewicht bis 82 kg, Halbschwergewicht bis 90 kg, Schwergewicht bis 100 kg, Superschwergewicht von 100 bis 130 kg. Frauen: Papiergewicht bis 40 kg, Fliegengewicht bis 44 kg,

**Joachim Ringelnatz**

**Ringeltaube** (Größe etwa 40 cm)

**Ring** Ringentladung – Ringmodulator

Bantamgewicht bis 47 kg, Federgewicht bis 51 kg, Leichtgewicht bis 57 kg, Weltergewicht bis 61 kg, Mittelgewicht bis 65 kg, Halbschwergewicht bis 70 kg und Schwergewicht von 70 bis 75 kg.

*Organisationen:* In der Bundesrep. Dtl. besteht der Dt. Ringer-Bund (DRB), gegr. 1969, Sitz Frankfurt am Main. Die Ringer Österreichs sind im österr. Amateurringer-Verband (ÖARV), gegr. 1952, Sitz Wels, die Ringer der Schweiz im Schweizer. Amateur-Ringerverband (SARV), Sitz Martigny, organisiert. Internat. Verbände sind das Comité Européen de Lutte Amateur (CELA), gegr. 1976, Sitz Saarbrücken, und die Fédération Internationale de Lutte Amateur (FILA), gegr. 1912, Sitz Lausanne.

*Geschichte:* R., schon in Ägypten um 2000 v. Chr. auf hohem Standard, war im antiken Griechenland (nachweisbar seit 708 v. Chr.) im Fünfkampf der entscheidende Wettkampf zur Ermittlung des Siegers. Im griech. Ringkampf wurde urspr. nur im Stand gerungen, verloren hatte der Kämpfer, der ohne körperschädigende Griffe dreimal zu Boden gebracht worden war; später verschmolz das R. mit dem Faustkampf zum →Pankration. Im MA. zählte R., meist aus dem Stand, zu den ›sieben Behendigkeiten‹ und wurde in versch. Werken (z. B. in A. DÜRERS Fecht- und Ringbuch von 1512) dargestellt. Das moderne R. im griechisch-röm. Stil weist mehr römisch-gall. Elemente auf als griechische und verbindet diese Techniken mit denen des dt. Standringens. Das Freistil-R. entwickelte sich nach antikem Vorbild in England.

**Ring|entladung,** Bez. für eine Form der elektrodenlosen Entladung, die zu beobachten ist, wenn ein kugelförmiges Entladungsgefäß in das Innere der Spule eines hochfrequenten Schwingkreises gebracht wird. Durch das magnet. Wechselfeld im Spuleninneren wird ein elektr. Wirbelfeld induziert, das die homogene R. zündet, die eine in sich geschlossene positive Säule (→Gasentladung) bildet und i. a. aus mehreren verschieden hellen, farbig leuchtenden Kreisringen besteht. – Die R. ist wie jede Art der elektrodenlosen Entladung nur in zeitlich veränderl. Feldern (Hochfrequenzfelder) möglich.

**Ringerike,** Stadt-Gem. in der Prov. (Fylke) Buskerud, S-Norwegen, nordwestlich von Oslo, (1990) 27 300 Ew.; Getreide- und Obstbau, Holzindustrie. – 1964 gebildet unter Einbeziehung der ehem. Stadt **Hønefoss** (an der Begna nördlich des Binnensees Tyrifjord), die Eisenbahnknotenpunkt ist.

**Ringer-Lösung** [nach dem brit. Arzt SIDNEY RINGER, * 1835, † 1910], in Konzentration und Mischung der Blutflüssigkeit entsprechende isoton. Salzlösung aus Natriumchlorid, Kaliumchlorid, Calciumchlorid und Natriumhydrogencarbonat; heute nur noch zur Erstversorgung von Unfallopfern als Plasmaersatz verwendet. R. wird auch in der zoolog. und botan. Präpariertechnik verwendet.

**Ringfäule,** eine Pflanzenkrankheit, →Bakterienfäulen.

**Ringfeder,** *Maschinenbau:* →Feder 2).

**Ringfläche,** der →Torus.

1

2

3

4

5

6

**Ringen: 1** Griffzonen (links griechisch-römischer Stil, rechts Freistil); **2** Ringkampfstellungen (links parallele, rechts diagonale Fußstellung); **3–6** Körpergriffe; **3** Bank, **4** Doppelbrücke, **5** Armschlüssel, **6** Armdurchzug (oben Doppelfassen des Gegners, Mitte Drücken der Schulter gegen den Gegner, unten Drängen des Gegners in die seitliche Brückenlage)

**Ringflügelflugzeug, Coleopter,** ein Starrflügelflugzeug, dessen Tragflügel in Form eines beiderseits offenen Hohlzylinders ringförmig um den Rumpf angeordnet ist; bisher nur als Versuchsflugzeug erprobt. Der Ringflügel bietet hohe Festigkeit und Steifigkeit bei geringer Masse und kann als Triebwerksmantel für eine im Ringraum zw. Rumpf und Flügel unterzubringende Vortriebsanlage (Propeller- oder Staustrahltriebwerk) dienen.

**Ringgau,** Teil des Werra-Fulda-Berglandes in NO-Hessen, ein waldreiches, z. T. verkarstetes Muschelkalkplateau zw. Werra und Sontra mit steilem N-Rand als Fortsetzung der Thüringer Muschelkalkstufe; in der Graburg 522 m ü. M.

**Ringgebirge,** Bez. für eine Oberflächenformation (größere Krater) des Mondes und des Mars.

**Ringgeld,** 1) in Ringform gegossene Metallbarren der frühen Bronzezeit, eine Art der vormünzl. Zahlungsmittel; 2) Bez. für die als Zahlungsmittel verwendeten Kupfer- oder Messingringe W-Afrikas, →Manilla.

**Ringgit** *der, -/-,* Abk. **M$,** Währungseinheit von Malaysia, 1 R. = 100 Sen. Urspr. war R. die Bez. des span. Pesos auf der Malaiischen Halbinsel.

**Ringhallentempel,** der →Peripteros.

**Ringhalskobra, Ringhals|otter, Hemachatus haemachatus,** bis 1,2 m lange Giftnatter in trockenen Gebieten des südl. Afrika. R. können ihr Gift einem Angreifer entgegenspritzen, wobei bes. in Richtung der Augen gezielt wird.

**Ringier AG** [-gje], schweizer. Druck- und Verlagskonzern, gegr. 1831 von JOHANN RUDOLF RINGIER (* 1803, † 1874), Verlag seit 1911; Sitz: Zofingen. R. verlegt in Europa 17 Zeitungen (Blick, Luzerner Neueste Nachrichten, Sonntags-Blick, Cash, Profit) und Zeitschriften (u. a. Schweizer Illustrierte, Schweizer Woche, Tele, Glückspost, Natur, Globo, L'illustré, L'Hebdo). Neben Druckereizentren in Zofingen und Adligenswil (Kt. Luzern) hat R. umfangreiche Druckereikapazitäten in den USA und Hongkong; weitere Aktivitäten: Film- und Videoproduktion und -vertrieb (Rincovision), Filmverleih (Monopole Pathé), Konzertagentur (Good News), Ringier-Journalistenschule, Pay-TV (20% an Teleclub). Einziger Aktionär ist HANS RINGIER (* 1906). Umsatz (1990): 1,65 Mrd. sfr, Beschäftigte rd. 9 000.

**Ring Katholischer Deutscher Burschenschaften,** →studentische Verbindungen.

**Ringklappe,** Vorrichtung im Klappensystem der Holzblasinstrumente, bei der über den Tonlöchern angebrachte Metallringe über Achsen mit offenen Nebenklappen verbunden sind. Beim Decken des Loches mit dem Finger wird die R. niedergedrückt und zugleich die mit ihr verbundene Nebenklappe betätigt. Zwei miteinander verbundene R. heißen **Brille.**

**Ringknorpel,** *Anatomie:* →Kehlkopf.

**Ringkøbing** ['reŋkø:beŋ], Stadt in Westjütland, Dänemark, (1988) 16 900 Ew.; Sitz des Amtes R. und zentraler Ort des ländl. Umlandes (Fremdenverkehr); histor. Museum; Bootswerft, Druckerei, Möbelherstellung, Fischverarbeitung. R. liegt am **R.-Fjord,** einem 30 km langen und 15 km breiten, flachen Strandsee, der durch die Nehrung Holmslands Klit von der Nordsee getrennt wird (bei Hvide Sande künstlich durchbrochen). – 1443 wurde R. Stadt. – Stadtkirche (15. Jh.) im Quartier hinter dem alten Rathaus (1849 erneuert); am Markt der alte Bürgermeisterhof (1807) und das neue Rathaus (1969/70).

**Ringlotte** *die, -/-n,* bes. österr. für: Reneklode.

**Ringmodulator,** ein Doppelgegentaktmodulator, der während der positiven und negativen Halbwelle das Modulationssignal überträgt. Er ist eine Brückenschaltung aus vier Gleichrichterdioden, die als geschlossener Ring in Reihe geschaltet sind, und zwei Übertragern. Die Trägerfrequenz $f_1$ wird an die Mittelanzapfungen der Übertrager gelegt, die Modulationsfrequenz $f_2$ an den Eingang der Schaltung. Am Ausgang erhält man die beiden Seitenbänder (Frequenzen $f_1 \pm f_2$), wobei der Träger selbst unterdrückt wird. Eingesetzt werden R. z. B. als Frequenzumsetzer, in der Meßtechnik als gesteuerte Gleichrichter, in der Fernsehtechnik zur Modulation der Farbdifferenzsignale im NTSC- und PAL-Coder. – Wegen seiner Funktion der Erzeugung von Summen- und Differenzfrequenzen ($f_1+f_2$ bzw. $f_1-f_2, f_1 > f_2$) findet der R. auch Verwendung als Effektgerät in der elektron. Musik, bes. zur Erzeugung von Klangstrukturen, die mit herkömml. Instrumenten nicht möglich sind.

**Ringnebel,** i. w. S. Bez. für →planetarische Nebel, i. e. S. der planetar. Nebel M 57 (NGC 6720; BILD →interstellare Materie) im Sternbild Leier. Dieser hat eine Helligkeit von $9^m_.3$ und befindet sich etwa in der Mitte zw. den Sternen β und γ Lyrae. Sein wahrer Durchmesser beträgt etwa 0,5 Lichtjahre, seine Entfernung über 2 000 Lichtjahre. Im Innern des wie ein Rauchring erscheinenden Nebels befindet sich ein bläulicher, $14^m_.7$ heller Zentralstern.

**Ringlöfen,** →keramische Öfen.

**Ringprägung,** *Münztechnik:* →Prägen.

**Ringreiten, Ringstechen, Ringelstechen, Ringelrennen,** ein Reiterspiel, bei dem vom galoppierenden Pferd aus ein aufgehängter Ring mit einer Lanze oder Stange herabzustechen ist. Seit Ende des 16. Jh. zunächst bei den gesellschaftlich führenden Schichten beliebt, wurde im 17. Jh. von Bürgern, Bauern und Studenten übernommen. Gebietsweise, bes. in Dithmarschen, erhielt es sich bis heute.

L. KRETZENBACHER: R., Rolandspiel u. Kufenstechen (Klagenfurt 1966).

**Ringrichter,** unparteiischer Leiter eines Boxkampfs; kann ermahnen, verwarnen und disqualifizieren, wird auch zur Beurteilung des Kampfs, die v. a. den Kampfrichtern obliegt, herangezogen; beim Catchen hat der R. die alleinige Entscheidungsbefugnis über den Kampfausgang.

**Ringschäle, Ringrisse,** *Forstwirtschaft:* den Jahrringen folgende Risse in Rundholz, die einen ganzen Jahrring oder nur Sektoren erfassen. R. können zu einer starken Entwertung von Nutzholz führen. Ihre Ursache beim stehenden Baum können Wachstumsspannungen, z. B. bei plötzl. Zunahme des Durchmesserzuwachses nach Freistellung der Baumkrone, aber auch frostbedingte Spannungen sein.

**Ringscheibengurke,** *Cyclanthera pedata,* Kürbisgewächs in Mittelamerika und den Anden; einjährige, bis 5 m hohe Pflanze mit fünf- bis siebenblättrigen, fußförmig zusammengesetzten Blättern und verzweigten Ranken. Die jungen Triebspitzen und Blätter werden als Gemüse gegessen; auch die fleischigen Früchte sind eßbar. Die R. wird in Peru und Bolivien angebaut, in Europa selten.

**Ringschieber, Ringkolbenschieber,** Verschlußorgan in einer Rohrleitung, wobei ein zentral angeordneter, axial beweglich. Kolben das konusförmige Ende einer Rohrerweiterung verschließt bzw. ganz oder teilweise freigibt und so eine Durchflußsteuerung ermöglicht.

**Ringspinnmaschine,** kontinuierlich arbeitende universelle Spinnmaschine für alle Spinnfaserstoffe. Ein Streckwerk verzieht das Vorgarn durch Strecken bis zur gewünschten Garnfeinheit. Der **Ringläufer** (gleitend auf dem **Spinnring** geführte Öse) und die Spindel erteilen die Drehung und winden das Garn gleichzeitig auf den →Kops, der sich auf der Spindel befindet. (→ Spinnerei)

**Ringsted** ['reŋsdɛð], Stadt im mittleren Seeland, Amt Westseeland, Dänemark, (1988) 28 400 Ew.; zentraler Ort des ländl. Umlandes mit Geflügelgroßschlachterei, Fleischkonserven-, Zement- u. a. Industrie. – In vorchristl. Zeit war R. Versammlungsort der Bauern Seelands. Vermutlich wurde an der Stelle eines heidn. Heiligtums eine hölzerne, 1080 durch einen Kalksteinbau ersetzte Kirche errichtet. 1441 erhielt die Siedlung R. Stadtrecht. R. ist Grablege der dän. Könige des 12. und 13. Jahrhunderts.

**Ringstrom,** die Erde von O nach W im Abstand von einigen Erdradien in der Ebene des magnet. Äquators umfließender elektr. Strom veränderl. Stärke. Für den **R.-Effekt** sind nach Satellitenbeobachtungen niederenerget. Protonen und Elektronen verantwortlich, deren Dichte während eines magnet. Sturmes bis auf das 30fache ansteigen kann.

**Ringtail** [-teıl; engl. ›Schwanz‹] *das, -(s),* **Ringtail-Opossum,** das Fell einer kleinen, in S-Australien lebenden Beuteltierart; verwendet als Futter für sportl. Pelze und als Besatz.

**Ringtron** *das, -s/... 'trone,* auch -s, ein Teilchenbeschleuniger, →Smokatron.

**Ringverbindungen,** *Chemie:* die →zyklischen Verbindungen.

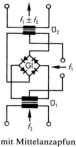

*Ringmodulator:* Schaltung von zwei Übertragern Ü$_1$ und Ü$_2$ mit Mittelanzapfung und vier Gleichrichtern Gl in Ringschaltung; $f_1$, $f_2$ Frequenz der Seitenbänder

**Ringwaage,** Druckmeßgerät, das in Verbindung mit Drosselgeräten (z. B. Venturi-Rohr) auch zur Durchflußmessung von Niederdruckgasen verwendet wird. Es besteht aus einem in der Drehachse auf Schneiden gelagerten Ringrohr, das, bis zur Hälfte mit einer Sperrflüssigkeit (Öl, Quecksilber) gefüllt, durch eine Trennwand in zwei Kammern geteilt ist und unten ein Gegengewicht aufweist. Soll der Gasdruck in einer Leitung gemessen werden, wird eine Kammer mit der Leitung verbunden, die andere steht unter Atmosphärendruck. Dadurch verschieben sich die Flüssigkeitsspiegel der Sperrflüssigkeit bei gleichzeitiger Drehung der Röhre mit dem Gegengewicht so lange, bis ein Kräftegleichgewicht eintritt. Der Druck oder die Durchflußmenge wird an einer Skala oder der Verdrehung angezeigt. Niederdruck- und Hochdruck-R. unterscheiden sich durch den Meßbereich, die Sperrflüssigkeit und den stat. Vordruck.

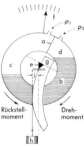

*Ringwaage:* Schematischer Querschnitt; a Trennwand, b Sperrflüssigkeit, c, d Kammern, e Schneide, f Skala, mit dem Reduzierschwert g wird erreicht, daß das vom Gegengewicht h ausgeübte Rückstellmoment quadratisch zunimmt, weil der Hebelarm i größer wird; $p_1$, $p_2$ verschiedene Gasdrücke

**Ringwade,** in der Seefischerei verwendetes Netz zum Fang von Schwarmfischen, z. B. Heringen und Makrelen. Ein Netzende wird zu Wasser gelassen und von einem Beiboot um den Schwarm herumgeführt, so daß eine ringförmige Netzwand entsteht. Diese wird an der Unterseite mit Hilfe einer Winde und eines Spills zusammengezogen, die so entstehende Netzwanne wird eingeholt.

**Ringwaldt,** Bartholomäus, Schriftsteller, * Frankfurt/Oder 28. 11. 1532, † Langenfeld (bei Zielenzig) 9. 5. 1599; ab 1566 Pfarrer in Langenfeld; setzte die ev. Kirchenliedtradition mit meditativen Liedern fort. In seinen vielgelesenen Lehrgedichten (›Christl. Warnung des Trewen Eckarts‹, 1588) erweist sich R. als freimütiger Zeitkritiker, ebenso in dem moralischallegor. Drama ›Speculum mundi‹ (1590).

**Ringwall,** heute als Stein- und Erdwall mitunter noch sichtbarer Rest einer vor- oder frühgeschichtl. Befestigungsmauer, i. d. R. um eine Anhöhe oder einen Berggipfel herum; oftmals – bes. an den stark gefährdeten Stellen der umschlossenen Anlage (→Befestigung) – als doppelte R.-Anlage mit einem zusätzl. äußeren Wall. (→Altkönig, →Otzenhausen)

**Rinjani** [-'dʒani] *der,* höchster Berg auf →Lombok, Indonesien.

**Rinkart,** Martin, Schriftsteller und Theologe, →Rinckart, Martin.

**Rinke,** Klaus, Künstler, * Wattenscheid (heute zu Bochum) 29. 4. 1939; seit 1974 Prof. an der Akademie Düsseldorf. R. setzt sich in Plastiken, Environments, Zeichnungen und Aktionen (u. a. ›Primärdemonstra-

Luise Rinser

Rinteln Stadtwappen

tionen‹ mit dem eigenen Körper) mit den Themen Raum-Zeit und Schwerkraft auseinander und dokumentiert seine Arbeiten in Photosequenzen und Videos. BILD → Body-art
R., Hand-Zeichner, hg. v. U. GAUSS, Ausst.-Kat. (1981).

**Rinkerode,** Ortsteil von Drensteinfurt, NRW. – Kath. Pfarrkirche St. Pankratius (1721–24) mit guter Ausstattung. – 2,5 km westlich liegt die Wasserburg ›Haus Borg‹, eine auf zwei Inseln errichtete Anlage des 15.–18. Jh.; Wohn- und Wirtschaftsgebäude sowie das Herrenhaus (im Kern 15. Jh.) mit Staffelgiebel gruppieren sich um zwei Höfe.

**Rinman-Grün, Rinmann-Grün** [nach dem schwed. Mineralogen SVEN RINMAN, * 1720, † 1792], ein → Kobaltpigment.

**Rinne, 1)** *Aufbereitungstechnik:* → Rinnenwäsche.
**2)** *Meereskunde:* schmale, langgestreckte Einsenkung des Meeresbodens, z. B. → Norwegische Rinne.

**Rinne,** Friedrich, Mineraloge und Petrograph, * Osterode am Harz 16. 3. 1863, † Freiburg im Breisgau 12. 3. 1933; Prof. in Hannover, Königsberg (Pr), Kiel, seit 1909 in Leipzig. Angeregt durch die Arbeiten des Physikochemikers H. E. BOEKE und des Chemikers H. J. VAN T'HOFF begründete R. die Salzpetrographie. Als einer der ersten wendete er die Röntgenstrukturanalyse auf Probleme der Mineralogie an. Seine ›Gesteinskunde‹ (1901) war jahrzehntelang das hauptsächliche petrograph. Lehrbuch.

**Rinnenseen,** lange, schmale, oft perlschnurartig aneinandergereihte und unterschiedlich tiefe Seen in Gebieten ehemaliger Inlandvereisung (→ Glaziallandschaft). R. sind entstanden durch Ansammlung von Wasser in ehem. subglazialen Schmelzwasserrinnen. R. sind viele Seen des Norddt. Tieflandes (z. B. Havelseen).

**Rinnenspülung, Rillenspülung,** *Geomorphologie:* Abtragungsvorgang der Bodenerosion in den Trockengebieten der Erde, wo die starken, aber seltenen Niederschläge auf geneigten Flächen scharf eingerissene Spülrinnen verursachen.

**Rinnenwäsche,** Sortierverfahren für mineral. Haufwerke (z. B. Rohkohle) nach der Dichte und damit unterschiedl. Sinkgeschwindigkeiten. In einem schwach geneigten Trenngefäß (**Rinne**) von etwa 0,3 bis 0,5 m Breite wird das Leichtgut von einem Wasserstrom fortgeschwemmt, während sich das Schwergut am Rinnenboden sammelt und abgetragen wird.

**Rinnescher Versuch** [nach dem Mediziner HEINRICH ADOLF RINNE, * 1819, † 1868], Methode der Hörprüfung mittels einer Stimmgabel zur diagnost. Unterscheidung einer Schalleitungs- von einer Innenohr-(Schallempfindungs-)Schwerhörigkeit; sie beruht auf dem Vergleich des Hörvermögens bei Luft- und Knochenleitung. Die Knochenleitung wird geprüft, indem die angeschlagene Stimmgabel auf den Warzenfortsatz hinter der Ohrmuschel aufgesetzt wird, die Luftleitung, indem man sie vor die Ohrmuschel hält. Bei normalem Hörvermögen (und bei Schallempfindungsstörung) wird der Ton aufgrund der Verstärkung im Mittelohr noch über Luftleitung gehört, wenn er über Knochenleitung nicht mehr wahrgenommen wird (›Rinne positiv‹), bei Schalleitungsschwerhörigkeit ist der Befund umgekehrt (›Rinne negativ‹).

**Rinser,** Luise, Schriftstellerin, * Pitzling (heute zu Landsberg a. Lech) 30. 4. 1911; Lehrerin, 1940 Berufsverbot; 1944–45 wegen ›Hochverrats‹ und ›Wehrkraftzersetzung‹ inhaftiert (›Gefängnis-Tagebuch‹, 1946); danach Journalistin und Literaturkritikerin; lebt heute als freie Schriftstellerin in Italien. R. gestaltet in ihren Werken meist Mädchen- und Frauenschicksale. Ihre Themen sind eng verknüpft mit der Suche nach einer Sinngebung des Lebens aus christl. Wertvorstellungen. Seit Ende der 1960er Jahre bezieht sie engagiert Stellung zu aktuellen kirchl. und polit. Fragen; 1984 kandidierte sie als Kandidatin der Grünen für das Amt des Bundespräsidenten. In ihren Tagebüchern finden sich Gedanken, Beobachtungen und (Reise-)Erlebnisse in Form von Notizen, Reflexionen, Reden und kurzen Prosastücken. Daneben entstanden u. a. auch Hörspiele und Essays.
Weitere Werke: *Romane:* Hochebene (1948); Mitte des Lebens (1950); Daniela (1953); Der Sündenbock (1955); Ich bin Tobias (1966); Der schwarze Engel (1974); Mirjam (1983); Silberschuld (1987); Abaelards Liebe (1991). – *Erzählungen:* Die gläsernen Ringe (1941); Jan Lobel aus Warschau (1948); Ein Bündel weißer Narzissen (1956); Geh fort, wenn Du kannst (1959); Geschichten aus der Löwengrube (1986). – *Autobiographisches, Tagebücher:* Baustelle (1970); Grenzübergänge (1972); Kriegsspielzeug (1978); Den Wolf umarmen (1981); Winterfrühling (1982); Im Dunkeln singen (1985); Wachsender Mond (1988).

**Rintala,** Paavo, finn. Schriftsteller, * Wyborg 20. 9. 1930; zeitkrit. Moralist und Typenschilderer von unmittelbarem Zugriff, der u. a. Reportagetechniken als Ausdrucksmittel verwendet; auch Dramen (›Lange Reise nach Verona‹, finn., 1990).
Weiteres Werk (finn.): Oma u. Mannerheim (1960).

**Rintelen, 1)** Anton, österr. Politiker, * Graz 15. 11. 1876, † ebd. 28. 1. 1946; 1903 Prof. für Zivilprozeßrecht in Prag, ab 1911 in Graz, Mitgl. der Christlichsozialen Partei (CP), 1919–33 Landeshauptmann von Steiermark, 1926 und 1932–33 Unterrichts-Min., 1933–34 Gesandter in Rom; beteiligte sich an den Vorbereitungen des nat.-soz. Juliputsches (25. 7. 1934 gegen Bundeskanzler E. DOLLFUSS), in dessen Verlauf die österr. Nationalsozialisten ihn zum Bundeskanzler ausriefen. Nach dem Scheitern des Putsches wurde er inhaftiert und (1935) wegen Hochverrats zu lebenslängl. Kerker verurteilt (im Febr. 1938 amnestiert).
**2)** Fritz Joachim von, Philosoph, * Stettin 16. 5. 1898, † Mainz 23. 2. 1979; 1932 Prof. in Bonn, 1936–40 in München, 1941 von den Nationalsozialisten entlassen, seit 1946 in Mainz. R. vertrat in Auseinandersetzung mit der europ. Kulturtradition eine realist. Wertphilosophie, die den realen, geschichtlich konkreten Vollzug mit überzeitl. Aspekten verbindet. Auf dem Boden einer ›Philosophie des lebendigen Geistes‹ untersuchte er kritisch die in der Lebens- und Existenzphilosophie liegende Tendenz, das jeweilige Moment vom zeitüberlegenen Logos zu trennen.
Werke: Der Wertgedanke in der europ. Geistesentwicklung (1932); Dämonie des Willens (1947); Von Dionysos zu Apollon. Der Aufstieg im Geiste (1948); Philosophie der Endlichkeit als Spiegel der Gegenwart (1951); Der Rang des Geistes. Goethes Weltverständnis (1955); Beyond existentialism (1961); Johann Wolfgang von Goethe. Sinnerfahrung u. Daseinsdeutung (1968); Contemporary German philosophy and its background (1970); Philosophie des lebendigen Geistes in der Krise der Gegenwart (1977).
Sinn u. Sein, hg. v. R. WISSER (1960).

**Rinteln,** Stadt im Kr. Schaumburg, Ndsachs., 54 m ü. M., an der Weser im Weserbergland, (1990) 27 600 Ew.; Niedersächs. Fachhochschule für Verwaltung und Rechtspflege, Schaumburgisches Heimatmuseum (in der Eulenburg); Glas-, Getränkeindustrie, Maschinenfabrik, Dachsteinwerke. – R., neben dem seit 1158 bezeugten Dorf R. kurz vor 1238 durch die Grafen von Schaumburg gegründet, wurde 1239 Stadt. Nach Aussterben der Schaumburger (1640) in der Teilung der Grafschaft 1647 an Hessen gefallen, wurde R. 1665–71 zur Festung ausgebaut (1807 geschleift). 1621–1809 bestand in R. eine Universität. – Gut erhaltene Altstadt mit reichem Bestand an Fachwerkhäusern. Münchhausenscher Hof im Stil der Weserrenaissance (1546), im selben Stil das ehem. Rathaus mit zwei ungleichen Giebeln (1583). Die got. Marktkirche St. Nikolai (13./14. Jh.) besitzt frühbarocke Ausstattung. – Im Stadtteil Möllenbeck ehem. Kloster (896 gegr., zunächst Benediktinerinnen, seit

1441 Augustinerinnen); die ehem. Stiftskirche ist eine spätgot. Hallenkirche (1479–1505, über karoling. Gründungsbau) mit Gewölbeausmalung und Hallenkrypta; die beiden Rundtürme (10. Jh.) sind Teile eines otton. Westwerks; Abteigebäude um 1500.

**Rinuccini** [-'tʃi:-], Ottavio (Ottaviano), italien. Dichter, * Florenz 20. 1. 1562, † ebd. 28. 3. 1621; gehörte zum Kreis der Florentiner Camerata, entwarf Intermedien, Maskenspiele und Ballette und schrieb die Texte zu den frühesten Opern (›Dafne‹ von J. PERI, 1598; ›Euridice‹ von PERI, 1600, und G. CACCINI, 1602; ›L'Arianna‹ von C. MONTEVERDI, 1608), ferner von F. PETRARCA, T. TASSO und G. CHIABRERA inspirierte Sonette, Oden, Kanzonen und Madrigale.
*Ausgabe:* Drammi per musica dal R. allo Zeno, hg. v. A. DELLA CORTE, 2 Bde. (1970, Nachdr. 1978).

**Rio** ['rriu, portug.], **Río** ['rrio, span.], Fluß, Strom.
**Rio** ['rrio], volkstüml. Abk. für → Rio de Janeiro.
**Río Balsas** ['rrio-], Fluß in Mexiko, → Balsas.
**Riobamba** [rrio'βamba], Hauptstadt der Prov. Chimborazo, Ecuador, 2 754 m ü. M. in einem erdbebenreichen Hochbecken südöstlich des Chimborazo, (1987) 149 800 Ew.; Bischofssitz; TH; wichtiges Handels- und landwirtschaftl. Verarbeitungszentrum an der Bahnlinie Quito–Guayaquil. – Gegr. um 1530. – Spätbarocke Kathedrale.

**Río Bec** ['rrio 'bɛk], Zeremonialzentrum der Maya im SO des Staates Campeche, Mexiko. Das freigelegte Bauwerk mit massiv gemauerten, pyramidenähnl. Türmen, an denen nicht begehbare Treppen zu Tempelattrappen (mit Scheintüren, ohne Innenraum) hinaufführen, wurde namengebend für eine regionale Variante des Baustils im zentralen Yucatán in der späten klass. Zeit (600–800 n. Chr.) der Mayakultur im Grenzgebiet zw. Campeche und Quintana Roo. Der Stil imitiert die großen Tempel von Tikal.

**Rio Branco** ['rriu 'braŋku; portug. ›Weißer Fluß‹], **1)** Hauptstadt des Staates Acre, Brasilien, (1989) 161 800 (1960: 17 000) Ew., am Rio Acre und an der Transamazônica; Univ.; Zentrum der Sammelwirtschaft (v. a. Kautschuk, Paranüsse, Arzneipflanzen) und Holzgewinnung, durch wirtschaftl. Erschließung von Acre in starkem Aufschwung.
**2)** linker Nebenfluß des Rio Negro in N-Brasilien, etwa 775 km lang, gebildet aus den Quellflüssen Rio Uraricoera und Rio Tacutu, die in der Serra Parima bzw. im Bergland von Guayana entspringen.
**3)** bis 1962 Name des Territoriums Roraima, Brasilien.

Río Bec

**Río Bravo del Norte** ['rrio-], in Mexiko Name für den → Rio Grande.
**Río Cuarto** ['rrio-], Stadt in der Prov. Córdoba, Argentinien, 430 m ü. M., (1980) 110 100 Ew.; Bischofssitz; Kunstmuseum; zentraler Ort der westl. Pampa; Textil- und Nahrungsmittelindustrie, Gerbereien.
**Rio de Janeiro** ['rri:o de ʒa'ne:ro, brasilian. 'rriu di ʒa'nejru, ›Januarfluß‹], **1) São Sebastião do R. de J.** [sãʊ sebas'tiãʊ-], Hauptstadt des gleichnamigen brasilian. Staates, Hafen an der Guanabarabucht (einer der größten und besten Naturhäfen der Erde), (1980) 5,093 Mio. Ew. (›Cariocas‹ gen.; 1799: 43 000, 1821: 113 000, 1849: 226 000, 1890: 523 000, 1914: 1 Mio., 1950: 2,335 Mio., 1970: 4,252 Mio.); zur städt. Agglomeration (1989: 11,141 Mio. Ew.) gehören u. a. die Nachbarstädte Duque de Caxias, Nova Iguaçu und Niterói. R. de J. ist Sitz eines Erzbischofs; staatl. Univ. (gegr. 1920), kath. Univ. (gegr. 1940), Univ. des Staates (gegr. 1950), private Univ. (gegr. 1972), wiss. Akademien und Institute, Goethe-Institut, Nationalarchiv, Nationalbibliothek, Nationalmuseum (in der ehem. kaiserl. Sommerresidenz Quinta da Boa Vista; bedeutende naturhistor. Sammlungen) u. a. Museen, zoolog. und botan. Garten.
Nach São Paulo ist R. de J. das bedeutendste Handels-, Finanz- und Industriezentrum Brasiliens. Der Hafen ist der wichtigste Importhafen Brasiliens; im Export und Gesamtumschlag wird er nur von Santos übertroffen. Die Produktion der Industrie ist auf den

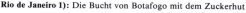
**Rio de Janeiro 1):** Die Bucht von Botafogo mit dem Zuckerhut

**Río de** Río de la Plata – Río Gallegos

**Rio de Janeiro 1)**
Stadt in Brasilien
·
nach São Paulo wichtigstes Wirtschaftszentrum des Landes
·
wegen seiner malerischen Lage ›schönste Stadt der Welt‹
·
5,093 Mio. Ew. (›Cariocas‹)
·
1565 gegründet
·
1822 bis 1960 Hauptstadt Brasiliens
·
Erzbischofssitz
·
Universitäten
·
wichtigster Importhafen Brasiliens
·
internationaler Flughafen
·
Badestrand Copacabana vor Hochhauskulisse
·
Wahrzeichen sind Zuckerhut und Corcovado (mit Christusstatue)
·
Favelas an den Steilhängen
·
exotischer Straßenkarneval
·
13,9 km lange Brücke über die Bucht

Inlandsmarkt ausgerichtet; Nahrungs- und Genußmittel-, Textil- und Bekleidungs-, Leder-, Schuh-, Papier-, metallverarbeitende, Maschinenbau-, elektrotechn., chem., pharmazeut. Industrie, Herstellung von Glas, Keramik, Autoreifen und Möbeln, Schiffbau, Eisenbahnreparaturwerkstätten; Verlage und Druckereien. Zu den Anziehungspunkten des bedeutenden Fremdenverkehrs gehören die Badestrände, deren bekanntester **Copacabana** (5 km lang, am Atlantik im Stadtteil Copacabana) ist, und der alljährl. Straßenkarneval. Das Fußballstadion Maracanã (seit 1950; mehr als 180 000 Plätze) ist das größte seiner Art. Die Stadt ist durch viele Eisenbahnlinien mit dem Hinterland verbunden; sie besitzt zwei Flughäfen (Galeão auf der Ilha do Governador für den internat., Santos Dumont für den Inlands- und militär. Verkehr) und seit 1978 eine U-Bahn (im Ausbau). Eine 13,9 km lange Brücke über die Guanabarabucht verbindet die Stadt mit Niterói.

Aus der feuchtheißen, ehem. sumpfigen Küstenebene der Baixada Fluminense, auf der R. de J. liegt, ragen die höchsten Erhebungen der abgesunkenen Küstenscholle als Einzelberge (Morros) und kleine Gebirgsstöcke (Maciço da Tijuca, bis 1 021 m ü. M.) aus Gneis und Granit steil empor. Durch schalige Abschuppung entstand die Glockenform des **Zuckerhuts** (brasilian. Pão de Açúcar, 395 m ü. M.) am westl. Eingang zur Baía de Guanabara (Seilbahnen zum Gipfel, der einen Waldrest trägt). Westlich des Zuckerhuts liegt der 704 m ü. M. hohe **Corcovado** in der Serra da Carioca, ebenfalls ein Glockenberg (Westhang bewaldet), auf dessen Gipfel (Straße und Zahnradbahn) G. D. VARGAS 1931 die 38 m hohe Christusstatue (Beton) errichten ließ. Eingeschnürt zw. Atlantik, Baía de Guanabara und Bergen kann sich R. de J. kaum noch ausdehnen.

Die Altstadt wurde im 20. Jh. mehrfach durch Sanierungen, Abtragungen, Neubauten und große Straßendurchbrüche (Avenida Rio Branco, Avenida Presidente Vargas) umgestaltet, das Stadtbild ist heute weitgehend von Hochhäusern bestimmt, daneben gibt es trotz der Errichtung neuer Wohnsiedlungen am Stadtrand (u. a. 1962–75 zwangsweise Umsiedlung in Sozialwohnungen) immer noch, meist an den Berghängen (hohe Erdrutschgefahr), Elendsviertel (Favelas). In den (1980) etwa 350, meist auf illegal besetztem Boden errichteten Favelas lebten etwa 2 Mio. Ew., d. h. 40 % der Stadt-Bev. (1950: 8,5 %). An der Küste entlang den Buchten von Flamengo und Botafogo ziehen sich vielspurige Autostraßen zu den eleganten Wohn- und Badestadtteilen Copacabana, Ipanema und Leblon.

*Geschichte:* Erst Jahre nach den ersten Erkundungen Brasiliens durch die Portugiesen (seit 1500) gründeten frz. Hugenotten auf einer Insel der Guanabarabucht eine Niederlassung. Um die Franzosen zu vertreiben, sandten die Portugiesen ESTÁCIO DE SÁ († 1567) in die Gegend. Dieser gründete am 1. 3. 1565 auf dem flachen Sandstrand zw. dem Zuckerhut und dem Morro Cara de Cão die Vorläufersiedlung der heutigen Stadt, **São Sebastião do R. de J.**, die 1567 weiter ins Inland auf einen Ausläufer des Maciço da Tijuca, den Morro de São Januário (später Morro do Castelo) verlegt wurde. 1585 zählte die Stadt 4 000 Ew. und begann, sich in die Küstenebene auszudehnen. In der 1. Hälfte des 18. Jh. setzte eine schnelle Stadtentwicklung ein, gefördert durch die zunehmende Bedeutung des Goldbergbaus in Minas Gerais. 1763 wurde R. de J. anstelle von Bahia (heute Salvador) Hauptstadt des kolonialen Brasiliens, 1808–21 war es Sitz des vor NAPOLEON I. geflohenen portug. Königshofes. In dieser Zeit ließen sich über 24 000 meist portug. Einwanderer in der Stadt nieder, die nach Erlangung der Unabhängigkeit Brasiliens (1822)

dessen Hauptstadt (bis 1960) und Sitz des kaiserl. Hofs wurde.

*Stadtbild:* R. de J. besitzt nur wenige Zeugnisse der Kolonialarchitektur: Kirche des Klosters São Bento (1910–20, Ausstattung vom Vorgängerbau, 1693 bis 1720), das Karmeliterkloster und das Franziskanerkloster Santo Antônio aus dem 17. Jh., die Kirchen Nossa Senhora da Glória (1771) und Nossa Senhora de Candelária (1775–1811). Die alte Kathedrale (gegr. 1761, oft umgebaut) zeichnet sich durch ihre Wand- und Deckengemälde aus; die moderne Kathedrale in Form eines abgestumpften Kegels von 80 m Höhe entstand 1964–76. Von den Profanbauten der Kolonialzeit ist u. a. der Aquädukt Arcos da Carioca (1750; zweistöckig mit monumentalen Rundbogenarkaden) erhalten. Die Oper (1909 eröffnet) ist eine verkleinerte Nachbildung der Pariser Oper.

In R. de J. entstand mit dem Erziehungsministerium (heute Palacio de Cultura, 1936–43) der erste richtungweisende Bau der modernen Architektur in Brasilien, ausschlaggebend waren Bauvorstellungen von LE CORBUSIER, beteiligt waren namhafte brasilianische Architekten: L. COSTA, O. NIEMEYER, A. E. REIDY, von dem auch der Siedlungskomplex Pedregulho (1947–53) und das Museo de Arte Moderna (1958) stammen; Empfangshalle des Flughafens Santos Dumont (1944; M. ROBERTO), Wohnhäuser am Parque Guilen von COSTA (1948–54). Gestaltung des Parque do Flamengo (1955–65) durch den Gartenarchitekten ROBERTO BURLE-MARX (* 1909) und REIDY.

E. M. L. LOBO: História do R. de J., 2 Bde. (Rio de Janeiro 1978); H. WILHELMY u. A. BORSDORF: Die Städte Südamerikas, Tl. 2: Die urbanen Zentren u. ihre Regionen (1985); G. W. ACHILLES: Strukturwandel u. Bewertung sozial hochrangiger Wohnviertel in R. de J. (1989).

**2)** Staat an der Küste Brasiliens, 44 268 km², (1989) 13,845 Mio. Ew.; Hauptstadt ist Rio de Janeiro. Parallel zur schmalen Küstenebene (mit Haffen) erheben sich die steilen Randstufen des Brasilian. Berglands (Küstengebirge Serra do Mar und, getrennt durch das breite Tal des Paraíba, Serra da Mantiqueira mit der höchsten Erhebung Agulhas Negras, 2 890 m ü. M.). Im NO werden auf fruchtbaren Schwemmlandböden v. a. Zuckerrohr, Mais, Reis, Maniok, Zitrusfrüchte und Bananen angebaut. Der seit Anfang des 19. Jh. im Gebiet des Paraíba begonnene Kaffeeanbau ist heute bedeutungslos. Schon im 16. Jh. begann die Zerstörung der Waldvegetation durch Brandrodung, Wiederaufforstungsmaßnahmen seit Mitte des 20. Jh. In den Haffen wird Salz gewonnen; vor der Küste (bei Campos) Erdölförderung. Volta Redonda ist eines der Zentren der brasilian. Schwerindustrie. Weitere wichtige Industriestädte sind neben der Hauptstadt u. a. Campos, Niterói, Nova Iguaçu, Duque de Caxias, Petrópolis. Fremdenverkehrszentren sind außerhalb der Hauptstadt v. a. die durch ihre Höhenlage begünstigten Städte Petrópolis, Teresópolis und Nova Friburgo. – R. de J. ist seit 1975 mit Guanabara vereinigt. – Die Geschichte des Staates ist eng mit der Stadt Rio de Janeiro verbunden. 1834 wurde die Stadt aus dem seit 1642 bestehenden Kapitanat R. de J. ausgegliedert und Niterói zur Hauptstadt erhoben. 1975 wurde der Staat Guanabara eingegliedert und Rio de Janeiro Hauptstadt.

**Río de la Plata** ['rrio-], → La Plata 2).

**Río de Oro** ['rrio-], früherer Name des südl. Teils von Westsahara (heute: Tiris al-Gharbija).

**Río Dulce** ['rrio 'dulse], Fluß in N-Argentinien, 650 km lang, entspringt in den Anden bei Tucumán, mündet in die → Mar Chiquita.

**Río Gallegos** ['rrio ga'jeɣɔs], Hauptstadt der Prov. Santa Cruz, Argentinien, (1980) 43 700 Ew.; Bischofssitz; Erdbebenwarte; Gefrierfleischfabrik, Wollwäscherei; Verladehafen für die Steinkohlenvorkommen

Rio Grande – Rio Grande do Norte **Rio Gr**

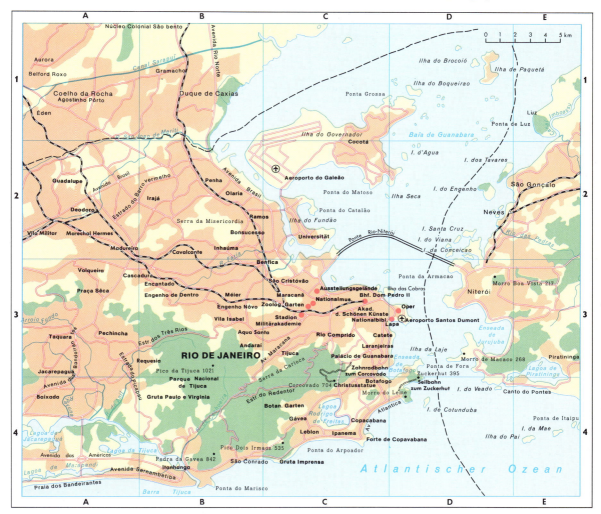

**Rio de Janeiro 1):** Lageplan

von El Turbio (Eisenbahnverbindung), für Schafhäute und Lammfleisch; Flugplatz (Luftwaffenstützpunkt); nahebei Erdgasförderung.

**Rio Grande, 1)** ['rriu 'grandi], Stadt im Staat Rio Grande do Sul, Brasilien, wichtiger Hafen am Ausgang der Lagoa dos Patos in den Atlantik; (1980) 124 700 Ew.; Bischofssitz; Univ., ozeanograph. Museum; Erdölraffinerie, Nahrungsmittel- (Fisch- und Fleischverarbeitung, Gemüsekonserven), Textil-, Lederindustrie; Flugplatz. – Gegr. 1737, 1745–63 Hauptstadt von Rio Grande do Sul.

**2)** ['rriu 'grandi], Fluß in Brasilien, → Paraná 3).

**3)** ['riːəʊ 'grændɪ, engl.], span. **Rio Grande del Norte** ['rrio-, ›Großer Fluß des Nordens‹], **Río Bravo del Norte** ['rrio-, ›Wilder Fluß des Nordens‹], Fluß in Nordamerika, 3 034 km lang, Einzugsgebiet 440 300 km². Der R. G. entspringt in 3 700 m ü. M. in den Rocky Mountains im Staat Colorado, USA, durchfließt New Mexico und ist ab El Paso Grenzfluß zw. den USA (Texas) und Mexiko (über 2 000 km). Vor dem Eintritt in die Golfküstenebene sind bis über 500 m tiefe Cañons ausgebildet; der R. G. mündet unterhalb von Matamoros in ein durch eine Barre gesperrtes Haff des Golfs von Mexiko. Wichtigste Nebenflüsse sind Pecos River (USA), Conchos und Salado (Mexiko). Die extrem schwankende Wasserführung (verheerende Hochwässer und streckenweise völlige Austrocknung) wurde durch Anlage von Staudämmen, v. a. oberhalb von El Paso und unterhalb von Laredo (Falcon Dam), ausgeglichen. Der durch die Trockengebiete im SW Nordamerikas fließende Strom dient in beiden angrenzenden Ländern der Bewässerung reicher Agrargebiete (rd. 1,2 Mio. ha, davon zwei Drittel in den USA).

**Río Grande de Santiago** ['rrio-], Zufluß zum Pazifik in Mexiko, → Lerma.

**Rio Grande do Norte** ['rriu 'grandi du 'nɔrti; portug. ›Großer Fluß des Nordens‹], Staat Brasiliens, an der NO-Ecke Südamerikas, 53 015 km², (1989) 2,278 Mio. Ew.; Hauptstadt ist Natal. Der größte Teil des Staates, die nördl. und nordöstl. Abdachung des Brasilian. Berglands, gehört zum Trockengebiet NO-Brasiliens (Sertão, mit Caatingavegetation) und kann nur durch extensive Viehzucht und Sammelwirtschaft (Karnaubawachs) genutzt werden; bedeutende Salzgewinnung aus den Strandseen. Feldbau ist auf die vom SO-Passat stärker beregnete O-Küste (1 200–1 700 mm Niederschlag/Jahr) und auf bewässerungsfähige Talböden beschränkt (Baumwolle, Zuckerrohr, Sisal, Mais, Reis u. a.); der ehem. Regenwald (Zona de Mata) ist hier gerodet. Geringe Industrie (Nahrungsmittel, Textilien, Leder u. a.) hat sich um Natal entwickelt. Im Planalto da Boroborema abbaufähige Bodenschätze (Wolfram, Zinn, Columbit). – Die ersten Siedlungen im heutigen R. G. do N. entstanden Ende des 16. Jh. bei Natal. Als Teil des Kapitanats Pernambuco stand das Gebiet 1630–54 unter niederländ. Herrschaft. 1817 sagte es sich vorübergehend von Pernambuco los; seit 1824 ist es ein eigener Gliedstaat Brasiliens.

**Rio Grande do Sul** ['rri 'grandi du 'sul; portug. ›Großer Fluß des Südens‹], der südlichste Staat Brasiliens, 282 184 km², (1989) 9,027 Mio. Ew.; etwa 30 % der Bev. sind deutschstämmig. Hauptstadt ist Pôrto Alegre. Der Staat liegt auf der Südabdachung des Brasilian. Berglandes. Das aus triass. Sandsteinen mit vulkan. Trappdecken aufgebaute Plateau (600–900 m ü. M.) im N fällt in Steilstufen zur Küstenebene und nach S, zum Rio Jacuí, ab. Dessen Tal ist ein wichtiges Agrargebiet Brasiliens (v. a. Reisanbau; erschlossen von portug. Siedlern). Der S des Staates wird von einem kristallinen Hügelland (bis 500 m ü. M.) eingenommen. Die Küstenebene ist durch Lagunen (v. a. Lagoa dos Patos, drei Viertel der Fläche der Lagoa Mirim) und Nehrungen charakterisiert. In der Vegetation überwiegen – sofern nicht vernichtet – baumloses subtrop. Grasland und Araukarienwälder, an den Steilstufen des Plateaus im N und am oberen Uruguay finden sich subtrop. Feuchtwälder. Bergbauprodukte sind Steinkohle (bei São Jerônimo), Kupfer-, auch Eisen-, Blei-, Wolfram- und Zinnerze sowie Edelsteine. Führend unter den brasilian. Staaten ist R. G. do S. in der Erzeugung von Reis, Weizen, Mais, Maniok, Sojabohnen (v. a. für den Export), Zwiebeln, Tabak und Wein sowie in der Viehwirtschaft. Wesentl. Anteil an der Entwicklung der Landwirtschaft haben dt. (seit 1824) und italien. Einwanderer (seit 1875) und deren Nachkommen (v. a. auf dem Plateau). In der Campanha des S Rinderzucht im Großgrundbesitz (Gauchos als Hirten) sowie Schafzucht; in den Kleinbetrieben (Minifundien) im SO und N Schweinezucht. Bedeutung hat auch die Fischerei. Die Verarbeitung von landwirtschaftl. Produkten bildet den wichtigsten Zweig der von den dt. Einwanderern stark beeinflußten Industrie; Nôvo Hamburgo ist das Zentrum der brasilian. Leder- und Schuhindustrie. Der wichtigste Hafen ist Rio Grande.
*Geschichte:* Die ersten Siedlungen in R. G. do S. waren Indianerreduktionen im NW und SW des Landes, die Anfang des 17. Jh. von Jesuiten aus Paraguay angelegt und um 1640 aufgegeben wurden, weil sie gegen die Sklavenjäger aus São Paulo nicht geschützt werden konnten. Die Grenzen des heutigen Staates wurden nach Auseinandersetzungen mit Argentinien (1827) und Paraguay (1865–70) festgelegt; separatist. Revolten gegen die Zentralregierung (1835–40, 1892–94) bedrohten die Eingliederung in den brasilian. Staatsverband. – Bis ins 19. Jh. waren nur die Küste und die baumfreien Gebiete des Innern (Campos limpos) besiedelt. Die ab 1824 stark einsetzende dt. Einwanderung führte zur Erschließung der Waldzone an den Südhängen der Serra Geral und des Tals des Rio Jacuí.

L. WAIBEL: Die europ. Kolonisation Südbrasiliens (1955); J. ROCHE: La colonisation allemande et le R. G. do S. (Paris 1959); D. VON DELHAES-GUENTHER: Industrialisierung in Südbrasilien. Die dt. Einwanderung u. die Anfänge der Industrialisierung in R. G. do S. (1973); V. RÖNICK: Das nordöstl. R. G. do S., Brasilien. Naturräuml. Gliederung u. wirtschaftl. Bewertung (1981).

**Riohacha** [rrio'atʃa], Hauptstadt des Dep. Guajira, NO-Kolumbien, (1984) 84 000 Ew.; kleiner Hafen an der Karibikküste; Tanninfabrik, Fischerei, Salzgewinnung; Flugplatz.

**Rioja** ['rrioxa], **1)** Prov. und deren Hauptstadt in Argentinien, →La Rioja.
**2)** autonome Region in Spanien, →La Rioja.
**3)** berühmtestes span. Rotweingebiet, in Kastilien, erstreckt sich rund 140 km (bei 30–40 km Breite) beiderseits des mittleren Ebro zw. Haro (Sitz des önolog. Instituts) und Alfaro, unterteilt in drei Bereiche: **R. Baja** unterhalb von Logroño, mit trockenem mediterranem Klima (unter 400 mm Jahresniederschlag; liefert einfache Weine), sowie das Gebiet oberhalb, das dank merklich ausgeglichenerem Klima (Jahresniederschlag um 450 mm) die eigentl. qualitätvollen Weine liefert: **R. Alta** v. a. rechts und **R. Alavesa** (400–600 m ü. M. am S-Fuß der Sierra de Cantabria; etwa 8 000 ha Rebland) links des Flusses (hauptsächlich um Laguarda); insgesamt rd. 46 000 ha Rebland, das v. a. mit Tempranillo (in der R. Alavesa 75 %) und Grenache (in der R. Baja 90 %) sowie der weißen Viura (→Macabeo) bestanden ist. Der **Rioja** ist ein Cuvéewein (überwiegend aus Tempranillo), der früher stets im Holzfaß ausgebaut wurde und daher einen merkl. Holzton hatte; heute werden 55 % aller Weine (darunter fast alle weißen und Rosés) ohne Faßlagerung (span. ›sin crianza‹) ausgebaut, 35 % kommen als Crianza (mindestens zwei Jahre alt, davon ein Jahr Faßlagerung), 7 % als Reserva (drei Jahre alt) und 3 % als Gran Reserva (zwei Jahre im Eichenfaß, drei Jahre auf der Flasche) auf den Markt. Bei einem Viertel der Weine wird die Kohlensäure-Maische-Gärung (→Macération carbonique) angewandt, v. a. durch die selbstvinifizierenden Winzer (Consechero-Weine). – Der Weinbau in der R. wurde nach 1850 als Folge des Mehltau- und später Reblausbefalls der Weinberge im Bordelais (sie wurden fast alle vernichtet) mit Hilfe von schweizer. Kapital entwickelt.

H. DUIJKER: Die großen Weine der R. (a. d. Holländ., Rüschlikon-Zürich 1987).

**Riom** [rjõ], Stadt im Dép. Puy-de-Dôme, Frankreich, 337 m ü. M., in der Limagne, nördlich von Clermont-Ferrand, (1990) 19 300 Ew.; Kunstmuseum, Volkskundemuseum der Auvergne; Elektroindustrie, Tabakmanufaktur u. a. Industrie. – R., das galloröm. **Ricomagus,** war seit 1360 Hauptstadt des neugeschaffenen Herzogtums Auvergne und blieb auch nach dessen Vereinigung mit der frz. Krone (1527) bis in 17. Jh. sein Verwaltungszentrum. – Am 18. 2. 1942 begann der von der Vichy-Reg. auf Verlangen HITLERS angestrengte **Prozeß von R.** gegen die ›Hauptverantwortlichen für die Niederlage‹ Frankreichs. Angeklagt waren führende Politiker und Generäle der III. Rep., u. a. L. BLUM, É. DALADIER, M. GAMELIN, P. REYNAUD. Als im Lauf des Verfahrens deutlich wurde, daß bes. der Vichy-Reg. Angehörige für die Defizite der frz. Rüstung bei Kriegsbeginn verantwortlich waren, mußte der Prozeß auf Veranlassung HITLERS am 11. 4. 1942 ohne Urteil abgebrochen werden. – R. ist reich an Baudenkmälern des 15. und 16. Jh. (u. a. Rathaus, Maison des Consuls, Hôtel Guimoneau). Vom Schloß der Herzöge der Auvergne ist die Sainte-Chapelle (1382–88) mit Glasgemälden des 15. Jh. erhalten. In der Kirche Notre-Dame-du-Marthuret (14./15. Jh.) Madonnenfigur des 14. Jh. (›Vierge à l'Oiseau‹).

**Rio Muni** ['rrio-], heute **Mbini,** Landesteil von →Äquatorialguinea.

**Rio Negro** [portug. 'rriu 'negru, span. 'rrio 'negro; span.-portug. ›schwarzer Fluß‹], im Oberlauf **Guainía,** größter linker Nebenfluß des Amazonas, etwa 2 200 km lang, davon 1 370 km in Brasilien, entspringt im Andenvorland in O-Kolumbien; über den →Casiquiare durch Bifurkation mit dem Orinoco verbunden; beim Übertritt in brasilian. Gebiet bereits 1,7 km, im Mittellauf bis 30 km breit, mündet (auf 2,5 km verengt) unterhalb von Manaus; für größere Schiffe auf 800 km schiffbar; in der Regenzeit Überschwemmungsgebiet von etwa 650 000 km$^2$. Der R. N. ist ein Schwarzwasserfluß.

**Río Negro** ['rrio-; span. ›schwarzer Fluß‹], **1)** Provinz in Argentinien, in N-Patagonien, 203 013 km$^2$, (1989) 466 700 Ew., Hauptstadt ist Viedma; vorwiegend Schafhaltung, am oberen R. N. Bewässerungsfeldbau; bedeutender Fremdenverkehr in →San Carlos de Bariloche.
**2)** Dep. von →Uruguay.
**3)** Zufluß zum Atlantik in S-Argentinien (Patagonien), rd. 650 km lang; Quellflüsse sind Río Limay und Río Neuquén; sein Wasser hat bei Neuquén einen Teil des Tals in eine Bewässerungsoase mit Obst- und Weinbau (›Argentin. Kaliforniens‹) verwandelt.
**4)** linker Nebenfluß des Uruguay, etwa 800 km lang, entspringt in S-Brasilien, durchquert Uruguay von NO nach SW und mündet unterhalb von Fray Bentos. Bei Paso de los Toros Stauanlagen mit Großkraftwerken Rincón del Bonete (1 400 km$^2$, installierte Leistung 128 MW) und Rincón del Baygorría (108 MW).

**Rioni** der, Fluß in Georgien, 327 km lang, entspringt im Großen Kaukasus, durchfließt die Kolchis und mündet bei Poti ins Schwarze Meer; durch Wasserkraftwerke und zur Bewässerung genutzt. Durch das Tal des oberen R. verläuft die Osset. Heerstraße.

**Rio-Pakt,** →Organization of American States.

**Riopelle** [rjɔ'pɛl], Jean-Paul, kanadischer Maler, * Montreal 7. 10. 1923; lebt seit 1947 in Paris, Vertreter des Action-painting. Er bedeckt seine Bildflächen rhythmisch spachtelnd mit meist aus der Tube gedrückten Farbstreifen, die in ihrem dichten Nebeneinander zu vibrieren scheinen. Seit den 1970er Jahren verwendet er auch Tier- und Landschaftsmotive; er schuf außerdem Bronzeplastiken in vegetativ wuchernden Formen, Lithographien, Aquarelle und Gouachen. BILD →Automatismus 2)
J. P. R. Peinture 1946–1977, bearb. v. P. SCHNEIDER u. a. Ausst.-Kat. (Paris 1981).

**Río Tinto** ['rrio-], Fluß in SW-Spanien, 93 km lang, entspringt am S-Hang der Sierra de Aracena (Sierra Morena), wird 4 km südlich von Huelva in den Marismas vom Río Odiel aufgenommen und mündet mit diesem nach weiteren 10 km in den Golf von Cádiz. Am Oberlauf liegt das Bergbaugebiet R. T., mit den Zentren **Minas de Riotinto** (1981: 6000 Ew.) und **Nerva** (7 600 Ew.), eines der reichsten Kupfererzvorkommen Europas. Neben Kupfererzen werden abgebaut (und verhüttet) Pyrite (85% Schwefel, 0,5–2,5% Kupfer) sowie Blei- und Zinkerze, z. T. im Tagebau, schon seit dem Altertum (Iberer, Phöniker, Karthager, Römer, Mauren). Das fast auf seiner gesamten Länge von einer der Erzbahnen begleitete Flußwasser ist durch Kupfererzlösungen rot gefärbt und lebensfeindlich (kaum Fische, wenig Ufervegetation). Erzhafen ist Huelva.

**Rio Tinto Zinc Corp. Ltd.** ['rɪəʊ 'tɪntəʊ zɪŋk kɔːpə'reɪʃn 'lɪmɪtɪd], →RTZ Corporation PLC.

**rip.,** Abk. für →Ripieno.

**R. I. P.,** Abk. für →requiescat in pace.

**Ripdorf,** Ortsteil (seit 1974) von Uelzen, Ndsachs.; namengebender Fundort (Brandgräberfeld) für die zur Eisenzeit. Jastorfgruppe (→Jastorf) im Gebiet der unteren Elbe gehörende **R.-Stufe** (300–150 v. Chr.), die durch weitbauchige Gefäße, Flügelnadeln, Spiralohrringe und Fibeln der Art der Mittel-La-Tène-Kultur gekennzeichnet ist.

**Ripen,** dt. Name der Stadt →Ribe in Dänemark.

**Ripener Freiheitsbrief,** von König CHRISTIAN I. von Dänemark am 5. 3. 1460 den Ständen des Herzogtums Schleswig und der Grafschaft Holstein gewährte Privilegien, erteilt anläßlich seiner Wahl zum Landesherren des dän. Lehns Schleswig und des dt. Lehns Holstein. Der R. F. sicherte die unter den ausgestorbenen Holsteiner Schaumburgern entstandene Einheit von Schleswig und Holstein (›... dat se bliven ewich tosamende ungedelt‹) weiterhin zu und begründete die bis 1863 währende Personalunion mit Dänemark.
J. M. PETERS: Der Ripener Vertrag, in: Bl. für dt. Landesgesch., Bde. 109–111 (1973–75).

**Riphahn,** Wilhelm, Architekt, * Köln 25. 7. 1889, † ebd. 27. 12. 1963; Vertreter des Funktionalismus; ab 1915 in Köln tätig, wo er Siedlungs-, Wohn-, Geschäfts- und Industriebauten errichtete.
**Werke** (alle Köln): Indanthren-Haus (1930); Aussichtsrestaurant Bastei (1921–24, im Krieg zerstört, 1958 von R. leicht verändert wiederaufgebaut); Opernhaus (1955–57); Schauspielhaus (1959–62).

**Riphäikum** [zu Rhiphaia, dem Namen eines sagenhaften Gebirges im unbekannten N der Erde] das, -s, Geologie: das jüngere Proterozoikum (→Präkambrium).

**Ripieno** [italien. ›voll‹] das, -(s)/-s und ...ni, Abk. **R, rip.,** bezeichnet im 17./18. Jh. im Ggs. zu den solistisch konzertierenden Stimmen das volle Orchester (Tutti) und überhaupt alle mehrfach besetzten Stimmen, auch im Chor. Bes. im →Concerto grosso steht das R. dem solist. Concertino gegenüber. **Ripienisten** sind entsprechend Orchestermusiker oder Sänger ohne solist. Aufgaben. – Bei der Orgel heißt R. svw. Organo pleno.

**ripikol** [zu lat. ripa ›Ufer‹ und colere ›bewohnen‹], gesagt von uferbewohnenden Organismen.

**Ripley** ['rɪplɪ], George, amerikan. Schriftsteller und Reformer, * Greenfield (Mass.) 3. 10. 1802, † New York 4. 7. 1880; war unitar. Geistlicher in Boston, Mass. (1826–41), geriet jedoch, auch als Folge seiner Vertrautheit mit der dt. idealist. Philosophie, die er in Übersetzungen mit FREDERIC HENRY HEDGE (* 1805, † 1890) herausgab (›Specimens of foreign standard literature‹, 15 Bde., 1838–45), in Widerspruch zu religiösen Lehrmeinungen und verfolgte seine liberalen Ideen als einer der führenden Vertreter des →Transzendentalismus. Er arbeitete an den Zeitschriften ›The Dial‹ und ›The Harbinger‹ mit und leitete die sozialutop. Kommune →Brook Farm. Später war er einflußreicher Literaturkritiker der ›New York Tribune‹ (1849–80) und Herausgeber enzyklopäd. Werke (›New American cyclopaedia‹, 16 Bde. (1858–63).
**Weitere Werke:** Discourses on the philosophy of religion (1836). – **Hg.:** Handbook of literature and fine arts (1852).
C. CROWE: G. R.: transcendentalist and utopian socialist (Athens, Ga., 1967); H. L. GOLEMBA: G. R. (Boston, Mass., 1977).

George Ripley

**Ripolikultur,** mittel- bis spätjungsteinzeitl. Kulturgruppe im östl. Mittelitalien, benannt nach der Fundstelle Ripoli de Corropoli (Prov. Teramo); gekennzeichnet durch eine von der dalmatin. Danilokultur beeinflußte polychrom bemalte Keramik.

**Ripoll,** Stadt in der Prov. Gerona, NO-Spanien, in Katalonien, 682 m ü. M., am S-Hang des Collado de Ares nahe der frz. Grenze, am Ter, (1986) 12 200 Ew.; Textilindustrie, Sportflugzeugbau; in der Umgebung Kohlegruben. – Das Benediktinerkloster Santa Maria (im 6. Jh. vom Westgotenkönig REKKARED I. gegr., von den Arabern zerstört) wurde ab dem 9. Jh. wiederaufgebaut und war jahrhundertelang das Kulturzentrum Kataloniens; die reichen Skulpturen am Portal der Basilika (11.–12. Jh.) gelten als Meisterwerk der romanischen Bildhauerei Kataloniens; Kreuzgang (12.–15. Jh.) und volkskundl. Museum Sant Pere. BILD S. 438

**Ripoll:** Skulpturen am Portal der Basilika im Kloster Santa Maria; 11.–12 Jh.

**Ripon** [ˈrɪpən], Stadt in der Cty. North Yorkshire, N-England, am Ure, (1981) 12 000 Ew. – Von der Kirche des im 7. Jh. gegründeten Augustinerstifts ist nur die Kryptenanlage erhalten und in den 1180 begonnenen frühgot. Neubau integriert. Der Kirche, seit 1836 Kathedrale, fehlen heute die Steilhelme der beiden Westtürme und des Vierungsturms. – Südlich von R. liegen → Fountains Abbey und das Landhaus **Newby Hall,** um 1720 von C. Campbell erbaut, mit Säulenportikus im Stil Palladios; 1767–85 von R. Adam umgestaltet.

**Riposte** [italien., zu riporre, von lat. reponere ›dagegensetzen‹, ›dagegenstellen‹] die, -/-n, ein Hieb (Nachhieb) im → Fechten.

**Rippe,** 1) *Anatomie:* → Rippen 1).
2) *Baukunst:* i. e. S. nur der tragende Teil einer Decke oder eines Gewölbes. Die R. bildet das Gerüst, das die nichttragenden Teile (Kappen) des Gewölbes abfängt. R. sind meist sichtbar, können aber auch in oder über der Gewölbeschale liegen. Man unterscheidet Wand-, Gurt-, Kreuz-, Flecht- oder Diagonal-R. Vom Querschnitt der R. ausgehend spricht man von Band-, Stab-, Birnstabrippen. I. w. S. sind R. auch die nichttragenden rippenförmigen Zierteile einer Decke oder eines Gewölbes.
3) *Technik:* ein Konstruktionsteil, das i. a. zur Querversteifung flächiger Bauteile dient. Im Flugzeugbau z. B. stellen die R. die formgebenden Teile des Tragflächen- und Leitwerksquerschnitts (Profil) dar.

**Rippelmarken, Rippeln, Wellenfurchen,** durch Wasser- oder Windströmung verursachte parallele, gerade oder schwach gebogene, niedrige (meist nur wenige Zentimeter hohe) Kämme und Furchen

**Ripon:** Südostansicht der Kathedrale; 1180 begonnen

auf Sand, Schlamm oder Schnee, v. a. im Wattenmeer und auf Dünensand. Fossile R. finden sich in sandigen Gesteinen (Grauwacke, Buntsandstein).

**Rippen,** 1) *Anatomie:* **Costae,** bei Wirbeltieren und dem Menschen spangenartige, paarige Knochen, die beim Menschen mit Wirbelsäule und Brustbein das knöcherne Gerüst des → Brustkorbs aufbauen. Der Mensch besitzt insgesamt zwölf R.; die über einen knorpeligen Fortsatz mit dem Brustbein verbundenen R. 1 bis 7 werden als **echte R.** bezeichnet; die nur untereinander durch die Knorpelenden verbundenen R. 8 bis 10, die **Bogen-R.,** bilden den R.-Bogen im unteren Teil des Brustkorbs. – Die Zahl der R. bei den versch. Wirbeltieren ist sehr unterschiedlich. Die Gräten der Fische werden als ventrale R. angesehen, bei den Lungenfischen kommen auch in der Kopfregion ansetzende Kopf-R. vor. Bei Lurchen sind die R. weitgehend rückgebildet; bei Schlangen tragen alle Wirbel R., die bei der schlängelnden Fortbewegung eine Rolle spielen. Bei Vögeln besitzt jede R. einen Fortsatz, der zur nächsten R. reicht; dies dient der Stabilisierung des Brustkorbes beim Flügelschlag.
2) *Botanik:* **Blatt-R.,** Strukturen des → Blattes 1).

**Rippenbruch,** durch Gewalteinwirkung hervorgerufener, meist den mittleren Brustkorbbereich betreffender Bruch einer Rippe. Kennzeichnend sind v. a. bei tiefer Atmung, Husten und Lachen auftretende heftige Schmerzen und ein Druckschmerz an der Bruchstelle. Bei schweren Brüchen kann es durch Verschiebung der Bruchenden nach innen zur Verletzung des Lungengewebes mit Blutungen oder zur Durchspießung nach außen mit Entstehung eines → Pneumothorax kommen (auch in Kombination).

Die *Behandlung* besteht meist in der Anlegung eines festen Brustkorb- oder Heftpflasterverbandes und Verabreichung schmerzstillender Mittel, bei Serienbrüchen (Gefahr lebensbedrohl. Atemstörungen) ggf. in Druckbeatmung.

**Rippenfarn, Blechnum,** größte Gattung der R.-Gewächse (Blechnaceae) mit etwa 200 Arten mit besonderer Verbreitung auf der Südhalbkugel; fast ausschließlich erd- oder felsbewohnende Farne mit kriechenden oder aufrechten Achsen, manchmal baumförmig; Blätter fast stets gefiedert, häufig sind die sterilen deutlich von den fertilen (sporentragenden) Wedeln verschieden. So auch bei der einzigen heim. Art, dem in den gemäßigten Gebieten der Nordhalbkugel verbreiteten, kalkmeidenden **Wald-R.** (Blechnum spicant) mit überwinternden, rosettenartig ausgebreiteten, länglich-lanzettförmigen, kammartig schmalen, fertilen Blattwedeln mit sehr viel schmaleren Blattabschnitten; vorwiegend in feuchten, schattigen Fichten- und Eichen-Birken-Wäldern. Einige trop. Arten sind dekorative Zimmerpflanzen.

**Rippenfell, Pleura parietalis,** Abschnitt des äußeren Brustfellblatts.

**Rippenfell|entzündung, Brustfell|entzündung, Pleuritis,** Entzündungsvorgänge im Bereich der Pleurablätter (Brustfell mit Rippenfell); sie treten überwiegend als Folge entzündl. Erkrankungen der Brustorgane wie bakteriellen oder viralen Infektionen der Atmungsorgane (Lungenentzündung, Lungentuberkulose) oder des Oberbauchs (Bauchspeicheldrüsenentzündung, paranephrit. Abszeß), aber auch bei bösartigen Tumoren, Lungenembolie, Kollagenosen (Erythematodes) oder durch Infektionen bei perforierender Brustwandverletzung auf.

Hauptformen sind die **trockene R. (Pleuritis sicca),** bei der die Verschiebbarkeit der glatten serösen Pleuraschichten durch Auflagerung von Entzündungsprodukten (Fibrin) behindert wird, wodurch es zu Reibegeräuschen kommt, die beim Abhorchen feststellbar sind, und die **feuchte R. (Pleuritis exsudativa),** die z. T. auch aus der trockenen Form hervorgehen kann. Bei

ihr kommt es zu einem →Pleuraerguß, der einen Druck auf die Lunge und das Mittelfell ausübt und das Herz nach der gesunden Seite verschieben kann.
Die *Symptome* bestehen in stichartigen Schmerzen, bes. bei der Atmung und beim Husten, bei der feuchten R. in zunehmender Atemnot mit Druck- und Beklemmungsgefühlen und teils hohem Fieber. Als Folge der R. können Schwarten und Schwielen zurückbleiben, die die Atmung behindern und die Ausbildung eines Lungenemphysems begünstigen. Die Diagnose wird durch Abklopfen (veränderter Klopfschall bei feuchter R.) und Röntgenuntersuchung gestellt. Diagnost. und therapeut. Zwecken dient die Pleurapunktion bei Pleuraerguß, ggf. mit Drainage.

**Rippenmolche, Pleurodeles,** Gattung 15–30 cm langer Molche in warmen Gewässern Spaniens und NW-Afrikas, bei denen die Rippenspitzen an den Flanken warzige Erhebungen bilden und die Haut nach außen durchstoßen können (haben wahrscheinlich Abwehrfunktion).

**Rippenquallen, Kammquallen, Ctenophora,** meist zeitlebens frei im Meer schwimmende, durchsichtige →Hohltiere mit etwa 80 disymmetrisch (mit zwei senkrecht aufeinander stehenden Symmetrieachsen) gebauten Arten von meist 5–50 mm Länge (max. 1,5 m). Sie sind die einzigen rezenten Vertreter der Acnidaria (Aknidarier). Die Fortbewegung erfolgt mit acht Wimpernplättchenreihen (Rippen), die den meist birnen- oder mützenförmigen Körper meridianartig umgeben. Die Nahrung (Plankton) wird mit den beiden sehr dehnbaren, oft vielverzweigten Tentakeln erbeutet, die als Fangorgane Klebzellen (Kolloblasten) anstelle der Nesselzellen der anderen Hohltiere (→Nesseltiere) tragen. An dem der Mundöffnung gegenüberliegenden Körperpol befindet sich eine Statozyste (→Gleichgewichtssinn). Die Entwicklung der zwittrigen R. erfolgt direkt; R. sind z. B. die →Seestachelbeere, die →Melonenquallen und die bandartigen →Venusgürtel.

**Rippenrohr,** rohrförmiges Bauteil von Wärmeübertragern, das zur Verbesserung der übertragbaren Leistung Rippen aus gut wärmeleitendem Metall besitzt, die die Oberfläche des Rohres vergrößern.

**Rippensame, Pleurospermum,** Gattung der Doldengewächse mit rd. 25 Arten zw. Amur und Kaukasus; in den Gebirgen Europas nur eine Art, die bis über 1 m hohe **Österreichische R.** (Pleurospermum austriacum); mit gefurchtem, röhrigem Stengel, dunkelgrünen, glänzenden, stark gefiederten Blättern und 12- bis 20strahligen Blütendolden.

**Rippentabak,** Rauchtabak aus den gewalzten Mittelrippen der Blätter. Durch Tiefkühlung und/oder heiße Gase oder Dampf quellen selbst starke Rippen so auf, daß sie, bauschig und kraus, gut schneidbar sind.

**Rippl-Rónai** [-'ro:nɔi], József, ungar. Maler und Graphiker, * Kaposvár 23. 5. 1861, † ebd. 25. 11. 1927; studierte an der Kunstakademie in München und war in Paris (ab 1887) Schüler von M. MUNKÁCSY, schloß sich jedoch bald den Nabis an. Er nahm auch Anregungen von J. WHISTLER auf. Seine Entwürfe für Inneneinrichtungen, Kartons für Wandteppiche und Bucheinbände stehen dem Jugendstil nahe. Nach seiner Rückkehr (1902) entwickelte er seinen ›Maiskörnerstil‹, eine Variante des Pointillismus. In seiner Spätphase (v. a. Porträts und Landschaften) bevorzugte er Pastellfarben.

**Rippolds|au-Schapbach, Bad R.-S.,** Gem. im Kr. Freudenstadt, Bad.-Württ., in N-Schwarzwald, 564 m ü. M., am Fuß des Kniebis im Wolfachtal, (1991) 2 550 Ew. Im Ortsteil **Rippoldsau** Mineral- und Moorbad (gegen Herz-, Gefäß-, rheumatische und Stoffwechselerkrankungen). Der Ortsteil **Schapbach** ist Luftkurort.

**Rippware,** *Textiltechnik:* hochelast. Maschenware mit gleicher Vorder- und Rückseitenmusterung, die v. a. zu Unterwäsche, Ripprändern an Pullovern, Strickjacken usw. verarbeitet wird.

**Ripresa** [italien. ›Wiederholung‹] *die, -/...sen, Musik:* 1) die →Reprise; 2) der Refrain in italien. Gesangsformen.

**Rips** [von engl. ribs ›Rippen‹], *der, -es/-e, Textiltechnik:* geripptes Gewebe in einer abgeleiteten Leinwandbindung, bei der man in Schuß oder Kette auf einen Querfaden zwei oder mehrere Fäden einträgt, die dann von den senkrecht zu ihnen verlaufenden Fäden weitgehend verdeckt werden. Hierbei bilden sich bei den **Quer-** oder **Kettripsen** Querrippen, bei denen auf beiden Seiten das Kettmaterial obenauf liegt und den Warencharakter bestimmt, bzw. bei den **Längs-** und **Schußripsen** Längsrippen, bei denen an der Oberfläche das Schußmaterial sichtbar ist. Sind die Rippen ungleich breit, so bezeichnet man die Gewebe als **gemischte Quer-** bzw. **Längsripse.**

**Rip|strömung** [zu engl. to rip ›(zer)reiben‹], strahlförmig konzentrierte Rückströmung in der Brandungszone.

**Ripuarier** [zu lat. ripa ›Ufer‹], spätmerowing. Bez. (frühes 8.Jh.) für die rheinfränk. Bewohner des Gebiets um Köln, das Ribuarien genannt wurde.

**Ripuarisch,** →deutsche Mundarten.

**Ripuarisches Gesetz,** das →Ribuarische Gesetz.

**Riquewihr** [rik'vi:r, frz.], Stadt im Oberelsaß, →Reichenweier.

**Ris,** Günter Ferdinand, Maler und Bildhauer, * Wiesdorf (heute zu Leverkusen) 16. 5. 1928; gestaltete, von einer konstruktivist. Malweise ausgehend, Objekte aus Kugelsegmenten, ›paysages architecturaux‹ aus ineinandergeschobenen Ebenen und Kreissegmenten in weißem Kunststoff sowie Lichtwände und -pfeiler aus Edelstahl (›Lichtfeldspiegel‹ vor dem Stadthaus in Bonn, 1975–78).
D. STEMMLER: G. F. R., Lichtwände, Lichtpfeiler, Lichtfelder (1983).

**Risa** [russ.] *die, -/...sen,* Priestergewand der russ.-orth. Kirche; bei russ. Ikonen bes. seit dem 16.Jh. eine kostbar verzierte Verkleidung aus Edelmetall, die häufig nur Gesicht und Hände freiläßt.

**Risalit** [italien., zu risalire ›hervorspingen‹] *der, -s/-e, Baukunst:* Teil eines Gebäudes, der über dessen Fluchtlinie in ganzer Höhe um ein geringes hervortritt, bes. bei Barockbauten; man unterscheidet Mittel-R., Seiten-R. und Eckrisalit.

**Risaralda,** Dep. in →Kolumbien.

**Rischon Le Zion, Rishon Leziyyon,** Stadt in Israel, im Dünengelände südlich von Tel Aviv-Jaffa, (1990) 125 000 Ew.; vielseitige Industrie, Weinkelterei. – 1882 als erste jüd. landwirtschaftl. Siedlung gegr.; seit 1950 Stadt.

**Rise** [mhd.] *die, -/-n,* Bez. des Wangen, Kinn und Hals bedeckenden Teiles oder auch der gesamten aus Kinn- und Kopfschleier bestehenden Leinenhaube der verheirateten Frau im 13.–14. Jh.; zeitgenöss. Quellen erwähnen weiße und rote Risen.

**Rishonen** [riʃ-, Kw.], Sg. **Rishon** *das, -s,* hypothet. Elementarteilchen als Konstituenten von Quarks und Leptonen (→Präonen); nach dieser Hypothese wären alle Elementarteilchen aus den R. ›Tohu‹ und ›Vohu‹ aufgebaut.

**Risi,** Dino, italien. Filmregisseur, * Mailand 23.12. 1916; begann mit kurzen Dokumentarfilmen und drehte 1952 seinen ersten Spielfilm. R. ist ein Vertreter der italien. Gesellschaftskomödie.
Filme: Liebe, Brot u. 1 000 Küsse (1955); Verliebt in scharfe Kurven (Il sorpasso, 1962); Der Duft der Frauen (1974); Ein Sack voller Flöhe (Primo amore, 1978); Die zwei Gesichter einer Frau (1980); Teresa (1987); Die Kraft zu leben (1988, Fernsehfilm).

**Risiko** [von älter italien. ris(i)co, eigtl. ›Klippe (die zu umschiffen ist)‹] *das, -s/-s* und *...ken,* österr. meist *Risken,* **Wagnis,** die Möglichkeit, daß eine Handlung oder Aktivität einen körperl. oder materiellen Schaden oder Verlust zur Folge hat oder mit anderen Nachteilen verbunden ist, im Unterschied zur Gefahr, die eher eine unmittelbare Bedrohung bezeichnet. Von R. spricht man nur, wenn die Folgen ungewiß sind. Ein sicherer Verlust ist kein Risiko. Risiko ist i. d. R. mit einer menschl. Handlung verbunden, oft, aber nicht zwingend im Sinne eines bewußt eingegangenen, ›kalkulierten‹ Risikos. Dies führt zum entscheidungsorientierten R.-Begriff, da alle menschl. Tätigkeiten (z. B. das Wirtschaften in Unternehmen, in Haushalten, der Bau und der Betrieb techn. Großprojekte oder die Teilnahme am Straßenverkehr) auf Entscheidungen beruhen, die auch dann getroffen werden müssen, wenn nicht alle relevanten Informationen bekannt sind. Dieses Informationsdefizit kann dazu führen, daß die mit den Entscheidungen verbundenen Zielsetzungen und Erwartungen nicht oder nicht vollständig erfüllt werden. Betrachtet man lediglich die ungünstigen Abweichungen zw. Plan und Realisation, so spricht man von **reinen R.** (z. B. der Absturz eines Flugzeuges). Berücksichtigt man auch die mit den verschiedenen Tätigkeiten verbundenen Chancen, d. h. günstige Abweichungen zw. Plan und Realisation, so spricht man von **spekulativen R.** (z. B. bei Wertpapiergeschäften). Von besonderer wirtschaftl. Bedeutung sind **versicherbare R.:** Haushalte und Unternehmen können finanzielle Folgen bestimmter R. auf Versicherungsunternehmen überwälzen, die dann das versicherungstechn. R. zu tragen haben. Für die Beurteilung und Festlegung des Sicherheitszustands von Produkten wie Haushaltsgeräten, Kraft- und Luftfahrzeugen, Staudämmen und Pharmazeutika ist die Abschätzung des technischen R. wichtig.

Historisch hat der Begriff R. seinen Ursprung in der Handelsschiffahrt des 17. Jh. und fand dann Verwendung v. a. in der Versicherungswirtschaft, bei Kapitalanlagen und im Glücksspiel. Bes. in den letzten Jahrzehnten erlebte die R.-Forschung, bedingt durch die zunehmende öffentl. Besorgnis um die mögl. Gefahren von Großtechnologien (z. B. Kernenergie, Gentechnologie), einen steilen Aufschwung und stellt heute ein eigenes fächerübergreifendes Forschungsgebiet dar, das sich sowohl mit der Abschätzung als auch der Bewertung und Akzeptanz von R. sowie dem Einsatz risikopolit. Instrumente (→ Risikopolitik) befaßt.

### Risikomaße

Während über die qualitative Definition von R. weitgehend Einigkeit herrscht, ist die quantitative Messung von R. umstritten. Das heute vorherrschende R.-Maß ist der erwartete Verlust, d. h. die Höhe der mögl. Verluste oder Schäden (Schadensausmaß), multipliziert mit den Wahrscheinlichkeiten ihres Eintretens (Schadenswahrscheinlichkeiten). Ein R. ist um so größer, je höher Eintrittswahrscheinlichkeit und Ausmaß des potentiellen Verlustes (oder Schadens) sind. R. kann somit als meßbare Ungewißheit angesehen werden, insoweit sich die Möglichkeiten eines Mißerfolgs wahrscheinlichkeitstheoretisch quantifizieren lassen.

Häufig werden auch vereinfachte **R.-Indikatoren** verwendet. Solche sind z. B. die Anzahl Todesfälle in einer Population, die eine Aktivität pro Jahr verursacht, die Wahrscheinlichkeit pro Stunde der Ausübung oder des Ausgesetztseins zu Tode zu kommen oder der Verlust an Lebenserwartung durch eine riskante Aktivität. Bei solchen R. einer Population (Kollektiv-R.) ist das meist zeitraumbezogene Schadensausmaß eine variable Größe. Demgegenüber wird das R. einer Person oder eines Objekts (Individual-R.) für ein bestimmtes Schadensausmaß angegeben und als Wahrscheinlichkeit bezeichnet, mit der das Individuum ggf. in einem bestimmten Zeitraum den betrachteten Schaden (z. B. Tod durch Unfall) erleidet. Bei der Betrachtung von R.-Indikatoren ist Vorsicht geboten, da das Ergebnis von der verwendeten Bezugsgröße abhängt. So ist etwa das Fliegen in einem Verkehrsflugzeug pro Stunde der Ausübung etwas riskanter als die Teilnahme am Straßenverkehr. Bezogen auf die zurückgelegte Entfernung ist das Flugzeug aber i. d. R. deutlich sicherer. Auch können R.-Indikatoren zu falschen Schlußfolgerungen führen, wenn sie R. von Ereignissen widerspiegeln, die zwar äußerst unwahrscheinlich, aber mit einem sehr großen Schadensausmaß verbunden sind. – Zum Gesundheitswesen → Risikofaktoren.

### Risikoabschätzung

Da R. sich immer auf die Zukunft bezieht, handelt es sich bei seiner Angabe immer um eine prospektive Schätzung. Die Wahrscheinlichkeiten von Schäden, die relativ häufig zu beobachten sind (z. B. Verkehrsunfälle, Erkrankungen), können aus den Häufigkeiten ihres Eintretens in der Vergangenheit und der Annahme, daß sich hieran in der Zukunft nichts ändern wird, abgeschätzt werden. Nach diesem Prinzip werden i. d. R. Versicherungsprämien berechnet und regelmäßig angepaßt. Für viele R. gibt es jedoch keine histor. Daten, weil Unfälle bisher zu selten eintreten (z. B. Kernkraftwerke, neue Flugzeugtypen) oder ihr Einfluß so gering oder langfristig und mit so vielen anderen Faktoren vermischt ist, daß er nicht direkt beobachtet werden kann (z. B. Schadstoffe in der Nahrung). In solchen Fällen kann das R. mittels **R.-Analysen** (Sicherheits-, Störfallanalysen) geschätzt werden. Hierzu bedient man sich der Techniken der Ereignisablaufanalyse und v. a. der →Fehlerbaumanalyse. Bes. problematisch bei solchen probabilist. R-Analysen ist die Tatsache, daß zum Zeitpunkt der Analyse (noch) unbekannte Phänomene und Wirkungszusammenhänge nicht berücksichtigt werden können. So liegen die Ursachen von Störfällen in großtechn. Anlagen oft in Ereignisketten, die in den R.-Analysen nicht bedacht wurden, wobei das menschl. Versagen in Form von Konstruktions-, Wartungs- und Bedienungsfehlern eine große, offenbar unzureichend abzuschätzende Rolle spielt.

### Risikobewertung

Aus ethischer Sicht stellt sich die Forderung, R. nur dann einzugehen, wenn ihnen ein adäquater Nutzen gegenübersteht. So ist z. B. das R. einer medizin. Behandlung mit dem R. der unbehandelten Erkrankung zu vergleichen. Nur wenn das R. der Behandlung geringer ist als das der Erkrankung, ist die Behandlung in Erwägung zu ziehen. Darüber hinaus stellt sich die Frage, welche R. grundsätzlich akzeptabel sind, bzw. welche R. selbst bei noch so hohem mögl. Nutzen nicht akzeptabel sind. Bei der Beantwortung dieser Frage wird i. d. R. versucht, zu erfassen, welche R. in einer Gesellschaft gewohnheitsmäßig akzeptiert werden, um hieraus Maßstäbe für die Beurteilung der Akzeptanz neuer R. zu gewinnen.

Es zeigt sich, daß persönl. R.-Akzeptanz ganz wesentlich von teils subjektiven Faktoren abhängt. So werden – bei gleichem Nutzen – freiwillig (z. B. beim Sport) wesentlich höhere R. akzeptiert, als wenn man dem R. unfreiwillig ausgesetzt ist (z. B. durch chem. Fabriken); die R.-Akzeptanz ist höher, wenn man glaubt, das R. selbst zu kontrollieren (z. B. beim Autofahren), als wenn man keine eigene Kontrolle ausübt (z. B. beim Fliegen); häufigere individuelle Unfälle werden eher akzeptiert als seltene katastrophale, bei denen viele Menschen gleichzeitig betroffen sind; R., deren Folgen unmittelbar sind, erscheinen akzeptabler als solche mit verzögerten Folgen (z. B. radioaktive Strahlung).

Die Frage, welche R. für den einzelnen, für Gruppen, Organisationen oder für die Gesellschaft akzeptabel sind, kann nicht objektiv, z. B. im Sinne wissenschaftlich-rationaler R.-Abschätzungen beantwortet werden, sondern muß der persönl. oder unternehmer. Entscheidung sowie der gesellschaftl. und polit. Diskussion überlassen bleiben (→ Risikogesellschaft).

⇒ *Fortschritt · Gentechnologie · Kernenergie Schadstoffe · Sicherheit · Technikfolgenabschätzung Umweltverträglichkeitsprüfung · Verantwortung*

A. F. FRITZSCHE: Wie sicher leben wir? R.-Beurteilung u. -bewältigung in unserer Gesellschaft (1986); Leben ohne R.?, hg. v. G. HOHLNEICHER u. a. (1989); Riskante Entscheidungen u. Katastrophenpotentiale, hg. v. J. HALFMANN u. a. (1990); Risk, organizations and society, hg. v. M. SHUBIK (Dordrecht 1991).

**Risikofaktoren,** Begriff der Sozialmedizin, der Gesundheitsvorsorge und Epidemiologie (Morbiditäts-, Mortalitätsstatistik), der die anlage-, umwelt- und verhaltensbedingten Einflüsse bezeichnet, die nach empir. Erkenntnissen die Wahrscheinlichkeit des Auftretens bestimmter Krankheiten wesentlich erhöhen, wobei der Wirkungsmechanismus häufig nicht vollständig bekannt ist. Zu den psychosozialen R. für die Herz-Kreislauf-Krankheiten (Arteriosklerose, Herzinfarkt) gehören v. a. Alkoholmißbrauch und Rauchen, einseitige Ernährung, Überernährung, Streß, mangelnde körperl. Aktivität, krankheitserregende Arbeitsstoffe; zu den medizin. R. gehören genet. Faktoren, Übergewicht, Bluthochdruck, Hypercholesterinämie, Diabetes mellitus. (→Gesundheit, →Krebs)

Die Wirkung eines R. wird z. T. durch Hinzutreten eines weiteren wesentlich verstärkt; der Anteil eines einzelnen Faktors an der Krankheitsentstehung ist meist schwer abschätzbar.

Als **Risikoindikatoren** werden Merkmale bezeichnet, die (bei fließenden Übergängen) nur mittelbar an der Krankheitsentstehung beteiligt sind, z. B. soziale Umstände beim Auftreten von Infektions- und Mangelkrankheiten (v. a. in den Entwicklungsländern), Homosexualität und Prostitution bei der Erkrankung an AIDS, oder als Befund auf das Bestehen eines R. hinweisen, z. B. erhöhte Blutfettwerte.

**Risikogesellschaft,** Begriff der Sozialwissenschaften, der in seiner Fassung durch den Soziologen ULRICH BECK (* 1944) seit Mitte der 1980er Jahre zunächst in der Fachdiskussion, dann aber auch in anderen Disziplinen wie Politik- und Rechtswissenschaft, in Pädagogik und polit. Bildung sowie in der polit., publizist., gewerkschaftl. und ökolog. Diskussion zunehmend an Bedeutung gewonnen hat. Der Begriff bezeichnet eine moderne Gesellschaft unter dem Aspekt, daß die sozialen, polit., wirtschaftl. und individuellen Risiken durch einen industriegesellschaftl. Fortschritt hervorgerufen werden, der sich zunehmend den herkömml. Kontroll- und Sicherungsvorkehrungen dieser Gesellschaft entzieht. R. thematisiert damit auch die Frage nach dem Umgang mit der Existenz solcher Risiken.

### Dimensionen des Begriffs

Im Bereich der sozialen und polit. Institutionen, im Bereich des Alltagsbewußtseins und in den Medien treten die Verwerfungen, Überforderungen, das interessegeleitete Aufdecken ebenso wie das profitorientierte Verschweigen von gesellschaftlich und industriell produzierten Gefahren in den Blick. Während andere sozialwissenschaftl. Konzeptionen die Zukunft der Industriegesellschaft in einer postmodernen oder postindustriellen Gesellschaft sehen, stellt der Entwurf der R. die Weiterentwicklung der Industriegesellschaft unter zwei gegenläufigen Tendenzen dar: zum einen als Fortsetzung der bisherigen Entwicklungstendenzen (Modernisierung, Rationalisierung, techn. Fortschritt), zum anderen weist R. auf Reibungsverhältnisse hin, die in der Fortführung dieser Tendenzen zugleich die Verhandlungsgrundlagen der Gesellschaftsform gefährden. In der R. werden die Verteilungskonflikte um die gesellschaftlich erzeugten Güter und Reichtümer (Einkommen, Arbeitsplätze, soziale Sicherheit), die den Grundkonflikt der klass. Industriegesellschaft ausgemacht und in ihren Lösungsversuchen deren institutionelles Gepräge bestimmt hatten, von einem Zurechnungskonflikt überlagert. Dieser brennt darüber, wie die Folgen mit der Güterproduktion einhergehenden Risiken (der atomaren und chem. Großtechnologie, der Genforschung, der Umweltgefährdung, der militär. Hochrüstung und der zunehmenden Verelendung der außerhalb der westl. Industriegesellschaften lebenden Menschheit) verteilt, abgewendet, gesteuert und legitimiert werden können.

In einem eher gesellschaftstheoret. und kulturdiagnost. Verständnis bezeichnet der Begriff historisch einen Abschnitt der Moderne, in dem die mit dem bisherigen Weg der modernen Gesellschaft erzeugten Gefährdungen im Begriff sind, ein Übergewicht zu erlangen, so daß sich nun die Frage nach der Selbstbegrenzung dieser Entwicklung ebenso stellt wie die Aufgabe, die bisher erreichten sozialen Standards (an Verantwortlichkeit, Sicherheit, Kontrolle, Schadensbegrenzung und Verteilung von Schadensfolgen) im Hinblick auf Gefahrenpotentiale neu zu bestimmen. Diese entziehen sich jedoch nicht nur dem Vorstellungsvermögen, sondern auch der wiss. Bestimmbarkeit. Moderne Gesellschaft wird also mit den Grundlagen und Grenzen ihres eigenen Modells konfrontiert gerade in dem Maße, wie sie sich im Rahmen ihrer eigenen Entwicklungsbestrebungen bewegt.

Der Begriff der R. setzt hier an, um in drei versch. Bezugsbereichen die Lage der einzelnen Gesellschaftsmitglieder und die Grundlagen der Gesellschaft insgesamt zur Sprache zu bringen. Es handelt sich dabei zum einen um das Verhältnis der modernen Industriegesellschaft zu den Ressourcen von Natur und Kultur, auf deren Existenz sie aufbaut, deren Bestände sie im Zuge einer sich durchsetzenden Industrialisierung aufgebraucht werden. Dies trifft sowohl auf die Bodenschätze zu als auch auf kulturelle (z. B. der Lebensverband der Familie) und soziale Kräftereservoire (z. B. die Hausfrauenarbeit, die zwar bislang nicht als Arbeit gesellschaftlich anerkannt war, gleichwohl aber die Erwerbstätigkeit des Mannes erst ermöglichte). Zum zweiten handelt es sich um das Verhältnis der Gesellschaft zu den von ihr erzeugten Gefährdungen und Problemen, die ihrerseits die bisherigen Grundlagen gesellschaftl. Sicherheitsvorstellungen übersteigen und dadurch, sofern sie ins Bewußtsein treten, geeignet sind, die Grundannahmen der bestehenden Gesellschaftsordnung zu erschüttern. Dies berührt v. a. den Bereich des polit. Handelns und der polit. Entscheidungen. Drittens führt der Verbrauch der kollektiven oder gruppenspezif. Sinnreservoire (z. B. Glauben, Klassenbewußtsein) der traditionellen Kultur (die mit ihren Lebensstilen und Sicherheitsvorstellungen noch bis weit ins 20. Jh. auch die Industriegesellschaft gestützt ha-

**Schlüsselbegriff**

**Risi** Risikogesellschaft

ben) dazu, daß nunmehr alle Definitionsleistungen und nicht zuletzt das Leben mit den unterschiedlichsten globalen und individuellen Risiken den Individuen selbst zugemutet oder aufgetragen werden. Chancen, Gefahren, Ambivalenzen der Biographie, die früher im Familienverband, in der dörfl. Gemeinschaft, im Rückbezug auf die soziale Klasse oder Gruppe bewältigt werden mochten, müssen zunehmend von den einzelnen selbst wahrgenommen, interpretiert und bearbeitet werden. Chance und Last der Situationsdefinition verlagern sich damit auf die Individuen, ohne daß diese aufgrund der hohen Komplexität der modernen gesellschaftl. Zusammenhänge noch in der Lage sind, die damit eingeforderten Entscheidungen fundiert und verantwortlich, d. h. auch in Hinsicht auf mögl. Folgen zu treffen.

### Umrisse der Risikogesellschaft

Die unkalkulierbaren Bedrohungen der vorindustriellen Gesellschaft (Pest, Hunger, Katastrophen, Kriege, aber auch Magie, Götter und Dämonen) werden im Zuge der Entfaltung des Gedankens rationaler Herstellbarkeit der menschl. Lebensverhältnisse in kalkulierbare Risiken überführt. Dies gilt im Zuge der Ausbreitung bürgerl. Verhältnisse nicht nur für die ›Machbarkeit‹ von Produktionskapazitäten, die Steuereinnahmen, die Kalkulation von Transportrisiken und Kriegsgewinnen, sondern auch für die Wechselfälle des individuellen Lebens: Unfälle, Krankheiten, Tod, soziale Unsicherheit und Armut. Diese Veränderung führte nicht nur zum Aufbau der Sozialversicherung und zur Auffassung der Gesellschaft als Risikogemeinschaft im Sinne der Versicherungsträger; sie führte auch dazu, daß immer weitere gesellschaftl. Bereiche, die vordem als naturwüchsig aufgefaßt wurden (Familiengröße, Erziehungsfragen, Berufswahl, Mobilität, Geschlechterverhältnis), nun als sozial und individuell gemacht und damit als verantwortet und entscheidbar gesehen werden. Diese Lage bietet die Möglichkeit zur eigenständigen Gestaltung und enthält auch die Gefahr der Fehlentscheidungen, deren Risiken durch den Grundsatz ›vorsorgender Nachsorge‹ (BECK) abgesichert werden sollen, indem nun Unfallszenarien, Statistiken, Sozialforschung, techn. Planung und Sicherheitsvorkehrungen aufgeboten werden.

Der entscheidende Übergang allerdings, der die Risiken der Industriegesellschaft und der bürgerl. Sozialordnung von den Gefahren und Zumutungen der R. unterscheidet, findet in dem Moment statt, wo die nun gesellschaftlich entschiedenen und damit produzierten Gefahren die vorhandenen Sicherheitssysteme und die Regeln vorhandener Risikokalkulationen unterlaufen: ›Atomare, chem., ökolog. und gentechn. Risiken sind im Unterschied zu frühindustriellen Risiken (a) weder örtlich noch zeitlich eingrenzbar, (b) nicht zurechenbar nach den geltenden Regeln von Kausalität, Schuld, Haftung und (c) nicht kompensierbar, nicht versicherungsfähig. ... Die Verwandlung der ungesehenen Nebenfolgen industrieller Produktion in globale ökolog. Krisenherde ist also gerade kein Problem der uns umgebenden Welt (›Umwelt-Problem‹), sondern eine tiefgreifende Institutionenkrise der Industriegesellschaft mit beträchtlichem polit. Gehalt‹ (BECK). Solange diese Entwicklungen aus dem Blickwinkel der Industriegesellschaft gesehen werden, bleiben sie als negative Nebenfolgen scheinbar verantwortbaren und kalkulierbaren Handelns in ihren systemsprengenden Folgen unerkannt; sie treten erst unter der Perspektive der R. in ihrer zentralen Bedeutung in Erscheinung und machen auf die Notwendigkeit einer reflexiven Selbst- und Neubestimmung aufmerksam. In der Phase der R. zwingt die zunehmende Anerkennung der Unkalkulierbarkeit der im Zusammenhang des technisch-wissenschaftl. Fortschritts gesellschaftlich erzeugten Gefahren zur Selbstreflexion auf die Grundlagen des gesellschaftl. Zusammenhangs und zur Überprüfung geltender Konventionen. Die Gesellschaft wird unter dem Vorzeichen der R. reflexiv, d. h. sich selbst zum Thema und Problem.

### Soziale, politische und individuelle Auswirkungen

Die Industriegesellschaft, die mit ihr verbundene bürgerl. Gesellschaftsordnung und insbesondere der Sozialstaat stehen unter dem Anspruch, menschl. Lebenszusammenhänge in Planbarkeit, Herstellbarkeit, Verfügbarkeit und (individuelle) Zurechnungsfähigkeit zu überführen. Dagegen stellt sich Gesellschaft unter der Perspektive der R. so dar, daß gerade die unabsehbaren Neben- und Spätfolgen geplanten Handelns wieder in Unüberschaubarkeit und Unverantwortlichkeit zurückfallen. In der Folge zeigt sich, daß gesellschaftl. Organisationsmaßnahmen, aber auch rechtl. Kategorien wie Verantwortlichkeit, Schuld und Verursacherprinzip (z. B. bei der Schadensverfolgung) und polit. Entscheidungsprozeduren wie die Mehrheitsregel ebensowenig geeignet sind, die damit in Gang gesetzten Prozesse und geforderten Entscheidungen zu erfassen bzw. zu legitimieren wie das (sozial-)wissenschaftl. Denken, da auch dessen Kategorien gegenüber der Unüberschaubarkeit und der prinzipiellen Mehrdeutigkeit der zu entscheidenden Sachverhalte versagen müssen. Es müssen nicht nur Entscheidungen gefällt werden; vielmehr müssen die Regeln für Entscheidungen, für Geltungsbezüge und Kritik angesichts der mit den Großtechnologien unabsehbaren und unverantwortbaren Folgen neu bestimmt werden. Die Reflexivität und Unabschließbarkeit der gesellschaftlichen Entwicklung greift so auf die einzelnen gesellschaftl. Teilbereiche über, sprengt regionale, klassenspezif., polit. und wissenschaftl. Zuständigkeiten und Grenzen. Angesichts der Folgen einer atomaren Katastrophe gibt es keine Unbeteiligten mehr. Dies heißt aber auch, daß alle unter dieser Perspektive als Betroffene und Beteiligte gefragt sind und entsprechend selbstverantwortlich auftreten können. Die R. ist in der Tendenz eine selbstkritische Gesellschaft. Experten können so durch Gegenexperten, Politiker durch Bürgerinitiativen, Industriemanagement durch Verbraucherorganisationen, Verwaltungen durch Selbsthilfegruppen, schließlich Verursacherbranchen (z. B. die Chemieindustrie bei der Meeresvergiftung) durch Betroffenenbranchen (in diesem Fall die Fischereiindustrie und die vom Küstentourismus lebenden Branchen) kontrastiert, kontrolliert und gegebenenfalls auch korrigiert werden.

Von besonderer Bedeutung sind schließlich die Konsequenzen der R. für das polit. System. Hier kann das Festhalten an den Sicherheitskonzeptionen der Industriegesellschaft angesichts der unübersehbaren ›neuen‹ Risiken im politisch-administrativen Bereich dazu führen, einem ›legitimen Totalitarismus der Gefahrenabwehr‹ (BECK) zu verfallen. Das politisch-demokrat. System gerät in die Zwickmühle, entweder angesichts der im System erzeugten Gefahren zu versagen oder aber durch autoritäre, ordnungsstaatl. Maßnahmen demokrat. Grundprinzipien außer Kraft zu setzen. Diese Tendenz verdeutlichte R. JUNGK bereits 1977 mit seinen Warnungen vor einem ›Atomstaat‹; sie hat im Laufe der 1980er Jahre angesichts der z. T. fragwürdigen Vorkommnisse bei ›Atommülltransporten‹ und des Eintretens für unwahrscheinlich gehaltener Reaktorunfälle Gestalt angenommen. Die schnelle Verbreitung des Begriffs R. hängt zum einen zusammen mit dem seit dem Aufbruch der ökolog. Bewegung am Ende der 1970er Jahre sich in den westl. Industriegesellschaften verbreitenden Krisenbewußtsein, einem Wissen um die ›Grenzen des Wachstums‹ und die Unverantwortlichkeit eines auf lediglich quantitatives Wachstum setzenden Fortschrittsglaubens. Zum anderen nimmt R. Bezug auf eine sowohl in den Sozial- als auch in den anderen Humanwissenschaften vorhandene Krise großer Theorien, denn weder die auf eine feste Fortschrittsdynamik vertrauenden Vertreter einer sukzessiven Modernisierung der Gesellschaft noch die Theorien eines bevorstehenden Zusammenbruchs der durch Profitinteressen gesteuerten Gesellschaften sind in der Lage, die durch globale Umweltzerstörung, Ressourcenverschwendung und den Fortschritt industrieller Technik und wissenschaftlich-techn. Wissens erzeugten Gefährdungen angemessen zu erfassen. So läßt sich die Verantwortlichkeit für Katastrophen von der Art Tschernobyls, Harrisburgs, Bhopals, die Großtankerunglücke und die Kriegsfolgen (z. B. des Golfkrieges von 1991) weder ganz einer sozialist. Mißwirtschaft noch den kapitalist. Profitinteressen zuweisen. Eine mögliche Konsequenz besteht darin, daß angesichts staatl. Ohnmacht gegenüber den hergestellten Risiken ›das Problem der Ordnung in die Hände der einzelnen und ihrer gesellschaftl. Assoziationen und Verbände‹ zurückverlagert wird; diesen kommt damit zunehmend die Aufgabe einer ›intelligenten Selbstbeschränkung‹ (C. OFFE) zu, die zunächst Vermeidungskriterien bestimmen müßte. In der Folge müßten Wissenschafts- und Rechtsnormen (Umverteilung der Beweislasten, Gefährdungshaftung, Fehlerfreundlichkeit und Umkehrbarkeit techn. Entwicklungen) verändert werden und der polit. Regelrahmen neu gefaßt werden. Dies erfordert eine lernfähige, reflexive Verfassung ebenso wie eine mögliche Selbstbeschränkung der Mehrheitsregel. Die Diskussion ist durch den Begriff der R. angestoßen worden, wobei der Kritik v. a. fraglich schien, ob die skizzierte Gleichförmigkeit der Entwicklung in so unterschiedlichen Sphären wie individueller Biographie, gesellschaftl. Naturverhältnissen und technisch-wissenschaftl. Fortschritt tatsächlich besteht. Andere Kritiker stellen die Allgemeingültigkeit der Konzeption der R. in Frage und verstehen den Anstoß eher so, daß es darum gehe, die ökolog. Frage in die Bestandsaufnahme der bisherigen Gesellschaftstheorie zu integrieren.

⇨ *Fortschritt · Industriegesellschaft · postindustrielle Gesellschaft · Risiko · Risikopolitik · sozialer Wandel*

W. L. BÜHL: Ökolog. Knappheit. Gesellschaftl. u. technolog. Bedingungen ihrer Bewältigung (1981); An den Grenzen der Mehrheitsdemokratie, hg. v. B. GUGGENBERGER u. C. OFFE (1984); F. EWALD: L'État providence (Paris 1986); N. LUHMANN: Ökolog. Kommunikation. Kann die moderne Gesellschaft sich auf ökolog. Gefährdungen einstellen? (1986); A. EWERS u. H. NOWOTNY: Über den Umgang mit Unsicherheit (1987); P. LAGADEC: Das große Risiko (a. d. Frz., 1987); C. PERROW: Normale Katastrophen (a. d. Engl., 1987); Leben in der R., hg. v. MARIO SCHMIDT (1989); U. BECK: Gegengifte. Die organisierte Unverantwortlichkeit ([3]1990); ders.: R. Auf dem Weg in eine andere Moderne ([7]1990); ders.: Politik in der R. (1991); V. VON PRITTWITZ: Das Katastrophenparadox. Elemente einer Theorie der Umweltpolitik (1990); Risiko u. Wagnis. Die Herausforderung der industriellen Welt, hg. v. M. SCHÜZ, 2 Bde. (1990).

**Risikokapital, Wagniskapital,** engl. **Venture capital** ['ventʃə 'kæpɪtl], i. w. S. jede Form des Eigenkapitals, das im Unterschied zum Fremdkapital für die Kapitalgeber keinen rechtlich fixierten festen Rückzahlungs- und Zinszahlungsanspruch beinhaltet. Eine Erhöhung des Eigenkapitals ermöglicht höhere Investitionsrisiken ohne zusätzl. Konkursgefahr (Pufferfunktion). Da ein Markt für Eigenkapital nur für börsennotierte Unternehmen existiert und ein Eigenkapitalproblem v. a. für mittlere und kleinere Unternehmen auftritt, wird versucht, durch leichteren Zugang zur Börse (z. B. geregelter Markt) und durch Gründung von Kapitalbeteiligungsgesellschaften die Eigenkapitalknappheit dieser Unternehmen zu verringern. I. e. S. umfaßt R. die Eigenfinanzierung von Innovationen (neue Produkte, Verfahren oder Dienstleistungen), die Erfinder oder kleinere Unternehmen nicht aus eigener Kraft realisieren können und die zudem bedeutend riskanter sind als Ersatz- oder Erweiterungsinvestitionen. Als Form der Beteiligung sowohl bei Neugründungen als auch beim Eintritt in bestehende Unternehmen wird häufig die Form der stillen Gesellschaft gewählt.

Aus arbeitsmarkt- und strukturpolit. Gründen fördert der Staat im Rahmen der Existenzgründungspolitik solche Investitionen der mittelständ. Wirtschaft durch die Bereitstellung von R. durch Wagnisfinanzierungsgesellschaften und die steuerl. Begünstigung von Unternehmensbeteiligungsgesellschaften.

H. ALBACH u. a.: Finanzierung mit R. (1986); J.-W. DIETZ: Gründung innovativer Unternehmen (1989).

**Risikokinder,** Neugeborene, bei denen aufgrund von Entwicklungsanomalien, prä- oder perinatalen Schädigungen (→Geburtsschäden), auch als Auswirkung einer →Risikoschwangerschaft, eine erhöhte gesundheitl. Gefährdung besteht oder zu befürchten ist. Indiz ist v. a. eine Ermittlung von weniger als sieben Punkten im →Apgar-Schema; weitere Befunde sind ein Geburtsgewicht unter 2 500 g, meist als Folge einer Frühgeburt, oder über 4 500 g (als Folge von Übertragung), Atemstörungen, Zyanose, hämolyt. Neugeborenengelbsucht, Infektionen, Blutungen (aufgrund von Verletzungen bei der Geburt).

**Risikopapiere,** Bez. für Wertpapiere (v. a. Aktien), die Beteiligungsrechte an Unternehmen verbriefen und deshalb direkter als festverzinsl. Papiere dem Unternehmensrisiko ausgesetzt sind (z. B. schwankende Gewinne, stärker schwankende Börsenkurse).

**Risikopolitik, Risikomanagement** [-'mænɪdʒmənt], engl. **Risk management** ['rɪsk -], Gesamtheit der Maßnahmen zur Beurteilung und Verbesserung der Risikolage von Unternehmen, privaten Haushalten, Gebietskörperschaften und sonstigen Institutionen, aber auch von Personen und Gesellschaften. Dabei wird zw. einer generellen und einer speziellen R. unterschieden. Während sich die spezielle R. (Insurance management) mit der Absicherung gegenüber versicherbaren Risiken befaßt, geht es bei der generellen R. um ein risikobewußtes Management von Institutionen und eine risikobewußte Lebensführung.

Da nur bekannten Risiken mittels risikopolit. Maßnahmen begegnet werden kann, steht am Anfang des risikopolit. Prozesses die Identifikation der Risiken (Risikoabschätzung). In der sich anschließenden Bewertungsphase werden Risiken anhand verschiedener Merkmale, wozu u. a. die Eintrittswahrscheinlichkeiten, die potentiellen Schadenshöhen sowie ethische, betriebswirtschaftl., polit. und jurist. Kriterien gehören, vor dem Hintergrund der individuellen bzw. kollektiven Zielsetzungen der Entscheider und dem Grad ihrer Risikobereitschaft (Risikopräferenz) beurteilt.

In einem weiteren Schritt sind geeignete risikopolit. Instrumente auszuwählen, deren Ziel es ist, die Eintrittswahrscheinlichkeit von Risiken zu senken und/

**Risi** Risikoprämie – Rispengras

oder die Auswirkungen von Schäden zu begrenzen. Hierzu zählen als ursachenorientierte Maßnahmen u. a. der Verzicht auf risikobehaftete Aktivitäten (Risikovermeidung), die Verbesserung der Entscheidungsgrundlagen (z. B. durch Controlling, Marktforschung, Planung), techn. Vorsorge- und Sicherheitsmaßnahmen (z. B. Unfallverhütung, Feuer- und Diebstahlschutz, Betriebsschutz, Sicherheitstechnik), Kopplung von Aktivitäten mit entgegengesetzten Risikoverursachungssystemen (Risikokompensation z. B. durch Termingeschäfte zur Kurssicherung), Zerlegung risikobehafteter Aktivitäten in Teilaktivitäten oder Zusammenfassung voneinander relativ unabhängiger Risiken (Risikostreuung, -mischung, -ausgleich, -teilung z. B. durch Diversifikation, Portfolio selection, Portfoliomanagement, Kreditpolitik der Banken).

Wirkungsbezogene Maßnahmen sollen das Ausmaß mögl. Schäden verringern oder zumindest Entscheidungsträger gegen Schäden absichern (z. B. durch finanzielle Rücklagen, →Versicherung). Eingetretene Schäden können von den Betroffenen selbst getragen oder auf Dritte überwälzt werden (Risikoabwälzung; z. B. durch Haftungsbeschränkung, Garantie- und Bürgschaftsverträge). Zudem besteht die Möglichkeit, die Auswirkungen von Risiken gemeinsam mit gleichartig bedrohten Wirtschaftseinheiten zu tragen (z. B. Konsortium).

Um möglichst optimale Ergebnisse hinsichtlich der Wirkungen der risikopolit. Maßnahmen zu erreichen, ist es i. d. R. nötig, mehrere, sich gegenseitig ergänzende risikopolit. Instrumente einzusetzen. Sie sind so aufeinander abzustimmen, daß Risiken weder mehrfach noch gar nicht abgesichert werden.

Gesellschaft, Technik u. R., hg. v. J. CONRAD (1983); Ermittlung u. Bewertung industrieller Risiken, hg. v. S. LANGE (1984); Risiko-Management, hg. v. H. JACOB (1986); Risk evaluation and management, hg. v. V. T. COVELLO u. a. (New York 1986); B. RUNZHEIMER: Operations-Research, Bd. 2: Methoden der Entscheidungsvorbereitung bei Risiko (²1989); G. ZELLMER: Risiko-Management (Berlin-Ost 1990).

**Risikoprämi|e,** zum einen der im Unternehmergewinn neben dem Unternehmerlohn und der Kapitalverzinsung enthaltene Ausgleich für das übernommene Unternehmerrisiko, zum anderen die weitgehend in Renditeforderungen einkalkulierte Entschädigung von Kapitalgebern, Anlegern oder Kreditgebern für das allg. Risiko der Kapitalüberlassung oder auch für besondere Risiken (z. B. Bonitätsrisiko).

**Risikoschwangerschaft,** Schwangerschaft, bei der für Mutter und Kind (→Risikokinder) eine überdurchschnittl. Gefährdung besteht. Indizien für eine R. sind v. a. zu niedriges oder zu hohes Alter der Mutter, Infektions-, organ. und Stoffwechselkrankheiten (z. B. Diabetes mellitus), Fettsucht, Beckenanomalien, vorausgegangene mehrfache Fehl- oder Totgeburten, Rhesusinkompatibilität, Mehrlingsschwangerschaft, Schwangerschaftsgestosen, Lageanomalien, Plazentastörungen, vorzeitige Wehen, Blutungen, vorzeitiger Blasensprung. Eine R. erfordert verstärkte kontinuierl. Überwachung und grundsätzlich die Geburt im Krankenhaus, ggf. mit vorzeitiger Geburtseinleitung.

**Rislisberghöhle,** Höhle am südl. Ausgang der Balsthaler Kluse im schweizer. Kt. Solothurn; Fundstätte des Magdalénien mit zahlreichen Werkzeugen aus Hornstein, Knochen und Geweih sowie Kleinkunstwerken, darunter eine Steinbockgravierung auf Knochen.

**Risø** [-sø], dän. Kernforschungszentrum, →Roskilde.

**risoluto** [italien.], musikal. Vortrags-Bez.: entschlossen, energisch.

**Risorgimento** [risɔrdʒi'mento; italien. ›Wiedererstehen‹, ›Wiedergeburt‹] das, -(s), Bez. für die auf Herstellung der nat. Einheit Italiens und auf die Rückgewinnung seiner einstmals hervorragenden kulturellen Stellung in Europa gerichteten Bestrebungen v. a. im 19. Jh. Der Name geht auf die 1847 in Turin von C. BENSO Graf CAVOUR mitgegründete Zeitung ›Il R.‹ zurück. Als Epochenbegriff bezeichnet R. die Zeit von 1815 bis 1870 (auch bis 1918). In dem in zahlreichen polit. Programmen ausgetragenen Ringen um die zukünftige Gestalt Italiens (→italienische Geschichte) war die von den Liberalkonservativen unter Graf CAVOUR verfochtene monarch. Lösung unter Führung Sardinien-Piemonts erfolgreich. Die liberale antifaschist. Opposition nach 1925 (die den Faschismus als Anti-R. betrachtete) knüpfte an R.-Traditionen an; die Gründung der Rep. 1946 galt ihr als ›Zweites Risorgimento‹.

J. PETERSEN: R. u. italien. Einheitsstaat im Urteil Dtl.s nach 1860, in: Histor. Ztschr., Bd. 234 (1982).

**Risotto** [italien., zu riso ›Reis‹] *der,* -(s)/-s, österr. auch *das,* -s/-(s), italien. Gericht aus Reis mit Zwiebeln und geriebenem Käse.

**Risoux** [ri'zu] *der,* dicht bewaldete Kette des Schweizer Jura nordwestlich der Vallée de Joux, bis 1419 m ü. M.; über seinen Kamm verläuft (außer im S) die frz.-schweizer. Grenze; Forstwirtschaft.

**Rispe** [mhd. rispe ›Gebüsch‹, ›Gesträuch‹], ein zusammengesetzter →Blütenstand.

**Rispelstrauch, Myricaria,** Gattung der Tamariskengewächse mit zehn Arten im gemäßigten Eurasien; heimisch ist der **Deutsche R. (Deutsche Tamariske,** Myricaria germanica, ein bis 2 m hoher, schuppig graugrün beblätterter Strauch auf Flußschottern bes. im Alpenvorland; Blüten rosa, in dichten Trauben.

**Rispenfarn, Osmunda,** Gattung der R.-Gewächse (Königsfarngewächse, Osmundaceae; etwa 18 Arten in drei Gattungen) mit rd. zehn Arten in den temperierten Gebieten und im trop. O-Asien; mit kurzem, unterird. Stamm (Rhizom) und ein- oder zweifach gefiederten Blättern. Die bekannteste Art ist der in den nördl. und südl. gemäßigten Zonen verbreitete, in Dtl. nur mehr selten in Erlenbrüchen und feuchten Wäldern anzutreffende, geschützte **Königsfarn (Königs-R.,** Osmunda regalis), der ziemlich große Büsche bildet; seine breiten, 50–60 cm langen, doppelt gefiederten, fertilen Blattwedel tragen an ihrem Ende eine reich verzweigte Rispe mit den knäuelig gehäuft auf den stark größenreduzierten Fiederblättchen stehenden Sporangien. Die dicht verfilzten, schwarzbraunen Wurzeln kultivierter Sorten dienen als Osmundafasern zur Anzucht epiphyt. Orchideen.

**Rispenfuchsschwanz, Amaranthus paniculatus,** bis 1,5 m hohe, kräftige, einjährige Art des Fuchsschwanzes mit je nach Sorte roten, gelben oder grünl. Blüten in fast aufrechten, starren, straußartigen Blütenständen; wird in allen gemäßigten und wärmeren Gebieten als Rabattenpflanze verwendet und in N-Indien als schnellreifendes Getreide zur Herstellung eines stärkehaltigen Mehls angebaut.

**Rispengras, Poa,** Gattung der Süßgräser mit rd. 250 Arten in den temperierten und kälteren Gebieten der Erde, auch in den Gebirgen der Tropen und Subtropen; einjährige oder ausdauernde Gräser mit zwei- bis sechsblütigen Ährchen, die in einer lockeren Rispe angeordnet sind; Deckspelzen unbegrannt. Neben einigen alpinen Arten sind mehrere einheim. Arten als Futter- bzw. Rasenpflanzen wichtig, u. a. das **Wiesen-R.** (Poa pratensis; mit grünen bis dunkelvioletten Ährchen in eiförmigen Rispen) und das **Rauhe R. (Gemeines R.,** Poa trivialis; mit bis 20 cm langer Rispe; auf feuchten Wiesen). Weitere, häufig vorkommende einheim. Arten sind: **Hain-R.** (Poa nemoralis), mit fast waagerecht abstehenden, 1–2 mm breiten Stengelblättern (›Wegzeigergras‹); Blüten zu 1–5 in grünl. Ährchen an aufrechter lockerer Rispe; häufig

Rispengras:
Rauhes Rispengras
(Höhe 30–90 cm)

an lichten Waldstellen und Hecken; **Einjähriges R.** (Poa annua), fast weltweit verbreitet; niedrig; fast ganzjährig blühend; in Wildkräuter- und Trittpflanzengesellschaften vorkommend.

**Rispenhirse,** die Echte →Hirse 2).

**Rispenschieben,** ein Entwicklungsstadium bei Rispengräsern (→Getreide).

**Risposta** [italien. ›Antwort‹] *die, -/...sten,* im Kanon die nachfolgende Stimme, in der Fuge der Comes; Gegenbegriff: Proposta.

**Riß** [ahd. riz ›Furche‹, ›Strich‹, ›Buchstabe‹], *darstellende Geometrie:* das bei der Projektion eines Körpers, eines Gebäudes, einer Maschine u. a. auf eine Ebene entstehende Bild (z. B. als Grundriß).

**Riß** *die,* rechter Nebenfluß der Donau in Oberschwaben, Bad.-Württ., 53 km lang, entspringt nordwestlich von Bad Waldsee, mündet südwestlich von Ulm.

Nach der R. ist die **R.-Eiszeit** benannt, die vorletzte (Mittelpleistozän) und bedeutendste Eis- oder Kaltzeit des alpinen Vereisungsgebiets. Ihre Endmoränen (Altmoränen) sind daher im Alpenvorland denen der Würm-Eiszeit meist deutlich vorgelagert, z. T. auch nördlich der Donau. Die zugehörigen fluvioglazialen Schotter und Sande (Hochterrassenschotter) sind stärker verkittet als die der letzten Eiszeit. Die R.-Eiszeit wird meist in zwei Hauptvereisungsphasen gegliedert. (→Eiszeitalter)

**Rissanen,** Juho Viljo, finn. Maler, * Kuopio 9.3. 1873, † Miami (Fla.) 10. 12. 1950; schuf, beeinflußt von A. GALLÉN-KALLELA, großflächige Aquarelle und Ölbilder mit Themen aus dem finn. Volksleben, Fresken (u. a. im Nationaltheater Helsinki) und Glasgemälde.

**Rissani,** Oasenstadt und Marktzentrum in SO-Marokko, 22 km südlich von Erfoud am Oued Ziz (Stauanlage), (1989) 2 500 Ew. – R. ist ehem. Hauptstadt des Tafilalt; Sultanskasba von MULAI ISMAIL (17. Jh.) und Ksar (17. Jh., merinid. Dekorelemente aus dem 13./14. Jh.); 2,5 km östlich das **Mulai-Ali-Scherif-Mausoleum** (mit 1955 erbauter Moschee), 1,5 km südöstlich die Ruinen des **Ksar Abbar,** Residenz aus dem frühen 19. Jh.: innerhalb einer dreifachen Ummauerung (bis 8 m hoch) mit Zinntürmen und Monumentalschmucktoren die Reste von Palastbauten mit Patios, Säulenhallen und Pavillons.

**Risse,** Heinz, Schriftsteller, * Düsseldorf 30. 3. 1898, † Solingen 17. 7. 1989; Wirtschaftsprüfer; schrieb fesselnde, oft hintergründige und kulturkrit. Romane, Novellen und Essays.

**Werke:** *Romane:* Wenn die Erde bebt (1950); So frei von Schuld (1951); Dann kam der Tag (1953). – *Erzählungen:* Irrfahrer (1948); Die Grille (1953); Wuchernde Lianen (1956); Macht u. Schicksal einer Leiche u. a. Erz. (1967); Es hätte anders ausgehen sollen (1988). – *Essays:* Das Zeitalter des Jubelsprache (1959); Feiner Unfug auf Staatskosten (1963); Dreiunddreißig seinesgleichen ist ein Fragezeichen? (1985).

**Risshō-kōseikai** [risʃo-; japan. ›Gesellschaft zur Aufrichtung von Recht und mitmenschl. Beziehungen‹], von NIWANO NIKKYŌ (* 1906) und NAGANUMA MYŌKŌ (* 1889, † 1957) 1938 begründete neubuddhist. Gemeinschaft in Japan (Mittelpunkt in Suginami, Gem. Tokio). Die dem Menschen innewohnende Buddha-Natur soll ihm – nach der Lehre der R.-k. – durch Sorge um mitmenschl. Beziehungen und Persönlichkeitsbildung bewußt werden. Die über 4 Mio. Mitglieder zählende Gemeinschaft ist in Tempeln und Übungsstätten über ganz Japan verbreitet.

**Rißpilze, Faserköpfe, Inocybe,** Gattung der Blätterpilze mit 80 bis 100 meist giftigen, schwer unterscheidbaren Arten. Charakteristisch für die R. ist ein kegelig-gebuckelter, faserig-rissiger oder faserigschuppiger Hut des Fruchtkörpers mit im Alter radial einreißendem Hutrand; mit erdgrauen Lamellen und erdbraunen Sporen. – Tödlich giftig ist der **Ziegelrote R.** (**Ziegelroter Faserkopf, Mai-R.,** Inocybe patouillardii); wächst bevorzugt auf kalkhaltigen Böden an Wald- und Straßenrändern und in Parkanlagen; Hut längsfaserig, jung weißlich, später ziegelbraunrötlich, 3–9 cm im Durchmesser; Fleisch weißlich, rötlich anlaufend. Ebenfalls giftig ist der **Kegelige R.** (Inocybe rimosa); wächst in Laub- und Nadelwäldern sowie Parkanlagen; mit gelbbräunl., kugelig-geschweiftem Hut und blaßgelben Lamellen.

**Rist,** Bez. für den Fußrücken sowie für die Oberseite der Handwurzel.

**Rist,** Johann von (seit 1653), Schriftsteller, * Ottensen (heute zu Hamburg) 8. 3. 1607, † Wedel (Holstein) 31. 8. 1667; ev. Pfarrer in Wedel, 1646 von Kaiser FERDINAND III. zum Dichter gekrönt, später zum Konsistorialrat und zum kaiserl. Hofpfalzgrafen ernannt; Mitglied des →Nürnberger Dichterkreises und der →Fruchtbringenden Gesellschaft; gründete 1660 den Dichterbund ›Elbschwanenorden‹ in Hamburg. R., ein Anhänger von M. OPITZ, gilt als wichtigster Vertreter des Frühbarock in Nord-Dtl.; Verfasser geistl. und weltl. Lyrik sowie allegor. Dramen und Festspiele zum Zeitgeschehen.

**Ausgabe:** Sämtl. Werke, hg. v. E. MANNACH u. a., auf 7 Bde. ber. (1967ff.).

**RIST** [Abk. für **R**adio-**I**mmuno-**S**orbent-**T**est], →Radioimmunoassay.

**Ristenpart,** Karl, Dirigent, * Kiel 26. 1. 1900, † Lissabon 24. 12. 1967; gründete 1946 das RIAS-Kammerorchester und den RIAS-Kammerchor in Berlin und übernahm 1953 die Leitung des Saarländ. Kammerorchesters, des späteren Kammerorchesters des Saarländ. Rundfunks. Er widmete sich bes. der Musik des Barock, v. a. dem Schaffen J. S. BACHS.

**Ristić** [ˈriːstitɛ], **1)** *Jovan,* serb. Politiker und Historiker, * Kragujevac 13. 2. 1831, † Belgrad 5. 9. 1899; erreichte als serb. Gesandter in Konstantinopel (1861–67) 1867 die Räumung der letzten von den Türken besetzten Festungen. R., der sich vom Konservativen zum Führer der liberalen Partei entwickelte und einen österreichfeindl. Kurs vertrat, beeinflußte als Regent (1868–72), MinPräs. (1867, 1875, 1877–81, 1887–88) und Außen-Min. maßgeblich die Verfassungen von 1869 und 1888; auch Verfasser bedeutender Werke zur serb. Geschichte.

**2)** *Marko,* serb. Schriftsteller, * Belgrad 20. 6. 1902, † ebd. 12. 7. 1984; war 1945–51 jugoslaw. Botschafter in Paris, stand der Kommission für kulturelle Auslandsbeziehungen vor; war als Essayist, Kritiker und Lyriker Mittelpunkt der Belgrader Surrealisten und bahnbrechend für den Modernismus in der serb. Literatur.

**Werke:** *Lyrik:* Od sreće i od sna (1925); Turpituda (1938); Nox microcosmica (1956). – *Gedichte* u. *Prosa:* Bez more (1928).

**Ristikivi,** Karl, estn. Schriftsteller, * Paadremaa 16. 10. 1912, † Stockholm 19. 7. 1977; emigrierte 1944 nach Schweden; durch seine um die Jahrhundertwende spielende Reval-Trilogie (›Tuli ja raud‹, 1938; ›Võõras majas‹, 1940, 1942 u. d. T. ›Oige mehe koda‹; ›Rohtaed‹, 1942) einer der führenden Vertreter des psycholog. Romans in der estn. Literatur.

**Weitere Werke:** *Romane:* Hingede öö (1953); Põlev lipp (1961); Imede saar (1964); Rõõmulaul (1966); Kahekordne mäng (1972).

**rit.,** Abk.für →**ritardando** und →**ritenuto**.

**Rita,** weibl. Vorname, Kurzform der italien. Namen Margherita oder Maritta (einer Verkleinerungs- oder Koseform von Maria).

**ritardando** [italien.], Abk. **rit., ritard.,** musikal. Vortrags-Bez.: verzögernd, langsamer werdend.

**Ritchey** [ˈrɪtʃɪ], George Willis, amerikan. Astronom, * Tupper's Plains (Oh.) 31. 12. 1864, † Azusa

**Rißpilze:**
Ziegelroter Rißpilz
(Hutbreite 3–9 cm)

**Johann von Rist**
(Ausschnitt aus einem zeitgenössischen Kupferstich)

# Rite

Willi Ritschard

Albrecht Ritschl

(Calif.) 4. 11. 1945; u. a. am Yerkes Observatory und auf dem Mount Wilson tätig, 1923–31 am Observatoire de Paris, danach am Naval Observatory in Washington (D. C.); konstruierte u. a. die beiden im Mount Wilson Observatory in Kalifornien befindl. Spiegelteleskope mit 150 und 250 cm Spiegeldurchmesser.

**rite** [lat. ›auf rechte, gehörige Weise‹], genügend, ordnungsmäßig (geringstes Prädikat bei der Promotion, →Doktor).

**Ritenkongregation,** *kath. Kirche:* eine 1588 errichtete röm. Kurialbehörde, zuständig für den Gottesdienst der latein. Kirche und die Selig- und Heiligsprechungsprozesse. 1969 wurde sie zugunsten zweier neugeschaffener Kurienkongregationen (für den Gottesdienst und die Sakramente sowie für die Selig- und Heiligsprechungsverfahren) aufgelöst.

**Ritenstreit,** Kontroverse innerhalb der kath. Kirche im 17./18. Jh. um die in O-Asien angewandte jesuit. Missionspraxis, die zum Zwecke der Anpassung des Christentums an die jeweilige Kultur (→Inkulturation, →Akkommodation 4) deren Sitten und Gebräuche und bes. deren religiöse Riten billigte. Der Jesuit und Chinamissionar M. RICCI und seine Anhänger interpretierten den chin. Ahnen- und Konfuziuskult als religiös neutral bzw. natürlich-religiös und respektierten daher diese Kulte. Nachdem sich unter RICCIS Nachfolger NICCOLÒ LONGOBARDI (*1566?, †1655) schon innerhalb des Jesuitenordens Widerstand gegen diese Missionsmethode gebildet hatte, kam es u. a. unter dem Einfluß der span. Franziskaner- und Dominikanermissionare im 18. Jh. zum päpstl. Verbot der fremden Riten. In Indien suchte der Jesuit R. DE NOBILI eine Anpassung an die ind. Kultur und Mentalität und akzeptierte die malabar. Riten. Nach langem Streit und zeitweiliger päpstl. Duldung (1623 durch GREGOR XV.) wurden auch diese von BENEDIKT XIV. 1744 verurteilt. Seit 1939 (China) bzw. 1940 (Indien) gibt es eine beschränkte Teilnahmeerlaubnis für Katholiken an den einheim. Riten.

**ritenuto** [italien.], Abk. **rit., riten.,** musikal. Vortrags-Bez.: zurückgehalten, zögernd.

**Rites de passage** [ritdəpaˈsaːʒ; frz. ›Durchgangsriten‹], **Übergangsriten,** *Völkerkunde* und *Religionswissenschaft:* zeremonielle, häufig mit Reinigungsriten und der Symbolik von Sterben und Auferstehen verbundene Handlungen, die beim Eintritt in eine neue (religiöse) Gemeinschaft vollzogen werden (z. B. Beschneidung, Taufe, Konfirmation, Bar-Mizwa, Jugendweihe, Namengebung) oder die besondere Krisensituation des Menschen und den Übergang von einem als abgeschlossen geltenden Zustand (Altersklasse, Lebensform) in einen neuen Lebensabschnitt markieren (z. B. Heirat, Befähigung zum Kriegsdienst, Ordination, Inthronisation). Beispiele für R. de p. sind die in den meisten Kulturen verbreiteten Initiationsriten (→Initiation 2) sowie die Sterbe- und Totenriten, im Christentum bes. die →Sakramente, im Hinduismus die ›Samskara‹ (rituelle Handlungen, z. B. bei der Eheschließung, beim Umzug eines Ehepaars in das neue Haus, bei der Einführung des Knaben bei einem Lehrer). Zum Vollzug der R. de p. können u. a. gehören: Handauflegung, Übergabe von Licht oder Salbung, Annahme eines neuen Namens, Anlegen anderer Kleidung.

A. VAN GENNEP: Übergangsriten (a. d. Frz., 1986).

**Ritornell** [italien. ›Refrain‹, ›Wiederholungssatz‹, zu ritornare ›zurückkommen‹] *das, -s/-e,* **1)** *Literatur:* eigtl. **Stornello** [zu altprovenzal. estorn ›Kampf‹, ›Streit‹], Gattung der italien. Volksdichtung, besteht formal meist aus einem fünf- oder siebensilbigen und zwei elfsilbigen Versen, von denen jeweils zwei durch Reim oder Assonanz verbunden sind; inhaltlich setzt es sich in sentenziöser Knappheit bes. mit allen Spielarten der Liebe auseinander. Die aus der Toskana stammenden Stornelli nannte man in Rom infolge Verwechslung mit dem Refrain (›ritornello‹) auch Ritornelli. Nachbildungen des R. in der dt. Lyrik finden sich u. a. bei F. RÜCKERT, WILHELM MÜLLER, P. HEYSE und T. STORM.

**2)** *Musik:* der mehrfach wiederholte Teil eines Musikstückes; zum einen der Refrain in den Gattungen der weltl. Musik des 14. und 15. Jh. (Madrigal, Ballata, Frottola); zum anderen das instrumentale Vor-, Zwischen- und Nachspiel der Arie und des Strophenliedes im 17. und 18. Jh. – In der frühen Oper (z. B. bei C. MONTEVERDI) heißen die eingeschobenen selbständigen Instrumentalsätze R. Im Instrumentalkonzert des 18. Jh. werden die Tutti-Abschnitte auch R. genannt.

**Ritschard,** Willi, schweizer. Politiker, *Deitingen (Kt. Solothurn) 28. 9. 1918, †Grenchen 16. 10. 1983; gewerkschaftlich tätig, Mitgl. der Sozialdemokrat. Partei der Schweiz, 1955–63 Abg. im Nationalrat, leitete als Bundesrat 1974–80 zunächst das Verkehrs- und Energiewirtschafts-, 1980–83 das Finanzdepartement. 1978 war er Bundespräsident.

**Ritschl, 1)** Albrecht, ev. Theologe, *Berlin 25. 3. 1822, †Göttingen 20. 3. 1889, Vetter von 2), Großvater von 3); war 1846–52 Privatdozent, 1852–64 Prof. in Bonn, ab 1864 in Göttingen. Zunächst von der Tübinger Schule (F. C. BAUR) und damit von der Philosophie G. W. F. HEGELS beeinflußt, wandte sich R. Mitte der 1850er Jahre der Philosophie I. KANTS zu. Charakteristisch für seinen theolog. Ansatz wurde seither die Abkehr von Metaphysik und Spekulation und die Hinwendung zum Positivismus. Ausgangspunkt war für R. die Wirklichkeit und Exklusivität der Offenbarung: Gott offenbart sich in JESUS CHRISTUS als Liebe, rechtfertigt damit den Menschen von Schuld und Sünde und befreit ihn zur geistigen Herrschaft über die Welt. CHRISTUS stellte sich für R. v. a. als ein eth. Vorbild dar; das Reich Gottes, für ihn zugleich das höchste Gut und sittl. Ideal, läßt sich in der sittl. Vervollkommnung des Menschen als eine innerweltl. Größe realisieren. R. war der herausragende ev. Theologe des wilhelmin. Zeitalters. In R.s weitgehender Identifikation von Christentum und Kultur (Kulturprotestantismus) und seinem Appell an die Pflichterfüllung im berufl. Alltag spiegelt sich das bürgerlich-prot. Selbstverständnis des dt. Kaiserreiches.

*Hauptwerke:* Die Entstehung der altkath. Kirche (1850); Die christl. Lehre von der Rechtfertigung u. Versöhnung, 3 Bde. (1870–74); Gesch. des Pietismus, 3 Bde. (1880–86).
*Ausgabe:* Ges. Aufs., hg. v. D. RITSCHL (1893).

**2)** Friedrich Wilhelm, klass. Philologe, *Großvargula (bei Erfurt) 6. 4. 1806, †Leipzig 8. 11. 1876, Vetter von 1); wurde 1832 Prof. in Halle/Saale, 1833 in Breslau, 1839 in Bonn und 1865 in Leipzig; war 1842–76 Herausgeber des ›Rhein. Museums für Philologie‹. Grundlegend sind seine Arbeiten zum Altlatein.

*Werke:* Opuscula philologica, 5 Bde. (1866–79). – *Hg.:* T. M. Plauti comoediae, 9 Tle. (1848–54).

**3)** Hans, Finanzwissenschaftler, *Bonn 19. 12. 1897, Enkel von 1); seit 1928 Prof. u. a. in Basel, Straßburg, Tübingen und seit 1946 in Hamburg; arbeitete v. a. über finanztheoret. und polit. Fragestellungen sowie die Lehre von den Wirtschaftsordnungen.

*Werke:* Gemeinwirtschaft u. kapitalist. Marktwirtschaft (1931); Theoret. Volkswirtschaftslehre, 2 Bde. (1947–48); Die Besteuerung der Genossenschaften (1955); Die Besteuerung der öffentl. Unternehmen (1960); Marktwirtschaft u. Gemeinwirtschaft (1973).

**4)** Otto, Maler und Graphiker, *Erfurt 9. 8. 1885, †Wiesbaden 1. 7. 1976; Autodidakt. Sein Werk bis 1925 reflektiert kubist. und surrealist. Tendenzen; seit den 30er Jahren (Malverbot 1933) entstanden abstrakte Kompositionen. Über eine konstruktivist. Phase in den 50er Jahren gelangte er ab 1959 zu freien Farbharmonien in lockerer Malweise.

O. R., das Gesamtwerk, 1919–1972, hg. v. K. LEONHARD (1973).

**Ritsos,** Jannis, neugriech. Schriftsteller, * Monemvassia 1. 5. 1909, † Athen 11.11. 1990; wurde schon in den 1930er Jahren als Lyriker bekannt und wegen seines linksgerichteten polit. Engagements wiederholt verfolgt. 1948–52 war R. im Gefängnis und in den Konzentrationslagern auf Lemnos, Makronissos und Hagios Efstratios inhaftiert, 1967–72 – während der Militärregierung in Griechenland – auf Jaros, Leros und Samos; 1972 wurde er aus gesundheitl. Gründen freigelassen. Sein umfangreiches literar. Werk fand weltweite Beachtung und wurde in zahlreiche Sprachen übersetzt. Seine Lyrik läßt sich in drei Typen gliedern: die politisch engagierten Dichtungen aus der Zeit des Klassenkampfes, des Widerstandes während der Besatzungszeit im Zweiten Weltkrieg und im anschließenden Bürgerkrieg, die langzeiligen, längeren Dichtungen in Monologform, die die Stagnation und Sterilität der Gesellschaft (häufig des Lebens in der Provinz) schildern, und die kurzen Dichtungen, die Lebenssituationen unpathetisch und prägnant einfangen. R. verfaßte auch Prosawerke (die er selbst als Romane bezeichnete).

Werke (griech.): *Lyrik:* Traktor (1934); Pyramiden (1935); Grab (1936); Das Lied meiner Schwester (1937); Frühlingssymphonie (1938); Ozeansmarsch (1940); Die Nachtwache (1954); Die Mondscheinsonate (1956; dt.); Makronissos-Gedichte (1957); Die Nachbarschaften der Welt (1957; dt.); Rebell. Stadt (1958); Die Brücke (1960); Die schwarze Heilige (1961; dt.); Das tote Haus (1962); Zwölf Gedichte an Kavafis (1963; dt.); Steine, Wiederholungen, Gitter (1972; dt.); Achtzehn Lieder für das gequälte Vaterland (1972); Gesten (1972); Korridor u. Treppe (1972); Vierte Dimension (1972); Graganda (1973; dt.); Steinerne Zeit (1974); Die Wand im Spiegel (1974); Pförtnerloge (1975; dt.); Phädra (1978); Das ungeheurl. Meisterwerk (1978; dt.); Erotika (1981; dt.); Kleine Suite in rotem Dur (1981); Siegesgedichte (1984); Tanagräen (1984). – *Romane* und *Erzählungen:* Ariostos der Aufmerksame (1982; dt.); Was für seltsame Dinge (1983; dt.); Mit einem Stoß des Ellenbogens (1984; dt.); Nicht nur für dich (1985; dt.); Vielleicht ist es auch so (1985; dt.); Ariostos weigert sich, ein Heiliger zu werden (1986; dt.); Die Fragen nehmen ab (1986; dt.). – *Autobiographisches:* Tagebuch des Exils (1975; dt.).

Ausgaben (Dt. Auswahlen): *Lyrik:* Zeugenaussagen, 2 Tle. (1963–66); Gedichte (1968); Die Wurzeln der Welt (1970); Mit dem Maßstab der Freiheit (1972); Unter den Augen der Wächter (1989).

Yannis R., hg. v. C. PAPANDRÉOU (Paris 1968).

**Ritsuō,** eigtl. Ogawa Haritsu, japan. Lackmeister, Maler, Töpfer und Dichter, * Edo (heute Tokio) 1663, † ebd. 1747. Er und seine Schule schufen Lackarbeiten mit Einlagen fremder Materialien (Blei, Keramik, Koralle, Elfenbein, Glasflüsse, Schmucksteine) sowie Schnitzlackstücke, die in ihrer Raffinesse charakteristisch für das japan. Kunsthandwerk des 18. Jh. sind.

**Ritt,** Martin, amerikan. Filmregisseur, * New York 2. 3. 1920 (?), † Santa Monica (Calif.) 8.12. 1990; Theater- und Fernsehschauspieler; Schauspiellehrer; erste Regiearbeit 1957; für seine zahlreichen Filme und Fernsehsendungen wählte er häufig soziale Themen.

Filme: Der Spion, der aus der Kälte kam (1965); Man nannte ihn Hombre (1966); Norma Rae (1978); Nuts... Durchgedreht (1987); Stanley & Iris (1990).

**Rittberger-Sprung** [nach dem Eiskunstläufer WERNER RITTBERGER, * 1891, † 1975], *Eis-* und *Rollkunstlauf:* ein Kürsprung: Anlauf rechts rückwärts auswärts, nach einer Drehung Aufsprung rückwärts auf dem Absprungbein. Der R.-S. wird meist mit doppelter (Doppel-R.) oder dreifacher Drehung (dreifacher R.) gesprungen.

**Ritten** *der,* italien. **Renon,** Teil der Bozener Porphyrhochfläche in Südtirol, Italien, 1000–1200 m ü. M., zw. Talfer und Eisack, überragt vom Rittnerhorn (2260 m ü. M.), mit den Fremdenverkehrsorten Oberbozen (Soprabolzano, 1221 m ü. M.), Klobenstein (Collalbo, 1156 m ü. M.) und Lengmoos (Longomoso, 1164 m ü. M.), die die Gem. Ritten (1982: 5400 Ew.) bilden; von Bozen Seilbahn; am SO-Hang die bis 35 m hohen → Erdpyramiden in eiszeitl. Moräne.

**Ritter** [mhd. rīter, rītære ›Reiter‹; als Standes-Bez. mhd. ritter, von mittelniederländ. ridere, Lehnübersetzung von Chevalier], **1)** *Adelskunde:* in Bayern und Österreich bis 1918 die 2. Stufe des niederen Adels zw. dem Edlen oder dem unbetitelten Adeligen und dem Freiherrn.

**2)** *antikes Rom:* → Equites.

**3)** *mittelalterliche Geschichte:* berittener adliger Krieger in schwerer Rüstung, mit Schwert, Schild, Lanze u. a.; Angehöriger des R.-Standes, → Rittertum.

**4)** *Ordenskunde:* Bez. sowohl für den Angehörigen eines R.-Ordens als auch (im Verdienstordenswesen) für die unterste Ordensrangstufe.

**Ritter, 1)** Carl, Geograph, * Quedlinburg 7. 8. 1779, † Berlin 28. 9. 1859; ab 1820 Prof. in Berlin. Nach einer in der Tradition des 18. Jh. stehenden Staatenkunde (›Europa, ein geographisch-historisch-statist. Gemälde‹, 2 Bde., 1804–07) und einer Serie von physisch-geograph. Karten von Europa begann R. mit einer länderkundl. Darstellung der Erde (›Die Erdkunde im Verhältniß zur Natur und zur Geschichte des Menschen...‹, 2 Bde., 1817–18, 2. Aufl. 19 Bde. 1822–59), die aber nur Afrika und Asien behandelte; unter besonderer Berücksichtigung der Vergangenheit wollte er die Beziehungen zw. Natur und Mensch darstellen, in deren Ablauf er das gesetzmäßige Walten Gottes (die Erde als ›Wohnort‹ und ›Erziehungshaus‹ der Menschheit) sah. Wesentl. Anregungen gab ihm J. H. PESTALOZZI. Von nachhaltiger Wirkung waren neben der Lehrtätigkeit R.s die v. a. aus seinen kleineren Schriften (v. a. ›Einleitung zur allg. vergleichenden Geographie ...‹, 1852) geschöpften method. Anregungen zur Anthropogeographie. Er wurde damit neben A. VON HUMBOLDT zum Begründer der wiss. Geographie.

H. BECK: C. R. Genius der Geographie (1979); C. R. Geltung u. Deutung, hg. v. K. LENZ (1981); J. BREUSTE u. P. BERNHARDT: Schrifttum über C. R. (Gotha 1983); C. R. Werk u. Wirkungen (ebd. 1987).

**2)** Gerhard, Historiker, * Sooden (heute zu Bad Sooden-Allendorf) 6. 4. 1888, † Freiburg im Breisgau 1. 7. 1967, Bruder von 5) und 8); Schüler H. ONCKENS, Prof. in Hamburg (1924) und Freiburg im Breisgau (1925–56); gehörte während des Nationalsozialismus dem Widerstandskreis um C. F. GOERDELER an und war 1944/45 in Haft. Nach 1945 war er maßgeblich an der Wiederbelebung der dt. Geschichtswissenschaft beteiligt. R. ist ein wichtiger Vertreter der klassischen nationalstaatl., propreußisch-prot. Tradition der dt. Geschichtsschreibung.

Werke: Luther (1925); Stein, 2 Bde. (1931); Friedrich d. Gr. (1936); Machtstaat u. Utopie (1940, 1948 u. d. T. Die Dämonie der Macht); Die Weltwirkung der Reformation (1941); Carl Goerdeler u. die dt. Widerstandsbewegung (1954); Staatskunst u. Kriegshandwerk, 4 Bde. (1954–68); Der Schlieffenplan (1956).

**3)** Gerhard A. (Albert), Historiker, * Berlin 29. 3. 1929; 1962–65 Prof. in Berlin, 1965–74 in Münster, seit 1974 in München; befaßte sich v. a. mit dem System und der Geschichte des Parlamentarismus und der Parteiwesens sowie mit der Geschichte der Arbeiterbewegung; Mitgl. der Bayer. Akademie der Wissenschaften.

Werke: Arbeiterbewegung, Parteien u. Parlamentarismus (1976); Wahlgeschichtl. Arbeitsbuch. Materialien zur Statistik des Kaiserreichs ... (1980). – Hg.: Histor. Lesebuch, Bd. 2: 1871–1914 (1967); Dt. Parteien vor 1918 (1973); Hb. der Gesch. des dt. Parlamentarismus, 6 Bde. (1977–87).

Jannis Ritsos

Carl Ritter

Gerhard Ritter

**4) Heinrich,** Philosoph, * Zerbst 21. 11. 1791, † Göttingen 3. 2. 1869; 1824 Prof. in Berlin, ab 1833 in Kiel, ab 1837 in Göttingen; Schüler von F. E. D. SCHLEIERMACHER; Vertreter einer christl. Philosophie und Philosophiehistoriker.
*Werke:* Gesch. der Ion. Philosophie (1821); Gesch. der Pythagoreischen Philosophie (1826); Die christl. Philosophie ..., 2 Bde. (1858–59); Encyclopädie der philosoph. Wiss.en, 3 Bde. (1862–64).

**5) Hellmut,** Orientalist, * Hessisch Lichtenau 27. 2. 1892, † Oberursel (Taunus) 19. 5. 1971, Bruder von 2) und 8); wurde 1919 Prof. in Hamburg, 1935 in Istanbul und 1949 in Frankfurt am Main. Seine Forschung galt v. a. der Edition und Interpretation klassisch-arab. und pers. Texte sowie der Rezeption des türk. Schattenspiels sowie christlich-neuaramäischer Erzähl- und Märchenstoffe; grundlegend sind auch seine Arbeiten zur islam. Mystik.
*Werke:* Über die Bildersprache Nizâmis (1927); Das Meer der Seele (1955); Tūrōyo, die Volkssprache der syr. Christen des Tūr ʿAbdîn, 5 Bde. (1967–90). – *Übers. und Hg.:* Karagös. Türk. Schattenspiele, 3 Bde. (1924–53); ʿAbdalqâhir al-Curcânî: Die Geheimnisse der Wortkunst (1959).

**6) Joachim,** Philosoph, * Geesthacht 3. 4. 1903, † Münster 3. 8. 1974; war seit 1943 Prof. in Kiel, seit 1946 in Münster, dazwischen (1953–55) in Istanbul. Er betonte als Philosophiegeschichtler v. a. die soziopolit. Komponenten der Ideenentwicklung (Interpretation der Hegelschen Geschichtsphilosophie vor dem Hintergrund der Frz. Revolution und der engl. Nationalökonomie). Zeitweise Herausgeber des auf 13 Bände berechneten ›Histor. Wörterbuches der Philosophie‹ (1971 ff.).

**7) Johann Wilhelm,** Physiker, * Samitz (bei Haynau) 16. 12. 1776, † München 23. 1. 1810; erkannte, daß die ›Reihenfolge der galvan. Wirksamkeit der einzelnen Metalle‹ (Spannungsreihe) der chem. Verwandtschaft zum Sauerstoff entspricht und daß ›galvan. Ketten aus bloß anorgan. Körpern möglich sind‹ und nicht, wie bis dahin angenommen, organische Substanzen (Froschschenkel, Zunge) erfordern. Durch Versuche wies er den Zusammenhang zwischen galvan. und chem. Prozessen nach und wurde so zu einem (allerdings nicht anerkannten) Begründer der Elektrochemie. 1802 entdeckte R. am kurzwelligen Ende des Spektrums das Ultraviolett, 1803 konstruierte er mit der Ladungssäule eine Vorform des Akkumulators.
*Ausgabe:* Die Begründung der Elektrochemie u. Entdeckung der ultravioletten Strahlen, hg. v. A. HERMANN (1968).
W. D. WETZELS: J. W. R., Physik im Wirkungsfeld der dt. Romantik (1973).

**8) Karl Bernhard,** ev. Theologe, * Hessisch Lichtenau 17. 3. 1890, † Königstein im Taunus 15. 8. 1968; Bruder von 2) und 5); wurde 1919 Pfarrer in Berlin, 1925–45 Studentenpfarrer in Marburg; führender Vertreter der ev. liturg. Bewegung und Begründer der Ev. Michaelsbruderschaft.

**9) Karl Wilhelm,** schweizer. Bauingenieur, * Liestal 14. 4. 1847, † Rämismühle (heute zu Zell, Kt. Zürich) 18. 10. 1906; Prof. für Ingenieurwissenschaften in Riga und Zürich. R. wirkte bes. auf dem Gebiet der graph. Statik und des konstruktiven Ingenieurbaus. Er förderte u. a. die Eisenbetonbauweise.

**Ritter|akademi|en,** Bildungsanstalten für junge Adlige im 16.–19. Jh. zur Vorbereitung für den Heeres-, Hof- und Staatsdienst: ›Collegium illustre‹ in Tübingen (1589), ›Collegium Mauritianum‹ in Kassel (1599), R. in Kolberg (1653), Lüneburg (1655), Halle/Saale (1680; ging in der Univ. auf), Wolfenbüttel (1687), Erlangen (1699; 1743 Univ.), Brandenburg/Havel (1704), Berlin (1705), Liegnitz (1708), Kassel (1709), Ettal (1711), Hildburghausen (1714), Dresden (1725), Braunschweig (1745), Wien (1746; ›Theresianum‹, eine Gründung der Jesuiten). Die R. wurden teils aufgelöst, teils in Gymnasien oder Kadettenanstalten umgewandelt.
K. BLEECK: Adelserziehung auf dt. R. Die Lüneburger Adelsschulen, 1655–1850 (1977).

**Ritterbank,** Bez. für die Gesamtheit der Ritter, die auf einem Landtag Sitz und Stimme hatten.

**Ritterbünde, Rittergesellschaften,** Vereinigungen der Ritter im 14./15. Jh., bes. in Südwest-Dtl., zur Wahrung ihrer Freiheiten und Privilegien gegen die Städte und die vordringende Landesherrschaft. Die größte Ausdehnung hatte der **Löwenbund** (1379), der sich von Hessen ausgehend bis nach Bayern und in die Niederlande erstreckte. Nach ihrer Niederlage im 1381 ausgebrochenen Kampf gegen den Rhein. und den Schwäb. Städtebund mußten die R. in einen Landfrieden einwilligen und lösten sich in der Folge auf. Längeren Bestand hatte der 1406 gegründete St. Jörgenschild, der 1488 dem Schwäb. Bund beitrat. 1422 erhielten die R. das Recht zum korporativen Zusammenschluß. (→ Reichsritterschaft)
H. OBENAUS: Recht u. Verf. der Gesellschaften mit dem St. Jörgenschild in Schwaben (1961).

**Ritterdrama,** Drama, dessen Protagonist eine Ritterfigur ist, z. B. P. CORNEILLES ›Le Cid‹ (1637); i. e. S. Bez. für die Dramen des ausgehenden 18. bzw. des beginnenden 19. Jh., deren Verfasser, geprägt von der neuen MA.-Rezeption des →Sturm und Drang wie auch der →Romantik, ihre Stoffe und Figuren dem mittelalterl. Rittertum entnahmen, so z. B. GOETHES ›Götz von Berlichingen‹ (1773), F. M. KLINGERS ›Otto, ein Trauerspiel‹ (1775), J. A. VON TÖRRINGS ›Agnes Bernauerin‹ (1781) sowie danach u. a. Werke von L. TIECK, H. VON KLEIST und L. UHLAND.

**Ritterfalter, Ritter, Edelfalter, Papilionidae,** Familie mit 600 Arten (in Mitteleuropa sechs) oft stattl., lebhaft gefärbter und gezeichneter, v. a. trop. Tagfalter. Viele R. zeigen Geschlechtsdimorphismus mit drei und mehr Weibchenformen und nur einer Männchenform. Die samtigen, goldgrünen, gelben, violetten und schwarzen, meist sehr farbenprächtigen Arten der Vogelfalter (Gattung Ornithoptera) der indo-austral. Region gehören zu den größten Schmetterlingen. R. in Mitteleuropa sind z. B. →Apollofalter, →Schwalbenschwanz und →Segelfalter, die alle bes. geschützt sind.

**Ritterfische, Equetus,** Gattung der Umberfische in Korallengebieten Westindiens, z. B. der **Ritterfisch** (Equetus lanceolatus; Länge bis 50 cm).

**Rittergut,** im Heiligen Röm. Reich eine von den Landesherren dem ritterbürtigen Adel gegen Verpflichtung zu Kriegsdiensten übertragene Gutsherrschaft mit Eigenwirtschaft und abhängigen Bauernwirtschaften. Neben anderen Vorrechten hatte der R.-Besitzer die niedere Gerichtsbarkeit und Polizeistrafgewalt über die erbuntertänigen Bauern. Die Vorrechte wurden durch die Bauernbefreiung und die Verwaltungsreformen im 19. Jh. allmählich beseitigt.

**Ritterhude,** Gem. im Kr. Osterholz, Ndsachs., am nordöstl. Stadtrand von Bremen, an der Hamme, (1991) 12700 Ew. – Dammgut (histor. Wasserschloßanlage 16. und 18. Jh.).

**Ritterkrebse, Reptantia,** Unterordnung der Zehnfußkrebse, die nur gelegentlich schwimmen; die Hinterleibsbeine sind reduziert oder fehlen ganz. Zu den R. gehören u. a. die →Porzellankrabben und die →Panzerkrebse.

**Ritterkreise,** seit 1577 Zusammenschluß der fränk., schwäb. und rhein. Reichsritterschaften zur Wahrung gemeinsamer Standesinteressen. Das Direktorium der R. wechselte in zweijährigem Turnus zw. den einzelnen Unterabteilungen der drei Ritterschaften.

**Ritterkreuz,** im Zweiten Weltkrieg in Dtl. Stufe des →Eisernen Kreuzes.

**Ritterling, Tricholoma,** Gattung großer, dickfleischiger Blätterpilze mit weißen Sporen und am Stiel ausgebuchteten Lamellen; zahlreiche Arten, darunter gute Speisearten, z. B. →Grünling, →Maipilz.
**Ritter|orden,** →Orden 1).
**Ritter|orden vom Heiligen Grab zu Jerusalem,** →Heiliggraborden.
**Ritter|roman,** Romantypus, in dem sich das Identifikationsangebot einer Vorbildfigur, histor. Interesse, Fabulierfreude und das Element des Abenteuerlichen als Unterhaltungswert vereinen. Dem kommen seit dem Ausgang des MA. die Prosaauflösungen der Heldenepik und des höf. Romans entgegen. Dabei weist der frühe R. zwei Grundformen auf: 1) die zahlreichen Versionen des Amadisromans (→Amadis von Gaula), die auch nach ihrer Parodierung im ›Don Quijote‹ des M. DE CERVANTES SAAVEDRA noch weiterwirken, z. B. im heroisch-galanten Roman des Barock, 2) die eher für ein breiteres Publikum bestimmten Ritterpartien in den Volksbüchern, die bis in das 18. Jh. rezipiert wurden. Neue Impulse ergaben sich im Zusammenhang mit der Ausbildung eines histor. Bewußtseins, in Dtl. bes. seit J. G. HERDER und J. MÖSER. Durch den von dieser Neubewertung der Geschichte gelenkten Rückgriff auf die Vergangenheit kann der R. auch als spezif. Form des →historischen Romans gelten. Dabei kommt es zu Überschneidungen u. a. mit dem Räuberroman, mit der Gothic novel und dem Schauerroman.
J. W. APPELL: Die Ritter-, Räuber- u. Schauerromantik (1859, Nachdr. 1967); C. MÜLLER-FRAUREUTH: Die Ritter- u. Räuberromane (1894, Nachdr. 1965); R. L. KILGOUR: The decline of chivalry as shown in the French literature of the late Middle Ages (Cambridge, Mass., 1937, Nachdr. Gloucester, Mass., 1966); J. AMEZCUA: Libros de caballerías hispánicos (Madrid 1973); R. HAHN: Gibt es R.?, in: Dt. Lit. des Spät-MA. (Greifswald 1986).
**Ritterschaft,** 1) →Rittertum, →Reichsritterschaft; 2) im Ständestaat die ritterschaftl. Kurie (Ritterbank) der →Landstände.
**Rittersporn, Delphinium,** Gattung der Hahnenfußgewächse mit etwa 250 Arten in den temperierten Gebieten der Nordhalbkugel, in Vorder- und Mittelasien sowie in den Gebirgen des trop. Afrika; Stauden oder einjährige Pflanzen mit dreiteiligen bis handförmig gelappten Blättern und zygomorphen, gespornten, einen blumenblattartig gefärbten Kelch aufweisenden Blüten in oft vielblütigen Trauben. Einheim. Arten sind der einjährige, kalkliebende **Feld-R.** (Akker-R., Delphinium consolida): 20–40 cm hoch; mit azurblauen Blüten; auf Äckern weit verbreitet; der seltene, in lichten Gebirgswäldern wachsende, ausdauernde **Hohe R.** (Delphinium elatum): bis 150 cm hoch, mit stahlblauen Blüten. – Als Zierpflanzen bekannt sind die Varietäten und Sorten des aus dem Mittelmeergebiet stammenden einjährigen **Garten-R.** (Delphinium orientale; mit blauvioletten, rosafarbenen oder weißen Blüten) und der 1,2–1,8 m hohen, mehrjährigen R.-Hybriden (Stauden-R., Delphinium cultorum; mit großen, oft halb gefüllten Blüten).
*Kulturgeschichte:* R. wurde als Grabbeigabe in altägypt. Gräbern gefunden. Die Samen der Art Delphinium staphisagria wurden nach DIOSKURIDES bei den Griechen als Mittel gegen Läuse und Krätze verwendet und auch von den Kräuterbuchautoren des 16. Jh. dafür empfohlen. Der Feld-R. war im MA. ein Symbol ritterl. Tugenden und der Treue. Die Samen des ursprünglich wohl in Innerasien heim. Hohen R. erhielt C. CLUSIUS um 1600 aus türk. Gärten.
**Ritterstern, Hippeastrum,** Gattung der Amaryllisgewächse mit etwa 75 Arten in Savannen oder periodisch trockenen Waldgebieten des subtrop. und trop. Amerika, auch eine Art im westl. Afrika; Zwiebelpflanzen mit röhrenförmigem Schaft und großen, trichterförmigen, gestielten Blüten in doldenförmiger Anordnung. Der R., die Amaryllis der Gärtner, ein Ergebnis vielfältiger Kreuzungen, ist in zahlreichen Sorten (Hippeastrumhybriden) als Topfpflanze weit verbreitet.

**Rittertum,** die Gesamtheit der durch den mittelalterl. Berufskriegerstand der Ritter entwickelten sozialen, rechtl., wirtschaftl. und kulturellen Verhältnisse. Das R. hatte seine Ursprünge im german. Gefolge. Die karoling. Hausmeier und Könige schufen ein schlagkräftiges Heer von Gefolgsleuten, die gegen Überlassung von Grund und Boden als Lehen Reiterdienste in schwerer Rüstung leisteten. So trat allmählich neben das german. Volksheer ein berittenes Berufskriegerheer, das im Hoch-MA. das alte Volksaufgebot schließlich verdrängte. Seine höchste Blüte erlebte das R. im Zeitalter der Kreuzzüge und unter den stauf. Kaisern.
Die ritterl. und höf. Kultur war ein Kennzeichen des Abendlandes; die Ausbildung ihrer versch. Formen verdankte sie hauptsächlich der frz. Ritterschaft. Den Kern der ritterl. Ethik bildeten die ›Zucht‹ und das ›Maßhalten‹ in allen Lebenslagen. Aus den höf. Anschauungen erwuchs auch der Frauendienst (→Minne). Die ritterl. Vorstellungswelt prägte sich in der höf. Liebeslyrik (→Minnesang) und im →höfischen Epos aus. Das R. forderte die Treue gegen den Lehnsherrn, den Schutz von Witwen, Waisen und Bedrängten, einen christl. Lebenswandel, Beherrschung des Waffenhandwerks und krieger. Tüchtigkeit. Höfisch-ritterl. Standesideal war bes. zur Zeit der Kreuzzüge der ›christl. Ritter‹, eine Vorstellung, die an den Brief des PAULUS an die Epheser (Eph. 6, 13–17) anknüpfen konnte. Den Schutz der Kirche und auch der Schwachen sah der Ritter als eine seiner ersten Pflichten. Bes. BERNHARD VON CLAIRVAUX nahm in seinen Kreuzzugspredigten das ritterl. Ideal auf und führte es weiter. Die Beteiligung am Kreuzzug wurde von ihm zum Dienst am Glauben (›militia Christi‹) erklärt, womit der Ritterdienst einer neuen Bewertung unterworfen wurde. Als Folge dieser neuen Sichtweise trat neben das weltlich-höf. ein mönchischasket. R., das in den Ritterorden des 12. Jh. seine Ausprägung fand.
Sorgfältige Standeserziehung genoß schon der ritterbürtige (von ritterl. Ahnen oder Ministerialen abstammende) Knabe, der seit dem siebten Lebensjahr als Page diente. Mit dem 14. Lebensjahr trat er als Knappe in den Dienst, bis er etwa mit dem 21. Jahr den **Ritterschlag** (Schwertleite, Schwertnahme) erhielt, durch den er wehrhaft und mündig wurde.
Im späteren MA. und zu Beginn der Neuzeit konnte sich das R. nur schwer gegen den erstarkenden Stand der Landesfürsten einerseits und den emporstrebenden Bürgerstand andererseits halten. Hinzu kamen die sinkende militär. Bedeutung aufgrund neuer Waffen und die sich daraus ergebenden gefechtstakt. Veränderungen. Aus sozialem Niedergang und wirtschaftl. Not entwickelte sich das **Raub-R.** Gleichzeitig erschienen ›Ritterspiegel‹, lehrhafte Auseinandersetzungen über die Pflichten und Tugenden des Ritters, von denen der des J. ROTHE aus dem 14. Jh. am bekanntesten ist. Vielfach schlossen sich die Ritter nun zur Wahrung ihrer Stellung in ständ. Korporationen zusammen. Diese Vereinigungen der Ritterschaft erlangten im 15. und 16. Jh. in den meisten Territorien Beteiligung an der Landesherrschaft, sofern ihre Mitglieder burgsässig oder später Inhaber landtagsfähiger Rittergüter waren. Die →Reichsritterschaft konnte zwar ihre reichsunmittelbare Stellung wahren, Anteil an der Reichsherrschaft jedoch nicht erlangen.
Das Ritterbild in MA. u. Renaissance, hg. vom Forschungsinstitut für MA. u. Renaissance (1985); Das R. im MA., hg. v. A. BORST (²1989); M. KEEN: Das R. (a. d. Engl., Neuausg. 1991).

**Rittersporn:** Feldrittersporn (Höhe 20–40 cm)

**Ritterwanzen:**
Lygaeus equestris
(Länge 11 mm)

**Rudolf Rittner**

**Ritterwanzen, Lygaeus, Spilostethus,** in Mitteleuropa häufige Gattung der Langwanzen, deren Arten auffällig schwarz, rot und weiß gezeichnet sind; u. a. die **Ritterwanze** (Lygaeus equestris oder Spilostethus equestris, Länge 11 mm).

**Rittmann,** Alfred, schweizer. Vulkanologe und Petrograph, * Basel 23. 3. 1893, † Catania 19. 9. 1980; Prof. in Alexandria und Kairo, dann Direktor des vulkanolog. Instituts am Ätna-Observatorium; wichtige Forschungen über ›Vulkane und ihre Tätigkeit‹ (1936).

**Rittmeister,** bis 1945 Dienstgrad-Bez. der Offiziere im Hauptmannsrang der dt. Kavallerie und Fahrtruppe; noch üblich in Österreich (Bundespolizei, Landesgendarmerie) und Schweden (**ryttmästare**).

**Rittner, 1)** Rudolf, Schauspieler, * Alt Weißbach (bei Landeshut i. Schles.) 30. 6. 1869, † ebd. 4. 2. 1943; wurde 1894 von O. Brahm an das Dt. Theater engagiert. Wichtige Rollen: Oswald (›Gespenster‹ von H. Ibsen) und die Titelrollen in ›Fuhrmann Henschel‹ und ›Florian Geyer‹ (G. Hauptmann). Auf dem Höhepunkt seiner Karriere zog sich R. 1907 zurück.
Hans-A. Schultze: Der Schauspieler R. R. (Diss. Freie Univ. Berlin 1961).
**2)** Tadeusz, Pseudonym **Tomasz Czaszka** [ˈtʃaʃka], österr.-poln. Schriftsteller, * Lemberg 31. 5. 1873, † Badgastein 19. 6. 1921; war nach Jurastudium im Unterrichtsministerium in Wien tätig. R. schrieb – in poln. und dt. Sprache – symbolist. und naturalist. Dramen, Romane und Novellen sowie stilistisch ausgefeilte Gesellschaftskomödien; daneben auch autobiograph. und phantast. Romane.
*Werke: Dramen:* W małym domku (1907; dt. Das kleine Heim); Don Juan (1909; dt. Unterwegs); Głupi Jakub (1910; dt. Der dumme Jakob); Dzieci ziemi (1914; dt. Kinder der Erde); Wilki w nocy (1914; dt. Wölfe in der Nacht). – *Romane:* Drzwi zamknięte (1918; dt. Das Zimmer des Wartens); Most (1920; dt. Die Brücke); Między nocą a brzaskiem (1921, dt. Die andere Welt; dramatisiert u. d. T. Wrogowie bogaczy, 1924, dt. Die Feinde der Reichen). – *Novelle:* Duchy w mieście (1921; dt. Geister in der Stadt).
*Ausgabe:* Dramaty, 2 Bde. (1966).

**Ritual** [lat. ritualis, vgl. rituell] *das, -s/-e* und *...lien,* **1)** *allg.:* gleichbleibendes, regelmäßiges Vorgehen nach einer festgelegten Ordnung, Zeremoniell.
**2)** *Psychologie:* stereotypes, starres Verhalten, eine feste Abfolge von Handlungsschritten, die meist an bestimmte Anlässe (z. B. R. des Kindes vor dem Schlafengehen) gebunden ist, aber auch als ein vom Situationsbezug losgelöster Mechanismus auftreten kann; bei Neurotikern ein oft zeitaufwendiges Zwangsverhalten, um Angstgefühle zu verhindern.
**3)** *Religionswissenschaft:* → Ritus 1).

**Ritualbücher,** die in Büchern zusammengefaßte schriftl. Aufzeichnung religiöser Riten. R. beinhalten liturg. Texte sowie Verhaltensvorschriften und Rituale für bestimmte Anlässe. Beispiele für R. sind der ind. → Brahmanas, das konfuzian. → Li-ji, das japanisch-shintoist. Engishiki (→ Norito) und das römisch-kath. → Rituale.

**Rituale** *das, -,* lat. Liturgie: liturg. Buch, das die vom Priester zu vollziehenden Riten bei der Spendung der Sakramente und Sakramentalien sowie für die Prozessionen und Exorzismen enthält. Das vom Hl. Stuhl 1614 veröffentlichte **R. Romanum** wurde seit 1918 allg. verbindlich. Die Liturgiekonstitution des 2. Vatikan. Konzils (1963) sah das R. Romanum nur als Rahmen-R. vor, während die einzelnen Sprachgebiete volkssprachl. R. erhalten sollten. Entsprechende Bearbeitungen sind seither im Gange. – *Ev. Kirchen:* → Agende; *Ostkirchen:* → Euchologion.

**Ritualisierung,** nach J. S. Huxley ein urspr. zweckhaftes tier. Verhalten, das so abgewandelt, verselbständigt und unter Umständen auch übertrieben wird, daß es bei Artgenossen als Auslöser ein bestimmtes Verhalten in Gang setzt.

**Ritualismus** *der, -,* eine aus der Oxfordbewegung entstandene Erneuerungsbewegung innerhalb der anglikan. Kirchengemeinschaft in der 2. Hälfte des 19. Jh. Der R. suchte durch weitgehende Wiedereinführung des kath. Kultes die kirchl. Einheit mit der kath. Kirche unter Wahrung des nat. Charakters der Kirche von England wiederherzustellen. Bedeutung erlangte er v. a. durch seine prakt. Seelsorge im sozialen Bereich. Heftig umkämpft (in England seit 1860 in der ›English Church Union‹ organisiert, der seit 1865 die ›Church Association‹ entgegentrat) ging er um die Jahrhundertwende in der High Church auf.

**Ritualmord,** die mit kult. oder mag. Zielsetzung vollzogene Tötung von Menschen, meist als → Menschenopfer. Grundlegend ist die archaische Überzeugung, daß Blut oder bestimmte Körperteile (Knochenmark, Hirn, Herz) Träger von Leben, numinoser Macht (Mana) oder Seele sind. In afrikan. Kulturen gibt es den rituellen Königsmord (→ König).

**rituell** [frz., von lat. ritualis ›den religiösen Brauch betreffend‹], **1)** den Ritus betreffend; **2)** feierlich, nach Art eines Ritus, zeremoniell.

**Ritus** [lat.] *der, -/...ten,* **1)** *allg. Religionswissenschaft:* **Ritual,** kult. Handlungsablauf (Worte, Gesten, Handlungen), der mit religiöser Zielsetzung (Umgang mit dem Numinosen) in seinen Bestandteilen genau festgelegten Regeln folgt (Zeremonien) und deshalb, weitgehend unabhängig von räuml. oder zeitl. Umständen, als identisch wiederholbar erscheint. R. finden sich bes. im Zusammenhang mit wichtigen Lebenszäsuren (→ Rites de passage), im Kult und bei ekstat. Praktiken. In manchen Religionen wird das Einhalten ritueller Regeln als unbedingt notwendig für die Gültigkeit eines kult. Aktes oder sogar als heilsnotwendig betrachtet. R. erwachsen aus der Tradition und bedürfen, um über ihre Ursprungssituation hinaus als sinnvoll erfahren zu werden, der theolog. Deutung und Vertiefung. Die Überlieferung der R. – urspr. mündlich, dann zunehmend auch schriftlich (→ Ritualbücher) – ist oft auf die Priester beschränkt oder mit Geheimhaltung verbunden.
Myth and ritual, hg. v. S. H. Hooke (London 1933); Myth, ritual, and kingship, hg. v. dems. (Oxford 1958, Nachdr. Ann Arbor, Mich., 1981); S. Mowinckel: Religion u. Kultus (a. d. Norweg., 1953); J. Cazeneuve: Les rites et la condition humaine (Paris 1958); W. E. Mühlmann: R., in: Die Religion in Gesch. u. Gegenwart, hg. v. K. Galling u. a., Bd. 5 (Neuausg. 1986).

**2)** *christl. Liturgiegeschichte:* die Gesamtheit aller gottesdienstl. Handlungen, Texte, Zeichen und Gebärden, die sich in einer bestimmten geograph. oder personenbezogenen Einheit in einer bestimmten geschichtl. Entwicklung ausgeformt haben und nach einer im Gebiet des jeweiligen R. allgemeingültigen Ordnung vollzogen werden. In diesem Sinne entwickelten sich in der Alten Kirche – v. a. ab dem 4. Jh. und zuerst in Ägypten – verschiedene R., die für bestimmte Formen des Christentums charakteristisch wurden: 1) der **alexandrinische R.,** der in den Städten Ägyptens urspr. griechisch, auf dem Lande koptisch gefeiert wurde. Aus ihm hat sich auch die äthiop. Liturgie entwickelt. 2) der **antiochenische R.,** der zunächst stark von Jerusalem und Syropalästina beeinflußt war und sowohl in aramäischer Volkssprache wie in Griechisch gefeiert wurde. Aus ihm entwickelte sich für die Christen in Mesopotamien der ostsyr. (›persische) R., der um 650 kodifiziert wurde. Verwandt mit dem griechisch-antiochen. R. ist der R. Westsyriens. Eine Sonderentwicklung ist der R. der Maroniten (westsyrisch mit ostsyr. Einflüssen). 3) der **römische R.,** der urspr. in griech. Sprache, seit Papst Damasus (366–384) aber lateinisch gefeiert wurde (lateinischer R.) und auf das Gebiet unmittelbar um Rom beschränkt war, sich später auf Mittel- und Süditalien sowie N-Afrika ausdehnte, während N-Italien (Mailand, Ravenna, Aquileja) eigenständige R. behielt, und schließlich für die →lateinische Kirche maßgebend wurde. 4) der **gallikanische R.**, der, römisch und alexandrinisch beeinflußt, starke lokale Besonderheiten aufweist. 5) der **mozarabische R.**, der in Spanien v. a. im 7. Jh. seine Ausprägung erfuhr und unter der maur. Herrschaft weiter praktiziert wurde. 6) der **keltische R.**, der in Irland, Schottland und bei der kelt. Bev. Britanniens gefeiert wurde. Er zeigt gallikan., span., aber auch kopt. Einflüsse.

In den westl. Kirchen fand ab dem 8. Jh. eine radikale Vereinheitlichung der R. statt: Teilweise mit Gewalt wurde der lat. R. in England und in karoling. Herrschaftsbereich gegen die angestammten R. durchgesetzt, wobei allerdings Elemente aus diesen Aufnahme fanden. Die zentralist. Bestrebungen im Zuge der gregorian. Reform setzten dann diesen röm. R. (eigentlich ein römisch-fränk. Misch-R.) im ganzen Abendland (mit Ausnahme von Teilen des Ambrosian. R. in Mailand) durch, was durch das Konzil von Trient noch einmal bekräftigt wurde.

In den Ostkirchen ist eine ähnl. Vereinheitlichung der R. nicht eingetreten. Allerdings blieben die alten oriental. R. nach den Trennungen zw. der orth. Kirche und den oriental. Kirchen ab dem 5. Jh. zunehmend auf die letzteren beschränkt, während im orth. Bereich der **byzantinische R.** mehr und mehr dominierte. Er stellt eine Weiterentwicklung der unter stärkstem Einfluß des antiochen. R. ausgeformten Stadtliturgie von Byzanz dar, wobei die monast. Tradition des Studion-Klosters eine ebenso große Rolle spielt wie die Kathedralordnung der Hagia Sophia. Im 12. Jh. übernahmen die zur Reichskirche gehörenden Gemeinden der Patriarchate Antiochia und Alexandria den byzantin. R. Da nun heute nahezu alle orth. Kirchen – darunter auch die zahlenmäßig starken slaw. Kirchen SO- und O-Europas – folgen, ist er nach dem röm. R. der weltweit verbreitetste christl. R. Eng mit ihm verwandt ist der R. der armen. R. Weil die unierten Ostkirchen im wesentlichen ihren angestammten R. beibehalten haben, gibt es von jedem der oriental. R. auch eine unierte Form, die durch eine gewisse Latinisierung gekennzeichnet ist.

Nach *kath. Kirchenrecht* sind die versch. R. ein Gliederungsprinzip der römisch-kath. Gesamtkirche, d. h., R. bezeichnet eine Teilgemeinschaft der kath. Kirche mit eigener Liturgie und Kirchenverfassung sowie mit einer hierarch. Spitze, durch die sie mit dem Papst verbunden ist. Die Zugehörigkeit zu einem bestimmten R., d. h. zum R. der lat. Kirche oder einer der R. der mit Rom unierten Ostkirchen, wird i. d. R. durch die Taufe in der betreffenden Teilkirche bestimmt. Ein R.-Wechsel ist damit eine hoheitl. Umgliederung und umschließt die Entlassung aus dem bisherigen und die Aufnahme in den anderen Hoheitsverband der kath. Kirche. Daher kennt das kath. Recht das Prinzip der strengen R.-Bindung: Eine Änderung der R.-Zugehörigkeit soll die Ausnahme bleiben und bedarf – außer in den Sonderfällen der Eheschließung – der Zustimmung der vatikan. Behörde.

**Ritz,** 1) Cäsar, schweizer. Hotelier, * Niederwald (Kt. Wallis) 23. 2. 1850, † Küsnacht (ZH) 20. 10. 1918; baute als erstes seiner Luxushotels das **Hotel Ritz** an der Place Vendôme in Paris. Zahlreiche Hotels in vielen Ländern sind nach ihm benannt.
2) Walter, schweizer. Mathematiker und Physiker, * Sitten 22. 2. 1878, † Göttingen 7. 7. 1909; wirkte u. a. in Zürich und Göttingen; entwickelte 1906–07 bei der Untersuchung von Randwertproblemen das →Ritzsche Verfahren und fand 1908 das nach ihm benannte Kombinationsprinzip der Spektralterme, das die Voraussage einer großen Zahl neuer Linien der Infrarotspektren ermöglichte.

**Ritzel,** bei zwei miteinander im Eingriff stehenden Zahnrädern dasjenige mit der kleineren Zähnezahl.

**Ritzel,** Wolfgang, Erziehungswissenschaftler, * Jena 19. 8. 1913; ab 1960 Prof. in Mannheim, seit 1963 in Bonn; bearbeitet in philosoph. Sicht bes. Grundlegungs- und histor. Fragen der Pädagogik.
Werke: Fichtes Religionsphilosophie (1956); Jean-Jacques Rousseau (1959); Pädagogik als prakt. Wiss. (1973); Philosophie u. Pädagogik im 20. Jh. (1980).

**Ritzhärte,** 1) *Mineralogie:* relative Ritzfestigkeit von Mineralen (→Härte 2).
2) *Werkstoffkunde:* Maß für die Härte eines Werkstoffes. Zur Ermittlung der R. wird eine Diamantspitze definiert belastet und mit ihr ein Strich in das Material gezogen (geritzt), dessen Breite von der Materialhärte abhängt.

**Ritzsches Kombinationsprinzip** [nach W. RITZ], →Kombinationsprinzip.

**Ritzsches Verfahren** [nach W. RITZ], **Ritzsches Variationsverfahren,** Näherungsmethode der →Variationsrechnung zur Lösung von Eigenwertproblemen und Randwertaufgaben; v. a. in der →Quantenmechanik wichtig zur näherungsweisen Berechnung der Eigenwerte des →Hamilton-Operators $H$ eines quantenmechan. Systems, insbesondere der Energie $E_0$ des Grundzustands. Einen Näherungswert für diese erhält man, indem man den Erwartungswert des Hamilton-Operators $\langle \psi | H | \psi \rangle$ mit Hilfe einer geeigneten Testfunktion $\psi$ durch Variation ihrer Parameter minimiert, da unter Beachtung der Normierungsbedingung $\langle \psi | \psi \rangle = 1$ für alle zulässigen Wellenfunktionen $E_0 \leq \langle \psi | H | \psi \rangle$ gilt. Die Berechnung höherer Eigenwerte kann bei Berücksichtigung der Orthogonalität und Vollständigkeit aller Wellenfunktionen dann sukzessive durchgeführt werden. Das R. V. wird vielfältig mit guter experimenteller Übereinstimmung angewandt, z. B. zur Bestimmung der Grundzustände von Atomen und Molekülen.

**Ritz|zeichnung,** durch Einritzen in Stein, Knochen, Elfenbein oder einen anderen harten Untergrund entstandene Zeichnung (bereits in vorgeschichtl. Zeit). R. werden auch in weichem Mörtelgrund ausgeführt (→Sgraffito).

**Riukiu|inseln,** die, →Ryūkyūinseln.

**RIV,** Abk. für italien. **Regolamento Internazionale Veicoli,** Übereinkommen über die gegenseitige Benutzung der Güterwagen in internat. Eisenbahnverkehr vom 1. 1. 1922, i. d. F. v. 1. 3. 1968 gültig. Die beteiligten Verwaltungen bilden den RIV-Verband.

**Riva del Garda,** Kur- und Fremdenverkehrsort in der Prov. Trient, Italien, 70 m ü. M., am N-Ende des Gardasees, (1982) 13 200 Ew.; Schnittpunkt der beiden Uferstraßen des Gardasees sowie einiger Alpenstraßen. – R., das antike **Ripa,** stand seit dem 13. Jh. unter der wechselnden Herrschaft der Bischöfe von Trient, der Della Scala (Scaliger), der Visconti und Venedigs; im 16. Jh. kam es an Tirol; seit 1575 Stadt. Nach dem Ersten Weltkrieg wurde es endgültig italienisch. – Schloß der Della Scala (urspr. 1124, im 19. Jh. erneuert); Chiesa dell'Inviolata (1603).

**Rivale** [frz., von lat. rivalis ›Nebenbuhler‹, zu rivus ›Wasserlauf‹, also eigtl. ›zur Nutzung eines Wasserlaufs Mitberechtigter‹] *der, -n/-n,* Nebenbuhler, Mitbewerber, Konkurrent; Gegenspieler.

**Rivalität,** *Humanethologie* und *Soziologie:* das konflikthafte Verhalten zweier oder mehrerer Akteure, die zu grundsätzlich gleichen Voraussetzungen und subjektiv gleichen Rechtsansprüchen ein bestimmtes Ziel, sei es materieller oder ideeller Art, erreichen wollen und hierzu die jeweils anderen Akteure aus dem Felde treiben müssen. Anders als im Wettkampf gibt es für die Austragung von R. keine

**Riva**   Rivaner – Rivera

bindenden Regeln, und anders als in der Konkurrenz, die sich v. a. auf wirtschaftl. Ziele richtet, kann R. angesichts völlig unterschiedl. Ziele bestehen.

**Rivaner,** in Luxemburg üblicher Name für die Rebsorte → Müller-Thurgau.

**Riva-Rocci** [-ˈrɔtʃi], Scipione, italien. Kinderarzt, * Almese (bei Turin) 7. 8. 1863, † Rapallo 15. 3. 1937; ab 1908 Prof. in Padua; erfand 1896 das nach ihm benannte Blutdruckmeßgerät mit Manschette und Quecksilbermanometer (R.-R.-Apparat) zur unblutigen Messung des arteriellen Blutdrucks.

**Rivarol,** Antoine Comte de, eigtl. **A. Rivaroli,** frz. Schriftsteller und Journalist, * Bagnols-sur-Cèze 26. 6. 1753, † Berlin 13. (11. ?) 4. 1801; witziger und geistreicher Kritiker von Literatur und Gesellschaft des ausgehenden Ancien régime wie der Frz. Revolution, brillanter Mittelpunkt Pariser Salons, Verfasser geschliffener Polemiken, moralisierender Maximen, spritziger Essays und sarkast. Porträts (›Le petit almanach de nos grands hommes‹, 1788). Seine antirevolutionäre Haltung ließ ihn zum Initiator des politischsatir. Journalismus (z. B. in ›Les Actes des apôtres‹, ›Journal politique national‹) werden und führte ihn 1792 ins Exil. Der von der Berliner Akademie der Wissenschaften preisgekrönte sprachkrit. Essay ›De l'universalité de la langue française‹ (1784) gilt als seine berühmteste Schrift.

Ausgaben: Œuvres complètes, 6 Bde. (1808–24, Bd. 1–5 Nachdr. 1968). – Polit. Journal eines Royalisten: 5. Mai bis 5. Oktober 1789, übers. v. B. BRUMM u. a. (1989).
E. JÜNGER: R. (Neuausg. 1989).

**Rivas,** Dep. in → Nicaragua.

**Rivas, Ángel de Saavedra,** Herzog von, span. Dichter und Politiker, * Córdoba 10. 3. 1791, † Madrid 22. 6. 1865; Gegner FERDINANDS VII., als Liberaler 1823–34 im Exil in Gibraltar, London, auf Malta und in Frankreich; nach der Rückkehr Innenminister (1836–37), Botschafter in Neapel und Paris; kurzfristig Präs. des Staatsrates, seit 1862 Präs. der span. Akademie. R. begann sein lyr. und dramat. Werk im Sinne des Neoklassizismus (›Poesías‹, 1813; Dramen ›Ataúlfo‹, 1814, und ›Lanuza‹, 1822). Auf Malta wurde er mit dem Theater SHAKESPEARES und des span. Siglo de oro sowie mit der europ. Romantik (Lord BYRON, W. SCOTT) vertraut. Noch in Paris verfaßte er das Epos ›El moro expósito o Córdoba y Burgos en el siglo X‹ (1834), das zus. mit dem Vorwort von A. ALCALÁ GALIANO zum Manifest der span. Romantik wurde. Mit dem Schicksalsdrama ›Don Álvaro o la fuerza del sino‹ (1835; Textgrundlage für G. VERDIS Oper ›Die Macht des Schicksals‹) verhalf R. der liberalen, exaltierten Romantik auch im span. Theater zum Durchbruch. Sein Spätwerk bricht mit romant. Subjektivismus und Rebellion. Das von SHAKESPEARE und CALDERÓN inspirierte Drama ›El desengaño en un sueño‹ (1844) sowie seine ›Romances históricos‹ (1841) und die ›Leyendas románticas‹ (1854) sind mit ihrer Behandlung nat. Stoffe Ausdruck einer konservativen, historisierenden Romantik.

Ausgabe: Obras completas, hg. v. J. CAMPOS, 3 Bde. (1957).
G. LOVETT: The Duke of R. (Boston, Mass., 1977).

**Riva San Vitale,** Ort an der S-Spitze des SO-Armes des Luganer Sees, Kt. Tessin, Schweiz, etwa 1 800 Ew. – Neben der spätbarocken Kirche San Vitale (1756–59) steht das älteste erhaltene kirchl. Bauwerk der Schweiz, das Baptisterium (um 500), ein Zentralbau mit Fragmenten von Fresken (um 1000). Santa Croce mit achteckiger Tambourkuppel ist eine bedeutende Renaissancekirche (1588–92).

**Rivaz** [riˈva], Alice, eigtl. **A. Golay** [ɡɔˈlɛ], schweizer. Schriftstellerin frz. Sprache, * Rovray (Kt. Waadt) 14. 8. 1901; schildert in ihren psycholog. Romanen und Novellen mit stilist. Verhaltenheit und großem

**Richard Rive**

**Charlie Rivel**

Einfühlungsvermögen das Leben und die Befindlichkeit vorwiegend weibl. Figuren. Ihr Roman ›La paix des ruches‹ (1947; dt. ›Der Bienenfriede‹) nahm, zum ersten Mal in der frz.-sprachigen Literatur der Schweiz, das Thema der Emanzipation der Frau auf. Dieses Thema erörtert R. auch theoretisch sowie in ihrem Tagebuch (›Traces de vie‹, 1983).

Weitere Werke: *Romane:* Nuages dans la main (1940); Comptez vos jours (1966; dt. Bemeßt die Zeit); Jette ton pain (1978); Ce nom qui n'est pas le mien (1980).

**Rive** [raɪv], Richard, südafrikan. Schriftsteller, * Kapstadt 1931, † (ermordet aufgefunden) ebd. 4. 6. 1989; wuchs im ehemaligen Farbigenviertel District Six auf, das den Hintergrund seines Romans ›Buckingham Palace‹ (1986, dramatisiert) bildet; studierte Englisch in Kapstadt, New York und Oxford. Sein literar. Werk war wegen der polit. Brisanz lange in Südafrika verboten.

Weitere Werke: *Romane:* Emergency (1964); The emergency continues (1989). – *Erzählungen:* African songs (1963); Selected writings (1977, auch Essays u. Dramen); Advance, retreat (1983). – *Autobiographisches:* Writing black (1981).

**Rive-de-Gier** [rivdəˈʒje], Stadt im Dép. Loire, Frankreich, im Kohlenbecken von Saint-Étienne, im Giertal, (1990) 15 700 Ew.; Steinkohlenbergbau, Stahlindustrie, Metallverarbeitung, Textil-, keram. und Glasindustrie; Kanalverbindung zur Rhône. – Die Kohlevorkommen von R.-de-G. sind seit dem 13. Jh. bekannt und werden seit dem 16. Jh. abgebaut.

**Rivel,** Charlie, eigtl. **José Andreu R.,** span. Clown, * Cubellas (Prov. Barcelona) 28. 4. 1896, † Barcelona 26. 7. 1983; entstammt einer span. Artistenfamilie, hatte in Dtl. großen Erfolg, u. a. mit der Nummer ›Akrobat – schön‹.

**River** [ˈrɪvə], engl. für Fluß.

**Rivera, 1)** Hauptstadt des Dep. R. im nördl. Uruguay, an der brasilian. Grenze (gegenüber der Stadt Livramento), (1985) 56 300 Ew.; Handels- und Industriezentrum für das landwirtschaftl. Umland. Reger Grenzverkehr (u. a. Bahnlinie Montevideo – Rio de Janeiro) und -handel.
**2)** Dep. in → Uruguay.

**Rivera, 1)** Diego María, mexikan. Maler und Graphiker, * Guanajuato 8. 12. 1886, † Mexiko 24. 11. 1957; studierte ab 1896 an der Kunstakademie in Mexiko, 1907–10 in Europa (u. a. in Spanien und Frankreich), lebte 1911–21 v. a. in Paris (Auseinandersetzung mit dem Kubismus), 1930–34 in den USA. R. gehört zu den Begründern des Muralismo und war führendes Mitgl. der KP Mexikos. Er gestaltete u. a. monumentale Wandgemälde mit Szenen aus Vergangenheit und Gegenwart Mexikos im Sinne eines starken sozialen Engagements. Sie verherrlichen bes. die revolutionären Kräfte: Arbeiter, Bauern und Soldaten. Seine kompositorisch ausgewogenen Bilder verbinden folklorist. Elemente mit Stilmitteln moderner Malerei. R. wirkte auch als Bildhauer und Architekt und schuf Mosaikarbeiten (Lermabrunnen, 1951–52; Teatro de los Insurgentes, 1951–53; Univ.-Stadion, 1953; alle in Mexiko); auch Zeichnungen. Er war verheiratet mit der Malerin FRIDA KAHLO.

Weitere Werke: Wandgemälde in der Escuela Nacional Preparatoria in Mexiko (1922), in der Escuela Nacional de Agricultura in Chapingo, Mexiko (1925–27), im Secretaría de Educación Pública in Mexiko (1926–29), im Cortés-Palast in Cuernavaca (1929–30), im Nationalpalast in Mexiko (1929–35, 1942–52; BILD → Muralismo), im Institute of Fine Arts in Detroit, Mich. (1932), im Prado-Hotel in Mexiko (1947–48).

D. R. 1886–1957, Retrospektive, Ausst.-Kat. (1987).

**2)** José Eustasio, kolumbian. Schriftsteller, * Neiva 19. 2. 1889, † New York 1. 12. 1928; Politiker und Diplomat; sein einziger Roman, ›La vorágine‹ (1924; dt. ›Der Strudel‹), gestaltet realistisch den Widerstreit von Zivilisation und Natur; in ihm wird das trop. Ur-

Rivera y Orbaneja – Rivet **Rive**

**Diego Rivera:** Der Mensch am Scheideweg; Ausschnitt aus einem Wandgemälde im Palacio de Bellas Artes in Mexiko; 1934

wald zur Metapher für existentielle Bedrohung. Auch Verfasser von Sonetten unter dem Einfluß der Parnassiens (›Tierra de promisión‹, 1921).
Ausgabe: Obras completas (1963).
L. C. HERRERA MOLINA: J. E. R. (Bogotá 1968); M. ORDÓÑEZ: La vorágine, textos críticos (ebd. 1987).

**Rivera y Orbaneja** [- i ɔrβa'nɛxa], Miguel **Primo de,** span. Politiker, →Primo de Rivera y Orbaneja, Miguel.

**Riverina** [rɪvəˈraɪnə], Landschaft in New South Wales, Australien, das Zwischenstromland zw. Murray im S und Lachlan River im N. Die Ebene ist von zahlreichen alten Flußbetten durchzogen. Sie teilt sich in das Murray-Bewässerungsgebiet zw. Cobram und Swan Hill am Murray und die Murrumbidgee Irrigation Area im N, das neue Bewässerungsgebiet von Coleambally. Das Wasser stammt vom See des Burrinjuck-Staudamms. Die R. war Siedlungsraum für Großbesitz (Squatter) mit extensiver Schafhaltung und ist jetzt aufgeteilt in kleinere Besitze mit Merinoschafhaltung und Weizenanbau; Bewässerung erlaubt Obst- und Reisanbau sowie intensive Weidewirtschaft. Hauptorte sind Wagga Wagga, Griffith und einige Städte am Murray.

**Rivers** ['rɪvəz], Gliedstaat Nigerias, 21 850 km², (1988) 3,8 Mio. Ew.; Hauptstadt: Port Harcourt. R. umfaßt das Nigerdelta mit reichen Erdölvorkommen; Raffinerie in Alese-Elema, Erdölexporthafen Bonny mit Gasverflüssigungsanlage.

**Rivers** ['rɪvəz], **1)** Larry, amerikan. Maler, * New York 17. 8. 1923; war zunächst Jazzmusiker und studierte 1947/48 Malerei in New York bei H. HOFMANN. Seine Bilder verbinden seit Mitte der 1950er Jahre einen abstrakt-expressionist. Malstil mit den Bildwelten der Konsumkultur, mit typ. Motiven der Pop-art, deren Wegbereiter R., parallel zu R. RAUSCHENBERG, wurde, bes. mit Collagen nach bekannten Vorlagen, in denen er die Verbreitung der Kunstreproduktion wie auch den eigenen expressiven Malstil ironisiert. Er schuf auch monumentale Wandbilder sowie Assemblagen, Graphiken und Zeichnungen.
L. R. Retrospektive, hg. v. C. HAENLEIN, Ausst.-Kat. (1980).

**2)** W. H. R. (William Halse Rivers), brit. Psychologe und Anthropologe, * Luton 12. 3. 1864, † Cambridge 4. 6. 1922; wandte sich nach dem Medizinstudium der physiolog. Psychologie zu; ab 1897 Dozent an der Univ. Cambridge, wo er sich v. a. für die experimentelle und die Völkerpsychologie einsetzte. R. unternahm anthropolog. Forschungsreisen ins Gebiet der Torresstraße (1898) und nach Melanesien (1908).
Werke: The influence of alcohol and other drugs on fatigue (1908); The history of Melanesian society, 2 Bde. (1914); Psychology and ethnology (hg. 1926).

**Riverside** ['rɪvəsaɪd], Stadt in Kalifornien, USA, Teil der Metrop. Area von Los Angeles, (1988) 211 000 Ew.; Zweig der University of California, California Baptist College; Zentrum eines bedeutenden Orangenanbaugebietes; Obstversand, Konservenindustrie, ferner Flugzeug- und Maschinenbau; Kurort.

**riverso** [italien. ›rückwärts‹], in der *Musik* Anweisung für den Krebsgang (→ Krebs 2), meist mit melod. Umkehrung (Spiegelkrebs).

**Larry Rivers:** It's Raining, Anita Huffington; 1957 (Washington, D. C., Smithsonian Institution)

**Rivesaltes** [riːvˈzalt, frz.], meist roter → Vin doux naturel aus dem Roussillon.

**Rivet** [riˈvɛ], Paul, frz. Ethnologe und Sprachforscher, * Wasigny (Dép. Ardennes) 7. 5. 1876, † Paris 21. 3. 1958; war Militärarzt, betrieb 1901–07 For-

**Rive**  Rivette – Riwak

schungen in Ecuador. Seit 1928 Prof. und Museumsdirektor in Paris, gründete er 1937 das Musée de l'Homme; 1941 emigrierte nach Südamerika; 1945–51 sozialist. Abgeordneter in Paris. Mit vergleichenden Studien versuchte R., prähistor. Beziehungen zw. den australisch-melanes. und den südamerikanischen Kulturen nachzuweisen (›Les origines de l'homme américain‹, 1943).

**Weitere Werke:** Langues de l'Amérique, in: Les langues du monde, hg. v. A. MEILLET u. a. (1924); Bibliographie des langues Aymará et Kičua, 4 Bde. (1951–56, mit G. DE CRÉQUI-MONTFORT).

**Rivette** [ri'vɛt], Jacques, frz. Filmregisseur, * Rouen 1. 3. 1928; Kritiker der ›Cahiers du cinéma‹; mit oft langen experimentellen Filmerzählungen bedeutender Vertreter des frz. Films.

**Filme:** Paris gehört uns (1958); Die Nonne (1965); Amour fou (1968); Out One/Out One spectre (1971/74); Celine u. Julie fahren Boot (1974); Unsterbl. Duell (1976); Nordwestwind (1976); Merry-Go-Round (1978); An der Nordbrücke (1981); Theater der Liebe (1984); Sturmhöhe (1985); Die Viererbande (1988); Die schöne Querulantin (1991).

R. Texts and interviews, hg. v. J. ROSENBAUM (London 1977).

**Rivier** [afrikaans] *das*, *-s/-e*, im südl. Afrika Bez. für einen nur episodisch wasserführenden Fluß, entspricht dem → Wadi.

**Riviera** [italien. ›Küstenland‹] *die*, **1)** der schmale, durch Buchten und Vorgebirge gegliederte Küstensaum des Mittelmeers von Cassis (östlich von Marseille) bis La Spezia. Der **Französischen R.** (**Côte d'Azur**; i. e. S. nur die Küste von Cannes ostwärts) mit Antibes, Nizza, Monaco, Menton folgt nach O die **Italienische R.**, westlich von Genua als **R. di Ponente** mit Bordighera, San Remo, Imperia, Alassio, Albenga, Savona, östlich von Genua als **R. di Levante** mit Nervi, Rapallo, Santa Margherita Ligure und Portofino. Die R. hat eine reich gegliederte Steilküste mit zahlreichen maler. Buchten. Im N durch Gebirge geschützt (Seealpen, Ligur. Alpen, Ligur. Apennin), hat die R. ein sonnenreiches, im Winter mildes, regenreiches Klima und üppigen mediterranen und exot. Pflanzenbewuchs. Die Küste säumen bedeutende Häfen, alte Städte, moderne Kurorte und Seebäder. Der bedeutende Fremdenverkehr (seit Beginn des 19. Jh.), bis zum Ersten Weltkrieg v. a. im Winter, hat sich nach dem Zweiten Weltkrieg überwiegend auf den Sommer verlagert und bildet eine wichtige Wirtschaftsgrundlage des dichtbesiedelten Gebietes. Wirtschaftlich wichtig sind ferner Blumenzucht, Gemüsebau, Fischerei sowie Industrie im Raum Genua. Der R. folgen eine wichtige Straße (z. T. von den Römern angelegt), eine tunnel- und brückenreiche Autobahn und Eisenbahnlinie. – Nach der französisch-italien. R. werden zuweilen andere landschaftlich schöne Gebiete an Küsten oder (See-)Ufern als R. bezeichnet.

Beitr. zur Kulturgeographie der Mittelmeerländer, Bd. 4 (1981); K. BOISELLE: Fremdenverkehrsentwicklung u. sozioökonom. Wandel an der R. di Ponente (1990).

**2)** Talschaft des Tessins südlich von Biasca, Schweiz, als Bezirk des Kt. Tessin 166 km², (1988) 5000 Ew. (in sechs Gemeinden), Hauptort Biasca.

**3)** Küstenstreifen am Ionischen Meer in S-Albanien, Hauptort Himarë (1989: 4600 Ew.); Steilküste mit Terrassenkulturen (Zitrusfrüchte, Oliven, Feigen, Wein), sehr milde Winter.

**4) Türkische R.**, Mittelmeerküstenstreifen in der S-Türkei, um den Golf von Antalya zw. Kemer und Gazipaşa; Haupttouristenorte sind Kemer, Antalya, Side (Selemiye) und Alanya.

**Rivière** [ri'vjɛ:r], Jacques, frz. Schriftsteller, * Bordeaux 15. 7. 1886, † Paris 14. 2. 1925; war 1909 Mitbegründer und 1919–25 Leiter der → Nouvelle Revue Française und förderte das literar. Leben in Frankreich im Sinne einer ästhet. Sublimierung sowie analytisch-psycholog. Gestaltung. In seinen krit. Essays setzte er sich als einer der ersten u. a. für M. PROUST und P. CLAUDEL ein. Ferner verfaßte er Tagebücher, psycholog. Romane (›Aimée‹, 1922; ›Florence‹, hg. 1935, unvollendet) und die Autobiographie ›À la trace de Dieu‹ (1925) über seine Konversion zum Katholizismus.

**Řivnáč|kultur** ['rʒivna:tʃ-], nach dem Řivnáčhügel bei Prag benannte Kulturgruppe der späten Jungsteinzeit (3. Jahrtsd. v. Chr.) im Bereich des heutigen Mittel- und Westböhmen; gekennzeichnet durch Siedlungen, die auf Anhöhen liegen und/oder mit Wall und Graben befestigt waren. Keramik und Steininventar zeigen enge Verbindungen zu benachbarten Kulturen.

**Rivoli**, Stadt in Piemont, Prov. Turin, Italien, 353 m ü. M., am Rand des Moränenkranzes des eiszeitl. Dora-Riparia-Gletschers, (1988) 51 700 Ew.; im Einzugsbereich des industrialisierten Großraumes von Turin, mit Textilindustrie, Herstellung von Elektrogeräten, Präzisionsinstrumenten und Verpackungsmaterial. – R. kam im 13. Jh. an die Grafen von Savoyen und war v. a. im 14. Jh. ihr bevorzugter Residenzort in Piemont. – Spätgot. Casa del Conte Verde (1460–80) mit reicher Terrakottadekoration. Das gräfl. Schloß geht auf eine Höhenburg des 12. Jh. zurück.

**Rivularia** [zu lat. rivulus ›kleiner Bach‹], Gattung der Blaualgen mit etwa 20 mehrzelligen, fadenförmigen, z. T. verzweigten Arten im Meer- und Süßwasser; halbkugelige bis kugelige oder gelappte Thalli, die mit einer dickwandigen gelbl. Grenzzelle auf Steinen oder Wasserpflanzen festsitzen.

**Riwak** [arab.] *das*, *-/-s*, **Riwaq**, in der islam. Architektur überdeckte Umgangshalle, die einen Hof

*Riviera 1):* Übersichtskarte der Italienischen Riviera

umgibt; sie ist wesentl. Bestandteil des oriental. Hofhauses und damit auch des Typs der Hofmoschee.

**Rixdorf,** bis 1912 Name von →Neukölln, heute Verw.-Bez. von Berlin.

**Rixensart** [rıksɑ'saːr], Gem. in der Prov. Brabant, Belgien, südöstlich von Brüssel, (1989) 20 200 Ew.; Herstellung von Arzneimitteln und Papierwaren; Wohngemeinde.

**Rixheim-Schwert** [nach dem Erstfundort Rixheim, Dép. Haut-Rhin, Frankreich], vorgeschichtl. Bronzeschwert mit ziemlich schmaler Klinge, die griffseitig in einer spitzen Zunge endet; hier war ein Griff aus organ. Material mit drei Nieten befestigt. Das R.-S. ist eine Leitform der frühen Urnenfelderzeit Süd-Dtl.s mit Schweiz und O-Frankreich.

**Rixhöft,** poln. **Rozewie** [rɔ'zɛvjɛ], Landspitze zw. der pommerschen Ostseeküste und der Danziger Bucht, nördlichster Punkt Polens (54° 50′ n. Br.), 53 m ü. M.; Leuchtturm.

**Riyal** [arab.-pers., zu Rial] *der, -(s)/-s* und (nach Zahlen) *-*, Währungseinheit in Saudi-Arabien, Abk. **S. RL** (Saudi-R.), und Katar, Abk. **QR** (Qatar-R.). In Saudi-Arabien gilt 1 R. = 20 Qirsh = 100 Halala, in Katar 1 R. = 100 Dirham.

**Rizal** [ri'θal], José Protacio (Protasio, Protosio), philippin. Freiheitsheld und Schriftsteller, * Calamba (auf Luzon) 19. 6. 1861, † (hingerichtet) Manila 30. 12. 1896; studierte u. a. in Madrid und Heidelberg Medizin, Jura und Kunst, lebte seit 1886 als Arzt in Dtl. Mit seinem in Berlin herausgegebenen sozialkrit. Roman ›Noli me tangere‹ (1886, dt.) und dem antispan. Roman ›El filibusterismo‹ (1891) inspirierte und begründete er die philippin. Unabhängigkeitsbewegung. 1892 nach den Philippinen zurückgekehrt, gründete er die nationalistisch-reformist. ›Liga Filipina‹; 1892–96 nach Dapitan (auf Mindanao) verbannt, nach dem Ausbruch der philippin. Revolution (1896–98) als angebl. Rädelsführer zum Tod verurteilt und erschossen.

A. CRAIG: Lineage, life and labors of J. R. Philippine patriot (Manila 1913); A. COATES: R., Philippine nationalist and martyr (Hongkong 1968).

**Rize** ['rizɛ], Provinzhauptstadt in der Türkei, am östl. Schwarzen Meer, (1985) 50 200 Ew.; Zentrum des türk. Teeanbaus; Hafen.

**Rizi** ['riθi], **Rizzi, Ricci** ['rittʃi], span. Malerfamilie italien. Herkunft; bedeutende Vertreter:

**1)** Francisco, * Madrid 1614, † Escorial 2. 8. 1685, Bruder von 2); Schüler von V. CARDUCHO, Mitarbeiter von J. CARREÑO DE MIRANDA, wurde 1656 Hofmaler. Er schuf Fresken für Schlösser, Kirchen und Konvente sowie Altarbilder; auch Bühnendekorationen.

Hauptwerke (in Madrid): Fresken in San Antonio de los Alemanes (mit CARREÑO DE MIRANDA) und in der Capilla del Milagro des Barfüßerinnenklosters der Descalzas Reales (1678); Altarbild im Kapuzinerkloster Santo Cristo de El Pardo (1650).

**2)** Fray Juan Andrés, getauft Madrid 28. 12. 1600, † Montecassino 29. 11. 1681, Bruder von 1); trat 1627 in die Benediktinerabtei Montserrat ein. Beeinflußt von D. VELÁZQUEZ und F. DE ZURBARÁN, schuf er Altarbilder und Porträts für zahlreiche span. Benediktinerklöster, u. a. in San Millán de la Cogolla, Prov. Logroño). 1662 ging er nach Rom. Ab 1670 lebte er im Kloster Montecassino.

**Rizinus** [lat.], **Ricinus,** Gattung der Wolfsmilchgewächse mit der einzigen formenreichen, nur in Kultur in allen wärmeren Ländern bekannten Art →Wunderbaum.

**Rizinus|öl, Kastor|öl,** durch Pressen aus den Samen des →Wunderbaums gewonnenes wasserhelles bis gelbl., langsam zähflüssig werdendes Öl von charakterist. Geruch und Geschmack; es besteht v. a. aus Glycerinestern der →Ricinolsäure. R. wird in der Medizin als dünndarmwirksames Abführmittel gebraucht. Technisch dient es als Rohstoff u. a. zur Herstellung von Textilhilfsmitteln, transparenten Seifen und Spezialschmiermitteln.

**Rizzio, Riccio** ['rittʃo], David, Sekretär der schott. Königin MARIA STUART, * Turin um 1533, † (ermordet) Edinburgh 9. 3. 1566; kam im Gefolge des savoyischen Gesandten nach Schottland, trat zunächst als Sänger in die Dienste MARIA STUARTS und wurde 1564 ihr Privat-Sekr. für Auswärtiges. R. wurde von prot. Adligen im Einvernehmen mit MARIAS auf R. eifersüchtigem Gemahl Lord DARNLEY erdolcht.

**Rizzo,** Antonio, italien. Bildhauer und Baumeister, * Verona (?) um 1430/35, † Foligno 1499/1500. R. öffnete die spätgot. Tradition Venedigs dem von der Florentiner Renaissance gepflegten Antikenstudium, wobei er bald in P. LOMBARDO einen Mitstreiter fand. R. nahm u. a. Einflüsse von A. DEL VERROCCHIO auf.

Werke: Überlebensgroße Marmorstatuen Adams u. Evas (vor 1471; Venedig, Dogenpalast); Grabmal des Dogen Niccolò Tron (um 1476–79; ebd., Frarikirche).

**Rizzoli-Corriere della Sera,** Abk. **RCS, Rizzoli-Gruppe,** italien. Medienkonzern, gegr. 1909, Sitz: Mailand; RCS unterhält neben den Tageszeitungen Corriere della Sera und Gazetta dello Sport mehrere Magazine, Verlage (u. a. Bompiani, Fabbri, Rizzoli, Sansoni) und zwei TV-Sender.

**Rjasan, Rjazan'** [rɪ'zanj], Gebietshauptstadt in Rußland, am rechten Ufer der Oka, (1989) 515 000 Ew.; funktechn., landwirtschaftl. und medizin. Hochschule, Kunst- und Pawlow-Museum, Architektur-Freilichtmuseum; Herstellung von Werkzeug- und Landmaschinen, Funkgeräten und Datenverarbeitungsanlagen, Erdölverarbeitung (Fernleitung von Almetjewsk; Chemiefaserherstellung), Bekleidungs-, Schuh-, Möbel- und Nahrungsmittelindustrie; südlich von R. bei Nowomitschurinsk Wärmegroßkraftwerk (3 380 MW). – Das alte R. (**R. Staraja**), 1096 erstmals erwähnt, 50 km südöstlich des heutigen R. an der Oka gelegen, war im 12./13. Jh. Residenz der Teilfürsten von R. Nach seiner Zerstörung (1237) durch die Mongolen wurde die Residenz des nunmehrigen Großfürstentums R. im 14. Jh. nach **Perejaslawl-Rjasanskij** (1095 erstmals erwähnt) verlegt. 1521 kam das Großfürstentum R. als letztes selbständiges Teilgebiet zum Moskauer Staat. 1778 wurde Perejaslawl-Rjasanskij in R. umbenannt und 1796 Gouvernementshauptstadt. – Im N der Stadt befindet sich der Kreml (1095) mit mehreren Kirchen (Uspenskij-Kathedrale, urspr. 14. Jh., 1693–99 Neubau, mit freistehendem Glockenturm, 1789–1840; Erzengelkathedrale, 16. Jh., 1647 umgebaut), Klöstern und Palästen (›Palast des Olegs, ehem. Prälatenhaus, 1653–92); außerhalb von R. das Solotschinsker Kloster (gegr. 14. Jh.) mit Heiliggeistkirche (1688–89).

**Rjorich,** Nikolaj Konstantinowitsch, russ. Maler, →Roerich, Nikolaj Konstantinowitsch.

**RJR Nabisco** [ɑːdʒeɪ'ɑː nə'bɪskəʊ], amerikan. Nahrungs- und Genußmittelkonzern, gegr. 1899 als R. J. Reynolds Tobacco Co., jetziger Name seit 1985; Sitz: Atlanta (Ga.). Das Unternehmen produziert u. a. Zigaretten der Marken ›Camel‹ und ›Winston‹. Es wurde 1988 für den bisher höchsten jemals gezahlten Übernahmepreis vom Investmenthaus Kollberg, Kravis, Roberts & Co. erworben. Umsatz (1990): 13,88 Mrd. US-$, Beschäftigte: rd. 55 000.

**Rjukan** ['rjuːkan], Industrieort in der Prov. (Fylke) Telemark, S-Norwegen, Teil der Gem. Tinn (1990: 6 900 Ew.); R. liegt in einem engen Tal, das in die Hardangervidda eingeschnitten ist; fünf Wasserkraftwerke, elektrochem. Großindustrie.

**RKW,** Abk. für das →**R**ationalisierungs-**K**uratorium der Deutschen **W**irtschaft e. V.

**RL,** Nationalitätskennzeichen (Kfz) für Libanon.

Antonio Rizzo: Adam; vor 1471 (Venedig, Dogenpalast)

**RL-Glied,** aus Widerstand *R* und Induktivität *L* aufgebauter elektr. Vierpol; wie das RC-Glied und das LC-Glied eine frequenzabhängige Schaltungsanordnung, z. B. zur Anwendung als elektr. Filter.
**Rm,** Einheitenzeichen für → **Raum**meter.
**RM,** 1) Nationalitätskennzeichen (Kfz) für Madagaskar.
2) Abk. für → **R**eichs**m**ark.
**RMM,** Nationalitätskennzeichen (Kfz) für Mali.
**Rn,** chem. Symbol für das Element → **R**ado**n**.
**RN,** Nationalitätskennzeichen (Kfz) für Niger.
**RNA,** Abk. für engl. **R**ibo**n**ucleic **a**cid, → Nukleinsäuren.
**RNasen,** Abk. für **R**ibo**n**ukle**asen,** zur Gruppe der Hydrolasen gehörende Enzyme mit relativ kleiner Molekülmasse und großer Hitzestabilität, die RNS hydrolytisch spalten. Eine RNase aus Rinderpankreas wurde 1940 in kristalliner Form dargestellt; sie war das erste Enzym, dessen Primärstruktur (Aminosäuresequenz) vollständig aufgeklärt wurde.
**RNS,** Abk. für **R**ibo**n**ukleinsäure (engl. **R**ibo**n**ucleic **a**cid, Abk. RNA), → Nukleinsäuren.
**RNS-Polymerasen, RNA-Polymerasen,** Enzyme, die die Polymerisation von Ribonukleotiden zu RNS katalysieren. RNS-P. sind u. a. für die ident. Vermehrung der genet. Substanz (→ Replikation) und die → Genregulation von großer Bedeutung.
**RNS-Viren,** Bez. für alle Viren, die Ribonukleinsäure (RNS) als genet. Material enthalten; diese kommt gewöhnlich einsträngig vor, außer bei den REO-Viren. Zu den RNS-V. gehören u. a. → Picornaviren, → REO-Viren, → Paramyxoviren, → Rhabdoviren, → Coronaviren, → Retroviren.
**RO,** Nationalitätskennzeichen (Kfz) für Rumänien.
**Roa Bastos,** Augusto, paraguayischer Schriftsteller, * Asunción 13. 6. 1917; lebt seit 1947 im Exil, u. a. als Prof. für Literatur in Argentinien und in Frankreich (Toulouse). Ein Hauptthema seines dem mag. Realismus zugehörenden Erzählwerks ist Gewalt als historisch-polit. Realität. ›Yo el supremo‹ (1974; dt. ›Ich der Allmächtige‹) vertritt beispielhaft die Gattung des Diktatorenromans. 1989 erhielt R. B. den Premio Miguel de Cervantes.
*Weitere Werke: Erzählungen:* El trueno entre las hojas (1953; dt. Die Nacht der treibenden Feuer); El baldio (1966); Madera quemada (1967); Moriencia (1969); Cuerpo presente (1972); La lucha hasta el alba (1979); Contar un cuento y otros relatos (1984). – Der Donner zw. den Blättern (1976, Ausw.). – *Romane:* Hijo de hombre (1960; dt. Menschensohn); Contravida (1970).
D. W. FOSTER: A. R. B. (Boston, Mass., 1978); M. BENEDETTI: El recurso del supremo patriarco (Mexiko 1981); A. R. B. Actas del coloquio franco-alemán, hg. v. L. SCHRADER (Tübingen 1984); M. MIRANDA SALLORENZO: Heterogeneidad cultural ... (Diss. Hamburg 1986).
**Roach** [rəʊtʃ], Hal, eigtl. **Harald Eugene R.,** amerikan. Filmregisseur und -produzent, * Elmira (N. Y.) 14. 1. 1892; kam 1912 zum Film; bekannt durch Komödien der 1920er und 30er Jahre, u. a. mit H. LLOYD (›Höhenrausch‹, 1920, Produktion und Regie; ›Der falsche Prinz‹, 1920, Produktion und Regie) und ›Laurel and Hardy‹; Regisseur des Films ›Der Kettensträfling‹ (1939); auch Koregie.
W. K. EVERSON: The films of H. R. (New York 1971).
**Roadster** ['rəʊdstə; engl., zu road ›Straße‹] *der, -s/-,* meist zweisitziges, selten noch mit zwei zusätzl. Notsitzen ausgestattetes Cabriolet mit ungefüttertem, zurückklappbarem Verdeck.
**Road Town** ['rəʊd 'taʊn], Hauptstadt und -hafen der British Virgin Islands, auf Tortola, (1980) 2 500 Einwohner.
**Roanne** [rɔ'an], Stadt im Dép. Loire, Frankreich, links der oberen Loire, (1990) 42 800 Ew.; Museum. Wirtschaftszentrum des **Beckens von R.** mit bedeutender Textilindustrie, ferner Gerberei, Lederverarbeitung, Papier-, Maschinen- und Keramikfabriken.
**Roanoke** ['rəʊənəʊk], Name von geographischen Objekten:
1) **Roanoke,** Stadt in SW-Virginia, USA, am Durchbruch des Roanoke River durch die Blaue Kette, (1986) 101 900 Ew.; Textil-, Metallwaren-, Elektroindustrie; Fremdenverkehr.
2) **Roanoke Island** [- 'ailənd], Insel vor der Küste des nordöstl. North Carolina, USA, 20 km lang, bis 5 km breit; Fremdenverkehr. – Auf R. errichteten im Auftrag von Sir W. RALEIGH 1585 engl. Siedler die erste engl. Kolonie in Nordamerika; wegen unüberwindl. Schwierigkeiten kehrten sie jedoch schon im folgenden Sommer nach England zurück. 1587 sandte RALEIGH eine weitere Siedlergruppe nach R. Diese 118 Siedler waren verschwunden, als 1590 Versorgungsschiffe die Insel erreichten; ihr Schicksal blieb ungeklärt (›Lost colony‹).
D. B. QUINN: Set fair for Roanoke. Voyages and colonies, 1584–1606 (Chapel Hill, N. C., 1985).
**Roaring forties** ['rɔ:rɪŋ 'fɔ:tɪz, engl.], *Meteorologie:* → Brüllende Vierziger.
**Roastbeef** ['rɔːstbiːf, engl.] *das, -s/-s,* nicht durchgebratenes, mageres Stück Fleisch von der Rippe des Rindes.
**Robakidse,** Grigol, georg. Schriftsteller, * Swiri 1. 11. 1884, † Genf 21. 11. 1962; übersiedelte in den 1930er Jahren nach Dtl.; lebte nach 1945 in Genf. Seine epischen, dramat. und lyr. Werke sind von kaukas. und oriental. Mythen geprägt; seine Romane sind Ausdruck leidenschaftl. Protests gegen Gottesferne und Nüchternheit der zivilisierten Welt.
*Werke* (georg.): *Romane:* Das Schlangenhemd (1924; dt.); Megi. Ein georg. Mädchen (1929; dt.); Der Ruf der Göttin (1933; dt.); Die Hüter des Grals (1937; dt.). – *Novellen:* Kaukas. Novellen (1932; dt.). – *Essays:* Dämon u. Mythos (1935; dt.).
**Robbe-Grillet** [rɔbgri'jɛ], Alain, frz. Schriftsteller und Filmregisseur, * Brest 18. 8. 1922; gilt seit seinen ersten Romanen (›Les gommes‹, 1953, dt. ›Ein Tag zuviel‹; ›Le voyeur‹, 1955, dt. ›Der Augenzeuge‹; ›La jalousie‹, 1957, dt. ›Die Jalousie oder die Eifersucht‹) als Hauptvertreter des Nouveau roman, den er auch in Essays vertrat (›Pour un nouveau roman‹, 1963; dt. Ausw. u. d. T. ›Argumente für einen neuen Roman‹). R.-G.s frühe Romane sind durch die minuziöse, naturwissenschaftlich genaue Beschreibung einer Welt anscheinend bedeutungsloser Dinge geprägt. Der anthropomorphen, a priori sinnfälligen Bildhaftigkeit des realist. Romans stellt er einen authent., dinghaften, neutralen Realismus entgegen, der keine Orientierung und Deutung im herkömml. Sinn mehr eröffnet; dem korrespondiert die Auflösung traditioneller Erzählkategorien (allwissender Erzähler, klar definierte Handlung, psychologisch eindeutige Figuren, lineare Zeitstruktur u. a.). R.-G.s Romane drücken die Befindlichkeit einer Epoche und eines Menschen aus, der sich in einer Welt sinnleerer Dinge allein weiß. Der Versuch einer Darstellung von Wirklichkeit in ihrem reinen, bedeutungslosen Dasein spiegelt sich auch im Verzicht auf bildl. Sprachmittel, dem R.-G.s Kritik an der Metapher entspricht. Die zweite Phase der Werke, mit dem Roman ›La maison de rendezvous‹ (1965; dt. ›Die blaue Villa in Hongkong‹) einsetzt, ist durch eine genau umgekehrte, jedoch die gleiche Absicht reflektierende Haltung gekennzeichnet: einen iron. Überfluß von Bildern, die in ihrer stereotypen Form auf moderne Mythen verweisen. Naheliegend war daher auch R.-G.s Hinwendung zum Film als einem Medium, das kollektive Mythen und Bilderwelten in spezif. Weise schafft und hinterfragt. Für A. RESNAIS schrieb er das Drehbuch zu ›Letztes Jahr in Marienbad‹ (1961) und drehte

Alain Robbe-Grillet

dann selbst mehrere Filme (u. a. ›Trans-Europ-Express‹, 1966; ›Das Spiel mit dem Feuer‹, 1975; ›Die schöne Gefangene‹, 1982). Heute gilt R.-G. v. a. als Umdeuter traditioneller literar. Formen, denen er damit einen neuen Sinn verleiht, z. B. durch iron. und parodist. Verwendung bestehender Gattungen wie Kriminalroman, erot. Roman oder Sprachlehrbuch (so in dem Roman ›Djinn. Un trou rouge sous les pavés disjoints‹, 1981; dt. ›Djinn. Ein rotes Loch im lückenhaften Pflaster‹). Bes. bedeutsam für dieses Verfahren ist das Bild des Spiegels, das R.-G. auch im Titel seiner (z. T. fiktiven) Autobiographie aufnimmt (›Le miroir qui revient‹, 1984; dt. ›Der wiederkehrende Spiegel‹).

Weitere Werke: *Romane:* Un régicide (1978, entstanden 1949); Projet pour une révolution à New York (1970; dt. Projekt für eine Revolution in New York); Topologie d'une cité fantôme (1976; dt. Ansichten einer Geisterstadt); Souvenirs du triangle d'or (1978); Angélique ou l'enchantement (1988; dt. Angélique oder die Verzauberung).

B. MORRISSETTE: Les romans de R.-G. (Neuausg. Paris 1971); R.-G. Analyse, théorie, hg. v. J. RICARDOU, 2 Bde. (ebd. 1976); R.-G., bearb. v. F. JOST (ebd. 1978); M. ROTHER: Das Problem des Realismus in den Romanen von A. R.-G. (1980); R. ARMES: The films of A. R.-G. (Amsterdam 1981); M. NOWAK: Die Romane A. R.-G.s (1982); A. GARDIES: Le cinéma de R.-G. (Paris 1983); I. LEKI: A. R.-G. (Boston, Mass., 1983); J.-J. BROCHIER: R.-G. (Lyon 1985); B. STOLTZFUS: A. R.-G. Life, work, and criticism (Fredericton 1987).

**Robben** [niederdt.], **Flossenfüßer, Pinnipedia,** Ordnung etwa 1,4–6,5 m langer Säugetiere mit rd. 30 Arten in überwiegend kalten Meeren, selten in Binnenseen (z. B. Baikal- und Kaspirobbe; → Seehunde); gesellig lebende, ausgezeichnet schwimmende und tauchende, sich v. a. von Fischen und Weichtieren ernährende Fleischraubtiere mit dicker Speckschicht, kurzem Haarkleid und flossenartigen Extremitäten. Die R. verlassen das Wasser zur Paarung (hier oft ›Haremsbildung‹), teilweise auch zum Schlafen. Wegen der sehr begehrten Pelze (Seal) sind zahlreiche Arten in ihren Beständen bedroht. – Zu den R. zählen Mönchs-, Ohren-, Rüssel- und Süd-R. sowie die Seehunde und das Walroß. – Die von Landraubtieren abstammenden R. sind sekundär zum Wasserleben übergegangen. Der älteste Fund datiert aus dem älteren Miozän (vor rd. 20 Mio. Jahren).

P. DEIMER: Das Buch der R. Abenteuer in Arktis u. Antarktis (Neuausg. 1989).

**Robben Island** [-'aɪlənd], kleine Insel nordwestlich von Kapstadt, Rep. Südafrika, 9 km vor der Küste der Tafelbucht, 3 km lang, 1,2 km breit, bis 35 m ü. M.; diente seit 1658 als Gefängnis; seit 1991 Nationalpark (Vogelbrutstätte).

**Robber** der, -s/-, engl. **Rubber** ['rʌbə], beim Whist und beim Bridge ein durch zwei Gewinnpartien der gleichen Partei abgeschlossenes Spiel.

**Robbia,** italien. Bildhauerfamilie, → Della Robbia.

**Robbins** ['rɔbɪnz], 1) Frederick Chapman, amerikan. Bakteriologe und Kinderarzt, * Auburn (Ala.) 25. 8. 1916; 1952–80 Prof. für Pädiatrie in Cleveland (Oh.); bedeutende Forschungen über die Entstehung von Viruskrankheiten. R. entwickelte Verfahren zur Züchtung des Poliomyelitisvirus in Gewebekulturen und schuf damit die Voraussetzungen zur Herstellung eines wirksamen Impfstoffs gegen Kinderlähmung, wofür er 1954 (mit J. F. ENDERS und T. H. WELLER) den Nobelpreis für Physiologie oder Medizin erhielt.

2) Harold, eigtl. H. **Rubin,** amerikan. Schriftsteller, * New York 21. 5. 1916; schrieb zahlreiche Bestsellerromane, häufig über das Leben in der Finanzwelt.

Werke: *Romane:* Never leave me (1954; dt. Die Manager); Stiletto (1960; dt. Die Profis); The inheritors (1969; dt. Der Bosse); The Betsy (1971; dt. Der Clan); Memories of another day (1979; dt. Die Aufsteiger); Descent from Xanadu (1984; dt. Die Unsterblichen); The storyteller (1985; dt. Hollywood); Piranha (1986; dt. Piranhas).

3) Jerome, amerikan. Choreograph und Regisseur, * New York 11. 10. 1918. Als Musiker, Schauspieler und Tänzer vielseitig ausgebildet, brachte R. mit L. BERNSTEIN 1944 sein erstes Ballett, ›Fancy free‹, heraus, in demselben Jahr zum Broadway-Musical ›On the town‹ erweitert. 1949–59 künstler. Leiter, 1969–90 Ballettmeister des New York City Ballet, errang R. seine größten Erfolge mit den Musicals ›West side story‹ (1957) und ›Fiddler on the roof‹ (1964).

Weitere Choreographien: Afternoon of a faun (1953); Moves (1958); Dances at a gathering (1968); The Goldberg variations (1971); Requiem canticles (1973); Other dances (1976); Glass-pieces (1982); Violin concerto (1985).

4) Tom, eigtl. **Thomas Eugene R.,** amerikan. Schriftsteller, * Blowing Rock (N. C.) 22. 7. 1936; nahm am Koreakrieg teil; Journalist. Seine Romane reflektieren außergewöhnl. Bewußtseinszustände und führen ein Kaleidoskop surrealer Ereignisse vor, in deren Verlauf auch Institutionen wie CIA und FBI kritisiert werden; Kultfigur des literar. Underground in den USA.

Werke: *Romane:* Another roadside attraction (1971; dt. Ein Platz für Hot Dogs); Even cowgirls get the blues (1976; dt. Sissy – Schicksalsjahre einer Tramperin); Still life with woodpecker (1980; dt. Buntspecht); Jitterbug perfume (1984; dt. PanAroma); Skinny legs & all (1990).

M. SIEGEL: T. R. (Boise, Id., 1990).

**Robe** [frz. ›Gewand‹, ›Kleid‹] die, -/-n, 1) langes Kleid für festl. Anlässe; 2) → Amtstrachten.

**Röbel/Müritz,** 1) Kreisstadt in Mecklenburg-Vorpommern, 65 m ü. M., im zentralen Teil der Mecklenburg. Seenplatte, am W-Ufer der Müritz, (1989) 6 900 Ew.; Maschinen- und Gerätebau, Herstellung von Compact Discs, Nahrungs- und Futtermittelindustrie, Holzverarbeitung; Erholungsort (bes. für Wassersportler). – 1261 wurde neben Burg und Dorf Alt-Röbel die Stadt (Neu-)Röbel mit planmäßig ausgerichtetem Straßennetz angelegt. – In der Altstadt die Marienkirche, urspr. frühgot. Backsteinhallenkirche mit spätgot. Flügelaltar (Anfang des 16. Jh.) und Triumphkreuzgruppe (15. Jh.); in der Neustadt frühgot. Nikolaikirche mit roman. Taufstein.

2) Landkreis im zentralen S von Mecklenburg-Vorpommern, um den südl. Teil der Müritz, 544 km², (1989) 17 500 Ew.; v. a. landwirtschaftlich genutzt für Roggen-, Hafer-, Kartoffel- und Futterpflanzenanbau, mosaikartig durch Wäldern unterbrochen; größere Waldgebiete liegen im W (östlich des Plauer Sees) und im S (Rand der Wittstocker Heide). Die Kreisstadt ist der einzige größere Industriestandort; von einiger Bedeutung ist der Fremdenverkehr. – Der Kreis gehörte vom 23. 7. 1952 bis 3. 10. 1990 zum Bez. Neubrandenburg.

**Robenhausen,** ehem. Dorf am Ufer des Pfäffiker Sees, Kt. Zürich, Schweiz; Fundstelle (Grabung seit 1858) einer dreiperiodigen Seerandsiedlung (früher als Pfahlbauten aufgefaßt) der Jungsteinzeit. Erhalten sind Gewebe aus Flachs, Gegenstände aus Holz und Keramik, ferner Stein- und Knochengeräte, aus den oberen Schichten auch Metallgegenstände.

**Robert,** männl. Vorname, Nebenform von Rupert.

**Robert,** Herrscher:

*Apulien:* 1) **Robert Guiscard** [-'ɡɪskart, frz. gis'ka:r, zu afrz. ›der Verschlagene‹], Herzog von Apulien (seit 1059), * 1016, † Kephallenia 17. 7. 1085; sechster Sohn des Normannen TANKRED VON HAUTEVILLE († 1041); kam 1046 nach Süditalien und vollendete 1057 Führer der Normannen in Apulien und Kalabrien, die normann. Eroberung Kalabriens. Am 23. 8. 1059 wurde er von Papst NIKOLAUS II., dem er den Lehnseid leistete, als Herzog von Apulien (mit Kalabrien und dem noch zu erobernden Sizilien) anerkannt. Die Aufgabe, Sizilien von den Sarazenen zu befreien, übertrug er seinem Bruder ROGER (I.).

Frederick C. Robbins

Jerome Robbins

1071 besetzte er das byzantin. Bari, 1076 eroberte er Salerno. Obwohl 1073 gebannt, wurde R. im Investiturstreit zu einem Haupthelfer GREGORS VII., leistete diesem 1080 den Lehnseid und rettete ihn 1084 vor der Gefangennahme durch Kaiser HEINRICH IV. aus der Engelsburg. Dabei wurde Rom von den Normannen eingenommen und geplündert; der Papst suchte daraufhin Asyl bei R. in Salerno. 1081 besiegte R. den byzantin. Kaiser ALEXIOS I. bei Dyrrhachium (heute Durrës), das 1082 kapitulierte; er starb nach der Neuaufnahme der Kämpfe an der Pest.

J. DEÉR: Papsttum u. Normannen (1972).

*Frankreich:* **2) Robert I., R. von Franzi|en** oder **von Neustri|en,** König (seit 922), *um 865, †(gefallen) bei Soissons 15.6.923; Sohn ROBERTS DES TAPFEREN, Graf von Tours, Blois und Anjou (†866); übernahm mit der Erhebung seines Bruders ODO zum westfränk. König (888) die Grafschaften von Paris, Anjou, Touraine und Blois. 920 wurde er Herzog von Franzien und 922 Gegenkönig zu dem Karolinger KARL III., DEM EINFÄLTIGEN (893/898–923), gegen den er im Kampf fiel.

*Neapel:* **3) Robert I., der Weise, R. von Anjou** [-ã'ʒu], König (seit 1309), *um 1275, †Neapel 19.1.1343; Enkel KARLS I. VON ANJOU; war in Anlehnung an das Papsttum und an Frankreich Gegner Kaiser HEINRICHS VII. und LUDWIGS IV., DES BAYERN, errang eine starke Machtstellung in Süd- und Mittelitalien, konnte jedoch Sizilien für die Anjou nicht zurückerobern. Selbst Verfasser theolog. Schriften, förderte er Wiss. und Kunst des beginnenden Humanismus.

*Normandie:* **4) Robert I.,** später gen. **R. der Teufel** (frz. ›le Diable‹), aber auch **R. der Prächtige** (frz. ›le Magnifique‹), Herzog (seit 1027), *um 1006, †Nikaia (heute İznik) 1./2.7.1035; unterwarf rebell. Vasallen und bewahrte König HEINRICH I. von Frankreich, der sich zu ihm geflüchtet hatte, durch seine Waffenhilfe 1032–34 vor dem Sturz; starb auf einer Pilgerfahrt. R. wurde im 15.Jh. fälschlich mit der frz. Sagengestalt →Robert dem Teufel gleichgesetzt.

*Schottland:* **5) Robert I. Bruce** [-bru:s], König aus dem schott. Geschlecht →Bruce.

**Robert, R. de Boron** [rɔ'bɛːr də bɔ'rõ], frz. Dichter anglonormann. Herkunft, lebte im 12./13.Jh.; verband in seinem dreiteiligen Gralsroman (›Joseph d'Arimathie‹, ›Merlin‹, ›Perceval‹, um 1180; dt. ›Die Geschichte des Heiligen Gral‹) die Gralslegende mit der Person JOSEPHS VON ARIMATHIA.

Ausgaben: Le roman du Graal, hg. v. B. CERQUIGLINI (1981); Le roman du Saint-Graal. Der Roman vom Heiligen Gral, übers. v. M. SCHÖLER-BEINHAUER (1981).

**Robert, R. of Gloucester** ['rɔbət əv 'ɡlɔstə], engl. Dichter, *um 1260, †1300; wahrscheinlich Mönch in der Abtei von Gloucester; gilt als Hauptautor der einzigen im 13.Jh. in engl. Sprache entstandenen Verschronik (›The metrical chronicle‹, hg. v. W. A. WRIGHT, 2 Bde., 1887), die in etwa 12000 paarweise reimenden Langzeilen die engl. Geschichte bis zum Tod HEINRICHS III. darstellt und neben legendären Berichten über König Artus auch genaue Schilderungen der Schlacht von Evesham (1265) und von Unruhen in Oxford (1263) enthält.

**Robert, R. von Ketton** [-ketn], **R. von Chester** [-'tʃestə], latinisiert **Robertus Castrensis,** mittelalt. Autor und Übersetzer; stammte aus England und ist zw. 1141 und 1147 in Spanien nachweisbar, wo er versch. Schriften arab. Wissenschaftler ins Lateinische übersetzte. Mit dem ›Liber de compositione alchemie‹, der Übertragung eines angeblich von einem ›Morienus‹ verfaßten Traktats, ist er Mitbegründer der alchimist. Tradition in Europa. Im Auftrag des PETRUS VENERABILIS nahm er mit HERMANN VON KÄRNTEN, der ihn mit der Schule von Chartres bekannt gemacht hatte, die erste lat. Koranübersetzung vor.

**Robert, R. von Melun** [-mə'lœ], engl. scholast. Theologe, *in England um 1100, †Hereford 27.2.1167; Schüler P. ABAELARDUS' und HUGOS VON SANKT VIKTOR, 1137/38 Lehrtätigkeit in Paris, 1142 Leiter der Schule von Melun; 1163 Bischof in Hereford; vertrat in der Auseinandersetzung mit THOMAS BECKET um den Machtspruch des Papsttums den Standpunkt HEINRICHS II.

Ausgabe: Œuvres, hg. v. R. M. MARTIN, 4 Bde. (1932–52).

**Robert, R. von Molesmes** [-mə'lɛm], **R. von Cîteaux** [-si'to], frz. Benediktiner, *in der Champagne um 1027, †Molesmes (bei Châtillon-sur-Seine) 1111; 1075 Mitbegründer des streng nach den Prinzipien der gregorian. Reform geführten Klosters Molesmes; gründete 1098 mit Hilfe seines Priors ALBERICH das Kloster Cîteaux, das zum Stammkloster der →Zisterzienser wurde. – Heiliger (Tag: 29.4.).

**Robert, 1)** Carl, klass. Philologe und Archäologe, *Marburg 8.3.1850, †Halle/Saale 17.1.1922; wurde 1880 Prof. in Berlin, 1890 in Halle/Saale, war 1882–1921 Mitherausgeber der Zeitschrift ›Hermes‹ und machte sich v.a. durch die krit. Ordnung der überlieferten griech. Mythen verdient.

Werke: Die antiken Sarkophag-Reliefs, Bd. 2 u. Bd. 3, 3 Tle. (1890–1919); Oedipus. Gesch. eines poet. Stoffs im griech. Altertum, 2 Bde. (1915); Archaeolog. Hermeneutik (1919).

Hubert Robert: Phantastische Ansicht der Großen Galerie des Louvre als Ruine; um 1796 (Paris, Louvre)

**2)** [rɔ'bɛːr], Hubert, frz. Maler, *Paris 22.5.1733, †ebd. 15.4.1808; ging 1754 an die Académie de France nach Rom, wo er von G. P. PANNINI und G. B. PIRANESI beeinflußt wurde und mit J. H. FRAGONARD anfreundete. 1765 kehrte er nach Paris zurück. Seine Ruinenlandschaften (nach ihnen wurde er auch ›R. des Ruines‹ genannt) sind poetisch empfundene Architekturidyllen, wirkungsvoll komponiert und locker gemalt. Er schuf auch Bilder mit Pariser Motiven und stellte zeitgenöss. Ereignisse dar. Trat für die Einrichtung des Louvre als Museum ein; auch Gartenarchitekt (Pläne für Versailles und Méréville). Weiteres BILD →Museum.

J.-J. LÉVÊQUE: L'univers d'H. R. (Paris 1979).

**3)** [rɔ'bɛːr], Léo Paul, schweizer. Maler, *Ried (heute zu Biel/BE) 19.3.1851, †Orvin (Kt. Bern) 10.10.1923, Neffe von 4); schuf Gemälde mit religiöser Thematik, große Wandbilder und Entwürfe für Mosaiken.

**4)** [rɔ'bɛːr], Léopold, schweizer. Maler, *Les Éplatures (heute zu La Chaux-de-Fonds) 13.5.1794, †(Selbstmord) Venedig 20.3.1835, Onkel von 3); Schüler von J.-L. DAVID und A. J. GROS in Paris; ab 1818 in Italien, wo er Szenen aus dem Volksleben malte.

P. GASSIER: L. R. Album (Neuenburg 1983).

**Robert Bosch Stiftung GmbH,** eine auf R. BOSCH zurückgehende Stiftung zur Förderung der Allgemeinheit auf materiellem, geistigem und sittl. Gebiet, gegr. 1921 als Vermögensverwaltung Bosch GmbH, gemeinnützige Gesellschaft seit 1964; Sitz: Stuttgart. Sie hält 89% des Stammkapitals der Robert Bosch GmbH. Stiftungsmittel wurden bisher in Höhe von 400 Mio. DM für Einrichtungen und Programme auf den Gebieten öffentl. Gesundheitspflege, Völkerverständigung, Bildung und Erziehung sowie Wohlfahrtspflege verwendet.

**Robert der Teufel,** frz. **Robert le Diable** [rɔˈbɛːr lə ˈdjabl], Gestalt der frz. Volkssage. Älteste überlieferte Fassung ist die lat. Prosaerzählung von ÉTIENNE DE BOURBON (1. Hälfte des 13.Jh.), in der die Sage noch nicht an Herzog ROBERT I. von der Normandie gebunden ist. Im Versroman ›Robert le Diable‹ aus der 2. Hälfte des 13. Jh. ist Robert Sohn des Herzogs Hubert von der Normandie. Von seiner Mutter aus Verzweiflung über ihre Kinderlosigkeit dem Teufel verschrieben, wird er zum Mörder und Räuber, nimmt aber eine schwere Buße auf sich und entsagt der Welt. – Oper von G. MEYERBEER (1831).

**Robert Grosseteste** [ˈrɔbət ˈgrəʊstest], engl. Philosoph, Naturforscher und Theologe, →Grosseteste, Robert.

**Roberthin, Robertin,** Robert, Dichter, * Saalfeld (Ostpr.) 3. 3. 1600, † Königsberg (Pr) 7. 4. 1648. Nach dem Studium in Leipzig und Straßburg (dort Freundschaft mit M. OPITZ) unternahm er 1625–33 mehrere Bildungsreisen in Europa; danach v.a. in Königsberg, wo er versch. öffentl. Ämter innehatte. Bedeutender als durch seine Lieder (meist in H. ALBERTS ›Arien‹ veröffentlicht) ist R. als geistiges Haupt des →Königsberger Dichterkreises (›Kürbishütte‹, Gesellschaftsname ›Berintho‹) und als Förderer S. DACHS.

**Roberti,** Ercole de', italien. Maler, * Ferrara nach 1450, † ebd. 1. 7. 1496; bedeutender Vertreter der Malerschule von Ferrara im 15. Jh., arbeitete um 1469–75 mit C. TURA und F. DEL COSSA an den Fresken des Palazzo di Schifanoia in Ferrara, bes. die Monatsbilder Juli, August und September (BILD →Ferrara, Malerschule von); 1480–86 hauptsächlich in Bologna tätig. In seinem Renaissancestil vereinigt er Elemente von COSSA, TURA, A. MANTEGNA sowie den Bellini, wobei seine Eigenständigkeit in den nervös vibrierenden sowie zarten lyr. Elementen erkennbar wird, die seinen Werken eine hohe Vergeistigung geben.

**Hauptwerke:** Johannes der Täufer (um 1480; Berlin-Dahlem, Gemäldegalerie); Thronende Madonna mit Heiligen (1481; Mailand, Brera); Manalese (wohl 1481/82; London, National Gallery); Predella des Hochaltars von San Giovanni in Monte, Bologna (meist zw. 1480 u. 1486 datiert, vielleicht aber um 1495; zwei Seitentafeln mit Gefangennahme Christi u. Gang nach Golgatha in Dresden, Gemäldegalerie; Mitteltafel mit Pietà in Liverpool, Walker Art Gallery).

M. SALMI: E. de' R. (Mailand 1960); The Renaissance in Ferrara and its European horizons, hg. v. J. SALMONS u. a. (Cardiff 1984).

**Robertiner, Rupertiner,** rheinfränk. Grafengeschlecht. ROBERT DER TAPFERE, Graf von Tours, Blois und Anjou (✝ 866), stieg im Reichsdienst zum Markgrafen von Neustrien auf, seine Söhne ODO und ROBERT I. zu westfränk. Königen. HUGO CAPET, Sohn HUGOS D. GR. von Franzien (†956), begründete die Dynastie der →Kapetinger.

**Robert-Koch-Institut,** gegr. 1891 in Berlin als ›Institut für Infektionskrankheiten‹ zur Erforschung, Bekämpfung und Heilung ansteckender Krankheiten; ab 1912 hieß es ›Institut für Infektionskrankheiten Robert Koch‹, seit 1952 ist es (mit erweiterten Aufgaben) Teil des →Bundesgesundheitsamtes.

**Robert-Koch-Stiftung,** 1907 errichtete, 1929 aufgehobene und 1935 erneuerte Stiftung mit Sitz in Bonn-Bad Godesberg; fördert wiss. Arbeiten, die der Bekämpfung von Infektionskrankheiten (urspr. v. a. Tuberkulose) und Tumorerkrankungen dienen, durch Verleihung der **Robert-Koch-Medaille** (seit 1965) des **Robert-Koch-Preises,** beide seit 1965 verbunden und seit 1991 mit 100 000 DM dotiert.

**Roberto,** Federico De, italien. Schriftsteller, →De Roberto, Federico.

**Roberts** [ˈrɔbəts], **1)** Sir (seit 1935) Charles G. D. (George Douglas), kanad. Schriftsteller, * Douglas (Prov. New Brunswick) 10. 1. 1860, † Toronto 26. 11. 1943; lebte 1897–1925 in New York und Europa (v. a. London), danach in Toronto. R.' Werke, die großen Einfluß auf die Entwicklung der kanad. Literatur ausübten, zeichnen sich durch intensive Hinwendung zur Natur und starkes Nationalgefühl aus. Seine frühe, romantisch geprägte Naturlyrik wird von urbanen und philosoph. Gedichten, Liebeslyrik sowie modernistisch-experimenteller Dichtung abgelöst. Bekannt wurde er v. a. durch seine modernen Tiergeschichten. Er schrieb auch Romane und Biographien.

**Werke:** *Tiergeschichten:* Earth's enigmas (1896); The kindred of the wild (1902); Babes of the wild (1912; dt. Gestalten der Wildnis); The feet of the furtive (1912; dt. Jäger u. Gejagte); Further animal stories (1935).

**Ausgaben:** Selected poetry and critical prose, hg. v. W. J. KEITH (1974); The collected poems (1985).

W. J. KEITH: Sir C. G. D. R. (Toronto 1969); The Sir C. G. D. R. Symposium, hg. v. G. CLEVER (Ottawa 1984); J. C. ADAMS: Sir Charles god damn. The life of Sir C. G. D. R. (Toronto 1986).

**David Roberts:** Die Pyramiden von Giseh, Blick von der Kairoer Altstadt; 1845 (London, Victoria and Albert Museum)

**2)** David, brit. Maler und Zeichner, * Stockbridge (bei Edinburgh) 24. 10. 1796, † London 25. 11. 1864; trat zunächst als Bühnenmaler (1816–30) hervor; machte sich als Architektur- und Landschaftsmaler einen Namen. Auf vielen Reisen durch Europa und den Orient sammelte er Motive zu Öl- und Aquarellbildern (›Inneres der Kathedrale von Burgos‹, 1835; London, Tate Gallery).

D. R., hg. v. H. GUITERMAN u. a. (London 1986).

**3)** Elizabeth Madox, amerikan. Schriftstellerin, * Perryville (Ky.) 30. 10. 1881, † Orlando (Fla.) 13. 3. 1941; schrieb realist. Romane meist über das Leben der armen Farmer ihrer Heimat Kentucky.

**Werke:** *Romane:* The time of man (1926; dt. Seit Menschengedenken); The great meadow (1930; dt. Kentucky, große Weide); Black is my love's hair (1938). – *Erzählungen:* Not by strange gods (1941). – *Lyrik:* Song in the meadow (1940).

F. P. W. MCDOWELL: E. M. R. (New York 1963).

**Robe** Robert-Schuman-Preis – Robespierre

**4)** Frederick Sleigh, 1. Earl **R. of Kandahar, Pretoria and Waterford** [əv kændə'ha: prɪ'tɔːrɪə ənd 'wɔːtəfəd], brit. Feldmarschall (seit 1895), * Cawnpore (heute Kanpur, Indien) 30. 9. 1832, † Saint-Omer 14. 11. 1914; Befehlshaber im 2. anglo-afghan. Krieg (1878 bis 1880), wurde durch den Marsch von Kabul nach Kandahar und dessen Entsatz 1880 berühmt. R. war Oberbefehlshaber in Indien (1885–93), in Irland (1895–99), im Burenkrieg (1899/1900); 1901–04 Oberbefehlshaber der brit. Armee.

**5)** Kate, walis. Schriftstellerin, * Rhosgadfan (bei Caernarvon) 1891, † Denbigh (Cty. Clwyd) 4. 4. 1985. In ihren in der mündl. Erzähltradition verwurzelten (z. T. ins Englische übersetzten) Kurzgeschichten und Romanen schildert sie psychologisch differenziert das Leben einfacher Menschen vor dem Hintergrund ihrer Arbeitswelt, wobei die Ereignisse des Ersten Weltkriegs und später das einsame Leben von Frauen und alten Menschen in die Erzählungen eingebaut sind. Sie erlangte auch als literar. Journalistin und Verfasserin von Kinderbüchern Bedeutung.

**6)** Kenneth Lewis, amerikanischer Schriftsteller, * Kennebunkport (Me.) 8. 12. 1885, † ebd. 21. 7. 1957; Herausgeber der Zeitschriften ›Life‹ (1915–18) und ›Saturday Evening Post‹ (1919–37); schrieb nach genauen Quellenstudien histor. Romane über abenteuerl. Episoden der amerikan. Geschichte.
**Werke:** *Romane:* Arundel (1930), Rabble in arms (1933; beide Romane dt. u. d. T. Arundel, Tl. 1: Oberst Arnolds geheimer Feldzug gegen Quebeck, Tl. 2: Volk in Waffen); The lively lady (1931; dt. Die muntere Lady); Northwest passage (1937; dt. Nordwest-Passage); Oliver Wiswell (1940; dt.); Lydia Bailey (1947; dt.); Boon Island (1956; dt. Die Gnadeninsel).
J. BALES: K. R. The man and his works (Metuchen, N.J., 1989).

**7)** Michael, engl. Schriftsteller und Kritiker, * Southampton 1902, † London 13. 12. 1948; machte, u.a. mit den Anthologien ›New signatures‹ (1932) und ›New country‹ (1933), die politisch engagierte Dichtung der 30er Jahre (W. H. AUDEN, C. DAY LEWIS und S. SPENDER) sowie D. THOMAS bekannt; verfaßte kulturkrit. Essays und Gedichte.
**Ausgabe:** Selected poems and prose, hg. v. F. GRUBB (1980).

**8)** Richard, engl. Maschinenbauer, * Carreghova (Cty. Powys) 22. 4. 1789, † Manchester 11. 3. 1864; baute versch. Werkzeugmaschinen und erfand 1825 den Wagenspinner (Self-acting mule), der gegenüber S. CROMPTONS Spinnmaschine von 1779 mit selbsttätiger Fadenaufwicklung arbeitete.

**9)** Tom, eigtl. **Thomas William R.**, austral. Maler, * Dorchester (England) 9. 3. 1856, † Kallista (bei Melbourne) 14. 9. 1931; übersiedelte 1869 nach Melbourne. Auf Reisen durch Europa beeindruckten ihn v.a. die Werke J. WHISTLERS und der frz. und engl. Freilichtmaler. Nach seiner Rückkehr (1885) förderte er die Pleinairmalerei und wurde ein führender Vertreter der → Heidelberg School.

**10)** William, brit. Maler, * London 5. 6. 1895, † ebd. 20. 1. 1980; studierte 1910–13 an der Slade School of Fine Art in London. Er malte zunächst religiöse und mytholog. Themen, begann 1913, sich mit dem Kubismus auseinanderzusetzen, und schloß sich 1914 den Vortizisten an. Mit dem Bild ›Der erste dt. Gasangriff bei Ypern‹ (1918; Ottawa, National Gallery of Canada) kehrte er wieder zu einem plastischeren Figurenstil zurück.
W. R., 1895–1980, Ausst.-Kat. (London 1984).

**Robert-Schuman-Preis,** seit 1966 von der → Stiftung F.V.S. zur Verfügung gestellter, mit (1991) 50 000 DM dotierter Preis, der zum Andenken an den frz. Politiker R. SCHUMAN jährlich für historische oder publizistische Arbeiten oder staatspolit. Verdienste, bes. um die europ. Einigung, verliehen wird. Zu den Preisträgern (seit 1966) gehören: J. MONNET, J. BECH, S. L. MANSHOLT, W. HALLSTEIN, D. DE ROUGE-MONT, A. POHER, R. H. JENKINS, J. O. KRAG, ALTIERO SPINELLI, P. PFLIMLIN, C. SOAMES, G. THORN, LOUIS LEPRINCE-RINGUET, L. TINDEMANS, H. MOSLER, K. CARSTENS, PAUL POUPARD, K. FURGLER, JACQUES SANTER.

**Robertsfield** ['rɔbətsfiːld], der internat. Flughafen von Liberia, 60 km östlich von Monrovia.

**Robertson** ['rɔbətsn], **1)** Sir (seit 1953) Dennis Holme, brit. Volkswirtschaftler, * Lowestoft 23. 5. 1890, † Cambridge 21. 4. 1963; 1938–44 Prof. in London, ab 1944 in Cambridge. R. zählt zu den Hauptvertretern der Cambridger Schule und hatte wesentl. Anteil an der Entwicklung des Keynesianismus. Er formulierte u.a. eine dynam. Theorie des Sparens und Investierens. Der nach ihm benannte **R.-Lag** besagt, daß der Konsum mit einer Verzögerung von einer Periode auf Änderungen des Einkommens reagiert.
**Werke:** Money (1922; dt. Geld); Essays in monetary theory (1940); Lectures on economic principles, 3 Bde. (1957–59); Growth, wages, money (1961).

**2)** William, schott. Geistlicher und Geschichtsschreiber, * Borthwick (bei Edinburgh) 19. 9. 1721, † Edinburgh 11. 6. 1793; war 1762–92 Rektor der Univ. Edinburgh und 1763–83 Moderator der Vollversammlung der Schottischen Kirche. R., einer der meistgelesenen Geschichtsschreiber im 18. Jh., vollzog die Trennung zw. Profan- und Kirchengeschichtsschreibung und überwand die Parteigeschichtsschreibung; er wurde einer der Begründer der modernen Historiographie. Er ersetzte die insulare engl. Geschichtsschreibung durch eine europazentr., ins Universale ausgreifende Geschichtsschau, in der erstmals der Gedanke des Gleichgewichts der Macht (›balance of power‹) leitendes Prinzip wurde.
**Werke:** The history of Scotland, during the reigns of Queen Mary and King James VI. ..., 2 Bde. (1759; dt. Gesch. von Schottland ...); The history of the reign of the Emperor Charles V, 3 Bde. (1769; dt. Gesch. der Reg. Kaiser Carls V. ...); History of America, 2 Bde. (1777; dt. Gesch. von Amerika, 3 Bde.).
**Ausgabe:** The works, hg. v. D. STEWART, 6 Bde. (Neuausg. 1851).

**Robertus, R. Monachus, Robert von Reims** [-rēs], **Robert von Saint-Rémi** [- sɛre'mi], mittellat. Autor; verfaßte im 1. Viertel des 12. Jh. im Kloster Saint-Rémi zu Reims nach der Vorlage der ›Gesta Francorum‹ die ›Historia Hierosolymitana‹, eine Geschichte des 1. Kreuzzugs. Die romanhafte Darbietung des Stoffes und das topograph. Interesse des Autors sicherten dem Werk einen nachhaltigen Erfolg.
R. M., in: Die dt. Lit. des MA. Verfasserlex., begründet v. W. STAMMLER, hg. v. K. RUH u.a., Bd. 8, Lfg. 1 (1990).

**Roberval** [rɔbɛr'val], Gilles Personne de, frz. Mathematiker und Naturforscher, * Roberval (bei Senlis) 10. 8. 1602, † Paris 27. 10. 1675; Autodidakt, wurde 1634 Prof. der Mathematik am Collège Royal (heute Collège de France) und 1666 Gründungs-Mitgl. der Akademie der Wissenschaften. R. war ein bedeutender Vertreter der Indivisibelnmethode; darüber hinaus entwickelte er eine auf kinemat. Vorstellungen beruhende Tangentenmethode (1634).
W. A. NIKIFOROWSKI u. L. S. FREIMAN: Wegbereiter der neuen Mathematik (u. d. Russ., Moskau 1978).

**Robeson** ['rəʊbsn], Paul Bustill, amerikan. Sänger (Baß) und Schauspieler, * Princeton (N.J.) 9. 4. 1898, † Philadelphia (Pa.) 23. 1. 1976; erster Bühnenauftritt 1922, u.a. berühmter Othello-Darsteller (1930/43); ab 1925 Interpret von Negro Spirituals und (sozialist.) Liedern; ab 1933 auch Filmrollen; politisch links engagiert. Autobiographie: ›Here I stand‹ (1958; dt. ›Mein Lied – meine Waffe‹).
P. R.: The great forerunner, hg. v. Freedomways Associates (Neuausg. New York 1985).

**Robespierre** [rɔbɛs'pjɛːr], Maximilien de, frz. Revolutionär, * Arras 6. 5. 1758, † (hingerichtet) Paris 28. 7. 1794; seit 1781 angesehener Advokat in Arras.

Maximilien de Robespierre (Ausschnitt aus einem zeitgenössischen Gemälde)

1789 als Vertreter des dritten Standes Mitgl. der Generalstände, dann der Konstituierenden Nationalversammlung, nahm der Anhänger der radikalen Aufklärung, der für Presse- und Religionsfreiheit, die polit. Gleichheit aller Bürger und gegen das Vetorecht des Königs eintrat, bald eine führende Stellung im Klub der →Jakobiner 2) ein. Er widersetzte sich dem von den Girondisten angestrebten Krieg (Frühjahr 1792) und betrieb die Absetzung und Hinrichtung LUDWIGS XVI. (1792/93). Im Konvent wurde er einer der Führer der →Bergpartei. Als Mitgl. des Wohlfahrtsausschusses (seit Juli 1793) sicherte er sich allmählich eine fast unumschränkte Machtstellung und bekannte sich zur Schreckensherrschaft (›Terreur‹) als Mittel zur Überwindung der Krise und im Frühjahr 1794 ließ er seine Gegner (J. R. HÉBERT, G. DANTON) hinrichten. Die Verschärfung des Terrors (›La Grande Terreur‹) im Juni 1794 einigte die übrigen Konventsmitglieder gegen ihn; sie stürzten R. am 27. 7. 1794 (9. Thermidor II). Am folgenden Tag wurde er mit seinen polit. Freunden und seinem Bruder AUGUSTIN (* 1763) guillotiniert. (→Französische Revolution)

Als Schüler J.-J. ROUSSEAUS lehnte R. den Atheismus ab; 1794 führte er den Kult des →höchsten Wesens ein. Eigtl. Anhänger einer freien Wirtschaft, betrieb R. unter dem Druck der Sansculotten (v. a. der →Enragés), auf deren Unterstützung er angewiesen war, eine von der Not des Landes diktierte Zwangswirtschaft. In die Legende ging er als der ›Unbestechliche‹ ein, dem es galt, Moral und Tugend mit Terror durchzusetzen.

Ausgaben: Œuvres, hg. v. M. BOULOISEAU u. a., 10 Bde. (1910–67). – Ausgew. Texte, hg. v. ANDREAS J. MEYER (1971).
D. P. JORDAN: The revolutionary career of M. R. (New York 1985); H. GUILLEMIN: R., politique et mystique (Paris 1987); F. SIEBURG: R. (Neuausg. 1988); M. GALLO: R. (a. d. Frz., Neuausg. 1989).

**Robinet** [rɔbi'nɛ], Jean Baptiste, frz. Philosoph und Naturforscher, * Rennes 23. 6. 1735, † ebd. 24. 1. 1820; zuerst Jesuit, wurde später (1778) königl. Zensor in Paris. R. lehrte eine universale Evolution der von Gut und Böse bestimmten Natur, ausgehend von monadenhaften Urbildern zu komplexen Organismen. Ihr höchstes Glied ist der Mensch. Die allem zugrundeliegende unendliche göttliche Ursache sei schlechthin unerkennbar.

**Robin Hood** ['rɔbin 'hʊd], Held vieler engl. Volksballaden des 14. und 15. Jh.; charakterisiert als ausgezeichneter Bogenschütze, der als Vogelfreier und edel gesinnter Anführer einer Schar von Getreuen (darunter Little John, Friar Tuck und Maid Marian) im Sherwood Forest bei Nottingham lebte, wo er reiche weltl. und geistl. Herren ausraubte, um ihren Überfluß an die Armen zu verteilen. Ein histor. Vorbild ist nicht nachgewiesen; zweifelsfrei ist die Gestalt dichter. Ausdruck sozialer Konflikte der Zeit. – In die Kunstdichtung gelangte die Figur durch das elisabethan. Theater (ANTHONY MUNDAY, * 1560, † 1633, ›The downfall of Robert, Earl of Huntingdon‹ und ›The death of Robert, Earl of Huntingdon‹, beide 1601), bei W. SCOTT (als ›Locksley‹ in dem Roman ›Ivanhoe‹, 1820) sowie bei A. Lord TENNYSON (in dem Drama ›The foresters‹, 1892). T. FONTANE (1852) und A. GRÜN (1864) haben engl. R.-H.-Balladen nachgedichtet. Die anhaltende Popularität der Gestalt belegen zahlreiche Verfilmungen und Kinderbuchversionen des Stoffes.

Ausgabe: English and Scottish popular ballads, hg. v. F. J. CHILD, 5 Bde. (Neuausg. 1965).
J. H. GABLE: Bibliography of R. H. (Lincoln, Nebr., 1939); J. G. BELLAMY: R. H. An historical enquiry (Bloomington, Ind., 1985).

**Robinie** [nach dem frz. Hofgärtner JEAN ROBIN, * 1550, † 1629] die, -/-n, **Robinia,** Gattung der Schmetterlingsblütler mit etwa fünf Arten in Nordamerika (einschließlich Mexiko); sommergrüne Bäume oder Sträucher mit wechselständigen, unpaarig gefiederten Blättern; Nebenblätter oft als kräftige Dornen ausgebildet; Blüten weiß oder lilafarben oder purpurrosa, meist duftend, in dichten, hängenden Trauben; flache, lineal. Hülsenfrüchte. Bekannt als Garten-, z. T. auch als Forstbaum ist die Art **Falsche Akazie (Scheinakazie,** Robinia pseudoacacia) aus dem östl. und mittleren Nordamerika; in Europa vielfach verwildert bzw. eingebürgert; bis 25 m hoher Baum mit lockerer Krone, tief rissiger Borke, Dornen und duftenden, weißen Blüten in langen Trauben.

Robinie: Falsche Akazie (Blütentraube)

**Robinsohn,** Saul Benjamin, Erziehungswissenschaftler, * Berlin 25. 11. 1916, † ebd. 9. 4. 1972; emigrierte 1933 nach Palästina, war Dozent an der Univ. von Haifa, wurde 1959 Direktor des UNESCO-Instituts für Pädagogik in Hamburg, war ab 1964 am Max-Planck-Institut für Bildungsforschung in Berlin (West) tätig (seit 1968 als Direktor) und zugleich Prof. an der FU Berlin.

Werke: Bildungsreform als Revision des Curriculums (1967); Differenzierung im Sekundarschulwesen (1968, mit H. THOMAS); Erziehung als Wiss. (1973).

**Robinson** ['rɔbinsn], **1)** Abraham, amerikan. Mathematiker und Logiker poln. Herkunft, * Waldenburg (Schlesien) 6. 10. 1918, † New Haven (Conn.) 11. 4. 1974; Studium in Jerusalem bei A. A. FRAENKEL (1936–39), Prof. in Toronto, Jerusalem, Los Angeles (Calif.) und an der Yale-University. R.s wichtigstes Arbeitsgebiet war die Modelltheorie, mit deren Methoden er in den 1960er Jahren die →Non-Standard-Analysis schuf.

Ausgabe: Collected papers, hg. v. S. KÖRNER, 3 Bde. (1979).

**2)** Edward G., eigtl. **Emmanuel Goldenberg,** amerikan. Schauspieler rumän. Herkunft, * Bukarest 12. 12. 1893, † Los Angeles (Calif.) 26. 1. 1973; kam mit zehn Jahren nach New York; 1915 erster Auftritt am Broadway; seit 1923 beim Film; bes. bekannt durch seine psychologisch differenzierte Rollengestaltung im amerikan. Gangsterfilm der 30er und 40er Jahre.

Filme: Der kleine Cäsar (1930); Die Lebensgesch. Paul Ehrlichs (1940); Das zweite Gesicht (Flesh and fantasy, 1943); Frau ohne Gewissen (Double indemnity, 1943); Cincinnati Kid (1965).
F. HIRSCH: E. G. R. (New York 1975).

Edward G. Robinson

**3)** Edwin Arlington, amerikan. Lyriker, * Head Tide (Me.) 22. 12. 1869, † New York 6. 4. 1935; studierte an der Harvard University, lebte in New York. Seine psycholog., antiromant., formal traditionelle und sprachlich nüchtern-sachl. Dichtung setzt sich mit der trag. Entfremdung des Menschen im Chaos der modernen Welt auseinander (›The town down the river‹, 1910; ›The man against the sky‹, 1916). Die oft bitter-kom. Perspektive und pessimist. Lebenssicht seiner Lyrik vermittelt zugleich soziales Mitgefühl. Bekannt wurden auch seine kurzen dramat. Gedichte über Menschen in einer fiktiven neuengl. Kleinstadt (›Tilbury Town‹, hg. 1953).

Ausgaben: Selected early poems and letters (1960); Collected poems (Neuausg. 1965); Collected poems (1952); Uncollected poems and prose, hg. v. R. CARY (1975).
E. BARNARD: E. A. R. (New York 1952); H. C. FRANCHERE: E. A. R. (ebd. 1968); M. VAN DOREN: E. A. R. (ebd. 1975); E. A. R., hg. v. H. BLOOM (ebd. 1988).

**4)** Esmé Stuart Lennox, irischer Dramatiker, * Douglas (bei Cork) 4. 10. 1886, † Dublin 14. 10. 1958; Schauspieler und Regisseur, ab 1923 Direktor des Abbey Theatre in Dublin. Er schrieb bühnenwirksame Stücke über die sozialen und polit. Probleme Irlands sowie satir. Gesellschaftskomödien.

Werke: Dramen: The Clancy name (1908); Harvest (1910); The white-headed boy (1976); The big house (1926); Church Street (1934). – Autobiographie: Curtain up (1942). – M. J. O'NEILL: L. R. (New York 1964).

**Robi** Robinsonade – Robitschek

5) **Henry Crabb**, engl. Schriftsteller, * Bury Saint Edmunds 13. 3. 1775, † London 5. 2. 1867; Rechtsanwalt; 1800–05 in Dtl., wo er GOETHE, SCHILLER, J. G. HERDER, C. M. WIELAND u. a. kennenlernte; trug zur Kenntnis der dt. Kultur in Großbritannien und zur Rezeption der engl. Dichtung der Romantik, v. a. von S. T. COLERIDGE und W. WORDSWORTH, in Dtl. bei. Sein ab 1811 geführtes, umfangreiches Tagebuch gilt als wertvolles Zeugnis der literar. und kulturellen Tendenzen der Zeit (›Diary, reminiscences, and correspondence‹, 3 Bde., hg. 1869).

E. J. MORLEY: The life and times of H. C. R. (London 1935, Nachdr. New York 1970); H. C. R. u. seine dt. Freunde, bearb. v. H. MARQUARDT u. a., 2 Bde. (1964–67).

6) **Henry Peach**, brit. Photograph, * Ludlow (Cty. Shropshire) 1830, † Royal Tunbridge Wells 21. 2. 1901; Vertreter der maler. Kompositionsphotographie, für die er sich in seinem 1869 erschienenen Buch ›Pictorial effect in photography‹ einsetzte. Er schuf sorgfältig komponierte Genrebilder (›erzählende Photographien‹), die er meist aus mehreren Negativen zusammenstellte.

H. P. R., hg. v. M. F. HARKER (Oxford 1988).

7) **Joan Violet**, engl. Volkswirtschaftlerin, * Camberley (Cty. Surrey) 31. 10. 1903, † Cambridge 5. 8. 1983; Hauptvertreterin der Cambridger Schule und 1979 erstes weibl. Mitgl. am King's College der Cambridge University; lieferte wichtige Beiträge zur Wachstums- und Wettbewerbstheorie (›The economics of imperfect competition‹, 1933), setzte sich mit dem Marxismus auseinander und trug wesentlich zur Entwicklung des Postkeynesianismus bei.

**Weitere Werke:** Aspects of development and underdevelopment (1979); Further contributions to modern economics (1980).

**Ausgabe:** Collected economic papers, 6 Bde. ($^{1-3}$1973–80).

8) **John Arthur Thomas**, engl. anglikan. Theologe, * Canterbury 15. 6. 1919, † Yorkshire 5. 12. 1983; war 1951–59 Dekan am Clare College in Cambridge, 1959–69 Suffraganbischof von Woolwich und seit 1969 Assistenzbischof von Southwark. R. versuchte unter Verarbeitung moderner Gotteskritik, einen nichtmetaphys. Gottesbegriff zu entwickeln, der v. a. das In-der-Welt-Sein Gottes und nicht dessen Transzendenz betont (›Honest to God‹, 1963; dt. ›Gott ist anders‹).

A. KEE: The roots of Christian freedom. The theology of J. A. T. R. (London 1988).

9) **Mary**, irische Politikerin, * Ballina (Cty. Mayo) 21. 5. 1944; Verfassungsrechtlerin, ab 1969 Prof. am Trinity College Dublin, 1976–85 Mitgl. der Labour Party, seitdem parteilos; seit Nov. 1990 Staatspräs., setzt sich bes. für die Verbesserung der Situation der Frauen in Irland ein und kämpft gegen das Verf.-Verbot der Ehescheidung und die Diskriminierung von Randgruppen.

Sir Robert Robinson

10) **Sir** (seit 1939) **Robert**, brit. Chemiker, * bei Chesterfield 13. 9. 1886, † Great Missenden (bei London) 8. 2. 1975; 1912–15 Prof. in Sydney, danach in Liverpool, Saint Andrews, Manchester, London sowie (1930–55) in Oxford. R. erforschte u. a. biologisch wichtige Pflanzenstoffe, bes. Alkaloide (u. a. Morphin) und Blütenfarbstoffe; hierfür erhielt er 1947 den Nobelpreis für Chemie.

**Robinsonade** die, -/-n, Bez. für Erzählungen und Romane in der Nachfolge von D. DEFOES Roman ›The life and strange surprizing adventures of Robinson Crusoe, of York, mariner ...‹ (1719, → Robinson Crusoe), deren Held als Verkörperung des aufgeklärten, rationalistisch-prakt. Menschen gilt, der, ungeachtet aller Schwierigkeiten, Zivilisation und Kultur in die Wildnis der Natur bringt. Stoff und Motiv der R. waren zwar schon vor DEFOE literarisch verarbeitet worden, doch erst dieser hatte damit einen entscheidenden Erfolg. Zu den bedeutendsten dt.-sprachigen R. zählt J. G. SCHNABELS Roman ›Wunderl. Fata einiger Seefahrer ...‹ (4 Bde., 1731–43, 1828 hg. v. L. TIECK u. d. T. ›Die Insel Felsenburg‹, 6 Bde.), in dem die Thematik der Defoeschen R. zur Utopie hin ausgeweitet wird. Pädagog. Tendenzen zeigen sich bei J. H. CAMPE (›Robinson der Jüngere ...‹, 2 Tle., 1779–80) und J. D. WYSS (›Der schweizer. Robinson ...‹, 2 Bde., 1812–13). Die R. ist als Erzählstoff v. a. auch in der Kinder- und Jugendliteratur, in den Comics und in der Science-fiction bis heute bedeutend. Im 20. Jh. schuf W. GOLDING mit ›Lord of the flies‹ (1954) eine negative R.; MARLEN HAUSHOFERS ›Die Wand‹ (1963) ist eine Endzeitvision vom Überlebenskampf einer Frau in der Natur der Bergwelt.

E. RECKWITZ: Die R. (Amsterdam 1976); E. LIEBS: Die pädagog. Insel. Studien zur Rezeption des ›Robinson Crusoe‹ in dt. Jugendbearbeitungen (1977); J. FOHRMANN: Abenteuer u. Bürgertum. Zur Gesch. der dt. R. im 18. Jh. (1981).

**Robinson Crusoe** ['rɔbɪnsn 'kruːsəʊ], Held des Reise- und Abenteuerromans ›The life and strange surprying adventures of R. C., of York, mariner ...‹ (1719; dt. u. a. als ›R. C.‹; Fortsetzungen: ›The farther adventures of R. C.‹, 1719, dt. ›Die weiteren Abenteuer von R. C.‹; ›Serious reflections during the life and surprizing adventures of R. C.‹, 1720, dt. ›Ernste Überlegungen während des Lebens und der erstaunl. Abenteuer von R. C.‹) von D. DEFOE, der damit die populäre Gattung der → Robinsonade begründete. Angeregt wurde der Roman durch den Bericht ›A cruising voyage round the world‹ (1712; dt. ›Eine Kreuzfahrt rings um die Welt‹) des Kapitäns WOODES ROGERS († 1732) über das Leben des ausgesetzten Matrosen A. SELKIRK 1704–09 auf der menschenleeren Juan-Fernández-Insel Más a Tierra (heute Róbinson Crusoe). R. C. verbringt nach einem Schiffsuntergang 28 Jahre auf einer Insel in der Orinocomündung, bevor er gerrettet wird und nach England zurückkehrt. Von seinem Schiff kann er Bibel und Werkzeuge bergen, wird zum Jäger, Bauern, Hirten und Handwerker und findet in dem als ›edlen Wilden‹ (→ Exotismus) gezeichneten Kannibalen Freitag einen getreuen Diener. DEFOE folgte mit der Geschichte des religiös geläuterten, zu Gott und auf den ›mittleren Weg‹ bürgerl. Pragmatik zurückfindenden Robinson dem Vorbild der puritan. geistigen Autobiographie (z. B. J. BUNYAN, ›Grace aboundings‹, 1666) und legte mit seiner minuziösen, auf der empir. Philosophie J. LOCKES aufbauenden Wirklichkeitsdarstellung den Grundstein für den bürgerl. Roman des Realismus. Die Popularität des schon bald vielfach übersetzten Buches gründete in DEFOES Zeichnung eines Menschen, der im Naturzustand fern von den schädl. Einflüssen der Zivilisation seine Sittlichkeit entwickelt und der gleichzeitig der Mentalität des tatkräftigen Unternehmers entspricht.

**Robinsonliste,** beim Dt. Direktmarketing-Verband (Sitz: Wiesbaden) geführtes Verzeichnis, in das sich jede Privatperson kostenlos eintragen lassen kann, wenn sie keine oder weniger adressierte Direktwerbung erhalten will.

**Robin Wood** ['rɔbɪn 'wʊd], Ende 1982 gegründete Aktionsgruppe, deren Mitgl. durch spektakuläre Aktionen (z. B. die Besetzung von Kraftwerksschloten) sowie Öffentlichkeits- und Informationsarbeit (u. a. Waldführungen) auf die Problematik des Waldsterbens und seine Ursachen hinweisen und dagegen angehen. Sitz der Geschäftsstelle ist Bremen.

**Robitschek,** Kurt, Schauspieler, Schlagerautor und Kabarettist, * Prag 23. 8. 1890, † New York 28. 12. 1950; trat zunächst im Simplicissimus in Wien auf und schrieb Schlagertexte (u. a. für R. STOLZ ›Im Prater blühn wieder die Bäume‹); gründete mit P. MORGAN 1924 in Berlin das ›Kabarett der Komiker‹. Der

Versuch, das Kabarett in der Emigration in den USA neu zu gründen, scheiterte.

**Roblès** [rɔ'blɛs], Emmanuel, frz. Schriftsteller span. Herkunft, * Oran (Algerien) 4. 5. 1914; neben G. AUDISIO und A. CAMUS bedeutendster Vertreter der ›École d'Alger‹, geprägt von mediterranem Lebensgefühl und multikulturellem Ambiente; engagierter Journalist und Reisender (Lateinamerika, Ferner Osten, Schwarzafrika). Seine packend geschriebenen Romane und Erzählungen reflektieren die soziopolit. Spannungen seiner Zeit in Algerien (›L'action‹, 1938; ›Les hauteurs de la ville‹, 1948) und Italien, wo er als Kriegsberichterstatter tätig war (›Cela s'appelle l'aurore‹, 1952, verfilmt von L. BUÑUEL 1955; dt. ›Es nennt sich Morgenröte‹). Zutiefst humanistisch inspiriert, brilliert er v. a. als Dramatiker (›Montserrat‹, 1948; dt.; ›La vérité est morte‹, 1952, dt. ›Die Wahrheit ist tot‹; ›Plaidoyer pour un rebelle‹, 1965), der die Revolte des Menschen gegen das Schicksal sowie gegen Ungerechtigkeit und Gewalt thematisiert.

**Ausgabe:** Théâtre, 2 Bde. (1985–87).

C. PASCAL-BROCARDI: Un grand voyage. Essai sur l'œuvre d' E. R. (Montpellier 1986).

**Röbling,** Johann August, Ingenieur, * Mühlhausen (Thüringen) 12. 6. 1806, † Brooklyn (heute zu New York) 22. 7. 1869; wirkte ab 1831 in den USA, baute u. a. die Ohio-Brücke bei Cincinnati mit 322 m Stützweite (vollendet 1867) und entwarf die East-River-Brücke zw. New York und Brooklyn (486 m Stützweite), die sein Sohn WASHINGTON R. (* 1837, † 1926) 1883 vollendete.

**Roboter** [zu tschech. robota ›(Fron)arbeit‹] der, -s/-, 1920 von K. ČAPEK erstmals verwendete Bez. für einen ›künstl. Menschen‹, eine Puppe, die Bewegungen scheinbar selbständig ausführt, z. B. aufgrund drahtlos übermittelter Befehle. Im allgemeinen Sprachgebrauch wird unter R. eine Maschine verstanden, die durch das Aussehen von Lebewesen nachgebildet ist und deren Funktionen zumindest teilweise ausüben kann, wobei Drehbewegungen ausschließlich über Drehgelenke ausgeführt werden.

Besonderes Kennzeichen **autonomer R.** gegenüber programmierten Automaten ist die ›Lernfähigkeit‹ (lernende oder adaptive Automaten). Eine Voraussetzung für den Einsatz von R.-Systemen mit →künstlicher Intelligenz ist eine entsprechende Sensorik. Derartige R. müssen in der Lage sein, über Sensoren eine Kommunikation mit der Umgebung durchzuführen, z. B. mit Hilfe von Photosensoren (Photozellen) oder Fernsehkameras räumlich zu ›sehen‹ und Bildfolgen zu analysieren. Weitere Sensoren zur Kommunikation mit der Umwelt erfassen z. B. folgende Größen: Position (Lage im Raum) von Werkstücken, Temperatur, Druck, Masse, Dichte, Volumen, Durchflußmenge, pH-Wert, Feuchte, Viskosität, Strahlung, Felder. Die über die Sensoren erfaßten Informationen werden von Prozessoren (Mikroprozessor) verarbeitet, und das Resultat der Verarbeitung ist dann die Steuerung von Effektoren (Wirkorgan, Arbeitsorgan, z. B. ein Greifer). Ein Fehler wird dabei von einem solchen R. nicht wiederholt. Mit künstl. Intelligenz ausgerüstete R. werden nicht mit einer festen Aktionsfolge programmiert, sondern realisieren eine Zielvorgabe durch eine Aktionsfolge, die durch die über Sensoren aufgenommenen Umweltzustände bestimmt wird. Die techn. Ausführung derartiger R. hängt von den Fortschritten der künstl. Intelligenz ab. Gegenwärtig haben sie die Forschungs- und Entwicklungsphase noch nicht überwunden.

In der Entwicklung von R. stellen die seit Mitte der 1960er Jahre einsatzfähigen →Industrieroboter die erste Generation dar. Parallel dazu gibt es die Telemanipulatoren. R. der zweiten Generation besitzen Sensoren für Tast- und Sehfunktionen. Autonome R.

**Roboter:** Autonomer, reflexgesteuerter Automat mit insektenähnlicher Bewegung auf sechs Beinen; dient der Untersuchung der Orientierungs- und Bewegungsmöglichkeiten autonomer Systeme; sein Funktionsprinzip beruht auf der Aktion mehrerer unabhängiger Prozessoren, die sowohl untereinander als auch mit Sensoren und Aktuatoren verkoppelt sind

auf der Basis künstl. Intelligenz könnten die dritte Generation werden.

**Robotik** die, -, eine wissenschaftlich-techn. Disziplin, die sich mit der Konstruktion, Programmierung und dem Einsatz von Robotern (→Industrieroboter) befaßt. Besondere Bedeutung kommen dabei der Sensorik und der Bild- bzw. Mustererkennung zu; die R. ist daher eng mit den Forschungsgebieten der →künstlichen Intelligenz verknüpft. Das Bilderkennen und ›Bildverstehen‹, also das Begreifen der inhaltl. Bedeutung der z. B. über opt. und taktile Sensoren erfaßten Konturen und deren Lage im Raum, sind Voraussetzungen für das autonome Verhalten von Robotersystemen. Für die Bilderkennung ist eine entsprechende Programmierung der Robotersysteme erforderlich, die über die Benutzerschnittstelle (Mensch-System-Schnittstelle) in eine Robotersteuerung eingegeben werden kann. Gegenwärtig arbeitet die R. noch mit festen Aktionsfolgen, die in den Programmen die Roboteraktivitäten exakt vorgeben. Mit zukünftigen Planungssystemen der künstl. Intelligenz soll es möglich sein, die Bewegungsabläufe eines Roboters aus den sensorisch erfaßten Umweltzuständen in Verbindung mit den Zielvorgaben abzuleiten.

**Robson, Mount R.** ['maʊnt 'rɔbsn], höchster Berg im kanad. Teil der Rocky Mountains, nordwestlich von Jasper, 3 954 m ü. M.; vergletschert.

**Robson** [rɔbsn], Dame (seit 1960) Flora McKenzie, brit. Schauspielerin, * South Shields 28. 3. 1902, † Brighton 7. 7. 1984; Beginn ihrer Bühnenlaufbahn 1921; eine der führenden Charakterdarstellerinnen Großbritanniens mit breitem Rollenrepertoire; ab 1931 auch beim Film.

J. DUNBAR: F. R. (London 1960).

**Robusta-Kaffee,** →Kaffeestrauch.

**Roca, Kap R., Cabo da R.** ['kaβu, ›Felsenkap‹], der westlichste Punkt des europ. Festlandes, in 38° 46′ nördl. Breite, 9° 30′ westl. Länge, westlich von Lissabon, Portugal, 144 m ü. M.; Leuchtturm.

**Rocaille** [rɔk'aj; frz. ›Muschelwerk‹, eigtl. ›Geröll‹, zu älter roc ›Felsen‹] das oder die, -/-s, **Muschelwerk,** *Kunstgeschichte:* 1) Grottendekoration

**Roca**  Rocamadour – Roche

**Rocaille 2)**
in der ehemaligen Klosterkirche in Amorbach; um 1745

aus Steinen und Muscheln in der Gartenkunst und Innendekoration (16.–18. Jh.); 2) namengebendes muschelförmiges, meist asymmetr. Hauptornament des Rokoko. Die Entwicklung der R. vollzog sich stufenweise in der 2. Hälfte des 17. Jh., voll ausgebildet findet sie sich in dem 1734 erschienenen Ornamentstichwerk von J.-A. MEISSONIER. Während sie in Frankreich v. a. als Innendekorationselement verwendet wurde, trat sie in den dt.-sprachigen Ländern häufig auch an den Außenfassaden von Bauten in Erscheinung.
H. BAUER: R. Herkunft u. Wesen eines Ornament-Motivs (1962).

**Rocamadour** [-'dur], Gem. im Dép. Lot, Frankreich, an einem Felshang in den Causses du Quercy, (1990) 600 Ew.; Wallfahrtsort seit 1166. R. war Station am Jakobsweg. – Zahlreiche Wallfahrtsstätten im ›Hl. Bezirk‹: Église Saint-Sauveur (12. Jh., mit Krypta), Chapelle de la Vierge (15. und 18. Jh., mit Altar der ›Schwarzen Madonna von R.‹, 19. Jh.), Felsenkapelle Saint-Michel (12./13. Jh.); Schloß (14. Jh., erneuert).

**Rocambole** [frz.], anderer Name für die → Perlzwiebel.

**Rocard** [rɔ'ka:r], Michel, frz. Politiker, * Courbevoie 23. 8. 1930; Generalinspekteur der Finanzen, war als Vors. des Parti Socialiste Unifié (PSU; 1967–73) Wortführer der ›zweiten Linken‹, die sich nach dem Aufbruch der 68er Bewegung für eine Abkehr von überholten Klassenkampfparolen einsetzte, 1969 Präsidentschaftskandidat des PSU. 1969–73, 1978–81 und 1986–88 Abg. in der Nationalversammlung, seit 1977 Bürgermeister von Conflans-Sainte-Honorine. R. trat 1974 mit der überwiegenden Mehrheit des PSU zum → Parti Socialiste (PS) über. In Rivalität zu F. MITTERRAND erstrebte er die Kandidatur für den PS bei den Präsidentschaftswahlen von 1981 und 1988, gab dann aber jeweils die Bewerbung auf. 1981–83 war R. Planungs-Min., ab 1983 Landwirtschafts-Min., trat 1985 aus Protest gegen die Einführung des Verhältniswahlrechts zurück. Als Premier-Min. (1988 bis 1991) unter MITTERRAND betrieb er eine betont auf nat. Ausgleich gerichtete Politik.
R. SCHNEIDER: M. R. (Paris 1987).

**Michel Rocard**

**Rochade:** Von LINKS Ursprüngliche Stellung; kurze Rochade; lange Rochade

**Rocca**, Gino, italien. Schriftsteller und Journalist, * Mantua 22. 2. 1891, † Mailand 13. 2. 1941; erinnert in seinen Theaterstücken an die melancholl. Stimmung der → Crepuscolari (Erfolgsstücke ›Il terzo amante‹, 1929; ›Il mondo senza gamberi‹, 1932). Andere Stücke, bes. die in venezian. Mundart (›Se no i xe mati no li volemo‹, 1927), sind humorvoll, sentimental oder auch ironisch.

**Roccatagliata Ceccardi** [rɔkkaʎ'ʎa:ta tʃek-'kardi], Ceccardo, italien. Lyriker, * Ortonovo (bei La Spezia) 6. 1. 1872, † Genua 3. 8. 1919; verbindet in seinen von G. CARDUCCI und G. PASCOLI beeinflußten Gedichten spätromant. Heroenkult (NAPOLEON I., G. MAZZINI) und Patriotismus mit Materialismus (M. STIRNER). Formal und stilistisch erinnert seine Lyrik an G. D'ANNUNZIO, deutet aber auch mit ihren gebrochenen, an Frankreichs ›poètes maudits‹ gemahnenden Klängen und mit ihrem Fragmentarismus auf die Nachkriegsdichtung um die Zeitschrift ›La Voce‹ voraus.
**Ausgabe:** Tutte le opere. Vita e saggio critico, hg. v. P. A. BALLI (1979).
R. BALDASSARRI: C. R. C. (Rom 1984).

**Rocco,** Alfredo, italien. Politiker und Jurist, * Neapel 9. 9. 1875, † Rom 29. 8. 1935; ab 1899 Prof., nach dem Ersten Weltkrieg maßgeblich an der Verschmelzung der nationalist. und faschist. Organisationen beteiligt, 1924/25 Parlaments-Präs.; schuf als Justiz-Min. (1925–32) die Gesetze, die den faschist. Staat institutionell begründeten.

**Roc de Sers** [rɔk də 'sɛ:r, frz.], in ein Plateau eingeschnittenes Tal im Dép. Charente, Frankreich, 15 km südöstlich von Angoulême. In den felsigen Talhängen liegen mehrere Höhlen mit altsteinzeitl. Siedlungsresten, bes. die ›Grotte du Roc‹ und die ›Grotte de la Vierge‹.

**Rocella** [rɔ'tʃɛla; italien., zu rocca ›Felsen‹], Gattung der Strauchflechten mit rd. 30 Arten auf Felsen der gemäßigten und wärmeren Meeresküsten; versch. Arten liefern (und lieferten schon im Altertum) wichtige Farbstoffe, z. B. Lackmus und Orseille.

**Rocha** ['rrɔtʃa], 1) Hauptstadt des Dep. Rocha im südöstl. Uruguay, nahe der Küste, (1985) 23 900 Ew.; Zentrum eines Viehzuchtgebietes; Hafen La Paloma. – Gegr. 1793.
2) Dep. von → Uruguay.

**Rocha** ['rrɔʃa], 1) Adolfo **Correia da** [ku'reia-], portug. Schriftsteller, → Torga, Miguel.
2) **Gláuber**, brasilian. Filmregisseur, * Vitória da Conquista (Bahia) 14. 3. 1938, † Rio de Janeiro 22. 8. 1981; bedeutender Vertreter des ›Cinema nôvo‹, in dessen Filmen realist. und sozialkrit. Elemente auf Mystik und volkstüml. Überlieferung treffen; 1969 bis 1976 im Exil.
**Filme:** Barravento (1962); Gott u. der Teufel im Lande der Sonne (1964); Land in Trance (1965); Antonio das Mortes (1968); Der Löwe mit den sieben Köpfen (1969); Das Alter der Erde (1980).
B. S. P. HOLLYMAN: G. R. and the cinema nôvo (New York 1983).

**Rochade** [rɔx-, auch rɔʃ-; frz.; zu älter roc, von span. roque ›Turm im Schachspiel‹] *die, -/-n*, **Rochieren,** Doppelzug im Schachspiel mit dem König und einem der beiden Türme (entsprechend **kurze** oder **lange R.** gen.); jeder Partei nur einmal während des Spiels erlaubt.

**Rochdale** ['rɔtʃdeɪl], Industriestadt in der Metrop. Cty. Greater Manchester, England, (1981) 92 700 Ew.; Museum, Kunstgalerie; Metallverarbeitung, Textil-, Gummi-, Papierindustrie. – R. war 1844 Ausgangspunkt der Genossenschaftsbewegung (→ Genossenschaft 2, Geschichte), woran das Cooperative Museum erinnert.

**Roche,** 1) [rɔʃ], Denis, frz. Schriftsteller, * Paris 1937; problematisiert im Umfeld neuerer literaturkrit. Ansätze (→ Tel Quel) und im Rahmen traditioneller literar. Gattungen (Gedicht, Roman, Erzählung u. a.) in radikal-destruktiver Form sprachl. Ausdrucksmöglichkeiten und reflektiert den Akt des Schreibens.
**Werke:** *Lyrik:* Récits complets (1963); Les idées contésimales de Miss Élanize (1964); Eros énergumène (1968); Le mécrit (1972). – *Prosa:* Trois pourrissements poétiques (1972); Légendes de D. R. (1981); À Varèse. Un essai de littérature arrêtée (1986); Carte d'identité (1986); Prose au-devant d'une pensée (1988). – *Roman:* Louve basse (1976). – *Texte:* Notre antéfixe (1978).

2) [rəʊtʃ, rəʊʃ], Eamonn **Kevin**, amerikan. Architekt irischer Herkunft, * Dublin 14. 6. 1922; lebt seit 1948 in den USA. 1950–61 Mitarbeiter von EERO SAARINEN, 1961–81 Partnerschaft mit JOHN GERARD DINKELOO (* 1918, † 1981). R. trat hervor mit kühn konstruierten, streng funktionalen Bauten. In den 80er Jahren entstanden auch Entwürfe im Sinne der postmodernen Architektur.
**Werke:** Oakland Museum in Oakland, Calif. (1961–68); Hauptverwaltung der Ford Foundation in New York (1964–68); Creative Arts Centre der Wesleyan-Univ. in Middletown, Conn. (1965–73); Rochester Institute of Technology (1966–69); Verwaltungsgebäude der College Life Insur-

ance Company in Indianapolis, Ind. (1967–71); Knights of Columbus Headquarters Building mit Colosseum in New Haven, Conn. (1967–70); Hotel- u. Verwaltungsgebäude der Vereinten Nationen in New York (1969–75).

Y. FUTAGAWA: K. R., John Dinkeloo and associates 1962–1975 (Stuttgart 1975, dt., engl., frz.).

**Rochea** [nach dem schweizer. Arzt und Botaniker DANIEL DE LA ROCHE, * 1743, † 1813], Gattung der Dickblattgewächse mit vier Arten im südl. Afrika; Halbsträucher oder fleischige Kräuter mit dicken Blättern und weißen, gelben oder roten Blüten; schöne Zimmer- und Kalthauspflanzen.

Rochen: OBEN Glattrochen (Länge bis 2,5 m); UNTEN Art der Sägefische

**Rochefort** [rɔʃ'fɔːr], **1)** Hafenstadt im Dép. Charente-Maritime, W-Frankreich, an der Charente, 15 km vor der Mündung, (1990) 26 900 Ew.; Marine- und Militärschulen, Schiffsmuseum, Kunstmuseum; früher Kriegshafen, heute kleiner Handelshafen; Flugzeugteile-, Boots- und Maschinenbau, Holzverarbeitung (Möbel). – R., im MA. Burg, wurde 1666 schachbrettartig angelegt und zum Kriegshafen ausgebaut.

**2)** Gem. in der Prov. Namur, Belgien, in der Famenne an der Lomme, (1989) 11 100 Ew.; Brauerei, Marmorindustrie; zwei große Tropfsteinhöhlen.

**Rochefort** [rɔʃ'fɔːr], **1)** Christiane, frz. Schriftstellerin, * Paris 17. 7. 1917; in ihrem Werk artikuliert sich der Widerstand gegen bürgerl. Wertvorstellungen mit dem Ziel einer Befreiung von traditionellen Normen, wobei der sozialkrit. Auseinandersetzung mit den Problemen von Kindern und Jugendlichen und dem Engagement im Rahmen der neuen Frauenbewegung besondere Bedeutung zukommt.

Werke: *Romane:* Le repos du guerrier (1958; dt. Das Ruhekissen); Les petits enfants du siècle (1961; dt. Kinder unserer Zeit); Les stances à Sophie (1963; dt. Mein Mann hat immer Recht); Printemps au parking (1969; dt. Frühling für Anfänger); Encore heureux qu'on va vers l'été (1975; dt. Zum Glück gehts dem Sommer entgegen); Quand tu vas chez les femmes (1982); La porte du fond (1988; dt. Die Tür dahinten). – *Essays:* Les enfants d'abord (1976; dt. Kinder); Ma vie revue et corrigée par l'auteur (1978, mit M. CHAVARDÈS). – *Prosa:* Le monde est comme deux chevaux (1984; dt. Die Welt ist wie zwei Pferde).

**2)** Henri, eigtl. Marquis **de R.-Lucay** [-ly'sɛ], frz. Publizist und Politiker, * Paris 31. 1. 1830, † Aix-les-Bains 30. 6. 1913; radikaler Republikaner, entschiedener Gegner des Zweiten Kaiserreichs, gehörte 1870 kurz der ›Reg. der nat. Verteidigung‹ an und wurde wegen Sympathien für die Pariser Kommune (1871) verbannt. Später entwickelte er sich zum Parteigänger G. BOULANGERS und im Zusammenhang mit der Dreyfusaffäre zum Anhänger eines kompromißlosen Nationalismus. R. schrieb u. a. ›Les Français de la décadence‹ (3 Serien, 1866–68), zahlreiche Romane und die Autobiographie ›Les aventures de ma vie‹ (5 Bde., 1896; ›Abenteuer meines Lebens‹, 2 Bde.).

**Rochefoucauld, La** [-rɔʃfu'ko], frz. Adelsgeschlecht, →La Rochefoucauld.

**Rochelle, La** [-rɔ'ʃɛl], Stadt in Frankreich, →La Rochelle.

**Rochellesalz** [rɔ'ʃɛl-, frz.], →Weinsäure.

**Rochen** [von mnd. roche, ruche, eigtl. ›der Rauhe‹], **Rajiformes,** seit dem unteren Jura, seit rd. 213 Mio. Jahren belegte Ordnung bis 10 m langer Knorpelfische mit 315 rezenten, in allen Meeren und selten auch im Süßwasser lebenden Arten; Körper scheibenförmig (dorsoventral) abgeflacht, mit schlankem, abgesetztem Schwanz, der zuweilen einen Giftstachel aufweist, und flügelartigen, bis 7 m spannenden Brustflossen. Maul, Nasenöffnungen und Kiemenspalten befinden sich stets auf der Körperunterseite, die Spritzlöcher hinter den Augen auf der Kopfoberseite; manche Arten (z. B. Zitter-R.) besitzen elektr. Organe zur Orientierung und zum Beutefang (→elektrische Fische). – R. sind entweder lebendgebärend oder legen von Hornkapseln umgebene und mit Haftfäden versehene Eier ab. Zu den *eierablegenden R.* zählen alle **Echten R.** (Rajidae), eine auf der Nordhalbkugel verbreitete Familie, zu der neben dem →Nagelrochen u. a. auch der **Stern-R.** (Raja radiata) an den Küsten N-Europas und Nordamerikas gehört, mit dunkelbrauner, hellgefleckter Oberseite und kräftigen Dornen, auch am Schwanz; weiterhin der **Glatt-R.** (Raja batis; Länge bis 2,5 m), der im Nordatlantik und im westl. Mittelmeer lebt; die Oberseite ist grünlichbraun mit dunkler Marmorierung und mit Ausnahme des dornigen Schwanzes nahezu glatt. Der Glatt-R. ist v. a. in Norwegen und Island von größerer wirtschaftl. Bedeutung und kommt in Dtl. als **Seeforelle** geräuchert und mariniert in den Handel. – Die *lebendgebärenden R.* umfassen neben Adler-, Zitter-, Teufels- und Geigen-R. die Familie **Stech-R.** (**Stachel-R.**, Dasyatidae) mit rd. 20 bis etwa 3 m langen Arten in den Flachwasserregionen aller Meere; auf ihrer Schwanzoberseite sitzt ein auch für den Menschen gefährl. Giftstachel; weiterhin die **Sägefische** (**Säge-R.**, Pristidae), eine Familie mit sechs Arten in warmen Meeren; Gesamtlänge etwa 10 m, mit einem seitlich bezahnten Kopffortsatz, der etwa ein Drittel der Körperlänge einnimmt; der unscheinbar gefärbte **Perl-R.** (Trygon forskalii) lebt im Ind. Ozean und Roten Meer; seine Oberseite wird zu Schmuckleder (›Galuchat‹) verarbeitet.

**Rochester** [ˈrɒtʃɪstə], **1)** Stadt in der Cty. Kent, SO-England, am schiffbaren Medway, Nachbarstadt von Chatham, (1981) 52 500 Ew.; Charles Dickens Centre

Henri Rochefort (Porträtbüste von Jules Dalou)

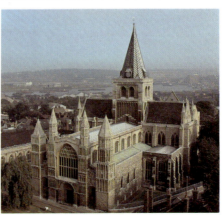

Rochester 1): Südwestansicht der Kathedrale; Mitte des 12. Jh.

Museum; Zement-, elektrotechn., Papierindustrie, Maschinenbau. – In der Römerzeit als **Durobrivae** entstanden. – Ein normann. Kastell wurde vor 1140 erbaut (mächtiger Keep); Mitte des 12. Jh. Neubau der Kathedrale mit normann., gegliederter W-Fassade (Säulenportal mit bedeutender Bauplastik); Krypta mit Bischofsgräbern; Guildhall (1687).

**2)** Stadt in SO-Minnesota, USA, (1986) 58 100 Ew.; →Mayo-Klinik; Herstellung von medizin. Instrumenten, Elektronikindustrie; 1854 gegr. – Das Stadtbild wird von den Gebäuden der Mayo Institutions geprägt. Am Stadtrand im Haus (›Mayowood‹) des Klinikgründers heute ein Medizinmuseum; IBM-Gebäude von EERO SAARINEN (1956–59).

**3)** Stadt im Staat New York, USA, an der Mündung des Genesee River in den Ontariosee und am New York State Barge Canal, (1988) 229 800 Ew.; die Metrop. Area hat 980 100 Ew.; kath. und anglikan. Bischofssitz; University of R. (gegr. 1850), R. Institute of Technology (gegr. 1829 als R. Athenaeum; Architekt E. K. ROCHE, 1966–69), Nazareth College of R. (gegr. 1924), Planetarium, Museen; Herstellung photograph., opt. und wiss. Geräte, ferner Maschinenbau, Nahrungsmittel- und Bekleidungsindustrie; amerikan. Haupthafen am Ontariosee. – Benannt nach Colonel NATHANIEL ROCHESTER (* 1752, † 1831); ab 1812 unter dem Namen Rochesterville, ab 1822 R., wurde 1834 Stadt. – Im ehem. Wohnhaus von G. EASTMAN ist heute ein Photomuseum; in rekonstruierten Häusern des 19. Jh. ein Museum für Natur- und Kulturgeschichte der Indianer.

**Rochester** ['rɒtʃɪstə], John Wilmot, Earl of, engl. Dichter, * Ditchley (bei Oxford) 1. 4. 1647, † Woodstock (bei Oxford) 26. 7. 1680; wurde bekannt durch sein ausschweifendes Leben am Hof KARLS II.; schrieb formvollendete, frivole und z. T. obszöne, doch auch von tiefem Empfinden getragene Liebeslyrik. Sein wichtigstes Werk, die elegante Verssatire ›A satyr against mankind‹ (1675), spiegelt die desillusionierte Weltsicht des später angesichts schwerer Krankheit zum gläubigen Christen gewandelten bissigen Skeptikers.

Ausgaben: Complete poems, hg. v. D. M. VIETH (1968); Letters, hg. v. J. TREGLOWN (1980); Poems, hg. v. K. WALKER (1984).

G. GREENE: Lord R.'s monkey (London 1974); D. M. VIETH: R. studies 1925–1982. An annotated bibliography (New York 1984); J. W., Earl of R. Critical essays, hg. v. dems. (ebd. 1988).

**Roche-sur-Yon, La** [-rɔʃyr'jɔ̃], Stadt in Frankreich, →La Roche-sur-Yon.

**Rochet** [rɔ'ʃɛ], Waldeck, frz. Politiker, * Sainte-Croix (Dép. Saône-et-Loire) 5. 4. 1905, † Nanterre 15. 2. 1983; Gärtnereiarbeiter, ab 1923 Mitgl. des Parti Communiste Français (PCF), 1936–40 und 1945–73 Abg. in der Nationalversammlung; ab 1943 Vertreter des ZK des PCF beim Nat. Befreiungskomitee in London. 1961 wurde er stellv. GenSekr., 1964–72 GenSekr. des PCF. R. war ein Befürworter der Linksunion und bemühte sich um eine offenere Haltung der Partei und größere Unabhängigkeit von der KPdSU. 1968 kritisierte er den Einmarsch von Warschauer-Pakt-Truppen in die Tschechoslowakei.

Werke: L'avenir du Parti Communiste Français (1969); Écrits politiques 1956–1969 (1976).

Waldeck Rochet

**Rochett** [rɔʃ-; frz.; wohl aus dem German.] das, -s/-s, talarähnl. Übergewand mit engen Ärmeln, das nur von Bischöfen und Prälaten getragen wird. Ursprünglich außerliturg. Gewand, deutlich vom Chorrock unterschieden, heute diesem weitgehend angeglichen.

**Röchling-Gruppe,** Unternehmensgruppe der Elektro- und Kunststofftechnik sowie des Maschinenbaus, deren Gesellschafter Mitgl. der Familie Röchling sind; hervorgegangen aus der 1822 in Völklingen gegründeten Gebr. Röchling KG, Mannheim (seit 1875 unter diesem Namen), die mit der Röchling Industrieverwaltung GmbH, Mannheim, die Grundlage der R.-G. bildet. 1978 wurde die 50prozentige Beteiligung an der Stahlwerke Röchling-Burbach GmbH (SRB), Völklingen, an die ARBED Saarstahl GmbH verkauft.

**Rochlitz, 1)** Kreisstadt in Sachsen, 170 m ü. M., nördlich von Chemnitz, an der Zwickauer Mulde, (1990) 7700 Ew.; Heimatmuseum (im Schloß); Bau von nachrichtenelektron. und hydraul. Geräten und Einrichtungen; südwestlich von R. der Rochlitzer Berg (353 m ü. M., Aussichtsturm) mit Quarzporphyrtuff-Steinbrüchen. – In der 2. Hälfte des 12. Jh. wurde R. im Anschluß an eine Burg und unter Einbeziehung von Vorläufersiedlungen planmäßig angelegt. – Spätgot. Kunigundenkirche (1476 vollendet) mit reicher Ausstattung (u. a. spätgot. Hochaltar von 1513); spätgot. Petrikirche (1499 vollendet); Schloß (12./13. und 15. Jh.; Türme um 1390), in der Schloßkapelle (um 1500) spätgot. Fresken; klassizist. Rathaus (1828).

**2)** Landkreis im zentralen W von Sachsen, 311 km$^2$, (1989) 48 800 Ew.; umfaßt das waldarme Mittelsächs. Hügelland; auf Lößlehmböden Anbau von Weizen, Roggen, Zuckerrüben, Kartoffeln und Futterpflanzen. Die Industrie (Papierherstellung, Textilindustrie, Elektrotechnik/Elektronik, Hartsteingewinnung) ist bes. im Tal der Zwickauer Mulde angesiedelt (v. a. in Rochlitz und Penig; NO-Rand des Industriegebietes Chemnitz/Zwickau). Der Kreis R. gehörte vom 23. 7. 1952 bis 3. 10. 1990 zum Bez. Karl-Marx-Stadt (seit 1. 6. 1990 Chemnitz).

**Rochow** [-xo], Friedrich Eberhard von, Sozialreformer und Pädagoge, * Berlin 11. 10. 1734, † Reckahn (bei Brandenburg) 16. 5. 1805; setzte sich in aufklärerisch-humanitärem Geist für Armenfürsorge, Volksgesundheit und wirtschaftl. Hebung, aber für bessere Bildung des Bauernstandes ein; schuf auf seinen Gütern Volksschulen, reformierte die Lehrmethode im Sinne des selbständig-prakt. Denkens und bemühte sich auch um Lehrerausbildung; forderte Staatsschulen. Sein Schullesebuch ›Der Kinderfreund‹ (2 Tle., 1776–80) war lange weit verbreitet.

Ausgaben: Sämtl. pädagog. Schr., hg. v. F. JONAS u. a., 4 Bde. (1907–10); Schr. zur Volksschule, hg. v. R. LOCHNER (1962).

M. FREYER: R.s Kinderfreund (1989).

**Rochus,** Nothelfer, nach der Legende * Montpellier um 1295, † ebd. 16. 8. 1327; soll sich seit einer Pilgerreise nach Rom (1317) der Pflege der Pestkranken gewidmet haben, selbst erkrankt und wundersam geheilt worden sein. Seine Verehrung hatte ihren Ausgang v. a. in Venedig. Bekannteste dt. Verehrungsstätte ist der R.-Berg bei Bingen. – Heiliger (Tag: 16. 8.).

In der *bildenden Kunst* wird R. als Pilger mit Pilgerzeichen, Stab und Pilgerflasche dargestellt, der seine Pestbeulen vorweist, an seiner Seite ein Hund (mit einem Brot im Maul) oder ein Engel (Altargemälde des jüngeren MEISTERS DER HL. SIPPE, um 1500; Köln, Wallraf-Richartz-Museum).

**Rock** [ahd. roc(h), urspr. wohl ›Gespinst‹], Obergewand der Männer- und Frauenkleidung von unterschiedl. Länge. Halblange, kittelartige Männer-R. sind schon bei den Germanen nachweisbar. Seit dem späten 11. Jh. wurde der R. der oberen Stände länger und reichte im 13. Jh., z. T. mit Reitschlitzen versehen, bis zu den Knöcheln. Der Frauen-R. war bodenlang, oft mit Schleppe. Die im 14. Jh. einsetzende Verkürzung des Männer-R. ging einher mit dem Gebrauch sichtbar getragener Beinkleider. Der gegenüber dem Wams längere, bei mehrteiliger Oberkleidung über diesem getragene R. ersetzte v. a. bei den unteren Schichten häufig den (ärmellosen) Mantel. Lange R. des 14.–16. Jh. waren Houppelande, Tappert und Schaube. Halblange R.-Formen des 17.–19. Jh. sind Justaucorps, Frack, Geh-R. – In der Frauenkleidung ging die Bez. R. vom einteiligen Kleid auf den in der Taille ansetzenden Halb-R. über, der im 16. Jh. als selbständiges Kleidungsstück Bedeutung gewann.

**Rockabilly** ['rɔkəbılı; zu engl. to rock ›wiegen‹ und hillbilly ›Hinterwäldler‹], Anfang der 1950er Jahre in Memphis (Tenn.) entstandene, mit Country-and-western-Elementen geglättete Spielart des Rhythm and Blues v. a. für weiße Jugendliche, aus der der Rock'n'Roll hervorging. Vertreter des R. waren u. a. der frühe E. PRESLEY sowie J. L. LEWIS.

**Rockall** ['rɔkɔːl], unbewohnter Felsen im Nordatlantik, rd. 350 km westlich der Hebriden, bei 57° 36′ n. Br. und 13° 41′ w. L.; R. wird von Großbritannien beansprucht (seit 1955) und als Insel bezeichnet, was für die Ausdehnung der 200-Seemeilen-Zone von Belang ist. In der Nähe Erdölvorkommen.

**Rockefeller** ['rɔkıfelə], **1)** John Davison, amerikan. Unternehmer, * Richford (N. Y.) 8. 7. 1839, † Ormond Beach (Fla.) 23. 5. 1937, Großvater von 2); gründete 1859 in Cleveland (Oh.) eine Produktenhandlung, der er 1863 eine Erdölraffinerie angliederte; 1866 folgte die Gründung einer zweiten Raffinerie zus. mit seinem Bruder WILLIAM (* 1841, † 1922). Der 1870 mit einem Kapital von 1 Mio. US-$ errichteten ›Standard Oil Comp. of Ohio‹, Cleveland, gelang es bis 1873, nahezu alle dort ansässigen Raffinerien aufzukaufen. 1882 wurde der ›Standard Oil Trust‹ organisiert, der 95% des Raffineriegeschäfts der USA (mit zweifelhaften Geschäftsmethoden) kontrollierte und daneben wesentl. Beteiligungen an Eisenerzminen u. a. Industrieunternehmen besaß. Die ›Standard Oil Comp. of Ohio‹, Dachgesellschaft des Trusts, wurde 1892 aufgrund des Sherman Act von 1890 aufgelöst; an ihre Stelle trat die ›Standard Oil Comp. of New Jersey‹, die 1911 auf Beschluß des Obersten Gerichtshofs ebenfalls ihre Tätigkeit einstellen mußte. Die Gewinne, die R. aus seinen Unternehmen bzw. den Minderheitsbeteiligungen der ihm verbliebenen Nachfolgegesellschaften zog, machten ihn zum damals reichsten Mann der Erde. Er war Mitbegründer der University of Chicago (1890) und Gründer von Stiftungen (u. a. → Rockefeller Foundation), in die er über 500 Mio. US-$ einbrachte.

**2)** Nelson Aldrich, amerikan. Politiker, * Bar Habor (Me.) 8. 7. 1908, † New York 26. 1. 1979, Neffe von 1); 1931-58 Direktor des Rockefeller Center in New York. In den demokrat. Administrationen Roosevelt und Truman war der liberale Republikaner R. im Außenministerium tätig (1940-45) und leitete die Behörde des → Punkt-Vier-Programms (1950-51). R. war 1954-55 außenpolit. Sonderberater Präs. D. D. EISENHOWERS und 1958-73 Gouv. des Staates New York. Als Führer des gemäßigten Flügels der Republikan. Partei konservativer Kritik ausgesetzt, scheiterte R. 1960, 1964 und 1968 bei der Nominierung zum Präsidentschaftskandidaten. 1974-76 war er Vize-Präs. unter G. FORD. R. wurde auch bekannt als Kunstsammler.

**Rockefeller Foundation** ['rɔkıfelə faun'deıʃn], 1913 von J. D. ROCKEFELLER in New York errichtete Stiftung zur Förderung des Wohls der Menschheit. Anfänglich v. a. auf Unterstützung der medizin. Forschung und Bekämpfung von Volkskrankheiten und Seuchen gerichtet, wurde die R. F. 1928 auch auf die Förderung der Wiss. allgemein in Ausbildung und Forschung ausgedehnt. Sie umfaßt die Abteilungen Sozialwissenschaften, internat. Gesundheitswesen, Medizin, Natur- und Geisteswissenschaften; karitative und soziale Aufgaben, Bekämpfung des Hungers in der Welt und internat. landwirtschaftl. Entwicklung, Umweltinitiativen und internat. Beziehungen erfahren Förderung. Die R. F. gehört mit einem Kapital von (1989) rd. 2,14 Mrd. US-$ zu den größten Stiftungen der Erde. Daneben bestehen weitere Stiftungen, u. a. für die Rockefeller University, New York (gegr. 1901 als medizin. Institut), der **Rockefeller Brothers Fund** (gegr. 1940; 1988: 242,1 Mio. US-$),

der **Rockefeller Family Fund** (gegr. 1967; 1988: 30,5 Mio. US-$).

**Rockenhausen,** Stadt im Donnersbergkreis, Rheinl.-Pf., 200 m ü. M., am Fuß des Donnersberges, (1991) 6 500 Ew.; Uhrensammlung (Turmuhren); Herstellung von Fahrzeugsitzen, Möbeln, Drahtmatratzen und Aquarien, Karosseriebau. – Der 897 erstmals urkundlich erwähnte Ort R. erhielt 1332 Stadtrecht.

**Rocker** [engl., zu Rock'n'Roll] *der, -s/-,* Angehöriger einer zunächst von Jugendlichen getragenen Subkultur, die in den USA, in Europa der 1950er Jahre durch eine die Erwachsenengeneration provozierende Kleidung und einen abweichenden Lebensstil in Erscheinung trat (Vorliebe für Rock-'n'-Roll-Musik, Motorräder, Lederkleidung; aggressives und mitunter gewalttätiges Auftreten). Waren zunächst bestimmte soziale Sachverhalte und Probleme der Anlaß für das Auftreten dieser Form jugendl. Protestverhaltens, hat in den nachfolgenden Jahrzehnten sowohl Stilisierung als auch Traditionsbildung stattgefunden.

P. WILLIS: ›Profane culture‹. R., Hippies. Subversive Stile der Jugendkultur (a. d. Engl., 1981).

**Rockford** ['rɔkfəd], Stadt in N-Illinois, USA, (1988) 135 000 Ew.; die Metrop. Area hat 282 000 Ew.; kath. Bischofssitz; Herstellung von Werkzeugen, Landmaschinen, Möbeln und Haushaltswaren; Handelsmittelpunkt eines reichen Agrargebietes. – 1834 von v. a. schwed. und italien. Einwanderern gegründet.

**Rockhampton** [rɔk'hæmptən], Stadt im O von Queensland, Australien, Hafen am Fitzroy River, 60 km oberhalb seiner Mündung in die Keppel Bay, (1988) 61 100 Ew.; Sitz eines anglikan. und eines kath. Bischofs; botan. Garten; Nahrungsmittel-, chem. Industrie, Maschinenbau; Verschiffung von Kohle und Erzen (von Mount Morgan); Tiefwasserhafen von R. ist Port Alma an der Flußmündung.

**Rockies** ['rɔkız], die, → Rocky Mountains.

**Rock-Jazz** [rɔk dʒæz], **Fusion Music** ['fjuːʒn 'mjuːzık, engl.], Ende der 1960er Jahre aufgekommene Bez. für einen Stilbereich innerhalb des Jazz, in dem Elemente des Rock mit denen des Jazz verbunden wurden. Im Ggs. zum →Jazz-Rock waren es v. a. Jazzmusiker, die Anleihen bei der Rockmusik aufnahmen: Rückkehr zu einfacheren harmon. und rhythm. Strukturen (Betonung des Beat), z. T. als Reaktion auf den Free Jazz; wieder stärkere Besinnung auf den klass. Blues; Nutzung der in der Rockmusik etablierten elektroakust. und elektron. Effektgeräte bzw. Instrumente (Elektrogitarre, E-Piano). Als wegbereitende Einspielung des R.-J. gilt M. DAVIS' ›Bitches brew‹ (1970). Am R.-J. interessiert waren ferner u. a. C. COREA, J. ZAWINUL und W. SHORTER (Weather Report), J. MCLAUGHLIN mit dem Mahavishnu Orchestra, H. HANCOCK sowie in Europa u. a. K. DOLDINGERS ›Passport‹ und W. DAUNER. Mittlerweile gehören R.-J.-Synthesen zum festen Bestandteil des zeitgenöss. Jazz.

**Rockmusik** [zu Rock'n'Roll], Kurz-Bez. **Rock,** wichtigste Sammel-Bez. für die seit 1950 aus afrikan. Folklore (Blues, Rhythm and Blues, Jazz) sowie amerikan. Popular Music und Folklore (u. a. Bluegrass, Hillbilly, Country and western) entstandenen afroamerikan. Populärstile. Ihre gemeinsamen Merkmale sind naturhaftes Ausdrucksideal, körperhafte Gestik, Blues-Diktion in vokaler wie instrumentaler Melodik, eine standardisierte Grundbesetzung (Gesang, Gitarren, Schlagzeug) und eigenschöpfer. Improvisation, außerdem elektroakust. Aufbereitung und Verstärkung sowie die Vermittlung durch Massenmedien. Der Begriff R. entstand etwa 1968, als die bis dahin synonyme Bez. ›Popmusik‹ infolge Verwischung sti-

John D. Rockefeller

Nelson A. Rockefeller

list. Grenzen vieldeutig wurde und seitdem auf jede Art von Unterhaltungsmusik angewendet werden konnte. Im Unterschied zu dem in der Entstehung europäisch ausgerichteten Begriff Popmusik verweist die Bez. R. auf die spezifisch schwarzen Ursprünge der afroamerikan. Musik: die Rückbindung an den aus den Slums stammenden negroiden Blues mit Vorrangigkeit körperlich-sinnl. Qualitäten (→Drive, →Funk, →Involvement) vor musikimmanenten Qualitäten (harmon. Vielfalt, experimentell-avantgardist. Orientierung, formale Komplexität).

Die Geschichte der R. beginnt in den 50er Jahren mit der Ausbildung des →Rock 'n' Roll, der sich in den USA als protesthafte Äußerungsform der Nachkriegsjugend aus dem als schwarze ›race music‹ diffamierten →Rhythm and Blues und dem Country and western (→Country-music) der Weißen gebildet hatte. Neue Impulse brachte um 1962 die brit. →Beatmusik die einer sich international etablierenden jugendl. Subkultur musikal. Selbständigkeit gab. In der 2. Hälfte der 60er Jahre folgte die rasche Ausbildung neuer Stilarten (Folk-Rock, Soul, Jazz-Rock, Psychedelic Rock, Polit-Rock, Raga Rock, Classic Rock, Country-Rock, Latin Rock). Gleichzeitig bildeten sich Gegenkulturen (Hippies, Gammler) aus, deren Hauptmerkmal die Protesthaltung gegenüber der etablierten Gesellschaft war. Der antibürgerl. (Musiker-)Held wurde zum Leitbild der rebell. Jugendlichen. Der Protesthabitus der R. wurde jedoch bald kommerzialisiert und entschärft, die (aus Marktzwängen) notwendige Suche nach einem neuen ›Sound‹ und einer neuen musikal. Aufmachung führte zur Abkehr vom ursprüngl. Stil der R. und vielfach zu schablonenhafter Massenware.

In der 1. Hälfte der 70er Jahre erreichte der Jazz-Rock einen Höhepunkt. Daneben bestand eine Vielfalt von Stilen (u. a. Afro Rock, Phillysound, Mainstream). Außerdem bildeten sich lokale und nat. Strömungen (›Rock Revivals‹). Erstmals konnten auch Bands aus der Bundesrep. Dtl. internat. Erfolge verzeichnen (Can, Amon Düül II, Tangerine Dream). In der 2. Hälfte der 70er Jahre erhielt die Rockszene mit dem Discosound und dem aggressiven, an die Ursprünge der R. anknüpfenden Punk Rock wieder eine zunehmend international gleichartige Prägung, die durch die komplexe Weiterentwicklung zum New Wave ab 1978 allmählich wieder verlorenging. Frische Impulse kamen Anfang der 80er Jahre durch afroamerikan. Musikformen wie Funk, Reggae, Rap und Hip-Hop. Hinzu kam die Wiederbelebung der aggressiven Urform der R. durch ›Heavy Metal‹ (Varianten u. a. Speed Metal, Trash Metal), der zur signifikantesten Erscheinungsform des Rock der 80er Jahre wurde.

D. HARTWICH-WIECHELL: Pop-Musik. Analysen u. Interpretationen (1974); R., hg. v. W. SANDNER (1977); L. ROXON: Rock encyclopedia (Neuausg. New York 1978); P. URBAN: Rollende Worte. Die Poesie des Rock (1979); S. CHAPPLE u. R. GAROFALO: Wem gehört die R.? Gesch. u. Politik der Musikindustrie (a. d. Engl., 1980); Rock in den Siebzigern, hg. v. T. KNEIF (1980); Eurorock, hg. v. K. HUMANN u. a. (1981); S. FRITH: Jugendkultur u. R. Soziologie der engl. Musikszene (a. d. Engl., 1981); A. JERRENTRUP: Entwicklung der R. von den Anfängen bis zum Beat (1981); J. ZIMMER: Rock-Soziologie. Theorie u. Sozial-Gesch. (²1981); C. GRAF u. U. WOHLMACHER: R.-Lex. (1982); T. KNEIF (1982); S. SCHMIDT-JOOS u. B. GRAVES: Rock-Lex. (Neuausg. 1982); G. EHNERT: Rock in Dtl. Lex. dt. Rockgruppen u. Interpreten (³1984); W. ZIEGENRÜCKER u. P. WICKE: Sachlex. Popularmusik (²1989).

**Rock 'n' Roll** ['rɔkn'rɔʊl; engl. rock and roll, eigtl. ›wiegen und rollen‹] *der, -(s)/-(s),* **1)** *Musik:* um 1955 in den USA aus dem (schwarzen) Rhythm and Blues und der (weißen) Country-music entstandener Musikstil, zu dessen Merkmalen ein schnelles Tempo, ekstat. Off-Beat-Phrasierung, Lautstärke sowie eine standardisierte Besetzung (Gesang, elektrisch verstärkte Solo-, Rhythmus- und Baßgitarre, Saxophon, Schlagzeug) gehören. Der R. 'n' R., Ausgangspunkt für die Entwicklung von Pop- und Rockmusik, änderte das Ausdrucksideal der westl. Unterhaltungsmusik grundlegend und wurde zur Äußerungsform für die Emanzipationsbestrebungen der sich gleichzeitig ausbildenden jugendl. Protestkultur (Teddyboys, Rocker u. a.). Stilprägende Interpreten waren u. a. E. PRESLEY, B. HALEY, C. BERRY, B. HOLLY und LITTLE RICHARD.

**2)** *Tanzsport:* Wettkampfdisziplin für Einzelpaare und Formationen aus vier Paaren. Vorgeführt werden eine Fuß-/Beintechnikrunde und eine Akrobatikrunde, u. a. mit Überschlägen, Sprüngen und Würfen. Ermittelt werden nat. und internat. Meister der Amateure; Profis tragen nur Weltmeisterschaften aus. Der akrobat. Turniertanz im $^4/_4$-Takt entwickelte sich um 1955 aus dem Boogie-Woogie.

**Rock|oper, Rock|oratorium,** seit dem Songzyklus ›Tommy‹ (1970, Orchesterfassung 1972) des Leadgitaristen der Gruppe The Who, P. TOWNSHEND, Bez. für locker aneinandergereihte Songfolgen in Form von Arie und Rezitativ mit schlichter, meist psychologisierender Rahmenhandlung. Der große Erfolg der R. ›Tommy‹, die gleichzeitig an mehreren Opernhäusern Premiere hatte, blieb trotz einiger Nachahmungen (z. B. ›Quadrophenia‹, 1973) eine Ausnahme. In der Tradition der R. stehen auch Bühnenshows wie ›The Wall‹ (1979) von Pink Floyd.

**Rockpool** ['rɔkpu:l; engl. zu rock ›Fels‹ und pool ›Tümpel‹] *der, -s/-s,* Bez. für Mulden oder Höhlungen im Gestein felsiger Meeresküsten, die sich mit Meer- und Regenwasser füllen und demzufolge starke Änderungen in Salzgehalt (vom Meerwassertümpel bis Regentümpel) und Temperatur aufweisen. Entsprechend können in R. marine bis limn. Arten vorkommen, wobei Organismen in R. generell starke Salzgehaltsänderungen ertragen können müssen.

**Rockwell** ['rɔkwəl], Norman, amerikan. Maler, Gebrauchsgraphiker und Karikaturist, * New York 3. 2. 1894, † Stockbridge (Mass.) 8. 11. 1978; wurde 1916 Mitarbeiter der ›Saturday Evening Post‹, schilderte treffsicher und mit warmherzigem Humor in Illustrationen und auf Titelseiten den amerikan. Alltag; er malte Porträts bedeutender Zeitgenossen und Genrebilder.

**Rockwellhärte** ['rɔkwəl-; nach dem amerikan. Metallurgen STANLEY P. ROCKWELL], Abk. **RH,** →Härteprüfung.

**Rockwell International Corp.** ['rɔkwəl ɪntə-'næʃnl kɔ:pəˈreɪʃn], amerikan. Mischkonzern mit Schwerpunkt in der Luft- und Raumfahrtindustrie, gegr. 1967 durch Fusion von North American Aviation Inc. (gegr. 1928) und Rockwell Standard Corp. (gegr. 1953), seit 1973 jetziger Name; Sitz: Pittsburgh (Pa.). Umsatz (1990): 12,44 Mrd. US-$, Beschäftigte: rd. 102 000.

**Rocky Mountains** ['rɔkɪ 'maʊntɪnz] *Pl.,* Kurz-Bez. **Rockies** ['rɔkɪz], dt. **Felsengebirge,** der östl. Teil der →Kordilleren Nordamerikas. Die R. M. erstrecken sich über rd. 4 500 km von N-Alaska (Brookskette) über NW-Kanada bis in den S der USA. Höchste Erhebung mit 4 399 m ü. M. ist der Mount Elbert in Colorado, USA. Höchster Berg in Kanada ist der Mount Robson mit 3 954 m ü. M.

Als Bruchfaltengebirge, i. a. von NNW nach SSO streichend, aus einer Vielzahl von Einzelketten zusammengesetzt, sind die R. M. durch alttertiäre Faltungen und Überschiebungen sowie eine spättertiäre, mit Bruchbildung und Vulkanismus verbundene Heraushebung entstanden. Im W schließen sich mit teils unscharfer Abgrenzung intermontane Becken und Plateaus an: in den USA Großes Becken, Colorado-

und Columbiaplateau, in Kanada Fraser- und Yukonplateau. In British Columbia hebt sich die westl. Begrenzung der R. M. durch einen tekton. Graben (Rocky Mountain Trench), der von Columbia River, Fraser u. a. Flüssen durchzogen wird, schärfer heraus. Im O besteht größtenteils ein steiler Abfall zu den Inneren Ebenen (Interior Plains).

Der nördl., eiszeitlich überformte Teil der R. M. zeigt schroffe, alpine Formen. Wegen der geringen, von N nach S abnehmenden Niederschläge ist die heutige Vergletscherung gering, u. a. →Columbia Icefield und →Glacier National Park 1) in Kanada sowie →Glacier National Park 2) in den USA. Die Schneegrenze, in British Columbia zw. 2 200 m ü. M. (im W) und 2 500 m ü. M. (im O), steigt im S auf über 4 000 m ü. M. an.

Im mittleren Teil finden sich viele vulkan. Erscheinungen, bes. im →Yellowstone National Park. In großen Gebieten der südl. R. M. (v. a. in Colorado) werden z. T. einförmige Rumpfflächen um 4 000 m ü. M. von den höchsten Gipfeln nur wenig überragt.

Infolge der zunehmenden Trockenheit werden die dichten Waldgebiete (überwiegend Fichten, Tannen, Kiefern) des N nach S lichter und gehen schließlich in Steppen-, z. T. sogar Wüstenvegetation über. Da über die Hälfte des Waldes seit Ende des 19. Jh. Nationalforste sind, konnte stärkerer Raubbau verhindert werden.

Die R. M. bilden die Hauptwasserscheide Nordamerikas; die von ihnen ausgehenden, größtenteils wasserreichen Flüsse sind vielfach gestaut zur Wasserversorgung der Bevölkerung, v. a. im S der USA, ferner zur Bewässerung landwirtschaftl. Gebiete und zur Energieerzeugung, bes. für die rasch wachsende Industrie (so der →Columbia River).

Die R. M. sind reich an Bodenschätzen, v. a. Kupfer, Eisen, Silber, Gold, Blei, Zink, Molybdän, Uran, ferner Erdöl, Erdgas, Kohle und Ölschiefer.

Die anfangs auf Holzwirtschaft und Bergbau gegründete dünne Besiedlung hat mit wachsender wirtschaftl. Aktivität in den letzten Jahren zugenommen. Die Naturschönheiten haben die R. M., die – bes. in den USA – durch Eisenbahn und v. a. Straßen gut erschlossen sind, zum bedeutenden Anziehungspunkt für den Fremdenverkehr gemacht. Wintersportgebiete finden sich v. a. im Raum Denver, Colorado Springs, Vail, Aspen und Jasper sowie im Banff National Park.

D. H. ROEDER: R. M. Der geolog. Aufbau des kanad. Felsengebirges (1967); B. S. WALKER: Die R. M. (a. d. Engl., Amsterdam 1975).

**Rocky Mountains spotted fever** [ˈrɒki ˈmaʊntɪnz ˈspɒtɪd ˈfiːvə] *das, - - - -*, das Felsengebirgsfieber (→Rickettsiosen).

**Rod** [rɒd; engl., eigtl. ›Rute‹] *das, -/-,* engl. Längenmaß, →Pole.

**Rod** [rɔd], Édouard, schweizer. Schriftsteller frz. Sprache, * Nyon 29. 4. 1857, † Grasse 29. 1. 1910; wurde in Paris zunächst als Kritiker, dann als Romancier im Umkreis É. ZOLAS bekannt. Seine prot. Erziehung beeinflußte wesentlich seine Romane, psycholog. Studien in der Tradition des frz. Naturalismus über Einzelschicksale im kleinbürgerl., oft kleinstädt. oder ländl. Milieu. Einige seiner Romane siedelte er in der frz. Schweiz an, setzte sich intensiv für Autoren der W-Schweiz (u. a. C. F. RAMUZ) ein und hatte daher Einfluß auf die Verselbständigung der französischsprachigen schweizer. Literatur Anfang des 20. Jh.

Werke: *Romane: Palmyre Veulard* (1881); *La femme d'Henri Vanneau* (1884); *Le sens de la vie* (1889); *La vie privée de Michel Teissier* (1893; dt. *Das Privatleben des Michel Teissier*); *La seconde vie de Michel Teissier* (1894); *Les roches blanches* (1895).

**Rodach b. Coburg,** Stadt im Kr. Coburg, Bayern, 319 m ü. M., an der Rodach, an den Langen Bergen

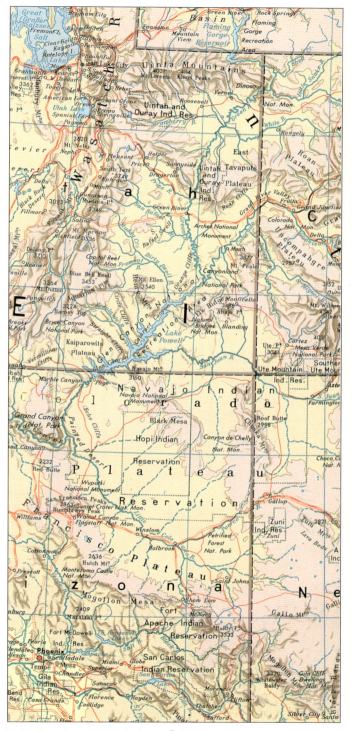

**Rocky Mountains** und Coloradoplateau: Östlich des Großen Salzsees sind die Rocky Mountains 600 km breit (Ostketten außerhalb des Kartenausschnitts); im Coloradoplateau gibt es besonders viele Indianerreservationen

**Roda** Rodakowski – Rodenbach

(Ausläufer des Thüringer Waldes), (1991) 6 500 Ew.; Herstellung von Holz- und Plüschspielwaren, Reklamefiguren, Kindermöbeln, Pkw-Kühl- und Heiztechnik; Heilbad mit 1972 erbohrter Thermalquelle (34 °C). – 899 erstmals urkundlich erwähnt, 1362 Stadt.

**Rodakowski,** Henryk, poln. Maler, * Lemberg 9. 7. 1823, † Krakau 28. 12. 1894; studierte in Wien (bei J. Danhauser, F. Eybl, F. von Amerling) und Paris (bei Léon Cogniet, * 1794, † 1880), wo er sich bis zu seiner Übersiedlung nach Lemberg vorwiegend aufhielt. Er gilt als bedeutendster poln. Porträtmaler seiner Zeit; er schuf auch Historien- und Genrebilder.

**Rodalben,** Stadt im Kr. Pirmasens, Rheinl.-Pf., 250 m ü. M., im Naturpark Pfälzerwald, (1991) 7 800 Ew.; Schuhindustrie; Felsenhöhle (Bärenfelsen). – Das 1237 erstmals urkundlich erwähnte R. wurde 1963 Stadt. – Alte kath. Kirche Mariä Geburt (1735) mit got. Turm; im Chor (14.Jh.) Fragmente got. Wandmalerei; neue kath. Pfarrkirche St. Joseph (1929–30).

**Rodari,** Gianni, italienischer Kinderbuchautor, * Omegna (Prov. Novara) 23. 10. 1920, † Rom 14. 4. 1980; zielte mit zahlreichen Büchern (Märchen, Fabeln, Comics und Nonsensverse) auf die freie Entfaltung von Phantasie und Kreativität, vielfach vor dem Hintergrund polit. und sozialer Gegenwartsprobleme. Für sein Gesamtwerk erhielt er 1970 den internat. Hans-Christian-Andersen-Preis.

**Werke:** La avventure di Cipollino (1951; dt. Zwiebelchen); Gelsomino nel paese dei bugiardi (1959; dt. Gelsomino im Lande der Lügner); Favole al telefono (1962; dt. Gutenachtgeschichten am Telefon); Il pianeta degli alberi di natale (1962; dt. Von Planeten u. Himmelhunden); C'era due volte il barone Lamberto, ovvero I misteri dell'isola di San Giulio (1978; dt. Zweimal Lamberto oder Das Geheimnis der Insel San Giulio).

Alexander Roda Roda (Ausschnitt aus einer Karikatur von Olaf Gulbransson, 1901)

**Roda Roda,** Alexander, urspr. A. (Sándor) Friedrich Ladislaus Rosenfeld, österr. Schriftsteller, * Drnowitz (bei Brünn) 13. 4. 1872, † New York 20. 8. 1945; Sohn eines Gutsverwalters; 1890–93 Studium in Wien, danach Offizierslaufbahn. Wegen seiner Schriften bereits 1900 vom Dienst suspendiert und 1901 auf eigenen Wunsch in die Reserve versetzt, wurde R. R. am 17. 6. 1907 aus der Armee entlassen. Danach u.a. als Journalist auf Reisen durch S-Europa; 1914–18 Kriegsberichterstatter; Mitarbeiter des ›Simplicissimus‹. R. R. emigrierte 1938 in die Schweiz, zur Jahreswende 1940/41 in die USA. Als volkstüml. Erzähler, Bühnenautor (›Der Feldherrnhügel‹, 1910, Urauff. 1909, mit C. Rössler) und Essayist zeigte sich R. R. als Satiriker der Niedergangszeit der Donaumonarchie und bes. ihres Offizierskorps; gemeinsame Arbeiten v.a. auch mit seiner Schwester Maria R.-R., Pseudonym für Maria (›Mi‹) Rosenfeld (* 1875, † 1935); daneben entstanden Übersetzungen v.a. südslaw. Autoren.

**Weitere Werke:** Prosa: Soldatengeschichten, 2 Bde. (1904); Der Schnaps, der Rauchtabak u. die verfluchte Liebe (1908); Schummler, Bummler, Rossetummler (1909); Junker Marius (1911, auch u.d.T. Die Streiche des Junker Marius); Der Schlangenbiß (1930); Die Panduren (1935). – *Autobiographisches:* R. R.s Roman (1925).

**Ausgaben:** Ausgew. Werke in 3 Bänden (1933–34); Das große R. R. Buch, hg. v. E. Roda Roda (³1963).

R. Hackermüller: Einen Handkuß der Gnädigsten – R. R. Bildbiogr. (Wien 1986).

Karl Rodbertus

**Rodbertus,** Johann Karl, eigtl. **J. K. R.-Jagetzow** [-tso], Volkswirtschaftler und Politiker, * Greifswald 12. 8. 1805, † Jagetzow (heute zu Völschow, Kr. Demmin) 6. 12. 1875; war 1826–36 als Jurist im Staatsdienst, betrieb dann auf seinem Rittergut Jagetzow u.a. sozial- und wirtschaftswissenschaftl. Studien. 1848 Mitgl. der Preuß. Nationalversammlung (Führer des linken Zentrums). R. ist Begründer des wiss. Sozialismus in Dtl., bes. des Staatssozialismus. Er vertrat die Auffassung, daß im Sinne der Arbeitswerttheorie alle wirtschaftl. Güter allein durch Arbeit geschaffen werden und die Arbeiter damit Anspruch auf den gesamten von ihnen geschaffenen Wert haben. Mit der Feststellung, daß den Arbeitern jedoch nur das Existenzminimum gesichert werde, alles andere aber den Grund- und Kapitalbesitzern als Rente zufließe, begründete er das ›Gesetz der fallenden Lohnquote‹. Dies führe zu Pauperismus und gesamtwirtschaftl. Unterkonsumtion, die wiederum Ursache ständig wiederkehrender Krisen sei (›Krisentheorie‹). Als Lösung forderte R. die allmähl. Überführung von Boden und Kapital in Staatseigentum und als kurzfristig wirksame Maßnahmen die Verbesserung der Lage der Arbeiter (feste Lohnquote, Normalarbeitstag und Arbeitsgeld). R.' Lehren beeinflußten v.a. den Kathedersozialismus, bes. Adolph Wagner.

**Ausgabe:** Ges. Werke u. Briefe, hg. v. T. Ramm, 6 Bde. (1971–72).

**Rødby** ['rœby:], Stadt auf der Insel Lolland, Amt Storstrøm, Dänemark, (1982) 7 800 Ew.; 6 km südlich liegt **Rødbyhavn,** dän. Fährhafen der Vogelfluglinie am Fehmarnbelt. – R. ist seit 1454 Stadt.

**Rode, 1)** Christian Bernhard, Maler und Radierer, * Berlin 25. 7. 1725, † ebd. 24. 6. 1797; Schüler von A. Pesne und Carle Van Loo, ab 1782 in Berlin Direktor der Akademie der Künste. R. malte in spätbarockem Stil allegor., histor. und religiöse Bilder für Schlösser und Kirchen Berlins und Potsdams und schuf etwa 250 Radierungen.

Kunst im Dienste der Aufklärung, Radierungen von B. R. 1725–1797, Ausst.-Kat. (1986).

**2)** Hermen, Maler, * Lübeck(?) um 1430, † ebd. 1504; malte v.a. Altarbilder in dekorativem Stil (Goldgrund mit Lasuren ornamental verziert), der sich später dem niederländ. Realismus näherte (›Altar der Lukasbruderschaft‹, 1484; Lübeck, St.-Annen-Museum); auch kleine Gedenkbilder mit dem Porträt des Stifters.

**3)** [rɔd], Jacques Pierre Joseph, frz. Violinist und Komponist, * Bordeaux 16. 2. 1774, † Château de Bourbon (bei Damazan, Dép. Lot-et-Garonne) 25. 11. 1830; war Schüler von G. B. Viotti, in Paris, wo er seit 1790 solistisch auftrat. 1795 wurde er Prof. am Pariser Conservatoire, unternahm zahlreiche Konzertreisen durch Europa und lebte 1804–08 als Soloviolinist Alexanders I. in Petersburg. Seine 13 Violinkonzerte zeigen klassizist. Prägung sowie dramatisch pathet. Züge des zeitgenöss. Opernstils. Er schrieb ferner 12 Streichquartette, 24 Duos für zwei Violinen, 24 ›Caprices en forme d'études dans les 24 tons de la gamme‹ und gab (mit R. Kreutzer und F. Baillot) eine ›Méthode de violon‹ (1802) heraus.

**Rodel** [von lat. rotula ›Rädchen‹] *der, -s/-,* **Rotel,** Aktenrolle, Schriftrolle; im MA. aufgeschriebene ländl. Weistümer oder Güterverzeichnisse.

**Rodel** [Herkunft unklar] *der, -s/-, bayer.* für: Schlitten.

**Rodeln,** → Schlittensport.

**Roden** ['ro:də], Gem. in der Prov. Drente, Niederlande, südwestlich von Groningen, (1990) 18 700 Ew.; Herstellung von Herzschrittmachern; Pferdemarkt.

**Rodenbach,** Gem. im Kr. Kaiserslautern, Rheinl.-Pf., (1990) 2 600 Ew. – In der Germarkung R. liegt der ›Fuchshügel‹, ein kelt. Fürstengrabhügel mit einem einfachen Grab aus der späten Hallstattzeit und einem reich ausgestatteten Männergrab aus der frühen La-Tène-Zeit (um 400 v. Chr.). Die reichen Beigaben (u.a. Waffen, Schmuck, Gefäße) befinden sich im Histor. Museum der Pfalz, Speyer.

**Rodenbach, 1)** Albrecht, fläm. Schriftsteller, * Roeselare 27. 10. 1856, † ebd. 23. 6. 1880; war zus. mit dem befreundeten Pol de Mont (* 1857, † 1931) einer der Begründer der Fläm. Bewegung. Neben Gedankenlyrik (›Eerste Gedichten‹, 1878) schrieb R. mit

›Gudrun‹ (hg. 1882; dt.) die erste große dramat. Bühnendichtung des modernen Flandern.
**Ausgabe:** Verzamelde werken, hg. v. F. BAUR, 3 Bde. (1956–60).
M. DE BRUYNE u. L. GEVERS: Kroniek van A. R. 1856–1880 (Brügge 1980).

**2)** [rɔdɛ̃'bak, rɔdɛn'bak], Georges, belg. Schriftsteller frz. Sprache, * Tournai 16. 7. 1855, † Paris 25. 12. 1898; stand zunächst unter dem Einfluß der Parnassiens und schloß sich dann den Symbolisten an. Bes. bekannt wurde er mit ›Bruges-la-Morte‹ (1892; dt. ›Das tote Brügge‹, literar. Vorlage zu E. KORNGOLDS Oper ›Die tote Stadt‹, 1920), einem symbolist. Roman düster-melanchol. Grundstimmung.
**Weitere Werke:** *Lyrik:* Les tristesses (1879); La jeunesse blanche (1886); Le règne du silence (1891); Le miroir du ciel natal (1898). – *Romane:* Le musée des béguines (1894); Le carillonneur (1897).

**Rodenberg,** Stadt im Kr. Schaumburg, Ndsachs., 69 m ü. M., am N-Rand des Deister, (1990) 4 800 Ew.; Druckindustrie. – Um die 930 erstmals erwähnte Rodenburg entstand die Siedlung R., die 1615 Stadt wurde.

**Rodenberg,** Julius, eigtl. **J. Levy,** Schriftsteller und Journalist, * Rodenberg (heute zu Greifenstein, Lahn-Dill-Kr.) 26. 6. 1831, † Berlin 11. 7. 1914; unternahm nach seinem Jurastudium zahlreiche Reisen, u. a. nach Frankreich und Großbritannien; lebte dann in Berlin, wo er 1867–74 mit E. DOHM die Zeitschrift ›Der Salon für Literatur, Kunst und Gesellschaft‹ herausgab; ab 1874 Herausgeber der von ihm begründeten ›Dt. Rundschau‹, einer der führenden Zeitschriften der Gründerzeit. Als Lyriker von der Romantik ausgehend, entwickelte sich R. zum realist. Erzähler und Feuilletonisten. Er schrieb histor. und bürgerl. Romane (›Die Grandidiers‹, 3 Bde., 1879), Dramen, Wander- und Skizzenbücher sowie Reisebetrachtungen (›Ein Herbst in Wales‹, 1857).

**Rodeneck,** italien. **Rodengo,** Gem. in Südtirol, Prov. Bozen, Italien, (1982) 930 Ew. – Kath. Pfarrkirche Mariä Himmelfahrt (um 1498); roman. Blasiuskapelle (um 1200). Die Burg R., um 1140 erbaut, ist eine der ausgedehntesten Burganlagen Südtirols; im Rittersaal des Palas Fresken zum Heldenlied des Iwein (nach HARTMANN VON AUE).

**Rodenko,** Paul Thomas Basilius, niederländ. Schriftsteller und Literaturkritiker, * Den Haag 26. 11. 1920, † Warnsveld (Prov. Gelderland) 9. 6. 1976; wichtiger Vertreter der in den 1950er Jahren v. a. der experimentellen Literatur zugewandten Gruppe der ›Vijftigers‹.
**Ausgabe:** Orensnijder tulpensnijder. Verzamelde gedichten (1975).

**Rodensky** [-ki], Shmuel, israel. Schauspieler, * bei Wilna 1906, † Tel Aviv 16. 7. 1989; kam in den 1920er Jahren nach Palästina; Schauspieler des Habimah-Theaters. Berühmtheit erlangte er ab 1965 in der Rolle des Tewje in dem Musical ›Anatevka‹, bes. in der Bundesrep. Dtl. (ab 1968); auch Film- und Fernsehrollen.

**Rödental,** Stadt im Kr. Coburg, Bayern, 400 m ü. M., an den Ausläufern des Thüringer Waldes, (1991) 12 900 Ew.; Museum für modernes Glas; Keramik-, Puppen- und Spielwarenindustrie, Herstellung von Tierfiguren.

**Rodentia,** die → Nagetiere.

**Rodentizide** [zu lat. rodere ›nagen‹ und caedere, in Zusammensetzungen -cidere ›töten‹], Sg. **Rodentizid** *das, -s,* zur Bekämpfung schädl. Nagetiere (v. a. Wanderratte, Hausratte, Feldmaus, Hausmaus, Wühlmaus, Bisam; Maulwurf und Hamster sind nach der BundesartenschutzVO geschützt) verwendete chem. Mittel, die meist im Köder benutzt werden. Akut wirkende R. (u. a. Zinkphosphid, Meerzwiebelpräparate wie Scillirosid) führen bereits nach einmaliger Aufnahme schnell zum Tod. Antikoagulantien (v. a. Cumarinderivate wie Warfarin und Bromadiolon, Indiandionderivate wie Chlorophacinon) hemmen die Blutgerinnung und führen innerhalb mehrerer Tage zum Tod durch innere Blutungen. Sie werden als schüttfähige Fertigköder (Giftbrocken, Giftweizen) oder als Haft- oder Tränkgifte angewendet. Um Haustiere und Vögel nicht zu gefährden, dürfen Köder nicht offen ausgelegt werden; bei Vergiftung mit Antikoagulantien kann Vitamin K als Antidot eingesetzt werden. In Speichern und Nahrungsmittelbetrieben werden Atemgifte wie Blausäure (durch konzessionierte Schädlingsbekämpfer) eingesetzt. Räuchermittel und Begasungspatronen dürfen ausschließlich im Freiland gegen die Schermaus eingesetzt werden. Der Einsatz von Insektiziden zur Bekämpfung der Feldmaus ist heute verboten.

Julius Rodenberg

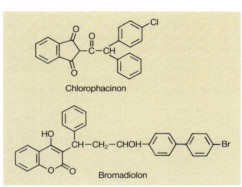

**Rodentizide**

**Rodenwaldt, 1)** Ernst, Hygieniker und Tropenmediziner, * Berlin 5. 8. 1878, † Ruhpolding 4. 6. 1965; 1921–34 im niederländ. kolonialen Gesundheitsdienst tätig, danach Prof. in Kiel und Heidelberg. R. lieferte bedeutende Arbeiten zur Tropenmedizin, Epidemiologie und Bakteriologie; Mitherausgeber eines ›Welt-Seuchenatlas‹ (3 Bde., 1952–61); gilt als Begründer der →Geomedizin.
**2)** Gerhart, Archäologe, * Berlin 16. 4. 1886, † ebd. 27. 4. 1945; 1916 Prof. in Gießen, 1922 GenSekr., 1929 Präs. des Archäolog. Instituts des Dt. Reiches in Berlin, 1932 Prof. an der Univ. Berlin.
**Hauptwerke:** Die Fresken des Palastes, in: Tiryns, Bd. 2 (1912); Das Relief bei den Griechen (1923); Die Kunst der Antike (1927); Die Akropolis (1930, mit W. HEGE); Olympia (1936, mit dems.); Kunst um Augustus (1937); Griech. Tempel (1941).

**Rodeo** ['ro:deo, ro'de:o; span.-amerikan., eigtl. ›das Zusammentreiben des Viehs‹, zu span. rodear ›zusammentreiben‹] *der* oder *das, -s/-s,* aus dem Berufsalltag der Cowboys abgeleiteter Reiterwettkampf in den USA, bes. in Montana, Wyoming, Arizona und Texas verbreitet. Es gilt u. a., Stiere und Pferde mit dem Lasso einzufangen, zu bereiten und sich eine bestimmte Zeit auf dem Tier zu halten. Daneben werden Wettrennen auf ungesattelten Pferden, Stafettenrennen, Wettbewerbe im Lassowerfen und Einfangen von Kälbern mittels Lasso ausgetragen.

**Roder, Rodemaschine,** Zuckerrübenerntemaschine, die als Anhänge- oder Anbaumaschine über eine Zapfwelle durch den Traktor angetrieben wird. Die Rüben werden mit einer **Rodeschar** (Bauarten: Polderschar, Doppelzinkenschar, Rodescheiben) aus dem Boden gedrückt, gereinigt und im Längs- oder Querschwad abgelegt oder auf ein nebenherfahrendes Fahrzeug befördert (**Wagen-R.**).

Franz-Josef Röder

**Röder,** Franz-Josef, Politiker (CDU), \* Merzig 22. 7. 1909, † Saarbrücken 26. 6. 1979; seit 1955 Mitgl. des saarländ. Landtags, war 1957–65 Kultus-Min., 1959–79 MinPräs. des Saarlandes, 1959–73 zugleich Landesvorsitzender der CDU.

**Roderich,** span. **Rodrigo** [rɔ'ðriɣo], letzter König der Westgoten (seit 710), † (gefallen) südlich von Jerez de la Frontera 19. 7. 711; verlor sein Leben im Kampf gegen das arabisch-berber. Heer des TARIK, zu dem Teile des westgot. Adels überliefen. Sein Tod gab bald zu Sagenbildungen Anlaß.

**Rödermark,** Stadt im Kreis Offenbach, Hessen, 142 m ü. M., in der Mainebene an der Rodau, (1991) 25 000 Ew.; Herstellung von mechan. und elektron. Geräten, Betonteilen u. a. – 1977 entstand durch Zusammenschluß von **Ober-Roden** (786 erstmals erwähnt) und **Urberach** (wohl 1275 gegr.) die Großgemeinde R., die 1980 Stadt wurde.

**Rodewisch,** Stadt im Kr. Auerbach, Sachsen, 426 m ü. M., im östl. Vogtland, an der Göltzsch, (1990) 8 100 Ew.; Museum Göltzsch (im Schlößchen, 16. Jh.), Schulsternwarte (mit Satellitenbeobachtungsstation und Kleinplanetarium); Textil- und Bekleidungsindustrie. – R., um 1200 angelegt, 1411 erstmals genannt, wurde 1924 Stadt. – In der Stadtkirche (1736) ein Flügelaltar von P. BREUER (um 1516).

**Rodez** [rɔ'dɛːz, rɔ'dɛs], Stadt im Zentralmassiv, Verw.-Sitz des Dép. Aveyron, Frankreich, auf einem Hügel über dem Aveyron, (1990) 26 800 Ew.; kath. Bischofssitz; Kunst- und archäolog. Museum; Marktzentrum eines weiten Einzugsgebiets, feinmechan. und Nahrungsmittelindustrie; Flugplatz. – R. war als **Segodunum** Hauptort der kelt. Rutener, Mittelpunkt der histor. Landschaft Rouergue. – R. ist aus dem bischöfl. Stadtkern mit der got. Kathedrale Notre-Dame (begonnen 1277, vollendet 16. Jh.; mit 87 m hohem spätgot. Turm) und mittelalterl. Verteidigungsanlagen zusammengewachsen. Häuser des 15.–18. Jahrhunderts.

**Rodgau,** Stadt im Kr. Offenbach, Hessen, 127 m ü. M., zw. Dieburg und Hanau, (1991) 40 100 Ew.; Leder- und Metallindustrie, Feinmechanik. Die Gemeinde R. erhielt 1979 Stadtrecht. – Rathaus (von Novotny & Mähner, 1985–88).

**Rodgers** ['rɔdʒəs], 1) **Jimmie,** eigtl. **James Charles R.,** amerikan. Countrysänger, \* Meridian (Miss.) 8. 9. 1897, † New York 26. 5. 1933. Der von ihm kreierte Jodelstil (›Blue yodel‹) machte ihn zum ersten stilprägenden Country-and-western-Star (Langspielplatte ›The soldier's sweetheart‹, 1927).

Richard Rodgers

2) **Richard,** amerikan. Komponist, \* New York 28. 6. 1902, † ebd. 30. 12. 1979; komponierte in Zusammenarbeit mit dem Songtexter LORENZ HART (\* 1895, † 1943) 29 Musicals, u. a. ›Babes in arms‹ (1937) und ›Pal Joey‹ (1940), später mit O. HAMMERSTEIN weitere neun, die teilweise zu Welterfolgen wurden, u. a. ›Oklahoma!‹ (1943), ›South Pacific‹ (1949), ›The king and I‹ (1951), ›The sound of music‹ (1959). R. schrieb auch Filmmusiken.

S. GREEN: The R. and Hammerstein story (Neuausg. New York 1980); R. and Hammerstein fact book, hg. v. dems. (ebd. 1980).

**Rodgersile** [nach dem amerikan. Seeoffizier JOHN L. RODGERS, \* 1812, † 1882], **Rodgersia,** Gattung der Steinbrechgewächse mit sechs Arten in der gemäßigten Klimazone Ostasiens; 0,60–1,20 m hohe Stauden mit schuppigem Wurzelstock, großen, handförmig zusammengesetzten Blättern und hohen Rispen mit zahlreichen kleinen, weißen Blüten. Mehrere Arten werden als dekorative Zierstauden für kühle, schattige Standorte verwendet.

**Rodhe,** Lennart, schwed. Maler und Graphiker, \* Stockholm 15. 11. 1916; begann unter frz. Einfluß als analyt. Kubist und ging ab 1945 zu einer stark farbigen abstrakten Malerei über. Seine Hauptwerke sind großformatige Wanddekorationen (Postamt Östersund, 1952; Handelsbank in Stockholm, 1957; Limnolog. Institut in Uppsala, 1963).

U. LINDE: L. R. (Stockholm 1962).

**Rodin** [rɔ'dɛ̃], Auguste, frz. Bildhauer, \* Paris 12. 11. 1840, † Meudon 17. 11. 1917; arbeitete ab 1894 v. a. in Meudon, wurde u. a. beeinflußt von A.-L. BARYE und J.-B. CARPEAUX. Die stärksten künstler. Eindrücke erhielt er von MICHELANGELO (1875 Reise nach Florenz und Rom) und der Gotik (1877 Reise zu den frz. Kathedralen). Bereits seine erste selbständige Arbeit, ›Mann mit der zerbrochenen Nase‹ (Bronze, 1864), später die Jünglingsgestalt ›Das eherne Zeitalter‹ (Bronze, 1876) zeigen in der Darstellung einen bis dahin unbekannten Realismus, der auf Ablehnung stieß. Die Oberfläche seiner Skulpturen ist bewegt und zerklüftet, so daß ein reiches Spiel von Licht und Schatten malerisch-impressionist. Wirkungen erzeugt, ohne formauflösend zu wirken. Oft wird der

**Auguste Rodin:** Der Kuß; 1886 (Paris, Musée Rodin)

Reiz des Skizzenhaften, Unvollendeten und Fragmentarischen gesucht; manchmal sind die Figuren nur z. T. aus dem Block herausgearbeitet (›Danaide‹, 1885). 1880 erhielt R. den Auftrag für das ›Höllentor‹ (nach DANTE ALIGHIERI; BILD → Relief 3) für das Musée des Arts décoratifs in Paris. An diesem monumentalen Werk mit mehr als 200 Figuren arbeitete er bis zuletzt; der erste Bronzeguß erfolgte nach seinem Tod (heute Paris, Musée Rodin). Zugleich gestaltete er hervorragende Porträtbüsten bedeutender zeitgenöss. Persönlichkeiten (G. CLEMENCEAU, V. HUGO, H. ROCHEFORT, G. B. SHAW). Mit den ›Bürgern von Calais‹ (1884 begonnen, 1895 aufgestellt, Bronze; BILD →französische Kunst) schuf R. einen neuen Denkmaltyp ohne jede heroische Verklärung. Die Balzac-Statue (1893–97) verkörpert ein neues, zu seiner Zeit heftig bekämpftes Verständnis des schöpfer. Menschen, indem sie u. a. die Spannung zw. heroischer Vision und augenblickl. Alltäglichkeit zeigt. Für die Weltausstellung 1900 in Paris gestaltete R. einen eigenen Pavillon. Er betätigte sich auch als Zeichner (etwa 8 000 Blätter), Radierer und Maler. 1883–93 verband ihn eine enge Beziehung mit der Bildhauerin CAMILLE CLAUDEL. 1905 wurde der Dichter R. M. RILKE sein Privatsekretär, seine Frau CLARA RILKE-WESTHOFF neben É.-A. BOURDELLE, C. DESPIAU, A. MAILLOL u. a. zu seinen Schülern gehörte. R. gab der Entwicklung der modernen Plastik wesentl. Impulse. Die meisten seiner Werke befinden sich im Musée Rodin in Paris (dessen Gesamtbestand in Abgüssen im Rodin Museum in Philadelphia, Pa.). Weiteres BILD → Bildhauerzeichnung

**Weitere Werke:** *Bronze:* Der Schreitende (1878); Johannes der Täufer (1878); Der Denker (1880–1900); Eva (1881); Kauernde (1882). – *Marmor:* Der Kuß (1886); Der Gedanke (1886); Die Oceaniden (1905).

**Schrift:** Les cathédrales de France (1914; dt. Die Kathedralen Frankreichs).

J. L. TANCOCK: The sculpture of R. (Boston, Mass., 1976); J. A. SCHMOLL, gen. EISENWERTH: R.-Studien (1983); C. LAMPERT: R. Sculpture & drawings (London 1986); H. PINET: R. Der Bildhauer im Lichte seiner Photographien (a.d. Frz., 1986); A. R. Die erot. Zeichnungen, Aquarelle u. Collagen (1987); M. LAURENT: R. (a.d. Frz., 1989); A. R. Das Höllentor. Zeichnungen u. Plastik, hg. v. M. FATH, Ausst.-Kat. (1991).

**Roding,** Stadt im Kr. Cham, Bayern, 370 m ü. M., am Regen, im Naturpark Vorderer Bayer. Wald, (1991) 10 600 Ew.; Metallverarbeitung, Textilindustrie; Fremdenverkehr. – R., 844 erstmals, 896 als Königshof bezeugt, wurde 1283 herzogl. Amt und erhielt 1364 Marktrecht. 1952 wurde R. Stadt.

**Rodnaer Gebirge,** rumän. **Munții Rodnei** ['muntsi 'rodnej], bewaldetes Gebirge in N-Rumänien, Teil der Ostkarpaten, westlich des Passes Rotunda und nördlich des oberen Großen Szamos, im Pietrosul 2303 m ü. M.; glazial überformt; Mineralquellen.

**Rodo,** schweizer. Bildhauer, → Niederhäusern, Auguste de.

**Rodó,** José Enrique, uruguayischer Schriftsteller, * Montevideo 15. 7. 1871, † Palermo 1. 5. 1917; war Prof. für Literatur und Direktor der Nationalbibliothek in Montevideo. Als glänzender Essayist einer der Hauptvertreter des Modernismus. Entwarf in seinem kulturphilosoph. Essay ›Ariel‹ (1900) eine idealistisch-elitäre Alternative zum nordamerikan. Utilitarismus.

**Weitere Werke:** *Essays:* Rubén Darío (1899); Liberalismo y jacobinismo (1906); Motivos de Proteo (1909); Nuevos motivos de Proteo (hg. 1927); Los últimos motivos de Proteo (hg. 1932).

**Ausgabe:** Obras completas, hg. v. E. RODRÍGUEZ MONEGAL (²1967).

M. BENEDETTI: Genio y figura de J. E. R. (Buenos Aires 1966); W. PENCO: J. E. R. (Montevideo 1978).

**Rodomontade** [frz., von italien. rodomontata, nach der Gestalt des Mohren Rodomonte in Werken von M. M. BOIARDO und L. ARIOSTO] *die, -/-en, veraltet* für: Aufschneiderei, Großsprecherei.

**Rodoreda** [rruðu'rɛðə], Mercè, katalan. Schriftstellerin, * Barcelona 10. 10. 1908, † Gerona 13. 4. 1983; lebte 1939–57 im Exil (u. a. in Paris und Genf); schrieb neben Lyrik v. a. Romane und Erzählungen. Ihre Werke spielen überwiegend im Barcelona der Zeit vor und nach dem Span. Bürgerkrieg und im Milieu der kleinen Leute; ihre Themen sind Armut, Marginalisierung, Einsamkeit und enttäuschte Liebe der häufig weibl. Protagonisten. Von ihren frühen Romanen hat R. nur ›Aloma‹ (1938, überarbeitet 1969; dt.) gelten lassen. Weltruhm erlangte sie mit ›La plaça del diamant‹ (1962; dt. ›Auf der Plaça del Diamant‹ und der Familiensaga ›Mirall trencat‹ (1974; dt. ›Der zerbrochene Spiegel‹). Ihr Spätwerk zeigt stark mystischsymbol. Züge (›Viatges i flors‹, 1980; dt. ›Reise ins Land der verlorenen Mädchen‹. Poet. Prosastücke‹).

**Ausgabe:** Obres completes, hg. v. C. ARNAU, 3 Bde. (¹⁻³1984).

**Rodosto,** türk. Stadt, → Tekirdağ.

**Rodrigo** [ro'ðriɣo, span.], westgot. König, → Roderich.

**Rodrigues Girão** [rru'ðriɣiʃ ʒi'rau̯], João, portug. Jesuit, * Sernancelhe (bei Viseu) vermutlich 1561, † Macao 1. 8. 1634; kam 1577 nach Japan, wo er als Dolmetscher sowie als Repräsentant der Jesuitenmission gegenüber den japan. Behörden fungierte. Er verfaßte ein sprachgeschichtlich wertvolle Grammatik des Japanischen (›Arte da lingoa de Iapam‹, 2 Tle., 1604–08) und gilt als Mitautor eines japanisch-portug. Wörterbuchs (›Vocabulario da lingoa de Iapam‹, 2 Tle., 1603–04). R. G. wurde 1596 in Macao zum Priester geweiht und zog sich 1610 nach der Ausweisung der Jesuitenmissionare aus Japan wieder dorthin zurück.

Auguste Rodin: LINKS Der Denker; 1880–1900 (Bronzeguß auf dem Grab Rodins in Meudon); RECHTS Honoré de Balzac; 1893–97 (Paris, Musée Rodin)

**Rodrigues Lobo** [rru'ðriɣiʒ 'loβu], Francisco, portug. Dichter, * Leiria 1580, † (ertrunken im Tejo) 1622; schrieb u. a. span. Kunstromanzen (›Romances‹, 1596), portug. Eklogen (›Églogas‹, 1605), Pastorellen, einen Schäferroman (mit lyr. Einlagen) in drei Teilen (›A primavera‹, 1601; ›O pastor peregrino‹, 1608; ›O desenganado‹, 1614) und, nach dem Vorbild B. CASTIGLIONES, ein Brevier des vollkommenen Hofmannes in 16 Prosadialogen (›Corte na aldea e noites de inverno‹, 1619).

**Ausgabe:** Poesias, hg. v. J. DE ALMEIDA LUCAS (1956).

M. DE LOURDES BELCHIOR PONTES: Itinerário poético de R. L. (Lissabon 1959, Nachdr. ebd. 1985).

**Rodriguez** [rru'ðriɣiʃ], die östlichste Insel der Maskarenen im Ind. Ozean, gehört zum Inselstaat Mauritius. R. ist 104 km² groß, bis 400 m ü. M., vulkan. Ursprungs und stark zertalt. Die (1986) 35 300 Bewohner sind vorwiegend Kreolen frz. Sprache. Hauptort ist Mathurin. Unter tropisch feuchtem Klima werden Obst, Mais, Gemüse und Zuckerrohr angebaut. Ferner werden Fischerei und Rinderhaltung (Fleischexport nach Mauritius) betrieben.

**Rodríguez** [rro'ðriɣeθ], Andrés, paraguayischer General und Politiker, * Borga 19. 6. 1923; wurde 1964 Oberst, 1967 Brigade- und 1970 Divisionsgeneral. R., lange Zeit in enger Verbindung mit A. STROESSNER, gehört dem Flügel der Tradicionalistas des Partido Colorado an, der 1988 eine weitere Kandidatur STROESSNERS als Präs. (erfolglos) ablehnte. Im Febr. 1989 stürzte er STROESSNER. Bei den vorgezogenen Wahlen im Mai 1989 wurde er zum Präs. gewählt.

**Rodríguez Álvarez** [rro'ðriɣeθ 'alβarɛθ], Alejandro, span. Dramatiker, → Casona, Alejandro.

**Rodríguez Tizón** [rrɔˈðriɣeθ tiˈθɔn], Ventura, span. Architekt, * Ciempozuelos (bei Madrid) 14. 4. 1717, † Madrid 26. 8. 1785; beherrschte gemeinsam mit F. SABATINI und J. DE VILLANUEVA die span. Architektur am Übergang vom Barock zum Klassizismus; wurde 1766 Generaldirektor der Academia de San Fernando in Madrid.
**Hauptwerke:** Kirche San Marcos in Madrid (1749–53); Vollendung der Basilika Nuestra Señora del Pilar in Saragossa (1750–53; von F. HERRERA D. J. 1681 begonnen); Sanktuarium der Kathedrale von Jaén (1764); Portikus der Kathedrale von Pamplona (1783).

**Rodt,** Rudolf, Schriftsteller, →Eichrodt, Ludwig.

Aleksandr Michajlowitsch Rodtschenko: Am Telephon; 1928

**Rodtschenko, Rodčenko** [-tʃ-], Aleksandr Michajlowitsch, russ. Maler, Bildhauer, Photograph und Typograph, * Petersburg 15. 12. 1891, † Moskau 3. 12. 1956; war als Maler und Bildhauer (modellhafte abstrakte Skulpturen, Kombination versch. Materialien) neben K. MALEWITSCH und W. TATLIN einer der bahnbrechenden Konstruktivisten in der UdSSR. Ab 1920 wandte er sich der Photographie zu; seine Aufnahmen mit starken perspektiv. Verkürzungen prägten ebenso wie die Plakate und Buchillustrationen, bei denen er v. a. Photomontagen in Verbindung mit Typographie einsetzte, die Ästhetik des russ. Konstruktivismus. Mit seiner Lebensgefährtin, der russischen Künstlerin WARWARA FJODOROWNA STEPANOWA (* 1894, † 1958) arbeitete er auch an gemeinsamen Projekten.
H. GASSNER: Rodčenko Fotografien (1982); Alexander M. R. u. Warwara F. Stepanowa, die Zukunft ist unser einziges Ziel ..., hg. v. P. NOEVER, Ausst.-Kat. (a. d. Russ., 1991).

**Rodung, 1)** *Agrargeschichte:* das aus gerodetem Waldgebiet hervorgegangene Agrar- oder Siedlungsland; im dt. Raum seit karoling. Zeit, dann v. a. vom 11. Jh. bis Anfang des 13. Jh. entstanden, zunächst westlich, ab dem 12. Jh. östlich der Elbe-Saale-Linie.
**2)** *Forstwirtschaft:* das Entfernen von Bäumen eines Waldes einschließlich der Baumwurzeln aus dem Boden (**Baum-R.**) bzw. das Ausheben oder Ausgraben (Auskesseln) der beim Fällen im Boden verbliebenen Baumstümpfe (**Stock-R., Stubben-R.**) zur Gewinnung von landwirtschaftlich nutzbarem Land bzw. von Siedlungsfläche. Isoliert gelegene R.-Flächen werden als **R.-Inseln,** an Leitlinien wie Flüssen vorgetriebene R. als **R.-Gassen** bezeichnet. Großräumiges Roden erfolgt heute mit schweren Rodemaschinen (z. B. Raupenschlepper mit Hebelgerät) oder durch Flachsprengung (**Spreng-R.**), auch durch Fällen und anschließendes Abbrennen der Bäume und Sträucher (Brandrodung), wobei die Wurzelstöcke vielfach im Boden verbleiben.

**Rodzinski** [rɔˈdʒinski], Artur, amerikan. Dirigent poln. Abkunft, * Split (Dalmatien) 1. 1. 1892, † Boston (Mass.) 27. 11. 1958; studierte u. a. bei E. VON SAUER, F. SCHALK und F. SCHREKER, war nach Stationen u. a. in Warschau und Philadelphia (Pa.) 1929–33 Chefdirigent des Los Angeles Philharmonic Orchestra, 1933–43 des Cleveland Orchestra, 1943–47 des New York Philharmonic Orchestra und 1947–48 des Chicago Symphony Orchestra. Er setzte sich bes. für die Neue Musik ein.

**Roe** [rəʊ], Creeve, Pseudonym des austral. Lyrikers Victor James William Patrick →Daley.

**Roede** [ˈruːdə] *die, -/-n,* vormetrisches niederländ. Längenmaß (Rute), 1 R. = 12 Voet (Fuß) = 3,767 m.

**Roeder** [ˈrøː-], Emy, Bildhauerin, * Würzburg 30. 1. 1890, † Mainz 7. 2. 1971; lebte 1936–49 meist in Florenz und Rom. Ihre mittelgroßen Figuren und Gruppen (v. a. Mädchen- und Tierdarstellungen) kennzeichnet streng vereinfachte, doch lebensnahe Gestaltung, die sich bes. bei Porträtköpfen zu kubisch-plast. Form steigert (H. Purrmann, 1950; Mannheim, Städt. Kunsthalle).
F. GERKE: E. R. Eine Werkbiogr. (1963); E. R. 1890–1971, Ausst.-Kat. (1990).

**Roegele** [ˈrøː-], Otto B. (Bernhard), Publizistikwissenschaftler, * Heidelberg 6. 8. 1920; studierte Medizin und Geschichte, war im Zweiten Weltkrieg Arzt, 1949–63 Chefredakteur des Rhein. Merkur, zw. 1963 und 1980 dessen Herausgeber, seit 1980 Mitherausgeber des Rhein. Merkur/Christ und Welt; seit 1963 Prof. für Zeitungswissenschaft an der Univ. München, ab 1964 Vors. der ›Gesellschaft der kath. Publizisten Dtl.s‹, seit 1967 Leiter der Abteilung Kommunikationswiss. und Studium generale der Hochschule für Fernsehen und Film (München).

**Roelandt** [ˈruː-], Lodewijk Joseph Adriaan, belg. Architekt, * Nieuwpoort 3. 1. 1786, † Gent 5.4. 1864; Schüler von C. PERCIER und P. F. L. FONTAINE in Paris, Vertreter des Neoklassizismus und der Neugotik. Er baute in Gent (ab 1818 Stadtarchitekt) u. a. die Große Aula der Univ. (1819–26), die Oper (1836–40) und den Justizpalast (1836–40).

**Roelants** [ˈruː-], Maurice, fläm. Schriftsteller, * Gent 19. 12. 1895, † Sint-Martens-Lennik (bei Brüssel) 25. 4. 1966; verfaßte zunächst Gedankenlyrik (›De kom der loutering‹, 1918). In seinen noch frz. Vorbildern gestalteten Romanen und Erzählungen analysierte er eindringlich die Sehnsucht der Menschen nach Glück und wurde damit einer der Begründer des psycholog. Romans in Flandern.
**Weitere Werke:** *Romane:* Komen en gaan (1927; dt. Kommen u. Gehen); Het leven dat wij droomden (1931; dt. Maria Danneels, auch u.d. T. Ein Leben, das wir träumten); Alles komt terecht (1937; dt. Alles kommt zurecht); Gebed om een goed einde (1944; dt. Gebet um ein gutes Ende). – *Erzählungen:* De jazz-speler (1928; dt. Der Jazzspieler u. a. Erz.); Altijd opnieuw (1943).

**Roelas, Ruelas,** Juan de las, span. Maler, * Sevilla 1558 oder 1560, † Olivares (bei Sevilla) 23. 4. 1625; war der bedeutendste Sevillaner Maler des spätmanierist. Stils, beeinflußt durch die venezian. Malerei (TINTORETTO, PAOLO VERONESE). Seine Be-

Emy Roeder: Selbstporträt; Bronze, 1964 (Würzburg, Städtische Galerie)

handlung religiöser Themen ist durch die Mystik geprägt (›Tod des hl. Isidor‹, 1614–16; Sevilla, San Isidoro).

**Roemer** ['rø:-], **1)** Hans Robert, Orientalist, * Trier 18.2.1915; 1954 Prof. in Mainz, 1961–63 Gründungsdirektor des Orientinstituts der Dt. Morgenländ. Gesellschaft in Beirut; 1963 Prof. in Freiburg im Breisgau; Hauptarbeitsgebiete sind die Geschichte Persiens im MA. und das islam. Urkundenwesen.
Werke: Staatsschreiben der Timuridenzeit (1952); Persien auf dem Weg in die Neuzeit. Iran. Gesch. von 1350–1750 (1989).

**2)** Theodor, Agrarwissenschaftler, * Pfrondorf (heute zu Tübingen) 20. 11. 1883, † Halle/Saale 3. 9. 1951; 1920–51 Direktor des Inst. für Acker- und Pflanzenbau in Halle/Saale; arbeitete bes. über Fruchtwechsel, Bodenbearbeitung, Züchtung resistenter Kulturpflanzen, speziell Getreide und Erbsen. Ihm gelangen erfolgreiche Neuzüchtungen.

**Roemer- und Pelizaeus-Museum** ['rø:-], entstanden aus dem 1844 von dem Hildesheimer Senator HERMANN ROEMER (* 1815, † 1894) gegründeten Roemer-Museum (chin. Porzellan, Tafelsilber, sakrale Kunst, völkerkundl. Sammlung) und dem 1907 aus einer Schenkung ägypt. Altertümer an die Stadt Hildesheim durch WILHELM PELIZAEUS (* 1851, † 1930) entstandenen Pelizaeus-Museum (ägypt., griech. und röm. Kunst, Sammlung zur Vor- und Frühgeschichte) in Hildesheim; seit 1911 in einem gemeinsamen Gebäude, 1959 Neubau.

**Roemheldscher Symptomenkomplex** ['rø:-; nach dem Internisten LUDWIG ROEMHELD, * 1871, † 1938], **gastrokardialer Symptomenkomplex**, funktionelle Herz-Kreislauf-Beschwerden in Form von Herzrhythmusstörungen (Tachykardie, Extrasystolie), Blutdruckabfall, anfallartig auftretender Atemnot und der Angina pectoris entsprechenden Herzschmerzen; Ursache sind Erkrankungen und Funktionsstörungen im Magen-Darm-Bereich, die zu starker Gasentwicklung und durch Zwerchfellverdrängung und Herzverschiebung zu reflektorisch ausgelöster Beeinträchtigung der Koronardurchblutung führen. – Die Beschwerden treten meist einige Stunden nach dem Essen v. a. bei Männern auf.

**Roentgen** ['rœ-], David, Kunsttischler, * Herrnhaag (heute zu Büdingen) 11. 8. 1743, † Wiesbaden 12. 2. 1807; entwickelte die 1772 übernommene Werkstatt seines Vaters ABRAHAM (* 1711, † 1793) in Neuwied zu einem Unternehmen von internat. Ruf. Seit 1779 unterhielt R. eine Niederlassung in Paris, wo er eines seiner bedeutendsten Stücke, einen kunstvollen Schreibschrank, an König LUDWIG XVI. verkaufte. Zu den Kunden R.s gehörten alle europ. Fürstenhöfe. Während seine frühen Möbel noch unter dem Einfluß des Rokoko standen, wandelte sich sein Stil nach 1775 zu Louis-seize-Formen. Die Besonderheit der R.-Möbel liegt v. a. in der handwerkl. Vollkommenheit seiner vielfach farbigen Marketerien (oft nach Entwürfen von J. ZICK). Um 1790 verarbeitete R. vornehmlich Mahagoni und wandte sich immer mehr einem strengeren klassizist. Stil zu. Weiteres BILD → Intarsien
H. HUTH: Abraham u. D. R. u. ihre Neuwieder Möbelwerkstatt (1974); J. M. GREBER: Abraham u. D. R., Möbel für Europa, 2 Bde. (1980).

**Roer** [ru:r] *die,* niederländisch für die → Rur.

**Roerich** ['rø:-], **Rjorich, Rerich** ['rjɔ-], Nikolaj Konstantinowitsch, russ. Maler, * Petersburg 9. 10. 1874, † Nagar (Punjab, Indien) 13. 12. 1947; war Mitgl. und 1910–19 Vorsitzender der Künstlervereinigung Mir Iskusstwa. Ab 1920 lebte er in den USA. Nach Expeditionen durch Zentral- und Ostasien ließ er sich 1936 in Indien nieder. R. schuf zunächst flächig ornamentale Darstellungen aus der russ. Geschichte, symbolist. Theaterdekorationen (v. a. für Aufführungen von S. DIAGHILEW) und Landschaften. Später verarbeitete er Anregungen der asiat. Folklore.

**Roermond** [ru:r'mɔnt], Stadt in der Prov. Limburg, Niederlande, an der Mündung der Rur in die Maas, (1990) 38 700 Ew.; kath. Bischofssitz; elektrotechn. Industrie, Waffenfabrik, Kunststoff-, Stahl- und Aluminiumverarbeitung, Backofen- und Fahrzeugbau, Nahrungsmittel- und Druckindustrie. – Das 1130 erstmals erwähnte R. wurde um 1230 Hauptstadt des geldrischen ›Overkwartier‹ (Verwaltungseinheit). Aufgrund seiner verkehrsgünstigen Lage entwickelte sich die Stadt, der Hanse zugehörig, rasch. 1543 kam R. unter habsburg. Herrschaft. 1830–39 schloß sie sich dem belg. Aufstand an, fiel dann aber wieder an die Niederlande. – Die Munsterkerk (1224 geweiht) ist eine spätroman. Pfeilerbasilika mit Vierungsturm; roman. Grabmal des Grafen GERHARD III. von Geldern († 1229) und seiner Gemahlin MARGARETE von BRABANT († 1231). Kathedrale Sint Christoffel (Anfang 15. Jh.) mit Renaissancealtar (1593) und wertvollen Gemälden, u. a. Christuskopf von P. P. RUBENS. Neuroman. bischöfl. Grabkapelle von P. CUYPERS (1864–91). In CUYPERS' ehem. Atelierhaus befindet sich das Städt. Museum (u. a. Gemälde).

**Roeselare** ['ru:sǝla:rǝ, niederländ.], frz. **Roulers** [ru'lɛrs], Stadt in der Prov. Westflandern, Belgien, (1990) 52 500 Ew.; Textil- (Leinen- und Möbelstoffe), Bekleidungs-, Nahrungsmittel-, Futtermittel-, Möbel-, Papier-, feinmechan. und Elektroindustrie, Fahrzeug- und Maschinenbau, Großdruckereien. – Sint Michielskerk (15. Jh.).

**Roeßlin** ['rœ-], **Rößlin**, Eucharius, Arzt, † Frankfurt am Main Sept. 1526; u. a. Stadtarzt in Worms und Frankfurt am Main. R. publizierte 1513 ›Der Swangern Frawen und Hebammen Rosegarten‹, das als erstes gedrucktes Lehrbuch der Geburtshilfe gilt und viele Auflagen sowie Übersetzungen erlebte.

**Abraham** und **David Roentgen:** Schreibtisch mit Intarsien und Bronzebeschlägen; um 1765 (Amsterdam, Rijksmuseum)

**Roethe** ['rø:-], Gustav, Germanist, * Graudenz 5. 5. 1859, † Badgastein 17. 9. 1926; Schüler von F. ZARNCKE; seit 1890 Prof. in Göttingen. R. erwarb sich besondere Anerkennung mit seinen Arbeiten zur mhd. Literatur und durch seine Herausgebertätigkeit (›Die Gedichte Reinmars von Zweter‹, 1887; ›Dt. Texte des MA.‹, 1904ff.) sowie als Sekretär der Preuß. Akademie der Wissenschaften durch seine Unterstützung für das → Deutsche Wörterbuch.

**Roethke** ['retki], Theodore Huebner, amerikan. Lyriker, * Saginaw (Mich.) 25. 5. 1908, † Bainbridge Island (Wash.) 1. 8. 1963; ab 1947 Prof. für engl. Literatur an der University of Washington in Seattle; schrieb zunächst den → Metaphysical poets und der romant. Tradition (bes. W. B. YEATS) verpflichtete Natur- und Bekenntnislyrik, entwickelte sich dann zu einem markanten Vertreter der lyr. Moderne, der in intensiven konkreten Bildern und experimentellen Formen persönl. Erfahrungen wie Isolation, Identitätszerfall, Sinnsuche und Sehnsucht nach Sicherheiten, Liebe und geistiger Wiedergeburt beschwor.

**Werke:** The waking. Poems 1933–53 (1953); Words for the wind (1957).
**Ausgaben:** On the poet and his craft. Selected prose, hg. v. R. J. MILLS ($^5$1979); The collected poems (Neuausg. 1982).
G. WOLFF: T. R. (Boston, Mass., 1981); T. R., hg. v. H. BLOOM (New York 1988); P. BALAKIAN: T. R.'s far fields. The evolution of his poetry (Baton Rouge, La., 1989); A. SEAGER: The glass house. The life of T. R. (Neuausg. Ann Arbor, Mich., 1991).

**Rofangebirge, Rofangruppe, Sonnwendgebirge,** Teil der Nördl. Kalkalpen östlich des Achensees, Tirol, Österreich, im Hochiß 2299 m ü. M., die Rofanspitze etwas weiter östlich erreicht 2260 m ü. M.; typisch sind weite Hochalmen zw. Steilwänden und Felsgruppen; Fremdenverkehrsgebiet.

**Rogaland** ['ru:galan], Provinz (Fylke) in SW-Norwegen, 9 141 km², (1989) 333 400 Ew.; Verw.-Sitz ist Stavanger. R. umfaßt die stark gegliederte Küsten- und Gebirgslandschaft um den Boknfjord. Die traditionelle Fischerei der verhältnismäßig dicht besiedelten Küstengebiete wird durch vielseitige Industrie ergänzt (Stavanger, Haugesund, Karmøy, Stord), während die Landwirtschaft auf den Inseln und im Küstenbereich zurückgeht. An den tief ins Land dringenden Fjorden intensiver Garten- und Obstbau. Das an Naturschönheiten reiche R. ist beliebtes Fremdenverkehrsziel.

Roger von Helmarshausen: Abdinghofer Tragaltar; vor 1100 (Paderborn, Franziskanerkirche)

**Rogate** [lat. ›bittet!‹], der 5. Sonntag nach Ostern nach dem alten Introitus (Joh. 16, 24).

**Rogen,** die Eiermasse der Fische. Aus dem R. von Stören und Lachs wird **Kaviar,** von Seehasen, Dorschartigen und Hering **Kaviar-Ersatz** (dt. Kaviar) hergestellt. – **Rogener,** weibl., laichreifer Fisch.

**Rogenstein,** sandiger Kalkoolith des unteren Buntsandsteins in Nordwest-Dtl. (→Oolith).

**Roger,** männl. Vorname, Nebenform von Rüdiger.

**Roger,** normann. Herrscher auf Sizilien:
**1) Roger I.,** Graf von Sizilien (seit 1061), * in der Normandie 1031, † Mileto (Kalabrien) 22. 6. 1101; jüngster Sohn des normann. Ritters TANKRED VON HAUTEVILLE († 1041), Vater von 2); folgte 1058 seinem Bruder ROBERT GUISCARD nach Unteritalien und begann, von diesem beauftragt, 1060 den Kampf gegen die Sarazenen auf Sizilien, der 1091 mit der vollständigen Eroberung der Insel endete.
**2) Roger II.,** König von Sizilien (seit 1130), * 22. 12. 1095, † Palermo 26. 2. 1154, Sohn von 1); wurde nach dem Tod seines Vaters Graf von Sizilien und vereinte später die einzelnen normann. Herrschaften in Süditalien zu einem Großreich (Hauptstadt Palermo), das Papst ANAKLET II. am 27. 9. 1130 zum Königreich erhob. R. trug den Titel eines ›Königs von Sizilien, Kalabrien und Apulien‹. Beeinflußt von byzantin. Vorlagen, errichtete er ein auf Erbfolge beruhendes, gottunmittelbares Königtum mit autokratisch-beamtenstaatl. Organisation, die in den ›Assisen von Ariano‹ (1140) eine Rechtsordnung erhielt. R.s Erbtochter →Konstanze heiratete den Staufer und späteren Kaiser HEINRICH VI.

E. CASPAR: Roger der Zweite u. die Gründung der normannisch-sicil. Monarchie (Innsbruck 1904, Nachdr. 1968).

**Roger, R. de Flor** [rɔʒed'flɔ:r, frz.], urspr. **R. Blum** oder **Blume,** Söldnerführer dt. Herkunft, * um 1260/ 1268, †(ermordet) bei Adrianopel (heute Edirne) 30. 4. 1305; Sohn eines ehem. Falkners Kaiser FRIEDRICHS II.; stand zuletzt im Dienst des byzantin. Kaisers ANDRONIKOS II. (seit Ende 1303) und kämpfte an der Spitze katalan. Söldner seit 1304 gegen die Osmanen in Kleinasien. Seine Ermordung im Palast des Mitkaisers MICHAEL IX. († 1320) löste einen Rachekrieg der Katalan. Kompanie aus.

**Roger, R. von Helmarshausen, Rogerus von Helmarshausen,** einer der bedeutendsten Goldschmiede des dt. MA., ein Meister der Niellotechnik; Mönch des Klosters Helmarshausen (heute zu Karlshafen), tätig um 1100. Sein Werk, für dessen Stil neben byzantin. Quellen die Bibel von Stavelot (1097; London, Brit. Museum) maßgebend war, gruppiert sich um den Tragaltar der Heiligen KILIAN und LIBORIUS im Paderborner Domschatz (1100). Sicher zuzuschreiben ist R. außerdem: der Abdinghofer Tragaltar (vor 1100; Paderborn, Franziskanerkirche), sein Hauptwerk, dessen in Niello gearbeitete Figuren sich durch eine äußerst lebhaft-bewegte Auffassung auszeichnen, ferner der prunkvoll gestaltete Vorderdeckel des Helmarshausener Evangeliars (um 1100; Trier, Domschatz) und mit Einschränkung das Reliquienkreuz aus Enger (vielleicht nicht von ihm selbst, sicher aber aus seiner Werkstatt; Berlin-Tiergarten, Kunstgewerbemuseum). R.s Identität mit →Theophilus Presbyter ist umstritten.

**Roger, R. von Howden** [-'hɔʊdn], **R. von Hoveden,** mittellat. Autor, aus Howden in Yorkshire (?), † 1201 oder später; Kleriker am engl. Königshof und Verfasser einer bis 1201 reichenden, für die Geschichte Englands unter HEINRICH II. und RICHARD I. wertvollen Chronik (›Chronica‹).

**Ausgabe:** Chronica, hg. v. W. STUBBS, 4 Bde. (1868–71, Nachdr. 1964).

**Roger Bacon** ['rɔdʒə 'beɪkən], engl. Theologe und Naturphilosoph, → Bacon, Roger.

**Rogers** ['rɔdʒəz], **1)** Carl Ransom, amerikan. Psychologe und Psychotherapeut, * Oak Park (Ill.) 8. 1. 1902, † La Jolla (Calif.) 4. 2. 1987; Prof. für Psychologie (1940 Ohio State University, 1945 Chicago, Ill.; 1957 Madison, Wis.; ab 1964 in La Jolla). R. ist Mitbegründer der humanist. Psychologie. Seine Bedeutung besteht in der Entwicklung der nichtdirektiven Psychotherapie (→Gesprächstherapie), die einen psych. Wachstumsprozeß des Individuums ermöglichen oder begleiten soll.

**Werke:** Client-centered therapy (1951; dt. Die klientenzentrierte Gesprächspsychotherapie); On becoming a person (1961; dt. Entwicklung der Persönlichkeit); Freedom to learn (1969; dt. Lernen in Freiheit).

**2)** Ginger, eigtl. **Virginia Katherine McMath** [mək-'mæθ], amerikan. Tänzerin und Schauspielerin, * Independence (Mo.) 16. 7. 1911; wurde bekannt als Partnerin von F. ASTAIRE in zahlreichen Filmmusicals; auch dramat. und kom. Filmrollen sowie Bühnenauftritte.

**Filme:** Ich tanz' mich in dein Herz hinein (Top hat, 1935); Swing Time (1936); Der Major u. das Mädchen (1942); Tänzer vom Broadway (1949).

H. DICKENS: Films of G. R. (Secaucus, N. J., 1975).

**3)** Richard George, brit. Architekt, * Florenz 23. 7. 1933; Vertreter der High-Tech-Architektur. Er war 1970–77 Partner von R. PIANO, mit dem er das →Centre National d'Art et de Culture Georges Pompidou in Paris plante.

**Weitere Werke:** Fabrikgebäude für Reliance Controls Ltd. in Swindon (1967); Institut de Recherche et de Coordination Acoustique in Paris (1977); Verwaltungsgebäude der Corporation of Lloyd's in London (1978–86).

**Richard Rogers:** Verwaltungsgebäude der Corporation of Lloyd's in London; 1978–86

**4) Shorty,** eigtl. **Milton M. Rajonski,** amerikan. Jazzmusiker (Trompete, Flügelhorn, Arrangeur, Orchesterleiter), * Great Barrington (Mass.) 14. 4. 1924; trat nach 1945 in Big Bands auf, u. a. bei W. HERMAN, S. KENTON, C. BARNET, und wirkte ab Mitte der 50er Jahre in versch., auch eigenen Gruppen des West-Coast-Jazz; arbeitete daneben für Schallplattenfirmen und komponierte Filmmusik. Als Arrangeur war R. maßgeblich an der Ausprägung des West-Coast-Jazz beteiligt.

**5) William Pierce,** amerikan. Jurist und Politiker, * Norfolk (N. Y.) 23. 6. 1913; gehört den Republikanern. Partei an, 1953–57 stellv. Justiz-Min., 1957–61 Justiz-Min., setzte sich nachdrücklich für die Verwirklichung der Bürgerrechte ein; 1969–73 Außen-Min. Er legte Ende 1969 einen Friedensplan für den Nahen Osten (**R.-Plan**) vor, der den israel. Abzug aus den 1967 besetzten Gebieten sowie arab. Zusagen vorsah, den bewaffneten Kampf gegen Israel aufzugeben, und im arabisch-israel. Konflikt am Suezkanal am 8. 7. 1970 zum Waffenstillstand führte. R. unterstützte R. NIXONS Kurs im Vietnamkrieg, kritisierte aber die Invasion Kambodschas.

**Roggen, Secale** ['ze:kalə, ze'ka:lə], Gattung der Süßgräser mit drei Arten in Eurasien. Die wichtigste, als Getreidepflanze angebaute Art ist **Secale cereale** (R. i. e. S.) mit Hauptanbaugebieten in N-Europa und Sibirien von 50° bis 65° n. Br. Der R. hat 65–200 cm lange Halme und eine 5–20 cm lange, vierkantige, zur Blütezeit leicht überhängende Ähre aus einzelnen meist zweiblütigen Ährchen und langbegrannter, auf dem Rücken kammförmig bewimperter Deckspelze. Die 5–9 mm langen bläulichgrünen Körner lösen sich bei der Reife leicht aus den Spelzen. Fast die Hälfte des R. wird als Viehfutter verwendet. Der als Grünfutter (**Grün-R.**) abgemähte R. sowie die als Viehfutter verwendeten Körner werden als **Futter-R.** bezeichnet.

Angebaut wird v. a. **Winter-R.,** da er gegenüber dem **Sommer-R.** bessere Erträge bringt. Weitere wirtschaftl. Bedeutung hat die R. als Brotgetreide. Da R.-Brot nur langsam austrocknet, kann es auf Vorrat gebacken werden. Durch in das Mehl gelangtes →Mutterkorn traten früher schwere Vergiftungserscheinungen auf. Geringere Bedeutung hat die Verwendung der Körner für die Branntweinherstellung. Das Stroh dient teilweise zur Herstellung von Matten, Papier und Zellstoff. – Durch Kreuzung mit Weizen entstand die neue Getreideart →Triticale.

*Wirtschaft:* Mit 20,1 Mio. t entfiel der überwiegende Teil der (1989) weltweit geernteten R.-Menge von 36,1 Mio. t auf die Sowjetunion. Die restl. Menge entfällt v. a. auf Polen mit 6,2 Mio. t, die damalige Dt. Dem. Rep. mit 2,1 Mio. t und die Bundesrep. Dtl. mit 1,8 Mio. t sowie China mit 1,0 Mio. t und Kanada mit 0,9 Mio. t. Die höchsten Ertragsmengen in Dezitonnen je Hektar (dt/ha) haben Belgien mit 60,0, Dänemark mit 48,7, die Bundesrep. Dtl. und Schweden mit jeweils 47,0, Großbritannien mit 42,6, Österreich mit 41,9 und die Tschechoslowakei mit 40,5; für die Sowjetunion beträgt der entsprechende Wert 18,7, für Polen 27,3 und für die Dt. Dem. Rep. 33,7 (Weltdurchschnitt: 21,4).

*Kulturgeschichte:* Der R. stammt vom anatol. Wild-R. ab, der in der jüngeren Steinzeit als Unkraut in den Emmer- und Gerstenfeldern nach Westen kam, wo er die Klimaverschlechterung der Jungsteinzeit besser überstand als die Edelgetreide. Seit der Hallstattzeit wurde R. vermutlich in Mitteleuropa angebaut. Den Germanen diente der R. als wichtigstes Brotgetreide. Sowohl Slawen als auch Kelten übernahmen den R.-Anbau aus Mitteleuropa.

**Roggen|älchen,** das →Stengelälchen

**Roggenbach,** Franz Freiherr von, * Mannheim 23. 3. 1825, † Freiburg im Breisgau 24. 5. 1907; 1861–65 bad. Außen-Min., setzte sich für ein kleindeutsch-liberales Reich unter preuß. Führung ein; gehörte zu dem liberalen Kreis um den späteren Kaiser FRIEDRICH III.

**Roggenbraunrost,** durch den Rostpilz Puccinia dispersa hervorgerufene Krankheit des Roggens; kenntlich an braunen Pusteln (Uredosporen) auf der Oberseite, später an schwärzl. Pusteln (Teleutosporen) auf der Unterseite der Blätter; mit Wirtswechsel; leuchtend rote Äzidienlager auf Rauhblattgewächsen, z. B. der Gemeinen Ochsenzunge.

**Roggenburg,** Gem. im Kr. Neu-Ulm, Bayern, (1991) 2400 Ew.; ehem. Prämonstratenser-Reichsabtei (1126 gegr.) mit bedeutender Rokokokirche (1752–58 über mittelalterl. Anlage erbaut, Stuck der Feuchtmayer-Werkstatt; frühbarockes Chorgestühl, 1628). Die Klostergebäude (18. Jh.) bilden ein weitläufiges Geviert; zweigeschossige Bibliothek mit frühklassizist. Ausstattung (1781–90).

**Roggengerste, Horde|um nodosum,** einheim. salzliebende Gerstenart auf sandigen, feuchten Wiesen; 30–70 cm hohes, graugrünes Süßgras mit borstenförmigen Hüllspelzen und behaarter unterer Blattscheide.

**Roggenklima,** landwirtschaftl. Klimazone in Dtl. mit dem Roggen als Charakterpflanze; mittlere Jahrestemperatur 8,5 °C; Vegetationszeit vom 16. April bis 20. Oktober. (→Weizenklima)

**Roggenmotte, Baumschwammotte, Nemapogon personellus,** Art der Echten Motten, der Kornmotte ähnlich, mit 14 mm Flügelspannweite; die Raupe, die bevorzugt an Getreide und trockenen Baumschwämmen lebt, ist ein Vorratsschädling an pflanzl. Produkten.

**Roggeveen** [-ve:n], Jakob, niederländ. Seefahrer, * Middelburg im Jan. 1659, † ebd. im Febr. 1729; umschiffte 1721–23 die Erde, umfuhr Kap Hoorn, ent-

**Roggen:** Secale cereale (Höhe 65–200 cm)

**Rogg** Roggisch – Rohde

deckte auf der Fahrt durch den Pazif. Ozean am Ostertag 1722 die Osterinsel und erreichte über Samoa Neuguinea.

L. W. DE BREE: J. R. en zijn reis naar het Zuidland, 1721–1722 (Amsterdam 1942).

**Roggisch,** Peter, Schauspieler, * Berlin 1937; entwickelte seine äußerst differenzierte Schauspielkunst ab 1958 u. a. in Basel (1962–64), Stuttgart (1964–72), Frankfurt am Main (1973–85) und Bochum (seit 1986); auch Regisseur und Film- und Fernsehrollen.

**Rogier van der Weyden** [ro:'xi:r van dər 'vɛjdə], niederländ. Maler, → Weyden, Rogier van der.

**Roglai,** Volk in Vietnam, → Raglai.

**Rogosen, Rogozen** [-z-], Dorf bei Wraza, Gebiet Michajlowgrad, NW-Bulgarien, wo 1985 ein thrak. Silberschatz gefunden wurde, 165 getriebene Silbergefäße, darunter 31 teilweise vergoldet. Sie zeigen eine eigenständige zeichenhafte Bildsprache, in der u. a. skyth. und griech. Elemente eingegangen sind, und sind nach Besitzernamen thrak. Könige ins 5. und 4. Jh. v. Chr. zu datieren. Diskutiert wird eine Zuweisung an die Geten (wie auch bei anderen thrak. Silbergefäßen, die vielleicht Tributgeschenke waren).

Der thrak. Silberschatz aus R., Bulgarien, bearb. v. A. VOL, Ausst.-Kat. (1988).

**Rogosen:** Kanne aus dem 1985 gefundenen thrakischen Silberschatz; 5./4. Jh. v. Chr.

**Rogowski,** Walter, Elektroingenieur, * Obrighoven (heute zu Wesel) 7. 5. 1881, † Aachen 10. 3. 1947; ab 1920 Prof. in Aachen, arbeitete u. a. über Messung extrem rasch verlaufender elektr. Vorgänge und magnet. Spannungen. Er war Begründer und Herausgeber des ›Archivs für Elektrotechnik‹ (1913 ff.). – Der nach ihm benannte **R.-Gürtel** ist eine flexible Spule zum Messen magnet. Spannungen und großer Ströme.

**Roh,** Franz, Kunsthistoriker und Kunstkritiker, * Apolda 21. 2. 1890, † München 30. 12. 1965; war Lehrbeauftragter für Geschichte der neueren Malerei an der Univ. München und Präs. der dt. Sektion der Association Internationale des Critiques d'Arts. R. setzte sich bes. für die moderne zeitgenöss. Kunst ein und veröffentlichte 1929 mit J. TSCHICHOLD das erste Buch über experimentelle Photographie (›fotoauge‹). Er war auch selbst künstlerisch tätig (Collagen, Sandwichmontagen).

Schriften: Holländ. Malerei (1921); Nach-Expressionismus. Mag. Realismus (1925); Der verkannte Künstler (1948); Gesch. der dt. Kunst von 1900 bis zur Gegenwart (1958); Entartete Kunst (1962). – Hg.: Die Kunst u. das schöne Heim, Jg. 47 ff. (1949 ff.).

F. R. Collagen, Ausst.-Kat. (1984); F. R., Kritiker – Historiker – Künstler. F. R. zum 100. Geburtstag, Ausst.-Kat. (1990).

**Rohan** [rɔ'ã], altes frz. Adelsgeschlecht aus der Bretagne, benannt nach dem Ort R. (Dép. Morbihan); es beginnt mit ALAN (ALAIN) I. († 1128) aus dem Haus der Grafen von Porhoët, der um 1120 R. mit Umland als Vizegrafschaft erhielt. Das Geschlecht teilte sich später in die Linien R.-Guémenée, R.-Gié, R.-Rochefort, R.-Chabot und R.-Soubise.

G. MARTIN: Histoire et généalogie des maisons de Chabot, de R.-Chabot et de R., 2 Bde. (La Ricamarie 1977).

Bedeutende Vertreter:

**1) Henri I.,** Herzog von (seit 1603), eigtl. **H. von R.-Gié** [-ʒi'e], Fürst **von Léon** [le'ɔ̃], Hugenottenführer, polit. Schriftsteller, * Blain (bei Nantes) 21. 8. 1579, † Königsfelden (heute zu Windisch, Kt. Aargau) 13. 4. 1638; Schwiegersohn des Herzogs von Sully, führte als Gegner Kardinal RICHELIEUS die Hugenotten in den Kriegen 1621/22 und 1625–29. 1630 vorübergehend im Dienst Venedigs, diente er im Dreißigjährigen Krieg RICHELIEU als Heerführer. 1631 wurde er als Oberbefehlshaber von RICHELIEU nach Graubünden entsandt. Er eroberte 1635 das Veltlin von den Spaniern, wurde jedoch 1637 von G. JENATSCH zum Abzug aus Graubünden gezwungen. 1638 trat er in den Dienst Herzog BERNHARDS von Sachsen-Weimar; er

**Henri I., Herzog von Rohan**

wurde am 28. 2. bei Rheinfelden schwer verwundet. Seine ›Mémoires du Duc de R. sur les choses advenus en France ...‹ (veröffentlicht 1644) sind eine wichtige zeitgenöss. Quelle, sein Werk ›De l'interest des princes et estats‹ (1639) gehört zu den wichtigsten staatstheoret. Schriften des 17. Jahrhunderts.

J. A. CLARKE: Hugenot warrior. The life and times of H. de R., 1579–1638 (Den Haag 1966).

**2) Louis René Édouard Fürst von,** eigtl. **L. R. É. von R.-Guémenée** [-geme'ne], Kardinal (seit 1778), * Paris 25. 9. 1734, † Ettenheim 17. 2. 1803; seit 1779 Fürstbischof von Straßburg. R. war die zentrale Figur in der → Halsbandaffäre. 1790 zog er sich nach Ettenheim zurück, 1801 verzichtete er auf sein Bistum.

J. SIEGER: Kardinal im Schatten der Revolution. Der letzte Fürstbischof von Straßburg in den Wirren der Frz. Revolution am Oberrhein (1986); H. MATHY: Die Halsbandaffäre. Kardinal R. u. der Mainzer Kurfürst (1989).

**Rohbau,** Zustand eines Bauwerks nach Vollendung der statisch-konstruktiven Teile (tragendes Mauerwerk, die Schornsteine, Brandwände, Treppen und Dachkonstruktion; wird nach Vollendung durch die Baubehörde geprüft (**R.-Abnahme**).

**Rohbilanz, Summenbilanz, Umsatzbilanz,** Gegenüberstellung der Soll- und Habensummen aller Hauptbuchkonten zur Vorbereitung des Abschlusses einer Periode. Wegen des Systems der doppelten Buchführung müssen sich die Summen der Soll- und Habenseite der R. entsprechen. Aus der R. wird durch Saldierung der Soll- und Habensummen einzelner Konten die **Saldenbilanz** entwickelt, aus der nach Berücksichtigung von Um- und Abschlußbuchungen die Vermögensbilanz (Schlußbilanz) und die Erfolgsbilanz (Gewinn- und Verlustrechnung) abgeleitet werden können.

**Rohboden,** im Anfangsstadium der Bodenentwicklung befindl. Bodentyp, der unter besonderen physisch-geograph. Bedingungen, z. B. Steilhanglage, starke Abtragung oder Wüstenklima, auf kompakten Gesteinen (dann **Lithosol** gen.) oder auf frisch sedimentierten Lockergesteinen (dann **Regosol** gen.) entsteht. Der A-Horizont ist unzusammenhängend, dürftig bewachsen und fast humusfrei und liegt dem C-Horizont unmittelbar auf. Bei der R. der gemäßigten Breiten (**Syrosem**) entwickelt sich auf silikat. Gestein i. a. zum → Ranker, auf carbonat. Gestein zur → Rendzina. Die R. der Polargebiete und Hochgebirge werden **Råmark,** die der Wüsten und Halbwüsten **Yerma** genannt; beide R. entwickeln sich unter vorherrschender physikal. Verwitterung. **Rambla** ist ein semiterrestr. R. (Auenboden unter Grundwassereinfluß).

**Rohbogen, Formatbogen,** *Drucktechnik:* unbeschnittener, unbedruckter oder bedruckter, ungefalzter Bogen, der etwa 5 % größer als ein DIN-Bogen (→ DIN-Formate) ist, um ein Beschneiden nach dem Druck oder der Druckweiterverarbeitung (z. B. Falzen) zu ermöglichen.

**Rohde, 1) Erwin,** klass. Philologe, * Hamburg 9. 10. 1845, † Heidelberg 11. 1. 1898; war Prof. in Kiel, Jena, Tübingen, Leipzig und (ab 1886) in Heidelberg und befreundet mit F. NIETZSCHE, dessen Werk ›Die Geburt der Tragödie aus dem Geiste der Musik‹ (1872) er entschieden verteidigte. Er wandte die Methoden der vergleichenden Religionswissenschaft erstmals auf die antike mytholog. Überlieferung an und stellte der dunklen, chthon. Seelenreligion die helle, olymp. Götterwelt gegenüber.

Werke: Der griech. Roman u. seine Vorläufer (1876); Psyche. Seelencult u. Unsterblichkeitsglaube der Griechen, 2 Bde. (1890–94); Kleine Schr., 2 Bde. (hg. 1901).

**2) Johan,** dän. Maler und Graphiker, * Randers 1. 11. 1865, † Hellerup (bei Kopenhagen) 18. 2. 1935; malte Landschaften, alte dän. Kleinstädte und Porträts. Er ist v. a. bedeutend als Vermittler der zeitgenössischen frz. Kunst und als Mitarbeiter des Silberschmiedes G. JENSEN, für den er Entwürfe anfertigte.

**Rohden,** Johann Martin von, Maler, * Kassel 30. 7. 1778, † Rom 9. 9. 1868; ab 1795 (abgesehen von kürzeren Aufenthalten in Kassel) in Rom tätig, ab 1827 hess. Hofmaler. R. entwickelte sich unter dem Einfluß von J. A. KOCH und J. C. REINHART zum Landschaftsmaler. Seit etwa 1810 wird in seinen Bildern mit Motiven aus der Umgebung Roms ein entschiedener Realismus bestimmend, der sich mit einem atmosphärisch-weichen Kolorit verbindet; auch vorzügl., topographisch genaue Zeichnungen.

R. I. PINNAU: J. M. v. R. 1778–1868. Leben u. Werk (1965).

**Rohdichte,** Kenngröße poröser, faseriger oder körniger Stoffe. Sie ist der Quotient aus der Masse und dem Gesamtvolumen, also einschließlich des Volumens der Zwischenräume (Poren). Darin unterscheidet sie sich von der **Reindichte,** die nur auf das Volumen der Feststoffe bezogen wird. Die R. geschütteter Stoffe wird auch als **Schüttdichte** bezeichnet.

**Roh|eisen,** das im Hochofen erschmolzene →Eisen mit hohem Kohlenstoffgehalt, durch den es weder im kalten noch im warmen Zustand plastisch verformt werden kann. Nach den enthaltenen Beimengungen unterscheidet man versch. R.-Sorten. **Thomas-R.** hat einen hohen Phosphoranteil (1,8 bis 2,2%), **Hämatit-R.** einen hohen Siliciumanteil (2 bis 3%), **Stahl-R.** einen Anteil an Silicium bis 1% und an Mangan zw. 1 und 3%, **Spiegeleisen** zw. 6 und 30% Mangananteil.

**Roh|eisenmischer,** beheizter Vorratsbehälter zur Aufnahme der einzelnen Hochofenabstiche. Bei großen R. (Fassungsvermögen bis etwa 2000 t) wird dabei eine gleichmäßige chem. Zusammensetzung und eine Temperaturangleichung der einzelnen Abstiche erreicht, und durch die Manganverschlackung erfolgt gleichzeitig eine Entschwefelung der Schmelze.

**Roh|ertrag, Bruttoertrag, Rohgewinn,** das Ergebnis des Leistungserstellungsprozesses eines Unternehmens ohne Berücksichtigung aller Aufwendungen. Der Umfang der bei Ermittlung des R. verrechneten Aufwendungen kann unterschiedlich sein (z. B. nur Materialaufwand oder Herstellungskosten bzw. Wareneinsatz). In der Gewinn-und-Verlust-Rechnung können kleine und mittelgroße Kapitalgesellschaften gemäß § 276 HGB versch. Ertrags- und Aufwandsposten saldieren und direkt als **Rohergebnis** ausweisen.

In Handelsbetrieben ist der R. gleichbedeutend mit der absoluten →Handelsspanne eines Artikels. Die Summe dieser artikelbezogenen R. wird auch als **Warenrohgewinn (Warenbruttogewinn)** bezeichnet.

**Rohglas,** gewalztes →Gußglas oder ungeschliffenes und nichtpoliertes Spiegelglas. In der opt. Industrie Sammelbegriff für Barrenglas, Linsen- und Prismenpreßlinge u. a.

**Rohkost, Frischkost,** vorzugsweise aus frisch geernteten, möglichst vollreifen pflanzl. Lebensmitteln zusammengesetzte Nahrung. Sie gehört zu den ursprüngl. Ernährungsformen, ergänzte in früheren Zeiten die Wild- und Fischnahrung und wurde bei Nomaden bes. durch Milchgerichte vervollständigt. Obwohl schon vor ihm manche Ärzte frische Pflanzenkost empfohlen hatten, ist es das Verdienst des schweizer. Arztes M. BIRCHER-BENNER, den Wert der R. als Krankenernährung erkannt zu haben.

Die *Heilwirkung* der R. läßt sich in zwei Komponenten aufteilen: 1) die direkte Wirkung ihrer Bestandteile (z. B. hoher Anteil an Ballaststoffen und Aromastoffen), die die Funktion der Verdauungsorgane fördern und hohen Sättigungswert haben; 2) die eigenständig einsetzende Selbstheilungsmöglichkeit des Organismus bei Fortfall der bis dahin verzehrten, z. T. unzweckmäßigen ›Zivilisationskost‹. Zur R. geeignet sind Obst, v. a. Äpfel, alle Gemüse (außer Hülsenfrüchten und Kartoffeln), Salatpflanzen, Frischkornschrot, Nüsse. Hinzutreten können bei weniger strenger R.-Diät als laktovegetabile Kost Milch und Milchprodukte. Wichtig ist es, die R. möglichst bald nach der Zubereitung zu genießen.

**Rohlfs,** 1) Christian, Maler und Graphiker, * Niendorf (bei Bad Segeberg) 22. 11. 1849, † Hagen 8. 1. 1938; lehrte in Weimar und Hagen. Er malte zunächst stimmungsvolle realist. Landschaften, nahm dann Anregungen vom frz. Impressionismus auf und

**Christian Rohlfs:** Dunkle Amaryllis auf Blau; 1937 (Privatbesitz)

gelangte in den um 1905 entstandenen Bildern von Bauwerken (bes. aus Soest), Landschaften und figürl. Darstellungen zu expressionist. Gestaltung. Bei lockerer, vibrierender Formgebung war sein eigentl. Ausdrucksmittel die Farbe. Die gedeckten Grau- und Brauntöne seines Frühwerks entwickelten sich zu den reinen und leuchtenden Farben seiner späten, lichtdurchfluteten Landschafts- und Blumenaquarelle. Als Graphiker wandte er sich v. a. dem Holz- und Linolschnitt zu. In der Zeit des Nationalsozialismus galten seine Werke als ›entartet‹.

C. R. Das druckgraph. Gesamtwerk, hg. v. W. UTERMANN, Ausst.-Kat. (1987); C. R.: 1849–1938, bearb. v. P. VOGT, Ausst.-Kat. (1988); C. R. Gemälde, Ausst.-Kat. (1989).

**2)** Gerhard, Afrikareisender, * Vegesack (heute zu Bremen) 14. 4. 1831, † Rüngsdorf (heute zu Bonn) 2. 6. 1896; reiste 1861–64 in Marokko, durchquerte als erster Europäer 1865–67 Nordafrika vom N (Tripolis) über Bornu zum Golf von Guinea (Lagos). 1869 und 1873–74 erkundete er die Libysche Wüste, gelangte 1878 als erster Europäer nach Kufra und besuchte 1880/81 Äthiopien; schrieb vielgelesene Reiseberichte.

**Werke:** Reise durch Marokko, ... (1868); Land u. Volk in Afrika (1870); Quer durch Afrika, 2 Bde. (1874–75); Beitr. zur Entdeckung u. Erforschung Afrika's (1876); Expedition zur Erforschung der libyschen Wüste, 2 Bde. (1875–76); Kufra (1881).

W. GENSCHOREK: Im Alleingang durch die Wüste. Das Forscherleben des G. R. (Leipzig ²1990).

**Gerhard Rohlfs** (Afrikareisender)

**3) Gerhard,** Romanist, * Berlin 14. 7. 1892, † Tübingen 12. 9. 1986; wurde 1926 Prof. in Tübingen, 1938 in München. In Abgrenzung zur Mediävistik wie zur idealist. Neuphilologie betrieb er gesamtroman. Feldforschung, bahnbrechend in Dialektologie und Sprachgeographie; daneben synthetisierende Darstellungen (Sprachatlanten, Studienführer). R. war u. a. Mitherausgeber des ›Archivs für das Studium der neueren Sprachen und Literaturen‹ (1931–54).

**Werke:** Dizionario dialettale delle tre Calabrie, 3 Bde. (1932–39, Neubearb. u. d. T. Nuovo dizionario dialettale della Calabria, 1977); Histor. Gramm. der italien. Sprache u. ihrer Mundarten, 3 Bde. (1949–54; Neubearb. u. d. T. Grammatica storica della lingua italiana e dei suoi dialetti, 3 Bde., 1966–69); Roman. Philologie, 2 Tle. (1950–52); Manual de filologia hispánica (1957).

Serta Romanica. Festschr. für G. R. zum 75. Geburtstag, hg. v. K. Baehr (1968, mit Bibl. 1920–67); Romania Cantat. G. R. zum 85. Geburtstag ..., hg. v. F. J. Oroz Arizcuren, 2 Tle. (1980, mit Bibl. 1967–80); Bibliografia di G. R., in: Brundisii Res, Bd. 12 (Brindisi 1986).

**Rohling,** aus der Gießerei oder Schmiede kommendes rohes Guß- oder Schmiedestück zur Weiterverarbeitung.

Ernst Röhm

**Röhm,** Ernst Julius, * München 28. 11. 1887, † (ermordet) ebd. 1. 7. 1934; Offizier, nach dem Ersten Weltkrieg Stabsoffizier im Freikorps Epp in München; baute Kontakte zu rechtsradikalen Kreisen auf und engagierte sich für den Zusammenschluß verschiedener paramilitär. Organisationen (Einwohnerwehren, Wehrverbände). R. wurde durch seine Verbindung mit Hitler (ab 1919) Mitgl. der Dt. Arbeiterpartei, dann der NSDAP, war als deren Verbindungsmann maßgebend am Aufbau der Partei und der →SA beteiligt. Nach seiner Haft wegen Teilnahme am Hitlerputsch 1923 geriet R. über die Stellung der SA (bzw. des Wehrsportverbandes ›Frontbann‹ als Ersatz für die verbotene SA) innerhalb der Partei in Konflikt mit Hitler, trat am 1. 5. 1925 zurück und lebte 1928–30 als Truppenausbilder in Bolivien. Nach der Revolte der Berliner SA im Sept. 1930 von Hitler zurückgerufen und im Jan. 1931 zum Stabschef der SA ernannt, baute R. die SA zu einer Bürgerkriegsarmee in Millionenstärke aus. Seine Bemühungen nach der nat.-soz. Machtübernahme im Jan. 1933, die Bedeutung der SA aus der ›Kampfzeit‹ zu erhalten und sie als unabhängiges Machtinstrument der Eingliederung in das Herrschaftssystem zu entziehen, führten ihn (ab Dez. 1933 Reichs-Min. ohne Geschäftsbereich) in wachsenden Ggs. zu Hitler. Während dieser im Juli 1933 ein Ende der ›nat.-soz. Revolution‹ verkündete und sich die Loyalität der Reichswehr sichern wollte, proklamierte R. eine ›zweite (soziale) Revolution‹ und die Bildung eines nat.-soz. Volksheeres unter Führung der SA. Im Zuge des →Röhm-Putsches wurde R., der einzige selbständige Rivale Hitlers, am 30. 6. 1934 verhaftet und einen Tag später erschossen.

J.-C. Favez: Hitler et la Reichswehr en 1923, in: Revue d'Histoire Moderne et Contemporaine, Jg. 17 (Paris 1970); D. Jablonsky: R. u. Hitler. The continuity of political-military discord, in: Journal of Contemporary History, Jg. 23 (London 1988); C. Fischer: E. J. R. - Stabschef der SA u. unentbehrl. Außenseiter, in: Die braune Elite, hg. v. R. Smelser u. a. (1989); P. Longerich: Die braunen Bataillone. Gesch. der SA (1989).

Éric Rohmer

**Rohmer** [rɔˈmɛːr], Éric, eigtl. **Maurice Schérer** [ʃeˈrɛr], frz. Filmkritiker und -regisseur, * Tulle 21. 3. 1920; Mitarbeiter und zeitweise Leiter der ›Cahiers du Cinéma‹; seit 1950 Regisseur und Autor von Filmen, die auf einen dramat. Handlungsverlauf verzichten; im Vordergrund steht die sensible Beschreibung von Seelenzuständen. 1962–72 entstand der Spielfilmzyklus der ›6 moral. Geschichten‹, u. a. ›Die Sammlerin‹ (1967), ›Meine Nacht bei Maud‹ (1969), ›Claires Knie‹ (1970), ›Die Liebe am Nachmittag‹ (1972). In den 80er Jahren folgte der Zyklus ›Komödien und Sprichwörter‹: ›Die Frau des Fliegers‹ (1981), ›Die schöne Hochzeit‹ (1982), ›Pauline am Strand‹ (1982), ›Vollmondnächte‹ (1984), ›Das grüne Leuchten‹ (1985), ›Der Freund meiner Freundin‹ (1987). Vom geplanten Zyklus über die vier Jahreszeiten kam 1990 der Film ›Frühlingserzählung‹ heraus; gefolgt von ›Conte d'hiver‹ (1992). 1988 erschien sein Bühnenstück ›Le trio en mi bémol‹ (dt. ›Das Trio in Es-Dur‹), das R. im selben Jahr inszenierte.

**Weitere Filme:** Im Zeichen des Löwen (1959); Die Marquise von O... (1975); Perceval le Gallois (1978); Vier Abenteuer von Reinette u. Mirabelle (1986).

M. Vidal: Les contes moraux d'É. R. (Paris 1977); T. Petz: Verlust der Liebe. Der Filmemacher É. R. (1981).

**Röhm-Putsch,** nat.-soz. Bez. für eine angebl. Verschwörung der →SA unter E. Röhm, die zum Vorwand genommen wurde, um zunächst die SA-Führung unter Mithilfe der Reichswehr in einer von Hitler persönlich geleiteten und von →SS und →Gestapo organisierten dreitägigen Mordaktion ab dem 30. 6. 1934 zu beseitigen. Ziel war es, den Störfaktor SA auszuschalten, Hitlers Macht zu festigen, der konservativen Forderung nach einem Ende der ›nat. Revolution‹ nachzukommen und die Reichswehr von der Sorge vor einem Konkurrenten zu befreien. Von Reichswehr (W. von Blomberg, W. von Reichenau, W. von Fritsch, L. Beck) und innerparteil. Gegnern Röhms (H. Göring, H. Himmler, R. Heydrich, R. Hess, W. Frick) in seiner Kritik an der SA bestärkt, entschloß sich Hitler spätestens ab Frühjahr 1934 zum Vorgehen gegen Röhm, dem Verrat und Homosexualität vorgeworfen wurden. Die Verhaftung und Erschießung des SA-Führer anläßlich einer Tagung in Bad Wiessee wurden genutzt, um auch konservative Gegner und sonstige mißliebige Personen (u. a. E. Jung, G. von Kahr, E. K. Klausener, K. von Schleicher, G. Strasser) umbringen zu lassen. Durch Ges. vom 3. 7. 1934 wurden die Mordtaten, denen nach Schätzungen mindestens 100 Personen zum Opfer fielen und die u. a. von F. von Papen, Blomberg und Carl Schmitt (›Der Führer schützt das Recht‹) gutgeheißen wurden, von der Reichs-Reg. als ›Staatsnotwehr‹ legalisiert.

H. Mau: Die zweite Revolution – Der 30. Juni 1934, in: Vjh. für Zeitgesch., Jg. 1 (1953), H. 2; H. Krausnick: Der 30. Juni 1934. Bedeutung, Hintergründe, Verlauf, in: Aus Politik u. Zeitgesch., Jg. 4 (1954); K.-M. Grass: Edgar Jung, Papenkreis u. Röhmkrise 1933/34 (Diss. Heidelberg 1967); Klaus-J. Müller: Reichswehr u. ›Röhm-Affäre‹, in: Militärgeschichtl. Mitt. (1968), H. 1; C. Bloch: Die SA u. die Krise des NS-Regimes 1934 (1970); M. Gallo: La nuit des longs couteaux. 30 juin 1934 (Paris 1970); H. Höhne: Mordsache Röhm. Hitlers Durchbruch zur Alleinherrschaft 1933–1934 (1984).

**Roh|öl,** →Erdöl.

**Rohr** [ahd. ror ›(Schilf)rohr‹, ›Schilf‹], **1)** *Botanik:* Bez. für versch. Pflanzen mit auffällig langen Halmen bzw. Sprossen, z. B. Rohrkolben, Schilfrohr.

**2)** *Technik:* **Röhre,** Hohlkörper von vorwiegend rundem Querschnitt aus Metall, Steinzeug, Ton, Zement, Glas, Kautschuk, Kunststoff u. a. zur Fortleitung von Flüssigkeiten, Dämpfen, Gasen, Phasengemischen; Stahl-R. dient auch als Konstruktionselement.

*Herstellungsverfahren für Stahl-R.:* **Schlitz-R.** biegt man maschinell aus Blech und verbindet die Naht durch Falzen, Nieten oder Heftschweißen. **Geschweißte R.** werden aus rechteckigen Blechtafeln gerollt, gebogen oder gepreßt. Man stellt sie aus Bandstahl her, der auf R.-Schweißwerken kontinuierlich mit gerader (**Längsnaht-R.**) oder schraubenförmiger Fuge (**Spiral-R.**) geformt wird. **Nahtlose R.** stellt man her durch Gießen in Formen mit Kernen oder nach dem Schleudergußverfahren, durch Lochpressen eines erhitzten Blockes, Ausbohren zylindr. Werkstücke

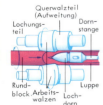

**Rohr 2):** Lochen eines Rundblocks im Zweiwalzenschrägwalzwerk

bei dickwandigen R., Schmieden eines gelochten Blockes auf der Dornstange, Ziehen auf der Stoßbank oder auf der Ziehbank, Pressen oder Spritzen, elektrolyt. Abscheidung oder durch Walzen nach versch. Verfahren: Beim **Schrägwalzverfahren (Mannesmann-Verfahren)** wird der erwärmte Rundblock (Rundknüppel) zw. zwei oder drei schräg nebeneinanderliegenden, doppelkegligen (kon.), im gleichen Drehsinn umlaufenden Walzen in axialer Richtung schraubenförmig bewegt. Durch die Kombination von Zugspannungen in der Blockachse und Walzdruck bildet sich ein Hohlraum parallel zur Blockachse, der durch einen an einer Stange befestigten Dorn erweitert wird. Das **Stiefel-Kegelwalzwerk** hat zwei stumpfkeglige Walzen, der **Stiefel-Scheibenapparat** stumpfkeglige Scheiben, die in dem selben Drehsinn und parallel zueinander laufen. Das **Aufweitewalzwerk** mit zwei kegelförmigen Scheiben dient zum Aufweiten oder auch zum Glätten von R. Im **Stopfenwalzwerk (Stiefelgerüst, Stopfenstraße)** wird die R.-Luppe über den stopfenförmigen Kopf einer Dornstange ausgewalzt. Das Walzgerüst besteht aus in der Höhe anstellbaren Walzen, in die mehrere gleiche Kaliber eingeschnitten sind. Ausgewalzt wird auf einem Kaliber in zwei Stichen, wobei der Rücklauf ohne Stopfen erfolgt. Beim älteren **Schwedenwalzwerk** erfolgt das Auswalzen in zwei Duo-Walzgerüsten über mehrere gestufte Kaliber in fünf bis acht Stichen. Bei der Herstellung nahtloser R. im **kontinuierlichen R.-Walzwerk** durchläuft

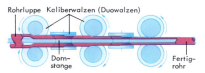

**Rohr 2):** Kontinuierliches Rohrwalzwerk

die zu walzende R.-Luppe zus. mit einer Dornstange bis zu neun Walzgerüste mit abnehmenden Kalibern. Beim **Stoßbankverfahren** wird ein Hohlblock mit einer Dornstange durch mehrere engerwerdende Stoßringe gedrückt und zum R. gestreckt. Im **Reduzierwalzwerk** werden erwärmte R. ohne Innenwerkzeug auf kleinere Durchmessern gebracht. Im **Maßwalzwerk** wird dem R. nur ein genauer Außendurchmesser gegeben. Das **Pilgerschrittwalzwerk** bearbeitet die warme R.-Luppe mit Walzen, die über mehr als die Hälfte des Walzenumfangs konisch kalibriert sind. Sobald das Kalibermaul die Luppe gefaßt hat, wird sie unter Strecken ausgewalzt und mit dem Dorn vorgeschoben. Dreht sich der kleinere Walzendurchmesser über die Luppe, dann wird die Luppe um 90° gedreht und mit dem Dorn wieder zur Walze zurückgeführt, die den nächsten Abschnitt erfaßt. Das **Loch- und Streckwalzwerk** ist eine Kombination des Schrägwalzwerkes und der Stopfenstraße. Im **Trommelwalzwerk** ist eine Aufweitung von R. möglich. Das **Roeckner-Walzwerk** dient zur Herstellung dickwandiger, langer R., z. B. für Hochdruckbehälter. Es ist ein radial arbeitendes Schrägwalzwerk und besteht aus mehreren diametral auf dem R.-Umfang angeordneten Walzenpaaren von versch. Kalibergröße.

*Herstellungsverfahren für R. aus anderen Materialien:* Kupfer, Messing: wie nahtlose Stahl-R.; Blei, Zinn: Pressen des flüssigen Metalls durch ein Mundstück, Blei-R. auch durch Strangpressen; Steinzeug: Pressen des plast. Tonteiges, Trocknen, Brennen und Glasieren; keram. Abfluß-R.: zusätzl. Sinterung zur Dichtung; Beton, Stahlbeton: Guß-, Stampf-, Rüttel- oder Schleuderverfahren, Holz- oder Stahlblechformen; Schamotte: Pressen des mit zerkleinerten, gebrannten Tonscherben gemischten Tonteiges; Glas:

→Glasrohre; Kunststoffe: R. aus Thermoplasten werden bis etwa 1 400 mm Durchmesser durch Extrudieren (Strangpressen) hergestellt, Groß-R. durch Schweißen aus gebogenen Platten, R. aus glasfaserverstärktem Polyester- und Epoxidharz im Wickelverfahren (Niederdruckpreßverfahren). Verbunden werden die R. untereinander und mit Fittings durch Kleben, Schweißen oder mit Klemmverbindern. Anwendungen für Kunststoff-R. sind z. B. Wasser-, Abwasser-, Drän-, Gas-, Elektroisolierleitungen, R.-Post.

*3) Waffenkunde:* Hauptteil von Feuerwaffen, in dem dem Geschoß durch die Pulvergase der Treibladung seine Bewegungsenergie erteilt wird. Die Züge im Inneren des R. geben dem Geschoß den Drall. R. waren früher aus gebohrtem, jetzt aus gezogenem Schmiedestahl. – Im militär. Sprachgebrauch verwendet man den Begriff für alle Feuerwaffen, bei Gewehren und Faustfeuerwaffen für Jagd und Sport spricht man meist von **Lauf,** ebenso bei Luftdruckwaffen.

**Rohr|abschneider,** Werkzeug mit einem oder mehreren gehärteten drehbaren Schneidrädchen und meist gegenüberliegenden Führungsrollen zum Abschneiden dünnerer Metallrohre von Hand.

**Rohracher,** Hubert, Psychologe, * Lienz 24. 4. 1903, † Kitzbühel 18. 12. 1972; seit 1943 Prof. für Psychologie in Wien. Er untersuchte mittels gehirnelektr. Methoden, ob die Muster abgeleiteter Gehirnströme Erlebnismustern entsprechen. Bei seinen Versuchen entdeckte er die Mikrovibration (mikroskopisch kleine Schwingungen an allen Stellen des menschl. Körpers). Bewußte Vorgänge und Zustände teilte er in psych. Funktionen (Wahrnehmung, Gedächtnis, Denken) und psych. Kräfte (Triebe, Interessen, Gefühle, Willenserlebnisse) ein.

**Rohr|ammer, Emberiza schoeniclus,** etwa buchfinkengroße Art der Ammern. Die Gefiederfärbung ist unscheinbar ›sperlingsähnlich‹, aber das Männchen hat im Brutkleid einen schwarzen Kopf und Vorderhals, mit denen ein weißl. Halsring und Bartstreif kontrastieren. Die R. lebt v. a. in Röhrichten großer Teile Eurasiens, wo sie niedrig über dem Boden brütet. Sie ist ein Teilzieher, dessen nördl. Populationen nach Nordafrika und Nordindien ziehen.

**Rohrbach,** Name von geographischen Objekten: 1) **Rohrbach,** Bez. in Oberösterreich, 828 km², (1991) 56 800 Ew.; umfaßt das westl. Mühlviertel. 2) **Rohrbach in Oberösterreich,** Bezirkshauptstadt im westl. Mühlviertel, Oberösterreich, 605 m ü. M., (1991) 2 200 Ew.; Herstellung von Leder- und Kunststoffwaren. – R., 1220 erstmals urkundlich erwähnt, wurde 1320 Markt. Nach Zerstörung durch die Hussiten 1427 wurde der Ort 1446 wieder aufgebaut. Seit 1987 Stadt.

**Rohrblatt,** Vorrichtung zur Tonerzeugung bei bestimmten Blasinstrumenten. Eine oder zwei →Zungen aus Schilfrohr (Arundo donax), heute gelegentlich auch aus Kunststoff, die am Instrument auf- oder zusammengebunden sind, werden durch den Blasstrom in Schwingungen versetzt. Man unterscheidet das einfache R. (die Zunge schlägt auf einen Rahmen auf, so bei Klarinette und Saxophon) und das doppelte R. (die Zungen schlagen gegeneinander, so bei Oboe und Fagott). **R.-Instrumente** mit kon. Röhre (z. B. Oboe) überblasen in die Oktave, mit zylindr. Röhre (z. B. Klarinette) in die Duodezime.

**Rohrbremse, Rohr|rücklaufbremse,** *Waffenkunde:* hydraul. Bremse, die als Teil der Rohrrücklaufeinrichtung bei Geschützlafetten die beim Schießen entstehende Rückstoßenergie aufnimmt und eine konstante oder veränderl. Rohrrücklauflänge gewährleistet; besteht aus Bremszylinder, Kolbenstange, Ventil und Rücklaufreglerstange.

**Röhrchenzähner, Röhrenzähner, Tubulidentata,** Ordnung der Huftiere mit der einzigen Fa-

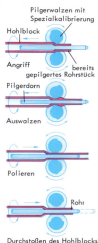

**Rohr 2):** Pilgerschrittwalzwerk

**Rohrabschneider**

**Rohrammer:** Männchen im Brutkleid (Größe 15 cm)

Röhrenglocken

Heinrich Rohrer

Rohrkolben: Breitblättriger Rohrkolben (Höhe 1–2,5 m)

milie →Erdferkel. Kennzeichnend sind die schmelz- und wurzellosen, stets wachsenden, säulenförmigen Zähne, die von feinen Röhren durchzogen sind.

**Röhre, 1)** *Elektronik:* →Elektronenröhre.
**2)** *Jägersprache:* Gang im Erdbau von Wild; dient dem Zugang zur Erdoberfläche und der Verbindung zw. den Kesseln.
**3)** *Technik:* →Rohr 2).

**Röhren** [ahd. rēren ›brüllen‹, ›blöken‹], **Rören,** *Jägersprache:* das Schreien des Rothirsches in der Brunftzeit.

**Röhren|alge, Vielröhren|alge, Polysiphonia,** artenreiche Rotalgengattung mit büscheligem Thallus. Große, vielkernige Zellen bilden ein Röhrenbündel, das von hochrot pigmentierten kleinen Zellen berindet ist; häufig im Sublitoral mäßig warmer Meere.

**Röhrenblüten,** die radiären, regelmäßig fünfzähligen Einzelblüten der →Korbblütler.

**Röhrenglocken,** ein im modernen Orchester verwendetes Schlaginstrument, zunächst (um 1885) als Glockenersatz gebaut. Es besteht aus Metallröhren versch. Länge, die in einem Rahmen aufgehängt sind und mit Hämmern angeschlagen werden.

**Röhrengrünalgen,** die →Schlauchalgen.

**Röhrenholztrommel, amerikanischer Holzblock,** ein Schlaginstrument, bestehend aus einem bis zu 30 cm langen, runden Hartholzstück, das an beiden Seiten verschieden tief ausgehöhlt und an den Enden mit Schlitzen versehen ist (auch aus zwei Teilen gefertigt). Das zweitönige, meist auf eine große Trommel montierte Instrument wird v. a. in der Tanzmusik verwendet.

**Röhrenläuse, Aphididae,** Familie der Blattläuse mit weit über 2 000 Arten, 2–3 mm lang, auf dem Rücken mit zwei, z. T. wachsausscheidenden Drüsenröhren; viele sind Pflanzenschädlinge, entweder durch Saugen von Pflanzensäften oder als Überträger pflanzl. Viruskrankheiten. Zu den R. gehören u. a. die graugrün bis schwarz gefärbte **Bohnenblattlaus** (Aphis fabae), die bes. an Bohnen und Rübenpflanzen saugt, die gelblichgrüne **Pfirsichblattlaus** (Myzus persicae), die zahlreiche virale Pflanzenkrankheiten überträgt, und die →Hopfenblattlaus.

**Röhrenmaul|artige Fische, Syngnathiformes,** Ordnung der Knochenfische mit rd. 200 Arten; das röhrenförmige Maul dient zum Einsaugen der Nahrung. Zwei Unterordnungen: Büschelkiemer und Pfeifenfische.

**Röhrenmäuler, Solenostomidae,** Familie der Büschelkiemer im Ind. Ozean mit fünf Arten (Länge bis 16 cm). Das Weibchen trägt die Eier in einer aus den Brustflossen gebildeten Tasche.

**Röhrennasen, Procellariiformes,** Ordnung der Vögel mit rd. 100 Arten von Schwalbengröße bis zu 122 cm Länge und 350 cm Spannweite. Sie sind u. a. durch die röhrenförmige Überwölbung der Nasenlöcher gekennzeichnet. R. sind reine Meeresvögel. Sie werden eingeteilt in die →Albatrosse, →Sturmvögel, →Sturmschwalben und →Tauchsturmvögel.

**Röhren|öfen,** Industrieöfen, bei denen Rohrsysteme in einem mit feuerfesten Materialien ausgekleideten Ofenraum installiert sind. Die kontinuierlich vom Einsatzmaterial durchströmten Rohre werden mit Gas- oder Heizölbrennern beheizt. In der Strahlungszone de R. wird die Wärme überwiegend durch direkte Flammenstrahlung, in der Konvektionszone durch Konvektion der heißen Rauchgase übertragen. Übliche Bauformen sind Rundöfen mit vertikaler und Kastenöfen mit horizontaler Rohranordnung. R. werden in Raffinerien und chem. Anlagen verwendet, um Flüssigkeiten oder Gase für die Destillation oder für chem. Reaktionen (z. B. Hydrotreating, Reformieren, Cracken) aufzuheizen.

**Röhrenschaler,** die →Grabfüßer.

**Röhrenspinnen, Eresidae,** Familie mit etwa 100 Arten Kräuselfäden webender Spinnen in Europa, Afrika und SW-Asien. Der gedrungene Körperbau ähnelt dem der Springspinnen. R. graben Erdröhren, die sie mit Seide austapezieren; dieses Gespinst setzt sich an der Röhrenmündung in einen Baldachin fort, von dessen Rändern Fangfäden ausstrahlen. In Europa lebt nur die 8–16 mm große Art **Eresus niger** (Männchen mit vier schwarzen Punkten auf dem leuchtend roten Hinterleib, Weibchen schwarz).

**Röhrenwürmer, Sedentaria,** künstl. Gruppe nicht mehr miteinander verwandter →Vielborster (Ringelwürmer), die in Sekretröhren oder festsitzend leben; zu den R. werden u. a. der Köderwurm und die Posthörnchenwürmer gezählt.

**Röhrenzähner,** die →Röhrchenzähner.

**Rohrer,** Heinrich, schweizer. Physiker, * Buchs (SG) 6. 6. 1933; seit 1963 Mitarbeiter am IBM-Forschungslaboratorium in Rüschlikon. R. entwickelte, ausgehend von Ideen R. YOUNGS, zus. mit G. BINNIG das Rastertunnelmikroskop (→Tunnelmikroskop), mit dem es 1981 erstmals gelang, Oberflächenstrukturen atomweise abzutasten. R. erhielt 1986 mit BINNIG und E. RUSKA den Nobelpreis für Physik.

**Rohrfeder,** ein aus Rohr geschnittenes Schreibgerät mit gespaltener Spitze, das schon im Altertum in Gebrauch war und bes. in neuerer Zeit auch zum Zeichnen Verwendung fand.

**Rohrflöte,** Bez. für Orgelregister mit oben verschlossenen Labialpfeifen, deren Deckel von einem Röhrchen durchdrungen wird (teilgedackte Pfeifen). Der Klang ist heller als bei ganz gedackten Pfeifen, es treten v. a. die Terz und Quint hervor.

**Röhrich,** Lutz, Germanist und Volkskundler, * Tübingen 9. 10. 1922; ab 1959 Prof. in Mainz, seit 1967 in Freiburg im Breisgau; Mitherausgeber der ›Enzyklopädie des Märchens‹ (1975 ff.). R. arbeitet v. a. auf den Gebieten der Erzähl-, Lied- und Sprichwortforschung (›Lexikon der sprichwörtl. Redensarten‹, 2 Bde., 1973; Neuausg. u. d. T. ›Das große Lexikon der sprichwörtl. Redensarten‹, auf 3 Bde. ber., 1991 ff.).

**Röhricht** [ahd. rōrahi ›Schilfdickicht‹], dichte Pflanzenbestände, die an Flachufern von Flüssen, Seen und Sümpfen am oder im Wasser stehen und vornehmlich von Schilfrohr und anderen hochwüchsigen Gräsern, aber auch von ähnlich aussehenden Gewächsen wie Rohrkolben, Seggen und Binsen aufgebaut werden und Verlandungsprozesse entscheidend mitbestimmen.

**Röhrichtwalze, Sumpfrasenwalze,** mit Maschendraht zusammengehaltener walzenförmiger Baukörper zur Fußsicherung eines Bachufers mit einem Kern aus Kies oder Schotter und einer Außenhaut aus wuchsfähigen Röhrichtballen.

**Rohr i. NB,** Gem. (Markt) im Kr. Kelheim, Niederbayern, 426 m ü. M., im N der Hallertau, (1991) 3 000 Ew. — R. erhielt 1348 Marktrechte. — Ehem. Augustinerchorherrenstift (1133 gegr., jetzt Benediktinerkloster). Die Kirche Mariä Himmelfahrt wurde 1717–22 von den Brüdern C. D. und E. Q. ASAM erbaut und hervorragend ausgestattet; der barocke Hochaltar (1723) stellt in einer bühnenartig arrangierten plast. Gruppe die Himmelfahrt Mariens dar.

**Rohrkäfer,** die →Schilfkäfer.

**Rohrkatze, Sumpf|luchs, Felis chaus,** bis 75 cm lange, mit Schwanz 1,1 m Länge erreichende Kleinkatze in dicht bewachsenen Landschaften Ägyptens, Vorderasiens und Südasiens; mit dunkler Querstreifung auf gelbgrauem bis rotbraunem Grund und kurzen Haarpinseln an den Ohrspitzen.

**Rohrkolben, Typha,** einzige Gattung der zu den Einkeimblättrigen gehörenden R.-Gewächse (Typhaceae) mit etwa zehn weltweit verbreiteten Arten; ausdauernde Sumpfpflanzen mit einhäusig verteilten, vom Wind bestäubten Blüten. Bekannte einheim. Arten sind der **Breitblättrige R.** (Typha latifolia; mit 1–2,5 m hohem Sproß, 10–20 mm breiten Blättern, 2–3 cm dicken Kolben und dicht auf dem weibl. Blütenstand aufsitzendem männl. Blütenstand, dem ›Kolben‹) und der **Schmalblättrige R.** (Typha angustifolia; 1–1,5 m hoch; der weibl. Blütenstand deutlich vom männl. getrennt; Blätter bis 10 mm breit; Kolben rotbraun; oft bestandbildend in Sümpfen, Teichen und an Flußufern). Diese und weitere Arten sind beliebte Zierpflanzen für Parkanlagen und Gartenteiche. – Die jungen Sprosse und stärkereichen Wurzelstöcke einiger Arten werden als Nahrungsmittel verwendet und z. B. in China kultiviert.

**Rohrkolbenhirse,** die → Negerhirse.

**Rohrkrepierer,** *Waffenkunde:* im Geschützrohr zerspringendes Geschoß. Ursachen: mangelhafte Zünder oder Geschoßhülle, Überhitzung oder Verschmutzung des Rohres.

**Rohrleger,** Spezialschiff zum Verlegen von Unterwasser-Rohrleitungen u. a. für Erdöl und Erdgas.

**Rohrleitung, Rohrnetz,** aus Rohren zusammengesetztes Verästelungs- oder Ringsystem. In R. werden Flüssigkeiten, Dämpfe und Gase, aber auch feste Güter (Getreide, Kohle, Erz, Beton, Späne) und Gegenstände (Rohrpostbüchsen) transportiert und elektr. Leitungen verlegt. Bei der Auswahl der Rohre sind Werkstoff, Nenndruck, Nennweite (innerer Durchmesser in mm) und Wanddicke zu berücksichtigen. Rohrwerkstoffe sind versch. Stähle, Gußeisen, Kupfer, Aluminium, Kunststoffe (Polyvinylchlorid, Polyäthylen, Faserzement). R. für Flüssigkeiten werden an höheren Stellen entlüftet, R. für Dämpfe und Gase an tieferen Stellen entwässert. Prüf- und Reinigungsschächte sind bei Abwasser-R. und Kontroll- und Montagestellen bei elektr. Leitungen werden oft an Knotenpunkten ausgeführt. R. für Flüssigkeiten müssen frostfrei verlegt, Temperaturdehnungen müssen durch Vorspannung entgegen der Wärmedehnung oder besondere Bauelemente (Rohrschleifen, Dehnbogen, Kompensatoren, Kardangelenk-Rohrstücke oder Stopfbuchsen) aufgenommen werden. Soll die Abkühlung des transportierten Stoffes vermieden werden, kann eine um die Rohre gewickelte Heizleitung angebracht werden. Wasser zum Feuerlöschen und Straßenreinigen wird aus den städtischen R. durch Hydranten entnommen. Lösbare Rohrverbindungen werden als Flansche, Muffen oder Gewinde, unlösbare Verbindungen durch Löten oder Schweißen hergestellt. Die verschiedenartigen Verbindungsstücke von R. sind → Fittings. Kunststoffrohre können außerdem mit Klebeverbindungen verlegt werden. Die Isolation von R. erfolgt mit Glas- oder Steinwolle, Kieselgur, künstlichen Schaumstoffen (Polyurethan, Schaumglas, Polystyrol) und zusätzl. Verkleidung mit PVC-Schalen oder verzinkten Feinblechen. R. unter Wasser erhalten einen armierten Betonmantel und müssen im Küstenbereich mindestens 1 m tief eingeschlämmt werden. Als Absperr- und Regelorgane dienen Armaturen (Rohrschalter), die einen Strömungsweg dicht absperren, aber eine stoßartige Belastung der R. beim Schließen vermeiden, und Stellglieder, die den Volumenstrom in Abhängigkeit von einer zweiten Größe (z. B. Druck, Wasserstand) steuern. Zu den Rohrschaltern zählen Ventile, Schieber, Klappen und Hähne (Drehschieber). → Pipeline.

Der Verwendungszweck einer R. soll nach DIN durch einen Farbanstrich kenntlich gemacht werden:

| | | | |
|---|---|---|---|
| grün | für Wasser, | blau | für Luft, |
| braun | für brennbare Flüssigkeiten, | gelb | für Gas, |
| rot | für Dampf, | grau | für Vakuum, |
| orange | für Säuren, | violett | für Laugen. |

**Rohrleitungsbauer,** ein → Bauwirtschaftsberuf.

**Röhrlinge, Röhrenpilze, Boletales,** Ordnung der Ständerpilze, zu der heute aufgrund mikromorpholog. und chem. Merkmale auch einige wenige Lamellenpilze (u. a. Kremplinge, Kuhmaul, Hausschwamm) gerechnet werden; mit etwa 50 in Dtl. heim. Arten; meist große, dickfleischige Hutpilze, auf deren Hutunterseite sich eine leicht vom Hutfleisch ablösende Röhrenschicht mit der Fruchtschicht befindet. Die meisten R. sind gute Speisepilze (Steinpilz), wenige sind ungenießbar (Gallen-R.) oder giftig (Satanspilz). Charakteristisch ist bei vielen R. die Blaufärbung des Fruchtfleisches nach Verletzung. Für viele Arten ist eine → Mykorrhiza nachgewiesen.

**Rohrmeisen, Papageischnäbel, Paradoxornithinae,** Unterfamilie der → Timalien mit 19 meisen- bis drosselgroßen Arten in Eurasien. R. leben in dichter Vegetation, häufig in Schilf- oder Bambuswäldern. In Dtl. brütet vereinzelt die → Bartmeise.

**Rohrmühle,** Zerkleinerungsmaschine für Erze, Kohle, Düngemittel u. a. in nasser und trockener Mahlweise; die R. besteht im Unterschied zur sonst ähnl. → Kugelmühle aus einer langen zylindr. Mahltrommel, in der sich die Mahlkörper befinden.

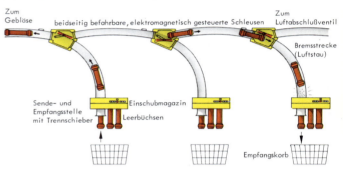

**Rohrpost:** Schematische Darstellung des Fördervorgangs

**Rohrpost,** Art der pneumat. Förderung für zylindr. Behälter, in denen Kleinteile (Schriftstücke, Akten, Medikamente u. ä.) in einem R.-Netz zw. Sender- und Empfangsstationen transportiert werden. Die R.-Büchsen werden an den Sendestellen mit einer Zieladresse versehen (durch Kontakt- und Zahlenringe) und über die Sendeeinrichtung in die Fahrrohre eingebracht. Die R.-Büchsen werden in den Fahrrohren (Durchmesser zw. 2,5 bis 12,5 cm, bei ovalen Querschnitten noch größer) mit Geschwindigkeiten zw. 5 und 15 m/s (in seltenen Fällen noch schneller) zu den Empfangsstationen befördert und dort automatisch ausgeschleust. Die Büchsen haben Gleitflächen aus Filz oder Leder bzw. Laufräder und werden meist im Saugluftbetrieb (seltener auch im Druckluftbetrieb) befördert. Sind viele Stationen vorhanden, wird die Anlage in mehrere Rohrkreise aufgeteilt, in denen die Büchsen über Weichen und Steuerungen auch im wahlweisen gleichzeitigen Betrieb zw. mehreren Stationen laufen können. R.-Anlagen werden bes. in Dienstleistungs- oder Verwaltungsbetrieben zur Versorgung von gekoppelten Dienststellen eingesetzt.

**Rohr|ratten, Thryonomyidae,** Familie der Nagetiere mit zwei etwa hasengroßen Arten, der **Großen R.** (Thryonomys swinderianus) und der **Kleinen R.** (Thryonomys gregorianus), die in Afrika südlich der Sahara beheimatet sind. R. sind v. a. nachtaktiv, laufen und schwimmen gut und leben oft in Familientrupps. Sie werden sowohl als Schädlinge in Mais- und Zuckerrohrfeldern als auch wegen ihres Flei-

**Rohrratten:** Große Rohrratte (Kopf-Rumpf-Länge 43–58 cm, Schwanzlänge 17–26 cm)

**Rohr**  Rohrreinigungsmittel – Rohstoffe

sches verfolgt. In neuerer Zeit versucht man in manchen Gegenden, R. als Fleischtiere zu halten.

**Rohr|reinigungsmittel,** chem. Mittel zur Beseitigung von Verstopfungen in Abwasserrohrleitungen. Sie bestehen meist aus stark alkal. Substanzen wie Ätznatron oder wasserfreier Soda, die die Verstopfungen aufweichen, z. T. auch lösen. Andere R. bestehen aus stark sauren Substanzen wie Sulfaminsäure, die v. a. kalkhaltige Ablagerungen auflösen.

**Rohr|rücklaufbremse,** die →Rohrbremse.

**Rohrsänger, Acrocephalus,** den →Grasmücken zugeordnete Gattung bis 20 cm langer, unauffällig gefärbter, geschickt kletternder Singvögel mit 18 Arten in Eurasien und Polynesien. R. bauen häufig napfförmige Nester, die an Schilfhalmen befestigen; Zugvögel, die bis ins südl. Afrika ziehen.

Bekannt sind: **Drossel-R.** (Acrocephalus arundinaceus; Größe 20 cm) in Schilfbeständen Europas, Kleinasiens und NW-Afrikas; mit rötlichbrauner Oberseite und hellem Überaugenstreif, Unterseite bräunlichweiß; **Schilf-R.** (Acrocephalus schoenobaenus; Größe 12 cm) v. a. an schilf- und gebüschreichen Ufern Eurasiens; oberseits mit dunklen Längsstreifen auf bräunl. Grund; weißl. Überaugenstreif, gelblichweiße Unterseite; beide Arten sind selten geworden. **Teich-R.** (Acrocephalus scirpaceus; Größe 13 cm); oberseits braun, unterseits weißlich; im Schilfgürtel und im Ufergebüsch NW-Afrikas, Europas und SW-Asiens; **Sumpf-R.** (**Getreide-R.,** Acrocephalus palustris; Größe 13 cm); oberseits braun, unterseits gelblichweiß; v. a. in Gebüschen und in Getreidefeldern der nördl. und südl. Regionen Europas; Nest napfförmig, meist in dichter Krautschicht (z. B. Brennesseln); **Seggen-R.** (Acrocephalus paludicola; Größe 13 cm); oberseits auf bräunl. Grund schwarz gezeichnet, unterseits heller; v. a. in Schilf- und Seggenbeständen der gemäßigten und südl. Regionen Europas. – Der in Rußland und Asien beheimatete **Feld-R.** (Acrocephalus agricola) und der in Schilfbeständen S-Europas nistende **Tamariskensänger** (**Mariskensänger,** Acrocephalus melanopogon) sind gelegentl. Irrgäste in Mitteleuropa.

**Rohrströmung,** Bez. für eine durch einen Druckunterschied oder eine Volumenkraft (z. B. Schwerkraft) erzwungene Strömung einer Flüssigkeit oder eines Gases durch eine Rohrleitung. Man unterscheidet zw. inkompressibler (laminarer oder turbulenter) und kompressibler R. Die praktisch wichtigste Art ist die stationäre laminare Strömung einer Newtonschen Flüssigkeit durch ein gerades Rohr mit kreisförmigen Querschnitt (→Hagen-Poiseuille-Gesetz).

**Rohrturbine,** eine →Wasserturbine der Kaplan- oder der Propellerbauart mit in gleicher Achsrichtung liegender Zu- und Abströmung bei horizontaler oder leicht geneigter Welle.

**Rohrvorholer,** *Waffenkunde:* Teil der Rohrrücklaufeinrichtung bei Geschützlafetten; arbeitet nach hydropneumat. oder nach dem Federprinzip.

**Rohrweihe,** ein Greifvogel (→Weihen).

**Rohrwerk,** Bez. für die Gesamtheit der Zungenstimmen einer Orgel.

**Rohrwiege,** *Waffenkunde:* Teil der Geschützlafette, →Lafette.

**Rohrziehen,** Herstellung von Rohren durch Kaltformung aus (durch Walzen u. a. Verfahren erzeugten) dickeren Rohren mittels versch. Ziehverfahren. Beim einfachen **Ziehen durch eine Düse** wird das Rohr unter Wirkung des Längszuges und in Umfangsrichtung auftretenden Drucks im Durchmesser vermindert, während die Wandstärke nahezu unverändert bleibt. Beim Aufweiten durch **Ziehen über einen konischen Stopfen** nach Wandstärke in dem Maße verringert, wie sich der Rohrumfang vergrößert. Beim **Ziehen mit laufender Dornstange** oder **feststehendem Stopfen** wird die Wandstärke entsprechend dem zw. Düse und Dorn bzw. Stopfen vorhandenen Spalt verkleinert, während der innere Rohrdurchmesser nur geringfügig vermindert wird. (→Rohr 2)

**Rohrzucker,** aus Zuckerrohr gewonnener →Zucker. (→Saccharose)

**Rohseide,** *Textilwesen:* 1) gehaspeltes, noch nicht entbastetes Seidengarn (Grège); 2) Gewebe aus unentbasteter Seide (Bastseide).

**Rohsprit,** →Branntwein.

**Rohstoff|abkommen,** ein wirtschaftspolit. Instrument, das auf die Stabilisierung der Exporterlöse von Entwicklungsländern zielt. Die häufig vom Export eines oder weniger Rohstoffe stark abhängigen Entwicklungsländer wollen sich durch R. sowohl vor kurzfristigen Preisschwankungen als auch vor langfristigem Preisverfall schützen. R. werden v. a. im Zusammenhang mit insbesondere von der UNCTAD angestellten Überlegungen um eine Neue Weltwirtschaftsordnung diskutiert; neben Rohstoffkartellen und einer Rostoffpreisindexierung stellen R. ein weiteres Instrument der (internat.) Rohstoffpolitik dar. R. sollen die Preise über Mengenreaktionen stabilisieren, indem bei steigenden Preisen zusätzl. Mengen zum Verkauf angeboten werden bzw. bei fallenden Preisen Rohstoffe aufgekauft werden. Das setzt allerdings auch voraus, daß sich die am R. beteiligten Produzenten- und Verbraucherländer auf Preisober- und -untergrenzen einigen, ab denen Marktinterventionen erfolgen. Die bekanntesten Typen von R. sind →Bufferstocks und Quotenverfahren. Bei letzteren wird eine globale Exportquote auf die am R. beteiligten Exportländer aufgeteilt.

Aufgrund der Erfahrungen mit einzelnen R., z. B. für Getreide, Zucker, Kaffee oder Kakao, die das Ziel der Preisstabilisierung nicht erreichen konnten, gelten R. nach herrschender Meinung nicht als ein taugl. Mittel der Rohstoffpolitik. Als Gründe werden angeführt: R. haben eine zu geringe Anwendungsbreite; fehlende Sanktionsmöglichkeiten erleichtern konterkarierendes Verhalten der Vertragspartner; strukturelle Ungleichgewichte mit tendenziellen Preisschwankungen erfordern eine Strategie der langfristigen Interventionen; zyklische und spekulative Mengenbewegungen führen kurzfristig zu extremen Preisbewegungen.

Der **Gemeinsame Rohstoff-Fonds** (Internat. Rohstoff-Fonds) ist die Kombination eines gemeinsamen R. für insgesamt 18 ausgewählte Rohstoffe (außer Erdöl), deren Anteil an den Gesamtexporten der Entwicklungsländer rd. 60% beträgt. Seine Mittel sollen sowohl für Bufferstocks als auch für die industrielle Entwicklung, die Verbesserung der Absatzbedingungen sowie für Forschung und Entwicklung auf seiten der Exportländer verwendet werden. Die über Pflichtbeiträge durch die Mitgliedsländer zu erbringenden Mittel (750 Mio. $) sollen einerseits für Bufferstocks (400 Mio. $) andererseits für Strukturverbesserungen (350 $) verwendet werden.

**Rohstoffe,** allg. Bez. für diejenigen Bestandteile der belebten und unbelebten Natur, die von Menschen unter jeweils spezifischen, raum-zeitl. Bedingungen gezielt angeeignet und genutzt werden. Als Synonym für R. wird heute auch die Bez. **(natürliche) Ressourcen** verwendet. Häufig werden speziell die im Wirtschaftssektor Urproduktion (Bergbau, Land- und Forstwirtschaft, Fischerei) gewonnenen Güter als R. bezeichnet. Im betriebswirtschaftl. Sinne sind R. die Ausgangsmaterialien, die im Fertigungsprozeß in die Zwischen- und Endprodukte eingehen oder als Hilfsstoffe verbraucht werden. Meist wird zw. regenerierbaren oder organ. R.

**Rohrsänger:**
OBEN Teichrohrsänger (Größe 13 cm);
UNTEN Schilfrohrsänger (Größe 12 cm)

**Schlüsselbegriff**

einerseits (z. B. Getreide, Holz) und nichtregenerierbaren R., d. h. den mineral. Urstoffen oder mineral. R., andererseits unterschieden. Für letztere war früher auch die Bez. Bodenschätze üblich. Eine andere Systematik unterscheidet Energie-R. und nichtenerget. R.: Erstere werden durch Nutzung (Antrieb, Wärmeerzeugung, Beleuchtung) letztlich in Wärme (z. B. Abwärme) und unerwünschte (Schad-)Stoffe umgewandelt; letztere sind in veränderter Konzentration und/oder chem. Zusammensetzung nach ihrer Nutzung noch verfügbar und damit grundsätzlich, aber nur zu einem gewissen Teil durch → Recycling wiederzugewinnen.

R. sind aus geologisch-mineralog. oder klimat. Gründen ungleichmäßig über die Erde verteilt. Je nach Entstehungsmechanismus (z. B. in Sedimenten oder vulkan. Gestein) oder nach Wachstumsanforderungen an natürl. Umweltbedingungen (Temperatur, Bodenqualität) ergeben sich bes. vorteilhafte natürl. Standorte für Abbau oder Ernte.

### Reserven und Ressourcenbasis

Ob eine Substanz als R. von Interesse ist, hängt von ihrer Nützlichkeit in Produktions- oder Konsumprozessen sowie von den Möglichkeiten ihrer Gewinnung ab. War z. B. die bis 1709 nahe der Erdoberfläche erreichbare Steinkohle in Wales lediglich der Brennstoff für arme Leute, so wurde mit der Entwicklung der Eisenerzverhüttung auf Steinkohlenbasis die Kohle zu einem weltwirtschaftlich wertvollen R. Ähnliches gilt für Erdöl, das mit der Entwicklung des Benzin- und Dieselmotors Ende des 19. Jh. einen großen Anwendungsbereich gewann, urspr. jedoch nur als Leuchtmittel Petroleum bedeutsam war. Uran wurde bis zur Entdeckung der Kernspaltung lediglich als Farbzusatz für Glasuren verwendet und ist heute der Energie-R. in Kernkraftwerken.

Die Größe eines Vorrats von nichterneuerbaren R. kann nur geschätzt werden. Als **R.-Reserven** bezeichnet man die mit heutigen Techniken und R.-Preisen wirtschaftlich gewinnbaren Vorräte. Die R.-Reserven hängen sowohl von der techn. Entwicklung bei Exploration und Förderung ab (Kosten der Reservenvergrößerung) als auch von der Menge der bereits bekannten Reserven in Relation zur laufenden oder prognostizierten Nachfrage, die den erwarteten Nutzen der Reservenvergrößerung heute bestimmt. Wenn die Mengengröße der Reserven eines R. durch dessen durchschnittl. Jahresverbrauch geteilt wird, erhält man dessen statische Reichweite. Für ein einzelnes Fördergebiet kann diese ein Indikator für eine kommende Erschöpfung sein, für die Erde als Ganzes spiegelt sie jedoch nicht eine bevorstehende Erschöpfung im phys. Sinne wider, sondern eher die Strategien der R.-Unternehmen oder R.-Anbieterländer. Die stat. Reichweite der Rohölreserven betrug (1982) 32,7 Jahre, 1989 dagegen durch Neubewertung von Feldern und einige Neuentdeckungen 44,4 Jahre, obwohl in diesen sieben Jahren rd. 22 % der 1982 bekannten Menge gefördert worden waren.

### Rechtliche Aspekte

Eigentumsrechte an einem R.-Bestand können in einer Volkswirtschaft auf unterschiedl. Weise begründet sein. Für R. in der Erdkruste wie Steine und Erden sind sie in den nat. Bergrechten geregelt. Bei R. in festem Aggregatzustand ist die Durchsetzung von Eigentumsrechten bei den heutigen Techniken relativ einfach. Schwieriger durchzusetzen sind Bestandseigentumsrechte für flüssige oder gasförmige R. in Lagerstätten, die miteinander in Verbindung stehen: Durch schnelleres Abpumpen in einem Förderfeld kann für eine Gesellschaft zu Lasten benachbarter Felder ein Vorteil gewonnen werden, was insgesamt zu einem zu schnellen R.-Abbau führt. Bei landwirtschaftlich erzeugten Beständen oder bei Teich- oder Forstwirtschaft gelten die üblichen zivilrechtl. Eigentumsregeln.

Problematischer ist die Regelung von Eigentumsrechten am Bestand wildlebender Tiere oder Pflanzen in allg. zugänglichen Bereichen der Natur (Meere, Luft, grenzüberschreitende Flüsse). I. d. R. gibt es jedoch ein Eigentumsrecht für denjenigen, der sich einen Teil des Bestands mit Hilfe eines Fang- oder Erntegerätes angeeignet hat. Eine Übernutzung oder sogar Ausrottung einer Art von Lebewesen kann dann erfolgen, wenn aus der Sicht der einzelnen Nutzer kein Anreiz für eine Bestandsschonung oder -bewirtschaftung besteht, weil die Aneignung des künftigen Vorteils bei einer schonenden Nutzung für den einzelnen ohne Eigentum am Bestand nicht gewährleistet ist. In den zuletzt genannten Fällen versuchen der Staat oder internationale Vereinbarungen, den freien Zugriff auf die Bestände durch Reglementierungen einzuschränken. Fischfangquoten, Fangtechnikbeschränkungen oder die Einrichtung von Fischereizonen sind die aus der Meeresfischerei bekannten Formen solcher Regelungen. Umstritten sind derzeit die rechtl. Zugriffsregelungen für solche R., die auf extraterritorialem Gebiet vorkommen, für die aber grundsätzlich Eigentumsrechte definierbar wären. So hat die Internationale Seerechtskonferenz die Frage der Bewirtschaftung des Meeresbodens einer Behörde der UNO, der ›Authority‹, übertragen. Durch das 1991 verabschiedete Zusatzprotokoll zum Antarktisvertrag (Umweltschutzprotokoll) wird der Abbau von Bodenschätzen in der Antarktis für 50 Jahre untersagt.

### Wirtschaftliche Aspekte

Da die Nachfrage nach R. häufig aus rohstoffarmen Industrieländern kommt, nehmen R. auch heute noch einen wichtigen Anteil am Welthandel ein. Wertmäßig am bedeutendsten sind dabei die Energie-R. Erdöl, Erdgas und Steinkohle, die Ende der 1980er Jahre einen Anteil am Welthandel von über 10 % hatten. Bei den 1980 gegenüber 1989 deutlich höheren Energiepreisen lag ihr Anteil sogar bei 24 %. Auch der Außenhandel mit Nahrungsmitteln liegt in einer Größenordnung von knapp 10 % des Welthandels.

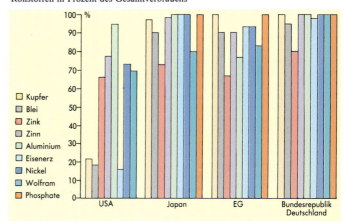

**Rohstoffe:** Internationale Importabhängigkeit bei wichtigen Rohstoffen in Prozent des Gesamtverbrauchs

Vielfach erfolgt die Weiterverarbeitung von R. nicht in den Förder- oder Anbauländern, was einerseits an techn. Vorteilen der Weiterverarbeitung in den Abnehmerländern und andererseits an handelspolit. Beschränkungen seitens der Industriestaaten liegt. In einigen Bereichen, z. B. beim Mineralöl, errichten die Förderländer inzwischen eine eigene Verarbeitungsindustrie (Raffinerien, Petrochemie). Die Preisbildung für R. aus begrenzten Beständen erfolgt nach speziellen Gesetzmäßigkeiten: Aufgrund der natürl. Unvermehrbarkeit oder der Standortvorteile bestimmter Lagerstätten sind diese R. ›an sich‹ bereits wertvoll, d. h., der Preis muß zusätzlich zu den Förder- und Transportkosten diesen natürl. Knappheitswert (Rente) widerspiegeln. Analog ist etwa der Wert eines Heringsschwarms nicht nur vom heutigen Konsum abhängig, sondern auch vom künftigen Nachwachspotential für Heringe, um die Nachhaltigkeit der Nutzung zu gewährleisten.

Wenn der Preis für R. eine Komponente enthält, die allein auf die natürl. Unvermehrbarkeit zurückzuführen ist (Rente), besteht seit jeher ein staatl. Interesse an der weitgehenden Abschöpfung solcher Renten durch eine R.-Besteuerung. In Dtl. werden solche R.-Steuern als Förderabgabe der Bundesländer v. a. auf Erdgas und Erdöl erhoben, in Abhängigkeit von Förderkosten und aktuellem Marktpreis. Grundsätzlich kann auch die durch die R.-Förderung verursachte Umweltbelastung über Steuern belastet werden (Praxis in den USA).

Die Knappheit von R. und damit ihre angemessene Bewertung zu heutigen Preisen wäre im Idealfall aus den zukünftigen Möglichkeiten der Reserven- oder Bestandsvergrößerung zu bestimmten Kosten, aus der zukünftigen Nachfrage (die von prognostiziertem Bevölkerungswachstum, Wirtschaftswachstum, Ersetzbarkeit durch weniger knappe R. u. a. bestimmt wird) und durch Berücksichtigung der gesamten Umweltbelastungen durch die R.-Nutzung gegeben. Dieser Modellvorstellung einer R.-Bewertung stehen in der Praxis erhebl. Umsetzungsprobleme entgegen: Die wichtigsten Verzerrungen entstehen durch unzureichende Eigentumsrechte an bestimmten R., durch eine oligopolist. Marktstruktur (wenige Anbieter), durch die prakt. Unmöglichkeit, weit in die Zukunft reichende Märkte zu etablieren, durch mangelnde internat. Abstimmung und durch den fehlenden Zwang zur Einbeziehung von Umweltbelastungen in die R.-Preise. Jeder dieser für die Preisbildung wichtigen Punkte kann zu einer gesamtwirtschaftlich ungünstigen Entwicklung des Abbaus führen.

Die Exploration, Erschließung und Förderung von R. setzt meist Investitionen in erhebl. Umfang voraus. Andererseits haben die R.-Nachfrager wenige Möglichkeiten, kurzfristig bei Preisänderungen oder Verknappungen auf andere Techniken oder andere R. auszuweichen. Sowohl Produzenten als auch R.-Verarbeiter sind deshalb prinzipiell an stabilen Marktstrukturen interessiert. Dies hat in der Vergangenheit häufig zu vertikal integrierten Konzernen (vom Bergbau bis hin zur Kupferblechherstellung oder vom Bohrloch bis zur Tankstelle) geführt. Die dabei entstandenen großen Konzerne (häufig →multinationale Unternehmen) dominieren dann als Oligopol den Markt; ihre Planungen können dabei deutlich von den Vorstellungen eines R.-Anbieterlandes abweichen.

Im Sinne einer ›vernünftigen‹ Bewirtschaftung der R. wären die zukünftigen Nutzenverluste als Folge des heutigen Verbrauchs von R. (z. B. Treibhauseffekt oder Ozonloch) als ›Kosten‹ den heutigen Nutzungen anzulasten. Die realen Märkte und R.-Börsen haben jedoch eine zeitl. Reichweite von maximal einigen Monaten oder weniger als zwei Jahren. Für R. mit tendenziell stark schwankenden Preisen gibt es häufig organisierte Warenbörsen, an denen R. auf Termin gehandelt werden, sondern in Form von standardisierten Kontrakten als abstrakte Ver- und Ankäufe von ›Papieransprüchen‹. Dank dieser Börsen sind Hedgegeschäfte und Spekulation auf bestimmte Entwicklungen möglich. Wichtige R.-Börsenplätze sind London (Metalle, Erdöl), New York (Metalle, Erdöl), Chicago, Ill. (landwirtschaftl.), Singapur (Erdöl), Sydney (Rohwolle), Winnipeg (Getreide). Die Preisentwicklung wird in Preisindizes erfaßt, deren bekannteste der Reuter-Index (Großbritannien), der Moody-Index (USA) und der HWWA-Index (Hamburg) sind.

### Rohstoffpolitik

Die Sicherung des Zugriffs auf wichtige R. spielte immer wieder eine große Rolle in der Weltpolitik und führte zu zahlreichen Konflikten und Kriegen. Aufgrund der militärisch-strateg. Bedeutung von R. betreiben Groß- und Mittelmächte seit Jahrzehnten entsprechende R.-Sicherungsstrategien. Obwohl es heute nur noch wenige R. gibt, die überwiegend in einer Region konzentriert vorkommen und unter wirtschaftl. oder militär. Aspekten bes. wichtig sind (Mineralöl im Nahen Osten, Platin, Chrom oder Mangan in der Rep. Südafrika), haben Fragen der R.-Politik immer noch einen hohen Stellenwert.

Die Schaffung von Meereswirtschaftszonen z. B. im 200-Seemeilen-Abstand von den jeweiligen Küsten hat die Zugriffsmöglichkeiten auf Meerestiere und andere R. in starkem Maße der nat. Bewirtschaftung übertragen. Für Länder mit einer großen Fischereiflotte, aber kurzer Küste hat dies Probleme geschaffen. In Fällen unklarer Grenzziehung wegen der Einbeziehung von Inseln und gleichzeitig vermuteter R.-Vorkommen im Meeresboden kam es zu Konflikten (z. B. Ägäiskonflikt zw. der Türkei und Griechenland).

Für viele Länder der dritten Welt sind R.-Exporte eine oder sogar die wichtigste Deviseneinnahmequelle. Insbesondere für die R.-Gruppen, bei denen die Entwicklungsländer als Anbieter dominieren und deren reale Tauschverhältnisse (Terms of trade) gegenüber den Industriegütern sich tendenziell verschlechtern, wurde deshalb aus verteilungspolit. Gründen eine Erlösstabilisierung entgegen den Markttendenzen gefordert. Die R.-Anbieter insbesondere aus der dritten Welt versuchen daher, durch Veränderungen der R.-Politik ihre Einkommenssituation zu verbessern. Die dabei relevanten Interessen richten sich entweder auf eine anhaltende Preiserhöhung der exportierten R. oder auf eine Stabilisierung von R.-Preisen, die durch Ernte- oder Nachfrageschwankungen starke Preisausschläge zeigen. Als Instrument sollen dazu →Rohstoffabkommen dienen, die allerdings in ihrer Wirksamkeit umstritten sind. Der Zusammenbruch des Zinnrats im Jahr 1985 oder das Zerbrechen des Kaffee-Abkommens 1989–90 zeigen die Schwierigkeiten, anhaltend gegen die Marktkräfte zu agieren. Dagegen kann die von der OPEC verfolgte R.-Politik auf zeitweilige Erfolge verweisen. Das bislang für die Produzenten erfolgreichste System zur Stabilisierung von hohen R.-Preisen entgegen den Markttendenzen stellt das EG-Agrarmarktsystem dar, das zu Lasten der europ. Verbraucher und Steuerzahler wirkt.

R.-Politik kann sich auch auf die Sicherung des Beitrags einheim. R.-Vorkommen richten, selbst wenn diese nicht wettbewerbsfähig sind. Die nat. Wirtschaft gewinnt damit ›Versorgungssicherheit‹; gleichzeitig wird eine R.-Branche geschützt, verbunden mit einer etwas teureren Versorgung. Das südafrikan. Programm zur Kohlehydrierung als Antwort auf den Wirtschaftsboykott wegen der Apartheidpolitik ist dafür ein extremes Beispiel. Die dt. Kohlepolitik verfolgt (ebenso wie Quotenregelungen in anderen Bereichen) neben der Versorgungssicherheit v. a. die Sicherung der Arbeitsplätze im Bergbau. R.-Politik zeigt sich auch bei den Maßnahmen zur Förderung von höherer Flexibilität auf der Nachfrageseite: Die Anwendung einer Technologie mit effizienterer Energienutzung und damit einem höheren Sachkapitaleinsatz bewirkt einen relativen Rückgang der Nachfrage nach Energieträgern und beeinflußt somit die Energiemärkte.

W. GOCHT: Wirtschaftsgeologie u. R.-Politik (²1983); H. SIEBERT: Ökonom. Theorie natürl. Ressourcen (1983); K. V. BECK u. A. J. HALBACH: R.-Verarbeitung u. R.-Vermarktung in der Süd-Süd-Kooperation (1986); C.-W. SAMES: Anaconda. Ber. aus der R.-Welt (1986); D. CANSIER: Besteuerung von R.-Renten (1987); Mineral resource development. Geopolitics, economics and policy, hg. v. H. E. JOHANSEN (Boulder, Colo., 1987); W. STRÖBELE: R.-Ökonomik (1987); Naturressourcen der Erde u. ihre Nutzung, bearb. v. H. BARSCH u. a. (Gotha 1988). – *Zeitschriften* und *Jahrbücher:* Metallstatistik, Jg. 54ff. (1967; früher unter anderen Titeln); Rohstoffwirtschaftl. Länderber., hg. v. der Bundesanstalt für Bodenforschung (1972ff.); Jb. Bergbau, Öl u. Gas, Elektrizität, Chemie, Jg. 93ff. (1985ff.; früher unter anderen Titeln).

**Rohstoffsteuer, Materialsteuer,** eine Technik der Verbrauchsbesteuerung, bei der der Steuerzugriff beim Hersteller erfolgt und die Steuerpflicht nicht an die Fertigstellung des (End-)Produktes anknüpft (Fabrikatsteuer), sondern an die Verwendung bestimmter Rohstoffe; früher gebräuchlich z. B. bei der Bier-, Branntwein- und Zuckersteuer. (→ Verbrauchsteuern)

**Roh Tae Woo,** südkorean. General und Politiker, * in der Prov. Kyŏngsangbuk-do 4. 12. 1932; 1980–81 Chef der militär. Geheimpolizei (Defense Security Command), neben General CHUN DOO HWAN 1980 maßgeblich an der blutigen Niederschlagung des Aufstandes von Kwangju beteiligt, wurde 1985 Vors. der regierenden Demokrat. Gerechtigkeitspartei. Am 16. 12. 1987 wählte ihn die Bev. mit nur 37,6 % der Stimmen (angesichts zweier rivalisierender Oppositionskandidaten) zum Staatspräs. (Amtsantritt: 25. 2. 1988).

**Rohtak** ['rəʊtæk], Stadt im Gliedstaat Haryana, NW-Indien, (1981) 166 800 Ew.; Univ. (gegr. 1976); Fahrradherstellung, Glas-, chem., Textilindustrie.

**Rohwasser,** das in eine Wasseraufbereitungsanlage einfließende Wasser. Nach der Aufbereitung wird es als **Reinwasser** bezeichnet.

**Rohwedder,** Detlev Carsten, Wirtschaftsmanager, * Gotha 16. 10. 1932, † (ermordet) Düsseldorf 1. 4. 1991; Jurist, Fachmann für Wirtschaftsprüfung und Unternehmensberatung, trat 1969 der SPD bei; 1969–78 beamteter Staatssekretär im Bundeswirtschaftsministerium. Als Vorstands-Vors. der Hoesch-Werke AG (1980–90) führte er in diesem Unternehmen ein rigoroses Sanierungs- und Umstrukturierungsprogramm durch. Im Zuge der Vereinigung beider dt. Staaten wurde R. 1990 Vors. der Treuhandanstalt. – R. fiel einem Attentat der Rote-Armee-Fraktion (RAF) zum Opfer.

**Rohwer,** Jens, Komponist und Musiktheoretiker, * Neumünster 6. 7. 1914; lehrte seit 1950 an der Schleswig-Holsteinischen Musikakademie in Lübeck, 1972–80 Prof. an der Musikhochschule ebd.; er veröffentlichte u. a. ›Tonale Instruktionen und Beiträge zur Kompositionslehre‹ (1951), ›Neueste Musik. Ein krit. Bericht‹ (1964), ›Die harmon. Grundlagen der Musik‹ (1970). Er komponierte Orchester- und Kammermusik, Oratorien, Kantaten, zahlreiche Chorwerke.

**Rohwolle, Schmutzwolle, Schweißwolle,** Schurwolle, die noch alle Verunreinigungen (Sand, Futterreste, Kot, Fettschweiß) enthält.

**ROI,** Abk. für Return on investment (→ Rentabilität).

**Roig** [rrɔtʃ], **1)** Jaume, katalan. Dichter, * Valencia 1400/1410, † Benimàmet (bei Valencia) April 1478; war Arzt am Hof ALFONS' V. von Aragonien; verfaßte zw. 1455 und 1461 den satir. Versroman in 16 000 Versen ›Spill o Llibre de les dones‹ (Druck 1531 u. d. T. ›Libre de consells‹). In der misogynen Tradition des Spät-MA. karikiert R. die Geschichte seiner (angeblich) vier Ehen und preist zugleich die Jungfrau MARIA. Das Werk besitzt hohen Wert als histor. Dokument, da es ein detailliertes Bild der damaligen Gesellschaft, v. a. des einfachen Volkes, entwirft.

**2)** Montserrat, katalan. Schriftstellerin, * Barcelona 13. 6. 1946, † ebd. 10. 11. 1991; politisch engagierte Journalistin; stellte in den 70er Jahren der span. Öffentlichkeit die offiziell totgeschwiegene katalan. Geschichte und Kultur der Gegenwart vor (›Els catalans als camps nazis‹, 1977; ›Personatges‹, 2 Bde., 1978; ›Retrats paral·lels‹, 3 Bde., 1975–78). Ihre in der Nachfolge von N. OLLER I MORAGAS und MERCÈ RODOREDA stehenden Romane schildern die Welt des mittleren und Kleinbürgertums in Barcelona; sie entwerfen breite Familiensagas, in denen die Emanzipation der Frau und der katalan. Nation im Vordergrund stehen (›Ramona, adéu!‹, 1972; ›Els temps de les cireres‹, 1976, dt. ›Zeit der Kirschen‹; ›La hora violeta‹, 1980; ›L'òpera quotidiana‹, 1982; ›El cant de la joventut‹, 1989).

**Roi Soleil** [rwa sɔ'lɛj; frz. ›Sonnenkönig‹], Beiname König LUDWIGS XIV. von Frankreich.

**Roissy-en-France** [rwasiã'frãs], Gem. im nordöstl. Vorortbereich von Paris, Dép. Val-d'Oise, Frankreich, (1990) 2 100 Ew.; Großflughafen Charles-de-Gaulle (seit 1974 in Betrieb).

**Rojas** ['rrɔxas], **1)** Fernando de, span. Schriftsteller, * La Puebla de Montalbán (bei Toledo) um 1465, † Talavera de la Reina 8.(?) 4. 1541; umfassend gebildet; Verfasser des Prosadramas La →Celestina, des ersten modernen Werks der span. Literatur. R.' Autorschaft war lange umstritten. Heute gilt als gesichert, daß von ihm die Akte 2–16 (Burgos 1499) stammen; unklar bleibt, ob er die fünf weiteren Akte der endgültigen Fassung (Sevilla 1502) geschrieben hat.

**2)** Manuel, chilen. Schriftsteller, * Buenos Aires 8. 1. 1896, † Santiago 11. 3. 1973; zahlreiche Berufe (u. a. Hilfsarbeiter, Setzer, Journalist), zuletzt Prof. für Journalistik. Setzte eigenes Erleben des Unterschichtmilieus in realist. Erzählungen und Romane um, die Solidarität gegen gesellschaftl. Unrecht stellen.

**Werke:** *Erzählungen:* Hombres del sur (1926); El delincuente (1929); Travesía (1934); El hombre de la rosa (1963); Cuentos (1970). – *Romane:* Lanchas en la bahía (1932); Hijo de ladrón (1951; dt. Wartet, ich komme mit, auch u. d. T. Der Sohn des Diebes); Punta de rieles (1960; dt. Chilen. Beichte); La oscura vida radiante (1971).

D. A. CORTÉS: La narrativa anarquista de M. R. (Madrid 1986); C. DROGUETT LAZO: Literatura y realidad en la obra de M. R. (Neuenburg 1986).

**3)** Ricardo, argentin. Literarhistoriker und Schriftsteller, * Tucumán 16. 9. 1882, † Buenos Aires 29. 7. 1957; trat in idealistisch-patriot. Haltung (›La restauración nacionalista‹, Essay, 1909) für die Entwicklung der Identität Argentiniens und die Versöhnung mit europäischen Traditionen ein. Verfasser der bedeutenden ›Historia de la literatura argentina‹ (4 Bde., 1917–21); auch Lyriker, Erzähler und Dramatiker.

Roh Tae Woo

Detlev Carsten Rohwedder

# Roja  Rojas Zorrilla – Rokkan

**Weitere Werke:** *Essays:* El alma española (1907); La argentinidad (1916); Eurindia (1924); La guerra de las naciones (1924); El Cristo invisible (1927).
**Ausgabe:** Obras completas, 30 Bde. (1948–53).
J. O. Pickenhayn: La obra literaria de R. R. (Buenos Aires 1982).

**Rojas Zorrilla** [ˈrroxas θoˈriʎa], Francisco de, span. Dramatiker, * Toledo 4. 10. 1607, † Madrid 23. 1. 1648; wird der Schule Calderóns zugerechnet; sein Werk umfaßt zahlreiche Comedias, etwa 15 Autos sacramentales und ein Entremés. Viele seiner Stücke wurden in Zusammenarbeit mit J. Pérez de Montalbán verfaßt. R. Z. gilt als der ›Feminist‹ und der ›Tragiker‹ unter den Dramatikern des Siglo de oro. Sein berühmtestes Stück, ›Del rey abajo ninguno‹ (1645; dt. ›Außer meinem König – Keiner!‹), thematisiert die Ehrenproblematik im traditionellen Sinn. Mit ihr bricht R. Z. in der Comedia ›Cada cual lo que le toca‹ (1640): Hier tötet die Protagonistin ihren Verführer und versöhnt sich mit ihrem Mann. Mit dem lustigen Stück ›Entre bobos anda el juego‹ (1645; dt. ›Dummes Zeug wird hier getrieben‹) hat R. Z. die Figurenkomödie (›comedia de figurante‹) geschaffen.
R. R. MacCurdy: F. de R. Z. and the tragedy (Albuquerque, N. Mex., 1958).

**ROK**, Nationalitätskennzeichen (Kfz) für Korea (Republik).

Rök: Runenstein von Rök; Anfang 9. Jh.

**Rök**, Kirchspiel in der schwed. Gem. Ödeshög, Verw.-Gebiet Östergötland; Standort eines 4 m hohen Runensteins mit der längsten bisher bekannten (an zwei Stellen stark beschädigten) Runeninschrift (Anfang 9. Jh., rd. 750 Runen) des Nordens. Die in Lesung und Deutung stark umstrittene Gedenkschrift für einen Getöteten enthält als Kernstück eine Strophe über den Gotenkönig Theoderich (?), deutet einige ältere Sagenmotive an und schließt mit einer Ermahnung zur Rache. (→ Runen)

**Rokeach** [roˈkeːax], **Rokeah,** David, hebr. Lyriker, * Lemberg 22. 9. 1916, † Duisburg 29. 5. 1985; kam 1934 nach Palästina. In seiner Lyrik setzt er sich mit der Landschaft Israels auseinander; seine Gedichte wurden u. a. von E. Fried, P. Celan, Nelly Sachs und F. Dürrenmatt ins Deutsche übersetzt (›Poesie‹, 1962, hebr.-dt.; ›Ijara‹, 1968, hebr.-dt.; ›Wo Stachelrosen wachsen‹, 1976; ›Jerusalem‹, 1981; ›Du hörst es immer‹, 1985.
**Ausgabe:** Nicht Tag, nicht Nacht. Ausgew. Gedichte (1986).

**Rokha** [ˈrrɔka], Pablo de, eigtl. **Carlos Díaz Loyola** [ˈdias-], chilen. Lyriker, * Licantén (Prov. Curicó) 22. 3. 1894, † (Selbstmord) Santiago 10. 9. 1968; war ab 1933 aktiver Kommunist, zeitweilig im Exil. Verfaßte etwa 40 Gedichtbände; auf eine individualist. Frühphase folgte polit. Kampfdichtung fern jeder lyr. Konvention (›Genio del pueblo‹, 1960); auch Essays.
**Weitere Werke:** *Lyrik:* Mis grandes poemas (1969; Ausw.). – *Essays:* Neruda y yo (1955).
M. Ferrero: P. de R., guerrillero de la poesía (Santiago 1967).

**Rokitansky,** Karl Freiherr von, Pathologe, * Königgrätz 19. 2. 1804, † Wien 23. 7. 1878; seit 1834 Prof. in Wien. Mit R. Virchow gilt R. als Begründer der modernen Anatomie. Er stellte patholog. Befunde in seinem ›Handbuch der patholog. Anatomie‹ (3 Bde., 1840–46) dar und entwickelte die von Virchow bekämpfte humoral-patholog. ›Krasenlehre‹.

**Rokitnosümpfe,** alter Name für → Polesien.

**Rökk** [rœk, ungar. røkk], Marika, Tänzerin, Schauspielerin und Sängerin ungar. Herkunft, * Kairo 3. 11. 1913; 1933 für den Film entdeckt, entwickelte sie sich zu einem Star der Ufa. Besonderen Erfolg hatte sie in Revuefilmen unter der Regie ihres Mannes G. Jacoby. Auch nach 1945 arbeitete sie für Film (zuletzt ›Schloß Königswald‹, 1987) und Fernsehen; daneben hatte sie großen Erfolg als Musicalstar (›Hallo Dolly‹, 1968).

**Rokkan,** Stein, norweg. Soziologe und Politologe, * Vågan (Prov. Nordland) 4. 7. 1921, † Bergen 22. 7. 1979; war 1951–60 Leiter des Instituts für Sozialforschung in Oslo, von 1967 bis zu seinem Tod Prof. für Politikwissenschaft an der Univ. in Bergen. R.s wiss. Arbeit diente der theoret. und method. Grundlegung einer international vergleichenden Sozialforschung, insbesondere des Wählerverhaltens und dessen sozialstruktureller Verankerung.
**Werke:** Citizens, elections, parties (1970); Main trends of research in the social and human sciences (1970; dt. Vergleichende Sozialwiss., Teilübers.); Centre-periphery structures in Europe (1987, mit D. Urwin u. a.).

Rokoko: links Antoine Watteau, ›Der Tanz‹ (Berlin-Dahlem, Gemäldegalerie); rechts Franz Anton Bustelli, ›Leda‹; um 1760 (München, Bayerisches Nationalmuseum)

**Rokoko** [frz. rococo, vgl. Rocaille] *das, -s,* fachsprachlich auch -, in der *bildenden Kunst* die Spätphase des Barock als Ausdrucksform des späten Absolutismus, etwa zw. 1720 und 1780. Viele Elemente des Barock ausreifend, aber auch sich von ihm abkehrend, leitet das R. zum Klassizismus über, der sich v. a. in England, Frankreich und dem prot. Nord-Dtl. seit etwa 1750 neben ihm entwickelte und ab 1770 dominierte. Größe und Pathos des Barock, in dem Kunst als Idee des Souveräns und der gegenreformator. Kirche erscheinen sollte, weicht im R. dem Gefälligen, Galanten, Eleganten, aus sich selbst Schönen als dem Ideal der höf. Gesellschaft. Thematisch führte dies teilweise zur Verniedlichung der antiken Götterwelt und zu einer psychologisierenden Darstellung der Heiligen, andererseits aber zu einer Freisetzung gestalter. Phantasie. In den Chinoiserien klingt die Freude am Exotischen an.

Architektur wird kulissenhaft, mit reliefhaft modellierter Oberfläche gestaltet. Anstelle der antiken Säulenordnung erscheinen oft ›niedere‹ Formen der Baukunst (Lisenen, Hermen, Voluten). Anstelle großer, repräsentativer Residenzen werden nun mit der Hinwendung zum Privaten Stadtpalais und Lusthäuser in Parks wichtige Bauaufgaben. Helle intime Räume und Kabinette mit abgerundeten Ecken verdrängen die eher dunklen barocken Säle; pastellfarbene Töne dominieren. An Wänden und Möbeln verwendet man seit etwa 1750 zunehmend Weiß anstelle von Gold. Große Fenster, Spiegel und Lüster verstärken den unwirkl. ›arkadischen‹ Wohncharakter.

Als Dekorationsstil des Stadtadels entstand das R. zw. 1720 und 1730 in Paris (Louis-quinze), wo es als Reaktion auf die offizielle Staatskunst LUDWIGS XIV. (Louis-quatorze) mit der Régence (1715–23) vorbereitet wurde. Leitmotiv der R.-Dekoration ist die → Rocaille, ein Ornament, das im Rahmen der Groteskendekoration der Régence (JEAN BERAIN D. J., * um 1674, † 1726, D. MAROT D. Ä., A. WATTEAU) bildhaft eingesetzt wird. Die an der Klassik orientierte Architektur des R. in Frankreich (Theoretiker J. F. BLONDEL) zeigt sich beim Stadtpalais (G. BOFFRAND), bes. in Inneneinrichtungen (G. M. OPPENORDT) mit geschnitzten Vertäfelungen (frz. ›Panneaux‹), aber auch in Landschlössern (Chantilly, Petit Château) und Lustbauten (Petit Trianon im Park von Versailles, von J.-A. GABRIEL). Anlagen größeren Ausmaßes entstanden nur in der frz. Provinz (Nancy, Place Stanislas; Straßburg, Château de Rohan). Mehr als der frz. Skulptur des R. (J.-B. LEMOYNE, E. BOUCHARDON, J.-B. PIGALLE, É.-M. FALCONET, J.-A. HOUDON und der in England tätige L. F. ROUBILIAC) gelang es in der Malerei, eine eigene poet. Bildgattung zu begründen, v. a. WATTEAU, dem Schöpfer des galanten Genres (Fêtes galantes), einer traumhaft entrückten, arkad. Kavalierswelt. F. BOUCHER, J. H. FRAGONARD, N. LANCRET und J.-B. PATER schufen Gesellschaftsstücke, Schäferszenen und Boudoirbilder von oft hintergründiger Bedeutung. Das psychologisierende Porträt repräsentieren M.-Q. DE LA TOUR, J.-M. NATTIER und J.-É. LIOTARD; J.-B. CHARDIN trat mit Stilleben und Genrebildern hervor. Einflüsse der frz. R.-Malerei zeigen sich in England in den Werken von W. HOGARTH, J. REYNOLDS und T. GAINSBOROUGH.

Eine eigene Variante des R. entstand unabhängig von Frankreich in Venedig, v. a. in der Malerei. S. RICCI, G. B. PIAZZETTA, G. B. PITTONI und G. B. TIEPOLO, die mit Fresken und Altarbildern auch nach Österreich, Dtl., Spanien und England wirkten, sind die Hauptvertreter eines theatralisch-anmutigen Illusionismus. CANALETTO, F. GUARDI und B. BELLOTTO begründeten den Ruhm der Vedute; typisch sind auch die Alltagsszenen von P. LONGHI, die Pastellbildnisse der ROSALBA CARRIERA und die Capriccios von G. B. PIRANESI. Ausgesprochen rokokohafte Züge erhielten während des italien. Spätbarock die Kirchenräume von B. A. VITTONE in Piemont (Brà, Santa Chiara, 1742) und das Interieur des Schlosses Stupinigi bei Turin (F. IUVARA, 1729 ff.).

**Rokoko:** Konzertzimmer von Johann Michael Hoppenhaupt im Schloß Sanssouci; 1746–47

Durch die massenhafte Verbreitung von Dekorationsvorlagen im Kupferstich (OPPENORDT, J.-A. MEISSONIER; in Dtl. bes. Augsburger Verlage) fand das R. schnell Eingang in die versch. Residenzen Europas. Nach Dtl. gelangte es durch den in Frankreich geschulten, am Münchener Hof tätigen F. DE CUVILLIÉS D. Ä. (Münchner Residenz: ›Reiche Zimmer‹; Amalienburg; Residenztheater, ab 1730). In mehr spätbarockem Architekturrahmen erbaute v. a. J. B. NEUMANN die fürstbischöfl. Residenz der Schönborn in Würzburg, G. KNOBELSDORFF im aufgeklärten →friderizianischen Rokoko Sanssouci bei Potsdam. Kleinere Residenzen des R. sind Ansbach und Brühl. Wichtigen Anteil am Gesamteindruck des höf. R. tragen die Stukkatoren J. B. ZIMMERMANN, J. M. FEUCHTMAYER, FRANZ XAVER FEUCHTMAYER (* 1705, † 1764), J. G. ÜBLHÖR, G. A. BOSSI, J. A. NAHL D. Ä. und J. HOPPENHAUPT. Enklaven des R. sind Schloßeinrichtungen in Schönbrunn bei Wien, Fertöd in Ungarn, Petersburg und Stockholm.

Weitgehend eigenständig – entsprechend der autonomen Stellung der reichsfreien Stifte und Klöster – entfaltete sich die kirchl. R. im dt.-sprachigen Raum als umfassender Stil, der auch den volkstüml. Bereich prägte. Unter dem Einfluß italien. und böhm. Spätbarockarchitektur (G. GUARINI, C. und K. I. DIENTZENHOFER) und theaterhaftem Illusionismus (A. POZZO, C. D. und E. Q. ASAM) entstanden Kirchenräume, die sinnenhafte Spiritualität mit märchenhaftem Ambiente vereinen (von JOHANN MICHAEL FISCHER: Diessen a. Ammersee, Berg am Laim, Zwiefalten, Ottobeuren, Rott a. Inn; von D. ZIMMERMANN: Wallfahrtskirchen Steinhausen, Wies; von P. THUMB: Birnau, St. Gallen; von J. B. NEUMANN: Vierzehnheiligen, Neresheim). Die bereits genannten Stukkatoren und die Bildhauer J. A. FEUCHTMAYER und J. J. CHRISTIAN in Schwaben, J. B. STRAUB, I. GÜNTHER in Altbayern, J. C. WENZINGER am Oberrhein, J. AUWERA in Franken vervollständigten das Kircheninnere zu einem szen. Paradies, das den Betrachter mit einbezieht. Die Vorliebe für gewölbte Zentralräume ließ großflächige illusionist. Deckenmalerei zu, die barocke Emblematik und Mystik mit neuem Naturverständnis und Geschichtsbewußtsein verbindet (J. B. ZIMMERMANN, BILD →Deckenmalerei, J. E. HOLZER, M. GÜNTHER,

**Rokoko:** Joseph Anton Feuchtmayer, ›Der Honigschlecker‹; um 1750 (Birnau, Wallfahrtskirche Sankt Maria)

**Roko**   Rokossowskij – Roland

JOHANN ZICK, P. TROGER, F. MAULBERTSCH). Auch die frz. Gartenkunst wurde weiter gepflegt, hervorzuheben sind die grotesken Gartenfiguren von F. DIETZ (Veitshöchheim). Dagegen setzte sich in England ab 1730 der Landschaftsgarten durch, in dem das Pittoreske aus der bildenden Kunst in den Park übertragen wird und die sentimental erlebte Natur sich selbst abbildet.

**Rokoko:** Innenraum der Wallfahrtskirche Wies bei Steingaden von Dominikus Zimmermann; 1745–54

Das Kunsthandwerk des R., in ganz Europa verbreitet, verbindet Züge der hohen Kunst mit serieller Produktion, z. B. in der frz. und Augsburger Goldschmiedekunst, den Lyoner Manufakturen für Gobelins und Seidentapeten und bes. in den Manufakturen des neuentdeckten Porzellans (Meißen: J. J. KÄNDLER; Nymphenburg: F. A. BUSTELLI; Frankenthal: J. F. LÜCK, FRANZ KONRAD LINCK, * 1730, † 1793). Kunsttischler (Ebenisten) schufen die Voraussetzungen für das moderne, bequeme Mobiliar wie Kommode, Konsoltisch, Chaiselongue, Fauteuil (C. CRESSENT, J. F. OEBEN, D. ROENTGEN, T. CHIPPENDALE).

**Rokoko:** Johann Melchior Kambli, Kommode mit figürlichem und floralem Dekor; um 1765 (zusammen mit Heinrich Wilhelm und Johann Friedrich Spindler; Potsdam, Neues Palais)

Die *Mode* des R. ist von der frz. Hofmode geprägt, sie stellt eine Weiterentwicklung der schon in der Régence beginnenden Vorliebe für künstlich gesteigerte Kostümformen dar, v. a. bei der Frauenkleidung (→ Kleidung).

Unter *R.-Literatur* wird die zierlich-graziöse, spielerisch-frivole, galante Gesellschaftsdichtung verstanden, die ihre vollkommene Ausbildung in der Spätzeit des höf. Klassizismus in Frankreich fand. In Dtl. zeigen die Dichtungen der Anakreontik, der Empfindsamkeit und die Schäferdichtung wesentl. Elemente des R. Hauptvertreter eines literar. R. in Dtl. sind C. M. WIELAND, der junge GOETHE, der junge G. E. LESSING, F. VON HAGEDORN, J. W. L. GLEIM, J. P. UZ, J. N. GÖTZ, C. F. WEISSE, C. F. GELLERT, S. GESSNER, H. W. VON GERSTENBERG, E. C. VON KLEIST, J. E. SCHLEGEL, J. G. JACOBI und M. VON THÜMMEL.

Man hat versucht, den kunstgeschichtl. Begriff R. auch auf die *Musik* zu übertragen, und zwar für den musikgeschichtl. Abschnitt zw. der Bach-Händel-Zeit und den Wiener Klassikern (etwa 1740–80). Musikalisch entspricht die als ›galanter Stil‹ angesprochene Hinwendung zu kleinen Formen, empfindungsvoller Melodik, einfacher Harmonik und reichem Verzierungsspiel der Haltung des R. Doch ist die Zeit der Vorklassik zu reich an Erscheinungen (→ Mannheimer Schule, → Berliner Schule, → Wiener Schule) und zu grundlegend in der Entwicklung von Formen, Satztechniken und Ausdrucksarten, als daß die Benennung als R. sie umfassend kennzeichnen könnte.

H. KELLER: Die Kunst des 18. Jh. (1971); V. LOERS: R.-Plastik u. Dekorationssysteme (1976); Kunst u. Kultur des Barock u. R., hg. v. A. BLUNT (a.d. Engl., 1979); H. BAUER: R.-Malerei (1980); P. VOLK: R.-Plastik in Altbayern, Bayerisch-Schwaben u. im Allgäu (1981); An elegant art. Fashion and fantasy in the eighteenth century, bearb. v. E. MEADER, Ausst.-Kat. (Los Angeles, Calif., 1983); H. WAGNER: Bayer. Barock- u. R.-Kirchen (1983); A. RIBEIRO: Dress in eighteenth century Europe 1715–1789 (New York 1984); E.-G. BAUR: R. u. Klassizismus, von Watteau bis Goya (1985); C. NORBERG-SCHULZ: Spätbarock u. R. (1985); Studien zur europ. Barock- u. R.-Skulptur, hg. v. K. KALINOWSKI (Posen 1985).

**Rokossowskij,** Konstantin Konstantinowitsch, Marschall der Sowjetunion (1944) und Polens (1949), * Welikije Luki 21. 12. 1896, † Moskau 3. 8. 1968; poln. Abstammung, General, nach dem Schauprozeß gegen Marschall M. N. TUCHATSCHEWSKIJ 1937–41 in Haft, war im Winter 1941 führend an der Verteidigung Moskaus beteiligt. 1942–45 leitete er die militär. Operationen an versch. Fronten. 1949–56 war R. Oberbefehlshaber der poln. Armee und poln. Verteidigungs-Min., 1950–56 Mitgl. des Politbüros der kommunist. Poln. Vereinigten Arbeiterpartei. Als Exponent des stalinist. Kurses mußte er 1956 nach dem Posener Aufstand (›Poln. Oktober‹) seine Ämter in Polen aufgeben. In die UdSSR zurückgekehrt, war er bis 1962 stellv. Verteidigungsminister.

**Rokotow,** Fjodor Stepanowitsch, russ. Maler, * Woronzowo (heute zu Moskau) 1735 oder 1736, † Moskau 24. 12. 1808; malte zahlreiche Porträts von Vertretern der russ. Aristokratie, wobei er vom repräsentativen Ganzfigurenbild zu einem persönlicheren, farblich kultivierten Brustbild überging.

**Roland** [zu german. (erschlossen) hroþ- ›Ruhm‹, ›Preis‹ und nanþ- ›gewagt‹, ›wagemutig‹, ›kühn‹], männl. Vorname.

**Roland, 1)** *bildende Kunst:* R.-Säule, alte Bildsäule aus Holz oder Stein auf den Markt- oder Hauptplätzen vieler Ortschaften im nördl. Dtl. Sie stellt meist überlebensgroß (bis ca. 6 m) einen barhäuptigen Mann in Rüstung oder Mantel dar, der ein bloßes Schwert hält. Erhalten sind v. a. R.-Säulen aus dem 15.–18. Jh., bes. berühmt ist der R. vor dem Rathaus in Bremen (1404). Ursprung und Bedeutung sind umstritten. Neueren Erkenntnissen zufolge geht der R. auf den R.-Kult zurück in karolingischer Zeit, als R.-Statuen im Zuge der Missionierung als Zeichen der Reichsordnung und des christlichen Missionsanspruchs errichtet wurden. Sie symbolisierten wohl auch die königl. Schirmherrschaft über die Kirche. In späterer Zeit änderte sich die Bedeutung; vermutlich galt der R. nun als Symbol der Städten und Dörfern gewährten Privilegien. BILDER → Denkmal 2), → Korbach

H. REMPEL: Die R.-Statuen (1989).

**2)** *Waffenwesen:* bodengestütztes Flugabwehrraketensystem zur Kampfführung gegen Luftziele in mittleren und niedrigen Höhen. Die Bekämpfungsreichweite seiner rd. 63 kg schweren Flugkörper beträgt 6–8 km. Das R.-System wurde zw. 1981 und 1990 u. a. auch bei der Bundeswehr eingeführt.

**Roland, Hruodlandus,** italien. **Orlando,** Markgraf der Breton. Mark, † bei Roncesvalles 15. 8. 778. Nach EINHARDS ›Vita Karoli Magni‹ fiel R., als beim Rückzug KARLS D. GR. aus Spanien die Nachhut des Heeres in den Pyrenäen von den Basken aufgerieben wurde. – Im Sagenkreis um KARL D. GR. wird er als dessen Neffe und einer der zwölf Paladine verherrlicht (→ Rolandslied).

**Roland de la Platière** [rɔ'lã dəlapla'tjɛ:r], Jeanne-Marie, geb. **Manon Phlipon** [fli'põ], * Paris 17. 3. 1754, †(hingerichtet) ebd. 8. 11. 1793; ∞ mit dem Girondisten JEAN-MARIE R. DE LA P. (* 1734, † 1793); übte als begeisterte Republikanerin durch ihren Salon, in dem sich seit 1791 die führenden Girondisten trafen, großen Einfluß auf die Politik dieser Partei aus. Nach dem Sturz der Girondisten wurde sie inhaftiert und schließlich guillotiniert.

**Ausgabe:** Memoiren aus dem Kerker. Eine Jugend im vorrevolutionären Frankreich, übers. v. I. RIESEN (1987).

G. MAY: Madame Roland and the age of revolution (New York 1970).

**Roland Holst,** Adriaan, eigtl. **Adrianus R. H.,** niederländ. Schriftsteller, * Amsterdam 23. 5. 1888, † Bergen (Prov. Nordholland) 6. 8. 1976; studierte 1908–11 in Oxford und wurde bes. vom Werk P. B. SHELLEYS und W. B. YEATS sowie von der kelt. Sagenwelt beeinflußt. 1924–34 Redakteur der Zeitschrift ›De Gids‹; während des Zweiten Weltkriegs einer der bedeutendsten Schriftsteller des Widerstandes.

**Werke:** *Prosa:* Deirdre en de zonen van Usnach (1920); Tusschen vuur en maan (1932); Voortekens (1936). – *Lyrik:* Voorbij de wegen (1920); De wilde kim (1925); En winter aan zee (1937); Tegen de wereld (1947).

**Ausgabe:** Verzamelde werken, 4 Bde. (1948–49).

**Roland Holst-van der Schalk** [-sxalk], Henriëtte, niederländ. Schriftstellerin, * Noodwijk 24. 12. 1869, † Amsterdam 21. 11. 1952; wurde nach dem Ersten Weltkrieg Mitgl. der kommunist. Partei; wandte sich Ende der 1920er Jahre einem Sozialismus religiös-myst. Prägung zu. Engagierte sich in Gedichten (›De nieuwe geboort‹, 1903; ›Opwaartsche wegen‹, 1907), Dramen und polit. Schriften für die unterprivilegierten Schichten; schrieb auch Biographien.

**Rolândia,** Stadt im Staat Paraná, Brasilien, 750 m ü. M., im Zentrum des Kaffeeanbaugebiets von N-Paraná, (1980) 25 100 Ew.; Kaffeeaufbereitung, Pflanzenölgewinnung (Soja, Baumwolle, Erdnuß). – R. wurde 1933 im Rahmen der Kolonisationstätigkeit einer brit. Landgesellschaft mit dt. Einwanderern (großenteils rassisch, religiös und politisch Verfolgte des nat.-soz. Regimes) gegründet und nach dem Bremer Roland benannt.

**Rolandsbresche,** frz. **Brèche de Roland** [brɛ:ʃdərɔ'lã], 40 m breite und 100 m tiefe Felsscharte, 2801 m ü. M., in den zentralen Pyrenäen zw. dem Cirque de Gavarnie (Frankreich) und dem Ordesatal (Spanien), nach der Sage von Roland (→ Rolandslied) mit seinem Schwert Durendal gehauen.

**Rolands|eck,** Stadtteil von → Remagen.

**Rolandslied,** frz. **Chanson de Roland** [ʃã'sõ dərɔ'lã], ältestes, um 1100 entstandenes frz. Heldenepos (Chanson de geste), das in der (ältesten und bedeutendsten erhaltenen) Handschrift von Oxford (12. Jh., in frühanglonorm. Mundart) aus 4002 durch wechselnde Assonanzen zusammengehaltenen Zehnsilbern besteht. Ob der in der letzten Zeile genannte Kleriker TUROLDUS der Dichter, der Kopist der Handschrift, der Bearbeiter einer Vorlage oder ein Vortragender ist, war lange Zeit umstritten. Heute geht man allg. davon aus, daß er der begabte Redaktor mündl. Überlieferungen des Epenstoffes war.

Den histor. Kern der Erzählung bildet die Vernichtung der Heeresnachhut KARLS D. GR. durch die Basken im Paß von Roncesvalles im Jahr 778. Das (von EINHARD in seiner ›Vita Karoli Magni‹ um 835 nur beiläufig erwähnte) zugrundeliegende histor. Ereignis erscheint in der Geste erweitert und (im Zusammenhang mit einer mögl. Entstehung des R. zur Zeit des ersten Kreuzzugs) als Aufruf zum Kampf gegen die Sarazenen gestaltet. Held der Handlung ist → Roland.

Die Handlung setzt nach KARLS D. GR. Sieg über die Sarazenen ein, die er mit Ausnahme des Königs Marsilius und der in seiner Gewalt verbliebenen Stadt Saragossa bezwungen hat. Auf Rolands Vorschlag entsendet er dessen Stiefvater Ganelon als Friedensboten. In der irrigen Annahme, Roland wolle ihn ins Verderben stürzen, verabredet Ganelon mit Marsilius einen Überfall auf KARLS Nachhut, und es gelingt ihm, Roland den Befehl über die Nachhut übertragen zu lassen. Im Tal von Roncesvalles fallen Roland (im Epos das Symbol unbesonnenen Heldenmutes) und sein historisch nicht bezeugter Freund Olivier (Symbol der Besonnenheit), da Roland sich weigert, Oliviers Rat zu folgen und KARLS Heer zu Hilfe zu rufen. Der eigentl. Roland-Handlung folgen die Vernichtung der Heiden durch den zurückgekehrten KARL am Fuß der Pyrenäen sowie des (Marsilius zu Hilfe geeilten) Emirs Baligant und dessen riesigem Heer bei Saragossa, die Beisetzung Rolands und der übrigen Paladine in Blaye an der Gironde, die Heimkehr nach Aachen und das Strafgericht über Ganelon. – Über die Theorien zur Entstehung → Geste.

*Nachdichtungen:* Vom Erfolg des Oxforder R. zeugen die zahlreichen Bearbeitungen, von der bald erfolgten Umsetzung in die gereimte Form Handschriften des 13.–15. Jh. Das R. gab ferner den Auftakt zur Abfassung weiterer Heldenlieder über andere Abenteuer KARLS D. GR., seine Jugend usw. sowie über die gegen ihn rebellierenden Vasallen. Wahrscheinlich 1172 wurde das altfrz. R. vom Pfaffen → Konrad ins Mittelhochdeutsche übertragen. Der Stoff fand in Dtl. v. a. durch die Bearbeitung des →Strickers (›Karl‹, um 1220/30) weite Verbreitung. Auf dem altfrz. R. fußten u. a. eine lat. Prosafassung, der → Pseudo-Turpin, das span. Fragment ›Roncesvalles‹ (um 1230) und die nord. ›Karlamagnússaga‹ (13. Jh.). In Spanien erfolgte – als Reaktion auf die frz. Vereinnahmung des R. – eine Umdeutung und Abwandlung des Stoffes, die den sagenhaften Helden Bernardo del → Carpio an der Seite der Sarazenen gegen Roland und die Franzosen kämpfen läßt. In Italien wurde der Stoff selbständig weiterentwickelt: A. DA BARBERINOS Ritterroman ›I reali di Francia‹ (hg. 1491), L. PULCIS Epos ›Il Morgante‹ (1478, endgültige Fassung 1483 u. d. T. ›Il Morgante maggiore‹), die Orlando-Epen M. M. BOIARDOS (entstanden 1476–94) und L. ARIOSTOS (1516–21). In deren Folge entstanden L. F. DE VEGA CARPIOS Drama ›La belleza de Angélica‹ (1602) und Opern (P. QUINAULT und J.-B. LULLY, 1686; GRAZIO BRACCIOLI, * 1682, † 1752, und G. F. HÄNDEL, 1733). In Spanien fand – wie auch schon in Italien (Epos L. DOLCES, 1572) – u. a. die Liebesgeschichte der Eltern Rolands Eingang in die Dichtung (VEGA CARPIOS Drama ›La mocedad de Roldán‹). Im 19. Jh. entstanden v. a. um den Tod Rolands zahlreiche Ro-

**Rola**   Rolandspiel – Rolland

manzen und Balladen (F. DE LA MOTTE-FOUQUÉ, 1805; F. SCHLEGEL, 1806; L. UHLAND, 1808 und 1841; A. DE VIGNY, 1829; M. VON STRACHWITZ, 1842) sowie Dramen (K. L. IMMERMANN, 1819; R. VON KRALIK, 1898).

*Ausgaben:* Les textes de la Chanson de Roland, hg. v. R. MORTIER, 10 Bde. (1940–44); La Chanson de Roland, übers. v. H.-W. KLEIN (1963, altfrz. u. dt., Nachdr. 1983); La Chanson de Roland, hg. v. P. JONIN (1979); La Chanson de Roland. Texte établi d'après le manuscrit d'Oxford, übers. v. G. MOIGNET (1985); La chanson de Roland, hg. v. C. SEGRE, 2 Bde. (Neuausg. 1989). – Das altfrz. R. Nach der Oxforder Handschr., hg. v. A. HILKA u.. a. (⁷1974).

M. DELBOUILLE: Sur la genèse de la Chanson de Roland (Brüssel 1954); Bulletin bibliographique de la Société Roncesvals (Paris 1958 ff.); P. AEBISCHER: Rolandiana et Oliveriana. Recueil d'études sur les chansons de geste (Genf 1967); J. J. DUGGAN: A guide to studies on the ›Chanson de Roland‹ (London 1976); P. LE GENTIL: La Chanson de Roland (Paris ²1976); R. F. COOK: The sense of the Song of Roland (Ithaca, N. Y., 1987).

**Roland|spiel, Rolandreiten,** bäuerl. Reiterspiel in Dithmarschen (früher viel weiter verbreitet), bei dem von Reitern mit einer Lanze im Vorbeireiten auf ein menschengestaltiges Holzbild (in Nord-Dtl. Roland gen.) gestochen wird.

**Roldán,** Pedro, span. Bildhauer und Maler, getauft Sevilla 14. 1. 1624, † ebd. vor dem 4. 8. 1699; Hauptmeister der Bildhauerei Sevillas in der 2. Hälfte des 17. Jh. Er gehörte einer von G. L. BERNINI beeinflußten barocken Strömung an und suchte maler. Effekte zu erzeugen (farbige Fassung seiner Reliefs und Figuren). Ein Hauptwerk ist das prächtige Hauptretabel in der Kirche des Hospitals de la Caridad in Sevilla (1670–73). – Seine Tochter MARÍA LUISA (gen. LA ROLDANA, * 1656, † 1704) war seit 1695 Hofbildhauerin KARLS II.

J. BERNALES BALLESTEROS: P. R., maestro de escultura (Sevilla 1973).

**Rold-Skov** [rɔl sɡou], größtes dän. Waldgebiet, über 80 km², in Nordjütland zw. Ålborg und Hobro, vorwiegend Nadelwald. Im NW liegt der Rebild-Nationalpark.

**Rolevinck** [-fiŋk], Werner, mittellat. Autor, * Laer (bei Münster), † Köln 26. 8. 1502; seit 1447 Mönch der Kartause St. Barbara in Köln, verfaßte neben zahlreichen theolog. Schriften ein synoptisch angelegtes Handbuch zur Weltgeschichte (›Fasciculus temporum omnes antiquorum cronicas complectens‹, 1474; bis ins 16. Jh. etwa 50 Auflagen und Übersetzungen). Sozialen Fragen widmete er sich in versch. Ständetraktaten, bes. im kulturhistorisch bedeutsamen Bauernspiegel ›De regimine rusticorum‹. R.s Ruhm gründet sich v. a. auf sein als volkskundl. Dokument wichtiges Lob Westfalens (›De laude antiquae Saxoniae nunc Westphaliae dictae‹, 1474).

*Ausgaben:* Bauernspiegel. De regimine rusticorum, hg. v. E. HOLZAPFEL (1959); Die seelsorgerl. Führung der Bauern, hg. v. dems. (1959); Ein Buch vom Lobe Westfalens, des alten Sachsenlandes, hg. v. H. BÜCKER (²1982, lat. u. dt.).

**Rolf,** männl. Vorname, entstanden aus Rodolf, einer Nebenform von Rudolf.

**Rolff,** Hans-Günter, Erziehungswissenschaftler, * Hannover 19. 10. 1939; seit 1970 Prof. in Dortmund, bearbeitet mit soziolog. Akzent bes. Fragen der Schulentwicklung und Schulplanung.

*Werke:* Bildungsplanung als rollende Reform (1970); Brennpunkt Gesamtschule (1979); Soziologie der Schulreform (1980); Schule im Wandel (1984); Bildung im Zeitalter der neuen Technologie (1988).

**Rolfing** [nach der Amerikanerin IDA ROLF, 20. Jh.] *das, -(s),* als alternative Heilmethode durchgeführte Form der Tiefenmassage, bei der das durch Muskelverspannung gebildete überflüssige Zellgewebe gelockert und aufgelöst wird; die Bindegewebshülle der Muskeln wird durch Druck gelockert, so daß wieder eine natürl. Körperhaltung möglich wird.

**Rolf-Liebermann-Preis,** von der Hamburger Körber-Stiftung 1980 zu Ehren des Komponisten und Opernintendanten R. LIEBERMANN eingerichteter Opernkompositionspreis, wird alle zwei oder drei Jahre vergeben. Preisträger: 1983 K. BOEHMER, 1986 W. RIHM (jeweils 75 000 DM), 1990 YORK HÖLLER (* 1944) sowie (Förderpreis) D. MÜLLER-SIEMENS (je 25 000 DM).

**Rolfsen,** Alf, norweg. Maler, * Oslo 28. 1. 1895, † ebd. 10. 11. 1979; studierte in Kopenhagen, später in Paris und besuchte mehrfach Italien. Schuf Fresken (Kirche in Stiklestad bei Trondheim, 1930; Krematorium in Oslo, 1932–37; Rathaus in Oslo, 1938–50; Hansa-Brauerei in Bergen, 1967); auch Porträts und Landschaften.

**Rolicz-Lieder** ['rɔlitʃ'lidɛr], Wacław, poln. Lyriker, * Warschau 27. 9. 1866, † ebd. 25. 4. 1912; bedeutender poln. Symbolist, dessen an die altpoln. Dichtung und den frz. Symbolismus anknüpfende Lyrik ein extremes Beispiel hermet. Dichtung ist. R.-L., der mit S. MALLARMÉ, P. VERLAINE und v. a. S. GEORGE befreundet war, übersetzte u. a. Lyrik von C. BAUDELAIRE und GEORGE, der seinerseits R.-L. übersetzte.

*Ausgaben:* Poezje wybrane (1960); Stefan George, W. R.-L., Gedichte u. Übertragungen, hg. v. A. LANDMANN (1968).

M. PODRAZA-KWIATKOWSKA: W. R.-L. (Warschau 1966).

**Rolladen,** Schutzvorrichtung vor Fenster- und Türöffnungen, die aus gelenkig untereinander verbundenen profilierten Stahlblech- oder Kunststofflamellen (früher auch aus Holz) besteht, die an den Seiten in Profilschienen geführt und im verdeckt angebrachten R.-Kasten auf eine Walze aufgewickelt werden.

**Rolland** [rɔ'lã], Romain, frz. Schriftsteller, * Clamecy (Dép. Nièvre) 29. 1. 1866, † Vézelay 30. 12. 1944; lebte 1886–89 in Rom und lernte dort durch AMALIE MALVIDA VON MEYSENBUG die dt. Kultur kennen. 1903–12 war er Prof. für Musikwiss. in Paris. Mit seinen frühesten literar. Arbeiten, den Dramenzyklen ›Les tragédies de la foi‹ (3 Tle., 1897–99) und ›Théâtre de la révolution‹ intendierte er eine geistige und gesellschaftl. Erneuerung Frankreichs im Sinne einer Ablösung vom Geist des Materialismus und der Décadence (u. a. durch den Verweis auf die Ideale der Frz. Revolution). In der Programmschrift ›Le théâtre du peuple‹ (1903; dt. ›Das Theater des Volkes‹) konzipierte er – im Anschluß an die Kunstauffassung L. N. TOLSTOJS – ein auf histor. und moral. Grundlagen aufbauendes, volksnahes Theater. Im Mittelpunkt seiner Biographien stehen vom Geist eines unüberwindlichen moral. Heroismus geprägte Gestalten (u. a. ›Vie de Beethoven‹, 1903, dt. ›Beethoven‹; erweitert ›Beethoven, les grandes époques créatives‹, 7 Bde., 1928–53; ›Michel-Ange‹, 1905, dt. ›Das Leben Michelangelos‹; ›Vie de Tolstoi‹, 1911, dt. ›Das Leben Tolstois‹). Sein zeit- und kulturhistor. Entwicklungsroman ›Jean Christophe‹ (10 Bde., 1904–12; dt. ›Johann Christof‹, 3 Bde.), die fiktive Biographie eines dt. Musikers, ist vom Gedanken der europ. Verständigung getragen (wobei die Kunst eine wichtige Mittlerrolle einnimmt) und versucht eine Synthese dt. und frz. Geistigkeit. Schon während der Dreyfusaffäre und im ›Jean Christophe‹ hatte sich R. gegen den anwachsenden Nationalismus und Chauvinismus gewandt. Nach Ausbruch des Ersten Weltkriegs und später engagierte er sich von der Schweiz aus (wo er 1914-37 lebte) für Pazifismus und Kosmopolitismus und wandte sich entschieden gegen den Imperialismus der europ. Nationalstaaten (›Au-dessus de la mêlée‹, 1915; ›Les précurseurs‹, 1919; beide dt. u. d. T. ›Der freie Geist‹). 1915 erhielt er den Nobelpreis für Literatur. Der Europagedanke bestimmte die Initiierung (1919) der Zeitschrift ›Europe‹ (erschienen seit

Romain Rolland

1923), mit der er ein Forum für unabhängige Intellektuelle zu schaffen suchte (›Déclaration d'indépendence de l'esprit‹, 1919). Der Roman ›Clérambault‹ (1920; dt.) stellte eine erneute literar. Kampfansage an den Chauvinismus dar. Anfang der 1920er Jahre begann R.s Auseinandersetzung mit der ind. Geisteswelt (Begegnung mit R. TAGORE u. a.); das von GANDHI vertretene Prinzip der Gewaltlosigkeit im Rahmen polit. Auseinandersetzungen reflektierte er mit Sympathie (›Mahatma Gandhi‹, 1923; dt.). In den 30er Jahren bezog er Position gegen Faschismus und Nationalsozialismus; dem Kommunismus, zu dem er sich seit 1927 bekannt hatte, stand er später kritisch gegenüber. Über sein i. e. S. literar. Werk hinaus wurde R. zu einem Protagonisten des Humanitätsgedankens im Zeichen geistiger und polit. Freiheit sowie des Friedens und der Verständigung zw. den Völkern.

**Weitere Werke:** *Biographien:* La vie de Ramakrishna (1929; dt. Leben des Ramakrishna); Robespierre (1939; dt.); Péguy, 2 Bde. (1944; dt. Charles Péguy). – *Romane:* Colas Breugnon (1918; dt. Meister Breugnon); L'âme enchantée, 6 Tle. (1922–33; dt. Verzauberte Seele). – *Dramen:* Théâtre de la révolution, Tl. 1: Les loups (1898; dt. Die Wölfe), Tl. 2: Danton (1900; dt.), Tl. 3: Le quatorze juillet (1902; dt. Der 14. Juli); Le jeu de l'amour et de la mort (1924; dt. Ein Spiel von Tod u. Liebe); Robespierre (1939; dt.). – *Autobiographie:* Le voyage intérieur (1942; dt. Die Reise nach innen). – *Tagebuchaufzeichnungen:* Journal des années de guerre (3 Bde., hg. 1952; dt. Das Gewissen Europas).
**Ausgabe:** Ges. Werke in Einzelbänden, 5 Bde. ($^{1-4}$1953–83).
E. R. CURTIUS: Die literar. Wegbereiter des neuen Frankreich ($^3$1923); Cahiers R. R., hg. v. der Association des Amis de R. R., auf zahlreiche Bde. ber. (Paris 1948 ff.); R. CHEVAL: R. R.; l'Allemagne et la guerre (ebd. 1963); R. R. Weltbürger zw. Frankreich u. Dtl., bearb. v. K. DAHME u. a., Ausst.-Kat. (1967); W. T. STARR: R. R. One against all. A biography (Den Haag 1971); H. M. KASTINGER RILEY: R. R. (1979).

**Roll|asseln, Kugel|asseln, Armadillidiidae,** Familie mit rd. 200 Arten hauptsächlich im Mittelmeerraum verbreiteter Landasseln, die sich (wie die zu den Tausendfüßlern gehörenden →Saftkugler) bei Gefahr zu einer Kugel einrollen können.

**Roll back** [ˈrəʊlbæk; engl. to roll back ›zurückrollen‹, ›zurückdrängen‹] *das, -(s)*, Bez. für die vom amerikan. Außenmin. J. F. DULLES propagierte Strategie der Zurückdrängung kommunist. Macht in Mittel- und Osteuropa und Asien. Ausgangspunkt dieses Konzepts, das vor dem Hintergrund der nuklearen Überlegenheit der USA auch die Bereitschaft mit einschloß, einen Krieg zu riskieren, war die Ablehnung der als unzureichend erachteten Politik des Containment. Das Konzept des R. b., das eine Änderung der globalen Machtverteilung zur Folge gehabt hätte, wurde nie in prakt. Politik umgesetzt.

**Rollbahn,** andere Bez. für Rollweg (→Flughafen).
**Rollbild,** häufigste Bildgattung der ostasiat. Kunst (→Hängerolle, →Querrolle).
**Rollblätter,** pflanzl. Blätter mit dauernder (viele Heidekrautgewächse) oder – in trockenen Perioden – temporärer (versch. Gräser) Einrollung der Blattränder nach unten; als Transpirationsschutz durch Verkleinerung der freien Oberfläche und Verlagerung der Spaltöffnungen in windstille Räume gedeutet.
**Rolle** [mhd. rolle, rulle, urspr. ›kleines Rad‹, ›Walze‹; ›zusammengerolltes Schriftstück‹, über altfrz. rol(l)e von (m)lat. rotulus, rotula ›Rädchen‹, ›Rolle‹, ›Walze‹, zu lat. rota ›Rad‹, ›Scheibe‹],
**1)** *Bergbau:* →Rolloch.
**2)** *Buchwesen:* →Buchrolle.
**3)** *Maschinenbau:* 1) Konstruktionselement in Wälzlagern; 2) kleines Laufrad oder kleine Laufwalze mit Rille oder Nut am Umfang zur Führung von Seilen oder Ketten.
**4)** *Mechanik:* einfacher Körper in Form einer kreisrunden, um ihre Achse drehbaren Scheibe oder Walze. Die R. zählt zu den einfachen Maschinen. Während die **feste R.** nur zur Umlenkung einer Kraftrichtung dient (aufzuwendende Kraft $F$ = Last $L$), benutzt man **lose R.** in Verbindung mit festen R. zur Verkleinerung der Kraft bei Vergrößerung ihres Weges; die aufzuwendende Arbeit bleibt konstant. (→Flaschenzug)
**5)** *Schiffahrt:* die Aufgabenverteilung für die Besatzung eines Schiffes für bestimmte wiederkehrende Arbeiten, z. B. Reinschiff-R., Manöver-R., Feuerlösch-R., Sicherheitsrolle.
**6)** *Soziologie:* **soziale R.,** 1) die Summe von Erwartungen an ein soziales Verhalten eines Menschen, der eine bestimmte soziale Position innehat; 2) ein gesellschaftlich bereitgestelltes Verhaltensmuster, das erlernt und von einer Person in einer bestimmten Situation gewählt und ausgeführt werden kann bzw. werden muß. Neben der Nähe zu alltagssprachl. Wendungen (›eine R. spielen‹, ›aus der R. fallen‹), die bereits darauf hinweisen, daß im R.-Spiel sowohl ein anthropolog. Vermögen als auch eine sozial definierte Fähigkeit angesprochen werden und daß der einzelne nur bedingt frei über Formen und Verhaltensweisen im gesellschaftl. Zusammenhang entscheiden kann, gibt es zwei weitere wichtige Motive für die weite Verbreitung, die der R.-Begriff v. a. seit den 1950er Jahren von den USA ausgehend gewonnen hat. Zum einen bietet die Analyse von Verhalten mit Hilfe des R.-Konzepts die Möglichkeit, soziales Verhalten empirisch überprüfbar zu untersuchen. Zum anderen ermöglicht der R.-Begriff als ›Elementarkategorie‹ der soziolog. Theoriebildung die soziolog. Erforschung der sozialen Beziehungen, ohne daß auf vor- oder außerwissenschaftl. metaphys. Voraussetzungen zurückgegriffen werden muß. Die R.-Soziologie hat ein umfangreiches begriffl. Instrumentarium zur Erfassung unterschiedl. R.-Erwartungen entwickelt. Dabei ist zunächst zu berücksichtigen, daß die den einzelnen R. zugrundeliegenden Verhaltensmuster weder angeboren sind noch den Individuen zur freien Auswahl zur Verfügung stehen; sie werden vielmehr im Prozeß der Sozialisation gelernt. Den Lebensphasen der Kindheit und Jugend sowie der Familie kommen als Vermittlungsinstanzen von R.-Bildern besondere Aufgaben und wissenschaftl. Beachtung zu. Zunächst wird das Individuum in der primären Sozialisation mit R.-Erwartungen konfrontiert, die sich auf Merkmale beziehen, die ihm zugeteilt sind und denen es sich nicht entziehen kann. Zu diesen **Primär-R.** oder **zugeschriebenen R.** gehören Verhaltenserwartungen, die sich z. B. auf Alter, Geschlecht, Familienzusammenhang oder Schichtzugehörigkeit beziehen; dem gegenüber stehen **erworbene R.** oder **Sekundär-R.** (z. B. Berufs-R.), deren Auswahl und Erfüllung stärker von den Entscheidungen der Individuen selbst abhängen. In diesem Zusammenhang wird zw. **fundamentalen R.,** denen von einem Individuum notwendigerweise zu erfüllenden Erwartungen (Familien-, Berufs-, Geschlechts-R.), und **peripheren R.** (z. B. in der Freizeit) unterschieden. Alle R. einer Person können als **R.-Satz** (R. K. MERTON) oder **R.-Konfiguration** (E. K. SCHEUCH), die einzelnen Erwartungen an eine R. als deren Elemente angesprochen werden. Widerstreitende Erwartungen an unterschiedl. Rollen eines Menschen, z. B. Hausfrau und Mutter) werden dann als **Inter-Rollenkonflikt,** widerstreitende Elemente einer R., z. B. unterschiedl. Erwartungen von Eltern und Schülern an das Verhalten der Lehrerin, als **Intra-**

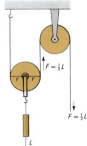

**Rolle 4):** Last $L$ und aufzuwendende Zugkraft $F$ an der festen Rolle (oben) und an der losen Rolle (unten); die lose Rolle ist zum Umlenken der Zugkraft mit der festen Rolle kombiniert; anhand der an den Auflaufstellen des Seils eingezeichneten Radien $r$ ist zu erkennen, daß die Rolle selbst wie ein gleicharmiger Hebel wirkt

**Roll** Rolle – Rollenhagen

**Rollenkonflikt** bezeichnet. Dabei hat die zunehmende soziale Differenzierung moderner Gesellschaften auch bezüglich der R. zu vervielfachten Mustern und Erwartungen geführt, so daß die einzelnen gegenüber den vielgestaltigen Anforderungen nur auf der Basis einer gewissen R.-Distanz oder durch selektiven Umgang mit den unterschiedl. Erwartungen angemessen handeln können.

Für die Entstehung des R.-Konzepts zeichnen zwei sozialwissenschaftl. Denktraditionen verantwortlich: zum einen die der strukturfunktionalen Theorie (T. PARSONS), nach der soziale Systeme durch die Verteilung von R., die mit Hilfe von Sozialisationsinstanzen, Internalisierung und Sanktionen den Individuen übertragen bzw. von ihnen eingefordert werden, die Funktionsfähigkeit der jeweiligen Gesellschaft sicherzustellen bestrebt sind. Zum anderen der symbol. Interaktionismus, der im Anschluß an G. H. MEAD einen eher deskriptiven R.-Begriff vertritt. Danach werden R. zw. Individuen in einem Interaktionszusammenhang ausgehandelt und im Prozeß der Sozialisation erlernt (so lernen Kinder geschlechtsspezif. und kulturspezif. Verhalten, das sie auch als Erwachsene ausführen können, in vielen Gesellschaften im Rahmen der Familie). Während in diesem Zusammenhang R.-Lernen auch als ›Leiden an der Gesellschaft‹ (H. P. DREITZEL) in Erscheinung treten kann, sieht die philosophische und soziologische Anthropologie in der Fähigkeit zum R.-Spiel einen Hinweis auf die grundlegend gesellschaftlich geprägte ›Natur‹ des Menschen (D. CLAESSENS) und darüber hinaus die Chance, daß der Mensch im Spiel der R. zu sich selbst (H. PLESSNER), also auch zur Selbsterkenntnis, gelangen könne.

D. CLAESSENS: R. u. Macht (²1970); H. PLESSNER: Diesseits der Utopie (Neuausg. 1974); R. DAHRENDORF: Homo sociologicus (¹⁵1977); J. HABERMAS: Notizen zum Begriff der R.-Kompetenz, in: ders.: Kultur u. Kritik (²1977); Soziale R. Ein soziolog. Studien- und Arbeitsbuch, hg. v. M. GRIESE u. a. (1977); H. JOAS: Die gegenwärtige Lage der soziolog. R.-Theorie (³1978); H. P. DREITZEL: Die gesellschaftl. Leiden u. das Leiden an der Gesellschaft (³1980); G. H. MEAD: Geist, Identität u. Gesellschaft aus der Sicht des Sozialbehaviorismus (a. d. Engl., ⁵1983); N. LUHMANN: Soziale Systeme (1984); H.-P. BAHRDT: Schlüsselbegriffe der Soziologie (³1987).

**7)** *Sport:* 1) im *Kunstflug* eine Figur mit einmaligem Drehen des Flugzeugs um die Längsachse (BILD → Kunstflug); 2) beim *Kunstturnen,* v. a. beim Bodenturnen, eine ganze Drehung vor- oder rückwärts um die Breitenachse des Körpers, Beine angehockt, Oberkörper nach vorn gebeugt. Am Barren wird die R. auch mit gestrecktem Körper geturnt, auf dem Schwebebalken zählt die frei geturnte R. vorwärts zu den Höchstschwierigkeiten. Die Boden-R. wird volkstümlich als Purzelbaum bezeichnet; 3) im *Radsport* eine 75 cm lange (Durchmesser 5 cm), um ihre Längsachse drehbare Walze, die bei Steherrennen am hinteren Ende des Schrittmacherfahrzeugs angebracht ist. Das Fahren unmittelbar an der R. bietet dem Rennfahrer Windschatten.

**8)** *Theater, Film, Fernsehen:* 1) von einem Schauspieler darzustellende Gestalt; 2) der dem einzelnen Darsteller zugeteilte Text. Früher zum Memorieren getrennt aufgezeichnet, heute jedoch meist aus den vollständigen Texten erarbeitet. Die **R.-Fächer** entstanden aus den Charaktermasken der Commedia dell'arte und ergaben sich aus Kriterien wie Alters-, Geschlechts- und Gesellschaftszugehörigkeit. Weitere Einteilungen nach Haupt- und Neben- (bzw. Episoden-)R., aber auch nach dramat. Gattungen (z. B. kom. und trag. R.). Unter dem wachsenden Einfluß der Regie hat das R.-Fach seine Bedeutung als Eignungskriterium weitgehend verloren.

H. DOERRY: Das R.-Fach im dt. Theaterbetrieb des 19. Jh. (1926).

**Georg Rollenhagen**

**Rolle** [rɔl], 1) Bezirkshauptort im Kt. Waadt, Schweiz, 378 m ü. M., am NW-Ufer des Genfer Sees, (1991) 3 800 Ew.; Weinbau, Fremdenverkehr.

**2)** Bez. im Kt. Waadt, Schweiz, am NW-Ufer des Genfer Sees nordöstlich von Nyon, 78 km², (1989) 9 400 Ew.; umfaßt einen Teil des Weinbaugebietes La Côte mit z. T. berühmten Weinorten (z. B. Luins).

**Rollen, 1)** *allg.:* **Rollbewegung,** aus einer Dreh- und Translationsbewegung sich zusammensetzende Abwälzbewegung eines runden Körpers (z. B. Kugel, Walze, Rad) auf einer festen Unterlage (z. B. Fahrbahn). In der Praxis können der Rollbewegung (geringe) Gleit- oder Schlupfbewegungen überlagert sein. Der Rollwiderstand entsteht durch Formänderungsarbeit an Rad und Fahrbahn (→ Fahrwiderstand). – Der allgemeine Sprachgebrauch versteht unter R. die Bewegung nicht angetriebener runder Körper und Fahrzeuge, z. B. Eisenbahnwagen, ausgekuppelter Kraftwagen. Das am Boden auf den nicht angetriebenen Rädern des Fahrwerks rollende Flugzeug überwindet den Rollwiderstand durch die Vortriebskraft des Flugtriebwerks.

**2)** *Fahrzeugtechnik:* Drehbewegung eines Flugzeugs um seine Längsachse, während es sich zugleich in Richtung der Längsachse fortbewegt (bei Straßenfahrzeugen als Wanken bezeichnet). Beim Schiff setzt sich das R. zusammen aus der gleichzeitigen Bewegung um seine Längsachse (**Schlingern**) und Querachse (**Stampfen**).

**3)** *Umformtechnik:* 1) die Herstellung zylindr. oder kon. Teile durch Schmieden im Rollgesenk unter ständigem Drehen; 2) stetiges Biegen von Blechstreifen, Draht, Rohr o. ä. durch Einführen in ein Werkzeug mit gekrümmter Wirkfläche (z. B. in die Rollstanze).

**Rollenbahn,** *Fördertechnik:* ein Stetigförderer (Schwerkraftförderer) mit stationär angeordneten zylindr. Stahl- oder Kunststoffrollen, durch deren Drehbewegung Stückgüter (Kisten, Kartons, Paletten u. ä.) transportiert werden. Die über die gesamte Breite des Förderers reichenden Tragrollen werden an den Seiten in Flach- oder Winkelstahlrahmen geführt. Das notwendige Gefälle liegt zw. 2 und 5%. Kurvenstücke werden mit unterteilten oder kegelförmigen Rollen ausgeführt, um ein Gleiten des Fördergutes zu begrenzen. Richtungsänderungen sind auch über Weichen und Drehscheiben möglich. In ausgedehnteren R.-Systemen müssen ansteigende Abschnitte mit angetriebenen Rollen eingebaut werden. Für leichteres Fördergut werden **Röllchenbahnen (Scheiben-R.)** eingesetzt, bei denen schmale Röllchen auf einer Achse die Funktion der Rollen übernehmen. Schwere Lasten werden mit dem **Rollgang** bewegt, bei dem jede Rolle angetrieben wird, z. B. Walzstraßen für den Brammentransport in einem Walzwerk.

**Rollenboden,** ein Teil der Bühnenmaschinerie (→ Bühne 1).

**Rollenfach,** *Theater:* → Rolle 8).

**Rollengeschirr,** *Fischerei:* Bestandteil von Grundschleppnetzen zur Beschwerung und zum Schutz der Netze vor Beschädigungen bei Grundberührungen, besteht beim Einsatz über sandigem Grund aus Gummischeiben, bei rauhem Boden aus stählernen Kugeln.

**Rollenhagen,** Georg, Schriftsteller, * Bernau b. Berlin 22. 4. 1542, † Magdeburg 20. 5. 1609; ab 1563 Rektor in Halberstadt, ab 1567 in Magdeburg; dort auch ev. Prediger; schrieb bürgerlich-moralist. Schuldramen mit biblischen Stoffen nach antiken Mustern (›Vom reichen Manne und armen Lazaro‹, 1591). Die reformator. Tendenz seiner Dramen ist auch in seinem Hauptwerk spürbar, dem grotesk-satir., etwa 20 000 Verse umfassenden Tierepos ›Froschmeuseler‹

(1595), einer allegor. Darstellung der Reformationszeit und ihrer Wirren nach dem Muster der → Batrachomyomachie.

**Rollenmeißel,** ein Bohrwerkzeug (→ Bohren).

**Rollen|offsetdruck,** → Rotationsdruckmaschine.

**Rollenporträt** [-portrɛ:], Darstellung eines Schauspielers oder Sängers im Kostüm und Habitus einer Bühnenrolle. Das R. entwickelte sich zu Beginn des 18. Jh. in Frankreich (A. PESNE, N. DE LARGILLIÈRE) und fand etwa Mitte des 18. Jh. Eingang in die engl. Malerei und Graphik (F. HAYMAN, G. ROMNEY).

**Rollentabak, Rolltabak,** aus entrippten Blättern zu Strängen gewundener, aufgerollter und bei Verwendung zu Kautabak stark gesoßter Tabak. Trockener, geschnittener R. wird als Pfeifentabak verwendet.

**Rollenzug,** ein einfacher → Flaschenzug.

**Rollepaß,** italien. **Passo di Rolle,** 1970 m hoher Paß in den Dolomiten, Italien, von der Straße von Predazzo nach San Martino di Castrozza überquert.

**Roller, 1)** *Fahrzeugbau:* Kurz-Bez. für Motorroller (→ Kraftrad).

**2)** *Fördertechnik:* sehr niedrige und flache Flurfördergeräte mit drei oder vier drehbaren oder festen Rollen für den Transport sperriger oder schwerer Teile.

**3)** *Meereskunde:* durch → Dünung bewirkte, brandende hohe Wellen, u. a. an den Küsten der Inseln Sankt Helena und Ascension.

**Roller,** Alfred, österr. Maler und Bühnenbildner, * Brünn 2. 10. 1864, † Wien 21. 6. 1935; war 1897 Gründungs-Mitgl. der ›Wiener Secession‹, besorgte 1903–07 in Zusammenarbeit mit G. MAHLER die Ausstattungen der Wiener Hofoper (z. B. ›Tristan und Isolde‹ von R. WAGNER, 1903, und ›Don Giovanni‹ von W. A. MOZART, 1905), wurde 1909 Direktor der Wiener Kunstgewerbeschule, 1918 Ausstattungsleiter der Wiener Staatstheater und 1923 Leiter der Bühnenbildklasse an der Wiener Musikakademie; wirkte bei M. REINHARDT (u. a. ›König Ödipus‹ von SOPHOKLES, Berlin 1910; ›Der Rosenkavalier‹ von R. STRAUSS, Urauff. Dresden 1910; ›Die Orestie‹ von AISCHYLOS, München 1911) und an anderen größeren Theatern in Salzburg, New York, Philadelphia (Pa.), Bayreuth. Er entwickelte ein System von Raum (Verwendung von praktikablen Eckpylonen, ›R.-Türmen‹), Farbe und Licht, das gemeinsam mit Musik, Wort und Gestik der Idee des ›Gesamtkunstwerks‹ nahekam.

L. KITZWEGERER: A. R. als Bühnenbildner (Diss. Wien 1959).

**Rolle-Satz** [-rɔl-; nach dem frz. Mathematiker MICHEL ROLLE, * 1652, † 1719], *mathemat.* Lehrsatz: Ist $f: \mathbb{R} \to \mathbb{R}$ eine differenzierbare Funktion, die an den Stellen $a$ und $b$ ($a < b$) verschwindet, so gibt es zw. $a$ und $b$ eine Stelle $c$ mit $f'(c) = 0$. Der R.-S. ist ein wichtiger Satz der Analysis; er geht im Spezialfall, daß $f$ ein Polynom ist, auf ROLLE zurück und findet sich später u. a. bei L. EULER.

**Rollett,** Hermann, österr. Schriftsteller, * Baden (bei Wien) 20. 8. 1819, † ebd. 30. 5. 1904; wurde in den 1840er Jahren wegen seiner polit. Einstellung verfolgt und floh nach Dtl. und in die Schweiz; nach seiner Rückkehr 1854 hatte R. in Baden versch. Ämter inne, zuletzt (ab 1876) war er Stadtarchivar. R. gehörte der Bewegung ›Junges Österreich‹ an und bekannte sich zum Deutschkatholizismus. Er schrieb freiheitl. Gedichte und feierte die 1848er Revolution in seinem ›Republikan. Liederbuch‹ (1848); daneben entstanden Dramen (›Thomas Münzer‹, 1851), erzählende Dichtungen sowie polit. und kunsthistor. Schriften (›Die Goethe-Bildnisse‹, 1883).

Ausgabe: Dramat. Dichtungen, 3 Bde. (1851).

**Rollfarn, Cryptogramma,** Farngattung aus dem Verwandtschaftskreis um die Frauenhaarfarne mit nur wenigen Arten in den temperierten Gebieten der Nordhalbkugel sowie in S-Chile und im benachbarten Argentinien; mit kleinen, krautigen, glatten, fein fiedrig eingeschnittenen Blättern; sterile und fertile Blätter verschieden gestaltet; Sporangienhäufchen durch den umgerollten Blattrand bedeckt. In Dtl. kommt nur an sehr wenigen Stellen der geschützte **Krause R.** (Cryptogramma crispa) vor.

**Rollfeder,** Doppelfeder mit vorgekrümmtem Federband, das beim Aufziehen der kleineren Speicherrolle (größere Krümmung) auf die größere Arbeitsrolle (kleinere Krümmung) gewickelt wird. Die R. liefert ein sehr konstantes Drehmoment und wurde deshalb z. B. in mechan. Laufwerken (Großuhren) eingesetzt.

**Rollfilm,** mit einer Schutzpapierlage auf eine Spule gewickelter unperforierter Aufnahmefilm für Mittelformatkameras (R.-Kamera). Heute dominieren die 61,5 mm breiten Konfektionierungen **R. 120** für zwölf Aufnahmen $6 \times 6$ cm (oder acht Aufnahmen $6 \times 9$ cm) und **R. 220** für 24 Aufnahmen $6 \times 6$ cm (oder 16 Aufnahmen $6 \times 9$ cm).

**Rollgang,** eine angetriebene → Rollenbahn.

**Rollgerste,** → Graupen 1).

**Rollgrenze,** Grenzzustand eines gebremsten oder angetriebenen Rades vor dem Gleiten.

**Rollhöcker, Rollhügel, Trochanter,** *Anatomie:* die beiden höckerartigen Knochenvorsprünge am oberen Ende des Oberschenkelknochens nahe dem Oberschenkelkopf: Der **große R.** (Trochanter major) ist Ansatzstelle der meisten Hüftmuskeln, der **kleine R.** (Trochanter minor) Ansatzpunkt des Lendenmuskels.

**Rollhockey** [-hɔki, auch -hoːke], dem Eishockey und Hockey verwandtes Mannschaftsspiel (4 Feldspieler, 1 Torwart; dazu 2 Auswechselspieler und 1 Ersatztorwart) auf Rollschuhen mit dem Ziel, den Ball (155 g schwer, Umfang: 23 cm) ins gegner. Tor zu treiben. Gespielt wird auf Asphalt- und Betonbahnen, vereinzelt auf Holzbahnen. Das Spielfeld (Rink) mißt $15 \times 30$ m bis $20 \times 40$ m. Die beiden Tore sind 1,05 m hoch und 1,25 m breit. Die hölzernen Schläger wiegen bis 500 g. Ein Spiel dauert $2 \times 25$ min effektive Spielzeit. – Seit 1963 gibt es Weltmeisterschaften.

**Rolli,** Paolo, italien. Dichter und Librettist, * Rom 13. 6. 1687, † Todi 20. 3. 1765; lebte 1715–44 u. a. als Prinzenerzieher, Übersetzer und Herausgeber antiker Texte in London, danach in Todi. Im Rahmen seiner vielfältigen Aktivitäten machte R. die italien. Literatur in England bekannt. Er schrieb Dichtungen im Stil G. CHIABRERAS und der Accademia dell'Arcadia, der er seit 1708 angehörte; darüber hinaus führte er die Gattung der ›cantata lirica‹ ein und ahmte den Elfsilbler CATULLS nach. Neben Liebes- und Trinkliedern verfaßte er Scherzgedichte und Libretti, v. a. für G. F. HÄNDEL.

Werke: Rime (1717); Di canzonette ed cantate libri due (1727); De' poetici componimenti libri tre (1753).

Ausgabe: Liriche, hg. v. C. CALCATERRA (1926).

F. RUSSO: La figura e l'opera di P. R. (Udine 1967).

**Rollieren,** Verfahren der Fertigungstechnik, bei dem mit Rollierscheiben aus Hartmetall, Stahl oder Keramik zylindr. Werkstücke (v. a. Lagerzapfen) bis zu etwa 10 mm Durchmesser spanend bearbeitet werden. Neben einer Erhöhung der Oberflächenfestigkeit wird gleichzeitig eine Glättung (Verringerung der Rauhtiefe) erreicht.

**rollig,** sich in der Brunst befindend, paarungsbereit (von Katzen gesagt).

**Rolling Stones** [ˈrəʊlɪŋ stəʊnz; nach dem ›Rolling Stone Blues‹ von MUDDY WATERS], brit. Rockgruppe, gegr. 1962. Mittelpunkt ist der Sänger MICK JAGGER (* 1943), der zus. mit dem Gitarristen KEITH RICHARD (* 1943) auch die meisten Songs schrieb; daneben BRIAN JONES (* 1942, † 1969; Gitarre), ersetzt durch MICK TAYLOR (* 1949) und für ihn ab 1975 RON WOOD

**Rollfeder:**
OBEN A-Antrieb (gleichsinnig); UNTEN B-Antrieb (gegensinnig)

**Rollhöcker:**
Großer und kleiner Rollhöcker (schwarz) am Oberschenkelknochen des Menschen

(* 1947), der Schlagzeuger CHARLIE WATTS (* 1941) und BILL WYMAN (* 1941; Baß). Während sie anfangs vorwiegend bekanntes Bluesmaterial nachspielten, hatte bis Mitte der 1960er Jahre das Songschreiberteam JAGGER/RICHARDS den bis heute für die R. S. typ. Stil entwickelt, eine in harter Rockmanier vorgetragene Mischung von Rhythm and Blues, Rock 'n' Roll und Blues. In ihren Texten behandelten sie gesellschaftlich brisante Themen (z. B. Drogen und Adoleszenzprobleme). Ihr erster Welthit ›I can't get no satisfaction‹ (1965) machte sie zum Leitbild rebell. Jugendlicher, indem sie die Ablehnung der bürgerl. Ordnung propagierten. Bedeutende LPs waren u. a. ›Aftermath‹ (1966), ›Beggar's banquet‹ (1968), ›Let it bleed‹ (1969), ›Sticky fingers‹ (1971).

B. CHARONE: Keith Richards u.d. R. S. (a. d. Engl., Neuausg. 1985); P. NORMAN: The R. St. Die Gesch. einer Rock-Legende (a. d. Engl., Neuausg. 1987).

Sonny Rollins

**Rollins** ['rɒʊlɪnz], Sonny, eigtl. **Theodore Walter R.**, amerikan. Jazzmusiker (Tenorsaxophon), * New York 7. 9. 1929; spielte u. a. mit führenden Bebop-Musikern, 1951 bei M. DAVIS, 1956–57 im Max-Roach-Quintett und mit eigenen Combos; zahlreiche Europaauftritte; schrieb auch Filmmusik. R., der auch Elemente des Free Jazz und Rock-Jazz aufnahm, gehört neben J. COLTRANE zu den einflußreichsten Tenoristen des Hardbop.

**Rollkolbenpumpe, Rollkolbenverdichter,** eine als Vakuumpumpe verwendete Rotationskolbenpumpe, bei der in einem Gehäuse im Drehkolben exzentrisch umläuft. Dadurch entsteht zw. Drehkolben und Wandung ein umlaufender sichelförmiger Ansaugraum. Das Rückschlagen des Fördermittels vom Druck- in den Saugraum am oberen Totpunkt des Kolbens wird durch ein Druckventil verhindert.

**Rollkrankheit,** weltweit verbreitete, durch Einrollen und Verfärbung der Blätter gekennzeichnete Pilzkrankheit der Weinrebe; führt zu frühzeitigem Laubfall und mindert Qualität und Quantität (bis zu 30%) der Ernte.

**Rollkugel,** engl. **Track ball** ['træk bɔːl], *Datenverarbeitung:* Eingabegerät zur Steuerung des →Cursors mittels einer in allen Richtungen drehbar gelagerten, aber ortsfesten Kugel. Zur R. gehören eine oder zwei Tasten zur Markierung von Cursorpositionen, wodurch bestimmte Funktionen (z. B. aus einem Menü) aktiviert werden können. (→Maus)

**Rollkunstlauf,** technisch-künstler. Darbietungen zu Musik auf speziellen Rollschuhen mit Stoppern an der Vorderachse. Die R.-Bahn in Hallen mißt zw. 20 × 40 m und 30 × 60 m, ihre Lauffläche besteht aus Terrazzo, Hartbeton oder einem schalldämpfenden Kunststoffbelag. Der R. wird für Damen, Herren, als Paarlauf und als Rolltanz ausgetragen. Er besteht aus Schrittkombinationen, Figuren und bis zu dreifachen Sprüngen. Die R.-Wettbewerbe setzen sich für Damen und Herren aus Pflicht, Kurzkür und Kür zusammen; Pflicht, Kür und die Kombination werden bei Meisterschaften als eigene Wettkämpfe gewertet. Beim Paarlauf werden ein Kurzprogramm und eine Kür gelaufen. Im Rolltanz mit Pflicht, Spurenbildtanz und Kür werden, ähnlich wie im Eistanz, Paarlauffiguren tänzerisch und synchron im Tanzrhythmus von Walzer, Tango, Foxtrott, Blues u. a. vorgeführt. Die Wertung erfolgt durch Punktrichter. Weltmeisterschaften werden seit 1936 ausgetragen, Dt. Meisterschaften seit 1911. – Dt. Dachorganisation ist der Dt. Rollsport-Bund (DRB; Sitz: Frankfurt am Main). In Österreich besteht der 1953 gegründete Österr. Rollsport-Verband (ÖRSV), Sitz: Wien; der Schweizer. Rollsport-Verband (SRV), Sitz: Zürich, wurde 1924 gegründet. Weltverband ist die 1924 gegründete Fédération Internationale de Roller Skating (FIRS) mit Sitz in Frankfurt am Main.

Rollschuhe: Herkömmliche Ausführung (oben) und Modell mit festverschraubtem Stiefel

**Rollkurve,** *Mathematik:* die →Zykloide.

**Rollmembrandichtung,** elast. Dichtung aus Gummi oder Kunststoff, mit der zylindr. Kolben oder Kolbenstangen in zylindr. Bohrungen leckagefrei abgedichtet werden können; sie ist an der einen Seite mit dem Kolben und auf der anderen Seite mit dem Zylinder verbunden und rollt bei der Kolbenbewegung hin und her. R. werden u. v. a. bei Pumpen für niedrige und mittlere Drücke eingesetzt.

**Rollnerv,** einer der Gehirnnerven (→Trochlearis).

**Rollo, Hrolf,** Normannenführer, Graf von Rouen (seit 911), †um 930; Anführer (Seekönig) der Normannen, die 910 bei einem mißglückten Sturm auf Paris die Gegend um Chartres verwüsteten. Der westfränk. König KARL III., DER EINFÄLTIGE (893/898 bis 923), schloß mit ihm 911 – wohl bei Saint-Clair-sur-Epte (Dép. Val-d'Oise) – einen Vertrag und belehnte ihn mit dem eroberten Gebiet an der unteren Seine (Hauptstadt Rouen), für das er als Graf von Rouen die Reichsverteidigung übernehmen sollte. R. trat mit seinen Gefolgsleuten zum Christentum über. Er begründete die Dynastie der Herzöge der Normandie.

**Rolloch, Rolle,** *Bergbau:* senkrechte oder stark geneigte Verbindung von Sohlen unter Tage zur Abwärtsförderung von Haufwerk, zur Fahrung, Wetterführung, Aufnahme von Energie- und Wasserleitungen. R. werden bergmännisch aufgefahren (→Abhauen), in neuerer Zeit zunehmend gebohrt.

**Roll|ofen,** eine langgestreckte Form des →Herdofens, in dem die Metallblöcke auf dem leicht geneigten Herd selbsttätig weiterlaufen und am Ofenausgang durch eine seitlich angebrachte Tür glühend ausgezogen werden.

**Roll-on-roll-off-Schiff** [rəʊlɒn rəʊlɒf-; engl., eigtl. ›Rolle-hinauf-rolle-hinunter-Schiff‹], Abk. **Ro-Ro-Schiff,** Frachtschiff, bei dem das Frachtgut rollend an und von Bord gefahren wird (Ggs.: Umschlag mit Hebezeugen). Dazu haben die Schiffe klappbare Laderampen (Pforten) am Heck, Bug oder an der Seite. Die Container oder Großpaletten werden mit Trailern, Staplern oder Hubwagen verladen.

**Roll-over-Kredit** [rəʊl 'əʊvə-; engl. to roll over ›herumdrehen‹], ein mittel- bis langfristiger Kredit, dessen Zinssatz periodisch in kurzfristigen Abständen (i. d. R. alle drei bis sechs Monate) an die Marktentwicklung angepaßt wird. Durch diese Zinsvereinbarung trägt das Zinsänderungsrisiko nicht die kreditgebende Bank, sondern der Kreditnehmer. Die kreditgebende Bank bzw. ein Bankenkonsortium finanziert die längerfristigen Kredite durch kurzfristige Einlagen immer wieder neu. R.-o.-K. sind bes. am internat. Bankenkreditmarkt verbreitet und verknüpfen dort den kurzfristigen Eurogeldmarkt mit dem längerfristigen Eurokreditmarkt (→Finanzmärkte).

**Rollrasen,** ausrollbarer natürl. Fertigrasen, meist in 25 cm breiten und 1 m langen Streifen.

**Rollreibung,** →Reibung.

**Rollschlangen, Aniliidae,** Familie bis 90 cm langer, lebendgebärender Schlangen in Südamerika (**Korallen-R.,** *Anilius scytale*), Sumatra (**Sumatra-R.,** *Anomalochius weberi*) und SO-Asien (**Walzenschlangen,** Gattung *Cylindrophis,* mit acht Arten). Reste des Beckengürtels sind äußerlich als ›Aftersporne‹ sichtbar. R. leben wühlend im Boden trop. Wälder, die Walzenschlangen auch als Kulturfolger in den Reisfeldern SO-Asiens.

**Rollschnellauf,** Wettbewerbe auf Rollschuhen, ausgetragen als Bahn- und Straßenrennen von Damen (zw. 300 und 5 000 m) und Herren (zw. 300 und 10 000 m).

**Rollschuhe,** vierrädrige Spezialschuhe mit Rollen aus Kunststoff (früher Hartgummi, Metall, Holz), die in Präzisionskugellagern ruhen. Im Freizeit- und

Rollschütz – Rom **Rom**

**Rollsport** setzten sich mit knöchelhohen Stiefeln fest verschraubte R. durch, im Freizeitbereich überdauerten daneben anschnallbare R. Eine Weiterentwicklung der R. stellen die **Roller-Skates** mit 5 cm breiten Polyurethanrollen auf kippbaren Achsen dar. Roller-Skates verfügen zudem über einen höhenverstellbaren Stopper. Daneben gibt es noch die zum Tanzen benutzten **Disco-Roller** mit 3 cm breiten Rollen.
**Rollschütz,** auf Rollen laufendes →Schütz.
**Rollschweller,** in der Orgel →Walze.
**Rollski** [-ʃi], *Skisport:* Ski für Sommertraining, an dessen Lauffläche Rollen angebracht sind, so daß man mit ihm auf Straßen und Bahnen fahren kann. Mit R. werden Langlauf-Wettbewerbe (2 km bis Marathonstrecke) und Staffeln ausgetragen.
**Rolls-Royce Motor Cars Limited** [rəʊlz'rɔɪs 'məʊtə kaːz 'lɪmɪtɪd], Kraftfahrzeughersteller; Sitz: Crewe. Das aus demselben Vorläufer wie die →Rolls-Royce plc hervorgegangene Unternehmen ist heute eine Tochtergesellschaft des Vickers-Konzerns. Mit rd. 5000 Beschäftigten wurden 1985 (1989) 2385 (3245) Rolls-Royce- und Bentley-Autos hergestellt.
**Rolls-Royce plc** [rəʊlz'rɔɪs piel'siː], brit. Hersteller von Flugzeugtriebwerken; Sitz: London; hervorgegangen aus der 1904 von CHARLES STEWART ROLLS (* 1877, † 1910) und FREDERICK HENRY ROYCE (* 1863, † 1933) gegründeten Rolls-Royce Ltd., dem ehemals größten europ. Luxusauto- und Triebwerkhersteller. Nach deren Konkurs (1971) wurde der Kfz-Bereich abgetrennt und privatisiert und unter der neuen Firmen-Bez. →Rolls-Royce Motor Cars Limited weitergeführt. Die Triebwerkproduktion wurde ebenfalls in einer neu gegründeten Gesellschaft unter staatl. Regie fortgesetzt. Mit anderen Triebwerkunternehmen gibt es Kooperationen; 1990 wurde mit der BMW AG die BMW Rolls-Royce GmbH Aero Engines gegründet.
**Rollstuhl,** der →Krankenfahrstuhl.
**Rollstuhlsport,** sportl. Wettbewerbe, die Behinderte (z. B. Querschnittgelähmte) im Rollstuhl austragen, v. a. in der Leichtathletik, im Fechten; auch Ballspiele im Rollstuhl sind mit angepaßten Regeln möglich. (→Behindertensport)
**Rolltreppe, Fahrtreppe,** ein Stetigförderer für Personenbeförderung in Warenhäusern, Bahnstationen, Flughäfen, Fußgängerunterführungen u. ä. Die immer horizontal bleibenden Stufenprofile sind beweglich an endlos umlaufenden Ketten befestigt und werden auf beiden Seiten mit Rollen in Schlitzen geführt. Die Stufen entstehen und verschwinden infolge des kurvenförmigen Verlaufs der Schlitze. Der Neigungswinkel liegt zw. 30 und 35°, die Fahrgeschwindigkeit zw. 0,1 und 1 m/s, die max. Länge liegt bei etwa 70 m. Der Antrieb erfolgt mit Elektromotoren. (→Fahrsteig)
**Rolltrommel,** →Rührtrommel.
**Rollwerk,** Sammel-Bez. für Ornamente und Schmuckmotive, deren Enden schneckenartig eingerollt sind und bei plast. Ausführung deutlich aus der Fläche hervortreten. Sie sind v. a. an Spruchbändern, Wappenschildern und Kartuschen zu finden. Das R. wurde von den italien. Künstlern der Schule von Fontainebleau um 1530/40 ausgebildet und rasch in Architektur und Kunsthandwerk eingeführt. Bald nach der Mitte des 16. Jh. hatte es, auch in Verbindung mit der Groteske, seinen Höhepunkt und erreichte durch C. FLORIS und H. VREDEMAN DE VRIES seine manierist. Spätphase.
**Rollwespen, Tiphiidae,** weltweit verbreitete Familie meist einfarbig schwarzer, schlanker Wespen mit fast 100 Arten (davon in Dtl. vier); Imagines häufig auf Blüten; rollen sich bei Störungen zusammen.
**Rollzeit,** die Paarungszeit (Brunst) des Schwarzwildes (**Rauschzeit**) sowie des Haarraubwildes und der Hauskatze (**Ranzzeit**).

**Roluos** [rɔluəh], Ruinenstätte in Kambodscha, 20 km südöstlich von Angkor; ehem. Hauptstadt des Khmerreiches (9. Jh.). Das Haupthheiligtum der Stadt, Bakong (881 geweiht), ist der erste, als fünfstöckige Pyramide angelegte Tempelberg des angkorian. Herrscherhauses; es enthielt in einer winzigen Cella das königl. Linga, das Schutzbild des Königreichs. Bei R. ein riesiges Bewässerungssystem, der Baray von Lolei (3 800 m × 800 m).
**Rom,** italien. **Roma, 1)** Hauptstadt der Rep. Italien, am Unterlauf des bis hier schiffbaren Tiber, etwa 40 km vor dessen Mündung in das Tyrrhen. Meer in Luftlinie etwa 20 km von der Küste, 13–138 m ü. M. an den südl. Ausläufern des vulkan. Hügellandes von Latium, (1990) 2,804 Mio. Ew. Die Groß-Gem. umfaßt einschließlich der →Campagna Romana 1508 km$^2$, der engere Stadtbereich, der in 22 innere Stadtviertel (rioni, zus. 16 km$^2$), 35 äußere Stadtviertel (quartieri, zus. 103 km$^2$) und sechs Vorstädte (suburbi, zus. 90 km$^2$) gegliedert ist, zus. 209 km$^2$. Die Altstadt liegt an einer Engstelle des gewundenen Tibertals, vorwiegend links des Flusses. Die neuere Bev.-Entwicklung ist durch die Hauptstadtfunktion seit 1871 bestimmt. Die Ew.-Zahl stieg von (1871) 212 400 auf (1901) 422 400, (1931) 930 900, (1941) 1,36 Mio., (1961) 2,188 Mio., (1981) 2,838 Mio., v. a. durch Zuzug aus anderen Landesteilen, bes. aus S-Italien. Die Ew.-Zahl der Innenstadt, bes. des histor. Zentrums, ist gleichzeitig zurückgegangen; seit dem Zweiten Weltkrieg hat sie um 50% abgenommen. Hoher Anteil an älteren Bewohnern, Wandel von Besitzverhältnissen und Gebäudenutzung, Abnahme von Wohnungen und Handwerksbetrieben, Zunahme von Büros, Spezialgeschäften, Kleinappartements sind kennzeichnend. Während die Wasserversorgung i. a. gesichert ist, sind die mit dem Wachstum der Bev. und des Verkehrs entstandenen kommunalen Aufgaben bisher nicht bewältigt. An der Peripherie entstanden Siedlungen des sozialen Wohnungsbaus, aber auch solche ohne Genehmigung (›abusivo‹).
R. ist das polit. und kulturelle Zentrum Italiens, gleichzeitig mit dem Sitz des Papstes in der →Vatikanstadt auch Hauptstadt der kath. Welt. Staatspräs., Senat und italien. Regierung haben hier ebenso ihren Sitz wie alle Ministerien, bedeutende Landesbehörden (Verw.-Sitz der Region Latium und der Prov. Roma), Botschaften und Konsulate, die staatl. Hörfunk- und Fernsehanstalten. Die 1303 gegründete Univ. nimmt ein eigenes Stadtviertel (Città Universitaria) östlich des Hauptbahnhofs ein; hinzu kommen eine weitere staatl. Univ. (›Tor Vergata‹; gegr. 1985), die private ›Freie Internat. Univ. für gesellschaftl. Studien Pro Deo‹ (gegr. 1945) und Hochschulen für Medizin, Wirtschaft und Handel, Musik (→Accademia di Santa Cecilia), bildende Künste, dramat. Kunst und Tanz sowie päpstl. Universitäten (v. a. die →Gregoriana) u. a. päpstl. Institutionen (Hochschulen, Institute, Akademien), weiter Diplomaten-, Mode-, Hotel- und viele andere Fachschulen. Berühmte Akademien und Gesellschaften oder Institutsabteilungen haben in R. ihren Sitz: Accademia Nazionale dei Lincei, Accademia Nazionale di San Lucca (mit Galerie), Zentralinstitut für Restaurierungen, École Française (gegr. 1875; für Geschichte und Archäologie), Dt. Archäolog. Institut, Dt. Histor. Institut, Goethe-Institut, österr. und schweizer. Kulturinstitut, Villa Massimo u. a. In R. tagt der Nat. Forschungsrat (Consiglio Nazionale delle Ricerche). Das 1905 gegründete Internat. Landwirtschaftsinstitut mit Sitz der Food and Agriculture Organization of the United Nations (FAO) ist nur eine von vielen bedeutenden internat. Behörden. Mehrere große Fachbibliotheken, darunter die Nationalbibliothek mit 2,3 Mio. Bänden und die Vatikan. Bibliothek sowie das

Rom 1) Stadtwappen

Hauptstadt Italiens

am Tiber, 20 km vor der Küste

2,804 Mio. Ew.

mit dem Vatikan Mittelpunkt der katholischen Christenheit

sagenhafte Gründung durch Romulus auf einem der Sieben Hügel

Hauptstadt des Römischen Reiches und älteste Weltstadt (›Ewige Stadt‹)

seit dem 6. Jh. Zentrum des Kirchenstaates

seit 1871 Metropole des vereinigten Italien

wichtige Bauten der Römerzeit: Forum Romanum, Kaiserforen, Kapitol, Kolosseum, Engelsburg

frühchristliche Kirchen und Katakomben

Höhepunkte der Renaissancekunst sind Peterskirche und Sixtinische Kapelle

prunkvolle barocke Kirchen und Paläste

bis heute kultureller Mittelpunkt mit Universitäten und Kunstsammlungen

internationales Modezentrum

bedeutender Tourismus

zwei Flughäfen

Kfz-Zeichen: ROMA

Postleitzahl: I-00100

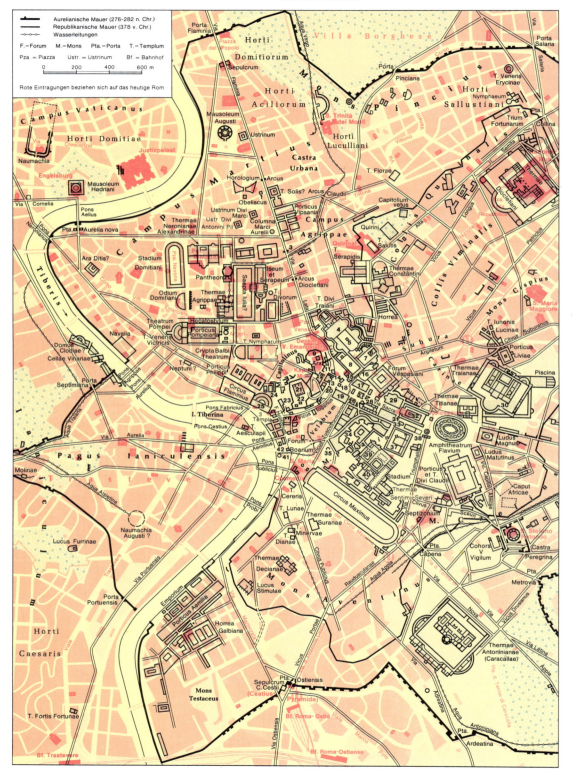

# Rom

Staatsarchiv. Daneben besitzt die Stadt bedeutende Bühnen und Theater, zoolog. und botan. Gärten, astronom. Observatorium, Planetarium, seit den Olymp. Spielen 1960 auch ein modernes Sportstättenviertel um das Olympiastadion im NW der Stadt. Außer den Kunstmuseen gibt es viele geistes- und naturwissenschaftliche Sammlungen wie das Museo Preistorico ed Etnografico Pigorini und das Museo di Geologia.

Etwa zwei Drittel der Berufstätigen sind im Dienstleistungssektor beschäftigt, davon ein Drittel im öffentl. Dienst. Von den rd. 6 Mio. Besuchern (Touristen, Wissenschaftler, Pilger, Geschäftsleute u. a.) im Jahr kommt etwa die Hälfte aus dem Ausland. Naherholungsgebiete der Stadt-Bev. sind die Albaner Berge, Tivoli und die Strandbäder an der nahen tyrrhen. Küste (Lido di Roma). Gemessen an der Größe der Stadt, spielt die Industrie (v. a. im NW der Stadt) eine weniger wichtige Rolle (etwa 20% der Beschäftigten). Führende Industriezweige sind Maschinenbau, graph. Gewerbe, elektron., Kunststoff-, Bekleidungs-, Holz-, Lebensmittel- und chem. Industrie (Erdölraffinerie). Modeateliers und Ateliers der Filmindustrie (Cinecittà) tragen zum Ruf der mondänen Weltstadt R. bei. Banken und Versicherungen, Handelskammern und die Börse unterstreichen die Bedeutung R.s als Handelsplatz ebenso wie eine Reihe internat. Fachmessen. – R. ist der wichtigste Eisenbahnknotenpunkt Italiens. Es liegt außerdem etwa in der Mitte der die gesamte Halbinsel von N nach S durchziehenden Autobahn (Autostrada del Sole). Mit dem rd. 40 km südwestlich der Stadt gelegenen internat. Aeroporto Leonardo da Vinci in Fiumicino hat R. einen Weltflughafen (1988: 14,46 Mio. Passagiere). Ein weiterer Flughafen befindet sich in Ciampino, 15 km südöstlich von R. (1988: 529 700 Passagiere). Als Seehäfen dienen neben Civitavecchia auch Fiumicino und Anzio. Eine U-Bahn-Linie führt vom Hauptbahnhof (Stazione Termini) zum Stadtviertel EUR (urspr. als Weltausstellungsgelände geplant), eine zweite (seit 1980) zum Vatikan (Fortführung im Bau).

## Geschichte

Um 650 v. Chr. unter etrusk. Herrschaft als **Roma** (etrusk. Name) aus Einzelsiedlungen entstanden (→römische Geschichte), wurde die Stadt nach der Zerstörung durch die Kelten (387 v. Chr.) wiederaufgebaut und ummauert (Servian. Mauer). AUGUSTUS teilte das als Hauptstadt des →Römischen Reiches stark angewachsene R. (750 000 bis 1,5 Mio. Ew.) in 14 Regionen. Unter NERO brannte R. 64 n. Chr. fast völlig ab. AURELIAN ließ es ab 272 erneut ummauern (Aurelian. Mauer). Nach der Erhebung Konstantinopels zur Hauptstadt des Röm. Reiches 330 und der Verlegung der Residenz der weström. Kaiser nach Mailand und Ravenna verlor R. seine polit. Bedeutung. Es wurde mehrfach erobert und geplündert (410 Westgoten unter ALARICH, 455 Wandalen unter GEISERICH, 546 Ostgoten unter TOTILA).

Zur neuen Ordnungsmacht in R. erhob sich im Früh-MA. das Papsttum, das freilich häufig nicht in der Lage war, es vor Bedrohung von außen zu schützen (ab 739 Bedrohung durch die Langobarden, 846 Plünderung durch die Sarazenen, 1084 durch die Normannen). Mit der Pippinschen Schenkung 754/756 wurde der Papst weltl. Herrscher des Kirchenstaates mit R. als Hauptstadt. Ihr Schicksal wurde bis in die Neuzeit geprägt von der Kurie, von den in häufige Auseinandersetzungen verwickelten röm. Adelsgeschlechtern (Tuskulaner, Crescentier, Orsini, Colonna, Frangipani, Savelli) und ab 800 (Krönung KARLS D. GR.) vom westl. Kaisertum. Der Machtgewinn des Papsttums, die wachsende Bedeutung der Stadt als Wallfahrtsort (Sankt Peter und Sankt Paul) und als diplomat. Zentrum des Abendlandes begründeten den Wiederaufstieg. Ansätze zur Befreiung von der päpstl. Stadtherrschaft (ARNOLD VON BRESCIA, 1145; C. di RIENZO, 1347) scheiterten. Die Entwicklung der Stadt erlitt einen Rückschlag durch das Avignon. Exil der Päpste (1309–76) und die Pestepidemie 1348/50 (Rückgang der Bevölkerung mit weniger als 20 000 Ew.). Mit dem Pontifikat MARTINS V. (1417–31) begann die Zeit des Renaissancepapsttums, das R. die Ausweitung päpstl. Verwaltung, aber auch einen gewaltigen kulturellen Aufschwung brachte. Der wirtschaftl. Aufstieg (u. a. durch die Gebührenpolitik der Kurie) wurde 1527 nur kurzfristig von der wochenlangen Plünderung durch die Truppen Kaiser KARLS V. (Sacco di Roma) unterbrochen. Die Zahl der Ew. stieg von 1600 bis 1800 um 50 000 (auf 150 000).

Nach der Napoleon. Zeit (1798 Röm. Republik, 1809 frz. Annexion) kehrte der Papst 1814 zurück. PIUS IX. (1846–78) gewährte im März 1848 eine Verfassung, mußte jedoch im Nov. fliehen und kehrte 1850 mit Hilfe frz. Truppen zurück; die vorkonstitutionelle Ordnung wurde wiederhergestellt. Erst am 20. 9. 1870 konnten italien. Truppen in R. einziehen. Der Papst blieb bis 1929 (→Lateranverträge) als ›Gefangener‹ im Vatikan. Als Hauptstadt des König-

### Rom im Altertum

1 Ara Pacis Augustae
2 Templum Divi Hadriani – Hadrianstempel (Tempel des vergöttlichten Hadrian)
3 Arcus Claudii – Claudiusbogen
4 Basilica Ulpia – Basilika Ulpia
5 Forum Traiani – Trajansforum
6 Templum Martis Ultoris – Mars-Ultor-Tempel
7 Forum Augusti – Augustusforum
8 Forum Caesaris (Iulium) – Caesarforum
9 Templum Iunonis Monetae – Junotempel (Juno-Moneta-Tempel)
10 Porticus Octaviae – Portikus der Octavia
11 ›Carcer‹, erhaltene Tullianum – Todeszelle des Staatsgefängnisses
12 Tabularium – Staatsarchiv
13 Templum Concordiae – Concordiatempel
14 Arcus Septimii Severi et Rostra Iulia – Septimus-Severus-Bogen und jul. Rednertribüne
15 Curia
16 Forum Nervae (Transitorium) – Nervaforum
17 Basilica Aemilia – Basilika Aemilia
18 Forum Romanum
19 Basilica Iulia
20 Aedes Saturni – Saturntempel
21 Templum Iovis Capitolini – Kapitolstempel (Jupitertempel, Tempel der kapitolinischen Göttertrias)
22 Capitolium – Kapitol
23 Porticus Minucia – Portikus
24 Templum Apollinis et T. Bellonae – Apollontempel und Bellonatempel
25 Theatrum Marcelli – Marcellustheater
26 Templum Castoris et Pollucis – Tempel der Dioskuren
27 Templum Divi Iulii et Regia – Caesartempel (Tempel des vergöttlichten Julius) und (daneben östlich) Regia (Amtssitz des Rex sacrorum)
28 Templum et Atrium Vestae – Vestatempel und Atrium (Haus der Vestalinnen)
29 Basilica Constantini – Konstantinsbasilika
30 Domus Aurea – Goldenes Haus des Nero
31 Arcus Titi – Titusbogen
32 Templum Veneris et Romae – Venus-und-Roma-Tempel
33 Aedes Iovis Statoris – Jupitertempel (Jupiter-Stator-Tempel)
34 Templum Matris Magnae; Domus Livia et Domus Augusti; Templum Apollinis – (von Westen) Tempel der Magna Mater (Kybele); Haus der Livia und des Augustus; Apollontempel
35 Lupercal – Pansgrotte
36 Domus Tiberiana – Palast des Tiberius
37 Templum Heliogabali – Heliogabaltempel (?)
38 Arcus Constantini – Konstantinbogen
39 Domus Flavia – Domitianspalast, Repräsentationstrakt
40 Domus Augustana – Domitianspalast, Wohntrakt
41 Templum Herculis Victoris – Herkulestempel (Tempel des Herkules Victor)
42 Templum Portuni – Portunustempel

# Rom  Rom

reichs Italien (seit 1871) wuchs R. schnell. Unter B. MUSSOLINI wurde es stark erweitert (erst jetzt wurden die Grenzen des antiken R. überschritten). R. wurde im Zweiten Weltkrieg zur ›offenen Stadt‹ erklärt; die dt. Besatzungstruppen (seit 10. 9. 1943) überließen am 4. 6. 1944 R. kampflos den Alliierten. Am 2. 6. 1946 wurde R. zur Hauptstadt der Rep. Italien erklärt. In R. wurde am 25. 3. 1957 mit den Röm. Verträgen die EWG gegründet; 1962–65 fand hier das Zweite Vatikan. Konzil statt.

## Stadtbild und städtebauliche Entwicklung

Die *antike Stadt* begegnet in großartigen röm. Baudenkmälern und archäolog. Ruinenstätten von z. T. großer Ausdehnung, aber auch im Straßenverlauf und in Plätzen. Die Senke zw. Palatin, Kapitol, Quirinal und Esquilin, wo sich im 9. und 8. Jh. v. Chr. ein eisenzeitl. Friedhof befand, wurde im 6. Jh. entwässert (→Cloaca maxima) und als Zentrum des öffentl. Lebens gewonnen und durch Jahrhunderte gestaltet und umgestaltet (→Forum Romanum). Der Tempel der kapitolin. Göttertrias wurde 509 v. Chr. eingeweiht (→Kapitol 1), der Apollontempel auf dem (südl.) Marsfeld 431 v. Chr. geweiht (mehrfach erneuert, versetzter Neubau 34 v. Chr.). Ab 378 v. Chr. wurden die sieben Hügel (Palatin, Kapitol, Quirinal, Viminal, Esquilin, Caelius, Aventin) durch die Servian. Mauer aus Tuffstein befestigt. Ab 312 v. Chr. wurden die Via Appia und die Aqua Appia, das erste (unterird.)

**Rom 1):** Ruinenbezirk des Largo Argentina; in der Bildmitte das Podium des Rundtempels B, rechts davon die Säulen des Tempels A

Aquädukt, gebaut; die erste steinerne Brücke war der Pons Aemilius (Ponte Rotto; 179–142 v. Chr.). Vor und in der Stadt entstanden im 4.–2. Jh. v. Chr. neue Tempel, und ältere Bauten wurden durch neue ersetzt, z. B. auf dem Palatin die Magna Mater (204–191, erneuert nach 111 und nach 3 v. Chr.). Am Forum Holitorium (Gemüsemarkt) am alten Tiberhafen liegen aus dem frühen 1. Jh. n. Chr. stammende Reste von drei z. T. ins 3. Jh. v. Chr. zurückreichenden Tempeln, am Forum Boarium (Rindermarkt) der gut erhaltene Portunustempel aus dem frühen 2. Jh. v. Chr., die Reste der Ara Maxima des Herkules aus dem 2. Jh. v. Chr. und der marmorne Rundtempel des Herkules Victor mit noch 19 von urspr. 20 Säulen (Ende des 2. Jh. v. Chr. von einem Ölhändler erbaut und nach 15 n. Chr. erneuert, sogenannter Vestatempel). Auf dem anschließenden Marsfeld wurde 221 v. Chr. am Tiber der Circus Flaminius angelegt, bei dem eine Reihe kleinerer Tempel entstanden. Weiter nördlich liegen der Komplex von vier Tempeln des Largo Argentina (Ende des 4., Mitte des 3., im 2. Jh. und 102 v. Chr. errichtet), das später mehrfach erneuerte Theatrum Pompei (61 ff.) mit zwei Portiken sowie daneben ein langer Portikus mit 100 Säulen (Hecatostylum), die Agrippathermen (25–19), die ältesten öffentl. Thermen R.s, und AGRIPPAS Neptuntempel und sein Pantheonbau. Spätestens 12 v. Chr. entstand im S vor der Stadt die Cestiuspyramide, die später in die aus Ziegelsteinen errichtete Aurelian. Mauer (272 ff.) einbezogen wurde. Diese hatte eine Länge von rd. 19 km, das prachtvollste Tor war die Porta Appia (Porta San Sebastiano). Mit dem Namen CAESARS sind u. a. der Tempel der Venus Genetrix auf dem von ihm gestifteten Forum Iulium und die Basilica Iulia auf dem Forum Romanum verbunden.

Bei der Gliederung der Stadt in 14 Regionen durch AUGUSTUS wurden das Marsfeld (Campus Martius) und das Gebiet rechts des Tibers mit Ianiculum (Gianicolo) in den Stadtbereich einbezogen. AUGUSTUS' intensive Bautätigkeit erstreckte sich auf das nördl. (→Augustusmausoleum, →Ara Pacis Augustae, Horologium) und südl. Marsfeld (Portiken, u. a. Portikus der OCTAVIA, mehrfach, u. a. severisch um 200, erneuert; Vollendung des Marcellustheaters, das Teile des alten Circus Flaminius überlagerte), den Palatin (Haus der Livia, Haus des Augustus, Apollontempel), das Augustusforum (der Tempel des Mars Ultor wurde 2 v. Chr. geweiht) und das Forum Romanum (Erneuerung der Basilica Aemilia, Wiederherstellung der Basilica Iulia). Grabbauten wie der Rundbau der CAECILIA METELLA an der Via Appia und die Cestiuspyramide ergänzen das Bild der augustäischen Epoche.

Auch den späteren Kaisern verdankt R. viele Neubauten. Die erste große Palastanlage auf dem Palatin erbaute TIBERIUS, auf den auch der Neubau des Concordiatempels am Fuß des Kapitols zurückgeht (7–10 n. Chr.). Nach dem Großbrand von 64 n. Chr. ließ →Nero die ›Domus Aurea‹ errichten und begann mit der Gestaltung der ›urbs nova‹, v. a. erneuerte er den Circus maximus (→Circus), wo der Brand ausgebrochen war. Die Nerothermen hatte er bereits 62 n. Chr. errichtet. Auch die flav. Kaiser setzten Akzente: VESPASIAN legte das Vespasiansforum an und begann mit dem →Kolosseum anstelle eines Sees in den ehem. Gärten der Domus Aurea. Die domitian. Palastanlage (Domus Augustana) auf dem Palatin (BILD →Palast) dominierte den Circus maximus, und das Stadion DOMITIANS lebt noch heute in der Formgebung der Piazza Navona weiter. Die Kaiserforen (→Forum 2) wurden erweitert, neue angelegt; Trajansforum und der Bau der Trajansmärkte mit halbrunder Fassade (Mercati Traianei, 104–109) entstanden; hier errichtete der Kaiser auch seine Siegessäule (→Trajanssäule). HADRIAN gab durch einen Neubau dem →Pantheon seine endgültige Gestalt, errichtete den Tempel der Venus und Roma (um 135; nach 327 erneuert) auf dem Forum Romanum und sein Mausoleum jenseits des Tibers (→Engelsburg). In der Kaiserzeit wurde der alte Tiberhafen zugeschüttet, dort wurden große Lagerhallen (›horrea‹) errichtet. Viele Stadtbezirke waren mit großen, mehrstöckigen Miethäusern (Insulae) bebaut. Auch kleinere Kultbauten oriental. Religionen wurden entdeckt, bes. Mithräen; Wandmalereien besitzen das unter Santa Prisca (Ende 2. Jh.) und das beim Palazzo Barberini entdeckte (3. Jh.). Riesige Dimensionen und Prachtentfaltung zeigen die wenigen Bauten des 3. Jh., die Thermen des CARACALLA (212 bis 217) und des DIOKLETIAN (geweiht 305), ebenso die des 4. Jh. (→Maxentiusbasilika, →Konstantinsbogen).

Durch das 313 erlassene Mailänder Edikt wurde der Bau der ersten christl. Kirchen möglich. KONSTANTIN I., D. GR., stiftete die Lateranbasilika (→Lateran) und danach die →Peterskirche (Alt Sankt Peter, BILD →Basilika) und vor den Mauern R.s (an Begräbnisstätten von Märtyrern) weitere Basiliken, z. B. San Sebastiano ad Catacumbas und San Lorenzo fuori le mura. San Paolo fuori le mura (über dem Apostelgrab) wurde von den Kaisern THEODOSIUS I. und ARKADIOS 386 gestiftet. CONSTANTIA, Tochter KONSTANTINS I., stiftete vor den Mauern einen gewaltigen Kirchenbau (heute geringe Überreste) und ihr Mausoleum (heute Santa Costanza). Innerhalb der Mauern wurden für Kardinäle Titelkirchen errichtet, darunter Santa Sabina (425–432), sowie als fünfte Patriarchalbasilika Santa Maria Maggiore. Sie, Santi Cosma e Damiano, Santa Costanza (BILDER →frühchristliche Kunst, →Mosaik) und Santa Pudenziana besitzen zw. dem 4. und 6. Jh. entstandene Mosaiken. Den Raumeindruck eines frühchristl. Zentralbaus des 5. Jh. bewahrt Santo Stefano Rotondo. Die Spätantike hinterließ auch mit den röm. Katakomben und ihren Wandmalereien wichtige Denkmäler (BILDER →Jakobsleiter 1), →Katakombe, →frühchristliche Kunst).

*Mittelalter:* Seit dem 5. Jh. verfielen die im christl. R. nicht mehr benutzten Tempel, Thermen und Theater. Einzelne Bauten wurden in christl. Kirchen umgewandelt, z. B. das Pantheon. Santa Maria Antiqua (mit Wandmalereien bes. des frühen 8. Jh.) wurde in Gebäudeteilen am Forum Romanum errichtet. Im 9. Jh. machten wiederholte Sarazeneneinfälle eine Ummauerung von St. Peter und seiner Umgebung erforderlich, es wurden jedoch auch neue Kirchen errichtet (Santi Quattro Coronati; Santa Cecilia in Trastevere und San Marco mit Apsismosaiken; Santa Prassede mit Triumphbogenmosaiken; Santa Maria in Domnica).

Im 12./13. Jh. setzte eine rege Bautätigkeit ein. Auf dem Kapitol wurde der erste Senatorenpalast errichtet. Kämpfe der großen Adelsfamilien untereinander erforderten befestigte Wohnbauten und Geschlechtertürme zur Verteidigung (u. a. Torre dei Conti). Daneben kam es zur Gründung neuer Kirchen und zu Umbauten (Santa Maria in Cosmedin). Auch charakterist. Glockentürme (Santa Maria in Cosmedin, Santi Giovanni e Paolo, Santa Maria in Trastevere) stammen aus dieser Zeit. Die kirchl. Innenräume wurden kostbar ausgestattet (Arbeiten der →Cosmaten in San Clemente, San Lorenzo fuori le mura, Santa Maria in Cosmedin; Wandmalereien in San Giovanni a Porta Latina, Santa Cecilia in Trastevere und im Oratorium des hl. Silvester der Santi Quattro Coronati; Apsismosaiken in Santa Maria in Trastevere, Santa Maria Maggiore, San Clemente). GIOTTO, P. CAVALLINI (u. a. in Santa Cecilia, BILD →Cavallini, Pietro), J. TORRITI (u. a. in Santa Maria Maggiore, BILD →Krönung Marias), ARNOLFO DI CAMBIO arbeiteten in der Stadt. Um 1280 wurde mit Santa Maria sopra Minerva der erste und einzige größere got. Kirchenbau in R. begonnen. Während des Exils der Päpste in Avignon (1309–76) und des darauffolgenden Schismas (1378–1417) verarmte die Stadt. Es kam zu einer fast gänzl. Unterbrechung künstler. Tätigkeit.

*Renaissance:* Nach der Zerstörung des mittelalterl. Papstpalastes am Lateran (1308) wurde der ständige Wohnsitz der 1378 zurückgekehrten Päpste in den Vatikan verlegt. NIKOLAUS V. (1447–55) beschloß, die vom Einsturz bedrohte konstantin. Peterskirche zu renovieren. Die Stadt wurde mit neuen Bauwerken, Kirchen und großen Palästen geschmückt (Palazzo Venezia, Palazzo della Cancelleria, Santa Maria del Popolo, Sant'Agostino, Santa Maria della Pace u. a.). JULIUS II. (1503–13) erteilte BRAMANTE den Auftrag zum Neubau der Peterskirche. MICHELANGELO schuf die Deckengemälde der →Sixtinischen Kapelle (BILD →Michelangelo), RAFFAEL malte die Stanzen und die Loggien im Vatikan aus. Bauaufträge erhielten neben RAFFAEL und BRAMANTE A. DA SANGALLO D. J. (Capella Paolina im Vatikan; Vollendung der Villa Madama),

**Rom 1):** Piazza Navona mit den von Gian Lorenzo Bernini gestalteten Brunnen; im Vordergrund der Mohrenbrunnen, dahinter der Vier-Ströme-Brunnen mit dem Obelisken

B. AMMANATI (Palazzo Ruspoli) und B. PERUZZI (Neubau des Palazzo Massimo alle Colonne und der Villa Farnesina); MICHELANGELO gab dem von A. DA SANGALLO D. J. begonnenen →Palazzo Farnese sein monumentales Gepräge. Papst PAUL III. übertrug ihm auch Freskoarbeiten (Jüngstes Gericht in der Sixtin. Kapelle), die Neugestaltung des Kapitolsplatzes (→Kapitol 1), BILD →Denkmal 2) und die Bauleitung der Peterskirche, für die er die Kuppel entwarf. Die 1568 von G. DA VIGNOLA begonnene Jesuitenkirche Il Gesù (BILDER →Barock, →Jesuitenbaukunst) wurde von GIACOMO DELLA PORTA weitergeführt (Wölbung und Fassade), der auch den Palazzo Chigi begann, die Kuppel der Peterskirche und den Palazzo Farnese vollendete. Ein großangelegtes urbanist. Programm vollendete SIXTUS V. (1585–90): Die Hauptkirchen R.s wurden durch geradlinige Straßenzüge verbunden und auf ihren Vorplätzen ägypt. Obelisken aufgestellt, die bereits in der Antike nach R. gekommen waren. Außerdem entstand der Lateranpalast neu (1586–89), und der Vatikan. Palast wurde von D. FONTANA erweitert (1971 fügte P. L. NERVI eine Audienzhalle an).

*Barock* und *Klassizismus:* Anfang des 17. Jh. beauftragte PAUL V. (1605–21) den Baumeister C. MADERNO, der in Santa Susanna den Prototyp der Barockfassade schuf (BILD →Maderno, Carlo), den Neubau der Peterskirche zu vollenden. Zur gleichen Zeit ließ er die Villa Borghese ausbauen (mit Casino, 1610–15, und Gartenhof von C. RAINALDI, um 1690 vollendet). Im Lauf des Jahrhunderts wurde das Stadtbild barock geprägt. Die hervorragenden Künstler sind G. L. BERNINI (Kolonnaden von St. Peter, Figuren auf der Engelsbrücke), F. BORROMINI (San Carlo alle Quattro Fontane, BILD →italienische Kunst; Ausbau des Palazzo Spada), PIETRO DA CORTONA (Deckenfresken im Salon des Palazzo Barberini). Die Piazza Navona fand mit dem Palazzo Pamphili, der Kirche Sant'Agnese in Agone und den drei Brunnen durch

# Rom: Stadtplan

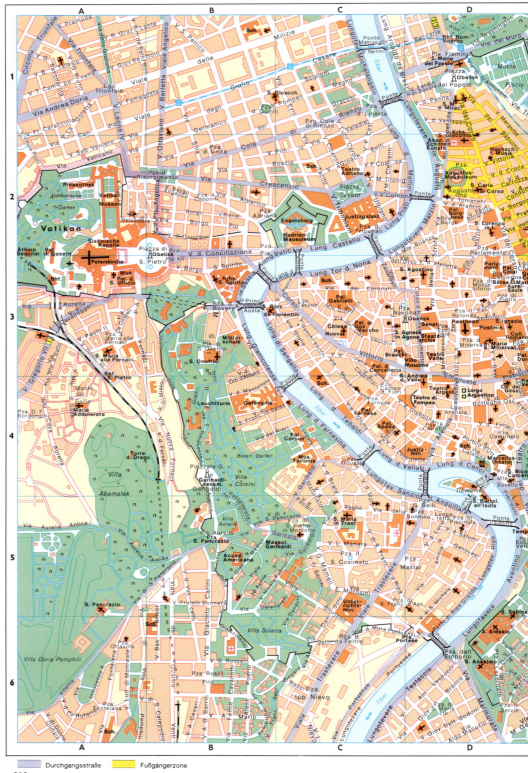

Durchgangsstraße   Fußgängerzone

# Rom: Stadtplan

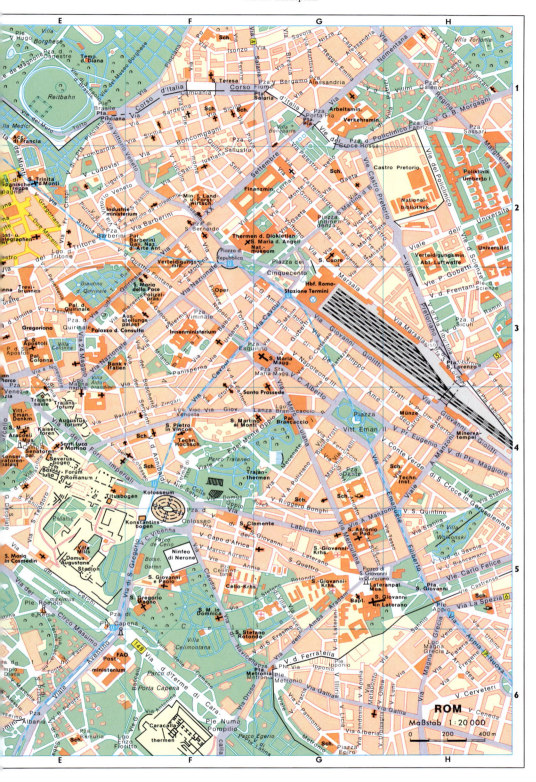

**Rom:** Stadtplan (Namenregister)

## Straßen und Plätze

Adriana, Piazza B 2
Albania, Piazza E 6
Alberico, Via B 2
Alberto Mario, Via B 6
Alcide De Gasperi, Via A 3
Alessandria, Piazza G 1
Alessandria, Via G 1
Alessandro Manzoni, Via GH 5
Alessandro Manzoni, Viale H 4
Alessandro Poerio, Via B 6
Altoviti, Lungotevere C 3
Amba Aradam, Via dell' G 6-5
Americo Capponi, Piazza B 2
Americo Vespucci, Via D 6
Andrea Doria, Via A 1
Angelico, Viale B 1
Angelo Poliziano, Via G 4
Anguillara, Lungotevere D 5
Anicia, Via D 5
Anima, Via dell' C 3
Annia, Via FG 5
Annibaldi, Via degli F 4
Anton Giulio Barrili, Via B 4
Antonina, Via F 6
Antonio Cesari, Via B 6
Appia Nuova, Via H 5-6
Appio, Piazzale H 5
Apulia, Via G 6
Aracoeli, Via D 4
Arancio, Via dell' D 2
Arenula, Via D 4
Ariosto, Via G 4
Arnaldo da Brescia, Lungotevere CD 1
Astalli, Via degli D 3-4
Augusta, Lungotevere in D 1-2
Augusto Imperatore, Piazza D 2
Aurelia, Via A 3
Aurelia Antica, Via AB 5
Aurelio, Piazzale B 5
Aventino, Lungotevere D 6-5
Aventino, Viale E 6
Babuino, Via del D 1
Baccina, Via EF 4
Balbo, Via F 3
Baldassarre Peruzzi, Via E 6
Banchi Vecchi, Via C 3
Barberini, Piazza E 2
Barberini, Via F 2
Barletta, Via B 1
Belvedere, Via del AB 2
Bergamo, Via G 1
Bocca della Verità, Piazza D 5
Boezio, Via BC 2
Boncompagni, Via F 2-1
Borghese, Piazza D 2
Borgognona, Via DE 2
Borgo Pio, Via B 2
Borgo Santo Spirito, Via B 3
Borgo Vittorio, Via B 2
Boschetto, Via del F 3-4
Botteghe Oscure, Via delle D 4
Brescia, Via G 1
Buonarotti, Via G 4

Cagliari, Via G 1
Calandrelli, Via BC 5
Campitelli, Piazza D 4
Campo de' Fiori, Piazza C 4
Candia, Via A 2-1
Canestre, Piazza delle E 1
Capo d'Africa, Via F 5
Cappellari, Via dei C 3-4
Carlo Alberto, Via G 3-4
Carlo Felice, Viale H 5
Carrozze, Via delle D 2
Castelfidardo G 2
Castello, Lungotevere C 2
Castro Pretorio, Viale GH 2
Catalana, Via D 4
Cattaneo, Via G 3
Cava Aurelia, Via della A 4
Cavalleggeri, Via dei A 3
Cavoli, Via G 3
Cavour, Via F 4-G 3
Celimontana, Piazza F 5
Celio Vibenna, Via F 5
Cenci, Lungotevere dei D 4
Cerchi, Via dei E 5
Cernaia, Via FG 2
Cerveteri, Via H 6
Cesare Beccaria, Via D 1
Cicerone, Via C 2
Cinquecento, Piazza dei G 2-3
Circo Agonale CD 3
Circo Massimo, Via del E 5-6
Claudia, Via F 5
Cola di Rienzo, Piazza C 1
Cola di Rienzo, Via B 2-C 1
Collegio Romano, Piazza del D 3
Colonna, Piazza D 3
Colosseo, Piazza del F 5
Conciliazione, Via della B 2
Condotti, Via dei D 2
Consolazione, Via della E 4
Conte Verde, Via H 4
Coronari, Via dei C 3
Corridori, Via dei B 2
Corso, Via del D 1-3
Croce, Via della D 2
Croce Rossa, Piazza della G 1
Dandolo, Via C 6-5
Dante, Piazza G 4
Dataria, Via della E 3
Druso, Via F 6
Duca Francesco Borgoncini, Piazza C 4
Due Macelli, Via E 2
Emanuele Filiberto, Via G 4-H 5
Emilio Morosini, Via C 5
Enzo Fioritto, Largo EF 6
Epiro, Piazza G 6
Esquilino, Piazza FG 3
Ezio, Via C 1
Faleria, Via H 6
Farnese, Piazza C 4
Farnesina, Lungotevere C 4
Felice Cavallotti, Via B 6
Fenili, Via dei E 4
Ferdinando di Savoia, Via D 1
Ferratella in Laterano, Via della G 6
Ferruccio, Via G 4

Filippo Turati, Via G 3-H 4
Firenze, Via F 2-3
Flaminio, Piazzale D 1
Fonteiana, Piazza A 6
Fonteiana, Via A 6
Fonti di Fauno, Via E 6
Fori Imperiali, Via dei EF 4
Fornaci, Via delle A 3
Francesco dell'Ongaro, Via BC 6
Fratelli Bonnet, Via B 5
Frattina, Via DE 2
Frentani, Via dei H 3
Funari, Via dei D 4
Gabriele D'Annunzio, Viale D 1
Gaeta, Via G 2
Gaetano Sacchi, Via C 5
Galeno, Piazza H 1
Gallia, Via G 6
Garibaldi, Via C 4
Gastrense, Via H 5
Genova, Via F 3
Genovesi, Via dei D 5
Germanico, Via A 2-B 1
Germano Pompeo Magno, Via A 1-C 1
Gesù, Via del D 3
Giacinto Carini, Via B 6-5
Giacomo Medici, Via B 5
Gianicolense, Lungotevere B 3-4
Gianicolo, Passeggiata del B 4
Gioacchino Belli, Piazza D 5
Gioacchino Belli, Via C 2
Gioberti, Via G 3
Giordano Bruno, Via A 1
Giovanni Amendola, Via G 3
Giovanni Battista Bodoni, Via D 6
Giovanni Battista Morgagni, Via H 1
Giovanni Branca, Via CD 6
Giovanni Giolitti, Via G 3
Giovanni in Laterano, Via FG 5
Giovanni Lanza, Via FG 4
Girolamo Fabrizio, Piazza H 1
Girolamo Savonarola, Via A 1
Giubbonari, Via dei CD 4
Giulia, Via C 3-4
Giuliana, Via della A 1
Giulio Cesare, Viale A 1-C 1
Giuseppe Garibaldi, Piazzale B 4
Giusti, Via G 4
Glorioso, Viale C 5-6
Goffredo Mameli, Via C 5
Goito, Via G 2
Governo Vecchio, Via del C 3
Gracchi, Via dei B 2-C 1
Gregoriana, Via E 2
Gregorio VII, Via A 4-3
Guido Baccelli, Via F 6
Illiria, Via G 6
Indipendenza, Piazza G 2
Innocenzo III, Via A 3
Innocenzo X, Via A 6
Ipponio, Piazzale G 6
Ipponio, Via G 6
Isonzo, Via F 1
Italia, Corso d' FG 1

Labicana, Via FG 5
La Spezia, Via H 5
Laterani, Via dei G 6-5
Lazzaro Spallanzani, Via H 1
Leone IV, Via A 1-2
Libertà, Piazza della C 1
Licia, Via G 6
Liguria, Via E 2
Lombardia, Via E 2
Luce, Via della D 5
Luciano Manaro, Via C 5
Lucrezio Caro, Via C 1-2
Ludovico di Monreale, Via A 6
Ludovico di Savoia, Via H 5
Ludovisi, Via E 2
Lungara, Via della B 3-C 4
Lungaretta, Via della CD 5
Machiavelli, Via G 4
Magenta, Via G 2
Magna Grecia, Largo H 6
Magna Grecia, Via H 6-5
Magnanapoli, Largo E 3-4
Magnolie, Viale delle E 1
Manin, Via G 3
Manlio Gelsomini, Viale DE 6
Mantellate, Via delle B 4
Mantova, Via G 1
Marcella, Via E 6
Marco Aurelio, Via F 5
Marghera, Via G 3-2
Marianna Dionigi, Via C 2
Marmorata, Via D 6
Marsala, Via G 2-H 3
Marzio, Lungotevere D 2
Mastai, Piazza CD 5
Matteo Boiardo, Via G 5
Mattonato, Via del C 4-5
Mazzini, Ponte C 4
Mecenate, Via G 4
Merculana, Via G 3-4
Metronio, Piazzale G 6
Metronio, Viale G 6
Michelangelo, Lungotevere C 1
Milano, Via F 3
Milazzo, Via G 3-2
Milizie, Viale delle A 1-C 1
Mille, Via dei G 2
Minerva, Piazza della D 3
Modena, Via F 3
Monserrato, Via C 3-4
Montebello, Via G 2
Montecitorio, Piazza di D 3
Monte del Gallo, Via A 4
Monte Giordano, Via di C 3
Monte Oppio, Viale del FG 4
Monterone, Via D 3
Monte Savello, Piazza di D 4
Mura Aurelie, Viale delle B 3-5
Mura Gianicolensi, Viale B 5-6
Mura Portuensi, Viale delle CD 6
Muratte, Via delle E 3
Muro Torto, Viale del DE 1
Museo Boronese, Viale del EF 1

Napoleone III, Via G 3
Navicella, Via F 5-6
Navona, Piazza CD 3
Nazionale, Via E 3
Nicola Fabrizi, Via BC 5
Nicolò Salvi, Via F 4
Nizza, Via G 1
Nomentana, Via GH 1
Numa Pompilio, Piazzale F 6
Nuova Formaci, Via B 4
Orso, Via dell' CD 3
Orti d'Aliberti, Via degli B 4-3
Ottaviano, Via B 2-1
Paglia, Via della C 5
Palermo, Via F 3
Palestro, Via G 2
Panetteria, Via della E 3
Panieri, Via dei C 5
Panisperna, Via F 3
Pannonia, Via G 6
Paolo II, Via A 3
Parlamento, Piazza del D 2
Pastini, Via dei D 3
Pellegrino, Via del C 3-4
Penna, Via della D 1
Piacenza, Via EF 3
Piave, Via F 1
Pierleoni, Lungotevere dei D 4-5
Pietra, Piazza di D 3
Pietro Cossa, Via C 2
Pietro Gobetti, Via H 3
Pio X, Via A 2
Pio XII, Piazza B 2-3
Piscinula, Piazza in D 5
Plebiscito, Via del D 3
Policlinico, Viale del G 1-H 2
Popolo, Piazza del D 1
Porta Angelica, Via di B 2
Porta Labicana, Via di H 4
Porta Lavernate, Via di D 6
Porta Maggiore, Via di H 4
Porta Pincina, Via di E 2-1
Porta San Pancrazio, Via di BC 5
Porta Tiburtina, Via di H 3
Portico d'Ottavia, Via del D 4
Portuense, Lungotevere CD 6
Portuense, Via C 6
Prati, Lungotevere C 2
Pretoriano, Viale H 2-3
Principe Amadeo, Via G 3-H 4
Principe Eugenio, Via H 4
Principe Umberto, Via H 4
Purificazione, Via della E 2
Quattro Fontane, Via delle E 2-F 3
Quattro Venti, Viale dei B 5-6
Quirinale, Piazza del E 3
Quirinale, Via del EF 3
Quiriti, Piazza dei B 1
Ramni, Via dei H 3
Ratazzi, Via G 3
Reggio Emilia, Via G 1
Regina Margherita, Viale H 1-2
Remuria, Piazza E 6
Repubblica, Piazza della F 2

**Rom:** Stadtplan (Namenregister, Fortsetzung)

Riari, Via dei BC 4
Rinascimento, Corso del D 3
Ripa, Lungotevere D 5
Ripa Grande, Porto di D 6–5
Ripetta, Via di D 2–1
Risorgimento, Piazza del AB 2
Romolo e Remo, Piazzale E 5
Rosolino Pilo, Piazza B 6
Rotonda, Piazza della D 3
Rovere, Piazza della B 3
Ruggiero Bonghi, Via G 4–5
Sallustiana, Via F 2
Sallustio, Piazza F 1–2
Salumi, Via dei D 5
Samnio, Via H 6–5
San Basilio, Via di EF 2
San Bernardo, Piazza di F 2
San Cosimato, Piazza di C 5
San Domenico, Via D 6
San Francesco a Ripa, Via di C 5
San Francesco di Sales, Via di BC 4
Sangallo, Lungotevere di BC 3
San Giovanni Decollato, Via E 4–5
San Giovanni in Laterano, Piazza di GH 5
San Giovanni in Laterano, Via di FG 5
San Gregorio, Via di EF 5
San Martino della Battaglia, Via G 2
San Michele, Via di D 6–5
San Nicolò da Tolentino, Via EF 2
San Pancrazio, Via di AB 5
San Paolo del Brasile, Viale E 1
San Pietro, Piazza di AB 2–3
San Pietro in Montorio, Piazza di C 5
San Quintino, Via H 5
San Silvestro, Piazza DE 2
Santa Croce in Gerusalemme, Via di H 4–5
Santa Eufemia, Via di E 3–4
Santa Maria alle Fornaci, Piazza A 3
Santa Maria Liberatrice, Piazza di D 6
Santa Maria Maggiore, Piazza G 3
Santa Melania, Via di D 6
Sant'Anselmo, Via DE 6
Santa Prisca, Via di E 6
Santa Susanna, Via F 2
San Teodoro, Via E 5–4
Sant'Erasmo, Via di G 6
Sant'Eustacchio, Piazza di D 3
Santi Quattro Coronati, Via FG 5
Sant'Onofrio, Piazzale di B 3
Sanzio, Lungotevere C 4–D 5
Sardegna, Via F 1
Sassari, Piazza H 1
Sassia, Lungotevere in B 3
Savoia, Via G 1

Scala, Via della C 4
Scienze, Viale delle H 2–3
Scipioni, Via degli A 1–C 1
Scrofa, Via della D 3–2
Seminario, Via del D 3
Sepertenti, Via dei F 3–4
Servili, Piazza dei D 6
Sforza, Via F 4
Sicilia, Via F 1
Siculi, Piazza dei H 3
Silla, Via B 1–2
Silvio Pellico, Via B 1
Simone de Saint Bon, Via A 1
Sistina, Via E 2
Sisto V, Piazzale H 3
Sonnino, Piazza D 5
Statilia, Via H 5–4
Stefano Rotondo, Via FG 5
Stellata, Via della D 3
Tacito, Via C 2
Teatro di Marcello, Via del D 5–4
Tebaldi, Lungotevere C 4
Tempio di Diana, Piazza del E 6
Terme Deciane, Via delle E 5–6
Terme di Caracalla, Via delle F 6
Testaccio, Lungotevere CD 6
Tomacelli, Via D 2
Tor di Nona, Lungotevere C 3
Torino, Via F 2–3
Trastevere, Viale C 6–5
Triboniani, Via C 2
Trilussa, Piazza C 4
Trinità, Viale DE 1
Trinità dei Monti, Viale DE 1
Trionfale, Circonvallazione A 1
Trionfale, Via A 1
Tritone, Largo del E 2
Tritone, Via del E 3–2
Ulpiano, Via C 2
Umiltà, Via dell' E 3
Unità, Piazza dell' B 2
Università, Viale dell' H 2
Urbana, Via F 3
Valadier, Via C 2–1
Vallati, Lungotevere dei CD 4
Valle del Camene, Via F 6
Vantaggio, Via del D 1
Varese, Via G 2
Vascello, Via del B 5–6
Vaticano, Lungotevere B 3–C 2
Vaticano, Viale A 2
Veio, Via H 6
Venezia, Piazza E 3–4
Vicenza, Via G 2
Victor Hugo, Piazzale E 1
Villa Fonseca, Via di G 5
Villa Pamphili, Via A 5–6
Viminale, Piazza F 3
Visconte Venosta, Largo F 4
Vite, Via della DE 2
Vitellia, Via A 6
Vittore Pisani, Via A 1–2
Vittoria, Via D 2
Vittoria Colonna, Via C 2
Vittorio Emanuele, Corso C 3–D 4
Vittorio Emanuele, Piazza G 4

Vittorio Veneto, Via EF 2
Volturno, Via G 2
Washington, Viale D 1
Zanardelli, Via C 3
Zingari, Via degli F 4
Zoccolette, Via delle CD 4

**Gebäude, Anlagen u. a.**

Accademia Americana B 5
Accademia di Francia E 1
Akademie der Schönen Künste D 2
Arbeitsministerium G 1
Äthiopisches Seminar A 2
Augustusforum E 4
Augustus-Mausoleum D 2
Ausstellungspalast EF 3
Bahnhof A 2, 3–4
Bank von Italien E 3
Baptisterium G 5
Basilica Iulia E 4
Börse F 3
Botanischer Garten B 4, F 5
Caracallathermen F 6
Castro Pretorio GH 2
Cavour, Ponte D 2
Cello-Krankenhaus F 5
Cestio, Ponte D 5
Chiesa Nuova C 3
Circus maximus E 5
Collegio Romano D 3
Domus Augustana E 5
Engelsburg C 2
Fabricio, Ponte D 4
Finanzministerium FG 2
Forum Romanum E 4
Galleria Nazionale d'Arte Antica F 2
Garibaldi, Ponte D 4
Garibaldidenkmal B 4
Gefängnis B 4
Gesù, Chiesa del D 4
Giardini del Quirinale E 3
Giuseppe Mazzini, Ponte C 4
Hadrian-Mausoleum C 2
Hauptbahnhof Termini G 3
Industrieministerium E 2
Innenministerium F 3
Justizministerium D 4
Justizpalast C 2
Kaiserforen E 4
Kolosseum F 4
Konservatorenpalast E 4
Konstantinsbogen F 5
Krankenhaus San Giacomo D 2
Krankenhaus Santo Spirito B 3
Largo Argentina D 4
Lateranpalast GH 5
Leuchtturm B 4
Margherita, Ponte C 1
Maria Addolorata A 4
Mark-Aurel-Säule D 3
Mausoleo Garibaldi BC 5
Mazzini, Ponte C 4
Metropolitana Pietro Nenni, Ponte C 1
Militärschule B 3
Minervatempel H 4
Ministerium für Land- und Forstwirtschaft F 2
Münze H 4
Musikhochschule C 2
Nationalbibliothek H 2
Nationalmuseum FG 2
Ninfeo di Nerone F 5
Obelisk B 2, D 1

Palatin E 5
Palatino, Ponte D 5
Palazzo Barberini F 2
Palazzo Borghese D 2
Palazzo Brancaccio G 4
Palazzo Braschi C 3
Palazzo Chigi D 3
Palazzo Colonna E 3
Palazzo Corsini C 4
Palazzo dei Santi Apostoli E 1
Palazzo della Cancelleria C 3
Palazzo della Consulta E 3
Palazzo del Quirinale E 3
Palazzo del Sant'Uffizio A 3
Palazzo di Governatorato A 2
Palazzo di Governo Vecchio C 3
Palazzo Doria D 3
Palazzo Farnese C 4
Palazzo Gabrieli C 3
Palazzo Spada C 4
Palazzo Venezia DE 4
Pantheon D 3
Parco de Celio F 5
Parco di Porta Capena F 6
Parco Egerio FG 6
Parco Traiano F 4
Parlament D 3
Peterskirche A 3
Pincio, Monte D 1
Poliklinik Umberto I H 2
Polizeipräsidium F 3
Porta di San Pancrazio B 5
Porta Metronia FG 6
Porta Pia G 1
Porta Pinciana E 1
Porta Portese CD 6
Porta San Lorenzo H 3
Postministerium D 3
Post- und Telegraphenamt E 2
Principe A. Savoia Aosta, Ponte B 3
San Bartolomeo all'Isola D 5
San Carlo al Corso D 2
San Clemente FG 5
San Gioacchino BC 1
San Giovanni in Laterano GH 5
San-Giovanni-Krankenhaus G 5
San Gregorio Magno F 5
San Lorenzo in Lucina D 2
San Marco E 3
San Martino ai Monti FG 4
San Nicola in Carcere D 4
San Pancrazio A 5
San Pietro in Vincoli F 4
Sant'Agostino D 3
Sant'Alessio D 6
Santa Maria D 3
Santa Maria alle Fornaci A 3
Santa Maria degli Angeli FG 2
Santa Maria dei Miracoli D 1
Santa Maria della Pace F 3
Santa Maria del Popolo D 1
Santa Maria in Aracoeli E 4
Santa Maria in Cosmedin E 5

Santa Maria in Domnica F 5
Santa Maria in Trastevere C 5
Santa Maria Maggiore G 3
Santa Maria sopra Minerva D 3
Sant'Andrea della Valle CD 4
Sant'Angelo, Ponte C 3
Sant'Anselmo D 6
Sant'Antonio di Padova G 5
Santa Prassede G 3–4
Santa Sabina D 5
Santa Teresa F 1
Santa Trinità dei Monti E 2
Santi Apostoli E 3
Santi Giovanni e Paolo F 5
Sant'Ignazio D 3
Santi Luca e Martina E 4
Sant'Onofrio B 3
Santo Stefano Rotondo FG 6
Senat D 3
Senatorenpalast E 4
Severusbogen E 4
Sisto, Ponte C 4
Sixtinische Kapelle A 2
Spanische Treppe E 2
Staatsarchiv D 3
Stadion E 5
Sublicio, Ponte D 6
Teatro Adriano C 2
Teatro Argentino D 4
Teatro di Marcello D 4
Teatro di Pompeo D 4
Teatro Valle D 4
Technische Hochschule F 4
Technisches Institut H 4
Tempel der Diana E 1
Termini, Stazione G 3
Thermen des Diokletian FG 2
Titusbogen E 4
Torloniamuseum C 4
Torre del Drago A 4
Trajansforum E 4
Trajanssäule E 4
Trajansthermen FG 4
Trevibrunnen E 3
Umberto, Ponte C 2
Università H 2
Unterrichtsministerium C 5
Vatikanische Gärten A 2
Verkehrsministerium G 2
Verteidigungsministerium F 2
Verteidigungsministerium, Abteilung Luftwaffe H 2
Villa Abamele A 4
Villa Aldobrandini E 3
Villa Aurelia B 5
Villa Bonaparte G 1
Villa Borghese E 1
Villa Celimontana F 6
Villa Colonna E 3
Villa Corsini B 4
Villa Doria Pamphili A 6
Villa Massimo D 3
Villa Medici E 1
Villa Mills E 5
Villa Sciarra BC 6
Villa Torlonia H 1
Villa Wolkonski H 5
Vittorio Emanuele, Ponte B 3
Vittorio-Emanuele-Denkmal E 4

# Rom   Rom – ROM

BERNINI, BORROMINI und RAINALDI ihre heutige Gestalt. Zahlreiche weitere Paläste wurden errichtet (u. a. Palazzo Montecitorio, Entwurf von BERNINI) oder ausgebaut (z. B. Fassade des Palazzo Madama; Palazzo del Quirinale, unter Mitwirkung von MADERNO und BERNINI), ebenso prunkvolle Kirchen (Sant'Ignazio, Sant'Andrea della Valle, Sant'Andrea al Quirinale, Sant'Ivo, Santi Luca e Martina).

Im 18. Jh. wurden durch den Bau der Span. Treppe, der Fontana di Trevi (von N. SALVI), der Fassaden von San Giovanni in Laterano und Santa Maria Maggiore, durch Platzanlagen (z. B. vor Sant'Ignazio) und große Palastbauten (Palazzo della Consulta, Villa Albani, Vollendung des Palazzo del Quirinale, Palazzo Corsini, BILD →Fuga, Ferdinando) Akzente gesetzt. Der Klassizismus des 19. Jh. manifestiert sich v. a. in der durch G. VALADIER neugestalteten Piazza del Popolo. Das wiederaufkommende Interesse für antike Kunst führte zur Freilegung des Forum Romanum und anderer Denkmäler der Antike.

**Rom 1):** Spanische Treppe mit ägyptischem Obelisken und der Kirche Trinitá dei Monti (1495–1585)

*19. und 20. Jahrhundert:* Nachdem R. Hauptstadt des Königreichs Italien geworden war, ließ die neue Administration die Straßenzüge der Via del Tritone und des Corso Vittorio Emanuele durch die Innenstadt anlegen; der Justizpalast am Tiber wurde gebaut, an der Piazza Venezia entstand das Nationaldenkmal für VIKTOR EMANUEL II.

Zw. den Weltkriegen ließ MUSSOLINI durch den Borgo (zw. Peterskirche und Tiber) die Via della Conciliazione (M. PIACENTINI) und von der Piazza Venezia zum Kolosseum die Via dei Fori Imperiali neu anlegen, wobei vielfach mittelalterl. Bausubstanz verlorenging. Weitere im Faschismus begonnene Anlagen sind das Foro Italico, das Universitätsgelände (Bauten von PIACENTINI, G. PONTI, GIOVANNI MICHELUCCI, * 1891, † 1990 u. a.) und der Hauptbahnhof. Nach dem Zweiten Weltkrieg wurde mit dem Haupttrakt und der Empfangshalle des Hauptbahnhofs (Stazione Termini) ein international richtungsweisendes Projekt vollendet. Auf dem Gelände der für 1942 geplanten Esposizione Universale di Roma (EUR) entstand nach 1945 neben den faschist. Bauten (z. B. Palazzo del Lavoro) ein modernes Verwaltungs- und Kongreßzentrum. 1960 wurden für die Olymp. Sommerspiele Sportanlagen (z. B. der Palazzetto und der Palazzo dello Sport von P. L. NERVI) im Gelände der EUR sowie im N der Stadt am Ponte Flaminio errichtet. Zu den architektonisch bedeutenden Bauten dieser Zeit zählen auch die Banca Popolare di Milano (1973) und die Wohnhäuser San Maurizio (1962) und Il Girasole (1949–50) von L. MORETTI, das Warenhaus La Rinascente (1958–61) von F. ALBINI. 1975–90 wurden von P. PORTOGHESI u. a. die Moschee und das islam. Kulturzentrum errichtet. – Das histor. Stadtzentrum und die Vatikanstadt wurden von der UNESCO zum Weltkulturerbe erklärt.

## Kunstmuseen

Die größten Antikensammlungen besitzen der Vatikan (→Vatikanische Sammlungen), das Kapitolin. Museum, der Konservatorenpalast und das Thermenmuseum (Museo Nazionale Romano), ferner das Nationalmuseum für etrusk. Altertümer in der Villa Giulia, das Museo Barracco (v. a. griech. und etrusk. Kunst), die Collezione Archeologica der Villa Albani und das Antiquarium Communale. Die wichtigsten Gemäldesammlungen besitzen der Vatikan, Galleria Borghese im Casino der Villa Borghese, Galleria Nazionale d'Arte Antica im Palazzo Barberini (bes. italien. Gemälde des 13.–16. Jh.) und Palazzo Corsini (Gemälde des 17. und 18. Jh.), Kapitolin. Museum, die Galerien Colonna, Doria Pamphili, Aurora Pallavicini, Spada sowie die Galleria Nazionale d'Arte Moderna (Malerei und Plastik des 19. und 20. Jh.).

J. G. BOLTON: Roman century. A portrait of Rome as the capital of Italy, 1870–1970 (New York 1971); L. BRUHNS: Die Kunst der Stadt R., 2 Bde. (Neuausg. 1972); C. L. FROMMEL: Röm. Palastbau der Hochrenaissance, 3 Bde. (1973); C. ELLING: Rome. The biography of its architecture from Bernini to Thorvaldsen (Tübingen 1975); F. FERRAROTTI: Roma da capitale a periferia (Neuausg. Rom 1979); A.-M. SERONDE-BABONAUX: De l'urbs à la ville: Rome, croissance d'une capitale (Aix-en-Provence 1980); A. HENZE u. a.: R. u. Latium (⁴1981); F. P. RIZZO u. T. OKAMURA: R. Die Stadt der Päpste (a. d. Italien., 1983); L. VON MATT u. F. BARELLI: R. (⁷1984); C. HIBBERT: R. Biogr. einer Stadt (a. d. Engl., 1987); R. KRAUTHEIMER: R. Schicksal einer Stadt, 312–1308 (a. d. Engl., 1987); H. A. STÜTZER: Das antike R. (⁷1987); ders.: Frühchristl. Kunst in R. (1991); U. V. FISCHER PACE: Kunstdenkmäler in R., 2 Bde. (1988); F. GREGOROVIUS: Gesch. der Stadt R. im MA. Vom 5.–16. Jh., 4 Bde. (Neuausg. ²1988); F. COARELLI: R. Ein archäolog. Führer (a. d. Italien., ⁴1989). – Weitere Lit. →römische Geschichte.

**2)** Bistum; R. als Diözese des Papstes umfaßt die Stadt R. einschließlich der Vatikanstadt. Die Diözesankurie (italien. Vicariato di Roma) wird im Auftrag des Papstes und mit allen bischöfl. Rechten von einem Kardinalvikar geleitet.

**ROM** [Abk. von engl. **R**ead-**o**nly **m**emory, ›Nurlesespeicher‹], Festwertspeicher, in überwiegend in MOS-Technik ausgeführter →Speicher in der elektron. Datenverarbeitung, dessen Inhalt bereits bei der Herstellung entsprechend der späteren Anwendung fest eingeschrieben wird (maskenprogrammierte ROM) und danach nicht mehr verändert werden kann. Die einzelnen Speicherzellen sind wie beim RAM matrixförmig angeordnet und können wie bei diesem beliebig oft und wahlfrei ausgelesen werden. Da der Speicherinhalt eines ROM nachträglich nicht geändert oder gelöscht werden kann, kann er auch durch Abschalten der Stromversorgung nicht verlorengehen; das ROM ist daher ein nichtflüchtiger Speicher.

ROMs werden verwendet zur Speicherung häufig benötigter Programmteile und Daten. Sie können sowohl Teile von Betriebssystemen als auch Mikroprogramme, Compiler, Tabellenwerte, mathemat. Funktionen u. a. enthalten. I. w. S. werden auch solche Speicher, die entweder vom Anwender einmalig programmierbar sind (→PROM) oder die mit einem mehr oder weniger großen Aufwand (so daß eine Änderung nicht zu häufig vorgenommen werden kann) ganz oder teilweise gelöscht und wieder beschrieben werden können (→EPROM), als ROM bezeichnet.

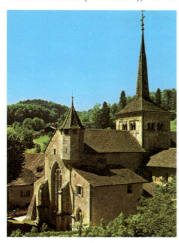

Romainmôtier: Ehemalige Abteikirche; zwischen 1000 und 1030

**Röm,** dän. **Rømø** ['rœmø:], größte dän. Nordseeinsel, 129 km², (1988) 800 Ew., mit dem Festland durch einen 9 km langen Straßendamm, mit der Insel Sylt durch eine Fähre verbunden. R. ist eine heidebedeckte Dünenlandschaft mit bis zu 4 km breitem Sandstrand, im SO und NO schmaler Marschstreifen; Fremdenverkehrsgebiet mit Sommerhausbebauung. Die Siedlungen (im O), im fries. Stil erbaut, bewahren zahlreiche Erinnerungsstücke an die Walfangkapitäne, die im 18. Jh. hier ansässig waren.

**Roma,** →Sinti und Roma.

**Roma,** 1) italien. Name von → Rom 1).

2) Prov. in Latium, Italien, 5 352 km², (1990) 3,784 Mio. Einwohner.

3) Ort in Lesotho, südöstlich von Maseru, Sitz der Univ. von Lesotho (1964 gegr.).

**Roma Dea** [lat. ›Göttin Rom‹], **Roma,** die göttl. Verkörperung der Stadt Rom, zugleich die Schutzgottheit des röm. Staates und des Röm. Reiches, in der Kaiserzeit häufig zus. mit dem Genius des Kaisers verehrt. Ihr Fest wurde an den Parilien (21. 4.), dem angebl. Gründungstag Roms, gefeiert. In der *bildenden Kunst* wurde die R. D. als bewaffnete Amazone (Ara Pacis Augustae) dargestellt, auch zus. mit der Kapitolin. Wölfin (Reliefs des Titus- und des Konstantinbogens in Rom). 137 n.Chr. wurde auf der Velia am Forum Romanum der prachtvolle Doppeltempel für die Göttinnen R. D. und Venus eingeweiht.

**Romagna** [ro'maɲɲa] *die,* histor. Gebiet in N-Italien, zw. dem Apenninkamm, der Adriaküste und dem Unterlauf des Reno, gehört heute zur Region Emilia-Romagna.

*Geschichte:* Das Gebiet der R. bildete in röm. Zeit keine polit. Einheit. Der Name **Romania** erscheint seit der langobard. Eroberung und bezeichnete (im Ggs. zur ›Langobardia‹) das unter byzantin. Herrschaft verbliebene Gebiet. Das Papsttum, seit der Pippinschen Schenkung 754/756 im Besitz der R., setzte seine Ansprüche nur schwer gegen den Kaiser (1278 Verzicht RUDOLFS VON HABSBURG) und das Selbständigkeitsstreben der Städte durch. CESARE BORGIA schuf vorübergehend (1499–1503) ein Staatswesen (›Herzogtum Romagna‹), das 1509 dem Kirchenstaat eingegliedert wurde, bei dem die R. bis zur Einigung Italiens blieb.

**Romagnosi** [romaɲ'ɲo:si], Gian Domenico, italien. Jurist und Philosoph, *Salsomaggiore Terme 13. 12. 1761, †Mailand 8. 6. 1835; war Prof. für Straf- und Zivilrecht an versch. italien. Univ. und an der Redaktion der italien. Gesetzbücher beteiligt. Er gilt als einer der bedeutendsten Vermittler des Gedankenguts der Aufklärung in der Epoche der Restauration. Gegen den Sensualismus vertrat er das Zusammenwirken von Sinnen und Intellekt im Prozeß der Erkenntnis; im Ggs. zum Kontraktualismus (Lehre vom Gesellschaftsvertrag) faßte er die Gesellschaft als eine der Menschennatur entsprechende Grundgegebenheit auf.

**Ausgabe:** Opere di G. R., C. Cattaneo ... (1957).

Per conoscere R., hg. v. R. GHIRINGHELLI u. a. (Mailand 1982); A. TARANTINO: Natura delle cose e società civile: Rosmini e R. (Rom 1983).

**Romainmôtier** [rɔmɛ̃mo'tje], Teil der Gem. R.-Envy (380 Ew.) im Kt. Waadt, Schweiz, südwestlich von Orbe. – Neben der im 5. Jh. gegr. Abtei entstand um 1300 die Stadt R. – Die an der Stelle von zwei frühroman. Vorgängerbauten zw. 1000 und 1030 errichtete Kirche ist eine Rundpfeilerbasilika mit zierl. frühgot. Vorhalle (Anfang 13. Jh.), Wandmalereien (Ende 13. Jh.), figürl. Kapitellen (14. Jh.) und einem Ambo mit Flechtwerkrahmen (7. Jh.); Konventsgebäude (v. a. 16. und 17. Jh.).

**Romains** [rɔ'mɛ̃], Jules, eigtl. **Louis Farigoule** [fari'gul], frz. Schriftsteller, *Saint-Julien-Chapteuil (Dép. Haute-Loire) 26. 8. 1885, †Paris 14. 8. 1972; schloß sich 1906 dem Künstlerkreis ›Abbaye‹ (u. a. mit C. VILDRAC und G. DUHAMEL) in Créteil an. Aus dieser Zusammenarbeit entwickelte sich der dichterisch-philosoph. Gedanke des →Unanimismus, dessen Hauptvertreter R. wurde. Die unanimist. Idee entwickelte R. in seiner sich von symbolist. Esoterik distanzierenden Lyrik (›La vie unanime‹, 1908) und übertrug sie auch auf den Roman (›Le bourg régénéré‹, 1906; ›Mort de quelqu'un‹, 1911, dt. ›Jemand stirbt‹), v. a. in seinem Hauptwerk, ›Les hommes de bonne volonté‹ (27 Bde., 1932–46; dt. ›Die guten Willens sind‹), in dem er eine Epoche frz. Lebens (1908–33) in seiner Totalität auf versch. Ebenen der Gruppenbildung gestaltet, wobei Paris den Mittelpunkt bildet, das Zeitgeschehen aber weit darüber hinaus einbezogen wird. Zugleich mit der künstler. Umsetzung des unanimist. Konzepts zeigt sich eine Abkehr von traditionellen Erzählstrukturen; das Geschehen wird nicht mehr um einzelne, wiederkehrende Personen (wie bei H. DE BALZAC) oder als Familiengeschichte inszeniert (É. ZOLA), da die Gestalten als Elemente jeweiliger (sozialer, intellektueller, durch das Gefühl der Liebe oder Freundschaft verbundener) Gruppen agieren. Anstelle einer eindimensionalen Fabel treten eine Reihe von Episoden und Schicksalen, die durch die Parallelität ihres zeitl. Ablaufs aufeinander bezogen sind. Die Simultaneität des Geschehens wird durch entsprechende synchrone Schnitte nach der Art film. Montage literarisch umgesetzt. Damit korrespondiert auch die Aufgabe einer einheitl. Erzählperspektive: Die Komplexität der dargestellten Epoche präsentiert sich aus einer Vielzahl unterschiedl. Sichtweisen. Unter dem Eindruck der ideolog. Auseinandersetzungen der Zwischenkriegszeit (Kommunismus, Faschismus, Nationalsozialismus) und des Ausbruchs des Zweiten Weltkriegs wich der optimist. Grundton des Romans (Hoffnung auf Überwindung des individuellen und nationalstaatl. Egoismus durch eine unanimist. Gemeinschaft der ›hommes de bonne volonté‹) später einer eher resignativen Haltung. In R.' Theaterstücken werden kollektive Verhaltensweisen an negativen Beispielen exemplifiziert, u. a. in der Komödie ›Knock ou le triomphe de la médecine‹ (1924, Urauff. 1923; dt. ›Knock oder der Triumph der Medizin‹); in seinen polit. Schriften spielt die Idee der europ. Einigung und der dt.-frz. Verständigung eine bedeutende Rolle.

**Jules Romains**

**Weitere Werke:** *Prosa:* Donogoo-Tonka (1920; dt. Donogoo-Tonka oder die Wunder der Wiss.). – *Essay:* Petit traité de versification (1923, mit G. CHENNEVIÈRE). – *Drama:* Le dictateur (1926; dt. Der Diktator). – *Roman:* Mémoires de Madame Chauverel (1959; dt. Die Erlebnisse der Madame Chauverel).

P. J. NORRISH: Drama of the group. A study of unanimism in the plays of R. (Cambridge 1958); A. CUISENIER: J. R., l'unanimisme et Les Hommes de bonne volonté (Paris 1969); Actes du Colloque J. R. Bibliothèque Nationale, 17–18 février 1978, hg. v. A. BOURIN (ebd. 1979).

**Romako,** Anton, österr. Maler, *Atzgersdorf (heute zu Wien) 20. 10. 1832, †Wien 8. 3. 1889; Schüler von F. WALDMÜLLER und C. RAHL in Wien und von W. VON KAULBACH in München. 1857–76 hielt er sich in Rom auf, wo er v. a. Porträts und Genrebilder malte. Nach Wien zurückgekehrt, konnte er sich nicht

**Anton Romako:** Admiral Tegetthoff in der Seeschlacht bei Lissa; um 1880 (Wien, Österreichische Galerie)

gegen H. MAKART durchsetzen. In seinen Landschaftsbildern der Spätzeit näherte er sich dem Impressionismus. Farbigkeit und hintergründige Psychologie seiner Porträts und Historiendarstellungen weisen R. als Vorläufer des österr. Expressionismus aus.

**Werke:** Der Bildhauer R. Begas und seine Frau (1869–70; Wien, Österr. Galerie); Italien. Fischerkind (1870–71; ebd.); Gasteiner Tal (1877; ebd.); Admiral Tegetthoff in der Seeschlacht bei Lissa (um 1880; ebd.); Circe und Odysseus (um 1884–85; Wien, Histor. Museum); Gräfin Kuefstein (1885–86; Wien, Österr. Galerie).

F. NOVOTNY: Der Maler A. R. 1832–1889 (1954).

**Roman** [frz., von altfrz. romanz ›in roman. Volkssprache (nicht in Latein) verfaßte Erzählung‹, zu lat. romanicus ›römisch‹] der, -s/-e, Bez. für die neben Epos und Sage dritte dichter. Großform der →Epik.

### Formen des Romans

Die unterschiedl., oft gegensätzl. Zielsetzungen und Äußerungsformen der Gattung, ihre nach wie vor offene Entwicklung sowie die mangelnde Homogenität der angesprochenen Publikumsschichten erschweren eine systemat. Erfassung des Phänomens R. Alle Versuche führen zwangsläufig zu vielfachen Überschneidungen bzw. zur Erkenntnis, daß kein Typus rein auftritt. Dies zeigt etwa die geläufige Aufteilung nach Stoffgebieten und typischen Charakteren, z. B. →Abenteuerroman, Bauern-R. (→Bauerndichtung), Familien-R., Großstadt-R., Heimat-R. (→Heimatliteratur), →historischer Roman, Kriegs-R. (→Krieg, literarische Behandlung), →Kriegsliteratur), Kriminal-R. (→Kriminalliteratur), →Künstlerroman, →Räuberroman, Reise-R. (→Reiseliteratur) →Ritterroman, →Schauerroman, →Schelmenroman, Science-fiction-R. (→Science-fiction), utopischer R. (→utopische Literatur) u. a. Ähnlich vielfältig sind Gliederungen nach Themen und behandelten Problemen, wie u. a. Liebes-, Ehe-, Zeit-, Tendenz-, Dekadenz-, Staats-, Erziehungs-, Entwicklungs-, Initiations-, Bildungs-, Gesellschafts-R. Andere Klassifizierungen orientieren sich an formalen und strukturellen Eigenarten, etwa an den äußeren Erzählformen (Brief-R., Tagebuch-R. u. a.), den ›Erzählsituationen‹ (F. K. STANZEL) und deren perspektiv. Merkmalen (Ich-R., auktorialer R., personaler R.) oder den erzählten Grundhaltungen, Aussageweisen und Zielsetzungen (religiöser, erbaul., didakt., satir., empfindsamer, idealist., realist., philosoph. R. u. a.).

### Geschichte

*Antike:* Lange vor der Entwicklung des R. in Europa haben sich in versch. alten Hochkulturen Formen längerer Prosaerzählungen entwickelt, so in Ägypten, Indien, im arab. Raum, in Japan und China. In der europ. Antike finden sich bereits früh in Geschichtswerke und andere Prosatexte eingebaute Erzählungen, so etwa bei HERODOT und bes. bei XENOPHON (›Anabasis‹, ›Kyru paideia‹, 4. Jh. v. Chr.). Bes. beliebt war eine Sammlung erot. Erzählungen des ARISTIDES VON MILET (›Miles. Geschichten‹, um 100 v. Chr.; Einfluß auf PETRONIUS und APULEIUS). Der älteste erhaltene griech. R. ist der Liebes-R. ›Chaireas und Kallirhoe‹ des CHARITON VON APHRODISIAS (1. oder 2. Jh. n. Chr.). Dieser und fragmentarisch erhaltene R. tragen die für den antiken R. typ. Merkmale: exot., meist oriental. Schauplätze und private Schicksale, die Verbindung von phantast. Reiseabenteuern mit oft pathet. Liebeshandlung sowie dramat. Höhepunkte, Reden und Dialoge, die den Einfluß der Tragödie und sehr oft der neuen att. Komödie erkennen lassen. Sehr umfangreich ist die R.-Produktion im 2. Jh. n. Chr.; hier ragen die Liebes-R. XENOPHONS VON EPHESOS und des IAMBLICHOS sowie das Hauptwerk der Gattung in lat. Sprache, die ›Metamorphosen‹ des APULEIUS (um 170 n. Chr.), heraus. Der R. des APULEIUS zeigt einen für die röm. Literatur charakteristischen satir. Einschlag, wie er bereits das zeit- und kulturkrit. ›Satyricon‹ (1. Jh. n. Chr.) des PETRONIUS und auch die Satiren auf den R. des Griechen LUKIAN (2. Jh. n. Chr.) kennzeichnet. Ein Sonderfall u. a. wegen seiner Beschränkung auf den Schauplatz Lesbos ist der griech. Liebes-R. ›Daphnis und Chloe‹ von LONGOS (vermutlich 2. Jh. n. Chr.). Wohl aus dem 2. oder 3. Jh. n. Chr. datiert der griech. Urfassung des anonymen Liebes-R. über die Erlebnisse des Apollonius von Tyrus. Die spätantiken lat. Fassungen (4.–6. Jh.) dieses R. und der Troja-R. (DIKTYS, DARES PHRYGIUS) sowie Volksbücher, etwa der griech. →Alexandersage (Alexander-R.), wirkten weit in die Literatur der Folgezeit nach. Ähnlich erfolgreich waren auch die Liebes-R. ›Leukippe und Kleitophon‹ des ACHILLEUS TATIOS (Ende 2. Jh. n. Chr.) und die ›Aithiopica‹ des HELIODOR (3. Jh. n. Chr.).

*Mittelalter:* Die ersten nachantiken R. entstanden im 12. Jh. in Frankreich, z. T. unter Einwirkung des hellenist. R., aus dem auch vieles auf dem Umweg über die christl. Legendendichtung eingeflossen war. Sie sind in Versen geschrieben, behandeln fabulöse Stoffe aus der Antike, der byzantin. Welt und dem kelt. Sagenkreis, sind aber fast durchweg höfisch, indem sie die gesellschaftl. Normen der ritterl. Elite darstellen oder auch erst erschaffen, und bestehen inhaltlich meist aus der Verschlingung von Abenteuern und Liebesgeschichten. Die bedeutendsten dieser die ›matière de Bretagne‹ behandelnden Werke stammen von CHRÉTIEN DE TROYES. Von ähnl. Bedeutung ist der erste trag. Vers-R. der europ. Literatur ›Tristan et Iseult‹ (nach 1190 von BEROL, THOMAS und Fortsetzern). Der R.-Typus CHRÉTIENS wurde gegen 1180 in Dtl. aufgenommen und setzte sich dann beherrschend als ›roman courtois‹ durch. Die drei bedeutendsten Vertreter des höf. R., der wegen seiner Versform oft als →höfisches Epos bezeichnet wird, sind HARTMANN VON AUE, GOTTFRIED VON STRASSBURG und WOLFRAM VON ESCHENBACH. Im Frankreich des 13. Jh. wurde bes. im →Roman de la rose die allegor. Darstellungsweise vorherrschend; sie ging schließlich in eine gereimte Enzyklopädie weltl. und geistl. Wissens über. Doch erlosch in dieser Zeit die mittelalterl. Form des Vers-R., die nur noch vereinzelt, zudem in stärkerer Anlehnung an das Epos, in Italien bei L. PULCI, M. M. BOIARDO (15. Jh.), L. ARIOSTO und T. TASSO (16. Jh.) auftreten sollte.

*Ende des 15. Jh. bis 16. Jh.:* Führend wurde in der Neuzeit immer mehr die Prosaform. Zudem entwickelte sich mit dem Vordringen der bürgerl. Gesinnung das Bedürfnis, den R.-Inhalt an der stoffl. Wirklichkeit zu messen; wegen seiner bisher fabulösen Inhalte wurde der R. verdächtig als die Gattung des Unwirklichen, weshalb die R.-Schriftsteller bis zum 18. Jh. die Bez. ›R.‹ zu vermeiden suchten. – In Dtl. und England setzte der Prosa-R. später ein als in Frankreich. Er entstand aus der Umsetzung frz. Chansons de geste und der mittelalterlichen ritterl. Vers-R. in Prosa. In England wurde T. MALORYS ›Le morte Darthur‹, eine Kompilation der Artus-R. in Prosa, 1485 zum ersten Mal gedruckt. Wichtig für das erst in der 2. Hälfte des 16. Jh. beginnende eigene R.-Schaffen wurden auch die Übersetzungen antiker R. (HELIODOR, ACHILLEUS TATIOS, LONGOS). Wichtigste Vermittler der frz. Prosawerke ins Deutsche waren ELISABETH von Nassau-Saarbrücken und ELEONORE von Österreich. Mit dem Buchdruck wurden diese Werke im 15. und 16. Jh. weit verbreitet, ebenso die neuen Versionen antiker und oriental. Stoffe sowie die Volksbuchfassungen anderer Sagenkreise (→Magelone, →Volksbücher). In diesen breiten Strom einer volkstümlichen frühbürgerl. R.-Literatur fügten sich auch Neuschöpfungen ein, z. B. der →Fortunatus (1509), die Werke J. WICKRAMS sowie die Schwank-R. vom →Eulenspiegel bis zum →Lalebuch (1597). Dem Volksbuch verpflichtet ist auch die in der Nachfolge der Romane um die Riesen Gargantua und Pantagruel‹ (1532–64) von F. RABELAIS stehende ›Affentheuerlich Naupengeheuerliche Geschichtklitterung‹ (1582) von J. FISCHART. – Der urspr. portug., dann in span. Sprache um- und fortgesetzte Ritter-R. um den Helden →Amadis von Gaula, der originellste Ausläufer des höf. R., blühte auf der Iber. Halbinsel vom 14. bis zum 16. Jh. und übernahm in seinen letzten Teilen den aufkommenden neuen Stil der Galanterie. Der auf den Griechen LONGOS zurückgehende, in Italien neu erstandene Schäfer-R. (I. SANNAZARO, ›Arcadia‹, vollständig 1504) fand auch in Spanien Anklang (J. DE MONTEMAYOR, ›Los siete libros de la Diana‹, 1559; M. DE CERVANTES, ›Primera parte de Galatea‹, 1585). In schärfsten Gegensatz zur heroisch oder idyllisch verklärten Welt dieser Typen entstand der pikareske R. (›La vida de Lazarillo de Tormes ...‹, anonym, 1554; M. ALEMÁN, ›... Guzmán de Alfarache ...‹, 2 Tle., 1599–1604; F. GÓMEZ DE QUEVEDO Y VILLEGAS, ›Historia de la vida del Buscón‹, 1626).

*17. Jh.:* Als erster Typus eines sozialkritisch-lebensweltlich bezogenen R. fand der pikareske R. auch in Dtl. und Frankreich Aufnahme (P. SCARRON, ›Roman comique‹, 1651; A. R. LESAGE, ›Histoire de Gil Blas de Santillane‹, 4 Bde., 1715–35; J. J. C VON GRIMMELSHAUSEN). Einen Höhepunkt der span. R. stellt ›El ingenioso hidalgo Don Quijote de la Mancha‹ von CERVANTES (2 Tle., 1605–15) dar; entstanden als pikaresker R. im Protest gegen die Fabelei der Amadis-R., geht er weit über diesen Anlaß hinaus. Während sich CERVANTES im Alter wieder dem Abenteuer-R. im Stil HELIODORS zuwandte (›Los trabajos de Persiles y Sigismunda‹, 1617), griff B. GRACIAN Y MORALES den allegorisch-philosoph. R. auf und gab mit ›El criticón‹ (3 Tle., 1651–57) eine umfassende Synthese des barocken Welt- und Menschenbildes. – In Frankreich bewegte sich der R. im 17. Jh. z. T. in der Tradition von HELIODOR und des Amadis-R., z. B. die heroischgalanten R. des G. DE LA CALPRENÈDE, der Schäfer-R. ›L'Astrée‹ (5 Tle., 1607–27) des H. D'URFÉ oder ›Artamène ou le grand Cyrus‹ (10 Bde., 1649–53) von Mademoiselle DE SCUDÉRY. Bei A. FURETIÈRE, C. SOREL und P. SCARRON dient der R. der Darstellung satir. Zeitkritik. Ein Vorläufer des psycholog. R. war ›La princesse de Clèves‹ (4 Bde., 1678) von Madame DE LA FAYETTE. 1670 erschien von PIERRE DANIEL HUETS ›Traité de l'origine des romans‹, eine erste theoret. Abhandlung zur Gattungsgeschichte. – Nach der Vermittlung des heroisch-galanten R. v. a. durch M. OPITZ begann in der 2. Hälfte des 17. Jh. ein eigenständiges dt. R.-Schaffen (D. C. VON LOHENSTEIN, Herzog ANTON ULRICH von Braunschweig-Wolfenbüttel). In der →Schäferdichtung kam dem durch obligator. lyr. Einlagen aufgelockerten Schäfer-R. eine bedeutende Rolle zu. Als neuer R.-Typus bildete sich bei C. WEISE der polit. R., der innerhalb einer bürgerl. Moral weltmänn. Bildung vermitteln will. Primär der Unterhaltung bürgerl. Leserinnen dienten die galanten R. von E. W. HAPPEL, C. HUNOLD und J. G. SCHNABEL. – Im England des 17. Jh. findet sich neben J. BARCLAYS ›Argenis‹ (1621) v. a. P. SIDNEYS heroisch-pastorales Erzählwerk ›The countesse of Pembrokes Arcadia‹ (1590). Reiche Resonanz fand der pikareske R. etwa bei T. NASHE. Als Varianten des R. kann J. BUNYANS religiöse Allegorie ›The pilgrim's progress ...‹ (2 Tle., 1678–84) angesehen werden.

*18. Jh.:* Im Lauf des 18. Jh. wurde der R. immer mehr zum wichtigsten literar. Ausdrucksmittel des sich etablierenden und emanzipierenden Bürgertums, v. a. in Form von (fiktionalen) Autobiographien und Lebensläufen, oft als Brief-R. gestaltet. Entscheidende Impulse gingen von neuen R.-Formen von England aus. Hier hatte sich zuerst ein modernes Bürgertum gebildet, das fortan das eigentl. Publikum für den R. war, wobei der weibl. Leserschaft große Bedeutung zukam. D. DEFOES ›The life and strange surprizing adventures of Robinson Crusoe, of York, mariner ...‹ (3 Tle., 1719–20) prägte mit der Sachlichkeit der Beschreibung und der Darstellung des vernünftig denkenden und religiös empfindenden Bürgers als Kulturschöpfer einen neuen Typus des Abenteuer-R. Unter den dt. →Robinsonaden (mehr als 100 im 18. Jh.) ragen die Werke J. G. SCHNABELS und J. H. CAMPES heraus. – Eine neue Epoche des europ. R. leitete S. RICHARDSON mit seiner Darstellung der bürgerl. Umwelt und neuer Formen individuellen Empfindens in der Form des Brief-R. ein. H. FIELDING setzte in ›The history of Tom Jones, a foundling‹ (6 Bde., 1749) das Vorbild für eine andere Art des R., bei dem ein allwissender Erzähler gemeinsam mit dem Leser lächelnd auf die Verirrungen in den Köpfen und Herzen der Charaktere herabschaut. Von geradezu revolutionärem Stellenwert sind die Werke L. STERNES. Sein Roman ›A sentimental journey ...‹ (1768) war Anstoß zu einer Fülle von empfindsamen Reise-R. frz. und dt. Autoren. Ästhetisch und romantechnisch noch bedeutsamer ist sein Roman ›The life and opinions of Tristram Shandy‹ (9 Bde., 1759–67); er stellt inhaltlich, im 18. Jh. und formal die R.-Konvention chronolog. Erzählens spielerisch in Frage. Als eigenständiger neuer R.-Typ entstand in England gegen Ende des 18. Jh. als Reaktion gegen den Rationalismus der Aufklärung die →Gothic novel. – In Frankreich zählen zu den bekanntesten

**Roma** Roman

Brief-R. A. F. PRÉVOST D'EXILES ›Histoire du chevalier Des Grieux et de Manon Lescaut‹ (1731), J.-J. ROUSSEAUS ›Lettres de deux amans‹ (3 Bde., 1761, auch u. d. T. ›Julie ou la Nouvelle Héloise‹) und P. A. F. CHODERLOS DE LACLOS ›Les liaisons dangereuses, ...‹ (4 Bde., 1782). In der Nachfolge Rousseauscher Ideen und von GOETHE beeinflußt ist F. R. DE CHATEAUBRIANDS ›René‹ (1802), während D. DIDEROT in ›Jacques le fataliste‹ (1773) die Erzähltechnik des ›Tristram Shandy‹ nachempfand. – In Dtl. verschafften Werke in der Nachfolge des Richardsonschen Brief-R. (C. F. GELLERT, ›Leben der schwed. Gräfin von G.‹, 2 Tle., 1747–48; SOPHIE VON LA ROCHE, ›Geschichte des Fräulein von Sternheim‹, 2 Bde., 1771) und schließlich v. a. GOETHES ›Die Leiden des jungen Werthers‹ (1774) dem R. neue Geltung. Nachwirkungen finden sich u. a. bei F. HÖLDERLIN (›Hyperion‹, 2 Tle., 1797–99) und U. FOSCOLO (›Ultime lettere di Jacopo Ortis‹, 1802). C. M. WIELAND und GOETHE wurden zu Schöpfern des dt. → Bildungsromans. Autobiographisches und Fiktives verbinden sich in K. P. MORITZ' Hauptwerk ›Anton Reiser‹ (4 Tle., 1785–90). Angeregt durch STERNE entstanden in Dtl. die empfindsamen Reise-R. von J. G. JACOBI, J. G. SCHUMMEL, A. F. F. Freiherr KNIGGE. STERNES ›Tristram Shandy‹ wirkte auf T. G. VON HIPPELS ›Lebensläufe nach aufsteigender Linie‹ (3 Tle., 1778–81) und fand v. a. in JEAN PAUL einen kongenialen Geist.

*19. Jh.:* Die Ausformung eines verstärkten histor. und gesellschaftl. Bewußtseins, angelegt in der Romantik und weiterentwickelt in Realismus und Naturalismus, führte im Lauf des 19. Jh. zur Ausprägung von R.-Typen, die bis ins 20. Jh. hinein einflußreich blieben. Wachsende Bedeutung gewannen im Lauf des Jahrhunderts die Fortsetzungs-, Feuilleton-, Kolportage- und Serien-R., die gegen 1900 dank drucktechn. Neuerungen zur massenhaften Verbreitung von → Trivialliteratur führten. Der realistisch-zeitkrit. R. hingegen entwickelte sich zur dominanten literar. Ausdrucksform einer bürgerl. Gesellschaftsordnung und ihrer Probleme (Zeitroman). Entscheidende Impulse gingen zunächst v. a. von England, Frankreich und Rußland aus, gegen Ende des Jahrhunderts auch von den USA. In England schuf W. SCOTT den neuen Typus des histor. R. (V. HUGO, P. MÉRIMÉE, A. MANZONI, A. HERCULANO DE CARVALHO E ARAÚJO, L. N. TOLSTOJ, J. V. VON SCHEFFEL). SCOTTS Wirklichkeitsnähe und Detailtreue variieren JANE AUSTENS R., die mit der psycholog. Präzision ihrer personalen Erzählweise wichtige Vorläufer moderner Entwicklungen sind, sowie C. DICKENS' zeitkrit., meisterlich die Empfindungen des Lesers steuernde Darstellungen sozialer Randgruppen in der engl. Großstadt. Mit W. M. THACKERAYS ›Vanity fair‹ (20 Tle., 1847–48) entstand ein realistisch-distanziertes Panorama der englischen Gesellschaft, die psychologisch fundierten R. von GEORGE ELIOT (= MARY ANN EVANS) bestechen durch ihren realist. Entwurf individueller Schicksale. EMILY BRONTËS ›Wuthering heights‹ (3 Bde., 1847) erweiterte die dem Schauer-R. eigene melodramat. Gestaltung leidenschaftl. Gefühle zur kunstvollen Auslotung der Dämonie des Unbewußten. In den trag. R. von T. HARDY zeichnet sich hinter der realistisch-wiss. Weltdeutung das Wirken eines dem Menschen feindl. Schicksals ab. – In Frankreich kamen entscheidende Anstöße von jenen Autoren, die üblicherweise unter dem Begriff des Realismus zusammengefaßt werden (STENDHAL, H. DE BALZAC, die Brüder E. und J. DE GONCOURT, G. FLAUBERT) und bei denen der R. zum Mittel der Epochendeutung bzw. -kritik wird. Mit dem zunehmenden Einfluß des Positivismus bedienten sich die R.-Autoren in Materialstudium und Darstellungsgenauigkeit einer den Naturwissenschaften angenäherten Methode. Am radikalsten vertrat É. ZOLA die Forderung nach dem ›wiss.‹ R. (›Le roman expérimental‹, 1880). Dieser Typus des zeitdiagnost., problematisierenden, mit wachsendem psycholog. Vermögen ausgestatteten und auf totale Wirklichkeitserfassung gerichteten R. war seit der Mitte des 19. Jh. international wirksam. In Italien zeigte sich der Einfluß v. a. bei A. FOGAZZARO sowie bei G. VERGA, der den → Verismus begründete. Im Ggs. dazu entwickelte G. D'ANNUNZIO, in Anlehnung an die frz. Décadents, den R. zur ästhetisierenden Kunstprosa. – Auch in Spanien zeigten sich die Einflüsse des frz. R., so etwa bei J. VALERA Y ALCALA GALIANO, in den sozialen Tendenz-R. von B. PÉREZ GALDÓS, in der als Höhepunkt des span. Naturalismus angesehenen Schilderung der Bauern und Kleinbürger durch V. BLASCO IBÁÑEZ. In Portugal wird J. M. EÇA DE QUEIRÓS als Schöpfer des modernen R. angesehen; er fand Nachfolger in F. TEIXEIRA DE QUEIRÓS sowie in A. ACÁCIO DE ALMEIDA BOTELHO. – In Rußland gewann der R. nach einer Phase der Abhängigkeit von ausländ. Vorbildern (E. T. A. HOFFMANN, SCOTT) im Realismus deutlich an Eigenständigkeit. N. W. GOGOL gab in seinen ›Mertvye duši‹ (1842) das erste überzeugende Beispiel schonungsloser Gesellschaftskritik, I. S. TURGENJEW gestaltete in ›Otcy i deti‹ (1862) eindringlich den Generationskonflikt, während I. A. GONTSCHAROW mit seinem ›Oblomov‹ (1859) die Weltliteratur um den Typ des träumer. Phlegmatikers bereicherte. TOLSTOJ verfaßte mit ›Anna Karenina‹ (3 Bde., 1878) einen Gesellschafts-R. vom Typ FLAUBERTS, gestaltete jedoch in ›Vojna i mir‹ (6 Bde., 1868–69) die Napoleon. Kriege auf eine Weise, die nach wie vor die R.-Poetik beunruhigt. Am stärksten international wirksam waren die R. von F. M. DOSTOJEWSKIJ mit ihrer Enthüllung der unbewußten Motive in der menschl. Seele, der scharfen Kritik am westl. Intellektualismus und dem erlösungsbedürftigen Mitgefühl mit dem Elenden und Leidenden. In Polen ist Mitte des Jahrhunderts der Einfluß SCOTTS in den histor. R. von J. I. KRASZEWSKI zu erkennen, während J. KORZENIOWSKIS R. in der Tradition BALZACS stehen. Große realist. Gesellschafts-R. schrieben weiter B. PRUS, ELIZA ORZESZKOWA und H. SIENKIEWICZ. Der Einfluß des Naturalismus zeigt sich bei Erzählern wie T. A. DYGASIŃSKI und GABRIELA ZAPOLSKA. – Seit dem Realismus trat auch die skandinav. Literatur stärker hervor. Zu nennen sind hier v. a. in Dänemark J. P. JACOBSEN, H. PONTOPPIDAN und H. BANG, in Norwegen CAMILLA COLLETT, A. GARBORG und K. HAMSUN, in Schweden C. J. L. ALMQVIST, AUGUST BLANCHE (* 1811, † 1868) und die Autorinnen FREDRIKA BREMER und EMILIE FLYGARE-CARLÉN (* 1807, † 1892). – Im dt. sprachigen Raum wirkte GOETHES ›Wilhelm Meisters Lehrjahre‹ (4 Tle., 1795–96) auf die Form des modernen Entwicklungs-R. und später des Zeit-R. Innerhalb der romant. Künstler-R. heben sich die märchenhaft-histor. Werke von L. TIECK und NOVALIS von den zeitgenöss. Romanen E. T. A. HOFFMANNS und E. MÖRIKES, in denen die erlösende Macht der Kunst immer fragwürdiger und das Verhältnis von Künstler und Gesellschaft immer problematischer wird, merklich ab. Ansätze zum Zeit-R. finden sich v. a. bei A. VON ARNIM und J. VON EICHENDORFF. In K. L. IMMERMANNS ›Münchhausen‹ (4 Bde., 1838–39) und J. GOTTHELFS ›Zeitgeist und Bernergeist‹ (2 Tle., 1852) kommt es zu einer scharfen Verurteilung des Zeitgeists, während die Jungdeutschen (K. GUTZKOW, H. LAUBE, F. SPIELHAGEN) mit ihren R. der Ausbreitung fortschrittl. Ideen dienen wollten. Von SPIELHAGEN stammt die dem frz. Realismus nahestehende Forderung nach der ›Objektivität‹ des Erzählers im R., d. h. nach dem Verzicht auf deutendes Hervortreten v. a. in der Charakterzeichnung. Dem entsprachen zunächst in der Praxis T. FONTANES mit distanzierender Ironie und lockerer Struktur dargebotene Darstellungen der Gesellschaft, wogegen W. RAABE in seinen zeitkritischen pessimist. Werken die dominante Rolle des Erzählers aufrechtzuerhalten suchte. In den 1850er Jahren zeigte sich eine verstärkte Hinwendung zum nunmehr verbürgerlichten Entwicklungs- und Bildungs-R., so bei O. LUDWIG, G. FREYTAG, G. KELLER, W. RAABE und A. STIFTER. In der Folge wählte sich auch der R. des dt. Naturalismus, v. a. unter dem Einfluß ZOLAS, die Randgruppen der Großstadtgesellschaft zum Thema (M. G. CONRAD, M. KRETZER). Bedrängende und außergewöhnl. Seelenzustände thematisierten, unter dem Einfluß der russ. Autoren, H. CONRADI und G. HAUPTMANN. A. SCHNITZLER legte in seinen R. mit beklemmender Präzision bisher verdeckte Schichten im Seelenleben des zeitgenöss. Bürgertums frei. – Die ersten R., die Ende des 18. Jh. in den USA entstanden, sind deutlich von den europ., v. a. den engl. Vorbildern geprägt. C. B. BROWN adaptierte die Tradition des Schauer-R.; J. F. COOPER begründete unter dem Einfluß SCOTTS den histor. R. in den USA und schuf mit seinen vier ›Lederstrumpf‹-R. ein Prosaepos der Westkolonisation. Als Meister von ›historical romances‹ aus dem vom Puritanismus geprägten Neuengland erwies sich N. HAWTHORNE. Erst Anfang des 20. Jh. erkannt wurde die erzähler. Bedeutung von H. MELVILLE, v. a. seines Meisterwerks ›Moby-Dick...‹ (1851). Die Frage der Sklaverei fand in HARRIET BEECHER-STOWES ›Uncle Tom's cabin‹ (2 Bde., 1852) eine Form der Darstellung, die den R. zum Vorläufer moderner Massenliteratur machte. Repräsentant des bürgerlich-realist. R. in den USA ist v. a. W. D. HOWELLS. H. JAMES begründete eine eigenständige Spielart des psychologisch-realist. R. Aus der Tradition humorist. Erzählungen des Westens entwickelte MARK TWAIN eine neue Form des lebensnahen, humorvollen und zugleich zeitkrit. R. Regionale Ausformungen erlebte der realist. R. in der →Local-color-Literatur. Naturalist. R. schrieben F. NORRIS und J. LONDON. – Auch in Lateinamerika wurde der R., ähnlich wie in Europa, im 19. Jh. zur führenden literar. Gattung. Als bestes Werk der spanisch-amerikan. Romantik gilt der R. ›María‹ (1867) des Kolumbianers J. ISAACS. Im Übergang von Romantik zum Realismus entstanden u. a. die R. des Mexikaners I. M. ALTAMIRANO und des Chilenen A. BLEST GANA, dem Realismus verpflichtet ist der Mexikaner R. DELGADO. Zu den ersten naturalist. R.-Autoren gehört der Argentinier EUGENIO CAMBACÉRÈS (* 1843, † 1888), in der Folge auch der Kolumbianer T. CARRASQUILLA. In Brasilien entwickelte sich seit der Mitte des 19. Jh. eine bedeutsame regionalist. Literatur (A. DE CASTRO ALVES, J. M. DE ALENCAR). A. DE AZEVEDO schilderte im Stil ZOLAS illusionslos das brasilian. Großstadtleben in ›O cortiço‹ (1890), E. R. PIMENTA DA CUNHA verband in ›Os sertões‹ (1902) gelungen Milieutheorie und künstler. Intuition. Hingegen spielen die poetisch-iron. R. von J. M. MACHADO DE ASSIS in mondänem Milieu.

**20. Jh.:** Die gegen Ende des 19. Jh. bestehenden R.-Traditionen wirken zeitversetzt in den versch. Nationalliteraturen bis in die Gegenwart. Bereits zu Beginn des Jahrhunderts setzten sich aber mit Expressionismus, Surrealismus und Dadaismus literar. Gegenbewegungen zum traditionellen Wirklichkeitsverständnis des Naturalismus und Realismus durch, die in ihrer Bedeutung weit mehr sind als bloße Reflexe auf die histor. Gegebenheiten. So bestimmen den R. des 20. Jh. v. a. das Experiment im weitesten gedankl. und formalen Sinn, der Bruch mit einer dem Kausalitätsprinzip verpflichteten Auffassung von Wirklichkeit und Sprache sowie die mit der veränderten Weltsicht einhergehenden bzw. diese literarisierenden neuen Erzählweisen (→Stream of consciousness,
→innerer Monolog, →Simultantechnik, →Montage, Sprachspiel sowie der den R. durch sich selbst in Frage stellende ›Anti-R.‹), u. a. bei M. DE UNAMUNO und C. PAVESE, bei J. JOYCE und VIRGINIA WOOLF, bei R. M. RILKE, H. MANN, T. MANN, F. KAFKA, A. DÖBLIN, J. ROTH, H. BROCH, R. MUSIL und H. VON DODERER, oft auch mit zykl. Großformen (z. B. bei M. PROUST). Neue Anstöße gingen vom angloamerikan. R. im 20. Jh. aus (T. WOLFE, E. HEMINGWAY, J. DOS PASSOS und W. FAULKNER); diese wurden in Europa und v. a. in Dtl. jedoch z. T. erst nach dem Zweiten Weltkrieg umfassend rezipiert. Im dt.-sprachigen R. nach 1945, der seine wichtigsten Impulse bis heute immer wieder von der österr. und schweizer. Literatur erfährt, sind die Aufarbeitung der jüngeren Vergangenheit sowie die Orientierung in einer als zunehmend problematisch empfundenen Gegenwart zentrale Aspekte des Erzählens (H. BÖLL, W. KOEPPEN, ARNO SCHMIDT, G. GRASS, M. WALSER, M. FRISCH, U. JOHNSON, P. HANDKE). Der frz. →Nouveau roman dagegen thematisiert, auch mit formalen Mitteln, gerade diese Orientierungslosigkeit. Neue Themen erschlossen sich seit den 1960er Jahren durch die zunehmend ins Bewußtsein einer breiteren Allgemeinheit rükkenden weltweiten sozialen, polit. und ökolog. Probleme, wie sie spezifisch in den R. der →Dokumentarliteratur, der →Frauenliteratur oder →politischen Dichtung, der utop. Literatur u. a. zum Ausdruck kommen. Die polit. Veränderungen der jüngsten Zeit, v. a. in den (bis dahin) sozialist. Ländern Mittel- und Osteuropas führten zu einer Absage an die Normen des →sozialistischen Realismus und zur Rezeption zahlreicher bedeutender Werke, die bis dahin nur als →Untergrundliteratur, im Ausland bzw. im Exil (→Exilliteratur) erscheinen konnten oder bisher keine Chance der Publikation bekommen hatten. Daneben zeigen sich, ähnlich wie in den anderen Gattungen, auch für den R. kontroverse Positionen bezüglich der Bewertbarkeit und literar. Einordnung, sich der (›moderne‹) R. der Gegenwart durch das ›postmoderne‹ Spiel mit traditionellen Elementen bei gleichzeitiger Postulierung zeitgenöss., stark subjektiver und dabei chiffrenhafter Sichtweise oft einer leichten Zugänglichkeit entzieht, während andererseits die Grenzen zur Trivialliteratur zunehmend fließender und beliebiger in ihrer Setzung zu werden scheinen.

Der R.-Führer, begr. v. W. OLBRICH u. a., auf zahlreiche Bde. ber. (¹⁻²1952 ff., bisher 23 Bde.); J. PEPER: Bewußtseinslagen des Erzählens u. erzählte Wirklichkeiten (Leiden 1964); M. BUTOR: Repertoire, Bd. 2: Probleme des R. (a. d. Frz., 1965); F. J. J. BUYTENDIJK: Psychologie des R. (a. d. Niederländ., Salzburg 1966); K. MIGNER: Theorie des modernen R. (1970); R.-Theorien. Dokumentation ihrer Gesch. ..., hg. v. E. LÄMMERT u. a., 2 Bde. (¹⁻²1971–82); S. SPENCER: Space, time and structure in the modern novel (New York 1971); W. VOSSKAMP: R.-Theorie in Dtl. von Martin Opitz bis Friedrich von Blanckenburg (1973); W. C. BOOTH: Die Rhetorik der Erzählkunst, 2 Bde. (a. d. Engl., 1974); Dt. R.-Theorien, hg. v. R. GRIMM, 2 Bde. (Neuausg. 1974); H. STEINECKE: R.-Theorie u. R.-Kritik in Dtl., 2 Bde. (1975–76); ders.: R.-Theorie u. -bis Thomas Mann. Entwicklungen u. Probleme der ›demokrat. Kunstform‹ in Dtl. (1987); Zur Struktur des R., hg. v. B. HILLEBRAND (1978); S. PRICKETT: The myth makers. Essays on European, Russian and South American novelists (London 1979); Theorie u. Technik des R., hg. v. H. STEINECKE (²1979); W. THEILE: Immanente Poetik des R. (1980); R. WEBER: Der moderne R. (1981); Die Entwicklung des R., hg. v. Z. KONSTANTINOVIC (Innsbruck 1982); E. LÄMMERT: Bauformen des Erzählens (⁸1983); L. GOLDMANN: Soziologie des R. (a. d. Frz., Neuausg. 1984); P. WAUGH: Metafiction (London 1984); B. MORRISSETTE: Novel and film (Chicago, Ill., 1985); M. M. BACHTIN: Unters. zur Poetik u. Theorie des R. (a. d. Russ., Berlin-Ost 1986); G. LUKÁCS: Die Theorie des R. (¹⁰1986); P. V. ZIMA: R. u. Ideologie. Zur Sozialgesch. des modernen R. (1986); I. DE LAURETIS: Technologies of gender. Essays on theory, film, and fiction (Bloomington, Ind., 1987); D. LACAPRA: History, politics, and the novel (Ithaca, N.Y., 1987);

**Roma** Roman – Romanik

B. McHale: Postmodernist fiction (New York 1987); F. Moretti: The way of the world. The Bildungsroman in European culture (London 1987); F. K. Stanzel: Typ. Formen des R. (¹¹1987); ders.: Theorie des Erzählens (⁴1989); D. Wellershoff: Der R. u. die Erfahrbarkeit der Welt (1988); Postmoderne. Zeichen eines kulturellen Wandels, hg. v. A. Huyssen u. a. (13.–15. Tsd. 1989); V. Žmegač: Der europ. R. (a. d. Serbokroat., 1990).

**Roman,** Stadt im Kr. Neamț, NO-Rumänien, an der Mündung der Moldawa in den Sereth, (1986) 72 400 Ew.; Röhrenwalzwerk, Werkzeugmaschinenbau, Baustoff- und Nahrungsmittelindustrie. – R. wurde 1392 gegründet. – Bischofskirche (1542–50) mit ausgemalter Vorhalle des 16. Jh.; Muttergotteskirche (1568/69).

**Roman** [von lat. Romanus, eigtl. ›der Römer‹], männl. Vorname.

**Roman** ['ru:man], Johan Helmich, schwed. Komponist, * Stockholm 26. 10. 1694, † Gut Haraldsmåla (bei Kalmar) 20. 11. 1758; war Schüler von A. M. Ariosti und J. C. Pepusch in London, wurde 1721 Vizekapellmeister, 1727 Kapellmeister am schwed. Hof. Nach dem Vorbild G. F. Händels und der engl. Musik komponierte R. u. a. Sinfonien, Suiten, Konzerte, Sonaten, Kantaten und andere Kirchenmusikwerke.

**Romancero** [rrɔmanˈθero, span.] der, -s/-s, → Romanze 2).

**Romanche** [rɔˈmãʃ] die, rechter Nebenfluß des Drac in den frz. Alpen, 78 km lang, entspringt im Pelvoux-Massiv; nivales Abflußregime (Maximum im Juni). Im R.-Tal mehrere Wasserkraftwerke sowie elektrometallurg. und elektrochem. Industrie.

**Romanchetiefe** [rɔˈmãʃ-], den Mittelatlant. Rücken querender Tiefseegraben am Äquator, größte Tiefe 7 864 m.

**Romancier** [romãˈsie:, frz.] der, -s/-s, Romanschriftsteller.

**Roman de la rose** [rɔmãdlaˈroːz], **Rosenroman,** altfrz. allegor. Versroman, in dem nach Art einer Traumvision die Suche nach einer Rose (als Symbol für das Liebesobjekt) geschildert wird. Der (unvollendete) von Guillaume de Lorris (* zw. 1200 und 1210, † nach 1240) zw. 1230 und 1240 geschaffene erste Teil (4 068 Verse) ist von der höfisch-idealisierenden Minnedoktrin geprägt. Der von Jean de Meung (auch Jehan Clopinel oder Chopinel, * um 1240, † um 1305) verfaßte zweite Teil (18 000 Verse) präsentiert sich inhaltlich als umfassendes Gegenbild, indem die Liebe nun in ihrer Instinkt- und Naturhaftigkeit dargestellt wird. Mit einer Satire auf die höf. Welt verbindet er u. a. deutl. Kritik an weltl. und geistl. Hierarchien und der Scholastik, auch bietet er (in Form eingestreuter Reflexionen) ein umfangreiches enzyklopäd. Wissen und spiegelt die geistigen Auseinandersetzungen des ausgehenden 13. Jh. wider. Von kirchl. Seite wegen seiner libertinist. Moral bekämpft, wirkte der zweite Teil stark auf Renaissance (u. a. auf J. Rabelais) und Aufklärung.

Ausgaben: Le r. de la r., hg. v. F. Lecoy, 3 Bde. (1982). – Guillaume de Lorris: Der Rosenroman, übers. v. G. Ineichen (²1967); Der Rosenroman, übers. v. K. A. Ott, 3 Bde. (1976–79).

J. V. Fleming: The r. de la r. A study in allegory and iconography (Princeton, N. J., 1969); P. Potansky: Der Streit um den Rosenroman (1972); K. A. Ott: Der Rosenroman (1980); Études sur le r. de la r. de Guillaume de Lorris, hg. v. J. Dufournet (Genf 1984); A. Strubel: Guillaume de Lorris, Jean de Meun: Le r. de la r. (Paris 1984).

**Roman de Renart** [rɔmãdrəˈnaːr], zw. 1174 und 1250 entstandener Verszyklus altfrz. Tierfabeln versch. Verfasser, eine frz. Version der Fabel von Fuchs und Wolf, → Reinecke Fuchs.

**Romandie** [rɔmãˈdi] die, in der Schweiz Bez. für den französischsprachigen Teil des Landes.

**Romanen** [(m)lat. Romani], Völker, deren Sprachen auf das Lateinische zurückgehen: Portugiesen, Spanier, Katalanen, Provenzalen, Franzosen mit Wallonen, Sarden, Italiener, Rätoromanen, Rumänen.

**Romanesca** [italien.] die, -, ein vermutlich aus Italien stammender, der → Folia und dem → Passamezzo (antico) verwandtes musikal. Satzmodell, dessen Baßformel aus mehreren Quartschritten besteht. Die R. wurde im 16./17. Jh. als Ostinato vielfach instrumentalen und vokalen Stücken zugrunde gelegt.

**Romani** das, -(s), **Romanes,** Sammel-Bez. für die Dialekte der Roma (→ Sinti und Roma). Als ein um 1000 in der Heimat der Vorfahren der Roma in NW-Indien entstandenes Idiom mit eigener, durch die versch. Wanderwege der Roma bedingter Entwicklung (und schriftloser Überlieferung) gehören diese (mit dem Sanskrit verwandten) Dialekte zum indoiran. Zweig der indogerman. Sprachen. In Vorderasien sind Berührungen mit dem Armenischen, v. a. aber mit dem byzantin. Griechisch durch die Aufnahme von Lehnwörtern festzustellen; insgesamt charakterisieren Lehnwörter die Stationen der Wanderwege. Überall wurde das R. von der Sprache der jeweiligen Mehrheitsbevölkerung beeinflußt; die von den verschiedenen nat. Gruppen gesprochenen R.-Dialekte unterscheiden sich so stark, daß eine Verständigung über die Ländergrenzen hinweg oft erschwert ist.

W. R. Rishi: Multilingual Romani dictionary (Chandigarh 1974); K. Kepeski u. Š. Jusuf: Romani gramatika. Romska gramatika (Skopje 1980).

**Romani,** Felice, italien. Librettist, * Genua 31. 1. 1788, † Moneglia (bei La Spezia) 28. 1. 1865; lebte in Mailand und Turin, wo er die ›Gazzetta ufficiale piemontese‹ leitete. Er schrieb über 100 Libretti, die u. a. von J. S. Mayr, G. Rossini, G. Meyerbeer, V. Bellini, G. Donizetti und G. Verdi vertont wurden.

**Romania,** ursprünglich polit. Begriff zur Bez. des Röm. Reiches sowie des römisch-lat. Kulturkreises (Erstbeleg bei Orosius, Anfang 5. Jh.); er wurde von der Sprachwissenschaft zur Bez. der Gesamtheit des europ. Territoriums aufgenommen, in dem sich auf der Basis der lat. Volkssprache die heutigen → romanischen Sprachen entwickelt haben. Als ›verlorene R.‹ gelten die Regionen mit erloschener Latinität (N-Afrika, Gebiete zw. Alpen und Donau sowie östlich des Rheins), als ›neue R.‹ jene Teile Afrikas, Asiens und Amerikas, die durch meist kolonialist. Expansion europ. Völker romanisiert wurden.

**Romania,** griech. **Rhomania,** → Rhomäer.

**România** [romɨˈnia], rumän. Name → Rumäniens.

**Romanik** die, -, **romanischer Stil,** Epoche der abendländ. Kunst, die in Frankreich um etwa 1000

**Romanik:** oben Atlant im Kreuzgang des ehemaligen Benediktinerklosters in Königslutter; 2. Hälfte des 12. Jh.; unten Kapitell in der ehemaligen Klosterkirche in Frielendorf-Spieskappel (Schwalm-Eder-Kreis); um 1200

**Romanik:** Kirche in Saint-Nectaire, Département Puy-de-Dôme; 12. Jh.

Romanik **Roma**

einsetzte und den →normannischen Baustil einschließt. In Dtl. folgte sie auf die →ottonische Kunst (auch als Früh-R. bezeichnet) und begann etwa mit der Herrschaft der Salier (1024); z. Z. der Spät-R. oder der →staufischen Kunst (1150–1250) in Dtl. und Italien entwickelte sich in Frankreich bereits die Frühgotik; die Spätphase der dt. R. mit spätroman. und frühgot. Stilformen wird als ›Übergangsstil‹ bezeichnet. Die Bez. R. wurde, in Anlehnung an den Begriff ›roman. Sprachen‹, zuerst um 1820 in Frankreich verwendet, sie verweist auf die Übernahme einzelner Bau- und Formelemente aus der röm. Kunst. Die Wurzeln liegen außer in der röm. Spätantike aber auch im byzantinisch-syr. und im islam. Bereich.

*Baukunst:* Die Kirchenbauten der R. sind meist Basiliken, die einzelnen Teile, Schiffe, Vierung, Querhaus und Chorpartie, sind klar gegliedert; aus der Gruppierung einzelner horizontaler und vertikaler Bauteile erwächst der als einheitl. Masse konzipierte Baukörper (bes. deutlich im Außenbau). Doppelturmfassaden im W (Caen, Saint-Étienne, 1064–77, Cluny III, 1089ff.), häufig Vierungstürme oder Türme am O-Abschluß (Dom in Speyer, um 1030ff., und Worms, um 1120/25 ff.; Abteikirche von Maria Laach, 1093 bis um 1230; BILD →deutsche Kunst) sind bestimmend. Die Wölbung herrscht seit dem späten 11. Jh. in Dtl., Frankreich, Oberitalien vor: Kreuzgrate (Dom in Speyer, um 1080 bis um 1106), später Kreuzrippen auf mächtigen Pfeilern und Säulen, z. T. im Wechsel (→Stützenwechsel) oder in Frankreich auch Tonnen (Burgund, Poitou) oder Kuppeln (Aquitanien). Das →gebundene System mit ausgeschiedener Vierung ist weit verbreitet. In Dtl. kommt es relativ lange Zeit zur Verdoppelung von Querhaus und Chor (Dome in Speyer, Worms, Mainz). Über den Arkaden befindet sich häufig ein Emporengeschoß (Auvergne, Normandie, England) oder ein Triforium. Im Außenbau trägt die Zwerggalerie zur Strukturierung des Mauerwerks bei (bes. am Mittelrhein). Die plast. Durchformung der einzelnen Bauglieder führte zu zunehmender Gliederung der Wände durch Vorlagen; Säulenbasen, Fensterlaibungen, Portale, Kapitelle werden durch Abstufungen, Profile, Schmuck nuanciert. Andere Tendenzen vertraten die Reformorden: Die Zisterzienser entwickelten eigene Bauregeln und lehnten plast. Schmuck ab (→Zisterzienserbaukunst). Sondergruppen bilden auch die Kirchen der →burgundischen Bauschule, der →Hirsauer Bauschule und der →provenzalischen Bauschule. In England faßte die R. im →anglonormannischen Stil Fuß (›normann. Kunst‹). In Italien zeigte sie eine stärkere Bindung an die Antike und byzantin. Einflüsse (San Marco in Venedig, 11. Jh.). Zentralräume, flache Decken, Schaufassaden ohne Türme (Arezzo, Santa Maria della Pieve, 12. und 13. Jh.), Inkrustationsarchitektur (San Miniato al Monte in Florenz, 1207 vollendet; BILDER →Basilika, →Inkrustation 1), sind bezeichnend.

Neben der kirchl. Baukunst besteht eine bedeutende, weniger gut erhaltene Profanarchitektur: stauf. Kaiserpfalzen (Gelnhausen, 1180 vollendet; →Castel del Monte), Burgen und Stadtanlagen mit zahlreichen Türmen (als Teil des Verteidigungsringes oder als Wohntürme: Regensburg, San Gimignano).

Die *Plastik* steht in engem Zusammenhang mit der Sakralarchitektur. Neben das Relief (Bauplastik und Kleinplastik) traten im 11. Jh. Großplastiken (Kultbilder wie Madonnen, Kruzifixe, Kreuzigungsgruppen). Später kamen vereinzelt profane Plastiken dazu (Braunschweiger Löwe, 1166). Während man in Dtl. an die Kleinplastik und an die Malerei der Vor-R. anknüpfte, entwickelte sich in S-Frankreich, N-Spanien und N-Italien seit der 2. Hälfte des 11. Jh. in den Gewändefiguren der Portale ein neues Verständnis für

**Romanik:** LINKS Dom in Worms, Ansicht von Westen; um 1120/25 begonnen; RECHTS Mittelschiff des Doms in Speyer; um 1030 begonnen

die Plastizität des Körpers; die Lösung der Figur aus der Fläche, die zunehmende körperl. Gestaltung sind Voraussetzungen für die Entstehung der got. Skulptur. In den Tympanonreliefs wird häufig das Jüngste Gericht dargestellt (Vézelay, Sainte-Madeleine, um 1130); in den oft sehr reich skulptierten Kapitellen erscheint neben erzählenden Szenen auch Phantastisches (Tiere und Fabelwesen, Teufelsfratzen), ebenso am Außenbau (Dämonen bes. als Wasserspeier). Zu den plast. Werken im Innenraum gehören u. a. auch Chorschranken und Taufsteine. Neben diesen Werken der Steinskulptur und den meist hölzernen Kultbildern (in farbiger Fassung oder noch mit Goldblech verkleidet) waren, v. a. im Rhein-Maas-Gebiet (→Maasschule), die Goldschmiedekunst (Reliquienschreine, kirchl. Gerät) und die Elfenbeinschnitzerei von besonderer Bedeutung.

**Romanik:** Büste des heiligen Baudime; Holz, mit vergoldeten Kupferplatten verkleidet; Ende des 12. Jh. (Saint-Nectaire, Département Puy-de-Dôme, Kirche)

*Malerei:* Vorherrschend war die Wandmalerei. Die Kirchen waren mit bibl. Szenen und Heiligenlegenden ausgemalt. Zyklen sind nur z. T. erhalten: u. a. San Clemente de Tahull und Santa Maria de Tahull, (beide um 1123, Barcelona, Katalan. Museum); Saint-Savins, Dép. Vienne (frühes 12. Jh.); in Italien u. a. in der Abteikirche San Pietro in Valle in Ferentillo, bei

**Roma**  Romanino – romanische Sprachen

**Romanik:** Das Martyrium des heiligen Blasius; Wandmalerei in der Apsis der Kapelle von Berzé-la-Ville bei Cluny; Mitte des 12. Jh.

Terni (spätes 12. Jh.); Benediktinerklosterkirche Prüfening bei Regensburg (zw. 1130 und 1160); Doppelkapelle in Bonn-Schwarzrheindorf (vor 1151); Burgkapelle Hocheppan (Ende 12. Jh.; BILD: →Eppan an der Weinstraße). In Italien tritt das aus der byzantin. Kunst übernommene Mosaik z. T. an die Stelle der Wandmalerei (Venedig, San Marco; Palermo, Cappella Palatina des Palazzo dei Normanni, 1131–43; Santa Maria in Trastevere in Rom, um 1140). Eine überaus reich bemalte Holzdecke ist in Zillis, Kt.

**Romanik:** Abraham und Sara; Szene aus dem Abrahamteppich; zwischen 1165 und 1190 (Halberstadt, Dommuseum)

Graubünden, erhalten (St. Martin, um 1160). Tafelmalerei in Form von Retabeln und Antependien ist erst aus dem 12. Jh. erhalten, ihre Anfänge liegen sicher früher, wie auch literar. Quellen bezeugen. Die →Buchmalerei hatte einen ihrer Höhepunkte im 11./12. Jh.: ganzseitige Miniaturen in Evangeliaren, Heiligenviten, Bibelhandschriften, Psalterien usw.; Wandteppiche z. T. großen Formats (→Bayeux-Teppich; Abrahamteppich, zw. 1165 und 1190, Halberstadt, Dommuseum) zeigen die gleiche strenge Stilisierung wie Wand- und Buchmalerei. Von der sehr bedeutenden Glasmalerei sind nur wenige Beispiele erhalten, u. a. die Prophetenfenster im Augsburger Dom (1. Hälfte des 12. Jh.).

P. DE PALOL u. M. HIRMER: Spanien. Kunst des frühen MA. (1965); M. AUBERT: Roman. Kathedralen u. Klöster in Frankreich (a. d. Frz., 1966); O. DEMUS u. M. HIRMER: Roman. Wandmalerei (1968); Roman. Kunst in Polen, der Tschechoslowakei, Ungarn, Rumänien, Jugoslawien, bearb. v. A. MERHAUTOVÁ (a. d. Tschech., Wien 1974); B. RUPPRECHT u. a.: Roman. Skulptur in Frankreich (1975); H. ECKSTEIN: Die roman. Architektur (Neuausg. 1977); L. GRODECKI: Roman. Glasmalerei (a. d. Frz., 1977); R. BUDDE u. a.: Dt. roman. Skulptur: 1050–1250 (1979); K. KOLB: Tympanon in der R. (1981); A. LEGNER u. a.: Dt. Kunst der R. (1982); X. BARRAL I ALTET u. a.: Roman. Kunst, 2 Bde. (a. d. Frz., 1983–84); M. DURLIAT: Roman. Kunst (a. d. Frz., 1983); English romanesque art 1066–1200, hg. v. G. ZARNECKI u. a., Ausst.-Kat. (London 1984); H. FILLITZ: Das MA. (Neuausg. 1984); E. BADSTÜBNER: Klosterkirchen im MA. Die Baukunst der Reformorden ($^2$1985); F. LERICHE-ANDRIEU: Einf. in die roman. Kunst (a. d. Frz., 1985); H. E. KUBACH: R. (1986); G. BRUCHER: Die sakrale Baukunst Italiens im 11. u. 12. Jh. (1987); R. HAMANN: Kunst u. Askese. Bild u. Bedeutung in der roman. Plastik in Frankreich (1987); M. SCHAPIRO: Roman. Kunst (a. d. Amerikan., 1987); Roman. Madonnen, bearb. v. R. LAURENTIN u. a. (a. d. Frz., 1989); B. SCHÜTZ: Dt. R. Die Kirchenbauten der Kaiser, Bischöfe u. Klöster (1989).

**Romanino,** eigtl. **Girolamo Romani,** italien. Maler, * Brescia zw. 1484 und 1487, † ebd. nach 1559; bildete sich in Padua und Venedig nach GIORGIONE und dem jungen TIZIAN; ansässig in Brescia. Vertreter der lombard. Hochrenaissance; kühne Komposition, meist leuchtende Farbgebung und naturalist. Auffassung zeichnen seine Bilder aus.

**Hauptwerke:** Madonna mit Heiligen (1513; Padua, Museo Civico); Madonna zw. Franziskanermönchen (nach 1513; Brescia, San Francesco); Fresken im Dom von Cremona (vier Passionsdarstellungen, 1519/20); Fresken in der Sakramentskapelle von San Giovanni Evangelista in Brescia (1521); Fresken im Castello del Buonconsiglio in Trient (vollendet 1532); Fresken in Santa Maria della Neve in Pisogne (bei Brescia; um 1540); Christus predigt den Wogen (1558; Modena, San Pietro).

**romanische Sprachen,** Gruppe von Sprachen innerhalb der indogerman. Sprachfamilie, die auf dem Boden des Röm. Reiches aus dem Lateinischen (Vulgärlatein) hervorgegangen sind.

*Gliederung* und *Verbreitung:* Die traditionelle Sprachwissenschaft unterscheidet heute neun r. S.: Französisch (→französische Sprache), Italienisch (→italienische Sprache), Katalanisch (→katalanische Sprache und Literatur), Okzitanisch (Provenzalisch, →provenzalische Sprache), Portugiesisch (→portugiesische Sprache), die rätoroman. Sprachgruppe (→Bündnerromanisch, →Friaulisch, →Ladinisch), Rumänisch (→rumänische Sprache), →Sardisch und Spanisch (Kastilisch, →spanische Sprache). Hinzu kommt das Ende des 19. Jh. ausgestorbene Dalmatisch. Französisch, Italienisch, Portugiesisch, Rumänisch, Spanisch und Katalanisch sind europ. Nationalsprachen, die sich im Zuge der Kolonialisierung Afrikas, Amerikas und z. T. auch Asiens (sowie des pazif. Raums) auch in diesen Kontinenten ausbreiten konnten.

I. d. R. wird der Apenninkamm, die Linie La Spezia – Rimini, als Grenze zw. Ostromania (Mittel- und Süditalienisch, Rumänisch) und Westromania, die sich noch einmal untergliedert in Galloromania (Norditalienisch, Französisch, Okzitanisch) und Iberoromania (Katalanisch, Portugiesisch, Spanisch), angesehen. Die rätoroman. Sprachgruppe (Bündnerromanisch in der Schweiz, im Kt. Graubünden, Ladinisch im Sellagebiet in den Dolomiten und Friaulisch in NO-Italien) nimmt eine Zwischenstellung zw. Ost- und Westromania ein, das Sardische ist aufgrund seines archaischen Charakters schwer zuzuordnen. In neuerer Zeit wird häufig auch zw. Nord- und Südromania unterschieden, wobei der Poebene trennende Funktion zugewiesen wird.

Die Forschung der letzten Jahre beschäftigte sich vermehrt mit ›Kleinsprachen‹ der Romania und den →kreolischen Sprachen, deren Basis eine r. S. ist. Zu ersterer Gruppe gehören u. a. Galicisch (aus dem das Portugiesische hervorging, →galicische Sprache und Literatur), Asturisch, Aragonesisch (Varietäten des Spanischen) und Aranesisch (Varietät des Okzitanischen) auf der Iber. Halbinsel, aber auch die versch. Varietäten des Rumänischen (Moldauisch oder Moldawisch, →moldauische Sprache und Literatur, Aromunisch, Istrorumänisch und Meglenorumänisch) sowie das →Ladino; romanisch-basierte Kreolsprachen werden v. a. in Haiti, auf den Seychellen, auf Mauritius und auf den Niederländ. Antillen (Papiamento) gesprochen.

Bezogen auf die Zahl der Muttersprachler ist Spanisch die verbreitetste r. S.: Außer in Spanien wird Spanisch bis auf wenige Ausnahmen in Mittel- und Südamerika, in Äquatorialguinea und z. T. auch in den USA gesprochen. Französisch ist in einer Reihe von afrikan., karib. und pazif. Staaten Amts-, Bildungs- und Verkehrssprache; in Kanada ist es neben Englisch zweite Amtssprache. Sowohl Spanisch als auch Französisch sind offizielle Arbeitssprachen der Vereinten Nationen. Portugiesisch wird außerhalb Europas v. a. in Brasilien, aber auch in Angola, Moçambique, Guinea-Bissau, auf Kap Verde, in Macao und Timor gesprochen. Insgesamt sprechen rd. 600 Mio. Menschen eine r. S. als Muttersprache.

*Grammatik* und *Lexikon:* Die meisten r. S. unterscheiden sich von den german., slaw. und bes. durch einen weitgehenden Verlust des Deklinationssystems beim Nomen, wohingegen das Flexionssystem des Verbs ausgeprägter ist. Der Wortschatz der r. S. baut weitgehend auf dem Lateinischen auf, jedoch sind versch. Substrate (iber. Sprachen, Keltisch, Oskisch, Umbrisch, Etruskisch, Griechisch u. a.) und Superstrate (Arabisch, Langobardisch, Fränkisch, Westgotisch, slaw. Sprachen) in die roman. Einzelsprachen eingeflossen.

F. DIEZ: Gramm. der r. S. (⁵1882); W. VON WARTBURG: Die Ausgliederung der roman. Sprachräume (Neuausg. Bern 1950); I. IORDAN: Einf. in die Gesch. u. Methoden der roman. Sprachwiss. (a.d. Rumän., Berlin-Ost 1962); É. BOURCIEZ: Eléments de linguistique romane (Paris ⁵1967); H. LAUSBERG: Roman. Sprachwiss., 3 Bde. (²⁻³1969-72); P. BEC: Manuel pratique de philologie romane, 2 Bde. (Paris 1970-71); W. MEYER-LÜBKE: Roman. Etymolog. Wb. (⁵1972); C. TAGLIAVINI: Einf. in die roman. Philologie (a.d. Italien., 1973); W. D. ELCOCK: The Romance languages (Neuausg. London 1975); B. E. VIDOS: Hb. der roman. Sprachwiss. (a.d. Niederländ., Neuausg. 1975); Zur Entstehung der r. S. hg. v. R. KONTZI (1978); L. RENZI: Einf. in die roman. Sprachwiss. (a.d. Italien., 1980); Trends in Romance linguistics and philology, hg. v. R. POSNER u. a., 4 Bde. (Den Haag 1980-82); H.-M. GAUGER u. a.: Einf. in die roman. Sprachwiss. (1981); W. BAL u. J. GERMAIN: Guide bibliographique de linguistique romane (Neuausg. Löwen 1982); Lex. der Romanist. Linguistik, hg. v. G. HOLTUS u. a., auf mehrere Bde. ber. (1988 ff.); The Romance languages, hg. v. M. HARRIS u. a. (London 1988); W. PÖCKL u. F. RAINER: Einf. in die roman. Sprachwiss. (1990); Zum Stand der Kodifizierung roman. Kleinsprachen, hg. v. W. DAHMEN u. a. (1991).

**Romanismus** *der, -,* Richtung in der niederländ. Malerei im 16. Jh. (etwa 1520-70), die sich an der italien. Hochrenaissance orientierte. Die Vermittlung dieser Vorbilder nach dem nördl. Europa erfolgte z. T. auch in den Niederlanden gefertigter Stiche nach italien. Vorbildern (RAFFAEL, MICHELANGELO u. a.). Einer der frühesten und bedeutendsten Vertreter des R. war der in Brüssel tätige B. VAN ORLEY, als seine Schüler sind P. COECKE VAN AELST und M. VAN COXCIE zu nennen. J. GOSSAERT, J. VAN SCOREL und M. VAN HEEMSKERCK studierten als erste systematisch antike Kunstwerke und Renaissancemalerei in Rom. Für die weitere Entwicklung in Richtung auf einen manieristisch geprägten R. waren dann bes. L. LOMBARD und v. a. F. FLORIS wichtig. Aber auch Künstler der einheim. Tradition wie Q. MASSYS, LUCAS VAN LEYDEN oder P. BRUEGEL D. Ä. setzten sich mit südl. Kunst auseinander und verbreiteten deren Anregungen.

**Romanistik** *die, -,* 1) *Recht:* die Wissenschaft vom →römischen Recht.

2) *Sprachwissenschaft:* die Wiss. von den roman. Sprachen, Literaturen und Kulturen. Der Terminus R. ist an die Stelle des früher übl., doch engeren Begriffs ›roman. Philologie‹ getreten.

Die Zusammengehörigkeit der roman. Sprachen erkannte bereits DANTE ALIGHIERI in seiner Schrift ›De vulgari eloquentia‹ (entstanden nach 1305). Die sprachgeschichtl. Einheit der roman. Sprachen wurde jedoch erst im 19. Jh., zuerst von F. RAYNOUARD, erkannt. Zum wiss. Begründer der roman. Philologie wurde F. C. DIEZ. Er wandte die von F. BOPP für die Indogermanistik entwickelte historisch-vergleichende Methode auf die roman. Sprachen an und konnte sie als Fortentwicklung des gesprochenen Lateins erweisen. In seinen beiden wegweisenden Werken, der ›Grammatik der roman. Sprachen‹ (3 Bde., 1836-44) und dem ›Etymolog. Wörterbuch der roman. Sprachen‹ (1853), stellte er, basierend auf J. GRIMMS Theorie von der Gesetzmäßigkeit des Lautwandels, bes. die lautl. Ausdifferenzierung und Entwicklung der einzelnen roman. Sprachen dar. Mit seinen aus der romant. Mittelalterbegeisterung erwachsenen Arbeiten zu Dichtung und Leben der Troubadours begründete DIEZ zugleich die roman. Literaturwissenschaft. Deren bevorzugtes Arbeitsgebiet war die krit. Herausgabe der Handschriften mittelalterlicher Dichter; sie folgte dabei der von dem Germanisten K. LACHMANN entwickelten philolog. Methoden und war unter weitgehendem Verzicht auf Interpretation dem Ideal eines objektiven Positivismus verpflichtet. DIEZ und seine Nachfolger gaben der roman. Philologie ihre grundlegende, bis Ende des 19. Jh. vorherrschende Ausrichtung: die Beschäftigung mit allen roman. Sprachen, die Verbindung von Sprachwissenschaft und Literaturwissenschaft nach dem Vorbild der klass. Philologie, die Fixierung auf schriftl. Materialien und die Mediävistik. Ein gewisses Interesse auch an den neueren Sprachformen und Literaturen entstand erst, als in den 1880er Jahren den Univ. die Ausbildung der Gymnasiallehrer übertragen und die sich formierenden roman. Seminare mit muttersprachl. Lektoren ausgestattet wurden.

Die seinerzeit führende Rolle der deutschsprachigen R. manifestierte sich im ersten Standardwerk des Fachs, dem von G. GRÖBER herausgegebenen ›Grundriß der roman. Philologie‹ (4 Bde., 1886-1902), in der ebenfalls von ihm gegründeten ›Zeitschrift für roman. Philologie‹ (1877 ff.) sowie in den Werken des von den Junggrammatikern beeinflußten W. MEYER-LÜBKE, dessen ›Grammatik der roman. Sprachen‹ (4 Bde., 1890-1902) und ›Roman. etymolog. Wörterbuch‹ (14 Tle., 1911-20) wegweisend blieben. Von den zeitgenöss. ausländ. Romanisten, die sich jedoch eher auf eine als auf die Gesamtheit der roman. Sprachen ausrichteten, sind hier zu nennen für Italien G. I. ASCOLI, für Frankreich PAUL MEYER (* 1840, † 1917) und G. PARIS, der Begründer der Zeitschrift ›Romania‹ (1872 ff.), für Spanien R. MENÉNDEZ PIDAL, der

**Roma**  Romano – Romanos

1914 die ›Revista de Filologia Española‹ gründete. Einen Paradigmenwechsel in der Sprachwissenschaft leitete H. SCHUCHARDT ein, der mit der junggrammat. These von ausnahmslos geltenden Lautgesetzen brach, das Forschungsinteresse auf die lebenden Mundarten lenkte und so der Sprachgeographie und ihrem eigentl. Begründer, dem Schweizer J. GILLIÉRON, den Weg bereitete. Sie fand ihren Niederschlag in zahlreichen, z. T. noch nicht abgeschlossenen Sprachatlanten und führte zu einem besseren Verständnis von Sprachfunktionen und Sprachwandel. Hauptvertreter der sprachgeograph. Methode sind u. a. die Schweizer J. JUD, W. VON WARTBURG, in Dtl. E. GAMILLSCHEG, M. L. WAGNER, G. ROHLFS, F. KRÜGER, F. SCHÜRR, in Italien M. G. BARTOLI, Giulio Bertoni (* 1878, † 1942), C. TAGLIAVINI, in Spanien MENÉNDEZ PIDAL und A. GRIERA. Von der bisweilen im positivist. Sammeln von Dialektvarianten steckenbleibenden Sprachgeographie setzte sich kurz nach 1900 die idealist. Neuphilologie ab, die sich den Literatursprachen zuwandte und in ihnen die geschichtl. Manifestation des Geistes und der Kultur eines Volkes sah. K. VOSSLER leitete diese Wende mit ›Frankreichs Kultur im Spiegel seiner Sprachentwicklung‹ (1913) ein; in Italien wurde sie von B. CROCE vorbereitet. Auf ihnen baute L. SPITZER auf, der mit seinen Stilstudien die Brücke von der idealist. Sprach- zur Literaturwissenschaft schlug. Ein gänzlich neuer Ansatz in der Sprachwissenschaft findet sich bei dem Schweizer F. DE SAUSSURE, der mit seinem ›Cours de linguistique générale‹ (1916) die Grundlage für die moderne Systemlinguistik legte. Sie wurde in Dtl. erst nach dem Zweiten Weltkrieg intensiver rezipiert und weiter entwickelt (u. a. von E. COSERIU und H. WEINRICH). Unabhängig von der Systemlinguistik setzten HARRI MEIER (* 1905, † 1991), W. T. ELWERT, K. BALDINGER und M. WANDRUSZKA frühere Traditionen fort; z. Z. ist eine erneute Hinwendung zum Erarbeiten des konkreten sprachl. Materials in Sprachatlanten, Studien zu Sprachvarietäten, zu den kreol. Sprachen u. ä. deutlich erkennbar.

Seit Beginn des 20. Jh., bes. aber seit dem Ersten Weltkrieg verselbständigte sich in Dtl. die roman. Literaturwissenschaft, zunächst in der Form der Literaturgeschichte, gegenüber der Sprachwissenschaft. Die Herausgabe mediävist. Texte trat in den Hintergrund gegenüber der Beschäftigung mit der neueren, in einzelnen Fällen auch mit der neuesten Literatur, der Darstellung literar. Epochen und Monographien über einzelne Autoren. Gegen die positivistisch-biograph. Methode im Stil von G. LANSON setzte sich seit den 1920er Jahren die Stilforschung durch (VOSSLER, SPITZER, H. HATZFELD, E. AUERBACH), die häufig von einer Ideen- und Formengeschichte umrahmt war (HANNS HEISS, * 1877, † 1935, LEONARDO OLSCHKI, * 1885, † 1961, FRITZ NEUBERT, * 1884, † 1970, HERMANN GMELIN, * 1900, † 1958, WALTER PABST, * 1907); stärker literatursoziologisch interessiert waren V. KLEMPERER, W. KRAUSS und später E. KÖHLER. Die führende Rolle der deutschsprachigen R. ging in der Zeit des Nationalsozialismus weitgehend verloren. SPITZER, HATZFELD, AUERBACH, OLSCHKI, HERBERT DIECKMANN (* 1906, † 1986), LEO JORDAN (* 1874, † 1940), ULRICH LEO (* 1890, † 1964), FRIEDRICH HIRTH (* 1878, † 1952) u. a. mußten emigrieren. Die Kontinuität aus der Vorkriegszeit wahrten u. a. E. R. CURTIUS, dessen Werk ›Europ. Literatur und lat. Mittelalter‹ (1948) die Toposforschung initiierte, sowie H. FRIEDRICH und F. SCHALK. Bereits nach dem Ersten Weltkrieg entwickelte sich eine stark landeskundlich orientierte Lateinamerikanistik.

Die Einsicht, daß es keine eigenständige roman. Literaturwissenschaft geben kann, führte seit den 1960er Jahren zu dem Versuch, Konzepte der allgemeinen Literaturwissenschaft, v. a. des russ. Formalismus, des Strukturalismus, der Psychologie oder der Sozialwissenschaften in die R. als Gattungsgeschichte, Intertextualitätsforschung, Rezeptionsästhetik (H. R. JAUSS), ›Psychokritik‹ u. a. zu integrieren. Diese methodolog. Reflexion, die wesentlich zur Systematisierung literaturwissenschaftl. Arbeitens beigetragen hat, tritt jedoch seit Beginn der 1980er Jahre zugunsten einer erneut stärkeren Stoffbezogenheit zurück. Insgesamt ist auch eine zunehmende Berücksichtigung der ›kleinen‹ roman. Literaturen zu beobachten (okzitan., galic., katalan., ferner belg. und kanad. Literatur in frz. Sprache sowie die Literaturen der ›neuen Romania‹, des franko- und lusophonen [portugiesischsprachigen] N- und Schwarzafrika, der Chicanos in den USA und der roman. Kreolsprachen. – Die problematisch gewordene Einheit des Fachs in Dtl. manifestiert sich im Nebeneinander versch. Fachverbände der Hochschul-R.: Dt. Romanistenverband (seit 1953), Dt. Hispanistenverband (seit 1972), Dt. Italianistenverband (seit 1991). Bes. im Bereich der Literaturwissenschaft sind Tendenzen zur Auflösung der R. in Einzelphilologien und zu einer entsprechenden Neuorientierung und Spezialisierung der akadem. Lehre feststellbar. Unter dem Schlagwort der ›Entphilologisierung‹ sind neu konzipierte Diplomstudiengänge eingerichtet worden, die um Aspekte einer systemat., praxisorientierten Landeswissenschaft erweitert wurden. Die R. in der früheren Dt. Dem. Rep. hat bes. im Rahmen der Französistik, der Lateinamerikanistik (Kubastudien) und Rumänistik sowie durch eine eher anwendungsbezogene Ausrichtung bedeutende Beiträge geliefert.

Grundr. der roman. Philologie, hg. v. G. GRÖBER, 4 Tle. (Straßburg ¹⁻²1897–1906, Nachdr. 1985); E. AUERBACH: Introduction aux études de philologie romane (Frankfurt am Main ³1965); K.-H. SCHRÖDER: Einf. in das Studium des Rumän. (1967); Grundr. der roman. Lit. des MA., hg. v. H. R. JAUSS u. a., auf zahlr. Bde. ber. (1968 ff.); P. BEC: Manuel pratique de philologie romane, 2 Bde. (Paris 1970–71); C. TAGLIAVINI: Einf. in die roman. Philologie (dt. ital., 1973); R. ROHR: Einf. in das Studium der R. (³1980); Trends in Romance linguistics and philology, hg. v. R. POSNER u. a., 4 Bde. (Den Haag 1980–82); F. B. AGARD: A course in Romance linguistics, 2 Bde. (Washington, D. C., 1984); Ein ›unmögl. Fach‹: Bilanz u. Perspektiven der R., hg. v. F. NIES u. a. (1988); Dt. u. österr. Romanisten als Verfolgte des Nationalsozialismus, hg. v. H. H. CHRISTMANN u. a. (1989).

**Romano,** 1) Enotrio, Pseudonym des italien. Lyrikers und Literarhistorikers Giosuè →Carducci.
2) Ezzelino da, italien. Ghibellinenführer, →Ezzelino III. da Romano.
3) Giulio, italien. Maler, →Giulio, G. Romano.

**Romano-Guardini-Preis,** 1970 von der Kath. Akademie in Bayern gestiftet, mit z. Z. 10 000 DM dotiert (mit Silbermedaille); wird i. d. R. jährlich für hervorragende geistige Leistungen verliehen, die im Sinne R. GUARDINIS in der offenen Begegnung der Positionen Freiheit verwirklichen. Preisträger u. a.: K. RAHNER, H. U. VON BALTHASAR, O. VON NELL-BREUNING, W. HEISENBERG, C. ORFF, F. BÜCHNER, T. KOLLEK und S. TALMON, A. GOPPEL, H. DIETZFELBINGER, W. DIRKS und J. PIEPER, Priorin GEMMA HINRICHER, G. MEISTERMANN, E. JOCHUM, Kardinal F. KÖNIG, R. VON WEIZSÄCKER.

**Romanos,** byzantin. Herrscher:
**1) Romanos I. Lakapenos (Lekapenos),** Kaiser (seit 920), * Lekapa (Kappadokien) um 870, † auf Proti (heute Kınalı Ada, Prinzeninseln) 15. 6. 948; wurde als Schwiegervater KONSTANTINS VII. dessen Mitkaiser und verdrängte ihn bald von der Regierung. R. schloß Frieden mit den Bulgaren (927) und schlug die Waräger (941). Im Innern war seine Gesetzgebung zur Förderung der Kleingrundbesitzer wichtig. Von seinen Söhnen gestürzt, starb er in der Verbannung.

**2) Romanos IV. Diogenes,** Kaiser (1068–71), † im Sommer 1072; kämpfte gegen die Seldschuken, die ihn am 19. 8. 1071 bei → Mantzikert besiegten und gefangennahmen.

**Romanos Melodos, Romanos der Melode,** byzantin. Dichter, * Emesa (heute Homs) Ende 5. Jh., † Konstantinopel nach 550; war einer Legende zufolge Diakon in der Auferstehungskirche in Berytos (heute Beirut) und kam unter Kaiser ANASTASIOS (wahrscheinlich ANASTASIOS I.) in die Kirche der Gottesmutter nach Konstantinopel, wo ihm während einer Vigilie zur Weihnachtsmesse die Gottesmutter erschien. Daraufhin soll er die Kanzel bestiegen und seinen berühmten, noch heute in der griechisch-orth. Weihnachtsliturgie gesungenen Weihnachtshymnus gesungen haben. Er schrieb Kirchenlieder (Kontakien, etwa 1 000, davon 85 überliefert), die zu den wertvollsten Zeugnissen der griech. Literatur des MA. gehören. – Heiliger (Tag: 1. 10.).

**Ausgaben:** Analecta Sacra spicilegio Solesmensi parata, hg. v. J. B. PITRA, Bd. 1 (1876); Romano il Melode, hg. v. G. CAMMELLI (1930); Hymnoi, hg. v. N. B. TOMADAKIS u. a., 4 Bde. u. Suppl.-Bd. (1952–61); Cantica genuina, hg. v. P. MAAS u. a. (1963); Cantica dubia, hg. v. dems. u. a. (1970); Hymnes, hg. v. J. GROSDIDIER DE MATONS, 5 Bde. (1964–81).

E. MIONI: Romano il Melode (Turin 1937).

**Romanow,** russ. Herrscherdynastie, die 1613 bis 1730/62 regierte. Ahnherr ist der Moskauer Bojar A. I. KOBYLA (Mitte des 14. Jh.), nach dessen Sohn F. A. KOSCHKA sich die Familie zunächst **Koschkin** nannte. Vom Beginn des 16. Jh. an hieß sie **Sacharin-Jurjew** und seit Ende des 16. Jh. R., da ANASTASIA, die Tochter ROMAN JURJEWITSCHS, den Zaren IWAN IV. geheiratet hatte und ihr Bruder NIKITA ROMANOWITSCH eine hervorragende Stellung am Zarenhof einnahm. Dessen Sohn FJODOR NIKITITSCH R. (→ Filaret) unterlag nach dem Aussterben der Rurikiden (1598) BORIS GODUNOW im Streit um den Thron. 1613 setzten die zahlreichen Anhänger der R.s die Wahl von FILARETS 16jährigem Sohn MICHAIL FJODOROWITSCH R. (→ Michael, Herrscher, Rußland) zum Zaren durch. Ihm folgten ALEKSEJ MICHAJLOWITSCH, FJODOR III. ALEKSEJEWITSCH und PETER D. GR. Die Dynastie starb in männl. Linie 1730 mit Kaiser PETER II., dem Enkel PETERS D. GR., und in direkter weibl. Linie 1762 mit ELISABETH PETROWNA, der Tochter PETERS D. GR., aus.

**Romanow:** Stammtafel der Häuser Romanow und Holstein-Gottorp

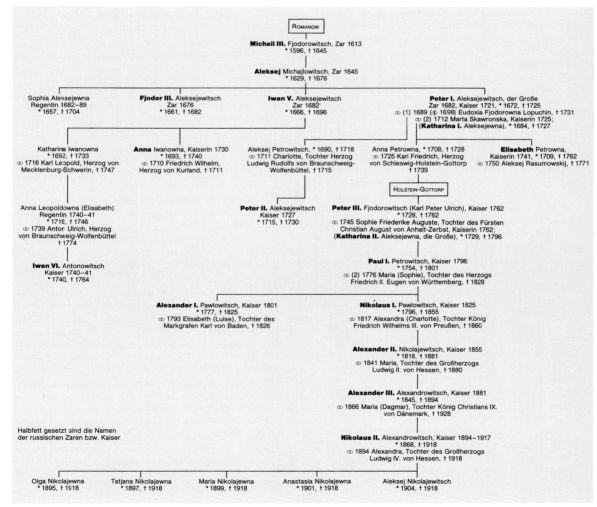

Den Thron bestieg PETER III., ein Sohn ANNAS, der älteren Tochter PETERS D. GR. und des Herzogs KARL FRIEDRICH VON SCHLESWIG-HOLSTEIN-GOTTORP, der den Namen als **R.-Holstein-Gottorp** fortsetzte.
M. E. ALMEDINGEN: Die R.s Gesch. einer Dynastie (a. d. Engl., Wien 1968); A. SUMMERS u. T. MANGOLD: Zarenmord. Das Ende der R.s (a. d. Engl., Neuausg. 1979); W. B. LINCOLN: The Romanovs (London 1981).

**Romanow,** Pantelejmon Sergejewitsch, russ. Schriftsteller, * Petrowskoje (Gebiet Tula) 5. 8. 1884, † Moskau 8. 4. 1938; behandelte in seiner realist. Prosa Themen aus der Zeit nach der Revolution (u. a. die sexuelle Revolution in den 1920er Jahren), wobei er auch negative Seiten der neuen proletar. Bürokraten und Mitläufer ansprach (Erzählung ›Bez čeremuchi‹, 1927; Kurzroman ›Tovarišč Kisljakov‹, 1931, dt. ›Drei Paar Seidenstrümpfe‹). Dem vorrevolutionären bäuerl. Rußland widmete er das umfangreiche Romanepos ›Rus'‹ (5 Tle., 1923–36).

**Romanowskij Chutor** [-x-], russ. Stadt, → Kropotkin.

**Romanshorn,** Gem. im Kt. Thurgau, Schweiz, am S-Ufer des Bodensees, 399 m ü. M., (1989) 8 400 Ew.; Ortsmuseum; Maschinenbau, Herstellung von Haushaltsgeräten, Textil- und pharmazeutische Industrie; Fremdenverkehr; Verkehrsknotenpunkt mit Autofähre nach Friedrichshafen.

**Romans-sur-Isère** [rɔmāsyri'zɛːr], Stadt im Dép. Drôme, Frankreich, an der unteren Isère, (1990) 33 500 Ew.; regionalhistor. und Schuhmuseum; bedeutende Schuhindustrie, ferner Textilindustrie.

**Romantik** [zu romantisch gebildet] *die,* -, i. w. S. eine zum Gefühlvollen, Wunderbaren, Märchenhaften und Phantastischen neigende Weltauffassung und -darstellung; i. e. S. eine geistes- und stilgeschichtl. Epoche, die um 1780/90 Aufklärung und Klassizismus ablöste. Die R. ist eine gesamteurop. Bewegung, ihr Zentrum kann in Dtl. gesehen werden. (→ deutsche Literatur)

Wortgeschichtlich gehen ›Romantik‹ bzw. ›romantisch‹ auf altfrz. ›romanz‹ zurück, das zunächst die in der ›lingua romana‹, der Volkssprache, verfaßten Schriften allg. bezeichnete, dann ›Roman‹ (in Vers oder Prosa) bedeutete. Aufgrund der im Roman bevorzugten fabulösen, abenteuerl. und wunderbaren Themen erhielt das erstmals 1650 in England belegte Adjektiv ›romantic‹ die Bedeutung ›unwirklich‹. Mit der gleichen negativen Konnotation wurde es auch in anderen europ. Ländern gebraucht (1694 erstmals in Frankreich, 1698 erstmals in Dtl. belegt), bezeichnete dann die Pathoswirkungen einer wilden Landschaft, bis es schließlich J.-J. ROUSSEAU zum Ausdruck der Einheit von landschaftl. und seel. Qualitäten diente und die Begründer der romant. Bewegung es zur Bez. des höchsten Kunstprinzips erklärten.

### Präromantik

Vorbereitende ›präromant.‹ Erscheinungen waren in Frankreich okkultist. und theosoph. Unterströmungen, wie auch Werke von A. PRÉVOST D'EXILES, D. DIDEROT, J.-J. ROUSSEAU, BERNARDIN DE SAINT-PIERRE, C. F. VOLNEY (Ruinenkult); in England die Dichtungen von E. YOUNG, T. GRAY und J. MACPHERSON (Ossiandichtung), die Wendung zur alten Volkspoesie bei T. PERCY sowie Naturverständnis und Geniebegriff bei A. A. C. SHAFTESBURY und in YOUNGS ›Conjectures on original composition‹ (1759). In Dtl. bereiteten die sensualist. Unterströmung der Aufklärung, die Gefühlskultur des Pietismus und der Empfindsamkeit, die Wendung zur Volkspoesie bei G. A. BÜRGER und dem → Göttinger Hain, Genielehre und Subjektivismus des Sturm und Drangs (bes. bei J. M. R. LENZ) vor. V. a. J. G. HERDER nahm wesentl. Momente der R. (Volkspoesie, Organismusgedanke, Individualitätsbegriff, Wendung zur Geschichte und zum einfühlenden histor. Verstehen) vorweg.

### Die Romantik in Deutschland

Während die Frz. Revolution in W-Europa ein Wiedererstarken des Rationalismus und Klassizismus begünstigte, erwuchs in Dtl. am Ausgang des 18. Jh. die romant. Bewegung. Urspr. v. a. ästhetisch-literarisch ausgerichtet, ergriff sie allmählich nahezu alle Bereiche des kulturellen und geistigen Lebens. Dabei lassen sich die Phasen der Früh-R. (etwa 1798–1802, Mittelpunkte Jena und Berlin), der Hoch-R. (Mittelpunkte Heidelberg und Berlin) und Spät-R. (Mittelpunkte Dresden, Schwaben, München und Wien) unterscheiden.

*Früh-R.* und *Romant. Programmatik:* Der überaus komplexe Wesensbegriff der R. entzieht sich jeder eindeutigen Formel. Die dt. R. begann bei W. H. WACKENRODER und L. TIECK mit dem stimmungsgetragenen Neuerleben von Landschaft und bes. MA. sowie der antirationalen, gefühlsbetonten Begegnung mit der Kunst, bes. der Malerei und der Musik. Hingegen waren die Brüder F. und A. W. SCHLEGEL weit mehr Kritiker und Kulturphilosophen, die dem europ. Geist der Aufklärung, dem Bildungsgedanken der dt. Klassik und der idealist. Transzendentalphilosophie noch verbunden blieben. Die Theorie bes. der frühromant. Lebens- und Kunstanschauung findet sich in F. und A. W. SCHLEGELS Zeitschrift ›Athenäum‹ (1798–1800), in den Fragmenten des NOVALIS und in den Berliner Vorlesungen A. W. SCHLEGELS (›Über die schöne Kunst und Literatur‹, 1802–05).

F. SCHLEGEL, der eigentl. Programmatiker der Früh-R., faßte die ›romant. Moderne‹ als den vom Christentum geschaffenen Bruch zw. Endlichem und Unendlichem, Natur und Geist, Bedingtem und Unbedingtem. Das aufgegebene und zu suchende Göttliche überschreitet in dieser Sicht unendlich alles Seiende und Gegebene. Ziel aller Kunst kann infolgedessen nicht mehr das Gestalthaft-Geschlossene, in sich Vollendete und Harmonische (Klassik) sein, sondern ihr Lebenselement ist die freie Subjektivität des Geistes und ihre niemals endende Aufgabe, alles Reale zu poetisieren, d. h. es in eine Funktion des Unendlichen (der Seele, des Geistes) zu verwandeln.

Die künstler. Formen der R. suchen entweder ›sentimentalisch‹ alle Außenwelt auf die innere Empfindung zurückzubeziehen oder mit den Mitteln der Arabeske alles Innere ›phantastisch‹ nach außen zu projizieren oder aus der Sehnsucht nach dem Unendlichen die gesamte endliche Welt ›allegorisch‹ als Zeichen und Chiffre dieses Unendlichen zu gestalten. Das höchste Ziel der romant. Kunst ist, das Gemüt inmitten des Endlichen eins werden zu lassen mit dem Unendlichen. So wird die Kunst zum eigentlichen Organ einer pantheistisch-ästhet. Religion, wie F. SCHLEIERMACHER Religion entsprechend als mystisches Innewerden des Universums deutet. Dem entspricht in lebendigem Wechselverhältnis ein verfeinerter Sinn für das Individuelle, das als freieste Erscheinungsform des Unendlichen erfahren wurde. Daraus erwuchs das große Einfühlungsvermögen der R. in ferne und fremde Individualität, das sich in der Erschließung und Deutung zeitgenöss. Dichtungen und geschichtl. Epochen und in zahlreichen meisterhaften Übersetzungen bezeugt, z. B. durch A. W. SCHLEGEL, TIECK, S. BOISSERÉE (Werke von SHAKESPEARE, DANTE, P. CALDERÓN DE LA BARCA, M. DE CERVANTES SAAVEDRA und L. ARIOSTO).

Als Kunstmittel bevorzugte die R. die offene, nicht die geschlossene Form; sie löst alle gegenständl. und festen Umrisse auf, verwischt die Grenzen der Formen und Gattungen und sucht durch die verzaubernde Mischung der Künste das Wirkliche in Traum, den Traum in Wirklichkeit zu verwandeln (v. a. im Märchen).

Bedeutsam für die Ausbildung der romantischen Lebens-, Kunst- und Naturanschauung, bes. bei F. SCHLEGEL und NOVALIS, wurde die spekulative Weiterbildung der Philosophie I. KANTS in den idealist. Systemen J. G. FICHTES und F. W. J. VON SCHELLINGS. FICHTES Lehre von der sittl. Freiheit des absoluten Ich als des schöpfer. Prinzips des Geistes wurde von der R. als Begründung der völligen Freiheit gedeutet, mit den Formen und Gesetzen der Kunst zu spielen. Die überlegen spielende künstler. Ironie, in der das aufklärer. Formelement des Witzes und rationale Züge fortwirken, soll die Antinomie des Endlichen und Unendlichen widerspiegeln. Das Bewußtsein von ihrer Unvereinbarkeit kann sich jedoch auch im Scheitern, im Umschlag zur Vereinsamung, Gegenstands- und Kommunikationslosigkeit äußern. Aus der Unangemessenheit jeder endl. Aussage und Gestalt zum unendl. Sinn erklärt sich ferner die romant. Neigung zur Paradoxie, zum Fragment und zum Aphorismus.

Im Gesellschaftlichen führte der romant. Subjektivismus zur Infragestellung sozialer Konventionen, zur Auffassung des Lebens als Kunstwerk. Bestimmenden Einfluß übten – über die geistig von ihnen geprägten Salons – auch Frauen aus, v. a. CAROLINE SCHELLING, DOROTHEA SCHLEGEL, BETTINA VON ARNIM und RAHEL VARNHAGEN.

*Hoch-* und *Spät-R.:* Die zweite Generation entfernte sich von der philosoph. Spekulation und ästhet. Kritik und entwickelte ein neues Verständnis für die naiven und volkstüml. Formen der Poesie. Der zweiten und dritten Generation der R. gehörten Lyriker von höchstem Rang wie C. BRENTANO, J. VON EICHENDORFF und F. MÖRIKE an, in deren Werk sich das volkstümlich Schlichte mit der Virtuosität des Modernen verband. Hierbei entwickelten sich enge Beziehungen zw. Dichtung und Musik, die zur Vertonung zahlreicher Gedichte durch bedeutende Komponisten wie F. SCHUBERT und H. WOLF geführt haben.

Die Steigerung des schöpfer. Ich ins Universale wich in der Hoch- und Spät-R. der mit bescheidenden Ein- und Unterordnung des einzelnen in die übergreifenden organ. Ganzheiten und Bindungen der Natur und der Geschichte, des Staates und der Religion. E. T. A. HOFFMANNS grotesk-phantast. erzähler. Werk dagegen zeigte die Spannung zw. Romantisch-Poetischem und nüchterner Realität.

Die Auswirkung der romantischen Grundanschauungen auf die Wissenschaftsbereiche

In der Anwendung ihrer Grundanschauungen auf die Bereiche der Natur, Geschichte und Gesellschaft liegt eine der Hauptleistungen der späteren R. Ihre überwiegende Rezeptivität begünstigte die Entwicklung des geschichtl. Sinns und ließ sie das Vollkommenere nicht mehr – wie noch der Idealismus – in der Zukunft, sondern in der poetisch verklärten Vergangenheit suchen. In der Frühzeit der Völker glaubte sie dem göttl. Ursprung und der wahren Bestimmung der Menschheit ganzheitlicher zu begegnen. Die Brüder SCHLEGEL begründeten die Literaturwissenschaft, die Brüder J. und W. GRIMM mit ihren Arbeiten zur german. Sprach-, Religions-, Rechts- und Dichtungsgeschichte die Germanistik, F. DIEZ die Romanistik, F. BOPP und J. GRIMM die historisch-vergleichende Sprachwissenschaft, F. C. VON SAVIGNY die Rechtsgeschichte, G. F. CREUZER, J. GÖRRES und J. J. BACHOFEN die Religions- und Mythengeschichte. Dabei bildete sich von F. SCHLEGEL über F. HÖLDERLIN, BACHOFEN bis zu F. NIETZSCHES eine Betonung des Dionysischen gegenüber dem Apollinischen (→apollinisch) und damit ein neues, der Klassik entgegengesetztes orphisch-orgiast. Bild des Griechentums heraus.

Das Zurücktreten hinter einem übergreifenden, höheren Ganzen zeigt sich deutlich in der Bevorzugung von Volkssage, -lied und -märchen als vermeintlich unmittelbaren Äußerungen des mit den höheren Mächten unbewußt verbundenen Volksgeistes (C. BRENTANO, A. VON ARNIM sowie die BRÜDER GRIMM). Auch die polit. Ereignisse der napoleon. Zeit weckten nach der mehr weltbürgerlich-universal ausgerichteten Früh-R. das nationale Gemeinschaftsbewußtsein und den Sinn für die Eigentümlichkeit eines Volkes (E. M. ARNDT, F. L. JAHN, H. VON KLEIST, J. GÖRRES).

Mit einer neuen Sicht der Natur und des Verhältnisses von Natur und Geist ging ein neues Verständnis von der Einbettung des Menschen in die tragenden Seinsbereiche einher und führte zu einer geschärften Wahrnehmung auch im Hinblick auf das Unbewußte und die Erscheinungen der ›Nachtseite der Natur‹ (Mesmerismus, Magnetismus). Zugleich waren Naturforschung, die intensiv betrieben wurde, und Naturphilosophie noch eng miteinander verbunden, geleitet von dem Gedanken einer Einheit von Natur und Geist (NOVALIS, F. W. J. VON SCHELLING, L. OKEN, F. VON BAADER, J. W. RITTER, H. STEFFENS). Insbesondere in SCHELLINGS Philosophie vom beseelten Universum und von der organisch aufgefaßten Natur als sichtbarem Geist und dem Geist als unsichtbarer Natur hat romant. Denken kennzeichnenden Ausdruck gefunden.

Für das Menschenbild und v. a. die Erziehung wurden unter dem Einfluß J.-J. ROUSSEAUS bes. bedeutsam: die Auffassung des Kindesalters als eigene ursprüngl. Entwicklungsstufe (F. FRÖBEL), die Neuentdeckung des Vor- und Unbewußten (C. G. CARUS), die Betonung der Leib-Seele-Einheit, der Leibeserziehung (F. L. JAHN), die pädagog. Nutzung des Märchens und die Anstöße für die Neugestaltung des Jugendschrifttums.

Auch die Staats- und Wirtschaftslehre der R. ging vom übergeordneten Ganzen der organisch gegliederten Gesellschaft aus. Die Linie, die hier von dem konstruktiven ›Geschlossenen Handelsstaat‹ FICHTES über NOVALIS zu den ständisch-theokrat., antikapitalist. Staats- und Wirtschaftstheorien ADAM MÜLLERS führt, ist kennzeichnend für die innere Gesamtentwicklung der späten R., die politisch, weltanschaulich und religiös (die romant. Konversionen, der Wiener Kreis um F. SCHLEGEL, F. GENTZ u. a.) in konservative, ja restaurative Bahnen lenkte.

Nachwirkung der Romantik

Die Spät-R. blieb in Dichtung und Wiss. bis über 1830 hinaus schöpferisch. Angesichts der zunehmend in den Blick tretenden polit., sozialen und wirtschaftl. Wirklichkeit erwies sich die Realität und Poesie, Endlichkeit und Unendlichkeit umspannende Weltsicht als problematisch (H. VON KLEIST, G. BÜCHNER, H. HEINE, N. LENAU). Im 19. Jh. sind u. a. die Werke von F. GRILLPARZER, F. HEBBEL und A. SCHOPENHAUER bis hin zu R. WAGNER (Idee vom →Gesamtkunstwerk), NIETZSCHE und T. MANN nicht unabhängig vom romant. Ideengut zu verstehen, ebensowenig wie die Entwicklung der Geschichtswissenschaft (Histor. Schule: F. C. VON SAVIGNY u. a.) bis zu L. VON RANKE. Noch Ende des 19. Jh. und im 20. Jh. ist gegen Materialismus, Positivismus und techn. Zivilisation gewendete Kritik oft stark aus romant. Quellen gespeist (u. a. die →Neuromantik). Schöpfer. Impulse der R. blieben – v. a. über →Symbolismus, →Expressionismus und →Surrealismus – bis in die Gegenwart hinein spürbar. Die in der R. begonnene wiss. Forschung und Differenzierung nahm ihren Fortgang, allerdings in zunehmender Herauslösung der Gegenstände aus übergreifenden, spekulativ-philosoph. und ästhetisierend-künstler. Zusammenhängen.

## Romantik

### Die Romantik außerhalb Deutschlands

Die romant. Bewegungen in anderen europ. Ländern gehen z. T. auf eigene Vorstufen zurück. Doch auch die starke Wirkung der dt. R. im Ausland, eine Wirkung, die sich dort mit derjenigen der oft auch als romantisch empfundenen dt. Klassik verband, hat die R. zu einer mächtigen gesamteurop. Bewegung werden lassen. Nachdem England in W. WORDSWORTH und S. T. COLERIDGE, R. BURNS und W. BLAKE, Frankreich in F. R. DE CHATEAUBRIAND ähnlich gerichtete Zeitgenossen der dt. Romantiker hervorgebracht hatte, war es v. a. MADAME DE STAËL, die durch ihr Buch ›De l'Allemagne‹ (2 Bde., 1813) das romant. Ideengut in Europa bekannt machte. Hauptvertreter der gemeineurop. Blüte der R. sind in England Lord BYRON, P. B. SHELLEY, J. KEATS und W. SCOTT, in Frankreich V. HUGO, dessen selbständig durchdachte Theorie des Grotesken ein Fundamentalbegriff der frz. R. wurde, A. DE MUSSET, A. DE LAMARTINE, A. DE VIGNY, GEORGE SAND, in Italien U. FOSCOLO, G. LEOPARDI und A. MANZONI, in Spanien J. DE ESPRONCEDA Y DELGADO und J. ZORRILLA Y MORAL, in Portugal A. HERCULANO DE CARVALHO E ARAÚJO und J. B. DA SILVA LEITÃO DE ALMEIDA GARRETT, in Dänemark A. ÖHLENSCHLÄGER und H. C. ANDERSEN, in Schweden E. TEGNÉR, P. D. A. ATTERBOM (→ Phosphoristen) und J. E. STAGNELIUS, in Norwegen A. O. VINJE sowie H. IBSEN und B. BJØRNSON mit ihren Frühwerken, in den Niederlanden u. a. RHIJNVIS FEITH (* 1753, † 1824), J. F. WILLEMS und H. CONSCIENCE (→ Flämische Bewegung) sowie J. VAN LENNEP und E. J. POTGIETER, in Rußland M. J. LERMONTOW und A. S. PUSCHKIN, in Polen A. MICKIEWICZ, Z. KRASIŃSKI, J. SŁOWACKI, im tschech. und slowak. Bereich J. KOLLÁR, F. L. ČELAKOVSKÝ, K. H. MÁCHA. In den USA führte die R. zur ersten literar. Blütezeit der jungen Nation. Hauptvertreter sind hier C. B. BROWN, W. IRVING, J. F. COOPER, N. HAWTHORNE, H. MELVILLE, E. A. POE sowie R. W. EMERSON und die Transzendentalisten (→ Transzendentalismus).

**Romantik:** Caspar David Friedrich, ›Der Mönch am Meer‹; 1808–10 (Berlin-Charlottenburg, Schloß Charlottenburg)

### Romantik in der bildenden Kunst

In der bildenden Kunst ist die R. kein Stil im Sinn der vorausgegangenen, einheitlicheren und umfassenderen Stile; die R. brachte in der Kunst keine allg. verbindl. Formen hervor, sondern aktualisierte Historisches unterschiedlichster Art.

Kennzeichnend für die *Architektur* ist die Rückwendung zur Gotik, aber auch diese war keine anderes ausschließende Richtung. K. F. SCHINKEL, der führende dt. Architekt der Epoche, konnte sowohl antikisch als auch neugotisch bauen. L. VON KLENZE griff als erster auch auf die Formensprache der Renaissance zurück. Dem Naturgefühl der Zeit entsprach die häufige Verbindung des Baus mit der Landschaft. Durch die Hinwendung zur Architektur der Vergangenheit schuf die R. die Grundlagen der Denkmalpflege.

In der *Plastik* blieb die Formgebung klassizistisch. Die R. läßt sich hier nur motivisch bestimmen. Als herausragendster Bildhauer der Epoche ist B. THORVALDSEN zu nennen. Eine der vordringl. Aufgaben der rückgewandten R. war das Denkmal.

Am reinsten äußerte sich die R. in der *Malerei,* die auf das literar. Ideengut eingeht. Auch sie war der Vergangenheit zugewandt, stofflich wie formal (Nazarener, später die Präraffaeliten), fand aber in der Darstellung der Landschaft einen unmittelbaren Ausdruck romant. Welterlebnisses. Am vollkommensten in den Werken von C. D. FRIEDRICH, dessen naturreligiöser Symbolismus durch P. O. RUNGES figürlich-klassizist. Allegorien der Tageszeiten vorbereitet wurde. Theoretiker der romant. Landschaftsmalerei in Dtl. war C. G. CARUS. Sie sollte das Absolute, die göttl. Unendlichkeit vermitteln. Im Anschluß an die Tradition der heroischen Landschaft entstanden Stimmungsbilder (J. A. KOCH, C. ROTTMANN, C. BLECHEN). In der engl. Landschaftsmalerei der R. wirkte die malerisch-gefühlsansprechende Landschaftsauffassung des 18. Jh. nach (W. TURNER, J. CONSTABLE, R. BONINGTON). W. BLAKE und J. H. FÜSSLI schufen eine dichterisch inspirierte romant. Kunst, deren Formenwelt im Klassizismus wurzelt. In der frz. R. spielte die Landschaft keine entsprechende Rolle, für T. GÉRICAULT und E. DELACROIX, der von P. P. RUBENS ausgeht, blieb die menschl. Gestalt entscheidend, auch wenn sie in der Landschaft dargestellt wird; romantisch waren die Themenstoffe, der leidenschaftl. Ausdruck, der maler. farbenfreudige Stil. Für Dtl. bedeutete die R. auch eine Blütezeit der Zeichenkunst, die bes. von den Deutschrömern gepflegt wurde; bevorzugt wurden auch hier landschaftl. Motive. Für die späteren dt. Romantiker, deren Werke biedermeierhafte Züge enthalten, wurden Sage und Märchen thematisch wichtig (L. RICHTER, M. VON SCHWIND); daher rührt ein bemerkenswerter Aufschwung der Buchillustration. Zwar bleibt die romant. Haltung der Malerei über 1830 hinaus noch lebendig, doch verflacht sie zunehmend in ihrem geistigen Anspruch.

### Romantik in der Musik

Die musikal. R. reicht etwa vom zweiten Jahrzehnt des 19. Jh. bis zum Umbruch zur Neuen Musik um 1910. Allerdings deckt der Begriff R. die vielfältigen Stilerscheinungen des 19. Jh. keinesfalls vollständig ab, und nur annähernd kann man die sich oft überschneidenden Entwicklungen in vier Stilphasen untergliedern: 1) Die frühromant. Musik entfaltete sich mit den Liedern (u. a. ›Erlkönig‹, 1815), späten Kammermusikwerken und den letzten beiden Sinfonien F. SCHUBERTS (8. Sinfonie h-Moll, 1822; 7. bzw. 9. Sinfonie C-Dur, 1828). Zu ihr zählen ferner Werke von E. T. A. HOFFMANN, L. SPOHR und H. MARSCHNER. 2) Ihre reinste Ausprägung (Hoch-R.) erfuhr die R. ab etwa 1830 in den Liedern und Instrumentalwerken (v. a. Klavierwerken) R. SCHUMANNS und in den Werken F. MENDELSSOHN BARTHOLDYS, F. CHOPINS und H. BERLIOZ' sowie den frühen Werken F. LISZTS und R. WAGNERS (bis etwa 1850). 3) Zur Spät-R. zählen das spätere Werk von LISZT und WAGNER sowie das von J. BRAHMS, H. WOLF und A. BRUCKNER. 4) Das u. a. an SCHUBERT und BRUCKNER anknüpfende Werk G. MAHLERS entwickelt ebenso wie das von R. STRAUSS,

H. Pfitzner und M. Reger neue Formen der Harmonik (Nach-R.). Die großen Opernkomponisten Italiens (V. Bellini, G. Donizetti, G. Verdi) und Frankreichs (G. Meyerbeer, C. Gounod, G. Bizet) sowie die bedeutenden Vertreter nat. Entwicklungen v. a. in Rußland (M. P. Mussorgskij, P. I. Tschaikowsky), in der Tschechoslowakei (B. Smetana, A. Dvořák) und in Skandinavien (E. Grieg, J. Sibelius) verdankten der R. entscheidende Impulse, finden jedoch zu je eigenen Formgebungen und Gehalten. Nur bedingt zur R. gehört schließlich der frz. Impressionismus.

Kennzeichnend für die kompositor. Grundtendenzen sind die stete Erweiterung und Differenzierung nahezu aller musikal. Mittel und Elemente vielfach bis an den Rand der Auflösung. Das gilt in erster Linie für die Harmonik; seit Wagners ›Tristan und Isolde‹ (1859) büßt die funktionale Harmonik zunehmend an Verbindlichkeit ein. Daneben sind es v. a. Klanglichkeit und Instrumentation, die immer neue Wege gehen, neue Farbreize aufspüren. Auch die Melodik erweitert sich zw. den Extremen großer Bögen und kleinster Motivfetzen; der Rhythmus löst sich vielfach von der Bindung an die Taktschwerpunkte; die Dynamik erobert sich äußerste Spannbreiten und feinste Schattierungen. Schließlich wird die formale Gestaltung fließend und offen, traditionelle Formen werden verändert, erweitert oder mit neuem Inhalt präsentiert; bes. große Formkomplexe (Bruckners und Mahlers Sinfonien) und kleine, liedhaft einfache Gebilde (Charakterstücke) markieren auch hier die weit auseinanderliegenden Pole. Das Lied (Schubert, Schumann, Brahms, Wolf) erfährt in der R. seine Wandlung vom Nebenzweig musikal. Produktion zur tragenden lyr. Vokalmusikgattung. Die Oper löst sich formal von der Nummernoper und den festen Gattungstypen des 18. Jh.; sie findet im Musikdrama Wagners ihre Vollendung, auch im Hinblick auf die lange vorher schon erhobene Forderung nach Vereinigung aller Künste. Die sinfon. Dichtung stellt sich gleichrangig neben die Sinfonie, ihr Ideengehalt bestimmt weitgehend den formalen Ablauf. Demgegenüber versuchen mehr klassizistisch eingestellte Komponisten (Mendelssohn Bartholdy, Brahms) die traditionellen Instrumentalformen zu wahren, jedoch mit romant. Geist neu zu füllen.

Zur gleichen Zeit kam der bürgerl. Konzertbetrieb auf; der neue Stand der Musikkritiker spiegelte das Konzerterlebnis. Mit den Ansprüchen eines breiten Publikums entwickelten sich auch neue Formen eingängiger Kompositionen; Salonmusik und Virtuosentum wurden beherrschend. Hohe (›ernste‹) und triviale (›Unterhaltungs‹-)Musik beginnen sich seit der R. zu trennen. Auch in der Kunstmusik bildeten biedermeierl. Idylle, später auch Parodie und Verzerrung Kontraste zu den großen romant. Erscheinungen. – Die romant. Epoche hat die Anerkennung der Musik als universales Medium künstler. Aussage (›Tonkunst‹) begründet, zugleich allerdings die in ihr selbst angelegten Widersprüchlichkeiten offenbart, so daß der totale Umschlag zur Neuen Musik des 20. Jh. als konsequente Folgerung aus der romant. Musik innewohnenden Tendenz angesehen werden muß.

R. als geistige Bewegung: Das Nachleben der R. in der modernen dt. Lit., hg. v. W. Paulsen (1969); Begriffsbestimmung der R., hg. v. H. Prang (²1972); Die europ. R., Beitr. v. E. Behler u. a. (1972); European romanticism, hg. v. I. Sötér u. a. (a. d. Russ., Budapest 1977); Die dt. R., hg. v. H. Steffen (³1978); N. J. Berkowski: Die R. in Dtl. (a. d. Russ., Leipzig 1979); H. Prang: Die romant. Ironie (²1980); R.-Forschung seit 1945, hg. v. K. Peter (1980); Europ. R., hg. v. U. Heitmann, 3 Bde. (1982–85); Aspekte der R., hg. v. S.-A. Jørgensen (Kopenhagen 1983); Dt. R. and English romanticism, hg. v. T. G. Gish u. a. (München 1984); English and German romanticism. Cross-currents and controversies, hg. v. J. Pipkin (Heidelberg 1985); S. Curran: Poetic form and British romanti-

**Romantik:** William Turner, ›Felsige Bucht mit klassischen Figuren‹; um 1830 (London, Tate Gallery)

cism (Oxford 1986); Les romantiques allemands et la Révolution française, hg. v. G.-L. Fink (Straßburg 1989); G. Hoffmeister: Dt. u. europ. R. (²1990); C. McClanahan: European romanticism. Literary societies, poets and poetry (Frankfurt 1990); T. Ziolkowski: German romanticism and its institutions (Princeton, N. J., 1990).
**Kunst:** F. E. Baumgart: Vom Klassizismus zur R. 1750–1832 (1974); J. C. Jensen: Aquarelle u. Zeichnungen der dt. R. (1978); ders.: Malerei der R. in Dtl. (1985); C. Baur: Landschaftsmalerei der R. (1979); W. Vaughan: German romanticism and English art (New Haven, Conn., 1979); W. Geismeier: Die Malerei der dt. R. (1984); Dt. Romantiker. Bildthemen der Zeit von 1800 bis 1850, hg. v. C. Heilmann, Ausst.-Kat. (1985); K. Kroeber: British romantic art (Berkeley, Calif., 1986).
**Musik:** E. Kurth: Romant. Harmonik u. ihre Krise in Wagners Tristan (²1923, Nachdr. 1986); A. Einstein: Die R. in der Musik (a. d. Engl., 1950); S. Goslich: Die dt. romant. Oper (1975); C. Dahlhaus: Die Musik des 19. Jh. (1980); A. Baumgartner: Musik der R. (Salzburg 1983); P. Rummenhöller: R. in der Musik (1989).

**romantisch** [unter Einfluß von engl. romantic, frz. romantique, eigtl. ›dem Geist der Ritterdichtung entsprechend‹, zu altfrz. romanz, vgl. Roman], 1) die Romantik betreffend; 2) gefühlsbetont, schwärmerisch; phantastisch, abenteuerlich, geheimnisvoll.

**Romantische Straße,** →Fremdenverkehrsstraßen (Übersicht).

**Romanus,** Papst (897), wurde von Anhängern der Partei des Papstes Formosus nach der Ermordung Stephans VI. im Aug. 897 erhoben, doch endete sein Pontifikat bereits im November.

**Romanze** [frz., über span. romance ›volksliedhaftes Gedicht‹, von altprovenzal. romans, altfrz. romanz, vgl. Roman] *die*, -/-n, 1) *allg.*: romant. Liebesabenteuer.

2) *Literatur*: in der span. und portug. Literatur Bez. für eine kürzere episch-lyr. Gattung, die der Ballade in den nord. Ländern entspricht. Metrisch ist die R. gekennzeichnet durch trochäische Verse von acht Silben, eine das ganze Gedicht hindurch gleichbleibende Assonanz in den Versen gerader Zahl und eine beliebige Länge. Die Bez. R. ist in Spanien erstmals 1421 belegt, erste Texte datieren vom Ende des 15. Jh.; der früheste Druck als billiges Einzelblatt (›pliego suelto‹) stammt von 1510 (R. vom ›Conde Dirlos‹). Eine erste umfassende Sammlung erschien 1548 als ›Cancionero de romances‹, dem dann eine mod. Flut von ›Romanceros‹ (darunter der ›Romancero general‹, 2 Tle., 1600–05) folgte. Die Gattung R. hat es jedoch bereits vor dem 15. Jh. gegeben, allerdings nur in

mündl. Tradition. Diese frühen R. sind Bruchstücke mittelalterl., weitgehend nicht erhaltener Epen, die von einzelnen Autoren (›juglares‹) als bes. wirkungsvoll isoliert und fortgestaltet wurden. Als in gesungener Form tradiertes Element der oralen Volkskultur waren die R. einem Prozeß ständiger Veränderung unterworfen (›Die R. lebt in Varianten‹). Stilist. Charakteristika sind der Fragmentcharakter, der Gebrauch formelhafter Wendungen und eine zunehmende Lyrisierung des Textes auf Kosten des Berichts einer konkreten Handlung. Trotz ihrer Verschriftlichung seit dem Ende des 15. Jh. lebten die R. weiterhin in der mündl. Tradition Spaniens, Lateinamerikas und bei den Sefardim im östl. Mittelmeerraum. Seit 1900 haben R. MENÉNDEZ PIDAL und seine Schule die R. systematisch gesammelt und erforscht, ein Vorgang, der v. a. auch in musikwissenschaftl. Hinsicht noch nicht abgeschlossen ist. Die zahllosen R.-Texte werden i. a. klassifiziert in ›alte R.‹ (›romances viejos‹), die vor 1550 entstanden sind und Stoffe der span. Geschichte und Literatur des MA. zum Gegenstand haben, sowie in ›neue R.‹ oder ›Kunst-R.‹ (›romances nuevos‹ oder ›romances artísticos‹), die zw. 1550 und 1640 von den Autoren des Siglo de oro, bes. von F. GÓMEZ DE QUEVEDO Y VILLEGAS, L. DE GÓNGORA Y ARGOTE und LOPE DE VEGA, geschrieben und mit neuen Inhalten gefüllt wurden (Schäfer-R., religiöse, burleske R.). Die ›alten R.‹ werden weiter unterschieden nach Stoffen und Themen in R. über Tatsachen und Legenden der span. Geschichte (Cid), R. aus dem karoling. und breton. Sagenkreis (Kaiser Karl, Roland, Tristan), R. aus der Schlußphase der Reconquista mit einem häufig idealisierten Maurenbild (sogenannte Grenz- und Mauren-R.) sowie romanesk-lyr. R. wie ›Fontefrida‹ oder ›El conde Arnaldos‹. Die Gattung der R. gehört aber auch im Bereich der schriftl. Kultur zu den bis in die Gegenwart hinein bes. gepflegten lyr. Genera der span. Literatur. Als sogenannte volkstüml. Gattung fand sie v. a. Beachtung in der Romantik (Herzog von RIVAS, ›Romances históricos‹, 1841; J. ZORRILLA Y MORAL); im 20. Jh. findet sich die R. u. a. bei A. MACHADO Y RUIZ, J. GUILLÉN, R. ALBERTI, F. GARCÍA LORCA (›Primer romancero Gitano‹, 1924–1927, 1928) und L. ROSALES CAMACHO. – In Dtl. wurden Begriff und Gattung von J. W. L. GLEIM mit den ›Romanzen‹ (1756) eingeführt und zunächst synonym für ›Kunstballade‹ verwendet, so auch im Sturm und Drang, bei G. A. BÜRGER, GOETHE und SCHILLER. Auf den formal gebundenen volkstüml. Charakter hingewiesen zu haben, ist das Verdienst J. G. HERDERS, der mit seinen kongenialen Übersetzungen, insbesondere des R.-Zyklus ›Der Cid‹ (1805), eine Blüte der romant. R.-Dichtung einleitete. Hier wurde HERDERS Grundform beibehalten, jedoch meist mit subtilen Assonanzen und Klangreimen verbunden. Bedeutend sind v. a. die R. und R.-Übersetzungen von A. W. und F. SCHLEGEL, L. TIECK, F. DE LA MOTTE FOUQUÉ, J. VON EICHENDORFF, L. UHLAND, A. VON PLATEN und v. a. C. BRENTANO (›R. vom Rosenkranz‹, entstanden 1804–12, hg. 1852); parodistisch verwendeten L. IMMERMANN (›Tulifäntchen‹, 1830) und H. HEINE (›Atta Troll‹, 1847) die R.-Form. – Als R. bezeichnet man auch (bes. in der engl. Literatur) allg. abenteuerlich-phantast. Erzählwerke in Vers oder Prosa, ebenso die durch eine traumhaft entrückte Atmosphäre und eine märchenhafte Handlung gekennzeichneten späten Stücke SHAKESPEARES.

*Ausgaben:* Romancero general, hg. v. A. DURÁN, 2 Bde. (Neuausg. 1945); Romancero tradicional, hg. v. R. MENÉNDEZ PIDAL, auf zahlr. Bde. ber. (1957ff.); Flor nueva de romances viejos, hg. v. dems. ([6]1984); Romancero português, hg. v. J. LEITE DE VASCONCELOS, 2 Bde. (1958–60).

U. BÖHMER: Die R. in der span. Dichtung der Gegenwart (1965); P. BÉNICHOU: Creación poética en el romancero tradicional (Madrid 1968); R. MENÉNDEZ PIDAL: Romancero hispánico: Hispanoportugués, americano, sefardí. Teoría y historia (ebd. [2]1968); M. ALVAR LÓPEZ: El romancero. Tradicionalidad y pervivencia (Barcelona 1970); ders.: El romancero viejo y tradicional (Mexiko 1971); El romancero hoy, hg. v. S. G. ARMISTEAD, 3 Bde. (Madrid 1979); Catálogo general del romancero, hg. v. D. CATALÁN u. a., auf mehrere Bde. ber. (ebd. 1982ff.); C. V. AUBRUN: Les vieux ›Romances‹ espagnols, 1440–1550 (Paris 1986); M. DÍAZ ROIG: Estudios y notas sobre el romancero (Mexiko 1986).

3) *Musik:* Die musikal. Überlieferung setzt Ende des 15. Jh. ein mit drei- bis vierstimmigen Vertonungen u. a. von J. DEL ENCINA und J. DE ANCHIETA; im 16. Jh. treten R. als Sologesang mit Lautenbegleitung und als reine Lautenstücke auf. Die R. des 17. Jh. wird zur Refrainform und nähert sich dem → Villancico. In Frankreich waren R. als volkstüml. Strophenlieder seit dem Ende des 18. Jh. beliebt (v. a. auch in der Oper), während die dt. R.-Vertonungen überwiegend der Gattung Lied zuzurechnen sind. – In der Instrumentalmusik kommt die R. seit dem Ende des 18. Jh. als Satz in Orchesterwerken (F.-J. GOSSEC; W. A. MOZART; J. HAYDN; L. VAN BEETHOVEN, R. für Violine und Orchester op. 40 und 50) sowie als Charakterstück für Klavier (R. SCHUMANN u. a.) vor.

**Romanzero** [-θ-; span.] *der, -s/-s,* Sammlung von → Romanzen.

**Rombach,** frz. Rombas [rɔ̃'ba], Gem. im Dép. Moselle, Lothringen, Frankreich, 200 m ü. M. im Tal der Orne, (1990) 10 900 Ew.; Hüttenwerk (Sacilor), Zementfabrik.

**Rombach,** Otto, Schriftsteller, * Heilbronn 22. 7. 1904, † Bietigheim-Bissingen 19. 5. 1984; wurde u. a. bekannt als Autor phantasievoll-amüsanter und kulturgeschichtl. Romane (›Adrian, der Tulpendieb‹, 1936; ›Der junge Herr Alexius‹, 1940). Daneben entstanden auch Dramen, Gedichte, Hörspiele, Novellen und Reiseberichte.

**Romberg,** Walter, Politiker, * Schwerin 27. 12. 1928; Mathematiker; 1978–90 Abteilungsleiter im Inst. für Mathematik der Akademie der Wiss. der DDR; engagierte sich in der Friedensbewegung der Dt. Dem. Rep.; beteiligte sich im Okt. 1989 an der Gründung der sozialdemokrat. Partei; war 1990 in der Reg. de Maizière Finanz-Min. R. leitete die Delegation der Dt. Dem. Rep. für die Verhandlungen mit der Reg. Kohl über die Währungsunion.

**Romberg-Zeichen** [nach dem dt. Neurologen MORITZ HEINRICH VON ROMBERG, * 1795, † 1873], starkes Schwanken und Fallneigung des aufrecht stehenden Patienten bei geschlossenen Augen und dicht nebeneinander stehenden Füßen als charakterist. Zeichen für Kleinhirnerkrankungen und Tabes dorsalis.

**Romblon,** Inselgruppe der Philippinen zw. Luzon und Panay, 1 356 km[2] Landfläche, (1985) 208 200 Ew. Größten Inseln sind Tablas (mit Flugplatz), Sibuyan und R. Gewinnung von Marmor, ferner von Zink-, Kupfer- und Silbererzen; Reis- und Maisanbau; Fischerei.

**Rombouts** ['rɔmbɑuts], Theodor, fläm. Maler, getauft Antwerpen 2. 7. 1597, † ebd. 14. 9. 1637; Schüler von A. JANSSENS, ging 1616 nach Italien und malte, seit 1625 Meister in Antwerpen, von seinem Lehrer und P. P. RUBENS, bes. aber von CARAVAGGIO beeinflußt, halbfigurige Gesellschaftsstücke und religiöse Darstellungen.

**Romeït** [nach dem frz. Kristallographen JEAN-BAPTISTE LOUIS ROMÉ DE L'ISLE, * 1736, † 1790] *der, -s/-e,* gelbes bis bräunl., oktaedr. Mineral der chem. Zusammensetzung $(Ca,Na,H)Sb_2O_6(O,OH,F)$; Härte nach MOHS 5,5–6, Dichte etwa 5 g/cm[3]; derbe Aggregate; Verwitterungsprodukt des Antimonits.

**Romeo und Julia,** engl. ›Romeo and Juliet‹, Trauerspiel von SHAKESPEARE (entstanden 1595, hg. 1597); die trag. Geschichte vom Liebespaar aus verfeindeten Familien, die dem Ideal der bis in den Tod reichenden Liebe Ausdruck verleiht, war zuvor Thema mehrerer italien. Novellen, v. a. der ›Hystoria nouellamente ritrouata di due nobili amanti‹ (1524; dt. ›Die neuerlich wiedergefundene Geschichte von zwei vornehmen Liebenden‹) des LUIGI DA PORTO, und wurde in den meisten europ. Literaturen durch novellist. und dramat. Bearbeitungen bekannt. SHAKESPEARES Quelle war die Verserzählung ›The tragicall historye of Romeus and Juliet‹ (1562; dt. ›Die trag. Geschichte von Romeus und Juliet‹) von ARTHUR BROOKE († 1563). Spätere Bearbeitungen (C. F. WEISSE, ›R. u. Julie‹, 1768, darauf fußend F. W. GOTTERS und G. BENDAS Singspiel ›R. u. Julie‹, 1778, Urauff. 1776; J.-F. DUCIS ›Roméo et Juliette‹, 1772, dt. ›R. u. J.‹) veränderten SHAKESPEARES Werk durch Rückgriff auf ältere Fassungen. G. KELLER übertrug das trag. Motiv auf bäuerl. Schweizer Milieu (›R. u. J. auf dem Dorfe‹, Novelle, 1856). Opern schufen V. BELLINI (Urauff. Venedig 1830), C. GOUNOD (Paris 1867), H. SUTERMEISTER (Dresden 1940), B. BLACHER (Salzburg 1950), ein Ballett S. S. PROKOFJEW (Brünn 1938), eine Ouvertüre P. I. TSCHAIKOWSKY (1869–80). Der Stoff wurde häufig verfilmt (u. a. von G. CUKOR 1963, von F. ZEFFIRELLI 1967).

**Römer** [köln. (16. Jh.) roemer, schon mhd. roemsch g(e)las ›römisches Glas‹], meist grünl. Weinglas (oft ist nur der Fuß farbig getönt) mit aus einem Faden gewickeltem, gerilltem oder glattem Fuß, zylindr., früher meist mit Nuppen besetztem Hohlschaft und kugeliger Kuppa. Der Name sowie die Form kamen in der 1. Hälfte des 16. Jh. auf.

**Römer,** aus den Mittelmeerländern stammende, sehr große (fast 60 cm Körperlänge, bis 1 kg Gewicht) Haustaubenrasse; Farbschläge in Schwarz, Weiß, Rot und Gelb, mit farbigen Binden sowie in blauer und fahler Farbe mit hellerem Rücken.

**Römer,** Ole (Olaf, Olaus), dän. Astronom, * Århus 25. 9. 1644, † Kopenhagen 19. 9. 1710; Mitgl. der Pariser Akademie 1672–81, dann Prof. der Mathematik und Leiter der Sternwarte sowie Bürgermeister in Kopenhagen. R. bestimmte 1675 die Lichtgeschwindigkeit aus den Verfinsterungen der Jupitermonde und baute den ersten →Meridiankreis.

**Römerbrief,** Abk. **Röm.,** Schrift des N. T., von PAULUS in Korinth um 56 abgefaßter Brief an die ihm persönlich nicht bekannte Christengemeinde Roms, mit dem er seinen angestrebten Besuch vorbereitete. Themenschwerpunkte sind die Heilslehre von Gottes Rechtfertigung des Menschen (Juden wie Heiden, Röm. 1–8) und das Mysterium Israel angesichts der Christusbotschaft (Röm. 9–11). Röm. 12–15 ist paränetisch ausgerichtet und handelt von Alltagsethik (Röm. 12), vom Verhältnis zum Staat (Röm. 13, 1–7), von inneren Angelegenheiten der Gemeinde (Röm. 14) und von PAULUS als Vorbild (Röm. 15). Umstritten ist, ob das Grußkapitel Röm. 16 urspr. einem Brief nach Ephesos angehörte. Theologisch einflußreich wurde die Rezeption des R., u. a. durch AUGUSTINUS, M. LUTHER, J. CALVIN und K. BARTH.
 U. WILCKENS: Der Brief an die Römer, 3 Bde. (Zürich ²1987–89); W. SCHMITHALS: Der R. (1988); K. BARTH: Der R. (¹⁵1989); P. STUHLMACHER: Der Brief an die Römer (Neuausg. 1989).

**Römermonat,** im Hl. Röm. Reich Bez. für die die Romfahrt ablösende allgemeine Reichssteuer, urspr. der Monatssold für das nach der Wormser Reichsmatrikel 1521 aufzustellende Reichsheer. Der R. galt in der Folge als einfache Bemessungsgrundlage von Reichssteuern und bei der Aufstellung von Truppenkontingenten sowohl des Reichs als auch der Reichskreise als Soldbemessungsrichtlinie.

**Romero y Galdamez** [-i ɣalˈdamɛz], Oscar Arnulfo, salvadorian. kath. Theologe und Erzbischof, * Ciudad Barrios (bei San Miguel) 15. 8. 1917, † San Salvador 24. 3. 1980; wurde 1970 Weihbischof, 1974 Bischof von Santiago de María (bei Usulután) und 1975 Konsultor der Päpstl. Kongregation für Lateinamerika. Theologisch und politisch eher konservativ, kam seine Ernennung zum Erzbischof von San Salvador (3. 2. 1977) der Oligarchie des Landes entgegen. Wiederholt hatte er auch gegen marxist. Standpunkte innerhalb einen Wandel in seiner Haltung. Seither setzte er sich entschieden für die Beachtung der Menschenrechte und für soziale Gerechtigkeit in El Salvador ein. R. wurde während eines Gottesdienstes von einer rechten Terrororganisation erschossen.
 **Ausgaben:** Für die Armen ermordet, übers. v. A. BERZ (1982); Blutzeuge für das Volk, übers. v. B. BECKER (1986).
 P. ERDOZAÍN: Archbishop R., martyr of Salvador (a. d. Span., Maryknoll, N. Y., 1981); J. A. BROCKMANN: O. R. Eine Biogr. (a. d. Amerikan., 1990).

**Römerstraßen,** die Straßen im Röm. Reich, im Kerngebiet zunächst die alte Via Latina; als erste Kunststraße die ab 312 v. Chr. angelegte Via Appia; die im Verlauf der Unterwerfung Italiens entstandene Via Flaminia, Via Aemilia, Via Aurelia, Via Cassia, Via Postumia und Via Popilia. Mit der Via Egnatia wurde das röm. Straßennetz auch auf Außeritalien ausgedehnt. In der Kaiserzeit entstanden weitere Routen zur Erschließung der Provinzen, so u. a. die über die Alpen nach Süd-Dtl. führende Via Claudia und die Via Iulia Augusta.

**Römerstraßen:** Schichtenfolge (von oben nach unten): 20 cm Steinpflaster, Platten oder Kies; 30 cm Kern aus verfestigtem Grobkies; mindestens 30 cm Stein oder Mörtel; mindestens 30 cm Fundament aus großen Steinblöcken

**Romfahrt,** seit OTTO I. Bez. für die Heerfahrt des Röm. Königs zur Kaiserkrönung nach Rom. Die durch ihren Lehnseid zur Heerfolge verpflichteten Reichsfürsten konnten sich, erstmals 1158 nachgewiesen, durch einen finanziellen Beitrag davon freikaufen. Unter MAXIMILIAN I. trat an die Stelle der R. eine allgemeine Reichssteuer, seit 1521 als →Römermonat bezeichnet.

**romfreie katholische Kirchen,** Religionsgemeinschaften, die durch Loslösung von der römischkath. Kirche entstanden sind und sich von dieser v. a. durch Ablehnung oder Einschränkung des päpstl. Primats unterscheiden. Der Begriff wird i. a. nur auf Kirchen angewendet, die erst nach dem 1. Vatikan. Konzil (1870) entstanden sind, so die Altkatholiken, die Mariawiten, die Unabhängige Philippin. Kirche, die tschech. nationalkirchl. Bewegung.

**Römhild,** Stadt im Kreis Meiningen, Thüringen, 308 m ü. M., an der Milz (Nebenfluß der Fränk. Saale), westlich der →Gleichberge, (1990) 2 100 Ew.; ur- und frühgeschichtl. Steinsburgmuseum; Möbelbau, keram. und elektrotechn. Industrie. – Unterhalb einer Burg der hier begüterten Grafen von Henneberg wurde gegen Ende des 13. Jh. die erstmals 1321 urkundlich bezeugte Stadt R. planmäßig angelegt. Nach häufig wechselnden Herren kam R. 1826 vollständig an Sachsen-Meiningen. – Schloß Glücksburg (2. Hälfte 15. Jh., 1676–78 barock erweitert); in der Stadtkirche, einer spätgot. Hallenkirche (1450–70), Grabmäler der Grafen Henneberg aus der Werkstatt P. VISCHERS D. Ä.

Ole Römer

## Romi   Rominte – römische Geschichte

**Rominte** *die,* russ. **Krasnaja,** poln. **Błędzanka** [bu̯ɛnˈdʒanka], Nebenfluß der Pissa im Gebiet Kaliningrad (Königsberg), Rußland; entspringt östlich der Seesker Höhen in Polen und mündet bei Gumbinnen, 80 km lang; durchfließt die **Rominter Heide** (Sanderfläche im Preuß. Landrücken; 260 km²) beiderseits der poln.-russ. Grenze.

**Römische Campagna** [-kamˈpaɲa], Bez. für die italien. Landschaft →Campagna Romana.

**Römische Frage,** der Konflikt zw. Kirche und Staat in Italien als Folge der italien. Einigungsbewegung (→Risorgimento). Der sich seit 1859 in Etappen vollziehende Untergang des →Kirchenstaates stieß auf erbitterten Widerstand Pius' IX. und seines Kardinalstaatssekretärs G. Antonelli. Bis zum Ausbruch des Dt.-Frz. Kriegs im Juli 1870 sicherte eine frz. Garnison die Stadt Rom, deren Eroberung im Sept. 1870 endgültig die tausendjährige weltl. Herrschaft der Päpste beendete. Pius IX. erklärte sich zum ›Gefangenen im Vatikan‹ und lehnte das 1871 von Italien erlassene Garantiegesetz, das dem Papst die freie Ausübung der Kirchenregierung, seine Stellung als Souverän, exterritorialen Besitz des Vatikan, des Lateran und der Villa Castel Gandolfo sowie eine beachtl. finanzielle Dotation zusicherte, ab. Die Wiederherstellung des Kirchenstaates blieb polit. Ziel der Päpste. Die R. F. belastete das Staat-Kirche-Verhältnis in Italien für Jahrzehnte schwer und auch in anderen Ländern kam es seitens der Katholiken zu Solidaritätsbekundungen mit dem Hl. Stuhl, in Dtl. beispielsweise seitens des Zentrums im Kulturkampf. Endgültig geklärt wurde die R. F. erst durch die 1929 geschlossenen →Lateranverträge.

Die r. F. Dokumente u. Stimmen, hg. v. H. Bastgen, 3 Bde. (1917–19); N. Miko: Das Ende des Kirchenstaates, 4 Bde. (Wien 1962–70).

**römische Geschichte,** die Geschichte der antiken Stadt Rom und des von ihr begründeten Staatswesens.

### Anfänge und Königszeit (10./9. Jh. bis 509 v. Chr. ?)

Rom entstand auf den Vorbergen des Apennin, dort, wo eine alte Salzstraße (Via Salaria) den Tiber überquerte, der das Gebiet der Etrusker von dem der latin. Stämme schied. Die schon im 10./9. Jh. v. Chr. besiedelten Hügel des Palatin (Latiner), Kapitol, Quirinal und Esquilin (Sabiner) wurden um 650 von den Etruskern durch Einbeziehung der entwässerten Forumsenke zu einer Stadt mit dem etrusk. Namen ›Roma‹ (von einem Geschlechternamen abgeleitet) zusammengefaßt. Wie das konventionelle Gründungsdatum (21. 4. 753 v. Chr.) sind auch die frühe Geschichte Roms, die Königszeit und die ersten Jahrhunderte der Republik, weitgehend eine spätere Rekonstruktion, da die röm. Geschichtsschreibung erst am Ende des 3. Jh. v. Chr. einsetzt. Archäolog. Zeugnisse und das Festhalten der Römer an alten, oft ihrer Funktion beraubten Institutionen und Rechtssätzen erlauben jedoch mehr oder minder sichere Aussagen über die ältere r. G. Die Namen der sieben Könige (Romulus, Numa Pompilius, Tullus Hostilius, Ancus Marcius, Tarquinius Priscus, Servius Tullius, Tarquinius Superbus) sind legendär, bewahren aber z. T. die Erinnerung an die etrusk. Herrschaft.

Dem (gewählten) König (Rex) stand ein Rat der Alten (Senatus) zur Seite. Die alte Wehrversammlung (Comitia curiata) war in 30 Kurien gegliedert, je zehn aus jedem der drei Geschlechterverbände (Tribus), die etrusk. Namen trugen. Noch in der Königszeit (angeblich unter Servius Tullius) wurden daneben vier lokale städt. Tribus als Aushebungsbezirke für das schwerbewaffnete, in (zunächst 40 ?) Zenturien (Hundertschaften) gegliederte Fußvolk geschaffen (Hoplitentaktik nach griech. Vorbild). Mit der Vertreibung des letzten Königs Tarquinius Superbus (509 v. Chr. ?), die später als nat. Befreiung galt, fand die Etruskerzeit ihr Ende. Etrusk. Elemente lebten jedoch u. a. im Kult und in der Herrschaftssymbolik fort.

### Republik (509 v. Chr. ? bis 27 v. Chr.)

*Verfassung:* Die Leitung des Staates übernahm der berittene Adel der Patrizier, die auch den Senat bildeten. An der Spitze standen wohl von Anfang an zwei gewählte Beamte mit Kommandogewalt (später Consules genannt, →Konsul 1). Die Einjährigkeit des Amtes (Annuität) und die Gleichrangigkeit (Kollegialität) der Inhaber sollte Usurpationen vorbeugen. Kriegslasten und Verschuldung führten zu Spannungen mit den Nicht-Patriziern, den Plebejern (→Plebs 2), deren Zahl sich durch Zuzug italischer Familien nach Rom ständig vermehrte. Diese politisch minderberechtigten Plebejer wählten sich eigene Führer, die Volkstribunen (→Tribun), und schufen sich eine eigene Versammlung (→Concilia plebis). Durch kollektive Wehrdienstverweigerung (Secessio plebis) setzten die schwerbewaffneten Fußtruppen um 450 eine Rechtskodifikation (Zwölftafelgesetz) durch und erreichten als Oberschicht innerhalb der Plebs die Eheerlaubnis mit den Patriziern sowie den Zutritt zu den Ämtern (367/366 zum Konsulat) und zu den Priestertümern (300 v. Chr.). 287 erhielten die Beschlüsse der Plebs allgemeine Gesetzeskraft. Das Ergebnis dieser ›Ständekämpfe‹ war die Bildung eines

**römische Geschichte:** Die Völker Italiens um 500 v. Chr.

neuen Amtsadels, der Nobilität, dem jeder angehörte, der selbst oder dessen Vorfahren eines der höchsten Ämter (später das Konsulat) bekleidet hatten. Die Vermehrung der Ämter führte im 3. Jh. v. Chr. zur Entwicklung einer festen Ämterlaufbahn (→Cursus honorum).

*Rom und Italien (bis 264 v. Chr.):* Außenpolitisch folgte auf den Sturz des Königtums und eine vorübergehende Einigung mit den Latinern (Foedus Cassianum 493 v. Chr.?) eine erste Machtausweitung in Mittelitalien (396 Eroberung des etrusk. Veji), die jedoch durch den Einfall der Kelten (›Gallier‹) einen schweren Rückschlag erfuhr (18. 7. 387 Niederlage an der Allia, Einnahme und Zerstörung des von den Einwohnern geräumten Rom mit Ausnahme des Kapitols; →Brennus). Seit der Mitte des 4. Jh. v. Chr. gewann Rom in Kriegen gegen die Latiner, Etrusker und Samniten die Vormacht in Mittelitalien (drei Samnitenkriege 343–341, 328–304 und 298–290; Latinerkrieg und Auflösung des Latin. Bundes 340–338). Rom machte nun seinen Einfluß in S-Italien geltend und geriet 282 in Konflikt mit dem griech. Tarent, zu dessen Verteidigung 280 der Molosserkönig PYRRHOS aus Epirus nach S-Italien zog. Der Krieg endete 272 mit der Vertreibung des PYRRHOS und der Unterwerfung Tarents. Rom gebot damit über ganz Italien südlich der Poebene.

Rom sicherte seine Herrschaft über Italien durch Annexionen – Ausweitung des ager Romanus (232 Verteilung des ager Gallicus an röm. Bürger durch Gaius →Flaminius), Vermehrung der lokalen Tribus auf (seit 241) 35 –, durch Kolonien röm. und latin. Rechts und ein System von Bündnissen und Abhängigkeiten sowie durch die Anlage von Straßen. Im Krieg mit den Samniten wurde die alte Hoplitentaktik durch die Manipulartaktik (→Manipel) abgelöst und die Zahl der Zenturien vermehrt. Die Zenturienversammlung (Comitia centuriata, zuletzt 193 Zenturien in fünf Zensusklassen) war schon seit 450 die wichtigste Volksversammlung, in der u. a. die Konsuln, Prätoren und Zensoren gewählt wurden. Daneben gewann auch die Versammlung der Tribus (Comitia tributa) an Bedeutung (u. a. für die Wahl der niederen Magistrate mit Ausnahme der plebej. Beamten, die in den Concilia plebis gewählt wurden).

*Rom und die Mittelmeerwelt (bis 133 v. Chr.):* Ein Hilferuf Messinas (→Mamertiner) führte zum ersten Krieg mit Karthago (→Punische Kriege), der 241 mit der Abtretung Siziliens an Rom endete. 238/237 mußten die Karthager Sardinien und Korsika, in dem von HANNIBAL ausgelösten 2. Pun. Krieg (218–201) auch Spanien räumen, wo sich die einheim. Bev. allerdings noch lange der röm. Unterwerfung widersetzte (→Iberische Halbinsel). Das Ausgreifen der Römer nach Unteritalien und Sizilien öffnete Rom dem Einfluß des Griechentums, bes. in der Religion (Aufnahme griech. Götter und Kulte), in Literatur und Kunst (Ausgestaltung der Stadtgründungssage, Rezeption des Trojamythos, lat. Epen und Dramen z. T. mit griech. Themen, erste röm. Geschichtswerke noch in griech. Sprache) und in der Wirtschaft (nach 280 erste röm. Silbermünzprägung in Unteritalien nach griech. Münzfuß, die sogenannten röm.-kampan. Didrachmen).

In den drei →Makedonischen Kriegen (215–205, 200–197 und 172/171–168) wurde die makedon. Macht aus Griechenland herausgedrängt und zerschlagen (197 Sieg des TITUS QUINCTIUS FLAMININUS über PHILIPP V. bei Kynoskephalai, 168 Sieg des LUCIUS AEMILIUS PAULLUS bei Pydna über PERSEUS und dessen Gefangennahme). Der Versuch des Seleukiden ANTIOCHOS III., eine eigene hegemoniale Stellung in Kleinasien zu begründen, scheiterte: Der ›Syr. Krieg‹ (192–189) endete mit ANTIOCHOS' Niederlage bei Magnesia am Sipylos (heute Manisa, 190) und seinem Verzicht auf Kleinasien. 189 wurde auch der mit

**römische Geschichte:** Der westliche Mittelmeerraum im 3./2. Jh. v. Chr.

**Römi** römische Geschichte

ANTIOCHOS verbündete Ätol. Bund (→Ätolien) besiegt.
Der 3. Pun. Krieg führte 146 zur Zerstörung Karthagos und zur Einrichtung der Prov. Africa. Im selben Jahr wurde nach einer Erhebung des Achaiischen Bundes Korinth zerstört und Griechenland zur röm. Prov. gemacht. 133 fiel das Pergamen. Reich durch Erbschaft an Rom (Prov. Asia). Im selben Jahr brachte die Zerstörung Numantias einen vorläufigen Abschluß der Kriege in Spanien.

*Die Krise der Republik (bis 30/27 v. Chr.):* Der rasche Aufstieg Roms zur Weltmacht hatte für Rom und Italien schwerwiegende Folgen. Die Übernahme großer Gruppen innerhalb und außerhalb Italiens in die Klientel der führenden Männer und der Einfluß hellenist. Herrschervorstellungen (Königsakklamation SCIPIOS D. Ä. 209 in Spanien, Goldmünzen mit dem Porträt des QUINCTIUS FLAMININUS in Griechenland) führten zu einer langsamen Desintegration der röm. Führungsschicht (187/184 Scipionezesse). Die italischen Bauern, der Kern des Milizheeres, erlitten in den zahlreichen Kriegen große Verluste und verarmten. Die Zerstörungen des Hannibalkrieges erleichterten die Bildung großer Latifundien und führten bes. in S-Italien zur Ablösung des Getreideanbaus durch die Weidewirtschaft. Das aus dem Ausland einströmende Kapital und die Verfügung über billige Arbeitskräfte (Kriegsgefangene, Sklaven) erlaubten die Übernahme hellenist. Bewirtschaftungsmethoden und förderten so die Abwanderung der verarmten Bauern in die Städte und – bes. in Rom – die Bildung eines landlosen Proletariats. Der Versuch des Volkstribunen TIBERIUS SEMPRONIUS GRACCHUS (133), durch Verteilung von Staatsland neue Bauernstellen zu schaffen, stieß ebenso auf den Widerstand der Nobilität wie die weitergehenden Reformen seines Bruders GAIUS SEMPRONIUS GRACCHUS (Volkstribun 123–121), der durch Koloniegründungen (u.a. an der Stelle des alten Karthago), Abgabe verbilligten Getreides an die stadtröm. Plebs und Übertragung der Gerichtshöfe an die Ritter seine Stellung zu stärken suchte. Der gewaltsame Tod der beiden Gracchen beendete die Auseinandersetzung zw. den Anhängern des Senats, den Optimaten, und den sich auf das Volk stützenden Reformpolitikern, den Popularen, nicht, sondern eröffnete das Zeitalter der röm. Revolution. Das Versagen der Nobilität im Kampf gegen den Numiderkönig JUGURTHA (111–105) und gegen die Kimbern und Teutonen (113–101) führte zum Aufstieg des nichtadligen GAIUS MARIUS (Konsul 104–100), der das Milizheer der Bauern durch eine Armee aus Berufssoldaten ersetzte, die nach erfolgreichem Abschluß der Kriege von ihm eine Abfindung mit Landbesitz erwarteten, was von der Nobilität jedoch vereitelt wurde. Von der allgemeinen Krise waren auch die politisch in vielem benachteiligten italischen Bundesgenossen betroffen, die im →Bundesgenossenkrieg (91–88) die Aufnahme ins röm. Bürgerrecht erzwangen.
Die Notlage Roms erlaubte es König MITHRIDATES VI. von Pontos, Kleinasien und Griechenland zu besetzen (88 v.Chr.). Als die Popularen den mit der Kriegsführung beauftragten Konsul SULLA durch MARIUS ersetzen wollten, eröffnete SULLA durch seinen Marsch auf Rom den ersten Bürgerkrieg. Dann zog er in den Osten und zwang MITHRIDATES zum Frieden (85). Während seiner Abwesenheit wüteten die Popularen in Rom unter ihren polit. Gegnern. SULLA kehrte 83 zurück und stellte nach seinem Sieg (82) als Diktator die Herrschaft der Optimaten wieder her (Proskriptionen, Verf.-Reform).
GNAEUS POMPEIUS, der sich unter SULLA ausgezeichnet hatte, gab im Jahr 70 den Volkstribunen die ihnen von SULLA genommenen Rechte zurück und erhielt 67 ein umfassendes Sonderkommando gegen die Seeräuber und 66 gegen MITHRIDATES. Nach seinem Sieg über diesen ordnete POMPEIUS den Osten neu. Bithynien und Pontos sowie Syrien wurden röm. Provinzen (63). Die Weigerung des Senats, die Anordnungen des POMPEIUS en bloc zu bestätigen und dessen Veteranen zu versorgen, führte im Jahr 60 zum Dreibund (Triumvirat) des POMPEIUS mit MARCUS LICINIUS CRASSUS und GAIUS IULIUS CAESAR, der in seinem Konsulat (59) gegen den Widerstand des Senats durch Volksgesetze die Wünsche des POMPEIUS erfüllte. Als Prokonsul unterwarf CAESAR dann ganz Gallien (58–50). Nach dem Tod des CRASSUS im Krieg gegen die Parther (53) konnten die Optimaten POMPEIUS für sich gewinnen. Um nicht für seine Amtsführung als Konsul zur Rechenschaft gezogen zu werden, eröffnete CAESAR 49 durch den Übergang über den Rubikon den zweiten Bürgerkrieg und besiegte 48 POMPEIUS bei Pharsalos (weitere Kämpfe gegen die Pompeianer bis 45). Als Diktator (46 auf zehn Jahre, 44 auf Lebenszeit) begann CAESAR, gestützt auf ein Kabinett aus Rittern und Freigelassenen, den Staat neu zu ordnen (Maßnahmen zur Verringerung des Proletariats, Bürgerrechtsverleihungen, Veteranenansiedlungen, Vermehrung des Senats auf 900 Mitgl., Kalenderreform), wurde aber trotz der Ablehnung von Königstitel und Diadem am 15. 3. 44 wegen seiner monarch. Machtstellung ermordet.
CAESARS Großneffe OCTAVIAN erhob als dessen Adoptivsohn Anspruch auf Namen, Klientel und Vermögen seines Großonkels und konnte sich im Bund mit dem Senat gegen MARCUS ANTONIUS behaupten, der ebenfalls CAESARS Nachfolge beanspruchte. Nach der Schlacht bei Mutina (heute Modena) und dem Tod der beiden Konsuln AULUS HIRTIUS und VIBIUS PANSA marschierte OCTAVIAN nach Rom und erzwang für sich das Konsulat. Bald darauf schloß er bei Bononia (heute Bologna) mit ANTONIUS und MARCUS AEMILIUS LEPIDUS das zweite Triumvirat (43). Den folgenden Proskriptionen fielen über 2000 Bürger, u. a. CICERO, zum Opfer. 42 besiegten ANTONIUS und OCTAVIAN die Caesarmörder MARCUS IUNIUS BRUTUS und GAIUS CASSIUS LONGINUS bei Philippi und teilten das Reich auf: ANTONIUS übernahm den Osten und verband sich mit der Ptolemäerin KLEOPATRA VII. OCTAVIAN erhielt den Westen, LEPIDUS Afrika; für Italien galt nominell die gemeinsame Gewalt des Triumvirats. OCTAVIAN vertrieb 36 SEXTUS POMPEIUS, einen Sohn des POMPEIUS, aus Sizilien und zwang LEPIDUS zur Abdankung. Nach seinem Sieg über ANTONIUS bei Aktium (31) und dessen Selbstmord in Alexandria (30) wurde OCTAVIAN Alleinherrscher. Ägypten wurde nach dem Tod der KLEOPATRA röm. Provinz.

Kaiserzeit (27 v. Chr. bis 476 n. Chr.)

*Der röm. Staat in der frühen Kaiserzeit (1./2. Jh. n. Chr.):* Im Jahr 27 v. Chr. legte OCTAVIAN seine Ausnahmegewalt nieder und erhielt dafür vom Senat den Ehrennamen ›Augustus‹. 23 verzichtete er auch auf das seit 31 dauernd bekleidete Konsulat. Statt der Ämter erhielt AUGUSTUS die daraus abgeleiteten Gewalten, v. a. das Imperium proconsulare maius (→ Imperium 2) mit dem Oberbefehl über die nicht befriedeten Grenzprovinzen (seit 27) und das neue stehende Heer sowie die Gewalt eines Volkstribunen (Tribunicia potestas, seit 23) und seit 19 auch die Befugnisse eines Konsuls (Imperium consulare). 12 v. Chr. wurde AUGUSTUS Pontifex maximus, 2 v. Chr. erhielt er den Ehrentitel Pater patriae (›Vater des Vaterlandes‹). Die Neuordnung des Staates (Res publica) war nicht identisch mit der Wiederherstellung des Freistaates (libera res publica). Durch die Sondergewalten und durch außerordentl. Ehren legalisierte der Senat vielmehr die Machtstellung des AUGUSTUS, der jedoch einen Herrschertitel vermied und sich Erster der Bürger

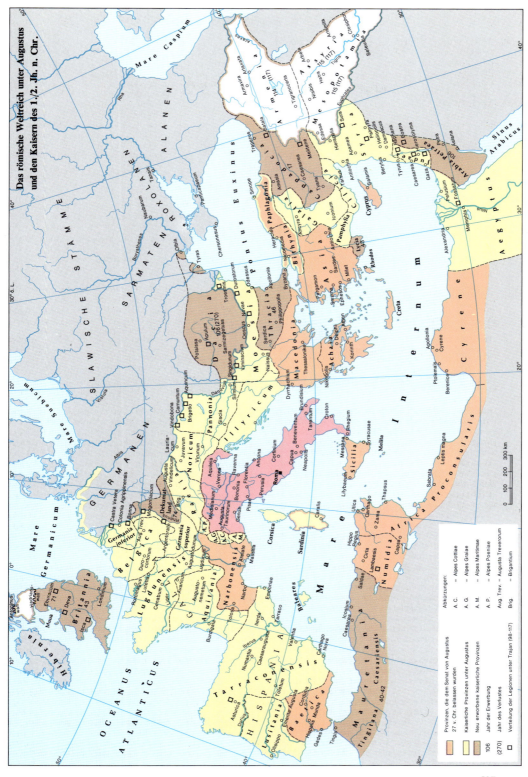

römische Geschichte **Römi**

Das römische Weltreich unter Augustus und den Kaisern des 1./2. Jh. n. Chr.

**Römi** römische Geschichte

### Die römischen Kaiser[1])

**Julisch-Claudisches Haus**
Augustus ...... 27 v. Chr. bis 14 n. Chr.
Tiberius .................... 14–37
Caligula ................... 37–41
Claudius .................. 41–54
Nero ...................... 54–68

**Vierkaiserjahr**[2])
Galba ..................... 68–69
Otho .......................... 69
Vitellius ....................... 69

**Flavier**
Vespasian ................. 69–79
Titus ...................... 79–81
Domitian .................. 81–96

**Adoptivkaiser**
Nerva ..................... 96–98
Trajan ................... 98–117
Hadrian ................. 117–138
Antoninus Pius .......... 138–161
Mark Aurel .............. 161–180
Lucius Verus ............ 161–169
Commodus .......... (177) 180–192

**Fünfkaiserjahr**[2])
Pertinax ..................... 193
Didius Iulianus ............... 193
Pescennius Niger ......... 193–194
Clodius Albinus .......... 193–197

**Severische Dynastie**
Septimius Severus ........ 193–211
Caracalla ........... (198) 211–217
Geta ................ (209) 211–212
Macrinus ................ 217–218

Diadumenianus ............... 218
Heliogabal .............. 218–222
Alexander Severus ........ 222–235

**Soldatenkaiser**
Maximinus Thrax ......... 235–238
Gordian I. ..................... 238
Gordian II. .................... 238
Pupienus ...................... 238
Balbinus ...................... 238
Gordian III. .............. 238–244
Philippus Arabs .......... 244–249
Decius .................. 249–251
Trebonianus Gallus ....... 251–253
Volusianus ............... 251–253
Aemilianus ................... 253
Valerian ................ 253–260
Gallienus ............... 253–268
Claudius II. Gothicus ..... 268–270
Quintillus .................... 270
Aurelian ................ 270–275
Tacitus ................. 275–276
Florianus ..................... 276
Probus .................. 276–282
Carus ................... 282–283
Carinus ................. 283–285
Numerianus ............. 283–284

**Gallische Gegenkaiser**
Postumus ............... 260–269
Laelianus ..................... 269
Marius ....................... 269
Victorinus .............. 269–271
Tetricus ................ 271–274

**Palmyrenische Gegenkaiser**
Zenobia ............... 270/71–272
Vaballathus ........... 270/71–272

**Tetrarchenzeit**
Diokletian ............... 284–305
Maximian ............... 286–305
Galerius ................ 305–311
Constantius I. Chlorus ...... 305–306
Flavius Severus .......... 306–307
Maxentius ............... 306–312
Licinius ................. 308–324
Maximinus Daia .......... 310–313

**Kaiser von Konstantin bis Theodosius**
Konstantin I., der Große ..... 306–337
Konstantin II. ............. 337–340
Constantius II. ........... 337–361
Constans ................ 337–350
Julian Apostata ........... 361–363
Jovian .................. 363–364
Valentinian I. ............ 364–375
Valens .................. 364–378
Gratian ................. 367–383
Valentinian II. ........... 375–392
Theodosius der Große ...... 379–395

**Weström. Kaiser nach der Reichsteilung**
Honorius ................ 395–423
Constantius III. ............... 421
Johannes ................ 423–425
Valentinian III. ........... 425–455
Petronius Maximus ............ 455
Avitus .................. 455–456
Majorian ................ 457–461
Libius Severus ........... 461–465
Interregnum ............. 465–467
Anthemius .............. 467–472
Olybrius ..................... 472
Glycerius ............... 473–474
Julius Nepos .......... 474–475/480
Romulus Augustus ........ 475–476

[1]) Mit- und Gegenkaiser sind nur in Auswahl aufgeführt. – [2]) Der erste Kaiser der folgenden Dynastie ist mitzuzählen.

(Princeps, daher **Prinzipat** als Bez. der Staatsform) nannte. Doch wurde AUGUSTUS schon zu Lebzeiten in den Provinzen und in Italien, in abgeschwächter Form (Kult des Genius Augusti) sogar in Rom kultisch verehrt. Nach seinem Tod wurde er (wie zuvor schon CAESAR) als ›Divus‹ unter die Staatsgötter aufgenommen. Die Regierungszeit des AUGUSTUS war geprägt von einer religiösen Erneuerung, einer strengen Sittengesetzgebung (v. a. Ehegesetze), einer Blüte von Kunst und Literatur (u. a. HORAZ, VERGIL, OVID, LIVIUS) und einer umfangreichen Bautätigkeit in Rom und im Reich sowie von einer Erweiterung und Konsolidierung des röm. Imperiums. Das Problem der Nachfolge konnte AUGUSTUS nach dem Tod seiner Enkel schließlich durch die Adoption seines Stiefsohnes TIBERIUS lösen. Auch die folgenden Kaiser CALIGULA, CLAUDIUS und NERO waren dem Haus des AUGUSTUS verwandtschaftlich verbunden (julisch-claud. Dynastie). TIBERIUS dezimierte die senator. Führungsschicht durch zahlreiche ›Majestätsprozesse‹ (wegen ›Verbrechen‹ gegen die Person des Kaisers). CALIGULA führte ein hellenistisch-oriental. Gottkaisertum ein. Unter CLAUDIUS erfolgte die Rückkehr zur augusteischen Tradition und der Ausbau der von Freigelassenen geleiteten kaiserl. Hofämter. Unter NERO kam es 64 nach dem Brand Roms zur ersten großen Christenverfolgung und nach der Aufdeckung der Piso. Verschwörung (65) wieder zu zahlreichen Hinrichtungen (erzwungene Selbstmorde SENECAS, LUKANS). Auf den Sturz NEROS (68) und die Wirren des Vierkaiserjahres (69) folgte die Dynastie der Flavier, deren Herrschaft stark absolutist. Züge trug. Das Bestallungsgesetz VESPASIANS (Lex de imperio Vespasiani) befreite den Kaiser von einschränkenden Gesetzen (Princeps legibus solutus). DOMITIAN förderte bes. Literatur und Dichtkunst (u. a. MARTIAL und STATIUS), wurde aber wegen seines Strebens nach einem Gottkaisertum ermordet (96). Das mit NERVA beginnende Adoptivkaisertum war der Theorie nach von der Auswahl des Besten bestimmt. Zur Behebung der wirtschaftl. Krise Italiens gewährten die Kaiser besondere Kinderbeihilfen (Alimentationen), um die Bev.-Zahl und den Landbau in Italien zu mehren und zu fördern. Dennoch verlor Italien langsam seine Sonderstellung. Zunehmend gelangten Provinziale erst aus dem Westen, dann auch aus dem Osten in den Senat und bald auch zur Kaiserwürde (zuerst TRAJAN aus dem röm. Municipium Italica in Spanien). Im 2. Jh. n. Chr. kam es zu einer Renaissance des Griechentums (→ Sophistik). Unter HADRIAN wurde Athen Sitz des neugegründeten Panhellen. Bundes und kulturelle Hauptstadt des Ostens. Das Reich erlebte unter HADRIAN und ANTONINUS PIUS seine höchste Wirtschaftsblüte, die sich v. a. in einer regen Bautätigkeit der Städte äußerte.

*Eroberungen und Grenzsicherung in der frühen Kaiserzeit:* Durch die Eroberung NW-Spaniens, der Alpenländer und des illyr. Raumes vollendete AUGUSTUS die Einheit des Reiches, zu dem auch die (später eingezogenen) Klientelstaaten (u. a. Mauretanien und Thrakien) gehörten. Der Versuch, Germanien bis zur Elbe zu unterwerfen, scheiterte jedoch (9 n. Chr. Niederlage des VARUS). Unter den Nachfolgern des AUGUSTUS wurde das Reich nur unwesentlich erweitert. CLAUDIUS eroberte S-Britannien. Unter VESPASIAN entschied TITUS mit der Eroberung Jerusalems im Jahr 70 den Jüd. Krieg (66–70). Judäa wurde neben Syrien eine selbständige Provinz. Unter DOMITIAN wurden N-England sowie S-Deutschland und die Wetterau ins Reich einbezogen. Anstelle der bis dahin bestehenden beiden Heeresbezirke der Rheinarmee wurden die Prov. Ober- und Niedergermanien geschaffen. DOMITIAN begann auch mit dem Bau des Obergermanisch-Rät. →Limes, der später von HADRIAN wesentlich verstärkt wurde. TRAJAN fügte Dakien und Arabien (d. h. das Reich der Nabatäer) sowie Mesopotamien und Armenien hinzu, die sein Nachfolger HADRIAN jedoch beide wieder aufgab. Die Grenze in Britannien sicherte dieser durch die Anlage des Hadrianswalles. LUCIUS VERUS machte nach seinem erfolgreichen Partherkrieg (162–165) Mesopotamien zum röm. Klientelstaat, schleppte aber auf der Rückkehr die Pest nach Italien ein. In schweren Abwehrkämpfen gegen die Germanen und die iran. Sarmaten konnte MARK AUREL die Reichsgrenzen sichern (166–175 erster, 178–180 zweiter Markomannenkrieg). Die Aufgabe der Eroberungspolitik und der wirtschaftl. Niedergang als Folge von Pest und Krieg (u. a. Hungersnöte und Bandenunwesen) führten unter COMMODUS zu einer Kette von Verschwörungen, die der Kaiser mit einem übersteigerten Absolutismus beantwortete (Neugründung Roms als Colonia Commodiana 191 n. Chr.).

*Sovererzeit und Reichskrise des 3. Jh. n. Chr.:* Nach der Ermordung des COMMODUS konnte SEPTIMIUS SEVERUS erst nach langem Bürgerkrieg (193–197) eine neue Dynastie gründen. Er besiegte in zwei Feldzügen (195, 197–198) die Parther und machte Mesopotamien zur röm. Provinz. Sein Sohn CARACALLA verlieh 212 allen Reichsangehörigen das röm. Bürgerrecht. Das röm. Recht wurde zum Reichsrecht und erfuhr durch die bedeutenden Juristen AEMILIUS PAPINIANUS, DOMITIUS ULPIANUS und JULIUS PAULUS seine Vollendung. Die allgemeine Militarisierung des öffentl. Lebens führte jedoch zu einer Finanzkrise (214 Schaffung des Doppeldenars →Antoninian). Nach der Ermordung CARACALLAS (217) kamen Verwandte seiner aus Syrien stammenden Mutter JULIA DOMNA an die Regierung: HELIOGABAL, der vorübergehend den Sonnengott von Emesa zum Reichsgott machte, und der senatsfreundl. SEVERUS ALEXANDER. Der Aufstieg des neupers. Reiches der Sassaniden (224 n. Chr. Ende des Partherreiches) und die Angriffe der Alemannen auf die Rheingrenze (wiederholte Überschreitung des Limes) verstärkten die Bedrohung des Reiches und führten zum Sturz des SEVERUS ALEXANDER (235). Unter seinen Nachfolgern, den ›Soldatenkaisern‹, geriet das Reich politisch und wirtschaftlich an den Rand des Abgrundes. Während sich die Thronprätendenten gegenseitig bekämpften, konnte das Reich sich nur mit Mühe der Angriffe der Alemannen, Franken und Goten im W und der Perser im O erwehren. PHILIPPUS ARABS beging 247 noch glanzvoll die Tausendjahrfeier Roms. Sein Nachfolger DECIUS fiel schon 251 im Kampf gegen die Goten. VALERIAN geriet 259/260 in pers. Gefangenschaft. Unter seinem Sohn und Nachfolger GALLIENUS kam es zur Bildung des gall. Sonderreiches im W (260–274) und des Reiches von Palmyra im O (260–272). 260 mußte das Dekumatland aufgegeben werden, 270 die Prov. Dakien. GALLIENUS schuf jedoch durch seine Heeresreform (Bildung einer bewegl. Kavalleriearmee) die Voraussetzungen für eine Bewältigung der Krise. Wirtschaftlich äußerte sich die allgemeine Krise in einer ständig steigenden Inflation und dem teilweisen Rückkehr zur Naturalwirtschaft. Die allgemeine Verarmung begünstigte das Bandenunwesen. Kriegsverluste, Pest und Hungersnöte führten zu einem starken Bev.-Rückgang im Reich. Die Rückbesinnung auf die alten Götter ließ DECIUS und VALERIAN die ersten systemat., reichsweiten Christenverfolgungen anordnen, denen jedoch ein dauerhafter Erfolg versagt blieb. GALLIENUS stand dem Neuplatonismus nahe, der damals in PLOTIN seinen bedeutendsten Vertreter besaß. Erst AURELIAN gelang es, die Reichseinheit wiederherzustellen und durch seine Münzreform die Währung vorübergehend zu stabilisieren. Der ›unbesiegbare Sonnengott‹ (Sol invictus) wurde unter ihm zum Reichsgott. Seine Nachfolger PROBUS und CARUS konnten die Reichseinheit behaupten und durch Sicherung der Grenzen festigen.

*Spätantike und Ausgang (bis 476 n. Chr.):* Nach dem Tod des CARUS (283) und seiner Söhne NUMERIANUS und CARINUS (284 und 285) vollendete DIOKLETIAN den Wiederaufbau des Reiches und schuf den absolutist. Staat der Spätantike (**Dominat**, nach der Herrscheranrede Dominus ›Herr‹). Zur Sicherung seiner Herrschaft ernannte er 286 MAXIMIAN zum Augustus für den Westen und 293 GALERIUS und CONSTANTIUS (I.) zu nachgeordneten Caesaren (Tetrarchie). CONSTANTIUS machte 297 dem seit 286 bestehenden britann. Sonderreich des CARAUSIUS und ALLECTUS ein Ende. GALERIUS besiegte 298 die Perser; Mesopotamien wurde erneut röm. Provinz. Durch zahlreiche Reformen suchte DIOKLETIAN das Reich zu stabilisieren. Die Provinz- und die Heeresreform (→Römisches Reich) dienten der Sicherung der Herrschaft. Die Einführung eines neuen Hauptzahlungsmittels (des Follis), eine Steuerreform, die Bindung der Bauern an die Scholle (Kolonat, →Kolonen) und der Zunftzwang sollten die Wirtschaft sanieren, begründeten aber zugleich den bürokratisch straff organisierten, auf Gewalt und Macht der Exekutive basierenden Staat der Spätantike, in dem es keine polit., soziale oder religiöse Freiheit mehr gab. Das Höchstpreisedikt vom Jahr 301 erwies sich als Fehlschlag. Der geistigen und religiösen Erneuerung dienten das Eheedikt, der Erlaß gegen die Manichäer (→Manichäismus) und seit 303 die reichsweite Christenverfolgung, die auch nach der Abdankung DIOKLETIANS und MAXIMIANS (305) weiterging. Das System der Tetrarchie dauerte fort, wurde jedoch schon 306 nach dem Tode des CONSTANTIUS durch die Erhebung der Kaisersöhne KONSTANTIN (I., D. GR.) und MAXENTIUS durchbrochen, so daß es zu neuen Wirren kam. GALERIUS erhob 308 LICINIUS zum Augustus neben sich, starb aber schon 311, nachdem er im gleichen Jahr durch ein Toleranzedikt die Christenverfolgung beendet hatte. KONSTANTIN konnte 312 den als Usurpator geächteten MAXENTIUS besiegen und 324 durch einen Sieg über LICINIUS die Alleinherrschaft erringen. 312 bekannte sich KONSTANTIN zum Christentum, das er 313 zus. mit LICINIUS der alten Religion rechtlich gleichstellte (→Toleranzedikt von Mailand). 325 übernahm er mit der Einberufung des Konzils von Nicäa praktisch die Leitung der christl. Kirche. Der Ausbau des Hofzeremoniells, die Übernahme von Diadem und Nimbus und die Ausgestaltung des Hofbeamtentums vollendeten den Absolutismus der Spätantike. Die Einführung des goldenen →Solidus stabilisierte die Währung. Die Gründung von Konstantinopel (324, Einweihung 330) schuf die Voraussetzung für die spätere Reichsteilung. Nach dem Tod KONSTANTINS (337) kam es zu einem Bürgerkrieg zw. seinen Söhnen CONSTANS und KONSTANTIN II. (340) und zur Erhebung des fränk. Heermeisters MAGNENTIUS (350–353), ehe KONSTANTINS dritter Sohn CONSTANTIUS II. die Alleinherrschaft erringen konnte. Gegen ihn erhob sich sein Verwandter JULIAN, den nach dem Tod des CONSTANTIUS vorübergehend das Heidentum erneut zur alleinigen Staatsreligion machte. Der Tod JULIANS im Krieg gegen die Perser (363) zwang Rom zur Räumung der Gebiete jenseits des Tigris. VALENTINIAN I. übernahm nach seinem Regierungsantritt die Grenzsicherung im W und vertraute den Osten seinem Bruder VALENS, der 378 bei Adrianopel im Kampf gegen die Goten den Tod fand. Sein Nachfolger THEODOSIUS I. machte 380 das Chri-

# Römi  römische Geschichte

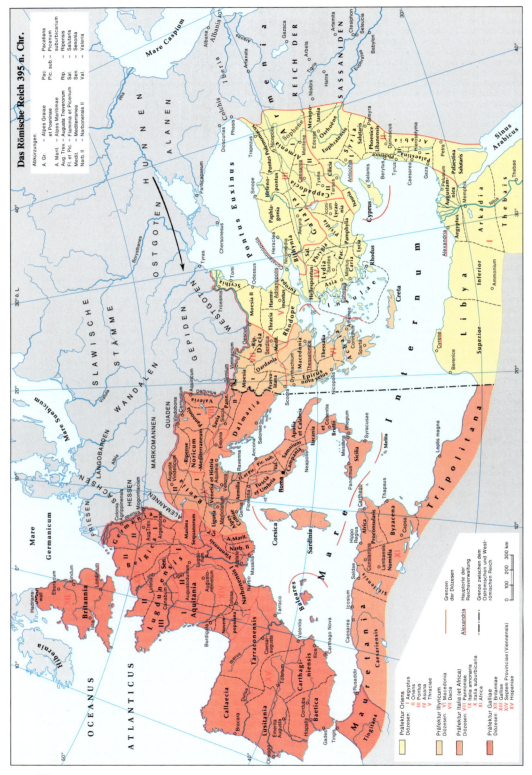

Das Römische Reich 395 n. Chr.

stentum zur alleinigen Staatsreligion. Sein Sieg über EUGENIUS und ARBOGAST 394 bedeutete zugleich das Ende der heidn. Reaktion in Rom. Noch einmal konnte THEODOSIUS das Reich einen, das nach seinem Tod (395) endgültig in zwei Hälften zerfiel. Im Weström. Reich mußte STILICHO, der Feldherr des Kaisers HONORIUS, zur Abwehr der aus dem O in Italien eindringenden Westgoten die Truppen aus Gallien und Britannien abziehen. Nach seinem Tod eroberten und plünderten die Westgoten Rom (410; Anlaß für das Geschichtswerk des OROSIUS und den ›Gottesstaat‹ des AUGUSTINUS) und gründeten dann in Südgallien ein eigenes Reich. Überall überschritten die Germanen den Rhein. 429 erreichten die Wandalen Afrika, 443 die Burgunder Savoyen; am Niederrhein breiteten sich die Franken aus, am Oberrhein (Elsaß, Schweiz) die Alemannen. Der Einbruch der Hunnen unter ATTILA in Gallien konnte 451 durch AETIUS, den Feldherrn VALENTINIANS III., auf den Katalaun. Feldern abgewehrt werden. Doch endete das Westreich schon 476 mit der Absetzung des ROMULUS AUGUSTUS (›Augustulus‹) durch den german. Heermeister ODOAKER, obwohl der rechtmäßig letzte Kaiser NEPOS (474–475, †480) noch lebte. Im Ostreich publizierte THEODOSIUS II. 438 die erste staatl. Gesetzessammlung (Codex Theodosianus). Hier konnte sich das röm. Kaisertum halten. JUSTINIAN I., D. GR., konnte 535 dem Wandalenreich in Afrika und 553 dem Ostgotenreich in Italien ein Ende machen und für kurze Zeit die Reichseinheit, wenn auch auf verkleinerter territorialer Basis, wiederherstellen. Seine Rechtskodifikation (→ Corpus Iuris Civilis) bildete später eine der Grundlagen der europ. Rechtsentwicklung. Nach dem Tod JUSTINIANS (565) ging der Westen wieder verloren, während das Ostreich als → Byzantinisches Reich noch bis zur Einnahme Konstantinopels durch die Türken (1453) bestand.

**Allgemeine Darstellungen:** An economic survey of ancient Rome, hg. v. T. FRANK, 6 Bde. (Baltimore, Md., 1933–40, Nachdr. New York 1975); Aufstieg u. Niedergang der röm. Welt, hg. v. H. TEMPORINI u. a., auf zahlr. Tl.-Bde. in 3 Reihen ber. (1972 ff., bisher über 70 Bde.); ERNST MEYER: Röm. Staat u. Staatsgedanke (Zürich $^4$1975); E. KORNEMANN: R. G., 2 Bde. ($^7$1977); H. BENGTSON: Grundr. der r. G. ($^3$1982); A. HEUSS: R. G. ($^5$1983); G. ALFÖLDY: Röm. Sozialgesch. ($^3$1984); T. MOMMSEN: R. G., 8 Bde. (Neuausg. $^3$1984); F. DE MARTINO: Wirtschaftsgesch. des alten Rom (a. d. Italien., 1985); K. CHRIST: R. G. Einf., Quellenkunde, Bibl. ($^4$1990).
**Frühzeit u. Republik:** A. ALFÖLDI: Der frühröm. Reiteradel u. seine Ehrenabzeichen (1952, Nachdr. Rom 1979); ders.: Das frühe Rom u. die Latiner (a. d. Engl., 1977); E. GJERSTAD: Early Rome, 6 Bde. (Lund 1953–73); H. MÜLLER-KARPE: Vom Anfang Roms (1959); ders.: Zur Stadtwerdung Roms (1962); R. WERNER: Der Beginn der röm. Rep. (1963); A. J. TOYNBEE: Hannibal's legacy, 2 Bde. (London 1965); Les origines de la république romaine, bearb. v. E. GJERSTAD u. a. (Genf 1967); G. DE SANCTIS: Storia dei Romani, 8 Tle. (Florenz $^{2-3}$1968–79); H. STRASBURGER: Zur Sage von der Gründung Roms (1968); F. DE MARTINO: Storia della costituzione romana, 6 Bde. (Neapel $^{1-2}$1972–75); E. S. GRUEN: The last generation of the Roman Republic (Berkeley, Calif., 1974); ders.: The Hellenistic world and the coming of Rom, 2 Bde. (ebd. 1984); E. BADIAN: Röm. Imperialismus in der späten Rep. (a. d. Engl., 1980); K. CHRIST: Krise u. Untergang der röm. Rep. ($^2$1984); A. N. SHERWIN-WHITE: Roman foreign policy in the East (London 1984); W. V. HARRIS: War and imperialism in Republican Rome: 325–70 B. C. (Neuausg. Oxford 1985); Social struggles in archaic Rome, hg. v. K. A. RAAFLAUB (Berkeley, Calif., 1986); P. A. BRUNT: Italian manpower (Neuausg. Oxford 1987); J. BLEICKEN: Gesch. der röm. Rep. ($^3$1988); ders.: Die Verfassung der Röm. Rep. ($^5$1989); M. LEGLAY: Rome. Grandeur et déclin de la République (Paris 1990); Staat u. Staatlichkeit in der frühen röm. Rep., hg. v. W. EDER (1990); R. SYME: Die Röm. Revolution (a. d. Engl., Neuausg. 1992).
**Kaiserzeit:** M. I. ROSTOVTZEFF: Gesellschaft u. Wirtschaft im röm. Kaiserreich, 2 Bde. (a. d. Engl., 1931, Nachdr. 1985); U. KAHRSTEDT: Kulturgesch. der röm. Kaiserzeit (Bern $^2$1958); J. W. BARKER: Justinian and the Later Roman Empire (London 1966, Nachdr. Madison, Wisc., 1977); A. ALFÖLDI: Studien zur Gesch. der Weltkrise des 3. Jh. n. Chr. (1967); ders.: Die monarch. Repräsentation im röm. Kaiserreiche ($^3$1980); F. MILLAR: The emperor in the Roman world (London 1977); J. BLEICKEN: Verfassungs- u. Sozialgesch. des Röm. Kaiserreiches, 2 Bde. ($^{2-3}$1981–89); I. KÖNIG: Die gall. Usurpatoren von Postumus bis Tetricus (1981); R. DUNCAN-JONES: The economy of the Roman Empire (Cambridge $^2$1982); J. F. DRINKWATER: The Gallic Empire (Stuttgart 1987); Opposition et résistances à l'Empire, d'Auguste à Trajan, bearb. v. K. A. RAAFLAUB (Genf 1987); Between Republic and Empire, hg. v. dems. u. a. (Berkeley, Calif., 1990); K. CHRIST: Gesch. der röm. Kaiserzeit. Von Augustus bis Konstantin (1988); W. DAHLHEIM: Gesch. der röm. Kaiserzeit ($^2$1989); Hb. der europ. Sozialgesch., Bd. 1: Europ. Wirtschafts- u. Sozialgesch. der röm. Kaiserzeit, hg. v. F. VITTINGHOFF (1990); D. KIENAST: Röm. Kaisertabelle. Grundzüge einer röm. Kaiserchronologie (1990).
**Spätantike:** O. SEECK: Gesch. des Untergangs der antiken Welt, 6 Bde. ($^{1-4}$1920–22, Nachdr. 1966); E. STEIN: Histoire du Bas-Empire, 3 Tle. (Paris 1949–59, Nachdr. Amsterdam 1968); J. VOGT: Der Niedergang Roms (Zürich 1965); A. H. M. JONES: The Later Roman Empire 284–602. A social, economic and administrative survey, 2 Bde. (Neuausg. Oxford 1973, Nachdr. ebd. 1986); A. PAPST: Divisio regni. Der Zerfall des Imperium Romanum in der Sicht der Zeitgenossen (1986); J. U. KRAUSE: Spätantike Patronatsformen im W des röm. Reiches (1987); J. MARTIN: Spätantike u. Völkerwanderung (1987); A. DEMANDT: Die Spätantike (1989).

**Römische Kamille,** → Kamille 2).

**römische Kunst,** die Kunst der röm. Antike, i. e. S. die repräsentative, insbesondere offizielle Kunst in Rom und anderen Zentren des röm. Weltreichs. Die politisch-militär. Erfolge Roms führten im 2. Jh. v. Chr. zur Herausbildung einer einheitlichen stadtröm. Kultur, die von Rom aus in den sich ständig vergrößernden Machtbereich weiter vermittelt wurde. Da die r. K. in starkem Maß polit. Zwecken und staatl. Selbstdarstellung diente, blieb Rom das eigentl. Zentrum, wo i. a. die für das übrige Reichsgebiet maßgeblichen künstler. Ausdrucksformen entwickelt wurden. Die r. K. entstand in einer hellenist. Umwelt, die auch schon die etrusk. Kunst beeinflußt hatte. Noch lange zogen die Römer etrusk. Baumeister und Künstler heran. Seit dem 3. Jh. v. Chr. strömten hellenist. Künstler nach Rom, verstärkt noch im 2. Jh. v. Chr., wobei v. a. die ›barocke‹ Kunst Pergamons prägend wurde, die z. T. auch eine Symbiose mit der etrusk. Tradition einging. Die Nachfrage nach Originalen und Kopien griech. Werke war groß, bes. das 2. Jh. v. Chr. brachte eine Fülle griech., v. a. hellenist. Kunstwerke nach Rom (Kriegsbeute und Kunstraub). Die frühe 1. Jh. v. Chr. wandte sich der griech. Klassik zu, ebenso AUGUSTUS, der v. a. unter dem Leitgedanken der ›Pietas‹ die röm. Wertvorstellungen erneuerte und in einem neuen, streng geregelten Klassizismus der Kunst und Architektur zum Ausdruck brachte (augusteische Kunst). Eine eigenständige Bedeutung erlangte die r. K. v. a. in den Bereichen Architektur, Porträt und Relief. In den versch. Provinzen und Regionen blieben, abgesehen von den oft reinen Übernahmen im offiziellen Sektor, auch bodenständige Traditionen prägend, außerdem kam es zu eigenen Entwicklungen (→ provinzialrömische Kunst). Das Ende einer eigentl. r. K. ist nicht scharf begrenzt; allg. bezeichnet man die Kunst der nachkonstantin. Zeit bis zum Tode JUSTINIANS I. (565 n. Chr.) als spätantike Kunst; die → frühchristliche Kunst ist Bestandteil der Spätantike, die byzantinische Kunst hat hier ihre Wurzeln.

### Baukunst

Im sakralen Bereich folgte die Stadt Rom in ihren Tempeln meist dem etrusk. Typus mit der einseitig frontalen Podiumsanlage. Die hohen röm. Podiumtempel waren i. d. R. rechteckig und besaßen nur an der Vorderseite Säulen, an den beiden Seiten waren teilweise Säulen vorgeblendet (Pseudoperipteros, z. B.

Maison Carré in Nîmes). Daneben gab es Rundtempel (Rom, Herkulestempel; Tivoli, Tempel der Vesta). Die Säulen griffen den etrusk. Typ auf (toskan. Säule), dann die griechisch-hellenist. Säulenordnungen, wobei (seit AUGUSTUS) die korinth. bevorzugt wurde (Tempel des Mars Ultor, Forum Romanum) sowie eine eigene röm. Kompositordnung des Kapitells.

**römische Kunst:** Maison Carée in Nîmes; römischer Podiumtempel (Pseudoperipteros) 20–17 v. Chr.

Größere Bedeutung kam schon seit dem 4./3. Jh. v. Chr. dem röm. Ingenieurbau (v. a. Straßen- und Wasserbau) zu, der an etrusk. Vorläufer anknüpfte. Der kraftvolle, ruhig voranschreitende röm. Rundbogen prägte Brücken, Aquädukte und Amphitheater (Rom, Milv. Brücke; Aquädukte bei Alcántara, Segovia; Pont du Gard, BILD → Gard; Kolosseum). Für die Gesamtentwicklung folgenreich wurde die Anwendung des Mörtelwerks in der monumentalen Baukunst seit dem ausgehenden 2. Jh. v. Chr. Das den festen Kern bildende Gußmauerwerk aus Bruchsteinen und Mörtel wurde zunächst mit unregelmäßigen (Opus incertum), dann mit regelmäßigen Tuffsteinen (Opus reticulatum) und seit dem 1. Jh. n. Chr. mit Ziegeln verkleidet. Diese Bauweise ermöglichte die von den Römern bes. gepflegte Wölbetechnik. Mit ihr errichteten sie gewaltige Substruktionsanlagen für Terrassen, die von Geländebedingungen weitgehend unabhängig machten, und konstruierten riesige Kuppeln über hohen weiten Räumen (Thermen, Basiliken, Paläste, Pantheon).

**römische Kunst:** ›Trajanische Märkte‹ (mehrstöckiges Ladengebäude am Trajansforum) in Rom; um 110 n. Chr.

Mit der Umgestaltung des Forum Romanum durch AUGUSTUS und der Neugestaltung des Augustusforums veränderte sich (auch außerhalb Roms) der Charakter der alten Stadtzentren. Sie wurden zu großen geschlossenen Freiraumanlagen. Kennzeichnend für diese Plätze sind axiale Planung und Ausrichtung auf einen Podiumtempel, eine meist mit der Längsseite zum Platz geöffnete Basilika, Stoen, Portiken (→ Forum 2). Symmetrie bestimmte auch das Militärlager (Castra) und die neuen Veteranenstädte (Aosta, Turin, Verona, Timgad, Trier). Der neuen Raumarchitektur entsprach die Ausbildung einer Fassadenarchitektur als eigenständigem architekton. Element; monumentale Schauseiten bekamen Theater (Scaenae frons), Brunnenanlagen, öffentl. Bauten, Palasthöfe. Die Vorliebe für reichgegliederte Fassaden kennzeichnet auch eine Neuschöpfung der r. K.: den Triumphbogen, als Ehrenbogen auf fast allen Foren des Reichs errichtet. Eigene Wege ging die r. K. auch mit der Herausbildung der Amphitheater (das erste feste Beispiel des Bautyps wurde in Pompeji nach 80 v. Chr. gebaut), mit der Ausdifferenzierung der wohl seit dem 1. Jh. n. Chr. (NERO) symmetrisch angelegten Thermenanlagen, der Formen der Basilika mit dem Tribunal des Magistrats im rückwärtigen Teil, der Lagerhallen (›horrea‹) sowie versch. Grabbautypen (→ Grabmal).

Im Wohnbau traten neben das Einzelhaus, in dem Elemente des italischen Atriumhauses und des griech. Peristylhauses nach dem Prinzip des axialen Durchblicks angeordnet wurden, vielstöckige Mietskasernen mit z. T. aufwendigen Fassaden, immer luxuriösere private ländl. Villen (z. B. CICEROS ›Tusculanum‹) sowie prachtvolle kaiserl. Paläste und Villen (Capri, Sperlonga, Baia, Tivoli).

Höhepunkte kaiserl. Bauunternehmungen nach AUGUSTUS waren in Rom das Trajansforum und die ›Trajan. Märkte‹, ein imposanter Ziegelbau, hinter dessen geschwungener, mehrgeschossiger Front zahlreiche Läden, Magazine und eine große Verkaufshalle lagen, sowie in der Regierungszeit HADRIANS, einer Glanzzeit der Architektur und Künste, → Pantheon und → Engelsburg und bei Tivoli die komplexe → Hadriansvilla. Seit dem letzten Drittel des 2. Jh. setzte einerseits eine Steigerung der Ausmaße, andererseits eine Häufung kleinteiliger Bauglieder ein. Am deutlichsten finden sich diese neuen Tendenzen in der Architektur der nun für die Entfaltung der ›Reichskunst‹ immer bedeutenderen nordafrikan. und östl. Provinzen (Leptis Magna, Sabratha, Palmyra, Baalbek). Die Durchstrukturierung der Tempelanlagen und Städte ist ein Charakteristikum der antoninisch-sever. Kunst (138–235 n. Chr.) und Ausdruck der organisator. Fähigkeiten der Römer. Zunehmend wurden Thermen und Basiliken als riesige Prachtbauten errichtet, die eine schon irreale Scheinwelt der. Großmacht vorführen. Die vorhandenen Bautypen gingen auch neue Verbindungen ein, z. B. im Diokletianspalast in Split, in dem die althergebrachte Form der Castra mit Wohnpalast, Tempel und Mausoleum zu einer festungsartigen Gesamtanlage gestaltet ist. Neue Religionsgemeinschaften bauten für Rom neuartige Kulträume (Mithräen); die Christen griffen für ihren Kirchenbau auf die röm. Basilika zurück.

### Plastik und Relief

Bei den freiplast. Werken der röm. Zeit überwog die typisierende Idealplastik, die mytholog. Figuren und Kultbilder waren mehr oder weniger freie Kopien griech. Vorbilder, die auch neu kombiniert wurden (z. B. ist bei der Ildefonsogruppe im Prado, Madrid, eine Gestalt frei nach PRAXITELES, die andere frei nach POLYKLET gestaltet). Unter AUGUSTUS verwendete man für Kultbilder möglichst griech. Originale, am Apollontempel auf dem Marsfeld auch originale griech. Giebelfiguren der klass. Epoche. Die bekannte Laokoongruppe wurde in Rhodos nach pergamen. Vorbild gearbeitet (wohl frühes 1. Jh. n. Chr.). Götterbilder standen in Tempeln, mytholog. und allegor. Statuen z. B. in Bibliotheken, Palästen, Nymphäen und Thermen. Ehrenstatuen, die v. a. auf Foren und in Basiliken Aufstellung fanden, sollten eine individuelle Person sachlich wiedergeben, wobei das Hauptaugenmerk dem Kopf galt. Die Köpfe der Statuen wurden gesondert gearbeitet, die – i. d. R. bekleidete – Figur war zweitrangig. Das von vornherein als Büste konzipierte Porträt fand große Verbreitung. In republikan. Zeit war das Porträt nüchtern (CAESAR, CATO), z. T. hatte es extrem herbe Züge. Unter AUGUSTUS erreichte es einen Höhepunkt der Individualisierung, zugleich setzte die Reihe der offiziellen Kaiserporträts ein, die in idealer Typisierung bestimmte Eigenschaften und Leistungen propagandistisch verdeutlichen sollten. Klassizistisch-ideale Darstellungsformen der Kaiserbildnisse (AUGUSTUS, TRAJAN, HADRIAN) wechselten mit pathet. (NERO) oder realistischen (VESPASIAN). Die offiziellen Bildnistypen waren durch Münzen, durch offizielle und private Statuenstiftungen über das gesamte Röm. Reich verbreitet und wurden in allen Einzelheiten auch in privaten Porträts nachgeahmt. Nach der idealen und höf. Verfeinerung des 2. Jh. n. Chr. (Antinoosstatue) schufen das späte 2. und das 3. Jh. n. Chr. geradezu entlarvende Bildnisse, auch der Kaiser (COMMODUS, CARACALLA, MAXIMINUS THRAX, PHILIPPUS ARABS). Aus dem 4. und 5. Jh. sind v. a. teils überlebensgroße Kaiserstatuen und -köpfe in Rom erhalten (Konstantinsstatuen und -köpfe in Rom; Koloß von Barletta, Kopf des Kaisers THEODOSIUS, Istanbul, Archäolog. Museum; Kaiserin ARIADNE, Rom, Konservatorenpalast), sie zeigen Abstraktion, starre Frontalität, ein Darstellungsprinzip wohl aus dem Iran, das bes. über die parth. Kunst in die r. K. gelangte. Im Bürger- und Beamtenporträt (Statuen in Rom, Konservatorenpalast; aus Ephesos in Wien und aus Aphrodisias in Istanbul) werden die expressiven Züge des 3. Jh. unter abstrahierender Stilisierung weitergeführt.

In der Reliefkunst gewann das Ornament als Bauornamentik (Kymation, v. a. Eierstab; Bukranion; Girlanden) an Kapitellen und Säulenbasen stark an Bedeutung; im figürl. Relief entwickelte die r. K. eine große Erzählfreude. Im privaten Bereich geben v. a. Grabreliefs über gesellschaftl. Schichtungen, berufl. und militär. Status Auskunft. Freigelassenen röm. Sklaven z. B. stand ein Grabporträt im Kastenrahmen zu (1. Jh. n. Chr.). Die seit dem 2. Jh. in Rom und den mittelmeer. Provinzen weit verbreiteten Sarkophage wurden mit ornamentalem oder figürl. Reliefschmuck versehen, wobei die Friese als Folge von Ereignissen konzipiert waren. Ein ganz neues Interesse drückte sich mit der Schilderung histor. Ereignisse aus. Schon die Prozession auf der Ara Pacis Augustae ist als bestimmtes Ereignis aufgefaßt, die Trajanssäule (113 n. Chr.) trägt eine ganze Bildchronologie der Feldzüge gegen die Daker. Auch die Ehren- und Triumphbögen boten sich für die geschichtl. Dokumentation an, künstlerisch hervorragende histor. Reliefs haben z. B. der Titusbogen (nach 81 n. Chr. in Rom), der Trajansbogen in Benevent (114 n. Chr.), der Septimius-Severus-Bogen (203 n. Chr.) in Rom im ›maler. Stil‹ des 3. Jh. n. Chr. (Helldunkelkontraste durch die tief zerklüftete Fläche) sowie der Galeriusbogen in Thessalonike (um 300).

### Malerei, Stuck und Mosaik

In der Malerei finden sich echt röm. Erzeugnisse einer volkstüml. Berichterstattung in den verlorenen

**römische Kunst:** LINKS Die Fassade der Porta dei Borsari in Verona; Mitte des 1. Jh. n. Chr.; RECHTS Marmorstatue, vielleicht des Augustus, mit reich verziertem Brustpanzer, gefunden in Cherchell, Algerien; um 25 v. Chr.–25 n. Chr. (Cherchell, Museum)

›Triumphalgemälden‹, die schon früh zur Ehrung siegreicher Feldherren in den Festzügen mitgeführt wurden. Wandmalerei und bemalter Stuck sind seit dem 2. Jh. v. Chr. aus Grabbauten, Palästen, Nymphäen, Wohnhäusern, Villen und Palästen überliefert, am kontinuierlichsten in den Vesuvstädten (Pompeji, Herculaneum, Stabiae, Torre Annunziata). Schon in der frühen Ausgrabungszeit wurden vier pompejan. Stile der Innendekoration unterschieden, deren röm. Herkunft immer deutlicher wurde und die infolge neuer Funde und Interpretationen modifiziert wurden. Nachdem im ›ersten Stil‹ der Dekor der horizontal dreigeteilten Wand aus gemalten oder stukkierten Quadern bestand, die die Verkleidung mit kostbaren Steinplatten nachahmten, setzte im frühen 1. Jh. v. Chr. der ›zweite Stil‹ oder ›Architekturstil‹ ein, bei dem die Wand als zunächst geschlossene dreiteilige Bühnenfassade mit Säulen gestaltet wurde. Dann wurde die ›Mitteltür‹ mit einer in der freien Natur spielenden mytholog. Szene bemalt, schließlich alle

**römische Kunst:** LINKS Porträtbüste aus Marmor; Ende des 2. Jh. v. Chr. (Paris, Louvre); RECHTS Säulenfuß vom sogenannten Hecatostylum am Nordende des Grabungsbezirks am Largo Argentina in Rom

**Römi** römische Kunst

**römische Kunst:** Relieffragment von der Ara Pacis Augustae in Rom; 13–9 v. Chr. (Paris, Louvre)

drei ›Türen‹ geöffnet und der illusionist. Ausblick auf (gemalte) Architektur, Landschaft und Gärten freigegeben. Im späten ›zweiten Stil‹ traten von Ädikulen gerahmte Bilder auf. Die früher als ›Kandelaberstil‹ bezeichnete Stilstufe ohne tiefenräuml. Illusion wird heute der Spätphase des ›zweiten Stils‹ zugeordnet (etwa 40–20/15 v. Chr.). Im ›dritten Stil‹ gelangte die Fläche, durch unplast. und zugleich phantast. Gliederungselemente dekoriert, zu neuer Bedeutung. Der ›vierte Stil‹ nimmt die Architekturmalerei des ›zweiten Stils‹ in raffinierten bühnenmäßigen Fassaden wieder auf.

**römische Kunst:** Ausschnitt aus einem Relief auf dem Titusbogen in Rom; dargestellt ist der Triumphzug nach der Zerstörung des Tempels in Jerusalem 70 n. Chr.; Beutestücke aus dem Tempel werden nach Rom gebracht

Beispiele des ›zweiten Stils‹ (um 80–20/15 v. Chr.) wurden in Rom auf dem Palatin im ›Greifenhaus‹ (um 80 v. Chr.), dem ›Haus der Livia‹ und im ›Haus des Augustus‹ (36–27 v. Chr.) entdeckt, in Prima Porta in der ›Villa der Livia‹, etwas jüngere in der Villa Farnesina (um 20 v. Chr.). In die 2. Hälfte des 1. Jh. v. Chr. gehören auch Wandbilder nach hellenist. Vorbildern, z. B. aus Pompeji, aus →Boscoreale, aus Rom (Odysseelandschaften, BILD →Odysseus, um 40 v. Chr.) und, bereits zum ›dritten Stil‹ gehörend, aus Boscotrecase (11 v. Chr.) und Rom (→Aldobrandinische Hochzeit). Bedeutende Beispiele des ›dritten Stils‹ (20/15 v. Chr.–60 n. Chr.) zeigen u. a. die Villa Imperiale in Rom (um 15 v. Chr.), das ›Haus der vergoldeten Amoretten‹ in Pompeji (caliguleisch-claud. Zeit, vor 42 n. Chr.), die sogenannte Villa des CICERO und das Haus des LUCRETIUS FRONTO (beide aus claudisch-neron. Zeit, nach 42 n. Chr.). Der ›vierte Stil‹ tritt neben dem ›dritten‹ ab 50 n. Chr. auf; die 60er Jahre sind in Rom im Wand- und Deckenschmuck des Goldenen Hauses (Domus Aurea) des NERO (nach 64 n. Chr.) repräsentiert, die siebziger in Pompeji (Haus der Vettier) und in Herculaneum (Neapel, Museo Archeologico Nazionale). Wandmalerei und Stuckdekoration (Grabkunst) sind auch im 2. Jh. und, teilweise in neuer Frische, im 3. Jh. vertreten, v. a. in N-Afrika, Ägypten und Kleinasien, aber auch in Rom (Mithräum unter Santa Prisca). Beispiele der eleganten klassizist. Malerei der heidn. Spätantike sind die Fragmente von Eroten und Kaiserinnenporträts aus dem konstantin. Palast zu Trier. In der Katakombenmalerei ist die Entfaltung christl. Bildmotive und linearer Flächigkeit zu verfolgen.

Seit dem 2. Jh. n. Chr. drängten mehrfarbige Bodenmosaiken die Wanddekoration zurück. Neben rein ornamentalen (oft schwarz-weißen) Mosaiken wurden die meist in Felder eingeteilten Mosaiken mit figürl. und landschaftl. Motiven aus Mythologie und Alltag (Circus u. a.) verziert. Die feine hellenist. Technik (z. B. in der Hadriansvilla, BILD →Mosaik) wich im 3. Jh. i. a. größeren Steinen in wenigen Farben (z. B. in den Palästen der Caracallathermen, um 216 n. Chr.). Den größten Umfang haben die Mosaiken von Piazza Armerina (weiteres BILD →Mosaik). Vorzügliche Mosaiken finden sich bis ins 5. Jh. n. Chr. in allen Provinzen des Reiches, z. B. in Antiochia am Orontes, Konstantinopel, Konstanza, Paphos, Sousse, Karthago, Köln, Nennig. Einen neuen Ansatzpunkt stellen die Wand- und Kuppelmosaiken der Kirchen seit dem 4. Jh. dar.

Kleinkunst

Einige Zweige der Kleinkunst erlebten in röm. Zeit bes. nach dem 2. Pun. Krieg eine Blüte, v. a. kostbare Silbergeschirre, darunter große Schalen (Paternen) mit getriebenen figürl. Szenen (Schatzfunde von Boscoreale, Kaiseraugst, Berthouville im frz. Dép. Eure, Hildesheim, Mildenhall), und die Glaskunst (→Glas). Die toreut. Werkstätten werden u. a. in Alexandria und Konstantinopel vermutet. Besser lokalisierbar sind die Zentren der Glaskunst, u. a. Alexandria, Syrien, Puteoli bei Rom (Mosaik- und Millefioriglas), Gallien, dann v. a. Köln. Götterstatuetten aus Bronze oder Silber einiger vorzüglicher toreut. Werkstätten waren im ganzen Röm. Reich verbreitet, daneben gab es auch lokale Handwerker. Reliefkeramik (Terra sigillata) wurde in vielen regionalen Produktionsstätten hergestellt, zuerst (Mitte 1. Jh. v. Chr.) in Arezzo sowie Lyon und Pisa. Aus Rom kamen die seit dem 1. Jh. v. Chr. marktbeherrschenden kreisrunden kleinen Tonlampen, die bald in Oberitalien imitiert und weit gehandelt wurden. In der Glyptik finden sich vereinzelt prunkvolle, aus Halbedelsteinen oder Glaspaste geschnittene Gemmen und Kameen mit Darstellungen aus dem Bereich der staatl. Ikonographie. Elfenbeinschnitzereien gewannen in der späteren Antike an Bedeutung. Die überaus umfangreiche Münzprägung trug zur Verbreitung der röm. Ikonographie wesentlich bei.

H. KÄHLER: Rom u. seine Welt, 2 Bde. (1958–60); ders.: Rom u. sein Imperium (Neuausg. ³1979); M. WHEELER: R. K. u. Architektur (a. d. Engl., 1969); R. BIANCHI BANDINELLI: Rom. Das Zentrum der Macht (a. d. Italien., 1970); ders.: Rom. Das Ende der Antike (a. d. Italien., 1971); B. PFEILER: Röm. Goldschmuck des ersten u. zweiten Jh. n. Chr. nach datierten Funden (1970); P. ZANKER: Klassizist. Statuen (1974); ders.: Augustus u. die Macht der Bilder (²1990); K. M. D. DUNBABIN: The mosaics of Roman North Africa (Oxford 1978); H. VON HEINTZE: R. K. (Neuausg. 1981); B. ANDREAE: R. K. (a. d. Frz., ⁴1982); G. KOCH u. H. SICHTERMANN: Röm. Sarkophage (1982); W. L. MACDONALD: The architecture of the Roman Empire, 2 Bde. (Neuausg. New Haven, Conn., 1982–86); F. SEAR: Roman architecture (Neuausg. Ithaca, N. Y., 1983); A. G. MCKAY: Röm. Häuser, Villen u. Paläste (a. d. Engl., Neuausg.

Luzern 1984); H. A. Stützer: Kleine Gesch. der r. K. (1984); A. Barbet: La peinture murale romaine (Paris 1985); Das Röm. Reich. Kunst u. Gesellschaft, bearb. v. H. P. L'Orange (a. d. Engl. u. Italien., 1985); W. Ehrhardt: Stilgeschichtl. Unters. an röm. Wandmalereien (1987); T. Hölscher: Röm. Bildsprache als semant. System (1987); H. Mielsch: Die röm. Villa (1987); S. D. Campbell: The mosaics of Antioch (Toronto 1988); Kaiser Augustus u. die verlorene Rep., Ausst.-Kat. (1988); G. Lahusen: Die Bildnismünzen der röm. Rep. (1988); Die röm. Villa, hg. v. F. Reutti (1990); E. Simon: Die Götter der Römer (1990); dies.: Augustus (1990); Italien – archäolog. Führer, bearb. v. E. Greco u. a. (a. d. Italien., 1991).

**römische Kunst:** Spätantikes Fußbodenmosaik mit der Darstellung eines verwundeten Jägers in der Villa Romana del Casale in Piazza Armerina; 1. Hälfte des 4. Jh.

**römische Kurie,** kath. Kirche: die Gesamtheit der kirchl. Behörden, durch die der Papst die kath. Kirche leitet. Für das Bistum Rom und für die Vatikanstadt bestehen besondere päpstl. Behörden. Zur r. K. gehören seit der Reform 1988 fünf Behördengruppen: 1) das →Staatssekretariat unter Leitung des Kardinalstaatssekretärs; 2) neun →Kurienkongregationen; 3) drei Gerichtshöfe (→Apostolische Paenitentiarie, →Apostolische Signatur, →Rota); 4) zwölf →Päpstliche Räte; 5) drei Ämter (die Apostol. Kammer, die Präfektur der wirtschaftl. Angelegenheiten des Hl. Stuhles, die Vermögensverwaltung des Apostol. Stuhles). Außerdem gehören zur r. K. die Präfektur des →Päpstlichen Hauses sowie das dem Staatssekretariat zugeordnete Zentralamt für kirchl. Statistik. Darüber hinaus sind ihr versch. Kommissionen zugeordnet, u. a. die Päpstl. Kommission für Lateinamerika, die Bibelkommission, die Internationale Theologenkommission und weitere Kommissionen für Archäologie, Kunst und Geschichtswissenschaften. Im ›Annuario Pontificio‹ von 1991 werden zudem zehn Institutionen aufgeführt, die mit der r. K. verbunden sind, darunter das Vatikan. Geheimarchiv, die Vatikanbibliothek, Radio Vatikan und die Vermögensverwaltung von St. Peter. Während einer Sedisvakanz kann die r. K. nur die laufenden Geschäfte erledigen; alle wichtigen, sonst dem Papst vorzulegenden Fragen dürfen vor der Neubesetzung des päpstl. Stuhles nicht endgültig entschieden werden. Leitende Behörde für die gesamte Vermögens- und Wirtschaftsverwaltung des Hl. Stuhles ist die 1967 eingerichtete Präfektur der wirtschaftl. Angelegenheiten. Über die finanziellen Verhältnisse des Hl. Stuhles gibt es keine amtl. Veröffentlichungen. In den letzten Jahren werden nach Prüfung durch einen Kardinalsrat wenigstens summarisch einige Angaben zum jährl. Haushalt veröffentlicht, dessen Defizit von jährlich zw. 50 und 100 Mio. Dollar teilweise durch den Vatikanstaat, teilweise durch Spenden (Peterspfennig) gedeckt wird. Gegenwärtig laufen Bestrebungen, die Ortskirchen an der Finanzierung der Ausgaben des Hl. Stuhles zu beteiligen. Das 1942 errichtete Istituto per le opere di Religione besorgt die Bankgeschäfte des Hl. Stuhls und der großen Ordensgemeinschaften.

*Geschichte:* Schon um 600, unter Gregor d. Gr., ist deutlich eine Amtsorganisation der Kleriker zu erkennen, die den Papst bei der Leitung der Gesamtkirche unterstützen. Im 12. Jh. ging innerhalb dieser nunmehr ›Curia Romana‹ genannten Organisation die kirchl. Zentralleitung auf das inzwischen fertig ausgebildete Kardinalkollegium (→Konsistorium 3) über. Sixtus V. (1585–90) begründete dann mit seiner großen Kurialreform, deren Hauptstück die Ersetzung des Konsistoriums durch die Kardinalskongregationen war, die neuzeitl. Organisation der r. K. Pius X. (1903–14) hat sie zwar in vielen Einzelheiten bedeutsam verbessert, aber in ihrer Grundstruktur bekräftigt. Erst Paul VI. (1963–78) hat Aufbau und Arbeit der r. K. im Zuge seiner Reformen wesentlich verändert, was 1988 durch Johannes Paul II. weitergeführt wurde. Das Staatssekretariat ist als Verbindungsbehörde zw. dem Papst und der r. K. sachlich zur obersten Kurialbehörde geworden. Weitere Reformen sind die Umwandlung der Kardinals- in Kurienkongregationen (durch die Einbeziehung auswärtiger Bischöfe), die Befristung der Mitgliedschaft in ihnen sowie der Amtsdauer der Präfekten und Sekretäre auf jeweils fünf Jahre (bei Möglichkeit der Verlängerung) und die Festsetzung einer Altersgrenze (70 Jahre für die Kurialbeamten im allgemeinen, 75 Jahre für die leitenden Prälaten und 80 Jahre für alle noch an der r. K. diensttuenden Kardinäle).

**römische Literatur,** die lat. Literatur der Stadt Rom und des Röm. Reiches von etwa 240 v. Chr. bis etwa 500 n. Chr. Von der wirklichen literar. Produktion ist nur ein Bruchteil überliefert; die Werke vieler Autoren sind allein aus der Sekundärüberlieferung bekannt. Erhalten ist, von wenigen spätantiken Überlieferungsträgern abgesehen, was in den Kloster- und Kathedralschulen des MA. abgeschrieben wurde.

Bereits im 7. Jh. v. Chr. hatten die Römer die Schriftlichkeit von den unteritalischen Griechen übernommen, verwandten sie aber lange Zeit nur zur Aufzeichnung von Verträgen, Senatsbeschlüssen oder zur Niederschrift des geltenden Rechts (›Zwölftafelgesetz‹ 451/450). Alle Äußerungen in Vers und Prosa waren vorliterarisch und auf das alltägl. Leben be-

**römische Kunst:** Mittelmedaillon aus der sogenannten Meerstadtplatte aus dem Silberschatz von Kaiseraugst; 1. Hälfte des 4. Jh. n. Chr.

**Römi**   römische Literatur

grenzt (z. B. Hochzeits- und Soldatenlieder, kult. Gesänge, Totenklagen und Leichenreden). Erst durch die enge Berührung Roms mit der griech. Kultur seit dem 1. Pun. Krieg entstand bei den Römern das Bedürfnis nach einer eigenen Literatur. In der Folgezeit übernahmen sie von den Griechen Versmaße, Stilmittel, Stoffe und Gattungen (z. B. Komödie, Tragödie, Epos, Lyrik, Roman), wobei sich jedoch die Form der Aneignung des griech. Vorbildes ständig wandelte; sie umfaßte alle Grade der Selbständigkeit von der Übersetzung (›interpretatio‹) über die eigene Bearbeitung und Umgestaltung (›imitatio‹) bis hin zur völligen Neuschöpfung (›aemulatio‹). Gleichwohl wurde nicht alles genuin Römische verdrängt. So blieb die Gattung der ›Satura‹ (→ Satire) erhalten, die ›Atellana‹ (→ Atellanen) wurde in sullan. Zeit literarisch. Andererseits wurden übernommene Gattungen, etwa die Geschichtsschreibung, ganz mit röm. Stoffen gefüllt: die meisten Geschichtswerke der r. L. waren (erweiterte) Stadtgeschichten. Charakteristisch für die r. L. ist schließlich ihre Ausrichtung auf den prakt. Nutzen. Spekulatives Denken blieb den nüchternen, aus bäuerl. Milieu erwachsenen Römern stets fremd; anders als die Griechen entwickelten sie keine eigenen philosoph. Systeme. Mit der Ausdehnung des Röm. Reiches wurden auch die Provinzen in die r. L. einbezogen. Infolgedessen trat seit dem 2. Jh. n. Chr. das nationalröm. Element in der Literatur zunehmend zurück. Zugleich erfolgte eine allmähl. Abkehr von der traditionellen röm. Religion; dem Bedürfnis nach weltanschaul. Literatur in den polit. Wirren der ausgehenden Antike kamen christl. und neuplaton. Schriften entgegen.

Archaische Zeit und Vorklassik
(etwa 240 bis etwa 100 v. Chr.)

Noch bis in die Kaiserzeit war eine Rede des APPIUS CLAUDIUS CAECUS erhalten, die dieser im Jahre 280 v. Chr. im Senat gegen die Annahme des Friedensangebotes des PYRRHOS gehalten hatte. Gleichwohl fällt nach antiker Überlieferung der Beginn der r. L. in das Jahr 240 v. Chr., als LIVIUS ANDRONICUS ein griech. Drama in lat. Übersetzung auf die Bühne brachte. Mit dem eigenwilligen NAEVIUS und dem vielseitigen ENNIUS bereitete er der röm. Poesie den Weg durch die freie Nachbildung griech. Originale bes. der klass. Epoche. Die lat. Sprache erfuhr ihre erste bedeutsame Formung in Syntax, Wortschatz und Metrik. Bald traten röm. Stoffe neben die griech.: die in Griechenland angesiedelte Komödie (›Palliata‹) vertraten der burleske PLAUTUS und der urbane TERENZ, während AFRANIUS die in Rom handelnde Komödie (›Togata‹) schuf. Tragödien nach griech. Vorbild ebenso wie solche mit röm. Kolorit (›Praetexta‹) dichteten ENNIUS, PACUVIUS und ACCIUS. Ganz sein eigenes Volk im Blick hatte der Begründer der lat. Prosa, CATO D. Ä., in seiner Abhandlung über den Landbau (›De agri cultura‹) und den ›Origines‹, dem ersten Geschichtswerk in lat. Sprache (die ältesten röm. Geschichtsschreiber, u. a. Q. FABIUS PICTOR, hatten noch griechisch geschrieben). Mit CATO und den Gracchen erreichte auch die lat. Rhetorik ihre erste Blüte. Ohne griech. Vorbild war die Satire, die LUCILIUS begründete. Um den mit POLYBIOS und PANAITIOS befreundeten SCIPIO D. J. sammelten sich vornehme Römer, an deren Bildungsideal dann CICERO anknüpfte.

Klassik (etwa 100 v. Chr. bis 14 n. Chr.)

Das Zeitalter großer innenpolit. Umbrüche brachte in Rom eine Literatur hervor, die der griech. ebenbürtig war. In bereits bewährten ebenso wie in den neu hinzutretenden Gattungen Lyrik, Lehrdichtung, Elegie, rhetor. und philosoph. Schriften entstanden nach Inhalt und Form vollendete Werke. Die Entwicklung verlief in zwei sich einander überschneidenden Phasen: in der Zeit der Bürgerkriege dominierte die Prosa, während die Poesie erst unter dem Prinzipat des AUGUSTUS ihre Blüte erreichte. Vorherrschendes Thema in beiden Phasen war der röm. Staat. Als Vollender der lat. Kunstprosa gilt CICERO, mit dem die öffentl. Rede ihren Höhepunkt erreichte. Durch seine Darstellung der griech. Philosophie legte CICERO den Grund für das Philosophieren in lat. Sprache. Unter den Geschichtswerken der Epoche ragen CAESARS ›Commentarii‹ über den Gall. und den Bürgerkrieg gegen POMPEIUS, die Biographien des NEPOS und die Schriften SALLUSTS über die Catilinar. Verschwörung und den Jugurthin. Krieg heraus. Dabei ist SALLUSTS archaisierende Sprache ein bewußter Ausdruck seiner republikan. Gesinnung. Nur in einem spätantiken Auszug erhalten ist das Werk des POMPEIUS TROGUS, der die einzige Weltgeschichte der r. L. verfaßte. Dem annalist. Prinzip ›Ab urbe condita‹ ist die umfängl. röm. Geschichte des LIVIUS verpflichtet. Die altertumskundl. Werke des gelehrten VARRO wollten das Bild des versinkenden alten Rom literarisch festhalten. Die polit. Unruhen der Zeit bewirkten bei vielen Römern den Rückzug ins Private. Zahlreiche Anhänger gewann der Epikureismus, den LUKREZ in seinem großen Lehrgedicht ›De rerum natura‹ darstellte. Die Dichtergruppe der Neoteriker um ihren Hauptvertreter CATULL stellte die subjektive Erlebniswelt in den Vordergrund und erhob nach dem Muster der alexandrin. Dichter die kleine, ausgefeilte Form zum Ideal. Noch das letzte Jahrzehnt der Republik sah den Aufstieg der augusteischen Dichter. Im Streben nach künstler. Vollendung waren sie den Neoterikern verbunden; sie wagten sich jedoch auch wieder an große Formen und griffen, ohne die hellenist. Vorbilder auszuschließen, auf die griech. Klassiker zurück. Die Dichter der augusteischen Zeit pflegten enge Bindungen zum Staat. Mit seinem weit wirkenden Epos ›Aeneis‹ verlieh VERGIL, den der Weg von neoter. Kleinkunst über Bukolik und Lehrdichtung geführt hatte, dem Gedanken der augusteischen Erneuerung gültigen Ausdruck. HORAZ erschloß der r. L. den Jambus und das äol. Lied; er vollendete die Satire und schuf mit seiner ›Ars poetica‹ eine literaturtheoret. Dichtung von gewaltigem Nachhall. In mehreren Gattungen war OVID zuhause. Mit TIBULL und PROPERZ pflegte er die von CORNELIUS GALLUS begründete Elegie; er verfaßte eine Tragödie und bürgerte mit dem Epos ›Metamorphosen‹ den griech. Mythos als Ganzes in der r. L. ein. Mit seiner Vorliebe für sprachl. Effekte wuchs OVID aber bereits über die Klassik hinaus.

Nachklassik (14 n. Chr. bis etwa 200)

Die Literaten der frühen Kaiserzeit pflegten die überkommenen Gattungen. Dabei traten nicht selten die griech. Vorbilder zugunsten der eigenen Klassiker zurück. In der Prosa vollzog sich ein folgenreicher Stilwandel: sie übernahm dichter. Elemente und gab die → Periode 2) auf. Anstelle der forens. Reden traten deklamator. Schulübungen, wie SENECA D. Ä. überliefert hat. Dem im späten 1. Jh. von QUINTILIAN in der ›Institutio oratoria‹ verfochtenen klassizist. Stilideal folgten nur PLINIUS D. J. und der als Historiker überragende TACITUS. Stilistisch eigene Wege ging SENECA D. J., der in zahlreichen Schriften zu einer sittl. Haltung im Sinne der stoischen Philosophie mahnte. In seinen Tragödien neigte er ebenso wie die Vertreter des histor. (LUKAN, SILIUS ITALICUS) und des mytholog. (STATIUS, VALERIUS FLACCUS) Epos zu Phantastik, Manierismus und zur Darstellung von Pathos und Affekten. Der erste lat. Roman, die ›Satyrica‹ des PETRONIUS ARBITER, persifliert zugleich LUKANS histor. Epos und den griech. Liebes- und Abenteuerroman. Das

Werk des PHAEDRUS läßt auch die Fabel zum ersten Mal in lat. Gewand erscheinen. Ätzende Kritik an den Zuständen der Zeit übten die Satiriker PERSIUS und JUVENAL und der Epigrammatiker MARTIAL. Die Brücke von der Poesie zur Fachliteratur schlagen die astronom. Lehrdichtungen von GERMANICUS und MANILIUS. Fachschriftsteller von Rang waren COLUMELLA mit seinem Werk über den Landbau (›De re rustica‹) und die Enzyklopädisten CELSUS und PLINIUS D. Ä.

Die Epoche außen- und innenpolit. Ruhe im 2. Jh. führte in der Literatur zu einem Nachlassen der schöpfer. Kräfte. Grammatiker begannen die älteren Autoren zu erklären, der Redner FRONTO strebte nach einer archaisierenden Prosa, und sein Schüler GELLIUS hielt in den antiquarisch wertvollen ›Noctes Atticae‹ kuriose und kurzweilige Lesefrüchte aus der r. L. fest. Eine Blüte jedoch erreichte um 200 die jurist. Literatur mit GAIUS, PAPINIANUS, ULPIANUS und PAULUS. Die originellste Erscheinung jener Zeit war der Afrikaner APULEIUS. Mit dem Roman ›Metamorphosen‹ (bzw. ›Der goldene Esel‹) und diversen neuplaton. Schriften wuchs er aber ebenso über die nationalröm. Literatur hinaus wie MINUCIUS FELIX und TERTULLIAN, die ersten Repräsentanten der aufblühenden frühchristl. Literatur in lat. Sprache.

### Spätlateinische Literatur (3. Jh. bis 524)

Seit dem 3. Jh. verlor Rom endgültig seine Stellung als geistiger Mittelpunkt des Reiches. Das Grundthema der r. L. der Spätantike war die Auseinandersetzung zw. Christentum und Heidentum (→frühchristliche Literatur). Die polit. Wirren der Epoche spiegelten sich, sieht man von der sich machtvoll entfaltenden christl. Poesie und Prosa ab, auch in der literar. Produktion: im 3. Jh. versiegte sie weitgehend, seit etwa 350 schwoll sie wieder merklich an. Die überkommenen Gattungen wurden weitergetragen, doch waren große Begabungen selten. Es entstand eine Fülle von gelehrter, z. T. auch volkstüml. Fach- und Gebrauchsliteratur; zu nennen sind der Vergilkommentar des SERVIUS, die grammat. Handbücher von DONATUS, CHARISIUS und PRISCIANUS, die humanmedizin. Schriften des MARCELLUS und CAELIUS AURELIANUS, die veterinärmedizin. Abhandlungen von PELAGONIUS und VEGETIUS sowie PALLADIUS' Buch über den Landbau. Von derlei nüchternen Werken hob sich MARTIANUS CAPELLA durch seine im MA. vielbeachtete allegor. Darstellung der Sieben Freien Künste ab. Reich vertreten waren Klein- und Gelegenheitsdichtung. Ihr vornehmster Repräsentant war der gebildete AUSONIUS; von besonderem Reiz ist ferner die poet. Reisebeschreibung des RUTILIUS NAMATIANUS. Unter den profanen Epikern ragt CLAUDIANUS heraus; freilich war er gebürtiger Grieche, wie auch AMMIANUS MARCELLINUS, der bedeutendste Geschichtsschreiber der Spätantike. Von geringerem histor. Wert sind die Kaiserviten der ›Scriptores Historiae Augustae‹. Gegen das zunehmend an Einfluß gewinnende Christentum lehnten sich die Anhänger der traditionellen röm. Religion um den Stadtpräfekten SYMMACHUS auf; ihre Gesinnung fand in den Erörterungen der röm. Antiquitäten des Neuplatonikers MACROBIUS den besten Ausdruck. Mit neuplaton. Gedankengut durchtränkt ist auch das Werk des BOETHIUS, der als ›letzter Römer‹ einerseits noch in der antiken Bildung wurzelt, andererseits aber mit CASSIODOR, VENANTIUS FORTUNATUS u. a. den Grund für die →mittellateinische Literatur legte.

F. LEO: Gesch. der r. L., Bd. 1: Die archaische Lit. (1913, Nachdr. 1967); W. S. TEUFFEL: Gesch. der r. L., 3 Bde. (⁶⁻⁷1913-20, Nachdr. 1965); M. SCHANZ: Gesch. der r. L., 5 Tle. (¹⁻⁴1914-35, Nachdr. 1969-80); W. KROLL: Studien zum Verständnis der r. L. (1924, Nachdr. New York 1978); G. LUCK: Die röm. Liebeselegie (1961); E. NORDEN: Die r. L. (Leipzig ⁶1961); F. KLINGNER: Röm. Geisteswelt (⁵1965, Nachdr. 1984); S. F. BONNER: Roman declamation in the late republic and early empire (Neuausg. Liverpool 1969); P. G. WALSH: The Roman novel (Cambridge 1970); G. KENNEDY: The art of rhetoric in the Roman world. 300 B. C. – A. D. 300 (Princeton, N. J., 1972); R. L., hg. v. M. FUHRMANN (1974); M. COFFEY: Roman satire (London 1976); P. GRIMAL: Le lyrisme à Rome (Paris 1978); Das röm. Drama, hg. v. E. LEFÈVRE (1978); W. SCHETTER: Das röm. Epos (1978); L. BIELER: Gesch. der r. L. (⁴1980); K. BÜCHNER: Röm. Literaturgesch. (⁵1980); U. KNOCHE: Die röm. Satire (⁴1982); D. FLACH: Einf. in die röm. Geschichtsschreibung (1985); A. DIHLE: Die griech. u. lat. Lit. der Kaiserzeit (1989); Restauration u. Erneuerung. Die lat. Lit. von 284–374 n. Chr., hg. v. R. HERZOG u. a. (1989); M. von ALBRECHT: Gesch. der röm. Lit., auf 2 Bde. ber. (Bern 1992ff.).

**römische Mathematik.** Das Interesse der Römer für Mathematik resultierte hauptsächlich aus deren Anwendungsmöglichkeiten. Die Römer übernahmen das altital. Ziffernsystem (→römische Ziffern); das tägl. Rechnen wurde auf dem →Abakus 3) und unter Verwendung von Hilfstafeln ausgeführt. Das Bruchrechnen beschränkte sich gemäß der Münzteilung auf duodezimal erfaßbare Unterteile. Abgesehen vom Geschäftsleben (Zins- und Gesellschaftsrechnung) wurden mathemat. Kenntnisse noch bei Erbteilungsfragen benötigt. Auch in der Feldmeßkunst (→Agrimensoren) begnügten sich die Römer mit eher geringen theoret. Kenntnissen, die in einigen Fragmenten von VARRO überliefert sind. Bei großen Aufgaben wie der von CAESAR angeordneten, aber erst 37–20 v. Chr. unter der Leitung von MARCUS VIPSANIUS AGRIPPA durchgeführten Reichsvermessung wurden vermutlich alexandrin. Hilfskräfte eingesetzt.

In der späteren Kaiserzeit gelangten Rudimente der griech. Mathematik über das Quadrivium in den allgemeinen Bildungsgang der Artes liberales, zunächst stark beeinflußt durch die Neupythagoreer. Die schon unter ostgot. Herrschaft lebenden, griechisch gebildeten Römer BOETHIUS und CASSIODORUS verfaßten entsprechende Lehrschriften, die für die Übermittlung von Resten der antiken Bildung in das abendländ. MA. von Bedeutung waren.

H. GERICKE: Mathematik im Abendland (1990).

**römische Musik.** Die Musik der Römer (von den Anfängen um 500 v. Chr. bis 476 n. Chr.) zeigt v. a. griech., daneben etrusk. Einflüsse. Auf die Etrusker gehen Metallblasinstrumente (Tuba, Lituus, Cornu, Bucina) zurück, die v. a. im Heer gespielt wurden. Bedeutsam war die Tibiae, ein dem griech. Aulos verwandtes Rohrblattinstrument, das bei pantomim. Spielen geblasen wurde; auch die solist. Gesangslyrik zur Kithara oder Lyra wurde durch die Römer übernommen (CATULL, HORAZ). Die zunehmende Zahl von Musikern aus den unterworfenen Ländern begründete ein hochstehendes Virtuosentum und eine reiche Pflege von Haus-, Tafel-, Tanz- und Theatermusik. Das Instrumentarium wurde v. a. um Schlaginstrumente erweitert (Tympanum, Kymbala, Krotala, Scabellum). Bei den großen Schauveranstaltungen in den Amphitheatern wurden Massenchöre und riesige Bläserorchester, daneben auch die → Hydraulis, eingesetzt. – Das spätantike lat. Musikschrifttum (im 2. Jh. durch PTOLEMÄUS und PLUTARCH, um 500 durch BOETHIUS überliefert) wurde vom Christentum übernommen und beeinflußte die Musik des abendländ. Mittelalters.

G. WILLE: Musica Romana (Amsterdam 1967); ders.: Einf. in das röm. Musikleben (1977).

**römische Philosophie,** Sammel-Bez. für die philosoph. Bestrebungen im antiken Rom zur Rezeption, Propagierung und partiellen Fortentwicklung der griechisch-hellenist. Philosophie. Für die Wirkungsgeschichte haben diese Bestrebungen v. a. begriffs- und problemgeschichtl. Bedeutung, da mit der Latinisierung der philosoph. Terminologie auch die Grundlagen für die sich im Medium der lat. Sprache entwickelnde Philosophie und Theologie des MA. geschaffen wurde. Besondere Bedeutung kommt in diesem Zusammenhang →Cicero zu, der richtungweisenden Einfluß auf die Philosophie des MA. gewann. Während dieser erkenntnistheoretisch an der Skepsis der Akademie, in seiner Ethik, Theologie und Anthropologie an der Stoa orientiert war, galten als Hauptvertreter der Stoa in Rom: SENECA D. J., der ihr neue Impulse gab, →Epiktet, ein bis 94 in Rom lehrender griech. Philosoph, und →Mark Aurel, der v. a. den Materialismus der Stoa überhöhte; →Lukrez bestimmte durch seine Dichtung die Rezeption des Epikureismus und des Atomismus.

R. P., hg. v. G. MAURACH (1976); R. P., hg. v. J. BLÄNSDORF u. a. (²1980).

**Römische Protokolle,** Vereinbarungen zw. Italien (B. MUSSOLINI), Österreich (E. DOLLFUSS) und Ungarn (G. GÖMBÖS VON JÁKFA) vom 17. 3. 1934 zur Vertiefung der polit. und wirtschaftl. Zusammenarbeit. Betont wurde die Erhaltung der Unabhängigkeit Österreichs und Ungarns; gleichzeitig suchte Italien, v. a. gegen Frankreich und Dtl., seinen Einfluß im Donauraum zu sichern. 1936 erneuert, wurden die R. P. durch den Anschluß Österreichs an das Dt. Reich gegenstandslos.

**römische Religion,** Religion der Römer, bes. die röm. Staatsreligion, in der Antike. Da die r. R. schon früh von etrusk. und bald von griech. und hellenist. Einflüssen überformt wurde, erscheinen ihr späteres Pantheon und ihre Mythenwelt wie eine Spiegelung der griech. Religion. Die urspr. Vorstellungen können nur in unvollkommener Art aus spärl. Zeugnissen (archäolog. Quellen, Inschriften, Kalender und spätere Berichte, z. B. von CICERO, OVID, VARRO) erschlossen werden. In der ältesten Zeit war die r. R. eine bäuerl. Religion, deren Vegetationskulte aus dörfl. Riten umgeformt wurden. Im letzten Drittel des 6. Jh. v. Chr. entwickelte sich in Rom (unter etrusk. Führung) eine Stadtgesellschaft, in der eine Reihe von bisher privat vollzogenen Kulten staatl. Charakter annahm.

Die frühen Formen der r. R. kennen noch keine eigentl. Personalisierung von Gottheiten; diese wurden vielmehr als ›Numina‹, als numinose und juridisch in Pflicht nehmende Mächte mit spezif. Geltungsbereichen und Funktionen aufgefaßt, die in ihrer Gesamtheit das ›Ius divinum‹, das göttl. Gesetz, begründeten, das den Menschen auferlegt war. Hieraus wird auch verständlich, weshalb in der r. R. abstrakte Begriffe in den Rang von Gottheiten erhoben wurden, z. B. Fortuna (glückl. Geschick), Victoria (Sieg), Spes (Hoffnung), Concordia (Eintracht), Fides (Treue), Mens (Verstand), Securitas (Sicherheit), Aeternitas (Ewigkeit). Neben dem staatl. Kult wurde vom Pater familias, der den →Genius 2) der Familie repräsentierte, ein Kult der eigenen Ahnen vollzogen, die für die Hausgemeinschaft numinose Macht besaßen. Die Welt zw. den Göttern und Menschen kannte fließende Übergänge, neben den Genien z. B. in Gestalt von →Laren, die die Flur beschützten, →Penaten, die über die häusl. Vorratskammer wachten, →Manen, die Geister der Verstorbenen.

Heilige Orte der r. R. waren zunächst Haine, Höhlen, Quellen, später Sakralbauten (Tempel). Die Zeit wurde durch religiöse Kalender, zunächst einen Mond-, seit CAESAR einen Sonnenkalender, gegliedert. Schon im ältesten Kalender des Königs NUMA POMPILIUS (?) sind die zentralen, von der bäuerl. Kultur geprägten Feste aufgeführt (z. B. am 19. 4. begangenen Cerealia, die im Zusammenhang mit dem Keimen des Getreides standen; die dem Saturn als dem Gott der Saat gewidmeten Saturnalia am 17. 12.; die Hirtenfeste Parilia, am 21. 4., und Lupercalia, am

15. 2.). Wichtigste Kulthandlung war das Opfer, das häufig als hl. Mahlzeit mit den Göttern verstanden und bei dem den Göttern Tiere, Getreide oder Wein dargebracht wurde, neben diesem hatten Bedeutung das Ablegen und Einhalten eines ›Votum‹ (feierl. Versprechen, meist eines Opfers), die ›Lustration‹, das prozessionsartige Umkreisen eines Ortes in der Absicht, diesen dem Schutz der Götter zu unterstellen, und die ›Divination‹, die in versch. Ausprägungen, z. B. Weissagung aus dem Vogelflug (→Auspizien), stark verbreitet war.

Priesterl. Funktionen im Interesse des gesamten Volkes nahm in der Monarchie der König wahr. Später gingen sie auf den Pontifex maximus an der Spitze eines Kollegiums (Pontifikalreligion) über. Schließlich wurden die Funktionen des religiösen Oberhaupts von den Kaisern wahrgenommen (bis zu Kaiser GRATIAN, der dieses Amt 379 niederlegte). Zu den Priesterkollegien gehörten u. a. die Auguren, die die Auspizien wahrnahmen, die Fetialen, die den völkerrechtl. Verkehr überwachten und Kriegserklärungen wie Friedensschlüsse zeremoniell begleiteten, die Arvalischen Brüder, die ihre Kulthandlungen der alten Erdgöttin Dea Dia (später dem Kaiser) widmeten, und die Vestalinnen, die über das staatl. Feuer der Göttin Vesta wachten.

Die r. R. war sehr stark juridisch-praktisch ausgerichtet und v. a. an religiös-staatl. Pflichten, an Institutionen und Ritus, weniger an einer Ausbildung von Mythologie und Theologie interessiert. Dies war zugleich der Grund dafür, daß die r. R. bald griech. und später hellenist. Mythen sowie eine Fülle religiöser Vorstellungen ohne große Konflikte integrieren konnte. Unter etrusk. und griech. Einfluß wurden die röm. Götter zu personalisierten Gestalten. An der Spitze des Pantheons stand zunächst eine Götterdreiheit, zu der der Himmelsgott Jupiter, der Kriegsgott Mars und Quirinus, der dem Mars sehr verwandte Gestalt, gehörten. Vor 500 v. Chr. wurde Jupiter (der indogerman. Tradition entstammend) oberster Staatsgott und mit dem griech. Zeus in Verbindung gebracht, Juno, etrusk. Herkunft, wurde jetzt als Gattin Jupiters und als zuständig für Ehe, Frau und Geburt betrachtet, Minerva war (wie die griech. Athene) Göttin des Verstandes, der Künste und des Handwerks. Dieser neuen Trias als oberster Schutzmacht wurde auf dem Kapitol in Rom ein Heiligtum errichtet (daher ›Kapitolin.‹ Trias oder Götter). Mars (dessen Gestalt der griech. Ares angeglichen wurde) war der Gott des Krieges, der Meergott Neptun als Pendant zum griech. Poseidon; Diana (der griech. Artemis angeglichen) war Göttin der Jagd; Vulcanus (griech. Hephaistos) wurde als Gott des Feuers und als Patron der Schmiede, als Bote der Götter Merkur (Mercurius, griech. Hermes), Vesta (griech. Hestia) als Hüterin des Feuers verehrt; Ceres (griech. Demeter) schützte den Ackerbau, Apollo (unmittelbar aus dem griech. Apollon übernommen) galt als Gott der Weisheit, Venus (zuerst über etrusk. Vermittlung in Praeneste nachweisbar) als Göttin der Liebe. Diese Götter wurden 217 v. Chr. zu einem förml. Zwölfersystem zusammengefaßt. Darüber hinaus gab es jedoch noch zahlreiche andere Gottheiten, z. B. Saturn (der über die junge Saat wachte), Flora (die die Göttin der Blumen), Janus (der Schützer u. a. der öffentl. Tore und Durchgänge), Fons (der Gott der Quellen), Faunus (der Gott der Hirten und Herden). Dem (aus dem griech. Herakles übernommenen) Heros Hercules wurde 312 v. Chr. ein Staatskult errichtet.

Äußerlich im Zusammenhang mit den beginnenden röm. Aktivitäten in Kleinasien, geistig als Folge eines von den überkommenen Formen der Religiosität nicht mehr erfüllt erscheinenden Bedürfnisses nach persönl. Beziehung zu dem verehrten Gott sowie einer

Sehnsucht nach individueller Erlösung, drangen seit dem 3. Jh. v. Chr. oriental. Gottheiten (z. B. →Kybele, →Dolichenus) und Mysterienreligionen (z. B. Orphik, Dionysoskult, Mysterien des Sabazios sowie Isis-, Osiris- und Serapismysterien) in die r. R. ein, die z. T. in die Staatskulte aufgenommen wurden. Einen Höhepunkt der Orientalisierung bildeten die syr. Sonnenkulte unter Kaiser →Heliogabal. Mit dem Prinzipat des Augustus setzte der →Kaiserkult ein, in den seit Ende des 2. Jh. n. Chr. auch Vorstellungen des oriental. Gottkönigtums aufgenommen wurden. Seit dieser Zeit überflügelte die Verehrung des indoiran. Gottes →Mithras alle übrigen Götterkulte, bis die Erklärung des Christentums zur Staatsreligion (unter Theodosius I., 380/381) das Ende der r. R. herbeiführte.

B. Hederich: Gründl. mytholog. Lex. (Neuausg. 1770, Nachdr. 1986); L. Preller: Röm. Mythologie, 2 Bde. (³1881–83, Nachdr. 1978); Ausführl. Lex. der griech. u. röm. Mythologie, hg. v. W. H. Roscher, 9 Tle. u. 4 Suppl.-Bde. (1884–1937, Nachdr. 1977–78); G. Wissowa: Religion u. Kultus der Römer (²1912, Nachdr. 1971); L. Deubner in: Lb. der Religionsgesch., begr. v. P. D. Chantepie de la Saussaye, hg. v. A. Bertholet u. a., Bd. 2 (⁴1925); J. Geffcken: Der Ausgang des griechisch-röm. Heidentums (²1929, Nachdr. 1972); F. Cumont: Die oriental. Religionen im röm. Heidentum (a. d. Frz., ³1931, Nachdr. 1989); P. Fabre: La religion romaine, in: Histoire des religions, hg. v. M. Brillant u. a., Bd. 3 (Paris 1955); F. Altheim: Röm. Religionsgesch., 2 Bde. (²1956); C. Koch: Religio (1960); K. Latte: Röm. Religionsgesch. (²1967, Nachdr. 1976); J. Bayet: Histoire politique et psychologique de la religion romaine (Paris ²1969); G. Radke: Die Götter Altitaliens (²1979); R. Schilling: Rites, cultes, dieux de Rome (Paris 1979); A. Brelich in: Die Religion in Gesch. u. Gegenwart, Bd. 5 (Neuausg. 1986); H. Hunger: Lex. der griech. u. röm. Mythologie (Wien ⁸1988); R. Muth: Einf. in die griech. u. r. R. (1988); E. Simon: Die Götter der Römer (1990).

**Römische Republik,** der nach der Besetzung Roms durch frz. Truppen (10. 2. 1798) 15. 2. 1798 proklamierte Staat auf dem Boden des →Kirchenstaats; 1809 dem (napoleon.) Königreich Italien eingegliedert.

**Römischer Kaiser,** urspr. Titel des in Rom vom Papst zum Kaiser gekrönten Herrschers des Hl. Röm. Reiches, das sich in der Tradition des Röm. Reiches sah. Letzter in Rom durch den Papst gekrönter R. K. war Friedrich III. Seit Maximilian I., der sich 1508 in Trient ohne Mitwirkung des Papstes zum Kaiser krönen ließ, führten die Herrscher die Titulatur ›Erwählter Röm. Kaiser‹.

**Römischer König,** im 11. Jh. aufgekommene Bez. für den noch nicht zum Kaiser gekrönten dt. König. Maximilian I. begründete die Tradition, daß sich der regierende Herrscher Kaiser (Erwählter Röm. Kaiser) nannte, sein zu Lebzeiten gewählter Nachfolger ›Röm. König‹.

**Römischer Kümmel,** der →Kreuzkümmel.

**Römischer Salat,** die Sommerendivie (→Kopfsalat).

**Römische Schule,** Bez. für einen in Rom zw. etwa 1550 und 1620 wirkenden Komponistenkreis, der in der Nachfolge der niederländ. (franko-fläm.) Musik einen in Melodik, Rhythmik und Harmonik ausgeglichenen und auf Textverständlichkeit achtenden Vokalstil pflegte (G. P. da Palestrina, G. M. Nanino, T. L. de Victoria, G. Allegri). Dieser Stil bestimmte die kath. Kirchenmusik bis in das 19. Jh. und erfuhr hier bes. Pflege durch den Cäcilien-Verband (→Caecilianismus).

**römisches Recht,** das Recht des antiken röm. Staates, wie es sich vor der Mitte des 5. Jh. v. Chr. bis zur Mitte des 6. Jh. n. Chr. entwickelte. Es wurde seit dem hohen MA. zum gemeinen, überall im lateinisch schreibenden Europa geltenden Recht und ist die Grundlage aller modernen Rechtsordnungen der westl. Welt.

Römische Republik – römisches Recht **Römi**

### Geschichte

Am Anfang der Entwicklung stand ein von Sitte und sakralem Brauch (mos maiorum) noch nicht geschiedenes Gewohnheitsrecht. Staatl. Recht wurde zum ersten Mal im Zwölftafelgesetz (451/450 v. Chr.) aufgeschrieben, um die Rechtssicherheit zu erhöhen und die Rechtsstellung der Plebejer gegenüber den Patriziern zu verbessern. In den folgenden Jahrhunderten wurde das Recht durch Volksgesetze und Plebiszite und v. a. durch die Rechtsschöpfung der Prätoren und ihrer rechtskundigen Berater weiterentwikkelt. Im Rahmen des ›Amts-‹ oder ›Honorarrechts‹, das sie jährlich bei Antritt ihres Amtes im →Edikt publizierten, bildeten die Prätoren das Zivilrecht (ius civile, ›bürgerl. Recht‹) der rechtlich selbständigen röm. Bürger (cives Romani sui iuris) fort und schufen daneben neu ein auch die Ausländer als Träger von Rechten und Pflichten anerkennendes ›Ausländerrecht‹ (ius gentium). Die frühe Kaiserzeit (1. Jh. – Anf. 3. Jh.), der ›Prinzipat‹, war die klass. Zeit der röm. Rechtswissenschaft. Das Recht wurde nun v. a. in Gutachten der Juristen und in der praktisch ausgerichteten Rechtsliteratur entfaltet, außerdem durch Senatsbeschlüsse (senatus consulta), die jetzt Gesetzeskraft hatten, sowie, zunehmend, durch kaiserl. Edikte, Dekrete und Reskripte (constitutiones principum, ›kaiserl. Verordnungen‹). →Lex.

Die Ausdehnung des röm. Bürgerrechts auf fast alle Reichseinwohner durch Caracalla (212, →Constitutio Antoniniana) und der Versuch der Kaiser Diokletian und Konstantin um 300, in einer Zeit allgemeinen Niedergangs, die Anwendung des röm. Rechts im ganzen Reich durchzusetzen, führten zur Zerstörung der hohen Rechtskultur. Das Recht verarmte zum →Vulgarrecht. Die wachsende Rechtsunsicherheit suchte man durch →Zitiergesetze und eine amtl. Sammlung der geltenden Kaiserkonstitutionen, v. a. im Codex Theodosianus (nach Theodosius II., 438), zu bekämpfen. Justinian I. (527–565) schuf eine umfassende Kodifikation, das →Corpus Iuris Civilis.

### Zivilrecht

Das röm. Zivilrecht überließ dem rechtlich selbständigen, d. h. unter niemandes Gewalt stehenden Römer als ›Hausvater‹ (pater familias) die Gewalt (dominium, ›Hausgewalt‹, ›Eigentum‹) über diejenigen Menschen, Tiere, Grundstücke und bewegl. Sachen, die sein Haus (domus) oder seine Familie (familia) bildeten. Dazu gehörte in alter Zeit oft auch die Ehefrau (uxor). Schon seit der jüngeren Rep. trat die Ehefrau aber nur noch ausnahmsweise in die Familie ihres Mannes ein. Sie verblieb entweder unter der Gewalt ihres Vaters oder war rechtlich selbständig (→Frau). Im letzteren Fall bestand zw. den Ehegatten Gütertrennung. Der Ehemann erhielt aber von seiten der Frau eine Vermögenszuwendung (dos, ›Gabe‹, ›Mitgift‹), die er bei Beendigung der Ehe herauszugeben hatte. Eingehung und Scheidung der stets monogamen Ehe waren frei. Innerhalb der Familien galten bis in die Kaiserzeit hinein nur sakrale und sittl. Bindungen. Freie, auch erwachsene, und unfreie Hausangehörige waren gleichermaßen rechtsunfähig, doch konnte der Hausvater ihnen eigenes Vermögen (peculium) zugestehen. Außer dem Eigentum an ihm gehörenden Sachen konnte der Hausvater auch beschränkte ›Rechte an fremden Sachen‹ (Nießbrauch; Pfandrechte; Dienstbarkeiten) haben. Beim Tod des Hausvaters wurden seine Hauskinder rechtlich selbständig (sui iuris). Sie beerbten ihn zu gleichen Teilen, soweit er nicht durch Testament anders verfügt hatte; Frauen und Unmündige erhielten einen Vormund (tutor). Rechtlich selbständige Personen konnten einander im Rahmen der Geschäftsfähigkeit durch

# Römi  Römisches Reich

schuldrechtl. Verträge zu einer Leistung verpflichten. Gebräuchl. Vertragsarten waren: die →Stipulation, Kauf, ›Verdingung‹ (Miete), Auftrag, Darlehen, Leihe u. a. Wer einen andern durch ein Delikt persönlich oder in seinen Rechten verletzte, wurde zur Leistung einer Buße (poena) verpflichtet. Recht über Personen und Sachen sowie Forderungen konnten durch Klagen (actio) gerichtlich geltend gemacht und durch Prozeß zwangsweise durchgesetzt werden. Selbsthilfe führte i. a. nicht zum Erfolg, weil Gewaltanwendung verboten war.

### Strafrecht

Nach dem Zwölftafelgesetz war der Rechtsbrecher der Rache des Verletzten oder, bei Mord, seiner Sippe ausgesetzt oder mußte eine hohe Buße leisten. Die Todesstrafe wurde nur bei Hochverrat durch die Volksversammlung verhängt. Seit dem 3. Jh. v. Chr. drohte Sklaven und Verbrechern aus der Unterschicht der freien Bev. die Todesstrafe bei Gewaltverbrechen, Brandstiftung, Giftmischerei und Diebstahl. Seit dem 2. Jh. v. Chr. wurden je besondere Geschworenengerichte (quaestiones) für bestimmte Verbrechen errichtet, insbesondere für Hochverrat, Hinterziehung von Staatseigentum, Wahlbestechung, Erpressung in den Prov., Mord, Fälschung (von Testamenten und Münzen), Persönlichkeitsverletzung (iniuria), Gewaltverbrechen und Ehebruch. Anklage konnte jedermann erheben. Erwies sich das Vorbringen des Anklägers als grundlos, so wurde dieser wegen Verleumdung (calumnia) verurteilt. In der Kaiserzeit wurden die Geschworenengerichte durch die Rechtsprechung der kaiserl. Beamten im Kognitionsprozeß verdrängt. Als Strafen für Verbrecher geringen Standes kamen nun auch Bergwerksarbeit und der Schwertkampf in der Arena in Betracht.

### Die Renaissance des römischen Rechts

In der westl. Reichshälfte setzte sich der Verfall der Rechtskultur nach dem Zusammenbruch der röm. Staatsmacht in den german. Nachfolgestaaten während des ganzen früheren MA. fort. Auch im Griechisch sprechenden Byzantin. Reich vermochte man von der fast ganz lateinisch abgefaßten Gesetzgebung JUSTINIANS keinen rechten Gebrauch zu machen. Die Texte waren aber im Westen erhalten geblieben, wurden seit dem 11. Jh. wieder benutzt und seit Anfang des 12. Jh. in Bologna und in anderen italien. und südfrz. Städten zum Gegenstand eines aufblühenden Rechtsunterrichts gemacht (→Glosse 5). Das justinian. r. R. wurde im ganzen lat. Europa bekannt und fand als gemeines Recht zunehmend Eingang in die Geschäfts-, Rechts- und Gerichtspraxis (→Rezeption 4).

P. KOSCHAKER: Europa u. das r. R. (⁴1966); F. WIEACKER: Röm. Rechtsgesch., auf mehrere Bde. ber. (1988 ff.); M. KASER: Röm. Privatrecht (¹⁵1989); W. KUNKEL: Röm. Rechtsgesch. (¹²1990).

## Römisches Reich, lat. Imperium Romanum.

Das R. R. umfaßte in seiner größten Ausdehnung unter TRAJAN 116 n. Chr. alle Länder des weiteren Mittelmeergebietes und reichte am Rhein mit Südwest-Dtl. und Teilen des Rheinlandes und an der Donau mit Dakien (Rumänien) weit in den europ. Kontinent hinein, bezog England (nicht Schottland) ein und reichte im Osten bis zum Pers. Golf und zum Kasp. Meer. In der Röm. Republik war ›Imperium‹ (Befehlsgewalt) v. a. der Herrschaftsbereich der Römer, der seit dem Ende des 2. Jh. v. Chr. mit dem Erdkreis gleichgesetzt wurde. Dieser röm. Herrschaft unterlagen neben den Latinern v. a. die mit Rom föderierten Staaten der Apenninhalbinsel, deren Bürger erst 88 v. Chr. das volle röm. Bürgerrecht erhielten. Bis dahin galten sie wie die Bewohner der Provinzen als Ausländer (Peregrini). – Für die Verwaltung Roms und Italiens standen außer den beiden Konsuln Prätoren, Ädilen, Quästoren und Zensoren zur Verfügung. Bei Notständen konnte für ein halbes Jahr ein Diktator ernannt werden.

*Verwaltung der außeritalischen Gebiete:* Die nach dem 1. Pun. Krieg erworbenen außerital. Herrschaftsgebiete wurden meist in der Form einer Provinz verwaltet: 227 v. Chr. Sizilien sowie Sardinien mit Korsika; 197 Hispania citerior und ulterior (Spanien); 146 Makedonien, Achaea (Griechenland), Africa; 133 Asia (Kleinasien); 120 Gallia Narbonensis (Provence); 88 (?) Gallia Cisalpina (Oberitalien); 74 Bithynien und Pontos, Kyrene; 67 Kreta; 64 Kilikien, Syrien; 58 Zypern. Die Prov. unterstand einem röm. Militärbefehlshaber (Prätor oder Proprätor, später auch Prokonsul), der auch die Rechtsprechung ausübte, und unterlag der Besteuerung durch Rom. Dem Prätor war ein Quästor (in Sizilien zwei) für die Rechnungsführung beigegeben. Die Einziehung der Steuern erfolgte gewöhnlich durch röm. Steuerpächter, die meist wie die Händler und Bankiers in den Provinzen der Schicht der Ritter (→ Equites) angehörten. Die von Rom abhängigen Staaten (innerhalb wie außerhalb einer Provinz) galten rechtlich meist als Bundesgenossen (Socii). Sie konnten durch einen zweiseitigen, beschworenen Vertrag (Foedus) oder (öfter) durch eine einseitige Erklärung des Senats Bundesgenossen Roms werden. Die Autonomie der provinzialen Bündner wurde jedoch seit dem 2. Jh. v. Chr. durch röm. Provinzialordnungen (Leges provinciae) immer mehr eingeschränkt. Gegen Übergriffe der Statthalter konnten die Bundesgenossen den Senat anrufen. 149 v. Chr. wurde ein ständiger Gerichtshof zur Untersuchung von Erpressungen (Quaestio de rebus repetundis) geschaffen, der erst mit Senatoren, seit 123 mit Rittern, seit SULLA wieder mit Senatoren und seit 70 v. Chr. gemischt mit Senatoren, Rittern und Ärartribunen (Plebejern mit dem höchsten Zensus) besetzt wurde. Wirkungsvoller war das Eintreten röm. ›Patroni‹ für ihre nichtröm. Klienten (→Patronat 1).

Die Bedrohung des Imperiums durch die Seeräuber und durch MITHRIDATES VI. VON PONTOS, später auch die Furcht vor den Galliern, führten zur Schaffung außerordentl. Militärkommandos (74 für MARCUS ANTONIUS, 67 und 66 für POMPEIUS, 59 für CAESAR) und zur Ausbildung eines großen militär. Verwaltungsapparates neben der senator. Verwaltung. Unter AUGUSTUS erfolgte dann eine Teilung der Provinzen zw. Senat und Princeps. Die ›kaiserl.‹ Provinzen wurden von senator. Legaten (›legati pro praetore‹) prätor. oder konsularen Ranges, Ägypten und einige kleinere Provinzen von ritterl. Präfekten (später auch Prokuratoren) verwaltet, die senator. Provinzen wie in der Republik durch Promagistrate (Prokonsuln oder Proprätoren). Die Truppen unterstanden seits senator. Legaten, teils ritterl. Präfekten. Das Privatvermögen des Princeps in Italien und in den Provinzen und z. T. auch die Steuern wurden von kaiserl. Hausbeamten, Prokuratoren (Rittern und Freigelassenen) verwaltet. Es entstand so neben der senator. eine ritterl. Laufbahn. Im 3. Jh. n. Chr. verdrängten dann im Heer und in der Provinzialverwaltung zunehmend ritterliche die senator. Beamten. Die Zahl der Provinzen stieg in der Prinzipatszeit auf mehr als das Doppelte, unterlag allerdings starken Schwankungen.

*Vereinheitlichung des Reiches:* Die Anwesenheit röm. Truppen und röm. Geschäftsleute, die röm. Rechtsprechung, Bürgerrechtsverleihungen an einzelne Provinziale und die Anlage von Kolonien bewirkten schon in der Republik in den westl. Provinzen eine allmähl. Romanisierung, die durch die Bürgerrechtspolitik von CAESAR und AUGUSTUS, später auch von CLAUDIUS stark gefördert wurde. Im Osten blieb dagegen das Griechische bestimmend. Die ›Hellenen‹ waren eine privilegierte Schicht. Das Reich wurde zweisprachig. Unter AUGUSTUS wurde das Imperium zu einer geograph. Einheit, die in dem göttlich verehrten Kaiser eine monarch. Spitze erhielt. Römer und Provinziale galten bald gleichermaßen als Untertanen des Kaisers (der Begriff ist der Republik fremd). Das Zusammenwachsen des Reiches wurde durch die Rechtspolitik der Kaiser noch gefördert. Das Kaiserrecht galt im ganzen Reich. Das gewohnheitsmäßige Edikt des Statthalters wurde 130 n. Chr. in abschließender Form kodifiziert. Das Gefühl der Reichszugehörigkeit wurde durch die Befriedungspolitik der Kaiser und durch die von ihnen sehr favorisierte Urbanisierung weiter verstärkt. Während sie im Osten griech. Städte gründeten oder neu gründeten, trat im Westen neben die Anlage von Kolonien röm. oder latin. Rechts die Erhebung peregriner Gemeinden zu röm. oder latin. Munizipien mit umfangreichen, von Rom erlassenen Stadtrechtsordnungen (z. B. der neugefundenen Lex Irnitana, einer Stadtrechtsinschrift aus flav. Zeit). Einen gewissen Abschluß erfuhr die Vereinheitlichung des Reiches aber erst durch die Verleihung des röm. Bürgerrechts an alle Reichsangehörigen durch die →Constitutio Antoniniana des Kaisers CARACALLA (212 n. Chr.).

*Spätantike:* Unter DIOKLETIAN wurde die Trennung in kaiserl. und senator. Provinzen aufgehoben und die Sonderstellung Italiens (zu dem seit 42 v. Chr. auch Oberitalien gehörte) beseitigt. Die Zahl der Provinzen wurde durch Einbeziehung Italiens und durch Teilungen auf etwa 100 erhöht. Sie unterstanden meist ritterl. Statthaltern (Praesides), in Italien jedoch senator. Beamten (für Asia, Africa und Achaea wurden weiter Prokonsuln bestellt), und wurden in 12 (später 15) Diözesen zusammengefaßt, die den Vicarii (den weitgehend selbständigen Stellvertretern der Prätorianerpräfekten) unterstellt waren. Die Diözesen wiederum wurden in vier (zeitweise drei) Präfekturen zusammengefaßt: Oriens, Illyricum, Italia (et Africa), Galliae. Die Zivilverwaltung wurde von der Militärverwaltung strikt getrennt. Die etwa 60 Legionen des Grenzheeres (Limetanei) unterstanden nicht den Provinzstatthaltern, sondern ritterl. Duces. Daneben schuf DIOKLETIAN ein mobiles Feldheer (Comitatenses) und KONSTANTIN D. GR. eine Palastgarde (Palatini). Die Prätorianerpräfekten wurden unter KONSTANTIN reine Zivilbeamte, ihre militär. Funktionen übernahmen die Heermeister (Magistri militum), die sich im 5. Jh. oft als Kaisermacher betätigten. Die Präfekturengliederung und die Gründung Konstantinopels begünstigten die Reichsteilungen und das Auseinanderfallen des R. R. (→römische Geschichte). An die Tradition Westroms knüpften KARL D. GR. und die dt. Könige seit OTTO I. an (→Heiliges Römisches Reich, →Kaiser).

J. MARQUARDT: Röm. Staatsverwaltung, 3 Bde. (²1881–85, Nachdr. New York 1975); T. MOMMSEN: Röm. Staatsrecht, 5 Tle. (³1887–88, Nachdr. 1971); O. HIRSCHFELD: Die kaiserl. Verwaltungsbeamten bis auf Diocletian (²1905, Nachdr. 1975); F. F. ABBOT u. A. C. JOHNSON: Municipal administration in the Roman Empire (Princeton, N. J., 1926, Nachdr. New York 1968); A. HEUSS: Die völkerrechtl. Grundl. der röm. Außenpolitik in republikan. Zeit (1933, Nachdr. 1968); F. VITTINGHOFF: Röm. Kolonisation u. Bürgerrechtspolitik unter Caesar u. Augustus (1952); W. DAHLHEIM: Struktur u. Entwicklung des röm. Völkerrechts im dritten u. zweiten Jh. vor Chr. (1968); ders.: Gewalt u. Herrschaft. Das provinziale Herrschaftssystem d. röm. Republik (1977); D. NÖRR: Imperium u. Polis in der hohen Prinzipatszeit (²1969); H. GALSTERER: Herrschaft u. Verwaltung im republikan. Italien (1976); H. WOLFF: Die Constitutio Antoniniana u. der Papyrus Gissensis 40, 2 Tle. (Diss. Köln 1976); W. ECK: Die staatl. Organisation Italiens in der hohen Kaiserzeit (1979); A. N. SHERWIN-WHITE: The Roman citizenship (Oxford ²1980); T. D. BARNES: The new empire of Diocletian and Constantine (Cambridge, Mass., 1982); Stadt u. Herrschaft, hg. v. F. VITTINGHOFF (1982); T. HANTOS: Das röm. Bundesgenossensystem in Italien (1983); G. WEBSTER: The Roman imperial army of the first and second centuries A. D. (London ³1985, Nachdr. ebd. 1987); A. D'ORS: La Ley Flavia municipal. Texto y commentario (Rom 1986); J. GONZALES: The lex Irnitana, in: Journal of Roman Studies, Jg. 76 (London 1986).

**Römische Verträge,** am 25. 3. 1957 im Zeichen der europ. Einigungsbemühungen in Rom von den Regierungschefs und Außenministern Belgiens, der Bundesrep. Dtl., Frankreichs, Italiens, Luxemburgs und der Niederlande unterzeichnete Verträge. Sie begründeten die →Europäische Wirtschaftsgemeinschaft und die →Europäische Atomgemeinschaft.

**römische Ziffern,** die im alten Rom bis ins christl. Spät-MA. hinein, heute nur noch für ganz wenige Zwecke gebräuchl. Zahlzeichen.

| | | | |
|---|---|---|---|
| I = 1 | IX = 9 | XXX = 30 | CC = 200 |
| II = 2 | X = 10 | XL = 40 | CCC = 300 |
| III = 3 | XI = 11 | L = 50 | CCCC oder |
| IV = 4 | usw. | LX = 60 | CD = 400 |
| V = 5 | XX = 20 | LXX = 70 | D = 500 |
| VI = 6 | XXI = 21 | LXXX = 80 | DC = 600 |
| VII = 7 | usw. | XC = 90 | M = 1 000 |
| VIII = 8 | XXIX = 29 | C = 100 | MCM = 1 900 |

Die Römer schrieben 50 auch als ↓, ⌄ oder ⊥, 500 als ᴅ oder ᴆ, 1 000 als ∞ oder ⊂ı⊃, 10 000 als ⊕ oder ⊂ıı⊃, 100 000 als ⊛ oder ⊂ııı⊃. Erst das 1. Jh. v. Chr. verschriftete allmählich ⊂ı⊃ zu M (Anfangsbuchstabe von Lat. mille, ›tausend‹), vielleicht in Anlehnung an das Zeichen für 100, das als Anfangsbuchstabe von centum (hundert) gedeutet werden konnte.

Bei der heutigen Verwendung von r. Z. dürfen höchstens drei gleiche Zahlzeichen I, X oder C hintereinandergeschrieben werden (also z. B. CD und nicht CCCC). Auch darf vor einem Zahlzeichen immer nur ein kleineres stehen (nicht IIC, sondern XCVIII; nicht IXC, was als 89 oder 91 gelesen werden könnte, sondern LXXXIX oder XCI). Diese subtraktive Schreibweise gab es bei den Römern nur ansatzweise; sie wurde erst später eingeführt.

K. MENNINGER: Zahlwort u. Ziffer. Eine Kulturgesch. der Zahl, 2 Bde. (²1958, Nachdr.); J. TROPFKE: Gesch. der Elementarmathematik, Bd. 1 (⁴1980); G. IFRAH: Universalgesch. der Zahlen (a. d. Frz., Neuausg. 1989).

**Römisch-Germanisches Zentralmuse|um,** vom Gesamtverein der dt. Geschichts- und Altertumsvereine 1852 in Mainz gegründetes Museum zur Erfassung der wichtigsten Funde der europ. Vor- und Frühgeschichte (Originale, Nachbildungen, Modelle); Forschungsinstitut mit Verlag, Bildarchiv, Werkstätten, naturwissenschaftl. Laboratorien.

**römisch-irisches Bad, türkisches Bad,** ein →Heißluftbad für den gesamten Körper in Verbindung mit einem →Dampfbad. Das r.-i. B. besteht gewöhnlich aus drei Räumen. Der Badende geht zuerst etwa 20 Minuten in den Warmluftraum (40–50 °C), dann 10 Minuten in den Heißluftraum (60–70 °C), schließlich 15–20 Minuten in den Dampfraum (45–50 °C). Nach dem Aufenthalt im Dampfraum soll der Körper zunächst durch eine kühlende Dusche oder ein zimmerwarmes Tauchbad abgekühlt werden, danach etwa halbstündige Liegepause.

Das r.-i. B. ist eine angreifende Behandlungsart, weil die heiße Luft eingeatmet werden muß und der Kopf nicht gekühlt wird. Durch Blutandrang entstehen Kreislaufstörungen. Daher ist es bes. bei Kreislaufkranken nur nach Anweisung des Arztes erlaubt.

**römisch-katholische Kirche,** →katholische Kirche.

**Römisch-Katholische Staatspartei,** Abk. **RKSP,** frühere niederländ. Partei, 1926 aus einer Umstrukturierung des Allgemeinen Verbandes Röm.-

**Romm** Rommé – Romulus

Kath. Wählervereinigungen hervorgegangen, setzte sich v. a. für die Gleichstellung der Katholiken innerhalb der niederländ. Gesellschaft ein. Bis 1939 größte Partei, war die RKSP in Koalition mit der Anti-Revolutionären Partei und der Christlich-Histor. Union, den prot. Hauptparteien, ab 1939 auch mit den Sozialdemokraten, in fast allen Kabinetten vertreten und stellte mit ihrem langjährigen Vors. C. RUYS DE BEERENBROUCK mehrfach den MinPräs. 1945 ging sie in der → Katholischen Volkspartei 2) auf.

**Rommé** [rɔˈmeː, ˈrɔme:; französisierende Bildung zu engl. rummy] *das, -s/-s,* Kartenspiel für meist 3–5 Teilnehmer, das mit zwei frz. Kartenspielen zu je 52 Blatt und sechs Jokern, die jeden Kartenwert ersetzen können, gespielt wird. Ziel ist es, die zu Beginn ausgeteilten 13 Karten durch Aufnehmen neuer Karten und Ablegen unbrauchbarer Karten ›Sequenzen‹ (Folgen) von mindestens einer Farbe und ›Sätze‹ (Pasch) von gleichen Karten unterschiedlicher Farben zu bilden. Gewinner ist der Teilnehmer, der zuerst alle Karten abgelegt hat.

**Rommel,** Erwin, Generalfeldmarschall (seit 1942), * Heidenheim an der Brenz 15. 11. 1891, † (Selbstmord) Herrlingen (heute zu Blaustein) 14. 10. 1944; führte im Zweiten Weltkrieg seit Febr. 1941 das dt. Afrikakorps, mit dem er im Sommer 1942 bis El-Alamein (Ägypten) vordrang. Von Jan. bis März 1943 war R. Oberbefehlshaber der Heeresgruppe Afrika, von Dez. 1943 bis Juli 1944 der Heeresgruppe B in N-Frankreich. Die bewegl. Führung seiner Panzerkräfte in Afrika fand allg. Beachtung (›Wüstenfuchs‹). R., der lange das bes. Vertrauen HITLERS genoß, sympathisierte seit Frühjahr 1944 mit der militär. Widerstandsbewegung, war aber nicht aktiv an der Verschwörung vom 20. Juli 1944 beteiligt. Von HITLER jedoch in diesem Zusammenhang verdächtigt, zwang ihn dieser zum Selbstmord.

R. LEWIN: R. (a. d. Engl., 1969); D. IRVING: R. Eine Biogr. (a. d. Engl., Neuausg. 1990).

Erwin Rommel

**Rommerskirchen,** Gem. im Kr. Neuss, NRW, 74 m ü. M., (1991) 11 400 Ew.; Metall- und Kunststoffindustrie, ertragreiche Landwirtschaft.

**Romney** [ˈrɔmnɪ], George, engl. Maler, * Dalton-in-Furness (Cty. Cumbria) 15. 12. 1734, † Kendal (Cty. Cumbria) 15. 11. 1802; ging 1762 nach London, wo er als Maler eleganter Porträts in klassizistischer Auffassung neben J. REYNOLDS und T. GAINSBOROUGH großen Erfolg hatte. 1773–75 hielt er sich in Italien auf und studierte u. a. die Bilder RAFFAELS. Sein bekanntestes Modell war EMMA HART, die spätere Lady HAMILTON.

**Rømø** [ˈrœmø:], dän. Insel, → Röm.

**Romont (FR)** [rɔˈmõ friˈbuːr], Hauptort des Bez. La Glâne im Kt. Freiburg, Schweiz, (1990) 3 500 Ew.; Altstadt auf einem Sporn über der Glâne, 780 m ü. M., neue Wohn- und Industrieviertel am unteren Fuß. – Das 1250 gegründete R. wurde in den Burgunderkriegen 1476 von Freiburg und Bern erobert. 1536 stellte sich die Stadt unter den Schutz Freiburgs und wurde Landvogtei des Freiburger Stadtstaats. – R. wird überragt von zwei mächtigen mittelalterl. Rundtürmen und der Burg (13. Jh.; heute schweizer. Museum für Glasmalerei). In der got. Stadtkirche Notre-Dame-de-l'Assomption hervorragende Glasmalereien (15. Jh.).

**Romontsch,** einheim. Bez. für → Bündnerromanisch.

**Rompler von Löwenhalt, Rumpler von Löwenhalt,** Jesaias, Dichter, * Dinkelsbühl 18. 6. 1605, † vermutlich Mömpelgard (heute Montbéliard) 1674; stand in bad. und württemberg. Diensten; gründete 1633 die ›Aufrichtige Gesellschaft von der Tannen‹, in der nat., kulturelle und moral. Ideale gefördert werden sollten; 1645 als ›Der Freie‹ in P. VON ZESENS ›Deutschgesinnte Genossenschaft‹ aufgenommen. Seine Lyrik umfaßt vorwiegend religiöse und weltl. Lehr- sowie höf. Gelegenheitsdichtung.

Ausgabe: Des J. R.s v. L. erstes Gebüsch seiner Reim-Getichte (1647, Nachdr. 1988).

**Römpp,** Hermann, Chemiker, * Weiden (heute zu Dornhan) 18. 2. 1901, † ebd. 24. 4. 1964; Lehrer in Stuttgart und Ludwigsburg. R. verfaßte zahlreiche populärwissenschaftliche Werke über Chemie (u. a. ›Chemie des Alltags‹, 1936; ›Spurenelemente‹, 1954; ›Wuchsstoffe‹, 1958; ›Isotope‹, 1963). Bes. bekannt wurde sein ›Chemie-Lexikon‹ (11 Lfg., 1947–48), ab der 7. Auflage (6 Bde., 1972–77) in Bearbeitung O.-A. NEUMÜLLERS u. d. T. ›R.s Chemie-Lex.‹, zuletzt hg. v. J. FALBE u. M. REGITZ ($^9$1989 ff.).

George Romney: Lady Hamilton; um 1785 (San Marina, Calif., Art Collections, Huntington Library)

**Romsdal** [ˈrumsdaːl], Gebirgstal in den Prov. (Fylker) Møre og Romsdal und Opland, W-Norwegen; durchflossen von der im Dovrefjell entspringenden **Rauma** (68 km lang). Das R. setzt sich in dem verzweigten **R.-Fjord** fort. Es wird beherrscht von steil aufragenden Bergen (**R.-Horn,** 1 550 m ü. M.; Trolltindane, 1 795 m ü. M.). Am Talausgang liegt Åndalsnes. Durch das R. führt die Raumatalbahn.

**Romsey** [ˈrʌmzɪ], Stadt in der Cty. Hampshire, England, (1981) 12 900 Ew.; mit gut erhaltener Abteikirche eines ehem., im 10. Jh. gegründeten Nonnenklosters; der rein normann. Bau aus dem 12. Jh. wurde auf Vorgängerbauten des 10. und 11. Jh. (Reste) errichtet.

**Romuald, R. von Camaldoli,** Stifter der → Kamaldulenser, * Ravenna um 952, † als Einsiedler bei dem Kloster Val di Castro (bei Fabriano) 19. 6. 1027; war zuerst Benediktiner im Kloster von Sant'Apollinare in Classe bei Ravenna, wählte dann das Einsiedlerleben. Seit etwa 990 gründete er viele Einsiedlerkolonien in Oberitalien, darunter Camaldoli (heute zu Poppi, Prov. Arezzo). – Heiliger (Tag: 19. 6.).

**Romulus,** der sagenhafte Gründer Roms. R. und **Remus** waren Zwillingssöhne des Mars und der Rhea Silvia, der Tochter des Königs Numitor von Alba Longa, den sein Bruder Amulius des Thrones beraubt hatte. Amulius ließ die Neugeborenen aussetzen, sie wurden jedoch von einer Wölfin gesäugt und von dem Hirten Faustulus aufgezogen. Bei der Gründung Roms erschlug R. seinen Bruder im Streit, weil dieser spottend den entstehenden Mauerring übersprungen hatte. Auf R. führten die Römer die Grundlagen der polit. und militär. Verfassung ihrer Stadt zurück. R. wurde ermordet oder nach einer anderen Version in den Himmel entrückt. Später wurde der vergöttlichte R. dem Quirinus gleichgesetzt. – AUGUSTUS gab R. einen Platz im Giebelfeld seines Mars-Ultor-Tempels auf dem Augustusforum (bezeugt auf dem Relief der Ara Pietas, 43 n. Chr.) sowie als R. Quirinus am Marstempel auf dem Quirinal. Die Kinderplastiken R. u. Remus stammen erst aus dem 16. Jh. (→ Kapitolinische Wölfin).

G. RADKE: Die Götter Altitaliens ($^2$1979); E. SIMON: Die Götter der Römer (1990).

**Romulus** [nach dem Einleitungsbrief eines gewissen Romulus], **Aesopus Latinus,** Titel einer lat. Fabelsammlung in Prosa, die etwa 400 n. Chr. nach einer in dieser Zeit noch vollständigeren Ausgabe des PHAEDRUS geschaffen wurde und stark auf das MA. und bis in die Neuzeit hinein gewirkt hat.

**Romulus Augustus,** gen. **Augustulus** (›Kaiserchen‹, wegen seiner Jugend), weström. Kaiser (475–476), † nach 507/511; wurde als Kind von seinem Vater, dem Patricius und Magister militum ORESTES, gegen den amtierenden Kaiser IULIUS NEPOS (474–475, †480) in Ravenna zum Kaiser ausgerufen (31. 10. 475). Nach der Ermordung seines Vaters (28. 8. 476) und der Einnahme Ravennas (4. 9. 476) durch den german. Heerführer ODOAKER wurde er von diesem abgesetzt und auf ein Landgut des LUCULLUS bei Neapel verbannt. Damit endete das weström. Kaisertum, obwohl der nach Dalmatien geflohene rechtmäßige Kaiser NEPOS seinen Anspruch auf Rückkehr bis zu seiner Ermordung aufrechterhielt.

**Roncador, Serra do R.** [-du-], Höhenzug im brasilian. Staat → Mato Grosso.

**Roncalli,** nach A. G. RONCALLI, dem späteren Papst JOHANNES XXIII. (dem heitere Gelassenheit nachgesagt wird), benanntes Zirkusunternehmen. Die Gründung (Premiere 18. 3. 1976) geht auf Initiative des Wiener Graphikers BERNHARD PAUL (* 1947) und A. HELLERS zurück. Durch Rückgriffe auf Theater und Varieté sollten dem Zirkus neue poet. Impulse verliehen werden. Trotz großer Publikumserfolge scheiterte das Unternehmen. Mit modifizierter Konzeption (Verbindung von Poesie und zirzens. Perfektion) gründete B. PAUL 1980 in Köln R. erneut.

**Roncalli,** Angelo Giuseppe, Papst → Johannes XXIII.

**Roncesvalles** [rɔnθezˈβaʎes], frz. **Roncevaux** [rɔ̃səˈvo], baskisch **Orreaga,** Dorf in Navarra, Spanien, 981 m ü. M., in den W-Pyrenäen, (1986) 115 Ew.; Wallfahrtsort mit Augustinerabtei, gegr. 1130 zur Betreuung der Jakobspilger, die jahrhundertelang über den Paß von R. (auch Ibañeta-Paß, 1 057 m ü. M.) nach Santiago de Compostela zogen. – Am Paß von R. wurde 778 der Nachhut des Heeres KARLS D. GR. auf dem Rückzug von der Belagerung des arab. Saragossa vom Heer der Basken, Asturier und Navarresen aus Rache für die Zerstörung Pamplonas vernichtet. Obwohl ohne Beteiligung der Araber vernichtet, lieferte dieser Kampf den Stoff für das → Rolandslied. – In der Stiftskirche Santa María (1219 geweiht) Marienskulptur ›Virgen de Roncesvalles‹ (um 1300); got. Wallfahrtskirche Sancti Spiritus (1. Hälfte 12. Jh.) mit Krypta an der Stelle, an der KARL D. GR. für ROLAND und seine Getreuen ein Grab errichten ließ.

**Ronchamp** [rɔ̃ˈʃã], Gem. im Dép. Haute-Saône, Frankreich, nordwestlich von Belfort in der Burgund. Pforte, (1990) 3 100 Ew. – Bei R. die Wallfahrtskirche Notre-Dame-du-Haut, 1950–54 von LE CORBUSIER in eigenwilligen Formen aus Stahlbeton errichtet.

**Ronconi** [rɔŋˈkoːni], Luca, italien. Regisseur, * Sousse 8. 3. 1933; zunächst Schauspieler; seit 1963 eigene Inszenierungen; seit 1989 Direktor des Teatro Stabile in Turin. R. ist neben G. STREHLER Italiens bedeutendster Theaterregisseur; zu seinen großen Erfolgen gehören u. a.: ›Orlando furioso‹ (1968/69; nach L. ARIOSTOS Epos), die ›Orestie‹ des AISCHYLOS (1972), ›Der Ring des Nibelungen‹ (1981) von R. WAGNER, ›Die letzten Tage der Menschheit‹ von K. KRAUS (1990).

F. QUADRI: Il rito perduto. L. R. (Turin 1973).

**Ronda,** Stadt in der Prov. Málaga, S-Spanien, im andalus. Bergland, in maler. Lage auf einem Plateau am N-Fuß der Serranía de Ronda, beiderseits einer vom Guadalevin rd. 160 m tief eingeschnittenen Schlucht (›Tajo‹), 850 m ü. M., (1986) 31 500 Ew.; Land- und Forstwirtschaftszentrum, Möbelfabrikation, Kunsthandwerk (besonders Schmiedearbeiten), Pferde- und Stierzucht; Fremdenverkehr. – In der Altstadt Ruinen der maur. Alcazaba (1808 gesprengt); Reste der arab. Mauern mit drei Toren; in der Kirche Santa María la Mayor de la Encarnación (1485) ist eine reichverzierte Mihrab aus dem Vorgängerbau erhalten; maur. Minarett von San Sebastián; got. Kirche Espiritu Santo (Ende des 15. Jh.); arab. Bäder (um 1300), Paläste Casa del Gigante (14. Jh.), Casa del Rey Moro (1042), Palacio del Marqués de Salvatierra, Casa de los Guerreros de Escalante. In der Neustadt die älteste Stierkampfarena Spaniens (1785; 66 m Durchmesser).

**Rondane** *Pl.,* Gebirgsgruppe in S-Norwegen, südöstlich des Dovrefjell; erreicht im Rondslottet 2 178 m ü. M. Der R.-Nationalpark (575 km$^2$) wurde 1962 eingerichtet.

**Ronde** [ˈrɔndə, ˈrɔ̃də, frz. rɔ̃d; frz., zu rond ›rund‹] *die, -/-n,* runde Metallplatte, die entweder aus Blechen ausgestanzt oder -geschnitten bzw. von einem Rundstab abgesägt und umformend weiterverarbeitet wird. Als R., Platte oder Schrötling wird z. B. in der → Münztechnik die noch ungeprägte Münzscheibe bezeichnet.

**Ronchamp:** Wallfahrtskirche Notre-Dame-du-Haut von Le Corbusier; 1950–54

**Rondeau** [rɔ̃ˈdoː, frz.] *das, -s/-s,* **1) Rondel** [rɔ̃ˈdɛl], ein vom 13. bis 15. Jh. verbreitetes frz. Rundtanz-[Reigen-]Lied mit Refrain, das wahrscheinlich wechselweise vom Vorsänger und vom Chor (Refrain) vorgetragen wurde. Es war zunächst sechszeilig, wurde durch Voranstellung des Refrains achtzeilig und zeigt folgenden Vers- und musikal. Aufbau: ABaAabAB (große Buchstaben = Refrainzeile, gleiches Lautzeichen = gleiche Musik). Im 15. Jh. wurde bei unveränderter musikal. Anlage der Text bis auf 16 (R. simple) oder 21 Zeilen (R. double) erweitert. R.s wurden wie die verwandten Refrainformen → Ballade und → Virelai bes. im höf. Umkreis gepflegt, seit dem 13. Jh. auch mehrstimmig vertont, seit dem 14. Jh. im → Kantilenensatz mit einer Singstimme (in der Oberstimme) und zwei oder drei Instrumentalstimmen. Sie sind bis um 1400 überliefert, u. a. von ADAM DE LA HALLE, GUILLAUME DE MACHAULT, im 15. Jh. von den Komponisten G. DUFAY, G. BINCHOIS, A. BUSNOIS und J. OCKEGHEM. Literarisch wurde das R. im 16. und 17. Jh. u. a. von J. FISCHART, G. R. WECKHERLIN, P. VON ZESEN, im 19. Jh. von A. DE MUSSET, T. DE BANVILLE und S. MALLARMÉ wieder aufgegriffen.

F. GENNRICH: R., Virelais u. Balladen, 3 Bde. (1921–63); ders.: Grundr. einer Formenlehre des mittelalterl. Liedes als Grundl. einer musikal. Formenlehre des Liedes (1932, Nachdr. 1970); Rondeaux et refrains du XII$^e$ siècle au début du XIV$^e$, hg. v. N. H. J. VAN DEN BOOGAARD (Paris 1969).

2) → Rondo.

**Rondẹll** [frz. rondelle ›runde Scheibe‹, zu lat. rotundus ›rund‹] *das, -s/-e,* **1)** *allg.:* runder Platz. **2)** *Gartenbau:* rundes Zierpflanzenbeet.

**Rondẹllus** [mlat.] *der, -,* eine mehrstimmige mittelalterl. Kompositionsart, die in England seit dem 12. Jh. belegt ist. Das Prinzip des R. ist der →Stimmtausch: abschnittweise wiederholen zwei oder drei gleichzeitig einsetzenden Stimmen die gleiche Melodie, wie es z. B. der Pes des engl. ›Sommer-Kanons‹ (13. Jh.) zeigt. Das Verfahren ist dem →Kanon ähnlich.

**Ronde Venen, De R. V.** [-'ve:nə], Gem. in der Prov. Utrecht, Niederlande, im Kern der Randstad Holland, (1990) 31 200 Ew.; Viehzucht, kleine Industriebetriebe. – Am 1. 1. 1989 gebildet aus Mijdrecht und weiteren Orten.

**Rondo** [italien., zu rondo ›rund‹] *das, -s/-s,* frz. **Rondeau** [rɔ̃'do:], eine Reihungsform, die vorwiegend in der Instrumentalmusik, aber auch in Vokalwerken vorkommt. Das R. besteht aus einem einprägsamen, später mehrmals unverändert wiederkehrenden Anfangsteil (Refrain) und immer neuen eingeschobenen Zwischenteilen (Couplets). In dieser einfachen Form (schematisch: ABACADA...) entstand das Rondeau in der frz. Clavecin- und Opernmusik (L. und F. COUPERIN, J.-P. RAMEAU) und war im 17. und 18. Jh. v. a. in der →Suite sehr verbreitet. Die Couplets können zum Refrain kontrastieren, auch andere Tonarten berühren, oder aus ähnl. Material gestaltet sein. C. P. E. BACH, der die Bez. R. einführte, variiert nach den Refrain, verarbeitet dessen Motive weiter und gestaltet die Couplets teilweise frei und fantasieartig. In der Wiener Klassik zeigt sich das R., oft als heiter wirkender Schlußsatz benutzt (z. B. W. A. MOZART, Klavierkonzerte C-Dur KV 415 und B-Dur KV 450), von der →Sonatensatzform beeinflußt. Das so entstehende **Sonaten-R.** behandelt das erste Couplet wie ein zweites Thema, das zunächst in der Dominante und am Schluß in der Tonika erscheint; das zweite (mittlere) Couplet ähnelt der →Durchführung 2); oft beschließt eine Koda den Satz (ABA = Exposition, C = Durchführung, AB′A′ = Reprise). Das R. kann auch als Einzelform auftreten (F. SCHUBERT, F. MENDELSSOHN BARTHOLDY). Im Laufe des 19. Jh. verschwand es weitgehend aus den zykl. Instrumentalformen, fand jedoch im 20. Jh. unter neuen formalen Gesichtspunkten wieder stärkere Beachtung (G. MAHLER, A. SCHÖNBERG und A. BERG).

**Rondônia** [nach dem brasilian. General und Forscher CÂNDIDO MARIANO DA SILVA RONDON, * 1865, † 1958], bis 1956 **Guaporé,** Staat in Brasilien, an der bolivian. Grenze, 243 044 km², (1990) 1,125 Mio. Ew. (1950: 37 000, 1970: 111 100, 1980: 491 100); Hauptstadt ist Pôrto Velho. R. liegt im SW →Amazoniens und an der N-Abdachung des Brasilian. Berglandes (auf den Hochflächen finden sich Campos cerrados); Zinnerzabbau (seit 1958; Seifenlagerstätten), Goldgewinnung; Holzeinschlag, Waldsammelwirtschaft (Kautschuk, Paranüsse). Seit 1975 wurden zahlreiche staatl. Agrarkolonisationsprojekte (bes. für Kleinbauern) durchgeführt, v. a. an der Straße von Cuiabá nach Pôrto Velho; Anbau v. a. von Reis, Kakao, Kaffee, Mais, Maniok. Durch die außerordentlich starke Zuwanderung (in den 70er Jahren über 250 000, 1981–84 über 360 000 Menschen), v. a. aus Zentral-, S- und SO-Brasilien, entstanden spontane Niederlassungen, die die Schutzgebiete für Indianer (rd. 25 000 km²) bedrohen. Die Mamoré-Madeira-Bahnlinie (zur Umgehung von Stromschnellen) von Guajará-Mirim nach Pôrto Velho wurde bis 1913 für den Abtransport von Kautschuk angelegt. – R., 1943 aus Teilen der Bundesstaaten Amazonas und Mato Grosso gebildet, war bis 1981 Bundesterritorium.

M. COY: Regionalentwicklung u. regionale Entwicklungsplanung an der Peripherie in Amazonien (1988).

**Rong, Jung,** in der frühen chin. Kaiserzeit Bez. für die westl. Nachbarvölker Chinas, →Di 2).

**Rongpa,** Eigen-Bez. der →Lepcha.

**Rōnin** [chin.-japan.] *der, -/-s,* in der japan. Feudalzeit Bez. für →Samurai, die ihren Lehnsherren durch Tod verloren hatten oder freiwillig aus dessen Dienst geschieden oder aus ihm entlassen worden waren, ohne ein neues Dienstverhältnis eingehen zu können oder zu wollen. Meist verarmt, schlossen sich viele von ihnen zu Banden zusammen und beteiligten sich als eine Art Söldner an Aufständen und lokalen Auseinandersetzungen.

**Ronkalische Felder,** Ebene in der Emilia-Romagna, benannt nach dem Ort Roncaglia (heute zu Piacenza); im MA. Heerlager der Röm. Könige und Kaiser auf ihren Romzügen, auf denen sie Heerschau, Gericht und Reichstage abhielten.

**Ronkalischer Reichstag,** im Nov. 1158 auf den Ronkal. Feldern von FRIEDRICH I. BARBAROSSA abgehalten zur Neuorganisation der Reichsherrschaft in Italien. Durch eine Kommission von 28 Vertretern der lombard. Städte und der Bologneser Juristen ließ der Kaiser in Form eines Weistums die königl. Rechte (Regalien) feststellen.

**Rønne** ['rœnə], Hauptstadt und Hafen der dän. Insel Bornholm, (1988) 15 400 Ew.; Bornholmmuseum, Schiffahrtsschule; keram., fischverarbeitende Industrie, Werft, Granitausfuhr; Fremdenverkehr; Garnison; Fährverbindung mit Kopenhagen, Ystad, Travemünde, Saßnitz; Flugplatz. – Das vermutlich Ende des 13. Jh. entstandene R. wurde 1327 erstmals als Stadt urkundlich erwähnt.

**Ronneburg,** Stadt im Kr. Gera, Thüringen, (1990) 7 500 Ew.; Herstellung von Fahrzeugzubehör; Bauindustrie; 1950–91 Zentrum des ostthüring. Uranerzbergbaus, der zw. R. und Gera durch die sowjet.-dt. AG Wismut betrieben wurde. – Im Anschluß an eine gegen Ende des 12. Jh. erbaute Burg wurde die 1304 als ›Civitas‹ bezeichnete Stadt planmäßig angelegt. 1397 fielen Burg und Stadt an die Wettiner, die die Herrschaft verlehnten. 1826–1918 gehörte R. zum Herzogtum Sachsen-Altenburg.

**Ronnenberg,** Stadt im Kr. Hannover, Ndsachs., am südl. Stadtrand von Hannover, (1990) 20 800 Ew.; Druckindustrie, Landwirtschaftsbetriebe; der Kalibergbau erlosch 1975. – Das vermutlich zu merowing. Zeit angelegte R. erhielt nach Zusammenschluß mit sechs weiteren Gemeinden 1975 Stadtrecht. – Ev. Miachaeliskirche (1876 ff. über roman. Vorgängerbau).

**Ronneschelf|eis,** der Westteil des →Filchner-Ronne-Schelfeises, Antarktis.

**Ronsard** [rɔ̃'sa:r], Pierre de, frz. Dichter, * Schloß La Possonière (bei Couture-sur-Loir, Dép. Loir-et-Cher) 11. 9. 1524 oder 1525, † Kloster Saint-Cosmen-l'Isle (bei Tours) 27. 12. 1585; studierte u. a. bei J. DORAT Griechisch und Lateinisch und wurde bald zum Mittelpunkt des Kreises der →Pléiade, dessen

Pierre de Ronsard

Ästhetik sich an der antiken sowie der italien. Dichtung der Renaissance orientierte. Er verfaßte Oden (u. a. nach dem Vorbild von PINDAR, HORAZ und ANAKREON, ›Les quatre premiers livres des odes‹, 1550; ›Le cinquième des odes‹, 1553) u. a. Dichtungen in der Formensprache der Antike (›Les hymnes‹, 1555; ›Le second livre des hymnes‹, 1556; ›Églogues‹, hg. 1592, ›Élégies, mascarades et bergeries‹, 1565) sowie von F. PETRARCA inspirierte Sonettenzyklen (›Les amours‹, 1552; ›Continuation des amours‹, 1555, bekannter u. d. T. ›Les amours de Cassandre‹ und ›Les amours de Marie‹; ›Sonnets pour Hélène‹, 1578). Mit ›La Franciade‹ (1572, unvollendet) suchte er – in der Nachfolge HOMERS und VERGILS – das antike Epos wiederzubeleben und – durch den Mythos vom trojan. Ursprung des frz. Königtums – ein frz. Nationalepos zu schaffen. Als Hofdichter (1560–74) schrieb er Gelegenheitsgedichte zu höf. Feierlichkeiten; zugleich verfocht er die Interessen des frz. Königs gegenüber den Hugenotten (›Discours des misères de ce temps‹, 1562; ›Remonstrance au peuple de France‹, 1563). Nach der negativen Beurteilung der ›Pléiade‹ durch F. DE MALHERBE wurde R.s Dichtung durch die frz. Romantik (C.-A. SAINTE-BEUVE u. a.) und den Parnasse wiederentdeckt.

**Ausgaben:** Œuvres complètes, hg. v. P. LAUMONIER, 25 Tle. ($^{1-3}$1921–82); Œuvres complètes, hg. v. G. COHEN, 2 Bde. (Neuausg. 1976–78).
M. RAYMOND: L'influence de R. sur la poésie française (1550–1585), 2 Bde. (Paris 1927, Nachdr. New York 1971); P. DE NOLHAC: R. et l'humanisme (Neuausg. Paris 1966); D. STONE: R.'s sonnet cycles (New Haven, Conn., 1966); A. L. GORDON: R. et la rhétorique (Genf 1970); M. RAYMOND: Baroque et renaissance poétique. ... Quelques aspects de la poésie de R. (Paris $^3$1985).

**Rönsch,** Hannelore, Politikerin (CDU), * Wiesbaden 12. 12. 1942; Angestellte, seit 1983 MdB, wurde im Jan. 1991 Bundes-Min. für Familie und Senioren.

**Ronse,** frz. **Renaix** [rəˈnɛː], Stadt in der Prov. Ostflandern, Belgien, an der niederländ.-frz. Sprachgrenze, (1990) 24 000 Ew.; Textilindustrie, Herstellung von Berufsbekleidung. – Um ein im 7. Jh. gegründetes Kloster erwuchs die Ortschaft, die 1240 Stadtrecht erhielt.

**Ronstadt** [ˈrɔnstəd], Linda, amerikan. Rocksängerin, * Tucson (Ariz.) 15. 7. 1946; wurde mit ihrer ausdrucksstarken, bluesgefärbten Stimme in den 1970er Jahren auch in Europa zur führenden amerikan. Country-Rock-Sängerin (›That'll be the day‹, 1975; ›Blue bayou‹, 1977).

**Röntgen** [nach W. C. RÖNTGEN] *das, -s/-,* Einheitenzeichen **R,** nichtgesetzl. Einheit der Ionendosis (→ Dosis 2); 1 R = 258 µC/kg, 1 mR = 0,001 R.

**Röntgen,** Wilhelm Conrad, Physiker, * Lennep (heute zu Remscheid) 27. 3. 1845, † München 10. 2. 1923; Prof. in Hohenheim (1875), Straßburg (1876), Gießen (1879), Würzburg (1888) und München (1890). R. untersuchte u. a. den Kerr-Effekt, die Wärmeabsorption bei Wasserdampf sowie die physikal. Eigenschaften von Kristallen (Entdeckung des Piezomagnetismus). 1885 lieferte er den Nachweis für die elektromagnet. Wirkung der dielektr. Polarisation (R.-Strom). Am 8. 11. 1895 entdeckte R. bei Experimenten mit einer Kathodenstrahlröhre ›eine neue Art von Strahlen‹, die er X-Strahlen nannte, die später nach ihm benannten Röntgenstrahlen (→ Röntgenstrahlung). 1901 erhielt er den ersten Nobelpreis für Physik.

O. GLASSER: W. C. R. u. die Gesch. der Röntgenstrahlen ($^2$1959); H. OTREMBA: W. C. R. Ein Leben im Dienste der Wiss. (1965); W. C. R., hg. v. A. HERMANN (1973); W. BEIER: W. C. R. (Neuausg. Leipzig 1985).

**Röntgen|astronomie,** Teilgebiet der Astronomie, das sich mit der Untersuchung der von kosm. Objekten stammenden elektromagnet. Strahlung im Spektralbereich der Röntgenstrahlung bis hin zur Gammastrahlung befaßt, d. h. der Strahlung im Wellenlängenbereich von etwa 10 nm bis 0,002 nm, entsprechend Photonenenergien von etwa 100 eV bis 500 keV. Da die Erdatmosphäre in diesem Spektralbereich nicht durchlässig ist (→ astronomische Fenster), können entsprechende Beobachtungen nur in Höhen jenseits von etwa 120 km durchgeführt werden, so daß die R. erst beginnen konnte, als entsprechende Höhenraketen zur Verfügung standen; als ihr Geburtsjahr gilt 1949, das Jahr, in dem die Röntgenstrahlung der Sonne entdeckt wurde.

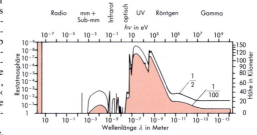

**Röntgenastronomie:** Absorption der aus dem Weltraum auf die Erde einfallenden elektromagnetischen Strahlung durch die Erdatmosphäre in Abhängigkeit von der Photonenenergie $h\nu$ ($h$ Plancksches Wirkungsquantum, $\nu$ Frequenz) bzw. von der Wellenlänge $\lambda$; eingezeichnet sind die Höhen, bis zu denen die Hälfte und bis zu denen $1/100$ der eingestrahlten Intensität gelangt; die linke Ordinate gibt den Anteil der oberhalb der jeweiligen Höhe noch vorhandenen Atmosphäre an

Die erste kosm. Röntgenquelle (Scorpius X-1 im Sternbild Skorpion) wurde 1962 entdeckt. Einen wesentl. Fortschritt der R. brachte der erste Röntgensatellit, → Uhuru, der 1970 gestartet wurde. Während bis dahin die gesamte Beobachtungszeit sich nur auf wenige Stunden belief, ermöglichte Uhuru erstmals eine vollständige Himmelsdurchmusterung, die zur Entdeckung von über 400 diskreten Röntgenquellen führte, darunter Röntgendoppelsterne (→ Röntgenstern) und Galaxienhaufen. Mit dem Start des Einstein-Observatoriums (1978, → HEAO) wurde erstmals ein → Röntgenteleskop in die Erdumlaufbahn gebracht, d. h. ein abbildendes Instrument, das aufgrund seiner guten Auflösung von einigen Bogensekunden (bis dahin bestenfalls Bogenminuten) und seiner großen Empfindlichkeit die Entdeckung von mehreren 1 000 weiteren Röntgenquellen ermöglichte. Einen vorläufigen Höhepunkt in der instrumentellen Entwicklung stellt der 1990 gestartete Röntgensatellit → ROSAT dar, von dessen Himmelsdurchmusterung mit einem Röntgenteleskop noch größerer Auflösung und Empfindlichkeit die Entdeckung etwa 100 000 weiterer Röntgenquellen erwartet wird.

Die Erzeugung von Röntgenstrahlen in kosm. Objekten setzt dort extreme Bedingungen voraus. In vielen Fällen entsteht sie als therm. Strahlung, wobei die Temperaturen $10^6$ bis $10^9$ Kelvin betragen (→ Schwarzer Strahler). Andere Mechanismen sind die → Synchrotronstrahlung extrem relativist. Elektronen und der inverse → Compton-Effekt, d. h. die Wechselwirkung relativist. Elektronen mit intensiven Photonenfeldern.

Durch die Entdeckung, daß nahezu alle gewöhnl. Sterne Röntgenquellen aussenden, änderte sich die Zielrichtung der R. grundlegend. Während sie sich früher auf einzelne exotische Objekte großer Temperatur und Energie konzentrierte, ist sie heute ein Teil der astronom. und insbesondere astrophysikal. Forschung im ganzen elektromagnet. Spektrum, die sich, vom langwelligen Radiowellenbereich über das sicht-

**Wilhelm Conrad Röntgen**

bare Licht bis zur hochenerget. Gammastrahlung mit Photonenenergien im TeV-Bereich, über mehr als sechzig Oktaven (→ Schwingung) erstreckt. Von bes. Interesse sind dabei Weiße Zwerge, Neutronensterne, Supernovaüberreste, normale und aktive Galaxien, Quasare, Galaxienhaufen sowie diffuse Röntgenstrahlung.

**Röntgen|aufnahme,** → Röntgenuntersuchung.

**Röntgenbehandlung, Röntgentherapie, Röntgenbestrahlung,** Form der → Strahlenbehandlung, die dosierte Anwendung von Röntgenstrahlen zu Heilzwecken.

Bei der **Röntgenreiztherapie** werden in größeren zeitl. Abständen niedrige Strahlendosen zur unspezif. Anregung der Körperabwehr und Umstimmungstherapie bei schmerzhaften Abnutzungserscheinungen der Wirbelsäule (z. B. Bandscheibenschäden) und der großen Körpergelenke eingesetzt, in Form der **Entzündungsbestrahlung** zur Bindegewebsaktivierung und Hemmung entzündl. Prozesse, z. B. bei Furunkeln, Schweißdrüsenabszessen. Haupteinsatzgebiet der R. ist die **Geschwulstbestrahlung**. Strahlenhärte und Auswahl des Bestrahlungsgerätes richten sich nach dem Sitz des Tumors, die Größe des Bestrahlungsfeldes nach der Ausdehnung und der Verbreitung eventueller Metastasen. Tiefliegende Tumoren werden in Form der →Hochvolttherapie behandelt; gegenüber der hierbei eingesetzten Energien von mehr als 1 MeV werden bei der konventionellen Tiefenbestrahlung mittelharte Strahlen von 200–300 keV, bei der Halbtiefentherapie von 80–150 keV eingesetzt. Zur Oberflächentherapie sind weiche Strahlen mit 20–60 keV, zur Behandlung von Hautveränderungen →Grenzstrahlen mit geringerer Energie geeignet. Gegenüber der punktuellen Bestrahlung räumlich begrenzter Veränderungen werden ausgedehnte oder den ganzen Körper betreffende Prozesse (z. B. Leukämie) durch Großfeld- oder Ganzkörperbestrahlung behandelt. Wie bei den übrigen Formen der Strahlenbehandlung wird die Anwendung nicht nur von einem festen Punkt ausgeführt (**Stehfeldbestrahlung**), sondern zur Schonung des gesunden Gewebes in geteilten Mengen (fraktioniert) von verschiedenen Richtungen (**Kreuzfeuer-** oder **Pendelbestrahlung**) oder als → Bewegungsbestrahlung. Die dem Körper zugeführte Energie wird nach der auf der Flächeneinheit der Körperoberfläche wirksamen Oberflächendosis und der im Körperinneren wirkenden Tiefendosis unterschieden. Durch die genaue Kenntnis der Wirksamkeit unterschiedl. Dosen ist heute eine optimale Berechnung zur Abtötung von Krebszellen unter weitgehender Schonung gesunden Gewebes möglich.

**Röntgenbeugung,** die →Beugung 1) von Röntgenstrahlen v. a. am Raumgitter von Kristallen, aber auch an ebenen Beugungsgittern, die in Metall geritzt sind und deren Gitterkonstanten bei streifendem Einfall in der Größenordnung der Röntgenwellenlängen liegen. Die Interferenzerscheinungen bei der R. lassen sich durch die Streuung der Röntgenstrahlen an den Elektronenhüllen der Kristallatome (→Laue-Gleichungen), oft auch durch Reflexion an den Netzebenen des Kristalls (→Bragg-Gleichung) erklären.

**Röntgenbild,** → Röntgenuntersuchung.

**Röntgenbildverstärker, Röntgenbildwandler,** bei der Röntgendurchleuchtung eingesetzter → Bildwandler.

**Röntgenblitzröhre,** spezielle → Röntgenröhre zur Erzeugung von intensiven Röntgenblitzen (Strahlungsdauer $\leq 10^{-2}$ s); die Elektronen für die notwendigen extrem kurzen und stromstarken Elektronenimpulse werden meist mittels → Feldemission gewonnen und die Röntgenblitze dann von einer als Anode dienenden Wolframspitze abgestrahlt. R. werden zur Herstellung von Röntgenaufnahmen sehr schnell ablaufender Vorgänge, z. B. dynam. Dichteschwankungen in Gasen, Flüssigkeiten und Festkörpern, eingesetzt.

**Röntgendermatose,** durch eine Überdosis von Röntgenstrahlen hervorgerufene Schädigung der Haut (→ Strahlenschäden).

**Röntgendiagnostik,** die → Röntgenuntersuchung.

**Röntgendiffraktometer,** spezielles Röntgenspektrometer (→ Röntgenspektroskopie).

**Röntgendosimeter, Röntgendosismesser,** Gerät zur Bestimmung der → Dosis 2) von Röntgen- und Gammastrahlung (→ Dosimeter).

**Röntgendurchleuchtung,** Verfahren der → Röntgenuntersuchung.

**Röntgenfernsehen,** Verfahren der Röntgenuntersuchung (Röntgendurchleuchtung), bei der das Fluoreszenzbild eines Röntgenbildverstärkers mit einer Fernsehkamera aufgenommen und über einen angeschlossenen Bildmonitor wiedergegeben wird (**Bildverstärker-Fernsehkette**). Die Röhrenleistung wird auch ohne automat. Helligkeitsstabilisierung dem Untersuchungsobjekt (Gewebsart und -dicke) angepaßt.

Das R. ermöglicht die Durchleuchtung bei gedämpftem Tageslicht, die Übertragung des Bildes in andere Räume (z. B. Hörsaal zu Unterrichtszwecken), die Aufzeichnung auf Magnetband sowie die digitale Weiterverarbeitung.

**Röntgenfilm,** meist doppelseitig mit Silberhalogenidemulsion beschichteter photograph. Spezialfilm für Röntgenaufnahmen, der sich durch erhöhte Empfindlichkeit und steile Gradation auszeichnet. Die Belichtungszeit läßt sich durch Verwendung sogenannter Verstärkerfolien aus fluoreszierendem Material oder Blei verkürzen, die auf beide Filmseiten aufgelegt werden und über Sekundäreffekte eine zusätzl. Schwärzung hervorrufen.

**Röntgenfluoreszenz|analyse,** Abk. **RFA,** Verfahren der →Röntgenspektralanalyse zur quantitativen Bestimmung der stoffl. Zusammensetzung von Festkörpern (v. a. Metallen), Pulvern und Lösungen mit Hilfe der Röntgenfluoreszenz (→ Fluoreszenz). Die Atome der untersuchten Probe werden dabei mit kontinuierl. Röntgenstrahlung angeregt und emittieren dann ein für jedes Element charakterist. Linienspektrum, das hinsichtlich Wellenlänge und Linienintensität analysiert wird.

R. Anwendung in Betriebslaboratorien, hg. v. H. EHRHARDT ($^2$1989).

**Röntgen|goniometerverfahren,** die aus der → Drehkristallmethode entwickelten Verfahren der → Röntgenstrukturanalyse, bei denen der untersuchte Kristall und der zur Aufnahme der Röntgenbeugungsreflexe dienende photograph. Film (oder auch ein Zählrohr) gleichzeitig bewegt werden. Das **Weissenberg-Verfahren** verwendet einen zylindrisch um die Drehachse des rotierenden Kristalls liegenden Film, der während der Aufnahme parallel zur Achse verschoben wird, um Reflexüberlappungen auszuschließen. Bei der **De-Jong-Bouman-Methode** ist der einfallende Röntgenstrahl gegen die Kristalldrehachse geneigt, die senkrecht auf der Filmebene steht. Der Film selbst dreht sich im gleichen Drehsinn und mit der gleichen Winkelgeschwindigkeit wie der Kristall um eine parallele Achse. Durch diese Anordnung kann die Kristallorientierung im Moment der Beugung abgebildet werden.

**Röntgenhintergrundstrahlung,** diffuse, bei Photonenenergien von über 2 keV offenbar isotrope, kosmische Röntgenstrahlung, die sich keinen diskreten Röntgenquellen zuordnen läßt. Es wird für möglich gehalten, daß die R. zumindest teilweise von sehr fernen Quellen stammt, die nicht aufgelöst werden können, wie Sternhaufen und aktive Galaxien. Andere mögl. Ursachen können auch sehr heiße intergalakt. Materie oder die Energieübertragung von hochenerget. Elektronen auf die (niederenerget.) Photonen der kosm. Hintergrundstrahlung durch inversen Compton-Effekt sein.

**Röntgen|identifikation,** Verfahren der Rechtsmedizin zur Identifizierung von Toten durch Röntgenaufnahmen, die Hinweise auf Lebensalter, krankhafte Befunde, erforderlichenfalls auch auf das Geschlecht ergeben. Von besonderer Bedeutung ist die R. v. a. bei verstümmelten oder entstellten Toten (z. B. bei Katastrophen), wobei die Möglichkeit eines Vergleichs mit früheren Röntgenbildern aus Archiven von Krankenhäusern, Ärzten und Zahnärzten eine wesentl. Aufklärungshilfe darstellt.

**Röntgenkarzinom,** Form des Strahlenkrebses (→Strahlenschäden).

**Röntgenkater,** →Strahlenschäden.

**Röntgenkinematographie,** →Röntgenuntersuchung.

**Röntgenkristallstruktur|analyse,** die →Röntgenstrukturanalyse.

**Röntgenkymographie,** bei der →Röntgenuntersuchung angewandtes Verfahren.

**Röntgenlaser** [-leizə], Laser, deren Strahlung im Spektralbereich der Röntgenstrahlung liegt, d. h. Wellenlängen $\lambda$ hat, die kleiner sind als etwa 30 nm. Zu ihrer Realisierung müssen versch. Schwierigkeiten gemeistert werden: Zunächst sind außerordentlich große Pumpleistungen erforderlich, weil die für die Erzeugung einer Besetzungsinversion benötigte Pumpleistung umgekehrt proportional zu $\lambda^4$ ist (die einzusetzenden Bestrahlungsleistungen liegen bis über $10^{14}$ W/cm$^2$). Wegen der kleinen, zu $\lambda^3$ proportionalen Lebensdauer der oberen Laserniveaus muß die Pumpleistung außerdem in Form sehr kurzer Impulse aufgebracht werden (kürzer als etwa $10^{-15}$ s). Weil die Bindungsenergie der äußeren Elektronen in neutralen oder wenig ionisierten Atomen maximal nur etwa 25 eV beträgt, kann bei Übergängen äußerer Elektronen nur Strahlung emittiert werden, deren Wellenlänge größer ist als $\lambda \approx hc/(25 \text{ eV}) \approx 50$ nm ($h$ Plancksches Wirkungsquantum, $c$ Lichtgeschwindigkeit). Man benötigt daher Lasermedien mit Übergängen im Bereich der inneren Schalen (z. B. bei hochionisierten schweren Atomen); die systemat. Suche nach hierfür geeigneten Termkonstellationen ist ohne den Einsatz leistungsfähiger Computerprogramme für die Hartree-Fock-Methode praktisch nicht möglich. Schließlich stehen für die Röntgenstrahlung bestenfalls nur schlecht reflektierende Spiegel zur Verfügung (etwa 25 % mit Mehrschichtspiegeln). Trotz dieser Schwierigkeiten ist es gelungen, R. für versch. Wellenlängen bis hinab zu 5 nm zu bauen.

**Röntgenlini|e,** →Röntgenspektroskopie.

**Röntgenmikroanalyse,** Verfahren der →Röntgenspektralanalyse, bei dem auf die zu analysierende Stelle der Probenoberfläche ein Elektronenstrahl genau fokussiert wird; dieser regt die Atome des Materials zur Emission von Röntgenstrahlung an, deren Spektrum die charakterist. Linien der vorhandenen chem. Elemente aufweist. Die R. wird zur Untersuchung von Legierungen, Mineralen, Sinterstoffen u. a. angewandt.

**Röntgenmikroskop, Röntgenstrahlmikroskop,** Mikroskop zur vergrößerten Abbildung von Objekten mittels Röntgenstrahlung. Man unterscheidet zw. 1) Geräten zur Erzeugung vergrößerter Schattenbilder durchstrahlbarer Objekte (**Röntgenschattenmikroskop, Röntgenprojektionsmikroskop**), bei denen eine durch Elektronenbeschuß eines Targets erzeugte nahezu punktförmige Röntgenlichtquelle Röntgen-

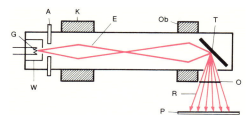

**Röntgenmikroskop:** Schematische Darstellung eines Röntgenprojektionsmikroskops; A Anode, E Elektronenstrahl, G Glühkathode, K Kondensorlinse, O Objekt, Ob Objektiv, P photographische Platte, R Röntgenstrahlung, T Target, W Wehnelt-Zylinder

strahlung aussendet, die nach dem Prinzip der Zentralprojektion von dem davor befindl. Objekt einen vergrößerten Schattenwurf auf einem in größerem Abstand befindl. Fluoreszenzschirm oder einer Photoplatte erzeugt, und 2) **Röntgenfokussierungsmikroskopen,** bei denen mit Röntgenstrahlen Abbildungen erzeugt werden (entsprechend den Abbildungen mit Lichtstrahlen bei gewöhnl. Mikroskopen). Obwohl bei der Entwicklung abbildender Systeme für Röntgenstrahlen beachtl. Fortschritte erzielt worden sind (→Röntgenoptik), sind die bisher entweder mit Spiegeln, die unter streifendem Einfall benutzt werden, oder auch mit Zonenlinsen gebauten R. in ihrer Auflösung durch die Fertigungstoleranzen dieser Komponenten begrenzt. Mit einem **Zonenlinsen-R.,** das eine intensive monochromat. Röntgenquelle erfordert, ist mit der Röntgenstrahlung eines Elektronensynchrotrons eine Auflösung von 200 nm erreicht worden.

**Röntgenographie,** →Radiographie.

**Röntgenologie** die, -, Lehre von der Röntgenstrahlung und ihrer Anwendung, i. e. S. Teilgebiet der Medizin, das sich im Rahmen der Radiologie mit dem Einsatz der Röntgenstrahlen zu diagnost. und therapeut. Zwecken befaßt.

**Röntgen|optik,** Teilgebiet der Physik, das sich mit der Erzeugung von Abbildungen durch Röntgenstrahlen sowie der Konstruktion von Geräten für die Röntgenmikroskopie (→Röntgenmikroskop),

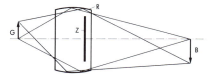

**Röntgenoptik:** Strahlengang und Bildentstehung bei Verwendung eines Rotationskörpers als Linse; G Gegenstand, B Bild, R Rotationskörper, Z Zentralblende

→Röntgenastronomie und Röntgenlithographie (→Lithographie 2) befaßt. Da alle Stoffe für Röntgenstrahlung eine Brechzahl von nahezu 1 haben, lassen sich Linsen im übl. opt. Sinn nicht herstellen. Eine Möglichkeit für die Fokussierung von Röntgenlicht sind →Zonenlinsen, deren Muster aus konzentr. Goldringen, die für Röntgenstrahlen undurchlässig sind, auf einer dünnen, für Röntgenlicht transparenten Trägerfolie besteht. Die Ringstärke und der Ringabstand werden um so kleiner, je größer der Radius ist. Bei den besten bisher durch Elektronenstrahlätzen gefertigten Zonenplatten beträgt der Abstand der äußersten Ringe, durch den das erzielbare Auflösungsvermögen festgelegt wird, etwa 30 nm. Hauptnachteil der Zonenlinse ist der starke chromat. Fehler, da die Brennweite umgekehrt proportional zur Wellenlänge der einfallenden Röntgenstrahlung ist. Leistungsfähige abbildende Geräte können daher mit Zonenlinsen nur dann realisiert werden, wenn intensive monochromat. Röntgenquellen, z. B. Röntgenlaser, zur Verfügung stehen. Eine Alternative zur Strahlführung bietet sich in der Ausnutzung der selektiven Reflexion von Röntgenstrahlen an Kristallgitterebenen. Nach diesem Prinzip lassen sich zur Abbildung geeignete ›Röntgenlinsen‹ durch ringförmige Rotationskörper mit konvexen oder konkaven Reflexionsflächen, die mit einer monomolekularen Kristallschicht überzogen sind, oder durch entsprechend sphärisch deformierte Einkristalle, wie Glimmer, für monochromat. Röntgenstrahlung herstellen.

Für senkrecht einfallendes Röntgenlicht ist der Reflexionsgrad $\varrho$ von Spiegeln wegen der großen Eindringtiefe (geringe Absorption) extrem niedrig (kleiner als 0,001%). Für langwelliges Röntgenlicht (5 bis 20 nm) läßt sich $\varrho$ auf Werte von bis zu 30% steigern, wenn mehrere reflektierende Schichten so überlagert werden, daß jede Schicht mit einer Knotenfläche des aus einfallender und reflektierter Welle gebildeten stehenden Interferenzfeldes zusammenfällt. Hohes Reflexionsvermögen liefert die Ausnutzung der Totalreflexion der Röntgenstrahlen bei außerordentlich kleinen Winkeln in dünnen Metallschichten, die auf sphärisch oder asphärisch gekrümmten Glasflächen aufgebracht sind. (→ Röntgenteleskop)

**Röntgenprojektionsmikroskop,** → Röntgenmikroskop.

**Röntgenpulsare,** → Pulsare, die hauptsächlich im Bereich der Röntgenstrahlung des elektromagnet. Spektrums emittieren, z. B. Centaurus X-3.

**Röntgenquanten,** Bez. für die Photonen der Röntgenstrahlung.

**Röntgenröhre,** geschlossene, evakuierte Glasröhre, in der beschleunigte Elektronen beim Aufprall auf eine Metallelektrode → Röntgenstrahlung auslösen. In den ältesten, auf W. C. RÖNTGEN zurückgehenden Formen der R. wird der Elektronenstrahl durch eine Gasentladung erzeugt (Ionenröhren); diese R. weisen i. a. drei Elektroden (Kathode, Anode, Antikathode) auf, wobei von der → Antikathode die Röntgenstrahlung ausgeht.

Röntgenröhre: Glas-Metall-Röntgenröhre, in der medizinischen Technik bevorzugt für die Angiokardiographie, Kinematographie und für Rasteraufnahmen verwendet

Die heute allg. verwendete **Coolidge-Röhre** besteht aus einem hochevakuierten Glaskolben (Druck kleiner als $10^{-3}$ Pa), in den die elektrisch heizbare Wolframglühkathode als Elektronenquelle, der sie umgebende → Wehnelt-Zylinder und die metallene Anode eingearbeitet sind. Durch die hohe Röhrenspannung zw. Anode und Kathode (30 bis 400 kV) werden die aus der Glühkathode austretenden Elektronen stark beschleunigt, vom negativ geladenen Wehnelt-Zylinder gebündelt und treffen mit hoher Geschwindigkeit im möglichst punktförmigen Brennfleck (0,1 bis 1,5 mm Durchmesser) auf der Anode auf, die in diesem Bereich aus Wolfram oder einer seiner Legierungen besteht. Beim Aufprall geht die Intensität der Elektronenstrahls zu rd. 99% in Wärme über und heizt die Anode auf (bis zu 2 700 °C). Die Restenergie ruft im Anodenmaterial die Aussendung der Röntgenstrahlung in Form von Bremsstrahlung und charakterist. Eigenstrahlung der Atome hervor. Damit die vom Brennfleck radial abgestrahlte Röntgenstrahlung seitlich mit geringem Verlusten aus der R. austreten kann, ist die Auftrefffläche der Anode geneigt, die bei leistungsfähigeren Röhren zur Abführung der Wärme mit Flüssigkeit (Wasser, Öl) gekühlt werden kann. Für sehr hohe Belastungen verwendet man gewöhnlich **Drehanoden-R.,** bei denen die Anode unter dem Elektronenstrahl rotiert, so daß der über die Anode wandernde Brennfleck eine Stelle nur jeweils kurzzeitig aufheizt.

Die Härte der Röntgenstrahlung, d. h. die Energie der Röntgenquanten, ist um so größer, je größer die Beschleunigungsspannung für die Elektronen ist; sie kann durch Veränderung der Anodenspannung variiert werden. Die Strahlungsintensität läßt sich mit dem Heizstrom der Glühkathode regeln, von dem die Stärke des Elektronenstroms zw. Kathode und Anode abhängt. Da weiche Strahlung, z. B. für die Hauttherapie, bereits in der Glaswand der R. absorbiert wird, läßt man sie durch ein besonderes röntgendurchlässiges Fenster austreten, das z. B. aus Lithiumborat- oder Berylliumfolie besteht. Bei der Erzeugung harter Röntgenstrahlung umgibt eine Bleiabschirmung der R., um die unerwünschte Abstrahlung in bestimmte Raumrichtungen zu verhindern.

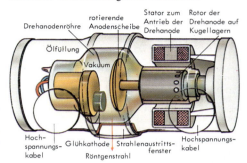

**Röntgenröhre:** Schnittbild einer Doppelfokus-Drehanodenröhre für die Röntgendiagnostik, z. B. Angiographie, Mammographie, Tomographie; im Brennfleck auf der Anodenscheibe entstehen Temperaturen bis zu 2 700 °C

R. werden in der medizin. Diagnostik und Therapie (z. B. Durchleuchtung, Computertomographie, Strahlentherapie), für Werkstoff- und Materialprüfungen (z. B. Schweißnähte, Halbleitermaterial), zur Röntgenstrukturanalyse von Kristallen sowie Röntgenspektralanalyse von Substanzen eingesetzt. Zur Untersuchung sehr schnell ablaufender Vorgänge dienen → Röntgenblitzröhren.

**Röntgenschattenmikroskop,** → Röntgenmikroskop.

**Röntgenschirmbildphotographie,** → Röntgenuntersuchung.

**Röntgenspektral|analyse,** die Bestimmung der chem. Zusammensetzung von Stoffen durch spektrale Zerlegung der von ihnen emittierten oder durchgelassenen Röntgenstrahlung. Bei der **Emissions-R.** werden die Atome eines Stoffes zur Emission der für jedes Element charakterist. Eigenstrahlung (→ Moseley-Gesetz) angeregt; dies kann mittels Röntgenstrahlung (→ Röntgenfluoreszenzanalyse) oder durch Elektronenbeschuß (→ Röntgenmikroanalyse) erfolgen. Bei der **Absorptions-R.** wird die in Form eines dünnen Plättchens vorliegende Probe mit kontinuierl. Röntgenstrahlung durchstrahlt und der Absorptionskoeffizient als Funktion der Wellenlänge ermittelt; aus der Lage und der Höhe der → Absorptionskanten kann auf Art und Konzentration der in der Probe enthaltenen Elemente geschlossen werden.

R. u. Mikrosondentechnik, Beitr. v. S. STEEB u. a. (1987).

**Röntgenspektroskopie,** Teilgebiet der Spektroskopie, das sich mit der spektralen Zerlegung, Beobachtung und Registrierung von Röntgenstrahlung befaßt (Wellenlängenbereich von 0,01 bis zu 30 nm) und der exakten Ausmessung der in Röntgenspektren auftretenden Spektrallinien (Röntgenlinien) nach Wel-

Röntgenröhre: Metall-Keramik-Röntgenröhre (320 kV) für die Werkstoffprüfung

lenlänge (bzw. Frequenz) und Intensität dient, z. B. im Rahmen der →Röntgenspektralanalyse chem. Stoffe. Als Spektralapparate werden **Röntgenspektrometer (Röntgenspektrographen)** eingesetzt, die bei ultrawei-

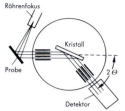

**Röntgenspektroskopie:** Schema eines Röntgenspektrometers zur Fluoreszenzanalyse nach dem Parallelstrahlverfahren; $\Theta$ Glanzwinkel

cher Röntgenstrahlung (Wellenlänge $\gtrsim 2$ nm) mit mechanisch hergestellten Strichgittern (→Gitter 6) arbeiten. Für kürzere Wellenlängen wird die Beugung am Gitter von Einkristallen nach der →Bragg-Gleichung ausgenutzt, wobei man Analysatorkristalle aus Lithiumfluorid, Quarz, Gips, Kaliumhydrogenphthalat u. a. verwendet. Das Röntgenspektrum wird jeweils entweder auf photograph. Filmmaterial aufgezeichnet oder mit Hilfe eines schwenkbaren Zählrohrs zeitlich nacheinander abgetastet (Röntgendiffraktometer).

Hb. Festkörperanalyse mit Elektronen, Ionen u. Röntgenstrahlen, hg. v. O. BRÜMMER (1980); B. K. AGARWAL: X-Ray spectroscopy. An introduction ($^2$1991).

**Röntgenstereographie,** →Röntgenuntersuchung.

**Röntgenstern,** Stern mit einer intensiven Strahlungskomponente im Bereich der Röntgenstrahlung, wie Cygnus X-1 und Hercules X-1. Das Vorliegen von Röntgenstrahlung bei einem Stern ist gewöhnlich ein Hinweis darauf, daß es sich bei ihm um ein enges Doppelsternsystem handelt. Helle kosm. Röntgenquellen dieser Art, **Röntgendoppelsterne,** wurden mit dem Röntgensatelliten →Uhuru entdeckt. Sie bestehen i. a. aus einem gewöhnl., massereichen Stern mit ausgedehnter Oberfläche und einem kleineren Begleitstern großer Dichte (meist ein Neutronenstern, möglicherweise auch ein Schwarzes Loch), auf den Materie von dem größeren Stern überströmt (Akkretion). In dem außerordentlich starken Gravitationsfeld des kompakten Begleiters (bei etwa dreifacher Sonnenmasse ein Durchmesser von etwa 10 km) werden die angezogenen Gasmassen auf große Geschwindigkeiten beschleunigt und dadurch auf hohe Temperaturen von mehreren Mio. Kelvin aufgeheizt. Solch heißes Gas emittiert elektromagnet. Strahlung im Röntgenbereich, z. T. auch bis zum Bereich der Gammastrahlen.

**Röntgenstil, X-Ray-Stil** ['eksreɪ-], Stil in der Malerei von Arnhemland, N-Australien; gekennzeichnet durch die simultane Darstellung der äußeren Umrißform eines Körpers (v. a. Fische, Reptilien, Emus, Kängeruhs) sowie der Wirbelsäule und wichtiger innerer Organe. Bei →Rindenbildern ist dies ein häufiges Darstellungsprinzip. In der Felsbildkunst treten Darstellungen im R. relativ spät auf, sind also jünger als die darunterliegenden im ›Mimi‹-Stil, dessen Hauptkennzeichen die Darstellung von menschl. Figuren in Bewegung ist. (→Felsbilder)

**Röntgenstrahlmikroskopie, Röntgenmikroskopie,** Sammel-Bez. für Verfahren zur vergrößerten Abbildung von Objekten mit Hilfe von Röntgenstrahlung (z. B. mit einem Röntgenmikroskop). Im Vergleich zur Lichtmikroskopie sind die mit der R. erhaltenen Bilder sehr viel kontrastreicher. Im Ggs. zur Elektronenmikroskopie erlaubt die R. auch die Untersuchung lebender Objekte.

**Röntgenstrahlung,** engl. **X-rays** ['eksreɪz], Bez. für elektromagnet. Strahlung (→elektromagnetische Wellen) mit kleinerer Wellenlänge $\lambda$ bzw. größerer Frequenz $v = c/\lambda$ ($c$ Lichtgeschwindigkeit) als der des Lichts; sie unterscheidet sich von anderer kurzwelliger elektromagnet. Strahlung (z. B. Gammastrahlung und elektromagnet. Bestandteil der kosm. Strahlung) nur durch die Art der Entstehung, nicht dagegen in den physikal. Eigenschaften. R. ist unsichtbar, erzeugt Fluoreszenz, hat starke chem. Wirkung (z. B. Schwärzung von Photoplatten) und hohes Ionisationsvermögen. Sie zeigt wie das Licht Reflexion, Brechung, Beugung, Interferenz, Polarisation, hat aber im Ggs. zu diesem hohes Durchdringungsvermögen für die meisten Stoffe.

*Entstehung:* Nach der Entstehungsweise unterscheidet man die von Elektronen infolge ihrer Ablenkung (Beschleunigung) im elektr. Feld von Atomkernen emittierte →Bremsstrahlung von der **charakteristischen R. (Eigenstrahlung, Röntgenfluoreszenzstrahlung)** der Atome. Charakterist. R. der Frequenz $v$ wird, nach Ionisation eines der innersten Elektronen, z. B. aus der K-Schale (→Atom), durch Übergang eines Elektrons aus einem energetisch höheren Zustand $E_2$ (z. B. in der L- oder M-Schale) in den niedrigeren ($E_1$) unter Emission eines Röntgenquants der Energie $hv = E_2 - E_1$ erzeugt ($h$ Plancksches Wirkungsquantum, $v$ Frequenz der R.). Bremsstrahlung hat ein kontinuierl. Spektrum (**Bremsspektrum**), das bei einer durch die kinet. Energie der Elektronen bestimmten Grenze nach der kurzwelligen Seite hin abbricht. Das Spektrum der charakterist. R. dagegen besteht aus scharfen Linien, die, je nach Lage des Endzustands des strahlenden Elektrons, mit K, L, M, N, ... bezeichnet werden. Sie verschieben sich nach dem →Moseley-Gesetz mit steigender Ordnungszahl des emittierenden Atoms nach der kurzwelligen Seite hin.

Technisch wird R. meist mit →Röntgenröhren erzeugt, wobei man **überweiche** (Wellenlängen 0,25 bis

**Röntgenstil:** Felsmalerei am Nourlangie Rock, etwa 150 km östlich von Darwin, Australien

# Rönt  Röntgenstrukturanalyse

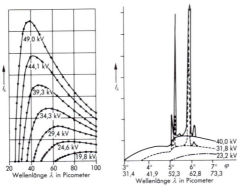

**Röntgenstrahlung:** Spektrale Strahlstärke $I_\lambda$ (in willkürlichen Einheiten) in Abhängigkeit von der Wellenlänge $\lambda$; LINKS Bremsstrahlspektrum bei verschiedenen Spannungen (in keV) der Röntgenröhre; RECHTS Experimentelle Spektren mit Linien von charakteristischer Röntgenstrahlung über einem kontinuierlichen Bremsstrahlungsuntergrund, ebenfalls bei verschiedenen Röhrenspannungen; $\varphi$ ist der Bragg-Winkel des Kristalls im Röntgenspektrometer

0,06 nm), **weiche** (0,06 bis 0,02 nm), **mittelharte** (0,02 bis 0,01 nm), **harte** (0,01 bis 0,005 nm) und **überharte** ($<5 \cdot 10^{-3}$ nm) R. unterscheidet. Sehr viel härtere (kurzwelligere) R. läßt sich mit Elektronenbeschleunigern (bis $<10^{-7}$ nm) erzeugen.

*Anwendung:* Folgende Eigenschaften der R. werden in mannigfachen Verfahren medizinisch, technisch (metallurgisch), kristallographisch, chemischanalytisch und für Echtheitsprüfungen (z. B. von Ge-

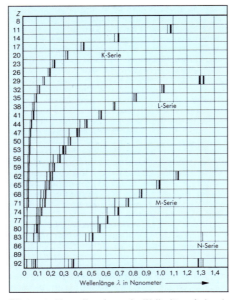

**Röntgenstrahlung:** Zuordnung der Wellenlänge $\lambda$ charakteristischer Röntgenstrahlung zur Kernladungszahl $Z$ der Atome, von denen sie jeweils ausgestrahlt wird; K, L, M und N bezeichnen die Schalen, in die der Übergang erfolgt

mälden) benutzt: ihre hohe, bei chemisch versch. Stoffen sehr unterschiedl. Durchdringungsfähigkeit bei der Schattenbilderzeugung für medizin. (→Röntgenuntersuchung) und metallurg. Zwecke (**Röntgen**grobstrukturuntersuchung** zur Prüfung von Werkstoffen, z. B. von Schweißnähten); ihre biolog. Wirkung bei der →Röntgenbehandlung; ihre Fähigkeit zur kohärenten Anregung von Ionen, Atomrümpfen u. a. in Kristallen, so daß die daraus sich ergebenden Interferenzmuster zur →Röntgenstrukturanalyse von Kristallen herangezogen werden können oder zur **Röntgenfeinstrukturuntersuchung** von Werkstoffen, wie die Untersuchung der Lage und Größe von Kriställchen in Werkstücken sowie innerer elast. Verspannungen und Gitterstörungen; ihre Fähigkeit, Atome, Ionen u. a. zur jeweiligen charakterist. R. anzuregen (→Röntgenspektralanalyse, →Röntgenspektroskopie).

*Geschichte:* W. C. RÖNTGEN entdeckte die von ihm als X-Strahlen bezeichneten Strahlen im Nov. 1895 bei Versuchen mit Hittorfschen, Crookesschen und Lenardschen Röhren. Die elektromagnet. Natur der R. wurde 1912 von M. VON LAUE, PAUL KNIPPING (* 1883, † 1935) und W. FRIEDRICH durch Erzeugung von Röntgenstrahlinterferenzen an Kupfersulfatkristallen nachgewiesen. 1913/14 fand H. MOSELEY bei systemat. Untersuchungen der charakterist. R. das nach ihm benannte Gesetz. W. H. und W. L. BRAGG sowie P. J. W. DEBYE und P. SCHERRER begründeten mit ihren Arbeiten die Röntgenstrukturanalyse und die Röntgenfeinstrukturuntersuchung.

*Rechtliches:* Soweit nicht die Strahlenschutz-VO (→Strahlenschutz) zur Anwendung gelangt, gilt für Röntgeneinrichtungen und Störstrahler, in denen R. mit einer Grenzenergie $h\nu$ von wenigstens fünf Kiloelektronvolt durch beschleunigte Elektronen erzeugt werden können und bei denen die Beschleunigung der Elektronen auf eine Energie von drei Megaelektronvolt begrenzt ist, die Röntgen-VO vom 8. 1. 1987. Danach bedarf, wer eine Röntgeneinrichtung betreibt, grundsätzlich einer Genehmigung. Bestimmte Tatbestände sind lediglich anzeigepflichtig. Neben Überwachungsvorschriften enthält die VO Vorschriften über den Betrieb, die Anwendung von R. auf Menschen, ferner über die Strahlenexposition, die ärztl. Überwachung sowie Bußgeldvorschriften.

Hb. der Physik, hg. v. S. FLÜGGE, Bd. 30 (1957); R. GLOCKER u. E. MACHERAUCH: Röntgen- u. Kernphysik für Mediziner u. Biophysiker ($^2$1971); J. URLAUB: Röntgenanalyse, Bd. 1: Röntgenstrahlen u. Detektoren (1974); W. ANGERSTEIN u. a.: Grundl. der Strahlenphysik u. radiolog. Technik in der Medizin (Leipzig $^4$1987); W. PETZOLD u. H. KRIEGER: Strahlenphysik, Dosimetrie u. Strahlenschutz, 2 Bde. ($^{1-2}$1988–89). – Weitere Lit. →Atom.

**Röntgenstruktur|analyse, Röntgenkristallstruktur|analyse, Feinstruktur|analyse,** die Bestimmung der Struktur von Kristallen, d. h. der räumlich-period. Anordnung der Gitterbausteine (Atome, Ionen, Moleküle), mit Hilfe der Beugung von Röntgenstrahlen an der Gitterstruktur eines Kristalls; wesentl. Teilgebiet der →Kristallstrukturanalyse. Die R. geht auf den Laueschen Versuch (nach M. VON LAUE, 1912) zurück, bei dem ein fein gebündelter Röntgenstrahl durch einen Kristall geschickt, an diesem nach bestimmten Richtungen gebeugt (→Laue-Gleichungen) und das so entstehende Interferenzmuster auf einer photograph. Platte aufgezeichnet wird (→Laue-Diagramm). Gemäß der →Bragg-Gleichung lassen sich die Beugung und die daraus entstehenden Interferenzerscheinungen auch als eine Reflexion der Strahlen an den Netzebenen des Kristalls auffassen. Die Auswertung der photographisch oder elektronisch aufgenommenen Interferenzbilder erlaubt es, Kristallaufbau und -symmetrie sowie die Gitterkonstanten von Kristallen zu bestimmen, aber auch Aussagen über Atom- und Molekülabstände in versch. Stoffen, Valenzwinkel in Molekülen und den Aufbau komplizierter organ. Moleküle (z. B. die DNS) zu machen.

Zur R. stehen versch. experimentelle Verfahren zur Verfügung. Als Bragg-Methoden (nach W. H. BRAGG) bezeichnet werden die →Goniometermethode, bei der Richtung und Intensität der gebeugten Strahlen mit einem Zählrohr bestimmt werden, sowie die →Drehkristallmethode, die eine photograph. Platte oder einen zylindrisch um den Kristall gelegten Film als Aufzeichnungsmedium benutzt. Damit verwandt sind die →Röntgengoniometerverfahren wie das Weissenberg-Verfahren und die De-Jong-Bouman-Methode, die die Röntgenreflexe auf einem bewegten Film aufzeigen (auch Bewegtfilmmethoden genannt). Zu den →Pulvermethoden, bei denen die Probe in Form feinen Kristallpulvers vorliegt, zählen das weit verbreitete Debye-Scherrer-Verfahren, das Guinier-Verfahren und das Bragg-Brentano-Verfahren.

G. HABERMEHL u. a.: R. organ. Verbindungen (1973); F. RAAZ: Röntgenkristallographie (1975); E. R. WÖLFEL: Theorie u. Praxis der R. ($^3$1987); H. KRISCHNER: Einf. in die Röntgenfeinstrukturanalyse ($^4$1990).

**Röntgenteleskop,** *Astronomie:* Spiegelteleskop (astronom. Fernrohr) mit abbildenden Eigenschaften im Spektralbereich der (weichen) →Röntgenstrahlung. Da Röntgenstrahlen, die unter kleinen Einfallswinkeln $\alpha$ auf eine Materieoberfläche auftreffen, in das Material eindringen, bedient man sich beim R. des Prinzips der externen →Totalreflexion. Für Röntgenstrahlung ist das Spiegelmaterial optisch dünner als Luft; seine Brechzahl $n$ wird durch die Formel $n = 1 - \delta - i\beta$ beschrieben, wobei $\delta$ und $\beta$ sehr kleine reelle Zahlen sind (i imaginäre Einheit), welche die Phasenänderung bzw. Absorption der Strahlung im Medium beschreiben. Da im Röntgenbereich $\delta > 0$,

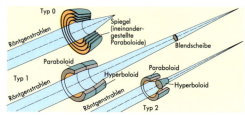

**Röntgenteleskop:** Spiegelformen und Anordnungen nach Hans Wolter (Typ 0, 1 und 2); das Ineinanderstellen mehrerer Spiegel zur Vergrößerung der Oberfläche ist auch beim Typ 1 möglich

ist der Realteil von $n$ kleiner als eins. Nach dem Snelliusschen Brechungsgesetz (→Brechung 1) bestimmt dieser den Grenzwinkel $\alpha_g$ der Totalreflexion: $\sin \alpha_g = 1 - \delta$ oder $\cos \vartheta_g = 1 - \delta$, und daraus in erster Näherung sowie fern von Absorptionskanten $\delta_g \approx \sqrt{2\delta}$, wenn $\vartheta_g = \pi/2 - \alpha_g$ der Winkel des Strahls gegen die Spiegeloberfläche ist. Für Goldoberflächen und weiche Röntgenstrahlung (Photonenenergie etwa 1 keV) ist $\vartheta_g$ etwa 1,5°. Man erzielt so flachen Strahleinfall durch Verwendung von Rotationsparaboloiden als Spiegel, die zur Korrektion der Koma mit einem rotationshyperboloidförmigen Spiegel kombiniert werden. Solche Spiegelanordnungen werden nach dem dt. Physiker HANS WOLTER (*1911, †1977), der sie 1952 für die Verwendung in Röntgenmikroskopen vorgeschlagen hat, als Wolter-Systeme bezeichnet.

**Röntgentherapie,** die →Röntgenbehandlung.
**Röntgentopographie,** zerstörungsfreies Materialprüfverfahren zum Nachweis von Gitterbaufehlern in →Realkristallen (Versetzungen, Korngrenzen, Zwillingsgrenzen, Stapelfehler, Mosaikstruktur), die sich u. a. auf die mechan. Festigkeit und die elektr. Eigenschaften eines Stoffes auswirken. Das untersuchte Material wird mit einem gebündelten Röntgenstrahl fester Wellenlänge abgetastet und die Einfallsrichtung so gewählt, daß dieser von den Netzebenen des Gitters gemäß der →Bragg-Gleichung reflektiert wird. Durch Fehlordnungen bewirkte Verzerrungen der Ebenen machen sich durch Kontrastunterschiede im erzeugten Interferenzmuster bemerkbar, das photographisch oder elektronisch registriert wird. Dabei läßt sich eine Ortsauflösung von einigen Mikrometern erreichen. Die Auswertung erlaubt die Lokalisierung der Baufehler und liefert Informationen über deren Art und Struktur. Die R. ist v. a. für die Halbleitertechnologie bedeutsam, da die Zuverlässigkeit integrierter Schaltkreise durch Fehler, die beim Kristallwachstum oder bei der späteren Herstellung der Halbleiterbauelemente auftreten, stark reduziert wird. Zusätzl. Anwendungsmöglichkeiten eröffnet die R. unter Betriebsbedingungen (Untersuchung der Alterung oder Zerstörung von Komponenten unter Belastung).

**Röntgen|untersuchung, Röntgendiagnostik,** der Einsatz von Röntgenstrahlen zur Erkennung krankhafter struktureller oder funktioneller Veränderungen im Körperinneren als eine der wesentl. Methoden der medizin. Diagnostik.

Die R. gehört zu den bildgebenden Verfahren und beruht auf der unterschiedl. Absorption der Röntgenstrahlen durch die versch. Gewebsarten (Knochen, Weichteile) und lufthaltigen Organe; hierdurch entsteht nach Austritt aus dem Körper ein entsprechend kontrastiertes negatives Projektionsbild, das bei dem klass. Verfahren ein Summationsbild aller in der Durchstrahlungsrichtung liegenden Strukturen darstellt. Eine Verbesserung der Abbildung ergibt sich unter Verwendung von Kontrastmitteln in Form von Flüssigkeiten oder Gasen (→Pneumoradiographie) bei der **Röntgenkontrastuntersuchung.**

Das von den Röntgenstrahlen erzeugte Abbild kann als **Röntgenbild (Röntgenaufnahme)** unmittelbar auf einem speziellen →Röntgenfilm sichtbar gemacht werden. Zur Erzielung optimaler Ergebnisse wird entsprechend Organlage und Gewebsart mit einer (durch die Röntgenröhrenspannung regelbaren) unterschiedl. Strahlenhärte gearbeitet (→Hartstrahltechnik, →Weichstrahltechnik). Gegenüber der Kontrastdarstellung wird die Abbildung ohne Kontrastmittel auch als **Leer-** oder **Nativaufnahme** bezeichnet. Eine Verbesserung der Ergebnisse ist durch die →Subtraktionsmethode möglich. Bei der **Röntgenstereographie** werden bei unverändeter Position des Patienten und der Filmkassette nach Verschiebung des Aufnahmegerätes im Augenabstand zwei gleichartige Aufnahmen angefertigt und mittels eines Stereobetrachters ausgewertet; der räuml. Eindruck verbessert u. a. die Erkennung schattengebender körperfremder Einschlüsse. Die **Röntgenschichtaufnahme** liefert scharfe Abbildungen einer Organschicht durch eine gekoppelte gegenläufige (**Tomographie**) oder parallel-geradläufige (**Planigraphie**) Bewegung von Röntgenröhre und Filmkassette mit gemeinsamem Drehpunkt im ruhenden Körper oder durch gleichsinnige Drehbewegung von Körper und Film bei stehender Röhre (**Stratigraphie**); die **Zonographie** ermöglicht aufgrund eines kleineren Drehwinkels Abbildungen größerer Schichtdicke, die **Simultantomographie** gleichzeitig mehrere Schichtbilder aus einem Körperabschnitt durch Verwendung einer speziellen Filmkassette mit einer Filmserie und unterschiedl. Verstärkerfolien. Die →Computertomographie stellt eine Weiterentwicklung dieser Verfahren unter Einbeziehung der digitalen Bildauswertung dar.

Zur Erfassung von Bewegungsabläufen (z. B. Herz-, Zwerchfell-, Magenfunktion) wurden die **Polygraphie** durch Mehrfachbelichtung eines Films und die **Rönt-**

genkymographie entwickelt, bei der ein zw. Objekt und Röntgenfilm ablaufendes Schlitzraster eine streifenförmige Filmbelichtung mit einer Reihe von Augenblicksbildern erzeugt; die →Elektrokymographie und die aus ihr entwickelte →Videodensigraphie registrieren die als Folge der Bewegungen auftretenden Helligkeitsschwankungen. Polygraphie und Kymographie wurden durch die Ultraschalluntersuchung und die Computertomographie abgelöst. Eine Weiterentwicklung des Röntgenbildverfahrens stellt die **digitale Lumineszenz-Radiographie** (Abk. **DLR**) dar; sie verwendet anstelle von Filmmaterial eine mit Bariumhalogenidkristallen beschichtete Polyesterfolie, die eine Reduzierung der für die Aufnahme erforderl. Röntgendosis um 30–90% ermöglicht und eine um etwa das 400fache erhöhte Empfindlichkeit für die einzelnen Absorptionsgrade aufweist. Bei Abtastung des ›belichteten‹ Materials durch einen Laserstrahl senden die Elektronen der Kristallbeschichtung der Intensität der Röntgenstrahlen entsprechende Lichtimpulse aus, die nach digitaler Bildverarbeitung in einem Computer über einen Laserdrucker auf Filmmaterial ausgedruckt werden. Die Bilder können elektronisch gespeichert und beliebig abgerufen werden.

Eine weitere Möglichkeit der Sichtbarmachung des Röntgenbildes bietet die Ausnutzung der Fluoreszenz versch. Stoffe im Röntgenlicht. Sie ermöglicht die direkte Betrachtung auf einem →Leuchtschirm in einem abgedunkelten Raum und damit die Erfassung von Organveränderungen und -bewegungen, die Gewinnung eines räuml. Eindruckes durch Drehen des Patienten, die Feststellung von Fremdkörpern und die Verfolgung von Eingriffen (Einbringung eines Katheters oder Herzschrittmachers, auch von Implantaten bei der Osteosynthese). Dieses als **(Röntgen-)Durchleuchtung** bezeichnete Verfahren ermöglicht die Erkennung geringerer Kontrastunterschiede als die photograph. Darstellung. Gegenüber der früher übl. Direktbetrachtung am Leuchtschirm ist nach der Röntgen-VO heute der Einsatz eines Röntgenbildverstärkers mit automat. Dosisleistungsregelung vorgeschrieben, der eine Verringerung der Strahlenbelastung und eine Verbesserung der Auflösung bewirkt. Er ermöglicht außerdem den Einsatz eines elektron. Röntgenbildspeichers, der u. a. die Dehnung oder Raffung von Bewegungsabläufen zuläßt, den Einsatz einer Bildverstärkerfernsehkette (→Röntgenfernsehen), die photographische Aufnahme einzelner Szenen (**Röntgenschirmbildphotographie**) oder von Bewegungsabläufen mit bis zu 200 Bildern pro Sekunde (**Röntgenkinematographie**).

Hauptanwendungsgebiete der R. sind die innere Medizin, Orthopädie, Gynäkologie und Urologie und die Unfallchirurgie. Die Röntgenkontrastuntersuchung spielt eine besondere Rolle bei der Darstellung von Gefäßen (→Angiographie), teils auch bei Organuntersuchungen (Magen-Darm-Trakt, Cholezystographie, Pyelographie, Urographie).

Die R. war in Verbindung mit der Entwicklung einer Chemotherapie auch Grundlage der erfolgreichen Bekämpfung der Lungentuberkulose und wurde in bestimmten Bereichen noch lange Zeit als **Röntgenreihenuntersuchung** im Rahmen der Gesundheitsvorsorge eingesetzt. Heute stellt sie, v. a. in Form der Computertomographie, eine wichtige Methode der Krebsdiagnostik dar. Auch in Zahnmedizin und Kieferchirurgie ist die R. von Zahnwurzel- und Kieferbefunden von grundlegender diagnost. Bedeutung. Ebenso wie in der Humanmedizin findet die Röntgentechnik auch in der Tiermedizin Anwendung.

Während es in der Pionierzeit der R. durch Unkenntnis der biolog. Wirkung der Röntgenstrahlen häufiger zu →Strahlenschäden kam, bestehen heute aufgrund der techn. Standes und durch die Rönt-
gen-VO festgelegten Vorschriften über die Anwendung und den Strahlenschutz derartige Risiken nicht mehr. Als problematisch wird z. T. allerdings die Praxis der Qualitätskontrolle (Gerätesicherheit) in der R. angesehen. Durch die Einführung eines **Röntgenpasses**, in den jede R. eingetragen wird, sollen unnötig wiederholte Untersuchungen vermieden und eine Risikoabwägung ermöglicht werden.

K.-D. EBEL u. E. WILLICH: Die R. im Kindesalter ([2]1979); Medizin. Röntgentechnik, hg. v. W. FROMMHOLD u. a., Bd. 1 ([4]1979); L. RAUSCH: Strahlenrisiko!? ([4]1980); G. W. KAUFFMANN u. W. S. RAU: Röntgenfibel (1984); E. SONNABEND: Das Röntgenbild in der zahnärztl. Praxis ([2]1984); Praxis der Qualitätskontrolle in der Röntgendiagnostik, hg. v. H.-S. STENDER u. a. (1986); P. THURN u. E. BÜCHELER: Einf. in die radiolog. Diagnostik ([8]1986); H. FRITZ u. a.: Medizin. Grundl. der Röntgendiagnostik (Berlin-Ost [2]1987); I. MESCHAN: Röntgenanatomie (a. d. Amerikan., 1987); Lex. der radiolog. Technik in der Medizin, hg. v. W. ANGERSTEIN (Wien [4]1988); S. W. DOUGLAS u. a.: Grundl. der Röntgenologie in der Veterinärmedizin (a. d. Engl., [2]1991).

**Rood** [ru:d, engl.] *das, -(s)/-s,* nichtmetrisches brit. Flächenmaß, 1 R. = $\frac{1}{4}$ Acre = 1210 sq yd = 1071,7124 m².

**Roodepoort** ['ro:dəpo:rt], Industriestadt in S-Transvaal, Rep. Südafrika, 1745 m ü. M., westlich an Johannesburg angrenzend, (1985) 160000 Ew.; botan. Garten (seit 1983). – R. entstand 1904 im Goldgräbergebiet des Witwatersrand.

**Rooming-in** [ru:mɪŋ'ɪn, engl.] *das, -(s)/-s,* gemeinsame Unterbringung von Mutter und Kind im Krankenhaus nach der Geburt.

Albrecht Graf
von Roon

**Roon,** Albrecht Graf (1871) von, preuß. Generalfeldmarschall (1873) und Politiker, * Pleushagen (bei Kolberg) 30. 4. 1803, † Berlin 23. 2. 1879; wurde 1859 Kriegs-Min. In der Konfliktzeit war R. als strengkonservativer Altpreuße entschiedener Parteigänger der Krone; er veranlaßte 1862 die Berufung BISMARCKS zum MinPräs. Die Heeresreform R.s war die Voraussetzung für die Kriegführung H. VON MOLTKES. 1861–71 auch Marine-Min., seit Jan. 1873 preuß. MinPräs. Im Nov. 1873 legte er alle Ämter nieder.

G. RITTER: Staatskunst u. Kriegshandwerk, Bd. 1 ([4]1970); W. HEINEMANN: R., die Heeresreform u. das Kaiserreich, in: Militärgeschichtl. Beitr., Bd. 1 (1987).

**Roos,** Johann Heinrich, Maler, * Reipoltskirchen (bei Kusel) 29. 9. 1631, † Frankfurt am Main 3. 10. 1685; war nach Studien in Amsterdam 1664–67 Hofmaler in Heidelberg. R. malte, obwohl er nie in Italien war, v. a. röm. Hirtenidyllen, z. T. in Art der Bambocciade und mit Vorliebe für Tierdarstellungen; ferner Porträts, auch Zeichnungen und Radierungen.

Der Tiermaler J. H. R. 1631–1685. Gemälde, Zeichnungen, Druckgraphik, Ausst.-Kat. (1985); R. Eine dt. Künstlerfamilie des 17. Jh., bearb. v. M. JARCHOW, Ausst.-Kat. (1986).

**Roosendaal en Nispen** [-'nɪspə], Stadt im W der Prov. Nordbrabant, Niederlande, (1990) 60200 Ew.; Metall- und Holzverarbeitung, Maschinenbau, Nahrungsmittelindustrie, Herstellung von Bürsten, Bodenbelägen und Rostschutzmitteln, Druckereien. – **Nispens** Ursprung liegt in der bereits im 12. Jh. blühenden gleichnamigen Herrschaft begründet; **Roosendaal** wurde 1268 gegründet.

Eleanor Roosevelt

**Roosevelt** ['ro:zəvɛlt, engl. 'rəʊz(ə)velt], **1)** Anna Eleanor, amerikan. Politikerin, * New York 11. 10. 1884, † ebd. 7. 11. 1962, ∞ mit 2); Lehrerin und Journalistin, war in der Demokrat. Partei aktiv, setzte sich v. a. für die Belange von Frauen, Jugendlichen und Minderheiten ein, galt wegen ihres polit. Engagements während der Präsidentschaft ihres Mannes als umstritten. 1946–52 Delegierte bei den Vereinten Nationen, leitete sie 1947–51 die Menschenrechtskommission; 1961 wiederum zur Delegierten ernannt.

Schrift: On my own (1958).

J. P. LASH: Eleanor and Franklin (New York 1971); ders.: Eleanor. The years alone (ebd. 1972); Without precedent. The life and career of E. R., hg. v. J. HOFF-WILSON u. a. (Bloomington, Ind., 1984).

2) **Franklin Delano**, 32. Präs. der USA (1933–45), * Hyde Park (N. Y.) 30. 1. 1882, † Warm Springs (Ga.) 12. 4. 1945; wurde nach dem Studium in Harvard und an der Columbia School of Law 1910 als demokrat. Kandidat in den Senat von New York gewählt und 1913 Unterstaats-Sekr. der Marine. 1920 bewarb sich erfolglos um die Vizepräsidentschaft; obwohl er 1921 durch Kinderlähmung schwer gehbehindert wurde, kehrte er v. a. mit Hilfe seiner Frau ELEANOR bald wieder in die aktive Politik zurück und wurde 1928 zum Gouv. von New York und 1932 mit seinem Reformprogramm des →New Deal gegen H. HOOVER zum Präs. der USA gewählt. Gemäß seiner Überzeugung, daß die Reg. die Pflicht habe, gesellschaftl. Mißstände abzubauen, suchte R. in der ersten Phase der Reg., unterstützt von einem Beraterstab (→Brain-Trust), der Stagnation in Wirtschaft und Landwirtschaft und ihren gesellschaftl. Auswirkungen mit einer Politik der Verknappung und gleichzeitig verstärkten Investitionen entgegenzuwirken. Seine Sozial- und Wirtschaftspolitik, die nur begrenzt Besserung brachte, wurde v. a. von konservativer Seite kritisiert, aber auch von Reformbefürwortern, denen die Maßnahmen nicht weit genug gingen. R. forcierte daraufhin 1935 seine Politik, wodurch sich die Anziehungskraft v. a. auf bisher benachteiligte Gruppen (Arbeiter, Immigranten, Farbige) noch erhöhte. Die Wahlen von 1936 gewann er mit großer Mehrheit; zugleich aber nahm der Widerstand gegen seine Politik in Wirtschaft, Demokrat. Partei und Kongreß zu. Sein großes Verdienst in der Innenpolitik ist jedoch die Umorientierung seines Landes vom ›Laissez-faire‹ zum Prinzip des Sozialstaats.

Außenpolitisch begann R., aufbauend auf Ideen HOOVERS, 1933 eine ›Politik der guten Nachbarschaft‹ gegenüber Lateinamerika, die zu einer multilateralen Gestaltung der Beziehungen führte. Im Nov. 1933 erkannte er die UdSSR an. Den Aufstieg des nat.-soz. Dtl.s, faschist. Italiens und imperialist. Japans beobachtete R. schon früh mit Sorge. Angesichts der isolationist. Tendenz in der Bev. und einem großen Teil des Kongresses (Neutralitätsgesetze 1935–39) versuchte er, die Öffentlichkeit allmählich davon zu überzeugen, daß die Aggressornationen Dtl., Italien und Japan die von ihm global definierte amerikan. Sicherheit ökonomisch, militärisch und ideell gefährdeten und daher jede Gelegenheit zur Wahrung der nat. Interessen mittels einer Strategie der globalen Vorwärtsverteidigung genutzt werden müsse. Am 4. 11. 1939 setzte er die Freigabe der Ausfuhr von Kriegsmaterial, 1940 eine begrenzte Wehrpflicht und den Tausch von 50 Zerstörern gegen brit. Militärbasen sowie im März 1941 das Programm des ›Lend and lease‹ (→Lend-lease-System) durch. Am 14. 8. 1941 verkündete R. mit W. CHURCHILL die ›Atlantikcharta und bemühte sich um die Verteidigungsbereitschaft des amerikan. Kontinents (→panamerikanische Bewegung, 1940 gemeinsame Strategie mit Kanada). Gegen die polit. Tradition gewann R. 1940 und 1944 die Wiederwahl. Sein Hauptaugenmerk war auf die Niederwerfung des nat.-soz. Dtl.s gerichtet (März 1941: ›Germany first‹). Aber sein harter Kurs gegenüber Japan (1940 Handelsembargo einiger strategisch wichtiger Güter, 1941 Sperrung der Guthaben), der die japan. Expansionsbestrebungen eindämmen sollte, führte endgültig zum Scheitern der Verhandlungen über eine Einigung mit dem japan. Überfall auf →Pearl Harbor. Nach dem Kriegseintritt der USA 1941 spielte R. in der Koordination der militär. Planungen und Operationen wie in seiner persönl. Diplomatie, namentlich auf zahlreichen Konferenzen, bes. in Casablanca (→Unconditional surrender),

Quebec, Kairo, Teheran (alle 1943) und Jalta (1945), die führende Rolle beim Aufbau des Bündnisses gegen die Achsenmächte. Es gelang ihm, die gewaltigen Ressourcen der USA für den Kriegseinsatz zu mobilisieren. Von zentraler Bedeutung war für R. die Zusammenarbeit mit der Sowjetunion. Seiner Einschätzung der militär. Lage nach auf diese angewiesen, aber auch grundsätzlich von der Notwendigkeit guter Beziehungen zur UdSSR in der Nachkriegszeit überzeugt, war R. zur Kooperation mit der Sowjetunion und Anerkennung legitimer Interessen bereit, was ihm den Vorwurf eintrug, er habe allzu optimistisch eine Machterweiterung der Sowjetunion hingenommen. Während R. eine harte Linie gegenüber Dtl. befürwortete (Unterstützung für den →Morgenthau-Plan), aber die konkrete Nachkriegsplanung aufschob (›policy of postponement‹), entwickelte er die Idee eines machtpolitisch ausgerichteten Systems kollektiver Sicherheit, in dem die USA die Rolle eines von vier ›Weltpolizisten‹ (neben Großbritannien, Sowjetunion, China) übernehmen sollten; diese Konzeption spiegelt sich im Sicherheitsrat der Vereinten Nationen wider.

**Franklin D. Roosevelt**

**Ausgaben:** The public papers and addresses, bearb. v. S. I. ROSENMAN, 13 Bde. (1938–50, Nachdr. 1969); His personal letters, hg. v. ELLIOTT R., 4 Bde. (1947–50, Nachdr. 1970); Complete presidential press conferences, hg. v. J. DANIELS, 25 Bde. (1972); Churchill & R.: The complete correspondence, hg. v. W. F. KIMBALL, 3 Bde. (1984).

F. B. FREIDEL: F. D. R., 4 Bde. (Boston, Mass., 1952–73); D. R. FUSFELD: The economic thought of F. D. R. and the origins of the New Deal (ebd. 1956, Nachdr. ebd. 1970); A. M. SCHLESINGER: The age of R., 3 Bde. (Cambridge, Mass., 1956–60); T. H. GREER: What R. thought. The social and political ideas of F. D. R. (East Lansing, Mich., 1958); W. J. HELBICH: F. D. R. (1971); W. J. STEWART: The era of F. D. R. A selected bibliography of periodical, essay, and dissertation literature 1945–1971 (Hyde Park, N. Y., ²1974); D. JUNKER: Der unteilbare Weltmarkt. Das ökonom. Interesse in der Außenpolitik R.s 1933–1941 (1975); ders.: F. D. R. Macht u. Vision, Präs. in Krisenzeiten (1979); R. DALLEK: F. D. R. and American foreign policy 1932–1945 (ebd. 1979); W. S. COLE: R. and the isolationists 1932–45 (Lincoln, Nebr., 1983); NATHAN MILLER: FDR (Garden City, N. Y., 1983); J. M. LEWIS: F. R. and United States in World War II (Ann Arbor, Mich., 1986); F. D. R. The man, the myth, the era, 1882–1945, hg. v. H. D. ROSENBAUM u. a. (New York 1987); S. D. CASHMAN: America, R., and World War II (ebd. 1989); W. F. KIMBALL: The juggler. F. R. as wartime statesman (Princeton, N. J., 1991).

3) **Theodore**, 26. Präs. der USA (1901–09), * New York 27. 10. 1858, † Sagamore Hill (Oyster Bay, N. Y.) 6. 1. 1919; nach jurist. Studien schrieb er histor. Monographien. In der Kommission für den öffentl. Dienst (1889–95) sowie als Polizeichef (1895–97) und Gouv. von New York (1899–1900) trat der Republikaner R. als gemäßigter Reformer gegen herrschende Korruption auf. R., Vertreter einer amerikan. Großmachtpolitik, war als Unterstaatssekretär für die Marine (1897–98) an der Einbeziehung der Philippinen in den Krieg mit Spanien beteiligt, in dem er mit seinem Freiwilligenregiment ›Rough Riders‹ große Popularität erlangte. 1900 zum Vize-Präs. unter W. MCKINLEY gewählt, übernahm er nach dessen Ermordung (1901) das Präsidentenamt. 1902 vermittelte er während des Bergarbeiterstreiks im O der USA im Sinne eines Interessenausgleichs (›square deal‹), den er bis zu seiner Wiederwahl 1904 erfolgreich zw. dem konservativen und dem reformer. Flügel der Republikan. Partei vertrat, während er ab 1907 den konservativen Flügel kritisierte.

Innenpolitisch betrieb R. eine Politik der öffentl. Kontrolle über die großen Wirtschaftsinteressen und der Erhaltung der Wald- und Wasserreserven sowie der Bodenschätze.

Seine dem imperialist. Zeitstil entsprechende Außenpolitik trat für das Prinzip des Mächtegleich-

**Theodore Roosevelt**

gewichts in Europa und O-Asien sowie nach Verhängung eines Protektorats über Kuba (Platt-Amendment, 1902), der Intervention im Venezuela-Konflikt (1902–03) und dem völkerrechtlich umstrittenen Erwerb der Kanalzone von Panama (1903) für einen Aufsichtsanspruch über die Staaten Mittelamerikas und der karib. Region ein. Vom Prinzip der Nichteinmischung in die europ. Politik wich R. ab, indem er durch seine Vermittlung in der ersten Marokkokrise die Algeciras-Konferenz (1906) vorbereitete. 1905 vermittelte er den Frieden von Portsmouth im Russisch-Japan. Krieg und erhielt dafür 1906 den Friedensnobelpreis.

Nachdem R. in der amerikan. Bundespolitik dem Progressive Movement den Weg geebnet hatte, wurde er zum Kritiker seines Nachfolgers W. H. TAFT und ließ sich als Präsidentschaftskandidat der Progressive Party 1912 im Zeichen des ›New Nationalism‹ zu einer Spaltung der Partei verleiten. Dies verschaffte dem Demokraten W. WILSON bei den Wahlen den Sieg, dessen Neutralitätspolitik im Ersten Weltkrieg R. heftig kritisierte.

W. H. HARBAUGH: The life and times of T. R. (Neuausg. London 1975); E. MORRIS: The rise of T. R. (New York 1979); J. M. BLUM: The progressive presidents (Neuausg. ebd. 1982); J. M. COOPER: The warrior and the priest (Cambridge, Mass., 1983).

Elihu Root

**Roosevelt Corollary** ['rəʊz(ə)velt kə'rɔlərɪ], **Roosevelt-Korollarium,** Politik: → Monroedoktrin.

**Root** [ruːt], **1)** Elihu, amerikan. Politiker und Jurist, * Clinton (N. Y.) 15. 2. 1845, † New York 7. 2. 1937; Republikaner, organisierte als Kriegs-Min. (1899 bis 1904) den amerikan. Generalstab und schuf die Richtlinien für die Verwaltung der im Spanisch-Amerikan. Krieg (1898) erworbenen Gebiete. Als Außen-Min. (1905–09) reorganisierte er den Konsulardienst und erreichte im R.-Takahira-Abkommen (1908) einen Ausgleich zw. den amerikan. und japan. Interessen in O-Asien. 1909–15 war er Senator für New York. R. war der erste einflußreiche amerikan. Politiker, der sich für das Prinzip der Schiedsgerichtsbarkeit bei der Schlichtung internat. Konflikte einsetzte; dafür erhielt er 1912 den Friedensnobelpreis.

**2)** John Wellborn, amerikan. Architekt, * Lumpkin (Ga.) 10. 1. 1850, † Chicago (Ill.) 15. 1. 1891; gründete mit seinem Partner D. BURNHAM die Firma ›Burnham and R.‹, die bahnbrechend für die Hochhausarchitektur in den USA war (The Rookery, 1886–87; Monadnock Building, 1889–91; Reliance Building, 1890–94; alle Chicago). R., der künstlerisch bedeutendere Partner der Firma, war auch Architekturtheoretiker.

D. HOFFMANN: The architecture of J. W. R. (Baltimore, Md., 1973).

**Root-Gebläse** [ruːt-, engl.], **Rootsgebläse,** von dem amerikan. Techniker J. D. ROOT um 1870 konstruierter Drehkolbenverdichter (→ Verdichter) mit lemniskatenförmigen, sich aufeinander abwälzenden Drehkolben, die durch Zahnräder miteinander gekuppelt sind (Prinzip auch der **Root-Pumpe**). R.-G. arbeiten ohne innere Verdichtung. Die Druckerhöhung erfolgt schlagartig durch das Einströmen des verdichteten Gases (Luft) aus dem Druckraum in den Förderraum bei jeder Umdrehung. Während der gesamten Verdichtung muß daher gegen den vollen Enddruck gearbeitet werden. **Root-Lader** wurden in den 1920er und 30er Jahren in Kraftfahrzeugmotoren mit Ladedrücken zw. 0,8 und 1,0 bar eingesetzt.

Wilhelm Röpke

**Röpke,** Wilhelm, Volkswirtschaftler und Sozialphilosoph, * Schwarmstedt (bei Hannover) 10. 10. 1899, † Genf 12. 2. 1966; Prof. in Jena (1924–28), Graz (1928), Marburg (1929–33), nach seiner Amtsenthebung in Dtl. 1933 in Istanbul (bis 1937) und Genf (1937–66). R. war ein Hauptvertreter des → Neoliberalismus und des Konzepts der sozialen → Marktwirtschaft sowie Mitbegründer der Mont Pèlerin Society und wirtschaftspolitischer Berater der Regierungen H. BRÜNING und K. ADENAUER. Er lieferte wichtige Arbeiten zur Wirtschaftstheorie (z. B. zur Konjunktur- und Außenwirtschaftstheorie) und zu den soziokulturellen Grundlagen der Wirtschaftsordnung. Gemeinsam mit der Freiburger Schule betonte er die Interdependenzen von Gesellschaft, Staat und Wirtschaft.

**Ausgaben:** Gegen die Brandung, hg. v. A. HUNOLD (1959); Fronten der Freiheit, hg. v. H. O. WESEMANN (1965); Ausgew. Werke, hg. v. F. A. HAYEK u. a., 6 Bde. (1979).

**Roppener Tunnel,** 5,1 km langer Tunnel (721–752 m ü. M.) der Inntalautobahn östlich von Imst, Tirol, Österreich; 1990 fertiggestellt.

**Rops,** Félicien, belg. Graphiker und Maler, * Namur 7. 7. 1833, † Corbeil-Essonnes 22. 8. 1898; Autodidakt, beeinflußt von H. DAUMIER und P. GAVARNI. 1856–57 schuf er Lithographien für die von ihm herausgegebene satir. Wochenzeitschrift ›Uylenspiegel‹, ab 1858 zahlreiche Radierungen für Titelblätter und Buchillustrationen (u. a. zu Werken von J.-A. BARBEY D'AUREVILLY, C. BAUDELAIRE, S. MALLARMÉ, J. PÉLADAN). In seinen Radierfolgen verbinden sich Sexualität und Mystik zu einem theatral., dem Satanismus huldigenden Symbolismus.

F. R. Der weibl. Körper, der männl. Blick, bearb. v. F. HASSAUER u. a. (Zürich 1984); F. R., bearb. v. R. DELEVOY (Lausanne 1985); F. R. 1833–1898, Ausst.-Kat. (Brüssel 1985).

**Roque de los Muchachos** ['rrɔke ðə lɔs mu'tʃatʃɔs], Berg auf → La Palma.

**Roquefort** [rɔk'fɔːr; nach dem frz. Ort Roquefort-sur-Soulzon, Dép. Aveyron] der, -s/-s, frz. Edelpilzkäse aus Schafsmilch, → Käse (ÜBERSICHT).

**Roquepertuse** [rɔkpɛr'tyːz], keltoligur. Ruinenstätte bei Velaux, östlich des Étang de Berre im Dép. Bouches-du-Rhône, Frankreich, mit Überresten eines Heiligtums des 3. Jh. v. Chr. Der halbrunde, durch

**Roquepertuse:** Portikus mit Nischen zur Aufnahme von Totenschädeln, zum Teil rekonstruiert; 3. Jh. v. Chr. (Marseille, Musée d'Archéologie Méditerranéenne)

zwei Terrassen gegliederte Tempelbezirk hatte einen steinernen Portikus mit drei Pfeilern mit ovalen Nischen zur Aufnahme von Totenschädeln oder präparierten menschl. Köpfen. Reste des Türsturzes zeigen ein Basrelief von Pferdeköpfen, gekrönt war er von einer Vogelskulptur. Ferner zwei im Schneidersitz dargestellte Männerfiguren. Entsprechungen zu dem für Kunst und Religion der Kelten bedeutsamen Schädelkult wurden in der Nähe im Oppidum von Entremont bei Aix-en-Provence und mit ›Le tarasque‹ (BILD → keltische Kunst) in Noves entdeckt.

**Roquette** [rɔ'kɛt], Otto, Schriftsteller und Literarhistoriker, * Krotoschin 19. 4. 1824, † Darmstadt 18. 3. 1896; war ab 1869 Prof. am Polytechnikum Darmstadt. Sein Jugendwerk, die sentimentale Dichtung ›Waldmeisters Brautfahrt‹ (1851), und sein ›Liederbuch‹ (1852; 1859 u. d. T. ›Gedichte‹) waren große Publikumserfolge.

**Roraima** [rroˈraima], bis 1962 **Rio Branco** [ˈrriu ˈbraŋku], Staat in Brasilien, im N von →Amazonien, 230 104 km², (1990) 136 000 Ew.; Hauptstadt ist Boa Vista. R. wird von N nach S vom Rio Branco, einem Nebenfluß des Rio Negro mit Diamanten- und Goldgewinnung an den Quellflüssen, durchzogen und hat im N Anteil am Bergland von Guayana (im Tafelberg R., an der Grenze gegen Venezuela und Guyana, 2 810 m ü. M.); im NO und NW Feuchtsavanne, sonst trop. Regenwald; in den Savannengebieten extensive Rinderhaltung, auch Ackerbau (v. a. um Boa Vista; Maniok, Reis, Mais); Waldsammelwirtschaft (Paranüsse, Kautschuk). Seit 1978 Straßenverbindung von Manaus nach Boa Vista (und weiter nach Caracas), O-W-Verbindung (Perimetral Norte) nur beiderseits von Caracaraí (Endpunkt der Schiffahrt auf dem Rio Branco) ausgeführt. – R. wurde 1943 als wirtschaftl. Förderungsgebiet aus dem Bundesstaat Amazonas herausgelöst.

**Rorate** *das*, -/-, **Roratemesse,** in der *kath.* Kirche Messe zu Ehren MARIAS im Advent, nach dem Anfang des Introitus ›Rorate, caeli, desuper‹ (lat. ›Tauet, Himmel, von oben‹, Jes. 45, 8); volkstümlich auch Engelamt genannt.

**Rore,** Cypriano de, franko-fläm. Komponist, * Mecheln oder Machelen (Brabant) 1515 oder 1516, † Parma Sept. 1565; war Schüler von A. WILLAERT in Venedig, 1547–58 Hofkapellmeister in Ferrara, 1561 und ab 1564 in Parma, 1563–64 als Nachfolger WILLAERTS Kapellmeister an San Marco in Venedig. Er schrieb Messen, Motetten, Vesper- und Passionsmusiken. V. a. aber seine 125 Madrigale sind durch ihre ausdrucksvolle Textdeklamation, kontrastreiche Rhythmik, individuelle Stimmbehandlung und neue Harmonik einschließlich kühner chromat. Wendungen von besonderer Bedeutung für diese Gattung.
   Ausgabe: Opera omnia, hg. v. BERNHARD MEIER, 8 Bde. (1959–77).
   J. MUSIOL: C. de R., ein Meister der venezian. Schule (1932); A. EINSTEIN: The Italian madrigal, 3 Bde. (Neuausg. Princeton, N. J., 1971).

**Rörer,** Georg, luther. Theologe, * Deggendorf 1. 10. 1492, † Jena 24. 4. 1557; 1525–37 Diakon in Wittenberg. R. war ein enger Mitarbeiter M. LUTHERS. Seit 1537 arbeitete er ausschließlich an der Edition der Werke LUTHERS. Er redigierte die Wittenberger und die Jenaer Lutherausgabe und zeichnete viele von LUTHERS Predigten und Vorlesungen auf.
   B. KLAUS: G. R., ein enger Mitarbeiter M. Luthers, in: Ztschr. für bayer. Kirchengesch., Jg. 26 (1957).

**Roridulagewächse** [zu lat. roridus ›betaut‹], **Tau|pflanzengewächse, Roridulaceae,** isoliert stehende Pflanzenfamilie der Zweikeimblättrigen mit der einzigen, zwei Arten umfassenden Gattung **Fliegenbusch** (Vliegebos, Roridula) auf den Bergen des südwestl. Kaplandes; Halbsträucher mit lineal. oder pfrieml. Blättern, die mit langgestielten, klebrigen Drüsenhaaren besetzt sind, und fünfzähligen Blüten; insektenfangend (aber nicht fleischfressend).

**Rorippa** [Herkunft unklar], die Pflanzengattung →Sumpfkresse.

**Roritzer, Roriczer,** Baumeister- und Bildhauerfamilie des 15.–16. Jh.; bedeutende Vertreter:
   **1)** *Konrad* (Conrad), * zw. 1410 und 1415, † Regensburg um 1475, leitete ab 1456 die Dombauhütte in Regensburg (Riß der Westfassade), zugleich auch (ab 1454?) den Bau von St. Lorenz in Nürnberg (Chor).
   **2)** *Matthäus,* † zw. 1492 und 1495, Sohn von 1); war Mitarbeiter seines Vaters in Nürnberg und 1485–92 Dombaumeister in Regensburg.

**Røros** [ˈrøːruːs], Stadt in der Prov. (Fylke) Sør-Trøndelag, Norwegen, 628 m ü. M., im oberen Østerdal, (1990) 5 400 Ew.; Stadt und Bergwerke (1644 bis 1973 Kupfererzbergbau, bis 1953 auch Verhüttung) wurden von der UNESCO zum Weltkulturerbe erklärt. – R. wurde 1644 unter Mithilfe dt. Bergleute nach Entdeckung der Kupfervorkommen gegründet. – Der im Kern noch ursprünglich erhaltene Ort besteht v. a. aus Holzhäusern; Steinkirche (um 1780).

**Ro-Ro-Schiff,** → Roll-on-roll-off-Schiff.

**Rorschach, 1)** Bezirkshauptort im Kt. St. Gallen, Schweiz, am S-Ufer des Bodensees, 398 m ü. M., (1989) 9 300 Ew. (zu 26 % Ausländer); Museum (im ehem. Kornhaus, erbaut 1746–48); Konservenherstellung, Aluminium- und Kunststoffverarbeitung, Textilindustrie; lebhafter Fremdenverkehr; Anlegestelle der Bodenseeschiffahrt. R. ist Zentrum der Wirtschaftsregion R., die den Bez. R. (außer dessen Süden) und den N des Bez. Unterrheintal (bis Sankt Margrethen) umfaßt, mit 16 500 Beschäftigten, zu 61 % in Industrie und Gewerbe (v. a. Maschinen-, Apparate- und Fahrzeugbau, Nahrungsmittelindustrie); nur 3 % arbeiten in der Landwirtschaft. – Der 850 erstmals erwähnte Ort erhielt 947 Markt-, Münz- und Zollrecht über das Kloster St. Gallen. – Ehem. Benediktinerkloster Mariaberg (1484–16. Jh.; 1967–78 restauriert, heute Schule); Pfarrkirche St. Columban und Constantinus (1236 erwähnt; v. a. 1782–86 umgebaut und erweitert); Rathaus (1681–89; 1747).
   **2)** Bez. im Kt. St. Gallen, Schweiz, 64 km², davon 14 km² Seeanteil, (1989) 32 800 Ew. (zu 17 % Ausländer); umfaßt neun Gem. südlich des Bodensees.

**Rorschach,** Hermann, schweizer. Psychiater, * Zürich 8. 11. 1884, † Herisau 2. 4. 1922; Schüler von E. BLEULER und C. G. JUNG, Arzt an der kantonalen Heilanstalt in Herisau. Nach langjährigen experimentellen Untersuchungen veröffentlichte er 1921 den →Rorschach-Test.
   Werk: Psychodiagnostik (1921).

**Rorschach-Test,** 1921 von H. RORSCHACH eingeführtes psychologisch-diagnost. Verfahren, das zu den projektiven Verfahren gezählt wird und zur Erfassung der gesamten Persönlichkeitsstruktur verwendet wird. Der R.-T. besteht aus zehn teils bunten, teils unbunten symmetr. Kleckstafeln, die zur freien Phantasiedeutung vorgelegt werden. Die Antworten werden in einem Verschlüsselungssystem signiert. Die Interpretation hängt in hohem Maße von der Erfahrung und dem Einfühlungsvermögen des Diagnostikers ab. In den 1980er Jahren wurde die Auswertung und Interpretation des R.-T. in den USA von JOHN ERNEST EXNER (* 1928) durch Normierung der Antworten wesentlich verbessert.
   J. E. EXNER: The Rorschach. A comprehensive system, 3 Bde. (New York ¹⁻²1978–86).

**Rorty** [ˈrɔːrtɪ], Richard McKay, amerikan. Philosoph, * New York 4. 10. 1931; Schüler R. CARNAPS und C. HEMPELS, lehrte 1958–61 am Wellesley College, 1961–81 an der Princeton University; seit 1982 Prof. an der University of Virginia; setzt sich kritisch mit der traditionellen Erkenntnistheorie und der sprachanalyt. Philosophie auseinander. Gegen aprior. Begründungen von Erkenntnis und Wahrheit und absolute Setzungen fordert er eine ›pragmat.‹ Hermeneutik.

**Rosa** [italien., von lat. rosa ›Rose‹], weibl. Vorname.

**Rosa** [zu lat. rosa ›Rose‹], **1)** *Botanik:* die Pflanzengattung →Rose.
   **2)** *Farbenlehre:* eine Purpurfarbe, d. h. eine in der →Farbtafel auf der Purpurlinie oder in deren Nähe liegende Farbart; Normfarbwertanteile etwa $x = 0,5$ und $y = 0,2$. Purpurfarben erhält man durch additives Farbmischen der Farbvalenzen des kurz- und des langwelligen Endes des Spektralfarbenzugs.

**Rosa, 1)** [ˈrrɔza], João **Guimarães** [gimaˈrãis], brasilian. Schriftsteller, * Cordisburgo (Minas Gerais)

# Rosa  Rosa – ROSAT

27. 6. 1908, † Rio de Janeiro 19. 11. 1967; Arzt, ab 1934 Diplomat. Sein sprachlich experimentelles, von J. JOYCE angeregtes Erzählwerk schildert Mensch und Natur im brasilian. Nordosten. Der Roman ›Grande sertão‹ (1956; dt.) gilt als Nationalepos.

**Weitere Werke:** *Erzählungen:* Sagarana (1946; dt.); Primeiras estórias (1962; dt. Das dritte Ufer des Flusses); Tutaméia. Terceiras estórias (1967; dt. Estas estórias (hg. 1969); Ave, palavra (hg. 1970). – *Romane:* Corpo de baile, 2 Bde. (1956, vier Romane u. drei Erz.; dt. Corps de ballet. Romanzyklus).

Em memória de J. G. R. (Rio de Janeiro 1968); C. MEYER-CLASON: Der Sertão des J. G. R., in: Brasilian. Lit., hg. v. M. STRAUSFELD (1984).

**2)** ['roːza], Salvator, italien. Maler, Radierer und Dichter, * Arenella (bei Neapel) 21. 6. oder 7. 1615, † Rom 15. 3. 1673; bildete sich bes. unter dem Einfluß von A. FALCONE, war abwechselnd in Neapel, Viterbo und Rom tätig, lebte seit 1641 in Florenz und kehrte 1649 nach Rom zurück. Neben großfigurigen mytholog. Bildern schuf er Schlachten- und Landschaftsbilder, die durch ihre temperamentvolle und dramat. Gestaltung v. a. auf A. MAGNASCO, M. RICCI und C. J. VERNET einen nachhaltigen Einfluß ausübten und bei engl. Sammlern großen Anklang fanden. Als Dichter wurde er v. a. durch sieben Satiren (›Satire‹, hg. 1695) bekannt, in denen er die Dichtung des Marinismus verspottete und die Schwächen der Zeit anprangerte.

**Ausgaben:** Poesie e lettere edite e inedite, hg. v. G. A. CESAREO, 2 Bde. (1892); Poesie e lettere inedite, hg. v. U. LIMENTANI (1950).

G. I. LOPRIORE: Le ›Satire‹ di S. R. (Florenz 1950); L. SALERNO: S. R. (ebd. 1963); A. CARBONE: S. R., vita ed opera (Neapel 1968); L'opera completa di S. R., bearb. v. L. SALERNO (Mailand 1975); R. W. WALLACE: The etchings of S. R. (Princeton, N. J., 1979).

**Rosa, R. von Lima,** Taufname **Isabel de Flores,** Mystikerin span. Herkunft, * Lima 20. 4. 1586, † ebd. 24. 8. 1617; wurde 1606 Dominikanertertiarin in Lima, gründete dort das erste kontemplative Frauenkloster und setzte sich für die Mission ein. Sie wies auf die schädl. Folgen der span. Eroberung hin und setzte sich damit der öffentl. Kritik aus. – Heilige, Patronin Lateinamerikas (Tag: 23. 8.).

W. HERBSTRITH: R. v. L., in: Wb. der Mystik, hg. v. P. DINZELBACHER (1989).

**Rosaceae** [lat.], die → Rosengewächse.

**Rosales Camacho** [rrɔˈsales kaˈmatʃo], Luis, span. Schriftsteller, * Granada 31. 5. 1910; unterstützte den frühen FRANCO u. a. in der Zeitschrift ›Escorial‹; war später in der Leitung der ›Cuadernos hispanoamericanos‹, seit 1962 Mitgl. der Span. Akademie. Sein erstes lyr. Werk (›Abril‹, 1935) greift auf den Klassizismus von GARCILASO DE LA VEGA zurück. Die pessimistischere Dichtung der Folgezeit (›La casa encendida‹, 1949; ›Rimas, 1937–1951‹, 1951) thematisiert Einsamkeit, Tod und Religion. Das späte lyr. Werk ist stark autobiographisch (›Diario de una resurrección‹, 1979; ›La carta entera‹, 3 Tle., 1980–84). R. C. verfaßte auch zahlreiche Essays (›Cervantes y la libertad‹, 2 Bde., 1960; ›La poesía de Neruda‹, 1978). 1982 erhielt er den Premio Miguel de Cervantes.

**Rosalie** [von italien. Rosalia], weibl. Vorname, Weiterbildung von Rosa.

**Rosaliengebirge,** dicht bewaldeter Ausläufer der Zentralalpen südöstlich von Wiener Neustadt, Österreich, über seinen sich von N nach SO erstreckenden Kamm (etwa 15 km) verläuft die Grenze zw. Niederösterreich und dem Burgenland; im Heuberg 748 m ü. M., hier die Rosalienkapelle (Wallfahrtsort), über ihn verläuft auch die einzige das R. querende Straße, an der (am O-Hang) auch die Burg → Forchtenstein über dem gleichnamigen Ort (2 600 Ew.) liegt; am O-Hang intensiver Obstbau.

**Rosamunde** [zu german. (erschlossen) hrop- ›Ruhm‹, ›Preis‹ und ahd. munt ›(Rechts)schutz‹], weibl. Vorname.

**Rosanna** *die,* Fluß in Tirol, Österreich, durchfließt das Verwalltal (Oberlauf) und das Stanzer Tal (O-Zufahrt zum Arlberg) und bildet mit der Trisanna (aus dem Paznaun) die **Sanna** (7 km lang), die bei Landeck in den Inn mündet.

**Rosanow, Rozanov** [-z-], **1)** Michail Grigorjewitsch, russ. Schriftsteller, → Ognjow, Nikolaj.

**2)** Wassilij Wassiljewitsch, russ. Philosoph, Publizist und Schriftsteller, * Wetluga (Gebiet Gorkij) 2. 5. 1856, † Sergijew (heute Sagorsk) 5. 2. 1919; sah sowohl in der Gesellschaftsbezogenheit der russ. Intelligenzija des 19. Jh. als auch im Christentum mit seinem Jenseitsbezug eine Abkehr vom persönl. Glück und schilderte Sexualität und Familie als positive Werte. Er war ein glänzender Stilist, dessen letztes Werk ›Apokalipsis našego vremeni‹ (10 Tle., 1917; frz. ›L'Apocalypse de notre temps‹) Gedanken von prophet. Kraft über die Revolution ausdrückt. Sein Essay ›Legenda o velikom inkvizitore F. M. Dostoevskogo‹ (1891; dt. ›Dostojewski und seine Legende vom Grossinquisitor‹) war bahnbrechend für eine philosophisch vertiefte Dostojewskij-Rezeption.

**Weitere Werke:** O ponimanii (1886); Semejnyj vopros v Rossii, 2 Bde. (1903); Ljudi lunnogo sveta (1911); Uedinennoe (1912); Opavšie list'ja, 2 Tle. (1913).

**Ausgaben:** Izbrannoe (München 1970). – Solitaria. Ausgew. Schr., hg. v. H. A. STAMMLER (1985).

V. B. ŠKLOVSKIJ: Rozanov (Petersburg 1921, Nachdr. Letchworth 1977); E. F. GOLLERBACH: V. V. Rozanov. Žizn' i tvorčestvo (Petersburg 1922, Nachdr. Paris 1976); A. L. CRONE: Rozanov and the end of literature (Würzburg 1978).

**Rosario,** drittgrößte Stadt Argentiniens, 24 m ü. M. am steilen rechten Ufer des Paraná, (1980) 875 700 Ew. (Agglomeration: 954 600 Ew.); kath. Erzbischofssitz; Univ., Museen, Planetarium. R. entwickelte sich dank günstiger Verkehrslage und fruchtbarem Hinterland zu einem bedeutenden Wirtschaftszentrum mit landwirtschaftl. Industrie (Mühlen, Gerbereien, Konservenfabriken, Großschlächterei), Maschinen-, chem., Textil- und Papierindustrie; Erdölraffinerie (San Lorenzo); Hüttenwerk bei San Nicolás. Der bedeutende Binnenhafen (für Hochseeschiffe bis 7 m Tiefgang) ist Umschlagplatz (Exporthafen) für die Erzeugnisse Mittel- und Nordargentiniens, bes. Getreide und Gefrierfleisch. – R. wurde 1725 gegründet und großzügig im Schachbrettplan angelegt.

**Rosarium** [mlat.] *das, -s/...riˌen,* **1)** *lat. Kirche:* der → Rosenkranz.

**2)** *Pflanzenbau:* **Rosengarten,** i. d. R. von Gehölzen umgebene und durchsetzte künstler. Anlage einer Sammlung von Rosensorten aus aller Welt. – Das älteste R. wurde 1899 in Sangerhausen gegründet und ist heute mit rd. 6 500 Arten und Sorten die bedeutendste Rosensammlung der Erde.

**Rosas,** Juan Manuel de, argentin. Diktator, * Buenos Aires 30. 3. 1793, † Swaythling (bei Southampton) 14. 3. 1877; wurde im Bürgerkrieg als Anführer der Föderalisten 1829 Gouverneur der Prov. Buenos Aires; 1835 ließ er sein Regime durch Volksabstimmung legalisieren. R. dehnte seine Macht gewaltsam auf die übrigen Provinzen aus und schuf die Grundlagen für den argentin. Einheitsstaat. 1852 wurde er von einer Koalition argentin. und ausländ. Militärs besiegt und vertrieben. Er floh nach England.

**ROSAT** [Kw. aus **Rö**(oe)**ntgen-Sat**ellit], dt. Röntgensatellit (unter brit. und amerikan. Beteiligung), Nachfolger des Exosat; seit 1. 6. 1990 in einer 580 km hohen, um 53° gegen den Äquator geneigten Umlaufbahn (Periode 95 Minuten) mit dem Ziel einer Durchmusterung des ganzen Himmels nach Ultraviolett- (UV-) und Röntgenquellen sowie der Untersuchung ausgewählter Röntgenquellen während eines Zeitraums von bis zu drei Jahren (urspr. geplant 18 Monate). Der R. hat einen Durchmesser von 2,2 m, eine Länge von 4,7 m, ein Gewicht von 2,43 t und ist der

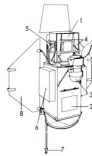

**ROSAT:**
Schematische Darstellung des Satelliten;
1 Röntgenteleskop,
2 Fokalinstrumentierung,
3 XUV-Teleskop,
4 Sternkameras,
5 Navigationskreisel,
6 Elektronikbox,
7 S-Band-Antenne,
8 Solarzellen

größte bislang in Dtl. gebaute Satellit. Hauptinstrument ist ein → Röntgenteleskop, das aus vier ineinandergeschachtelten Teleskopen vom Wolter-Tpy 1 besteht, mit einer größten Öffnung von 83,5 cm, einer Länge der Spiegelschalen von 50 cm und einer Sammelfläche von 1 141 cm$^2$; die Brennweite beträgt 2,4 m, das Auflösungsvermögen (abhängig von der Fokalinstrumentierung) ist besser als 2 Bogensekunden. Daneben verfügt er für den extrem UV-Bereich (XUV) über ein dem Röntgenteleskop ähnl. Weitwinkelspiegelsystem (Gesichtsfelddurchmesser 5°) mit einer Öffnung von 57,6 cm und mit gleicher Orientierung wie das Röntgenteleskop. Der Arbeits-

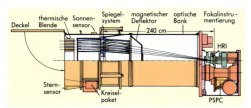

**ROSAT:** Schematische Darstellung des Röntgenteleskops mit dem vierfach geschachtelten Spiegelsystem vom Wolter-Typ 1; rechts ist das Karussell mit den Fokalinstrumenten (HRI und PSPC) zu sehen

bereich mit beiden Instrumenten erstreckt sich damit über einen Wellenlängenbereich von 0,6 nm bis 60 nm. Der R. ist etwa 1 000mal empfindlicher als der erste Röntgensatellit Uhuru und fünfmal leistungsfähiger als der erste Satellit mit abbildendem Röntgenteleskop (→ HEAO).

**Rosay** [roʹzɛ], Françoise, eigtl. **F. Bandy de Nalèche** [bãˈdi donaˈlɛʃ], frz. Schauspielerin, * Paris 19. 4. 1891, † ebd. 28. 3. 1974; ∞ mit J. Feyder, unter dessen Regie sie in zahlreichen Filmen mitwirkte. Durch Filme wie ›Die klugen Frauen‹ (›La kermesse héroïque‹, 1935), ›Spiel der Erinnerung‹ (›Un carnet de bal‹, 1937), ›Fahrendes Volk‹ (1938), ›Die Gans von Sedan‹ (1959) wurde sie als eine der führenden Charakterdarstellerinnen Frankreichs bekannt.

**Rosazea** [zu lat. rosaceus ›rosenfarbig‹] die, -, **Rosacea, Kupferrose,** meist erst im mittleren und höheren Lebensalter auftretende chron. Erkrankung der Gesichtshaut, die bes. den Bereich der Nase, auch der Stirn und der Wangen (Schmetterlingsfigur) betrifft. Durch Erweiterung der oberflächlichen Hautgefäße kommt es zu teils tiefroten Blutstauungen, zu Gefäßerweiterungen (Teleangiektasien), je nach Form auch zu Hautschuppung, schubweiser Ausbildung von Papeln oder Pusteln und (meist nur bei Männern) später zur Ausbildung eines → Rhinophyms.

Als *Ursachen* werden eine Labilität der Gefäßnerven mit seborrhoischer Konstitution, innersekretor. Störungen, chron. Magen-Darm-Leiden und Herdinfekte vermutet; Alkoholmißbrauch kann ebenfalls von Bedeutung sein.

**Rosbach v. d. Höhe,** Stadt im Wetteraukreis, Hessen, 185 m ü. M., am Fuße (›vor der Höhe‹) des Taunus, (1990) 10 000 Ew.; Heimatmuseum (im Wehrturm Ober-Rosbach); Mineralwasserabfüllung, graph. Betriebe, Obstbau (Kirschen). – R., erstmals 884 urkundlich erwähnt, erhielt 1663 Stadtrecht. Im 18. Jh. wurde der Mineralbrunnen erschlossen.

**Rosbaud,** Hans (Johann), österr. Dirigent, * Graz 22. 7. 1895, † Lugano 29. 12. 1962; war 1928–37 Leiter der Musikabteilung beim Frankfurter Rundfunk, 1937–41 Generalmusikdirektor in Münster, 1941–44 in Straßburg und 1945–48 der Münchner Philharmoniker; seit 1948 Chefdirigent des Sinfonieorchesters des Südwestfunks, seit 1950 daneben auch in Zürich tätig (Chefdirigent des Tonhalle-Orchesters und bis 1958 auch am Stadttheater). R. setzte sich bes. für die Neue Musik ein, dirigierte zahlreiche Uraufführungen zeitgenöss. Komponisten und wirkte bei den Donaueschinger Musiktagen mit.

**Roscelin, R. von Compiègne** [frz. rɔˈslɛ̃, kõ-ˈpjɛɲ], latinisiert **Roscelinus de Compondilis** oder **de Compendio,** frz. Philosoph und Theologe, * Compiègne (?) um 1045, † Tours oder Besançon nach 1120. Er vertrat im Universalienstreit des MA. einen frühen Nominalismus, nach dem die Universalien nur Laute (›flatus vocis‹) sind, wirklich aber nur das individuelle Einzelding ist. Die theolog. Konsequenz: die Trinität als Einheit der drei Personen Gottes in einem Wesen Gottes wandelte sich in ein Aggregat von drei Substanzen. Dieser Tritheismus R.s wurde von Anselm von Canterbury und P. Abaelardus angegriffen und von der Synode von Soissons (um 1092) verurteilt.

Gennadij Nikolajewitsch Roschdestwenskij

**Roschdestwenskij, Roždestvenskij** [-ʒ-], 1) Gennadij Nikolajewitsch, russ. Dirigent, * Moskau 4. 5. 1931; wirkte in Moskau am Rundfunk und am Bolschoi-Theater, war 1974–77 Chefdirigent der Stockholmer Philharmon. Orchesters, 1978–81 des Londoner BBC Symphony Orchestra und 1981–83 der Wiener Symphoniker, übernahm 1983 die Leitung des Staatl. Symphonieorchesters des Kulturministeriums der UdSSR; leitete zahlreiche Urauff. von Werken junger sowjet. Komponisten.

2) Robert Iwanowitsch, russ. Lyriker, * Kossicha (Altaigebiet) 20. 6. 1932; Vertreter der pathet. Lyrik in der Nachfolge W. W. Majakowskijs mit großer themat. Breite (Liebe, Raumfahrt, Auslandsreisen u. a).

*Ausgaben:* Izbrannye proizvedenija, 2 Bde. (1979). – R. Roshdestwenski, übers. v. H. Krempien u. a. (1981, dt. Gedichtausw.).

**Roscher, 1)** Albrecht, Afrikaforscher, * Altona 27. 8. 1836, † Kisungunu (am Malawisee) 19. 3. 1860; erforschte Küstengebiete O-Afrikas; auf seiner geplanten O-W-Durchquerung Afrikas erreichte er von Kilwa aus 1859 den Malawisee (damals Njassasee), wo er von arab. Sklavenhändlern ermordet wurde.

2) Wilhelm Georg Friedrich, Volkswirtschaftler, * Hannover 21. 10. 1817, † Leipzig 4. 6. 1894; seit 1843 Prof. in Göttingen, seit 1848 in Leipzig; Mitbegründer der älteren histor. Schule der dt. Nationalökonomie. Beeinflußt von der Geschichtsphilosophie, postulierte er als Ziel der theoret. Nationalökonomie, die Entwicklungsgesetze der Wirtschaft zu erforschen.

*Werke:* System der Volkswirtschaft, 5 Bde. (1854–94); Gesch. der National-Oekonomik in Dtl. (1874).

**Rosch ha-Schanah** [hebr. ›Jahresanfang‹], das jüd. Neujahr, einer der höchsten jüd. Festtage, gefeiert am 1./2. Tischri (Sept./Okt.); gilt als Tag des himml. Gerichts über die Menschen; R. ha-S. leitet daher die zehn Bußtage ein, deren Höhepunkt → Jom Kippur bildet. Charakteristisch ist das feierl. Blasen des → Schofar in der Synagoge.

Wilhelm Roscher

**Roschtschin, Roščin** [-ʃtʃ-], Michail Michajlowitsch, eigtl. **M. M. Gibelman,** russ. Schriftsteller, * Kasan 10. 2. 1933; Journalist, setzt sich in seinen sehr erfolgreichen Stücken und in der Prosa mit aktuellen Problemen des Alltags auseinander.

*Werke: Stücke:* Valentin i Valentina (1971; dt. Valentin u. Valentine); Staryj Novyj god (1974); Ešelon (1975; dt. Transportzug); Muž i žena snimut komnatu (1975; dt. Ehepaar sucht Zimmer); Sed'moj podvig Gerakla (1987). – *Erzählungen:* Reka (1973); Vospominanie (1977; dt. Erinnerungen an eine Liebe); Polosa (1987).

**Roscoe** [ˈrɔskəʊ], Sir (seit 1884) Henry Enfield, brit. Chemiker, * London 7. 1. 1833, † West Horsley (Cty. Surrey) 18. 12. 1915; lehrte in Manchester und London; arbeitete v. a. über Photochemie (→ Bunsen-Roscoe-Gesetz) und Spektralanalyse sowie über die Chemie der Elemente Wolfram und Vanadium.

## Rosc  Roscoelith – Rose

**Roscoelith** [rɔskoˈlit; nach Sir H. E. ROSCOE, zu griech. líthos ›Stein‹] *der, -s* und *-en/-e(n)*, olivgrünes bis grünlichbraunes Mineral aus der Gruppe der Glimmer, mit der chemischen Zusammensetzung $KV_2[(OH)_2|AlSi_3O_{10}]$ (Vanadiummuskovit). R. wurde früher in Colorado als Vanadiumerz abgebaut.

**Roscommon** [rɔsˈkɔmən], irisch **Ros Comáin** [ros ˈkomin], **1)** Hauptstadt des gleichnamigen County in der Rep. Irland, (1986) 1400 Ew.; Leichtindustrie. – Ruinen einer normann. Burg (13. Jh.) sowie eines 1258 gegründeten Dominikanerklosters.
**2)** County in der histor. Prov. Connacht, Rep. Irland, 2 463 km², (1986) 54 600 Ew.; im zentralen Tiefland gelegen. Schaf- und Rinderhaltung.

**Rosdorf,** Gem. im Kr. Göttingen, Ndsachs., (1990) 10 300 Ew. – Fundort eines Reihengräberfeldes mit jungsteinzeitl. Brandkeramik, das planmäßig erforscht wurde. Überdies fanden sich auch Spuren bronze- und eisenzeitl. Ansiedlungen sowie ein Gräberfeld der Merowingerzeit.

**Rose** [lat.], **Rosa,** *Botanik:* Gattung der R.-Gewächse mit über 100 sehr formenreichen Arten und zahllosen, in den verschiedensten Farben blühenden, z. T. angenehm duftenden, teilweise stachellosen Gartenformen.

Die **Wildarten** kommen in Europa, Asien und Nordamerika mit Ausnahme der arkt. und trop. Gebiete vor. In Afrika sind natürl. Vorkommen auf Äthiopien und den äußersten NW beschränkt. In den trop. Gebieten stoßen sie südlich bis nach Mexiko, Abessinien und zu den Philippinen vor. Im außertrop. Asien fehlen sie in einigen innerasiat. Gebieten. Es sind meist sommergrüne, aufrechte oder kletternde Sträucher mit meist stacheligen Zweigen und unpaarig gefiederten Blättern mit deutl., teilweise mit dem Blattstiel verwachsenen Nebenblättern. Die Wild-R. sind überwiegend wenigblütig, die weißen oder Rotabstufungen zeigenden Blüten stehen entweder einzeln oder in Rispen bzw. Schirmrispen am Ende kurzer Seitenzweige; Kelch- und Kronblätter sind fünfzählig, Staub- und Fruchtblätter kommen in Vielzahl vor. Letztere sind in die krugförmig aufgewölbte Blütenachse eingesenkt, deren Mündung durch die zahlreichen Griffel verschlossen wird. Die Frucht (Sammelnußfrucht) wird als Hagebutte bezeichnet; der rote bis schwarze Blütenbecher bildet das Fruchtfleisch; er enthält zahlreiche Einzelfrüchte (Nüßchen). Die Fruchtschalen und Samen enthalten Kohlenhydrate, Gerbstoffe, Fruchtsäuren, Pektine und v. a. viel Vitamin C und werden zu Hagebuttenmarmelade und -tee verarbeitet. – Zu den wichtigsten rd. 20 einheim. Wildarten gehören u. a.: **Dünen-R.** (**Bibernell-R.,** Rosa spinosissima), 1 m hoch; sehr stachelig, meist weiß blühend; auf Dünen und Felsen in Europa und W-Asien; Blätter mit 5–11 kleinen, fast kreisrunden, doppelt gesägten Fiedern und 6 mm großen, kugeligen, braunschwarzen Hagebutten; viele Sorten werden kultiviert. **Feld-R.** (**Kriech-R.,** Rosa arvensis), in lichten Laubmischwäldern, an Waldrändern und in Hecken in Süd-Dtl., S-Europa und der Türkei; kriechender oder kletternder Strauch mit langen, gebogenen Zweigen, die mit hakenförmigen Stacheln besetzt sind; Blüten weiß. **Hecken-R.** (Rosa corymbifera), bis 2,5 m hohe, in Gebüschen wachsende Wild-R. Europas; Strauch mit kräftigen, gekrümmten Stacheln und unterseits schwach behaarten Blättern (im Ggs. zur ähnl. Hunds-R.); Blüten rosa bis weiß; Früchte orangerot, eiförmig, 15–20 mm lang. **Hunds-R.** (Rosa canina), in Hecken, Laubwäldern und an Wegrändern in Europa; bis 3 m hoher Strauch mit bogig überhängenden Zweigen und kräftigen, gekrümmten Stacheln; Blüten rosafarben bis weiß. **Samt-R.** (**Unbeachtete R.,** Rosa sherardii), in S-Frankreich und Mitteleuropa; 0,5–2 m hohe, gedrungene, dickästige R. mit bläulichgrünen, unterseits wollfilzig behaarten Blättern, leuchtend rosafarbenen Blüten und weichstacheligen Hagebutten. **Wein-R.** (Rosa rubiginosa), bis 2 m hoher Strauch mit hakig gebogenen Stacheln, rundl., nach Äpfeln duftenden Fiederblättchen und rosafarbenen Blüten. **Zimt-R.** (**Mai-R.,** Rosa majalis), in Auwäldern Mitteleuropas; bis 1,5 m hoher Strauch mit rotbraunen Zweigen und kurzen, gebogenen Stacheln; Blüten leuchtend rot. Eine wichtige Stammart der heutigen Garten-R. ist die seit langem kultivierte **Essig-R.** (**Provinsrose,** Rosa gallica): wächst meist in Laubwäldern und auf trockenen Wiesen in Mittel- und Südeuropa sowie in W-Asien; bis 1,5 m hoher Strauch, dessen junge Triebe dicht mit Stacheln besetzt sind; Blüten einzeln, etwa 6 cm groß, hellrot bis purpurfarben; Früchte kugelig, ziegelrot, mit Drüsen und Borsten besetzt. Die **Zentifolie** (**Provence-R.,** Rosa centifolia) ist ein bis 2 m hoher Strauch mit beidseits behaarten, schlaffen Blättern und zu mehreren zusammenstehenden, gefüllten, nickenden, wohlriechenden Blüten in verschiedenen Rottönen oder in Weiß. Eine Zuchtform davon ist die **Moos-R.,** mit rosafarbenen Blüten; das moosartige Aussehen erhält sie durch die stark gefiederten Kelchblätter sowie die Stacheln und Öldrüsen. Ebenfalls eine Zuchtform ist die vermutlich aus Kleinasien stammende **Damaszener-R.** (Rosa damascena); bis 2 m hoch, mit kräftigen, gekrümmten Stacheln, unterseits behaarten Fiederblättchen, bestachelten Blattstielen und rosafarbenen bis roten, auch rot und weiß gestreiften, gefüllten Blüten.

Im 18. Jh. waren zahlreiche Sorten der Essig-R., der Zentifolie, der Damaszener-R. sowie der um 1780 eingeführten **Chinesischen R.** (Rosa chinensis, mit langbestielten, rosafarbenen, dunkelroten oder gelbl. Blüten) und der **Weißen R.** (Rosa alba, bis 2 m hoher Strauch mit unterschiedlich großen, hakenförmigen Stacheln und meist gefüllten, duftenden, weißen Blüten) in Kultur. Zu Beginn des 19. Jh. nahm die R.-Züchtung durch Kreuzungen der Gartensorten großen Aufschwung. 1824 wurde die **Tee-R.** (Rosa odorata) von China nach Großbritannien eingeführt: eine immergrüne oder halbimmergrüne Kletter-R. mit langen Trieben und hakenförmigen Stacheln; Blüten einzeln oder zu wenigen, weiß, blaßrosafarben oder gelblich, halb gefüllt oder gefüllt, 5 bis 8 cm im Durchmesser, mit starkem, teeartigem Duft. Die Tee-R. ist eine der Ausgangsformen der Teehybriden, die als Treibhaus- und Schnittblumen Bedeutung haben. Eine der bekanntesten Sorten ist **Gloria Dei** mit hellgelben, rosafarben überhauchten, leicht duftenden Blüten. – Weiter entstanden die **Remontant-R.,** von den urspr. 4 000 in Frankreich entstandenen Sorten noch rd. 100 in Kultur sind; meist von kräftigem Wuchs, mit meist vielen Stacheln und weißen, rosafarbenen oder roten, gefüllten, duftenden Blüten. – Um 1810 entstanden dann die **Noisette-Kletter-R.** mit roten, hakenförmigen Stacheln und gelben, weißen oder rosafarbenen Blüten. Die bekannteste Sorte ist **Maréchal Niel** mit goldgelben, dicht gefüllten Blüten mit Teerosenduft. – In der 2. Hälfte des 19. Jh. kamen die **Polyantha-R.** auf; von meist niedrigem, buschigem Wuchs, mit zahlreichen kleineren Blüten. Kreuzungen der Polyantha-R. mit Teehybriden werden als **Floribunda-R.** (mit großen, edelrosenähnl. Blüten) bezeichnet. – Weiterhin von gärtner. Bedeutung sind die **Strauch-R.** (2–3 m hohe, dichte Büsche bildende R.-Arten bzw. -Sorten v. a. der Zentifolie und der Dünen-R.) und die **Kletter-R.** Letztere umfassen eine umfangreiche Gartenrosengruppe. Mit ihren langen Trieben sind sie zur Pflanzung an Spalieren und Pergolen gut geeignet.

Die Vermehrung aller Sorten und Formen erfolgt durch Okulation (→ Veredelung). Als Unterlage wird

**Rose:**
Von OBEN
Heckenrose
(Höhe bis 2,5 m);
Feldrose
(Höhe 0,5–1,5 m);
Hundsrose
(Höhe bis 3 m);
Zimtrose
(Höhe bis 1,5 m)

meist die Zuchtform ›Edel-Canina‹ der Hunds-R. verwendet.

*Krankheiten* und *Schädlinge:* Viele Sorten reagieren auf Eisen-, Mangan- und Magnesiummangel mit Blattvergilbungen; Gegenmaßnahme ist entsprechende Düngung nach Bodenanalyse. Häufig ist der durch Bakterien verursachte Wurzelkropf, befallene R. müssen aus dem Bestand entfernt werden. Durch Pilze verursachte Erkrankungen sind der Echte Mehltau, erkenntlich am Myzelbelag an Blattober- und -unterseite, bes. bei Freiland-R., der Rosenrost ist typ. Pusteln sowie Sternrußtau mit charakterist. sternförmigen Flecken auf der Blattoberseite. Die Blüten können bei zu hoher Luftfeuchtigkeit von Grauschimmel befallen werden. Bekämpfung der Mykosen erfolgt mittels geeigneter Fungizide. Häufig auftretende tier. Schädlinge sind Spinnmilben bei zu trockener Luft, Rosenzikaden, Wicklerraupen, Blasenfüße und die Rosengallwespe, die an den Zweigen ›Schlafäpfel‹ (Rosenäpfel) erzeugt.

*Kulturgeschichte:* Die R. ist wahrscheinlich in Persien heimisch und kam im 7. Jh. v. Chr. wohl über Ionien und Syrien nach Griechenland (v. a. war die R.-Zucht von Rhodos berühmt) und Italien. Den Germanen waren nur die damals heim. Wild-R. bekannt. Die R. war seit der Antike Symbol der Liebe und Sinnbild der Frau, auch der Vergänglichkeit, und fand in Kunst und Literatur weite Verbreitung. In Mitteleuropa wurde die R. zunächst als Heilpflanze erwähnt. Seit dem 10. oder 11. Jh. ist sie auch als Gartenzierpflanze bekannt. R.-Wasser (→ Rosenöl) war im frühen MA. eines der ersten Destillationsprodukte. R.-Extrakte wurden für Salben, Parfüms, Sirup und Zucker verwendet. – Die Anzahl der Zuchtsorten stieg von vier im 13. Jh. auf mehrere Tausend am Ende des 19. Jh. an.

In der *christl. Symbolik* ist die R. Sinnbild des Paradieses, als R. ohne Dornen Symbol MARIAS (BILD → Lochner, Stephan), seltener Sinnbild CHRISTI, öfter Attribut von Heiligen (hl. ELISABETH von Ungarn) und Märtyrern (hl. DOROTHEA).

*Heraldik:* Die heraldi. R. ist fünfblättrig, in der Frühzeit schlicht stilisiert, dann normalerweise ›bebutzt‹ (mit andersfarbigen Kelchblättern), ›besamt‹ (mit andersfarbigem Mittelstück), auch ›gefüllt‹.

F. SCHNACK: R., Königin der Gärten. Ihre Kulturgesch., Arten u. Pflege (1961); W. KORDES: Das R.-Buch ([10]1977); R. GENDERS: Die R. (a. d. Engl., Rüschlikon [2]1978); I. JAEHNER: Die schönsten R. in Garten u. Haus (1980); G. KRÜSSMANN: R., R. Unser Wissen über die R. ([2]1985); G. HEINZ-MOHR u. V. SOMMER: Die R. Entfaltung eines Symbols (1988); D. WOESSNER: R. für den Garten ([2]1988).

**Rose,** 1) **Gustav,** Mineraloge, * Berlin 18. 3. 1798, † ebd. 15. 7. 1873, Sohn von 5), Bruder von 2); ab 1826 Prof. in Berlin; begleitete 1829 A. VON HUMBOLDT auf dessen Reise nach Sibirien. R. hatte auf E. A. MITSCHERLICHS Entdeckung der Isomorphie wesentl. Einfluß. Er erforschte v. a. die Zusammenhänge zw. geometr. und chem. Eigenschaften der Kristalle und schuf die Grundlagen der noch heute übl. Systematik der Minerale.

Werke: Elemente der Krystallographie, Bd. 1 (1833, Bd. 2 u. 3 hg. 1876–87); Das kristallo-chem. Mineralsystem (1852).

2) **Heinrich,** Chemiker, * Berlin 6. 8. 1795, † ebd. 27. 1. 1864, Sohn von 5), Bruder von 1); seit 1823 Prof. in Berlin; erforschte das Element Titan und trennte 1844 erstmals die Elemente Tantal und Niob.

3) [rəʊz], **Leonard,** eigtl. **L. Rozofsky** [-z-], amerikan. Violoncellist, * Washington (D. C.) 27. 7. 1918, † Croton-on-Hudson (N. Y.) 16. 11. 1984; lehrte u. a. am Curtis Institute of Music in Philadelphia (Pa.) und an der Juilliard School of Music in New York, interpretierte v. a. virtuose Werke der Romantik und trat auch als Triopartner von I. STERN und E. ISTOMIN auf.

4) **Paul Arthur Max,** Theaterleiter und Schauspieler, * Berlin 31. 7. 1900, † Baden-Baden 25. 12. 1973; 1927–45 Leiter des **R.-Theaters** (gegr. 1906) in Berlin, bedeutende Klassiker- und Gerhart-Hauptmann-Inszenierungen; 1953–62 Intendant des Bad. Staatstheaters in Karlsruhe.

5) **Valentin,** d. J., Pharmazeut, * Berlin 31. 10. 1762, † ebd. 10. 8. 1807, Vater von 1) und 2); seit 1782 Assessor am Obercollegium medicum in Berlin. R. entdeckte u. a. das Inulin und führte eine Methode zum Nachweis fon Arsenik durch Kochen der Probe mit verdünntem Alkali in die toxikolog. Analyse ein.

**rosé** [roˈzeː, frz. ›rosenfarben‹], zart-, blaßrosa.

**Rosé** [roˈzeː] *der, -s/-s,* → Roséwein.

**Rosé, Arnold Josef,** österr. Violinist, * Jassy (Rumänien) 24. 10. 1863, † London 25. 8. 1946; war 1881–1938 Konzertmeister am Wiener Hof- bzw. Staatsopernorchester und 1888–96 auch bei den Bayreuther Festspielen, ferner Prof. an der Wiener Staatsakademie. 1882 gründete er ein Streichquartett, das mit der Urauff. von Werken von J. BRAHMS, H. PFITZNER und M. REGER hervortrat. 1938 emigrierte R. nach London.

**Roseau** [rəʊˈzəʊ], Hauptstadt von Dominica, Kleine Antillen, an der SW-Küste der Insel, (1981) 8300 Ew.; kath. Bischofssitz; Museum, botan. Garten; Exporthafen. – Gegr. um 1750.

**Rosebery** [ˈrəʊzbərɪ], Bergbauort auf Tasmanien, Australien, (1981) 2700 Ew.; Abbau von silberhaltigen Blei-Zink-Erzen; Schmelze in Risdon (bei Hobart), Raffinerie nahebei, in Williamsford.

**Rosegtal, Val Roseg,** südliches Nebental des Berninatals im Kt. Graubünden, Schweiz, 12 km lang; nat. Landschaftsschutzgebiet (seit 1963) und alpine Ruhezone (seit 1972; Pferdeomnibus von Pontresina) mit dem **Roseggletscher** (Vadret da Roseg; 4,7 km lang; 8,7 km[2]) in Talschluß.

**Rosegger, Peter,** eigtl. **P. Roßegger,** Pseudonyme **P. K.** (= **Petri Kettenfeier), Hans Malser,** österr. Schriftsteller, * Alpl (heute zu Krieglach) 31. 7. 1843, † Krieglach 26. 6. 1918; stammte aus einer Bergbauernfamilie; nach einer Schneiderlehre und dem durch Gönner ermöglichten Besuch der Grazer Handelsakademie lebte er als freier Schriftsteller in Graz und Krieglach; zahlreiche Reisen in Österreich, Dtl., der Schweiz, Holland und Italien. Begann mit Mundartlyrik (›Zither und Hackbrett‹, 1870) und volkskundl. Skizzen (›Sittenbilder aus dem steier. Oberlande‹, 1870); großen Erfolg im gesamten dt. Sprachraum hatte er aber dann v. a. mit seinen autobiographisch gefärbten, u. a. von B. AUERBACH, A. STIFTER und L. ANZENGRUBER beeinflußten Romanen und Erzählungen, die vorwiegend den Gegensatz zw. scheinbar intakter bäuerl. Lebenswelt und dämonisch anmutender Großstadt thematisieren (›In der Einöde‹, 1872; erw. Neuaufl. u. d. T. ›Heidepeters Gabriel‹, 1882; ›Die Schriften des Waldschulmeisters‹, 1875; ›Jakob der Letzte‹, 1888) bzw. die Kindheit als rückwärts gewandte Utopie verklären (›Waldheimat‹, 1877; Ausw. u. d. T. ›Als ich noch der Waldbauernbub war‹, 3 Bde., 1900–02). Gegenüber dem sozialen und liberal-volksaufklärer. Engagement der Frühzeit dominieren in R.s Spätwerk antimodernist. und kulturpessimist. Züge, wodurch sich Affinitäten zur ›Heimatkunst‹-Bewegung der Jahrhundertwende ergeben. Seine schon zu Lebzeiten überaus große Popularität stellte R. wiederholt in den Dienst verschiedener Initiativen (u. a. Schul- und Kirchenbau). In zahlreichen journalist. und essayist. Beiträgen äußerte sich R. überdies zu tagespolit. Fragen. Die bei diesen Gelegenheiten vertretenen Positionen (z. B. sein Aufruf für den ›Dt. Schulverein‹ 1909 und seine Haltung während des Ersten Weltkriegs) begünstigten die spätere Vereinnahmung R.s durch den Nationalsozialismus.

Gustav Rose

Valentin Rose d. J.

Peter Rosegger

# Rose    Rosei – Rosenberg

**Weitere Werke:** Tannenharz u. Fichtennadeln (1870); Der Gottsucher, 2 Bde. (1882); Stoansteirisch, 2 Bde. (1885–89); Peter Mayr, der Wirt an der Mahr (1893); Das ewige Licht (1897); Erdsegen (1900); Mein Himmelreich. Bekenntnisse, Geständnisse u. Erfahrungen aus dem religiösen Leben (1901); Weltgift (1903); I. N. R. I. (1905); Die Försterbuben (1908); Die beiden Hänse (1912).
**Ausgaben:** Ges. Werke, 40 Bde. (1913–16); Ges. Werke, hg. v. J. PERFAHL, 4 Bde. (1989).
R. LATZKE: P. R. Sein Leben u. sein Schaffen, 2 Bde. (Weimar u. Graz 1943–53); C. ANDERLE: Der andere P. R. Polemik, Zeitkritik u. Vision ... (Wien 1983); Fremd gemacht? Der Volksschriftsteller P. R., hg. v. U. BAUR u. a. (ebd. 1988).

**Rosei,** Peter, österr. Schriftsteller, * Wien 17. 6. 1946. In seiner von einer äußerst sachl. und präzisen Sprache geprägten Prosa zeigt R. Ausschnitte von Abläufen ohne Anfang und Ende, in denen sich Wirklichkeit, Erinnerung, Illusion und Traum vermischen. Im Mittelpunkt von R.s bisherigem Schaffen steht sein sechsbändiges, Ende der 1980er Jahre abgeschlossenes ›15 000 Seelen-Projekt‹, ein Prosapanorama aus den Werken ›Komödie‹ (1984), ›Mann & Frau‹ (1984), ›15 000 Seelen‹ (1985), ›Die Wolken‹ (1986), ›Der Aufstand‹ (1987) und ›Unser Landschaftsbericht‹ (1988). Verfaßte auch Hörspiele, Gedichte und Essays.
**Weitere Werke:** Landstriche (1972); Entwurf für eine Welt ohne Menschen. Entwurf zu einer Reise ohne Ziel (1975); Der Fluß der Gedanken durch den Kopf. Logbücher (1976); Wer war Edgar Allan? (1977); Rebus (1990); Der Mann, der sterben wollte, samt einer Gesch. von früher (1991).

**Roselius,** Ludwig, Unternehmer und Erfinder, * Bremen 2. 6. 1874, † Berlin 15. 5. 1943; R. erfand ein Verfahren zur Herstellung koffeinfreien Kaffees und entwickelte die väterl. Firma R. & Co. in Bremen zu einem der größten Kaffee-Einfuhrhäuser Europas; gründete 1906 die HAG-AG (heute HAG GF AG). Als Förderer kultureller Bestrebungen schuf er mit B. HOETGER die architektonisch bedeutsame Böttcherstraße mit dem Roseliushaus.

**Rosella|eibisch** [Herkunft unsicher], **Hibiscus sabdariffa,** in den Tropen vielfach angebaute, bis 1,5 m hohe, krautige Art des Eibischs; mit gelben Blüten und roten, etwas fleischigen Kelchblättern. Die fleischigen Kelche werden gegessen und zur Herstellung von Limonaden und Süßspeisen sowie ›Malventee‹ verwendet. Aus den Stengeln wird Rosellahanf gewonnen, der ähnlich wie Jutefasern verwendet wird.

**Rosella|sittich, Platycercus eximius,** Art der Plattschweifsittiche in SO-Australien und Tasmanien, in Neuseeland eingebürgert. Kopf, Hals und Oberbrust rot mit großen weißen Bartflecken, Unterbrust und Bauch gelb, grün und rot, Bürzel grün, übrige Oberseite schwarz mit breiten gelben Federrändern, äußere Schwanzfedern und Außenfahnen der Schwungfedern blau. Größe etwa 31 cm.

**Rosemarie,** weibl. Vorname, Doppelname aus Rosa und Maria.

**Rosemeyer,** Bernd, Autorennfahrer, * Lingen (Ems) 14. 10. 1909, † bei Mörfelden-Walldorf 28. 1. 1938; ∞ ab 1936 mit ELLI BEINHORN; Europameister und Dt. Straßen- und Bergmeister 1936, siegte in mehreren Grand-Prix-Rennen. R. verbesserte als Werksfahrer für Auto-Union mehrere Klassenweltrekorde. Er verunglückte bei einem Rekordversuch tödlich.

**Rosen,** 1) Erwin, eigtl. **E. Carlé,** Schriftsteller, * Karlsruhe 7. 6. 1873, † Hamburg 21. 2. 1923. Sein an Abenteuern reiches Leben verarbeitete R. in zahlreichen spannenden und vielgelesenen Erzählungen und autobiograph. Werken.
**Ausgabe:** Erlebnisbücher, Gesamtausg. in 5 Bänden (1924).
2) Friedrich, Diplomat und Orientalist, * Leipzig 30. 8. 1856, † Peking 27. 11. 1935; war 1905–20 im diplomat. Dienst tätig sowie Mai bis Okt. 1921 Reichsaußen-Min. Er übersetzte eine Reihe pers. und neuind. Dichtungen.
**Werke:** Persien in Wort u. Bild (1925); Aus einem diplomat. Wanderleben, 4 Bde. (1931–32, Bd. 3 u. 4 hg. 1959). – **Übers.:** Rubaijat-I-Omar-I-Khajjam: Sinnsprüche (1909).
3) ['ruːsən], Johann Georg Otto von, schwed. Maler, * Paris 13. 2. 1843, † Stockholm 3. 3. 1923; beeinflußt von H. LEYS in Antwerpen und K. VON PILOTY in München, 1880–1908 Prof. an der Stockholmer Akademie. R. malte v. a. religiöse Bilder und Szenen aus der schwed. Geschichte sowie repräsentative Porträts.
4) Wiktor Romanowitsch Baron von, russ. Orientalist, * Reval 5. 3. 1849, † Petersburg 23. 3. 1908; war seit 1885 Prof. in Petersburg. Er veröffentlichte v. a. Handschriftenkataloge und Arbeiten über arab. Quellen zur Geschichte Rußlands.

**Rosen|apfel, 1) Berner R.,** in gebirgigen Gebieten Europas, hauptsächlich in den Alpen, verbreitete Tafelapfelsorte mit mittelgroßen, kugeligen bis stumpfkegeligen, duftenden Früchten; Schale dünn, glatt, meist rot bis bläulichrot und weiß gepunktet; Fruchtfleisch meist gelblichweiß (stellenweise rötlich), saftig und säuerlich-würzig; Genußreife von Oktober bis Januar.
2) der →Danziger Kantapfel.
3) der →Schlafapfel.
4) die →Jambuse.
5) Art der Pflanzengattung →Dillenia.

**Rosenau,** slowak. **Rožňava** ['rɔʒɲava], ungar. **Rozsnyó** ['rɔʒɲjoː], Stadt im Ostslowak. Kreis, Tschechoslowakei, am S-Rand des Slowak. Erzgebirges, (1988) 21 300 Ew.; Bergbaumuseum; Abbau von Magnesit, Eisen- und Antimonerz; Nahrungsmittel- und Textilindustrie. – R. wurde im 13. Jh. von dt. Bergleuten gegründet.

**Rosenbach,** Ulrike, Künstlerin, * Salzdetfurth 29. 12. 1943; profilierte sich als Vertreterin der →Frauenkunst (Videofilme und -installationen, Performances).

**Rosenberg,** Name von geograph. Objekten:
1) **Rosenberg,** Stadt in der Tschechoslowakei, →Ružomberok.
2) **Rosenberg i. Westpr.,** heute poln. **Susz** [suʃ], Stadt in der Wwschaft Elbląg (Elbing), Polen, im früheren Westpreußen, (1985) 5 200 Ew.; Holzverarbeitung, Nahrungsmittelindustrie. – Das 1305 gegründete R. erhielt 1315 Culmer Recht. 1945 fiel R. unter poln. Verwaltung, seit 1991 gehört es völkerrechtlich verbindlich zu Polen.
3) **Rosenberg O. S.,** heute poln. **Olesno,** Stadt in Oberschlesien, in der Wwschaft Częstochowa (Tschenstochau), Polen, (1985) 9 400 Ew.; Mühlen-, Holz-, Keramik-, Baustoff-, Textilindustrie. – Im 12. Jh. bestand auf dem Gelände der heutigen Stadt die slaw. Siedlung Oleśno. 1226 wird eine Zollstation erwähnt, die seit 1274 als Sitz eines Kastellans bezeugt ist. Die hier entstandene Siedlung wurde 1310 erstmals als Stadt urkundlich erwähnt.

**Rosenberg,** 1) Alfred, Politiker und Publizist, * Reval 12. 1. 1893, † (hingerichtet) Nürnberg 16. 10. 1946; Architekt, kam 1918 nach München, gehörte dort zur Thule-Gesellschaft und zum Kreis um D. ECKART, durch den er 1919 zur nat.-soz. Dt. Arbeiterpartei stieß; wurde 1923 Hauptschriftleiter des Parteiorgans ›Völk. Beobachter‹ und war am Hitler-Putsch (1923) beteiligt. Beeinflußt von den rassist. Ideen J. A. GOBINEAUS und H. S. CHAMBERLAINS entwickelte R. eine Ideologie, die sich durch Ablehnung des Bolschewismus, Antisemitismus und Aversion gegen Christentum und Kirche (v. a. röm.-kath.) auszeichnete. Obwohl bald einer der führenden Parteiideologen und während HITLERS Haftzeit 1924 Führer der NSDAP-Ersatzorganisation ›Großdt. Volksgemeinschaft‹, blieb R. ein Außenseiter in der NSDAP; gründete 1929 den ›Kampfbund für dt. Kultur‹, ab 1930 Herausgeber der ›Nat.-soz. Monatshefte‹. In seinem Hauptwerk ›Der Mythus des 20. Jh.‹ (1930) suchte R., der sich als Hüter der nat.-soz. Weltanschauung verstand, seine rassist. Geschichtsdeutung durch Mystizismus religiös zu überhöhen; führte ab 1933 als Reichsleiter das Außenpolit. Amt der NSDAP, war ab 1934 zugleich ›Beauftragter des Führers für die Überwachung der gesamten geistigen und weltanschaul. Schulung und Erziehung der NSDAP‹. Seine Idee einer nat.-soz. Univ. (›Hohe Schule‹) wurde ab 1940 nur ansatzweise verwirklicht. R. ließ ab 1939 für sein ›Institut zur Erforschung der Judenfrage‹ v. a. jüd. Bibliotheken und Archive plündern, leitete ab Okt. 1940 den Raub von Kunstschätzen aus den besetzten Ländern. Am 17. 7. 1941 zum ›Reichs-Min. für die besetzten Ostgebiete‹ ernannt, konnte R. sich aber weder gegen H. HIMMLER noch gegen die ihm formal unterstellten Reichskommissare behaupten. Seine Politik der Ghettoisierung und Ausrottung unterschied sich dabei im Ziel nicht von der des Reichssicherheitshauptamtes. 1946 wurde er vom Internat. Militärtribunal in Nürnberg zum Tode verurteilt.

**Ausgaben:** Letzte Aufzeichnungen. Ideale u. Idole der nat.-soz. Revolution (hg. 1955); Das polit. Tagebuch A. R.s aus den Jahren 1934/35 u. 1939/40, hg. v. H. G. SERAPHIM (1956).

R. BOLLMUS: Das Amt R. u. seine Gegner (1970); ders.: Zum Projekt einer nat.-soz. Alternativ-Univ.: A. R.s ›Hohe Schule‹, in: Erziehung u. Schulung im Dritten Reich, hg. v. M. HEINEMANN, Tl. 2 (1980); R. CECIL: The myth of the master race. A. R. and Nazi ideology (London 1972); R. BAUMGÄRTNER: Weltanschauungskampf im Dritten Reich. Die Auseinandersetzung der Kirchen m. A. R. (1977); F. NOVA: A. R., Nazi theorist of the Holocaust (New York 1986); H. IBER: Christl. Glaube oder rass. Mythus. Die Auseinandersetzung der Bekennenden Kirche mit A. R.s ›Der Mythus des 20. Jh.‹ (1987).

**2)** *Emanuel,* österr. Elektroingenieur, * Wien 28. 11. 1872, † Bogotá 30. 3. 1962; lebte ab 1940 in Bogotá. R. erfand 1904 die Querfelmaschine (**R.-Maschine**), die später bes. für die Elektroschweißung wichtig wurde.

**3)** *Hans,* Historiker, * Hannover 26. 2. 1904, † Freiburg im Breisgau 26. 6. 1988; Schüler F. MEINECKES; emigrierte 1933 zunächst nach Großbritannien, 1935 in die USA, wo er zuletzt an der Univ. Berkeley lehrte; 1977 kehrte er nach Dtl. zurück. R. widmete sich bes. Problemen der Sozial- und Wirtschaftsgeschichte (›Große Depression und Bismarckzeit‹, 1967).

**4)** [ˈruːsənbærj], *Hilding Constantin,* schwed. Komponist, * Bosjökloster (Verw.-Bez. Malmöhus) 21. 6. 1892, † Stockholm 19. 5. 1985; studierte u. a. bei W. STENHAMMAR. R. entwickelte seinen Stil aus der schwed. Romantik und unter dem Eindruck der Musik von M. REGER und J. SIBELIUS, seit 1950 bezog er auch die Zwölftontechnik ein. Er schrieb Opern, Ballette, sieben Sinfonien (1917–68), zwei Violinkonzerte (1924, 1951), 12 Streichquartette, Klaviermusik, Kantaten, Motetten, Lieder und Oratorien.

**5)** [ˈrəʊznbəːg], *Isaac,* engl. Lyriker, * Bristol 25. 11. 1890, † (gefallen) bei Arras (Frankreich) 19. 4. 1918; Sohn russisch-jüd. Einwanderer; bekannt wurden v. a. seine realistisch auf die Erfahrung des Ersten Weltkrieges reagierenden Gedichte.

**Ausgabe:** The collected works, hg. v. I. PARSONS (1979).

J. COHEN: Journey to the trenches. The life of I. R. (London 1975).

**6)** *Leo,* Zivilrechtslehrer, * Fraustadt (Schlesien) 7. 1. 1879, † München 18. 12. 1963; 1912–1932 Prof. in Gießen, danach in Leipzig, 1934 vom NS-Regime wegen jüd. Abstammung aus dem Amt gedrängt, ab 1946 Prof. in München. R. galt als der bedeutendste dt. Zivilprozeßlehrer seiner Zeit, der mit seinen Werken Wiss. und Rechtsprechung maßgeblich beeinflußte.

**Werke:** Die Beweislast nach der Civilprozeßordnung u. dem Bürgerl. Gesetzbuche (1900); Stellvertretung im Prozeß (1908); Lb. des Dt. Zivilprozeßrechts (1927).

**7)** *Ludwig,* Gewerkschaftsführer, * Berlin 29. 6. 1903, † Düsseldorf 23. 10. 1977; kaufmänn. Angestellter, war bis 1933 im Gewerkschaftsbund der Angestellten tätig. 1933 Emigration nach Großbritannien, Lehrer in der brit. Arbeiterbildung und freier Journalist. Seit 1949 Mitgl. des Geschäftsführenden Bundesvorstandes, 1959 stellvertretender Vors., 1962–69 Vors. des DGB.

**Rosenbluth-Formel** [engl. ˈrəʊzən-], von dem amerikan. Physiker MARSHALL NICHOLAS ROSENBLUTH (* 1927) 1950 aufgestellte Formel für den Wirkungsquerschnitt der elast. Streuung relativist. Elektronen an den Nukleonen in einem Atomkern; die R.-F. berücksichtigt in Erweiterung der Mottschen Streuformel die endl. Ausdehnung von Protonen und Neutronen, so daß durch Vergleich mit Meßergebnissen Aussagen über deren Struktur möglich sind.

**Rosenburg,** Burg über dem Tal der Kamp südwestlich von Horn, Niederösterreich; im 16. Jh. aus einem mittelalterl. Wehrbau (12. Jh.) zu einem mächtigen Renaissanceschloß ausgebaut, heute weitgehend Museum (Wohn- und Prunkräume, Waffen- u. a. Sammlungen).

**Rosenbürstenhornwespen,** Bez. für einige Arten aus der Familie Bürstenhornblattwespen (bes. der Gattung Arge), deren raupenähnl. Larven zu mehreren vom Rand her an Rosenblättern fressen. Die Eier werden an jungen Rosentrieben in steppnahtähnl. Anordnung (daher ›Nähfliege‹) abgelegt; meist zwei Generationen pro Jahr.

**Rosenbusch,** *Karl Harry Ferdinand,* Petrograph und Mineraloge, * Einbeck 24. 6. 1836, † Heidelberg 20. 1. 1914; ab 1873 Prof. in Straßburg, ab 1877 in Heidelberg, ab 1889 Direktor der Geolog. Landesanstalt von Baden. R. erkannte die Bedeutung der mikroskop. Mineralbestimmung für die Gesteinskunde, verbesserte das Polarisationsmikroskop und führte mikrochem. Untersuchungen an Dünnschliffen durch. Dies brachte ihn zur Einteilung der magmat. Gesteine in Tiefen-, Erguß- und Ganggesteine. Die von ihm erkannte Ausscheidungsfolge der Minerale in systemat. Gesteinen wird als **Rosenbuschsche Reihe** bezeichnet.

**Rosendahl,** Gem. im Kr. Coesfeld, NRW, 130 m ü. M., im Münsterland westlich der Baumberge, (1992) 10 000 Ew.; Landwirtschaft, Margarineherstellung und chem. Industrie, Ausflugsziel. Im Ortsteil Darfeld Schloß (16. Jh., Wiedererrichtung nach Brand ab 1899).

**Rosendorfer,** *Herbert,* Schriftsteller, * Bozen 19. 2. 1934; Jurist, seit 1967 Amtsrichter in München. Verfasser meist skurriler Romane, Erzählungen (›Eichkatzelried‹, 1979; ›Das Gespenst der Krokodile und über das Küssen der Erde‹, 1987) und Dramen, die sich durch Humor und Lust am Fabulieren auszeichnen. Eher ein literar. Tribunal – dabei thematisch verwandt mit den ›Vier Jahreszeiten im Yrwental‹ (1986) – ist dagegen der Roman ›Die Nacht der Amazonen‹ (1989), in dem sich R. v. a. mit der Person eines Münchner NS-Funktionärs beschäftigt. Verfaßte auch Hörspiele, Drehbücher und Essays.

**Weitere Werke:** *Romane* u. *Erzählungen:* Der Ruinenbaumeister (1969); Dt. Suite (1972); Großes Solo für Anton (1976); Stephanie u. das vorige Leben (1977); Das Messingherz (1979); Briefe in die chin. Vergangenheit (1983).

**Rosen|eibisch, 1)** *Hibiscus syriacus,* sommergrüner, bis 3 m hoher Strauch der Gattung Eibisch in China und Indien; mit eiförmig-rhomb., 5–10 cm langen, dreilappigen Blättern und einzelnen, achselständigen, breitglockigen Blüten. Neben der violett blühenden Stammart sind zahlreiche Gartenformen mit weißen, rosafarbenen, violetten oder tiefblauen, einfachen oder gefüllten Blüten als beliebte Ziersträucher bekannt.

**2)** *Chinesische Rose* [ç-], *Chinarose, Chinesischer R., Hibiscus rosa-sinensis,* → Hibiscus.

Ludwig Rosenberg

Harry Rosenbusch

Herbert Rosendorfer

Roseneibisch 1): Gartenform ›Blue Bird‹

## Rose   Roseneule – Rosenheim

**Rosen|eule, Brombeer|eule, Thyatira batis,** Art der Eulenspinner mit rosaroten Flecken (›Rosenfleckeule‹) auf den braunen Vorderflügeln; Raupen leben auf Brombeeren und Himbeeren.

Roseneule
(Spannweite 3–4 cm)

**Rosenfeld,** Stadt im Zollernalbkreis, Bad.-Württ., 629 m ü. M., auf dem Kleinen Heuberg, (1991) 5 700 Ew. – R., vermutlich um 1250 gegründet, erhielt 1386 Stadtrecht. – Maler. Stadtbild mit spätgot. Stadtpfarrkirche; Rathaus (1687); ›Fruchtkasten‹ (Lagerhaus; 1581).

**Rosengallwespe, Diplolepis rosae, Rhodites rosae,** knapp 4 mm große Art der Gallwespen mit schwarzem und gelbrotem Hinterleib; erzeugt an Rosentrieben die zottigen Rosen- oder Schlafäpfel, die bei einem Durchmesser von bis zu 5 cm aus mehreren Kammern mit je einer Larve bestehen.

**Rosengarten,** das → Rosarium 2).

**Rosengarten, 1)** Gem. im Kr. Harburg, Ndsachs., am südl. Stadtrand von Hamburg, (1990) 10 600 Ew.; Freilichtmuseum am Kiekeberg (→Bauernhaus, ÜBERSICHT); Hochwildschutzpark Schwarze Berge. R. hat Anteil am Naturpark Harburger Berge.
**2)** italien. **Catinaccio** [katiˈnattʃo], Felskette der Dolomiten, Südtirol, Italien, im Kesselkogel (Catinaccio d'Antermoia) 3 004 m ü. M., in der R.-Spitze (Cima Catinaccio) 2 981 m ü. M.; Fremdenverkehr.
**3)** Fanggebiet der Hochseefischerei auf dem Island-Färöer-Rücken (Nordatlantik). Der Name kommt von den dort gefischten Rotbarschen (engl. rose fish).

**Rosengarten zu Worms, Der Große Rosengarten,** zur Dietrichepik gehörendes mhd. Epos, in dem der gotisch-hunn. und der rheinisch-burgund. Sagenkreis einander gegenübergestellt sind. Der R. ist vermutlich um die Mitte des 13. Jh. in Österreich entstanden. Man kennt fünf Fassungen (am wichtigsten A und D) aus 20 Handschriften(-fragmenten), dazu aus sechs Drucken etwa zw. 1483 und 1590. Von der Beliebtheit der Dichtung zeugen auch die Reste einer niederdt. Bearbeitung und einer Übersetzung ins Tschechische.
Auf Herausforderung der scharf abgewerteten und verurteilten Kriemhild (in D allerdings ihres Vaters Gibeche) kämpfen Dietrich von Bern und elf seiner Gefährten jeweils erfolgreich gegen einen der Verteidiger des Wormser Rosengartens, darunter Siegfried, der von Dietrich besiegt wird. Das Motiv des Rosengartens dürfte der unbekannte Dichter dem ›Laurin‹ entnommen haben.
*Ausgabe:* Die Gedichte vom R. in Worms, hg. v. G. HOLZ (1893, Nachdr. 1982).
J. HEINZLE: Mhd. Dietrichepik (Zürich 1978).

**Rosengewächse, Rosaceae,** Pflanzenfamilie der Zweikeimblättrigen mit rd. 3 100 Arten in etwa 105 Gattungen; fast weltweite Verbreitung mit Schwerpunkt in den gemäßigten Gebieten der Nordhalbkugel; Bäume, Sträucher oder Stauden, seltener einjährige Kräuter, mit zusammengesetzten oder einfachen Blättern mit Nebenblättern; Blüten radiär, meist mit fünfzähliger Blütenhülle und zahlreichen Staubblättern, fast ausschließlich insektenbestäubt; in Blättern, Rinde und Samen sind oft Blausäure abspaltende Glykoside enthalten; zahlreiche Kultur- und Zierpflanzen. – Die große Formenfülle der R. läßt sich u. a. nach der unterschiedl. Gestaltung ihrer Früchte in die folgenden Unterfamilien gliedern: 1)

**Spiräenverwandtschaft (Spierstrauchverwandtschaft,** Spiraeoideae): meist mit vielsamigen Balgfrüchten, z. B. beim Spierstrauch und Geißbart; 2) **Rosenverwandtschaft** (Rosoideae): mit einsamigen Nüßchen oder Steinfrüchten, die oft zu Sammelfrüchten vereinigt sind; z. B. bei der Kerrie, bei der Gattung Rubus mit Brombeere und Himbeere, bei der Erdbeere sowie bei der Rose; 3) **Apfelverwandtschaft** (Maloideae): mit (fleischigen oder trockenhäutigen) Apfelfrüchten wie beim Apfelbaum, Birnbaum, bei der Eberesche, Quitte, Mispel und beim Weißdorn; 4) **Mandelverwandtschaft** (Prunoideae): mit einsamigen Steinfrüchten; z. B. bei der Gattung Prunus mit Pflaumenbaum, Mandelbaum, Süßkirsche und Sauerkirsche.

**Rosenheim, 1)** kreisfreie Stadt in Bayern, Verw.-Sitz des Landkreises R., 450 m ü. M., im Voralpenland an der Mündung der Mangfall in den Inn, (1991) 56 400 Ew.; Fachhochschule (Holztechnik, Kunststofftechnik, Betriebswirtschaft, Innenarchitektur, Informatik, Wirtschaftsingenieurwesen, Elektrotechnik), Staatl. Technikerschule, Städt. Galerie, Holztechn. Museum, Innschiffahrtsmuseum; Eisstadion; Maschinenbau, Bekleidungsindustrie, Kunststoffverarbeitung; Fremdenverkehr; Verkehrsknotenpunkt. – Das an verkehrsgünstiger Stelle gegründete R. war Mittelpunkt eines Gebiets, das auf die um 800 bezeugten Grafschaften im unteren Inntal (im Besitz des Hochstifts Regensburg) und Falkenstein (bis 1272) zurückgeht. Eine Burg ist 1234 belegt. 1328 erhielt R. Marktrecht. Im 16. Jh. wurde eine Salzniederlage verbrieft, 1810 eine Saline errichtet. 1864 wurde es Stadt, 1870 kreisunmittelbar. – Pfarrkirche Sankt Nikolaus (1881–83) mit Gewölbejochen des Vorgängerbaus (1488) und spätgot. Turm (barocke Helmhaube 1655–58); Wallfahrtskirche Hl. Blut am Wasen (1508–10, Langhaus 1610–11, Chorstuckierung 1686–87); Wohnhäuser mit Laubengängen und Gra-

Rosenheim 1): Häuser mit Laubengängen am Max-Josef-Platz

bendächern (z. T. 15. und 16. Jh.); ein Tor der Stadtbefestigung (14. Jh., barock ausgebaut im 17. Jh.) ist erhalten.
**2)** Landkreis in Oberbayern, 1 439 km², (1991) 206 300 Ew. Das an Inn und Mangfall gelegene Kreisgebiet hat im O Anteil am Chiemsee (Inseln: Herrenchiemsee und Frauenchiemsee). Vom Inn-Chiemsee-Hügelland, dessen Oberfläche durch einen würmeiszeitl. Vorlandgletscher geformt wurde, reicht es bis in die Bayer. Alpen: Mangfallgebirge mit dem Wendelstein (1 838 m ü. M.) und Chiemgauer Alpen. Der Hauptteil der landwirtschaftl. Nutzfläche entfällt auf Grünland (Rinderhaltung), im N werden Getreide und Hackfrüchte angebaut. In den Städten Wasserburg a. Inn und Kolbermoor finden sich Industriebe-

Rosengallwespe:
Von OBEN Weibliche Rosengallwespe; Galle (›Schlafapfel‹) an wilder Rose; aufgeschnittene Galle mit Larven in Gallenkammern

Rosenheim 1)
Stadtwappen

triebe, die Stadt Bad Aibling sowie Bad Feilnbach sind Moorheilbäder; wichtiges Fremdenverkehrsgebiet Bayerns.

**Rosenholz, 1) Echtes R., Bahia-R., Brasilianisches R.,** palisanderholzähnl., fein strukturiertes, hartes gelblichrotes Edelholz von Dalbergiaarten in Brasilien; mit rosenähnl. Duft und rosafarbener Aderung (beides läßt im Laufe der Zeit nach bzw. verblaßt); Verwendung v. a. für Furniere und Intarsien. **2)** Bez. für versch., ähnlich wie das Echte R. strukturierte, gefärbte und verwendete Nutzhölzer: z. B. →Bubinga, das Holz des austral. Zedrachgewächses Dysoxylum fraseranum (**Australisches R.**), das **Ostindische R.** oder **Botanyholz** (Botanybayholz). Zu dem durch äther. Öl (Rhodiseröl) wohlriechenden R. gehören das Rhodiserholz von Arten der Winde und das **Jamaika-R.** der Rautengewächsart Amyris balsamifera.

**Rosenholz|öl, Bois-de-rose-Öl** [bwadɑ'ro:z-, frz.], äther. Öl mit maiglöckchenartigem Geruch, das v. a. aus dem Holz der Lorbeergewächse Aniba rosaedora und Aniba duckei in Brasilien und Französisch-Guayana gewonnen wird; es enthält v. a. Linalool, Dipenten, Eugenol; Verwendung in der Parfümerie.

**Rosenkäfer, Cetoniinae,** Unterfamilie der Blatthornkäfer mit rd. 3 500 Arten (in Mitteleuropa 12), 8–110 mm lang, oft bunt gezeichnet, auch metallisch glänzend, samtartig matt oder dicht behaart; die Männchen vieler trop. R. haben bizarre Fortsätze am Kopf. Zu den größten Käfern überhaupt zählt die Gattung **Goliathkäfer** (Goliathus) mit bis über 10 cm Länge in Zentralafrika, die Färbung ist meist samtartig bräunlich mit weißer Zeichnung. Häufige mitteleurop. R. sind der **Goldgrüne R.** oder **Goldkäfer** (Cetonia aurata; Größe 14–20 mm), metallisch grün gefärbt mit weißen Flecken, und der **Dunkelgrüne R.** (Potosia cuprea); die Larven des ersteren entwickeln sich im Mulm alter Bäume, die des letzteren im Holzabfall von Nestern der Waldameisen.

**Rosenkavalier, Der,** Oper (›Komödie für Musik‹) von R. STRAUSS, Text von H. VON HOFMANNSTHAL; Urauff. 26. 1. 1911 in Dresden.

**Rosenkohl, Brüsseler Kohl, Sprossenkohl, Brassica oleracea var. gemmifera,** Wuchsform des Gemüsekohls (→Kohl), bei dem die im Knospenstadium verbleibenden Achselknospen (Rosen) als Gemüse verwendet werden. Morphologisch gesehen nimmt der R. eine Zwischenstellung zwischen Blatt- und Kopfkohl ein.

**Rosenkranz,** kath. Kirche: **Rosarium,** eine volkstüml. Gebetsreihung zu Ehren MARIAS, der Mutter JESU, wobei die Gebete symbolisch als ›Kranz geistl. Rosen‹ aufgefaßt werden. Sie umfaßt 15 ›Gesätze‹ mit je einem Vaterunser, zehn Ave-Maria und einem ›Ehre sei dem Vater‹. Voraus geht eine Einleitung mit dem Apostol. Glaubensbekenntnis, einem Vaterunser und drei Ave-Maria, in die ein Gebet um die göttl. Tugenden eingefügt wird. Bei jedem Gesätz wird ein Ereignis (›Geheimnis‹) aus dem Leben JESU und MARIAS betrachtet. Die ersten fünf beziehen sich auf Verkündigung und Geburt JESU (**freudenreicher R.**), die folgenden fünf auf die Passion (**schmerzhafter R.**) und die letzten auf die Auferstehung (**glorreicher R.**). Die einzelnen Gebete werden an einer aus sechs größeren (für jedes Vaterunser) und 53 kleineren (für jedes Ave-Maria) Perlen zusammengesetzten Kette (ebenfalls R. genannt), die in einem Kreuz endet, durchgezählt. Die Legende schreibt dem hl. DOMINIKUS die Entstehung und Verbreitung des R. zu. Geschichtlich geht er auf mittelalterl. Marienanrufungen, v. a. von Mönchen, zurück. In der heutigen Gestalt ist er erstmals 1483 in Süd-Dtl. nachgewiesen, seit um 1600 allg. üblich. Zur Erinnerung an die Seeschlacht von Lepanto wurde 1572 das R.-Fest (am 7. 10.; →Marienverehrung) eingeführt. Papst LEO XIII. bestimmte den Okt. als R.-Monat.

Dem R. ähnlich sind Gebetsschnüre im Brahmanismus, Hinduismus (Anrufung Shivas und Vishnus), Buddhismus und im Islam.

**Rosenkranz,** Johann Karl Friedrich, Philosoph und Philosophiehistoriker, * Magdeburg 23. 4. 1805, † Königsberg (Pr) 14. 6. 1879; 1831 Prof. in Halle/Saale, ab 1833 in Königsberg (Pr). R. war Hegelianer, bezog aber eine eigenständige mittlere Position. Im Ggs. zu G. W. F. HEGEL vertrat R. einen Dualismus des Zeitlosen, Wesentlichen, und des Zeitlichen, der weder dialektisch noch historisch-praktisch vermittelt ist. Religionsphilosophisch hielt er an einem an der Orthodoxie orientierten Theismus fest und versuchte in Verbindung mit HEGELS Logik, den christl. Glauben in das spekulative Wissen zu übertragen. Bedeutender Hegelbiograph.

**Werke:** Enzykl. der theolog. Wiss. (1831); Hegel (1834); Psychologie oder die Wiss. vom subjektiven Geist (1837); Studien, 5 Bde. (1839–47); Krit. Erl. des Hegelschen Systems (1840); Schelling (1843); Georg Wilhelm Friedrich Hegel's Leben (1844); Ästhetik des Hässlichen (1853); Wiss. der log. Idee, 2 Bde. (1858–59); Diderots Leben u. Werke, 2 Bde. (1866); Hegel als dt. Nationalphilosoph (1870); Von Magdeburg bis Königsberg (1873, Autobiographie).

E. JAPTOK: K. R. als Literaturkritiker (Diss. Freiburg 1964).

**Rosenkreuzer,** früher **Rosencreutzer,** Bez. für versch. religiöse und weltanschauliche Bewegungen: 1) im 17. Jh. eine Reformbewegung innerhalb des Protestantismus, 2) bis zum 18. Jh. versch. Richtungen im Umfeld der Freimaurerei und 3) seit dem 19. Jh. v. a. Selbst-Bez. von Vertretern des modernen →Okkultismus (Neo-Rosenkreuzertum).

Die ersten histor. Nachweise für das angebl. Bestehen einer R.-Bruderschaft sind die im Freundeskreis J. V. ANDREÄS entstandenen R.-Manifeste ›Fama fraternitatis‹ (1615) und die ›Confessio fraternitatis ...‹ (1615) sowie die von ANDREÄ selbst verfaßte ›Chym. Hochzeit. Christiani Rosencreutz‹ (1616). Sie bezweckten eine Erneuerung der reformator. Impulse mit dem Ziel der ›Generalreformation‹ der ganzen Welt, deren Basis die Harmonie zw. (Renaissance-)Wiss. und christl. Glauben sein sollte (›Pansophie‹). Als Vorbild für die Erneuerung von Kirche, Staat und Gesellschaft wurde die literar. Fiktion einer ›Bruderschaft‹ eingeführt, die von einem zw. 1378 und 1484 lebenden ›Christian Rosencreutz‹, dessen Grab die Bruderschaft im Jahre 1604 wieder aufgefunden habe, zum Zwecke einer Kirchenreform gegründet worden sei. Die Symbolik wird entweder auf M. LUTHER oder ANDREÄ selbst, die beide in ihrem Wappen die Rose und das Kreuz trugen, zurückgeführt. Während u. a. J. A. COMENIUS, R. DESCARTES und wahrscheinlich auch FRIEDRICH V. von der Pfalz mit der R.-Bewegung sympathisierten, distanzierte sich ANDREÄ schon 1619 von ihr.

Die Idee einer geheimen menschenfreundl. Bruderschaft wirkte jedoch weiter, und die R.-Bewegung lebte in anderer Gestalt im Zusammenhang mit der Freimaurerei wieder auf: v. a. in England (R. FLUDD, E. ASHMOLE) sowie, unabhängig davon, in dem im 18. Jh. entstandenen ›Orden der Gold- und Rosenkreuzer‹ (Mitgl. u. a. der preuß. König FRIEDRICH WILHELM II. und sein Min. J. C. WÖLLNER), der bis zu seiner Auflösung 1787 in Preußen zu einem Machtinstrument gegen die Aufklärung und aufklär. Richtungen der Freimaurerei, wie die Illuminaten, wurde.

Seit dem 19. Jh. wird die R.-Tradition v. a. von versch. Okkultorden und neognost. Gemeinschaften in Anspruch genommen, z. B. von der ›Societas Rosicruciana in Anglia‹ (gegr. 1866) und dem ›Hermetic Order of the Golden Dawn‹ (gegr. 1888). Die Lehre der heute aktiven R.-Gruppen ist z. T. eng verwandt mit der anglo-ind. Theosophie und der Anthroposo-

**Rosenkäfer:** Goldgrüner Rosenkäfer (Länge 14–20 mm)

phie R. STEINERS, die ebenfalls beanspruchen, wahre Nachfolger der R. zu sein. Die weltweit größte dieser Gruppen ist der ›Alte Myst. Orden vom Rosenkreuz‹ (AMORC) mit Sitz in San José (Calif.). In der Bundesrep. Dtl. bes. aktiv sind die ›R.-Gemeinschaft‹ und die ›Internationale Schule des Rosenkreuzes/Lectorium Rosicrucianum‹. Hinzu kommt eine Vielzahl kleinerer Splittergruppen. Im Zentrum der modernen okkulten R.-Lehren steht die Idee der ›Transfiguration‹: Die im Menschen latent vorhandenen göttl. Kräfte (›Geistfunkenatom‹) sollen erweckt und bis zur Entfaltung der vollen Göttlichkeit wirksam gemacht werden. Der Prozeß der Einweihung umfaßt, beginnend mit den Schulungskursen dieser Gruppen, viele ird. Existenzen (Reinkarnationen).

K. R. H. FRICK: Die Erleuchteten, 3 Bde. (Graz 1973–78); W.-E. PEUCKERT: Das Rosenkreutz (²1973); F. A. YATES: Aufklärung im Zeichen des Rosenkreuzes (a. d. Engl., 1975); H. SCHILLING: Im Zeichen von Rose u. Kreuz. Histor. u. moderne R. (1977); G. ADAMS: Das Rosenkreuzertum als Mysterium der Trinität (a. d. Engl., 1981); H. MÖLLER: Die Bruderschaft der Gold- u. Rosenkreuzer, in: Freimaurer u. Geheimbünde im 18. Jh. in Mitteleuropa, hg. v. H. REINALTER (²1986).

**Rosenkriege,** Bez. für die 1455 ausgebrochenen Thronfolgekriege zw. den beiden Plantagenet-Seitenlinien →Lancaster (rote Rose im Wappen) und →York (weiße Rose), die HEINRICH (VII.) TUDOR durch seinen Sieg in der Schlacht bei Bosworth (22. 8. 1485) beendete. Nach wechselhaften Kämpfen erlangte EDUARD IV. aus dem Hause York am 4. 3. 1461 das Königtum; den seit 1453 geistig umnachteten König HEINRICH VI. aus dem Hause Lancaster, dessen Ansprüche von seiner Gemahlin MARGARETE VON ANJOU aufrechterhalten wurden, konnte er am 29. 3. 1461 bei Towton und nach dessen Wiedereinsetzung als König 1470 am 4. 5. 1471 bei Tewkesbury besiegen. Mit HEINRICH VII. setzte sich bei Bosworth der Erbe des Hauses Lancaster gegen RICHARD III., den Bruder EDUARDS IV., durch; er vereinte 1486 durch die Heirat mit ELISABETH (* 1466, † 1503), der Tochter EDUARDS IV., die Ansprüche beider Häuser und begründete die Dynastie Tudor.

A. GOODMAN: The wars of the roses (London 1981); K.-F. KRIEGER: Gesch. Englands, Bd. 1: Von den Anfängen bis zum 15. Jh. (1990).

**Rosenlöcher,** Thomas, Schriftsteller, * Dresden 29. 7. 1947; lebt als freier Schriftsteller und Übersetzer in Dresden. Seine beiden Gedichtbände ›Ich lag im Garten bei Kleinzschachwitz‹ (1982) und ›Schneebier‹ (1988) sind von einer naturlyr., z. T. deutlich iron. Fundamentierung geprägt. Reflex auf die jüngste dt. Geschichte ist das Tagebuch ›Die verkauften Pflastersteine‹ (1990).

**Rosenlorbeer,** der Echte →Oleander.

**Rosenmayr,** Leopold, österr. Soziologe, * Wien 3. 2. 1925; seit 1963 Prof. in Wien. R.s Hauptarbeitsgebiete sind Jugend- und Alterssoziologie.

Werke: Einf. in die Jugendsoziologie (1976, mit K. R. ALLERBECK); Die späte Freiheit. Das Alter – ein Stück bewußt gelebten Lebens (1983); Die Kräfte des Alters (1990). – Hg.: Arbeit – Freizeit – Lebenszeit. Grundlagenforsch. zu Übergängen im Lebenszyklus (1988, mit F. KOLLAND).

**Rosenmontag,** rhein. Bez. für den Fastnachtsmontag; erstmals belegt in Köln kurz nach 1830. Das seit 1824 existierende Organisationskomitee der Kölner Karnevalsumzüge hielt seine Generalversammlung jeweils am Montag nach dem Sonntag →Lätare, der seit dem 11. Jh. auch Rosensonntag hieß, ab.

J. KLERSCH: Die köln. Fastnacht ... (1961).

**Rosenmoos, Rhodobryum roseum,** Laubmoosart in feuchten Wiesen und Wäldern der gemäßigten Zone; die Blätter stehen in gestielten Rosetten.

**Rosenmüller,** Johann, Komponist, * Oelsnitz 1619, † Wolfenbüttel vermutlich 10. (begraben 12.) 9. 1684; war 1651–55 Organist in Leipzig, lebte seit 1658 in Venedig, 1678–82 als Hauskomponist am Ospedale della Pietà, ging anschließend als Hofkapellmeister nach Wolfenbüttel. Sein Stil verbindet die kontrapunktisch-polyphone Kunst der kursächs. Kantoreitradition mit der für seine Zeit neuartigen farbigen Instrumentation der venezian. Opern- und Kammermusik (G. LEGRENZI, P. A. ZIANI), bes. der Opernsinfonia. R.s Suiten und Sonaten sind prägende Kompositionen für die Geschichte dieser Gattungen; ebenfalls bedeutsam sind seine geistl. Chorwerke (Festtagsmusiken, Dialoge, lat. Konzerte).

A. LEHMANN: Die Instrumentalwerke von J. R. (Diss. Leipzig 1965); F. HAMEL: Die Psalmenkompositionen J. R.s (²1973).

**Rosen|öl,** aus den Blütenblättern der Damaszenerrose (v. a. in Bulgarien, der Türkei und Ländern der ehem. UdSSR) oder der Zentifolie (v. a. in S-Frankreich, Marokko) durch Wasserdampfdestillation gewonnenes gelbes bis grünliches Öl mit starkem Rosengeruch, das unterhalb 25 °C zu einer durchscheinenden Masse erstarrt. R. enthält v. a. β-Phenyläthylalkohol, Geraniol, Nerol, Citronellol. Da aus 10 kg Rosenblättern nur 2–3 g R. gewonnen werden, ist R. eines der teuersten äther. Öle für die Parfümindustrie. Das bei der Destillation als Nebenprodukt anfallende Wasser (**Rosenwasser,** das v. a. β-Phenyläthylalkohol enthält) wird ebenfalls in der Parfümerie und als Aromastoff verwendet. – Bes. reines R. für die Feinparfümerie (›Essence absolue de rose‹), ein rötl. Öl, wird aus der durch Extraktion der Rosenblätter mit Petroläther und Eindampfen gewonnenen ›Essence concrète de rose‹, einer hell- bis grünbraunen Masse, durch Ausziehen mit wäßrigem Alkohol gewonnen.

**Rosenpaprika,** 1) als Gemüse verwendete Kultursorte des Paprikas; 2) relativ mildes Gewürz, das aus den Früchten dieser Kultursorte gewonnen wird.

**Rosenplüt, Rosenblüt,** Hans, Dichter, * um 1400, † Nürnberg 1460. R., der seit etwa 1426 in Nürnberg als Handwerkermeister lebte, nahm Ende der 1420er Jahre den (Bei-)Namen **Schnepper** (später **Schnepperer**) an. Sein Werk, mit dem er die Tradition der dann später v. a. in Nürnberg typ. Handwerkerdichtung begründete, umfaßt Reimpaarsprüche, stroph. Lieder, Mären u. a. erzähler. Kleinformen sowie v. a. auch 55 (ihm zugeschriebene) derb-kom. wie auch historisch-politisch orientierte →Fastnachtspiele; Vorläufer von H. SACHS und H. FOLZ.

Ausgabe: Reimpaarsprüche u. Lieder, hg. v. J. REICHEL (1990).

**Rosenquarz,** Farbvarietät des →Quarzes; trübe, lichtrosa bis schwach violette Färbung durch feinste Nädelchen von Rutil sowie durch Mangan ($Mn^{3+}$); Schmuckstein.

**Rosenquist** ['rəuzənkwist], James, amerikan. Maler und Graphiker, * Grand Forks (N. D.) 29. 11. 1933; Vertreter der amerikan. Pop-art, war zunächst als Plakatmaler und Industriedesigner tätig. Seine großformatigen Bilder stellen vielfach Gegenstände der Konsumgüterproduktion und Maschinenwelt dar. Stilmittel ist die Vergrößerung von Details, Montage und Verwendung fluoreszierender Farben. In den 1980er Jahren malte er v. a. kosm. Phantasien in aggressiven Farben und erzielte Verfremdungseffekte durch Schraffierungen.

J. GOLDMANN: J. R. (New York 1985).

**Rosenroman,** →Roman de la rose.

**Rosenstöcke,** Stirnbeinfortsätze, aus denen Geweih- und Gehörnstangen herauswachsen, →Geweih.

**Rosenstock-Huessy** [-'hysi], Eugen, Kulturphilosoph, Rechtswissenschaftler und Soziologe, * Berlin 6. 7. 1888, † Norwich (Vt.) 23. 2. 1973; 1921 Gründer und erster Leiter der →Akademie der Arbeit in Frankfurt am Main, 1923 bis zur Emigration 1933 in die

Rosenquarz

USA Prof. in Breslau; lehrte dann u. a. an der Harvard University, nach 1945 mehrere Gastprofessuren in der Bundesrep. Dtl. Neben rechtshistor. Arbeiten hat R. sich mit den sozialen und histor. Bedingungen, Formen und Folgen des menschl. Sprachvermögens, aber auch mit Industriesoziologie und Betriebsreform beschäftigt. R. gilt als einer der einflußreichsten Theoretiker und Praktiker der Erwachsenen-, v. a. der Arbeiterbildung in der Weimarer Zeit. Auf ihn gehen ferner versch., z. T. als sozialromantisch kritisierte Erwachsenenbildungsprojekte zurück.

**Werke:** Werkstattaussiedlung (1922); Die europ. Revolutionen (1931); Der unbezahlbare Mensch (1955); Die Sprache des Menschengeschlechts, 2 Bde. (1963–64).

**Rosental,** Talgebiet der Drau unterhalb von Villach (bis zum Völkermarkter Stausee), zw. Sattnitz (im N) und Karawanken (im S), Hauptort ist Ferlach.

**Rosenthal,** Stadt im Kr. Waldeck-Frankenberg, Hessen, 280 m ü. M., im Burgwald, (1991) 2300 Ew.; kleine Industriebetriebe, Landwirtschaft. – R. entstand als planmäßig angelegter militär. Stützpunkt der Mainzer Erzbischöfe wahrscheinlich 1327 (erste urkundl. Erwähnung 1343). Über Hessen (ab 1583) und Hessen-Kassel kam es 1866 an Preußen.

**Rosenthal,** 1) **Franz,** Orientalist, * Berlin 31. 8. 1914; 1948 Prof. in Philadelphia (Pa.) und an der Yale University; vielseitige Forschungen v. a. zur islamisch-arab. Literatur, Geschichte und Kultur.

**Werke:** Die aramaist. Forschung seit Th. Nöldeke's Veröff. (1939); The technique and approach of Muslim scholarship (1947); A history of Muslim historiography (1952); Humor in early Islam (1956); Das Fortleben der Antike im Islam (1965); Knowledge triumphant (1970); The herb. Hashish versus medieval Muslim society (1971); Sweeter than hope (1983); Muslim intellectual and social history (1990). – **Übers.:** Ibn-Khaldûn: The Muqaddimah. An introduction to history, 3 Bde. (1958).

2) **Philip,** Unternehmer und Politiker (SPD), * Berlin 23. 10. 1916. R. lebte ab 1934 in England, war 1958–81 Vorstands-Vors. der Rosenthal AG, die er durch Einführung avantgardist. Designs stark förderte. 1969–83 MdB und 1979–81 parlamentar. Staats-Sekr. im Bundes-Min. für Wirtschaft, engagierte er sich für die Vermögensbildung in Arbeitnehmerhand sowie die Mitbestimmung in Unternehmen. Seit 1988 ist er Prof. für Design an der Hochschule für Künste in Bremen.

**Rosenthal AG,** Unternehmen zur Herstellung und zum Vertrieb von Porzellan- und Keramikartikeln, Glas, Besteck und Möbeln (Marken: Rosenthal Studio Linie, Rosenthal, Rosenthal Classic und Thomas), gegr. 1879 von PHILIPP ROSENTHAL (* 1855, † 1937) als Porzellanmalerei, AG seit 1897, jetziger Name seit 1965; Sitz: Selb. Internat. Bekanntheit erzielte die R. AG durch ihr seit 1908 hergestelltes Porzellan nach Entwürfen moderner Künstler (u. a. H. MOORE, S. DALÍ, V. VASARÉLY, E. FUCHS, HAP GRIESHABER, O. H. HAJEK, BJØRN WIINBLAD und TAPIO WIRKKALA). Umsatz (1990): 400,9 Mio. DM, Beschäftigte: 3915.

Rosenthal, hundert Jahre Porzellan, bearb. v. B. FRITZ, Ausst.-Kat. (1982).

**Rosenthal-Kamarinea,** Isidora, Philologin und Schriftstellerin griech. Herkunft, * Piräus 12. 4. 1918; Prof. für byzantin. und neugriech. Philologie in Bochum sowie für neuere griech. Literatur in Marburg; Lyrikerin und Übersetzerin dt. und frz. Literatur ins Griechische sowie griech. Literatur ins Deutsche (u. a. Werke von N. KASANTZAKIS, J. RITSOS, N. VRETTAKOS, P. CHARIS, RITA BUMI-PAPA). Hg. der wiss. Schriftenreihen ›Hellenika‹ (1966 ff.), ›Bochumer Studien zur neugriech. und byzantin. Philologie‹ (1974 ff.), ›Folia Neohellenica‹ (1975 ff.), ›Neugriech. Bibliothek‹ (1980).

**Rosenwasser,** →Rosenöl.

**Rosenwurz, Sedum rosea,** in alpinen und subalpinen Felsfluren bis 3000 m ü. M. vorkommende Art der Gattung Fetthenne; bis 35 cm hohes Dickblattgewächs mit dichtgedrängt in einer Trugdolde angeordneten orangegelben Blüten; Wurzelstock rosenartig duftend; häufig als Zierpflanze.

**Rosenzweig, Franz,** jüd. Theologe und Religionsphilosoph, * Kassel 25. 12. 1886, † Frankfurt am Main 10. 9. 1929. R. suchte nach intensiver Auseinandersetzung mit der jüd. Tradition und beeinflußt von H. COHEN, eine moderne, aber nicht rationalist. Deutung des Judentums. Dies verband ihn mit M. BUBER, mit dem er 1919 das Freie Jüd. Lehrhaus in Frankfurt am Main gründeten und 1924 eine dt. Übertragung der Bibel begann. Anders als BUBER war R. jedoch stärker an Tradition und Religionspraxis, an der Vermittlung zw. religiösem Denken und prakt. Ausübung der jüd. Religion orientiert. Sein Hauptwerk ›Der Stern der Erlösung‹ (1921), eine philosoph. Theologie des Christentums und des Judentums, wurde erst seit dem Zweiten Weltkrieg (v. a. in den USA) stärker beachtet.

**Weitere Werke:** Hegel u. der Staat, 2 Bde. (1920); Zweistromland (1926). – **Übers.:** Jehuda Halevi: 92 Hymnen u. Gedichte (1926).

**Ausgaben:** Briefe, hg. v. E. ROSENZWEIG (1935); Kleinere Schr., hg. v. dems. (1937); Der Mensch u. sein Werk. Ges. Schr., 6 Tle. (1976–84); Die Schr., Aufs., Übertragungen u. Briefe, hg. v. K. THIEME (1984).

F. R. His life and his thought, bearb. v. N.N. GLATZER (New York ²1961); Der Philosoph F. R., hg. v. W. SCHMIED-KOWARZIK, 2 Bde. (1988); U. BIEBERICH: Wenn die Gesch. göttlich wäre. R.s Auseinandersetzungen mit Hegel (1990); W. SCHMIED-KOWARZIK: F. R. (1991).

**Rosenzweig-Picture-Frustration-Test** [-'pɪktʃə frʌ'streɪʃn-], ein 1945 von dem Amerikaner SAUL ROSENZWEIG (* 1907) entwickelter projektiver Test zum Erfassen von Reaktionen auf Frustrationssituationen. Auf 24 Bildern sind Situationen dargestellt, auf die durch Ausfüllen einer Sprechblase reagiert werden muß. Der Test wird eingesetzt, um emotionale Belastung, soziale Anpassung und Frustrationstoleranz zu erfassen.

U. RAUCHFLEISCH: Hb. zum R.-P. F.-T. (PFT), 2 Bde. (Bern 1979).

**Roseola** [zu lat. roseus ›rosenfarbig‹] *die,* -/...lae, **Roseole,** Hautausschlag in Form linsengroßer, umschriebener roter oder blauroter Flecken, die unter Fingerdruck verblassen und sich innerhalb weniger Stunden oder Tage zurückbilden; Ursache ist eine toxisch bedingte Gefäßerweiterung im Zusammenhang mit Infektionskrankheiten wie Röteln, Masern, Typhus, Syphilis oder einer Arzneimittelnebenwirkung.

**Roser, Albrecht,** Puppenspieler, * Friedrichshafen 21. 5. 1922; Begründer des Puppentheaters ›Gustav und sein Ensemble‹, Stuttgart; kunstvolles, meist pantomim. Marionettenszenenprogramm für Erwachsene in offener Spielweise; Produktion zahlreicher Puppenfernsehfilme; Musik-Figurentheaterexperimente (›Don Juan‹, 1989).

**Rosesches Metall** [nach dem Pharmazeuten VALENTIN ROSE D. Ä., * 1736, † 1771], eine Legierung aus 50% Wismut, 25% Blei und 25% Zinn (Schmelzpunkt bei 98 °C). Nach anderen Angaben ist die Zusammensetzung 50% Wismut, 28% Blei und 22% Zinn (Schmelzpunkt 109 °C). Die Legierung wird v. a. für Schmelzsicherungen verwendet.

**Rosetsu,** eigtl. **Nagasawa,** japan. Maler, * 1754, † 1799; Mitgl. der naturalist. Maruyamaschule (→japanische Kunst, Edozeit), Schüler des MARUYAMA ÔKYO, den er im flüssigen Pinselstrich seiner Tuschmalerei, mit nahtlosem Übergang von schwarzer Tusche zu farbigen Flächen und in der Lebensnähe seiner Tierbilder und Personendarstellungen übertraf.

**Rosette** [frz., Verkleinerung von rose ›Rose‹] *die,* -/-n, **1)** *Botanik:* **Blatt-R.,** durch Internodienstau-

**Rosenwurz** (Höhe bis 35 cm)

**Rosette 2):** Von OBEN Gewöhnliche Rosette; Wirbelrosette; Fächerrosette

chung bedingte gedrängte basale Blattfolge, bei der die Blätter strahlig flach am Boden liegen (Wegerich) oder schräg aufgerichtet sind (Agave). →Rosettenpflanzen

2) *Kunstgeschichte:* einer runden Blüte ähnelndes, in allen Kulturen bekanntes Zierelement; eines der ältesten Ornamentmotive; die Blütenblätter zeigen in frühen oriental. Darstellungen Strahlenformen.

3) *Musik:* Bez. für das runde, mit Schnitzwerk verzierte Schalloch im Resonanzboden oder in der Resonanzdecke von Zupfinstrumenten und besaiteten Tasteninstrumenten.

**Rosette** [ro'zεtə, ro'zεt], arab. **Raschid**, Hafen- und Handelsstadt in Ägypten, im westl. Nildelta 15 km oberhalb der Mündung des **R.-Armes** des Nils (westl. Hauptmündungsarm), mit (1983) 47 200 Ew.; Tabakverarbeitung, Textilfabrik, Reismühlen und -handel; Fischerei. – R. wurde im 9. Jh. an der Stelle des antiken **Bolbitine** gegründet und entwickelte sich zu einem bedeutenden Hafen. 1799 wurde dort im ehem. Fort Saint-Julien der **Stein von R.** gefunden, der in hieroglyph. und demot. Schrift ein Dekret der Priester zu Memphis zu Ehren des PTOLEMAIOS V. EPIPHANES (196 v. Chr.) mit griech. Übersetzung enthielt. Ein Offizier der Napoleon. Armee erkannte 1797, daß die →Kartuschen 1) ägypt. Königsnamen umrahmten; 1819 gelang es THOMAS YOUNG (\* 1773, † 1829), den Namen ›Ptolemaios‹ zu erkennen; 1822 wurde das ägypt. Schriftsystem von J. F. →Champollion entziffert. Der aus schwarzem Basalt bestehende Stein von R. befindet sich im Brit. Museum in London.

**Rosette:** Schematisierte Darstellung der von Kartuschen umrahmten Namen Ptolemaios (oben) und Kleopatra auf dem Stein von Rosette; daneben jeweils die Analyse der Zeichen, aus denen diese Namen zusammengesetzt sind

**Rosettenpflanzen,** Pflanzen mit unterdrückter Streckung der Stengelglieder (Internodien) derart, daß die Stengelblätter (als grundständige **Rosettenblätter**) meist dichtgedrängt auf dem Boden in Form einer **Blattrosette** aufliegen. Man unterscheidet: **Ganz-R.,** bei denen der Blütenstengel blattlos bleibt (z. B. Löwenzahn, Wegerich), und **Halb-R.,** die (als zweijährige Pflanzen) im ersten Jahr eine grundständige Blattrosette bilden, im zweiten Jahr jedoch zu einem beblätterten Blütenstengel auswachsen (z. B. Rettich, Petersilie).

**Rose von Jericho,** die →Jerichorose.

**Rosewein, Rosé,** im dt. Weingesetz amtl. **Roseewein,** blaß- bis dunkelrosafarbener Wein, bei dessen Kelterung nur wenige Farbstoffe aus der Beerenhaut der roten Trauben (die z. T. auch mit weißen gemeinsam gekeltert werden) in den Most übergehen, und zwar entweder beim sofortigen Abpressen, durch kurzzeitigen Maischekontakt, nach einer nur kurzen Maischegärung oder weil die Schalen wegen Botrytisbefall (v. a. bei Beeren- und Trockenbeerenauslesen) nicht mehr genügend Farbstoffe enthalten. Die regionalen Bez. für R., in der Schweiz **Süßdruck,** in Österreich **Gleichgepreßter,** in Südtirol **Kretzer,** frz. auch **Vin gris** und **Clairet,** italien. **Rosato** und **Chiaretto,** span. **Rosado, Vino grise** und **Clarete,** berücksichtigen z. T. auch die Bereitungsmethode. In Dtl. wird Qualitäts-R. aus einer Rebsorte als **Weißherbst** bezeichnet,

solcher aus roten und weißen Trauben als **Rotling** (→Schillerwein, →Badisch-Rotgold). Besondere R. sind der →Schilcher und der Œil de perdrix der W-Schweiz; Frankreichs führender R. ist der →Tavel.

**Rosheim** [ˈroːʃaim, frz. rɔˈsɛm], Gem. im Elsaß, Dép. Bas-Rhin, Frankreich, 20 km südwestlich von Straßburg, (1990) 4000 Ew. – R., stauf. Besitz, erhielt im 13. Jh. Stadtrecht. Im 14. Jh. schloß sich die Stadt der Dekapolis an. – Gut erhaltene roman. ›Untere Kirche‹ (Saint-Pierre-et-Paul) aus der Mitte des 12. Jh. (Vierungsturm nach 1385).

**Rosi,** Francesco, italien. Regisseur, \* Neapel 15. 11. 1922; zunächst Assistent bei L. VISCONTI und M. ANTONIONI; ab 1958 eigene Filme, die sich überwiegend mit den polit. und sozialen Verhältnissen Italiens kritisch auseinandersetzen.

Filme: Wer erschoß Salvatore G.? (1962); Hände über der Stadt (1963); Der Fall Mattei (1972); Lucky Luciano (1973); Die Macht u. ihr Preis (1976); Christus kam nur bis Eboli (1979); Drei Brüder (1981); Chronik eines angekündigten Todes (1987); Palermo vergessen! (1989).

F. R., Beitr. v. R. KOSCHNITZKI u. a. (1983).

**Rosignano Marittimo** [rosiɲˈɲaːno-], Stadt in der Toskana, Prov. Livorno, Italien, 147 m ü. M., (1982) 30 000 Ew.; Badeort; Sodawerke.

**Rosinante,** span. **Rocinante** [rroθiˈnante], Name, den Don Quijote in dem Roman ›El ingenioso hidalgo Don Quijote de la Mancha‹ (2 Tle., 1605–15) von M. DE CERVANTES SAAVEDRA seinem Pferd, das nur er für edel hält, gibt; danach mitunter für: Klepper, schlechtes Pferd, Schindmähre.

**Rosinen** [mnd. rosin(e), aus pikardisch rosin, über das Vulgärlat. von lat. racemus ›Traube‹, ›Weinbeere‹], *Sg.* **Rosine** *die*, -, getrocknete Weinbeeren v. a. aus dem Mittelmeergebiet und Kalifornien. Die Beeren werden an der Sonne oder künstlich getrocknet, vorher zur Haltbarmachung oft in kochendes, mit Salz, Pottasche und Olivenöl versetztes Wasser getaucht. Man unterscheidet →Korinthen und →Sultaninen.

**Roșiori de Vede** [roˈʃjorj-], Stadt im Kr. Teleorman, S-Rumänien, am Übergang vom Hügelland der Vorkarpaten zum Walach. Tiefland, (1985) 34 700 Ew.; Landmaschinenbau, Holzverarbeitung, Textil-, Baustoff- und Nahrungsmittelindustrie (Fleischfabrik, Molkerei, Weinkellereien, Pflanzenölgewinnung); Bahnknotenpunkt.

**Rosita,** weibl. Vorname, span. Koseform von Rosa.

**Rositten,** Stadt in Lettland, →Rēzekne.

**Roskilde** [ˈrɔskilə], 1) Hauptstadt des Amtes R. auf Seeland, Dänemark, am S-Ende des R.-Fjords, (1978) 48 900 Ew.; luther. Bischofssitz; Univ.-Zentrum, Stadt-, Wikingerschiffsmuseum (fünf Wracks, um 1000 versenkt; 1962 aus dem R.-Fjord geborgen); Maschinenbau, Papier-, Nahrungsmittel-, u. and. Industrie; Garnison; Hafen, Flugplatz. – 6 km nördlich von R., auf einer Halbinsel des Fjords, befindet sich seit 1958 das nat. Kernforschungszentrum Risø. – R., vermutlich bei Gründung der Wikingerzeit, erhielt 1268 Stadtrecht. Vom 11. bis 15. Jh. war die Stadt Residenz der dän. Könige, die seit Anfang des 13. Jh. im Dom von R. beigesetzt wurden. 1022–1537 war die Stadt auch Sitz eines kath. Bischofs. Mit der Verlegung der Residenz des Königs (1443) und der des Bischofs (1537) nach Kopenhagen verlor R. an Bedeutung. – Bed. roman.-gotischer Backsteindom, im späten 12. Jh. begonnen, im wesentlichen 13. Jh., im 19. Jh. restauriert; königl. Palais (18. Jh.); Rathaus (1884) mit spätgot. Turm (um 1470).

Im **Frieden von R.** (26. 2. 1658) mußte Dänemark nach dem Einfall schwed. Truppen unter König KARLS X. GUSTAV Schonen, Blekinge, Halland, Bohuslän, Trondheim und Bornholm an Schweden ab-

treten. Trondheim und Bornholm fielen im Frieden von Kopenhagen (6. 6. 1660) an Dänemark zurück.
2) Amtskommune in →Dänemark.

**Roslawez, Roslavec** [-ts], **Nikolaj Andrejewitsch**, russ. Komponist, * Duschatino (Gebiet Tschernigow) 4. 1. 1881, † Moskau 23. 8. 1944; studierte am Moskauer Konservatorium, war in den 1920er Jahren – auch publizistisch – einer der führenden Vertreter der marxistisch orientierten Avantgarde in der Sowjetunion, geriet jedoch später in Konflikt mit der offiziellen Kulturdoktrin. Seine frühen, auf Tonkomplexen (›Synthetakkorden‹) beruhenden Werke zeigen Ähnlichkeiten zu Kompositionen A. SKRJABINS sowie – bereits um 1915 – Strukturen, die der (späteren) Zwölftontechnik A. SCHÖNBERGS vergleichbar sind. R. schrieb eine Sinfonie (1922), sinfon. Dichtungen (›Der Mensch und das Meer‹, 1921; ›Weltende‹, 1922), Kammermusikwerke, Lieder.

**Rösler, Franz Anton** (František Antonín), Künstlername **Francesco Antonio Rosetti**, böhm. Komponist, * Leitmeritz um 1750, † Ludwigslust 30. 6. 1792; war ab 1773 Kontrabassist in der Kapelle des Fürsten KRAFT ERNST von Oettingen-Wallerstein (* 1748, † 1802) und wurde 1789 Hofkapellmeister in Ludwigslust. R.s Musik zeigt Stilmerkmale der Mannheimer und der Wiener Schule. Er komponierte Opern (u. a. ›Das Winterfest der Hirten‹, 1789), Oratorien, 3 Requiem, 90 Sinfonien, Konzerte, Kammer- und Klaviermusik.

**Roslin** [rus'li:n], **Alexander**, schwedischer Maler, * Malmö 15. 7. 1718, † Paris 5. 7. 1793; tätig am Bayreuther Hof, ging 1747 nach Italien, 1752 nach Paris, 1774 nach Stockholm, dann nach Petersburg und kehrte 1779 nach Paris zurück. R. gehört zu den bedeutendsten Porträtisten des 18. Jh.; seine Werke wurden v. a. wegen seiner Charakterisierungskunst bes. geschätzt.

**Rosmarin** [von lat. ros marinus, wohl eigtl. ›Meertau‹] *der, -s,* **Rosmarinus**, Gattung der Lippenblütler mit zwei Arten im Mittelmeergebiet; eine Charakterpflanze der mediterranen Macchie ist der **Echte R.** (Rosmarinus officinalis); immergrüner, 60–150 cm hoher Halbstrauch mit 2–3 cm langen, schmalen, am Rand umgerollten, ledrigen Blättern von würzigem Geruch; mit bläul. oder weißl. Blüten in kurzen, achselständigen Trauben. Die Blätter werden als Küchengewürz verwendet. (→Rosmarinöl)

**Rosmarinheide, Lavendelheide, Gränke, Sumpfrosmarin, Andromeda,** Gattung der Heidekrautgewächse mit nur zwei Arten auf der temperierten Nordhalbkugel; in den Hoch- und Zwischenmooren von N-Deutschland und im Alpenvorland kommt die **Polei-R.** (**Echte R.,** Poleigränke, Andromeda polifolia) vor, ein 10–30 cm, selten bis 40 cm hoher Halbstrauch mit weit kriechenden Ausläufern, aufsteigenden Zweigen und immergrünen, unterseits blau- bis weißgrün bereiften, ledrigen, schmalen, am Rand umgerollten Blättern; Blüten nickend, in endständiger Doldentraube, mit kugeliger bis eiförmiger, hellrosafarbener Krone. Die sehr ähnlich aussehende Art Andromeda glaucophylla kommt auf sauren Torfmooren im NO Nordamerikas vor.

**Rosmarin|öl,** farbloses bis gelbliches äther. Öl, das aus den getrockneten Blüten und Blättern des Echten Rosmarins gewonnen wird. Es enthält u. a. α-Pinen, Camphen und Borneol; verwendet wird es in der Parfüm- und Seifenindustrie, für Badezusätze und Einreibemittel.

**Rosmer, Ernst,** eigtl. **Elsa Bernstein,** geb. **Porges,** österr. Schriftstellerin, * Wien 28. 10. 1866, † Hamburg 12. 7. 1949; war Schauspielerin in München, dann Bühnenautorin (›Wir drei‹, 1893; ›Nausikaa‹, 1906); ihr erfolgreiches Märchenspiel ›Königskinder‹ (1895) wurde von E. HUMPERDINCK vertont. Daneben entstanden auch Gedichte und Erzählungen; 1942–45 im KZ Theresienstadt inhaftiert.

**Rosmini-Serbati, Antonio Graf von,** italien. Philosoph und kath. Theologe, * Rovereto 25. 3. 1797, † Stresa (Prov. Novara) 1. 7. 1855; seit 1821 Priester; gründete 1828 eine Priesterkongregation für Seelsorge und Unterricht (Rosminianer). Er verfaßte eine Vielzahl von erkenntnistheoret., eth., polit. und theolog. Schriften, mit denen er eine christl. Gesamtschau des Denkens anstrebte. R.-S. lehnte dabei den Sensualismus ab und verarbeitete bei gleichzeitiger Wiederaufnahme Augustin. und Thomist. Lehren Elemente der Philosophie der Aufklärung. Bekannt wurde er durch seine Programmschriften zur Revolution von 1848 (›La costituzione secondo la giustizia sociale‹ und ›Delle cinque piaghe della santa Chiesa‹, 1848, dt. ›Leitsätze für Christen‹). Während die erstere die Achtung der Rechte des einzelnen und möglichst geringe Einmischung des Staates in dessen Leben forderte, griff R.-S. in der zweiten Schrift das Anliegen der Kirchenreform auf. Beide Werke wurden indiziert. Verurteilt wurden 1887 auch einige seiner des Ontologismus verdächtigten Gedanken: Danach wohnt dem Menschen eine Anschauung des Seins inne, die von Gott komme; sie sei konstitutiv für jede weitere Erkenntnis des Menschen, insofern als sie die Erkenntnis der Ideen der durch die Sinne vermittelten realen Dinge ermögliche.

**Ausgaben:** Opere edite e inedite, hg. v. E. CASTELLI, 49 Bde. (1934–77); Opere edite e inedite, auf 80 Bde. ber. (1975 ff.). – Die Politik als philosoph. Problem, hg. v. F. WAGNER u. a. (1963, Ausw.); Leitsätze für Christen, übers. v. H. SCHIEL (Neuausg. 1964).

F. PFURTSCHELLER: Von der Einheit des Bewußtseins zur Einheit des Seins. Zur Grundlegung der Ontologie bei A. R.-S. (1977); K.-H. MENKE: Vernunft u. Offenbarung nach A. R. (Innsbruck 1980); F. EVAIN: A. R.-S. (1797–1855) u. der Rosminianismus im 19. Jh., in: Christl. Philosophie im kath. Denken des 19. u. 20. Jh., hg. v. E. CORETH u. a. (Graz 1987), Bd. 1. – *Zeitschrift:* Rivista Rosminiana (Pallanza 1906 ff.).

**Rosow, Rozov** [-z-], **Wiktor Sergejewitsch,** russ. Dramatiker, * Jaroslawl 21. 8. 1913; auch Schauspieler und Regisseur; gestaltet in seinen Dramen u. a. die Probleme Jugendlicher, ihre Rebellion gegen die Gesellschaft, ihren Protest gegen alles Nützlichkeitsdenken, ihre Sehnsucht nach Liebe, Gerechtigkeit, Neubeginn (Drehbuch ›A, B, V, G, D ...‹, 1961, zur Verfilmung nicht freigegeben, als Drama ›V doroge‹, 1961; dt. ›Unterwegs‹). Spätere Werke setzen sich mit dem Stalinismus auseinander.

**Weitere Werke:** *Dramen:* V dobryj čas (1954; dt. Hals- u. Beinbruch); Večno živye (1956; dt. Die ewig Lebenden; 1957 verfilmt als: Letjat žuravli, dt. Wenn die Kraniche ziehen); V poiskach radosti (1957; dt. Auf der Suche nach Freude); Zatejnik (1966; dt. Der Kulturleiter); Gnezdo glucharja (1979; dt. Das Nest des Auerhahns); Chozjain (1982); Kabančik (Urauff. 1986).

**Ausgaben:** Izbrannoe (1983). – Stücke, hg. v. S. WIGGER (1982).

**Rösrath,** Gem. im Rheinisch-Berg. Kreis, NRW, 90 m ü. M., südöstlich von Köln, (1991) 22 800 Ew.; Heizungsbau, Herstellung von elektron. Zubehör, Holz- und Kunststoffverarbeitung.

**Ross,** 1) **Edward Alsworth,** amerikan. Soziologe, * Virden (Ill.) 12. 12. 1866, † Madison (Wis.) 22. 7. 1951; Schüler von L. F. WARD; zunächst Prof. für Nationalökonomie an der Cornell University, dann Prof. für Soziologie an der Stanford University, University of Nebraska und seit 1906 an der Univ. in Wisconsin. 1914–16 Präs. der American Sociological Society. R. entwickelte in Anlehnung an W. G. SUMNER eine Theorie zur Erklärung der Kontrollprinzipien, mit denen eine Gruppe das Verhalten ihrer Mitgl. reglementiert. Danach steuert neben einer Kontrolle von außen die Internalisierung von Gruppennormen durch den einzelnen (innere Kontrolle) soziales Verhalten.

**Rosmarin:** Echter Rosmarin (Höhe 60–150 cm)

**Rosmarinheide:** Poleirosmarinheide (Höhe 10–30 cm)

Sir John Ross

Sir Ronald Ross

**Roß** Roßameisen – Rosselli

**Werke:** Social control (1901); Foundations of sociology (1905); Social psychology (1908); The principles of sociology (1920); The Russian Soviet Republic (1923).

**2) Sir** (seit 1843) **James Clarke**, brit. Polarforscher, * London 15. 4. 1800, † Aylesbury 3. 4. 1862, Neffe von 3); begleitete 1819–27 W. E. PARRY, 1829–33 seinen Onkel JOHN auf vier Nordpolfahrten, unternahm 1839–43 eine Expedition nach dem Südpolargebiet, wo er 1841 das südl. Victorialand, das Ross-Schelfeis und die Rossinsel mit dem Vulkan Mount Erebus entdeckte.

**Hauptwerk:** A voyage of discovery and research in the southern and Antarctic regions, ..., 2 Bde. (1847; dt. Entdeckungsreise nach dem S-Polar-Meere in den Jahren 1839–1843).

**3) Sir** (seit 1834) **John**, brit. Polarforscher, * Inch (bei Stranraer) 24. 6. 1777, † London 30. 8. 1856, Onkel von 2); entdeckte 1818 die nördl. Teile der W-Küste Grönlands. 1829–33 erforschte er mit seinem Neffen JAMES CLARKE die Küsten von King William Island und Boothia (Kanada), wo er 1831 den nördl. (arkt.) Magnetpol entdeckte.

**Werke:** A voyage of discovery for the purpose of exploring Baffin's Bay, 2 Bde. (1819; dt. Entdeckungsreise der kgl. Schiffe Isabella u. Alexander nach der Baffins-Bai ...); A treatise on navigation by steam (1828); Narrative of a second voyage in search of a North-West passage, 1829–1833 (1835; dt. Die zweite Entdeckungs-Reise nach den Gegenden des Nordpols ...); Rear Admiral Sir John Franklin ... (1855).

**4) Ludwig**, Archäologe, * Altekoppel (heute zu Ruhwinkel, Kr. Plön) 22. 7. 1806, † Halle/Saale 6. 8. 1859; war im Auftrag König OTTOS von Griechenland für die wiss. Erschließung und Erhaltung der im Land vorhandenen Altertümer verantwortlich. Auf der Akropolis ließ er den Niketempel wieder aufbauen.

**5) Martin**, Pseudonym der irischen Schriftstellerin VIOLET FLORENCE MARTIN, → Somerville, Edith Anna Oenone.

**6) Sir** (seit 1911) **Ronald**, brit. Tropenmediziner und Bakteriologe, * Almora (Uttar Pradesh, Indien) 13. 5. 1857, † Putney Heath (heute zu London) 16. 9. 1932; 1902 Prof. in Liverpool, ab 1926 Direktor des nach ihm benannten ›Ross-Institute and Hospital for Tropical Diseases‹ in London; lieferte den Nachweis, daß Stechmücken die Malaria übertragen. Erhielt 1902 den Nobelpreis für Physiologie oder Medizin.

**7) Sir** (seit 1938) **William David**, brit. Philosoph, * Thurso (Highland Region) 15. 4. 1877, † Oxford 5. 5. 1971; wurde 1900 Prof. in Oxford, 1939 an der Columbia University, 1941–44 Vizekanzler der Univ. Oxford; R. lieferte bedeutende Beiträge zur Aristotelesforschung; richtungsweisend seine Monographie ›Aristotle‹ (1923) sowie seine Kommentare zu den von ihm besorgten Ausgaben einzelner Aristotel. Schriften; Mitherausgeber einer engl. Aristotelesübersetzung.

**Weitere Werke:** The right and the good (1930); Foundations of ethics (1939); Plato's theory of ideas (1951); Kant's ethical theory (1954).

**Roß|ameisen, Camponotus,** Gattung der Ameisen, die durch den Bau ihrer Nester in Bäumen Holz zerstören, z. B. die **Große Holzameise** (Camponotus herculeanus), die ihr Nest meist in lebenden Bäumen anlegt, sowie die 10–14 mm lange **Riesenholzameise** (**Riesenameise**; Camponotus lignipedis), die morsches Holz (z. B. Baumstubben) bes. von Nadelbäumen bevorzugt.

**Ross and Cromarty** ['rɔs ənd 'krɔməti], ehem. County in N-Schottland, seit 1975 Teil der Highland Region und der Western Isles Islands Area (Äußere Hebriden).

**Rossano,** Stadt in Kalabrien, Prov. Cosenza, Italien, am N-Abhang der Sila Greca, 270 m ü. M., (1982) 31 700 Ew.; kath. Bischofssitz; Fremdenverkehr. – Kirche San Marco (11. Jh.); in der erzbischöfl. Bibliothek eine kostbare Evangelienhandschrift aus dem 6. Jh. (**Codex Rossanensis**).

**Roßbach,** Gem. im Kreis Merseburg, Sachsen-Anhalt, (1989) 2000 Ew. – Im Siebenjährigen Krieg schlug FRIEDRICH D. GR. am 5. 11. 1757 bei R. in wenigen Stunden eine Armee von Franzosen und Reichstruppen. Er errang dadurch in ganz Dtl. große Volkstümlichkeit und sicherte erneut sein Bündnis mit England. Der Erfolg von R. war die Voraussetzung für den Sieg bei Leuthen.

**Roßbreiten,** die windschwachen Zonen des subtrop. Hochdruckgürtels zw. etwa 25 und 35° n. Br. und s. Br., zu denen auf der Nordhalbkugel das für das Wetter in Mitteleuropa wichtige Azorenhoch gehört. Auf der Nordhalbkugel sind die Druckzellen wegen der hier größeren Landmassen gegenüber der Südhalbkugel um etwa 5 Breitengrade nach N verschoben. Die Bez. soll auf die Zeit der Segelschiffahrt zurückgehen, als sich in diesen Gebieten die Fahrt infolge fehlender Winde stark verzögerte, so daß bei Pferdetransporten nach Südamerika viele Pferde wegen Futtermangels eingingen.

**Rossby,** Carl-Gustaf Arvid, schwed. Meteorologe und Ozeanograph, * Stockholm 28. 12. 1898, † ebd. 19. 8. 1957; seit 1922 im schwed. Wetterdienst, wurde 1928 Prof. in Cambridge (Mass.), 1941 in Chicago (Ill.), 1947 in Stockholm. R. verfaßte grundlegende theoret. Arbeiten über Wirbelbewegungen und Turbulenzprobleme, die u. a. als Ausgangspunkt der Wettervorhersage auf mathemat. Grundlage dienten (numerische →Wettervorhersage).

**Werk:** The atmosphere and the sea in motion (hg. 1959).

**Rossby-Wellen** [nach C.-G. A. ROSSBY], 1) *Meereskunde:* großräumige Meereswellen, deren rücktreibende Kraft aus Änderungen des Verhältnisses von Coriolis-Parameter (→Coriolis-Kraft) und Wassertiefe resultiert. R.-W. stellen eine wesentl. Ursache der niederperiod. Variationen der Meeresströmungen dar. Sie wurden z. B. im Pazif. Ozean als →interne Wellen mit Perioden von etwa 1 bis 10 Jahren und Wellenlängen von etwa 300 bis 3000 km beobachtet. – 2) *Meteorologie:* großräumige, lange Wellen der zirkumpolaren atmosphär. Höhenströmung (W-Winde). Ihre Zahl (meist 4–7) hängt von der Rotation des Planeten und der Windgeschwindigkeit ab.

**Ross Dependency** ['rɔs dɪ'pendənsɪ; nach J. C. ROSS], seit 1923 von Neuseeland beanspruchter Sektor der Antarktis, zw. 160° ö. L. und 150° w. L., von 60° s. Br. bis zum Südpol; rd. 4,9 Mio. km$^2$. Das Gebiet umfaßt Inlandeis, fast das gesamte Ross-Schelfeis und Meer mit einigen Inseln. Es ist unbesiedelt, hat aber Forschungsstationen (Scott Base, McMurdo).

**Rosse, Rossigkeit,** die Brunstperiode der Stute.

**Rößel,** poln. **Reszel** ['rɛʃɛl], Stadt im Ermland, in der Wwschaft Olsztyn (Allenstein), Polen, (1985) 5400 Ew.; Forstmaschinenbau; Nahrungsmittelindustrie. – 1241 entstand die Burg R. des Dt. Ordens. Die bei ihr gegründete Siedlung erhielt 1337 Culmer Recht. 1945 kam R. unter poln. Verwaltung, seit 1991 gehört es völkerrechtlich verbindlich zu Polen. – Ruine der Burg der Bischöfe von Ermland (14. Jh., erweitert im 16. und 17. Jh.); kath. Pfarrkirche St. Peter und Paul (14. Jh., Sterngewölbe von 1475/76; spätmittelalterl. Brücken).

**Rosselli,** Cosimo, italien. Maler, * Florenz 1439, † ebd. 7. 1. 1507; Mitgl. einer verzweigten Florentiner Maler- und Architektenfamilie; Fresko- und Porträtmaler; v. a. als Lehrer (u. a. von BARTOLOMEO DELLA PORTA, PIERO DI COSIMO) bedeutend.

**Hauptwerke:** Wandfresken (1481–83) in der Sixtin. Kapelle in Rom: Sinai, Bergpredigt, Abendmahl; Altarbilder: Hl. Anna Selbdritt mit Heiligen (1471; Berlin-Dahlem, Gemäldegalerie), Krönung Mariä (1505; Florenz, Santa Maria Maddalena dei Pazzi), Thronende Madonna (ebd., Uffizien).

**Rossellini,** Roberto, italien. Filmregisseur, * Rom 8. 5. 1906, † ebd. 3. 6. 1977; bedeutender Vertreter des Neorealismus; 1950–58 ∞ mit INGRID BERGMANN; drehte ab den 60er Jahren ›didakt.‹ Fernsehfilme.
**Filme:** Rom, offene Stadt (1945); Paisà (1946); Dtl. im Jahre Null (1947); Amore (1948); Die Maschine, die die Bösen tötet (1948); Stromboli (1949); Franziskus, der Gaukler Gottes (1950); Europa '51 (1952); Liebe ist stärker (1953); Angst (1954); Indien, Mutter Erde (1957); Der falsche General (1959); Es war Nacht in Rom (1960); Viva l'Italia (1960); Der furchtlose Rebell (1961); Schwarze Seele (1962); Die Machtergreifung Ludwigs XIV. (1966); Der Messias (1975).
P. BALDELLI: R. R. (Rom 1972); R. R., Beitr. v. R. GANSERA u. a. (1987).

**Rossellino, 1)** Antonio, italien. Bildhauer, * Settignano (heute zu Florenz) 1427, † Florenz 1479, Bruder und Schüler von 2); trat mit Porträtbüsten hervor und schuf mit dem Grabmal (1461–66) des ›Kardinals von Portugal‹ (JACOB VON LUSITANIEN, Kardinalerzbischof von Lissabon) in der Kirche San Miniato al Monte in

Antonio Rossellino: Grabmal des ›Kardinals von Portugal‹; 1461–66 (Florenz, San Miniato al Monte)

Florenz eines der bedeutendsten Grabmäler der Frührenaissance.
**Weitere Werke:** Hl. Sebastian (um 1460; Empoli, Museum der Collegiata); Lazzarikapelle (1464ff.; Pistoia, Dom); Piccolominikapelle (1470ff.; Neapel, Sant'Anna dei Lombardi). – Büsten des Giovanni Chellini (1456; London, Victoria and Albert Museum) und des Matteo Palmieri (1468; Florenz, Bargello).
**2)** Bernardo, italien. Baumeister und Bildhauer, * Settignano (heute zu Florenz) 1409, † Florenz 23. 9. 1464, Bruder von 1); führte in Arezzo und Florenz v. a. bauplast. Arbeiten aus, ehe er nach Rom ging, wo er von L. B. ALBERTI beeinflußt wurde und 1451–55 als Baumeister Papst NIKOLAUS' V. für die Peterskirche tätig war (vielleicht nach eigenen Plänen). Erneut in Florenz, führte er nach ALBERTIS Plänen die Fassade des Palazzo Rucellai aus (1457ff.) und war dort 1461–64 Leiter der Dombauhütte. 1460–63 schuf er für Papst PIUS II. nach Plänen ALBERTIS und eigenen Entwürfen (Dom; Palazzo Piccolomini) den Domplatz (Piazza Pio II.) in Pienza, die erste ausgeführte Stadtplanung der Renaissance. Als Bildhauer fand er im Grabmal für L. BRUNI die klass. Form für das florentin. Wandnischengrab (1444–50; Florenz, Santa Croce).
L. FINELLI: L'umanesimo giovane. B. R. a Roma e a Pienza (Rom 1984); A. TÖNNESMANN: Pienza. Städtebau u. Humanismus (1990).

**Rösselsprung,** Spiel: 1) im Schachspiel der Zug des Springers (Rössels) über ein Feld in gerader Linie auf das rechts oder links schräg voraus liegende Feld. 2) ein Rätselspiel, bei dem ein Sprichwort oder Gedicht, dessen Wortteile über die Felder eines Schachbretts oder einer beliebigen Figur verteilt sind, in der Art des Zuges mit dem Springer im Schachspiel gefunden werden muß.

**Rössener Kultur,** nach dem Fundort Rössen (Ortsteil von Leuna) benannte jungsteinzeitl. Kulturgruppe (2. Hälfte des 5. Jahrtsd. v. Chr.) in West- und Mittel-Dtl. Von der bandkeram. Kultur übernimmt die R. K. stellenweise wichtige Kulturelemente, so das Steingeräteinventar und in West-Dtl. die Wohnweise in großen (jetzt auch schiffartig gebauchten) Langhäusern. Die Keramik der R. K. unterscheidet sich aber in der Form wie auch bes. im teppichartig flächendeckenden Dekor gänzlich von der bandkeramischen.

**Rossetti, 1)** Biagio, italien. Baumeister, * Ferrara um 1447, † ebd. 1516; dort seit 1475 Hofarchitekt der Este; entwarf den einheitl. Plan für die Stadterweiterung von Ferrara und baute Kirchen und Paläste im Spätrenaissancestil in Ferrara und Correggio (bei Reggio nell'Emilia; Palazzo dei Principi, um 1500).
**Werke** (in Ferrara): Palazzo dei Diamanti (um 1492 begonnen); Santa Maria in Vado (1495–1518); San Francesco (1494ff.; teilweise verändert); Palazzo di Ludovico il Moro (1500–03).

**2)** Christina Georgina, Pseudonym **Ellen Allayne (Alleyn, Alleyne)** ['ælɪn, 'ælɪn], engl. Lyrikerin, * London 5. 12. 1830, † ebd. 19. 12. 1894, Tochter von 4), Schwester von 3); schrieb schlichte, gedankentiefe religiöse Lyrik und formvollendete Sonette; ihr Sonettzyklus ›Monna Innominata‹, in: ›A pageant and other poems‹ (1881) kreist um Liebe, Entsagung und myst. Sehnsucht.
**Ausgabe:** The complete poems, hg. v. R. W. CRUMP, 2 Bde. (1979–86).
G. BATTISCOMBE: C. R. (London 1981); The achievement of C. R., hg. v. D. A. KENT (Ithaca, N. Y., 1987); K. J. MAYBERRY: C. R. and the poetry of discovery (Baton Rouge, La., 1989).

**3)** Dante Gabriel, eigtl. **Gabriel Charles Dante R.,** engl. Maler und Dichter, * London 12. 5. 1828, † Birchington-on-Sea (Cty. Kent) 9. 4. 1882, Sohn von 4), Bruder von 2); als Maler Schüler von F. M. BROWN und W. HOLMAN HUNT. R. war Mitbegründer der Bruderschaft der → Präraffaeliten, neigte jedoch bald einem phantasievollen Ästhetizismus zu. Seine Motive bezog er meist aus literar. Vorlagen (u. a. Bibel, Artussage, Werke von DANTE ALIGHIERI, SHAKESPEARE, A. Lord TENNYSON). Mit seinen ab 1853 entstandenen Aquarellen, die in ihrer Flächigkeit und Farbgebung von mittelalterl. Glasmalereien und Miniaturen inspiriert sind, beeinflußte er W. MORRIS und das Arts and Crafts Movement. Ab 1858 entstanden großformatige Frauenbildnisse. R. gehört zu den Wegbereitern des Symbolismus. – Die Bedeutung DANTES und seiner Zeitgenossen für R. zeigt sich in Übersetzungen aus dem Dantekreis und in seiner eigenständigen, mystisch-symbolist. Lyrik, in der sich ausgeprägtes Formbewußtsein, preziöse Ausdrucksfülle und vorrangig dekorativer Detailrealismus verbinden. Seine Dichtung, so der Sonettzyklus ›The house of life‹ (1870, vollständig hg. 1894; dt. ›Das Haus des Lebens‹), sucht die Spannung zw. diesseitig-sinnl. Schönheitskult und Vergänglichkeit aufzuheben. R.s bedeutendste Prosaschrift ist das Künstlerbekenntnis ›Hand and soul‹ (1850).
**Werke** (der bildenden Kunst): Ecce Ancilla Domini (1849–50; London, Tate Gallery); The Girlhood of Mary Virgin (1848–49; ebd.); Found (1853–82, unvollendet; Wilmington, Del., Delaware Art Museum); Monna Vanna (1866; London, Tate Gallery); Mariana (1868–70; Aberdeen, Art Gallery and Museum); Astarte Syriaca (1875–77; Manchester, City Art Gallery).
**Ausgaben:** The works, hg. v. W. M. ROSSETTI (Neuausg. 1911, Nachdr. 1972); Letters, hg. v. O. DOUGHTY u. a., 4 Bde. (1965–67).
V. SURTEES: The paintings and drawings of D. G. R. A catalogue raisonné, 2 Bde. (Oxford 1971); S. WEINTRAUB: Four

Roberto Rossellini

Dante Gabriel Rossetti (Selbstporträt; 1847)

Rossettis. A Victorian biography (New York 1977); J. REES: The poetry of D. G. R. (Cambridge 1981); D. G. RIEDE: D. G. R. and the limits of Victorian vision (Ithaca, N. Y., 1983); M. BEERBOHM: R. and his circle (Neuausg. New Haven, Conn., 1987).

**4) Gabriele,** italien. Dichter, * Vasto (Prov. Chieti) 28. 2. 1783, † London 24. 4. 1854, Vater von 2) und 3); Konservator am königl. Museum in Neapel, trat mit Gedichtimprovisationen hervor. R. mußte wegen seiner Teilnahme an der Revolution von 1820 Neapel verlassen; ging nach Malta und 1824 nach London, wo er Prof. für italien. Literatur am King's College wurde und als Dante-Forscher wirkte. R. versuchte nachzuweisen, daß DANTE in allegor. Form für eine polit. und religiöse Umgestaltung der mittelalterl. Gesellschaft eingetreten sei. Diese Theorie wird von der Dante-Forschung abgelehnt. Verfaßte patriot. und myst. Gedichte (›Poesie‹, hg. 1861).

**Weitere Werke:** Comento analitico alla Divina Commedia, 2 Bde. (1826–27); La Beatrice di Dante. Ragionamenti critici (1842).

**Ausgabe:** Opere inedite e rare, hg. v. D. CIAMPOLO, 3 Bde. (1929–31).

P. GIANNANTONIO: Bibliografia di G. R. 1806–1958 (Florenz 1959).

**Roßhaar,** Schweif- und/oder Mähnenhaare des Pferdes, verwendet zur Polsterung und, rein oder in Mischung mit anderen Faserstoffen, zur Herstellung von **R.-Garn** und **Zwirn-R.** (umzwirnter R.-Schußfaden), aus denen v. a. Einlagefutterstoffe gewebt werden. Reine **R.-Gewebe** werden für feine Haarsiebe verwendet. – **Chemie-R. (Kunst-R.)** ist ein nach versch. Verfahren (aus Viskose, Acetat, Polyamiden u. a.) hergestelltes grobes monofiles Erzeugnis in Feinheiten wie natürl. Roßhaar. – Als **vegetabilisches R.** bezeichnet man die aus den zerschlitzten jungen Blättern der Zwergpalme gewonnenen Fasern, die ebenfalls als Polstermaterial verwendet werden.

**Aldo Rossi:** Wohnhaus Kochstraße/Wilhelmstraße (›Berliner Block‹) in Berlin; 1986–88

**Rọssi, 1) Aldo,** italien. Architekt, * Mailand 3. 5. 1931; seit 1976 Prof. in Venedig; Hauptinitiator der Formulierung des Begriffs einer →rationalen Architektur, v. a. durch seine Schrift ›L'architettura della città‹ (1966; dt. ›Die Architektur der Stadt‹). Auf der Biennale in Venedig 1980 stellte er im schwimmenden ›Teatro del mondo‹ die Typologie des Theaters vor. 1987 lieferte R. einen Wettbewerbsentwurf für das Dt. Histor. Museum in Berlin; weitere Projekte sind die ›Île d'Abéa‹ bei Lyon und die South Bronx Academy of Art in New York. R. erhielt 1990 den Pritzker-Preis.

**Hauptwerke:** Wohnquartier Gallaratese 2 in Mailand (1967–73; mit C. AYMONINO); Friedhof San Cataldo, Modena (1980; erster Entwurf 1971); Theater Carlo Felice, Genua (1983–91); ›Berliner Block‹ Kochstraße/Wilhelmstraße, Berlin (1986–88); Hotel in Fukuoka (1987); Centre d'art contemporain Vassivière, östlich von Limoges (1991).

**Ausgabe:** Scritti scelti sull'architettura e la città, 1956–1972 (²1978).

V. SAVI: L'architettura di A. R. (Mailand ²1977); A. R., bearb. v. G. BRAGHIERI (a. d. Italien., Zürich ³1989); A. R. Bauten u. Projekte 1981–1991, hg. v. M. ADIMI (a. d. Amerikan., ebd. 1991).

**2) Domenico Egidio de,** italien. Baumeister und Maler, * Fano, † Oberitalien nach 1708 (?); bildete sich in Bologna zum Freskomaler und war 1690–97 in Böhmen und Wien tätig (Palastbau und -ausstattung; Entwurf des Gartenpalais Liechtenstein in der Roßau 1690). 1697–1707 schuf er für Markgraf LUDWIG WILHELM I. von Baden-Baden das Schloß Rastatt mit der regelmäßigen Stadtanlage.

G. PASSAVANT: Studien über D. E. R. u. seine baukünstler. Tätigkeit innerhalb der südd. u. österr. Barock (1967).

**3) Ernesto,** italien. Schauspieler, * Livorno 27. 3. 1827, † Pescara 4. 6. 1896; gründete 1864 eine eigene Truppe, mit der er v. a. mit klass. Repertoire u. a. in Südamerika, den USA und Rußland gastierte; brillanter Shakespearedarsteller.

**4) Karl Iwanowitsch,** eigtl. **Carlo di Giovanni R.,** russ. Architekt und Städtebauer italien. Herkunft, * Petersburg 29. 12. 1775, † ebd. 18. 4. 1849; gab dem Stadtbild von Petersburg unter ALEXANDER I. mit klassizistischen Monumentalbauten und städtebaulichen Ensemblelösungen das Gepräge. Nach dem großen Brand von 1812 war er am Wiederaufbau Moskaus beteiligt.

**Hauptwerke** (alle Petersburg): Alexander-Theater (Puschkin-Theater) mit Gebäuden der Rossi-Straße und Saltykow-Schtschedrin-Bibliothek (1816–34); Jelagin-Palais (1818–22); Palais des Großfürsten Michael (1819–25; heute Russ. Museum); Generalstabsgebäude (1819–29); Gebäude für Senat u. Synod (1829–34).

**5) Luigi,** auch **Aloysius de Ru̧bȩlis,** italien. Komponist, * Torremaggiore (bei Foggia) 1598, † Rom 20. 2. 1653; war ab 1633 Organist in Rom, ab 1635 in Florenz am Hofe der Medici, ab 1641 in Rom im Dienst des Kardinals ANTONIO BARBERINI (* 1608, † 1679). 1646 berief ihn Kardinal J. MAZARIN nach Paris, wo 1647 seine Oper ›Orfeo‹ aufgeführt wurde. R.s Opern, Oratorien und v. a. seine über 300 Kantaten waren zu seiner Zeit außerordentlich berühmt.

**6) Mario,** italien. Dirigent, * Rom 29. 3. 1902; leitete 1936–44 das Orchester des Maggio Musicale Fiorentino, 1946–69 das Orchestra Sinfonica della RAI in Turin, wo er auch am Konservatorium unterrichtete. R. setzte sich v. a. für die Neue Musik ein.

**7) Salomone de' (Salomon),** italien. Komponist und Violinist jüd. Abstammung, * Mantua um 1570, † ebd. um 1630; war Musiker im Dienst des Hofes von Mantua. Form und Technik der Instrumentalvariation wurden von ihm wesentlich weiterentwickelt. Er schrieb stilgeschichtlich bedeutsame Sonaten, Kanzonetten, Madrigale und vertonte hebr. Psalmen und Cantici (1623).

**8) Vittorio,** italien. Philologe, * Venedig 3. 9. 1865, † Rom 18. 1. 1938; Prof. in Messina, Pavia, Padua und Rom (ab 1914); Kenner der Frührenaissance (›Il Quattrocento‹, 1898); gab F. PETRARCAS Briefe kritisch heraus (›Le familiari‹, 3 Bde., 1933–37, Bd. 4 hg. 1942 von U. BOSCO) und kommentierte DANTE (›Inferno‹, 1923).

**Rọssing,** Uranerzmine 65 km östlich von Swakopmund, in der Wüste Namib, Namibia; geschätzte Vorräte: 120 000 t Uran; Produktion (1990): 3 250 t Uranoxid; 2 100 Beschäftigte.

**Rössing, Karl,** österr. Graphiker und Maler, * Gmunden 25. 9. 1897, † Wels 19. 8. 1987; war

1947–60 Prof. an der Staatl. Akademie der bildenden Künste Stuttgart. R. schuf Holzstichillustrationen, u. a. zu Werken von N. Gogol (1922) und zur ›Odyssee‹ (1955) sowie Holzstichzyklen. Er machte sich mit der satirisch-krit. Folge ›Mein Vorurteil gegen diese Zeit‹ (1932) einen Namen, ferner mit den Folgen ›Bilder-Rätsel‹ (1935) und ›Passion unserer Tage‹ (1947). In den 60er Jahren ging er zu großformatigen Linolschnitten und Holztafeldrucken über.
K. R. Das Illustrationswerk, ..., hg. v. F. H. Ehmcke (1963); K. R. Bildzeichnungen 1981–1984, hg. v. G. Reinhardt, Ausst.-Kat. (1984); U. Eichborn u. Roswitha Mair: K. R. Eine Bibl. (1991).

**Rossini,** Gioacchino Antonio, italien. Komponist, * Pesaro 29. 2. 1792, † Passy (heute zu Paris) 23. 11. 1868. R. begann 1810 mit der Komposition von Opern; ›Il signor Bruschino‹, ›Tancredi‹ und ›L'italiana in Algeri‹ (alle 1813) erzielten erste große Erfolge; mit seinem Meisterwerk ›Il barbiere di Siviglia‹ (1816; dt. ›Der Barbier von Sevilla‹), das seinen eminenten Sinn für die musikal. Darstellung kom. Charaktere und Situationen dokumentiert, stieg er zu außerordentl. europ. Ruhm auf. Es folgten u. a. ›Otello‹ (1816), ›La Cenerentola‹ (1817; dt. ›Aschenbrödel‹), ›La gazza ladra‹ (1817; dt. ›Die dieb. Elster‹), ›Zelmira‹ (1822) und ›Semiramide‹ (1823). R. knüpfte an die Tradition der italien. Oper im 18. Jh. an, sowohl an die der Opera seria als auch – wie im ›Barbier‹ – an die der Opera buffa, veränderte und intensivierte jedoch ihre Gestaltungsmittel. Gegliederte Arien mit wechselnden Tempi, zündender Cabaletta am Schluß und dramatisierenden Choreinwürfen, spritzige Ensembles, v. a. im Finali, stärkere und in der Instrumentierung reicher nuancierte Beteiligung des Orchesters, klare, flächige Harmonik mit wirkungsvoll neuartigen Klangwechseln und -abstufungen, eine gefühlvoll virtuose, treffsichere Gesangsmelodik, deren Verzierungen er mehr und mehr ausschrieb, statt sie den Sängern zu überlassen, und eine leichte, vibrierende, mitreißende rhythm. Struktur sind die Elemente seines Opernstils, dem die Entwicklung der Gattung in Italien bis hin zu G. Verdi wesentl. Impulse verdankt. In den Jahren 1815–23 brachte R. vornehmlich in Neapel zahlreiche Opern zur Aufführung. 1822 ging er eine Zeitlang nach Wien, wo er ebenfalls außerordentlich gefeiert wurde. 1823–25 war er Leiter der Italien. Oper in Paris, danach bis 1830 Generalintendant der königl. Musik und Generalinspektor des Gesangs in Frankreich. 1836–48 lebte er in Bologna und war dort seit 1840 Direktor des Liceo Musicale. In der Folge der polit. Ereignisse ging er nach Florenz und 1855 erneut nach Frankreich. Bereits 1829 hatte er sein letztes Bühnenwerk, ›Guillaume Tell‹, geschrieben, das mit seiner Tendenz zum Monumentalen, szenisch Grandiosen und Kontrastreichen die Epoche der frz. Großen Oper im Sinne G. Meyerbeers einleitete. R. komponierte auch Kirchenmusik (u. a. drei Messen und ein ›Stabat mater‹, 1832, revidiert 1842), Orchester- und Chorwerke, Klavier- und Kammermusik.
Ausgabe: Edizione critica delle opere, hg. v. B. Cagli u. a., auf mehrere Bde. ber. (1979 ff.).
K. Pfister: Das Leben R.s (1948); H. Weinstock: R. (a. d. Engl., Adliswil 1981); R. Bacchelli: Vita di R. (Florenz 1987); R. Osborne: R. (a. d. Engl., 1988).

**Ross|insel, 1)** Insel im O-Teil des Rossmeeres, Antarktis, 2 300 km², mit dem tätigen Vulkan Mount Erebus (3 794 m ü. M.). Die R. ist fast völlig vergletschert. Am McMurdo-Sund liegt die größte Forschungsstation der Antarktis (McMurdo, betrieben von den USA), in deren Nähe die neuseeländ. Station Scott Base. – 1841 von J. C. Ross entdeckt.
**2) James-Ross-Insel** [ˈdʒɛɪmz-], unbewohnte Insel vor der NO-Küste der Antarkt. Halbinsel, im Weddellmeer. – 1843 von J. C. Ross entdeckt.

**Rossitten,** russ. **Rybatschij, Rybačij** [-tʃ-], Ort auf der Kur. Nehrung im Gebiet Kaliningrad (Königsberg), Rußland; (1990) etwa 2 000 Ew. (1939: 690 Ew.); biolog. Station des Zoolog. Instituts der Rußländ. Akademie der Wissenschaften (bis 1945 Vogelwarte); Fischfang und -verarbeitung; Ostseebad. – Das im 14. Jh. gegründete R. kam 1945 unter sowjet. Verwaltung und gehört seit 1991 völkerrechtlich verbindlich zu Rußland.

**Roßkäfer,** die → Mistkäfer.

**Roßkastani|e, Aesculus** [ˈɛs-], Gattung der R.-Gewächse mit etwa 25 Arten in Nordamerika, SO-Europa und O-Asien; sommergrüne Bäume oder Sträucher mit gegenständigen, fünf- bis neunzählig gefingerten Blättern und zygomorphen, zu vielen in aufrechten, endständigen Rispen (›Kerzen‹) angeordneten Blüten; die Frucht ist eine ledrige Kapsel mit einem, zwei oder drei großen Samen mit breitem Nabelfleck. Mehrere Arten und Bastarde werden als Zierbäume, u. a. in Alleen, kultiviert. Die wichtigsten Arten sind **Pavie** (**Rotblühende R.,** Aesculus pavia), Baum oder Strauch mit hellroten Blüten in lockeren Rispen und eirunden Früchten, und **Weiße R.** (**Gemeine R.,** Aesculus hippocastanum), bis 20 m hoher Baum mit weißen, rot und gelb gefleckten, in aufrechten Rispen stehenden Blüten und bestachelten Kapselfrüchten. Extrakte aus den Blättern werden medizinisch bei Durchblutungsstörungen verwendet.

**Roßkastani|engewächse,** Hippocastanaceae, Familie der Zweikeimblättrigen mit rd. 30 Arten in zwei Gattungen in den gemäßigten Gebieten der Nordhalbkugel, auch in SO-Asien, in Amerika auch südlich des Äquators; meist sommergrüne Bäume und Sträucher mit fingerförmig geteilten Blättern und rispig oder wickelig angeordneten Blüten mit ungleichen Kronblättern; wichtigste Gattung → Roßkastanie.

**Roßlau,** Name von geographischen Objekten:
**1) Roßlau,** Landkreis im Reg.-Bez. Dessau, Sachsen-Anhalt, zw. Elbe (nördlich von Dessau) und brandenburg. Grenze, 403 km², (1990) 35 000 Ew.; Kreisstadt ist Roßlau/Elbe. Der N-Teil liegt auf der S-Flanke des Hohen Flämings; vorherrschend sind Sandböden mit Kiefernwäldern, daneben Kartoffel-, Roggen- und Futterpflanzenanbau, in der Elbniederung (z. T. zum Biosphärenreservat Mittlere Elbe gehörend) auch Grünlandwirtschaft. Die wirtschaftsbestimmende Industrie ist im S angesiedelt (bes. chem. Industrie), v. a. in Roßlau/Elbe und Coswig/Anhalt, wo knapp drei Viertel der Ew. leben. – Der Kreis R. gehörte vom 23. 7. 1952 bis 3. 10. 1990 zum Bez. Halle.
**2) Roßlau/Elbe,** Kreisstadt in Sachsen-Anhalt, am rechten Ufer der Elbe, gegenüber der Mündung der Mulde, (1990) 15 100 Ew.; Werft, chem. Industrie (Hydrierwerk im Nachbarort Rodleben), Maschinen- und Dieselmotorenbau, Möbelindustrie; Bahnknotenpunkt, Elbhafen. – Neben einer seit 1215 bezeugten Burg entwickelte sich die 1382 erstmals als Stadt genannte Siedlung R. – Im 16. Jh. wurde das Schloß unter Einbeziehung eines Wohnturms des 13. Jh. erbaut; das ›Erbzollhaus‹ wurde 1788–89 nach Plänen von F. W. von Erdmannsdorff errichtet.

**Rößler,** Carl, eigtl. **C. Reßner,** österr. Schriftsteller, * Wien 25. 5. 1864, † London 16. 2. 1948; lebte als Schauspieler in Berlin, seit 1908 als Schriftsteller in München und Wien; emigrierte 1938 nach Großbritannien. R. schrieb z. T. sehr erfolgreiche Lustspiele, so z. B. ›Der Feldherrnhügel‹ (1910, mit A. Roda Roda, Urauff. 1909), später auch Romane.

**Rossmeer** [nach J. C. Ross], südl. Teil des Pazif. Ozeans, als große Bucht des antarkt. Festlands im O von Victorialand, im W von Marie-Byrd-Land begrenzt, reicht bis 85° s. Br.; zw. 200 und 1 000 m tief, etwa 0,96 Mio. km² groß. Der südl. Teil des R.s ist von

Gioacchino Rossini

Roßkastanie:
Weiße Roßkastanie;
Blätter und
Blütenrispe (oben),
Frucht (unten)

**Ross** Rosso – Rostal

Schelfeis (→ Schelf) bedeckt; das **Ross-Schelfeis** stellt mit 0,53 Mio. km² das größte Schelfeis der Antarktis dar. Der 800 km lange seewärtige Schelfeisrand, die **Rossbarriere**, ragt 20–50 m über den Meeresspiegel auf. Im O, unmittelbar am Schelfeisrand, befindet sich die → Rossinsel 1).

Im Febr. und März ist das R. weitgehend offen, von Nov. bis Jan. teilweise und von April bis Okt. fast vollständig mit Eis bedeckt. Die Strömungen im R. bewegen sich im Uhrzeigersinn in einem großräumigen Wirbel: An der Rossbarriere im Bereich der Ostwinddrift nach W und entlang Victorialand nach N in die Westwinddrift. Die Wassertemperaturen liegen an der Oberfläche i. a. bei $-1,8\,°C$ und in etwa 300 m Tiefe bei $-2,1\,°C$. Im Sommer kann bei offenem Wasser eine leichte Erwärmung erfolgen.

Das R., zuerst 1841 von J. C. Ross mit den Schiffen ›Erebus‹ und ›Terror‹ erreicht, wurde seitdem durch die verhältnismäßig geringe Eisbedeckung zum Ausgangspunkt zahlreicher Antarktisexpeditionen.

**Rosso,** Ort in S-Mauretanien, am Senegal, etwa 30 000 Ew.; in der Nähe Agrarindustriekomplex.

**Rosso,** Medardo, italien. Bildhauer, * Turin 20. 6. 1858, † Mailand 31. 3. 1928; tätig in Paris, Mailand und Venedig. R. beschränkte sich darauf, seine Plastiken von einem Betrachtungspunkt aus zu gestalten, um so bei der Oberflächenbehandlung die Schattenwirkung in der Weise auszunutzen, daß feste Formen verschwimmen; sein Ziel war es, die Materie vergessen zu lassen. Seine impressionist. Plastik modellierte er vorzugsweise in Wachs oder Gips.

Medardo Rosso: Ecce Puer; 1906 (Köln, Museum Ludwig)

*Hauptwerke:* Krankes Kind (1892; Dresden, Albertinum); Krankes Kind (1895; Rom, Galleria Nazionale d'Arte Moderna); Frau mit Schleier (Venedig; Galleria Internazionale d'Arte Moderna).

M. R. Skulpturen u. Zeichnungen, Ausst.-Kat. (1984); M. R. Los dibujos, hg. v. L. Caramel, Ausst.-Kat. (Mailand 1990).

**Rosso di San Secondo,** Pier Maria, eigtl. **Pietro M. Rosso,** italien. Schriftsteller, * Caltanissetta 30. 11. 1887, † Lido di Camaiore (heute zu Camaiore, Prov. Lucca) 22. 11. 1956; behandelt in seinen Dramen den Gegensatz von Traum und Wirklichkeit, Bekanntem und Unerkennbarem, Normalem und Anormalem. Seine marionettenhaften Gestalten bewegen sich in einer grotesken Märchenwelt. Am ausgeprägtesten ist seine im Gegensatz zu Realismus und bürgerl. Konvention stehende Kunst in dem Einakter ›Canicola‹ (1927). Sein bekanntestes Stück ›Marionette, che passione!‹ (1918; dt. ›Marionetten, welche Leidenschaft!‹) weist nur im Titel eine gewisse Nähe zu L. Pirandello auf, der ihn förderte. Als das poetischste Stück gilt ›La bella addormentata‹ (1923, Urauff. 1919; dt. ›Die Dorfhure‹). In ›L'uomo che aspetta il successo‹ (1940) u. a. Stücken geht es dem Autor um den inneren Halt durch den Glauben.

*Weitere Werke: Schauspiele:* La festa delle rose (1920); Primavera (1920); La danza in un piede (1922); L'avventura terrestre (1925); Tra vestiti che ballano (1927); Lo spirito della morte (1931); Il ratto di Proserpina (1954). – *Romane:* La fuga (1917); Luce del nostro cuore (1931); Incontri di uomini e di angeli (1946). – Staubregen. Novellen (1925; Ausw.).

*Ausgabe:* Teatro, hg. v. L. Ferrante u. a., 3 Bde. (1975–76).

La critica e R. di S. S., hg. v. P. D. Giovanelli (Bologna 1977); A. Barsotti: P.-M. R. di S. S. (Florenz 1978); Il teatro di R. di S. S., hg. v. E. Ocello (ebd. 1985); F. di Legami u. a.: P. M. R. di S. S. La figura e l'opera (Marina di Patti 1988).

**Rosso Fiorentino,** eigtl. **Giovanni Battista di Iacopo di Guasparre,** italien. Maler, * Florenz 8. 3. 1494, † Paris 14. 11. 1540; Schüler von A. del Sarto, beeinflußt von A. Dürer und Michelangelo, war in Florenz, seit 1523 in Rom und seit 1530 in Fontainebleau tätig. Zählt in der Verbindung von gesteigerter psych. Erregung mit streng formalen, fast abstrakten Kompositionsprinzipien und einer intensiv lichthaften Farbigkeit zu den Begründern des Manierismus. Als Hofmaler Franz' I. leitete er die Ausschmückung von Schloß Fontainebleau (Galerie Franz' I.). Sein eigenwilliger und vielschichtiger Dekorationsstil übte nachhaltigen Einfluß auf die frz. Kunst des späten 16. Jh. und die Kunsttätigkeit in den benachbarten Ländern aus, ebenso seine Ornamentik (Rollwerk).

*Weitere Werke:* Kreuzabnahme (1521; Volterra, Pinakothek); Moses verteidigt die Töchter Jethros (um 1523; Florenz, Uffizien); Kreuzabnahme (1528; Sansepolcro, Prov. Arezzo, San Lorenzo); Verklärung Christi (1528–30; Città di Castello, Dom).

E. A. Carroll: The drawings of R. F., 2 Bde. (New York 1976); U. Wilmes: R. F. u. der Manierismus (1985); R. F. Drawings, prints, and decorative arts, bearb. v. E. A. Carroll, Ausst.-Kat. (Washington, D. C., 1987).

**Roßpappel,** die Wilde → Malve.

**Ross-Schelf|eis,** → Rossmeer.

**Roßschweif,** ehem. türk. Feldzeichen und Rangabzeichen; ein offener oder geflochtener, blau-rot-schwarz gefärbter Pferdeschwanz an einer Stange, oft mit Halbmond darüber.

**Roßtrappe,** Granitfelsen im Unterharz, Sachsen-Anhalt, erhebt sich etwa 200 m über dem Bodetal oberhalb von Thale/Harz, 437 m ü. M.; Ausflugsziel.

**Roßwein,** Stadt im Kr. Döbeln, Sachsen, im Mittelsächs. Hügelland an der Freiberger Mulde, (1990) 8100 Ew.; Heimatmuseum; Armaturenwerk, Großschmiede, Bekleidungsindustrie. – R. wurde gegen 1200 durch die Markgrafen von Meißen mit gitterförmigem Straßennetz angelegt. 1286 wurde die Ortschaft urkundlich als Stadt genannt. – Stadtkirche St. Marien (16. und 17. Jh.); Tuchmacherhaus (1537, nach einem Brand im 19. Jh. umgebaut).

**Rost** [ahd. rôst ›Rost‹, ›Scheiterhaufen‹, ›Glut‹] *der, -(e)s/-e, Bautechnik:* 1) andere Bez. für Kreuzwerk; 2) **Gitter-R.,** begeh- oder befahrbare, frei tragende Abdeckung für u. a. Lichtschächte, Abflußrinnen und Treppenstufen.

**Rost** [ahd. rost, zu rot] *der, -(e)s/-e,* 1) *Botanik:* → Rostkrankheiten.

2) *ohne Pl.,* bei Eisen unter Einwirkung von feuchter Luft oder sauerstoffhaltigem Wasser an dessen Oberfläche entstehende braunrote Schicht aus wasserhaltigen Eisenoxiden und Eisenoxidhydraten (FeOOH). Da R.-Schichten porös sind, korrodieren die Eisenwerkstoffe auch unter dem R. weiter. Die R.-Bildung wird von der Temperatur beeinflußt. Bei höheren Temperaturen wird $Fe_2O_3$ als ockerbraunes γ-Eisenoxid oder tiefrotes α-Eisenoxid (**Polierrot**) gebildet. Bei der Warmbehandlung von Eisen entstehen $Fe_3O_4$ (**Magnetit**) und FeO. Meistens sind versch. Komponenten in einer R.-Schicht enthalten. Die Entfernung des gebildeten R. kann mechanisch oder durch chem. Umwandlung der R.-Schicht mittels **R.-Umwandler** erfolgen. Letztere enthalten meist Phosphorsäure, Netzmittel u. a. Zusätze, um weitere Korrosion des Eisens zu verhüten (Phosphat-Rostschutz, → Entroster). Vorbeugender **R.-Schutz** kann bei kleineren Teilen, z. B. Werkzeugen und Waffen, durch Behandlung mit R.-Schutzölen erfolgen. Wirksam sind auch Schutzanstriche mit Lacken und Farben (Mennige) oder Überzüge mit metall. Schutzschichten (Verzinken, Verchromen u. a.) und Email. Zum temporären R.-Schutz, z. B. bei Lagerung und Versand, kann man Gasphasen-Inhibitoren anwenden (VPI-Verfahren, → Korrosionsschutz).

**Rost,** Johann Christoph, Schriftsteller, * Leipzig 7. 4. 1717, † Dresden 19. 7. 1765; Redakteur in Berlin, später Obersteuer-Sekr. in Dresden; urspr. J. C. Gottsched nahestehend, später dessen erbitterter Gegner, den er in den Satiren ›Das Vorspiel‹ (1742) und ›Der Teufel. An den Kunstrichter der Leipziger Schaubühne‹ (1753) verspottete.

**Røst** [rœst], eine der → Lofotinseln, Norwegen.

**Rostal,** Max, brit. Violinist österr. Herkunft, * Teschen 7. 8. 1905, † Bern 6. 8. 1991; studierte bei J. Rosé und C. FLESCH, war Prof. an der Berliner Musikhochschule, lehrte 1934–58 an der Guildhall School of Music in London; 1957–82 wirkte er an der Kölner Musikhochschule, 1957–85 auch am Konservatorium in Bern. Er trat bes. als Beethoven-Interpret hervor, setzte sich aber auch für die neue Musik ein.

**Rostand** [rɔ'stã], Edmond de, frz. Schriftsteller, * Marseille 1. 4. 1868, † Paris 2. 12. 1918; schrieb formal den Gesetzen der klass. frz. Metrik folgende, inhaltlich im Stil der Neuromantik gehaltene Dramen über die Themen Heldentum, Liebe und Verzicht, darunter das zw. Melancholie, Tragik und Groteske angesiedelte (unhistor.) Werk ›Cyrano de Bergerac‹ (1897; dt. ›Cyrano von Bergerac‹) über das Leben des gleichnamigen frz. Schriftstellers.
*Weitere Werke: Dramen:* Les romanesques (1894; dt. Die Romantischen); La Samaritaine (1897; dt. Das Weib von Samaria); La princesse lointaine (1898; dt. Die Prinzessin im Morgenland); L'aiglon (1900; dt. Der junge Aar, vertont von A. HONEGGER u. J. IBERT); Chantecler (1910; dt.); La dernière nuit de Don Juan (hg. 1921).

**rostbeständiger Stahl,** →säurebeständiger Stahl.

**Röstbitter,** *Lebensmitteltechnik:* → Rösten.

**Röste** [von ›verrotten‹], *Textiltechnik:* Verfahren der Flachsaufbereitung, bei denen auf biol. Weg (Gärung) eine Trennung des Bastes vom Holzzylinder erreicht wird. Von den Röstbakterien und -pilzen wird dabei das die Faserbündel umgebende Rindengewebe zersetzt. Neben der überwiegend durchgeführten **Warmwasser-R.,** dem Einlegen (bis zu 100 Stunden) der Stengel in mit Wasser von 26–35 °C gefüllte Kufen, ist noch die Tau- und die Kaltwasser-R. bekannt. Die R. kann auch mit chem. Mitteln durchgeführt werden.

**Rostellum** [lat., eigtl. ›Schnäbelchen‹] *das, -s/...la, Botanik:* Bez. für das Haftorgan des Polliniums in der Orchideenblüte.

**Rösten, 1)** *Lebensmitteltechnik:* das Erhitzen pflanzl. Lebensmittel (z. B. Kaffee- und Kakaobohnen, Getreidekörner, Malz) ohne Wasserzusatz bis etwa auf 300 °C, wobei sich dunkle, (je nach Röstgrad) kräftig bis bitter schmeckende Substanzen (**Röstbitter, Assamar**) bilden.
**2)** *Metallurgie:* **Röstung,** Verfahrensstufe zur Aufbereitung sulfid. Erze (z. B. Pyrit, Kupferkies, Zinkblende, Bleiglanz) in Gegenwart von Luft bei Temperaturen zw. 500 und 1 100 °C. Beim R. von Pyrit entstehendes Schwefeldioxid dient zur Herstellung von Schwefelsäure. Das Verfahren hat in neuerer Zeit an Bedeutung verloren, da die schwermetallhaltigen Rückstände (**Kiesabbrände**) meist nicht wirtschaftlich weiterverarbeitet und nur schwer entsorgt werden können. Wichtig ist das R. bei der Gewinnung von Nichteisenmetallen. Beim **oxidierenden R.** von Kupferkies laufen u. a. folgende Reaktionen ab:

$$2\,CuFeS_2 \rightarrow Cu_2S + 2\,FeS + S$$
$$2\,FeS + 3\,1/2\,O_2 \rightarrow Fe_2O_3 + 2\,SO_2$$
$$Cu_2S + 2\,O_2 \rightarrow 2\,CuO + SO_2$$
$$S + O_2 \rightarrow SO_2$$
$$SO_2 - 1/2\,O_2 \rightleftharpoons SO_3$$

Beim ›Totrösten‹ werden nach den angegebenen Reaktionen feste Schwefelverbindungen weitgehend entfernt. Die gebildeten Metalloxide können anschließend zum Metall reduziert werden. Dieses **Röstreduktionsverfahren** wird vorzugsweise bei der Verhüttung von Zink- und Bleierz angewandt. Bei niedrigen Rösttemperaturen wird das **sulfatisierende R.** begünstigt, z. B. nach: $CuO + SO_3 \rightarrow CuSO_4$.
Beim **chlorierenden R.** in Gegenwart von Steinsalz werden Metallchloride gebildet. Für die weitere Verarbeitung nach schmelzmetallurg. Verfahren (z. B. bei Kupfer) ist häufig ein R. erforderlich, bei dem der Sauerstoff- und Schwefelgehalt des Röstgutes in einem ganz bestimmten Verhältnis stehen (**partielles R.**); das entstandene Oxid wird anschließend mit weiterem Sulfid zur Reaktion gebracht. Dieses **Röstreaktionsverfahren** wird u. a. bei der Verhüttung von Kupfererzen angewandt.
Als Reaktoren (Röstöfen) dienen heute vorzugsweise Wirbelschichtreaktoren. In Sinterröstapparaten werden feinteilige Erzkonzentrate gleichzeitig in körniges Material überführt. In Schwebeschmelzöfen kann das R. mit einem Schmelzprozeß kombiniert werden. – Schwefeldioxidhaltige Röstgase führen in der Umwelt zu schweren Vegetationsschäden (→Rauchschäden). In modernen Anlagen werden deshalb die Röstgase gereinigt, wobei vorwiegend Schwefelsäure als Nebenprodukt erzeugt wird.

**Rostgans,** Art der →Halbgänse.

**Rostkatze,** *Prionailurus rubiginosus,* bis 50 cm lange (mit Schwanz 75 cm erreichende) Kleinkatze in S-Indien und auf Ceylon; graubraun mit rostbraunen Flecken, die in der Nackenregion zu vier Längsstreifen zusammenfließen.

**Rostkrankheiten, Rost,** durch →Rostpilze hervorgerufene Pflanzenkrankheiten, bei denen die befallenen Pflanzenteile auffällige, meist rostfarbene, punkt-, strich- oder ringförmige Sporenlager aufweisen. Der **Schwarzrost** (durch den Schwarzrostpilz, *Puccinia graminis*) befällt Gerste, Hafer, Roggen und Weizen, v. a. in warmen Gebieten; seine Entwicklung setzt einen Wirtswechsel von der Berberitze her voraus. Zuerst entstehen orangebraune Sommersporen auf Blattspreiten, Blattscheiden, Spelzen und Körnern des Getreides; später zeigen sich strichförmige, aus der aufgerissenen Epidermis (v. a. an den Halmen und Blattspreiten) herausragende, schwarze Wintersporenlager. Zur Vorbeugung und Bekämpfung wird in vielen Ländern die Beseitigung der Berberitze gesetzlich angeordnet.

**Rostlöser,** der →Entroster.

**Rostock, 1)** kreisfreie Stadt in Mecklenburg-Vorpommern, an der Mündung der Warnow in die Ostsee, 181 km², (1990) 253 000 Ew.; erstreckt sich (mit seinem bebauten Areal) überwiegend am linken Ufer der Unterwarnow (der Stadtteil Warnemünde an der Ostsee ist 12 km vom Stadtzentrum entfernt); Verw.-Sitz des Kreises Rostock; Univ. (gegr. 1419), TH Warnemünde/Wustrow, mehrere Forschungsinstitute (für Fischerei, Schiffbau, Seefahrt, Tourismus); Außenstelle des Bundesamtes für Seeschiffahrt und Hydrographie; Kunsthalle; Kulturhistor., Stadtgeschichtl., Schiffahrts- (in einem Schiff), Schiffbaumuseum, Heimatmuseum (in Warnemünde); Volkstheater, zoolog. Garten. R. ist die wichtigste Hafenstadt an der ostdt. Ostseeküste und das größte Wirtschaftszentrum von Mecklenburg-Vorpommern mit Sitz der Dt. Seereederei (DSR), der Neptun-Warnow-Werft (1991 durch Vereinigung gebildet) und mehreren Zulieferbetrieben für techn. und elektron. Schiffsausrüstungen, Dieselmotorenwerk, Starkstromanlagenbau, Fischverarbeitungswerk (in Marienehe), Werken des allgemeinen Maschinenbaus und Düngemittelfabrik; Kohlekraftwerk im Bau. Warnemünde ist auch Seebad. Neben dem Hochseehafen (Umschlag 1989: 20,8 Mio. t, 1990 Rückgang auf 8 Mio. t) am Breitling, einer Erweiterung der Unterwarnow, bestehen im Stadtzentrum der (alte) Stadthafen und in Warnemünde der Fährhafen (Verbindungen nach Gedser und seit 1991 nach Trelleborg). Bei Barth (50 km nö. von R.) befindet sich ein Flughafen im Ausbau. R. ist außerdem Sitz des Marineamtes der Bundeswehr und Stützpunkt der Schnellbootflottille (Warnemünde).
Namengebend für R. war eine um 1160 zerstörte wend. Burg und Siedlung auf dem rechten Warnowufer. Gegenüber entstand um 1200 eine dt. Kaufleute-

**Edmond de Rostand**

**Rostock 1)**
Stadtwappen

Wirtschaftszentrum von Mecklenburg-Vorpommern

Überseehafen im Stadtteil Warnemünde an der Ostsee

253 000 Ew.

Universität (gegr. 1419)

TH Warnemünde/Wustrow

Neptun-Warnow-Werft

Marienkirche (13.–15. Jh.)

Neuer Markt mit restaurierten Giebelhäusern

erhielt 1218 Lübisches Recht

war Mitglied der Hanse

Kfz-Zeichen: HRO

Postleitzahl: O-2520

siedlung (Altstadt), die 1218 Lübisches Recht erhielt. Zwei weitere Siedlungen (um den Neuen Markt und den Hopfenmarkt) schlossen sich an und wurden 1265 mit der Altstadt vereinigt. R. verdankt sein rasches Aufblühen dem Seehandel und der Zugehörigkeit zur Hanse. Seit der Erbteilung Mecklenburgs war R. seit 1229 Sitz des Fürstentums Rostock. 1314/23 fiel es an das Fürstentum, später Herzogtum, Mecklenburg. Die Landesherrschaft der Herzöge von Mecklenburg(-Schwerin) konnte R. nie völlig abschütteln. Seit dem Dreißigjährigen Krieg setzte ein wirtschaftl. Niedergang ein, der die städt. Selbständigkeit aushöhlte. Der Erbvertrag (1788) sicherte R. noch immer zahlreiche Sonderrechte, die erst seit 1871, endgültig nach 1918 schwanden. Mit der aufkommenden Industrialisierung gewann R. seit dem 19. Jh. auch als Standort vielfältiger Industrien an Bedeutung.

Ab 1949 führten der Auf- und Ausbau zum wichtigsten Hafen der Dt. Dem. Rep. (Eröffnung des Überseehafens 1. 5. 1960) zu einer bedeutenden Erweiterung der Stadt. Westlich des Breitlings entstanden fünf große, in sich geschlossene Neubaugebiete: Evershagen, Schmarl, Lütten Klein, Groß Klein und Lichtenhagen; ab 1982 folgten östlich der Warnow Dierkow und Toitenwinkel.

Trotz starker Zerstörungen 1942 prägen noch bedeutende Werke der Backsteingotik das Stadtbild, u. a. die Marienkirche (13.–15. Jh.) mit mächtigem Querschiff, Kapellenkranz und breitem W-Turm (Laterne 1797) sowie wertvoller Ausstattung, u. a. Taufkessel aus Bronze (1290), astronom. Uhr (1472); Kirche des Hl. Kreuzes (1. Hälfte 14. Jh.) mit spätgot. Schnitzaltären (um 1450 und Anfang 16. Jh.), Sakramentshaus (Ende 14. Jh.) und Klosterhof des ehem. Zisterzienserinnenklosters; Rathaus (13.–15. Jh.) mit Barockfassade (1727) und restaurierte Giebelhäuser (15.–19. Jh.) am Neuen Markt; Stadtbibliothek (Fassade 15. Jh.); Münze (Portal von 1620 restauriert), spätgot. Kerkhofhaus. Das barocke ehem. herzogl. Stadtpalais (1714) und die klassizist. ehem. Neue Wache (1822–25) werden von der Univ. genutzt, davor Blücherdenkmal von J. G. SCHADOW. Von der Stadtbefestigung sind vier Tore erhalten: Steintor (1574–77, 1945 zerstört, rekonstruiert), Kuhtor (2. Hälfte 13. Jh., 1937 freigelegt), Kröpeliner Tor (vor 1300), Mönchentor (Neubau 1805).

K. F. OLECHNOWITZ: R. von der Stadtrechtsbestätigung im Jahre 1218 bis ... 1848/49 (Rostock 1968).

**Rostock 1):** Restaurierte Giebelhäuser am Neuen Markt, dahinter die Marienkirche

**2)** Landkreis in Mecklenburg-Vorpommern, 691 km², (1990) 38 600 Ew.; hat im N nur mit zwei schmalen Streifen Anteil an der Ostseeküste und greift nach S und bes. nach SO weit auf das hügelig-kuppige Vorland der Mecklenburg. Seenplatte aus; von Warnow und Recknitz in breiten, teilweise vermoorten Tälern durchflossen. Der ganz im Einzugsbereich der Stadt Rostock gelegene Kreis (viele Pendler) ist nahezu industrielos; Haupterwerbszweig ist die Landwirtschaft (z. Z. stark abnehmend) mit Getreide-, Kartoffel-, Zuckerrüben- und Futterpflanzenanbau (auf Lehmböden, z. T. Geschiebemergel); in den Tälern Grünlandnutzung; im N (Rostocker Heide, ehem. Sander) Kiefernwald. Zunehmende Bedeutung gewinnt der Fremdenverkehr, bes. an der Ostsee (Zentrum Graal-Müritz). – Der Kreis gehörte vom 23. 7. 1952 bis zum 3. 10. 1990 zum Bez. Rostock.

| Größe und Bevölkerung (Stand 1989) | | | |
|---|---:|---:|---:|
| Stadt-/Landkreis | Fläche in km² | Ew. in 1000 | Ew. je km² |
| **Stadtkreise** | | | |
| Greifswald | 50 | 68,3 | 1365 |
| Rostock | 181 | 253,0 | 1398 |
| Stralsund | 39 | 74,6 | 1912 |
| Wismar | 41 | 57,2 | 1394 |
| **Landkreise** | | | |
| Bad Doberan | 550 | 48,9 | 89 |
| Greifswald | 587 | 25,0 | 43 |
| Grevesmühlen | 667 | 41,2 | 62 |
| Grimmen | 632 | 33,6 | 53 |
| Ribnitz-Damgarten | 942 | 65,3 | 69 |
| Rostock | 689 | 38,5 | 56 |
| Rügen | 973 | 87,2 | 90 |
| Stralsund | 593 | 24,7 | 42 |
| Wismar | 588 | 32,8 | 56 |
| Wolgast | 542 | 59,4 | 110 |
| **Bezirk Rostock** | 7 075 | 909,7 | 129 |

**3)** vom 23. 7. 1952 bis 3. 10. 1990 Bezirk in der damaligen Dt. Dem. Rep., Hauptstadt war Rostock, 7 075 km², (1989) 909 800 Ew.; entstanden aus küstennahen Gebietsteilen des nach 1945 gebildeten Landes Mecklenburg; ging 1990 im Land →Mecklenburg-Vorpommern auf.

**Röst|öfen,** metallurg. Öfen zum → Rösten 2) von Erzen. Stückiges Erz röstet man meist in Schachtöfen, feinkörniges in Herdflammöfen, mehrherdigen Schachtöfen (Mehretagen-R.) mit zentraler Rührwelle und Krählarmen auf jeder Etage oder →Drehrohröfen. Das Röstgut wird am äußeren Rand des tellerförmigen obersten Herdes aufgegeben, von den an einer Welle darüber befestigten Krählarmen zur Mitte geschoben und fällt dann auf den darunter liegenden Herd. Dort wird es von den Krählern nach außen befördert und fällt auf den nächsten Herd usw. Sulfid. feinkörnige Erze werden häufig im **Wirbelstromreaktor** geröstet. Die **Sinterröstung** betreibt man auf festen, kippbaren (Sinterpfannen) oder auf bewegten Rosten (Dwight-Lloyd-Apparat). Zum **Röstschmelzen** dienen birnen- oder trommelförmige Gefäße (Konverter).

**Rostoptschin, Rostopčin** [-tʃ-], Fjodor Wassiljewitsch Graf (seit 1799), russ. Politiker, *Liwny (Gebiet Orel) 23. 3. 1763, †Moskau 30. 1. 1826; war 1798–1801 faktisch Leiter der russ. Außenpolitik, 1812–14 General-Gouv. und Oberkommandierender von Moskau; vermutlich Initiator des Brandes von Moskau (15.–20. 9. 1812), der den größten Teil der Stadt vernichtete und dazu beitrug, daß NAPOLEON I. den Rückzug aus Rußland antreten mußte.

**Rostovtzeff,** Michael, urspr. **Michail Iwanowitsch Rostowzew,** amerikan. Althistoriker ukrain. Herkunft,

\* bei Kiew 10. 11. 1870, † New Haven (Conn.) 20. 10. 1952; war 1901–18 Prof. in Petersburg, nach Emigration (1918) 1920–25 an der University of Wisconsin und 1925–44 an der Yale University. Seine Hauptforschungsgebiete waren die Sozial- und Wirtschaftsgeschichte des Hellenismus und der röm. Kaiserzeit sowie das antike S-Rußland. Ab 1928 leitete er die Ausgrabungen in → Dura-Europos.
**Werke:** Očerk istorii drevnjago mira (1924; dt. Gesch. der Alten Welt, 2 Bde.); The social and economic history of the Roman Empire, 3 Bde. (1926; dt. Gesellschaft u. Wirtschaft im Röm. Kaiserreich); The social and economic history of the Hellenistic world, 3 Bde. (1941; dt. Gesellschafts- u. Wirtschaftsgesch. der hellenist. Welt).
K. CHRIST: Von Gibbon zu R. Leben u. Werk führender Althistoriker der Neuzeit (³1989).

**Rostow** [-f], **Rostov,** Name von geographischen Objekten:
**1) Rostow, Rostov,** auch **Rostow Jaroslawskij, Rostov Jaroslavskij** [- jarɔ'slafskij], Stadt im Gebiet Jaroslawl, Rußland, am W-Ufer des Nerosees, (1990) etwa 35 000 Ew.; Flachsspinnerei, Nahrungsmittelindustrie, Werk für Emailier-Miniaturmalerei; bedeutender Fremdenverkehr, da R. eine der ältesten russ. Städte ist. – R. wird 862 erstmals in der russ. Chronik erwähnt, hieß im 12.–17. Jh. auch **R.-Welikij** (Groß-R.). Im 10. Jh. war R. Hauptstadt des Fürstentums R.-Susdal; seit dem 11. Jh. beim Fürstentum Wladimir-Susdal, wurde es 1207 Hauptstadt des Fürstentums R. und kam 1474 zum Moskauer Staat. Als Bischofssitz (seit 1073/76) und Metropolitansitz (1589 bis 1788) war R. bis ins 18. Jh. ein bedeutendes Zentrum der Kirchenverwaltung; im 18. und Anfang des 19. Jh. mit dem drittgrößten Jahrmarkt des Russ. Reichs. – Kreml mit Metropolitenhof (1664–83), Metropolitenpalästen und fünf großen Kirchen: Uspenskijkathedrale (1566–89); Auferstehungskirche (1670; Fresken von 1675); Gregor-von-Nazianz-Kirche (1670); Christi-Verklärungs-Kirche (1675; Fresken von 1680); Kirche Johannes des Evangelisten (1683); Am Stadtrand u. a. Boris-und-Gleb-Kloster mit Kathedrale von 1522–24; Abrahamskloster mit 1554–56 erbauter Kathedrale der Erscheinung Christi; Jakowkloster mit Demetriuskirche (1794–1802); Isidorkirche (1566).
**2) Rostow am Don,** russ. **Rostow-na-Donu, Rostov-na-Donu,** Gebietshauptstadt in Rußland, am rechten (höheren) Ufer des Don, 45 km vor dessen Mündung ins Asowsche Meer des Schwarzen Meeres, 48 m ü. M., (1989) 1,02 Mio. Ew.; Univ. (1869 gegr.), acht Hochschulen, zahlreiche Forschungsinstitute, Heimat- und Kunstmuseum, mehrere Theater; Medienzentrum (Zeitungsdruckereien, Fernsehstation); zoolog. Garten. Wichtigster Industriezweig ist der Maschinenbau (bes. Landmaschinen), ferner Elektrogerätebau, Werft, chem., Möbel-, Nahrungsmittel-, Tabak-, Leder- und Schuh- sowie Bekleidungsindustrie; bedeutender Hafen, Eisenbahnlinien und Nordkaukas. Automagistrale ins Hinterland. – R., nach der Errichtung eines Zollhauses und eines Hafens (1749) entstanden, seit 1761 Festung, wurde 1796 Stadt. Die Lage als meernaher Flußhafen (im 19. Jh. zweitgrößter Getreideexporthafen Rußlands) begünstigte die industrielle Entwicklung. Die Bedeutung des Hafens wuchs nach der Anlage des Wolga-Don-Kanals.

**Rostow** ['rɔstɔf], Walt Whitman, amerikan. Volkswirtschaftler, Historiker und Politiker, \* New York 7. 10. 1916; seit 1946 Prof., 1951–60 am Massachusetts Institute of Technology, seit 1969 an der University of Texas in Austin; 1961–69 Berater (v. a. für Außenpolitik und Fragen der nat. Sicherheit) der Präsidenten J. F. KENNEDY und L. B. JOHNSON; 1961–66 Leiter der Planungsabteilung im State Department; zahlreiche Veröffentlichungen über Wirtschaftsent-

wicklung und amerikan. Außenpolitik. R. entwickelte eine Theorie der → Wirtschaftsstufen, in der er an die histor. Schule anknüpft.
**Werke:** The stages of economic growth (1960; dt. Stadien wirtschaftl. Wachstums); The United States in the world arena (1960); Politics and the stage of growth (1971); The world economy. History and prospect (1978); Eisenhower, Kennedy, and foreign aid (1985); Rich countries and poor countries (1987); Essays on a half-century. Ideas, policies, and action (1988); History, policy, and economic theory (1990).

**Rostpilze, Uredinales,** weltweit verbreitete Ordnung der Ständerpilze mit rd. 5 000 ausschließlich auf Pflanzen parasitisch lebenden Arten; Erreger der Rostkrankheiten, v. a. Arten der Gattung Puccinia auf Getreide. Viele R. haben in ihrem Entwicklungsgang mit Kernphasen- und Generationswechsel einen obligaten Wirtswechsel zw. der haploiden und der Paarkernphase: Haploide **Basidiosporen** infizieren im Frühjahr die Blätter der ersten Wirtspflanze und bilden **Pyknidien** (pustelartige oder krugförmige Myzelkörper unter der Epidermis der Blattoberfläche), die **Pyknosporen** abschnüren. Letztere gelangen auf die Empfängnishyphen eines verschiedengeschlechtl. Pyknidiums, wobei es zur Vereinigung der Kerne kommt (Beginn der Paarkernphase). Das paarkernige Myzel bildet auf der Blattunterseite in den bereits vorhandenen Sporenlageranlagen (**Äzidium**) paarkernige **Äzidiosporen,** die, durch den Wind verbreitet, den zweiten Wirt über die Spaltöffnungen infizieren. Hier entstehen die einzelligen Sommersporen (**Uredosporen**), die die weitere Ausbreitung des Pilzes bewirken. Gegen Ende der Vegetationsperiode werden in besonderen Lagern zweizellige, dickwandige Wintersporen (**Teleutosporen**) gebildet, aus denen sich nach der Winterruhe unter Reduktionsteilung zweimal vier Basidiosporen entwickeln.
Durch den R. Gymnosporangium sabinae verursacht wird der **Gitterrost (Birnengitterrost)** des Birnbaums; an den Blättern treten oberseits verdickte rötl. Flecken (Uredosporenlager), unterseits später helle Polster gitterartig aufreißender, 2–3 mm großer Fruchtkörper auf, deren Äzidiosporen den Sadebaum als Wirt benötigen. Der **Braunrost** tritt bei Getreide auf: braune Pusteln (Uredosporenlager) auf der Blattoberseite, schwärzl. Pusteln (Teleutosporenlager) auf der Blattunterseite. Der R. Cronartium flaccidum (Cronartium asclepiadeum) verursacht den **Blasenrost** der Kiefern; die Äzidien brechen als große, blasige Lager aus der Rinde hervor; Wirtswechsel mit der Eurasiat. Schwalbenwurz. Der **Kaffeerost** wird durch Hemileia vastatrix hervorgerufen; in feuchttrop. Gebieten wird dadurch der Anbau von Arab. Kaffee unmöglich. Auch Gemüse (z. B. Erbse, Bohne, Spargel) und viele Zierpflanzen (z. B. Chrysanthemen, Malven, Nelken, Rosen) werden von R. befallen.

**Rostra** [lat. ›(mit erbeuteten Schiffsschnäbeln gezierte) Rednerbühne‹, Pl. von Rostrum] *die, -/...stren,* Rednerbühne im antiken Rom, benannt nach der auf ihr 338 v. Chr. angebrachten Schnäbeln (→ Rostrum 2) erbeuteter Kriegsschiffe. Die R. wurde bei der Neugestaltung des Forum Romanum unter den Juliern verlegt.

**rostral** [zu Rostrum], *Anatomie:* zum oberen Körperende hin, am Kopfende gelegen.

**Röst|reaktionsverfahren,** → Rösten 2).
**Röst|reduktionsverfahren,** → Rösten 2).

**Rostropowitsch, Rostropovič** [-tʃ], Mstislaw Leopoldowitsch, russ. Violoncellist und Dirigent, \* Baku 27. 3. 1927; lehrte am Moskauer und Leningrader Konservatorium, trat seit 1961 auch als Dirigent (u. a. am Bolschoi-Theater) hervor und verließ 1974 mit seiner Frau GALINA WISCHNEWSKAJA die UdSSR (1978 ausgebürgert, Rückkehr 1990); übernahm 1977

Walt W. Rostow

Mstislaw Leopoldowitsch Rostropowitsch

**Rost** Rostrum – Rot an der Rot

als Dirigent das National Symphony Orchestra in Washington (D. C.). Als Violoncellist spielte er auch im Duo oder Trio u. a. mit D. OISTRACH, S. RICHTER, E. GILELS, L. KOGAN, V. HOROWITZ, Y. MENUHIN und MARTHA ARGERICH. Sein breites Repertoire umfaßt u. a. zahlreiche Werke des 20. Jh., die z. T. für ihn geschrieben wurden (z. B. von D. D. SCHOSTAKOWITSCH, S. S. PROKOFJEW, B. BRITTEN, A. I. CHATSCHATURJAN und W. LUTOSŁAWSKI).

**Rostrum** [lat. ›Schnabel‹, ›Schnauze‹] *das, -s/...stren,* 1) *Anatomie:* Bez. für schnabelartige bzw. spitz zulaufende Fortsätze an Organen oder Körperabschnitten; auch Bez. für den Vogelschnabel.

2) an antiken Kriegsschiffen der spitze Schnabel zum Rammen.

**Röst|spat,** techn. Bez. für gerösteten →Siderit.

**Rost|umwandler,** phosphorsäurehaltiges Mittel zur Oberflächenbehandlung von rostigen Eisenteilen, das den Rost in unlösl., fest haftendes Eisenphosphat umwandelt (Haftgrund für Farbschichten). Der Säuregehalt muß auf die jeweilige Rostschicht abgestimmt werden, dennoch ist eine optimale Umwandlung bei den heterogenen Rostschichten nur selten möglich und die Anwendung des Verfahrens daher eingeschränkt.

Helge Rosvaenge

**Rosvaenge, Roswaenge,** Helge Anton, dän. Sänger (Tenor), * Kopenhagen 29. 8. 1897, † München 17. 6. 1972; debütierte 1921 in Neustrelitz und wurde 1929 Mitgl. der Berliner, 1930 auch der Wiener Staatsoper; sang auch bei Festspielen (Salzburg, Bayreuth) und wurde bes. als Mozart-Interpret bekannt.

**Roswitha** [ahd., etwa ›die Ruhmesstarke‹], weibl. Vorname.

**Roswitha, R. von Gandersheim,** mittellat. Dichterin, →Hrotsvith, Hrotsvith von Gandersheim.

**Roszak** [´rɔsæk], Theodore, amerikan. Bildhauer und Graphiker poln. Herkunft, * Posen 1. 5. 1907, † New York 3. 9. 1981; lebte in New York. Nach einem Studienaufenthalt in Europa (1929–31) schuf er formenreiche konstruktivist. Skulpturen, aus denen er seit Mitte der 1940er Jahre dem Surrealismus nahestehende abstrakte Metallplastiken entwickelte, die den Betrachter oft tier- oder pflanzenartig anmuten. Auch Großprojekte (Adler für die Fassade der Botschaft der USA in London, 1960).

**Rot,** Bez. für die Farbempfindung, die durch Licht mit Wellenlängen von etwa 590 nm bis zum langwelligen Ende des Spektrums (etwa 750 nm) hervorgerufen wird, oder durch eine Farbmischung, die zu der jeweils gleichen Farbvalenz führt. (→Urfarben)

*Volkskundliches:* R. gilt als Farbe des Lebens (Blut), der Leidenschaft und Sinnlichkeit, der Liebe, des Herzens sowie der Macht, Ehre und Würde. Aufgrund der Assoziation zum Feuer ist R. sowohl Prototyp der ›warmen‹ Farbe als auch Signalfarbe, die auf Gefahr hinweist. R. war vielfach mit mag. oder apotropäischen Vorstellungen verknüpft und wurde als Heilfarbe und im Heilzauber verwendet. In der russ. und arab. Sprache ist ›rot‹ identisch mit ›schön‹. U. a. bei den Arabern werden Haare, z. T. auch Hände und Füße, zur Verschönerung rot gefärbt (z. B. mit Henna). – Trotz der überwiegend positiven Beurteilung der Farbe Rot verband der Volksglaube mit roten Haaren jedoch schlechte Eigenschaften, schon im lat. ›Ruodlieb‹ (Ende des 11. Jh.) werden Rothaarige als jähzornige und schlechte Menschen beschrieben. Schon die german. Sage schildert den betrüger. Loki als rothaarig. Der rothaarige Gewittergott Donar verursachte, indem er in seinen Bart blies, Blitze. In den Volksschauspielen des MA. und in der christl. Ikonographie wurde Judas mit einem roten Bart dargestellt. Rothaarigkeit ist auch das Attribut des Wilden Jägers, des Teufels und der Hexen.

I. RIEDEL: Farben. In Religion, Gesellschaft, Kunst u. Psychotherapie (⁸1990).

**Rot,** Diter, Künstler, →Roth, Dieter.

**Röt** [nach der vorherrschenden roten Farbe] *das, -s,* oberste Stufe des →Buntsandsteins, mit bunten Tonen und Mergellagen, auch dolomitisch oder kalkig, und bis zu 100 m mächtigen Steinsalzlagern.

**Rota** [lat. ›Rad‹, wohl nach der kreisrunden Richterbank] *die, -, kath. Kirchenrecht:* amtl. Bez. (seit 1988) **R. Romana** (Römische R.), das ordentl. päpstl. Gericht für Berufungen in kirchl. Prozessen, i. a. erst in dritter oder weiterer Instanz, überwiegend in Ehesachen. In erster Instanz ist sie für Streitsachen unter Bischöfen und anderen hohen kirchl. Personen sowie für ihr direkt vom Papst übertragene Verfahren zuständig. Die (1991) 20 Richter führen die lat. Bezeichnung ›Auditor‹ (italien. Uditore) und bilden ein eigenes Prälatenkollegium; an seiner Spitze steht der Dekan als Primus inter pares. Die R. wird nur ausnahmsweise in voller Besetzung tätig, i. a. in Kammern von drei Auditoren. Aufsichtsbehörde für die R. ist die →Apostolische Signatur.

*Geschichte:* INNOZENZ III. (1198–1216) übertrug den päpstl. Untersuchungsrichtern auch die Urteilsfällung in den bei der Kurie anhängigen Prozessen. Das so entstandene päpstl. Gericht wurde mehrfach neugeordnet und hatte im 19. Jh. fast nur noch Berufungsgericht für den Kirchenstaat, so daß seine Tätigkeit 1870 endete. PIUS X. errichtete die R. neu (1908). Bei der Kurienreform 1988 wurde ihre Zuständigkeit neu definiert.

**Rota,** 1) Hafenstadt in der Prov. Cádiz, SW-Spanien, (1981) 25 300 Ew.; Seebad, Jacht- und Fischereihafen; Ausgangspunkt einer Erdölpipeline nach Puertollano–Madrid–Saragossa; Konservenindustrie. – Altstadt mit maur. Kastell und Pfarrkirche (1. Hälfte 16. Jh.) mit reichem Azulejoschmuck. Nahebei großer Marine- und Luftwaffenstützpunkt der USA.

2) Insel der →Marianen.

**Rot|algen, Rhodophyta,** Abteilung der Algen mit etwa 8 000 Arten, die bis auf wenige Arten im Meer leben. Einzellige, flächige oder einfache Fäden bildende Vertreter werden in die Unterklasse **Bangiophycidae** gestellt. Komplizierte Thalli (Plektenchym) werden von Arten der Unterklasse **Florideophycidae** (früher: Florideae) gebildet. Das grüne Chlorophyll a wird von roten (Phycoerythrin) und blauen (Phycocyanin) Farbstoffen überdeckt, die eine Anpassung an das Licht in großen Wassertiefen (z. T. bis in Tiefen von 150 m) darstellen. Als Reservestoff wird eine glykogenähnl. Stärke gebildet. Die Zellwand besteht aus Cellulose, die in einer Schleimschicht eingebettet ist, aus der das wirtschaftlich wichtige →Carrageen gewonnen wird.

R. pflanzen sich ungeschlechtlich durch Monosporen fort; die sexuellen Vorgänge laufen immer als Eibefruchtung ab. Das weibl. Gametangium (Karpogon) trägt einen Fortsatz (Trychogyne), der die männl., unbeweg. Geschlechtszelle aufnimmt. Bei den Florideophycidae wächst die Zygote zu einem Geflecht diploider Zellfäden (Karposporophyt) heran. Der Karposporophyt ist oft von einer sterilen Hülle des Gametophyten (Gonimokarp) umgeben. Dieser entläßt diploide Karposporen, aus denen eine neue Pflanze (Tetrasporophyt) entsteht, die unter Reduktionsteilung Tetrasporen bildet, von denen die Entwicklung eines neuen Gametophyten ausgeht. – R. gelten als sehr ursprüngl. Pflanzen, die aus einer Symbiose zw. Blaualgen und einem eukaryont. Wirt entstanden sein sollen. (→Endosymbiontenhypothese)

**Rot an der Rot,** Gem. im Kr. Biberach, Bad.-Württ., 606 m ü. M., in Oberschwaben, (1991) 4 000 Ew. – Die Klostergebäude der 1126 gegründeten Prämonstratenser-Reichsabtei wurden 1682–1702 im Barockstil erbaut. Der klassizist. Neubau der Abteikirche St. Maria und Verena (1777–86) ist von festl. Raumwirkung: Stuck und Altäre von F. X. FEUCHTMAYER D. J. (* 1705, * 1764), Fresken von JANUARIUS ZICK u. a.; das prächtige Chorgestühl (1691–93) sowie die Ausstattung von Sakristei und Kapitelsaal (Stuck um 1690 von JOHANN SCHMUZER) entstammen noch dem barocken Vorgängerbau. – Außerhalb des Ortes die Friedhofskirche St. Johann (1737–45) mit Ausmalung und Hochaltar im Rokokostil.

**Rotangpalme** [malai.], **Calamus,** mit etwa 370 Arten umfangreichste Gattung der Palmen in den Tropen der Alten Welt (bes. Indomalesiens; Mannigfaltigkeitszentren sind Borneo und Neuguinea); meist als Spreizklimmer kletternde, bestachelte Palmen mit dünnen, zähen, manchmal bis 100 m langen Stämmen und großen, fiederartigen Blättern. Hauptachsen der Blätter und Blütenstandsachsen sind oftmals geißelartig verlängert und mit scharfen, zurückgekrümmten Haken versehen, mit deren Hilfe die Pflanzen klettern. Der jährl. Höhenzuwachs kann bis zu 4 m betragen. Die rohrartigen Stämme versch. Arten (Calamus manan, Calamus caesius u. a. werden auch als Rattanpalme bezeichnet) liefern die besten Qualitäten des Peddigrohrs, das zur Herstellung von Korbwaren, Möbeln, Stühlen, Matten verwendet wird. Das meiste Material stammt aus Wildaufsammlungen; eine dem großen Bedarf angemessene Kultur besteht noch nicht.

**Rotary International** [ˈrəʊtəri intəˈnæʃnl; engl. rotary ›rotierend‹], internat. Verband mit über (1989) 1 Mio. Mitgl., die in rd. 24 000 örtl. Vereinigungen in 165 Ländern organisiert sind. Sitz des Zentralbüros ist Evanston (Ill.). Für die Mitgl. (›Rotarier‹), die ihre Aufgabe im sozialen Engagement (z. B. für Kindergärten, Pflegeheime) sehen, ist die Teilnahme an den Wochenveranstaltungen der einzelnen **Rotary Clubs** Pflicht. Die Aufnahme (zu der erst 1989 Frauen zugelassen wurden) erfolgt auf Vorschlag von Club-Mitgl.; jeder Berufszweig soll jeweils durch ein Mitgl. vertreten sein. – Der erste Rotary Club wurde 1905 in Chicago (Ill.) gegründet, die Sitzungen fanden reihum (›rotierend‹) bei den Mitgl. statt. Symbol der Rotarier ist ein Zahnrad. – Der erste dt. Club wurde 1927 von W. CUNO in Hamburg gegründet.

**Rotary-Verfahren** [ˈrəʊtəri-; engl.], ein Bohrverfahren (→ Bohren).

**Rotation** [lat. ›kreisförmige Umdrehung‹ *die, -/-en,* **1)** *Astronomie:* Drehbewegung eines Himmelskörpers um seine eigene Achse. Bei den R.-Perioden unterscheidet man innerhalb des Planetensystems zw. **siderischer R.-Periode** (Drehung um 360°) und **synodischer R.-Periode** (eine Umdrehung bezogen auf den gleichen Sonnendurchgang); letztere entspricht der Länge eines Sonnentages, erstere der eines Sterntages. Bei den sonnennahen Planeten weichen sider. und synod. R. z. T. stark voneinander ab: Merkur dreht sich zwar in 58,646 ird. Tagen einmal um seine Achse, doch dauert ein Merkur-Sonnentag aufgrund der raschen Bahnbewegung zwei Merkurjahre (fast 176 ird. Tage). Bei Venus führt die zur Bahnbewegung entgegengesetzt gerichtete R. (Rotationsperiode 243 Tage) zu einem Sonnentag von 116,78 ird. Tagen Dauer. Sterntag und Sonnentag der Erde unterscheiden sich um knapp vier Minuten, bei Mars nur um etwa zwei Minuten.

Bei der **gebundenen R.** kehrt der Begleitkörper dem Hauptkörper immer die gleiche Seite zu (z. B. zeigt der Mond der Erde immer nur die Vorderseite); seine R.-Dauer ist gleich der Umlaufzeit um den Hauptkörper.

Die **R. der Sterne** und **Sternsysteme** ist mit Hilfe des Doppler-Effekts spektroskopisch bestimmbar. Bei rotierenden Sternen erscheinen die Spektrallinien verbreitert (**R.-Verbreiterung**), bei Sternsystemen sind sie an den beiden Enden des an die Sphäre projiziert erscheinenden Systems nach entgegengesetzten Seiten im Spektrum verschoben. Die R.-Geschwindigkeiten nehmen i. a. zu den späteren Spektraltypen hin ab. Sternsysteme rotieren i. a. in den Innenbezirken rascher als außen.

**2)** *Kinematik:* Drehung, Änderung der Orientierung (Ausrichtung) eines →starren Körpers im Raum, d. h. diejenige Art seiner Bewegung, bei der sich alle seine Punkte um die gleiche (prinzipiell beliebige) Achse innerhalb oder außerhalb des Körpers um den gleichen Winkel drehen; hinsichtlich der kinemat. Beschreibung ist die entgegengesetzte R. des Bezugssystems (Koordinatensystem) um die gleiche Achse hierzu äquivalent. – Als R. wird sowohl die Drehung um einen endl. Winkel als auch die fortdauernde Drehbewegung (insbesondere bei konstanter Winkelgeschwindigkeit) bezeichnet. (→ Eulersche Winkel)

**3)** *Landwirtschaft:* die →Fruchtfolge.

**4)** *Vektoranalysis:* ein Differentialoperator, der jedem Vektor

$$v(r) = \begin{pmatrix} v_1(r) \\ v_2(r) \\ v_3(r) \end{pmatrix} = \begin{pmatrix} v_1(x, y, z) \\ v_2(x, y, z) \\ v_3(x, y, z) \end{pmatrix}$$

eines differenzierbaren Vektorfeldes in $\mathbb{R}^3$ einen neuen Vektor rot $v(r)$ mit den Komponenten

$$\left( \frac{\partial v_3}{\partial y} - \frac{\partial v_2}{\partial z}, \frac{\partial v_1}{\partial z} - \frac{\partial v_3}{\partial x}, \frac{\partial v_2}{\partial x} - \frac{\partial v_1}{\partial y} \right)$$

zuordnet. Es gilt: rot $v(r) = \nabla \times v(r)$, wobei $\nabla$ der → Nablaoperator ist und $\times$ das Vektorprodukt bedeutet.

**Rotationsdispersion,** die Abhängigkeit des opt. Drehvermögens (→ optische Aktivität) eines Stoffes von der Wellenlänge des Lichts. **Normale R.** liegt vor, wenn der Drehwinkel bei sonst festen Bedingungen mit abnehmender Wellenlänge größer wird; der umgekehrte Fall, **anomale R.,** tritt in der Nähe von Resonanzstellen auf.

**Rotationsdruckmaschine:** Rollenrotationsdruckmaschine für den Vierfarbendruck

**Rotationsdruckmaschine,** *graphische Technik:* Druckmaschine, bei der Druckform- und Gegendruckzylinder gegensinnig aufeinander abrollen (rotativer Druck). Unterschieden werden Bogen- und Rollen-R., die beide in allen drei Hauptdruckverfah-

**Rota**  Rotationsenergie – Rotaxane

ren (Hoch-, Flach- und Tiefdruck) eingesetzt werden. Gegenüber dem älteren Druckprinzip ›Zylinder gegen Fläche‹ bei den Flachform-Zylinderdruckmaschinen des Buchdrucks ermöglichte R. weit höhere Druckgeschwindigkeiten (bis etwa 60 000 Drucke je Stunde bei Rollen-R.). Die Grundelemente einer R. sind je Farbe ein Druck- und Farbwerk (bei Offset-R. zusätzlich noch je ein Feuchtwerk), die Rollenträger (bei Rollen-R. für den Bedruckstoff sowie Falzapparat), Wiederaufrollvorrichtung oder Planoauslage. Der Rollenwechsel erfolgt bei Rollen-R. während des normalen Maschinenlaufs. Dazu wird über Photozellen der Umfang der ablaufenden Rolle auf dem Rollenstern kontrolliert. Bei dem eingestellten Mindestumfang wird der Rollenwechsel ausgelöst. Die neue Rolle wird eingeschwenkt, die am Ansatz mit einem Spezialkleber versehene Papierbahn der neuen Rolle wird auf die Bahn der abgelaufenen Rolle gedrückt und die alte Bahn durchgetrennt.

**Rotations|energie,** die kinet. Energie, die ein →starrer Körper aufgrund einer Rotationsbewegung besitzt; allg. gilt $E_{rot} = 1/2\,\omega^\top I \omega$ ($\omega$ Vektor der Winkelgeschwindigkeit, $I$ →Trägheitstensor). Erfolgt die Rotation um eine feste Drehachse A mit der Winkelgeschwindigkeit $\omega$, erhält man die R. zu $E_{rot} = 1/2\,J_A \omega^2$, wobei $J_A$ das →Trägheitsmoment bezüglich dieser Achse ist. Für eine einzelne Punktmasse $m$ auf einer Kreisbahn mit dem Radius $r$ beträgt die R. $E_{rot} = 1/2\,m\omega^2 r^2$ und ist gleich der kinet. Energie $1/2\,mv^2$ seiner Bahnbewegung mit der Geschwindigkeit $v$. – Die R. quantenmechan. Objekte (z. B. eines rotierenden Moleküls oder eines Atomkerns) ist in diskrete Energieniveaus zu den jeweiligen Rotationszuständen gequantelt; z. B. gilt für ein zweiatomiges Molekül $E_l = (\hbar^2/2J) \cdot l(l+1)$ ($h$ Plancksches Wirkungsquantum, $J$ Trägheitsmoment, $l$ Gesamtdrehimpulsquantenzahl).

**Rotationsformen,** *Kunststofftechnik:* Verfahren zur Herstellung von Hohlkörpern (auch unregelmäßig gestalteter) aus flüssigen, pastösen oder granulierten Ausgangsstoffen. Die Form rotiert um eine oder mehrere Achsen in einem Maschinengestell. Das Erstarren der Werkstücke in der Form erfolgt stoffabhängig durch Heizen oder Kühlen, bei Polyamiden ist auch das Aushärten in der Form üblich.

**Rotationsfreiheitsgrad,** →Freiheitsgrad 1).

**Rotations|invarianz, Dreh|invarianz,** die Invarianz physikal. Vorgänge und Gesetze gegenüber Drehungen im Raum (Isotropie des Raums); die R. eines Systems impliziert die Erhaltung des Drehimpulses in ihm (→ Noethersches Theorem).

**Rotations|isomere,** *Chemie:* →Konformation.

**Rotationskolbengebläse,** ein Drehkolbenverdichter (→Verdichter).

**Rotationskolbenmaschine,** eine Kolbenmaschine, bei der die Volumenänderung des Arbeitsraumes durch rotierende Bauteile bewirkt wird. Bei Drehkolbenmaschinen führen die rotierenden Kolben Drehbewegungen um ihren Schwerpunkt aus, so daß keine →Massenkräfte entstehen. Bei Kreiskolbenmaschinen bewegt sich der Schwerpunkt des Kolbens auf einer Kreisbahn, die auftretenden Massenkräfte lassen sich durch Gegengewichte ausgleichen. R. werden als Pumpen, Kompressoren und Motoren gebaut. (→Kreiskolbenmotor).

**Rotationsprinzip,** Prinzip, nach dem ein Amt von dem Amtsinhaber nach einer bestimmten, festgelegten Zeit an einen Nachfolger abgegeben werden muß; soll Machtkonzentration bei einzelnen polit. Funktionsträgern, Bestechlichkeit oder Verfestigung bürokrat. Strukturen verhindern.

**Rotationspumpe,** eine →Verdrängerpumpe.

**Rotations|schwingungs|spektrum,** im nahen Infrarot liegendes elektromagnet. Spektrum eines Moleküls oder Atomkerns, das ähnlich dem Rotationsspektrum, jedoch unter gleichzeitiger Änderung von Rotations- und Schwingungszustand des Systems entsteht.

**Rotations|spektrum,** bei Strahlungsübergängen zw. den diskreten Rotationszuständen eines Moleküls (→Rotationsenergie) ausgesandtes elektromagnet. Spektrum (**Molekül-R.**), das sich vom fernen Infrarot bis in den Mikrowellenbereich erstreckt. Ein R. weisen nur Moleküle mit einem permanenten elektr. Dipolmoment auf, die bei ihm in Form eines →Bandenspektrums mit äquidistanten Linien zeigt (Rotationsbanden). Der →Raman-Effekt hingegen tritt unabhängig davon auf. – Analog besitzen auch Atomkerne ein ihre Rotationsfreiheitsgrade zurückgehendes **Kern-R.** im Gammastrahlungsbereich.

**Rotator** [lat. ›der in einem Kreis herumdreht‹] *der, -s/...'toren, Physik:* Idealisierung eines →starren Körpers als zwei in einem festen Abstand starr miteinander verbundene Punktmassen (starrer R.). Der R. ist das einfachste Modell eines zweiatomigen Moleküls, wenn nur dessen Freiheitsgrade der Rotation betrachtet werden. Bei der quantenmechan. Behandlung zeigt sich, daß die Rotation des R. quantisiert wird, so daß der R. nur diskrete Werte der Energie haben kann (→Rotationsspektrum).

**Rotatoria** [lat.], die →Rädertiere.

**Rot|augen, Rutilus,** Gattung der Karpfenfische mit Verbreitung in Eurasien. Kennzeichnende Art ist die **Plötze** (Rotauge; Rutilus rutilus; Länge meist 25–30 cm), mit silbernen Seiten, weißer Bauchseite und rötl. Flossen und Augen; lebt im Süßwasser aller Gewässertypen Eurasiens, aber auch in Brackwasser sowie in der Ostsee und vereinzelt in der Nordsee.

**Rotaugen:** LINKS Plötze (Länge 25–30 cm); RECHTS Frauennerfling (Länge 25–30 cm)

Die Plötze ist ein anspruchsloser Schwarmfisch und ein beliebter Angelfisch, regional (z. B. an der oberen Mosel und in Luxemburg) auch ein begehrter Speisefisch. Weitere Arten der R. sind der **Frauennerfling** (Rutilus pigus virgo), eine Unterart des **Pigo** (Rutilus pigus), die sich von der Plötze nur durch kleinere Schuppen und das prächtige Laichkleid des Männchens unterscheidet, sowie der in Flüssen und Seen der Alpen lebende **Perlfisch** (Rutilus frisii meidingeri; Länge bis 50 cm), eine Unterart der **Schwarzmeerplötze** (Rutilus frisii), mit sehr kleinen Schuppen.

**Rot|augensalmler,** 1) **Arnoldichthys spilopterus,** afrikan. Salmlerart, Länge bis 8 cm, friedl. Schwarmfisch in Aquarien; 2) **Nematobrycon lacortei,** Rotaugen-Kaisersalmler, südamerikan. Salmlerart mit roten Augen, Länge bis 5 cm, friedl. Aquarienfisch.

**Rotaugensalmler 1):** Männchen (Länge bis 8 cm)

**Rotaviren** [lat. rota ›Rad‹], den REO-Viren zugeordnete Gruppe von RNS-Viren, bei vielen Säugetieren und beim Menschen möglicherweise bedeutsamer Erreger von Durchfallerkrankungen (z. B. häufig der Gastroenteritis bei Säuglingen).

**Rotaxane** [Kw.], den →Catenanen ähnliche chem. Verbindungen, die sich aus einem ringförmigen (makrozykl.) Molekülbestandteil und einem durch diesen hindurchführenden ›achsenartigen‹ Molekülbestandteil zusammensetzen, wobei der achsenartige Bestandteil an beiden Enden sperrige Substituenten trägt, die eine Trennung der beiden Molekülteile verhindern.

**Rotbarsch, Goldbarsch, Bergilt, Panzerbarsch, Sebastes marinus,** Art der Drachenköpfe, lebendgebärender, zinnoberrot gefärbter,

Rotbarsch (Länge 50–60 cm)

meist 50–60 cm langer Fisch; lebt in Meerestiefen von 100–600 m. Der R. ist als Speisefisch wirtschaftlich von großer Bedeutung.

**Rotbauch|unke, Tiefland|unke, Feuerkröte, Bombina bombina,** 4–5 cm große Unke in Zentral- und Südosteuropa, mit unregelmäßigen roten Flecken auf dem Bauch.

**Rotblei|erz,** das Mineral → Krokoit.

Rotbrasse (Länge bis 60 cm)

**Rotbrasse, Pagellus erythrinus,** zu den Barschartigen Fischen gehörende Meerbrasse, bis 60 cm langer Speisefisch mit Verbreitung in Atlantik, Mittelmeer und Schwarzem Meer.

**Rotbruch,** bei Stahl im Bereich der Rotglut auftretender Bruch; wird durch einen zu hohen Schwefel- oder einen zu geringen Mangangehalt verursacht.

**Rotbrustbuntbarsch,** der → Feuermaulbuntbarsch.

**Rotbuche, Fagus sylvatica,** einzige in Mitteleuropa heim. Art der Gattung Buche; bis 30 m hoher, bis 1,5 m stammdicker, rd. 150 (bis 300) Jahre alt werdender Baum mit glatter, grauer Rinde; Blätter spitzeiförmig, Blattrand wellig-buchtig, nicht gesägt, oberseits glänzend dunkelgrün, unterseits hellgrün, im Herbst rötlichbraun; männl. Blüten in kugeligen, hängenden Kätzchen, weibl. Blüten zu zweien in aufrechten Dichasien (→ Blütenstand), umgeben von einer im reifen Zustand mit vier Klappen sich öffnenden Cupula (Fruchtbecher); Blütenstände erscheinen zus. mit den Blättern; Früchte → Bucheckern. – Die R. liefert ein schweres, hartes, rötlichweißes, vielseitig verwendbares Nutzholz. Als wichtiger Forstbaum ist die R. schon seit langer Zeit in Kultur. Beliebte Kulturformen der R. sind: **Blutbuche** (mit anfangs schwarzroten, später tief dunkelbraunen Blättern); **Hängebuche** (Trauerbuche; mit waagrechten oder bogig nach oben weisenden Hauptästen und meist senkrecht nach unten hängenden Seitenästen); **Süntelbuche** (mit stark gedrehten, in Windungen verlaufenden, z.T. dem Boden anliegenden Ästen und Stämmen).

**Rotbuntes Niederungsvieh, Deutsches Rotbuntes Rind,** rotweiß gescheckte Rasse des Niederungsviehs, v. a. in Schleswig-Holstein, Westfalen, Oldenburg, Ostfriesland und im Rheinland; kräftige, breit und tief gebaute (etwa 135 cm schulterhohe) Tiere; gute Milchleistung und Mastfähigkeit.

**Rotbusch, Apalathus linearis,** ginsterartig aussehender Strauch, der v. a. in Kapland häufig vorkommt. Die spitzen, nadelförmigen Blätter werden Kräuter- und Früchteteemischungen zugesetzt.

**Rotdorn, Blutdorn, Crataegus laevigata con- var. Paulii,** Kulturform des Zweigriffeligen Weißdorns; mittelhoher Strauch oder kleiner Baum mit leuchtend karmesinroten, gefüllten Blüten; oft als Alleebaum gepflanzt.

**Rotdrossel, Weindrossel, Turdus iliacus,** etwa 20 cm langer Singvogel (Familie Drosseln), v. a. in Wäldern N-Eurasiens (in Mitteleuropa als Durchzügler und Wintergast); unterscheidet sich von der sehr ähnl. Singdrossel durch rostrote Flanken und Unterflügel und einen weißl. Überaugenstreif.

**Röte, Rubia,** Gattung der R.-Gewächse mit rd. 40 Arten im Mittelmeergebiet, in Asien, Afrika, Mittel- und Südamerika; ausdauernde Kräuter mit gelblichgrünen Blüten in rispenähnl. Blütenständen. Die bekannteste, früher zur Farbstoffgewinnung angebaute Art ist die → Färberröte.

**Rote Armee,** eigtl. **Rote Arbeiter- und Bauern- Armee,** bis 1946 offizieller Name der 1918 von L. D. TROTZKIJ gegründeten Streitkräfte der UdSSR.

**Rote-Armee-Fraktion,** Abk. **RAF,** selbstgewählter Name einer linksextremist. terrorist. Vereinigung, hervorgegangen aus der → Baader-Meinhof-Gruppe. Die RAF verübt Attentate (Mordanschläge und Sabotageakte) gegen Personen und Einrichtungen, die ihr als repräsentativ gelten für eine ›kapitalistisch‹ und ›imperialistisch‹ bestimmte Gesellschaft. Zu ihren Opfern zählen u. a. H. M. SCHLEYER, J. PONTO und A. HERRHAUSEN. Die RAF unterhält Verbindungen zu ideologisch gleichgerichteten oder verwandten Gruppen in Europa (bes. in Frankreich und Italien) sowie im Nahen Osten.

Die RAF teilt sich in die ›Kommandoebene‹ (nach Polizeierkenntnissen etwa 20 Personen) des ›bewaffneten Kampfes‹, in ›Militante‹ und das ›Umfeld‹ (mehrere hundert Sympathisanten), das v. a. logist. Aktivitäten entwickelt. Seit der Inhaftierung der Baader-Meinhof-Gruppe und des Prozesses gegen sie erneuerte sich die Kommandoebene immer wieder aus dem ›Umfeld‹ und dem Kreis der ›Militanten‹. Mit Hilfe des Ministeriums für Staatssicherheit der Dt. Dem. Rep. (MfS; kurz: Stasi) konnte eine große Zahl von Terroristen der RAF nach ihren Straftaten mit einer neuen Identität in der Dt. Dem. Rep. untertauchen. Nach deren Zusammenbruch (1989–90) wurden dort im Juni 1990 ehem. Mitgl. der RAF verhaftet.

Der blinde Fleck. Die Linke, die RAF u. der Staat, Beitr. v. K. HARTUNG (1987); K. H. WEIDENHAMMER: Selbstmord oder Mord? Das Todesermittlungsverfahren: Baader, Ensslin, Raspe (1988); S. AUST: Der Baader-Meinhof-Komplex (Neuausg. 1989); H. J. HORCHEM: Der Verfall der R.-A.-F., in: Aus Politik u. Zeitgeschichte, Jg. 40 (1990); M. BAUMANN: Wie alles anfing (Neuausg. 1991).

**Rote Bete, Rote Beete,** die → Rote Rübe.

**Rote Brigaden,** italien. **Brigate Rosse,** Abk. **BR,** 1970 in Italien gegründete linksextremist. Terrororganisation, die versucht, u. a. durch Entführungen und Attentate, die bestehende Gesellschaftsordnung zu zerstören. 1978 entführte und ermordete sie den ehem. italien. MinPräs. und Präs. der Democrazia Cristiana A. MORO. Im Prozeß gegen die in diesem Zusammenhang festgenommenen Mitgl. der R. B. verurteilte das Gericht 32 Personen zu lebenslanger Haft, weitere zu geringeren Freiheitsstrafen.

**Rote Fahne, Die,** Zentralorgan der ehemaligen KPD, gegr. 1918 in Berlin von ROSA LUXEMBURG und K. LIEBKNECHT, mehrfach verboten, herausgegeben bis zum 27. 2. 1933 (Reichstagsbrand) als Tageszeitung. 1933–39 erschien sie illegal in Berlin, bis 1941 im Ausland. Unter gleichem Namen erscheint seit 1970 in Essen das Parteiorgan der Marxistisch-Leninist. Partei Deutschlands (MLPD).

**Rote Garden,** Name revolutionär-sozialist. Kampfverbände, in Rußland 1905 die militär. Formationen revolutionärer Arbeiter bei Barrikadenkämpfen, 1917 die militär. Kräfte der Bolschewiki im Verlauf der Oktoberrevolution.

Nach dem Vorbild dieser revolutionären Militärformationen organisierten v. a. LIN BIAO und JIANG

Rotbauchunke (Körperlänge 4–5 cm)

**Röte**   Rötegewächse – Rötel

QING in der VR China zu Beginn der Kulturrevolution (1966) die R. G. als Mittel, die seit 1958/59 geschwächte Stellung MAO ZEDONGS in der chin. KP wieder zu festigen und dessen innerparteil. Kritiker durch die weitgehende Zerschlagung des Parteiapparates auszuschalten. Zu Hunderttausenden zogen die R. G. durch die großen Städte, v. a. durch Peking, um mißliebige Politiker zur Rechenschaft zu ziehen. Die Ausschreitungen führten oft zu jahrelangen Demütigungen von Funktionären, die an der Spitze der Parteihierarchie standen (z. B. LIU SHAOQI, DENG XIAOPING), und zur Zerstörung von Kulturdenkmälern. Gegen Ende der Kulturrevolution (1969) löste die Armee die R. G. auf. Nach dem Sturz der ›Viererbande‹ (1976–77) wurden zahlreiche frühere Mitgl. der R. G. verurteilt und inhaftiert.

**Rötegewächse, Krappgewächse, Labkrautgewächse, Rubiaceae,** Familie zweikeimblättriger Pflanzen mit rd. 10 700 Arten in 637 Gattungen mit weltweiter Verbreitung; Bäume, Sträucher, Lianen (selten Kräuter) mit meist gegenständigen, ganzrandigen Blättern, Blüten fünf- bis vierzählig, zwittrig, oft in ansehnl. Blütenständen verschiedener Form. Zu den R. gehören Nutz- und Kulturpflanzen, u. a. Kaffeestrauch, Brechwurzel, Chinarindenbaum, Yohimbinbaum sowie Gambir und Röte. Als Zierpflanze wird z. B. die Gardenie kultiviert. Einheimisch sind u. a. Ackerröte und Labkrautarten.

**Rote Gewerkschafts|internationale,** Abk. **RGI,** internat. Organisation der kommunistisch gelenkten Gewerkschaften, gegr. 1921, aufgelöst 1937, umfaßte v. a. die sowjet. Gewerkschaften, aber auch kommunist. Organisationen der Tschechoslowakei, Großbritanniens, Frankreichs, Österreichs, Polens und Dtl.s. Die polit. Führung der RGI lag beim Exekutivbüro in Moskau.

**Rote Grütze,** 1973 in Berlin (West) gegründetes → Kinder- und Jugendtheater, in dem professionelle Schauspieler und Amateure auftreten.

**Rote Hilfe Deutschlands,** Abk. **RHD,** Massenorganisation der KPD zur Unterstützung polit. Gefangener, 1924 gegr., mit über 150 000 Mitgl. (1930). Vors. war 1925 CLARA ZETKIN. Die RHD gewann bei Kampagnen auch die Unterstützung nichtkommunist. Personen (z. B. A. EINSTEIN, K. KOLLWITZ, H. ZILLE) und war u. a. 1933–34 bei der Hilfe für Opfer des Nationalsozialismus aktiv. 1933 von der nat.-soz. Regierung für illegal erklärt, wurde die RHD 1935–36 von der nat.-soz. Regierung zerschlagen.

**Rot|eiche, Amerikanische R., Quercus rubra,** 20–25 m, selten bis 50 m hohe, rundkronige Eichenart in Nordamerika; Zweige olivbraun, Blätter 10–20 cm lang, mit sieben bis elf tiefen Buchten an jeder Seite, im Herbst orange- bis scharlachrot; schnellwüchsiger, jedoch gegen Spät- und Frühfröste empfindl. Park- und Waldbaum.

**Rot|eisen, Rot|eisenstein, Rot|eisenerz,** → Hämatit.

**Rote Kapelle,** von der Gestapo geprägte Bez. für eine kommunistisch gelenkte Widerstandsorganisation, die, 1938 als sowjet. Spionageorganisation von LEOPOLD TREPPER (* 1904, † 1982) aufgebaut, bes. im Zweiten Weltkrieg nach dem dt. Angriff auf die UdSSR (22. 6. 1941) aktiv wurde. Die Schwerpunkte ihrer Tätigkeit in Dtl. waren Spionage (Funkverkehr mit sowjet. Agenten) und Untergrund (Flugblätter, illegale Zeitung ›Die innere Front‹ u. a.) nicht direkt trennte, lagen in Berlin und Hamburg. Mitgl. waren u. a. der Oberregierungsrat im Reichswirtschaftsministerium ARVID HARNACK (* 1902, † 1942, hingerichtet), der Oberleutnant im Reichsluftfahrtministerium HARRO SCHULZE-BOYSEN (* 1909, † 1942, hingerichtet), ERIKA Gräfin BROCKDORFF (* 1911, † 1943, hingerichtet). Ziel der R. K. war es im wesentlichen, den Zusammenbruch der nat.-soz. Herrschaft zu beschleunigen, die militär. Schwächung Dtl.s durch Weitergabe wichtiger Informationen an versch. Nachrichtendienste (v. a. den sowjet. Geheimdienst) von innen zu betreiben, eine sozialist. Republik in Anlehnung an die UdSSR zu errichten, ohne indes die dt. Eigenstaatlichkeit zu gefährden, und schließlich angesichts des Völkermords an den europ. Juden den Krieg sofort zu beenden. Nach sechswöchiger Überwachung Ende Aug. 1942 von der Gestapo zerschlagen, wurden insgesamt etwa 600 Personen verhaftet (u. a. der ehemalige preuß. Kultus-Min. A. GRIMME) und fast 60 hingerichtet.

Das Geheimnis der R. K., hg. v. G. SUDHOLT (a. d. Amerikan., ²1979); G. PERRAULT: Auf den Spuren der R. K. (a. d. Frz., 1990); P. STEINBACH: Widerstandsorganisation Harnack/ Schulze-Boysen, in: Gesch. in Wiss. u. Unterricht, Bd. 42 (1991), H. 3.

**rote Karte,** in versch. Ballsportarten (v. a. Fußball) Utensil des Schiedsrichters, das er als opt. Zeichen für den Spielausschluß eines Spielers hochhält (›zeigt‹). Seit 1991 besteht in Dtl. die Möglichkeit, einen Spieler wegen fortgesetzten Foulspiels oder wegen eines groben Regelverstoßes durch das Zeigen der **rot-gelben Karte** (Schiedsrichter zeigt sowohl rote als auch gelbe Karte) vom Spiel auszuschließen. Diese Form des Spielausschlusses signalisiert eine gegenüber der r. K. minder schwere Unsportlichkeit und zieht automatisch eine Sperre für ein Spiel nach sich, während bei einer r. K. eine Disziplinarstrafe des Fußballverbandes folgt.

**Rote Khmer,** frz. Khmer Rouge [kmɛr ru:ʒ], eine kommunistisch orientierte Guerillabewegung in Kambodscha, hervorgegangen aus der Kommunist. Partei Kampucheas (gegr. 1960), unterstützte im Vietnamkrieg die kommunist. Kräfte, bekämpfte die ›Khmer-Republik‹ (1970–75) und errichtete 1975 in Kambodscha unter Führung von POL POT ein terrorist. Reg.-System, um eine ›wahre klassenlose Gesellschaft‹ zu schaffen. Ihren Gewalttaten (→ Kambodscha, Geschichte) fielen etwa 1 Mio. Menschen zum Opfer. Mit vietnames. Hilfe wurden die R. K. von gemäßigteren kommunist. Kräften 1979 aus Kambodscha vertrieben. Unterstützt von der VR China, begannen die R. K. einen Guerillakrieg gegen die in Kambodscha herrschenden Kräfte und die sie unterstützenden vietnames. Streitkräfte. Im Exil verbanden sie sich 1982 mit anderen oppositionellen Kräften zu einer Koalitions-Reg. Seit 1990 sind sie Mitgl. im neugebildeten Obersten Nationalrat für Kambodscha.

Roteiche: Blatt und Frucht (Eichel)

Rötel: Antoine Watteau, ›Studien zu einem Dromedar‹; Rötelzeichnung (Privatbesitz)

**Rötel, Rot|stein, rote Kreide, armenische Erde,** erdiges, bräunlich- bis blutrotes, stark abfärbendes Gemenge von rotem Eisenocker (Hämatit) mit Ton u. a. Verunreinigungen. Als Mal- und Anstreichfarbe wird R. seit der Antike benutzt (›Sinopische

Erde‹ von Lemnos, Keos, Kappadokien, Spanien, Afrika, Ägypten). R. in Stiftform zum Zeichnen wird erst seit Ende des 15. Jh. verwendet, bes. von den Meistern der Renaissance und des Rokoko. Aktzeichnungen werden noch heute in R. ausgeführt. In den Vergoldetechniken dient R. als polierfähiges Grundiermittel (**roter Bolus** oder **Poliment**, → Polimentvergoldung).

**Rötelfalke, Falco naumanni,** bis 30 cm langer, v. a. Insekten fressender Falke in Mittelmeerländern, Vorder- und Mittelasien; ähnlich dem Turmfalken, Männchen jedoch ohne Rückenflecken und Bartstreif; geselliger Koloniebrüter, der seine Eier in Felsspalten legt; im östl. und südl. Afrika überwinternder Zugvogel.

**Rote Liste,** nach dem Vorbild der ›Red Data Books‹ der IUCN (seit 1966) erarbeitete Zusammenstellung gefährdeter Pflanzen- und Tierarten, für die Bundesrep. Dtl. die ›Rote Liste der gefährdeten Tiere und Pflanzen in der Bundesrep. Dtl.‹ (1. Auflage 1977). Die R. L., die ständig überarbeitet und erweitert wird, ist eine der Grundlagen für den Artenschutz. Sie enthält nach Gefährdungsgraden Kategorien: 0 = ausgestorbene oder verschollene Arten; 1 = vom Aussterben bedrohte Arten; 2 = stark gefährdete Arten; 3 = gefährdete Arten; 4 = potentiell gefährdete Arten. Nach der R. L. von 1984 gelten 47 % der Säugetiere, 38 % der Vögel, 75 % der Reptilien, 58 % der Lurche, 70 % der Fische und 35 % der Farn- und Samenpflanzen in der Bundesrep. Dtl. als ausgestorben oder aktuell gefährdet.

R. L. der gefährdeten Tiere u. Pflanzen in der Bundesrep. Dtl., hg. v. J. BLAB u. a. (⁴1984); Zehn Jahre R. L. gefährdeter Tierarten in der Bundesrep. Dtl., hg. v. dems. (1989).

**Rotella** [italien. ro'tella, frz. rɔtɛ'la], Mimmo, italien. Maler, * Catanzaro 7. 10. 1918; 1951/52 in den USA; 1961 Mitgl. der Gruppe Nouveaux Réalistes in Paris. Sein wesentl. Beitrag sind gesellschaftskrit. Décollages, für die er Filmplakate u. a. verwendete. Einer der Wegbereiter der Arte povera.

**Rötelmäuse, Clethrionomys,** Gattung bis knapp 15 cm körperlanger, oberseits brauner bis braunroter Wühlmäuse, v. a. in Wäldern und Tundren Eurasiens und Nordamerikas; fünf Arten, u. a.: **Europäische R.** (Waldwühlmaus, Clethrionomys glareolus), 9–11 cm lang, mit Verbreitung in fast ganz Europa. Sie ist meist nachtaktiv und kann als Forstschädling auftreten; **Grau-R.** (Clethrionomys rufocanus), in Skandinavien und Teilen Asiens beheimatet; bis 13 cm lang, an den Flanken grau; die 10 cm lange **Polar-R.** (Clethrionomys rutilus) ist arktisch zirkumpolar verbreitet.

**Röteln, Rubeola, Rubella,** zu den Kinderkrankheiten gehörende akute Infektionskrankheit; Erreger ist das zu den Togaviridae gehörende Rötelnvirus. Die Übertragung vollzieht sich durch Tröpfcheninfektion über die Schleimhaut der oberen Luftwege. Die Symptome bestehen zunächst in einer schmerzhaften Lymphknotenschwellung im Nacken und hinter den Ohren; nach einer Inkubationszeit von 15–21 Tagen tritt der charakterist. kleinfleckige, leicht erhabene, blaßrosafarbene Hautausschlag auf, der sich, vom Gesicht ausgehend, über den ganzen Körper ausbreitet. Meist besteht nur geringes Fieber. Bes. im Erwachsenenalter können auch Gelenkschmerzen auftreten. Die Krankheit verläuft i. d. R. komplikationslos; der Ausschlag bildet sich nach etwa drei Tagen zurück. In etwa 20–30 % (bei Kindern bis zu 50 %) der Fälle ist der Verlauf symptomfrei. Die Erreger werden etwa eine Woche vor Auftreten des Ausschlags bis zwei Wochen danach ausgeschieden, jedoch auch bei symptomfreier Erkrankung. Eine Behandlung ist nicht erforderlich (bei Fieber Bettruhe); die Erkrankung hinterläßt lebenslange Immunität.

Anders als bei einer nachgeburtl. Infektion kann aber eine durch Erkrankung der Mutter v. a. in den ersten drei Schwangerschaftsmonaten hervorgerufene Übertragung auf den Embryo schwere Schädigungen hervorrufen (**R.-Embryopathie**); sie führen zu Spontanabort, Totgeburt oder Mißbildungen (z. B. Herzfehler, Taubheit, Augenlinsentrübung, Glaukom, geistige Behinderung). Deshalb wird eine aktive Immunisierung durch Schutzimpfung mit abgeschwächten Erregern bei allen Kindern empfohlen (→ Impfplan, Übersicht). Vor einer geplanten Schwangerschaft sollte die Immunität durch Kontrolle des Antikörpertiters überprüft werden; vier Wochen vor bis acht Wochen nach der Impfung muß eine Empfängnis vermieden werden. Eine Erkrankung gilt bes. bis zur 17. Woche der Schwangerschaft als Indikation für einen Schwangerschaftsabbruch.

**rote Mückenlarven,** Bez. für die Larven der Gattung Chironomus (→ Zuckmücken), ein beliebtes Futter für Aquarienfische.

**Rotenburg,** Name von geographischen Objekten: **1) Rotenburg a. d. Fulda,** Stadt im Kr. Hersfeld-Rotenburg, Hessen, 187 m ü. M., im mittleren Fuldatal, (1991) 14 000 Ew.; Verwaltungsfachhochschule; Heimatmuseum; Apparatebau und Textilindustrie; Luftkurort, Herz- und Kreislaufklinik. – Erste Erwähnung fanden Ortsteile der heutigen Stadt 769 in den Urkunden des Klosters Hersfeld. Auf Geheiß Kaiser HEINRICHS IV. wurde die R. 1075 unter gleichzeitiger Verleihung städt. Rechte angelegt. 1627–1834 war R. Residenz einer Nebenlinie der Landgrafen von Hessen-Kassel, der ein Viertel des Landes hinsichtlich der Einkünfte zustand und deren Besitz daraufhin als **Rotenburger Quart** bezeichnet wurde. – Ev. Pfarrkirche (14. und 15. Jh.); ehem. Schloß (1570–1607; Westflügel 1750–56 umgebaut; Ostflügel 1790 abgebrochen, Nordflügel klassizistisch erneuert); Teile der Stadtbefestigung (1290); zahlreiche Fachwerkbauten (14. bis 18. Jh.); Rathaus (1597/98, Fachwerkgiebel 1656 wiederhergestellt).

**2) Rotenburg (Wümme),** früher **Rotenburg (Hannover),** Kreisstadt in Ndsachs., 23 m ü. M., im Wümmetal, (1992) 20 000 Ew.; Institut für Heimatforschung, Heimatmuseum; Fahrzeug- und Maschinenbau, Bau-, Spirituosenindustrie. – R. geht auf eine Burg Bischof RUDOLFS von Verden (um 1200) zurück. 1929 wurde R. Stadt.

**3) Rotenburg (Wümme),** Landkreis im Reg.-Bez. Lüneburg, Ndsachs., 2070 km², (1990) 140 500 Ew. Die flache Geestlandschaft mit Mooren und Niederungen an Hamme, Oste und Wümme hat Anteil an den saaleeiszeitl. Moränen- und Sanderabschnitten der Stader Geest und der westl. Lüneburger Heide. Der Waldanteil beträgt nur etwa 13 %. Die Bev.-Dichte ist niedrig (68 Ew. je km²). Bei durchweg armen Sand- und Moorböden beruht die Wirtschaft überproportional auf Landwirtschaft (Grünlandwirtschaft, Viehhaltung) sowie zugeordneten Gewerbebereichen: Milch- und Fleischverarbeitung, Landmaschinenbau, Holzverarbeitung. Die vier Städte, Bremervörde, Zeven, Rotenburg (Wümme) und Visselhövede, sind bei etwa gleichmäßiger räuml. Verteilung Mittelzentren sowie Gewerbestandorte. Der Kreis ist Pendlerwohn- und Naherholungsgebiet für Bremen, Bremerhaven und Hamburg.

**Rotenfels, Bad R.,** Ortsteil von → Gaggenau, Baden-Württemberg.

**Rotenon** [japan.] *das, -s,* in den Wurzeln versch. Schmetterlingsblütler, z. B. von Arten der Gattungen Derris, Lonchocarpus und Tephrosia (neben zahlreichen anderen, ähnlich wirkenden Substanzen, den ›Rotenoiden‹) vorkommender Giftstoff, der als Enzymhemmstoff in der Atmungskette wirkt. R. wurde früher v. a. als Pfeilgift und Fischgift verwendet, spä-

Rötelfalke: Männchen (Größe 30 cm)

Rötelmäuse: Europäische Rötelmaus (Kopf-Rumpf-Länge 9–11 cm)

ter auch als Insektizid (heute meist durch synthet. Produkte ersetzt).

**Rotenturm, Paß R.,** rumän. **Trecătoarea Turnul Roşu** [trekə-ʃu], Engpaß in den Südkarpaten, Rumänien, nördl. Engstelle des Durchbruchstals des Alt (35 km lang, 380–250 m ü. M.; südl. Engstelle: Paß Cozia), das das Fogarascher Gebirge (im O) vom Zibingebirge trennt. Die dem Tal folgende Straße (max. 653 m ü. M.; Rotenturmpaß, rumän. Pasul Turnu Roşu) verbindet das Siebenbürg. Hochland (im N) mit dem Donautiefland.

**Roter Brenner,** durch den Schlauchpilz Pseudopeziza tracheiphilae verursachte, weitverbreitete Krankheit der Weinrebe. Charakteristisch sind die gelbbraunen, wachsgelb gesäumten (Weißweinsorten) bzw. purpurroten, grünlichgelb gesäumten (Rotweinsorten), eckigen Blattflecken; die Blätter verdorren und fallen (noch vor der Blüte) ab. Das Myzel des Pilzes lebt in den Blattgefäßen und überwintert im Fallaub; Bekämpfung v. a. mit Kupferkalkbrühe.

**Roter Buntbarsch** (Länge 7–15 cm)

**Roter Buntbarsch, Hemichromis bimaculatus,** im nördl. und trop. Afrika verbreitete Art der Buntbarsche (Länge 7–15 cm), kräftig dunkelrot bis braunrot gefärbt; beliebter Aquarienfisch.

**Rot|erde,** *Bodenkunde:* tiefgründiger, durch Eisenoxide und -hydroxide rot gefärbter Bodentyp der wechselfeuchten Tropen auf silikat. Gesteinen; entstanden durch →Desilifizierung und →Ferralitisierung; in Mitteleuropa nur als →fossile Böden oder →Reliktböden. Durch Eisen-Aluminium-Konkretionen kann sich eine Lateritkruste bilden. – Mediterrane Roterde →Terra rossa.

**Roter Fluß,** chin. **Yuan Jiang** [- dʒiaŋ], vietnames. **Song Koi** oder **Hong Ha,** Fluß in SO-Asien; entspringt in 2 170 m ü. M. in der chin. Prov. Yunnan, durchfließt in Vietnam in einem geradlinigen, tiefen Tal (Graben) das Bergland von Tongking und mündet, in mehrere Arme aufgeteilt, mit einem 15 000 km² großen Delta in den Golf von Tongking; 1 183 km lang (davon 495 km in Vietnam); bis Viet Tri schiffbar, Haupthafen Haiphong. Die vom R. F. ins Meer transportierten Sinkstoffe, deren rötl. Farbe namengebend war, lassen das Delta im S jährlich um 100 m wachsen. Die oftmals verheerenden Überschwemmungen (durch Monsunregen und Taifune) erforderten in dem v. a. durch Reisanbau genutzten Delta ausgedehnte Deichanlagen; das Delta wurde zum Hauptwirtschafts- und Lebensraum Nordvietnams (→Tongking). Wichtige Nebenflüsse sind der **Schwarze Fluß** (vietnames. Song Bo oder Song Da), der am Beginn des Deltas mündet, und der **Klare Fluß** (Song Lo); beide aus China kommend), der bei Viet Tri mündet.

**Roter Frontkämpferbund,** Abk. **RFB,** Kampforganisation der KPD in der Zeit der Weimarer Republik, gegr. 1924, geleitet von E. THÄLMANN. Der RFB umfaßte 1927 in über 1 600 Ortsgruppen rd. 120 000 Mitgl. 1929 wurde er in Preußen, dann in den anderen dt. Ländern verboten; bestand illegal weiter. Nach 1933 wurde er zerschlagen.

**Roter Glaskopf,** Mineral, →Hämatit.
**Roter Halbmond,** →Rotes Kreuz.
**Rote Riesen,** Sterne geringer Temperatur, aber mit großem Durchmesser und entsprechend großer Leuchtkraft (→Riesen).

**Roter Main,** linker Quellfluß des Mains, Bayern, 50 km lang, entspringt am O-Rand der Fränk. Alb südlich von Bayreuth.

**Roter Sand,** aus Treibsand aufgebaute Untiefe in der Nordsee, in der Außenweser nordöstlich von Wangerooge; der 1885 errichtete gleichnamige Leuchtturm war bis 1965 in Betrieb.

**roter Tiefseeton,** toniges Meeressediment der Tiefsee, bedeckt etwa 28 % des Meeresbodens (im Pazif. Ozean 42,6 %, im Indischen Ozean 22 %, im Atlant. Ozean 18 %). Der r. T. besteht vorwiegend aus Tonmineralen und Verwitterungsresten, er ist sehr kalkarm, da das kohlensäurehaltige, unter hohem Druck stehende Tiefseewasser den Kalk löst, und enthält oft Manganknollen. (→Meeresablagerungen)

**Roter Trierer, Roter Triersche Wein|apfel,** seit über 100 Jahren in West- und Süd-Dtl., in Österreich und der Schweiz weit verbreitete, gute Mostapfelsorte; Fruchtfleisch grünlich- bis gelblichweiß, mittelfest, körnig, saftig, mit viel Süße und Säure.

**Rote Rübe, Rahne, Rote Beete, Rote Bete, Salatbete, Salat|rübe, Beta vulgaris ssp. vulgaris var. conditiva,** in zahlreichen Sorten angebaute Varietät der Gemeinen Runkelrübe mit verschieden gestalteter (u. a. kegelförmiger oder abgeplatteter), locker dem Erdboden aufliegender, fleischiger, weicher, durch Anthocyane dunkelrot gefärbter Rübe, in die das Hypokotyl und bei manchen Sorten auch die obersten Wurzelpartien einbezogen sind. Die R. R. ist eine zweijährige Pflanze, die im ersten Jahr die fleischige Knolle und eine Blattrosette, im zweiten Jahr dann einen bis mehr als 1 m hohen, rispig verzweigten Blütenstand ausbildet. – Etwa seit dem 13. Jh. ist die R. R. in Europa als Wurzelgemüse bekannt. Sie wird meist (gekocht, in Würfel oder Scheiben geschnitten) als Salat verwendet und zu Saft verarbeitet.

**rote Ruhr,** *Tiermedizin:* →Rinderkokzidiose.
**Roter von Rio, Feuersalmer, Hyphessobrycon flamme|us,** Art der Salmler aus der Umgebung von Rio de Janeiro; bis 4 cm langer, friedl. und anspruchsloser Schwarmfisch in Warmwasseraquarien.

**Rotes Höhenvieh,** das, →Rotvieh.
**Rotes Kreuz, 1)** internat. Schutzzeichen (rotes Kreuz auf weißem Feld) des Sanitätsdienstes, zugleich Kennzeichen der in 150 Ländern der Erde bestehenden nat. Rot-Kreuz-Gesellschaften; in islam. Ländern **Roter Halbmond,** in Israel **Roter Davidstern** (international nicht anerkannt).

**2)** internat. Hilfswerk auf der Grundlage nat. Gesellschaften zur Milderung der Leiden des Krieges, zur Hilfe bei Austausch von Gefangenen, Auskunftserteilung über Kriegsgefangene und Internierte, Betreuung von Kriegsgefangenenlagern, Schaffung von Sicherheitszonen, Hilfe in Katastrophenfällen u. a.

Die Tätigkeit des R. K. begann 1863 auf Anregung von H. DUNANT; 1864 wurde das aus 25 Schweizern bestehende Internat. Komitee vom R. K. (IKRK) in Genf geschaffen. Neben ihm bestehen die freiwilligen nat. Rot-Kreuz-Gesellschaften, die in der unabhängigen und dem IKRK gleichberechtigten **Internationalen Föderation der Liga der Rotkreuz- und Rothalbmondgesellschaften** zusammengeschlossen sind. IKRK, Internat. Föderation und nat. Gesellschaften bilden die **Internationale Rotkreuz- und Rothalbmondbewegung.** Präsident des IKRK ist seit 1987 CORNELIO SOMMARUGA. (→Genfer Vereinbarungen)

**3)** Kurz-Bez. für →**Deutsches Rotes Kreuz** oder →**Internationales Komitee vom Roten Kreuz**.

**Rotes Meer,** arab. **Bahr el-Ahmar** ['baxr el 'axmar], im Altertum **Sinus Arabicus, Mare Erythraeum,** langgestrecktes Nebenmeer (intrakontinentales Mitteelmeer) des Ind. Ozeans zw. der Arab. Halbinsel und dem afrikan. Kontinent, durch die Meerenge Bab el-Mandeb mit dem Golf von Aden, durch den Suezkanal mit dem Mittelmeer verbunden, 0,44 Mio. km² groß, mittlere Tiefe 538 m, größte Tiefe 2 920 m in der

**Roter von Rio:** Männchen (Länge 4 cm)

**Rotes Kreuz 1):** OBEN Rotes Kreuz; UNTEN Roter Halbmond

Zentralspalte, die das R. M. durchzieht. Die Halbinsel Sinai teilt das nördliche R. M. in den Golf von Suez und den Golf von Akaba.

*Geologie:* Die erste Öffnung des R. M.s durch das Auseinanderdriften der Arab. und Afrikan. Platte erfolgte vor 20–30 Mio. Jahren. Während dieser Periode war nur eine Verbindung zum Mittelmeer vorhanden, und es kam durch starke Verdunstung zu einer bis zu 4 km dicken Schicht von →Evaporiten. Nach zeitweiligem Stillstand erfolgte vor etwa 5 Mio. Jahren eine erneute Bewegung, die zur Bildung einer Zentralspalte (wie im Mittelozean. Rücken; Grenze zw. Afrikan. und Arab. Platte) führte und heute noch anhält (→Ostafrikanisches Grabensystem, →Plattentektonik).

Das *Klima* ist trocken-heiß. Im Nordteil wehen die Winde meist aus N bis NW, im Südteil herrschen Monsunwinde, im Sommer aus nördl., im Winter aus südl. Richtungen.

Die Farbe des *Wassers* ist tiefblau. Der Name R. M. kommt von einer Blaualge (Trichodesmium erythraeum) mit roten Pigmenten, die das Oberflächenwasser gelegentlich rot färbt. Die Oberflächentemperaturen betragen im Sommer meist über 30 °C und liegen im Winter – außer im Golf von Suez – zw. 20 und 25 °C. Die Wasserschicht unterhalb 200 m hat nahezu konstante Werte von Temperatur (21,7 °C) und Salzgehalt (40,6‰). Die Oberflächensalzgehalte steigen von S nach N von 37‰ auf 41‰ an. Die Oberflächenströmungen verlaufen im wesentlichen südwärts an der afrikan. und nordwärts an der arab. Küste, sind aber stark veränderlich. Eine bodennahe Strömung transportiert salzreiches Wasser vom R. M. durch die Meerenge Bab el-Mandeb in den Golf von Aden, während eine entgegengesetzt gerichtete Oberflächenströmung salzärmeres Wasser in das R. M. bringt. 1964 wurde in der Zentralspalte des R. M.s eine bodennahe Wasserschicht mit Temperaturen bis 60 °C und Salzgehalten bis 330‰ entdeckt (Hot brines, →Erzlagerstätten). Die Sole tritt mit über 100 °C aus dem Meeresboden und ist reich an gelösten Metallen, die im Bodenschlamm abgelagert werden. 1979 war eine Probeförderung des Erzschlamms aus 2 000 m Tiefe erfolgreich, bislang findet aber eine kommerzielle Förderung noch nicht statt.

Die *Gezeiten* sind überwiegend halbtägig, nur in einigen isolierten Gebieten (Port Sudan, Bab el-Mandeb) herrschen eintägige Gezeiten vor. Die größten halbtägigen Springtidenhübe (bis zu 1,4 m) treten im N auf. Die starken Gezeitenströme in der Meerenge Bab el-Mandeb erreichen über 1 m/s.

*Schiffsverkehr:* Seit der Eröffnung des Suezkanals ist das R. M. von großer Bedeutung für den Seeverkehr zw. Europa und Indien, Ostasien und Australien. Wichtige Häfen sind Massaua, Port Sudan, Suez, Djidda, Janbo und Hodeida.

*Religionsgeschichte:* In der Septuaginta und im N. T. wird das alttestamentl. ›Schilfmeer‹ (hebr. jam-suf) R. M. genannt. Im A. T. ist mit Schilfmeer an einigen Stellen mit Sicherheit der Golf von Akaba gemeint (2. Mos. 23, 31; Ri. 11, 16; 1. Kön. 9, 26). Ob diese Lokalisierung auch für die in der Erzählung des (Schilf-)Meerwunders (2. Mos. 13, 17–14, 31) geschilderten Ereignisse gilt, ist wegen der literarisch komplizierten Überlieferungssituation umstritten.

Hot brines and recent heavy metal deposits in the Red Sea, hg. v. E. T. DEGENS u. a. (Berlin 1969); J. B. MAYNARD: Geochemistry of the sedimentary ore deposits (ebd. 1983).

**rote Spinne,** →Spinnmilben.

**rotes Zedernholz,** dem Holz der Echten Zeder ähnliches aromat. Holz verschiedener Wacholderarten, z. B. der Roten Zeder. Das dichte, gleichmäßig strukturierte und weinrote Holz wird als klass. Bleistiftholz sowie für Zigarrenkisten verwendet.

**Rote Tide, Red tide** [red taɪd, engl.], Bez. für die durch Massenvermehrung rotgefärbter Dinoflagellaten (Gymnodinium breve, Gymnodinium venificum; Gonyaulax catenella) verursachte Rotfärbung oberflächl. Wasserschichten im Meer. Die Algen sondern Gifte ab, die auf Fische stark toxisch wirken und auch für den Menschen gefährlich werden können, v. a. durch Anreicherung in eßbaren Muscheln.

**Rote Wand,** höchste Erhebung der westl. Lechtaler Alpen (Lechquellengebirge), Vorarlberg, Österreich, 2 704 m ü. M.; am S-Fuß der Formarinsee, dem der Lech entfließt.

**Rote Zeder,** 1) **Rot|zeder,** Art der Pflanzengattung →Wacholder.
2) der Riesenlebensbaum (→Lebensbaum).

**Rote Zellen,** Studentengruppen marxistisch-leninist. Richtung, 1969 zuerst an der FU Berlin, seitdem auch an Univ. der Bundesrep. Dtl. gebildet, setzten sich zum Ziel, die Univ. als zentrale ›bürgerl.‹ Institutionen zu zerschlagen sowie Forschung und Lehre auf marxist. Grundlagen zu stellen. Seit Mitte der 70er Jahre verloren sie an Bedeutung.

**Rotfäule,** durch parasit. Pilze hervorgerufener Abbau des Kernholzes lebender Bäume, so daß eine Aushöhlung des Baumstamms erfolgt. Die R. tritt v. a. bei Fichten auf; die Rotfärbung kommt durch das nach Celluloseersetzung entstehende Lignin zustande.

Rotfeder (Länge bis 40 cm)

**Rotfeder, Scardinius erythrophthalmus,** bis 40 cm langer Karpfenfisch mit schräger Maulspalte, hellroten Flossen, gekielter Bauchkante und goldfarbener Iris; in stehenden und langsam fließenden, pflanzenreichen Gewässern Eurasiens; Angelfisch, regional gefährdet.

Rotfeuerfische: Pterois volitans (Länge bis 30 cm)

**Rotfeuerfische,** Name zweier im Indopazifik verbreiteter Gattungen (**Pterois** und **Dendrochirus**) der Drachenköpfe. Der zinnoberrote, mit weißer Querbänderung versehene **Rotfeuerfisch** (Pterois volitans; Länge bis 30 cm) besitzt große, flügelartig verbreitete Brustflossen und Giftdrüsen am Grund jedes Rückenflossenstrahls, die ein auch für den Menschen gefährl. Gift erzeugen; Seewasseraquarienfisch.

**rotfigurige Vasen,** nach der Art der Bemalung benannte antike griech. →Vasen.

**Rotfilter,** *Photographie:* →Filter 6).

**Rotflossensalmler, Aphyocharax anisitsi,** im Stromgebiet des Rio Paraná heim. Salmlerart (Länge bis 5 cm), friedl. Schwarmfisch im Aquarium.

**Rotforelle,** der Wandersaibling (→Saiblinge).

**Rotfuchs, Vulpes vulpes,** Art der →Füchse (Kopf-Rumpf-Länge bis 90 cm, Schwanzlänge bis 40

Rotflossensalmler (Länge bis 5 cm)

**Rotf** Rotfußfalke – Roth

cm) v. a. in deckungsreichen Landschaften Eurasiens, N-Afrikas und Nordamerikas. Meist überwiegend rostrot gefärbt, mit grauer Bauchseite, schwarzen Füßen und fast stets weißer Schwanzspitze. Der vorwiegend dämmerungs- und nachtaktive R. hält sich tagsüber in Erdbauen auf. Die Paarungszeit fällt in die Monate Jan. und Febr. Nach einer Tragezeit von 50–52 Tagen werden drei bis acht Junge im Erdbau geboren. – Als häufigster Tollwutüberträger in Mittel-

**Rotfuchs** (Kopf-Rumpf-Länge bis 90 cm, Schwanzlänge bis 40 cm)

europa wurde der R. früher durch zeitweise Begasung der Baue und verstärkte Abschüsse bekämpft, ohne daß jedoch die Tollwut dadurch merklich eingedämmt werden konnte. Bessere Resultate zeigen die seit Beginn der 1980er Jahre durchgeführten Impfmaßnahmen mittels Köder.

Beim R. unterscheidet man zahlreiche (z. T. als Unterarten angesehene) Farbvarianten, deren Felle als Pelzwerk begehrt sind, weswegen die Tiere oft in Pelztierfarmen gezüchtet werden. Hierher gehören neben dem → Silberfuchs u. a.: **Alaska-R.**, v. a. in Alaska; dunkelrot mit weißer Kehle und beinahe mähnenartiger Behaarung am Nacken und vorderen Rückenteil; liefert einen der schönsten R.-Pelze; **Brandfuchs**, düster rotbraun, Nackenpartie stark verdunkelt, Gesichtsmaske und Bauchseite schwärzlich; **Goldfuchs** (Birkfuchs), mit hellerer, gelbroter Grundfärbung; v. a. in Küstengebieten und Tundren; **Kamtschatkafuchs** (Feuerfuchs), in NO-Sibirien; Fell leuchtend rot; mit stark buschigem Schwanz; liefert wertvollen Pelz; **Kreuzfuchs**, mit dunkler, über Rücken und Schultern kreuzförmig verlaufender Zeichnung; im Rauchwarenhandel wegen seiner Seltenheit sehr begehrt.

**Rotfußfalke, Abendfalke, Falco vespertinus**, bis 30 cm langer, gesellig lebender Falke, v. a. in den Balkanländern sowie in den gemäßigten Regionen O-Europas und Asiens; die Männchen sind schwärzlichgrau, mit orangeroten Beinen, die Weibchen rostgelb, mit grau gebändertem Rücken. Der R. baut sein Nest in Bäumen und Büschen; Zugvogel, der in O- und S-Afrika überwintert.

**Rotgipfler** [nach den bronzefarbenen Spitzen seiner Triebe], spät reifende, frostempfindl. Weißweinrebe in Österreich; erbringt hohe Mostgewichte und mittlere Erträge (40–60 hl/ha); liefert goldfarbene, extrakt- und meist alkoholreiche Weine mit markantem Bukett und merkl. Säure. R. ist fast nur in Niederösterreich (180 ha), und zwar um Gumpoldskirchen, vertreten; er wird oft mit Zierfandler zus. gekeltert und dann traditionell als **Spätrot-Rotgipfler** (ein Weißwein!) angeboten.

**Rot-Grün-Blindheit**, Form der →Farbenfehlsichtigkeit.

**Rotgültigerz**, die Minerale Pyrargyrit ($Ag_3SbS_3$, **dunkles R.**, Antimonsilberblende) und Proustit ($Ag_3AsS_3$, **lichtes R.**, Arsensilberblende), scharlach- bis zinnoberrot, z. T. dunkelgrau; durchscheinend bis durchsichtig, Metall- bis Diamantglanz; Härte nach MOHS 2,5–3, Dichte 5,57–5,85 g/cm³; schöne, trigonale, prismatische Kristalle, meist aber derb, eingesprengt; wichtiges und häufiges Silbererz, hydrothermal gebildet, neben anderen Ag-Mineralen und Bleiglanz auf Gängen. Seltene, hellrote, monokline Modifikationen sind **Feuerblende** (**Pyrostilpnit**) und **Xanthokon**.

**Rotguß**, Kupferlegierung, →Bronzekunst.

**Roth**, 1) Kreisstadt in Bayern, 340 m ü. M., an der Rednitz, (1991) 21 700 Ew.; Fabrikmuseum der Leonischen Industrie (Gespinste, Gewebe und Geflechte mit feinen Metallfäden), histor. Eisenhammer (Museum); Draht-, Kabel-, Aluminiumwerke, Elektronikindustrie, Herstellung von Christbaumschmuck; Hafen (Güterumschlag) am Main-Donau-Kanal (→Rhein-Main-Donau-Großschiffahrtsweg). – R. war vermutlich seit dem 12. Jh. Markt und erhielt zw. 1358 und 1363 Stadtrecht; seit 1972 Kreisstadt. – Das Markgräfl. Schloß Ratibor ist eine Renaissanceanlage von 1535–37; die ursprünglich spätgot. ev. Kirche erhielt Ende des 19. Jh. einen neuen Turm.

2) Landkreis im Reg.-Bez. Mittelfranken, Bayern, 895 km², (1991) 110 600 Ew.; grenzt im N an die kreisfreien Städte Nürnberg und Schwabach. Der Kreis erstreckt sich im weiten, von der Rednitz durchflossenen, waldreichen Mittelfränk. Becken (sandige Böden) sowie im offenen Albvorland (schwere Tonböden) und im SO-Teil über die trockene Jurakalkhochfläche der Fränk. Alb. Spalt ist Mittelpunkt eines wichtigen dt. Hopfenanbaugebietes; andere Agrarprodukte sind Getreide, Kartoffeln, Tabak, Kirschen und Spargel. Städte sind Roth (wichtigster Industriestandort), Hilpoltstein, Greding, Spalt, Abenberg und Heideck. Durch den Kreis führt den Main-Donau-Kanal (→Rhein-Main-Donau-Großschiffahrtsweg), der mit Wasser aus der Talsperre Kleine Roth (7 Mio. m³) versorgt wird.

**Roth**, 1) Alfred, schweizer. Architekt, * Wangen an der Aare 21. 5. 1903; studierte bei K. MOSER, 1927–28 Zusammenarbeit mit LE CORBUSIER, der ihn maßgeblich beeinflußte. 1931 eröffnete er ein Büro in Zürich. 1943–56 war er Redakteur der Zeitschrift ›Werk‹. 1949–52 lehrte er an der Washington University in Saint Louis (Mo.) und 1953 an der Harvard University; 1956–71 war er Prof. an der ETH Zürich. R. trat bes. hervor mit Mehrfamilienhäusern (Wohnsiedlung Doldertal in Zürich; 1935–36, mit M. L. BREUER und seinem Vetter EMIL ROTH), Schulen in der Schweiz, in den USA (Saint Louis), in Jugoslawien (Skopje) und Kuwait.
Schriften: Die Neue Architektur (1940); Das neue Schulhaus (1950); Begegnung mit Pionieren (1973); Amüsante Erlebnisse eines Architekten (1988).
A. R. Architect of continuity. Architekt der Kontinuität (Zürich 1985).

2) Dieter, schweizer. Schriftsteller, Maler, Graphiker und Musiker, Pseudonyme **D. Rot, Diter Rot, Dieterich R., Karl-Dieterich R.**, * Hannover 21. 4. 1930. R.s Werk ist durch ein multimediales Experimentieren mit Literatur und Bild, Wort und Schrift gekennzeichnet, das auch das Spielen mit dem eigenen Namen sowie ein Verwirrspiel um die Grenzen zw. Realität und Fiktion im eigenen Werk einschließt. Mit E. GOMRINGER und M. WYSS gründete R. 1953 die Zeitschrift ›Spirale‹.
D. SCHWARZ: Auf der Bogen Bahn. Studien zum literar. Werk von D. R. (Zürich 1981); D. R. Zeichnungen, bearb. v. H. HOHL, Ausst.-Kat. (1987).

3) Eugen, Schriftsteller, * München 24. 1. 1895, † ebd. 28. 4. 1976; war bis 1933 Redakteur, danach freier Schriftsteller. Nach z. T. expressionist. Anfängen wurde R. überaus populär durch die heiterbesinnl. Gedichte der Sammlungen ›Ein Mensch‹

Rotfußfalke: Männchen (Größe 30 cm)

Rotgültigerz

(1935), ›Mensch und Unmensch‹ (1948), ›Der letzte Mensch‹ (1964), in denen sich Nachdenkliches und Lebensweisheiten mit melanchol. Witz und ironisch-skept. Distanz formuliert finden. Daneben entstanden auch Essays, einfühlsame Novellen (›Abenteuer in Banz‹, 1943) sowie Kinderbücher.

**Ausgabe:** Sämtl. Werke, 8 Bde. (1977).

4) **Gerhard**, österr. Schriftsteller, * Graz 24. 6. 1942; Studium der Medizin, danach Organisationsleiter im Rechenzentrum Graz; seit 1977 freier Schriftsteller; lebt heute in Wien. R. begann, im Kontext des Grazer ›Forum Stadtpark‹, v. a. mit experimentellen Prosawerken und Theaterstücken, die sich in dem Band ›Menschen, Bilder, Marionetten. Prosa, Kurzromane, Stücke‹ (1979) gesammelt finden. Mit den in den USA bzw. in Italien spielenden Romanen ›Der große Horizont‹ (1974), ›Ein neuer Morgen‹ (1976) und ›Winterreise‹ (1978) wandte sich R. einer realist. Erzählweise zu, wobei er Ausbruchs- und Fluchtthematik mit Elementen des Entwicklungs-, Reise- und Kriminalromans verband. In dem Roman ›Der stille Ozean‹ (1980) und dem umfangreichen, durch eine ›Dorfchronik‹ ergänzten Werk ›Landläufiger Tod‹ (1984) verlagerte sich der Schauplatz in R.s steir. Heimat: Die minutiösen, z. T. auf Photostudien beruhenden Schilderungen des Landlebens zeigen eine Welt, in der Angst, Abhängigkeiten und Todessehnsucht aus Verzweiflung dominieren. Diese letztgenannten Werke, die Romane ›Am Abgrund‹ (1986) und ›Der Untersuchungsrichter‹ (1988) sowie der Bild-Text-Band ›Im tiefen Österreich‹ (1990) sind Teile des siebenbändigen Zyklus ›Die Archive des Schweigens‹ (z. T. verfilmt), der durch den ›Bericht‹ des aus der Emigration zurückkehrenden Wiener Juden Walter Berger ›Die Geschichte der Dunkelheit‹ (1991) und die Essay-Sammlung ›Eine Reise in das Innere von Wien‹ (1991) abgeschlossen wird. Daneben entstanden weitere Werke, unter denen v. a. R.s Dramen ›Sehnsucht‹ (1976), ›Erinnerungen an die Menschheit‹ (1985) und ›Franz Lindner und er selbst‹ (1985) herausragen.

5) **Heinrich**, Erziehungswissenschaftler und Psychologe, * Gerstetten 1. 3. 1906, † Göttingen 7. 7. 1983; ab 1956 Prof. in Frankfurt am Main, ab 1961 in Göttingen; Verfasser bedeutender Beiträge mit breiter Wirkung zu pädagog., Psychologie und Anthropologie, Lehreramt und Schulreform; setzte sich für größere Beachtung empir. Methoden und von Nachbarwissenschaften in der pädagog. Forschung ein.

**Werke:** Pädagog. Psychologie des Lehrens u. Lernens (1957); Jugend u. Schule zw. Reform u. Restauration (1961); Pädagog. Anthropologie, 2 Bde. (1966–71); Revolution der Schule? (1969); Der Lehrer u. seine Wiss. (1976). – **Hg.:** Begabung u. Lernen (1969).

6) [rɔθ], **Henry**, amerikan. Schriftsteller, * Tysmeniza (bei Iwano-Frankowsk) 8. 2. 1906; wuchs in New York auf. Sein autobiographisch gefärbter Roman ›Call it sleep‹ (1934; dt. ›Nenne es Schlaf‹) über ein Immigrantenkind, der erst seit der Neuveröffentlichung 1960 eine bedeutende Wirkung ausübt, gilt als Klassiker der jüdisch-amerikan. Literatur.

B. LYONS: H. R.: The man and his work (New York 1976); I. HOWE: World of our fathers (Neuausg. ebd. 1989).

7) **Joseph**, österr. Schriftsteller, * Brody (bei Lemberg) 2. 9. 1894, † Paris 27. 5. 1939; veröffentlichte während des Ersten Weltkrieges erste feuilletonist. Arbeiten und Gedichte; war nach dem Krieg für versch. Zeitungen in Wien, Prag und Berlin tätig und war dann Korrespondent der ›Frankfurter Zeitung‹, in deren Auftrag er nach Frankreich, in die Sowjetunion, nach Polen und Albanien reiste. R. emigrierte 1933 nach Frankreich, lebte zuletzt in Paris, wo er sich in österreichisch-monarchist. Kreisen gegen den Nationalsozialismus engagierte und schließlich an den

**Roth 1):** Prunksaal im Schloß Ratibor; 1535–37

Folgen seiner Trunksucht in einem Armenhospital starb. Seine ersten Romane (›Das Spinnennetz‹, 1923 veröffentlicht in der ›Arbeiterzeitung‹; ›Hotel Savoy‹, 1924; ›Die Rebellion‹, 1924) sind – wie seine zahlreichen journalist. Arbeiten dieser Zeit – von sozialist. Engagement und Auseinandersetzung mit dem Stil der ›Neuen Sachlichkeit‹ geprägt. Unter dem Eindruck einer Reportagereise in die Sowjetunion 1926 wandte er sich zunehmend vom Sozialismus ab; thematisch vorherrschend wurden in der Folge die Welt des Ostjudentums (›Hiob‹, 1930) sowie der Untergang der Donaumonarchie (›Radetzkymarsch‹, 1932; ›Die Kapuzinergruft‹, 1938), deren Völkergemeinschaft ihm – in verklärter Sicht – auch als realpolit. Alternative zum Nationalismus und Faschismus seiner Zeit erschien.

**Eugen Roth**

**Weitere Werke:** *Romane:* Flucht ohne Ende (1927); Zipper u. sein Vater (1928); Rechts u. links (1929); Tarabas (1934); Beichte eines Mörders (1936); Die hundert Tage (1936); Das falsche Gewicht (1937); Die Geschichte der 1002. Nacht (1939); Der stumme Prophet (hg. 1966) Perlefter (hg. 1978). – *Erzählungen:* Die Legende vom heiligen Trinker (1939); Der Leviathan (hg. 1940). – *Essay:* Juden auf Wanderschaft (1927).

**Ausgaben:** Werke, hg. v. H. KESTEN, 4 Bde. (Neuausg. 1975–76); Berliner Saisonbericht. Unbekannte Reportagen u. journalist. Arbeiten, 1920–39, hg. v. K. WESTERMANN (1984); Werke, 6 Bde. (1989–91).

H. SCHEIBLE: J. R. (1971); D. BRONSEN: J. R. Eine Biogr. (1974); J. R., hg. v. H. L. ARNOLD (1974); J. R. u. die Tradition, hg. v. D. BRONSEN (1975); I. SÜLTEMEYER: Das Frühwerk J. R.s 1915–1926 (Wien 1977); J. R. 1894–1939, bearb. v. B. ECKERT u. a., Ausst.-Kat. (²1979); H. NÜRNBERGER: J. R. (1981); R. KOESTER: J. R. (1982); M. WILLERICH-TOCHA: Rezeption als Gedächtnis. Studien zur Wirkung J. R.s (1984); K. WESTERMANN: J. R., Journalist. Eine Karriere 1915–1939 (1987); J. HEIZMANN: J. R. u. die Ästhetik der Neuen Sachlichkeit (1990).

**Gerhard Roth**

8) **Klaus Jürgen**, brit. Mathematiker dt. Herkunft, * Breslau 29. 10. 1925; seit 1961 Prof. in London. Das wichtigste Arbeitsgebiet R.s ist die Zahlentheorie. Hier gelang es ihm 1955, das bereits von J. LIOUVILLE 1844 formulierte Problem der Approximation algebraischer Zahlen durch rationale zu lösen. Träger der Fields-Medaille 1958.

9) [rɔθ], **Philip**, amerikan. Schriftsteller, * Newark (N.J.) 19. 3. 1933. In seinen frühen Erzählungen (›Goodbye Columbus!‹, 1959; dt.) und Romanen (›Portnoy's complaint‹, 1969; dt. ›Portnoys Beschwerden‹) setzte er sich ironisch-satirisch mit Erfahrungswelt und Selbstverständnis der jüdisch-amerikan. Mittelschicht auseinander. In seinen späteren Werken tritt die selbstreflexive Beschäftigung mit der Schrift-

**Joseph Roth**

**Roth**   Rotha – Rothenberger

Philip Roth

stellerexistenz in den Vordergrund, so in den Romanen um sein fiktives Alter ego, den Schriftsteller Nathan Zuckerman: ›The ghost writer‹ (1979; dt. ›Der Ghost-writer‹), ›Zuckerman unbound‹ (1981; dt. ›Zuckermans Befreiung‹, auch u. d. T. ›Der entfesselte Zuckerman‹), ›The anatomy lesson‹ (1983; dt. ›Die Anatomiestunde‹), ›The Prague orgy‹ (1985; dt. ›Die Prager Orgie. Ein Epilog‹), ›The counterlife‹ (1987; dt. ›Gegenleben‹). In diesen und weiteren Werken, so bes. dem ›faktograph.‹ Gegenentwurf zu den Zuckerman-Romanen ›The facts. A novelist's autobiography‹ (1988; dt. ›Die Tatsachen. Autobiographie eines Schriftstellers‹), wird die Unterscheidbarkeit von Tatsache und Erfindung, von Leben und Literatur in Frage gestellt.

**Weitere Werke:** *Romane:* Letting go (1962; dt. Anderer Leute Sorgen); The breast (1972; dt. Die Brust); My life as a man (1974; dt. Mein Leben als Mann); The professor of desire (1977; dt. Professor der Begierde); Deception (1990); Patrimony. A true story (1991; dt. Mein Leben als Sohn).

B. F. RODGERS: P. R. (Boston, Mass., 1978); J. P. JONES u. G. A. NANCE: P. R. (New York 1981); Critical essays on P. R., hg. v. S. PINSKER (Boston, Mass., 1982); P. R., hg. v. H. BLOOM (New York 1986).

**10)** Walter Rudolf von (seit 1873), Indologe, * Stuttgart 3. 4. 1821, † Tübingen 23. 6. 1895; Prof. in Tübingen. R. war Hauptbegründer der vedischen Studien in Dtl. und förderte auch das Verständnis des Avesta.

**Werke:** Sanskrit-Wb., 7 Tle. (1855–75, mit O. BÖHTLINGK). – **Hg.:** Atharva Veda Sanhita (1856, mit W. D. WHITNEY).

V. STACHE-ROSEN: German indologists (Neu Delhi ²1990).

**Rotha** ['rɔθə], Paul, brit. Filmregisseur, * London 3. 6. 1907, † Wallingford (Cty. Oxfordshire) 7. 3. 1984; bedeutender Vertreter der brit. Dokumentarfilmbewegung der 1930er und 1940er Jahre; Verfasser filmhistor. und filmtheoret. Werke; auch Produzent.

**Filme:** Besuch bei Mr. Scruby (Cat and mouse, 1957); Das Leben von Adolf Hitler (1961).

**Rötha**, Stadt im Kr. Borna, Sachsen, 132 m ü. M., südlich von Leipzig, (1990) 4800 Ew.; Großkelterei und Mosterei, Gartenbau; bei R. Tagebau des Böhlen-Zwenkauer Braunkohlenreviers. – R. wurde 1291 erstmals als Marktort, 1531 erstmals urkundlich als Stadt bezeugt.

**Rot|haargebirge**, waldreicher Gebirgszug im östl. → Sauerland, NRW und Hessen. Das R. ist niederschlagsreich und ist Quellgebiet von Sieg, Lahn, Eder im S, Lenne, Ruhr, Diemel im N; dazwischen erstreckt sich der kammartige, z. T. aus Quarziten bestehende Rücken mit steilen Flanken. Größte Erhebungen: der Kahle Asten (841 m ü. M.) und, im → Waldecker Upland, der Langenberg (843 m ü. M.); Erholungs- und Wintersportgebiet. Zum Naturpark R. (1355 km²; eingerichtet 1963) gehört auch der größte Teil des Wittgensteiner Landes.

**Rothaarigkeit, Rutilismus**, die natürl. Rotfärbung der menschl. Haare. R. wird durch (mutative) Veränderungen des Pigmentstoffwechsels verursacht und ist rezessiv erblich. Bei dunkelhäutigen Menschen zeigt sie sich häufig nur als schwacher Rotschimmer (**Erythrismus**). Gehäuft tritt sie bei schott. Hochlandbewohnern und Iren (etwa 11% der Bev.) auf. Im N und NW Europas liegt der Anteil der Rothaarigen bei etwa 5%, im Süden bei weniger als 1%. – Zu *Volks-* und *Aberglauben* → Rot.

**Rot|hacker**, Erich, Philosoph und Psychologe, * Pforzheim 12. 3. 1888, † Bonn 11. 8. 1965; war ab 1924 Prof. in Heidelberg, 1928–54 in Bonn. R. bemühte sich bes. um eine Kulturanthropologie, wobei er Kultur aus ihrem anthropolog. Ursprung heraus zu verstehen suchte. Kulturen kennzeichnete er als jeweils bestimmte Ausformungen individueller Lebensstile. In seiner Schichtenlehre konzipierte er die Person als aus mehreren unabhängigen, hierarchisch geordneten

Erich Rothacker

Richard Rothe

Anneliese Rothenberger

Schichten (Tiefenperson, Personschicht) bestehendes Wesen. Seine Theorie der Geisteswissenschaften knüpft an die ›histor. Schule‹ (W. DILTHEY) an.

**Werke:** Logik u. Systematik der Geistes-Wiss.en (1926); Die Schichten der Persönlichkeit (1938); Probleme der Kulturanthropologie, in: Systemat. Philosophie, hg. v. N. HARTMANN (1942); Philosoph. Anthropologie (1964); Das Buch der Natur (hg. 1979).

H.-W. NAU: Die systemat. Struktur von E. R.s Kulturbegriff (1968); W. PERPEET: E. R. (1968).

**Rot|halsgans**, Art der → Meergänse.

**Rot|halstaucher**, Art der → Lappentaucher.

**Rothari**, König der Langobarden (seit 636), * um 606, † 652; eroberte weite Teile Oberitaliens und hinterließ ein geschlossenes Langobardenreich. Historisch wichtigste Tat des arian. Königs war die Verkündung des ›Edictus (Edictum) R.‹ (22. 11. 643), mit dem die langobard. Rechtsaufzeichnungen beginnen (→ langobardisches Recht).

**Rot|häute** [Lehnübersetzung von engl. redskin, nach der früher verbreiteten roten Körperbemalung], volkstüml. Bez. für die Indianer Nordamerikas.

**Rothe**, 1) Johannes, Chronist und Dichter, * Creuzburg um 1360, † Eisenach 5. 5. 1434; um 1384–97 Ratsschreiber in Eisenach, 1393 als ›notarius‹ und ab 1387 als Priester nachgewiesen. Im Chorherrenstift an der Liebfrauenkirche, in das er um 1404 eintrat, übernahm er 1421 die Leitung der Stiftsschule. Aus seiner Tätigkeit als Ratsschreiber sind die beiden ›Ratsgedichte‹ hervorgegangen sowie die zehn Rechtsbücher samt dem ›Eisenacher Rechtsbuch‹. Verfaßte u. a. die 1409 reichende ›Eisenacher Chronik‹, eine dt. Prosabearbeitung der ›Historia de lantgraviis Thuringie Eccardiana‹, die ›Thüringische Landeschronik‹ (1407–18), die ›Thüringische Weltchronik‹, die der Landgräfin ANNA gewidmet ist, einen ›Fürstenratgeber‹ in Paarreimen und wohl um 1415 einen ›Ritterspiegel‹ in Kreuzreimen. Von R.s paargereimten geistl. Gedichten fand sein ›Elisabethenleben‹, eine Lebensbeschreibung der hl. ELISABETH von Thüringen, die weiteste Verbreitung.

U. PETERS: Lit. in der Stadt (1983); V. HONEMANN: R., J., in: Die dt. Lit. des MA. Verfasserlex., begr. v. W. STAMMLER, hg. v. K. RUH u. a., Bd. 8, Lfg. 1 (²1990).

**2)** Richard, ev. Theologe, * Posen 28. 1. 1799, † Heidelberg 20. 8. 1867; ab 1837 Prof. für systemat. Theologie in Heidelberg, 1849–54 in Bonn; bedeutender Vertreter der Vermittlungstheologie. Bes. von der Erweckungsbewegung, G. F. W. HEGEL und F. D. E. SCHLEIERMACHER geprägt, entwickelte er eine spekulative theolog. Konzeption, die sich v. a. in seinem Hauptwerk ›Theolog. Ethik‹ (3 Bde., 1845–48) ausdrückt. Hierbei verband er den Begriff eines personalen, absoluten Gottes mit der Vorstellung einer evolutionären Weltschöpfung, die im Menschen das Ziel hat, sich mit Gott in freier, religiös-eth. Selbstbestimmung zu vereinigen. Dazu entwarf R. eine Tugend-, Pflichten- und Güterlehre für den praktisch-eth. Vollzug einer zu lebenden Frömmigkeit. (→ Neuprotestantismus)

**Weitere Werke:** Die Anfänge der christl. Kirche u. ihre Verf. (1837); Zur Dogmatik (1863); Nachgelassene Predigten, 3 Bde. (hg. 1868–69).

**Röthenbach a. d. Pegnitz**, Stadt im Kr. Nürnberger Land, Bayern, 330 m ü. M., zw. Pegnitztal und Moritzberg (600 m ü. M.), (1991) 13 000 Ew.; Industriestandort (Metall-, Graphitverarbeitung) und Wohnstadt. – 1953 wurde R. a. d. P. Stadt.

W. SCHWEMMER: R. a. d. P. Die Gesch. einer Industriestadt (1982).

**Rothenberger**, Anneliese, Sängerin (lyr. Sopran), * Mannheim 19. 6. 1924; debütierte 1943 in Koblenz, wurde 1949 Mitgl. der Hamburg. Staatsoper, 1956 der Dt. Oper am Rhein (in Düsseldorf und Duisburg) und 1958 der Wiener Staatsoper. Sie sang auch bei Fest-

Rothenburg – Rothfels **Roth**

spielen (Edinburgh, Salzburg, Glyndebourne) und wurde bes. als Mozart- und Strauss-Interpretin sowie als Liedsängerin bekannt; trat auch mit eigenen Sendungen im Fernsehen auf. Autobiographie: ›Melodie meines Lebens‹ (1972).

**R<u>o</u>thenburg,** Name von geographischen Objekten:

**1) R<u>o</u>thenburg ob der T<u>au</u>ber,** Große Kreisstadt im Kr. Ansbach, Bayern, 430 m ü. M., an der Kante des rd. 70 m tief in die Muschelkalk-Lettenkeuperfläche eingeschnittenen, engen, gewundenen Taubertals, (1991) 11 500 Ew.; Reichsstadtmuseum (im Dominikanerinnenkloster), Puppen- und Spielzeugmuseum, Mittelalterl. Kriminalmuseum; sehr starker Fremdenverkehr (hauptsächlich Tagesausflugsverkehr); außerhalb der Altstadt Elektro-, Metall- und Textilindustrie. – Oberhalb des 970 mit einer Kirche versehenen Dorfes Detwang errichteten die Grafen von Komburg auf einer ins Taubertal vorspringenden Bergnase die ›Rote Burg‹; nach dem Aussterben des Grafengeschlechts fiel sie 1116 an die Staufer. Die zugehörige Burgsiedlung wurde noch vor 1241 Stadt und war seit 1272/74 Reichsstadt. Sie konnte sich gegen die Nachbarn (Würzburg, Zollern u. a.) behaupten und die unabhängige Stellung bewahren. 1544 wurde die Reformation eingeführt. Im Bauernkrieg stand die durch den Erwerb eines weiten Landgebiets mächtige Stadt auf seiten der Bauern, was ein Strafgericht Markgraf KASIMIRS von Brandenburg-Ansbach (* 1481, † 1527) nach sich zog. An die Belagerung durch kaiserl. Truppen unter J. T. VON TILLY (1631) erinnert das Festspiel ›Der Meistertrunk‹. 1802/03 fiel R. an Bayern, ein Teil seines einstigen Territoriums kam an Württemberg. – Weitgehend erhaltene mittelalterl. Stadtmauer (v. a. 14./15. Jh.); zahlreiche Wohnhäuser des 15. und 16. Jh.; ev. Pfarrkirche St. Jakob (14. und 15. Jh.) mit dem Heiligblutaltar von T. RIEMENSCHNEIDER (1501–05) und einem spätgot. Flügelaltar (1466); ehem. Franziskanerkirche (Chor 1285–1309; Langhaus 1. Hälfte 15. Jh.); bedeutendes Rathaus (im Kern 13. Jh., v. a. 1572ff.; Laubengang 1681); Tauberbrücke (Doppelbrücke von 1330/1400; wiederaufgebaut nach 1945); Topplerschlößchen (1388). In der romanischen Kirche St. Peter und Paul von Detwang ein Kreuzaltar von RIEMENSCHNEIDER (gegen 1510).

K. HOLSTEIN: Rothenburger Stadtgesch. (1963); H. WOLTERING: Die Reichsstadt R. ob der Tauber u. ihre Herrschaft über die Landwehr, 2 Bde. (1965–71).

**Rothenburg 1):** Stadtentwicklung

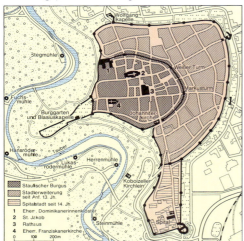

**Rothenburg 1):** Mittelalterliche Häuserzeile (Baugruppe) ›Plönlein‹ an der Schmiedgasse und Sieberturm (14. Jh.) der ehemaligen Stadtbefestigung

**2) R<u>o</u>thenburg/O. L.,** sorb. **Rózbork** [ˈruz-], Stadt in der Oberlausitz, im Kr. Niesky, Sachsen, 160 m ü. M., am linken (hohen) Ufer der Neiße, die hier die Grenze gegen Polen bildet, (1990) 4 800 Ew.; landtechn. Anlagenbau, Bauindustrie, Kelterei und Mosterei; Landwirtschaft. – Um einen 1264 erstmals genannten ritterl. Herrensitz entstand die 1268 erstmals bezeugte Stadt.

**Rothenf<u>e</u>lde, Bad R.,** Gem. im Kr. Osnabrück, Ndsachs., 100 m ü. M., im Teutoburger Wald, (1991) 6 800 Ew.; Automuseum; Solbad mit zwei Gradierwerken. – Nahe einer 1724 entdeckten, urspr. als Salzwerk genutzten Solequelle entstand die Ortschaft R. Nach ersten Anfängen zu Beginn des 19. Jh. wird seit 1856 der Badebetrieb systematisch betrieben.

Bad R. Vom Salzwerk zum Heilbad (²1986).

**Rothenfels,** Stadt im Kr. Main-Spessart, Bayern, 154 m ü. M., am Main, nördlich von Marktheidenfeld, (1991) 1 050 Ew. – R. entstand im Schutz einer 1148 angelegten Burg und erhielt vermutlich im frühen 15. Jh. Stadtrechte.

**R<u>o</u>ther,** mittelhochdt. Epos, → König Rother.

**Rotherham** [ˈrɒðərəm], Industriestadt in der Metrop. Cty. South Yorkshire, England, (1981) 82 000 Ew.; Stadtmuseum; Stahlerzeugung und -verarbeitung, Maschinenbau, Glas-, elektrotechn. Industrie.

**Rothermere** [ˈrɒðəmɪə], Harold Sidney **Harmsworth** [ˈhɑːmzwəːθ], Viscount (seit 1919), brit. Verleger, * London 26. 4. 1868, † Hamilton (Bermudainseln) 26. 11. 1940; gründete mit seinem Bruder A. C. W. Harmsworth Viscount NORTHCLIFFE einen der einflußreichsten europ. Pressekonzerne (Amalgamated Press), den er nach dem Tod seines Bruders (1922), seit 1928 unter dem Namen Northcliffe Newspapers, Ltd., bis 1938 leitete.

**Rothfels,** Hans, Historiker, * Kassel 12. 4. 1891, † Tübingen 22. 6. 1976; war 1921–26 Reichsarchivrat in Berlin, von 1926 bis zu seiner Zwangsentlassung 1934 Prof. in Königsberg (Pr) und emigrierte nach der Pogromnacht 1938. 1939–40 Research fellow in Oxford, 1940–45 Prof. in Chicago (Ill.), seit 1951 in Tübingen. R. arbeitete v. a. über BISMARCK, Nationalitätenprobleme und über den Widerstand gegen HITLER. Als Gründer und Mitherausgeber (seit 1953) der ›Vierteljahrshefte für Zeitgeschichte‹ prägte er den Begriff ›Zeitgeschichte‹ und gab diesem Forschungszweig in der Bundesrep. Dtl. entscheidende Impulse.

**Werke:** Bismarcks engl. Bündnispolitik (1924); Bismarck u. der Staat (1925); Bismarck u. dem Osten (1934); The German

**Rothenburg 1)** Stadtwappen

**Hans Rothfels**

**Roth** Rothirsch – Rothschild

opposition to Hitler, an appraisul (1948; dt. 1949 u. d. T. Die dt. Opposition gegen Hitler); Gesellschaftsform u. auswärtige Politik (1951); Zeitgeschichtl. Betrachtungen (1959); Bismarck. Vorträge u. Abh. (1970).

H. MOMMSEN: Geschichtsschreibung u. Humanität. Zum Gedenken an H. R., in: Aspekte dt. Außenpolitik im 20. Jh., hg. v. W. BENZ u. a. (1976); H. MOMMSEN: H. R., in: Dt. Historiker, hg. v. H. U. WEHLER, Bd. 9 (1982); W. CONZE: H. R., in: Histor. Ztschr., Bd. 237 (1983).

Meyer Amschel Rothschild (Ausschnitt aus einem zeitgenössischen Punktierstich)

Jakob Rothschild (Ausschnitt aus einem zeitgenössischen Holzstich)

**Rot|hirsch, Edelhirsch, Cervus elaphus,** bis 3 m körperlange Hirschart, v. a. in Wäldern Eurasiens, NW-Afrikas und Nordamerikas; Männchen mit vielendigem, oft mächtigem Geweih und fast stets deutl. Halsmähne; etwa 25 Unterarten, darunter: **Mitteleuropäischer R.** (Cervus elaphus hippelaphus), etwa 1,8–2,5 m körperlang; mit meist stark entwickeltem, bis über 1 m ausladendem Geweih; Winterfell graubraun, Sommerfell rötlichbraun (Jungtiere rotbraun mit weißl. Flecken); lebt in Rudeln, außerhalb der Paarungszeit i. d. R. nach Geschlechtern getrennt; zur Brunstzeit (Ende Sept. bis Anfang Okt.) erkämpfen sich die starken Männchen einen Harem aus mehreren Weibchen; Ende Mai bis Anfang Juni wird meist ein Junges geboren; durch Überhege können die Bestände so stark zunehmen, daß es im Winter in den Wäldern oft zu schweren Schäl- und Verbißschäden kommt. **Atlashirsch** (**Berberhirsch,** Cervus elaphus barbarus), im Atlasgebirge; unterscheidet sich vom Mitteleurop. R. durch weniger mächtige Geweihausbildung und häufige Weißfleckung entlang der Wirbelsäule; heute nur noch in einem tunes. Schutzgebiet. **Hangul** (**Kaschmirhirsch,** Cervus elaphus affinis), in Kaschmir; kleiner als der Mitteleurop. R.; die Weibchen bisweilen mit undeutl. heller Fleckung an den Körperseiten; Bestände stark bedroht. **Marale,** mit zwei sehr großen Unterarten; mit stark entwickeltem Geweih und gelbem Spiegel: **Kaukasushirsch** (Cervus elaphus maral) im Kaukasus und in Kleinasien, N-Iran; Geweih oft relativ wenig verzweigt; und **Altaimaral** (Cervus elaphus sibiricus) in Sibirien; viel größer als die vorige Unterart; mit stark verzweigtem Geweih. – Die sechs nordamerikan. Unterarten werden als **Wapitis** oder **Elks** bezeichnet. Sie sind die größten aller R., mit mächtigem, bis 25 kg wiegendem Geweih; die Bestände sind stark bedroht und stehen unter Naturschutz.

**Rothirsch:** Mitteleuropäischer Rothirsch (Körperlänge 1,8–2,5 m)

**Rothko** [ˈrɔθkə], Mark, amerikan. Maler lett. Herkunft, * Dünaburg 25. 9. 1903, †(Selbstmord) New York 25. 2. 1970; kam 1913 in die USA. Seine Werke gehörten in den 1940er Jahren zur surrealistisch beeinflußten, biomorphen Spielart des abstrakten Expressionismus. Gegen 1950 kam er zu großflächigen

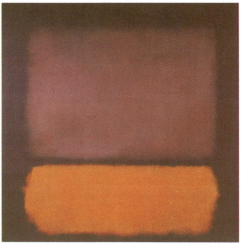

**Mark Rothko:** Ohne Titel; 1962 (Stuttgart, Staatsgalerie)

Bildern mit ineinander verschwimmenden Farbrechtecken, deren räuml. Vibration und lyr. Farbsensibilität eine spirituelle Kraft ausstrahlen, so daß sie mit Ikonen verglichen wurden; er bereitete damit das Color-field-painting vor.

M. R.: 1903–1970. Retrospektive der Gemälde, Ausst.-Kat. (1988).

**Rothmann,** Bernhard (Bernt), Täuferführer, * Stadtlohn um 1495, † Münster 1535(?); war 1531–32 maßgeblich an der Durchsetzung der Reformation in Münster beteiligt. Bald danach geriet R. unter den Einfluß radikaler Schwärmer (u. a. C. SCHWENCKFELD). 1534 wurde er einer der Führer des ›Täuferreichs von Münster‹. Ob er bei der Eroberung der Stadt (25. 6. 1535) umkam oder floh, ist ungeklärt.

R. STUPPERICH: Das münster. Täufertum (1958).

**Rot|holz,** Bez. für versch. Holzarten: 1) allg. für blaß- bis purpurrote Farbhölzer wie → Padouk, → Pernambukholz und → Sappanholz; 2) für Kiefernholz aus Skandinavien, Finnland und Rußland, im Ggs. zu **Weißholz** (Fichtenholz aus den genannten Ländern); 3) amerikan. R., → Redwood.

**Rot|hörnchen, Tamiasciurini,** Gattungsgruppe der Hörnchen mit fünf Arten in China und Nordamerika; u. a. das in den Nadelwäldern Nordamerikas lebende **R.** i. e. S. (Tamiasciurus hudsonicus); es ist unserem Eichhörnchen sehr ähnlich, jedoch etwas kleiner. Das R. ernährt sich v. a. von Eicheln, Bucheckern und Hickorynüssen.

**Rothrist,** Gem. im SW des Kt. Aargau, Schweiz, 407 m ü. M., südlich an Aarburg anschließend, (1991) 6800 Ew.; Heimatmuseum; Metall- und Baustoffindustrie, chem. Fabriken.

**Rothschild,** international tätiges Bankhaus, von MEYER AMSCHEL R. (* 1744, † 1812) 1766 in Frankfurt am Main gegr. Das Stammgeschäft (erloschen 1901) übernahm sein ältester Sohn AMSCHEL MEYER R. (* 1773, † 1855); die anderen vier Söhne errichteten selbständige Banken in London, Paris, Wien und Neapel. NATHAN R. (* 1777, † 1836), Gründer der **N. M. R. & Sons,** London, finanzierte die gegen NAPOLEON gerichteten Operationen A. W. WELLINGTONS und nutzte die Niederlage NAPOLEONS bei Waterloo an der Londoner Börse spekulativ aus. Die R.s wirkten maßgeblich bei der Finanzierung der ersten Eisenbahnen mit, bes. in Österreich und Frankreich. Mit dem Aufkommen von Großindustrie und Großbanken verlor das Haus R. an Bedeutung. Nach 1870 nahmen die R.s nur noch in Großbritannien eine überragende Stellung ein (Finanzierung des Kaufs der Suezkanalaktien, 1875). – Die Banque R. in Paris (bis 1967: Messieurs de R. Frères), gegr. 1817 von JAKOB R. (* 1792, † 1868), wurde 1982 neben anderen frz. Banken verstaatlicht und in ›Européenne de Banque‹ umfirmiert. Aus der im selben Jahr von der Familie R. gegründeten Vermögensverwaltungsgesellschaft ›Paris Orléans Gestion‹ entstand 1984 eine neue Geschäftsbank mit der Bez. ›Paris Orléans Banque‹.

D. WILSON: Die R.-Dynastie (a. d. Engl., Wien 1989).

**Rot|huhn, Alectoris rufa,** etwa 34 cm lange Art der →Feldhühner in offenen Landschaften SW-Europas; in England eingebürgert. Oberseite und Brust graubräunlich, Bauch ockerfarben, Flanken helldunkel gestreift, Kehle weiß, Schnabel und Füße rot; ähnelt dem Steinhuhn.

**Rot|hund, Cuon alpinus,** einzige Art (Kopf-Rumpf-Länge 85–110 cm) der Gattung Cuon (Asiat. Wildhunde), mit elf Unterarten über weite Teile Asiens verbreitet. R. bewohnen die verschiedenartigsten Lebensräume und ernähren sich v. a. von größeren Pflanzenfressern (z. B. Hirschen, Rentieren), die sie im Rudel jagen.

**Rothweil, Rottweil, Rodweiler,** Julius Ludwig, Baumeister, * um 1670, † 1750; errichtete 1701–12 Schloß Philippsruhe bei Hanau, 1702–46 die Schloßerweiterungsbauten (mit Gartenterrassen) und 1707 bis 1713 die Schloßkirche in Weilburg. Nach seinen Plänen entstanden die Residenz in Neuwied (1710 bis 1756) sowie die Residenz (1710–29; BILD →Arolsen) und die Stadtanlage (1717–69) von Arolsen.

**rotieren** [lat. rotare ›(sich) kreisförmig drehen‹, zu rota ›Rad‹], sich kreisförmig um etwas oder um die eigene Achse drehen.

**Rotisserie** [frz., zu rôtir ›braten‹, ›rösten‹] *die, -/...'ri|en,* Grillrestaurant. – **Rotisseur** [-'sø:r] *der, -s/-e,* Braten-, Grillkoch.

**Rotkäppchen,** Gestalt des gleichnamigen Volksmärchens: Ein kleines Mädchen mit roter Kappe, das seine Großmutter im Wald besuchen soll, trifft auf den Wolf, der ihm dann vorauseilt, erst die Großmutter und dann das Kind auffrißt. Ein Jäger, der den schlafenden Wolf findet, schneidet diesem den Bauch auf und befreit die beiden. Das Märchen ist orient. Ursprungs und geht auf eine der alten und weitverbreiteten Verschlingermythen zurück. Die älteste Fassung mit dem Wolf als Verführer findet sich bei C. PERRAULT (›Le petit chaperon rouge‹, 1697), auf ihr beruht die Bearbeitung von L. TIECK (›R.‹, 1800); am bekanntesten wurde die um den guten Ausgang des Märchens ergänzte Fassung der BRÜDER GRIMM in ihren ›Kinder- und Hausmärchen‹ (2 Bde., 1812–15).

**Rotkappen, Rothauptröhrlinge, Leccinum** [lets-], derbe, festfleischige und wohlschmeckende Pilze; bis 25 cm hohe Röhrlinge mit 7–20 cm breitem, trockenem, dickfleischigem Hut; Huthaut den Rand weit überragend, lappig; Stiel weißlich mit dunkleren Schuppen, Warzen und Streifen; Vorkommen Juni bis Okt. Man unterscheidet mehrere Arten (bzw. Unterarten): **Dunkle R.** (Leccinum testaceoscabrum, Leccinum versipellis), unter Birken, selten unter Nadelhölzern; mit orangegelbem bis gelbbraunem Hut, leicht grauen Röhren, schwärzlich beschupptem Stiel und blau bis grünlich sich verfärbendem Fleisch; **Espen-R.** (Leccinum aurantiacum), mit dunkelrotem bis fuchsig-orangebraunem Hut, grauweißl. Röhren, rotbraun beschupptem Stiel und lila bis schwarz sich verfärbendem Fleisch; **Heide-R.** (Leccinum rufescens), mit im Vergleich zur Espen-R. hellerer Hutfarbe und dunkleren bis olivfarbenen Röhren und schwärzlich beschupptem Stiel; alle gute Speisepilze.

**Rotkehl-Anolis, Anolis carolinensis,** bis 22 cm langer Leguan im Südosten der USA und auf den Bahamas; mit stark ausgeprägtem Farbwechselvermögen. Die Männchen haben einen rötl. Kehlsack.

**Rotkehlchen, Erithacus rubecula,** etwa 14 cm lange Art der Drosseln in Wäldern, Parks und Gärten NW-Afrikas, Europas und Kleinasiens; leicht kenntlich durch die orangerote Färbung von Gesicht, Vorderhals und Brust, die Oberseite ist einheitlich olivbraun; brütet auf dem Boden oder in Nischen, Halbhöhlen u. ä. wenig darüber; singt fast das ganze Jahr; Teilzieher.

**Rotkopfwürger, Lanius senator,** bis fast 20 cm langer, oberseits überwiegend schwarzer, unterseits weißl. Singvogel (Familie →Würger), v. a. in offenen Landschaften NW-Afrikas, Europas und Vorderasiens; mit rostbraunem Oberkopf und Nacken und großen, weißen Flügelflecken; das Weibchen ist unscheinbar braun. Das Nest wird in Büschen oder Baumkronen angelegt. Zugvogel, der bis ins äquatoriale Afrika zieht. In Dtl. fast ausgestorben.

**Rotkupfer|erz,** der →Cuprit.

**Rotlauf,** eine meldepflichtige Infektionskrankheit (Zoonose), die v. a. bei Schweinen auftritt; Erreger ist ein grampositives Stäbchenbakterium (Erysipelothrix insidiosa). Die bösartige, ohne Schutzimpfung in drei bis vier Tagen tödlich verlaufende Form (**septikämischer R.**) äußert sich in hohem Fieber, Rötung an Unterbauch, Ohren und Hals, das milder verlaufende **Rotlaufnesselfieber (Backsteinblattern)** in roten bis violetten, quadrat. oder rhomb. Flecken, die nach etwa einer Woche abklingen. Der chron., unheilbare **Herzklappen-R.** führt zu Entwicklungsstörungen, Atembeschwerden und Zyanose. Kadaver und Blut der betroffenen Tiere sind nach dem Seuchengesetz wegen Ausbreitungsgefahr unschädlich zu beseitigen.

Durch Eindringen der Erreger in kleine Hautverletzungen (meist an Fingern und Händen) kann der R. auch auf den Menschen übertragen werden (**Erysipeloid**) und äußert sich in Form einer sich langsam ausbreitenden, wenig schmerzhaften, juckenden bläul. Hautrötung mit Schwellung unter Beteiligung der regionalen Lymphknoten. Die Symptome klingen nach zwei bis drei Wochen ab. Behandlung mit Antibiotika (Penicillin) und durch Ruhigstellung.

**Rotlaufseuche,** *Tiermedizin:* →Pferdegrippe.

**Rotlehm,** Bodentyp der wechselfeuchten Tropen, →Plastosol.

**Rotlichtbestrahlung,** →Glühlichtbestrahlung.

**Rotliegendes, Rotliegend,** *Geologie:* nach den rotgefärbten Sedimenten (Sande, Tone) benannte untere Abteilung des Perm in der kontinentalen Entwicklung, bes. typisch in Mitteleuropa ausgebildet. Das hier bestehende Festland war durch mehrere Becken und Senken gegliedert, in die die Flüsse den Abtragungsschutt (vielfach →Fanglomerate) der Gebirge transportierten. Das Klima, im Unter-R. noch relativ feucht und sehr warm, wurde im Ober-R. deutlich arid. In Verbindung mit tekton. Bewegungen (varisk. Faltungsära) stehen die vulkan. Ergüsse von Melaphyr (Basalt) und Quarzporphyr (Rhyolith), v. a. in der Saar-Nahe-Saale-Senke, bes. an der Wende Unter-/Ober-R. Innerhalb des norddeutsch-poln. Beckens kam es im Unterelbetrog noch zur Ausscheidung von Gips und Steinsalz. Fauna (v. a. Fische, Lurche, Insekten; Saurier) und Flora (Farne, Schachtelhalmgewächse, Nadelhölzer; Kohlenflöze aus Pecopteris, Calamitaceae, Keilblattgewächsen und einigen Samenfarnen) wurden zunehmend spärlicher.

Rotliegend. Essays on European lower Permian, hg. v. H. FALKE (Leiden 1972); H. HAUBOLD: Die Lebewelt des R. (Wittenberg ²1983).

**Rotling,** aus roten und weißen Trauben gemeinsam gekelterter Roséwein; v. a. in Baden (seit 1976) als →Badisch-Rotgold und in Württemberg (von alters her) als →Schillerwein bekannt.

Rothuhn
(Größe 34 cm)

Rotkappen:
Dunkle Rotkappe
(Hutbreite bis 20 cm)

Rotkehl-Anolis
(Länge bis 22 cm)

Rotkehlchen
(Größe etwa 14 cm)

Rotkopfwürger
(Größe etwa 20 cm)

**Rötling:**
Riesenrötling
(Hutbreite 8–20 cm)

**Rotnickelkies:**
Kristallgitter

**Rötling, Entoloma, Rhodophyllus,** artenreiche Gattung der Lamellenpilze, die bei der Sporenreife fleischrote Lamellen aufweisen. Große Arten können bes. in jungem Zustand mit Ritterlingen verwechselt werden. Unter Laubbäumen auf schweren, kalkhaltigen Böden v. a. in Südwest-Dtl. wächst der **Riesen-R.** (Entoloma lividum, Rhodophyllus sinuatum); Hut cremegelb bis beigefarben, Lamellen gelblich, später lachsrosa; starker Mehlgeruch, giftig.

**Rotmaulsalmler, Hemigrammus rhodostomus,** bis 4 cm langer, schlanker, olivgrüner Salmler aus dem unteren Amazonas; hintere Körperseite mit irisierendem Band, Kopf rot; Warmwasseraquarienfisch.

**Rotnickelkies, Kupfernickel, Nickelin,** kupferrotes, metallisch glänzendes (durch Oxidation oft bräunlich oder matt), hexagonales Mineral der chem. Zusammensetzung NiAs; Härte nach MOHS 5–5,5, Dichte 7,7–7,8 g/cm³; Kristalle selten, meist derbe Massen; fast ausschließlich hydrothermal, auf Erzgängen gebildet; als Nickelerz von untergeordneter Bedeutung.

**Rotonen** [zu lat. rotare ›(sich) kreisförmig drehen‹], Sg. **Roton** das, -s, Quasiteilchen in Supraflüssigkeiten ($^4$He, → Suprafluidität), die einem Minimum der → Dispersionsrelation des Systems zugeordnet werden. Im zugehörigen Bereich der Wellenvektoren $k$ spricht man dann von R. in Abgrenzung zu den Phononen im Bereich $k \to 0$.

**Rotor** [engl., Kurzform von rotator, zu to rotate ›kreisen‹] der, -s/...'toren, in versch. Bereichen der Technik Bez. für laufende (rotierende) Bauteile: 1) bei elektr. Maschinen und Strömungsmaschinen (z. B. Dampfturbine) der →Läufer 6); 2) im Flugzeugbau der Drehflügel eines Drehflüglers (→Hubschrauber, →Tragschrauber); 3) in der Metallurgie ein kippbarer Ofen (→Rotorverfahren); 4) im Schiffbau der → Flettner-Rotor; 5) in der Uhrentechnik eine kreissegmentförmige Schwungmasse in sich automatisch aufziehenden mechan. Armbanduhren. Durch die Bewegungen des Armes wird der R. zu Pendelschwingungen angeregt, die über ein Wechselgetriebe zum selbsttätigen Aufziehen der Antriebsfeder dienen.

**Rotor|spinnen, Offen|end-Rotor|spinnen,** Abk. **OE-Rotor|spinnen,** Verfahren des →Offenendspinnens, bei dem die Drehungserteilung und die Garnbildung durch Einspeisen von Einzelfasern in einen Rotor erfolgen. Die Vorlage (Faserband) wird in Einzelfasern zerlegt und über das sich verjüngende Speiserohr mit Hilfe eines Luftstromes dem Rotor zugeführt. Die aus dem Rotor austretenden Fasern drehen sich an das offene Ende des fertigen Fadens an, dem der Rotor hohe Drehzahlen (bis 90 000 min$^{-1}$) erteilt. Das fertige Garn wird mit Geschwindigkeiten bis etwa 3,5 m/s abgezogen.

**Rotorua,** See in einer Caldera im Vulkangebiet der Nordinsel Neuseelands, 83 km², 280 m ü. M., 26 m tief, bekannt durch seine Thermalquellen und Geysire; seine ehemals eindrucksvollen Sinterterrassen wurden durch einen Ausbruch des Vulkans Tarawera 1886 zerstört. Die Stadt R., (1990) 54 200 Ew., ist Kurort und Mittelpunkt eines touristischen Touristengebiets, mit forstwirtschaftl. Forschungsinstitut und Museum; innerhalb des Stadtgebiets liegt das Maoridorf Whakarewarewa (Sitz des New Zealand Maori Arts and Crafts Centre) mit dem Geysir Pohutu.

**Rotorverfahren,** Metallurgie: Verfahren zur Herstellung von Stahl aus flüssigem Roheisen. Das Roheisen fließt dabei aus dem Hochofen in einen feuerfest ausgemauerten, zylinderförmigen, um seine Längsachse rotierenden und kippbaren Ofen (Drehrohrofen, Rotor), in dem das Roheisen gefrischt wird. Der Sauerstoff für das Frischen wird durch eine wassergekühlte Düse im flüssigen Roheisen eingeblasen.

Eine weitere Düse oberhalb des Eisens liefert den Sauerstoff für die Verbrennung des beim Frischen entstehenden Kohlenmonoxids.

**Rotraud** [von ahd. Hrothrud, zu german. (erschlossen) hrop- ›Ruhm‹, ›Preis‹ und ahd. -trud ›Kraft‹, ›Stärke‹], weibl. Vorname.

**Rotreußen,** ältere Bez. für das Gebiet der heutigen Westukraine, bis zur 1. Poln. Teilung (1772) eine poln. Woiwodschaft mit den Gebieten um Lemberg, Przemyśl, Sanok, Galitsch und Cholm sowie Teilen von Wolhynien und Podolien; danach als Ostgalizien beim Habsburgerreich und als Teil des Gouv. Lublin beim Russ. Reich. – Der Name geht auf die aus Asien übernommene Bez. der Himmelsrichtungen mit Farbnamen zurück.

**Rotrou** [rɔ'tru], Jean de, frz. Dramatiker, * Dreux 21. (?) 8. 1609, † ebd. 28. 6. 1650; verfaßte zahlreiche v. a. von span., italien. und antiken Stoffen beeinflußte Tragikomödien, Tragödien und Komödien, die die komplizierte Handlungsstruktur des Barockdramas zeigen (u. a. ›Le véritable St.-Genest‹, 1647; ›Venceslas‹, 1648; ›Cosroès‹, 1649).
Weitere Werke: *Komödien:* L'heureuse constance (1636); Les ménechmes (1636). – *Tragikomödie:* L'innocente infidélité (1637).
Ausgabe: Œuvres, hg. v. E. L. N. VIOLLET-LE-DUC, 5 Bde. (1820, Nachdr. 1967).

**Rotrouenge** [rɔtru'aʒ] die, -/-s, Bez. für eine volkstümlich inspirierte Liedform der Trouvère- und Troubadourlyrik. Das seit dem letzten Drittel des 12. Jh. in N-Frankreich nachweisbare, durch Binnen- oder Endreimrefrain gegliederte Genre gehört formal und inhaltlich zur Gattung der Tanzlieder.

**Rot|schenkel,** Art der →Wasserläufer.

**Rot|schlamm,** bei der Gewinnung von Aluminiumoxid aus Bauxit nach dem Bayer-Verfahren (→Aluminium, Gewinnung) anfallender rötlicher Schlamm, der neben 50 % Eisenoxid v. a. Titanoxid, Kieselsäure und Silikate enthält; dient zur Herstellung von Luxmasse, z. T. auch zur Eisengewinnung.

**Rot|schwäche,** Form der →Farbenfehlsichtigkeit.

**Rot|schwanz,** ein Schmetterling, →Buchenrotschwanz.

**Rot|schwänze, Rot|schwänzchen, Phoenicurus,** Gattung der Drosseln mit vielen durch einen rostroten Schwanz gekennzeichneten Arten; in Mitteleuropa kommen nur →Gartenrotschwanz und →Hausrotschwanz vor.

**Rotse, Barotse,** Volksgruppe der Bantu am oberen Sambesi in W-Sambia. Die (1983) rd. 440 000 R. betreiben intensive Agrarwirtschaft in der periodisch (Dez. bis April) überschwemmten Flußniederung (bis 40 km breit) des Sambesi und auf den anschließenden Hochufern, auf die sie sich während der Überschwemmungszeit zurückziehen; Anbau von Mais, Hirse, Kartoffeln, Bataten, Gemüse; Rinderhaltung, daneben Fischerei und Jagd.
Die R. schufen im späten 17. Jh. ein Königreich, das weit über die Volksgruppe hinausreichte. 1840 wurde es durch die Kololo (Makololo), eine Gruppe von Kriegern aus verschiedenen Völkern der S-Bantu (v. a. Sotho), unterworfen. Die unter den maßgebenden **Luyana** (später **Lozi**) zusammengeschlossenen Stämme nahmen die Sprache der fremden Herrscher an, die sich als Lozisprache zu einer Hauptsprache Sambias entwickelte. Nach dem siegreichen Aufstand (1864) setzte sich 1878 LEWANIKA († 1916) als König (Litunga) durch. Er straffte die Verwaltung, stützte sich bei Expansionskriegen nach Westen und Norden seit 1890 auf brit. Missionare und Händler und stellte 1900 Barotseland unter direktes Protektorat der brit. Krone. 1924 wurde Barotseland Teil von Nord-Rhodesien.

**Rot|sehen,** Sehstörung, die → Erythropsie.
**Rot|spießglanz,** das Mineral → Kermesit.
**Rot|spon** [zu mnd. spōn ›Span‹] *der,* -(e)s/-e, ältere, in Nord-Dtl. geprägte Bez. für frz. Rotwein, dem für den langen Transport (per Schiff von Bordeaux) Eichenspäne beigegeben wurden, um ihn durch eine Erhöhung seines Gehaltes an Tannin (der Wein entzog das Tannin den Spänen) haltbarer zu machen. Die Methode ist heute verboten, der Name erhielt sich in Lübeck für dort abgefüllte frz. (Verschnitt-)Rotweine.
**Rot|stirngazelle, Gazella rufifrons,** in den Halbwüsten und Dornstrauchsavannen W-Afrikas bis Äthiopien verbreitete Art der Gazellen (Schulterhöhe 65–92 cm); rotbraun mit weißem Bauch und schwarzem Längsband an den Flanken. Die Bestände sind im Verbreitungsgebiet stark zurückgegangen.
**Rott,** Name von geographischen Objekten:
**1) Rott** *die,* linker Nebenfluß des Inns im Tertiärhügelland Niederbayerns, 120 km lang, entspringt südlich von Vilsbiburg, mündet gegenüber von Schärding (Österreich).
**2) Rott a. Inn** [-am-], Gem. im Kr. Rosenheim, Bayern, 481 m ü. M., (1991) 3 100 Ew.; Maschinenbau, Holzverarbeitung. – Ehem. Benediktinerkloster (vor 1085 gegr.); Barockkirche von J. M. FISCHER (1759 bis 1763), in ihrem Zentrum ein oktogonaler Kuppelraum mit emporengesäumten Diagonalkapellen; Dekorationen u. a. von I. GÜNTHER (Plastiken, Altäre) und M. GÜNTHER (Fresken, Altarbilder).
**Rotta** [ahd.] *die,* -/...*ten,* mhd. **Rotte,** im MA. Bez. für versch. Arten von Saiteninstrumenten, so für das → Psalterium 2) in Dreiecksform und speziell für das seit dem 8. Jh. belegte Harfenpsalterium, bei dem eine Harfe senkrecht gehalten wurde und einen einfachen oder beidseitig des Resonanzbodens oder -kastens angebrachten Saitenbezug mit 11–30 Saiten hatte. – Mit R. (kelt. crwth, cruit, crot) wurde auch eine im 5.–13. Jh. v. a. in Nordeuropa belegte Art der Leier, ein Abkömmling der griech. → Lyra 2), benannt. Korpus und bogenförmig gerundete Jocharme bestanden aus einem Stück (ausgehöhltem) Holz, mit parallelen oder eingebuchteten Flanken (dadurch 8förmiges Korpus). Die R. hatte meist sechs Saiten, die bis zum 10. Jh. gezupft (bildl. Darstellungen mit König DAVID als Spieler), später gestrichen wurden; Vorläufer versch. Streichleiern, z. B. des → Crwth.
**Rottach-Egern,** Gem. im Kr. Miesbach, Bayern, 736 m ü. M., am S-Ufer des Tegernsees und am Fuße des Wallbergs (1 722 m ü. M., Seilbahn), (1991) 6 000 Ew.; heilklimat. Kurort, Fremdenverkehr. – In Egern kath. Pfarrkirche St. Laurentius (2. Hälfte 15. Jh.); in Rottach ev. Auferstehungskapelle von O. A. GULBRANSSON (1955).
**Rottaler,** Stephan, Bildhauer und Architekt, * Ingolstadt (?) um 1480, † Landshut (?) 1533; der bedeutendste Vertreter der Bildhauer- und Baumeisterfamilie R., ab 1510 in Landshut tätig. Er schuf v. a. Grabplatten und Epitaphien für Kirchen in Freising, Landshut und Ingolstadt, wobei er die spätgot. Tradition mit Stilelementen der Frührenaissance verband. R. ist identisch mit dem Monogrammisten S. R.
V. LIEDKE: Die Baumeister- u. Bildhauerfamilie R. (1976).
**Rottal-Inn,** Landkreis im Reg.-Bez. Niederbayern, Bayern, 1 281 km², (1991) 107 900 Ew.; Kreisstadt ist Pfarrkirchen. Der Kreis erstreckt sich nördlich und südlich der Rott im Isar-Inn-Hügelland bis ins untere Inntal an der Grenze zu Österreich. Statt der Rottaler Warmblutpferde werden heute meist Rinder gezüchtet, außerdem wird Acker- und Obstbau betrieben. Die Forste setzen sich i. a. aus Fichten und Tannen zusammen. Einige Industriebetriebe, v. a. in den Städten Eggenfelden, Pfarrkirchen und Simbach a. Inn. Kurbetrieb in Bad Birnbach.

**Rot|tanne,** → Fichte.
**Rotte** [mhd. rot(t)e, über altfrz. rote von mlat. rupta, rut(t)a ›Abteilung‹, ›(Räuber)schar‹], **1)** *allg.:* ungeordnete Schar von Menschen.
**2)** *Jägersprache:* mehrere zusammenlebende Sauen.
**3)** *Militärwesen:* die innerhalb einer mehrgliedrigen Abteilung in einer Reihe hintereinanderstehenden Soldaten (3 Mann oder mehr); bei der Luftwaffe bzw. der Marine Bez. für zwei einen Auftrag gemeinsam durchführende Flugzeuge bzw. für zwei gemeinsam operierende schwimmende kleine Einheiten.
**4)** *Siedlungswesen:* v. a. in Österreich Bez. für mehrere Häuser in lockerer Siedlungslage.
**Rotte** [zu mnd. rotten ›faulen‹], *Abfallbeseitigung:* der Abbau organ. Materialien durch Bakterien und/oder Pilze (→ Kompostierung).
**Rotteck,** Karl von, Historiker und Politiker, * Freiburg im Breisgau 18. 7. 1775, † ebd. 26. 11. 1840; war 1798 bis zur Amtsenthebung 1832 Prof. in Freiburg, zunächst für Geschichte, danach für Staatswissenschaften und Naturrecht. Seine tendenziös-liberale ›Allg. Geschichte, ...‹ (6 Bde., 1813–18) sowie sein richtungweisendes ›Lehrbuch der Vernunftrechts und der Staatswissenschaften‹ (4 Bde., 1829–35) fanden weite Verbreitung. 1831–40 gehörte er der bad. 2. Kammer an. Auf breite Resonanz stieß das seit 1834 mit WELCKER herausgegebene ›Staats-Lexikon oder Encyklopädie der Staatswissenschaften‹ (15 Bde., 1834–43, 4 Erg.-Bde. 1846–48), das das liberale Gedankengut der Zeit erstmals zusammenfaßte.
H. EHMKE: K. v. R., der ›polit. Professor‹ (1964).
**Rotten** [von lat. Rhodanus] *der,* Oberlauf der → Rhône im Oberwallis, Schweiz.
**Rotten,** Elisabeth, Reformpädagogin, * Berlin 15. 2. 1882, † London 2. 5. 1964; lebte seit 1933 in der Schweiz; setzte sich mit sozialpädagogisch-pazifist. Akzent für humanitäre Erziehung und Völkerverständigung ein; Mitbegründerin des Weltbundes für Erneuerung der Erziehung und des Dachverbands der Kinderdörfer, der Fédération Internationale des Communautés d'Enfants (FICE); war im Rahmen der UNESCO tätig.
Werke: Vom Völkerfrieden (1942). – Hg.: Die Entfaltung der schöpfer. Kräfte im Kinde (1926).
**Rotten Borough** [ˈrɒtn ˈbʌrə, engl.], → Borough.
**Rottenbuch,** Gem. im Kr. Weilheim-Schongau, Bayern, 763–868 m ü. M., an der Ammer, (1991) 1 600 Ew. – Kirche des ehem. Augustinerchorherrenstifts (gegr. 1073; aufgehoben 1803), urspr. roman. Bau (11./12. Jh.), got. Nachfolgebau (14. und 15. Jh.), 1737–46 barockisiert durch JOSEPH und FRANZ XAVER SCHMUZER (* 1713, † 1775), Fresken von M. GÜNTHER.
**Rottenburg,** Name von geograph. Objekten:
**1) Rottenburg a. d. Laaber,** Stadt im Kr. Landshut, Bayern, 433 m ü. M., in der Hallertau, (1991) 6 900 Ew.; Herstellung und Verarbeitung von Kunststoffen, Erzeugung von Weinbrand und Spirituosen. – Das 1256 erstmals erwähnte R. erhielt 1378 Marktrecht und wurde 1971 Stadt.
**2) Rottenburg am Neckar,** Große Kreisstadt im Kr. Tübingen, Bad.-Württ., 349 m ü. M., am oberen Neckar, (1991) 37 000 Ew.; kath. Bischofssitz und Verwaltung der Diözese R.-Stuttgart; Fachhochschule für Forstwirtschaft, Priesterseminar, religionspädagog. und pastoralliturg. Institut; Diözesanmuseum, Sülchgaumuseum, Röm. Stadtmuseum; Maschinenbau, Kfz-Zulieferindustrie, Brauereien; Justizvollzugsanstalt. Im Stadtteil **Bad Niedernau** Kurbetrieb (Heilbad bei Magen-, Nieren- und Leberleiden). – R. liegt an der Stelle der röm. Niederlassung **Sumelocenna,** die zw. 85 und 90 gegründet worden war. Um 1280 gründeten die Grafen von Hohenberg die Stadt, 1381–1806 Verwaltungsmittelpunkt ihrer zu Vorderösterreich gehörenden Grafschaft. 1806 fiel R. an

**Rotta:** Zupfleier; Rekonstruktion des Instruments aus dem Schiffsgrab in Sutton Hoo bei Woodbridge, Suffolk; um 670 (London, Britisches Museum)

**Karl von Rotteck**

**Rottenburg 2)** Stadtwappen

Württemberg. – Dom St. Martin (15. Jh., Langhaus 17. Jh.) mit durchbrochenem Turmhelm (1486), Marktbrunnen (1476–82); Rathaus (1735), Adelshäuser und Pfleghöfe; got. Morizkirche (14.–15. Jh.) mit Malereien des 15. und 16. Jh. Das ehem. Jesuitenkolleg (Mitte 17. Jh.) ist seit 1828 Sitz des bischöfl. Ordinariats; ehem. Karmeliterkirche (1736, heute Diözesanmuseum). – Nahebei die barocke Wallfahrtskapelle **St. Maria** im Weggental (1682–95).

**3) Rottenburg-Stuttgart,** seit 1978 Name des Bistums Rottenburg, das durch die Zirkumskriptionsbulle von 1821 als Suffraganbistum von Freiburg im Breisgau errichtet wurde, um die württemberg. Forderung nach einem Landesbistum für die durch die Säkularisierung neugewonnenen kath. Gebiete zu erfüllen. Es trat an die Stelle des 1812 staatlich errichteten und 1816 kirchlich anerkannten Generalvikariats Ellwangen. Sitz des Bischofs (seit 1989 W. KASPER) ist Rottenburg am Neckar. (→katholische Kirche, ÜBERSICHT)

**Rọttenhammer,** Hans, Maler, * München 1564, † Augsburg 14. 8. 1625; ausgebildet in München und Italien, wo er u. a. die Werke von TINTORETTO und PAOLO VERONESE in Venedig und P. BRIL und J. BRUEGEL D. Ä. in Rom studierte. 1606 erwarb er in Augsburg das Bürgerrecht und arbeitete von dort aus u. a. für den kaiserl. Hof in Prag. – Mit seinen kleinformatigen, auf Kupfer gemalten religiösen, mytholog. und allegor. Szenen vor weitem Landschaftshintergrund wirkte er vorbildhaft auf seinen Schüler A. ELSHEIMER. R. schuf auch Altartafeln, von denen nur wenige erhalten sind, und Fresken (u. a. Deckengemälde im Bückeburger Schloß, 1609–13).

**Hauptwerke:** Ecce homo (1597; Kassel, Staatl. Kunstsammlungen); Ruhe auf der Flucht (1597; Schwerin, Staatl. Kunstsammlungen); Landschaftshintergrund von J. BRUEGEL D. Ä.); Das Jüngste Gericht (1598; München, Alte Pinakothek); Das Mahl der Götter (1600; Petersburg, Eremitage); Diana und Aktäon (1602; München, Alte Pinakothek).

**Rọttenmann,** Stadt in der Obersteiermark, Österreich, im Tal des Paltenbaches (rechter Nebenfluß der Enns), dem die Pyhrnautobahn folgt, 675 m ü. M., als Groß-Gem. von 112 km² (1989) 5 500 Ew.; BezGer.; Herstellung von Elektrogeräten, Holzindustrie. – R. wurde neben einer 927 erstmals genannten slaw. Siedlung im 1. Drittel des 13. Jh. angelegt. 1320 erhielt es Stadtrecht. – Spätgot. Stadtpfarrkirche St. Nikolaus (1440–78) mit Fresken (1509) in den Chorgewölben, Marmorkanzel und -taufstein (1513); spätgot. Betstuhl (1514). Im Stadtteil **Sankt Georgen** roman. Kirche (älteste Pfarrkirche des Gebiets, 1042 erwähnt) mit Flügelaltar (um 1520–25).

**Rọttenmanner Tauern,** 1) Gebirgsgruppe der Niederen Tauern in der Steiermark, Österreich, südlich der Enns bei Liezen und ihres Nebenflusses Paltenbach, im O durch die Täler zum Paß R. T. von den Triebener Tauern getrennt, im S in die Wölzer Tauern übergehend, im Großen Bösenstein (im N) 2 449 m ü. M., hier zahlreiche kleine Seen, im S durch die Täler von Bretstein und Pusterwald gegliedert; Fremdenverkehr, im NO Magnesit- und Graphitabbau.

**2) Hohentauern,** Paß in den Niederen Tauern, Steiermark, Österreich, 1 265 m ü. M.; die Straße über den R. T. verbindet das Paltental (und damit das Ennstal bei Liezen) mit dem Murtal bei Judenburg (im S dem Tal der Pöls folgend); auf der Paßhöhe der Wintersportort Hohentauern.

**Rọtterdam,** Hafenstadt in der Prov. Südholland, Niederlande, im Rheinmündungsgebiet an der Neuen Maas, mit (1990) 579 200 Ew. (1965: 731 600 Ew.) die zweitgrößte Stadt der Niederlande (nach Amsterdam). Der wichtige Handels- und Hafenplatz R. liegt im S der Randstad Holland. Der schleusenlose Wasserweg von der Nordsee nach R. (Nieuwe Waterweg)

**Rotterdam**
Stadtwappen

Hafenstadt in den Niederlanden
·
im Rheinmündungsgebiet an der Neuen Maas
·
579 200 Ew.
·
größter Hafen der Erde (gemessen am See-Umschlag)
·
schleusenloser Wasserweg zur Nordsee
·
fünf Erdölraffinerien
·
Stadtrechte seit 1299/1340
·
Erasmus-Univ. (gegr. 1973)
·
Euromast (180 m hoch)

ist auch nach dem Bau der Deltawerke (1950–86) vollkommen offengeblieben; an der Mündung des Nieuwe Waterweg liegt die Rotterdamer Exklave Hoek van Holland. Die Zusammenarbeit mit den Nachbargemeinden (u. a. Capelle aan den IJssel, Schiedam, Vlaardingen, Maassluis, Ridderkerk, Spijkenisse, Rozenburg) erfolgt in der Planungsgemeinschaft Rijnmond. – R. ist kath. Bischofssitz; Erasmus-Univ. (1973 hervorgegangen aus Niederländ. Wirtschaftshochschule und Medizin. Fakultät R.), Akademien für bildende Künste und für Architektur, Konservatorium, Wirtschaftsforschungsinstitut, Histor. Museum der Stadt R., Schiffahrtsmuseum ›Prins Hendrik‹, Museum Boymans-van Beuningen (bedeutende Kunstsammlung), Völkerkundemuseum, Steuermuseum; mehrere Theater, Konzert- und Kongreßhaus ›de Doelen‹; zoolog. Garten.

Im See-Umschlag (1991: 292,5 Mio. t) ist R. der größte Hafen der Erde; von den (1990) 288 Mio. t Gütern des See-Umschlags sind 41% Erdöl und Erdölprodukte, 14% Erze und Schrott, 6% landwirtschaftl. Rohstoffe, 6% Kohle. Mit einem Umschlag von (1989) 3,4 Mio. t Containergütern ist R. der drittgrößte Containerhafen der Erde (nach Hongkong und Singapur; BILD Containerschiff). Die Stadt ist Sitz zahlreicher schiffahrtsverbundener Einrichtungen und Großhandelsbetriebe; es überwiegen mit (1985) 51% verkehrs- und handelsbezogene Arbeitsplätze. Der arbeitsintensive Hafenbetrieb hat sich in den 1980er Jahren zum computergesteuerten Logistikzentrum gewandelt. Auf die hafenständige Industrie (Stahl- und Maschinenbau, Automontagewerke, Erdölraffinerien, Dünge- und Waschmittelfabriken, Großmühlen, Kabel-, elektrotechn., Bekleidungs-, Papier- sowie die stark rückläufige Werft-, Nahrungs- und Genußmittelindustrie) entfallen (1985) 21% der Arbeitsplätze. Kanäle und Rheinarme verbinden R. mit dem Hinterland, v. a. mit der →Bundesrep. Dtl., Belgien und Frankreich, so daß rd. 50% der (1990) 225 Mio. t Güter im Verkehr mit dem Hinterland auf Binnenschiffen befördert werden. Die Hafenbecken reihen sich v. a. entlang den linken Ufer der Neuen Maas, wobei die stadtnäheren heute bes. dem Stückgut- und Containerumschlag dienen. Die Erdölhäfen, auch der Hafen Botlek und bes. der →Europoort dienen dem Massengutumschlag. Ab 1966 entstand im W die Maasvlakte als Hafen- und Industriegebiet; eine Erweiterung des dortigen Hafenareals wird ebenso erörtert wie der Bau eines Hafenbeckens zw. Hoek van Holland und Maassluis für den Umschlag von Obst und Gemüse. R. verfügt mit seinen fünf Raffinerien über die größte Rohölverarbeitungskapazität der Erde und ist wichtiger Ausgangspunkt des europ. Rohöl- und Produktenpipelinenetzes. Ungewiß für die Zukunft der Häfen sind z. B. die Auswirkungen der fortschreitenden Erdölgewinnung in der Nordsee und der Untertunnelung des Ärmelkanals. Um die Abhängigkeit von den Umschlagaktivitäten zu vermindern, sind u. a. ein weiterer Ausbau des Welthandelszentrums, in dem 1987 die erste europ. Optionsbörse für Mineralöl und Ölprodukte (Energy Options Exchange) eröffnet wurde, und ein Wissenschaftszentrum ›SCIENTOPIA‹ geplant. Eine Untergrundbahn (seit 1968), Brücken und Tunnels verbinden die Stadtteile im N und S der Neuen Maas (die südl. Stadtteile liegen auf der Deltainsel IJsselmonde). Im Bau befindet sich seit 1987 ein viergleisiger Eisenbahntunnel unter der Neuen Maas (2 750 m lang, Tunnelsohle 15,3 m u. M.) für den Verkehr zwischen R. und Dordrecht. Fährdienste nach England bestehen von Hoek van Holland und Europoort. Der Flughafen R. liegt im NW der Stadt, im Polder Zestienhoven.

R. ist nach dem rechten Deltazufluß Rotte, der durch einen Damm abgesperrt wurde, benannt. 1283

**Rotterdam:** LINKS Rathaus; 1914–20; RECHTS Ladenstraße ›Lijnbaan‹; 1949–53 von Jacob Berend Bakema und Johannes Hendrik van den Broek erbaut

erstmals erwähnt, erhielt es 1299, dann 1340 Stadtrecht. Als Hafen stand es zunächst hinter Briel und Dordrecht zurück und gewann erst Bedeutung durch die Heringsfischerei, die Woll- und Getreideeinfuhr und die Ausfuhr von Tuchen. Die Stadt erlebte im 17. Jh. einen großen Aufschwung als Handelsplatz. Durch die Versandung des Hafens kam der Schiffsverkehr bis zum Beginn des 19. Jh. fast völlig zum Erliegen. Erst der 1866–72 angelegte Nieuwe Waterweg verhalf R. zu neuer Blüte. – Die Stadt wurde im Zweiten Weltkrieg stark zerstört, von den histor. Bauten wurden u. a. die got. Sint-Laurenskerk ›Grote Kerk‹ (um 1460–1519) mit hohem Turm, die Sint-Rosaliakerk (18. Jh.) und das Schiedamhuis (1662–65; heute Museum) wiederhergestellt. Im Zuge des Wiederaufbaus, an dem sich entscheidend die Architekten J. B. BAKEMA und J. J. P. OUD beteiligten, entstanden breite Geschäftsstraßen, darunter die Fußgängern vorbehaltene Ladenstraße ›Lijnbaan‹ (1949–53 von BAKEMA und J. H. VAN DEN BROEK), das Kaufhaus ›De Bijenkorf‹ (1957–58 von M. BREUER), das Mahnmal für die zerstörte Stadt (1953 von O. ZADKINE); Wahrzeichen des Rotterdamer Hafens ist der 180 m hohe Euromast. Bei der neuen Hängebrücke (1982) anstelle der Willemsbrug entstand ein modernes Wohnviertel.

**Röttger,** Karl, Schriftsteller, * Lübbecke 23. 12. 1877, † Düsseldorf 1. 9. 1942; gehörte zum ›Charonkreis‹ (→ Charon 3), dessen Zeitschrift er mit herausgab; Herausgeber der Zeitschrift ›Die Brücke‹ (1911–14); beeinflußt von A. MOMBERT, R. M. RILKE, J. P. JACOBSEN und der Mystik. Seine in visionärer Sprache gehaltenen Ideendramen, Romane (›Kaspar Hausers letzte Tage oder Das kurze Leben eines ganz Armen‹, 1933), Novellen und Legenden wie auch seine bekenntnishafte Lyrik entstanden aus dem Geist der religiösen Neuromantik; auch pädagog., religionswissenschaftl. und ästhet. Schriften.

**Röttingen,** Stadt im Kr. Würzburg, Bayern, 243 m ü. M., an der Tauber, (1991) 1800 Ew.; jährl. Festspiele. – R., 1103 erstmals urkundlich genannt, wurde 1275 Stadt.

**Rottmann,** 1) C a r l Anton Joseph, Maler, * Handschuhsheim (heute zu Heidelberg) 11. 1. 1797, † München 7. 7. 1850, Sohn von 2); ausgebildet u. a. von seinem Vater und an der Münchner Akademie. Seine Landschaftsaquarelle und Ölstudien zeigen anfangs den Einfluß von G. A. WALLIS. Nach zwei Italienreisen (1826/27 und 1828/29) schuf R. 1830–34 im Auftrag LUDWIGS I. 29 Fresken mit italien. Landschaften in den Münchner Hofgartenarkaden (28 erhalten, heute im Münchner Residenzmuseum); in ihnen festigte sich sein Stil im Sinn der klassisch-heroischen Landschaft. Nach einer Griechenlandreise (1834/35) entstanden 23 griech. Landschaften in enkaust. Technik auf Schieferplatten (1838–50; München, Neue Pinakothek).

C. R.: 1797–1850. Monographie u. krit. Werkkatalog, bearb. v. E. BIERHAUS-RÖDIGER (1978).

2) Friedrich, Maler und Radierer, getauft Handschuhsheim (heute zu Heidelberg) 19. 12. 1768, † Heidelberg 29. 1. 1816, Vater von 1); von W. VON KOBELL beeinflußt, malte er Landschaftsveduten (nach denen er auch Radierungen anfertigte) aus der Umgebung von Heidelberg, auch Idyllen und Grotesken.

**Rottmayr,** Johann Michael Freiherr **R. von Rosenbrunn** (seit 1704), österr. Maler, getauft Laufen (an der Salzach) 11. 12. 1654, † Wien 25. 10. 1730; ausgebildet u. a. bei C. LOTH in Venedig (etwa 1675–87). Ab 1690 ist er als fürstbischöfl. Hofmaler in Salzburg nachweisbar. 1696 ließ er sich in Wien nieder. Seine hellfarbigen Fresken stimmen die illusionist. Bildkompo-

**Johann Michael Freiherr Rottmayr von Rosenbrunn:** Triumph der Schönbornschen Tugenden über die Laster; Fresko im Schloß Weißenstein in Pommersfelden; 1716

**Rott** Rottumeroog – Rotwelsch

sition (perspektiv. Verkürzung der Figuren), Lichtführung und Farbgebung einheitlich auf die Architektur ab. Ihr Stil an der Wende vom Spätbarock zum Rokoko bestimmt die süddt. Monumentalmalerei bis zum Klassizismus (C. D. und E. Q. ASAM, D. GRAN, P. TROGER, J. J. ZEILLER). Bedeutend sind auch seine Tafelbilder und Zeichnungen.
*Werke: Fresken:* Schloß Frain, Südmähren (1695); Jesuitenkirche in Breslau (1704–06); Erzbischöfl. Residenz und Kollegienkirche in Salzburg (1710–11, 1714, 1722); Schloß Weißenstein in Pommersfelden (1716); Stiftskirche in Melk (1716, 1718–19, 1722); Stiftskirche in Klosterneuburg (1729–30); Peterskirche (1714) und Karlskirche (1725, 1729–30) in Wien.
E. HUBALA: J. M. R. (Wien 1981).

**Rottumeroog** [rɔtəmər'o:x], östlichste der Westfries. Inseln, Prov. Groningen, Niederlande, gegenüber von Borkum, 4 km², seit 1969 unbewohnt; Vogelbrutplatz. Westlich von R. liegt die ebenfalls unbewohnte Insel **Rottumerplaat** (8 km lang).

**Rottweil, 1)** Große Kreisstadt in Bad.-Württ., Verw.-Sitz des Kreises R., 609 m ü. M., im oberen Neckartal in der Gäulandschaft zw. Schwarzwald und den Keuperhöhen, (1990) 23 400 Ew.; Fachschule für Sozialpädagogik; Museum, Kunstsammlung. Die v. a. am Stadtrand angesiedelte Industrie umfaßt Kolben-, Kabel-, Kunstseide- u. a. Fabriken; Milchverarbeitung. – Die auf eine röm. Gründung (**Ara Flaviae**) von 73–74 n. Chr. zurückreichende R. fand 771 erste urkundl. Erwähnung als **Rotuvilla**. Um 1190 wurde die spätmittelalterl. Stadt gegründet. Sie stieg bis 1434 zur Reichsstadt auf. 1463 schloß sich R. der Schweizer. Eidgenossenschaft an. 1803 kam die Stadt an Württemberg. – Von der Römerstadt zeugen u. a. die großen konservierten Thermen im Nikolausfeld (frühes 2. Jh. n. Chr.), die Hypokaustenanlage unter der Pelagiuskirche (weitere Teile im Stadtmuseum) und das Orpheusmosaik (Ende des 2. Jh. n. Chr.; Stadtmuseum). Von besonderem Interesse der Freilegung der Reste von drei galloröm. Umgangstempeln. – Kath. Kirche Hl. Kreuz (›Münster‹; 15. und 16. Jh.; 1840 ff. neugotisch restauriert); ev. Pfarrkirche (ehem. Dominikanerklosterkirche; urspr. frühgotisch, Rokokoausstattung 1752); kleine kath. Kirche Mariä Himmelfahrt (im 18. Jh. erneuert) mit hohem ›Kapellenturm‹ (14. und 15. Jh.); Rathaus (1521) mit Renaissancetreppenhaus; Wohnhäuser des 16.–18. Jahrhunderts.
L. WEISSER: R.s Wirtschaft u. Gesellschaft vom Ende der Reichsstadtzeit bis zum Ersten Weltkrieg (1978); A. RÜSCH: Das röm. R. (1981).

**2)** Landkreis im Reg.-Bez. Freiburg, Bad.-Württ., 769 km², (1990) 129 600 Ew.; reicht vom Schwarzwald (Schiltachtal) über das Gäu am oberen Neckar nach O bis ins Vorland der Schwäb. Alb. Die Flächen am O-Rand des mittleren Schwarzwalds, in die steile Täler (Schiltach, Kinzig) eingeschnitten sind, werden v. a. durch Grünlandwirtschaft genutzt. Nach O neigen sich die weiten, welligen Gäulandschaften, durch Ackerbau genutzt, dem Neckar zu. Daran schließt sich mit einer Landstufe (Keuperhöhen) das Vorland der Schwäb. Alb an, das wieder stärker auf Grünlandwirtschaft mit Viehhaltung ausgerichtet ist. Neben bodenständigem Gewerbe (Holzverarbeitung, Papiererzeugung) sowie feinmechan. und Uhrenindustrie (Schramberg) entstanden Maschinenbau-, Elektro- und Textilbetriebe mit starker Pendlerbewegung.

**Rottweiler,** dt. Haushunderasse mit derbem, straff anliegendem schwarzem Haar und rotbraunen Abzeichen an Backen, Maul, Halsunterseite, Beinen; Schutz-, Gebrauchshund. Widerristhöhe: 55–68 cm.

**Rotuma,** Insel vulkan. Ursprungs im Pazifik bei 12° 27′ s. Br. und 177° 7′ ö. L., 44 km²; bildet mit acht weiteren kleinen Inseln ein Außengebiet von Fidschi, mit 47 km² und (1981) 2 700 überwiegend polynes. Ew.; weitere 5 000 von R. stammende Personen leben auf den Fidschiinseln; Verw.-Sitz: Ahau; Ausfuhr von Kopra und Flechtarbeiten.

**Rotunda** [italien.-lat. ›die Runde‹] *die, -,* **rundgotische Schrift,** eine im 13.–14. Jh. in N-Italien eingeführte spätgot. Schrift, die im Vergleich zur got. Minuskel abgerundete Formen zeigt; aus ihr wurde später in Venedig die gleichnamige Drucktype entwickelt.

**Rotunde** [zu lat. rotundus ›rund‹] *die, -/-n, Architektur:* Zentralbau mit kreisförmigem Grundriß, alleinstehend oder auch innerhalb eines Baukomplexes. Die R. erscheint als Kapelle, Taufkirche oder auch als Hauptkirche, z. B. in der ravennat. Baukunst und in der Renaissance. (→ Zentralbau)

**Rot und Schwarz,** frz. ›Le rouge et le noir‹, Roman von STENDHAL; frz. 1831.

**Rotundum** [lat. ›das Runde‹] *das, -s, Alchimie:* das Endprodukt des Wandlungsprozesses, der Stein der Weisen.

**Rotverschiebung,** Verschiebung von Spektrallinien zum roten Ende des elektromagnet. Spektrums, d. h. zu größeren Wellenlängen (bzw. kleineren Frequenzen) hin. Als Doppler-Verschiebung (→ Doppler-Effekt) tritt die R. auf, wenn sich Strahlungsquelle und Beobachter sehr schnell voneinander entfernen. In der Astronomie läßt sich mit ihrer Kenntnis die → Radialgeschwindigkeit 1) kosm. Objekte oder die Umlaufgeschwindigkeit von → Doppelsternen bestimmen. Dabei gilt die R. in den Spektren von Galaxien, die linear mit der Entfernung vom Sonnensystem zunimmt (**kosmologische R.**), als Ausdruck der Expansion des Weltalls (Fluchtbewegung, → Hubble-Effekt). Von der allgemeinen Relativitätstheorie wird eine **gravitative R.** vorhergesagt, die erfolgt, wenn Lichtquanten beim Verlassen eines Gravitationsfeldes (d. h. bei Ausbreitung in Richtung schwächerer Felder) einen Energieverlust erleiden. Diese R. konnte im Schwerefeld der Erde mit Hilfe des → Mößbauer-Effekts nachgewiesen werden.

I. a. kennzeichnet man die R. durch die relative Wellenlängenverschiebung $z = \Delta\lambda/\lambda_0 = (\lambda - \lambda_0)/\lambda_0$ ($\lambda_0$ unverschobene Wellenlänge, $\lambda$ beobachtete Wellenlänge). Die entferntesten, optisch noch beobachtbaren Galaxien weisen Werte von etwa $z = 0{,}7$ auf. Extreme R., deren Entstehung vermutlich auf der kosmolog. R. beruht, zeigen sich bei → Quasaren, z. B. $z = 3{,}53$ beim Quasar OQ 172, bei dem ultraviolette Strahlung bereits in den grüngelben Wellenlängenbereich verschoben ist.

Rottweiler (Widerristhöhe 55–68 cm)

**Rotvieh, Rotes Höhenvieh,** kräftige, genügsame Rinderrasse in dt. Mittelgebirgslagen; einfarbig rote bis dunkelrote, mittelgroße (etwa 130 cm schulterhohe) Tiere; verschiedene Schläge, z. B. Harzer, Odenwälder und Vogelsberger Rind.

**Rotwelsch,** dt. Sondersprache, die sich seit dem späten MA. in gesellschaftl. Randgruppen mit deren

Rottweil 1) Stadtwappen

zunehmendem Ausschluß von ländl. Seßhaftigkeit oder stadtbürgerl. Berufsleben auszuprägen begann und im tägl. Kontakt mit verschiedenen dt. Regionalsprachen sowie u. a. dem Jiddischen vielfältige Differenzierungen erfuhr. ›Rot-‹ bedeutet wohl ›Bettler‹, ›Vagabund‹, ›-welsch‹ (eigtl. ›romanisch‹) signalisiert ›schwerverständlich‹, ›fremd‹ (entsprechend ›Kauderwelsch‹). Als wesentlich gruppeninternes, auf Verhüllung abzielendes, mündl. Kommunikationsmittel ist bes. älteres R. nicht umfassend, sondern meist einseitig aus kriminalist. Außenansicht überliefert und untersucht worden. Besonderheiten des R. sind v. a. in Wortschatz, Wortbildung und Idiomatik, kaum jedoch in der Grammatik zu erkennen. Zahlreiche Ausdrücke des R. wurden in die dt. Umgangssprache vermittelt, ebenso weisen neue Schichtsprachen oder Arbeitsjargons entsprechende Elemente auf. In Gestalt der ›Zinken‹ (Bildsymbole, urspr. mittelalterl. Haus- oder Steinmetzzeichen ähnlich) entwickelten R.-Sprecher auch eine rudimentäre eigene Schriftlichkeit.

F. KLUGE: R. Quellen u. Wortschatz der Gaunersprache u. der verwandten Geheimsprachen (Straßburg 1901, Nachdr. 1987); L. GÜNTHER: Die dt. Gaunersprache u. verwandte Geheim- u. Berufssprachen (1919, Nachdr. 1965); S. A. WOLF: Wb. des Rotwelschen (1956, Nachdr. 1985); Kundenschall, hg. v. G. PUCHNER (1974); D. MÖHN: Sondersprachen, in: Lex. der germanist. Linguistik, hg. v. H. P. ALTHAUS u. a. (²1980); R. JÜTTE: Abbild u. soziale Wirklichkeit des Bettler- u. Gaunertums zu Beginn der Neuzeit (1988).

**Rotwild, Edelwild,** weidmänn. Bez. für die Rothirsche als Jagdwild. Das Männchen heißt **Rothirsch** (Hirsch, Edelhirsch), das Weibchen **Rottier** (Edeltier, Tier), wenn es ›gesetzt‹ hat **Alttier;** die weibl. Tiere und Kälber beiderlei Geschlechts werden unter der Bez. **Kahlwild** zusammengefaßt (da kein Geweih tragend); das junge weibl. R. nach Ablauf des Kalenderjahrs, in welchem es ›gesetzt‹ worden ist, bis zur ersten Brunft heißt **Schmaltier,** das (noch nicht geschlechtsreife) Männchen im ersten Lebensjahr **Hirschkalb,** das Weibchen **Wildkalb** (Tierkalb).

**Rotz, 1)** *Phytopathologie:* Bez. für versch. Erkrankungen von Zwiebelpflanzen, z. B. **Schwarzer R.,** allg. vorkommend bei Blumenzwiebeln nach Infektion durch den Schlauchpilz Sclerotinia bulborum, dessen weißes Myzel in den Zwiebeln schwarze Sklerotien ausbildet; später werden die Zwiebeln weichfaul.

**2)** *Tiermedizin:* **Malleus, Maliasmus, Malis,** durch aerobe, auch fakultativ anaerobe **R.-Bakterien** (Actinobacillus mallei; unbewegl., gramnegative Stäbchen, die lange Fäden bilden können) hervorgerufene ansteckende, i. d. R. tödlich verlaufende Krankheit v. a. der Einhufer (aber auch bei Schafen, Ziegen, Kaninchen, Feldmäusen, Meerschweinchen und bei Fleischfressern wie Katzen vorkommend); heute auf Ost- und Südosteuropa sowie das südl. Asien beschränkt. Man unterscheidet den **akuten R.** mit 10-30 Tagen Dauer und den **chronischen R.,** der mehrere Monate andauert; es bilden sich käsig-fibröse Knötchen in den Lungen (**Lungen-R.**), in den oberen Atemwegen (**Nasen-R.**; mit hohem Fieber und Nasenausfluß) oder auf der Haut (**Haut-R.**). R. ist (über die Schleimhäute oder Hautverletzungen) auf den *Menschen* übertragbar; meist entsteht dann geschwüriger **Haut-R.**; auch kommt es zu Lymphgefäß- und Lymphknotenentzündung.

**Rötz,** Stadt im Kr. Cham, Bayern, 453 m ü. M., im Naturpark Oberer Bayerischer Wald, (1991) 3600 Ew.; Oberpfälzer Handwerksmuseum (Freilichtmuseum). – Das 1017 erstmals urkundlich erwähnte R. wurde um 1500 zur Stadt erhoben.

**Rot|zink|erz,** der → Zinkit.

**Rot|zunge,** Art der → Schollen.

**ROU,** Nationalitätskennzeichen (Kfz) für Uruguay.

**Rouault** [ru'o], Georges, frz. Maler und Graphiker, * Paris 27. 5. 1871, † ebd. 13. 2. 1958; war bei einem Glasmaler in der Lehre und ab 1892 Schüler von G. MOREAU. Nach anfänglich noch akadem. Bildern, in denen er bereits religiöse Stoffe bevorzugte, fand er bald seinen eigenen expressionist. Stil, dessen leuchtende Farbflächen und schwarze Konturen an alte Glasmalereien erinnern. Er wollte in seiner Kunst v. a. soziales und christl. Erleben zum Ausdruck bringen. So suchte er in Darstellungen von Dirnen, Clowns, Bauern und Arbeitern Sinnbilder des Menschen seiner Zeit, in religiösen Bildern die Passion CHRISTI zu gestalten. Bis 1918 entstanden v. a. Aquarelle und Gouachen, dann pastose Ölgemälde. R. schuf auch Glasfenster (Kirche in Assy, 1948), graph. Folgen (›Guerre et Miserere‹, 58 Blätter, 1916–27, erschienen 1948 u. d. T. ›Miserere‹; ›Passion‹, 17 Blätter, 1935 bis 1936, veröffentlicht 1939), Illustrationen (u. a. von Werken von C. BAUDELAIRE), Dekorationen und Kostümentwürfe für S. DIAGHILEW (1929), Entwürfe für Bildteppiche, Keramik. BILD → Expressionismus 1)

*Weitere Werke:* Jesus unter den Schriftgelehrten (1894; Colmar, Musée d'Unterlinden); Kopf eines trag. Clowns (1904; Zürich, Kunsthaus); Dirne vor dem Spiegel (1906; Paris, Musée National d'Art Moderne); Drei Richter (1913; New York, Museum of Modern Art); Junger Arbeiter (1925; Paris, Musée National d'Art Moderne); Der alte König (1937; Pittsburgh, Pa., Carnegie Museum of Art); Ecce Homo (1938–42; Stuttgart, Staatsgalerie).

F. CHAPON u. G. ROUAULT: G. R., œuvre gravé (Monte-Carlo 1978); P. COURTHION: G. R. (a. d. Frz., 1980); G. R., Ausst.-Kat. (1983).

**Roubaix** [ru'bɛ], Industriestadt im Dép. Nord, Frankreich, am Kanal von R., an der belg. Grenze, (1990) 98200 Ew.; Fachhochschule für Textilkunst, techn. Institut; Textil- und Kunstmuseum. R. ist Teil des Ballungsraums Lille-R.-Tourcoing (›Communauté urbaine‹) und Mittelpunkt der nordfrz. Textilindustrie; es hat ferner Maschinen- und Kunststofffabriken, Brauerei, Papierindustrie. – R. hatte schon im 15. Jh. Textilmanufakturen, aber erst als ein Zentrum der Wollverarbeitung nahm es seit dem 19. Jh. einen raschen Aufschwung.

Louis Roubillac: Denkmal für Georg Friedrich Händel; Marmor, Höhe 1,36 m; 1738 (London, Victoria and Albert Museum)

**Roubillac** [rubi'jak], Louis François, engl. Bildhauer frz. Herkunft, * Lyon zw. 1702 und 1705, † London 11. 1. 1762; wohl ausgebildet von N. COUSTEAU in Paris und B. PERMOSER in Dresden, ging gegen 1735 nach England; reiste 1752 nach Rom, seitdem beeinflußt von den Werken G. L. BERNINIS; schuf Denkmäler (u. a. für G. F. HÄNDEL, 1738, London, Victoria and Albert Museum), Grabmäler (Monument des Herzogs

**Rouc**   Rouch – Rougemont

**Rouen**
Stadtwappen

·

kultureller und wirtschaftlicher Mittelpunkt der Normandie

·

Regionshauptstadt

·

bedeutender Hafen am Unterlauf der Seine

·

10 m ü. M.

·

105 500 Ew.
(380 000 in der Agglomeration)

·

in der Antike Rotomagus

·

seit dem MA. Handelszentrum und Tuchindustrie

·

wirtschaftliche Blüte 1450–1550

·

gotische Kathedrale (13.–16. Jh.) mit reicher Bauplastik

·

Justizpalast mit Ehrenhof (16. Jh.)

·

Universität (1966 gegründet)

·

Kfz-Zeichen: 76

·

Postleitzahl: F-76000

**Denis de Rougemont**

von Argyll, 1745–49, London, Westminster Abbey; Grabmal für General WILLIAM HARGRAVES, 1757, ebd.), Porträtbüsten und Statuen. R. war ein Vertreter der Rokokoskulptur in England.

**Rouch** [ruʃ], Jean Pierre, frz. Filmregisseur, * Paris 31. 5. 1917. Seine ethnologisch-soziolog. Arbeit schlug sich in Schriften und Dokumentarfilmen über afrikan. Bevölkerungsgruppen nieder; Mitbegründer und führender Vertreter des →Cinéma-vérité.
*Filme:* Ich, ein Neger (1957); Chronik eines Sommers (1960, mit EDGAR MORIN); Babeba – Die drei Ratschläge (1977); Dionysos (1984); Enigma (1988, mit ALBERTO CHIANTARETTO).
*Anthropology – Reality – Cinema. The films of J. R.*, hg. v. M. EATON (London 1979); E. HOHENBERGER: Die Wirklichkeit des Films. Dokumentarfilm, ethnograph. Film. J. R. (1988).

**Roud** [ru], Gustave, schweizer. Schriftsteller frz. Sprache, * Saint-Légier-La-Chiésaz (bei Vevey) 20. 4. 1897, † Moudon 10. 11. 1976; gilt – nach C. F. RAMUZ – als bedeutendster und einflußreichster Schriftsteller der französischsprachigen Literatur der Schweiz. Sein lyr. Werk (v. a. Prosagedichte) steht unter dem Einfluß der dt. Romantik, v. a. von NOVALIS, sowie von F. HÖLDERLIN, die er, neben G. TRAKL und R. M. RILKE, ins Französische übersetzte. R.s Ästhetik, die der Dichtung die Aufgabe zuweist, im Diesseits Spuren einer transzendenten Wirklichkeit aufzufinden, war wegweisend für viele französischsprachige Schriftsteller der Schweiz, so für P. JACCOTTET und J. CHESSEX.
*Ausgabe:* Écrits, hg. v. P. JACCOTTET, 3 Bde. (1978).

**Roudnice nad Labem** [ˈroudɲitsɛ ˈnadlabɛm], Stadt in der Tschechoslowakei, →Raudnitz an der Elbe.

**Rouen** [rwã], Hauptstadt der Region Haute-Normandie und des Dép. Seine-Maritime, Frankreich, 10 m ü. M., am Unterlauf der Seine 125 km vor ihrer Mündung, (1990) 105 500 Ew. (städt. Agglomeration 380 000 Ew.); Sitz eines Erzbischofs und kultureller Mittelpunkt der Normandie mit Univ. (1966 gegr.); Kunst- und Keramikmuseum, Altertumsmuseum. Daneben ist R. Markt- und Bankenzentrum (mit Börse) sowie bedeutende Industriestadt mit Maschinen-, Schiff- und Fahrzeugbau, Textil- (bes. Baumwoll-), Leder- und chem. Industrie. Der Hafen kann von Seeschiffen bis 9,5 m Tiefgang erreicht werden. Erdölraffinerie in Le Grand-Quevilly, Produktenleitungen nach Paris; flußabwärts neue Industriezonen. – R., das antike **Rotomagus (Ratomagus)**, wurde im 10. Jh. (911 Belehnung des Normannenführers ROLLO, der den Titel Graf von R. erhielt, mit dem Gebiet der Normandie) eine der Hauptstädte des Herzogtums Normandie und entwickelte sich zu einem bedeutenden Zentrum des Handels und der Tuchindustrie. Am 30. 5. 1431 wurde in R. JEANNE D'ARC verbrannt. Zur wirtschaftl. Blüte gelangte R. zw. 1450 und 1550. Durch die Religionskriege und die Fronde geschwächt, blieb R. dennoch einer der bedeutendsten Häfen Frankreichs. – Die Bauwerke der Stadt erlitten im Zweiten Weltkrieg schwere Schäden und wurden restauriert: Got. Kathedrale (13.–16. Jh.) mit Resten des roman. Vorgängerbaus, reicher plast. Schmuck an W-Fassade (16. Jh.), N- und S-Portal (15. Jh.); im Innern ornamentierte Bibliothekstreppe (15. Jh.), Renaissancegrabmal (16. Jh.) der Kardinäle GEORGES I und GEORGES II D'AMBOISE (* 1460, † 1510 bzw. * 1488, † 1550); ehem. Benediktinerabteikirche Saint-Ouen (1388 ff.) im Flamboyantstil; gotische Kirche Saint-Maclou (1437–1517) mit ehem. Klosterhof (16. Jh.); alle genannten Kirchen besitzen Glasmalereien (13. bis 16. Jh.), bes. aber Saint-Godard und Saint-Pierre; Uhrturm Le Gros Horloge (1527; Uhr aus dem Belfried von 1389 hierher versetzt); Justizpalast (Anfang 16. Jh.); zahlreiche Wohnbauten der Renaissance, u. a. Hôtel de Bourgtheroulde (erste Hälfte 16. Jh.).
R. HERVAL: Histoire de R., 2 Bde. (Rouen 1947–49).

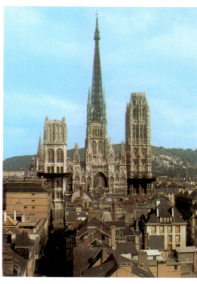

**Rouen:** Kathedrale; 13.–16. Jh.

**Rouergue** [ruˈɛrg], ehem. Grafschaft in S-Frankreich, um Rodez; entspricht heute etwa dem Dép. Aveyron.

**Rouffach** [ruˈfak], Stadt im Oberelsaß, →Rufach.

**Rouffignac** [rufiˈɲak], Höhle im Périgord, bei Fleurac, Dép. Dordogne, Frankreich. Die seit dem 16. Jh. **Grotte von Miremont** genannte Höhle besteht aus einem mehrstöckigen System weitverzweigter Gänge mit einer Gesamtlänge von rd. 10 km. An den Wänden und Decken der innersten Galerien wurden 1956 Malereien und Gravierungen der jüngeren Altsteinzeit entdeckt. Dargestellt sind Mammut, Wollhaariges Nashorn, Bison, Pferd und Steinbock.

**Rouge et Noir** [ruʒeˈnwaːr; frz. ›rot und schwarz‹] *das, - -,* ein klass. Glücksspiel mit zwei frz. Kartenspielen (104 Blatt) auf einem Tisch mit rotem oder schwarzem Feld, wird von drei und mehr Spielern gegen einen Bankhalter gespielt. Die Spieler (in eine schwarze und eine rote Partei geteilt) erhalten vom Bankhalter auf Anforderung Karten, bis deren Augensumme zw. 30 und 40 beträgt, die Partei mit der niedrigeren Augenzahl gewinnt, die Verliererpartei gibt ihren Einsatz ab. Haben beide Parteien gleichviele Augen, wird das Spiel nicht gewertet. Bei je 31 Augen erhält der Bankhalter alle Einsätze.

**Rougemont** [ruʒˈmõ], Denis de, schweizer. Philosoph und Essayist frz. Sprache, * Neuenburg 8. 9. 1906, † Genf 6. 12. 1985; schloß sich früh einer Gruppe frz. Philosophen an, die eine Erneuerung der europ. Kultur durch die Betonung des engagierten, selbstverantwortl. Individuums und – gegen die zentralist. Tradition Frankreichs – des föderalist. Zusammenhalts eigenständiger Gruppen und Minderheiten anstrebte. Mit E. MOUNIER, dem Hauptvertreter des →Personalismus, gründete er 1932 die Zeitschrift ›Esprit‹. R. wurde berühmt durch ›L'amour et l'occident‹ (1939; dt. ›Die Liebe und das Abendland‹), ein Werk über die Bedeutung der Liebe in der höf. Kultur und im Zivilisationsprozeß Europas. R. begründete und leitete u. a. das ›Centre européen de la culture‹ in Genf.

**Weitere Werke:** *Essays:* Journal d'un intellectuel au chômage (1937; dt. Tagebuch eines arbeitslosen Intellektuellen); Journal d'Allemagne (1938); Lettres sur la bombe atomique (1946; dt. Über die Atombombe); L'Europe en jeu (1948); Les chances de l'Europe (1962); La Suisse ou l'histoire d'un peuple heureux (1965; dt. Die Schweiz, Modell Europas); Lettre ouverte aux Européens (1970); L'avenir est notre affaire (1977; dt. Die Zukunft ist unsere Sache).

**Rouget de Lisle** [ruʒɛ 'dlil], **Claude** Joseph, frz. Schriftsteller, Pseudonym **Auguste Hix** [iks], * Lons-le-Saunier 10. 5. 1760, † Choisy-le-Roi 26. 6. 1836; dichtete 1792 (in der Straßburger Garnison) den ›Chant de guerre pour l'armée du Rhin‹, der zur frz. Nationalhymne (→ Marseillaise) wurde.

**Rougon-Macquart, Die** [ru'gõ ma'ka:r-], frz. ›Les Rougon-Macquart‹, Romanzyklus von É. ZOLA; frz., 20 Bde., 1871–93.

**Rouleau** [ru'lo:; frz. ›Rolle‹] *das, -s/-s,* eingedeutscht **Rollo,** aufrollbarer Vorhang.

**Roulers** [ru'lɛrs], belg. Stadt, → Roeselare.

**Roulett** [ru-; frz., eigtl. Verkleinerung von rouleau ›Rolle‹] *das, -(e)s/-e* und *-s,* **Roulette,** v. a. in Spielcasinos betriebenes Glücksspiel, bei dem eine Kugel auf eine sich drehende Scheibe geworfen wird; die Scheibe ist um abwechselnd in rote und schwarze Fächer geteilt, die außerdem eine Ziffer (1–36 in scheinbar willkürl. Reihenfolge sowie 0 = Zéro) tragen. Spielentscheidend ist, in welchem Fach die Kugel zur Ruhe kommt. Auf dieses setzen die Spieler (gegen die Bank) in einem Tableau (Spielbrett), wobei es neben dem Setzen auf *eine* bestimmte Zahl folgende Möglichkeiten gibt, die Gewinnchancen zu vergrößern: Setzen auf mehrere Zahlen (Zahlenkombinationen); Manque (klein), d. h. setzen auf die Ziffern 1–18; Passe (groß), auf 19–36; Pair (gerade), auf alle geraden Zahlen; Impair (ungerade), auf alle ungeraden Zahlen, Rouge (rot), auf alle roten Felder; Noir (schwarz), auf alle schwarzen; Douze premier (erstes Dutzend), also auf 1–12; Douze milieu (mittleres Dutzend), also auf 13–24; Douze dernier (letztes Dutzend), also auf 25–36. Der Spieler kann beliebig setzen; die Gewinne reichen vom Doppelten bis zum 36fachen des Einsatzes.

**Roulętte** [ru'lɛt, frz.] *das, -s/-s,* Werkzeug des Radierers bei den graph. Techniken der Crayonmanier und der Punktiermanier: gezähntes Rädchen oder kleine stachelbesetzte Walze mit Griff, dient zum Aufrauhen oder Punktieren der mit Ätzgrund überzogenen Druckplatte. Die damit erzeugten kleinen Löcher auf der Platte geben dem Abzug einen satten, dunklen Ton. (→ Mattoir)

**Roumain** [ru'mɛ̃], Jacques, haitian. Schriftsteller, Politiker und Ethnologe, * Port-au-Prince 4. 6. 1907, † ebd. 18. 8. 1944; studierte in der Schweiz und in Spanien; gründete 1934 die KP Haitis. R. lebte zeitweilig im Exil in Paris und in den USA, wo er ethnolog. Studien betrieb. In der ländl. Welt Haitis fand er neue literar. Stilelemente und Themen. Sein Hauptwerk ist der in viele Sprachen übersetzte Roman ›Gouverneurs de la rosée‹ (hg. 1944; dt. ›Herr über den Tau‹), der das Leben der einheimischen Bauern, ihre Bräuche und ihre Ausbeutung durch weiße Kapitalisten darstellt.

U. FLEISCHMANN: Ideologie u. Wirklichkeit in der Lit. Haitis (1969); J. M. DASH: Literature and ideology in Haiti, 1915–1961 (London 1981).

**Roumanille** [ruma'nij], Joseph, neuprovenzal. Dichter, * Saint-Rémy-de-Provence 8. 8. 1818, † Avignon 24. 5. 1891; bedeutendster Vertreter der neuprovenzal. Dichtung neben F. MISTRAL und T. AUBANEL, mit denen er 1854 die Gruppe der Félibrige (→ Félibres) gründete; gab auch deren literar. Zeitschrift ›L'Armana provençau‹ (1855ff.) sowie die erste Sammlung neuprovenzal. Dichtung, ›Li prouvençalo‹ (1852), heraus.

**Weitere Werke:** *Prosa:* Lis oubreto en proso (1860). – *Lyrik:* Lis oubreto en vers (1860). – *Erzählungen:* Li conte prouvençau e li Casareleto (1884); Contes provençaux (hg. 1911).

**Round table** [raʊnd teɪbl; engl. ›runder Tisch‹] *der, - -, Politik:* Beratungen in kreisförmiger Sitzordnung, die die Gleichberechtigung der Teilnehmer dokumentieren soll; in Anlehnung an die Rangstreitigkeiten vermeidende Sitzordnung der Tafelrunde der König-Artus-Sage. Als **R.-t.-Conference** fand die brit. Konferenz (in drei Sessionen 1930–32) über die künftige Verf. Indiens statt, ebenso die Reichs-, später Commonwealth-Konferenzen.

**Round Table** [raʊnd teɪbl, engl.], Abk. **RT,** 1927 in Norwich (Großbritannien) gegründeter, in vielen Ländern vertretener Service-Club; Mitgl. sind junge Männer (18–40 Jahre) aus allen Berufszweigen; in der Bundesrep. Dtl. besteht R. T. Deutschland seit 1952.

**Rourkela** [ˈrʊəkəlɑː], Stadt im Bundesstaat Orissa, Indien, am Rande des bodenschätzereichen Chota-Nagpur-Plateaus, (1981) 214 500 Ew.; Stahlwerk (seit 1959; mit dt. Hilfe errichtet; nach Ausbau 1969 jährl. Kapazität von 1,8 Mio. t), Metallverarbeitung, chem. Industrie. – R. entstand ab 1956 beim Bau des Stahlwerkes.

**Rous** [raʊs], Francis Peyton, amerikan. Pathologe und Virologe, * Baltimore (Md.) 5. 10. 1879, † New York 16. 2. 1970; ab 1909 am Rockefeller-Institut für medizin. Forschung in New York. R. bewies schon 1910, daß eine bestimmte Virusart (**R.-Sarkom-Virus**) bei Hühnern Krebsgeschwülste erzeugen kann. R. erhielt 1966 mit B. HUGGINS den Nobelpreis für Physiologie oder Medizin.

**Roussanne** [ru'san], frz. Weißweinrebe des Rhônetals südlich von Lyon; mit Marsanne Bestandteil des weißen Hermitage; eine der vier weißen Rebsorten für den Châteauneuf-du-Pape.

**Rousseau** [ru'so], **1)** Henri Julien Félix, gen. **le Douanier** [ləðwa'nje, ›der Zöllner‹], frz. Maler, * Laval 21. 5. 1844, † Paris 2. 9. 1910; Beamter beim Pariser Stadtzoll; begann um 1880 als Autodidakt in naiv-realist. Art zu malen, stellte 1885 zum erstenmal aus und ließ sich 1893 pensionieren, um sich vollständig der Malerei widmen zu können. Seine in ihren Formen sehr vereinfachten Porträts und Landschaften, deren Wiedergabe aller Einzelheiten sich bes. in den Urwaldbildern mit der Vorstellungswelt der Märchen und Träume mischt, sind von eindringl., oft poet. Wirkung. R. übte durch seine Freiheit im Umgang mit der Wirklichkeit einen erhebl. Einfluß auf moderne Künstler aus. BILD → naive Kunst

**Werke:** *Ich:* Porträt-Landschaft (1889–90; Prag, Národní Galerie); Der Krieg (1894; Paris, Louvre); Die schlafende Zigeunerin (1897; New York, Museum of Modern Art); Die Ballspieler (1908; New York, Guggenheim Museum); Die Muse inspiriert den Dichter (1909; Moskau, Puschkin-Museum, und Basel, Kunstmuseum); Der Traum (1910; Basel, Kunstmuseum).

H. CERTIGNY: Le Douanier R. en son temps. Biographie et catalogue raisonné, 2 Bde. (Tokio 1984); Le Douanier R., Ausst.-Kat. (Paris 1984).

**2)** Jean-Baptiste, frz. Schriftsteller, * Paris 6. 4. 1670, † Genette (bei Brüssel) 17. 3. 1741; wurde 1712 wegen satir. Gedichte auf Persönlichkeiten des öffentl. Lebens und auf die Religion für immer aus Frankreich verbannt und hielt sich zunächst in der Schweiz, 1714–17 in Wien, zuletzt in Brüssel auf. R. wurde zu seiner Zeit v. a. wegen seiner klassizist., formvollendeten Oden nach dem Vorbild PINDARS hoch geschätzt (›Odes, cantates, epitres et poésies diverses‹, 2 Bde., 1723).

**3)** Jean-Jacques, frz.-schweizer. Philosoph und Schriftsteller, * Genf 28. 6. 1712, † Ermenonville (bei Senlis) 2. 7. 1778; Sohn eines von Hugenotten abstammenden Uhrmachers und einer Genfer Kalvinistin.

Claude Rouget de Lisle

Roulett: Spielplan

Francis P. Rous

Henri Rousseau: Selbstbildnis; 1890 (Ausschnitt; Prag, Národní Galerie)

# Rous Rousseau

Jean-Jacques Rousseau

## Leben und Werke

R. verlebte eine unglückl. Kindheit, floh 1728 nach Annecy zu Madame DE WARENS (LOUISE ÉLÉONORE DE LA TOUR DU PIL, Baronne DE WARENS, * 1700, † 1762), einer katholisch gewordenen Kalvinistin, die als mütterl. Freundin und Geliebte großen Einfluß auf ihn ausübte und ihn zum Übertritt zur kath. Kirche veranlaßte. Intensive Lektüre und Musikstudien überzeugten ihn, daß er seinen Weg als Schriftsteller und Musiker finden würde. Er ging 1742 nach Paris, nahm Stellungen als Hauslehrer und vorübergehend als Gesandtschaftssekretär in Venedig an; in Paris lernte er D. DIDEROT und die Enzyklopädisten kennen und lebte in freier (erst 1768 legalisierter) Ehe mit THÉRÈSE LEVASSEUR (*1721, † 1801), deren fünf von ihm stammende Kinder er im Findelhaus aufziehen ließ.

Als die Akademie von Dijon die Preisfrage ausschrieb, ›ob die Wiederherstellung der Wissenschaften und Künste zur Läuterung der Sitten beigetragen habe‹, antwortete R. verneinend mit dem ›Discours sur les sciences et les arts‹ (1750; dt. ›Abhandlung: ob die Wissenschaften etwas zur Läuterung der Sitten beygetragen haben?‹). Nach R. ist der Mensch urspr. gut. In der nicht-entfremdeten Frühzeit der menschl. Gesellschaft waren soziale Differenzierung und damit verbundene Konkurrenz, Feindschaft und Neid unbekannt. Der Aufschwung der Künste und Wiss. hat jedoch zum sittl. Niedergang der Gesellschaft geführt. Die durch ihre Kulturverneinung einflußreich gewordene Schrift will kein ›Zurück zur Natur‹ (diese Wendung tritt bei R. nicht auf), sondern mündet in die Mahnung, durch Erinnerung an die jenem Urzustand zugeschriebenen Werte (Freiheit, Unschuld, Tugend) die gegenwärtigen Verhältnisse vor noch Schlimmerem zu bewahren. Die preisgekrönte Schrift machte R. berühmt.

R. begann früh zu komponieren; er verfaßte für die ›Encyclopédie‹ 1748–50 einen Teil der Artikel zur Musik (die er zu einem ›Dictionnaire de musique‹ umarbeitete, 1767). Mit seinem Singspiel ›Le devin du village‹ (1752), einer Nachahmung der Opera buffa, regte er das frz. Singspiel und die Opéra comique, mit dem späteren Monodrama ›Pygmalion‹ (1771), für das er den Text schrieb (Musik von H. COIGNET), die Melodramen des 18. Jh. an. 1755 erschien – ebenfalls auf Anregung der Académie von Dijon (aber nach Erscheinen abgelehnt) – sein zweites philosoph. Werk, der ›Discours sur l'origine et les fondements de l'inégalité parmi les hommes‹ (dt. ›Über den Ursprung und die Grundlagen der Ungleichheit unter den Menschen‹), eine grundsätzl. Zivilisations-, Geschichts- und Gesellschaftskritik. R. lehnt darin die Vergesellschaftung aber nicht ab, sondern rekonstruiert auf dem Wege einer fiktiv-histor. Darstellung die Entwicklung von einem ersten glückl. Gesellschaftszustand zur bestehenden Rechtsungleichheit, historisch markiert durch die Entstehung des Privateigentums und die Einführung des Ackerbaus. Folgerichtig begründet er darauf die nunmehr revolutionäre Forderung nach der Wiederherstellung der ›natürl.‹ Rechtsgleichheit aller.

In den folgenden Jahren lebte R. vom Notenabschreiben; er kehrte zum Kalvinismus zurück (1754) und bekannte sich als Bürger von Genf; er überwarf sich mit fast allen Freunden und Gönnern, auch mit Madame D'ÉPINAY – ebenfalls Beschützerin und Geliebte –, die ihm 1756 ein Landhäuschen (Ermitage bei Montmorency) zur Verfügung gestellt hatte. Seelisch und körperlich dem Untergang nahe, fand er Zuflucht in einem am Rand des Parks von Montmorency gelegenen Schlößchen (1758). In diesen Jahren (1756–62) vollendete er seine Hauptwerke. Der Briefroman ›Julie ou La Nouvelle Héloïse‹ (Erstausg. 1761 u. d. T. ›Lettres de deux amants ...‹, 3 Bde., u. d. T. ›Julie ...‹ seit 1764; dt. ›Julie oder die neue Heloïse‹), eine lose komponierte trag. Liebesgeschichte, fand dank seiner gefühlvoll-leidenschaftl. Darstellung und der eingehenden Schilderungen der Schweizer Natur in Europa große Verbreitung. In ›Du contrat social‹ (1762; dt. ›Der Gesellschaftsvertrag‹) setzte R. an die Stelle des einst gepriesenen freien Naturmenschen den politisch mündigen Bürger. Eine legitime polit. Ordnung, die alle an das Gesetz bindet und in der jeder einzelne dennoch so frei ist wie zuvor, ist nach R. nur möglich durch die freiwillige vollkommene Entäußerung des Individuums mit allen seinen Rechten an die Gemeinschaft, die den Gemeinwillen (→ Volonté générale) repräsentiert. Durch die Bindung aller an das Gesetz, das sie sich selbst gegeben haben, gewinnen sie eine höhere Art von Gleichheit und Freiheit. Das scharfsinnige Werk, im Ggs. zum absolutist. Machtstaat stehend und am antiken ›Polis‹-Ideal, einem kleinen Stadtstaat, orientiert, ist ein Grundbuch der modernen Demokratie. Ebenfalls 1762 erschien das erzählerisch angelegte pädagog. Lehrbuch ›Émile ou De l'éducation‹ (dt. ›Émile, oder über die Erziehung‹), in dem er die Entwicklung eines ›imaginären Schülers‹ von der Geburt bis zur Heirat beschreibt. Mit einem damals neuen Eingehen auf die Eigenart des Kindes legt R. erzieher. Grundsätze dar, deren Ideal die freie Entfaltung der Persönlichkeit auf der Grundlage von Natur und Empfindung bildet und deren Verwirklichung im behutsamen Wachsenlassen und Lenken der natürl., daher ›guten‹ Fähigkeiten besteht. Das Werk hat die neuzeitl. Erziehungstheorien grundlegend beeinflußt. Angeschlossen ist die ›Profession de foi d'un vicaire savoyard‹ (dt. ›Glaubensbekenntnis eines savoyischen Vikars‹), worin R. an die Stelle des ›christl.‹ Gottes einen aus der Naturordnung erfahrenen Gott setzt, für die gegenseitige Toleranz der Religionen eintritt und dem aus dem Gefühl des Subjektes hergeleitete Morallehre darlegt.

V. a. wegen des in ihnen geforderten dogmenfreien Christentums wurden ›Émile‹ und auch ›Du contrat social‹ von der staatl. Zensur und Erzbischof in Paris, wenig später auch in Genf verboten. Um den Verfolgungen zu entgehen, verbrachte R. seit 1762 mehrere Jahre im Ausland, immer wieder geächtet und verjagt, zunächst in der Schweiz, 1766–67 in England auf Einladung D. HUMES. In Paris, wo er seit 1770 wieder lebte, vollendete er seine Memoiren ›Les confessions‹ (hg. 1782; dt. ›Bekenntnisse‹), eine in den Tatsachen ungenaue, in der Selbstdeutung wesentl. Darstellung seines Lebens, worin die Schilderungen der Jugend, der Liebes- und Naturidyllen verwoben sind mit gereizten Angriffen gegen echte und vermeintl. Verfolger und mit Zügen empfindsamer Selbststilisierung. Autobiographisch schließen sich die Dialoge ›Rousseau juge de Jean-Jacques‹ (1776, gedr. 1780) und die beschaul. ›Les rêveries du promeneur solitaire‹ (hg. 1782; dt. ›Selbstgespräche auf einsamen Spaziergängen‹) an. Die letzten Jahre verbrachte R. menschenscheu in Einsamkeit. 1794 wurde sein Sarg in den Pantheon überführt.

## Wesensart und Wirkung

R. leitete mit seiner Vereinsamung und der Überzeugung, von der Umwelt nicht verstanden zu werden, jedoch in der eigenen Abnormität die Gewähr der Einzigartigkeit sehen zu dürfen, eine Grunderfahrung ganzer Generationen des 19. Jh. ein. Seine in viele Richtungen auseinanderlaufenden Ideen sind nur selten originell. Was ihnen die Wirkung sicherte, ist – abgesehen von ihrer schriftsteller. Stärke – die Rückwendung zur subjektiven Innerlichkeit, so daß auch Abhandlungen über sachl. Themen nicht Vernunfterkenntnisse, sondern persönl. Bekenntnis sind.

So sehr R. auch aufklärer. Anschauung und Methode aufgreift (in seinem Begriff vom natürl. Gutsein des Menschen, in seinem ungeschichtlich konstruierenden Staatsdenken u. a.), hat er doch das aufklärer. Denken mehr noch in Frage gestellt und erschüttert, indem er sich gegen den optimist. Zivilisations- und Fortschrittsglauben wandte, für Innerlichkeit und das subjektive Gefühl eintrat, Wahrheiten an ihrer Fähigkeit maß, subjektiver Erfahrung zu entsprechen und so die jahrhundertealte Rangordnung von Vernunft und Affekt umkehrte. Der emotional-subjektive Ansatz wirkte anregend auf die frz. Literatur von der Vor- bis zur Hochromantik, befruchtete den dt. Sturm und Drang und Gelehrte wie J. G. HERDER, den jungen GOETHE (›Werther‹), SCHILLER und I. KANT (Freiheitsbegriff). Im 19. Jh. entwickelte sich dagegen eine lebhafte R.-Kritik, die noch von F. NIETZSCHE fortgesetzt wurde. Doch haben sich R.s Werke, weit über die Romantik hinaus, bis H. BERGSON, M. PROUST und ins 20. Jh. hinein als fruchtbar erwiesen, z. B. der Rückzug in die von Gegenwart und Wirklichkeit abgewandte Erinnerung, die Bedeutung der Phantasie und die in den ›Rêveries‹ entdeckte Poesie des Halbbewußten, worin das Ich, traumartig der mechan. Zeit entzogen, eine vorrationale Existenzgewißheit und Dauer findet.

**Weitere Werke:** Lettre sur la musique françoise (1753); Lettre à d'Alembert sur les spectacles (1758); Un discours sur l'économie politique (1758).
**Ausgaben:** Œuvres complètes, hg. v. V. D. MUSSET-PATHAY, 25 Bde. (1823–26); Œuvres complètes, hg. v. B. GAGNEBIN u. a., 4 Bde. (1959–69); Correspondance complète, hg. v. R. A. LEIGH (1965 ff.), auf zahlr. Bde. berechnet.

M. RANG: R.s Lehre vom Menschen (²1965); J. MOREAU: J.-J. R. (Paris 1973); R. SPAEMANN: R. Bürger ohne Vaterland (1980); I. FETSCHER: R.s polit. Philosophie (³1981); H. G. GOUHIER: Les méditations métaphysiques de J.-J. R. (Paris ²1984); P. GÜLKE: R. u. die Musik (1984); J. STAROBINSKI: R. Eine Welt von Widerständen (a. d. Frz., 1988); G. HOLMSTEN: J.-J. R. (Neuausg. 1989).

4) **Pierre Étienne Théodore**, frz. Maler, * Paris 15. 4. 1812, † Barbizon 22. 12. 1867; Hauptvertreter der Schule von → Barbizon, überwand unter dem Eindruck der holländ. (J. RUISDAEL, M. HOBBEMA) und engl. Landschaftsmaler (J. CONSTABLE, R. P. BONINGTON) die kulissenhafte klassizist. Landschaftsdarstellung und wandte sich der Freilichtmalerei zu. Nachdem er auf vielen Reisen in Frankreich heimatl. Landschaften gemalt hatte, bes. im Wald von Fontainebleau, ließ er sich 1848 endgültig in Barbizon nieder. In seinen Bildern verbinden sich eindringl. Beobachtung der Landschaft mit dem feierl. Ernst seines Naturempfindens, das Stimmungen der Natur nicht mehr im romant. Sinn sondern wirklichkeitsgetreu wiederzugeben trachtete.

T. R., bearb. v. H. POUSSAINT, Ausst.-Kat. (Paris 1967).

**Roussel** [ruˈsɛl], 1) **Albert Charles Paul Marie**, frz. Komponist, * Tourcoing 5. 4. 1869, † Royan 23. 8. 1937; studierte u. a. bei V. D'INDY. Seine eigenständige, an keine herrschende Stilrichtung gebundene Musiksprache ist durch variantenreiche Rhythmik, teils auf exot. Musik aufgebaute Harmonik, polyphone Satztechnik und bes. in den langsamen Sätzen weitgespannte Melodiebögen gekennzeichnet.

**Werke:** Padmâvatî (1914–18; Opéra-ballet); La naissance de la lyre (1925; Oper). – **Ballette:** Le festin de l'araignée (1913); Bacchus et Ariane (1931); Aenéas (1935). – Vier Sinfonien (1911–34); Klavierkonzert G-Dur (1927); Sinfonietta für Streicher (1934).

2) **Ker-Xavier**, frz. Maler und Graphiker, * Lorry-lès-Metz (Dép. Moselle) 10. 12. 1867, † L'Étang-la-Ville (Yvelines) 5. 6. 1944; gehörte zum Kreis der Nabis; malte v. a. Landschaften mit mytholog. Motiven in lichten Farben und schuf 1936 Wandmalereien im Völkerbundspalast in Genf.

G. GÖTTE: K.-X. R., 2 Bde. (Diss. Kiel 1982).

3) **Raymond**, frz. Schriftsteller, * Paris 20. 1. 1877, † Palermo 14. 7. 1923; gilt als Vorläufer des Surrealismus. In seinem Werk (Lyrik, Dramen, Romane) verbinden sich Elemente des Logischen, Traumhaften und Absurden (etwa in der minuziösen Beschreibung des Phantastischen). R. wirkte mit seiner Theorie des dichter. Schaffensprozesses (›Comment j'ai écrit certains de mes livres‹, hg. 1935) auch auf die Vertreter des Nouveau roman; mit seinen Dramen beeinflußte er das absurde Theater.

**Weitere Werke:** *Romane:* Impressions d'Afrique (1910; dt. Eindrücke aus Afrika); Locus solus (1914; dt.). – *Dramen:* L'étoile au front (hg. 1925; dt. Der Stern auf der Stirn); La poussière de soleil (hg. 1926; dt. Sonnenstaub). – *Dichtung:* La doublure (1897). – *Lyrik:* Nouvelles impressions d'Afrique (hg. 1932).

Théodore Rousseau: Eichengruppe bei Apremont; 1852 (Paris, Louvre)

**Rousses** [rus], Massiv in den frz. Alpen, →Grandes Rousses.

**Rousset** [ruˈsɛ], **David**, frz. Schriftsteller, * Roanne 18. 1. 1912; war seit 1941 in der Résistance und wurde 1943 verhaftet und in ein KZ deportiert (bis 1945). In seinen Berichten und autobiograph. Romanen schilderte er Leben und Leiden in den Konzentrationslagern (›L'univers concentrationnaire‹, 1946; ›Les jours de notre mort‹, 1947; ›Le pitre ne rit pas‹, 1948).

**Roussette** [ruˈsɛt], **Altesse** [alˈtɛs], Weißweinrebe aus Savoyen, auch im Gebiet Bugey vertreten; liefert vollmundige, spritzige Weine, darunter den Seyssel, z. T. auch zur Schaumweinbereitung.

**Roussillon** [rusiˈjɔ̃], 1) *das,* historisches Gebiet in S-Frankreich; umfaßt den östlichsten Teil der Pyrenäen und das Vorland bis zu den Corbières; entspricht etwa dem heutigen Dép. Pyrénées-Orientales und ist Teil der Region Languedoc-Roussillon; Hauptort ist Perpignan. Die Bev. des R. gehört zu den Katalanen.

*Geschichte:* Der ›Pagus Rossilionensis‹, seit dem 5. Jh. Teil des Westgotenreiches, um 720 von den Sarazenen erobert, wurde Mitte des 8. Jh. in das Fränk. Reich eingegliedert und von einheim. Grafen verwaltet (eine der Grafschaften, die die erst später so genannte Span. Mark bildeten). 1172 fiel das Gebiet im Erbgang an Katalonien-Aragonien und wurde im 13. Jh. Teil des Königreichs Mallorca. 1258 hatte der frz. König LUDWIG IX. auf seine Lehnsrechte verzichtet, 1462–63 kam das R. jedoch wieder in frz. Besitz, wurde dann erneut spanisch, bis es 1652 von Frankreich besetzt und annektiert wurde; der Pyrenäenfrieden 1659 bestätigte den frz. Besitz.

M. DURLIAT: Histoire du R. (Paris ²1969).

Albert Roussel

**Rous** Roussin – Rovno

**2)** Gem. im Dép. Isère, S-Frankreich, inmitten der Ockerbrüche (heute nur geringer Abbau) am Rand des Rhônetals gelegen, (1990) 7400 Ew.; Fremdenverkehr; westlich von R. die alte Mautstelle **Le Péage de R.** (5900 Ew.), heute mit chem. Industrie und Staustufe in der Rhône.

**Roussin** [ru'sɛ̃], André, frz. Schriftsteller, * Marseille 22. 1. 1911, † Paris 3. 11. 1987; war u. a. Schauspieler und Journalist und schrieb durch virtuose Beherrschung bühnenwirksamer Mittel (u. a. die unterschiedl. Kombination von Dreieckssituationen) ausgezeichnete Boulevardkomödien.
Werke: *Komödien:* Une grande fille toute simple (1943; dt. Die Komödianten kommen); La petite hutte (1948; dt. Die kleine Hütte); La Mome (1950; dt. Eine unmögl. Frau, auch u. d. T. Viola); L'amour fou (1956); La mamma (1956); Les glorieuses (1960); Un amour qui ne finit pas (1963; dt. Die vollkommene Liebe); La locomotive (1967; dt. Die Lokomotive); La claque (1973); La vie est trop courte (1982); Treize comédies en un acte (1987).

**Routine** [ru-; frz., eigtl. ›Wegerfahrung‹] *die, -,* **1)** *allg.:* durch Erfahrung gewonnene Gewandtheit, Fertigkeit. – **Routinier** [ruti'nie:] *der, -s/-s,* geschickter, sachverständiger Praktiker.
**2)** *Datenverarbeitung:* allgemeine Bez. für ein (meist kleineres) Programm, einen Programmteil oder auch nur für eine zusammenhängende Folge von Anweisungen oder Befehlen mit einer bestimmten, i. d. R. häufiger benötigten Funktion. (→ Prozedur 2)

**Roux** [ru], **1)** Jacques, frz. Revolutionär, * Pranzac (Dép. Charente) 21. 8. 1752, † Bicêtre (bei Paris) 10. 2. 1794; Vikar an der Kirche Saint-Nicolas-des-Champs in Paris, wurde 1792 Führer der → Enragés und Mitgl. der Pariser Kommune. Mit seinen Forderungen nach direkter Aktion und radikaler Einschränkung des Eigentums geriet er in Konflikt mit M. DE ROBESPIERRE, der ihn 1793 verhaften ließ. Zum Tode verurteilt, erdolchte er sich.
**2)** Paul-Pierre, frz. Schriftsteller, → Saint-Pol-Roux.
**3)** Wilhelm, Anatom, * Jena 9. 6. 1850, † Halle/Saale 15. 9. 1924; Prof. in Breslau, Innsbruck und Halle/Saale; Direktor des (für ihn errichteten) Instituts für Entwicklungsgeschichte in Breslau. R. arbeitete v. a. über die Kausalfaktoren in der Morphologie und begründete die (von ihm **Entwicklungsmechanik** genannte) Entwicklungsphysiologie.

André Roussin

Wilhelm Roux

**Rovani,** Giuseppe, italien. Schriftsteller und Journalist, * Mailand 12. 1. 1818, † ebd. 26. 1. 1874; Anhänger G. MAZZINIS, nahm 1849 an der Verteidigung der Röm. Republik teil und flüchtete dann in die Schweiz; lebte nach seiner Rückkehr in Mailand. Von Bedeutung ist seine Darstellung der polit. und gesellschaftl. Entwicklung der Lombardei: ›Cento anni, 1750–1850‹ (5 Bde., 1859–64, endgültige Ausgabe 2 Bde., 1868–69). R. war ein Wegbereiter der Mailänder → Scapigliatura.

**Rovaniemi** ['rɔvaniɛmi], Hauptstadt der Prov. Lappi, Finnland, in Lappland in der Nähe des nördl. Polarkreises, an der Mündung des Ounasjoki in den Kemijoki, (1990) 33 000 Ew.; Freilichtmuseum Pöykkölä; Fremdenverkehr; Flughafen; am östlich von R. gelegenen Aussichtsberg Ounasvaara (204 m ü. M.) auch Wintersport. – Nach völliger Zerstörung (1944) wurde die Stadt nach Plänen von A. AALTO wiederaufgebaut (Stadttheater, 1970–75; BILD → Aalto, Alvar).

**Rovere, Della R.,** italien. Adelsfamilie aus Savona (Ligurien), die entstammen die Päpste SIXTUS IV. (1471–84) und JULIUS II. (1503–13), dessen Neffe FRANCESCO MARIA I. (* 1490, † 1538) durch Heirat 1508 das Herzogtum Urbino erhielt; es blieb im Besitz des Geschlechts, bis dieses 1631 im Mannesstamm ausstarb.

**Roveredo,** Hauptort des Bez. Moësa, im SW des Kt. Graubünden, Schweiz, im unteren Misox, (1989) 2000 Ew.; Fremdenverkehr. – Pfarrkirche San Giulio (14.–17. Jh.); Kirche Madonna del Ponte Chiuso (Barockbau, 1656 geweiht).

**Rovereto,** Stadt in der Prov. Trient, Italien, an der Etsch, 212 m ü. M., (1982) 33 200 Ew.; Museen (u. a. Weltkriegsmuseum), Bibliothek. Anstelle der traditionsreichen Seidenindustrie ist die Herstellung und Verarbeitung von anderen Fasern getreten (v. a. Autoreifengewebe), daneben Tabak- und Lederindustrie, Maschinenbau; Regionalmesse. – R. entwickelte sich bei einer im 12. Jh. erstmals erwähnten Burg. 1416 kam es zu Venedig, 1509 an die Habsburger, die es 1564 der Grafschaft Tirol eingliederten.

**Rover Group** ['rəʊvə gruːp], größter Kraftfahrzeughersteller Großbritanniens; Sitz: London. 1884 entstand die Lancashire Steam Motor Company, Lancashire, seit 1907 Leyland Motors Ltd., die nach Übernahme der Triumph Motor Co. Ltd. (gegr. 1903) im Jahre 1961 und der Rover Co. Ltd. (gegr. 1904) 1963 als Leyland Motor Corp. Ltd. firmierte. 1968 fusionierte dieses Unternehmen unter der Bez. British Leyland Ltd. (1979 BL Limited, 1982 BL Public Limited Company) mit der British Motor Holdings Ltd. Letztere ist durch den Zusammenschluß von Morris Motors Ltd. (gegr. 1910 von WILLIAM RICHARD MORRIS, 1935 um die Wolseley Motors Ltd. erweitert) und Austin Motor Co. Ltd. (gegr. 1905 von HERBERT AUSTIN) 1952 als British Motor Corporation (Name bis 1966) entstanden; sie produzierte Kfz der Marken Austin, Morris, M. G. und Mini und besaß seit 1962 auch die Jaguar Cars Ltd. 1988 wurde das Unternehmen vom Staat an die British Aerospace Corporation verkauft. Wichtigste Marken im Pkw-Bereich sind Austin Rover, Land Rover und Range Rover. Mit Toyota besteht eine Kooperation; Honda ist mit 20 % an der R. G. beteiligt.

**Rovetta,** Gerolamo, italien. Schriftsteller, * Brescia 30. 11. 1851, † Mailand 8. 5. 1910. Seine realist. Romane (›Mater dolorosa‹, 1882, dt.; ›La moglie di Sua Eccellenza‹, 1904) sind wertvolle Zeitdokumente. Seine z. T. sehr erfolgreichen Theaterstücke zeigen die individuellen, sozialen und polit. Probleme Italiens im 19. Jh. (›La trilogia di Dorina‹, 1891, dt. ›Dorina‹; ›Romanticismo‹, 1903; ›Il re burlone‹, 1905).

**Rovigo, 1)** Provinzhauptstadt in Venetien, Italien, (1990) 52 500 Ew.; Bischofssitz; pädagog. Hochschule, Fachhochschulen; Zentrum der Landschaft Polesine, Verkehrsknotenpunkt S-Venetiens; Getreidemarkt, Nahrungsmittel-, Textil-, Möbel-, und Metallindustrie. – R., 838 erstmals erwähnt, kam im 11. Jh. an die Este und fiel 1482 an Venedig. – Bedeutendster Profanbau ist der Palazzo Roncale von M. SANMICHELI (vor 1555); im Palazzo dell'Accademia dei Concordi (1814) Bibliothek und reiche Pinakothek (v. a. venezian. Malerei des 15.–18. Jh.); Dom Santo Stefano Papa (Neubau ab 1696); Wallfahrtskirche Chiesa della Beata Vergine del Soccorso (1594 ff.; mit Gemälden venezian. Meister, 1644–83).
**2)** Provinz in der Region Venetien, Italien, 1789 km², (1990) 248 700 Ew.; Hauptstadt ist Rovigo.

**Rovings** ['rəʊvɪŋz, engl.], *Kunststofftechnik:* Bez. für (vorgesponnene) Faserbündel, → Glasfasern, → Kohlenstoffasern.

**Rovinj,** italien. **Rovigno** [ro'viɲɲo], Ort an der W-Küste Istriens, Kroatien, ehemals auf einer Insel im Adriat. Meer, seit 1763 durch Aufschüttung mit dem Festland verbunden, (1988) etwa 10 000 Ew.; Institut für Meeresbiologie, Museum; Fischerei- und kleiner Handelshafen; Fisch- und Tabakverarbeitung; Fremdenverkehr. – Roman. Dreifaltigkeitskirche aus dem 13. Jh., Kirche St. Eufenia (1736 auf Fundamenten einer älteren Kirche erbaut), mehrere Renaissance- und Barockpaläste.

**Rovno,** Stadt in der Ukraine, → Rowno.

**Rovuma** der, engl. **Ruvuma** [-mə], Zufluß des Ind. Ozeans in Ostafrika, 1 100 km lang, entspringt 1 850 m ü. M. östlich des Malawisees in Tansania, bildet im Mittel- und Unterlauf auf 730 km Länge die Grenze zw. Moçambique und Tansania; z. T. schiffbar.

**Rowdy** ['raudi; engl.-amerikan.] *der, -s/-s,* auch *...dies,* streitsüchtiger, gewalttätiger Jugendlicher.

**Rowe** [rəʊ], Nicholas, engl. Dramatiker, getauft Little Barford (Cty. Bedfordshire) 30. 6. 1674, † London 6. 12. 1718; zunächst Jurist; fertigte die erste krit. Ausgabe der Dramen SHAKESPEARES an (›The works‹, 6 Bde., 1709) und schrieb zahlreiche populäre Blankverstragödien (›Tamerlane‹, 1702; ›The fair penitent‹, 1703; ›The tragedy of the Lady Jane Gray‹, 1715), die sich dem bürgerl. Trauerspiel nähern. In ›Jane Shore‹ (1714) machte er eine aus dem Bürgertum stammende Frau zur trag. Heldin. 1715 wurde er Poet laureate.
Ausgaben: The dramatick works, 2 Bde. (1720, Nachdr. 1971); Three plays, hg. v. J. R. SUTHERLAND (1929).
L. C. BURNS: Pity and tears. The tragedies of N. R. (Salzburg 1974).

**Rowicki** [rɔ'vitski], Witold, poln. Dirigent und Komponist, * Taganrog 26. 2. 1914, † Warschau 1. 10. 1985; reorganisierte 1945 das 1939 aufgelöste Sinfonieorchester des Poln. Rundfunks in Kattowitz und leitete 1950–55 sowie 1958–77 die Warschauer Philharmonie (seit 1955 Nationalphilharmonie); trat bes. als Interpret der Werke W. A. MOZARTS und I. STRAWINSKYS sowie der poln. Avantgarde hervor; in seinen Kompositionen (Opern, Sinfonien, Kammermusik, Lieder) von der Spätromantik beeinflußt.

**Rowland** ['rəʊlənd], Henry Augustus, amerikan. Ingenieur und Physiker, * Honesdale (Pa.) 27. 11. 1848, † Baltimore (Md.) 16. 4. 1901; ab 1875 Prof. für Physik an der Johns Hopkins University. R. führte im Winter 1875/76 bei H. VON HELMHOLTZ grundlegende ›Versuche über die induktive. Wirkung elektr. Konvektion‹ durch; stellte die ersten reflektierenden Konkavgitter für Gitterspektrographen her und entwarf die erste Präzisionsmaschine zu deren Herstellung. 1899 erfand er einen Vierfachtypendrucker.

**Rowland-Gitter** ['rəʊlənd-; nach H. A. ROWLAND], **Rowlandsches Konkavgitter,** ein Reflexions-Beugungsgitter (→Gitter 6), bei dem die Gitterstriche auf der konkaven Seite einer Kugelkappe aus Spiegelmetall eingeritzt sind. Ist $R$ der zugehörige Kugelradius, so befindet sich der als Lichtquelle dienende beleuchtete enge Spalt auf einem das R.-G. im Scheitel berührenden Kreiszylinder mit dem Radius $R/2$. Auf dem gleichen Kreis (**Rowland-Kreis**) wie der Spalt und etwa symmetrisch zu diesem, bezogen auf den Berührungsradius des Zylinders mit dem Gitter, liegt die photograph. Platte zur Registrierung des Beugungsspektrums. Durch die sphär. Form liefert das R.-G. ohne ein zusätzl. Abbildungssystem scharfe Spektren. Da die Abbildung astigmatisch ist, muß der Spalt parallel zu den Gitterstrichen liegen.

**Rowlands** ['rəʊləndz], Gena, amerikan. Schauspielerin, * Cambria (Wis.) 19. 6. 1934; arbeitet für Bühne, Film (seit 1958) und Fernsehen; wichtige Rollen u. a. in Filmen ihres Mannes J. CASSAVETES.
Filme: Eine Frau unter Einfluß (1974); Gloria (1980); Love Streams (1984); Eine andere Frau (1988); Night on Earth (1991).

**Rowlandson** ['rəʊləndsən], Thomas, engl. Maler und Karikaturist, * London 14. 7. 1756, † ebd. 22. 4. 1827; begann als Porträt- und Landschaftsmaler, spezialisierte sich ab etwa 1780 auf meist in Wasserfarben ausgeführte Karikaturen gesellschaftl. und polit. Art, doch ohne die satir. Schärfe W. HOGARTHS; auch Buchillustrationen.
R. PAULSON: R. A new interpretation (New York 1972).

**Rowley** ['rəʊli], William, engl. Dramatiker und Schauspieler, * um 1585, † 1642(?); war als Schauspieler bekannt für seine kom. Rollen; schrieb zahlreiche Bühnenstücke, meist in Zusammenarbeit mit anderen Dramatikern, so mit T. MIDDLETON, mit T. DEKKER und J. FORD und wohl auch das lange mit SHAKESPEARE in Verbindung gebrachte Stück ›The birth of Merlin‹ (Urauff. um 1608, gedruckt 1662).

**Rowno, Rovno,** bis 1793 und 1921–45 poln. **Równe** ['ruvnɛ], Gebietshauptstadt im NW der Ukraine, in O-Wolhynien, am Fluß Ustje, (1989) 228 000 Ew.; Hochschulen (für Hydrotechnik und Wasserwirtschaft, für Pädagogik und für Kultur), Heimatmuseum; Maschinenbau, Eisengießereien, Herstellung von Elektrogeräten und Düngemitteln, Bekleidungs- und Nahrungsmittelindustrie; Bahnknotenpunkt. Nördlich von R. am Styr Kernkraftwerk (3 Blöcke: 361 MW, 384 MW und 953 MW; im Bau Block 4). – R., 1282 erstmals erwähnt, im 13. Jh. beim Fürstentum Galizien-Wolhynien, kam in der 2. Hälfte des 14. Jh. zu Litauen, 1569 zu Polen und durch die 2. Poln. Teilung 1793 zu Rußland. Mit Dubno und Luzk gehörte es zur wolhyn. Festungsgruppe des Ersten Weltkriegs; 1919–39 (Friedensvertrag von Riga, 1921) war es wieder polnisch.

**Rowohlt,** Ernst, Verleger, * Bremen 23. 6. 1887, † Hamburg 1. 12. 1960; gründete 1908 einen Verlag in Leipzig, der 1913 von KURT WOLFF übernommen wurde; 1919 gründete er den Ernst Rowohlt Verlag neu, der sich besondere Verdienste auf den Gebieten der Belletristik und Zeitkritik erwarb. 1938 wurde R. aus der Reichsschrifttumskammer ausgeschlossen und emigrierte nach Brasilien. 1945 erfolgte die zweite Neugründung in Hamburg, Stuttgart, Berlin und Baden-Baden mit dem Sohn HEINRICH MARIA LEDIG-ROWOHLT (* 1908, † 1992), der seit dem Tode des Vaters den Verlag allein weiterführte. Seit 1950 war der Verlagssitz nur noch in Hamburg, seit 1960 in Reinbek. R. ist u. a. Verleger von R. MUSIL, E. VON SALOMON, K. TUCHOLSKY, dt. Verleger von H. S. LEWIS, THOMAS WOLFE, W. FAULKNER, E. HEMINGWAY, H. MILLER, L. DURRELL, J.-P. SARTRE. Besondere Verbreitung der **Rowohlt Taschenbuch Verlag GmbH** haben ›rowohlts rotations romane‹ (rororo) gefunden; der Verlag ist seit 1983 vollständig im Besitz der Holtzbrinck-Gruppe.
W. KIAULEHN: Mein Freund, der Verleger. E. R. u. seine Zeit (1967); PAUL MAYER: E. R. in Selbstzeugnissen u. Bilddokumenten (1968).

Henry A. Rowland

**Rowland-Gitter:** Mit dem beleuchteten Spalt Sp wird das Rowlandsche Konkavgitter beleuchtet; $R$ Krümmungsradius des Konkavgitters, $C$ Mittelpunkt, $R/2$ Krümmungsradius des entsprechenden Rowland-Kreises

**Roxane,** Gemahlin ALEXANDERS D. GR. (seit 327 v. Chr.), † (ermordet) Amphipolis 310/309 v. Chr.; Tochter des baktr. Adligen OXYARTES; gebar kurz nach dem Tod ALEXANDERS 323 v. Chr. einen Sohn ALEXANDER (IV.), den KASSANDER gemeinsam mit ihr umbringen ließ.

**Roxas** ['rrɔxas], früher Capiz gen., Hafenstadt an der NO-Küste der Insel Panay, Philippinen, Verw.-Sitz der Prov. Capiz, (1985) 92 300 Ew.; Wirtschafts- und Handelszentrum für N-Panay; Salzgewinnung; Eisenbahnendpunkt; Flugplatz.

**Roxburgh** ['rɔksbərə], ehem. County in S-Schottland, seit 1975 Teil der Borders Region.

**Roxolanen,** lat. **Roxolani,** griech. **Rhoxolanoi,** Reitervolk, Stammesverband der iran. →Sarmaten. Seit dem 2. Jh. v. Chr. nachweisbar, hielten sich die R. im 1. Jh. v. Chr. zw. Don und Dnjepr auf, später an der unteren Donau, wo sie den Römern bis in die Zeit AURELIANS (270–275) hartnäckige Grenzkämpfe lieferten.

Ernst Rowohlt

**Roy,** 1) [rɔj], Christine, eigtl. **Kristina Royová** ['rɔjova:], slowak. Schriftstellerin, * Stará Turá (Westslo-

**Roya** Royal Academy – Royal Dutch/Shell-Gruppe

wak. Kr.) 18. 8. 1860, † ebd. 27. 12. 1937; schrieb erfolgreiche Romane und Erzählungen mit christl. Thematik. Als Herausgeberin der Zeitschrift ›Večernica‹ (ab 1925) trat sie für die tschechisch-slowak. Gemeinsamkeit ein.

**Werke:** *Romane:* Bez Boha na svete (1897; dt. Ohne Gott in der Welt); Za vysokú cenu (1903; dt. Um hohen Preis); Vo vyhnanstve (1906; dt. In der Verbannung); Moc svetla (1909; dt. Die Macht des Lichtes); V slnečnej krajine (1910; dt. Im Sonnenlande).

**2)** [rwa], **Claude**, eigtl. **C. Orland** [ɔrˈlã], frz. Schriftsteller, * Paris 28. 8. 1915; war in der Résistance und 1944–56 Mitgl. der KPF; Kriegsberichterstatter und Reporter, u. a. in den USA, in China und in N-Afrika. Seine Lyrik ist vom Surrealismus, v. a. von L. ARAGON, geprägt (›L'enfance de l'art‹, 1942; ›Un seul poème‹, 1954; ›Poésies‹, 1970); in seinen Romanen behandelt er u. a. Schicksale der Kriegs- und Nachkriegszeit (›La nuit est le manteau des pauvres‹, 1947; ›À tort ou à raison‹, 1955; ›Le soleil sur la terre‹, 1956). Ferner trat er mit literatur- und kunstkrit. Studien (›Descriptions critiques‹, 6 Bde., 1949–65) sowie mit autobiograph. Werken hervor (›Moi je‹, 1969; ›Nous‹, 1972; ›Somme toute‹, 1976).

Claude Roy

**Weitere Werke:** *Romane:* La mer à boire (1944); La traversée du Pont des Arts (1979). – *Tagebücher:* Permis de séjour: 1977–1982 (1983); Temps variable avec éclaircies (1984); La fleur du temps, 1983–1987 (1988). – *Lyrik:* À la lisière du temps (1984).

**3)** [rwa], **Gabrielle**, kanad. Schriftstellerin, * Saint-Boniface (Prov. Manitoba) 22. 3. 1909, † Quebec 14. 7. 1983; Schauplätze ihrer Romane und Erzählungen sind die östl. Prärieprovinz Manitoba (›La petite poule d'eau‹, 1950, dt. ›Das kleine Wasserhuhn‹; ›Rue Deschambault‹, 1955; ›La route d'Altamont‹, 1966, dt. ›Die Straße nach Altamont‹), arkt. Regionen (›La montagne secrète‹, 1961; ›La rivière sans repos‹, 1970), aber auch die Großstadt, v. a. in ihrer sozialen Problematik (so in ihrem bekanntesten Roman ›Bonheur d'occasion‹, 1945).

Pierre Roy: Ein Tag auf dem Land; 1937 (Paris, Musée National d'Art Moderne)

**4)** [rwa], **Jules**, frz. Schriftsteller, * Rovigo (heute Bouguera, bei Algier) 22. 10. 1907; war Berufsoffizier der frz. Luftwaffe und nahm 1953 als Oberst seinen Abschied. Literarisch trat er mit Romanen (auch Essays und Dramen) hervor, in denen er – in der geistigen Tradition A. DE SAINT-EXUPÉRYS – v. a. seine Erlebnisse als Flieger und den Konflikt zw. soldat. Gehorsam und menschl. Gewissen schildert.

**Werke:** *Romane:* La vallée heureuse (1946; dt. Das glückl. Tal); Le navigateur (1954; dt. Der Überlebende); La femme infidèle (1955; dt. Die Ungetreue); Les chevaux du soleil, 6 Bde. (1968–75; dt. Sonnenpferde); Le désert de Retz (1978);
La saison des Za (1982). – *Dramen:* Beau sang (1952); Les cyclones (1954; dt. Zyklone). – *Essays:* L'homme à l'épée (1957); Passion et mort de Saint-Exupéry (1964; dt. Passion u. Tod Saint-Exupérys). – *Berichte:* La bataille de Dien Bien Phu (1963; dt. Der Fall von Dien Bien Phu); Danse du ventre au-dessus des canons (1976). – *Prosagedicht:* Chant d'amour pour Marseille (1987).

**5)** [rɔi], **Namba**, eigtl. **Nathan Roy Atkins** [ˈætkɪnz], jamaikan. Schriftsteller und Bildhauer, * Kingston 25. 4. 1910, † London 16. 6. 1961; geprägt von der mündlich überlieferten Kultur seiner Vorfahren, der entflohenen Sklaven (›maroons‹), die sich im Bergland Jamaikas eine eigenständige Gemeinschaft aufbauten, führte er die traditionellen Berufe des Erzählers und Holzschnitzers fort; ab 1944 in England.

**Werke:** *Romane:* Black albino (1961); No black sparrows (hg. 1989).

**6)** [rwa], **Pierre**, frz. Maler und Graphiker, * Nantes 10. 8. 1880, † Mailand 26. 9. 1950; anfangs beeinflußt von den Fauves, wandte er sich in den 1920er Jahren dem Surrealismus zu. Seine Bilder zeigen ungewöhnl., z. T. schockierende Zusammenstellungen von Gegenständen, in deren Gestaltung R. Elemente der Trompe-l'œil-Malerei miteinbezieht.

**7)** [rɔj], **Vladimír**, slowak. Lyriker, * Kochanovce 17. 4. 1885, † Nový Smokovec (bei Poprad) 6. 2. 1936; ev. Geistlicher, bedeutender Vertreter der slowak. Moderne; schrieb Liebes- und Naturlyrik sowie v. a. philosoph. Reflexionen und myst. Meditationen.

**Werke:** *Gedichtsammlungen:* Keď mi znú hmly (1920); Rosou a tŕním (1921); Cez závoj (1927); Peruťou sudba máva (1927).

J. BREZINA: Básnik V. R. (Preßburg 1961).

**Royal Academy, R. A. of Arts in London** [ˈrɔɪəl əˈkædəmi əv ɑːts ɪn ˈlʌndən], 1768 von König GEORG II. gegründete königl. Akademie der Künste in England; Sitz: London. Die Mitgliedschaft ist auf 40 Maler, Bildhauer und Architekten beschränkt. Seit 1769 werden jährlich Sommer- und seit 1870 auch Winterausstellungen veranstaltet.

**Royal Air Force** [ˈrɔɪəl ˈeəfɔːs], Abk. **RAF**, amtl. Name der brit. Luftwaffe.

**Royal Astronomical Society** [ˈrɔɪəl æstrəˈnɒmɪkl səˈsaɪətɪ], von F. BAILY 1820 gegründete brit. astronom. Gesellschaft mit Sitz in London; veröffentlicht ›Memoirs of the R. A. S.‹ (1822–78, später aufgegangen in den ›Monthly notices of the R. A. S.‹, 1827 ff.).

**Royal Ballet** [ˈrɔɪəl ˈbæleɪ], führendes engl. Ballettensemble, hervorgegangen aus dem ›Sadler's Wells Ballet‹, das NINETTE DE VALOIS 1931 als ›Vic-Wells B.‹ gegründet hatte; den Namen R. B. erhielt es durch königl. Dekret 1956. Das R. B. besteht aus zwei organisatorisch getrennten Gruppen, deren größere im Londoner Opernhaus Covent Garden residiert, während die kleinere inzwischen in Birmingham beheimatet ist, in den Provinzen gastiert und ihre Londoner Spielzeiten im Sadler's Wells Theatre absolviert. Das R. B. ist klassisch trainiert und zählt zu den bedeutendsten Ballettensembles der westl. Welt. BILD Ballet blanc

A. BLAND: The R. B. The first 50 years (London 1981).

**Royal Bank of Canada** [ˈrɔɪəl bæŋk əv ˈkænədə], eine der größten Geschäftsbanken in Kanada, gegr. 1869; Sitz: Montreal. (→ Banken, ÜBERSICHT)

**Royal Commissions** [ˈrɔɪəl kəˈmɪʃnz], Beratungsgremien in Großbritannien, ad hoc gebildet, arbeiten im Auftrag eines Ministeriums (bzw. der Regierung) Stellungnahmen und Empfehlungen aus.

**Royal Dutch/Shell-Gruppe** [ˈrɔɪəl ˈdʌtʃ ˈʃel-], eines der größten Industrieunternehmen der Erde, entstanden 1907 durch Fusion der N. V. Koninklijke Nederlandsche Maatschappij tot Exploitatie van Petroleumbronnen in Nederlandsche-Indie (gegr. 1890), Den Haag, mit The ›Shell‹ Transport & Trading Com-

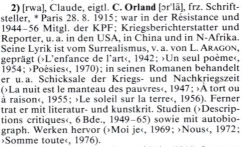

pany Ltd. (gegr. 1897), London. Muttergesellschaften sind die N. V. Koninklijke Nederlandsche Petroleum Maatschappij (Royal Dutch Petroleum Company), Den Haag, und The ›Shell‹ Transport & Trading Co. Ltd., London, die im Verhältnis 60:40 an den Holdinggesellschaften ›Shell Petroleum N. V.‹, Den Haag, und ›The Shell Petroleum Co. Ltd.‹, London, beteiligt sind. Mit einem Rohölaufkommen von (1989) 294 Mio. t/Jahr, mit einem jährl. Absatz von 377 Mio. t Mineralöl und 57 Mrd. m³ Erdgas ist das Unternehmen der weltgrößte Energiekonzern und mit 3,5 Mrd. t Steinkohlereserven auch einer der größten Steinkohlehändler; weitere Aktivitäten erfolgen im Chemiesektor (Grund- und Industriechemikalien, Polymere) und Metallbereich (Aluminium, Blei, Kupfer). Zu den rd. 700 Beteiligungsgesellschaften gehört u. a. die Dt. Shell AG, Hamburg. Umsatz (1990): 107,2 Mrd. US-$, Beschäftigte: 137 000.

**Royal Geographical Society** ['rɔɪəl dʒɪəˈɡræfɪkl səˈsaɪətɪ], 1830 zur Förderung und Verbreitung geograph. Wissens gegründete brit. geograph. Gesellschaft, mit Bibliothek, Karten- und Diapositivsammlung; Sitz: London; (1982) 8 500 Mitglieder. Die R. G. S. unterstützte im 19. Jh. v. a. Australien-, Afrika- und Arktis-, im 20. Jh. u. a. Antarktisexpeditionen und Forschungen am Mount Everest.

**Royal Horseguards** ['rɔɪəl 'hɔːsgɑːdz], Bez. für das 2. Regiment der brit. Garde-(Household-)Kavallerie, auch The Blues and Royals genannt; gegr. 1660.

**Royal Institute of International Affairs** ['rɔɪəl ˈɪnstɪtjuːt əv ɪntəˈnæʃnl əˈfeəz], brit. nichtamtl., politisch neutrales Institut zur Erforschung des Zeitgeschehens, gegr. 1920, Sitz: Chatham House, London; gibt heraus: ›International Affairs‹, ›The World Today‹.

**Royal Institution of Great Britain** ['rɔɪəl ɪnstɪˈtjuːʃn əv greɪt 'brɪtn], 1799 von B. Graf VON RUMFORD in London gegründete Gesellschaft zur Förderung und Verbreitung naturwissenschaftl. Kenntnisse; rd. 2 500 Mitgl.; Forschungsschwerpunkt ist Photochemie; Träger des R. I. of G. B. Faraday Museum (1972) und der Bibliothek (50 000 Bde.).

**Royalisten** [zu frz. royal ›königlich‹], die Befürworter des Königtums, so in England die Anhänger der Stuarts im 17. Jh., in Frankreich nach der Revolution die Anhänger der Bourbonen, die sich 1830 (Reg.-Antritt LOUIS PHILIPPES VON ORLÉANS) in Orléanisten und Legitimisten spalteten; allg. die in einer Partei oder anderen polit. Vereinigung organisierten Anhänger der Monarchie.

**Royal Leamington Spa** ['rɔɪəl 'lemɪŋtən 'spɑː], **Leamington,** Stadt in der Cty. Warwickshire, Mittelengland, (1981) 43 000 Ew.; Kunstgalerie und Museum; Heilbad (Kochsalzquellen) und Konferenzstadt; Maschinenbau, Leichtindustrie.

**Royal Philharmonic Orchestra** ['rɔɪəl fɪlɑːˈmɒnɪk 'ɔːkɪstrə], 1946 gegründetes brit. Orchester, Sitz: London. Chefdirigent: V. ASHKENAZY. Frühere bedeutende Dirigenten waren u. a. T. BEECHAM, R. KEMPE, A. DORATI, W. WELLER und A. PREVIN.

**Royal Shakespeare Company** ['rɔɪəl ˈʃeɪkspɪə ˈkʌmpənɪ], 1961 gegründetes Schauspielensemble, das die Shakespeare-Festivals in Stratford-upon-Avon bestreitet und ganzjährig im Londoner Aldwych Theatre klass. und moderne Stücke spielte. Die Londoner Spielstätte wurde 1982 in das →Barbican Centre verlegt, wo zwei Theater zur Verfügung stehen (1990/91 vorübergehende Schließung).

**Royal Society** ['rɔɪəl səˈsaɪətɪ], älteste brit. Akademie der Wiss., gegr. 1660 zur Förderung der Naturwissenschaften, 1662 mit Korporationsrechten ausgestattet; Sitz: London, mit Bibliothek (rd. 150 000 Bde.). Leitendes Organ ist der Rat, zu dessen 21 Mitgl. auch der Präs. zählt (u. a. Viscount W. BROUNCKER, 1703-27

I. NEWTON). Die R. S. unterhält keine eigenen Forschungseinrichtungen, verwaltet aber (seit Mitte des 19. Jh.) Mittel für die wiss. Forschung. In ihrem Besitz befinden sich Exemplare des Normal-Yards und des Normal-Pfundes. Als höchste Auszeichnung wird (seit 1731) die Copley-Medaille verliehen. Die R. S. hat (1990) 1 070 Mitgl. (›Fellows‹).

**Royal Tunbridge Wells** ['rɔɪəl ˈtʌnbrɪdʒ 'welz], **Tunbridge Wells,** Stadt in der Cty. Kent, England, südöstlich von London im Weald, (1981) 44 800 Ew.; Museum mit ›Tunbridge ware‹ (Intarsien, die vom 17. Jh. bis um 1920 hier gefertigt wurden); Fremdenverkehr. Im 18. und 19. Jh. ein beliebter Badeort (schwach eisenhaltige Quellen), ist R. T. W. heute v. a. Wohnstadt.

**Royalty** ['rɔɪəltɪ, engl.], *Wirtschaft:* Bez. für eine Abgabe bzw. Steuer, die eine ausländ. Erdölgesellschaft dem Land zahlt, in dem sie Erdöl fördert.

**Royan** [rwaˈjã], Stadt und Seebad im Dép. Charente-Maritime, Frankreich, im Mündungsbereich am N-Ufer der Gironde in den Atlantik, (1990) 17 500 Ew.; Kongreßzentrum; Fischerei- und Jachthafen.

**Royat** [rwaˈja], Kurort im Dép. Puy-de-Dôme, Frankreich, (1990) 4 000 Ew.; Thermalquellen (schon in galloröm. Zeit genutzt; Rheumatismus, Herzleiden).

**Royce** [rɔɪs], Josiah, amerikan. Philosoph, * Grass Valley (Calif.) 10. 11. 1855, † Cambridge (Mass.) 14. 9. 1916; studierte zw. 1875 und 1878 in Dtl. bei R. H. LOTZE, war seit 1882 Prof. an der Harvard University. Im Bemühen um eine religiöse Sicht der Realität entwickelte R. unter dem Einfluß I. KANTS in einer Synthese von rationalist. Metaphysik und der zeitgenöss. amerikan. Philosophie v. a. von W. JAMES und C. S. PEIRCE einen absoluten Idealismus, der jedoch wegen seiner voluntarist. Züge klar vom Idealismus G. F. W. HEGELS und der brit. Idealisten zu unterscheiden ist und den er selbst als ›absoluten Voluntarismus‹ oder ›absoluten Pragmatismus‹ bezeichnete. Kennzeichnend für dieses System sind ein erkenntnistheoret. Realismus (›critical rationalism‹; Wahrheit kommt nicht den Dingen, sondern deren Erfahrung und gedankl. Verarbeitung durch das Individuum zu), die Auffassung eines absoluten, wollenden Selbst (Denken ist ein die Dinge bestimmendes Wollen) und eine ausgeprägte eth. und religiöse Orientierung.

Werke: The religious aspect of philosophy (1885); The world and the individual, 2 Bde. (1900-01); The philosophy of loyalty (1908); Lectures on modern idealism (1919).

G. MARCEL: La métaphysique de R. (Paris 1945); JOHN E. SMITH: R.'s social infinite (New York 1950); P. L. FUSS: The moral philosophy of J. R. (Cambridge, Mass., 1965); J. H. MUIRHEAD: The Platonic tradition in Anglo-Saxon philosophy (London ²1965); J. H. COTTON: R. on the human self (Neuausg. New York 1968).

Josiah Royce

**Royer-Collard** [rwajekɔˈlaːr], Pierre Paul, frz. Philosoph und Politiker, * Sompuis (Dép. Marne) 21. 6. 1763, † Chateauvieux (Dép. Loir-et-Cher) 4. 9. 1845; Anhänger des Jansenismus; während der Frz. Revolution Girondist, 1811-14 Prof. für Philosophiegeschichte an der Sorbonne, wo er v. a. seinen Schüler V. COUSIN beeinflußte. 1815-39 war er konstitutioneller liberaler Abgeordneter (seit 1828 Kammerpräsident). Gegen den Sensualismus E. B. DE CONDILLACS und einen Relativismus und Skeptizismus, der im 18. Jh. zum Verfall der Sitten beigetragen habe, trat er für die Philosophie des ›Common sense der schott. Schule, bes. T. REIDS, ein und entwickelte eine ›Philosophie der Wahrnehmung‹, die sichere Erkenntnisse über die Welt, deren Existenz und die Beschaffenheit der Dinge ermöglichen sollte.

Ausgabe: Les fragments philosophiques, Einf. v. A. SCHIMBERG (1913).

R. LANGERON: R.-C., un conseiller secret de Louis XVIII (Paris 1956).

# Roym   Roymerswaele – RTL

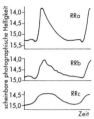

**RR-Lyrae-Sterne:**
Typische Lichtkurven der Klassen RRa, RRb und RRc; die Abszisse ist jeweils auf die Lichtwechselperiode normiert

**RS-Flipflop:**
Schaltzeichen; R, S Eingänge, Q, Q̄ Ausgänge

**RS-Flipflop**
aus kreuzgekoppelten NOR-Gliedern; R, S Eingänge, Q, Q̄ Ausgänge

**Roymerswaele** ['rɔɪmərswaːlə], Marinus Claesz. van, niederländ. Maler, → Reymerswaele, Marinus Claesz. van.
**ROZ**, Abk. für Research-Oktanzahl (→ Oktanzahl).
**Rózbork** ['ruz-], sorb. Name für → Rothenburg/O. L.
**Rozenberga** [-z-], Elza, lett. Dichterin, → Aspazija.
**Rozenburg** ['roːzənbyrx], Deltainsel und Gem. in der Prov. Südholland, Niederlande, mitten im Rotterdamer Hafengelände am Nieuwe Waterweg, (1990) 14 200 Ew.; vielseitige Reparatur- und Dienstleistungsbetriebe für den → Europoort.
**Rozenburger Porzellan** ['roːzənbyrx-], das Porzellan der Porzellanmanufaktur Rozenburg in Den Haag (1883–1917). Bedeutend sind v. a. Geschirr und Vasen mit Formen und Dekor des Jugendstils.
Rozenburg 1883–1917, bearb. v. M. BOOT (a. d. Niederländ., 1984).
**Różewicz** [ru'ʒɛvitʃ], Tadeusz, poln. Schriftsteller, * Radomsko 9. 10. 1921; kämpfte 1943–44 im poln. Widerstand; bedeutender Vertreter der poln. Gegenwartsliteratur. R. betrachtet in seiner Lyrik vorwiegend die selbsterlebte Wirklichkeit vom Standpunkt des skept. Moralisten. Er wendet sich gegen die Überbetonung des Bildes und der Metapher (der Krakauer Avantgarde), weil sie als überflüssiges Dekor vom dichter. Sinn wegführten. Nicht Worte, sondern Bedeutungen sind für ihn wichtig, nicht Schönheit des Dargestellten ist anzustreben, sondern Wahrheit.
Werke: *Lyrik:* Niepokój (1947; dt. in: Formen der Unruhe); Wybór wierszy (1963); Na powierzchni poemat i w środku. Nowy wybór wierszy (1983). – Überblendungen (1987, Ausw.). – *Dramen:* Kartoteka (1960; dt. u. a. als: Die Kartothek); Grupa Laokoona (1961; dt. Die Laokoongruppe); Świadkowie albo nasza mała stabilizacja (1961; dt. Die Zeugen oder unsere kleine Stabilisierung); Akt przerywany (1964; dt. Der unterbrochene Akt); Białe małżeństwo (1975; dt. Weiße Ehe); Pułapka (1982; dt. Falle). – *Erzählungen:* Przerwany egzamin (1960; dt. In der schönsten Stadt der Welt); Tarcza z pajęczyny (1965; dt. Schild aus Spinngeweb); Moja córeczna (1966; dt. Entblößung); Śmierć w starych dekoracjach (1970; dt. Der Tod in der alten Dekoration); Odejście głodomora (1976; dt. u. a. als: Der Abgang des Hungerkünstlers). – *Essays:* Przygotowanie do wieczoru autorskiego (1971; dt. Vorbereitungen zur Dichterlesung).
Ausgaben: Poezja, Dramat, Proza (1973); Poezje, 2 Bde. (1988); Teatr, 2 Bde. (1988). – Gedichte, Stücke, hg. v. K. DEDECIUS (1983); Ein Lesebuch. Prosa, Stücke, Gedichte, hg. v. J. JANKE (1990).
S. GĘBALA: Teatr R. (Breslau 1978); S. BURKOT: T. R. (Warschau 1987); K. DEDECIUS: Von Polens Poeten (1988).
**Rozewie** [rɔ'zɛvjɛ], poln. Name für → Rixthöft.
**Rožňava** ['rɔʒnjava], Stadt in der Tschechoslowakei, → Rosenau.
**Rozsnyó** ['rɔʒnjoː], ungar. Name der slowak. Stadt → Rosenau.
**Rp.**, Abk. für → recipe.
**RP**, Nationalitätskennzeichen (Kfz) für Philippinen.
**RPF**, frz. Partei, → Rassemblement du Peuple Français.
**RPR**, Abk. für: **1)** die frz. Partei → Rassemblement pour la République.
**2)** Rheinland-Pfalz-Radio.
**r-Prozeß** [r, Abk. von engl. rapid ›schnell‹], *Astronomie:* ein schneller Prozeß der → Nukleogenese, der beim Vorliegen hoher → Neutronenflußdichten mögl. ist. Solch hohe Flußdichten bestehen im Innern von Sternen, in explosionsartig brennenden Atmosphären von → Novae und in → Supernovae. Durch den r-P. werden alle Kerne (Nuklide) mit Massenzahlen größer als die von $^{209}$Bi (Wismut) erzeugt sowie neutronenreiche Nuklide, die schwerer sind als Eisen. Er besteht im kurz aufeinander folgenden Einfang von zwei oder mehr Neutronen und in einer anschließenden Folge von Betazerfällen, durch die die stabilen Nuklide entstehen. Viele schwere Nuklide können sowohl durch den r-P. als auch durch den (langsamen) → s-Prozeß erzeugt werden.
**RPV**, Abk. für Remotely Piloted Vehicle [engl.-amerikan.], → Fernlenkflugzeug.
**RR**, *Medizin:* abkürzende Bez. für den mit dem Riva-Rocci-Apparat gemessenen Blutdruck.
**Rrëshen** [rrə'ʃən], Bezirkshauptort in Albanien, nordöstlich von Tirana, (1989) 4000 Ew.; Kupferbergbau.
**RR-Lyrae-Sterne, Haufenveränderliche**, große Klasse von → Pulsationsveränderlichen mit Lichtwechselperioden zw. etwa 0,2 und 1,2 Tagen (wenige Ausnahmen bis zu 2 Tagen); manchmal auch kurzperiod. → Cepheiden genannt. Die RR-L.-S. haben Amplituden (Helligkeitsvariationen) zw. 0,2 und 2 Größenklassen und absolute Helligkeiten um $0^m{,}5$. Sie gehören meist zu den Spektralklassen A bis F und stehen meist in den Kugelhaufen des galakt. Halos (daher die zweite Bez.); sie machen etwa 20 % der bekannten Veränderlichen aus. Nach der Form ihrer Lichtkurven werden sie in Unterklassen eingeteilt: RRa und RRb bzw. zusammengefaßt als RRab sowie RRc. Die früher den RR-L.-S. zugerechnete Klasse RRs wird heute als → Zwergcepheiden bezeichnet, denen die Delta-Scuti-Sterne sehr ähnlich sind. Die Lichtkurven der Klasse RRab sind mehr oder weniger asymmetrisch, die der Klasse RRc nahezu symmetrisch und sinusförmig.
**RSA-Verfahren**, Verfahren der modernen → Kryptologie.
**Rschew, Ržev** [ʒɛf], Stadt im Gebiet Twer, Rußland, im SO der Waldaihöhen, an der Wolga, die ab hier schiffbar ist, (1987) 70 000 Ew.; Heimatmuseum; elektrotechn. Industrie (Kfz-Elektrik), Kranbau, Flachskämmerei, Nahrungsmittelindustrie, Möbelherstellung.
**RS-Flipflop**, einfaches Flipflop mit zwei Eingängen, R (engl. reset ›rücksetzen‹) und S (engl. set ›setzen‹), und zwei komplementären Ausgängen Q und Q̄. Es kann durch die Kreuzkopplung zweier NOR-Glieder realisiert werden. Das RS-F. wird durch H-Potential am Eingang S und L-Potential am Eingang R gesetzt (Q = H, Q̄ = L), durch H-Potential am Eingang R und L-Potential am Eingang S rückgesetzt (Q = L, Q̄ = H). Bei L an beiden Eingängen bleibt sein Ausgangszustand unverändert. H an beiden Eingängen führt zu einem unbestimmten Ausgangszustand und ist daher verboten (Nebenbedingung: R ∧ S = L).
**RSFSR**, Abk. für → Russische Sozialistische Föderative Sowjetrepublik.
**RSHA**, Abk. für → Reichssicherheitshauptamt.
**RSM**, Nationalitätenkennzeichen (Kfz) für San Marino.
**R-Sterne**, → Kohlenstoffsterne.
**RS-Virus**, Abk. für **Respiratory Syncytial Virus** [rɪs'paɪərətrɪ sɪn'sɪʃl 'vaɪərəs], zu den Paramyxoviren (Gattung Pneumovirus) gehörendes Virus, Größe 100 nm; das RS-V. ist ätherempfindlich und bildet in Gewebekultur charakterist. vielkernige Riesenzellen (**Syncytien**). RS-V. finden sich bei Infekten der oberen Luftwege v. a. bei Kindern in den ersten zwei Lebensjahren.
**RT**, Abk. für → Registertonne.
**RTK**, Abk. für → rektifiziertes Traubenmostkonzentrat.
**RTL** [Abk. für engl. Resistor transistor logic ›Widerstand-Transistor-Logik‹], Schaltkreisfamilie zur Realisierung von NOR- und NAND-Gattern in positiver Logik, bei der die Eingangssignale über Widerstände bipolaren → Transistoren zugeführt werden, die kollektor- und emitterseitig parallel bzw. in Serie geschaltet sind.

**RTL,** Abk. für **Radio-Télé-Luxembourg** [radjote'lelyksã'buːr], kommerzielle Rundfunkanstalt der ›Compagnie Luxembourgeoise de Télédiffusion‹, CLT, gegr. 1931; Sitz: Luxemburg. RTL ist v. a. durch seine Hörfunkprogramme in dt., niederländ., engl., frz. und luxemburg. Sprache sowie den Fernsehsender Télé-Luxembourg für Luxemburg, Belgien und NO-Frankreich bekannt; seit 1985 existiert unter Beteiligung der CLT (46%) und der Bertelsmann-Gesellschaft UFA Film und Fernsehen GmbH (38,9%) die private Fernsehanstalt **RTL plus,** Sitz: Köln.

**RT-Serpentis-Sterne,** → Novae.

**RTZ Corp. PLC** [ɑːtiːˈzed kɔːpəˈreɪʃn ˈpʌblɪk ˈlɪmɪtɪd ˈkʌmpəni], internat. bedeutendes Unternehmen des Bergbaus sowie der Metallgewinnung und -verarbeitung, Beteiligungen in rd. 40 Ländern; 1962 entstand durch Zusammenschluß der Rio Tinto Co. Ltd. (gegr. 1873) mit der Consolidated Zinc Corp. Ltd. (gegr. 1905) die Rio Tinto-Zinc Corp. Ltd.; Sitz: London. Der weltweit größte Minenkonzern (Aluminium, Kupfer, Gold, Eisen, Blei und Zink, Uran u. a.) ist auch der Marktführer für Spezialindustriemineralien, v. a. für Titandioxid und Zirkon, Glasmineralien und Talk. 75% der RTZ-Ressourcen liegen in Kanada und Australien, 15% in den USA. Umsatz (1990): 14,61 Mrd. DM, Beschäftigte: 73 612.

**Ru,** chem. Symbol für das Element → **Ru**thenium.

**Ruacana,** Wasserfälle am unteren Kunene, an der Grenze Angola/Namibia, 120 m hoch; unterird. Kraftwerk (auf namib. Gebiet) mit 240 MW Leistung.

**Ruaha** der, **Great R.** [greɪt-], größter (linker) Nebenfluß des Rufiji, Tansania, entspringt im Njombe-Hochland nördlich des Malawisees, durchbricht nordöstlich von Iringa die ostafrikan. Randschwelle (bei Kidatsu Kraftwerk). In der Usangu-Ebene Bewässerungsanbau. Westlich des mittleren R. liegt der **R.-Nationalpark,** 12 050 km² groß, 1964 gegr.; wildreiches Grasland und Miombowald (Elefanten, Kudus, Antilopen).

**Ruanda**
Fläche: 26 338 km²
Einwohner: (1988) 6,7 Mio.
Hauptstadt: Kigali
Amtssprachen: Französisch und Kinyaruanda
Nationalfeiertage: 1. 7. und 5. 7.
Währung: 1 Rwanda-Franc (F. Rw, FRW) = 100 Centimes
Zeitzone: OEZ

**Ruanda, Rwanda,** amtlich **République Rwandaise** [repyˈblik rwãˈdɛːz, frz.], **Republika y'u Rwanda,** kleiner Binnenstaat in Ostafrika, mit 26 338 km² (25 060 km² Landfläche) einer der kleinsten Staaten des afrikan. Festlands, jedoch mit (1988) 6,7 Mio. Ew. der dichtestbesiedelte. Hauptstadt ist Kigali; Amtssprachen sind Französisch und Kinyaruanda. Währungseinheit ist Rwanda-Franc (F. Rw, FRW) = 100 Centimes. Zeitzone: OEZ (13⁰⁰ Kigali = 12⁰⁰ MEZ).

## STAAT · RECHT

*Verfassung:* Die Verf. der Rep. R. wurde im Dezember 1978 durch Referendum angenommen. Ihr zufolge ist der Staatspräs., der derzeit für fünf Jahre gewählt wird, zugleich Staatsoberhaupt und Reg.-Chef; er ernennt die Mitgl. der Reg. Der einzig zugelassenen polit. Partei (Mouvement Révolutionnaire National pour le Développement, MRND, ›Nationale Revolutionäre Bewegung für den Fortschritt‹) gehört kraft Verf. jeder Bürger an; ihr Vors. ist einziger Kandidat in den Präsidentschaftswahlen. Der Nationalrat, die Legislative, besteht aus 70 Abg. und wird gleichzeitig mit dem Präs. auf fünf Jahre gewählt (Wahlpflicht). Die Dauer der Wahlperiode ist an die Amtszeit des Präs. gebunden.

Das *Wappen* zeigt auf einem innerhalb eines Schildes befindl. gestürzten Dreieck (Symbol für die drei Volksgruppen) Hacke und Sichel, darauf aufgelegt Pfeil und Bogen; über dem Dreieck die amtl. Staats-Bez., entlang der beiden anderen Dreieckseiten der Wahlspruch ›Liberté, Coopération, Progrès‹ (Freiheit, Zusammenarbeit, Fortschritt). Auf dem oberen Schildrand sitzt eine weiße Taube, unterhalb des Schildes trägt ein Band einen grünen Palmzweig. Die gesamte Darstellung liegt auf zwei Nationalflaggen, deren Stangen gekreuzt sind.

*Nationalfeiertage* sind der 1. 7. (Erlangung der Unabhängigkeit 1962 und ›Fest der 2. Republik‹) sowie der 5. 7., der an die Machtergreifung HABYARIMANAS 1973 erinnert.

*Verwaltung:* R. ist in zehn Präfekturen gegliedert.

*Recht:* Der Gerichtsaufbau folgt dem frz. Modell. In der ordentl. Gerichtsbarkeit gibt es Kantons- und Instanzgerichte, Appellationsgerichte und als Revisionsinstanz den Kassationsgerichtshof. Über Verwaltungsklagen entscheidet der gerichtsähnl. Staatsrat. Staatsrat und Kassationshof bilden zus. das Verfassungsgericht, das auch den Präs. amtsentheben kann, wenn eine ⅘-Mehrheit der Legislative ihn wegen Verfassungsbruchs anklagt.

*Streitkräfte:* Die Freiwilligenarmee (ausschließlich Heerestruppen) umfaßt insgesamt 5 200 Soldaten; paramilitär. Kräfte: 1 200 Mann Gendarmerie. Die Ausrüstung umfaßt im wesentlichen leichte Waffen.

## LANDESNATUR · BEVÖLKERUNG

*Landesnatur:* R. liegt auf einem in Schollen zerbrochenen Hochlandblock im ostafrikan. Zwischenseengebiet. Der W gehört zum Bereich des Zentralafrikan. Grabens mit dem 1 460 m ü. M. gelegenen Kiwusee (Grenze nach Zaire) und seinem Abfluß, dem Rusisi. Ein steiler Anstieg von mehr als 1 000 m führt von der Grabensohle hinauf auf die östl. Grabenschulter in das kristalline Bergland von Hoch-R., dem Hauptsiedlungsgebiet des Landes mit Ackerbau und Weiden sowie mit Bergwaldresten. Ihm schließt sich im NW, ebenfalls dicht besiedelt, das Massiv der Virunga-Vulkane (im Karisimbi 4 507 m ü. M.) an. Den O bis zum Kagera nimmt die rd. 1 500–1 700 m ü. M. gelegene, von abflußlosen Seen durchsetzte Plateauzone ein, deren Flächen meist landwirtschaftlich genutzt, zu einem geringen Teil bewaldet sind, während sich in den tief eingeschnittenen, häufig versumpften, mit Papyrusdickicht bestandenen Tälern kaum Siedlungen finden. Entlang der O-Grenze erstreckt sich das ausgedehnte Sumpfgebiet des → Kagera mit dem Kagera-Nationalpark.

Das wechselfeuchte trop. *Klima,* durch die Höhenlage gemäßigt, weist zwei Regenzeiten (März–April, Okt.–Nov.) und eine stark ausgeprägte Trockenzeit (Mai bis Sept.) auf. Die Niederschläge, 800–1 000 mm im O des Landes, bis 3 000 m ü. M. auf 3 000 mm ansteigend, reichen i. a. für den Regenfeldbau aus. Die mittleren Temperaturminima liegen bei 10 °C, die mittleren Maxima bei 26 °C im W und bei 34 °C im O.

*Vegetation:* Im trockeneren O herrschen Trockensavannen vor, im Überschwemmungsgebiet des Kagera Sumpfgrasfluren und schwimmende Papyruspflanzenteppiche, im Zentrum Feuchtsavanne. Im W finden sich bis 2 500 m ü. M. trop. Regenwald und Feuchtsavanne, darüber Bambus- und ab 2 600 m Kosobaum-(Hagenia-abyssinica-)Wälder; die höchsten Lagen tragen alpine Vegetation (Kräuter, Moose).

**Ruanda**

Staatswappen

Nationalflagge

Internationales Kfz-Kennzeichen

Bevölkerung (in Mio.) | Bruttosozialprodukt je Ew. (in US-$)

Bevölkerungsverteilung 1989

Erwerbstätige 1989

# Ruan  Ruanda

| Klimadaten von Rubona Colline (1705 m ü. M., nördlich von Butare) ||||||
|---|---|---|---|---|---|
| Monat | Mittleres tägl. Temperatur- maximum in °C | Mittlere Niederschlags- menge in mm | Mittlere Anzahl der Tage mit Nieder- schlag | Mittlere tägl. Sonnen- scheindauer in Stunden | Relative Luft- feuchtigkeit nachmittags in % |
| I | 25,5 | 106 | 15 | 5,7 | 66 |
| II | 25 | 114 | 15 | 5,8 | 66 |
| III | 25 | 140 | 18 | 5,9 | 66 |
| IV | 24,5 | 179 | 21 | 5,4 | 71 |
| V | 24 | 63 | 18 | 5,3 | 69 |
| VI | 24,5 | 25 | 3 | 7,4 | 57 |
| VII | 25,5 | 8 | 2 | 7,6 | 44 |
| VIII | 26,5 | 24 | 5 | 7,3 | 44 |
| IX | 26,5 | 61 | 12 | 6,8 | 47 |
| X | 26 | 112 | 16 | 6,0 | 55 |
| XI | 25 | 111 | 19 | 5,8 | 61 |
| XII | 24,5 | 84 | 18 | 5,7 | 65 |
| I–XII | 25 | 1027 | 162 | 6,2 | 59 |

*Bevölkerung:* Das Volk der R. (Nyaruanda) besteht aus drei ethnisch, wirtschaftlich und sozial scharf voneinander getrennten Gruppen. Als am längsten ansässige Einwohner gelten die rd. 20 000 Twa (Pygmäen) im Gebiet des zentralafrikan. Grabens im SW. Etwa 90% der Ew. sind Feldbau treibende →Hutu (Bantu). Die viehzüchtenden, zu den Äthiopiden gehörenden Tutsi (→Hima) machen heute 9% der Ew. aus (vor 1961: 18%). Eine tiefe soziale Kluft zw. der Masse der Land-Bev. und der dünnen städt. Oberschicht v. a. in Kigali, kennzeichnet die gesellschaftl. Situation ebenso wie die histor. Gegensätze zw. Hutu und Tutsi. Typisch für das dichtbesiedelte Land (267 Ew./km²) ist die Streusiedlung. Einzige Großstadt ist die Hauptstadt Kigali (1983: 181 600 Ew.); es folgen die Univ.-Stadt Butare (26 100 Ew.), Ruhengeri (18 600 Ew.) und Gisenyi (15 100 Ew.). Jährl. Bev.-Zunahme (1983–88): 3,4%.

*Bildung:* Die Grundschulerziehung liegt überwiegend in den Händen kath. Missionen. Die staatl. sechsjährigen Primarschulen werden nur langsam ausgebaut (1983: 1556 Schulen). Die Anzahl der Schüler liegt (1988) bei 97 000, die weiterführenden Schulen (einschließlich lehrerbildende Anstalten) werden (1987) von 60 000 Schülern besucht; Univ. in Butare. Die Ausgaben für das Bildungswesen betragen (1988) rd. 20% des öffentl. Haushalts.

*Publizistik: Presse:* In Kigali erscheinen u. a. wöchentlich die staatl. Zeitung ›Imvaho‹ (gegr. 1960; Auflage 51 000 Exemplare), zweiwöchentlich die staatl. ›Kinyamateka‹ (gegr. 1933; 11 000). – Nachrichtenagentur ist die staatl. ›Agence Rwandaise de Presse‹ (ARP), Kigali. – *Rundfunk:* Die staatlich kontrollierte Hörfunkstation ›Radiodiffusion de la République Rwandaise‹ sendet in drei Sprachen. Daneben besteht eine Sendestation der Dt. Welle in Kigali.

*Religion:* Rd. 50% der Bev. sind kath., 15% ev., 25% Anhänger traditioneller afrikan. Religionen. Von den kleineren religiösen Gemeinschaften sind v. a. die Adventisten von Bedeutung.

## WIRTSCHAFT · VERKEHR

*Wirtschaft:* Gemessen am Bruttosozialprodukt je Ew. von (1989) 320 US-$ gehört R. zu den Entwicklungsländern mit niedrigem Einkommen. Unzureichende Transportmöglichkeiten, große Entfernungen zu anderen Märkten, ein sehr hohes Bevölkerungswachstum und die geringe Kaufkraft der Bev. hemmen die wirtschaftl. Entwicklung des meerfernen Binnenlandes.

In der *Landwirtschaft* (einschließlich Forstwirtschaft und Fischerei) erarbeiten (1989) 92% der Erwerbstätigen 37% des Bruttoinlandsprodukts (BIP). Die landwirtschaftl. Nutzfläche (1988: 57,5% der Staatsfläche) setzt sich zus. aus 1,1 Mio. ha Ackerland und 395 000 ha Weideland. Als Wald werden 497 000 ha ausgewiesen (18,9% der Staatsfläche). Kaffee und Tee (Ernte 1988: 42 000 t bzw. 8 000 t) sowie Pyrethrum und Chinarinde sind wichtige Exportprodukte. Sonst wird Subsistenzlandwirtschaft betrieben. Angebaut werden v. a. Bataten, Maniok, Hirse, Bohnen sowie Mehlbananen, aus denen ein begehrtes alkohol. Getränk hergestellt wird. Die Viehhaltung (Rinder, Ziegen) ist relativ unbedeutend. Wegen des hohen Bevölkerungswachstums ist in den letzten Jahren die Anbaufläche auf Kosten des Waldes ständig ausgedehnt worden, was zu großen ökolog. Schäden (Erosion, Störung des Wasserhaushaltes) führte.

*Bodenschätze:* Bergbauprodukte sind Zinn (Zinnstein), Columbit, Beryllium, Gold und Wolframerz. Wichtig können künftig die vermutlich großen Erdgasvorkommen im Kiwusee werden.

*Industrie:* Im industriellen Sektor (einschließlich Bergbau, Energie- und Bauwirtschaft) erwirtschaften (1989) 3% der Erwerbstätigen 23% des BIP. Die wenigen Industriebetriebe verarbeiten v. a. landwirtschaftl. und bergbaul. Produkte.

*Außenwirtschaft:* Seit Mitte der 70er Jahre verzeichnet R. ein ständig wachsendes Außenhandelsbilanzdefizit (Einfuhrwert 1989: 333 Mio. US-$, Ausfuhrwert: 88 Mio. US-$). Die Exporte beschränken sich auf wenige Agrarprodukte und Mineralien, wobei Kaffee mit einem Anteil von teilweise über 80% stark dominiert. Es folgen Tee, Zinn, Wolfram und Pyrethrum. Haupthandelspartner sind Belgien, Frankreich, die Bundesrep. Dtl. und Kenia. Der Schuldendienst für die (1989) 652 Mio. US-$ Auslandsschulden beansprucht 18,5% der Exporterlöse.

*Verkehr:* Als Binnenland mit schwierigen topograph. Verhältnissen abseits der großen Land- und Wasserwege befindet sich R. in einer verkehrsmäßig äußerst ungünstigen Lage. Größte Bedeutung für den Außenhandel haben die Transitstrecken zum Indischen Ozean über Kampala (Uganda) nach Mombasa (Kenia) sowie die südl. Route über Bujumbura in Burundi zur tansan. Hauptstadt Daressalam. Zudem gibt es eine Transitverbindung über Zaire zum Atlantik. Das inländ. Straßennetz ist (1987) rd. 12 000 km lang. Eisenbahnen gibt es nicht. Auf dem Kiwusee wird etwas Binnenschiffahrt betrieben. Der internat. Flughafen liegt nahe der Hauptstadt Kigali.

## GESCHICHTE

Die vermutlich im 14. Jh. in das Gebiet des heutigen R. eingewanderte Bauernbevölkerung der Hutu wurde im 15.–16. Jh. durch die von Norden her zuwandernde Rinderhirtenbevölkerung der Tutsi (→Hima) überlagert. Deren aristokrat. Oberschicht errichtete einen straff organisierten Staat (KARTE →Afrika ›Alte Reiche‹) mit monarch. Spitze (Königstitel: Mwami). 1890 wurde R. von Großbritannien im Helgoland-Sansibar-Vertrag als Teil Deutsch-Ostafrikas anerkannt, 1899 tatsächlich angegliedert. Es wurde durch einen militär. Residenten verwaltet, der die Macht des Mwami nicht antastete. Nach dem Ersten Weltkrieg fiel R. mit →Burundi an Belgien, das beide Gebiete unter dem Namen **Ruanda-Urundi** 1920–46 als Mandat des Völkerbundes und 1946–62 als Treuhandgebiet der UNO verwaltete. Die Tutsi-Monarchie blieb bestehen, bis der ›Parti du Mouvement de l'Émancipation Hutu‹ (PARMEHUTU, ›Partei der Bewegung für die Gleichstellung der Hutu‹) nach einem Referendum im Sept. 1961 die Republik ausrief. Am 1. 7. 1962 entließ die UNO den Staat R. – unter Abtrennung von Burundi – in die Unabhängigkeit.

Der Versuch emigrierter Tutsi, vom Ausland her die polit. Macht in R. zurückzugewinnen, löste dort 1963 blutige Ausschreitungen der Hutu gegen die im Lande verbliebenen Tutsi aus. Anfang 1973 kam es zu Kämpfen zw. den beiden Bev.-Gruppen.

Im Juli 1973 gewann Generalmajor JUVENAL HABYARIMANA (* 1937) im Zuge eines Militärputsches die Macht; er löste das Parlament und die Parteien auf und setzte sich an die Spitze einer Militärregierung. Im Dez. 1978 nahm die Bev. eine neue Verf. an; diese stärkte die Position des Staatspräs. und erhob den 1975 gegründeten MRND zur Einheitspartei. Im selben Monat wurde HABYARIMANA zum Staatspräs. gewählt (1983 und 1988 wiedergewählt).

Im Okt. 1990 drangen im Exil lebende Tutsi, gestützt auf die Ruanda Patriotic Front (RPF), von Uganda aus nach R. ein und verwickelten die Regierungsstreitkräfte in schwere Kämpfe; im April 1991 trat ein Waffenstillstand in Kraft; zeitweilig waren zw. Okt. 1990 und April 1991 belg. und frz. Truppen in R. stationiert. Im Febr. 1991 berieten die Staats- und Reg.-Chefs von Burundi, Tansania, Uganda und Zaire auf einer Konferenz in Daressalam mit Vertretern R.s über die in ihren Ländern seit 30 Jahren lebenden ruand. Flüchtlinge (500 000).

R. LEMARCHAND: Rwanda and Burundi (London 1970); G. BAUMHÖGGER: R., in: Polit. Lex. Afrika, hg. v. R. HOFMEIER u. a. (1984); M. D'HERTEFELT u. D. DE LAME: Société, culture et histoire du Rwanda, 2 Bde. (Tervuren 1987); O. WERLE u. K.-H. WEICHERT: R., ein landeskundl. Porträt (1987); R. BINDSEIL: R. u. Dtl. seit den Tagen Richard Kandts. Histor. Abriß der dt.-ruand. Beziehungen ... (1988); Als die Weißen kamen. R. u. die Dt. 1885–1919, bearb. v. G. HONKE u. a. (1990).

**Ruanda-Urundi,** 1920–62 Bez. für die 1919/20 vom ehem. Deutsch-Ostafrika abgetrennten heutigen Staaten →Ruanda und →Burundi.

**Ruapehu** [ruˈɑːpeɪhuː] *der,* aktiver Vulkan (letzter Ausbruch 1945–46) in Neuseeland, im Tongariro-Nationalpark, mit 2 797 m ü. M. die höchste Erhebung der Nordinsel; Gipfel vergletschert, Kratersee mit warmem Wasser; Wintersport. BILD Neuseeland

**Ruark** [ˈruːɑːk], Robert Chester, amerikan. Schriftsteller und Journalist, * Wilmington (N. Y.) 19. 12. 1915, † London 1. 7. 1965; schrieb Romane und Essays, die sich v. a. mit dem Rassenproblem, bes. in Afrika, und dem amerikan. Erfolgsmythos auseinandersetzen.
**Werke:** *Romane:* Something of value (1955; dt. Die schwarze Haut); Poor no more (1959; dt. Nie mehr arm); Uhuru (1962; dt.); Honey badger (1965; dt. Der Honigsauger).

**Rubai** [arab. ›Vierer‹] *der, -s/...baijat,* pers. Gedichtart, die durch Anpassung einer älteren pers. Vorform an die arab. Metrik im 10. Jh. entstand. Der R. besteht aus vier Halbzeilen zu je drei Versfüßen mit insgesamt zehn bis dreizehn Silben (Reimschema a a b a oder a a a a). Er diente als poet. Form zum Ausdruck vielfältiger Inhalte in knapper, pointierter Art und ist bis heute in Kunst- und Volksdichtung sehr beliebt. Der bedeutendste Verfasser von R. war OMAR-E CHAJJAM.

**Ruba ibn al-Adjdjadj** [-adʒˈdʒadʒ], arab. Beduinendichter, * um 690, † 762; dichtete in jamb. Versmaß unter Verwendung zahlreicher seltener Beduinenwörter. Mit seinen Lob- und Bittgedichten, auch Beschreibungen der Wüste, wandte er sich an Kalifen, deren Verwandte und Anhänger. Sein ›Diwan‹ wurde von W. AHLWARDT in metr. Form ins Deutsche übersetzt (1904).

**Rub al-Chali** [-ˈxaːli; arab. ›das leere Viertel‹], **Rub al-Khali, Große Arabische Wüste,** Sandwüste in SO der Arab. Halbinsel, von mächtigen Dünenzügen (bis 300 m relative Höhe) durchzogen. Die Wüste ist mit rd. 780 000 km² (größte N-S-Erstreckung 500 km, O-W rd. 1 300 km) die größte zusammenhängende Sandfläche der Erde. Ihre Ausdehnung, ihr extrem arides Klima und das fast völlige Fehlen von Oasen machten sie zu einem bes. schwer zugängl. Gebiet Arabiens. Als erste Europäer durchquerten sie B. THOMAS (1931) und H. PHILBY (1932).
H. PHILBY: The empty quarter (London 1933).

**rubato,** *Musik:* →Tempo rubato.

**Rubber** [ˈrʌbə, engl.] *der, -s/-,* Whist und *Bridge:* →Robber.

**Rubbia,** Carlo, italien. Physiker, * Görz 31. 3. 1934; nach Tätigkeiten an der Columbia University (New York) und an der Univ. Rom seit 1962 beim Europ. Kernforschungszentrum (CERN) in Genf. Für seine bedeutenden Arbeiten auf dem Gebiet der Elementarteilchenphysik, v. a. für die experimentelle Bestätigung der W-Teilchen und des Z-Teilchens, erhielt er 1984 (mit S. VAN DER MEER) den Nobelpreis für Physik.

**Rubcovsk** [rupˈtsɔfsk], Stadt in Rußland, →Rubzowsk.

**Rubeanus,** Crotus, →Crotus Rubeanus.

**Rubeba** [pers.-arab.] *die, -/...ben,* Musikinstrument, →Rebec.

Carlo Rubbia

**Rubefizierung** [zu lat. rubeus ›rot‹ und facere, in Zusammensetzungen -ficere ›machen‹, ›tun‹], Bildungsvorgang in trop. und subtrop. Böden mit Trockenzeiten, in denen eine Entwässerung von Eisenoxidhydraten zu wasserfreien und wasserärmeren Oxiden unter starker Rotfärbung erfolgt, meist zu Hämatit.

**Rubel** [russ. rubl', eigtl. ›abgehauenes Stück (eines Silberbarrens)‹, zu rubit' ›(ab)hauen‹] *der, -s/-,* urspr. eine russ. Gewichtseinheit (früheste Nennung in Urkunden des 13. Jh.) zu etwa 200 g, die die ältere Griwna ablöste. Als R. wurden die gegossenen Silberbarren bezeichnet, deren Güte durch Stempelungen garantiert wurde. Im 14.–15. Jh. wurde der R. auch zur →Rechnungsmünze, die im Moskauer Großfürstentum 200 Dengi galt (der Nowgoroder R. hatte einen Wert von 216 Dengi). Bei der Münzreform von 1534 unterteilte man den R. in 100 schwere Dengi (Nowgorodka), die nach dem Münzbild (Reiter mit Speer) **Kopeken** genannt wurden. Erstmals geprägt wurde eine R.-Münze im Jahre 1654, sie galt 64 Kopeken. Von PETER D. GR. wurde dann endgültig die dezimale Unterteilung des R. festgeschrieben, 1 R. (Abk. Rbl) = 100 Kopeken.

Von den Mitgl.-Staaten des ehem. →Rates für gegenseitige Wirtschaftshilfe (RGW) wurde 1963 die Verrechnungseinheit **Transfer-R.** geschaffen; er diente nur der Verrechnung gegenseitiger finanzieller Verpflichtungen. Salden aus dem zwischenstaatl. Zahlungsverkehr wurden von der Internat. Bank für wirtschaftl. Zusammenarbeit als Clearingstelle des RGW seit 1964 in transferablen R. ausgewiesen.

**Rübeland,** Gem. im Harz, im Kr. Wernigerode, Sachsen-Anhalt, 392 m ü. M., an der Bode, (1990) 1 650 Ew.; Kalksteinbrüche; Tropfsteinhöhlen (Hermannshöhle, Baumannshöhle).

**Rübelbronze** [-brɔ̃zə], korrosionsbeständige Legierung (Bronze) mit 28–39% Kupfer, 18–40% Nickel, 6–8% Aluminium und 25–35% Eisen.

**Rubellan** [zu lat. rubellus ›rötlich‹] *der, -s/-e,* roter →Glimmer der Biotitreihe in Basaltlaven und -tuffen.

**Rubellit** *der, -s/-e,* Mineral, roter →Turmalin; klar durchsichtig als Edelstein geschätzt.

**Ruben,** *A. T.:* einer der zwölf Stämme Israels, als dessen Ahnherr der erstgeborene Sohn Jakobs und Leas mit Namen R. gilt (1. Mos. 29, 32). Vermutlich siedelte der Stamm R. im Verlauf der israelit. Landnahme zuerst westlich des Jordans, wurde dann nach Osten vertrieben und fiel dort den Ammonitern, Moabitern oder seinem Nachbarstamm Gad zum Opfer.

**Rüben,** fleischig verdickte Speicherorgane bei zweikeimblättrigen Pflanzenarten, an deren Aufbau

**Rübe** Rübenaaskäfer – Rubens

Hauptwurzel (Pfahlwurzel) und →Hypokotyl in wechselnden Anteilen beteiligt sind. Aus einem großen Wurzelanteil bestehen Möhre und Zuckerrübe. Bei Runkelrübe, Roter Rübe und Rettich überwiegt der Anteil des Hypokotyls, das beim Radieschen allein die Rübe bildet. (→Sproßrüben)

**Rüben|aaskäfer, Blitophaga,** zwei Arten 9–15 mm langer, schwarzer →Aaskäfer, mit goldbrauner Behaarung (Blitophaga opaca) oder kaum behaart (Blitophaga undata). Die Käfer und die asselartigen Larven ernähren sich als Pflanzenfresser im Frühjahr von versch. jungen Pflanzen und wechseln dann v. a. auf Futter- und Zuckerrüben über.

**Rüben|älchen, Rübenzysten|älchen, Rübenwurm, Heterodera schachti|i,** bis 1,6 mm langer Fadenwurm, der Rübenwurzeln ansticht, wodurch er die Rübenmüdigkeit hervorruft (Schädling in Zuckerrübenkulturen). Die mit Eiern gefüllten Weibchen fallen als Zysten von den Wurzeln ab und überdauern bis zur nächsten Vegetationsperiode im Boden.

**Rübenblattwanze,** die →Rübenwanze.

**Rüben|derb|rüßler, Derb|rüßler, Bothynoderes punctiventris,** 10–15 mm lange Rüsselkäferart der Unterfamilie Cleoninae, länglich-oval, graubraun und hell marmoriert. Hauptverbreitungsgebiete sind SO-Europa und der Balkan. Der Käfer befrißt im Frühjahr junge Blätter von Gänsefußgewächsen, bes. von Gänsefuß, Mangold, Melde, Rüben und Spinat. Ein R. kann täglich 6–10 zweitägige Keimpflanzen zerstören. Die fußlosen Larven leben im Boden, wo sie sich von den Wurzeln ernähren. Bisweilen in Rübenkulturen schädlich; der R. überwintert als Käfer.

Rübenderbrüßler
(Länge 10–15 mm)

**Rüben|erntemaschinen** werden unterschieden in Vorrats- und Vollerntemaschinen. Der **Rübenköpfer** schneidet zunächst das Rübenblatt von den im Boden stehenden Rüben ab, der **Rübenroder** (als Vorratserntemaschine) legt die Rüben auf dem Feld in Schwaden ab, aus denen sie wieder aufgenommen werden müssen, oder sammelt sie in einem Vorratsbehälter (**Bunkerköpfroder**), der am Feldende entladen wird. Für das Rübenvorratsroden können dieselben, nur mit einem anderen Rodeschar versehenen Maschinen wie für das Kartoffelroden, d. h. Siebkettenoder Schwingsiebroder, verwendet werden. **Rübenvollerntemaschinen** köpfen und roden in einem Arbeitsgang, reinigen die Rüben und sammeln Blätter und Rüben in getrennten Behältern.

Rübenerntemaschinen: Rübenköpfer

**Rübenfliege, Runkelfliege, Pegomyia betae,** 5–7 mm lange, schlanke, der Stubenfliege ähnl. Art der Familie Blumenfliegen. Die Eier werden an der Unterseite junger Blätter von Mangold, Rüben, Spinat und anderen Gänsefußgewächsen abgelegt; die ausgeschlüpfte Made miniert in den Blattinnern, wird ausgewachsen 9 mm lang und überwintert im Boden als Tönnchenpuppe. Befallene Jungpflanzen gehen häufig ein.

**Rubenisten,** Anhänger von P. P. RUBENS, →Poussinisten.

**Rübenmüdigkeit,** Fruchtfolgekrankheit, die durch das Rübenälchen hervorgerufen wird. An warmen Tagen beginnen die Zucker- und Futterrübenblätter zu erschlaffen, bes. ältere Blätter sterben vorzeitig ab. Die Rübe bildet viele struppige Nebenwurzeln (›Hungerbart‹), an den Wurzeln sitzen die zitronenförmigen Zysten des Rübenälchens.

**Heinrich Rubens**

**Rubens, 1)** Heinrich, Physiker, * Wiesbaden 30. 3. 1865, † Berlin 17. 7. 1922; ab 1896 Prof. in Berlin; arbeitete über die Infrarotstrahlung, v. a. über ihre Erzeugung (Reststrahlmethode, 1896/97), ihre Messung (u. a. mit dem von ihm entwickelten Mikroradiometer) und ihre Eigenschaften (u. a. Nachweis ihrer elektromagnet. Natur). Mit FERDINAND KURLBAUM (* 1857, † 1927) zeigte R. 1900 die Ungültigkeit der Wienschen Strahlungsformel bei großen Wellenlängen auf und gab damit einen Anstoß zur Aufstellung des →Planckschen Strahlungsgesetzes. Bekannt geblieben ist das von **R.-Flammenrohr** zur Sichtbarmachung stehender Schallwellen.

**2)** [fläm. 'ry-], Peter Paul, fläm. Maler, * Siegen 28. 6. 1577, † Antwerpen 30. 5. 1640; Sohn eines Antwerpener Juristen, der als Reformierter nach Dtl. geflohen war (1568) und sich 1570 mit seiner Familie in Siegen niederließ. 1578 übersiedelte er nach Köln. Nach dem Tod des Vaters (1587) zog die Familie, die inzwischen zum kath. Glauben zurückgekehrt war, wieder nach Antwerpen (1589). R.' Lehrer in der Malerei waren A. VAN NOORT, T. VERHAECHT und v. a. der Romanist O. VAN VEEN. 1600 ging er nach Italien. Er trat in den Dienst des Herzogs VINCENZO GONZAGA in Mantua, der ihn mit Aufträgen in Rom und Spanien (1603) betraute. Danach arbeitete er in Rom und Genua. 1608 war R. wieder in Antwerpen, wo er 1609 ISABELLA BRANT (* 1591, † 1626) heiratete, Hofmaler des Statthalterpaares wurde und seine Werkstatt gründete. Hier baute er 1611–18 ein Palais im Stil der italien. Spätrenaissance (heute Gedenkstätte). R. war auch am frz., engl. und span. Hof tätig und mehrmals als Diplomat auf Reisen. Nach dem Tod seiner Frau heiratete er 1630 die 16jährige HELENE FOURMENT. Seit 1635 lebte er auf seinem Landschlößchen Steen bei Antwerpen. Sein Grab befindet sich in einer eigenen Kapelle in der Jakobskirche in Antwerpen.

*Werk:* R. malte religiöse, geschichtl., mytholog., allegor. Bilder, auch Porträts und Landschaften. Unerschöpflich war die Reichtum seiner Erfindung, die aus fläm., italien. und antiken Anregungen und Motiven eine neue Bildwelt erstehen ließ und sowohl religiöse als auch weltl. Themen mit leidenschaftl. Leben erfüllte. Aus seiner Werkstatt gingen etwa 3 000 Gemälde hervor, von denen etwa 600 von ihm selbst gemalt oder überarbeitet worden sind. Seine Rötel-, Kreide- oder Tuschzeichnungen und Ölskizzen zeugen von einer spontanen, dynam. Ausdruckskraft. Entscheidend für seine Entwicklung war der Aufenthalt in Italien, wo er neben der Malerei des röm. Frühbarock (CARAVAGGIO, A. und A. CARRACCI) und der Renaissance (TIZIAN, LEONARDO DA VINCI, MICHELANGELO u. a.) auch antike Bildwerke studierte und seine ersten Altarbilder für Kirchen in Mantua, Rom, Genua) und Porträts (›Bildnis der Marchesa Brigida Spinola Doria‹, 1605–06; Washington, D. C., National Gallery of Art) malte. Nach der Rückkehr in die Heimat begann sich aus der Fülle der italien. Eindrücke sein persönl. Stil zu entfalten. In seiner Werkstatt beschäftigte er viele Gehilfen und Schüler (1616/17–20 A. VAN DYCK), auch selbständige Meister, die in seinen Bildern Tiere, Stilleben, Landschaften malten (F. SNIJDERS, J. BRUEGEL D. Ä., J. WILDENS u. a.).

Zu den nach seiner Heimkehr entstandenen Hauptwerken gehören die großen Aufträge für Kirchen und öffentl. Gebäude in Antwerpen, Brüssel und Mecheln wie ›Anbetung der Könige‹ (um 1609; Madrid, Prado), Kreuzaufrichtungsaltar (1610–11; Antwerpen, Kathedrale), Kreuzabnahmealtar (1612–14; ebd.), ›Wunderbarer Fischzug‹ (1618–20; Mecheln, Onze-Lieve-Vrouw-over-de-Dijle), ›Anbetung der Könige‹ (1618–20; Antwerpen, Koninklijk Museum voor Schoone Kunsten). Für Kurfürst MAXIMILIAN I. von Bayern führte R. u. a. Jagdbilder (um 1615/16; München, Alte Pinakothek) und für Genueser Patrizier 1617 den Gemäldezyklus ›Geschichte des Konsuls Decius Mus‹ (Vaduz, Sammlung Fürst Liechtenstein; unter Mitwirkung von VAN DYCK als Vorlage für Wandteppiche geschaffen) aus. 1619–20 arbeitete R. an der Ausstattung der Antwerpener Jesuitenkirche (zwei Altartafeln, Wien, Kunsthistor. Museum; 39 Deckenbilder, 1718 verbrannt). Hauptauftrag der

1620er Jahre war der 21 Gemälde umfassende Medici-Zyklus mit Szenen aus dem Leben HEINRICHS IV. und MARIAS VON MEDICI (1622–25; Paris, Louvre; Skizzen in München, Alte Pinakothek), ein Höhepunkt politisch-histor. Allegorie.

In seinem letzten Lebensjahrzehnt führte R. noch einige Großaufträge aus, wie die Deckengemälde im Banqueting House in London (um 1631), den dreiflügeligen Ildefonso-Altar (um 1630–32; Wien, Kunsthistor. Museum; BILD → Barock), die Entwürfe zu den Festdekorationen für den Einzug Erzherzog FERDINANDS in Antwerpen (1635; Skizzen zu den zehn Hauptwänden z. T. erhalten in Petersburg, Eremitage, Wien, Kunsthistor. Museum, Dresden, Gemäldegalerie) und die Ausstattung des Jagdschlosses Torre de la Parada bei Madrid (1636–38; heute u. a. in Madrid, Prado, Brüssel, Musées Royaux des Beaux-Arts). Das Schaffen der 1630er Jahre wird jedoch bestimmt von intimen Themen wie Familienporträts und Landschaftsbildern. Der Farbauftrag ist flüssig und zunehmend dünner mit häufig sprühender Lichtführung. Die Bilder vermitteln den Eindruck großer Spontaneität. Hauptwerke dieser Zeit sind: ›Der Liebesgarten‹ (um 1633; Madrid, Prado), ›Die Kirmes‹ (um 1635; Paris, Louvre), ›Landschaft mit Blick auf Schloß Steen‹ (1636; London, National Gallery), ›Das Pelzchen‹ (um 1635–40; Wien, Kunsthistor. Museum), ›Helene Fourment und ihre beiden Kinder‹ (um 1636–37; Paris, Louvre), ›Die drei Grazien‹ (um 1636–38; Madrid, Prado). – Der Einfluß seiner Kunst wirkte sich in ganz Europa aus, auch durch graph. Wiedergaben, die von ihm selbst geschulte Ste-

Peter Paul Rubens: Das Pelzchen; um 1635–40 (Wien, Kunsthistorisches Museum)

cher und Holzschneider schufen (→ Rubensstecher). Seine architekton. Studien veröffentlichte er in dem Werk ›Palazzi di Genova‹, 2 Bde. (1622, Nachdr. 1969). Weitere BILDER → Demokrit, → Dioskuren, → niederländische Kunst

Corpus Rubenianum, hg. v. L. BURCHARD, auf zahlreiche Bde. ber. (Brüssel 1968 ff.); F. BAUDOUIN: Pietro Paoulo R. (a. d. Niederländ., 1977); R. LIESS: Die Kunst des R. (1977);

P. P. R., 1577–1640, bearb. v. G. BOTT, Ausst.-Kat., 2 Bde. (1977); H. KAUFFMANN: P. P. R. (²1978); R., hg. v. E. HUBALA (1979); J. HELD: The oil sketches of P. P. R., 2 Bde. (Princeton, N. J., 1980); P. P. R., Werk u. Nachruhm, hg. vom Zentral-Inst. für Kunstgesch. (1981); R. and his world, hg. v. R. A. HULST (Antwerpen 1985); C. WHITE: P. P. R., Leben u. Kunst (a. d. Engl., 1988); M.-A. LESCOURRET: R. (Paris 1990).

**Rubensstecher:** Lucas Vorsterman, ›Die Anbetung der Heiligen Drei Könige‹; 1620 (Düsseldorf, Kunstmuseum)

**Rubens|stecher,** Bez. für die in der Werkstatt von P. P. RUBENS in Antwerpen tätigen Künstler, die seine Gemälde auf Kupferstiche, Radierungen und Holzschnitte übertrugen. RUBENS war, wie TIZIAN und RAFFAEL, schon frühzeitig (seit etwa 1610/11) bemüht, seine Kompositionen als Reproduktionsgraphiken zu verbreiten. Unter den Kupferstechern sind L. VORSTERMAN, P. PONTIUS, die Brüder C. und T. GALLE und S. VAN BOLSWERT hervorzuheben; der im 17. Jh. nahezu vergessene Holzschnitt erlebte durch C. JEGHER eine neue Blüte. Nur knapp 100 Blätter sind in RUBENS' Auftrag und unter dessen Aufsicht entstanden (15 von ihnen tragen persönl. Widmungen).

I. POHLEN: Unters. zur Reproduktionsgraphik der Rubenswerkstatt (1985).

**Rübenwanze, Rübenblattwanze, Piesma quadrata,** bis 3,5 mm lange, abgeflachte Wanze von brauner, grauer oder grünl. Färbung mit kleinen schwarzen Flecken; sie saugt in den Siebröhren von Mangold, Melde, Spinat, Runkel- und Zuckerrüben und kann dabei den Erreger (ein Virus) der Rübenkräuselkrankheit übertragen.

**Rübenweißling,** der Kleine → Kohlweißling.

**Rübenwurm,** das → Rübenälchen.

**Rübenzucker,** aus Zuckerrüben gewonnener → Zucker. (→ Saccharose)

**Rübenzysten|älchen,** das → Rübenälchen.

**Rubeola** [zu lat. ruber ›rot‹] die, -, die → Röteln.

**Rübezahl,** Berggeist und Herr des Riesengebirges, erscheint in den Sagen als Bergmännlein, Geist, Mönch, auch als Riese oder in Tiergestalt. Er neckt die Wanderer, führt sie irre, beschenkt die Armen, sendet schwere Wetter, wenn man ihn ärgert, und hütet die Bergschätze. Die Herkunft des Namens ist ungeklärt und erfuhr versch. spekulative Deutungen. Die ersten R.-Sagen wurden von J. PRAETORIUS in dessen ›Daemonologia Rubinzalii Silesii‹ (1662) gesammelt und bildeten den Ausgangspunkt für den in Dichtung und Kunst vielfach gestalteten R.-Stoff.

**Rubia** [lat.], die Pflanzengattung → Röte.

**Rubiaceae** [lat.], die → Rötegewächse.

**Rubianus,** Crotus, Humanist, → Crotus Rubeanus.

**Rubicell** [frz., zu Rubin] der, -s/-e, Bez. für orange- oder rosafarbenen → Spinell.

Peter Paul Rubens (zeitgenössischer Stich nach einem Selbstporträt)

Rübenwanze (Länge bis 3,5 mm)

# Rubi  Rubidium – Rubinstein

**Rubidium** [zu lat. rubidus ›dunkelrot‹ (nach der Farbe seiner charakterist. Spektrallinien)] *das, -s,* chem. Symbol **Rb**, ein →chemisches Element aus der ersten Hauptgruppe des Periodensystems der chem. Elemente (Alkalimetalle). R. ist ein silberglänzendes, weiches Leichtmetall, das sich chemisch sehr ähnlich wie die im Periodensystem über bzw. unter ihm stehenden Elemente Kalium und Cäsium verhält. Es entzündet sich sofort bei Kontakt mit Luftsauerstoff (verbrennt mit violettroter Flammenfärbung) und reagiert mit Wasser explosionsartig. Wegen seiner Selbstentzündlichkeit kann R. nur unter Ausschluß von Luft und Feuchtigkeit (z. B. in Petroleum) aufbewahrt werden. Obwohl R. keineswegs zu den seltenen Elementen gehört, ist seine Reindarstellung schwierig, da Verbindungen des R. in der Natur nur in sehr geringen Mengen v. a. als Begleiter von Kaliummineralen (Kalifeldspäten, Glimmern, Kalisalzen) vorkommen, aus denen sie zunächst durch Anreicherungsverfahren isoliert werden müssen. In etwas höherer Konzentration findet sich R. im Lithiummineral Lepidolith (bis 1,5 %) sowie im Cäsiummineral Pollucit. Wegen der hohen Gewinnungskosten wird R. nur wenig verwendet, z. B. zur Herstellung von Photozellen (Alkalizellen) sowie als Gettermetall. – R. wurde 1861 durch R. BUNSEN und G. R. KIRCHHOFF bei der spektralanalyt. Untersuchung des Minerals Lepidolith durch das Auftreten zweier roter Spektrallinien nachgewiesen und kurz darauf von BUNSEN in Form eines Amalgams isoliert.

| Rubidium | |
|---|---|
| chem. Symbol: **Rb** | Ordnungszahl .................... 37 |
| | relative Atommasse .............. 85,4678 |
| | Häufigkeit in der Erdrinde ..... 0,029 Gew.-% |
| | natürliche Isotope (mit Anteil in %) $^{85}$Rb (72,17), $^{87}$Rb (27,83) |
| | insges. bekannte Isotope $^{74}$Rb bis $^{100}$Rb, $^{102}$Rb |
| | davon radioaktiv ................ 33 |
| | längste Halbwertszeit ($^{87}$Rb) . 4,88 · 10$^{10}$ Jahre |
| | Dichte (bei 20 °C) .............. 1,532 g/cm³ |
| | Schmelzpunkt .................... 38,89 °C |
| | Siedepunkt ...................... 686 °C |
| | Schmelzwärme .................... 25,54 J/g |
| | spezif. Wärme (bei 25 °C) ...... 0,36 J/(g · K) |
| | elektr. Leitfähigkeit (bei 20 °C) . 7,78 · 10$^6$ S/m |
| | Wärmeleitfähigkeit (bei 25 °C) ... 58,2 W/(m · K) |

**Rubin:** OBEN Kristallbruchstück; UNTEN Geschliffene Form (Sternrubin)

**Rubidium-Strontium-Methode,** auf dem β⁻-Zerfall des Rubidiumisotops $^{87}$Rb (Halbwertszeit $T_{1/2} = 4{,}88 \cdot 10^{10}$ Jahre, Zerfallskonstante $\lambda = 1{,}42 \cdot 10^{-11}$ pro Jahr) in das stabile Strontiumisotop $^{87}$Sr beruhende Methode der →Altersbestimmung von Gesteinen (erstmals von O. HAHN und E. WALLING 1938 erörtert). Die Bestimmung des Alters *t* erfolgt anhand der durch die Gleichung

$$\frac{^{87}\text{Sr}}{^{86}\text{Sr}} = \left(\frac{^{87}\text{Sr}}{^{86}\text{Sr}}\right)_i + \frac{^{87}\text{Rb}}{^{86}\text{Sr}}(e^{\lambda t}-1)$$

gegebenen Steigung der zugehörigen Isochrone (→Rhenium-Osmium-Methode). Der Quotient auf der linken Seite der Gleichung und der zweite Quotient auf der rechten Seite bedeuten die in einer Probe enthaltenen, auf den Gehalt an $^{86}$Sr bezogenen relativen Mengen von $^{87}$Sr bzw. $^{87}$Rb. Der Index i kennzeichnet den Wert zur Zeit $t = 0$; man erhält ihn durch Extrapolation der Isochrone. Als Bezugsisotop wird $^{86}$Sr gewählt (relative Häufigkeit 0,987), weil sein Gehalt in einer gegen Strontiumtransport geschlossenen Probe konstant bleibt.

**Rubidiumverbindungen.** Als Element der ersten Hauptgruppe im Periodensystem (Alkalimetalle) der chem. Elemente tritt Rubidium ausschließlich in der Wertigkeitsstufe +1 auf. Die R. ähneln in vieler Hinsicht den Kalium- und den Cäsiumverbindungen; sie sind allg. weiße, kristalline, leicht wasserlösl. Substanzen. Beispiele sind **Rubidiumchlorid,** RbCl, **Rubidiumnitrat,** RbNO₃, und **Rubidiumsulfat,** Rb₂SO₄.

**Rubinglas:** Deckelpokal von Gottfried Spiller; um 1700 (Hamburg, Museum für Kunst und Gewerbe)

**Rubikon** *der,* lat. **Rubico,** antiker Name eines kleinen Flusses in Oberitalien, der südlich von Ravenna in die Adria mündete, wahrscheinlich der frühere **Fiumicino** [-'tʃi:no], seit 1932 in **Rubicone** umbenannt. Der R. bildete seit SULLA die Grenze zw. Italien und Gallia Cisalpina. CAESARS Überschreitung des R. (10./11. 1. 49 v. Chr.) und das Vordringen seines Heeres in das seit SULLA de facto entmilitarisierte Italien löste den Bürgerkrieg aus (→römische Geschichte).

**Rubin** [mlat. rubinus, zu lat. rubeus ›rot‹] *der, -s/-e,* Bez. für die durch geringe Mengen Chromoxid hell- bis dunkelrot gefärbten Varietäten des →Korunds, Al₂O₃. Bes. schön gefärbte R. gehören zu den kostbarsten Edelsteinen. Manche R. enthalten eingelagerte Fremdkristallnädelchen oder feine Hohlräume; bei ihnen können nach dem Schleifen leuchtende Streifen (**R.-Katzenauge**) oder Sterne (**Stern-R.**) auftreten; wichtigste Vorkommen in Birma, Thailand, Kambodscha, Sri Lanka, Pakistan und Tansania. Synthetisch hergestellte R. (seit dem 19. Jh.) dienen zur Herstellung von Lagersteinen und Schneiden für die Uhren- und Meßgeräteindustrie sowie bes. zur Herstellung von R.-Lasern und -masern. – Der R. tritt seit dem MA. an Schmuckstücken und an Insignien auf. Heilende Wirkung wird dem R. im MA. und später nachgesagt. Das preuß. Königszepter hatte an der Spitze einen R., den PETER D. GR. 1697 geschenkt hatte.

K. SCHMETZER: Natürl. u. synthet. R. (1986).

**Rubinblende,** Farbvarietät der →Zinkblende.

**Rubiner,** Ludwig, Pseudonym **Ernst L. Grombeck,** Schriftsteller, * Berlin 12. 7. 1881, † ebd. 26. 2. 1920; aktivistisch-revolutionärer Expressionist, Mitarbeiter an F. PFEMFERTS ›Aktion‹ u. a. Zeitschriften. In seinem Ideendrama ›Die Gewaltlosen‹ (1919) verarbeitete er seine pazifist. Vorstellungen und Hoffnungen; schrieb auch Gedichte und Essays.

**Rubin|glas,** durch feinverteiltes Gold oder Kupfer rubinrot gefärbtes Glas. Bei der Herstellung von **Gold-R.** wird etwas Gold in Form einer Goldverbindung zugesetzt; danach wird die Schmelze weiter erhitzt, so daß sich die Goldverbindung in ihre Bestandteile zersetzt, wobei das freigesetzte kolloidale Gold die Glasschmelze leuchtend rot färbt. Gold-R. wurde bereits im 17. Jh. durch J. KUNCKEL hergestellt (Kunckelglas). Im 19. Jh. kamen Gold-R. v. a. aus Böhmen und Schlesien. **Kupfer-R.** wird meist als Überfangglas hergestellt (bes. geschätzt im Biedermeier).

**Rubin|glimmer,** das Mineral →Lepidokrokit.

**Rubin|kehlchen, Luscinia calliope,** Art der Drosseln, etwa 15 cm lang, oberseits dunkler, unterseits heller bräunlich gefärbt, mit weißl. Überaugenstreif, Männchen mit roter, Weibchen mit weißer Kehle. Bewohnt Dickichte und unterholzreiche Wälder in Zentral- und Ostasien. Der schöne Gesang erinnert an den der Grasmücken.

**Rubinkehlchen:** Männchen (Größe etwa 15 cm)

**Rubinscher Becher,** von dem dän. Psychologen EDGAR JOHN RUBIN (* 1886, † 1951) entdeckte Täuschungsfigur: schwarz-weiße Figur, die als ein Becher (weißes Innenfeld) oder als zwei Gesichter (schwarze Scherenschnittprofile) wahrgenommen werden kann. BILD →Figur-Grund-Verhältnis

**Rubinstein,** 1) **A**nton Grigorjewitsch, russ. Pianist, Komponist und Dirigent, * Wychwatinez (bei Balta, Podolien) 28. 11. 1829, † Peterhof (bei Petersburg) 20. 11. 1894, Bruder von 4); studierte u. a. in Moskau, Paris (F. LISZT) und Berlin, wurde 1858 Hofpianist und Dirigent der Hofkapelle in Petersburg, übernahm 1859 die Leitung der Petersburger Russ. Musikgesellschaft und gründete hier 1862 das Kaiserl. Konservatorium, das er bis 1867 und wieder 1887–90 leitete. Den Pianisten kennzeichneten techn. Perfektion und ausdrucksstarkes Spiel. Als Komponist orientierte er sich v. a. an der westl. Musik (bes. der dt. Romantik); sein Werk umfaßt u. a. Opern (›Der Dämon‹, 1875), 6 Sinfonien, 5 Klavierkonzerte, 10 Streichquartette, ferner Klavierwerke zu zwei und vier Händen (›Melodie‹ F-Dur op. 3 Nr. 1, 1852) und Oratorien (›Das verlassene Paradies‹, 1856).

**2)** Arthur (Artur), amerikan. Pianist poln. Herkunft, * Lodz 28. 1. 1887, † Genf 20. 12. 1982; studierte u. a. bei R. KAHN und M. BRUCH und unternahm 1906 seine erste Tournee in die USA, wo er sich später niederließ. R. wurde bes. als Interpret der Werke von F. CHOPIN sowie der Wiener Klassik, der dt. Romantik und der Neuen Musik bekannt; trat auch als Triopartner von J. HEIFETZ und E. FEUERMANN (später von G. PIATIGORSKY) auf. Er schrieb ›My young years‹ (1973; dt. ›Erinnerungen‹) und ›My many years‹ (1980; dt. ›Mein glückl. Leben‹).

**3)** Ida Lwowna, russ. Tänzerin, * Charkow 5. 10. 1888, † Vence (Dép. Alpes-Maritimes) 20. 9. 1960; Schülerin von M. M. FOKIN, 1909–11 Mitgl. der Ballets Russes, leitete 1928–34 ein eigenes Ensemble. Sie gab M. RAVELS ›Boléro‹ in Auftrag und inspirierte Komponisten wie C. DEBUSSY (›Le martyre de Saint Sébastien‹, 1911), F. SCHMITT (›La tragédie de Salomé‹, 1919), I. STRAWINSKY (›Perséphone‹, 1934) und A. HONEGGER (›Jeanne d'Arc au bûcher‹, 1938).

**4)** Nikolaj Grigorjewitsch, russ. Pianist und Dirigent, * Moskau 14. 6. 1835, † Paris 23. 3. 1881, Bruder von 1); studierte u. a. bei T. KULLAK und wurde 1859 Vorsitzender, 1860 auch Dirigent der Konzerte der Moskauer Russ. Musikgesellschaft, die das (seit 1866 von R. geleitete) Moskauer Konservatorium gründete; Schüler u. a. S. I. TANEJEW und E. SAUER.

**5)** Sergej Leonidowitsch, sowjet. Psychologe und Pädagoge, * Odessa 6. 6. 1889, † Moskau 11. 1. 1960; war 1942–50 Prof. in Moskau. Vor dem Hintergrund der Lehren des Marxismus-Leninismus versuchte R. eine Synthese der Psychologie als Bewußtseinswissenschaft und objektive Verhaltensanalyse. Die vom Bewußtsein kontrollierte Handlung sieht er als Grundeinheit psycholog. Analysen an. Nach R. wird das Psychische durch die höhere Nerventätigkeit sowie die Gesetze der Widerspiegelung der äußeren Realität bestimmt.

**Rubió i Lluch** [rru'βio i ʎuk], Antoni, katalan. Gelehrter und Literaturhistoriker, * Valladolid 24. 7. 1856, † Barcelona 8. 6. 1937, Sohn von J. RUBIÓ I ORS; ab 1885 Prof. in Barcelona, verfaßte wegweisende Arbeiten zur Geschichte Kataloniens im MA. und zu seiner polit. und kulturellen Bedeutung v. a. im östl. Mittelmeerraum (›La expedición y dominación de los catalanes en Oriente‹, 1883; ›La llengua catalana a Grècia‹, 1917).

**Rubió i Ors** [rru'βio i ɔrs], Joaquim, katalan. Gelehrter und Schriftsteller, * Barcelona 31. 7. 1818, † ebd. 7. 4. 1899, Vater von A. RUBIÓ I LLUCH; ab 1847 Prof. für Literatur und Geschichte in Valladolid, seit 1858 in Barcelona. Seine im Gefolge von B. C. ARIBAU Y FARRIOLS in katalanischer Sprache geschriebenen Gedichte (›Lo gaytè del Llobregat‹, 1841, und 1888–1902 in 4 Bden.) wurden zum lyr. Manifest der Renaixença. In span. Sprache verfaßte er literarhistor. Arbeiten sowie dramat. Bilder (›Gutenberg‹, 1887; ›Luter‹, 1888).

**Rübling,** Collybia, Gattung der Lamellenpilze mit etwa 40 dünnstieligen, kleinen bis mittelgroßen, meist braunen, zähen, dünnfleischigen Arten in den Wäldern Eurasiens und Nordamerikas. In Mitteleuropa häufig ist der unscheinbare **Waldfreund-R.** (Collybia dryophila): Hut 2–6 cm breit, fahl ockerfarben bis dunkelbraun, glatt, mit faserig-zähem Fleisch; der eßbare, in Laub- und Nadelwäldern sehr häufige **Butter-R.** (Collybia butyracea): Hut 3–7 cm breit, flach gebuckelt; rotbraun, auch horngrau, fettig glänzend, etwas klebrig, mit weißl. Lamellen und nach unten keulig verdicktem Stiel. Eßbar ist der von Herbst bis Frühjahr büschelig an Laubholzstümpfen und (z. T. abgestorbenen) -stämmen wachsende **Samtfuß-R.** (**Winter-R.,** Collybia velutipes): Hut 2–8 cm breit, gewölbt, honiggelb bis gelbbraun, Mitte oft dunkler; mit gelbl. Lamellen und samtfilzigem, unten dunkel- bis schwarzbraunem Stiel.

**Rubljow, Rublev** [-'jɔf], Andrej, russ. Maler, * zw. 1360 und 1370, † Moskau 1427 (1430?); lebte als Mönch zunächst in der Troize-Sergijewa Lawra in Sergijew Possad, später in Moskau im Andronikowkloster, wo er auch begraben ist (seit 1960 R.-Museum). Sein Schaffen, in dem sich ein vergeistigter Andachtsstil mit Elementen eines frühen Realismus vereinigt, gilt als Höhepunkt der altruss. Malerei. 1405 malte er mit THEOPHANES DEM GRIECHEN und PROCHOR VON GORODEZ die Ikonostase der Verkündigungskathedrale im Moskauer Kreml, 1408 mit DANIL TSCHORNYJ die Ikonostase der Uspenskijkathedrale in Wladimir; 1425–27 war er an der Ausmalung der Kirche der Troize-Sergijewa Lawra in Sagorsk beteiligt. Ausgangspunkt für die Kenntnis seines Stils ist sein Hauptwerk, die Ikone ›Die Dreifaltigkeit‹, die er vermutlich 1411 (oder 1422–27) für die Dreifaltigkeitskirche der Troize-Sergijewa Lawra schuf (Moskau, Tretjakow-Galerie; BILD › Ikone). – 1988 vom russ.-orth. Landeskonzil heiliggesprochen (Tag: 4. 7.).

J. A. LEBEDEVA: A. R. u. seine Zeitgenossen (a. d. Russ., 1962); V. N. LAZAREV: A. Rublev i ego škola (Moskau 1966); V. N. SERGEEV: Rublev (ebd. 1981).

**Rubner,** Max, Physiologe, * München 2. 6. 1854, † Berlin 27. 4. 1932; ab 1885 Prof. in Marburg, ab 1891 in Berlin. Von R. stammen grundlegende Arbeiten zum Wärmehaushalt der menschl. Organismus sowie zur Arbeits- und Ernährungsphysiologie. Er wies nach, daß das Gesetz von der Erhaltung der Energie auch für Stoffwechselvorgänge gültig ist.

**Rüb|öl,** zusammenfassende Bez. für die aus Rübsensamen (**Rübsenöl**) oder Rapssamen (**Rapsöl**) gewonnenen halbtrocknenden pflanzl. Öle. Sie bestehen aus Glyceriden zahlreicher Fettsäuren, unter denen die → Erucasäure mit 41–52 % überwiegt (→ Fette, TABELLE). R. aus neueren Rapssorten enthalten jedoch nur noch etwa 1 % Erucasäure (→ Raps). R. wird durch Auspressen der Rübsen- oder Rapssamen als viskose, braungelbe Flüssigkeit gewonnen; durch Reinigung erhält man hellgelbe, gut haltbare Produkte. Raffiniertes R. dient als Speiseöl, gehärtetes R. als Backfett und zur Herstellung von Margarine; daneben wird R. auch als Brennöl, Schmieröl und zur Herstellung von Faktis gebraucht. – R. für techn. Zwecke wird häufig mit Anilin und Acetanilid vergällt.

**Rubor** [zu lat. ruber ›rot‹] der, -s/... 'bores, Rötung der Haut, Kardinalsymptom der → Entzündung 2).

**Rubrik** [spätmhd. rubrik(e) ›rot geschriebene Überschrift (die einzelne Abschnitte trennt)‹, von lat. rubrica (terra) ›rote Erde‹, ›roter Farbstoff‹, ›mit roter Farbe geschriebener Titel eines Gesetzes‹, zu ruber ›rot‹] die, -/-en, **1)** allg.: Spalte, in die etwas nach einer bestimmten Ordnung (unter einer Überschrift) eingetragen wird; Kategorie, Klasse.

**2)** Buchwesen: die in mittelalterl. Handschriften, später in Inkunabeln von den **Rubrikatoren** von Hand in roter, seltener in blauer Farbe eingemalten Überschriften, Initialen und sonstige Schmuckelemente, um Abschnitte zu kennzeichnen. Sofern dazu nur einzelne Zeichen verwendet wurden, heißen diese **Rubrum.** In späterer Zeit wurden für Rubra typograph. Sonderzeichen eingeführt, die mitgedruckt wurden.

Anton Grigorjewitsch Rubinstein

Arthur Rubinstein

Rüblinge: Butterrübling (Hutbreite 3–7 cm)

Max Rubner

Rubrik 2): Verschiedene Formen des Rubrums

Rübsen:
Blühend (rechts) und Samenstand

Ruchgras:
Gemeines Ruchgras
(Höhe 15–25 cm)

**3)** *kath. Kirche:* die (rotgedruckten) Anweisungen in liturg. Büchern für einzelne liturg. Handlungen und den Gebrauch liturg. Texte. Die R. wurden seit dem Spät-MA. in der **Rubrizistik,** der Wiss. von den R., systematisch erfaßt (→Liturgiewissenschaft).

**Rubruk, Ruysbroeck** ['rœjsbruːk], Wilhelm von, fläm. Franziskaner und Asienreisender, * Rubrouck (bei Dünkirchen) um 1210, †um 1270; unternahm 1253–55 im Auftrag von Papst INNOZENZ IV. und LUDWIGS IX. von Frankreich eine Gesandtschaftsreise an den Hof des mongol. Großkhans in Karakorum. Sein (lat.) Reisebericht ist eine wertvolle histor. Quelle für West- und Zentralasien (dt. von F. RISCH, 1934).

**Rubrum** [lat. ›das Rote‹] *das, -s/...bra* und ...*bren,* **1)** *Buchwesen:* →Rubrik 2).

**2)** *Recht:* der (früher rot geschriebene) Urteilskopf; enthält nach der Eingangsformel ›Im Namen des Volkes‹ und dem Aktenzeichen die Bez. der Parteien, ggf. ihrer Prozeßbevollmächtigten, des Gerichts und der an der Entscheidung mitwirkenden Richter sowie den Tag der letzten mündl. Verhandlung (bzw. des entsprechenden Zeitpunkts im schriftl. Verfahren).

**Rübsen, Rüb|saat, Brassica rapa** var. **silvestris,** wahrscheinlich aus S-Europa stammende, schon früh kultivierte Kohlvarietät; bis 80 cm hoch wachsend, mit grasgrünen, stengelumfassenden Blättern und gelben Blüten in lockeren Trauben. Kultiviert wird der R. in einer einjährigen Sommer- bzw. in einer überwinternden Winterform. Die Keimblätter der Samen enthalten etwa 40–50% Öl (→Rüböl).

**Rübsenblattwespe,** die →Kohlrübenblattwespe.

**Rubus** [lat. ›Brombeere‹, ›Brombeerstaude‹], sehr vielgestaltige und schwer zu gliedernde Gattung der Rosengewächse mit mindestens 250 Arten und zahlreichen sich ungeschlechtlich fortpflanzenden Sippen; hauptsächlich auf der Nordhalbkugel, jedoch auch in trop. Bergländern sowie in Australien und Neuseeland; niederliegende oder kletternde, selten aufrechte Kräuter oder Sträucher mit verschieden gestalteten Blättern, meist weiß-, rosa- oder purpurfarbenen Blüten in endständigen Rispen oder in Doldentrauben und roten, schwarzen oder gelben Sammelsteinfrüchten (›Beeren‹). Zahlreiche Wild- und Kulturpflanzen werden genutzt, z. B. die Brombeere, Himbeere und Moltebeere; z. T. auch Ziersträucher.

**Ruby** [engl. ›rubinrot‹], Farb- und damit Altersstufe des →Portweins.

**Rubzowsk, Rubcovsk** [-'tsɔfsk], Stadt im westl. Vorland des Altai, Rußland, Region Altai, am Obzufluß Alej, in der Alejsteppe, (1989) 172 000 Ew.; Traktoren- und Landmaschinenbau, Nahrungsmittelindustrie, Möbelfabrik. – Seit 1972 Stadt.

**Rucellai** [rutʃel'laːi], Giovanni, italien. Dichter, * Florenz 20. 10. 1475, † Rom 3. 4. 1525; Neffe von LORENZO DE' MEDICI; sein Gedicht über die Bienenzucht ›Le api‹ (entstanden 1524, hg. 1539) ist eine Nachdichtung des vierten Buches der ›Georgica‹ VERGILS. Seine Trauerspiele ›Rosmunda‹ (entstanden 1516, gedruckt 1525) und ›L'Oreste‹ (Fragment, entstanden 1516–20, gedruckt 1723) sind Beispiele für die Auseinandersetzung mit der griech. Tragödie in Italien.
Ausgabe: Le opere, hg. v. G. MAZZONI (1887).

**Ruchgras, Geruchgras, Riechgras, Anthoxanthum,** Gattung der Süßgräser mit etwa 15 Arten in Eurasien und im Mittelmeergebiet; mit einblütigen Ährchen in einer Rispe. Die bekannteste einheim. Art ist das **Gemeine R.** (**Wohlriechendes R.,** Anthoxanthum odoratum) in lichten Wäldern, auf Wiesen und Weiden; mehrjähriges Horstgras mit 15–25 cm hohen Halmen und 2–10 cm langer Scheinähre; von geringem Futterwert; spaltet beim Verwelken das den charakterist. Heugeruch bewirkende Cumarin ab.

**Ruchrat,** Johannes, Kirchenreformer, →Johannes, J. von Wesel.
**rückbezügliches Fürwort,** →Pronomen.
**Rückbildung, 1)** *Medizin:* die →Involution 3).

**2) retrograde Bildung,** *Sprachwissenschaft:* Wort, das – historisch gesehen – aus einem Verb oder Adjektiv abgeleitet ist, wegen seiner Kürze jedoch als Grundlage der betreffenden Verbs oder Adjektivs erscheint (z. B. ›Tiefsinn‹ als R. zu ›tiefsinnig‹).

**Rückblende,** in einen →Film 3) eingeblendeter Abschnitt, der ein z. Z. des dargestellten Handlungsablaufs bereits vergangenes Ereignis, Geschehen wiedergibt.

**Rückbuchung,** *Buchführung:* →Storno.

**Rücken** [ahd. rucki, (h)rukki, eigtl. ›der Gekrümmte‹], **1)** *Anatomie:* die dem Bauch gegenüberliegende Seite (Dorsalseite) des tier. und menschl. Körpers. Bei den Säugetieren gilt als R. die obere (beim Menschen die hintere), von Nacken und Becken begrenzte Rumpfwand.

Beim *Menschen* erstreckt sich der R. vom Dornfortsatz des siebten Halswirbels und den beiden Schulterblattregionen (einschließlich der hinteren Teile des Schultergelenks) bis zu den Konturen des Steißbeins und den beiden Darmbeinkämmen. Er ist durch das Vorhandensein großer, flächiger **R.-Muskeln** ausgezeichnet: V. a. sind es der (paarige) →Kapuzenmuskel und der (paarige) **breite R.-Muskel** (Musculus latissimus dorsi), der von den unteren Brust- und den Lendenwirbeln sowie dem Darmbeinkamm zur Vorderseite des Oberarmknochens verläuft; er zieht den Arm an den Rumpf und nach rückwärts und dreht ihn nach innen; beim Hangeln trägt er das Becken und damit den ganzen Rumpf. – Die Achse des R. bildet die Wirbelsäule, über deren Dornfortsätzen die mediane **R.-Furche** verläuft, die unten von der flachen Kreuzbeinregion abgelöst wird. In ihr liegt das **Sakraldreieck** (Trigonum sacrale), mit der Spitze in der Gesäßfurche und mit der Basis zw. den beiden hinteren oberen Darmbeinstacheln, über denen die Haut grübchenartig eingezogen ist. Bei der Frau ist die Haut auch über dem Dornfortsatz des fünften (letzten) Lendenwirbels eingedellt, so daß sich bei ihr das Sakraldreieck nach oben zur **Lendenraute** (Michaelis-Raute) erweitert, deren Symmetrie Rückschlüsse auf die Beckenstellung und die Form der Lendenwirbelsäule zuläßt.

**2)** *Geomorphologie:* Erhebung mit deutlicher Längserstreckung und breiten Kammformen; sanftere Aufwölbungen werden als Schwellen bezeichnet. Den R. des Festlands stehen die des Meeresbodens gegenüber. Zu unterscheiden sind die **marginalen ozeanischen R.,** untermeerische Kettengebirge in den Randbereichen der Ozeane, die z. T. eine Fortsetzung der festländ. Kettengebirgsgürtel darstellen, von den **medianen ozeanischen R.,** die durch den die Ozeane ziehenden →Mittelozeanischen Rücken bilden.

**Rücken,** *Forstwirtschaft:* der Kurztransport von Rundholz vom Hiebsort bis zu einem Holzabfuhrweg oder Zwischenlagerplatz.

**Rückengefäß, Dorsalgefäß,** bei manchen Tieren ein dorsal gelegenes, meist mit einer Serie seitlicher Öffnungen (Ostien) versehenes, kontraktiles, schlauch- bis sackförmiges Organ, v. a. bei Gliederfüßern, bei denen es den offenen Blutkreislauf der R. als Herz das Blut kopfwärts in die Leibeshöhle treibt. Im (ursprünglicheren) geschlossenen Blutkreislauf der Ringelwürmer ist neben dem kontraktilen R. noch ein unter dem Darm nach rückwärts verlaufendes, nicht kontraktiles **Bauchgefäß (Ventralgefäß)** ausgebildet.

**Rückenmark, Medulla spinalis,** bei allen *Wirbeltieren* (einschließlich Mensch) ein in Körperlängsrichtung im Wirbelkanal verlaufender ovaler oder runder Strang, der mit seinen Nervenzellen und

-fasern einen Teil des Zentralnervensystems darstellt und hirnwärts am Hinterhauptsloch in das verlängerte Mark des →Gehirns übergeht. Das R. wird embryonal als →Medullarrohr angelegt.

Beim *Menschen* läßt sich das R., entsprechend den Abgängen der Spinalnervenwurzeln und den Wirbelsäulenabschnitten, an denen die jeweils diesen Wurzeln zugehörigen Spinalnerven austreten, in folgende, kontinuierlich ineinander übergehende **R.-Segmente** gliedern: acht Halssegmente (Zervikalsegmente), zwölf Brustsegmente (Thorakalsegmente), fünf Lendensegmente (Lumbalsegmente), fünf Kreuzbeinsegmente (Sakralsegmente) und ein bis zwei Steißbeinsegmente (Kokzygealsegmente). Da das R. aufgrund des stärkeren Wachstums der Wirbelsäule während der Individualentwicklung nur bis zur Höhe des zweiten bis dritten Lendenwirbels reicht, wo es in einen bindegewebigen **Endfaden** (Filum terminale) übergeht, der in Höhe des zweiten Kreuzbeinwirbels ansetzt, liegen die R.-Segmente jeweils höher als die entsprechenden Spinalnerven.

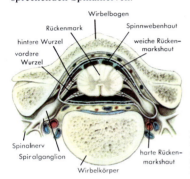

**Rückenmark:** Querschnitt durch Wirbelsäule und Rückenmark

Rings um den sehr engen, mit Liquor gefüllten **Zentralkanal des R.** (**R.-Kanal**, Canalis centralis) ist die **graue Substanz** im Querschnitt schmetterlingsförmig angeordnet, deren beide dorsale Schenkel oder Zipfel die **Hinterhörner**, die beiden ventralen die **Vorderhörner** bilden, zw. denen noch kleine **Seitenhörner** liegen. Die graue Substanz wird von den Nervenzellkörpern gebildet. Am größten sind die motor. multipolaren Ganglienzellen der Vorderhörner, deren Neuriten, die **Vorderwurzelfasern**, die vorderen Wurzeln der Spinalnerven mit efferenten (motor.) Fasern bilden. In den Seitenhörnern liegen die vegetativen (symath.) Ganglienzellen, in den Hinterhörnern jene Ganglienzellen, die von den hinteren Wurzeln her mit afferenten (sensiblen) Nervenfasern, den **Hinterwurzelfasern**, verbunden sind. Kurz vor der Vereinigung mit der vorderen erscheint die hintere Wurzel jeder Seite durch eine Anhäufung von pseudounipolaren Nervenzellen zu einem eiförmigen **Spinalganglion** (Ganglion spinale) aufgetrieben. Vorder- und Hinterwurzelfasern vereinigen sich zu den R.-Nerven (→Spinalnerven), die den Wirbelkanal durch das Zwischenwirbelloch verlassen.

Die graue Substanz wird vom **Markmantel** als der **weißen Substanz** umschlossen. Man unterscheidet je nach ihrer Lage zw. den Hörnern den paarigen **Vorderstrang**, den **Hinterstrang** und den **Seitenstrang**. Die weiße Substanz besteht aus Nervenfasern, die zus. eine Reihe (aus der Peripherie) aufsteigender und (aus dem Gehirn) absteigender Leitungsbahnen bilden (afferente bzw. efferente Leitungsbahnen). Die größte efferente Bahn ist die für die willkürl. Bewegungen zuständige paarige Pyramidenseitenstrangbahn (→Pyramidenbahn). Zu den afferenten Bahnen gehören die sensiblen **Hinterstrangbahnen**. – Das R. dient aber nicht nur als Leitungs- und Umschaltapparat zw. Körperperipherie und Gehirn. Vielmehr sind in den Eigenapparat des R. eine Reihe unwillkürl. nervaler Vorgänge, die **R.-Reflexe**, eingebaut; die Schaltzellen der entsprechenden Reflexbögen (→Reflex 2) liegen in der grauen Substanz.

Das mit der **weichen R.-Haut** (Pia mater spinalis), der innersten der R.-Häute (R.-Hüllen), verbundene R. ist eingebettet in die Zerebrospinalflüssigkeit des Subarachnoidalraums unter der **Spinnwebenhaut des R.** (Arachnoidea spinalis). Auf die Spinnwebenhaut, dieser dicht anliegend, folgt die **harte R.-Haut** (Dura mater spinalis), die von der Wand des Wirbelkanals durch den als Polster wirkenden, mit halbflüssigem Fett, Bindegewebe, Venengeflechten und Lymphgefäßen ausgefüllten **Epiduralraum** (Cavum epidurale) getrennt ist. Die harte R.-Haut bildet einen in sich geschlossenen, unten in den Endfaden übergehenden Sack (**Durasack, Duralsack**).

**Rückenmark|entzündung,** die →Myelitis.

**Rückenmark|erschütterung,** →Rückenmarkverletzungen.

**Rückenmark|erweichung, Myelo|malazi̲e̲,** herdförmige Erweichung der Rückenmarksubstanz als Folge einer durch Gefäßverschlüsse (Thrombose, Embolie) oder Kompression (nahegelegene Geschwülste) hervorgerufenen Gewebsnekrose; meist mit Querschnittlähmung verbunden.

**Rückenmarkkrankheiten,** Erkrankungen des Nervensystems, die überwiegend oder ausschließlich das Rückenmark und seine Hüllen betreffen. Sie führen häufig zu einer Rückenmarkentzündung (→Myelitis), auch mit Abszeßbildung, und können im Rahmen von infektiösen Allgemeinerkrankungen (z. B. Typhus, Malaria, Syphilis), als Folge von Krankheitsherden außerhalb des Rückenmarks (z. B. Furunkel), auch von benachbarten Krankheitsvorgängen (z. B. Bandscheibenschäden) auftreten oder vom Rückenmark selbst ausgehen.

Zu den R. gehören i. e. S. die spinale Kinderlähmung, die multiple Sklerose, degenerative Prozesse (spinale Muskelatrophie) und Geschwülste: Die **intramedullären Rückenmarktumoren** (v. a. Gliome, Sarkome, Angiome) gehen vom Rückenmark selbst aus, die **extramedullären Rückenmarktumoren** (Fibrome, Fibrosarkome, Endotheliome, Neurinome, Meningiome) betreffen die Rückenmarkhäute, die Nervenwurzeln oder die Wirbelsäule. Neben den primären Tumoren können auch Metastasen (z. B. bei Prostata-, Brust-, Schilddrüsenkrebs) auftreten. Symptome sind Rückenschmerzen und von der Lage abhängige Empfindungsstörungen. Eine angeborene Mißbildung stellt die Meningomyelozele dar. Über Schädigungen durch äußere Einflüsse →Rückenmarkverletzungen.

Der Diagnose von R. dienen v. a. Röntgenaufnahmen (ggf. Computertomographie), Myelographie und Lumbalpunktion.

Bei *Tieren* treten außer den unfallbedingten Schäden R. v. a. bei Hunden durch Bandscheibenvorfall (→Dackellähme) oder Geschwülste verursacht auf, Rückenmarkentzündungen allg. auch bei Pferden, Rindern, Schweinen, Schafen im Gefolge von Infektionskrankheiten wie Aujeszkysche Krankheit, Bornakrankheit, Schweinelähme, Schweinepest, Hundestaupe und Tollwut.

**Rückenmarks|chirurgie,** Teilgebiet der Neurochirurgie, das sich mit der operativen Behandlung von Rückenmarkerkrankungen und -schädigungen befaßt; der Zugang zum Rückenmark wird durch Resektion des hinteren Anteils des Wirbelbogens geschaffen (→Laminektomie). Haupteingriffe sind die Entfernung von Tumoren und Eiterherden sowie die Beseitigung einer Kompression durch Wirbelverletzungen oder Bandscheibenvorfall. Der Behebung konservativ unbeeinflußbarer Schmerzzustände dient die →Chordotomie.

**Rückenmarkschwindsucht,** volkstüml. Bez. für →Tabes dorsalis.

**Rückenmarkverletzungen,** durch äußere Gewalteinwirkung (Sturz, Prellung, seltener durch Schuß- oder Stichverletzung) hervorgerufene Rückenmarkschädigung, die mit einem →Wirbelbruch verbunden sein kann. Eine **Rückenmarkerschütterung (Commotio spinalis)** ist meist Folge einer leichten stumpfen Verletzung und führt i. d. R. nur zu vorübergehenden Beeinträchtigungen (Lähmungserscheinungen, Empfindungs- und Atemstörungen); in schweren Fällen kommt es zur **Rückenmarkquetschung (Contusio spinalis),** einer mit Rückenmarkblutung (Hämatomyelie) verbundenen Gewebszerstörung mit bleibenden Ausfallerscheinungen (→Querschnittlähmung).

**Rückensaite,** *Anatomie:* die →Chorda dorsalis.

**Rückenschmerzen,** durch krankhafte Veränderungen im Bereich der Wirbelsäule oder umgebender Weichteile (Organe) hervorgerufene Beschwerden. Vorübergehende R. können von der Rückenmuskulatur (Muskelkater, Hartspann) ausgehen; funktionelle Ursachen sind ständige Fehlhaltungen in sitzender Tätigkeit und mangelhafte Körperbewegung; Formabweichungen der Wirbelsäule (Kyphose, Skoliose, Hohlkreuz) führen zu schnellerer Ermüdbarkeit und späteren degenerativen Veränderungen. Im Vordergrund stehen Abnutzungserscheinungen der Wirbel in Form der Spondylose der Hals- und Brustwirbelsäule und degenerativer Knorpelverkalkung (Osteochondrose) sowie der Bandscheiben (akut beim Bandscheibenvorfall), Wirbelverformungen durch krankhafte Steigerung des Knochenabbaus, Entkalkung (Osteoporose) oder Störungen des Knochenwachstums (Scheuermannsche Krankheit). Weitere Ursachen sind entzündl. Erkrankungen (Spondylitis, Bechterewsche Krankheit). Auch Krankheiten der Bauch- und Brustorgane (z. B. Nieren, Gallenblase) oder Rippenfellerkrankungen können ausstrahlend zu R. führen.

Beschwerden im Bereich der Halswirbelsäule werden als Zervikalsyndrom bezeichnet, im Abschnitt der Lenden- und Kreuzbeinwirbel als →Kreuzschmerzen.

**Rückenschwimmen,** Kraulschwimmen in der Rückenlage. Beim R. liegt der Körper gestreckt im Wasser, die Schultern höher als das Becken. Wie beim Kraulen gibt es bei der Armarbeit eine Zug- und Druckphase. Die Arme werden abwechselnd über den Kopf nach hinten geschlagen und unter dem Körper bis zum Becken durchgezogen. Beim Start und bei der Wende dürfen höchstens 10 m mit den Armen in der Vorhalte getaucht werden. Es gibt Wettbewerbe über 100 und 200 m.

**Rückenschwimmer,** Notonectidae, Familie der Wasserwanzen mit rd. 170 Arten (in Mitteleuropa sechs), die mit den zu Ruderorganen umgebildeten Hinterbeinen in Rückenlage schwimmen; R. leben räuberisch, indem sie die Beute mit ihrem Rüssel anstechen (›Wasserbiene‹) und aussaugen.

**Rücker,** *Uhrentechnik:* eine aus **R.-Zeiger** und **R.-Schlüssel** bestehende Einrichtung zur Regulierung der Schwingungsdauer von Unruhschwingsystemen durch Veränderung der aktiven Spiralfederlänge. Der R.-Zeiger ist in der Mitte der Unruh drehbar gelagert und wird mit dem R.-Schlüssel in die zur Gangregulierung notwendige Richtung gedreht.

**Ruckers** ['rykərs], im 16. und 17. Jh. berühmte Cembalobauerfamilie in Antwerpen, deren Instrumente wegen ihres klaren, hellen Tons zu den besten ihrer Zeit gehören. Der bedeutendste Vertreter ist ANDREAS R. D. Ä. (* 1579, † nach 1645), von dem Instrumente der Zeit von 1608 bis 1644 erhalten sind.
BILD →Cembalo

Friedrich Rückert

**Rück|erstattung,** i. w. S. die Rückgewähr einer ohne Rechtsgrund erbrachten Leistung; i. e. S. im Rahmen der Wiedergutmachung die Rückgabe der während der nat.-soz. Herrschaft den Berechtigten aus Gründen der Rasse, Religion, Weltanschauung, Nationalität oder polit. Gegnerschaft entzogenen Vermögensgegenstände. Sie wurde zunächst durch Besatzungsrecht und Ausführungsvorschriften der Länder geregelt. Durch das **Bundesrückerstattungsgesetz** vom 19. 7. 1957 wurden die bislang offengebliebenen Ansprüche gegen das Dt. Reich und gleichgestellte Rechtsträger (z. B. Land Preußen, Dt. Reichsbahn, Dt. Reichspost) geordnet, soweit sie auf einen Geldbetrag oder auf Schadensersatz gerichtet waren. Die Ansprüche mußten bis zum 1. 4. 1959 angemeldet sein; sie sind von der Bundesrep. Dtl. zu erfüllen. Als internat. Gericht ist in München das Oberste R.-Gericht errichtet worden. Es entscheidet als oberste Rechtsmittelinstanz über Streitigkeiten bei Anträgen auf R. entzogener Vermögenswerte an Opfer der nat.-soz. Verfolgung.

Von der R. in diesem Sinne sind die Ansprüche enteigneter Träger von Vermögenswerten auf dem Gebiet der ehem. Dt. Dem. Rep. zu unterscheiden, die durch den Einigungsvertrag vom 31. 8. 1990 (Art. 41 in Verbindung mit der Gemeinsamen Erklärung vom 15. 6. 1990) Gegenstand einer komplizierten Regelung sind.

**Rückert,** Johann Michael Friedrich, Dichter und Orientalist, * Schweinfurt 16. 5. 1788, † Neuses (heute zu Coburg) 31. 1. 1866; ab 1826 Prof. für Orientalistik in Erlangen, 1841–48 in Berlin. Wegen seiner labilen Gesundheit an aktiver Teilnahme an den Befreiungskriegen gehindert, dichtete er unter dem Pseudonym **Freimund Raimar** – um die ›Krieger- Spott- und Ehrenlieder‹ vermehrt – 1814 als ›Dt. Gedichte‹ herausgab. 1815–17 war R. Redakteur an J. F. COTTAS ›Morgenblatt für gebildete Stände‹. Von dem Orientalisten J. VON HAMMER-PURGSTALL, dem er 1818 in Wien nach einer Italienreise begegnete, wurde er in die Anfangsgründe des Persischen und Arabischen eingeführt. Seither stellte R. sein ungewöhnl. Sprach- und Formtalent bes. in den Dienst der Erschließung von Geist und Poesie der oriental. Literaturen, wobei er an Bestrebungen F. SCHLEGELS und an GOETHES ›West-östl. Divan‹ anknüpfte. Mit der Übertragung von 44 Gedichten des pers. Mystikers DJALAL OD-DIN RUMI führte R. die Form des Ghasels in Dtl. ein. Die ›Östl. Rosen‹ (1822) brachten v. a. Nachdichtungen von HAFIS; an seine Braut LUISE WIETHAUS-FISCHER († 1857) ist der 1821 entstandene Zyklus ›Liebesfrühling‹ gerichtet. Die ›Verwandlungen des Abu Seid von Serug‹ (1826) enthalten die Übertragung von Makamen in dt. Reimprosa. Die frei geschaffenen Sprüche, Fabeln und Erzählungen der ›Weisheit des Brahmanen‹ (6 Bde., 1836–39) fassen in der Form des klassizist. Alexandriners östl. Welt- und Gottesweisheiten zusammen. Seine postum veröffentlichten ›Kindertotenlieder‹ (hg. 1872), die R. nach dem Tod seiner Kinder ERNST (* 1829, † 1834) und LUISE (* 1830, † 1833) verfaßt hatte, wurden 1901–04 von G. MAHLER vertont. Das Andenken R.s wird heute von der in Schweinfurt beheimateten **R.-Gesellschaft** gepflegt.

**Ausgaben:** Ges. Gedichte, 6 Bde. (1834–38); Ges. poet. Werke, 12 Bde. (1882); Werke, hg. v. E. GROSS u. a., 3 Bde. (1910, Nachdr. 1979); Kindertotenlieder, hg. v. H. WOLLSCHLÄGER (Neuausg. 1988).

R. UHRIG: R.-Bibl. (1979); 200 Jahre F. R. 1788–1866. Dichter u. Gelehrter, hg. v. J. ERDMANN (1988).

**Rückfall, 1)** *Medizin:* das →Rezidiv.
**2)** *Strafrecht:* die wiederholte Begehung einer Straftat. Die obligator. Strafschärfung wegen R., die das frühere dt. Recht (§ 48 StGB) unter gewissen Voraus-

setzungen vorgesehen hatte, ist durch das 23. Strafrechtsänderungs-Ges. vom 13. 4. 1986 aufgehoben worden. Doch kommen Vorstrafen als allgemeiner Strafschärfungsgrund bei der Strafzumessung in Betracht. Dagegen enthalten die StGB *Österreichs* (§ 39) und der *Schweiz* (Art. 67) spezielle Strafverschärfungen für den R.; das österr. StGB (§ 23) kennt außerdem die Unterbringung in einer Anstalt für gefährl. Rückfalltäter.

**Rückfallfieber, Rekurrensfieber, Febris recurrens,** durch Bakterien der Gattung Borrelia hervorgerufene meldepflichtige Infektionskrankheit (Borreliose). Das durch Kopf- oder Kleiderläuse übertragene **Läuse-R.** tritt in kühleren Regionen auf; es war früher (v. a. in den beiden Weltkriegen) endemisch in Europa verbreitet und kommt heute v. a. in Äthiopien, auch in kühleren Zonen Asiens und Südamerikas vor; das durch Lederzecken verbreitete **Zecken-R.** war urspr. in wärmeren Regionen Nord-, Mittel- und Südamerikas und im Mittelmeerraum endemisch und ist heute auf Gebiete in Afrika und Vorderasien beschränkt.

Die *Symptome* bestehen v. a. in den nach einer Inkubationszeit von fünf bis sieben Tagen (bis zu zwei Wochen) auftretenden charakteristischen Fieberanfällen (bis 41 °C), die durch fieberfreie Intervalle von einigen Tagen bis Wochen unterbrochen sind, Milz- und Leververgrößerung, fleckförmigen Haut- und Schleimhautblutungen, Muskel- und Gelenk- sowie Kopfschmerzen und Übelkeit. Komplikationen treten in schweren Fällen v. a. in Form von Lungen- und Nierenentzündungen, Kreislaufkollaps und zentralnervösen Störungen auf. Das Überstehen der Krankheit hinterläßt keine Immunität; Behandlung durch Antibiotika (Tetracycline, Penicillin), Vorbeugung durch Bekämpfung der Überträger.

**Rückfluß, Rücklauf,** *Chemie:* Bez. für die bei siedenden Flüssigkeiten (oder Flüssigkeitsgemischen) durch Abkühlung und Kondensation der Dämpfe in die Flüssigkeit zurückfließenden Anteile; z. B. bei der Rektifikation (Gegenstromdestillation) die durch Kondensation der Dämpfe entstandene flüssige Phase, die in der Destillationskolonne von oben nach unten fließt und in ständigem Stoffaustausch mit der aufsteigenden Dampfphase steht.

**Rückflußstücke,** *Börsenwesen:* Teile einer Wertpapieremission, die vom emittierenden Unternehmen vor dem Fälligkeitstermin zurückgekauft werden, z. B. um den Börsenkurs zu beeinflussen.

**Rückführung,** die → Rückkopplung.

**Rückgrat,** die Höckerreihe, die die Dornfortsätze der Wirbel längs der Wirbelsäule bilden; auch gleichbedeutend mit → Wirbelsäule.

**Rückgratverkrümmung,** die → Wirbelsäulenverkrümmung.

**Rückgriff,** *Recht:* der → Regreß 2).

**Rückhalte|einrichtungen,** Sicherheitseinrichtungen in Kraftfahrzeugen zum Festhalten der Insassen bei Unfällen, um ein gefährl. Aufprallen des Körpers zu verhindern (→ Airbag, → Sicherheitsgurt).

**Rückkanal,** mögl. Nachrichtenweg in Gegenrichtung zu prinzipiell einseitig gerichteter Übertragung in Breitband-Verteilnetzen (Hörfunk, Fernsehen, Kabelfernsehen u. a.). Im Ggs. zu einem gleichwertigen Verkehr in beiden Richtungen überträgt in der R. nur geringerwertige (schmalbandige) Signale und dient der Kommunikation mit einer Zentrale, z. B. zur Anforderung und Beurteilung von Programmen, zum Informationsabruf, zur Rückkopplung bei Bildungsprogrammen, zur Gebührenerfassung u. a. bei mögl. Formen der Telekommunikation. Als R. kann über ein Modem das Fernsprechnetz verwendet werden.

**Rückkauf, 1)** *Bankwesen:* → Pensionsgeschäft.
**2)** *bürgerl. Recht:* der → Wiederkauf.

**3)** *Versicherungswesen:* in der Lebensversicherung die Abfindung des Versicherungsnehmers bei vorzeitiger Auflösung (Kündigung, Rücktritt) des Versicherungsvertrags. Der R.-Wert richtet sich nach dem Deckungskapital und ist in den ersten Jahren nach Vertragsabschluß geringer als die Summe der gezahlten Prämien.

**Rückkaufgeschäft,** *Außenwirtschaft:* → Kompensationsgeschäft 1).

**Rückkehrhilfe,** Bez. für (finanzielle) Anreize, durch die Ausländer angeregt werden sollen, in ihre Heimat zurückzukehren. Eine R. beinhaltet das Ges. über eine Wiedereingliederungshilfe im Wohnungsbau für rückkehrende Ausländer vom 18. 2. 1982. Dieses ermöglicht ausländ. Arbeitnehmern, Arbeitslosen oder selbständig Erwerbstätigen den Bau oder Erwerb von Wohnungseigentum mittels steuer- oder prämienbegünstigt. Verwendung von Bauspardarlehen im Heimatland. Die Auszahlung der Bausparverträge muß bis zum 31. 12. 1993 beginnen, die Bausparsumme darf 60 000 DM nicht übersteigen. Eine R. beinhaltete auch das auf ein Jahr befristete Ges. zur Förderung der Rückkehrbereitschaft von ausländ. Arbeitnehmern vom 28. 11. 1983.

**Rückkopplung, Rückführung,** allg. die Beeinflussung eines Geschehens durch Rückwirkung der Folgen auf den weiteren Verlauf (engl. **Feedback**). Das Prinzip der R. ist grundlegend für die Theorie der Regelvorgänge (→ Kybernetik, → Regelungstechnik) in Technik und Wiss., z. B. Biologie, Medizin, Psychologie (→ Biofeedback), Soziologie, Informations-, Kommunikations- und Systemtheorie.

In der Elektrotechnik (Elektronik, Funktechnik, Elektroakustik u. a. Teilbereichen) ist R. die Rückführung eines Teils des Ausgangssignals eines Verstärkers oder Übertragungssystems auf seinen Eingang auf elektrischem, akust. oder opt. Weg. Wirkt das rückgeführte Ausgangssignal gleichphasig auf das Eingangssignal, spricht man von **positiver R.** (→ Mitkopplung), bei gegenphasiger Rückführung von **negativer R.** (→ Gegenkopplung). Mitkopplung wirkt schwingungsanregend, d. h., die Eingangsleistung des Verstärkers wird erhöht. Diese Wirkungsweise wird bes. in Oszillatoren zur Schwingungserzeugung ausgenutzt. Eine schwache positive R. dient z. B. in Empfängern zur Entdämpfung von Schwingkreisen, um die Trennschärfe und Verstärkung zu erhöhen. Durch unbeabsichtigte Mitkopplung kann es auch zu störender Schwingungsanregung kommen, z. B. bei mangelnder Abschirmung oder als **akustische R.** (Heul- oder Pfeiftöne) in elektroakust. Anlagen, wenn der vom Lautsprecher auf das Mikrophon zurückwirkende Schall bei einer oder mehreren Frequenzen zu stark ist. Gegenkopplung wirkt stabilisierend, d. h., sie bewirkt eine Verringerung der Eingangsleistung am Verstärker. Damit ist zwar auch eine Verringerung der wirksamen Verstärkung verbunden, doch lassen sich durch Gegenkopplung Verzerrungen vermindern, die auf Nichtlinearitäten im Verstärker beruhen, und Bauelementen Verschiebungen des Arbeitspunktes im Betrieb verkleinern. Je nachdem, wie das R.-Signal in einer elektron. Schaltung gewonnen wird, unterscheidet man auch zw. Spannungsgegenkopplung und Stromgegenkopplung.

**Rückkreuzung,** *Tier-* und *Pflanzenzucht:* Kreuzung von Individuen der ersten Tochtergeneration mit Individuen der Elterngeneration; dient z. B. dazu, festzustellen, ob ein markantes äußeres Merkmal homozygot oder heterozygot angelegt ist.

**Rückkühl|anlage, Rückkühlwerk,** Anlage zur Abkühlung von warmem Kühlwasser, z. B. für Kondensatoren von Dampfkraftanlagen, um dieses Wasser zur Mehrfachnutzung im Kreislauf zu führen und den Wasserbedarf zu reduzieren. Außerdem verringern R. die Erwärmung von Flüssen und damit deren ökolog. Belastung. Zu den R. zählen →Kühltürme, Kühlteiche und Gradierwerke.

**Rücklage, Reserve, 1)** *Betriebswirtschaftslehre:* der Überschuß des in einem Unternehmen insgesamt eingesetzten Eigenkapitals über das laut Gesellschaftsvertrag gezeichnete Eigenkapital zuzüglich Gewinnvortrag und Jahresüberschuß. Die Funktion der R.-Bildung liegt in der Stärkung der Eigenkapitalbasis (Selbstfinanzierung) und damit der Widerstandsfähigkeit des Unternehmens gegenüber wirtschaftl. Krisen sowie in der leichteren Fremdkapitalbeschaffung. Durch R. können auftretende Verluste ausgeglichen werden, ohne auf das gezeichnete Eigenkapital zurückzugreifen. Zusätzlich kann durch die Bildung von Gewinn-R. ein Liquiditätsabfluß durch Gewinnausschüttung vermieden werden. Auch läßt sich durch die Bildung und Auflösung von R. in Sonderfällen der steuerpflichtige Gewinn beeinflussen.

Man unterscheidet offene und stille R. **Offene R.** werden in den Büchern oder der Bilanz als Kapital-R. und Gewinn-R. ausgewiesen. Zur **Kapital-R.** zählen bei Kapitalgesellschaften nach § 272 Abs. 2 HGB das Aufgeld (Agio) bei der Ausgabe von Aktien, Wandel- und Optionsanleihen sowie Zuzahlungen der Gesellschafter in das Eigenkapital. **Gewinn-R.** entstehen, wenn ein Teil des Jahresgewinns nicht ausgeschüttet wird. Als Gewinn-R. werden ausgewiesen: 1) **gesetzliche R.** aufgrund gesetzl. Vorschriften (§ 150 Abs. 1 Aktien-Ges.); ihnen werden jeweils 5% des Jahresüberschusses solange zugeführt, bis zus. mit der Kapital-R. 10% oder ein höherer, im Satzung bestimmter Anteil des Grundkapitals erreicht ist. 2) Wenn eine Kapitalgesellschaft eigene Anteile hält, ist gemäß § 272 Abs. 4 HGB eine R. in gleicher Höhe zu bilden, um eine Kapitalrückzahlung in Höhe der selbst gehaltenen Anteile zu verhindern (**R. für eigene Anteile**). 3) Gesellschaftervertrag oder Satzung einer Kapitalgesellschaft können die Bildung bestimmter R. (z. B. zur Substanzerhaltung des Unternehmens) vorsehen (**satzungsmäßige** oder **statutarische R.**). 4) Darüber hinausgehende, nach unternehmenspolit. Gesichtspunkten gebildete Gewinn-R. werden auch als **freie R.** bezeichnet. Sie dienen oft der Finanzierung von Investitionen.

**Stille R. (stille Reserven)** entstehen durch die Unterbewertung von Aktivposten oder Überbewertung von Passivposten in der Bilanz: Posten werden in der Bilanz aus gesetzl. Ermessensspielräumen oder zwingenden gesetzl. Vorschriften heraus nicht mit dem tatsächl. Wert, sondern einem niedrigeren (Aktivposten) oder höheren (Passivposten) Wert angesetzt. Hierdurch kann sich ein niedrigerer Gewinnausweis auch in der Steuerbilanz ergeben und damit eine Steuerverschiebung bis zur Auflösung der stillen R. ergeben. Die Finanzierungswirkung der stillen R. ist umstritten, da dadurch nur eine Gewinnverlagerung auf spätere Jahre (bei ihrer Auflösung) erfolgt. Zudem ist die Bildung stiller R. problematisch, da die Höhe des tatsächl. Gewinns für Außenstehende (z. B. Aktionäre) nicht mehr erkennbar ist.

**2)** *Sozialversicherung:* von den jeweiligen Trägern zu unterhaltende Guthaben, die der Sicherstellung der Leistungsaufgaben dienen und Schwankungen bei den Einnahmen und Ausgaben ausgleichen sollen. In der Krankenversicherung dürfen die Krankenkassen je nach Satzungsbestimmungen zw. 25% und 100% einer Monatsausgabe als R. bilden, in der Unfallversicherung soll die R. dem Dreifachen der in einem Jahr gezahlten Renten entsprechen. In der Rentenversicherung ist die R. Teil der →Schwankungsreserve.

**rückläufig,** *Astronomie:* →rechtläufig.

**rückläufiges Wörterbuch,** Wörterbuch, in dem die Stichwörter vom Wortende her bis zum Wortanfang hin durchgehend alphabetisch geordnet sind. Ein r. W. dient der phonet. Statistik und der Ermittlung von Wörtern, die sich reimen; es ist darüber hinaus ein wichtiges Hilfsmittel für die Wortbildung.

**Rückmeldung,** *Kommunikationswissenschaften:* Reaktion des Rezipienten auf eine Kommunikation, die zugleich eine Fortsetzung der Kommunikation bedeutet (engl. **Feedback**): als Antwort in der informellen Kommunikation, als Leserbrief, Hörer- oder Zuschauerpost in der Massenkommunikation.

**Rücknahmepreis,** Preis, zu dem Anteilscheine am Fonds einer Kapitalanlagegesellschaft (Investmentfonds) von der Gesellschaft zurückgenommen werden. Der R. wird ermittelt aus dem Inventarwert des jeweiligen Sondervermögens (Fonds), von dem man i. d. R. Verkaufs- und Rücknahmespesen absetzt.

**Rücknahmesätze, Ankaufssätze,** Zinssätze, die die Dt. Bundesbank berechnet, wenn sie im Rahmen der Offenmarktpolitik Geldmarktpapiere vor Fälligkeit von den Banken zurücknimmt. R. sind höher als Abgabesätze, zu denen die Notenbank Wertpapiere abgibt. Damit soll die vorzeitige Rückgabe auf Fälle dringenden Liquiditätsbedarfs der Banken begrenzt werden.

**Rückpositiv,** ein kleineres Teilwerk der →Orgel, das gewöhnlich in die Emporenbrüstung eingebaut ist. Der Organist, der an der ins Untergehäuse des Hauptkorpus eingebauten Spielanlage spielt, hat es ›im Rücken‹.

**Rückprojektionsverfahren, Rückprojektion, Durchprojektion,** Projektion von hinten durch eine durchscheinende Bildwand (**Rückprowand**). Diese befindet sich zw. Projektor und Betrachter; auch für die Hintergrundgestaltung beim Trickfilm angewendet.

**Ulrich Rückriem:** Ohne Titel; 1986

**Rückriem,** Ulrich, Bildhauer, * Düsseldorf 30. 9. 1938; arbeitete zunächst als Steinmetz an der Kölner Dombauhütte, bevor er sich ab 1963 auf die Bildhauerei konzentrierte. 1975 wurde er Prof. an der Akademie in Hamburg, 1984 an der Akademie in Düsseldorf, 1988 an der Staatl. Hochschule für Bildende Künste in Frankfurt am Main. R. schuf Skulpturen aus Stein, Holz und Stahl. Bearbeitungsvorgang und Rohmaterial bleiben als formbildende Faktoren seiner Skulpturen sichtbar. Seine Werke werden der Prozeßkunst und Minimal art zugerechnet.

J. HOHMEYER: U. R. (1988).

**Rückruf, 1)** *Urheberrecht:* Ein Recht auf R. kann dem Urheber eines Werkes der Literatur, Wiss. oder Kunst gegen den Inhaber eines Nutzungsrechts zustehen, wenn dies zur Wahrung seiner Interessen erforderlich ist. So kann der Urheber das Nutzungsrecht zurückrufen, wenn der Inhaber eines ausschließl. Nutzungsrechts das Recht nicht oder nur unzureichend ausübt und dadurch berechtigte Interessen des Urhebers erheblich verletzt werden (§ 41 Urheberrechts-Ges.). Ein gleiches Recht hat der Urheber gegenüber jedem Nutzungsberechtigten, wenn das Werk seiner Überzeugung nicht mehr entspricht und ihm deshalb die Verwertung des Werkes nicht mehr zugemutet werden kann (§ 42 Urheberrechts-Ges.). Die Ausübung des R.-Rechts kann zur Entschädigungspflicht des Urhebers gegenüber dem Nutzungsberechtigten führen.
**2)** *Verbraucherrecht:* von Produktherstellern an die Konsumenten gerichtete Aufforderung, Fertigungsmängel serienmäßig hergestellter und bereits ausgelieferter Waren (z. B. Kfz) beim Hersteller oder seinen Gehilfen (besonders Werkstätten) beseitigen zu lassen.
**Rucksackverband,** aus einer mit Watte ausgestopften Trikotschlauchbinde hergestellter Zugverband, der vom Nacken ausgehend durch beide Achselhöhlen nach hinten geführt und über den Schulterblättern miteinander verbunden wird; dient v. a. der Versorgung einfacher Schlüsselbeinbrüche.
**Rückschein,** frz. **Avis de réception** [a'vidərɛps'jõ], Bestätigung des Empfängers über Auslieferung einer Postsendung, die der Absender einer eingeschriebenen Sendung, eines Briefs mit Wertangabe oder eines Auslandspakets durch den Vermerk R. gegen Gebühr durch die Post einholen lassen kann.
**Rückschlagspiele,** Spiele, bei denen der Ball über ein Netz oder als Abpraller von einer Wand vom Gegner zurückgeschlagen wird: Badminton, Racquetball, Squash, Tennis, Tischtennis, Pelota und als Mannschaftsspiele Faustball und Volleyball.
**Rückschlagventil,** in Rohrleitungen ein →Absperrorgan, das sich bei Richtungsumkehr des durchströmenden Mediums (Flüssigkeit, Gas) selbsttätig schließt. Dabei fällt z. B. ein im Gehäuse lose geführter, von der Strömung geöffnet gehaltener Ventilteller auf den Ventilsitz zurück und wird durch den Druck in der abgesperrten Leitung angepreßt. Als automat. Sicherheitseinrichtung in größeren Rohrleitungen und -dräns dient eine **Rückstauklappe,** mit der das Rückfließen oder -saugen von Wasser durch eine sich nur in der normalen Strömungsrichtung öffnende Klappe verhindert wird. Mit einer Rückstauklappe wird z. B. das Austreten von Wasser in tiefergelegene Räume verhütet, wenn das Kanalnetz überlastet ist, oder das Rückströmen von Wasser aus einem Vorfluter bei erhöhtem Wasserstand.
**Rückschluß,** engl. **Inference** ['ɪnfərəns], *Statistik:* der Schluß von der Stichprobe auf die Grundgesamtheit, aus der sie stammt. Der R. besteht entweder in der Schätzung eines Parameters oder in der Prüfung einer Hypothese (→Prüfverfahren).
**Rückstände, 1)** *Chemie:* Substanzen, die bei chem. Umsetzungen, Aufschlüssen, Trennungsoperationen, z. B. Destillations- und Lösungsvorgängen, zurückbleiben und abgetrennt werden können.
**2)** *Lebensmittelchemie:* bei Nahrungs- und Genußmitteln in geringen Mengen nachweisbare Reste von Pflanzenschutz- und Schädlingsbekämpfungsmitteln, Futterzusatzstoffen, Verarbeitungshilfsmitteln, Stoffen aus Industrie- oder Autoabgasen u. a. Die in der Bundesrep. Dtl. zugelassenen Mengen an tox. R.-Stoffen sind in den →Höchstmengenverordnungen festgelegt.
**Rückstandsgestein,** das →Residuat.

**Rückstau,** *Hydrologie:* in einem Wasserlauf die stromaufwärtige Hebung des Wasserspiegels durch Hindernisse wie Brückenpfeiler, Geschiebebänke, Eisversetzungen, durch Stauanlagen (Talsperre, Wehr), im Mündungsgebiet eines Nebenflusses durch Hochwasser im Hauptfluß, an der Küste durch in Flußmündungen eindringende Flut.
**Rückstellkraft, Richtkraft, Direktionskraft,** die Kraft $F$, die bei der Auslenkung $x$ eines mechan. Systems aus einer stabilen Gleichgewichtslage auftritt (z. B. bei einer Feder). Die R. ist der auslenkenden Kraft entgegengerichtet. Gilt für sie ein lineares Kraftgesetz, $F = -D \cdot x$ (→Hookesches Gesetz), so heißt der Proportionalitätsfaktor $D$ **Richtgröße (Direktionsgröße, Federkonstante, Richtvermögen).**
**Rückstellmoment, 1)** *Kraftfahrzeugtechnik:* das Produkt aus Seitenkraft und Reifennachlauf bei Schräglauf der Räder. Die Räder versuchen, in die Bewegungsrichtung zu schwenken, und üben dadurch das R. auf die Radlagerung aus. Bei Gürtelreifen steigt das R. in Abhängigkeit vom Schräglaufwinkel mit der Steifigkeit der Reifen (bei Diagonalreifen ist dieser Zusammenhang geringer ausgeprägt).
**2)** *Mechanik:* **Richtmoment, Direktionsmoment,** das Drehmoment $M$, das bei der Drehung eines mechan. Systems um einen Torsionswinkel $\varphi$ aus einer stabilen Gleichgewichtslage auftritt (z. B. bei einem Stab). Das R. ist dem auslenkenden Drehmoment entgegengerichtet. Wenn es linear mit dem Winkel $\varphi$ zunimmt, $M = -D_r \cdot \varphi$, heißt der Proportionalitätsfaktor $D_r$ **Winkelrichtgröße (Drehfederkonstante).**
**Rückstellung,** *Betriebswirtschaftslehre:* Passivposten in der Bilanz zur erfolgswirksamen Berücksichtigung von Vorgängen, die in der Zukunft zu Ausgaben oder Mindereinnahmen führen können, ihrer Höhe und/oder dem Zeitpunkt ihrer Fälligkeit nach unsicher sind, jedoch als Aufwand den Rechnungsjahren zugeordnet werden können. Dabei muß eine hinreichende Wahrscheinlichkeit für den Eintritt des Ereignisses gegeben sein. Die Höhe der R. ist auf der Basis begründbarer und damit willkürfreier Schätzungen zu bestimmen, womit sich für die Höhe des R.-Ansatzes ein Ermessensspielraum ergibt. R. dienen der periodengerechten Erfolgsermittlung, unterscheiden sich aber durch ihre Ungewißheit von den Posten zur Rechnungsabgrenzung.
Nach § 249 HGB besteht z. B. eine Passivierungspflicht für ungewisse Verbindlichkeiten (z. B. Steuer-R. für schon entstandene, aber noch nicht fällige Steuern, bestimmte Pensions-R., R. für schwebende Prozesse sowie für Zusagen aus Garantien und Gewährleistungen), für drohende Verluste aus schwebenden Geschäften, für unterlassene Aufwendungen für Instandhaltung und Abraumbeseitigung (wenn diese innerhalb bestimmter Fristen nachgeholt werden) sowie für Gewährleistungen ohne rechtl. Verpflichtung (Kulanz-R.). Wenn die R. in Anspruch genommen wurde oder der Grund für die R.-Bildung weggefallen ist, müssen die entsprechenden Bilanzposten aufgelöst werden. Durch die Bildung von R. wird der Gewinn der Periode verringert. Dies kann einerseits zu einem Zinsgewinn aus Steuerverschiebung und andererseits zu einem Finanzierungseffekt (Innenfinanzierung mit Fremdkapital) führen.
**Rückstoß,** die Kraft, die auf einen Körper wirkt, wenn von ihm eine Masse mit einer gewissen Kraft aus- oder abgestoßen wird und ihm dabei ein bestimmter Impuls verliehen wird. Der R. ist eine Folge des →Impulssatzes. Er wird bei Raketen und Strahltriebwerken zum Antrieb ausgenützt. Bei Feuerwaffen wird er durch die Schulter oder die Lafette aufgenommen. Der R. wird zum selbsttätigen Laden und Abfeuern bei automat. Waffen verwendet.
**rückstoßfreie Emission,** →Mößbauer-Effekt.

**Rückstoßprotonenspektrometer,** → Neutronenspektrometer.

**Rückstrahler,** Reflektorflächen, die einfallendes Licht mit geringer Streuung in die Einfallsrichtung zurückwerfen. Verwendet werden dazu versch. Linsenformen (Dom-, Eichel-, Tellerlinse) oder **Tripelspiegel** (aus einer Vielzahl dreiseitiger Hohlpyramiden aufgebaut), rot oder orangegelb gefärbt und zu Würfelecken oder Warzenlinsen zusammengesetzt. R. sind Warnsignale an Fahrzeugen (**Katzenaugen**). An Pkw sind z. B. zwei rote R. mit einer wirksamen Fläche von mindestens je 20 cm$^2$ vorgeschrieben. An Verkehrszeichen, Leiteinrichtungen und Absperrgeräten werden R. in Form von **Reflexfolien,** in denen Glaskugeln (bis 10000 je cm$^2$) von 0,05–0,1 mm Durchmesser eingebettet sind, aufgezogen.

**Rückstrom,** *Elektrotechnik:* zur Leistungsrichtung entgegengesetzt fließender Strom, z. B. bei der Nutzbremsung von Elektromotoren. Auch bei der Kfz-Elektrik tritt ein R. auf, wenn die Klemmspannung des Generators (›Lichtmaschine‹) bei niedrigen Drehzahlen die Batteriespannung unterschreitet.

**Rücktritt, 1)** *bürgerl. Recht:* die einseitige Erklärung eines Vertragsteils gegenüber dem Vertragsgegner, daß der wirksam abgeschlossene Vertrag als nicht geschlossen behandelt werden soll (§§ 346 ff. BGB). Die Berechtigung zum R. kann sich aus Gesetz oder aus Vertrag (R.-Vorbehalt) ergeben. Beim R. wird der Vertrag im Unterschied zur Kündigung rückwirkend aufgehoben; im Unterschied zur Anfechtung wird durch den R. ein neues **Rückgewährschuldverhältnis** begründet, das zur wechselseitigen Rückgewähr des aufgrund des Vertrages Empfangenen verpflichtet. Ein gesetzl. Recht zum R. kann bei gegenseitigen Verträgen aus einer Vertragsverletzung des Vertragsgegners ergeben, insbesondere im Fall der vom Schuldner zu vertretenden Unmöglichkeit der Leistung (§ 325 BGB) oder – nach Fristsetzung – dann, wenn sich der Schuldner im Verzug befindet (§ 326 BGB). Auf das im Rahmen der Gewährleistung bestehende Recht zur Wandelung finden die Vorschriften über das vertragsmäßige R.-Recht weitgehend entsprechende Anwendung (§ 467 BGB). Der erklärte R. schließt Schadensersatzansprüche wegen Nichterfüllung i. d. R. aus. Der R. ist ausgeschlossen, wenn der Berechtigte eine wesentl. Verschlechterung, den Untergang oder die anderweitige Unmöglichkeit der Herausgabe des empfangenen Gegenstandes verschuldet hat (§ 351 BGB), nicht aber, wenn dieser durch Zufall untergegangen ist (§ 350 BGB). In *Österreich* gilt Entsprechendes (§§ 918 ff. ABGB). Nach *schweizer.* Recht wirkt der R. i. a. nicht zurück, während sonst Ähnliches gilt.
**2)** *Politik* und *Staatsrecht:* der Verzicht des Inhabers eines öffentl. Amtes auf dieses Amt (→ Demission). Den R. eines Monarchen bezeichnet man im allgemeinen Sprachgebrauch als → Abdankung.
**3)** *Strafrecht:* → Versuch.

**Rücktrittbremse,** Reibungsbremse in den Freilaufnaben an Fahrrädern, Motorfahrrädern und Mopeds. Durch Rückwärtsbewegung der Tretkurbel wird der geschlitzte Bremsmantel durch zwei konusförmige Körper (Hebel- und Bremskonus) auseinandergespreizt und dadurch an die Innenseite der umlaufenden Radnabe gepreßt. Der Hebelkonus ist mit einem außen sichtbaren Hebel am Rahmen befestigt und bringt die Gegenkraft beim Bremsen auf, indem er sich gegen den Rahmen abstützt. Beim Vorwärtsbewegen der Pedale klemmen sich die Antriebswalzen an der Nabenhülse fest und nehmen diese mit (**Gangstellung**). Bei Freilaufstellung sind Antriebswalzen und Bremsmantel von der Nabenhülse gelöst.

**Rück|umlaut,** *Sprachwissenschaft:* fälschl. Bez. von J. GRIMM für den Vokalwechsel bzw. das scheinbare Fehlen des Umlauts im Präteritum und Partizip Präsens einiger schwacher (jan-)Verben, das sich historisch durch den frühen Ausfall des den Umlaut bewirkenden i/j erklärt, so daß die entsprechenden Verbformen tatsächlich nie umgelautet wurden. Zu diesen Verben gehören ›brennen‹, ›nennen‹, ›kennen‹, ›rennen‹, ›senden‹ und ›wenden‹.

**Rückvergütung, 1)** *Handel:* die von der Umsatzhöhe abhängige Gewinnbeteiligung des Mitgl. einer Handelsgenossenschaft.
**2)** *Versicherungswesen:* die Beitragsrückerstattung, wenn innerhalb eines bestimmten Zeitraums kein Versicherungsfall eingetreten ist.

**Rückversicherung, Reassekuranz,** eine Versicherung, bei der ein Versicherer (der **Erstversicherer** oder **Zedent**) Teile seines übernommenen Risikos gegen eine Prämienzahlung (R.-Prämie) an einen anderen Versicherer (den **Rückversicherer** oder **Zessionar**) überträgt. Die R. wird auch als die Versicherung des Versicherers bezeichnet. Derjenige, der die R. anbietet, betreibt die aktive R., derjenige, der die R. nachfragt, die passive R. Gibt der gegenüber dem Erstversicherungsnehmer (›Endverbraucher‹) zeichnende Versicherer das gezeichnete Risiko vollständig an einen Versicherer weiter, spricht man von **Fronting.** Nimmt der Rückversicherer ganz oder teilweise seinerseits eine R., so handelt es sich um eine Folge-R. **(Retrozession).** Auf diese Weise können selbst größte Wagnisse ohne Überlastung des Erstversicherers versichert werden. Ein R.-Vertrag begründet eine Haftung nur gegenüber dem Erstversicherer, nicht aber gegenüber dem Versicherungsnehmer. Dadurch unterscheidet sich die R. grundsätzlich von der **Mitversicherung,** bei der die beteiligten (Mit-)Versicherer dem Versicherungsnehmer entsprechend ihrem Wagnisanteil direkt haften. Weit mehr als die Mitversicherung und der Versicherungspool ist die R. die bedeutendste Form der gemeinsamen Risikotragung durch Versicherungsunternehmen. In der Bundesrep. Dtl. hatte das gesamte R.-Geschäft (1988) ein Prämienaufkommen von 37,1 Mrd. DM. – Ihren Ursprung hat die R. im 14. Jh. (Genua 1370) und erlangte größeren wirtschaftl. Einfluß v. a. seit Beginn des 19. Jahrhundert.
R. Grundl. u. Praxis, bearb. v. K. GERATHEWOHL u. a., 2 Bde. (1976–79); M. GROSSMANN: R., eine Einf. (Bern 1977); C. PFEIFFER: Einf. in die R. ($^3$1986).

**Rückversicherungsvertrag,** Geheimvertrag zw. dem Dt. Reich, vertreten durch BISMARCK, und Rußland (Außen-Min. N. K. GIERS) vom 18. 6. 1887, der beide Mächte auf drei Jahre zu wohlwollender Neutralität im Kriegsfall verpflichtete. Ausgenommen waren ein dt. Angriffskrieg gegen Frankreich und ein russ. gegen Österreich-Ungarn. Das Dt. Reich erkannte Rußlands Einfluß in Bulgarien und in einem ›ganz geheimen‹ Zusatzprotokoll die russ. Interessen am Bosporus an. Nach BISMARCKS Sturz lehnte Reichskanzler L. VON CAPRIVI unter dem Einfluß F. VON HOLSTEINS die Verlängerung des R. ab.

**Rückverweisung,** → internationales Privatrecht.

**Rückwaren,** in das Zollgebiet zurückkehrende Waren, die zuvor ausgeführt waren (z. B. zur Ansicht).

**Rückwärtsdiode,** die → Backward-Diode.

**Rückwärts|einschneiden, Pothenotsche Aufgabe** [pota'no:-; nach LAURENT POTHENOT, * 2. Hälfte 17. Jh., † 1732], Grundaufgabe der *Geodäsie:* Aus den Abständen dreier Festpunkte ist deren Entfernung zu einem vierten Punkt (Neupunkt) zu bestimmen, wobei die Winkel bekannt sein sollen, unter denen die Abstände der drei Festpunkte vom Neupunkt aus erscheinen. Frühe Lösungen stammen von W. SNELLIUS (1617) und von W. SCHICKARD (1624). POTHENOT gab seine Lösung 1692 an; C. F. GAUSS (um 1810) und F. W. BESSEL (1813) lösten die Aufgabe unter Zuhilfenahme von Koordinaten.

**Rückwärtsgang,** → Kraftwagengetriebe.

**Rückwärtsversicherung,** Versicherungsschutz für Schäden der Vergangenheit, die vor Vertragsschluß entstanden und dem Versicherungsnehmer nicht bekannt waren, bes. in Haftpflicht- und Transportversicherung.

**Rückwärtswellenröhre,** *Hochfrequenztechnik:* das → Carcinotron.

**Rückwirkung,** *Recht:* die Geltung von Rechtsakten, insbesondere von Gesetzen, für Tatbestände, die zeitlich vor ihrer Entstehung oder ihrem Inkrafttreten liegen. Rechtsstaatlichkeit und Rechtssicherheit verbieten nicht grundsätzlich die R. von Gesetzen, doch sind der R. im Hinblick auf den ihnen innewohnenden Grundsatz der Berechenbarkeit des Rechts enge Grenzen gesetzt.

Bei Gesetzen ist die **echte R.** unzulässig. Abgeschlossene Tatbestände der Vergangenheit dürfen nicht nach späteren Rechtsregeln beurteilt werden. Dies gilt bes. im Strafrecht (Art. 103 GG, § 2 StGB; → nulla poena sine lege). Die **unechte R.,** bei der in der Vergangenheit begründete Rechtsverhältnisse fortdauern und nach neuem Recht beurteilt werden sollen, ist nur ausnahmsweise zulässig, z. B. wenn überwiegende Gründe des Gemeinwohls es erfordern; jedoch darf durch R. nicht in bereits verfestigte Rechte, die Vertrauensschutz genießen, eingegriffen werden.

**Rückzahlung,** *Bank- und Börsenwesen:* 1) die Tilgung; 2) die Auszahlung von Spareinlagen.

**Rückzugsgebiet,** das → Refugium.

**Rud,** Nils Johan, norweg. Schriftsteller, * Ringsaker (Prov. Hedmark) 24. 7. 1908. Im Mittelpunkt von R.s Werk, das sich von einem gesellschaftskrit. Realismus zu einem auch romant. Tönen breiteren Raum gebenden Erzählen entwickelte, stehen Landschaften, Menschen und die Natur. Sein Hauptwerk ist die Romantrilogie ›Fredens sønner‹ (1947), ›Kvinner i advent‹ (1948) und ›Vi var jordens elskere‹ (1949).

**Rüd,** Valerius, schweizer. Geschichtsschreiber, → Anshelm, Valerius.

**Rudabánya** ['rudɔba:njɔ], Ort in Ungarn, im Bez. Borsod-Abaúj-Zemplén, im nördl. Vorland des Bückgebirges, (1971) 4000 Ew.; Bergbaumuseum; Hauptstandort des ungar. Eisenerzbergbaus, Erzanreicherungsanlage (Verhüttung der Erze in Miskolc u. Ózd).

**Rudaki,** Abu Abdollah Djafar, pers. Dichter, † 941; lebte am Hof des Samaniden NASR II., den er in zahlreichen Lobgedichten besang. Von R. stammt auch eine in Bruchstücken erhaltene Bearbeitung der Fabelsammlung → Kalila und Dimna und des Sindbadromans. Der unter R.s Namen überlieferte ›Diwan‹ enthält meist Gedichte des um etwa 100 Jahre jüngeren Dichters KATRAN.

**Ruda Śląska** [-'ɕlɔ̃ska], Industriestadt in Oberschlesien, 270 m ü. M., in der Wwschaft Katowice (Kattowitz), Polen, (1989) 169 800 Ew.; wichtiges Zentrum der Hüttenindustrie auf der Basis des Steinkohlenbergbaus in der Umgebung; außerdem Baustoff-, Bekleidungs- und Nahrungsmittelindustrie. – In dem 1303 erstmals erwähnten **Ruda** wurde seit dem 14. Jh. Eisenerzabbau betrieben. Der Ort kam 1742 von Österreich an Preußen (1921–39 und ab 1945 polnisch). Aus dem Jahre 1751 ist der älteste Steinkohlenschacht Oberschlesiens bekannt, seit 1812 befand sich in Ruda die größte Zinkhütte Europas. Der Ort erhielt 1939 Stadtrecht. Nach dem Zusammenschluß mit dem 1940 unter dem Namen **Friedenshütte** gegründeten **Nowy Bytom** trägt die Stadt seit 1958 ihren heutigen Namen.

**Rudbęckia** [nach dem schwed. Arzt und Botaniker OLOF RUDBECK, * 1630, † 1702], die Pflanzengattung → Sonnenhut.

**Rudd** [rʌd], Steele, eigtl. **Arthur Hoey Davis** ['deɪvɪs], austral. Schriftsteller, * Drayton (Queensland) 14. 11. 1868, † Brisbane 11. 10. 1935. Sein Kurzgeschichtenzyklus über die Familie Rudd spiegelt autobiographisch die Geschichte seiner eigenen Familie sowie seinen Werdegang vom Landarbeiter im Outback zum Schriftsteller und Städter (›On our selection‹, 1899; ›Our new selection‹, 1903; ›Sandy's selection‹, 1904; ›Back at our selection‹, 1906; ›Stocking our selection‹, 1909; mehrfach dramatisiert und verfilmt).

E. D. DAVIS: The life and times of S. R. (Melbourne 1976).

**Rude** [ryd], François, frz. Bildhauer, * Dijon 4. 1. 1784, † Paris 3. 11. 1855; seine frühen Arbeiten stehen in der streng-klassizist. Nachfolge von J.-L. DAVID. Er überwand jedoch den Klassizismus durch eingehende Naturstudien zugunsten lebhaft bewegter, heroischer Formen. R. schuf Büsten, Statuen (meist im Louvre) und Denkmäler (›Napoleon, sich zur Unsterblichkeit

**François Rude:** Napoleon, sich zur Unsterblichkeit erhebend; 1846 (Paris, Musée d'Orsay)

erhebend‹, 1846, Paris, Musée d'Orsay; Standbild des Marschalls M. Ney, 1852/53, Paris). Mit seinem pathetisch-bewegten Relief ›La Marseillaise‹ (1832–36) am Arc de Triomphe de l'Étoile in Paris wurde er zum Bahnbrecher des Neubarock. Bedeutend sind auch seine Zeichnungen. Er übte großen Einfluß auf seinen Schüler J.-B. CARPEAUX aus.

**Rüde,** das Männchen der Hunde und Marder.

**Rudel,** *Jägersprache:* Bez. für eine Herde von Hirschen oder Wölfen.

**Rudel,** 1) [ry'dɛl], Jaufré, provenzal. Troubadour, → Jaufré, J. Rudel.

2) ['ru:dəl], Julius, amerikan. Dirigent österr. Herkunft, * Wien 6. 3. 1921; wirkte 1943–79 an der New York City Opera, deren Musikdirektor er seit 1957 war, und leitete 1980–83 das Buffalo Philharmonic Orchestra. Er dirigierte v. a. frz. und italien. Opern und setzte sich auch für die zeitgenöss. Oper ein.

**Rudelsburg,** Burgruine an der Saale bei Bad Kösen. 1171 erwähnt, war die R. 1238 als bischöflichnaumburg. Lehen im Besitz der Markgrafen von Meißen, die sie 1383 an die Schenken von Saaleck und 1441 an die Herren von Bünau gaben; 1641 zerstört. Die im Kern v.a. aus dem 12.–14. Jh. stammenden Bauten wurden im 19. Jh. restauriert. BILD → Kösen

**Ruden** *der,* flache Düneninsel an der Einfahrt in den Greifswalder Bodden, Mecklenburg-Vorpommern, 0,24 km² groß; Leuchtturm.

**Rudenko,** Roman Andrejewitsch, sowjet. Jurist, * Nossowka (Gebiet Tschernigow) 30. 7. 1907, † Moskau 23. 1. 1981; 1944–53 Staatsanwalt der Ukrain. SSR, 1953–74 sowjet. Generalstaatsanwalt; 1945/46 war er sowjet. Hauptankläger vor dem Internat. Militärtribunal in Nürnberg.

**Rudé Právo** ['ru:dɛ: 'pra:vɔ; tschech. ›rotes Recht‹], Organ des ZK der Sozialist. Partei (der ehem. KP) der Tschechoslowakei, gegr. 1920 in Prag als sozialdemokrat. Blatt, seit 1921 kommunistisch, 1945 neu gegründet; Auflage (1991) 1,1 Mio. Exemplare.

**Ruder,** 1) *Flugzeug:* bewegl. Steuerflächen an Tragflügel (→Querruder) und →Leitwerk 2) durch deren Ausschlag Luftkräfte erzeugt werden, die Drehungen des Flugzeugs um dessen Hauptachsen bewirken.
2) *Jägersprache:* die Füße der Schwimmvögel und die Flossen des Seehundes.
3) *Rudersport:* fälschlich für →Riemen 3) und →Skulls.
4) *Schiffbau:* tragflächenförmiger und um eine i. a. senkrechte Achse drehbarer Profilkörper oder drehbare Fläche von annähernd rechteckiger Form am Heck, seltener auch am Bug (z. B. bei Fährschiffen), mit denen eine Kursänderung des Schiffes herbeigeführt werden kann. Bei einem Ausschlag des R. nach einer Schiffsseite entsteht durch die Umströmung senkrecht zur R.-Ebene eine R.-Kraft, deren Querkraftkomponente das Schiff um den Drehpunkt in der Schwerpunktachse dreht. Das Schiff schwenkt dabei nach der Seite, nach der auch das R. ausgelenkt wird.

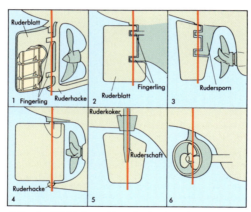

**Ruder 4):** 1 Halbbalance-Normalruder; 2 Halbbalance-Halbschweberuder; 3 Halbbalance-Halbschweberuder als Spornruder; 4 Simplex-Balanceruder als Normalruder; 5 Balance-Schweberuder als Spatenruder; 6 Düsenruder

Man unterteilt R. 1) nach dem Querschnitt in **Platten-R.** (nur noch bei Booten und Binnenschiffen) und **Profil-** oder **Verdrängungs-R.** mit gewölbten Außenflächen, die durch Stegplatten ausgesteift sind; 2) nach der Aufhängung in oben und unten gelagerte R., oben und in der Mitte gelagerte **Halbschwebe-R.** und nur oben befestigte **Schwebe-** oder **Spaten-R.** (bei spatenförmigem R.-Blatt); 3) nach der Lage des R.-Schaftes (Achse, um die das R.-Blatt gedreht wird) in **Balance-R. (Simplex-Balance-R.)**, bei denen zum R.-Legen geringere Kräfte notwendig sind, weil ein Teil des R.-Blatts vor der Drehachse liegt, und **Halb-Balance-R.** mit einem stromlinienförmigen festen Leitkopf vor dem R. Sonderbauarten bei Binnenschiffen sind **Zwei-** und **Dreiflächen-R.,** mit denen auch bei Tiefgangsbeschränkungen die notwendige R.-Fläche aufgebracht wird. So dreht z. B. beim **Jenckel-R.** die mittlere R.-Fläche nur etwa halb so schnell wie die äußere. Die mittlere Fläche bildet beim R.-Legen mit einer seitl. R.-Fläche ein verlängertes Strömungsprofil, dessen Umströmung von anderen Seiten-R. unterstützt wird. Dadurch tritt schon bei kleinem Ausschlagwinkel eine hohe Wirkung auf, und bei R.-Endlage wird der Propellerstrahl um 90 °C bei geringem Druckverlust umgelenkt. **Aktiv-R.** verfügen über einen eingebauten Propeller, der die Steuerwirkung erhöht. Schiffe mit Aktiv-R. können auch ohne Schlepper an- und ablegen. Beim **Düsen-R.** wird der Propeller von einer um die R.-Achse drehbaren Düse umschlossen, die den Propellerstrahl zum Steuern in die gewünschte Richtung lenkt (→Kort-Düse). Das **Bugstrahl-R.** besteht aus einem Propeller, der in einem querschiffs eingebauten Rohr angebracht ist, durch das mit Propeller oder Pumpe das Wasser in die gewünschte Richtung gedrückt wird (Querschubanlage). An U-Booten sind paarweise angeordnete **Tiefen-R.** vorhanden, mit denen sie um die waagerechte Achse gedreht werden können.

**Ruderalpflanzen** [zu lat. rudus, ruderis ›Schutthaufen‹, ›Geröll‹], Gewächse, die vornehmlich auf stickstoffreichen Böden (z. B. Bauschutt, Müllplätze, Wegränder, Eisenbahndämme), aber auch im Überschwemmungsbereich der Flußtäler vorkommen. Die meisten R. sind →Adventivpflanzen, →Neophyten oder →Trittpflanzen.

**Ruder|anlage,** *Schiffbau:* Gesamtheit aller für das Bewegen (Verstellen) des Ruders notwendigen Einrichtungen. Der am Ruderblatt befestigte **Ruderschaft** führt über den **Ruderkoker** (Abdichtung gegen Wassereintritt) in den Schiffsraum. Bei Booten kann das Ruder mit der →Ruderpinne gedreht werden. Bei Schiffen ist die auf dem Ruderschaft befestigte Ruderpinne mit einem **Ruderquadranten** (Viertelkreis-Zahnkranz) verbunden, oder der Schaft trägt ein Querhaupt aus Stahlguß (bei elektrohydraul. R.). Bei geringeren Ruderkräften ist die R. durch Stahlseile, Ketten oder die →Axiometerleitung mit dem Steuerrad verbunden. Auf Seeschiffen, bei denen eine große Ruderkraft aufgebracht werden muß, ist eine →Rudermaschine vorhanden. Der jeweilige Ruderausschlag (Ist-Winkel) wird von einem am Ruderschaft befestigten **Ruderlagengeber** gemessen und elektrisch an den **Ruderlagenanzeiger** (Abk. **RuZ;** früher **Axiometer** gen.) fernübertragen.

**Ruderbeine,** bei Krebsen und wasserlebenden Insekten durch ruderartige Abplattung und Verbreiterung und durch Besatz mit Borsten zu Schwimmbeinen umgewandelte Extremitäten (z. B. bei Ruderfußkrebsen, Wasserwanzen, Schwimmkäfern).

**Ruder|enten, Ruderfuß|enten, Oxyurinae,** Unterfamilie der →Gänsevögel mit acht Arten in allen Kontinenten außer der Antarktis; in Eurasien aber nur die sehr zerstört verbreitete Weißkopf-Ruderente (Oxyura leucocephala). R. sind gute Taucher mit dickem Kopf und großen Füßen sowie einem Schwanz aus relativ langen, steifen Federn. Die **Kukucksente** (Heteronetta atricapilla) aus Südamerika ist ein Brutparasit, der seine Eier anderen Vögeln unterlegt.

**Ruderfrösche, Rhacophoridae,** Familie der Froschlurche mit über 180, z. T. sehr bunt und auffällig gezeichneten Arten in Afrika und SO-Asien. Meist Gebüsch- und Baumbewohner; häufig mit Haftscheiben an Fingern und Zehen, zw. denen sich bei einigen Arten der Gattung **Ruderfrösche i. e. S.** (**Flugfrösche,** Rhacophorus) bes. große Häute ausspannen, welche den Tieren bis 15 m weite Gleitflüge ermöglichen (z. B. Borneo-Flugfrosch, Rhacophorus pardalis; Java-Flugfrosch, Rhacophorus reinwardti). Der Laich wird zumeist außerhalb des Wassers in Schaumnester abgegeben. R. ähneln den Laubfröschen, verwandtschaftlich stehen sie den Echten Fröschen näher.

**Ruderfrösche:** Java-Flugfrosch (Größe 7,5 cm)

**Ruderfuß|enten,** die →Ruderenten.
**Ruderfüßer, Pelecaniformes,** weltweit verbreitete Ordnung der Vögel mit 55 ans Wasser gebundenen Arten, die sich u. a. dadurch auszeichnen, daß alle vier Zehen mit einer Schwimmhaut verbunden sind. Ihre Körpermaße reichen von Taubengröße bis 180 cm Länge und 360 cm Flügelspannweite. Zu den R. gehören folgende Familien: Tropikvögel (Phaethontidae), Fregattvögel (Fregatidae), Scharben (Phalacrocoracidae), Tölpel (Sulidae), Pelikane (Pelecanidae). R. sind seit der Oberkreide bekannt. Bes. eindrucksvoll sind die fossilen **Plotopteridae** (Oberoligozän bis Untermiozän), die ähnlich wie Pinguine mit flossenförmigen Flügeln schwammen und mit über 2 m Länge die größten bekannten tauchenden Vögel darstellen, außerdem die **Scheinzahnvögel** (Odontopterygidae und Pseudodontornithidae), die 5 m Spannweite erreichten und zahnähnl. Zacken an den Knochen der Kiefer entwickelten (Untereozän bis Pliozän).
**Ruderfußkrebse, Hüpferlinge, Copepoda,** weltweit frei im Süß- und Meerwasser oder parasitisch an Walen, Fischen, Krebsen und Würmern lebende Krebse mit 8 400 meist wenige Millimeter großen Arten (40 % davon freilebend, bis 1 cm lang; 60 % parasitisch, bis 32 cm lang). Die indirekte Entwicklung erfolgt über die Naupliuslarve und das charakterist., mit dem 1. Rumpfbeinpaar rudernde Copepodit-Stadium.
Der meist keulenförmige Körper der freilebenden R. ist in einen vorderen, extremitätentragenden Abschnitt und den hinteren Rumpf mit einer endständigen, zweigespaltenen Gabel (Furca) gegliedert. Das meist große 1. Fühlerpaar dient der Fortbewegung. Das Weibchen trägt die Eier in Eisäcken am Hinterleib. Zu den freilebenden R. gehören die **Hüpferlinge** (Cyclopidae) mit der Gattung **Cyclops** im Süßwasser, die als Fischnahrung und Überträger des Fischbandwurms (Diphyllobothrium latum) und des →Medinawurms (Dracunculus medinensis) von Bedeutung sind. Als Fischnahrung wichtig sind auch die bis 5 mm langen Arten der Gattung **Diaptomus**.
Die Weibchen der auch **Fischläuse** oder **Fischzecken** genannten parasit. Arten sind in extremen Fällen wurmförmig. Wirtschaftl. Schäden verursachen können der im Darm der Miesmuschel schmarotzende, bis 8 mm lange **Muscheldarmkrebs** (Mytilicola intestinalis), die an den Kiemen von Süßwasserfischen (Schleien, Hechte u. a.) schmarotzenden Arten der Gattung **Ergasilus** und die bis 5 mm lange **Barschlaus** (Achtheres percarum) an den Kiemen von Zander und Barsch.
**Rudergänger, Rudergast,** Besatzungsmitglied auf Schiffen, das auf Weisung des Kapitäns bzw. Wachoffiziers oder selbständig das Schiff steuert. Auf Schiffen mit Selbststeuerungen ist ein R. nur bei Nebel, Revierfahrt und eventuell nachts erforderlich.

**Ruderhacke, Stevenhacke,** *Schiffbau:* nach achtern auslaufender Teil des Schraubenstevens zur unteren Lagerung des Ruders.
**Ruderkommandos,** Befehle des Kapitäns oder Wachoffiziers an den →Rudergänger. **Steuerbord (Backbord),** meist mit Gradzahl, **hart Steuerbord** (die wirksamste Ruderlage bei etwa 30°), **komm auf** (Verringern der Ruderlage), **mittschiffs** (Ruderlage 0°), **stütz** (R. nach der anderen Seite zum Aufheben der Drehung des Schiffes), **recht so** (Weitersteuern des am Kompaß anliegenden oder gerade durchgehenden Kurses), **Kurs ...** (Kompaßgradzahl).
**Rudermaschine,** Bestandteil der Ruderanlage auf Seeschiffen, mit der die für das Ruderlegen (Verstellen des Ruders) erforderl. Kraft aufgebracht wird. Bei elektr. R. liefert ein Elektromotor die Verstellkraft. Er ist über eine Schnecke oder ein Ritzel mit dem Zahnkranz (Quadrant) des Ruderschafts gekuppelt. Der Quadrant ist drehelastisch gelagert, damit stoßartige Belastungen durch starken Wellenschlag nicht auf die R. übertragen werden. Elektrohydraul. R. drehen den Ruderschaft mit zwei oder vier Tauchkolben, einem Drehflügel oder Hydraulikzylinder **(Standardzylinder-R.)** über eine kurze Pinne oder ein Querhaupt. Bei der **Steilgewinde-R.** ist ein ölbeaufschlagter Ringkolben mit Steilgewinde direkt mit dem Ruderschaft gekuppelt. Gesteuert werden R. von der Kommandobrücke oder vom Ruderraum aus über Fernbedienung.
**Rudern,** →Rudersport.
**Ruderpinne,** auf dem Kopf des Ruderschaftes waagerecht befestigter Hebel, mit dem bei Booten das Ruder gelegt wird.
**Ruderschnecken, 1) Gymnosomata,** zu den Hinterkiemern gestellte 2–40 mm lange, schalenlose Meeresschnecken; räuber. Tiere, die mit ihrem flügelartig verbreiterten Fuß schmetterlingsartig aus der Hochsee schwimmen und mit aus dem Schlund ausstülpbaren Hakensäckchen Beute fangen; z. B. das →Walaas.
**2) Flügelschnecken, Pteropoda,** veraltete Sammelbez. für die R. (Gymnosomata) und die →Seeschmetterlinge.
**Rüdersdorf b. Berlin,** Gem. im Kreis Fürstenwalde, Brandenburg, im östl. Vorortbereich von Berlin, auf dem Barnim; (1990) 12 200 Ew.; Kalksteinbrüche (4 km langer und 700 m breiter Tagebau) an den Rüdersdorfer Kalkbergen (Muschelkalk; durch Salzaufpressung emporgehoben); Kalk-, Zement- und Betonwerke sowie Phosphatherstellung; Ausflugsziel.
**Rudersport, Rudern,** Wassersportart, bei der Boote durch Menschenkraft mit →Riemen 3) oder →Skulls fortbewegt werden; von Frauen und Männern als Wanderfahrten oder Rennen betrieben. Der Ruderer sitzt mit dem Rücken zur Fahrtrichtung und steuert (bei Booten ohne Steuermann/Steuerfrau) durch rechts oder links verschieden starke Ruderschläge. Zur Verlängerung des Weges, den das Blatt im Wasser zurücklegt, und um die Beinkraft mitwirken zu lassen, sitzen die Ruderer auf Rollsitzen.
Die Boote werden nach Bau und Verwendungszweck unterschieden. Übungs- und Vergnügungsboote heißen →Gig 3). Rennboote haben eine glatte, äußerst dünne Außenhaut (Karwelbau), keinen Kiel, sondern nur eine Kielflosse, um den seitl. Abtrieb zu verhindern. Sie werden nach der Anzahl der Ruderer in **Einer, Zweier, Vierer** und **Achter** unterschieden. Zweier und Vierer können mit oder ohne Steuermann (Steuerfrau) gefahren werden, Einer fahren ohne, Achter mit Steuermann (Steuerfrau). Zur Unterscheidung von Riemenbooten heißen die Skullboote **Doppelzweier, Doppelvierer** und **Doppelachter.** Wie diese Boote kann auch der Einer nur mit Skulls gerudert werden. Die Meisterschaftsstrecke beträgt bei Damen

# Rude Ruderwanzen – Rudisten

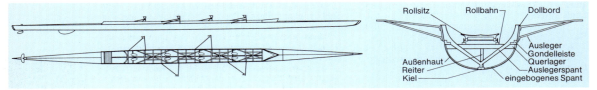

*Rudersport:* LINKS Seitenansicht und Aufsicht eines Vierer-Rennboots; RECHTS Querschnitt eines Rennboots

und Herren 2 000 m. Bei Olymp. Spielen und Weltmeisterschaften werden folgende Disziplinen ausgetragen: Herren: Einer, Doppelzweier, Zweier ohne und mit Steuermann, Doppelvierer, Vierer ohne und mit Steuermann, Achter; Damen: Einer, Doppelzweier, Zweier ohne Steuerfrau, Doppelvierer, Vierer ohne Steuerfrau, Achter. Im Leichtgewicht (gewichtsbeschränkte Leistungsklasse) werden Weltmeister im Einer, Doppelzweier, Vierer ohne Steuermann (Steuerfrau), Doppelvierer und (nur bei den Herren) Achter ermittelt.

*Organisationen:* R. ist in der Bundesrep. Dtl. im Dt. Ruderverband (DRV; gegr. 1883, wiedergegründet 1949) organisiert. Der in der Dt. Dem. Rep. den R. repräsentierende Dt. Ruder-Sport-Verband (DRSV) der DDR, 1950 gegr., schloß sich einer dem Beitritt der Dt. Dem. Rep. zur Bundesrep. Dtl. dem DRV an. In *Österreich* besteht der Österr. Ruderverband (ÖRV), gegr. 1881; in der *Schweiz* gibt es den 1866 gegründeten Schweizer. Ruderverband (SRV). Weltfachverband ist die Fédération Internationale des Sociétés d'Aviron (FISA), gegr. 1892 in Turin.

*Geschichte:* Als Antriebsart ziviler und militär. Wasserfahrzeuge ist Rudern seit dem Altertum ebenso bezeugt wie als Wettfahrübung. Ruderwettkämpfe sind bes. bei den Indianern Nordamerikas, bei versch. Stämmen Innerafrikas und bei den Polynesiern belegt. In Venedig fanden regelmäßig Ruderwettkämpfe (auch für Frauen) statt. Der moderne R. entwickelte sich aus Wettfahrten der Themse-Fährleute in England. 1775 fand die erste Regatta auf der Themse statt, erste olymp. Rennen 1900. Europameisterschaften wurden erstmals 1893 durchgeführt, Weltmeisterschaften werden seit 1962 ausgetragen. Ältester dt. Meisterschaftswettbewerb ist der Einer (1882), 1906 folgten die ersten dt. Meisterschaften im Zweier ohne Steuermann, Vierer ohne Steuermann, Vierer mit Steuermann und Achter, 1907 im Doppelzweier, 1935 im Zweier mit Steuermann, 1975 im Doppelvierer ohne Steuermann.

**Ruderwanzen, Wasserzikaden, Corixidae,** Familie der Wasserwanzen mit rd. 200 Arten (in Mitteleuropa 35), 2–14 mm lang, bewohnen meist stehende Gewässer, in denen sie v. a. von pflanzl. Kost leben.

**Rüdesheim am Rhein** Stadtwappen

**Rüdesheim am Rhein,** Stadt im Rheingau-Taunus-Kreis, Hessen, 89 m ü. M., am Rhein und am Fuß des Niederwalds, Rheingau, (1991) 9 800 Ew.; Rheingau- und Weinmuseum ›Brömserburg‹, Museum für mechan. Musikinstrumente; einer der bekanntesten Fremdenverkehrsorte am mittleren Rhein (v. a. Tagesausflugsverkehr); bedeutender Weinbau (im Ortsteil **Assmannshausen** Rotweine); Weinverarbeitung (Branntweinbrennerei, zwei Sektkellereien), Weinhandel. – R., 1074 erstmals urkundlich erwähnt, wurde 1818 Stadt. 1867–1976 war R. Kreisstadt. 1977 wurde Assmannshausen eingemeindet. – 1949 ff. wiederaufgebaute kath. Pfarrkirche mit Teilen des roman. (12. Jh.) und spätgot. (1390–1400) Vorgängerbaus; Reste der ehem. Befestigung (15. Jh.); Adelshöfe, u. a. der Brömserhof (16.–17. Jh.); Ruinen mehrerer Burgen, u. a. der Niederburg (›Brömsburg‹; 12. Jh.), der Oberburg (›Boosenburg‹; 12.–13. Jh.)

und der Burg →Ehrenfels, zu der der Mäuseturm (→Bingen am Rhein) gehörte; oberhalb der Stadt das →Niederwalddenkmal (BILD →Denkmal).

**Rüdiger** [zu german. (erschlossen) hrop- ›Ruhm‹, ›Preis‹ und ahd. ger ›Speer‹], **Roger,** männl. Vorname.

**Rüdiger, R. von Bechelaren, Rüedeger von Bechelaren** [Pöchlarn an der Donau], Gestalt des zweiten Teils des Nibelungenliedes und einer Anzahl von Dietrichepen, wo er immer zus. mit Dietrich von Bern und dem Hunnenkönig Etzel vorkommt. Ein sicheres histor. Vorbild für R. konnte bis jetzt kein nachgewiesen werden; auch die jüngste These, die ihn mit RODERICH, dem letzten König der Westgoten, verknüpft, bleibt zweifelhaft.
J. SPLETT: R. v. B. (1968); N. VOORWINDEN: Zur Herkunft der R.-Gestalt im Nibelungenlied, in: Amsterdamer Beitr. zur älteren Germanistik, Bd. 29 (Amsterdam 1989).

**Rudiment** [lat. ›Anfang‹, ›erster Versuch‹, zu rudis ›unbearbeitet‹, ›roh‹] *das,* -(e)s/-e, **1)** *bildungssprachlich* für: Rest, Überbleibsel; Bruchstück.

**2)** *Biologie:* **rudimentäres Organ, rückgebildetes Organ,** Bez. für teilweise oder ganz funktionslos gewordene Organe, die, gemessen an den Stammformen, die das entsprechende Organ in voll entwickeltem und funktionstüchtigem Zustand besaßen, Rückbildungserscheinungen versch. Ausmaßes zeigen. Diese werden darauf zurückgeführt, daß im Laufe der Evolution bei Nichtgebrauch eines Organs der Selektionsdruck und daher eine stabilisierende Selektion wegfällt.

R. bei *Pflanzen* sind z. B. die schuppenförmigen Blattreste bei Schmarotzerpflanzen, bei *Tieren* z. B. die R. von Becken und Hinterextremitäten bei Walen und Riesenschlangen oder die verkümmerten Flügel bei flugunfähigen Insekten oder Vögeln. Beispiele beim *Menschen* sind u. a. der Wurmfortsatz des Blinddarms, die meist nicht mehr funktionsfähige Muskulatur der Ohrmuschel, die Körperbehaarung (rudimentäres Fell). Strukturen können im Verlauf der Evolution auch völlig verschwinden, so z. B. die Zähne bei Vögeln oder Schildkröten, oder sie können einem Funktionswechsel unterliegen, der in jedem Stadium der Rückbildung (Rudimentation) eintreten kann (z. B. ist der Wurmfortsatz des Menschen zu einem lymphat. Organ geworden). – **Verhaltens-R.** sind z. B. Reste koordinierter Flügelbewegungen beim Strauß oder der Klammerreflex beim Säugling, der wenige Wochen nach der Geburt verschwindet.

**rudimentär, 1)** *bildungssprachlich* für: nur im Ansatz, andeutungsweise vorhanden.

**2)** *Biologie* und *Medizin:* unvollständig ausgebildet; zurückgebildet, verkümmert.

**Rudisten** [zu lat. rudis ›unbearbeitet‹, ›roh‹], ausgestorbene, nur aus dem Oberen Jura und der Kreidezeit bekannte Unterordnung bis 1 m hoher, festsitzender Meeresmuscheln, deren Schalenklappen äußerst unterschiedlich gestaltet sein konnten (›aberrante Formen‹); zapfenförmige Schloßzähne. Wichtige Gattungen sind **Caprina** (rechte Klappe festgewachsen, horn- bis kegelförmig; linke spiralig gewunden), →Diceras, →Hippuriten, **Radiolites** (rechte Klappe festgewachsen, konisch; linke deckelartig, flach), **Re-**

Rudit – Rudolf **Rudo**

quienia (linke Klappe festgewachsen, spiralig; rechte flach, spiralig). Die R. lebten in warmen Flachmeeren. Aus ihren Schalen bildeten sich (bes. im alpinen Raum) häufig Riffe und Gesteine (**R.-Kalk**).

**Rudit** [zu lat. rudis ›unbearbeitet‹, ›roh‹] der, -s/-e, *Petrologie:* Bez. für klast. Karbonatsedimente mit Korngrößen über 2 mm.

**Rudkin** ['rʌdkɪn], David, engl. Dramatiker, * London 29. 6. 1936; wurde bekannt durch das Drama ›Afore night come‹ (Urauff. 1960, gedruckt 1963; dt. ›Vor der Nacht‹) im Stile des zeitgenöss. Theaters der Grausamkeit A. →Artauds. Auch seine übrigen Bühnenstücke, Hör- und Fernsehspiele stehen in der Tradition des nichtrationalen Theaters und beschäftigen sich mit Problemen der Repression, der psych. Konditionierung und der Befreiung des Ich.
**Weitere Werke:** *Dramen:* Ashes (1974); Cries from casement as his bones are brought to Dublin (1974); Sons of light (1981); The triumph of death (1981).

**Rudkøbing** ['ruðkøˌbeŋ], Hauptort der Insel Langeland, Dänemark, Amt Fünen, (1982) 6900 Ew.; Hafen, Straßenverbindung über die Inseln Siø und Tåsinge mit Svendborg auf Fünen. – 1287 erstmals erwähnt.

**Rudnicki** [rud'nitski], **1)** *Adolf*, poln. Schriftsteller, * Warschau 19. 2. 1912, † ebd. 14. 11. 1990; Bankbeamter; nahm 1944 am Warschauer Aufstand teil, lebte seit 1972 meist in Paris. R. behandelte das Schicksal seiner jüd. Glaubensgenossen während der dt. Besatzung und befaßte sich mit psycholog. Problemen sowie der Funktion des Künstlers in der Gesellschaft.
**Werke:** *Erzählungen:* Niekochana (1937; dt. Die Ungeliebte); Szekspir (1948); Żywe i martwe morze (1952; dt. Das lebende u. das tote Meer); Złote okna (1954; dt. Goldene Fenster); Niebieskie kartki (1956); Daniela naga (1978); Dżoker Pana Boga (1989). – *Romane:* Żołnierze (1933); Noc długa, chłodna, niebo w purpurze (1977). – *Erinnerungen:* Krakowskie Przedmieście pełne deserów (1986).
**Ausgaben:** Wybór opowiadań (1976); Sto jeden, 3 Bde. (1984–88).

**2)** *Lucjan*, poln. Schriftsteller, * Sulejów (bei Petrikau) 2. 1. 1882, † Warschau 8. 6. 1968; gehörte seit 1898 der poln. Arbeiterbewegung an und beschrieb deren Kämpfe, an denen er sich beteiligte (1903/04 verbannt), in den breit angelegten Erinnerungen ›Stare i nowe‹ (3 Bde., 1948–60).
**Weiteres Werk:** *Roman:* Odrodzenie (1920; dt. Die Wiedergeburt).

**Rudnyj**, Stadt in N-Kasachstan, Gebiet Kustanaj, am linken Ufer des Tobol, unterhalb des 94 km² großen Karatomarsker Stausees, (1989) 124 000 Ew.; TH; Nahrungsmittelindustrie. – R. entstand ab 1957 als Wohnstadt für die im Eisenerzabbau von Sokolow-Sarbaj Beschäftigten.

**Rudolf** [ahd. Hruodolf, zu german. (erschlossen) hrop- ›Ruhm‹, ›Preis‹ und ahd. wolf ›Wolf‹], **Rudolph,** männl. Vorname.

**Rudolf,** Herrscher:
*Heiliges Röm. Reich:* **1) Rudolf von Rheinfelden,** Herzog von Schwaben (1057–77), Gegenkönig (1077–80), † (gefallen) bei Hohenmölsen 15. 10. 1080; nahm in der Fürstenopposition gegen HEINRICH IV., dem er aufgrund seiner Heirat mit einer Schwester von HEINRICHS Frau BERTHA verwandtschaftlich verbunden war, eine führende Rolle ein, v. a. wegen seiner Hinwendung zu den die Kirchenreform tragenden Kreisen. 1077 wurde R. in Forchheim zum König gewählt. HEINRICH setzte daraufhin R. als Herzog von Schwaben, das er den Staufern übertrug, ab.
Investiturstreit u. Reichsverf., hg. v. J. FLECKENSTEIN (1973).

**2) Rudolf I. von Habsburg,** König (seit 1273), * Schloß Limburg (heute zu Sasbach, Kr. Emmendingen) 1. 5. 1218, † Speyer 15. 7. 1291, Vater von 7); Stammvater aller späteren Habsburger; baute als Parteigänger der Staufer seinen Besitz im Aar- und Zürichgau und am Oberrhein konsequent aus. Auf Drängen von Papst GREGOR X., der zur Verwirklichung seiner polit. Wunschvorstellung, einen Kreuzzug zur Wiedergewinnung des Hl. Landes unter der Führung des Kaisers einzuberufen, an der Spitze des Reichs eines handlungsfähigen und rechtmäßigen Oberhaupts bedurfte, wählten die Kurfürsten R. zum König und beendeten somit das Interregnum. Seine ersten Regierungsjahre waren bestimmt von den Auseinandersetzungen mit König OTTOKAR II. von Böhmen, der die Wahl nicht anerkannte und die Lehnshuldigung sowie die Herausgabe der widerrechtlich besetzten Reichslehen verweigerte. Durch R.s Vorstoß nach Wien mußte sich OTTOKAR 1276 erstmals unterwerfen und wurde zum Verzicht auf Österreich, Steiermark und Kärnten gezwungen. Seine Niederlage und sein Tod (1278) nach einer erneuten Auflehnung brachten R. endgültig den Sieg. Böhmen und Mähren verblieben OTTOKARS Sohn WENZEL II. Die übrigen Länder einschließlich von Krain und dem Egerland fielen 1282 an R.s Söhne ALBRECHT und RUDOLF, zunächst in gemeinschaftl. Regierung, ab 1283 Alleinregierung ALBRECHTS. Graf MEINHARD II. von Görz-Tirol (* um 1235, † 1295) erhielt 1286 Kärnten zum Lehen. Auf der Grundlage dieser starken Hausmacht zeichnete sich R.s weitere Politik durch ein strenges Vorgehen gegen das Raubrittertum (durch Landfriedenswahrung), Revindikation (Rückgewinnung) und straffe Verwaltung des Reichsguts (Einsetzung von Reichsvögten) sowie die Begünstigung der Städte aus. Die bis zu seinem Tod mit der Kurie geführten Verhandlungen über eine Kaiserkrönung, die v. a. die Thronfolge seines Hauses sichern sollte, blieben erfolglos.

O. REDLICH: R. v. H. (Innsbruck 1903, Nachdr. 1965); H. APPELT: R. v. H., in: Die Habsburger, hg. v. B. HAMANN (Wien 1988); E. ZÖLLNER: Gesch. Österreichs (ebd. ⁸1990).

**Rudolf I. von Habsburg,** Römischer König (Ausschnitt aus der Grabplatte im Speyerer Dom; um 1290)

**3) Rudolf II.,** Kaiser (seit 1576), * Wien 18. 7. 1552, † Prag 20. 1. 1612, Sohn Kaiser MAXIMILIANS II.; erhielt 1572 die ungar. (bis 1608), 1575 die böhm. Krone (bis 1611) und folgte 1576 seinem Vater im Reich und in den Erblanden. Der auf Wunsch seines streng kath. Onkels PHILIPP II. in Spanien erzogene R. war ein talentvoller und hochgebildeter Herrscher, aber auch unbeständig und eigenmächtig in seinen Entscheidungen. Der in Prag residierende Kaiser sah sich zwei Hauptproblemen gegenüber: der Religionsspaltung und der Türkengefahr. Trotz seiner religiös strengen Erziehung der Gegenreformation ebenso ergeben wie dem Protestantismus, suchte R. einer Konfrontation aus dem Weg zu gehen. Die zunehmende Untätigkeit gegenüber den Türken und den Ausbruch des ungar. Aufstands 1604 nahmen seine Brüder und Vettern zum Anlaß, den sich immer stärker in sein Privatleben zurückziehenden Kaiser zu zwingen, zugunsten seines Bruders MATTHIAS auf die Herrschaft in Österreich, Ungarn und Mähren zu verzichten. Mit dem Böhm. Majestätsbrief von 1609 suchte R. die böhmischen prot. Stände für sich einzunehmen, doch konnte sich MATTHIAS 1611 auch hier durchsetzen.

R. J. W. EVANS: R. II. Ohnmacht u. Einsamkeit (a. d. Engl., Graz 1980); K. VOCELKA: Die polit. Propaganda Kaiser R.s II. (Wien 1981); ders.: R. II. u. seine Zeit (ebd. 1985).

**Rudolf II.,** Römischer Kaiser

*Burgund:* **4) Rudolf I.,** König von Hochburgund (seit 888), † 25. 10. 912, Vater von 5); gehörte als Sohn des Welfen KONRAD D. J. († 876) zum hohen fränk. Reichsadel, wurde nach dem Sturz KARLS III., DES DICKEN, in seinem Herrschaftsbereich zw. Jura und Alpen zum König erhoben und bemühte sich bis zu seinem Tod um eine Erweiterung seines Gebiets.

**5) Rudolf II.,** König von Hochburgund (seit 912) und Italien (922–926), † 12.(?) 7. 937, Sohn von 4); setzte die Expansionspolitik seines Vaters fort. Von oppositionellen Adligen gegen BERENGAR I. zum Kö-

nig des Regnum Italiae gewählt, setzte er sich nur bis 926 durch. 933 trat ihm HUGO von Arles und Vienne seine Herrschaftsrechte in Niederburgund ab.
*Frankreich/Westfränkisches Reich:* **6) Rudolf,** frz. (westfränk.) König (seit 923), vorher Herzog von Burgund (921–923), † Auxerre 14.(?) 1. 936, Neffe BOSOS von Vienne; wurde nach dem Tod seines Schwiegervaters ROBERT I. von Franzien von den Gegnern des Karolingers KARL III., DES EINFÄLTIGEN (893/898 bis 923), in Soissons auf den westfränk. Thron erhoben; er starb ohne Erben.
*Österreich:* **7) Rudolf II.,** Herzog (seit 1282), * 1271, † 10. 5. 1290, Sohn von 2); wurde 1282 gemeinsam mit seinem Bruder ALBRECHT I. mit den Herzogtümern Österreich und Steiermark belehnt; die Regierung ging ab 1283 allein ALBRECHT zu. R.s nachgeborener Sohn war JOHANN PARRICIDA.
**8) Rudolf IV., der Stifter,** Herzog (seit 1358), * Wien 1. 11. 1339, † Mailand 27. 7. 1365, Sohn Herzog ALBRECHTS II.; erlangte 1363 durch einen Erbvertrag mit MARGARETE MAULTASCH Tirol, stiftete die Universität Wien und ließ den Bau des Stephansdoms fortsetzen. R., der die Nichtprivilegierung des Hauses Habsburg 1356 in der Goldenen Bulle als unbefriedigend empfand, veranlaßte zur Erhöhung seines Hauses die Erstellung des →Privilegium maius.
A. LHOTSKY: Privilegium maius (Wien 1957); U. BEGRICH: Die fürstl. Majestät Herzog R.s IV. von Österreich (ebd. 1965); E. ZÖLLNER: Gesch. Österreichs (ebd. ⁸1990).

**9) Rudolf,** Erzherzog, * Schloß Laxenburg 21. 8. 1858, † Schloß Mayerling 30. 1. 1889, Sohn Kaiser FRANZ JOSEPHS I., ⚭ seit 1881 mit STEPHANIE von Belgien (* 1864, † 1945); neigte aufgrund seiner liberalen Erziehung den Deutschliberalen zu und lehnte zu enge Verbindungen mit dem Dt. Reich ab. R., eine sensible, zur Psychopathie neigende Persönlichkeit, starb mit der 17jährigen Baronesse MARY VETSERA (unter bislang ungeklärten Umständen) vermutlich den Freitod.
B. HAMANN: R., Kronprinz u. Rebell (Neuausg. ³1991).

**Rudolf, R. von Ems,** Dichter des 13. Jh. aus Hohenems (Vorarlberg); gilt als bedeutender Erzähldichter in der Nachfolge der Klassiker der mittelhochdt. Blütezeit. R. stammte aus ritterl. Geschlecht und war Ministeriale der Grafen von Montfort; er starb zwischen 1250 und 1254 in Italien, wohin er vermutlich KONRAD IV. begleitet hatte.
In der um 1220 entstandenen Erzählung ›Der gute Gerhard‹ (geschrieben im Auftrag des in den Diensten des Bischofs von Konstanz stehenden Ministerialen RUDOLF VON STEINACH, † nach 1227) steht zum ersten Mal ein Kaufmann im Mittelpunkt eines höf. Werkes. Von R.s Legendendichtungen ist das 1225/30 nach lat. Vorlage verfaßte ›Barlaam und Josaphat‹ erhalten; seine Eustachiuslegende ist verloren. Strittig ist die Chronologie der einer frz. Vorlage folgenden Minneromans ›Willehalm von Orlens‹ (nach 1235 geschrieben) und des unvollendet gebliebenen ›Alexander‹. Die Fürstenlehre des ›Alexander‹ dürfte für den jungen Stauferkönig KONRAD IV. bestimmt gewesen sein, dem R. auch den Auftrag für seine in über 80 Handschriften(-fragmenten) verbreitete ›Weltchronik‹ verdankte, die trotz ihrer mehr als 33 000 Verse unvollendet blieb.
Ausgaben: Barlaam u. Josaphat, hg. v. F. PFEIFFER (1843, Nachdr. 1965); Willehalm von Orlens, hg. v. V. JUNK (1905, Nachdr. 1967); Alexander, hg. v. V. JUNK, dems., 2 Bde. (1928–29, Nachdr. 1970); Weltchronik, hg. v. G. EHRISMANN (1915, Nachdr. 1967); Der guote Gêrhart, hg. v. J. A. ASHER (²1971).
X. VON ERTZDORFF: R. v. E. Unters. zum höf. Roman im 13. Jh. (1967); H. BRACKERT: R. v. E. Dichtung u. Gesch. (1968); R. SCHNELL: R. v. E. Studien zur inneren Einheit seines Gesamtwerkes (1969).

**Rudolf, R. von Fenis,** Schweizer Minnesänger aus dem Hause der Grafen von Neuenburg, wahrscheinlich RUDOLF II. († spätestens 1196). Fenis, heute Vinelz, ist sein Burgsitz am S-Ufer des Bieler Sees. Neben HEINRICH VON VELDEKE und v. a. FRIEDRICH VON HAUSEN ist R. der bedeutendste Vermittler der roman. Liebeslyrik mit ihrer Idee der hohen Minne ins Deutsche. Seine Lieder zeigen enge Berührungen mit Liedern von FOLQUET DE MARSEILLE und PEIRE VIDAL.

**Rudolf, R. von Fulda,** Geschichtsschreiber, * vor 800, † Fulda 8. 3. 865; war Schüler des HRABANUS MAURUS in Fulda (dort seit 812 in der Kanzlei tätig), dessen Nachfolger als Leiter der Klosterschule von 822 bis zu seinem Tod. Für HRABANUS MAURUS ordnete R. erstmals die Klosterurkunden und beschrieb das Leben der hl. LIOBA. Sein Bericht von der Übertragung der Gebeine des hl. ALEXANDER (›Translatio sancti Alexandri‹) nach Sachsen, den sein Schüler MEGINHARD zu Ende führte, enthält wertvolle Nachrichten zur sächs. Frühzeit, ebenso der von ihm verfaßte Teil der ›Annales Fuldenses‹ (838–63) zur Zeitgeschichte.
Ausgabe: Dtl.s Geschichtsquellen im MA.: Vorzeit u. Karolinger, bearb. v. W. WATTENBACH u. a., H. 6: Die Karolinger vom Vertrag von Verdun ..., bearb. v. H. LÖWE (1990).

**Rudolf, R. von Liebegg,** mittellat. Dichter, * Burg Liebegg (bei Willisau) vor 1280, † Beromünster 16. 7. 1332; war u. a. Domherr in Konstanz (1327/29); verfaßte von 1311/13 bis 1323/25 das ›Pastorale novellum‹, das umfänglichste Lehrbuch des MA. über die Sakramente (8 675 Verse), das weit verbreitet und oft kommentiert wurde.
Ausgabe: Pastorale novellum, hg. v. A. P. ORBÁN (1982).

**Rudolf, Leopold,** österr. Schauspieler, * Wien 3. 5. 1911, † ebd. 4. 6. 1978; ab 1945 Ensemble-Mitgl. des Theaters in der Josefstadt in Wien; bedeutender Charakterdarsteller, v. a. als Oswald in H. IBSENS ›Gespenstern‹ und in der Titelrolle in H. VON HOFMANNSTHALS ›Der Schwierige‹.

**Rudolfinische Tafeln** [nach Kaiser RUDOLF II.], lat. **Tabulae Rudolphinae,** von J. KEPLER auf der Grundlage der Beobachtungen T. BRAHES berechnetes Tabellenwerk zur Bestimmung der Himmelsörter von Sonne, Mond und (den fünf damals bekannten) Planeten, mit ausführl. Einleitung und Anleitungen zur Benutzung 1624 fertiggestellt, 1627 in Ulm erschienen. Das Werk setzte sich wegen seiner größeren Genauigkeit schnell gegen die →Alfonsinischen Tafeln und die →Prutenischen Tafeln durch und blieb für mehr als 100 Jahre Grundlage für astronom. Berechnungen.

**Rudolf|insel,** russ. **Rudolfa ostrow,** nördlichste Insel von →Franz-Josef-Land.

**Rudolfsee,** See in N-Kenia, →Turkanasee.

**Rudolfsheim-Fünfhaus,** der XV. Stadtbezirk von Wien.

**Rudolph, 1) Hermann,** Tänzer, Choreograph und Ballettmeister, * Chemnitz 22. 1. 1935; studierte an der Staatl. Ballettschule Berlin (Ost) und arbeitete nach seiner Tänzerkarriere als Ballettmeister und Choreograph v. a. in Berlin (Ost) und Potsdam. Seit 1967 (mit Unterbrechungen) Ballettchef in Chemnitz, gastierte R. auch an der Kom. Oper und Dt. Staatsoper Berlin (Ost).
Choreographien: Die drei Schwangeren (1976); Peer Gynt (1991).

**2) Niels-Peter,** Theaterregisseur und -intendant, * Wuppertal 2. 5. 1940; arbeitete als Regisseur u. a. in Bochum (ab 1963), Hamburg (1969), München (1970–72), Stuttgart und Berlin (1973); 1979–85 Intendant des Hamburger Schauspielhauses; inszenierte danach v. a. wieder in Stuttgart und Berlin, 1991/92 auch in Bochum; als Opernregisseur ist er seit 1987 in Stuttgart tätig.

**3) Paul,** Mathematiker und Physiker, * Kahla 14. 11. 1858, † Nürnberg 8. 3. 1935; schuf die Grundlagen für die modernen photograph. Objektive, indem er bei Zeiss in Jena den Anastigmat (1890), das Planar (1896), das Tessar (1902) und die Plasmate (1918 ff.) entwickelte.

4) **Paul Marvin,** amerikan. Architekt, * Elkton (Ky.) 23. 10. 1918; studierte bei W. GROPIUS an der Harvard University. 1958–65 war er Leiter der Architekturabteilung der Yale University in New Haven (Conn.). R. zählt zu den führenden amerikan. Architekten nach dem Zweiten Weltkrieg. Ausgehend vom Brutalismus, verwirklichte er unter dem Einfluß der Werke F. L. WRIGHTS und der Architekten der De-Stijl-Gruppe seine künstler. Position in sehr individueller Weise.

**Werke:** Mary Cooper Jewett Arts Center des Wellesley College in Wellesley, Mass. (1955–58); Highschool in Sarasota, Fla. (1958–59); Gebäude der Kunst- und Architekturabteilung der Yale University in New Haven (1958–62); Government Center in Boston, Mass. (1962–71).
P. R. Bauten u. Projekte. Einl. v. S. MOHOLY-NAGY (1970).

5) **Wilhelm Friedrich,** Maler und Graphiker, * Chemnitz 22. 2. 1889, † Dresden 30. 9. 1982; war 1932–38 Prof. an der Dresdner Akademie; erhielt 1938 Ausstellungsverbot; lehrte 1947–49 an der Hochschule für Bildende Künste in Dresden. In seiner Malerei (Porträts, Tier- und Landschaftsbilder) führte er mit impressionist. Gestaltungsmitteln die Tradition der Dresdner Malkultur weiter. In Zeichnungen und Holzschnitten, in denen er die Zerstörung des alten Dresden dokumentiert, gelangte er, ausgehend vom Expressionismus, zu einer spannungsvollen Synthese von Großformen und feinstrukturierter Binnenform.

**Rudolstadt,** 1) Kreisstadt in Thüringen, erstreckt sich über 8 km an der tief in eine Buntsandsteinplatte eingeschnittenen Saale, etwa 200 m ü. M., (1990) 31 800 Ew.; Thüringer Landesmuseum Heidecksburg-R. und Thüring. Staatsarchiv, Freilichtmuseum Thüringer Bauernhäuser, Schillergedenkstätten; Chemiefaserwerk (im Stadtteil Schwarza), Herstellung von Röntgenröhren und Möbeln, Porzellanmanufaktur, pharmazeut., Nahrungsmittel-, Metall- und Baustoffindustrie; Druckerei. – R. entstand um 1300 in Anlehnung an eine Burg und eine ältere slaw. Siedlung des frühen 9. Jh.s; 1326 erhielt R. Stadtrecht. Ab 1599 war es Hauptstadt zunächst der Grafschaft, später des Fürstentums (seit 1697) Schwarzburg-R., das 1920 in Thüringen aufging. – Schloß Ludwigsburg (1734); über der Stadt Schloß Heidecksburg (1737 ff. an der Stelle von Vorgängerbauten); Stadtkirche (1634–36).

2) Landkreis in Thüringen, 469 km², (1990) 67 600 Ew., überwiegend westlich der mittleren Saale gelegen; umfaßt v. a. die stark zertalten südöstl. Randplatten des Thüringer Beckens (Ilm-Saale-Platte, Ohrdrufer Platte, östlich der Saale die Saale-Sandsteinplatte), die aus Buntsandstein, im N auch aus Muschelkalk aufgebaut sind (nur stellenweise höher als 500 m ü. M.). Im S hat der Kreis auch Anteil am Thüringer Schiefergebirge (im Kreis bis 709 m ü. M.) beiderseits des landschaftlich reizvollen Schwarzatals (Erholungsgebiet). Er wird überwiegend forst- und landwirtschaftlich genutzt (Anbau von Getreide, Futterpflanzen, Kartoffeln, im Saale- und Schwarzatal auch von Gemüse; im S v. a. Grünlandnutzung durch Milchrinderhaltung). Die Industrie ist in Rudolstadt und Bad Blankenburg konzentriert. – Der Kreis R. gehörte vom 23. 7. 1952 bis zum 3. 10. 1990 zum Bez. Gera.

**Rudosem,** Bergbaustadt im Gebiet Plowdiw, S-Bulgarien, im Rhodopegebirge, (1988) 12 800 Ew.; wichtigste Anreicherungsanlage für Zink-, Blei- und Kupfererze (werden in der Umgebung abgebaut) in Bulgarien.

**Rudow** [-do], südöstl. Ortsteil des Verw.-Bez. Neukölln der Stadt Berlin, 12,5 km², (1987) 47 853 Ew.; der westl. Teil gehört zu der seit 1962 entstandenen →Gropiusstadt.

**Rudra,** der vedische Name des ind. Gottes Shiva; in der hinduist. Kunst in seiner zürnenden Erscheinung mit rollenden Augen, aufgerissenem Rachen, abstehenden Haaren und Ohrringen aus Schlangen dargestellt.

**Rueda** ['rweða], span. Weinbaugebiet in Kastilien, 700–800 m ü. M., südlich des mittleren Duero um Medina del Campo, 4700 ha Rebland; erzeugt werden alkoholreiche Weißweine, die zu mindestens 40 % (bei Superior mindestens 60 %) aus der heim. Verdejotraube stammen, daneben sherryähnl. Likörweine.

**Rueda** ['rweða], Lope de, span. Dramatiker, * Sevilla um 1505 (?), † Córdoba 21. 3. 1565; war der entscheidendste Wegbereiter des span. Theaters des Siglo de oro. Neben vier auf italien. Novellenstoffen fußenden Comedias (›La Eufemia‹, dt. ›Die Komödie Eufemia‹; ›Los engañados‹, dt. ›Die Komödie der Verwechslungen‹; ›Armelina‹; ›Medora‹; alle hg. 1567) und zwei Hirtenstücken verfaßte er v. a. derb-kom. Pasos (u. a. ›Las aceitunas‹, ›La tierra de Jauja‹, ›El rufián cobarde‹, ›El convidado‹). Mit diesen knappen, in Prosa geschriebenen Stücken, die Typen und Szenen aus dem niederen Alltagsleben auf die Bühne bringen, hat R. das Entremés des 17. und den Sainete des 18. und 19. Jh. vorbereitet.

**Ausgaben:** Teatro completo, hg. v. A. CARDONA DE GIBERT u. a. (³1979); Pasos, hg. v. F. GONZÁLEZ OLLÉ u. a. (³1984); Las cuatro comedias, hg. v. A. HERMENEGILDO (1985). – Dt. Ausw. in: Span. Theater, hg. v. M. RAPP, Bd. 1 (1868).
V. TUSÓN: L. de R. Bibliografía crítica (Madrid 1965); Das span. Theater, hg. v. K. PÖRTL (1985).

**Rueil-Malmaison** [rɥɛjmalmɛ'zɔ̃], Stadt im Dép. Hauts-de-Seine, Frankreich, im westl. Vorortbereich von Paris, (1990) 67 300 Ew.; Fachhochschule für Erdölprodukte; Gießereien, Herstellung von Waffen und Autoteilen sowie pharmazeut. Industrie. – Ehem. Schloß →Malmaison; in der Kirche Saint-Pierre-et-Saint-Paul Grabmäler der Kaiserin JOSÉPHINE und ihrer Tochter HORTENSE.

**Ruf, Der,** 1946–47 von A. ANDERSCH und H. W. RICHTER in München herausgegebene Kulturzeitschrift.

**Ruf,** 1) *Hochschulwesen:* Berufung eines Hochschullehrers auf eine Planstelle (Lehrstuhl) durch den Kultus-Min. des Bundeslandes aufgrund eines öffentl. Ausschreibung erstellten, meist drei Namen enthaltenden Berufungsvorschlags der Fakultät (Fachbereich). Der Min. kann bei Neueinrichtung eines Lehrstuhls eine Berufung auch ohne dieses Verfahren vornehmen. (→Professor)
In *Österreich* ist eine öffentl. Ausschreibung vorgeschrieben, in der *Schweiz* nicht in allen Kantonen, da sich das traditionelle Verfahren einer intern erstellten Vorschlagsliste der Fakultät z. T. erhalten hat.

2) *Recht:* →Leumund.

**Ruf,** 1) **Ruef, Ruof,** Jacob, schweizer. Schriftsteller, * Zürich um 1500, † ebd. 1558; war Stadtwundarzt in Zürich; schrieb viele erfolgreiche moralisch-didakt. Abhandlungen über bibl. Stoffe sowie die seinen Ruhm begründenden geistl. und weltl. Dramen nach bibl. und historisch-patriot. Stoffen, u. a. ›Ein hüpsch und lustig spyl ... von dem fromen und ersten Eydgenossen Wilhelm Thellen‹ (1545).

2) **Sep,** Architekt, * München 9. 3. 1908, † ebd. 29. 7. 1982; eröffnete 1931 in München ein Architekturbüro; lehrte an den Kunstakademien in Nürnberg und München. R. trat bes. hervor mit eleganten, klar gegliederten funktionalist. Bauten.

**Werke:** Akademie der Bildenden Künste in Nürnberg (1952–54); Max-Planck-Institut für Physik und Astrophysik

Rudolstadt 1)
Stadtwappen

in München (1953–57); Erweiterungsbau und Umbau des German. Nationalmuseums in Nürnberg (1956–67); Dt. Pavillon der Weltausstellung in Brüssel (1958, mit E. EIERMANN); St. Johann Capistran in München (1958–60); Erweiterungsbau der Bayer. Staatsbibliothek, ebd. (1959–66); Amerikan. Botschaft in Bonn-Bad Godesberg (1959); Amtssitz des Bundeskanzlers in Bonn (Kanzlerbungalow, 1963–65); Seminarkapelle in Fulda (1966–68).

H. WICHMANN: In memoriam S. R., Ausst.-Kat. (1985); ders.: S. R. (1986).

**Rufach,** frz. **Rouffach** [ru'fak], Stadt im Oberelsaß, im Dép. Haut-Rhin, Frankreich, 204 m ü. M., am Rand der Vogesenvorberge, (1990) 4 600 Ew. – In der Kirche Saint-Arbogast (ehem. Notre-Dame; 11.–14. Jh.) bedeutende Bauplastik; an der Place de la République das Alte Rathaus (16. und 17. Jh.), das Kornhaus (1569) mit Treppengiebel und das Neue Rathaus (19. Jh.); Bürgerhäuser des 16.–18. Jahrhunderts.

**Rufach:** Hexenturm (13. und 15. Jh.) und Altes Rathaus (16. und 17. Jh.)

**Ruf-Antwort-Form,** engl. **Call and response** ['kɔl ənd rɪ'spɔns], formbildendes Element der afroamerikanisch geprägten Musik, der Wechselgesang zw. Vorsänger und Chor, das Wechselspiel zw. Vokalist und Instrumenten oder z. B. bei der Kollektivimprovisation von Instrumenten untereinander. Die R.-A.-F. entstammt der afrikan. Musik, war Grundlage der Worksongs der afroamerikan. Sklaven und wichtiges gestalter. Moment ihrer Gottesdienste und deren Musik (Spiritual, Gospel), wo i. d. R. der Predigtvortrag des Geistlichen von chor. Antwortrufen der Gemeinde begleitet wird. Als zentrales, musikal. Spannung erzeugendes Element wurde die R.-A.-F. von Blues, Jazz, Soul, z. T. auch von der Rockmusik übernommen.

**Ruffini, 1)** Giovanni, italien. Schriftsteller, * Genua 20. 9. 1807, † Taggia (Prov. Imperia) 3. 11. 1881; wurde wegen Beteiligung an einem Versuch, G. MAZZINI zu befreien, zum Tode verurteilt (1833) und mußte deshalb fliehen; lebte bis 1848 im Exil in England und Frankreich. Schrieb meist in engl. Sprache. In seinem besten Werk, dem Roman ›Lorenzo Benoni‹ (engl. 1853, italien. 1854; dt.) verarbeitete er eigene Erlebnisse. In dem Roman ›Doctor Antonio‹ (engl. 1855, italien. 1856; dt.) versuchte er, Ausländern eine bessere Vorstellung seines Heimatlandes zu vermitteln. R. schrieb für G. DONIZETTI u. a. das Libretto zu dessen Oper ›Don Pasquale‹ (1843).

**2)** Paolo, italien. Mathematiker und Mediziner, * Valentano (bei Viterbo) 22. 9. 1765, † Modena 10. 5. 1822; Prof. für Mathematik und für Medizin in Modena. R. sprach als erster (1799) die Vermutung aus, Gleichungen fünften Grades seien nicht immer algebraisch auflösbar; lieferte wesentl. Beiträge zur Theorie der Permutationsgruppen, die v. a. von A. L. CAUCHY wieder aufgegriffen wurden.

**Ruffini-Körperchen** [nach dem italien. Biologen ANGELO RUFFINI, * 1864, † 1929], **Ruffini-Endkolben,** vermutlich Thermo- oder auch druck- und zugempfindl. Mechanorezeptoren (z. T. wohl auch beides in einem) in den unteren Schichten der Haut (v. a. in den Beugeseiten der Gliedmaßen), in der Mundschleimhaut, den Augenlidern, der Regenbogenhaut, dem Ziliarkörper und in der harten Hirnhaut; den Sehnenspindeln ähnl., 0,25–1,5 mm lange Gebilde, die aus einer kräftigen Bindegewebskapsel und einem ›Kern‹, d. h. einem Knäuel markloser, mit winzigen Knöpfchen versehener Nervenendigungen, bestehen. In die Kapsel treten eine oder mehrere markhaltige Nervenfasern ein.

**Ruffo,** Marco, russ. **Mark Frjasin,** italienisch-russ. Baumeister des 15./16. Jh.; von IWAN III. nach Moskau berufen, war am Bau der Kremlbefestigung beteiligt und errichtete mit P. A. SOLARI 1487–91 den Facettenpalast (Granowitaja Palata) im Kreml.

**Rufiji** [-dʒi] *der,* **Rufidschi,** Fluß im südöstl. Tansania, entsteht aus den Quellflüssen Kilombero und Luwegu, von dort ab 280 km lang, schiffbar, mündet mit breitem Delta gegenüber der Insel Mafia in den Ind. Ozean. Größter Nebenfluß: Ruaha.

**Rufina,** Ort in der Toskana, nordöstlich von Florenz, Italien, (1982) 5 400 Ew.; Zentrum eines eigenen Chianti-Weinbaugebiets.

**Rufinismus** [zu lat. rufus ›rot(haarig)‹] *der, -,* **Rotfärbung,** bei *Tieren* Farbabänderung, die dadurch entsteht, daß der schwarze Farbstoff auf einer roten Vorstufe verbleibt, z. B. bei Hochgebirgs- und Höhlentieren. Das Neuauftreten roter Farbstoffe heißt dagegen **Erythrismus.**

**Rufinus, Tyrannius R.,** lat. christl. Schriftsteller, * Concordia (bei Aquileja) um 345, † Messina 410 oder 411; hatte auf Reisen in den christl. Orient das Mönchtum kennengelernt und setzte sich im Westen für dessen Ideale ein. Seine als indirekte Quelle wichtigen Übersetzungen dienten der Verbreitung griechischer theolog. Werke, darunter die Kirchengeschichte des EUSEBIOS VON CAESAREA (* zw. 260 und 265, † 339/340) sowie die Schriften GREGORS VON NAZIANZ. Wegen der Übersetzung von ORIGENES' ›Peri archon‹ (lat. ›De principiis‹), in der er einige Stellen als angebl. Fälschungen von Gegnern des ORIGENES änderte, kam es zu einem Protest des HIERONYMUS.

**Rufisque** [ry'fisk], Handels- und Industriestadt in Senegal, an der S-Küste der Kap-Verde-Halbinsel, am Atlantik, 30 km östlich von Dakar, (1983) 125 500 Ew.; Zement-, Textil-, Schuh-, armazeut. u. a. Fabriken; Ölmühle (Erdnüsse), Granitbearbeitung; Fischerei-(früher auch Handels-)hafen, Bahnstation.

**Rufiyaa,** Abk. **Rf,** Währungseinheit der Malediven, 1 R. = 100 Laari.

**Rufmord,** die Zerstörung des guten Rufs einer Person durch planmäßige öffentliche Verleumdung (→ Beleidigung).

**Rufnamen,** → Personennamen.

**Rúfus,** Milan, slowak. Lyriker, * Závažná Poruba (bei Liptovský Mikuláš) 10. 12. 1928; steht in seinem Frühwerk, das durch die Nachkriegszeit bestimmt ist, der Avantgarde nahe, suchte später Verbindung zu Malerei, Musik, Photographie sowie zur Folklore.

Werke: *Lyrik:* Až dozrieme (1956; dt. Ausw. u. d. T. Bis wir reifen); Zvony (1968); Stôl chudobných (1972; dt. Ausw. u. d. T. Der Tisch der Armen); Hudba tvarov (1977).

**Rugby** ['rʌgbɪ; nach der Stadt Rugby, wo 1823 die heutige Spielform entstand] *das, -(s),* Kampfspiel zw. zwei Mannschaften mit i. d. R. je 15 Spielern. Diejenige Mannschaft gewinnt, die die meisten Punkte erzielt. Dazu muß ein ovaler Ball in eine Torzone (**Malfeld**) hinter dem gegner. Tor gelegt oder über die Torlatte getreten werden. Die Maße des luftgefüllten Balles betragen: Länge 27,9–28,6 cm, Umfang über die Länge 76,2–78,7 cm, Umfang über die Breite 61,0–64,1 cm; Gewicht zw. 382 und 425 g. Spielzeit: 2 × 40 Minuten mit einer Pause von 5 Minuten.

*Regeln:* Das Spiel beginnt mit Antritt. Danach darf der Ball geworfen, getreten, gefangen und getragen werden; der Ballträger darf gefaßt und zu Boden gebracht werden und muß daraufhin den Ball sofort freigeben. Er kann ihn nach hinten oder zur Seite abwerfen. Gerät der Ball über eine Marklinie (Auslinie), erhält die nicht schuldige Mannschaft den Einwurf. Einen Freitritt erhält ein Spieler zugesprochen, der den von einem gegner. Spieler getretenen oder nach vorn geworfenen Ball fängt und ›Marke‹ ruft. Beim R. gelten ausführl. Abseitsregeln.

Punkte können durch Hand- und Fußspiel gewonnen werden. Es zählen: ein Versuch = 4 Punkte, ein Versuch mit nachfolgendem Treffer durch Tritt (erhöhter Versuch) = 6 Punkte, ein Treffer von einem Frei- oder Straftritt = 3 Punkte, ein Treffer von einem Sprungtritt (der Ball fällt aus der Hand auf den Boden und wird sofort getreten, wenn er hochspringt) = 3 Punkte. Bei Behinderung durch die gegner. Mannschaft kann der Schiedsrichter einen Strafversuch zusprechen.

*Organisationen:* Der Dt. Rugby-Verband (DRV), gegr. 1900 (wiedergegr. 1950; Sitz: Kassel) ist Dachverband in der Bundesrep. Dtl., ihm schloß sich der 1958 gegründete Dt. Rugby-Sportverband (DRSV) der DDR, Sitz: Berlin (Ost), nach dem Beitritt der Dt. Dem. Rep. zur Bundesrep. Dtl. an. – In der *Schweiz* besteht seit 1972 der Schweizer. Rugby-Verband (SRV), Sitz: Lausanne. Internat. Rugby-Verband ist die Fédération Internationale de Rugby Amateur (FIRA), gegr. 1935, Sitz: Paris. Ihr gehören die englisch sprechenden, im R. bedeutenden europ. und Überseenationen nicht an. Diese sind im 1886 gegründeten International Rugby Football Board, Sitz: London, zusammengeschlossen. Zu dessen Mitgl. zählen neben England, Schottland, Wales und Irland noch Australien, Neuseeland und die Rep. Südafrika. Frankreich, Voll-Mitgl. der FIRA, ist assoziiertes Mitglied.

**Rugby** ['rʌgbɪ], Stadt in der Cty. Warwickshire, Mittelengland, (1981) 59 600 Ew.; James Gilbert Rugby Football Museum; elektrotechn. Industrie, Eisenbahnwerkstätten; Viehmärkte; Eisenbahnknotenpunkt.

**Ruge,** Arnold, Politiker und Publizist, * Bergen/Rügen 13. 9. 1802, † Brighton 31. 12. 1880; engagierter Burschenschafter; 1832–41 Privatdozent in Halle/Saale; begründete 1838 gemeinsam mit T. ECHTERMEYER die ›Hallischen Jahrbücher für dt. Wiss. und Kunst‹ (Organ der Junghegelianer). Nach deren Verbot gab er 1844 in Paris mit K. MARX die ›Dt.-Frz. Jahrbücher‹ heraus. Er trennte sich als bürgerlichradikaler Demokrat von MARX, als dieser zunehmend seine kommunist. Position bezog. R. nahm als Vertreter der äußersten Linken an der Frankfurter Nationalversammlung teil. Lebte ab 1850 in Großbritannien und vollzog 1866 mit dem Manifest ›An die dt. Nation‹ seinen Anschluß an BISMARCKS Politik der Reichseinigung. – Philosophisch gehört er mit MARX und L. FEUERBACH dem extrem linken Flügel der Schule HEGELS an und kritisiert aus dieser antispekulativen Perspektive v. a. die Romantik und ihre idealist. Metaphysik.

*Weitere Werke:* Die Platon. Ästhetik (1832); Neue Vorschule der Ästhetik (1836); Aus früherer Zeit, 4 Bde. (1862–67).

*Ausgaben:* Ges. Schr., 10 Bde. (1846–48); Briefwechsel u. Tagebuchbl. aus den Jahren 1825–1880, hg. v. P. NERRLICH, 2 Bde. (1886).

Die Hegelsche Linke. Dokumente zu Philosophie u. Politik im dt. Vormärz, hg. v. H. u. I. PEPPERLE (1985).

**Rüge** [mhd. rüege, zu ahd. ruogen ›anklagen‹], Tadel, Anklage, Beschwerde, v. a. im Bereich des Rechts.

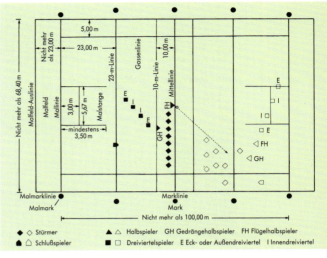

Rugby: Spielfeld

Im *Prozeßrecht* die Behauptung einer Partei, das Gericht habe das Verfahrensrecht (**Verfahrens-R.**) oder das materielle Recht (**Sach-R.**) falsch angewendet, oder eine Parteihandlung des Gegners verletze Vorschriften des Verfahrensrechts. Soweit sie nicht von Amts wegen zu beachten sind, können bestimmte Fehler durch rügelose Einlassung geheilt werden (§ 295 ZPO). Im *Zivilrecht* ist die **R.-Pflicht** die unter Kaufleuten bestehende Pflicht, den Mangel einer Ware dem Verkäufer sofort anzuzeigen, andernfalls gilt die Ware als genehmigt (§ 377 HGB).

Im dt. Recht des MA. ist R. die Anzeige von Verbrechen im **R.-Verfahren**. Dieses war schon zur Karolingerzeit ein amtl. Verfahren zur Ermittlung von Verbrechen, die nicht durch den Verletzten vor Gericht gebracht wurden, sondern durch die vom Grafen oder Königsboten vereidigten **R.-Geschworenen** oder **R.-Zeugen** (lat. **iuratores**). Aus dem fränk. R.-Verfahren entwickelten sich die westfäl. →Femgerichte.

**Rügebräuche,** früher häufige volksbräuchl. Formen des Aufdeckens und Verurteilens von Verstößen gegen die durch Herkommen und Sitte geprägten Verhaltensnormen. R. sind auf Ehre und Ansehen des Gerügten gerichtet, teils drastisch-brutal, teils scherzhaft. Die Art des R. richtet sich nach Anlaß und Trägergruppe: Aufstellen von Schandmalen, Aussingen, Verlesen von Sündenregistern, Hänseln, Lärmaufzüge (Haberfeldtreiben), Anprangern, Scheren, Entkleiden, Wassertauchen und anderes mehr. – Heute ist v. a. Fastnacht ein traditioneller Termin der Kritik und Rüge.

M. SCHARFE: Zum Rügebrauch, in: Hess. Bl. für Volkskunde, Bd. 61 (1970).

**Rügen, 1)** Ostseeinsel in Mecklenburg-Vorpommern, mit 926 km² größte dt. Insel, (1989) 85 200 Ew.; im S durch den Greifswalder Bodden und den 2,5 km breiten Strelasund, der vom 2,45 km langen **Rügendamm** (seit 1936) gequert wird, vom Festland getrennt. Die Insel besteht aus einzelnen mesozoischen Kreide- und diluvialen, von Endmoränen gebildeten Inselkernen mit Steilküsten, die durch Nehrungen verbunden sind und Halbinseln bilden: Die Halbinseln Wittow (im NW; mit Kap Arkona, dem nördlichsten Punkt) und Jasmund (im NO) sind durch die Nehrung Schaabe verbunden, Jasmund mit Granitz (im O) durch die Nehrung Schmale Heide und Granitz mit Mönchgut (im SO) durch die Baaber Heide. Hidden-

Rugby: Ball

Arnold Ruge

see wurde 1308 durch eine Sturmflut von R. getrennt. Zw. den Inselkernen von R. greift die Boddenküste oft weit ins Land ein (v. a. im N, innerer Teil: Großer Jasmunder Bodden) und gliedert den Küstenverlauf stark. Höchste Erhebung ist der Piekberg (161 m ü. M.) auf Jasmund. Ein Sechstel der Insel ist bewaldet (Buchen auf den Inselkernen, Kiefern auf den Sandflächen, bes. der Nehrungen). Auf den fruchtbaren Grundmoränen werden Getreide, Kartoffeln, Zuckerrüben und Futterpflanzen angebaut; außerdem Grünlandwirtschaft mit Rinderzucht, auf trockenen Flächen auch Schafzucht. Auch Fischfang und -verarbeitung (Saßnitz, Putbus) sowie Kreidegewinnung (bei Saßnitz) spielen eine Rolle. Große wirtschaftl. Bedeutung hat der Fremdenverkehr, v. a. dank der zahlreichen Ostseebäder, bes. an der O- und N-Küste (Binz, Thießow, Sellin, Baabe, Göhren; Lohme, Glowe). Die Kreideküste von Stubbenkammer (NO-Küste von Jasmund) ist Nationalpark (30 km²), die Granitz mit Mönchgut und das anschließende Küstengebiet bis Putbus sowie der Rügische Bodden mit der Insel Vilm bilden das Biosphärenreservat Südost-Rügen (228 km²). Der Nationalpark Vorpommersche Boddenlandschaft reicht bis an die W-Küste R.s. Von Saßnitz verkehren Eisenbahnfähren nach Trelleborg (Schweden) und (im Sommer) nach Rønne (auf Bornholm) sowie (vom 1986 in Betrieb genommenen Fährhafen Mukran) nach Memel (Litauen).

**Rügen 1):** Übersichtskarte

R., das reiche Spuren vor- und frühgeschichtl. Besiedlung trägt, war vermutlich seit 500 v. Chr. von german. Rugiern besiedelt. Ihnen folgten im 6. Jh. n. Chr. slaw. Ranen. Diese wurden 1168 von König WALDEMAR von Dänemark unterworfen und christianisiert. Die auf R. 1162–1325 herrschenden Fürsten waren Lehnsträger der dän. Krone. 1325 fiel R. an Pommern. Im Westfäl. Frieden wurde es 1648 schwedisch. 1815 kam es zu Preußen, 1945 als Teil Vorpommerns an das Land Mecklenburg. 1952–90 gehörte es dem Bez. Rostock in der Dt. Dem. Rep. an.

Ralswiek u. R. Landschaftsentwicklung u. Siedlungs-Gesch. einer Ostseeinsel, hg. v. J. HERRMANN, auf mehrere Bde. ber. (1986 ff.).

**2)** Landkreis in Mecklenburg-Vorpommern, 973 km², (1990) 87 200 Ew.; umfaßt die Inseln Rügen, Ummanz und Hiddensee.

**Rugendas,** Johann Moritz, Maler und Zeichner, \* Augsburg 29. 3. 1802, † Weilheim an der Teck 29. 5. 1858; ausgebildet in München bei L. QUAGLIO II und A. ADAM. R. wurde bekannt durch seine Reisestudien aus Südamerika (1821–25 und 1831–47); auch Vegetationszeichnungen für A. VON HUMBOLDT.

G. Richert: J. M. R. (1959); R. BINDIS: R. en Chile (Santiago de Chile 1973); J. M. R. in Mexiko, bearb. v. R. LÖSCHNER, Ausst.-Kat. (1984).

**Rügenwalde,** poln. **Darłowo** [da'rṷɔvɔ], Stadt in der Wwschaft Koszalin (Köslin), Polen, an der Mündung der Wipper in die Ostsee, (1989) 15 500 Ew.; Museum; Fischereihafen und Strandbad im Stadtteil Rügenwaldermünde (poln. Darłówko); Maschinenbau, Schuh- und Nahrungsmittelindustrie, Herstellung von Fischernetzen und Glas. - R., 1271 gegründet, 1312 als Neugründung wiederum angelegt, war 1361 Mitgl. der Hanse. 1945 kam R. unter poln. Verwaltung, seit 1991 gehört es völkerrechtlich verbindlich zu Polen. - Schloß (14.–17. Jh.; mehrfach Residenz der Herzöge von Pommern, got. Marienkirche (14.–16. Jh.), barockes Rathaus (1725), Gertrudenkapelle (15. Jh.), Reste der Stadtmauer (14. Jh.).

**Rugge,** Heinrich von, mhd. Lyriker, → Heinrich, H. von Rugge.

**Ruggiero** [rud'dʒɛːro, italien.] *der,* -/-s, v. a. im Italien der 1. Hälfte des 17. Jh. ein musikal. Satzmodell für (improvisierte) Lieder, Tänze und instrumentale Variationen (z. B. von G. FRESCOBALDI). Der R. besteht aus zwei harmonisch durch Halb- und Ganzschluß aufeinander bezogenen Viertaktern in Dur und geradem Takt bei weitgehend konstanter Baßführung.

**Rugiler, Rugen,** lat. **Rugi, Rugii,** ostgerman. Stamm, in vorgeschichtl. Zeit an der unteren Weichsel, dann in Pommern und vermutlich auf Rügen ansässig, zur Gruppe der Weichselgermanen (→ Germanen) gerechnet. Die R. wanderten im 4. Jh. südwärts, kamen unter hunn. Herrschaft und ließen sich dann in Niederösterreich (›Rugiland‹) nieder. 487/488 wurde ihr Reich von ODOAKER zerstört. Ein Teil der R. schloß sich den Ostgoten an.

**Rugieri** [ru'dʒɛːri], **Ruggieri** [rud'dʒɛːri], Francesco, italien. Geigenbauer, \* 1620, † um 1695; Schüler N. AMATIS, arbeitete wie auch seine Söhne GIACINTO und VINCENZO (beide nachgewiesen bis 1730) in Cremona. Ihre Instrumente (v. a. Violinen und Violoncelli) bestechen durch einen zarten und dennoch tragenden Ton.

**Rugosa** [lat. ›die Faltige‹], → Runzelkorallen.

**Ruhegehalt,** *Beamtenrecht:* lebenslanger Versorgungsbezug, der dem Beamten, Richter, Berufssoldaten und gleichgestellten Personen bei Dienstunfähigkeit oder Altersversorgung unter seiten des Dienstherrn zusteht. Das R. der im → Ruhestand befindl. Beamten richtet sich nach dem Beamtenversorgungs-Ges. vom 24. 8. 1976 i. d. F. v. 24. 10. 1990 (§§ 4–15), das die einschlägigen Vorschriften der Beamtengesetze abgelöst hat. Danach wird ein R. nur gewährt, wenn der Beamte mindestens 5 Jahre im Dienst war (bei Dienstzeiten unter 5 Jahren kann ein Unterhaltsbeitrag gezahlt werden) oder infolge Krankheit, Verwundung oder sonstiger Dienstbeschädigung dienstunfähig geworden ist, oder wenn er in den einstweiligen Ruhestand versetzt worden ist. Das R. wird auf der Grundlage der ruhegehaltsfähigen Dienstbezüge (→ Besoldung) und der ruhegehaltsfähigen Dienstzeit berechnet. Angerechnet wird i. d. R. diejenige Dienstzeit, die der Beamte nach Vollendung des 17. Lebensjahrs in dem Beamtenverhältnis verbracht hat. Als ruhegehaltsfähig gelten auch Wehrdienst, Kriegsgefangenschaft und vergleichbare Zeiten. In bestimmten Fällen können überdies Zeiten in einem privatrechtl. Arbeitsverhältnis im öffentl. Dienst und bis zur Hälfte Tätigkeiten als Rechtsanwalt u. a. angerechnet werden. Die Höhe des R. beträgt nach der zum 1. 1. 1992 in Kraft getretenen Neuregelung für jedes Jahr ruhegehaltsfähiger Dienstzeit 1,875 % der ruhegehaltsfähigen Dienstbezüge, insgesamt jedoch höchstens 75 %. Für bestimmte Fälle gelten Übergangsregelungen.

Für ehemalige Bundeswehrsoldaten sind entsprechende Bestimmungen im Soldatenversorgungs-Ges. i. d. F. v. 5. 3. 1987 enthalten.

Nach dem Beitritt der ehem. Dt. Dem. Rep. gilt das Beamtenversorgungs-Ges. auch für deren vormalige Öffentlichbedienstete, soweit sie nach dem Beitritt in das Beamtenverhältnis übernommen wurden und nach dem 3. 10. 1990 eine Dienstzeit von wenigstens 5 Jahren ableisten. Ansonsten gelten Übergangsbestimmungen.

In *Österreich* erhalten Bundesbeamte nach dem Pensionsgesetz 1965 nach frühestens 10 Jahren ruhegenußfähiger Gesamtdienstzeit 50 % des letzten Gehalts (einschließlich anrechenbarer Zulagen). Dieser Prozentsatz erhöht sich für jedes weitere ruhegenußfähige Dienstjahr um 2 %, so daß der Beamte bei einer ruhegenußfähigen Gesamtdienstzeit von 35 Jahren den maximalen Ruhegenuß von 80 % des letzten Gehalts erreicht. Für Landesbeamte gilt ähnliches.

In der *Schweiz* bestehen für die Beamten des Bundes und der Kantone Versicherungseinrichtungen (Eidgenöss. Versicherungskasse, kantonale Beamtenpensionskassen), an die period. Beiträge bezahlt werden. Nach Erreichung der Altersgrenze hat der Beamte Anspruch auf eine Rente, die von Dauer und Höhe der Beitragsleistung abhängig ist. Seit 1985 ist aufgrund des Bundes-Ges. über die berufl. Vorsorge die Pensionsversicherung auch für Arbeitnehmer der privaten Wirtschaft obligatorisch. (→Versorgung)

**Ruhekleid,** die relativ schlicht aussehende Körperdecke der Männchen vieler Tiere in der Zeit zw. den Paarungs- bzw. Brutzeiten, wenn in diesen ein besonderes Prachtkleid (→Hochzeitskleid) ausgebildet wird, wie dies bei vielen Fischen, Amphibien und den meisten Vögeln (bei diesen wird das R. auch **Schlichtkleid** genannt) der Fall ist.

**Ruhemasse, Ruhmasse,** diejenige →Masse 3) $m_0$, die ein Teilchen oder Körper für einen relativ zu ihm ruhenden Beobachter besitzt. Ist das Teilchen hingegen relativ zum Beobachter bewegt, tritt die relativist. Massenzunahme auf (→Relativitätstheorie). Elementarteilchen mit der R. Null (→Photon, unsicher bei →Neutrinos) und endl. Energie breiten sich stets mit Lichtgeschwindigkeit aus. (→Ruhenergie)

**Ruhen des Verfahrens,** *Zivilprozeß:* besonderer Fall der Aussetzung; ein Verfahrensstillstand, der vom Gericht angeordnet wird, wenn ihn beide Parteien wegen schwebender Vergleichsverhandlungen oder aus sonstigen wichtigen Grund beantragen oder wenn beide im Termin ausbleiben. Die Aufnahme des Verfahrens ist vor Ablauf von drei Monaten nur mit Zustimmung des Gerichts zulässig (§§ 251, 251a ZPO).

Das *österr.* Recht stimmt im wesentlichen mit den Vorschriften der Bundesrep. Dtl. überein (§§ 168–170 ZPO). – In der *Schweiz* bestimmt das Prozeßrecht der Kantone und für Einzelfälle das Bundesrecht, wann das R. d. V. **(Sistierung, Einstellung)** angeordnet werden kann.

**Ruh|energie,** das aufgrund der →Masse-Energie-Äquivalenz einem Teilchen mit der →Ruhemasse $m_0$ eigene Energieäquivalent $E_0 = m_0 c^2$ ($c$ Vakuumlichtgeschwindigkeit); die R. wird i. a. in →Elektronvolt angegeben.

**Ruhepause,** *Arbeitsrecht:* die im voraus festgesetzten Zeiten der Arbeitsunterbrechung, die i. a. nicht vergütungspflichtig sind (Frühstücks-, Mittagspause). § 12 Arbeitszeitordnung schreibt bei einer Arbeitszeit von mindestens sechs Stunden R. von mindestens 30 Minuten oder zweimal 15 Minuten vor. Dagegen sind **Kurz-** und **Betriebspausen** zu vergüten, soweit sie arbeits- oder kollektivvertraglich vorgesehen sind. (→Ruhezeit)

**Ruhepotential,** *Physiologie:* →Aktionspotential.

**Ruhestadi|en, Ruheperioden,** bei vielen Lebewesen Zeiten mit stark verminderter Stoffwechseltätigkeit derart, daß die körperl. Aktivität ruht, der Stoffwechsel (stark) vermindert ist und das Wachstum bzw. die Entwicklung unterbrochen sind. Dabei können niedere Temperaturen oder/und besondere Lichtverhältnisse (niedere Lichtintensität, kurze tägl. Beleuchtungsdauer), auch bes. hohe Temperaturen oder Trockenheit, zusätzlich auch hormonelle Einflüsse von Bedeutung sein. R. bei *Pflanzen* sind u. a. Winterruhe, Knospenruhe, Samenruhe, bei *Tieren* Kältestarre, Trockenstarre, Trockenruhe, Trockenschlaf, Sommerschlaf, Winterruhe, Winterschlaf. (→Dauerstadien)

**Ruhestand,** *öffentl. Dienstrecht:* Rechtsstellung eines i. d. R. auf Lebenszeit berufenen Beamten oder Geistlichen nach Beendigung des aktiven Dienstes. Für Beamte sind das Bundesbeamtengesetz, das Beamtenrechtsrahmengesetz, das Beamtenversorgungsgesetz sowie die Landesbeamtengesetze maßgeblich. Sonderbestimmungen gelten für Richter, Soldaten und Polizeibeamte. Ein Beamter tritt in den R. kraft Gesetzes bei Erreichen der allgemeinen Altersgrenze (65. Lebensjahr) oder durch Versetzung in den R. wegen Dienstunfähigkeit. Vor Erreichen der allgemeinen Altersgrenze und ohne Nachweis der Dienstunfähigkeit kann ein Beamter auf Lebenszeit auf Antrag als Schwerbehinderter frühestens bei Vollendung des 60. Lebensjahres, sonst frühestens mit 62 Jahren in den R. versetzt werden (§ 42 Bundesbeamten-Ges.); →politische Beamte können jederzeit in den **einstweiligen R.** versetzt werden. Dem Ruhestandsbeamten steht u. a. ein →Ruhegehalt und die Befugnis zu, seine letzte Amts-Bez. mit dem Zusatz ›außer Dienst (a. D.)‹ zu führen; auch bleibt er weiterhin beihilfeberechtigt. Für ihn gelten bestimmte Pflichten des Beamtenrechts weiter, z. B. Treuepflicht und Amtsverschwiegenheit.

In der ehem. Dt. Dem. Rep. entfiel die Versetzung in den R. mit der Beseitigung des Berufsbeamtentums. Für Hochschullehrer wurde sie jedoch 1968 wieder eingeführt. Mit der Vereinigung ist das westdt. Beamtenrecht mit gewissen Maßgaben auf das Beitrittsgebiet ausgedehnt worden.

In *Österreich* treten Bundesbeamte nach dem Beamtendienstrechtsgesetz 1979 mit Ablauf des 65. Lebensjahres in den R. Von sich aus kann der Beamte seine Versetzung in den R. frühestens mit Vollendung des 60. Lebensjahres bewirken. Ähnl. Regelungen gelten für Richter nach dem Richterdienstgesetz 1961 und auf Landesebene für die Landesbeamten. Für Hochschullehrer bestehen Sonderregelungen. Neben den Bestimmungen über die Versetzung in den R. aus Altersgründen ist eine solche aus anderen Gründen möglich (wegen dauernder Dienstunfähigkeit oder disziplinärer Verfehlungen).

In der *Schweiz* werden die Beamten für eine bestimmte Amtsdauer gewählt, wobei die Wiederwahl die Regel darstellt. Nach Erreichen des Pensionsalters hat der Beamte Anspruch auf die Leistungen einer Altersversicherung. Die gleiche Regelung gilt auch für Arbeitnehmer der privaten Wirtschaft: Gemäß Art. 34$^{quater}$ der Bundes-Verf. trifft der Bund Maßnahmen für eine ausreichende Alters-, Hinterlassenen- und Invalidenvorsorge (AHV) und im Rahmen der berufl. Vorsorge Maßnahmen, um den Betagten, Hinterlassenen und Invaliden zusammen mit den Leistungen der AHV die Fortsetzung der gewohnten Lebenshaltung in angemessener Weise zu ermöglichen.

# Ruhe  Ruhestörung – Ruhner Berge

Gerhard Rühm

Heinz Rühmann

Peter Rühmkorf

**Ruhestörung,** unberechtigt erzeugter Lärm, der geeignet ist, die Allgemeinheit oder einzelne Personen erheblich zu belästigen oder gesundheitlich zu schädigen. R. ist allg. als Ordnungswidrigkeit verfolgbar (§ 117 Ordnungswidrigkeiten-Ges.). Bürgerlich-rechtlich verankern §§ 906, 1 004 BGB einen Unterlassungsanspruch gegen (v. a. nachbarschaftl.) R. Die Rechtsprechung hierzu ist weitgefächert. Z. B. hat niemand einen Anspruch, aus Anlaß von Familienfeiern o. ä. die Abend- oder Nachtruhe seiner Umgebung zu beeinträchtigen.
In *Österreich* wird R. als Verwaltungsübertretung bestraft. Die *Schweiz* überläßt die Ahndung kantonalem Recht.
⇨ *Immission · Lärm · Lärmschutz*

**Ruhe|strombetrieb,** *Elektrotechnik:* Betriebsweise einer elektr. Anlage (Auslöser, Relais, Alarmanlage), in der ständig ein Strom (Ruhestrom) fließt. Ein Schaltvorgang wird erst ausgelöst, wenn der Stromfluß unterbrochen wird; Ggs.: Arbeitsstrombetrieb.

**Ruhesystem,** ein physikal. → Bezugssystem 1), in dem der betrachtete Körper oder das Teilchen ruht; handelt es sich um kein Inertialsystem (z. B. bei Kreisbewegung), treten im R. Trägheitskräfte auf. Ein R. existiert nur für Teilchen, die sich mit einer Geschwindigkeit kleiner als die Lichtgeschwindigkeit bewegen und eine → Ruhemasse besitzen.

**Ruhe|umsatz,** der → Grundumsatz.

**Ruhezeit, arbeitsfreie Zeit,** arbeitsrechtlich die Zeit zw. Beendigung der tägl. Arbeit und ihrer Wiederaufnahme an nächsten Arbeitstag oder der nächsten Schicht. Nach § 12 Arbeitszeitordnung muß bei erwachsenen Arbeitnehmern die ununterbrochene R. mindestens 11 Stunden, nach § 13 Jugendarbeitsschutz-Ges. bei Jugendlichen mindestens 12 Stunden betragen. Im Gast-, Schank- und Verkehrsgewerbe darf die R. für Erwachsene auf 10 Stunden verkürzt werden. (→ Ruhepause)

**Ruh|impuls,** Produkt aus der → Ruhemasse $m_0$ eines Teilchens und der Vakuumlichtgeschwindigkeit $c$: $p_0 = m_0 c = E_0/c$ ($E_0$ Ruhenergie); Komponente des Viererimpulses (Energie-Impuls-Vektor).

**Ruhla,** Stadt im Kreis Eisenach, Thüringen, 350–480 m ü. M., im nordwestl. Thüringer Wald, (1990) 5 600 Ew.; Heimatmuseum; Erholungsort; Uhrenherstellung, elektrotechn. Industrie, Werkzeugmaschinenbau und Holzverarbeitung. – Der 1321 erstmals genannte Ort wurde 1640 in einen eisenach. und einen gothaischen Teil geteilt; 1921 wurden die beiden Teile zu einer Stadt zusammengelegt.

**Ruhland,** Stadt im Kr. Senftenberg, Brandenburg, 98 m ü. M., an der Schwarzen Elster, im südl. Lausitzer Braunkohlengebiet, (1990) 4 400 Ew.; Stahl- und Anlagenbau, Druckerei und Papierverarbeitung.

**Ruhm** [ahd. (h)ruom, urspr. ›Geschrei (mit dem man sich brüstet)‹], das über den normalen Lebenskreis hinausreichende Ansehen eines Menschen, das universal sein kann (Welt-R.). R. bezieht sich im Unterschied zur Ehre weniger auf die Person als auf die Taten und Leistungen eines Menschen. In vielen Epochen galt der R. als eines der höchsten dem Menschen erreichbaren Güter, Nach-R. als eine Form der Unsterblichkeit (so in der griech.-röm. Antike und in der Renaissance). Das sittl. Urteil unterscheidet den R. als ein Zeichen hoher Verdienste vom R. als ein Motiv des Handelns (R.-Sucht).

**Rühm,** Gerhard, österr. Schriftsteller, * Wien 12. 2. 1930; schloß sich Mitte der 1950er Jahre mit u. a. F. ACHLEITNER, H. C. ARTMANN, K. BAYER und O. WIENER zur → Wiener Gruppe zusammen, von der nachhaltige Einflüsse auf die österr. Literatur nach 1945 wie auch auf die → konkrete Poesie ausgingen. R. geht es in seinen Arbeiten v. a. um die Sichtbarmachung von Möglichkeiten und Grenzen von Sprache und Denken. Prägend sind dabei seine Herkunft von der Musik und seine Hinwendung zur bildenden Kunst, die seinem Werk multimedialen Charakter und Vielschichtigkeit des Ausdrucks verleihen. R. bedient sich einer breiten Palette von Gestaltungsarten, so der Lautdichtung, der Textmontage und der Mundartdichtung sowie der Möglichkeiten des Theaters und des Hörspiels. Seine Zeichnungen begreift R. als ›Energiefelder‹, als ›Musik des Schweigens‹. R. erhielt 1983 den Hörspielpreis der Kriegsblinden, 1991 den Großen Österr. Staatspreis.
**Ausgaben:** Ges. Gedichte u. visuelle Texte (1970); Ophelia u. die Wörter. Ges. Theaterstücke 1954–1971 (1972); Geschlechterdings. Chansons, Romanzen, Gedichte (1990).
G. R., Zeichnungen, bearb. v. P. WEIERMAIR (Salzburg 1987).

**Rühmann,** Heinz, Schauspieler, * Essen 7. 3. 1902; ab 1939 ⚭ mit der Schauspielerin HERTHA FEILER (* 1916, † 1970); Engagements (ab 1920) u. a. an den Münchner Kammerspielen, am Dt. Theater und am Preuß. Staatstheater (1938–43) in Berlin. Durch seine Filme (ab 1926) beliebter Komiker und Charakterdarsteller; auch Regisseur und Rezitator; Fernsehrollen.
**Filme:** Der Mustergatte (1937); Quax, der Bruchpilot (1941); Die Feuerzangenbowle (1944); Charley's Tante (1956); Der Hauptmann von Köpenick (1956); Es geschah am hellichten Tag (1958); Der Eiserne Gustav (1958); Der brave Soldat Schwejk (1960); Der Tod des Handlungsreisenden (1968, Fernsehfilm).
H. H. KIRST u. M. FORSTER: Das große H. R. Buch (1990).

**Ruh|masse,** die → Ruhemasse.

**Ruhmesblume, Papageienblume, Clianthus,** Gattung der Schmetterlingsblütler mit nur zwei Arten in den austral. Trockengebieten und im nordöstl. Neuseeland; aufsteigende oder fast kletternde Sträucher oder Halbsträucher mit unpaarig gefiederten Blättern und großen, roten oder zwei- bis dreifarbigen, achselständigen Blüten; in den wärmeren Ländern beliebte Gartenpflanze.

**Ruhmeskrone, Prachtlili|e, Gloriosa,** Gattung der Liliengewächse mit der einzigen formenreichen Art Gloriosa superba in den Tropen der Alten Welt; Lianen der Waldränder, die mit Hilfe ihrer zu Ranken ausgezogenen Blattspitzen klettern; die lange, verzweigte Achse entspringt einem knolligen Wurzelstock; Blüten groß, auf langen, einblütigen Stielen mit sechs zurückgebogenen, meist gekrausten, scharlachfarbenen, gelben oder auch weißen Blumenblättern; beliebte Zierpflanze.

**Rühmkorf,** Peter, Schriftsteller, * Dortmund 25. 10. 1929; war Mitgl. der ›Gruppe 47‹. R., der mit W. RIEGEL 1952–56 die Zeitschrift ›Zwischen den Kriegen. Blätter gegen die Zeit‹ herausgab, übt als Lyriker wie als Dramatiker (›Was heißt hier Volsinii?‹, 1969; ›Die Handwerker kommen‹, 1974) Gesellschafts- und Zeitkritik in einem sprachmächtigen, dabei gelegentlich burlesken, frivol-aggressiven Stil mit einer Vorliebe für Wortspiele und Sprachvariationen. Daneben ist R. Verfasser literaturkrit. Essays und Arbeiten zu Leben und Werk von Dichtern wie F. G. KLOPSTOCK, WALTHER VON DER VOGELWEIDE, H. HEINE und W. BORCHERT (›Dreizehn dt. Dichter‹, 1989).
**Weitere Werke:** *Lyrik:* Heiße Lyrik (1956, mit W. RIEGEL); Ird. Vergnügen in g (1959); Kunststücke (1962); Ges. Gedichte (1976); Haltbar bis Ende 1999 (1979); Einmalig wie wir alle (1989).

**Rühmkorff,** Heinrich Daniel, Instrumentenbauer, * Hannover 15. 1. 1803, † Paris 20. 12. 1877; gründete in Paris eine Werkstatt (zuerst mit CHARLES LOUIS CHEVALIER; * 1804, † 1859, ab 1855 dann selbständig), die bald aufgrund ihrer v. a. elektromagnet. Instrumente (z. B. Funkeninduktor) Weltruf erlangte.

**Ruhner Berge,** bewaldete Endmoränenkuppen des Altmoränengebietes südöstlich von Parchim, in Mecklenburg-Vorpommern, östl. Ausläufer in Brandenburg, bis 178 m ü. M.; Aussichtsturm.

**Ruhpolding,** Gem. im Kr. Traunstein, Bayern, 690 m ü. M., in den Chiemgauer Alpen, (1991) 6400 Ew.; Museum für bäuerl. und sakrale Kunst, Holzknechtmuseum (mit Holzknechtunterkünften im Freigelände); stark besuchter Luftkur- und Wintersportort; Skiherstellung. – Das im 12. Jh. erstmals erwähnte R. stand im Besitz der Erzbischöfe von Salzburg. – Kath. Pfarrkirche St. Georg (Neubau 1738–57) mit barocker Ausstattung (›Ruhpoldinger Madonna‹ um 1220–30); ehem. Jagdschloß (1587; Heimatmuseum).

**Ruhr** [ahd. (h)ruora, urspr. ›Unruhe (im Unterleib)‹, zu rühren] *die, -/-en,* **Dysenterie,** 1) *Humanmedizin:* mit heftigen Durchfällen verbundene infektiöse Darmerkrankung (v. a. Dickdarmentzündung). Die **Bakterien-**R. ist eine meldepflichtige, teils epidemisch auftretende, durch Enterobakterien der Gattung Shigella hervorgerufene Infektionskrankheit. In Mitteleuropa ist am häufigsten die Gruppe Shigella sonnei vertreten, daneben (weltweit verbreitet) Shigella flexneri, die beide überwiegend zu leichten Erkrankungen führen, in den Tropen und Subtropen die Gruppe Shigella dysenteriae, die die schwersten Verlaufsformen verursacht (in bis zu 10 % der Fälle tödlich).
Die Übertragung vollzieht sich durch Kontakt- und Schmierinfektion, infizierte Nahrungsmittel (einschließlich Trinkwasser), wobei neben mangelnder Hygiene die Verbreitung der mit dem Kot von Erkrankten ausgeschiedenen Erreger durch Fliegen eine wesentl. Rolle spielt.
*Symptome:* Nach einer Inkubationszeit von zwei bis fünf Tagen kommt es bei leichten Verlaufsformen (**Sommer-R.**) nach raschem Fieberanstieg, Übelkeit, Erbrechen zu krampfartigen Leibschmerzen mit anhaltendem Stuhldrang und wäßrigen Durchfällen, die aufgrund der geschwürigen Dickdarmentzündung blutig-schleimige Beimengungen enthalten und mit erhebl. Schmerzen im Afterbereich (Tenesmen) verbunden sind; auch eine Ausweitung auf den Dünndarm ist möglich (Enteritis infectiosa). Bei schweren Verlaufsformen (**toxische Bakterien-R.**) sind die Symptome aufgrund der von Shigella dysenteriae neben den Endotoxinen gebildeten zell- und nervenschädigenden Ektotoxine bes. heftig und können durch Wasser und Mineralienverlust zu Exsikkose, Schock und zentralnervösen Störungen führen. Als Begleiterkrankung treten z. T. (v. a. bei Patienten mit HLA-B 27-Antigen) Arthritis, Reitersche Krankheit u. a. allerg. Reaktionen auf.
Die *Behandlung* der R. erfordert neben Bettruhe und Wärmeanwendung v. a. eine Flüssigkeits- und Elektrolytzufuhr, diätet. Maßnahmen, in schweren Fällen die Anwendung von Antibiotika (Cotrimoxazol, Ampicillin). Zur Verhinderung einer weiteren Ausbreitung ist strenge Hygiene und Desinfektion der Ausscheidungen erforderlich.
In trop. und subtrop. Regionen treten auch durch Einzeller hervorgerufene Formen der R. auf; zu ihnen gehören die Amöben-R. (→Amöbiasis) und die Balantidien-R. (→Balantidiose).
2) *Tiermedizin:* versch. mit (z. T. blutigem) Durchfall verbundene Darmerkrankungen; z. B. rote R. (→Rinderkokzidiose), rote Küken-R., weiße Küken-R. (→Geflügelkrankheiten). In erster Linie auf Haltungs- und Fütterungsfehler (z. B. mangelnde Wärme, mindervertige, vitaminarme Muttermilch) geht die **Ferkel-R.,** eine Bakteriose (v. a. durch Escherichiaarten), zurück. Die (nicht infektiöse) **Bienen-R.** tritt v. a. während des Winters auf, verursacht u. a. durch ungeeignetes Winterfutter, Wassermangel, ungünstige Unterbringung.

**Ruhr** *die,* rechter Nebenfluß des Rheins in NRW, 235 km lang, mit einem Einzugsgebiet von 4489 km², entspringt 674 m ü. M. im Sauerland nordöstlich von Winterberg am Ruhrkopf, mündet in Duisburg (Ruhrort). Mit fünf R.-Stauseen (z. B. Hengstey-, Harkort-, Baldeneysee) und vielen Talsperren in ihrem Einzugsbereich ist die R. das wichtigste Wasserreservoir für das →Ruhrgebiet. Durch Ausbau ist der Unterlauf ab Mülheim a. d. Ruhr für Schiffe bis 1700 t befahrbar; zw. Mülheim und Kettwig Personenschiffahrt. Wichtigste Nebenflüsse: von rechts Möhne, von links Hönne und Lenne.

**Ruhrbehörde, Internationale R.,** →Ruhrstatut.
**Ruhrbesetzung,** →Ruhrgebiet (Geschichte).
**rührender Reim,** Bez. für einen Reim, bei dem die Reimsilben in Vokalen und Konsonanten einschließlich des Anlauts der Reimsilbe gleich lauten (Wirt/wird) oder identisch sind (Kater/Kater; identischer Reim). Der r. R. war in der mittelalterl. Dichtung erlaubt und hat auch heute noch z. B. in der frz. Metrik (›rime riche‹) Berechtigung, gilt aber im Deutschen als fehlerhaft.

**Ruhrfestspiele,** 1947 vom Dt. Gewerkschaftsbund und von der Stadt Recklinghausen gegründetes Theaterfestival; als kulturelles Zentrum für die Arbeiter und Angestellten des Ruhrgebiets geplant. Die mehrwöchigen Festspiele mit eigens engagierten Darstellern und Regisseuren finden jährlich statt. Seit 1981 gibt es ein ständiges Ensemble, das das ganze Jahr über aktiv ist. Seit 1990/91 ist H. HEYME Leiter der R., die 1991 erstmals als europ. Festival veranstaltet wurden. Festspielstätten sind das Festspielhaus (1965 eröffnet) und das Theater im Depot.

**Ruhrgas AG,** Energieversorgungsunternehmen, gegr. 1926; Sitz: Essen. Mit einem Leitungsnetz von (1990) rd. 8700 km ist es das größte dt. Ferngasunternehmen. Großaktionäre sind Bergemann GmbH (34,75 %), Brigitta Erdgas und Erdöl GmbH (25 %), Gelsenberg AG (25 %), Schubert KG (15 %). Außenumsatz (1990): 10,8 Mrd. DM, Beschäftigte: rd. 2900.

**Ruhrgebiet,** bergbaulich **Ruhr-Revier** genannt, der bedeutendste dt. und europ. Industriebezirk, Teil von →Rhein-Ruhr, NRW, ein wichtiges Glied im europ. Industriegürtel nördlich der Mittelgebirge von N-Frankreich bis Krakau (Polen). In den Grenzen des **Kommunalverbandes R.** (KVR) umfaßt das R. (einschließlich des gesamten, südlich anschließenden Ennepe-Ruhr-Kreises) mit (1990) 4433 km² 13 % der Fläche und mit (1990) 5,4 Mio. Ew. 31,2 % der Bevölkerung von NRW. Gegenüber 1961 ist die Einwohnerzahl um rd. 278000 zurückgegangen. Rd. 9 % der Ew. sind Ausländer.
Die *wirtschaftl.* Bedeutung des R. beruhte auf bedeutenden Steinkohlenvorräten. Die kohleführenden Schichten treten im S (Ruhrzone) unmittelbar zutage, nach N zu sind sie von Kreideschichten, im westl. Teil auch von Tertiär bedeckt. Die Flözobergrenze liegt an der Lippe bereits 500–800 m tief und fällt bis Münster auf 1800 m ab. Parallel zum Bergbau entwickelte sich eine bedeutende Industrie, bes. Großbetriebe der Eisen- und Stahlerzeugung und -verarbeitung sowie der chem. (Grundstoff-)Industrie, Schwermaschinenbau und Elektrizitätserzeugung.
Die histor. Entwicklung des R.s von S nach N (entsprechend der Schichtenabfolge) hat eine Gliederung in Zonen ergeben, die noch heute in der Wirtschaftsstruktur spürbar ist: im S die **Ruhrzone** (Kettwig, Hattingen, Witten), die sich zu einer Wohn- und Erholungslandschaft des R.s entwickelt hat (älteste Bergbauzone, kleine Bergbaubetriebe, die alle stillgelegt sind), die **Hellwegzone** (Essen, Bochum, Dortmund), durch Bergbau (bis in die 1960er Jahre) und eisenschaffende und -verarbeitende Industrie geprägt, die **Emscherzone** (Duisburg-Hamborn, Oberhausen, Gelsenkirchen, Herne) mit fördernden Großzechen,

Ruhpolding: Ruhpoldinger Madonna in der Pfarrkirche Sankt Georg; um 1220–30

Elektrizitätserzeugung, Eisen-, Stahl- und chem. Industrie, die **Lippezone** (Dorsten, Recklinghausen, Marl) mit Großzechen und Großindustrie sowie auf der linken Rheinseite das **niederrheinische Revier** zw. Rheinhausen, Moers und Borth mit Salz- und Steinkohle-Großzechen, Eisenhüttenwerken und Schwerchemie. Die Steinkohlenförderung ist zwar von 1955 bis 1990 von 121,1 Mio. t auf 54,7 Mio. t zurückgegangen, das R. liegt aber weltweit immer noch an 9. Stelle. Die Planungen für die nächsten Jahrzehnte greifen nur zögernd über die Lippezone nach N in das Münsterland vor, zumal die Bundes-Reg. auf weitere Produktionsverminderung drängt. Die Konzentration des Bergbaus auf die 1968 gegründete →Ruhrkohle AG wurde 1991 abgeschlossen. Das zweite Standbein der Wirtschaft, die Eisenhüttenindustrie, hat sich trotz weltweiter Konkurrenz auf eine Rohstahlproduktion um 22,5 Mio. t (1955: 16,4 Mio. t) einigermaßen stabilisiert; damit steht das R. an 2. Stelle in der EG nach Italien und an 6. Stelle in der Welt. Nach der Zahl der Beschäftigten und nach Umsatz haben andere Branchengruppen (Maschinenbau, Automobilbau, Elektrotechnik, Feinmechanik, Chemie, Petrochemie, Glaserzeugung sowie Elektronik) den Bergbau und die eisenschaffende Industrie überholt.

Der tertiäre Sektor ist (1990) mit 54,4% gegenüber dem sekundären mit 44,4% und der Land-/Forstwirtschaft mit 1,2% bestimmend, d. h. von 2,2 Mio. Erwerbstätigen arbeiten über 1,2 Mio. in Handel, Verkehr und sonstigen Dienstleistungsbereichen, in Anlehnung an die seit 1964 entstandenen sechs Univ. auch verstärkt in Forschung, Entwicklung, nat. und internat. Consulting. Durch die ›Zukunftsinitiative Montanregionen‹ (ZIM) und die Einrichtung von Technologiezentren werden Modernisierung und Innovationen beschleunigt. Allerdings waren im Dez. 1991 217000 Menschen (= Quote 10,0) arbeitslos, obwohl die Zahl der Arbeitsplätze 1985–89 um 182000 zunahm.

Das R. verfügt über ein dichtes Bahn- und Straßennetz; seine Wasserstraßen (Rhein, Wesel-Datteln-, Datteln-Hamm-, Rhein-Herne- und Dortmund-Ems-Kanal) verbinden es mit der Küste, vielen bedeutenden europ. Wirtschaftsräumen v. a. den nordwesteurop. Seehäfen.

Das volkstümlich ›Kohlepott‹ genannte R. gilt heute als das Industriegebiet mit den meisten Grünflächen. Die seit 1925 intensiv betriebene Sicherung und Verbesserung von Grün-, Wasser- und sonstigen Freiflächen – zunächst durch den Siedlungsverband Ruhrkohlenbezirk (SVR), seit 1979 durch den Kommunalverband R. – hat dazu wesentlich beigetragen: z. B. durch ein System Nord-Süd verlaufender ›Grünzüge‹, durch Freizeitzentren, Revierparks und große Waldflächen wie die Haard. Landwirtschaftlich genutzte und Wasserflächen machen (1990) 47%, die Waldflächen 17% der Gesamtfläche des R. aus.

Das Kulturleben hat sich im R. innerhalb der letzten Jahrzehnte stark entwickelt; es wird bes. durch den Initiativkreis R. als Sponsor bei Großveranstaltungen, durch Gewährung gezielter Mittel gefördert. Neue Muster für Landschaftsgestaltung, Industrie- und Wohnungsbau werden von der im Aufbau befindl. Internat. Bauausstellung (IBA) ›Emscher-Park‹ (Sitz: Gelsenkirchen), einer Initiative des Landes NRW, aufgezeigt.

*Geschichte:* Die Kohleförderung begann im S des R. bereits im MA. Im 19. Jh. entwickelte sich das R. zu einem industriellen Ballungsraum mit einer großen Bevölkerungsdichte und einer wachsenden Zahl von Großstädten. 1919–20 war das R. Schauplatz kommunist. Umsturzversuche. 1921 besetzten frz. und belg. Truppen zunächst Düsseldorf, Duisburg und Ruhrort, um die dt. Reichs-Reg. zur Annahme des →Londoner Ultimatums (1921) zu zwingen. Wegen geringer Rückstände in den Reparationsleistungen besetzten am 11. 1. 1923 frz. und belg. Truppen das ganze R. Nach Maßgabe der frz. Reg. unter MinPräs. R. POINCARÉ sollte die ›Ruhrbesetzung‹ im Sinne einer ›Politik der produktiven Pfänder‹ den Reparationsforderungen der Siegermächte des Ersten Weltkriegs Nachdruck verleihen. Die Reichs-Reg. unter W. CUNO beantwortete das frz.-belg. Vorgehen mit einem Aufruf zum passiven Widerstand. Der ›Ruhrkampf‹, von der Mehrheit der Bev. getragen, mußte jedoch von der Reg. des Reichskanzlers G. STRESEMANN v. a. aus wirtschaftl. und finanzpolit. Gründen (Inflation) am 26. 9. 1923 abgebrochen werden. Nach der Einigung über den Dawesplan (Aug. 1924) wurde das R. bis zum Aug. 1925 geräumt.

In der Diskussion zw. den Hauptgegnern Dtl.s im Zweiten Weltkrieg über die Behandlung Dtl.s in der Nachkriegszeit spielte das R. als dt. ›Waffenschmiede‹ eine erhebl. Rolle. Nach dem dt. Zusammenbruch (Mai 1945) wurde es Teil der brit. Besatzungszone. Im Hinblick auf seine Sicherheitsinteressen forderte Frankreich eine Internationalisierung des R.s. Die brit. Reg. bezog das R. in die Bildung des Landes NRW (23. 8. 1946) ein. Gemeinsam mit den USA schlug sie die Bildung einer internat., die Ruhrindustrie kontrollierenden Behörde vor. Die UdSSR forderte ihrerseits die Beteiligung an diesem vorgeschlagenen Aufsichtsgremium. Auf der Londoner Sechsmächtekonferenz wurde mit dem →Ruhrstatut die Internat. Ruhrbehörde beschlossen.

Die strukturelle Einseitigkeit der Industrie an der Ruhr führte gegen Ende der 50er Jahre zu einer Krise im Bergbau und in der Stahlindustrie. Mit Rationalisierungsmaßnahmen (z. B. Gründung der Ruhrkohle AG) und der Ansiedlung von Wachstumsindustrien (Elektrizitätswirtschaft, Fahrzeugbau, Apparatebau) konnte die Industriestruktur verbessert werden.

P. KUKUK u. C. HAHNE: Die Geologie des Niederrheinisch-Westfäl. Steinkohlengebietes (Neuausg. 1990); C. JARECKI: Der neuzeitl. Strukturwandel an der Ruhr (1967); Dt. Planungsatlas, Bd. 1, Lfg. 21: Steinkohle, Kohlenwirtschaft im R. u. im Aachener Steinkohlenrevier, bearb. v. K. HOTTES u. a. (1979); Politik u. Gesellschaft im R., hg. v. K. ROHE u. a. (1979); T. ROMMELSPACHER: Die Krise des R.s. Ursachen, Auswirkungen u. staatl. Reaktionen (Diss. Berlin 1981); A. LAU: Revier-Lex. Das R. von A–Z (1983); J. BIRKENHAUER: Das rheinisch-westfäl. Industriegebiet (1984); K. ROHE: Vom Revier zum R. Wahlen, Parteien, polit. Kultur (1986); J. HUSKE: Die Steinkohlenzechen im Ruhrrevier. Daten u. Fakten von den Anfängen bis 1986 (1987); D. STEINHOFF: Unbekanntes R. ([5]1988); D. HALLENBERGER: Das R. in der Lit. Annotierte Bibl. ... (1990); R. DÖHRN: Das R. im europ. Binnenmarkt. Einige Überlegungen aus struktureller Sicht (1991); P. KLEMMER: Strukturprobleme der neuen Bundesländer u. ökonom. Auswirkungen der Wiedervereinigung auf NRW (1991); R. Städte- u. Kreisstatistik, bearb. v. P. LESSING (1991).

**Rührkessel, Rühr|reaktor,** mit Rührer ausgestatteter Behälter zur Durchführung chem. Reaktionen (→Reaktionsapparate), an denen mindestens eine flüssige Phase beteiligt ist. R. bestehen meist aus Stahl und können zum Zweck des Korrosionsschutzes plattiert, emailliert oder gummiert sein. R. werden im →diskontinuierlichen Betrieb v. a. dann angewendet, wenn versch. Produkte in kleinen Mengen produziert werden sollen (z. B. Pharmazeutika, Farbstoffe). Bei schnellen und exothermen Reaktionen wird der →kontinuierliche Betrieb bevorzugt.

**Ruhrkohle AG,** Abk. **RAG,** Holdinggesellschaft des Bergbaus und der Energiewirtschaft, gegr. am 27. 11. 1968 von 19 Bergwerksunternehmen unter Mitwirkung der Bundes-Reg. zur Neuordnung des in die Krise geratenen Steinkohlenbergbaus; Sitz: Essen und Herne. Der zersplitterte Bergbaubesitz wurde in der RAG zusammengefaßt, Überkapazitäten wurden reduziert und die Wirtschaftlichkeit der Zechen durch Rationalisierungen verbessert. Die Zahl der Bergwerke ging zw. 1970 und 1991 von 52 auf 18 zurück; die Belegschaft wurde um mehr als die Hälfte auf 90 000 verringert. Etwa 70% der gesamten Steinkohlenförderung in der Bundesrep. Dtl. übernimmt die RAG (47 Mio. t). Aufgrund des von der Bonner ›Kohlerunde‹ 1991 beschlossenen Förderungsrückganges um 12 Mio. t Kohle bis 1997 werden bei der RAG rd. 20 000 Arbeitsplätze wegfallen. Inzwischen ist die RAG auch in anderen Bereichen tätig: Elektrizitätserzeugung, Kunststoffchemie, Kraftwerksbau, Umwelttechnologie, Beratungsgeschäft u. a. Wesentl. Beteiligungsgesellschaften sind: Steag AG (71,52%), Rütgerswerke AG (82,77%) u.a. Hauptaktionäre der RAG sind: Veba AG (37,1%) und VEW AG (30,2%). Umsatz (1990): 22,9 Mrd. DM, Beschäftigte: 119 460 (Konzern).

**Ruhrkraut, Gnaphalium,** weltweit verbreitete Gattung der Korbblütler mit rd. 150 Arten; weißgraufilzige oder wollig behaarte Kräuter mit wechselständigen, ganzrandigen Blättern; Blüten in von weiß, gelb oder rötlich gefärbten Hüllblättern umgebenen, vielblütigen Köpfchen mit weibl. Rand- und zwittrigen Scheibenblüten. Wichtigstes einheim. Art ist das auf meist kalkarmen Böden von Heiden, Magerrasen und Kahlschlägen vorkommende **Wald-R.** (Gnaphalium silvaticum) mit blaß bräunlich-trübgelben Blütenständen.

**Rührmichnichtlan,** Art der Pflanzengattung →Springkraut.

**Ruhrlort,** seit 1905 Stadtteil von Duisburg, hatte sich seit dem 18. Jh., zunächst durch den Kohlenhandel, zu einem bedeutenden Binnenhafen entwickelt.

**Ruhrstatut,** Abkommen vom 28. 4. 1949, abgeschlossen auf der Londoner Sechsmächtekonferenz (zw. den Beneluxstaaten, Frankreich, Großbritannien und den USA), setzte eine **Internationale Ruhrbehörde** ein, die die Produktion des Ruhrgebiets an Kohle, Koks und Stahl kontrollieren, auf dem dt. und internat. Markt verteilen und zugleich eine wirtschaftl. Konzentration verhindern sollte. Mit dem Petersberger Abkommen (22. 11. 1949) trat die Bundesrep. Dtl. dem R. bei. Nach Errichtung der Montanunion wurde mit dem Auflösungsvertrag (19. 10. 1951) das R. außer Kraft gesetzt.

**Rührstück,** Bez. für eine dramat. Gattung nach der beabsichtigten Wirkung auf das Publikum, nicht nach Inhalt und Bauform. Das R., das urspr. sowohl das →weinerliche Lustspiel wie auch das →bürgerliche Trauerspiel umfaßte, entstand als gesamteurop. Erscheinung in der →Empfindsamkeit. Das dt. R. schließt sich an die engl. Tradition der ›sentimental comedy‹ (R. STEELE) und der ›domestic tragedy‹ (G. LILLO) sowie an die frz. Autoren der →Comédie larmoyante a. R. enthalten meist Konflikte zw. Moral und Laster mit Demonstrationen unerschütterl. Tugend. Die Handlung spielt meist im Kreis der Familie (Familiendrama). Konflikte werden im rührenden Versöhnungsschluß wieder aufgehoben. Die fruchtbarsten Autoren waren H. L. WAGNER, F. L. SCHRÖDER, A. W. IFFLAND und A. VON KOTZEBUE. Figuren des R., Situationsklischees, Handlungselemente und Moral. Vorstellungen finden sich noch in Trivialdramen des 19. Jh. (JULIUS RODERICH BENDIX, * 1811, † 1873; CHARLOTTE BIRCH-PFEIFFER) wie des Naturalismus bis hin zum Familienfilm der Gegenwart.

**Rührtrommel, Rolltrommel, Wirbeltrommel, Landsknechtstrommel,** eine um 1500 entstandene Trommel aus Holz oder Messing, dessen Zargenhöhe i.d.R. größer ist als der Felldurchmesser (Höhe etwa 35-75 cm, Durchmesser etwa 30-35 cm). Sie hat oben ein Schlagfell und unten ein Resonanzfell, oft mit Schnarrsaite. Die Fellspannung wird durch Lederschleifen verändert, die jeweils zwei Teile der zickzacklaufenden Spannleine (›Leinentrommel‹) zusammenfassen, bei modernen, in Spielmannszügen verwendeten Instrumenten auch durch Spannschrauben.

**Ruhr-Universität,** Name der Univ. in Bochum.

**Ruhrwasserstraße,** kanalartig ausgebauter Flußabschnitt der Ruhr zw. Mülheim/Ruhr und Rhein, 12 km lang, (1989) 0,6 Mio. t Gesamtverkehr.

**Ruin** [ältere Form von Ruine] *der, -s,* (wirtschaftl.) Zusammenbruch, Zerrüttung, Untergang.

**Ruinaulta, Vorderlrheinschlucht,** Schlucht des Vorderrheins zw. Ilanz und der Hinterrheinmündung im Kt. Graubünden, Schweiz, 680-610 m ü. M., etwa 15 km lang, mit etwas verbreiterter Talsohle, in der der Fluß mäandriert, an den Prallhängen bis 300 m hohe, zerrunste Steilwände. Als vor etwa 14 000 Jahren nach dem Rückzug des hier liegenden Gletschers der größte Bergsturz Europas (Flimser Bergsturz, rd. 15 Mrd. m³ Gesteinsmaterial) das Tal verschüttete, begann der Vorderrhein sich in diese Trümmermassen einzutiefen (im Laufe der Zeit bis 400 m). Der zunächst durch den Stau des Flusses entstandene See (bis 90 m tief) bildete durch seine Ablagerungen das heutige Talbecken von Ilanz und Flims. Die Eisenbahn (erbaut 1904) folgt der Schlucht.

**Ruine** [frz., von lat. ruina ›Einsturz‹, ›Ruine‹] *die, -/-n,* Reste eines durch natürl. Verfall oder durch eine Katastrophe zerstörten Bauwerks. Für Gefahren, die von R. ausgehen, haftet der Eigentümer (§§ 836, 838, 823, 908 BGB).

R. wurden häufig als Steinbrüche benutzt, da das bearbeitete Material leicht wiederverwendet werden konnte. In der Renaissance erhielt die antike R. bereits die Bedeutung eines histor. Denkmals. Im 15.-16. Jh. erschien sie häufig als Teil von Theaterdekorationen. Neben die histor. Bedeutung der R. als architekton. Überrest trat, bes. in der Gartenkunst seit dem 16. Jh., ihre Funktion als gestaltendes Element; im 18. Jh. wurden auch künstl. R. erstellt (Schwetzingen, 1777-78; Löwenburg in Kassel, 1793-1801). Im

**Rührtrommel:** Französische Rührtrommel; 18. Jh. (Nürnberg, Germanisches Nationalmuseum)

Ruine: Caspar David Friedrich, ›Abtei im Eichenhain‹; um 1809 (Berlin-Charlottenburg, Schloß Charlottenburg)

17.-19. Jh. wurde die **R.-Malerei** zu einer Sondergattung der Architektur- und Landschaftsmalerei (N. POUSSIN, G. P. PANNINI, H. ROBERT) und erlangte mit G. B. PIRANESI auch Bedeutung in der Graphik. Die R. hatte entweder Symbolcharakter (Vanitas) oder war, v.a. in der Romantik (C. D. FRIEDRICH, K. BLECHEN), Stimmungselement (**R.-Romantik**). Weiteres BILD →Eldena

**Ruin**   Ruineneidechse – Rukwasee

J. SIMMEN: R.-Faszination in der Grafik vom 16. Jh. bis in die Gegenwart (1980); D. SYNDRAM: R.-Romantik u. Antikensehnsucht (1986).

**Ruinen|eidechse, Podacris sicula,** bis 25 cm lange, recht unterschiedlich gefärbte Art der Mauereidechsen im westl., nördl. und nordöstl. Mittelmeergebiet. Stellenweise in die USA eingeschleppt.

**Ruisbroeck** ['rœjzbru:k], Jan van, fläm. Mystiker, → Ruusbroec, Jan van.

**Ruisdael** ['rœjzda:l], 1) J a c o b Isaacksz. van, niederländ. Maler, * Haarlem 1628 und 1629, begraben ebd. 14. 3. 1682; Schüler seines Onkels S. VAN RUYSDAEL, auch beeinflußt von C. VROOM; trat 1648 in die Haarlemer Gilde ein, war seit 1656 in Amsterdam (wohl auch als Arzt) tätig. Anfänglich malte R.

**Jacob Isaacksz. van Ruisdael:** Küstenstrich; um 1665–75 (Petersburg, Eremitage)

schlichte Motive, häufig Dünen. Später schuf er neben Küsten-, Stadtansichten und Winterbildern v. a. einsame, dunkle Wald- und Sumpflandschaften, die häufig aus immer wiederkehrenden Einzelelementen wie Baumgruppen, gefällten Stämmen, Wasserfällen und Felsbrocken zusammengesetzt und zur räuml. und farbl. Einheit verschmolzen sind, wobei bestimmte Farbtöne und -kombinationen konstant bleiben. Seine gedanklich hintergründige Stimmungsmalerei beeinflußte besonders die Malerei der Romantik.

**Werke:** Dünen (1646; Petersburg, Eremitage); Der große Wald (um 1655–60; Wien, Kunsthistor. Museum); Der Sonnenstrahl (um 1660; Paris, Louvre); Der Judenfriedhof (um 1660–70, Detroit, Mich., Institute of Arts, und, nach 1670, Dresden, Gemäldegalerie); Winterl. Dorf (um 1665; München, Alte Pinakothek); Landschaft mit Schloßruine und Kirche (um 1665–70; London, National Gallery); Die Mühle in Wijk bei Duurstede (um 1670; Amsterdam, Rijksmuseum); BILD → niederländische Kunst).

M. LEVEY: J. I. v. R. and other painters of his family (London 1977); J. v. R., bearb. v. S. SLIVE u.a., Ausst.-Kat. (New York 1981); WINFRIED SCHMIDT: Studien zur Landschaftskunst J. v. R.s (1981).

2) Salomon van, niederländ. Maler, → Ruysdael, Salomon van.

**Ruiz** [rruiz], **Nevado del R.** der, aktiver Vulkan in der Zentralkordillere Kolumbiens, westlich von Bogotá, 5 200 m ü. M. Der letzte Ausbruch (13. 11. 1985) löste infolge Eis- und Schneeschmelze eine Schlammflut aus, die v. a. die Stadt Armero zerstörte (insgesamt über 23 000 Tote).

**Ruiz** [rruiθ], 1) José **Martínez** [-θ], span. Schriftsteller, → Martínez Ruiz, José.

2) Juan, genannt **Arcipreste de Hita** [arθi'preste ðe 'ita], span. Dichter, * Alcalá de Henares 1283 (?), † um 1350; Geistlicher, über dessen Leben so gut wie nichts bekannt ist. Schrieb das ›Libro de buen amor‹, das neben dem ›Cid‹-Epos bedeutendste literar. Werk des span. MA., ein Traktat über die rechte Liebe in fingierter autobiograph. Form. Es ist in drei Handschriften vom Ende des 14. Jh. überliefert, die auf zwei verschiedene Versionen (von 1330 und – erweitert – von 1343) zurückgehen. Die nur locker verbundene Abfolge von 13 Liebesabenteuern ist vielfach unterbrochen von Fabeln und Schwänken, Spottliedern, burlesken und parodist. Elementen, aber auch ernsten Marienliedern. Diese ›menschl. Komödie‹ (M. MENÉNDEZ Y PELAYO) fußt ebenso auf OVID (›Ars amandi‹) und dem ›Roman de la rose‹ wie auf der christlich-theolog. und der islamisch-arab. Tradition. Die reiche und bildhafte Sprache stellt eine wichtige Etappe in der Entwicklung der spanischen Kunstprosa dar.

**Ausgaben:** Libro de buen amor, hg. v. G. B. GYBBON-MONYPENNY (1988); Libro de buen amor, hg. v. A. N. ZAHAREAS u. a. (1989). – Libro de buen amor, übers. v. H. U. GUMBRECHT (1972; span. u. dt.).

U. LEO: Zur dichter. Originalität des Arcipreste de Hita (1958); J. RODRÍGUEZ-PUÉRTOLAS: J. R., Arcipreste de Hita (Madrid 1978); J. JOSET: Nuevas investigaciones sobre el ›Libro de buen amor‹ (ebd. 1988).

**Ruiz de Alarcón y Mendoza** ['rruiθ ðe alar'kon i men'doθa], Juan, span. Dramatiker, * Taxco (Mexiko) um 1581 (?), † Madrid 4. 8. 1639; studierte Jura in Mexiko und Salamanca, war dann Anwalt in Sevilla, ab 1614 in Madrid, wo er 1626 ein Amt im ›Consejo de Indias‹ erhielt. Wegen seiner bucklig Gestalt und wegen angebl. Plagiate war er das Ziel grausamer Spottgedichte zeitgenöss. Autoren. Sein wenig umfangreiches dramat. Werk (rd. 20 Comedias, 1628 und 1634 in zwei Teilen veröffentlicht) gehört zur Schule von LOPE DE VEGA und nimmt eine Sonderstellung im Theater des Siglo de oro ein. Die Dramen haben einen hohen moral. Anspruch und zielen auf die psycholog. Analyse einzelner Typen und Charaktere: so die Gestalt des Lügners in ›La verdad sospechosa‹ (1634; dt. ›Selbst die Wahrheit wird verdächtig‹, auch u. d. T. ›Die verdächtige Wahrheit‹; Vorbild für P. CORNEILLES Komödie ›Le menteur‹, 1644, und C. GOLDONIS Komödie ›Il bugiardo‹, 1753) oder die des Lästermauls in ›Las paredes oyen‹ (Urauff. 1618, erschienen 1628; dt. ›Die Wände haben Ohren‹). R. de A. y M. verfaßte auch histor. Dramen (›La crueldad por el honor‹, Urauff. 1623, erschienen 1634; dt. ›Grausamkeit aus Ehre‹) und religiöses Stück (›El Anticristo‹, Urauff. 1623, erschienen 1634).

**Ausgaben:** Obras completas, hg. v. A. MILLARES CARLO, 3 Bde. (1957–68). – Komödien, übers. v. K. THURMANN (1967); Mantel u. Degen. Neun Komödien, übers. v. dems. (1969); Von Liebe u. Ehre im span. Theater, übers. v. dems. (1987).

W. POESSE: J. R. de A. (New York 1972); Critical essays on the life and work of J. R. de A., hg. v. J. A. PARR (Madrid 1972).

**Ruiz Soler** ['rruiθ so'lɛr], Antonio, span. Tänzer, → Antonio.

**Ruiz Zorilla** ['rruiθ θo'rriʎa], Manuel, span. Politiker, * El Burgo de Osma 22. 3. 1833, † Burgos 13. 6. 1895; wurde 1858 als Progressist Abg. der Cortes. R. Z. nahm aktiv am Sturz ISABELLAS II. 1868 teil. Mehrfach republikan. Minister, 1871 und 1872–73 MinPräs. Er emigrierte 1873 mit König AMADEUS und organisierte vom Ausland aus die Erhebungen der 1880er Jahre gegen die Bourbonen.

**Rukwasee, Lake Rukwa** [leik-], flacher, abflußloser Salzsee im heißen **Rukwagraben,** SW-Tansania, rd. 800 m ü. M.; Wasserstand und Größe (750–2 800 km², bis 6 m tief) schwanken.

**Ruländer, Grauburgunder,** frz. **Pinot gris** [pinoˈgri], anspruchsvolle Rebe mit mittlerem Ertrag, Mutation des Spätburgunders mit hellen und dunklen Beeren (graublau bis bräunlich); liefert goldfarbene, kräftige und extraktreiche, aber säurearme Weine, die früher meist mit Restsüße ausgebaut wurden, heute aber auch trocken und dann meist als Grauburgunder deklariert (in Baden mit mindestens 6 g/l Säure). In Dtl. sind 2 900 ha (3% der Rebfläche) mit R. bestanden, v. a. (fast 60%) am Kaiserstuhl; 18% stehen in der Rheinpfalz, 15% in Rheinhessen. Außerdem ist er im Elsaß (hier bisher **Tokay d'Alsace** gen.; 600 ha), in Österreich (420 ha, zu 72% im nördl. Burgenland, im Wallis, im Aostatal und in Savoyen (dort überall **Malvoisie** gen.), im Friaul und Venetien (**Pinot grigio**), Ungarn (**Szükebarát,** ›Grauer Mönch‹) u. a. Balkanstaaten vertreten. – Die Rebe ist seit dem 14. Jh. im Mittelmeerraum bekannt; 1711 entdeckte der Speyrer Kaufmann JOHANN RULAND (* 1683, † 1744) in seinem Garten ihm unbekannte Reben, kultivierte und verbreitete sie; später wurde dann ihre Identität erkannt.

**Rule Britannia** [ruːl brɪˈtænjə; ›Herrsche, Britannien!‹], nat. (engl.) Hymne von J. THOMSON, vertont von T. A. ARNES in seiner Oper ›Alfred‹ (1738); von L. VAN BEETHOVEN in ›Wellingtons Sieg‹ als Symbol für die engl. Truppen verwendet.

**Rulfo,** Juan, mexikan. Schriftsteller, * Sayula (Jalisco) 16. 5. 1918, † Mexiko 7. 1. 1986; erwarb sich mit den Erzählungen ›El llano en llamas‹ (1953; dt. ›Der Llano in Flammen‹) und dem in eine mag. Traum- und Totenwelt führenden Roman ›Pedro Páramo‹ (1955; dt.), der starken Einfluß auf die gesamte lateinamerikan. Literatur ausübte, einen legendären Ruhm als Meister des mag. Realismus.
  *Weiteres Werk: Filmtexte:* El gallo de oro y otros textos para cine (1980; dt. Ausw. u. d. T. Der goldene Hahn).
  *Ausgabe:* Obra completa, hg. v. J. RUFFINELLI (1977).
  J. C. GONZÁLEZ BOIXO: Claves narrativas de J. R. (Neuausg. León 1983); M. PORTAL: R., dinámica de la violencia (Madrid 1984).

**Rulman, R. Merswin,** elsäß. Mystiker, * Straßburg 1307, † ebd. 18. 6. 1382. Wohl unter dem Einfluß HEINRICHS VON NÖRDLINGEN (* um 1300, † nach 1351) und J. TAULERS gab er 1347 seinen Beruf als Kaufmann auf und lebte mit seiner Ehefrau in Enthaltsamkeit und Gebet als einer der ›Gottesfreunde‹, seit 1367 in dem von ihm gepachteten Kloster Grünenwörth. In seinen teilweise unter einem Pseudonym verfaßten Schriften suchte er der Verflachung des Christentums seiner Zeit durch eine von Laien getragene innere Erneuerung entgegenzuwirken.

**Rum** [engl.], Branntwein aus einer Maische von Zuckerrohrmelasse (auch als Zuckersirup und mazeriertem Zuckerrohr), Zuckersaft (z. T. vergoren), angesäuertem **Dunder** (Schlempe von vorangegangenen Destillationen) und speziellen Hefen. Die versch. Rezepturen ergeben die sehr unterschiedl. R.-Sorten, da sich Geruch und Geschmack aus über 200 Komponenten (v. a. Estern) zusammensetzen; je mehr nichtalkohol. Nebenprodukte (›Impuretés‹) enthalten sind, desto ›schwerer‹ ist der R. Eine Lagerung (Reifung) des Destillats in Holzfässern gibt ihm eine hellbraune Farbe, die durch Zuckercouleur verstärkt wird; **weißer R.** wird entweder danach über Holzkohle gefiltert oder gleich in Stahltanks gelagert. Vor der Abfüllung wird auf Trinkstärke verdünnt; in Dtl. hat R. mind. 38 Vol.-% Alkohol, üblich sind 40% und 54%. In den Handel (in Dtl.) kommen (unter Angabe der Herkunft) ›im Inland keinerlei Veränderung‹ unterzogener **Original-Rum** und **Echter Rum,** der im Inland mit enthärtetem Wasser auf den gewünschten Alkoholgehalt herabgesetzt wurde. Bei **R.-Verschnitt,** einer milden Geschmacksrichtung, stammen nur 5% der Alkoholmenge aus der angegebenen Herkunft. – Der in Österreich beliebte **Inländerrum** ist kein R., sondern ein Gewürzbranntwein aus dem Alkohol landwirtschaftl. Produkte unter Beigabe von bestimmten (firmenspezif.) Gewürz- und Aromastoffen.

**Rum** [arab. ar-rum ›die Römer‹], Bez. für die Byzantiner (Oströmer, → Rhomäer) durch Araber und Osmanen, die das Mittelmeer Bahr ar-Rum ›Meer der Römer‹ und Anatolien Bilad ar-Rum ›Land der Römer‹ nannten. Der Name R. ging dann auf die anatol. → Seldschuken (Rumseldschuken) in Ikonion (Konya) über. – Im Osman. Reich war Eyalet-e Rum ›Prov. Rum‹ anfangs noch der Name für Gebiete in O-Anatolien, bes. die Prov. Sivas. Rumeli (Rum eli ›Land R.‹) ist bis in die Gegenwart der Name für die europ. Türkei (→ Rumelien); Rum milleti waren die griechisch-orth. Untertanen. Auch bei den Bewohnern der arab. Halbinsel und in Innerasien hießen die Türken und die Türkei gelegentlich Rum.

**Rum, Ram, Wadi R.,** breiter Talzug im südl. Jordanien, nahe der Grenze zu Saudi-Arabien, etwa 100 km lang, gesäumt von schroff aufragenden Gebirgen, deren höchstes, der **Djebel R.** (1 754 m ü. M.), das Tal um 800 m überragt. Das von SW nach NO verlaufende Wadi R., ein Graben im Zuge des Ostafrikan. Grabensystems, ist ein altes Durchgangsgebiet; an einem Hang der nabatäische Tempel Iram; neue Siedlung zur Seßhaftmachung der Beduinen.

**Ruma,** Stadt in der Autonomen Prov. Wojwodina in der Rep. Serbien, Jugoslawien, 110 m ü. M., am S-Fuß der Fruška gora, (1980) etwa 25 000 Ew.; wirtschaftl. und kulturelles Zentrum Sirmiens; Leder- und Schuh-, Baustoff-, Nahrungsmittel- und chem. Industrie, Spirituosenherstellung.

**Rumaila,** Erdölfeld in S-Irak (reicht etwas nach Kuwait hinein), westlich von Basra; ist mit dem benachbarten Feld Zubair eine der ergiebigsten Erdöllagerstätten der Erde (sichere Reserven: 3 Mrd. t Erdöl). R. wurde 1953 entdeckt. Die Pipelines zu den irak. Verladehäfen Fao und Khor al-Amaja sind seit Ausbruch des Golfkriegs 1980 außer Betrieb.

**Rumänen,** den Romanen zugehörendes Volk in SO-Europa, in Rumänien (Dako-R.) mit rd. 20 Mio. das Staatsvolk bildend. In den Nachbarländern und in Übersee leben etwa 2 Mio. R. Die R. sind Nachkommen der romanisierten Daker, vermischt v. a. mit slaw. Einwanderern, die seit dem 6. Jh. die ehem. röm. Prov. Dakien durchsetzt haben.

---

**Rumänien**

**Fläche:** 237 500 km²
**Einwohner:** (1990) 23,27 Mio.
**Hauptstadt:** Bukarest
**Amtssprache:** Rumänisch
**Nationalfeiertag:** 1. 12.
**Währung:** 1 Leu (l) = 100 Bani
**Zeitzone:** OEZ

---

**Rumänien,** amtlich **România** [romɨˈnia], Staat in SO-Europa, grenzt im N und nördlich des Donaudeltas an die Ukraine, im O an Moldawien (die Grenze bildet der Pruth), im südl. O ans Schwarze Meer, im S an Bulgarien, im SW an Jugoslawien (Serbien; im nördl. Teil an die Wojwodina) und im NW an Ungarn. Mit einer Fläche von 237 500 km² ist R. knapp so groß wie Großbritannien und Nordirland; R. hat (1990) 23,27 Mio. Ew.; Hauptstadt ist Bukarest. Die Amtssprache ist Rumänisch; in Gebieten mit nat. Minderheiten ist auch deren Sprache Umgangssprache, so v. a. Ungarisch und Deutsch im Banat und in

Rumänien

Nationalflagge

Internationales Kfz-Kennzeichen

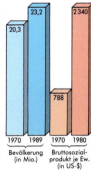

# Rumä  Rumänien

Siebenbürgen. Währung: 1 Leu (l; Plural Lei) = 100 Bani. Zeitzone: Osteurop. Zeit (13$^{00}$ Bukarest = 12$^{00}$ MEZ).

## STAAT · RECHT

*Verfassung:* Nach Beseitigung des diktator. Systems (1989) wurde als Befürworter eines autoritären Präsidialsystems I. ILIESCU am 20. 5. 1990 zum Präs. gewählt. Gleichzeitig wurde bei Mehrparteienwahlen in modifiziertem Verhältniswahlsystem ein neues Parlament gewählt, das aus zwei Kammern (der Abgeordnetenkammer mit 387 Mitgl. und dem Senat mit 119 Mitgl.) besteht. Ein neuer Verfassungsentwurf wurde am 21. 11. 1991 durch das Parlament verabschiedet und am 8. 12. 1991 durch Volksabstimmung angenommen. Die Verf. öffnet das Land polit. Pluralismus und der Marktwirtschaft. Sie definiert R. als sozialen und demokrat. Rechtsstaat sowie als Rep. mit einer Reg., die dem Präs. untersteht. Dieser und das Parlament werden für jeweils vier Jahre gewählt (der Präs. mit nur einer Wiederwahlmöglichkeit). Die allgemeine Erklärung der Menschenrechte wird anerkannt, der Minderheitenschutz ist verankert.

### Größe und Bevölkerung (1989)

| Kreis (Hauptstadt*) | Fläche (in km²) | Ew. (in 1000) | Ew. je km² |
|---|---|---|---|
| Bukarest | 1 695 | 2 194,6 | 1 294,7 |
| Alba (Karlsburg) | 6 231 | 431,7 | 69,3 |
| Arad | 7 652 | 493,6 | 64,5 |
| Argeş (Piteşti) | 6 801 | 679,1 | 99,9 |
| Bacău | 6 606 | 760,3 | 115,1 |
| Bihor (Großwardein) | 7 535 | 662,8 | 88,0 |
| Bistriţa-Năsăud (Bistritz) | 5 305 | 333,0 | 62,8 |
| Botoşani | 4 965 | 503,0 | 101,3 |
| Brăila | 4 724 | 403,3 | 85,4 |
| Buzău | 6 072 | 539,0 | 88,8 |
| Călăraşi | 5 074 | 356,4 | 70,2 |
| Caraş-Severin (Reschitza) | 8 503 | 398,4 | 46,9 |
| Covasna (Sfîntu Gheorghe) | 3 705 | 235,8 | 63,6 |
| Dîmboviţa (Tîrgovişte) | 4 036 | 576,8 | 142,9 |
| Dolj (Craiova) | 7 413 | 775,2 | 104,6 |
| Galatz | 4 425 | 643,9 | 145,4 |
| Giurgiu | 3 636 | 332,4 | 91,4 |
| Gorj (Tirgu Jiu) | 5 641 | 386,5 | 68,5 |
| Harghita (Miercurea-Ciuc) | 6 610 | 362,9 | 54,9 |
| Hermannstadt | 5 422 | 495,0 | 91,3 |
| Hunedoara (Deva) | 7 016 | 558,0 | 79,5 |
| Ialomiţa (Slobozia) | 4 449 | 319,7 | 71,9 |
| Jassy | 5 469 | 821,5 | 150,2 |
| Klausenburg | 6 650 | 736,2 | 110,7 |
| Konstanza | 7 055 | 707,5 | 100,3 |
| Kronstadt | 5 351 | 647,0 | 120,9 |
| Maramureş (Baia Mare) | 6 215 | 565,0 | 90,9 |
| Mehedinţi (Drobeta-Turnu Severin) | 4 900 | 333,2 | 68,0 |
| Mureş (Neumarkt) | 6 696 | 628,2 | 93,8 |
| Neamţ (Piatra Neamţ) | 5 890 | 608,8 | 103,4 |
| Olt (Slatina) | 5 507 | 549,4 | 99,8 |
| Prahova (Ploieşti) | 4 694 | 876,1 | 186,6 |
| Sălaj (Zalău) | 3 850 | 278,0 | 72,2 |
| Sathmar | 4 405 | 421,5 | 95,7 |
| Suceava | 8 555 | 716,8 | 83,8 |
| Teleorman (Alexandria) | 5 760 | 523,4 | 90,9 |
| Timiş (Temesvar) | 8 692 | 667,9 | 76,8 |
| Tulcea | 8 430 | 278,3 | 33,0 |
| Vaslui | 5 297 | 499,2 | 94,2 |
| Vîlcea (Rîmnicu Vîlcea) | 5 705 | 443,9 | 77,8 |
| Vrancea (Focşani) | 4 863 | 409,2 | 84,1 |
| Rumänien (Bukarest) | 237 500 | 23 151,8 | 97,5 |

*) soweit nicht gleichnamig

*Parteien:* Nach dem Sturz des Ceauşescu-Regimes (22. 12. 1989) und der Auflösung der bis dahin alleinherrschenden ›Partidul Communist Român‹ (PCR) sowie der Ansetzung von Wahlen bildete sich eine Vielzahl von Parteien. Stärkste polit. Kraft wurde der ›Frontul Salvarii Naţionale‹ (FSN, dt. ›Front der Nat. Rettung‹), der sich auf den alten Machtapparat der KP stützt, sich damit eine gesicherte Führungsposition verschaffte und die Reg. übernahm. In Opposition stehen v. a. die (1990) wiedergegründeten Parteien: der ›Partidul National Liberal‹ (PNL) und der ›Partidul National-Ţărănesc‹ (PNT; dt. ›Nationale Bauernpartei‹). Als Partei der ungar. Minderheit entstand 1990 die ›Uniunea Democratica Maghiara‹ (UDM, dt. ›Ungar. Demokrat. Union‹). Außerdem konstituierte sich u. a. eine ökolog. Bewegung.

Das bisherige *Wappen* zeigt einen dichten Wald vor steil aufragenden Bergen (typ. Karpatenlandschaft), hinter denen die Sonne aufgeht. Ein Erdölbohrturm symbolisiert den Reichtum an Bodenschätzen. Im Zuge der revolutionären Veränderungen wurde dieses Wappen abgeschafft, die Einführung eines neuen Staatswappens ist (1992) geplant.

*Nationalfeiertag* ist der 1. 12., der an die Versammlung in Karlsburg 1918 erinnert, auf der die Forderung beschlossen worden war, Siebenbürgen mit R. zu vereinigen.

*Verwaltung:* R. ist (seit 1968) gegliedert in 40 Kreise (›judeţe‹) und die Hauptstadt Bukarest. Die Kreise gliedern sich wieder in Städte und Gemeinden.

*Recht:* Die Rechtsprechung liegt in den Händen des Obersten Gerichtshofs, von 41 Kreisgerichten und weiteren unterinstanzl. Gerichten. Der unabhängige Generalstaatsanwalt (Generalprokurator) ist allein dem Parlament, das ihn für vier Jahre wählt, verantwortlich. Die Todesstrafe wurde im Dez. 1989 abgeschafft.

*Streitkräfte:* Die Gesamtstärke der Wehrpflichtarmee (Dauer des Grundwehrdienstes 12 Monate, bei der Marine 2 Jahre) beträgt 163 000 Mann, die der paramilität. Kräfte (Grenztruppe, Sicherheitstruppe, ›Patriot. Garde‹) insgesamt 75 000. Das Heer verfügt über 126 000 Soldaten, gegliedert ist es in zwei Panzer- und acht motorisierte Schützendivisionen mit unterschiedl. Präsenzgrad sowie mehrere selbständige Regimenter und Brigaden (u. a. Fallschirm- und Gebirgsjäger, Artillerie und Flugabwehr), die als Heerestruppen direkt dem Oberkommando unterstehen. Die Luftwaffe hat 28 000 Mann, die Marine 9 000 Mann. Die Ausrüstung umfaßt u. a. etwa 2 800 Kampfpanzer (darunter noch 1 000 alte T-34), 370 Kampfflugzeuge (davon die Hälfte MiG-21), neun größere Kampfschiffe (Zerstörer, Fregatten, Korvetten) und rd. 30 Kleine Kampfschiffe.

## LANDESNATUR · BEVÖLKERUNG

*Landesnatur:* R. liegt auf der Balkanhalbinsel, größtenteils nördlich der unteren Donau; nur der äußerste O liegt östlich und südlich der hier nach N und dann wieder nach O fließenden Donau. Es wird zentral vom Karpatenbogen (→Karpaten) mit den Ostkarpaten (im Pietrosu 2 303 m ü. M.) und den Südkarpaten (mit dem Moldoveanu im Fogarascher Gebirge, 2 544 m ü. M., dem höchsten Berg des Landes; im W im Banater Gebirge auslaufend und im Bereich des Eisernen Tores auch auf die andere Donauseite übergreifend) durchzogen, dem sich im NW das Westsiebenbürg. Gebirge (mit Bihorgebirge (bis 1 848 m ü. M.) und dem Siebenbürg. Erzgebirge (bis 1 438 m ü. M.) anschließen. Die Gebirge umschließen das lößbedeckte, hügelige Siebenbürg. Hochland (300–800 m ü. M.) und das Szamoshochland, die von Alt, Maros und Szamos entwässert werden. Im W schließt sich das →Banat an, mit dem Theißtiefland (eine Schwemmlandebene mit Braunerdeböden) im äußersten W. Der Karpatenbogen wird außen vom Berg- und Hügelland der Vorkarpaten begleitet; diese bestehen aus jungtertiären Sedimenten (Sandstein,

Rumänien **Rumä**

**Rumänien:** Übersichtskarte

Lehm, Mergel, Schotter), z. T. auch aus älterem Gestein, sind von Löß überdeckt und werden von den aus den Karpaten kommenden Flüssen in zahlreiche Bergkämme unterschiedl. Höhe gegliedert. Im NO schließt sich zw. dem Sereth- und dem Pruthtal das Hochland der Moldau an, im S und O das Donautiefland (unter 200 m ü. M.); dieses ist im S, der Walachei, ein flaches, lößbedecktes steppenhaftes Tafelland, das wichtigste Agrargebiet R.s. Es wird durch den Alt in einen kleineren westl. Teil, Oltenien, und einen größeren östl. Teil, Muntenien, gegliedert. Den O des Donautiefflandes bilden die fruchtbare Schwarzerdesteppe Bărăgan (westlich der Donau) und die Niederung der Balta, ein ehem. Überschwemmungsgebiet der Donau. Ganz im O folgen nach das Tafelland (v. a. aus tertiären Kalken) der →Dobrudscha sowie das Donaudelta (4 300 km²), das zu etwa 2 000 km² aus sumpfigem Schilfdickicht und offenen Wasserflächen besteht.

*Klima:* R. hat ein kontinentales Klima mit leichten ozean. Einflüssen im W und mediterranen Einflüssen im SW; im NO ist es ausgeprägt kontinental. Die mittlere Jan.-Temperatur (kältester Monat) liegt zw. 0 °C an der Schwarzmeerküste und −5 bis −10 °C im Hochgebirge. Im Juli (wärmster Monat) wird im Tiefland eine mittlere Temperatur von 21 bis 23 °C erreicht. Die Niederschlagsmenge nimmt von N nach S sowie von W nach O und vom Gebirge zur Ebene ab. Die mittleren jährl. Niederschlagsmengen betragen in den Karpaten 1 000 bis mehr als 1 400 mm (in höheren Lagen häufig als Schnee), im Hochland von Siebenbürgen 600 bis 700 mm, in der Moldau 400 bis 600 mm und im östl. Teil des Donautieflandes (Bărăgan) 400 bis 500 mm. Die geringsten Niederschläge (unter 400 mm) erhalten das Donaudelta und die östl. Dobrudscha. Die meisten Niederschläge fallen gewöhnlich im Juni. Vorherrschend sind Winde aus NO, O und W; gefürchtet ist der im Winter große Kälte bringende Crivăț, ein Wind aus NO. Der klimat. Einfluß

des Schwarzen Meeres erstreckt sich nur auf einen schmalen Küstenstreifen.

*Vegetation:* Vorherrschend sind mitteleurop. Florenelemente, im S sind zahlreiche Mittelmeerpflanzen (Walnuß, Edelkastanie) vertreten. Die Dobrudscha weist auch pont. Florenelemente auf (z. B. Federgras). Die Vegetationsstufen der Gebirge sind: Eichenwaldstufe (150 bis 400 m ü. M.), Rotbuchenstufe (bis 1 000 m ü. M.), Nadelholzstufe (bis zu 1 800 m ü. M.), darüber alpine Matten. Die Steppenpflanzen der Ebenen sind meist dem Ackerbau gewichen. Neben zahlreichen Naturschutzgebieten (z. B. Donaudelta) bestehen mehrere Nationalparks.

*Bevölkerung:* 88% der Bev. sind (1989) Rumänen, 8% Magyaren (→Szekler); außerdem leben zahlreiche Minderheiten in R., u. a. Roma, Ukrainer, Serben, Kroaten, Russen, Bulgaren und Türken. Die meisten

| Klimadaten von Bukarest (82 m ü. M.) | | | | | |
|---|---|---|---|---|---|
| Monat | Mittleres tägl. Temperaturmaximum in °C | Mittlere Niederschlagsmenge in mm | Mittlere Anzahl der Tage mit Niederschlag | Mittlere tägl. Sonnenscheindauer in Stunden | Relative Luftfeuchtigkeit nachmittags in % |
| I | 0,9 | 43 | 10 | 2,1 | 86 |
| II | 3,5 | 36 | 10 | 3,0 | 82 |
| III | 9,8 | 35 | 10 | 4,8 | 71 |
| IV | 17,9 | 47 | 10 | 6,4 | 63 |
| V | 23,4 | 69 | 13 | 7,8 | 62 |
| VI | 27,3 | 87 | 12 | 9,1 | 61 |
| VII | 29,8 | 55 | 9 | 10,5 | 58 |
| VIII | 29,7 | 49 | 6 | 9,7 | 57 |
| IX | 25,3 | 30 | 6 | 7,7 | 61 |
| X | 18,1 | 44 | 8 | 5,2 | 73 |
| XI | 9,6 | 43 | 10 | 2,4 | 84 |
| XII | 3,8 | 41 | 11 | 1,9 | 87 |
| I–XII | 16,6 | 579 | 115 | 5,9 | 70 |

## Rumä   Rumänien

Deutschstämmigen haben (1991) das Land verlassen (→Rumäniendeutsche). Die bis 1990 zu verzeichnende schnelle Zunahme der Bev.-Zahl (1948: 15 Mio.; 1970: 20,3 Mio.; 1990: 23,3 Mio.) beruht auf einer hohen Geburtenziffer (als Folge bevölkerungspolit. Maßnahmen); 1989 betrug die Geburtenrate 16,0‰, die Sterberate 10,7‰. Überdurchschnittlich hoch ist jedoch die Säuglingssterblichkeit. Die Bev. weist eine günstige Altersstruktur auf: 1990 waren 23,3% der Bewohner unter 15 Jahre alt, 16,7% 15–25, 44,4% 25–60 und 15,6% über 60 Jahre alt. Der Anteil der Stadt-Bev. nahm 1930–89 von 21,4% auf 53,2% zu. Die größte Bev.-Dichte haben das Hügelland der Vorkarpaten und das Donautiefland, bes. um Bukarest, die niedrigste Teile der West- und Südkarpaten und das Donaudelta.

| Größte Städte (Ew. 1986) | |
|---|---|
| Bukarest (București) ........ 1 989 800 | Großwardein (Oradea) ....... 213 800 |
| Kronstadt (Brașov) .......... 351 500 | Arad ....................... 187 700 |
| Konstanza (Constanța) ....... 327 700 | Bacău ...................... 179 900 |
| Temesvar (Timișoara) ........ 325 300 | Hermannstadt (Sibiu) ........ 177 500 |
| Jassy (Iași) ................ 313 100 | Neumarkt (Tîrgu Mureș) ...... 159 000 |
| Klausenburg (Cluj-Napoca)... 310 000 | Pitești .................... 157 200 |
| Galatz (Galați) ............. 295 400 | Baia Mare .................. 139 700 |
| Craiova .................... 281 000 | Buzău ...................... 136 100 |
| Brăila ..................... 235 600 | Sathmar (Satu Mare) ........ 130 100 |
| Ploiești ................... 234 900 | |

*Bildung:* Die zehnjährige Schulpflicht (7.–16. Lebensjahr) wird in der achtjährigen ›Allgemeinschule‹ (Primarschule) und einem zweijährigen Sekundarzyklus absolviert; die anschließenden Fachlyzeen sind untergliedert in das allgemeinbildende Real- und das humanist. Fachlyzeum und in die sechs Fachlyzeumstypen für Industrie, Landwirtschaft, Ökonomie, Pädagogik, Gesundheitswesen und Kunst. An den Fachlyzeen werden sehr unterschiedl. Abschlüsse erzielt (vom Facharbeiter bis zur Hochschulreife). Neben der Oberstufe der Lyzeen bestehen auch Schulen für die Ausbildung von Facharbeitern und höhere techn. Fachschulen. Für Kinder der ethn. Minderheiten (Ungarn, Deutsche u. a.) werden teilweise spezielle Schulen oder Klassen eingerichtet. Auf Hochschulebene bestehen (1988) 44 Einrichtungen, darunter sieben Universitäten und vier polytechn. Institute.

*Publizistik: Presse:* Der Sturz des kommunist. Regimes im Dez. 1989 bewirkte eine Vervielfachung des Medienangebotes; die Zahl der Zeitungen und Zeitschriften stieg von 482 auf (1991) rd. 1 500, davon erscheinen etwa 800 in Bukarest. Die höchste Auflagenstärke haben bislang noch die etablierten Zeitungen des alten Systems, angeführt von ›Adevărul‹ (das im Dez. 1989 umbenannte ehem. Parteiorgan ›Scînteia‹, gegr. 1944, Auflage 1,3 Mio.), gefolgt von ›România Liberă‹ (gegr. 1942, Auflage 400 000), ›Informația Bucureștiului‹ (gegr. 1953, Auflage 300 000), ›Elöre‹ (ungarisch; gegr. 1947, Auflage 100 000) und ›Neuer Weg‹ (gegr. 1950, Auflage 25 000).

*Nachrichtenagentur:* Die staatl. ›Agenția Română de Presă/Agerpres‹ (gegr. 1949) wurde 1990 von der ebenfalls staatl. ›Agenția Română de Presă/Rompres‹ abgelöst.

*Rundfunk:* Die ehemals staatl., seit Okt. 1990 eigenfinanzierte Rundfunkgesellschaft ›Radiodifuziunea și Televiziunea Română‹ (RTR) sendet drei Inlandsprogramme sowie Auslandssendungen in 13 Sprachen. Das Fernsehprogramm der RTR (gegr. 1957) sendet, seit 1983 in Farbe, auf zwei Kanälen, wovon ein Kanal nur in Bukarest empfangen werden kann. Seit 1990 strahlen in 14 Städten lokale Fernsehsender Programme aus. Es gab (Ende 1988) 3,2 Mio. Hörfunk- und 3,9 Mio. Fernsehteilnehmer.

*Religion:* Größte Religionsgemeinschaft ist die →rumänisch-orthodoxe Kirche. Die kath. Kirche besteht in ihrem nur etwa 5% der Bev. umfassenden lat. Zweig wesentlich aus Angehörigen der Minderheiten (Ungarn, Deutsche) in Siebenbürgen und im Banat, während ihr unierter Teil, der ab Anfang des 18. Jh. bestand und 1948 aufgelöst wurde, ethn. Rumänen (rd. 1,5 Mio.) umfaßte. Derzeit ist die kath. Kirche beider Riten im Wiederaufbau. Auch die rd. 1,2 Mio. ev. Christen, in der Mehrheit reformierte Ungarn, daneben auch dt. luther. Christen sowie Anhänger der Pfingstbewegung, Adventisten und Baptisten, gehören meist zu den ethn. Minderheiten. Außerdem leben in R. noch etwa 4 000 Juden.

### WIRTSCHAFT · VERKEHR

R. war bis zum Zweiten Weltkrieg ein Agrarland; größere industrielle Bedeutung hatte nur die Erdölförderung. Nach 1945 wurde das Land im Rahmen einer zentralistisch betriebenen sozialist. Planwirtschaft forciert industrialisiert, wobei Grundstoff- und Schwerindustrie unter Vernachlässigung der Konsumgüterindustrie und der Landwirtschaft ausgebaut wurden. Dies führte anfänglich auch zu einem hohen Wachstum der Industrieproduktion. Durch die Inanspruchnahme hoher Auslandskredite wurde die Wirtschaft stark belastet. Folgen waren u. a. die Zahlungsunfähigkeit R.s, Lebensmittelknappheit sowie die Zuspitzung des Widerspruchs zw. Verbrauch und Bereitstellung von Energie und Rohstoffen. Die in den 1980er Jahren auf vollständige Rückzahlung der Auslandsschulden durch maximale Exportsteigerung bei gleichzeitiger Importreduzierung orientierte Wirtschaftspolitik bewirkte eine weitere Senkung des Lebensstandards der Bev. Die Reformunwilligkeit der Ceaușescu-Diktatur und der Zusammenbruch des Rates für gegenseitige Wirtschaftshilfe (RGW) 1990 verstärkten die polit. und wirtschaftl. Krise des Landes (z. B. Rückgang der Industrieproduktion 1990 um rd. 20%). Mit einem geschätzten Bruttosozialprodukt je Ew. von (1989) 3 445 US-$ liegt R. unter den ehem. RGW-Staaten an letzter Stelle.

Der Abbau staatl. Subventionen, bes. im Lebensmittelbereich, führte zu einem erhebl. Anstieg der Inflationsrate (1991 nach Schätzungen rd. 160%). Die Lebenslage der Bev. verschlechterte sich drastisch. Durch Privatisierung soll der Reformprozeß von der Plan- zur Marktwirtschaft beschleunigt und der Zufluß von Auslandskapital zum Auf- und Ausbau wettbewerbsfähiger Unternehmen begünstigt werden. Als Anreiz dazu wurden die Schulden der Betriebe vom Staat übernommen. Hemmend wirken sich die enge Verbindung zw. Staat und Wirtschaft (staatl. Kontrolle der Produktion) und die fehlende Reform des Bankwesens aus. Das 1991 vom Parlament verabschiedete neue Bodengesetz gestattet die Privatisierung der Landwirtschaft. Produktionsgenossenschaften bis 10 ha, nicht jedoch die der großen Staatsgüter.

In der *Landwirtschaft,* die (1989) mit 15,2% an der Nettoproduktion beteiligt ist, sind 21,1% der Erwerbstätigen beschäftigt. Die landwirtschaftl. Nutzfläche von (1988) 15,1 Mio. ha (63,5% der Gesamtfläche) setzt sich zusammen aus 10,08 Mio. ha Ackerland, 4,41 Mio. ha Wiesen und Weiden und 0,62 Mio. ha Dauerkulturen. Wichtige Agrarzentren sind das Donau- und Theißtiefland, Siebenbürgen, das Hochland der Moldau und die Dobrudscha. Hauptanbauprodukte sind Mais (Erntemenge 1989: 6,8 Mio. t), Weizen (7,9 Mio. t), Zuckerrüben (6,7 Mio. t), Sonnenblumen, Gemüse und Kartoffeln (7,2 Mio. t). Der Obstbau ist bes. im südl. und südöstl., der Weinbau im südl. Karpatenvorland (Drăgășani, Dealu-Mare nordöstlich von Ploiești, Odobești, Panciu) und in Siebenbürgen (Gebiet der Großen und Kleinen Kogel) anzutreffen. Bewässerungsfeldbau wird bes. im Donautiefland, am unteren Alt, in der Bărăgan und in der südl. Dobrudscha betrieben. Der Anteil der tier. an der gesamten landwirtschaftl. Produktion beträgt etwa 40%. Rinderzucht mit Milchviehhaltung (1989: 7,2 Mio. Rinder) wird in stadtnahen Gebieten, Schweinezucht (15,4 Mio. Schweine) bes. im Banat, im S Siebenbürgens und in der nördl. Moldau betrieben, Schafzucht (18,8 Mio. Schafe) konzentriert sich im Gebirge und in der Dobrudscha.

*Forstwirtschaft:* Durch Aufforstungen (seit 1948 über 1 Mio. ha) konnte trotz erhebl. Holzeinschlags (1988: 20,4 m³) die Waldfläche (1988: 6,34 Mio. ha, 26,7% der Gesamtfläche) konstant gehalten werden.

*Fischerei:* Ein Drittel der Fangmenge (1988: 267 600 t) stammt aus der Donau und ihrem Überschwemmungsgebiet; in den Gewässern des Binnenlandes wird auch Karpfenzucht betrieben.

Die wichtigsten *Bodenschätze* sind Erdöl im Karpatenvorland (mit den alten Schwerpunkten im Raum Ploieşti und Bacău und den jüngeren nördlich von Piteşti und um Craiova) und seit jüngster Zeit auch im Zentrum des Donautieflands (Teleorman, Călăraşi) und im W des Landes (Bihor und Timiş) sowie Erdgas (in Siebenbürgen in den Kreisen Mureş und Hermannstadt). R. gehört zu den wichtigsten europ. Förderländern für Erdöl (1990: 8,2 Mio. t) und Erdgas (1989: 31,2 Mrd. m³). Die Steinkohlenförderung (1989: 8,9 Mio. t) ist v. a. im Becken von Petroşani konzentriert, Braunkohle (42,6 Mio. t) wird im Trotuşbecken, in den Flußgebieten der Weißen und Schnellen Körös sowie des Jiu gewonnen. Die Eisenerzförderung deckt den Bedarf nur zum geringen Teil. Außerdem werden Buntmetallerze und nichtmetall. Rohstoffe (z. B. Kaolin, Talk, Baryt) gefördert.

*Energiewirtschaft:* Die Elektrizitätserzeugung ist wegen des hohen Energieverbrauchs nicht ausreichend; durch fehlende Kapazitätsreserven sind Stromabschaltungen häufig. Der Anteil von Erdöl und Erdgas bei der Energieerzeugung ging von (1981) 67% auf (1988) 38% zurück. Der Anteil der Wasserkraft liegt (1987) bei 17%. Die wichtigsten Wasserkraftwerke entstanden als rumänisch-jugoslaw. Gemeinschaftswerk am →Eisernen Tor. In Cernavodă ist ein Kernkraftwerk im Bau.

In der *Industrie*, deren Entwicklung v. a. durch die Förderung der einheim. Bodenschätze begünstigt wurde, sind (1989) 45,1% der Erwerbstätigen beschäftigt; sie erwirtschaften 66,4% der Nettoproduktion. Ein bedeutender Wirtschaftszweig ist die Schwerindustrie. Die wichtigsten Eisenhüttenzentren liegen im SW (Hunedoara), in Siebenbürgen und im O des Landes (Galatz, Röhrenwalzwerk in Roman; Bräila und Buzău). Standorte der Buntmetallurgie sind Baia Mare (Kupfer, Blei, Gold, Silber), Großwardein (Aluminiumoxid), Tulcea, Slatina (Aluminium) und Zlatna (Kupfer). Rund 13% des verarbeitenden Gewerbes sind in Bukarest konzentriert. 30% der Industrieproduktion entfallen auf den Maschinenbau. Wichtigste Standorte sind Bukarest, Kronstadt, Großwardein, Craiova, Hermannstadt, Klausenburg, Neumarkt, Ploieşti und Galatz. Werften arbeiten in Konstanza und Mangalia am Schwarzen Meer sowie u. a. in Tulcea, Brăila und Giurgiu an der Donau. Die chem. Industrie (v. a. in Bukarest, Ploieşti, Kronstadt, um Neumarkt, in Siebenbürgen, entlang der Flüsse Bistritz und Trotuş, in Großwardein und Temesvar) erbringt 10% der Industrieproduktion. Zweige der Leichtindustrie sind Holzverarbeitung (bes. in den Karpaten), Glas- (Mediasch, Bukarest) und keram. Industrie (Klausenburg, Schäßburg, Temesvar) sowie Textil- und Bekleidungsindustrie (in der nördl. Moldau, in Bukarest, in Siebenbürgen und im Banat). Betriebe der Nahrungs- und Genußmittelindustrie finden sich im ganzen Land.

Schwerpunkt des *Fremdenverkehrs* (1989: 4,9 Mio. Auslandsgäste) ist die Schwarzmeerküste mit den Badeorten Mamaia, Eforie und Mangalia. Zahlreiche der über 2000 Mineral- und Thermalquellen werden in Kurorten (z. B. Borsec in den Ostkarpaten, Slănic Moldova in der Moldau, Băile Herculane im Banater Gebirge und Băile Felix bei Großwardein) genutzt. In den Karpaten gibt es auch einige Wintersportorte (Poiana Braşov und Predeal südlich von Kronstadt, Buşteni und Sinaia am O-Rand des Bucegi).

*Außenwirtschaft:* Die Handelsbilanz wies 1989 noch einen Exportüberschuß aus (Exportwert: 10,8 Mrd. US-$, Importwert: 8,8 Mrd. US-$). Doch der Rückgang der Industrieproduktion und der Zusammenbruch traditioneller Absatzmärkte verringert seit 1990 den Export, gleichzeitig nimmt der Import zu. Die wichtigsten Handelspartner waren 1989 die UdSSR (ein Drittel des Außenhandelsvolumens) und die Dt. Dem. Rep. (12%). Die Auslandsschulden wurden unter der Ceauşescu-Diktatur mittels restriktiver, für die Bev. entbehrungsreicher Maßnahmen abgebaut (1980: 11,0 Mrd. US-$, 1990: 700 Mio. US-$).

*Verkehr:* Hauptverkehrsträger ist die Eisenbahn, deren Streckenführung den geograph. Gegebenheiten folgt: Die den Karpatenbogen (außen und innen) begleitenden Hauptstrecken sind durch zahlreiche Nebenstrecken miteinander verbunden; das gesamte

**Rumänien:** LINKS Die östlichen Südkarpaten bei Podu Dîmboviţei; RECHTS Südliches Donaudelta bei Murighiol

**Rumä** Rumänien

Netz umfaßt (1989) 11 343 km. Das Straßennetz ist (1989) 72 816 km lang; etwa 15 000 km sind Nationalstraßen. Eine 112 km lange Autobahn verbindet Bukarest mit Pitești. Der Binnenschiffahrt stehen (1989) 1 783 km Wasserstraßen zur Verfügung; die wichtigste ist die Donau, die im kanalisierten Sulinaarm des Deltas bis Brăila für Seeschiffe befahrbar ist und deren Unterlauf bei Cernavodă seit 1984 durch den →Donau-Schwarzmeer-Kanal direkt mit Konstanza verbunden ist. Die wichtigsten Donauhäfen sind die von Sulina, Galatz, Brăila, Cernavodă, Călărași und Giurgiu. Auch der Pruth ist für größere Schiffe befahrbar. Größter Seehafen ist der von Konstanza (mit dem neuen Seehafen Agigea weiter südlich), gefolgt von Mangalia. Die nat. Luftverkehrsgesellschaft heißt Transporturite Aeriene Române-TAROM. Einen internat. Flughafen besitzen Bukarest, Konstanza, Arad und Temesvar.

GESCHICHTE

Zur *Vorgeschichte* →Südosteuropa.

*Geschichte bis 1862:* Eine Geschichte R.s im eigentl. Sinn gibt es erst seit 1862, als sich die beiden Donaufürstentümer →Moldau und →Walachei endgültig vereinigten. Vorher kann man nur von einer Geschichte der von Rumänen bewohnten Gebiete – außer den beiden Fürstentümern noch Bessarabien, Bukowina und Siebenbürgen – oder einer Geschichte der Rumänen sprechen, die aber beide keine Einheitlichkeit zeigen. Die moderne rumän. Geschichtsschreibung ist darum bemüht, das Geschichtsbewußtsein der Rumänen bis auf die Daker zurückzuführen und die mehr als tausendjährige Zeitspanne zw. dem Verschwinden der Daker und dem Auftreten der Walachen (Vlachen), die im 13. Jh. erstmals erwähnt werden, mit dem Hinweis auf die Siedlungskontinuität zu überbrücken. Ebenso wird das zwar von Rumänen bewohnte, aber politisch stets von Ungarn und Sachsen geführte Fürstentum Siebenbürgen als ›rumän.‹ Fürstentum bezeichnet.

Die ältesten, ethnisch klar einzuordnenden Bewohner des heutigen R. sind die Daker und Geten, die seit dem 1. Jh. v. Chr. unter Burebista (60–44 v. Chr.) in einem Königreich organisiert waren. Nach den Dakerkriegen (101–102 und 105–106 n. Chr.) Kaiser Trajans wurde 106 die röm. Provinz →Dakien errichtet, die 270 von den Römern aufgegeben wurde. Teile der röm. Zivil-Bev. dürften zurückgeblieben und mit den Dakern, die ihre Sprache annahmen, verschmolzen sein. In den folgenden Jahrhunderten wurde R. von mehreren Völkerwellen aus dem O überzogen: im 3. Jh. von den Goten, im 4./5. Jh. von den Hunnen. Ihnen folgten die Gepiden (in Siebenbürgen schon seit dem 3. Jh., bis 567). Im 7. Jh. ließen sich Slawen nieder. Dann brachen turktatar. Reiternomaden ein: 6.–8. Jh. Awaren, 11. Jh. Petschenegen, 11.–13. Jh. Kumanen, ohne daß sich Staaten gebildet hätten. Im 9./10. Jh. wurde Siebenbürgen von den Ungarn erobert und der ungar. Krone unterstellt.

Zu den ersten Staatsbildungen kam es in der 1. Hälfte des 14. Jh. unter Basarab I. in der Walachei (›Țara Romînească‹) und unter Bogdan (1359–65) in der Moldau (›Bogdania‹). Beide waren anfangs durch die Ungarn (Beendung der Abhängigkeit: Walachei 1330, Moldau 1359), seit Ende des 15. Jh. durch die Ausbreitung des Osman. Reichs bedroht. Seit 1460 mußten die Walachei, seit 1513 die Moldau und seit 1541 Siebenbürgen die türk. Oberhoheit anerkennen. In der Türkenabwehr zeichneten sich bes. Stephan d. Gr. (1457–1504) von der Moldau und Michael der Tapfere (1593–1601) von der Walachei aus, der für kurze Zeit alle von Rumänen bewohnten Gebiete unter seiner Herrschaft zusammenfassen konnte. Im 17. Jh. ernannte die Pforte aus den miteinander rivalisierenden einheim. Bojarenfamilien die Fürsten (Wojewoden), unter denen Vasile Lupu (1634–53) für die Moldau, Matei Basarab (1632–54) und C. Brîncoveanu (1688–1714) für die Walachei wirtschaftl. und kulturelle Blüte herbeiführten. Seit 1711 (Moldau) und 1716 (Walachei) wurden die Fürstenthrone in Jassy und Bukarest an griech. →Phanarioten vergeben, jedoch war trotz schlimmster Ausbeutung der unmittelbare türk. Einfluß nie so stark wie in den Ländern südlich der Donau.

Trotz der Herausbildung eines rumän. Nationalbewußtseins gingen in der Folgezeit weitere Gebiete verloren: 1718–39 gehörte die Kleine Walachei (Oltenien) bis zur Alt zu Österreich, 1775 wurde der Nordteil der Moldau als Bukowina Österreich, 1812 Bessarabien Rußland zugeschlagen. Der gescheiterte Aufstand (1821) der Hetärie unter A. Ypsilanti und T. Vladimirescu veranlaßte die Pforte, wieder einheim. Fürsten einzusetzen, die durch den Frieden von Adrianopel (1829) unter russ. Protektion gestellt wurden. Das von der russ. Besatzungsmacht erlassene ›Règlement organique‹ von 1831/32 bildete die erste Verf. Die liberale Bewegung 1848/49 wurde von russ. Truppen niedergeworfen. Durch den Pariser Frieden von 1856 wurde die russ. Schutzherrschaft beendet, die osman. Oberhoheit blieb jedoch bestehen; die Fürstentümer wurden unter das Protektorat der Signatarmächte des Pariser Friedens gestellt.

*1862–1945:* Der Wunsch der in den Donaufürstentümern geschaffenen Vertretungskörperschaften (›Divan ad hoc‹), beide Territorien unter einem erbl. Fürsten zu vereinen, führte 1859 in beiden Fürstentümern zur Wahl von Oberst A. Cuza, der als Fürst Alexandru Ioan I. 1862 die Vereinigung unter dem Namen R. proklamierte. Als er 1866 dem Druck der Bojaren weichen mußte, wurde durch Volksabstimmung Karl von Hohenzollern-Sigmaringen als Karl I. zum Fürsten gewählt, der R. kulturell und politisch an Mittel- und Westeuropa anschloß. Die Verwaltung wurde nach frz. Vorbild zentralistisch aufgebaut. Im Russ.-Türk. Krieg von 1877/78 rief Außen-Min. M. Kogălniceanu die Unabhängigkeit R.s aus, die auf dem Berliner Kongreß (1878) anerkannt wurde.

Am 14. 3. 1881 proklamierten beide Kammern Karl zum König. Korruption und die Ausbeutung der Bauern führten 1907 zu einem Aufstand, der blutig niedergeschlagen wurde. Durch sein Eingreifen im Zweiten Balkankrieg erzwang R. von Bulgarien die Abtretung der S-Dobrudscha (Frieden von Bukarest, 10. 8. 1913). Nachfolger Karls wurde 1914 sein Neffe Ferdinand von Hohenzollern-Sigmaringen als Ferdinand I. Im Ersten Weltkrieg zunächst neutral geblieben, erklärte R. jedoch am 27. 8. 1916 Österreich-Ungarn den Krieg. Ein Feldzug der Mittelmächte (1916/17) und der Zusammenbruch des kaiserl. Rußland nötigten R. zum Frieden von Bukarest (7. 5. 1918), der den Verlust der Dobrudscha mit sich brachte.

Schon vor Abschluß der Friedensverträge von Saint-Germain-en-Laye (10. 9. 1919, mit Österreich) und Trianon (4. 6. 1920, mit Ungarn) gewann R. faktisch die Bukowina (28. 11. 1918), Siebenbürgen (14. 12. 1918) und zwei Drittel des Banats (21. 6. 1919). Bereits im Jan. 1918 konnte es sich Bessarabien angliedern. Im Frieden von Neuilly (27. 11. 1919, mit Bulgarien) erhielt R. die im Frieden von Bukarest verlorene Dobrudscha zurück. Mit 33% nat. Minderheiten, davon über 11% Ungarn, hatte das vergrößerte Königreich R. (mit 295 000 km$^2$ und fast 16 Mio. Ew. doppelt so groß wie vor 1914) jedoch erhebl. Probleme, u. a. das Zusammenwachsen des ›Altreichs‹ (Regat) mit den bisher österr. oder ungar. Gebieten. Innenpolitisch wurde 1918–21 eine Agrarreform durchgeführt. Außenpolitisch arbeitete R. eng mit Jugoslawien und der Tschechoslowakei in der →Kleinen Entente sowie mit Frankreich und Polen zusammen.

Seit 1922 bildete die Nationalliberale Partei, v. a. unter den MinPräs. I. I. C. BRĂTIANU (1922–26, 1927) und VINTILĂ BRĂTIANU (1927–28), die Reg. Der Tod König FERDINANDS (1926) löste eine Krise aus, da Kronprinz KARL auf den Thron verzichtete und ins Exil ging. Für seinen minderjährigen Sohn, König MICHAEL, wurde ein Regentschaftsrat eingesetzt. Der Führer der Nat. Bauernpartei, I. MANIU, setzte sich für die Rückkehr des verbannten Prinzen KARL ein, der 1930 seinen Sohn als KARL II. (1930–40) ablöste; er regierte mit rasch wechselnden Reg., meist getragen von der Bauernpartei (MinPräs.: MANIU, 1928–30, 1932–33; A. VAIDA-VOIEVOD, 1932, 1933) oder der Nationalliberalen Partei (MinPräs.: GHEORGHE DUCA, 1933; G. TATARESCU, 1934–37). Als Mitte der 30er Jahre rechtsgerichtete Parteien, v. a. die →Eiserne Garde (C. CODREANU), an polit. Gewicht gewannen, errichtete KARL II. im Febr. 1938 ein diktator. Reg.-System (›Königsdiktatur‹): Außerkraftsetzung der Verf. von 1923, Auflösung aller Parteien, Gründung einer Staatspartei. Gleichzeitig betrieb die Reg. eine wirtschaftl. Annäherung an Dtl. bei Aufrechterhaltung der bisherigen Bündnispolitik.

Zu Beginn des Zweiten Weltkrieges (Sept. 1939) bewahrte R. zunächst strikte Neutralität und leistete dem verbündeten Polen keine Hilfe. Ein sowjet. Ultimatum vom 26. 6. 1940 erzwang aber die sofortige Abtretung von Bessarabien und der N-Bukowina und beschleunigte den von KARL II. vorbereiteten Anschluß an die Achsenmächte: Der Zweite Wiener Schiedsspruch (30. 8. 1940) nahm R. auch N-Siebenbürgen und löste innenpolitisch, v. a. unter dem Druck des Generals I. ANTONESCU, die Abdankung KARLS II. am 6. 9. 1940 aus, dessen Sohn MICHAEL wieder den Thron bestieg; die tatsächl. Regierungsgewalt besaß aber der zum ›Staatsführer‹ (›Conducătorul‹) ausgerufene ANTONESCU. Dieser führte nach vorübergehender Zusammenarbeit mit der Eisernen Garde R. in ein enges Bündnis mit Dtl. (Beitritt zum →Dreimächtepakt) und in den Krieg gegen die UdSSR, in dem R. im Juli 1941 Bessarabien und die N-Bukowina zurückgewann. Die Niederlage der rumän. Armee in der Ukraine 1942/43 erschütterte das Bündnis. Als die Front 1944 rumän. Gebiet erreichte, kam es am 23. 8. 1944 zum Staatsstreich und zum Frontwechsel. König MICHAEL ließ ANTONESCU verhaften und setzte eine Koalitions-Reg. unter Beteiligung der Kommunisten ein. Die Rote Armee besetzte alsbald ganz R.; im Waffenstillstand vom 12. 9. 1944 mußte R. die erneute Abtretung Bessarabiens und der N-Bukowina und die Beteiligung am Krieg auf sowjet. Seite zugestehen.

Die *Volksdemokratie* (1945–89): Unter sowjet. Vorherrschaft erfolgte eine rasche Umgestaltung zur ›Volksdemokratie‹; am 6. 3. 1945 wurde MICHAEL gezwungen, die Reg. unter P. GROZA (1945–52) einzusetzen, die weitgehend von der rumän. KP beherrscht wurde. Im März 1945 wurde eine Agrarreform verkündet (die Kollektivierung der Landwirtschaft aber erst im März 1962 abgeschlossen). 1948 verstaatlichte die Reg. u. a. Banken und Fabriken und begann den Ausbau der Schwerindustrie. Nach Ausschaltung aller oppositionellen Kräfte 1946–47 (u. a. Prozeß gegen MANIU) setzte sich die Rumän. Arbeiterpartei (auf Betreiben der KP geschlossene Vereinigung mit der Sozialdemokratie) als alleinige Führungsmacht durch. Die erzwungene Abdankung des Königs und die Ausrufung der Volks-Rep. (30. 12. 1947) sowie ein sowjet.-rumän. Vertrag (4. 2. 1948) besiegelten die Eingliederung R.s (Gründungs-Mitgl. des Kominform) in den Machtbereich der UdSSR. 1949 schloß sich das Land dem RGW, 1955 dem Warschauer Pakt an (→Ostblock).

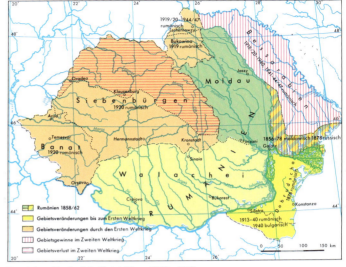

**Rumänien:** Territoriale Entwicklung 1858–1947

Nach Gründung der VR R. verfolgte GenSekr. G. GHEORGHIU-DEJ zunächst einen streng auf die UdSSR ausgerichteten Kurs. Nach 1960 leitete er eine auf größere Selbständigkeit von der UdSSR bedachte Politik ein. Sein Nachfolger N. CEAUȘESCU setzte diese Linie verstärkt fort. Im Innern entwickelte er die Alleinherrschaft seiner Partei seit den 70er Jahren zu einer persönl. Diktatur über Partei und Staat, in die er immer stärker Mitgl. seiner Familie, bes. seine Frau ELENA einbezog. Die Geheimpolizei Securitate baute er zu einem persönl. Unterdrückungsinstrument aus. In der Außenpolitik suchte CEAUȘESCU die Unabhängigkeit seines Landes zu demonstrieren: Er wandte sich gegen den Einmarsch der Truppen des Warschauer Paktes in die Tschechoslowakei (1968), hob immer wieder die Unabhängigkeit seiner Partei im sowjetisch-chin. Konflikt hervor, suchte im Nahostkonflikt u. a. zw. Israel und Ägypten zu vermitteln (1977) und wandte sich gegen die sowjet. Intervention in Afghanistan (1980).

Vor dem Hintergrund einer sich steigernden Versorgungskrise verschärfte CEAUȘESCU seinen diktator. Kurs; er lehnte zugleich den von M. S. GORBATSCHOW seit 1985 in der UdSSR eingeleiteten Reformkurs für R. ab. Internationale Organisationen (u. a. Europarat, Amnesty International, UNO-Menschenrechtskommission) sowie westl. Staaten (u. a. USA) kritisierten immer nachhaltiger die Verletzung von Menschenrechten in R. Im Rahmen eines ›Siedlungsbereinigungsprogramms‹ (Einebnung von 7 000 von 13 000 Dörfern zur Gewinnung von Grund und Boden für Agrozentren) suchte CEAUȘESCU ohne Rücksicht auf die Menschen und ihre Kulturtraditionen die Industrialisierung der Landwirtschaft voranzutreiben. Da diese Politik auch Dorfgemeinschaften der magyar. Minderheit betraf, kam es zu Spannungen mit Ungarn.

Mit Demonstrationen in Temesvar (16. 12. 1989) begann auch in R. eine Volkserhebung, in deren Verlauf sich die Armee auf die Seite der Protestbewegung stellte. In Bukarest kam es zu Straßenkämpfen zw. Armeeinheiten und der Securitate. Der am 22. 12. 1989

**Rumä** Rumäniendeutsche – rumäniendeutsche Literatur

gestürzte CEAUȘESCU und seine Frau wurden auf der Flucht verhaftet, am 25. 12. 1989 von einem Militärgericht zum Tod verurteilt und von einem Erschießungskommando hingerichtet. Als neue Reg. bildete sich eine ›Front der Nat. Rettung‹ (FSN), die am 26. 12. 1989 I. ILIESCU zum Staatspräs. ernannte.

*R. unter der Herrschaft des FSN:* Bei den ersten freien Wahlen seit 53 Jahren am 20. 5. 1990 wurde ILIESCU als Kandidat des FSN mit 85,5 % der Stimmen zum Staatspräs. gewählt; der FSN wurde die stärkste polit. Gruppe im Parlament.

N. IORGA: Histoire des Roumains et de la romanité orientale, 11 Tle. (a. d. Rumän., Bukarest 1937–45); ders.: Byzance après Byzance (Neuausg. ebd. 1971); T. MORARIU u. a.: Geographie R.s (a. d. Rumän., Bukarest 1969); M. CONSTANTINESCU u. a.: Histoire de la Roumanie. Des origines à nos jours (a. d. Rumän., Paris 1970); The history of the Romanian people, hg. v. A. OȚETEA (Bukarest 1970); M. BERNATH: Habsburg u. die Anfänge der rumän. Nationsbildung (Leiden 1972); Atlasul Republicii Socialiste România, hg. vom Institul de Geografie, 5 Tle. (Bukarest 1974–79); A. ARMBRUSTER: La romanité des Roumains. Histoire d'une idée (a. d. Rumän., Bukarest 1977); V. CÂNDEA: Kurze Gesch. R.s (a. d. Rumän., ebd. 1977); R., hg. v. K.-D. GROTHUSEN (1977); Hb. der europ. Gesch., hg. v. T. SCHIEDER, Bd. 7, Tl. 2 (1979); C. C. u. D. C. GIURESCU: Gesch. der Rumänen (a. d. Rumän., Bukarest 1980); E. ILLYÉS: Nat. Minderheiten in R. (Wien 1981); D. PRODAN: Supplex libellus Valachorum. Aus der Gesch. der rumän. Nationsbildung, 1700–1848 (a. d. Rumän., 1982); G. CASTELLAN: Histoire de la Roumanie (Paris 1984); B. JELAVICH: Russia and the formation of the Romanian national state, 1821–1878 (Cambridge 1984); A. U. GABANYI: Die unvollendete Revolution (1990); R. WAGNER: Sonderweg R. (1991).

**rumänische Kunst:** Klosterkirche Voroneț; 1488

**Rumäni|endeutsche,** Sammelname für alle in Rumänien lebenden Deutschen, die nach Herkunft und Wohngebieten folgende Gruppen bildeten und z. T. noch bilden: 1) →Siebenbürger Sachsen; 2) →Banater Schwaben; 3) →Sathmarer Schwaben; 4) Bessarabiendeutsche; 5) Bukowinadeutsche; 6) Dobrudschadeutsche; 7) die Deutschen in den wichtigsten Städten des alten Rumänien, wie es bis 1918 bestand. Die Zahl der in Rumänien lebenden Menschen dt. Volkszugehörigkeit hat sich seit Beginn des Zweiten Weltkriegs stark verringert. Betrug die Zahl der R. 1939 noch 780 000, so war sie 1977 bereits auf 366 000 gesunken. Bedingt durch die restriktive Minderheitenpolitik des rumän. Staates in den 80er Jahren (systemat. Zerstörung der dt. Kulturtradition in Rumänien) sowie im Gefolge der Umbruchsituation seit 1989 siedelten bis Ende 1991 weitere knapp 300 000 R. nach Dtl. um, so daß die Zahl der R. gegenwärtig noch etwa 70 000 betragen dürfte.

**rumäniendeutsche Literatur,** Bez. für die Literatur der dt.-sprachigen Minderheiten im heutigen Rumänien (→Rumäniendeutsche); sie entstand aus der dt.-sprachigen Dichtung Siebenbürgens, des Banats und der Bukowina. Die Dichtung der Siebenbürger Sachsen und der Banater Schwaben bis ins 18. Jh. zurück. Von den Siebenbürger Sachsen sind seit dem MA. mundartl. Volksdichtung, Märchen, Sagen und Balladen bekannt, die eine starke Bindung an Dtl. zu erkennen geben; dies gilt auch für die Humanisten und Historiographen des 16. Jh. (J. HONTERUS; CHRISTIAN SCHESÄUS, * 1536, † 1585; ALBERT HUET, * 1537, † 1607). Im 17.–18. Jh. spielten siebenbürgisch-sächs. Autoren v. a. im Ausland eine Rolle (Auswanderung in die USA), während die Literatur der Banater Schwaben sich heimatl. Sujets zuwandte. Die wichtigen Autoren des 19. Jh., z. T. an der Revolution 1848–49 maßgeblich beteiligt, waren die Lyriker JOSEPH MARLIN (* 1824, † 1849), der Erzähler und Dramatiker DANIEL ROTH (* 1801, † 1859), der Mundartdichter VIKTOR KÄSTNER (* 1826, † 1857) sowie der Pfarrer und Chronist STEPHAN LUDWIG ROTH (* 1796, † 1849). Der Einfluß der Romantik förderte die Entstehung von Sammlungen von Märchen und Gedichten. Um eine ästhet. Erziehung seiner siebenbürg. Leserschaft bemühte sich A. MESCHENDÖRFER; A. MÜLLER-GUTTENBRUNN zielte auf ein starkes banatschwäb. Gemeinschaftsbewußtsein. Die literar. Produktion nach dem Ersten Weltkrieg belebten Romane und Erzählungen H. ZILLICHS, E. WITTSTOCKS, O. CISEKS und OTTO ALSCHERS (* 1880, † 1945); einen eigenen Weg schlugen Autoren jüd. Herkunft in der Bukowina ein: A. MARGUL-SPERBER, P. CELAN, ALFRED KITTNER (* 1906), ROSE AUSLÄNDER, IMMANUEL WEISSGLAS (* 1920, † 1979). Von der Gründung der Rumän. Volksrep. bis in die zeitgenöss. Literatur eint die rumäniendt. Autoren das Bestreben, die Werte ihrer Heimat zu behaupten, ihre geistige Substanz zu erschließen, die Geschichte zu verarbeiten, aber auch offen zu sein für Einflüsse, die die Sprach- und Mentalitätsgrenzen überwinden können (FRANZ LIEBHARD, * 1899; A. BIRKNER; WOLF VON AICHELBURG, * 1912; GEORG SCHERG, * 1917; HANS BERGEL, * 1925; FRANZ STORCH, * 1927, † 1983; FRANZ HEINZ, * 1929; ARNOLD HAUSER, * 1929). In dem vom rumän. Staat zunächst mehr oder weniger gewährten Freiraum entwickelte sich ein differenziertes lebendiges literar. Leben in allen seinen Ausprägungen, dem an Selbstfindung und Selbstbehauptung gelegen war (IRENE MOKKA, * 1915, † 1973; PAUL SCHUSTER, * 1930; HANS LIEBHARDT, * 1934; HANS MOKKA, * 1912; KLAUS KESSLER, * 1925; CLAUS STEPHANI, * 1938; JOACHIM WITTSTOCK, * 1939; WERNER SÖLLNER, * 1951; NIKOLAUS BERWANGER, * 1935; ANEMONE LATZINAS, * 1942; ROLF BOSSERT, * 1952, † 1986; FRANZ HODJAK, * 1944; R. WAGNER). Die Bindung an eine Minderheitenkultur, die weitgehend ohne Rezeptions- und Publikationsmöglichkeiten, ohne Verbindung zur lebendigen dt. Sprache existierte, wurde Thema bei HERTA MÜLLER, BOSSERT, BERWANGER und DIETER SCHLESAK (* 1934). Die Repressionen des kommunist. Regimes führten v. a. in den 1980er Jahren zunehmend zur Auswanderung (vornehmlich in die Bundesrep. Dtl.) zahlreicher Autoren (u. a. BIRKNER, BERGEL, VON AICHELBURG, BOSSERT, HERTA MÜLLER und WAGNER). Bes. HERTA MÜLLER und ihr Mann R. WAGNER setzen sich seit ihrer Übersiedlung 1987 immer deutlicher literarisch mit der Generation ihrer Eltern auseinander. Zugleich artikuliert sich Kritik an den im Westen vorgefundenen Verhältnissen, am deutlichsten bei BOSSERT. Die literar. Kritik in der Bundesrep. Dtl. hebt die Intensität der rumäniendt. Dichtung und deren präzise, an die Literaten des Prager Kreises erinnernde Sprache hervor. Nach den polit. Umwälzungen in Rumänien hat nun eine starke Neuorientierung eingesetzt. Schriftsteller wie der Lyriker HELMUT

BRITZ (* 1956) lehnen den Begriff einer ›r. L.‹ ab und sprechen von der ›dt.-sprachigen Literatur in Rumänien‹. Im Umkreis der in Bukarest erscheinenden Zeitschrift ›Neue Literatur‹ artikuliert sich die jüngste Generation, die sich strikt gegen eine landsmannschaftl. Begrenzung der r. L. wendet.

Nachrichten aus Rumänien. R. L., hg. v. H. STIEHLER (1976); Reflexe, hg. v. E. REICHRATH, 2 Bde. (Bukarest u. Klausenburg 1977–84); P. MOTZAN: Die rumänien-dt. Lyrik nach 1944 (Klausenburg 1980); An Donau u. Theiß. Banater Leseb., hg. v. H. FASSEL u. a. (1986); H. BERGEL: Literaturgesch. der Deutschen in Siebenbürgen (Innsbruck ²1988).

**rumänische Kunst:** Die Gerechten an der Pforte zum Himmelreich; Ausschnitt aus dem Außenfresko ›Das jüngste Gericht‹ auf der Westwand der Klosterkirche Voroneț; 1547 ff.

**rumänische Kunst.** Unter den Kunstlandschaften des heutigen Rumänien sind, bedingt durch die histor. Entwicklung, Moldau und Walachei diejenigen, die die r. K. am reinsten repräsentieren. Siebenbürgen stand schon im MA. in lebhaftem Kontakt mit Mitteleuropa, während die beiden anderen Regionen Elemente westl. Kunst nur punktuell und erst im 18. Jh. verstärkt aufnahmen.

*Architektur:* Walachei und Moldau standen unter byzantin. Einfluß, der größtenteils über die Athosklöster oder Serbien vermittelt wurde. Die Walachei führte zunächst den Typ der byzantin. Kreuzkuppelkirche weiter (Fürstenkirche in Curtea de Argeș, Mitte des 14. Jh.), übernahm dann den vom Athos stammenden Dreikonchenbau der serb. Morawa-Schule mit Kuppel auf hohem Tambour und meist einschiffigem und tonnengewölbtem Laienraum. Richtungweisend für diesen Typ war die Klosterkirche Cozia (1382–88). Bei der Bischofskirche in Curtea de Argeș (1517 geweiht) treten als nat. Sonderart v. a. die turmartigen Tambourkuppeln, schräggestellte Tambourfenster und eine reiche Bauplastik mit einheim., armen. und oriental. Dekorationsmotiven hervor. Während in der Walachei der kub. Charakter des byzantin. Grundtypus gewahrt bleibt, ist der gleiche Typ in der Moldau, bes. in der Bukowina, der Gotik im Westen angenähert. Der stark gestreckte Baukörper wird dort von einem einheitl. Satteldach überdeckt, aus dem die Tambourkuppel turmartig hinausragt. Stützpfeiler, Fenster- und Türrahmungen wurden direkt von der Gotik übernommen (Klosterkirchen Voroneț, 1488; Moldovița, 1532; Sucevița, um 1582–84; Dragomirna, 1609 erwähnt; BILD → Moldauklöster). Wohl in Anlehnung an die Holzarchitektur wurde in der Moldau für Kuppeln eine eigentüml. Konstruktion mit zwei oder mehr übereinandergestaffelten Pendentifs entwickelt, die den Kuppeldurchmesser zunehmend verringern (Heiligkreuzkirche in Pătrăuți, Kr. Suceava, 1487). Diese ›moldauischen Gewölbe‹ sind bis ins 18. Jh. nachweisbar. Im 17. Jh. wurde der Außenbau oft mit reicher Ornamentik überzogen (Kirche der drei Hierarchen in Jassy, geweiht 1639). Der →Brîncoveanustil prägte um die Wende vom 17. zum 18. Jh. Schloß- und Klosteranlagen der Walachei. Im 18. Jh. fanden der europ. Barock (Schloß in Gornești, 1773–80) und später, v. a. durch Rußland und Polen vermittelt, der Klassizismus (Schloß Ghika in Bukarest, 1822) Eingang in die rumän. Architektur. Im 19. Jh. kam es allmählich zu einem engeren Anschluß an die europ. Entwicklung mit historist. Bauten wie dem Athenäum in Bukarest (1886–88), dem ehem. Justizpalast (heute Univ.-Gebäude, 1890) von ION I. SOCOLESCU (* 1859, † 1924) in Craiova, dem Kulturpalast in Jassy (1905–07) von ION D. BERINDEY (* 1871, † 1928) und dem Kasino in Konstanza (1907–10) im Stil der Art nouveau. N. GHICA-BUDEȘTI, ION MINCU (* 1851, † 1912), GRIGORE CERCHEZ (* 1851, † 1927) und PETRE ANTONESCU (* 1873, † 1965) knüpften bei ihren Bauten an die nat. Tradition an (›rumän. Stil‹). Bed. Architekten der Gegenwart sind CEZAR LĂZĂRESCU (* 1924), NICOLAE PORUMBESCU (* 1919) und ALEXANDRU JOTZU (* 1918).

*Malerei* und *Plastik:* Wand- und Ikonenmalerei sind nachhaltig der byzantin. Tradition verpflichtet und nehmen insbesondere serb. Einflüsse auf (Fresken der Fürstenkirche von Curtea de Argeș, 1351ff.). Im 16. Jh. bildete sich ein eigenes ikonograph. System heraus, das auch auf zeitgenöss. Thematik Bezug nimmt. Bezeichnend ist zugleich die Tendenz zu größerer Wirklichkeitsnähe. Ab etwa 1530 wurden nicht nur die Innen-, sondern auch die Außenwände moldauischer Kirchen mit Fresken überzogen (Humor, um 1535; Moldovița, 1537; Voroneț, vor 1547ff.). Bes. in der Walachei blühte im 17. und 18. Jh. eine eigenartige, volkstüml. Ikonenkunst. Im 19. Jh. setzte die Europäisierung von Malerei und Plastik ein. Die führenden Maler des 19. Jh. erhielten in Frankreich entscheidende Anregungen (T. AMAN, I. ANDREESCU, N. GRIGORESCU, Ș. LUCHIAN), ebenso die Vertreter der modernen rumän. Malerei und Graphik des 20. Jh.: GHEORGHE PETRAȘCU (* 1872, † 1949), THEODOR PALLADY (* 1871, † 1956), I. ISER, N. TONITZA, D. GHIAȚĂ. Für den 1930 nach Paris übersiedelten V. BRAUNER wurde der Surrealismus richtungweisend. Bedeu-

**rumänische Kunst:** Nicolae Ion Grigorescu, ›Der Unabhängigkeitskrieg 1877‹; 1877 (Bukarest, Muzeul National de Artă al României)

tende Bildhauer sind der aus Dtl. gebürtige KARL STORCK (* 1826, † 1887), STEFAN IONESCU-VALBUDEA (* 1856, † 1890), der zum Klassizismus neigende ION GEORGESCU (* 1856, † 1898), der von A. RODIN beein-

**Rumä**   rumänische Literatur

flußte D. PACIUREA sowie C. BRANCUSI, der sich 1904 in Paris niederließ und mit abstrakten Plastiken internat. Renommee erlangte.

**rumänische Kunst:** Theodor Pallady, ›Vase mit Sonnenblumen‹ (Bukarest, Muzeul National de Artă al României)

Die dem →sozialistischen Realismus (seit 1948) zuzuordnenden Werke zeigen starke expressionist. Züge. Seit den 1960er Jahren arbeiten immer mehr Künstler im Sinn der westeurop. Kunstszene. – Die traditionsreiche Volkskunst (Textilkunst, Keramik, Hinterglasmalerei) wird weiterhin gepflegt.

Die rumän. Malerei in Bildern, bearb. v. V. DRĂGUȚ u. a. (a. d. Rumän., Bukarest 1971); Die Wandmalerei in der Moldau im 15. u. 16. Jh., Texte v. dems. (a. d. Rumän., ebd. 1983); C. NICOLESCU: Rumän. Ikonen (a. d. Rumän., Berlin-Ost 1973); M. GROZEDA: Arta monumentală in România socialistă (Bukarest 1974); V. DRĂGUȚ: Dicționar enciclopedic de artă medievală românească (ebd. 1976); Kunstdenkmäler in Rumänien, hg. v. R. HOOTZ (1986).

**rumänische Literatur.** Der geschriebenen r. L. ging eine umfangreiche Volksdichtung mit einer Vielfalt von Gattungen voraus: Die Liebes- und Klagelyrik, v. a. die *Doină* sowie die epische Ballade (→Miorița), in der Motive aus dem Hirtenleben oder der Geschichte verarbeitet sind, gehört zu ihren bedeutendsten Erscheinungen. Reich entwickelt waren ferner die satir., religiöse und mag. Dichtung sowie das Märchen. In dieser lebendigen Tradition blieb die gesamte r. L. bis in die Gegenwart verwurzelt. Zwei Hauptperioden lassen sich in der Entwicklung der r. L. unterscheiden: Während die ältere Periode eine enge Verbundenheit mit der byzantin., südslaw. und poln. Kulturwelt zeigt, vollzieht die moderne, die mit der Einigung der Fürstentümer Moldau und Walachei (1859) begann, die entschiedene Hinwendung zum Westen, v. a. zur frz. Kultur. Die Loslösung vom Osten erfolgte in einer Übergangszeit, etwa von 1800 an, gefördert durch die nähere Berührung mit der neugriech. und der italien. Literatur.

**rumänische Kunst:** Constantin Brancusi, ›Endlose Säule‹; 1937 (Tirgu Jiu)

### 16. bis 18. Jahrhundert

Das eigentl. Schrifttum setzte im 16. Jh. ein: Das älteste rumän. Schriftstück, ein Brief des Bojaren NEACȘU, stammt aus dem Jahr 1521. Dem wachsenden Bestreben nach dem Gebrauch der Volkssprache wirkte jedoch die alte Vorherrschaft des Slawischen in Kirche und Verwaltung entgegen. Die sozialpolit. Veränderungen (die Förderung des Kleinadels durch die Zentralmacht, das Wachstum der Stadtbevölkerung u. a.) in Verbindung mit konfessionellen Impulsen, v. a. dem von Siebenbürgen ausgehenden Einfluß der luther. Reformbewegung, trugen zur Entstehung der ersten anspruchsvolleren Schriften in rumän. Sprache bei. Es waren Übersetzungen kirchl. Texte, drei Psalter und eine Apostelgeschichte. Die Einrichtung von Druckereien in Siebenbürgen und in den Fürstentümern gab der Übersetzertätigkeit neuen Aufschwung. In seiner Kronstädter Werkstatt druckte D. CORESI u. a. den luther. Katechismus und die vier Evangelien. Für die Ausbildung der rumän. Literatursprache war v. a. die erste vollständige, im Auftrag des Fürsten ȘERBAN CANTACUZINO (1678–88) verfaßte Bibelübersetzung (Bukarest 1688) bedeutsam.

Eine weite Verbreitung fanden in dieser Zeit die Volksbücher, die verschiedenartige, z. T. auch im Westen geläufige, über byzantin. und slaw. Vermittlung in den rumän. Sprachraum gelangte Stoffe behandelten. Das beliebteste unter ihnen war die Alexandererzählung ›Alexandria‹. Die späte Blüte, die Geschichten wie ›Sindbad der Seefahrer‹, ›Tausendundeine Nacht‹, ›Barlaam und Joasaph‹, alle Arten von Traum- und Weissagungsbüchern, astrolog. Schriften u. a. bei den Rumänen erlebten, wird als eine Verlängerung des westeurop. MA. angesehen.

Im Lauf des 17. und 18. Jh. drang die rumän. Sprache in alle Zweige der Literatur vor. Literar. Charakter i. e. S. weisen allerdings nur wenige Werke, z. B. die Predigten (1643) von VARLAAM (* um 1590, †1657) und die Verspsalmen des Metropoliten DOSOFTEI (* 1624, †1693) von 1673, auf. Den Höhepunkt der altrumän. Literatur bilden aber die unter dem Einfluß des poln. Humanismus entstandenen Schriften der moldauischen Chronisten G. URECHE, M. COSTIN und I. NECULCE. In Muntenien entfaltete sich, ebenfalls im 17. Jh., eine form- und stilbewußte Historiographie. Als ihr Hauptvertreter gilt CONSTANTIN CANTACUZINO (* um 1640, †1716). Dem westl. Geist seiner Zeit ebenbürtig war der moldauische Fürst D. CANTEMIR, der lange Zeit in Konstantinopel lebte, später jedoch – nach einer kurzen und unglückl. Herrschaft in der Moldau – in Rußland als Freund und Berater PETERS I., D. GR., Asyl fand. Der vielseitige Gelehrte CANTEMIR benutzte zwar das Rumänische nur unregelmäßig, aber seine in dieser Sprache verfaßten Werke, v. a. die als Tierfabel verschlüsselte polit. Streitschrift ›Istoria ieroglifică‹ (1705), nehmen dennoch eine einzigartige Stellung ein. Das in der Geschichtsschreibung bereits zutage tretende National- und Latinitätsbewußtsein bildete in der 2. Hälfte des 18. und zu Beginn des 19. Jh. die Grundlage für die histor. und philolog. Arbeiten der →Siebenbürgischen Schule mit dem Zentrum in Blaj. Die Einführung des lat. Alphabets anstelle des kyrill. blieb eine ihrer unumstrittenen Leistungen. Als einziger unter den Siebenbürger Gelehrten dieser Zeit schuf I. BUDAI-DELEANU auch ein bedeutsames Dichtwerk, das kom. Epos aus dem Zigeunerleben ›Țiganiada‹ (hg. 1875–77).

Neue Ideen verbreiteten sich auch jenseits der Karpaten, wo sich die sonst wenig populären Phanarioten als Vermittler erwiesen. Waren anfangs die griech. und italien. Literatur maßgebend, so zeichnete sich bald eine deutl. Orientierung an Frankreich ab. Neben der klass. Literatur drangen jetzt, z. T. durch frz. Flüchtlinge begünstigt, die Gedanken der Aufklärung und der Revolution in die Fürstentümer vor.

### 19. Jahrhundert

Als eine Zeit des beschleunigten geistigen Wandels erscheint die meist als Prämoderne bezeichnete Periode von 1800 bis 1830. Dem durch den Volksaufstand von 1821 und die Freiheitsbewegungen auf dem Balkan stimulierten Erneuerungsbedürfnis breiterer Bürgerschichten kam eine Flut von Übersetzungen, v. a. aus dem Französischen, entgegen. Die bedeutenden Schriftstellerpersönlichkeiten dieser Zeit (u. a. GHEORGHE ASACHI, * 1788, † 1869, und I. HELIADE-RĂDULESCU) zeichneten sich in hohem Maß als Organisatoren (als Gründer der ersten rumän. Zeitschriften, Publizisten, Theaterleiter und Verfasser zahlreicher Übersetzungen und Imitationen) aus. In der Literatur überschnitten sich die Wirkungen verschiedener westl. Strömungen wie Klassizismus, Aufklärung, Romantik. War die Lyrik bislang v. a. durch Dichter aus der Familie Văcărescu, u. a. IANCU VĂCĂRESCU (* 1792, † 1863), der als ›Vater der rumän. Poesie‹ gilt, und COSTACHE CONACHI (* 1778, † 1849) vertreten und z. T. dem anakreont. Modell verpflichtet, so brachte nach 1830 eine junge Dichtergeneration (u. a. G. ALEXANDRESCU, D. BOLINTINEANU) neue Themen, Motive und Stimmungen in die rumän. Poesie ein, die an Vorbilder wie Lord BYRON, A. DE LAMARTINE, V. HUGO erinnern. In der Romantik liegt auch der Traditionalismus des Historikers, Politikers und Schriftstellers M. KOGĂLNICEANU begründet. Im Umfeld der von ihm herausgegebenen einflußreichen Zeitschrift ›Dacia literară‹, die die Besinnung auf die Werte der eigenen Geschichte und die Annäherung an die Volksdichtung propagierte, wirkten u. a. der Prosaist ALECU RUSSO (* 1819, † 1859) und C. NEGRUZZI, der Begründer der modernen rumän. Novellistik. Aus der Liebe zur Vergangenheit nährte sich das Interesse der jungen Schriftsteller für die Gegenwart; dieses steigerte sich bei den ›Achtundvierzigern‹ (Pașoptiști) zu brennendem Patriotismus und revolutionärem Enthusiasmus (N. BĂLCESCU). Führende Persönlichkeit der Zeit nach 1850 wurde V. ALECSANDRI, Verfasser von formvollendeten Gedichten, erfolgreichen Gesellschaftskomödien und rhetorisch wirksamen Versen nationalpatriot. Inspiration.

Die stärkste bestimmende Kraft im rumän. Geistesleben des späten 19. Jh. bildete die 1863 gegründete literar. Gesellschaft →Junimea. Ihre Mitglieder waren junge, im Ausland gebildete, meistens germanophile Intellektuelle, die für eine qualitative Erneuerung der rumän. Kultur eintraten. Ihr führender Vertreter, T. L. MAIORESCU, der als Begründer der modernen, ästhetisch fundierten rumän. Literaturkritik gilt, wurde zum Mentor des literar. Lebens. Zum weiten Kreis der Junimea-Freunde gehörten zeitweise die bedeutendsten Schriftsteller der Zeit: neben M. EMINESCU der Dramatiker und Novellist I. L. CARAGIALE, der Erzähler I. CREANGĂ und der Novellist I. SLAVICI, ferner der Gelehrte und Prosaist A. ODOBESCU sowie der Romanschriftsteller D. ZAMFIRESCU. Diese Persönlichkeiten, unter denen EMINESCU zweifellos die überragende war, verdankt die rumän. Moderne ihren ersten Höhepunkt. Obwohl gefühlsmäßig der Vergangenheit, eigtl. einem myth. MA. zugewandt, war EMINESCU, wie seine vielseitigen Interessen auf literar., sprachl., wiss. und polit. Gebiet bezeugen, ein Kind seiner Zeit. Von der Philosophie I. KANTS und v. a. A. SCHOPENHAUERS beeinflußt, brachte er eine pessimist. Weltanschauung in die r. L. ein. Sein Geniekult, seine Naturliebe sowie u. a. seine großartigen Phantasieentwürfe lassen seine Verwandtschaft mit der dt. Romantik erkennen. Wesentl. Impulse verdankte er aber auch der rumän. Volksdichtung. Den epigonalen Tendenzen, die sich in der Nachfolge EMINESCUS abzeichneten, widersetzte sich ganz bewußt A. MACEDONSKI, der in Paris, unter den Parnassiens und den Dichtern des Symbolismus seine Meister suchte. MACEDONSKI galt auch als Gegner der Junimea, die im Herausgeber der Zeitschrift ›Contemporanul‹, dem Literaturtheoretiker und militanten Sozialisten C. DOBROGEANU-GHEREA, bereits einen starken Kontrahenten gefunden hatte. Ein Gegengewicht zu MAIORESCUS Zeitschrift ›Convorbiri literare‹ schuf außerdem der Bukarester Historiker und Linguist B. P. HAȘDEU, der auch als Belletristikautor hervortrat, durch eigene Zeitschriften.

### 20. Jahrhundert

Zu Beginn des 20. Jh. traten die um die Zeitschriften ›Sămănătorul‹ (hg. von N. IORGA) und ›Viața românească‹ (hg. von G. IBRĂILEANU) gruppierten Schriftsteller für eine nationalspezif., vorwiegend dem bäuerl. Leben zugewandte Literatur ein. Der lebensfrohe, bei einer breiten Leserschaft beliebte G. COȘBUC und A. VLAHUȚĂ waren für die Richtung von ›Sămănătorul‹ tonangebend: Um sie sammelte sich bald eine Reihe von begabten Schriftstellern, u. a. die Lyriker ȘTEFAN OCTAVIAN IOSIF (* 1875, † 1913) und O. GOGA sowie ION ALEXANDRU BRĂTESCU-VOINEȘTI (* 1868, † 1946), ein Meister der Kurzgeschichte; der prominenteste unter ihnen war M. SADOVEANU. Als ›Poporanismus‹ bezeichnete sich die vom Literaturhistoriker und -kritiker G. IBRĂILEANU ins Leben gerufene Bewegung, der u. a. die sozialkrit., antisentimentalen und antiidyll. Prosawerke eines G. GALACTION oder I. AGÂRBICEANU entsprachen. Im Ggs. zur bodenständigen Dichtung entwickelte sich der Symbolismus, der vom Literaturhistoriker und Linguisten O. DENSUȘIANU gefördert wurde und Werke wie die von I. MINULESCU und G. BACOVIA hervorbrachte, die zum wertvollsten Bestand der rumän. Moderne gehören. Aus dieser Bewegung, zu der zahlreiche andere Autoren wie ȘTEFAN PETICĂ (* 1877, † 1904), D. ANGHEL u. a. gehörten, gingen auch der spätere Mitbegründer des Dadaismus, T. TZARA, sowie der führende rumän. Avantgardist der 1920er Jahre, I. VINEA, hervor.

Die Gegensätzlichkeit einer traditionalist. und einer fortschrittl. Grundhaltung lebte von 1920 bis zum Zweiten Weltkrieg weiter in der Auseinandersetzung zw. den Schriftstellern der Zeitschrift ›Gîndirea‹ (ihr Wortführer war NICHIFOR CRAINIC, * 1889, † 1972, dem die betont orthodoxe, zunehmend konservative und schließlich reaktionär-faschist. Ausrichtung der Zeitschrift zuzuschreiben ist) und den vorwiegend in der frz. Kultur verwurzelten, das Modernitätspostulat bejahenden Autoren E. LOVINESCU, CAMIL PETRESCU, VLADIMIR STREINU (* 1902, † 1970), ȘERBAN CIOCULESCU (* 1902, † 1988) u. a. Der Reichtum der Themen und Stilrichtungen sowie die ungewöhnlich hohe Zahl der Persönlichkeiten, die sie vertraten, machen die Periode zw. den beiden Weltkriegen als Blütezeit der r. L. aus. Im Bereich der Prosa wirkten u. a., neben dem bereits berühmten SADOVEANU, L. REBREANU, HORTENSIA PAPADAT-BENGESCU, CAMIL und CEZAR PETRESCU, ANTON HOLBAN (* 1902, † 1937), GIB. I. MIHĂESCU (* 1894, † 1935) sowie der verspätete Décadent M. I. CARAGIALE, ferner der im Ausland berühmt gewordene P. ISTRATI. Entdeckt wurde jetzt auch die Antiprosa des unbekannt verstorbenen URMUZ. Die Lyrik erreichte durch T. ARGHEZI, L. BLAGA, I. BARBU einen neuen Höhepunkt; bedeutend waren auch I. PILLAT, A. MANIU, DAN BOTTA (* 1907, † 1958). Eine Vielzahl von mehr oder weniger kurzlebigen, aber fruchtbaren Avantgardegruppen – sie nannten sich ›Konstruktivisten‹, ›Integralisten‹, ›Surrealisten‹ usw. – entstand. Aus ihren Reihen kamen ILARIE VORONCA (* 1903, † 1946), G. BOGZA, ȘTEPHAN ROLL (* 1903, † 1974), GHERASIM LUCA (* 1913) u. a. In den 1930er Jahren trat eine selbstbewußte ›junge Generation‹ in Erscheinung. Sie hatte in M. ELIADE, E. IONESCU (frz. EUGÈNE IONESCO) und E. CIORAN, die bald das Land endgültig verlassen und im Westen zu internat. Ruhm gelangen sollten, sowie in dem Philosophen CONSTANTIN NOICA (* 1909, † 1987) und dem

**Rumä** rumänische Musik – rumänische Philosophie

Kunstkritiker Petru Comarnescu (* 1905, † 1970) ihre glänzendsten Vertreter. Im Bereich der philosoph. Prosa ragten die Werke Blagas heraus, der Historiker N. Iorga entfaltete seinerseits eine gigant. Schaffenskraft; durch G. Călinescu, T. Vianu, Mihai Ralea (* 1896, † 1964), Pompiliu Constantinescu (* 1901, † 1946) u. a. (neben den bereits erwähnten Kritikerpersönlichkeiten) erlebten auch Literaturgeschichte und Literaturkritik ihr ›Goldenes Zeitalter‹.

Der Zweite Weltkrieg und die Ausrufung der Volksrepublik (1947) waren für die r. L. ein folgenschwerer Einschnitt. Nur ausnahmsweise und meistens um den Preis beträchtl. Kompromisse konnten die älteren Schriftsteller (Sadoveanu, Arghezi, Z. Stancu u. a.) ihre Tätigkeit fortsetzen. Bis etwa 1964 stand die Literatur im Zeichen des sozialist. Realismus, der allen modernist. Bestrebungen ein Ende bereitete. Bedeutende Werke schufen, den formalthemat. Zwängen zum Trotz, Camil Petrescu, Călinescu, M. Preda, P. Dumitriu. Auf die vorübergehende Liberalisierung des Geisteslebens Mitte der 60er Jahre, die v. a. in der Lyrik zu einem Wiederanknüpfen an die Traditionen der Zwischenkriegszeit führte, folgte ein neuer Aufschwung sowohl der Dichtung (A. Ş. Doinaş, M. Sorescu, N. Stanescu, Ana Blandiana, * 1942, u. a.) wie auch des Romans (N. Breban, Fănuş Neagu, * 1932; Alexandru Ivasiuc, * 1933, † 1977), der Novelle (Ş. Bănulescu, A. E. Baconsky, Nicolae Velea, * 1936) und der Kritik (Ovid S. Crohmălniceanu, * 1921; Dumitriu Micu, * 1928; Nicolae Manolescu, * 1939; Ion Negoiţescu, * 1921, u. a.). Kennzeichnend für die junge Literatur waren die Abkehr vom Politischen, die Phantastik und die ästhetisierende Erprobung neuer Formen und Stile (L. Dimov, Dumitriu Ţepeneag, * 1937; Dumitriu Radu Popescu, * 1935). In den 70er Jahren zeichnete sich jedoch bereits eine neue Verhärtung des kulturpolit. Kurses ab, die bald zur brutalen Repression aller nichtdiktaturkonformen Äußerungsversuche führte. Zahlreiche Schriftsteller mußten das Land verlassen (P. Goma, Ţepeneag, Negoiţescu u. a.). Der allg. lähmenden Hoffnungslosigkeit wirkten u. a. Autoren wie Constantin Ţoiu (* 1923), Augustin Buzura (* 1938), Sorin Titel (* 1935, † 1985), George Bălăiţă (* 1935) in der Prosa und Ileana Mălăncioiu (* 1940), Mircea Dinescu (* 1950) in der Poesie entgegen. Beim Sturz des Diktators N. Ceauşescu (Dez. 1989) waren viele Schriftsteller politisch aktiv; das polit. Engagement bleibt ein Hauptmerkmal des gegenwärtigen Literaturlebens in Rumänien. Die neu gewonnene Publikationsfreiheit wird v. a. dazu benutzt, die erschütternden Zeugnisse der kommunist. Gewaltherrschaft (an erster Stelle Berichte, Tagebücher, Erinnerungen aus dem Gefängnis, z. B. von C. Noica und Nicolae Steinhardt, * 1912, † 1985) sowie die unveröffentlicht gebliebenen Werke regimekrit. Autoren (Blaga) zu veröffentlichen. Vorrangig sind ferner die Mühe um die Wiederherstellung der geistig-literar. Kontinuität durch die Rehabilitierung von Persönlichkeiten, die den kommunist. Ideologiezensoren zum Opfer gefallen waren (Nae Ionescu, * 1890, † 1940; Mircea Vulcănescu, * 1904, † 1952), sowie das Bestreben, die im Exil entstandene Literatur rumän. Schriftsteller, sowohl der älteren (Eliade, Cioran, Dumitriu) als auch der jüngeren (Goma, Ţepeneag), zu reintegrieren.

B. Munteanu: Gesch. der neueren r. L. (a.d. Frz., Wien 1943); Istoria literaturii române, hg. v. E. Petrovici, 3 Bde. (Bukarest 1964–73); T. Vianu: Arta prozatorilor români, 2 Bde. (Neuausg. ebd. 1966); G. Lupi: La letteratura romena (Neuausg. Florenz 1968); A. Piru: Panorama deceniului literar românesc, 1940–1950 (Bukarest 1968); ders.: Istoria literaturii române, 2 Bde. (ebd. 1970); D. Micu: Inceput de secol. 1900–1916 (ebd. 1970); ders. u. N. Manolescu: R. L. der Gegenwart 1944–1966 (a.d. Rumän., Neuausg. 1975); O. S. Crohmălniceanu: Literatura română între cele două războaie mondiale, 3 Bde. (Bukarest[1-2] 1972–75); A. U. Gabanyi: Partei u. Lit. in Rumänien seit 1945 (1975); Scriitori români, hg. v. M. Zaciu (Bukarest 1978); Dicţionar cronologic literatura româna, hg. v. I. C. Chiţimia u. a. (ebd. 1979); Dicţionarul literaturii române de la origini pînă la 1900, hg. v. der Academia Republicii Socialiste România (ebd. 1979); G. Stanomir: Die rumän. Dramatik nach 1945 (1979); N. Cartojan: Istoria literaturii române vechi (Neuausg. Bukarest 1980); E. Lovinescu: Istoria literaturii române contemporane, 3 Bde. (Neuausg. ebd. 1981); G. Călinescu: Istoria literaturii române de la origini pînă in prezent (ebd. [2]1982); N. Iorga: Istoria literaturii romănesti, 3 Bde. (Neuausg. ebd. 1983); Lit. Rumäniens, 1944 bis 1980, bearb. v. Z. Dumitrescu-Buşulenga u. a. (a.d. Rumän., Berlin-Ost 1983); Rumänisch-dt. Interferenzen, hg. v. K. Heitmann (1986); N. Manolescu: Istoria critică a literaturii române, auf mehrere Bde. ber. (Bukarest 1990 ff.).

**rumänische Musik.** Mit der Übernahme des Christentums im 9. Jh. fanden die liturg. Gesänge des byzantinisch-slaw. Ritus Eingang, in Siebenbürgen gleichzeitig auch der Gregorian. Choral, doch reichen schriftl. Quellen nicht vor das 15. Jh. zurück. Bis zum 19. Jh. dokumentiert sich die weltl. Musik nahezu ausschließlich im Bereich der Volksmusik, deren Sammlung und Erforschung v. a. Constantin Brăiloiu (* 1893, † 1958), George Breazul (* 1887, † 1961; 1927 Gründung des Phonogrammarchivs) und B. Bartók zu verdanken ist. Die rumän. Volkslieder (Balladen, Colinde, Doine) verwenden unterschiedl. Skalen, charakteristisch ist der Dur-Moll-Parallelismus. Die Rhythmik ist vielgestaltig und oft nicht mit dem westeurop. Taktbegriff zu vereinen. – Vom 16. bis 18. Jh. blieb die türk. Musik nicht ohne Einfluß, das 19. Jh. war von der italien. und dt. Musik beherrscht. Seit Beginn des 20. Jh. verbanden sich in der Kunstmusik folklorist. Elemente mit romant. oder impressionist. Anregungen, zunächst bei Demetri Kiriac (* 1866, † 1928), einem Schüler von V. d'Indy, dann bes. bei G. Enescu, später bei Anatol Vieru (* 1926), einem Schüler von A. I. Chatschaturjan. In Auseinandersetzung mit Kompositionsweisen der Neuen Musik sind in jüngster Zeit hervorgetreten Aurel Stroe (* 1932), Myriam Marbe (* 1931), Cornel Ţăranu (* 1934), Alexandru Hrisanide (* 1936), Octavian Nemescu (* 1940), Costin Miereanu (* 1943), Şerban Nichifor (* 1954).

E. Riegler-Dinu: Das rumän. Volkslied (Neuausg. 1943); L. Cassini: Music in Rumania (London 1954); T. Alexandru: Romanian folk music (a.d. Rumän., Bukarest 1980); V. Cosma: Zweitausend Jahre Musik auf dem Boden Rumäniens (a.d. Rumän., ebd. 1980).

**rumänische Philosophie,** Sammel-Bez. für die Philosophie und die philosoph. Entwicklungen des rumän. Sprachraums, die sich (seit dem 19. Jh. größere Eigenständigkeit und Ausprägung gewinnend) im europ. Kontext, jedoch v. a. unter frz. Einfluß vollzogen, aber in ihrer Randlage die Gesamtentwicklung der europ. Philosophie bisher kaum beeinflußt haben. Kennzeichnend für ihre Grundstruktur ist eine enge Beziehung zur Literatur, häufig gepaart mit polit. und sozialkrit. Engagement. Die Anfänge der r. P. reichen in das 17./18. Jh. zurück, als D. Cantemir im Geiste von Humanismus und Aufklärung die Kenntnisse seiner Zeit zusammenfaßte und die →Siebenbürgische Schule entstand. I. Budai-Deleanu betätigte sich daran anknüpfend auf den Gebieten der rumän. Geschichte und Philologie und strebte eine Erneuerung der platonisch-aristotel. Denktradition an. N. Bălcescu versuchte im 19. Jh. eine geschichtsphilosoph. Begründung der politisch-revolutionären Zielsetzungen. Vasile Conta (* 1845, † 1882) führte den Positivismus in die r. P. ein, jedoch ohne dessen antimetaphys. Komponente. T. L. Maiorescu, dem dt. Idealismus verpflichtet, entwickelte krit. Positionen gegen eine kritiklose Rezeption westeurop. Denktraditionen und Kultur (→Junimea). Weiter sind zu nennen die

rumänische Sprache – Rumba **Rumb**

Geschichtsphilosophie von ALEXANDRU D. XENOPOL (* 1847, † 1920), der Soziologismus DIMITRIE GUSTIS (* 1880, † 1955) und die Kulturphilosophie mit stark myst. Prägung von L. BLAGA. In neuerer Zeit waren die religionsphilosoph. und motholog. Forschungen von NAE IONESCU (* 1890, † 1940) und M. ELIADE sowie das existenzphilosophisch beeinflußte Denken des Hegel-Übersetzers und -Interpreten DIMITRIE D. ROȘCA (* 1895, † 1980) bedeutsam. Einen Nihilismus vertritt der in Paris lebende E. M. CIORAN. Schwerpunkte der r. P. seit dem Zweiten Weltkrieg bilden: die marxist. Philosophie (GAÁL GABOR, * 1891, † 1954; LUCREȚIU PĂTRĂȘCANU, * 1900, † 1954), die Frage nach einer sozialistisch-demokrat. Gesellschaft auf der Grundlage von Freiheit, Unabhängigkeit und einem Humanismus; die Philosophiegeschichte (u. a. Übersetzungen klass. philosophischer Werke ins Rumänische); wissenschaftstheoret. und log. Forschungen (ATHANASE JOJA, * 1904, † 1972; DAN BĂDĂRAU, * 1893, † 1968; FLOREA TUȚUGAN, * 1908, † 1961; GRIGORE C. MOISIL, * 1906, † 1973; CONSTANTIN NOICA, * 1909, † 1987).

A. TĂNASE u. O. CHEȚAN: Romania, in: Handbook of world philosophy, hg. v. J. R. BURR u. a. (London 1981, mit Bibl.).

**rumänische Sprache,** eine Sprache der ostroman. Sprachfamilie (→romanische Sprachen). Ihre Sonderstellung innerhalb der Romania ist begründet durch 1) ihr vorröm., dakisches Substrat, 2) die zahlreichen Übereinstimmungen mit den übrigen →Balkansprachen, 3) das Fehlen german. Einflüsse, 4) die im 7./8. Jh. wirksam werdende slaw. Beeinflussung der Phonetik und v. a. des Wortschatzes, 5) ihre Kontakte mit dem Ungarischen, Türkischen und Neugriechischen, 6) die isolierte geograph. Lage der Dakoromania, die dazu führte, daß sich die Sprache bis zum Ende des 18. Jh. in einer geistig-kulturellen Sonderexistenz entwickelte.

Die r. S. wird außer in Rumänien auch von Minderheiten in den Nachbarstaaten, v. a. in Moldawien (→moldauische Sprache und Literatur), insgesamt von etwa 25 Mio. Menschen gesprochen. Sie gliedert sich in vier Dialektgruppen, das eigentl. (Dako-)Rumänische sowie das Aromunische (→Aromunen) oder Mazedorumänische, das Meglenorumänische und das Istrorumänische, die von isolierten roman. Minderheiten in Griechenland, Jugoslawien, Bulgarien und Albanien gesprochen werden. Alle zus. bildeten bis etwa zum 10. Jh. das Ur- oder Gemeinrumänische. Das Dakorumänische gliedert sich seinerseits in die fünf (nur wenig differenzierten) Subdialekte der Moldau, der Walachei, des Banats, der Crișana und des Marmarosch.

Die Schriftsprache entwickelte sich zu Beginn des 16. Jh. und beruht auf einer walachisch-südsiebenbürg. Grundlage. Typisch für die r. S. sind der Reichtum an Diphthongen und Triphthongen, die starke gegenseitige Beeinflussung von Vokalen und Konsonanten im Wort, die der Vokale durch die Verschiebung der Tonstelle. Daraus ergibt sich eine ständige Verschiebung des Wortkörpers in der Flexion. Weitere Merkmale: Es besteht ein Zweikasussystem (Nominativ/Akkusativ; Genitiv/Dativ); der bestimmte Artikel wird nachgestellt; die Vollform des Infinitivs lebt nur als Substantiv weiter.

Die r. S. des 19. und 20. Jh. ist durch Reromanisierung gekennzeichnet und infolgedessen durch einen Rückgang der slaw., griech. und türk. Elemente. Für die Begriffe der modernen Kultur, Wiss. und Zivilisation wurden lat. und mehr noch frz. Ausdrücke übernommen. Diese Neologismen sind in der heutigen Literatursprache zahlreicher als die lat. Erbwörter. – Die kyrill. Schreibung wurde um 1860 durch die lat. ersetzt, deren Orthographie zuletzt 1954 festgelegt wurde.

**Wörterbücher:** Dicționarul limbii române, hg. v. der Academia Republicii Socialiste Romania, auf zahlr. Bde. ber. (Bukarest 1913 ff.); Dicționar german-român, hg. v. ders. (ebd. 1966); Dicționar german-român, bearb. v. M. ISBĂȘESCU (ebd. 1969); Dicționarul explicativ al limbii române, hg. v. I. COTEANU, Haupt- u. Suppl.-Bd. (ebd. 1975–88); A. LOMBARD u. C. GÂDEI: Dictionnaire morphologique de la langue roumaine (Lund 1981); H. TIKTIN: Rumän.-dt. Wb., bearb. v. P. MIRON, 3 Bde. (²1986–90). **Sprachgeschichte u. Grammatik:** S. PUȘCARIU: Die r. S. (a. d. Rumän., 1943); W. ROTHE: Einf. in die histor. Laut- u. Formenlehre des Rumänischen (Halle/Saale 1957); Gramatica limbii romîne, hg. v. der Academia Republicii Populare Romîne, 2 Bde. (Bukarest ²1963); Istoria limbii române, bearb. v. A. ROSETTI u. a., 2 Bde. (ebd. 1965–69); K.-H. SCHRÖDER: Einf. in das Studium des Rumänischen (1967); E. BARBORICĂ u. a.: Introducere în filologia româna (Bukarest 1972); I. POPINCEANU: Rumän. Elementargramm. (³1972); H. G. KLEIN u. P. CEAUȘESCU: Einf. in die r. S. (²1979); G. IVĂNESCU: Istoria limbii române (Jassy 1980); E. SILZER: Taschen-Lb. Rumänisch (Leipzig ⁶1982); Gramm. der r. S. der Gegenwart, bearb. v. A. BEYRER u. a. (ebd. 1987); Lex. der romanist. Linguistik, hg. v. G. HOLTUS u. a., Bd. 3 (1989). **Sprachatlanten:** Atlasul lingvistic român, serie nouă, hg. v. der Academia Republicii Populare Romîne u. a., 7 Bde. (Bukarest 1956–72); Noul atlas lingvistic român pe regiuni Oltenia, hg. v. B. CAZACU, 5 Bde. (ebd. 1967–85); P. NEIESCU u. a.: Atlasul lingvistic român pe regiuni Maramureș, 3 Bde. (ebd. 1969–73); Noul atlas lingvistic român pe regiuni Banat, hg. v. P. NEIESCU, 2 Bde. (ebd. 1980).

**rumänisch-orthodoxe Kirche,** die orth. Landeskirche in Rumänien, eine der →Ostkirchen. Spätestens seit dem 4. Jh. christianisiert, wurde die kirchl. Organisation im Zuge der Völkerwanderung weitgehend zerstört und erst seit dem 9. Jh. wieder aufgebaut. Dabei stand das rumän. Gebiet kirchlich zunächst unter dem Einfluß Bulgariens, dann des Ökumen. Patriarchats. Im 14. Jh. entstanden kirchl. Zentren in den zwei Metropolien von Suceava (1401, ab 1565 in Jassy) und Curtea de Argeș (1359; 1401 nach Tîrgoviște und 1668 nach Bukarest verlegt). Erst 1648 wurde jedoch die rumän. Liturgiesprache anstelle des Slawischen oder Griechischen eingeführt. Unter der osman. Herrschaft verstärkte sich – bes. im 18. Jh. – der Einfluß der Phanarioten, was eine Gräzisierung der rumän. Orthodoxie bedeutete. Seit dem 11. Jh. ungar., seit 1691 österr. Siebenbürgen war (in Peri) schon 1391 ein Exarchat des Ökumen. Patriarchats entstanden, doch hatte die orth. Kirche stets gegen kath. Einflüsse der ungar. und poln. Feudalherren zu kämpfen, denn auch der Toleranzbeschluß von 1572 sicherte in Siebenbürgen nur Katholiken, Lutheranern, Kalvinisten und Unitariern Religionsfreiheit zu, den Orthodoxen allein Duldung. Ein erhebl. Teil von ihnen nahm daher auch 1697 die Union mit Rom an. Unter den orth. Christen kam es nach 1862 auch zur kirchl. Einigung: 1865 nahm der Metropolit den Titel eines Primas von R. an und rief die Autokephalie aus, die 1885 vom Ökumen. Patriarchat anerkannt wurde. Die in Österreich-Ungarn lebenden orth. Rumänen unterstanden allerdings eigenen selbständigen Metropolien, und zwar stand Siebenbürgen 1783–1864 unter dem serb. Patriarchat von Sremski Karlovci, bis nach dem Ausgleich dann 1869 für Transleithanien die eigene autonome Metropolie von Hermannstadt gebildet wurde; 1873 wurde das seit 1785 ebenfalls Sremski Karlovci unterstehende Bistum Tschernowyz zur selbständigen Metropolie für alle Rumänen der zisleithan. Länder erklärt. Erst nach der Angliederung dieser Gebiete an das vereinigte R. 1918 konnte auch eine einheitliche orth. Landeskirche entstehen, die 1925 den Rang eines Patriarchats erhielt.

M. PĂCURARIU: Die orth. Kirche in der Vergangenheit u. heute, übers. v. F. J. BULHARDT (a. d. Rumän., Bukarest 1979).

**Rumạntsch,** einheim. Bez. für →Bündnerromanisch.

**Rụmba** [span. (kuban.)] *die, -/s,* urspr. Sammel-Bez. für eine formenreiche afrokuban. Tanzgattung.

**Rumb**   Rumbakugeln – Rumpf

Um 1914 in New York eingeführt, entwickelte sich daraus der heute als R. bezeichnete Tanz, der sich seit etwa 1930 weltweit als Gesellschaftstanz verbreitete. Die in mäßigem bis raschem geradem Takt stehende R. mit einer mehrschichtigen, synkopenreichen Rhythmik wird als offener Paartanz mit ausgeprägten Hüftbewegungen ausgeführt; als Begleitinstrumente dienen Maracas und Claves. Die R. gehört heute zu den Turniertänzen. Abkömmlinge sind u. a. →Conga, →Mambo und →Béguine. In der Kunstmusik findet sie sich u. a. bei D. MILHAUD (2. Klavierkonzert).

**Rumbakugeln,** die →Maracas.

**Rumbenkarten,** →Portolane.

**Rumburg,** tschech. **Rumburk,** Stadt im Lausitzer Gebirge, im äußersten N des Nordböhm. Kreises, Tschechoslowakei, an der Grenze zu Dtl. (Sachsen), 381 m ü. M., (1990) 11 200 Ew.; Heimatmuseum (im Kloster); Textil- und Nahrungsmittelindustrie, Werkzeugmaschinenbau. – R. wurde im 13. Jh. gegründet.

**Rumelange** [rymˈlãʒ], dt. **Rümelingen,** Stadt im Kt. Esch, S-Luxemburg, (1990) 3 500 Ew.; Minettebergbau-Museum; Klinkerherstellung, Fahrzeugbau.

**Rumeli**|**en** [zu Rum], türk. **Rumeli,** in der türk. Verwaltung bis 1864 Bez. für den europ. Teil des Osman. Reiches (außer Bosnien, Ungarn und Morea); Verwaltungssitz war bis 1836 Sofia, dann Bitola. (→Ostrumelien)

**Rumeli Hisarı** [-ˈrı], türk. Festung, →Anadolu Hisarı.

**Rümelin,** Max von (seit 1905), Jurist, * Stuttgart 15. 2. 1861, † Tübingen 22. 7. 1931; Prof. in Halle/Saale und Tübingen; Mitbegründer der Tübinger Schule der Interessenjurisprudenz.

**Rümelingen,** luxemburg. Stadt, →Rumelange.

**Rumelische Kiefer** [nach Rumelien], **Rumelische Strobe, Mazedonische Kiefer, Pinus peuce** [-tsə], in S-Jugoslawien, Albanien und Griechenland heimische, 10–20 m hohe Kiefernart mit schlank-kegelförmiger, dichter Krone, 7–10 cm langen, dreijährigen, an den Triebenden pinselförmig gehäuften Nadeln und 8–13 cm langen, 3–4 cm breiten Zapfen; raschwüchsiger, winterharter Park- und Zierbaum.

**Rumen** [lat. ›Kehle‹, ›Schlund‹] *das, -s,* der Pansen der Wiederkäuer (→Magen).

**Rumex** [lat.], die Pflanzengattung →Ampfer.

**Rumford** [ˈrʌmfəd], Sir (seit 1784) Benjamin **Thompson** [tɔmpsn], Graf von (seit 1791), britisch-amerikan. Physiker, * North Woburn (Mass.) 26. 3. 1753, † Auteuil (heute zu Paris) 21. 8. 1814. R. floh während des Unabhängigkeitskampfes (1776) nach England und trat 1784 in bayer. Dienste. Er führte die Kartoffel in Bayern ein, gründete Arbeitshäuser, reorganisierte das Heer und legte den Engl. Garten in München an; auf seine Initiative wurde die Armen- und Massenspeisung mit einer nahrhaften, billigen Suppe (**R.-Suppe**) eingerichtet. Für die Physik wurden seine Untersuchungen über die Entstehung der Reibungswärme (1798) bedeutsam, in deren Verlauf er insbesondere erkannte, daß Wärme kein Stoff ist. Die Gründung der Royal Institution (1800) in London geht auf R. zurück.

**Rumi,** Djalal od-Din, pers. Dichter und Mystiker, →Djalal od-Din Rumi.

**Rumia** [ˈrumja], Stadt in Polen, →Rahmel.

**Ruminantia** [zu lat. ruminare ›wiederkäuen‹], die →Wiederkäuer.

**Rumination** [lat.] *die, -/-en, Zoologie:* das Wiederkäuen. (→Magen)

**ruminiert** [zu lat. ruminare ›wiederkäuen‹], zernagt, zerfurcht; gesagt von Pflanzensamen.

**ruminiertes Endosperm,** eigenartig marmoriertes Endosperm; durch faltenförmige, aus dem Nucellus hervorgehende, meist durch Sekretstoffe dunkler gefärbte, von außen herkommende Vorsprünge (Endospermfalten) entstanden; z. B. bei der Muskatnuß.

**Ruminococcus** [zu Rumen und griech. kókkos ›Kern‹], zu den anaeroben, grampositiven Kokken gehörende Bakteriengattung, die im Pansen von Wiederkäuern vorkommt und zum Abbau von Cellulose befähigt ist.

**Rumjanzew, Rumjancev** [-tsef], Pjotr Aleksandrowitsch Graf (seit 1744), gen. **R.-Sadunajskij** (›Überschreiter der Donau‹), russ. General, * Moskau 15. 1. 1725, † Taschan (Gebiet Kiew) 19. 12. 1796; zeichnete sich im Siebenjährigen Krieg sowie als Oberbefehlshaber (seit 1770) der russ. Truppen im Türkenkrieg (1768–74) aus. Er schloß am 21. 7. 1774 den Frieden von Kütschük Kainardschi.

**Rumma, Wadi ar-R.,** einer der längsten Talzüge der Arab. Halbinsel, erstreckt sich über 500 km von W nach O im zentralen Saudi-Arabien.

**Rummelpott,** die →Reibtrommel.

**Rummelsburg,** poln. **Miastko** [ˈmjastkɔ], früher dt. amtl. **R. i. Pom.,** Stadt in Hinterpommern, in der Wwschaft Słupsk (Stolp), Polen, auf dem Pommerschen Höhenrücken, (1989) 11 800 Ew.; Leder- und Baustoffindustrie. – R. wurde als Siedlung 1478 erstmals erwähnt und erhielt 1781 Stadtrecht. 1945 kam R. unter poln. Verwaltung, seit 1991 gehört es völkerrechtlich verbindlich zu Polen.

**Rummo,** Paul-Erik, estn. Lyriker, * Reval 19. 1. 1942. Seine Lyrik ist durch die Verwendung modernist. Verfahren (Assoziationen, Lautinstrumentierung u. a.) und durch die Einführung neuer Themen (intime, histor., philosoph.) eine klare Abkehr vom sozialist. Realismus (›Luulet 1960–1967‹, 1968).

**Rumohr,** Carl Friedrich von, Pseudonym **Joseph König,** Kunsthistoriker und Schriftsteller, * Reinhardsgrimma (bei Dresden) 6. 1. 1785, † Dresden 25. 7. 1843; einer der Begründer der dt. Kunstwissenschaft als wiss. Disziplin. Er verfaßte grundlegende kunsthistor. Werke (›Italien. Forschungen‹, 3 Bde., 1826–31; ›Zur Geschichte und Theorie der Formschneidekunst‹, 1837). Als Schriftsteller trat er u. a. mit dem Roman ›Dt. Denkwürdigkeiten aus alten Papieren‹ (1832), mit ›Novellen‹ (2 Bde., 1833–35), dem satirisch-humoristischen Epos ›Kynalopekomachia. Der Hunde Fuchsenstreit‹ (1835) und dem ›Geist der Kochkunst‹ (1823), einem Standardwerk der sinnenfreudigen Eßkultur, hervor.

**Rumor,** Mariano, italien. Politiker, * Vicenza 16. 6. 1915, † ebd. 23. 1. 1990; Lehrer, Mitgl. der Democrazia Cristiana; ab 1958 Abg.; 1954–63 Vize-Sekr. der DC, danach bis 1968 deren Partei-Sekr. Zw. 1959 und 1976 hatte R. versch. Ministerposten inne (Landwirtschaft, Inneres, Äußeres; mit Unterbrechungen), 1968–70 und 1973–74 war er MinPräs.; zuletzt Mitgl. des Senats.

**Rumpeln, Rumpelgeräusche,** niederfrequentes Störgeräusch bei Plattenspielern im Bereich zw. 10 und 50 Hz, hervorgerufen durch Erschütterungen im Laufwerk. Zur Unterdrückung des R. dient ein in den Vorverstärker eingebauter **Rumpelfilter.** Dazu verwendet man RC-, LC-Filter (→Filter 2) oder frequenzabhängige Gegenkopplungen, die als →Hochpaß mit einer Grenzfrequenz von etwa 70 Hz wirken.

**Rumpelstilzchen,** Titelfigur eines Grimmschen Märchens, in dem ein koboldhaftes Wesen einer jungen Königin hilft, Stroh zu Gold zu verspinnen; als Lohn fordert R. ihr Kind, falls sie seinen Namen nicht erraten kann. Die älteste Fassung dieses in ganz Europa, v. a. in N-Europa verbreiteten Märchens findet sich 1705 in der ›Tour ténébreuse‹ der MARIE JEANNE LHÉRITIER (* 1664, † 1734), in der der Kobold ›Ricdin-Ricdon‹ heißt.

**Rumpf,** *Anatomie:* **Körperstamm, Truncus,** äußerlich meist wenig gegliederte Hauptmasse des Körpers

Sir Benjamin Thompson, Graf von Rumford

Carl Friedrich von Rumohr

Mariano Rumor

der Wirbeltiere (einschließlich Mensch), bestehend aus Brust, Bauch und Rücken.

**Rumpf|elektronen,** → Atomrumpf.

**Rumpf|fläche, Rumpf|ebene, Fast|ebene,** engl. **Peneplain** ['piːnɪpleɪn], auch **End|rumpf,** *Geomorphologie:* ebene oder flachwellige Abtragungsfläche, die schräggestellte oder gefaltete Gesteinsschichten kappt (**Tafel-** oder **Faltenrumpf**). Die meist sehr einförmige Oberfläche steht daher in keinem Zusammenhang mit dem Schichtenbau, der oft den Rest (Rumpf) eines sehr verwickelt gebauten, alten Faltengebirges (→ Rumpfgebirge) darstellt. R. sind das Ergebnis langandauernder Abtragung; sie sind in allen Erdteilen anzutreffen (Labrador, Lappland, Ural, europ. Mittelgebirge), in den verschiedensten Höhenlagen und in unterschiedl. Klimabereichen. Ihre Entwicklung wird jedoch auf exzessive Klimaverhältnisse zurückgeführt, wie sie heute in den wechselfeuchten Tropen und in den Subtropen herrschen (und in Mitteleuropa in geolog. Vergangenheit herrschten).

**Rumpfgebirge,** alte Faltengebirge, die infolge der starken Abtragung nur noch Rümpfe des ehem. Gebirges darstellen; sie sind (meist im Mesozoikum und Alttertiär) zu → Rumpfflächen abgetragen, später erneut herausgehoben worden. Dabei entstanden Verbiegungen (Flexuren) oder an den Verwerfungslinien Zerbrechungen in verschieden hoch liegende Bruchschollen (**Rumpfschollengebirge**). Die meisten R. sind von einer oder mehreren Rumpfflächen, die infolge phasenhafter Hebungen heute in unterschiedl. Höhe liegen können (**Rumpftreppe**), überzogen, z. B. das Rhein. Schiefergebirge.

**Rumpfgeschwindigkeit, Gleitgeschwindigkeit, Grenzgeschwindigkeit,** die bei günstigstem Wellenwiderstand (Bugwelle, Heckwelle) erreichbare Geschwindigkeit eines Verdrängungsschiffs. Die R. $v_R$ ergibt sich aus der Wasserlinienlänge $L$ nach der Formel $v_R = 2{,}43 \cdot \sqrt{L}$. Beispiel: Eine 9 m lange Kieljacht kann unter idealen Verhältnissen höchstens $2{,}43 \cdot 3 = 7{,}3$ kn erreichen. Der Rumpf liegt dann, eingebettet in Bug- und Heckwelle, in einem ausgeprägten Wellental und erzeugt eine schnell anwachsende Heckwelle, an der sich das Heck ›festsaugt‹. Leichte, flachbodige Schiffe können dagegen ihre R. überwinden, indem sie sich durch den im Fahrtstrom entstehende dynam. Auftriebskräfte im Vorschiffbereich auf ihre Bugwelle hinaufschieben und die Heckwelle hinter sich lassen. Je weiter diese achteraus wandert, desto höher ist die Gleitfahrt.

**Rumpfparlament,** 1) Bez. für die verbliebene Minderheit des engl. → Langen Parlaments.
2) Bez. für die nach dem Scheitern der Frankfurter Nationalversammlung in Stuttgart vom 6. bis 16. 6. 1849 tagende Versammlung der letzten verbliebenen Abgeordneten. Das R. wurde durch die württemberg. Regierung aufgelöst, eine letzte Demonstration durch Militäreinsatz auseinandergetrieben.

**Rumpler,** Edmund, Flugzeugbauer, * Wien 4. 1. 1872, † Neu-Tollow (heute zu Züsow, Kr. Wismar) 7. 9. 1940; gründete 1908 in Berlin eine der ehem. Flugzeugfabrik, baute 1910 u. a. die von I. ETRICH 1908 entwickelte ›Taube‹ und konstruierte 1912 den ersten dt. Flugmotor mit acht Zylindern in V-Form. 1914–18 baute R. Kampfflugzeuge, 1921 entwickelte er ein Stromlinienauto mit Vorderradantrieb und Schwingachse.

**Rumseldschuken,** die anatol. → Seldschuken.

**Rumtopf,** in einen glasierten Steintopf (ebenfalls R. gen.) in Rum und Zucker schichtweise im Laufe des Jahres (je nach Reifung) eingelegte Früchte; werden u. a. zu Speiseeis serviert.

**Run** [rʌn; engl., zu to run ›rennen‹, ›laufen‹] *der, -s/-s,* **1)** *Bankwesen:* panikartiger Ansturm von Einlegern auf die Kassen einer Bank, um ihre Gelder durch Abhebung zu sichern. Ursachen: Gerüchte über Liquiditätsprobleme oder einen drohenden Konkurs der Bank, wirtschaftl. und polit. Krisenereignisse.
**2)** *Börsenwesen:* Bez. für eine bes. große Nachfrage nach Aktien, die zu starken Kurserhöhungen führt (Hausse) bzw. für ein bes. großes Angebot an Aktien, das zu Kursstürzen führt (Baisse).
**3)** *Datenverarbeitung:* engl. Bez. für Programmlauf.
**4)** *Sport:* im Baseball und Kricket → Lauf 4).

**Runcie** ['rʌnsɪ], Robert Alexander Kennedy, engl. anglikan. Theologe, * Liverpool 2. 10. 1921; lehrte 1960–69 an versch. Bildungseinrichtungen der anglikan. Kirche; 1970–80 Bischof von Saint Albans; 1980–91 Erzbischof von Canterbury.

**Runciman** ['rʌnsɪmən], **1)** Alexander, schott. Maler und Radierer, * Edinburgh 15. 8. 1736, † ebd. 21. 10. 1785; reiste 1766/67 mit seinem Bruder JOHN (* 1744, † 1768) zu einem Studienaufenthalt nach Rom; war befreundet mit J. H. FÜSSLI. Nach seiner Rückkehr nach Edinburgh malte er 1771–73 das Haus seines Mäzens Sir JAMES CLARK OF PENICUIK mit Szenen aus ›Ossian‹ aus (nicht erhalten; jedoch zahlreiche Zeichnungen).
**2)** Sir Walter, 1. Viscount **R. of Doxford** [-əv 'dɔksfəd] (seit 1937), brit. Politiker, * South Shields 19. 11. 1870, † Doxford (Cty. Northumberland) 14. 11. 1949, Großvater von 3); 1899–1937 (mit Unterbrechungen) Abg. der Liberalen (ab 1931 der Nationalliberalen) im Unterhaus, 1908–11 Erziehungs-, 1911–14 Landwirtschafts-, 1914–16 und 1931–37 Handels-Min. R. wurde anläßlich der Sudetenkrise 1938 nach brit.-frz. Absprache als ›nicht offizieller Vermittler‹ in die Tschechoslowakei entsandt (→ Runciman-Bericht). 1938–39 war er Lord-Präs. des Geheimen Kronrates.
**3)** Sir Walter Garrison, 3. Viscount **R. of Doxford** [-əv 'dɔksfəd], brit. Soziologe, * 10. 11. 1934, Enkel von 2); lehrte 1959–63 unter Tätigkeiten im Schiffahrtsunternehmen seiner Familie, erneut seit 1971 am Trinity College in Cambridge Sozialwissenschaften. Schwerpunkte seiner Arbeit bilden Studien zu den wissenschaftstheoret. und -histor. Grundlagen der Sozialwissenschaften, zu Fragestellungen sozialer Gerechtigkeit, zu M. WEBER und zum Verhältnis von Sozial- und polit. Wissenschaften.

Werke: Social science and political theory (1963; dt. Sozialwiss. u. polit. Theorie); Relative deprivation and social justice (1966); A treatise on social theory, 2 Bde. (1983–89).

**Runciman-Bericht** ['rʌnsɪmən-], vom 1. Viscount RUNCIMAN OF DOXFORD 1938 als Ergebnis seiner Mission in der Tschechoslowakei für die brit. Reg. unter Premier-Min. A. N. CHAMBERLAIN verfaßter Bericht über die Lage der Sudetendeutschen in der Tschechoslowakei; empfahl die Abtretung der sudetent. Gebiete an Dtl. bei Garantie der neuen tschechoslowak. Grenzen durch Großbritannien, bestimmte vor dem Hintergrund der Appeasement-Politik die brit. Haltung während der Sudetenkrise und bei den Verhandlungen um das → Münchener Abkommen.

**Runcorn** ['rʌŋkɔːn], Stadt in der Cty. Cheshire, NW-England, am Mersey und am Manchester Ship Canal, (1981) 64 400 Ew.; wurde ab 1964 zur → New Town zur Entlastung von Liverpool ausgebaut; bedeutende chem. Industrie, Industrieparks mit High-Tech- u. a. Branchen.

**Rund|angerdorf,** Dorfanlage, bei der die Höfe um einen größeren rundl. Platz (Anger) und mit geringerer Geschlossenheit als bei den → Rundlingen angeordnet sind. Das R. kommt im Gebiet der dt. Ostsiedlung vor und verbindet sich dort mit einer planmäßigen Gewannflur.

**Rundblattnasen, Hipposideridae,** Familie der Fledermäuse mit 60 Arten in neun Gattungen in den wärmeren Gebieten Afrikas, Australiens und

Edmund Rumpler

S-Asiens. Charakteristisch ist das hufeisenförmige, oft mit zusätzl. Hautfalten versehene Nasenblatt, das als Richtstrahler bei der Echoorientierung dient. R. ernähren sich von Insekten und kleinen Wirbeltieren.

**Rundblickfernrohr,** opt. Gerät zum Einrichten von Geschützen; gestattet Rundblick, Seiten- und Höhenwinkelmessung und damit das Übertragen einer Richtung auf ein Geschütz.

**Rundbogenstil,** *Baukunst:* auf den Bogenstellungen der Frührenaissance und byzantin. Elementen aufbauende Variante des frühen Historismus in Dtl. (um 1840); Hauptvertreter: F. VON GÄRTNER in München, C. HASE in Hannover und L. PERSIUS in Preußen.

**Rundbuckel,** der → Rundhöcker.

**Runde,** *Sport:* 1) Zeiteinheit beim Boxen, Ringen und bei ähnl. Wettkämpfen; 2) Längeneinheit bei versch. an Bahnen gebundenen Sportarten (z. B. Laufen über größere Distanzen; im Rad- und Motorsport); 3) der Verlauf eines Spiels in Sportarten mit mehreren Stationen (Golf); 4) eine geschlossene Spiel- oder Wettkampfserie, die sich aus vielen in Vor- und Rück-R. ausgetragenen Spielen zusammensetzt. – Bei Wettkämpfen und Turnieren, die nach dem Ausscheidungsprinzip ausgetragen werden, werden die Sieger durch das erfolgreiche Durchlaufen der Vor-, Zwischen- und End-R. ermittelt.

**runden,** eine Zahl durch einen Näherungswert ersetzen. Dabei benutzt man in Wiss. und Technik i. a. folgende **Rundungsregeln:**

1) Folgt auf die letzte Stelle, die noch angegeben werden soll, eine 0, 1, 2, 3 oder 4, so wird **abgerundet,** d. h., die letzte stehenbleibende Ziffer wird nicht verändert; z. B. wird $\pi = 3{,}141592\ldots$, auf fünf Stellen hinter dem Komma abgerundet: $\pi \approx 3{,}14159$.

2) Folgt auf die letzte Stelle, die noch angegeben werden soll, eine 6, 7, 8 oder 9, so wird **aufgerundet,** d. h., die letzte stehenbleibende Ziffer wird um 1 erhöht; z. B. wird $\pi = 3{,}141592\ldots$, auf vier Stellen hinter dem Komma aufgerundet: $\pi \approx 3{,}1416$.

3) Folgt auf die letzte Stelle, die noch angegeben werden soll, eine 5, so muß man versch. Fälle unterscheiden:

3 a) Hinter der 5 folgt noch mindestens eine von Null versch. Ziffer; in diesem Fall wird die letzte Stelle um 1 erhöht (aufgerundet); z. B. wird $\pi = 3{,}141592\ldots$, auf drei Stellen hinter dem Komma aufgerundet: $\pi \approx 3{,}142$.

3 b) Ist von der 5 bekannt, wie sie ihrerseits durch Runden entstanden ist, so wird abgerundet, wenn die 5 zuvor aufgerundet worden ist, und aufgerundet, wenn die 5 abgerundet worden ist.

3 c) Ist die 5 eine ›genaue‹ 5 (d. h., folgen auf sie nur Nullen) oder aber eine 5 unbekannter Entstehung, dann wird so gerundet, daß die letzte Stelle zu einer geraden Zahl wird: Sie bleibt erhalten, wenn sie bereits gerade war, und wird um 1 erhöht, wenn sie ungerade war.

**Runder Berg,** steiler Bergkegel am Albrand bei Bad Urach im Kr. Reutlingen, Bad.-Württ., mit Resten vorgeschichtl. Besiedlung. Seit dem 3./4. Jh. dienten Kuppe und Hänge als Sitz eines alemann. Kleinkönigs. 506 wurde die Anlage von Franken zerstört und erst seit Mitte des 7. Jh. wieder instandgesetzt (u. a. karoling. Steinmauer).

**Rund|erneuern,** das Erneuern der Lauffläche von Kraftfahrzeugreifen, wenn die Abfahrgrenze des Profils (seit 1. 1. 1992 beträgt die Mindestprofiltiefe 1,6 mm) erreicht ist und die Karkasse keine Beschädigung aufweist. Bei der **Besohlung** werden lediglich die Laufflächen abgeschält und neue aufvulkanisiert. Beim **R. von Schulter zu Schulter** und Wulst zu Wulst werden auch die Seitengummiteile erneuert.

**Runder Tisch,** bildhafte Bez. bes. für ein Forum im polit. System einer kommunistisch gelenkten Diktatur, von der Opposition in einer Schwächephase der etablierten Reg. als Möglichkeit einer informellen Beteiligung an der Reg.-Macht erstritten. Der R. T. ermöglicht der Opposition, eigene polit. Vorstellungen durchzusetzen oder gar eine Umwälzung des Reg.-Systems herbeizuführen.

Im Jan. 1989 setzte die Gewerkschaftsorganisation Solidarność in Polen gegenüber der Reg. einen R. T. durch. Entsprechend dem poln. Vorbild konstituierte sich nach dem Umbruch in der Dt. Dem. Rep. im Dez. 1989 ein R. T., an dem neben den umstrukturierten Parteien des früheren, von der SED (nunmehr SED-PDS) geführten Blocksystems (CDU, LDPD, NDPD, DBP u. a.) neugegründete Parteien (SDP, DSU, Grüne), v. a. jedoch die zahlreichen Bürgerrechtsbewegungen teilnahmen. Er suchte die Reg. Modrow zu kontrollieren, bestimmte den Termin für die ersten freien Wahlen im Bereich der Dt. Dem. Rep. und legte einen Verfassungstext zu ihrer Neugestaltung vor. Darüber hinaus bemühte er sich bes. um die Liquidierung des Apparates des Ministeriums für Staatssicherheit (MfS, kurz: Stasi). Mit dem Umbruch in der Tschechoslowakei etablierte sich auch dort ein R. T. im Nov. 1989.

**rundes Fenster,** *Anatomie:* → Ohr.

**Rundfunk, Radio,** in der Schweiz auch **Rundspruch,** engl. **Broadcasting** [ˈbrɔːdkɑːstɪŋ], frz. **Radiodiffusion** [-difyˈzjõ], die Verbreitung von Darbietungen in Ton (**Hör-, Ton-R.**) oder Bild (**Fernseh-R., Television,** →Fernsehen) durch elektromagnet. Wellen meist drahtlos, aber auch über Fernsprech- und Stromversorgungsleitungen sowie über spezielle Kabel (→Drahtfunk, →Kabelrundfunk) oder über Satellitenverbindungen, für einen unbegrenzten Teilnehmerkreis. R. schließt auch Darbietungen ein, die verschlüsselt verbreitet werden, oder rein visuell (→Videotext), oder nur gegen besonderes Entgelt empfangen werden können (→Pay-TV).

*Technik*

Darbietungen werden am Ort des Geschehens (Live-Sendung) oder in einem Aufnahmeraum (Studio) mittels Mikrophonen oder/und Fernsehkameras in entsprechende elektrische Wechselspannungen (Schwingungen) umgewandelt. Die Schwingungen werden über spezielle Leitungen, Breitbandkabel, Richtfunkstrecken oder Satellitenverbindungen zum Sender geleitet und dort Trägerschwingungen vielfach höherer Frequenz (Hochfrequenz, HF) aufmoduliert (→Modulation 2). Die modulierten HF-Schwingungen werden einer Sendeantenne (→Antenne) zugeführt und von ihr als elektromagnet. Wellen ausgestrahlt. Diese breiten sich mit Lichtgeschwindigkeit aus und erzeugen (induzieren) in der Empfangsantenne hochfrequente Wechselspannungen. Aus ihnen werden im Empfänger durch →Demodulation und nach Verstärkung der Darbietung entsprechenden Schwingungen zurückgewonnen und im Lautsprecher oder/und in der Bildröhre in akust. bzw. opt. Signale rückgewandelt.

Die ausgestrahlten Wellen, die sich durch ihre Wellenlänge (beim R. 2 020 m bis 0,31 m) bzw. Frequenz (148,5 kHz bis 960 MHz) voneinander unterscheiden, liegen in international vereinbarten Wellenbereichen (Lang-, Mittel-, Kurz- und Ultrakurzwelle), die sich in ihren Übertragungseigenschaften (Reichweite, Störanfälligkeit, Einfluß von Tag und Nacht, Schwunderscheinungen, Bodenwelle, Raumwelle) unterscheiden. Stereosendungen (→Stereophonie) werden wegen der erforderl. großen Bandbreite nur im UKW-Bereich ausgestrahlt. Beim Fernsehen unterscheidet man den VHF-Bereich (engl. very high frequency, ultrakurze Wellen) vom UHF-Bereich (engl. ultra high frequency, Dezimeterwellen). Da Sender nicht nur eine Frequenz, sondern einen Frequenzkanal (d. h. ein Frequenzband) mit von der Modulationsart abhängiger Breite belegen, sind die Wellenbereiche in Kanalraster unterteilt (Kanalbreite z. B. bei Mittelwellen 9 kHz, bei UKW 100 kHz).

*Sender:* Die HF-Schwingungen werden in einem →Oszillator erzeugt. Grundbestandteile sind ein verstärkendes und ein frequenzbestimmendes Element (Elektronenröhre oder Transistor und Schwingungskreis), die über eine →Rückkopplung zusammenwirken. Beim R. verwendet man fremdgesteuerte Sender. Ihr Oszillator (Steuersender) erzeugt Schwingungen höchster Frequenzstabilität. Sie sind entweder selbst Sendefrequenz oder werden nachfolgend elektronisch ohne Stabilitätsverlust zur Sendefrequenz vervielfacht oder geteilt. Die Gewährleistung der Frequenzstabilität sichert ein →Schwingquarz (Quarzsteuerung). Die geringe Steuersenderleistung wird in den folgenden Stufen (Senderverstärker) bis zur an die Antenne abzugebenden Leistung verstärkt (Lang- und Mittelwelle bis über 2 MW, UKW bis über 10 kW). Einer Stufe des Senderverstärkers werden die gleichfalls verstärkten Signale zur Modulation des Senders zugeführt. Ein Oberwellenfilter zw. Senderverstärker und Antenne verhindert die nennenswerte Abstrahlung von Oberwellen (im Sender unerwünscht gebildete Schwingungen von Vielfachen der Sendefrequenz). R.-Sender für Lang-, Mittel- und Kurzwellen verwenden Amplitudenmodulation (AM), UKW-Sender Frequenzmodulation (FM).

Jeder *R.-Empfänger* erfüllt drei Grundaufgaben: Trennung des gewünschten Senders von den nicht gewünschten (Abstimmung), Rückgewinnung der übertragenen Informationen aus den modulierten HF-Schwingungen (Demodulation) und Umwandlung der erhaltenen NF-Signale (Tonfrequenzen) in akust. Signale. Dazu kommt (mit einer Ausnahme) in allen R.-Empfängern eine vieltausendfache Verstärkung der HF- und NF-Signale.

Der einfachste Empfänger war der →Detektorempfänger. Wegen fehlender Verstärkung war jedoch nur Kopfhörerempfang eines oder sehr weniger Sender möglich; dafür entfiel eine Stromversorgung. Höhere Empfindlichkeit, verbesserte Trennschärfe und Lautsprecherwiedergabe kennzeichnen die ebenfalls nicht mehr gebräuchl. Geradeausempfänger mit einem oder mehreren Schwingungskreisen, Röhrenstufen zur NF- und häufig auch HF-Verstärkung und meistens einem Rückkopplungsaudion zur Demodulation. Ausschließlich verwendeter R.-Empfänger ist gegenwärtig der **Überlagerungsempfänger (Superheterodyn-Empfänger,** Kurz-Bez. **Superhet** oder **Super).** Er wandelt die durch Abstimmen eines oder mehrerer Schwingungskreise ausgewählte und vorverstärkte Empfangsfrequenz in eine niedrigere, für alle Empfangsfrequenzen konstante Zwischenfrequenz (ZF) um. Die Umwandlung geschieht in der Mischstufe mittels einer durch einen Oszillator erzeugten Hilfsfrequenz (Oszillatorfrequenz). Bei der →Mischung 1), die als Überlagerung von Empfangs- und Oszillatorfrequenz mit anschließender Gleichrichtung erklärt werden kann, entsteht als Differenzfrequenz die ZF. Sie ändert sich beim Abstimmen nicht, wenn der Frequenzunterschied Empfangsfrequenz – Oszillatorfrequenz konstant bleibt. Dies wird durch entsprechende Bemessung der Schwingungskreise für Empfangs- und Oszillatorfrequenz und gemeinsame Abstimmung beider erreicht.

Die ZF (um 460 kHz für LW-, MW- und KW-Empfang, 10,7 MHz für UKW-Empfang) wird im ZF-Verstärker hoch verstärkt. Er enthält mehrere auf die ZF abgestimmte Schwingungskreise oder Filter. Sie bewirken hohe Trennschärfe und gleichzeitig die für einwandfreie Wiedergabe notwendige Bandbreite, werden vom Hersteller optimal eingestellt und allenfalls nach Reparaturen neu ›abgeglichen‹. Im nachfolgenden Demodulator werden die niederfrequenten Modulationsschwingungen aus der ZF zurückgewonnen. Gleichzeitig dient er der Gewinnung und Abnahme von Regelspannungen. Der Niederfrequenzverstärker (Tonfrequenzverstärker) übernimmt die weitere Verstärkung der Tonfrequenzsignale und in der Endstufe die Bereitstellung der für den (bzw. die) Lautsprecher erforderl. Leistung. Er schließt Hilfsmittel zur Signalbeeinflussung ein (z. B. Lautstärke- und Klangsteller, Equalizer).

Für UKW-Empfang müssen aus schaltungstechn. Gründen ein besonderes Eingangsteil (FM-Tuner, bestehend aus HF-Vorverstärker, Misch- und Oszillatorstufe), wegen der größeren Übertragungsbandbreite eine höhere ZF und wegen der angewandten FM ein spezieller Demodulator (z. B. Ratiodetektor, Koinzidenzdemodulator) vorgesehen werden. Im ZF-Verstärker werden beim Übergang AM/FM nur die Schwingungskreise bzw. Filter umgeschaltet. Für Stereoempfang kommt als weitere Baustufe der Stereodecoder hinzu, mit dessen Hilfe die nach dem FM-Demodulator in einem Signalgemisch vorhandenen Signale für rechten und linken Tonkanal zurückgewonnen werden. Ihre Weiterverarbeitung erfolgt in getrennten NF-Verstärkern.

R.-Empfänger sind heute fast ausschließlich als AM/FM-Überlagerungsempfänger und meistens für Stereoempfang ausgelegt. Transistoren und Halbleiterdioden lösten die Elektronenröhren ab. Integrierte Schaltkreise machen ganze Empfängerstufen (z. B. NF-Verstärker, Stereodecoder) als Chips verfügbar. Damit können R.-Empfänger aus wenigen integrierten Schaltkreisen und einigen ergänzenden Einzelbauelementen zusammengesetzt werden (realisierter Extremfall: ›1-Chip-R.-Empfänger‹).

Das für sämtl. R.-Überlagerungsempfänger gleiche Grundprinzip wurde mannigfach ergänzt und erweitert. Im Demodulator können von der Stärke des Empfangssignals abhängige Gleichspannungen gewonnen und als Regelspannung für versch. Aufgaben aufbereitet werden. Bei der Schwundregelung (AVC, automat. Verstärkungsregelung) gleicht die Regelspannung Signalstärkeschwankungen weitgehend aus. Als Steuerspannung für die Abstimmanzeige macht sie exakte Einstellung eines R.-Senders durch Leuchtdioden(zeilen) oder Zeigerinstrumente (früher durch das ›magische Auge‹) optisch erkennbar. Die mit ihrer Hilfe mögliche automat. Scharfeinstellung (AFC) stimmt den Eingangsteil des Empfängers bei ungenauer Abstimmung selbsttätig nach. Stillabstimmung (Muting-Schaltung) dämpft, v. a. im UKW-Bereich, das beim Abstimmen zw. Stationen störende →Rauschen und ist, da schwach einfallende Sender ebenfalls unterdrückt werden, abschaltbar.

Mechanisch betätigte Abstimmelemente wie Drehkondensatoren, Skalenzeiger und Seilzüge weichen elektronischen Lösungen. Drehkondensatoren werden durch spannungsgesteuerte Kapazitätsdioden ersetzt. Durch Anlegen entsprechender Spannungen gestatten sie Senderwahl über Tasten oder Sensorflächen. Leuchtdiodenzeilen ersetzen den Skalenzeiger. Digitale Schaltkreise erweitern die Möglichkeiten: Die Empfangsfrequenz wird auf einem Display digital angezeigt. Mit Spannungs- oder Frequenzsynthesesystemen können einzustellende Frequenzen eingetastet werden. Automat. Sendersuchlauf überstreicht die Wellenbereiche, hält bei genügend stark einfallenden Sendern an und läuft auf Tastendruck weiter. Er ist so ausführbar, daß nur bestimmte Sender zu Gehör gebracht werden, z. B. solche, die Stereosendungen oder Verkehrshinweise ausstrahlen. Häufig werden alle Abstimmprozesse von einem Mikrorechner gesteuert.

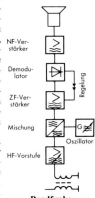

**Rundfunk:** Blockschaltbild eines Überlagerungsempfängers als AM-Hörfunkempfänger; G Hochfrequenzgenerator

**Rund** Rundfunk

Er erfüllt weitere Aufgaben wie Speicherung und Abruf zahlreicher Stationen, Stationsanzeige in Buchstaben, Auswertung von Signalen einer Infrarot-Fernbedienung, Auslösen von Schaltfunktionen nach vorgegebenem Zeitplan. In das Sendeprogramm eingefügte Kennfrequenzen übernehmen Mono/Stereo-Umschaltung, erhöhen bei Verkehrsdurchsagen die Lautstärke oder unterbrechen während der Durchsage eine laufende Kassettenwiedergabe. Heim-R.-Empfänger sind oft mit integriertem Kassettenrecorder, Plattenspieler oder/und CD-Player ausgestattet. Für hochwertige Heimanlagen setzte sich die bausteinmäßige Trennung durch. Steuergerät (Receiver) für die Verarbeitung der HF-Signale, Tonfrequenzverstärker mit Möglichkeiten zur Signalbeeinflussung und für Anschluß weiterer Tonfrequenzquellen, Lautsprecherboxen, Kassettengeräte usw. werden als elektrisch und in ihren Maßen aufeinander abgestimmte Komponenten angeboten.

Kfz-Empfänger (→ Autoradio) und Reiseempfänger stehen ortsfesten Geräten an techn. Komfort kaum nach. Reiseempfänger können aus den eingesetzten Spannungsquellen, an einer äußeren Gleichspannungsquelle oder mit integriertem Netzanschlußteil betrieben werden.

### Recht · Organisation

Die Organisation eines R.-Systems kann i. a. nach vier verschiedenen Prinzipien erfolgen: rein privatwirtschaftlich, öffentlich-rechtlich, staatlich oder in einer Mischform aus öffentlich-rechtl. und privatem R. Während der R. in den USA von Anfang an privatwirtschaftlich strukturiert war, der R. in den skandinav. Ländern staatsnah und der österr. R. rein öffentlich-rechtlich organisiert ist, haben sich aufgrund der fortschreitenden Entwicklung in der Breitbandkabel- und Satellitentechnik und den damit stark erweiterten Sendekapazitäten in den 1980er Jahren in den meisten Ländern nach dem Vorbild Großbritanniens duale R.-Systeme aus öffentlich-rechtl. und privaten Veranstaltern herausgebildet, so in der Schweiz, in Italien, in Frankreich und in Deutschland.

Grundlage der Organisation des R. in der Bundesrep. Dtl. ist die in Art. 5 Abs. 1 Satz 2 GG gewährleistete Freiheit der Berichterstattung durch R. und Film. Dabei umfaßt die Bez. ›R.‹ als Oberbegriff sowohl den Hörfunk als auch das Fernsehen. Das Bundesverfassungsgericht (BVerfG) hat wiederholt die ›schlechthin konstituierende Bedeutung‹ eines freien R. für ein freiheitl., demokrat. Gemeinwesen hervorgehoben und den R. als ›Medium und Faktor‹ der öffentl. Meinungsbildung bezeichnet. Um dieses Normziel zu erreichen, müssen versch. Bedingungen erfüllt sein: So muß der R. zunächst von staatl. Einfluß freigehalten werden; darüber hinaus ist aber auch dafür Sorge zu tragen, daß er nicht einzelnen gesellschaftl. Gruppen ausgeliefert wird, sondern in ihm die Vielfalt der in der Gesellschaft bestehenden Meinungen in größtmögl. Breite zu Wort kommt. Wegen der Bedeutung des R. für die Meinungsbildung muß der Gesetzgeber die Grundlinien der R.-Ordnung festlegen. Diese von Art. 5 GG geforderte gesetzl. Normierung von Leitgrundsätzen zur Sicherung der R.-Freiheit fällt in die Gesetzgebungszuständigkeit der Länder. Der Bund ist demgegenüber gemäß Art. 73 Nr. 7, Art. 87 Abs. 1 GG auf den Bereich der Übertragungstechnik beschränkt. Auf dieser Grundlage bestehen in den einzelnen Ländern Landesrundfunkanstalten, die entweder durch ein Landesrundfunkgesetz für ein Land oder durch Staatsvertrag für mehrere Länder gemeinsam gegründet wurden. Die jeweiligen Landesrundfunkanstalten sind nach den gleichen Organisationsprinzipien als Anstalten des öffentl. Rechts aufgebaut. Damit sind sie aus dem staatl. Verwaltungsaufbau ausgegliedert und die verfassungsrechtlich gebotene Freiheit von staatl. Bevormundung ist gesichert. Dies wird ergänzt durch das Recht der Selbstverwaltung, d. h. das Recht der Aufgabenwahrnehmung in eigener Verantwortung, das sich in erster Linie in der Programmautonomie niederschlägt. Eine staatl. Aufsicht für die R.-Anstalten ist daher nur in sehr engen Grenzen zulässig.

Die Organisationsstruktur der öffentlich-rechtl. R.anstalten ist formal relativ einheitlich: Jede Anstalt wird von einem **Intendanten** geleitet, der von einem R.-Rat (beim ZDF Fernsehrat) für eine Zeit von 4–6 Jahren gewählt wird. Der Intendant vertritt die R.-Anstalt nach außen und ist für die Personalpolitik, die Vertragsabschlüsse und die Programmgestaltung verantwortlich. Seine Arbeit wird von zwei Gremien kontrolliert: dem Verwaltungsrat und dem R.-Rat. Der **Verwaltungsrat** wird bei einigen Anstalten von den Landesregierungen, bei anderen vom R.-Rat gewählt und stellt im Unterschied zu diesem ein rein internes Verwaltungsorgan dar. Er kontrolliert die wirtschaftl. Führung der Anstalten, hat Rechte im Bereich der Verwaltungs- und Finanzüberwachung und kann Einfluß auf die Personalentscheidungen des Intendanten nehmen. Der **R.-Rat** hingegen vertritt die Interessen der Allgemeinheit; er überwacht die Einhaltung der Grundsätze und Richtlinien für den gesamten R.betrieb, berät den Intendanten – oft unterstützt von einem als Unterausschuß eingesetzten **Programmbeirat** – bei der Programmgestaltung und übt das Budgetrecht aus. Bei der Zusammensetzung der R.-Räte sind zwei Formen zu unterscheiden: 1) das pluralist. bzw. ständische Prinzip, bei dem die Vertreter der gesellschaftlich relevanten Gruppen aus Wirtschaft, Bürgerschaft, Kirche, Kunst, Kultur und Wiss. die Mehrheit gegenüber den Mitgl. aus den staatl. Bereichen (Länderparlamente, Landesregierungen, Parteien, kommunale Spitzenverbände) bilden, und 2) das staatlich-politische Modell, bei dem entweder alle Mitgl. von den Landtagen gewählt werden (parlamentarisch gebildeter R.-Rat) oder die Mitgl. zu einem Teil von den Parlamenten gewählt, zum anderen von den Regierungen entsandt werden (parlamentarisch-bürokrat. R.-Rat). Neben diesen beiden Modellen existieren bei einigen Sendern (z. B. beim ZDF) auch Mischformen.

Ein weiteres Merkmal des öffentlich-rechtl. R. ist die Verpflichtung auf Programmgrundsätze, die ein qualitativ hochwertiges Programm sicherstellen sollen. Bes. charakteristisch ist dabei der Grundsatz der Ausgewogenheit, der dazu verpflichtet, in allen Angelegenheiten von öffentl. Interesse die versch. Auffassungen angemessen zu berücksichtigen. Der öffentlich-rechtl. R. hat also im Ggs. zu den privaten Medien keine Tendenzfreiheit. Weil er alle Meinungsrichtungen innerhalb seines Gesamtprogramms zu Wort kommen lassen muß, wird diese Organisationsform auch als ›binnenplural‹ bezeichnet.

Die finanzielle Unabhängigkeit der öffentlich-rechtl. R.-Anstalten soll neben den Werbeeinnahmen v. a. durch die Gebührenfinanzierung gesichert werden. Da die R.-Gebühr von jedem R.-Teilnehmer unabhängig von der tatsächl. Nutzung für das bloße Bereithalten eines R.-Geräts zu entrichten ist, wird auch eine einseitige Abhängigkeit der Programmgestaltung von Einschaltquoten vermieden.

Die Landesrundfunkanstalten arbeiten in der ARD (→Arbeitsgemeinschaft der öffentlich-rechtlichen Rundfunkanstalten der Bundesrepublik Deutschland) zusammen. Neben die ARD tritt im Bereich des öffentlich-rechtl. R. das →Zweite Deutsche Fernsehen (ZDF).

Neben den öffentlich-rechtl. R. ist seit Beginn der 1980er Jahre der private R. getreten. Entscheidendes

Motiv für seine Einführung war die polit. Absicht, wirtschaftl. Wettbewerb auch im R. als tragendes Element nutzbar zu machen. Allerdings mußten insoweit die aus Art. 5 GG sich ergebenden verfassungsrechtl. Anforderungen beachtet werden, zu denen in erster Linie eine gesetzl. Grundlage mit ausreichenden Vorkehrungen zur Sicherung der Meinungsvielfalt gehört. Die erforderl. inhaltliche Ausgewogenheit soll sich aus der Gesamtheit aller privaten Programme ergeben (Außenpluralismus). Alle Bundesländer haben Privatfunkgesetze erlassen, die in den Grundzügen übereinstimmend die Veranstaltung privaten R. von einer Erlaubnis abhängig machen. Diese ist von der jeweiligen, mit Überwachungsaufgaben betrauten Landesmedienanstalt zu erteilen. Um private R.-Veranstalter nicht zur Beachtung einer Vielzahl unterschiedl. Landesgesetze zu zwingen, sind für bundesweit verbreitete private Programme einheitl. Programmanforderungen im R.-Staatsvertrag vom 1./3. 4. 1987 (mit späteren Änderungen) festgelegt. Dieser Vertrag regelt zugleich das Verhältnis zum öffentlichrechtl. R., bes. im Bereich der Finanzierung, und begründet damit das **duale R.-System** aus öffentlichrechtl. und privatem Rundfunk. Das BVerfG hat hierzu die Doktrin von der ›Grundversorgung‹ entwickelt, d. h., der öffentlich-rechtl. R. hat der gesamten Bevölkerung in alle Sparten (z. B. Information, Bildung, Unterhaltung, Kultur) umfassendes Programmangebot zu bieten.

Hörfunk (im damaligen Sprachgebrauch R.) und Fernsehen waren bis Ende Nov. 1989 in der ehemaligen *Dt. Dem. Rep.* zwei selbständige staatl. Einrichtungen, die dem Ministerrat unterstanden. Die Staatl. Komitees für R. und für Fernsehen waren an die Weisungen des Presseamtes beim Vorsitzenden des Ministerrats und des Politbüros der SED gebunden. Der R. umfaßte als zentralistische Einrichtung rd. 200 Verantwortungsbereiche für die Programmgestaltung und die erforderl. Nebenleistungen. Die Finanzierung erfolgte durch Gebühren und durch staatl. Zuschüsse (beim Hörfunk rd. 50%, beim Fernsehen rd. 25%).

In *Österreich* ist auf der Grundlage des Bundesverfassungs-Ges. über die Sicherung der Unabhängigkeit des R. das R.-Gesetz über den →Österreichischen Rundfunk (ORF) ergangen. Danach ist der ORF ein eigener Wirtschaftskörper mit Rechtspersönlichkeit. Er verfügt über folgende Organe: Das **Kuratorium** (35 Mitgl.) ist das oberste Leitungsorgan, in das Bundes-Reg., Bundesländer, Hörer- und Sehervertretung und Zentralbetriebsrat des ORF Mitgl. entsenden. Der **Generalintendant**, der vom Kuratorium für vier Jahre bestellt wird, führt die Geschäfte. Die **Hörer- und Sehervertretung** (35 Mitgl.) übt beratende Funktionen v. a. in Programmfragen aus. Die **Prüfungskommission** kontrolliert den ORF auf die Einhaltung der Grundsätze von Wirtschaftlichkeit und Sparsamkeit. Die eingeschränkte Rechtsaufsicht über den ORF wird von der Kommission zur Wahrung des R.-Gesetzes ausgeübt.

In der *Schweiz* ist die Gemeinwohlbindung des R. in dem 1984 in die Bundes-Verf. eingefügten Art. 55[bis] festgelegt. Das danach erforderl. Bundes-Ges. über Radio und Fernsehen ist seit April 1992 in Kraft. Es enthält zunächst für alle Veranstalter geltende Programmgrundsätze und unterscheidet darüber hinaus nach Veranstaltern auf lokaler/regionaler, nat. und internat. Ebene. Auf nat. Ebene besteht seit 1931 die →Schweizerische Radio- und Fernsehgesellschaft (SRG) in der Form einer Gesellschaft privaten Rechts, die aufgrund einer Konzession des Bundes als private nat. Institution Aufgaben im öffentl. Interesse wahrnimmt. Konzessionsbehörde ist der Schweizer. Bundesrat, Aufsichtsbehörde das Eidgenöss. Ver-

**Rundfunk:** Präsenz der Bundes- und Landesrundfunkanstalten in Deutschland sowie die Sendebereiche der Landesrundfunkanstalten; in Berlin unterhalten NDR, WDR, DLF und DW Hörfunkstudios, BR, SDR und SWF Hörfunkredaktionen; in Bonn unterhält der WDR Studios und Redaktionen für Hörfunk und Fernsehen, BR, NDR, SDR, SWF, DW und RIAS haben Hörfunkstudios, HR, NDR, RB, SR und SFB Hörfunkredaktionen

kehrs- und Energiewirtschaftsdepartement. Die Konzessionsbedingungen legen Art und Anzahl der Programme fest und verpflichten die SRG u. a., die Zusammengehörigkeit zw. den versch. Sprachregionen der Schweiz zu stärken. Das Ges. enthält keine Vorgaben für die interne Struktur der SRG, sondern überläßt deren Ausgestaltung den Statuten. Mit der 1982 erlassenen VO über lokale R.-Versuche, der Konzession einer Trägervereinigung für Abonnementsfernsehen und der Konzession für die Teletext-Trägerschaft vom 19. 3. 1983 sowie dem Bundesbeschluß über Satellitenfernsehen vom 1. 5. 1988 wurde das SRG-Monopol zugunsten einer Pluralisierung der R.-Betreiber gelockert.

In der Zukunft werden neben den Vorgaben der nat. Verf. auch die Entwicklungen auf europ. Ebene in Rechnung zu stellen sein. Dazu gehört namentlich die zunehmende Verwendung der Satellitentechnik, die die praktisch europaweite Programmverbreitung mit Hilfe eines einzigen Satelliten ermöglicht. Dadurch werden Programme im Inland empfangbar, die

**Rund**  Rundfunk

nicht mehr der R.-Hoheit des inländ. Gesetzgebers unterliegen.

### Wirtschaftliches

Sowohl das Fernsehen als auch der Hörfunk sind zumindest in den hochentwickelten Ländern → Massenmedien. Mit (Mitte 1991) 28,4 Mio. Hörfunk- und 25,0 Mio. Fernsehempfangsgeräten (davon 7,8 % bzw. 7,1 % gebührenbefreit) waren in Dtl. weit mehr als 90 % aller Haushalte mit R.-Geräten ausgestattet; häufig mit mehr als nur einem Gerät. Die von der Gebühreneinzugszentrale (GEZ, Köln) erhobenen R.-Gebühren sind die primäre Finanzierungsquelle der öffentlich-rechtl. R.-Anstalten; diese können (1992) über Einnahmen von 7 Mrd. DM verfügen, hinzu kommen rd. 2 Mrd. DM Nettoeinnahmen aus Werbeerträgen. Das ZDF erhält 30 % der Fernsehgebühren, die restlichen 70 % und die gesamten Hörfunkgebühren werden auf die Landesrundfunkanstalten entsprechend der Zahl der in ihrem Verbreitungsgebiet gemeldeten R.-Teilnehmer verteilt; 2 % davon bekommen die Landesmedienanstalten. Um die Unterschiede zw. kleineren und größeren Bundesländern auszugleichen, haben die ARD-Anstalten einen Finanzausgleich vereinbart. Neben den Gebühren (ARD 70,4 %, ZDF 55,2 % der Einnahmen) und den Werbeeinnahmen (ARD 19,2 %, ZDF 38,5 %) verfügen die Anstalten ferner über Nebeneinnahmen (Gewinnbeteiligungen, Programmverwertungen, Lizenzeinnahmen u. a.; ARD 10,4 %, ZDF 6,3 %).

Für die Veranstaltung von **R.-Werbung** gelten bestimmte Auflagen: sie muß deutlich vom übrigen Programm getrennt sein, ihre Gesamtdauer darf laut Staatsvertrag vom 31. 8. 1991 im öffentlich-rechtl. Fernsehen auch weiterhin 20 Min., im Hörfunk 90 Min. pro Tag nicht überschreiten. Die Übertragung soll in Blöcken erfolgen und ist zw. einzelnen Sendungen einzufügen; Fernsehsendungen unter 45 Min. sowie Übertragungen von Gottesdiensten und Sendungen für Kinder dürfen nicht durch Werbung unterbrochen werden. An Sonn- und Feiertagen und nach 20.00 Uhr darf keine Werbung gesendet werden, ebenso nicht in den bundesweit verbreiteten Satellitenprogrammen und in den europ. Gemeinschaftsprogrammen.

Andere Richtlinien wurden für die Privatsender formuliert: Die Dauer der Werbung darf insgesamt 20 %, die der Spot-Werbung 15 % der tägl. Sendezeit nicht überschreiten, → Teleshopping darf nicht länger als eine Stunde dauern. Diese Regelung führte dazu,

**Rundfunk.** Anzahl (in Mio. Stück) **und Dichte** (in Stück je 1000 Einwohner) **der Hörfunk- und Fernsehgeräte in ausgewählten Ländern 1980 und 1986**

| Land | Hörfunkgeräte | | | | Fernsehgeräte | | | |
|---|---|---|---|---|---|---|---|---|
| | Anzahl | | Dichte | | Anzahl | | Dichte | |
| | 1980 | 1986 | 1980 | 1986 | 1980 | 1986 | 1980 | 1986 |
| **Europa** | | | | | | | | |
| Belgien[1] | 4,5 | 4,5 | 457 | 456 | 2,9 | 3,0 | 298 | 301 |
| Bundesrep. Dtl.[2] | 22,8 | 26,7 | 370 | 439 | 20,8 | 23,0 | 337 | 379 |
| Dt. Dem. Rep.[1] | 6,4 | 6,7 | 383 | 397 | 5,7 | 6,1 | 342 | 363 |
| Frankreich[3] | 18,3 | 49,0 | 340 | 896 | 16,0 | 18,2 | 297 | 332 |
| Griechenland[4] | 3,3 | 4,1 | 345 | 408 | 1,5 | 1,7 | 156 | 174 |
| Großbritannien | 53,0 | 65,0 | 947 | 1 157 | 18,5 | 30,0 | 331 | 534 |
| Italien[1] | 13,8 | 15,0 | 242 | 261 | 13,4 | 14,6 | 234 | 255 |
| Niederlande[1] | 4,4 | 4,9 | 309 | 338 | 4,2 | 4,8 | 296 | 327 |
| Österreich[1] | 3,3 | 2,6 | 443 | 351 | 2,2 | 2,4 | 296 | 323 |
| Polen[1] | 8,7 | 10,5 | 244 | 281 | 8,0 | 9,7 | 224 | 259 |
| Portugal | 1,6 | 2,2 | 161 | 211 | 1,4 | 1,6 | 140 | 157 |
| Schweden[1] | 7,0 | 7,3 | 842 | 875 | 3,2 | 3,3 | 381 | 393 |
| Schweiz | 2,3 | 2,6 | 361 | 401 | 2,0 | 2,6 | 314 | 411 |
| Sowjetunion | 130,0 | 185,0 | 490 | 660 | 81,0 | 90,0 | 305 | 321 |
| Spanien | 9,6 | 11,5 | 256 | 295 | 9,4 | 12,5 | 252 | 322 |
| Tschechoslowakei[1] | 4,7 | 4,2 | 307 | 272 | 4,3 | 4,4 | 280 | 281 |
| Ungarn[4] | 2,7 | 6,1 | 252 | 576 | 2,8 | 2,9 | 258 | 274 |
| **Afrika** | | | | | | | | |
| Ägypten | 6,0 | 15,0 | 143 | 313 | 1,4 | 4,0 | 33 | 83 |
| Algerien | 3,7 | 5,0 | 199 | 223 | 1,0 | 1,6 | 52 | 72 |
| Libyen | 0,1 | 0,9 | 45 | 228 | 0,2 | 0,2 | 55 | 66 |
| Sudan | 1,4 | 5,6 | 74 | 253 | 0,1 | 1,2 | 6 | 52 |
| Südafrika | 8,0 | 10,3 | 273 | 310 | 2,0 | 3,1 | 68 | 93 |
| Tunesien | 1,0 | 1,2 | 157 | 166 | 0,3 | 0,5 | 47 | 69 |
| **Amerika** | | | | | | | | |
| Argentinien | – | 20,0 | – | 645 | 5,1 | 6,7 | 190 | 214 |
| Brasilien | 35,0 | 50,5 | 284 | 365 | 15,0 | 26,0 | 122 | 188 |
| Chile | 3,3 | 4,1 | 293 | 335 | 1,2 | 2,0 | 110 | 164 |
| Kanada | 26,6 | 22,5 | 1 109 | 877 | 11,3 | 14,0 | 471 | 546 |
| Kuba | 2,9 | 3,4 | 299 | 335 | 1,3 | 2,1 | 129 | 202 |
| USA | 477,8 | 510,0 | 2 099 | 2 126 | 142,0 | 195,0 | 624 | 813 |
| **Asien** | | | | | | | | |
| Indien[1] | 30,0 | 60,0 | 45 | 78 | 1,2 | 5,0 | 2 | 7 |
| Indonesien | 15,0 | 20,0 | 100 | 118 | 3,0 | 6,6 | 20 | 39 |
| Iran | 6,4 | 11,0 | 171 | 240 | 2,0 | 2,6 | 53 | 57 |
| Israel | 1,0 | 2,0 | 245 | 463 | 0,9 | 1,1 | 232 | 261 |
| Japan[4] | 79,2 | 100,0 | 678 | 824 | 29,1 | 71,0 | 250 | 585 |
| Pakistan | 5,5 | 10,0 | 67 | 97 | 0,8 | 1,5 | 10 | 15 |

[1]) Erteilte Genehmigungen. – [2]) Nur gebührenpflichtige Empfangsgeräte und erteilte Genehmigungen. – [3]) 1986: nur erteilte Genehmigungen. – [4]) 1980: nur erteilte Genehmigungen.

daß die öffentlich-rechtl. Anstalten gegen die ihnen auferlegten Beschränkungen mit Gegenmaßnahmen reagierten: Der Hess. R. begann z. B. 1985, in seinem dritten Fernsehprogramm Werbung auszustrahlen; der Bayer. Hörfunk sendet seit Jan. 1992 Werbung auf allen 5 Kanälen; ARD und ZDF schlossen aufgrund der hohen Kosten für die Übertragungsrechte insbesondere von Sportveranstaltungen Verträge mit privaten Sponsoren ab; Werbung nach Mitternacht soll künftig auch in der ARD ihren Platz haben.

Das sich entwickelnde Nebeneinander öffentlich-rechtl. und privater R.-Veranstalter hat nicht nur eine neue publizist. Wettbewerbsfront zur Folge, sondern bedingt auch, daß öffentlich-rechtl. und private Veranstalter sich künftig gegenseitig stärker als ökonom. Konkurrenz betrachten und unternehmer. Instrumente sowohl beim Kauf und Verkauf von Senderechten und Programmverwertungen als auch bei der Programmgestaltung selbst einsetzen dürften.

### Programme

Seit den Anfängen hat der Umfang des R.-Angebots ständig zugenommen sowohl durch Vermehrung der Anzahl der Sender und ihrer Programme als auch durch ausgedehntere Sendezeiten. Neben der Zulassung privater Hörfunk- und Fernsehsender wurde diese Zunahme auch durch die techn. Entwicklung (Kabel- und Satelliten-R.) forciert. 1991 gab es bereits bis zu fünf Hörfunkprogramme je Sender sowie drei Fernsehprogramme. Im Zuge der Regionalisierung des R. wurden zunehmend regionale ›Fensterprogramme‹ für Fernsehsendungen eingerichtet, die die bereits vorhandenen Landes- oder Regionalstudios, die redaktionelle Beiträge liefern oder direkt senden, als Sendeort nutzen. Die Sendedauer im R. nimmt kontinuierlich zu und betrug für sämtl. Hörfunkprogramme aller Sender (1991) täglich rd. 854 Stunden (davon rd. 700 von ARD-Anstalten, 154 von DLF, Dt. Welle und Rias Berlin) und im Fernsehen 163,5 Stunden (davon Privatsender 71,3 Stunden).

Seit 1. 12. 1984 bietet das ZDF zusammen mit den R.-Anstalten ORF und SRG ein länderübergreifendes, in die Kabelnetze eingespeistes Satelliten-Fernsehprogramm 3SAT an. Seit März 1986 verbreitet auch die ARD ein Satellitenprogramm (Eins Plus) mit kulturellem Schwerpunkt. Parallel zum Start der →Kabelpilotprojekte begann in der Bundesrep. Dtl. die Einführung des Privatfernsehens. Seit 1. 1. 1985 sendet eine Arbeitsgemeinschaft aus Zeitungs-, Zeitschriften- und Großverlagen sowie der Programmgesellschaft für Kabel- und Satellitenfunk (PKS) ihr Gemeinschaftsprogramm SAT 1, seit Aug. 1985 wird von der Bertelsmann AG zusammen mit Radio Luxemburg das Vollprogramm RTL Plus veranstaltet; Anfang 1988 kam als drittes privates Vollprogramm Tele 5 hinzu, das aus einem Musik-Spartenprogramm hervorging.

Auch das Hörfunkprogrammangebot hat sich seit den 70er Jahren mit der Einführung von Serviceprogrammen nicht unwesentlich verändert und erweitert. Zu den 4–5 terrestrisch empfangbaren öffentlich-rechtl. Landesprogrammen traten seit Mitte der 80er Jahre zahlreiche private Anbieter, die insbesondere mit den ›Lokalradios‹ neue Wege beschritten. Mittels eines von der Dt. Bundespost zur Verfügung gestellten Satelliten-Fernsehkanals ist die digitale Übertragung von 16 zusätzl. – bundesweiten – Hörfunkprogrammen für private und öffentlich-rechtl. Anbieter möglich.

### Geschichte

Der Nachweis der von J. C. MAXWELL postulierten elektromagnet. Schwingungen, die sich als Wellen im Raum und längs elektr. Leitern fortpflanzen, gelang 1888 HEINRICH HERTZ. Nach Erfindung der Antenne durch A. S. POPOW (1895) wurden 1896–97 erste drahtlose Signalübertragungen erprobt (G. MARCONI in Großbritannien, A. S. POPOW in Rußland, ADOLF SLABY, * 1849, † 1913, in Dtl.). 1898 führte K. F. BRAUN den geschlossenen Schwingungskreis zur Abstimmung ein. 1903 erzeugte V. POULSEN ungedämpfte Wellen (Lichtbogensender) als Voraussetzung für drahtlose Telefonie. Eine durchgreifende Weiterentwicklung der Funktechnik begann mit der Erfindung der Elektronenröhre. 1911 gab OTTO VON BRONK (* 1872, † 1951) die Schaltung zur HF-Verstärkung an. 1913 erfand A. MEISSNER den Rückkopplungsoszillator zur Schwingungserzeugung, unentbehrl. Baustufe aller Sender und der meisten Empfänger. Der Überlagerungsempfänger wurde 1918 von W. SCHOTTKY und E. H. ARMSTRONG erfunden.

Der erste regelmäßig tätige R.-Sender nahm am 2. 11. 1920 in Pennsylvania im Mittelwellenbereich den Betrieb auf. Am 22. 12. 1920 sendete die Hauptfunkstelle Königs Wusterhausen das erste Instrumentalkonzert. Die offizielle Eröffnung des dt. R. erfolgte am 29. 10. 1923 über einen im Berliner Voxhaus installierten 250-W-Mittelwellensender. Ende 1924 arbeiteten in Dtl. 15 R.-Sender; ebenfalls 1924 wurde der R.-Betrieb in Österreich und in der Schweiz aufgenommen. Die Zahl der R.-Teilnehmer betrug in Dtl. 1924 rd. 99 000, 1926 rd. 1 Mio. Hörer.

Die Sendeleistungen stiegen rasch (1925 bis 25 kW, 1930 bis über 100 kW). Erstmals 1925 wurde ein R.-Programm auf Kurzwelle von den USA nach Europa übertragen und hier über Mittelwellensender wieder ausgestrahlt. Nach dreijährigen Versuchen nahm 1929 der erste dt. R.-Sender im Kurzwellenbereich den Betrieb auf. 1935 begann auf dem Berliner Funkturm ein UKW-Sender mit einem Versuchsprogramm. (→Fernsehen, Geschichte).

Am 15. 5. 1925 wurde als Dachorganisation des dt. R. die ›Reichsrundfunkgesellschaft‹ (RRG) gegr., deren Vorsitz der Rundfunkpionier H. BREDOW innehatte. Die Kapitalbeteiligung der Dt. Reichspost an der RRG betrug 51%. Mit der Gründung der Aktiengesellschaft ›Drahtloser Dienst‹ (DRADAG) am 24. 7. 1926 sicherte sich das Reichsinnenministerium außerdem entscheidenden Einfluß den inhaltl. Bereich, denn die DRADAG hatte das Monopol inne für alle Nachrichtensendungen und andere Formen der polit. Berichterstattung.

Die RRG wurde am 30. 6. 1933 zum Eigentum des Reiches erklärt und direkt dem Propagandaministerium unterstellt; gleichzeitig wurden die regionalen R.-Gesellschaften aufgelöst. Mit Beginn des Zweiten Weltkrieges (1939) wurden die Gleichschaltungsmaßnahmen weiter verschärft, so z. B. ein Kurzwellensender für die Verbreitung von Propaganda ins Ausland eingerichtet und 1940 ein Reichs-Einheitsprogramm eingeführt.

Nach den Erfahrungen in der Weimarer Republik und während der nat.-soz. Herrschaft war die Entstehung des R. im Nachkriegs-Dtl. im wesentlichen von zwei Leitlinien bestimmt: Es sollte keinen R. mehr geben, der im Dienst einer Partei steht und man erstrebte keinen kommerziellen R. wie jenen in den USA, der sich ausschließlich aus Werbung finanziert. Die Struktur des R. wurde nachdrücklich geprägt vom Einfluß der westl. Besatzungsmächte, die in ihren Zonen zentrale Sender errichteten und diese nach anfängl. Kontroll- und Zensurmaßnahmen rasch in die Hände dt. Mitarbeiter übergaben. Hinsichtlich der zukünftigen Organisation des R. entschied man sich für eine regionale Struktur und die Organisationsform nach dem Modell des öffentlich-rechtl. brit. BBC. Auf der Grundlage von Landesrundfunkgesetzen wurden in den Jahren 1948 und 1949 die Landes-

**Rund** Rundfunkantenne – Rundi

rundfunkanstalten gegr., die sich 1950 zur Arbeitsgemeinschaft der öffentlich-rechtl. R.-Anstalten der Bundesrep. Dtl. (ARD) zusammenschlossen.

Die Situation des öffentlich-rechtl. R. in den 70er Jahren war geprägt durch z. T. heftige kommunikationspolit. Kontroversen, die zum einen um das Problem der inhaltl. Ausgewogenheit bzw. der verstärkten parteipolit. Einflußnahme, zum anderen – im Zuge der Realisierung neuer Sendetechniken – um die Zulassung privater Anbieter kreisten. Nachdem das Bundesverfassungsgericht in seinem Fernsehurteil vom 16. 6. 1981 die Konzessionierung privater Anbieter mit den bestehenden Gesetzen grundsätzlich für vereinbar erklärt hatte, war der Weg für die Einführung des Privatfunks geebnet.

Mit der Vereinigung der beiden Teile Dtl.s am 3. 10. 1990 und der Wiederherstellung der Länder der ehemaligen Dt. Dem. Rep. wurde ein R.-Überleitungsgesetz notwendig (verabschiedet am 13. 9. 1990). Rechtl. Grundlage für die Neuordnung bildete Art. 36 des Einigungsvertrags. 1991 wurden zwei neue, in die ARD aufgenommene öffentlich-rechtl. Länderanstalten gegründet: am 30. 5. der Mitteldt. R. (MDR) für die Länder Sachsen, Sachsen-Anhalt und Thüringen, und am 25. 9. für Berlin und Brandenburg der Ostdt. R. Brandenburg (ORB). Da die Pläne des Landes Mecklenburg-Vorpommern zur Errichtung einer gemeinsamen Nordostdt. R.-Anstalt zusammen mit Brandenburg und Berlin gescheitert waren, trat Radio Mecklenburg-Vorpommern am 11. 9. 1991 dem NDR-Staatsvertrag bei. Am 4. 7. 1991 beschlossen die MinPräs. der Länder, die Hörfunkprogramme der Bundesrundfunkanstalten RIAS 1, Deutschlandsender (DS) – Kultur und Deutschlandfunk in einer neuen, nicht rechtsfähigen Gemeinschaftseinrichtung von ARD und ZDF mit Sitz in Köln zusammenzufassen. In dem am 31. 8. 1991 von den MinPräs. unterzeichneten Staatsvertrag über den R. im vereinten Dtl. wird erstmals von einer Gleichrangigkeit öffentlich-rechtl. und privater R.-Veranstalter ausgegangen.

Die Geschichte des R. in der *Schweiz* begann bereits 1911, als die ersten Radio-Empfangskonzessionen erteilt wurden. Die erste öffentl. Sendeanlage – die dritte in Europa – wurde jedoch erst 1922, primär im Dienste des Luftverkehrs, in Betrieb genommen. 1926 gab es fünf schweizer. Radiostationen, in Basel, Bern, Genf, Lausanne und Zürich. 1931 kam es zur Gründung der Schweizerischen Rundspruchgesellschaft (SRG) als Dachorganisation für mehrere Regionalgesellschaften.

In *Österreich* begann die Ausstrahlung von öffentl. R.-Sendungen 1924. Die in diesem Jahr gegr. Radio-Verkehrs-AG (RAVAG) geriet Ende der 20er Jahre immer mehr in Regierungsabhängigkeit. Die Neuorganisation des R. nach 1945 geschah nach dem Vorbild der brit. BBC als öffentlich-rechtl. (Bundes-)Anstalt. 1955 gründete der Ministerrat die Österr. Rundfunk Gesellschaft mbH (seit 1967 ORF).

R. in Dtl., hg. v. H. BAUSCH, 5 Bde. (1980); H. WITTMANN: R.-Freiheit. Öffentlich-rechtl. Grundl. des R. in Österreich (Wien 1981); H. J. KLEINSTEUBER: R.-Politik in der Bundesrep. Der Kampf um die Macht über Hörfunk u. Fernsehen (1982); R.-Ökonomie, Beitr. v. G. BREITBART u. a. (1983); R.-Bibl. 1926–1991, Tl. 1: Reg.-Bd., Tl. 2: Microfiches (1984); U. ALTER: Zielkonflikte im Unternehmen R. Eine empir. Unters. zum Schweizer Fernsehen (1985); Das Ringen um den Medienstaatsvertrag, hg. v. P. GLOTZ (1987); T. KRUMMENACHER: R.-Freiheit u. R.-Organisation (Bern 1988); D. W. BUSCH u. R. WIENEKE: Private Anbieter in Hörfunk u. Fernsehen in der Bundesrep. Dtl. (1989); A. HESSE: R.-Recht. Die Organisation des R. in der Bundesrep. Dtl. (1990); Medien im vereinten Dtl., hg. v. W. A. MAHLE (1991). – *Periodika:* Internat. Hb. für R. u. Fernsehen ..., hg. vom Hans-Bredow-Inst. für R. u. Fernsehen (1957 ff., zweijährl.); Media-Perspektiven (1963 ff.); ZDF-Jb. (1965 ff.); ARD-Jb. (1969 ff.); DLM-Jb. Privater R. in Dtl. (1988 ff., zweijährl.).

**Rundfunk|antenne,** Wandler zur Umsetzung empfangener elektromagnet. Strahlungsenergie in leitergebundene Hochfrequenzsignale für Rundfunkempfänger. R. sind häufig Empfängerbestandteil (Ferritantenne, Stabantenne). Bessere Resultate ergeben, bes. für UKW-Empfang, vom Empfänger abgesetzte Außenantennen, für UKW v. a. Richtwirkung aufweisende Dipolantennen. (→ Antenne 1)

**Rundfunkbänder,** international vereinbarte Teile des Funkwellenspektrums für Hörfunksendungen. Für ›Region 1‹ (Europa, Afrika, asiat. Gebiete der GUS) sind festgelegt:

| Wellenbereich | Frequenzen |
|---|---|
| Langwellen | 148,5 ... 283,5 kHz |
| Mittelwellen | 526,5 ... 1 606,5 kHz |
| Kurzwellen | 13 Bänder zwischen 2,3 MHz und 26,1 MHz: 120-m-*, 90-m-*, 75-m-*, 61-m-*, 59-m-*, 49-m-*, 41-m-*, 31-m-*, 25-m-*, 19-m-, 16-m-, 13-m-, 11-m-Band (mit * gekennzeichnete Bänder für Rundfunk in Tropengebieten) |
| Ultrakurzwellen | 87,5 ... 108 MHz |

**Rundfunk-Sinfonieorchester Berlin,** 1925 gegründetes Orchester. Chefdirigent: HEINZ RÖGNER (* 1929); frühere bedeutende Dirigenten waren u. a. S. CELIBIDACHE, ARTUR ROTHER (* 1885, † 1972) und H. ABENDROTH.

**Rundfunkzeitschriften,** die → Programmzeitschriften.

**rundgotische Schrift,** die → Rotunda.

**Rundhaus,** Wohngebäude mit kreisrundem oder ovalem Grundriß, z. B. das Kegeldachhaus, die Kuppelhütte (Bienenkorbhütte) oder das R. mit Scheingewölben aus Stein, zu denen der Trullo Apuliens, die mehrgeschossigen Nuraghen Sardiniens, die Torre auf Korsika, die Talayots auf Mallorca und Menorca und weitere R. auf den Balearen, in Irland, auf den Hebriden und den Shetlandinseln sowie die Iglus der Eskimo gehören. **Rundbauten** als moderne Zweckbauwerke (Produktions-, Sport-, Ausstellungshallen u. a.) können bis etwa 100 m Durchmesser hergestellt werden.

**Rundhöcker, Rundbuckel,** frz. **Roches moutonnées** [rɔʃ muto'ne], in ehem. Vereisungsgebieten durch Gletscher abgeschliffene, längl., flachgewölbte Felsen und Felshügel mit flacher Luv- (in der ehem. Stoßrichtung des Eises) und steiler Leeseite, oft geglättet, zuweilen mit parallelen Ritzlinien (Gletscherschrammen). Sie sind in Richtung der Eisbewegung angeordnet, treten meist in großer Zahl auf. **R.-Landschaften** finden sich im Reußtal (Schweiz), an vielen Alpenpässen, in Nord-Dtl. und in Skandinavien (dort als → Schären aus dem Meer herausragend).

**Rundholz,** *Forst-* und *Holzwirtschaft:* Rohnutzholz, das in seiner ursprüngl. Rundform belassen ist, z. B. Stämme, Abschnitte und Grubenholz.

**Rundi, Barundi, Nyarundi,** Bevölkerungsgruppe im ostafrikan. Zwischenseengebiet, v. a. in Burundi (Staatsvolk) sowie in angrenzenden Gebieten von Tansania und Zaire. In Burundi weisen die R. eine markante gesellschaftl. Schichtung auf: Die äthiopiden, viehzüchtenden Tutsi (12 %; → Hima) beherrschen die ackerbautreibenden (Hirse, Mais, Bananen) bantuiden Hutu (87 %) und die an den Rand der Gesellschaft gedrängten pygmiden Twa (1 %). Von allen Gruppen wird **Rundi (Kirundi),** eine mit dem Kinyaruanda nahe verwandte Bantusprache, gesprochen. Heute sind rd. 80 % der R. Christen, davon über 90 % Katholiken; der traditionellen Religion mit Glaube an einen Hochgott (Imana) und den Einfluß der Geister der Vorfahren hängen etwa 19 % an.

HANS H. J. MEYER: Die Barundi (1916).

**Rundköpfe,** engl. **Roundheads** ['raʊndhedz], Spitzname (nach der Haartracht mancher Puritaner) für die Anhänger des Parlaments im engl. Bürgerkrieg ab 1642. Ihre Gegner waren die ›Kavaliere‹.

**Rundling,** *Siedlungsgeographie:* ländl. Siedlung in Rundform, deren Verbreitungsgebiet sich auf den einstigen dt.-slawischen Grenzsaum beschränkt: westlich und östlich der Saale und Elbe, z. B. im Hannoverschen Wendland. In den von Slawen dauernd besiedelten Gebieten kommen R. nicht vor. R. liegen häufig auf Spornen, die in die Niederungen der Urstromtäler hineinragen. Der rundl. Platz in der Mitte ist nur über einen Weg an das Verkehrsnetz angeschlossen. Um den Platz sind wenige Bauernhöfe angeordnet, es schließt sich eine Streifengemengeflur an. Gegenüber den Rundangerdörfern stellen die R. Kleinformen dar. Ob die Rundform sich erst allmählich aus zwei bis drei Hofstellen durch Teilung und Erweiterung entwickelte oder ob sie von vornherein angestrebt wurde, ist ungeklärt, ebenso ob sie aus Sicherheitsgründen oder in Anpassung an die vorwiegende Viehwirtschaft gewählt wurde. BILD →Dorf

F. ENGEL: Erl. zur histor. Siedlungsformenkarte Mecklenburgs u. Pommerns, in: Ztschr. für dt. Ostforsch., Jg. 2 (1953); R. KÖTZSCHKE: Ländl. Siedlungen u. Agrarwesen in Sachsen (1953); W. MEIBEYER: Die R.-Dörfer im östl. Ndsachs. (1964); R. Ihre Pflege u. Erneuerung, bearb. v. E. KULKE u. a. (1970).

**Rundmäuler, Cyclostomata,** Klasse der Kieferlosen; wurm- oder schlangenförmig, ohne paarige Gliedmaßen, ohne Schuppen, mit unpaarem Flossensaum, Chorda dorsalis und knorpeligem Kopfskelett mit kieferlosem Saugmaul und vielen Kiemenöffnungen. Die R. umfassen die Unterklassen Inger und Neunaugen mit jeweils nur einer gleichnamigen Familie.

**Rundplastik, Freiplastik, Vollplastik,** ein allseitig bearbeitetes Bildwerk (→Bildhauerkunst).

**Rundsel,** mit Metall ausgelegter, runder Einschnitt im →Dollbord oder im Spiegel (zum Wriggen) von Ruderbooten zum Einlegen der Riemen.

**Rundstab,** *Baukunst:* umlaufender stabförmiger Bauteil an mittelalterl. Gesimsen, Rippen, Profilen und Gewänden. Es gibt Viertel-, Halb- und Dreiviertelstäbe.

**Rundstedt,** Gerd von, Generalfeldmarschall (seit 1940), * Aschersleben 12. 12. 1875, † Hannover 24. 2. 1953; im Zweiten Weltkrieg Oberbefehlshaber von Heeresgruppen in den Feldzügen gegen Polen, im Westen sowie gegen die Sowjetunion. Im Nov. 1941 wurde R. wegen einer gegen den Willen HITLERS durchgeführten Rückzugsbewegung am Südflügel der Ostfront jedoch als Oberbefehlshaber West wiederverwendet. Nach der Invasion der Alliierten in der Normandie am 3. 7. 1944 erneut abgesetzt, berief ihn HITLER am 5. 9. 1944 nochmals als Oberbefehlshaber West. Endgültig verabschiedet wurde R. am 10. 3. 1945 nach dem Rheinübergang amerikan. Truppen.

**Rundstrahler,** Bez. für Antennen oder Lautsprecher(gruppen), die v. a. in der Horizontalebene in alle Richtungen strahlen.

**Rundstrickmaschinen,** kontinuierlich arbeitende Strickmaschinen, die mit einer Reihe im Kreis senkrecht angeordneter Zungennadeln (Zylindernadeln für Singlejersey) oder zusätzlich einer Reihe radial-waagerecht angeordneter Zungennadeln (Rippscheibennadeln für Doppeljersey) schlauchförmige Gestricke herstellen. Je nach Durchmesser, Nadeldichte (Maschinenfeinheit) und Musterungsausstattung der Maschinen werden Strümpfe, Wäsche, Oberbekleidung, Futterstoffe, Plüsche und Möbelbezugsstoffe auf R. hergestellt. (→Wirkerei)

**Rundstuhl,** die →Rundwirkmaschine.

**Rundsuchgerät,** das →Panoramagerät.

**Rundu,** Stadt in Namibia, im äußersten N des Landes, am Okawango, (1988) 15 000 Ew.; zentraler Ort und Verw.-Sitz des Gebiets der Kavango; Flugplatz.

**Rundung,** *Phonetik* und *Sprachwissenschaft:* die →Labialisierung.

**Rundwebmaschine,** eine Webmaschine zur Herstellung von Schlauchgeweben (z. B. Säcke, Feuerwehrschläuche). Die Fäden der unter oder über einem Führungsring angeordneten Webketten bilden mittels der im Kreis in Sektoren angeordneten Webschäfte das Webfach. Mehrere gleichzeitig umlaufende Spulenträger sind magnetisch oder mit Hilfe von Reibrollen durch das Webfach bewegte Schützen. Anstelle des Webblattes drücken diese Schützen die ablaufenden Schußfäden an den Warenrand an.

**Rundwirkmaschine, Rundstuhl,** Wirkmaschine mit kreisförmig angeordneten Spitzennadeln, mit der einflächige Schlauchware hergestellt wird. R. sind weitgehend von den produktiveren Rundstrickmaschinen verdrängt worden.

**Rundwürmer,** die →Schlauchwürmer.

**Runeberg** ['rynəbærj], Johan Ludvig, finnlandschwed. Dichter, * Pietarsaari 5. 2. 1804, † Porvoo 6. 5. 1877; trug wesentlich zur Entstehung des finn. Nationalbewußtseins bei, bes. durch die ›Fänrik Ståls sägner‹ (2 Bde., 1848–60; dt. ›Fähnrich Stahls Erzählungen‹), die, aus Balladen und Liedern zusammengefügt, den schwedisch-finn. Kampf gegen Rußland 1808–09 verherrlichen und durch Verschmelzung realist. Menschengestaltung mit heroischem Pathos und echtem Naturgefühl volkstümlich geblieben ist; das einleitende Lied ›Vårt land‹ (vertont von F. PACIUS) wurde zur finn. Nationalhymne.

Ausgaben: Samlade arbeten, 8 Bde. (1899–1902); Samlade skrifter, hg. v. G. CASTRÉN u. a., auf zahlreiche Bde. ber. (1933ff.). – Epische Dichtungen, übers. v. W. EIGENBRODT, 2 Bde. (1891).

E. PESCHIER: Johann Ludwig R., ein schwedisch-finn. Dichter (1881); G. CASTRÉN: J. L. R. (Stockholm 1950).

**Johan Ludvig Runeberg**

**Runen** [ahd. rūna ›Geheimnis‹, ›Geflüster‹], Sg. **Rune** *die, -,* Bez. für die epigraphischen Schriftzeichen, die vom 2. Jh. n. Chr. bis ins skandinav. MA. gebräuchlich waren; die letzten Ausläufer der R.-Schrift (bereits stark vermischt mit lat. Buchstaben) wurden im mittelschwed. Dalarna noch bis Ende des 19. Jh. geritzt.

Die älteste gemeingerman. R.-Reihe bestand aus 24 Zeichen. Sie ist durch mehrere inschriftl. Zeugnisse aus dem 5. und 6. Jh. überliefert, deren ältestes die Grabplatte von Kylver auf Gotland (um 400) darstellt. Diese gemeingerman. R.-Reihe umfaßt folgende Zeichen (Anordnung noch nicht hinreichend geklärt):

Nach dem Lautwert der ersten sechs Zeichen wird die R.-Reihe als Futhark bezeichnet (wobei th eine einzige R. repräsentiert). Dabei ist zu unterscheiden zw. dem älteren Futhark aus urnord. Zeit (etwa 200–750) und dem verkürzten (16 Zeichen) jüngeren Futhark aus der Wikingerzeit (etwa 800–1050) sowie – in Abwandlungen – aus dem skandinav. MA. (ab 1050).

Die R.-Reihe war in drei Geschlechter (aett) zu je acht R. eingeteilt. Die Reihenfolge der ältesten R. (in

# Rune  Runen

Umschrift und deren nicht immer einheitl. und sicher bestimmbare Namen): f = fehu (Vieh, Fahrhabe); u = ūruz (Ur, Auerochse); Þ = Þurisaz (Thurse, Riese); a = ansus (Anse, Ase); r = raidō (Fahrt, Ritt, Wagen); k = kaunan (?) (Geschwür, Krankheit); g = gebō (Gabe); w = wunjō (Wonne); h = haglaz, haglan (Hagel); n = naudiz (Not, schicksalhafter Zwang); i = īsaz, īsan (Eis); j = jēran (gutes Jahr); ï = īwaz (Eibe); p = perÞo (?) (ein Fruchtbaum – vielleicht aus dem Keltischen entlehnt); z (urspr. als [z], nach dem Übergang vom Ur- zum Altnordischen als [r] gesprochen) = algiz (Elch); s = sōwilō (Sonne); t = tīwaz (Týr, der Himmelsgott); b = berkanan (Birkenreis); e = ehwaz (Pferd); m = mannaz (Mensch); l = laukaz (Lauch); ŋ = Ingwaz (Gott des fruchtbaren Jahres); d = dagaz (Tag); o = ōÞalan, ōÞilan (ererbter Besitz). Bekannt sind die R.-Namen hauptsächlich erst aus mittelalterl. Handschriften und aus vier R.-Gedichten (u. a. dem ›Abecedarium Nordmannicum‹, 1. Hälfte des 9. Jh.). Jedes R.-Zeichen verfügt sowohl über einen Lautwert als auch über einen Begriffswert (R.-Name). Der Lautwert ist i. d. R. dem Anlaut des R.-Namens zu entnehmen. In den ältesten Inschriften vertreten die R. v. a. ihren Laut-, ab dem 4. Jh. bisweilen auch ihren Begriffswert. In den ältesten Inschriften wurden R. fortlaufend geritzt (Trennungs- und Schlußzeichen sind erst ab dem 5. Jh. überliefert), entweder von links nach rechts oder von rechts nach links, aber auch als →Bustrophedon oder in →Schlangenschrift geschrieben.

Besondere R.-Formen sind u. a. **Binde-R.** (zwei R. haben einen gemeinsamen Stab), **Wende-R.** (gegen die in der Zeile vorherrschende Schriftrichtung geritzt) und **Sturz-R.** (um 180° gedreht). Verschlüsselungen und die Verwendung von Geheim-R. sind charakteristisch für die Wikingerzeit (so etwa auf dem Stein von Rök).

Die frühen R. wurden v. a. in Holz eingeritzt, außerdem (in den ersten drei Jahrhunderten ihrer Verwendung) in Knochen, Ton und Metall. Die Gewohnheit, R. in Felswände und →Bautasteine einzumeißeln, entstand in der 2. Hälfte des 4. Jh. in Norwegen und Schweden wohl unter der Nachwirkung der bronzezeitl. Felsritzungen; nach Dänemark gelangte sie erst um 800. In England finden sich **R.-Steine** fast ausschließlich unter christl. Einfluß. In Dtl. wurden nahezu keine R.-Inschriften in Stein gefunden.

Die meist nur sehr kurzen R.-Inschriften dienten profanen und mag. Zwecken. Die R.-Meister leiteten sie aus göttl. Ursprüngen her; als R.-Schöpfer galt der Gott Odin. Als R.-Ritzer und Auftraggeber von R.-Inschriften fungierten v. a. Männer; in Einzelfällen sind jedoch auch Frauen als Auftraggeberinnen belegt. In der Spätzeit gab es sogar ausgesprochen professionell ausgerichtete Schulen für das Ritzen von R. (bes. im schwed. Uppland).

In der Forschung wird die Frage nach der Herkunft der R.-Schrift und ihre Beziehung zu anderen Schriften kontrovers diskutiert. Nach der nordetrusk. These (C. J. MARSTRANDER, W. KRAUSE) geht die R.-Schrift auf nordetruskisch-norditalische Alphabete zurück, die im Alpenbereich vom 5. Jh. v. Chr. bis ins 1. Jh. n. Chr. in Gebrauch waren und bereits unter dem Einfluß des lat. Alphabets standen; die in german. Siedlungsgebieten nördlich der Alpen entwickelten R. wurden dieser These zufolge innerhalb der ersten vier nachchristl. Jahrhunderte nach Skandinavien vermittelt. Allerdings wurden die ältesten R.-Denkmäler nicht im südl., sondern im nördl. Bereich der Germania gefunden. Die Lateinthese (L. F. A. WIMMER, H. PEDERSEN, S. AGRELL) stützt sich auf die Übereinstimmung zahlreicher R. mit Buchstaben des lat. Alphabets oder auf offensichtl. Nachbildung lat. Lettern (z. B. F, D, R, C/K, H, I, S, T, L) und auf den starken kulturellen Einfluß des Röm. Reiches. Dem dän. Runologen E. MOLTKE zufolge sind die R. eine selbständige dän. Schöpfung auf der Grundlage des lat. Alphabets (die Kulturvermittlung soll über das Niederrheingebiet erfolgt sein). Mit der Griechenthese (S. BUGGE, O. VON FRIESEN) wurden Anknüpfungen an die archaische griech. Schrift versucht.

Gegenwärtig sind über 5 000 Inschriften bekannt, überwiegend aus Skandinavien.

### Runeninschriften im älteren Futhark (um 200–750)

Nur eine kleine Anzahl dieser Denkmäler ist problemlos les- und interpretierbar. Neben der erwähnten Inschrift auf der Steinplatte von Kylver gehören hierzu die Inschriften auf der Spange von Charnay-lès-Mâcon (Dép. Saône-et-Loire) und der Bügelfibel von Beuchte (2. Hälfte 6. Jh.). Eine Katalogisierung, Übersetzung und Deutung wurde nach den versch. Inschriftenträgern vorgenommen. Eines der ältesten Denkmäler ist die zur Kategorie Speerblätter zählende Inschrift von Øvre Stabu (Prov. Oppland, Norwegen, 2. Hälfte 2. Jh.); aus dem beginnenden 7. Jh. stammt aus alemann. Gebiet das Speerblatt von Wurmlingen (bei Tuttlingen). Relativ häufig treten Fibeln auf; sie reichen bis in die Zeit um 200 zurück und tragen häufig eine umschreibende Selbstbezeichnung des R.-Meisters. Moorfunde brachten mit R. beritzte Gegenstände (Amulette, Hobel, Kämme, Kästchen, Tongefäße, Waffen) aus der Zeit von etwa 200 bis ins 6. Jh. zutage. Zu den bedeutendsten Inschriften auf Metallgegenständen zählen der Goldring von Pietroasa, dessen Inschrift in got. Sprache verfaßt ist, und eines der beiden (abhanden gekommenen) goldenen Hörner von →Gallehus. Zahlreiche Inschriften aus der Mitte des 4. Jh. bis Ende des 7. Jh. stehen auf den Bautasteinen, die ältesten in Norwegen (4. Jh.: Vetteland, südlich von Stavanger; Einang, Prov. Oppland); einige enthalten Schutz- und Fluchformeln, z. B. zur Sicherung des Grabfriedens; häufig anzutreffen sind auch Berufsbezeichnungen der R.-Meister (z. B. auf dem Stein von Nordhuglo, Gebiet Valdres, um 400). Oft sind Bautasteine auch mit Totengedenkinschriften versehen, auf denen der Name des Toten, z. T. zus. mit den Namen seines Erben oder des R.-Meisters, erscheint (z. B. Stein von Tune, Prov. Østfold). Die vier Blekinge-Steine von Gummarp, Istaby, Stentoften und Björketorp (SO-Schweden, etwa 600–675) weisen auf ein Häuptlingsgeschlecht der Landschaft Blekinge. Der Kategorie der Bildsteine werden u. a. der Stein von Möjbro (Verw.-Bez. Uppsala, um 450–500) und der Eggjastein von Eggjum (um 700) zugerechnet. Eine eigene Gruppe bilden die vorwiegend aus Altdänemark stammenden →Brakteaten (Ende 5. Jh. bis Mitte 6. Jh.), deren Inschriften v. a. als magisch interpretierte Wortformeln sowie R.-Meisterformeln und Personennamen verzeichnen.

Die wenigen ostgerman. R.-Inschriften stammen aus dem 3. und 4. Jh. und finden sich auf Metallgegenständen, z. B. auf den Speerblättern von Dahmsdorf (Brandenburg), Kowel (Wolhynien) und auf dem Goldring von Pietroasa.

Die etwa 75 südgerman. R.-Inschriften kommen v. a. aus dem bairisch-alemann. Gebiet und gehören der Zeit vom 4. bis 7. Jh. an. Träger sind lose Gegenstände, v. a. Waffen, Fibeln sowie ein Speerblatt. Nach der Christianisierung wurde die Tradition der R.-Schrift nicht weitergeführt. Als älteste südgerman. R.-Inschrift gilt die auf der Silberschnalle von Liebenau (um 400). Mythologisch bedeutsam ist die alemann. Inschrift auf der Bügelfibel I von Nordendorf (bei Augsburg), die – einer Deutung zufolge – u. a. eine Göttertrias nennt (logaÞore wodan wigi-

Þonar, ›Logathore‹?, Wotan, Weihedonar‹), nach einer anderen Interpretation eine christl. Abschwörungsformel wiedergibt (›Ränkeschmiede [logaÞore] sind Wotan und Weihedonar‹).

Bei den angelsächs. und fries. R. (5.–9. Jh.) stimmen die Zeichen weitgehend überein, allerdings ist ihre Beziehung zueinander umstritten. Nach dem gegenüber dem Futhark variierenden Lautwert der 4. Rune (o statt a) wird die anglofries. R.-Reihe auch

ᚠ ᚢ ᚦ ᚩ ᚱ ᚳ ᚷ ᚹ
f u þ o r c g w

ᚻ ᚾ ᛁ ᛄ ᛇ ᛈ ᛉ ᛋ
h n i j ė p x s

ᛏ ᛒ ᛖ ᛝ ᛞ ᛗ ᛚ ᛟ ᚪ ᚫ ᚣ ᛠ
t b e ŋ d l m œ a æ y ea

**Runen:** Anglofriesische Runen

Futhorc genannt. Im angelsächs. Raum wurde das altgerman. Futhark zunächst um vier, später in N-England und Schottland um weitere fünf R.-Zeichen erweitert. Das idealtypische anglofries. Futhorc umfaßt 31 Zeichen.

Die über 65 angelsächs. R.-Inschriften stammen vorwiegend aus der Zeit von etwa 400 bis ins 9. Jh. Die bisher älteste engl. R.-Inschrift (um 400) ist ein Sprungbeinknochen eines Rehs (gefunden in Caistor, bei Norwich). Der Großteil der angelsächs. Inschriften ist jedoch in die Zeit nach der Christianisierung (ab etwa 650) zu datieren, wobei die angelsächs. Kirche – anders als die kontinentale – mit zur Verbreitung der R.-Schrift beitrug; ein Beleg dafür ist der Sarg für den hl. CUTHBERT, den Mönche aus Lindisfarne (Holy Island) 698 anfertigten (das Christussymbol sowie die Namen der Evangelisten sind in R.-Schrift, andere Namen in lat. Schrift geritzt). Das bedeutendste angelsächs. R.-Denkmal außerhalb Englands ist das →Runenkästchen von Auzon.

Auf altfries. Boden wurden bisher 16 R.-Inschriften (nur auf losen Gegenständen) entdeckt. Auch hier ist die alte R.-Reihe um einige Zeichen erweitert.

### Runeninschriften im jüngeren Futhark (ab etwa 800)

Einige der erwähnten jüngeren Inschriften weisen bereits Veränderungen auf, die mit der Entwicklung vom Ur- zum Altnordischen (7./8. Jh.) und dessen erweitertem Phonembestand verbunden sind. Das skandinav. jüngere Futhark reagierte auf die sich neu entwickelnden Laute, z. B. [ø], [æ], [œ], [y], nicht mit einer Erweiterung des Zeicheninventars, sondern mit einer Reduzierung der 24 Zeichen des älteren Futhark auf 16 Zeichen (im Unterschied zur northumbr. R.-Reihe, die um 800 auf 33 Zeichen erweitert wurde); dieser

**Runen:** LINKS Dänische Runen; RECHTS Schwedisch-Norwegische Runen

Prozeß war um 800 abgeschlossen. Dem erweiterten Phonembestand des Altnordischen entsprach nun ein reduziertes Inventar an Graphemen, so daß ein R.-Zeichen mehrere Phoneme repräsentierte (z. B. die b-Rune b und p, die Þ-Rune Þ und ð, die k-Rune k, g und ng). Der Übergangszeit gehören die erwähnten vier R.-Steine aus Blekinge (7. Jh.), die Spange von Strand (Landschaft Trøndelag, Norwegen, um 700) und die Inschrift des Steins von Eggjum (um 700) an. Das jüngere Futhark dürfte in S-Norwegen und S-Schweden entstanden sein und trat zu Beginn der Wikingerzeit in zwei Ausprägungen auf. Durch Vereinfachung der Seitenzweige und eine Beschränkung auf einen einzigen senkrechten Stab entstanden die **gewöhnlichen nordischen R. (dänischen R.)**, durch eine weitere Verkürzung die **schwedisch-norwegischen R. (Stutz-R.)**. Auf dem Stein von Sparlösa (Verw.-Bez. Skaraborg, um 800) stehen beide Versionen nebeneinander, während die Inschrift auf dem R.-Stein von →Rök (1. Hälfte des 9. Jh.), der längsten R.-Inschrift überhaupt, vollständig in Stutz-R. (**Rök-R.**) abgefaßt ist.

Seit dem 10. Jh. kommen bei dän. R. Punktierungen (**gepunktete R.**) vor, die eine exaktere lautl. Differenzierung ermöglichen sollten; später entstanden in Schweden die stablosen **Hälsinge-R.** (nach der mittelschwed. Landschaft Hälsingland). Aus Altdänemark sind aus der Wikingerzeit (9./10. Jh.) über 700 Inschriften im jüngeren Futhark bekannt (darunter etwa 240 R.-Steine). Die längste dän. Inschrift (etwa 210 Zeichen) trägt der Stein von Glavendrup (Fünen; 10. Jh.). Historisch bes. bedeutsam sind die Steine von →Haithabu und →Jelling.

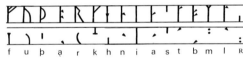

**Runen:** Hälsinge-Runen

Der Großteil der über 3000 R.-Inschriften Schwedens gehört ins 11. Jh. an. Im älteren Futhark sind nur etwa 15 der schwed. Inschriften geschrieben. Nach der Christianisierung (um 1000) dominierten im 11. Jh. christlich geprägte R.-Steine, vielfach in Form von West- und Ostfahrersteinen, aus denen neben Handelsfahrten und -beziehungen auch Weg und Stand der Christianisierung sowie wichtige Glaubensinhalte deutlich werden. Bedeutendstes R.-Denkmal ist die Inschrift des Steins von Rök. Eine vollständige Skaldenstrophe (Dróttkvætt-Strophe) trägt der →Karlevistein (um 1000).

Die wikingerzeitl. R.-Inschriften Dänemarks und Schwedens sind mit ihren – gegenüber den Inschriften im älteren Futhark – umfangreicheren Texten, v. a. im Bereich des Totengedenkens, wichtige Quellen für die Christianisierung, Politik, Expansion und Sozialgeschichte der Wikingerzeit, aber auch für die Dichtung (→Edda, →Skaldendichtung), Mythologie (z. B. in der Darstellung von Thors Kampf mit der Midgardschlange auf dem Stein von Altuna, Verw.-Bez. Uppsala), Heldensagenüberlieferung (z. B. bei der Sigurdritzung auf dem Ramsundfelsen bei Eskilstuna) und Bildkunst dieser Periode.

In die Frühzeit der Christianisierung Norwegens (unter OLAF I., 995–1000) gehören der Stein von Kuli (Prov. Møre og Romsdal) und der 1972 gefundene Eikstein (Sokndal, Prov. Rogaland), einer der ältesten christl. Gedenksteine Norwegens. Aus dem 11. Jh. stammen einige Auslandfahrersteine. Mit den rd. 550 Bryggenfunden in Bergen (meist 13.–14. Jh.), durch die der Beweis erbracht werden konnte, daß die

**Rune** Runenkästchen von Auzon – Rungwe

R.-Schrift im MA. v. a. als Gebrauchsschrift diente, sind über 1100 norweg. R.-Inschriften erhalten.

Auch in den skandinav. Kolonien im Westen gibt es R.-Denkmäler aus der Wikingerzeit und dem Hoch-MA., z. B. auf Grönland (10.–12. Jh.), auf Island (nicht vor 1200) und auf den Orkneyinseln (12. bis 13. Jh.). Aus Amerika ist keine echte R.-Inschrift bekannt.

Handschriftlich wurden die R. erst spät und nur aus antiquar. Interesse verwendet, z. B. im ›Codex Runicus‹ (gegen 1300), der das Landrecht von Schonen (nach einem dän. Original in Lateinschrift) enthält.

Norges indskrifter med de ældre runer, hg. v. S. BUGGE u. a., 4 Bde. (Kristiania 1891–1924); Sveriges runinskrifter, hg. v. Kungliga Vitterhets Historie och Antikvitets Akademien, auf zahlreiche Bde. ber. (Stockholm 1900ff.); Danmarks runeindskrifter, hg. v. L. JACOBSEN u. a., 3 Bde. (Kopenhagen 1941–42); Norges innskrifter med de yngre runer, hg. v. M. OLSEN, auf mehrere Bde. ber. (Oslo 1941 ff.); Islands runeindskrifter, hg. v. A. BÆKSTED (Kopenhagen 1942); H. ARNTZ: Hb. der R.-Kunde (²1944); H. MARQUARDT: Die R.-Inschriften der Brit. Inseln (1961); W. KRAUSE u. H. JANKUHN: Die R.-Inschriften im älteren Futhark, 2 Tle. (1966); W. KRAUSE: R. (1970); A. LIESTØL: R.-Inschriften von der Bryggen in Bergen (Norwegen), in: Ztschr. für Archäologie des MA., Jg 1 (1973); R. J. PAGE: An introduction to English runes (London 1973); W. SCHNALL: Die R.-Inschriften des europ. Kontinents (1973); K. DÜWEL: R.-Kunde (²1983); E. MOLTKE: Runes and their origin: Denmark and elsewhere (a. d. Dän., Kopenhagen 1985); R. W. V. ELLIOTT: Runes. An introduction (Neuausg. Manchester 1989).

**Runenkästchen von Auzon** [-o'zɔ̃], **Franks Casket** [fræŋks 'kæskit], geschnitztes Reliquienkästchen aus Walfischbein, entstanden um 700, benannt nach dem zeitweiligen Aufbewahrungsort Auzon (bei Clermont-Ferrand), heute im Brit. Museum (London); gilt als bedeutendstes engl. Runendenkmal. Die bildl. Darstellungen zeigen u. a. Szenen aus der nord. Heldensage (Wieland der Schmied), der christl. Überlieferung (Heilige Drei Könige) und der röm. Tradition (Romulus und Remus). Die Inschriften in der angelsächs. Runenreihe (28 Zeichen) umranden die Bilder und beziehen sich auf sie. Auf der Rückseite sind Runen und lat. Buchstaben gemischt.

A. BECKER: Franks Casket (1972).

**Carl Runge**

**Runge, 1)** C a r l David Tolmé, Mathematiker und Physiker, * Bremen 30. 8. 1856, † Göttingen 3. 1. 1927; 1886–1904 Prof. für Mathematik in Hannover, danach erhielt R. das erste dt. Ordinariat für angewandte Mathematik in Göttingen. Im Bereich der Physik trat R. v. a. in seiner Hannoveraner Zeit durch Beiträge zur Spektraltheorie und durch spektroskop. Arbeiten hervor. Sein wichtigstes Arbeitsgebiet war die numer. Mathematik (→ Runge-Kutta-Verfahren).

G. RICHENHAGEN: C. R. (1856–1927). Von der reinen Mathematik zur Numerik (1985).

**Friedlieb Ferdinand Runge**

**2)** Friedlieb Ferdinand, Chemiker, * Billwärder (heute zu Hamburg) 8. 2. 1795, † Oranienburg 25. 3. 1867; war 1828–31 Prof. in Breslau, danach Industriechemiker in Berlin und Oranienburg. R. entdeckte die Alkaloide Koffein und Atropin und wurde mit der Auffindung von Anilin, Chinolin, Phenol, Pyrrol u. a. Verbindungen im Steinkohlenteer zum Wegbereiter der modernen Teerfarbenchemie.

**3)** Philipp Otto, Maler, * Wolgast 23. 7. 1777, † Hamburg 2. 12. 1810; kam 1795 nach Hamburg in die kaufmänn. Lehre. 1799–1801 studierte er an der Kopenhagener Akademie (J. JUEL, N. ABILDGAARD) und 1801–03 in Dresden. Dort verkehrte er mit A. GRAFF, L. TIECK und GOETHE und befaßte sich mit den Schriften J. BÖHMES, dessen Naturmystik R.s Vorstellungswelt entscheidend beeinflußte. Im Nov. 1803 kehrte er nach Hamburg zurück. Nach ersten, noch klassizistisch geprägten Werken begann R. 1802/03 an seinem Hauptwerk zu arbeiten, den ›Vier Zeiten‹; sie sind Symbole für die vier Tages- und Jahreszeiten, erfüllt von religiös-myst. und frühromant. Ideen. Erhalten sind die Entwürfe und Studien, nur der ›Morgen‹ wurde als Gemälde ausgeführt (1. Fassung 1807, 2. Fassung 1808–09; beide Hamburg, Kunsthalle). In seinen Porträts verbinden sich ein übersteigerter Realismus und schlichte Innerlichkeit. R. verfaßte auch kunsttheoret. Schriften, in denen er sich u. a. mit der Farbenlehre und der Landschaftsmalerei auseinandersetzte (›Farbenkugel, oder Construction der Ver-

Philipp Otto Runge: Die Hülsenbeckschen Kinder; 1805–06 (Hamburg, Kunsthalle)

hältnisse der Farben zu einander‹, 1810). Für die Märchensammlung der BRÜDER GRIMM schrieb er zwei plattdt. Märchen auf (›Vom Machandelboom‹ und ›Von dem Fischer und syner Fru‹, 1806); ferner schuf er Scherenschnitte. Neben C. D. FRIEDRICH gilt er als Hauptvertreter der dt. frühromant. Kunst.

**Weitere Werke** (alle Hamburg, Kunsthalle): Selbstbildnis (1802–03); Lehrstunde der Nachtigall (1. Fassung 1802–03 nicht erhalten, 2. Fassung 1804–05); Ruhe auf der Flucht nach Ägypten (1805–06); Die Hülsenbeckschen Kinder (1805–06); Die Eltern des Künstlers (1806).

**Ausgaben:** Hinterlassene Schr., 2 Bde. (1840–41, Nachdr. 1965); Briefe u. Schr., hg. v. P. BETTHAUSEN (1982).

J. TRAEGER: P. O. R. u. sein Werk (1975); H. MATILE: Die Farbenlehre P. O. R.s (²1979); K. MÖSENEDER: P. O. R. u. Jakob Böhme (1981); C. RICHTER: P. O. R. ... Werk-Verz. der Scherenschnitte (1981); T. LEINKAUF: Kunst u. Reflexion. Unters. zum Verhältnis P. O. R.s zur philosoph. Tradition (1987).

**Runge-Kutta-Verfahren** [nach C. D. T. RUNGE und dem Mathematiker M. WILHELM KUTTA, * 1867, † 1944], Näherungsmethode zur Lösung gewöhnl. Differentialgleichungen, mit der die gesuchte Funktion auf einem diskreten Punktgitter approximativ bestimmt wird.

**Runge-Zeichen** [nach dem Gynäkologen HANS RUNGE, * 1892, † 1964], Symptomenkomplex, der auf eine Übertragung der Frucht hinweist; zu den R.-Z. gehören u. a. Hautveränderungen (Gelbfärbung, Abschilferung, ›Waschfrauenhände‹), verminderte oder fehlende Fruchtschmiere, Schädigungen durch Fruchtwasseraspiration (Lungenentzündung).

**Rungholt,** Hafenort der ehem. Insel Strand (→ Nordstrand), bei der Hallig Südfall, Nordfries. Inseln. R. war der bedeutendste Handelsplatz Nordfrieslands (Salz, Agrarprodukte) und ging in der Sturmflut 1362 ›Grote Mandränke‹ unter. Bei Ebbe wurden im Watt bei R. Pflugfurchen u. a. Siedlungsspuren sichtbar. (→ Nordfriesland)

**Rungwe, Mount R.** [maʊnt-], erloschenes Vulkanmassiv (v. a. basaltisch) in S-Tansania, nördlich des Malawisees, 2961 m ü. M., stark bewaldet; am Hang Tee- und Kaffeeanbau.

**Runius,** Johan, schwed. Dichter, * Larv (Verw.-Bez. Skaraborg) 1.6. 1679, † Stockholm 1.6. 1713; war Hauslehrer und Sekretär; gilt als einer der bedeutendsten Autoren des schwed. Spätbarock. R., der in der Reihe der schwed. Liederdichter steht, schrieb zahlreiche Gelegenheitsgedichte (v. a. Trinklieder) und Epigramme, die durch Leichtigkeit der Sprache sowie satir. Kritik an den A-la-mode-Erscheinungen des Barock gekennzeichnet sind.
*Ausgabe:* Samlade skrifter, hg. v. E. NOREEN u. a., 4 Bde. (1933–55).

**Runkel,** Stadt im Kr. Limburg-Weilburg, Hessen, 115 m ü. M., an der Lahn, (1991) 9 400 Ew.; Burgmuseum; Kunststoffverarbeitung, Baustoffindustrie. – R. entstand im Anschluß an eine die dortige Lahnfurt sichernde Burg; vermutlich Anfang des 14. Jh. erhielt der Burgflecken Stadtrecht. R. war ab 1462 eine Residenz der Grafen von Wied, 1866 fiel es an Preußen. – Burg (12.–16. Jh.; z. T. zerstört); vorbildlich erneuerte Altstadt mit Fachwerkhäusern (17. und 18. Jh.).

**Runkelfliege,** die → Rübenfliege.

**Runkelrübe, Beta,** Gattung der Gänsefußgewächse mit etwa fünf Arten, verbreitet in Europa und im Mittelmeergebiet; ein-, zwei- oder auch mehrjährige Kräuter mit aus Wurzel und Hypokotyl gebildeten, mehr oder weniger deutlich ausgeprägten →Rüben als Speicherorgane; Blüten zu mehreren in Knäueln, die einfache oder (rispig) zusammengesetzte Ähren bilden. Stammform aller Nutzpflanzen dieses Verwandtschaftskreises ist die **Meerstrandrübe (Wilde Rübe,** Beta vulgaris ssp. maritima) mit kaum verdickter, langer, reich verzweigter Pfahlwurzel und kleinen Blättern an niederliegenden Sprossen. Aus dieser an den Küsten des Mittelmeeres und der Nordsee beheimateten Sippe sind alle Beta-Rüben (Futteroder Runkelrübe, Zuckerrübe, Rote Rübe, Mangold) hervorgegangen. Die **Gemeine R. (Futterrübe, Futterrunkel, Dickrübe,** Beta vulgaris ssp. vulgaris var. alba) ist zweijährig. Die mächtigen Speicherorgane (Hypokotylanteil größer als Wurzelanteil) entstehen im ersten Jahr. Sie ragen weit aus dem Boden, außer bei den ›Substanzrüben‹ (Gehaltsrüben, Halbzuckerrüben), deren weitgehend in der Erde liegendes Speicherorgan im Unterschied zu den übrigen, den ›Massenrüben‹ (mit hohen Erträgen), relativ wenig Masse, aber einen hohen Trockensubstanzgehalt hat. Die Rüben der Futterrübe dienen v. a. als in Mieten gut lagerbares Wintersaftfutter für Rinder und Schweine. Im Vergleich mit der Zuckerrübe ist die R. in bezug auf Klima und Boden anspruchsloser. Der außer grün auch weiß-, gelb-, rot- oder buntblättrige **Mangold** (Beta vulgaris ssp. vulgaris) ist zweijährig; seine Wurzel ist kaum verdickt. Je nach Blattausbildung unterscheidet man **Schnittmangold** (Blätter selten über 20 cm lang, ergeben spinatartiges Gemüse) und **Rippenmangold (Stiel-, Stengelmangold;** Blätter steif aufrechtstehend, sehr lang, dickrippig; der bis 10 cm breite Blattstiel geht in die stark hervortretende Blattmittelrippe über; Blattstiele und -rippen ergeben ein spargelähnl. Gemüse).

**Runkelstein,** italien. **Castel Roncolo,** zur Gem. Ritten gehörende Burg im Sarntal bei Bozen (Südtirol, Italien). Um 1237 erbaut, im späteren 14. Jh. umgebaut und erweitert; um einen Hof gruppieren sich zwei Palasse und die Burgkapelle. Berühmt ist R. wegen der um 1400 geschaffenen Fresken (u. a. Szenen aus dem höf. Leben und aus der Tristansage).

**Runsen** [ahd. runs(a) ›Fluß(lauf)‹], *Geomorphologie:* die → Racheln.

**Runyon** [ˈrʌnjən], Alfred Damon, amerikan. Schriftsteller und Journalist, * Manhattan (Kans.) 4. 10. 1884, † New York 10. 12. 1946; war einer der erfolgreichsten Reporter seiner Zeit. Seine zahlreichen Erzählungen stellen das New Yorker Großstadtleben, v. a. Unterwelt und Gangstertum, in grotesk-kom., vom Slang geprägten Stil lebendig dar.
*Werke: Erzählungen:* Guys and dolls (1931; dt. In Mindys Restaurant, auch u. d. T. Schwere Jungen, leichte Mädchen); Money from house (1935; dt. Stories vom Broadway); The bloodhounds of Broadway (hg. 1981; dt. Die Bluthunde des Broadway); Romance in the roaring parties (hg. 1986). – Nun schlägt's dreizehn (1967, Ausw.).
T. CLARK: The world of D. R. (New York 1978); P. W. D'ITRI: D. R. (Boston, Mass., 1982).

**Runzelfrösche, Platymantis,** Gattung bis 5,5 cm langer Echter Frösche mit 38 Arten in trop. Wäldern auf Neuguinea, den Philippinen, dem Bismarckarchipel, den Fidschi-, Palau- und Salomoninseln; mit runzliger Haut, Haftscheiben an Fingern und Zehen, von laubfroschähnl. Gestalt.

**Runzelkorallen, Tetrakorallen, Pterocorallia, Rugosa,** ausgestorbene, vom Mittelordovizium bis zum Perm bekannte Ordnung vorwiegend solitärer, aber auch koloniebildender Korallentiere, bei denen die Scheidewände fiederförmig an die vier ersten Septen angelagert waren, mit horizontalen Querrunzeln (›Rugae‹) der Außenwand. Bekannte Gattungen sind die Pantoffelkoralle (→Calceola), →Cyathophyllum und Zaphrentis (aus dem Devon).

**Runzelkorn,** *graph. Technik:* → Lichtdruck 1).

**Runzelschorf,** durch Schlauchpilze der Gattung Rhytisma auf den Blättern versch. Laubgehölze verursachte polsterartige, schwarze, etwa 1 mm, zuweilen bis 2 cm große Flecken (an denen im Winter am abgefallenen Blatt die Apothecien entstehen). Am bekanntesten sind der Ahorn-R. (Schwarzfleckenkrankheit) und der Weiden-R. (Teerfleckenkrankheit).

**Ruodlieb,** Titelheld des nach ihm benannten mittellat. Epos, das im letzten Drittel des 11. Jh. im Kloster Tegernsee verfaßt wurde. Das Autograph des anonymen Dichters und die originale Reinschrift sind in Bruchstücken mit insgesamt 2 342 leoninisch gereimten Hexametern erhalten; jedoch fehlt v. a. der Schluß des Werkes. Erzählt wird in lebendiger, nicht antikisierter Sprache und mit Liebe zum realist. Detail von einem Ritter R., der sich im Dienst eines fremden Königs lernend bewährt, nach Rückkehr in die Heimat in drei miteinander kontrastierenden Handlungssituationen die Tugenden und Fertigkeiten eines christl. Ritters zeigt, v. a. Selbstbeherrschung und Weisheit, die ihn für ein ideales Herrschertum prädestinieren. Der durch seine frei erfundene Handlung und gegensätzl. Verhaltensmuster einzigartige epische Fürstenspiegel nimmt, wenn auch ohne Nachwirkung, den im 12. Jh. sich ausbildenden höf. Ritterroman in den Volkssprachen vorweg.
*Ausgaben:* R. Faksimile-Ausg. des Codex Latinus..., bearb. v. W. HAUG, 2 Tle. (1974–85); R., übers. u. hg. v. F. P. KNAPP (1977, mittellat. u. dt.).

**Ruof,** Jacob, schweizer. Schriftsteller, →Ruf, Jacob.

**Ruoff,** Fritz, Bildhauer und Maler, * Nürtingen 31. 12. 1906, † ebd. 5. 10. 1986; begann als Holzbildhauer und stand dann lange im Bann W. LEHMBRUCKS. Erst 1956/57 ging er endgültig zur Malerei über. Seine Bilder und Zeichnungen entwickelten sich von informellen Strukturen über fast monochrome dunkle Farbflächen zu Kompositionen mit geometr. Grundfiguren von meditativer Kraft; auch Wandteppiche.

**Ruo Shui** [-ʃui], mongol. **Etzingol** [ɛtsiŋoːl], **Edsin-gol,** Ober- und Mittellauf **Xi He,** Fluß in der westl. Gobi, China, etwa 900 km lang, entspringt Gletschern des Richthofengebirges und des Tulai Shan (Gebirgsketten des Nanshan), speist Oasen an der Seidenstraße und mündet, aufgefächert in mehrere Arme, in die Endseen Gaxun Nur und Sogo Nur; trocknet im Winter und Frühjahr weitgehend aus.

**Ruotger, R. von Köln,** Mönch und Lehrer im Kölner Kloster St. Pantaleon, das Erzbischof BRUNO I.

**Runkelrübe:** Futterrübe

**RUPA** RUPA-Motor – Rurik

gegründet hatte, und Verfasser von dessen Biographie (zw. 967 und 969) im Auftrag des Nachfolgers, Erzbischof FOLKMAR. In der historisch wertvollen ›Vita Brunonis‹ werden Leben und polit. Wirken des Bruders OTTOS I. in oft eigenwilliger, an klass. Vorbildern (CICERO, VERGIL) geschulter Sprache geschildert.
Lebensbeschreibungen einiger Bischöfe des 10.–12. Jh., übers. v. H. KALLFELZ (²1986); O. ENGELS: R.s Vita Brunonis, in: Kaiserin Theophanu, hg. v. A. VON EUW u. a., Bd. 1 (1991).

**RUPA-Motor,** nach dem Ingenieur RUDOLF PAWLIKOWSKI (* 1868, † 1942) benannter → Kohlenstaubmotor.

**Rupel** ['ry:pəl; nach dem gleichnamigen belg. Fluß] *das, -(s),* **Rupelium, Rupélien** [rype'ljɛ̃], *Geologie:* Stufe des Oligozäns (→ Tertiär).

**Rupert** [ahd. etwa ›von glänzendem Ruhm‹], **Robert,** männl. Vorname.

**Rupert, Hruodpert, Ruprecht,** erster Bischof von Salzburg (um 700), * um 650, † Salzburg 27. 3. 718; aus rheinfränk. Adel; wirkte im Gebiet von Salzburg in der Tradition der iroschott. Mönche als Missionar und Klostergründer. – Heiliger (Tag: 24. 9.).

**Rupert, R. von Deutz,** mittelalterl. Theologe, * bei Lüttich um 1075/76, † Deutz (heute zu Köln) 4. 3. 1129; Anhänger der monast. Reformbewegung; wurde 1120 Abt in Deutz. Seine zahlreichen Kommentare (u. a. zu Joh., Apk. und Mt.) und theolog. Abhandlungen (zur Trinitätslehre, Liturgie, Geschichtstheologie) waren bis in die Neuzeit einflußreich.
Ausgaben: Liber de divinis officiis, hg. v. R. HAACKE (1967); De victoria verbi dei, hg. v. dems. (1970); De sancta trinitate et operibus eius, hg. v. dems., 4 Bde. (1971–72).

**Rupertiner,** rheinfränk. Grafengeschlecht, → Robertiner.

**Rupertiwinkel,** hügelige Landschaft im SO Bayerns, an Saalach und Salzach, mit den Städten Freilassing, Laufen und Tittmoning sowie dem Waginger See.

**Rupiah** [indones., zu Rupie] *die, -/-,* Abk. **Rp.,** Währungseinheit von Indonesien, 1 R. = 100 Sen (S).

**Rupie** [Hindi rūpaiyā, von Sanskrit rūpya ›Silber‹] *die, -/-n,* ind. Silbermünze zu 40 Dam der Großmoguln mit einem Rauhgewicht von etwa 11,53 g. Die verschiedenen europ. Kolonialmächte übernahmen die R.-Prägungen für ihre Münzausgaben. Letztlich setzte sich die der engl. Ostindischen Kompanie durch, 1 R. = 16 Anna. – Durch den Handel gelangten viele ind. R. nach Ostafrika, weshalb dort die R. im 19. Jh. auch zur Währungsmünze wurde. In Portug.-Ostafrika wurden die ind. R. gegengestempelt, für Mombasa wurden 1888 eigene R. geprägt, und auch für das Schutzgebiet Dt.-Ostafrika wurden ab 1890 R. mit dem Bild Kaiser WILHELMS II. ausgegeben, 1 R. = 64 Pesa, nach 1903 galt 1 R. = 100 Heller. Die Rep. Indien ging 1957 zur Dezimalwährung über, wobei 1 R. (Abk. iR) = 100 Paise festgelegt wurde. Für große R.-Beträge gibt es die Bez. **Lack** = $10^5$ R. und **Crore** = $10^7$ Rupien. Außer in Indien ist die R. Währungseinheit in folgenden Staaten: Mauritius (1 R., Abk. MR, = 100 Cents), Nepal (1 R., Abk. NR, = 100 Paisa), Pakistan (1 R., Abk. pR, = 100 Paisa), Seychellen (1 R., Abk. SR, = 100 Cents), Sri Lanka (1 R., Abk. S. L. Re., = 100 Cents).

**Ruppel,** Aloys, Bibliothekar und Buchforscher, * Opperz (heute zu Neuhof, Kr. Fulda) 21. 6. 1882, † Mainz 11. 7. 1977; zunächst Archivdirektor (1914) in Metz, 1920–34 und 1943–62 Direktor der Stadtbibliothek und des Stadtarchivs Mainz, 1920–62 des Gutenberg-Museums; 1947–66 Prof. für Buch- und Bibliothekswesen in Mainz. Bekannt durch seine Forschungen und zahlreichen Veröffentlichungen über J. GUTENBERG (›Johannes Gutenberg, sein Leben und sein Werk‹, 1939; 1926–69 Herausgeber des ›Gutenberg-Jahrbuchs‹, 1926 ff.).

Rupie aus Deutsch-Ostafrika (1890; Durchmesser 31 mm)
Vorderseite

Rückseite

H. WIDMANN: Verz. der Schr. A. R.s, in: Gutenberg-Jb. (1970).

**Ruppin,** ehem. selbständige Landesherrschaft im NW von Brandenburg, beiderseits des Rhins zw. Dosse und Havel, wahrscheinlich um 1214 gebildet unter dem Grafen GEBHARD I. († 1256) aus dem Hause Arnstein, der die Linie Lindow-R. begründete. Als die Linie 1524 ausstarb, fiel R. an Brandenburg.

**Ruppiner See, Rhinsee,** Rinnensee bei Neuruppin, Brandenburg, 40 m ü. M., 14 km lang, 8,5 km² groß, bis 24 m tief, Erholungsgebiet (für Berlin).

**Ruprecht,** männl. Vorname, Nebenform von Rupert.

**Ruprecht,** Gestalt im Brauchtum, → Knecht Ruprecht.

**Ruprecht,** Herrscher:
*Heiliges Röm. Reich:* 1) **Ruprecht von der Pfalz,** König (seit 1400), * Amberg 5. 5. 1352, † auf Burg Landskron in Oppenheim 18. 5. 1410; Sohn des wittelsbach. Kurfürsten RUPRECHT II. von der Pfalz († 1398); folgte seinem Vater als RUPRECHT III. in der Kurwürde; stand an der Spitze der Fürstenopposition gegen König WENZEL. Nach dessen Absetzung (20. 8. 1400) wurde er am 21. 8. 1400 in Rhens durch die Kurfürsten von Mainz, Köln und Trier sowie mit der eigenen Stimme zum Röm. König gewählt und, da Aachen die Wahl nicht anerkannte, in Köln gekrönt (6. 1. 1401). R. stieß auf heftigen Widerstand im Reich und konnte sich nur teilweise durchsetzen.
*Pfalz:* 2) **Ruprecht I.,** Kurfürst (seit 1353), * Wolfratshausen 9. 6. 1309, † Neustadt an der Weinstraße 16. 12. 1390; Neffe Kaiser LUDWIGS IV., DES BAYERN; erwirkte mit seinem Bruder RUDOLF II. († 1353) die Selbständigkeit der Kurpfalz, deren spätere Gestalt er wesentlich bestimmte. Gründer (1386) der Univ. Heidelberg.
3) **Ruprecht,** Prinz, * Prag 17. 12. 1619, † London 26. 11. 1682; Sohn Kurfürst FRIEDRICHS V. von der Pfalz; kämpfte nach dem Scheitern seines Vaters im Dreißigjährigen Krieg auf protestantisch-schwed. Seite. Nach längerer Gefangenschaft auf Vermittlung seines Onkels, König KARLS I. von England, nach England freigekommen; entschiedener Kämpfer gegen O. CROMWELL. Nach der Hinrichtung KARLS I. führte er als Admiral der royalist. Flotte 1649–53 im Dienst der Stuarts einen Kaperkrieg gegen die niederländ. Republik. 1660 kehrte R. infolge der Restauration nach England zurück. An der beginnenden Erschließung Kanadas hatte er als Gouv. der Hudson's Bay Company Anteil.

**Ruprecht-Karls-Universität,** Name der Univ. in Heidelberg.

**Ruprechtskraut,** *Botanik:* → Storchschnabel.

**Ruptur** [spätlat. ruptura, zu lat. rumpere, ruptum ›brechen‹, ›zerreißen‹] *die, -/-en,* 1) *Geologie:* Zusammenfassende Bez. für Klüfte, Spalten u. a. tektonisch bedingte Trennflächen im Gestein.
2) *Medizin:* meist verletzungsbedingte Zerreißung von Gefäßen, Muskeln, Sehnen (z. B. Achillessehne), Bändern oder inneren Organen (z. B. Milz, Gebärmutter); erfordert i. d. R. eine chirurg. Behandlung.

**Rur** *die,* niederländ. **Roer** [ru:r], rechter Nebenfluß der Maas, 248 km lang, entspringt in 579 m ü. M. an der Botrange (Hohes Venn) in Belgien, fließt durch NRW und mündet in Roermond in den Niederlanden. Die **R.-Talsperre Schwammenauel** bei Heimbach in der Eifel ist mit einem Stauraum von 205,5 Mio. m³ die zweitgrößte Talsperre von Dtl. (nach der Bleilochtalsperre); Stauhöhe 68 m, Fläche max. 7,8 km², fertiggestellt 1959; dient der Trinkwasserversorgung, der Industriewasserentnahme, dem Hochwasserschutz, der Energiegewinnung und dem Fremdenverkehr.

**Rurik,** russ. **Rjurik,** waräg. Heerführer, der nach der Nestorchronik in den 60er Jahren des 9. Jh. in

Nowgorod am Ilmensee herrschte und die Dynastie der Rurikiden begründete; möglicherweise identisch mit dem jütländ. Wikingerführer RORIK aus dem Geschlecht der Skioldinger. Da der Bericht der Nestorchronik stark legendäre Züge trägt, wurde die Historizität seiner Person und die Staatsgründung durch R. wiederholt in Frage gestellt. (→ Normannisten)

G. SCHRAMM: Die erste Generation der altruss. Fürstendynastie. Philolog. Argumente für die Historizität von Rjurik u. seinen Brüdern, in: Jb. für Gesch. Osteuropas, N. F., Bd. 28 (1980).

**Rurikiden,** russ. **Rjurikowitschi, Rjurikoviči** [-tʃi], russ. Herrscherfamilie, die ihren Ursprung von RURIK herleitet und seit der 2. Hälfte des 9. Jh. von Kiew aus ihre Herrschaft ausbaute. Bis zum 14. Jh. waren sowohl die regierenden Fürsten des Kiewer Reiches als auch die Teilfürsten R. Der letzte R. auf dem Moskauer Thron war Zar FJODOR I. IWANOWITSCH.

**Rus** die, in griech. Quellen **Rhos,** Bez. für das Kiewer Reich (→ russische Geschichte), nach Auffassung sowjet. Historiker urspr. nur für das Gebiet der Polanen um Kiew, das Kerngebiet des Kiewer Reiches. Die Etymologie des Wortes ist umstritten; es ist möglicherweise über finn. Vermittlung (noch heute ist Ruotsi der finn. Name für Schweden) als Selbst-Bez. der Waräger (Normannen) übernommen und später auf die Ostslawen übertragen worden.

G. SCHRAMM: Die Herkunft des Namens Rus'... (1982).

**Rusafa, Resafa, Rosapha, Rsafa,** Ruinenstätte des frühchristl. Wallfahrtsortes um das Grab des hl. SERGIOS in der Syrischen Wüste, südwestlich von Rakka in der Nähe des neuen Euphrat-Staudammes. Als **Sergiopolis** einer der meistbesuchten Wallfahrtsorte des christl. Ostens. JUSTINIAN I. ließ die Stadt befestigen (bis heute z. T. gut erhalten vier Haupttore, 51 Türme) und Zisternen bauen. Im Stadtbezirk liegen vier Kirchenruinen, davon drei sehr große Anlagen: Basilika B (mit fünfteiligem Ostabschluß, vermutlich aus dem späten 5. Jh.), der ›Zentralbau‹ (ein in der Längsachse gestreckter Tetrakonchos, um 520), die Kirche des Hl. Kreuzes, früher Basilika A genannt (vom Typ der Weitarkadenbasilika, 559 datiert; nach den Erdbeben vom Ende des 8. Jh. wiederhergestellt). Vor dem reich dekorierten N-Tor liegt der kleine Zentralbau des damals in byzantin. Diensten stehenden Ghassanidenfürsten AL-MUNDIR (6. Jh.). Der Kalif HISCHAM IBN ABD al-MALIK (724–743) ließ die 616 von Sassaniden zerstörte Stadt wiederaufbauen. Von seinem Palast vor der Stadt blieben nur geringe Reste. R. bestand bis ins 13. Jh., es wird bereits in der Bibel erwähnt. – Systemat. Grabungen seit 1952.

W. KARNAPP: Dt. Grabungen u. Forsch. in der Ruinenstadt Resafa in Syrien, in: Antike Welt, Jg. 8 (1977), H. 4; J. ODENTHAL: Syrien. Hochkulturen zw. Mittelmeer u. Arab. Wüste – 5000 Jahre Gesch. im Spannungsfeld von Orient u. Okzident (⁴1988); T. ULBERT: Der kreuzfahrerzeitl. Silberschatz aus Resafa-Sergiupolis (1990).

**Rusalka,** Oper (›Lyr. Märchen‹) von A. DVOŘÁK, Text von J. KVAPIL; Urauff. 31. 3. 1901 in Prag.

**Ruscha** [ˈruːʃə], Edward, amerikan. Maler und Graphiker, * Omaha (Nebr.) 16. 12. 1937; vertrat die glamouröse Ausprägung der Pop-art in Kalifornien mit plakativer Perfektion. Dagegen zeigen seine Photobücher (›Twenty six gasoline stations‹, 1962; ›Every building on the Sunset Strip‹, 1966) ungeschönte Wirklichkeit im Ggs. zur bewußt geschönten Werbewelt der Bilder.

E. R., bearb. v. J. CHEVALIER u. a., Ausst.-Kat. (Paris 1989).

**Rüsche,** durch Falten oder Fadendurchzug einseitig eingehaltener textiler Zierbesatz aus einem gerade zugeschnittenen oder abgepaßten Stoffstreifen.

**Ruschel, Ruschelzone,** *Geologie:* mehr oder weniger breite Zone, an der das Gestein durch wiederholte tekton. Bewegungen zerrüttet wurde.

Edward Ruscha: Standard Station; 1966 (San Francisco, Museum of Modern Art)

**Rüschlikon** [-kɔːn], Gem. im Kt. Zürich, Schweiz, 427 m ü. M., am W-Ufer des Zürichsees, (1988) 4700 Ew.; IBM-Forschungslaboratorium; Institut für Ernährungsforschung; Ortsmuseum; Maschinen- und Karosseriebau.

**Rusconi,** Camillo, italien. Bildhauer, * Mailand 14. 7. 1658, † Rom 8. 12. 1728; war zu Beginn des 18. Jh. einer der führenden röm. Bildhauer, dessen spätbarocke Marmorarbeiten das Pathos G. L. BERNINIS wie den Klassizismus von C. MARATTA spiegeln; schuf auch Kleinbronzen.

**Hauptwerke** (in Rom): Vier kolossale Apostelstatuen (1706–18; San Giovanni in Laterano); Grabmal Papst Gregors XIII. (1719–25; Peterskirche).

**Camillo Rusconi:** Marmorbüste der Giulia Albani degli Abati Olivieri; Höhe 96 cm, 1719 (Wien, Kunsthistorisches Museum)

**Ruse,** Stadt in Bulgarien, → Russe.

**Rusellae,** etrusk. Stadt in der Toskana, Italien, 8 km nordöstlich von Grosseto, zu dem die heutige Gemeinde Roselle (Terme di Roselle) gehört. R. war Mitgl. des Zwölfstädtebundes der → Etrusker; unter AUGUSTUS röm. Kolonie. 935 wurde Roselle durch die Sarazenen zerstört. – Der von einer Mauer abgestützte 3300 m lange Erdwall der Etrusker (der älteste Abschnitt mit polygonalen Blöcken aus dem 6. Jh. v. Chr.) ist erhalten. Ausgrabung von frühen Rohziegelbauten. Nekropole mit zahlreichen Kammergräbern.

**Rush** [rʌʃ], William, amerikan. Bildhauer, * Philadelphia (Pa.) 4. 7. 1756, † ebd. 17. 1. 1833; gilt als der erste amerikan. Bildhauer von Bedeutung. Als Mate-

**Rush**  Rushdie – Ruß

rial bevorzugte er Holz. Neben Galionsfiguren schuf er allegor. Plastiken (›Komödie‹ und ›Tragödie‹, 1808; Philadelphia, Pennsylvania Academy of Fine Arts) und Porträts (›G. Washington‹, 1815; ebd., Independance National Historical Park).

Salman Rushdie

**Rushdie** [ˈrʊʃdɪ], Ahmed Salman, brit. Schriftsteller ind. Herkunft, * Bombay 19. 6. 1947; lebt seit 1961 in England, seit 1964 brit. Staatsbürger. Mit seinem Roman ›Midnight's children‹ (1981; dt. ›Mitternachtskinder‹), der im Stil des →magischen Realismus die Erfahrungen eines in der Nacht der Staatsgründung Indiens zur Welt Gekommenen mit der Geschichte der ind. Nation verknüpft, fand er hohe Anerkennung in der englischsprachigen Welt, bes. in Indien, wo das Werk großen Einfluß auf die weitere Entwicklung der indoengl. Prosa nahm. In dem Roman ›The satanic verses‹ (1988; dt. ›Die satan. Verse‹) greift R. in der Form phantasievoll ausschweifender, apokalyptisch zugespitzter Traumsequenzen Themen aus der Geschichte des Islam, die kulturelle Zerrissenheit im Zeitalter der Migrationen, das Verhältnis von Realität, Kunst und Religion auf. Das Werk wurde von Teilen der islam. Welt als blasphemisch kritisiert, und R. M. H. KHOMEINI rief im Febr. 1989 alle Muslime zur Ermordung R.s auf. Trotz weltweiter Proteste wurde dieser Aufruf nicht zurückgenommen, und R. muß seither im Verborgenen leben.

**Weitere Werke:** *Romane:* Grimus (1975); Shame (1983; dt. Scham u. Schande). – *Kinderbuch:* Haroun and the sea of stories (1990; dt. Harun u. das Meer der Geschichten). – *Essays:* Imaginary homelands. Essays and criticism, 1981–1991 (1991). – *Reisebericht:* Jaguar smile (1987; dt. Das Lächeln des Jaguars. Eine Reise durch Nicaragua).

M. ILLERHAUS in: Krit. Lex. zur fremdsprachl. Gegenwartslit., hg. v. H. L. ARNOLD, Losebl. (1983ff.); The R. file, hg. v. L. APPIGNANESI u. a. (London 1990).

**Rush-hour** [ˈrʌʃ aʊə; engl., zu to rush ›stürmen‹, ›drängen‹ und hour ›Stunde‹] *die, -/-s,* Hauptverkehrszeit (bei Arbeits- und Schulbeginn sowie bei Arbeits- und Geschäftsschluß).

**Rushmore, Mount R.** [ˈmaʊnt ˈrʌʃmɔː], Berg in den USA, →Mount Rushmore National Memorial.

**Rusinen,** →Ruthenen.

**Rusisi** *der,* **Ruzizi** [-zi], Fluß im Zentralafrikan. Graben, entwässert den Kiwusee, fällt in seinem nur 110 km langen Lauf um 600 m bis zur Mündung in den Tanganjikasee ab. Er bildet die Grenze zw. Zaire und Ruanda/Burundi.

Dean Rusk

**Rusk,** David Dean, amerikan. Politiker, * Cherokee County (Ga.) 9. 2. 1909; Rechts- und Politikwissenschaftler; Anhänger der Demokrat. Partei; war 1949–50 stellv. Unterstaats-Sekr. und 1950–52 Leiter der Fernostabteilung im Außenministerium, 1952–61 Präs. der Rockefeller Foundation und 1961–69 Außen-Min. unter den Präs. J. F. KENNEDY und L. B. JOHNSON. Seine primäre Aufgabe sah R. in der Eindämmung des Kommunismus, bes. in Asien; er befürwortete das amerikan. Engagement in Vietnam und lehnte eine Anerkennung des kommunist. China ab. R. verhinderte 1966 nach dem Ausscheiden Frankreichs ein Auseinanderfallen der NATO und trat zum Ende seiner Amtszeit für eine Politik der Entspannung gegenüber der UdSSR ein. Schrieb eine Autobiographie ›As I saw it‹ (1990).

D. HALBERSTAM: The best and the brightest (New York 1972).

Ernst Ruska

**Ruska,** Ernst August Friedrich, Elektrotechniker, * Heidelberg 25. 12. 1906, † Berlin (West) 27. 5. 1988; 1933–55 Industrietätigkeit in Berlin, ab 1955 Direktor am Fritz-Haber-Institut der Max-Planck-Gesellschaft; seit 1949 Prof. an der FU Berlin, seit 1959 auch an der TU Berlin. R. war einer der Pioniere der Elektronenmikroskopie; er baute 1931 mit MAX KNOLL (* 1897, † 1969) das erste →Elektronenmikroskop mit magnet. Linsen und vervollkommnete es mit B. VON BORRIES zu einem kommerziellen Gerät. 1986 erhielt er mit G. BINNIG und H. ROHRER den Nobelpreis für Physik.

**Ruskin** [ˈrʌskɪn], John, brit. Schriftsteller, Maler und Sozialphilosoph, * London 8. 2. 1819, † Brantwood (Cty. Lancashire) 20. 1. 1900; sein Interesse galt zunächst der Landschafts- und topograph. Malerei. Daraus erwuchs seine Beschäftigung mit den Theorien der Naturwiedergabe (›The elements of drawing‹, 1857) sowie mit der mittelalterl. Architektur v. a. Italiens. R. wandte sich Fragen nach den notwendigen Schaffensbedingungen des Künstlers zu, die er bes. in der angewandten Kunst der Moderne nicht mehr gewährleistet sah. Er forderte Freiheit für den einzelnen Künstler und Freude an der Arbeit, bes. an der Handarbeit. Dies führte ihn zur weitgehenden Verurteilung des Kapitalismus und der maschinellen Herstellung. Er trat für soziale und polit. Reformen ein. 1869 wurde er Prof. für Kunstgeschichte in Oxford. (→Arts and Crafts Movement).

**Weitere Werke:** The seven lamps of architecture (1849; dt. Die sieben Leuchter der Baukunst); The stones of Venice, 3 Bde. (1851–53; dt. Die Steine von Venedig); Fors Clavigera, 8 Tle. (1871–84); Praeterita. Outlines of scenes and thoughts ..., 3 Tle. (1885–87; dt. Praeterita. Ansichten u. Gedanken aus meinem Leben ...).

**Ausgaben:** Complete works, hg. v. E. T. COOK u. a., 39 Bde. (1903–12); The diaries, hg. v. J. EVANS, 3 Bde. (1956–59). – Ausgew. Werke in vollständiger Übers., 15 Bde. (1,2 1900–06).

F. KIRCHHOFF: J. R. (Boston, Mass., 1984); J. R. hg. v. H. BLOOM (New York 1986); M. W. Brooks: J. R. and Victorian architecture (New Brunswick, N. J., 1987); W. KEMP: J. R. 1819–1900. Leben u. Werk (Neuausg. 1987); N. PENNY: R.'s drawings (Oxford 1989).

**Ruslan und Ludmilla,** russ. ›Ruslan i Ljudmila‹, Oper von M. I. GLINKA, Text nach A. S. PUSCHKINS gleichnamigem Versepos von W. SCHIRKOW und vom Komponisten; Urauff. 9. 12. 1842 in Petersburg.

**Russ** [rʌs], Joanna, amerikan. Schriftstellerin, * New York 22. 2. 1937; seit 1970 Prof. für Englisch, zuletzt an der University of Washington in Seattle. R. rückte bereits in ihrem ersten Science-fiction-Roman, ›Picnic on paradise‹ (1968; dt. ›Alyx‹), von den gängigen Frauenklischees dieses Genres ab. Ihr 1975 erschienener Roman ›The female man‹ (dt. ›Planet der Frauen‹) führte wegen seines aktiv feminist. Standpunktes zu heftigen Kontroversen.

**Weitere Werke:** *Romane:* And chaos died (1970; dt. Und das Chaos starb); The two of them (1978; dt. Zwei von ihnen, auch u. d. T. Die Frauenstehlerin); On strike against God (1980; dt. Aufstand gegen Gott).

**Ruß,** schwarzes, zu 80–99,5 % aus Kohlenstoff bestehendes Pulver, das bei der unvollständigen Verbrennung oder therm. Spaltung von Kohlenwasserstoffen entsteht. Typisch für die R.-Struktur sind kleinste kugelförmige Primärteilchen, die zu ketten- oder traubenförmigen Aggregaten zusammengewachsen sind. Die spezif. Oberfläche liegt zw. 10 und 500 m$^2$/g. R. ist ein wichtiges techn. Produkt (Industrie-R., engl. carbon black), das bevorzugt nach dem **Furnaceruß-Verfahren** hergestellt wird (95 % der Weltproduktion). Bei diesem Verfahren werden aromatenreiche R.-Öle (Steinkohlenteer- und Erdölprodukte) in eine Gasflamme von 1 200–1 800 °C eingedüst. Furnace-R. besteht aus Primärteilchen von 15–80 nm Durchmesser. Er hat große Bedeutung als Verstärkungsfüllstoff für Kautschukerzeugnisse (z. B. Kraftfahrzeugreifen) und als Schwarzpigment (→Pigmente) für Druckfarben. Bes. feinteiliger R. (10–30 nm) mit großer Farbtiefe entsteht beim **Gasruß-Verfahren,** bei dem ein Trägergas (z. B. Wasserstoff) in einem Verdampfer mit Öldämpfen gesättigt und anschließend in Brennerrohren bei Luftmangel verbrannt wird. Gas-R. wird als Pigment in Lacken (Farb-R.) verwendet.

R. tritt auch als meist unerwünschtes Produkt bei unkontrollierten Verbrennungsvorgängen (z. B. qual-

John Ruskin

mende Schornsteine, Dieselabgase, brennende Erdölquellen) auf und enthält dann meist ölige Bestandteile und Pyrolyseprodukte an seiner Oberfläche adsorbiert. Dieser R. (engl. soot) hat im Tierversuch ein krebserzeugendes Potential, das durch die häufig gleichzeitig anwesenden polyzykl. Aromaten noch verstärkt wird.

**Ruß,** litauisch **Rusnė** [ruːsˈneː], 1) Stadt am Kur. Haff, im Mündungsdelta der Memel, Litauen, (1976) 2 700 Ew.; Fischfang und -verarbeitung.

2) *der,* Hauptmündungsarm der Memel, mündet in Litauen mit einem Delta zw. Heydekrug und Ruß in das Kur. Haff, 48 km lang; schiffbar; bildet größtenteils die Grenze zw. Rußland (Gebiet Kaliningrad) und Litauen. – Im MA. war der R. Grenzfluß zw. dem preuß. und dem livländ. Ordensteil sowie zw. dem kurländ. und dem samländ. Bistum.

**Russe, Ruse,** Stadt im Gebiet Rasgrad (nach der Verw.-Neugliederung von 1988), N-Bulgarien, 45 m ü. M., am rechten Ufer der Donau, gegenüber der rumän. Stadt Giurgiu, (1988) 208 500 Ew.; TH (gegr. 1954), Histor. Museum; Theater; Industriezentrum mit Werft, Erdölraffinerie, Herstellung von Waschmaschinen, elektr. Geräten und Gartenmöbeln, Lokomotiv- und Waggonbau, Kunststoffwerk, Metall-, Textil- und Nahrungsmittelindustrie; wichtiger Grenzübergang (seit 1954 doppelstöckige Straßen- und Eisenbahnbrücke); größter bulgar. Donauhafen, Flugplatz. – R., im 1. Jh. v. Chr. als röm. Donauhafen (**Sexaginta Prista**) angelegt, im 6. Jh. zerstört und zu Anfang des 15. Jh. als türk. Festung (**Rustschuk**) wieder erwähnt, hatte eine wichtige Brückenfunktion in den russ.-türk. Kriegen des 19. Jh. Es war eines der Zentren der bulgar. Nationalbewegung. Bis 1988 war R. Bezirkshauptstadt. – Bauten im Spätstil des Wiener Barock; zahlreiche Moscheen. Nahebei Höhlenkirchen mit bedeutenden Fresken (14. Jh.; sogenannte Fresken von Iwanowo).

**Rüssel** [mhd. rüeʒel, zu ahd. ruoʒʒen ›wühlen‹, also eigtl. ›Wühler‹], **Proboscis,** die bis zur Röhrenform verlängerte, muskulöse, sehr beweg!., als Tastorgan (auch Greiforgan) dienende Nasenregion bei versch. Säugetieren; z. B. bei Elefanten, Tapiren, Schweinen (mit Rüsselscheibe), Spitzmäusen. – Als R. werden auch durch Muskulatur oder Blutdruck bewegbare, ausstreckbare oder ausstülpbare Partien am Kopfende von Schnurwürmern, Kratzern, Vielborstern, Egeln, Schnecken und Insekten bezeichnet (z. B. bei der Stubenfliege; als Stech-R. z. B. bei Blattläusen, Stechmücken; nur als Saug-R. v. a. bei Schmetterlingen).

**Rüsselbären,** die → Nasenbären.

**Rüsselbecher** [nach den rüsselförmigen Aufsätzen außen am Glas], aus röm. Vorformen (Delphinbecher) entwickelte Trinkglasform der Völkerwanderungs- und Merowingerzeit.

**Rüssellegel, Rhynchobdellae,** Gruppe der Blutegel mit 160 etwa 0,5–50 cm langen Arten im Süß- und Meerwasser, die mit ihrem aus dem Mundsaugnapf vorstülpbaren, kieferlosen Stechrüssel Blut und Gewebe ihrer Wirtstiere saugen. Bei manchen Arten heften sich die Jungtiere am hinteren Saugnapf der Mutter fest und lassen sich umhertragen. In Europa leben z. B. der 7–10 cm lange **Fischegel** (Piscicola geometra) an Süßwasserfischen, der in Fischzuchten schädlich werden kann, und der 5 cm lange, gallertartige **Entenegel** (Theromyzon tessulatum) an den Nasen- und Rachenschleimhäuten von Wasservögeln. Der 30–50 cm lange **Riesenegel** (Haementeria ghilianii) in Südamerika greift Wirbeltiere an.

**Rüsselkäfer, Rüßler,** Curculionidae, artenreichste Käfer- und Insektenfamilie mit knapp 55 000 Arten (in Mitteleuropa 1 200), gleichzeitig artenreichste Tierfamilie überhaupt. Körper meist sehr hart gepanzert, äußerst verschiedenartig gestaltet und gefärbt, 1–70 mm lang, oft fleckig behaart oder beschuppt, manchmal mit metallisch glänzenden oder schillernden Schuppen verziert wie etwa der südamerikan. **Diamantkäfer** (Entimus imperialis). Bei ›Kurzrüßlern‹ ist der Kopf kaum verlängert, der ›Rüssel‹-Teil manchmal breiter als lang; bei ›Langrüßlern‹ ist der Kopf stark verlängert, dünn, oft etwas gebogen, im Extremfall doppelt so lang wie der gesamte Körper. Das schaftartig verlängerte erste Fühlerglied kann in eine seitl. Kopffurche eingelegt werden; die Endglieder sind keulenartig verdickt. R. fliegen meist nicht gerne, viele Arten sind ganz flügellos; manche R. können gut springen wie die Springrüßler (Rhynchaenus). Die Käfer und die fußlosen Larven ernähren sich fast nur von pflanzl. Stoffen, oft sind sie auf eine bestimmte Pflanzenart spezialisiert; viele Larven minieren in pflanzl. Gewebe. Vorrats- und Kulturpflanzenschädlinge sind u. a. der → Kornkäfer, der → Reiskäfer und die → Dickmaulrüßler.

**Russell** [rʌsl], engl. Adelsfamilie, seit dem 15. Jh. in Dorset nachweisbar; seit 1550 Inhaber des Adelstitels → Bedford. – Bedeutende Vertreter:

1) **Bertrand Arthur William,** 3. Earl R., brit. Logiker, Philosoph und Schriftsteller, * Trelleck (Cty. Gwent) 18. 5. 1872, † Plas Penrhyn (Cty Penrhyndeudraeth, Cty. Gwynedd) 2. 2. 1970, Enkel von 2). R. studierte 1890–94 am Trinity College in Cambridge Mathematik und Philosophie (u. a. Bekanntschaft mit G. E. MOORE). Als Resultat eines Studienaufenthalts in Dtl. (1895) erschien ›German Social Democracy‹ (1896; dt. ›Die dt. Sozialdemokratie‹). 1910–16 war R. als Dozent am Trinity College tätig (u. a. Freundschaft mit G. H. HARDY, der auch später für R. Partei ergriff), eine Anstellung, die er aufgrund seines öffentl. Eintretens für den Pazifismus verlor (1918 Verbüßung einer sechsmonatigen Haftstrafe). Später folgten zahlreiche Gastprofessuren; R. lebte v. a. als Schriftsteller (u. a. schrieb er sehr erfolgreiche populärwissenschaftl. Bücher wie ›The ABC of atoms‹, 1923; dt. ›ABC der Atome‹, und ›The ABC of relativity‹, 1925; dt. ›Das ABC der Relativitätstheorie‹). 1927–32 betrieb er zus. mit seiner zweiten Frau eine antiautoritär orientierte Privatschule (Beacon-Hill-Schule), wobei er von einer grundsätzl. Lernfreude des Kindes ausging. 1944 wurde R. rehabilitiert und zum Fellow des Trinity College ernannt.

Die ersten Arbeiten R.s galten der Philosophie der Mathematik, insbesondere der Geometrie. In seiner 1897 veröffentlichten Dissertation ›An essay on the foundations of geometry‹ vertrat er in Anbetracht der gerade aufgekommenen nichteuklid. Geometrie in modifizierter Form Kantische Thesen, wobei er die Bedeutung der projektiven Geometrie hervorhob. Später entwickelte sich R. (nicht zuletzt unter dem Einfluß von G. PEANO) zu einem wichtigen Exponenten des → Logizismus, was ihn u. a. in eine Serie von Auseinandersetzungen mit H. POINCARÉ verwickelte. Der Ausführung des logist. Programmes sollten die 1910–13 erschienenen, zus. mit A. N. WHITEHEAD verfaßten ›Principia Mathematica‹ (3 Bde.) dienen, was aber auch nach Meinung der Verfasser u. a. in Anbetracht des Reduzibilitätsaxioms nicht vollständig gelang. Die ›Principia‹ versuchten darüber hinaus, die Antinomien – unter ihnen die von R. selbst 1902 entdeckte → Russellsche Antinomie – mit Hilfe einer Typentheorie zu vermeiden, ein Ansatz, der auch heute noch eine wichtige Rolle in der mathemat. Grundlagenforschung spielt. In seiner ›Introduction to mathematical philosophy‹ (1919; dt. ›Einf. in die mathemat. Philosophie‹) gab R. eine allgemeinverständl. Einführung in diesen Themenkreis.

Ein weiteres Verdienst des jungen R. war es, mit seinem Buch ›A critical exposition of the philosophy

**Bertrand Russell**

George William Russell

Henry N. Russell

of Leibniz‹ (1900) im angelsächs. Raum auf das weitgehend vergessene Werk von G. W. LEIBNIZ aufmerksam gemacht zu haben. R.s philosoph. Beiträge galten v. a. erkenntnistheoret. und sprachphilosoph. Fragen. Sein Aufsatz ›On denoting‹ (1905; dt. ›Über das Kennzeichnen‹) gilt noch heute als Meisterwerk der Sprachanalyse und als erste bedeutende Arbeit zur Philosophie der idealen Sprache, welche die Umgangssprache mit der Logik und Mathematik entlehnten, formalen Methoden untersucht. Erkenntnistheoretisch vertrat R. vorübergehend mit L. WITTGENSTEIN den →logischen Atomismus (›Philosophy of logical atomism‹, 1918–19 veröffentlicht in ›Monist‹, Jg. 28–29). Die Wandlungen seiner Auffassungen hat R. in ›My philosophical development‹ (1959; dt. ›Philosophie. Die Entwicklung meines Denkens‹) ausführlich dargestellt. In der 1945 erschienenen ›History of western philosophy‹ (dt. ›Philosophie des Abendlandes‹) brachte er seine originelle Sichtweise der Philosophiegeschichte und ihrer Beziehung zur Sozialgeschichte zum Ausdruck.

R. erregte durch sein Eintreten gegen jegl. Art von Unterdrückung, für Pazifismus (›Unarmed victory‹, 1953; dt. ›Sieg ohne Waffen‹), Frauenstimmrecht und freie Sexualmoral immer wieder Anstoß. Die Zukunft der Menschheit angesichts der atomaren Bedrohung, auf die er schon sehr früh aufmerksam machte, wurde immer stärker Gegenstand seiner Aktivität (u. a. ›Common sense and nuclear warfare‹, 1959; ›Prospects of industrial civilisation‹, 1923; ›Has man a future?‹, 1961). Zus. mit A. EINSTEIN initiierte er die Pugwash-Bewegung, 1963 gründete er das B.-R.-Friedensinstitut, und 1966 rief er mit J.-P. SARTRE das ›Vietnam-Tribunal‹ ins Leben (→Russell-Tribunal). R. erhielt viele Ehrungen, darunter 1950 den Nobelpreis für Literatur (für sein Buch ›Marriage and morals‹, 1929; dt. ›Ehe und Moral‹).

**Weitere Werke:** The principles of mathematics (1903); The problems of philosophy (1911; dt. Probleme der Philosophie); Roads to freedom. Socialism, anarchism and syndicalism (1918; dt. Wege zur Freiheit. Sozialismus, Anarchismus, Syndikalismus); On education, especially in early childhood (1926); Why I am not a christian (1927; dt. Warum ich kein Christ bin); The conquest of happiness (1930; dt. Eroberung des Glücks); Education and social order (1932); Autobiography, 3 Bde. (1967–69; dt. Autobiographie).
**Ausgaben:** Die Philosophie des log. Atomismus. Aufs. zur Logik u. Erkenntnistheorie, hg. v. J. SINNREICH (Neuausg. 1979); Philosoph. u. polit. Aufs., hg. v. U. STEINVORTH (Neuausg. 1980); Principia Mathematica (Neuausg. 1986).
G. H. HARDY: B. R. and Trinity (London 1970); The philosophy of B. R., hg. v. P. A. SCHILPP (Le Salle, Ill., ⁴1971); A. J. AYER: B. R. (a. d. Engl., 1973); R. CRAWSHAY-WILLIAMS: Begegnung mit B. R. (a. d. Engl., 1974); W. MARTIN: B. R. Eine Bibl. seiner Schr., 1895–1976 (1981); R. W. CLARK: B. R. Philosoph – Pazifist – Politiker (a. d. Engl., 1984); J. FRICK: Menschenbild u. Erziehungsziel, pädagog. Theorie u. Praxis bei B. R. (1990).

2) **John**, 1. Earl R. (seit 1861), brit. Politiker, * London 18. 8. 1792, † Pembroke Lodge (heute zu London) 28. 5. 1878, Großvater von 1); seit 1813 als Whig im Unterhaus, setzte sich seit 1819 für eine Parlamentsreform ein und befürwortete eine größere Toleranz gegenüber den Katholiken. R., maßgeblich am Zustandekommen der Reform Bill von 1832 beteiligt, war 1835–39 Innen-Min. und 1839–41 Kolonial-Min., 1846–52 Premier-Min., danach bis 1855 Führer des Unterhauses und Kabinettsmitglied. Als Außen-Min. (1852/53 und 1859–65) setzte er sich für die brit. Neutralität im amerikan. Sezessionskrieg ein und unterstützte 1864 vergeblich den dän. Anspruch auf Schleswig-Holstein. 1865/66 war er erneut Premier-Min., nach fehlgeschlagenen inneren Reformversuchen trat er zurück und überließ die Führung der Liberalen W. E. GLADSTONE.

J. PREST: Lord J. R. (London 1972).

**Russell** [rʌsl], 1) **George Allan**, amerikan. Jazzmusiker (Pianist, Komponist), * Cincinnati (Oh.) 23. 6. 1923; begann als Schlagzeuger und arrangierte seit Anfang der 1940er Jahre für die Orchester u. a. von A. SHAW, E. HINES und D. GILLESPIE. Verfaßte 1953 mit ›The lydian chromatic concept of tonal organization‹ die wichtigste theoret. Schrift des modernen Jazz.

2) **George William**, Pseudonym **AE, A. E.** oder **Æ** (für engl. aeon ›Ewigkeit‹), irischer Schriftsteller, * Lurgan (Distr. Armagh) 10. 4. 1867, † Bournemouth (England) 17. 7. 1935; neben W. B. YEATS einer der führenden Vertreter der nat. irischen Bewegungen in Literatur und bildender Kunst; war auch Maler. Er gehörte zu den Gründern des Abbey Theatre in Dublin, war ab 1910 Herausgeber der Zeitschrift ›The Irish Homestead‹, die sich für die irische Kultur einsetzte, sowie ab 1923 der für einen irischen Freistaat kämpfenden Zeitung ›Irish Statesman‹ (bis 1930). Er verfaßte visionär-mytholog. Lyrik und Versdramen sowie polit. Essays und war ein wichtiger Förderer der jungen irischen Literatur.

**Werke:** *Lyrik:* Homeward (1894); The house of Titans (1934); Collected poems (1935). – *Drama:* Deirdre (1903).
H. SUMMERFIELD: The myriad-minded man. A biography of G. W. R., ›A. E.‹ (Totowa, N. J., 1975).

3) **Henry Norris**, amerikan. Astronom, * Oyster Bay (N. Y.) 25. 10. 1877, † Princeton (N.J.) 19. 2. 1957; war 1912–47 Direktor der Sternwarte und Prof. in Princeton, seit 1921 auch wiss. Mitarbeiter am Mount-Wilson-Observatorium. Grundlegende Arbeiten über die Zustandsgrößen der Fixsterne und ihre Entwicklung (→Hertzsprung-Russell-Diagramm), daneben Arbeiten über die Bestimmung der Bahnen von Doppelsternen, zur chem. Zusammensetzung der Sonne sowie spektroskop. Untersuchungen, aus denen er (mit F. A. SAUNDERS) die →Russell-Saunders-Kopplung ableitete.

4) **Ken**, brit. Filmregisseur, * Southampton 3. 7. 1927; zu seinem Werk gehören Künstler- und Komponistenfilme, Tanz- und Musikfilme; er drehte Fernsehdokumentationen für die BBC, seit 1963 auch Kinofilme.

**Filme:** Das Milliarden-Dollar-Gehirn (1967); Liebende Frauen (1969); Die Teufel (1970); Tschaikowsky – Genie u. Wahnsinn (1970); Boyfriend (1971); Tommy (1974); Mahler (1974); Lisztomania (1975); Valentino (1976); Der Höllentrip (1980); China Blue bei Tag u. Nacht (1984); Gothic (1986); Salomes letzter Tanz (1987); Der Biß der Schlangenfrau (1988); Der Regenbogen (1989); Die Hure (1990).
G. D. PHILIPPS: K. R. (Boston, Mass., 1979).

5) **Morgan**, amerikan. Maler, * New York 25. 1. 1886, † Broomall (Pa.) 29. 5. 1953; Wegbereiter der abstrakten Malerei in den USA. R. entwickelte um 1912/13 mit STANTON MACDONALD-WRIGHT (* 1890, † 1973) in Paris die Theorie des Synchronismus.

**Rüssel|lili|e, Curculigo,** Gattung der Amaryllisgewächse mit rd. 20 Arten im trop. Asien, Afrika, Australien und Amerika; ausdauernde Pflanzen mit kurzem Rhizom, palmenähnl., meist lanzettl., manchmal bis mehrere Meter langen Blättern; Blüten in ährigen oder traubigen Blütenständen; Fruchtknoten in einen langen, fadenförmigen Schnabel verlängert.

**Russell-Saunders-Kopplung** [ˈrʌsl ˈsɔːndəz-; nach H. N. RUSSELL und dem amerikan. Physiker FREDERICK ALBERT SAUNDERS, * 1875, † 1963], **LS-Kopplung,** eine von zwei Grenzformen der Addition von Bahndrehimpulsen $l_i$ und Spins $s_i$ der Teilchen, die zu einem atomaren (z. B. Valenzelektronen eines Atoms) oder subatomaren System (z. B. Nukleonen eines Atomkerns) gehören, zum Gesamtdrehimpuls $J$ des Systems; die andere Grenzform ist die →jj-Kopplung. Bei der R.-S.-K. sind die Bahndrehimpulse der Einzelteilchen stark miteinander gekoppelt und addieren sich zum Gesamtbahndrehimpuls $L = \Sigma\, l_i$; das gleiche gilt für die Spins der Teilchen, die sich zum Gesamtspin $S = \Sigma\, s_i$ addieren. Der Gesamtdrehimpuls ist dann $J = L+S$. Außer $J$ sind hierbei auch $L$ und $S$ Erhaltungsgrößen, so daß die nach den Beziehungen $J^2 = J(J+1)\,\hbar^2$ und $J_z = M_J \hbar$ und den entsprechenden Beziehungen für $L$ und $S$ zu $J, L, S$ gehörenden Quantenzahlen $J, M_J, L, M_L, S, M_S$ gute →Quantenzahlen sind ($2\pi\hbar$ Plancksches Wirkungsquantum). Weil diese aber nicht alle unabhängig sind, genügen für die Beschreibung eines Zustands vier von ihnen, z. B. $LSM_L M_S$ oder $LSJM_J$. Da $L$ und $S$ im Ggs. zu $M_L$ und $M_S$ auch bei Vorliegen einer schwachen Wechselwirkung zw. $L$ und $S$ erhalten bleiben (→Spin-Bahn-Kopplung), wird die zweite Kombination i. a. vorgezogen; sie bildet – ggf. in Verbindung mit der Angabe der zugrundeliegenden Elektronenkonfiguration (→Atom) – die Grundlage für die spektroskop. Notation von Atomzuständen (Termsymbole, →Term).

Ein Zustand mit dem (Gesamt-)Bahndrehimpuls $L = 2$ und dem (Gesamt-)Spin $S = 1$ kann nach den quantenmechan. Regeln der Drehimpulsaddition die Werte 1, 2 oder 3 für den Gesamtdrehimpuls $J$ haben. Die Energien der entsprechenden Terme bzw. Zustände $^3D_1$, $^3D_2$ und $^3D_3$ weichen nur geringfügig voneinander ab, weil $L$ und $S$ nur schwach gekoppelt sind. Die drei Terme bilden zusammen ein Termtriplett, d. h. ein Multiplett mit der Multiplizität 3. Diese Art der Multiplettstruktur bei Mehrelektronenatomen ist das Analogon der Feinstruktur beim Wasserstoffatom.

Die R.-S.-K. ist bes. ausgeprägt bei den niedrigen Zuständen der leichteren Atome. Ihr Vorliegen ist daran zu erkennen, daß sich die Abstände zw. benachbarten Komponenten eines Feinstrukturmultipletts wie $J/(J-1)$ verhalten (Landésche Intervallregel).

**Russellsche Antinomie** [ˈrʌsl-], die von B. A. W. RUSSELL 1902 entdeckte Antinomie, die darin besteht, daß die Begriffsbildung einer Menge, die alle Mengen enthält, die sich selbst nicht als Element enthalten, widersprüchlich ist. Die R. A. zeigte, daß man die Mengenbildung – wie sie v. a. von G. FREGE vertreten wurde – gewissen Beschränkungen unterwerfen muß. Dies hat u. a. Anlaß zur Entwicklung der →Typentheorie und der axiomat. Mengenlehre gegeben. Unabhängig von RUSSELL hat auch E. ZERMELO diese Antinomie entdeckt (unveröffentlicht).

**Russell-Tribunal** [ˈrʌsl-], nach dem engl. Philosophen B. A. W. RUSSELL benannte Jury, die auf privater Basis (Veranstalter: Russell-Friedensinstitut) Menschenrechtsverletzungen ins öffentl. Bewußtsein heben wollte, dabei aber in der Auswahl der Juroren und Verhandlungsgegenstände international umstritten blieb. Das 1. R.-T. (1967; Stockholm und Roskilde) verhandelte über Kriegsverbrechen der US-Truppen in Vietnam, das 2. R.-T. (1973–76; Rom und Brüssel) über Menschenrechtsverletzungen in Lateinamerika (bes. in Chile), das 3. R.-T. (1978–79; Frankfurt am Main und Köln) u. a. über Berufsverbote in der Bundesrep. Dtl., das 4. R.-T. (1980; Rotterdam) über die Verfolgung der Indianer in Amerika.

B. RUSSELL: Plädoyer für einen Kriegsverbrecherprozeß (²1968); R.-T. pro u. contra. Dokumente zu einer gefährl. Kontroverse, hg. v. F. DUVE u. a. (1978); Der Völkermord geht weiter. Indianer vor dem Vierten R.-T., bearb. v. G. HENSEL (1982).

**Rüsselrobben, Cystophorinae,** Unterfamilie der →Hundsrobben, v. a. in kalten Meeren; gesellige, Fische und Kopffüßer jagende Wasserraubtiere, deren stets größeren Männchen bei Rivalenkämpfen an Land ein rüsselartiges (bei den See-Elefanten) oder ›kappenförmiges‹ Organ (bei den Klappmützen) stark aufblähen, um bei der ›Haremsbildung‹ andere Männchen einzuschüchtern. – Die Gattung **See-Ele-**fanten (**Elefantenrobben, Meerwölfe,** Mirounga) ist mit zwei Arten in südl. Meeren vertreten: Der **Nördliche See-Elefant** (Mirounga angustirostris) ist bis auf kleine Herden vor der nordamerikan. Pazifikküste ausgerottet. Der **Südliche See-Elefant** (Mirounga leonina) lebt in den subantarkt. Meeren. Die See-Elefanten sind die größten rezenten Robben (bis zu 6,5 m Körperlänge). – Die Vertreter der Art **Klappmütze** (Cystophora cristata) werden bis 3,8 m lang; sie leben im Nordatlantik und im nördl. Eismeer; die Männchen sind blau- bis dunkelgrau, meist dunkel gefleckt, Weibchen heller gefärbt. Der am Rücken bläulichgraue, an den Seiten weiße Pelz jüngerer Tiere wird als **Blueback** gehandelt; das umfangreiche Abschlachten der jungen Klappmützen zur Pelzgewinnung führte zu einem starken Rückgang der Bestände.

**Rüsselschwertel, Gras|schwertel, Binsenlilie, Sisyrinchium,** Gattung der Schwertliliengewächse mit etwa 100 Arten v. a. in Zentral- und Südamerika. Ausdauernde Kräuter mit irisähnl., meist grundständigen Blättern, Blüten ausgebreitet oder glockig, gelb oder violettblau.

**Rüsselsheim,** Stadt im Kr. Groß-Gerau, Hessen, 88 m ü. M., am linken Ufer des unteren Main, (1991) 59 600 Ew.; Fachbereiche (u. a. Maschinenbau und Elektrotechnik) der Fachhochschule Wiesbaden, Hessenkolleg; Museum (mit Schwerpunkt Industriegeschichte). Als Industriestandort im Rhein-Main-Gebiet wird R. durch die Adam Opel AG (in R. 1989: 30 100 Beschäftigte) geprägt; ferner Maschinenindustrie. – R. wurde erstmals 830 urkundlich erwähnt. 1437 wurde das Dorf zur Stadt erhoben, die Amtssitz der Obergrafschaft Katzenelnbogen wurde und 1479 an Hessen fiel. R. gehörte zu den vier hess. Landesfestungen, wurde nach dem Schmalkald. Krieg 1547 teilweise geschleift, dann wiederaufgebaut; nach Eroberung durch die Franzosen wurde die Festung 1689 endgültig zerstört. Im 19. Jh. vollzog sich der Wandel R.s von einer Agrar- zu einer Industriestadt. 1937 erhielt es, nachdem das Stadtrecht im Dreißigjährigen Krieg untergegangen war, erneut Stadtrecht.

**Rüsselspringer, Macroscelididae** [griech. macroscelides ›mit großem Schenkel‹], Familie der Säugetiere, die lange Zeit als den Insektenfressern zugehörig angesehen wurde, mittlerweile jedoch überwiegend in eine eigene Ordnung R. (Macroscelidea) gestellt wird. Der Name der in Afrika weit verbreiteten R. rührt von der rüsselartig verlängerten Schnauze und den kräftigen, verlängerten Hinterbeinen her, mit denen sie hüpfen und springen können. R. haben ein dichtes, weiches Fell und große Augen und Ohrmuscheln. Sie bewohnen trockene Steppen und Felsgebiete, aber auch dichten Busch. – Man unterscheidet vier Gattungen mit insgesamt zwölf Arten, u. a. die →Elefantenspitzmäuse und die bis 30 cm körperlangen **Rüsselhündchen** und **Riesenelefantenspitzmäuse** (Gattung Rhynchocyon), die aufgrund sehr ursprüngl. Merkmale in Körperbau und Verhalten als ›lebende Fossilien‹ angesehen werden.

**Rüsseltiere, Proboscidea,** Ordnung der Säugetiere mit drei rezenten Arten (→Elefanten). Charakterist. Merkmale der tapir- bis mammutgroßen R. sind die zu einem Rüssel verlängerte Nase und meist mächtige Stoßzähne in Oberkiefer und z. T. auch im Unterkiefer.

*Stammesgeschichte:* Die R. sind in Afrika entstanden. Der älteste Vertreter, das rüssellose *Moeritherium* aus dem Alttertiär, repräsentiert einen Seitenzweig der Entwicklung. Von der fossil nicht bekannten Stammform ging zu Beginn des Jungtertiärs das →Dinotherium aus, das Unterkieferstoßzähne und Rüssel aufwies; es breitete sich nach Europa und Asien aus und überlebte in Afrika bis ins älteste Pleistozän. Auch die ebenso im Alttertiär auf Afrika be-

Rüsselsheim
Stadtwappen

Rüsselspringer:
Rüsselhündchen
(Kopf-Rumpf-Länge
24–32 cm,
Schwanzlänge
19–26 cm)

schränkten, arten- und formenreichen →Mastodonten stießen dann bis nach Eurasien vor, erreichten später über die Beringstraße Nordamerika, im Pleistozän sogar Südamerika. Aus jungtertiären Vertretern (Gomphotherien) lassen sich die Hauptlinien der Elefanten ableiten sowie die ausgestorbenen →Mammute.

**Russen,** russ. **Russkije,** ostslaw. Volk, (1989) etwa 147 Mio. Menschen, v. a. in Rußland (120,1 Mio. R., 1979: 113,6 Mio. R.), wo sie mit 81,5% (1979: 82,6%) den höchsten Bev.-Anteil stellen, ferner in anderen Republiken der Gemeinschaft unabhängiger Staaten (GUS): Kasachstan mit 37,8% Bev.-Anteil (6,25 Mio. R.), Ukraine mit 22,1% (11,4 Mio. R.), Kirgisien mit 21,5%, Weißrußland mit 13,2%, Moldawien mit 13,0%, Turkmenien mit 9,4%, Usbekistan mit 8,3%, Tadschikistan mit 7,6%, Aserbaidschan mit 5,6%, Armenien mit 1,6%, außerdem in Georgien mit 6,3% und in den balt. Republiken: Lettland mit 34,0%, Estland mit 30,3%, Litauen mit 9,4%. In Westeuropa, Amerika u. a. leben etwa 2 Mio. Russen.

Seit dem 17. Jh. auch **Großrussen** genannt, im Unterschied zu den Kleinrussen (→Ukrainer) und →Weißrussen, sind die R. im 12.–14. Jh. aus der Verschmelzung kolonisierender ostslaw. Stämme (→Slawen) mit der finn. Bevölkerung entstanden.

Istoriko-ètnografičeskij atlas, hg. v. V. A. ALEKSANDROV u. a., 2 Tle. (Moskau 1967–70).

**Russenkaninchen, Himalayakaninchen** [hi-'maːlaja-, himaˈlaːja-], mittelgroße Rasse des Hauskaninchens; mit samtartig weichem Fell (und sehr dichtem Unterhaar); Fellfarbe weiß, mit mittelgroßer schwarzer Gesichtsmaske sowie schwarzen Ohren und Läufen (Akromelanismus).

**Rußfilter,** Filteranlagen für Dieselmotoren, die den im Abgas enthaltenen Ruß zurückhalten sollen; befinden sich gegenwärtig noch im Entwicklungsstadium. Als R. verwendet werden keram. Monolithen, durch deren Poren das Abgas tritt, oder sogenannte Filterkerzen, gelochte Rohre, die in mehreren Lagen mit hochtemperaturfesten Keramikgarnen umwickelt sind und vom Abgas durchströmt werden.

**Rußgrenze,** die →Rauchgrenze.

**Russinen, Rusinen,** →Ruthenen.

**Russische Föderation,** amtl. Name von →Rußland.

**russische Geschichte.** Zur *Vorgeschichte* des späteren ostslaw. Siedlungsraumes →Osteuropa, →Sibirien.

### Die Anfänge

Die altruss. Chronik (→Nestorchronik) läßt die Geschichte Rußlands mit der Herrschaftsübernahme waräg. Fürsten beginnen (→Rus). Über die Vorgeschichte der zahlreichen slaw. Stämme in der osteurop. Waldzone ist der Chronist nur sehr notdürftig informiert. Die Nachrichten antiker Autoren beziehen sich meist nur auf die Steppenbewohner (Skythen, Sarmaten, Goten, Hunnen, Awaren, Chasaren), mit denen die Griechen in den seit dem 6. Jh. v. Chr. an der Nordküste des Schwarzen Meeres gegründeten Kolonien in näheren Kontakt getreten waren. Detailliertere Informationen über die Dnjeprfürsten enthält erst das ›Russenkapitel‹ in dem Staatshandbuch ›De administrando imperio‹ des byzantin. Kaisers KONSTANTIN VII. PORPHYROGENNETOS aus der Mitte des 10. Jahrhunderts.

Die Ethnogenese der Ostslawen hat sich in einem polyethn. Milieu und einem von Migrationen und Bevölkerungsfluktuationen gekennzeichneten Raum abgespielt, der urspr. im nordöstl. Waldgebiet von finno-ugr., im südl. von balt. Stämmen besiedelt war. Die Slawen sind nach dem Befund archäolog. Grabungen wohl erst vom 6. Jh. n. Chr. an in das obere und mittlere Flußgebiet des Dnjepr und der Düna sowie in das Gebiet um den Ilmensee zugewandert. Eine kompaktere slaw. Landnahme im Zweistromgebiet zw. Oka und oberer Wolga, dem Zentrum des späteren Moskowit. Rußland, ist nicht vor dem Jahr 1000 anzusetzen.

Seit dem 8. Jh. gerieten die slaw. Stämme in den Einzugsbereich bewaffneter waräg. Fernkaufleute, die über die Düna und den Wolchow in das Stromgebiet von Wolga und Dnjepr gelangt waren und die Handelsverbindung von der Ostsee nach Konstantinopel und in den Vorderen Orient herstellten. Sie lösten – nach der ›Berufungssage‹ der russ. Chronik auf Einladung der slaw. und finn. Stämme – die Burgherrschaften einheim. Fürsten ab und errichteten entlang der Handelsstraßen seit dem 9. Jh. befestigte Stützpunkte. Die Ankunft RURIKS mit seinen Brüdern SINEUS und TRUWOR wird auf das Jahr 862 datiert. Im Jahre 882 soll der Nachfolger RURIKS, OLEG, mit seinem Zug nach Kiew die Vereinigung der beiden nördl. und südl. Herrschaftsbereiche der waräg. Fürsten hergestellt haben.

### Das Kiewer Reich

Das Kiewer Reich war anfangs nur ein loser Verbund einzelner Fürstenherrschaften, die sich um den Kiewer Fürstensitz gruppierten. Der Großfürst hatte als Primus inter pares bis in die 2. Hälfte des 11. Jh. mit Nowgorod als Nebenland eine herausgehobene Position. Er stützte sich auf eine bewaffnete Gefolgschaft (Druschina) meist skandinav. Herkunft und lebte von Kriegs- und Beutezügen, von den gewaltsam eingetriebenen Abgaben der slaw. Stämme und vom Verkauf der Landesprodukte (Honig, Wachs, Felle) auf den mediterranen Märkten (Konstantinopel, Wolgabulgaren, Kalifenreich). Verträge mit den byzantin. Kaisern, die unter den Kiewer Fürsten OLEG (bis 912) und IGOR (912–945) ausgehandelt worden waren (907 bzw. 911, 944), sicherten diesen gewinnbringenden Austausch. Die für ihren Sohn regierende Fürstin OLGA (945–969) schuf die Grundlage einer festeren Verwaltungsordnung, bemühte sich aber nach ihrer Taufe vergebens um eine Christianisierung des Landes. In der 2. Hälfte des 10. Jh. setzte sich das slaw. Element der Bevölkerungsmehrheit auch unter der herrschenden Schicht immer mehr durch. Der Sohn OLGAS, SWJATOSLAW (945/969–972), war der erste Kiewer Fürst mit slaw. Namen. Er unternahm ausgedehnte Kriegszüge nach O (Kaukasus, Krim) und auf den Balkan (Bulgarien). 965 zerschlug er das Chasarenreich und beseitigte damit ungewollt einen wirksamen Schutz vor den Steppenvölkern. 968 erschienen die Petschenegen erstmals vor Kiew und eröffneten einen jahrhundertelangen wechselvollen Kampf in Südrußland.

Über die regen Handelskontakte mit Byzanz fand das Christentum Eingang in Kiew, das WLADIMIR DER HEILIGE (978–1015) durch die Fürstentaufe von 988 und die anschließende Zwangsbekehrung der Bevölkerung zur offiziellen Staatsreligion erhob. Die Heirat WLADIMIRS mit ANNA, der Schwester des byzantin. Kaisers BASILEIOS II., war ein beachtl. Prestigegewinn für die herrschende Dynastie. Durch Vermittlung der bulgar. Kirche und griech. Kirchenmänner und Künstler verbreiteten sich am Kiewer Hof die christl. Kulturtradition nach byzantin. Vorbild und eine kirchlich geprägte Schriftlichkeit (→russische Literatur). JAROSLAW DER WEISE (1019–54) setzte dieses Werk fort mit repräsentativen Kirchen- und Klosterbauten (Sophienkathedralen in Kiew und Nowgorod), mit bildungsfördernden Maßnahmen, mit der Festigung der kirchl. Organisationsstruktur (russ. Metropolie im jurisdiktionellen Verband des Patriarchats von Konstantinopel) und mit der Kodifizierung der rechtl. Überlieferungen (›Russkaja prawda‹). Durch eine gezielte Heiratspolitik festigte er die Beziehungen zu führenden europ. Fürstenhäusern. Die von ihm erlassene Thronfolgeordnung nach dem Senioratsprinzip konnte Uneinigkeiten unter seinen Nachkommen (Onkel-Neffe-Konflikte) und den Zerfall der polit. Einheit jedoch nicht verhindern. Das Kiewer Reich löste sich in konkurrierende Teilfürstentümer auf, der Adel wurde seßhaft und wandelte sich zu einer grundbesitzenden Oberschicht. Nur vorübergehend konnte WLADIMIR II. MONOMACH (1113–25) noch einmal die Gesamtstaatsidee verwirklichen.

### Die Zeit der Teilfürstentümer (1169–1240)

Der Fürstentag zu Ljubetsch 1097 hatte erstmals die Souveränität der Fürsten in ihrem jeweiligen ›Vatererbe‹ (Wottschina) bestätigt. Im 12. Jh. bildeten sich eigenständige Machtzentren in den Randzonen heraus: im NW das durch die überseeischen Verbindungen begünstigte Nowgorod, im W Polozk, im SW Galitsch-Wladimir und im NO zw. Oka und oberer Wolga Wladimir-Susdal, das unter dem ›Städtegründer‹ JURIJ DOLGORUKIJ († 1157) seinen Aufstieg nahm. 1169 brannte dessen Sohn ANDREJ BOGOLJUBSKIJ (1157–74) Kiew nieder und verlegte die großfürstl. Residenz in das entfernte Bogoljubowo, das er nach dem Vorbild stauf. Pfalzen ausbauen ließ. In den einzelnen Teilen entwickelten sich unterschiedliche polit. Strukturen: Im Kiewer Reich waren die wesentlichen polit. Entscheidungen im Zusammenwirken des Fürsten mit den Bojaren (aristokrat. Element) und den kirchl. Würdenträgern sowie der Volksvertretung (Wetsche) in den Städten (demokrat. Element) getroffen worden, nunmehr überwog im Fürstentum Galitsch das aristokrat., im Fürstentum Wladimir-Susdal das monarch. und in Nowgorod das demokrat. Element, das aber immer mehr durch das oligarch. Stadtregiment der reichen Grundbesitzer und Kaufleute überlagert wurde. Die kleineren Fürstentümer standen i. d. R. unter dem Einfluß der militärisch mächtigsten Fürsten von Wladimir-Susdal. Ein Teil der westl. Fürstentümer orientierte sich im Laufe des 13. und 14. Jh. nach Litauen um. Die einheitl. Kirchenverfassung des Reiches blieb unter dem bis 1299 in Kiew residierenden Metropoliten erhalten.

### Die Mongolenherrschaft (1238/40–1480)

Das politisch zerstückelte Kiewer Reich war dem Ansturm der aus dem O vordringenden Mongolen/Tataren nicht mehr gewachsen. Nach der Niederlage der Polowzer und Russen an der Kalka (1223) unterwarf BATU KHAN, ein Enkel DSCHINGIS KHANS, ab 1237 die russ. Fürstentümer (nur Nowgorod blieb verschont, mußte aber Tributzahlungen leisten) und errichtete die Herrschaft der →Goldenen Horde mit dem Zentrum in Saraj an der unteren Wolga. Die tatar. Herren zogen ihre Truppen zurück und begnügten sich mit der Heerfolge der russ. Fürsten und der Eintreibung von Abgaben und Steuern. Sie ließen die bestehende polit. Ordnung und die privilegierte Stellung der orth. Kirche weitgehend unverändert, behielten sich aber die jeweilige Bestätigung der Herrschaftsrechte durch sogenannte Jarlyki (Gnadenbriefe) vor. Unbotmäßigkeiten und Widerstand wurden durch Strafexpeditionen gnadenlos geahndet (1252 Großfürst ANDREJ JAROSLAWITSCH, 1258/59 DANIIL von Galizien-Wolhynien, 1327 Twer). Durch seine geschickte Anpassungspolitik profitierte der Taktiker ALEXANDER NEWSKIJ († 1263) von der Uneinigkeit der russ. Fürsten. Als Fürst von Nowgorod hatte er die städt. Aufgebote erfolgreich gegen die Schweden (1240 an der Newa) und gegen den Dt. Orden (1242 auf dem Eis des Peipussees) geführt; 1252 verlieh ihm der Khan anstelle seines Bruders ANDREJ die Großfürstenwürde in Wladimir-Susdal. Aus den erbitterten Kämpfen unter seinen Nachkommen um die Vorherrschaft im nordöstl. Rußland ging schließlich das kleine Fürstentum Moskau als Sieger hervor. Es war 1261 an den jüngsten Sohn ALEXANDERS, DANIIL ALEKSANDROWITSCH (→Daniel, Herrscher, Moskau), den Begründer der Moskauer Linie der Rurikiden (Danilowitschi), gefallen. Mit Hilfe der Tataren konnte es sich des mächtigsten Konkurrenten in Twer entledigen und durch eine erfolgreiche Arrondierungspolitik eine Machtbasis schaffen. Die Option der Kirche für das aufstrebende Fürstentum bedeutete einen zusätzl. Prestigegewinn. 1299 hatte der Metropolit sich von Kiew in das nordöstl. Rußland zurückgezogen, 1325 ließ er sich endgültig in Moskau nieder. IWAN I. KALITA (1328–41) gelang die dauerhafte Sicherung der Großfürstenwürde, sein Enkel

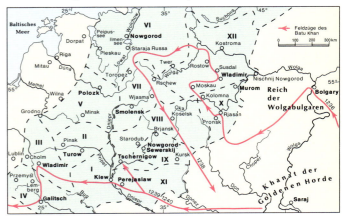

**russische Geschichte:** Fürstentümer; I Kiew, II Turow-Pinsk, III Wolhynien, IV Galitsch, V Polozk, VI Nowgorod, VII Smolensk, VIII Tschernigow, IX Nowgorod-Sewerskij, X Murom-Rjasan, XI Perejaslaw, XII Wladimir-Susdal

DMITRIJ DONSKOJ (1359–89) konnte 1380 erstmals die Tataren in offener Feldschlacht auf dem ›Schnepfenfeld‹ am Don (→Kulikowo pole) schlagen. Der sich abzeichnende Machtverfall der Goldenen Horde begünstigte die Einigungsbestrebungen der Moskauer Fürsten (›Sammlung der russ. Lande‹), doch erwuchs ihnen im litauischen Großfürstentum (seit 1386 in Personalunion mit Polen vereinigt) ein gefährl. Konkurrent, der noch im 14. Jh. einen Großteil der westruss. Gebiete (unter Einschluß Kiews, 1362) an sich zog. Westrußland hat in der Folgezeit unter polnischkath. Einfluß eine enger an W-Europa angelehnte Entwicklung genommen. Durch die Einwirkung von Renaissance und Humanismus, von dt. Stadtrecht und westl. Bildungstraditionen ist die ethnisch-kulturelle Teilung der Ostslawen in Ukrainer, Weißrussen und Großrussen vorbereitet worden. Seit der Durchsetzung der fakt. Autokephalie 1448 (Wahl des Metropoliten durch eine russ. Bischofssynode ohne vorheriges Einverständnis des Patriarchen) und der Trennung von der Kiewer Metropolie 1458 (seither ›Metropolit von Moskau und ganz Rußland‹) ging auch die Moskauer Kirche eigene Wege, die 1589 zur Errichtung eines Patriarchats führen sollten.

### Das Moskauer Reich (1480–1703)

Nach Überwindung der dynast. Krise von 1425 bis 1453, die mit äußerster Grausamkeit unter den Söhnen und Enkeln DMITRIJ DONSKOJS ausgetragen wurde, brachte der wohl bedeutendste Herrscher auf dem Moskauer Thron, IWAN III., D. GR. (1462–1505),

**Russ** russische Geschichte

das Moskauer Einigungswerk mit der Einverleibung von Jaroslawl (1463), Rostow (1474), Nowgorod (1478) und Twer (1485) weitgehend zum Abschluß. An der litauischen Front übernahm Moskau erfolgreich die Initiative, und das sogenannte Stehen an der Ugra 1480 beendete die 240jährige tatar. Fremdherrschaft. Das neue Selbstverständnis zeigte sich u. a. in der Kontaktaufnahme mit Westeuropa (bes. dem Kaiserhof in Wien) und im prunkvollen Ausbau des Kreml durch italien. Renaissancearchitekten. Moskau öffnete sich im 16. Jh. dem westl. technischen Fortschritt und übernahm westl. diplomatische Gepflogenheiten. Durch die Heirat (1472) IWANS III. mit ZOË POLEOLOG, der Nichte und mutmaßlich lebenden Verwandten des letzten Kaisers von Byzanz, KONSTANTIN XI., durch die Übernahme von Teilen des byzantin. Krönungszeremoniells und des byzantin. Doppeladlers entwickelte Rußland insbesondere unter IWAN IV., DEM SCHRECKLICHEN (1533 bzw. 1547–1584), eine den orth. Traditionen verpflichtete imperiale Reichsidee, die erstmals von dem Pleskauer Mönch FILOFEJ formuliert worden war (Theorie von Moskau als dem → Dritten Rom) und in der vom Metropoliten MAKARIJ inszenierten Zarenkrönung von 1547 sowie einer aktiven antiislam. Außenpolitik (Eroberung der Khanate von Kasan, 1552, und Astrachan, 1556) ihren Ausdruck fand. Die Entdeckung des nördl. Seeweges durch R. CHANCELLOR (1553) eröffnete einen ersten ungehinderten Zugang von Westen, und der von den Stroganows organisierte Zug der Kosaken unter JERMAK TIMOFEJEWITSCH nach W-Sibirien (1582 Sieg über den Khan von Sibirien) leitete eine gewaltige Expansionsbewegung ein, die bis an den Pazifik (und schließlich auf den nordamerikan. Kontinent) und an die Grenzen Chinas (1689 Vertrag von Nertschinsk) vorgetragen wurde. IWAN IV. hat jedoch die Erfolge seiner Reformpolitik (Einrichtung von Zentralämtern, sogenannte Prikase, Rechtskodifikation, Schaffung eines gefügigen Dienstadels, Heeresreform) durch die Schreckensherrschaft der → Opritschnina und die militär. Niederlage im → Livländischen Krieg (1558–82/83) zunichte gemacht. Er hinterließ ein ruiniertes Land. Die Regentschaft für seinen regierungsunfähigen Sohn FJODOR I. IWANOWITSCH übernahm dessen tatkräftiger Schwager BORIS GODUNOW, der sich nach FJODORS Tod (1598) zum Zaren krönen ließ, die desolate wirtschaftl. Lage aber nicht entscheidend verbessern konnte. Nach seinem Tod (1605) kam es zu einer wirtschaftl., dann auch zu einer sozialen und polit. Krise, in der sich die Herrscher in rascher Folge ablösten (›Zeit der Wirren‹, → Smuta). Die Eroberungen im W gingen wieder verloren; 1610 besetzen die Polen Moskau, das erst 1612 durch eine in Nischnij Nowgorod aufgestellte Landwehr unter K. MININ und Fürst D. M. POSCHARSKIJ befreit werden konnte. Erst mit der Wahl MICHAELS, des Begründers der Dynastie der → Romanows, durch eine Reichsversammlung (1613) und die Rückkehr seines Vaters FILARET aus poln. Gefangenschaft (1619) trat eine Wende ein. Als Patriarch der russ. Kirche und fakt. Leiter der Politik (bis 1633) stellte FILARET die Autokratie wieder her. Seine Nachfolger mußten sich gegen den wachsenden Unwillen der unteren Bevölkerungsschichten (Bauern, Dienst- und Stadtleute, Kosaken und Fremdstämmige in den Randprovinzen) behaupten, die die Lasten der wirtschafts- und sozialpolit. Maßnahmen zu tragen hatten (Moskauer Aufstand von 1648, Nowgoroder Aufstand von 1650, Kupfergeldaufstand von 1662, Bauernaufstände u. a. unter S. RASIN 1670, Strelitzenaufstände 1682 und 1698). FILARETS Enkel ALEKSEJ MICHAJLOWITSCH (1645–76) sah sich im Gesetzbuch von 1649 (›Uloschenije‹) zu Zugeständnissen an den Dienstadel und die Städter und zur Beschneidung von Vorrechten der Bojaren und der orth. Kirche gezwungen, brachte aber gleichzeitig die Leibeigenschaft mit der endgültigen Fixierung der Bauern an die Scholle zu einem rechtl. Abschluß. Die kirchl. Reformen des Patriarchen NIKON führten seit den 50er Jahren des 17. Jh. zu einem verhängnisvollen Schisma und zur Trennung der Altgläubigen (→ Raskolniki) von der Staatskirche, die sich als Hüterin der mittelalterlichen russ. Lebensformen immer mehr gegen westeurop. Gedankengut und gegen jegl. Modernisierung in Technik und Organisation abschirmte.

In der Außenpolitik hielten die Romanows an dem Ziel der Vereinigung aller russ. Länder fest. Im Krieg gegen Polen-Litauen (1654–67), der sich aus dem großen Kosakenaufstand des B. CHMELNIZKIJ von 1648 entwickelt hatte, wurde die Ukraine links des Dnjepr mit Kiew gewonnen (Vertrag von Perejaslaw mit den Kosaken 1654) und im ›ewigen Frieden‹ von Moskau (1686) behauptet. Er besiegelte den Beitritt Moskaus zur antitürk. Allianz (›Heilige Liga‹) zw. dem Hl. Röm. Reich, Polen und Venedig und schuf die Voraussetzung für eine aktive Europa- und Balkanpolitik Rußlands im 18. und 19. Jahrhundert.

### Die Petersburger Periode (1703-1917)

Eine starke Verdichtung des europ. Interessengeflechts brachte der von PETER I., D. GR., entfesselte Große → Nordische Krieg (1700–21), der Schweden endgültig als Vormacht in der Ostsee ablöste und Rußland den Weg nach Europa ebnete. PETER eroberte 1710 Riga und Reval und gewann durch Verträge mit den Ständevertretungen (bestätigt im Frieden von Nystad 1721) einen bedeutenden Teil der Ostseeküste (Livland, Estland, Ingermanland, Karel. Landenge mit Wyborg und die Inseln Ösel, Moen und Dagö). Mit der Gründung der neuen Haupt- und Residenzstadt Petersburg (1703) wurde das Reichszentrum in den äußersten NW verlagert. Aus dem W bezog der Zar, der 1721 den Kaisertitel (Imperator) annahm (vom Kaiserhof in Wien erst 1742 anerkannt), Anregungen und techn. Hilfe für sein aufwendiges Reformprogramm, das tiefgreifende Veränderungen in der staatl. Verwaltung und im gesellschaftl. Leben bewirkte. An die Stelle der Prikase trat 1718–22 ein zentralisiertes Verwaltungssystem unter den in Fachressorts aufgeteilten Kollegien. Der 1711 mit beschränkten Aufgaben geschaffene Senat wurde nach und nach zum obersten Aufsichts- und Koordinierungsorgan. Spezielle Aufsichtsbeamte (Fiskale, seit 1711) sollten Verwaltung und Justiz beaufsichtigen und Amtsmißbrauch ahnden. Das ›Geistl. Reglement‹ (1722) ersetzte den Patriarchen durch den Hl. Synod, eine staatlich kontrollierte Kollegialbehörde unter Leitung des Oberprokurors. Die Rangtabelle (Tschin, 1722) mit ihren 14 Klassen der Dienstgrade (Ämter) stellte den gesamten Staatsdienst auf das Verdienstprinzip um und sollte mit der Gewährung des persönl. Adels in den unteren Rängen und des erbl. Adels in den oberen Rängen (zunächst ab 8. Klasse, später reduziert auf 5., seit 1856 auf 4. Klasse im Zivildienst) den alten Geburtsadel durch eine professionelle Adelsbürokratie ergänzen. Andere Maßnahmen – Einerbfolge (1714), Selbstverwaltungseinrichtungen nach dem Vorbild der Ostseeprovinzen, Schulpolitik – blieben weit hinter den Erwartungen zurück. Die Einführung der Kopfsteuer (1724, anstelle der bisherigen Höfesteuer) förderte eine weitere Nivellierung des Bauernstandes, der wachsende Steuerdruck verstärkte die Abhängigkeit von den Herren. Im Ergebnis vertiefte sich seit PETER D. GR. der Dualismus der russ. Sozialstruktur: Neben der lasttragenden und dienenden Schicht, die kaum mehr Rechtsschutz genoß und in wiederholten Aufständen (u. a. unter K. A. BULAWIN, 1707–08, und J. J. PUGA-

**Russ** russische Geschichte

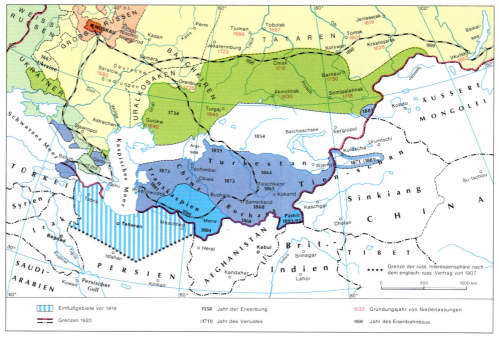

**russische Geschichte:** Entwicklung seit dem 14. Jh. (bis 1917/20)

TSCHOW, 1773–75) vergeblich rebellierte, stand der privilegierte Adel, der 1762 unter PETER III. vom Dienstzwang befreit wurde und sich in Sitte, Sprache und Denkweise immer mehr vom einfachen Volk entfernte.

Die von PETER D. GR. eingeleitete Modernisierung Rußlands blieb vom Zuzug ausländ. Fachkräfte abhängig. Der 1725 in Petersburg eröffneten Akademie der Wissenschaften gehörten im 18. Jh. vornehmlich ausländ. Gelehrte an (unter 111 waren 68 dt. Muttersprache, nur 26 Russen), ein Drittel der hohen Beamtenschaft bis 1917 hatte westeurop. Namen. Unter den Nachfolgern PETERS D. GR. wurde die Integration Rußlands in das entstehende System der europ. →Pentarchie zum Abschluß gebracht. Unter der Kaiserin ANNA (1730–40) nahm Rußland am →Polnischen Thronfolgekrieg teil, unter ELISABETH (1741–62) am →Siebenjährigen Krieg, in dessen Verlauf Ostpreußen (1757–62) und Berlin (1760) von russ. Truppen besetzt wurden. Der überraschende Friedensschluß PETERS III. mit Preußen (1762) rettete FRIEDRICH D. GR. aus einer tödl. Umklammerung. Die europ. Hegemonialstellung der östl. Kaisermacht, die ihr im Frieden von Teschen (1779) ein Mitspracherecht in den dt. Angelegenheiten garantierte, wurde endgültig unter KATHARINA II. (1762–96) begründet. Sie erreichte in den →Türkenkriegen Rußlands 1768–74 und 1787–92 einen breiten Zugang zur Nordküste des Schwarzen Meeres, annektierte 1783 die Krim und erwarb durch die →Polnischen Teilungen (1772, 1793, 1795) die ostpoln. Gebiete mit mehrheitlich ostslawischer, griech.-orth. Bevölkerung sowie Litauen und Kurland (1795). Weniger Erfolg hatte die Monarchin, die sich in ihrem Regierungsprogramm an fortschrittlichen aufklärer. Ideen orientierte (Große Instruktion/Nakas von 1767 für die Arbeit der Gesetzgebungskommission, Gründung der Freien Ökonom. Gesellschaft, 1765), mit ihrer Reformpolitik. Die Leibeigenschaft wurde nicht besei-

tigt. Es blieb bei administrativen Verbesserungen (Gouvernementsreform 1775, Stadtreform von 1785 mit Ansätzen einer städt. Selbstverwaltung) und fortschrittl. bildungspolitischen Maßnahmen (Schuleinrichtungskommission, 1782) in Anlehnung an das österr. Vorbild der Normalschule. Zur Sicherung der Herrschaft – insbesondere nach dem Pugatschow-Aufstand (1773–75) – sah sie sich zu weiteren Zugeständnissen an den Adel (Gnadenurkunde von 1785) und zu Eingriffen in die innere Autonomie der Randgebiete (Beseitigung der Kosakenfreiheit, 1775, Ausdehnung der Leibeigenschaft auf die ostukrain. Gebiete und Einschränkung der Selbstverwaltung in den Ostseeprovinzen, 1783) genötigt. PAUL I. (1796–1801) setzte die Expansionspolitik seiner Mutter fort (1801 Annexion Georgiens) und beteiligte sich zunächst am Koalitionskrieg gegen NAPOLEON I. (Alpenüberquerung A. W. SUWOROWS, 1799; russ.-türk. Kondominium über die →Ionischen Inseln, 1799–1807), im Innern versuchte er vergeblich gegen den Adel eine bauernfreundlichere Politik durchzusetzen. Sein durch eine Palastrevolution an die Macht gelangter Sohn ALEXANDER I. (1801–25) sicherte Rußland nach dem Scheitern der Koalitionskriege 1805 zunächst im Bündnis mit NAPOLEON (Friede von Tilsit, 1807), dann als dessen erbitterter Gegner (→Russischer Feldzug von 1812) eine beherrschende Stellung auf dem Kontinent ›Befreier Europas‹). Er gewann 1809 das Großfürstentum Finnland, 1812 Bessarabien, 1813 Dagestan/Aserbaidschan und 1815 auf dem Wiener Kongreß das ›Königreich Polen‹ (Kongreßpolen). Im Innern förderte ALEXANDER I. in der ersten Regierungshälfte eine an liberalen, rechtsstaat. Grundsätzen orientierte Reformpolitik, die u. a. eine Neuorganisation der Staatsverwaltung (Einrichtung von Fachministerien 1802) und des Bildungssystems (1804–05) einleitete; seit dem Wiener Kongreß (1815) wurde er als Initiator der →Heiligen Allianz mit Fürst METTERNICH zum Wahrer der monarch. Ordnung in Europa

# russische Geschichte  Russ

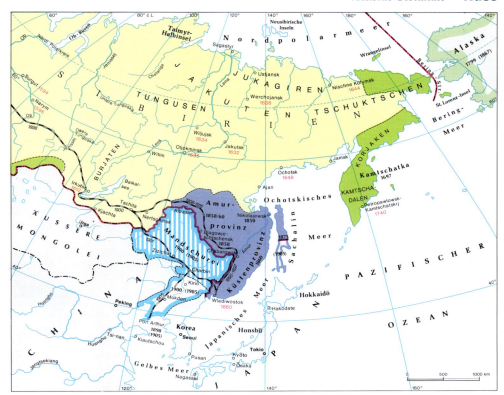

russische Geschichte: Entwicklung seit dem 14. Jh. (bis 1917/20)

und unterstützte seit 1820 die antiliberale und antirevolutionäre Interventionspolitik. Unter NIKOLAUS I. (1825–55) wurde Rußland nach der Niederschlagung des Aufstandes der →Dekabristen (1825) und der Erhebung in Polen (1830) zum ›Gendarm Europas‹ und im Verbund mit Österreich und Preußen zur konservativen Vormacht. Im griech. Freiheitskampf (1821–29) hatte der Kaiser zwar aus humanitären Gründen gemeinsam mit den Westmächten den bedrängten Glaubensbrüdern die Truppenhilfe gegen das Osman. Reich nicht versagt, doch ließ er 1849 auf österr. Ersuchen den ungar. Aufstand niederwerfen. Seine Staatsideologie gründete er auf die Prinzipien von Autokratie, Orthodoxie und Volkstum (›Uwarowsche Trinität‹). Mit der Kodifizierung der Reichsgesetze schuf M. M. SPERANSKIJ 1830 die Voraussetzungen für eine rechtsstaatl. Ordnung. Trotz polizei- und beamtenstaatl. Überwachung brachte die Regierungszeit NIKOLAUS' I. eine starke, wenn auch z.T. nichtöffentl. Entfaltung des geistigen Lebens (Auseinandersetzung zw. Slawophilen und Westlern) und eine erste Blüte der Literatur (A. S. PUSCHKIN, M. J. LERMONTOW, N. W. GOGOL). Kennzeichnend blieb seitdem aber für die Intelligenzschicht eine wachsende Entfremdung vom Staat und eine an der Freiheitsforderung orientierte systemkrit. Oppositionshaltung. Die militär. Niederlage im →Krimkrieg (1853/54–56) gegen die Westmächte, die im Frieden von Paris (1856) u. a. die Entmilitarisierung der Schwarzmeerküste (›Pontusklauseln‹) erzwangen, beendete die russ. Hegemonialstellung. ALEXANDER II. (1855–81) leitete in der ›Neuen Ära‹ eine folgenreiche Reformpolitik ein. Auf die endlich vollzogene Bauernbefreiung (Aufhebung der Leibeigenschaft der gutsherrl. Bauern, 1861) folgten 1863 eine begrenzte Universitätsautonomie (1884 wieder durch strenge Staatsaufsicht ersetzt), die Einrichtung gewählter ländl. Selbstverwaltungseinheiten (Semstwo, 1864), die Modernisierung des Justizwesens (1864), die Lockerung der Zensur (1865), die Reform der städt. Selbstverwaltung auf der Grundlage des Dreiklassenwahlrechts (1870) und eine Heeresreform mit der Einführung der allgemeinen Wehrpflicht (1870). In der Außenpolitik setzte Rußland die Expansion nach Osten fort (1860 Gründung von Wladiwostok). China mußte in den Verträgen von Aigun (1858) und Peking (1860) Amur und Ussuri als Grenze anerkennen, 1875 wurde Süd-Sachalin von Japan gegen die Kurilen eingetauscht. In Innerasien rückte Rußland bis an die Grenze Persiens und Afghanistans vor (1864 Turkestan, 1865 Taschkent, 1868 Samarkand, 1873 Chiwa, 1876 Kokand), während die Vorposten auf dem nordamerikan. Kontinent (Russisch-Amerika) wieder geräumt wurden (Verkauf von Alaska und der Aleuten an die USA, 1867). Im Kaukasus mußte in jahrzehntelangen Kämpfen der Widerstand der Bergvölker bis 1859 niedergerungen werden. Der zweite poln. Aufstand (1863) hatte eine Welle des russ. Nationalismus ausgelöst. Dank der günstigen Konstellation des Dt.-Frz. Krieges von 1870/71 konnten die diskriminierenden Pontusklauseln 1871 aufgehoben werden. Eine panslawist. Stimmung drängte die Reg. in der Orientkrise der 70er Jahre zu einer aktiven Balkanpolitik und zum Russ.-Türk. Krieg 1877–78, dessen im Vorfrieden von San Stefano erzieltes günstiges Ergebnis unter dem Druck Großbritanniens und Österreich-Ungarns auf dem Berliner Kongreß 1878 modifiziert werden mußte.

**Russ**   russische Geschichte

Eine dauerhafte Versöhnung mit den fortschrittlichen gesellschaftl. Kräften gelang dem Zarismus nicht. Unter dem Eindruck der negativen sozialen Folgen der eingeleiteten Reformmaßnahmen ging die aufklärerisch-idealist. Bewegung der →Narodniki seit 1878 in den revolutionären Terrorismus der →Narodnaja Wolja über, dem ALEXANDER II. 1881 zum Opfer fiel. ALEXANDER III. (1881–94) kehrte zur staatl. Repressionspolitik zurück, die sich immer mehr mit einer sprachl. und institutionellen Russifizierung der Randgebiete (Polen, Ostseeprovinzen, Finnland) verband. In der Außenpolitik hielt Rußland trotz fortdauernder Spannungen mit Österreich-Ungarn und zeitweilig auch mit dem Dt. Reich (→Krieg-in-Sicht-Krise, 1875) an der Dreikaiserpolitik fest. 1890 führte die Ablehnung Dtl.s, den →Rückversicherungsvertrag zu erneuern, zu der von Außen-Min. N. K. GIERS geschlossenen russ.-frz. Allianz (1891 Konsultativabkommen, 1893 →Zweiverband) als Gegengewicht zum →Dreibund. Mit dem Bau (1891–1902) der Transsibir. Eisenbahn (Transsib) begann die wirtschaftl. Erschließung Sibiriens bis zum Fernen Osten. Die russ. imperialistisch-kapitalist. Wirtschaftsexpansion in der Mandschurei und in Korea führte zu wachsenden Spannungen mit Japan (→Russisch-Japanischer Krieg 1904–05) und mit Großbritannien. Sie konnten erst durch die Abgrenzung der brit.-russ. Interessensphären in Innerasien (Persien, Afghanistan, Tibet) im Vertrag von Petersburg (1907) und in den russ.-japan. Vereinbarungen über Korea, die Mandschurei und die Mongolei (1907/10) beigelegt werden. Auf dem Balkan erlitt Rußland in der bosn. Annexionskrise (1908–09) eine diplomat. Niederlage und verlor seinen Einfluß in Bulgarien, das sich enger an den Rivalen Österreich-Ungarn anschloß. Der Prestigeverlust war auch durch die Bemühungen um eine Balkankonföderation, die in den Balkankriegen 1912–13 scheiterte, nicht mehr auszugleichen. Nach der Ermordung des österr. Thronfolgerpaares in Sarajevo (28. 6. 1914) kam es durch die frühzeitige Generalmobilmachung Rußlands (31. 7. 1914) zur dt. Kriegserklärung (1. 8.), wodurch sich der zunächst begrenzte Konflikt zw. Serbien und Österreich-Ungarn ausweitete. Der Erste Weltkrieg führte zum Untergang des zarist. Herrschaftssystems in der Februar- bzw. der Oktoberrevolution des Jahres 1917.

Der Zarismus scheiterte an den ungelösten inneren Konflikten. Seit etwa 1890 wurde Rußland infolge des Eisenbahnbaus, der Schutzzollpolitik des Finanz-Min. S. J. WITTE und steigender Auslandsanleihen von einer beschleunigten Industrialisierung erfaßt, ohne allerdings seinen agrar. Charakter zu verlieren (bis 1917 noch etwa 80% Agrarbevölkerung). Die negativen sozialen Begleiterscheinungen ließen sich auch durch Arbeiterschutzgesetze (seit 1882) und durch die Einrichtung einer Fabrikinspektion nicht verhindern. Die Industriearbeiterschaft, die sich nur allmählich aus den vielfachen Bindungen an das Dorf lösen konnte, konzentrierte sich vornehmlich in den Großbetrieben in der hauptstädt. Großbetrieben und in der Südukraine; sie stieg bis 1913 auf 3,1 Mio. (seit 1890 mehr als verdoppelt) an. Trotz enormer Zuwachsraten in der Industrieproduktion (bes. Metall- und Textilindustrie) erwirtschaftete die Landwirtschaft noch 1913 51,4% des Volkseinkommens (Industrie 28%); der Hauptposten des russ. Exports kam weiterhin aus der Landwirtschaft (vor 1914 Getreide 44%, Vieh und Holz 22%, Industrieprodukte knapp 10%), möglich nur durch den Konsumverzicht der breiten Massen. Da Industrialisierung und Kapitalbildung auf die Steigerung der landwirtschaftl. Überschußproduktion angewiesen waren, blieb die Überwindung der permanenten Agrarkrise das ökonomische Hauptproblem. Die von MinPräs. P. A. STOLYPIN 1906 begonnene grundlegende Agrarreform betrieb die Auflösung der Bauerngemeinde (Mir); sie strebte die Konsolidierung des bäuerl. Privateigentums und eine Stärkung lebensfähiger Mittelbetriebe an, blieb aber wegen der Ermordung des MinPräs. (1911) und des Ausbruchs des Ersten Weltkrieges stecken. Obwohl nur etwa ein Fünftel der Bauern (28% der Höfe, 14% der Ländereien) zur neuen Besitzform übergegangen war, befand sich 1917 immerhin über die Hälfte der Bauernhöfe in Privatbesitz. Ein wachsender Landhunger sorgte für sozialen Zündstoff auf den Dörfern und trieb ein hungerndes Landproletariat in die Industriezentren und Städte. Die städt. Bevölkerung stieg zw. 1867 und 1916 um das Vierfache von 6,7 Mio. auf 25,8 Mio., d. i., bezogen auf die Gesamtbevölkerung, ein Anstieg von 10% auf 21%) und verdoppelte sich allein zw. 1897 und 1916.

Seit den 1890er Jahren war in Rußland in revolutionären Zirkeln (LENIN, L. MARTOW) sowie in Exilgruppen (G. W. PLECHANOW) der Marxismus rezipiert und der Aufbau illegaler Parteiorganisationen betrieben worden. 1897 entstand die erste überregionale sozialdemokrat. Organisation der ›Allgemeine jüd. Arbeiterbund in Litauen, Polen und Rußland‹, 1898 wurde in Minsk die →Sozialdemokratische Arbeiterpartei Rußlands gegründet (→Bolschewiki, →Menschewiki). Aus den im Spätstadium in der Regel terrorist. Narodniki-Gruppen gingen 1902 die →Sozialrevolutionäre hervor. Die Agitation der revolutionären Gruppierungen im Untergrund hat – zus. mit der Unzufriedenheit der Arbeiterschaft, dem Landhunger der Bauern, den Verfassungsforderungen der Intelligenz und der liberalen Semstwo-Bewegung sowie dem sich in den Randprovinzen organisierenden Widerstand der Nationalitäten gegen den Russifizierungsdruck – nach der Niederlage im Russ.-Japan. Krieg (1904–05) und dem Versagen der Regierung gegenüber der Massendemonstration in Petersburg (›blutiger Sonntag‹, 22. 1. 1905) schließlich zur Revolution geführt. In Petersburg konstituierte sich erstmals im Okt. aus den Streikkomitees ein Rat (›Sowjet‹) der Arbeiterdeputierten. Der von allen gesellschaftl. Gruppen getragene Generalstreik zwang den Kaiser zu Zugeständnissen. Das Oktobermanifest (30. 10. 1905), das die bürgerl. Grundrechte (Versammlungs-, Presse-, Rede- und Koalitionsfreiheit) gewährte und eine Volksvertretung mit Gesetzgebungskompetenz (→Duma 3) in Aussicht stellte, erfüllte wesentl. Forderungen der liberalen Opposition (Kadetten, Oktobristen). Die insbesondere von den Bolschewiki weitergeführten Unruhen (u. a. Aufstand in Moskau, Dez. 1905) und spontane Bauernerhebungen wurden niedergeschlagen. Vor dem Zusammentritt der ersten Duma konnte NIKOLAUS II. mit der Neuausgabe der ›Reichsgrundgesetze‹ (6. 5. 1906) eine Verfassungsform oktroyieren, die als Gegengewicht zur Reichsduma einen →Reichsrat 5) mit z. T. ernannten Mitgl. und praktisch den gleichen Befugnissen schuf. Alle von der Duma erlassenen Gesetze bedurften der Genehmigung durch Kaiser und Reichsrat. Mit der Änderung des Wahlrechts durch den sogenannten Staatsstreich vom 3. 6. 1907 zugunsten der besitzenden Klassen (die erste und zweite Duma waren wegen ihrer oppositionellen Haltung vorzeitig aufgelöst worden) besorgte sich NIKOLAUS II. loyale konservative Mehrheiten. Die Zeit dieses ›Scheinkonstitutionalismus‹ (M. WEBER) hat trotz aller obrigkeitl. Beschränkungen der parlamentar. Rechte immerhin die Entfaltung polit. Öffentlichkeit in Rußland gefördert und organisator. Voraussetzungen für die Ablösung des Zarismus geschaffen.

Den Belastungen des Ersten Weltkrieges war Rußland wirtschaftlich und technisch auf Dauer nicht ge-

russische Geschichte **Russ**

wachsen. 1915 zwangen schwere militär. Niederlagen die russ. Armee zum Rückzug: Polen, Litauen und Kurland mußten geräumt werden. Die wirtschaftl. Katastrophe führte schließlich zum Zusammenbruch der Monarchie. Massendemonstrationen in Petrograd, die sich seit 8. 3. 1917 zu einem allgemeinen Arbeiter- und Soldatenaufstand ausweiteten (→ Februarrevolution 2), erzwangen am 15. 3. 1917 die Abdankung NIKOLAUS' II. Die Regierungsverantwortung übernahm bis zum Zusammentritt einer Verfassunggebenden Versammlung eine vom Provisor. Dumakomitee proklamierte Provisor. Regierung unter Fürst G. J. LWOW. Die Handlungsfähigkeit dieser bürgerl. Regierung war von Anfang an eingeschränkt durch den Kontrollanspruch des Petrograder Rates (Sowjets) der Arbeiter- und Soldatendeputierten (›Doppelherrschaft‹). Mit seiner in den ›Aprilthesen‹ erhobenen Forderung ›Alle Macht den Räten!‹ bereitete LENIN die alleinige Machtübernahme durch die Bolschewiki im Oktober 1917 (→ Oktoberrevolution) vor.

Am 10. 7. 1918 nahm der ›Dritte Allruss. Rätekongreß‹ die Verf. der → Russischen Sozialistischen Föderativen Sowjetrepublik, der RSFSR, an. Politisch alleinbestimmende Kraft war die Kommunist. Partei Rußlands (Bolschewiki), die unter Führung LENINS die Reg. übernahm. Mit dem Zusammenschluß der RSFSR mit der Ukrain., Weißruss. und Transkaukas. Sozialist. Sowjetrepublik (30. 12. 1922) entstand die Union der Sozialist. Sowjetrepubliken (UdSSR; Sowjetunion), in der das russ. Element ein bestimmender Faktor blieb. Die Geschichte Rußlands vollzog sich seitdem bis 1990/91 im Rahmen der Geschichte der → Sowjetunion.

Als einziger Gliedstaat der Sowjetunion verzichtete die RSFSR auf eine eigene Parteiorganisation innerhalb der 1925 zur Kommunist. Partei der Sowjetunion (KPdSU) umbenannten KPR. Unter sozialistischkommunist. Vorzeichen nahm die Sowjetunion Tendenzen der vorrevolutionären russ. Politik auf: Trotz der betont föderalen Struktur der Verf. von 1936 knüpfte sie – nunmehr im Rahmen einer Parteidiktatur – an den zentralist. Strukturen des früheren Kaiserreiches an. Im Zuge der Reformpolitik M. S. GORBATSCHOWS (seit 1985) brachen in der Sowjetunion in enger Verflechtung mit dem Zusammenbruch des Wirtschafts- und Sozialsystems (v. a. 1990/91) Nationalitätenkonflikte auf, die zum Zerfall der Sowjetunion und zur Bildung der ›Gemeinschaft Unabhängiger Staaten‹ (GUS) am 21. 12. 1991 führten. In diesem Rahmen trat Rußland unter dem Namen ›Russ. Föderation‹ in den Kreis der europ. Nationen wieder ein. Mit einem radikalen Reformkonzept bemüht sich Präs. B. JELZIN in Rußland um einen Übergang von der Plan- zur Marktwirtschaft.

**Nachschlagewerke:** Sovetskaja istoričeskaja ènciklopedija, hg. v. E. M. ŽUKOV, 16 Bde. (Moskau 1961–76); A source book for Russian history from early times to 1917, hg. v. G. VERNADSKY u. a., 3 Bde. (New Haven, Conn., 1972); A. F. CHEW: An atlas of Russian history: 11 centuries of changing borders (Neuausg. ebd. 1975); The modern encyclopedia of Russian and Soviet history, hg. v. J. L. WIECZYNSKI, auf zahlreiche Bde. ber. (New York 1976ff., bisher 46 Bde. u. 5 Suppl.-Bde.); E. HÖSCH u. H.-J. GRABMÜLLER: Daten der r. G. Von den Anfängen bis 1917 (1981); Lex. der Gesch. Rußlands. Von den Anfängen bis zur Oktober-Revolution, hg. v. H.-J. TORKE (1985).

**Zeitschriften:** Revue des études slaves (Paris 1921ff.); The Slavonic and East European review (London 1928/29ff., früher u. a. Titeln); Jahrbücher für Gesch. Osteuropas (1936–41, N. F. 1953ff.); The Russian review (Stanford, Calif. 1941ff.); Istorija SSSR (Moskau 1957ff.); Cahiers du monde russe et soviétique (Paris 1959ff.); Slavic review (Washington, D.C. 1961ff., früher u. a. Titeln); Russia mediaevalis (München 1973ff.).

**Gesamtdarstellungen:** N. M. KARAMSIN: Gesch. des Russ. Reiches, 11 Bde. (a. d. Russ., 1820–33); K. STÄHLIN: Gesch. Rußlands von den Anfängen bis zur Gegenwart, 5 Tle. (1923–39, Nachdr. Graz 1974); G. VERNADSKY u. M. KARPOVICH: A history of Russia, 5 Bde. (New Haven, Conn., 1943–69); S. M. SOLOV'EV: Istorija Rossii s drevnejšich vremen, 15 Bde. (Neuausg. Moskau 1960–66); Istorija SSSR, Serie 1: S drevnejšich vremen do velikoj oktjabr'skoj socialističeskoj revoljucii, hg. v. B. N. PONOMAREV, 6 Bde. (Moskau 1966–68); D. S. MIRSKIJ: Rußland. Von der Vorgesch. bis zur Oktoberrevolution (a. d. Engl., Neuausg. 1975); Hb. der Gesch. Rußlands, hg. v. M. HELLMANN u. a., auf mehrere Bde. ber. (1981ff.); N. V. RIASANOVSKY: A history of Russia (New York ⁴1984); G. STÖKL: R. G. Von den Anfängen bis zur Gegenwart (⁵1990).

**Die Anfänge:** Enzyklopäd. Hb. zur Ur- u. Frühgesch. Europas, hg. v. J. FILIP, 2 Bde. (1966–69); I. I. LJAPUŠKIN: Slavjane Vostočnoj Evropy nakanune obrazovanija Drevnerusskogo gosudarstva (Leningrad 1968); Z. VÁŇA: Einf. in die Frühgesch. der Slawen (1970); V. A. BULKIN u. a.: Archeologičeskie pamjatniki Drevnej Rusi IX–XI vekov (Leningrad 1978); Wikinger u. Slawen. Zur Frühgesch. der Ostseevölker, Beitr. v. J. HERRMANN u. a. (Neuausg. 1982); Welt der Slawen. Gesch., Gesellschaft, Kultur, hg. v. dems. (1986); C. GOEHRKE: Frühzeit des Ostslawentums (1992).

**Das Kiewer Reich:** H. PASZKIEWICZ: The making of the Russian nation (a. d. Poln., London 1963); Drevnerusskoe gosudarstvo i ego meždunarodnoe značenie, hg. v. V. T. PAŠUTO (Moskau 1965); I. J. FROJANOV: Kievskaja Rus' (Leningrad 1980); E. DONNERT: Das Kiewer Rußland. Kultur u. Geistesleben vom 9. bis zum beginnenden 13. Jh. (Leipzig 1983).

**Die Zeit der Teilfürstentümer:** J. L. FENNELL: The emergence of Moscow, 1304–1359 (Berkeley, Calif., 1968); K. ONASCH: Großnowgorod u. das Reich der hl. Sophia (Leipzig 1969); B. A. RYBAKOV: Kievskaja Rus' i russkie knjažestva XII–XIII vv. (Moskau 1982); V. A. KUČKIN: Formirovanie territorii Severno-Vostočnoj Rusi v X–XIV vv. (ebd. 1984).

**Die Mongolenherrschaft:** B. SPULER: Die Goldene Horde. Die Mongolen in Rußland 1223–1502 (²1965); G. A. FEDOROW-DAWYDOW: Die Goldene Horde u. ihre Vorgänger (a. d. Russ., Leipzig 1972); J. L. FENNELL: The crisis of medieval Russia, 1200–1304 (London 1983); C. J. HALPERIN: Russia and the Golden Horde (Bloomington, Ind., 1985).

**Das Moskauer Reich:** E. DONNERT: Rußland an der Schwelle der Neuzeit. Der Moskauer Staat im 16. Jh. (Berlin-Ost 1972); A. A. ZIMIN: Rossija na poroge novogo vremeni (Moskau 1972); H.-J. TORKE: Die staatsbedingte Gesellschaft im Moskauer Reich (Leiden 1974); P. DUKES: The making of Russian absolutism, 1613–1801 (London 1982); H. PASZKIEWICZ: The rise of Moscow's power (a. d. Poln., New York, 1983); R. O. CRUMMEY: The formation of Muscovy, 1304–1613 (London 1987).

**Die Petersburger Periode:** W. MEDIGER: Moskaus Weg nach Europa. Der Aufstieg Rußlands zum europ. Machtstaat im Zeitalter Friedrichs d. Gr. (1952); H. SETON-WATSON: Der Verfall des Zarenreiches 1855–1914 (a. d. Engl., 1954); ders.: The Russian empire 1801–1917 (Oxford 1967, Nachdr. ebd. 1988); R. WITTRAM: Peter I. Czar u. Kaiser, 2 Bde. (1964); Rußlands Aufbruch im 20. Jh. Politik, Gesellschaft, Kultur 1894–1917, hg. v. G. KATKOV u. a. (Olten 1970); G. A. HOSKING: The Russian constitutional experiment. Government and Duma, 1907–1914 (Cambridge 1973); D. GEYER: Der russ. Imperialismus. Studien über den Zusammenhang von innerer u. auswärtiger Politik 1860–1914 (1977); L. KOCHAN u. R. ABRAHAM: The making of modern Russia (New York ²1983); H. ROGGER: Russia in the age of modernisation and revolution, 1881–1917 (London 1983); E. DONNERT: Rußland im Zeitalter der Aufklärung (Neuausg. Wien 1984); M. RAEFF: Understanding imperial Russia. State and society in the old regime (a. d. Frz., New York 1984); J. N. WESTWOOD: Endurance and endeavour: Russian history, 1812–1986 (Oxford ³1987); P. HOFFMANN: Rußland im Zeitalter des Absolutismus (Vaduz 1988); M. MCCAULEY u. P. WALDRON: The emergence of the modern Russian state, 1855–81 (Basingstoke 1988); A. J. AVRECH: Carizm nakanune sverženija (Moskau 1989).

**Darstellungen einzelner Sachbereiche:** G. VON RAUCH: Rußland. Staatl. Einheit u. nat. Vielfalt (1953); A. VUCINICH: Science in Russian culture, 2 Bde. (Stanford, Calif., 1965–70); H. NEUBAUER: Car u. Selbstherrscher. Beitr. zur Gesch. der Autokratie in Rußland (1964); J. H. BILLINGTON: The icon and the axe. An interpretive history of Russian culture (New York 1966); G. P. FEDOTOV: The Russian religious mind, 2 Bde. (Cambridge, Mass., ²1966); S. V. UTECHIN: Gesch. der polit. Ideen in Rußland (a. d. Engl., 1966); F. VENTURI: Roots of revolution. A history of the populist und socialist movements in 19th-century Russia (a. d. Italien., Neuausg. New York 1966); J. BLUM: Lord and peasant in Russia. From the 9th to the 19th

**Russ** russische Kunst

century (Princeton, N.J., ²1972); Wirtschaft u. Gesellschaft im vorrevolutionären Rußland, hg. v. D. GEYER (1975); E. HÖSCH: Die Kultur der Ostslaven (1977); R. P. BARTLETT: Human capital. The settlement of foreigners in Russia 1762–1804 (Cambridge 1979); D. H. KAISER: The growth of the law in medieval Russia (Princeton, N. J., 1980); Russian officialdom. The bureaucratization of Russian society from the 17th to the 20th century, hg. v. W. M. PINTNER (London 1980); A. KAPPELER: Rußlands erste Nationalitäten. Das Zarenreich u. die Völker der mittleren Wolga vom 16. bis 19. Jh. (1981); W. L. BLACKWELL: The industrialization of Russia. An historical perspective (Arlington Heights, Ill., ²1982); V. E. BONNELL: Roots of rebellion. Workers' politics and organizations in St. Petersburg and Moscow 1900–1904 (Berkeley, Calif., 1983); M. HILDERMEIER: Bürgertum u. Stadt in Rußland 1760–1870 (1986); K. HELLER: Russ. Wirtschafts- u. Sozialgesch., auf 2 Bde. ber. (1987 ff.).

**russische Kunst.** Die Annahme des Christentums in byzantin. Form (988) hat die Entwicklung der altruss. Kunst entscheidend bestimmt. Gleichwohl entfalteten sich schon früh nat. Besonderheiten, verbunden mit Einflüssen aus dem übrigen Europa. Die neuruss. Kunst setzt ein mit der entschiedenen Hinwendung Rußlands zu Europa unter PETER D. GR. Die sowjet. Kunst beginnt nach der Oktoberrevolution von 1917 und reicht bis in die Zeit der Perestroika.

### Altrussische Kunst

*Baukunst:* Die Christianisierung des Kiewer Reiches bewirkte den Anschluß an die byzantin. Kultur und einen Aufschwung des Städtebaus. Die Hauptstadt Kiew wurde prächtig ausgebaut, neue Städte wurden gegründet. Von den hölzernen Monumentalbauten ist nichts erhalten. In Kiew ausgegrabene Paläste zeigen im Innern geräumige Gewölbe und reiche Ausstattung (Marmor- und Schiefergesimse, Mosaiken, Fresken). Der aus Byzanz übernommene Typ der Kreuzkuppelkirche wurde am reichsten ausgebildet in der fünfschiffigen Sophienkathedrale in Kiew (1037 bis um 1100); die Hauptkuppel ist in pyramidenförmiger Anordnung von vier größeren und acht kleineren Nebenkuppeln umgeben. Mehr zum Längsbau tendierten einige dreischiffige Kirchen mit je sechs Säulenpaaren: die nur in den Fundamenten erhaltene Desjatinnajakirche (Zehntkirche) in Kiew (989–996), die Kathedrale in Tschernigow (1036 vollendet), die Uspenskijkathedrale im Kiewer Höhlenkloster (1073–89; 1941 zerstört). Wie die Kiewer Sophienkathedrale haben auch die übrigen Kirchen Emporen, die sich zum zentralen Kuppelraum hin in dreiteiligen Bögen öffnen. Im N des Kiewer Reiches wurden Monumentalbauten fast ausschließlich aus Naturstein errichtet. Die dreischiffige und fünfkuppelige Sophienkathedrale in Nowgorod (1045–50) vereinfacht das Vorbild der Kiewer Sophienkathedrale zu geschlossenerer Wirkung.

Die großen Nowgoroder Bauten des 12. Jh. hängen grundrißmäßig v. a. mit der Kiewer Uspenskijkathedrale zusammen: die Kirche Nikolo-Dworischtschenskij im Jaroslawhof (1113), die Kirchen des Jurjewklosters (1119, von Meister PJOTR) und des Antoniusklosters (1117). Der Westbau beider Klosterkirchen ist mit Kuppeln und Treppenturm versehen; die Außengliederung der Baukörper erscheint der roman. Baukunst verwandt.

Von der Mitte des 12. bis zur Mitte des 13. Jh. entwickelte das Fürstentum Wladimir-Susdal eine auf reiche Schmuckwirkung abzielende, bes. lombard. Einflüssen offenere Baukunst. Die meist aus Gußmauerwerk im Kreuzkuppeltypus errichteten Kirchen zeichnen sich durch harmon. Proportionen und plast. Gliederung an Portalen und Außenwänden aus: Palastkirche (1158–65, nicht erhalten) und Pokrowkirche an der Nerl (1165) in Bogoljubowo, Uspenskijkathedrale (1158–61 und 1185–89) und Demetriuskirche in Wladimir (1194–97), Georgskathedrale in Jurjew-Polskij (1230–34). In N-Rußland zeigte sich plast. Formung des Baukörpers (mit drei ausgegliederten Vorhallen) bes. bei der Erzengel-Michael-Kirche in Smolensk (1191–94) und der ihr verwandten Kirche Paraskewa-Pjatniza in Nowgorod (1207 gegr.). In der 2. Hälfte des 14. Jh. entwickelte Nowgorod einen eigenständigen Kirchenbau: Der kub. Baukörper wird oben durch zwei sich kreuzende Satteldächer abgedeckt; die Außenwände schließen oben mit Kleeblattbögen und sind mit kerbschnittartigen Ornamenten und Symbolen bedeckt: Kirche Fjodor Stratilat (1360–61), Erlöserkirche an der Iljastraße (1374). Die Kirchen der Stadtrepublik Pleskau wurden vorwiegend im Vierpfeilerschema mit nur einer Kuppel errichtet, so z. B. die Uspenskijkathedrale in Swenigord (1399) und die Dreifaltigkeitskirche der Troize-Sergijewa Lawra in Sergijew Possad (1422–23). Bei den frühen Kirchen des Moskauer Reichs wurde eine Dynamisierung des Baukörpers angestrebt. Die Pfeiler wurden ersetzt durch eine Stützkonstruktion aus stufenartig aufsteigenden Gurtbögen, die von den Außenwänden zur Mittelkuppel überleiten (Erlöserkathedrale des Andronikowklosters in Moskau, 1420–27). Der Innenraum wird von der Ikonostase beherrscht.

In der 2. Hälfte des 15. Jh. ließ IWAN III. den Moskauer Kreml von russ. und italien. Architekten ausbauen. Im Kirchenbau mußten sich die Italiener der russ. Tradition unterwerfen. Die Uspenskijkathedrale (1475–79) von A. FIERAVANTI und die Erzengel-Michael-Kathedrale (1505–08) von A. F. NOWYJ verkörpern noch den klass. Typ der Kreuzkuppelkirche. In der Palast- und Wehrarchitektur konnten die italien. Architekten Renaissanceformen stärker zur Geltung bringen (Facettenpalast von M. RUFFO und P. A. SOLARI, 1487–91). Der gewaltige Wehrbau des Kreml in Moskau (1485–95) beeinflußte nicht nur die übrigen Kremlanlagen Rußlands, sondern auch die Wehrarchitektur der Klöster. In ähnl. Form und Backsteintechnik entstanden die Kremlanlagen von Nowgorod (1484–90), Nischnij Nowgorod (1500–11), Tula (1514–21), Kolomna (1525–31) und Smolensk (1595–1602), die wehrhaften Umfassungsmauern der Troize-Sergijewa Lawra (1540–50), des Nowodewitschij-, des Donskoj- und des Simonowklosters in Moskau (alle um 1600) sowie des Jefimijklosters in

russische Kunst: LINKS Dreifaltigkeitskirche (1422–23) in der Troize-Sergijewa Lawra in Sergijew Possad; links im Bild die Nikon-Nebenkirche (1548); RECHTS Seitentürme der Basiliuskathedrale in Moskau; um 1555–60

Susdal (um 1670–80). Die dominierende Senkrechte dieser Anlagen ist der Glockenturm.

Mit der Himmelfahrtskathedrale in Kolomenskoje (1532) wurde ein offenbar im Holzbau vorbereiteter Bautyp in die Monumentalarchitektur übernommen. Der hier auftretende Typ der ›Zeltdachkirche‹ blieb bis zum Ende der altruss. Baukunst in versch. Variationen lebendig. Ebenfalls von der Holzbauweise beeinflußt ist die Basiliuskathedrale in Moskau (1555–60), eine Kombination von neun turmartigen Kirchen versch. Größe, die durch eine gemeinsame Galerie zusammengefaßt sind. Der Holzbau erreichte im 17. Jh. mit dem Zarenpalast in Kolomenskoje (1667–81) einen letzten Höhepunkt.

Die Spätphase der altruss. Kunst im 17. Jh. ist durch einen Drang zur Höhenentwicklung, zu starker Farbigkeit, reicher, oft asymmetr. Gliederung und zur Dekoration gekennzeichnet. Die Türme des Moskauer Kreml wurden durch zeltdachförmige Aufbauten erhöht, andere Türme oft mit durchbrochenen, kranzartigen Aufbauten geschmückt. Über den Klostertoren entstanden hochragende Torkirchen (Nowodewitschijkloster in Moskau, Troize-Sergijewa Lawra in Sergijew Possad u. a.). Führend waren die Handelsstädte an der mittleren Wolga, bes. Jaroslawl. Die kub. Kernbauten mit meist fünf Kuppeln sind von angebauten Galerien, Zeltdachtürmen u. a. umgeben (Eliaskirche, 1647–50). Gegen Ende des 17. Jh. entstanden in Moskau turmartige Zentralbauten, deren unterer Teil vierpaßartig ausbuchtet und von weitläufigen Galerien und Freitreppen umgeben ist (Pokrowkirche in Fili, 1690–93).

Zu den mehrstöckigen Palastanlagen gehört der Terempalast im Moskauer Kreml (1635/36 vollendet), dessen Räume mit flachen Kreuzgewölben gedeckt sind; der oberen Terrasse ist ein einstöckiger Baukörper (›Teremok‹) aufgesetzt. Eine Sondergruppe sind die palastartigen Refektorien (Trapesa) der großen Klöster: Simonowkloster (1677–85) und Nowodewitschijkloster (1685–87) in Moskau, Troize-Sergijewa Lawra (1686–92) in Sergijew Possad.

*Plastik.* Bis zum 17. Jh. dominierte das Relief. Einige Reliefplatten aus Kiew (11. Jh.) stehen der byzantin. Kunst nahe. Die Bauplastik der Kirchen von Wladimir-Susdal (12.–13. Jh.) hängt mit abendländ., besonders lombard. Kunst zusammen. Bei den teppichartigen Reliefzyklen der Demetriuskirche in Wladimir (um 1200) und einiger anderer Kirchen sind Einflüsse roman. Kunst wie solche aus dem Kaukasus gebiet verarbeitet. Höhepunkte der Reliefkunst in Moskau bilden im 15. Jh. die Werke W. D. Jermolins. Im 16. Jh. folgt der Stil der Reliefs dem Ikonenstil: erzählende Zyklen am Betstuhl (›Monomachos-Thron‹) Iwans IV. (1551; Moskau, Uspenskijkathedrale).

*Malerei:* Die ersten großen Mosaiken und Fresken hielten sich an byzantin. Vorbilder (Sophienkathedrale in Kiew, 1046 bis um 1067). Die Monumentalfresken der Sophienkathedrale in Nowgorod (um 1109) stehen in der Kiewer Tradition. Westlich-roman. Einflüsse wirkten auf die Fresken der Kirche der Geburt Mariä im Antoniuskloster in Nowgorod (1125). Die Buchmalerei erreichte im Evangelistar des Nowgoroder Kaufmanns und Stadtältesten Ostromir (›Ostromir-Evangelium‹, 1056–57; Petersburg, Saltykow-Schtschedrin-Bibliothek) ein hohes Niveau. Bedeutendstes Zentrum der Buchmalerei neben Nowgorod war Kiew. Im 14. Jh. wurden die Skriptorien in Moskau führend. Die russ. Ikonen des 12. und 13. Jh. zeigen einen einheitl., von Byzanz geprägten Stil und sind meist nicht eindeutig bestimmten Zentren (Kiew, Wladimir-Susdal, Jaroslawl, Nowgorod) zuzuordnen. Im späteren 14. Jh. erhielt die Malerei Nowgorods neue Impulse durch Theophanes den Griechen. In der Nowgoroder Ikonenmalerei des 15. Jh. führte eine realist. Strömung zur Darstellung geschichtl. Ereignisse und bildnishafter Köpfe. Daneben zeigt sich eine Vorliebe für Tierdarstellungen. Ein starkes Naturgefühl kennzeichnet schon im 14. Jh. die Ikonen von Pleskau. Die Moskauer Malerei wurde zu Beginn des 15. Jh. beherrscht durch den expressiven Stil Theophanes' des Griechen und die verinnerlichte Andachtskunst von A. Rubljow. Beide waren beteiligt an der Ikonostase der Verkündigungskathedrale im Moskauer Kreml (1405). Führender Meister um 1500 wurde Dionissij. Im 16. Jh. wurde die Thematik der Ikonen reicher und komplizierter.

russische Kunst: Heimsuchung Mariä; Ausschnitt aus einem Fresko in der Sophienkathedrale in Nowgorod; um 1109

Seit der Mitte des 17. Jh. vollzogen sich in der Wandmalerei bedeutende Wandlungen des Bildprogramms und der Darstellung. Hauptthema wurden jetzt die Geschehnisse des N. T. (Passion, Gleichnisse, Apostelgeschichte und Apokalypse). Im O der Kirche erscheint oft über der Ikonostase das Bild der Kreuzigung. Die wichtigsten Zyklen sind in Moskau (Dreifaltigkeitskirche in Nikitniki, um 1650–53), Rostow Welikij (in drei Kirchen des Kreml, um 1675–90) und in Jaroslawl: Eliaskirche (um 1681), Kirche des Nikolaj Mokryj (1681), Kirche Johannes' des Täufers (1694–95). Formal der altruss. Bildsprache verhaftet, strebten diese Malereien nach wirklichkeitsnaher Darstellung.

Die Ikonenmalerei erlebte um 1600 eine Nachblüte in den goldschmiedehaft kostbaren Erzeugnissen der ›Stroganow-Schule‹. Im 17. Jh. traten neben Architektur- und Ereignisbildern die ersten Bildnisse auf. Hauptmeister der 2. Jahrhunderthälfte ist der Hofmaler S. F. Uschakow.

### Neurussische Kunst

*Architektur, Städtebau:* Mit der Gründung Petersburgs (1703) drangen völlig neue Prinzipien des Städtebaus und der Architektur nach Rußland. Die neue Hauptstadt wurde in großen Dimensionen geplant und von der ersten Generation hauptsächlich von westeurop. Architekten gebaut. Der nüchtern-strenge Stil der Gründungsperiode wurde v. a. von D. Trezzini geprägt, der mit der als Hallenkirche mit hohem Westturm gebauten Peter-und-Pauls-Kathedrale (1712–32) einen für Rußland ungewohnten Kirchenbau errichtete und zugleich Typenentwürfe für die Reihenbebauung lieferte. Daneben waren bes. Giovanni Maria Fontana, G. Schädel und Alexandre Leblond (* 1679, † 1719) als Planer und Baumeister tätig. Um die Mitte des 18. Jh. stieg B. F. RASTRELLI zum führenden Baumeister auf. In seinen ausgedehnten Palastbauten (Winterpalais in Petersburg, 1754–63; Großes Katharinenpalais in Zarskoje Selo, heute Puschkin, 1752–57) entwickelte er auf italien. Grundlage eine russ. Sonderform des Spätbarocks mit rhythmisch-plast. Gliederung der Außenfronten und großer Prachtentfaltung im Inneren. In seinen Kirchenbauten versuchte er, den spätbarocken Turm-Kuppelbau dem altruss. Kultbau anzunähern (Smolnyjkathedrale in Petersburg, 1748–64; Andreaskathedrale in Kiew, 1747–52). Bedeutende Architekten waren auch S. I. TSCHEWAKINSKIJ (Nikolskijkathedrale in Petersburg, 1753–62) und DMITRIJ W. UCHTOMSKIJ (* 1719, † 1774).

Unter KATHARINA II. wurde die Formensprache der Architektur in Petersburg gemäßigter und leitete zum frühen Klassizismus über: Akademie der Künste (1764–88) und Kleine Eremitage (1764–67) von J.-B. VALLIN DE LA MOTHE, Marmorpalais (1768–85) von A. RINALDI, Schloß Pawlowsk (1782–86) von CHARLES CAMERON (* um 1730/40, † 1812?). Die reinste Verkörperung fand der frühe Klassizismus in Bauten von G. QUARENGHI (Akademie der Wissenschaften, 1783–89; Alexanderpalais in Zarskoje Selo, 1792 bis 1796). In Moskau wirkte neben W. I. BASCHENOW M. F. KASAKOW (Senatsgebäude im Kreml, 1776–87; Univ., 1786–93). Wichtige Schöpfungen des frühen Klassizismus sind auch einige Landsitze in der Umgebung Moskaus, bes. Archangelskoje (um 1780–98) und Ostankino (1792–98). In den Bauten I. J. STAROWS (Kathedrale des Alexander-Newskij-Klosters, 1776–90) kündete sich in Petersburg schon die Wende zur monumentalen Haltung des reifen Klassizismus an. Höhepunkte dieses Stils bilden die Admiralität (1806–23) von A. D. SACHAROW und die Pawlowskkaserne (1817–18) von W. P. STASSOW. Nach den Napoleon. Kriegen wurden die zerstörten Wohnhäuser Moskaus wiederaufgebaut. In Petersburg schuf K. ROSSI große Architekturkompositionen, u. a. das Halbrund des Schloßplatzes mit Generalstabsgebäude und Triumphbogen (1819–29).

**russische Kunst:** Konstantin Andrejewitsch Thon, Großer Kremlpalast in Moskau; 1838–49

Spätklassizismus und Historismus der Jahrhundertmitte wurden in Petersburg großenteils von Ausländern vertreten: A. R. DE MONTFERRAND (Isaakkathedrale, 1817–57); L. VON KLENZE (Neue Eremitage, 1839–52). In Moskau nahm K. A. THON altruss. Motive in die Fassadengestaltung auf (Großer Kremlpalast, 1838–49). In der Folgezeit traten zunehmend historisierende Tendenzen hervor: Histor. Museum (1875–83), Tretjakow-Galerie (um 1900). Sie prägten auch die Architektur des russ. Jugendstils (Jaroslawler Bahnhof in Moskau von F. O. SCHECHTEL, 1902).

*Plastik:* Die ersten Bildhauer in Petersburg waren Ausländer. B. C. RASTRELLI schuf barocke repräsentative Büsten und Denkmäler. In É.-M. FALCONETS Reiterdenkmal PETERS D. GR. (1768–78, 1782 enthüllt) ist der Barock bereits klassisch gebändigt. Im Geist der frz. Aufklärung schuf F. I. SCHUBIN lebensvolle Bildnisbüsten. Im Klassizismus erreichte die russ. Plastik Höhepunkte in der Denkmals- und Grabmalskunst (I. P. MARTOS, B. I. ORLOWSKIJ). Sie war häufig architekturbezogen (F. F. SCHTSCHEDRIN, IWAN I. TEREBENJOW, * 1780, † 1815). Der spätklassizist. Skulpturen der großen Monumentalbauten nach den Napoleonischen Kriegen stammen v. a. von STEPAN S. PIMENOW (* 1784, † 1833) und W. I. DEMUT-MALINOWSKIJ. F. P. TOLSTOJ schuf kleinformatige Reliefs. A. M. OPEKUSCHIN widmete sich v. a. der Monumentalplastik. MARK M. ANTOKOLSKIJ (* 1843, † 1902) bemühte sich um psychologisierende Darstellung histor. Persönlichkeiten. Impressionist. Züge zeigt das Schaffen von P. P. TRUBEZKOJ; ANNA S. GOLUBKINA griff sozialkrit. Themen auf. Seit etwa 1911 beteiligten sich russ. Künstler intensiv an der Suche nach neuen Formen der Plastik. Während A. ARCHIPENKO und J. LIPCHITZ in Paris ihren Beitrag zum Kubismus leisteten, prägten in Moskau W. J. TATLIN, A. M. RODTSCHENKO, A. PEVSNER und N. GABO den russ. Konstruktivismus.

*Malerei:* Die neue russ. Malerei begann Anfang des 18. Jh. mit Porträts und der Ausmalung von Palästen im Stil des Rokoko. Seit der Mitte des 18. Jh. zeichnen sich die Bildnisse durch eine erlesene Malkultur aus und gewannen höf. Glanz, ohne an lebendiger Frische und psycholog. Scharfblick zu verlieren (F. S. ROKOTOW, D. G. LEWIZKIJ). Das empfindsame Bildnis wurde um 1800 bes. von W. L. BOROWIKOWSKIJ, unter Einbeziehung der Landschaft, gepflegt. Die Petersburger Stadtlandschaft schilderte F. J. ALEKSEJEW in einer auf CANALETTO und F. GUARDI zurückgehenden Malweise. Der Klassizismus ist am reinsten in den streng linearen Zeichnungen des Bildhauers TOLSTOJ ausgeprägt. Die Bildnisse von O. A. KIPRENSKIJ, v. a. aber die Porträts und Historienbilder von K. P. BRÜLLOW sind von romant. Geist erfüllt. A. A. IWANOWS Studien und Entwürfe zu seinem Hauptwerk ›Christus erscheint dem Volke‹ (1837–57; Moskau, Tretjakow-Galerie) bilden Höhepunkte der r. K. des 19. Jh. Hauptvertreter der romant. Landschaftsmalerei war SILWESTR F. SCHTSCHEDRIN mit lichterfüllten italien. Landschaften. I. K. AJWASOWSKIJ schuf dramat. Seestücke.

Schon um 1820 hatte die russ. Malerei, v. a. in Moskau und der Provinz, begonnen, sich dem Volksleben und der Sittenschilderung zuzuwenden (ALEKSANDR O. ORLOWSKIJ, * 1777, † 1832). Trug diese Malerei bei A. G. WENEZIANOW noch vorwiegend idyll. Charakter, so nahm sie bei P. A. FEDOTOW kritisch-iron. Züge an. Der Protest gegen die Akademie führte die Maler des Realismus 1870 zur Gründung der Genossenschaft der → Peredwischniki, die einige Jahrzehnte lang das künstler. Leben Rußlands beherrschten. Ihre Mitgl., wie W. J. MAKOWSKIJ, G. G. MJASSOJEDOW, W. G. PEROW, J. A. ARCHIPOW und K. A. SAWIZKIJ, bemühten sich um die milieugenaue Wiedergabe des ärml. Landlebens. Als Porträtmaler traten bes. I. N. KRAMSKOJ, PEROW, I. J. REPIN und N. A. JAROSCHENKO hervor. N. N. GE, v. a. aber REPIN und W. I. SURIKOW stellten der klassizistisch-akadem. Tradition eine lebendige, realist. Historienmalerei entgegen. I. I. SCHISCHKIN schilderte die russ. Landschaft in epischer Breite. Bei I. I. LEWITAN erhielt die Stimmungslandschaft impressionistisch-pastose Züge. Hauptvertreter des Impressionismus sind K. A. Korowin und W. A. Serow. Ein bedeutender Einzelgänger war der kritisch protokollierende Schlachtenmaler W. W. Wereschtschagin. Der den Symbolismus vertretende M. A. Wrubel führte mythol. Themen in die r. K. ein. Zentrum aller progressiven künstler. Bewegungen war die Künstlerkolonie →Abramzewo.

In provokativer Abkehr von der sozialen Thematik der Peredwischniki entstand 1899 die Vereinigung ›Welt der Kunst‹ (›Mir iskusstwa‹), zu der A. N. Benois, K. A. Somow, L. Bakst, J. J. Lansere u. a. gehörten. Der selbstgenügsame Ästhetizismus dieser Gruppe wurde durch den Symbolismus und Neoprimitivismus der 1907 zum ersten Mal ausstellenden Künstlergruppe ›Blaue Rose‹ (u. a. Pawel W. Kusnezow, * 1878, † 1968; M. S. Sarjan) abgelöst. In den Umkreis dieser Gruppe gehört auch K. S. Petrow-Wodkin. Die Ausstellungen der Gruppe ›Karo-Bube‹ (›Bubnowyj walet‹) zw. 1910 und 1917, an denen fast alle wichtigen Künstler der Periode einmal teilnehmen, dokumentierten den starken Einfluß des Kubismus, des Futurismus, des Expressionismus und der Fauves. Der Kern der Gruppe (P. P. Kontschalowskij, I. I. Maschkow, R. R. Falk u. a.) wurde als Moskauer Cézannisten bekannt. Die Gründungs-Mitgl. M. F. Larionow und Natalija S. Gontscharowa organisierten bald eigene, künstlerisch radikalere Ausstellungen. Ihr Stil entwickelte sich zum Farbstrahlen bündelnden →Rayonismus. Einen eigenwilligen melancholisch-myst. Expressionismus entwickelten M. Chagall und Pawel N. Filonow (* 1883, † 1941). W. Kandinsky vereinigte in seinem Werk Einflüsse des dt. Expressionismus (Blauer Reiter, München) und der russ. Volkskunst; K. S. Malewitsch prägte für seine Theorie einer aus der Auseinandersetzung mit Kubismus und Futurismus (›Kubofuturismus‹) hervorgegangenen gegenstandslosen Malerei die Bez. →Suprematismus.

## Sowjetische Kunst

Die avantgardist. Architekturideen von Tatlin, El Lissitzky, Malewitsch, Gabo u. a. der ersten Revolutionsjahre sind kaum zur Verwirklichung gelangt. Konstruktivist. Bestrebungen, an denen auch Ausländer (z. B. Le Corbusier) teilnahmen, wirkten jedoch bis in die 1930er Jahre fort: Pavillon für die ›Exposition Internationale des Arts Décoratifs et Industriels Modernes‹ (1925) in Paris von K. S. Melnikow; in Moskau z. B. Iswestija-Haus (1925), Klub Russakow (1927/28) von Melnikow und Prawda-Kombinat (1936/37), in Leningrad Gorkij-Kulturpalast (1925 bis 1927) und Kirow-Kulturpalast (1930–37).

Um 1930 begann sich die sowjet. Baukunst stärker an die nat. Tradition anzuschließen. Schtschussew versuchte, einen strengen Monumentalstil, wie er ihn im Leninmausoleum in Moskau (1924–30) verwirklicht hatte, mit nat. Sonderformen zu verschmelzen (Institut für Marxismus-Leninismus in Tiflis, 1938). Den sowjet. Architekten der Stalinära fielen umfassende städtebaul. Aufgaben zu (1935 Generalplan der Umgestaltung Moskaus), wobei v. a. nach dem Zweiten Weltkrieg repräsentative Prachtentfaltung und traditionsgebundene Formen favorisiert wurden: ›Prospekte‹, palastartige Metrostationen, Hochhäuser um den Moskauer Stadtkern (1949–56), Lomonossow-Univ. in Moskau (1949–53), Neuaufbau von Stalingrad (heute Wolgograd). 1955 wandte man sich einer sachlicheren und wirtschaftlicheren Bauweise zu. Bed. Einzelleistungen sind u. a. die Kongreßhalle im Kreml (1958–61) und der Kalinin-Prospekt in Moskau (1964–69) von Michail W. Possochin (* 1910).

Nach der Oktoberrevolution 1917 sahen es v. a. die Vertreter der Avantgarde als ihre Aufgabe an, am Aufbau der neuen Gesellschaft mitzuwirken. In der

**russische Kunst:** LINKS Dimitrij Grigorjewitsch Lewizkij, ›Die Schülerinnen Prinzessin Dawidowa und Rschewskaja‹; 1771/1772; RECHTS Issaak Iljitsch Lewitan, ›Schlucht‹; 1898 (beide Petersburg, Staatliches Russisches Museum)

Phase des Bürgerkriegs bis 1920 beteiligten sich Künstler wie Chagall, S. W. Gerassimow, Malewitsch, Kandinsky und Petrow-Wodkin an revolutionären Festgestaltungen auf ganzen Straßen und Plätzen. W. W. Majakowskij u. a. prägten die Agitationskunst (Rosta-Fenster), die an die Volksbilderbögen (→Luboks) anknüpfte. Parallel zu einer experimentellen konstruktivist. ›Laboratoriumskunst‹ gab es Bestrebungen, die Vorstellungen des Konstruktivismus auf den Gebieten der angewandten Kunst und der industriellen Produktion nutzbar zu machen (Lissitzky, Tatlin, Ljubow S. Popowa). Daneben pflegten Künstler wie Petrow-Wodkin, Sarjan und W. A. Faworskij einen ›maler.‹, die in der Gruppe OST (Gesellschaft der Staffeleimaler, 1924 gegr.) organisierten Künstler (u. a. A. A. Deineka, Filonow) einen vom Konstruktivismus abgeleiteten Realismus. Mit dem 1. Fünfjahresplan (1928) wurde von der KPdSU die Mobilisierung aller Künstler für Agitationszwecke angeordnet (›Kulturfeldzug‹, ›Kommandierung‹ der Künstler in die Kolchosen und Fabriken). Die in der 1928 gegründeten Gruppe ›Oktjabr‹ (›Oktober‹) organisierten Avantgardisten (u. a. Deineka, Rodtschenko, Lissitzky, S. M. Eisenstein, die Brüder A. A., L. A. und W. A. Wesnin) versuchten noch einmal, mit der Montage von Realitätszitaten im Plakat, Film, Wandbild, in der Photographie und in alle Medien verbindenden Arbeiterklub die reale Neukonstruktion der Gesellschaft aufklärend-agitatorisch vorwegzunehmen. Die künstler. Reaktion, unterstützt durch die Partei, setzte sich jedoch mit der 1932 verfügten Auflösung aller Künstlergruppen durch. Auf dem 1. Schriftstellerkongreß 1934 wurde auch für die bildende Kunst der →sozialistische Realismus als künstler. Prinzip verbindlich festgelegt. Die wieder aufblühende akadem. Gattungsmalerei mit Repräsentanten wie I. I. Brodskij, Deineka und A. M. Gerassimow sollte die gesellschaftl. Widersprüche des Stalinismus ästhetisch versöhnen. Auf dem Gebiet der Plastik sind die Werke Wera I. Muchinas exemplarisch. Die vorsichtige Entstalinisierung nach 1956 ermöglichte die Entwicklung einer differenzierten Kunstszene (Boris Birger, * 1923; Wadim Sidur, * 1924, † 1986; Wiktor Iwanow, * 1924; E. I. Neiswestnyj; Anatol Brussilowskij (* 1932); Erik Bulatow, * 1933; Ilja Kabakow, * 1933; Iwan Tschujkow, * 1935; Eduard Schtejnberg, * 1937; Wladimir Jan-

**Russ** russische Literatur

**russische Kunst:** Ilja Iossifowitsch Kabakow, ›Feiertag‹; 1987 (Privatbesitz)

KILEWSKIJ, * 1938; FRANCISCO INFANTE, * 1943). Eine Sonderrolle spielte das Kollektiv ›Dwischenije‹ (›Bewegung‹) unter L. NUSBERG. Neben der offiziellen Kunst gab es viele ›inoffizielle‹ Künstler und Privatausstellungen sowie erneut (wie schon in den 20er Jahren) eine bedeutende russ. Künstleremigration (u. a. NUSBERG, NEISWESTNYJ). Neuen Auftrieb erhielt die r. K. im Zuge der Perestroika.

**russische Kunst:** Erik Bulatow, ›Ne prislonjatsja‹ (nicht anlehnen); 1987 (Basel, Kunstmuseum)

Gesch. der r. K., hg. v. I. E. GRABAR u. a., 6 Bde. (a. d. Russ., Dresden 1957–76); A. V. BUNIN: Gesch. des russ. Städtebaus bis zum 19. Jh. (a. d. Russ., Berlin-Ost 1961); H. FAENSEN u. W. IWANOW: Altruss. Baukunst (ebd. ²1974); C. GRAY: Das große Experiment – Die r. K. 1863–1922 (a. d. Engl., 1974); Gesch. der r. K., hg. v. M. W. ALPATOW u. a. (a. d. Russ., Dresden 1975); I. GOLOMSHTOK u. A. GLEZER: Unofficial art from the Soviet Union (London 1977); New art from the Soviet Union, bearb. v. N. DODGE (Washington, D.C., 1977); Kunstdenkmäler in der Sowjetunion, hg. von R. HOOTZ, Bd. 1: Moskau u. Umgebung (a. d. Russ., 1978); H. GASSNER u. E. GILLEN: Zw. Revolutionskunst u. Sozialist. Realismus (1979); Die Kunst der Oktoberrevolution, hg. v. M. GERMAN (a. d. Russ., 1979); Paris – Moscou 1900–1930, Ausst.-Kat. (Paris 1979); Russ. Malerei in der 1. Hälfte des 19. Jh., bearb. v. KATHARINA SCHMIDT u. a., Ausst.-Kat. (1981); S. O. CHAN-MAGOMEDOW: Pioniere der sowjet. Architektur (a. d. Russ., Dresden 1983); H. FAENSEN u. K. G. BEYER: Kirchen u. Klöster im alten Rußland (Neuausg. Wien 1983); C. LODDER: Russian constructivism (New Haven, Conn., 1983); Kulturpalast. Neue Moskauer Poesie u. Aktionskunst, hg. v. G. HIRT u. a. (a. d. Russ., 1984); Russ. Avantgarde 1910–1930, bearb. v. E. WEISS, Ausst.-Kat. (1986); 1000 Jahre r. K., bearb. v. E. WEIHER, Ausst.-Kat. (1988); M. C. BOWN: Zeitgenöss. r. K. (a. d. Engl., Oxford 1989); ders.: Kunst unter Stalin: 1924–1956 (a. d. Engl., 1991); G. HALLMANN: Russ. Realisten in der 2. Hälfte des 19. Jh. (1989); L. LISSENKO: Die russ. Holzbaukunst (a. d. Russ., 1989); E. A. PESCHLER: Zeitgenöss. Zeichnungen aus Moskauer Ateliers (1989); H. FAENSEN: Siehe die Stadt, die leuchtet. Altruss. Baukunst 1000–1700 (1990); A. MIRONOWA: Kunstschätze Altrußlands (a. d. Russ., Leipzig 1990); Russ. u. sowjet. Zeichnungen u. Aquarelle von 1900 bis 1930, Ausst.-Kat. (1990); Zwanzig sowjet. Photographen 1917 bis 1940 (Amsterdam 1990); Russ. Avantgarde, hg. v. B. ZELINSKY (1991).

**russische Literatur.** In ihren Anfängen war die r. L. weder ausschließlich eine Literatur der Russen noch eine Literatur in russ. Sprache, sondern vielmehr eine Literatur der Ostslawen in kirchenslaw. Sprache. Erst mit dem Aufstieg des Moskauer Staates im 14.–15. Jh. entwickelte sich allmählich eine nationalruss. Literatur, deren Sprache jedoch noch lange der kirchenslaw. Tradition verpflichtet blieb.

### Die Literatur des Kiewer Reiches (11.–13. Jh.)

Mit der Christianisierung des Kiewer Reiches (988) durch Byzanz wurde als Folge der Slawenmission des 9. Jh. das Kirchenslawische Kirchen- und Schriftsprache der Ostslawen. Die gottesdienstl. und weltl. Literatur, meist Übersetzungen aus dem Griechischen, war auf eine Oberschicht (Adel, Handels- und Bürgerstand, Geistlichkeit) bezogen, die das entstehende Geistesleben bestimmte.

Die gottesdienstliche Übersetzungsliteratur umfaßte neben Evangelistar (›Ostromir-Evangelium‹, 1056–57), Psalter und Teilen des A. T. insbesondere liturg. (Euchologion, Sacramentarium) und Kirchengesangstexte, daneben auch Übersetzungen religiöser byzantin. Schriftsteller sowie Erbauungsschriften und Apokryphen. Die weltliche Übersetzungsliteratur bestand vorwiegend aus romanhaften Erzählungen (›Alexandreis‹, Troja- und Digenisroman), didakt. und naturwissenschaftl. Werken (›Hexaemeron‹, ›Physiologus‹), Sammlungen von Werken der Kirchenväter (›Izborniki‹ von 1073 und 1076) sowie den Weltchroniken. Diese Übersetzungsliteratur bot die stilist. Vorbilder und schuf die lexikal. und syntakt. Muster für eine im 11. Jh. im Kiewer Reich entstehende Originalliteratur in kirchenslaw. Sprache mit Heiligenlegenden (›Skazanie o Borise i Glebe‹, um 1080), den Predigten des Kiewer Metropoliten ILARION (›Slovo o zakone i blagodati‹, zw. 1037 und 1050), der ›Belehrung‹ (›Poučenie‹, um 1117) des Kiewer Fürsten WLADIMIR MONOMACH an seine Söhne und dem Paterikon (um 1230) des Kiewer Höhlenklosters. Schwerpunkt wurde die Chronistik mit der →Nestorchronik als hervorragendem Beispiel mittelalterl. Geschichtsschreibung. Für die Sprach- und Rechtsgeschichte wichtig ist das zur Regierungszeit des Kiewer Fürsten JAROSLAW DES WEISEN (1019–54) entstandene erste russ. Gesetzbuch ›Russkaja pravda‹. Bedeutendstes Beispiel einer sonst weitgehend verschollenen epischen Dichtung ist das →Igorlied.

Mit den Tatareneinfällen und dem Zerfall des Kiewer Reiches im 13. Jh. verlagerte sich der Schwerpunkt des literar. Schaffens in die nordöstl. Teilfürstentümer (Nowgorod, Wladimir-Susdal, Twer, später Moskau). Der Stil neigte nun eher zu rhetor. Schmuck. Hauptthema im weiterhin überwiegend religiösen Schrifttum war die Klage über die Gefährdung des christl. Rußland und der Kampf um seine Behauptung, so in der Vita ALEXANDER NEWSKIJS (›Žitie Aleksandra Nevskogo‹, um 1300) und dem Bericht über die Zerstörung Rjasans (›Povest' o razorenii Batyem Rjazani v 1237 g.‹, um 1240).

### Die Moskauer Literatur (14.–17. Jh.)

Das 14. und 15. Jh., die Zeit des Aufstiegs des Moskauer Reiches, wurde als ›Zeit des geistigen Ringens‹ durch hesychast. Strömungen und sektierer. Bewegungen geprägt. Die übersetzte und entlehnte Literatur dieser Zeit ist weniger umfangreich und bietet im wesentlichen Neuübersetzungen schon bekannter Erzählstoffe. Als eigenständiges Werk ragt die ›Zadonščina‹ (vor 1393) heraus, ein in rhythmisierter Prosa verfaßter, in hohem Maße poet. Bericht des ansonsten unbekannten Rjasaner Geistlichen SOFONIJ. Das der mündl. Volksdichtung verpflichtete Epos feiert den Sieg (1380) des Moskauer Großfürsten DMITRIJ IWANOWITSCH DONSKOJ über die Tataren auf dem Schnepfenfeld (→ Kulikowo pole). Die religiöse Publizistik fand in NIL SORSKIJ, dem Vertreter des Starzentums (→ Starez) als typisch russ. Form der Frömmigkeit, und JOSEPH VON WOLOKOLAMSK, der sich für den weltl. Machtanspruch der Kirche einsetzte, ihre beiden Gegenpole. Nach dem Fall von Byzanz (1453) fühlte sich das erstarkte Moskau als einziger Hort der Rechtgläubigkeit, als → Drittes Rom, und stellte die literar. und kirchl. Publizistik in den Dienst der Legitimierung seiner Machtansprüche. Die Hagiographie erreichte im Werk EPIFANIJ PREMUDRYJS (EPIFANIJS DES WEISEN, † 1420) ihren Höhepunkt.

Ein weiteres Kennzeichen dieser Epoche war eine rege Sammeltätigkeit: Die alten Chroniken wurden kompiliert, Heiligenlegenden u. a. geistl. Literatur von dem Metropoliten MAKARIJ in einer umfangreichen Sammlung (›Velikie Čet'i Minei‹) zusammengefaßt. Auf Anregung MAKARIJS entstand 1560–63 das ›Stufenbuch‹ (›Stepennaja kniga‹) als Versuch einer systemat. Darstellung der russ. Geschichte von WLADIMIR I. bis IWAN IV. Der ›Domostroj‹, eine wohl von dem Protopopen SILWESTR († um 1566) nach älteren Vorlagen zusammengestellte ›Hausordnung‹, faßte Regeln für das religiöse, polit., soziale und häusl. Leben der vermögenden Stadtbevölkerung zusammen. Es entstand die erste vollständige Bibelübersetzung. Die krit. Publizistik dieser Zeit setzte sich mit Mißständen in Kirche und Staat auseinander (MAKSIM GREK) und vertrat eigene polit. Ansichten. Ein herausragendes Beispiel für die weltl. Literatur ist der polem. Briefwechsel zw. IWAN IV. und dem Fürsten A. M. KURBSKIJ, in dem in geschliffenem rhetor. Stil polit. Probleme der Zeit angesprochen werden; KURBSKIJ verfaßte auch eine Geschichte des Großfürstentums Moskau (›Istorija o velikom knjaze Moskovskom‹, 1575), die einen ersten Versuch pragmat. Geschichtsschreibung in Rußland darstellt. Der Buchdruck erreichte Rußland mit großer Verzögerung 1564 und entfaltete sich erst im 18. Jahrhundert.

Das 17. Jh. ist eine Periode des Übergangs, in der das starre polit. System Moskaus eine schwere Erschütterung erfuhr (›Zeit der Wirren‹, →Smuta), und sich die Altgläubigen (→ Raskolniki) von der Staatskirche abspalteten. In der Folge dieser Ereignisse wurde auch das altmoskowit. Literatursystem durch die langsame Übernahme westeurop. literarischer Ideen und Erzählstoffe sowie durch das Vordringen der russ. Umgangssprache gegenüber dem Kirchenslawischen in der Literatursprache allmählich gelokkert. Der Führer der Altgläubigen, der Protopope AWWAKUM, verfaßte eine Autobiographie (›Žitie protopopa Avvakuma‹, zw. 1672 und 1675), die bereits zahlreiche realist. und volkssprachl. Elemente enthält. Eine wichtige Rolle bei der Vermittlung westeurop. Gedankenguts und zeitgenöss. literarischer Strömungen und Gattungen spielte die Kiewer Geistl. Akademie, deren Schüler SIMEON POLOZKIJ neben barocken Schuldramen panegyr. Gelegenheitsgedichte in syllab. Versmaß verfaßte.

### Klassizismus und Sentimentalismus (18. Jh.)

Durch die Reformen PETERS D. GR. (Einführung der ›Zivilschrift‹) auch äußerlich vom geistl. Schrifttum getrennt, setzte sich das weltl. Schrifttum nun endgültig durch. Voraussetzung war die Normierung der russ. Schriftsprache. M. W. LOMONOSSOW vertrat in seiner Theorie von den drei Stilen (›Razgovor o starom i novom pravopisanii‹, 1748) den Aspekt der Zweckmäßigkeit, nach dem kirchenslaw., russ., umgangssprachl. und volkssprachl. Elemente variabel mit der literar. Gattung zu verbinden seien, und verfaßte die erste Grammatik der russ. Literatursprache (›Rossijskaja grammatika‹, 1757).

Die erste Epoche der neuruss. Literatur ist der an frz. (N. BOILEAU-DESPRÉAUX) und dt. Vorbildern (J. C. GÜNTHER, M. OPITZ) orientierte aufklärer. Klassizismus. Die wichtigsten Vertreter dieser in den 1740er Jahren einsetzenden Schule sind A. D. KANTEMIR mit Verssatiren, A. P. SUMAROKOW mit satir. Komödien, W. K. TREDIAKOWSKIJ – als Theoretiker der russ. Verskunde (›Novyj i kratkij sposob k složeniju rossijskich stichov‹, 1735) sowie durch die Einführung der Tragödie – und LOMONOSSOW, der die russ. Versdichtung theoretisch und praktisch weiterbildete. Waren KANTEMIRS gesellschaftskrit. Satiren noch in syllab. Versmaß geschrieben, so forderten TREDIAKOWSKIJ und LOMONOSSOW den Wechsel vom syllab. zum syllabotoń. (akzentuierenden) Vers, v. a. nach dt. Vorbild. Beide setzten ihre Theorien in bedeutenden Oden in die Praxis um, einer Gattung, die zur charakterist. dichterischen Form des Klassizismus wurde und in der Lyrik G. R. DERSCHAWINS im späten Klassizismus ihre Vollendung fand. Die russ. klassizistische Komödie, von KATHARINA II. auch durch eigene Beiträge gefördert, fand ihren Meister in D. I. FONWISIN, dem in der Komödie ›Nedorosl'‹ (1789) erstmals die Verschmelzung entlehnter Muster (v. a. MOLIÈRE) mit unverwechselbar russ. Figuren, Motiven und Sprachnormen gelang. Ihm folgten W. W. KAPNIST und WLADIMIR IGNATJEWITSCH LUKIN (* 1737, † 1794). Neben der Komödie wurde die sittenbeschreibende satir. Fabel und die Satire bedeutend; führender Autor und Herausgeber satir. Zeitschriften war N. I. NOWIKOW. A. N. RADISCHTSCHEW führte mit seinem ›Putešestvie iz Peterburga v Moskvu‹ (1790), in dem er Mißstände in Verwaltung, Bildungssystem und Kirche bloßstellt und ihre Veränderung fordert, den sentimentalen Reiseroman in der r. L. ein.

Gegen Ende des 18. Jh. wurde unter dem Einfluß der europ. Empfindsamkeit der Sentimentalismus zur führenden Richtung der r. L.; Höhepunkt waren die stimmungs- und gefühlvollen Erzählungen (v. a. ›Bednaja Liza‹, 1792) N. M. KARAMSINS, der durch seine Reiseberichte (›Pis'ma russkogo putešestvennika‹, 1. vollständige Ausgabe 1799–1801) westeurop. Bildungsgut in Rußland vermittelte und ›Istorija Gosudarstva Rossijskogo‹ (12 Bde., 1816–29), der ersten Gesamtdarstellung der russ. Geschichte, großen Einfluß auf die Entwicklung des russ. Nationalbewußtseins ausübte. – In der Auseinandersetzung um die russ. Literatursprache kam es zum Streit zw. den ›Neuerern‹ um KARAMSIN (Gesellschaft ›Arsamas‹), die nach dem stilist. Vorbild des Französischen eine elegante und allg. verständliche russ. Literatursprache ohne Kirchenslawismen zu schaffen versuchten, und den ›Archaisten‹ um A. S. SCHISCHKOW (Gesellschaft ›Beseda‹), die sich gegen die frz. Überfremdung des Russischen und für eine russisch-kirchenslaw. Lösung einsetzten.

### Das 19. Jahrhundert (bis 1917)

Die Regierungszeit ALEXANDERS I. (1801–25) bedeutete für die r. L. den allmähl. Übergang vom Spätklassizismus DERSCHAWINS und vom Sentimentalismus KARAMSINS zur Vorromantik, deren Hauptvertreter der Lyriker und bedeutende Übersetzer W. A. SCHUKOWSKIJ, der Dramatiker A. S. GRIBOJEDOW (›Gore ot uma‹, hg. 1833) und – mit Einschränkungen und zeitlich verschoben – der bedeutendste russ. Fabeldichter, I. A. KRYLOW, sind. Ihnen gelang durch Annäherung an die russ. Volkssprache bereits eine deutl. Befreiung von den normativen Stil- und Sprachzwängen des Klassizismus.

Die *Romantik* schuf die russ. Literatursprache, die endgültig die Fesseln des archaischen Kirchenslawischen abstreifte, und brachte Werke hervor, die die r. L. als ebenbürtig in die Reihe der großen europ. Nationalliteraturen stellten. Sie war bestimmt durch eine antirationale Grundkomponente, durch Einflüsse der westeurop., v. a. der engl. und dt. Romantik sowie durch eine neue Poetik, die entgegen strenger Norm und formaler Geschlossenheit (Klassizismus) die offenere, oft auch fragmentar. Form vorzog und subjektiven seel. Erfahrungen Gestaltungsmöglichkeiten schuf. Die prägenden Dichterpersönlichkeiten der russ. Romantik sind A. S. PUSCHKIN, M. J. LERMONTOW und N. W. GOGOL.

Als eigentl. Schöpfer der russ. Literatursprache und als größter russ. Dichter gilt PUSCHKIN, der in allen drei Grundgattungen – Lyrik, Epik, Dramatik – Überragendes leistete; er verkörpert das ›goldene Zeitalter‹ der r. L. Im Unterschied zu seinen Zeitgenossen von fremden Einflüssen (Romantik, Byronismus, dt. Idealismus) kaum oder nur vorübergehend berührt, läßt er sich keiner bestimmten Schule zuordnen. Romantisch sind am ehesten die ›südlichen‹, auf den Kaukasus als exot. Äquivalent zu der westeurop. Romantik gepflegten Orient zurückgreifenden Poeme, sind Motive wie Traum und Nacht, Märchen und Legende in seiner Lyrik. PUSCHKINS reife Lyrik, sein Versroman ›Evgenij Onegin‹ (vollständig hg. 1833), aber auch seine Dramen (›Boris Godunov‹, hg. 1831) und die ab 1830 vorherrschende Prosa (›Povesti Belkina‹, 1830) weisen in Gedankenfülle und Form bereits über den Rahmen der Romantik hinaus und bestimmen die r. L. bis in die Gegenwart. Neben und mit PUSCHKIN trat eine Reihe bedeutender Dichter auf, so die romant. Lyriker A. A. DELWIG, W. K. KJUCHELBEKER, N. M. JASYKOW, J. A. BARATYNSKIJ und W. F. ODOJEWSKIJ sowie mit dem Versuch revolutionärer Lyrik der Dekabrist K. F. RYLEJEW. Auch F. I. TJUTTSCHEW, dessen frühe Gedichte in Rußland durch PUSCHKIN veröffentlicht wurden, hat mit seiner Liebes- und der inhaltlich von F. W. J. SCHELLING beeinflußten Gedankenlyrik, die aus spannungsreichen Kontrasten, aus Klang und Bild ihre Ausdruckskraft bezieht, bis heute Bedeutung.

Hauptpräsentant der zweiten Generation romant. Dichter ist LERMONTOW, dessen Roman ›Geroj našego vremeni‹ (1840) die von PUSCHKIN mit ›Evgenij Onegin‹ begonnene Gestaltung eines zeitgenössischen literar. Helden fortsetzte, wobei beide Werke als Experimente mit der Romanform und als scharfsichtige Analysen eines Zeittyps die Reihe der großen psychologisch-gesellschaftskrit. russ. Romane eröffnen. Die zunehmende themat. und formale ›Prosaisierung‹ setzte sich bei GOGOL fort, der in Erzählungen, Komödien und in dem satir. Roman ›Mertvye duši‹ (1842) Verfahren der Romantik auf bestimmte gesellschaftl. Typen und Situationen des zeitgenöss. Rußland anwendete und so deren Leere und Entmenschlichung – bis ins Groteske gesteigert – aufdeckte. Die führende zeitgenöss. Kritik (W. G. BELINSKIJ, N. A. DOBROLJUBOW, N. G. TSCHERNYSCHEWSKIJ) ließ sein Werk nur als Polemik gegen die soziale und polit. Ordnung Rußlands gelten und erklärte es aus dieser Sicht zum Vorbild für eine ganz auf diese Funktion festgelegte Literatur. In dieser Zeit begann auch die Auseinandersetzung um eine neue Sinndeutung der russ. Geschichte und um neue Leitideen (→ Slawophile, → Westler), die eine große Wirkung auf die Literatur ausübte. Da die Regierung NIKOLAUS' I. (1825–55) jede publizist. oder gar offen polit. Meinungsäußerung über soziale Anliegen (wie Abschaffung der Leibeigenschaft, Anpassung Rußlands an rechtsstaatl. Normen) strikt verbot, wuchs die r. L. und bes. die Literaturkritik in eine für die großen europ. Literaturen einzigartige Funktion hinein: Literatur und Kritik wurden zur höchsten geistigen Autorität, zum Gewissen der Gesellschaft und zu ihrem wichtigsten Sprachrohr. Der Stil, der dieser Funktion am besten entsprach, war der des ›krit.‹ *Realismus*. Der Übergang hierzu vollzog sich in der sich auf GOGOL berufenden → natürlichen Schule. Das Drama erhielt durch A. N. OSTROWSKIJ seine auch künstlerisch überzeugende Gestalt. Höhepunkt der radikal gesellschaftskrit. Satire, die sich wegen der Zensur weitgehend in ›äsopische‹ (d. h. eine umschreibende oder verschleiernde, dem geübten Leser jedoch durchaus verständl. Ausdrucksweise) kleiden mußte, ist das Werk M. J. SALTYKOW-SCHTSCHEDRINS, während die Romane und Schauspiele A. F. PISSEMSKIJS eher einem analyt. Naturalismus verpflichtet sind. Die Lyrik paßte sich der sozialkrit. Tendenz an (wobei es jedoch nur N. A. NEKRASSOW gelang, die neuen Anschauungen formal überzeugend zu gestalten) oder stand – als angeblich gesellschaftlich schädl. ›reine Kunst‹ geächtet – abseits (A. A. FET, J. P. POLONSKIJ, A. K. TOLSTOJ).

Die 2. Hälfte des 19. Jh. – die Zäsur liegt um 1840 – wird durch die Prosa bestimmt: Die spröde ›Skizze‹ (Otscherk) der Übergangszeit, das charakterist. Genre der ›natürl. Schule‹ mit ihrem Anliegen, Vertreter bes. der unteren sozialen Schichten wahrheitsgetreu darzustellen, trat bald hinter den komplexen Roman zurück. Die großen realist. Erzähler unterscheiden sich von den Romantikern v. a. durch Themenwahl (aktuelle Probleme der russ. Gesellschaft und der jüngsten Vergangenheit), Berücksichtigung sozialer, psycholog. und moralisch-religiöser Aspekte sowie durch eine sehr detaillierte, die Geschehnisabläufe motivierende Beschreibung. I. S. TURGENJEW, der mit Prosaskizzen in der Art der ›natürl. Schule‹ begonnen hatte (›Zapiski ochotnika‹, 1852), thematisierte in seinen Romanen die polit. und sozialen Probleme der zeitgenöss. russ. Gesellschaft und behandelte in seinen späteren Novellen auch die großen allgemeinen Themen wie Liebe, Tod, Kunst. Auch I. A. GONTSCHAROW ist aus der Tradition der ›natürl. Schule‹ hervorgegangen; seine späteren Romane (›Oblomov‹, 1859; ›Obryv‹, 1869) zeichnen charakterist. Gestalten und Verhaltensweisen der zeitgenöss. Gesellschaft (intellektuelle Resignation oder Langeweile, ›Nihilismus‹).

F. M. DOSTOJEWSKIJ, zunächst noch an GOGOL und den Vorstellungen der ›natürl. Schule‹ orientiert, gelangte nach seiner Verbannung zur Großform des ›polyphonen Romans‹ mit christl. Tendenz. Die polyphone Stimmführung, die Verwendung des inneren Monologs und der erlebten Rede sowie die tiefenpsycholog. Handlungsmotivationen sprengen die Gattung des Romans und nahmen spätere westeurop. Entwicklungen voraus (›Brat'ja Karamazovy‹, 1879–80). Moral. und soziale Anliegen vertrat bes. L. N. TOLSTOJ, den die Suche nach dem Sinn individuellen Lebens einerseits (›Tri smerti‹, 1859) und nach dem Verhältnis des einzelnen zur Gesellschaft, auch zur Geschichte andererseits (›Anna Karenina‹, 3 Bde., 1878; ›Vojna i mir‹, 6 Bde., 1868–69) zeit seines Lebens beschäftigte. Sein gesamtes Werk ist durch die aufklärerisch ›verfremdete‹ Gesellschaftskritik geprägt. N. S. LESKOW wurde in seiner Bedeutung für die kunstvolle Stilisierung der ›volkstüml.‹ Erzähl- und Sichtweise erst nach seinem Tod gewürdigt. Die Endphase des Realismus markieren Autoren wie W. M. GARSCHIN, G. I. USPENSKIJ und W. G. KOROLENKO, in deren Erzählungen sich schon Tendenzen hin zum Impressionismus und Symbolismus abzeichnen, sowie, alle überragend, A. P. TSCHECHOW, dem in seinen Erzählungen und Dramen eine Synthese aus subtiler Milieu- und Charakterstudie mit indirekt symbolisierender, stimmungsvoller Poesie gelang.

Kurz vor der Jahrhundertwende erfolgte mit betont ästhet. Zielsetzung und Bevorzugung lyr. Formen der Übergang zur Moderne, die bald im Zeichen des *Symbolismus* tonangebend wurde. Dabei lassen sich von Anfang an zwei Richtungen unterscheiden: die ästhetisch-formale, die sich auf den frz. Symbolismus bezog (W. J. BRJUSSOW), und die philosophisch-religiöse, eher von der dt. Literatur beeinflußte (D. S. MERESCHKOWSKIJ, SINAIDA HIPPIUS). A. BELYJ und A. A. BLOK gelang zwar die Synthese beider Richtungen und die Wendung zum spezifisch Russischen, aber die Spannung zw. beiden Richtungen blieb bestehen. Die metaphysisch-religiöse Auffassung, nunmehr neben BLOK v. a. von W. I. IWANOW vertreten, setzte sich als herrschende durch.

Nach 1910 lösten andere Schulen wie *Akmeismus* (N. S. GUMILJOW, ANNA ACHMATOWA, O. E. MANDELSTAM, S. M. GORODEZKIJ), *Futurismus* (W. W. MAJAKOWSKIJ, W. W. CHLEBNIKOW, A. J. KRUTSCHONYCH) und *Imaginismus* (v. a. S. A. JESSENIN) den Symbolismus ab. Ihnen allen gemeinsam war das Experiment mit der Sprache, die Abkehr von der realist. Prosa und die Bevorzugung lyr. Formen, selbst in der Erzählprosa (BELYJ, BRJUSSOW, A. M. REMISOW) und im Drama. Daneben bestand die Tradition des sozialkrit. Realismus fort, die in den frühen Erzählungen und Bühnenstücken M. GORKIJS betont sozialrevolutionäre Züge erhielt und sich in der Prosa I. A. BUNINS mit Stilmerkmalen der Moderne verband. Ein großer Teil der Autoren sah seine künstler. Möglichkeiten schon in den ersten Jahren nach der Revolution eingeschränkt und emigrierte, u. a. A. I. KUPRIN, BUNIN, REMISOW, B. K. SAJZEW, K. D. BALMONT, I. S. SCHMELJOW, IWANOW.

### Sowjetische Literatur

Das literar. Leben in den ersten Jahren nach Entstehen der Sowjetunion wurde bes. durch drei miteinander rivalisierende Strömungen geprägt: Die Futuristen (Zeitschrift ›LEF‹ um MAJAKOWSKIJ) versuchten, die sozialrevolutionäre Tendenz und die Lust am sprachl. Experiment in den Dienst einer Agitationsdichtung für die neue sozialist. Gesellschaft zu stellen. Der Proletkult (Zeitschrift ›Na postu‹, Sprecher: A. A. BOGDANOW) forderte eine völlig neue, spezifisch proletar. Kultur. Die ›Mitläufer‹ (›Poputschiki‹, Zeitschrift ›Krasnaja nov'‹, Sprecher: A. K. WORONSKIJ) hingegen waren Vertreter der ›bürgerl.‹ Tradition, die zur Zusammenarbeit mit dem neuen System bereit waren, ohne jedoch politisch aktiv zu werden (B. A. PILNJAK, I. E. BABEL, K. G. PAUSTOWSKIJ, L. M. LEONOW, W. A. KAWERIN, K. A. FEDIN, N. S. TICHONOW); ihre die versch. sozialen Schichten ansprechende Literatur kam der KP während der ›liberalen‹ Phase der Neuen Ökonom. Politik (NEP) am ehesten gelegen. Die Partei nahm sie 1925 in einer Resolution in Schutz und sicherte so eine Periode vergleichsweise toleranter Kulturpolitik: Das experimentierfreudige Revolutionstheater (W. W. MEJERCHOLD, A. J. TAIROW) blühte, die satir. Literatur und Publizistik nutzten die Möglichkeiten der ›Kritik und Selbstkritik‹ (M. M. SOSCHTSCHENKO, W. P. KATAJEW, I. ILF und J. PETROW); die Mitgl. der Gruppe ›Oberiu‹ (Vereinigung der Realen Kunst) D. I. CHARMS, A. I. WWEDENSKIJ, N. A. SABOLOZKIJ vertraten eine Kunst, die sich der Realität durch das Absurde zu nähern versuchte. In der Literaturtheorie und -kritik spielten die betont gegenwartsbezogenen Formalisten (W. B. SCHKLOWSKIJ, J. N. TYNJANOW) eine wichtige Rolle. V. a. aber wurde eine Wiederbelebung der älteren Traditionen, bes. im Bereich der erzählenden Prosa, eingeleitet. Dazu gehörte die Entfaltung einer an GOGOL, LESKOW, REMISOW u. a. geschulten ›ornamentalen Prosa‹ (BABEL, PILNJAK) ebenso wie der für die weitere Entwicklung entscheidende Rückgriff auf den gesellschaftskritisch-realist. Roman (v. a. L. N. TOLSTOJS). Zu dieser Neubelebung des Romans trugen ältere und jüngere ›Mitläufer‹ (A. N. TOLSTOJ, LEONOW, FEDIN) wie auch die Stammväter des proletar. Realismus (GORKIJ, A. S. SERAFIMOWITSCH), bald aber auch junge proletar. und kommunist. Autoren bei: F. W. GLADKOW (›Cement‹, 1925), A. A. FADEJÈW (›Razgrom‹, 1927), M. A. SCHOLOCHOW (›Tichij Don‹, 4 Bde., 1928–40).

Mit dem 1. Fünfjahresplan (1928) verstärkte sich die Politisierung der Literatur. Einzelne politisch unbequeme Schriftsteller (PILNJAK, J. K. OLESCHA, J. I. SAMJATIN) und ganze Richtungen (Formalismus) wurden öffentlich verurteilt. Die literar. Freiheit wurde immer stärker eingeschränkt. 1932 schließlich wurden alle literar. Vereinigungen aufgelöst; die politisch einheitl. Partei bildete einen einheitl. Schriftstellerverband und verpflichtete auf dessen erstem Kongreß (1934) die gesamte Sowjetliteratur auf den →sozialistischen Realismus als einziges künstler. Prinzip. Der Zwang zur ›Parteilichkeit‹ und die Forderung nach ›positiven Helden‹, nach Volkstümlichkeit und konfliktfreien Lösungen führten zu einem Schematismus der Figuren und Situationen sowie einem Absinken des künstler. Niveaus (SERAFIMOWITSCH, ›Železnyj potok‹, 1924). Einige Schriftsteller emigrierten (SAMJATIN), andere verstummten oder wurden nicht mehr gedruckt (M. A. BULGAKOW), wurden verfolgt (CHARMS) oder kamen bei der stalinist. Verfolgungen um (BABEL, MANDELSTAM, PILNJAK); wieder andere sagten sich von ihren literar. Werken los und paßten sich an (KATAJEW). Werke von literar. Rang oder zumindest mit echten Konfliktstoffen konnten noch am ehesten erscheinen, wenn sie Themen behandelten, die nicht im Zentrum der aktuellen Parteipolitik standen. So erlebten z. B. der biograph. und der histor. Roman (A. N. TOLSTOJ, ›Petr Pervyj‹, 3 Tle., 1929–45) eine neue Blüte. Auch die Kinderliteratur brachte künstlerisch Bemerkenswertes hervor (A. J. MARSCHAK, J. I. SCHWARZ). Am radikalsten hat MARINA ZWETAJEWA die geistigen Erfahrungen der Epoche verarbeitet, neben ANNA ACHMATOWA, MANDELSTAM und B. L. PASTERNAK die größte russ. Dichterin des 20. Jahrhunderts.

Während des Zweiten Weltkrieges konnten aufgrund einer etwas liberaleren Kulturpolitik auch Werke entstehen, die den Beitrag individueller Spontaneität im patriot. Widerstand betonten (A. A. FADEJEW, ›Molodaja gvardija‹, 1946) oder den Kriegsalltag ohne beschönigenden Pathos schilderten (K. M. SIMONOW, ›Dni i noči‹, 1944). A. T. TWARDOWSKIJ, TICHONOW, WERA PANOWA, ANNA ACHMATOWA, OLGA BERGGOLZ u. a. stellten das individuelle und nat. Leiden im Krieg dar. Bald nach Kriegsende (1946) jedoch wurde im Auftrag STALINS durch A. A. SCHDANOW das künstler. Schaffen erneut einer verstärkten Reglementierung unterworfen.

Ein Wandel trat erst nach STALINS Tod (1953) und N. S. CHRUSCHTSCHOWS Abkehr vom Stalinismus (20. Parteitag, 1956) im ›Tauwetter‹ (benannt nach dem Roman ›Ottepel'‹, 1954, dt. ›Tauwetter‹ von I. G. EHRENBURG) ein, u. a. im Werk von WERA PANOWA, W. D. DUDINZEW, D. A. GRANIN, J. M. NAGIBIN und A. I. SOLSCHENIZYN (›Odin den' Ivana Denisoviča‹,

1962). Die Lyrik war weiterhin geprägt durch die schon in den Kriegsjahren publizierenden Dichterinnen OLGA BERGGOLZ, MARGARITA ALIGER und v. a. ANNA ACHMATOWA sowie durch N. A. SABOLOZKIJ. Daneben polemisierten junge Lyriker gegen Mißstände des Stalinismus und der eigenen Gegenwart (J. A. JEWTUSCHENKO), verbanden Zeitkritik mit liedhaften Formen (B. S. OKUDSCHAWA) oder wandten sich neuen lyr. Formen zu (A. A. WOSNESSENSKIJ, BELLA ACHMADULINA, R. I. ROSCHDESTWENSKIJ). Die Erzähler (W. P. NEKRASSOW, PAUSTOWSKIJ, LEONOW, KAWERIN, W. P. AKSJONOW, W. F. TENDRJAKOW) griffen zunehmend eth. Konflikte, bes. der sowjet. Jugend, auf. Diese ›Junge Prosa‹ (auch ›Jeansprosa‹) stellte die bisherigen Autoritäten in Frage und überließ die jugendl. Helden bei der Bewältigung ihrer Probleme und ihrer Suche nach einem Sinn des Lebens weitgehend sich selbst (AKSJONOW, ›Zvezdnyj bilet‹, 1961). Mit Science-fiction-Literatur, die auch gesellschaftl. und philosoph. Fragestellungen aufgriff, traten die Brüder A. N. und B. N. STRUGAZKIJ hervor.

In dieser Periode einer relativen künstler. Liberalität, die jedoch nicht den Wegfall des Dogmas des sozialist. Realismus bedeutete, kam es zur Rehabilitierung zahlreicher Opfer der stalinist. Verfolgungen (ANNA ACHMATOWA, OLESCHA) und zur Aufhebung von Publikationsverboten. Daneben machten jedoch offiziöse oder parteioffizielle Angriffe auf unbequeme Autoren (etwa CHRUSCHTSCHOWS gegen den Roman ›Ne chlebom edinym‹, 1956, von DUDINZEW) oder die Auseinandersetzungen um die Nobelpreisverleihung (1958) an PASTERNAK bis hin zur Ausweisung (1974) des radikal systemkrit. SOLSCHENIZYN immer wieder die engen Grenzen künstler. Tätigkeit deutlich. So kam es Anfang der 70er Jahre zu einer weiteren Emigrationswelle von Schriftstellern und zu einem Anwachsen der Emigrantenliteratur, v. a. W. J. MAKSIMOW (der 1974 in Paris die Zeitschrift ›Kontinent‹ gründete), A. A. GALITSCH, A. A. AMALRIK, W. N. WOJNOWITSCH, L. S. KOPELEW. Für die Schriftsteller in der UdSSR bestand die – freilich riskante – Möglichkeit, offiziell nicht zugelassene Werke im → Samisdat oder im Ausland (›Tamisdat‹) zu publizieren. Inhaltlich blieb für viele Autoren, v. a. der älteren und mittleren Generation (SIMONOW, W. W. BYKOW, G. J. BAKLANOW, J. W. BONDAREW), der – nüchterner als früher gesehene – Zweite Weltkrieg mit seinen Folgen ein dringendes Anliegen. Das Leben auf dem Land oder in der entfernten Provinz (Sibirien) wurde zum Gegenstand einer stilistisch anspruchsvollen Prosa (›Dorfprosa‹). Die Dorfprosaisten (W. G. RASPUTIN, W. M. SCHUKSCHIN, F. A. ABRAMOW, W. P. ASTAFJEW, S. P. SALYGIN, W. A. SOLOUCHIN, WASSILIJ J. AFONIN, *1939) stellten dem entwurzelten Individuum, der demoralisierten Gesellschaft traditionelle Werte wie Familie, Dorfgemeinschaft, Religion und Natur entgegen. Die städt. Intelligenzja fand ihre Probleme in der Prosa der ›Urbanisten‹, u. a. J. W. TRIFONOW, A. G. BITOW, W. S. MAKANIN, WLADIMIR N. KRUPIN (*1941), behandelt.

Mitte der 80er Jahre setzte im Zeichen der Politik der Perestroika M. S. GORBATSCHOWS auch eine grundlegende kulturpolit. Liberalisierung ein. Die Auseinandersetzung mit der Vergangenheit erfolgt krasser als zuvor, auch Werke – häufig schon früher entstanden –, die radikal mit den bisher bestehenden Tabus brechen, können nun erscheinen: der Anti-Stalin-Roman ›Deti Arbata‹ (1987) von A. N. RYBAKOW, die Romane ›Zubr‹ (1987) von D. A. GRANIN und ›Belye odeždy‹ (1987) von DUDINZEW, die den ›Lyssenkoismus‹ (Pseudogenetik) entlarven, die Romane ›Vse tečet‹ (hg. Frankfurt am Main 1970) von W. S. GROSSMAN und ›Nočevala tučka zolotaja‹ (1988) von A. J. PRISTAWKIN über die Deportationen während der Stalinzeit, der Roman ›Placha‹ (1987) von T. AJTMATOW über Drogen und der Roman ›Pečal'nyj detektiv‹ (1987) von W. P. ASTAFJEW über Kriminalität. Auch Memoiren, in ihrer Aussage härter als alles bisher Erlaubte, werden publiziert, u. a. von JEWGENIJA GINSBURG, NADESCHDA MANDELSTAM, LIDIJA TSCHUKOWSKAJA und NINA BERBEROWA (*1901; ›Ljudi i loži‹, 1986). Literaturgeschichtl. Lücken werden gefüllt, v. a. mit der Exilliteratur der Zwischenkriegszeit (Zentren: Berlin, Paris), deren Verfasser (BUNIN, MERESCHKOWSKIJ, REMISOW, V. NABOKOV u. a.) jahrzehntelang totgeschwiegen worden waren. Autoren, die unter L. I. BRESCHNEW ausgewiesen worden waren, die sogenannten Dissidenten, werden wieder in den Schriftstellerverband aufgenommen.

Zunehmend zeichnet sich das Wiederaufleben philosoph., auch religiöser Fragestellungen ab, so bei J. TERNOWSKIJ, F. GORENSTEIN und WJATSCHESLAW PJEZUCH (*1946; ›Novaja moskovskaja filosofija‹, 1989). Als Lyriker treten ALEKSANDR S. KUSCHNER (*1936), NOWELLA N. MATWEJEWA (*1934), JUNNA P. MORIZ (*1937), JURIJ D. LEWITANSKIJ (*1922) hervor. Nachdem erstmals die in der Tradition v. a. MARINA ZWETAJEWAS und MANDELSTAMS stehende Lyrik I. BRODSKIJS in sowjet. Ausgaben zugänglich wurde, ist der Anspruch an die russ. Lyrik gestiegen. – Mit großem Selbstbewußtsein hat sich die Dramatik entwickelt: Stücke von W. S. ROSOW und A. S. WAMPILOW, die sich kritisch mit der sowjet. Wirklichkeit auseinandersetzen, gehören bereits fest zum Repertoire der russ. Gegenwartsdramatik. In jüngster Zeit haben die Stücke von LJUDMILA PETRUSCHEWSKAJA Aufsehen erregt, die – ebenso ›düster‹ und ›grausam‹ wie ihre Erzählungen – den Alltag der Städte schildern. Die Chronikstücke M. F. SCHATROWS über die Stalinzeit gehören zu der gegenwärtig noch stark vertretenen vergangenheitsbewältigenden Entlarvungsliteratur, die sich auf der Bühne früher zu Wort meldete als in der gedruckten Prosa. Hier traten Ende der 80er Jahre Autoren an die Öffentlichkeit, die zuvor im Untergrund geschrieben hatten: Die ›alternative Prosa‹ von WENEDIKT JEROFEJEW (*1939), WIKTOR JEROFEJEW (*1947), JEWGENIJ POPOW (*1946), PJEZUCH oder TATJANA TOLSTAJA verfolgt rein künstler. Ziele und bemüht sich um eine neue Ästhetik.

Ebenfalls zur r. L. wurde bisher die in russ. Sprache geschriebene Literatur nichtruss. Völker der ehem. Sowjetunion gerechnet, u. a. G. N. AJGI, AJTMATOW, W. W. BYKOW, R. GAMSATOW, M. IBRAGIMBEKOW, F. A. ISKANDER, A. KIM, O. SULEJMENOW.

**Nachschlagewerke:** Kratkaja literaturnaja ènciklopedija, 9 Bde. (Moskau 1962–78); W. KASACK: Lex. der r. L. ab 1917, 2 Tle. (1976–86); ders.: Die Klassiker der r. L. Die großen Autoren vom 18. bis zum 20.Jh. (1986); The modern encyclopedia of Russian and Soviet literature, hg. v. H. B. WEBER, auf zahlr. Bde. ber. (Gulf Breeze, Fla., 1977ff.); Handbook of Russian literature, hg. v. V. TERRAS (New Haven, Conn., 1985).

**Bibliographien:** A. A. NAZAREVSKIJ: Bibliografija drevnerusskoj povesti (Moskau 1955); Russkie sovetskie pisateli. Prozaiki, hg. v. O. D. GOLUBEVA u. a., 7 Bde. (Leningrad 1959–72); V. P. STEPANOV u. J. V. STENNIK: Istorija russkoj literatury XVIII veka (ebd. 1968); Russkie sovetskie pisateli. Poèty, hg. v. ders. u. a., 9 Bde. (Moskau 1977–86); Istorija russkoj literatury XIX veka, hg. v. K. D. MURATOVA (ebd. 1962); L. A. FOSTER: Bibliografija russkoj zarubežnoj literatury. Bibliography of Russian émigré literature. 1918–1968, 2 Bde. (Boston, Mass., 1970); G. WYTRZENS: Bibl. der russ. Autoren u. anonymen Werke, 2 Tle. (1975–82); B. L. KANDEL' u. a.: Russkaja chudožestvennaja literatura i literaturovedenie (Moskau 1976); E. ŠTEJN: Poèzija russkogo rassejanija 1920–1977 (Ashford, Conn., 1978).

**Gesamtdarstellungen:** Istorija russkoj literatury, 13 Bde. (Moskau 1941–56); W. LETTENBAUER: Russ. Literaturgesch. (²1958); D. S. MIRSKIJ: Gesch. der r. L. (a. d. Engl., 1964); Istorija russkoj literatury, hg. v. N. I. PRUCKOV, 4 Bde. (Leningrad 1980–83); A. STENDER-PETERSEN: Gesch. der r. L. (a. d. Dän., ⁴1986).

**Ältere Zeit:** N.K. GUDZIJ: Gesch. der r. L. 11.–17. Jh. (a. d. Russ., Halle/Saale 1959); D. TSCHIŽEWSKIJ: Abriß der altruss. Literaturgesch. (1968); O Bojan, du Nachtigall der alten Zeit. 7 Jh. altruss. Lit., hg. v. H. GRASSHOFF u. a. (Berlin-Ost ⁴1982).
**17. und 18. Jh.:** The literature of eighteenth century Russia, hg. v. H. B. SEGEL, 2 Bde. (New York 1967); Russian literature in the age of Catherine the Great, hg. v. A. G. CROSS (Oxford 1976).
**19. Jh.:** D. TSCHIŽEWSKIJ: Russ. Literaturgesch. des 19. Jh., 2 Bde. (1964–67, Nachdr. 1977, Bd. 1); The romantic age in Russian literature, poetic and esthetic norms. An anthology of original texts, 1800–1850, hg. v. R. NEUHÄUSER (München 1975).
**20. Jh.:** G. P. STRUVE: Russkaja literatura v izgnanii (New York 1956, Nachdr. Paris 1984); D. BROWN: Soviet Russian literature since Stalin (Cambridge 1978); J. HOLTHUSEN: R. L. im 20. Jh. (1978); Sowjetlit. heute, hg. v. G. LINDEMANN (1979); J. MALZEW: Freie r. L. 1955–1980 (a. d. Russ., 1981); Multinat. Lit. der Sowjetunion: 1945 bis 1980. Einzeldarst., hg. v. G. LOMIDSE u. a., 2 Bde. (a. d. Russ., Berlin-Ost 1981–85); G. SVIRSKIJ: A history of post-war Soviet writing (a. d. Russ., Ann Arbor, Mich., 1981); W. KASACK: Die r. L. 1945–1982 (1983); ders.: Russian literature 1945–1988 (a. d. dt. Manuskript, München 1989); Russ. Avantgarde 1907–1921, hg. v. B. ZELINSKY (1983); J. WOLL u. V. G. TREML: Soviet dissident literature, a critical guide (Boston, Mass., 1983).

**russische Musik,** die Musik der Großrussen, der Ukrainer und der Weißrussen. Die Anfänge ihrer Volks- und Kirchenmusik reichen in die Vor- und Frühgeschichte des slaw. Bev. dieses Raumes zurück; charakteristisch ist, daß sie sich bis ins 17. Jh. ohne wesentl. Beziehung zur abendländ. Kunstmusik entwickelte. Das mannigfaltige Repertoire der *Volksmusik* bilden u. a. Gebrauchslieder und Tänze (Chorowody), lyr. und epische Lieder (Starinen und Bylinen), Scherzlieder (Tschastuschki) und histor. Lieder. Ihre tonale und melod. Eigenart beruht auf den altkirchl. Modi und auf der Pentatonik, auf den asymmetr. Taktarten und gelegentlich auf freier Polyphonie (Podgolossok). Die instrumentale Folklore wurde v. a. von den Skomorochi (fahrende Musikanten und Schauspieler) betrieben. Unter dem Einfluß der Vokalpolyphonie entwickelte sich auch mehrstimmiges Spiel auf versch. Volksinstrumenten; zu nennen sind u. a. Gudok, Kobsa, Bandura, Domra, Balalaika, Gusli, von den Blasinstrumenten u. a. die Dudka.

Die *Kirchenmusik* war im alten Rußland zuerst an die griech. sowie an die altkirchenslaw. bzw. altbulgar. Sprache gebunden. In der Frühgeschichte wurde sie von der byzantin. und altslaw. Liturgie geformt. Bis in das 17. Jh. hinein blieb sie einstimmig, ihre Tonalität und Melodik verwendeten die alten griech. Modi und melod. Formeln des altslaw. Kirchengesangs. Mit dem Übersetzen der liturg. Texte in die Vulgärsprache setzten sich allmählich auch nat. Elemente durch. Die ersten musikal. Denkmäler aus Kiew (12. Jh.) zeigen schon russ. Neumen (Krjuki). Wichtig für die künstler. Entfaltung der russ. Kirchenmusik wurde die Aufnahme der abendländ. Polyphonie und später der vokalinstrumentalen Formen des italien. Barock und der Vorklassik in Werken u. a. von D. S. BORTNJANSKIJ. An diese Tradition haben später auch die russ. Romantiker (P. I. TSCHAIKOWSKY, N. A. RIMSKIJ-KORSAKOW, S. W. RACHMANINOW) und I. STRAWINSKY angeknüpft.

Die russ. *Kunstmusik* ist in ihren Anfängen eng mit der Tätigkeit ausländ. Musiker verbunden. Nachdem im frühen 17. Jh. westeurop. Musiker ins Land geholt worden waren und gelegentlich Aufführungen dt. Musik stattgefunden hatten (so 1673 das verlorene Ballett ›Orpheus und Euridike‹ von H. SCHÜTZ), stand die Musik der Aristokratie und ihrer leibeigenen Kapellen und Operntruppen seit PETER D. GR. völlig unter dt., frz. und italien. Einfluß. In Petersburg beherrschten italien. Komponisten wie FRANCESCO ARAJA (*1709, †1770), B. GALUPPI, T. TRAETTA, G. SARTI, G. PAISIELLO, D. CIMAROSA, CATTERINO CAVOS (*1775, †1840) die Oper bis zum 19. Jh. (Werke z. T. auf russ. Texte); daneben unternahmen im 18. Jh. WASSILIJ A. PASCHKEWITSCH (* um 1742, †1797) und JEWSTIGNIJ I. FOMIN (*1761, †1800) Versuche in der russ. Oper; BORTNJANSKIJ stand mehr unter westl. Einfluß. – Mit M. I. GLINKAS Opern begann die nationalruss. Kunstmusik (›Das Leben für den Zaren‹, 1836; ›Ruslan und Ljudmila‹, 1842). In A. S. DARGOMYSCHSKIJ fand er einen Nachfolger, der in ›Russalka‹ (1856) und ›Der steinerne Gast‹ (1872) seine Musik dem Tonfall der russ. Sprache anpaßte. Dagegen orientierten sich der Wagnerfreund A. N. SEROW und A. G. RUBINSTEIN an westl. Musik. Die nat. Bestrebungen wurden seit 1862 von der Gruppe →Mächtiges Häuflein um M. A. BALAKIREW – der auch die Volksliedersammlung veröffentlichte – weitergeführt: A. P. BORODIN, Z. A. KJUJ, M. P. MUSSORGSKIJ und RIMSKIJ-KORSAKOW; MUSSORGSKIJ schuf mit ›Boris Godunow‹ (1874) eines der großen russ. Musikdramat. Werke seine Zeit. RIMSKIJ-KORSAKOW schrieb die erste russ. Sinfonie und wurde in Petersburg zum Lehrer einer ganzen Komponistengeneration: A. K. LJADOW, A. S. ARENSKIJ, A. T. GRETSCHANINOW, A. K. GLASUNOW, N. N. TSCHEREPNIN, N. J. MJASKOWSKIJ und STRAWINSKY. In TSCHAIKOWSKYS Musik, die in W-Europa größte Anerkennung fand, tritt das nat. Element zugunsten westl. romant. Ausdrucksstärke zurück. In seiner Nachfolge standen sein Schüler S. I. TANEJEW – ein Meister des Kontrapunkts – und RACHMANINOW. A. N. SKRJABIN wandte sich, von F. CHOPIN ausgehend, einem expressiven Mystizismus zu, der die Moderne um 1910 anregte. SKRJABIN beherrschte die r. M. bis etwa 1930. Er fand zahlreiche Nachahmer; lediglich N. A. ROSLAWEZ entwickelte seine Tonsprache selbständig weiter. STRAWINSKY nahm früh impressionist. Impulse in die neuromant. Tradition (›Feuervogel‹, 1910), S. S. PROKOFJEW griff klassizist. Stilmittel auf; letzterer wurde später zu einem repräsentativen Vertreter der gemäßigten Moderne.

Nach der Oktoberrevolution (1917) herrschte zunächst in Abkehr von der als bürgerlich empfundenen r. M. des 19. Jh. Vorliebe für die westeurop. Moderne und allgemeine Experimentierfreudigkeit. Seit dem ersten Fünfjahresplan, bes. seit 1932, wurde die Neue Musik als formalistisch verdammt und eine realist., optimist., für die Massen verständl. und eindrucksvoll heroische Musik gefordert (→sozialistischer Realismus). Dies führte zum Rückgriff auf die russ. Volksmusik, auf die traditionelle Harmonik und Sinfonik des 19. Jh., auch zu vielen öffentl. Maßregelungen bedeutender Komponisten, deren Werke von der vorgeschriebenen Art abwichen. Von den älteren Komponisten spielten u. a. GLASUNOW, R. M. GLIER, MJASKOWSKIJ und M. O. STEINBERG auch in dieser Zeit eine Rolle. Als bedeutendster jüngerer Komponist trat D. D. SCHOSTAKOWITSCH v. a. mit Sinfonien hervor, neben ihm wurde der Armenier A. I. CHATSCHATURJAN international bekannt. Auf die UdSSR beschränkte sich die Wirkung von J. A. SCHAPORIN, W. J. SCHEBALIN, D. B. KABALEWSKIJ und I. I. DSERSCHINSKIJ.

In jüngster Zeit nahm die offizielle sowjet. Kulturpolitik gegenüber avantgardist. Musikbestrebungen eine zunehmend liberale Haltung ein. Die Beschäftigung mit Zwölftontechnik, serieller Musik, Collagetechniken und anderen, auch experimentellen Kompositionsweisen wurde geduldet und nicht mehr mit dem Verdikt der ›formalist. Verfallskunst‹ belegt. Mittlerweile wird der Anschluß an die westl. Moderne gesucht und gepflegt und eine eigenständige neue Musik angestrebt. Als bedeutender Vertreter avantgardist. Musik gilt W. W. SILWESTROW. Der experimentellen Musik, der in Moskau ein Experimentalstudio zur Verfügung steht, wandten sich u. a. SOFJA GUBAJDULINA (*1931), E. W. DENISSOW, A. G.

SCHNITTKE und JELENA FIRSOWA (* 1950) zu. Prominente Komponisten konservativer Prägung sind T. N. CHRENNIKOW, GEORGIJ W. SWIRIDOW (* 1915), ANDREJ J. ESCHPAJ (* 1925), ALEKSANDR N. CHOLMINOW (* 1925), BORIS TSCHAJKOWSKIJ (* 1925), ANDREJ P. PETROW (* 1930), SERGEJ M. SLONIMSKIJ (* 1932), RODION K. SCHTSCHEDRIN (* 1932), ANDREJ M. WOLKONSKIJ (* 1933) und BORIS I. TISCHTSCHENKO (* 1939).

L. L. SABANEEV: Gesch. der r. M. (a. d. Russ., 1926, Nachdr. 1982); ders.: Modern Russian composers (a. d. Russ., New York 1927, Nachdr. ebd. 1975); G. ABRAHAM: Über r. M. (a. d. Engl., Basel 1947); B. V. ASAF'EV: Russian music from the beginning of the nineteenth century (a. d. Russ., Ann Arbor, Mich., 1953); K. LAUX: Die Musik in Rußland u. in der Sowjetunion (Berlin-Ost 1958); F. K. PRIEBERG: Musik in der Sowjetunion (1965); Russ. Musik-Anthologie. Anthology of Russian music, hg. v. A. TCHEREPNIN (a. d. Russ., 1966); S. D. KREBS: Soviet composers and the development of Soviet music (London 1970); D. EBERLEIN: Russ. Musikanschauung um 1900 (1978); D. GOJOWY: Neue sowjet. Musik der 20er Jahre (1980); B. SCHWARZ: Musik u. Musikleben in der Sowjetunion von 1917 bis zur Gegenwart, 6 Tle. (a. d. Amerikan., 1982); V. I. SEROFF: Die mächtigen Fünf. Balakirew, Mussorgsky, Borodin, Rimsky-Korsakow, Cui. Der Ursprung der russ. Nationalmusik (a. d. Engl., Zürich ³1987).

**russische Philosophie,** Sammel-Bez. für das in Rußland entwickelte philosoph. Denken. Von der ersten Berührung mit der in Byzanz von den Südslawen (→byzantinische Kultur) und im Abendland gebildeten Kultur und Philosophie durch die Annahme des Christentums im Kiewer Reich 988 stand die r. P. bis zum 18. Jh. fast ausschließlich im Dienst der russ.-orthodoxen Theologie. Wichtige Eigenleistungen waren im 11.–13. Jh. die Schriften der Metropoliten ILARION und KLIMENT SMOLJATITSCH († nach 1154) sowie des Bischofs KYRILL VON TUROW (* um 1130, † nicht nach 1182; v. a. Ethik, philosoph. Terminologie). Das 14.–16. Jh. war durch geschichts- und staatsphilosoph. Auseinandersetzungen (bes. die Frage nach der Stellung der Kirche) bestimmt, in deren Verlauf sich die für die russ. Staatsidee bis ins 20. Jh. bestimmende politisch-absolutist. (FJODOR I. KARPOW, † vor 1545; IWAN S. PERESWETOW, 16. Jh.; Gegner v. a. A. M. KURBSKIJ) und machtkirchl. Richtung (JOSEPH VON WOLOKALAMSK; Gegner: NIL SORSKIJ) durchsetzte.

Die im 18. Jh. beginnende Loslösung der r. P. von der Religion (A. D. CANTEMIR, M. W. LOMONOSSOW u. a.) unter dem Einfluß der Naturwissenschaften führte zur Aufklärung (A. N. RADISCHTSCHEW), die an dt., frz. und engl. Vorbildern orientiert war; G. W. LEIBNIZ und C. WOLFF beherrschten die Schulmetaphysik. Eine Sonderstellung nahm im 18. Jh. G. S. SKOWORODA ein, der z. T. auch als eigentl. Begründer der r. P. angesehen wird; er übte Kritik am Materialismus und am sensualist. Empirismus und suchte in einer platonisch orientierten metaphys. Lehre eine Versöhnung von Gott und Welt. Ihm ging es nicht um Beherrschung der Natur, sondern um Selbstbeherrschung des Menschen. Mitte des 19. Jh. war die durch die Hinwendung zum europ. Denken unter PETER D. GR. grundgelegte Auseinandersetzung zw. ›Slawophilen‹ (A. S. CHOMJAKOW, I. W. KIREJEWSKIJ, I. S. und K. S. AKSAKOW, K. N. LEONTJEW) und ›Westlern‹ (P. J. TSCHAADAJEW, A. I. HERZEN, KONSTANTIN D. KAWELIN, * 1818, † 1885; W. G. BELINSKIJ, B. N. TSCHITSCHERIN) bestimmend. Erstere brachten einen S. KIERKEGAARD vergleichbaren religiösen Existentialismus hervor, letztere waren am dt. Idealismus (v. a. G. W. F. HEGEL) und am frühen Sozialismus orientiert; M. BAKUNIN wurde zu einem Hauptbegründer des Anarchismus. In der 2. Hälfte des 19. Jh. gewannen Materialismus (N. G. TSCHERNYSCHEWSKIJ, D. I. PISSAREW, G. W. PLECHANOW) und Positivismus (P. L. LAWROW, N. K. MICHAJLOWSKIJ) sowie der Kantianismus (A. I. WWEDENSKIJ, G. I. TSCHELPANOW, IWAN I. LAPSCHIN, * 1870, † 1952) an Bedeutung.

Bedeutender Vertreter einer auf Praxis hin orientierten Religionsphilosophie war NIKOLAJ F. FJODOROW (* 1828 oder 1829, † 1903). In seinem existentialistisch geprägten ›Supramoralismus‹, einem utop. Entwurf, sprach er von der Überwindung des Todes, der Auferweckung der Verstorbenen (der Väter) und der totalen Umgestaltung der Welt als sittl. Aufgabe der gesamten Menschheit. In dieser philosoph. Tradition standen, von eigenen Denkmodellen ausgehend, F. M. DOSTOJEWSKIJ, L. N. TOLSTOJ und K. N. LEONTJEW. Von großer Wirksamkeit war W. S. SOLOWJOW, der auf plotinisch-augustin. Grundlage das erste geschlossene System der r. P. schuf und dessen Denken sich von einer Theosophie zur Phänomenologie und philosoph. Anthropologie entwickelte. An ihn schlossen sich Vertreter eines transzendentalen (S. N. und J. N. TRUBEZKOJ, P. B. STRUWE u. a.), personalist. (A. A. KOSLOW; LEW M. LOPATIN, * 1855, † 1920; N. O. LOSSKIJ u. a.) und eines religionsphilosoph. Idealismus (S. N. BULGAKOW; LEW P. KARASAWIN, * 1882, † 1952; P. A. FLORENSKIJ) an. Die Emigranten L. I. SCHESTOW, N. A. BERDJAJEW und S. L. FRANK brachten in unmittelbarer Fortführung SOLOWJOWS (teils in Ablehnung des Marxismus) den russ. Existentialismus hervor. Die Auseinandersetzung um das Verhältnis von Wissenschaft (Naturwissenschaft, Positivismus, Materialismus, Metaphysik) und Philosophie (Erkenntnistheorie, Metaphysik) und um die Zuordnung von Wissen und (religiösem) Glauben bewegte um die Wende vom 19. zum 20. Jh. Denker wie LOPATIN, FRANK, K. D. KAWELIN, der in seiner Ethik für die Entwicklung der sittl., selbständigen und selbsttätigen Persönlichkeit eintrat, und A. A. BOGDANOW.

Mit der kommunist. Herrschaft wurde die traditionelle Philosophie unterbrochen und der dialekt. Materialismus (→Marxismus) in der UdSSR zur Staatsphilosophie erhoben. Anfang des 20. Jh. machte sich vorübergehend ein später von LENIN als Revisionismus abgelehnter Einfluß v. a. des →Empiriokritizismus auf die marxist. Philosophie geltend (Empiriomonismus), z. B. bei BOGDANOW und A. W. LUNATSCHARSKIJ. Ihm standen der ›reine‹ Marxismus PLECHANOWS und die Lehren LENINS (Marxismus-Leninismus) gegenüber. In relativer Eigenständigkeit gegenüber der marxist. Ideologie wurden in der Folge v. a. Beiträge zur Logik und Informationstheorie hervorgebracht. Neuere Tendenzen deuten auf eine Öffnung gegenüber der unterbrochenen Tradition der r. P. und eine breitere Rezeption und Verarbeitung westl. Denkens hin.

S. FRANK: Die russ. Weltanschauung (Neuausg. 1967); V. V. ZEN'KOVSKIJ: A history of Russian philosophy, 2 Bde. (a. d. Russ., New York ³1967); russ. Philosophie, hg. v. J. M. EDIE u. a., 3 Bde. (Neuausg. Knoxville, Tenn., 1976); H. DAHM: Grundzüge russ. Denkens. Persönlichkeiten u. Zeugnisse des 19. u. 20. Jh. (1979); A. WALICKI: A history of Russian thought. From the Enlightenment to Marxism (a. d. Poln., Oxford 1980); W. GOERDT: R. P. Zugänge u. Durchblicke (1984); A. A. GALAKTIONOV u. P. F. NIKANDROV: Russkaja filosofija XI–XIX vekov (Leningrad ²1989); R. P. Texte, hg. v. W. GOERDT (1989).

**Russischer Feldzug von 1812,** im Verlauf der →Napoleonischen Kriege der Feldzug NAPOLEONS I. gegen Rußland. Trotz des russisch-frz. Bündnisses (1807 Frieden von Tilsit) nahmen die machtpolit. Spannungen zw. NAPOLEON und dem russ. Kaiserreich zu, das sich u. a. der Kontinentalsperre gegen Großbritannien nur halbherzig anschloß. Am 24. 6. 1812 überschritt NAPOLEON ohne Kriegserklärung die Memel mit etwa 600 000 Soldaten der Großen Armee, die nur zur Hälfte aus Franzosen bestand und den russ. Truppen mehr als zweifach überlegen war. Die russ. Verteidigungsstrategie nutzte unter dem Oberbefehl von M. BARCLAY DE TOLLY durch planmäßigen Rückzug von vornherein die Weite des Landes. Nach der von seinem Nachfolger M. I. KUTUSOW angenommenen Abwehrschlacht bei Borodino (7. 9. 1812), die auf beiden Seiten mit schweren Verlusten verbunden war, konnte NAPOLEON am 14. 9. 1812 Moskau besetzen. Der Brand Moskaus, die mangelnde Versorgung der Armee, geschickte Operationen KUTUSOWS sowie die Ablehnung von Friedensverhandlungen durch Kaiser ALEXANDER I. veranlaßten die Franzosen zum Rückzug (19. 10. 1812). Hunger, Kälte und v. a. der von der ganzen Bev. getragene partisanenähnl. Widerstand zerrütteten die Große Armee, die nach der Niederlage bei Smolensk (16.–18. 11. 1812) und mit schwersten Verlusten verbundenen Übergang über die Beresina bei Studjanka (26.–28. 11. 1812) völlig zerfiel; nur Reste erreichten die Grenze Preußens; NAPOLEON kehrte allein nach Paris zurück (5. 12. 1812). Die russ.-preuß. Konvention von Tauroggen (30. 12. 1812) leitete die →Befreiungskriege ein.

P.-P. SÉGUR: La campagne de Russie, 2 Bde. (Paris 1960); Napoleons Rußlandfeldzug in Augenzeugenberichten, hg. v. E. KLESSMANN (Neuausg. ²1982).

**russischer Salat**, Salat aus gewürfelten, gedünsteten Mohrrüben, weißen Rüben, grünen Bohnen, Champignons, Pökelzunge, Hummer, Sardellen, gekochtem Schinken und Pfeffergurken, mit Mayonnaise oder dicker saurer Sahne gebunden, garniert mit Kapern, gehacktem Ei, Kaviar oder Wurstscheibchen.

**Russischer Wein**, *Cissus rhombifolia*, Art der Gattung Klimme; schnell wachsende Staude, deren junge Triebe rötlich und behaart sind; Blätter dreiteilig, langgestielt, dunkelgrün, Unterseite rötlich behaart; beliebte Zimmerpflanze.

**russisches Brot**, Feingebäck aus Eiweiß, Puderzucker und Mehl, hellbraun, glänzend; meist in Buchstaben- oder Zahlenform.

**russische Schrift**, eine Form der kyrill. Schrift (→Kyrilliza), die mit der Christianisierung Rußlands (988) aus Byzanz und Bulgarien übernommen und weiterentwickelt wurde. Sie besitzt nach mehreren Reformen (da die palatalen Konsonantenphoneme oft durch eine Kombination von Konsonantenbuchstaben und besonderen Vokalbuchstaben bezeichnet werden) nur 33 Buchstaben für 42 Phoneme. (ÜBERSICHT Bd. 1, S. 701)

**russisches Kreuz**, →Kreuzformen.

**Russische Sozialistische Föderative Sowjetrepublik**, russ. **Rossijskaja Sowjetskaja Federatiwnaja Sozialistitscheskaja Respublika**, Abk. **RSFSR**, dominierende Teilrepublik der ehemaligen Sowjetunion; umfaßte drei Viertel der Fläche und (1989) 51,4 % der Ew. des Landes. Im Verlauf der Oktoberrevolution von 1917 übernahmen die von LENIN geführten Kommunisten (Bolschewiki) die Regierungsgewalt in Rußland und behaupteten sie in einem langjährigen Bürgerkrieg. 1918 rief der Dritte Allruss. Rätekongreß die RSFSR aus. Sie wurde zum Kernstaat der am 30. 12. 1922 gegründeten Union der Sozialist. Sowjetrepubliken (UdSSR); 1925, 1936 und 1978 erhielt sie eine Verf., um ihrer polit. Funktion einen staatsrechtl. Rahmen zu geben.
Im Zuge der seit Mitte der 80er Jahre von M. S. GORBATSCHOW (als GenSekr. der KPdSU und Präs. der UdSSR) eingeleiteten Politik des ›Umbaus‹ (russ. Perestroika) entwickelte sich in der RSFSR unter der Führung von B. N. JELZIN eine breite polit. Bewegung, die das Ziel einer größeren Staats- und Wirtschaftsreform (nach demokrat. und marktwirtschaftl. Maßstäben) mit der Forderung nach größerer Selbständigkeit der RSFSR gegenüber der Zentral-Reg. der UdSSR verband; bei der Wahl des Kongresses der Volksdeputierten (1 068 Mitgl.) am 4. 3. 1990 errang sie eine Mehrheit. Am 29. 5. 1990 wählte der Kongreß der Volksdeputierten JELZIN zum Präs. des Obersten Sowjets dieses Kongresses und erklärte am 12. 6. 1990 mit großer Mehrheit die RSFSR zum souveränen Staat. Mit einem 500-Tage-Programm setzte JELZIN ein radikales Reformkonzept durch. Nach Reform der Verf. wählte die Bev. am 12. 6. 1991 zum Staatspräs. der russ. Teilrepublik. Am 8. 12. 1991 schloß sich die RSFSR der ›Gemeinschaft Slawischer Staaten‹, am 21. 12. 1991 der ›Gemeinschaft Unabhängiger Staaten‹ (GUS) an. Dem folgten Ende Dez. 1991 die endgültige Auflösung der UdSSR und die Umbenennung der RSFSR in Russ. Föderation. (→Rußland)

**russische Sprache**, ostslaw. Sprache (→slawische Sprachen), gesprochen als Muttersprache von etwa 147 Mio. Russen v. a. in Rußland, aber auch in den anderen Rep. der Gemeinschaft Unabhängiger Staaten (GUS) sowie in Georgien und im Baltikum, außerdem als Primärsprache von etwa 16 Mio. Angehörigen anderer Nationalitäten in der GUS sowie von 1,5 Mio. Russen in den USA, Kanada, W-Europa und Israel; bis 1991 Verkehrssprache in der UdSSR, bis 1990 auch in den Ländern ihres Machtbereichs; eine Konferenzsprache der UNO.
Die r. S. wird in kyrill. Schrift (→Kyrilliza, →russische Schrift) geschrieben. Die heutige Orthographie wurde weitgehend durch die Schriftreform von 1918 festgelegt. Sie folgt im wesentlichen dem phonolog. Prinzip.
*Phonetik* und *Phonologie:* Das russ. Phonemsystem zeichnet sich durch einen großen Bestand an Konsonantenphonemen aus, dem nur fünf Vokalphoneme (a, e, i, o, u) gegenüberstehen. Die Aussprache der Phoneme variiert einerseits stark in Abhängigkeit vom Wortakzent (quantitative Reduktion der unbetonten Vokale, bes. ausgeprägt im Akanje, d. h. der Nichtunterscheidung von o und a in unbetonten Silben), der frei und beweglich ist, also auf jeder Silbe stehen und innerhalb des Paradigmas wechseln kann. Andererseits ist sie abhängig von Position und Kombination der Phoneme. Die meisten Ausspracheveränderungen hängen mit den wichtigsten Gegensatzpaaren der russ. Konsonanten zus., die durch die Korrelationsmerkmale Stimmton und Palatalität (oder Erweichung) gekennzeichnet sind. So werden stimmhafte Konsonanten im absoluten Auslaut stimmlos; vor Vokalen, Sonorlauten und v, v' (vor Vokal und Sonorlaut) können jedoch im Unterschied zum Deutschen sowohl stimmhafte als auch stimmlose Konsonaten auftreten, während ansonsten (auch über Wortgrenzen hinweg) eine regressive Stimmassimilation stattfindet, d. h., stimmhafte Konsonanten werden vor stimmlosen stimmlos und stimmlose vor stimmhaften stimmhaft. Die Palatalität der Konsonanten führt häufig auch zur Assimilation des vorhergehenden nichtpalatalen Konsonanten und hat großen Einfluß auf die Qualität der Aussprache der vorhergehenden und folgenden Vokale, wobei sich der Artikulationsort nach oben oder vorne verschiebt. Andererseits können die harten Konsonanten š, ž und c die folgenden Vokale in umgekehrter Richtung beeinflussen. In Verbindung mit der Reduktion der Vokale außerhalb der Betonung finden sich nach palatalen Konsonanten lediglich die Laute i und u, da die Phoneme a, e und o in dieser Position nur als i vorkommen.
*Morphologie:* Die nominalen Wortklassen der r. S. verfügen über eine Kasusflexion, die in mehreren Deklinationsklassen (nach dem Stammauslaut werden v. a. harte und weiche Deklination unterschieden) sechs Kasus aufweist. Beim Substantiv können im Singular noch ein besonderer Genitivus partitivus (bei Stoffbezeichnungen nach Mengenangaben) auf -u/-ju bei maskulinen Stämmen und ein zweiter Lokativ auf -ú oder -í nach den Präpositionen na (›auf‹) und v (›in‹) bei bestimmten Klassen auftreten.

# Russ   russische Sprache

Die r. S. kennt drei Genera, die beim Substantiv häufig nicht mit dem natürl. Geschlecht übereinstimmen. Eine Besonderheit bildet die Kategorie der Belebtheit oder Beseeltheit, d. h. die Verwendung des Genitivs für den Akkusativ zur Bezeichnung belebter direkter Objekte im Sg. und Pl. der maskulinen Stämme und im Pl. der femininen und neutralen Stämme. Die r. S. kennt zwei Numeri: Sg. und Pl.; lediglich der Form nach haben sich Reste des alten Duals erhalten (glaza ›Augen‹, pleči ›Schultern‹). – Das Adjektiv besitzt eine attributiv und prädikativ verwendete Langform und häufig zusätzlich noch eine nur prädikativ gebrauchte Kurzform.

Das Verb kennt drei Personen, zwei Numeri und die Tempora Präsens, Präteritum und Futur. Das Präteritum unterscheidet als Folge seiner Entstehung aus einem Präteritalpartizip jedoch nur Genus (nur im Singular) und Numerus. Von großer Bedeutung für das Verbalsystem sind das Aspektsystem und die Aktionsarten des Verbs. Die Aktionsarten ändern Art und Weise der Ausführung von Verbalhandlungen und damit die Bedeutung des Verbs; sie werden durch Präfixe und Suffixe gebildet und treten nur in einem Aspekt auf. Der Aspekt ist eine grammat. Kategorie. Über 60% der russ. Verben verfügen über einen perfektiven und einen imperfektiven Aspektpartner mit jeweils eigenem Stamm. Durch den Verbalaspekt kann der Inhalt der Verbalhandlung unterschiedlich betrachtet werden: als ganzheitlich (perfektiver Aspekt) oder nicht ganzheitlich (imperfektiver Aspekt). Darüber hinaus gibt es bei den Verben der Bewegung Verbpaare mit je einem Verb zum Ausdruck einer zielgerichteten bzw. nichtzielgerichteten Bewegung.

*Syntax:* Die r. S. ist gekennzeichnet durch reine Nominalsätze im Präsens als Folge des weitgehenden Wegfalls der Präsensformen des Verbs byt' (›sein‹): On inžener ›Er (ist) Ingenieur‹. Die Wortstellung ist grundsätzlich frei, die Satzgliedfolge aber gewöhnlich: Subjekt – Prädikat – Objekt. Variationen werden kommunikativ und stilistisch genutzt; in der mündl. Rede trägt dazu auch ein differenziertes System der Satzintonationen bei.

*Lexikologie* und *Wortbildung:* Die r. S. verfügt neben einem alten gemeinslaw., ostslaw. und genuin russ. Wortbestand über eine Reihe von Lehnwörtern, v. a. aus dem Griechischen und Lateinischen (oft durch ukrain., poln. oder dt. Vermittlung), dem Französischen, Deutschen und den Türksprachen. Daneben gibt es Entlehnungen aus dem Skandinavischen, den finno-ugrischen Sprachen, dem Niederländischen und zunehmend aus dem Englischen. Eine Erweiterung des Wortbestandes findet durch Lehnübersetzungen sowie durch die Wortbildung statt: Ableitung, Zusammensetzung, lexikalisch-syntakt. und morphologisch-syntakt. Verfahren, versch. Formen der Bildung von Kurzwörtern (z. B. **kol**choz ›Kolchos‹ aus **kol**lektivnoe **choz**jajstvo ›Kollektivwirtschaft‹).

*Dialekte:* Die Dialekte werden in eine nordruss. und eine südruss. Gruppe unterteilt sowie in eine mittelruss. Übergangsgruppe. Letztere – mit dem Moskauer Dialekt – bildet die Grundlage für die russ. Literatursprache. Merkmale der nordruss. Dialekte sind v. a. das Okanje, d. h. die Unterscheidung von o und a in unbetonten Silben, und artikelähnl. nachgestellte Partikeln (-ot, -ta). Die südruss. Dialekte sind durch die frikative Aussprache des g gekennzeichnet, ferner durch das Akanje sowie durch die weiche Endung (-t') der 3. Person Singular und Plural des Verbs. Die mittelruss. Dialekte haben mit den nordruss. die Aussprache des g als Verschlußlaut und die harte Endung der 3. Person Singular und Plural des Verbs gemeinsam und mit den südruss. das Akanje.

*Funktionale* und *soziale Gliederung:* Die Literatursprache (literaturnyj jazyk) wird in eine kodifizierte Literatursprache und in eine ungezwungene Umgangssprache (razgovornaja reč') eingeteilt; letztere wird von einigen Forschern als eigenes System gesehen. Außerhalb davon gibt es das ›Prostorečie‹, die mündl. Umgangssprache der ungebildeten städt. Bevölkerung, die von Dialekten und Jargons beeinflußt ist. Ferner existieren professionelle Gruppenjargons und ein besonderer Jugendjargon.

*Geschichte:* Die ältesten überlieferten Texte (›Ostromir-Evangelium‹, 1056–57 und ›Izbornik Svjatoslava‹, 1073 und 1076) sind Abschriften kirchenslaw. Texte. Bis zum 14. Jh. nimmt man für das Russische, Ukrainische und Weißrussische eine gemeinsame Grundlage (›Altostslawisch‹) an. Mit der Herausbildung des Moskauer Zentralstaates (14.–17. Jh.) spricht man von der altruss. Sprache. Die Sprache der christl. und kirchl. Literatur bis ins 17. Jh. jedoch war das Kirchenslawische. Dieses stand zunächst (11.–14. Jh., erster südslaw. Einfluß) unter bulgarisch-südslaw. Einfluß, erfuhr im 14.–15. Jh. (zweiter südslaw. Einfluß) eine Reorientierung an den byzantin. Traditionen und unterlag im 17. Jh. von der Ukraine aus einem dritten südslaw. Einfluß. Diese Literatur- und Kultursprache war in dieser Periode eine andere als die gesprochene Sprache. Ihr Gebrauch war auf den jeweiligen Bereich, Kultur bzw. alltägl. Leben, beschränkt; diese sprachl. Situation wird als Diglossie bezeichnet. Von einer Volksliteratur, die nach Meinung vieler sowjet. Forscher in der r. S. bestand und tradiert wurde, gibt es keine schriftl. Zeugnisse aus dieser Zeit. Lediglich in Rechtstexten und Urkunden macht sich ihr stärkerer russ. Einfluß bemerkbar. Mit dem dritten südslaw. Einfluß begann sich diese Situation zu ändern, und die Diglossie entwickelte sich zu einer kirchenslawisch-russ. Zweisprachigkeit. Durch die Reformen PETERS D. GR. verstärkte sich der westeurop. Einfluß auf die r. S., und im 18. Jh. führte die philolog. Tätigkeit M. W. LOMONOSSOWS mit seiner ›Theorie der drei Stile‹ zu einer funktionalen Verteilung der kirchenslaw. und russ. Elemente auf unterschiedl. Textsorten. Nach verstärkten Bemühungen um eine Vermischung von kirchen- und volkssprachl. Elementen in der Literatur Ende des 18. Jh. versuchte N. M. KARAMSIN, die ›Theorie der drei Stile‹ zu überwinden. Als eigentl. Schöpfer einer einheitl. nationalen russ. Schriftsprache gilt A. S. PUSCHKIN, der sich verstärkt an der Volkssprache orientierte, jedoch Kirchenslawismen und Fremdwörter nicht ausschloß. Sein Schaffen führte zu einer einheitl. Norm der russ. Literatursprache, in der in der 2. Hälfte des 19. Jh. ein differenziertes System von Funktionalstilen entwickelt wurde.

**Wörterbücher:** I. I. SREZNEVSKIJ: Materialy dlja slovarja drevne-russkogo jazyka po pis'mennym pamjatnikam, 3 Bde. (Petersburg 1893–1912, Nachdr. Graz 1971); Slovar' sovremennogo russkogo literaturnogo jazyka, hg. v. V. I. ČERNYŠEV u. a., 17 Bde. (Moskau 1950–65); M. VASMER: Russ. etymolog. Wb., 3 Bde. (1953–58); L. È. BINOVIČ u. N. N. GRIŠIN: Nemecko-russkij frazeologičeskij slovar'. Dt.-russ. phraseolog. Wb. (Moskau ²1975); A. A. ZALIZNJAK: Grammatičeskij slovar' russkogo jazyka (ebd. 1977); V. I. DAL': Tolkovyj slovar' živogo velikorusskogo jazyka, 4 Bde. (ebd. ⁷1978–80); A. I. MOLOTKOV: Frazeologičeskij slovar' russkogo jazyka (ebd. ³1978); A. P. EVGEN'EVA: Slovar' sovremennogo russkogo literaturnogo jazyka, 4 Bde. (Neuausg. ebd. 1981–84); S. KOESTER u. E. ROM: Wb. der modernen russ. Umgangssprache. Russ.-dt. (1985); S. I. OŽEGOV: Slovar' russkogo jazyka (Moskau ²¹1989); E. DAUM u. W. SCHENK: Wb. Dt.-Russ. (Leipzig ⁴1990), dies.: Wb. Russ.-Dt. (ebd. ²¹1990).

**Bibliographie u. Allgemeines:** Russkij jazyk. Ènciklopedija, hg. v. F. P. FILIN (Moskau 1979); H. W. SCHALLER: Bibl. zur r. S. (1980); Die r. S. der Gegenwart, hg. v. K. GABKA u. a., 8 Tle. (Leipzig ¹⁻⁴1981–85).

**Grammatik:** Russkaja grammatika, bearb. v. V. BARNETOVÁ u. a., 2 Bde. (Prag 1979); Russkaja grammatika, hg. v. J. ŠVE-

DOVA, 2 Bde. (Moskau 1980); W. VOIGT: Leitfaden der russ. Gramm. (Leipzig [18]1988); M. KOBER: Russ. Sprachlehre, 2 Bde. ([3-5]1989–90); E. TAUSCHER u. E.-G. KIRSCHBAUM: Gramm. der r. S. ([18]1989).
**Sprachgeschichte:** V. KIPARSKY: Russ. histor. Gramm., 3 Bde. (1963–75); A. ISSATSCHENKO: Gesch. der r. S., 2 Bde. (1980–83); B. A. USPENSKIJ: Istorija russkogo literaturnogo jazyka XI–XVII vv. (München 1987).
**Einzeldarstellungen:** Russkaja dialektologija, hg. v. P. S. KUZNECOV (Moskau 1973); A. A. AKIŠINA u. S. A. BARANOVSKAJA: Russkaja fonetika (ebd. 1980); A. V. ISAČENKO: Die r. S. der Gegenwart. Formenlehre (a. d. Russ., [4]1982); R. I. AVANESOV: Russkoje literaturnoe proiznošenie (Moskau [6]1984); E. A. ZEMSKAJA: Russkaja razgovornaja reč' (ebd. [2]1987).

**Russisches Roulett** [-ruˈlɛt], angeblich im 19. Jh. in russ. Militärkreisen entstandene Abart des Duells oder ›Mutprobe‹, bei der neben der Geschicklichkeit des Schützen auch der Zufall eine Rolle spielt. Die Trommeln zweier Revolver werden mit je nur einer Kugel geladen. Man läßt sie rotieren. Nur wenn beim Abziehen die Kugel gerade vor dem Lauf liegt, löst sich der Schuß. – Möglich ist auch, daß nur ein Schütze den Revolver gegen sich selbst richtet.

**Russische Tafel,** der von ungefalteten jungproterozoischen bis känozoischen Sedimenten bedeckte Teil von Fennosarmatia.

**Russisch-Japanischer Krieg 1904–1905,** durch die russ. Wirtschaftsexpansion in N-China (die Mandschurei wurde 1900 im Boxeraufstand von Rußland besetzt) und Korea verursachter Krieg. Nach der Weigerung Japans, Korea dem russ. Einfluß zu überlassen, brach Japan am 6. 2. 1904 die diplomat. Beziehungen zu Rußland ab und begann ohne Kriegserklärung am 8./9. 2. 1904 den Krieg mit der Zerstörung der vor Port Arthur (heute zu Dalian) ankernden russ. Flotte (Kriegserklärung am 10. 2. 1904). Nach der Kapitulation des seit 9. 2. 1904 belagerten Port Arthur am 2. 1. 1905 und mehreren Niederlagen (bes. 19. 2. bis 10. 3. 1905 bei Mukden, heute Shenyang; am 27./28. 5. 1905 in der Seeschlacht von Tsushima) mußte Rußland im Frieden von Portsmouth (N. H.) am 5. 9. 1905 die Vorherrschaft Japans in Korea und der S-Mandschurei anerkennen und Port Arthur, Dalianwang (heute zu Dalian) sowie S-Sachalin an Japan abtreten, das durch diesen Sieg die Vormachtstellung in Ostasien erlangte.
E. P. TRANI: The treaty of Portsmouth (Lexington, Ky., 1969); D. WALDER: The short victorious war. The Russo-Japanese conflict 1904–05 (London 1973).

**russisch-orthodoxe Auslandskirche, russisch-orthodoxe Kirche im Exil,** die durch die Emigration russ.-orth. Christen nach der Oktoberrevolution und dem Bürgerkrieg entstandene orth. Kirche, eine der →Ostkirchen. Unter Führung des Kiewer Metropoliten ANTONIJ CHRAPOWITZKIJ (* 1863, † 1936) und mit Billigung der russ. Patriarchen TICHON konstituierte sich 1920 eine selbständige Kirchenverwaltung für S-Rußland, die sich 1921 in Sremski Karlovci niederließ (Karlowitzer Synode). Die Verschärfung der antireligiösen Kampagnen in der UdSSR, die Frage nach dem Verhältnis der Kirche zum sowjet. Staat und die ausgeprägt monarchist. Haltung der r.-o. A. führten zu einer zunehmenden Entfremdung zw. ihr und dem Moskauer Patriarchat. Die von TICHON 1922 erklärte Auflösung der r.-o. A. wurde von dieser nicht anerkannt. 1944 verlegte die r.-o. A. ihr Zentrum nach München, 1950 in die USA (seit 1957 in New York). Heute gehören ihr rd. 300 000 Gläubige in 350 Gemeinden und 20 Klöstern an. Ihr kirchenrechtl. Status ist ungeklärt. Während sie vom Moskauer Patriarchat als schismatisch betrachtet wird, sieht sie sich selbst als die direkte Nachfolgerin der vorrevolutionären Kirche Rußlands, deren geistl. und theolog. Erbe das Moskauer Patriarchat verraten habe. Daher begann die r.-o. A. 1990 mit der Errichtung von eigenen Gemeinden und Bistümern auf dem Territorium der UdSSR. Leitender Metropolit ist seit 1986 VITALIJ USTINOV (* 1910).
GERNOT SEIDE: Gesch. der Russ. orth. Kirche im Ausland von der Gründung bis zur Gegenwart (1983); K. GAEDE: Russ. orth. Kirche in Dtl. in der 1. Hälfte des 20. Jh. (1985); GEORG SEIDE: Verantwortung in der Diaspora – Die russ. orth. Kirche im Ausland (1989).

**russisch-orthodoxe Kirche, Patriarchat von Moskau,** die größte autokephale orth. Landeskirche mit (1991) rd. 80 Mio. Gläubigen. – Nach der legendar. Überlieferung hat schon der Apostel ANDREAS auf dem Gebiet der späteren Rus das Christentum gepredigt, in den griechisch besiedelten Gebieten um das Schwarze Meer und am Kaukasus bestanden bereits in den ersten Jahrhunderten christl. Gemeinden. Die eigentl. Christianisierung der ostslaw. Völker begann jedoch erst im 10. Jh. unter dem Kiewer Großfürsten WLADIMIR, der 988 den christl. Glauben zur Staatsreligion erklärte. Während Kiew zunächst wohl unter dem bulgar. Patriarchat von Ohrid stand, gehörte es 1037–1448 als eine – bis auf wenige Ausnahmen – stets von griech. Bischöfen geleitete Metropolie zum Ökumen. Patriarchat. Der Mongoleneinfall von 1237/40, der das reiche, um Kiew zentrierte Staats- und Kirchenwesen vernichtete, sowie die Einfälle der kath. Ritterorden vom Baltikum her, die Anfang des 13. Jh. von ALEXANDER NEWSKIJ zurückgeschlagen wurden, schwächten die Verbindung der r.-o. K. zur Mutterkirche von Konstantinopel. Der mit zunehmender Befreiung von der mongol. Oberhoheit wieder gekräftigte russ. Staat zentrierte sich mit kirchl. Unterstützung um Moskau, wo seit 1326 der Kiewer Metropolit vornehmlich residierte. Auch die Besiedelung des N durch neugegründete Klöster, v. a. aus der Schule des SERGIJ VON RADONESCH, unterstützte diese Verlagerung des polit. Schwerpunktes. 1448 erklärte sich die r.-o. K. für autokephal und proklamierte 1589 die Erhebung zum Patriarchat (→Moskau 2). Das neue Selbstbewußtsein der r.-o. K. spiegelte sich in der Ideologie von Moskau als dem →Dritten Rom sowie auch in der von ihr übernommenen Rolle einer Schutzmacht für die orth. Christen gegenüber dem Islam, aber auch westlich-kath. Vereinnahmungsbestrebungen. Durch eine intensive Missionstätigkeit konnte sich die r.-o. K. im Laufe der nächsten Jahrhunderte über Sibirien bis nach China, Japan, Alaska und Kalifornien ausdehnen. Innerkirchliche führten die Abwehr kirchenkrit. Strömungen (v. a. der →Judaisierenden), der Verlust eines erhebl. Teils der Gläubigen durch die →Brester Union und die Auseinandersetzung um die Reformen des Patriarchen NIKON und die Abspaltung der →Raskolniki zu einer Schwächung der Macht des Patriarchen. Zar PETER I., D. GR., machte sich dies zunutze, als er 1700 eine Neuwahl des Patriarchen nicht mehr zuließ und 1721 das Patriarchenamt aufhob zugunsten einer – nach prot. Vorbild gestalteten – kollegialen Leitung der Kirche unter der Kontrolle des →Oberprokurators.
Nach der Februarrevolution 1917 und der Abschaffung der zarist. Regierungsform wurde durch ein Landeskonzil im Nov. 1917 das Patriarchenamt wiederhergestellt. Allerdings begann schon bald nach der Oktoberrevolution für die r.-o. K. eine Zeit der Unterdrückung, die durch blutige Verfolgungen (seit Ende der 20er Jahre bis 1941, bes. während der Säuberungen 1936–37), administrative Behinderungen und Rechtlosigkeit (v. a. unter N. S. CHRUSCHTSCHOW 1959 bis 1965) gekennzeichnet war. Auch mehrfache, z. T. umstrittene Loyalitätserklärungen von Leitern der r.-o. K. gegenüber dem Sowjetstaat sicherten ihr nur wenig Freiraum, der zudem durch das restriktive Religions-Ges. von 1929 auf reine Kultakte innerhalb der Kirchengebäude beschränkt war und keinerlei öf-

**Russ** russisch-römisches Bad – Rußland

fentl., auch keine soziale Tätigkeit erlaubte. Erst seit 1988, als die r.-o. K. mit großer internat. Beteiligung die Tausendjahrfeier der Christianisierung des Landes beging, ist eine deutl. Änderung der Verhältnisse erkennbar, die, bes. nach der Auflösung der Sowjetunion, infolge einer neuen Gesetzgebung zu einem umfassenden Wiederaufbau (starkes Anwachsen der Zahl der Gläubigen, Errichtung von Klöstern und Kirchen, Ausweitung von Pressewesen und Sozialtätigkeit) und einer weitreichenden Einflußnahme der r.-o. K. auf das öffentl. Leben führte. Die polit. Entwicklungen bewirkten jedoch auch neue Spaltungen auf kirchl. Gebiet, z. B. das (Wieder-)Entstehen einer selbstproklamierten ukrain. autokephalen Kirche und die Rückkehr eines erhebl. Teils der westukrain. Bev. zur Union. (→Ostkirchen, →orthodoxe Kirche)

JOHANNES CHRYSOSTOMUS: Kirchengesch. Rußlands der neuesten Zeit, 3 Bde. (1965–68); H.-D. DÖPMANN: Die russ. orth. Kirche in Gesch. u. Gegenwart (²1981); J. ELLIS: The Russian Orthodox Church (London 1986); Das hl. Rußland. 1000 Jahre o. K., bearb. v. K. GAMBER (1987); Die orth. Kirche in Rußland. Dokumente ihrer Gesch. 860–1980, hg. von P. HAUPTMANN u. a. (1988); Tausend Jahre Christentum in Rußland, hg. v. K. C. FELMY u. a. (1988).

**russisch-römisches Bad,** Kombination zw. →römisch-irischem Bad und →Dampfbad.

**russisch-türkische Kriege,** →Türkenkriege.

**Rußland,** russ. **Rossija, 1)** bis 1917 Bez. für das Russ. Reich als Ganzes (→russische Geschichte); i. e. S. nur für Gebiete mit traditionell russ. Sprache und Kultur (→Großrußland).

**2)** Kurz-Bez. für die Russische Sozialistische Föderative Sowjetrepublik sowie für die aus ihr hervorgegangene Russ. Föderation.

**3)** umgangssprachliche Bez. für die Sowjetunion.

**Rußland**
Fläche: 17 075 400 km²
Einwohner: (1989) 147,4 Mio.
Hauptstadt: Moskau
Amtssprache: Russisch
Währung: 1 Rubel (Rbl) = 100 Kopeken
Uhrzeit: 14⁰⁰ Moskau = 12⁰⁰ MEZ

**Rußland**
Nationalflagge

**Rußland, Russische Föderation,** russ. **Rossijskaja Federazija,** bis 1990/91 **Russische Sozialistische Föderative Sowjetrepublik,** russ. **Rossijskaja Sowjetskaja Federatiwnaja Sozialistitscheskaja Respublika,** Abk. **RSFSR,** Staat in O-Europa und N-Asien (mit Sibirien und dem Fernen Osten), 17 075 400 km², (1989) 147,4 Mio. Ew., Hauptstadt ist Moskau. R. ist Mitglied der Gemeinschaft Unabhängiger Staaten (GUS). Das Land grenzt im NW an Norwegen, Finnland, Estland und Lettland sowie mit der Exklave des Gebietes Kaliningrad (das ehem. nördl. Ostpreußen) an Litauen und Polen; im östl. S grenzt es an die Rep. Mongolei, an China und an der Japansee auf wenige Kilometer an die Demokrat. VR Korea. Innerhalb der GUS grenzt R. im südl. W an Weißrußland und die Ukraine, im westl. S an Georgien und Aserbaidschan (im Kaukasus) sowie an Kasachstan. R. erstreckt sich über 11 Zeitzonen; die westlichste (Moskauer Zeit) geht der MEZ 2 Std. voraus, die östlichste (Anadyrzeit) 12 Std. voraus. Die Amtssprache ist Russisch. Währung: 1 Rubel (Rbl) = 100 Kopeken.

STAAT · RECHT

*Verfassung:* R. behielt die Verf. der RSFSR vom 12. 4. 1978 (mehrfach geändert) bei. Das höchste Organ der Staatsgewalt ist der Kongreß der Volksdeputierten (1 068 Mitgl.), der einen Obersten Sowjet als ständiges Arbeitsorgan bildet, der aus zwei Kammern, dem Republikenrat und dem Nationalitätenrat, besteht. Seit der Einführung des Präsidialsystems im Juni 1991 ist der Präs. der Inhaber der vollen Exekutivmacht; er leitet die Reg. und übt die Kontrolle über alle Exekutivorgane aus. Neu ist das Verf.-Gericht.

In der neuen Verf., die im Entwurf vorliegt, soll R. föderativ in Republiken, Länder und föderale Territorien, die in einem Föderationsrat (statt Nationalitätenrat) vertreten sein sollen, gegliedert werden. Die andere Kammer des Obersten Sowjets R.s als alleinige Volksvertretung soll die Staatsduma bilden.

*Parteien:* Seit 1986 entstanden in der UdSSR, bes. auch im Bereich des heutigen R., eine große Zahl von polit. Zirkeln, Bewegungen und Parteien, die – im einzelnen auf eine äußerst unterschiedl. Weise – den Gedanken der Perestroika zu formulieren suchen. Im Okt. 1990 konstituierte sich die ›Bewegung Demokrat. R.‹ (Mitgl. B. JELZIN). Als Alternative zur KPdSU konstituierte sich im Juli 1991 eine ›Demokrat. Reformbewegung‹ (Mitgl. u. a. E. SCHEWARDNADSE). Die Entwicklung der Parteien in R. ist noch stark im Fluß. Nach dem gescheiterten Putsch kommunistisch-orthodoxer Kräfte (19.–21. 8. 1991) wurde die KPdSU und die (im Sept. 1990 gegründete) Kommunist. Partei Rußlands (KPR) am 6. 11. 1991 verboten.

*Verwaltung:* R. umfaßt 20 Republiken, 6 Regionen (Kraj) und 49 Gebiete (Oblast); außerdem bestehen innerhalb der Regionen und Gebiete ein Autonomes Gebiet und 10 Autonome Kreise (Okrug). Nationale Rayons, z. B. für Rußlanddeutsche, sind im Aufbau.

LANDESNATUR · BEVÖLKERUNG

*Landesnatur:* R. erstreckt sich über mehr als 9 000 km von der Danziger Bucht im W (19° 38′ ö. L.) bis zum Kap Deschnjow an der Beringstraße im O (169° 40′ w. L.), und zwar zw. Nordpolarmeer im N (nördlichster Punkt auf der Rudolfinsel des Franz-Josef-Landes, 81° 49′ n. Br., nördlichster Festlandpunkt Kap Tscheljuskin auf der Halbinsel Taimyr, 77° 43′ n. Br.) und den Bergländern S-Sibiriens im S und dem Großen Kaukasus im SW, wo im südl. Dagestan der südlichste Punkt (bei 41° 10′ n. Br.) erreicht wird. Die Oberflächengestalt wird zu 75 % von Ebenen bestimmt, die westlich des Jenissej vorherrschend sind. Sie werden durch den Ural in die Osteurop. Ebene (Russ. Ebene) und das Westsibir. Tiefland mit den Hauptströmen Ob und Irtysch geteilt. An die von der Wolga durchflossene Osteurop. Ebene schließt sich im NW der Balt. Schild mit den Bergländern Kareliens und der Halbinsel Kola, im S Nordkaukasien bis zum Kamm des Großen Kaukasus (Elbrus, mit 5 642 m ü. M. die höchste Erhebung R.s) und die Kasp. Senke bis zur unteren Wolga (bei Astrachan bis 28 m u. M.) an. Östlich des Jenissej erstreckt sich bis zur Lena das Mittelsibir. Bergland, östlich der Lena schließen sich die bis 3 147 m ü. M. aufragenden Gebirge O-Sibiriens (u. a. Werchojansker, Kolyma-, Tscherskijgebirge und Anadyrbergland) sowie, jenseits der Wasserscheide zw. Nordpolarmeer und Pazif. Ozean, die bis 2 077 m ü. M. hohen Gebirge des Fernen Ostens (v. a. Sichote-Alin und Burejagebirge) an. Der Gebirgsgürtel wird am Pazif. Ozean durch das Korjakengebirge (bis 2 562 m ü. M.) sowie durch die an erloschenen und noch tätigen Vulkanen (u. a. Kljutschewskaja Sopka, 4 868 m ü. M.) reichen Gebirge Kamtschatkas und der Inselkette der Kurilen abgeschlossen. Vor der fernöstl. Küste liegt, durch den Tatarensund getrennt, Sachalin, die größte russ. Insel. Das Bergland Sibiriens geht im N in das Nordsibir. Tiefland über, das sich östlich der Lena im Jana-Indigirka-Tiefland fortsetzt. Am Mittellauf der

## Größe und Bevölkerung

| Verwaltungs-einheit[1]) | Fläche in 1000 km² | Ew. in 1000 (1989) | Verwaltungssitz |
|---|---|---|---|
| *Republiken* | | | |
| Adygeische Rep. | 7,6 | 432 | Maikop |
| Baschkirische Rep. | 143,6 | 3952 | Ufa |
| Burjatische Rep. | 351,3 | 1042 | Ulan-Ude |
| Chakassische Rep. | 61,9 | 569 | Abakan |
| Dagestanische Rep. | 50,3 | 1792 | Machatschkala |
| Rep. Gorno-Altajsk | 92,6 | 192 | Gorno Altajsk |
| Jakutische Rep. | 3103,2 | 1081 | Jakutsk |
| Rep. der Kabardiner und Balkaren | 12,5 | 760 | Naltschik |
| Kalmückische Rep. | 75,9 | 322 | Elista |
| Rep. der Karatschaier und Tscherkessen | 14,1 | 418 | Tscherkessk |
| Karelische Rep. | 172,4 | 792 | Petrosawodsk |
| Rep. der Komi | 415,9 | 1263 | Syktywkar |
| Rep. der Mari | 23,2 | 750 | Joschkar-Ola |
| Mordwinische Rep. | 26,2 | 964 | Saransk |
| Nordossetische Rep. | 8,0 | 634 | Wladikawkas |
| Tatarische Rep. | 68,0 | 3640 | Kasan |
| Rep. der Tschetschenen und Inguschen | 19,3 | 1277 | Grosnyj |
| Tschuwaschische Rep. | 18,3 | 1336 | Tscheboksary |
| Tuwinische Rep. | 170,5 | 309 | Kysyl |
| Udmurtische Rep. | 42,1 | 1609 | Ischewsk |
| *Regionen* | | | |
| Altai | 169,1 | 2630 | Barnaul |
| Chabarowsk | 824,6 | 1824 | Chabarowsk |
| darin: | | | |
| Jüdisches AG | 36,0 | 216 | Birobidschan |
| Krasnodar | 76,0 | 4683 | Krasnodar |
| Krasnojarsk | 2339,7 | 3026 | Krasnojarsk |
| darin: | | | |
| AK Taimyr der Dolganen und Nenzen | 862,1 | 55 | Dudinka |
| AK der Ewenken | 767,6 | 24 | Tura |
| Primorje | 165,9 | 2260 | Wladiwostok |
| Stawropol | 66,5 | 2437 | Stawropol |
| *Gebiete* | | | |
| Amur | 363,7 | 1058 | Blagoweschtschensk |
| Archangelsk | 587,4 | 1570 | Archangelsk |
| darin: | | | |
| AK der Nenzen | 176,7 | 55 | Narjan-Mar |
| Astrachan | 44,1 | 998 | Astrachan |
| Belgorod | 27,1 | 1381 | Belgorod |
| Brjansk | 34,9 | 1475 | Brjansk |
| Irkutsk | 767,9 | 2831 | Irkutsk |
| darin: Burjat. AK | | | |
| Ust-Ordynskij | 22,4 | 136 | Ust-Ordynskij |
| Iwanowo | 23,9 | 1317 | Iwanowo |
| Jaroslawl | 36,4 | 1471 | Jaroslawl |
| Jekaterinburg | 194,8 | 4721 | Jekaterinburg |
| Kaliningrad | 15,1 | 871 | Königsberg |
| Kaluga | 29,9 | 1067 | Kaluga |
| Kamtschatka | 472,3 | 466 | Petropawlowsk-Kamtschatskij |
| darin: | | | |
| AK der Korjaken | 301,5 | 39 | Palana |
| Kemerowo | 95,5 | 3175 | Kemerowo |
| Kirow | 120,8 | 1694 | Kirow |
| Kostroma | 60,1 | 809 | Kostroma |
| Kurgan | 71,0 | 1105 | Kurgan |
| Kursk | 29,8 | 1339 | Kursk |
| Lipezk | 24,1 | 1231 | Lipezk |
| Magadan | 1199,1 | 543 | Magadan |
| darin: AK der Tschuktschen | 737,7 | 158 | Anadyr |
| Moskau | 47,0 | 15653 | Moskau |
| Murmansk | 144,9 | 1146 | Murmansk |
| Nischnij Nowgorod | 74,8 | 3713 | Nischnij Nowgorod |
| Nowgorod | 55,3 | 753 | Nowgorod |
| Nowosibirsk | 178,2 | 2782 | Nowosibirsk |
| Omsk | 139,7 | 2140 | Omsk |
| Orel | 24,7 | 891 | Orel |
| Orenburg | 124,0 | 2174 | Orenburg |
| Pensa | 43,2 | 1502 | Pensa |
| Perm | 160,6 | 3100 | Perm |
| darin: AK der Komi-Permjaken | 32,9 | 159 | Kudymkar |
| Petersburg | 85,9 | 6679 | Petersburg |
| Pleskau | 55,3 | 847 | Pleskau |
| Rjasan | 39,6 | 1346 | Rjasan |
| Rostow | 100,8 | 4304 | Rostow am Don |
| Sachalin | 87,1 | 700 | Juschno-Sachalinsk |
| Samara | 53,6 | 3266 | Samara |
| Saratow | 100,2 | 2690 | Saratow |
| Smolensk | 49,8 | 1158 | Smolensk |
| Tambow | 34,3 | 1320 | Tambow |
| Tjumen | 1435,2 | 3083 | Tjumen |
| darin: | | | |
| AK der Chanten und Mansen | 523,1 | 1269 | Chanty-Mansijsk |
| AK der Jamal-Nenzen | 750,3 | 487 | Salechard |
| Tomsk | 316,9 | 1001 | Tomsk |
| Tscheljabinsk | 87,9 | 3626 | Tscheljabinsk |
| Tschita | 431,5 | 1378 | Tschita |
| darin: Burjat. AK Aginskoje | 19,0 | 77 | Aginskoje |
| Tula | 25,7 | 1868 | Tula |
| Twer | 84,1 | 1670 | Twer |
| Uljanowsk | 37,3 | 1400 | Uljanowsk |
| Wladimir | 29,0 | 1654 | Wladimir |
| Wolgograd | 114,1 | 2593 | Wolgograd |
| Wologda | 145,7 | 1354 | Wologda |
| Woronesch | 52,4 | 2470 | Woronesch |

[1]) AG = Autonomes Gebiet, AK = Autonomer Kreis

Lena und am Aldan erstreckt sich das Zentraljakut. Tiefland. Der nordsibir. Küste sind zahlreiche Inseln und Archipele vorgelagert: Nowaja Semlja, Sewernaja Semlja, die Neusibir. Inseln und Franz-Josef-Land. Der südsibir. Gebirgsgürtel beginnt im W mit dem Gebirgssystem des Altai (Belucha, 4506 m ü. M.); östlich davon liegen West- und Ostsajan sowie die Gebirge Transbaikaliens, östlich der Lena das Stanowoj- und das sich nach N zum ostsibir. Gebirgsgürtel erstreckende Dschugdschurgebirge.

*Klima:* R. erstreckt sich vom Bereich des arkt. Klimas (N-Sibirien) bis zu dem des subtrop. Klimas (Schwarzmeerküste); der größte Teil des Landes gehört jedoch zur gemäßigten Klimazone. Diese ist bis auf den S des Fernen Ostens, der im Monsunbereich liegt, ausgesprochen kontinental. Während die Sommertemperaturen im wesentlichen von der geograph. Breite abhängen (Julimittel 1–2 °C im äußersten N, 25 °C in der Steppenregion), bestimmt der abnehmende maritime Einfluß die kalte Jahreszeit: die Januarmittel nehmen von W (−1 bis −5 °C) nach NO ab und erreichen im ostsibir. Gebirgsland mit −50 °C die tiefsten Werte (bei Ojmjakon und Werchojansk liegen die Kältepole der Nordhalbkugel). Als Folge der kalten, langanhaltenden und schneearmen Winter herrscht auf rd. drei Fünfteln der Landesfläche Dauerfrost. Die Jahresmenge der Niederschläge (meist Sommerregen) nimmt im Flachland von der Ostseeküste (600–700 mm) nach allen Richtungen ab (Kasp. Senke 100–150 mm, östl. Tundra 100–200 mm),

**Rußl** Rußland

#### Klimadaten von Moskau (156 m ü. M.)

| Monat | Mittleres tägl. Temperaturmaximum in °C | Mittlere Niederschlagsmenge in mm | Mittlere Anzahl der Tage mit Niederschlag | Mittlere tägl. Sonnenscheindauer in Stunden | Relative Luftfeuchtigkeit nachmittags in % |
|---|---|---|---|---|---|
| I | −9,3 | 31 | 17 | 1,0 | 85 |
| II | −5,7 | 28 | 15 | 2,0 | 82 |
| III | −0,1 | 33 | 14 | 3,6 | 77 |
| IV | 10,2 | 35 | 13 | 5,4 | 71 |
| V | 18,7 | 52 | 12 | 7,8 | 64 |
| VI | 21,0 | 67 | 15 | 8,5 | 66 |
| VII | 22,8 | 74 | 16 | 8,3 | 69 |
| VIII | 22,0 | 74 | 16 | 7,0 | 74 |
| IX | 16,3 | 58 | 17 | 4,5 | 79 |
| X | 9,0 | 51 | 16 | 2,4 | 82 |
| XI | 1,5 | 36 | 17 | 1,1 | 85 |
| XII | −4,5 | 36 | 19 | 0,6 | 86 |
| I–XII | 8,5 | 575 | 187 | 4,4 | 77 |

#### Klimadaten von Krasnojarsk (56° 0' n. Br., 92° 53' ö. L.; 156 m ü. M.)

| Monat | Mittleres tägl. Temperaturmaximum in °C | Mittlere Niederschlagsmenge in mm | Mittlere Anzahl der Tage mit Niederschlag | Mittlere tägl. Sonnenscheindauer in Stunden | Relative Luftfeuchtigkeit nachmittags in % |
|---|---|---|---|---|---|
| I | −16,1 | 12 | 11 | 1,7 | 72 |
| II | −15,0 | 9 | 8 | 3,0 | 72 |
| III | −7,7 | 10 | 8 | 5,3 | 66 |
| IV | 1,1 | 22 | 8 | 6,4 | 58 |
| V | 9,4 | 38 | 12 | 7,1 | 54 |
| VI | 16,1 | 58 | 14 | 9,3 | 62 |
| VII | 19,4 | 83 | 13 | 8,6 | 71 |
| VIII | 16,1 | 65 | 13 | 7,6 | 76 |
| IX | 10,0 | 47 | 13 | 5,2 | 75 |
| X | 1,1 | 34 | 11 | 3,1 | 68 |
| XI | −8,3 | 25 | 13 | 1,5 | 72 |
| XII | −15,6 | 17 | 12 | 1,0 | 72 |
| I–XII | 0,6 | 419 | 138 | 4,9 | 68 |

#### Klimadaten von Wladiwostok (43° 07' n. Br., 135° 54' ö. L.; 138 m ü. M.)

| Monat | Mittleres tägl. Temperaturmaximum in °C | Mittlere Niederschlagsmenge in mm | Mittlere Anzahl der Tage mit Niederschlag | Mittlere tägl. Sonnenscheindauer in Stunden | Relative Luftfeuchtigkeit nachmittags in % |
|---|---|---|---|---|---|
| I | −10,6 | 10 | 5 | 6,2 | 64 |
| II | −5,6 | 13 | 4 | 6,9 | 64 |
| III | 0,6 | 20 | 7 | 6,6 | 67 |
| IV | 7,8 | 44 | 9 | 6,2 | 69 |
| V | 12,8 | 69 | 13 | 5,7 | 77 |
| VI | 17,2 | 89 | 16 | 4,5 | 88 |
| VII | 21,7 | 101 | 17 | 4,0 | 92 |
| VIII | 23,9 | 145 | 14 | 5,3 | 88 |
| IX | 20,0 | 126 | 11 | 6,8 | 78 |
| X | 12,8 | 57 | 8 | 6,6 | 68 |
| XI | 2,2 | 31 | 6 | 5,6 | 62 |
| XII | −6,7 | 17 | 5 | 5,6 | 63 |
| I–XII | 7,8 | 721 | 115 | 5,8 | 73 |

erreicht aber in den Gebirgen und im Fernen Osten wieder 600–1 000 mm.

*Vegetation:* Über 40 % der Fläche R.s sind waldbedeckt. Tundra, Sümpfe, Seen und Hochgebirge nehmen rd. ein Viertel der Fläche ein.

Die arkt. Inselgruppen liegen zum größten Teil im Gürtel der polaren Kältewüsten, ebenso der N der Halbinsel Taimyr und Teile des Anadyrberglands.

Die Tundrenzone, die sich in einem 50 km (im europ. Teil) bis 300 km (im asiat. Teil) breiten Streifen durch das ganze Land erstreckt, hat fast immer eine zusammenhängende Vegetationsdecke aus Flechten, Moosen, Zwergsträuchern, sommergrünen Halbsträuchern und ausdauernden Gräsern. Zw. der nördl. Baumgrenze und der N-Grenze des zusammenhängenden Nadelwaldes liegt der im Mittel über 100 km breite Gürtel der Waldtundra, in dessen N-Teil die Tundra mit Waldinseln sowie Waldstreifen in den Tälern durchsetzt ist, während im südl. Teil der vorherrschende Wald mit offenen Tundrenflächen wechselt. Die nördl. Waldgrenze, die überall von Nadelhölzern gebildet wird, verläuft im europ. R. knapp nördlich des Polarkreises; auf der Halbinsel Kola erstreckt sie sich wesentlich weiter nach N und erreicht in Lappland 70° n. Br., in Sibirien liegt sie am Jenissej bei etwa 70° n. Br., an der Chatanga bei 72° n. Br., östlich der Lena im Mittel bei etwa 70° n. Br., im Gebiet des Anadyr bei etwa 65° n. Br., an der O-Küste der Halbinsel Kamtschatka bei nur 59° 30′ nördl. Breite.

Die boreale Nadelwaldzone (Taiga), deren N-S-Ausdehnung von W nach O zunimmt, erstreckt sich in Europa über 10–12, in Asien über 10–25 Breitengrade. Sie umfaßt mehr als die Hälfte der Gesamtfläche aller Nadelwälder der Erde. Zwei Drittel des Nadelwaldgürtels liegen im Bereich des Dauerfrostbodens (in Europa ein schmaler Streifen am N-Rand, in W-Sibirien ein gutes Drittel, in Mittel- und Ostsibirien der bei weitem größte Teil). Der während des Sommers aufgetaute Oberboden bleibt in weiten Teilen sumpfig, die Moore sind i. a. weitflächig eben (sibir. Sumpftaiga). Die Wälder sind artenarm und über riesige Flächen einheitlich. Sie bestehen in erster Linie aus Fichten, Lärchen, Tannen und Kiefern, untergeordnet aus Birken, Pappeln, Erlen und Weiden. Im Innern der Kontinentalmasse grenzt der Nadelwald (mit Übergangsgürteln) an Steppen, in den weniger kontinentalen Teilen in Europa und im Amurgebiet an sommergrüne Laubwälder (mit Übergangszonen von Nadel-Laub-Mischwäldern). Im fernöstl. Gebiet dominiert im Tiefland auf weiten Flächen reiner Laubwald (v. a. Mandschur. Eiche), in den Talauen stehen neben sumpfigen Grasland artenreicher Auenwald, auf den Höhen Laub-Nadel-Mischwälder. Westlich des Urals vollzieht sich der Übergang vom Nadelwald zum reinen Laubwald in einem sehr breiten Mischwaldgürtel. Der reine Laubwaldgürtel, der sich nach S anschließt, ist im osteurop. Bereich nur schmal, die Zahl der beteiligten Laubholzarten nimmt von W nach O ab. Östlich des Urals wird der Laubwaldgürtel von Jekaterinburg bis in die Nähe von Krasnojarsk hinzieht, fast nur noch von Espen und Birken gebildet.

Der europäisch-westsibir. Laubwaldgürtel geht in seiner gesamten W-O-Erstreckung nach S allmählich in die Steppenzone über. Der Übergangsgürtel wird als nördl. Wiesensteppe oder wegen der hier auf degradierter Schwarzerde vorkommenden Waldinseln auch als Waldsteppe bezeichnet. Der Waldsteppengürtel verläuft im europ. Teil von Orel in einem flachen Bogen nach N bis Ufa, jenseits des Urals fast breitenparallel in etwa 55° n. Br. bis Nowosibirsk mit Ausläufern bis zum Jenissej. Auf den Waldsteppengürtel folgen im SW, in Nordkaukasien, die waldfreien Wiesen- oder Schwarzerdesteppen (heute nur noch in Schutzgebieten vorhanden, sonst Ackerland) sowie Halbwüste am NW-Rand des Kasp. Meeres. Der westl. Große Kaukasus an der S-Grenze ist mit Laubwald bestanden.

*Bevölkerung:* Den größten Teil der Bev. stellen mit (1989) 81,5 % die Russen. Unter den mehr als 100 nat. Minderheiten bilden die Tataren mit 3,0 % die größte Gruppe, gefolgt von den Ukrainern (2,7 %), Tschuwaschen (1,2%), Baschkiren (0,9%) und Weißrussen (0,8%).

Die Industrialisierung während der Sowjetherrschaft führte in allen Teilen des Landes zu einer durchgreifenden Veränderung des Verhältnisses zw. Stadt- und Land-Bev. (über 50% der Bev. wohnen in den Städten), zu einem schnellen Anwachsen der Großstädte und der Verstärkung ihres Einflusses auf weite Gebiete des Landes, zum Übergang von der traditionellen Heimarbeit und Handwerksproduktion zum Konsum von Gütern industrieller Produktion, zur Verbesserung der Wohnverhältnisse, zur Einführung neuer Formen der Kultur und moderner Massenmedien.

| Größte Städte (Ew. 1989) | |
|---|---|
| Moskau . . . . . . . . 8 769 000 | Kasan . . . . . . . . . 1 094 000 |
| Petersburg . . . . . . 4 456 000 | Perm . . . . . . . . . . 1 091 000 |
| Nischnij | Ufa . . . . . . . . . . . 1 083 000 |
| Nowgorod . . . . 1 438 000 | Rostow |
| Nowosibirsk . . . . 1 436 000 | am Don . . . . . . 1 020 000 |
| Jekaterinburg . . . . 1 367 000 | Wolgograd . . . . . . 999 000 |
| Samara . . . . . . . . 1 257 000 | Krasnojarsk . . . . . 912 000 |
| Omsk . . . . . . . . . 1 148 000 | Saratow . . . . . . . . 905 000 |
| Tscheljabinsk . . 1 143 000 | Woronesch . . . . . . 887 000 |

Eine ganze Reihe von Völkern des Nordens und Sibiriens sowie einiger anderer Subregionen ging von nomadisierender und halbnomadisierender Lebensweise zur Seßhaftigkeit über. Die moderne Familienstruktur, die entsprechend den ethn. Traditionen variiert, ist gekennzeichnet durch die Kleinfamilie (3 bis 5 Personen) mit Zuwachsraten, die weitgehend denen der westl. Industrienationen entsprechen.

*Publizistik:* Trotz Auflösung der Sowjetunion bleibt das Erbe des ab 1917 von der Räte-Rep. geschaffenen streng hierarch. Pressesystems bestehen. Die Spitze dieses Systems bildete die Allunionspresse für die gesamte Sowjetunion, darunter ›Komsomolskaja Prawda‹, ›Trud‹, ›Prawda‹ und ›Istwestija‹, auf den unteren Ebenen folgten Republikszeitungen, Regionalzeitungen, Autonome Rep.-Gebiet-Zeitungen, Stadtzeitungen, Rayonzeitungen und Betriebszeitungen. Seit Mitte der 1980er Jahre gründete sich v. a. im Gebiet R.s eine alternative Presselandschaft, die noch Anfang 1991 nur etwa ein Prozent der russ. Bev. erreichen konnte, sich in Folge der polit. Umwälzungen jedoch sprunghaft verbreitete und stabilisierte. Nach wie vor dominieren jedoch – auch aus techn. Gründen – die alten kommunist. Zeitungen den Pressemarkt, wenn auch mit stark gesunkenen Auflagezahlen. V. a. die ›Prawda‹ und die russ. Republikszeitung ›Sowjetskaja Rossija‹ werden in der unsicheren polit. Situation von konkurrierenden Politikern als Sprachrohr benutzt. Unter den bereits vor dem Zerfall der Sowjetunion gegründeten Publikationen setzen v. a. das demokrat. Organ ›Moskovskie Novosti‹, ehemals hg. v. der staatl. Nachrichtenagentur APN, und die Zeitschrift ›Ogonjok‹ Maßstäbe.

Die *Nachrichtenagenturen* befinden sich gegenwärtig in einem Umstrukturierungsprozeß; nach wie vor besteht die ›Telegrafnoje Agenstwo Sowjetskogo Sojusa‹ (→TASS), an der sich die Republiken der ehem. Sowjetunion beteiligen können.

*Rundfunk:* Im Rahmen der Verhandlungen zw. den aus der ehem. UdSSR hervorgegangenen Einzelstaaten werden auch die ehemals vom ›Komitee für Rundfunk und Fernsehen beim Ministerrat der UdSSR‹ zentral gelenkten Radio- und Fernsehsender neu organisiert. Im Inlandsdienst verbreitete bisher das staatl. Rundfunkkomitee als ›Moskowskoje Radio‹ neben den Allunionsprogrammen auch ein Hörfunkprogramm für die Rep. Rußland sowie ein regionales Moskauer Programm; über das Moskauer Fernsehzentrum in Ostankino wurde ebenfalls ein regionales Programm für Moskau gesendet.

*Religion:* Die mit Abstand größte Religionsgemeinschaft ist die →russisch-orthodoxe Kirche. Minderheiten bilden die Katholiken (v. a. Litauer, Polen, Ukrainer), die Baptisten und die Lutheraner.

### WIRTSCHAFT · VERKEHR

*Wirtschaft:* R. war Kernland der Sowjetunion, an deren Industrieproduktion es mit (1988) 61%, an deren landwirtschaftl. Produktion es mit 50% beteiligt war. Bes. groß war sein Anteil an der Produktion von mineralischen Brennstoffen (Erdöl 90%, Erdgas 50%, Kohle 55%), von Industrierohstoffen (Eisenerz 40%, Holz (90%), Elektroenergie (60%) und Erzeugnissen der Hüttenindustrie (60%). Die seit 1928 streng nach zentralen Planvorgaben gelenkte Wirtschaft begünstigte die produktiven und vernachlässigte die konsumorientierten Bereiche; neben der Grundstofferzeugung dominieren v. a. die Schwer- und Rüstungsindustrie. Stagnation und Rückgang der wirtschaftl. Entwicklung sind seit den 1970er Jahren Folge dieser zentralgelenkten Investitionspolitik. Selbst die ab 1985 eingeleiteten Wirtschaftsreformen brachten, da sie die sozialist. Planwirtschaft nicht in Frage stellten, keinen Erfolg. Vielmehr führte der weitere wirtschaftl. Verfall R. 1990/91 an den Rand des Zusammenbruchs. Erst der Zerfall der UdSSR eröffnete R. die Möglichkeit, im großen Umfang die Einführung der Marktwirtschaft einzuleiten. Nach den vom russ. Parlament beschlossenen Maßnahmen soll sich der Staat aus vielen Bereichen der Wirtschaft zurückziehen. So wurden zum Jahresbeginn 1992 die Preise weitgehend freigegeben (was allerdings die Inflation stark beschleunigte), und es können Aktiengesellschaften unter Einbeziehung ausländ. Kapitals gebildet werden. Das Land wird dem Auslandskapital durch die Gleichstellung in- und ausländisch geführter Betriebe geöffnet, und allen selbständigen Betrieben und Organisationen wurde das Recht auf eigene außenwirtschaftl. Tätigkeit eingeräumt (Aufhebung des staatl. Außenhandelsmonopols).

**Rußland:** Russischer Altai

*Landwirtschaft:* Klimatisch bedingt umfaßt die landwirtschaftl. Nutzfläche R.s nur 222 Mio. ha (13% der Landesfläche), davon sind 61% Ackerland, 38% Weiden und Grasland (zur Heugewinnung). Die mangelhafte techn. Ausrüstung der landwirtschaftl. Großbetriebe, die im Vergleich zur Stadt rückständigen Lebensbedingungen, uneffektive Wirtschafts- und Lei-

**Rußl**  Rußlanddeutsche

stungsberechnungsmethoden sowie hohe Verluste bei der Lagerung und dem Transport des Erntegutes führten zu einer permanenten Unterversorgung R.s mit Nahrungsmitteln. Nachdem bei der Kollektivierung der Landwirtschaft (seit 1928) ein selbständiges Bauerntum gänzlich beseitigt worden war, kann seit Anfang 1992 Land der Kolchosen zur Gründung privater landwirtschaftl. Betriebe an Kolchos-Mitgl. abgegeben werden.

**Rußland:** Tundra im Sommer auf der Halbinsel Taimyr, Sibirien

Wertmäßig hat die Viehzucht größere Bedeutung als der Pflanzenbau. Ihre Hauptzweige sind Rinder- (bes. im Wolgagebiet, im europ. Zentrum und in W-Sibirien), Schweine- (in Nordkaukasien, im Wolgagebiet, im zentralen Schwarzerdegebiet) und Schafzucht (im Wolgagebiet, in Nordkaukasien und O-Sibirien) sowie Geflügelhaltung. Im arkt. N wird Renzucht, im N und O auch Pelztierjagd und -zucht betrieben. Von der Ackerfläche sind 58% mit Getreide (bes. Weizen) bestanden, 33% mit Futterpflanzen und 9% mit anderen Kulturen, v. a. Zuckerrüben und Sonnenblumen (beides bes. in Nordkaukasien und im zentralen Schwarzerdegebiet), Flachs (im zentralen und im nordwestl. europ. Teil) und Kartoffeln (bes. im zentralen europ. Teil) sowie Gemüse; Zentrum des Obst- und Weinbaus ist Nordkaukasien.

*Bodenschätze:* Ein Fünftel der weltweit nachgewiesenen Goldvorkommen, die Hälfte der Weltkohlevorkommen (Kusnezker Steinkohlenbecken, Petschora-, Moskauer, Kansk-Atschinsker, Südjakut. Kohlenbecken, östl. Donez-Steinkohlenbecken), sehr große Erdöl- und Erdgaslagerstätten (W-Sibirien, Wolga-Ural-Erdölgebiet, Nordkaukasien, Rep. der Komi, Sachalin) entfallen auf das russ. Territorium. Die Elektrizitätswirtschaft stützt sich zu etwa 80% auf Wärmekraft-, sonst auf Wasser- (an Wolga, Kama, Jenissej, Angara) und Kernkraftwerke.

*Industrie:* Basierend auf dem Eisenerz- (Kursk, Ural, Schorijabergland, S-Jakutien, Angara, Karelien, Halbinsel Kola) und Nichteisenerzbergbau (Ural, Transbaikalien) entstanden Eisen- (Ural, Tula, Lipezk, Kursk, Moskau, Tscherepowez, Kusnezker Steinkohlenbecken) und Nichteisenerzverhüttung (Ural, Halbinsel Kola, Nordkaukasien, N-Sibirien, Ferner Osten). Bes. im Wolgagebiet, im NW, im Ural und in Moskau befinden sich Betriebe des Maschinen- und Fahrzeug- sowie des Geräte- und Anlagenbaus; im Ural um Jekaterinburg konzentriert sich die Rüstungsindustrie. Wichtige Standorte der chem. und erdölverarbeitenden Industrie liegen im zentraleurop. und nordwestl. Teil, im Wolgagebiet und im Ural. Die Holzindustrie ist in den nördl. und östl. Landesteilen, die Textilindustrie bes. im zentralen und nordwestl. europ. Teil und die Nahrungsmittelindustrie in den zentralen europ. Landesteilen, in Nordkaukasien und im S Westsibiriens vertreten. Neben den alten Hauptindustriestandorten Moskau, Petersburg, Nischnij Nowgorod, Saratow, Rostow am Don und Wolgograd entwickelten sich nach 1945 neue Industriestandorte im Ural, im Kusnezker Steinkohlenbecken und in Nordkaukasien, in Sibirien, im Bereich der Kursker Magnetanomalie, im Timan-Petschora-Becken und um Orenburg. Die wichtigsten Erholungsgebiete sind die Schwarzmeerküste und der Kaukasus.

*Verkehr:* Die Dichte des Verkehrsnetzes nimmt von W nach O ab und ist östlich des Urals sehr weitmaschig. Seine Leistungsfähigkeit entspricht nicht den wirtschaftl. Erfordernissen. Durch Sibirien verläuft die →Transsibirische Eisenbahn sowie weiter nördlich die →Baikal-Amur-Magistrale. Bes. in Sibirien und im Fernen Osten hat der Flugverkehr große Bedeutung. Die Binnenschiffahrt wird durch die lange Vereisungsdauer der Flüsse stark behindert; Schiffahrtskanäle existieren nur im europ. Teil R.s. Wichtigste Seehäfen sind Nachodka/Wostotschnyj, Wladiwostok, Petersburg, Murmansk, Archangelsk, Noworossijsk und Astrachan. Durch die Nordostpassage wird die Hochseeschiffahrt auch mit Hilfe von Eisbrechern betrieben. Erdöl- und Erdgaspipelines führen von den Fördergebieten in die Verarbeitungszentren R.s und benachbarter Rep. sowie in die mehrerer europ. Staaten.

Zur *Geschichte* →russische Geschichte.

H.-H. NOLTE: R., UdSSR. Gesch., Politik, Wirtschaft (1991). - Weitere Lit. →Sowjetunion.

**Rußlanddeutsche,** Sammel-Bez. für die Menschen dt. Volkszugehörigkeit, die in Rußland und in mit ihm historisch-politisch verbundenen Gebieten leben. Als älteste und bis zum Zweiten Weltkrieg größte dt. Siedlungsgruppe in Rußland gelten die →Wolgadeutschen, die unter KATHARINA II. 1763/74 in den Gouvernements Saratow und Samara angesiedelt wurden. Im Schwarzmeergebiet entstanden die ersten dt. Dörfer ebenfalls zur Zeit KATHARINAS; die meisten Ansiedlungen der →Schwarzmeerdeutschen wurden jedoch erst während der zweiten Einwanderungswelle unter ALEXANDER I. bis 1824 gegründet. Um 1850 gab es insgesamt 300 dt. Kolonien: 104 an der Wolga, 182 im Schwarzmeerraum und 14 im Gebiet von Petersburg. Zw. 1830 und 1870 wurden die →Wolhyniendeutschen angesiedelt. Ab 1881 siedelten Deutsche auch im asiat. Teil Rußlands (→Sibiriendeutsche). Vor 1914 gab es im Gebiet westlich des Urals insgesamt 3 000 geschlossene dt. Dörfer mit 1,7 Mio. R., von denen 95% Bauern waren.

Nachdem die R. bereits gegen Ende des 19. Jh. fast alle Privilegien verloren hatten, waren sie während des Ersten Weltkriegs erstmals auch Pressionen ausgesetzt (v. a. Deportation aus den westl. Grenzgebieten). Bedingt durch die Kriegsereignisse sowie die Hungerjahre 1921/22 und 1932/33 kamen etwa 400 000 R. um. Nachdem ihre Zahl bis 1939 wieder auf 1,43 Mio. angestiegen war, brachte der dt. Angriff auf die Sowjetunion 1941 die einschneidendste Zäsur in der Geschichte der R. Im Aug. 1941 wurde die nach dem Ersten Weltkrieg gegründete Wolgadt. Rep. aufgelöst, 400 000 Wolgadeutsche wurden unter dem Vorwand v. a. des Spionageverdachts nach O deportiert (Kasachstan, Kulundasteppe, Altaigebiet); zehntausende fielen den Umständen, unter denen sich die ›Umsiedlung‹ vollzog, zum Opfer. Die Schwarzmeerdeutschen wurden 1943/44 von den Nationalsozialisten in den Warthegau abtransportiert.

Den seit 1941 entwurzelten und völlig entrechteten R. brachten die Amnestie vom Dez. 1955 und das Dekret von 1964 (Rehabilitierung der bis dahin als Kriegsverbrecher geltenden R.) einige Erleichterungen; sie durften jedoch weiterhin nicht in ihre Heimatgemeinden zurückkehren und mußten auf alle Ansprüche bezüglich ihrer konfiszierten Vermögen verzichten. Die sowjet. Volkszählung von 1959 wies 1,62 Mio. R. aus (von diesen etwa 90% im asiat., 10% im europ. Teil der UdSSR); seit Ende der 1970er Jahre wird mit geringen Abweichungen eine offizielle Zahl von etwa 2 Mio. genannt. Ob diese Angabe jedoch noch für die Jahre 1991/92 realistisch ist, ist fraglich, weil zw. 1987 und 1989 rd. 150 000 R. in die Bundesrep. Dtl. ausreisten, 1990 und 1991 nochmals jeweils die gleiche Zahl. Gemäß Art. 116 GG besitzen die R. das Recht auf Einbürgerung in Dtl. Um jedoch die Abwanderung zu bremsen, werden in verstärktem Maße seit 1991 finanzielle Hilfen durch die dt. Reg. gewährt. Im Vordergrund der öffentl. Diskussion bes. in Rußland und anderen Nachfolgestaaten der UdSSR steht gegenwärtig die Frage der erneuten Umsiedlung der R., verbunden mit der Gewährung der polit. Autonomie in eigenen Siedlungsgebieten. In der Region Altai wurde der Dt. Nat. Kr. Halbstadt, im Gebiet Omsk der Dt. Nat. Kr. Assowo eingerichtet.

J. SCHLEUNING: Die dt. Siedlungsgebiete in Rußland (1955); Gesch. u. Kultur der Deutschen in Rußland, UdSSR. Auf den Spuren einer Minderheit, bearb. v. H. RICHTER-EBERL, Ausst.-Kat. (1989); Die Deutschen in der UdSSR in Gesch. u. Gegenwart, hg. v. I. FLEISCHHAUER u. a. (1990); W. H. WALTH: Auf der Suche nach Heimat = In search of a home. Die R. (1990, dt. u. engl.)

**Rüßler,** die →Rüsselkäfer.

**Russo,** Luigi, italien. Literarhistoriker, * Delia (Prov. Caltanissetta) 29. 11. 1892, † Pietrasanta (Prov. Lucca) 14. 8. 1961; war seit 1935 Prof. für italien. Literatur an der Univ. Pisa. R. wandte sich der italien. Literatur des 14.–16. Jh., v. a. aber der des 19. Jh. und der Moderne zu.

Werke: Giovanni Verga (1920); Salvatore Di Giacomo (1921); I narratori (1923); Francesco De Sanctis e la cultura napoletana 1860–1885 (1928); Problemi di metodo critico (1929); La critica letteraria contemporanea, 3 Bde. (1942–43); Ritratti e disegni storici, 4 Bde. (1946–53); Storia della letteratura italiana (1957).

**Russolo,** Luigi, italien. Komponist und Maler, * Portogruaro (Prov. Venedig) 1. 5. 1885, † Cerro di Laveno (Prov. Varese) 4. 2. 1947; schloß sich 1909 in Mailand der von dem Schriftsteller E. F. T. MARINETTI begründeten futurist. Bewegung an (→Futurismus); Mitbegründer des →Bruitismus. 1913 veröffentlichte er das Manifest ›L'arte dei rumori‹. Entsprechend seinem Konzept, Töne durch Geräusche zu ersetzen, konstruierte er eine Reihe von Geräuschinstrumenten, darunter das ›Rumorarmonio‹ (auch ›Russolophon‹), das Geräusche in einer schnellen Abfolge von Intervallen realisierte. Dabei definierte er Geräusche als Stilisierungen von Naturgeräuschen. Als Maler suchte er (zw. 1909 und 1913) mittels geometr. Formen Bewegung darzustellen.

G. F. MAFFINA: L. R. et l'arte dei rumori (Turin 1978); R. Die Geräuschkunst, 1913–1931, Ausst.-Kat. (1985).

**Rußtau,** durch parasit. Schlauchpilze (**R.-Pilze,** Capnodiaceae) verursachter schwärzl. Überzug auf Blättern und Früchten vieler Pflanzen, begünstigt durch die Ausscheidung von Blattläusen (→Honigtau).

**Russula** [zu lat. russulus ›rötlich‹], die Pilzgattung →Täublinge.

**Russulales,** Ordnung der Ständerpilze, zu der die →Milchlinge und die →Täublinge gehören.

**Rust, Freistadt R.,** Stadt mit eigenem Statut im Burgenland, Österreich, 121 m ü. M., nahe dem W-Ufer des Neusiedler Sees (breiter Schilfgürtel), 20 km² (kleinster Verw.-Bez. Österreichs), (1989) 1700 Ew.; Weinbauzentrum mit Burgenländ. Weinakademie; 500 ha Rebland (v. a. mit den Rebsorten Neuburger, Weißburgunder, Welschriesling, je etwa 15%, und Müller-Thurgau, 11%, bestanden) werden von 200 Winzerbetrieben bewirtschaftet (Spezialität ist **Ruster Ausbruch,** ein Ausbruchwein mit etwas höherem Alkoholgehalt und deshalb etwas geringerer Süße); Fremdenverkehr. – R., Anfang des 14. Jh. erstmals erwähnt, 1512 als Markt befestigt, wurde 1681 königlich ungar. Freistadt; 1919 kam es an Österreich. – In der ehem. kath. Pfarrkirche St. Pankratius und Ägidius (›Fischerkirche‹; 15.–16. Jh.), über roman. Vorgängerbau mittelalterl. Wandmalereien; kath. Pfarrkirche Dreifaltigkeit (1651 geweiht); in der denkmalgeschützten Altstadt zahlreiche Bürgerhäuser (z. T. mit Sgraffito) des 17.–19. Jahrhunderts.

**Rustaweli,** Schota, georgischer Dichter wohl des 12. Jh.; unter seinem Namen ist das georg. Nationalepos ›Wepchis Tkaosani‹ (um 1200; dt. ›Der Mann im Pantherfell‹, auch u. d. T. ›Der Recke im Tigerfell‹) überliefert.

**Rustawi, Rustavi** [-vi], Stadt in Georgien, an der Kura, südöstlich von Tiflis, (1989) 159 000 Ew.; Stahl- und Walzwerk; chem. Industrie und Maschinenbau; nahebei Wärmekraftwerk (1 280 MW; auf Masut- und Erdgasbasis). – R. entstand mit dem Bau des Hüttenwerkes (1944–54) und ist seit 1948 Stadt.

**Rustebeuf** [ryt'bœf], frz. Dichter, →Rutebeuf.

**Rüst|eisen,** *Schiffbau:* andere Bez. für →Pütting.

Luigi Russolo: Erinnerungen an eine Nacht; 1911 (Privatbesitz)

**Rustenburg** ['rœstənbœrx], Stadt in W-Transvaal, Rep. Südafrika, 1 234 m ü. M., (1985) 32 900 Ew.; Tabakverarbeitung. Am Rand des Buschveld-Komplexes gelegen, ist die Umgebung von R. reich an Bodenschätzen; die Platinminen von R. gehören zu den größten der Erde. Abgebaut werden ferner Asbest, Chrom- und Zinnerze.

**Rüster** [zu mhd. rust. ›Ulme‹], →Ulme.

**Rustika** die, -, *Baukunst:* →Bossenwerk.

**rustikal** [mlat., zu lat. rusticus ›Bauer‹], 1) ländlich-schlicht, bäuerlich; 2) von robuster, unkomplizierter Wesensart; derb, grob.

**Rüst** Rüstkammer – Rüstung

**Rüstkammer,** Aufbewahrungsraum für Waffen- und Kriegsgerät. Bedeutende R. sind die von KARL V. begründete Leib-R. der span. Könige (Armería, Madrid), die der engl. Könige (Tower, London), die der schwed. Könige (Livrustkammaren, Stockholm) und die der russ. Zaren (Oruschejnaja Palata, Moskau).

Alexander Rüstow

**Rüstow** [-to], Alexander, Soziologe und Volkswirtschaftler, * Wiesbaden 8. 4. 1885, † Heidelberg 30. 6. 1963; nach seiner Emigration 1933–49 Prof. in Istanbul, dann in Heidelberg (1949–55); in seinen kulturkrit. Arbeiten befaßte er sich mit Fragen der ›Herrschaft‹ sowie mit den Beziehungen zw. Wirtschafts-, Kultur- und Gesellschaftssystem. R. ist ein Mitbegründer des → Neoliberalismus.
**Werke:** Das Versagen des Wirtschaftsliberalismus (1945); Zw. Kapitalismus u. Kommunismus (1949); Ortsbestimmung der Gegenwart, 3 Bde. (1950–57); Die Kehrseite des Wirtschaftswunders (1961).
**Ausgabe:** Rede u. Antwort, hg. v. W. HOCH (1963).

**Rüstringen,** histor. Marschlandschaft um den Jadebusen und ostwärts bis zur Unterweser, 782 zuerst genannt, bildete im 13. und 14. Jh. ein Land mit eigenem Recht. Durch Sturmfluten versank ein Teil im Jadebusen.

**Rüst|tag,** jüd. Kult: → Paraskeue.

**Schlüsselbegriff**

**Rüstung,** polit. und ökonom. Begriff, umfaßt i. w. S. alle Güter und Dienstleistungen, die militär. Zwecken dienen bzw. von militär. Auftraggebern eines Landes oder Bündnisses nachgefragt werden, i. e. S. die militär. Beschaffung und Materialerhaltung einschließlich der militär. Forschung. Man unterscheidet zw. konventioneller, biolog., chem. und nuklearer R. Auch in zweifacher Hinsicht verwendbare (›dual-use‹) Güter zählen dazu, z. B. Pestizidfabriken, die sowohl zur Herstellung ziviler (Insektenbekämpfungsmittel) als auch militär. Produkte (Nervenkampfstoffe) genutzt werden können. **R.-Politik** erfaßt als Oberbegriff weltpolit. Rahmenbedingungen, innergesellschaftl. und internat. Strukturen, Prozesse und Entscheidungen bzw. den R.-Wettlauf zw. zwei oder mehreren Staaten oder Bündnissen.

Sozialwissenschaftl. Arbeiten zur R.-Politik versuchen, Ursachen und Wirkungen der R.-Dynamik auf nat. und internat. Ebene bei begrenzter Information (Geheimhaltung) zu erfassen, Wechselwirkungen zu erklären und Schlußfolgerungen für die R.-Kontroll- und Abrüstungspolitik zu ziehen. Im Zentrum standen dabei vor dem Hintergrund des Ost-West-Konflikts meist die Wechselwirkungen zw. der nat. R.-Politik der USA und der ehem. Sowjetunion bzw. der beiden Militärallianzen NATO und Warschauer Pakt mit besonderem Schwerpunkt auf der Nuklearrüstung.

Seit dem Zusammenbruch der UdSSR und der Auflösung des Warschauer Paktes (1991) traten neue Probleme in den Vordergrund: die Kontrolle der Nuklearwaffen in den Nachfolgestaaten der UdSSR und damit in unmittelbarem Zusammenhang die Gefahr der Weiterverbreitung von Nuklearwaffentechnologie v. a. in Länder der dritten Welt. Damit bleibt R. auch nach dem Ende des Ost-West-Konflikts und trotz weiterer Bemühungen um Abrüstung ein zentraler Faktor der Weltpolitik, zumal die Beibehaltung von R. mit weiterhin ungelösten Konflikten sowie mögl. neuen Risiken und Bedrohungssituationen begründet wird, wie sie z. B. die schlechte wirtschaftl. und damit ungefestigte Lage in der Gemeinschaft unabhängiger Staaten (GUS) in sich bergen kann.

In der Öffentlichkeit wird die umfassende R.-Thematik mit wechselnder Intensität und unterschiedl. Schwerpunkten diskutiert. In der Bundesrep. Dtl. rückte sie mit der Frage der Wiederbewaffnung, allg. v. a. in Phasen der nuklearen Aufrüstung – z. B. Ende der 1950er Jahre (›Kampf dem Atomtod‹) oder 1980–86 mit der Diskussion um den NATO-Doppelbeschluß – in den Mittelpunkt der polit. Auseinandersetzung, wobei bes. die (moral.) Vertretbarkeit von R. als Mittel der Politik debattiert wurde (→ Friedensbewegung, → Massenvernichtungsmittel). Dagegen sank das öffentl. Interesse am Thema R. – oft bei gleichbleibend hohem R.-Ausgaben – in Phasen der Entspannung. Während lange Zeit die mit den Massenvernichtungswaffen in Zusammenhang stehenden Fragen im Zentrum standen, konzentriert sich das Interesse nach dem weltpolit. Umbruch Anfang der 90er Jahre v. a. auf R.-Exporte, R.-Konversion und die Problematik der Proliferation.

### Rüstungsausgaben

I. e. S. sind R.-Ausgaben Aufwendungen für R.-Investitionen (Forschung, Entwicklung, Erprobung; Beschaffung; Infrastruktur), i. w. S. alle Ausgaben, die direkt oder indirekt mit der äußeren Sicherheitsvorsorge und dem Unterhalt der Streitkräfte eines Staates zusammenhängen. Die NATO-Definition umfaßt alle Ausgaben für die regulären Streitkräfte einschließlich der Pensionen für ehem. Militärpersonal, Ausgaben für die Stationierung fremder Truppen, Kosten für die NATO-Infrastruktur und zivile Bedienstete sowie die Militärhilfe an andere Nationen (einschließlich Ausrüstung und Ausbildung). Über diese Definition hinaus, die auch Berechnungsgrundlage für den Internat. Währungsfonds und die UNO ist, werden den R.-Ausgaben verschiedentlich auch die Kosten für gleichermaßen zivil und militärisch nutzbare Infrastrukturinvestitionen (Straßen, Flughäfen), für zivile, jedoch militärisch verwertbare Forschungs- und Entwicklungsprojekte, für die Deckung von Kriegsschulden oder für den Unterhalt paramilitär. Kräfte zugeordnet.

Statistiken zu den R.-Ausgaben werden jährlich v. a. vom International Institute for Strategic Studies (IISS; seit 1959), von der amerikan. Rüstungskontroll- und Abrüstungsbehörde (ACDA; seit 1966), vom Stockholm International Peace Re-

| Rüstungsausgaben der NATO-Staaten (ohne Island) 1970–90 (in Prozent des Bruttosozialprodukts)[1] | | | | | |
|---|---|---|---|---|---|
| Land | 1970–74[2] | 1975–79[2] | 1978–87[2] | 1988 | 1990 |
| Belgien | 2,9 | 3,2 | 3,3 | 2,7 | 2,4 |
| Bundesrep. Dtl.[3] | 3,5 | 3,4 | 3,3 | 2,9 | 2,8 |
| Dänemark | 2,4 | 2,4 | 2,3 | 2,2 | 2,0 |
| Frankreich | 3,9 | 3,8 | 4,0 | 3,8 | 3,6 |
| Griechenland | 4,7 | 6,7 | 6,5 | 6,4 | 5,8 |
| Großbritannien | 5,1 | 4,9 | 5,1 | 4,2 | 4,0 |
| Italien | 2,5 | 2,1 | 2,2 | 2,5 | 2,1 |
| Kanada | 2,1 | 1,9 | 2,1 | 2,1 | 2,0 |
| Luxemburg | 0,8 | 1,0 | 1,1 | 1,3 | 1,1 |
| Niederlande | 3,1 | 3,2 | 3,1 | 2,9 | 2,7 |
| Norwegen | 3,3 | 3,1 | 3,1 | 3,2 | 3,2 |
| Portugal | 6,9 | 3,9 | 3,3 | 3,2 | 3,1 |
| Spanien | – | – | 2,3 | 2,1 | 1,8 |
| Türkei | 4,4 | 5,7 | 4,8 | 3,8 | 4,8 |
| USA | 6,5 | 5,1 | 6,1 | 6,1 | 5,7 |
| NATO (nur Europa) | 3,6 | 3,6 | 3,5 | 3,2 | 3,0 |
| NATO (nur Nordamerika) | 6,1 | 4,8 | 5,7 | 5,7 | 5,3 |
| NATO (gesamt) | 5,1 | 4,3 | 4,7 | 4,4 | 4,1 |

[1] Nach NATO-Kriterien; basierend auf jeweiligen Preisen; Angaben gerundet. – [2] Durchschnittsangabe. – [3] Die Prozentzahlen der Bundesrep. Dtl. sind ohne Berücksichtigung der Aufwendungen der Bundesregierung für Berlin berechnet. Unter deren Einbeziehung ergeben sich jeweils um 0,8 höhere Werte.

search Institute (SIPRI; seit 1969) und R. L. SIVARD (seit 1974) vorgelegt. Untereinander sind sie nur schwer zu vergleichen, da sie jeweils von versch. Definitionen ausgehen. Darüber hinaus müssen Wechselkursschwankungen und die unterschiedl. Preisentwicklung in den einzelnen Ländern berücksichtigt werden.

Die Bemühungen der UNO um ein standardisiertes Berichtssystem für R.-Ausgaben waren erst Ende der 1980er Jahre erfolgreich. Im Wiener Dokument über vertrauens- und sicherheitsbildende Maßnahmen (VSBM, Nov. 1990) verpflichteten sich die KSZE-Staaten, ihre Angaben über R.-Ausgaben nach Kriterien der UNO für das bevorstehende Haushaltsjahr auszutauschen.

Nach SIPRI (1981) stiegen die Weltrüstungsausgaben (in konstanten Preisen von 1978) von 120 Mrd. $ im Jahre 1949 über 230 Mrd. (1960) auf 450 Mrd. $ 1980, in konstanten Preisen von 1990 (SIPRI 1991) zw. 1966 und 1990 um 70 % von rd. 570 Mrd. auf 1 000 Mrd. $. Der Anteil der dritten Welt an den Gesamtrüstungsausgaben lag sowohl 1950 als auch 1960 noch bei etwa 10 %, um dann bis Ende der 70er Jahre auf etwa 23 % anzusteigen. Seit Anfang der 80er Jahre ist diese Entwicklung wieder rückläufig; vor allem vor dem Hintergrund der letzten Phase des Ost-West-Konflikts stieg der Anteil der Industriestaaten wieder an. Bei den Zahlen zur dritten Welt ist bemerkenswert, daß sich der Anteil des Nahen Ostens an den R.-Ausgaben der dritten Welt von 5 % (1950) auf 33 % in den 70er Jahren erhöhte. Die reale Wachstumsrate der R.-Ausgaben in diesem Raum lag zw. 1971 und 1980 bei durchschnittlich 15,5 %.

Mit dem Ende des Ost-West-Konflikts fielen die R.-Ausgaben 1990 erstmals seit langer Zeit, insgesamt um 5 % (UdSSR − 10 %, USA − 6 %) auf 950 Mrd. $. 60 % der Gesamtsumme entfielen 1990 auf die USA und die UdSSR, etwa 15 % (rd. 140 Mrd. $) auf die Länder der dritten Welt. Dabei werden 40 % der R.-Ausgaben der dritten Welt allein von Ägypten, Indien, Iran, Irak, Israel, Süd-Korea und Taiwan aufgebracht. Die R.-Ausgaben der EG-Staaten betrugen 1990 152 Mrd. $.

In der Bundesrep. Dtl. stiegen die R.-Ausgaben gemäß Bundeshaushalt nominal von 39,36 Mrd. DM (1980) auf 53,28 Mrd. DM (1989). 1990 stieg der Verteidigungshaushalt – jedoch gemessen an der Steigerungsrate des Gesamthaushalts unterdurchschnittlich – auf 54,23 Mrd. DM an. Da sich dieser Ansatz nur auf das Gebiet der alten Bundesrep. Dtl. bezog, kamen nach der dt. Vereinigung vom 3. 10. 1990 noch Ausgaben für die übernommenen Teile der NVA hinzu. Der Anteil der R.-Ausgaben am dt. Bundeshaushalt schwankte jahrzehntelang zw. 19 und 21 %, 1983–90 ging er von 18,9 auf 17,7 % zurück, derjenige am Bruttosozialprodukt gleichzeitig von 2,78 auf 2,24 % (nach dt. Kriterien).

Vor dem Hintergrund der finanziellen Belastungen im Zusammenhang mit der dt. Vereinigung 1990 sowie den vertraglich vereinbarten Abrüstungsschritten wurde der Verteidigungshaushalt in Dtl. 1991 nominal in etwa ›eingefroren‹, womit sein Anteil am Gesamthaushalt auf rd. 13 % sank. Ein weiterer realer Rückgang der R.-Ausgaben in Dtl. ist für die nächsten Jahre angekündigt.

### Funktionen und Rahmenbedingungen

Im internat. System dient R. den einzelnen Staaten zunächst als ein Mittel zur Selbstbehauptung gegen gewaltsame Einflußnahme von außen, sei es durch Kriegsverhütung mittels Abschreckung oder durch Kriegführung; dabei bleibt die Frage unberücksichtigt, ob nat. Sicherheit überhaupt durch R. gewährleistet werden kann. Da R. die Macht eines Staates verkörpert, kann dies dazu führen, auf andere Staaten indirekt (Drohung, Pression) oder direkt (Intervention) Gewalt auszuüben. Im Ost-West-Konflikt wurde R. auch als Argument für die Herstellung bzw. Aufrechterhaltung des strateg. und polit. Gleichgewichts genannt. Auf nat. Ebene dient der Machtfaktor R. bes. in (Militär-)Diktaturen der Sicherung der Herrschaft im Innern. Darüber hinaus ist R. ein allerdings kontrovers diskutiertes Mittel der Beschäftigungs-, Technologie-, Industrie- und Konjunkturpolitik. R.-Exporte tragen dazu bei, den Einfluß von Staaten auszudehnen und bei den Empfängerländern Abhängigkeiten von den Geberländern zu schaffen.

Als Rahmenbedingungen, die die R.-Politik von 1945 bis 1990 beeinflußten, gelten i. a.: 1) die Konfliktsituation, 2) die (Nuklear-)Strategie, 3) die technolog. Innovation und 4) das jeweilige Wirtschafts- und Gesellschaftssystem.

1) Für die R.-Politik waren bis 1989/90 der Ost-West-Konflikt und Regionalkonflikte in der dritten Welt relevant. Von 1945 bis 1990 wurden rd. 75–90 % der Weltrüstungsausgaben dem Ost-West-Konflikt und 10–25 % Drittweltkonflikten zugeschrieben. Der Ost-West-Konflikt war durch Elemente der R.-Konkurrenz, des ökonom. Wettbewerbs und der Kooperation (R.-Kontrolle) sowie durch ein hohes Maß an polit. Stabilität und eine lange Periode des Nichtkrieges, aber auch durch Stellvertreterkriege in der dritten Welt geprägt. Der Preis hierfür waren eine ständige Kriegsbereitschaft (Abschreckung) und hohe R.-Ausgaben.

In den amerikan.-sowjet. Beziehungen war die R.-Politik jedoch auch häufig kontextunabhängig: Im kalten Krieg setzte D. EISENHOWER in den USA Obergrenzen für die R.-Ausgaben unabhängig von der weltpolit. Entwicklung fest, und N. CHRUSCHTSCHOW reduzierte einseitig die sowjet. Truppen um über 1 Mio. Mann. Durch →SALT I (1972) wurden in den USA neue R.-Vorhaben begründet (Marschflugkörper, Trident, B-1) und in der UdSSR die Position des Militärs im Politbüro ge-

### Entwicklung der Rüstungsausgaben 1974–88[1]

| | Weltanteil (%) | | | Reale Wachstumsraten (%) | |
|---|---|---|---|---|---|
| | 1974 | 1984 | 1988 | 1974–84 | 1983–88 |
| Welt | 100 | 100 | 100 | 2,9 | 0,8 |
| Industriestaaten[2] | 82,2 | 79,6 | 83,8 | 2,8 | 2,1 |
| UdSSR | 31,2 | 29,0 | 29,0 | | |
| USA | 23,0 | 26,0 | 29,8 | | |
| dritte Welt[3] | 17,8 | 20,4 | 16,2 | 3,5 | −4,7 |
| *Regionen (Auswahl):* | | | | | |
| Europa (gesamt) | 54,6 | 49,6 | 51,4 | 1,9 | 0,9 |
| Nordamerika | 27,7 | 29,3 | 30,8 | 4,1 | 4,1 |
| Naher und Mittlerer Osten | 7,2 | 8,7 | 5,9 | 3,8 | −10,4 |
| Ostasien | 6,4 | 7,1 | 7,5 | 3,6 | 1,9 |
| Afrika[4] | 1,5 | 1,9 | 1,4 | 3,7 | −3,4 |
| *Europa:* | | | | | |
| NATO-Mitglieder | 12,6 | 11,6 | 14,5 | 2,2 | 0,8 |
| Warschauer Pakt | 40,1 | 36,5 | 34,7 | 1,9 | 0,9 |
| Übrige | 1,9 | 1,6 | 2,1 | 0,7 | 0,6 |

[1] Nach U.S. Arms Control and Disarmament Agency (ACDA): World Military Expenditures and Arms Transfers (WMEAT) 1971–1980 (1983), WMEAT 1986 (1987), WMEAT 1989 (1990). – [2] Alle NATO-Staaten (außer Griechenland, Spanien, Türkei), alle Mitgl. des Warschauer Paktes (außer Bulgarien), Australien, Finnland, Irland, Japan, Neuseeland, Österreich, Schweden, Schweiz, Rep. Südafrika. – [3] Alle nicht unter [2] genannten Staaten. – [4] Außer Ägypten.

stärkt. Dagegen fiel 1980–86 die Verschlechterung der Ost-West-Beziehungen wieder mit steigenden R.-Ausgaben v. a. der NATO-Staaten zusammen.

Ein direkter Zusammenhang zw. Phasen der Ost-West-Beziehungen und der nat. R.-Dynamik bzw. der R.-Konkurrenz ließ sich demnach bisher nicht feststellen, da z. B. die Entwicklung neuer Waffen im Ggs. zu den kürzeren Phasen der Ost-West-Beziehungen einen Zeitraum von etwa 10–15 Jahren umfaßt. R.-Ausgaben sind vielmehr oft Ergebnis von Haushaltsgrundsätzen und nat. Interessenpolitik (z. B. der R.-Industrie), die von der internat. Umwelt unbeeinflußt sind, aber häufig damit begründet werden.

2) Die Strategie der Abschreckung galt im Atomzeitalter als zweite zentrale Rahmenbedingung der R.-Politik zw. den Supermächten und Bündnissen. Dabei ist umstritten, ob in den USA der Wandel von der Strategie der massiven Erwiderung (Massive retaliation) zur flexiblen Reaktion (Flexible response, ab 1967) und die v. a. gegen militär. Ziele (Counterforce) statt v. a. gegen Städte gerichtete nukleare Zielplanung (ab 1961) Veränderungen in der Höhe des R.-Niveaus und in der Streitkräftestruktur auslösten. Ebenso ist es strittig, ob die Vervielfältigung der Ziele im nuklearstrateg. Einsatzplan der USA eine Folge dieser Counterforce-Optionen oder von Veränderungsprozessen der R.-Technologie (Entwicklung von Mehrfachsprengköpfen) waren; es ist daher nicht zu entscheiden, ob strateg. Konzeptionen oder dem waffentechnolog. Innovationsprozeß der Vorrang unter den Rahmenbedingungen zukommt.

3) Wenngleich naturwissenschaftlich-techn. Erkenntnisse v. a. seit dem Zweiten Weltkrieg als Folge der Geheimforschung häufig zuerst militärisch und dann auch zivil genutzt wurden, läuft der allgemeine technolog. Wandel losgelöst vom Waffeninnovationsprozeß ab. Die Waffentechnologie kann einerseits als Folge polit. Entscheidungen gesehen werden, andererseits lassen sich polit. Entscheidungen als Ergebnis einer technolog. Eigendynamik interpretieren.

4) Die durch das nat. Gesellschafts- und Wirtschaftssystem vorgegebenen Rahmenbedingungen für R.-Prozesse und -Entscheidungen wurden in der Forschung bisher vernachlässigt. Es besteht aber Konsens, daß die für die amerikan. R.-Politik gewonnene Erklärungsansätze nicht auf andere Staaten, z. B. die ehem. Sowjetunion oder die Bundesrep. Dtl. übertragbar sind. Z. B. zeigten sich in der Vergangenheit bei der intakt. Atomwaffen von USA und ehem. UdSSR grundlegende Unterschiede im Ablauf waffentechnolog. Innovationen: Die amerikan. R.-Politik war bei Waffeninnovationen seit 1945 Schrittmacher. Der Tendenz nach verliefen die Entscheidungsprozesse (Ausnahme: SDI) von unten nach oben, von Interessenkoalitionen im Militärapparat zur polit. Führung. Die sowjet. R.-Politik reagierte meist auf amerikan. Entwicklungen (Ausnahmen: ICBM und Sputnik, 1957) oder ahmte diese nach. Der Entscheidungsprozeß verlief von oben nach unten, von der polit. Führung (Politbüro und Verteidigungsrat) zum Militär. Die R.-Politik der Bundesrep. Dtl. begann in den 50er und 60er Jahren mit der Lizenzproduktion v. a. amerikan. R.-Güter. In den 70er und 80er Jahren wurden die europ. Verbündeten bei den R.-Exporten ernsthafte Konkurrenten der USA und UdSSR.

Mit dem Ende des Ost-West-Konflikts ist die zentrale Begründung (Feindbild) für die R.-Politik entfallen. Mit dem Zerfall der Sowjetunion und des Warschauer Paktes ist auch der Wettstreit der Gesellschaftssysteme beendet. Ebenso hat die Abschreckung ihren zentralen Stellenwert in der neuen NATO-Strategie vom Nov. 1991 verloren. Trotzdem ist der militär. Innovationsprozeß unverändert, und die Bedeutung der militär. Forschungs- und Entwicklungsausgaben ist in den USA, in Frankreich, Großbritannien und der Bundesrep. Dtl. seit 1989 weiter gewachsen.

### Triebkräfte

Zu den aus dem Ost-West-Konflikt abgeleiteten Rahmenbedingungen treten Triebkräfte der R.-Politik hinzu, die die Prozesse bei Planung, Entwicklung und Beschaffung einzelner Waffensysteme beeinflussen. Bei der Bestimmung dieser Triebkräfte (z. B. für die Bundesrep. Dtl. bezüglich Phantom, Tornado; für die USA bezüglich MIRV, ICBM) werden v. a. drei Schulen unterschieden:

1) Traditionelle Ansätze sehen in der R.-Konkurrenz einen Aktions-Reaktions-Prozeß. Diese Außenleitungstheorie wurde zur Analyse und Interpretation des maritimen R.-Wettlaufes zw. der dt. und der brit. Flotte vor dem Ersten Weltkrieg und für den R.-Wettlauf zw. USA und UdSSR benutzt. Empir. Tests des Aktions-Reaktions-Modells wurden von 1945 bis 1989 für die R.-Konkurrenz zw. USA und UdSSR aber dadurch erschwert, daß die UdSSR keine zuverlässigen Angaben zu ihren R.-Ausgaben machte.

2) Die dazu als Gegenposition formulierten Innenleitungstheorien (revisionist. Ansätze) geben für das nat. System innergesellschaftl. Triebkräften den Vorrang vor den außenpolitischen. Ausgangspunkt waren histor. und sozialwissenschaftl. Arbeiten zur amerikan. R.-Politik nach dem Zweiten Weltkrieg, die einen Wandel in der Rolle des Militärs, der militär. Forschung und Entwicklung, sowie neue, in Friedenszeiten von militär. Aufträgen abhängige Industriebranchen und eine natur- und sozialwissenschaftl. Auftragsforschung feststellten. Dies führte zur Theorie vom militärisch-industriellen Komplex (MIK). Mit diesem Erklärungsmodell konnte zwar die Struktur des an R.-Ausgaben interessierten Verbundnetzes sozialer Kräfte und Institutionen (z. B. Militär, R.-Industrie, zivile Militärbürokratie, Wissenschaftler, Ingenieure sowie deren Verbände, Gewerkschaften, lokale Behörden) herausgearbeitet, aber die Frage seiner Wirksamkeit bei Waffeninnovation und Beschaffung nur unzulänglich beantwortet werden.

3) Aus der Sicht der postrevisionist. Schule, die an Fallstudien den jeweiligen Anteil außen- und innenpolit. Faktoren herausarbeitet, sind für die Höhe der amerikan. R.-Ausgaben neben den genannten innergesellschaftl. Faktoren auch die Entwicklung der Weltpolitik und der Zustand der amerikan.-sowjet. Beziehungen (objektive Faktoren) sowie die Bedrohungswahrnehmung und die von gesellschaftl. Gruppen und Medien (subjektive Faktoren) mitgeprägte öffentl. Stimmungslage entscheidend. Unter den postrevisionist. Autoren besteht Konsens, daß die innergesellschaftl. Einflußfaktoren eine notwendige, aber keine hinreichende Bedingung darstellen, zu der eine Analyse der internat. Umwelt und der öffentl. Meinung im nat. System hinzutreten muß.

Es lassen sich zumindest vier Faktoren ausmachen, die als Triebkräfte die R.-Politik beeinflussen: der polit. Wille der Entscheidungsträger, das militärstrateg. Kalkül, das ökonom. Interesse und die technolog. Eigendynamik. Zur Erklärung der Wechselwirkung von Politik, Strategie, Wirtschaft und R.-Technik gibt es folgende Positionen: a) Nach dem polit. Ansatz werden durch die politisch legitimierten Entscheidungsträger die strateg. Zielsetzungen formuliert, die technolog. Prozesse in Gang gesetzt und meist als Antwort auf eine perzipierte militär. Bedrohung gerechtfertigt. b) Nach dem strateg. Ansatz bieten militärstrateg. Entscheidungen den Rahmen für technolog. Schwerpunkte und bei der Waffenauswahl. c) Der ökonom. Ansatz wurde v. a. von Kritikern der R.-Politik der marktwirtschaftlich orientierten Staaten vertreten, die auf die Interessen der R.-Industrie (Nachfolgeprojekte, Gewinne) und der polit. Akteure (Arbeitsplätze) verwiesen. d) Nach dem technolog. Ansatz folgen naturwissenschaftl. Erkenntnisprozesse, technolog. Innovationen und ihre waffentechn. Anwendung eigenen Gesetzen, deren Geschwindigkeit durch die Höhe der Mittelzuweisungen und durch polit. Prioritäten beeinflußt werden kann.

Darüber hinaus gibt es Erklärungsmodelle, die einen abwechselnden Vorrang von Politik und Technologie erkennen.

### Auswirkungen

Bisher wurden im Rahmen des Ost-West-Konflikts v. a. die ökonom. Folgen der R.-Ausgaben im nat. System und die Auswirkungen militärtechnolog. Entwicklungen auf die strateg. Stabilität im internat. System untersucht.

Von einem nachfrageorientierten Standpunkt zum Verhältnis von R. und Wirtschaftssystem aus gesehen sind R.-Ausgaben ein notwendiger Teil der öffentl. Nachfrage und damit auch ein wichtiges Instrument staatl. Struktur- und Konjunkturpolitik. Nach Ansicht angebotsorientierter Theoretiker werden aber durch R.-Ausgaben Ressourcen verschwendet, das Wirtschaftswachstum gebremst und dadurch Arbeitsplätze vernichtet, die Staatsverschuldung in die Höhe getrieben, die Investitionstätigkeit und die Forschungs- und Entwicklungskapazität im zivilen Bereich gehemmt und die Wettbewerbsfähigkeit auf dem Weltmarkt geschwächt.

Während Stagnationstheorien zum Verhältnis von R.-Ausgaben und ökonom. Wachstum der R.-Industrie als Nachfragestabilisator eine wichtige Rolle beimessen, sind die R.-Güter für die Verschwendungstheorien unproduktive Leistungen, die das volkswirtschaftl. Angebot direkt vermindern oder zumindest durch Herabsetzung der Produktivität eine Optimierung der wirtschaftl. Gesamtleistung verhindern. Der These, R.-Ausgaben als forschungsintensive Staatsausgaben würden zu technolog. Innovation, Produktivitätssteigerung, Wachstum und Beschäftigung beitragen, wurde mit dem Hinweis auf die abnehmende Wettbewerbsfähigkeit der USA in zentralen Hochtechnologien begegnet. Die Preis- und Kostensteigerungen im R.-Wesen liegen deutlich über der allgemeinen Geldentwertung, ihr genauer Beitrag zur Inflation ist jedoch ungeklärt.

Umstritten ist daher auch, ob Ausgaben für militär. Forschung und Entwicklung über eine Verwertung der Ergebnisse im zivilen Bereich zu erhöhter Innovation, Produktivitätssteigerungen und realem Wachstum führen. Makrostatist. Analysen ergaben für Staaten mit hohen R.-Ausgaben (v. a. USA, Großbritannien) geringere zivile Produktivitätssteigerungen, während Staaten mit geringeren R.-Ausgaben (Japan, Bundesrep. Dtl.) höhere Investitions- und Wachstumsraten sowie Produktivitätssteigerungen aufweisen.

Die USA mit ihren geringen Produktivitätszuwächsen, der rückläufigen Produktion industrieller Güter, dem Rückgang der Agrarexporte, den Turbulenzen an den Finanzmärkten und dem seit 1980 steigenden Haushaltsdefizit werden als Beispiel für den Zusammenhang zw. fortgesetzter Hoch-R. und wirtschaftl. Niedergang genannt (P. M. KENNEDY). Die Kosten für den R.-Wettlauf während der letzten Phase des Ost-West-Konflikts haben dazu beigetragen, die UdSSR ökonomisch zu ruinieren und die Staatsverschuldung in den USA zu verdoppeln.

Auch die Auswirkungen von R. auf Länder der dritten Welt werden kontrovers diskutiert. Während E. BENOIT (1973) einen positiven Zusammenhang zw. R. und Wachstum feststellte, verwiesen Arbeiten aus den 80er Jahren auf die negativen Wirkungen v. a. bei den ärmsten Entwicklungsländern, wie die zunehmende Verschuldung durch R.-Beschaffung, die Abhängigkeit von der R.-Branche der Industrieländer und die Minderung von Mitteln zur Verbesserung der Lebensbedingungen. Seit 1990/91 weist auch die Weltbank verstärkt auf diese Probleme hin und geht in Absprache mit einigen Geberländern dazu über, die Vergabe von finanziellen Mitteln von der Senkung der jeweiligen R.-Ausgaben abhängig zu machen.

Zunehmend rücken die ökolog. Folgen der R. in den Blickpunkt: Knappe, nicht erneuerbare Rohstoffe (z. B. Titan, Germanium) werden verbraucht. Durch die Produktion von ABC-Waffen entstehen R.-Altlasten, deren Sanierung problematisch und äußerst kostspielig ist. Umweltverschmutzung und Gesundheitsgefährdung, die von militär. Standorten ausgehen (z. B. Bodenverseuchung durch Benzin und Kerosin, Tiefflugslärm), sind ebenso zu nennen wie Landschaftszerstörung durch Manöver und Truppenübungsplätze.

Für den Zeitraum von 1945 bis 1990 wurden auch das Machtpotential und die militär. Auswirkungen der R.-Politik von Staaten und Allianzen auf das militär. Gleichgewicht und die strateg. Stabilität untersucht. Diese existiert – nach R. MCNAMARAS Doktrin der gegenseitig zugesicherten Zerstörung (Mutual assured destruction, Abk. MAD, 1961) – dann, wenn beide Supermächte zu der Annahme gelangen, daß jeder Versuch, einen Konflikt mit militär. Mitteln zu lösen, ein kalkuliert unannehmbares Risiko darstellt, oder – als Krisenstabilität –, wenn beide Seiten die Fähigkeit zum vernichtenden Zweitschlag besitzen und dadurch die Wahrscheinlichkeit gering ist, daß zwei Gegner einen nuklearstrateg. Krieg führen.

Waffensysteme, die in einer Krise die Wahrscheinlichkeit einer Eskalation zu einem Krieg bzw. die eines Kriegs zu einem strateg. Nuklearkrieg erhöhen (z. B. →ABM-System und →SDI wegen ihres vermeintl. Schutzes gegen einen mögl. Vergeltungsschlag), können zur Instabilität und zu einer Beschleunigung des R.-Wettlaufs beitragen. Ob aber R.-Wettläufe zwangsläufig zu Kriegen führen (z. B. zw. Dtl. und Großbritannien vor 1914, Iran und Irak vor 1980), ist wiederum umstritten.

### Ausblick

Die Auswirkungen des Endes des Ost-West-Konflikts (1989/90) und des sowjet. Kommunismus (1990/91) sowie die Folgen der Auflösung des Warschauer Paktes und des Zerfalls der UdSSR für die Weltpolitik und die R.-Politik sind ungewiß.

Der Rückgang der Weltrüstungsausgaben seit 1989 war bis 1991 gering. Die drängenden Menschheitsprobleme (Unterentwicklung, Welthunger, Umweltzerstörung) machen zwar ein Schrumpfen der Militärhaushalte notwendig. Ob und in welchem Maße die R.-Ausgaben aber in den 90er Jahren weiter sinken, hängt von der weltpolit. Entwicklung, bes. der Lage in den Nachfolgestaaten der UdSSR, auf dem Balkan und in der dritten Welt ab. Aus den ungelösten Problemen (Nahrungsmangel, Wasserknappheit u. a.) können neue Konflikte zw.

Staaten und Regionen entstehen, die (v. a. nach dem zweiten Golfkrieg 1990/91) bereits zur Rechtfertigung der Beibehaltung hoher R.-Ausgaben in einigen NATO-Staaten benutzt werden. Um die nat. R.-Industrie zu erhalten, wurde die R.-Beschaffung zugunsten der militär. Forschung und Entwicklung reduziert und bis Ende 1991 auf Exportbeschränkungen konventioneller R.-Güter verzichtet. Als vertrauensbildende Maßnahme beschloß die UNO im Dez. 1991 ein R.-Transferregister, aber keine Beschränkung der R.-Exporte. Die Bereitschaft zur R.-Konversion war in den NATO-Staaten von 1989 bis 1991 gering. 1991 entfielen auch weiterhin auf sechs Staaten (USA, UdSSR, China, Frankreich, Großbritannien und die Bundesrep. Dtl.) etwa 95 % der weltweiten Ausgaben für militär. Forschung und Entwicklung, auf die KSZE-Staaten über 80 % und auf die OECD-Staaten über 50 % der Weltrüstungsausgaben.

⇨ *Abrüstung · biologische Kampfmittel · chemische Kampfmittel · Friedensbewegung · Friedensforschung · Kernwaffen · Konfliktbewältigung · Massenvernichtungsmittel · Militär · Nuklearstrategie · Ost-West-Konflikt · Pazifismus · Rüstungsexporte · Rüstungskonversion · Rüstungsproduktion · Sicherheitspolitik*

The military balance, hg. vom Institute for Strategic Studies (London 1959 ff.); World armaments and disarmament, hg. vom Stockholm International Peace Research Institute, Bd. 3 ff. (Stockholm 1972 ff., früher u. a. T.); E. BENOIT: Defense and economic growth in developing countries (Lexington, Mass., 1973); A. WOHLSTETTER: Is there a strategic arms race?, in: Survival, Jg. 16 (London 1974); World military and social expenditures (Washington, D. C., 1974 ff.); P. SCHLOTTER: R.-Politik in der Bundesrep. Dtl. (1975); C. S. GRAY: The Soviet-American arms race (Farnborough 1976, Nachdr. ebd. 1989); M. BRZOSKA: R. u. Dritte Welt. Zum Stand der Forschung (1981); ERWIN MÜLLER: R.-Politik u. R.-Dynamik. Fall USA (1985); M. THEE: Military technology, military strategy, and the arms race (New York 1986); The economics of military expenditures, hg. v. CHRISTIAN SCHMIDT (Basingstoke 1987); N. BALL: Security and economy in the Third World (Princeton, N. J., 1988); M. EVANGELISTA: Innovation and the arms race (Ithaca, N. Y., 1988); U. ALBRECHT u. R. NIKUTTA: Die sowjet. R.-Industrie (1989); P. M. KENNEDY: Aufstieg u. Fall der großen Mächte (a. d. Engl., 1989); Military technology, armaments dynamics and disarmament, hg. v. H. G. BRAUCH (Basingstoke 1989).

**Rüstung, 1)** *Bautechnik:* Hilfskonstruktion aus Holz oder Stahlrohr, bes. bei Schalungen. (→ Gerüst)
**2)** *Waffenwesen:* früher die Schutzbekleidung gegen Waffeneinwirkung, bestehend seit dem Altertum aus Panzer und Beinschienen (beides im Spät-MA. vom Harnisch abgelöst) sowie dem Helm. I. w. S. gehörte zur R. auch der Schild.

**Rüstungsexporte**, Lieferungen und Leistungen an das Ausland, die insbesondere folgendes umfassen: Waffen, militär. Hilfsgüter (z. B. Uniformen, Transportfahrzeuge, Funkausrüstungen), Anlagen zur Rüstungsproduktion (z. B. für ABC-Waffen), Transfer von Know-how (Konstruktionsunterlagen). Eine allg. anerkannte Definition von R. gibt es nicht; auch nicht in den amtl. Ausfuhrstatistiken. Die statist. Erfassung ist daher schwierig und z. T. auf Schätzungen angewiesen. In der dt. Statistik nicht erfaßt sind u. a. die Lieferung von Bauteilen für Waffen an Empfänger in NATO-Ländern, die von diesen zusammengebaut weiterexportiert werden, Abgabe von Know-how und techn. Unterlagen für die Herstellung von Waffen im Ausland einschließlich der Entsendung von Fachleute, Lieferungen zivil und militärisch nutzbarer (›dual use‹) Elektronik zur Kampfwertsteigerung sowie militärisch genutzte Geräte oder Bauteile, die amtlich nicht als Kriegswaffen geführt werden.

Nach der Form des Transfers von R. werden in Dtl. unterschieden: 1) kommerzielle Exporte, zumeist über Kredite des Verkäufers an den Kunden mit der im Exportgeschäft üblichen staatl. Bürgschaft (Hermesbürgschaft); 2) Schenkungen von militär. Gerät im Rahmen der militär. Auslandshilfe an Entwicklungsländer (amtl. Bez.: ›Ausrüstungs- und Ausbildungshilfe‹, verwaltet vom Auswärtigen Amt) und über die Polizeihilfe (zuständig ist das Bundesinnenministerium); 3) kommerziell wenig bedeutsame, politisch signifikante Überlassungen von Militärgerät über den Bundesnachrichtendienst; 4) Abgabe von Waffen innerhalb der NATO an ärmere Bündnispartner zu Lasten des Bundeshaushaltes (›Verteidigungshilfe‹).

1986–90 betrug das Volumen der Welt-R. 33 Mrd. US-$ pro Jahr, bei einem Anteil der Bundesrep. Dtl. von knapp drei Prozent. Nach den beiden Supermächten USA und ehemalige UdSSR (diese bestritten je ein Drittel der R.) findet sich die Bundesrep. Dtl. hinter Frankreich und Großbritannien an fünfter oder sechster Stelle bei den Welt-R. Einzelne wichtige Waffenproduzenten, voran Japan, betreiben keine R. Rd. 100 Staaten verfügen (noch) über keine eigene Rüstungsproduktion und sind auf Waffenimporte angewiesen (›Käufermarkt‹). Zwei Drittel aller R. gehen – allerdings mit sinkender Tendenz – in Länder der dritten Welt, vorrangig in den Nahen und Mittleren Osten, wobei der Anteil der Dritte-Welt-Länder (z. B. Brasilien, VR China) an diesen R. gegenüber dem der Industriestaaten gegenwärtig zunimmt.

In Dtl. erfolgt die Kontrolle der R. auf der Grundlage von Art. 26 GG durch zwei Ausführungsgesetze, das Kriegswaffenkontroll-Ges. i. d. F. v. 22. 11. 1990 mit einer den Kontrollgegenstand definierenden Kriegswaffenliste sowie die Außenwirtschafts-VO. Kontrollorgan ist das Bundesamt für Wirtschaft in Eschborn, welches Anträge auf die Genehmigung von R. entgegennimmt und prüft. In Zweifelsfällen soll der Bundessicherheitsrat entscheiden. Ferner regelt für die NATO-Staaten das →Coordinating Commit-

**Die wichtigsten Rüstungsimporteure in der dritten Welt**
1969–88*) (in Mrd. US-$)

| | | | |
|---|---|---|---|
| Irak | 61,1 | Afghanistan | 10,2 |
| Saudi-Arabien | 37,2 | Algerien | 9,8 |
| Vietnam | 29,0 | Äthiopien | 9,3 |
| Syrien | 27,9 | Taiwan | 8,1 |
| Libyen | 26,6 | Süd-Korea | 7,6 |
| Iran | 26,0 | Türkei | 7,0 |
| Indien | 21,7 | Jordanien | 6,2 |
| Kuba | 16,3 | Griechenland | 5,9 |
| Ägypten | 15,8 | Pakistan | 5,1 |
| Angola | 11,3 | Süd-Jemen | 4,9 |

*) Für den angegebenen Zeitraum insgesamt.
Quelle: R. L. Sivard: World military and social expenditures; 1991.

**Die wichtigsten Rüstungsexporteure** 1969–88*) (in Mrd. US-$)

| | |
|---|---|
| UdSSR | 236 |
| USA | 149 |
| Frankreich | 43 |
| Großbritannien | 23 |
| Bundesrep. Dtl. | 18 |
| VR China | 15 |
| Tschechoslowakei | 14 |
| Polen | 13 |
| Italien | 11 |
| Schweiz | 5 |

*) Für den angegebenen Zeitraum insgesamt.
Quelle: R. L. Sivard: World military and social expenditures; 1991

tee for East-West-Trade-Policy (Abk. Cocom) die Ausfuhr militärisch relevanter Technologie in eine Anzahl von Staaten über besondere Listen (Cocom-Listen). Nicht legitimierte (illegale) R. haben in neuerer Zeit bei ABC-Waffen an nahöstl. Staaten erheblich an Bedeutung gewonnen. Legale und insbesondere illegale R. haben die Notwendigkeit einer stärkeren Kontrolle von R. deutlich gemacht und am 23. 1. 1992 zur Verabschiedung eines Gesetzentwurfs geführt, mit dem illegale R. verhindert werden sollen. Demselben Zweck dient auch die Errichtung eines Bundesausfuhramtes, welches das Aufgabenfeld des Eschborner Amtes erweitert.

U. ALBRECHT: Der Handel mit Waffen (1971); W. DIETL: Waffen für die Welt (1986); J. ROTH: Makler des Todes (1986); H. VIELAIN: Waffenschmuggel im Staatsauftrag (1986); U. JÄGER: Rüstung ohne Grenzen? (1989); W. WULF: Waffenexport aus Deutschland (1989).

**Rüstungs|industrie,** die → Rüstungsproduktion.

**Rüstungskontrolle,** engl. **Arms control** [ɑːms kənˈtrəʊl], ein in den USA entwickeltes Konzept zur Steuerung von Rüstung, meist synonym mit →Abrüstung gebraucht, dient v. a. dem Ziel, Kriege zu verhüten.

**Rüstungskonversion,** die Umstellung militärisch genutzter Ressourcen auf zivile Nutzung. R. bedeutet insbesondere die Umstellung der Rüstungsproduktion auf zivile Produktion, wovon Arbeitskräfte, Anlagen und Technologie betroffen sind. Darüber hinaus erstreckt sich auf folgende Bereiche: die Umstellung der Rüstungsforschung und -entwicklung auf zivile Aufgaben; die Überführung der materiellen (Nachrichten-, Transport-, Instandsetzungsleistungen) und nichtmateriellen Leistungen (z. B. Bildung, Kultur, Gesundheitswesen) für militär. Zwecke auf zivilen Gebrauch; die Nutzung der militär. Infrastruktur für zivile Entwicklung; die Verwendung der militär. Liegenschaften (Stützpunkte, Übungsplätze) für zivile Zwecke; Veränderung der durch Militärstandorte entstandenen regionalen und kommunalen Strukturen in zivilem Sinne; Eingliederung der demobilisierten Militärangehörigen sowie der dazugehörigen Zivilbeschäftigten in zivilen Tätigkeiten; ziviler Gebrauch des dafür geeigneten militär. Gutes (›Dual-use‹-Produkte wie z. B. Kraftfahrzeuge, Ausrüstungsgegenstände); direkte Produktkonversion wie z. B. Umbau von Raketenlafetten und Panzerfahrgestellen zu Krankträgern und Einsatzfahrzeugen für Katastrophenhilfe; Verwendung der Militärausgaben (Verteidigungshaushalt sowie einige Ausgabentitel anderer Haushalte) vorrangig für die Initiierung von R.; Lösung des Problems der Rüstungsaltlasten; Verifikation (Überprüfung) der Rüstungskonversion.

R. ist v. a. in den angelsächs. und skandinav. Ländern sowie seit wenigen Jahren in Japan und im ehemals staatssozialist. Bereich Gegenstand der Forschung und polit. Praxis. Demgegenüber ist die sozioökonom. Beschäftigung mit R. in der Bundesrep. Dtl. weniger entwickelt und auf einige Experten beschränkt, die v. a. aus dem Bereich der Friedensforschung kommen. Nach dem Ende des Ost-West-Konflikts und Erfolgen bei der Abrüstung gewinnt die Frage der R. zunehmend an Interesse. Es gibt jedoch nur wenige histor. Beispiele für eine gelungene R. Am erfolgreichsten waren die umfassenden Bemühungen der USA zur Umstellung der Kriegs- auf die Friedenswirtschaft nach dem Zweiten Weltkrieg. In den USA ist die R. auch organisatorisch am weitesten fortgeschritten. Zuständig ist das ›Office of Economic Adjustment‹ (OEA), eine Unterbehörde des Pentagon. Mit einem Planhorizont bis zu einem Jahr werden von dieser Agentur alljährlich bis zu 50 vormalige Rüstungsanlagen ›umgestellt‹. Die Problematik von R. (großer Konkurrenzdruck für alternative Produkte, hohe Markteintrittsgrenzen, unsichere Absatzchancen) wird bes. deutlich an den einzelnen Umstellungen in der ehemaligen UdSSR, die nur von begrenztem wirtschaftl. Ertrag waren. Hinzu kommt die Frage der Mitbestimmung, die in der gesellschaftspolit. Diskussion um R. zentrale Bedeutung erlangte. Die Forderungen der um ihre Arbeitsplätze fürchtenden Belegschaften nach Partizipation bei der R. von Betrieben über bisherige Bestimmungsrechte hinaus dürften weiterhin für Kontroversen sorgen.

U. ALBRECHT: R.-Forschung (1979); Für den Frieden produzieren. Alternativen zur Kriegsproduktion in der Bundesrep., hg. v. J. HUFFSCHMID (1981); Zivile Alternativen für die Rüstungsindustrie, hg. v. P. SCHOMACKER u. a. (1986); R. u. Alternativproduktion, hg. v. G. SZÉLL (1987); Abrüstung u. Konversion, hg. v. L. KÖLLNER u. a. (1990).

**Rüstungsproduktion, Rüstungsindustrie,** i. e. S. die Herstellung von Waffen und Munition, i. w. S. Erzeugung, Unterhalt und (zunehmend bedeutsam) Entsorgung aller (Rüstungs-)Güter sowie alle Dienstleistungen, die den militär. Bedarf decken. In der amtl. Wirtschaftsstatistik wird ein Sektor R. nicht definiert. Wirtschaftszweige, die für die R. bes. bedeutsam sind, sind die →Luft- und Raumfahrtindustrie, der Schiffbau, der Fahrzeug- sowie der Maschinenbau und in zunehmendem Maße die elektron. und elektrotechn. Industrie (umfassen zus. rd. 80 % der R.). Weniger als die Hälfte des Umsatzes der R. entfällt auf die Herstellung des Waffensystems, da die Fertigung von Ersatz- und Verbrauchsteilen an Umfang zugenommen hat.

Die R. ist bes. abhängig von der staatl. Auftragsvergabe, die ihrerseits von den sicherheits-, außen- und wirtschaftspolit. Zielvorgaben eines Landes und den damit zusammenhängenden Rüstungsausgaben abhängt. Kostengesichtspunkte werden dabei eher vernachlässigt (S. MELMAN). Die techn. Leistungsmaximierung bei Waffensystemen bewirkt, daß in der R. ein überdurchschnittlich hoher Anteil der Wertschöpfung auf Forschung und Entwicklung entfällt. Die Bemühung, die Auslastung der in der R. (bes. im Bereich Forschung und Entwicklung) aufgebauten Kapazitäten durch Initiierung neuer Projekte zu gewährleisten, wird als ein Beitrag zum qualitativen Wettrüsten angesehen (u. a. J. K. GALBRAITH).

In den alten Bundesländern sind rd. 250 000 Arbeitskräfte in der R. beschäftigt (mit indirekter Beschäftigung rd. 360 000 Arbeitsplätze). Der Anteil der R. an der gesamten Warenproduktion macht weniger als 2 % aus. R. war historisch in den Zentren industriellen Wachstums konzentriert (im Ruhrgebiet, in N-Deutschland und Württemberg). In neuerer Zeit fanden signifikante Verlagerungen statt, bes. nach Bayern.

Auch die Struktur der in der R. tätigen Unternehmen änderte sich: Anstelle der mittelgroßen Unternehmen, die als reine Rüstungsproduzenten tonangebend waren, sind nun die allg. größten Unternehmen auch die wichtigsten Waffenproduzenten. Der Anteil der R. beträgt bei diesen Mischkonzernen weniger als 10 %. Da die führenden Unternehmen der R. multinat. Konzerne sind, wird eine nat. polit. Kontrolle erschwert.

S. MELMAN: The permanent war economy. American capitalism in decline (New York 1974); Rüstung u. Ökonomie, hg. v. P. SONNTAG (1982); Hb. zur Ökonomie der Verteidigungspolitik, hg. v. G. KIRCHHOFF (1986).

**Rüstzeit,** *Wirtschaft:* nach der REFA-Lehre bei der Ermittlung der Vorgabezeit die Summe der Zeiten, die für die Vorbereitung eines Arbeitsplatzes einschließlich der Betriebsmittel zur Ausführung eines Arbeitsauftrages sowie für die Rückversetzung des Arbeitsplatzes nach Auftragsbeendigung in den ursprüngl. oder einen anderen Zustand (Umrüsten) benötigt werden. Die R. fällt je Auftrag nur einmal an.

# Dritter Nachtrag

Mit diesem Nachtrag werden Aktualisierungen zu den Bänden 1–17 vorgelegt. Die in den Bänden 6 und 12 enthaltenen Nachträge wurden registermäßig erfaßt. – Redaktionsschluß: 13. März 1992.

**ABB:** →Asea Brown Boveri (Nachtrag Bd. 6).
**Abbado,** Claudio, italien. Dirigent und Pianist: Bd. 1; Nachtrag Bd. 12.
**Abbagnano,** Nicola, italien. Philosoph (Bd. 1): † Mailand 9. 9. 1990.
**Abellio,** Raymond, frz. Schriftsteller: Bd. 1; Nachtrag Bd. 6.
**Abensberg:** Bd. 1; Nachtrag Bd. 6.
**Abernathy,** Ralph David, amerikan. Baptistenpfarrer und Führer der schwarzen Bürgerrechtsbewegung (Bd. 1): † Atlanta (Ga.) 7. 4. 1990.
**Abitur:** Bd. 1; Nachtrag Bd. 6.
**Abrüstung** (Bd. 1; Nachtrag Bd. 6 und Bd. 12): Die Verhandlungen über konventionelle Streitkräfte in Europa (VKSE) führten am 19. 11. 1990 zu einem in Paris unterzeichneten Vertrag, der die A. von rd. 150 000 Großwaffensystemen der Land- und Luftstreitkräfte zum Ziel hat. Die Verhandlungen werden unter Berücksichtigung der seit 1989 in Europa eingetretenen veränderten geostrateg. Lage fortgesetzt. Auf dem Gebiet der nuklearen Waffensysteme wurden – entsprechend dem INF-Vertrag – 1990 die letzten landgestützten Mittelstreckenraketen der USA und der UdSSR zerstört. Nach neunjährigen Verhandlungen wurde am 31. 7. 1991 der START-Vertrag in Moskau unterzeichnet (→START). Nach dem fehlgeschlagenen Putsch in der UdSSR (19.–21. 8. 1991) kündigten die USA und die NATO eine weitere A. ihrer Nuklearwaffenbestände an. Die Verhandlungen über die A. der chem. Waffensysteme (z. B. im Rahmen des Genfer Komitees für A.) scheiterten bisher bes. an dem Problem, daß die Staaten der dritten Welt keinen generellen Verzicht auf C-Waffen unterzeichnen wollen, solange die kernwaffenbesitzenden Staaten nicht bereit sind, vollständig auf C-Waffen zu verzichten.
**Abzahlungsgeschäft** (Bd. 1): Das Abzahlungs-Ges. vom 16. 5. 1894 ist mit Wirkung vom 1. 1. 1991 durch das Verbraucherkredit-Ges. vom 17. 12. 1990 ersetzt worden.
**Achromejew,** Sergej Fjodorowitsch, sowjet. Marschall (Bd. 1; Nachtrag Bd. 12): † (Selbstmord nach dem gescheiterten Putsch vom 19.–21. 8. 1991) Moskau 24. 8. 1991.
**Achttausender:** Bd. 1; Nachtrag Bd. 6.
**Addams,** Chas, amerikan. Karikaturist: Bd. 1; Nachtrag Bd. 12.
**Adler,** H. G., Schriftsteller: Bd. 1; Nachtrag Bd. 12.
**AEG:** Bd. 1; Nachtrag Bd. 12.
**Afghanistan** (Bd. 1; Nachtrag Bd. 6 und Bd. 12): 1991 akzeptierte die afghan. Regierung einen UN-Friedensplan; die Kämpfe dauern jedoch fort.
**African National Congress** (Bd. 1; Nachtrag Bd. 12): Auf einem Kongreß (2.–6. 7. 1991) in Durban wählte der ANC N. Mandela zu seinem Präs. und den Gewerkschaftsführer Cyril Ramaphosa (* 1952) zu seinem Generalsekretär.
**Afrikanische Spiele:** Bd. 1; Nachtrag Bd. 6.
**Agosti,** Guido, italien. Pianist: Bd. 1; Nachtrag Bd. 12.
**Ahidjo,** Ahmadou, Politiker in Kamerun: Bd. 1; Nachtrag Bd. 12.

**Aicher,** Otl, Graphiker und Designer (Bd. 1): † Günzburg 1. 9. 1991.
**AIDS:** Bd. 1; Nachtrag Bd. 6 und Bd. 12.
**Ailey,** Alvin, amerikan. Tänzer und Choreograph: Bd. 1; Nachtrag Bd. 12.
**Ajneya,** ind. Schriftsteller: Bd. 1; Nachtrag Bd. 12.
**Akademien der Wissenschaften** (Bd. 1; Nachtrag Bd. 6): Entsprechend den Empfehlungen des Wissenschaftsrates zur Evaluation ist eine Koordinierungs- und Abwicklungsstelle für die Institute und Einrichtungen der ehemaligen Akademie der Wissenschaften der DDR eingerichtet worden; ab 1. 1. 1992 haben viele Institute ihre Arbeit im Rahmen bestehender wiss. Gesellschaften (Fraunhofer-Gesellschaft zur Förderung der angewandten Forschung e. V., Max-Planck-Gesellschaft zur Förderung der Wissenschaften e. V. u. a.) grundsätzlich aufgenommen. – Die A. d. W. der UdSSR wurde 1991 in die ›Rußländ. Akademie der Wissenschaften‹ überführt.
**Akihito,** japan. Kronprinz: Bd. 1; Nachtrag Bd. 12.
**Aktau,** 1964–91 **Schewtschenko, Ševčenko** [ʃɛfˈtʃ-], Stadt in Kasachstan, am O-Ufer des Kasp. Meeres, (1989) 159 000 Ew. (1967: 28 000 Ew.); Verw.-Sitz des Gebietes Mangyschlak; wichtigste Stadt des Erdölfördergebietes auf der Halbinsel Mangyschlak; Kunststoffwerk, Kernkraftwerk mit Meerwasserentsalzungsanlage; Hafen, Endpunkt einer Erdölpipeline und einer Eisenbahnlinie. – Seit 1963 Stadt.
**Aktienindex:** Bd. 1; Nachtrag Bd. 12.
**Albanien** (Bd. 1): *Verfassung:* Die nach dem polit. Umbruch neu entworfene Verf. vom April 1991 bezeichnet A. als ›Rep.‹, ›die die Interessen des Volkes ausdrückt und verteidigt und dessen Einheit schützt‹. Sie sieht als Staatsoberhaupt den vom Parlament auf vier Jahre gewählten Staatspräs. vor. Das Parlament, die Legislative, hat 250 vom Volk auf vier Jahre gewählte Mitgl. Die Ernennung der Exekutive (Reg.) ist Sache des Staatspräs. Angehörige nat. Minderheiten haben das Recht auf Kontaktpflege mit Angehörigen jenseits der Landesgrenzen sowie Ausreisefreiheit. Die parteipolit. Aktivität in Militäreinheiten und bestimmten Behörden ist verboten.
*Geschichte:* Unter dem Eindruck von zunehmenden Massendemonstrationen leitete die kommunist. Partei- und Staatsführung unter R. Alia 1990/91 Reformen ein (Wiederöffnung von Kirchen und Moscheen; Zulassung unabhängiger Parteien und Gewerkschaften). Nach einer Demonstration von etwa 100 000 Menschen gegen das kommunist. Reg.-System mußte die Reg. zurücktreten. Im Febr. 1991 kam es zu einer ersten Massenflucht von Albanern in die süditalien. Hafenstädte Otranto und Brindisi. Aus den ersten freien Wahlen seit 1923 am 31. 3. 1991 ging die kommunist. Partei der Arbeit (später in ›Sozialist. Partei A.‹ umbenannt) als stärkste Partei hervor. Am 1. 5. 1991 wählte das Parlament Alia zum Staatspräs. Im Juni 1991 wurde die erste Mehrparteienregierung gebildet. Auch aufgrund wirtschaftl. Not kam es im Aug. 1991 zu einer weiteren Massenflucht nach Italien, die jedoch die Flüchtlinge jedoch wieder nach A. abschob. Im Juni 1991 nahm die KSZE A. als Mitgl. auf.

**Albertville,** Stadt in SO-Frankreich (Bd. 1): 1992 Austragungsort der Olymp. Winterspiele.

**Aleksij II.,** eigtl. **Aleksej Michajlowitsch Ridiger,** Patriarch von Moskau und der ganzen Rus (seit 1990), Primas der russ.-orth. Kirche, * Reval 23. 2. 1929; wurde 1961 Bischof von Reval und Estland, 1964 zudem Geschäftsführer des Moskauer Patriarchats, 1986 Metropolit von Leningrad (heute Petersburg) und Nowgorod bei gleichzeitiger Weiterverwaltung der Diözese Reval, 1989 auch Abg. im Obersten Sowjet der UdSSR. Seit 1964 ist er in versch. Funktionen an führender Stelle der Konferenz Europ. Kirchen tätig (seit 1987 Vors. des Präsidiums). A. II. wurde als erster russ.-orth. Patriarch in freier und geheimer Wahl gewählt.

**Alessandri Rodríguez,** Jorge, chilen. Politiker: Bd. 1; Nachtrag Bd. 6.

**Alexiu,** Elli, neugriech. Erzählerin: Bd. 1; Nachtrag Bd. 12.

**Alfonsín,** Raúl, argentin. Politiker: Bd. 1; Nachtrag Bd. 12.

**Alfrink,** Bernhard Jan, kath. Theologe: Bd. 1; Nachtrag Bd. 6.

**Algerien** (Bd. 1; Nachtrag Bd. 12): Nach Ausschreitungen des fundamentalist. ›Front Islamique du Salut‹ (FIS, dt. ›Islam. Heilsfront‹) im Juni 1991 verhängte Staatspräs. CHADLI den Ausnahmezustand und ließ etwa 8000 Fundamentalisten verhaften. MinPräs. wurde SID AHMED GHOZALI (* 1937). Bei den ersten allgemeinen Wahlen nach Einführung eines Mehrparteiensystems (1988) errang der FIS im ersten Wahlgang am 26. 12. 1991 einen hohen Wahlsieg. Nach dem Rücktritt CHADLIS (11. 1. 1992) übernahm der nach der Verf. nur beratender Funktion ausgestattete Oberste Sicherheitsrat am 12. 1. die Macht, setzte den für den 16. 1. vorgesehenen zweiten Wahlgang aus und übertrug am 15. 1. einem Obersten Staatsrat die Vollmachten des Staatspräs.; Vors. des Obersten Staatsrates und amtierender Staatspräs. wurde am 16. 1. 1992 MOHAMMED BOUDIAF (* 1919).

**Alijew,** Gejdar Ali Rsa Ogly, sowjet. Politiker: Bd. 1; Nachtrag Bd. 6.

**Allais,** Maurice, frz. Volkswirtschaftler: Nachtrag Bd. 12.

**Allegret,** Yves, frz. Filmregisseur: Bd. 1; Nachtrag Bd. 12.

**Allemann,** Beda, Germanist (Bd. 1): † Bonn 19. 8. 1991.

**Allfinanz-Gruppen:** Nachtrag Bd. 12.

**Almirante,** Giorgio, italien. Politiker: Bd. 1; Nachtrag Bd. 12.

**Alonso,** Dámaso, span. Literaturwissenschaftler, Kritiker und Lyriker: Bd. 1; Nachtrag Bd. 12.

**Alsop,** Joseph Wright, amerikan. Publizist: Bd. 1; Nachtrag Bd. 12.

**Altenbourg,** Gerhard, Zeichner und Graphiker: Bd. 1; Nachtrag Bd. 12.

**Altenburg 2)** (Bd. 1): Der Landkreis A. gehört seit 3. 10. 1990 zum Land Thüringen.

**Altenburg,** Wolfgang, General: Bd. 1; Nachtrag Bd. 12.

**Altentreptow 2)** (Bd. 1): Der Landkreis A. gehört seit 3. 10. 1990 zum Land Mecklenburg-Vorpommern.

**Altersfreibetrag:** Bd. 1; Nachtrag Bd. 12.

**Altersteilzeitarbeit:** Nachtrag Bd. 12.

**Alters|übergangsgeld,** Leistung der Bundesanstalt für Arbeit für Arbeitslose zw. 55 und 59 Jahren in den neuen Bundesländern. Es beträgt i. d. R. 65% des letzten durchschnittl. Nettoarbeitslohns; Höchstbezugsdauer: 5 Jahre.

**Althusser,** Louis, frz. marxist. Philosoph (Bd. 1): † Paris 22. 10. 1990.

**Altman,** Sidney, kanad. Biochemiker: Nachtrag Bd. 12.

**Alvarez,** Luis Walter, amerikan. Physiker: Bd. 1; Nachtrag Bd. 12.

**Alzheimersche Krankheit:** Bd. 1; Nachtrag Bd. 12.

**Amadeus-Quartett:** Bd. 1; Nachtrag Bd. 6.

**Amann,** Jürg Johannes, schweizer. Schriftsteller: Nachtrag Bd. 6.

**Ambesser,** Axel von, Schriftsteller, Schauspieler und Regisseur: Bd. 1; Nachtrag Bd. 12.

**America's Cup** (Bd. 1; Nachtrag Bd. 6): Den 1988 ausgetragenen Wettbewerb gewann der amerikan. Katamaran ›Stars and Stripes‹.

**Andenpakt** (Bd. 1): Auf versch. Gipfelkonferenzen (1989–91) beschlossen die Mitgl.-Staaten die Bildung eines gemeinsamen Marktes bis 1995 mit einem stufenweisen Abbau der Zölle (ab 1992).

**Anderson,** Carl David, amerikan. Physiker (Bd. 1): † San Marino (Calif.) 11. 1. 1991.

**Andrade,** Carlos Drummond de, brasilian. Lyriker: Bd. 1; Nachtrag Bd. 6.

**Andrei,** Stefan, rumän. Politiker: Bd. 1; Nachtrag Bd. 6 und Bd. 12.

**Andreotti,** Giulio, italien. Politiker: Bd. 1; Nachtrag Bd. 12.

**Andropow,** Stadt in Rußland: Bd. 1; Nachtrag Bd. 12.

**Androsch,** Hannes, österr. Politiker: Bd. 1; Nachtrag Bd. 12.

**Angermünde 2)** (Bd. 1): Der Landkreis A. gehört seit 3. 10. 1990 zum Land Brandenburg.

**Angola** (Bd. 1; Nachtrag Bd. 12): Präs. J. E. DOS SANTOS und UNITA-Führer J. SAVIMBI unterzeichneten am 31. 5. 1991 ein Friedensabkommen, um den trotz Waffenstillstandsabkommen (1990) anhaltenden Bürgerkrieg zu beenden.

**Anklam 2)** (Bd. 1): Der Landkreis A. gehört seit 3. 10. 1990 zum Land Mecklenburg-Vorpommern.

**Annaberg 3)** (Bd. 1): Der Landkreis A. gehört seit 3. 10. 1990 zum Land Sachsen.

**Anouilh,** Jean, frz. Dramatiker: Bd. 1; Nachtrag Bd. 6.

**Anrechnungszeiten,** → Ausfallzeiten (Nachtrag Bd. 12).

**Antall** ['ɔntɔl], József, ungar. Politiker, * Budapest 8. 4. 1932; Archivar und Lehrer; am Volksaufstand in Ungarn 1956 beteiligt, nach dessen Niederschlagung zeitweilig in Haft. Im Zuge des Demokratisierungsprozesses (seit etwa 1987) wurde er im Okt. 1989 Vors. des Demokrat. Forums; nahm an den Beratungen des Runden Tisches teil; Im April 1990 wurde A. Ministerpräsident.

**Apartheid** (Bd. 1): Nach Lockerung der Paßverordnungen und Aufhebung des Verbots von Heirat und außerehel. Sexualbeziehungen zw. den gesetzlich definierten ›Rassen‹ unter der Präsidentschaft P. W. BOTHAS (1984–89) hob Präs. F. W. DE KLERK 1990 die Registrierung der Einwohner der Rep. Südafrika nach festgelegten ›Rassen‹, 1991 das Ges. über getrennte städt. Wohngebiete und das Land-Ges., das 87% des Bodens den ›Weißen‹ als Eigentum vorbehielt, auf. Als polit. Voraussetzung für Verf.-Gespräche hob die Reg. das Verbot des ANC, des PAC sowie der KP auf.

**APEC,** Abk. für **Asian-Pacific Economic Cooperation** ['eɪʃn pə'sɪfɪk iːkə'nɔmɪk kəʊ'ɔpə'reɪʃn], **Asiatisch-Pazifische wirtschaftliche Zusammenarbeit,** Bez. für die regelmäßig seit 1989 stattfindenden Konferenzen von zwölf Staaten des Pazifikraums (neben den ASEAN-Staaten Brunei, Indonesien, Malaysia, Philippinen, Singapur und Thailand auch Australien, Japan, Kanada, Süd-Korea, Neuseeland und die USA, seit 1991 auch Hongkong, Taiwan und China) zu Fragen der wirtschaftl. Zusammenarbeit (z. B. Abbau von Handelshemmnissen).

# Nachtrag   Apel – Asylrecht

**Apel,** Willi, amerikan. Musikforscher dt. Herkunft: Bd. 1; Nachtrag Bd. 6.

**Apolda 2)** (Bd. 1): Der Landkreis A. gehört seit 3. 10. 1990 zum Land Thüringen.

**Apotheker:** Bd. 1; Nachtrag Bd. 12.

**Appenzell 2)** (Bd. 1; Nachtrag Bd. 12): Durch sofort vollziehbaren Beschluß des Bundesgerichts vom 27. 11. 1990 wurde im Kanton A.-Innerrhoden das Stimm- und Wahlrecht für Frauen auf kommunaler und kantonaler Ebene eingeführt.

**Arabische Liga** (Bd. 2; Nachtrag Bd. 12): Nach einem Beschluß der A. L. (Sept. 1990) wurde ihr Sitz bis zum 31. 12. 1990 wieder nach Kairo verlegt. Der Überfall Iraks auf Kuwait löste unter den Mitgl.-Staaten tiefgreifende Spannungen aus. Am 15. 5. 1991 wurde der Ägypter AHMED ESMAT ABD AL-MAGID (* 1923) als Nachfolger des Tunesiers C. KLIBI GenSekr. der Arab. Liga.

**Arabischer Kooperationsrat:** Nachtrag Bd. 12.

**Arafat,** Jasir Mohammed, palästinens. Politiker und Guerillaführer: Bd. 2; Nachtrag Bd. 12.

**Arbeitnehmerfreibetrag:** Bd. 2; Nachtrag Bd. 12.

**Arbeitseinkommensquote:** Nachtrag Bd. 6.

**Arbeitslosenversicherung** (Bd. 2; Nachtrag Bd. 6): Der Beitragssatz zur A. wurde am 1. 4. 1991 von 4,3% auf 6,8% erhöht und am 1. 1. 1992 auf 6,3% festgesetzt.

**Archipow,** Iwan Wassiljewitsch, sowjet. Politiker: Bd. 2; Nachtrag Bd. 6.

**Arenas,** Reinaldo, kuban. Schriftsteller (Bd. 2): † (Selbstmord) New York 7. 12. 1990.

**Argentinien** (Bd. 2, Nachtrag Bd. 6 und Bd. 12): Zum 1. 1. 1992 wurde der Austral als Währungseinheit durch den Peso (1 Peso = 10 000 Austral) abgelöst. Zur Bekämpfung der Wirtschaftskrise verfolgt C. S. MENEM eine neoliberale Wirtschaftspolitik, verbunden mit Maßnahmen zur Eindämmung der Inflation. Aus den Parlaments- und Gouverneurswahlen im Okt. 1991 ging seine peronist. Partei als Sieger hervor. Starke Kritik wurde in A. an der am 30. 12. 1990 verfügten Begnadigung der ehem. Diktatoren J. R. VIDELA und R. VIOLA geübt. Außenpolitisch suchte MENEM u. a. durch die Beteiligung am Golfkrieg im Frühjahr 1991 eine Annäherung an die USA und die westl. Industriestaaten. Im Sept. 1991 erklärte er den Austritt A.s aus der Bewegung blockfreier Staaten. Mit Brasilien wurde im Dez. 1991 ein Kontrollabkommen über die friedl. Nutzung der Kernenergie in beiden Ländern unterzeichnet.

**Ariane,** europ. Trägerrakete: Bd. 2; Nachtrag Bd. 12.

**Arias Navarro,** Carlos, span. Politiker: Bd. 2; Nachtrag Bd. 12.

**Arias Sánchez,** Oscar, costarican. Politiker: Nachtrag Bd. 6 und Bd. 12.

**Aristide** [aris'tid], Jean-Bertrand, haitian. Politiker und Theologe, * 1953; zum Priester ausgebildet im Salesianerorden, mit dessen Unterstützung er im Ausland Theologie, Philosophie und Psychologie studierte. A. wandte sich zunehmend der Befreiungstheologie zu und wurde 1987 wegen seines polit. Engagements aus dem Orden ausgeschlossen. An der Spitze des Front National pour le Changement et la Démocratie (FNCD), einer Koalition linker Splitterparteien, gewann er am 16. 12. 1990 als Vertreter eines antiamerikan. und gegen den ›Duvalierismus‹ (einschließlich der Tontons Macoutes) gerichteten Kurses und als Vorkämpfer für soziale Gerechtigkeit die Präsidentschaftswahlen. Am 30. 9. 1991 wurde A. durch einen Putsch abgesetzt und mußte ins Exil gehen. Die von A. geforderte Wiedereinsetzung in sein Amt wurde im Febr. 1992 in einem Abkommen mit dem haitian. Parlament zugesichert.

Jean-Bertrand Aristide

Armenien
Nationalflagge

Aserbaidschan
Nationalflagge

**Armenien** (Bd. 2; Nachtrag Bd. 12): Am 5. 8. 1990 wählte das armen. Parlament LEWON TER-PETROSSJAN (* 1945), den Führer der ›Armen. Nationalbewegung‹, zu seinem Präs. Angesichts weiterer armen.-aserbaidschan. Spannungen sowie Kämpfen zw. armen. Freischärlern und sowjet. Truppen erklärte sich die Armen. SSR für ›unabhängig innerhalb der Sowjetunion‹ und nannte sich in ›Republik A.‹ um. 1991/92 kam es erneut zu Kämpfen im armenisch-aserbaidschan. Grenzgebiet v. a. um das umstrittene Gebiet Bergkarabach. Nachdem sich die Bev. am 22. 9. 1991 mit 94,4% der Stimmen für die Unabhängigkeit A.s außerhalb der UdSSR ausgesprochen hatte, verabschiedete das Parlament am 23. 9. 1991 eine entsprechende Erklärung. Am 21. 12. 1991 schloß sich A. der Gemeinschaft Unabhängiger Staaten (GUS) an.

**Armenische Sozialistische Sowjetrepublik** (Bd. 2): Die Armen. SSR änderte zum 23. 8. 1990 ihren Namen in Rep. Armenien; diese ist seit dem 23. 9. 1991 unabhängig.

**Arnstadt 2)** (Bd. 2): Der Landkreis A. gehört seit 3. 10. 1990 zum Land Thüringen.

**Arrau,** Claudio, chilenisch-amerikan. Pianist (Bd. 2): † Mürzzuschlag (Österreich) 9. 6. 1991.

**Arrupe,** Pedro, Generaloberer der Jesuiten (Bd. 2): † Rom 5. 2. 1991.

**Artern 1)** (Bd. 2): Der Landkreis A. gehört seit 3. 10. 1990 zum Land Thüringen.

**Arunachal Pradesh:** Bd. 2; Nachtrag Bd. 6.

**Arzneimittel** (Bd. 2; Nachtrag Bd. 12): Vom 1. 1. 1992 an ist eine Zuzahlung von 15%, höchstens 15 DM je A. zu zahlen, für das es keinen Festbetrag gibt.

**Ärztemuster:** Bd. 2; Nachtrag Bd. 6.

**Aschersleben 2)** (Bd. 2): Der Landkreis A. gehört seit 3. 10. 1990 zum Land Sachsen-Anhalt.

**Asea Brown Boveri:** Nachtrag Bd. 6.

**Aserbaidschan** (Bd. 2; Nachtrag Bd. 12): Am 24. 9. 1989 erklärte der Oberste Sowjet der Aserbaidschan. SSR für ›souverän innerhalb der Sowjetunion‹. Der Konflikt mit Armenien um Bergkarabach aktivierte den v. a. von der ›Volksfront von A.‹ getragenen Nationalismus (Ausschreitungen gegen die armen. Minderheit in A.), der im Jan. 1990 zu blutigen Zusammenstößen zw. sowjet. Truppen und der Miliz der Volksfront führte. Im Sept. 1990 fanden Wahlen statt, an denen erstmals mehrere Parteien teilnahmen. Am 6. 2. 1991 nannte sich die Aserbaidschan. SSR in ›Aserbaidschanische Rep.‹ um. 1991/92 kam es in der armenisch-aserbaidschan. Grenzregion erneut zu krieger. Zusammenstößen. Am 11. 10. 1991 beschloß das Parlament den Aufbau einer eigenen Armee. Am 20. 10. 1991 setzte es die am 30. 8. 1991 beschlossene Unabhängigkeit formell in Kraft. Mit Wirkung vom 21. 12. 1991 ist A. Mitgl. der Gemeinschaft Unabhängiger Staaten (GUS).

**Aserbaidschanische Sozialistische Sowjetrepublik** (Bd. 2): Die Aserbaidschan. SSR änderte zum 6. 2. 1991 ihren Namen in Aserbaidschan. Rep.; diese ist seit dem 20. 10. 1991 unabhängig.

**Ashby,** Hal, amerikan. Filmregisseur: Bd. 2; Nachtrag Bd. 12.

**Ashcroft,** Dame Peggy, engl. Schauspielerin (Bd. 2): † London 14. 6. 1991.

**Ashton,** Sir Frederick William Mallandaine, brit. Choreograph und Tänzer: Bd. 2; Nachtrag Bd. 12.

**Astaire,** Fred, amerikan. Filmschauspieler: Bd. 2; Nachtrag Bd. 6.

**Asylrecht** (Bd. 2; Nachtrag Bd. 6): Durch die ›Dubliner Konvention‹, die Mitte Juni 1990 von elf EG-Ländern (nicht von Dänemark) unterzeichnet wurde, wurde das Asylverfahren innerhalb der EG in bestimmten Bereichen vereinheitlicht. Danach ist nur ein Mitgl.-Staat für die Prüfung eines Asylantrags zuständig. – Ein im Febr. 1992 von den Fraktionen der CDU/CSU, FDP und SPD im Bundestag eingebrachter Gesetzentwurf zielt angesichts der Masse von Asylanträgen (1991: 256 112) auf eine Straffung der Verwaltungs- und Gerichtsverfahren: u. a. Konzentrierung der Verwaltungsverfahren beim Bund; Unterbringung der Bewerber in Gemeinschaftsunterkünften; Verweigerung der Einreise, wenn der Betroffene in einem anderen Land vor Verfolgung sicher war; eingeschränkter Instanzenzug bei offensichtlich unbegründeten Anträgen.

**Äthiopien** (Bd. 2; Nachtrag Bd. 6 und Bd. 12): Im Febr. 1990 eroberte die Eritreische Volksbefreiungsfront die Hafenstadt Massaua. Im Zuge des Aufstandes gegen die kommunist. Reg. unter MENGISTU HAILE MARIAM eroberten Truppen der ›Ethiopian People's Revolutionary Democratic Front‹ (EPRDF; dt. ›Äthiop. Revolutionäre Demokrat. Volksfront‹) Ende Mai 1991 Addis Abeba und zwangen MENGISTU HAILE MARIAM zur Flucht. Nach Übernahme der Regierungsgewalt durch die EPRDF verabschiedete eine nationale Konferenz am 5. 7. 1991 eine ›Nationalcharta‹, auf deren Grundlage ein gesetzgebender Rat als Übergangsparlament geschaffen wurde. Am 22. 7. 1991 wurde der GenSekr. der EPRDF MELES ZENAWI (* 1955) zum Staatspräs. gewählt. Die neue Regierung erkannte den Anspruch Eritreas auf Unabhängigkeit an.

**Aubert,** Pierre, schweizer. Politiker: Bd. 2; Nachtrag Bd. 6.

**Aue 2)** (Bd. 2): Der Landkreis A. gehört seit 3. 10. 1990 zum Land Sachsen.

**Auerbach 2)** (Bd. 2): Der Landkreis A. gehört seit 3. 10. 1990 zum Land Sachsen.

**Aufenthaltserlaubnis** (Bd. 2): An die Stelle der bisherigen A. ist unter der Geltung des neuen Ausländer-Ges. vom 9. 7. 1990 der Oberbegriff der **Aufenthaltsgenehmigung** getreten. Die A. ist unverändert als allgemeines Aufenthaltsrecht ohne Bindung an einen bestimmten Zweck ausgestaltet. Neu ist die **Aufenthaltsbewilligung** für einen bestimmten, seiner Natur nach lediglich vorübergehenden Zweck; sie wird längstens für zwei Jahre erteilt und kann für jeweils zwei weitere Jahre verlängert werden. Die **Aufenthaltsberechtigung** wird als Daueraufenthaltsrecht erteilt. Die **Aufenthaltsbefugnis** ist eine neue Form eines zweckgebundenen Aufenthaltsrechts für Ausländer, denen aus völkerrechtl. oder dringenden humanitären Gründen oder zur Wahrung polit. Interessen der Aufenthalt erlaubt werden soll oder bei denen die Abschiebung unmöglich ist.

**Aung San Suu Kyi** [-dʒi], birman. Politikerin, * 1945; Tochter von AUNG SAN; Mitgründerin (1988) und GenSekr. (1988–91) der National League for Democracy (NLD), führend in der Opposition gegen das diktator. Reg.-System der birman. Militärjunta, seit 1989 unter Hausarrest, erhielt 1991 den Friedensnobelpreis. Unter dem Druck der Militärjunta schloß die NLD sie aus.

**Ausbildungsförderung:** Bd. 2; Nachtrag Bd. 12.
**Ausfallzeiten:** Bd. 2; Nachtrag Bd. 12.
**Ausländer** (Bd. 2): Die staatsrechtl. Stellung von A. hat durch das neue Ausländer-Ges. vom 9. 7. 1990 Veränderungen erfahren (→ Aufenthaltserlaubnis, → Ausweisung, Nachtrag Bd. 18).
**Ausländer,** Rose, Schriftstellerin: Bd. 2; Nachtrag Bd. 6.
**Aussiedler:** Bd. 2; Nachtrag Bd. 12.
**Australier:** Bd. 2; Nachtrag Bd. 6 und Bd. 12.
**Australischer Bund** (Bd. 2): Unter Führung des Premier-Min. R. HAWKE gewann die Labor Party auch die Wahlen von 1985, 1987 und 1990. Vor dem Hintergrund einer schweren Rezession geriet die Reg. in eine Führungskrise. Am 19. 12. 1991 unterlag HAWKE bei einer Kampfabstimmung um den Vorsitz der Labor Party seinem Herausforderer P. KEATING, der damit automatisch das Amt des Premier-Min. übernahm. Neben dem weiteren Abbau der konstitutionellen Bindungen an Großbritannien (u. a. Ausarbeitung einer neuen Verf. bis 1. 1. 2001) bemüht sich Australien u. a. um die Verbesserung des Verhältnisses zu den USA und die Stärkung der Beziehungen zu den Staaten SO- und O-Asiens.

**Ausweisung** (Bd. 2): Durch Neufassung des Ausländer-Ges. vom 9. 7. 1990 finden sich die Vorschriften über die A. nunmehr in den §§ 45 ff. Das Gesetz unterscheidet die ›Ist-A.‹, die ›Regel-A.‹ sowie ›Kann-A.‹. Soweit die A. im behördl. Ermessen liegt, ist sie bei Beeinträchtigung der öffentl. Sicherheit und Ordnung sowie sonstiger ›erhebl.‹ Interessen der Bundesrep. Dtl. zulässig. Bei Ausländern, die schwere Straftaten oder wiederholt Straftaten begangen haben, ist die A. obligatorisch. Einzelne A.-Gründe sind normiert.

**Awolowo,** Obafemi, nigerian. Politiker: Bd. 2; Nachtrag Bd. 6.
**Axen,** Hermann, Politiker (Bd. 2; Nachtrag Bd. 12): † Berlin 15. 2. 1992.
**Ayala,** Francisco, span. Schriftsteller (Bd. 2): Erhielt den Premio Miguel de Cervantes 1991.
**Ayer,** Sir Alfred Jules, brit. Philosoph: Bd. 2; Nachtrag Bd. 12.
**Aylwin,** Patricio **Azocar,** chilen. Politiker: Nachtrag Bd. 12.
**Babangida,** Ibrahim, nigerian. General, * Minna 17. 8. 1941; u. a. in Großbritannien und in den USA militärisch ausgebildet, 1983 zum Generalmajor ernannt, 1983 an dem Sturz Präs. S. SHAGARIS, 1985 an dem Präs. M. BUHARIS beteiligt; seit 1985 Chef des Militärrates und Staatspräsident.
**Bachtiar,** Schapur, iran. Politiker (Bd. 2): † (ermordet) Suresnes (Frankreich) 6. 8. 1991.
**Baden-Württemberg** (Bd. 2; Nachtrag Bd. 6): Nachdem MinPräs. L. SPÄTH 1990 in den (von ihm bestrittenen) Verdacht der Vorteilsnahme im Amt geraten war, trat er am 13. 1. 1991 zurück. MinPräs. wurde E. TEUFEL (CDU).
**Badings,** Henk, niederländ. Komponist: Bd. 2; Nachtrag Bd. 6.
**Bagrjana,** Elissaweta, bulgar. Lyrikerin (Bd. 2): † Sofia 24. 3. 1991.
**Baker,** Chet, amerikan. Jazzmusiker: Bd. 2; Nachtrag Bd. 12.
**Baker,** James Addison, amerikan. Politiker: Nachtrag Bd. 12.
**Baldwin,** James, amerikan. Schriftsteller: Bd. 2; Nachtrag Bd. 6.
**Balladur,** Édouard, frz. Politiker: Nachtrag Bd. 6 und Bd. 12.
**Balthasar,** Hans Urs von, schweizer. kath. Theologe: Bd. 2; Nachtrag Bd. 6.
**Bamberger Dom:** Bd. 2; Nachtrag Bd. 6.
**Banana,** Canaan Sodingo, Politiker in Simbabwe: Bd. 2; Nachtrag Bd. 12.
**Bangemann,** Martin, Politiker: Bd. 2; Nachtrag Bd. 12.
**Bangladesh:** Bd. 2; Nachtrag Bd. 12.
**Banknoten:** Bd. 2; Nachtrag Bd. 12.
**Barcelona** (Bd. 2): Im Rahmen des Stadterneuerungsprogramms in den 1980er und 90er Jahren entstanden rd. 60 neugestaltete Anlagen, deren Charakter von Objekten bekannter Künstler (J. MIRÓ, A. TÀPIES, E. CHILLIDA, R. SERRA) geprägt wird. B. ist Austragungsort der Olymp. Sommerspiele 1992. Auf dem Montjuich (katalan. Montjuïc) wurde das Stadion der Weltausstellung von 1929 erweitert. Das Olymp. Dorf entstand entlang der Küste und ist Teil eines Ausbauprogramms für die gesamte Küstenregion der Stadt

Aung San Suu Kyi

## Nachtrag   Bardeen – Berlin

(Nova Icària). Weitere bedeutende neue Bauten sind der originalgetreu wiederaufgebaute Weltausstellungspavillon von L. MIES VAN DER ROHE (1929; 1984–86), die Anlage der Plaça del Universo (1991) am Messegelände, die Brücke an der Straße Felip II. über die Nordbahn (1984–87; S. CALATRAVA), das Museum für zeitgenöss. Kunst (1989 ff.; RICHARD MEIER) und der Fernmeldeturm (1989–92; N. FOSTER) auf dem Tibidabo; der Flughafen Prat wurde von R. BOFILL erweitert (1991).

B. City and architecture. 1980–1992, bearb. v. O. BOHIGAS u. a. (New York 1990); P. DUTLI u. a.: Neue Stadträume in B. (Zürich 1991).

**Bardeen,** John, amerikanischer Physiker (Bd. 2): † Boston (Mass.) 30. 1. 1991.

**Bargmann,** Wolfgang Ludwig, Anatom: Bd. 2; Nachtrag Bd. 6.

**Barker,** George Granville, engl. Schriftsteller (Bd. 2): † Itteringham (Cty. Norfolk) 27. 10. 1991.

**Barnard,** Marjorie, austral. Schriftstellerin: Bd. 2; Nachtrag Bd. 6.

**Barnet,** Charlie, amerikan. Jazzmusiker (Bd. 2): † San Diego (Calif.) 4. 9. 1991.

**Barre,** Raymond: Bd. 2; Nachtrag Bd. 6.

**Barschel,** Uwe, Politiker: Bd. 2; Nachtrag Bd. 6.

**Barthelme,** Donald, amerikan. Schriftsteller: Bd. 2; Nachtrag Bd. 12.

**Bartsch,** Kurt, Schriftsteller: Bd. 2; Nachtrag Bd. 12.

**Barzel,** Rainer Candidus, Politiker: Bd. 2; Nachtrag Bd. 6.

**Basel-Landschaft:** Bd. 2; Nachtrag Bd. 6.

**Basel-Stadt:** Bd. 2; Nachtrag Bd. 12.

**Basra:** Bd. 2; Nachtrag Bd. 12.

**Batmunch,** Shambyn, mongol. Politiker (Bd. 2): War bis 1990 GenSekr. der MRVP und Staatsoberhaupt.

**Baudrier,** Yves, frz. Komponist: Bd. 2; Nachtrag Bd. 12.

**Baukindergeld:** Bd. 2; Nachtrag Bd. 12.

**Baumann,** Hans, Schriftsteller: Bd. 2; Nachtrag Bd. 12.

**Baunsgaard,** Hilmar, dän. Politiker: Bd. 2; Nachtrag Bd. 12.

**Bausch,** Hans, Publizist (Bd. 2): † Bühlerhöhe (Gem. Bühl) 25. 11. 1991.

**Bautzen 2)** (Bd. 2): Der Landkreis B. gehört seit 3. 10. 1990 zum Land Sachsen.

**Bayern** (Bd. 2; Nachtrag Bd. 12): Bei den Landtagswahlen vom 14. 10. 1990 gewann die CSU 127 Mandate (54,9 % der Stimmen), die SPD 58 (27,5 %), die FDP 7 (5,2 %), die Grünen 12 (6,4 %), andere 0 (7,4 %; 4,9 % für die Republikaner). MinPräs. M. STREIBL (CSU) wurde am 30. 10. 1990 wiedergewählt.

**Bayr,** Rudolf, österr. Schriftsteller (Bd. 2): † Salzburg 17. 10. 1990.

**Bazin,** Germain, frz. Kunsthistoriker (Bd. 2): † Paris 2. 5. 1990.

**Beadle,** George Wells, amerikan. Biologe: Bd. 2; Nachtrag Bd. 12.

**Beauvais,** Peter, Regisseur: Bd. 2; Nachtrag Bd. 6.

**Becher,** Ulrich, Schriftsteller (Bd. 2): † Basel 15. 4. 1990.

**Beck,** Conrad, schweizer. Komponist (Bd. 2): † Basel 31. 10. 1989.

**Becker,** Boris, Tennisspieler: Bd. 2; Nachtrag Bd. 12.

**Beckett,** Samuel Barclay, irischer Schriftsteller: Bd. 2; Nachtrag Bd. 12.

**Beckmann,** Joachim, ev. Theologe: Bd. 2; Nachtrag Bd. 6.

**Becsi,** Kurt, österr. Schriftsteller: Bd. 2; Nachtrag Bd. 6.

**Bednorz,** Johannes Georg, Werkstoffkundler: Nachtrag Bd. 6.

**Beeskow 2)** (Bd. 3): Der Landkreis B. gehört seit 3. 10. 1990 zum Land Brandenburg.

**Begin,** Menachem, israel. Politiker (Bd. 3): † Tel Aviv-Jaffa 9. 3. 1992.

**Behrend,** Siegfried, Gitarrist (Bd. 3): † Hausham 20. 9. 1990.

**Beig,** Maria, Schriftstellerin: Nachtrag Bd. 6.

**Belgien** (Bd. 3; Nachtrag Bd. 6 und Bd. 12): Die seit 1988 bestehende Mitte-Links-Regierung unter W. MARTENS scheiterte im Herbst 1991 am erneut aufbrechenden Sprachenstreit zw. Flamen und Wallonen. Anlaß waren u. a. Waffenexporte und wirtschaftspolit. Kompetenzen. Bei den vorgezogenen Neuwahlen im Nov. 1991 erlitten die Christl. Demokraten und die Sozialisten in beiden Landesteilen sowie die fläm. Volksunie schwere Verluste, gestärkt wurden v. a. der rechtsradikale Vlaams Blok in Flandern (6,6 %) und die Grünenpartei Ecolo in Wallonien (5,1 %). Im März 1992 bildeten Christl. Demokraten und Sozialisten erneut die Reg. MinPräs. wurde der Flame JEAN-LUC DEHAENE (* 1940, CVP).

**Belize:** Bd. 3; Nachtrag Bd. 12.

**Bęlz** [rumän. -z], Stadt in Moldawien; hieß bis 1990 → Belzy (Bd. 3).

**Belzig 2)** (Bd. 3): Der Landkreis B. gehört seit 3. 10. 1990 zum Land Brandenburg.

**Belzy,** Stadt in Moldawien (Bd. 3): Heißt seit 1990 **Belz.**

**Ben Ali,** Zine el-Abidine, tunes. Politiker: Nachtrag Bd. 6.

**Bender,** Stadt in Moldawien; hieß bis 1990 → Bendery (Bd. 3).

**Bender,** Hans, Parapsychologe (Bd. 3): † Freiburg im Breisgau 7. 5. 1991.

**Bendery,** Stadt in Moldawien (Bd. 3): Heißt seit 1990 **Bender.**

**Bendix,** Reinhardt, amerikan. Soziologe dt. Herkunft (Bd. 3): † Berkeley (Calif.) 28. 2. 1991.

**Bengtson,** Hermann, Althistoriker: Bd. 3; Nachtrag Bd. 12.

**Benin** (Bd. 3): In einem Referendum votierten die Bürger am 2. 12. 1990 für die Annahme einer neuen Verf., die die linksgerichtete Militär-Reg. durch ein Präsidialsystem ablösen soll. B. heißt seither République du Bénin. Der Staatspräs., zugleich Reg.-Chef, wird auf 5 Jahre vom Volk gewählt: Am 24. 3. 1991 NICÉPHORE SOGLIO (* 1934).

**Benjamin,** Hilde, Politikerin: Bd. 3; Nachtrag Bd. 12.

**Benning,** Achim, Schauspieler, Regisseur und Intendant (Bd. 3): 1989–92 künstler. Direktor des Schauspielhauses Zürich.

**Bense,** Max, Philosoph (Bd. 3): † Stuttgart 29. 4. 1990.

**Benya,** Anton, österr. Gewerkschafter und Politiker: Bd. 3; Nachtrag Bd. 12.

**Berger,** Erna, Sängerin (Bd. 3): † Essen 14. 6. 1990.

**Bergkarabach** (Bd. 3): Die staatl. Zugehörigkeit von B. ist zw. → Armenien (Nachtrag Bd. 12 und 18) und → Aserbaidschan (Nachtrag Bd. 18) umstritten; seit 1988 entwickelten sich die Spannungen zw. beiden Republiken um B. zu einem immer wieder aufflackernden Krieg.

**Berglar,** Peter, Schriftsteller, Mediziner, Historiker: Bd. 3; Nachtrag Bd. 12.

**Berlin 1)** (Bd. 3; Nachtrag Bd. 6 und Bd. 12): Hauptstadt und zugleich eines der 16 Länder der Bundesrep. Dtl., umfaßt (Ende 1990) 884 km$^2$. Mit (1990) 3,41 Mio. Ew. ist B. eine der zehn größten Städte Europas.

*Geschichte:* Bei den ersten freien Kommunalwahlen in B. (Ost) am 6. 5. 1990 wurde die SPD mit 34,0 %

Berlin – Bois **Nachtrag**

stärkste Partei, gefolgt von der PDS (30,0%), der CDU (17,7%), dem Bündnis '90 (9,95%) und den Grünen (2,7%). Gestützt auf ein Reg.-Bündnis mit der CDU, stellte die SPD mit TINO SCHWIERZINA (* 1927) den Oberbürgermeister. Im Einigungsvertrag vom 31. 8. 1990 bestimmen die vertragschließenden Partner, die Bundesrep. Dtl. und die Dt. Dem. Rep., B. zur Hauptstadt Dtl.s. Mit der Vereinigung von B. (West) und B. (Ost) zum 3. 10. 1990 wurde auch die polit. Einheit B.s wiederhergestellt. Mit dem Ostberliner Oberbürgermeister SCHWIERZINA leitete der Regierende Bürgermeister W. MOMPER (SPD) die Stadt vom 3. 10. 1990 bis 24. 1. 1991 gemeinsam. Bei den Gesamtberliner Wahlen am 2. 12. 1990 wurde die CDU stärkste Partei (40,4% der Stimmen; 101 Mandate), die SPD erhielt 30,4% (76), die PDS 9,2% (23), die FDP 7,1% (18), die AL 5,0 (12), Bündnis '90/Grüne 4,4% (11), die Republikaner 3,1% (–), andere 0,4% (–). Aufgrund der vom Bundes-Verf.-Ger. gebotenen Teilung des Wahlgebietes in B. (Ost) und B. (West) errangen Bündnis '90/Grüne in B. (Ost) über 5% der abgegebenen gültigen Stimmen (5,2%). Seit dem 24. 1. 1991 führt E. DIEPGEN (CDU) eine große Koalition aus CDU und SPD. Am 21. 6. 1991 entschied der Bundestag, seinen Sitz und den der Bundesregierung nach B. zu verlegen. (→ Deutsches Reich, → Bundesrepublik Deutschland, Nachtrag Bd. 18)

**Berlin 2):** Bd. 3; Nachtrag Bd. 12.
**Berlin,** Irving, amerikan. Komponist: Bd. 3; Nachtrag Bd. 12.
**Berliner Mauer:** Bd. 3; Nachtrag Bd. 12.
**Bern 2):** Bd. 3; Nachtrag Bd. 12.
**Bernau 1)** (Bd. 3): Der Landkreis B. gehört seit 3. 10. 1990 zum Land Brandenburg.
**Bernburg 1)** (Bd. 3): Der Landkreis B. gehört seit 3. 10. 1990 zum Land Sachsen-Anhalt.
**Bernhard,** Thomas, österr. Schriftsteller: Bd. 3; Nachtrag Bd. 12.
**Bernstein,** Leonard, amerikan. Komponist, Dirigent und Pianist (Bd. 3): † New York 14. 10. 1990.
**Beschäftigungsförderungsgesetz:** Bd. 3; Nachtrag Bd. 12.
**Beschäftigungsgesellschaft,** Unternehmen zur Arbeitsbeschaffung, Umschulung und Weiterbildung (Qualifizierung) von Arbeitnehmern, die in Kurzarbeit beschäftigt oder von Entlassung bedroht sind. B. spielen als **Gesellschaften zur Arbeitsförderung, Beschäftigung und Strukturentwicklung** zur Überwindung der Arbeitslosigkeit in den fünf neuen Bundesländern eine besondere Rolle. An den Trägergesellschaften der B. auf Landesebene und an regionalen Untergliederungen beteiligen sich die öffentl. Hand, Arbeitgeberverbände, Treuhandanstalt und Gewerkschaften. Die Gründung von B. wird von der Treuhandanstalt durch Beratung, Koordinierung und Bereitstellung von Geld- und Sachmitteln unterstützt.
**Betriebskampfgruppen:** Bd. 3; Nachtrag Bd. 12.
**Betriebsrat:** Bd. 3; Nachtrag Bd. 12.
**Betriebsverfassungsgesetz:** Bd. 3; Nachtrag Bd. 12.
**Bettelheim,** Bruno, amerikan. Psychologe österr. Herkunft: Bd. 3; Nachtrag Bd. 12.
**Beweissicherung** (Bd. 3): Durch ZPO-Novelle vom 17. 12. 1990 in ›selbständiges Beweisverfahren‹ umbenannt.
**Bhutto,** Benazir, pakistan. Politikerin (Bd. 3; Nachtrag Bd. 12): Von Dez. 1988 bis Aug. 1990 Min.-Präs.; wurde unter der Beschuldigung des Amtsmißbrauchs und der Korruption abgesetzt.
**Białostocki,** Jan, poln. Kunsthistoriker: Bd. 3; Nachtrag Bd. 12.
**Biedenkopf,** Kurt Hans, Politiker (Bd. 3; Nachtrag Bd. 6 und Bd. 12): Bis Jan. 1990 MdB; seit 1990 Prof. für Wirtschaftspolitik an der Univ. Leipzig und seit 8. 11. 1990 MinPräs. von Sachsen.
**Bielecki** [-tski], Jan Krzysztof, poln. Politiker, * Bromberg 3. 5. 1951; Wirtschaftswissenschaftler, beriet 1980 die Gewerkschaft Solidarność; gründete 1985 ein Wirtschaftsberatungsunternehmen; war nach dem Umbruch von 1989/90 von Jan. bis Dez. 1991 Ministerpräsident.
**Bienek,** Horst, Schriftsteller (Bd. 3): † München 7. 12. 1990.
**Biermann,** Wolf, Schriftsteller und Liedermacher (Bd. 3): Erhielt den Georg-Büchner-Preis 1991.
*Ausgabe:* Alle Lieder (1991).
**Bilák,** Vasil, tschechoslowak. Politiker: Bd. 3; Nachtrag Bd. 12.
**Bildt,** Carl, schwed. Politiker, * Halmstad 15. 7. 1949; seit 1979 Abg. im Reichstag, seit 1986 Führer der konservativen ›Moderata Samlingspartiet‹, wurde nach dem Wahlsieg der bürgerl. Opposition am 3. 10. 1991 MinPräs. einer bürgerl. Minderheitsregierung.
**Billetdoux,** François, frz. Schriftsteller, Schauspieler und Regisseur (Bd. 3): † Paris 26. 11. 1991.
**Bioy Casares,** Adolfo, argentin. Schriftsteller (Bd. 3): Erhielt den Premio Miguel de Cervantes 1990.
**Birma:** Bd. 3; Nachtrag Bd. 12.
**Bischkek, Biškek** [biʃ-], Hauptstadt von Kirgisien; hieß bis 1991 → Frunse (Bd. 8).
**Bischofswerda 2)** (Bd. 3): Der Landkreis B. gehört seit 3. 10. 1990 zum Land Sachsen.
**Bishop,** Michael J., amerikan. Mediziner: Nachtrag Bd. 12.
**Bismarck,** Klaus von, Publizist und Sozialpolitiker (Bd. 3): Schied 1989 als Präs. des Goethe-Instituts aus.
**Bittel,** Kurt, Archäologe (Bd. 3): † Heidenheim an der Brenz 30. 1. 1991.
**Bitterfeld 2)** (Bd. 3): Der Landkreis B. gehört seit 3. 10. 1990 zum Land Sachsen-Anhalt.
**Black,** Sir James Whyte, brit. Pharmakologe: Nachtrag Bd. 12.
**Blakey,** Art, amerikan. Jazzschlagzeuger (Bd. 3): † New York 16. 10. 1990.
**Blankenhorn,** Herbert, Diplomat (Bd. 3): † Badenweiler 10. 8. 1991.
**Blin,** Roger, frz. Regisseur (Bd. 3): † Paris 21. 1. 1984.
**Blondin,** Antoine, frz. Schriftsteller (Bd. 3): † Paris 7. 6. 1991.
**Blüm,** Norbert, Politiker: Bd. 3; Nachtrag Bd. 6.
**Blutuntersuchungen:** Bd. 3; Nachtrag Bd. 6.
**Bobek,** Hans, österr. Geograph (Bd. 3): † Wien 15. 2. 1990.
**Böckle,** Franz, schweizer. kath. Theologe (Bd. 3): † Glarus 8. 7. 1991.
**Böckmann,** Paul, Literarhistoriker: Bd. 3; Nachtrag Bd. 6.
**Bohl,** Friedrich, Politiker (CDU), * Rosdorf (Kr. Göttingen) 5. 3. 1945; 1970–80 MdL von Hessen, seit 1980 MdB, 1989–91 Erster Parlamentar. Geschäftsführer der CDU/CSU-Fraktion im Bundestag; seit 1991 Bundes-Min. für besondere Aufgaben.
**Bohley,** Bärbel, Künstlerin und Bürgerrechtlerin: Nachtrag Bd. 12.
**Böhme,** Ibrahim, Politiker (Nachtrag Bd. 12): Trat im April 1990 unter dem Verdacht, informeller Mitarbeiter (IM) des Ministeriums für Staatssicherheit gewesen zu sein, von seinem Amt als Vors. der SPD in der Dt. Dem. Rep. zurück. In den folgenden Monaten erhärtete sich der Verdacht.
**Böhme,** Kurt, Sänger: Bd. 3; Nachtrag Bd. 12.
**Boileau,** Pierre Louis, frz. Schriftsteller: Bd. 3; Nachtrag Bd. 12.
**Bois,** Curt, Schauspieler (Bd. 3): † Berlin 25. 12. 1991.

Jan Krzysztof Bielecki

Carl Bildt

**Nachtrag**   Bokassa – Brandenburg

Rodrigo Borja Cevallos

**Bokassa,** Jean-Bedel, zentralafrikan. Politiker: Bd. 3; Nachtrag Bd. 6.
**Bolet,** Jorge, amerikan. Pianist (Bd. 3): † San Francisco (Calif.) 16. 10. 1990.
**Bolger,** James Brendan, neuseeländ. Politiker, * Taranaki 31. 5. 1935; Farmer, seit 1972 Abg. der National Party, 1977 Fischerei- und stellv. Landwirtschafts-Min., 1978–81 Min. für Einwanderung, 1978–84 Arbeits-Min., seit März 1986 Vors. der National Party, seit Okt. 1990 Premierminister.
**Bollnow,** Otto Friedrich, Philosoph und Pädagoge (Bd. 3): † Tübingen 7. 2. 1991.
**Bonaventura 2):** Bd. 3; Nachtrag Bd. 6.
**Bonn** (Bd. 3): Mit knapper Mehrheit entschied der Bundestag am 21. 6. 1991, seinen Sitz und den der Bundes-Reg. von B. nach Berlin zu verlegen. Der Bundesrat bleibt laut Beschluß (5. 7. 1991) in Bonn.
**Borja Cevallos** [ˈbɔrxa keˈβajos], Rodrigo, ecuadorian. Politiker, * Quito 19. 6. 1935; Rechtsanwalt und Prof. für Politologie; kandidierte 1978, 1984 und 1988 bei den Präsidentschaftswahlen für den ID, konnte sich aber erst in der Stichwahl am 8. 5. 1988 durchsetzen.
**Borna 2)** (Bd. 3): Der Landkreis B. gehört seit 3. 10. 1990 zum Land Sachsen.
**Bornefeld,** Helmut, Komponist: Bd. 3; Nachtrag Bd. 12.
**Bornkamm,** Günther, ev. Theologe: Bd. 3; Nachtrag Bd. 12.
**Borris,** Siegfried, Komponist: Bd. 3; Nachtrag Bd. 6.
**Boskovsky,** Willi, österr. Violinist und Dirigent (Bd. 3): † Naters (Kt. Wallis) 21. 4. 1991.
**Bosnien und Herzegowina** (Bd. 3): Am 15. 10. 1991 erklärte das Parlament B. u. H. für souverän; die serb. Abg. blieben der Abstimmung fern. Bei einem Referendum (29. 2./1. 3. 1992) sprachen sich bei einer Wahlbeteiligung von 64,3 % – die Angehörigen der serb. Minderheit blieben der Abstimmung fern – 99,44 % für die Unabhängigkeit B. u. H.s aus.
**Bosporus 1):** Bd. 3; Nachtrag Bd. 12.
**Boss,** Medard, schweizer. Psychiater (Bd. 3): † Zollikon 21. 12. 1990.
**Botha,** Pieter Willem, südafrikan. Politiker: Bd. 3; Nachtrag Bd. 12.
**Bourguiba,** Habib Ben Ali, tunes. Politiker: Bd. 3; Nachtrag Bd. 6.
**Boxen:** Bd. 3; Nachtrag Bd. 6.
**Bozen-Brixen:** Bd. 3; Nachtrag Bd. 12.
**Brandenburg,** Land im O der Bundesrep. Dtl., 29 061 km², (1990) 2,64 Mio Ew.; die durchschnittl. Bev.-Dichte ist mit 91 Ew. je km² die zweitniedrigste der Bundesrep. Dtl. (nach Mecklenburg-Vorpommern). B. grenzt im O an Polen, im N an Mecklenburg-Vorpommern, im W und SW an Sachsen-Anhalt, im S an Sachsen. Das Land Berlin wird von brandenburg. Gebiet umschlossen. Hauptstadt ist Potsdam.

Brandenburg
Landeswappen

Staat · Recht

*Verfassung:* Eine Verf. für das Land B. ist in Vorbereitung. Gesetzl. Grundlage für die Legislative und Exekutive bildet das ›Ges. über die vorläufige Sicherung der Arbeit des Landtages und der Reg. des Landes B.‹ vom 1. 11. 1990. Der Landtag als die gewählte Volksvertretung (88 für vier Jahre nach den Grundsätzen einer mit der Personenwahl verbundenen Verhältniswahl gewählte Abg.) wählt den MinPräs. und kontrolliert die Reg. (z. Z. zehn Minister).
*Verwaltung:* B. gliedert sich in sechs kreisfreie Städte und 38 Landkreise.

Landesnatur · Bevölkerung

*Landesnatur:* B. liegt im Bereich des Norddt. Tieflandes. Die von eiszeitlichen Ablagerungen bedeckte Oberfläche ist hügelig bis eben. Im N erstreckt sich von NW nach SO ein schmaler Streifen des zum Jungmoränengebiet gehörenden Balt. Landrückens mit bis 153 m ü. M. liegenden Endmoränen und den südöstl. Ausläufer der Mecklenburg. Seenplatte (um Templin). Der größte Teil seiner südl. Abdachung, zu der im NW die zur Elbe abfallende Prignitz gehört, besteht v. a. aus trockenen Sanderflächen mit ausgedehnten Forsten. Zw. Havel und Oderniederung liegt der südl. Teil der Uckermark mit der wald- und seenreichen Schorfheide. Im SW und S breitet sich das Altmoränengebiet mit dem Fläming (201 m ü. M.) und dem Lausitzer Grenzwall aus. Den größten Teil von B. nehmen die in W-O-Richtung ziehenden Urstromtäler ein (von N nach S Thorn-Eberswalder, Warschau-Berliner, Glogau-Baruther Urstromtal), die voneinander durch höhergelegene größere (z. B. Barnim, Teltow) und kleinere Platten (›Ländchen‹) getrennt sind. In den Urstromtälern, die von den z. T. seenartig erweiterten Flüssen Havel, Spree, Rhin, Dahme und Elbe (nur mit kurzem Teilstück als Grenzfluß zu Sachsen-Anhalt in B.) durchflossen werden, bildeten sich bei entsprechend hohem Grundwasserstand Feuchtgebiete (Rhinluch, Havelländ. Luch, Spreewald, Oderbruch) aus.

Das *Klima* wird durch zunehmende Kontinentalität von W nach O bestimmt. Potsdam hat eine mittlere Jahrestemperatur von 8,7 °C und Monatsmitteltemperaturen von 18,4 °C im Juli und −0,3 °C im Febr.; die mittlere Jahresniederschlagsmenge beträgt 586 mm.

*Bevölkerung:* Neben der deutschstämmigen Bev. lebt im S in der Niederlausitz die nat. Minderheit der Sorben (Niedersorben). Die größte Bev.-Dichte ist im Nahbereich von Berlin sowie im Industriegebiet der Niederlausitz anzutreffen. Etwa 12 % der Bev. leben in Dörfern mit weniger als 500 Ew., mehr als ein Viertel in Gemeinden mit weniger als 2 000 Ew.; Städte mit über 100 000 Ew. sind Potsdam (1990: 141 400 Ew.) und Cottbus (128 900 Ew.).

*Religion:* Verbreitetste Konfession ist der Protestantismus. Landeskirche ist die Ev. Kirche in Berlin-Brandenburg. Die Katholiken gehören zum Bistum Berlin sowie zu den Apostol. Administraturen Görlitz, Magdeburg und Schwerin.

Wirtschaft · Verkehr

*Wirtschaft:* In B. überwiegt die Landwirtschaft. Die Industrie ist nur im mittleren und südl. Teil stärker vertreten. Der Ackerbau (Anbau von Weizen, Roggen, Kartoffeln, Zuckerrüben) konzentriert sich auf die relativ fruchtbaren Lehmböden der Grundmoränen im NW der Prignitz (im Raum Perleberg–Pritzwalk), im Gebiet von Neuruppin, in der Uckermark (im Bereich Prenzlau–Angermünde–Schwedt/Oder) sowie auf den von Lehmböden bedeckten Platten. Um Werder/Havel entwickelte sich ein bedeutendes Obstbaugebiet. Die Feuchtgebiete sind Schwerpunktbereiche des Gemüsebaus (Spreewald, Oderbruch) und der Grünlandwirtschaft mit Rinderzucht. Etwa ein Achtel der Landesfläche ist bewaldet, wobei die Sandböden der Endmoränen im Gebiet des Balt. Schildes, die südl. Uckermark (Schorfheide), die Sandergebiete im Bereich der trockenliegenden Urstromtäler und das Altmoränengebiet große Waldareale tragen.

Große Braunkohlenlager reichen von Senftenberg–Finsterwalde über Lübben/Spreewald–Cottbus–Bad Muskau bis Forst/Lausitz–Guben; wirtschaftlich von Bedeutung sind außerdem die Rüdersdorfer Kalkberge. – Wichtigstes Industriegebiet ist die Stadtrandzone von Berlin mit Eisenmetallurgie, Bau von Maschinen und Lokomotiven sowie Elektrotechnik/Elektronik in Potsdam, Teltow, Hennigsdorf b. Berlin und Bernau b. Berlin. Ein weiteres ent-

Brandenburg **Nachtrag**

## Verwaltungsgliederung Brandenburg
### Größe und Bevölkerung (1990)

| Kreisfreie Stadt/ Landkreis | Fläche in km² | Ew. in 1 000 | Ew. je km² | Verwaltungssitz |
|---|---|---|---|---|
| **Kreisfreie Städte** | | | | |
| Brandenburg/Havel | 167 | 93,4 | 559 | – |
| Cottbus | 48 | 128,9 | 2 685 | – |
| Eisenhüttenstadt | 54 | 52,4 | 970 | – |
| Frankfurt/Oder | 148 | 87,1 | 588 | – |
| Potsdam | 100 | 141,4 | 1 414 | – |
| Schwedt/Oder | 76 | 52,6 | 692 | – |
| **Landkreise** | | | | |
| Angermünde | 915 | 34,2 | 37 | Angermünde |
| Bad Freienwalde | 588 | 36,8 | 63 | Bad Freienwalde/Oder |
| Bad Liebenwerda | 600 | 53,3 | 89 | Bad Liebenwerda |
| Beeskow | 941 | 36,9 | 39 | Beeskow |
| Belzig | 913 | 33,3 | 36 | Belzig |
| Bernau | 758 | 71,7 | 95 | Bernau b. Berlin |
| Brandenburg | 883 | 36,6 | 41 | Brandenburg/Havel |
| Calau | 618 | 55,9 | 90 | Calau |
| Cottbus | 727 | 42,8 | 59 | Cottbus |
| Eberswalde | 714 | 81,3 | 114 | Eberswalde-Finow |
| Eisenhüttenstadt | 537 | 20,1 | 37 | Eisenhüttenstadt |
| Finsterwalde | 645 | 55,2 | 86 | Finsterwalde |
| Forst | 307 | 38,4 | 125 | Forst/Lausitz |
| Fürstenwalde | 924 | 104,3 | 113 | Fürstenwalde/Spree |
| Gransee | 945 | 43,5 | 46 | Gransee |
| Guben | 381 | 42,6 | 112 | Guben |
| Herzberg | 667 | 36,8 | 55 | Herzberg/Elster |
| Jüterbog | 766 | 36,0 | 47 | Jüterbog |
| Königs Wusterhausen | 725 | 85,8 | 118 | Königs Wusterhausen |
| Kyritz | 809 | 33,8 | 42 | Kyritz |
| Lübben | 806 | 32,3 | 40 | Lübben/Spreewald |
| Luckau | 703 | 29,2 | 42 | Luckau |
| Luckenwalde | 588 | 43,8 | 74 | Luckenwalde |
| Nauen | 894 | 76,5 | 86 | Nauen |
| Neuruppin | 1 264 | 64,8 | 51 | Neuruppin |
| Oranienburg | 857 | 128,8 | 150 | Oranienburg |
| Perleberg | 1 066 | 73,2 | 69 | Perleberg |
| Potsdam | 738 | 99,0 | 134 | Potsdam |
| Prenzlau | 795 | 43,2 | 54 | Prenzlau |
| Pritzwalk | 762 | 32,1 | 42 | Pritzwalk |
| Rathenow | 818 | 62,5 | 76 | Rathenow |
| Seelow | 842 | 39,4 | 47 | Seelow |
| Senftenberg | 598 | 113,8 | 190 | Senftenberg |
| Spremberg | 349 | 42,8 | 123 | Spremberg |
| Strausberg | 689 | 89,4 | 130 | Strausberg |
| Templin | 996 | 35,4 | 36 | Templin |
| Wittstock | 574 | 24,5 | 43 | Wittstock |
| Zossen | 766 | 75,3 | 98 | Zossen |
| **Brandenburg** | **29 061** | **2 641,1** | **91** | **Potsdam** |

wickelte sich im Braunkohlengebiet der Niederlausitz, wo seit 1952 im Raum Senftenberg (Schwarze Pumpe)–Lauchhammer, um Spremberg, Lübbenau/Spreewald und Cottbus die Braunkohlenindustrie mit großen Tagebauen, Großkraftwerken (Boxberg, Jänschwalde, Lübbenau/Spreewald, Vetschau) und chem. Industrie (Guben, Schwarzheide, Spremberg) entstand, die zu schwersten Umweltbelastungen führte. Herkömml. Industriezweige sind in der Niederlausitz die Textil- (Cottbus, Forst/Lausitz, Guben) und Glasindustrie (bei Forst/Lausitz und Spremberg). Außerhalb des Berliner und Niederlausitzer Industriebereiches sind bedeutende Einzelstandorte Eisenhüttenstadt, Brandenburg/Havel und Oranienburg mit Eisenhüttenindustrie, Eberswalde-Finow mit Eisenhüttenindustrie und Kranbau, Frankfurt/Oder mit elektrotechn./elektron. Industrie, Ludwigsfelde, Wildau (Kreis Königs Wusterhausen) und Luckenwalde mit Fahrzeug- und Maschinenbau, Schwedt/Oder mit Erdölverarbeitung und Papierindustrie, Premnitz mit Chemiefaserherstellung, Rathenow mit opt. Industrie, Wittenberge mit Zellstoffindustrie und Nähmaschinenbau sowie Pritzwalk mit Zahnradwerk. Rüdersdorf b. Berlin ist ein wichtiger Standort der Zementerzeugung. – Erholungsgebiete sind seen- und waldreiche Landschaften, wie die Ruppiner Schweiz um Neuruppin und Rheinsberg/Mark, die Seenlandschaft um Templin, die Schorfheide mit dem Werbellinsee, der Scharmützelsee, das Gebiet um Buckow/Märk. Schweiz und der Spreewald.

*Verkehr:* Eisenbahnlinien und Fernverkehrsstraßen (einschließlich Autobahnen als Teil des Europastraßennetzes) ziehen sternförmig durch B. nach Berlin; sie sind durch den Berliner Autobahn- und Eisenbahnring, der auf Brandenburger Gebiet liegt, miteinander verbunden. Die schiffbaren Flüsse Oder, Spree, Havel und Elbe sind durch Oder-Havel-, Oder-Spree-, Elbe-Havel-Kanal miteinander verbunden. Bedeutendster Binnenhafen ist Königs Wusterhausen, gefolgt von Wittenberge, Brandenburg/Havel und Potsdam.

### Geschichte

Im Zuge der polit. Veränderungen in der Dt. Dem. Rep. seit Okt. 1989 entstand auf der Grundlage des von der Volkskammer am 22. 7. 1990 verabschiedeten Ländereinführungs-Ges. mit Wirkung vom 3. (urspr.

**Nachtrag**  Brandenburg – Bundesrat

14.) 10. 1990 das Land B. neu. Mit dem Beitritt der Dt. Dem. Rep. am 3. 10. 1990 wurde es Bundesland der Bundesrep. Dtl. Bei den Landtagswahlen am 14. 10. 1990 wurde die SPD mit 38,2 % der Stimmen (36 Sitze) stärkste Partei; die CDU gewann 29,4 % (27); die PDS: 13,4 % (13); Bündnis '90: 9,3 % (6); FDP: 6,6 % (6); andere 3,1 % (–). Der Landtag wählte am 22. 11. 1990 M. STOLPE (SPD), an der Spitze einer Koalition aus SPD, Bündnis '90 und FDP, zum Ministerpräsidenten. – Zur früheren Geschichte → Brandenburg 2).

**Brandenburg 1)** (Bd. 3): Der Landkreis B. gehört seit 3. 10. 1990 zum Land Brandenburg.

**Brandenburg 3)** (Bd. 3): Die Stadt B./Havel gehört seit 3. 10. 1990 zum Land Brandenburg, sie ist kreisfreie Stadt und Verw.-Sitz des Landkreises Brandenburg.

**Brandenburger Tor:** Bd. 3; Nachtrag Bd. 12.

**Brand-Erbisdorf 2)** (Bd. 3): Der Landkreis B.-E. gehört seit 3. 10. 1990 zum Land Sachsen.

**Brandstaetter,** Roman, poln. Schriftsteller: Bd. 3; Nachtrag Bd. 12.

**Brandt,** Hermann, Gewerkschafter (Bd. 3): Als DAG-Vors. 1987 von ROLAND ISSEN (\* 1938) abgelöst.

**Brasilien** (Bd. 3; Nachtrag Bd. 12): Zu den zahlreichen Maßnahmen zur Überwindung der Wirtschaftskrise gehörte 1990 die Einführung der Währungseinheit Cruzeiro. Im April 1991 wurde mit den Gläubigerbanken ein Abkommen getroffen, das die Wiederaufnahme der 1989 gestoppten Rückzahlung von Zinsen für Auslandsschulden vorsieht. Im Dez. 1991 schloß B. mit Argentinien ein Abkommen ab, das gegenseitige Kontrollen über die friedl. Nutzung von Kernenergie festlegt.

**Brattain,** Walter Houser, amerikan. Physiker: Bd. 3; Nachtrag Bd. 6.

**Breit,** Ernst, Gewerkschafter (Bd. 3): 1990 als DGB-Vors. von H.-W. MEYER abgelöst.

**Breker,** Arno, Bildhauer (Bd. 3): † Düsseldorf 13. 2. 1991.

**Bremen 1)** (Bd. 3; Nachtrag Bd. 6): *Verfassung:* Bei den Bürgerschaftswahlen vom 29. 9. 1991 verlor die SPD mit 38,8 % der Stimmen (41 Sitze) ihre absolute Mehrheit; die konkurrierenden Parteien erzielten folgende Ergebnisse: CDU 30,7 % (32), Die Grünen: 11,4 % (11), FDP: 9,5 % (10), Dt. Volksunion: 6,2 % (6), Republikaner: 1,5 % (–), andere 1,9 % (–). Im Dez. 1991 kam es zur Bildung einer Regierungskoalition aus SPD, Grünen und FDP.

**Breschnew,** Stadt in Rußland: Bd. 3; Nachtrag Bd. 6.

**Bresgen,** Cesar, österr. Komponist: Bd. 3; Nachtrag Bd. 6.

**Breslau 1)** (Bd. 3): Seit 1990 ist wieder das alte Wappen von 1530 offizielles Stadtwappen.

**Bretscher,** Willy, schweizer. Publizist und Politiker (Bd. 3): † Zürich 12. 1. 1992.

**Breuel,** Birgit, Politikerin (CDU), \* Hamburg 7. 9. 1937; Einzelhandelskauffrau, 1970–78 Abg. in der Hamburger Bürgerschaft, 1978–86 Wirtschafts- und 1986–90 Finanzministerin in Ndsachs.; seit 1982 Mitgl. des CDU-Bundesvorstandes; am 1. 10. 1990 Amtsantritt als Vorstands-Mitgl. der Treuhandanstalt, seit 13. 4. 1991 deren Präsidentin in Nachfolge des ermordeten D. C. ROHWEDDER.

**Brockmann,** Hans Heinrich, Chemiker: Bd. 4; Nachtrag Bd. 12.

**Brodskij,** Iossif Aleksandrowitsch, russ. Lyriker: Bd. 4; Nachtrag Bd. 6.

**Broszat,** Martin, Historiker: Bd. 4; Nachtrag Bd. 12.

**Bruch,** Walter, Elektroingenieur (Bd. 4): † Hannover 5. 5. 1990.

**Brugger,** Walter, Philosoph (Bd. 4): † München 13. 5. 1990.

**Brunner,** Fritz, schweizer. Pädagoge und Jugendschriftsteller (Bd. 4): † Zürich 3. 1. 1991.

**Brunner,** Karl, Volkswirtschaftler: Bd. 4; Nachtrag Bd. 12.

**Buber-Neumann,** Margarete, Schriftstellerin und Publizistin: Bd. 4; Nachtrag Bd. 12.

**Bucharin,** Nikolaj Iwanowitsch, sowjet. Politiker: Bd. 4; Nachtrag Bd. 6.

**Buckwitz,** Harry, Intendant: Bd. 4; Nachtrag Bd. 6.

**Bulatović,** Miodrag, serb. Schriftsteller (Bd. 4): † Igalo (Rep. Montenegro) 14. 3. 1991.

**Bulgarien** (Bd. 4; Nachtrag Bd. 12): *Verfassung:* Nach der vom Parlament am 12. 7. 1991 angenommenen Verf. ist B. eine ›parlamentar., sich zu einem ›demokrat. und sozialen Rechtsstaat mit polit. Pluralismus‹ bekennt. Sie garantiert die Menschenrechte und öffnet das Land der Marktwirtschaft. Staatsoberhaupt ist der mit begrenzten Vollmachten ausgestattete, vom Volk direkt gewählte Staatspräsident.

*Geschichte:* Am 12. 3. 1990 unterzeichneten Vertreter der Regierung und der Opposition, nach poln. Vorbild an einem ›Runden Tisch‹ vereinigt, eine Vereinbarung über einen friedl. Übergang B.s zu einem demokrat. System (Trennung von Partei und Staat, Einführung eines Mehrparteiensystems). Im April 1990 nannte sich die KP in ›Bulgar. Sozialist. Partei‹ (BSP) um. Bei den Wahlen im Juni 1990 gewann sie knapp die absolute Mehrheit der Mandate, gefolgt von der ›Union der demokrat. Kräfte in B.‹ (Abk. UDK). Nach dem Rücktritt des im April von der Nationalversammlung gewählten Staatspräs. P. MLADENOW (Juli) wählte diese im Aug. S. SCHELEW (UDK) zu seinem Nachfolger. Das Parlament stimmte am 15. 11. 1990 dem neuen Staatsnamen ›Republik B.‹ zu. Im Jan. 1992 bestätigte die Bev. SCHELEW als Staatspräsidenten.

**Bund der Evangelischen Kirchen in der DDR** (Bd. 4; Nachtrag Bd. 12): Löste sich mit dem Beitritt der in ihm vereinigten ev. Landeskirchen zur Ev. Kirche in Dtl. im Juni 1991 auf.

**Bundesamt** (Bd. 4): In der Bundesrep. Dtl. wurde durch Ges. vom 17. 12. 1990 ein B. für Sicherheit in der Informationstechnik errichtet (Sitz: Bonn); es untersteht dem Bundesministerium des Innern.

**Bundesamt für Strahlenschutz:** Nachtrag Bd. 12.

**Bundesministerium** (Bd. 4; Nachtrag Bd. 12): *Bundesrep. Dtl.:* Anstelle des B. für Jugend, Familie, Frauen und Gesundheit wurden 1991 errichtet: das **B. für Familie und Senioren,** zuständig für den Schutz der Familie, Ehe- und Familienrecht, Fragen der Familienpolitik (zu Steuer-, Sozial- und Wohnungswesen), Kindergeldgesetzgebung; das **B. für Frauen und Jugend,** das sich der Jugendwohlfahrt, dem Jugendschutz, Frauenfragen und der Gleichberechtigung widmet, sowie das **B. für Gesundheit** mit den Bereichen Gesundheitspolitik, Krankenversicherung (aus dem B. für Arbeit und Sozialordnung ausgegliedert), Human- und Veterinärmedizin, Arzneimittel, Apothekenwesen, Verbraucherschutz und Lebensmittelwesen.

In *Österreich* wurde die Anzahl der B. 1991 auf 15 erhöht. Neu gebildet wurden das **B. für Föderalismus und Verwaltungsreform,** das allgemeine Angelegenheiten der Verwaltungsreform regelt, und das **B. für Gesundheit und öffentlichen Dienst,** in dessen Zuständigkeit Lebensmittelangelegenheiten und Volksgesundheit sowie Veterinärverwaltung und Strahlenschutz fallen.

**Bundesrat** (Bd. 4): Der B. umfaßt seit Überwindung der dt. Teilung 68 Stimmen, die sich auf nunmehr 16 Länder verteilen; im einzelnen entfallen auf

Birgit Breuel

Bundesrepublik Deutschland **Nachtrag**

Bad.-Württ., Bayern, Ndsachs. und NRW je sechs, auf Berlin, Brandenburg, Hessen, Rheinl.-Pf., Sachsen, Sachsen-Anhalt, Schlesw.-Holst. und Thüringen je vier, auf Bremen, Hamburg, Mecklenburg-Vorpommern und das Saarland je drei Stimmen.

**Bundesrepublik Deutschland** (Bd. 4; Nachtrag Bd. 6 und Bd. 12): Am 3. 10. 1990 traten die Länder Brandenburg, Mecklenburg-Vorpommern, Sachsen, Sachsen-Anhalt und Thüringen sowie Berlin (Ost) mit zus. 108 332 km² Fläche und 16,43 Mio. Ew. der Bundesrep. Dtl. bei. Danach umfaßt diese jetzt 356 961 km² und (1990) 79,11 Mio. Ew. Durch den Beitritt der östl. Länder hat die Bundesrep. Dtl. eine 460 km lange Grenze mit Polen und eine 810 km lange Grenze mit der Tschechoslowakei. Hauptstadt ist Berlin.

*Verfassung:* Die verfassungsrechtl. Lage hat sich durch den Zwei-plus-Vier-Vertrag (12. 9. 1990) und den Beitritt der Dt. Dem. Rep. zur Bundesrep. Dtl. nach Art. 23 Satz 2 GG (3. 10. 1990) geändert, wodurch die Geltung des GG auf das Gebiet der ehemaligen Dt. Dem. Rep. ausgedehnt wurde.

Der →Einigungsvertrag (Nachtrag Bd. 18) hat zugleich GG-Änderungen mit sich gebracht: Die Präambel, die zur Wiedervereinigung aufforderte, spricht nun davon, daß die Deutschen ›in freier Selbstbestimmung die Einheit und Freiheit Dtl.s vollendet‹ haben. Der (Beitritts-)Artikel 23 ist entfallen, Art. 146, der das Geltungsende des GG durch eine nach der Wiedervereinigung beschlossene Verf. regelte, wurde geändert. Über die Auslegung des neuen Art. 146 und einer Zusatzbestimmung des Einigungsvertrags herrscht Streit, der insbesondere das Verfahren und die Grenzen einer mögl. Neugestaltung der Verf. betrifft. Nach Art. 143 GG können im Beitrittsgebiet bis Ende 1992 noch bestimmte dem GG nicht entsprechende Vorschriften fortgelten; gemeint ist insbesondere die Regelung des Schwangerschaftsabbruchs (Fristenlösung) der Dt. Dem. Rep. Außerdem ist bestimmt, daß gewisse zw. 1945 und 1949 in der sowjet. Besatzungszone vorgenommene Enteignungen nicht rückgängig gemacht werden.

Die finanzverfassungsrechtl. Vorschriften gelten teilweise vorerst in modifizierter Form im Beitrittsgebiet; die fünf neuen Bundesländer sowie das ehemalige Berlin (Ost) (das nun Teil des Landes Berlin ist) werden noch nicht voll in den Finanzausgleich einbezogen. Das Recht des →Bundestages (Nachtrag Bd. 18) wurde nicht geändert; für die Wahl des ersten gesamtdt. Bundestages am 2. 12. 1990 wurden lediglich situationsbedingt einige Vorschriften des Bundeswahlgesetzes im Interesse der Chancengleichheit der Parteien im Beitrittsgebiet modifiziert. Die Stimmenverteilung im →Bundesrat (Nachtrag Bd. 18) gemäß Art. 51 GG ist in einer Weise geändert worden, die das Gewicht der größeren Bundesländer erhöht. Nach dem Einigungsvertrag gelten die völkerrechtl. Verträge der Bundesrep. Dtl. für das vereinigte Dtl. fort; Sondervorschriften regeln das Schicksal der von der Dt. Dem. Rep. geschlossenen völkerrechtl. Verträge. Nach Verhandlungen zw. Frankreich, Großbritannien, der Sowjetunion und den USA, die noch Befugnisse bezüglich Berlins und Dtl.s als Ganzem innehatten, und der Bundesrep. Dtl. sowie der Dt. Dem. Rep. ist am 12. 9. 1990 der ›Vertrag über die abschließende Regelung in bezug auf Dtl.‹ geschlossen worden (Zwei-plus-Vier-Vertrag). Die vier Mächte beenden ihre Rechte und Verantwortlichkeiten in bezug auf Berlin und Dtl. als Ganzes. Als Außengrenze Dtl.s werden die Außengrenzen der Dt. Dem. Rep. und Bundesrep. Dtl. vor der Vereinigung festgestellt.

*Geschichte:* Am 18. 5. 1990 schlossen die Bundesrep. Dtl. und die Dt. Dem. Rep. einen Staatsvertrag über eine Wirtschafts-, Währungs- und Sozialunion (in Kraft seit dem 1. 7. 1990). Nach Abschluß des Einigungsvertrages und des Zwei-plus-Vier-Vertrages trat die Dt. Dem. Rep. am 3. 10. 1990 der Bundesrep. Dtl. bei. Das Beitrittsgebiet wurde im Rahmen von ›Übergangsregelungen‹ (22. 10. 1990) in das Vertragssystem der EG einbezogen. Unter Reduzierung der Mannschaftsstärke der Bundeswehr und Auflösung der Nat. Volksarmee der Dt. Dem. Rep. blieb das vereinigte Dtl. Mitgl. der NATO. Während die westl. Mächte (v. a. Frankreich, Großbritannien und die USA) weiterhin Truppen in reduzierter Zahl im Gebiet der früheren Bundesrep. Dtl. unterhalten, vereinbarten die Bundesrep. Dtl. und die UdSSR in einem Stationierungsvertrag (12. 10. 1990) den Abzug der sowjet. Truppen aus Dtl. bis Ende 1994. In Ergänzung dieses Vertrages schlossen beide Staaten am 9. 11. 1990 den →Deutsch-Sowjetischen Vertrag über gute Nachbarschaft, Partnerschaft und Zusammenarbeit (Nachtrag Bd. 18). Am 14. 11. 1990 wurde der →Deutsch-Polnische Grenzvertrag (Nachtrag Bd. 18) unterzeichnet, der die Oder-Neiße-Linie als völkerrechtlich verbindl. Grenze zw. beiden Staaten festlegt, und am 17. 6. 1991 der →Deutsch-Polnische Vertrag über gute Nachbarschaft und freundschaftliche Zusammenarbeit (Nachtrag Bd. 18). Am 27. 2. 1992 folgte der →Deutsch-Tschechoslowakische Vertrag über gute Nachbarschaft und freundschaftliche Zusammenarbeit (Nachtrag Bd. 18).

| \multicolumn{5}{c}{**Größe und Bevölkerung (1990)**} ||||| 
|---|---|---|---|---|
| Land | Hauptstadt | Fläche in km² | Ew. in 1 000 | Ew. je km² |
| Baden-Württemberg | Stuttgart | 35 751 | 9 618,7 | 269 |
| Bayern | München | 70 554 | 11 220,7 | 159 |
| Berlin | Berlin | 884 | 3 409,7 | 3 857 |
| Brandenburg | Potsdam | 29 061 | 2 641,7 | 91 |
| Bremen | Bremen | 404 | 673,7 | 1 668 |
| Hamburg | Hamburg | 755 | 1 626,2 | 2 154 |
| Hessen | Wiesbaden | 21 114 | 5 660,6 | 268 |
| Mecklenburg-Vorpommern | Schwerin | 23 838 | 1 963,9 | 82 |
| Niedersachsen | Hannover | 47 344 | 7 283,8 | 154 |
| Nordrhein-Westfalen | Düsseldorf | 34 070 | 17 103,6 | 502 |
| Rheinland-Pfalz | Mainz | 19 849 | 3 701,7 | 186 |
| Saarland | Saarbrücken | 2 570 | 1 064,9 | 414 |
| Sachsen | Dresden | 18 338 | 4 900,7 | 267 |
| Sachsen-Anhalt | Magdeburg | 20 445 | 2 965,0 | 145 |
| Schleswig-Holstein | Kiel | 15 729 | 2 594,6 | 165 |
| Thüringen | Erfurt | 16 254 | 2 683,9 | 165 |
| Bundesrep. Dtl. | Berlin | 356 961*) | 79 112,8 | 222 |

*) Differenz durch Abrundungen.

Nach der Vereinigung beider dt. Staaten bezog Bundeskanzler H. KOHL am 4. 10. 1990 ostdt. Politiker (u. a. L. DE MAIZIÈRE, G. KRAUSE, R. ORTLEB) als Minister o. G. in seine Regierung ein. Im Anschluß an die Landtagswahlen vom 14. 10. 1990 in den neuen Bundesländern konstituierten sich dort Landtage und Landesregierungen. Bei den ersten gesamtdt. Bundestagswahlen am 2. 12. 1990 gewann die CDU 268 Sitze (36,7 % der Zweitstimmen), SPD 239 (33,5 %), FDP 79 (11,0 %), CSU 51 (7,1 %), PDS 17 (2,4 %) und Bündnis '90/Grüne 8 (1,2 %). Während Die Grünen im Wahlgebiet der früheren Bundesrep. Dtl. mit 3,8 % der Zweitstimmen kein Mandat erhielten, überschritten PDS mit 11,1 % sowie Bündnis '90/Grüne mit 6,0 % im getrennten Wahlgebiet der früheren Dt. Dem. Rep. die Fünfprozentklausel des Bundeswahl-Ges. Am 17. 1. 1991 wählte der Bundestag KOHL erneut zum Bundeskanzler an der Spitze einer Koalition aus CDU/CSU und FDP.

Bereits Mitte 1990 hatte der Prozeß der organisator. Eingliederung bes. der Parteien und Gewerkschaften der Dt. Dem. Rep. in entsprechende Organisationen

# Nachtrag   Bundestag – Busek

der ›alten‹ Bundesrep. Dtl. begonnen. Mit dem Bündnis '90, das sich bes. der Anliegen des → Neuen Forums aus der Zeit der polit. Veränderungen 1989–90 in der Dt. Dem. Rep. annahm, zeigte sich eine neue polit. Kraft im vereinten Dtl.; die PDS hatte die Nachfolge der SED angetreten. Im Sinne des polit. Zusammenwachsens der beiden Staaten beschloß der Bundestag am 20. 6. 1991 mit knapper Mehrheit (338 gegen 320 Stimmen) die Verlegung des Bundestags- und des Regierungssitzes nach Berlin in einer Übergangsphase, die in spätestens zwölf Jahren beendet sein soll.

Im Zuge der Umstrukturierung der Rechtsordnung (auf der Basis des GG) sowie der Wirtschafts- und Sozialordnung (auf der Basis der sozialen Marktwirtschaft) in Ost-Dtl. ergaben sich – trotz zahlreicher Bemühungen um einen sozial verträgl. Ablauf dieses Prozesses – starke soziale Probleme: v. a. eine stark anwachsende Arbeitslosigkeit infolge von Umstellung oder Liquidation von Betrieben in Industrie und Landwirtschaft (→ Treuhandanstalt). Ungeklärte Eigentumsfragen und der Grundsatz ›Rückgabe vor Entschädigung‹ führten zu sozialen Spannungen und verhinderten private Investitionen. Von großer rechtspolit. Brisanz erwiesen sich das umfangreiche Aktenmaterial des Ministeriums für Staatssicherheit (MfS) der Dt. Dem. Rep. (›Stasi-Akten‹), dessen Zugänglichkeit Ende 1991 gesetzlich geregelt wurde, sowie die strafrechtl. Verfolgung von durch die Staatsorgane der Dt. Dem. Rep. oder in ihrem Auftrag begangenen Straftaten (›Regierungskriminalität‹, Tötung von Flüchtlingen an der innerdt. Grenze, Staatsschutzdelikte u. a.).

Im gesamten Bundesgebiet entwickelte sich vor dem Hintergrund eines wachsenden Zustroms von Asylbewerbern bes. aus dem östl. Europa und der dritten Welt eine rechtsradikale, zu Gewalttätigkeit gegen Ausländer bereite Szene. Rechtl. und polit. Lösungen bei der Bewältigung des Ausländerzustroms (u. a. eine Änderung des Grundrechts auf Asyl) werden in der Öffentlichkeit kontrovers diskutiert.

In der Außenpolitik setzte die Bundesrep. Dtl. ihre aktive Beteiligung am KSZE-Prozeß und an der europ. Integration (→ Europäische Gemeinschaften, Nachtrag Bd. 18) fort. Im 2. Golfkrieg (1991) stellte sie den im Auftrag der UNO kriegführenden Staaten hohe finanzielle Mittel sowie Waffen zur Verfügung. In der Öffentlichkeit wurde die technolog. Hilfe der früheren Dt. Dem. Rep. und zahlreicher Unternehmen aus der Bundesrep. Dtl. bei der Aufrüstung Iraks in den 80er Jahren stark kritisiert. Innerhalb der EG setzte die Bundesrep. Dtl. für eine (von ihr am 23. 12. 1991 vollzogene) Anerkennung Sloweniens und Kroatiens als unabhängige Staaten ein.

**Bundestag** (Bd. 4): Die gesetzl. Mitgl.-Zahl des B. beträgt seit der 12. Wahlperiode 656 Abg.; es treten sechs Überhangmandate hinzu, so daß dem 12. B. 662 Abg. angehören.

**Bundeswehr** (Bd. 4): Bedingt durch die polit. Veränderungen in O-Europa und die im Zusammenhang hiermit abnehmende militär. Bedrohung verzichtete man 1989 weitgehend auf die z. T. schon eingeleiteten Maßnahmen zur Haltung der Friedensstärke von 495 000 Mann, so v. a. auf die zum 1. 6. 1989 vorgesehene Verlängerung des Grundwehrdienstes von 15 auf 18 Monate, der mit Wirkung zum 30. 9. 1990 sogar auf 12 Monate verkürzt wurde; eine Maßnahme, die auch im Hinblick auf die vorgesehene drast. Kürzung des dt. Streitkräfteumfangs erfolgte. Die Stärke der westdt. B. betrug am 3. 10. 1990 noch etwa 435 000 Mann.

Mitte 1990 vereinbarten Bundeskanzler H. Kohl und der sowjet. Präs. M. S. Gorbatschow, daß ab 1995 die Friedensstärke der B. 370 000 Mann nicht überschreiten soll. Eine entsprechende Verpflichtungserklärung deutscherseits (die auch Gegenstand des Zwei-plus-Vier-Vertrages ist) wurde am 30. 8. 1990 bei den Verhandlungen über konventionelle Streitkräfte in Europa (VKSE) abgegeben, was mit zum raschen Abschluß des Vertrages beitrug. Zus. mit der Übernahme von Teilen der → Nationalen Volksarmee der Dt. Dem. Rep. (im Zuge der dt. Vereinigung am 3. 10. 1990) war damit die Planungsgrundlage für die neu zu gestaltende Struktur der B. gegeben. Mitte 1991 wurde folgendes Konzept vorgestellt: Verringerung der Friedensstärke von 525 000 (am Tage der Vereinigung) auf 370 000 Mann (Heer: 255 400, Luftwaffe: 82 400, Marine 32 200) bis Ende 1994; Reduzierung des Verteidigungsumfangs auf unter 900 000 Mann; Fusion von Feld- und Territorialheer, bes. durch Zusammenlegung der Stäbe von der Divisionsebene an aufwärts; jeweils ausgehend von der Stärke der ›alten‹ Bundeswehr: Verringerung der Anzahl der Divisionen von zwölf auf acht (plus zwei Divisionsstäbe z. b. V.), der Brigaden von 48 auf 28; Reduzierung des Präsenzgrades auf etwa 60 % in der Mehrzahl der Großverbände; in der Luftwaffe Verminderung der fliegenden Verbände um knapp ein Drittel und Kaderung der bodengebundenen Luftverteidigung in beträchtl. Ausmaß; bei der Marine Reduzierung der schwimmenden Einheiten bis zum Jahr 2005 um die Hälfte auf etwa 90 Schiffe und Boote bei gleichzeitiger Aufrechterhaltung der Fähigkeit zu Operationen in allen Bereichen der Seekriegführung.

**Bündnis '90,** Zusammenschluß versch. Bürgerrechtsbewegungen der früheren Dt. Dem. Rep., gegr. am 7. 2. 1990, umfaßt u. a. das ›Neue Forum‹, ›Demokratie Jetzt‹ und ›Initiative Frieden und Menschenrechte‹, errang bei den Wahlen zur Volkskammer (18. 3. 1990) zwölf Sitze. Im Aug. 1990 schloß es sich mit den Grünen der Dt. Dem. Rep. zusammen (**Bündnis '90/Grüne**). Nach dem Beitritt der neuen Länder der Dt. Dem. Rep. zur Bundesrep. Dtl. nach Art. 23 GG, den er in dieser Form ablehnte, errang B. '90/Grüne bei den Bundestagswahlen am 2. 12. 1990 im Wahlgebiet der früheren Dt. Dem. Rep. acht Mandate.

**Bünning,** Erwin, Botaniker (Bd. 4): † Tübingen 4. 10. 1990.

**Bunshaft,** Gordon, amerikan. Architekt (Bd. 4): † New York 6. 8. 1990.

**Burg** 1) (Bd. 4): Der Landkreis B. gehört seit 3. 10. 1990 zum Land Sachsen-Anhalt.

**Burger,** Hermann, schweizer. Schriftsteller: Bd. 4; Nachtrag Bd. 12.

**Bürgerforum:** Nachtrag Bd. 12.

**Burkina Faso** (Bd. 4): Nach dem Militärputsch gegen Staats- und Reg.-Chef T. Sankara und dessen Ermordung (Okt. 1987) übernahm Blaise Compaoré (* 1951) dessen Funktionen. Am 2. 6. 1991 nahm die Bev. eine neue Verf. an.

**Burnham,** James, amerikan. Soziologe und Publizist: Bd. 4; Nachtrag Bd. 12.

**Burundi** (Bd. 4): Nach der Absetzung des Präs. J. B. Bagaza durch einen Militärputsch (3. 9. 1987) wurde Major Pierre Buyoya (* 1949) an der Spitze eines ›Comité Militaire pour le Salut National‹ (CMSN; dt. ›Militärkomitee für nat. Wohlfahrt‹) Staatschef; die Verf. wurde außer Kraft gesetzt. Im Aug. 1988 kam es zu Ausschreitungen der von der Tutsi-Minderheit beherrschten Armee gegen die Hutu-Mehrheit der Bev. mit Tausenden von Toten. Am 5. 2. 1991 nahm die Bev. in einer Abstimmung mit 89,2 % die ›Charta der Nat. Einheit‹ an.

**Busek,** Erhard, österr. Politiker, * Wien 25. 3. 1941; Jurist, 1975–76 GenSekr. der ÖVP, 1975–78 Mitgl. des Nationalrats, 1978–87 Vizebürgermeister von Wien; 1980-91 stellv. Bundesobmann der ÖVP, seit 1991 ihr Bundesobmann. 1989 wurde B. Wissenschafts-Min., 1991 auch Vizekanzler.

**Bush,** George Herbert Walker, 41. Präs. der USA (Bd. 4; Nachtrag Bd. 12): B. unterstützte die Vereinigung der beiden dt. Staaten (1990) und begrüßte die Reformen in O-Europa. Große Popularität trug ihm die entschiedene Verurteilung des irak. Überfalls auf Kuwait und die Formierung einer internat. Allianz ein, die unter Führung der USA eine internat. Streitmacht zur Verwirklichung der UN-Resolutionen gegen Irak entsandte (→Golfkrieg, Nachtrag Bd. 18). Er unterzeichnete den START-Vertrag zur Reduzierung strateg. Atomwaffen (Juli 1991) und schloß den Vertrag über konventionelle Streitkräfte in Europa (VKSE, Nov. 1990). Innenpolitisch geriet B. wegen ausbleibender Verbesserung der sozialen und wirtschaftl. Situation zunehmend unter Druck.

**Busta,** Christine, österr. Schriftstellerin: Bd. 4; Nachtrag Bd. 6.

**Butter:** Bd. 4; Nachtrag Bd. 12.

**Bützow 2)** (Bd. 4): Der Landkreis B. gehört seit 3. 10. 1990 zum Land Mecklenburg-Vorpommern.

**Calau 2)** (Bd. 4): Der Landkreis C. gehört seit 3. 10. 1990 zum Land Brandenburg.

**Calderón,** Rafael Angel **Fournier,** costarican. Politiker: Nachtrag Bd. 12.

**Callaghan,** Morley, kanad. Schriftsteller (Bd. 4): † Toronto 25. 8. 1990.

**Callejas Romero** [ka'jexas -], Rafael Leonardo, honduran. Politiker (Partido Nacional), * Tegucigalpa 14. 11. 1943; studierte in Honduras und in den USA Agronomie. Bekleidete versch. Ämter in Politik (u. a. 1975-80 Min. für Bodenschätze) und Wirtschaft; seit Nov. 1989 Staats- und Reg.-Chef.

**Camcorder:** Nachtrag Bd. 6.

**Camdessus,** Michel, frz. Bankfachmann: Bd. 4; Nachtrag Bd. 6.

**Camenzind,** Josef, schweizer. kath. Geistlicher und Schriftsteller (Bd. 4): † Küssnacht am Rigi 19. 9. 1984.

**Cap:** Nachtrag Bd. 6.

**Capra,** Frank, amerikan. Filmregisseur italien. Herkunft (Bd. 4): † La Quinta (Calif.) 3. 9. 1991.

**Carey** ['kɛəri], George Leonard, anglikan. Theologe, * Gurney (Cty. Berkshire) 13. 11. 1935; wurde 1987 Bischof von Bath und Wells, 1990 als Nachfolger von R. RUNCIE Erzbischof von Canterbury und Primas der Kirche von England.

**Carlsson,** Ingvar Gösta, schwed. Politiker (Bd. 4): Trat nach der sozialdemokrat. Niederlage bei den Reichstagswahlen vom 15. 9. 1991 als MinPräs. zurück.

**Carlucci,** Frank, amerikan. Politiker: Nachtrag Bd. 6 und Bd. 12.

**Carrington,** Peter Alexander, 6. Baron C., brit. Politiker (Bd. 4; Nachtrag Bd. 12): Seit Sept. 1991 Sonderbeauftragter der EG zur Vermittlung im Jugoslawienkonflikt.

**Carter,** Angela, engl. Schriftstellerin (Bd. 4): † London 16. 2. 1992.

**Cassavetes,** John, amerikan. Filmregisseur und -schauspieler: Bd. 4; Nachtrag Bd. 12.

**Cattenom** (Bd. 4): Seit 1991 sind in der französischen Kernkraftgroßanlage alle vier Reaktorblöcke in Betrieb.

**Cayatte,** André, frz. Filmregisseur (Bd. 4): † Paris 6. 2. 1989.

**Ceaușescu,** Elena, rumän. Politikerin: Bd. 4; Nachtrag Bd. 12.

**Ceaușescu,** Nicolae, rumän. Politiker: Bd. 4; Nachtrag Bd. 12.

**Cech,** Thomas Robert, amerikan. Biochemiker: Nachtrag Bd. 12.

**CEI** [see'i, frz.], Abk. für Communauté des États Indépendants, →Gemeinschaft Unabhängiger Staaten (Nachtrag Bd. 18).

**Cela,** Camilo José, span. Schriftsteller: Bd. 4; Nachtrag Bd. 12.

**Celaya,** Gabriel, span. Lyriker und Essayist (Bd. 4): † Madrid 18. 4. 1991.

**Centesimus annus** [lat. ›das hundertste Jahr‹], am 2. 5. 1991 zum 100. Jahrestag von →Rerum novarum veröffentlichte Sozialenzyklika JOHANNES PAULS II. Sie warnt – angesichts des Umsturzes im früheren Ostblock – vor den Gefahren eines ›ungezügelten Kapitalismus‹, empfiehlt die soziale Marktwirtschaft, ohne diesen Begriff direkt zu gebrauchen, und fordert für die dritte Welt eine Entwicklung frei von Ausbeutung und ökolog. Zerstörung.

**Chadli,** Bendjedid, alger. Politiker (Bd. 4): Trat am 11. 1. 1992 als Staatspräs. zurück.

**Chamorro,** Violeta **Barrios de,** nicaraguan. Politikerin: Nachtrag Bd. 12.

**Chamoun,** Camille Nimer, libanes. Politiker: Bd. 4; Nachtrag Bd. 6.

**Char,** René, frz. Dichter: Bd. 4; Nachtrag Bd. 6.

**Chatwin,** Bruce, engl. Schriftsteller: Nachtrag Bd. 12.

**chemische Kampfmittel** (Bd. 4; Nachtrag Bd. 6): Mitte 1990 wurden in der Bundesrep. Dtl. gelagerten amerikan. c. K. abgezogen. Sie sollen auf dem Johnstonatoll vernichtet werden.

**Chemnitz** [k-], **1)** kreisfreie Stadt in Sachsen, Verw.-Sitz des Landkreises C. Die Stadt hieß bis 1. 6. 1990 →Karl-Marx-Stadt 1) (Bd. 11) und war bis Okt. 1990 Bezirkshauptstadt.

**2)** Landkreis in Sachsen, hieß 1953-90 →Karl-Marx-Stadt 2) (Bd. 11).

**Chen Boda,** chin. Politiker: Bd. 4; Nachtrag Bd. 12.

**Cheney,** Richard Bruce, amerikan. Politiker: Nachtrag Bd. 12.

**Chéreau,** Patrice, frz. Regisseur: Bd. 4; Nachtrag Bd. 12.

**Chile:** Bd. 4; Nachtrag Bd. 12.

**chinesische Geschichte** (Bd. 4; Nachtrag Bd. 6 und Bd. 12): 1991 wurden zahlreiche Teilnehmer der student. Reformbewegung zum Tode oder zu hohen Gefängnisstrafen verurteilt. Angesichts des Zusammenbruchs der kommunist. Herrschaftssysteme in Europa hielt China nachdrücklich an den Grundlinien kommunist. Staats- und Gesellschaftsverständnisses fest. Außenpolitisch unterstützte es 1990-91 die Resolutionen des UN-Sicherheitsrates gegen Irak im Konflikt um Kuwait.

**Chirac,** Jacques, frz. Politiker: Bd. 4; Nachtrag Bd. 6 und Bd. 12.

**Christlich Demokratische Union Deutschlands,** Abk. **CDU** (Bd. 4; Nachtrag Bd. 12): Am 1. 10. 1990 konstituierte sich die CDU unter Aufnahme der CDU-Landesverbände in den fünf neuen Bundesländern Ost-Dtl.s als gesamtdt. Partei. Bundes-Vors. wurde H. KOHL, sein Stellv. zunächst L. DE MAIZIÈRE, 1991 ANGELA MERKEL. Nach den Landtagswahlen in den fünf neuen Bundesländern (14. 10. 1990) stellte sie in Mecklenburg-Vorpommern, Sachsen, Sachsen-Anhalt und Thüringen den MinPräs. Aus den ersten gesamtdt. Wahlen am 2. 12. 1990 ging sie mit 36,7% der Stimmen als stärkste Partei hervor. Bei den Landtagswahlen 1991 in den westl. Bundesländern mußte sie starke Stimmenverluste hinnehmen und verlor in Hessen und Rheinland-Pfalz das Amt des Reg.-Chefs an die SPD.

**Christlich-Demokratische Union Deutschlands,** Abk. **CDUD,** 1989/90 **CDU** (Bd. 4; Nachtrag Bd. 12): Mit dem Beitritt ihrer Landesverbände zur westdt. CDU am 1. 10. 1990 aufgelöst.

**Rafael Callejas Romero**

# Nachtrag

Ronald Harry Coase

Elias J. Corey

Édith Cresson

Karl Dedecius

**Christlich Soziale Union in Bayern,** Abk. CSU: Bd. 4; Nachtrag Bd. 12.

**Christodulu,** Dimitris, neugriech. Lyriker, Erzähler, Dramatiker und Liedertexter (Bd. 4): † Athen 5. 3. 1991.

**Chudschand** [x-], **Chudžand** [-dʒ-], Stadt in Tadschikistan, hieß 1936–91 →Leninabad (Bd. 13).

**Chun Doo Hwan,** südkorean. General und Politiker: Bd. 4; Nachtrag Bd. 12.

**Chur 2)** (Bd. 4): Bischof ist seit 1990 WOLFGANG HAAS (* 1948).

**Cikker,** Ján, slowak. Komponist: Bd. 4; Nachtrag Bd. 12.

**CIS** [siːaɪˈes, engl.], Abk. für Commonwealth of Independent States, →Gemeinschaft Unabhängiger Staaten (Nachtrag Bd. 18).

**Ciskei:** Bd. 4; Nachtrag Bd. 12.

**Clayton,** Buck, amerikan. Jazzmusiker (Bd. 4): † New York 8. 12. 1991.

**Clemen,** Wolfgang, Anglist: Bd. 4; Nachtrag Bd. 12.

**Club of Rome:** Bd. 4; Nachtrag Bd. 6.

**Coase** [kəʊs], Ronald Harry, brit. Volkswirtschaftler, * Willesden (heute zu London) 29. 12. 1910; Dozent an der London School of Economics (1935–51), seit 1951 in den USA Prof. in Buffalo, N. Y. (1951–58), Richmond, Va. (1958–64) und Chicago, Ill. (seit 1964). C. gilt als Begründer der Theorie der Transaktionskosten und der Institutionenökonomie und lieferte Beiträge zur Wohlfahrts- und Umweltökonomie (→Coase-Theorem, Bd. 4). Für die Entdeckung und Klärung der Bedeutung der Transaktionskosten und der Eigentumsrechte für Struktur und Funktionsweise eines Wirtschaftssystems erhielt C. 1991 den Nobelpreis für Wirtschaftswissenschaften.
**Werk:** The firm, the market and the law (1988).

**Collande,** Volker von, Schauspieler, Regisseur und Intendant (Bd. 4): † Hannover 29. 10. 1990.

**Collar:** Nachtrag Bd. 6.

**Collor de Mello,** Fernando Affonso, brasilian. Politiker: Nachtrag Bd. 12.

**Commonwealth of Independent States** [ˈkɔmənwelθ əv ɪndɪˈpendənt steɪts, engl.], Abk. CIS, →Gemeinschaft Unabhängiger Staaten (Nachtrag Bd. 18).

**Commonwealth of Nations:** Bd. 4; Nachtrag Bd. 12.

**Communauté des États Indépendants** [kɔmynoˈte dezeˈta ɛdepɑ̃ˈdɑ̃, frz.], Abk. CEI, →Gemeinschaft Unabhängiger Staaten (Nachtrag Bd. 18).

**Conable,** Barber B. jr., amerikan. Jurist und Finanzpolitiker (Bd. 4): War bis Aug. 1991 Präs. der Weltbank; sein Nachfolger wurde L. T. PRESTON.

**Contadora-Staaten:** Bd. 4; Nachtrag Bd. 12.

**Conzelmann,** Hans, ev. Theologe: Bd. 4; Nachtrag Bd. 12.

**›co op‹-Gruppe:** Bd. 4; Nachtrag Bd. 12.

**Copland,** Aaron, amerikan. Komponist, Pianist und Dirigent (Bd. 4): † Westchester (N. Y.) 2. 12. 1990.

**Corey** [kɔːrɪ], Elias James, amerikan. Chemiker: * Methuen (Mass.) 12. 7. 1928; seit 1959 Prof. an der Harvard University in Cambridge (Mass.). C. trat durch zahlreiche Arbeiten zur Synthese organ. Verbindungen, v. a. komplexer Naturstoffe hervor. Er führte viele neuartige Reaktionen und Reagenzien (u. a. metallorgan. Verbindungen) in die organ. Synthese ein, fand systemat. Synthesewege zum Aufbau komplizierter Verbindungen und entwickelte synthet. Verbindungen, die – ähnlich wie die Enzyme in der Natur – zu stereospezif. Produkten (chiralen Verbindungen, Enantiomeren) führen (›Chemzyme‹). Große Bedeutung hatten seine für die medizin. Forschung wichtigen Untersuchungen über die im Körper aus Arachidonsäure entstehenden, hormonartig wirkenden Leukotriene, Prostaglandine und Thromboxane sowie ihre Synthese. Für diese Arbeiten erhielt C. 1990 den Nobelpreis für Chemie.

**Costa Rica:** Bd. 4; Nachtrag Bd. 12.

**Cottbus 1)** (Bd. 5): Die Stadt C. gehört seit 3. 10. 1990 zum Land Brandenburg, sie ist kreisfreie Stadt und Verw.-Sitz des Landkreises Cottbus.

**Cottbus 2)** (Bd. 5): Der Landkreis C. gehört seit 3. 10. 1990 zum Land Brandenburg.

**Cottbus 3)** (Bd. 5): Der Bezirk C. wurde aufgelöst. Seit 3. 10. 1990 gehört der größte Gebietsteil zum Land Brandenburg, die Landkreise Hoyerswerda und Weißwasser kamen zum Land Sachsen, der Landkreis Jessen zum Land Sachsen-Anhalt.

**Countertrade:** Nachtrag Bd. 6.

**Cournand,** André Frédéric, frz.-amerikan. Mediziner: Bd. 5; Nachtrag Bd. 12.

**Cowley,** Malcolm, amerikan. Schriftsteller und Literaturkritiker: Bd. 5; Nachtrag Bd. 12.

**Cram,** Donald James, amerikan. Chemiker: Nachtrag Bd. 6.

**Cresson** [krɛˈsɔ̃], Édith, frz. Politikerin, * Boulogne-Billancourt 27. 1. 1934; Agrarwirtschaftlerin, seit 1971 Mitgl. des Parti Socialiste, ab 1979 MdEP, 1981–83 Landwirtschafts-Min., 1983–86 Min. für Außenhandel, 1988–90 Europa-Min., seit Mai 1991 Premier-Min. Ihr Ziel ist v. a. die Stärkung der Wettbewerbsfähigkeit der frz. Wirtschaft.

**Cristiani** [k-], Alfredo Felix, salvadorian. Politiker, * San Salvador 22. 11. 1947; studierte in den USA Betriebswirtschaft; seit 1984 Abg. (ARENA); siegte bei den Präsidentschaftswahlen am 19. 3. 1989.

**Cruise-Missile:** Bd. 5; Nachtrag Bd. 6.

**Cyrankiewicz,** Józef, poln. Politiker: Bd. 5; Nachtrag Bd. 12.

**Cziffra,** Géza von, Filmregisseur: Bd. 5; Nachtrag Bd. 12.

**Dahl,** Roald, engl. Schriftsteller (Bd. 5): † Oxford 23. 11. 1990.

**Dahlhaus,** Carl, Musikwissenschaftler: Bd. 5; Nachtrag Bd. 12.

**Daimler-Benz AG:** Bd. 5; Nachtrag Bd. 12.

**Dalai-Lama:** Bd. 5; Nachtrag Bd. 12.

**Dalí,** Salvador, span. Maler und Graphiker: Bd. 5; Nachtrag Bd. 12.

**Daniel,** Julij Markowitsch, russ. Schriftsteller: Bd. 5; Nachtrag Bd. 12.

**Dara:** Nachtrag Bd. 12.

**Dart,** Raymond Arthur, südafrikan. Anatom und Anthropologe: Bd. 5; Nachtrag Bd. 12.

**Datenschutz** (Bd. 5): Am 1. 6. 1991 ist ein neues Bundesdatenschutz-Ges. in Kraft getreten, das u. a. das Volkszählungsurteil und die D.-Konvention des Europarats (1981) berücksichtigt.

**Däubler-Gmelin,** Herta, Politikerin (SPD), * Preßburg 12. 8. 1943; Rechtsanwältin, seit 1972 MdB, seit 1987 rechtspolit. Sprecherin der SPD-Bundestagsfraktion und stellv. Bundes-Vors. ihrer Partei.

**Davis,** Bette, amerikan. Filmschauspielerin: Bd. 5; Nachtrag Bd. 12.

**Davis,** Miles Dewey, jr., amerikan. Jazzmusiker (Bd. 5): † Santa Monica (Calif.) 28. 9. 1991.

**Davis,** Sammy, jr., amerikan. Popsänger, Tänzer und Instrumentalist (Bd. 5): † Beverly Hills (Calif.) 16. 5. 1990.

**Davis-Pokal** (Bd. 5; Nachtrag Bd. 12): 1990 von den USA, 1991 von Frankreich gewonnen.

**Dedecius,** Karl, Übersetzer und Schriftsteller (Bd. 5): Erhielt den Friedenspreis des Börsenvereins des Deutschen Buchhandels 1990.

**Dedijer,** Vladimir, jugoslaw. Historiker und Publizist (Bd. 5): † Boston (Mass.) 1. 12. 1990.

**Dehmelt,** Hans-Georg, amerikanischer Physiker: Nachtrag Bd. 12.

**Deisenhofer,** Johann, Biophysiker: Nachtrag Bd. 12.

**Dekonstruktivismus, 1)** *allg.* und *Wissenschaftstheorie:* eine im Anschluß an die um wissenschaftl. Objektivität bemühten Theorien des →Strukturalismus und in Auseinandersetzung mit ihnen entstandene überdisziplinäre Wissenschaftsströmung. Der D. beruht auf dem von J. DERRIDA geprägten Verfahren der Dekonstruktion, das darin besteht, ein zu kritisierendes Denksystem zunächst probeweise zu übernehmen, um dann in dessen Nachvollzug seine eigenen inneren Unstimmigkeiten und Brüche aufzuzeigen.

**2)** *Architektur:* seit Mitte der 1980er Jahre Bez. für eine Richtung, in deren Entwürfen das Verhältnis von Tragen und Lasten sowie traditionelle stat. Verhältnisse aufgelöst werden. Der unvermittelte Zusammenstoß unterschiedl. Materialien, Räume und Richtungen wirkt im Sinne konventioneller Sehgewohnheiten unharmonisch. Dekonstruktivist. Architektur greift formal auf den russ. Suprematismus (K. MALEWITSCH) oder auf die Ideen des russ. Konstruktivismus zurück (z. B. ZAHA HADID; P. EISENMAN), bezieht sich in ihrem theoret. Ansatz (BERNARD TSCHUMI) auf J. DERRIDA und artikuliert insbesondere das Unbehagen an der normierten Umgebung (B. SCHINDLER). Realisiert wurden z. B. Parc de la Villette, Paris (1987, TSCHUMI), Funderwerk 3, Kärnten, und Dachgeschoßausbau in Wien von COOP HIMMELBLAU, Hysolar-Institut, Stuttgart (1987, G. BEHNISCH), Vitra Design Museum in Weil am Rhein (1988–89, F. O. GEHRY); der Bau des Histor. Museums in Berlin (DANIEL LIBESKIND) wurde zurückgestellt.

Dekonstruktivist. Architektur, hg. v. P. JOHNSON u. a. (a. d. Engl., 1988); D. Eine Anthologie, hg. v. A. PAPADAKIS (a. d. Engl., 1989).

**Delitzsch 2)** (Bd. 5): Der Landkreis D. gehört seit 3. 10. 1990 zum Land Sachsen.

**Del Monaco,** Giancarlo, italien. Regisseur und Theaterleiter (Bd. 5): Ab 1992 Intendant der Oper in Bonn.

**Delors,** Jacques Lucien, frz. Politiker (Bd. 5): Erhielt 1992 den Internat. Karlspreis zu Aachen.

**Demetrios I.,** orth. Theologe (Bd. 5): † Istanbul 3. 10. 1991.

**Demirel,** Süleyman, türk. Politiker (Bd. 5): Wurde nach dem Wahlsieg seiner Partei erneut MinPräs. (Nov. 1991).

**De Mita,** Ciriaco, italien. Politiker: Bd. 5; Nachtrag Bd. 12.

**Demmin 2)** (Bd. 5): Der Landkreis D. gehört seit 3. 10. 1990 zum Land Mecklenburg-Vorpommern.

**Democrazia Cristiana:** Bd. 5; Nachtrag Bd. 12.

**Demokratische Bauernpartei Deutschlands:** Bd. 5; Nachtrag Bd. 12.

**Deng Xiaoping,** chin. Politiker: Bd. 5; Nachtrag Bd. 12.

**Denneborg,** Heinrich Maria, Puppenspieler: Bd. 5; Nachtrag Bd. 12.

**Dermota,** Anton, österr. Sänger: Bd. 5; Nachtrag Bd. 12.

**Dessau** (Bd. 5): Die Stadt D. gehört seit 3. 10. 1990 zum Land Sachsen-Anhalt, sie ist kreisfreie Stadt und Verw.-Sitz des Reg.-Bez. Dessau.

**Dessau,** Reg.-Bez. in Sachsen-Anhalt, 4254 km², (1990) 618 700 Ew.; umfaßt die kreisfreie Stadt D. sowie die Landkreise Bernburg, Bitterfeld, Gräfenhainichen, Jessen, Köthen, Roßlau, Wittenberg und Zerbst.

**Deutsche Bibliothek, Die,** seit 11. 12. 1990 gemeinsamer Name der →Deutschen Bibliothek, Frankfurt am Main (gegr. 1947; jetzt Sitz der neuen Generaldirektion), der →Deutschen Bücherei, Leipzig (gegr. 1912) sowie des Deutschen Musikarchivs, Berlin (gegr. 1970); die neue Institution ist eine rechtsfähige bundesunmittelbare Anstalt des öffentl. Rechts. Seit 1991 werden die bisher parallel erscheinenden bibliograph. Verzeichnisse zur ›Dt. Nationalbibliographie‹ zusammengefaßt.

**Deutsche Bundespost:** Bd. 5; Nachtrag Bd. 12.

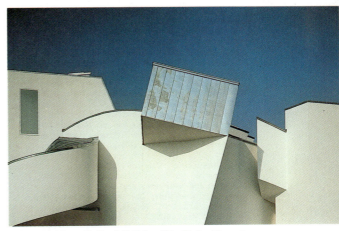

**Dekonstruktivismus 2):** Frank O. Gehry, Vitra Design Museum in Weil am Rhein; 1988–89

**Deutsche Demokratische Republik** (Bd. 5; Nachtrag Bd. 6 und Bd. 12): Am 6. 5. 1990 fanden (erstmals) auf dem Gebiet der Dt. Dem. Rep. Kommunalwahlen nach den Prinzipien der freien und geheimen Wahl statt. Seit ihrem Amtsantritt schlug die Reg. unter L. DE MAIZIÈRE einen polit. Kurs ein, der sich als Endziel die Vereinigung der Dt. Dem. Rep. mit der Bundesrep. Dtl. (nach Artikel 23 GG der Bundesrep. Dtl.) setzte. Am 21. 6. 1990 verabschiedete die Volkskammer den dt.-dt. Staatsvertrag über die Wirtschafts-, Währungs- und Sozialunion (am 1. 7. 1990 in Kraft getreten). Mit dem Ländereinführungs-Ges. (22. 7. 1990) wurden – in modifizierter Form – die bis 1952 bestehenden Länder Brandenburg, Mecklenburg (jetzt Mecklenburg-Vorpommern), Sachsen, Sachsen-Anhalt und Thüringen wiedererrichtet und die Landtagswahlen auf den 14. 10. 1990 festgesetzt. Am 23. 8. 1990 beschloß die Volkskammer den Beitritt der Dt. Dem. Rep. zum Geltungsbereich des GG der Bundesrep. Dtl. zum 3. 10. 1990. Am 31. 8. 1990 unterzeichneten die Reg. der Bundesrep. Dtl. (Bundesinnen-Min. W. SCHÄUBLE) und die Dt. Dem. Rep. (Staatssekretär G. KRAUSE) den →Einigungsvertrag (Nachtrag Bd. 18), der am 20. 9. 1990 von der Volkskammer verabschiedet wurde; Beitritt: 3. 10. 1990.

**Deutsche Kommunistische Partei:** Bd. 5; Nachtrag Bd. 12.

**Deutsche Reichsbahn** (Bd. 5): Seit der dt. Vereinigung ist die DR ein selbständiges Bundesunternehmen. Die Fusion mit der Dt. Bundesbahn (DB) wurde bis Anfang 1992 noch nicht verwirklicht.

**Deutscher Umweltpreis für Publizistik:** Nachtrag Bd. 12.

**Deutsches Hydrographisches Institut** (Bd. 5): Das DHI heißt seit 1. 7. 1990 Bundesamt für Seeschiffahrt und Hydrographie.

**Deutsches Reich 2)** (Bd. 5): Nach dem Beitritt der Dt. Dem. Rep. und dem Abschluß und der Ratifizierung des ›Zwei-plus-Vier-Vertrags‹ vom 12. 9. 1990 zw. der Bundesrep. Dtl. und der Dt. Dem. Rep. einerseits und den vier Hauptsiegermächten des Zweiten Weltkrieges andererseits umfaßt das vereinigte Dtl. das Gebiet der Bundesrep. Dtl., der ehem. Dt. Dem.

**Nachtrag** Deutsch-Französischer Vertrag – Eberhard

Rep. und Berlins. Die Außengrenzen sind endgültig. Die Vier Mächte beenden ihre Rechte und Verantwortlichkeit in bezug auf Berlin und Dtl. als Ganzes. Dtl. hat damit seine volle Souveränität wiedererlangt. Rechtlich ist das vereinigte Dtl. (Bundesrep. Dtl.) als identisch mit dem D. R. anzusehen.

**Deutsch-Französischer Vertrag:** Bd. 5; Nachtrag Bd. 6.

**Deutsch-Polnischer Grenzvertrag,** völkerrechtlich bindender Vertrag über den Verlauf der dt.-poln. Grenze entlang der Oder-Neiße-Linie, unterzeichnet am 14. 11. 1990 in Warschau, trat am 16. 1. 1992 in Kraft.

**Deutsch-Polnischer Vertrag über gute Nachbarschaft und freundschaftliche Zusammenarbeit,** unterzeichnet am 17. 6. 1991, dient – unter ausdrückl. Bezugnahme auf den Dt.-Frz. Vertrag (1963) – der Aussöhnung beider Nationen. Im Vertragswerk ist erstmals die Existenz einer dt. Minderheit in Polen förmlich anerkannt. Entsprechend dem dt.-frz. Vorbild wurde zugleich ein Vertrag über die Errichtung eines **Deutsch-Polnischen Jugendwerkes** geschlossen. Gleichzeitig wurde die Bildung eines bilateralen **Umweltrates** und einer gemeinsamen Regierungskommission für regionale und grenznahe Zusammenarbeit vereinbart. Die Verträge traten am 16. 1. 1992 in Kraft.

**Deutsch-Sowjetischer Vertrag über gute Nachbarschaft, Partnerschaft und Zusammenarbeit,** unterzeichnet am 9. 11. 1990, dient der Aussöhnung zw. Dtl. und den Völkern der Sowjetunion. Die Vertragspartner bekräftigen ihre ›souveräne Gleichheit und ihre territoriale Integrität und Unabhängigkeit‹. Sie betonen, daß sie keine Gebietsansprüche ›gegen irgend jemanden‹ haben. Die Grenzen aller Staaten in Europa werden als unverletzlich bezeichnet. Unter Bezugnahme auf die Schlußakte der KSZE betonen beide Vertragspartner, daß sie sich der Androhung und Anwendung von Gewalt enthalten. Beide Länder vereinbaren gegenseitige ›regelmäßige Konsultationen‹. Das Vertragswerk trat am 5. 7. 1991 in Kraft. Im Hinblick auf Rußland gilt der Vertrag weiter (Staatenkontinuität).

**Deutsch-Tschechoslowakischer Vertrag über gute Nachbarschaft und freundschaftliche Zusammenarbeit,** unterzeichnet am 27. 2. 1992, stellt den dt.-tschechoslowak. Vertrag von 1973 (→Tschechoslowakei, Geschichte) auf eine neue Grundlage. Dtl. sagt der Tschechoslowakei Wirtschaftshilfe und Unterstützung für die tschechoslowak. Bemühungen um einen Beitritt zur EG zu. Die Tschechoslowakei sichert der dt. Minderheit umfassende Rechte zu.

**Dhôtel,** André, frz. Schriftsteller (Bd. 5): † Paris 22. 7. 1991.

**Diederichs,** Eugen, Verlagsbuchhändler (Bd. 5): 1988 wurde der Eugen Diederichs Verlag vom Heinrich Hugendubel Verlag übernommen und der Sitz nach München verlegt.

**Diepgen,** Eberhard, Politiker (Bd. 5; Nachtrag Bd. 12): Seit dem Wahlsieg der CDU bei den Gesamtberliner Wahlen vom 2. 12. 1990 ist er Regierender Bürgermeister des (seit dem 3. 10. 1990) wiedervereinigten Berlin.

**Diop,** Birago, senegales. Schriftsteller (Bd. 5; Nachtrag Bd. 12.

**Diori,** Hamani, afrikan. Politiker in Niger: Bd. 5; Nachtrag Bd. 12.

**Dippoldiswalde 2)** (Bd. 5): Der Landkreis D. gehört seit 3. 10. 1990 zum Land Sachsen.

**Dirks,** Walter, Publizist (Bd. 5): † Wittnau (Kr. Breisgau-Hochschwarzwald) 30. 5. 1991.

**Ditfurth,** Hoimar von, Mediziner und Wissenschaftspublizist: Bd. 5; Nachtrag Bd. 12.

Eugen Drewermann

**Ditfurth,** Jutta, Politikerin (Bd. 5): Verließ 1991 die Partei Die Grünen.

**Döbeln 2)** (Bd. 5): Der Landkreis D. gehört seit 3. 10. 1990 zum Land Sachsen.

**Doberan, Bad D. 2)** (Bd. 5): Der Landkreis Bad D. gehört seit 3. 10. 1990 zum Land Mecklenburg-Vorpommern.

**Doe,** Samuel, liberian. Politiker (Bd. 5): † (ermordet) Monrovia 9. 9. 1990.

**Dohnanyi,** Klaus von, Politiker: Bd. 5; Nachtrag Bd. 12.

**Domnick,** Ottomar, Psychiater und Filmregisseur: Bd. 5; Nachtrag Bd. 12.

**Dorati,** Antal, amerikan. Dirigent und Komponist ungar. Herkunft: Bd. 5; Nachtrag Bd. 12.

**Dorst,** Tankred, Schriftsteller (Bd. 5): Georg-Büchner-Preis (1990).

**Drach,** Albert, österr. Schriftsteller: Bd. 5; Nachtrag Bd. 12.

**Drees,** Willem, niederländ. Politiker: Bd. 5; Nachtrag Bd. 12.

**Dresden 1)** (Bd. 5): Die Stadt D. ist Hauptstadt des Landes Sachsen, kreisfreie Stadt und Verw.-Sitz des Landkreises Dresden.

**Dresden 2)** (Bd. 5): Der Landkreis D. gehört seit 3. 10. 1990 zum Land Sachsen.

**Dresden 3)** (Bd. 5): Der Bezirk D. wurde aufgelöst. Seit 3. 10. 1990 gehört das Gebiet zum Land Sachsen.

**Drewermann,** Eugen, kath. Theologe und Psychotherapeut; * Bergkamen 20. 6. 1940; 1979–91 Dozent für Dogmatik an der Kath. Theolog. Fakultät Paderborn. Seine zahlreichen, in der kath. Kirche umstrittenen Veröffentlichungen sind dem Versuch gewidmet, die Erkenntnisse der Psychoanalyse für die Theologie (bes. die Moraltheologie und Exegese) fruchtbar zu machen. 1991 wurde D. die kirchl. Lehrerlaubnis entzogen und das Predigtverbot erteilt.
Werke: Strukturen des Bösen, 3 Bde. (1977–78); Tiefenpsychologie u. Exegese, 2 Bde. (1984–85); Das Markusevangelium, 2 Bde. (1987–88); Kleriker (1989).

**Duarte,** José Napoleón, Politiker in El Salvador: Bd. 6; Nachtrag Bd. 12.

**Dubček,** Alexander, tschechoslowak. Politiker: Bd. 6; Nachtrag Bd. 12.

**Duby,** Georges Michel Claude, frz. Historiker: Nachtrag Bd. 12.

**Duchač** ['duxatʃ], Josef, Politiker (CDU), * Bad Schlag (heute Jablonecké Paseky, bei Gablonz an der Neiße) 19. 2. 1938; Chemieingenieur, trat in der Dt. Dem. Rep. der CDUD bei; von der Reg. de Maizière am 1. 10. 1990 zum Landesbevollmächtigten für Thüringen ernannt, er war von Nov. 1990 bis Febr. 1992 MinPräs. von Thüringen.

**Duisburg** (Bd. 6): Der Rhein-Ruhr-Hafen D., (1988) 54,4 Mio. t Umschlag, ist seit 1991 als erster Binnenhafen Europas eine Freihafenzone.

**Dumas,** Roland, frz. Politiker: Nachtrag Bd. 12.

**du Maurier,** Dame Daphne, engl. Schriftstellerin: Bd. 6; Nachtrag Bd. 12.

**Duncan,** Robert Edward, amerikan. Lyriker: Bd. 6; Nachtrag Bd. 12.

**Dürckheim,** Karlfried Graf, Schriftsteller und Psychotherapeut: Bd. 6; Nachtrag Bd. 12.

**Durrell,** Lawrence George, engl. Schriftsteller (Bd. 6): † Sommières (Dép. Gard, Frankreich) 7. 11. 1990.

**Dürrenmatt,** Friedrich, schweizer. Schriftsteller (Bd. 6): † Neuenburg 14. 12. 1990.

**Eastern Airlines Inc.** (Bd. 6): Nach der Konkursanmeldung im März 1989 wurde die Unternehmenstätigkeit im Jan. 1991 eingestellt.

**Eberhard,** Wolfram, Sinologe: Bd. 6; Nachtrag Bd. 12.

Eberswalde – Engholm **Nachtrag**

**Eberswalde 1)** (Bd. 6): Der Landkreis E. gehört seit 3. 10. 1990 zum Land Brandenburg.
**Ecuador:** Bd. 6; Nachtrag Bd. 12.
**Eesteren,** Cornelis van, niederländ. Architekt: Bd. 6; Nachtrag Bd. 12.
**Eggebrecht,** Axel, Schriftsteller und Publizist (Bd. 6): † Hamburg 14. 7. 1991.
**Ehre,** Ida, Schauspielerin, Regisseurin und Theaterleiterin: Bd. 6; Nachtrag Bd. 12.
**Eichel,** Hans, Politiker (SPD), * Kassel 24. 12. 1941; Gymnasiallehrer, 1975–91 Oberbürgermeister von Kassel, seit 1989 Landes-Vors. der SPD in Hessen, wurde nach dem Wahlsieg der SPD bei den Landtagswahlen (21. 1. 1991) MinPräs. von Hessen.
**Eilenburg 2)** (Bd. 6): Der Landkreis E. gehört seit 3. 10. 1990 zum Land Sachsen.
**Eilers,** Wilhelm, Orientalist: Bd. 6; Nachtrag Bd. 12.
**Eingliederungsgeld:** Nachtrag Bd. 12.
**Einigungsvertrag,** Vertrag vom 31. 8. 1990 zw. der Bundesrep. Dtl. und der Dt. Dem. Rep. über die Herstellung der Einheit Dtl.s (in Kraft getreten am 29. 9. 1990), der den Beitritt der Dt. Dem. Rep. zur Bundesrep. Dtl. nach Art. 23 GG und die damit verbundenen Folgen regelt. Nach Art. 3 des E. trat das GG im Beitrittsgebiet mit dem Wirksamwerden des Beitritts (3. 10. 1990) in Kraft. Art. 4 regelt Änderungen des GG (Modifikation der Präambel, Aufhebung der Beitrittsregelung des Art. 23, Änderung der Stimmenverhältnisse im Bundesrat, neue Fassung von Art. 146), die befristete Fortgeltung mit dem GG nicht übereinstimmender Regelungen der ehem. Dt. Dem. Rep. und den Fortbestand bestimmter früher vorgenommener Eigentumseingriffe (Bodenreform und andere Enteignungen zw. 1945 und 1949). Art. 5 enthält Empfehlungen für künftige Verf.-Änderungen. Die Finanz-Verf. des GG wird im Beitrittsgebiet in wichtigen Bestimmungen, v. a. zum Finanzausgleich, erst in mehreren zeitl. Schritten in Geltung gesetzt (Art. 7).
Die übrigen Regelungen betreffen die Rechtsangleichung, das Fortgelten völkerrechtl. Verträge, die öffentl. Verwaltung und Rechtspflege, das öffentl. Vermögen und die Schulden der früheren Dt. Dem. Rep. sowie grundlegende Bestimmungen und Zielsetzungen in versch. Bereichen wie Arbeit, Umweltschutz, Wissenschaft. Die Rechtsangleichung ist in Art. 8 und 9 folgendermaßen normiert: Grundsätzlich tritt im Beitrittsgebiet das Bundesrecht der Bundesrep. Dtl. mit dem Beitritt in Kraft; Ausnahmen, insbesondere Modifikationen des bundesdt. Rechts, sind in Anlage I bestimmt. Das Recht der Dt. Dem. Rep. gilt grundsätzlich nur fort, wenn es nach dem GG in die Zuständigkeit der Landesgesetzgebung fällt und inhaltlich mit höherrangigem Recht, insbesondere dem GG, vereinbar ist. In Anlage II sind Rechtsvorschriften der Dt. Dem. Rep. genannt, die fortgelten, obwohl sie vom Bundesrecht abweichen. Europ. Recht gilt im Beitrittsgebiet grundsätzlich mit dem Beitritt.
**Einkommensteuer:** Bd. 6; Nachtrag Bd. 12.
**Eisenach 2)** (Bd. 6): Der Landkreis E. gehört seit 3. 10. 1990 zum Land Thüringen.
**Eisenberg 2)** (Bd. 6): Der Landkreis E. gehört seit 3. 10. 1990 zum Land Thüringen.
**Eisenhüttenstadt 1)** (Bd. 6): Die Stadt E. gehört seit 3. 10. 1990 zum Land Brandenburg, sie ist kreisfreie Stadt und Verw.-Sitz des Landkreises Eisenhüttenstadt.
**Eisenhüttenstadt 2)** (Bd. 6): Der Landkreis E. gehört seit 3. 10. 1990 zum Land Brandenburg.
**Eiskunstlauf:** Bd. 6; Nachtrag Bd. 12.
**Eisleben 2)** (Bd. 6): Der Landkreis E. gehört seit 3. 10. 1990 zum Land Sachsen-Anhalt.
**Elbe** (Bd. 6): Durch internat. Vertrag vom 8. 10. 1990 zw. Bundesrep. Dtl., der Tschechoslowakei und der EG wurde eine Internat. Kommission zum Schutz der E. errichtet.
**Eldridge,** David Roy, amerikan. Jazzmusiker: Bd. 6; Nachtrag Bd. 12.
**Elfenbeinküste** (Bd. 6): Nach Zulassung eines Mehrparteiensystems (Mai 1990) gewann der bisher allein zugelassene PDCI bei den allgemeinen Wahlen vom 26. 11. 1990 163 von 175 Sitzen; stärkste Oppositionsgruppe ist seitdem der Front Populaire Ivoire (FPI) mit neun Parlamentsmandaten. In zahlreichen Wahlkreisen gab es nur einen Kandidaten des PDCI.
**Elias,** Norbert, Soziologe (Bd. 6): † Amsterdam 1. 8. 1990.
**Elion,** Gertrude Belle, amerikan. Biochemikerin und Pharmakologin: Nachtrag Bd. 12.
**El Salvador** (Bd. 6; Nachtrag Bd. 12): Zur Beendigung des Bürgerkriegs (75 000–80 000 Tote, etwa 500 000 Vertriebene und Flüchtlinge) wurde am 16. 1. 1992 von Vertretern der FMLN und der Reg. Cristiani offiziell ein Friedensabkommen unterzeichnet, das einen von UNO-Friedenstruppen überwachten Waffenstillstand ab 1. 2. 1992 und die Wiedereingliederung der Guerillabewegung festlegt. Zu dem Vertragswerk zählen ferner eine bereits im Sept. 1991 vereinbarte Verf.-Reform (u. a. Trennung von Armee und Polizei, Reduzierung der Streitkräfte, Novellierung des Rechtswesens) und eine Landreform.
**Embryonenschutzgesetz,** Bundes-Ges. vom 13. 12. 1990, in Kraft seit dem 1. 1. 1991, das dem mögl. Mißbrauch neuer Fortpflanzungstechniken (→ Reproduktionsmedizin) begegnen will. Unter Strafe gestellt sind die Übertragung fremder unbefruchteter Eizellen mit der Folge, daß genet. und austragende Mutter nicht identisch sind (›gespaltene Mutterschaft‹), die Befruchtung menschl. Eizellen zu einem anderen Zweck als dem der Herbeiführung der Schwangerschaft der Frau, die die Eizelle gespendet hat, sowie die extrakorporale Befruchtung von mehr als drei Eizellen und die Übertragung von mehr als drei Embryonen innerhalb eines Zyklus (§ 1). § 2 verbietet jede Veräußerung, jeden Erwerb und jede Verwendung eines menschl. Embryos zu einem nicht seiner Erhaltung dienenden Zweck. Bis auf wenige Ausnahmen sind weiterhin die Geschlechtswahl (§ 3), die Befruchtung einer Eizelle ohne Einwilligung derjenigen, die die Eizellen bzw. Samenzellen gespendet haben, sowie die Befruchtung einer Eizelle mit dem Samen eines verstorbenen Mannes (§ 4) verboten. Grundsätzlich unter Strafe gestellt werden auch die künstl. Veränderung menschl. Keimbahnzellen (§ 5), das Klonen menschl. Embryonen (§ 6) und die Chimären- und Hybridbildung (§ 7). Die §§ 9–12 legen u. a. fest, welche ein Arzt Behandlungen im Bereich der Reproduktionsmedizin vornehmen darf.
**Endler,** Adolf, Schriftsteller (Bd. 6; Nachtrag Bd. 12): Heinrich-Mann-Preis (1990).
**Engelen-Kefer,** Ursula, Gewerkschafterin und Sozialpolitikerin, * Prag 20. 6. 1943; promovierte Diplomvolkswirtin, 1978–84 Vorstands-Mitgl., 1984–90 Vize-Präs. der Bundesanstalt für Arbeit; seit 1990 stellv. Vors. des DGB.
**Engelhard,** Hans Arnold, Politiker (Bd. 6): War bis Jan. 1991 Bundesjustizminister.
**Engelhardt,** Klaus, ev. Theologe, * Schillingstadt (heute zu Ahorn, Main-Tauber-Kreis) 11. 5. 1932; war seit 1960 Dozent, seit 1970 Prof. für ev. Theologie und Religionspädagogik an der Pädagog. Hochschule in Heidelberg; wurde 1980 Landesbischof der Ev. Landeskirche in Baden, 1991 Ratsvorsitzender der Ev. Kirche in Deutschland.
**Engholm,** Björn, Politiker (Bd. 6): Wurde nach dem Sieg seiner Partei bei den Landtagswahlen (8. 5. 1988) am 31. 5. 1988 MinPräs. von Schleswig-Holstein; seit Mai 1991 Bundes-Vors. der SPD.

Hans Eichel

Björn Engholm

## Nachtrag   Engisch – Europarat

**Engisch,** Karl, Strafrechtslehrer und Rechtsphilosoph (Bd. 6): † Nieder-Wiesen (Kr. Alzey-Worms) 11. 9. 1990.

**Enomiya-Lassalle,** Hugo Makibi, Religionswissenschaftler (Bd. 6): † Münster 7. 7. 1990.

**Entmündigung** (Bd. 6): Durch das ›Gesetz zur Reform des Rechts der Vormundschaft und der Pflegschaft‹, kurz Betreuungsgesetz, vom 12. 9. 1990 wurde mit Wirkung vom 1. 1. 1992 die E. abgeschafft. An die Stelle der bisherigen Vormundschaft und Pflegschaft für Volljährige ist das Rechtsinstitut der ›Betreuung‹ getreten. Mit dem Gesetz werden Entscheidungen über Heirat, Sterilisation oder Erbschaften zu unveräußerl. Rechten der Betreuten und können nicht mehr an Betreuungspersonen abgetreten werden. Die Einstellung eines Betreuers kann jetzt nur noch von Amts wegen oder auf Antrag des Behinderten selbst erfolgen. Eine E. auf Antrag von Dritten ist unzulässig.

Rainer Eppelmann

**Eppelmann,** Rainer, Politiker (CDU), * Berlin 12. 2. 1943; Pfarrer, in der Bürgerrechtsbewegung der Dt. Dem. Rep. aktiv, Mitgründer des ›Demokrat. Aufbruchs‹ (Okt. 1989) und dessen Vors. (März–Aug. 1990), Mitgl. der Volkskammer (März–Okt. 1990), Min. ohne Geschäftsbereich (Febr.–April 1990) sowie Min. für Abrüstung und Verteidigung (April bis Okt. 1990) der Dt. Dem. Rep. Seit Dez. 1990 ist E. MdB. Er ist auch stellv. Vors. der CDA.

**Erdmann,** Karl Dietrich, Historiker (Bd. 6): † Kiel 23. 6. 1990.

**Erfurt 1)** (Bd. 6): Die Stadt E. ist Hauptstadt des Landes Thüringen, kreisfreie Stadt und Verw.-Sitz des Landkreises Erfurt.

**Erfurt 2)** (Bd. 6): Der Landkreis E. gehört seit 3. 10. 1990 zum Land Thüringen.

**Erfurt 3)** (Bd. 6): Der Bezirk E. wurde aufgelöst. Seit 3. 10. 1990 gehört das Gebiet zum Land Thüringen.

**Eritrea** (Bd. 6): Nach dem Zusammenbruch des kommunist. Reg.-Systems in Äthiopien setzte die ›Eritrean People's Liberation Front‹ (EPLF) im Mai 1991 in ganz E. ihre Herrschaft durch. Einvernehmlich mit der neuen Regierung in Äthiopien beansprucht sie die staatl. Unabhängigkeit Eritreas.

**Ernst,** Richard R., schweizer. Physikochemiker, * Winterthur 14. 8. 1933; war 1963–68 wiss. Mitarbeiter eines bes. auf dem Gebiet der Herstellung und Entwicklung von Spektrometern tätigen Unternehmens in Palo Alto (Calif.). Seit 1968 Privatdozent, seit 1976 ordentl. Prof. an der ETH Zürich. E. erhielt 1991 für seine bahnbrechenden Beiträge zur Entwicklung der Methode hochauflösender kernmagnet. Resonanzspektroskopie (NMR-Spektroskopie) den Nobelpreis für Chemie.

Richard R. Ernst

**Erté,** frz. Maler, Graphiker, Modeschöpfer und Designer russ. Herkunft (Bd. 6): † Paris 21. 4. 1990.

**Erziehungsbeistandschaft** (Bd. 6): Das Jugendwohlfahrts-Ges. ist aufgehoben worden (→Jugendhilfe, Nachtrag Bd. 18).

**Erziehungsmaßregeln** (Bd. 6): Durch Änderung des Jugendgerichts-Ges. vom 30. 8. 1990 und durch das Kinder- und Jugendhilfe-Ges. vom 26. 6. 1990 ist der Katalog der E. geändert worden, u. a. ist die Fürsorgeerziehung abgeschafft worden. Neu verankert wurde, daß dem Jugendlichen auferlegt werden kann, sich um einen Ausgleich mit dem Verletzten zu bemühen (Täter-Opfer-Ausgleich) oder an einem sozialen Trainingskurs teilzunehmen.

**Erziehungsurlaub** (Bd. 6; Nachtrag Bd. 12): Für die Eltern von Kindern, die nach dem 31. 12. 1991 geboren wurden, erhöht sich die Dauer des E. auf drei Jahre, der Anspruch auf Erziehungsgeld von 18 auf 24 Monate.

**Essen 2)** (Bd. 6): Bischof ist seit 1992 Hubert Luthe (* 1927).

Estland

Staatswappen

Nationalflagge

**Estland,** estn. **Eesti,** Staat in O-Europa, hervorgegangen aus der Estn. SSR, grenzt im W an die Rigaer Bucht, im N an den Finn. Meerbusen, im O an Rußland, im S an Lettland; mit 45 215 km² (davon 4 132 km² Inseln und 2 760 km² Binnengewässer) etwas größer als Dänemark; (1989) 1,57 Mio. Ew.; Hauptstadt ist Tallinn (dt. Reval). Die Amtssprache ist Estnisch.

*Geschichte:* Gemäß der ›Deklaration zur nat. Unabhängigkeit E.s‹ (2. 2. 1990) beschloß der Oberste Sowjet der Estn. SSR am 30. 3. 1990 den stufenweisen Übergang E.s zur Unabhängigkeit. Seit der Wiederinkraftsetzung von Teilen der Verf. von 1938 am 8. 5. 1990 führt E. den Namen ›Republik E.‹. Während die Regierung der UdSSR unter Präs. M. S. Gorbatschow diese Entwicklung zu bremsen und konservativ-kommunist. Kräfte sie darüber hinaus mit militär. Mitteln zu unterdrücken suchten, erkannte die russ. Regierung unter Präs. B. N. Jelzin die Souveränität der balt. Staaten an (13. 1. 1991). Unter dem Eindruck des (gescheiterten) Putsches in der Sowjetunion vom 19. 8. 1991 erklärte E. am 21. 8. 1991 seine Unabhängigkeit (international anerkannt). → Estland 1) (Bd. 6; Nachtrag Bd. 12).

**Estnische Sozialistische Sowjetrepublik** (Bd. 6): Die Estn. SSR änderte zum 8. 5. 1990 ihren Namen in Rep. Estland; diese ist seit dem 21. 8. 1991 unabhängig.

**Europäische Bank für Wiederaufbau und Entwicklung,** die →Osteuropabank (Bd. 16).

**Europäische Freihandelsassoziation** (Bd. 6): Liechtenstein wurde 1991 als siebter Mitgl.-Staat aufgenommen.

**Europäische Gemeinschaften** (Bd. 6; Nachtrag Bd. 12): Ende 1991 haben sich die Staats- und Regierungschefs der EG-Staaten auf die Fortentwicklung der polit. Union (z. B. zusätzl. Kompetenzen für das Europ. Parlament, Ausweitung der gemeinsamen Politikbereiche u. a. auf Außen- und Verteidigungspolitik) und auf einen Stufenplan zur Verwirklichung der Europ. Wirtschafts- und Währungsunion (EWWU) geeinigt (die entsprechenden Verträge wurden am 7. 2. 1992 unterzeichnet). In drei Stufen sollen u. a. das Europ. Währungssystem ausgebaut, die Unabhängigkeit der nat. Zentralbanken gesichert und die Wirtschaftspolitik besser aufeinander abgestimmt werden. Nach Erfüllung bestimmter wirtschafts- und finanzpolit. Konvergenzkriterien durch die Mitgl.-Staaten sollen frühestens ab dem 1. 1. 1997 das Europ. System der Zentralbanken und die Europ. Zentralbank gegründet werden. Am Ende des Stufenplans steht die Einführung einer gemeinsamen Europ. Währung frühestens 1999. – Ende 1991 wurden mit Polen, Ungarn und der Tschechoslowakei Assoziierungsabkommen unterzeichnet. – 1991/92 bemühte sich die EG um die Beilegung des Bürgerkrieges in Jugoslawien.

**Europäischer Wirtschaftsraum,** Abk. **EWR,** zw. den Mitgl.-Staaten von EG und EFTA 1991 vertraglich als langfristiges Ziel vereinbarte vollständige Integration der beiden Zusammenschlüsse zur Schaffung eines großen europ. Binnenmarktes.

**Europäisches Währungssystem:** Bd. 6; Nachtrag Bd. 12.

**Europäische Währungseinheit:** Bd. 6; Nachtrag Bd. 12.

**Europäische Wirtschaftliche Interessenvereinigung:** Nachtrag Bd. 12.

**Europarat** (Bd. 6): Nach dem Beitritt von San Marino (1988), Finnland (1989), Ungarn (1990) sowie der Tschechoslowakei und Polens (1991) gehören dem E. 26 Mitgl. an; die Parlamentar. Versammlung umfaßt 204 Abg.; der Gemischte Ausschuß zählt 52 Vertreter. Einen Beobachterstatus besitzen Israel (seit 1961) und Rumänien (seit 1991), einen Gäststatus (1989 eingeführt) Bulgarien und Rußland (seit 1991).

**Evangelische Kirche in Deutschland** (Bd. 6): Umfaßt seit dem erneuten Beitritt (Juni 1991) der ab 1969 im Bund der Ev. Kirchen in der DDR zusammengeschlossenen Landeskirchen 24 Gliedkirchen. Zum Ratsvorsitzenden der EKD wurde im Nov. 1991 K. ENGELHARDT gewählt.

**Evans,** Gil, amerikan. Jazzkomponist und Arrangeur: Bd. 6; Nachtrag Bd. 12.

**Evert,** Christine Marie (Chris), amerikan. Tennisspielerin: Bd. 6; Nachtrag Bd. 12.

**Eyskens,** Gaston, belg. Politiker: Bd. 7; Nachtrag Bd. 12.

**Fabian,** Walter, Publizist (Bd. 7): † Köln 15. 2. 1992.

**Fabius,** Laurent, frz. Politiker (Bd. 7): Juni 1988 bis Jan. 1992 Präs. der Nationalversammlung; seit Jan. 1992 Erster Sekr. des Parti Socialiste.

**Fairbank,** John King, amerikan. Sinologe (Bd. 7): † Boston (Mass.) 14. 9. 1991.

**Fathy,** Hassan, ägypt. Architekt: Bd. 7; Nachtrag Bd. 12.

**Feindstaatenklausel** (Bd. 7): Durch den Zwei-plus-Vier-Vertrag vom 12. 9. 1990 und dem damit verbundenen Verzicht der Vier Mächte auf ihre besondere Verantwortlichkeit für Dtl. ist die F. (Art. 107 UN-Charta) gegenstandslos geworden.

**Feldkirch 3):** Bd. 7; Nachtrag Bd. 12.

**Feldman,** Morton, amerikan. Komponist: Bd. 7; Nachtrag Bd. 12.

**Felfe,** Werner, Politiker: Bd. 7; Nachtrag Bd. 12.

**Feng Youlan,** chin. Philosoph und Philosophiehistoriker (Bd. 7): † Peking 26. 11. 1990.

**Fernau,** Joachim, Schriftsteller: Bd. 7; Nachtrag Bd. 12.

**Ferrari,** Enzo, italien. Automobilfabrikant: Bd. 7; Nachtrag Bd. 12.

**Ferrer,** José, amerikan. Schauspieler: Bd. 7; † Coral Gables (Fla.) 26. 1. 1992.

**Fidschi** (Bd. 7): Am 25. 7. 1990 trat eine neue Verf. in Kraft.

**Filipowicz,** Kornel, poln. Schriftsteller: Bd. 7; Nachtrag Bd. 12.

**Finnland** (Bd. 7): Bei den Parlamentswahlen vom März 1991 wurde das Liberale Zentrum stärkste Reichstagsfraktion. Sein Vors. ESKO AHO (* 1955) trat an die Spitze einer Koalition von Zentrum, Konservativen, Christl. Union und Schwed. Volkspartei.

**Finsterwalde 2)** (Bd. 7): Der Landkreis F. gehört seit 3. 10. 1990 zum Land Brandenburg.

**Fischer,** Joseph ›Joschka‹, Politiker (Bd. 7): Seit dem 5. 4. 1991 stellv. MinPräs. und Minister für Umwelt und Bundesangelegenheiten in Hessen.

**Fischli,** Hans, schweizer. Architekt, Maler und Bildhauer: Bd. 7; Nachtrag Bd. 12.

**Flitner,** Wilhelm August, Erziehungswissenschaftler: Bd. 7; Nachtrag Bd. 12.

**Fljorow,** Georgij Nikolajewitsch, sowjet. Physiker (Bd. 7): † Moskau 9. 11. 1990.

**Flöha 2)** (Bd. 7): Der Landkreis F. gehört seit 3. 10. 1990 zum Land Sachsen.

**Foldes,** Andor, amerikan. Pianist ungar. Herkunft (Bd. 7): † Herrliberg (Kt. Zürich) 9. 2. 1992.

**Fonteyn,** Dame Margot, brit. Tänzerin (Bd. 7): † Panama 21. 2. 1991.

**Forlani,** Arnaldo, italien. Politiker: Bd. 7; Nachtrag Bd. 12.

**Forst 2)** (Bd. 7): Der Landkreis F. gehört seit 3. 10. 1990 zum Land Brandenburg.

**Fourastié,** Jean, frz. Soziologe und Volkswirtschaftler (Bd. 7): † Paris 25. 7. 1990.

**Francescatti,** Zino, frz. Violinist (Bd. 7): † La Ciotat 17. 9. 1991.

**Frank,** Ilja Michajlowitsch, sowjet. Physiker (Bd. 7): † Moskau 22. 6. 1990.

**Frankfurt 1)** (Bd. 7): Der Bezirk F. wurde aufgelöst. Seit 3. 10. 1990 gehört das Gebiet zum Land Brandenburg.

**Frankfurt 3)** (Bd. 7): Die Stadt F./Oder gehört seit 3. 10. 1990 zum Land Brandenburg, sie ist kreisfreie Stadt.

**Franz Joseph II.,** Fürst von und zu Liechtenstein: Bd. 7; Nachtrag Bd. 12.

**französische Geschichte** (Bd. 7): Im Juni 1990 stimmte Frankreich dem Zwei-plus-Vier-Vertrag zu. Im Golfkrieg 1991 beteiligte es sich mit eigenen Truppenkontingenten an der Koalition gegen Irak. Im Jan. 1992 trat Frankreich dem Kernwaffensperrvertrag bei. Nach zunehmenden Meinungsverschiedenheiten mit Staatspräs. F. MITTERRAND trat M. ROCARD im Mai 1991 als Premier-Min. zurück. Nachfolgerin wurde ÉDITH CRESSON.

**Freiberg 2)** (Bd. 7): Der Landkreis F. gehört seit 3. 10. 1990 zum Land Sachsen.

**Freie Demokratische Partei** (Bd. 7; Nachtrag Bd. 12): Am 12. 8. 1990 vereinigte sich die FDP mit den liberalen Organisationen der Dt. Dem. Rep. zu einer gesamtdt. Partei unter dem Vorsitz von O. Graf LAMBSDORFF. Bei den ersten gesamtdt. Wahlen am 2. 12. 1990 gewann sie 11,0% der Stimmen.

**Freienwalde 1)** (Bd. 7): Der Landkreis Bad F. gehört seit 3. 10. 1990 zum Land Brandenburg.

**Freier Deutscher Gewerkschaftsbund** (Bd. 7): Löste sich am 30. 9. 1990 auf.

**Freital 2)** (Bd. 7): Der Landkreis F. gehört seit 3. 10. 1990 zum Land Sachsen.

**Fricker,** Peter Racine, brit. Komponist: Bd. 7; Nachtrag Bd. 12.

**Fried,** Erich, Schriftsteller: Bd. 7; Nachtrag Bd. 12.

**Friedenspreis des Börsenvereins des Deutschen Buchhandels** (Bd. 7; Nachtrag Bd. 12): K. DEDECIUS (1990), G. KONRÁD (1991).

**Friedman** ['fri:dmən], Jerome Isaac, amerikan. Physiker, * Chicago (Ill.) 28. 3. 1930; Prof. am Massachusetts Institute of Technology. F. wurde 1990 mit H. W. KENDELL und R. E. TAYLOR der Nobelpreis für Physik verliehen. Ausgezeichnet wurde hiermit die von ihnen um 1970 geleistete experimentelle Bestätigung des Quarkmodells der Hadronen.

**Friedrich,** Götz, Opernregisseur (Bd. 7): 1984–93 Intendant des Berliner Theaters des Westens.

**Frisch,** Max, schweizer. Schriftsteller (Bd. 7): † Zürich 4. 4. 1991.

**Fröbe,** Gert, Filmschauspieler: Bd. 7; Nachtrag Bd. 12.

**Frunse,** Hauptstadt von Kirgisien (Bd. 8): Heißt seit 1991 Bischkek.

**Fry,** Edwin Maxwell, brit. Architekt (Bd. 8): † Durham 3. 9. 1987.

**Fuchs,** Anke, Politikerin (Bd. 8): War bis Jan. 1991 Bundesgeschäftsführerin der SPD.

**Fujimori** [fudʒi-, fuxi-], Alberto Kenya, peruan. Politiker, * Lima 28. 7. 1938; Agrarwissenschaftler; war 1984–89 Rektor der Nat. Landwirtschaftshochschule in Lima. Als Präsidentschaftskandidat der ›Cambio 90‹ gewann er im Juni 1990 die Stichwahlen. F.s rigorose Sparpolitik führte Peru weiter in die Rezession, konnte aber die Inflationsrate senken und z. T. die internat. Kreditwürdigkeit wiederherstellen.

**Funcke,** Liselotte, Politikerin (Bd. 8): Trat 1991 als Beauftragte der Bundes-Reg. für Ausländerfragen zurück.

**Fürsorgeerziehung** (Bd. 8): Die F. ist durch das Kinder- und Jugendhilfe-Ges. vom 26. 6. 1990 abgeschafft worden.

**Fürst,** Gerhard, Statistiker: Bd. 8; Nachtrag Bd. 12.

**Fürstenwalde 1)** (Bd. 8): Der Landkreis F. gehört seit 3. 10. 1990 zum Land Brandenburg.

Jerome I. Friedman

Alberto Fujimori

## Nachtrag  Fußball – Georgien

**Fußball** (Bd. 8; Nachtrag Bd. 12): Dt. Fußballmeister 1990 wurde Bayern München, 1991 der 1. FC Kaiserslautern. F.-Weltmeister wurde 1990 die Bundesrep. Deutschland.

**Gadebusch 2)** (Bd. 8): Der Landkreis G. gehört seit 3. 10. 1990 zum Land Mecklenburg-Vorpommern.

**Galileo** (Bd. 8; Nachtrag Bd. 12): Die Raumsonde nahm im Okt. 1991 das erste Bild eines Asteroiden (Gaspra) bei einem Vorbeiflug aus einer Entfernung von 16 000 km auf und übertrug dieses zur Erde. Die Hauptantenne von G., die zur Datenübertragung beim Rendezvous mit dem Planeten Jupiter (1995) dienen soll, läßt sich bisher nicht entfalten.

**Gallas,** Wilhelm, Strafrechtslehrer: Bd. 8; Nachtrag Bd. 12.

**Gambia:** Bd. 8; Nachtrag Bd. 12.

**Gandhi,** Rajiv, ind. Politiker (Bd. 8; Nachtrag Bd. 12): †(ermordet) Sriperumpudur (Tamil Nadu) 21. 5. 1991.

**Garbo,** Greta, schwed. Filmschauspielerin (Bd. 8): † New York 15. 4. 1990.

**García Robles,** Alfonso, mexikan. Diplomat (Bd. 8): † Mexiko 2. 9. 1991.

**Gardelegen 2)** (Bd. 8): Der Landkreis G. gehört seit 3. 10. 1990 zum Land Sachsen-Anhalt.

**Gardner,** Ava, amerikan. Filmschauspielerin: Bd. 8; Nachtrag Bd. 12.

**Gauck,** Joachim, Theologe, * Rostock 24. 1. 1940; Pfarrer, entwickelte seine Gemeinde in Rostock zu einem Zentrum der Friedens- und Menschenrechtsbewegung. 1989 war er Mitbegründer des Neuen Forums, 1990 (März–Okt.) Abg. in der Volkskammer der Dt. Dem. Rep. Als Vors. des Parlamentar. Sonderausschusses der Volkskammer zur Überprüfung der Auflösung des Ministeriums für Staatssicherheit (MfS) und (nach der Vereinigung Dtl.s) als ›Sonderbeauftragter der Bundesregierung‹ (d. h. als Leiter einer Bundesbehörde) mit der Aufdeckung des Überwachungs- und Unterdrückungsapparates des MfS und mit der Aufsicht über dessen Akten betraut.

**Gaviria Trujillo,** [- tru'xijo], César, kolumbian. Politiker, * Pereira 31. 3. 1947; Wirtschaftswissenschaftler; 1974–78 Bürgermeister in Pereira. 1978 wurde er Finanz-Min., später Innen-Min., 1987–89 war er Kabinetts-Min. Als Präsidentschaftskandidat der Liberalen Partei gewann er die Wahlen im Mai 1990.

**Geißler,** Heinrich (Heiner), Politiker: Bd. 8; Nachtrag Bd. 12.

**Geithain 2)** (Bd. 8): Der Landkreis G. gehört seit 3. 10. 1990 zum Land Sachsen.

**Geldwäscherei:** Nachtrag Bd. 12.

**Gemeinschaft Unabhängiger Staaten,** Abk. **GUS,** russ. **Sodrushestwo Nesawissimych Gossudarstw,** Abk. **SNG,** engl. **Commonwealth of Independent States** ['kɔmənwelθ əv ɪndɪ'pendənt steɪts], Abk. **CIS,** frz. **Communauté des États Indépendants** [kɔmyno'te dezɛ'ta ɛdepɑ̃'dɑ̃], Abk. **CEI,** am 21. 12. 1991 gebildete Verbindung von elf souveränen Staaten in Osteuropa und Mittelasien, umfaßt Armenien, Aserbaidschan, Kirgisien, Moldawien, Rußland, Tadschikistan, Turkmenien, Ukraine, Usbekistan und Weißrußland. Mit dem Abkommen von Minsk (8. 12. 1991) setzten die Staatschefs Rußlands (B. N. JELZIN), der Ukraine (L. M. KRAWTSCHUK) und Weißrußlands (S. SCHUSCHKEWITSCH) den Vertrag vom 30. 12. 1922 über die Gründung der Union der Sozialist. Sowjetrepubliken (UdSSR) außer Kraft und begründeten die ›Gemeinschaft Slawischer Staaten‹. Auf einer Konferenz in Alma Ata schlossen sich die früheren Gliedrepubliken der UdSSR – mit Ausnahme der balt. Staaten und Georgiens – zur GUS zusammen. Ende Dez. 1991 beschlossen Rußland, die Ukraine, Weißrußland und Kasachstan – mit Zustimmung der übrigen Staaten der GUS –, die auf ihrem Territorium stationierten Nuklearstreitkräfte gemeinsam zu kontrollieren.

**Gendron,** Maurice, frz. Violoncellist (Bd. 8): † Grez-sur-Loing (Dép. Seine-et-Marne) 20. 8. 1990.

**genetischer Fingerabdruck:** Nachtrag Bd. 12.

**Gennes** [ʒɛn], Pierre-Gilles de, frz. Physiker, * Paris 24. 10. 1932; seit 1976 Leiter der École Supérieure de Physique et Chimie in Paris. Grundlegende Forschungen zum Übergang von geordneten zu ungeordneten (Molekül-)Zuständen in komplexen physikal. Systemen, z. B. in flüssigen Kristallen, deren Ergebnisse auch auf Phänomene wie Supraleitung, Magnetismus und Verhalten von Polymeren anwendbar sind; erhielt den Nobelpreis für Physik 1991.

**Genomanalyse:** Nachtrag Bd. 12.

**Gentechnik|gesetz,** am 1. 7. 1990 in Kraft getretenes Bundes-Ges., mit dem Zweck, einen rechtl. Rahmen für die Erforschung, Entwicklung, Nutzung und Förderung der wiss. und techn. Möglichkeiten der Gentechnik zu schaffen sowie Mensch und Umwelt vor mögl. Gefahren gentechn. Verfahren und Produkte zu schützen.

Anmelde- oder genehmigungspflichtig sind nach dem G. gentechn. Arbeiten zu Forschungs- und gewerbl. Zwecken, das Inverkehrbringen von Produkten, die gentechnisch veränderte Organismen enthalten, und das gezielte Ausbringen (Freisetzen) gentechnisch veränderter Organismen in die Umwelt. Das eigentl. G. enthält praktisch nur allgemeine Aussagen, Einzelheiten sollen durch Rechts-VO geregelt werden. Bisher sind zu folgenden Punkten Durchführungs-VO in Kraft: nähere Definition der für gentechnolog. Anlagen vorgesehenen Sicherheitsstufen sowie der Sicherheitsmaßnahmen für Labor- und Produktionseinrichtungen und Anforderungen an die Zucht von gentechnisch veränderten Pflanzen und an die Tierhaltung (Gentechnik-Sicherheits-VO); Regelung der Verfahrensabläufe bei der Genehmigung gentechn. Produktionsanlagen, bei der Freisetzung gentechnisch veränderter Organismen und dem Inverkehrbringen gentechn. Produkte (Gentechnik-Verfahrens-VO); Form und Ablauf der öffentl. Anhörungsverfahren bei der Genehmigung gentechn. Anlagen (Gentechnik-Anhörungs-VO); Arbeitsweise und Zusammensetzung der Zentralen Kommission für Biolog. Sicherheit (ZKBS), die vor Zulassung gentechn. Einrichtungen und vor Freisetzung gentechnisch veränderter Organismen für die Länderbehörden weitgehend verbindl. Stellungnahmen abgibt (ZKBS-VO); Regelung der Aufzeichnungspflicht, der sämtl. Forschungs- und Produktionszwecken dienenden gentechn. Arbeiten unterliegen (Gentechnik-Aufzeichnungs-VO). Die fehlende Berücksichtigung humangenet. Verfahren soll Gegenstand eines gesonderten Gesetzes werden. (→Gentechnologie, Nachtrag Bd. 12)

**Gentherapie:** Nachtrag Bd. 12.

**Genthin 2)** (Bd. 8): Der Landkreis gehört seit 3. 10. 1990 zum Land Sachsen-Anhalt.

**Georg-Büchner-Preis** (Bd. 8; Nachtrag Bd. 12): T. DORST (1990), W. BIERMANN (1991).

**Georgien** (Bd. 8): In einer Verf.-Änderung erklärte der Oberste Sowjet der Georg. SSR am 20. 11. 1989 das Recht G.s auf freien Austritt aus der UdSSR. Nach dem Wahlerfolg des Parteienbündnisses ›Runder Tisch Freies G.‹ (12. 11. 1990), das in Opposition zum kommunist. Herrschaftssystem entstanden war, wählte das georg. Parlament SWIAD GAMSACHURDIJA (* 1939) zu seinem Präs. Bestrebungen in G. lebenden Südosseten, sich ihrerseits für unabhängig zu erklären, beantwortete die georg. Reg. mit der Auflösung der Autonomen Region Südossetien (11. 12. 1990). Am 9. 4. 1991 erklärte G. seine Unabhängigkeit. Am 27. 5. 1991 wählte die Bev. GAMSACHURDIJA zum Staatspräs.; gegen seinen diktator. Kurs entwickelte

César Gaviria Trujillo

Pierre-Gilles de Gennes

Georgien

Staatswappen

Nationalflagge

sich seit Anfang Okt. 1991 eine Aufstandsbewegung, die sich zum Bürgerkrieg ausweitete und im Jan. 1992 zu seinem Sturz führte. Am 10. 3. 1992 wurde E. SCHEWARDNADSE Vors. eines neugebildeten Staatsrates.

**Georgische Sozialistische Sowjetrepublik** (Bd. 8): Erklärte sich am 9. 4. 1991 als Georgien zu einem von der UdSSR unabhängigen Staat.

**Gera 1)** (Bd. 8): Die Stadt G. gehört seit 3. 10. 1990 zum Land Thüringen, sie ist kreisfreie Stadt und Verw.-Sitz des Landkreises Gera.

**Gera 2)** (Bd. 8): Der Landkreis G. gehört seit 3. 10. 1990 zum Land Thüringen.

**Gera 3)** (Bd. 8): Der Bezirk G. wurde aufgelöst. Seit 3. 10. 1990 gehört das Gebiet zum Land Thüringen.

**Gerassimow,** Sergej Apollinarijewitsch, sowjet. Filmregisseur (Bd. 8): † Moskau (?) 28. 11. 1985.

**Gerhart-Hauptmann-Preis:** Bd. 8; Nachtrag Bd. 12.

**Gericht** (Bd. 8): Seit dem 1. 4. 1991 ist die Streitwertgrenze für in die Zuständigkeit der Amtsgerichte fallende vermögensrechtl. Streitigkeiten auf 6 000 DM angehoben worden. – Auf dem Gebiet der ehem. *Dt. Dem. Rep.* sind das Oberste Gericht, die Militärgerichtsbarkeit (ab 1. 8. 1990) sowie die Staatl. Vertragsgerichtsbarkeit (ab 1. 7. 1990) abgeschafft worden. Als ordentl. G., die bis zur Errichtung entsprechender Fachgerichtsbarkeiten durch die neuen Länder auch die Aufgaben der Verwaltungs-, Arbeits-, Sozial- und Finanzgerichtsbarkeit wahrnehmen, sind die Kreis- und Bezirksgerichte erhalten geblieben.

**geringfügige Beschäftigung:** Bd. 8; Nachtrag Bd. 12.

**Gerlach,** Manfred, Politiker: Nachtrag Bd. 12.

**Geschwister-Scholl-Preis** (Bd. 8; Nachtrag Bd. 12): LEA ROSH, EBERHARD JÄCKEL (1990), GEORGES-ARTHUR GOLDSCHMIDT (1991).

**Gesellschaftliche Gerichte** (Bd. 8): Die Gesellschaftl. Gerichtsbarkeit der ehem. *Dt. Dem. Rep.* ist zwar aufgehoben worden, jedoch wirkt sie in den Schiedsstellen für Arbeitssachen bzw. in den Gemeinden fort (→ Schiedsgerichtsbarkeit).

**Getz,** Stan, amerikan. Jazzmusiker (Bd. 8): † Malibu (Calif.) 6. 6. 1991.

**Ghali** [arab. r-], Boutros Boutros, ägypt. Politikwissenschaftler und Politiker, * Kairo 14. 11. 1922; 1949–77 Prof. für Internat. Recht und Internat. Beziehungen, seit 1975 Mitgl. des Instituts für Internat. Recht (1985–87 dessen Präs.). G. trat bereits nach dem Sechstagekrieg (1967) für einen arabisch-israel. Ausgleich ein und unterstützte in den 70er Jahren die Nahostpolitik Präs. A. AS-SADATS. 1977–91 war er Außen-Min., 1991 stellv. MinPräs.; seit 1991 Vize-Präs. der Sozialist. Internationale. 1991 wurde er zum GenSekr. der UNO gewählt (Amtsantritt: 1. 1. 1992).

**Gibbons,** Stella Dorothea, engl. Schriftstellerin: Bd. 8; Nachtrag Bd. 12.

**Giménez Caballero,** Ernesto, span. Schriftsteller und Diplomat: Bd. 8; Nachtrag Bd. 12.

**Ginzburg,** Natalia, italien. Schriftstellerin (Bd. 8): † Rom 8. 10. 1991.

**Giotto:** Nachtrag Bd. 12.

**Gjandscha, Gjandzä** [-dʒa], Stadt in Aserbaidschan: Hieß 1935–89 → Kirowabad (Bd. 12).

**Glanville-Hicks,** Peggy, amerikan. Komponistin (Bd. 8): † Sydney 25. 6. 1990.

**Glauchau 2)** (Bd. 8): Der Landkreis G. gehört seit 3. 10. 1990 zum Land Sachsen.

**Golfkrieg** (Bd. 8): Nach dem Einmarsch irak. Truppen in Kuwait (2. 8. 1990) erkannte der irak. Präs. S. HUSAIN angesichts der sich bildenden Mächtekoalition gegen sein Land am 15. 8. 1990 die Waffenstillstandsbedingungen Irans an (Abzug aller irak. Truppen von besetzten iran. Territorien, Anerkennung der 1975 zw. beiden Staaten vereinbarten Grenze, Freilassung aller Kriegsgefangenen).

Als (2.) G. wurde in der Folgezeit der Krieg am Pers. Golf zw. Irak und einer im Auftrag der UNO handelnden, von den USA geführten Staatenkoalition vom 17. 1. bis 28. 2. 1991 bezeichnet, ausgelöst durch die Weigerung des irak. Präs. HUSAIN, der vom UN-Sicherheitsrat verabschiedeten Resolution 660 nachzukommen, das von Irak am 2. 8. 1990 besetzte und am 8. 8. 1990 annektierte Emirat Kuwait zu räumen und dessen legale Regierung wieder in ihre Rechte einzusetzen. Am 6. 8. 1990 beschloß der UN-Sicherheitsrat ein umfassendes Wirtschaftsembargo gegen Irak (Resolution 661); zahlreiche diplomat. Vermittlungsversuche scheiterten.

Der Krieg begann nach Ablauf des Ultimatums des UN-Sicherheitsrates vom 29. 11. 1990 (Resolution 678) an Irak, bis zum 15. 1. 1991 Kuwait zu verlassen. Während Irak, das in Kuwait etwa 550 000 Mann stationiert hatte, lediglich von der PLO und – eingeschränkt diplomatisch-politisch – von Jordanien unterstützt wurde, boten neben den USA (über 500 000 Mann) und Saudi-Arabien, das sein Territorium für den seit Aug. 1990 einsetzenden Truppenaufmarsch zur Verfügung stellte, andere westl. Staaten (bes. Großbritannien, Frankreich und Italien) und arab. Staaten (Ägypten, Oman, Vereinigte Arab. Emirate und Syrien) militär. Kontingente auf. Die UdSSR unterstützte die Durchsetzung der Sicherheitsratresolutionen politisch, suchte jedoch im Verlauf des G. zu vermitteln. Iran erklärte seine Neutralität.

Mit einem sechswöchigen Luftkrieg gegen Angriffsziele in Irak und Kuwait suchte die unter dem Oberbefehl des amerikan. Generals N. SCHWARZKOPF stehende Anti-Irak-Koalition seit dem 17. 1. 1991 die irak. Widerstandskraft zu brechen. Mit dem Abschuß von Scud-Raketen auf Israel (seit dem 18. 1.) erstrebte Präs. HUSAIN vergeblich, Israel in den Krieg zu ziehen und dadurch die Anti-Irak-Front zu spalten. Zur Abwehr eines alliierten Angriffs von Seeseite her ließ HUSAIN Erdöl in den Pers. Golf leiten und löste damit sowie mit dem Anzünden der kuwait. Erdölquellen eine Umweltkatastrophe aus. Nach Verstreichen eines auf den 23. 2. befristeten Ultimatums eroberten die alliierten Truppen bis zum 27. 2. Kuwait zurück und drangen in Irak ein. Nachdem Irak alle UN-Resolutionen bedingungslos anerkannt hatte, trat am 28. 2. Waffenruhe ein. Im Verlauf des Bodenkriegs war eine große Zahl von irak. Soldaten in Gefangenschaft geraten. Darüber hinaus hatte der Krieg bes. auf irak. Seite eine hohe Zahl von Toten gefordert, auch unter der Zivilbevölkerung. (→ Irak, Nachtrag Bd. 18)

**Gomolka,** Alfred, Politiker (CDU), * Breslau 21. 7. 1942; Dozent für physikal. Geographie an der Univ. Greifswald, ab 1963 (mit Unterbrechung) Mitgl. der CDUD, von März bis Okt. 1990 Abg. in der Volkskammer der Dt. Dem. Rep., wurde nach der Vereinigung Dtl.s am 14. 10. 1990 als Spitzenkandidat der CDU in den Landtag von Mecklenburg-Vorpommern und von diesem am 27. 10. 1990 zum MinPräs. an der Spitze einer CDU/FDP-Koalition gewählt.

**Göncz** [gønts], Árpád, ungar. Schriftsteller und Politiker, * Budapest 10. 2. 1922; studierte Jura, später Agrarwiss., war aktiv im Widerstand gegen das faschist., später das kommunist. Reg.-System; wegen seiner Teilnahme am Aufstand von 1956 zu lebenslängl. Haft verurteilt, 1963 begnadigt; war seitdem v. a. als Übersetzer und Publizist tätig, beteiligte sich im Zuge der Demokratisierung des ungar. Reg.-Systems 1988 an der Gründung des Bundes freier Demokraten. 1989 wurde er Präs. des Schriftstellerverbandes. Von Mai bis Aug. 1990 war G. Präs. des Parlaments, das ihn am 3. 8. 1990 zum Staatspräs. wählte.

**Boutros Boutros Ghali**

**Nachtrag**   Goppel – Guatemala

**Goppel,** Alfons, Politiker (Bd. 8): † Johannesberg (bei Aschaffenburg) 24. 12. 1991.
**Gorbatschow,** Michail Sergejewitsch, sowjet. Politiker (Bd. 8; Nachtrag Bd. 12): Im Rahmen seiner außenpolit. Entspannungskonzeption stimmte G. – nach anfängl. Zögern – 1990 der Vereinigung beider dt. Staaten zu und ermöglichte damit den Abschluß des Zwei-plus-Vier-Vertrages (12. 9. 1990). Für seine Bemühungen, den Ost-West-Konflikt abzubauen, erhielt er 1990 den Friedensnobelpreis.
Seit Sept. 1990 mit Sondervollmachten ausgestattet, geriet G. bei seinem innenpolit. Reformkurs zunehmend in Konflikt sowohl mit der orthodox-kommunist. Planungsbürokratie als auch mit den ›Radikalreformern‹ um den russ. Präs. B. N. JELZIN. Am 19. 8. 1991 nahmen konservativ-kommunist. Gegner G.s die bevorstehende Unterzeichnung eines neuen Unionsvertrages, der den einzelnen Republiken weitgehende Rechte (als souveräne Staaten innerhalb der Union) zuerkannte, zum Anlaß für einen Putsch, der jedoch am 20./21. 8. 1991 scheiterte. G. trat daraufhin als GenSekr. der KPdSU zurück. Nach der Bildung der Gemeinschaft Unabhängiger Staaten (GUS) erklärte er am 25. 12. 1991 seinen Rücktritt als Staatspräs. der UdSSR.
**Gordimer,** Nadine, südafrikanische Schriftstellerin (Bd. 8): Erhielt 1991 den Nobelpreis für Literatur.
**Gordon,** Dexter, amerikan. Jazzmusiker (Bd. 8): † Philadelphia (Pa.) 25. 4. 1990.
**Gorkij,** Stadt in Rußland (Bd. 8): Heißt seit 1990 wieder **Nischnij Nowgorod.**
**Görlitz 2)** (Bd. 8): Die Stadt G. gehört seit 3. 10. 1990 zum Land Sachsen; sie ist kreisfreie Stadt und Verw.-Sitz des Landkreises Görlitz.
**Görlitz 3)** (Bd. 8): Der Landkreis G. gehört seit 3. 10. 1990 zum Land Sachsen.
**Gotha 2)** (Bd. 8): Der Landkreis G. gehört seit 3. 10. 1990 zum Land Thüringen.
**Götting,** Gerald, Politiker (Bd. 9; Nachtrag Bd. 12): Wurde am 9. 7. 1991 vom Landgericht Berlin wegen Veruntreuung von Vermögenswerten zu 18 Monaten Haft (mit Bewährung) verurteilt.
**Gottwaldov:** Nachtrag Bd. 12.
**GPS:** Bd. 9; Nachtrag Bd. 12.
**Grabar,** André, frz. Kunsthistoriker (Bd. 9): † Paris 5. 11. 1990.
**Graduiertenkolleg:** Bd. 9; Nachtrag Bd. 12.
**Graf,** Stefanie Maria, Tennisspielerin (Bd. 9; Nachtrag Bd. 12): Gewann 1991 das Dameneinzelturnier in Wimbledon.
**Gräfenhainichen 2)** (Bd. 9): Der Landkreis G. gehört seit 3. 10. 1990 zum Land Sachsen-Anhalt.
**Graham,** Martha, amerikan. Tänzerin und Choreographin (Bd. 9): † New York 1. 4. 1991.
**Gransee 2)** (Bd. 9): Der Landkreis G. gehört seit 3. 10. 1990 zum Land Brandenburg.
**Grassi,** Ernesto, italien. Philosoph (Bd. 9): † München 22. 12. 1991.
**Greene,** Graham, engl. Schriftsteller (Bd. 9): † Vevey (Schweiz) 3. 4. 1991.
**Greifswald 1)** (Bd. 9): Die Stadt G. gehört seit 3. 10. 1990 zum Land Mecklenburg-Vorpommern; sie ist kreisfreie Stadt und Verw.-Sitz des Landkreises Greifswald. – Das Kernkraftwerk Nord bei G. wurde Anfang 1991 wegen sicherheitstechn. Mängeln stillgelegt und soll abgerissen werden.
**Greifswald 2)** (Bd. 9): Der Landkreis G. gehört seit 3. 10. 1990 zum Land Mecklenburg-Vorpommern.
**Greiz 2)** (Bd. 9): Der Landkreis G. gehört seit 3. 10. 1990 zum Land Thüringen.
**Grenada,** Geschichte (Bd. 9; Nachtrag Bd. 12): Die Parlamentswahlen im März 1990 führten zum Reg.-Wechsel mit NICHOLAS BRATHWAITE als MinPräs.
(New Democratic Congress; erstmals MinPräs. 1983 bis 1984).
**Grevesmühlen 2)** (Bd. 9): Der Landkreis G. gehört seit 3. 10. 1990 zum Land Mecklenburg-Vorpommern.
**griechische Geschichte** (Bd. 9; Nachtrag Bd. 12): Nach den Parlamentswahlen vom 9. 4. 1990, bei denen die ND mit 150 Mandaten die absolute Mehrheit um einen Sitz verfehlte, bildete K. MITSOTAKIS erneut die Regierung; PASOK und Linksbündnis gingen in die Opposition. Am 4. 5. 1990 wählte das Parlament K. KARAMANLIS zum Staatspräs. Die Kürzung der Staatsausgaben führte zu Streikaktionen der Gewerkschaften. In einem Prozeß (März 1991 bis Jan. 1992) sprach des Oberste Gericht den früheren Min.-Präs. A. PAPANDREU vom Vorwurf der Bestechung frei.
**Grimma 2)** (Bd. 9): Der Landkreis G. gehört seit 3. 10. 1990 zum Land Sachsen.
**Grimmen 2)** (Bd. 9): Der Landkreis G. gehört seit 3. 10. 1990 zum Land Mecklenburg-Vorpommern.
**Gromyko,** Andrej Andrejewitsch, sowjet. Politiker: Bd. 9; Nachtrag Bd. 12.
**Großbritannien und Nordirland** (Bd. 9): Die brit. Regierung stimmte im Juni 1990 dem Zwei-plus-Vier-Vertrag über die äußeren Bedingungen für die dt. Vereinigung zu. Die Einführung einer von den Eigentumsverhältnissen unabhängigen Kopfsteuer (Poll tax) 1990 rief schwere Unruhen hervor. Nach mehreren Kabinettsumbildungen und heftiger, auch innerparteil. Kritik an ihrer Innen-, Wirtschafts- und Europapolitik trat MARGARET THATCHER im Nov. zurück. Nachfolger wurde J. MAJOR, der die Kopfsteuer aufhob, die bisherige Politik aber weitgehend weiterführt. Friedensgespräche zur Lösung des Nordirlandkonflikts scheiterten im Juli 1991. Großbritannien beteiligte sich an der antiirak. Koalition zur Befreiung Kuwaits im Frühjahr 1991 und bemüht sich im Rahmen der EG um eine Lösung des Jugoslawienkonflikts.
**Großenhain 2)** (Bd. 9): Der Landkreis G. gehört seit 3. 10. 1990 zum Land Sachsen.
**Großer Österreichischer Staatspreis** (Bd. 9): MARIA LASSNIG (1988), O. WIENER (1989), G. LIGETI (1990), G. RÜHM (1991).
**Grundig,** Max, Unternehmer: Bd. 9; Nachtrag Bd. 12.
**Grünen, Die** (Bd. 9): Nach den ersten gesamtdt. Bundestagswahlen (2. 12. 1990), bei denen Die G. mit 4,8% der Stimmen an der Fünfprozentklausel des Bundeswahl-Ges. scheiterten, verschärften sich die innerparteil. Gegensätze. Im Mai 1991 spaltete sich eine fundamentalist. Gruppe um JUTTA DITFURTH ab.
Aufgrund der gesonderten Geltung der Fünfprozentklausel für das Wahlgebiet der früheren Dt. Dem. Rep. konnte die mit den G. politisch verbundene Gruppe Bündnis '90/Grüne mit 6,0% der Stimmen Abg. in den Bundestag entsenden. In dem ebenfalls am 2. 12. 1990 neu gewählten Abgeordnetenhaus von (Gesamt-)Berlin sind sowohl die Alternative Liste (AL) als auch Bündnis '90/Grüne vertreten.
**Gruppe der sowjetischen Truppen in Deutschland** (Bd. 9; Nachtrag Bd. 12): Im Rahmen des deutsch-sowjet. Stationierungsvertrags vom 12. 10. 1990 begann Anfang 1991 der Abzug der im östl. Dtl. stationierten sowjet. Truppen, der Ende 1994 abgeschlossen sein soll.
**Gruša,** Jiří, tschech. Schriftsteller (Bd. 7): Wurde 1991 zum Botschafter der Tschechoslowakei in Bonn ernannt.
**Guatemala** (Bd. 9; Nachtrag Bd. 12): Die Stichwahlen im Jan. 1991 gewann der Vors. des rechtsgerichteten Movimiento de Acción Solidaria (dt. Bewegung der Solidar. Aktion) J. SERRANO ELIAS. Nach mehr als zweijähriger Pause wurden im März 1990 die Gespräche zw. dem Guerilladachverband

Guben – Heinrich-Böll-Preis **Nachtrag**

URNG und Vertretern von Reg. und Militär zur Beendigung des Bürgerkriegs wiederaufgenommen, in Madrid ergebnislos fortgesetzt, unter SERRANO im April 1991 erneut aufgenommen und der Aufsicht der UNO unterstellt.

**Guben 3)** (Bd. 9): Der Landkreis G. gehört seit 3. 10. 1990 zum Land Brandenburg.

**Guillén,** Nicolas, kuban. Dichter: Bd. 9; Nachtrag Bd. 12.

**Günther,** Joachim, Schriftsteller (Bd. 9): † Berlin 14. 6. 1990.

**GUS,** Abk. für →Gemeinschaft Unabhängiger Staaten (Nachtrag Bd. 18).

**Güstrow 2)** (Bd. 9): Der Landkreis G. gehört seit 3. 10. 1990 zum Land Mecklenburg-Vorpommern.

**Gysi,** Gregor, Politiker: Nachtrag Bd. 12.

**Haas,** Monique, frz. Pianistin: Bd. 9; Nachtrag Bd. 12.

**Haavelmo,** Trygve Magnus, norweg. Volkswirtschaftler und Statistiker: Nachtrag Bd. 12.

**Haber,** Heinz, Physiker und Schriftsteller: Bd. 9; Nachtrag Bd. 12.

**Hack,** Wilhelm, Kaufmann und Kunstsammler (Bd. 9): † Köln 23. 6. 1985.

**Hacker,** Friedrich, amerikan. Psychiater und Psychoanalytiker österr. Herkunft: Bd. 9; Nachtrag Bd. 12.

**Hagenow 2)** (Bd. 9): Der Landkreis H. gehört seit 3. 10. 1990 zum Land Mecklenburg-Vorpommern.

**Hager,** Kurt, Politiker: Bd. 9; Nachtrag Bd. 12.

**Haider,** Jörg, österr. Politiker (Bd. 9; Nachtrag Bd. 12): War 1989–91 Landeshauptmann von Kärnten.

**Hainichen 2)** (Bd. 9): Der Landkreis H. gehört seit 3. 10. 1990 zum Land Sachsen.

**Haiti** (Bd. 9; Nachtrag Bd. 12): Am 16. 12. 1990 ging J.-B. →Aristide (Nachtrag Bd. 18) als Kandidat des Front National pour le Changement et la Démocratie (FNCD) aus demokrat. Präsidentschaftswahlen hervor. Um seine Amtsübernahme am 7. 2. 1991 zu verhindern, kam es am 7. 1. 1991 durch ROGER LAFONTANT (* 1936), den ehem. Innen- und Verteidigungs-Min. J.-C. DUVALIERS, zu einem Putsch, der jedoch durch das Eingreifen der Armee scheiterte.

Am 30. 9. 1991 putschte eine Militärjunta, die ARISTIDE absetzte und Mitte Okt. JEAN-JACQUES HONORAT (* 1931) zum MinPräs. berief. Der Putsch und nachfolgende Repressionen forderten (bis Febr. 1992) etwa 1 500 Tote und ließen rd. 15 000 Flüchtlinge (etwa 10 000 nach Guantánamo) ihr Land verlassen.

**Halberstadt 2)** (Bd. 9): Der Landkreis H. gehört seit 3. 10. 1990 zum Land Sachsen-Anhalt.

**Haldensleben 2)** (Bd. 9): Der Landkreis H. gehört seit 3. 10. 1990 zum Land Sachsen-Anhalt.

**Haley,** Alex Palmer, amerikan. Schriftsteller (Bd. 9): † Seattle (Wash.) 10. 2. 1992.

**Hall,** Sir Peter Reginald Frederick, brit. Regisseur und Theaterleiter (Bd. 9): War 1984–90 künstler. Direktor des Glyndebourne Festival.

**Halle 2)** (Bd. 9): Der Bezirk H. wurde aufgelöst. Seit 3. 10. 1990 gehört der größte Gebietsteil zum Land Sachsen-Anhalt, nur der Landkreis Artern kam zum Land Thüringen.

Im Zuge der Neugliederung kam es zur Errichtung des Reg.-Bez. H. in Sachsen-Anhalt: 4 869 km$^2$, (1990) 1,058 Mio. Ew.; umfaßt die kreisfreie Stadt Halle/Saale sowie die Landkreise Aschersleben, Eisleben, Hettstedt, Hohenmölsen, Merseburg, Naumburg, Nebra, Querfurt, Saalkreis, Sangerhausen, Weißenfels und Zeitz.

**Halle 3)** (Bd. 9): H.-Neustadt (Stadtkreis) wurde 1990 wieder in die Stadt H./Saale eingegliedert.

**Halle 4)** (Bde. 9): Die Stadt H./Saale gehört seit 3. 10. 1990 zum Land Sachsen-Anhalt; sie ist kreisfreie Stadt, Verw.-Sitz des Reg.-Bez. Halle und des Saalkreises; nach Wiedereingliederung (1990) von H.-Neustadt in das Stadtgebiet hat H./Saale (1990) 321 700 Ew.; im Jan. 1992 nahm das Max-Planck-Institut für Mikrostrukturphysik seine Arbeit auf.

**Hamburg** (Bd. 9): Bei den Bürgerschaftswahlen vom 2. 6. 1991 erzielte die SPD 48,0 % der Stimmen (61 Sitze), die CDU 35,1 % (44), Die Grünen/GAL 7,2 % (9), die FDP 5,4 % (7), andere 4,3 % (–).

**Hammer,** Armand, amerikan. Unternehmer (Bd. 9): † Los Angeles (Calif.) 10. 12. 1990.

**Hann. Münden,** Stadt im Kr. Göttingen, Ndsachs.; hieß bis 1990 amtlich →Münden (Bd. 15).

**Hans Adam,** Fürst von und zu Liechtenstein: Nachtrag Bd. 12.

**Hans-Christian-Andersen-Preis** (Bd. 9): TORMOD HAUGEN (1990).

**Hansen,** Thorkild, dän. Schriftsteller (Bd. 9): † (auf einer Seereise vor Südamerika) 4. 2. 1989.

**Hansischer Goethepreis:** Bd. 9; Nachtrag Bd. 12.

**Harald,** norweg. Thronfolger (Bd. 9): Bestieg nach dem Tode seines Vaters OLAV V. als HARALD V. am 17. 1. 1991 den Thron.

**Haring,** Keith, amerikan. Maler: Bd. 9; Nachtrag Bd. 12.

**Harlem Brundtland,** Gro, norweg. Politikerin (Bd. 9; Nachtrag Bd. 12): Bildete am 3. 11. 1990 eine sozialdemokrat. Minderheitsregierung.

**Harrison,** Rex, brit. Schauspieler (Bd. 9): † New York 2. 6. 1990. 1989 wurde er in den Adelsstand (Sir) erhoben.

**Hartmann,** Rudolf, Regisseur und Theaterleiter: Bd. 9; Nachtrag Bd. 12.

**Hartung,** Hans Heinrich Ernst, frz. Maler und Graphiker dt. Herkunft: Bd. 9; Nachtrag Bd. 12.

**Hasselfeldt,** Gerda, Politikerin (CSU), * Straubing 7. 7. 1950; Diplomvolkswirtin, seit 1987 MdB, 1987–91 Bundes-Min. für Raumordnung, Bauwesen und Städtebau, seit 1991 für Gesundheit.

**Hatheyer,** Heidemarie, Schauspielerin österr. Herkunft (Bd. 9): † Zollikon (Schweiz) 11. 5. 1990.

**Hauff,** Volker, Politiker (Bd. 9; Nachtrag Bd. 12): War 1989–91 Oberbürgermeister von Frankfurt am Main.

**Haughey,** Charles, irischer Politiker (Bd. 9): Trat im Febr. 1992 als Vors. der Fianna Fáil und Premier-Min. zurück.

**Haupt,** Ullrich, Schauspieler (Bd. 9): † München 22. 11. 1991.

**Haushaltshilfe:** Bd. 9; Nachtrag Bd. 12.

**Hautbank:** Bd. 9; Nachtrag Bd. 12.

**Havel,** Václav, tschech. Dramatiker und tschechoslowak. Politiker: Bd. 9; Nachtrag Bd. 12.

**Havelberg 2)** (Bd. 9): Der Landkreis H. gehört seit 3. 10. 1990 zum Land Sachsen-Anhalt.

**Havemann,** Robert, Naturwissenschaftler und polit. Theoretiker: Bd. 9; Nachtrag Bd. 12.

**Hawke,** Robert James Lee, austral. Politiker (Bd. 9): Wurde im Dez. 1991 als Vors. der Labor Party und Premier-Min. von P. KEATING abgelöst.

**Heidelbergmensch:** Sein Alter beträgt nach neuesten Untersuchungen rd. 670 000 Jahre.

**Heiligenstadt 2)** (Bd. 9): Der Landkreis H. gehört seit 3. 10. 1990 zum Land Thüringen.

**Heimann,** Erwin, schweizer. Schriftsteller (Bd. 9): † Thun 21. 8. 1991.

**Heimpel,** Hermann, Historiker: Bd. 9; Nachtrag Bd. 12.

**Heine-Preis der Landeshauptstadt Düsseldorf:** Bd. 9; Nachtrag Bd. 12.

**Heinesen,** William, dän. Schriftsteller (Bd. 9): † Torshavn 12. 3. 1991.

**Heinrich-Böll-Preis** (Bd. 9; Nachtrag Bd. 12): G. DE BRUYN (1990), RAINALD GOETZ (* 1954; 1991).

**Heinrich-Mann-Preis** (Bd. 9; Nachtrag Bd. 12): A. ENDLER (1990).
**Held,** Martin, Bühnen- und Filmschauspieler (Bd. 9): † Berlin 31. 1. 1992.
**Heller,** Erich, amerikan. Literarhistoriker österr. Herkunft (Bd. 9): † Evanston (Ill.) 5. 11. 1990.
**Hellwege,** Heinrich, Politiker (Bd. 9): † Neuenkirchen (Kr. Stade) 4. 10. 1991.
**Hengsbach,** Franz, kath. Theologe (Bd. 9): † Essen 24. 6. 1991.
**Henson,** James Maury, amerikan. Puppenfilmproduzent (Bd. 9): † New York 16. 5. 1990.
**Hepatitis:** Bd. 9; Nachtrag Bd. 12.
**Herman,** Woody, amerikan. Jazzmusiker: Bd. 9; Nachtrag Bd. 12.
**Hermes,** Raumfahrzeug: Bd. 9; Nachtrag Bd. 12.
**Hernu,** Charles, frz. Politiker: Bd. 9; Nachtrag Bd. 12.
**Herrhausen,** Alfred, Bankfachmann: Bd. 10; Nachtrag Bd. 12.
**Herrmann,** Joachim, Politiker: Bd. 10; Nachtrag Bd. 12.
**Herz,** Joachim, Regisseur (Bd. 10): War 1981–91 Oberspielleiter (Chefregisseur) an der Dresdner Staatsoper.
**Herzberg 1)** (Bd. 10): Der Landkreis H. gehört seit 3. 10. 1990 zum Land Brandenburg.
**Herzfelde,** Wieland, Publizist: Bd. 9; Nachtrag Bd. 12.
**Hessen** (Bd. 9): Bei den Landtagswahlen vom 20. 1. 1991 siegte die SPD. Sie stellt seit dem 5. 4. 1991 mit H. EICHEL den MinPräs., der eine Koalitionsregierung aus SPD und Grünen führt. SPD (40,8 % der Stimmen) und CDU (40,2 %) gewannen jeweils 46 Mandate, Die Grünen 10 (8,8 %), die FDP 8 (7,4 %), andere Parteien (2,8 %) keine.
**Hettstedt 2)** (Bd. 10): Der Landkreis H. gehört seit 3. 10. 1990 zum Land Sachsen-Anhalt.
**Heym,** Stefan, Schriftsteller: Bd. 10; Nachtrag Bd. 12.
**Heyme,** Hansgünther, Regisseur (Bd. 10): Bis 1992 Schauspieldirektor in Essen, seitdem Generalintendant in Bremen; seit 1990/91 Leiter der Ruhrfestspiele.
**Hicks,** Sir John Richard, brit. Volkswirtschaftler: Bd. 10; Nachtrag Bd. 12.
**Hildburghausen 2)** (Bd. 10): Der Landkreis H. gehört seit 3. 10. 1990 zum Land Thüringen.
**Hildesheimer,** Wolfgang, Schriftsteller (Bd. 10): † Poschiavo (Kt. Graubünden) 21. 8. 1991.
**Hillgruber,** Andreas, Historiker: Bd. 10; Nachtrag Bd. 12.
**Hipparcos:** Bd. 10; Nachtrag Bd. 12.
**Hippel,** Fritz von, Rechtslehrer (Bd. 10): † Freiburg im Breisgau 8. 1. 1991.
**Hirohito,** Kaiser von Japan: Bd. 10; Nachtrag Bd. 12.
**Hochschulen** (Bd. 10): Zu den wiss. H. (Univ., TU, TH; ohne Kunst- und kirchl. H., pädagog. und Fach-H.) der Bundesrep. Dtl. zählen in den *neuen Bundesländern* sowie *Berlin* (Stand 1. 12. 1991): Berlin, Humboldt-Univ.; Chemnitz, TU; Cottbus, TU; Dresden, TU; Frankfurt/Oder, Europa-Univ. (gegr. 1991; Studienbeginn 1992/93); Greifswald, Univ.; Halle-Wittenberg, Univ.; Ilmenau, TH; Jena, Univ.; Köthen, TH; Leipzig, Univ., TH; Magdeburg, TU; Merseburg (Leuna-Merseburg), TH; Potsdam, Univ.; Rostock, Univ.; Wismar, TH; Zittau, TH; Zwickau, TH. In den *alten Bundesländern:* Hildesheim, Univ. (die 1987 errichtete wiss. H. trägt seit 1989 die Bez. Univ.); Koblenz-Landau, Univ. (1990); Lüneburg, Univ. (1989). An Akademien und H. einer Fachrichtung sind in den *neuen Bundesländern* zu ergänzen: Bernburg, Hochschule (für Landwirtschaft und Nahrungsgüterwirtschaft); Dresden, Hochschule für Verkehrswesen, Medizin. Akademie; Erfurt, Medizin. Akademie; Freiberg, Bergakademie; Leipzig, Handelshochschule; Magdeburg, Medizin. Akademie; Weimar, Hochschule für Architektur und Bauwesen.
**Hoehme,** Gerhard, Maler: Bd. 10; Nachtrag Bd. 12.
**Hoffmann,** Bruno, Glasharfenspieler (Bd. 10): † Stuttgart 11. 4. 1991.
**Hoffmann,** Paul, Schauspieler, Regisseur und Theaterleiter (Bd. 10): † Wien 2. 12. 1990.
**Hofstadter,** Robert, amerikan. Physiker (Bd. 10): † Stanford (Calif.) 17. 11. 1990.
**Hohenmölsen 2)** (Bd. 10): Der Landkreis H. gehört seit 3. 10. 1990 zum Land Sachsen-Anhalt.
**Hohenstein 2)** (Bd. 10): Der Landkreis H.-Ernstthal gehört seit 3.10. 1990 zum Land Sachsen.
**Hollweg,** Ilse, Sängerin: Bd. 10; Nachtrag Bd. 12.
**Holm,** Richard, Sänger: Bd. 10; Nachtrag Bd. 12.
**Homosexualität:** Bd. 10; Nachtrag Bd. 12.
**Honda Motor Co., Ltd.** (Bd. 10): SOICHIRO HONDA † Tokio 5. 8. 1991.
**Honduras** (Bd. 10; Nachtrag Bd. 12): 1991 nahm die Reg. Callejas Romero wieder den Schuldendienst auf. – Innenpolitisch zeichnete sich durch den Abzug der Contras im Frühjahr 1990 und durch die Einstellung des bewaffneten Kampfs einer der größten honduran. Guerillagruppen eine Entspannung ab.
**Honecker,** Erich, Politiker (Bd. 10; Nachtrag Bd. 12): Im Jan. 1990 wurde H. u. a. aufgrund des Vorwurfs des Amtsmißbrauchs kurzfristig in Haft genommen. Wegen Anstiftung zum Totschlag in mehreren Fällen (Schießbefehl an der dt.-dt. Grenze) erließ das zuständige Berliner Amtsgericht am 30. 11. 1990 einen Haftbefehl gegen H., dem sich dieser jedoch entziehen konnte. Im März 1991 floh er in die UdSSR, im Dez. 1991 in die Moskauer Botschaft Chiles.
**Hongkong** (Bd. 10): Zw. Vertretern der VR China und der Kronkolonie H. wurde ein Grundgesetz (›Basic Law‹) für H. vereinbart, das nach Billigung (1990) durch den Vorbereitenden Ausschuß (von Vertretern Chinas und Ew. H.s) und den chin. Nat. Volkskongreß ab 1. 7. 1997 gelten soll. Danach wird in der Sonderverwaltungszone H. ein 60köpfiges Parlament, die Gesetzgebende Kör., errichtet. Er setzt sich zusammen aus Abg., die direkt von der Bev. H.s gewählt werden, und solchen Abg., die von gesellschaftl. Organisationen und der Reg. Chinas ernannt werden. In der ersten Legislaturperiode (1997–99) soll die Zahl der direkt gewählten Abg. 18, in der zweiten (bis 2003) 24, in der dritten 30 betragen. Für die Annahme von Gesetzentwürfen und Anträgen aus dem Parlament ist die Zustimmung jeder der drei Abg.-Gruppen mit jeweils absoluter Mehrheit erforderlich; Regierungsvorlagen bedürfen lediglich der Mehrheit der anwesenden Abg. Verteidigung und Außenpolitik sind nach 1997 Sache Chinas.
**Horowitz,** Vladimir, amerikan. Pianist russ. Herkunft: Bd. 10; Nachtrag Bd. 12.
**Howe,** Geoffrey, brit. Politiker: Bd. 10; Nachtrag Bd. 12.
**Hoyerswerda 2)** (Bd. 10): Der Landkreis H. gehört seit 3. 10. 1990 zum Land Sachsen.
**Hubble-Weltraumteleskop** (Bd. 10): Nach mehrfachen Terminverschiebungen wurde das H.-W. (Länge etwa 13 m, Masse über 11 t, Durchmesser des Hauptspiegels 2,4 m) am 24. 4. 1990 mit dem Raumtransporter ›Discovery‹ von Kap Canaveral gestartet und auf eine kreisförmige Umlaufbahn in 610 km Höhe gebracht. Es dient zur Beobachtung lichtschwacher und weit entfernter Objekte über das gesamte Spektrum von Infrarot bis Ultraviolett. Nach Inbetriebnahme stellte sich heraus, daß der Spiegel falsch geschliffen worden war und das Teleskop da-

her unscharfe Bilder liefert. Die Originalbilder lassen sich jedoch z. T. mit Hilfe spezieller Computerprogramme rekonstruieren. 1993 soll eine Space-shuttle-Mission Korrekturlinsen einbauen.

**Huber,** Ernst Rudolf, Staatsrechtslehrer (Bd. 10): † Freiburg im Breisgau 28. 10. 1990.

**Hull 2):** Bd. 10; Nachtrag Bd. 12.

**Hurd,** Douglas, brit. Politiker: Nachtrag Bd. 12.

**Hurwitz,** Leo T., amerikan. Filmregisseur (Bd. 10): † New York 18. 1. 1991.

**Husák,** Gustáv, tschechoslowak. Politiker (Bd. 10; Nachtrag Bd. 12): † Preßburg 18. 11. 1991.

**Ibárruri Gómez,** Dolores, span. Politikerin: Bd. 10; Nachtrag Bd. 12.

**Idris,** Jusuf, ägypt. Schriftsteller (Bd. 10): † (Unfall) London 1. 8. 1991.

**IGAT:** Nachtrag Bd. 12.

**Iliescu,** Ion, rumän. Politiker, * Olteniţa (bei Bukarest) 3. 3. 1930; 1968–84 Mitgl. des ZK der rumän. KP, 1971 Sekretär für Propaganda und Erziehung, wurde im Zuge des Aufstandes gegen N. CEAUŞESCU (Dez. 1989) als Vors. der ›Front der Nat. Errettung‹ provisor. Staatschef. Gestützt auf den Apparat der (mit dem Sturz CEAUŞESCUS aufgelösten) KP, baute er zus. mit der Regierung unter P. ROMAN ein in seinen demokrat. Strukturen sehr umstrittenes Reg.-System auf. Im Mai 1990 wurde I. zum Staatspräs. (auf zwei Jahre) gewählt (Amtsantritt: 20. 1. 1991).

**Ilmenau 2)** (Bd. 10): Der Landkreis I. gehört seit 3. 10. 1990 zum Land Thüringen.

**indische Geschichte** (Bd. 10; Nachtrag Bd. 12): Nach dem Sturz des Premier-Min. V. P. SINGH (Nov. 1990) und dem Rücktritt (März 1991) seines Nachfolgers C. SHEKAR (Janatapartei) kam es zu einem z. T. blutigen Wahlkampf, in dessen Verlauf R. GANDHI ermordet wurde (21. 5.). Sein Nachfolger als Vors. des Indian National Congress (Indira), P. N. N. RAO, führt seit Juni 1991 eine Minderheits-Reg. des INC (I), der bei den Wahlen stärkste Partei wurde.

Aufgrund ethn. und sozialer Spannungen nahm die ind. Zentralregierung drei Gliedstaaten unter ihre direkte Herrschaft (President's Rule): 1987 Punjab, 1990 Jammu and Kashmir und 1991 Tamil Nadu.

**Ingeborg-Bachmann-Preis** (Bd. 10; Nachtrag Bd. 12): BIRGIT VANDERBEKE (* 1956; 1990), EMINE SEVGI ÖZDAMAR (* 1946; 1991).

**Inkatha yeNkululeko yeSizwe** [-zwɛ, Nguni; ›Nationale kulturelle Befreiungsbewegung‹], Kurz-Bez. **Inkatha,** polit. Organisation in der Rep. Südafrika, benannt nach einem sakralen Kranz, der die Einheit des Zuluvolkes symbolisiert; 1922 als ›Inkatha kaZulu‹ von König SALOMON (1913–33) gegr., 1975 von M. BUTHELEZI belebt, ist Inkatha die Einheitspartei des Homeland KwaZulu. 1990 organisierte sie sich als ›Inkatha Freedom Party‹ (IFP) in der ganzen Rep. Südafrika. Die 1,7 Mio. Mitgl. (eigene Angabe von 1989) sind überwiegend Zulu. 1979 stellte sich der ANC gegen Inkatha; seit 1985 herrscht in Natal, seit 1990 auch in Transvaal ein blutiger Bürgerkrieg zw. beiden Organisationen.

**Inoue,** Yasushi, japan. Schriftsteller (Bd. 10): † Tokio 29. 1. 1991.

**Interflug** (Bd. 10): Wurde 1991 aufgelöst.

**Interpol:** Bd. 10; Nachtrag Bd. 12.

**Irak** (Bd. 10): Im Golfkrieg gegen Iran (1980–88) hatte Präs. S. HUSAIN die militärtechn. Ausstattung der irak. Armee mit direkter Waffenhilfe der UdSSR sowie Frankreichs und Chinas stark gesteigert; aber auch andere Staaten hatten sich – bes. in politischideolog. Frontstellung gegen Iran – an Waffenlieferungen beteiligt (u. a. die USA). Die Dt. Dem. Rep. und Industrieunternehmen der Bundesrep. Dtl. lieferten Materialien sowie Technologien, die u. a. zur Produktion chem. Kampfmittel eingesetzt werden konnten; im 1. Golfkrieg setzte I. Giftgas gegen die iran. Truppen, danach gegen die Kurden ein. 1989–90 bemühte sich Präs. HUSAIN verstärkt, I. eine polit. und militär. Führungsrolle im Nahen Osten zu sichern.

Im Anschluß an irakisch-kuwait. Streitigkeiten (Juli 1990) über die beiderseitige Erdölförderpolitik sowie über gegenseitige Grenzverletzungen bei der Erdölförderung besetzten irak. Truppen am 2. 8. 1990 Kuwait. Unter Berufung auf (umstrittene) histor. Ansprüche annektierte I., das nur einen schmalen Zugang zum Pers. Golf besitzt, am 8. 8. 1990 Kuwait (am 28. 8. zur ›19. Prov.‹ erklärt). Gestützt auf zahlreiche Resolutionen des UN-Sicherheitsrates (seit dem 2. 8.), bildete sich eine von den USA geführte, regional auch von der Arab. Liga mehrheitlich unterstützte Staatenkoalition gegen I., die im Wettlauf mit den sich ständig verstärkenden irak. Truppen eine wachsende Streitmacht in den Raum am Pers. Golf entsandte; die Alliierten forderten die Wiederherstellung der staatl. Souveränität Kuwaits durch den Abzug der Truppen I.s. Der UN-Sicherheitsrat, in der Krise um Kuwait in seinen Entschlüssen v. a. getragen von der Einmütigkeit seiner ständigen Mitgl., verhängte ein für die Wirtschaft und Versorgung I.s von fast allen Ländern befolgtes Embargo (z. B. Schließung der irak. Erdölpipelines in der Türkei und in Saudi-Arabien; Blokkade der irak. Häfen). Vorbehaltlos nur von der PLO, bedingt auch von Jordanien und Libyen unterstützt, suchte Präs. HUSAIN mit seiner Forderung, die Krise um Kuwait im Rahmen einer Gesamtlösung aller Konflikte im Nahen Osten zu beenden, die weitgehende außenpolit. Isolierung I.s zu überwinden. Zw. Aug. und Dez. 1990 hielt er etwa 11 000 Ausländer aus versch. Ländern als ›menschl. Schutzschilde‹ an strategisch wichtigen Orten fest.

Nachdem Präs. HUSAIN das Ultimatum des UN-Sicherheitsrates, bis zum 15. 1. 1991 Kuwait zu räumen, hatte verstreichen lassen, kam es zum 2. → Golfkrieg (Nachtrag Bd. 18), in dem I. eine schwere Niederlage hinnehmen mußte und beträchtl. Kriegsschäden erlitt; es mußte sich verpflichten, alle Resolutionen des UN-Sicherheitsrates zu erfüllen (v. a. Rückzug aus Kuwait, Anerkennung der Unabhängigkeit Kuwaits, Schadensersatzleistung an alle durch den Golfkrieg geschädigten Staaten) sowie auf die Herstellung und den Besitz chem., biolog. und atomarer Waffensysteme zu verzichten. Anfang März 1991 erhoben sich die schiit. Muslime in Süd-I. und die Kurden in Nord-I.; beide Aufstandsbewegungen wurden jedoch v. a. von den Einheiten der Republikan. Garde Präs. HUSAINS blutig niedergeschlagen. Hunderttausende flüchteten nach Iran und in die Türkei; das Elend der Flüchtlinge veranlaßte die USA, v. a. Schutzlager für die Kurden zu errichten, zumal Präs. G. BUSH die Gegner HUSAINS in I. während des Golfkrieges zum aktiven Widerstand gegen den Diktator aufgefordert hatte. Eine UN-Kommission stellte außerdem großen Bestände an chem. Waffen und ausführungsreife Pläne für den Bau von Atomwaffen fest.

**Iran** (Bd. 10; Nachtrag Bd. 12): Im 2. Golfkrieg (Jan.–Febr. 1991) blieb I. neutral; im Febr. 1991 suchte I. zw. den USA und Irak zu vermitteln. Im Zuge der blutigen Unterdrückung der kurd. und schiitisch-muslim. Aufstandsbewegung in Irak flohen über 1 Mio. Menschen nach Iran.

**Irland** (Bd. 10): Am 7. 11. 1990 wurde MARY ROBINSON (parteilos) als erste Frau in das Präsidentenamt gewählt. Im Febr. 1992 wurde C. HAUGHEY von A. REYNOLDS als Premier-Min. abgelöst.

**Israel** (Bd. 10; Nachtrag Bd. 12): Mit unverminderter Härte setzte I. in den besetzten Gebieten (Westjordanland, Gazastreifen) den Kampf gegen die Intifada fort. Die Reg. Schamir (seit Juni 1990 eine Koalitions-Reg. aus Likud und religiösen Parteien) lehnt

Ion Iliescu

**Nachtrag**  Italiaander – Jugendstrafrecht

Boris Nikolajewitsch Jelzin

Verhandlungen mit der PLO zur Lösung des Nahostkonflikts ab und hält an der Ausweitung des jüd. Siedlungsgebietes im Westjordanland fest. Unter den veränderten polit. Bedingungen in der UdSSR stieg die Einwanderung von sowjet. Juden nach I. von (1989) 13 000 auf (1991) 145 000 sprunghaft an. Im Jan. 1992 verlor die Reg. Schamir ihre parlamentar. Mehrheit. Im 2. →Golfkrieg (Nachtrag Bd. 18) wurde I. mit irak. Scud-Raketen angegriffen. Auf Drängen der USA verzichtete I. auf eigene militär. Gegenmaßnahmen und überließ diese den USA. Die befürchtete (aber nicht eingetretene) Munitionierung der irak. Scud-Raketen mit chem. Kampfmitteln, die mit technolog. Hilfe aus Dtl. entwickelt worden waren, führten in der öffentl. Meinung I.s vor dem Hintergrund des nat.-soz. Genozids an den europ. Juden zu Vorwürfen gegen Deutschland.

Im Zuge einer langwierigen Verhandlungsserie des amerikan. Außen-Min. J. BAKER mit I. und seinen arab. Nachbarstaaten erklärte sich I. zur Teilnahme an der Madrider Konferenz (Okt. 1991) bereit, um einen Friedensprozeß im Nahen Osten einzuleiten (→ Nahostkonflikt, Nachtrag Bd. 18).

**Italiaander,** Rolf, dt. Schriftsteller niederländ. Abkunft (Bd. 11): † Hamburg 3. 9. 1991.

**italienische Geschichte** (Bd. 11): Nach dem Überfall Iraks auf Kuwait (2. 8. 1990) unterstützte Italien die Sanktionspolitik des UN-Sicherheitsrates gegen Irak. Angesichts des Zusammenbruchs der stalinist. Zwangsherrschaft in Albanien sah sich die Reg. Andreotti seit dem Frühjahr 1991 mit einem starken Flüchtlingsstrom von dort konfrontiert. Sie schob die Flüchtlinge wieder nach Albanien ab.

**IUE:** Bd. 11; Nachtrag Bd. 12.

**Jakobs,** Karl-Heinz, Schriftsteller: Bd. 11; Nachtrag Bd. 12.

**japanische Geschichte** (Bd. 11; Nachtrag Bd. 12): Nach dem Rücktritt KAIFU TOSHIKIS (* 1932) im Okt. 1991 wurde MIYAZAWA KIICHI im Nov. 1991 sein Nachfolger als Vors. der Liberaldemokrat. Partei und Ministerpräsident.

**Jarowinsky,** Werner, Politiker (Bd. 11; Nachtrag Bd. 12): † Berlin 22. 10. 1990.

**Jaruzelski,** Wojciech, poln. Politiker (Bd. 11): Trat am 22. 12. 1990 als Staatspräs. zurück.

**Jasow,** Dmitrij Timofejewitsch, sowjet. General und Politiker (Bd. 11): Als Mitgl. des ›Staatskomitees für den Ausnahmezustand‹ nahm J. am 19. 8. 1991 am Putsch gegen Präs. M. S. GORBATSCHOW teil. Nach dem Scheitern des Putsches (20./21. 8. 1991) wurde er seiner Funktionen entbunden und inhaftiert.

**Jekaterinburg, Ekaterinburg** [je-], 1924–91 **Swerdlowsk, Sverdlovsk,** Gebietshauptstadt in Rußland, am O-Abfall des Mittleren Ural, (1989) 1,37 Mio. Ew.; Univ. (gegr. 1920) und 12 weitere Hochschulen, Ural-Zweigstelle der Akademie der Wissenschaften (seit 1932), viele Forschungsinstitute, Gemäldegalerie, Museen, zoolog. Garten. J. ist ein bedeutendes Zentrum des Schwermaschinenbaus, der Eisenhüttenindustrie und der Metallverarbeitung, außerdem Standort von chem. Industrie. Die Stadt ist eine Ausgangsstation der Transsibir. Eisenbahn und bedeutender Verkehrsknotenpunkt mit Flughafen. – J., 1723 mit dem Bau einer Eisenhütte gegr. und als eine der ersten russ. Fabrikstädte planmäßig angelegt, entwickelte sich rasch zum Industrie- und Verwaltungszentrum des Urals (1878 Bahnverbindung nach Perm). 1918 wurde hier Kaiser NIKOLAUS II. mit seiner Familie erschossen.

**Jelzin,** Boris Nikolajewitsch, russ. Politiker (Bd. 11): Am 25. 9. 1990 zum Präs. des Volksdeputiertenkongresses der RSFSR gewählt, förderte J. die Unabhängigkeitsbestrebungen der Sowjetrepubliken, v. a. der RSFSR (Souveränitätserklärung am 12. 6.

1990). Als entschiedener Reformer (v. a. beim Übergang von der Plan- zur Marktwirtschaft) forderte er einen radikaleren Kurs als M. S. GORBATSCHOW und kritisierte dessen ständig wachsende Machtfülle. Im Juli 1990 trat er aus der KPdSU aus. Nach der Einführung des Präsidialsystems (Mai 1991) wurde er von der Bev. am 13. 6. 1991 zum Präs. Rußlands gewählt. Im Verlauf des Putsches orthodox-kommunist. Kräfte gegen Präs. GORBATSCHOW (19.–21. 8.) trug J. wesentlich zum Scheitern des Putsches bei. Im Dez. 1991 hatte er entscheidenden Anteil an der Gründung der Gemeinschaft Unabhängiger Staaten (GUS).

**Jemen** (Bd. 11): *Verfassung:* Der Entwurf einer Verf. für den nach der staatsrechtl. Vereinigung von Nord- und Süd-J. gebildeten Staat ›Rep. J.‹ wurde im Mai 1991 in einem Referendum bestätigt. Die Verf. erstrebt die Errichtung einer pluralist. Demokratie. Für eine Übergangsphase liegt die Legislative bei einem 301köpfigen Parlament (gebildet aus den Abg. der Parlamente der beiden Staaten) und die Exekutive bei einem fünfköpfigen Präsidialrat.

Staatswappen

Nationalflagge

**Jena 1)** (Bd. 11): Die Stadt J. gehört seit 3. 10. 1990 zum Land Thüringen; sie ist kreisfreie Stadt und Verw.-Sitz des Landkreises Jena.

**Jena 2)** (Bd. 11): Der Landkreis J. gehört seit 3. 10. 1990 zum Land Thüringen.

**Jenkins,** Roy Harris, brit. Politiker (Bd. 11): Seit der Fusion der Mehrheit der SDP und der Liberalen 1988 zur SLDP deren Sprecher im Oberhaus.

**Jerusalempreis** (Bd. 11): Z. HERBERT (1991).

**Jessen 1)** (Bd. 11): Der Landkreis J. gehört seit 3. 10. 1990 zum Land Sachsen-Anhalt.

**Jiang Qing,** chin. Politikerin (Bd. 11): † (Selbstmord) Peking 14. 5. 1991.

**Jordanien** (Bd. 11): Bei den Wahlen vom Nov. 1989 erwiesen sich die islam. Gruppierungen, v. a. die Muslimbruderschaft, als stärkste polit. Kraft. Nach dem Einmarsch irak. Truppen in Kuwait (2. 8. 1990) zeigte die jordan. Bev., bes. die palästinens. Araber, starke Sympathien für die Politik des irak. Präs. S. HUSAIN. Unter dem Eindruck dieser innenpolit. Situation nahm König HUSAIN II. in der Golfkrise und im 2. Golfkrieg (Jan.–Febr. 1991) eine bedingt pro-irak. Stellung ein und suchte zu vermitteln. An der Madrider Nahostkonferenz (31. 10. 1991) nahmen als Mitgl. der jordan. Delegation palästinens. Araber teil.

**Jugendarrest** (Bd. 11): Freizeitarrest darf nunmehr höchstens zweimal (bisher viermal) verhängt werden; der Kurzarrest darf max. vier (bisher sechs) Tage betragen.

**Jugendhilfe** (Bd. 11): Durch das Kinder- und Jugendhilfe-Ges. vom 26. 6. 1990 (in Kraft seit 1. 1. 1991, in den neuen Bundesländern mit Maßgaben seit 3. 10. 1990) ist das J.-Recht neu geregelt worden. Das neue Ges. ist als Buch VIII in das Sozialgesetzbuch eingefügt worden; das Jugendwohlfahrts-Ges. wurde aufgehoben. Das neue Recht bezweckt, das Instrumentarium ordnungsrechtl. Eingriffe durch präventiv orientierte Leistungen zu ersetzen.

**Jugendstrafe** (Bd. 11): Die J. von unbestimmter Dauer ist abgeschafft worden. Bei der Verhängung von J. bis zu zwei Jahren ist die Strafe grundsätzlich zur Bewährung auszusetzen, es sei denn, daß die Vollstreckung im Hinblick auf die Entwicklung des Jugendlichen geboten erscheint.

**Jugendstrafrecht** (Bd. 11): Das Jugendgerichts-Ges. ist durch Ges. vom 30. 8. 1990 geändert worden (Änderung in Kraft seit 1. 1. 1991, in den fünf neuen Bundesländern mit bestimmten Maßgaben seit 3. 10. 1990). In Anlehnung an kriminolog. Forschungen soll im J. die Freiheitsentziehung als Sanktion wegen nachteiliger Folgewirkungen nach Möglichkeit vermieden werden und durch Maßnahmen, die keinen Freiheitsentzug bedingen, ersetzt werden.

**Jugoslawien** (Bd. 11): Im Zuge einer steigenden Wirtschaftskrise (Produktivitätsrückgang, Inflationsschub) und des Verfalls der kommunist. Parteiherrschaft (Spaltung und Auflösung des Bundes der Kommunisten J.s) verschärften sich 1990/91 die Spannungen zw. den auf ihre Vormachtstellung in J. bedachten Serben, der zahlenmäßig stärksten Nationalität, und den anderen Völkerschaften. Während die Rep. Serbien (Präs. S. MILOŠEVIĆ) an der bestehenden Verf. festzuhalten suchte, forderten v. a. Slowenien (Präs. M. KUČAN) und Kroatien (Präs. F. TUDJMAN) eine Verf.-Reform im Sinne der Konstituierung einer Konföderation. Mit einem wirtschaftl. Sanierungsplan und der Umstrukturierung der Wirtschafts-Verf. (Abschaffung der Selbstverwaltung der Betriebe, Einführung der marktwirtschaftl. Zielvorgaben) suchte die Bundes-Reg. unter MinPräs. A. MARKOVIĆ (seit 1989) – von der ökonom. Seite her – den Verfall des jugoslaw. Staates aufzuhalten. Politischmilitärisch stemmten sich v. a. die immer selbständiger agierende Bundesarmee und das jugoslaw. Staatspräsidium, beide von Serbien dominiert, dem Auflösungsprozeß entgegen. Im Verlauf der in allen Gliedstaaten 1989/90 abgehaltenen freien Wahlen verstärkten sich jedoch die nat. Fliehkräfte, bes. in Slowenien und Kroatien. Nachdem sich die Slowenen (23. 12. 1990) und Kroaten (19. 5. 1991) mit großer Mehrheit für die Unabhängigkeit ihrer Länder ausgesprochen hatten, vollzogen die Parlamente beider Teilstaaten am 25. 6. 1991 den Beschluß ihrer Bevölkerung. Im Juni/Juli 1991 kam es in Slowenien, bes. dort, wo die Grenzen Sloweniens mit den Außengrenzen J.s identisch sind, zu Kampfhandlungen zw. der jugoslaw. Bundesarmee und der slowen. Bürgerwehr. Während unter Vermittlung der EG ein Kompromiß zw. der Bundes-Reg. und Slowenien zustande kam (8. 7. 1991), entwickelte sich ab Juli 1991 auf dem Gebiet →Kroatiens (Nachtrag Bd. 18) ein blutiger Bürgerkrieg zw. den von der jugoslaw. Bundesarmee unterstützten serb. Četnici und der kroat. Nationalgarde. Nach vergebl. Vermittlungsbemühungen der EG (Entsendung zahlreicher EG-Beobachter nach J.; Vermittler Lord CARRINGTON) gelang es C. VANCE, im Auftrag der UNO einen Waffenstillstand in Kroatien zu vermitteln.

**Jüterbog 2)** (Bd. 11): Der Landkreis J. gehört seit 3. 10. 1990 zum Land Brandenburg.

**Kaganowitsch,** Lasar Moissejewitsch, sowjet. Politiker (Bd. 11): † Moskau 25. 7. 1991.

**Kaikō,** Takeshi, japan. Schriftsteller (Bd. 11): † Tokio 9. 12. 1989.

**Kalbe/Milde 1)** (Bd. 11): Die Stadt K./M. gehört seit 1988 zum Kr. Gardelegen, seit 3. 10. 1990 zum Land Sachsen-Anhalt.

**Kalbe/Milde 2)** (Bd. 11): Der Landkreis K./M. wurde 1988 aufgelöst.

**Kalinin,** Stadt in Rußland (Bd. 11): Heißt seit 1990 wieder **Twer.**

**Kambodscha** (Bd. 11): Am 9. 9. 1990 wurde in Jakarta die Bildung eines ›Obersten Nat. Rates‹ der Reg. beschlossen, in dem sechs Vertreter der Reg. in Phnom Penh sowie je zwei Delegierte der verbündeten aufständ. Organisationen vertreten sind. Am 23. 10. 1991 unterzeichneten die Bürgerkriegsparteien einen auf Vorschlägen des UN-Sicherheitsrates basierenden Friedensplan, der einen von der UNO kontrollierten Waffenstillstand vorsieht. Bis zur Abhaltung von allgemeinen Wahlen soll der ›Oberste Nat. Rat‹ (Vors.: NORODOM SIHANOUK) unter dem Schutz von UN-Truppen regieren.

**Kamenz 2)** (Bd. 11): Der Landkreis K. gehört seit 3. 10. 1990 zum Land Sachsen.

**Kanada** (Bd. 11): Die neue Verf. von 1982 konnte wegen des Widerstandes der Provinzen – v. a. Quebecs – nicht ratifiziert werden. Auch der lange ausgehandelte Kompromißvorschlag von 1987 (Meech-Lake-Accord) scheiterte an den Forderungen der Provinzen nach mehr Kompetenzen für die Regionalregierungen und am Argwohn gegen einen Sonderstatus Quebecs. Im Sept. 1991 legte Premier-Min. B. MULRONEY einen neuen Verf.-Entwurf vor, der den Zerfall der Konföderation verhindern soll (Senatsreform, Sonderstellung Quebecs, weitere Dezentralisierung, Recht der Urbevölkerung auf weitgehende Selbstverwaltung). Im Dez. 1991 wurde der Ureinwohnern die O-Hälfte der Northwest Territories als eigene Prov. (1,9 Mio. km$^2$) und eine Wiedergutmachung in Höhe von 580 Mio. kan$ zugestanden.

**Kant,** Hermann, Schriftsteller: Bd. 11; Nachtrag Bd. 12.

**Kantor,** Tadeusz, poln. Maler, Graphiker, Bühnenbildner und Regisseur (Bd. 11): † Krakau 8. 12. 1990.

**Kapitalverkehrsteuern** (Bd. 11): Durch das Finanzmarktförderungs-Ges. von 1990 wurde die Gesellschaftsteuer mit Wirkung vom 1. 1. 1992, die Börsenumsatzsteuer mit Wirkung vom 1. 1. 1991 abgeschafft.

**Kap Verde** (Bd. 11): Nach der Verf.-Änderung vom 28. 9. 1990 (Einführung des Mehrparteiensystems) erhielt der Movimento para Democracia (MPD; ›Bewegung für Demokratie‹) bei den Wahlen vom 13. 1. 1991 56 von 79 Mandaten; die bisherige Einheitspartei PAICV gewann nur 23 Sitze. MinPräs. ist seit dem 14. 1. 1991 CARLOS CARVALHO VEIGA (* 1924). Am 17. 2. 1991 wurde ANTONIO MASCARENHAS MONTEIRO (* 1944) zum Staatspräs. gewählt.

**Karamanlis,** Konstantinos, griechischer Politiker (Bd. 11): Wurde am 4. 5. 1990 wieder zum Staatspräs. gewählt.

**Karawanken** (Bd. 11): Der **K.-Straßentunnel** wurde am 2. 6. 1991 für den Verkehr eröffnet.

**Karl-Marx-Stadt 1)** (Bd. 11): Die Stadt heißt seit 1. 6. 1990 wieder →Chemnitz 1) (Nachtrag Bd. 18).

**Karl-Marx-Stadt 2)** (Bd. 11): Der Landkreis heißt seit 1. 6. 1990 wieder →Chemnitz 2) (Nachtrag Bd. 18).

**Karl-Marx-Stadt 3)** (Bd. 11): Der Bezirk wurde aufgelöst. Seit 3. 10. 1990 gehört das Gebiet zum Land Sachsen.

**Karlspreis 1)** (Bd. 11; Nachtrag Bd. 12): V. HAVEL (1991; 10000 DM), J. DELORS (1992).

**Kasachische Sozialistische Sowjetrepublik** (Bd. 11): Am 26. 10. 1990 beschloß der Oberste Sowjet der Kasach. SSR deren Souveränität innerhalb der UdSSR, erklärte den Vorrang kasach. Gesetze vor Unionsgesetzen und verbot jegl. Atomtests auf kasach. Gebiet. Am 2. 12. 1991 wählte die Bev. N. NASARBAJEW mit 98,7 % der Stimmen zum Staatspräs. Am 10. 12. 1991 benannte sich die Kasach. SSR in Rep. Kasachstan um.

**Kasachstan,** Rep. in Mittelasien, hervorgegangen aus der Kasach. SSR, schloß sich am 21. 12. 1991 der Gemeinschaft Unabhängiger Staaten (GUS) an. Mit Rußland, der Ukraine und Weißrußland vereinbarte sie eine gemeinsame Kontrolle der auf ihren Territorien stationierten Nuklearstreitkräfte.

**Katyn** (Bd. 11): Nach einer Verlautbarung der offiziellen staatl. Nachrichtenagentur TASS im April 1990 begingen Sicherheitskräfte des NKWD unter STALIN die Morde an den 1943 in einem Massengrab gefundenen poln. Offizieren.

**Keating** [ˈkiːtɪŋ], Paul, austral. Politiker, * Sydney 18. 1. 1944; seit 1959 Mitgl. der Labor Party, seit 1969 Abg., in der Reg. Whitlam von Okt. bis Nov. 1975 Min. für das Northern Territory. Als Finanz-Min. der Reg. Hawke (ab März 1983, ab März 1991 gleichzeitig stellv. Premier-Min.) führte er umfangreiche Wirtschafts- und Steuerreformen durch. Seit Dez. 1991 ist

**Nachtrag**   Keilhacker – Kommunistische Partei der Sowjetunion

K. nach einer Kampfabstimmung gegen R. HAWKE Vors. der Labor Party und Premierminister.
**Keilhacker,** Martin, Pädagoge und Psychologe (Bd. 11): † München 11. 11. 1989.
**Keller,** Hans Peter, Schriftsteller: Bd. 11; Nachtrag Bd. 12.
**Keller,** Harald, Kunsthistoriker: Bd. 11; Nachtrag Bd. 12.
**Kempff,** Wilhelm Walter Friedrich, Pianist (Bd. 11): † Positano (Prov. Salerno, Italien) 23. 5. 1991.
**Kendall** [kendl], Henry Way, amerikan. Physiker, * Boston (Mass.) 9. 12. 1926; Prof. am Massachusetts Institute of Technology (seit 1967). 1990 erhielt K. mit J. I. FRIEDMAN und R. E. TAYLOR für die experimentelle Bestätigung des Quarkmodells bei Hadronen durch Streuung von Elektronen an Protonen und Neutronen den Nobelpreis für Physik.
**Kérékou,** Ahmed, Politiker in Benin (Bd. 11): Mußte 1991 als Staatsoberhaupt zurücktreten.
**Kernforschungsanlage Jülich GmbH:** Bd. 11; Nachtrag Bd. 12.
**Kernwaffensperrvertrag** (Bd. 11): Auf der vierten Überprüfungskonferenz (20. 8.–16. 9. 1990) konnten sich die (inzwischen 143) Mitgl.-Länder des K. nicht auf ein gemeinsames Schlußdokument einigen, das der Forderung einer Gruppe von Entwicklungsländern (unter Führung von Mexiko) nach einem strikten Junktim zw. der 1995 anstehenden Verlängerung des K. und dem Abschluß eines umfassenden nuklearen Teststoppvertrags Rechnung getragen hätte. Als letzte der ständigen Mitgl. des Sicherheitsrates der UNO traten 1992 China und Frankreich dem K. bei. 1991 unterzeichneten Argentinien und Brasilien ein von der IAEO ausgearbeitetes bilaterales Kontrollabkommen über die friedl. Nutzung der Kernenergie. Angesichts eines 1991 bevorstehenden Vertragsabschlusses der Rep. Südafrika mit der IAEO erklärten Moçambique, Sambia und Tansania ihren Beitritt zum Kernwaffensperrvertrag.
**Kessel,** Martin, Schriftsteller (Bd. 11): † Berlin 14. 4. 1990.
**KGB** (Bd. 11): Das KGB unter Führung von WLADIMIR KRJUTSCHKOW (* 1924) war vom 19. bis 21. 8. 1991 mit eigenen Truppen maßgeblich am Putsch gegen Präs. M. S. GORBATSCHOW beteiligt. Im Okt. 1991 von diesem für aufgelöst erklärt, existiert es jedoch in zergliederter Form, v. a. in Verbindung mit dem russ. Geheimdienst, weiter. Nach der Gründung der GUS im Dez. 1991 wurde der von GORBATSCHOW geschaffene ›Interrepublikan. Sicherheitsdienst‹ (russ. Abk. MSB) mit dem KGB Rußlands (gegr. im Mai 1991) zusammengeschlossen. Nach versch. Umbenennungen und Umorganisationen wurde der russ. Geheimdienst im Rahmen eines ›Ministeriums für Sicherheit‹ (russ. Abk. MBR) neu organisiert.
**Kilometerpauschale** (Bd. 11): Die K. beträgt 1991 pro Entfernungskilometer 0,58 DM (Pkw) bzw. 0,26 DM (Motorrad, Motorroller), für 1992 ist sie auf 0,65 DM bzw. 0,30 DM angehoben worden.
**Kindererziehungszeiten** (Bd. 11): Die 1986 eingeführten K. werden ab 1992 von bisher einem Jahr auf drei Jahre verlängert.
**Kingisepp,** Stadt in Estland (Bd. 11): Heißt seit 1988 wieder **Kuressaare.**
**Kinkel,** Klaus, Politiker (FDP), * Metzingen 17. 12. 1936; Jurist; seit 1965 im Staatsdienst tätig, 1979–82 Präs. des BND, 1982–91 beamteter Staats-Sekr. im Bundesjustizministerium; seit Jan. 1991 Bundesjustiz-Min.; seit Febr. 1991 Mitgl. der FDP.
**Kinski,** Klaus, Schauspieler (Bd. 11): † Lagunitas (Calif.) 23. 11. 1991.
**Kirche von England** (Bd. 12): Erzbischof von Canterbury ist seit 1990 George Leonard →Carey (Nachtrag Bd. 18).

Henry W. Kendall

Klaus Kinkel

Frederik de Klerk

**Kirgisien, Kirgistan,** Rep. in Mittelasien, hervorgegangen aus der Kirgis. SSR, erklärte am 1. 9. 1991 ihre Unabhängigkeit (Präs. ASKAR AKAJEW, * 1944). Mit Wirkung vom 21. 12. 1991 trat sie der Gemeinschaft Unabhängiger Staaten (GUS) bei.
**Kirgisische Sozialistische Sowjetrepublik** (Bd. 12): Im Juni 1990 lösten ethn. und soziale Spannungen gewalttätige Auseinandersetzungen zw. Kirgisen und Usbeken aus. Am 12. 12. 1990 erklärte sich die Kirgis. SSR für souverän innerhalb der UdSSR und nannte sich in Rep. Kirgistan um.
**Kirowabad,** Stadt in Aserbaidschan (Bd. 12): Heißt seit 1989 **Gjandscha.**
**Kisielewski,** Stefan, poln. Schriftsteller und Komponist (Bd. 12): † Warschau 27. 9. 1991.
**Klasen,** Karl, Bankfachmann (Bd. 12): † Hamburg 22. 4. 1991.
**Kleist-Preis** (Bd. 12): HEINER MÜLLER (1990), G. SALVATORE (1991), MONIKA MARON (1992).
**Klerk,** Frederik Willem de, südafrikan. Politiker, * Johannesburg 18. 3. 1936; Rechtsanwalt, Mitgl. der Nat. Partei, u. a. 1982–85 Innen-, 1984–89 Erziehungs-Min.; ist seit 1989 Vors. seiner Partei und Staatspräs.; leitete die Abschaffung der Apartheidgesetzgebung sowie eine Verf.-Reform ein.
**Klibi,** Chedli, tunes. Politiker (Bd. 12): War bis Sept. 1990 GenSekr. der Arab. Liga.
**Klingenthal 1)** (Bd. 12): Der Landkreis K. gehört seit 3. 10. 1990 zum Land Sachsen.
**Klose,** Hans-Ulrich, Politiker (Bd. 12): Trat nach seiner Wahl zum Vors. der SPD-Fraktion im Bundestag (Nov. 1991) als SPD-Schatzmeister zurück.
**Klötze 1)** (Bd. 12): Der Landkreis K. gehört seit 3. 10. 1990 zum Land Sachsen-Anhalt.
**Kohl,** Helmut, Politiker (Bd. 12): Mit seinen Initiativen zur Wirtschafts-, Sozial- und Währungsunion (1. 7. 1990) zw. der Bundesrep. Dtl. und der Dt. Dem. Rep. sowie dem Einigungsvertrag zw. beiden Staaten (31. 8. 1990) trieb K. den Prozeß der Vereinigung beider Staaten maßgeblich voran. Im Zuge der Eingliederung der ostdt. CDU-Verbände in die Gesamtorganisation der Partei (1.–2. 10. 1990) wurde er als Partei-Vors. bestätigt. Nach der dt. Vereinigung und der ersten gesamtdt. Bundestagswahl (2. 12. 1990) wählte ihn der Bundestag am 17. 1. 1991 zum Bundeskanzler.
**Kohlepfennig** (Bd. 12): Im Nov. 1991 einigte sich die ›Kohlerunde‹ (Teilnehmer aus Bund, Kohleländern, Bergbau, Gewerkschaften, Elektrizitätswirtschaft) auf eine Verringerung der jährl. Steinkohleförderung von (1991) 70 Mio. t auf (2000) 54 Mio. t. Bis 1995 (Auslaufen des ›Jahrhundertvertrags‹) sollen rd. 41 Mio. t Steinkohle verstromt werden. Der Hüttenvertrag soll bis 2005 verlängert werden, eine neue Finanzierungsregelung den K. ablösen.
**Kolumbien** (Bd. 12): Im Mai 1990 wurde C. GAVIRÍA TRUJILLO zum neuen Staatspräs. gewählt. Im Juni 1991 beschloß eine im Dez. 1990 gewählte verfassunggebende Versammlung vorgezogene Neuwahlen im Okt. 1991, in denen sich die Liberale Partei mit der absoluten Mehrheit in beiden Kammern behauptete. An den Wahlen nahm auch der frühere M-19 teil, der Mitte 1991 den Guerillakampf aufgegeben und eine neue Partei, die Alianza Democrática, gegründet hatte. Die verfassunggebende Versammlung legte ferner die Nichtauslieferung kolumbian. Staatsbürger an andere Staaten fest. Daraufhin kündigte ein Teil der Kokainkartelle die Einstellung des Terrors an, einige ihrer Mitgl. stellten sich den Behörden.
Im Juli 1991 trat die neue Verf. in Kraft, die u. a. die neue Anzahl von 100 Senatoren, die Nichtauslieferung von kolumbian. Staatsbürgern und Autonomierechte für indian. Völkerschaften verankert.
**Kommunistische Partei der Sowjetunion** (Bd. 12): Nach dem gescheiterten Putsch orthodoxer

kommunistische Parteien – Kuba **Nachtrag**

Kommunisten gegen Präs. M. S. GORBATSCHOW (19.–21. 8. 1991) trat dieser als GenSekr. der KPdSU zurück und suspendierte am 29. 8. ihre Tätigkeit für das gesamte Gebiet der UdSSR. Am 6. 11. 1991 verbot der russ. Präs. B. N. JELZIN die KPdSU und die (im Sept. 1990 gegründete) KP Rußlands.

**kommunistische Parteien** (Bd. 12): Nach dem Zusammenbruch der kommunist. Gesellschaftssysteme in Ost- und Südosteuropa (1989/90) suchten sich viele k. P. als ›Sozialist. Partei‹ oder ›Partei der demokrat. Linken‹ neu zu formieren.

**Komoren** (Bd. 12): Staats- und Reg.-Chef ist seit 1990 SAID MOHAMMED DJOHAR (* 1918).

**Konferenz über Sicherheit und Zusammenarbeit in Europa** (Bd. 12): Neben dem Mandat für VKSE und KVAE hatte das KSZE-Folgetreffen in Wien eine Konferenzfolge über ›die menschl. Dimension‹ auf den Weg gebracht (Paris 30. 5.–23. 6. 1989, Kopenhagen 5. 6.–29. 6. 1990, Moskau 10. 9.–4. 10. 1991), in der die bis dahin getrennt verhandelten KSZE-Bereiche Menschenrechte (Korb I) sowie Freizügigkeit und soziokulturelle Kooperation (Korb III) zusammengeführt wurden; es kam dabei zu Vereinbarungen über Sicherung und Ausbau der Menschenrechte sowie der Rechtsstaatlichkeit in allen KSZE-Staaten. Die Wiener KSZE-Nachfolgekonferenz initiierte ferner eine Konferenz über wirtschaftl. Zusammenarbeit (Bonn 19. 3.–11. 4. 1990), deren Schlußdokument in den Bekenntnissen aller Teilnehmerstaaten zum Mehrparteiensystem, zur Rechtsstaatlichkeit, zur wirtschaftl. Nutzung des Privateigentums und zur Marktwirtschaft die völlig veränderte polit. Lage in Europa widerspiegelt. Diese Wende ermöglichte es, auf dem durch die Vereinigung der beiden dt. Staaten bedingten ›Sondergipfel‹ der KSZE von Paris (19.–21. 11. 1990) die ›Charta für ein neues Europa‹ zu verabschieden, in der die Mitgliedsstaaten eine Institutionalisierung der KSZE mit einem ›Sekretariat‹ in Prag, einem mindestens einmal jährlich tagenden ›Rat der Außenminister‹ und einem ständigen ›Ausschuß Hoher Beamter‹ sowie die Einrichtung eines ›Konfliktverhütungszentrums‹ in Wien und eines ›Büros für freie Wahlen‹ in Warschau vereinbarten. Seit 1991 sind Albanien und die balt. Staaten, seit 1992 alle Staaten der GUS Mitgl. der KSZE.

**Königs Wusterhausen 2)** (Bd. 12): Der Landkreis gehört seit 3. 10. 1990 zum Land Brandenburg.

**Konrád,** György, ungar. Schriftsteller (Bd. 12): Friedenspreis des Börsenvereins des Dt. Buchhandels (1991).

**Konrad-Duden-Preis der Stadt Mannheim** (Bd. 12): ELS OKSAAR (* 1926; 1992).

**Konservative und Unionistische Partei** (Bd. 12): Im Nov. 1990 wurde MARGARET THATCHER als Parteiführerin von J. MAJOR abgelöst.

**Korn,** Karl Johannes Robert, Publizist und Schriftsteller (Bd. 12): † Bad Homburg v. d. Höhe 10. 8. 1991.

**Korsika** (Bd. 12): Im April 1991 billigte die frz. Nationalversammlung ein neues Statut für K., das 1992 in Kraft treten soll. Als spezielle Form der ›Collectivité territoriale‹ mit Parlament (51 Abg.) und siebenköpfigem Exekutivausschuß erhält K. weitere Kompetenzen v. a. im wirtschaftl. und sozialen Bereich. Die Bez. ›kors. Volk, Bestandteil des frz. Volkes‹ wurde jedoch im Mai 1991 vom frz. Verf.-Rat verworfen.

**Kortüm,** Gustav Ferdinand Albert, Physikochemiker (Bd. 12): † Tübingen 1. 12. 1990.

**Kosinski,** Jerzy Nikodem, amerikan. Schriftsteller poln. Herkunft (Bd. 12): † (Selbstmord) New York 3. 5. 1991.

**Kosiol,** Erich, Betriebswirtschaftler (Bd. 12): † Salzburg 7. 9. 1990.

**Kosovo** (Bd. 12): Im Juli 1990 hob die serb. Regierung die Autonomie des K. auf. Die alban. Abg. des aufgelösten Parlaments des K. beschlossen am 7. 9. 1990 eine neue Verf. für den K., in der sie diesen zur unabhängigen Rep. innerhalb Jugoslawiens erklärten.

**Köthen 1)** (Bd. 12): Der Landkreis K. gehört seit 3. 10. 1990 zum Land Sachsen-Anhalt.

**Kraemer,** Friedrich Wilhelm, Architekt (Bd. 12): † Köln 18. 4. 1990.

**Kraft,** Werner, Schriftsteller (Bd. 12): † Jerusalem 14. 6. 1991.

**Krause,** Günther, Politiker (CDU), * Halle/Saale 13. 9. 1953; Bauingenieur, seit 1990 Honorar-Prof. an der TH in Wismar; trat 1975 der CDUD bei, seit 1990 Vors. der Partei in Mecklenburg-Vorpommern. Von März bis Okt. 1990 war er Abg. in der Volkskammer der Dt. Dem. Rep. Als Parlamentar. Staats-Sekr. im Amt des MinPräs. (April–Okt. 1990) leitete er die Verhandlungen mit der Bundesrep. Dtl. über den Staatsvertrag zur Währungs-, Wirtschafts- und Sozialunion sowie zum Einigungsvertrag. Nach der Vereinigung Dtl.s (3. 10. 1990) wurde er Bundes-Min. für besondere Aufgaben, im Jan. 1991 Bundesverkehrsminister.

Günther Krause

**Krawtschuk, Kravčuk** [-tʃ-], Leonid Makarowitsch, ukrain. Politiker, * Welikij Schitin (Gebiet Rowno) 10. 1. 1934; urspr. führendes Mitglied der ukrain. KP-Organisation, von Juli 1990 bis Dez. 1991 Vors. des ukrain. Parlaments; trat nach dem Putsch konservativer kommunist. Kräfte in Moskau (Aug. 1991) aus der KP aus. Am 1. 12. 1991 wählte ihn die Bev. der Ukraine zum Präs. K. beteiligte sich im Dez. 1991 maßgeblich an der Gründung der Gemeinschaft Unabhängiger Staaten (GUS).

**Kreisky,** Bruno, österr. Politiker (Bd. 12): † Wien 29. 7. 1990.

**Krenek,** Ernst, österr.-amerikan. Komponist (Bd. 12): † Palm Springs (Calif.) 22. 12. 1991.

**Kroatien** (Bd. 12): Bei den ersten freien Wahlen in K. am 23. 4. und 6. 5. 1990 errang die kroatisch-national orientierte ›Hrvatska Demokratska Zajednica‹ (HDZ; dt. ›Kroatisch-Demokrat. Gemeinschaft‹) die absolute Mehrheit der Sitze und löste die Kommunisten in der Regierung ab. Staatspräs. wurde FRANJO TUDJMAN (* 1922), MinPräs. STJEPAN MESIĆ (* 1934), später JOSIP MANOLIĆ. Im Zuge versch. Verf.-Änderungen löste sich K. als ›Republik K.‹ immer mehr aus dem jugoslaw. Staatsverband. Am 22. 12. 1990 verabschiedete das Parlament (›Sabor‹) eine neue kroat. Verf. In einem Referendum (19. 5. 1991) sprach sich die Bev. mit 93,24 % für die Unabhängigkeit K.s aus; die serb. Minderheit blieb jedoch dieser Abstimmung fern. Am 25. 6. 1991 proklamierte das Parlament die Unabhängigkeit Kroatiens.

Von Juli bis Dez. 1991 kam es auf kroat. Gebiet zu schweren Kämpfen zw. der kroat. Nationalgarde einerseits und serb. Milizen andererseits, die immer offener und offensiver von Einheiten der serbisch dominierten jugoslaw. Bundesarmee unterstützt wurden. Nach vielen gescheiterten Vermittlungsbemühungen der EG trat am 3. 1. 1992 ein von der UNO vermittelter Waffenstillstand in Kraft, in dessen Rahmen eine Friedenstruppe der UNO in K. stationiert werden soll. Mehrere tausend Menschen kamen bei den Kämpfen ums Leben, etwa 700 000 Menschen flohen aus den Kampfgebieten. (→Jugoslawien, Nachtrag Bd. 18)

**Kruse,** Martin, ev. Theologe (Bd. 12): War bis Nov. 1991 Vors. des Rates der EKD.

**Kuba** (Bd. 12): Die polit. und wirtschaftl. Veränderungen in Osteuropa und der Sowjetunion lösten in K. die größte Wirtschaftskrise seit 1959 (erhebl. Lebensmittelknappheit und Energieengpässe) aus. Der weitgehenden internat. Isolation versuchte K. 1991 auf einem iberoamerikan. Gipfeltreffen und durch den

Leonid Makarowitsch Krawtschuk

Kroatien

Staatswappen

Nationalflagge

**Nachtrag**   Kühn – Lettland

Abschluß eines Handelsabkommens mit China entgegenzuwirken. Der 4. Parteitag des PCC im Okt. 1991 legte im wirtschaftl. Bereich im wesentlichen die Zulassung privater Werkstätten fest und beschloß auf polit. Ebene v. a. die Abschaffung des Parlamentssekretariats und des Sekretariats des ZK sowie die allgemeine und direkte Wahl der Abg. der Nationalversammlung.

**Kühn,** Heinz, Politiker (Bd. 12): † Köln 12. 3. 1992.

**Kujbyschew,** Stadt in Rußland (Bd. 12): Heißt seit 1991 wieder **Samara.**

**Kumajri,** Stadt in Armenien, hieß bis 1991 → Leninakan (Bd. 13).

**Kunisch,** Hermann, Literarhistoriker (Bd. 12): † München 24. 2. 1991.

**Kurden** (Bd. 12): Nach der Niederlage Iraks im 2. Golfkrieg (Jan.–Febr. 1991) erhoben sich die irak. K. im März 1991 gegen das diktator. Regime Präs. S. HUSAINS, der jedoch den Aufstand niederschlug. Dies löste einen Strom kurd. Flüchtlinge (auf seinem Höhepunkt etwa 1,5–2 Mio. Menschen) nach Iran und in das irak.-türk. Grenzgebiet aus. Angesichts politisch-militär. Auseinandersetzungen mit dem kurd. Bev.-Teil im eigenen Land suchte die türk. Regierung – z. T. mit militär. Gewalt – den Zustrom kurd. Flüchtlinge zu verhindern. Im April 1991 richteten amerikan., brit. und frz. Truppen in N-Irak vorübergehend Sicherheitszonen ein, um die kurd. Flüchtlinge vor irak. Verfolgung zu schützen. Im Okt. 1991 unternahmen türk. Luftstreitkräfte auf nordirak. Gebiet Angriffe auf Guerillakämpfer der Arbeiterpartei Kurdistans (kurd. Abk. PKK), die in der Türkei für einen eigenen kurd. Staat kämpfen.

**Kuressaare,** Stadt in Estland, hieß 1952–88 →Kingisepp (Bd. 11).

**Kuwait** (Bd. 12): Im Anschluß an Streitigkeiten zw. Irak und K. über die beiderseitige Erdölförderungspolitik sowie über gegenseitige Grenzverletzungen (bei der Erdölförderung) marschierten irak. Truppen am 2. 8. 1990 in K. ein und besetzten es. Unter Berufung auf (umstrittene) histor. Ansprüche annektierte Irak am 8. 8. 1990 das Gebiet von K. und erklärte es am 28. 8. 1990 zu seiner ›19. Provinz‹. Unter dem Druck seiner militär. Niederlage im 2. →Golfkrieg (Nachtrag Bd. 18) annullierte Irak Anfang März 1991 die Annexion K.s. Im selben Monat kehrte Scheich JABIR AL-AHMAD AL-SABBAH aus seinem Exil in Saudi-Arabien, wohin er am 2. 8. 1990 geflohen war, nach K. zurück. Während der Besetzung K.s hat sich die irak. Armee dort zahlreicher Verletzungen der Menschenrechte schuldig gemacht. Die kuwait. Regierung ging ihrerseits hart gegen Sympathisanten Iraks (bes. gegen in K. arbeitende Palästinenser) vor.

Am 6. 11. 1991 wurde die letzte der brennenden Ölquellen, die von den irak. Truppen in Brand gesetzt worden waren, gelöscht, jedoch sind noch nicht alle Ölquellen wieder unter Kontrolle. Die über K. liegende Wolke aus Ruß und Öl führte nicht zu dem erwarteten Anstieg der anorgan. Luftschadstoffe wie Schwefeldioxid, Kohlenmonoxid und Stickoxide. Die Konzentration aromat. Kohlenwasserstoffe erreichte nicht die Meßwerte in den Industrieländern. Die mittleren Temperaturen 1991 fielen jedoch im Umkreis von 200 km um 5–8 °C. Nichtsdestoweniger verursachten die Umweltverschmutzungen eine schwere Beeinträchtigung von Mensch und Natur.

**Kyritz 2)** (Bd. 12): Der Landkreis K. gehört seit 3. 10. 1990 zum Land Brandenburg.

**Labour Party 1)** (Bd. 12): Vors. der austral. Labor Party und Premier-Min. ist seit Dez. 1991 P. KEATING.

**Lafontaine,** Oskar, Politiker (Bd. 12): Als Kanzlerkandidat der SPD bei den Bundestagswahlen vom 2. 12. 1990 stellte L., im April 1990 bei einem Attentat schwer verletzt, die sozialen Fragen beim dt. Einigungsprozeß in den Vordergrund; er unterlag dem amtierenden Bundeskanzler H. KOHL.

**Land,** Edwin Herbert, amerikan. Physiker und Industrieller (Bd. 13): † Cambridge (Mass.) 1. 3. 1991.

**Landgericht** (Bd. 13): Seit dem 1. 4. 1991 sind die L. für vermögensrechtl. Streitigkeiten ab einem Streitwert von 6 000 DM (bisher 5 000 DM) zuständig.

**Landgrebe,** Ludwig, Philosoph (Bd. 13): † 14. 8. 1991.

**Langensalza 1)** (Bd. 13): Der Landkreis L. gehört seit 3. 10. 1990 zum Land Thüringen.

**Langhoff,** Matthias, Regisseur (Bd. 13): 1989–91 Theaterleiter in Lausanne.

**Langhoff,** Thomas, Schauspieler und Regisseur (Bd. 13): Seit 1991 Intendant des Dt. Theaters Berlin.

**Laos** (Bd. 13): Nach der Verabschiedung einer neuen Verf. wurde KAYSONE PHOMVIHANE im Aug. 1991 zum Staatspräs., KHAMTAI SIPHANDON zum Min.-Präs. gewählt.

**Lean,** David, brit. Filmregisseur (Bd. 13): † London 16. 4. 1991. 1984 erhielt er den Titel Sir.

**Le Duc Tho,** vietnames. Politiker (Bd. 13): † Hanoi 13. 10. 1990.

**Lefebvre,** Marcel, frz. kath. Erzbischof (Bd. 13): † Martigny (Schweiz) 25. 3. 1991.

**Lehnert,** Martin, Anglist (Bd. 13): † Berlin 4. 3. 1992.

**Leipzig 1)** (Bd. 13): Die Stadt L. gehört seit 3. 10. 1990 zum Land Sachsen, sie ist kreisfreie Stadt und Verw.-Sitz des Landkreises Leipzig.

**Leipzig 2)** (Bd. 13): Der Landkreis L. gehört seit 3. 10. 1990 zum Land Sachsen.

**Leipzig 3)** (Bd. 13): Der Bezirk L. wurde aufgelöst. Seit 3. 10. 1990 gehört der größte Gebietsteil zum Land Sachsen, die Landkreise Altenburg und Schmölln kamen zum Land Thüringen.

**Leiris,** Michel, frz. Schriftsteller und Ethnologe (Bd. 13): † Saint-Hilaire (Dép. Essonne) 30. 9. 1990.

**Leninabad,** Stadt in Tadschikistan (Bd. 13): Heißt seit 1991 **Chudschand** [x-]**, Chudżand** [-dʒ-].

**Leninakan,** Stadt in Armenien (Bd. 13): Heißt seit 1991 **Kumajri.**

**Leningrad,** Stadt in Rußland (Bd. 13): Heißt seit 1991 wieder **Sankt Petersburg.**

**Leninváros,** Stadt in Ungarn (Bd. 13): Wurde in **Tiszaújváros** umbenannt.

**Lesotho** (Bd. 13): Im Nov. 1990 setzte General JUSTINUS LEKHANYA König MOSCHESCH II. ab und erhob dessen Sohn (* 1963) als LETSIE III. auf den Thron. Am 30. 4. 1991 stürzte Oberst ELIAS PHISOANA RAMAEMA (* 1934) LEKHANYA.

**Lettische Sozialistische Sowjetrepublik** (Bd. 13): Die Lett. SSR ist seit 3. 3. 1991 als Rep. Lettland unabhängig.

**Lettland,** lett. **Latvija,** Staat in O-Europa, hervorgegangen aus der →Lettischen Sozialistischen Sowjetrepublik (Bd. 13), grenzt im W an die offene Ostsee, im N an die Rigaer Bucht und an Estland, im O an Rußland, im SO an Weißrußland, im S an Litauen; mit 64 500 km² etwas kleiner als Litauen; (1989) 2,68 Mio. Ew., davon 32,8% Russen, 4% Polen; Hauptstadt ist Riga. Die Amtssprache ist Lettisch.

*Geschichte:* Staatsoberhaupt ist als Vors. des Obersten Rates (seit 1988) ANATOLI GORBUNOW (* 1942), MinPräs. (seit dem 7. 5. 1990) IVAR GODMANIS (* 1951; Mitgl. der Volksfront). Am 14. 5. 1990 erklärte der sowjet. Präs. M. S. GORBATSCHOW die lett. Unabhängigkeitserklärung (4. 5. 1990) für ungültig. Im Jan. 1991 besetzten Truppen des sowjet. Innenministeriums gewaltsam das lett. Innenministerium. Im Ggs. zur Führung der UdSSR erkannte der Präs. des Volksdeputiertenkongresses der RSFSR B. N. JELZIN am 13. 1. 1991 die Souveränität der balt. Staaten an. In einem Referendum sprach sich am 3. 3. 1991 die Mehrheit

Lettland

Staatswappen

Nationalflagge

der lett. Bev. für die Unabhängigkeit ihres Landes aus. Nach dem (gescheiterten) Putsch vom Aug. 1991 erkannte die sowjet. Führung die lett. Unabhängigkeit an. (→Lettland, Bd. 13)

**Lewis,** Sir William Arthur, brit. Volkswirtschaftler (Bd. 13): † Barbados 15. 6. 1991.

**Libanon** (Bd. 13): Nach der Kapitulation General M. AOUNS im Okt. 1990 konnte Präs. E. HRAWI die Kontrolle über die libanes. Streitkräfte gewinnen und seine Versuche, das Friedensabkommen von Taif zu verwirklichen, fortsetzen. Rivalisierende Milizen, z. B. die schiit. ›Amal‹ und ›Hizbollah‹, stellten ihre Kämpfe ein. Am 6. 5. 1991 schloß L. einen Freundschaftsvertrag mit Syrien (als Schutzmacht). Im Juli 1991 erzwangen die libanes. Streitkräfte die Entwaffnung der palästinens. Milizen in L. Seit Aug. 1991 bemühte sich die internat. Diplomatie, bes. UN-Gen.-Sekr. J. PÉREZ DE CUÉLLAR, um die Freilassung von Geiseln, die von libanes. Gruppen festgehalten werden.

**Liberal Party** (Bd. 13): Im März 1988 vereinigte sich die L. P. mit der Mehrheit der Social Democratic Party zur Social and Liberal Democratic Party.

**Liberia** (Bd. 13): Ende Dez. 1989 brach in L. ein Aufstand gegen Präs. S. DOE (tödlich verwundet; † 10. 9. 1990) aus, der sich seit Aug. 1990 zu einem bewaffneten Konflikt zw. versch. Rebellengruppen ausweitete; im selben Monat marschierte eine Friedenstruppe der in der Westafrikan. Wirtschaftsgemeinschaft zusammengeschlossenen Staaten in L. ein. Am 23. 11. 1990 wurde AMOS SAWYER als interimist. Staatspräs. vereidigt. Am 19. 4. 1991 wurde dieser von einer seit dem 15. 3. 1991 in Monrovia tagenden All-Liberian National Conference in dieser Funktion bestätigt.

**Liebenwerda, Bad L. 2)** (Bd. 13): Der Landkreis Bad L. gehört seit 3. 10. 1990 zum Land Brandenburg.

**Lietzau,** Hans, Regisseur und Theaterleiter (Bd. 13): † Berlin 30. 1. 1991.

**Litaize,** Gaston, frz. Organist und Komponist (Bd. 13): † Ménil-sur-Belvitte (Dép. Vosges) 5. 8. 1991.

**Litauen,** litauisch **Lietuvà,** Staat in O-Europa, hervorgegangen aus der →Litauischen Sozialistischen Sowjetrepublik (Bd. 13), grenzt im W an die Ostsee, im N an Lettland, im O und SO an Weißrußland, im S an Polen und Rußland (Gebiet Kaliningrad); mit 65 200 km² etwas größer als Lettland; (1989) 3,69 Mio. Ew., davon 8,9% Russen, 7,3% Polen, 1,7% Weißrussen; Hauptstadt ist Wilna. Die Amtssprache ist Litauisch.
*Geschichte:* Im Jan. 1991 suchten die zentralen sowjet. Instanzen mit militär. Aktionen (Verhängung des Ausnahmezustandes in Wilna) die Unabhängigkeitsbewegung zu unterdrücken; dabei gab es zu Toten und Verletzten unter der Zivil-Bev., die sich den sowjet. Aktionen entgegenstellte. Seit dem 13. 1. 1991 ist GEDIMINAS VAGNOLIUS (Mitgl. der Volksfront) Min.-Präs. Am 10. 2. 1991 sprach sich die Bev. mit großer Mehrheit (90,5%) für eine ›unabhängige demokrat. Republik‹ aus. Am 29. 7. 1991 schloß L. mit Rußland einen Freundschaftsvertrag, der die Anerkennung der litauischen Souveränität durch den russ. Präs. B. N. JELZIN (13. 1. 1991) bestätigte. Nach dem (gescheiterten) Putsch vom Aug. 1991 erkannte die sowjet. Führung unter Präs. M. S. GORBATSCHOW am 6. 9. 1991 die litauische Unabhängigkeit an. (→Litauen, Bd. 13)

**Litauische Sozialistische Sowjetrepublik** (Bd. 13): Die Litauische SSR ist seit 1991 als Rep. Litauen unabhängig.

**Ljubimow,** Jurij Petrowitsch, Schauspieler und Regisseur sowjet. Herkunft (Bd. 13): Seit 1989 wieder Chefregisseur (Direktor) des Taganka-Theaters in Moskau.

**Löbau 2)** (Bd. 13): Der Landkreis L. gehört seit 3. 10. 1990 zum Land Sachsen.

**Lobenstein 2)** (Bd. 13): Der Landkreis L. gehört seit 3. 10. 1990 zum Land Thüringen.

**Löwenthal,** Richard, Politikwissenschaftler (Bd. 13): † Berlin 9. 8. 1991.

**Lubac,** Henry **Sonier de,** frz. kath. Theologe (Bd. 13): † Paris 4. 9. 1991.

**Lübben 1)** (Bd. 13): Der Landkreis L. gehört seit 3. 10. 1990 zum Land Brandenburg.

**Lübz 2)** (Bd. 13): Der Landkreis L. gehört seit 3. 10. 1990 zum Land Mecklenburg-Vorpommern.

**Luckau 2)** (Bd. 13): Der Landkreis L. gehört seit 3. 10. 1990 zum Land Brandenburg.

**Luckenwalde 2)** (Bd. 13): Der Landkreis L. gehört seit 3. 10. 1990 zum Land Brandenburg.

**Ludwigslust 2)** (Bd. 13): Der Landkreis L. gehört seit 3. 10. 1990 zum Land Mecklenburg-Vorpommern.

**Luft,** Friedrich John, Schriftsteller und Kritiker (Bd. 13): † Berlin 24. 12. 1990.

**Lugansk,** 1935–58 und 1970–90 **Woroschilowgrad, Vorošilovgrad** [-ʃi-], Gebietshauptstadt in der östl. Ukraine, (1989) 497 000 Ew.; vier Hochschulen. L. ist das älteste Industriezentrum des Donez-Steinkohlenbeckens (1795 Bau einer Gießerei und Kanonenfabrik); neben Schwermaschinenbau hat L. ein Rohrwalzwerk, chem., Textil- und Nahrungsmittelindustrie. – L. entstand seit 1795.

**Lundkvist,** Nils Artur, schwed. Schriftsteller (Bd. 13): † Stockholm 11. 12. 1991.

**Luria,** Salvador Edward, amerikan. Mikrobiologe italien. Herkunft (Bd. 13): † Lexington (Mass.) 6. 2. 1991.

**Luther,** Adolf, Künstler (Bd. 13): † Krefeld 20. 9. 1990.

**Lüthi,** Max, schweizer. Literaturwissenschaftler und Volkskundler (Bd. 13): † Zürich 20. 6. 1991.

**Lützkendorf,** Felix, Schriftsteller (Bd. 13): † München 18. 11. 1990.

**MacLennan,** Hugh, kanad. Schriftsteller (Bd. 13): † Montreal 7. 11. 1990.

**Madrider Nahostkonferenz,** →Nahostkonflikt (Nachtrag Bd. 18).

**Magdeburg 1)** (Bd. 14): Die Hauptstadt von Sachsen-Anhalt ist kreisfreie Stadt und Verw.-Sitz des Reg.-Bez. Magdeburg.

**Magdeburg,** Reg.-Bez. in Sachsen-Anhalt, 11 332 km², (1990) 1,288 Mio. Ew.; umfaßt die kreisfreie Stadt M. sowie die Landkreise Burg, Gardelegen, Genthin, Halberstadt, Haldensleben, Havelberg, Klötze, Oschersleben, Osterburg, Quedlinburg, Salzwedel, Schönebeck, Staßfurt, Stendal, Wanzleben, Wernigerode und Wolmirstedt.

**Maizière,** Lothar de, Politiker (Bd. 14): Trat im Sept. 1991 als stellv. Bundes-Vors. (ab Okt. 1990) und Landes-Vors. in Brandenburg (ab Nov.1990) zurück.

**Major,** John, brit. Politiker (Bd. 14): Wurde nach MARGARET THATCHERS Rücktritt im Nov. 1990 Führer der Konservativen und Premier-Min. M. führte weitgehend die Politik seiner Vorgängerin fort, hob aber die umstrittene Kopfsteuer auf; als innenpolit. Ziel nennt er neben Bemühungen um die Besserung der Wirtschaftslage auch den Ausgleich von Klassenunterschieden in der Gesellschaft. Trotz seiner skept. Haltung gegenüber der Europ. Währungsunion und der Ablehnung eines föderalist. Systems mit supranat. Entscheidungsstellen wird seine konziliantere Europapolitik in konservativen Kreisen kritisiert.

**Makedonien 2)** (Bd. 14): Vor dem Hintergrund der Ende der 1980er Jahre sich verstärkenden Selbständigkeitsbestrebungen in Jugoslawien fanden im Nov./Dez. 1990 Wahlen statt, bei denen die IMRO (Innere Makedon. Revolutionäre Organisation, wiedergegr. Juli 1990) stärkste Partei wurde; zweitstärkste wurden die Reformkommunisten. Im Jan. 1991 wählte das Parlament KIRO GLIGOROV

Litauen

Staatswappen

Nationalflagge

John Major

# Nachtrag   Malfatti – Mucha

Harry M. Markowitz

Mecklenburg-Vorpommern
Landeswappen

Angela Merkel

Heinz-Werner Meyer

(* 1917) zum Präs. In einem Referendum sprach sich am 9. 9. 1991 die Mehrheit der Bev. für die Unabhängigkeit M.s aus; am 21. 11. 1991 trat – im Sinne des Referendums – eine neue Verf. in Kraft.

**Malfatti,** Franco Maria, italien. Politiker (Bd. 14): † Rom 10. 12. 1991.

**Mali** (Bd. 14): Nach einem Militärputsch am 25. 3. 1991 übernahm unter dem Vorsitz von Oberstleutnant AMADOU TOUMANY TOURÉ (* 1948) ein ›Comité de Transition pour le Salut du Peuple‹ (CTSP; dt. ›Übergangskomitee zur Rettung des Volkes‹) die Macht.

**Mandela,** Nelson Rolihlahla, südafrikan. Politiker (Bd. 14): Leitet auf seiten des ANC die Verhandlungen mit Präs. F. W. DE KLERK über eine Verf.-Reform in der Rep. Südafrika, die dort unter Abschaffung der Apartheid-Ges. die Gleichstellung aller Bürger herstellen und sichern soll. Gleichzeitig bemüht er sich, die blutigen Auseinandersetzungen zw. der Zulu-Bewegung ›Inkatha‹ und seiner Organisation zu beenden. Im Juli 1991 wählte ihn eine Delegiertenkonferenz des ANC zu dessen Präsidenten.

**Mandela,** Winnie Nomzamo, südafrikan. Bürgerrechtlerin (Bd. 14): In einem Prozeß (4. 2.–13. 5. 1991) wegen Mittäterschaft bei einer Entführung und Mißhandlung zu sechs Jahren Haft verurteilt.

**Manzù,** Giacomo, italien. Bildhauer, Graphiker und Zeichner (Bd. 14): † Rom 17. 1. 1991.

**Markowitz** [ˈmɑːkəʊ-], Harry M., amerikan. Betriebswirtschaftler, * Chicago (Ill.) 24. 8. 1927; nach Forschungstätigkeit u. a. bei der Rand Corp. und der IBM Corporation seit 1982 Prof. an der City University of New York. M. erhielt 1990 mit M. H. MILLER und W. SHARPE den Nobelpreis für Wirtschaftswissenschaften für Pionierarbeiten in der betriebl. Finanzierungstheorie und der Theorie der Finanzmärkte. Er ist Begründer der Portfoliotheorie (→ Portfolio selection).
*Werke:* Portfolio selection (1959); Mean-variance analysis in portfolio choice and capital markets (1987).

**Marokko** (Bd. 14): Nach Verhandlungen mit der Polisario stimmte HASAN II. einer von der UNO kontrollierten Volksabstimmung über die staatl. Zukunft Westsaharas zu, zog jedoch die marokkan. Truppen nicht ab.

**Maron,** Monika, Schriftstellerin (Bd. 14): Erhielt den Kleist-Preis 1992.

**Martini,** Fritz, Literaturhistoriker (Bd. 14): † Stuttgart 5. 7. 1991.

**Mauroy,** Pierre, frz. Politiker (Bd. 14): 1988–92 Vors. des Parti Socialiste.

**Maxwell,** Ian Robert, brit. Medienunternehmer tschech. Herkunft (Bd. 14): † (aufgefunden vor Gran Canaria) 5. 11. 1991.

**Mazowiecki,** Tadeusz, poln. Politiker (Bd. 14): Scheiterte am 25. 11. 1990 als Drittplazierter (18% der Stimmen) bei den poln. Präsidentschaftswahlen; trat am 26. 11. 1990 als MinPräs. zurück.

**McKinley, Mount M.** (Bd. 14): Die Neuvermessung des höchsten Berges Nordamerikas ergab 6 198 m ü. M.

**McMillan,** Edwin Mattison, amerikan. Physiker (Bd. 14): † El Cerrito (Calif.) 7. 9. 1991.

**Mecklenburg-Vorpommern** (Bd. 14): *Verfassung:* Mangels einer verabschiedeten Landes-Verf. bildet das ›Vorläufige Statut für das Land M.‹ vom 26. 10. 1990 eine verfassungsrechtl. Grundlage. Die Legislative ist dem 66 Abg. umfassenden Landtag anvertraut. Die Landes-Reg. besteht aus dem MinPräs. und acht Ministern.

Das *Wappen* zeigt im gespaltenen und geteilten Schild den mecklenburg. Stierkopf, den pommerschen Greif und den brandenburg. Adler.

**Meili,** Richard, schweizer. Psychologe (Bd. 14): † Muri (bei Bern) 5. 7. 1991.

**Mercosur,** Kurz-Bez. für **Mercado Común del Cono Sur, Gemeinsamer Markt im südlichen Lateinamerika,** Bez. für das 1991 vereinbarte Abkommen zw. Argentinien, Brasilien, Paraguay und Uruguay zur Bildung eines gemeinsamen Marktes bis Ende 1994 mit dem stufenweisen Abbau von Zöllen u. a. Handelshemmnissen sowie der Abstimmung der Wirtschaftspolitik.

**Merkel,** Angela, Politikerin (CDU), * Hamburg 17. 7. 1954; Diplomphysikerin; in der Mark Brandenburg aufgewachsen, schloß sich während des Umbruchs in der Dt. Dem. Rep. (Herbst 1989) dem Demokrat. Aufbruch an; seit 1990 Mitgl. der CDU. Nach der dt. Vereinigung wurde sie im Dez. 1990 MdB, im Jan. 1991 Bundes-Min. für Frauen und Jugend, im Dez. 1991 stellv. Bundes-Vors. der CDU.

**Messemer,** Hannes, Schauspieler (Bd. 14): † Aachen 2. 11. 1991.

**Mexiko** (Bd. 14): Im Dez. 1991 billigte das Parlament ein Gesetz, das die kath. Kirche rechtlich anerkennt und Benachteiligungen des Klerus weitgehend abschafft.

**Meyer,** Heinz-Werner, Gewerkschafter, * Hamburg 24. 8. 1932; engagierte sich als Bergmann in der IG Bergbau und Energie (IGBE), deren Vors. er 1985 wurde; als Nachfolger von E. BREIT seit 1990 Vors. des DGB. 1975–85 Abg. der SPD im Landtag von NRW, seit 1987 MdB.

**Milošević** [-ˈʃɛvitɕ], Slobodan, jugoslaw. Politiker, * Požarevac 1941; Jurist; 1987–89 Sekr. des Bundes der Kommunisten Jugoslawiens in der Teilrepublik Serbien; seit 1989 Präs. Serbiens, seit 1990 auch Vors. der serb. Sozialist. Partei. M. vertritt – bes. nach Ausbruch des kroatisch-serb. Gegensatz bestimmten Bürgerkriegs in Jugoslawien (1991) – einen serbischnationalistisch bestimmten Kurs.

**Mitteldeutscher Rundfunk,** Abk. **MDR,** Rundfunkanstalt des öffentl. Rechts für die Länder Sachsen, Thüringen und Sachsen-Anhalt, Mitgl. der ARD, Sitz: Leipzig; Sendebetrieb seit 1. 1. 1992.

**Miyazawa** [-zawa], Kiichi, japan. Politiker, * Tokio 8. 10. 1919; im Staatsdienst tätig, seit 1967 Abg. im Unterhaus, Mitgl. der Liberaldemokrat. Partei, u. a. 1974–76 Außen-, 1984–88 Finanz-Min., seit 1991 Ministerpräsident.

**Moldauische Sozialistische Sowjetrepublik** (Bd. 15): Mit der Ausrufung der Moldauischen SSR zur souveränen Rep. (innerhalb der UdSSR) am 23. 6. 1990 verwarf das moldauische Parlament gleichzeitig den Hitler-Stalin-Pakt und seine geheimen Zusatzprotokolle. Die Souveränitätserklärung führte zu Spannungen mit der russ. und gagaus. Minderheit. Die Ausrufung einer unabhängigen Rep. der Gagausen (Aug. 1990) wurde von der moldauischen Reg. unterbunden. Nach dem gescheiterten Putsch in der UdSSR (19.–21. 8. 1991) erklärte sich das Land als Rep. Moldova für unabhängig.

**Moldawien, Moldova,** Rep. in SO-Europa, hervorgegangen aus der Moldauischen SSR. Am 8. 12. 1991 wählte die Bev. MIRCA SNEGUR zum Präs. M. trat am 21. 12. 1991 der Gemeinschaft Unabhängiger Staaten (GUS) bei.

**Möllemann,** Jürgen, Politiker (FDP), * Augsburg 15. 7. 1945; Lehrer; seit 1972 MdB, 1982–87 Staats-Min. im Auswärtigen Amt, wurde 1983 Landes-Vors. der FDP in NRW. 1987–91 war er Bundes-Min. für Bildung und Wissenschaft; seit Jan. 1991 Bundeswirtschaftsminister.

**Montand,** Yves, frz. Schauspieler und Sänger italien. Herkunft (Bd. 15): † Senlis 9. 11. 1991.

**Motherwell,** Robert, amerikan. Maler (Bd. 15): † Provincetown (Mass.) 16. 7. 1991.

**Mucha,** Jiří, tschech. Schriftsteller (Bd. 15): † Prag 5. 4. 1991.

**Müller,** Heiner, Schriftsteller (Bd. 15): Erhielt den Kleist-Preis 1990.

**Münch,** Werner, Politiker (CDU) und Politikwissenschaftler, * Kirchhellen (heute zu Bottrop) 25. 9. 1940; seit 1986 Prof. an der Fachhochschule für Sozialwesen in Osnabrück, 1984–91 MdEP, 1990–91 Finanz-Min., seit 1991 MinPräs. von Sachsen-Anhalt.

**Nachtarbeit** (Bd. 15): Das Verbot der N. von Arbeiterinnen (§ 19 AZO) verstößt gegen das Gleichbehandlungsgebot und ist verfassungswidrig (Urteil des Bundesverfassungsgerichts vom 28. 1. 1992).

**Nahostkonflikt** (Bd. 15): Am 30. 10. 1991 trat in Madrid unter dem Vorsitz der USA (Präs. G. BUSH) und der Sowjetunion (Präs. M. S. GORBATSCHOW) eine Nahostkonferenz zusammen mit dem Ziel, einen Friedensprozeß im Nahen Osten in Gang zu setzen. Neben den Präsidialmächten nehmen teil: Ägypten, Israel, Jordanien (unter Einschluß palästinensisch-arab. Delegations-Mitgl.), Libanon und Syrien.

**Nasarbajew, Nazarbaev** [-zar'bajef], Nursultan Abischewitsch, kasach. Politiker, * im Gebiet von Alma-Ata 1940; Ingenieur; 1962–91 Mitgl. der KPdSU, 1984–89 Vors. des Ministerrates der Kasach. SSR, 1989–90 Erster Sekr. des ZK der kasach. KP-Organisation; seit 1990 Präs. von Kasachstan, unterstützte bis Dez. 1991 die Reformpläne von M. S. GORBATSCHOW.

**NATO** (Bd. 15): Im Dez. 1991 wurde der ›Nordatlant. Kooperationsrat‹ gegründet, ein Konsultationsgremium, in dem die NATO-Mitgl. sowie die balt. Staaten, Bulgarien, Polen, Rumänien, die Tschechoslowakei, Ungarn und die UdSSR bzw. ab März 1992 deren Nachfolgestaaten vertreten sind.

**Naumann,** Klaus Dieter, General, * München 25. 5. 1939; Eintritt in die Bundeswehr 1958; Artillerieoffizier; nach wechselweiser Verwendung in der Truppe, im Verteidigungsministerium sowie seit der NATO 1988 Stabsabteilungsleiter ›Militärpolitik‹ im Führungsstab der Streitkräfte; als Nachfolger von D. WELLERSHOFF seit dem 1. 10. 1991 Generalinspekteur der Bundeswehr.

**Neckermann,** Josef, Unternehmer (Bd. 15): † Dreieich-Götzenhain 13. 1. 1992.

**Neher,** Erwin, Physiker, * Landsberg a. Lech 20. 3. 1944; arbeitet seit 1972 am Max-Planck-Institut für biophysikal. Chemie in Göttingen, dort seit 1983 Leiter der Abteilung Membranbiophysik; erhielt zus. mit B. SAKMANN für gemeinsam durchgeführte Forschungen über zellulare Ionenkanäle, bes. für die Entwicklung einer Methode zur Messung kleinster elektrischer Ströme, die einzelne Ionenkanäle durchfließen (›Patch-clamp-Technik‹), 1991 den Nobelpreis für Physiologie und Medizin.

**Nell-Breuning,** Oswald von, kath. Theologe, Wirtschafts- und Sozialwissenschaftler (Bd. 15): † Frankfurt am Main 21. 8. 1991.

**Nepal** (Bd. 15): Am 9. 11. 1990 verkündete König BIRENDRA BIR BIKRAM eine neue Verf., die N. in eine konstitutionelle Monarchie verwandelt und ein Mehrparteiensystem gesetzlich verankert. Aus den Wahlen vom Mai 1991 ging der ›Nepali Congress‹ als stärkste Partei hervor und stellt mit GIRIJA PRASAD KOIRALA (* 1925) den Premierminister.

**Neuseeland** (Bd. 15): Die Reg. Bolger bemüht sich u. a. mit einer gemäßigten Auslegung des Anti-Nuklear-Ges. wieder um eine Annäherung an die USA, was in der Öffentlichkeit heftige Proteste hervorruft. Sie führt unter Verschärfung der Maßnahmen die von D. LANGE eingeführte freie Marktwirtschaft, die das Sozialgefüge des Landes erschütterte, fort.

**Nicaragua** (Bd. 15): Die Integration von rd. 20 000 Contras und anderen Nicaraguanern, die ihr Land während des Bürgerkriegs verlassen hatten, führte parallel zu den Auswirkungen der schweren Wirtschaftskrise zu erhebl. sozialen Problemen. Trotz der im Juli 1990 offiziell abgeschlossenen Entwaffnung kam es vor dem Hintergrund der mit der Rückkehr der Contras in ihre alten Dörfer (statt in die ›polos de desarollos‹) verbundenen Besitzfrage zu bewaffneten Aktionen von Teilen der Contras (›Recontras‹).

**Nobelpreis** (Bd. 15): 1991: **Physik:** P.-G. DE GENNES; **Chemie:** R. R. ERNST; **Physiologie oder Medizin:** E. NEHER und B. SAKMANN; **Literatur:** NADINE GORDIMER; **Erhaltung des Friedens:** AUNG SAN SUU KYI; **Wirtschaftswissenschaften:** R. H. COASE.

**Olszewski** [ɔl'ʃɛfski], Jan, poln. Politiker, * Warschau 20. 8. 1930; Rechtsanwalt, verteidigte in polit. Prozessen Kritiker des kommunist. Reg.-Systems; Mitgl. des Komitees zur ›Verteidigung der Arbeiter‹ (gegr. 1976), 1980 an der Abfassung der Statuten der Solidarność beteiligt, wurde im März 1991 zum Präs. der Zentrumsallianz gewählt, ist seit Dez. 1991 Ministerpräsident.

**Ortleb,** Rainer, Politiker (FDP), * Gera 5. 6. 1944; seit 1984 Prof. für Informatik und Schiffstechnik an der Univ. Rostock; langjähriges Mitgl. der LDPD in der Dt. Dem. Rep., von Febr. bis Aug. 1990 ihr Vors., seitdem Mitgl. und stellv. Vors. der FDP; Nov. 1990 bis Jan. 1991 Bundes-Min. für besondere Aufgaben, seitdem für Bildung und Wissenschaft.

**Ostdeutscher Rundfunk Brandenburg,** Abk. **ORB,** Rundfunkanstalt des öffentl. Rechts, Mitgl. der ARD, Sitz: Potsdam; nahm am 1. 1. 1992 den Sendebetrieb auf.

**Page,** Ruth, amerikan. Tänzerin und Choreographin (Bd. 16): † Chicago (Ill.) 7. 4. 1991.

**Panufnik,** Andrzej, brit. Komponist und Dirigent poln. Herkunft (Bd. 16): † London 27. 10. 1991.

**Parti Socialiste,** frz. Partei (Bd. 16): GenSekr. seit Jan. 1992 L. FABIUS.

**Partito Comunista Italiano** (Bd. 16): Nannte sich 1991 in Partito Democratico della Sinistra (PDS; dt. ›Demokrat. Partei der Linken‹) um.

**Pawlow,** Valentin Sergejewitsch, sowjet. Politiker (Bd. 16): Nahm als Mitgl. des ›Staatskomitees für den Ausnahmezustand‹ am 19. 8. 1991 führend am Putsch gegen Präs. M. S. GORBATSCHOW teil. Nach dem Scheitern des Putsches (20./21. 8. 1991) wurde er aller Funktionen entbunden und inhaftiert.

**Paz Zamora** [pas sa-], Jaime, bolivian. Politiker, * Cochabamba 15. 4. 1939; Mitbegründer des MIR (1971). Während der Militärdiktatur von H. BANZER SUÁREZ (1971–78) anfangs im Untergrund, wurde P. Z. 1974 für einige Monate inhaftiert und lebte bis 1977 und erneut nach dem Militärputsch von 1980 im Exil. 1982 trat er sein Amt als Vize-Präs. (bis 1985) an. Am 6. 8. 1989 zum Präs. gewählt, verfolgt er in der Koalition mit der ADN BANZERS eine liberale Wirtschaftspolitik und setzt die erfolgreiche Inflationsbekämpfung seines Vorgängers PAZ ESTENSSORO fort.

**P. E. N.** (Bd. 16): Zum Präs. des ›P. E. N.-Zentrums Bundesrep. Dtl.‹ wurde am 19. 10. 1991 GERT HEIDENREICH (* 1944) gewählt.

**Peres,** Shimon, israel. Politiker (Bd. 16): War bis Febr. 1992 Vors. der Israel. Arbeiterpartei.

**Pérez de Cuéllar,** Javier, peruan. Diplomat (Bd. 16): War bis 31. 12. 1991 GenSekr. der UNO.

**Petuchowski,** Jakob Josef, jüdischer Theologe (Bd. 17): † Cincinnati (Oh.) 12. 11. 1991.

**Pieyre de Mandiargues,** André, frz. Schriftsteller (Bd. 17): † Paris 13. 12. 1991.

**Polotsky,** Hans Jakob, israel. Semitist und Ägyptologe (Bd. 17): † Jerusalem 10. 8. 1991.

**Poulet,** Georges, belg. Literaturkritiker und Essayist frz. Sprache (Bd. 17): † Waterloo 31. 12. 1991.

**Rabin,** Itzhak, israel. General und Politiker (Bd. 17): Wurde im Febr. 1992 erneut zum Vors. der Israel. Arbeitspartei gewählt.

## Moldawien

Staatswappen

Nationalflagge

Jürgen Möllemann

Nursultan Abischewitsch Nasarbajew

Erwin Neher

# Hinweise für den Benutzer

Ausführliche Hinweise für den Benutzer finden sich am Ende des ersten Bandes.

## Reihenfolge der Stichwörter

Die Stichwörter sind in alphabetischer Reihenfolge angeordnet, sie stehen in der ersten Zeile am Anfang eines Artikels. Alphabetisiert werden alle fettgedruckten Buchstaben des Hauptstichworts, auch wenn es aus mehreren Wörtern besteht. Umlaute (ä, ö, ü) werden wie einfache Vokale eingeordnet, z. B. folgen aufeinander: **Abkühlungsgröße, abkupfern, Abkürzungen.** Buchstaben mit diakritischen Zeichen (z. B. mit einem Akzent) werden behandelt wie die Buchstaben ohne dieses Zeichen, z. B. folgen aufeinander: **Acinetobacter, Ačinsk, Acinus.** Unterscheiden sich mehrere Stichwörter nur durch ein diakritisches Zeichen oder durch einen Umlaut, so wird das Stichwort mit Zusatzzeichen nachgestellt; so folgen z. B. aufeinander: **Abbe, Abbé.** Unterscheiden sich mehrere Stichwörter nur durch Groß- und Kleinschreibung, so steht das kleingeschriebene Stichwort voran.

Gleichlautende Hauptstichwörter werden in der Reihenfolge: Sachstichwörter, geographische Namen, Personennamen angeordnet.

Gleichlautende geographische Namen mit und ohne Namenszusatz werden zu einem Artikel ›Namen von geographischen Objekten‹ zusammengefaßt.

Gleichlautende **Personennamen** erscheinen in dieser Reihenfolge: Vornamensartikel, biblische Person(en), Herrscher, Päpste, Vornamen (mit Zusatz), Nachnamen.

Herrschernamen werden alphabetisch nach Territorien angeordnet, das Heilige Römische Reich und das Deutsche Reich werden vorangestellt. Innerhalb der Territorien erscheinen die Herrscherbiographien in chronologischer Reihenfolge. Vornamen mit Zusatz (z. B. Adam von Bremen) werden unter dem Vornamen eingeordnet, der abgekürzte Vorname zusammen mit dem Zusatz nachgestellt, z. B.: **Adam, A. von Bremen.** Vornamen mit Zusatz werden nach den Zusätzen alphabetisch angeordnet, so folgen z. B. aufeinander: **Adam, A. de la Halle – Adam, A. von Bremen – Adam, A. von Fulda.**

## Angaben zur Betonung und Aussprache

Fremdwörtliche und fremdsprachliche Stichwörter erhalten als Betonungshilfe einen Punkt (Kürze) oder einen Strich (Länge) unter dem betonten Laut. Weiterhin wird bei Personennamen sowie bei geographischen Namen die Betonung angegeben.

Die getrennte Aussprache von üblicherweise zusammen gesprochenen Lauten wird durch einen Trennstrich angezeigt, z. B. **Ais|chylos, Lili|e.**

Weicht die Aussprache eines Stichwortes von der deutschen ab, so wird in der dem Stichwort folgenden eckigen Klammer die korrekte Aussprache in phonetischer Umschrift angegeben. Diese folgt dem Internationalen Lautschriftsystem der Association Phonétique Internationale. Die verwendeten Zeichen bedeuten:

a = helles a, dt. Blatt, frz. patte
ɑ = dunkles a, dt. war, engl. rather
ã = nasales a, frz. blanc
ʌ = dumpfes a, engl. but
β = halboffener Reibelaut b, span. Habanera
ç = deutscher Ich-Laut, dt. mich
ɕ = sj-Laut (stimmlos), serbokroat. Andrić
ð = stimmhaftes engl. th, engl. the
æ = breites ä, engl. hat
ɛ = offenes e, dt. fett
e = geschlossenes e, engl. egg, dt. Beet
ə = dumpfes e, dt. alle
ɛ̃ = nasales e, frz. fin
ɣ = geriebenes g, span. Tarragona, niederländ. Gogh
i = geschlossenes i, dt. Wiese
ɪ = offenes i, dt. bin, Ei
ĩ = nasales i, portug. Infante
ʎ = lj, italien. egli
ŋ = deutscher ng-Laut, dt. lange
ɲ = nj-Laut, Champagner
ɔ = offenes o, dt. Kopf
o = geschlossenes o, dt. Tor
õ = nasales o, frz. on
ø = geschlossenes ö, dt. Höhle
œ = offenes ö, dt. Hölle
œ̃ = nasales ö, frz. un
s = stimmloses s, dt. was
z = stimmhaftes s, dt. singen
ź = zj-Laut (stimmhaft), poln. Zielona Gora
ʃ = stimmloses sch, dt. Schuh
ʒ = stimmhaftes sch, frz. jour
θ = stimmloses th, engl. thing
u = geschlossenes u, dt. Kuh
ʊ = offenes u. dt. bunt, Haus
ũ = nasales u, portug. Atum
v = deutsches stimmhaftes w, dt. Wald
w = halbvokalisches w, engl. well
x = deutscher Ach-Laut, dt. Krach
y = deutsches ü
ɥ = konsonantisches ü, frz. huile, Suisse
: = bezeichnet Länge des vorhergehenden Vokals
' = bezeichnet Betonung und steht vor der betonten Silbe, z. B. 'ætli = Attlee
‿ = unter Vokalen, gibt an, daß der Vokal unsilbisch ist

b d f g h j k l m n p r t geben in den meisten Sprachen etwa den Lautwert wieder, den sie im Deutschen haben. Im Englischen wird ›r‹ weder wie ein deutsches Zäpfchen-r noch wie ein gerolltes Zungenspitzen-r gesprochen, sondern mit der Zungenspitze an den oberen Vorderzähnen oder am Gaumen gebildet.

## Abkürzungen

Außer den im Abkürzungsverzeichnis aufgeführten Abkürzungen werden die Adjektivendungen ...lich und ...isch abgekürzt sowie allgemein gebräuchliche Einheiten mit bekannten Einheitenzeichen (wie km für Kilometer, s für Sekunde).

Das Hauptstichwort wird im Text des jeweiligen Artikels mit seinem Anfangsbuchstaben wiedergegeben. Bei Stichwörtern, die aus mehreren Wörtern bestehen, wird jedes Wort mit dem jeweils ersten Buchstaben abgekürzt. Dies gilt auch für Stichwörter, die mit Bindestrich gekoppelt sind.

Alle Abkürzungen und Anfangsbuchstaben der Hauptstichwörter gelten auch für flektierte Formen (z. B. auch für Pluralformen) des abgekürzten Wortes. Bei abgekürzten Hauptstichwörtern, die aus Personennamen oder Namen von geographischen Objekten bestehen, wird die Genitivendung nach dem Abkürzungspunkt wiedergegeben.

| | | |
|---|---|---|
| Abg. | Abgeordneter | |
| ABGB | Allgemeines Bürgerliches Gesetzbuch (Österreich) | |
| Abh. | Abhandlung | |
| Abk. | Abkürzung | |
| Abs. | Absatz | |
| a. d. | aus dem | |
| AG | Aktiengesellschaft | |
| ags. | angelsächsisch | |
| ahd. | althochdeutsch | |
| Ala. | Alabama | |
| Alas. | Alaska | |
| allg. | allgemein | |
| AO | Abgabenordnung | |
| Apg. | Apostelgeschichte | |
| Apk. | Apokalypse des Johannes, Offenbarung des Johannes | |
| Arb. | Arbeit | |
| Ariz. | Arizona | |
| Ark. | Arkansas | |
| Art. | Artikel | |
| ASSR | Autonome Sozialistische Sowjetrepublik | |
| A. T. | Altes Testament | |
| Aufl. | Auflage | |
| Aufs. | Aufsatz | |
| Aug. | August | |
| Ausg. | Ausgabe | |
| ausgew. | ausgewählt | |
| Ausst. | Ausstellung | |
| Ausw. | Auswahl | |
| ...b. | ...buch | |
| Bad.-Württ. | Baden-Württemberg | |
| Bd., Bde. | Band, Bände | |
| bearb. | bearbeitet | |
| Beitr. | Beitrag | |
| ber. | berechnet | |
| bes. | besonders, besonderer | |
| Bev. | Bevölkerung | |
| Bez. | Bezeichnung; Bezirk | |
| BezGer. | Bezirksgericht | |
| BGB | Bürgerliches Gesetzbuch | |
| BGH | Bundesgerichtshof | |
| Bibl. | Bibliographie | |
| Biogr. | Biographie | |
| Bl. | Blatt | |
| Bull. | Bulletin | |
| Bundesrep. Dtl. | Bundesrepublik Deutschland | |
| BWV | Bach-Werke-Verzeichnis | |
| bzw. | beziehungsweise | |
| Calif. | Kalifornien | |
| chin. | chinesisch | |
| Chron. | Buch der Chronik | |
| Colo. | Colorado | |
| Conn. | Connecticut | |
| Cty. | County | |
| D | Deutsch-Verzeichnis | |
| d. Ä. | der (die) Ältere | |
| Dan. | Daniel | |
| Darst. | Darstellung | |
| D. C. | District of Columbia | |
| Del. | Delaware | |
| Dep. | Departamento | |
| Dép. | Département | |
| ders. | derselbe | |
| Dez. | Dezember | |
| dgl. | dergleichen, desgleichen | |
| d. Gr. | der (die) Große | |
| d. h. | das heißt | |
| d. i. | das ist | |
| dies. | dieselbe | |
| Diss. | Dissertation | |
| Distr. | Distrikt | |
| d. J. | der (die) Jüngere | |
| dt. | deutsch | |
| Dt. Dem. Rep. | Deutsche Demokratische Republik | |
| Dtl. | Deutschland | |
| ebd. | ebenda | |
| EG | Europäische Gemeinschaft; Europäische Gemeinschaften | |
| ehem. | ehemalig, ehemals | |
| eigtl. | eigentlich | |
| Einf. | Einführung | |
| Enc. Islam | The Encyclopaedia of Islam. Leiden | |
| Enzykl. | Enzyklopädie | |
| Eph. | Epheserbrief | |
| Erg. | Ergänzung | |
| Erl. | Erläuterung | |
| Erstausg. | Erstausgabe | |
| Erz. | Erzählung | |
| Est. | Esther | |
| EStG | Einkommensteuergesetz | |
| europ. | europäisch | |
| ev. | evangelisch | |
| e. V. | eingetragener Verein | |
| Ew. | Einwohner | |
| Ez. | Ezechiel | |
| f., ff. | folgend..., folgende | |
| Febr. | Februar | |
| FH | Fachhochschule | |
| Fla. | Florida | |
| Forsch. | Forschungen | |
| fortgef. | fortgeführt | |
| frz. | französisch | |
| Ga. | Georgia | |
| Gal. | Galaterbrief | |
| geb. | geborene(r) | |
| gegr. | gegründet | |
| Gem. | Gemeinde | |
| gen. | genannt | |
| GenSekr. | Generalsekretär | |
| Ger. | Gericht | |
| ges. | gesammelt | |
| Ges. | Gesetz | |
| ...gesch. | ...geschichte | |
| Gesch. | Geschichte | |
| Gew.-% | Gewichtsprozent | |
| GG | Grundgesetz | |
| ggf. | gegebenenfalls | |
| Ggs. | Gegensatz | |
| gleichbed. | gleichbedeutend | |
| GmbH | Gesellschaft mit beschränkter Haftung | |
| Gouv. | Gouverneur, Gouvernement | |
| Gramm. | Grammatik | |
| Grundl. | Grundlage | |
| Grundr. | Grundriß | |
| ...h. | ...heft | |
| H. | Heft | |
| Ha. | Hawaii | |
| Hab. | Habakuk | |
| Habil. | Habilitationsschrift | |
| Hag. | Haggai | |
| Hb. | Handbuch | |
| hebr. | hebräisch | |
| Hg. | Herausgeber(in) | |
| HGB | Handelsgesetzbuch | |
| hg. v. | herausgegeben von | |
| hl., Hl. | heilig, Heilige(r) | |
| Hld. | Hohelied | |
| Hob. | Hoboken-Verzeichnis | |
| Hss. | Handschriften | |
| Hwb. | Handwörterbuch | |
| Ia. | Iowa | |
| i. a. | im allgemeinen | |
| Id. | Idaho | |
| i. d. F. v. | in der Fassung vom | |
| idg. | indogermanisch | |
| i. d. R. | in der Regel | |
| Ill. | Illinois | |
| i. e. S. | im engeren Sinn | |
| Ind. | Indiana | |
| Inst. | Institut | |
| internat. | international | |
| i. w. S. | im weiteren Sinn | |
| Jahrtsd. | Jahrtausend | |
| Jak. | Jakobusbrief | |
| Jan. | Januar | |
| Jb. | Jahrbuch | |
| Jdt. | Judith | |
| Jer. | Jeremia | |
| Jes. | Jesaia | |
| Jg. | Jahrgang | |
| Jh. | Jahrhundert | |
| Joh. | Johannesevangelium, Johannesbrief | |
| jr. | junior | |
| Jud. | Judasbrief | |
| Kans. | Kansas | |
| Kap. | Kapitel | |
| Kat. | Katalog | |
| kath. | katholisch | |
| Kfz | Kraftfahrzeug | |
| KG | Kommanditgesellschaft | |
| Klgl. | Klagelieder des Jeremia | |
| Koh. | Kohelet, Prediger | |
| Kol. | Kolosserbrief | |
| Komm. | Kommentar | |
| Kön. | Buch der Könige | |
| Kor. | Korintherbrief | |
| Kr. | Kreis | |
| Kt. | Kanton | |
| KV | Köchelverzeichnis | |
| Kw. | Kunstwort; Kurzwort | |
| Ky. | Kentucky | |
| l | Liter | |
| La. | Louisiana | |
| lat. | lateinisch | |
| Lb. | Lehrbuch | |
| Leitf. | Leitfaden | |
| Lex. | Lexikon | |
| Lfg. | Lieferung | |
| LG | Landgericht | |
| Lit. | Literatur | |
| Lk. | Lukasevangelium | |
| Losebl. | Loseblattausgabe, -sammlung | |
| Lw. | Lehnwort | |
| MA. | Mittelalter | |
| magy. | magyarisch | |
| Makk. | Buch der Makkabäer | |
| Mal. | Maleachi | |
| Masch. | Maschinenschrift | |
| Mass. | Massachusetts | |
| max. | maximal | |
| Md. | Maryland | |
| MdB | Mitglied des Bundestags | |
| MdEP | Mitglied des Europäischen Parlaments | |
| MdL | Mitglied des Landtags | |
| MdR | Mitglied des Reichstags | |
| Me. | Maine | |
| Metrop. Area | Metropolitan Area | |
| Metrop. Cty. | Metropolitan County | |
| MGG | Die Musik in Geschichte und Gegenwart, hg. v. F. Blume | |
| mhd. | mittelhochdeutsch | |
| Mi. | Micha | |
| Mich. | Michigan | |
| min. | minimal | |

| | | |
|---|---|---|
| Min. | ............ | Minister |
| Minn. | ......... | Minnesota |
| MinPräs. | ....... | Ministerpräsident |
| Mio. | ........... | Million |
| Miss. | .......... | Mississippi |
| Mitgl. | ......... | Mitglied |
| Mitt. | .......... | Mitteilung |
| Mk. | ........... | Markusevangelium |
| mlat. | .......... | mittellateinisch |
| mnd. | .......... | mittelniederdeutsch |
| Mo. | ........... | Missouri |
| Mont. | ......... | Montana |
| Mos. | .......... | Buch des Mose |
| Mrd. | .......... | Milliarde |
| Mschr. | ........ | Monatsschrift |
| Mt. | ............ | Matthäusevangelium |
| N | ............. | Nord(en) |
| Nachdr. | ........ | Nachdruck |
| Nachr. | ......... | Nachrichten |
| nat. | ............ | national |
| nat.-soz. | ........ | nationalsozialistisch |
| n. Br. | .......... | nördliche Breite |
| N. C. | ........... | North Carolina |
| n. Chr. | ......... | nach Christi Geburt |
| N. D. | ........... | North Dakota |
| NDB | .......... | Neue Deutsche Biographie, hg. v. der Histor. Kommission bei der Bayer. Akademie der Wissenschaften. Berlin |
| Ndsachs. | ....... | Niedersachsen |
| Nebr. | .......... | Nebraska |
| Neh. | ........... | Nehemia |
| Neuaufl. | ....... | Neuauflage |
| Neuausg. | ....... | Neuausgabe |
| Nev. | ........... | Nevada |
| N. F. | ........... | Neue Folge |
| N. H. | ........... | New Hampshire |
| nhd. | ........... | neuhochdeutsch |
| niederdt. | ....... | niederdeutsch |
| N. J. | ............ | New Jersey |
| nlat. | ........... | neulateinisch |
| N. Mex. | ........ | New Mexico |
| NO | ............ | Nordost(en) |
| Nov. | .......... | November |
| Nr. | ............. | Nummer |
| NRW | .......... | Nordrhein-Westfalen |
| N. T. | ........... | Neues Testament |
| NW | ........... | Nordwest(en) |
| N. Y. | ........... | New York |
| O | .............. | Ost(en) |
| o. ä. | ............ | oder ähnlich |
| Ob. | ............ | Obadja |
| oberdt. | ......... | oberdeutsch |
| Oh. | ............ | Ohio |
| OHG | .......... | Offene Handelsgesellschaft |
| o. J. | ............. | ohne Jahr |
| Okla. | ........... | Oklahoma |
| Okt. | ........... | Oktober |
| ö. L. | ............ | östliche Länge |
| OLG | .......... | Oberlandesgericht |
| op. | ............. | Opus |
| OR | ............ | Obligationenrecht (Schweiz) |
| Ordn. | .......... | Ordnung |
| Oreg. | .......... | Oregon |
| orth. | ........... | orthodox |
| österr. | .......... | österreichisch |
| Pa. | ............. | Pennsylvania |
| Pauly-Wissowa | | Pauly Realencyclopädie der classischen Altertumswissenschaft, neu bearb. v. G. Wissowa u. a. |
| Petr. | ........... | Petrusbrief |
| PH | ............ | Pädagogische Hochschule |
| Phil. | ............ | Philipperbrief |
| Phlm. | .......... | Philemonbrief |
| Pl. | .............. | Plural |
| portug. | ......... | portugiesisch |
| Präs. | ........... | Präsident |
| Prof. | ........... | Professor |
| prot. | ............ | protestantisch |
| Prov. | ........... | Provinz |
| Ps. | ............. | Psalm |
| R. | .............. | Reihe |
| rd. | ............. | rund |
| ref. | ............. | reformiert |
| Reg. | ........... | Regierung |
| Reg.-Bez. | ....... | Regierungsbezirk |
| Reg.Präs. | ....... | Regierungspräsident |
| Rep. | ........... | Republik |
| Rheinl.-Pf. | ...... | Rheinland-Pfalz |
| Ri. | ............. | Richter |
| R. I. | ............ | Rhode Island |
| Röm. | .......... | Römerbrief |
| Russ. SFSR | ..... | Russische Sozialistische Föderative Sowjetrepublik |
| S | .............. | Süd(en) |
| S. | .............. | Seite; Spalte |
| Sach. | .......... | Sacharja |
| Sam. | .......... | Buch Samuel |
| Samml. | ........ | Sammlung |
| Sb. | ............. | Sitzungsberichte |
| s. Br. | .......... | südliche Breite |
| S. C. | ........... | South Carolina |
| Schlesw.-Holst. | .. | Schleswig-Holstein |
| Schr. | ........... | Schrift |
| S. D. | ........... | South Dakota |
| Sekr. | ........... | Sekretär |
| Sept. | ........... | September |
| Sg. | ............. | Singular |
| Sir. | ............ | Jesus Sirach |
| SO | ............ | Südost(en) |
| Spr. | ............ | Sprüche |
| SSR | ........... | Sozialistische Sowjetrepublik |
| St. | .............. | Sankt |
| Staatspräs. | ..... | Staatspräsident |
| stellv. | ........... | stellvertretend(r) |
| Stellv. | ........... | Stellvertreter(in) |
| StGB | .......... | Strafgesetzbuch |
| StPO | .......... | Strafprozeßordnung |
| Suppl. | ......... | Supplement |
| svw. | ........... | soviel wie |
| SW | ............ | Südwest(en) |
| Tb. | ............. | Taschenbuch |
| Tenn. | .......... | Tennessee |
| Tex. | ........... | Texas |
| TH | ............ | Technische Hochschule |
| Thess. | ......... | Thessalonicherbrief |
| Tim. | ........... | Timotheusbrief |
| Tit. | ............. | Titusbrief |
| Tl., Tle. | ......... | Teil, Teile |
| Tob. | ........... | Tobias |
| TRE | .......... | Theologische Realenzyklopädie, hg. v. G. Krause u. a. |
| Tsd. | ........... | Tausend |
| TU | ............ | Technische Universität |
| u. | .............. | und |
| u. a. | ............ | und andere; unter anderem |
| u. ä. | ............ | und ähnlich |
| übers. | ......... | übersetzt |
| Übers. | ......... | Übersetzung |
| UdSSR | ........ | Sowjetunion |
| u. d. T. | .......... | unter dem Titel |
| u. M. | ........... | unter dem Meeresspiegel |
| ü. M. | ........... | über dem Meeresspiegel |
| Univ. | ........... | Universität |
| Unters. | ........ | Untersuchung |
| Urauff. | ......... | Uraufführung |
| urspr. | .......... | ursprünglich |
| USA | .......... | Vereinigte Staaten von Amerika |
| usw. | ........... | und so weiter |
| Ut. | ............. | Utah |
| u. v. a. | .......... | und viele(s) andere |
| v. | .............. | von |
| Va. | ............. | Virginia |
| v. a. | ............ | vor allem |
| v. Chr. | .......... | vor Christi Geburt |
| Verf. | ........... | Verfasser; Verfassung |
| verh. | .......... | verheiratete |
| Verh. | .......... | Verhandlung |
| Veröff. | ........ | Veröffentlichung |
| versch. | ........ | verschieden |
| Verw. | .......... | Verwaltung |
| Verz. | ........... | Verzeichnis |
| vgl. | ............ | vergleiche |
| Vjbll. | ........... | Vierteljahr(e)sblätter |
| Vjh. | ............ | Vierteljahresheft |
| Vjschr. | ......... | Vierteljahr(e)sschrift |
| VO | ............ | Verordnung |
| Vol.-% | ........ | Volumenprozent |
| Vors. | .......... | Vorsitzende(r) |
| VR | ............ | Volksrepublik |
| Vt. | ............. | Vermont |
| W | ............. | West(en) |
| Wash. | ......... | Washington |
| Wb. | ........... | Wörterbuch |
| Weish. | ........ | Buch der Weisheit |
| Wis. | ........... | Wisconsin |
| wiss. | ........... | wissenschaftlich |
| ...wiss.(en) | ...... | ...wissenschaft(en) |
| Wiss.(en) | ....... | Wissenschaft(en) |
| w. L. | ........... | westliche Länge |
| W. Va. | .......... | West Virginia |
| Wwschaft | ...... | Woiwodschaft |
| Wyo. | .......... | Wyoming |
| z. B. | ............ | zum Beispiel |
| Zbl. | ............ | Zentralblatt |
| Zeph. | .......... | Zephania |
| ZGB | .......... | Zivilgesetzbuch |
| ZK | ............ | Zentralkomitee |
| ZPO | .......... | Zivilprozeßordnung |
| z. T. | ............ | zum Teil |
| Ztschr. | ......... | Zeitschrift |
| zus. | ............ | zusammen |
| zw. | ............ | zwischen |
| z. Z. | ............ | zur Zeit |
| * | | geboren |
| † | | gestorben |
| ∞ | | verheiratet |
| → | | siehe |
| ⇨ | | siehe |
| ® | | Warenzeichen (steht beim fettgedruckten Stichwort. - Siehe auch Impressum) |

Wichtige Ergänzungen werden in gesonderten Nachtragsbogen in den Bänden 6, 12, 18 und 24 gebracht.

Das Bildquellenverzeichnis für alle Bände befindet sich am Ende des letzten Bandes.